LEXIKON DER KÜCHE

von
RICHARD HERING †
KÜCHENDIREKTOR

Gekürzte Kochanweisungen
der modernen, internationalen
und klassischen Küche,

fachgewerbliche Angaben, Ratschläge usw.
über Tranchieren, Servieren, Weine, Getränke u. a.

Tabellen

Fachwörterverzeichnisse in Deutsch, Englisch,
Französisch, Italienisch und Spanisch

18. Auflage
herausgegeben von
WALTER BICKEL

FACHBUCHVERLAG DR. PFANNEBERG & CO.
6300 GIESSEN

ISBN 3-8057-0293-0

23. Druckauflage

Alle Rechte vorbehalten
einschließlich des Rechtes der Übersetzung

Nachdruck und sonstige Wiedergabe,
auch auszugsweise, verboten

© 1987 Fachbuchverlag Dr. Pfanneberg & Co., Gießen

Brühlsche Universitätsdruckerei Gießen

Geleitwort

zur 18. Auflage

Herings „Lexikon der Küche" hat seit Jahrzehnten seinen festen Platz in der Fachliteratur und ist international so bekannt, daß über Wert und Bedeutung dieses zuverlässigen Nachschlagewerkes an dieser Stelle nichts gesagt zu werden braucht. Wir freuen uns, die nun bereits 18. Auflage vorlegen zu können.

Sie berücksichtigt wiederum den neuesten Stand internationaler Kochkunst und Fachkunde. Insbesondere wurde beachtet, daß die älteren Standardrezepte auf klassischer Grundlage beruhen; neu aufgenommene sind nach den heutigen Gegebenheiten ausgerichtet. Wird ein Rezept in mehreren Versionen verzeichnet, so gibt es auch in der Praxis diese Verschiedenheit und keine einheitliche Meinung.

W. Bickel

Wie benutzt man das »Lexikon der Küche«?

1. Dem Werk ist keines der sonst üblichen Inhaltsverzeichnisse vorangestellt, dafür aber hat es zur Erleichterung beim Nachschlagen hinter Seite 718 einen Registerkarton, auf dem die 20 Hauptgruppen, mit einem Blick überschaubar, aufgeführt sind.

2. Jede **Hauptgruppe,** wie
   Vorspeisen,
   Garnituren,
   Gemüse usw.,
   ist mit Hilfe des am Buchrand ausgestanzten Daumenregisters leicht zu finden.

3. Die Stichwörter sind innerhalb der vorgenannten **20 Hauptgruppen** alphabetisch angeordnet und daher leicht aufzufinden. Wer z.B. über „Kasseler Rippenspeer" nachlesen will, sucht im Registerkarton hinter Seite 718 die Hauptgruppe
   Hauptgerichte (Fleischspeisen) Seite 300,
   dann das Stichwort
   Schwein (alphabetisch eingeordnet Seite 512),
   dann ebenfalls im Alphabet
   Kasseler   Seite 514.

4. Ebenso findet man die **Untergruppen,** wie
   Huhn   Seite 358,
   Kalb   Seite 389,
   Rind   Seite 474;
   sowohl im **deutschen** Inhaltsverzeichnis als auch alphabetisch im Text ab Seite 300, **Hauptgruppe:** Hauptgerichte (Fleischspeisen), alphabetisch eingeordnet.

5. Einzelrezepte findet man nur in Ausnahmefällen im Inhaltsverzeichnis Seite 944. So z. B. auch das Wort „Kasseler".

6. Das **fremdsprachige** Inhaltsverzeichnis ist ebenfalls alphabetisch geordnet und enthält die ausländischen Spezialitäten.

7. **Landesgerichte:** Das Register über ausländische Gerichte ist nach Ländern geordnet und mit Seitenzahlen versehen.

Vorspeisen

Würzbissen und Frühstücksgerichte

	Vorspeisen	Würzbissen
Französisch:	Hors-d'œuvre	Savouries
Englisch:	Appetizers, Side dishes	Savouries, Savories
Italienisch:	Antipasti	Saporitos
Spanisch:	Entradas	Bocado-saproso

Vorspeisen sollten, sozusagen, die Empfehlungskarte des Hauses sein. Gastronomisch richtig wäre es, nur dann eine Vorspeise anzubieten, wenn keine Suppe gereicht wird. Dieser Brauch ist aber nicht mehr allgemeingültig. Es hat sich jedoch die Sitte eingebürgert, gemischte Vorspeisen zum Mittagessen (Déjeuner) und üppige Vorspeisen, wie Hummer, Kaviar, Austern, Gänseleber usw., zum festlichen Diner zu servieren. In diesem Falle muß natürlich darauf geachtet werden, daß diese Delikatessen nicht noch einmal in anderer Form innerhalb des Menüs erscheinen. Als allgemeine Regel gilt, daß kalte Vorspeisen auf jeden Fall vor und warme Vorspeisen, auch kleine Entrées genannt, nach der Suppe serviert werden.

Vorspeisen müssen klein, zierlich, pikant, abwechslungsreich in der Farbe und gut abgeschmeckt sein. Sie sollen Augen und Gaumen gleichmäßig erfreuen, daher ist auf ihre Verzierung und Anrichteweise besonders zu achten. Die Anrichteweise regelt sich nach den Gepflogenheiten des Betriebes. Vorspeisen werden oft in den sogenannten Raviers aus Porzellan oder Glas, aber auch in kleinen ovalen Backplatten – Plats russes – angerichtet, die ihren Platz wiederum auf einer Silberplatte finden. Meistens sind die Raviers so geformt, daß man sie nebeneinander in den mit Eis oder elektrisch gekühlten Vorspeisenwagen stellen kann. Aus hygienischen Gründen sollte man nur solche Wagen wählen, die mit einem aufklappbaren Glasdeckel versehen sind. Sehr vornehm wirken große, rechteckige, hochpolierte Silberplatten, auf die besonders kostbare kleine Vorspeisen, wie Geflügel, Gänseleber oder Wildmedaillons in Gelee, winzige Schiffchen oder Tarteletts, Blitzkuchen usw. serviert werden.

Würzbissen sind hauptsächlich in England und Amerika beheimatet. Sie werden am Ende der Mahlzeit serviert, und zwar anstelle des Käses. Da sie stark gewürzt sind, regen sie zum Trinken an. Viele dieser Würzbissen können und werden auch als Vorspeise serviert.

Aal: Anguille (angij).
   geräuchert, Spickaal: fumée (fümeh): Im Handel erhältlich, aufgeschnitten, meistens enthäutet, mit Zitronenspalten und gewürfeltem Gelee oder Petersilie garniert.
   mariniert: marinée (marineh): Im Handel käuflich; in kleine Stückchen geschnitten.
   in Weißwein: au vin blanc: In Stücke geschnitten, in Weißwein mit Aromaten pochiert, mit Paprika gewürzt, im geklärten Fond eingesetzt und ausgekühlt.

Aceto-dolce (adscheto doldsche): süßsaure Früchte: Italienische Konserve von im Essig gebeizten, mit Most, Senfkörnern und Honig eingekochten Früchten und Gemüsen.

Achards (aschahr): Ostindische Gemüsekonserve, bestehend aus Bambussprossen, Melonenstückchen, Knollensellerie, Nußkernen, Rettich, Gurken, kleinen unreifen Maiskölbchen und Pilzen in Essig und Senf; im Handel erhältlich.

Agoursi: siehe Ogourzi

Allumettes: siehe Blätterteigstäbe

American Eggs (ämerikän ehgs): Amerikanische Eier: Halbe ausgehöhlte Tomaten, gefüllt mit Salat von Krevetten und Stangensellerie, außen herum Krevetten aufgehäuft, ein weichgekochtes, mit Estragonblättern verziertes, kaltes Ei daraufgelegt (amerikanisch).

American Rarebit oder Rabbit: Schmelzkäse auf amerikanische Art: Amerikanischer Cheddar mit etwas Bier geschmolzen, mit Senf und Paprika gewürzt und über Röstbrotschnitten gegossen (Würzbissen amerikanisch).

Amerikanische Eier: siehe American Eggs

Anchois: siehe Sardellen

Anguille: siehe Aal

Apfel, gefüllt: Gondole à la Duse (gondol dühs): In Form einer Gondel zugeschnittene und ausgehöhlte Äpfel, pochiert, ausgekühlt, gefüllt mit Julienne von Räucherlachs, Stangensellerie und grünen Paprikaschoten, gebunden mit Mayonnaise.

kalifornisch: Californian Apple: Deckel abgeschnitten, Frucht ausgehöhlt, gefüllt mit Salat von Hühnerfleisch und Stangensellerie, Deckel aufgesetzt, Blätter aus grüner Butter imitiert.

Appetitschnittchen: Canapés (kanapeh): Zierliche Weißbrot-, seltener Schwarzbrotschnittchen von runder, viereckiger, ovaler oder rechteckiger Form, geröstet oder ungeröstet, mit einfacher Butter oder einer Buttermischung bestrichen, geschmackvoll belegt und dekoriert.

Admirals-: à l'amiral: Ovale Form, mit Krabbenbutter bestrichen, mit Krabbenschwänzchen belegt, mit Hummereiern bestreut.

Aladin: Halbmondförmig, bestrichen mit Stockfischmus, garniert mit Chutney.

Alberta: Viereckige Form, bestrichen mit Sardellenbutter, belegt mit Kreuz aus Räucherlachs, Ecken dekoriert mit roten Rüben und Kräuterbutter.

Andalusische: à l'andalouse (angdaluhs): Mit Butter bestrichen, belegt mit Krabben, Sardellenfilets und gehackten grünen Paprikaschoten, bedeckt mit Mayonnaise, bestreut mit gehackten Trüffeln.

mit Austern: aux huîtres: Runde Form, geröstet, mit Butter bestrichen, panierte, gebackene, mit Cayennepfeffer gewürzte Auster obenauf.

Bagration (bagrazjohn): Bedeckt mit gehacktem Kopfsalat, Hummerfleisch, Oliven und roten Rüben, gebunden mit Mayonnaise.

Baseler: à la bâloise (bahloás): Viereckig, bestrichen mit weißem Zwiebelmus, belegt mit Scheibchen Emmentaler Käse, bedeckt mit Zwiebelmus, überkrustet.

Bayonner: à la bayonnaise (bajonnähs): Viereckig, geröstet, bedeckt mit gehacktem Schinken, gebunden mit dicker Madeirasauce, gewürzt mit Cayennepfeffer, bestreut mit geriebenem Parmesankäse, überkrustet.

Berner: à la bernoise (bernoás): Viereckig, gebraten, bedeckt mit gehacktem Schinken in dicker weißer Rahmsauce, belegt mit dünner Scheibe Emmentaler Käse, überbacken, heiß serviert.

Bresser: à la bressane (brehsann): Viereckig, geröstet, belegt mit gebratener Schinkenscheibe, darauf gebratene Champignons und Hühnerlebern; mit zerlassener Butter betropft, heiß serviert.

Bristol: Viereckiges Röstbrot, belegt mit gebratener Schinkenscheibe, obenauf Scheiben von pochiertem Rindermark und ein gebratener Champignon; mit gehackter Petersilie bestreut, heiß serviert.

mit Champignons: aux champignons (o schangpingjóng): Rundes Röstbrot, mit Butter bestrichen, belegt mit großem geröstetem Champignonkopf, gewürzt mit Cayennepfeffer; heiß serviert (Würzbissen).

Coquelin: Weißbrot, beliebige Form, bestrichen mit Sardellenpaste, vermischt mit Butter und geriebenem Parmesan; verziert mit Sardellenbutter, Kapern und Scheibchen von Essiggürkchen.

Dänische: à la danoise (danoás): Schwarzbrot, viereckig, bestrichen mit Rettichbutter, belegt mit Räucherlachs und Heringsfleisch, garniert mit Kaviar.

Derby: Weißbrotscheiben, bestrichen mit Schinkenmus, vermischt mit gehackten, eingemachten Walnüssen.

Diana: à la diane (diáhn): Geröstete Rechtecke belegt mit kleinen gebratenen Rauchspeckscheibchen, darauf gebratene Geflügellebern; heiß serviert (Würzbissen).

Direktor: Weißbrot, viereckig oder oval, bestrichen mit Sardellenbutter, belegt mit Krebsschwänzchen, überglänzt mit Gelee.

Elsässische: à l'alsacienne (alsassjen): Rundes Röstbrot, bestrichen mit Butter, belegt mit runder Scheibe Gänseleberparfait, darauf Trüffelscheibe, überglänzt mit Madeiragelee.

Feinschmecker: du Gourmet (gurmeh): Ovales Röstbrot, bestrichen mit Gänseleberbutter, obenauf ovales Scheibchen weißer Hühnerbrust, mit Madeiragelee überglänzt, mit gehackten Trüffeln eingefaßt.

mit Fischmilch: aux laitances (lätengs): Mit Butter bestrichen, belegt mit pochierten, in Essig und Öl marinierten Karpfenmilchern.

Französische: à la française (frangsähs): Rechteckig, bestrichen mit Sardellenbutter, belegt mit einer entgräteten und enthäuteten Sardine, leicht mit Remoulade bedeckt, mit gehackter Petersilie bestreut.

Frühlings: à la printanière (prängtanjähr): Bestrichen mit Kräuterbutter, belegt mit Scheiben von hartgekochtem Ei und Brunnenkresse.

Genfer: à la genévoise (schnevoás): Bestrichen mit Sardellenbutter, vermischt mit feingehacktem Schinken und Sardinenmus, bestreut mit gehacktem, hartgekochtem Eiweiß, Eigelb und gehackter Petersilie.

Harlekin: à l'arlequin (arlekäng): Scheibchen von verschiedener Form, bestrichen mit verschiedenartigen Butterkompositionen, bedeckt mit gehacktem Schinken, hartgekochten, gehackten Eiern, Räucherlachs usw., verziert mit Trüffelscheiben, Hummereiern usw.

Holländische: à la hollandaise (ollangdähs): Runde Röstbrotscheibchen, bedeckt mit Rührei, vermischt mit geräuchertem Schellfisch; heiß serviert (Würzbissen).

Hühner: de volaille: Geröstet, rund oder oval, belegt mit gebratenem, gehacktem, mit Butter vermischtem und gewürztem Hühnerfleisch.

Hummer: de homard (döomar): Viereckig, bestrichen mit Hummerbutter, umrandet mit hartgekochtem, gehacktem Ei, gebunden mit Mayonnaise, Hummerscheibe in der Mitte.

Indische: à l'indienne (ängdjenn): Geröstet, bestrichen mit gehacktem, hartgekochtem Ei, vermischt mit Butter, gewürzt mit Currypulver; bedeckt mit gehacktem Chutney.

Ivanhoe (eiwenhoh): Rundes Röstbrot, bestrichen mit Mus von geräuchertem Schellfisch, gerösteter Champignonkopf in der Mitte; heiß serviert (Würzbissen).

Jägerart: à la chasseur (schassör): Gebratene, gehackte Geflügellebern und Champignons, gebunden mit dicker Madeirasauce, auf ovales

Röstbrot kegelförmig gestrichen, mit geriebenem Parmesan bestreut, überkrustet; heiß serviert (Würzbissen).

Kaiserliche Art: à l'impériale: Rund, mit Butter bestrichen, obenauf Scheibchen Gänseleberpastete und runde Trüffelscheibe, überglänzt mit Portwein-Gelee.

Kamilla: Rund, bestrichen mit Butter, vermischt mit feingehackter Pökelzunge, garniert mit Streifen von Hühnerbrust.

Kapuziner: à la capucine (kapüssihn): Graubrot, bestrichen mit Mayonnaise, eine Hälfte bedeckt mit hartgekochtem, gehacktem Ei, die andere mit Kaviar, Krabbenschwänzchen zwischen beiden.

Kardinalsart: Cardinal: Rund, mit Mayonnaise bestrichen, darauf Hummerscheibe, verziert mit Trüffelscheibe, überglänzt mit Weißweingelee.

mit Kaviar: au caviar: Rund, bestrichen mit Butter, eingefaßt mit Zitronenbutter, Kaviar in der Mitte.

mit Krebsschwänzchen: aux queues d'écrevisses: Oval, mit Krebsbutter bestrichen, garniert mit marinierten Krebsschwänzchen, überglänzt mit Gelee.

mit Krevetten: aux crevettes (o krevett): Bestrichen mit Krevettenbutter, bedeckt mit Krevettenschwänzchen, überglänzt mit Gelee.

Lothringer: à la lorraine (lorrähn): Viereckig, bestrichen mit Butter, bedeckt mit gehackter Pökelzunge und Hühnerfleisch, garniert mit gehacktem Gelee.

Lucca: Oval, bestrichen mit Butter, bedeckt mit Kaviar, rohe, entbartete Auster in der Mitte.

Lucille: Oval, bestrichen mit Senfbutter, bedeckt mit gehackter Pökelzunge, belegt mit dünnen ovalen Scheibchen Hühnerbrust.

Lucullus: Rundes Röstbrot, bestrichen mit Butter, leicht mit Schabefleisch bedeckt, mit Paprika bestäubte Auster in der Mitte, umkränzt mit Kaviar; kleine Zitronenspalte an einer Seite.

mit Mark: à la moëlle (moäll): Rechteckig, geröstet, mit Butter bestrichen, belegt mit Scheiben von pochiertem Rindermark, mit Cayennepfeffer gewürzt und mit gehackter Petersilie bestreut.

Mexikanische: à la mexicaine (meksikähn): Mit Butter bestrichen, bedeckt mit gehackten Sardellen und Sardinen, verziert mit Scheiben hartgekochten Eis und gehackter, roter Paprikaschote.

Monte Carlo: Geröstet, bestrichen mit Gänseleberpüree, bestreut mit gehacktem, hartgekochtem Ei.

Norwegische: à la norvégienne (norweschjen): Graubrot, rechteckig, bestrichen mit Butter, belegt mit Sardellenfilets, garniert mit Meerrettichbutter.

Otéro: Rundes Röstbrot, bestrichen mit Butter, bedeckt mit Kaviar, umkränzt mit Remoulade, rohe, entbartete Auster in der Mitte.

Prinzessin: Princesse (prängsess): Rundes Röstbrot, bestrichen mit Butter, bedeckt mit gehacktem Hühnerfleisch, garniert mit Eierscheibe und Sardellenfilets, bestreut mit gehacktem Schnittlauch.

Réforme: Bestrichen mit Sardellenbutter, bedeckt mit einer Mischung von gehackter Pökelzunge, hartgekochtem Eiweiß und Essiggemüsen; garniert mit gehacktem Gelee.

Sardellen: aux anchois: Geröstet, bestrichen mit Butter, bestreut mit gehacktem, hartgekochtem Ei, obenauf kreuzweise Sardellenfilets.

Sardinen: Rechteckiges Röstbrot, bestrichen mit Butter, belegt mit entgräteter und enthäuteter Sardine, garniert mit gehacktem Ei.

Schwedische: à la suédoise: Schwarzbrot, bestrichen mit Sardellenbutter, vermengt mit gehackten Kapern und zerdrückter Ölsardine; belegt mit Scheiben von hartgekochtem Ei, Essiggurken, roten Rüben und Oliven.

Straßburger: à la strassbourgoise: Runde Weißbrotscheibe, in Butter gebraten, belegt mit runder, gebratener Apfelscheibe, darauf gebratene Scheibe Gänseleber, bedeckt mit zweiter Apfelscheibe; heiß serviert.

Sultan: à la sultane (sültán): Bestrichen mit Sardellenbutter, bedeckt mit gewürfeltem Hummerfleisch, gebunden mit Mayonnaise, obenauf gehackter Kopfsalat, vermischt mit gehackten roten Paprikaschoten in Mayonnaise.

Tatar: Vier- oder rechteckiges Roggenbrot, bedeckt mit geschabtem, gewürztem Rindfleisch, garniert mit gehackten Zwiebeln, Kapern und Essiggürkchen.

mit Thunfisch: Belegt mit zerdrücktem, konserviertem Thunfisch, garniert mit Gelee.

Turbigo: Mit Butter bestrichen, bedeckt mit gehackten Krevetten, gekochter Sellerieknolle und Essiggemüsen, gebunden mit dicker kalter Tomatensauce, verziert mit Gelee.

Ungarische: à la hongroise (ongroás): Rund, gebuttert, bedeckt mit Hühnerpüree, vermischt mit feingehackter, grüner Paprikaschote, bestreut mit Rosenpaprika.

mit Wild: au gibier: Röstbrot, kegelförmig aufgestrichen, mit Wildmus vermischt, mit gehackten Champignons und dicker Wildsauce, bestreut mit geriebenem Parmesan, gefettet, überkrustet.

Windsor: Weißbrot, mit Butter bestrichen, bedeckt mit Hühnerpüree, vermengt mit gehacktem Schinken und Räucherzunge, gewürzt mit Senf; garniert mit Scheibchen von Pfeffergürkchen und Kapern.

mit Zunge: à l'écarlate (alekarláht): Runde Röstbrotscheibe, bestrichen mit Senfbutter, belegt mit runder Scheibe Pökelzunge, garniert mit Gelee.

Artichaut: siehe Artischocke

Artischocken, gewürzt: à la diable (diábl): Kleine geputzte Artischocken, geviertelt, vorgekocht, mit Cayennepfeffer gewürzt, durch Backteig gezogen, gebacken.

griechische Art: à la grecque (gräk): Kleine geviertelte Artischocken, in Salzwasser blanchiert, in Beize aus Öl, Weißwein, Wasser, Zitronensaft oder Essig, Zwiebelscheibchen, Fenchel, Sellerie, Pfefferkörnern, Thymian und Lorbeerblatt gekocht; kalt in der Beize aufgetragen.

orientalisch: à l'orientale (oriangtahl): Kleine Artischocken, die inneren Blätter und Heu entfernt, gefüllt mit Mischung von Reibbrot, gehackter frischer Pfefferminze, Salz, Pfeffer, Spur Knoblauch und Ei; gedünstet mit Öl und Zitronensaft; kalt aufgetragen.

Artischockenböden, gebeizt: Fonds d'artichauts à l'huile (fong dartischóh): In Öl und Zitronensaft mit gehackten Zwiebeln gedünstet; im Sud kalt aufgetragen.

Diepper Art: à la dieppoise: Vorgekocht, gefüllt mit Krevetten und kleinen Muscheln, gebunden mit pikanter Mayonnaise.

Dubarry: Kalte, in Essig und Öl marinierte Böden, gefüllt mit marinierten Blumenkohlröschen, bedeckt mit Mayonnaise.

gefüllt: garnis: Vorgekocht, mit Öl und Essig mariniert, gefüllt mit Salat von Thunfisch, Spargel, feinem Gemüse usw.

griechische Art: Wie Artischocken bereitet.

Präsidentenart: à la présidente: Gefüllt mit feingehacktem Hühnerfleisch, gebunden mit Mayonnaise, dekoriert mit Eier- und Trüffelscheibe, überglänzt mit Gelee.

russische Art: à la russe (rühss): Vorgekocht, mariniert, gefüllt mit Kaviar, belegt mit kleiner entkernter und entrindeter Zitronenscheibe.

Aspik: Sulzgericht: Aspic: Gericht, bei dem die Bestandteile in Gelee eingesetzt werden und die Form zuvor mit Gelee ausgegossen und dekoriert worden ist.

von Garnelen: de crevettes (dö krevett): Form mit Krevettenschwänzchen ausgelegt, mit Krevettenmousse gefüllt, mit Gelee verschlossen; nach dem Erstarren gestürzt und mit Gelee garniert.

von Hummern: de homard (döomár): Form mit Trüffelscheiben und hartgekochtem Eiweiß dekoriert, mit Hummerscheiben gefüllt, mit

Weißweingelee verschlossen, gestockt; gestürzt, mit Geleedreiecken verziert, mit Mayonnaise serviert.

Italienischer Geflügel-: Aspic de volaille à l'italienne (dö wolaij alitaljenn): Form mit Trüffelscheiben dekoriert, gefüllt mit Streifen von Huhn, Pökelzunge und Trüffeln, mit Gelee zugegossen, gestürzt; serviert mit italienischem Salat und Remoulade.

Metropole: Stückchen von Sterletfilet, in Weißwein und Fischsud pochiert, erkaltet; garniert mit Tomatenscheibe und halbem, hartgekochtem Ei, gefüllt mit Kaviar und einem Krebsschwanz obenauf, überglänzt mit Gelee aus dem Fischfond (russisch).

von Rebhuhn: de perdreau: Brüstchen von kleinen, saftig gebratenen Rebhühnern, erkaltet, mit brauner Decksauce überzogen; in mit Trüffelscheiben dekorierter Form eingesetzt, mit Madeiragelee gefüllt, gestockt, gestürzt, mit Gelee garniert.

Tsarenart: du tsar: Wie Metropole, serviert mit pikanter Meerrettichsahne (russisch).

Auflauf: Soufflé (suffleh): Vorspeisen-Aufläufe werden in kleinen, individuellen, zuvor mit Butter ausgestrichenen, Backförmchen, Kokotten oder Kassoletten gebacken.

Artischocken: soufflé d'artichauts: Frische Artischockenböden, gedünstet, püriert, mit dicker Béchamel und Eigelb gebunden, gewürzt, mit Eiweißschnee klargezogen, in Auflaufförmchen gebacken.

Hummer-: de homard (döomåhr): Hummerfarce, vermischt mit dicker Béchamel, Hummerbutter und Eigelb, gewürzt, Eierschnee unterzogen, in Porzellanschälchen gefüllt, in der Röhre gebacken.

Käse-: de fromage (dö fromåsch): Milch mit Butter aufgekocht, mit Mehl wie Brandteig verrührt, geriebener Käse und Eigelb unterzogen, gewürzt, mit Eierschnee vervollständigt, in gefettete Backförmchen gefüllt, in der Röhre gebacken (Würzbissen).

Russischer Herings-: de hareng à la russe: Gewässerte, entgrätete Heringsfilets, gehackt, vermischt mit gekochten, durchgestrichenen Kartoffeln, Eigelb und Butter, mit Eierschnee aufgezogen, in die Förmchen gefüllt, gebacken.

Thunfisch-: de thon (dö tong): Püree von konserviertem Thunfisch, vermischt mit dicker Béchamel, Butter, Sahne und Eigelb, gewürzt, mit Eierschnee aufgezogen, in gebutterte Backförmchen gefüllt, in der Röhre gebacken.

Austern: F.: Huîtres; E.: Oysters: Es gibt viele verschiedene Sorten, die beliebtesten sind: Whitestables, Colchester, Holländer, Limfjords, Marennes, Cancaler, Holsteiner, Blue Points, Virginia usw. Austern werden mit einem Spezialmesser oder mit der Maschine geöffnet, auf gestoßenem Eis angerichtet und mit Zitronenspalten und mit Butter bestrichenem Grau-, Graham- oder Röstbrot serviert.

amerikanische Art: à l'américaine (amerikåhn): Im eigenen Saft pochiert, wieder in die Schalen gefüllt, übergossen mit amerikanischer Sauce.

Angels on Horseback: siehe Austern auf englische Art (englisch)

Auflauf: Soufflé d'huîtres: Abgesteifte, entbartete Austern lagenweise in gebutterte Auflaufschale mit Hecht- und Austernfarce mit Eigelb und festgeschlagenem Eiweiß, scharf gewürzt, gefüllt und gebacken.

Baltimore: In die gefettete Schale gelegt, mit einer Mischung von Reibbrot, geriebenem Parmesan und gehackter Petersilie bestreut, gefettet, im Ofen überkrustet.

Belleclaire: Gewürzt, gemahlen, in Butter rasch gebraten, auf gebuttertes Röstbrot mit kleiner gebratener Schinkenscheibe und Scheiben von gebratenen Champignons gelegt.

Bercy: Abgesteift, in die Schale gelegt, mit Bercysauce übergossen, glaciert.

Blätterteigpastete mit: Vol-au-vent d'huîtres (wol owang düihtr): Blätterteigpastete, gefüllt mit Austern, Krevetten, Champignons,

Fischklößchen und Trüffeln, gebunden mit Krebssauce; Austern müssen den Hauptteil bilden.

Borchardt: Entbartet, umlegt mit einem Streifen Kaviar, belegt mit mariniertem Tomatenscheibchen.

Broiled Oysters and Bacon: In dünne Speckscheibchen gehüllt, abwechselnd mit Champignons auf Spießchen gereiht, paniert, durch flüssige Butter gezogen, am Rost gebraten, mit Kräuterbutter serviert (amerikanisch).

Burgunder Art: à la bourguignonne (burginjonn): In der Schale, bestreut mit Reibbrot, betropft mit Schneckenbutter, überglänzt unter dem Salamander.

Cocktail: Entbartet, in Gläser gefüllt, mit Cocktailsauce übergossen, Zitronenspalte ans Glas gesteckt.
Amerikanisches System: In der Schale auf gestoßenes Eis gesetzt, dazu Cocktailsauce, Tabascosauce und Crackers serviert.

Delmonico: Abgesteift, in der Schale serviert, bedeckt mit Rahmsauce, mit Eigelb abgezogen und mit Zitronensaft gewürzt.

Devils on Horseback: Wie Engel zu Pferde, aber scharf mit Cayennepfeffer gewürzt (englisch).

Dubarry: Im eigenen Saft abgesteift, gefüllt in ausgehöhlte, gebackene Kartoffeln, mit Rahmsauce bedeckt, mit geriebenem Parmesan bestreut, im Ofen überbacken.

in Einmachsauce: à la poulette: Im eigenen Saft abgesteift, vermischt mit Champignonköpfen, gebunden mit Einmachsauce, mit dem Austernsaft vervollständigt.

englische Art: à l'anglaise (anglähs): Mit dünner Speckscheibe umhüllt, auf Spießchen gesteckt, am Rost gebraten, auf Röstbrot gelegt.

Excelsior: Fünf verschiedene Zubereitungen von pochierten Austern in der Schale auf einer Platte heiß angerichtet, z. B. mit grüner Kräuter-, mit Weißwein-, mit Rotwein- und mit Krebssauce bedeckt, und gebackene Austern.

florentinische Art: à la florentine: Steifgemacht, in der Schale auf Blattspinat angerichtet, mit Käsesauce übergossen, mit geriebenem Käse bestreut, gefettet, überkrustet.

Frikassee von: en fricassée: Pochierte Austern, vermischt mit kleinen Champignonköpfen, Kalbsklößchen und gewürfelter Kalbsmilch, gebunden mit Veloutésauce, vervollständigt mit Eigelb, Sahne und dem Austernwasser.

gebacken: 1. frites: In Ei und Reibbrot paniert, in tiefem Fett gebacken, mit Zitronenspalten und ausgebackener Petersilie angerichtet; Tatarensauce gesondert.
2. Beignets d'huîtres: Durch Backteig gezogen, in tiefem Fett gebacken, mit Zitronenspalten und ausgebackener Petersilie angerichtet.

gebeizt: marinée (marineh): Entbartet und roh in Essig, Öl, Salz und Pfeffer mit gehackten Kräutern gebeizt.

on Half Shell: in der Schale: In der Schale auf gestoßenem Eis angerichtet und mit dünnen, mit Butter bestrichenen Scheiben Graham- oder Roggenbrot oder Crackers, Vinaigrette- oder Pfeffersauce, geriebenem Meerrettich oder Tabascosauce nach Wunsch serviert (amerikanisch).

holländische Art: à la hollandaise: Ausgebutterte Backschüssel, angefüllt mit geschnittenen grünen Spargelspitzen und blanchierten Scheiben Rindermark, bedeckt mit abgesteiften, entbarteten Austern, gewürzt mit Zitronensaft und Cayennepfeffer, bestreut mit Reibbrot, gefettet, im Ofen überbacken.

kalifornische Art: In Mehl gewälzt, leicht in Butter gebraten, bedeckt mit gewürfelten Paprikaschoten und Tomaten, in Butter gedünstet und mit wenig Demiglace gebunden.

in Kästchen: en caisses: Im eigenen Saft mit Weißwein abgesteift, Saft reduziert, vermischt mit Rahmsauce und Eigelb, gewürzt mit

Cayennepfeffer, mit Eierschnee aufgezogen; die Austern mit dieser Masse in kleine Porzellan- oder Glasförmchen gefüllt, im Ofen gebacken.

mit Kaviar: Kleines Tartelett aus Halbblätterteig oder ungesüßtem Mürbeteig, mit Kaviar gefüllt, belegt mit gewürzter Auster, mit Gelee überglänzt.

Kreolenart: à la créole: Entbartet, gewürzt, in Crackermehl gewälzt, in Butter gebraten, auf Toast, mit Kreolensauce bedeckt, serviert.

Louis: In der Schale angerichtet, bestreut mit Reibbrot, vermischt mit Paprika und feingehackten Schalotten, mit zerlassener Butter gefettet, im Ofen gebacken.

Louisiana: Gefettete Backschüssel abwechselnd mit kleinen Crackers, gewürfelter grüner Paprikaschote, Okra und Austern gefüllt, mit geriebenem Käse bestreut, gefettet, im Ofen gebacken (amerikanisch).

Manhattan: In die Schale gelegt, bedeckt mit feingehackten roten und grünen Paprikaschoten, Champignons, Kräutern, Speck und Zwiebeln, im Ofen gebacken (amerikanisch).

Marschallsart: à la maréchale: Abgesteift, durch Backteig gezogen, gebacken, je drei Stück auf Zitronenscheibe angerichtet, mit gebackener Petersilie garniert.

Metropole: Entbartet, gewürzt, leicht mit heißem Rahm übergossen, mit geriebenem Parmesan bestreut, mit Butter gefettet, überkrustet.

Mornay: Wie überkrustet bereitet.

Newburgh: In Newburgh-Sauce pochiert, in Silberschale mit Toast serviert (amerikanisch).

Oyster Shell Roast (oister schell rauhst): Ungeöffnete Austern auf die heiße Ofenplatte gelegt, sobald sie sich öffnen, die obere Schale abgenommen; der Saft muß auf der Auster bleiben, mit Butter betropft heiß serviert (amerikanisch).

Pan Roast: Auf der heißen Platte zum Öffnen gestellt, herausgenommen, in Butter mit feingehackten roten und grünen Paprikaschoten und feinen Kräutern sautiert, auf Toast serviert (amerikanisch).

Pastetchen: Pochiert, mit Rahm oder Einmachsauce gebunden, in kleine Blätterteigpastetchen gefüllt.

Pickled: gebeizt: Vorgekochter Sud von Weißwein, wenig Weinessig, Zwiebel- und Mohrrübenscheibchen, Knollensellerie, Pfefferkörnern und Kräuterbündeln, heiß über die Austern geseiht; erkaltet, mit etwas Sud übergossen und mit gehackter Petersilie bestreut (englisch).

Scalloped Oysters (skälopt oisters): Überkrustet, amerikanische Art: Rohe Austern auf Crackermehl in feuerfeste Backschüssel gefüllt, bedeckt mit Eiermilch, gewürzt mit Salz, Pfeffer und Cayennepfeffer, vermischt mit etwas Crackermehl, mit Butter betropft, im Ofen gebacken (amerikanisch).

mit Schmelzkäse: Oyster rarebit: Röstbrotscheibe, belegt mit pochierten Austern, übergossen mit Cheddarkäse, geschmolzen mit dem Austernwasser, vermischt mit Eigelb, scharf gewürzt (amerikanisch).

Teufelsart: à la diable: Wie auf Spießchen, das Reibbrot vermischt mit Senfpulver und einer Prise Cayennepfeffer; Teufelssauce gesondert.

überkrustet: au gratin (o gratäng): Entbartet, abgesteift, in die Schale gefüllt, mit Käsesauce bedeckt, mit geriebenem Parmesan bestreut, gefettet, überkrustet.

Valparaiso: Rohe Austern in Backschüssel mit gedünsteten, gehackten Champignons und Sellerie gefüllt, mit Rahmsause übergossen, glaciert.

Victor: In der Schale, bedeckt mit Mischung von feingehackten frischen Nüssen, Champignons und Butter, gewürzt, im Ofen gebacken.

Villeroi: Pochiert, erkaltet, in Villeroisauce getaucht, paniert, gebacken; Tomatensauce extra.

Virginia: In hauchdünne Schinkenscheibe gehüllt, paniert, in tiefem Fett gebacken.

Avocado (falsch: Alligatorbirne): Avocat: Die birnenförmige, dunkelgrüne bis braunrote Frucht eines Tropenbaumes aus der Familie der Lorbeergewächse. Heimat: Das tropische Mittelamerika, Anbau in fast allen tropischen Ländern und im Mittelmeergebiet; Kulturen besonders in den USA und Israel.

Cocktail: Fleisch der Avocado in Würfel geschnitten, vermischt mit Sauce aus süßem Rahm, gewürzt mit Tomatenketchup, Worcestershire sauce, Salz, Paprika und Zitronensaft; in Stengelglas aufgetragen.

Fruchtsalat: Avocado Fruit Salad: Reife Avocado der Länge nach geteilt, in dünne Scheiben geschnitten, abwechselnd mit Pampelmuse- oder Orangenscheibchen auf Salatblätter dressiert, mit Vinaigrettesauce übergossen (amerikanisch).

mit Garnelen: Avocado stuffed with Shrimps: Zarte, aber nicht überreife Früchte der Länge nach halbiert, der Kern entfernt, geschält, auf Salatblättern dressiert. Mit einer Mischung von gehackten Hummerkrabben, hartgekochtem Ei und etwas gehacktem Bleichsellerie, mit Mayonnaise gebunden, gefüllt, leicht mit Mayonnaise bedeckt. Mit Scheiben von hartgekochtem Ei, Zitronenvierteln und gefüllten Oliven garniert (amerikanisch).

mit Schildkrötengelee: Avocado with Turtle Jelly: Klare Schildkrötensuppe passiert, erhitzt, leicht mit eingeweichter, ausgedrückter Gelatine gebunden, mit Madeira gewürzt, erstarrt. Avocado der Länge nach halbiert, Kerne entfernt, das Innere mit Salz, Pfeffer und Zitronensaft mariniert, abgetropft, mit dem gewürfelten Gelee gefüllt (australisch).

Ballotines de volaille: siehe Geflügelkeulen, gefüllt
Bamia: siehe Okra
Bananen Cumberland: Bananes à la Cumberland: In dünne Scheiben geschnitten, mit Cumberland-Sauce angerichtet, bestreut mit gehackten Pistazien; kalt serviert.

gebeizt: Pickled bananas: Vorgekochter Fond aus Weinessig, Zucker, Wasser und Pfefferkörnern, passiert, aufgekocht mit gehackten, grünen Paprikaschoten, heiß über kleine geschälte Bananen gegossen, vor dem Gebrauch einige Tage mariniert (amerikanisch).

Barbrötchen: Sehr kleine viereckige, ovale, runde oder dreieckige Schnittchen von Weiß-, Grau-, Graham- oder Knäckebrot, bestrichen mit einer Butterkomposition oder Creme, verschiedenartig belegt und garniert.

Barquettes: siehe Schiffchen
Becherpastete (Dariole [dariól]) **auf gallische Art:** à la gauloise (goloás): Kleine Becherform, mit Gelee chemisiert, mit gewürfelten Hahnenkämmen, Hahnennieren, Champignons und Trüffeln, mit Mayonnaise gebunden, gefüllt, mit Gelee geschlossen, gestockt, gestürzt.

Regina: Becherform gefettet, mit Fischfarce ausgestrichen, mit Ragout von Fischmilch und Krebsschwänzchen in Fischsamtsauce gefüllt, mit Fischfarce bedeckt, im Wasserbad pochiert; gestürzt, mit Krebssauce übergossen.

Beignets: siehe Krapfen
Bengalines de bécasse: siehe Schnepfentörtchen
Beurrecks: siehe türkische Käsestangen
Blätterteigstäbe: Allumettes (allümett): Blätterteig, 5 mm dick ausgerollt, mit Farce bestrichen, in Stäbe von 7–8 cm Länge und 2 cm Breite geschnitten, im Ofen gebacken (Würzbissen).

mit Bückling: de hareng fumé: Mit Heringfarce bestrichen, mit Bücklingfilets belegt; gebacken.

Caprice: Mit Hühnerfarce vermischt, mit gehackter Pökelzunge und Trüffeln bestrichen; gebacken.

Blätterteigstäbe   **Champignons**

- **mit Käse:** au fromage (frohmasch): Mit Béchamel vermischt, mit geriebenem Parmesankäse gewürzt, mit Cayennepfeffer bestrichen; bestreut mit geriebenem Parmesan, gebacken (Würzbissen).
- **mit Krebsmus:** d'écrevisses (dekrewiß): Bestrichen mit Krebsfarce, vermischt mit gewürfelten Krebsschwänzchen und gehackten Pistazien; gebacken.
- **mit Krevetten:** aux crevettes: Mit Krevettenfarce vermischt, mit gewürfelten Krevetten bestrichen; gebacken.
- **mit Lachs:** de saumon (dö somong): Mit Lachsfarce bestrichen, verziert mit Streifchen von Räucherlachs; gebacken.
- **mit Sardellen:** d'anchois (dangschoa): Bestrichen mit Fischfarce, vermischt mit Sardellenpüree, verziert mit Sardellenstreifen; gebacken.

Blätterteigstreifen mit Käseauflauf: Feuilletés au parmesan: Blätterteigstreifen, bedeckt mit Parmesan-Auflaufmasse; im Ofen gebacken (Würzbissen).

Blini, Blinis: Russische Plinzen: Untertassengroße, dünne Pfannkuchen, aus halb Weizen- und halb Buchweizenmehl mit Hefe, Butter, Milch und Eierschnee; mit geschmolzener Butter und saurer Sahne, meistens zum Kaviar serviert (russisch).
- **auf russische Art:** siehe Kaviar mit russischen Plinzen

Blitzkuchen: Eclairs (eklähr): Kleine Stangen aus Brandteig, ausgehöhlt, mit irgendeinem Püree gefüllt, mit Chaudfroid-Sauce überzogen, mit Gelee überglänzt.
- **Karoly:** Gefüllt mit Püree von Schnepfenabgängen und Eingeweiden, mit Weinbrand gewürzt, mit brauner Chaudfroid-Sauce überzogen, mit Gelee überglänzt.
- **mit Kaviar:** au caviar: Mit Kaviar gefüllt, mit Gelee überglänzt.
- **Rossini:** Gefüllt mit getrüffeltem Gänseleberpüree, mit brauner Chaudfroid-Sauce überzogen, mit Madeiragelee überglänzt.
- **mit Sardellen:** aux anchois (os angschoá): Mit Fischpüree vermischt, mit Sardellenpüree gefüllt, mit Gelee überglänzt.

Bologneser Zervelatwurst: Mortadella: Italienische Dauerwurst, in dünne Scheiben geschnitten serviert.

Bücklingsfilets: Filets de hareng saur (fileh dearang sohr): Ausgelöste, grätenfreie Filets, übergossen mit Mayonnaise, vermischt mit Heringsmilch, feingehackten Zwiebeln, Petersilie, Estragon, Kerbel, Schnittlauch und Sellerie.

Bündner Fleisch: Viande sechée des Grisons: gepökeltes, luftgetrocknetes, knochenfreies Muskelfleisch aus der Rinderkeule. Graubündener Spezialität. Wird hauchdünn geschnitten oder gehobelt, mit Pfeffer, Schwarzbrot und Butter serviert. Beliebte Beilage für gekühlte Melone und zu frischen Feigen.

Caisses: siehe Kästchen
Canapés: siehe Appetitschnittchen
Cappone magro: Schichten von mit Knoblauch geriebenem Brot und diversen Gemüsesalaten, bedeckt mit Langustenmedaillons und Fischschnitten, zu einer Pyramide geformt, mit grüner Sauce von Mayonnaise, Kräutern, Kapern und Pfeffergurken bedeckt, garniert mit Eiervierteln, Sardellen, Scampi, Oliven, Tomaten u.a.m. (italienisch).
Carolines (karolihn): Kleinfingerlange Blitzkuchen (Eclairs), mit feinem Püree von Fisch, Fleisch, Geflügel, Wild usw. gefüllt, mit passender Decksauce überzogen, mit Gelee überglänzt.
Caviar: siehe Kaviar
Champignons, Edelpilze, Tafelpilze: Champignons: Für die Tafel kommen hauptsächlich ganz frische, weiße Zuchtchampignons in Frage.
- **gebeizt:** marinés: Geputzt, in heißer Marinade von Essig, Öl, Wasser, Knoblauch, Lorbeerblatt, Thymian usw. gargemacht; im Sud ausgekühlt und im passierten Sud serviert.

gefüllt: farcis (farßih): Große Köpfe, gebraten oder pochiert, gefüllt mit Thunfischmus, mit Essig- und Öl-Sauce übergossen serviert.

gewürzt: à la diable: In Butter sautiert, mit Salz, Cayennepfeffer und Zitronensaft gewürzt; heiß serviert.

unter Glasglocke: sous cloche: Große Köpfe, ausgehöhlt, gewürzt, gefüllt mit Kräuterbutter, auf Röstbrot gesetzt, auf runder Platte angerichtet, mit Glasglocke bedeckt; im Ofen gargemacht und so serviert.

auf griechische Art: à la grecque: Große Köpfe, geviertelt, in einer Marinade wie für Artischocken gargemacht und kalt im Sud serviert.

auf Röstbrot: Mushrooms on toast: Große Pilze, auch Wiesenchampignons, auf dem Rost gebraten, mit Salz und Cayennepfeffer gewürzt, auf gebuttertem Röstbrot dressiert (englisch, Würzbissen).

auf rumänische Art: à la roumaine: In Sud wie für griechische Art unter Zusatz von in Streifen geschnittenen roten Paprikaschoten und gehacktem Dill bereitet; sehr kalt serviert.

und Zungensalat: Große Pilze, roh in grobe Streifen geschnitten, mit Zitronensaft, Öl, Salz, Pfeffer und feinen Kräutern gewürzt; mit der gleichen Menge grober Julienne von Pökelzunge vermischt, kalt serviert.

Chartreuse: siehe Kartäusergericht

Chaudfroid (scho froa): Gericht, das erst warm zubereitet, dann kalt mit Decksauce nappiert, mit Gelee überglänzt oder in mit Gelee ausgegossene Form gefüllt wird.

von Austern: d'huîtres (duihtr): Pochierte Austern, mit Fisch-Decksauce überzogen, in mit Weißweingelee ausgegossene Form eingesetzt; nach dem Erstarren gestürzt und mit Gelee garniert.

von Fasan Buloz: de faisan Buloz: Saftig gebratene Fasanenbrust, in Scheibchen geschnitten, mit brauner Decksauce, aus den Karkassen bereitet, überzogen, abwechselnd mit weiß chaudfroidierten Champignonköpfen in einer mit Gelee ausgegossenen und mit Gelee vollgefüllten Form eingesetzt.

von Huhn Rossini: de volaille Rossini: Scheiben von pochierter Hühnerbrust, mit weißer Geflügel-Decksauce vermischt, mit Gänseleberpüree überzogen, mit einer Lyra aus Trüffeln dekoriert; in tiefe Schüssel gefüllt, mit zartem Gelee vollgegossen, erstarrt.

von Rebhuhn Prince Leopold: de perdreau Prince Leopold: Saftig gebratene Scheiben von kalter Rebhuhnbrust, mit Schaumbrot von Rebhuhnfleisch und Gänseleber aufgestrichen, mit brauner Decksauce aus den Gerippen überzogen, mit gehackten Trüffeln und Schinken bestreut, mit Madeiragelee überglänzt; angerichtet um Kegel von Salat von Artischockenböden, Champignons, Trüffeln und Oliven in Mayonnaise.

von Sterlet auf russische Art: de Sterlet à la russe: Pochierte, kalte Schnitten, mit gestockter Mayonnaise überzogen, beliebig dekoriert, mit Gelee überglänzt, auf russischem Salat angerichtet.

Ciernikis: Weißer Käse (Quark, Topfen) durch Sieb gestrichen, mit Mehl und Butter, Eiern, Salz, Pfeffer und Muskat zu Teig verarbeitet, ausgerollt und in Vierecke geschnitten; in Salzwasser pochiert, abgetropft, mit geriebenem Parmesan bestreut, mit brauner Butter mit geröstetem Reibbrot übergossen (polnisch).

Cocktails, Vorspeisen-: Hummerscheiben, Krebsschwänzchen, Garnelen, entbartete Austern oder Muscheln, Thunfisch u. a. m. in Stengelgläser gefüllt, mit Cocktailsauce übergossen, nach Belieben garniert, eiskalt serviert.

Austern: Europäisches System: Entbartete Austern in Cocktailglas gefüllt, mit Cocktailsauce übergossen, beliebig garniert, mit Zitronenscheibe am Glasrand.

Amerikanisches System: Austern auf Eis in der Schale angerichtet, Glas mit Cocktailsauce und Zitronenspalten in der Mitte der Schüssel.

Clam: Gehackte, gekochte, kalte Clams (amerikanische Muscheln) in Glas gefüllt, mit Cocktailsauce übergossen (amerikanisch).

Crabmeat: Kaltes, grobgehacktes Fleisch von Taschenkrebsen in das Glas gefüllt, mit Cocktailsauce übergossen; Zitrone beigegeben.

Crabmeat Ravigote: Wie Crabmeat-Cocktail, aber mit Ravigote-Sauce übergossen.

Fruchtsaft: Stengelglas halb mit gestoßenem Eis gefüllt, aufgegossen mit Fruchtsäften, wie Orange, Grapefruit, Ananas usw., zuweilen mit gewürztem Sirup und Zitronensaft vermischt, eiskalt serviert.

Hummer: de homard: Gewürfeltes Hummerfleisch, bedeckt mit Cocktailsauce, mit halber Zitronenscheibe, an Glasrand gesteckt, serviert.

Krebs: d'écrevisses: Krebsschwänzchen in Glas gefüllt, mit Cocktailsauce bedeckt, garniert mit Eierscheibe, Kapern, halbe Zitronenscheiben am Glasrand.

Melonen: Fleisch von Cantaloup- oder Netzmelone zu Kugeln ausgestochen oder grob gewürfelt, in Cocktailglas gefüllt, mit leichter Cocktailsauce übergossen, mit Ingwerpulver bestäubt.

Pampelmusen: de pamplemousse: Filets ohne Bindehaut oder Kerne, bereitet wie Melonen-Cocktail.

Tomaten: de tomates: Eisgekühlter Tomatensaft, mit Tomatenketchup, Tabasco, Zucker und Salz gewürzt.

Cœurs de palmier: siehe Palmenmark
Colombines: siehe Grießtörtchen, gefüllte
Cornets: siehe Tüten, gefüllte
Côtelette: siehe Kotelett
Coulibiac: siehe russische Fischpastete
Courgettes: siehe Kürbischen
Crabe: siehe Taschenkrebs
Creamed Roast Beef on Toast: Parierte Scheibe rosa gebratenes Roastbeef, in Rahmsauce erwärmt, aber nicht aufgekocht, auf Buttertoast angerichtet (amerikanisch).
Crêpes: siehe Pfannkuchen, kleine
Crépinettes: siehe Netzwürstchen
Cromesquis: siehe Kromeskis
Croque-Monsieur: Zwei kleine, mit Butter bestrichene, mit dünner Scheibe Schweizer Käse belegte Weißbrotscheiben, wie ein Sandwich mit einer Scheibe gekochtem Schinken zwischen dem Käse zusammengesetzt, in geklärter Butter gebraten; in größerer Form auch als Imbiß (französisch).
Croquettes: Kroketten: siehe Krusteln
Crudités (krühdihtäh): Rohkost: Lebensmittel, die im rohen Zustand als Vorspeise gegeben werden: Melone, Pampelmusen, Feigen und andere Früchte, Salate von rohen Gemüsen, mit oder ohne Früchte, Tomaten, Radieschen, roher Sellerie usw. Sie sollten unbedingt Bestandteil jeder Mahlzeit sein.
Cuisses de grenouilles: siehe Froschkeulen

Dänische belegte Brote: Smørrebrod: dünne Scheiben Roggenbrot, für Käse meist Weißbrot, mit Butter bestrichen, üppig mit Räucherlachs, Kaviar, Garnelenschwänzchen, Marinaden, Schinken, kaltem Fleisch oder Geflügel u. v. a. mehr belegt, reich garniert.
Dariole: siehe Becherpastete
Dartois: auch D'Artois (dahrtoá): Dünn ausgerollter Blätterteig, 9 bis 10 cm breit, bestrichen mit Farce, garniert mit feinem Ragout, mit einem zweiten Streifen Blätterteig bedeckt, Ränder freigelassen und angedrückt, mit Ei bestrichen, die Stücke 3 × 3 cm markiert; gebacken, in Vierecke geteilt, heiß serviert.

mit Sardellen: d'anchois: Mit Merlanfarce bestrichen, mit Sardellenfilets belegt.
mit Sardinen: aux sardines: Wie mit Sardellen, aber mit enthäuteten und entgräteten Sardinen.
mit Seezungenfilets: aux filets de sole: Mit Seezungenfarce bestrichen, mit Seezungenstreifen belegt.
Dillgravad skivlax: mit Dill gebeizter Lachs: Entgrätete Lachshälften mit Salz, gestoßenem Pfeffer, Zucker und viel Dill gebeizt. In dünne Scheiben geschnitten, mit Salatblättchen und Zitronenspalten garniert, mit einer Sauce von Senf, Weinessig, Öl, Zucker und gehacktem Dill serviert (schwedisch).
Duchesses: siehe gefüllte Brandteigkrapfen

Eclairs: siehe Blitzkuchen
Ecrevisses: siehe Krebse
Eier, kalte: siehe Eierspeisen
Eieräpfel, griechische Art: Aubergines à la grecque (obersjihn ala gräk): Kleine Eierpflanzen, eingeschnitten, mit Knoblauch besteckt, in Sud aus Öl, Wasser, Weißwein, Zitronensaft, Zitronenscheiben, Fenchel, Pfefferkörner und Prise Salz gedünstet; erkaltet, mit etwas durchgeseihtem Sud serviert.
  Nimeser Art: à la nîmoise (nihmoás): Halbiert, eingekerbt, gesalzen, angebacken in Öl, mit kleingewürfelten Tomaten und grünen Paprikaschoten, gehackten Kräutern und Knoblauch in Öl gargedünstet; mit Zitronensaft gewürzt und kalt serviert.
Endivien auf griechische Art: Mit Zitronensaft, Öl, Wasser, Fenchel, Pfefferkörnern, Thymian und Lorbeer gedünstet; kalt in dem passierten Sud aufgetragen.
Engel zu Pferde: siehe Austern: Angels on Horseback
Escabecia: Kleine Fischchen, in Mehl gewendet, in Öl gebraten, in heißer Marinade von Öl, Essig, Wasser, Zwiebel-, Mohrrüben- und Paprikaschotenscheiben, Knoblauch, Lorbeerblatt, Thymian und Gewürzen 24 Stunden gebeizt; kalt in der Marinade aufgetragen.

Feines Ragoût in Muscheln: Ragoût fin en coquille (ragu fäng ang kokil): siehe unter Hauptgerichte
Feigen: (fihg): Frische, stark gekühlte, grüne oder blaue Feigen, auf Weinblättern angerichtet; serviert mit Pfeffer und frischer Butter.
Fenchelknollen, griechisch: Pieds de fenouil à la grecque (pie de fenui alla gräk): In Weißwein, Öl, Zitronensaft, Wasser, Kräuterbündeln und Pfefferkörnern gedünstet; kalt in dem passierten Sud serviert.
  italienisch: à l'italienne (italjenn): Vorgekocht, in Öl, Weißwein, gewürfelten Tomaten, Champignonscheiben, gehackten Zwiebeln, Petersilie und Thymian gedünstet; kalt im Sud serviert.
  rumänische Art: à la roumaine (rumähn): Vorgekocht, gedünstet in Öl, Wasser und Zitronensaft mit Knoblauch, Tomaten, Pfefferkörnern, Thymian und Lorbeerblatt; kalt im passierten Sud serviert.
Finnan Haddie on Toast: Geräucherter Schellfisch (Haddock), in Milch pochiert, abgetropft, geblättert, auf gebuttertem Röstbrot dressiert, mit zerlassener Butter beträufelt; wird auch zum Frühstück serviert (englisch).
Fischmilch, gewürzt: Laitances à la diable: Karpfen- oder Heringsmilch, in Butter gebraten, mit Cayennepfeffer gewürzt, auf gebuttertem Röstbrot angerichtet.
Foie gras: siehe Gänseleber
Fondants: Schmelzkrusteln: Sehr kleine, birnenförmige Kroketten aus einem oder mehr Arten Püree von Fisch, Fleisch, Wild, Geflügel usw., mit dick eingekochter Sauce gebunden, paniert, in tiefem Fett gebacken und mit gebackener Petersilie angerichtet.

Dreux: Fondants à la Dreux (fongdang alla dröh): Püree von in Butter steifgemachten Geflügellebern und ebensoviel Champignonpüree, mit dicker Madeirasauce gebunden.
Fasanen: de faisan (dö fäsang): Von Fasanenpüree mit sautierter, durchgestrichener Geflügelleber und dicker Wildsauce.
Gänseleber: de foie gras: Von Gänseleberpüree mit feingehackten Trüffeln und dicker Madeirasauce.
Georgette: Von Gänseleber- und Wildpüree.
Gräfinart: à la comtesse: Aus Hühner- und Zungenmus.
Herzoginart: à la duchesse (düschess): Hühnermus mit Pistazien und Mus von Pökelzunge.
Königinart: à la reine: Hühnerpüree mit dick eingekochter Hühnerrahmsauce gebunden.
Louisette: Zwei Teile Hühner- und je ein Teil Gänseleber- und Zungenmus, mit dick eingekochter deutscher Sauce gebunden.
Marion: Je zur Hälfte Hühner- und Wildmus.
Metternich: Gänseleberpüree, vermengt mit Gänseleberwürfeln.
Monselet: Gänseleber- und Trüffelpüree, gebunden mit dick eingekochter Madeirasauce.
Fonds d'artichauts: siehe Artischockenböden
Fondue auf Neuenburger Art: à la neuchâteloise (fondü nöhschateloás) siehe Käsespeisen.
Frankfurter Würstchen: In siedendheißem Wasser erhitzt, mit geriebenem Meerrettich oder Senf, auch mit Kartoffelsalat serviert.
Frivolitäten: Frivolités (friwohliteh): Sehr zierliche, kleine Vorgerichte in reicher Auswahl, wie gefüllte Schiffchen, gefüllte Tarteletts, Eclairs mit einem beliebigen Püree gefüllt, geformte Cremes in Gelee, mit beliebigem Püree gefüllte Windbeutelchen u. a. m.
Froschkeulen, Froschschenkel: Cuisses de grenouilles (grenuj): Siehe auch bei Fischgerichten.
  in Aurora-Sauce: Nymphes à l'aurore (nängf allauhrohr): In Weißwein pochiert, ausgekühlt, mit Fisch-Decksauce, mit Tomatenmus gefärbt und mit Paprika gewürzt, überzogen; in Glasschüssel, mit Champagnergelee bedeckt, serviert.
  mit Kräutersauce: Nymphes ballerines (nängf ballerihn): In Weißwein pochiert, mit grüner Kräuter-Decksauce überzogen, mit Gelee überglänzt; auf Salatblättern angerichtet.
  Lyoner Art: à la lyonnaise (lionnähs): In Butter mit feinen Zwiebelscheibchen sautiert, mit gehackten Kräutern bestreut, mit Zitronensaft beträufelt.

Galantine: Runde, längliche Pastete mit Einlage von Trüffeln, Pistazien, Speck, Räucherzunge oder anderem, in Haut gehüllt; kalt mit Gelee überzogen und dekoriert serviert.
  von Ente: de canard: Wie Hühnergalantine, aber in Entenfond pochiert.
  vom Fasan: de faisan: Wie Hühnergalantine, aber in Wildfond pochiert.
  vom Frischling: de marcassin: Frischling entbeint, ohne Haut zu verletzen, gefüllt mit Frischlingsfarce, vermengt mit gewürfelten Trüffeln, gewürfelter Zunge, Schinken, Speck, hartgekochten Eiern und Pistazien, zusammengenäht, in Wildfond pochiert, erkaltet, mit Gelee überglänzt.
  vom Huhn: Galantine de volaille (gahlantihn dö volaij): Huhn entbeint, ohne Haut zu beschädigen, Haut flach aufgelegt, bedeckt mit Hühnerfarce, vermischt mit Trüffel-, Speck-, Zungen- und Gänseleberwürfeln und Pistazien, belegt mit rohen Hühnerbruststreifen, zusammengerollt, in Tuch gebunden, in weißem Fond pochiert und darin ausgekühlt, ausgebunden, mit weißer Chaudfroid-Sauce überzogen, oft auch dekoriert und mit Gelee überglänzt oder nur mit Gelee überzogen; mit Gelee garniert serviert.

Gänsebrust, geräuchert: Poitrine d'oie fumée: Roh in sehr dünne Scheiben geschnitten, mit feingewürfeltem Gelee angerichtet.

Gänseleber in Gelee: Foie gras en gelée (foa grah ang sheleh): Frische Stopfleber, in Weißwein und Trüffelsud pochiert, erkaltet, in Form mit Gelee aus dem Fond eingesetzt; nach dem Erstarren des Gelees gestürzt.

auf Königinart: à la reine (rähn): Schnitten von kalter, pochierter Gänseleber, mit weißer Geflügel-Decksauce überzogen, in mit Gelee ausgegossene Form gefüllt, mit Gelee zugegossen; nach dem Erstarren gestürzt.

Lucullus: Scheiben von getrüffeltem Gänseleber-Parfait in Madeiragelee, in halbrunden Blechformen zum Stürzen eingesetzt; hauptsächlich Handelsartikel.

Medaillons: Médaillons de foie gras: 1. Oval ausgestochenes Weißbrot, geröstet, gebuttert, bedeckt mit Gänselebercreme, umrandet mit gehackten Trüffeln;
2. runde oder ovale Scheiben von Parfait, mit Trüffelscheibe verziert, in Madeiragelee eingesetzt.

nordische Art: à la nordique (nordik): Eiförmige, leicht ausgehöhlte, gebackene Weißbrotscheibchen, gefüllt mit Gänseleberschaum, kegelförmig aufgestrichen; nach dem Stocken mit weißer Decksauce überzogen, mit Trüffelmotiv dekoriert, mit Gelee überglänzt; dazu Cumberland-Sauce und Moskauer Salat.

Parfait: Die feinsten getrüffelten Stopflebern, in ovaler Schüssel in Madeiragelee eingesetzt; heute hauptsächlich Handelsartikel.

Pastete in der Kruste: Pâté de foie gras en croûte: Stopflebern, getrüffelt, in runder, ovaler oder rechteckiger Form mit Pastetenteig ausgelegt, abgedeckt und dekoriert gebacken; heute hauptsächlich fabrikmäßig hergestellt.

in Portweingelee: en gelée au porto: Frische Stopfleber, getrüffelt, in Portwein und Trüffelsud pochiert; nach dem Erkalten mit Portweingelee überglänzt und dekoriert.

auf russische Art: la russe: Mit in heißes Wasser getauchtem Löffel ausgestochen, bergförmig in die Mitte einer Glasschale angerichtet, mit kleinen, mit Kaviar gefüllten Blätterteigpastetchen umlegt.

Schaum: Mousse (Mus): Mit Trüffelsaft rosig pochierte Stopfleber, nach dem Erkalten durch Haarsieb gestrichen, gewürzt, mit Gelee und ungesüßter Schlagsahne aufgezogen; in mit Madeiragelee ausgegossene und mit Trüffelscheiben dekorierte Form gefüllt, mit Gelee zugegossen; nach dem Stocken gestürzt, mit Gelee-Dreiecken verziert.

in Terrine: Pâté de foie gras en terrine: In Terrinen gefüllte, getrüffelte Gänseleberpastete; Handelsartikel.

Gänseweißsauer: Gänsefleisch, mit Kalbsfüßen, Wurzelwerk, Kräuterbündeln und Gewürzen gekocht; mit dem geklärten, mit Zitronensaft oder Essig gesäuertem Fond übergossen und zum Erstarren gebracht.

Garnele, Granat, Krabbe: F. crevette; E. shrimp (große: prawn): Kleiner Seekrebs, der zu den Langschwanzkrebsen gehört und von denen es zahlreiche Arten gibt. Länge 4–11 cm, Farbe grünlichgrau bis grünlichbraun. Wichtigste europäische Arten: Nordseegarnele (crevette grise); Ostseegarnele (crevette baltique); Felsengarnele (crevette rosé, bouquet) und die Tiefsee- oder Grönlandgarnele. Fleisch wohlschmeckend, aber rasch verderblich. Garnelen werden frisch, in Dosen oder Gläsern konserviert und gefroren gehandelt. Große Arten, Riesengarnelen (King prawns) u.a. kommen aus Übersee nur gefroren auf den Markt.

Doria: Kleine Tomaten, ausgehöhlt, das Innere gebeizt, gefüllt mit Garnelensalat, bedeckt mit dünner Gurkenscheibe, bestreut mit gehacktem Dill.

gebacken: frites: Große Exemplare, gewürzt, paniert, in Öl gebacken; mit Zitronenspalten und gebackener Petersilie angerichtet.

gewürzt: à la diable: Große Exemplare, paniert, in tiefem Fett gebacken, mit einer Mischung von Salz und Cayennepfeffer bestreut; mit Zitronenspalten und gebackener Petersilie angerichtet.

moderne Art: à la moderne: Schwänzchen mit leichter, pikanter Mayonnaise gebunden, domförmig auf Glasplatte angerichtet, mit großen Hummerkrabben, gevierteilten, hartgekochten Eiern und Zitronenspalten garniert.

Salat: Salade de crevettes: Gewürfeltes Garnelenfleisch, vermischt mit gewürfeltem Sellerie, mit leichter Senfmayonnaise gebunden, dekoriert mit Sardellenfilets, hartgekochtem Ei und Kapern.

Gebackenes: Fritot (frihtoh): siehe unter Hauptgerichte

Geflügelkeulen, gefüllt: Ballotines de volaille: Poularden oder Hühnerkeulen, entbeint, mit feiner Farce gefüllt, in Geflügelfond pochiert, erkaltet; mit weißer Geflügel-Decksauce überzogen, dekoriert; mit Gelee überglänzt, nach Belieben garniert.

Geflügellebern: Foies de volaille (foa döwolai): siehe unter Hauptgerichte

Gewürzgurken, Essiggurken: Cornichons: Kleine, in Essig eingelegte Gürkchen, im Handel käuflich.

Golden Buck: 1. Verlorenes Ei auf Röstbrot, bedeckt mit der gleichen Masse wie für Welsh Rarebit;
2. dünne, rosa gebratene Scheibe Rinderfilet auf Röstbrot, mit Welsh Rarebit-Masse bedeckt (amerikanisch, Würzbissen).

Gombo: siehe Okra

Gourmandises: Winzige Tarteletts, Schiffchen, Halbmonde, Vierecke oder Dreiecke von Blätterteig oder ungezuckertem Biskuit, Mundbissen, Windbeutelchen, winzige Eclairs, kleine Dreiecke, Vierecke oder runde Scheiben von englischem Graham- oder Knäckebrot, mit pikanten Cremes von Fisch, Schaltieren, Fleisch, Wild, Geflügel u. a. m. gefüllt, zum Teil mit Decksauce überzogen, geschmackvoll dekoriert, eventuell mit Gelee überglänzt, zuweilen in Papierkästchen gesetzt und in großer Auswahl angerichtet.

Grießtörtchen, gefüllte: Colombines: Grieß, in guter Brühe gekocht, gewürzt, mit Eigelb und geriebenem Parmesan vermischt; Tartelettförmchen mit dieser Masse ausgestrichen, mit einem Püree oder Salpicon gefüllt, mit Grießmasse verschlossen, paniert und gebacken; alle Füllungen für Mundbissen eignen sich auch für diese Törtchen.

Gründlinge: Nonats (nonah): Die kleinfingerlange Brut eines Fisches aus dem Mittelmeer, rasch aufgekocht und abgekühlt, mariniert mit Essig, Öl, Salz, Pfeffer und gehackten Kräutern, stark gekühlt; in Mitte einer Glasschüssel angerichtet, mit Tomatenvierteln, Artischockenvierteln, roten Rüben und Scheiben von hartgekochten Eiern garniert.

Gurken auf dänische Art: Concombres à la danoise (danoás): Geschält, in runde Stücke geschnitten, ausgehöhlt, mit Essig und Öl gebeizt, gefüllt mit Lachspüree, vermengt mit gewürfeltem, mariniertem Heringsfleisch und hartgekochtem Ei; bestreut mit geriebenem Meerrettich.

gefüllt: farcis (farßih): Wie oben ausgehöhlt, gargemacht, mariniert, mit Fischpüree, feinem Fisch-, Fleisch- oder Geflügelsalat gefüllt, dekoriert, mit Gelee überglänzt.

schwedische Art: à la suédoise (süedoás): Wie oben, gefüllt mit Heringssalat.

Haddock: Smoked Haddock: Geräucherter Schellfisch: In Stücke geschnitten, in Milch pochiert, mit frischer Butter oder mit zerlassener Butter übergossen serviert (Frühstücksgericht, englisch).

on Toast: Geräucherter Schellfisch auf Röstbrot: In schräge Scheiben geschnittene Filets von geräuchertem Schellfisch, am Rost gebraten, auf gebuttertes Röstbrot gelegt, mit zerlassener Butter betropft (Frühstücksgericht, englisch).

Halbmondpastetchen: Rissoles (rissól): Halbmonde aus Blätter- oder feinem Hefeteig, gefüllt mit einem Gehäck von Fisch, Fleisch, Geflügel usw., in tiefem Fett gebacken.

Bresser Art: à la bressane (bressahn): Salpicon von rasch gebratenen Geflügellebern und Champignons, mit Duxelles-Sauce gebunden; mit Auslegeteig umhüllt.

Joinville: Blätterteig, gefüllt mit Salpicon von Krevetten, Trüffeln und Champignons in dicker normannischer Sauce.

Königinart: à la reine: Blätterteig, gefüllt mit Hühnerhaschee, mit dicker Rahmbéchamel gebunden.

Nantua: Blätterteig, gefüllt mit Salpicon von Krebsschwänzchen und Trüffeln, gebunden mit Béchamelsauce, mit Krebsbutter vervollständigt.

normannische Art: à la normande (normangd): Blätterteig, gefüllt mit Salpicon von Austern, Muscheln und Krevetten in dicker normannischer Sauce.

Schäferinart: à la bergère: Blätterteig, gefüllt mit Salpicon von Lammmilchern und Champignons, gebunden mit dicker Béchamelsauce mit Zwiebelpüree.

Victoria: Blätterteig, gefüllt mit Salpicon von 3 Teilen Hummer und einem Teil Trüffeln, gebunden mit dicker Hummersauce.

Hamburger Rauchfleisch: Gekocht, erkaltet, in dünne Scheibchen geschnitten, mit geriebenem Meerrettich serviert.

Hammelfüße: Pieds de mouton: siehe bei Hauptgerichten

Haselnüsse, gewürzt: Noisettes diablées (noasett diablüh): Blanchiert, geschält, geröstet, mit Salz und Cayennepfeffer gewürzt (Würzbissen).

Helianthi: Hélianthe: Geschabt, in Zitronenwasser gelegt, blanchiert, nach dem Erkalten in Scheiben geschnitten, mit gehackten Pfeffergurken und Kapern vermischt, mit Mayonnaise, mit saurem Rahm und Senfpulver vervollständigt, gebunden.

Hering, Bismarck: Frischer Hering ohne Kopf, in Weißwein, Essig, Gewürzen mit Zwiebelringen gargemacht; kalt im Sud aufgetragen.

Diepper Art: à la dieppoise (diäppoás): Frische Heringe, in Essig und Weißwein mit Scheibchen von Mohrrüben, Petersilienwurzel, Zwiebelringen, Schalotten, Thymian und Lorbeerblatt gargemacht; in der Brühe erkaltet und aufgetragen.

estländische Art: à l'éstonienne (estonjenn): Salzheringe, gewässert, feingehackt, vermischt mit in Butter geröstetem Reibbrot, Eigelb und saurer Sahne; von der Masse kleine Pfannkuchen gebacken.

filets: Filets de hareng: Filets von Salzheringen, in Milch gewässert, abgetropft, übergossen mit Marinade von mildem Weinessig und Öl, gekocht mit Pfefferkörnern, Koriander, Thymian und Lorbeerblatt; in der Beize mariniert, mit Zwiebelringen belegt und mit etwas Beize übergossen.

filets mit grünen Bohnen: Leicht gewässerte Filets von Matjesheringen, auf Eis angerichtet, dazu frische Butter, Prinzeßböhnchen und neue Kartoffeln.

gebeizt: mariné: Gewässert, zwei bis drei Tage mit Zwiebelscheiben, Petersilie, schwarzen Pfefferkörnern, Gewürznelken, Lorbeerblatt und Senfkörnern, übergossen mit saurer Sahne, vermischt mit der durchgestrichenen Heringsmilch und Weinessig, eingelegt.

geräuchert; Bückling: Hareng fumé (fühmeh): Im Handel erhältlich.

Livländische Art: à la livonienne (liwonjenn): Bücklingsschnitten, vermischt mit kalten, gekochten Kartoffelscheiben und Apfelscheiben, angemacht mit Essig, Öl, Salz, Pfeffer, gehacktem Fenchel und Estragon.

Matjes: Hareng vierge, caqué (wiärsch, kakéh): Junge, gesalzene Heringe, die noch nicht gelaicht haben.

auf russische Art: à la russe (rüß) : 1. Bücklingsfilets, abwechselnd mit kalten Scheiben von gekochten Kartoffeln angerichtet, mit Essig

und Öl gewürzt, mit gehackten Schalotten, Petersilie und Estragon bestreut;
2. Bücklingsfilets, umlegt mit roten Rüben und hartgekochten Eierscheiben, bestreut mit gehackter Petersilie und Kapern.

Salat, Russischer: de hareng à la russe: Gewässerte Filets von Salzheringen, abwechselnd mit Scheiben von roten Rüben und hartgekochten Eiern angerichtet, mit Vinaigrette-Sauce vermischt, mit geriebenem Meerrettich übergossen, mit Kapern bestreut.

Huîtres: siehe Austern

Hummer: Homard (omahr): siehe unter Fische und Schaltiere
  Schaumbrot: Mousse de homard: Gares Hummerfleisch, püriert, durch Haarsieb gestrichen, mit Salz, Paprika und Cognac gewürzt, mit Gelee vermengt, mit Schlagsahne aufgezogen; in mit Gelee ausgegossene, dekorierte Form gefüllt, mit Gelee verschlossen, gestockt, gestürzt.

Illustrierte Salzgurke: Scheiben in Senf gerollt, abwechselnd mit Sardellenfilets und Streifen von Emmentaler Käse angerichtet, garniert mit kleinen, mit Kapern gefüllten Schinkentütchen und halbem, hartgekochtem Ei, gefüllt mit Kaviar.

Jambon: siehe Schinken

Kalbsfuß: Pied de veau (pieh dö woh): siehe unter Fleischspeisen
  Salat: Salade de pied de veau: Mit Wurzelwerk gekocht, entbeint, in Streifen geschnitten, noch warm mit Essig, Öl und Paprika mariniert; mit Kräutermayonnaise gebunden, mit Eierscheiben garniert.

Kalbshirn in Essig- und Öl-Sauce: Cervelle de veau à la vinaigrette (serwäl dö woh winägrétt): Gewässert, Blutgerinnsel entfernt, in Essigwasser pochiert, erkaltet, mit Vinaigrette-Sauce übergossen.
  italienische Art: à l'italienne: In Fond mit Weißwein pochiert, erkaltet, mit Gelee, vermischt mit gehackten feinen Kräutern übergossen.
  in Muscheln: en coquille (ang kokij): 1. Pochiert, erkaltet, in Scheiben geschnitten, mariniert; in Muscheln gefüllt, mit Mayonnaise bedeckt, mit gehackten Kräutern, gehacktem Ei und Kapern bestreut;
2. pochiert, in Scheiben geschnitten, in gebutterte Muscheln mit Champignonscheiben gefüllt, mit Käsesauce übergossen, mit geriebenem Käse bestreut, gefettet, im Ofen überkrustet; Rand der Muscheln kann mit Herzogin-Kartoffelmasse umspritzt werden.
  Robert (robähr): Pochiert, erkaltet, in Scheiben geschnitten, abwechselnd mit Scheiben von Knollensellerie angerichtet, mit leichter, mit Senf gewürzter Mayonnaise übergossen.

Kardi auf griechische Art: Cardon à la grecque (kardong ala gräk): Geschält, in Stücke geschnitten, wie Fenchel gleichen Namens bereitet.

Karpfen, mariniert: Carpe en marinade (karp ang marinád): Enthäutete und entgrätete Karpfenstücke, in kurzer vorgekochter Brühe von Wasser, Essig, grober Julienne von Wurzelwerk, etwas Öl, Zitronensaft und Gewürzen pochiert; kalt in der Brühe serviert.

Kartäusergericht mit Gänseleber: Chartreuse à la régence (schartröhs ala reschangs): Becherform mit Gelee ausgegossen, gänzlich mit ausgestochenen Gemüsen verziert, gefüllt mit gewürfelter Gänseleber, verschlossen mit Madeiragelee.

Kartoffeln auf Ardenner Art: Pommes de terre à l'ardennaise (pomm dö tähr alardenäs): Im Ofen gebacken, Deckel abgeschnitten, ausgehöhlt, wieder gefüllt mit dem Kartoffelpulp, vermischt mit Butter, Eigelb, gehacktem Schinken, Champignons, Petersilie und geriebenem Parmesan, gewürzt; mit geriebenem Parmesan bestreut, mit Butter betropft, im Ofen gebacken.

Georgette: Gebacken, an der Seite geöffnet, größter Teil des Pulps entfernt, mit Krebsschwänzchen, gebunden mit Nantuasauce gefüllt; sehr heiß auf Serviette serviert.

Käseauflauf: Soufflé de fromage: Zarte Masse aus Milch, Mehl, Butter, Eigelb, geriebenem Käse, Eierschnee, Salz und Paprika, in gebutterter Auflaufschale oder individuellen Porzellannäpfchen gebacken.

Brillat-Savarin: Mit halb geriebenem Parmesan und halb Emmentaler Käse bereitet.

Cheddar: Ausschließlich mit geriebenem Cheddar bereitet, mit Cayennepfeffer gewürzt.

Italienischer: à l'italienne: Mit geriebenem Parmesankäse bereitet.

Lyoner Art: à la lyonnaise (lionäs): Wie Brillat-Savarin mit grober, in Weißwein gargemachter Trüffeljulienne in der Masse.

Camembert, gebacken: Camembert frit (kamangbär frih): Sauber geputzt, in Würfel geschnitten, mit Cayennepfeffer gewürzt, zu Röllchen geformt, paniert, in tiefem Fett gebacken; mit gebackener Petersilie angerichtet (Würzbissen).

Creme: Crème de fromage (krähm dö fromahsch): Eierstich, vermengt mit geriebenem Parmesan, gewürzt mit Salz und Paprika, in kleine Förmchen gefüllt, im Wasserbad im Ofen pochiert; nach dem Erkalten gestürzt.

Gorgonzola, gebacken: Würfel von Gorgonzolakäse, in dünne Speckscheibe gewickelt, durch Backteig gezogen, in tiefem Fett gebacken (Würzbissen).

kuchen: Talmouses (talmuhs): 1. Blätterteigvierecke, Mitte gefüllt mit dicker Auflaufmasse, vermischt mit Würfeln von Emmentaler Käse, Ecken zusammengeschlagen, mit Ei bestrichen, gebacken; 2. rund ausgestochener, ungesüßter Mürbeteig, darauf Brandteigmasse, vermischt mit gewürfeltem Emmentaler Käse, in Größe eines kleinen Windbeutels aufgespritzt, mit Ei bestrichen, mit geriebenem Parmesan bestreut; gebacken, mit dicker Käsecreme gefüllt.

Mundbissen: Bouchées au fromage: Winzige Blätterteigpastetchen, mit pikanter Käsecreme gefüllt.

Nocken, gewürzt: Diablotins (diablotäng): Kartoffelmasse mit Brandteig und geriebenem Parmesan vermengt, mit Cayennepfeffer gewürzt, kleine Löffelnocken abgestochen, in Salzwasser pochiert, abgetropft; in feuerfeste Form gefüllt, mit geriebenem Parmesan bestreut, mit zerlassener Butter beträufelt, gratiniert (Würzbissen).

Perlen, Schweizerische: Perles suisses (perl suiß): Ungezuckerter Brandteig, vermischt mit sehr feingewürfeltem Emmentaler Käse, mit Paprika gewürzt; davon sehr kleine Kugeln geformt, gebacken.

Plinzen, Jüdische: Jewish Cheese Blinzes: Masse aus Mehl, Milch, Eiern, wenig Öl, Salz und Prise Zucker, davon dünne runde, kleine Eierkuchen gebacken; gefüllt mit schaumig gerührter Butter, vermischt mit Eigelb und durchgestrichenem Quark, gewürzt mit Salz, Zucker und gehackter Zitronen- und Orangenschale, gerollt serviert (amerikanisch).

Schweizer, gebacken: Emmental frit: Kleinere, dickere Scheiben, mit Paprika gewürzt, paniert und in tiefem Fett gebacken (Würzbissen).

Stangen: Batons de fromage (paj ö fromahsch): Blätterteig, in 10 Touren ausgerollt, mit reichlich geriebenem Parmesan dazwischen, gewürzt mit Cayennepfeffer, dünn ausgerollt, davon Bänder geschnitten, diese in Streifen von ca. 1 cm gerollt, mit Ei bestrichen, mit geriebenem Käse und Paprika bestreut, gebacken.

Stroh: Paille de fromage (paj dö fromahsch): Wie für Stangen, aber dünner ausgerollt, Bänder von 10 cm Breite und hiervon Streifen von 3 mm geschnitten, rasch im Ofen gebacken.

Waffeln: Gaufrettes au fromage (gofrétt): Blätterteig wie für Käsestangen bereitet, dünn ausgerollt, in Vierecke oder Rechtecke geschnitten, mit Ei bestrichen, mit geriebenem Käse und Paprika bestreut, im Ofen gebacken.

Windbeutel: Ramequins (ramkäng): 1. Brandteig, vermischt mit geriebenem Parmesan und kleinen Würfelchen von Emmentaler Käse, davon Windbeutelchen geformt, mit Ei bestrichen, Käsewürfel bestreut, im Ofen gebacken;

2. Choux au fromage (shuh): Windbeutelchen, mit Ei bestrichen, mit geriebenem Käse bestreut, gebacken, mit Käsecreme gefüllt.

Kästchen: Caisses (käß): Feine kleine Vorgerichte, warm oder kalt, die in Porzellan-, Steingut- oder Silbernäpfchen serviert werden.

Casanova: Gefüllt mit Julienne von Knollensellerie, Trüffeln und Eiweiß, mit pikanter Mayonnaise gebunden.

Kardinalsart: Gefüllt mit Würfelragout von 3 Teilen Hummer und einem Teil Trüffeln, gebunden mit Kardinalsauce; mit Hummerscheibe belegt, mit Käse bestreut, gefettet, überkrustet.

Mascotte: Gefüllt mit Rachelsalat (s. d.) mit Hühnerfleischstreifen, garniert mit grünen Spargelspitzen und Trüffelscheiben.

Kaviar: Caviar (kawjahr): Durch Zusatz von etwas Salz haltbar gemachter Rogen verschiedener Störarten des Schwarzen und Kaspischen Meeres. Nach Störart unterschieden: Beluga mit grobkörnigem Rogen; Ship mit mittelgroßem Rogen; Ossiotr, dem Ship ähnlich; Sevruga mit besonders kleinkörnigem Rogen. Malossol ist ganz mild gesalzener Kaviar, Parnaja Malossol der von im Winter gefangenen Stören.

Kaviar wird entweder direkt in der Originaldose oder in einer Glasschüssel auf gestoßenes Eis oder beleuchteten Eisblock gestellt; Zitronenspalten, Toast und Butter serviert man extra.

mit Blini: aux blinis: Eiskalter Kaviar, serviert mit russischen Plinzen, zerlassener Butter und saurem Schmant.

mit Kartoffelpuffer: aux crèpes de pomme de terre: Tassengroße, dünne, kroßgebackene, heiße Kartoffelpuffer bedeckt mit eiskaltem Kaviar und sofort serviert oder der Kaviar extra gereicht.

Kett-, Lachs-: Caviar rouge (kawjahr ruhsch): Aus dem Rogen des Keta-Lachses gewonnener Kaviar; grob, gelbkörnig. Wird auch aus dem Rogen kanadischer Lachse und einiger Karpfenarten hergestellt.

Preß: Aus Resten zusammengepreßter Kaviar, der für Canapés verwendet und auch mit Essig und Öl gegessen wird.

Röllchen: Cannelons au caviar (kannelong): Dünne Blätterteigstreifen über kurzes, fingerdickes Holzröllchen gedreht, mit Ei bestrichen, gebacken; nach dem Erkalten mit Kaviar gefüllt.

Salat: Salade de icre de crap: Lachs- oder Karpfenkaviar mit wenig Zwiebel feingestoßen, mit Pfeffer und Zitronensaft gewürzt, mit Öl wie Mayonnaise aufgerührt; eiskalt mit Tomatenscheiben und schwarzen Oliven garniert serviert (rumänisch).

Stangen: Batons au caviar (batong): Gebackene Blätterteigstangen, durchgeschnitten, mit Kaviar gefüllt.

Törtchen: Brisolette de caviar: Kleine Tarteletts von Hefeteig, gefüllt mit Kaviar, leicht mit Mayonnaise gebunden, garniert mit Sardellenstreifen, überglänzt mit Gelee.

Kiebitzeier: Œufs de vanneau (öh de wannoh): siehe unter Eierspeisen

schwedische Art: à la suédoise (swedoás): Ringform mit Gelee ausgegossen, mit Gemüsesalat gefüllt, mit Gelee zugegossen; nach dem Erkalten gestürzt, Mitte mit Brunnenkresse gefüllt, darauf Tütchen von Räucherlachs mit kalten, gekochten, geschälten Kiebitzeiern gefüllt.

Kieler Sprotten: Esprot (äßpro): Von Haut und Kopf befreit, enthäutet, auf gewürfeltem Gelee, Brunnenkresse oder Salatblättern angerichtet; auch mit Essig und Öl mariniert.

Kilkis: Norwegische Sardellen. Sehr kleine, würzig eingelegte Heringe. Im Handel erhältlich.

Koteletts von Hummer auf Moldauer Art: Côtelette de homard à la moldavienne (kotlett dö omahr ala molldavjenn): Kotelettform mit Gelee ausgegossen, mit Trüffel verziert, mit Hummerschaum gefüllt, mit Gelee zugegossen, gestockt; gestürzt, auf russischem Salat angerichtet.

  Pariser Art: à la parisienne (parihsjenn): Form mit Gelee ausgegossen, verziert mit halben Pistazien, gefüllt mit Hummermousse, mit Gelee zugegossen, gestockt; gestürzt, auf gleichgroßer Scheibe Hummerfarce, mit Hummer- und Pistazienbutter vervollständigt, garniert mit Krebsschwänzen.

  von Lachs: de saumon (dö somong): Form mit Gelee ausgegossen, gefüllt mit Lachsschaum, mit Gelee zugegossen, gestockt; serviert mit Gemüsesalat.

  auf italienische Art: de saumon à l'italienne: Gekochtes, gestoßenes, mit Tomatenmus und Butter vermischtes, durch ein Haarsieb gestrichenes Lachsfleisch, gewürzt; in mit Tomaten-Decksauce ausgegossene Form gefüllt; gestockt, gestürzt, auf italienischem Salat angerichtet, mit gehackten Pistazien bestreut.

  Ostender Art: à l'ostendaise (ostangdähs): Form mit Gelee ausgegossen, mit entbarteter Auster und Trüffelscheibe verziert, mit Lachsschaum gefüllt, mit Gelee zugegossen, gestockt; gestürzt, um Krevettensalat angerichtet.

  auf russische Art: à la russe: Form mit weißer Decksauce vermischt mit Kaviar ausgegossen, mit Gelee zugegossen, gestockt; gestürzt, dressiert um russischen Salat.

  von Stör: d'ésturgeon (destürschong): Störschnitten, kotelettförmig geschnitten, in Butter und Weißwein pochiert, unter leichtem Druck erkaltet; verziert, mit Gelee überglänzt, mit russischem Salat angerichtet.

Krabben: Sammelname für alle Kurzschwanzkrebse und Zehnfüßler. Im Handel werden Garnelen meistens als Krabben bezeichnet.

Krapfen: Beignets (bänjäh): Rohe oder vorgekochte Lebensmittel, entweder durch Backteig gezogen oder paniert, in tiefem Fett gebacken, meistens mit gebackener Petersilie und Zitronenspalten serviert. Siehe auch unter Hauptgerichte.

  Artischocken: d'artichauts (dartischoh): Vorgekochte Böden, mit Zitronensaft und Öl gebeizt, durch Backteig gezogen, gebacken.

  Camembert: Gewürfelter Camembert, vermengt mit dicker Béchamel und Eigelb, gewürzt mit Paprika; zu flachen runden Kuchen geformt, paniert, gebacken.

  Hirn: de cervelle (döh serwähl): Vorgekochtes, erkaltetes Hirn, in Scheiben geschnitten, mit Zitronensaft, Öl, Salz und Pfeffer gebeizt; durch Backteig gezogen, gebacken; Tomatensauce extra.

Krebse: Écrevisses (ekrewihs): siehe auch unter Fische und Schaltiere

  Aufläufchen mit Schaumwein: Petits soufflés d'écrevisses: Krebse mit Röstgemüse angeschwitzt, mit Weinbrand flambiert, mit gewürfelten Tomaten, Kräuterbündel und Schaumwein gekocht; ausgebrochen, Körper mit Sahne feingestampft, durch Haarsieb gestrichen, mit Cayennepfeffer gewürzt, mit dem zu Glace eingekochten Fond, Schlagsahne und Gelee vermengt; in kleine Auflaufschälchen bis 2 cm unter den Rand gefüllt, verziert mit Trüffelscheibe, überglänzt mit Gelee.

  Schaumbrötchen: Mousselines d'écrevisses: Masse wie für Aufläufchen, gefüllt in kleine, mit Gelee ausgegossene und dekorierte Förmchen, verschlossen mit Gelee; nach dem Erstarren gestürzt und mit gewürfeltem Gelee garniert.

schwanzsalat Bouzy: Ausgebrochene Krebsschwänze, auf feingeschnittenen Salatblättern angerichtet, mit Sauce aus Mayonnaise, Cognac, Tomatenketchup, geriebenem Meerrettich und gehacktem Eastrgon bedeckt, garniert mit Salatherzen und Eiervierteln.
neue Art: Krebsschwänze, Orangenfilets, dünne Scheibchen Bleichsellerie und Champignons, mit einer Marinade von Orangen- und Zitronensaft, Olivenöl, Salz, Paprika, wenig Senfpulver und gehackten Oliven bei Tisch angemacht.
Timbal mit Gemüsesalat: Timbale de queues d'écrevisses: Timbalform mit Gelee ausgegossen, symmetrisch mit Krebsschwänzen ausgelegt, Mitte gefüllt mit feinem Gemüsesalat, gebunden mit russischer Mayonnaise, mit Gelee verschlossen; nach dem Erstarren auf runde Platte gestürzt und mit Gelee-Dreiecken verziert.
Vinaigrette: Salade de queues d'écrevisses à la vinaigrette: Gekocht, erkaltet, ausgebrochen, mit Essig- und Öl-Sauce angerichtet.

Kromeskis: siehe unter Hauptgerichte
Krusteln: siehe unter Hauptgerichte
Krusten: Croûtes: Dicke Weißbrotscheiben, rund oder viereckig ausgestochen, ausgehöhlt, in Butter gebacken, gefüllt, heiß oder kalt serviert. (Heute nicht mehr modern.)
englische Art: à l'anglaise: Gefüllt mit Fischmus, vermischt mit Butter und gewürzt mit Worcestershiresauce, garniert mit Fischstreifen.
Epikuräerart: à l'épicurienne: Gefüllt mit gekochtem, gehacktem, in Butter gedünstetem Spinat, vermischt mit gehacktem, hartgekochtem Ei, Sardellen und Kapern.
Eureka: Gefüllt mit Champignon-Auflaufmasse, belegt mit Sardellenstreifen, in der Röhre überbacken.
Feinschmeckerart: du gourmet: Schwarzbrotscheibe, belegt mit gebratener Schinkenscheibe, bedeckt mit Scheibe Emmentaler Käse, bestreut mit Cayennepfeffer, überbacken.
mit Gänseleber: au foie gras: Gefüllt mit Gänselebercreme, vermischt mit Butter und gewürzt mit Madeira, belegt mit Trüffelscheibe; kalt serviert.
auf indische Art: à l'indienne: Gefüllt mit Reis, vermischt mit gewürfeltem, hartgekochtem Ei, Krevetten, Chutney und gehackter Petersilie, gebunden mit Currysauce.
Karl V.: Charles V.: Gefüllt mit pochierter, gewürfelter Fischmilch, bedeckt mit Käseauflaufmasse, gebacken.
mit Mark: à la moëlle: Gefüllt mit pochiertem, gewürfeltem Rindermark, belegt mit Trüffelscheibe, übergossen mit Bordeaux-Sauce, bestreut mit gehacktem Schnittlauch.
Mephisto: Gefüllt mit pochierter Karpfenmilch in pikanter Sauce.
Mirabeau: Bestrichen mit Sardellenbutter, gefüllt mit Sardellenfilets.
Norwegische Art: à la norvégienne: Bestrichen mit Sardellenbutter, gefüllt mit gewürfeltem, hartgekochtem Ei, Trüffeln und Räucherlachs, bestreut mit gehacktem Kerbel; kalt serviert.
polnische Art: à la polonaise: Gebratenes, gehacktes Hasenfleisch, vermischt mit gehackten Sardellen und hartgekochten Eiern, gebunden mit Demiglace.
Romanow: Gefüllt mit gewürztem Thunfischmus, bestreut mit gehackten Pistazien; kalt serviert.
Rosamunde: Gefüllt mit gewürfelten, als Salat angemachten Tomaten, garniert mit Scheiben von hartgekochtem Ei und Sardellenfilets; kalt serviert.
spanische Art: à l'espagnole: Bestrichen mit Sardellenbutter, gefüllt mit gewürfeltem, hartgekochtem Ei und Sardellenfilets, gebunden mit Tatarensauce, garniert mit gefüllter Olive; kalt serviert.
Tsarina: Bestrichen mit weißem Zwiebelmus, vermischt mit Sardellenpüree, gefüllt mit Kaviar; kalt serviert.
Krustade: Croustade (krustád): siehe unter Hauptgerichte

Kulibijaka: Coulibiak: siehe Russische Fischpastete
Kürbischen, kleine Flaschenkürbisse: Courgettes (kurschett).
- **gebeizt:** au verjus: Geschält, in dicke Scheiben geschnitten, in gesäuertem Wasser pochiert; abgetropft, im Saft unreifer Trauben mit Lorbeerblatt, Thymian und Koriander gebeizt.
- **auf griechische Art:** à la grecque: Geschält, in Form großer Oliven tourniert oder in dicke Scheiben geschnitten; wie Artischockenböden gleichen Namens bereitet.
- **auf römische Art:** à la romaine: Geschälte Scheiben mit Zitronensaft, Öl, Salz, Pfeffer und gehackter Petersilie gebeizt; durch Backteig gezogen, in tiefem Fett gebacken; Tomatensauce gesondert.
- **auf rumänische Art:** à la roumaine (rumähn): Deckel abgeschnitten, ausgehöhlt, gefüllt mit Pilawreis, vermischt mit dem gewürfelten Fruchtfleisch, grünen Paprikaschoten und Tomatenpüree; Deckel wieder aufgesetzt, in Öl und Zitronensaft gedünstet, kalt serviert.

Lachs, gebeizt: Saumon mariné: Schnitten in Weißwein mit gewürfelten Tomaten, Champignonscheiben, gewürfeltem Essiggemüse, Oliven, Zitronensaft, Öl und Gewürzen pochiert; im Sud erkaltet und darin serviert.
- **auf sibirische Art:** à la sibérienne: Mit Gewürzen mildgesalzene Lachsseiten; in dünne Scheiben geschnitten, mit Meerrettichsahne, Röstbrot und Butter serviert.
- **geräuchert:** fumé: In dünne Scheiben geschnitten, mit Röstbrot und Butter serviert oder mit Meerrettichsahne bestrichen, gerollt und auf gewürfeltem Gelee angerichtet.
- **Paste:** Potted Salmon: Aufstrich für Canapés und Sandwiches. Handelsartikel, in England besonders populär.

Laitance: siehe Fischmilch
Lamproie: siehe Neunaugen
Langue de Bœuf: siehe Ochsenzunge
Languste: siehe unter Fische und Schaltiere
Lauch, Lauchstauden, gebeizt: Poireaux (poaroh) à la vinaigrette: Das Weiße der Stauden 8 cm lang geschnitten, gekocht, ausgekühlt, mit Vinaigrette-Sauce übergossen serviert.
- **auf griechische Art:** à la grecque: Wie oben vorgeschnitten, stark blanchiert und wie Artischockenböden gleichen Namens fertiggedünstet.
- **Herzen auf russische Art:** Cœurs de poireaux à la russe: Das Weiße 6 cm lang zugeschnitten, gekocht, ausgekühlt, ausgehöhlt, mit Zitronensaft und Öl gebeizt; gefüllt mit Mischung von gewürfeltem, hartgekochtem Ei und Kaviar, gebunden mit Mayonnaise, leicht mit geriebenem Meerrettich gewürzt.

Livländer Vorschmack: Vorschmack Litowski: Gewürfelter, gewässerter Salzhering, vermischt mit Butter, abgerührt mit Eigelb, gewürzt mit Muskatnuß und Pfeffer, vermengt mit Eierschnee; in gebutterte Backschüssel gefüllt, im Ofen gebacken (baltisch).
Long Island Buck: Cheddarkäse mit Bier geschmolzen, vermischt mit Eigelb, gewürzt mit Worcestershiresauce und Paprika, über Röstbrot gegossen, im Ofen gebacken (Würzbissen, amerikanisch).
Lothringer Specktorte: Quiche Lorraine: Tortenrand mit ungezuckertem Mürbeteig ausgelegt, belegt mit kleinen, dünnen Scheiben Rauchspeck, bedeckt mit dünnen Scheibchen Schweizer Käse, gefüllt mit gewürzter Eiermilch; im Ofen gebacken und heiß serviert.

Makrele, geräuchert: Maquereau (makroh) fumé (fümeh): Handelsartikel.
- **in Gelee:** à la gelée: Im Handel erhältlich.
- **in Öl:** à l'huile: Im Handel erhältlich.

Mango: Die Frucht des indischen Mangobaumes; eingemacht im Handel erhältlich.

Marinownaja e gribuis: Marinierte Steinpilze: Abgewällt, mariniert in Beize von Essig, Salz, Knoblauch, Lorbeerblatt und Pfefferkörnern; in Gläser gefüllt und mit Öl zugegossen (russisch).

Mayonnaise von Fisch: Mayonnaise de poisson (poassong): Kalter, entgräteter und enthäuteter Fisch, auf streifig geschnittenem Kopfsalat in Glasschale angerichtet, mit Mayonnaise überzogen, mit Sardellenstreifen und Kapern verziert, mit hartgekochten Eierviertelnen garniert.

   von Geflügel: de volaille (döwolaij): Kaltes Hühnerfleisch, in kleine dünne Scheibchen geschnitten, auf streifig geschnittenem Kopfsalat angerichtet, mit Mayonnaise bedeckt, mit Sardellenstreifen und Kapern verziert, garniert mit Vierteln von hartgekochten Eiern, Salatherzen und entsteinten Oliven.

   von Hummer: de homard: Wie Fischmayonnaise mit in Scheiben geschnittenem Hummer bereitet.

Medaillons, Westfälische: Oval ausgestochenes Röstbrot, mit Kräuter- oder Senfbutter bestrichen, mit ovaler Scheibe westfälischem Schinken belegt, garniert mit Scheiben von Essiggemüsen.

Meeresfrüchte: Fruits de mer (fruih dö mär): Sammelname für ein Vorgericht, bestehend aus rohen Austern und vielerlei Muscheltieren; serviert mit dünnen Scheiben gebuttertem Grau- oder Grahambrot und Zitronenspalten.

Melone, geeist: Melon glacé: Cantaloupe, Netz- oder Honigmelone, stark geeist, in Spalten geschnitten, Kerne entfernt, auf gestoßenem Eis und Weinblättern serviert.

   gefüllt: Deckel abgeschnitten, Kerne entfernt, Fleisch ausgehöhlt, in Würfel geschnitten, vermischt mit geschälten entkernten Weinbeeren und Geflügelbrustfleisch, gut abgetropft, mit pikanter Mayonnaise gebunden, in die Frucht gefüllt, mit Ananasscheibchen und Geflügelbrust dekoriert, leicht mit Gelee überglänzt, kühl serviert.

   mit Krebsschwänzen: aux queues d'écrevisses: Deckel abgeschnitten, Kerne entfernt, Fleisch gewürfelt, vermischt mit Krebsschwänzen, gebunden mit Mayonnaise, gewürzt mit Tomatenketchup, Paprika, gehacktem Kerbel, Estragon und Weinbrand; in die Frucht gefüllt, garniert mit Krebsschwänzen, gekühlt serviert.

   mit Parmer Schinken: au jambon de Parme: In Spalten geschnitten, entkernt, stark gekühlt, Parmer Schinken gesondert serviert oder in breite Streifen um die vorgeschnittenen Melonenspalten gewickelt.

   mit Wein: Melon frappé au vin: Deckel abgeschnitten, Kerne und Fasern entfernt; Frucht mit Madeira, Malaga, Sherry, Portwein oder Samos angefüllt, mit Deckel verschlossen, mehrere Stunden in Eis gepackt.

Mixed Pickles: Essiggemüse: Im Handel käuflich.

Moules: siehe Muscheln

Möweneier: Œufs de mouettes: 8 Minuten gekocht, in kaltem Wasser abgekühlt, ungeschält auf Bett von Brunnenkresse dressiert; Toast und Butter nebenbei.

   mit Gänseleberpüree: au purée de foie gras: Blindgebackene Tarteletts von Mürbeteig, angefüllt mit Gänseleberpüree, mit geschlagener Sahne, wenig Gelee und Madeira unterzogen; in jedes Tartelett ein geschältes Möwenei, mit Trüffelscheibe dekoriert und mit Gelee überglänzt, gesetzt.

   Molnar: Marinierter Artischockenboden, mit sehr kurzer, feiner Julienne von Staudensellerie und roter Paprikaschote, kurz mit Vinaigrette angemacht, gefüllt; geschältes Möwenei, mit dünnem, kleinem Ring roter Paprikaschote verziert und mit Tokayergelee überglänzt, aufgesetzt.

Mundbissen: Bouchées: siehe unter Hauptgerichte

Mundtäschchen, Sibirische: siehe Hauptgerichte

Muscheln, gebeizt: Moules marinées (muhl marineh): Vorgekocht, aus den Schalen genommen, entbartet, in Öl, Essig oder Zitronensaft mit Senfpulver gebeizt; eiskalt serviert.
  französische Art: à la francaise: Vorgekocht, aus den Schalen genommen, entbartet, ausgekühlt, mit Zitronensaft gebeizt; mit Senfmayonnaise mit gehackten Kräutern vermischt gebunden.
Museau de bœuf: siehe Ochsenmaul

Nalesnikis: Butter abgerührt mit Eiern, durchgestrichenem Quark (Topfen), Butter und Milch, gewürzt; dünne Eierkuchen mit dieser Masse gefüllt, in Vierecke geschnitten, durch Backteig gezogen, in tiefem Fett gebacken (polnisch).
Netzwürstchen: Crépinettes: siehe unter Hauptgerichte
Neunaugen in Öl: Lamproie à l'huile: Im Handel fertig erhältlich.
Nußkerne, gebeizt: Cerneaux au verjus (sernóh o werschüh): Frische Nußkerne, in Saft von unreifen Trauben gebeizt, mit Prise Salz gewürzt, mit gehacktem Kerbel bestreut.

Obstsalate als Vorspeise: First Course Salads (först kohrs säläts): Weiße Salatblätter, belegt mit Würfeln von frischem Obst u. a., bedeckt mit Essig- und Öl-Sauce oder Sauce von Apfelsinen-, Zitronensaft, Öl, Salz und Zucker (amerikanisch).
  Melon, Grape and Orange Salad: Salat von Melone, Trauben und Apfelsinen: Salatblätter, belegt mit gewürfeltem Melonen- und Apfelsinenfleisch und geschälten Weinbeeren in Essig- und Öl-Sauce (amerikanisch).
  Orange, Banana and Cherry Salad: Salat von Apfelsinen, Bananen und Kirschen: Salatblätter, belegt mit gewürfeltem Apfelsinen-, Bananenfleisch und entsteinten Kirschen in Essig- und Öl-Sauce (amerikanisch).
  Orange, Pineapple and Cucumber Salad: Salat von Apfelsinen, Ananas und Gurken: Salatblätter, belegt mit gewürfeltem Apfelsinen- und Ananasfleisch sowie dünnen Gurkenscheiben in Essig- und Öl-Sauce (amerikanisch).
  Orange, Tomato and Green Pepper Salad: Salat von Apfelsine, Tomaten und grünen Paprikaschoten: Salatblätter, belegt mit Tomatenscheiben, Ringen von grünen Paprikaschoten und gewürfeltem Apfelsinenfleisch, bestreut mit gehackten Zwiebeln; Essig- und Öl-Sauce (amerikanisch).
Ochsengaumen, gebeizt: Palais de bœuf mariné (paläh dö böf): Gewässert, blanchiert, abgezogen, in weißem Sud gekocht, abgekühlt, in Streifen geschnitten, mit gehackten Zwiebeln und Petersilie in Essig, Öl, Salz und Pfeffer gebeizt.
Ochsenmaulsalat: Salade de museau de bœuf: Gereinigtes Ochsenmaul in Essigwasser mit Gewürzen gekocht, ausgekühlt, in dünne Scheibchen geschnitten, mit gehackten Zwiebeln, Essig, Öl, Salz und Pfeffer angemacht; auch im Handel erhältlich.
Ochsenzunge: siehe unter Hauptgerichte
Œufs de caille: siehe Wachteleier
Ogourzi: Russische Gurken: Geschält, in dünne Scheiben geschnitten, gesalzen, ausgedrückt, mit saurer Sahne vermischt, mit gehacktem Dill bestreut (russisch).
Okra American Style: Bamia auf amerikanische Art: Gedünstet in Öl mit gewürfelten Tomaten, Zitronensaft, zerdrücktem Knoblauch, Salz und Pfeffer; ausgekühlt und eiskalt im Sud serviert (amerikanisch).
Oliven auf elsässische Art: Olives à l'alsasienne: Große grüne Oliven, entsteint, mit Gänseleberpüree vermischt mit gehacktem Schinken, gefüllt.

gefüllt: farcies: Im Handel erhältlich.
    auf Königinart: à la reine: Große grüne Oliven, gefüllt mit durchgestrichenem hartgekochtem Eigelb, verrührt mit Butter, Sardellenpaste und feingehackten Essiggurken.
    paste, provenzalische: Entsteinte schwarze Oliven, gestoßen mit Sardellenfilets, gewürzt mit Thymian, Lorbeerblatt, Senfpulver und Worcestershiresauce und durchgestrichen; Paste mit Öl wie Mayonnaise aufgezogen, gewürzt mit Pfeffer und Weinbrand; in irdenem Topf mit Öl bedeckt, aufbewahrt als Fülle für Tomaten, Gurken usw.
Oyster Rarebit: Austern mit Schmelzkäse: siehe Austern

Palais de bœuf: siehe Ochsengaumen
Palmenmark: Cœurs de palmier: Konserviert im Handel erhältlich.
    salat: en salade: Aus der Dose genommen, in Stücke von 6 cm geschnitten, abgetropft, mit Mayonnaise vermischt, mit Madeira und Trüffelsud übergossen, mit gehackten Trüffeln bestreut.
Paprikaschoten, Pfefferschoten: Poivrons doux: Rote oder grüne Schoten, gebrüht, enthäutet, Kerne entfernt und weiter bearbeitet.
    algerische Art: à l'algerienne: In feine Streifen geschnitten, mit Salz, Pfeffer, Essig und Öl gewürzt, umlegt mit Zwiebelringen.
    gefüllt: siehe unter Gemüsegerichten
    auf griechische Art: à la grecque: Wie Artischockenböden behandelt.
    rumänische Art: à la roumaine: Kleine Schoten, gefüllt mit halbgarem Tomatenreis, vermischt mit gehackten, hell gerösteten Zwiebeln, in Öl und Zitronensaft mit Tomatenmark und gerösteten Zwiebelscheiben gedünstet; im Sud erkaltet, eiskalt im Sud mit Zitronenscheiben belegt serviert.
Pastetchen: Petits Pâtés: siehe unter Hauptgerichte
Pasteten: Pâtés: siehe unter Hauptgerichte
Peperoni: siehe Paprikaschoten
Petits Fours, Pikante: Zusammenstellung wie bei Gourmandises (siehe diese), aber noch kleiner und eleganter garniert.
Pfannkuchen, Kleine, mit Kaviar: Crêpes au caviar: Untertassengroße, sehr dünne, ungesalzene Pfannkuchen, bedeckt mit eiskaltem Kaviar, mit zweitem Pfannkuchen bedeckt, sofort serviert; dazu Zitronenspalten.
    nordische Art: à la nordique: Wie mit Kaviar, aber gerollt und in dicke Ringe geschnitten.
    Romanow: Bedeckt mit eiskaltem Kaviar, gerollt, in Stücke geschnitten, garniert mit Salatblättern, gefüllt mit gehackten Zwiebeln, Fenchel und Petersilie sowie Zitronenspalten.
Pfefferoni: Kleine, in Essig eingelegte Paprikaschoten. Im Handel erhältlich.
Pfefferschoten, Süße: siehe Paprikaschoten
Pieds de Fenouil: siehe Fenchelknollen
Pim Olas: Grüne, mit roter Paprikaschote gefüllte Oliven. Im Handel erhältlich.
Piroggen: Russische Pastetchen: siehe unter Hauptgerichte
Piroschki: siehe Pirogen
Pistazien, geröstete: Pistaches salées: Abgebrüht, enthäutet, in Öl geröstet, mit feinem Salz bestreut.
Pökelrinderzunge, Geräucherte: Langue de bœuf fumée: Gewässert, gekocht, erkaltet, enthäutet, in Scheiben geschnitten, serviert mit gewürfeltem Gelee und Meerrettich.
Potted Beef: Englische Rindfleischpaste, die als Brotaufstrich verwendet wird. Im Handel erhältlich.
Potted Chicken: Englische Hühnerpaste, die als Aufstrich für Canapés und Sandwiches verwendet wird. Im Handel erhältlich.

Potted Ham: Englischer Schinkenaufstrich. Im Handel erhältlich.

Potted Salmon: Englischer Lachsaufstrich. Im Handel erhältlich.

Poutargue, Boutargue: Provenzalischer Preßkaviar: Wird aus den Eiern der Seebarbe gewonnen und gepreßt; in Scheiben geschnitten, mit gehackten Zwiebeln, Zitronensaft, Öl und Pfeffer mariniert und sehr kalt serviert.

Quiche Lorraine: siehe Lothringer Specktorte

Raciette: Schweizerischer Schmelzkäse: siehe Käsespeisen

Radieschen, rote und weiße: Radis roses et blancs (radih rohs e blang): Einige grüne Blättchen darangelassen und in Raviers serviert.

    mit Butter: au beurre (o böhr).

Ramequin: siehe Käse-Windbeutel

Rarebit, Buck: Verlorenes Ei auf Toast, in Backplatte gesetzt, mit Cheddarkäse, mit Bier geschmolzen und mit Senf und Pfeffer gewürzt, übergossen; rasch unter Salamander gebräunt (Würzbissen, amerikanisch).

    Vanderbilt: Röstbrot, bestrichen mit Sardellenbutter, bedeckt mit gehacktem, hartgekochtem Ei, übergossen mit geschmolzenem Cheddarkäse (Würzbissen, amerikanisch).

Rastegaïs: Russische Fisch-Halbmonde: Pastetchen von Hefeteig in Form von Halbmonden, gefüllt mit kaltem Reis, gehacktem, hartgekochtem Ei, gehackter Petersilie, Zwiebel, rohem gewürfeltem Lachs, alles gewürzt und mit zerlassener Butter beträufelt; gebacken, heiß serviert.

Räucherlachs: Saumon fumé (somong fühmeh): In sehr dünne Scheiben geschnitten, flach aufgelegt, auch zu Tüten gedreht oder gerollt und mit Meerrettichsahne gefüllt; mit grüner Petersilie oder gewürfeltem Gelee verziert.

Regenpfeifereier: Œufs de pluvier (öh dö plüwjeh): Hartgekocht, kalt mit Butter in der Schale aufgetragen.

Reitende Engel: Oysters on Horseback: siehe Austern auf englische Art

Reitende Teufel: siehe Austern: Devils on Horseback

Rilettes (rihlett): Scharf gewürzte französische Fleischpaste, mit Schmalz bedeckt, in Töpfchen im Handel erhältlich.

    d'Angers: Von Schweinefleisch und frischem, fettem Schweinespeck.

    du Mans: Von Gänse- und Schweinefleisch.

    de Tours: Von magerem und fettem Schweinefleisch.

Rissoles: siehe Halbmondpastetchen

Roquefortkäse, gebacken: Roquefort frit: Kleine Stückchen, in dünne Speckscheiben gehüllt, durch Backteig gezogen, in tiefem Fett gebacken (Würzbissen).

    Puffer: Crêpes au Roquefort: Durchgestrichen, mit Butter und Portwein vermischt; auf kleine, tassengroße, dünne, kroß gebackene Kartoffelpuffer gestrichen, heiß serviert (Würzbissen).

    Schiffchen: Barquettes au Roquefort: Sehr kleine, blindgebackene, kalte Schiffchen aus Halbblätterteig, gefüllt mittels Sterntülle mit durchgestrichenem Roquefort, vermengt mit feingehackter Bleichsellerie, Butter, Sahne und Portwein; überglänzt mit Gelee (Würzbissen).

Salami: Gothaer, ungarische oder italienische Salami, in dünne Scheiben geschnitten, mit krauser Petersilie angerichtet.
Salate: Salade: Hier handelt es sich im wesentlichen um Vorspeisensalate; weitere Salate sind im Abschnitt Salate zu suchen.
Alexander: Alexandre: Streifig geschnittener Schinken, Champignons, säuerliche Äpfel, Knollen- und Staudensellerie, rote Rüben und Endivien, mariniert mit Essig, Öl, Senfpulver, Salz und Pfeffer; gebunden mit Mayonnaise, garniert abwechselnd mit Scheiben von roten Rüben und gekochten Kartoffeln.
Bagration: Gleiche Mengen grobe Julienne von Hühnerbrust und Staudensellerie sowie kurzgeschnittene Makkaroni und Scheiben von Artischockenböden, in Essig, Öl und Salz gebeizt; mit tomatierter Mayonnaise gebunden, domförmig angerichtet, mit Trüffelscheiben, Pökelzunge, Eiweiß und Eigelb sowie Petersilie garniert.
Bonifatius: Boniface (bonnifass): Schnecken in Burgunder gekocht, vermischt mit halb soviel gewürfelten Artischockenböden; angemacht mit Essig, Öl, Salz, Pfeffer, gehackten Champignons, Estragon und Kerbel.
Brjanski: Streifen von gebratenem Wildfleisch und Kalbskopf, in Scheibchen geschnittene Essiggurken, Äpfel und hartgekochte Eier, in Sträußchen angerichtet; Senfmayonnaise extra serviert (russisch).
Café Anglais: Vorgekochte Morcheln, Trüffeln und Garnelen in leichter Mayonnaise, auch mit französischer Marinade angemacht.
Danicheff: Gleiche Mengen Spargelköpfe, blanchierter Knollensellerie, Kartoffeln, Artischockenböden und rohe Champignons, in Scheiben geschnitten; gebunden mit leichter Mayonnaise, garniert mit Krebsschwänzen, Trüffelscheiben und hartgekochtem Ei.
Dumas: Gekochte Muscheln, in Weißwein gekochte Trüffeln und Kartoffeln, in Scheiben geschnitten; mit Essig, Öl, Salz und Pfeffer mariniert.
Empire (angpihr): In Sträußchen angerichtet und jeder Teil für sich mit Essig, Öl, Salz und Pfeffer gebeizt: Sterletscheibchen, grüne Erbsen, Tomatenscheiben, frische Gurkenscheiben, grüne Bohnen, gewürfelte Artischockenböden und Blumenkohlröschen (russisch).
von Fisch, Russischer: de Yerchi: Gekochte Kaulbarschschnittchen vermischt mit russischem Salat, in Formen in Gelee eingesetzt, garniert mit Krebsschwänzen (russisch).
Fränzchen: Francillon (frangsijong): Je ein Teil Kartoffelscheiben, noch heiß in Chablis mariniert, ½ Teil pochierte Muscheln und ¼ Teil Trüffelscheiben; Essig- und Öl-Sauce.
von Garnelen: de crevettes: Förmchen mit Gelee ausgegossen, gefüllt mit Garnelenschwänzchen, vermischt mit Kapern, Sardellen und gehackten Essiggurken, gebunden mit russischer Mayonnaise; verschlossen mit Gelee, nach dem Erstarren gestürzt.
Großherzoginart: Grande-duchesse: Gemüsesalat, vermischt und garniert mit Streifen von Seezungenfilets, Garnelen, Sardellen und Essiggurken; französische Marinade.
Italienischer: à l'italienne: Gleiche Teile von gewürfelten Karotten, weißen Rüben, Kartoffeln, Tomaten und grünen Bohnen, Erbsen, entsteinten Oliven, Kapern, gewürfelten Sardellen und hartgekochten Eiern, mit gehackten Kräutern und Mayonnaise angemacht.
Kaiserlicher: à l'impériale: Streifen von Hühnerbrust, Spargelspitzen und Prinzeßböhnchen, in Sträußchen angerichtet, garniert mit Trüffelscheiben; französische Marinade.
Kloster: monastique (mohnastik): In Sträußchen angerichtet: Sterletschnitten, rohes Sauerkraut, Perlzwiebeln, Scheiben von Kartoffeln, Salzgurken, Tomaten, grüne Zwiebeln und in Essig eingelegte Pilze; jeder Teil gesondert mit französischer Marinade angemacht, mit gehacktem Dill bestreut (russisch).

Monte Carlo: In Sträußchen angerichtet: Gewürfelter Kalbskopf, Scheiben von Artischockenböden, Tomaten, Staudensellerie und Rebhuhnfleisch; französische Marinade.

Nordischer: à la nordique (nordik): In Streifen oder Scheibchen geschnittenes gekochtes Rindfleisch, Knollensellerie, Tomaten, entsteinte Oliven, Staudensellerie, grüne Bohnen und Zwiebeln in Sträußchen angerichtet; leichte Senfmayonnaise.

Olivier: Gewürfelte Kartoffeln, Salzgurken, frische Gurken und Kopfsalatstreifen, angemacht mit Mayonnaise, gewürzt mit Kabulsauce, domförmig angerichtet; garniert mit Scheibchen von Haselhuhnbrust, frischen Gurken, Tomaten, hartgekochten Eiern, Trüffeln und Krebsschwänzen (russisch).

Paillard (pajahr): Sterletfleisch, Scheiben von Essig- und frischen Gurken, hartgekochten Eiern und Kartoffeln; gebunden mit, Mayonnaise, gewürzt mit Kabulsauce; domförmig angerichtet, garniert mit Scheiben von hartgekochtem Ei, frischen Gurken, Sterlet und Kopfsalatstreifen.

Prinzessinart: à la princesse: In Streifen geschnittene, kalte gebratene Kalbsniere, Staudensellerie, rote Paprikaschoten, Gurken und grüne Spargelspitzen, auf weißen Salatblättern angerichtet; leichte Senfsauce.

Rindfleisch: de bœuf: Gekochtes, kaltes Rindfleisch, Kartoffeln, Zwiebeln und Essiggurken, in Scheiben geschnitten, gewürfelte Tomaten und hartgekochte Eier; angemacht mit Essig, Öl und Senf, bestreut mit gehackter Petersilie.

rumänischer: de bœuf à la roumaine: Kleine Scheibchen gekochtes, kaltes Rindfleisch, Salzgurken, Kartoffeln und rote Rüben, erst mit Essig und Öl mariniert; mit Mayonnaise gebunden, kegelförmig angerichtet, oben glattgestrichen, garniert mit Scheibchen von Kartoffeln, Salzgurken und roten Rüben.

schwedischer: à la suédoise: Kleine dünne Scheibchen gekochtes Rindfleisch, Kartoffeln, rote Rüben, Äpfel; Herings- und Sardellenfilets sowie Essiggemüse, in kleine Würfel geschnitten, und Kapern, mit Essig, Öl, Senfpulver, Paprika und Salz angemacht; garniert mit Sardellenfilets, rohen Austern, Scheiben von roten Rüben und Achteln von hartgekochten Eiern.

Sylvia: In Sträußchen angerichtete Scheibchen von gebratener Haselhuhnbrust, Tomaten, rote Rüben, grüne Spargelspitzen und grüne Bohnen; leichte Senfmayonnaise gesondert.

Sakouski: siehe Zakouski

Salsifis: siehe Schwarzwurzeln

Salzmandeln: Amandes salées (amangd saleh): Gebrühte, enthäutete Mandeln, in Öl geröstet, mit gröberem Salz geschwenkt.

Sandwich (sändwitsch): Englische Brotschnitten: Sehr dünne, entrindete und gebutterte Scheiben von Kastenbrot, beliebig belegt, mit einer zweiten Scheibe bedeckt, in Drei- oder Rechtecke geschnitten.

Buchmacher: Bookmaker: Stark gewürzte, noch blutig gebratene, dünne Lendenschnitte, mit englischem Senf bestrichen, mit geriebenem Meerrettich bedeckt, zwischen zwei gerösteten, gebutterten Scheiben Kastenbrot gelegt, mit Löschpapier umhüllt, leicht gepreßt; ohne Papier serviert.

Chicken (dchikn): Hühnersandwich: Mit dünnen Scheiben gekochter oder gebratener Hühnerbrust belegt.

Club: Klubsandwich: Röstbrotscheibe, belegt mit Hühnerfleisch, bedeckt mit feingeschnittenem Kopfsalat, gebunden mit Mayonnaise, darüber ein Scheibchen gebratenen Schinken, zugedeckt mit einer zweiten Röstbrotscheibe.

Lucullus: Mit getrüffelter Gänselebercreme, vermischt mit Butter und mit Madeira aromatisiert, bestrichen.

Restaurant: Abwechselnd übereinander belegt mit dünnen Scheiben Schinken, gebratenem, kaltem Rinderfilet, Sardellen und Pökelzunge.

Sardellen, echte Anchovis: Anchois (angschoá): Kommen gesalzen in den Handel und müssen vor dem Gebrauch gewässert werden.
  gebacken: frits: Entgrätet, durch Backteig gezogen, in tiefem Fett gebacken; mit gebackener Petersilie und Zitronenspalten angerichtet.
  gebeizt: marinés: Frische Sardellen, gebraten, gebeizt in Marinade von Essig, Scheibchen von Wurzelgemüsen, Zwiebeln, Knoblauch, Pfefferkörnern, Wasser und Öl; mit Zitronenspalten serviert.
  mus, Provenzalisches: Purée d'anchois à la provençale: Entsalzene, entgrätete Sardellen, gestoßen mit entkernten schwarzen Oliven, Thymian und Lorbeerblatt, durchstrichen, mit Öl wie Mayonnaise aufgezogen, gewürzt mit Weinbrand, Senf, Pfeffer und Worcestershiresauce; mit Öl bedeckt verschlossen aufbewahrt.
  neuzeitliche Art: Oliven, mit Fischmus gefüllt, mit Sardellenfilets umwickelt, nebeneinandergestellt, mit Essig- und Öl-Sauce mit gehackten Kräutern übergossen, mit Kapern bestreut.
  mit Paprikaschoten: aux poivrons doux: Streifen von Sardellenfilets kreuzweise angerichtet, garniert mit feiner Julienne von grünen Paprikaschoten, Kapern, gehacktem, hartgekochtem Ei und gehackter Petersilie.
  ringe: Sardellenringe, mit Kapern besteckt und in Öl eingelegt; im Handel erhältlich.
  auf Röstbrot: Anchovy Toast: Röstbrot, mit Senfbutter bestrichen, belegt mit entsalzenen Sardellenfilets, gewürzt mit Cayennepfeffer (Würzbissen, englisch).
  streifen: Filets d'anchois (fileh dangschoá): Gewässert, geputzt, entgrätet, in Streifen geschnitten, in Öl eingelegt; gitterförmig angerichtet; meistens mit gehacktem, hartgekochtem Eiweiß, Eigelb und gehackter Petersilie garniert.
  auf Teufelsart: à la diable (diabl): Frische Sardellen, entgrätet, mit Senf bestrichen, paniert, in tiefem Fett gebacken; mit Cayennepfeffer gewürzt, auf Röstbrot angerichtet.
  törtchen: Anchois en surprise: Winzige Apostelkuchen (Brioches) ohne Zucker, deckelförmig aufgeschnitten, gefüllt mit Mus von gestoßenen Sardellen, hartgekochtem Eigelb, Kapern, Estragon und Kerbel, Deckel wieder aufgesetzt.
  windbeutel, Schwedische: Petits choux à la suédoise: Winzige Windbeutelchen, ausgekühlt, gefüllt mit schaumig gerührter Butter, vermischt mit durchgestrichenem, hartgekochtem Eigelb und gehackten Sardellenfilets; überglänzt mit Gelee, bestreut mit hartgekochtem, gehacktem Ei und gehackter Trüffel, belegt mit kleiner Hummerscheibe.
Sardinen: Jugendform des Pilchard. Hauptsächlich in Dosen in Öl eingelegt gehandelt.
  in Essig- und Öl-Sauce: à la vinaigrette: Enthäutet, übergossen mit Essig- und Öl-Sauce.
  geröstet: Broiled Sardines: Geröstet, auf Röstbrot gelegt, mit zerlassener Butter betropft (amerikanisch).
  in Öl: à l'huile: Im eigenen Öl mit frischer Butter serviert.
  mit Parmesan: au parmesan: Heißgemacht, auf Röstbrot gelegt, mit Parmesan-Auflaufmasse bedeckt, im Ofen gebacken.
  Rarebit: Heiße Sardinen auf Röstbrot gelegt, mit geschmolzenem Käse wie für Welsh Rarebit übergossen (Würzbissen, englisch).
  Teufelsart: à la diable: Geröstet, auf Röstbrot angerichtet, das mit Senfbutter bestrichen worden ist, mit Cayennepfeffer bestäubt.
  in Tomatensauce: à la sauce aux tomates: Im Handel erhältlich.
  auf ungarische Art: à la hongroise: Zerdrückt, mit feingehackten Zwiebeln und Rosenpaprika vermischt, auf mit Butter bestrichenes Brot gestrichen.
Seeigel: Oursin: siehe Fisch- und Schaltiergerichte.

Sellerieknollen, gebeizt: Céleri-rave mariné (zelleri rahf marineh): Gekocht, in grobe Streifen oder in Würfel geschnitten, noch heiß mit Essig, Öl und Senfpulver gebeizt.
  auf griechische Art: à la grecque: Beliebig geformt, wie Artischocken gleichen Namens bereitet.
Senfgemüse, Englisches: Piccalilli: Im Handel erhältlich.
Senfgurken: Im Handel erhältlich.
Sigui: Geräucherter russischer Schnäpel.
Smørrebrod: siehe dänische belegte Brote
Smørgås-Bord: siehe Schwedentisch
Smørgås-Bord med smawarmt: siehe Schwedentisch, Großer
Soufflé: siehe Auflauf
Spießchen: Attereaux, Brochettes: siehe unter Fleischspeisen
Schiffchen: Barquettes (barkett): Kleine Schiffchenformen, mit Halbblätter- oder Auslegeteig, Grieß- oder Reismasse u. a. m. ausgelegt und blind gebacken; gefüllt und weiterverarbeitet nach Angabe.
  Austern: d'huîtres: Auslegeteig, gefüllt mit steifgemachten Austern, bedeckt mit Käsesauce, bestreut mit geriebenem Parmesan, überkrustet.
  Dänische: à la danoise (danoas): Ausgehöhlte, schiffchenförmige Gurkenstücke, gedünstet, ausgekühlt, gefüllt mit Mus von Räucherlachs, Bückling und hartgekochtem Ei, bestreut mit geriebenem Meerrettich.
  mit Fischmilcher: de laitances (dö lätangs): Schiffchen von ungezuckertem Apostelkuchenteig, gebacken, ausgehöhlt, gefüllt mit pochierten Karpfenmilchern, mit Käsesauce bedeckt, bestreut mit geriebenem Parmesan, gefettet, überkrustet.
  Hummer: de homard: Halbblätterteig, gefüllt mit Hummerwürfeln in amerikanischer Sauce, bedeckt mit lockerer Hummerfarce, im Ofen gargemacht.
  Indische: à l'indienne: Ausgefüttert mit Reismasse, gefüllt mit Hühnerpüree, vermischt mit gehacktem Schinken, gewürzt mit Currypulver; belegt mit Scheiben von hartgekochtem Ei, bestreut mit gehackter Petersilie; heiß serviert.
  Mirabeau: Halbblätterteig, gefüllt mit gehacktem, hartgekochtem Ei, vermischt mit Sardellenbutter; gitterartig garniert mit Sardellenfilets.
  Warschauer: à la varsovienne: Apostelkuchenteig, ausgehöhlt, gefüllt mit Salat von gehackten roten Rüben, Essiggemüse und hartgekochtem Ei, garniert mit Kaviar.
Schinken: Jambon (schangbong): siehe auch unter Hauptgerichte
  Bayonner: de Bayonne: In dünne Scheiben geschnitten, mit gewürfeltem Gelee garniert.
  Kipferl: Teig von kalten, gebackenen, geriebenen Kartoffeln, Mehl, Milch, Hefe, Eiern, Eigelb und Salz, ausgerollt, in Dreiecke geschnitten, Mitte mit Mischung von gehacktem Schinken, Butter, Eigelb und geriebenem Parmesan gefüllt, zu Hörnchen gerollt, mit Eigelb bestrichen, im Ofen gebacken (österreichisch).
  Prager: de Prague: Gekocht, erkaltet, in dünne Scheiben geschnitten, mit gewürfeltem Gelee garniert, dazu geriebener Meerrettich.
Schinken auf kurländische Art: Wjetschina po kurlandski: Scheibchen von rohem oder gekochtem Schinken, mit Senf bestrichen, in Butter gebraten, mit gebackenen Zwiebelscheiben bedeckt, mit Smetanesauce überzogen (russisch).
Schinken mit Tomaten: Wjetschina s pomidorom: Scheibchen von rohem oder gekochtem Schinken, mit Senf bestrichen, gebraten, mit halben grillierten Tomaten belegt, in kleinen Bratpfannen serviert (russisch).
  Tüten: Cornets de jambon: Roher oder gekochter Schinken, in dünne Scheiben geschnitten, zu Tüten gedreht, mit feinem Gemüsesalat, gewürfeltem Gelee, Meerrettichsahne u. a. m. gefüllt; bei gekochtem Schinken auch mit Gelee überglänzt.

Westfälischer: de Westphalie: Roh, in dünne Scheiben geschnitten, mit Pumpernickel, Vollkornbrot, Radieschen und Butter serviert.

Yorker: de York: In dünne Scheiben geschnitten, mit krauser Petersilie garniert.

Schwarzwurzeln, gebeizt: Salsifis marinés: In Stücke geschnitten, in leichtem Essigwasser gekocht, abgetropft, noch heiß mit Essig, Öl, Salz, Pfeffer und feinen Kräutern gebeizt und kalt aufgetragen.

griechische Art: à la grecque: In Stücke geschnitten, wie Artischocken bereitet.

Schwedentisch: Smørgåsbord: verschiedenartig eingelegte Heringe, Sardellen, Sardinen, geräucherte Fische, Hummer, Krebse, kalte gekochte Rinderbrust, Schinken, Roastbeef, Rentierkeule, Spanferkel in Gelee, Leber- und Wildpastete, vielerlei Käsearten, kalte Saucen, Würzsaucen, Grau-, Weiß-, Schwarz- und Knäckebrot.

Schwedentisch, Großer: Vortisch: sauere, süßsauere, mit Dill marinierte und andere eingelegte Heringe; Sardinen, Sardellen und Marinaden; 3—4 Sorten Käse, mehrere Brotarten, Butter. Haupttisch: marinierter Lachs, Räucherfische, verschiedene Mayonnaisen, Rinderpökelfleisch, Schweinerippchen mit Backpflaumen, Hähnchen in Gelee, kalter Auerhahn, verschiedene Wurstarten, Salate, kalte Saucen u.a. mehr. smawarmt (warmer Tisch): Köttbullar, gebratene Würstchen, Rentierbraten mit Gemüsen, Krustaden mit Champignons, Pfifferlingen und Morcheln in Sahnesauce, feines Ragout, überbacken, geschnetzeltes Paprikafleisch, verschiedene Omeletts, warme Gemüse der Saison.

Schweinsfüße: Pieds de porc: siehe unter Hauptgerichte

Scotch Woodcock: Geröstetes Weißbrot, bestrichen mit Sardellenbutter, bedeckt mit Rührei, garniert mit Sardellenfilets (Würzbissen, englisch).

Smørrebrod: siehe dänische belegte Brote

Staudensellerie: Stangen- oder englischer Sellerie: Céleri en branches (zellrih ang brangsch): Gewaschen, der Länge nach geviertelt, in Glasvase mit Wasser gefüllt zum Käse serviert.

gefüllt: Stuffed Celery (stafft sellrih): Zarte Stangen, in größere Stücke geschnitten, mittels Spritzbeutel mit durchgestrichenem Roquefortkäse, vermischt mit verrührter Butter, gewürzt mit Paprika, gefüllt (englisch).

Steinpilze, gebeizt: Cèpes marinés (zepmarineh): Vorgekocht, in heißer, vorgekochter Marinade von Essig, Öl, Zwiebeln, Knoblauch, Fenchel, Petersilienstengeln, Thymian, Lorbeerblatt, Koriander, Pfefferkörnern und Salz gebeizt.

Tarteletts, Törtchen: Tartelettes: Blind gebacken von Blätter-, Halbblätter- oder ungesüßtem Auslegeteig, beliebig gefüllt und garniert. Siehe auch unter Fleischspeisen.

mit Käsenocken: aux gnokis: Mit feinem Mürbeteig ausgelegt, gefüllt mit winzigen Käsenocken, leicht mit Béchamel gebunden, bestreut mit geriebenem Parmesan, mit Butter betropft, gebacken (Würzbissen).

Markgräfinart: Marquise (markihs): Blätterteig, mit feingewürfeltem Emmentaler Käse gefüllt, mit Käsesauce mit Cayennepfeffer gewürzt, nappiert, mit geriebenem Käse bestreut, gebacken (Würzbissen).

Schottische: à l'écossaise: Halbblätterteig, gebacken, gefüllt mit Püree von Räucherschellfisch, gebunden mit Béchamelsauce, garniert mit runden Stückchen pochiertem Räucherschellfisch, mit Butter überglänzt.

Tosca: Ausgelegt mit Halbblätterteig, gefüllt mit Krebsschwänzchen in Hummersauce, bedeckt mit Käse-Auflaufmasse, im Ofen gebacken.

Taschenkrebs-Krusteln, kalte : Das kalte gekochte Fleisch gebunden mit russischer Mayonnaise, zu Korken geformt, gerollt in gehacktem, hartgekochtem Ei und gehackter Petersilie; auf Salatblättern angerichtet.

Cocktail Ravigote: Crabmeat-Cocktail Ravigote: Kaltes, gewürfeltes Taschenkrebsfleisch, in Cocktailgläsern angerichtet, bedeckt mit Ravigote anstelle der Cocktailsauce (amerikanisch).

gefüllt: Stuffed Crab: Gekochtes Fleisch vermischt mit gehackten, goldgelb gebratenen Zwiebeln, gebunden mit wenig Béchamelsauce, gewürzt mit Senfpulver und Worcestershire sauce; wieder in die Schale gefüllt, mit geriebenem Käse bestreut, im Ofen überkrustet (amerikanisch).

mit Kräutersauce: à la ravigote: Gekochtes, kaltes Taschenkrebsfleisch, vermischt mit dünnen Scheibchen Bleichsellerie, gebunden mit Ravigote-Sauce, wieder in die Schalen gefüllt, bestreut mit Kapern, umkränzt mit Chiffonade von Kopfsalat.

Merry Widow (merri widau): Kaltes gekochtes Fleisch, auf Salatblättern angerichtet, belegt mit weißen Spargelköpfen, leicht mit Mayonnaise bedeckt.

Salat: Salade de crabe: Gekochtes Fleisch, gewürfelte Tomaten und Bleichsellerie, mit französischer Marinade angemacht, dekoriert mit Sardellenfilets, geviertelten, hartgekochten Eiern und Kapern.

in der Schale: Dressed Crab: Das kalte, gekochte Fleisch, mit Mayonnaise, gewürzt mit Senfpulver, gebunden, wieder in die Schale gefüllt, dekoriert mit gehacktem Eiweiß, Eigelb, Petersilie und dem Mark (englisch).

Tatarenfleisch: Bifteck à la tartare: Schabefleisch vom Rinderfiletkopf, mit Salz und Pfeffer gewürzt, zur abgeplatteten Kugel geformt, die vertiefte Mitte mit einem rohen Eigelb gefüllt; garniert mit feingehackten Zwiebeln, Essiggemüsen, Kapern und gehackter Petersilie.

Thunfisch: Thon (tong): Große Makrelenart, die frisch oder in Öl konserviert gehandelt wird.

auf griechische Art: à la grecque: Scheiben von frischem Thunfisch, in Sud von Zitronensaft, Öl, Wasser, gehackten Zwiebeln, Knoblauch, Fenchelgrün, Lorbeerblatt, Thymian und Pfefferkörnern gedünstet; kalt mit etwas geseihtem Sud aufgetragen.

Marinette: Scheiben von konserviertem Thunfisch auf Tomatenscheiben angerichtet, mit Kartoffelsalat und gebeizten Perlzwiebeln garniert.

in Öl: à l'huile (aluihl): Scheiben von konserviertem Thunfisch mit einigen Tropfen des eigenen Öles übergossen; mit Tomaten- und Gurkenscheiben garniert.

Tarteletts Tosca: Blindgebackene Tarteletts von Käseteig, gefüllt mit Püree von konserviertem Thunfisch, vermischt mit schaummiggerührter Butter, durchgestrichenem, hartgekochtem Eigelb, Currypulver und gehackter grüner Paprikaschote; garniert mit Garnelenschwänzchen (amerikanisch).

Vinaigrette: Scheiben von konserviertem Thunfisch, leicht mit Vinaigrette-Sauce übergossen.

Tomaten: Tomates (tomaht): Meistens enthäutet, Deckel abgeschnitten, entkernt, innen mit Essig und Öl gebeizt.

Antiber Art: à l'antiboise (angtihboas): Gefüllt mit gewürfeltem, konserviertem Thunfisch, vermischt mit gehacktem, hartgekochtem Ei und gehackten Kräutern, gebunden mit Mayonnaise.

Astor: Kaltes Püree von frischen Tomaten, gewürzt mit Paprika, leicht gelatiniert, in die Tomaten gefüllt, garniert mit Rosette von Paprika-Schlagsahne.

Bristol: Gefüllt mit Salat von Huhn, Pökelzunge, Schinken und Staudensellerie in Senfmayonnaise; garniert mit Rosetten ungesüßter Schlagsahne, bestreut mit gehackter Trüffel.

Gelee: Gelée de tomates: Rohes Tomatenpüree, vermischt mit feingehackten Zwiebeln, gewürzt mit Salz, Pfeffer und Zucker, leicht gelatiniert, gefüllt in kleine Becherformen und erstarrt; in Scheiben geschnitten, auf Salatblättern abwechselnd mit Scheiben hartgekochten Eies angerichtet; mit Mayonnaise serviert.

auf genuesische Art: à la génoise (schenoahs): In Scheiben geschnitten, mit Essig- und Öl-Sauce übergossen; belegt mit Streifen von Sardellenfilets, umlegt mit feiner Julienne von grüner Paprikaschote.

Lucullus: Gebeizt, gefüllt mit Salat von feingewürfeltem Hühnerfleisch, hartgekochten Eiern, Staudensellerie, Sardellen, Oliven und Kapern, gebunden mit Mayonnaise; mit gehackten Trüffeln bestreut, frischer Nußkern in der Mitte.

Mirabeau: Gefüllt mit Salat von Staudensellerie, Sardellen und gehackten Trüffeln in Mayonnaise; verziert mit Gittern von Sardellenfilets.

Monakoer Art: à la monegasque (monegask): Gebeizt, gefüllt mit zerdrücktem, konserviertem Thunfisch, vermischt mit gehacktem, hartgekochtem Ei, gehackten Zwiebeln und Schnittlauch.

Nana: Gefüllt mit gehacktem Hühnerfleisch und gehackten Haselnüssen, gebunden mit Sahnenmayonnaise; auf Salatblättern angerichtet.

nordische Art: à la nordique: Gefüllt mit Kaviar, bedeckt mit Scheibe hartgekochten Eies, nappiert mit Remoulade, dekoriert mit Sardellenfilets.

Pariser Art: à la parisienne: Scheiben, bedeckt mit gewürfeltem, gekochtem Knollensellerie, vermischt mit gehackten Sardellenfilets, Kerbel, Schalotten und Schnittlauch in Essig- und Öl-Sauce.

Plaza-Hotel: Halbe Tomaten, gefüllt mit Sardinenpüree, gewürzt mit Tomatenketchup; garniert mit Ring von grüner Paprikaschote mit Scheiben von gefüllter Olive in der Mitte; auf Salatblatt angerichtet.

polnische Art: à la polonaise: Gefüllt mit sehr kleingewürfeltem Heringssalat in Mayonnaise.

Rivoli: Gefüllt mit Tomatenschaum – frisches Tomatenpüree mit Schlagsahne, Gelee und Gewürz –, garniert mit Hahnenkamm, überglänzt mit Gelee.

rumänische Art: à la roumaine (ruhmähn): Gefüllt mit Pilawreis, vermischt mit gewürfelten grünen Paprikaschoten und Tomaten, in Öl und Zitronensaft gedünstet; kalt im Fond aufgetragen.

Überraschungs-: en surprise (sürprihs): 1. Ausgehöhlt, mit Kaviar gefüllt, mit roher, entbarteter Auster belegt, mit Deckel verschlossen und überglänzt;
2. mit Salat von gewürfeltem Knollensellerie in Senfmayonnaise gefüllt, Deckel wieder aufgesetzt, auf weißem Salatblatt angerichtet.

Waldersee: Gefüllt mit Gänselebercreme, überglänzt mit Gelee.

Tüten, gefüllte, Elsässer Art: Cornets à l'alsacienne (kornäh alalsassjenn): Nudelteig, zu kleinen Tüten gedreht, paniert, gebacken, mit Gänseleberpüree gefüllt.

Nordische Schinken-: de jambon à la nordique (dö schambong ala nordik): Schinkenscheiben, zu Tüten gedreht, mit feinem Gemüsesalat gefüllt, mit Gelee überglänzt, mit Trüffelscheibe dekoriert.

Schinken-: de jambon: Prager oder westfälischer Schinken, zu Tüten gedreht, gefüllt mit leichtgestockter Meerrettichsahne, mit Gelee überglänzt.

Varenikis: siehe Gemüsegerichte und Teigwaren
Vatrouschkis: siehe Gemüse und Teigwaren
Victoriabrötchen: Petits Pains Victoria: Kleine runde Brötchen aus feinem, butterreichem Hefeteig, deckelförmig aufgeschnitten, ausgehöhlt, gefüllt mit gewürfeltem Hummer, weißer Hühnerbrust usw. in Mayonnaise, Gänselebercreme u. a. m.
Virginischer Maiskuchen: siehe Old Virginia Corn Cakes
Vorschmack Dragomirow: Streifen von Schinken und Champignons, in gut gewürzter Rahmsauce, in Silbertimbal gefüllt, bedeckt mit flockigem Rührei, bestreut mit Trüffelstreifen (russisch-baltisch).
    Livländischer: Vorschmack Litowski: Gewässerter, gewürfelter Salzhering, vermischt mit Eigelbbutter, gewürzt, mit Eiweißschnee klargezogen; in gebutterte Backschüssel gefüllt, im Ofen gebacken (russisch-baltisch).
    Revaler: Estländisches Vorgericht: Kalter Braten, gewässerte Salzheringsfilets, gekochte Kartoffeln und angeschwitzte gehackte Zwiebeln, durch die Fleischmaschine getrieben, mit saurem Rahm und Eigelb vermischt, gewürzt, mit Eierschnee aufgezogen; in Backschüssel gefüllt, mit Kartoffelscheiben belegt, mit Reibbrot und geriebenem Parmesan bestreut, gefettet, im Ofen gebacken; Madeirasauce extra.
    Snagow: 2 Teile Hühnerbrust, ein Teil Champignons, gewürfelt, mit Geflügelrahmsauce, mit Curry gewürzt, gebunden; in Silbertimbal gefüllt, mit pochiertem Ei belegt, mit flüssiger Butter leicht übergossen.
Vorspeise: Hors-d'œuvre (ohr döhwr)
    Gemischte: Hors-d'œuvre variés: Hier werden üblicherweise in Raviers serviert: Ölsardinen, Oliven, Sardellenfilets in Öl, Tomaten-, Gurken- und Kartoffelsalat, Radieschen, Zervelatwurst, Sellerie in Senfsauce, Champignons, Artischocken oder Fenchel auf griechische Art u. a. m. zur Auswahl.
    Reiche: à la riche: Hierfür serviert man kleine Vorspeisen, wie Kaviareier, Gänselebermedaillons in Gelee, gefüllte Lachstüten, gefüllte Artischockenböden, gefüllte Tomaten, kleine Tarteletts, Schiffchen u. a. m.
    Russische: russe: siehe Sakouski

Wachteleier: Œufs de caille: Kommen gekocht und geschält in Gläsern und Dosen in den Handel, zum kleinen Teil auch frisch aus Wachtelfarmen; man rechnet 4–5 Stück je Portion.
    auf Jägerart: à la chasseur: In Jägersauce erhitzt, mit Champignonscheiben und gewürfelter, gebratener Geflügelleber in Eiernäpfchen gefüllt und mit der Sauce übergossen.
    auf japanische Art: à la japonaise: Kräftige Kalbsjus mit Honig, Sherry, Soja und Cayennepfeffer gewürzt, mit Pfeilwurzelmehl gebunden, reichlich mit in Streifen geschnittenem rotem Ingwer vermischt; die Eier darin aufgekocht, in Eiernäpfchen serviert.
    mit Safransauce und gedünstetem Kopfsalat: In heißem Wasser erhitzt, auf gehacktem, mit Butter gedünstetem Kopfsalat angerichtet, mit Geflügelrahmsauce, mit Safran gewürzt, nappiert, mit gehacktem Kerbel bestreut.
    in Schildkrötengelee mit Trüffeln (kalt): à la gelée de tortue aux truffes: Jedes Ei mit Trüffelscheibe belegt, in Eiernäpfchen gefüllt, mit gerade stockendem Schildkrötengelee (klare, leicht gelatinierte Schildkrötensuppe mit Madeira abgeschmeckt) vollgegossen.
Wassermelone: Pastèque, Melon d'eau: Mehrere Arten; eisgekühlt, in Spalten geschnitten.
Weißwürstchen: Andouilles: siehe unter Hauptgerichte

Welsh Rarebit, auch Rabbit: Cheshire- oder Gloucester-Käse, in Würfel geschnitten, mit hellem englischen Bier geschmolzen, mit Senf und Worcestershiresauce gewürzt, heiß über Vierecke von Röstbrot gegossen (Savoury, englisch).

Wildschweinskopf, gefüllt: Hure de sanglier: Kopf entbeint, gefüllt mit Farce mit gewürfelter Gänseleber, Pökelzunge, Trüffeln, Speck und Pistazien; wieder geformt, in Tuch gebunden, gekocht und erkaltet; aus dem Tuch genommen, glaciert, Augen und Hauer imitiert, mit Gelee garniert; Cumberland-Sauce nebenbei.

Windbeutelchen, gefüllte: Duchesses (düschäß): Sehr kleine, runde Windbeutel, mit feinem Püree gefüllt und mit Gelee überglänzt.

  mit Kaviar: au caviar: Mit eiskaltem Kaviar gefüllt, mit Gelee überglänzt.

  Königinart: à la reine (rähn): Mit Geflügelpüree gefüllt, mit Geflügelgelee überglänzt.

  Nantua: Mit feinem Krebspüree gefüllt, mit Gelee überglänzt.

  mit Räucherlachs: au saumon fumé: Mit Püree von Räucherlachs mit Butter vermengt und mit Zitronensaft gewürzt gefüllt, mit Gelee überglänzt.

  Sultansart: à la sultane: Mit Hühnerpüree, mit Pistazienbutter aufgezogen, gefüllt, mit Gelee überglänzt, mit gehackten Pistazien bestreut.

Wjetschina po kurlandski: siehe Schinken auf kurländische Art

 s pomidorom: siehe Schinken mit Tomaten

Wurst, Aufschnitt: Saucissons divers: Verschiedene Wurstwaren, in Scheiben geschnitten, mit gewürfeltem Gelee oder krauser Petersilie angerichtet.

 in Essig und Öl: Saucissons à l'huile (sossisong aluihl): Zervelat- oder Hartwurst in Scheiben oder grobe Streifen geschnitten, mit Essig, Öl, Salz, Pfeffer und gehackten Zwiebeln angemacht.

Zakouski: Russische Vorspeisen: In separaten Schüsselchen angerichtet: Austern, Kaviar, Sardellenfilets, Sardinen, verschiedene kalte Fische, auch geräuchert und mariniert, verschiedene Wurst- und Käsearten, Hefeteigpastetchen u. a. m.; vor der Mahlzeit in gesondertem Raum mit Tellern und Bestecken zum Selbstbedienen aufgestellt, dazu russische Schnäpse.

Zamponi: Gefüllter Schweinsfuß: Entbeint, gefüllt mit Farce, vermischt mit gewürfelter Gänseleber, Trüffeln, Pökelzunge, Speck und Pistazien; pochiert, erkaltet, in Scheiben geschnitten, mit Cumberland-Sauce serviert.

Zervelatwurst: Cervelas: In dünne Scheiben geschnitten, mit krauser Petersilie garniert.

American Breakfast Dishes: siehe amerikanische Frühstücksgerichte

Amerikanische Frühstücksgerichte: American Breakfast Dishes and Cereals: Sind keine Vorspeisen, sondern Gerichte, die zum ersten Frühstück serviert werden. Sie sind nur der Vollständigkeit halber hier aufgeführt worden.

Corn Muffins: Warme Maiskuchen: Halb Mais- und halb Weizenmehl verrührt mit geschmolzener Butter, Eiern, Salz, Zucker, Milch und Backpulver; gebacken in kleinen Ringformen, heiß serviert.

Cracked Wheat: Grobgemahlener Weizen, in leichtgesalzenem Wasser zu Brei verkocht; kalte süße Sahne gesondert serviert.

Cream of Wheat: Feiner Weizengrieß in leicht gesalzenem Wasser zu Brei gekocht; kalte süße Sahne gesondert serviert.

Farina: Grobgemahlenes Maismehl, in leicht gesalzenem Wasser gekocht; kalte süße Sahne gesondert serviert.

Farina in Milk: Farina in leicht gesalzener Milch zu Brei verkocht.

French Toast: Französisches Röstbrot: Altbackenes entrindetes Kastenbrot, in Scheiben geschnitten, in Eiermilch getränkt, auf beiden Seiten in Butter gebacken.

Graham Muffins: Warme Graham-Brötchen: Halb Weizen- und halb Weizen-Vollkornmehl mit Milch, Butter, Backpulver, Salz, Eiern und Zucker zu Teig verrührt, in kleine Ringformen gefüllt, gebacken.

Grapenuts and Cream: Fertige amerikanische Cerealien, im Handel erhältlich; mit Zucker und kalter süßer Sahne serviert.

Griddled Buckwheat Cakes: Buchweizen-Pfannkuchen: Buchweizenmehl mit Eiern, Milch, geschmolzener Butter, Backpulver und Salz zu dickflüssigem Teig verrührt, auf gefetteter Eisenplatte löffelweise beiderseits gebacken; Ahornsirup (Maple syrup) oder Melasse (molasses) gesondert serviert.

Griddled Rice Cakes: Reis-Pfannkuchen: Wie vorstehend unter Verwendung von Reismehl oder gekochtem Reis.

Griddled Wheat Cakes: Weizenmehl-Pfannkuchen: Wie Buchweizen-Pfannkuchen unter Verwendung von Weizenmehl.

Hominy: Gemahlener Maisgrieß, in leicht gesalzenem Wasser zu Brei verkocht; kalte süße Sahne gesondert serviert.

Indian Maize Mush: Indianischer Grießbrei: Grobgemahlener gelber Mais langsam in leicht gesalzenem Wasser gekocht; kalte süße Sahne gesondert serviert.

Malta Vita: Lebensmalz: Fertiges Cerealienprodukt, mit Malz bereitet, im Handel käuflich; Puder- oder feiner Streuzucker gesondert serviert.

Oatmeal Muffins: Warme Hafermehlkuchen: Halb Hafer- und halb Weizenmehl mit Eiern, Milch, geschmolzener Butter, Backpulver, Zucker und Salz zu Teig verarbeitet, in kleinen Ringformen gebacken.

Old Virginia Corn Cakes: geschlagene Eier mit Milch, gesiebtem Maismehl, Salz, Backpulver und zerlassenem Schweineschmalz vermischt. Zu kleinen Kuchen auf mit Speckrinde gefetteter Schnellbratpfanne (Griddle) gebacken (nordamerikanisch).

Pearl Grits: Perlgrütze: Im Handel erhältlich; in leicht gesalzenem Wasser zu Brei verkocht; kalte süße Sahne gesondert serviert.

Popovers: Leichter Teig aus Weizenmehl, Eiern, Butter, Milch, Backpulver und Salz in kleinen Becherformen gebacken.

Puffed Rice, Shredded Wheat, Corn Flakes und viele andere fertige Cerealienprodukte, im Handel käuflich; mit kalter Sahne oder Milch und Zucker serviert.

Waffles: Waffeln: Eierkuchenteig mit Backpulver, geschmolzener Butter, Eiweißschnee und Schlagsahne, in gefettetem Waffeleisen gebacken; heiß mit Honig oder Ahornsirup serviert.

Wheat Muffins: Warme Weizenbrötchen: Weizenmehl, Eier, Milch, geschmolzene Butter, Backpulver und Salz zu leichtem Teig verarbeitet, in kleinen Ringformen gebacken; erkaltet, durchgeschnitten, geröstet, mit Butter bestrichen, heiß serviert.

Saucen und Fonds

Französisch: Sauces
Englisch: Sauces and Gravies
Italienisch: Salse
Spanisch: Salsas

Zum Bereiten guter Saucen braucht man gute Fonds (Grundbrühen). Diese Fonds müssen aus dem besten Material hergestellt, langsam ausgekocht, mäßig gewürzt und gut passiert sein. Manche Saucen erfordern Wein, um ihnen den letzten Schliff zu geben. Es versteht sich von selbst, daß nur einwandfreie, naturreine Weine dafür in Frage kommen können. Minderwertige Weißweine werden grau, wenn sie erhitzt sind, und geben den damit bereiteten Saucen einen unangenehmen Geschmack und eine schlechte Farbe.

Viele Saucen werden mit Eigelb, Sahne oder frischer Butter, einige mit Champignons, Trüffeln, Austern, Gemüsejulienne und anderem mehr vervollständigt. Es muß die Aufgabe eines jeden guten Saucenkoches sein, die Sauce dem in Betracht kommenden Gericht harmonisch anzupassen; sie muß gut decken, darf aber wiederum nicht zu dick sein, da sie sonst unappetitlich wirkt.

Grundsaucen sind gut auszukochen und auszuschäumen, gebundene Jus (Bratensaft) müssen nach dem Binden klargekocht und durch ein feines Tuch passiert werden. Mit guten und passenden Zutaten kann ein guter Saucenkoch eine sehr große Vielfalt von Saucen bereiten, die jedes Gericht vervollständigen.

Fonds

Béchamelsauce: Sauce Béchamel: siehe weiße Rahmsauce

Brauner Fond: Fonds brun: Kleingehackte Kalbsknochen, Rinderknochen und Parüren werden mit Mirepoix in Fett angebräunt, mit einfacher Brühe, notfalls auch Wasser, aufgefüllt, ein Kräuterbündel wird hinzugefügt und der Fond 5–6 Stunden langsam ausgekocht und dabei ständig ausgeschäumt. Dann wird das Fett abgeschöpft und der Fond passiert.

Weißer Kalbsfond: Fonds blanc: Kleingehackte Kalbsknochen und Abgänge setzt man mit Mohrrüben, Lauch und Sellerieknolle an, gibt eine oder mehrere mit Nelken bespickte Zwiebeln – je nach der Menge – sowie Champignonabgänge hinzu, füllt mit Wasser auf und kocht den Fond langsam ungefähr 3 Stunden. Er wird dann gut ausgeschäumt und passiert.

Weißer Geflügelfond: Fonds de volaille: Wird wie Kalbsfond mit Suppenhühnern bereitet, oder man kocht einfachen Kalbsfond und fügt reichlich Geflügelabgänge hinzu.

Fischfond: Fonds oder Fumet de poisson: Fischgräten und Abfälle, am besten von Seezungen, Steinbutt, Hecht und Zander, kocht man mit $^2/_3$ Wasser, $^1/_3$ trockenen Weißwein, Zwiebelscheiben, Petersilienstielen, Champignonabfällen, einem kleinen Lorbeerblatt und zwei Zweigen Thymian langsam 20 Minuten, gibt einige weiße Pfefferkörner hinzu und kocht weitere 10 Minuten vor dem Passieren.

Fischessenz: Essence de poisson: Fischgräten, am besten von Seezunge und Weißling, werden mit einigen Zwiebelscheiben, reichlich

Champignonabfällen, einigen Petersilienstielen und etwas Butter 10 Minuten angedünstet, ein Glas guter Weißwein wird aufgegossen, fast vollständig eingekocht, und dann wird Fischfond aufgefüllt. Man gibt den Saft einer Zitrone hinzu, würzt sehr leicht mit Salz und läßt alles zusammen vor dem Passieren 15 Minuten langsam kochen.

Geflügelessenz: Essence de volaille: Rohe Geflügelknochen und Abgänge schwitzt man in Butter an, füllt mit Geflügelfond auf, gibt einige Champignonabfälle hinzu und kocht alles langsam wenigstens eine Stunde aus. Die Essenz wird erst durch ein Spitzsieb und dann durch ein Tuch geseiht.

Bratensaft, Einfacher: Jus de viande: Der einfache Bratensatz von gebratenem Fleisch mit etwas braunem Fond oder braunem Kalbsfond abgelöscht, verkocht, durchgeseiht und abgefettet.

Brauner Kalbssaft: Jus de veau: Kleingehackte Kalbsknochen, in Butter mit Röstgemüse (Mirepoix) angeröstet, erst mit wenig Kalbsfond aufgefüllt und langsam gekocht, bis die Knochen zu glacieren beginnen, dieser Vorgang noch einmal wiederholt, dann langsam mit Kalbsfond ausgekocht, mäßig gewürzt und passiert.

Gebundener Kalbssaft: Jus de veau lié: Brauner, eingekochter Kalbssaft, leicht mit Stärkemehl gebunden, ausgekocht, ausgeschäumt und durch ein Tuch passiert.

Wildfond: Fonds de gibier: Kleingehackte Wildknochen, mit Röstgemüse angebräunt, mit Wasser aufgefüllt, Pilzabfälle hinzugegeben und wie brauner Fond, jedoch nur 90 Minuten gekocht und dann durchgeseiht.

Fleischglace: Glace de viande: Kann sowohl von gut entfetteter Bouillon als auch von braunem Fond bereitet werden. Man kocht so lange, bis eine sirupartige Masse entsteht, die nach dem Erkalten fest wie Gelee wird. Fisch-, Wild- und Geflügelglace stellt man genauso her

Grundsaucen

Braune Grundsauce: Spanische Sauce: Sauce Espagnole: Brauner Fond mit braunem Roux gebunden, Röstgemüse mit etwas Weißwein deglaciert sowie ein Kräuterbündel und einige zerschnittene Tomaten hinzugegeben und langsam unter ständigem Ausschäumen etwa 8 Stunden ausgekocht, entfettet und passiert. Heute wird diese Grundsauce oft so hergestellt, daß man die kleingehackten Rinds- und Kalbsknochen mit Mirepoix direkt anröstet, mit Mehl bestäubt, das Mehl anrösten läßt, mit Wasser auffüllt, Tomatenmark und Kräuterbündel hinzufügt und 8–10 Stunden kochen läßt, wodurch man das gesonderte Kochen des braunen Fonds umgehen kann und Zeit spart.

Demiglace: Die braune Grundsauce wird unter Zusatz von braunem Fond, braunem Kalbssaft, Champignonabfällen, Schinkenabfällen, frischen Tomaten oder Tomatenpüree bis zur nötigen Dicke und Feinheit eingekocht, sorgfältig ausgeschäumt und entfettet und passiert.

Tomatensauce: Sauce tomate: Mirepoix und gewürfelter Schinken- oder Speckabfall wird angeröstet, ausgedrückte, kleingeschnittene Tomaten, außerhalb der Saison Tomatenpüree hinzugegeben, leicht mit angeröstet und alles leicht mit Mehl bestreut. Nach dem Anlaufen füllt man mit weißem Fond auf, gibt ein Kräuterbündel, etwas Knoblauch, einige Pfefferkörner, Salz und eine Prise Zucker hinzu und kocht die Sauce langsam 1–1¼ Stunden aus, um sie dann zu passieren. Die Sauce wird schmackhafter, wenn man das Mirepoix mit dem Mehl allein anröstet und erst dann die im Ofen bis zur völligen Feuchtigkeitsfreiheit eingedünsteten Tomaten oder leicht angeröstetes Tomatenpüree hinzugibt und mit Fond auffüllt.

Weiße Grundsaucen: Samtsaucen: Velouté:
1. **Kalbsvelouté:** Velouté de veau: Weißer Roux, mit weißem Kalbsfond aufgegossen, vermischt, ein Kräuterbündel und eine gespickte Zwiebel hinzugegeben, langsam 1½ Stunden ausgekocht, leicht gewürzt und passiert.
2. **Geflügelvelouté:** Velouté de volaille: Wie Kalbsvelouté, jedoch mit Geflügelfond bereitet; einige Champignonabfälle können hinzugesetzt werden.
3. **Fischvelouté:** Velouté de poisson: Wie Kalbsvelouté, mit Fischfond hergestellt.
4. **Gemüsevelouté:** Velouté de legumes: Wie Kalbsvelouté, jedoch mit Gemüsefond hergestellt.

Deutsche Sauce: Sauce allemande: Kalbsvelouté mit zusätzlichem Kalbsfond, Champignonfond mit Eigelb verrührt und mit weißem Pfeffer gewürzt, unter ständigem Rühren mit einer Spatel zur benötigten Dicke eingekocht, mit Zitronensaft gewürzt, mit Butterflocken verfeinert.

Geflügelrahmsauce: Suprêmesauce: Sauce suprême: Geflügelvelouté mit zusätzlichem Geflügelfond und Champignonfond eingekocht, süße Sahne hinzugefügt, zur benötigten Dicke reduziert, gewürzt, mit Butterflocken verfeinert, durch ein Tuch passiert.

Weiße Rahm- oder Béchamelsauce: Sauce Béchamel: Weißer Roux mit aufgegossener Milch unter Zusatz einer gespickten Zwiebel eine Stunde langsam gekocht, mit Salz, Pfeffer und geriebener Muskatnuß gewürzt, mit etwas süßer Sahne verfeinert, passiert.

Saucen

aux Abatis: siehe Giblet
Admiral: Amiral: Weißweinsauce mit gehackten Schalotten und geriebener Zitronenschale verkocht, mit Sardellenbutter aufgeschlagen, mit Kapern garniert.
Aegir: Holländische Sauce, mit Senfpulver gewürzt.
Afrikanische: à l'africaine (afrikähn): Demiglace, gewürzt mit Cayennepfeffer und Madeira, garniert mit gebratenen Zwiebelringen und Trüffelwürfeln.
Aigre-doux: siehe süß-saure Sauce
à l'ail: siehe Knoblauchsauce
Ailloli, Aïoli: Kalte Knoblauchsauce: Hartgekochtes Eigelb mit Knoblauch zu feinem Püree gestoßen, mit Öl wie Mayonnaise aufgezogen, mit Zitronensaft und Cayennepfeffer gewürzt.
aux airelles: siehe Kronsbeerensauce
Albert: Englische Buttersauce, mit geriebenem Meerrettich, englischem Senf, Essig und Zucker gewürzt.
Albuféra: Geflügelrahmsauce, mit Fleischglace und roter Paprikaschotenbutter vervollständigt.
Alcide: Weißweinsauce, mit feingehackten, gedünsteten Schalotten und geriebenem Meerrettich vervollständigt.
Alexandra: 1. (warm) Geflügelrahmsauce, mit Trüffelessenz vervollständigt; 2. (kalt) Mayonnaise mit passiertem, hartgekochtem Eigelb bereitet, mit englischem Senf gewürzt, vermischt mit gehacktem Kerbel.
Algerische: algerienne (alscherjenn): Tomatensauce mit gedünsteter Julienne von grünen oder roten Paprikaschoten.
Alliance: Reduktion von Weißwein, wenig Estragonessig und weißem Pfeffer, mit Eigelb dickgerührt, mit zerlassener Butter aufgeschlagen, mit Zitronensaft und Cayennepfeffer gewürzt, mit gehacktem Kerbel vervollständigt.
Altmodische: à l'ancienne: Holländische Sauce mit gehackten Champignons, Trüffeln und Essiggurken.
américaine: siehe amerikanische Sauce

Amerikanische: américaine (amerihkähn): Warm: Gestoßene Hummerkörper mit Mirepoix angeröstet, mit Weinbrand flambiert, mit Weißwein abgelöscht, mit Tomaten verkocht; durch Sieb gestrichen, mit Fischvelouté verkocht, scharf gewürzt, mit Butter aufgeschlagen, passiert.
Kalt: Mayonnaise vermischt mit Hummerpüree, gewürzt mit Senf.
aux anchois: siehe Sardellensauce
à l'ancienne: siehe altmodische Sauce
Andalouse: siehe andalusische Sauce
Andalusische: andalouse (kalt): Mayonnaise, vermischt mit Tomatenpüree, garniert mit gewürfelten Paprikaschoten.
à l'aneth: siehe Dillsauce
Antiber: à l'antiboise (langtiboas), kalt: Mayonnaise, vermischt mit Tomatenpüree, gewürzt mit Sardellenpaste und gehacktem Estragon.
Antin: d'Antin (dantäng): Madeirasauce mit gehackten Schalotten, gedünstet in Weißwein, vermengt mit gehackten Trüffeln, Champignons und feinen Kräutern.
Apfelkren (kalt): Rohe geriebene Äpfel, vermischt mit geriebenem Meerrettich, Weißwein, Essig und Zucker (österreichisch).
Apfelsinen: à l'orange (lorangsch): Demiglace gewürzt mit Apfelsinen- und etwas Zitronensaft, garniert mit blanchierter Orangenschale.
Apple and Horseradish Sauce: Apfel- und Meerrettichsauce: Leicht gesüßtes Apfelmus, vermischt mit geriebenem Meerrettich, gewürzt mit Zitronensaft und Cayennepfeffer (amerikanisch).
Apple Sauce: Apfelsauce: Dünnes Apfelmus, gesüßt mit Zucker, gewürzt mit Zimt; warm serviert (englisch).
Arlesische: arlesienne: Béarnaisesauce mit etwas Tomatenpüree gefärbt, gewürzt mit Sardellenpüree, garniert mit gewürfelten, geschmolzenen Tomaten.
Arme-Leute: Pauvre-homme (powr omm): Braune Grundsauce, vermengt mit gehackten, gedünsteten Schalotten, gehackter Petersilie und geröstetem Reibbrot.
Aromatische: aux aromates: 1. Reduktion von Thymian, Basilikum, Salbei, Majoran, Kerbel und Estragon in Weißwein, verkocht mit Demiglace, passiert, garniert mit gehacktem Kerbel und Estragon; 2. Reduktion von Majoran, Salbei, Basilikum, Schnittlauch, Pfefferkörnern und Thymian in Weißwein, verkocht mit Kalbsvelouté, passiert, vervollständigt mit gehacktem Kerbel.
Artois (artoah): Fleischglace, mit Krebs- und Kräuterbutter aufgeschlagen.
à l'aurore: siehe Aurorasauce
Aurorasauce: Kalbsvelouté leicht mit Tomatenpüree gefärbt; für Fische eine Fischvelouté.
Austern: aux huîtres (osuihtr): Normannische Sauce, mit Austernwasser verkocht, gewürzt mit Zitronensaft; mit steifgemachten, entbarteten Austern garniert.
Braune: aux huîtres à brun: Demiglace mit Austernwasser verkocht, garniert mit steifgemachten, entbarteten Austern.
Avignoner: avignonaise (awinjonäs): Rahmbéchamel, gewürzt mit Knoblauch, vermischt mit geriebenem Parmesankäse und gehackter Petersilie, gebunden mit Eigelb.

Bankier: banquière (bankjähr): Geflügelrahmsauce leicht mit Tomatenpüree gefärbt, mit Kalbsglace und Butter verfeinert und mit Madeira gewürzt.
Banquière: siehe Bankier
Barbecue: Scharfe Sauce für im Freien geröstetes Fleisch, verschiedentlich zubereitet, z.B. Tomatenpüree vermischt mit dem Fleischsaft, Tomatenketchup, geriebenem Meerrettich, Knoblauch und Zwiebelsaft, gewürzt mit Senfpulver, Salz, Chilipulver, Cayennepfeffer, Zucker, Estragonessig, A1-Sauce und Worcestershiresauce (nordamerikanisch).

Bastard: siehe Buttersauce
Bastard, Blonde: bâtarde, blonde: Buttersauce, mit Fischfond bereitet.
Bâtarde: siehe Bastard- und Buttersauce
Bavaroise: siehe bayerische Sauce
Bayerische: bavaroise: Holländische Sauce mit Krebsbutter, verfeinert mit Schlagsahne, garniert mit gewürfelten Krebsschwänzen.
Béarnaise: siehe Béarner Sauce
Béarner: béarnaise (bearnäs): Gehackte Schalotten, zerdrückter weißer Pfeffer, Estragon- und Kerbelblätter mit Estragonessig eingekocht, mit Eigelb dick und schaumig gerührt, mit Butter aufgeschlagen, mit Salz gewürzt; durch Tuch passiert, mit gehacktem Kerbel, Estragon und Cayennepfeffer vervollständigt.
Beauharnais: Béarner Sauce wie üblich, aber mit 3 Teilen einfacher und einem Teil Estragonbutter bereitet.
Béchamel: siehe Grundsaucen
Beefsteak: Handelsartikel, in Flaschen erhältlich.
Berchoux: Deutsche Sauce, mit Sahne und Kräuterbutter vervollständigt.
Bercyer: Bercy: 1. Für Fisch: Gehackte Schalotten in Butter gedünstet, mit halb Weißwein und halb Fischfond eingekocht, mit Fischvelouté verkocht, mit Butter aufgeschlagen, mit gehackter Petersilie vermischt;
2. für Fleisch: Gehackte, angedünstete Schalotten und Prise Pfeffer in Weißwein, eingekocht, vermischt mit Fleischglace, mit Butter aufgeschlagen, mit blanchiertem, gewürfeltem Rindermark und gehackter Petersilie vervollständigt.
au Beurre: siehe Buttersauce
au beurre à l'anglaise: siehe Buttersauce, englische
Beurre maître d'hôtel: siehe Kräuterbutter
Beurre noir: Siehe schwarze Butter
Bigarade: Zucker zu blondem Karamel gebrannt, mit Orangen- und Zitronensaft aufgelöst, mit Entenfond und Demiglace verkocht; garniert mit blanchierter Orangen- und Zitronenschale in Julienne geschnitten.
Blanche: siehe weiße Sauce
Blätter: aux peluches (plüsch): Holländische Sauce mit gezupftem Kerbel, Estragon und Petersilienblättern.
Bonne-femme: siehe Hausfrauensauce
Bonnefoy: Wie Bordelaiser, aber mit Weißwein bereitet; garniert mit gewürfeltem, blanchiertem Rindermark und gehackter Petersilie.
Bordelaiser: bordelaise: Gehackte Schalotten, Thymian, Lorbeerblatt und weißer Pfeffer, mit Rotwein verkocht, mit Demiglace aufgefüllt, zur nötigen Dicke gekocht, passiert, mit Butter aufgeschlagen. Für Fleischgerichte mit blanchiertem, gewürfeltem Rindermark und gehackter Petersilie vervollständigt.
Botschafterin: ambassadrice: Hühnerrahmsauce, vermischt mit Hühnerpüree, vervollständigt mit Schlagsahne.
Bourgeoise: siehe bürgerliche Sauce
Bourguignonne: siehe Burgunder Sauce
Brantôme: Weiße Rahmsauce mit Weißwein und Austernwasser verkocht, mit Krebsbutter aufgeschlagen, gewürzt mit Cayennepfeffer, garniert mit gehackten Trüffeln.
Bread Sauce: au pain à l'anglaise: Milch mit Zwiebel aufgekocht, mit geriebenem Weißbrot 5 Minuten gekocht; Zwiebel entfernt, mit geriebenem Muskat, Salz und Cayennepfeffer gewürzt, mit süßer Sahne und Butter vervollständigt (englisch).
Bressanne: siehe Bresser Sauce
Bresser: bresanne: Spanische Sauce mit Orangensaft, Madeira und Cayennepfeffer gewürzt; im letzten Moment mit Püree von blutig gebratenen Geflügellebern vervollständigt.

Bretagnische: bretonne: 1. Gehackte, leicht in Butter gebräunte Zwiebeln mit Weißwein abgelöscht, eingekocht, mit Demiglace, Tomatenpüree und Knoblauch verkocht, passiert, mit Butter aufgeschlagen, mit gehackter Petersilie vermischt;
2. Weißweinsauce mit Butter und Sahne verfeinert, mit in Butter gedünsteter Julienne von Champignons, Lauch, Sellerie und Zwiebeln garniert.
Bretonne: siehe bretagnische Sauce
Broglie: Demiglace, mit Champignonfond verkocht, mit Butter verfeinert, mit Madeira gewürzt; garniert mit kleinen, in Butter gebratenen Schinkenwürfeln.
Brot, Englische: siehe Bread Sauce
Brunnenkresse: au cresson: Kalbsvelouté, vermischt mit Püree von Brunnenkresse, garniert mit Kapern.
Bulgarische: bulgare (kalt): Dickes Püree von frischen Tomaten, vermischt mit Mayonnaise, garniert mit gekochten Würfelchen von Knollensellerie.
Bündnis: siehe Alliance-Sauce
Bürgerliche: Bourgeoise (burschoas): Demiglace, mit Estragonessig und Senf gewürzt.
Burgherrn: castellane: Demiglace, mit Fleischglace und Butter verfeinert, vermischt mit feingewürfelten Paprikaschoten und Schinken, gewürzt mit Madeira.
Burgunder: bourguignonne: Gehackte Schalotten, Petersilienstiele, Thymian, Lorbeerblatt und Champignonabfälle, mit Rotwein aufgefüllt, zur Hälfte eingekocht, mit Mehlbutter gebunden; passiert, mit Butter aufgeschlagen, mit Cayennepfeffer gewürzt.
Butter, Bastard: bâtarde: Weiße Mehlschwitze, mit Wasser verrührt, gewürzt, verkocht, mit Eigelb und Sahne legiert, mit Butter verfeinert, mit Zitronensaft abgeschmeckt, passiert.
   Englische: au beurre à l'anglaise: Buttersauce ohne Liaison.
   Pariser: Schaumig gerührte Butter, vermischt mit feingehackten Schalotten, Petersilie und Estragon, wenig Salbei und Sardellen, gewürzt mit Senf, Zitronensaft, Paprika und Worcestershiresauce.
Café de Paris: aufgekochte Sahne, mit wenig Mehlbutter gebunden, mit Café de Paris-Butter (Püree von Tomaten, Senf, Kapern, Sardellenfilets, Kräutern, Würzsauce, Cognac, Madeira u. a.) vervollständigt, erwärmt, doch nicht gekocht.

Cambridge (kembridsch): Hartgekochtes Eigelb, gestoßen mit Sardellen, Kapern, Dill, Estragon und Petersilie, durchgestrichen, aufmontiert mit Öl, gewürzt mit Senf, Essig und Cayennepfeffer, vermischt mit gehackter Petersilie (englisch).
Camerani: Demiglace, gewürzt mit Madeira, vermischt mit gehackten Trüffeln.
Caper Sauce (kaipersohs): 1. Demiglace, mit Essig gewürzt, mit Kapern garniert (amerikanisch).
2. englische Buttersauce, garniert mit Kapern (englisch).
Cardinal: siehe Kardinalsauce
Carmélite: siehe Karmelitersauce
Casanova: Mayonnaise vermischt mit gehacktem, hartgekochtem Eigelb, Estragon und Trüffeln.
Castellane: siehe Burgherrnsauce
Catalane: siehe katalonische Sauce
Catsup: Catchup: Ketchup: Ketchap: Ostindische Würzsauce, bereitet aus Tomaten, grünen Walnüssen oder Pilzen, scharf gewürzt; im Handel erhältlich.
aux cèpes: siehe Steinpilzsauce
aux cerises: siehe Kirschensauce

Chambord: Zerhackte Lachsköpfe und Abfälle, mit Röstgemüse, Petersiliestielen, Champignonabfällen, Thymian und Lorbeerblatt in Butter angeschwitzt, mit Rotwein aufgefüllt, reduziert, mit Demiglace verkocht, durchgestrichen, mit Butter und Sardellenpaste vervollständigt.

Champagner: Schaumwein: au champagne: 1. Demiglace mit Schaumwein verkocht, mit Weinbrand gewürzt;
2. Schaumwein, eingekocht, mit Eigelb dickgerührt, mit Butter wie holländische Sauce aufgeschlagen.

Champignons: aux champignons: 1. Demiglace mit Champignonfond verkocht, leicht gebuttert, mit sehr kleinen Champignonköpfen oder -scheiben vermischt;
2. deutsche Sauce mit eingekochtem Champignonfond, garniert mit kleinen Champignonköpfen oder -scheiben;
3. Weißweinsauce mit Champignonfond und Champignonscheiben.

Chantilly: 1. Holländische Sauce, der im letzten Moment etwas Schlagsahne unterzogen wurde;
2. Mayonnaise, mit Zitronensaft gewürzt, mit Schlagsahne vervollständigt.

Charcutière: Robertsauce, mit Streifen von Pfeffergurken garniert.

Chartres: à la Chartres: Demiglace mit Estragon gewürzt, mit gehacktem Estragon vermischt.

Chasseur: siehe Jägersauce

Chateaubriand: Gehackte Schalotten, Thymian, Lorbeerblatt und Champignonabfall, mit Weißwein eingekocht, passiert, vermischt mit flüssiger Fleischglace, mit Butter aufgeschlagen, vervollständigt mit gehackter Petersilie und Estragon.

Chaudfroid: 1. Blonde: blonde: Weiße Chaudfroid-Sauce mit Zusatz von etwas Fleischglace;
2. Braun: brune: Demiglace, mit Trüffelsud und Gelee verkocht, mit Madeira gewürzt; für Wild: Demiglace erst mit angerösteten Wildabfällen oder Wildextrakt verkocht;
3. Grün: verte: Velouté vermischt mit Kräuterpüree oder Spinatmaté, mit Sahne und Gelee vervollständigt.
4. Rosa: rosée: Kalbs-, Geflügel- oder Fischvelouté mit Hummer- oder Krebsbutter aufgeschlagen, mit Gelee und Sahne vervollständigt;
5. Tomaten-: tomatée: Weiße Chaudfroid-Sauce mit sehr rotem Tomatenpüree vermischt;
6. Weiße: blanche: Kalbs-, Geflügel- oder Fischvelouté mit Sahne und Gelee.

Cherbourg: Rahmbéchamel mit Krebsbutter aufgeschlagen; mit Krebsschwänzen garniert.

Chevreuil: siehe Rehsauce

Choron: Béarnaisesauce, mit etwas lebhaft rotem Tomatenpüree vervollständigt.

Chutney: Würzsauce, bereitet aus Ingwer, Mangonen, Gurken, Tamarindenpulp, gebackenen Äpfeln, Beeten, Zitronensaft, Knoblauch, Pfefferschoten u. a., scharf gewürzt; im Handel erhältlich.

au citron: siehe Zitronensauce

Clam (klähmsohs): Fischvelouté, zum Teil mit Clamsud bereitet, mit Zitronensaft gewürzt, mit Butter verfeinert; garniert mit gehackten Clams (amerikanisch).

Cocktail: Tomatenketchup, vermischt mit geriebenem Meerrettich, Chilli und Worcestershiresauce, Tabasco, gehackten grünen Paprikaschoten und Kräutern.

Colbert: Fleisch- oder Geflügelglace mit Butter aufgeschlagen, mit Zitronensaft gewürzt, vermischt mit gehackter Petersilie und Estragon.

Comtesse: siehe Gräfinsauce

aux concombres: siehe Gurkensauce

Cordelier: siehe Franziskanersauce

Crème: siehe Rahmsauce
Créole: siehe Kreolensauce
au cresson: siehe Brunnenkressesauce
aux crevettes: siehe Garnelensauce
Cumberland (kalt): Rotes Johannisbeergelee, gewürzt mit Senf- und Ingwerpulver, Cayennepfeffer, Orangensaft und Portwein, durchgestrichen; garniert mit blanchierter Orangen- und Zitronenschale, in feine Streifen geschnitten, und gehackten Schalotten.
Curry: 1. Gehackte Zwiebeln, in Butter angeschwitzt, mit Currypulver bestäubt, mit Fisch- oder Kalbsvelouté und Kokosnußmilch verkocht, mit Rahm verfeinert;
2. gehackte Äpfel und Zwiebeln, in Butter angeschwitzt, reichlich mit Currypulver bestreut, nach dem Anlaufen Tomatenmark und zerdrückter Knoblauch beigefügt, mit Demiglace und Kokosnußmilch verkocht; nicht passiert, mit gehackten, eingemachten Mangonen vervollständigt.
Cussy: Demiglace mit Geflügelglace abgeschmeckt, mit Madeira gewürzt.

Dänische: danoise: Rahmsauce, mit Champignonfond verkocht, mit Hühnerpüree vermischt.
Danoise: siehe dänische Sauce
Daumont: Holländische Sauce, mit Austernwasser aufgeschlagen, mit Zitronensaft gewürzt; garniert mit gewürfelten Austern, Champignons und Trüffeln.
Deck oder Sulz: siehe Chaudfroid-Sauce
Demi-deuil: siehe Halbtrauersauce
Demidoff: Madeirasauce, garniert mit halben, dünnen Trüffelscheiben.
Devonshire: Deutsche Sauce, garniert mit kleinen Würfelchen von Pökelzunge (englisch).
Diable: siehe Teufelssauce
Diana: Diane (diann): Pfeffersauce, mit süßer Sahne vervollständigt, garniert mit gewürfelten Trüffeln und hartgekochtem Eiweiß.
Diepper: dieppoise (diäpoas): Fischvelouté, mit Krevettenbutter aufgeschlagen.
Dieppoise: siehe Diepper Sauce
Dill: à l'aneth (lanä): Kalbsvelouté oder Rahmbéchamel, vermischt mit gehacktem Dill, gewürzt mit Zitronensaft; für Fischgerichte gebutterte Fischvelouté mit Sahne und gehacktem Dill, gewürzt mit Zitronensaft.
Diplomaten: diplomate: Normannische Sauce mit Hummerbutter aufgeschlagen, garniert mit Hummer- und Trüffelwürfeln.
Divine: siehe himmlische Sauce
Dörfliche: villageoise (willaschoas): Kalbsvelouté, vermischt mit weißem Zwiebelpüree, mit Kalbsfond und Champignonfond reduziert, mit Eigelb und Sahne gebunden, mit Butter verfeinert.
Duchesse: siehe Herzoginsauce
Dunant (dühnang): Holländische Sauce mit Trüffelessenz, aufgeschlagen mit Langustinenbutter; im letzten Moment mit Schlagsahne vermischt.
Duxelles: Gehackte Schalotten und Zwiebeln in Butter geschwitzt, vermischt mit gehackten Champignons, weitergeschwitzt, mit Weißwein befeuchtet, eingekocht, vermischt mit halb Demiglace und halb Tomatensauce, verkocht, mit gehackter Petersilie vervollständigt.

Ecossaise: siehe schottische Sauce
aux écrevisesses: siehe Krebssauce
Egg Sauce (ehgsohs): siehe Eiersauce 2
aux églantines: siehe Hagebuttensauce
Eier: aux œufs (ausö): 1. Holländische Sauce, vermischt mit grobgehackten, hartgekochten Eiern;

2. Eggsauce: Zerlassene Butter mit Salz, Pfeffer und Zitronensaft gewürzt, vermischt mit gewürfelten, hartgekochten Eiern und gehackter Petersilie (englisch);
3. englische Buttersauce mit gewürfelten, hartgekochten Eiern vermischt.
Elfenbein: Ivoire (iwoar): Kalbsvelouté, mit Sahne und Fleischglace vervollständigt.
Elsässische: alsacienne (kalt): Gekochtes kaltes Kalbshirn und Zwiebel, im Mörser gerieben, durch ein Haarsieb gestrichen, mit Öl aufgezogen, mit Zitronensaft, Senf, Salz, Pfeffer und Essig gewürzt.
Englische: Ausdruck für die im Handel befindliche Worcestershiresauce.
Englische Nieren: siehe Kidney-Sauce
Englische Wild: siehe Roebuck-Sauce
Epicurienne: siehe Epikuräersauce
Epikuräer: épicurienne (epikurjenn): 1. Buttersauce, gewürzt mit Pilzketchup, Essig und Cayennepfeffer;
2. (kalt) Mayonnaise vermischt mit Gurkenpüree, gewürzt mit Sardellenpaste und Chutney.
Erzbischof: archevêcque: Weiße Kräutersauce mit Kapern.
Erzherzog: archiduc: Geflügelrahmsauce, mit eingekochtem Champagner vervollständigt.
Espagnole: siehe spanische Sauce
Essig und Öl: Vinaigrette (Winnehgrett): Mischung von Essig, Öl, gehacktem Kerbel, Estragon, Petersilie, Schnittlauch und kleinen Kapern, mit Salz und Pfeffer gewürzt.
Esterhazy: In Butter blond gebratene Zwiebeln, mit Weißwein eingekocht, mit Demiglace und saurer Sahne verkocht, gewürzt mit Paprika, passiert, garniert mit in Butter gedünsteter Julienne von Mohrrüben und Sellerieknolle.
Estragon, Braune: estragon à brun: Reduktion von Estragonblättern in Weißwein, verkocht mit Demiglace, vermischt mit gehacktem Estragon.
    Weiße: estragon à blanc: Deutsche oder Geflügelrahmsauce, mit Butter aufgeschlagen, vermischt mit gehacktem Estragon.
Etretat (etrehta): Deutsche Sauce mit Fischfumet und Tomatenpüree, garniert mit Champignons und Austern.

Feinschmecker: gastronome: Demiglace mit eingekochtem Schaumwein und Fleischglace, gewürzt mit Cayennepfeffer und Madeira.
Felix: Demiglace, mit Hummerbutter aufgeschlagen, mit Zitronensaft gewürzt.
Fenchel: au fenouil (o fenuij): Englische Buttersauce, garniert mit feingewürfelter, gekochter Fenchelknolle und gehacktem Fenchelkraut.
au fenouil: siehe Fenchelsauce
Fermière: siehe Pächtersauce
Financière: siehe Finanzmannsauce
Finanzmann: financière (fihnanzjehr): Demiglace mit Trüffelextrakt gewürzt.
aux fines herbes: siehe Kräutersauce
Finnische: finnoise (fehnoas): Geflügelvelouté, gewürzt mit Paprika, garniert mit Julienne von grünen Paprikaschoten und gehackten Kräutern.
Finnoise: siehe finnische Sauce
Fischer: des pêcheurs (päschör) (kalt): Krevettenpüree mit Öl aufgeschlagen, mit Salz, Pfeffer und Zitronensaft gewürzt.
Flamande: siehe flämische Sauce
Flämische: flamande: 1. Buttersauce, mit Senf und Zitronensaft gewürzt, vermischt mit gehackter Petersilie;
2. zerlassene Butter, vermischt mit französischem Senf und gehackter Petersilie, gewürzt mit Zitronensaft.
Forestière: siehe Förstersauce

Förster: forestière (forestjär): Demiglace, gewürzt mit Sherry, garniert mit feinen, in Butter sautierten Morchelscheiben.
Foyot: Béarnaise-Sauce, vermischt mit etwas Fleischglace.
Française: siehe französische Sauce
François I.: siehe Franz-I.-Sauce
François Joseph: siehe Franz-Josef-Sauce
Franz I.: François I.: Gebutterte Weißweinsauce mit geschmolzenen Tomaten und Champignonscheiben.
Franz Josef: François Josef: Jägermeistersauce mit eingekochtem Champagner.
Franziskaner: cordelier (kordelje): Madeirasauce, mit Gänseleberpüree vervollständigt, garniert mit Trüffelscheiben.
Französische: française (frangsähß): Béarner Sauce mit Fischglace und etwas Tomatenpüree.
Frühlings: printanière (prängtanjehr): Kalbsvelouté, mit Kräuterbutter aufgeschlagen, garniert mit feinen Würfelchen von Frühlingsgemüsen.
Fürstliche: princière (prängsjähr): Weißweinsauce mit Krebsbutter aufgeschlagen, garniert mit gewürfelten Krebsschwänzen und Trüffeljulienne.

Garibaldi: Demiglace, mit Senf, Cayennepfeffer und Knoblauch gewürzt, mit etwas Sardellenbutter aufgeschlagen.
Garnelen: aux crevettes: 1. Fischvelouté, mit Garnelenbutter aufgeschlagen, garniert mit Garnelenschwänzchen.
    Englische: aux crevettes à l'anglaise: Buttersauce mit Garnelenbutter aufgeschlagen, gewürzt mit Sardellenessenz; garniert mit Garnelenschwänzchen.
Gasconne: siehe gascognische Sauce
Gascognische: gasconne: Kalbsvelouté mit einer Reduktion feiner Kräuter in Weißwein, mit etwas Sardellenbutter aufgeschlagen.
Gastronome: siehe Feinschmeckersauce
Generals: général: Demiglace, verkocht mit Zitronensaft, Estragonessig, Knoblauch und Zitronenschale, passiert, gewürzt mit Madeira.
Génevoise: siehe Genfer Sauce
Genfer: génevoise (schenewoas): Lachsköpfe und Abfälle in Butter mit Röstgemüse geschwitzt, mit Rotwein aufgefüllt, eingekocht, verkocht mit Demiglace und Kräuterbündel, passiert, gewürzt mit Sardellenpaste, mit Butter verfeinert.
au genièvre: siehe Wacholderbeersauce
Génoise: siehe Genueser Sauce
Genueser: génoise (schenoas): Püree von Pistazien und Mandeln, mit Zitronensaft und Öl wie Mayonnaise aufgezogen, vervollständigt mit Kräuterpüree.
Giblet: aux abatis: Kleingehacktes Geflügelklein mit gehackten Zwiebeln sautiert, mit Mehl bestreut, gebräunt, mit Geflügelfond oder Wasser verkocht, gewürzt, passiert; mit Sherry aromatisiert; die gekochten gewürfelten Mägen und sautierten Lebern als Einlage (englisch).
Girondiner: à la girondine (schirondihn): Holländische Sauce, mit Senf gewürzt.
Gloucester (kalt): Mayonnaise, gewürzt mit englischem Senf und Worcestershiresauce, vervollständigt mit saurer Sahne, garniert mit gehacktem Fenchelkraut (englisch).
Godard: Röstgemüse und Schinkenabfälle mit Weißwein eingekocht, mit Demiglace und Champignonfond verkocht, passiert.
Golfin: Weißweinsauce, garniert mit Streifen von Gewürzgurken und Pökelzunge.
Gourmet: Rotweinsauce mit Fischfumet verkocht, mit Hummerbutter aufgeschlagen; garniert mit Hummer- und Trüffelwürfeln.

Gräfin: comtesse: Fischvelouté mit Sardellenbutter aufgeschlagen, mit Zitronensaft gewürzt.
Grand-veneur: siehe Oberjägermeister-Sauce
Granville: Weißweinsauce, garniert mit Krevettenschwänzchen, gewürfelten Champignons und Trüffeln.
Gratin: Gehackte Schalotten mit Weißwein eingekocht, trockene Duxelles und Demiglace (für Fischgerichte etwas Fischfond) beigefügt, verkocht, mit gehackter Petersilie vervollständigt.
Gribiche (kalt): Hartgekochtes, durchgestrichenes Eigelb mit Öl und etwas Essig wie für Mayonnaise aufgeschlagen, gewürzt mit Senf, garniert mit gehackten Gewürzgurken, Kapern, Petersilie, Estragon, Schnittlauch und Julienne von hartgekochtem Eiweiß.
Groseilles: siehe Stachelbeersauce
Grüne: verte (wärt): Mayonnaise, vermischt mit Püree von blanchierten Kräutern.
Gurken: aux concombres: Samtsauce, mit Anis gewürzt, garniert mit Streifen oder Scheibchen von saurer Gurke und gehackter Petersilie.

Hachée: siehe Hacksauce
Hack: hachée: Gehackte Zwiebeln und Schalotten, leicht in Butter gebräunt, mit etwas Essig eingekocht, verkocht mit Demiglace und Tomatenpüree, vermischt mit trockener Duxelles, gehackter Petersilie, Schinken und kleinen Kapern.
Hagebutten: églantine: Püree von Hagebutten in Weißwein gekocht, leicht gesüßt, mit Zitronensaft gewürzt.
Halbtrauer: demi-deuil (dehmidoj): Kalbs- oder Geflügelvelouté, verkocht mit Trüffelessenz, garniert mit Trüffelscheiben.
Harvey: Englische Würzsauce, im Handel erhältlich.
Haselnuß: noisettes (noasett): Holländische Sauce, vermischt mit Püree von gerösteten Haselnüssen.
Hausfrauen: bonne-femme (bonn famm): Gehackte Schalotten, in Butter angeschwitzt, mit Weißwein reduziert, mit Fischfond verkocht, mit Eigelb und Sahne gebunden, leicht gebuttert, mit Salz und Zitronensaft gewürzt.
Haushälterin: ménagère (mehnaschär): Gehackte Zwiebeln in Butter angeröstet, mit Mehl bestäubt, mit Fleischbrühe verkocht, vermischt mit gehackter Petersilie und Sardellen, gewürzt mit Zitronensaft.
Havrer: havraise (awräs): Weißweinsauce, verkocht mit Muschelfond, garniert mit Muscheln und Krevetten.
Heinrich IV.: Henri IV.: Das gleiche wie Foyot-Sauce.
Henri IV.: siehe Heinrich-IV.-Sauce
Herzogin: duchesse (düschess): Béchamelsauce mit Butter und Sahne verfeinert, garniert mit gehackter Zunge und Champignons.
Himmlische: divine: Holländische Sauce mit Geflügelglace und Schlagsahne.
Hofmeister: Maître d'hôtel (mätr dotäl): Weiße Buttersauce, mit Zitronensaft gewürzt, vermischt mit gehackter Petersilie.
Hollandaise: siehe holländische Sauce
Holländische: hollandaise: Reduktion von gleichen Teilen Wasser und Weinessig mit Prise weißem Pfeffer, vermengt mit Eigelben, im Wasserbad dick und schaumig geschlagen, außerhalb des Wasserbads mit lauwarmer, zerlassener Butter dick aufmontiert, mit Salz, Cayennepfeffer und Zitronensaft gewürzt; darf nur lauwarm gehalten werden, da sie sonst gerinnt.
Holsteinische: Rahmsauce, verkocht mit Weißwein und Fischfond, gewürzt mit Muskatnuß, gebunden mit Eigelb.
Homard: siehe Hummersauce
Hongroise: siehe ungarische Sauce
Horseradish: siehe englische Meerrettichsauce
aux huîtres: siehe Austernsauce

Hummer: Homard (ohmar): 1. Normannische Sauce, mit Hummerpüree vermischt;
2. Fischvelouté, mit Hummerbutter aufgeschlagen, mit Hummerwürfeln garniert.
Husaren: hussarde (üssard): Gehackte Zwiebeln und Schalotten in Butter angeschwitzt, mit Weißwein aufgefüllt, reduziert, Demiglace, Tomatenpüree, Schinkenabfälle, Knoblauch und Kräuterbündel zugefügt, verkocht, passiert; garniert mit feingewürfeltem Schinken, geriebenem Meerrettich und gehackter Petersilie.

Impératrice: siehe Kaiserinsauce
Indienne: siehe indische Sauce
Indische: indienne (ängdjenn): 1. Deutsche oder Geflügelrahmsauce, mit Currypulver gewürzt;
2. gehackte Zwiebeln und Äpfel, in Butter leicht angeröstet, mit Mehl bestäubt, gebräunt, Currypulver zugefügt, mit Rinderbrühe verkocht, mit Kokosnußmilch und süßer Sahne vervollständigt;
3. (kalt) Mayonnaise mit Püree von gebackenen Äpfeln, gewürzt mit Curry, Chutney und Pilzketchup.
Isigny: Holländische Sauce mit dicker Sahne oder Crème double.
Italienische: italienne (italjenn): 1. Duxelles-Sauce mit Zusatz von feingewürfeltem gekochten Schinken und gehackter Petersilie;
2. (kalt) gekochtes Kalbshirn, durchgestrichen, mit Eigelb vermischt, gewürzt, mit Öl wie Mayonnaise aufgezogen, mit Zitronensaft abgeschmeckt.
Ivoire: siehe Elfenbeinsauce

Jäger: chasseur (schahsör): Rohe Champignonscheiben und gehackte Schalotten, in Butter sautiert, mit etwas Weißwein aufgefüllt, reduziert, mit Demiglace verkocht, mit Butter verfeinert, mit gehackter Petersilie vermischt.
Jolie-fille (dshollifij): Geflügelrahmsauce, garniert mit grobgehacktem, hartgekochtem Eigelb und gehackter Petersilie.
Jungfräuliche: vierge: Rahmsauce, mit Artischockenpüree vermischt, mit Schlagsahne vervollständigt.
Jus, Gebundene: jus lié (schüh lijeh): Kräftige, eingekochte Kalbsjus, mit Stärkemehl gebunden.
  Tomatierte: jus tomaté: Kalbsjus mit Tomatenpüree verkocht.

Kabul: Würzsauce russischer Herkunft, im Handel erhältlich.
Kaiserin: impératrice: Deutsche Sauce mit Trüffelsud und Geflügelglace, mit geschlagener Sahne vervollständigt.
Kalifornische: californienne (kalt): Dicke Sahne (Crème double), vermischt mit Tomatenketchup, gewürzt mit Worcestershiresauce, Tabasco, Paprika und Zitronensaft.
Kaninchen: lapin: Sautierte Kaninchenleber, durchgestrichen, mit Reduktion von gehackten Schalotten, Thymian und gehackter Petersilie vermischt, aufgefüllt mit Demiglace oder gebundener Kalbsjus, mit Sherry abgeschmeckt.
Kardinal: Cardinal: Rahmbéchamel, verkocht mit Fischfond und Trüffelsud, mit Hummerbutter aufgeschlagen.
Karmeliter: carmélite: Burgundersauce, garniert mit Julienne von magerem Schinken und kleinen glacierten Zwiebelchen.
Käse: siehe Mornaysauce
Katalonische: catalane: Demiglace, gewürzt mit Senf, Knoblauch, Cayennepfeffer und Madeira, garniert mit gehackten, gebratenen Zwiebeln.
Kavalier: à la cavalière: Tomatierte Demiglace, gewürzt mit Senf und Estragonessig, vermischt mit gehackten Kapern und Gewürzgurken.
Kaviar: au caviar: Lauwarme holländische Sauce, vermischt mit Kaviar.
Ketchup: siehe Catsup

Kidney (kidnisohs): englische Nierensauce: Madeirasauce, im letzten Moment mit feingewürfelter Kalbsniere und gehackten Schalotten in Butter sautiert, garniert (englisch).

Kirschen: aux cerises: Getrocknete Sauerkirschen, eingeweicht, in Rotwein mit wenig Zucker und Zitronenschale verkocht, verdickt mit geröstetem Reibbrot; durchgestrichen, gewürzt mit Zitronensaft, garniert mit entsteinten Sauerkirschen; Spezialsauce für Wildschweingerichte.

Knoblauch: à l'ail (alaj): Demiglace, mit Knoblauch gewürzt, mit etwas Butter verfeinert.

Türkische: à l'ail à la turque: Zerdrückter Knoblauch, vermischt mit in Milch geweichtem Weißbrot, durchgestrichen, Eigelb und Essig zugesetzt und wie Mayonnaise aufgeschlagen.

Königin: à la reine (rähn): Geflügelrahmsauce mit Schlagsahne, garniert mit Hühnerbruststreifen.

Kräuter: aux fines herbes (finserbs): 1. Auszug von Kerbel, Estragon, Petersilie und gehackten Schalotten in Weißwein, passiert, mit Demiglace aufgekocht, vermischt mit gehackten Kräutern;
2. Weißweinsauce mit Kräuterbutter aufgeschlagen, vermischt mit gehackten Kräutern.

Kräuterbutter: beurre maître d'hôtel: Frische Butter, mit gehackter Petersilie verarbeitet, mit Pfeffer und Zitronensaft gewürzt.

Krebs: aux écrevisses: Weißwein- oder holländische Sauce, mit Krebsbutter vervollständigt.

Kreolen: créole: Gehackte Zwiebeln und zerdrückter Knoblauch mit Weißwein verkocht, passiert, vermengt mit Tomatensauce, gewürzt mit Cayennepfeffer, garniert mit Streifen von roter Paprikaschote.

Kronsbeeren, Preiselbeeren: aux airelles: Kronsbeeren, in wenig Wasser mit Zitronenschale gekocht, durchgestrichen, leicht gesüßt (amerikanisch).

Laguipierre: Buttersauce, vermischt mit Fischglace, gewürzt mit Zitronensaft.

Lapin: siehe Kaninchensauce

Lapostole: Aprikosenpüree, verkocht mit geriebener Orangenschale, Weißwein und Zucker, passiert, mit Grand-Marnier und Orangensaft aromatisiert; garniert mit blanchierter Julienne von Orangenschale (Spezialsauce für süße Aufläufe).

Lauch: aux poireaux: Gehackter Lauch in Butter angeschwitzt, verkocht mit weißer Rahmsauce, mit Cayennepfeffer gewürzt; garniert mit Lauchjulienne.

Lavallière (lawaljähr): Demiglace mit Wildessenz und saurer Sahne verkocht; garniert mit Trüffeljulienne und gehacktem Estragon.

Leclerc: Demiglace mit Weißwein und Champignonfond eingekocht, mit Senf und Cayennepfeffer gewürzt.

Ledoyen (lehdoajang): Angeröstete Wildabfälle, mit Pfeffersauce verkocht, Orangenmarmelade beigefügt, mit englischem Senf und Zitronensaft gewürzt, passiert, mit Butter verfeinert, mit Sherry abgeschmeckt.

Lemon (lemönsohs): Schaumig gerührte Butter, gewürzt mit Zitronensaft und Cayennepfeffer, vermischt mit geriebener Zitronenschale und gehackter Petersilie (amerikanisch).

Litauische: lithuanienne (litüanjenn): Colbertbutter, vermischt mit in Butter gerösteten Brotbröseln.

Lithuanienne: siehe litauische Sauce

Livonienne: siehe livländische Sauce

Livländische: livonienne (liwonjänn): 1. Demiglace, verkocht mit saurer Sahne, mit Butter verfeinert; garniert mit Julienne von Fenchelknolle;
2. gebutterte Fischvelouté, garniert mit Julienne von Trüffeln, Karotten und gehackter Petersilie.

Livorner: à la livournaise (kalt): Essig und Öl, mit Salz und Pfeffer gewürzt, vermischt mit gehackter Petersilie, hartgekochtem Ei und Sardelle.
Lombardische: Lombard (lombahr): Holländische Sauce mit gehackten Champignons und gehackter Petersilie.
Lyoner: lyonnaise (lijonähs): 1. Gehackte, geröstete Zwiebeln, mit halb Weißwein und halb Weinessig eingekocht, mit Demiglace verkocht;
2. gehackte Zwiebel, wenig Knoblauch und gehackte Kräuter mit Weißwein reduziert, verkocht mit Kalbsvelouté oder weißer Rahmsauce.
Lyonnaise: siehe Lyoner Sauce

Madeira: madère (madär): Demiglace, vor dem Servieren stark mit Madeira gewürzt.
Madère: siehe Madeirasauce
Magenta: Béarner Sauce, vermischt mit gehackten Kräutern und gewürfelten Tomaten.
Mailändische: milanaise (milanähs): 1. Deutsche Sauce, vermischt mit etwas Tomatenpüree, garniert mit geschmolzenen Tomatenwürfeln und Pinienkernen;
2. Demiglace, vermischt mit Tomatenpüree, gewürzt mit Knoblauch, garniert mit Julienne von Champignons.
Maillot: Madeirasauce mit einer Einkochung von gehackten Schalotten in Weißwein, gewürzt mit Cayennepfeffer; garniert mit gehacktem, hartgekochtem Eigelb.
Maintenon: Weiße Rahmsauce, vermischt mit etwas Zwiebelpüree, wenig Knoblauch und geriebenem Parmesankäse, gewürzt mit Cayennepfeffer.
Maître d'hôtel: siehe Haushofmeistersauce
Malaga: Demiglace mit einer Reduktion von gehackten Schalotten in Weißwein, gewürzt mit Cayennepfeffer; mit Malaga und Zitronensaft vervollständigt.
Maltaise: siehe Malteser Sauce
Malteser: maltaise: Holländische Sauce mit geriebener Orangenschale, gewürzt mit dem Saft von Blutorangen.
Mandelkren: 1. Weiße Rahmsauce mit Mandelmilch, vermischt mit geriebenem Meerrettich;
2. (kalt) geriebene Mandeln, vermischt mit geriebenem Meerrettich und Eigelb, gewürzt mit Essig, Salz und Prise Zucker, mit Öl wie Mayonnaise aufgerührt (österreichisch).
Marchand de vin: siehe Weinhändlersauce
Maréchale: siehe Marschallsauce
Marengo: Jägersauce, gewürzt mit Knoblauch, garniert mit sautierten Champignonscheiben.
Marguery: Holländische Sauce, vermischt mit Austernwasser, garniert mit pochierten, entbarteten Austern.
Marigny: Demiglace mit Tomatenpüree, Champignonfond und Weißwein eingekocht; garniert mit entsteinten Oliven und Champignonscheiben.
Marinière: siehe Matrosensauce
Mark: moëlle (moall): Bordeauxer Sauce, aber mit Weißwein bereitet, garniert mit blanchierten Scheiben von Rindermark und gehackter Petersilie.
Markgräfin: marquise (markihs): Holländische Sauce, vor dem Servieren mit Kaviar garniert.
Marly: Kalbsvelouté, mit Rahm verfeinert, mit Butter aufgeschlagen, gewürzt mit Cayennepfeffer; garniert mit gehackten Champignons.
Marquise: siehe Markgräfinsauce
Marschall: maréchale: Deutsche Sauce, mit Champignonfond verkocht, garniert mit gehackten Champignons.

Marseiller: marseillaise (kalt): Mayonnaise, mit Püree von Seeigeln vermischt.

Matelote: siehe Matrosensauce

Matrosen: marinière (marinnjer): 1. Bercysauce mit eingekochtem Muschelfond, mit Butter aufgeschlagen, garniert mit entbarteten Muscheln;
2. matelote: Reduktion von Champignonabfällen in Fischfond und Weißwein, verkocht mit spanischer Sauce, passiert, gebuttert, gewürzt mit Cayennepfeffer;
3. matelote: Fischsamtsauce, verkocht mit Austernwasser und Champignonfond, gebuttert, gewürzt mit Cayennepfeffer; garniert mit kleinen gedünsteten Zwiebelchen und Champignonköpfen.

Maximilian: Holländische Sauce, mit Sardellenessenz abgeschmeckt.

Mayonnaise: Eigelb, mit Salz, Pfeffer und einigen Tropfen Essig gut vermischt, temperiertes Öl langsam hineingerührt, bis die Sauce ganz dick wird, und ab und zu etwas Weinessig hinzugegeben; zum Schluß einige Tropfen kochendes Wasser untergerührt verhindert das Gerinnen.

Gebundene: Mayonnaise collée: 2 Teile Mayonnaise mit einem Teil noch flüssigem Gelee gebunden.

Hamburger: à la hamburgeoise: Mayonnaise mit Senf, geriebener Zitronenschale, einer Prise Salz und etwas Madeira gewürzt.

Russische: russe: Mayonnaise mit Estragonessig bereitet, etwas geriebener Meerrettich und $^1/_5$ der Menge kaltes, noch flüssiges Gelee beigefügt und geschlagen, bis die Sauce schaumig ist.

Médici: Médicis: Béarner Sauce, mit einer Reduktion von Rotwein und etwas Tomatenpüree vermischt.

Meerrettich: raifort (räfor): 1. Deutsche Sauce, mit saurer Sahne und geriebenem Meerrettich vermischt, mit Essig und Cayennepfeffer gewürzt;
2. süße Sahne aufgekocht, mit weißer passierter Brotkrume gebunden, vermischt mit geriebenem Meerrettich, gewürzt mit Paprika und Prise Zucker;
3. Béchamel, verkocht mit Rinderbrühe, vermischt mit geriebenem Meerrettich, gewürzt mit Essig, Cayennepfeffer und Prise Zucker;
4. geriebener Meerrettich, erhitzt in Fleischbrühe, vermischt mit Demiglace, gewürzt mit Essig und Senf;
5. (kalt) geriebener Meerrettich, vermischt mit dicker Sahne, mit Salz, Prise Zucker und Essig gewürzt.

Englische: Horseradish Sauce (hors rädischsohs): Englische Buttersauce, vermischt mit geriebenem Meerrettich, gewürzt mit englischem Senf und Essig (englisch).

Polnische (kalt): Geriebene Äpfel, vermischt mit geriebenem Meerrettich, mit Öl verrührt, mit Essig und Salz gewürzt.

Sahne: Crème de raifort: 1. Geriebener Meerrettich, gewürzt mit Essig, Zucker und Paprika, vermischt mit Schlagsahne;
2. gefroren: glacée: Wie oben, aber gefroren;
3. gefroren mit Orange: glacée à l'orange: Geriebener Meerrettich, vermischt mit geriebener Orangenschale, Orangensaft und Schlagsahne, gefroren;
4. mit Preiselbeeren: aux airelles: Wie 1, vermischt mit Preiselbeeren.

Melba: 1. Eine von Escoffier erfundene Würzsauce, im Handel in Flaschen erhältlich;
2. Newburghsauce, mit Hummerbutter aufgeschlagen, mit Austerkrabben garniert.

Ménagère: siehe Haushälterinsauce

Mexicaine: siehe mexikanische Sauce

Mexikanische: mexicaine (kalt): Mayonnaise, mit Sardellenpaste gewürzt, vermengt mit gehackten roten und grünen Paprikaschoten.

Mignonnette: siehe Pfeffersauce, kalte

Milanaise: siehe mailändische Sauce
Mint (mintsohs): grüne Minzsauce: Gehackte frische grüne Minze, in leicht verdünntem Weinessig warm ausgezogen, leicht gesüßt, passiert, mit frischen, gehackten Minzblättern garniert und kalt zu Hammelbraten serviert (englisch).
    Jelly: Pfefferminzgelee: Kalte Minzsauce, leicht mit Gelatine gebunden und mit Spinatmaté gefärbt; in kleine Förmchen gefüllt und gestockt (amerikanisch).
Mirabeau: Deutsche Sauce leicht mit Knoblauch gewürzt, mit Kräuterbutter aufgeschlagen.
Miroton: Demiglace, vermischt mit Tomatenpüree, gewürzt mit Senf; garniert mit in Butter gebratenen Zwiebelringen.
Moëlle: siehe Marksauce
Montebello: Halb dicke Tomatensauce und halb Béarner Sauce vermischt.
Montigny: Kalbsvelouté, gefärbt mit Tomatenpüree, Fleischglace und gehackte Kräuter beigefügt.
Morchel: aux morilles (morij): Deutsche Sauce, garniert mit in Scheiben geschnittenen, in Butter gedünsteten Morcheln.
Morgenrot: à l'aurore: 1. Kalbsvelouté, leicht mit Tomatenpüree gefärbt, mit einigen Butterflocken verfeinert;
    2. Fischvelouté, mit Tomatenpüree gefärbt, leicht mit Butter aufgeschlagen.
aux morilles: siehe Morchelsauce
Mornay: Béchamelsauce, mit Butter montiert, mit geriebenem Parmesan- und Schweizer Käse vermischt; für Fischgerichte mit Fischfond oder Fischglace verkocht; kann auch mit Eigelb gebunden werden.
Moscovite: siehe Moskauer Sauce
Moskauer: moscovite: Pfeffersauce mit einer Infusion von zerdrückten Wacholderbeeren in Weißwein, garniert mit gehobelten Mandeln oder Pinienkernen, mit Malaga gewürzt.
aux moules: siehe Muschelsauce
Mousquetaire: siehe Musketiersauce
Mousseline: siehe Schaumsauce
Moutarde: siehe Senfsauce
Muschel: aux moules (muhl): 1. Normannische Sauce mit etwas eingekochtem Muschelfond, garniert mit entbarteten Muscheln;
    2. holländische Sauce mit eingekochtem Muschelfond, garniert mit entbarteten Muscheln.
Musketier: mousquetaire (musketär): 1. Provenzalische Sauce mit gehackten Kräutern und Estragon;
    2. (kalt) Mayonnaise mit einer Reduktion von gehackten Schalotten in Weißwein und gehacktem Schnittlauch, mit Cayennepfeffer geschärft.

Nantua: Klare Béchamel, mit süßer Sahne eingekocht, mit Krebsbutter aufgeschlagen; garniert mit Krebsschwänzen.
Napolitaine: siehe Neapler Sauce
Navareser: navarraise (navahräs): Tomatensauce mit Knoblauch gewürzt, vermischt mit gehackten Kräutern.
Navarraise: siehe Navareser Sauce
Neapler: napolitaine (napollitähn): 1. Demiglace, mit Butter aufgeschlagen, garniert mit gewürfelten Tomaten und feinem Mirepoix in Marsala gedünstet;
    2. (kalt) Zitronensaft, vermischt mit Öl, Salz, Pfeffer, zerdrücktem Knoblauch und gehackter Petersilie.
Neverser: nivernaise: Deutsche Sauce, mit winzigen, in Butter gedünsteten Kugeln von Mohrrüben und weißen Rüben garniert.
Newburgh: 1. Roher Hummer, zerschnitten, in Butter sautiert, mit Weinbrand flambiert, gewürzt, verkocht mit Fischfond und Sahne; Hummer herausgenommen, Schalen feingestampft, mit dem Fond

und der Sahne verkocht, durch Sieb getrieben, eingekocht, mit Hummerbutter aufgeschlagen, mit Sherry gewürzt;
2. gekochte Hummerscheiben, in Butter angedünstet, mit Sherry und Sahne verkocht, gewürzt, Fleisch herausgenommen, Sauce mit Sahne und Eigelb gebunden, mit Cayenne gewürzt und mit Butter aufgeschlagen.
Nivernaise: siehe Neverser Sauce
Noisettes: siehe Haselnußsauce
Nonpareille: siehe Unvergleichliche Sauce
Nora: Pfeffersauce, vermischt mit Preiselbeerenpüree, gewürzt mit Zitronensaft und Worcestershiresauce.
Normande: siehe normannische Sauce
Normannische: normande (normangd): Fischvelouté, mit Fischfumet, Austernwasser und Champignonfond verkocht, mit Eigelb und Sahne legiert, mit Butter aufgeschlagen.
Norvégienne: siehe norwegische Sauce
Norwegische: norvégienne (norweschjen) (kalt): Durchgestrichenes, hartgekochtes Eigelb, mit Salz, Senf und Weinessig gewürzt, mit Öl wie Mayonnaise aufgeschlagen.

Oberjägermeister-Sauce: Grand-veneur: Pfeffersauce, verkocht mit Wildextrakt, vervollständigt mit süßer Sahne und Johannisbeergelee.
aux œufs: siehe Eiersauce
Oliven: aux olives: Demiglace mit Sherry aromatisiert, garniert mit blanchierten entsteinten grünen Oliven.
Omega: Holländische Sauce, mit gezupften Kerbelblättern garniert.
à l'onion: siehe Zwiebelsauce
Onion: Englische Zwiebelsauce: Zwiebelscheiben in Milch mit Gewürz gekocht, abgegossen, die Milch mit weißer Mehlschwitze gebunden, die gehackten Zwiebeln zugefügt und verkocht (englisch).
Orange-Sauce (orändschsohs): siehe Orangensauce 2
Orangen: orange: 1. Demiglace, mit Orangen- und Zitronensaft, garniert mit blanchierter Julienne von Orangenschale;
2. passiertes Johannisbeergelee, vermischt mit auf Zucker abgeriebener Orangenschale, gehackten blanchierten Schalotten und Portwein, gewürzt mit Senf und Cayennepfeffer, garniert mit blanchierter Julienne von Orangenschale (englisch).
Orientalische: orientale: Amerikanische Sauce, gewürzt mit Currypulver, verfeinert mit Sahne.
Orléannaise: siehe Orleanser Sauce
Orleanser: orléannaise: Fischvelouté, mit Champignonfond und Weißwein verkocht, mit Krebsbutter aufgeschlagen, gewürzt mit Cayennepfeffer.
Oscar: Eine scharfe Würzsauce, in Flaschen im Handel erhältlich.
à l'oseille: siehe Sauerampfersauce

Pächter: fermière: Dünne, halbmondförmige Scheibchen Mohrrüben, weiße Rüben, Sellerieknolle und Lauchstreifen, in Butter gedünstet, vermischt mit Kalbsvelouté oder Weißweinsauce, mit Sahne vervollständigt.
Palermitaine: siehe Palermoer Sauce
Palermoer: palermitaine (palermitähn): 1. Demiglace mit einer Reduktion von Rotwein, mit Schalottenbutter aufgeschlagen; garniert mit blanchierter Julienne von Orangenschale;
2. (kalt) gestoßener Knoblauch, mit Eigelb und Zitronensaft verrührt, mit Öl wie Mayonnaise aufgeschlagen, gewürzt mit Cayennepfeffer.
Paloise: siehe Pauer Sauce
Paprika: 1. Zwiebelscheiben, in Butter gedünstet, reichlich mit Paprika bestreut, mit saurer Sahne und Kalbsglace verkocht, passiert, mit Butter aufgeschlagen;

2. gehackte Zwiebeln, in Butter gedünstet, reichlich mit Paprika bestreut, mit Weißwein eingekocht, verkocht mit Kalbsvelouté, passiert, mit Sahne verfeinert.
Paradeis: Mirepoix und gehackte Zwiebeln, leicht in Butter gebräunt, verkocht mit Tomaten und Bouillon, verdickt mit Mehlschwitze, passiert, gewürzt mit Salz, Zucker und Essig (österreichisch).
Pariser: parisienne (parihsjenn): Demiglace mit einer Reduktion von gehackten Schalotten in Weißwein und Fleischglace, gewürzt mit Zitronensaft.
Parisienne: siehe Pariser Sauce
Parsley-Sauce: siehe englische Petersiliensauce
Pauer: paloise (paloas): Die gleiche Zubereitung wie Béarner Sauce, nur daß für die Reduktion und auch für die Einlage frische grüne Pfefferminze verwendet wird.
Paul Bert: Halb Weißwein und halb Béarner Sauce, mit etwas Tomatenpüree gefärbt.
Pauvre-homme: siehe Arme-Leute-Sauce
des pêcheurs: siehe Fischersauce
aux peluches: siehe Blättersauce
Perigorder: Périgord: Demiglace, mit Trüffelsaft verkocht, garniert mit gehackten Trüffeln.
Perigueuxer: Périgueux: Demiglace, mit Trüffelsaft verkocht, garniert mit dünnen Trüffelscheiben.
Persil: siehe Petersiliensauce
Petersilien: persil (persij): Fisch- oder Kalbsvelouté, mit Zitronensaft gewürzt, reichlich mit gehackter Petersilie vermischt.
Englische: Parsley-Sauce: Englische Buttersauce mit einer Infusion von Petersilienblättern in heißer Brühe; garniert mit gehackter, blanchierter Petersilie (englisch).
Pfeffer: poivrade ordinaire: Mirepoix in Butter angeschwitzt, mit Weißwein, Essig und zerdrückten Pfefferkörnern reduziert, mit Demiglace verkocht, passiert, mit Butter verfeinert.
Englische: poivrade à l'anglaise: Einfache Pfeffersauce mit etwas Johannisbeergelee vervollständigt.
Kalte: Mignonnette: Grobgemahlener schwarzer Pfeffer, mit feingehackten Schalotten und Weinessig vermischt.
für Wild: poivrade pour gibier: Wie einfache Pfeffersauce, aber mit angerösteten Wildabfällen verkocht, passiert und mit Wildessenz verfeinert.
Piccadilly: Demiglace, gewürzt mit Senf und Sardellenessenz, garniert mit einer Reduktion von gehackten Zwiebeln in Weißwein und gehackten Essiggemüsen.
Piccalilli: Holländische Sauce, vermischt mit gehackten Senfgemüsen.
Pignoli: aux pignons (pinnjonn): Süßsaure Pfeffersauce mit gerösteten, gehobelten oder gehackten Pinienkernen.
aux pignons: siehe Pignolisauce
Pikante: piquante: Reduktion von gehackten Schalotten in halb Weißwein und halb Essig, verkocht mit Demiglace, passiert, gewürzt mit Cayennepfeffer; garniert mit gehackten Pfeffergurken, Petersilie, Kerbel und Estragon.
Piment: Demiglace mit einer passierten Reduktion von gehackten Zwiebeln in Weißwein, garniert mit gedünsteter Julienne von roten Paprikaschoten.
Piquante: siehe pikante Sauce
aux poireaux: siehe Lauchsauce
Poivrade: siehe Pfeffersauce
Polignac: Weißweinsauce, mit Sahne verfeinert, garniert mit dicker Julienne von Champignons.
Polonaise: siehe polnische Sauce
Polnische: polonaise: 1. Kalbsvelouté, verkocht mit saurer Sahne, gewürzt mit Zitronensaft, vermischt mit geriebenem Meerrettich und gehacktem Fenchelkraut;

2. Demiglace mit einer Reduktion von Rotwein, gewürzt mit Essig und Zucker; garniert mit blanchierten gehobelten Mandeln und Rosinen.
Pompadour: Weißweinsauce, mit Krebsbutter aufgeschlagen, garniert mit Trüffeljulienne, gewürfelten Krebsschwänzen, gehacktem Kerbel und Estragon.
Pondichery: Kalbsvelouté gewürzt mit Currypulver, leicht mit Tomatenpüree gefärbt.
au Porto: siehe Portwein-Sauce
Portwein: au Porto: Demiglace mit Portwein aromatisiert.
    Englische: Port Wine Sauce: Gehackte Schalotten, Thymian, mit Portwein aufgekocht, gehackte Orangen- und Zitronenschalen und Orangensaft beigefügt, reduziert, passiert, mit gebundener Kalbsjus verkocht, mit Cayennepfeffer gewürzt (englisch).
Portugaise: siehe portugiesische Sauce
Portugiesische: portugaise (portügähs): Gehackte Zwiebeln, in Butter geschwitzt, gewürfelte Tomaten beigefügt, mit Weißwein reduziert; zerdrückter Knoblauch, Fleischglace und Tomatensauce beigefügt, aufgekocht, mit gehackter Petersilie vermischt.
Poulette: Deutsche Sauce, mit Champignonfond verkocht, gewürzt mit Zitronensaft, vermischt mit gehackter Petersilie.
Princess: siehe Prinzessinsauce
Printanière: siehe Frühlingssauce
Prinzessin: princesse: Weiße Rahmsauce, mit Hühner- und Champignonfond verkocht, mit Sahne verfeinert.
Princière: siehe fürstliche Sauce
Provenzalische: provençale: Geschälte, gewürfelte Tomaten, in heißem Öl sautiert, zerdrückter Knoblauch, gehackte Petersilie, Salz, Pfeffer und Prise Zucker beigefügt und langsam geschmolzen.

Rachel: Béarner Sauce, vermischt mit gewürfelten, geschmolzenen Tomaten und etwas geschmolzener Fleischglace.
Rahm: crème: Béchamelsauce, mit reichlich Sahne vervollständigt.
    deutsche: Wild- oder Fleischsauce, mit saurer Sahne verkocht, mit Paprika und Zitronensaft gewürzt.
    französische: fleurette: Dicke holländische Sauce, mit süßer Sahne vermischt.
aux raisins: siehe Rosinensauce
Ravigote: 1. Reduktion von halb Weißwein und halb Estragonessig, verkocht mit Kalbsvelouté, mit Schalottenbutter aufgeschlagen, vermischt mit gehacktem Kerbel, Estragon und Schnittlauch;
2. Essig- und Öl-Sauce, vermischt mit gehackten Kapern, Zwiebeln, Estragon, Kerbel und Petersilie.
Reform: Réforme: Einfache Pfeffersauce, garniert mit Julienne von hartgekochtem Eiweiß, Champignons, Pökelzunge, Pfeffergurken und Trüffeln (englisch).
Régence: siehe Regentschaftssauce
Regentschaft: régence (rehjangs): 1. Reduktion von Mirepoix und Trüffelschalen oder -sud in Rheinwein, aufgekocht mit Demiglace, passiert;
2. normannische Sauce mit einer Reduktion von Trüffel- und Champignonschalen in Rheinwein, vervollständigt mit Trüffelessenz;
3. Geflügelrahmsauce mit einer Reduktion von Trüffel- und Champignonschalen in Rheinwein.
Reh: Wildabfälle und Röstgemüse, in Butter gebräunt, mit Rotwein aufgefüllt, eingekocht, verkocht mit Pfeffersauce; passiert mit Cayennepfeffer und mit Zuckerprise gewürzt.
Reiche: riche (rihsch): Normannische Sauce mit Trüffelessenz, mit Hummerbutter aufgeschlagen, garniert mit Trüffelwürfeln.
à la reine: siehe Königinsauce

Remoulade: Mayonnaise, gewürzt mit Senf und Sardellenessenz, vermischt mit gehackten Kapern, Pfeffergurken, Kerbel und Estragon.
Riche: siehe reiche Sauce
Richelieu (rihschljö): 1. Tomatensauce, vermischt mit Fleischglace, garniert mit gewürfelten Tomaten;
2. Demiglace mit einer Reduktion von Weißwein, Fischfond und Trüffelsud; mit Madeira gewürzt.
Robert: Gehackte Zwiebeln, in Butter geschwitzt, mit Weißwein abgelöscht, reduziert, verkocht mit Demiglace; passiert, mit Pfeffer, Zuckerprise und Senf gut gewürzt.
Roe-buck (rauhback): Englische Wildsauce: 1. Gewürfelte Zwiebeln und Schinken leicht angeröstet, mit Essig abgelöscht, reduziert, verkocht mit Demiglace, mit Portwein gewürzt, mit Johannisbeergelee vervollständigt;
2. Wildabfälle mit Mirepoix angeröstet, mit Rotwein abgelöscht, eingekocht, aufgefüllt mit Pfeffersauce, verkocht, passiert, gewürzt mit Cayennepfeffer und Prise Zucker (englisch).
Romaine: siehe römische Sauce
Römische: romaine: Zucker zu hellem Karamel gebrannt, mit Essig aufgelöst, mit Demiglace und Wildfond verkocht; garniert mit Rosinen, Korinthen und Pinienkernen.
Roosevelt: Tomatensauce, mit etwas Apfelmus vermischt, garniert mit blanchierter Julienne von Zitronenschale.
Rosinen: aux raisins: Weiße Mehlschwitze, mit weißem Fond und Weißwein verkocht, gewürzt mit Zucker, Salz und Zitronensaft; garniert mit aufgequollenen kernlosen Rosinen und gehobelten, blanchierten Mandeln.
Rotwein: au vin rouge (oh väng rusch): 1. Reduktion von gehackten Schalotten in Rotwein, vermischt mit Fischglace, mit Butter aufgeschlagen, gewürzt mit Cayennepfeffer und Sardellenessenz;
2. gehackte Schalotten und feine Mirepoix, in Butter angeschwitzt, mit Rotwein abgelöscht, reduziert, aufgekocht mit Demiglace, passiert, mit Butter verfeinert.
Roueneser: rouennaise: Bordeauxer Sauce mit einer Reduktion von gehackten Schalotten in Rotwein; vervollständigt mit Püree von rohen Entenlebern; scharf mit Cayennepfeffer und Zitronensaft gewürzt.
Rougemont (kalt): Mayonnaise, mit Senf gewürzt, vermischt mit gehacktem Estragon.
Rubens: Feiner Mirepoix, in Butter angeschwitzt, mit Weißwein und Fischfond abgelöscht, reduziert, mit Eigelb und Butter wie holländische Sauce aufgeschlagen; passiert, mit Krebscoulis aufgeschlagen, mit Sardellenessenz gewürzt.
Rubinen: rubis (rübih): 1. Rohe, reife Tomaten, durchgestrichen, Flüssigkeit auf Musselintuch abgetropft; das Püree mit Öl wie Mayonnaise aufgezogen, gewürzt mit Essig, Salz, Pfeffer und Zucker;
2. gebundene Kalbsjus mit Wildglace vermischt, gewürzt mit Blutapfelsinensaft und Portwein (Spezialsauce für Federwild).
Rubis: siehe Rubinensauce
Russe: siehe russische Sauce
Russische: russe (rüss): Velouté, mit saurer Sahne verkocht, vervollständigt mit geriebenem Meerrettich, gewürzt mit Estragonessig.

Sächsische: saxonne: Weiße Buttersauce mit einer Reduktion von gehackten Schalotten in Weißwein und Fischfond, gewürzt mit Senf und Zitronensaft.
Sahnen: siehe Rahmsauce
Salbei: à la sauge: Demiglace mit einer kleinen Infusion von Salbeiblättern in Weißwein und gehacktem Salbei.
Salmi: salmis: Wildabfälle zusammen mit Mirepoix in Butter angeröstet, mit Rot- oder Weißwein abgelöscht, eingekocht, mit Demiglace verkocht; passiert, mit Wildessenz und Butter vervollständigt.

Salsa di pomodoro: Gehackte Zwiebeln, gewürfelter Speck und Knoblauch, in Öl angeschwitzt, verkocht, mit gehackten, frischen Tomaten, gewürzt mit Salz, Pfeffer, Petersilie und Basilikum, passiert (italienisch).
Sardellen: aux anchois: 1. Weißweinsauce, mit Sardellenbutter aufgeschlagen;
2. normannische Sauce, mit Sardellenbutter aufgeschlagen, mit gewürfelten Sardellenfilets garniert;
3. Buttersauce, mit Sardellenessenz gewürzt.
Sauerampfer: à l'oseille (losäij): 1. Demiglace, garniert mit grober, gedünsteter Julienne von Sauerampfer;
2. weiße Buttersauce mit grober Julienne von Sauerampfer garniert (österreichisch).
à la sauge: siehe Salbeisauce
Saxonne: siehe sächsische Sauce
Schaum: mousseline (musslin): Holländische Sauce, der vor dem Servieren etwas Schlagsahne zugesetzt wird.
Schildkröten: tortue (tortü): Demiglace mit etwas Tomatenpüree und einer Infusion von Schildkrötenkräutern in Weißwein, gewürzt mit Trüffelessenz und Cayennepfeffer, mit Madeira aromatisiert.
Schnittlauch: civette: 1. Kalbsvelouté mit gehacktem Schnittlauch;
2. Geflügelrahmsauce, mit Krebsbutter aufgeschlagen, mit gehacktem Schnittlauch; 3. geweichtes Weißbrot, vermischt mit hartgekochtem Eigelb, vermischt mit gehacktem Schnittlauch (österreichisch).
Schottische: écossaise (ekossäs): 1. Leichte Béchamel, vermischt mit hartgekochtem Eigelb, durchgestrichen, garniert mit gewürfeltem, hartgekochtem Eiweiß;
2. weiße Rahmsauce, garniert mit Brunoise von Mohrrüben, weißen Rüben, Sellerie, grünen Bohnen und Zwiebeln in Butter gedünstet.
Schwedische: suédoise (süedoas) (kalt): Dicke Mayonnaise, vermischt mit Apfelmus und geriebenem Meerrettich.
Sellerie: 1. In weißem Fond gekochter Sellerie, durchgestrichen, mit Béchamelsauce und dem eingekochten Fond vermischt, mit Sahne vervollständigt;
2. Demiglace mit Selleriegeschmack, garniert mit gedünsteter Julienne von Sellerie.
Senf: moutarde: 1. Butter, weiße Rahm- oder holländische Sauce mit Senf gewürzt; — 2. (kalt) Mayonnaise, leicht mit Senf gewürzt.
Sevillaer: sevillane: Velouté, vermischt mit Tomatenpüree und Püree von roten Paprikaschoten.
Sevillane: siehe Sevillaer Sauce
Sherry: au Xérès: Demiglace, mit Sherry gewürzt.
Shrimp Sauce: siehe englische Garnelen-Sauce
Sicilienne: siehe sizilianische Sauce
Sizilianische: sicilienne: Demiglace, mit Wildfond eingekocht, gewürzt mit Marsala; garniert mit gebackenen Zwiebelringen.
Smitane: Gehackte Zwiebeln, in Butter angeschwitzt, mit Weißwein abgelöscht, reduziert, verkocht mit saurer Sahne, gewürzt mit Kabulsauce (russisch).
Soja, Soy: Würzsauce, aus fermentierten Sojabohnen, Salz und Gewürzen hergestellt; im Handel in Flaschen erhältlich.
Solferino: Saft von ausgedrückten Tomaten, sirupartig eingekocht, vermischt mit Fleischglace, mit Kräuter- und Schalottenbutter aufgeschlagen, gewürzt mit Zitronensaft und Cayennepfeffer.
Soubise: siehe weiße Zwiebelsauce
Souchet: Weißweinsauce, garniert mit Julienne von Mohrrüben, Sellerie und Lauch, in Butter und Fischfond gedünstet.
Souwaroff: Béarner Sauce, mit etwas flüssiger Fleischglace vermischt, garniert mit Trüffelstreifen.
Spanische: espagnole (espanjoll) (kalt): Mayonnaise, mit geriebenem Knoblauch, Senf und Paprika gewürzt; garniert mit feinen Schinkenwürfelchen.

Stachelbeer: aux groseilles: 1. Leicht gesüßtes Püree von grünen Stachelbeeren;
2. grüne, unreife Stachelbeeren, blanchiert, gekocht in Weißwein mit Zuckerprise, durchgestrichen, vermischt mit Bastardsauce.
St. Cloud: Saint-Cloud: Tomatensauce mit gehacktem Estragon.
Steinpilz: aux cèpes: Kalbs- oder Fischvelouté, mit süßer Sahne verfeinert, garniert mit kleinen Scheibchen von in Butter gedünsteten Steinpilzen.
St. Malo: Saint-Malo: Weißweinsauce mit einer Reduktion von gehackten Schalotten in Weißwein, mit Senf und Sardellenbutter gewürzt.
St. Menehould: Saint-Menehould: Weiße Rahmsauce, mit etwas Fleischglace vermischt, garniert mit gehackten Champignons und gehackter Petersilie.
Stragotte: Salmisauce mit Tomatenpüree, mit Madeira gewürzt.
Suédoise: siehe schwedische Sauce
Sultan: sultane (sültann): Demiglace, mit Wildfond eingekocht, gewürzt mit Portwein; garniert mit kernlosen Rosinen.
Süß-saure: aigre-doux (ähgr du): 1. Deutsche Sauce, vermischt mit Johannisbeergelee, gewürzt mit Zitronensaft;
2. Demiglace mit Wildessenz, vermischt mit Johannisbeergelee, gewürzt mit Zitronensaft.
Sylvia: Holländische Sauce mit einer Infusion von Estragonblättern in Weißwein, vermischt mit gehacktem Estragon.

Tabasco: Würzsauce von reifen Tabasco-Pfefferschoten in Essig ausgezogen, im Handel in Flaschen erhältlich.
Tarator: Blanchierte Mandeln, Haselnüsse oder Pinienkerne, im Mörser mit Knoblauch feingestampft, vermischt mit in Milch geweichtem Weißbrot, mit Öl wie Mayonnaise aufgezogen, gewürzt mit Salz und Zitronensaft (türkisch).
Tartar: siehe Tatarensauce
Tataren: Tartar: Mayonnaise, bereitet mit hartgekochtem Eigelb, vermischt mit Püree von grünen Zwiebeln oder Schnittlauch.
Terebiye: Eier, vermischt mit Mehl, in kaltem Wasser angerührt, mit Zitronensaft und Gemüsebrühe heiß aufgeschlagen. Spezialsauce für Dolmas, Eieräpfel und Kürbischen (türkisch).
Teufelssauce: diable: 1. Reduktion von gehackten Schalotten und Pfefferkörnern in halb Weißwein und halb Estragonessig, verkocht mit Demiglace, passiert, vermischt mit gehackten Kräutern;
2. Reduktion von gehackten Schalotten und Pfefferkörnern in Essig, verkocht mit Demiglace und Tomatenpüree, passiert, gewürzt mit Harveysauce und Cayennepfeffer.
Tiroler: tyrolienne (tiroljänn): 1. Wie Béarner Sauce, jedoch mit Öl anstelle der Butter;
2. (kalt) Mayonnaise mit recht rotem Püree von dick eingekochten, frischen Tomaten vermischt.
Tortue: siehe Schildkrötensauce
Toulouser: toulousaine: Deutsche Sauce, mit Champignon- und Trüffelfond verkocht.
Trauben, Polnische: Weiße Mehlschwitze mit weißem Fond und Traubensaft verkocht und passiert.
  Saure: au verjus: Demiglace, verkocht mit dem Saft saurer (unreifer) Trauben, mit Butter aufgeschlagen, mit Sherry gewürzt.
Trianon (kalt): Mayonnaise, vermischt mit je etwas Tomaten- und weißem Zwiebelpüree, garniert mit gehackten Pfeffergurken und roten Paprikaschoten.
Trüffel: aux truffes (otrüff): Demiglace, verkocht mit Trüffelessenz, garniert mit gewürfelten oder gehackten Trüffeln.
aux truffes: siehe Trüffelsauce
Tschechische: tchéque: Mayonnaise, vermischt mit kalter Béchamelsauce.
Tyrolienne: siehe Tiroler Sauce

Ungarische: hongroise (ongroas): 1. Weißweinsauce, mit Kalbsglace und saurer Sahne verkocht, stark mit Paprika gewürzt;
2. gehackte Zwiebeln und Speckwürfel in Schmalz angeröstet, mit saurer Sahne und Paprika verkocht, mit Demiglace vervollständigt;
3. gewürfelte Zwiebeln und Räucherspeck, leicht angeröstet, mit saurer Sahne und Rosenpaprika sämig gekocht, mit Fleischglace vervollständigt.
Unvergleichliche: nonpareille: 1. Holländische Sauce, mit Hummerbutter aufgeschlagen, garniert mit Würfeln von Hummerfleisch;
2. holländische Sauce, mit Krebsbutter aufgeschlagen, vermischt mit gewürfelten Krebsschwänzchen, Champignons und Trüffeln.
Uzés: Holländische Sauce, mit Sardellenpaste gewürzt, mit Madeira aromatisiert.

Valentine (kalt): Mayonnaise, mit Senf gewürzt, vermischt mit geriebenem Meerrettich und gehacktem Estragon.
Valeria: Rotweinsauce, mit Senf gewürzt, vermischt mit geriebenem Meerrettich und gehacktem Kerbel.
Valois: Wird wie Foyot-Sauce bereitet.
Varsovienne: siehe Warschauer Sauce
Venetienne: siehe venezianische Sauce
Venezianische: venitienne (wänissjenn): Weißweinsauce mit einer Reduktion von gehackten Schalotten, Estragon und Kerbel in Essig, passiert, mit grüner Butter aufgeschlagen, garniert mit gehacktem Kerbel und Estragon.
Verdi (kalt): Mayonnaise, mit Spinatmaté gefärbt, vermischt mit saurer Sahne, garniert mit gehackten Essiggemüsen und Kerbel.
au verjus: siehe Traubensauce, saure
Vernet: Weiße Rahmsauce, mit Kräuterbutter aufgeschlagen, garniert mit gehacktem Eiweiß, Pfeffergurken und Trüffeln.
Véron: Ein Teil normannische Sauce, vermischt mit 3 Teilen Tiroler Sauce, mit etwas Fleischglace und Sardellenessenz vervollständigt.
Verte: siehe grüne Sauce
Victoria: 1. Hummersauce, garniert mit gewürfeltem Hummerfleisch und Trüffeln;
2. Demiglace, verkocht mit Portwein, Johannisbeergelee, Pfefferkörnern, Nelken und Orangenschale, passiert, mit Orangensaft und Cayennepfeffer gewürzt (englisch).
Vierge: siehe jungfräuliche Sauce
Villageoise: siehe dörfliche Sauce
Villeroy, auch Villeroi: Deutsche Sauce, mit Trüffel- und Schinkenessenz so dick eingekocht, daß damit Fisch, Fleisch oder andere Zubereitungen nach Villeroy mit der Sauce eingehüllt werden können.
   mit Tomatenpüree: Villeroy tomatée: Einfache Villeroisauce, mit sehr dickem und rotem Tomatenpüree vermischt.
   mit Zwiebelpüree: Villeroy Soubisée: Einfache Villeroisauce, mit Zwiebelpüree und zuweilen auch gehackten Trüffeln vermischt.
Vinaigrette: siehe Essig- und Öl-Sauce
Vin blanc: siehe Weißweinsauce
Vincent: Mayonnaise, mit grünem Kräuterpüree vermischt, mit Worcestershiresauce gewürzt.
au vin rouge: siehe Rotweinsauce

Wacholderbeer: au genièvre: 1. Gehackte Schinkenabfälle und Zwiebeln in Butter angeschwitzt, zerdrückte Wacholderbeeren beigegeben, mit Rotwein aufgekocht, reduziert, mit Demiglace verkocht, passiert;
2. kleingehackte Wildknochen, mit Mirepoix angeröstet, zerdrückte Wacholderbeeren beigegeben, mit Rotwein eingekocht, Demiglace und Wildessenz beigefügt, verkocht und passiert.

Warschauer: varsovienne (warsowjenn): Weiße Rahmsauce, vermischt mit geriebenem Meerrettich, gewürzt mit Orangensaft.

Waterfish: Holländische Sauce, vermischt mit Julienne von Mohrrüben, Petersilienwurzeln und etwas geriebener Orangenschale, in Weißwein und Fond von Süßwasserfischen gekocht und völlig reduziert (englisch).

Weinhändler: marchand de vin (marschang dö väng): Gehackte Schalotten mit Rotwein fast gänzlich reduziert, eingekocht mit Demiglace, mit Butter aufgeschlagen.

Weiße: blanche: Milch, mit Mehlbutter verdickt, gewürzt mit Salz, Pfeffer und Zitronensaft.

Weißwein: vin blanc (wäng blang): 1. Fischvelouté, mit Eigelb gebunden, mit Butter aufgeschlagen;
2. Reduktion von Fischfond und Weißwein, mit Eigelb gebunden, mit Butter aufgeschlagen;
3. holländische Sauce mit einer Reduktion von Weißwein und Fischfond;
4. Weißwein und Fischfond, zu Glace gekocht, mit Butter aufgeschlagen.

White Onion Sauce: siehe Zwiebelsauce, englische

Wildbret: venaison (wenäsong): 1. Pfeffersauce, vermischt mit Johannisbeergelee, mit Sahne vervollständigt;
2. Demiglace, verkocht mit Wildessenz, gewürzt mit Cayennepfeffer, mit Butter verfeinert;
3. das gleiche wie Oberjägermeister-Sauce.

Wladimir: Geflügelrahmsauce, vermischt mit flüssiger Fleischglace.

Worcestershire: Englische Würzsauce, aus Sojabohnen, Essig, Zwiebeln, Limonen, Tamarindensaft und Gewürzen hergestellt; im Handel in Flaschen erhältlich.

Xérès: siehe Sherry-Sauce

Yorkshire: Demiglace, vermischt mit Johannisbeergelee, gewürzt mit Zimt und Cayennepfeffer; garniert mit Julienne von Orangenschale, in Portwein gekocht und fast gänzlich reduziert.

Zigeuner: Zingara (sängara): Demiglace mit Tomatenpüree, gewürzt mit Cayennepfeffer, mit Madeira abgeschmeckt; garniert mit Julienne von Schinken, Champignons, Pökelzunge und Trüffeln.

Zingara: siehe Zigeunersauce

Zitronen: au citron: 1. Holländische Sauce, mit Zitronensaft gewürzt, vermischt mit geriebener Zitronenschale;
2. siehe Lemon-Sauce

Zouaven: zouave (ßuahv): Tomatierte Demiglace, gewürzt mit Knoblauch und Senf, vermischt mit gehacktem Estragon.

Zwiebel, Braune: onions à brun: 1. Gehackte, in Butter gebräunte Zwiebeln, mit Weißwein eingekocht, verkocht mit Demiglace, gewürzt mit Salz, Essig, Zucker und Senf, passiert;
2. Demiglace, vermischt mit Zwiebelmus, gewürzt mit Paprika, mit Butter verfeinert.

Englische: White Onion Sauce (wheit anjennsohs): Zwiebelscheiben, in Milch mit Salz, Pfeffer und geriebener Muskatnuß gekocht, abgegossen; Béchamel mit einem Teil der Milch verkocht und mit den Zwiebelscheiben vermischt (englisch).

Weiße: Soubise: Zwiebelscheiben, in Butter gedünstet, mit Béchamel verkocht, durchgestrichen, vervollständigt mit Sahne, gewürzt mit Cayennepfeffer.

Wiener: onions à la viennoise: Gehackte Zwiebeln und wenig Knoblauch in Schmalz gebräunt, mit Mehl bestreut, gleichfalls gebräunt, mit Rinderbrühe verkocht, mit Salz, Zucker und Essig gewürzt (österreichisch).

Suppen

Klare Suppen – Fleischbrühen – Kraftbrühen
Kalte Suppen
Nationale und regionale Suppen
Gebundene Suppen – Püreesuppen – Diverse Suppen

	Kraftbrühen	Gebundene Suppen
Französisch:	Consommés	Potages liés
Englisch:	Clear soups	Thick soups
Italienisch:	Brodi	Zuppa
Spanisch:	Sopas claras	Sopas spessas

Im Anhang: Kaltschalen

Wenn es zu einer Mahlzeit keine Vorspeise gibt, so fängt das Essen im allgemeinen mit der Suppe an. Die Voraussetzung für jede gute Suppe ist eine reine und wohlschmeckende Grundbrühe. Jede Fisch-, Fleisch-, Geflügel- oder Wildbrühe muß solange kochen, bis Knochen und Fleisch ihre Kraft abgegeben haben. Die Kochzeit darf aber nicht länger als nötig ausgedehnt werden, da sonst Knochen oder Gräten der Brühe einen leimigen Geschmack geben würden. Während des Kochens sind die Brühen ständig abzuschäumen und abzufetten, damit sie klarbleiben. Kraftbrühen müssen schon beim ersten Klären ganz klar sein, da weiteres Klären auf Kosten von Geschmack und Kraft gehen.
Manche Püreesuppen können in Samt- oder Rahmsuppen umgewandelt werden, wenn den Grundbestandteilen anstelle des Gemüsepürees eine weiße Rahmsauce (Béchamel) oder eine Samtsauce beigegeben wird.

Klassifizierung

1. Klare Suppen — Consommés

Einfache Fleischbrühe oder Bouillon: Consommé blanc, simple: Einfache klare Suppe von Rindfleisch, Rinderknochen, Wurzelwerk und Gewürzen, langsam 4–5 Stunden ausgekocht und passiert; nicht geklärt.

Einfache Fischbrühe: Consommé de poisson, simple: Einfache klare Brühe von Fischgräten und -abfällen, Lauch, Sellerie, Petersilienstielen, Champignonabfällen, Lorbeerblatt, Kräutern und Pfefferkörnern, mit 90% Wasser und 10% Weißwein aufgefüllt, langsam 40–50 Minuten gekocht und passiert; nicht geklärt.

Einfache Wildbrühe: Consommé de gibier, simple: Kleingehackte Knochen und Abfälle von Haarwild und Wildgeflügel, mit Mirepoix angeröstet, mit Wasser aufgefüllt, Kräuterbündel und Gewürz beigefügt, langsam 3 Stunden gekocht und passiert; nicht geklärt.

Doppelte Fleischbrühe, Kraftbrühe: Consommé de bœuf, Consommé: Einfache Fleischbrühe, mit gehacktem Rindfleisch, kleingeschnittenen Mohrrüben, Lauch und Eiweiß geklärt und verstärkt, langsam 1–1½ Stunden kaum merkbar gekocht und durch ein Tuch passiert.

Geflügelkraftbrühe: Consommé de volaille: Die doppelte Fleischbrühe, Kraftbrühe, mit Zusatz von angerösteten Geflügelkarkassen und Abgängen gekocht.

Fischkraftbrühe: Consommé de poisson: Einfache Fischbrühe, geklärt mit feingehacktem oder durchgedrehtem Fischfleisch, vermischt mit Eiweiß, kleingeschnittenem Lauch, Petersilienstielen und Weißwein, langsam 25–30 Minuten gekocht und durch ein Tuch passiert.

Wildkraftbrühe: Consommé de gibier: Einfache Wildbrühe mit gehacktem Wildfleisch unter Zusatz von Eiweiß, Karkassen des Wildes, das ihr den besonderen Geschmack geben soll, Champignonabfällen oder Trockenpilzen, Lauch, Kräuter und zerdrückten Wacholderbeeren geklärt, 50–60 Minuten gekocht und durch ein Tuch passiert.

Doppelte Kraftbrühe: Doppelte Rinder-, Geflügel-, Fisch- oder Wildkraftbrühe wird wie einfache Kraftbrühe, aber mit der doppelten Menge Klärfleisch usw. bereitet. Sie muß, wie alle Kraftbrühen, goldklar sein.

2. Gebundene Suppen — Potages liés

a) Püree-Suppen - Potages purées

1. **Gemüsesuppen:** Purées de légumes: Kleingeschnittenes Gemüse, in Butter gedünstet, Kartoffelscheiben, Reis, Linsen, auch Röstbrot u.a. als Bindemittel zugesetzt, mit einfacher Fisch-, Fleisch- oder Wildbrühe verkocht, durchgestrichen und mit Butter verfeinert.

2. **Geflügelsuppen:** Purées de volaille: Geflügel und Reis in einfacher heller Brühe gekocht, das abgelöste Fleisch mit dem Reis püriert, mit der Brühe erhitzt, durch ein feines Sieb gestrichen, abermals erhitzt, gewürzt und mit Butter verfeinert.

3. **Wildsuppen:** Purées de gibier: Gebratenes Wildfleisch, mit Linsen weichgekocht in einfacher Wildbrühe, das Fleisch mit den Linsen püriert, mit der Brühe erhitzt, durch ein feines Sieb gestrichen, abermals erhitzt, gewürzt und mit Butter verfeinert.

b) Rahmsuppen - Potages crèmes

Grundlage aller Rahmsuppen ist eine klare Béchamel, die mit dem für die Suppe maßgebenden Püree, Fisch, Fleisch, Geflügel, Gemüse usw., und hellem Fond vermischt, gewürzt, durchgestrichen und mit Sahne vervollständigt wird.

1. **Fisch-Rahmsuppe:** Crème de poisson: Schieres Fischfleisch, in Butter gedünstet, verkocht mit klarer Béchamel, mit Fischbrühe verlängert, gewürzt, durchgestrichen und mit süßer Sahne vervollständigt.

2. **Geflügel-Rahmsuppe:** Crème de volaille: Geflügel, in heller Brühe gekocht, entbeint, enthäutet, püriert, mit klarer Béchamel verkocht, durchgestrichen, vermischt mit der passierten Brühe und mit süßer Sahne vervollständigt.

3. **Gemüse-Rahmsuppe:** Crème de légumes: In Butter gedünstetes Gemüse, durchgestrichen, mit klarer Béchamel verkocht, mit heller Brühe zur notwendigen Dicke gebracht und mit süßer Sahne vervollständigt.

c) Samt- oder Schleimsuppen - Veloutés

Grundlage aller Samtsuppen ist eine helle Mehlschwitze, mit Fisch-, Kalbs- oder Geflügelfond verkocht, das für die Suppe maßgebende Püree von Fisch, Fleisch, Geflügel oder Gemüse beigefügt, gewürzt, passiert und mit süßer Sahne und Eigelb gebunden.

1. **Fisch-Samtsuppe:** Velouté de poisson: Entgräteter und enthäuteter Fisch, in Butter gedünstet, mit Fischvelouté verkocht, püriert, durchgestrichen, mit Fischfond zur notwendigen Konsistenz gebracht, mit Eigelb und süßer Sahne legiert.

2. **Geflügel-Samtsuppe:** Velouté de volaille: Geflügelpüree mit Geflügelvelouté vermischt, durchgestrichen, vermischt mit Geflügelfond, gewürzt, mit Eigelb und süßer Sahne legiert.
3. **Gemüse-Samtsuppe:** Velouté de légumes: Gemüsepüree, verkocht mit Kalbsvelouté, durchgestrichen, mit hellem Fond vermischt, gewürzt, mit Eigelb und süßer Sahne legiert.

Die klassischen Formeln sind unantastbar. Wieweit die einzelnen Betriebe nach diesen Formeln arbeiten können, müssen sie selbst beurteilen. In vielen Fällen wird es notwendig sein, eine gewisse Vereinfachung vorzunehmen, ohne jedoch den Grundcharakter der betreffenden Suppe zu verändern.

Abkürzungen: C. = Consommé; Cr. = Crème; V. = Velouté;
P. = Potage; Pr. = Püree.

Klare Suppen – Consommés

Adelheid: Adèle: Geflügel-Kraftbrühe mit grünen Erbsen, Karottenperlen und Hühnerklößchen.
Adelina Patti: Geflügel-Kraftbrühe mit grünen Erbsen, Karottenperlen und Würfeln von Eierstich mit Kastanienpüree.
Admiralsart: à l'amiral: Fisch-Kraftbrühe mit Fischklößchen, Hummer- und Champignonwürfeln und Reis.
Afrikanische: à l'africaine: Rinder-Kraftbrühe mit Reis, gewürfelten Artischockenböden und winzigen, gebackenen Brandteigkugeln, gewürzt mit Currypulver.
Ägyptische: à l'egyptienne: Hammel-Kraftbrühe mit Safran gewürzt, garniert mit Reis, gewürfelten Eieräpfeln und Okra.
Albion: 1. Fisch-Kraftbrühe, leicht mit Tapioka gebunden, garniert mit Trüffelstreifen und Hummerklößchen;
2. Geflügel-Kraftbrühe, garniert mit Trüffelstreifen, grünen Spargelspitzen, Geflügelklößchen mit Gänseleber und Hahnenkämmen.
Alexandra: Geflügel-Kraftbrühe, leicht mit Tapioka gebunden, garniert mit Streifen von Kopfsalat und Hühnerbrust und Hühnerklößchen.
Altmodische: à l'ancienne (angsjenn): Rinder-Kraftbrühe, garniert mit getrockneten Scheiben von französischem Brot, bedeckt mit Püree der Gemüse, die für die Suppe verwendet werden, mit geriebenem Käse bestreut und überbacken.
Amerikanische Geflügel-: C. de volaille à l'americaine (dö volaij a lamerikähn): Einfache klare Hühnerbrühe mit Reis, gewürfeltem Hühnerfleisch und geschälten, zerdrückten Tomaten.
Andalusische: à l'andalouse (langdaluhs): Geflügel-Kraftbrühe, garniert mit Würfeln von Tomaten-Eierstich, Reis, Schinkenstreifen und Eierfäden.
  Nudelsuppe: C. aux nouilles à l'andalouse: Rinder-Kraftbrühe mit Tomatengeschmack, garniert mit Fadennudeln und gewürfeltem Schinken.
  Schinken Kr.: C. de jambon à l'andalouse: Rinder-Kraftbrühe mit Schinkengeschmack, garniert mit Reis und Würfeln von Tomaten-Eierstich.
Anglersart: C. des pêcheurs: Kräftige Fisch-Kraftbrühe, garniert mit Miesmuscheln, grünen Erbsen und gewürfelten Tomaten.
Anjou: Wildkraftbrühe, garniert mit grünen Spargelspitzen, Reis und Wildklößchen.
Aremberg: d'Aremberg: 1. Rinder-Kraftbrühe mit grünen Erbsen, Kerbel und Perlen von Karotten, weißen Rüben und Trüffeln;
2. de volaille à l'Aremberg: Geflügel-Kraftbrühe, garniert mit Perlen von Karotten, weißen Rüben und Trüffeln, Hühnerklößchen und runden Scheibchen von Spargel-Eierstich.
Artagnan (Artangjang): Kraftbrühe mit Birkhuhngeschmack, garniert mit Streifen von Birkhuhnbrust und grünen Erbsen.

Aulagnier (olanjeh): Rinder-Kraftbrühe, garniert mit grünen Erbsen und pochierten Streifen von Weißkraut.

Aurora: à l'aurore (lohrohr): Rinder-Kraftbrühe mit Tomatengeschmack, leicht mit Tapioka gebunden, garniert mit Streifen von Hühnerbrust.

mit Austern-Ravioilen: aux raviolis d'huîtres: Starke Fischkraftbrühe, garniert mit sehr kleinen Maultäschchen, gefüllt mit Fischfarce, vermengt mit pochierten, gehackten Austern.

Balmoral: Klare Mockturtlesuppe, garniert mit gewürfeltem Kalbsfuß und Kalbsklößchen.

Bauernart: à la paysanne: Rinder-Kraftbrühe, garniert mit gedünsteten Scheibchen von Wurzelgemüsen; gebackene Scheiben von französischem Brot nebenbei.

Beatrice: Rinder-Kraftbrühe mit Grieß, garniert mit kleinen runden Scheiben von pochierter Hühnerfarce und Würfeln von Tomaten-Eierstich.

Béhague (beag): Geflügelkraftbrühe, garniert mit kleinem pochiertem Ei und Kerbelblättchen.

Benevent: Rinder-Kraftbrühe mit Tomatengeschmack, garniert mit kleingeschnittenen Makkaroni und Streifen von gekochter Ochsenzunge und Ochsengaumen.

Berchoux: Wildkraftbrühe, garniert mit gewürfelten Champignons, Trüffeln sowie Wachtel- und Maronen-Eierstich.

Baron Brisse: Rinder-Kraftbrühe, garniert mit Reis und Würfeln von einfachem Eierstich und Würfeln von Spinat- und Trüffel-Eierstich.

Berny: Rinder-Kraftbrühe, garniert mit kleinen gebackenen Kugeln von Berny-Kartoffeln, vermischt mit gehackten Mandeln und Trüffeln.

Bismarck: Rinder-Kraftbrühe, leicht mit Pfeilwurzelmehl gebunden, mit Portwein gewürzt, garniert mit Würfelchen von Champignons und Chesterkäse.

auf Blumenmädchenart: à la bouquetière: Rinder-Kraftbrühe, garniert mit Erbsen, gewürfelten grünen Bohnen, grünen Spargelspitzen und Würfeln von Karotten und weißen Rüben.

Boïeldieu: Geflügelkraftbrühe, garniert mit Gänseleber-, Hühner- und Trüffelklößchen.

Bonaparte: Geflügelkraftbrühe, garniert mit Geflügelklößchen.

Botschafterart: à l'ambassadeur (langbassadör): Geflügelkraftbrühe, garniert mit Trüffel-Eierstich in kleine runde Plätzchen geschnitten, Champignonscheiben und Geflügelstreifen.

Botschafterinart: à l'ambassadrice (langbassadriss): Geflügelkraftbrühe mit gewürfeltem Hühnerfleisch, Champignons und Eierstich von grünen Erbsen, Trüffeln und Tomaten.

Bourbon: Geflügelkraftbrühe, leicht mit Tapioka gebunden, garniert mit Gänseleberklößchen, verziert mit 3 Lilien und Kerbelblättchen.

Braganza: Rinder-Kraftbrühe, garniert mit Nizamperlen, kleinen Gurkenperlen und vier Arten von Eierstich.

Brasilianische: à la brésilienne: Rinder-Kraftbrühe, garniert mit Gemüsejulienne, Streifen von Paprikaschoten und Reis.

Bräutliche Art: Petite-mariée (ptit marieh): Geflügelkraftbrühe, garniert mit Eierstich von Mandelmilch und Huhn sowie Kerbelblättchen.

Bretagnische: à la bretonne (bretton): Rinder-Kraftbrühe, garniert mit Streifen von Lauch, Knollensellerie, Champignons und Kerbelblättchen.

Briand: Geflügelkraftbrühe, garniert mit gewürfeltem Schinken, Kalbfleisch, Huhn und Kerbelblättchen.

Brieux: Geflügelkraftbrühe, leicht mit Sago gebunden, garniert mit Trüffelwürfeln und gewürfeltem Trüffel- und Pistazien-Eierstich.

Brighton: Rinder-Kraftbrühe, mit Sherry gewürzt, garniert mit Kalbsklößchen, Gemüsejulienne und Kalbskopfstreifen.

Brillat-Savarin: Geflügelkraftbrühe mit Selleriegeschmack, leicht mit Tapioka gebunden, garniert mit Julienne von Karotten, Trüffeln und Champignons.
Britannia: Geflügelkraftbrühe, garniert mit Gänseleberklößchen, Spargelspitzen, Trüffeljulienne und Dreiecken von Tomaten-Eierstich.
Britische: britannique: Fischkraftbrühe, garniert mit kurzen Trüffelstreifen und gewürfeltem Hummer-Eierstich.
mit Brotkrüstchen: 1. aux croûtes à l'ancienne: Starke Rinder-Kraftbrühe; kleine, runde, ausgehöhlte, mit Gemüsepüree gefüllte, mit geriebenem Käse bestreute und gratinierte Brotscheibchen nebenbei serviert; 2. Croûte-au-Pot: Starke Rinder-Kraftbrühe, garniert mit sauber tournierten Wurzelgemüsen und Rindfleischwürfeln, in feuerfestem Suppentopf serviert; dazu Scheibchen von französischem Brot, mit Bouillonfett befeuchtet und im Ofen getrocknet.
Brunoise (brühnoahs): Rinder-Kraftbrühe, garniert mit ganz kleinen, gedünsteten Würfelchen von Karotten, weißen Rüben, Lauch, Sellerie, Zwiebeln, grünen Bohnen und grünen Erbsen.
   Royal: wie oben, unter Zusatz von Würfelchen von einfachem Eierstich.
Burgfrauenart: à la châtelaine (schatelähn): Geflügelkraftbrühe, mit Tapioka gebunden, garniert mit Würfeln von Eierstich aus $^1/_3$ Zwiebel- und $^2/_3$ Artischockenpüree sowie Geflügelnocken, mit Maronenpüree gefüllt.

Camerani: Rinder-Kraftbrühe, garniert mit gewürfelten Karotten, Sellerie und Lauch sowie kleingebrochenen Spaghetti; geriebener Parmesankäse nebenbei.
Camino: Ungesüßter Eierkuchenteig, vermischt mit geriebenem Parmesan, durch groblochiges Sieb in kochende Rinder-Kraftbrühe passiert.
Cancalerart: à la cancalaise: Fischkraftbrühe, leicht mit Tapioka gebunden, garniert mit pochierten Austern, Seezungenstreifen und Weißlings-Klößchen.
Carême: Geflügel- und Kalbskraftbrühe, garniert mit runden Scheibchen von Karotten und weißen Rüben, Kopfsalatstreifen und Spargelspitzen.
Carlton: Rinder-Kraftbrühe, garniert mit Würfeln von Eierstich, Klößchen und winzigen, kroßgebackenen Kugeln aus Brandteig, vermischt mit geriebenem Käse.
Carmen: Rinder-Kraftbrühe mit Tomaten- und Paprikaschotengeschmack, garniert mit Streifen von Paprikaschoten, Reis und Kerbelblättchen.
Castellane: Wildkraftbrühe mit Waldschnepfenauszug, Streifen von Waldschnepfenbrust und Würfel von Waldschnepfen- und Linsen-Eierstich.
Cauxer Art: à la cauchoise (coschoahs): Rinder-Kraftbrühe, garniert mit Scheibchen von braisierten Gemüsen und Würfeln von gekochtem Magerspeck und Lammfleisch.
Cavour: Geflügelkraftbrühe, garniert mit kleingeschnittenen Makkaroni und gebackenen Erbsen aus ungesüßtem Eierkuchenteig, durch einen groben Durchschlag in heißes Fett passiert und gebacken.
Charivari: Rinder-Kraftbrühe, garniert mit gedünsteten Streifen von Weißkraut, Karotten, weißen Rüben, Knollensellerie und Zwiebeln.
Charley: Rinder-Kraftbrühe, leicht mit Tapioka gebunden, garniert mit grünen Spargelspitzen, verlorenem Ei und Kerbel.
auf Charolaiser Art: à la charolaise (scharoläs): Klare Ochsenschwanzsuppe, garniert mit kleinen Stückchen Ochsenschwanz, winzigen, braisierten Kohlköpfchen, Perlzwiebeln und Karottenperlen.
Cherburg: Cherbourg (schärbuhr): Rinder-Kraftbrühe, mit Madeira gewürzt, garniert mit Julienne von Trüffeln und Champignons, winzigen Schinkennocken und verlorenem Ei.

Chevreuse: 1. Geflügelkraftbrühe, garniert mit Scheibchen von Geflügel- und Grieß-Eierstich und Streifen von Hühnerbrust und Trüffeln; 2. Geflügelkraftbrühe, garniert mit großen Geflügelklößchen, gefüllt mit Spargelpüree sowie Trüffelstreifen.
Choiseul (schosöl): Rinder-Kraftbrühe, garniert mit grünen Spargelspitzen und Würfeln von Eierstich.
Christopher Columbus: Christoph Colomb: Geflügelkraftbrühe mit Tomatengeschmack, leicht mit Tapioka gebunden, garniert mit Würfeln von Tomaten-Eierstich und Geflügelklößchen.
Cincinnati: Geflügelkraftbrühe, garniert mit Kartoffel-, Karotten- und Rübenperlen; dazu winzige Windbeutelchen, gefüllt mit Hühnerpüree.
Colbert: Rinder-Kraftbrühe, garniert mit gewürfelten Frühgemüsen und verlorenem Ei.
Cölestinerart: à la Célestine: Geflügel- oder Rinder-Kraftbrühe, garniert mit kurzen, dünnen Streifen von ganz dünnen, ungesüßten Eierkuchen mit feinen Kräutern.
Colombine: Geflügelkraftbrühe, garniert mit gewürfelten Frühgemüsen, Streifen von Taubenbrust und pochiertem Taubenei.
Croûte-au-Pot: siehe Kraftbrühe mit Brotkrüstchen
Cussy (Küssi): Wild-Kraftbrühe, garniert mit Rebhuhnklößchen, Würfeln von Rebhuhn- und Maronen-Eierstich und Trüffelstreifen, vor dem Servieren mit Sherry und Cognac gewürzt.
Cyrano: Enten-Kraftbrühe; kleine Löffelklößchen von Entenfarce, mit Geflügelrahmsauce überzogen, mit geriebenem Käse bestreut und überkrustet, nebenbei serviert.

Dänische: à la danoise: Kraftbrühe von Wildenten, mit Marsala gewürzt, garniert mit gewürfelten Champignons und Wildklößchen.
Dante: Geflügelkraftbrühe mit Taubengeschmack, garniert mit Trüffel- und Pökelzungenstreifen und Hühnerklößchen, mit Safran gefärbt.
d'Assas: Geflügelkraftbrühe, garniert mit winzigen Kugeln von gefülltem Kopfsalat und Würfeln von Karotten-Eierstich.
Daudet (dodeh): Geflügelkraftbrühe, garniert mit Würfeln von Geflügel- und Schinken-Eierstich, Hummerklößchen und Streifen von Sellerieknolle.
Daumont (domong): Rinder-Kraftbrühe, leicht mit Tapioka gebunden, garniert mit Reis, Streifen von Rindergaumen und Champignons.
Delavergne (delawernj): Geflügelkraftbrühe, garniert mit Würfeln von Eierstich, Spargelspitzen und kleinem, verlorenem Ei.
Delriche (delrisch): Geflügelkraftbrühe, garniert mit Fadennudeln, blanchierten Scheiben von Rindermark und gerösteten Brotwürfelchen.
Demidow: Geflügelkraftbrühe, garniert mit Perlen von Karotten, weißen Rüben und Trüffeln, Geflügelklößchen mit Kräutern und Kerbelblättchen.
Deslignac (dählihnjak): Rinder-Kraftbrühe, garniert mit runden Scheibchen Eierstich, winzigen, gefüllten Kugeln von Kopfsalat und Kerbelblättchen.
Deutsche: à l'allemande: Rinder-Kraftbrühe, garniert mit Streifen von in Bouillon gekochtem Rotkraut und Scheiben von Frankfurter Würstchen.
Diana: à la diane: Rebhuhn-Kraftbrühe, garniert mit halbmondförmigen Wildklößchen und Trüffelwürfeln; gewürzt mit Sherry oder Madeira.
Dijoner Art: à la dijonaise (dischonäs): Geflügelkraftbrühe, mit Tapioka gebunden, garniert mit Wildklößchen und Streifen von Pökelzunge.
Diplomatenart: à la diplomate: Geflügelkraftbrühe, mit Tapioka gebunden, garniert mit runden Scheibchen pochierter Geflügelfarce mit Krebspüree und Trüffeljulienne.
Diva: Geflügelkraftbrühe, garniert mit großen Geflügelklößchen, mit Trüffel dekoriert, und Würfeln von Hummer-Eierstich.

Divette: Geflügelkraftbrühe, garniert mit runden Scheibchen von Krebs-Eierstich, Fischklößchen und Trüffelperlen.
Dolores: Geflügelkraftbrühe, garniert mit Streifen von Hühnerfleisch und Safranreis.
Dom Miguel: Wildkraftbrühe, garniert mit Wildklößchen und gewürfeltem Eierstich.
Don Carlos: Rinder-Kraftbrühe, garniert mit gewürfeltem Eierstich, gewürfelten Tomaten, Reis und Kerbelblättchen.
auf dörfliche Art: à la villageoise: Rinder-Kraftbrühe, garniert mit Lauchstreifen und kleinen, viereckigen Nudeln.
Doria: Geflügelkraftbrühe, garniert mit oval ausgebohrten Gurken, Geflügelklößchen, gebackenen Perlen von Käse-Brandteig und Kerbelblättchen.
Douglas: Rinder-Kraftbrühe, garniert mit gewürfelten Artischockenböden, grünen Spargelspitzen und runden Scheibchen braisierter Kalbsmilch.
Dounou (duhnuh): Geflügelkraftbrühe, leicht mit Schildkrötenkräutern aromatisiert; garniert mit Geflügelklößchen und winzigen Würfeln von Artischockenböden und Trüffeln; kleine Windbeutelchen, mit Hühnerpüree gefüllt, nebenbei.
Dubarry: Rinder-Kraftbrühe, leicht mit Tapioka gebunden, garniert mit Blumenkohlröschen und Würfeln von Blumenkohl-Eierstich.
Dubourg (dühbuhr): Geflügelkraftbrühe, garniert mit Reis, Würfeln von Geflügel-Eierstich und Kerbelblättchen.
Dufferin (düfferäng): Fischkraftbrühe, leicht mit Currypulver gewürzt, garniert mit Fischklößchen mit Curry, Reis und kleinen Seezungenstreifen.
Dumesnil (dümenil): Rinder-Kraftbrühe, garniert mit Gemüsejulienne, pochiertem Rindermark und Kerbelblättchen.
Dumont (dümong): Rinder-Kraftbrühe, garniert mit Julienne von Weißkraut, Ochsenzunge und Champignons.
Dupré (düpreh): Geflügelkraftbrühe, garniert mit Perlen von Karotten und weißen Rüben, Hühnerklößchen und gebackenen Weißbrotwürfeln.
Duse (dühs): Geflügelkraftbrühe, garniert mit perlförmigen Geflügelklößchen mit Tomatengeschmack, pochierten Tortellinis und Hörnchennudeln.

Eduard VII.: Edouard VII.: Geflügelkraftbrühe, leicht mit Currypulver gewürzt, garniert mit Reis; winzige Mundbissen, mit Geflügelpüree gefüllt, nebenbei.
Elisabeth: Rinder-Kraftbrühe, garniert mit Julienne von Lauch, Fadennudeln und gewürfelten Artischockenböden; geriebener Käse nebenbei.
Elsässische Art: à l'alsacienne: Geflügelkraftbrühe, garniert mit in Fleischbrühe gedünstetem Sauerkraut und winzigen Teigflecken, mit Gänseleberfarce gefüllt.
Emanuel: Geflügelkraftbrühe, garniert mit kleingeschnittenen Spaghetti, Streifen von Hühnerfleisch und Würfeln von Tomaten-Eierstrich geriebener Parmesan nebenbei.
mit Engelshaar: aux cheveux d'anges (schwöh dangsch): Rinder-Kraftbrühe, garniert mit Engelshaar (eine besonders feine Art Fadennudeln).
Epikuräerart: à l'épicurienne (epikürjeng): Geflügelkraftbrühe, garniert mit gestiftelten, blanchierten Mandeln und Kerbelblättchen.
mit gebackenen Erbsen: aux pois frites: Rinder-Kraftbrühe, garniert mit ungesüßter Eierkuchenmasse, durch ein grobes Sieb in heißes Fett getropft und gebacken.
mit Estragon: à l'estragon: Rinder-Kraftbrühe, mit Estragon aromatisiert, garniert mit blanchierten Estragonblättern.

mit Fadennudeln: au vermicelle: Rinder-Kraftbrühe, garniert mit gekochten Fadennudeln.
Fanchonette: Geflügelkraftbrühe, garniert mit rund ausgestochenen Stückchen von ungesüßtem Eierkuchen, gefüllt mit Hühnerfarce mit gehackten Trüffeln.
Fasanen: de faisan: Fasanenkraftbrühe, garniert mit Streifen von Fasanenbrust und gerösteten Weißbrotwürfelchen.
Flämische: à la flamande: Rinder-Kraftbrühe, garniert mit Würfeln von Rosenkohl-Eierstich, Erbsen und Kerbelblättchen.
Fleury (flöhri): Geflügelkraftbrühe, garniert mit flachen, runden Geflügelklößchen und Erbsen.
Flora: à la floréale: Geflügelkraftbrühe, garniert mit margueritenförmig geschnittenen Karotten und weißen Rüben, Erbsen, grünen Spargelspitzen, Geflügelklößchen mit Pistazienpulver und Kerbelblättchen.
auf Florentiner Art: à la florentine (flohrentihn): Geflügelkraftbrühe mit drei Sorten Geflügelklößchen: mit gehacktem Hühnerfleisch, mit Spinatpüree und mit gehackter, roter Pökelzunge.
Föderal: Fédéral: Geflügelkraftbrühe mit Cayennepfeffer geschärft, garniert mit Trüffelscheiben und gewürfeltem Eierstich.
Francatelli: Geflügelkraftbrühe, garniert mit Würfeln von Geflügel-Eierstich, Gänseleberklößchen, Hahnenkämmen und Hahnennieren.
Francillon: Kranz von Geflügelfarce, auf den Teller gespritzt, ein rohes Ei in der Mitte, leicht im Ofen anpochiert, mit heißer Geflügelkraftbrühe gefüllt.
Frankfurter: à la francfortoise: Rinder-Kraftbrühe mit Wacholderbeeren gewürzt, garniert mit in Fleischbrühe gekochten Streifen Rotkraut und Scheiben Frankfurter Würstchen; geriebener Käse nebenbei.
Franklin: Rinder-Kraftbrühe, garniert mit kleinen Kugeln von Karotten und weißen Rüben, winzigen gebackenen Perlen von Brandteig und gewürfeltem Gemüse-Eierstich.
auf französische Art: à la française: Geflügelkraftbrühe, garniert mit Streifen von Kopfsalat, Geflügelklößchen und Kerbelblättchen.
Frou-Frou (fruhfruh): Geflügelkraftbrühe, garniert mit Karottenperlen, winzigen, kroßgebackenen Brandteigkügelchen und Kerbelblättchen.
auf Frühlingsart: Printanier: Geflügelkraftbrühe, garniert mit Perlen von Mohrrüben und weißen Rüben, grünen Erbsen, gewürfelten grünen Bohnen, grünen Spargelspitzen, Kopfsalatstreifen und Kerbel.
mit Eierstich: Printanier Royal: Wie oben, aber noch mit gewürfeltem Eierstich.
mit verlorenem Ei: Printanier Colbert: Wie oben, aber mit sehr kleinem verlorenem Ei.

Gabrielle: Geflügelkraftbrühe, garniert mit rohem Eigelb, gewürfeltem Geflügel-Eierstich und Krebsschwänzen.
Gallische Art: à la gauloise (goloahs): 1. Geflügelkraftbrühe, garniert mit Hahnenkämmen, Hahnennieren und gewürfeltem Schinken-Eierstich;
2. Geflügelkraftbrühe, mit Eigelb legiert, garniert mit Hahnenkämmen, Hahnennieren und kleinen runden Scheibchen pochierter Schinkenfarce.
Garibaldi: 1. Rinder-Kraftbrühe, garniert mit gewürfelten Tomaten und kleingeschnittenen Spaghetti;
2. Geflügelkraftbrühe, garniert mit Japanperlen und kleingeschnittenen Spaghetti.
mit Geflügelklein: aux abatis (osabattih): Geflügelkraftbrühe mit Geflügelklein in kleinen Stückchen und kleingewürfeltem Wurzelgemüse.
mit Gemüsegarnitur: à la macédoine: Rinder-Kraftbrühe, garniert mit kleingewürfelten, gedünsteten Gemüsen.
George Sand: Fischkraftbrühe, garniert mit Fischklößchen, mit Krebsbutter und gewürfelten Morcheln; kleine geröstete Brotscheibchen mit gebratenen Karpfenmilchern nebenbei.

Germaine: Geflügelkraftbrühe, garniert mit Hühnerklößchen, Würfeln von Erbsen und von einfachem Eierstich mit Gemüsewürfelchen.
Germinal: Rinder-Kraftbrühe mit Estragongeschmack, garniert mit Erbsen, gewürfelten grünen Bohnen, grünen Spargelspitzen und Geflügelklößchen mit gehacktem Kerbel und Estragon.
Girondiner Art: à la girondine (schtironndihn): Rinder-Kraftbrühe, garniert mit gewürfeltem Schinken-Eierstich und Karottenjulienne.
Gouffé: Geflügelkraftbrühe, leicht mit Tapioka gebunden, garniert mit Streifen von Ochsenzunge, Trüffeln, Hühnerfleisch und durch ein grobes Sieb gedrücktes hartgekochtes Eigelb.
Gourmet: du gourmet: Geflügelkraftbrühe, garniert mit gewürfeltem Wildfleisch, Gänseleber und Pökelzunge, kleinen runden Scheiben pochierter Hühnerfarce und blanchierten, gehobelten Pistazien.
Gräfinart: à la comtesse: Geflügelkraftbrühe, mit Tapioka gebunden, garniert mit Streifen von Kopfsalat, Spargel-Eierstich und Geflügelklößchen, mit einer Gräfinkrone aus Trüffeln dekoriert.
Granaten: à la grénade: Rinder-Kraftbrühe, garniert mit Schinken-Eierstich, in Form von Granaten geschnitten, gewürfelten Tomaten und Kerbelblättchen.
Grimaldi: Rinder-Kraftbrühe mit Tomatengeschmack, garniert mit gewürfeltem Tomaten-Eierstich und Streifen von Knollensellerie.
Großherzoginart: à la grand-duchesse: Geflügelkraftbrühe, garniert mit Streifen von Hühnerfleisch, Pökelzunge, grünen Spargelspitzen und Geflügelklößchen.
mit grünen Gemüsen: à la vermandoise (wermangdoas): Rinder-Kraftbrühe, mit Tapioka gebunden, garniert mit Streifen von Kopfsalat und Sauerampfer, grünen Erbsen, gewürfelten grünen Bohnen und grünen Spargelspitzen.
Gutenberg: Rinder-Kraftbrühe, garniert mit Spargelspitzen, Erbsen, gewürfelten Champignons und Wurzelgemüsen sowie Scheiben von Frankfurter Würstchen.

Harlekin: à l'arlequin (arlekäng): Rinder-Kraftbrühe, garniert mit Fadennudeln und Geflügelklößchen in drei Farben: mit Safran, Spinat und Tomaten.
Hausfrauenart: à la bonne-femme: Rinder-Kraftbrühe, garniert mit gewürfelten, in Brühe gekochten Kartoffeln, Lauch- und Mohrrübenstreifen und gerösteten Weißbrotwürfelchen.
auf Herrscherart: à la souveraine: Geflügelkraftbrühe, garniert mit Geflügelnocken, Erbsen, braisierten, gewürfelten Wurzelgemüsen und Kerbel.
Herzoginart: à la duchesse: Geflügelkraftbrühe, leicht mit Sago gebunden, garniert mit Kopfsalatstreifen und gewürfeltem Eierstich.
Huhn im Topf: Poule-au-pot Henri IV.: Wie französischer Suppentopf unter Zusatz von Suppenhuhn gekocht, mit Stückchen von Hühnerfleisch als zusätzliche Einlage.
mit Hühnerflügeln: aux ailerons (ellaronn): Geflügelkraftbrühe, garniert mit gefüllten Hühnerflügeln, in Hühnerbrühe gedünstet.
mit Hühner-Windbeutelchen: aux profiterroles à la püree de volaille: Rinder-Kraftbrühe, dazu gesondert winzige, kroßgebackene Windbeutelchen, gefüllt mit Hühnerpüree.

auf indische Art: à l'indienne (alendjenn): Geflügelkraftbrühe, mit Currypulver gewürzt, garniert mit Reis und Würfeln von Kokosnuß-Eierstich.
auf Infantenart: à l'infante: Geflügelkraftbrühe, leicht mit Tapioka gebunden; kleine, mit Gemüsepüree gefüllte und überbackene Croutons nebenbei.
Irische Enten: de canard à l'irlandaise: Entenkraftbrühe, garniert mit Entenklößchen, gewürfeltem, in Brühe gekochtem Wurzelgemüse und Weißkrautstreifen.

Irma: Rinder-Kraftbrühe, garniert mit Champignonstreifen und Hühnerklößchen, mit Currypulver gewürzt.
auf italienische Art: à l'italienne: Rinder-Kraftbrühe, garniert mit Würfeln von Tomaten- und Spinat-Eierstich sowie Makkaroni, in kleine Stückchen geschnitten; geriebener Parmesan nebenbei.
mit italienischer Teigware: aux pâtes d'Italie: Rinder-Kraftbrühe, garniert mit Teigwaren in beliebiger Form.
Jacqueline: Geflügelkraftbrühe, garniert mit Spargelspitzen, Reis, Kerbelblättchen, Eierstich in Pastillenform und kleinen, ausgebohrten Karotten.
auf Jägerart: à la chasseur: Wildkraftbrühe mit Portwein gewürzt, garniert mit Champignonstreifen und Kerbelblättchen; kleine Windbeutelchen, mit Rebhuhnpüree gefüllt, nebenbei.
auf Jakobinerart: à la jacobine: Rinder-Kraftbrühe, garniert mit gewürfelten Karotten, weißen Rüben und grünen Bohnen, grünen Erbsen und Trüffelstreifen.
Jenny Lind: Wildkraftbrühe mit Wachtelgeschmack, garniert mit Streifen von Wachtelbrust und Champignons.
Jockey-Club: Geflügelkraftbrühe, garniert mit runden Scheibchen von Karotten-, Erbsen- und Hühner-Eierstich.
Johore: Geflügelkraftbrühe, mit Currypulver gewürzt, garniert mit Streifen von Hühnerfleisch, Reis und Würfeln von Curry-Eierstich.
Jouvencel: Geflügelkraftbrühe, leicht mit Tapioka gebunden, garniert mit Kopfsalatblättern, gefüllt mit Hühnerfarce und wie Zigaretten zusammengerollt; kleine runde, mit Karottenpüree gefüllte und überbackene Croutons nebenbei.
Juanita: Geflügelkraftbrühe, garniert mit gewürfeltem Tomaten-Eierstich und hartgekochtem, durch ein Sieb gedrücktes Eigelb.
Judic: Sehr kräftige Geflügelkraftbrühe; nebenbei: kleine, in Eiernäpfchen gefüllte, braisierte Kopfsalate mit einem Kranz Hühnerfarce, im Ofen pochiert, in der Mitte Trüffeljulienne.
Julia: Geflügelkraftbrühe, leicht mit Tapioka gebunden, garniert mit winzigen, gebackenen Brandteigkugeln und Würfeln von Eierstich.
Julienne: Rinder-Kraftbrühe, garniert mit braisierter Julienne von Wurzelgemüsen und Weißkraut, grünen Erbsen und Kerbelblättchen.
Juliette: Geflügelkraftbrühe, garniert mit kleinen, runden Geflügelklößchen, Würfeln von Spinat-Eierstich und Streifen von hartgekochtem Eiweiß.

auf kaiserliche Art: à l'impériale: Geflügelkraftbrühe, leicht mit Tapioka gebunden, garniert mit kleinen, runden Scheibchen von pochierter Hühnerfarce, Scheiben von Hahnenkämmen und -nieren, recht grünen Erbsen und Kerbelblättchen.
Kanzlerart: à la chancelière (schangseljähr): Rinder-Kraftbrühe, garniert mit Julienne von weißem Hühnerfleisch, Trüffeln, Champignons und runden Scheibchen von Erbsen-Eierstich.
Kapuzinerart: à la capucine (kapühsin): Geflügelkraftbrühe, garniert mit Streifen von Kopfsalat und Spinat; winzige Windbeutelchen, mit Hühnerpüree gefüllt, nebenbei serviert.
Karolinen: à la caroline: Geflügelkraftbrühe, garniert mit Reis, Würfeln von Mandelmilch-Eierstich und Kerbel.
Kardinalsart: cardinal: Fischkraftbrühe mit Hummergeschmack, garniert mit Hummerklößchen.
auf Karmeliterart: à la carmelite (karmelit): Fischkraftbrühe, leicht mit Pfeilwurzelmehl gebunden, garniert mit Würfeln von pochierter Fischfarce und Reis.
Karthäuserart: à la chartreuse (schartrös): Rinder-Kraftbrühe, leicht mit Tapioka gebunden, garniert mit winzigen Ravioli, gefüllt mit Farce von Gänseleber, Spinat und gehackten Champignons, und Kerbelblättchen.

mit Käsekrüstchen: aux diablotins: Geflügelkraftbrühe mit kleinen, runden Brotscheibchen, mit Butter bestrichen, mit geriebenem Käse bestreut, mit Cayennepfeffer bepudert und überbacken, nebenbei serviert.
Katalonische: à la catalane: Rinder-Kraftbrühe, garniert mit Reis, gewürfelten Tomaten und Streifen von grünen Paprikaschoten.
Kléber: Rinder-Kraftbrühe, garniert mit grünen Erbsen, gewürfelter Sellerieknolle, Gänseleberklößchen und Kerbelblättchen.
auf Kleinherzogsart: petit-duc: Rinder-Kraftbrühe, leicht mit Tapioka gebunden, garniert mit Streifen von Hühnerfleisch, Trüffeln und Kerbelblättchen.
Kleopatra: Cléopâtre: Geflügelkraftbrühe, garniert mit gewürfelten Tomaten.
Klothilde: Clothilde: Rinder-Kraftbrühe, garniert mit kleinen Zwiebelchen, in Brühe gedünstet.
auf Königinart: à la reine: Geflügelkraftbrühe, leicht mit Tapioka gebunden, garniert mit gewürfeltem Geflügel-Eierstich und Streifen von Hühnerbrust.
Königliche: à la royale: Geflügelkraftbrühe, garniert mit Würfeln von Eierstich.
auf Königsart: des rois: Geflügelkraftbrühe mit Wachtelgeschmack, garniert mit Wachtelklößchen; Wachtelbrüstchen, grünen Spargelspitzen und Trüffelperlen.
mit Kopfsalat: aux laitues: Rinder-Kraftbrühe, garniert mit Streifen von Kopfsalat.
mit gefülltem Kopfsalat: à la baigneuse (beinjöhs): Rinder-Kraftbrühe, garniert mit kleinen Kugeln von gefülltem Kopfsalat.

Labourdane (labuhrdahn): Entenkraftbrühe, garniert mit Rosenkohlröschen, Kerbelblättchen und Würfeln von Erbsen- sowie Entenpüree-Eierstich.
Lady Morgan: Fischkraftbrühe mit Austernwasser, garniert mit Krebsklößchen, Streifen von Trüffeln, Champignons und Seezungenfilet sowie entbarteten, pochierten Austern.
Laffitte: Geflügelkraftbrühe, mit Madeira gewürzt, garniert mit Streifen von Hahnenkämmen, Hahnenieren, Trüffeln und Champignons, Gurkenperlen und kleinsten, entsteinten, blanchierten Oliven.
Lagrandière: Geflügelkraftbrühe, garniert mit Streifen von Hühnerfleisch und kleinen, kroßgebackenen Windbeutelchen, gefüllt mit Artischockenpüree.
Laguipierre: Wildkraftbrühe, garniert mit Würfeln von Wild-Eierstich und sehr kleinen, pochierten Taubeneiern.
mit Lauch: aux poireaux (poahroh): Rinder-Kraftbrühe mit Lauchgeschmack, garniert mit Lauchstreifen und Kerbelblättchen.
Leo XIII.: Kalbskraftbrühe, garniert mit Eierstich in Form der päpstlichen Tiara.
Leopold: Rinder-Kraftbrühe, leicht mit Grieß verkocht, garniert mit Julienne von Sauerampfer, Kopfsalat und Kerbelblättchen.
Lesseps: Rinder-Kraftbrühe, garniert mit Würfeln von Kalbshirn-Eierstich und Kerbelblättchen.
mit Liebesäpfeln: aux pommes d'amour: Kräftige Geflügelkraftbrühe mit Tomatengeschmack, gewürzt mit Marsala, kalt und leicht gelierend serviert.
Lieblingsart: à la favorite: Geflügelkraftbrühe, leicht mit Tapioka gebunden, garniert mit kleinen gekochten Kartoffelkugeln; Streifen von Artischockenböden und Champignons sowie Kerbelblättchen.
Liller Art: à la lilloise (liloahs): Rinder-Kraftbrühe mit Estragongeschmack, garniert mit Streifen von Trüffeln, Champignons und gerösteten Mandeln.
Londonderry: Rinder-Kraftbrühe, leicht mit Tapioka gebunden, gewürzt mit Madeira, garniert mit gebackenen Klößchen und gewürfeltem Kalbskopf.

auf Londoner Art: à la londonienne: Kräftige Rinder-Kraftbrühe, gewürzt mit Schildkrötenkräutern, garniert mit Reis und gewürfeltem Kalbskopf.
Longchamps: Rinder-Kraftbrühe, garniert mit feinen Nudeln, Streifen von Sauerampfer und Kerbel.
Lord Chesterfield: Kräftige Rinder-Kraftbrühe, gewürzt mit Schildkrötenkräutern, Cayennepfeffer und Sherry, garniert mit Hühner-, Krebs- und Trüffelklößchen.
Lorette: Geflügelkraftbrühe, gewürzt mit Paprika, garniert mit Spargelspitzen, Trüffelstreifen und Kerbel; winzige gebackene Kugeln von Lorettekartoffeln nebenbei.
Lucullus: Rinder-Kraftbrühe, garniert mit Blumenkohlröschen, Perlen von Karotten und weißen Rüben und drei Sorten von Hühnerklößchen: rot, gelb und naturfarben.

Macdonald: Rinderkraftbrühe, garniert mit winzigen, mit Spinat gefüllten Mundtaschen, gewürfelten Gurken und Würfeln von Kalbshirn-Eierstich.
Madrider Art: Hühnerkraftbrühe, mit Tomaten und roten Paprikaschoten gewürzt, garniert mit gewürfelten Tomaten.
auf Mailänder Art: à la milanaise: 1. Geflügelkraftbrühe; geriebener Parmesan und kleine, flache Makkaronikroketts nebenbei;
2. Geflügelkraftbrühe mit Tomatengeschmack, garniert mit Julienne von Schinken, Champignons und Trüffeln und kleingeschnittene Spaghetti; geriebener Parmesan nebenbei.
auf Mäzenenart: à la mécène: Geflügelkraftbrühe, garniert mit Wildklößchen, gewürfeltem Knollensellerie und Würfeln von Hühner-Eierstich.
Magdalena: Madeleine: Geflügelkraftbrühe, garniert mit gewürfeltem Knollensellerie, mandelförmigen Geflügelklößchen und Kopfsalatstreifen; winzige, gebackene Brandteigkugeln nebenbei.
Magenta: Geflügelkraftbrühe, leicht mit Pfeilwurzelmehl gebunden, garniert mit Trüffelklößchen, Trüffel- und Champignonstreifen und gewürfelten Tomaten.
mit Makkaroni: au macaroni: Rinder-Kraftbrühe, garniert mit kleingeschnittenen Makkaroni; geriebener Parmesankäse wird gesondert serviert.
Mancelle: Wildkraftbrühe, garniert mit sehr kleinen, braisierten Maronen und Würfeln von Wild-Eierstich.
Margot: Geflügelkraftbrühe, garniert mit zwei Sorten Hühnerklößchen: einfachen und mit Spinat vermischten.
Maria: Geflügelkraftbrühe, leicht mit Tapioka gebunden, garniert mit Würfeln von Eierstich mit weißem Bohnenpüree, grünen Erbsen, gewürfelten grünen Bohnen und Perlen von Karotten und weißen Rüben.
Maria Stuart: Marie Stuart: Rinder-Kraftbrühe, leicht mit Tapioka gebunden, garniert mit Geflügelklößchen, mit Trüffeln dekoriert.
Marie Luise: Marie-Louise: Geflügelkraftbrühe, garniert mit gewürfeltem Eierstich und grünen Erbsen.
Marigny: Geflügelkraftbrühe, garniert mit Geflügelklößchen, grünen Erbsen, Gurkenstreifen und Kerbel.
Marinière: Geflügelkraftbrühe, garniert mit Scheibchen von gefülltem, braisiertem Weißkraut, Erbsen und Kerbelblättchen; Diablotins nebenbei.
mit Mark: à la moëlle: Rinder-Kraftbrühe mit Scheiben von blanchiertem Rindermark; gebackene Weißbrotwürfelchen nebenbei.
Markgräfinart: à la marquise: Rinder-Kraftbrühe mit Selleriegeschmack, garniert mit Scheiben von blanchiertem Kalbsmark und Geflügelklößchen, vermischt mit gerösteten, feingeriebenen Mandeln.
Marly: Geflügelkraftbrühe, garniert mit Streifen von Lauch, Sellerie, Geflügel, Kopfsalat und Kerbel; Käsecroutons werden extra serviert.

Medici: Médicis: Rinder-Kraftbrühe, leicht mit Tapioka gebunden, garniert mit Würfeln von Erbsen- und von Karotten-Eierstich und Sauerampferstreifen.
Meissonier (mässonjeh): Rinder-Kraftbrühe, garniert mit gewürfelten Artischockenböden und Tomaten, Erbsen und Kerbel.
Mercédès: Rinder-Kraftbrühe, mit Sherry gewürzt, garniert mit sternförmig ausgestochenen Hahnenkämmen und Ringen von roter Paprikaschote.
Messaline: Geflügelkraftbrühe mit Tomatengeschmack, garniert mit Hahnenkämmen, Reis und Streifen von roten Paprikaschoten.
Metternich: Fasanenkraftbrühe, garniert mit Streifen von Fasanenbrust und Würfeln von Artischocken-Eierstich.
auf Metzgerart: à la bouchère (buschähr): Rinder-Kraftbrühe, garniert mit sehr kleinen, braisierten Kohlköpfchen und Scheiben von blanchiertem Rindermark.
Mignon (Minnjong): Fischkraftbrühe, garniert mit Fischklößchen, Garnelenschwänzchen und Trüffelperlen.
Mikado: Geflügelkraftbrühe mit Tomatengeschmack, garniert mit gewürfeltem Hühnerfleisch und gewürfelten Tomaten.
Mimosa: Geflügelkraftbrühe, garniert mit Würfeln von Karotten-, Erbsen- und Eigelb-Eierstich.
Mireille: 1. Geflügelkraftbrühe, garniert mit runden Scheibchen pochierter Hühnerfarce, vermischt mit Tomatenmark und Safranreis;
2. Geflügelkraftbrühe mit Grieß, garniert mit runden Scheibchen von pochierter Hühnerfarce mit Tomatenpüree und Eierstich.
Mirette: Rinder-Kraftbrühe, garniert mit Geflügelklößchen, Kopfsalatstreifen und Kerbel; Käsestroh nebenbei.
Mock-turtle, Clear: Fausse tortue claire: Rinder-Kraftbrühe, gewürzt mit Sellerie, Champignons, Schildkrötenkräutern, Madeira und Cayennepfeffer, garniert mit gewürfeltem Kalbskopf und Kalbfleischklößchen (englisch).
  auf Herrscherart: à la souveraine: Wie oben, aber mit Zusatz von grünen Spargelspitzen und Hühnerklößchen anstelle der Kalbfleischklößchen.
Mogador: Geflügelkraftbrühe, mit Tapioka gebunden, garniert mit Gänseleber-Eierstich, Hühnerfleisch, Pökelzunge und Trüffeln, alles in Rauten geschnitten.
auf Moldauer Art: à la moldave: Fischkraftbrühe mit Lake von sauren Gurken, gewürzt mit Madeira, garniert mit Champignonstreifen, gewürfeltem Störfleisch, Vesiga und entkernten, geschälten Zitronenscheiben.
Molière (Molljehr): Rinder-Kraftbrühe, garniert mit kleinen Klößchen von gerösteter Brotkrume, gehackter Petersilie, Schalotten und Ei; Rindermark auf Röstbrot nebenbei.
Monaco: Geflügelkraftbrühe, garniert mit erbsengroß ausgestochenen Trüffeln, Karotten, weißen Rüben und winzigen, kroßgebackenen Brandteigkugeln.
Mona Lisa: Geflügelkraftbrühe, garniert mit Geflügelklößchen und grünen Erbsen.
Monselet: Rinder-Kraftbrühe, garniert mit blanchierten Scheiben von Rindermark, Streifen von Ochsenzunge, Erbsen, Kerbel und gerösteten Weißbrotwürfelchen.
Monte Carlo: 1. Geflügelkraftbrühe, garniert mit erbsengroßen Geflügelklößchen, Kopfsalatstreifen und Kerbel; haselnußgroße Brandteigkugeln nebenbei;
2. Geflügelkraftbrühe, garniert mit runden Scheibchen von Karotten, weißen Rüben, Trüffeln und Scheibchen von Eierkuchen, mit Hühnerfarce gefüllt.
Montesquieu (monteskjöh): Rinder-Kraftbrühe, garniert mit Streifen von Huhn, Schinken, Champignons und Blumenkohlröschen.

Montmorency (mongmohrangcih): Geflügelkraftbrühe, leicht mit Tapioka gebunden, garniert mit Spargelspitzen, Hühnerklößchen, Reis und Kerbel.
Montmort (mongmohr): Geflügelkraftbrühe, garniert mit halbmondförmigen Scheibchen von Karotten und weißen Rüben, kleinen runden Scheibchen pochierter Hühnerfarce, vermischt mit gehackten Trüffeln, Würfeln von einfachem und von Erbsen-Eierstich, Spargelspitzen und Kerbelblättchen.
Moskauer: à la moscovite: Sterlet-Kraftbrühe mit Gurkengeschmack, garniert mit gewürfelten Pilzen und kleinen Stückchen Vesiga.
Murillo: 1. Geflügelkraftbrühe, garniert mit sehr dünnen Nudeln, Tomatenwürfeln und Kerbel;
2. Fischkraftbrühe mit Tomatengeschmack, garniert mit Fischklößchen.
mit Muscheln: aux moules: Fischkraftbrühe, garniert mit kleinen, entbarteten Muscheln und gerösteten Weißbrotwürfelchen.

Nansen: Rinder-Kraftbrühe, mit Wodka gewürzt; kleine Kaviarcanapés nebenbei serviert.
Nantaiser Art: à la nantaise: Geflügelkraftbrühe, garniert mit Perlgraupen, Erbsen und Hühnerstreifen.
Napoleon: Geflügelkraftbrühe, garniert mit kleinen, dreieckigen Mundtaschen, mit Gänseleberpüree gefüllt.
Navarin: Rinder-Kraftbrühe, garniert mit gewürfeltem Erbsen-Eierstich, sehr kleinen Krebsschwänzchen und gehackter, blanchierter Petersilie.
auf Neapler Art: à la napolitaine: Rinder-Kraftbrühe mit Tomatengeschmack, garniert mit Streifen von Schinken und Knollensellerie, Makkaroni, in kleine Stücke geschnitten, und Kerbel; geriebener Parmesan nebenbei.
Nelson: Fischkraftbrühe, leicht mit Arrowroot gebunden, garniert mit Reis; kleine Mundbissen mit Salpicon von Hummer, auf amerikanische Art bereitet, nebenbei.
Nemourser Art: à la Nemours: Geflügelkraftbrühe, leicht mit Tapioka gebunden, garniert mit Karotten-Eierstich mit gehackten Karotten, Japanperlen und Trüffelstreifen.
Nesselrode: Wildkraftbrühe mit Haselhuhngeschmack, garniert mit Streifen von Haselhuhnbrust, Champignons und gewürfeltem Maronen-Eierstich.
auf Neverser Art: à la nivernaise (niwernähs): Rinder-Kraftbrühe, garniert mit rund ausgestochenen Karotten und weißen Rüben, Würfeln von Zwiebel-Eierstich und Kerbelblättchen.
New Yorker Art: à la new yorkaise: Rinder-Kraftbrühe, garniert mit Wildklößchen, Würfeln von Tomaten- und von Zwiebel-Eierstich und Kerbel.
Nilson: Geflügelkraftbrühe, leicht mit Tapioka gebunden, garniert mit drei Sorten Geflügelklößchen: mit gehacktem Schinken, mit gehackten Trüffeln und mit gehacktem Schnittlauch, dazu Kerbelblättchen.
Ninon: Geflügelkraftbrühe, garniert mit kleinen Karotten-, Trüffel- und weißen Rüben-Kugeln; winzige Törtchen von Geflügelfarce, gefüllt mit Geflügelhaschee und mit einem Trüffelstern garniert, nebenbei serviert.
Nizzaer Art: à la niçoise (nishsoas): Geflügelkraftbrühe, garniert mit Würfeln von Tomaten- und von grünem Bohnen-Eierstich, kleinen Kartoffelwürfelchen und Kerbel.
mit Nizamperlen: aux perles de Nizam: Rinder-Kraftbrühe, garniert mit Nizamperlen (eine Sagoart) in Brühe gekocht.
Noailles: Geflügelkraftbrühe, garniert mit Streifen von Hühnerfleisch, Ochsenzunge, Würfeln von Artischocken-Eierstich und Kerbel.

Ochsenschwanzsuppe, klare   Kraftbrühe Pojarsky

Ochsenschwanz: de queue de bœuf: Kräftige Rinder-Kraftbrühe, gewürzt mit Kräutern und Sherry, garniert mit kleingewürfeltem Wurzelgemüse und kleinen Stückchen Ochsenschwanz.
Olga: Rinder-Kraftbrühe, mit Portwein gewürzt, garniert mit grober Julienne von Lauch, Sellerieknolle, Mohrrüben und Trüffeln.
Orientalische: à l'orientale: Hammel-Kraftbrühe, mit Tomatensaft und Safran gewürzt, garniert mit Reis, Hirn-Eierstich, in Form von Halbmonden ausgestochen, und hartgekochtes, grobpassiertes Eigelb.
Orleans: à la d'Orléans: Geflügelkraftbrühe, leicht mit Tapioka gebunden, garniert mit dreierlei Geflügelklößchen; mit Rahm, mit Tomatenpüree und mit Spinat.
auf Orleanser Art: à l'orléanaise: Rinder-Kraftbrühe, garniert mit Würfeln von Endivien-Eierstich, grünen Bohnenkernen, gewürfelten grünen Bohnen und Kerbel.
Orsay: à la d'Orsay: Geflügelkraftbrühe, garniert mit pochiertem Eigelb, Taubenklößchen, Streifen von Taubenbrust und Kerbel.
Ostender Art: à l'ostendaise (lostängdähs): Starke Fischkraftbrühe, mit Austernwasser gewürzt, garniert mit pochierten, entbarteten Austern.
Österliche: à la pascale: Geflügelkraftbrühe, garniert mit grünen Erbsen und Würfeln von Karotten- und weißem Rüben-Eierstich sowie gehacktem Fenchelgrün.

Pächterart: à la fermière: Rinder-Kraftbrühe, garniert mit Streifen von Wurzelgemüsen und gewürfelten Kartoffeln.
Palermoer Art: à la palermitaine: Geflügelkraftbrühe, garniert mit kleingeschnittenen Spaghetti, Würfeln von Tomaten-Eierstich und Hühnerfleisch; geriebenen Käse nebenbei.
Palästiner Art: à la palestine: Rinder-Kraftbrühe, garniert mit Kugeln von Mohrrüben und weißen Rüben in Erbsengröße, grünen Erbsen und Würfeln von grünen Bohnen.
Palestro: Rinder-Kraftbrühe, garniert mit Streifen von Wurzelgemüsen, Kopfsalat, Reis und Würfeln von Tomaten-Eierstich.
Pariser Art: à la parisienne: 1. Geflügelkraftbrühe, garniert mit gewürfelten, braisierten Wurzelgemüsen, Würfeln von Eierstich mit feingehackten Wurzelgemüsen und Kerbel;
2. Rinder-Kraftbrühe mit Lauchgeschmack, garniert mit groben Streifen von Lauch und Kartoffeln.
Patti: Geflügelkraftbrühe, leicht mit Tapioka gebunden, garniert mit gewürfelten Artischockenböden und Trüffeln.
Paysanne: siehe Bauernart
Perfekte: parfait: Geflügelkraftbrühe, leicht mit Tapioka gebunden, mit Madeira gewürzt, garniert mit gewürfeltem Eierstich.
mit Perlgraupen: à l'orge perlé: Rinder-Kraftbrühe, garniert mit Perlgraupen, in Bouillon gekocht.
Peter der Große: Pierre le Grand: Rinder-Kraftbrühe, garniert mit grober Julienne von Sellerie, weißen Rüben und Champignons, Streifen von Kopfsalat und Kerbel.
Petite Marmite: siehe Suppentopf, Französischer
Petrarka: Pétraque: Rinder-Kraftbrühe, garniert mit Lauchstreifen, gehobelten, gerösteten Pistazien und überkrusteten Käsebrötchen.
Piemonteser Art: à la piémontaise: Rinder-Kraftbrühe, gewürzt mit Safran, garniert mit Reis, gewürfeltem Schinken, Piemonteser Trüffeln und Tomaten; geriebenen Käse nebenbei.
auf pikardische Art: à la picarde: Rinder-Kraftbrühe, garniert mit Julienne von Lauch und gerösteten Weißbrotwürfelchen.
mit Pilaw auf türkische Art: de mouton à la turque: Hammelbrühe, garniert mit in fetter Hammelbrühe gekochtem Reis.
Pojarsky: Geflügelkraftbrühe mit Haselhuhngeschmack; winzige Haselhuhn- oder Geflügelkoteletts Pojarsky nebenbei.

Polignac: 1. Rinder-Kraftbrühe, garniert mit rund ausgestochenen Stückchen pochierter Hühnerfarce mit gehackten Trüffeln und Pökelzunge; 2. Fischkraftbrühe, garniert mit Hummerklößchen und gewürfelten Champignons.

auf polnische Art: à la polonaise: Geflügelkraftbrühe, garniert mit Scheibchen von ungesüßten Eierkuchen, bestrichen mit Hühnerfarce, zusammengerollt und im Ofen gargemacht.

Pondicherry: Hammelkraftbrühe, mit Currypulver gewürzt, garniert mit Reis und Streifen von ungesüßten Eierkuchen, mit Hammelhaschee gefüllt.

Portugiesische: à la portugaise: 1. Rinder-Kraftbrühe, stark mit Tomatensaft und Cayennepfeffer gewürzt, garniert mit Reis und Tomatenwürfeln; 2. Rinder-Kraftbrühe mit Tomatengeschmack, gewürzt mit Cayennepfeffer, kalt serviert.

Potemkin: Starke Fischkraftbrühe, geklärt mit gestoßenem Preßkaviar und Weißwein, garniert mit grünen Spargelspitzen und Streifen von Sellerie und Mohrrüben.

Poule-au-pot Henri IV.: siehe Huhn im Topf

Prinz Nikolai: Prince Nicolai: Geflügelkraftbrühe, mit Tomaten und roten Paprikaschoten gewürzt, garniert mit gewürfelten roten Paprikaschoten, Julienne von Staudensellerie und sehr kleinen Krebsschwänzchen.

Prinz von Wales: Prince de Galles: Geflügelkraftbrühe, garniert mit Spargelspitzen und getrüffelten Geflügelklößchen.

Prinzessinart: à la princesse: Geflügelkraftbrühe, garniert mit Perlgraupen, Würfeln von Erbsen-Eierstich und kleinen Scheibchen Hühnerbrust.

Prinzessin Alice: Princesse Alice: Geflügelkraftbrühe, leicht mit Tapioka gebunden, garniert mit Streifen von Kopfsalat, Artischockenböden und Hühnerfleisch.

Rabelais (rabeläh): Wildkraftbrühe. garniert mit Streifen von Staudensellerie und getrüffelten Lerchenklößchen; im letzten Moment mit Vouvray-Wein aromatisiert.

Rachel: Geflügelkraftbrühe, mit Tapioka gebunden, garniert mit Streifen von Artischockenböden; kleine geröstete Croutons mit pochiertem Rindermark nebenbei.

Raffael: Raphaël: Rinder-Kraftbrühe, garniert mit Würfeln von Sellerieknolle.

Rampolla: Fischkraftbrühe mit Krebsgeschmack, aromatisiert mit Rheinwein, garniert mit Streifen von Aalraupe, Krebsschwänzchen, Austern und gewürfelten Champignons.

Raspail: Rinder-Kraftbrühe, garniert mit Spargelspitzen und Geflügelklößchen.

mit Ravioli: aux raviolis: Rinder-Kraftbrühe, garniert mit kleinen Mundtäschchen, gefüllt mit Hirn und Spinat oder einer anderen pikanten Mischung.

Récamier (rehkamjeh): Geflügelkraftbrühe mit Sago, garniert mit Trüffelperlen und Geflügelklößchen.

Reiche: à la riche: Starke Geflügelkraftbrühe, garniert mit großen, getrüffelten Geflügelklößchen.

Réjane (rehjann): Geflügelkraftbrühe, mit Tapioka gebunden, garniert mit konfettiförmig ausgestochenem Mohrrüben-Eierstich, Haselnuß-Eierstich und Eierfäden.

Rembrandt: Geflügelkraftbrühe, garniert mit Würfeln von Erbsen-Eierstich und Hühnerbrust.

Remusat (Rehmüsah): Rinder-Kraftbrühe, garniert mit Klößchen mit Tomatenpüree, mit Spinatpüree sowie gewürfeltem Wurzelgemüse und Kerbel.

Renaissance: Geflügelkraftbrühe, garniert mit kleinen Würfeln oder Kugeln von Frühgemüsen und Kräuter-Eierstich, blattförmig ausgestochen, und Kerbel.

Richelieu (rischeljöh): Rinder-Kraftbrühe, garniert mit Streifen von Mohrrüben und weißen Rüben, Hühnerklößchen, gefüllt mit Hühnerfleisch, und kleinen Kugeln von gefülltem Kopfsalat.
Richepin (rischpäng): Geflügelkraftbrühe, garniert mit Geflügelklößchen, gefüllt mit Geflügelgelee, Julienne von Mohrrüben und weißen Rüben sowie gefüllten, zigarettenförmigen Salatblättern.
Risi-Pisi: Rinder-Kraftbrühe, garniert mit Reis und grünen Erbsen; geriebener Käse nebenbei.
Rivoli: Fischkraftbrühe, garniert mit Fischklößchen und kleingeschnittenen Spaghetti.
Robespierre: Rinder-Kraftbrühe mit Tomatensaft, in Tassen gereicht.
Rohan: Wildkraftbrühe, garniert mit pochiertem Kiebitzei und Kopfsalatstreifen; kleine runde Croutons, mit Wildpüree bestrichen, mit Käse bestreut und überbacken, nebenbei.
Rossini: Geflügelkraftbrühe mit Trüffelessenz, leicht mit Tapioka gebunden, garniert mit Trüffelwürfelchen; kleine Windbeutel mit getrüffeltem Gänseleberpüree nebenbei.
Rothschild: Wildkraftbrühe mit Fasanengeschmack, gewürzt mit Sauternes-Wein, garniert mit Trüffel- und Ortolanenstreifen und Würfeln von Fasanen- und Maronen-Eierstich.
Rotraud: Wildkraftbrühe, mit Weißwein gewürzt, garniert mit Trüffel- und Fasanenstreifen und Würfeln von Fasanen-Eierstich mit Maronenpüree.
Royale: siehe königliche Kraftbrühe
Rubens: Geflügelkraftbrühe mit Tomatengeschmack, garniert mit Hopfensprossen.
Russische Fisch-: C. de poisson à la russe: Fischkraftbrühe, garniert mit kleinen Gurkenkugeln und Fischklößchen.
Sächsische: Saxon: Rinderkraftbrühe, garniert mit Streiten von Schinken, Zunge, Sauerkraut, in Brühe gekocht, und gerösteten Weißbrotwürfelchen.
mit Sago: Rinder-Kraftbrühe, mit Sago verkocht.
Saint-Charles: Rinder-Kraftbrühe, garniert mit kleinem, pochiertem Ei und Kerbelblättchen.
Saint-George: Hasenkraftbrühe, mit Rotwein gewürzt, garniert mit Hasenklößchen, Trüffel- und Hasenstreifen.
Saint-Germain: Rinder-Kraftbrühe, garniert mit Erbsen, Geflügelklößchen, Kopfsalatstreifen und Kerbel.
St. Hubertus: Saint-Hubert: Kraftbrühe von Haarwild, gewürzt mit eingekochtem Weißwein, garniert mit Wildjulienne und Würfeln von Wild- und Linsen-Eierstich.
Saint-Saëns: Geflügelkraftbrühe, garniert mit Perlgraupen und kleinen Kartoffelkugeln.
Salanganen: Rinder-Kraftbrühe mit einem Auszug von Schildkrötenkräutern, mit Sherry gewürzt, garniert mit den gereinigten, in Kraftbrühe pochierten Nestern der Salanganenschwalbe.
Salvator: Rinder-Kraftbrühe mit Tomatengeschmack, garniert mit gewürfelten Tomaten und Kerbelblättchen.
San Remo: Geflügelkraftbrühe, garniert mit Reis und runden Karottenscheibchen; geriebener Parmesan nebenbei.
Sans-gêne: Geflügelkraftbrühe mit Trüffelstreifen, Hahnenkämmen und -nieren.
Santa Maria: Geflügelkraftbrühe mit Estragongeschmack, garniert mit Engelshaar und Geflügelklößchen; kleine Windbeutel, gefüllt mit Champignonpüree, nebenbei.
Santos-Dumont: Geflügelkraftbrühe mit Tapioka gebunden, garniert mit Streifen von Mohrrüben, weißen Rüben und grünen Bohnen.
Sarah Bernhardt: 1. Geflügelkraftbrühe, leicht mit Tapioka gebunden, garniert mit Geflügelklößchen, pochiertem Rindermark, grünen Spargelspitzen und Trüffelstreifen;

2. **Geflügelkraftbrühe**, gewürzt mit Schildkrötenkräutern und Madeira, leicht mit Tapioka gebunden, garniert mit tomatierten Geflügelklößchen und pochierten Scheiben Rindermark.

Savarin (sawaräng): Rinder-Kraftbrühe, garniert mit Kalbsmilchklößchen, gefüllt mit Zwiebelpüree.

auf Schäferart: à la bergère: Rinder-Kraftbrühe, leicht mit Tapioka gebunden, garniert mit Spargelspitzen, gewürfelten Champignons, Estragon und Kerbel.

Schildkrötensuppe, Klare: Tortue clair: Kräftige klare Brühe von Schildkrötenfleisch, Hühnern, Rindfleisch, Kalbsfüßen und Suppengemüsen, gewürzt mit Schildkrötenkräutern, garniert mit gewürfeltem Schildkrötenfleisch.

Falsche: siehe Mock-turtle, Clear.

Lady Curzon: Bedeckt mit Schlagsahne, mit Currypulver gewürzt, rasch überbacken.

Sir James: Klare Schildkrötensuppe, gewürzt mit Cognac und Madeira.

mit Sterlet: Tortue au sterlet: Klare Schildkrötensuppe, garniert mit Streifen von Sterletfleisch, Sterletklößchen und Aalrutenleber.

Schnecken: à l'escargot: Geflügelkraftbrühe mit Schneckenbrühe aromatisiert, garniert mit sehr kleinen Schnecken, gewürfeltem Wurzelgemüse und feinen Kräutern; geröstete Weißbrotwürfel nebenbei.

Schöne Pächterin: à la belle fermière: Rinder-Kraftbrühe, garniert mit Weißkrautstreifen, gewürfelten grünen Bohnen und kleinen Nudelvierecken.

Schwalbennestersuppe: C. de nids de hirondelles: siehe Salanganensuppe

Ségurd: Geflügelkraftbrühe, garniert mit Streifen von Hühnerbrust und Pökelzunge.

mit Selleriegeschmack: à l'essence de céleri: Rinder-Kraftbrühe, der beim Klären reichlich Sellerie beigefügt worden ist.

Severin: Geflügelkraftbrühe, garniert mit runden Scheibchen pochierter Hühnerfarce.

Sévigné: Geflügelkraftbrühe, garniert mit Geflügelklößchen, braisierten, Kopfsalatblättern, grünen Erbsen und Kerbel.

Seviller Art: à la sevillanne: Rinder-Kraftbrühe mit Tomatengeschmack, leicht mit Tapioka gebunden, garniert mit Würfeln von Tomaten-Eierstich.

Solange (solansch): Rinder-Kraftbrühe, garniert mit Perlgraupen, gewürfeltem Hühnerfleisch und Kopfsalatstreifen.

Solferino: Rinder-Kraftbrühe, garniert mit perlförmig ausgestochenen Mohrrüben, weißen Rüben und Kartoffeln.

Soubise (subihs): Rinder-Kraftbrühe, garniert mit Würfeln von Zwiebel-Eierstich.

Spinnerart: à la filateur (fihlatöhr): Rinder-Kraftbrühe, garniert mit sehr feingeschnittenen Nudeln.

Subrette: soubrette: Geflügelkraftbrühe mit Tomatengeschmack, leicht mit Cayennepfeffer gewürzt, garniert mit kleinen, runden Geflügelklößchen, dekoriert mit einem Trüffelring, und Garnelenschwänzchen.

Suppentopf, Französischer: Petite Marmite: Kräftige, klare Rinderbrühe, garniert mit den sauber zugeschnittenen Suppengemüsen und Würfeln von gekochtem Rindfleisch, üblicherweise in besonderem feuerfestem Porzellantopf serviert; dazu kleine dünne Scheibchen von gebackenem französischem Brot, mit blanchiertem Mark belegt.

Altmodischer: Croûte-au-pot à l'ancienne: Rinder-Kraftbrühe, garniert mit gewürfeltem Rind- und Hühnerfleisch, Würfeln von Wurzelgemüsen in der Brühe gekocht; getrocknete Scheiben von französischem Brot, mit blanchiertem Rindermark belegt, nebenbei.

Kisseleff: Petite Marmite Kisseleff: Kräftige, ungeklärte Rinderbrühe, garniert mit Würfeln von Kalbsfuß, Huhn, Knollensellerie, Karotten und weißen Rüben, Streifen von Kopfsalat, Lauch und Weißkraut; im Topf serviert.

Kraftbrühe Talleyrand ... **Vert-pré**

Talleyrand: Geflügelkraftbrühe, gewürzt mit Sherry, garniert mit Würfeln von in Sherry gekochten Trüffeln.
Talma: Geflügelkraftbrühe, garniert mit Reis und Würfeln von Mandelmilch-Eierstich.
mit Tapioka: au tapioca: Rinderkraftbrühe, ganz leicht mit Tapioka verkocht.
Tewki Pascha: Hammelkraftbrühe mit Auszug von Tomaten und roten Paprikaschoten, garniert mit Reis und Streifen von roten und grünen Paprikaschoten.
Theodor: Geflügelkraftbrühe, garniert mit gewürfeltem Hühnerfleisch, grünen Bohnenkernen und Spargelspitzen.
Théodora: Geflügelkraftbrühe, garniert mit Streifen von Hühnerfleisch und Trüffeln, grünen Spargelspitzen und Würfeln von Eierstich.
Theresa: Thérèse (Tehrehs): Kalte Geflügelkraftbrühe, garniert mit haselnußgroßen Kugeln von Geflügelschaumbrot und Kerbelstreifen.
Tivoli: Geflügelkraftbrühe mit Grieß, garniert mit kleinen gebackenen Raviolis.
Tosca: 1. Geflügelkraftbrühe mit Tapioka, garniert mit Gänseleber-, Hühner- und Trüffelklößchen und Mohrrübenstreifen; kleine Brandteigkugeln, mit Gänseleberpüree gefüllt, nebenbei;
2. Geflügelkraftbrühe, gewürzt mit Schildkrötenkräutern und Madeira, gebunden mit Tapioka, garniert mit Lauchstreifen; Profiteroles nebenbei.
Toskanische: à la toscane: Rinder-Kraftbrühe, garniert mit gewürfelten Champignons, Tomaten, gebackenen Eieräpfeln und Makkaronistückchen.
Trévise: Rinder-Kraftbrühe, garniert mit Trüffel-, Hühner- und Pökelzungenstreifen.
Trianon: Geflügelkraftbrühe, leicht mit Tapioka gebunden, garniert mit Scheibchen von Spinat-, Geflügel- und Karotten-Eierstich.
Tschechische: à la tchèque: Geflügelkraftbrühe, garniert mit gewürfelten Tomaten, gewürfeltem Hühnerfleisch, Erbsen und dünnen Streifchen von ungesüßtem Eierkuchen.
Turbigo: Geflügelkraftbrühe, garniert mit Karotten- und Hühnerstreifen und Fadennudeln.

mit Überraschungen: en surprise: 1. Geflügelkraftbrühe, mit dem Saft roter Rüben gefärbt, garniert mit Geflügelklößchen, gefüllt mit Geflügelgelee;
2. Geflügelkraftbrühe, garniert mit Geflügelklößchen, gefüllt mit Gelee mit Saft von roten Rüben.

Valencia: Rinder-Kraftbrühe mit Grieß, garniert mit Streifen von Kopfsalat, Sauerampfer und Kerbelblättchen.
Valencienner: à la valencienne: Geflügelkraftbrühe, garniert mit Geflügelklößchen, Kopfsalatstreifen und Kerbel.
Valentino: Geflügelkraftbrühe, garniert mit Streifen von Hühnerfleisch, Trüffeln und herzförmigen Geflügelklößchen.
Vatel: Fischkraftbrühe mit Seezungengeschmack, garniert mit Rauten von Seezungenfilets und Würfelchen von Hummer- oder Krebs-Eierstich.
Venezianische: à la venitienne (wenihsjenn): Rinder-Kraftbrühe, gewürzt mit Estragon, Kerbel und Basilikum, garniert mit Reis; winzige gratinierte Kartoffelnocken nebenbei.
Verdi: Rinder-Kraftbrühe, garniert mit kleingeschnittenen Makkaroni und drei Arten Kalbsklößchen: mit Spinat, Tomatenpüree und Sahne.
Véron: Rinder-Kraftbrühe mit Trüffelgeschmack, gewürzt mit Portwein, garniert mit Streifen von roten Paprikaschoten und Würfeln von Eierstich mit Püree von grünen Bohnenkernen.
Vert-pré: Rinder-Kraftbrühe, mit Tapioka gebunden, garniert mit grünen Spargelspitzen, gewürfelten grünen Bohnen, Streifen von Sauerampfer und Kopfsalat.

mit Vesiga: au vésiga à la russe: Geflügelkraftbrühe, gewürzt mit Madeira, garniert mit kleinen Stückchen gekochtem Vesiga und drei verschiedenen Arten von Klößchen.
Victor Emanuel: Rinder-Kraftbrühe, garniert mit gewürfelten Tomaten und Makkaroni; geriebener Parmesankäse nebenbei.
Victoria: Rinder- oder Geflügelkraftbrühe, garniert mit Streifen von Geflügelfleisch und Trüffeln, Geflügelklößchen, grünen Erbsen und Kerbelblättchen.
Regina: Fischkraftbrühe mit Hummergeschmack, garniert mit grünen Spargelspitzen und Trüffelperlen; winzige Blätterteig-Mundbissen, gefüllt mit Hummersalpicon, nebenbei.
Villeneuve (wilnöf): Geflügelkraftbrühe, garniert mit dünnen Eierkuchen, gefüllt mit Schinkenfarce und in Dreiecke geschnitten, Kopfsalatblättchen, gefüllt mit Hühner- und Pökelzungenpüree, und gewürfeltem Eierstich.
Villeroi: Geflügelkraftbrühe, garniert mit Hühnerfarce, vermischt mit gehackten Tomaten, Mohrrüben und Zwiebeln, in Förmchen pochiert und in Scheiben geschnitten.
Viveur: Geflügelkraftbrühe mit Saft von roten Rüben, garniert mit Streifen von Knollensellerie und scharf gewürzten Käsebrötchen.
Vivian: Geflügelkraftbrühe, garniert mit Hühner- und Trüffelstreifen.
Voltaire: Geflügelkraftbrühe, garniert mit gewürfeltem Hühnerfleisch, Tomaten und Geflügelklößchen.

Waadtländer: à la vaudoise: Rinder-Kraftbrühe, garniert mit gewürfeltem Rindfleisch und gewürfeltem Suppengemüse; Scheiben getrockneten Stangenbrots und geriebener Käse nebenbei.
Weiße Dame: Dame blanche: Geflügelkraftbrühe, gebunden mit Tapioka, garniert mit Streifen von Hühnerfleisch und Würfeln von Mandelmilch-Eierstich.
Westmoreland: Kraftbrühe von Kalbfleisch und Kalbskopf, leicht mit Pfeilwurzelmehl gebunden, gewürzt mit Madeira, garniert mit Scheiben von Trüffeln und Pfeffergurken, Geflügelklößchen und gewürfeltem Kalbskopf.
Wiener: à la viennoise (viehnoas): 1. Kräftige, ungeklärte Rinderbrühe, gekocht mit Rauchfleisch, Schinken und Wurzelgemüsen, garniert mit Reis, Perlgraupen, grünen Erbsen und kleinen weißen Bohnen; 2. Rinder-Kraftbrühe, mit Paprika gewürzt, garniert mit Julienne von Eierkuchen mit geriebenem Käse und Paprikanocken.
Wonne der Damen: Délice de dames: Kräftige Geflügelkraftbrühe mit Selleriegeschmack, garniert mit Streifen von Bleichsellerie, hartgekochtem Eiweiß und gewürfelten Tomaten; kalt, leicht gelierend, in Tassen serviert.

Xavier: Rinder-Kraftbrühe, mit Madeira gewürzt, garniert mit dünnen Streifen von ungesüßtem Eierkuchen.

Yvette: Geflügelkraftbrühe, gewürzt mit Schildkrötenkräutern, garniert mit weißen und mit Spinat gefärbten Geflügelklößchen.

Zarewitsch: Tsarewich: Wildkraftbrühe, mit Sherry gewürzt, garniert mit Haselhuhnklößchen und Trüffelstreifen.
Zarina: Tsarine: Rinder-Kraftbrühe, mit Fenchel gewürzt, garniert mit gekochtem, gewürfeltem Vesiga.
auf Zigeunerart: à la zingara: Geflügelkraftbrühe, garniert mit Eierstich in drei verschiedenen Farben.
Zola: Rinder-Kraftbrühe, garniert mit winzigen Käsenocken, vermischt mit gehackten weißen Trüffeln; geriebener Käse nebenbei.
Zorilla: Geflügelkraftbrühe, mit Tomaten gewürzt, garniert mit Reis und Kichererbsen.

Kalte klare und gebundene Suppen

Kalte Kraftbrühe: Consommé froid.
  mit Champignongeschmack: à l'essence de champignons: Rinder-Kraftbrühe, der reichlich Champignonschalen oder Abfälle beim Klären zugesetzt worden sind.
  mit Estragongeschmack: à l'essence d'estragon: Rinder-Kraftbrühe, der man einige Estragonblätter zum Ausziehen in der heißen, jedoch nicht kochenden Suppe zugesetzt hat.
  mit Goldblättchen: aux paillettes d'or: Kräftige, leicht gelierende Geflügelkraftbrühe mit Zusatz von Goldblattstreifchen.
  mit Liebesäpfeln: Gelée aux pommes d'amour: Kalte, gelierende portugiesische Kraftbrühe, mit Marsala gewürzt.
  Madrider Art: Madrilène en gelée: Kräftige Geflügelkraftbrühe, der frische Tomaten und einige rote Paprikaschoten beim Klären zugesetzt worden sind, leicht gelierend serviert.
  mit Morchelgeschmack: à l'essence de morilles: Kräftige Rinder-Kraftbrühe, der beim Klären eingeweichte, getrocknete oder frische Morcheln zugesetzt worden sind.
  mit roten Paprikaschoten: aux poivrons doux: Rinder-Kraftbrühe, der beim Klären Püree von frischen oder konservierten roten Paprikaschoten zugesetzt worden ist.
  gelierende, portugiesische: Portugaise en gelée: Geflügelkraftbrühe, der beim Klären reichlich frisches Tomatenpüree beigefügt wurde.
  mit Rebhuhngeschmack: à l'essence de perdreau: Kräftige Wildkraftbrühe, der beim Klären geröstete Karkassen und Rebhuhnabfälle zugefügt worden sind.
  mit Selleriegeschmack: à l'essence de céleri: Kräftige Rinder-Kraftbrühe, der beim Klären Staudensellerie zugesetzt worden ist.
  mit Trüffelessenz: à l'essence de truffes: Geflügel- oder Rinder-Kraftbrühe, der beim Klären rohe Trüffelschale zugefügt worden ist.
  mit Wein: au vin: Geflügelkraftbrühe, mit feinem Wein gewürzt, der erst nach vollständigem Auskühlen der Suppe hinzugefügt wird. Passende Weine sind: Sherry: au Xérès; Marsala: au vin de Marsala; Madeira: au vin de Madère; Malvasier: au vin de Malvoisie; Portwein: au porto; schwerer Rheinwein: au vin du Rhin usw.

Kalte, gebundene Suppen: Potages liés froids.
  Rahmsuppe von Champignons: Crème de champignons: Weißer Roux mit kräftiger Kalbsbrühe, Champignonschalen und -abfällen verkocht, mit Champignonfond verbessert, passiert, ausgekühlt, mit Rahm vervollständigt.
  Entenrahmsuppe: Crème de caneton: Wie Geflügelrahmsuppe, jedoch mit Fond von Knochen und Karkassen von Enten, nicht mehr angeröstet, sondern nur in Butter mit Mirepoix angeschwitzt, mit Sherry gewürzt, mit dickem Rahm vervollständigt.
  Geflügelrahmsuppe: Crème de volaille: Weißer Roux, mit kräftiger Hühnerbrühe verkocht, Kräuterbündel beigefügt, gut gewürzt, langsam ausgekocht, entfettet, passiert, ausgekühlt, abermals passiert, mit dickem Rahm vervollständigt, sehr gut gekühlt.
  Duquinha: Crème Duquinha: Kalte Geflügelrahmsuppe mit Zusatz von 20% frischem Tomatenpüree und 10% Püree von roten Paprikaschoten, mit dickem Rahm vervollständigt.
  Margot: Crème Margot: Geflügelrahmsuppe, mit Mandelmilch zugesetzt, solange sie noch heiß ist, ausgekühlt, mit dickem Rahm vervollständigt.
  mit Portwein: Crème de volaille au porto: Wie Grundsuppe, mit weißem Portwein gewürzt.
  Portugiesische: Crème de volaille à la portugaise: Dicke Geflügelrahmsuppe, mit $^1/_3$ der Menge frischem Tomatenpüree vermengt, passiert, ausgekühlt, mit Rahm vervollständigt.

Kalte, gebundene Suppen   **Barcelonessa**

Sultan: Crème de volaille à la sultane: Geflügelrahmsuppe mit Haselnußmilch und Pistazienpüree, passiert, gekühlt und mit dickem Rahm vervollständigt.
Krebsrahmsuppe: Crème d'écrevisses: Geflügelrahmsuppe, vermischt mit Püree von Krebsen, auf amerikanische Art bereitet, passiert, mit Paprika gewürzt, gekühlt, mit Weinbrand gewürzt, mit dickem Rahm vervollständigt.
Tauben, Rahmsuppe von: Crème de pigeons: Wie Geflügelrahmsuppe, jedoch mit kräftigem Taubenfond bereitet.
Tomaten, Rahmsuppe von: Crème de tomates: Püree von frischen Tomaten, verkocht mit Kalbsvelouté, gebunden mit Stärkemehl, mit Rahm angerührt, kurz durchgekocht, passiert, ausgekühlt, mit Tomatensaft und Rahm vervollständigt.
Vichysoise: Gehackte Zwiebeln und Lauch, in Butter geschwitzt, gewürfelte Kartoffeln zugefügt, gewürzt, gekocht, bis Kartoffeln gar, passiert, mit halb Milch und halb Rahm aufgekocht, abgeschmeckt, passiert, gut gekühlt, mit dickem Rahm vervollständigt, mit gehacktem Schnittlauch bestreut.

Nationale, regionale und ähnliche Suppen

Abji l'Amid: Kalte Kartoffelsuppe: Kalte Püreesuppe von Kartoffeln gewürzt mit Zitronensaft (türkisch).
Aïgo bouido: Knoblauchsuppe: Zerdrückter Knoblauch und wenig Salbei in Wasser mit etwas Olivenöl gekocht, gewürzt, über Scheiben im Ofen getrockneten französischen Brotes passiert (französisch).
Aïgo ménagère: Provenzalische Familiensuppe: In Scheiben geschnittener Lauch und Zwiebeln, leicht in Öl angeröstet, dicke Kartoffelscheiben, gewürfelte Tomaten, zerdrückter Knoblauch, Fenchel und gehackte Kräuter zugesetzt, mit Safran und getrockneter Orangenhaut gewürzt, mit Wasser gekocht, passiert über Scheiben von französischem Brot; die Kartoffelscheiben mit einem verlorenen Ei belegt und mit gehackter Petersilie bestreut, nebenbei serviert (französisch).
Aïgo saou: Fisch- und Knoblauchsuppe: Fischstückchen, in Wasser mit Kartoffel-, Zwiebel- und Tomatenscheiben, Petersilie, Sellerie und Lorbeerblatt gekocht, gewürzt mit Salz, Pfeffer und viel zerdrücktem Knoblauch; die Suppe mit dünnen Scheiben mit Olivenöl befeuchtetem französischem Brot gegessen, der Fisch hinterher, meistens mit Aioli (siehe diese) serviert (französisch).
Ajiaco Cubano: Kubanische Suppe: Fetter Speck, gepökeltes und frisches Schweinefleisch, in Wasser mit Kichererbsen, in Scheiben geschnittenen Eierfrüchten, Knoblauch, Maiskörnern, gewürfelten Kartoffeln und Kürbis gekocht, mit Salz, Pfeffer und Safran gewürzt (kubanisch).
Ajo blanco: Kalte Knoblauchsuppe: Knoblauch und geschälte Mandeln, im Mörser gestampft, mit Olivenöl zu einer dicken Paste gerührt, mit Wasser vermischt, mit Salz und Pfeffer gewürzt, kleine Scheibchen Weißbrot hinzugefügt, eiskalt serviert (spanisch).
American Tomato Soup: Amerikanische Tomatensuppe: Halb Bisque von Hummer und halb Tomatensuppe vermischt, garniert mit Tapioka und gewürfeltem Hummerfleisch (Vereinigte Staaten).
Balnamoon Skink: Irische Hühnersuppe: Kräftige Hühnerbrühe, mit Eigelb und Milch legiert, garniert mit gewürfeltem Knollensellerie, grünen Erbsen und grober Julienne von Kopfsalat (irisch).
Barcelonessa: Barceloner Hammelsuppe: Kräftige Hammelbrühe, vermischt mit etwas Tomatenpüree, verdickt mit in Butter gerösteten Weißbrotbröseln, garniert mit Klößchen von gehacktem Hammelfleisch, mit gehackter Petersilie und Ei vermischt, in Mehl gewendet

und in Öl gebacken; beim Servieren mit gehackter Petersilie und Kerbel bestreut (spanisch).

Barzcz zimny czyli zupa: Kalte Rote-Rüben-Suppe: Saft von eingelegten roten Rüben und Salzgurken, aufgekocht, leicht mit Grieß verkocht, mit Eigelb und saurem Rahm gebunden, auf Eis gekühlt, kalt, mit Scheiben von hartgekochtem Ei garniert, serviert (polnisch).

Biersuppe: Braunbier, mit leichter brauner Mehlschwitze gebunden, mit Zimt, Zitronenschale, Zucker und Prise Salz gewürzt, passiert, mit gerösteten Brotwürfelchen garniert (deutsch).

Biskuitschöberlsuppe: Butter mit Eigelb verrührt, Mehl, Milch, Salz und Muskatnuß hinzugefügt, mit Eiweißschnee aufgezogen, flach in gefettete Pfanne gestrichen, gebacken, in Rauten geschnitten und in kräftiger Rinderbrühe serviert (österreichisch).

Boronia: Spanische Gemüsesuppe: Gewürfelte Eierfrüchte, Kürbis und Tomaten, in Öl geschwitzt, mit Wasser aufgegossen, mit Salz, Kümmelkörnern, Piment und viel Knoblauch gewürzt, gekocht, durch ein Sieb gestrichen, mit Reibbrot gedickt und mit Safran gefärbt (spanisch).

Borschtsch polski: Polnische Suppe: Braun angebratene Ente, in kräftiger Rinderbrühe gekocht, passiert, garniert mit Julienne von roten Rüben und Weißkohl; Scheibchen der Entenbrust, von gekochtem Rindfleisch, Pellmeni, Saft von roten Rüben und saurer Rahm nebenbei serviert (russisch).

sjeloni: Grüne Bortschtsch: Wie oben, jedoch ohne Weißkohl, dafür aber Chiffonade von Sauerampfer, Spinat und Kopfsalat zugesetzt, ohne roten Rübensaft serviert (russisch).

Skobeleff: Wie Borschtschock bereitet, mit Zusatz von gewürfelten Kartoffeln und Speck; kleine Bratwürstchen, kleine Bitkis und geröstete Brotscheiben gesondert serviert (russisch).

Borschtschock: Nationalsuppe. Grundlage: In Streifen geschnittene rote Rüben, Weißkohl und Wurzelgemüse, verkocht mit oder ohne Rindfleisch, Schinkenknochen, Haselhühnern, Ente usw., stets mit dem Saft von rohen roten Rüben gefärbt, dazu saurer Rahm serviert (russisch).

flotski: Wie oben, jedoch mit gewürfeltem Gemüse (russisch).

Boston Clam Chowder: siehe New England Clam Chowder

Fish Chowder: Bostoner Fischsuppe: Gehackte Zwiebeln, gewürfelte grüne Paprikaschoten und Sellerie, in Butter angeschwitzt, mit Fischbrühe aufgefüllt, mit Cayennepfeffer und Kräutern gewürzt, gewürfelte Kartoffeln und zuletzt Milch zugesetzt, garniert mit geblättertem Kabeljau oder anderem Fisch und gehackter Petersilie; Crackers nebenbei serviert (Vereinigte Staaten).

Botwinja, Batwinja: Kalte Kräutersuppe: Püree von Sauerampfer und jungen Blättern von roten Rüben, vermischt mit Kwaß, gewürzt mit Salz, Pfeffer und Zucker, garniert mit gehacktem Estragon, Kerbel, Fenchel und Streifen von frischer Gurke; ein Stück Eis in jedem Teller, kleine Scheibchen gekochten Lachs oder Stör sowie geriebener Meerrettich nebenbei. Kwaß notfalls durch etwas säuerlichen Weißwein ersetzen (russisch).

Bouillabaisse: Marseiller Fischsuppe: Feste Fische, wie Drachenkopf, Petersfisch, Knurrhahn usw., und Languste, in Stücke geschnitten, mit gehackter Zwiebel, Lauch, Tomaten, gehackter Petersilie und Fenchelkraut, getrockneter Orangenschale, Lorbeerblatt und Olivenöl vermischt, mit Wasser knapp aufgefüllt, mit Safran, Salz und Knoblauch gewürzt, flott 10 Minuten gekocht, dann Stücke von weicheren Fischen, wie Weisling und Rotbarbe, zugefügt; mit getrockneten Scheiben von französischem Brot serviert (französisch).

Bourride: Kleine Fische, mit gehackten Zwiebeln, Tomaten und Knoblauch, getrockneter Orangenschale, Öl und Kräuterbündel flott gekocht, passiert, das Gemüse dabei zerdrückt, die Flüssigkeit mit Eigelb und Aioli (siehe diese) gebunden, aufgekocht und über

Bramborová polevská   **Clam Broth**

Scheiben französischen Brotes gegossen; den Fisch nebenbei servieren (französisch).

Bramborová polevská: Tschechische Kartoffelsuppe: Karotten, Knollensellerie und Kohl, in Würfelchen geschnitten, in Butter angeschwitzt, gekocht. Braune Roux, mit Rinderbrühe verkocht, mit Majoran, Knoblauch, Salz und Pfeffer gewürzt, passiert, mit den Gemüsen, reichlich gewürfelten Kartoffeln, Champignons und gebratenem Speck vermischt (tschechisch).

Brodino di pesce alla veneziana: Venezianische Fischsuppe: Gehackte Zwiebeln, Fischgräten und Abgänge sowie wenig Sellerie, in Öl angeschwitzt, mit einem Teil Weißwein und 4 Teilen Wasser aufgegossen, mit Lorbeer, Salz und Pfeffer gewürzt, wenig Tomatenmark zugefügt, gekocht, passiert, kleine feste Fischstückchen darin pochiert; geröstete Weißbrotwürfelchen und geriebener Parmesankäse nebenbei serviert (italienisch).

Busecca alla milanese: Mailänder Kuttelsuppe: Gehackte Zwiebeln, grobe Julienne von Lauch, Mohrrüben und Sellerie geschwitzt, eingeweichte weiße Bohnen hinzugefügt, mit heller Brühe langsam verkocht, gewürzt, dünne Streifen gekochter Kutteln und im letzten Moment geriebener Speck, zerdrückter Knoblauch, Majoran, gehackte Petersilie und gewürfelte Tomaten zugefügt (italienisch).

Butternockerlsuppe: Kräftige Rindersuppe, garniert mit kleinen Klößchen von schaumiggerührter Butter, Eigelb, Mehl, saurem Rahm, Prise Salz und Eierschnee, in Salzwasser pochiert (österreichisch).

Caldo española: Spanische Suppe: Schweinefleisch, Rauchfleisch, Kartoffeln, Mohrrüben und Kohl, mit Wasser gekocht, gewürzt, später ein Stück geräucherte spanische Wurst hinzugefügt (spanisch).

Camaro brasileiro: Brasilianische Hühnersuppe: Junges Huhn mit viel gehacktem Porree, etwas Knoblauch und Salz gekocht, kurz vor dem Garwerden blanchierter Reis zugefügt. Das entknöchelte, kleingeschnittene Huhn in der unpassierten Suppe serviert (brasilianisch).

Cancha Mexicana: Mexikanische Rinderbrühe: Gehackte Zwiebeln und gewürfelte Tomaten, in Öl angeschwitzt, Reis hinzugegeben, mit Hühnerbrühe verkocht, gewürzt, mit gewürfeltem Hühnerfleisch und gehackter Pfefferminze garniert (mexikanisch).

Cebolla española: Zwiebelsuppe: Gehackte Zwiebeln, leicht in Olivenöl angeröstet, mit heller Bouillon aufgegossen, gewürzt, mit gewürfeltem Weißbrot vermischt, langsam gargekocht (spanisch).

Chicken Broth: Hühnerbrühe: Klare Brühe von Suppenhühnern, gekocht mit Sellerie, Zwiebeln, Lauch, Mohrrüben und Kräutern, garniert mit Reis, gewürfelten Wurzelgemüsen und Stückchen vom Huhn (englisch).

Chicken and Clam Broth Bellevue: Halb Hühnerbrühe und halb Brühe von Venusmuscheln, serviert mit ungesüßter Schlagsahne (Vereinigte Staaten).

  Gumbo Creole: Hühnersuppe mit Okra: Gewürfelte grüne Paprikaschoten, Zwiebeln, Schinken und Tomaten sowie Okra, jeder Teil für sich in Butter gedünstet, mit Hühnerbrühe durchgekocht, mit Reis und gewürfeltem Hühnerfleisch garniert (Vereinigte Staaten).

Chotodriece: Kalte polnische Suppe: Saft von sauren Gurken, erhitzt mit etwas Sauerteig, vermischt mit saurer Milch, passiert, ausgekühlt, garniert mit gehackten roten Rüben, Dill und Schnittlauch, Krebsschwänzen und Scheiben von hartgekochten Eiern; kalt mit einem Stückchen Eis in jedem Teller serviert (polnisch).

Clam Broth: Brühe von Venusmuscheln: Gebürstete, gut gewaschene Muscheln mit gehackten Zwiebeln, Sellerie, Petersilie, wenig Salz und so viel Wasser gekocht, daß sie bedeckt sind. Schalen und harte Teile vom Fleisch entfernt, die weichen gewürfelt, in die passierte

Brühe gegeben, die mit kräftiger Hühnerbrühe oder Fleischextrakt verstärkt wird (Vereinigte Staaten).

Chowder: Gehackte Zwiebeln und fetter Speck sowie gewürfelte Paprikaschoten, in Butter angeschwitzt, mit Mehl bestäubt, mit Clambrühe aufgegossen, gekocht, mit Salz, Pfeffer und Kräutern gewürzt, gewürfelte Kartoffeln beigefügt, zum Schluß Milch und gewürfelte Tomaten, aufgekocht und mit den gewürfelten weichen Teilen der Muscheln garniert (Vereinigte Staaten).

Cocido Andaluz: Andalusische Topfsuppe: Eingeweichte Kichererbsen in großem, irdenem Suppentopf zusammen mit einem kleinen Stück Speck, einem Stück Rindfleisch, Rinder- und einem Schinkenknochen in Wasser kochen, nach 1 Stunde halbierte grüne Bohnen, gewürfelte Kartoffeln und Kürbis, Chorizos (Knoblauchwurst), ein Stück Morcilla (Art Blutwurst) zufügen, alles garkochen; kurz vor dem Servieren die Suppe mit gestoßenem Knoblauch und grünen Paprikaschoten sowie Safran vermischen. Erst die Suppe und dann das Fleisch mit den Gemüsen servieren (spanisch).

Cock-a-Leeky: Kräftige Hühner- und Kalbsbrühe, mit groben Streifen von Lauch und Hühnerfleisch, oft auch mit gedünsteten, entkernten Backpflaumen garniert (schottisch).

Crab Gumbo Creole: Kreolische Krabbensuppe: Gehackte Zwiebeln, grüne Paprikaschoten, Sellerie, Schinken und Lauch, in Butter weichgedünstet, daneben auch Okra, kräftige Fisch- oder Kalbsbrühe hinzugegeben, aufgekocht, gewürzt, mit gewürfelten Tomaten, gekochtem Reis, geblättertem Krabbenfleisch oder großen Garnelen garniert (Vereinigte Staaten).

Cream of Corn and Onions: Rahmsuppe von Mais und Zwiebeln: Gehackte Zwiebeln und junge Maiskörner, in Butter geschwitzt, mit Mehl bestäubt, mit heller Brühe aufgegossen, gekocht, Milch zugefügt, passiert, gut gewürzt, mit dickem Rahm und Butter vervollständigt (Vereinigte Staaten).

Washington: Gewürfelte Zwiebeln, Lauch und Sellerie in Butter schwitzen, mit Mehl bestäuben, gut mischen, mit Hühner- oder Kalbsbrühe aufgießen, langsam garkochen, passieren, ganze junge Maiskörner und kleingewürfelte rote Paprikaschoten beifügen, vor dem Servieren mit Rahm und Eigelb legieren (Vereinigte Staaten).

Cucumber Soup: Gurkensuppe: Scheiben von geschälten Gurken, in Butter gedünstet, mit heller Brühe verkocht, gewürzt, passiert, mit Pfeilwurzelmehl gebunden, mit Eigelb und Milch legiert, mit geschmolzenen Sauerampferstreifen garniert (englisch).

Duyne tchorbassi: Rindersuppe: Kräftige Rinderbrühe, gebunden mit Mehl, vermischt mit Wasser, garniert mit gewürfeltem Rindfleisch; beim Servieren mit zerlassener Butter, mit Rosenpaprika vermischt, betropft (türkisch).

Ekshili tchorba: Hammelsuppe: Kräftige Hammelbrühe, gebunden mit einer Mischung von Mehl, Eiern, Zitronensaft und Wasser, gut gewürzt, garniert mit gewürfeltem, etwas fettem Hammelfleisch (türkisch).

Finnlandskaia: Finnische Suppe: Eierkuchen, mit saurem Rahm angemacht und mit gehackter Petersilie vermischt, rund ausgestochen, auf gleich große Stückchen Toast gelegt, mit geriebenem Käse bestreut, mit Butter beträufelt und überkrustet, entweder direkt in kräftige Rinderbrühe gelegt oder nebenbei serviert (russisch-finnisch).

Fishmonger's Soup: Gehackte Zwiebeln, gewürfelter fetter Speck, grüne Paprikaschoten und Sellerie, in Butter geschwitzt, mit kräftigem Fischfond aufgegossen, gewürfelte Tomaten und gehackte Kräuter beigefügt, mit Cayennepfeffer gewürzt, gekocht, garniert mit kleinen Stückchen entgräteten Kabeljaus; zerdrückte Crackers nebenbei serviert (Vereinigte Staaten).

Fleckerlsuppe: Kräftige Rinderbrühe, mit kleinen, gekochten Nudelvierecken garniert (österreichisch).

Frankfurter Bohnensuppe: Weiße Bohnen, mit gewürfelten Wurzelgemüsen in Wasser sehr weichgekocht, gewürzt, nicht passiert, mit einem Stückchen Butter verbessert und mit Scheiben von Frankfurter Würstchen garniert (deutsch).

Friar's Chicken: Große Kücken oder kleine Hühnchen, in vier Teile geschnitten, in Kalbsbrühe weichgekocht, die Brühe gewürzt, mit Eigelb legiert, mit den Kückenstückchen und reichlich gehackter Petersilie garniert (englisch).

Frittatensuppe: Kräftige Rinderbrühe, garniert mit feinen Streifen von dünnen, ungesüßten Eierkuchen, bestreut mit gehacktem Schnittlauch (österreichisch).

Frogs' Leg Soup: Froschkeulensuppe: Froschkeulen, in Weißwein und Fischfond pochiert, Fond passiert, mit kräftiger Fischbrühe vermischt, gut gewürzt, mit Madeira aromatisiert, mit dem gewürfelten Froschkeulenfleisch garniert.

Ganslsuppe: Gänseklein, in heller Brühe gargekocht, die Brühe passiert, mit weißem Roux gebunden, gewürzt und verkocht, garniert mit Blumenkohlröschen, Markklößchen und dem gewürfelten Gänsefleisch (österreichisch).

Garbanzos Andaluza: Andalusische Kichererbsensuppe: Über Nacht eingeweichte Kichererbsen, mit Wurzelgemüsen gekocht, mit Salz, Safran und Cayennepfeffer gewürzt, passiert, mit Kümmelkörnern bestreut serviert (spanisch).

Madrileña: Püree von gekochten Kichererbsen, mit Rinderbrühe verdünnt, garniert mit gewürfeltem, geröstetem Weißbrot (spanisch).

Garbure à la béarnaise: Pökelfleisch, eingelegtes Gänsefleisch (oie confit), Mohrrüben, weiße Rüben, Kartoffeln, Weißkohl, frische weiße Bohnen und grüne Bohnen, langsam in Wasser mit Kräuterbündel und Gewürzen gekocht. Pökelfleisch, Gänsefleisch und Gemüse, in Scheiben geschnitten, abwechselnd in Backschüssel geordnet, mit geriebenem Käse bestreut und gratiniert. Die Brühe passiert, in Suppenterrine gefüllt und Fleisch und Gemüse gleichzeitig serviert (französisch).

à la paysanne: Bauernsuppe: In Scheiben geschnittene Mohrrüben, weiße Rüben, Kartoffeln, Zwiebeln und Lauch, in Brühe gargemacht, abgegossen, zerdrückt, auf Dreiecke von Bauernbrot gestrichen, dabei etwas gewölbt aufgetragen, mit Käse bestreut, mit etwas Suppenfett beträufelt und gratiniert; gleichzeitig mit kräftiger Rinderbrühe aufgetragen (französisch).

Gesinka: Gemüse-Graupensuppe: Perlgraupen in Wasser weichkochen und abgießen. Mohrrüben, Knollensellerie, Zwiebeln und Pilze, in Scheiben geschnitten, mit Butter und Fleischbrühe weichkochen, durch ein Sieb streichen, mit saurem Rahm, Eigelb, Zitronensaft legiert, gewürzt und mit den Graupen garniert (polnisch).

Giblet Soup: Geflügelkleinsuppe: Geflügelklein leicht in Butter anrösten, mit Mehl bestäuben, mit heller Brühe aufgießen, würzen, mit Sellerie und Kräuterbündel weichkochen, passieren, mit Selleriestreifen und dem geschnittenen Klein garnieren (englisch).

Green Turtle Soup: Kräftige Rinder- und Geflügelbrühe, mit Schildkrötenkräutern gewürzt, garniert mit gewürfeltem Schildkrötenfleisch (Vereinigte Staaten).

Hamburger Aalsuppe: Abgezogener Aal, in kleine Stücke geschnitten, mit Gewürzen, Kräutern, Essig und Brühe gekocht; kleingeschnittene Mohrrüben, Sellerie, Petersilienwurzeln und Zwiebeln in Schinkenbrühe, auch einige Erbsen kochen, sowie kleine Birnen und Stückchen mit Zitronenschale sowie Backpflaumen garmachen; Schwemmklößchen bereiten. Die Brühen passieren, mit weißem Roux binden, mit Majoran. Basilikum, Thymian, Petersilie und Bohnenkraut würzen, durchkochen, abschmecken, passieren und mit sämtlichen Zutaten garnieren (deutsch).

Krebssuppe: Krebse mit Mirepoix sautieren, mit Cognac flambieren, mit Weißwein und heller Brühe garkochen. Die Schwänze ausgebrochen, die Schalen gestoßen, in Butter angeschwitzt, mit Mehl bestäubt, mit dem Krebsfond aufgegossen, gewürzt, gekocht, passiert, garniert mit grünen Erbsen, kleinen Mehlklößchen und den Krebsschwänzen (deutsch).

Hare Soup: Hasensuppe: Hasenklein und Keulen, in Butter angeröstet, mit Pfeilwurzelmehl bestäubt, mit Bouillon aufgegossen, langsam gekocht, 10 Minuten vor dem Garsein die in Scheiben geschnittenen Lebern zugefügt; Fleisch der Keulen kleingewürfelt, Rest mit der Suppe durch ein Sieb passiert, mit einer Infusion von Schildkrötenkräutern und Portwein kurz vor dem Servieren gewürzt, mit den Hasenwürfeln garniert (englisch).

Hirnschöberlsuppe: Pochiertes Kalbshirn, passiert, mit Eigelb, Butter und Reibbrot vermischt, gewürzt, mit Eierschnee aufgezogen, dünn in gefettete Pfanne gefüllt, im Ofen gebacken, in kleine Rauten geschnitten und als Garnitur in kräftiger Rinderbrühe serviert (österreichisch).

Hochepot Flamande: Flämischer Suppentopf: Schweinefüße, Schweinsohren, Pökelfleisch, je 1 Stück Rinderbrust und Hammelschulter mit grobgeschnittenen Mohrrüben, Zwiebeln, Kartoffeln, Lauch und dem Viertel eines Weißkrautes in Wasser gekocht, mit Salz und Pfeffer gewürzt; die passierte Suppe mit einem Teil des Gemüses in Suppenterrine, den Rest der Gemüse, das Fleisch und pochierte Schweinswürstchen nebenbei serviert (belgisch).

Hollandse Palingsoep: Holländische Aalsuppe: Abgezogene, in Stücke geschnittene Aale in Butter anschwitzen, von den Köpfen, Seefischabgängen, gehackten Zwiebeln und Lauch mit Pfefferkörnern, Nelken, Weißwein und Wasser, leicht gesalzen, Fischfond bereiten und die Aalstücke darin kochen. Aal herausnehmen, den Fischfond passieren, mit Cayennepfeffer würzen, mit Eigelb binden und mit Butter verfeinern. Julienne von Lauch, Sellerie und Petersilienwurzeln in Butter dünsten, in eine Suppenterrine mit kleinen Scheibchen gerösteten Brotes und den Aalstückchen geben und die heiße Brühe darübergießen (holländisch).

Hrachová polevka: Erbsensuppe: Rinderbrühe, mit weißer Mehlschwitze gebunden, verkocht mit Zwiebeln, Knoblauch und Majoran, gewürzt, mit Püree von gelben Schälerbsen vermischt, aufgekocht, passiert, mit gewürfelten Schweinsohren, hackter Petersilie und gerösteten Weißbrotwürfeln garniert (tschechisch).

Kale Brose: Blanchierter Ochsenfuß, mit guter Rinderbrühe weichgekocht, passiert, in Streifen geschnittener Kohl in der Brühe weichgekocht, mit geröstetem Hafermehl, mit etwas kalter Brühe angerührt, gebunden, über geröstete Weißbrotwürfel gegossen (schottisch).

Kalia: Polnische Hühnerbrühe: Hühnerbrühe, mit Saft von sauren Gurken gewürzt, garniert mit gewürfeltem Hühnerfleisch, Knollensellerie, Petersilienwurzeln und Mohrrüben (polnisch).

Kapustniak: Sauerkraut, mit etwas Krautbrühe, Markknochen, Schweinefleisch, Rauchspeck, Würstchen und Wasser gekocht, später Mohrrüben, Petersilienwurzeln, Sellerie und Zwiebeln zugesetzt, mit Mehlschwitze gebunden, Gemüse herausgenommen, garniert mit dem in Scheiben geschnittenen Speck und Fleisch sowie den Würstchen (polnisch).

Kidney Soup: Nierensuppe: Kalbsnieren, in Stücke geschnitten, ansautiert, mit braunem Fond weichgekocht, gewürzt, Brühe mit brauner Mehlschwitze gebunden, mit den durchgestrichenen Nieren vermischt, mit Cayennepfeffer und Madeira gewürzt; frisch sautierte Kalbsnierenscheibchen im letzten Moment als Garnitur beigegeben (englisch).

Kissela Tschorva: Serbische Fischsuppe: In kleine Stücke geschnittener Huchen, eingesalzen und stehengelassen. Scheiben von grünen Paprikaschoten und Zwiebeln, in Öl angeschwitzt, mit Wasser aufgegossen, gewürzt, verkocht, der abgewischte Fisch darin gekocht, herausgenommen, der passierte Fond mit Eigelb und Rahm gebunden, mit dem Fisch und Reis garniert (jugoslawisch).

Kolodnik: Polnische Kräutersuppe: Junge gekochte rote Rüben, junge blanchierte Blätter von roten Rüben, Schnittlauch und Dill feingehackt, vermischt mit dem Saft saurer Gurken und saurem Rahm oder saurer Milch, gewürzt, garniert mit gewürfelten Salatgurken, Vierteln von hartgekochten Eiern, entkernten, entrindeten Zitronenscheiben, Krebsschwänzen, zuweilen auch mit kleinen Stückchen pochierten Störs. Eiskalt mit einem Stückchen Eis in jedem Teller serviert (polnisch).

Krapiwa: Brennesselsuppe: Gehackte Zwiebeln, zusammen mit jungen Nesselsprossen angeschwitzt, mit Rinderbrühe aufgegossen, mit einem Stück Rinderbrust verkocht, mit Perlgraupen und dem gewürfelten Rindfleisch garniert (russisch).

Lebersuppe: In Scheiben geschnittene Zwiebeln, Mohrrüben und Schalotten, gewürfelter Speck, Thymian und Lorbeer, zusammen mit Scheiben von Kalbsleber in Butter sautiert, mit Weißwein abgelöscht, mit dünner brauner Grundsauce verkocht; Leber passiert, mit der passierten Sauce und Rinderbrühe vermischt, mit gerösteten Weißbrotwürfelchen garniert (österreichisch).

Ledvinková polevská: Nierensuppe: Zwiebel- und Kartoffelscheiben, in Schweineschmalz angeschwitzt, mit Mehl bestäubt, mit heller Brühe aufgegossen, mit Paprika, Salz, Knoblauch und Kümmel gewürzt, verkocht, durchgestrichen, garniert mit sautierten Scheibchen von Kalbsnieren (tschechisch).

Litowski Sup: Litauische Suppe: Kartoffelpüreesuppe, vermischt mit saurem Rahm, garniert mit groben Streifen von Sauerampfer, Knollensellerie und geräucherter Gänsebrust, kleinen, gebratenen Schweinswürstchen und einem halben hartgekochten, panierten, in Schmalz gebackenen Ei (russisch).

Lobster Chowder: Gehackte Zwiebeln, grüne Paprikaschoten, Lauch und fetten Speck, in Butter geschwitzt, reichlich mit Mehl bestreut, mit Fisch- oder heller Brühe aufgegossen, mit Salz, Lorbeerblatt und Thymian gewürzt, gekocht, später gewürfelte Kartoffeln und Tomaten zugesetzt, fertig gekocht, mit gewürfeltem Hummerfleisch garniert (Vereinigte Staaten).

   Gumbo: Gehackte Zwiebeln, gewürfelte grüne Paprikaschoten und rohe Schinkenstreifen, in Hummerbutter angeschwitzt, mit Weißwein und Fisch- oder heller Brühe verkocht, später Okra und gewürfelte Tomaten hinzugefügt, gewürzt, mit gewürfeltem Hummerfleisch garniert (Vereinigte Staaten).

Löffelerbsen: Suppe von gelben Schälerbsen, gekocht mit Schweinsohren, nicht passiert, gewürzt mit Thymian und Majoran, garniert mit den gewürfelten Schweinsohren, gebratenen Speckwürfeln und gerösteten Weißbrotwürfelchen (deutsch).

Louisiana Soup: Klare, kräftige Hühnerbrühe, garniert mit Crab meat, in Scheiben geschnittenen Okra, Reis, gewürfeltem Hummerfleisch oder Garnelen und roten Paprikaschoten, mit Safran gefärbt (Vereinigte Staaten).

Magyar gulyás leves: Gulaschsuppe: Gehackte Zwiebeln hellgelb angeröstet, kleingewürfeltes Rindfleisch beigefügt, mit Paprika, Majoran, Salz und zerdrückten Kümmelkörnern gewürzt, mit Wasser aufgegossen, in Streifen geschnittene rote Paprikaschoten und später gewürfelte Kartoffeln und Tomaten zugesetzt, gargekocht; kurz vor dem Garwerden Szipetke (kleingerissener Nudelteig) beigefügt (ungarisch).

   halleves: Ungarische Fischsuppe: Gehackte Zwiebeln, in Schmalz leicht angeröstet, mit Mehl bestreut, mit Fischfond verkocht, gewürzt mit Paprika und Salz, vermischt mit saurem Rahm; garniert mit kleinen Fischstückchen und Karpfenmilchern, kurz vor dem Garwerden Szipetke hinzugefügt (ungarisch).

Mallorquina: Fischsuppe: Gehackte Zwiebeln, in Öl angeschwitzt, gehackte Tomaten, Knoblauch und Petersilie beigefügt, mit kräftigem Fischfond und Weißwein verkocht, gewürzt, mit in Öl gebratenen Weißbrotwürfelchen garniert (spanisch).

Manhattan Clam Chowder: Wie New England Clam Chowder bereitet, jedoch ohne Worcestershiresauce, mit Zusatz von roten, gewürfelten Tomaten; zerdrückte Crackers nebenbei serviert (Vereinigte Staaten).

Markknödelsuppe: Kräftige Rinderbrühe, garniert mit kleinen Klößchen von angewärmtem, durchgestrichenem Rindermark, vermischt mit in Milch geweichtem Brot, Eiern, Mehl und dem nötigen Gewürz, in Salzwasser pochiert (österreichisch).

Mille-Fanti: Brotsuppe: Frischgeriebene Weißbrotkrume, vermischt mit geriebenem Parmesankäse, Eiern, Salz, Pfeffer und Muskatnuß, in kräftige Rinderbrühe mit Schneebesen eingerührt, langsam gekocht, vor dem Servieren noch einmal durchgerührt (italienisch).

Minestra al pomodoro: Tomatensuppe: Gehackte Zwiebeln und Knoblauchscheiben, in Öl angeschwitzt, mit kleingeschnittenen Tomaten vermischt, mit Wasser aufgegossen, mit Basilikum, Pfefferminze, Majoran, Salz und Pfeffer gewürzt, langsam gekocht, durchgestrichen, mit Reis garniert; geriebener Parmesankäse nebenbei serviert (italienisch).

   Turinese: Turiner Suppe: Gewürfelter Knollensellerie, Lauch, Wirsingkohl, Schinken und Tomaten, in Öl angeschwitzt, mit Wasser oder heller Brühe verkocht, gewürzt mit Safran, Knoblauch und Salz, garniert mit Reis; geriebener Parmesankäse nebenbei serviert (italienisch).

   Veneziana: Gehackter fetter Speck, Zwiebeln und Kohl, in Wasser mit blanchierten Kalbsfüßen, Kalbsohren und Tomaten verkocht, gewürzt mit Salz, Pfeffer, Majoran, Piment und Lorbeerblatt, passiert, garniert mit Reis (italienisch).

Minestrone: Gemüsesuppe: In Scheibchen geschnittene Mohrrüben, weiße Rüben und Lauch, Streifen von Weißkohl, gewürfelter fetter Speck und Tomaten, in Öl angeschwitzt, zerdrückter Knoblauch, grüne Erbsen und grüne Bohnen hinzugefügt, mit Wasser oder Bouillon gekocht, gewürzt, später Reis oder italienische Teigware hinzugegeben; geriebener Parmesankäse nebenbei serviert (italienisch).

Mock-Turtle Soup: Sehr dünne Demiglace, mit Bleichsellerie und Champignonabgängen verkocht, passiert, mit Infusion von Schildkrötenkräutern und Cayennepfeffer sowie Madeira gewürzt, garniert mit gewürfeltem Kalbskopf und Löffelklößchen von Kalbfleisch oder Huhn, mit gehacktem Eigelb vermischt (englisch).

Mulligatawny Soup: Gehackte Zwiebeln und Schinken, in Butter angeschwitzt, reichlich mit Reismehl bestreut, mit Currypulver gewürzt, mit Hühnerbrühe aufgegossen, langsam gekocht, passiert, mit Rahm verfeinert, garniert mit Reis, gewürfeltem Hühnerfleisch und Wurzelgemüsen. Zuweilen beim Kochen ein gehackter Apfel beigefügt (anglo-indisch).

Mutton Broth: Kräftige Hammelbrühe, verkocht mit Perlgraupen, garniert mit sehr kleingewürfelten Wurzelgemüsen, Würfeln von Hammelfleisch und grobgehackter Petersilie (schottisch).

New England Clam Chowder: Gewürfelte Zwiebeln, Lauch, fetter Speck, grüne Paprikaschoten und Kartoffeln, in Butter leicht ansautiert, mit Fischbrühe aufgegossen, gewürzt mit Salz, Pfeffer, Salbei und Thymian; gehackte Petersilie, gewürfelte Clams und ein Schuß Worcestershiresauce kurz vor dem Servieren beigefügt; zerdrückte Cracker oder Crackerpulver nebenbei gereicht (Vereinigte Staaten).

Okroschka: Saure Suppe: Saurer Rahm, vermischt mit saurer Milch und Kwaß, mit Senf, Salz und Pfeffer gewürzt, garniert mit gehacktem Kalbsbraten, Haselhuhnbrust, Pökelzunge, Schinken und Krebsschwänzen, mit gehacktem Dill bestreut; ein Stückchen Roheis in jedem Teller (russisch).
  is riba: Kalte Fischsuppe: Kleine Stückchen von festem, gebratenem Fisch (Stör, Sterlet usw.), Krebsschwänze und gewürfelter Hummer, vermischt mit Kwaß, gewürzt, eiskalt, mit gehacktem Dill und Estragon bestreut serviert (russisch).
Olla Podrida: Topfsuppe: Kalbs-, Schweine- und Hammelfüße, Schweine- und Wildfleisch, mit Kichererbsen in Wasser gekocht, gewürzt, später Chorizos beigefügt und in einem spezial-irdenen Topf serviert oder erst die Suppe und dann das Fleisch gegessen (spanisch).
Oyster Chowder: Austernsuppe: Gehackte Zwiebeln, gewürfelte grüne Paprikaschoten und Okra, in Butter angeschwitzt, mit heller Brühe aufgegossen, gewürzt, gekocht, gewürfelte Tomaten zugefügt, mit Arrowroot gebunden, garniert mit entbarteten, abgesteiften Austern (Vereinigte Staaten).

Philadelphia Pepperpot: Gehackte Zwiebeln, gewürfelte grüne Paprikaschoten, Schinken, Knollensellerie und Lauch, in Butter angeschwitzt, mit heller Brühe aufgegossen, langsam gekocht, Kräuterbündel und gewürfelte Kartoffeln später zugesetzt, gewürzt mit gestoßenen Pfefferkörnern; garniert mit Streifen gekochter Kutteln, gehackter Petersilie und sehr kleinen Spätzle (Vereinigte Staaten).
Pigeon Soup: Taubensuppe: Kräftige Hühnerbrühe, mit Tauben und einem Schinkenknochen verkocht, passiert, garniert mit gewürfelten Wurzelgemüsen und Streifen von Taubenbrust (englisch).
Polewka: Roggenmehlsuppe: Wasser, mit angerührtem Roggenmehl gekocht, gewürzt, mit Rahm vervollständigt (polnisch).
Potato Chowder: Kartoffelsuppe: Gehackte Zwiebeln, gewürfelter Lauch, Sellerie und fetter Speck, in Butter angeschwitzt, mit heller Brühe aufgegossen, später gewürfelte Kartoffeln zugesetzt, mit Salz und Cayennepfeffer gewürzt, mit Rahm vervollständigt, mit gehackter Petersilie bestreut serviert (Vereinigte Staaten).
Potée Bourguignonne: Burgunder Suppentopf: Gepökeltes Schweinefleisch und Schweinshachsen, in einem irdenen Topf mit Mohrrüben, Lauch, weißen Rüben, Kartoffeln und Weißkohl gekocht, im Topf serviert; nebenbei getrocknete Scheiben von französischem Brot gegeben (französisch).
Potroka: Gänsekleinsuppe: Rinderbrühe, mit saurer Gurkenlake gewürzt, garniert mit gekochtem, kleingeschnittenem Gänseklein, gewürfelten Wurzelgemüsen, Scheiben von sauren Gurken, gehacktem Fenchel, Dill und Petersilie, mit Eigelb und saurem Rahm legiert (russisch).
Preßkohlsuppe: Weißkohlblätter, blanchiert, gefüllt mit Farce von Bratwurstfleisch, eingeweichtem Brot, Ei, gehacktem Schnittlauch, gewürzt, zu kleinen Kugeln geformt, braisiert, als Garnitur zu kräftiger Rinderbrühe serviert (österreichisch).

Puchero: Spanische Nationalsuppe: Mageres Rindfleisch, roher Schinken und Kichererbsen, in Wasser gekocht, gewürzt, später ein Stück Choriza zugefügt; garniert mit kleinen Klößchen von Schinken, Ei, Speck, Reibbrot und Knoblauch, in Öl gebraten (spanisch).
mexicana: Mexikanische Topfsuppe: Rind- und Kalbfleisch, Schweinepökelfleisch und Gänseklein, langsam in viel Wasser gekocht, gewürzt, Mohrrüben, weiße Rüben, Zwiebeln, Petersilienwurzel und Kichererbsen beigefügt, fertig gekocht, in einem irdenen Suppentopf serviert (mexikanisch).

Real Turtle Soup: Echte Schildkrötensuppe: Klare Suppe von Schildkröten-, Rindfleisch, Huhn, Kalbsfüßen und Aromaten, gewürzt mit Infusion von Schildkrötenkräutern und Cayennepfeffer, zuweilen mit Pfeilwurzelmehl leicht legiert und mit Sherry und Madeira aromatisiert; Milchpunsch gesondert serviert (englisch).
Rindersuppe mit Milzschnitten: Kräftige Rinderbrühe, serviert mit kleinen, nur an einer Seite gerösteten Brotschnittchen, die geröstete Seite mit gehackter Milz, gewürzt mit Salz, Pfeffer und Majoran bestrichen, zusammengeklappt und im Ofen gebacken (österreichisch).
Rosól: Buchweizensuppe: Rinder- und Hühnerbrühe, gebunden mit Buchweizengrütze, garniert mit gewürfeltem Hühnerfleisch, Speck, gehackter Petersilie und Fenchel (polnisch).
Rossolnik: Russische Hühnersuppe: Streifen von Sellerieknolle und Petersilienwurzel, in Hühnerbrühe gekocht, Streifen von Ogourzis beigefügt, mit der Lake von sauren Gurken gewürzt, mit Eigelb und saurem Rahm gebunden, garniert mit Streifen von Hühnerfleisch (russisch).
Rybi polevká: Fischsuppe: Mohrrüben, Knollensellerie, Weißkohl, Petersilie und Blumenkohl, in kräftigem Fischfond gekocht, gewürzt mit Salz und Muskatnuß, durchgestrichen, mit Milch verkocht, mit Eigelb und Milch legiert, mit Karpfenrogen in Fischfond pochiert garniert (tschechisch).

Salangane (Indian birds' nests) Soup: Nester gereinigt, eingeweicht, in Rinderbrühe gekocht. Feine Rinderkraftbrühe, mit Infusion von Schildkrötenkräutern und Sherry gewürzt, garniert mit den Nestern (englisch).
Schtschi: Russische Kohlsuppe: Gewürfelte Zwiebeln, Mohrrüben, Petersilienwurzeln, Knollensellerie und Lauch, in abgeschöpftem Suppenfett angeschwitzt, Streifen von blanchiertem Weißkohl beigefügt, Rinder- und Schweinebrühe aufgefüllt, mit Pfefferkörnern, Salz und Lorbeer gewürzt, mit Rinderbrust gekocht; Scheiben von Rinderbrust und saurer Rahm gesondert serviert (russisch).
Nikolaijewski: Wie Schtschi, aber mit Brühe von angerösteten Schweinsknochen gekocht, und mit geriebenen Gemüsen und etwas Tomatenpüree (russisch).
i russki: Gehackte Weißkohl- und Zwiebelscheiben, in Schweineschmalz angeschwitzt, mit Brühe von Schweineknochen aufgegossen, mit gehackten Wurzelgemüsen, Speck und Rinderbrust gekocht, mit Pfefferkörnern, Salz und Lorbeerblatt gewürzt; dazu wird Kascha serviert (russisch).
soldatski: Soldatensuppe. Wie Schtschi, jedoch mit Sauerkraut bereitet (russisch).
Shark's Fins Soup: Haifischflossensuppe: Eingeweichte, getrocknete Haifischflossen, in hellem Fond mit Weißwein, Aromaten und Gewürzen gekocht, geklärt, mit Infusion von Schildkrötenkräutern und Cayennepfeffer gewürzt, zuweilen leicht mit Tapioka gebunden, mit den gewürfelten Flossen garniert (englisch).
Sjeloni: Grüne Suppe: Wird wie Schtschi mit Zusatz von Sauerampfer und Spinatstreifen bereitet, mit Scheiben von hartgekochten Eiern garniert (russisch).

Soljanka is riba: Fischsuppe: Zwiebelscheiben, in Öl angeschwitzt, mit Fischfond und Lake von Salzgurken verkocht, garniert mit kleinen Stückchen Stör oder Sterlet in dem Fond gekocht; Kapern, marinierte Pilze, Streifen von Salzgurken, geschälte Zitronenscheiben, mit gehacktem Dill bestreut, schwarze Oliven und Rastigai nebenbei serviert (russisch).

Sopa de almejas: Muschelsuppe: Gehackte Zwiebeln und Petersilie, gewürfelter Schinken und Reis, in Butter geschwitzt, mit Muschelfond und Wasser gekocht, gewürzt, garniert mit Muscheln, bestreut mit hartgekochtem, gehacktem Ei beim Servieren (spanisch).

Sopa Victoria Ena: Brotsuppe: Gebratene Weißbrotscheiben, in Milch gekocht, durchgestrichen, mit Rinderbrühe aufgefüllt, mit Eigelb und Butter legiert, garniert mit gehackten, hartgekochten Eiern und Kerbel (spanisch).

Sopa Wilfredo: Gehackte Zwiebeln und grüne Paprikaschoten, in Öl angeschwitzt, zerdrückter Knoblauch und Tomatenpüree beigefügt, mit heller Brühe verkocht, mit Salz und Zimt gewürzt, mit Eiern gebunden, garniert mit gerösteten Weißbrotwürfeln und Scheiben von Blutwurst (spanisch).

Soupe à l'ail: Knoblauchsuppe: Wasser mit Knoblauchscheiben, Salbei und Lorbeer gekocht und gewürzt. Scheiben von französischem Brot, mit geriebenem Käse bestreut, im Ofen gebräunt und in irdene Suppenterrine gefüllt, mit einigen Tropfen Öl beträufelt, mit der passierten Suppe übergossen und erst nach kurzem Aufweichen des Brotes serviert (französisch).

à l'albigeoise: Albigensische Suppe: Kalbsfuß, Schinken, eingelegtes Gänsefleisch (oie confit), Rauchwurst, weiße Rüben, Lauch, blätterig geschnittener Weißkohl und Kopfsalat sowie dicke Bohnen, in Wasser in einem irdenen, feuerfesten Topf gekocht, mit dünnen Scheiben französischem Brot serviert (französisch).

à l'ardenaise: Ardenner Suppe: In Scheiben geschnittene Kartoffeln, Lauch und Chicorée, in Butter geschwitzt, langsam in Milch gekocht, gewürzt, mit Butter vervollständigt, mit dünnen Scheibchen französischem Brot serviert (französisch).

à l'auvergnate: Auverner Suppentopf: In Scheibchen geschnittene Mohrrüben, weiße Rüben, Lauch, Kartoffeln und Weißkohl, mit einer Handvoll Linsen in Schweinekopfbrühe gekocht, garniert mit gewürfeltem Schweinekopf; dünne Scheibchen Roggenbrot nebenbei serviert (französisch).

au fromage: Käsesuppe: Gehackte Zwiebeln, hellblond angeröstet, mit Mehl bestreut, aufgefüllt mit heller Brühe, gewürzt, gekocht. Scheiben von französischem Brot in irdenen Suppentopf gegeben, reichlich mit geriebenem Käse bestreut, die Suppe darübergegossen und im Ofen gratiniert (französisch).

à l'oignon: Wie oben, jedoch nicht gratiniert und mit mehr Zwiebeln (französisch).

à l'oignon gratinée: Gratinierte Zwiebelsuppe: Wie Käsesuppe, mit reichlich Zwiebeln bereitet (französisch).

Southern Bisque: Gewürfelte Zwiebeln, Sellerie, Mohrrüben und Lauch, in Butter angeschwitzt, mit Mehl bestreut, mit Pfefferkörnern, Lorbeer, Nelken, gehacktem Knoblauch und Salz gewürzt, mit Tomatenmark, gekochten Maiskörnern, heller Brühe und Schinkenknochen gekocht, durchgestrichen, mit Maiskörnern und gewürfelten, grünen Paprikaschoten garniert (Vereinigte Staaten).

Squash Soup: Grüne Kürbissuppe: Gehackte Zwiebeln, gewürfelter Lauch und Sellerie, leicht in Butter angeröstet, mit heller Brühe aufgefüllt, gewürfelter grüner Kürbis beigefügt, gewürzt, mit Rahm vervollständigt, garniert mit Reis (Vereinigte Staaten).

Sup Malorussiski: Hasensuppe: Püreesuppe von Hasenfleisch und Graupen, mit dem Saft von roten Rüben und saurem Rahm verdünnt, mit Streifen von Hasenfleisch garniert (russisch).

Meschanski: Bürgersuppe: Kräftige Rinderbrühe, mit grober Julienne von Mohrrüben, Lauch und Sellerie garniert; kleine Weißkohlkugeln, gefüllt mit Kalbsfarce, braisiert, mit geriebenem Parmesan bestreut und gratiniert, gesondert serviert (russisch).
Moscowskaia: Moskauer Suppe: Kräftige Rinderbrühe; kleine Klößchen von Quark, vermischt mit Butter, Eigelb, saurem Rahm, Mehl, geriebener Zitronenschale, Salz, Zucker und Eierschnee, pochiert, mit geriebenem Parmesan bestreut und gratiniert, gesondert serviert (russisch).
Rakowa: Krebssuppe: Kräftiger Fischfond, garniert mit Scheiben von Mohrrüben, Lauch und Petersilienwurzel, gehackten, gebratenen Zwiebeln, Krebsschwänzen und Fischklößchen, jede Portion mit Krebsbutter beträufelt; geschälte Zitronenscheiben, mit gehacktem Dill bestreut, sowie Rastegai nebenbei serviert (russisch).

Tiroler Knödlsuppe: Kräftige Rinderbrühe, garniert mit Klößchen von gewürfeltem, in Milch geweichtem Weißbrot, vermischt mit Mehl, gehackten Zwiebeln, gewürfeltem Speck und Eiern, in Wasser gekocht (österreichisch).
Tonnillo: Eiersuppe: Wasser mit Thymian, Salz und etwas Olivenöl gekocht, mit weißer Brotkrume gedickt, mit Eigelb legiert, sehr heiß serviert (spanisch).

Ucha is Sterlett: Sterletsuppe: Fischfond von Kaulbarsch, Barsch und Sigui, Zwiebeln, Sellerie, Pfefferkörnern und Lorbeer, mit Preßkaviar, mit Eiweiß und Eis gestoßen, geklärt, passiert, garniert mit kleinen Stückchen Sterlet, in Fischfond mit Zitronensaft und Madeira pochiert; jede Portion mit einer entrindeten und entkernten Zitronenscheibe serviert (russisch).
Ulmer Gerstlsuppe: Kräftige Rinderbrühe, garniert mit Perlgraupen, legiert mit Eigelb und Milch (österreichisch).

Velös leves: Hirnsuppe: Champignonscheiben, Kalbshirn und gehackte Petersilie, in Butter angeschwitzt, mit Mehl bestäubt, leicht gebräunt, mit Rinderbrühe aufgegossen, mit Salz, Pfeffer und Muskatblüte gewürzt, verkocht, passiert, mit dem durchgestrichenen Hirn vermischt, garniert mit gerösteten Weißbrotwürfelchen (ungarisch).

Westfälische Bohnensuppe: Püreesuppe von weißen Bohnen, garniert mit Würfeln von Knollensellerie, Mohrrüben und Kartoffeln, Lauchstückchen, ganzen weißen Bohnen und Scheiben von Plockwurst (deutsch).
Wiener Knödelsuppe: Kräftige Rinderbrühe, garniert mit kleinen Knödeln von halb einfachem und halb geröstetem Weißbrot, in Milch geweicht, mit Eiern, Mehl, Milch, Salz und Muskatnuß verarbeitet und in Salzwasser gekocht (österreichisch).

Zelná polevká: Kohlsuppe: Weiße Mehlschwitze, vermischt mit viel blanchiertem, gehacktem Weißkohl, mit Rinderbrühe aufgegossen, gewürzt, gekocht, legiert mit Eigelb, verrührt mit Milch (tschechisch).
Zuppa Genovese: Genueser Suppe: Gehackter Fisch, Zwiebeln und Petersilie, in Butter gedünstet, gewürzt, mit kräftigem Fischfond verkocht, durchgestrichen, mit Eigelb legiert, garniert mit Fischklößchen, in Öl gebacken (italienisch).
Palermitana: Gewürfeltes Kalbfleisch, Rindfleisch, Schinken, Kalbsleber, Zwiebeln, Mohrrüben, Knollensellerie und Lauch, zusammen mit gewürfeltem fetten Speck in Butter angeschwitzt, mit Wasser aufgegossen, gewürzt mit Pfefferkörnern, Majoran, Lorbeer und Salz, weichgekocht, durchgestrichen, mit Weißwein gewürzt, garniert mit Kalbfleischklößchen; geriebener Parmesankäse nebenbei serviert (italienisch).

Zuppa Pavese: Eiersuppe: Scheiben von Stangenbrot in einen irdenen Suppentopf gelegt, rohe Eier darübergegeben, reichlich mit geriebenem Parmesankäse bestreut, mit Rinderbrühe aufgegossen, rasch im Ofen gratiniert (italienisch).

Zuppa dei pescatore: Fischersuppe: Vielerlei Arten Seefisch, in kleine Stücke geschnitten, in Wasser mit Scheiben von Zwiebeln, Mohrrüben, Lauch, Knollensellerie, Thymian, Lorbeer, Gewürzkörnern und Salz gekocht, nach dem Garwerden herausgenommen, in Suppentopf auf Brotscheiben, in Öl gebraten, gelegt, die Brühe darüberpassiert; geriebener Parmesankäse nebenbei serviert (italienisch).

Gebundene Suppen

Afrikanische: P. à l'africaine: Geflügelvelouté, vermischt mit Reiscreme, gewürzt mit Currypulver, garniert mit gewürfelten Artischockenböden und Eierpflanzen.

Agnes Sorel: Cr. Agnès Sorel: Geflügelrahmsuppe, vermischt mit Champignonpüree, garniert mit Hühner-, Champignon- und Pökelzungenstreifen.

Ägyptische: Pr. à l'egyptienne: Durchgestrichene Suppe von Reis, Lauch und Zwiebeln.

Albert: P. Wie Parmentier, garniert mit Streifen von Wurzelgemüsen.

Alexandra: Cr. Alexandre: Geflügelrahmsuppe mit Tapioka, garniert mit Streifen von Hühnerfleisch und Kopfsalat.

Algerische: Cr. à l'algerienne: Kalbsvelouté, vermischt mit Püree von süßen Kartoffeln, gebunden mit Sahne, aufgeschlagen mit Haselnußbutter.

    Artischocken: Pr. d'artichauts à l'algerienne: Püreesuppe von Artischocken und süßen Kartoffeln, gewürzt mit gerösteten, gemahlenen Haselnüssen, garniert mit gewürfelten Artischockenböden und gerösteten Weißbrotwürfelchen.

Alice: Cr. Kartoffelsuppe, vermischt mit Püree von weißen Rüben, mit Sahne gebunden, garniert mit gerösteten Weißbrotwürfelchen.

Amazonen: Cr. Amazone: Rahmsuppe von Huhn und Reis, garniert mit gewürfeltem, geröstetem Weißbrot.

Amerikanische: Cr. à l'américaine: Halb Krebs- und halb Tomatenrahmsuppe mit Tapioka, garniert mit gewürfelten Krebsschwänzen.

Andalusische: Cr. à l'andalouse: Rahmsuppe von Tomaten, Zwiebeln und Reis, garniert mit gewürfelten Tomaten, Reis und Streifen von grüner Paprikaschote.

Antonin Carême: V. Geflügelsamtsuppe mit Artischocken- und Champignonpüree, garniert mit Trüffelstreifen.

Ardenner: V. à l'ardennaise: Samtsuppe von Fasan und roten Bohnen, gewürzt mit Portwein, garniert mit Streifen von Fasanenbrust und gerösteten Weißbrotwürfelchen.

Argenté: siehe Silbersuppe.

Argenteuil: Cr. Rahmsuppe von Spargel, garniert mit Spargelspitzen und Kerbelblättchen.

Arménonville: Pr. Püreesuppe von grünen Erbsen mit Sago, garniert mit kleinen Gemüsewürfelchen und Kerbelblättchen.

Arras: V. à l'artésienne: Kalbssamtsuppe mit Püree von weißen Bohnen und Tapioka.

Artischocken: Cr. d'artichauts: Rahmsuppe von Artischocken und Reis, garniert mit gerösteten Weißbrotwürfelchen.

    Morlaix: Cr. à la morlaisienne: Rahmsuppe von Artischocken mit Tapioka, garniert mit gerösteten Weißbrotwürfelchen.

d'Aubergines: Cr.: siehe Rahmsuppe von Eierfrüchten

Aurora: Cr. à l'aurore: Rahmsuppe von Geflügel und Tomaten, garniert mit Geflügelklößchen.

Austern: V. aux huîtres: Fischvelouté mit Austernsaft und Weißwein, garniert mit pochierten, entbarteten Austern.
auf Cancaler Art: V. à la cancalaise: Feine Fischvelouté mit Austernsaft, garniert mit pochierten, entbarteten Austern und Fischklößchen.
d'Avoine: siehe Hafermehlsuppe

Bagration: 1. V. Kalbssamtsuppe, garniert mit kleingeschnittenen Makkaroni; geriebener Käse nebenbei;
2. V. Fischsamtsuppe mit Champignongeschmack, garniert mit Seezungenstreifen, Krebsschwänzen und Fischklößchen mit Krebsbutter.
Balmoral: V. Braune Kalbssamtsuppe, gewürzt mit Schildkrötenkräutern, garniert mit Kalbfußstreifen und Kalbsklößchen.
Balvais (Ballwäh): P. Grüne Erbsensuppe, garniert mit kleingewürfeltem Gemüse.
Balzac: Cr. Gerstenrahmsuppe, vermischt mit Püree von Knollensellerie, garniert mit Streifen von Knollensellerie und Lauch.
Barcelonaer: P. à la barcelonnaise (barsellonähs): Tomatensuppe mit Tapioka, garniert mit gewürfeltem Schinken.
Batelière: siehe Flußfischersuppe
Bauern: P. paysanne: Durchgestrichene Gemüsesuppe, garniert mit gerösteten Weißbrotwürfelchen und Kerbelblättchen.
Beaucaire: Cr. Gerstenrahmsuppe, garniert mit Streifen von Hühnerfleisch, Knollensellerie und Lauch.
Beaufort: P. Hasensuppe, mit Sahne legiert, garniert mit Streifen von Hasenfleisch und dünnen Wurstscheibchen.
Beauharnais: Cr. Gerstenrahmsuppe, mit Krebsbutter aufgeschlagen, garniert mit Kalbsklößchen und Krebsschwänzchen.
Beaulieu (Bohljöh): Pr. Gemüsepüree mit Tapiokabrühe vermischt, garniert mit kleingewürfelten Wurzelgemüsen.
Belgische: P. à la belge (belsch): Püreesuppe von Rosenkohl, mit Eigelb und Sahne legiert, garniert mit gerösteten Weißbrotwürfelchen.
Berchoux (berschu): Pr. Linsenpüree, verkocht mit kräftigem Wildfond, mit Sahne legiert, garniert mit gerösteten Weißbrotwürfelchen.
Bercy: Cr. Rahmsuppe von Kartoffeln und weißen Rüben, garniert mit gerösteten Weißbrotwürfelchen.
Bergère: siehe Schäfersuppe
Bismarck: V. Samtsuppe von Kalbskopfbrühe, vermischt mit Garnelenpüree, garniert mit gerösteten Weißbrotwürfelchen.
Bisque von Garnelen: B. (bisk) de crevettes: Wie Bisque von Krebsen bereitet, garniert mit Garnelenschwänzchen.
von Hummer: B. de homards: Wie Krebs-B. bereitet, garniert mit Hummerwürfeln.
von Krebsen 1.: B. d'écrevisses (ekrevihs): Suppenkrebse mit feiner Mirepoix sautiert, mit Weinbrand flambiert, mit Weißwein abgelöscht, gehackte Tomaten, Reis, Kräuterbündel beigefügt, mit halb Fisch- und halb weißem Fond verkocht, gewürzt; Krebsschwänze ausgebrochen, Schalen, Reis usw. im Mörser gestoßen, passiert, mit weißem Fond zur nötigen Konsistenz gebracht, erhitzt, mit Butter und Sahne verfeinert, mit Weinbrand abgeschmeckt, mit Krebsschwänzen, oft auch mit den mit Farce gefüllten Nasen garniert
auf altmodische Art: B. d'écrevisses à l'ancienne: Wie Bisque, aber nicht mit Reis, sondern mit geröstetem Weißbrot gebunden, das mit den Krebsen usw. gedünstet wird.
Prinzessinart: B. d'écrevisses à la princesse: Wie 1, mit winzigen Fischklößchen und grünen Spargelspitzen garniert.
mit Trüffeln: B. d'écrevisses à la périgourdine (perriguhrdihn): Wie 1, mit Trüffelessenz gewürzt, garniert mit Krebsschwänzen, Trüffelperlen und Klößchen.
von Langustinen: B. de langoustines: Wie Krebs-B. bereitet, garniert mit gewürfeltem Schwanzfleisch.

Bloum (bluhm): Pr. Püreesuppe von Kartoffeln, Lauch, weißen Rüben und Sellerieknolle, mit Sahne legiert, garniert mit gerösteten Weißbrotwürfelchen und Kerbel.

Blumenkohl: Pr. Dubarry: Püree von Blumenkohl und Kartoffeln, mit Milch vervollständigt, garniert mit Blumenkohlröschen und Kerbelblättchen. Wird auch als Velouté und Rahmsuppe bereitet.

von dicken Bohnen: Pr. de fèves: Püree von dicken Bohnen, verlängert mit Milch, mit Pfeilwurzelmehl legiert, garniert mit kleinen dicken Bohnen.

Bohnen, Türkische: de haricots à la turque: Püreesuppe von weißen Bohnen, Reis und gebratenen Zwiebeln, gewürzt mit Zitronensaft.

Ungarische: P. de haricots à la hongroise: Püreesuppe von weißen Bohnen, gekocht mit Speck, gewürzt mit Paprika, vervollständigt mit saurer Sahne.

Victoria: Pr. de haricots blancs Victoria: Püreesuppe von weißen Bohnen, in Hühnerbrühe gekocht, mit Eigelb und Sahne legiert, garniert mit Streifen von Hühnerfleisch und Geflügelklößchen.

Boïldieu (boaldjöh): Cr. Geflügelsamtsuppe, garniert mit Hühner-, Gänseleber- und Trüffelklößchen.

Bolivianische: P. à la bolivienne: Tomatensuppe, garniert mit gewürfelten Tomaten, Lammfleisch und Schinkenstreifen.

Bonvalet (bongwaleh): V. Püree von Kartoffeln, Lauch und weißen Rüben, verkocht mit Kalbsvelouté, garniert mit in Rauten geschnittenen grünen Bohnen, Würfeln von Tomaten-Eierstich, grünen Erbsen, weißen Bohnen und Lauchjulienne.

Borely: V. Püree von Weißlingen, vermischt mit Fischvelouté, legiert, garniert mit kleinen entbarteten Muscheln und Weißlingsklößchen.

Botschafter: P. à l'ambassadeur (langbassadöhr): Grüne Erbsensuppe, mit Sahne vervollständigt, garniert mit Reis und Chiffonade von Sauerampfer und Kopfsalat.

Botzari: Pr. Püreesuppe von grünen Erbsen, verdünnt mit Hammelbrühe, garniert mit Reis, gewürfelten Wurzelgemüsen und Hammelfleisch.

Bourdalou: V. Geflügelvelouté mit Reismehl, garniert mit vier Sorten gewürfeltem Eierstich: Tomate, Geflügel, weißen Bohnen und grünem Spargel.

Brahms: V. Geflügelsamtsuppe mit Kümmel, leicht gewürzt, garniert mit kleinen Kartoffel-, Mohrrüben- und weißen Rüben-Kugeln.

Braut: Pr. Petite mariée (Ptit marieh): Püree von weißen Bohnen, garniert mit Gemüse-Brunoise.

Bresser: Pr. à la bressane: Püreesuppe von Kürbis, legiert mit Sahne, garniert mit in Milch gekochter italienischer Teigware.

Bretagnische: Cr. à la bretonne: 1. Rahmsuppe von weißen Bohnen, Zwiebeln und Lauch, garniert mit Streifen von Lauch und Champignons;
2. Püree von weißen Bohnen, Zwiebeln und Lauch, leicht tomatiert, mit Butter und Sahne vervollständigt.

auf Brieer Art: P. à la briarde (brijard): Püreesuppe von Mohrrüben und Kartoffeln, garniert mit gerösteten Weißbrotwürfelchen und Kerbelblättern.

Brillat-Savarin: V. Püree von Hühner- und Kaninchenfleisch, verlängert mit Velouté, gewürzt mit Madeira, garniert mit Trüffel-, Champignon- und Mohrrübenstreifen.

Bristol: Cr. Rahmsuppe von frischen grünen Erbsen, garniert mit kurzer Julienne von Wurzelgemüsen, Estragon und Kerbelblättchen.

Brotsuppe, Französische: P. de pain à la française: Gehackte, in Butter leicht gebräunte Zwiebeln, vermischt mit Brotwürfeln, verkocht mit Rinderbrühe, passiert, legiert mit Sahne und Eigelb, garniert mit pochiertem Ei.

Brunnenkresse: 1. V. à la cressonnière: Püree von Kartoffeln und Brunnenkresse, vermischt mit Velouté, garniert mit Kerbelblättchen.

Brunnenkresse: 2. Pr. cressonnière: Püree von Brunnenkresse und Kartoffeln mit Milch, garniert mit Streifen von Brunnenkresse.
Brüsseler: Cr. à la bruxelloise (brüsseloas): Rahmsuppe von Rosenkohl, garniert mit gerösteten Weißbrotwürfelchen.
Burgfrauen: Cr. à la châtelaine: Geflügelrahmsuppe, vermischt mit Püree von frischen grünen Erbsen, garniert mit Geflügelklößchen und Kerbelblättchen.

Cambacérès: Halb Taubenvelouté und halb Krebsbisque, garniert mit Taubenklößchen, gefüllt mit Krebssalpicon.
Cambell: V. Fischvelouté, gewürzt mit Currypulver, garniert mit Seezungenstreifen.
Camelia: Cr. Püree von grünen Erbsen, leicht mit Tapioka gebunden, mit Sahne und Butter vervollständigt, garniert mit Streifen von Huhn und Lauch.
Capri: P. Braune Wildsuppe mit Wachtelgeschmack, garniert mit Streifen von Wachtelbrust und Hahnenkämmen.
Carmen: V. Tomatierte Geflügelvelouté, mit Reismehl gebunden, garniert mit gewürfelten Tomaten und Streifen von Paprikaschoten.
Ceres: Cr. Cérès: Rahmsuppe von Grünkernmehl, garniert mit Kerbelblättchen.
Chabrillan: P. Tomatensuppe, mit Sahne vervollständigt, garniert mit Fadennudeln und Geflügelklößchen mit Estragongeschmack.
Champagner: P. à la champenoise: Püreesuppe von Kartoffeln und Sellerie, garniert mit Brunoise von Sellerieknolle und Mohrrüben.
Chantilly: Linsensuppe, mit Sahne vervollständigt, garniert mit Hühnerklößchen.
Charlotten: Pr. à la Charlotte: Püreesuppe von Lauch, Kartoffeln und Brunnenkresse, mit Butter verfeinert, garniert mit Kerbelblättchen.
Châtelaine: siehe Burgfrauensuppe
Chatillon: P. Tomatensuppe, garniert mit Sauerampferstreifen und Fadennudeln.
Chayotte, Crème de: siehe Eierkürbissuppe
Cherville: V. Kaninchenvelouté, garniert mit kleinen Scheibchen Kaninchenfleisch, Morcheln und Trüffeln, aromatisiert mit Madeira.
Chesterfield: Cr. Rahmsuppe von Kalbfleisch, garniert mit kleinen Stückchen Kalbsschwanz.
Chevreuse: Cr. Geflügelrahmsuppe, vermischt mit in Kraftbrühe gekochtem Grieß, garniert mit Julienne von Hühnerfleisch und Trüffeln.
Chicago: P. Halb Bisque von Hummer und halb Tomatensuppe, garniert mit Würfeln von Hummer, Tomaten und Nizamperlen.
Choiseul: Cr. Püree von Linsen und Haarwild, gebunden mit Rahm, garniert mit Reis und Chiffonade von Sauerampfer.
Choisy: Cr. Rahmsuppe von Lattich, garniert mit gerösteten Weißbrotwürfelchen und Kerbelblättchen.
Clairefontaine: V. Püree von Brunnenkresse und Kartoffeln, vermengt mit Velouté, garniert mit Kartoffelwürfelchen und Streifen von Brunnenkresse.
Clamart: Pr. Püree von grünen Erbsen, garniert mit grünen Erbsen und gerösteten Weißbrotwürfeln.
Claremont: V. Geflügelvelouté mit Champignongeschmack, garniert mit grünen Spargelspitzen, Streifen von Hühnerfleisch und Geflügelklößchen.
Clermont: Pr. Püree von Maronen, Sellerie und Zwiebeln, verfeinert mit Rahm, garniert mit gebackenen Zwiebelringen und italienischen Teigwaren.
Cölestiner: Cr. à la célestine: Geflügelrahmsuppe, vermischt mit Artischockenpüree, garniert mit gerösteten Weißbrotwürfelchen.
Colombine: Cr. Rahmsuppe von Taube und Huhn, leicht mit Anis gewürzt, garniert mit gewürfeltem Taubenfleisch und Taubenklößchen.

Compiègne: Pr. Püree von weißen Bohnen mit Milch, garniert mit Chiffonade von Sauerampfer und Kerbel.

Condé: Pr. Püreesuppe von roten Bohnen mit Rotwein, garniert mit gerösteten Weißbrotwürfelchen.

Condorcet: Pr. Püreesuppe von Wildfleisch, garniert mit Streifen von Wildgeflügel und Wildklößchen.

Connaught: P. Linsensuppe, garniert mit gewürfeltem Hühnerfleisch und gerösteten Weißbrotwürfelchen.

Conti: Pr. Püreesuppe von Linsen, garniert mit Würfelchen von gebratenem Speck und Kerbel.

à la brunoise: Pr. Wie oben, doch mit einer Garnitur von sehr kleingewürfeltem Gemüse.

Coquelin: Pr. Feine, gebutterte Püreesuppe von grünen Erbsen, garniert mit Julienne von Lauch und Huhn.

Cormeilles: Pr. Püreesuppe von grünen Bohnen und Kartoffeln, verfeinert mit Rahm, garniert mit kleinen Rauten von grünen Bohnen.

Corneille: Cr. Rahmsuppe von Lattich, garniert mit Sago.

Courgettes: Cr. de courgettes: Püree von Courgetten, vermischt mit leichter Béchamel und Rahm, garniert mit gerösteten Weißbrotwürfelchen.

Crécy: siehe Karottensuppe

Crème de volaille: siehe Hühnerrahmsuppe

Cressonnière: siehe Brunnenkressensuppe

de Crevettes: siehe Garnelensuppe

Cussy: P. Gebundene Wildsuppe, garniert mit Maronen-Eierstich und Julienne von Trüffeln und Rebhuhnbrust.

Dänische Enten: Pr. de canard à la danoise: Püreesuppe von Artischocken und Ente, mit Marsala gewürzt, garniert mit Entenklößchen.

Wild: Pr. de gibier à la danoise: Püreesuppe von Linsen und Wild, gewürzt mit Madeira, garniert mit Julienne von Wild und Trüffeln.

Darblay: Pr. Durchgestrichene Kartoffelsuppe, mit Rahm vervollständigt, garniert mit Julienne von Wurzelgemüsen.

Dartois: Pr. d'Artois: Durchgestrichene Suppe von weißen Bohnen, mit Rahm verfeinert, garniert mit Gemüsebrunoise.

Delikate: Cr. délice: 1. Feines Geflügelpüree mit Geflügelbrühe, im letzten Moment mit ungesüßter Schlagsahne vervollständigt, in kleinen Tassen serviert;
2. feine Geflügelrahmsuppe mit Mandelmilch, garniert mit perlgroßen Geflügelklößchen; winzige Mundbissen mit Hühnerpüree nebenbei serviert

Deliziöse: Cr. délicieuse: Feine Geflügelrahmsuppe, mit Gänseleberpüree vervollständigt, in Tassen mit einer Haube Paprika-Schlagsahne aufgetragen; winzige Mundbissen, mit Hühnerpüree gefüllt, nebenbei serviert.

Derby: V. Kalbsvelouté mit Reismehl, gewürzt mit Zwiebeln und Currypulver, garniert mit Geflügelklößchen, gefüllt mit Gänseleberpüree, Reis und Trüffelperlen.

Diana: V. Diane: Wildvelouté, vermischt mit Rebhuhnpüree, garniert mit Julienne von Rebhuhnbrust und Trüffeln, gewürzt mit Madeira.

Diepper: V. à la dieppoise: Fischvelouté, verkocht mit Lauch, Champignonschalen und Muschelfond, verfeinert mit Rahm, garniert mit entbarteten Muscheln und Garnelenschwänzchen.

Diplomaten: V. diplomate: Geflügelvelouté mit Reismehl, garniert mit Tapioka, Trüffelringen und Hühnerklößchen.

Divette: Cr. Velouté von Stinten und Rahmsuppe von Krebsen, nur oberflächlich vermischt, garniert mit Krebsschwänzen, Stintenklößchen und Trüffelperlen.

Dolguruki: Geflügel und Zwiebelvelouté, mit Schinken verkocht, garniert mit Streifen von Geflügelfleisch.

Dörfliche: P. villageoise: Püreesuppe von Kartoffeln und Lauch, verkocht mit Milch, garniert mit kleingeschnittenem Spaghetti.

Doria: V. Velouté von frischen Gurken, garniert mit Gurkenperlen und Reis.

Doyen: Pr. Geflügelvelouté, vermischt mit Püree von frischen grünen Erbsen, garniert mit Geflügelklößchen und Erbsen.

Dubarry: Pr. Durchgestrichene Suppe von Blumenkohl und Kartoffeln, garniert mit Blumenkohlröschen. Wird auch als Rahmsuppe und Velouté bereitet.

Dubelley: Cr. Rahmsuppe von Lattich, leicht mit Tapioka gebunden.

Duchesse: Cr. siehe Herzogin-Rahmsuppe

Dünkirchener: V. à la Dunkerque: Püree von Blumenkohl, Lauch und Kartoffeln, vermischt mit Velouté, garniert mit gerösteten Weißbrotwürfelchen.

Durham: V. Geflügelrahmsuppe, garniert mit Geflügel-, Hummer- und Spinatklößchen.

Edelmannsart: P. gentilhomme: Püreesuppe von Linsen und Rebhuhn, garniert mit Rebhuhnklößchen und Trüffelperlen, gewürzt mit Madeira.

von Eierfrüchten: Cr. d'aubergines: Geflügelrahmsuppe, vermischt mit Püree von Eierfrüchten, garniert mit Würfelchen von Eierfrüchten.

Eierkürbis: Cr. de chayotte: Püree von Eierkürbissen, vermischt mit Geflügelrahmsuppe.

Elisabeth: V. Velouté von Huhn und Reis, garniert mit Chiffonade von Sauerampfer und Kerbel.

Endivien: Pr. aux endives: Durchgestrichene Suppe von Endivien und Kartoffeln, verfeinert mit Rahm.

Erbsen mit Weißbrotwürfelchen: Pr. de pois aux croûtons: Püreesuppe von gelben Erbsen, gekocht mit Zwiebeln, Wurzelgemüsen und Schinkenabfällen, garniert mit gerösteten Weißbrotwürfelchen.

auf griechische Art: P. de pois à la grecque: Püreesuppe von grünen Erbsen, gekocht mit Hammelfleisch, garniert mit Würfelchen von Wurzelgemüsen und Hammelfleisch.

mit grüner Minze: à la menthe: Püreesuppe von grünen Erbsen, mit grüner Minze gewürzt, garniert mit gehackter Minze.

auf polnische Art: P. de pois à la polonaise: Grüne Erbsensuppe, garniert mit Julienne von roten Rüben, Knollensellerie, Lauch und Zwiebeln.

Erika: Cr. Erica: Geflügelrahmsuppe, vermischt mit Püree von roten Paprikaschoten, in Tassen mit einer Haube ungesüßter Schlagsahne serviert.

Esau: Pr. Esaü: Linsenpüreesuppe mit Reis, mit Rahm und Butter verfeinert.

Esmeralda: Cr. Püree von Sellerie und Morcheln, vermischt mit Geflügelrahmsuppe; winzige Windbeutelchen, mit Gänseleberpüree gefüllt, nebenbei serviert.

d'Estaing: V. Fischvelouté, vermischt mit Krabbenpüree, garniert mit Krabbenklößchen und Streifen von Seezungenfilets.

Estérel: P. Durchgestrichene Püreesuppe von weißen Bohnen und Kürbis, garniert mit Fadennudeln.

Eveline: Cr. Geflügelrahmsuppe, garniert mit einem Ring Tomatensuppe

Excelsior: V. Velouté von Graupen und grünem Spargel, mit Rahm vervollständigt, garniert mit Perlgraupen.

Fanchette: V. Velouté von Huhn und Spargel, garniert mit Scheiben von gerollten, mit Hühnerfarce gefüllten Salatblättern und Erbsen.

Fasanen-, Lucullus: Cr. de faisan L.: Rahmsuppe von Fasan, vermischt mit Gänseleberpüree, gewürzt mit Portwein, garniert mit Fasanenklößchen und Trüffelperlen; winzige Mundbissen, mit Fasanenpüree gefüllt, nebenbei serviert.

Faubonne: Pr. Püreesuppe von weißen Bohnen, garniert mit Julienne von Wurzelgemüsen und Kerbelblättchen.

Finanzmannsart: Cr. à la financière (finangsjähr): Schnepfenrahmsuppe, mit Gänseleberpüree vervollständigt, garniert mit gerösteten Weißbrotwürfelchen.

Flämische: Cr. à la flamande: Rahmsuppe von Rosenkohl und Kartoffeln, garniert mit sehr kleinen Köpfchen Rosenkohl.

Fleury: V. Velouté von Kalbfleisch und Gerste, garniert mit Julienne von Wurzelgemüsen und kleinen Blumenkohlröschen.

Florenzer: Cr. à la florentine: Rahmsuppe von Spinat, mit reichlich Rahm vervollständigt, garniert mit gerösteten Weißbrotwürfelchen.

Flußfischer: Cr. à la batelière: Fischvelouté mit Garnelenpüree vermengt, mit Sahne legiert, garniert mit Garnelenschwänzen, entbarteten Muscheln und gerösteten Weißbrotwürfeln.

Fontanges: Cr. Rahmsuppe von frischen grünen Erbsen, garniert mit Chiffonade von Sauerampfer und Kerbel.

Franz Joseph: Cr. François-Joseph: Rahmsuppe von Sellerie, vermischt mit Maronen- und Tomatenpüree, garniert mit Fadennudeln.

Freneuse: Pr. Püreesuppe von weißen Rüben und Kartoffeln, vervollständigt mit Milch.

au Fromage à la hollandaise: siehe Käsesuppe, holländische

von Froschkeulen: Cr. de grenouilles: Kalbsvelouté, vermischt mit Püree von Froschkeulen, mit Rahm verfeinert; sautierte Froschkeulen auf Röstbrot nebenbei serviert.

auf sizilianische Art: V. de grenouilles à la sicilienne: Püree von Froschkeulen, vermischt mit Fischvelouté, garniert mit Streifen von weißem Fisch, Froschkeulen und gehackten Pistazien.

Gallische: Cr. à la gauloise: Rahmsuppe von Knollensellerie, Maronen und Tomaten, garniert mit gerösteten Weißbrotwürfeln.

Garnelen: V. de crevettes: Feine Fischvelouté, vermischt mit Garnelenpüree, garniert mit Garnelenschwänzchen.

Mignon: V. de crevettes à la Mignon: Feine Fischvelouté, vermischt mit Garnelenpüree und Austernwasser, garniert mit einfachen Fischklößchen und Fischklößchen mit Garnelenpüree, Trüffelperlen und grünen Erbsen.

auf normannische Art: V. de crevettes à la normande: Feine Fischvelouté, vermischt mit Garnelenpüree, garniert mit Garnelenschwänzchen und pochierten, entbarteten Austern.

Gaskonische: V. gasconne: Püree von Tomaten und Zwiebeln, vermischt mit Velouté, garniert mit Würfelchen von eingelegtem Gänsefleisch.

auf Gastronomenart: Cr. à la gastronome: Rahmsuppe von Geflügel und Maronen, garniert mit Trüffelstreifen, Scheiben von Morcheln und Hahnenkämmen.

Gemüsegärtnerart: à la maraîchère: Pr. Püreesuppe von frischen grünen Erbsen und Zwiebeln, garniert mit Nudeln und kleinen Zwiebelchen.

Gemüse-, Schottische: Pr. de légumes à l'écossaise: Püreesuppe von Knollensellerie, Mohrrüben, weißen Rüben, Lauch und gelben Erbsen, in Hammelbrühe gekocht, garniert mit Perlgraupen und kleingewürfeltem Hammelfleisch.

Génin: Pr. Püreesuppe von Karotten, Lauch, Tomaten, Champignons und Reis, mit Chiffonade von Sauerampfer und Kerbel.

George Sand: V. Rahmige Fischvelouté, garniert mit Chiffonade von Kopfsalat und Krebsschwänzen.

Georgette: 1. V. Velouté, vermischt mit Artischockenpüree, garniert mit Nizamperlen;
2. Püreesuppe von Karotten und Tomaten, leicht mit Tapioka gebunden.

Germinal: Geflügelvelouté mit Estragongeschmack, garniert mit Spargelspitzen und Kerbelblättchen.

Germiny: P. Kräftige Bouillon, legiert mit Eigelb und Rahm, aufgeschlagen wie eine Creme, garniert mit Julienne von Sauerampfer.

Gersten-, Französische: Cr. d'orge: Gerstenschleimsuppe, in Kalbsvelouté gekocht, passiert, mit Sahne verfeinert.

Westfälische: Cr. d'orge à la westphalienne: Gerstenschleimsuppe, gekocht mit Schinkenknochen, mit Sahne legiert, garniert mit kleingewürfeltem Schinken, Mohrrüben, Knollensellerie und Kartoffeln.

Gervaise: Cr. Rahmsuppe von Geflügel und Graupen, garniert mit gewürfeltem Lammfleisch und Hahnennieren.

Gesundheits: P. de santé: Parmentiersuppe, mit geschmolzenen Sauerampferstreifen garniert; im Ofen getrocknete Scheibchen von französischem Brot oder Brötchen nebenbei serviert.

Gombo: siehe Okrasuppe

Gosford: P. Feine Spargelsuppe, mit Tapioka gebunden.

Gounod: Pr. Püreesuppe von grünen Erbsen, garniert mit gewürfeltem Geflügelfleisch, gerösteten Weißbrotwürfelchen und Kerbelblättchen.

des gourmets: siehe Weinkennersuppe

Grafen: P. du comte: Püree von Gemüsen, vermischt mit Linsenpüree, garniert mit Julienne von Wurzelgemüsen.

Gräfin: Cr. à la comtesse: 1. Rahmsuppe von Geflügel und Spargel, garniert mit grünen Spargelspitzen und Chiffonade von Sauerampfer und Kopfsalat;
2. V. Velouté von Spargel, garniert mit weißen Spargelköpfen und Chiffonade von Sauerampfer.

Granada: Cr. Rahmsuppe von Geflügel, garniert mit gewürfelten Tomaten und Streifen von Hühnerfleisch.

Griechische: 1. Pr. Püreesuppe von grünen Erbsen, mit Hammelfond bereitet, garniert mit Julienne von Karotten, Lauch und Wirsingkohl;
2. Tomaten- und Kürbispüree, vermengt mit Velouté, garniert mit gerösteten Weißbrotwürfeln.

de grives: siehe Krammetsvogelsuppe

Großherzogsart: Cr. grand-duc: Rahmsuppe von Rebhuhn, garniert mit gewürfeltem Hühnerfleisch und Champignons.

Großjägermeister-Art: Cr. grandveneur: Rahmsuppe von Fasan, gewürzt mit Sherry, geschärft mit Cayennepfeffer, garniert mit gewürfeltem Fasanenfleisch und Trüffeln.

Großmuttersart: P. grandmère: Kartoffelsuppe, garniert mit Julienne von Lauch, Kopfsalat, Kohl und Makkaroni.

von grünen Bohnen: Cr. de haricots verts (arikohwär): Blanchierte grüne Bohnen, in Butter angedünstet, mit leichter weißer Rahmsauce verkocht, mit heller Brühe verdünnt, passiert, mit Sahne legiert, garniert mit Rauten von grünen Bohnen.

Grünkern: Cr. de blé-vert: Kalbsfond, verdickt mit Grünkernmehl, gewürzt mit Schinkenessenz, verfeinert mit Rahm.

Hafermehl: P. d'avoine: Rinderbrühe, mit Hafermehl gebunden, mit Rahm und Eigelb legiert.

Hausfrauenart: P à la bonne femme: Püreesuppe von Kartoffeln, Lauch Kopfsalat und Gurke, vermischt mit Milch, garniert mit geröstete Weißbrotwürfelchen.

Helianthi: V. de hélianthe: Kalbsvelouté, vermischt mit Püree von He lianthi, gewürzt mit Zitronensaft und Cayennepfeffer, garniert m Weißbrotwürfelchen.

Herzogin: Cr. duchesse: Rahmsuppe von Huhn, garniert mit Spargelspitze und Trüffelstreifen.

Luise: Cr. Duchesse Louise: Rahmsuppe von Huhn und Champignon garniert mit Julienne von Trüffeln und Champignons sowie pochie ten Streifen von Kopfsalat.

Hirtenmädchen: Pr. à la pastourelle: Püreesuppe von Kartoffeln, Lauch, Zwiebeln und Wiesenchampignons, garniert mit kleinen Scheibchen sautierter Champignons und Kartoffeln.

Holstein: P. Feine Tomatensuppe, garniert mit Spargelspitzen, Hummerklößchen und Blumenkohlröschen.

Hortensia: Cr. Hortense: Geflügelrahmsuppe, garniert mit Spargelspitzen, Geflügelklößchen und Karottenperlen.

Hoteliersart: Cr. à la hôtelière: Püree von grünen Bohnen, Kartoffeln und Linsen, mit Rahm verfeinert, garniert mit gerösteten Weißbrotwürfelchen und Kerbelblättchen.

Hugo: Velouté, vermischt mit Artischockenpüree, gebunden mit Tapioka, garniert mit Kerbelblättchen.

Hühnerlebersuppe: V. de foies de volaille: Püree von Geflügellebern, vermischt mit Geflügelvelouté, garniert mit Scheiben von gebratenen Geflügellebern.

Hühnerrahmsuppe: Cr. de volaille: Hühnerpüree, vermischt mit Béchamel und kräftiger Hühnerbrühe, mit Rahm vervollständigt, garniert mit Streifen von Hühnerfleisch.

 feinste Art: Cr. de volaille suprême: Kräftige Geflügelrahmsuppe, gebunden mit Doppelrahm, garniert mit Würfelchen von Hühnerbrust.

 Medicis: 1. Cr. de volaille à la Médici: Hühnerrahmsuppe, vermischt mit Hummerpüree, garniert mit Geflügelklößchen und Stachys;
2. Pr. Püree von Karotten und grünen Erbsen, mit Butter und Rahm vervollständigt, garniert mit Kerbelblättchen.

 Wiener: P. de volaille à la viennoise: Hühnerpüree, vermischt mit Kalbsvelouté, garniert mit kleinen Gemüsewürfelchen und Hühnerfleisch.

Hummer, bretagnische Art: P. de homard à la bretonne: Feine Fischvelouté, vermischt mit Hummerpüree, garniert mit gewürfeltem Hummerfleisch und Hummerklößchen.

 Cleveland: Velouté de homard à la Cleveland: Velouté, mit Coulis von Hummer amerikanisch zubereitet, gewürzt mit Cognac, garniert mit gewürfeltem Hummerfleisch und Tomaten.

 auf indische Art: V. de homard à l'indienne: Wie oben, mit Currypulver gewürzt, mit Reis garniert.

 mit Paprika: au paprica: Wie oben, gewürzt mit Paprika, garniert mit Hummer- und Paprikaschotenwürfeln.

Ilona: Cr. Geflügelrahmsuppe, vermischt mit Püree von frischen grünen Erbsen, in Tassen serviert mit einer Haube ungesüßter Schlagsahne, leicht mit Paprika bestäubt.

Imperator: Cr. Rahmsuppe von Fasan, mit Morcheln gewürzt, garniert mit Gänseleber- und Fasanenklößchen, Julienne von Trüffeln und Würfeln von einfachem Eierstich.

à l'impériale: siehe kaiserliche Suppe

Indische: V. à l'indienne: Geflügelvelouté, gewürzt mit Currypulver, vervollständigt mit Kokosnußmilch und Rahm, garniert mit Reis.

Irma: V. Geflügelvelouté mit Rahm, garniert mit Hühnerklößchen, mit Curry gewürzt, und Spargelspitzen.

Isoline: P. Geflügelrahmsuppe, vermischt mit Krebspüree, vervollständigt mit Rahm, garniert mit Japanperlen.

Istambul: Cr. Stamboul: Rahmsuppe von Reis, vermischt mit Tomatenpüree, garniert mit kleinen, gebratenen, halbmondförmigen Weißbrotcroutons.

Jackson: Pr. Püreesuppe von Kartoffeln und grünen Bohnenkernen, mit Tapioka gebunden, garniert mit Julienne von Lauch.

Jacqueline: V. Kräftige Fischvelouté, garniert mit Spargelspitzen, Perlen von Karotten und Reis.

Jäger: P. chasseur: Wildsuppe, garniert mit gerösteten Weißbrotwürfelchen.

Jakobiner: P. jacobine: Braune Wildsuppe, mit Madeira gewürzt, garniert mit Wildklößchen und gewürfeltem Eierstich.

Janin: Pr. Püreesuppe von weißen Bohnen, Mohrrüben und Lauch, garniert mit gerösteten Weißbrotwürfelchen.

Japanische: V. Püree von Stachys, vermischt mit Velouté, garniert mit gerösteten Weißbrotwürfelchen.

Jean Bart: Kräftige Fischvelouté, garniert mit Fischklößchen, gewürfelten Tomaten, Lauchjulienne und kleingeschnittenen Makkaroni.

Jeanette: V. Püree von Schwarzwurzeln, vermischt mit Kalbsvelouté, garniert mit gewürfeltem Hühnerfleisch und Reis.

Jenny Lind: Cr. Geflügelrahmsuppe, garniert mit Sago.

Josephine: P. Püree von grünen Erbsen, vermischt mit Kraftbrühe mit Sago, garniert mit Gemüsejulienne.

Juanita: V. Reiscremesuppe, vermischt mit Velouté, garniert mit gewürfelten Tomaten und Geflügelklößchen, vermischt mit gehacktem, hartgekochtem Eigelb.

Jubiläums: P. Ein anderer Name für Balvaissuppe (siehe diese).

Julius Cäsar: V. Jules César: Leichte braune Wildsuppe, vermischt mit Haselhuhnpüree, garniert mit Streifen von Haselhuhnbrust, Trüffeln und Champignons.

Jussieu: V. Geflügelvelouté, garniert mit Geflügelklößchen und Streifen von Geflügelbrust.

Kaiserliche: 1. V. à l'impériale: Reiscremesuppe, vermischt mit Kalbsvelouté, mit Rahm und Eigelb legiert, garniert mit Würfeln von Mandelmilch-Eierstich.
2. P. starke Geflügelkraftbrühe, mit Tapioka gebunden, passiert, mit Rahm und Eigelb legiert, garniert mit Nizamperlen.

Kalabrische: P. à la calabraise (calabräs): Püree von weißen Bohnen und Sauerampfer, garniert mit Reis.

Kapuziner: V. à la capucine: Geflügelvelouté, vermischt mit Champignonrahmsuppe, garniert mit Profiteroles, gefüllt mit Geflügelpüree.

Kardinalsart: Cr. cardinal: Fischvelouté, vermischt mit Hummerpüree, garniert mit Hummerwürfeln und Hummer-Eierstich, in Kreuzform geschnitten.

Karmeliter: Cr. à la carmelite: Püree von Weißling mit Fischvelouté und Béchamel, mit Sahne verfeinert, garniert mit Weißlingsklößchen und Streifen von Seezungenfilets.

Karolinen: V. à la caroline: Geflügelvelouté mit Reismehl, garniert mit Reis und Würfeln von Mandel-Eierstich.

Karotten: Pr. Crécy: Karottenpüreesuppe, gebunden mit Reis, verfeinert mit Butter.
altmodische: Crécy à l'ancienne: Wie oben, aber gebunden mit Kartoffeln anstelle von Reis; garniert mit gewürfelten Weißbrotwürfelchen.

Kartäuser: 1. Cr. chartreuse: Geflügelrahmsuppe, leicht mit Tapioka gebunden, garniert mit Ravioli, gefüllt mit Spinat- und Gänseleberpüree;
2. V. à la chartreuse: Geflügelvelouté, garniert mit gewürfelten Tomaten und kleinen Raviolis, gefüllt mit Spinat, Gänseleberpüree und gehackten Champignons.

Kartoffel-, Sächsische: P. de pommes de terre à la saxonne: Püreesuppe von Kartoffeln, garniert mit Fadennudeln.
von süßen Kartoffeln: de patates: Püreesuppe von süßen Kartoffeln, bereitet mit Kalbsbrühe, vermischt mit Püree von frischen Tomaten, garniert mit Sago.

Käse, Holländische: P. au fromage à la hollandaise: Rinderkraftbrühe aufgekocht mit geriebenem Goudakäse, mit dickem Rahm legiert mit Butter verfeinert.

Kastellanen: P. à la castellane: Braune Wildsuppe mit Schnepfengeschmack, garniert mit Streifen von Schnepfenbrust und Eierstich.

von Linsen- und Schnepfenpüree, vermischt mit hartgekochtem gehacktem Eigelb.

Katharinen: V. à la Catherine: Kräftige Fischvelouté, garniert mit Garnelenschwänzchen und grünen Erbsen.

Kavalier: Cr. à la chevalière (schewaljehr): Geflügelrahmsuppe, garniert mit Streifen von Pökelzunge und Trüffeln.

Kempinski: P. Püreesuppe von grünen Erbsen, vermischt mit Karottenpüree, garniert mit Reis.

Kerbel: P. Kalbsvelouté, stark mit Kerbel gewürzt, garniert mit gerösteten Weißbrotwürfelchen.

Kerbelrüben: Cr. de cerfeuil bulbeux: Püree von Kerbelrüben, vermengt mit Kalbsvelouté, legiert mit Rahm, garniert mit gerösteten Weißbrotwürfelchen und Kerbel.

Kleinherzog: Cr. à la petit-duc: Püreesuppe von Schnepfen, vermischt mit Gänseleberpüree und Rahm, garniert mit Streifen von Schnepfenbrust und Würfeln von Schnepfen-Eierstich, gewürzt mit Cognac.

Knickerbocker: P. Püree von weißen Bohnen, vermischt mit Velouté, leicht mit Tapioka gebunden, garniert mit gerösteten Weißbrotwürfelchen.

Königin: Cr. à la reine: Rahmsuppe von Huhn und Reis, garniert mit gewürfeltem Hühnerfleisch.

Hortense: Cr. Reine Hortense: Geflügelrahmsuppe, vermischt mit Spargelpüree, garniert mit Tapioka und Spargelspitzen.

Margot: Cr. Reine Margot: Geflügelrahmsuppe, mit Mandelmilch gewürzt, garniert mit Geflügelklößchen mit geriebenen Pistazien.

von Krammetsvögeln auf alte Art: V. de grives à l'ancienne: Velouté mit Krammetsvogelgeschmack, mit Rahm verfeinert, gewürzt mit Weinbrand, garniert mit Julienne von Krammetsvogelbrüstchen.

auf Ardenner Art: de grives à l'ardennaise: Wie oben, mit zusätzlicher Garnitur von weißen, entkernten Johannisbeeren.

Kräuter: P. aux herbes: Kartoffelsuppe, vermischt mit feinem Püree von Kopfsalat, Portulak, Spinat, Lauch und Sauerampfer, in Butter angeschwitzt, garniert mit gerösteten Weißbrotwürfelchen und Kerbelblättchen.

Krebssuppe Joinville: V. d'écrevisses J.: Mischung von Bisque von Krebsen und Fischvelouté, garniert mit Krebsschwänzchen, Julienne von Trüffeln und Champignons, gewürzt mit Cognac.

Lucullus: V. Wie oben, jedoch mit Krebsschwänzen und Krebsnasen, mit getrüffelter Fischfarce gefüllt, garniert.

Orientalische: V. décrevisses à l'orientale: Genau wie oben, garniert mit Reis und Krebsschwänzchen.

auf Prinzessinart: V. d'écrevisses à la princesse: Fischvelouté mit Krebspüree, garniert mit Weißlingsklößchen mit Krebsbutter und grünen Spargelspitzen.

Kreolen: P. à la créole: Püree von Okra, verkocht mit Kalbsvelouté, garniert mit gewürfelten Tomaten und Streifen von roten Paprikaschoten.

Kretische: P. à la crétoise: Püree von Markkürbis, vermischt mit Tomatensuppe, garniert mit gerösteten Weißbrotwürfeln.

Kroatische: Cr. à la croate: Rahmsuppe von jungen Maiskolben, garniert mit jungen Maiskörnern.

Kürbis: P. de potiron: Püreesuppe von Kürbis, mit Rahm vervollständigt, garniert mit gerösteten Weißbrotwürfelchen.

Kurländische: P. à la courlandaise: Püreesuppe von Mohrrüben, Knollensellerie, weißen Rüben, Weißkraut, Zwiebeln und Kartoffeln, gekocht in Entenbrühe, garniert mit Streifen von Entenbrust.

Lady Morgan: V. Reiscremesuppe, vermischt mit Geflügelvelouté, garniert mit gewürfeltem Hühnerfleisch und Hahnenkämmen.

Lady Simone: Cr. Dame Simone: Feine Rahmsuppe von Kopfsalat, garniert mit Chiffonade von Sauerampfer und Nizamperlen; sehr kleine, pochierte und gratinierte Eier nebenbei serviert.

Laiture: Feine Velouté mit Kopfsalat, garniert mit gerösteten Weißbrotwürfeln und Kerbelblättchen.
Lamballe: Püreesuppe von frischen grünen Erbsen mit Tapioka.
Languedocer: P. à la languedocienne: Grüne Erbsensuppe, garniert mit Scheibchen von Wurzelgemüsen und Kerbelblättchen.
Lattich: Cr. de laitue: Geflügelrahmsuppe, vermischt mit Püree von Lattich, garniert mit pochierten Streifen von Lattich.
Lauch: Cr. de poireaux: Püree von Lauch, mit dünner Béchamel vermischt, mit Rahm vervollständigt, garniert mit gerösteten Weißbrotwürfeln.
Lavallière: V. Halb Geflügelvelouté und halb Sellerie-Püreesuppe vermischt, garniert mit Würfeln von Sellerie-Eierstich; Profiterolen, gefüllt mit Hühnerpüree, nebenbei serviert.
Ledoyen: V. Püree von grünen Bohnenkernen, vermischt mit Kalbsvelouté, garniert mit gerösteten Weißbrotwürfeln.
Lejeune: Cr. Geflügelrahmsuppe, garniert mit Sago.
Linsen: Cr. de lentilles: Linsenpüree, vermischt mit dünner Béchamel, verfeinert mit Rahm, garniert mit Linsen.
  auf bayrische Art: P. de lentilles à la bavaroise: Püreesuppe von Linsen, mit magerem Speck gekocht, garniert mit Scheiben von Räucherwurst.
  Deutsche: P. de l. à l'allemande: Püreesuppe von Linsen, vervollständigt mit Rahm, garniert mit gebratenen Speckwürfeln und Scheiben von Frankfurter Würstchen.
  mit Fadennudeln: P. Conti Clermont: Linsenpüreesuppe, garniert mit Fadennudeln und gebackenen Zwiebelringen.
  mit Gemüsen: P. Conti à la brunoise: Linsenpüreesuppe, mit Butter verfeinert, garniert mit Gemüsebrunoise.
  Russische: P. de 1. à la russe: Püreesuppe von Linsen, vermischt mit Püree von Knollensellerie, Lauch und Zwiebeln, garniert mit gewürfelten Wurzelgemüsen und kleinen Scheibchen pochiertem Stör.
Lisette: Cr. Rahmsuppe von Staudensellerie, garniert mit Trüffelstreifen.
Lison: Cr. Rahmsuppe von Staudensellerie und Reis, garniert mit Japanperlen oder Sago.
Litauische: P. à la lithuanienne: Gebundene Kartoffelsuppe, garniert mit gewürfeltem Knollensellerie, Chiffonade von Sauerampfer und Wurstscheiben; panierte und gebackene Scheiben von hartgekochten Eiern und saurer Rahm nebenbei serviert.
Londonderry: V. Reiscremesuppe, vermischt mit Kalbsvelouté, stark mit Champignons gewürzt und verkocht mit Weißwein, mit Rahm und Eigelb gebunden, garniert mit gewürfeltem Schildkrötenfleisch.
Longchamps: Püreesuppe von frischen grünen Erbsen, garniert mit Streifen von Sauerampfer, Fadennudeln und Kerbelblättchen.
Longueville: Pr. Püreesuppe von grünen Erbsen, garniert mit Streifen von Sauerampfer und Spaghetti.
Louisette: Cr. Rahmsuppe von Staudensellerie, garniert mit grünen Erbsen und Hühner- und Trüffelstreifen.
Lucullus: V. Geflügelvelouté, garniert mit Hühnerfleisch- und Trüffelklößchen, Hahnenkämmen und -nieren.
Lütticher Wild: V. à la liégoise: Püreesuppe von Krammetsvögeln und Reis, gebunden mit Röstbrot, garniert mit Streifen von Krammetsvögeln.
Lyoneser: V. à la lyonnaise: Geflügelvelouté, garniert mit Würfeln von Maronen-Eierstich.

Macdonald: V. Velouté von Geflügel, vermischt mit Püree von Kalbshirn, gewürzt mit Sherry, garniert mit Gurkenwürfeln.
Macmahon: V. Kalbsvelouté, vermischt mit Püree von Kalbshirn, garniert mit Würfeln von Gurken und Kalbshirn.
Magdalena: Cr. Madeleine: Püree von weißen Bohnen und Zwiebeln, vermischt mit Artischockenpüree, verfeinert mit Rahm, garniert mit Sago

Magellan: Pr. Püreesuppe von Rebhuhn, gewürzt mit Madeira, garniert mit gerösteten Weißbrotwürfeln.
Mailänder: Cr. à la milanaise: Geflügelrahmsuppe, vermischt mit Tomatenpüree, garniert mit Julienne von Schinken, Trüffeln, Champignons und gewürfelten Makkaroni; geriebener Parmesan nebenbei serviert.
Maintenon: Cr. Geflügelrahmsuppe, garniert mit gedünsteten Würfelchen von Wurzelgemüsen.
Mais: V. Kalbsvelouté mit Püree von Mais, garniert mit Maiskörnern.
Majordomo: Cr. majordome: Rahmsuppe von Linsen, garniert mit Geflügelklößchen und Kerbelblättchen.
Malakoff: Pr. Püreesuppe von Kartoffeln, vermischt mit Tomatensuppe, garniert mit Spinatjulienne.
Malmsbury: V. Kräftige Fischvelouté, garniert mit Hechtwürfeln, gewürfeltem Hummer und entbarteten Muscheln.
Mancelle: P. Je zur Hälfte Maronenpüreesuppe mit Sellerie und braune Wildsuppe, mit Madeira gewürzt, garniert mit Streifen von Rebhuhnfleisch.
Maraîchère: siehe Gemüsegärtnersuppe
Marcilly: V. Geflügelvelouté, vermischt mit Püree von frischen grünen Erbsen, garniert mit Japanperlen und Geflügelklößchen.
Margarete: V. Marguérite: Kalbsvelouté mit Gerste verkocht, passiert, garniert mit Geflügelklößchen und gerösteten Weißbrotwürfelchen.
Maria: Pr. Püreesuppe von weißen Bohnen, mit Rahm vervollständigt, garniert mit Gemüsewürfelchen.
Marianne: Pr. Püreesuppe von Kartoffeln und Kürbis, mit Rahm vervollständigt, garniert mit Chiffonade von Sauerampfer und Kopfsalat; überbackene Käsebrötchen nebenbei serviert.
Maria Stuart: V. Velouté von Geflügel und Gerste, garniert mit Perlgraupen und kleinen Mohrrübenkugeln.
Marie-Antoinette: V. Spargelpüree, vermischt mit Velouté, garniert mit Würfelchen von Spargel-Eierstich.
Marie-Louise: 1. V. Geflügelvelouté, vermischt mit Gerstenrahmsuppe, garniert mit Perlgraupen und kleingeschnittenen Makkaroni;
2. Velouté von Gerste und Geflügel, garniert mit Gemüsewürfelchen und kleingeschnittenen Makkaroni.
Marigny: Pr. Püreesuppe von frischen grünen Erbsen, garniert mit Chiffonade von Sauerampfer und Kerbel, grünen Erbsen und in Rauten geschnittenen grünen Bohnen.
Maronen: Pr. de marrons: Maronenpüree, vermischt mit Wildvelouté, garniert mit gerösteten Weißbrotwürfelchen.
Marquise: V. Velouté von Geflügel und Reis, garniert mit grünen Erbsen und Kopfsalatstreifen.
Marschallsart: Cr. à la maréchale: Geflügelrahmsuppe, garniert mit Spargelspitzen und gewürfelten Trüffeln und Hühnerfleisch.
Martha: V. Velouté von Geflügel mit Zwiebelpüree, garniert mit Geflügelklößchen mit feinen Kräutern, gefüllt mit braisierter Gemüsebrunoise, grünen Erbsen und Kerbelblättchen.
Masséna: P. Püreesuppe von Fasan, vervollständigt mit Rahm, garniert mit Würfeln von Maronen-Eierstich.
Mathilda: V. Mathilde: Velouté von frischen Gurken, vermischt mit Reiscremesuppe, garniert mit kleinen Gurkenkügelchen.
Mathurine: V. Feine Fischvelouté, garniert mit Lachsklößchen.
Medici: Pr. Médicis: Püreesuppe von grünen Erbsen, vermischt mit Karottenpüree, garniert mit Kerbelblättchen, oft auch Chiffonade von Sauerampfer.
Meissonier: Pr. Zwiebelpüree, vermischt mit Hammelvelouté, garniert mit Würfelchen von Hammelfleisch und gerösteten Weißbrotwürfeln.
Memphis: Cr. Rahmsuppe von Artischocken, garniert mit gewürfelten Artischockenböden und Artischocken-Eierstich.

Mercedes: V. Mercédès: Geflügelvelouté, vermischt mit Artischockenpüree, garniert mit Würfeln von Artischockenböden und Hühnerfleisch.
Metternich: P. Püreesuppe von Fasan, garniert mit Streifen von Fasanenbrust und Würfeln von Artischocken-Eierstich.
Mignon: Cr. Fischvelouté, vermischt mit Garnelenpüree, mit Rahm vervollständigt, garniert mit Garnelenschwänzchen, Trüffelperlen und Fischklößchen.
Mikado: V. Püree von Stachys, vermischt mit Kalbsvelouté, garniert mit Japanperlen.
Miramont: P. Geflügelvelouté, vermischt mit Kartoffelpüree, legiert, garniert mit gerösteten Weißbrotwürfeln.
Mistinguette: P. Püree von frischen grünen Erbsen, vermischt mit Geflügelkraftbrühe, gebunden mit Tapioka.
Modena: V. Modène: Kalbsvelouté, vermischt mit feinem Spinatpüree, garniert mit gerösteten Weißbrotwürfelchen.
Mogador: V. Geflügelvelouté, vermischt mit Gänseleberpüree, garniert mit Julienne von Pökelzunge, Huhn und Trüffeln.
Molière: Cr. Püree von frischen grünen Erbsen, vermischt mit leichter Béchamel, vervollständigt mit Rahm, garniert mit Spargelspitzen, Hahnenkämmen und gewürfelter Kalbsmilch.
Mongolische: P. mongole: Püree von gelben Schälerbsen, vermischt mit Tomatensuppe, garniert mit Julienne von Wurzelgemüsen.
Monte Christo: Cr. Rahmsuppe von Geflügel und jungen Nesselsprossen, garniert mit Champignon- und Trüffelstreifen.
Montespan: V. Velouté, vermischt mit Spargelpüree, garniert mit Tapioka und kleinen grünen Erbsen.
Montesquieu: Cr. Rahmsuppe von frischen grünen Gurken, vermischt mit Champignonvelouté, garniert mit Gurkenwürfelchen.
Montgelas: Cr. Geflügelrahmsuppe, garniert mit gewürfelten Steinpilzen und Trüffeln.
Montmorency: Cr. Rahmsuppe von Geflügel, vermischt mit geriebenem Parmesankäse, garniert mit Kopfsalatstreifen, Fadennudeln und farcierten Hühnerflügeln.
Montorgeuil: V. Geflügelvelouté, garniert mit kleingewürfelten Wurzelgemüsen, Chiffonade von Kopfsalat und Kerbel.
Montpensier: Pr. Reiscremesuppe, vermischt mit Blumenkohlpüree, garniert mit gerösteten Weißbrotwürfeln.
Montreuil: Geflügelvelouté, garniert mit Geflügelklößchen mit Spinat, beim Servieren mit einem Ring Tomatensuppe umgossen.
Morchel: V. de morilles: Velouté von Morcheln, garniert mit Morchelscheibchen und gerösteten Weißbrotwürfeln.
Mozart: Pr. Püreesuppe von weißen Bohnen und Tomaten, garniert mit gerösteten Weißbrotwürfeln.
auf Müllerinart: V. à la meunière: Kräftige Fischvelouté, legiert mit Rahm und Eigelb, garniert mit kleinen Streifen von weißem Fisch und gerösteten Weißbrotwürfeln.
Mulligatawny: Geflügelrahmsuppe, gewürzt mit Currypulver, garniert mit gewürfeltem Hühnerfleisch und Reis.
Musard: P. Püreesuppe von grünen Bohnenkernen, mit Rahm vervollständigt, garniert mit Bohnenkernen.
Muschelsuppe Rigo: P. de moules R.: Velouté von Fisch mit Muschelfond, gewürzt mit Paprika, garniert mit kleinen, entbarteten Muscheln.

Nanette: P. Geflügelrahmsuppe, vermischt mit Tomatensuppe, garniert mit grünen Erbsen, in Rauten geschnittenen grünen Bohnen und Trüffelstreifen.
Navarin: Pr. Püreesuppe von frischen grünen Erbsen, garniert mit grünen Erbsen, Krebsschwänzen und gehackter Petersilie.

Navarra: Cr. à la navarraise: Rahmsuppe von Tomaten, garniert mit Fadennudeln; geriebener Käse nebenbei serviert.
Nelson: Cr. Rahmsuppe von Stinten, mit Hummerbutter montiert, garniert mit Reis und Hummerklößchen.
Nelusko: V. Geflügelvelouté, mit Butter von gerösteten Haselnüssen vervollständigt, garniert mit Geflügelklößchen mit geriebenen Haselnüssen.
Nemours: P. Püreesuppe von Kartoffeln und Champignons, mit Milch vervollständigt, garniert mit Tapioka und Champignonstreifen.
Nesselrode: P. Püreesuppe von Schnepfen und Maronen, garniert mit Schnepfenklößchen und gerösteten Weißbrotwürfelchen.
Neverser: Pr. nivernaise: $^1/_3$ Püree von weißen Rüben und Kartoffeln und $^2/_3$ Püreesuppe von Mohrrüben vermischt, garniert mit Gemüsebrunoise.
Nimeser: V. à la nimoise: Fischvelouté, vermischt mit Tomatenpüree, garniert mit gerösteten Weißbrotwürfelchen.
Nimrod: P. Leichte Wildsuppe, gewürzt mit Sherry, garniert mit Profiterolen, gefüllt mit Wildpüree.
Nizzaer Art: P. à la nissarde: Gebundene Suppe von Markkürbis, garniert mit Tapioka.
Normannische: P. à la normande: Püreesuppe von Kartoffeln, weißen Bohnen, weißen Rüben und Lauch, mit Rahm vervollständigt, garniert mit Kerbelblättchen.
Norwegische: P. à la norvégienne: Püree von Kohlrabi, vermischt mit Kalbsvelouté, garniert mit Julienne von roten Rüben.

Ochsenschwanz: P. de queues de bœuf: Braune, gebundene Ochsenschwanzsuppe, mit Madeira gewürzt, garniert mit gewürfeltem Ochsenschwanzfleisch und kleinen Würfeln von Wurzelgemüsen.
Okra: P. de gombo: Okrapüree und Tomaten, vermischt mit Velouté, garniert mit gerösteten Weißbrotwürfelchen.
Orleans: Cr. Geflügelrahmsuppe, garniert mit Geflügelklößchen vermischt mit Krebspüree und Geflügelklößchen mit feinen Kräutern.
Orlow: Cr. Orloff: Rahmsuppe von frischen Gurken und Zwiebeln, garniert mit Trüffelstreifen und Diablotins.
Oxalis: siehe Suppe von Sauerkleeknollen

Palästinische: Pr. palestine: Püreesuppe von Topinamburs, mit Rahm vervollständigt, garniert mit gerösteten Weißbrotwürfeln.
Paquita: P. Püreesuppe von grünen Erbsen, garniert mit Sago und gewürfelten Tomaten.
Pariser: Cr. à la parisienne: Püree von Kartoffeln und Lauch, vermischt mit Kalbsvelouté, mit Rahm vervollständigt, garniert mit gerösteten Weißbrotwürfeln.
Parmentier: Pr. Püreesuppe von Kartoffeln und Lauch; garniert mit gerösteten Weißbrotwürfelchen und Kerbelblättchen.
Pastourelle: siehe Hirtenmädchensuppe
de Patates: siehe Suppe von süßen Kartoffeln
Patti: V. Püree von Artischocken, vermischt mit Velouté, garniert mit gewürfelten Artischockenböden.
Pavillon: V. Püree von Brunnenkresse und Stachys, vermischt mit Kalbsvelouté, garniert mit Würfelchen von Staudensellerie und Karotten.
Peruvische: Cr. à la péruvienne: Püree von Sauerkleeknollen, vermischt mit dünner Béchamel, vervollständigt mit Rahm, garniert mit gerösteten Weißbrotwürfelchen.
Peter der Große: Pierre le Grand: 1. Püree von Haselhuhn, vermischt mit Velouté mit Champignongeschmack, garniert mit Julienne von Mohrrüben und Knollensellerie, gewürzt mit Wodka;
2. Püree von Knollensellerie, vermischt mit Velouté, legiert, garniert mit gewürfeltem Knollensellerie.

Pimonteser: P. à la piémontaise: Geflügelvelouté, mit Tomatenpüree vermischt, garniert mit gewürfeltem Hühnerfleisch und kleingeschnittenen Makkaroni.
Pommersche: P. à la poméranienne: Püree von weißen Bohnen, mit Velouté von Gänsefond vermischt, mit Majoran, Thymian und Kerbel gewürzt, garniert mit gewürfeltem Gänsefleisch.
Pompadour: P. Feine Tomatensuppe, garniert mit Chiffonade von Kopfsalat und Sago.
Portugiesische: P. portugaise: Tomatenpüreesuppe, garniert mit Reis.
Portulak: Cr. de pourpier: Püreesuppe von Kartoffeln und Portulak, mit Rahm vervollständigt, garniert mit feinen Streifen Portulak.
Pourpier: siehe Portulaksuppe
Prinzessin: Cr. à la princesse: Geflügelrahmsuppe, vermischt mit der gleichen Menge Spargelsuppe, garniert mit Spargelspitzen und gewürfeltem Hühnerfleisch.

Quebec: Gleiche Zubereitung wie Maria.
Quirinal: P. Gebundene Fasanensuppe, mit Sherry gewürzt, garniert mit Trüffel- und Fasanenstreifen.

Rachel: Pr. Püree von grünen Erbsen und Sauerampfer, vermengt mit Reisvelouté, garniert mit Reis und gerösteten Weißbrotwürfeln.
Récamier: Cr. Rahmsuppe von Taube, garniert mit grünen Spargelspitzen.
Regentschafts: V. à la régence: Geflügelvelouté mit Gerste, mit Krebsbutter aufmontiert, garniert mit Krebsklößchen, Hahnenkämmen und Perlgraupen.
Reiche: Cr. à la riche: Geflügelrahmsuppe mit Trüffelessenz, garniert mit Trüffelperlen und Streifen von Hühnerfleisch.
Reisrahm: Cr. de riz: Geflügelvelouté, vermischt mit Reiscremesuppe, vervollständigt mit Rahm, garniert mit Reis.
  suppe, Spanische: V. de riz à l'espagnole: Wie oben, garniert mit gewürfelten Tomaten, gewürfeltem Hühnerfleisch und winzigen, glacierten Zwiebeln.
Rigoletto: Pr. Püreesuppe von frischen grünen Erbsen, garniert mit Chiffonade von Spinat und Diablotins.
Rohan: P. Püreesuppe von Regenpfeifern, garniert mit pochierten Regenpfeifereiern und gerösteten Weißbrotwürfeln.
Romeo: Cr. Rahmsuppe von Kartoffeln, vermischt mit Zwiebelpüree, garniert mit gewürfeltem Schinken und hartgekochtem Eiweiß sowie Kerbelblättchen.
Rossini: Cr. Geflügelrahmsuppe, vermischt mit Gänseleberpüree, garniert mit Geflügelklößchen, gefüllt mit Gänseleber- und Trüffelstreifen.
Roueneser: Cr. à la rouennaise: Linsenpüree, vermischt mit Entenvelouté, mit Rahm vervollständigt, garniert mit gerösteten Weißbrotwürfeln.
Roueneser Enten: P. à la rouennaise: Braune, gebundene Suppe von Roueneser Ente, mit Rotwein gewürzt, beim Servieren mit dem Leberpüree vervollständigt, garniert mit Streifen von Entenbrust und Croutons.
Roumanile: Cr. Zwiebelrahmsuppe, garniert mit Fadennudeln; geriebener Parmesankäse nebenbei serviert.
Royan: Pr. Püreesuppe von Blumenkohl, garniert mit Tapioka.
Rubens: Cr. Reiscremesuppe, vermischt mit weißem Zwiebelpüree, garniert mit gewürfelten Champignons; geriebener Parmesankäse nebenbei serviert.
Rumford: P. Gelbe Erbsensuppe, garniert mit Perlgraupen, gewürfelten Kartoffeln und gewürfeltem, gebratenem Speck.
Rustikalische: P. à la campagnarde: Gebundene Gemüsesuppe, vermischt mit Püree von weißen Bohnen und Lauch, garniert mit kleingewürfelten Mohrrüben und grünen Bohnen und Erbsen.

Saint-Cloud: P. Püree von grünen Erbsen und Kopfsalat, garniert mit Julienne von Kopfsalat, Kerbelblättchen und gerösteten Weißbrotwürfeln.
St. Cyr: P. Püreesuppe von Kartoffeln, weißen Rüben und Blumenkohl, garniert mit Blumenkohlröschen und grünen, in Rauten geschnittenen Bohnen.
St. Georges: V. Hasenpüree, vermischt mit Champignonvelouté, gewürzt mit Rotwein, garniert mit Julienne von Hasenfleisch, Champignons und Trüffeln.
Saint-Germain: Pr. Püreesuppe von frischen grünen Erbsen, garniert mit Erbsen und Kerbelblättchen.
Saint-Hubert: Pr. Braune Püreesuppe von Haarwild, Kastanien und Linsen, vermischt mit Rahm und wenig Johannisbeergelee, gewürzt mit Cognac, garniert mit Würfelchen von Haarwildfleisch und Trüffeln.
Saint-Jean: Cr. Feine Fischrahmsuppe, garniert mit kleinen, gebackenen Fischklößchen.
Saint-Louis: Cr. Tomatenrahmsuppe, garniert mit Tapioka und Geflügelklößchen.
Saint-Malo: V. Feine Fischvelouté, garniert mit Garnelen und Fischklößchen.
Saint-Marceaux: Pr. Püreesuppe von grünen Erbsen und Lauch, garniert mit Streifen von Lauch und Kopfsalat.
Saint-Martin: Pr. Püreesuppe von Linsen und Kartoffeln, garniert mit gerösteten Weißbrotwürfelchen.
Saint-Sebastian: Pr. Tomatenpüreesuppe, garniert mit Streifen von Trüffeln und grünen Paprikaschoten.
Samt: P. velours: Püree von Karotten, vermischt mit Kraftbrühe mit Tapioka.
de Santé: siehe Gesundheitssuppe
Sauerampfer: P. d'oseille: Sauerampferpüree, vermischt mit Velouté und Rahm, garniert mit gerösteten Weißbrotwürfelchen.
Sauerampfer mit Hafermehl: P. d'oseille à l'avoine: Kalbsvelouté mit Hafermehl, vervollständigt mit Rahm, garniert mit Chiffonade von Sauerampfer.
Sauerkleeknollen: Cr. d'oxalis: Püree von Sauerkleeknollen, vermischt mit dünner Béchamel, mit Rahm vervollständigt.
Savoyer: Pr. à la savoyarde: Püree von Sauerkleeknollen, vermischt mit Kartoffelsuppe; Scheiben von französischem Brot, mit Käse bestreut und gratiniert, nebenbei serviert.
Schäfer: P. à la bergère: Püreesuppe von weißen Bohnen, Kartoffeln, Zwiebeln und Lauch, garniert mit Julienne von Estragon und gerösteten Weißbrotwürfeln.
Schnecken: V. d'escargots: Fischvelouté, verkocht mit Schnecken in Weißwein, mit Meerrettich gewürzt, passiert, garniert mit gewürfelten Schnecken, gehackten Kräutern und Fischklößchen.
Schönbrunner: V. Fasanenpüree, mit Velouté vermischt, legiert, gewürzt mit Sherry, Zitronensaft und Cayennepfeffer.
Schöne Otero: V. Belle Otéro: Püree von süßen Kartoffeln, vermischt mit Kalbsvelouté, garniert mit Scheiben von Rindermark.
Schwarzwurzel: Cr. de salsifis: Püree von Schwarzwurzeln, vermischt mit leichter Béchamel und Rahm, garniert mit gerösteten Weißbrotwürfeln.
Sellerie: 1. Pr. de céleri: Püree von Sellerie und Kartoffeln, mit Milch und Butter vervollständigt;
2. V. de céleri: Püree von Sellerie, vermischt mit Kalbsvelouté, mit Eigelb und Sahne legiert.
Sevigné: Cr. Geflügelrahmsuppe, vermischt mit Püree von Kopfsalat, garniert mit Streifen von Kopfsalat und Geflügelklößchen.
Sigurd: P. Püreesuppe von Kartoffeln und Tomaten, garniert mit gewürfelten grünen Paprikaschoten und Geflügelklößchen.

Silber: P. argenté: Wie Parmentier, garniert mit Tapioka.
Simone: Cr. Püreesuppe von weißen Bohnen, vermischt mit Rahm, garniert mit kleingewürfelten Gemüsen.
Sizilianische: 1. P. à la sicilienne: Püreesuppe von Tomaten mit Tapioka, garniert mit gerösteten Weißbrotwürfeln;
2. Cr. Püree von Froschkeulen, vermischt mit leichter Béchamel und Rahm, gewürzt mit Weißwein, Zitronensaft und Cayennepfeffer.
Soissoner: Cr. à la soissonnaise: Rahmsuppe von weißen Bohnen, garniert mit Kerbelblättchen.
Solferino: P. Püreesuppe von Karotten, Kartoffeln, Tomaten und Lauch, mit Butter verfeinert, garniert mit kleinen Kartoffelkugeln und in Rauten geschnittenen grünen Bohnen.
Soubise: siehe Zwiebelsuppe
Spanische: Cr. espagnole: Tomatenpüree, vermischt mit Rahmsuppe von Reis und Zwiebeln, garniert mit Reis.
Spargel: Cr. d'asperges: Weiße Rahmsuppe von Spargel und Reis, garniert mit weißen Spargelklößköpfen.
Sport: P. Gesundheitssuppe, garniert mit geschmolzenen Sauerampferstreifen, Fadennudeln und Kerbelblättchen.
Steward: Püreesuppe von Linsen, Rebhuhn, Schinken und Kräutern, garniert mit Rebhuhnklößchen.
Stiftsfrauenart: V. à la chanoinesse: Fischvelouté, mit Krebsbutter vervollständigt, garniert mit Scheiben von pochierten Fischmilchern.
Sultan: Cr. sultane: Rahmsuppe von Geflügel mit Mandelmilch, vermischt mit Pistazienbutter, garniert mit halbmondförmigen Geflügelklößchen, dekoriert mit Trüffelsternen.
Surette: Cr. Geflügelrahmsuppe, garniert mit geschmolzenen Sauerampferstreifen; kleine Mundbissen mit grünen Spargelspitzen nebenbei serviert.
Susanne: Cr. Suzanne: Rahmsuppe von grünen Gurken, vermischt mit Püree von frischen Erbsen, garniert mit grobgehacktem, hartgekochtem Eigelb.
Suzette: V. Velouté von Champignons, vermischt mit Püree von Brunnenkresse, garniert mit zu Rauten geschnittenen grünen Bohnen.
Suzon: Cr. Rahmsuppe von frischen grünen Erbsen, garniert mit kleinem verlorenen Ei; beim Servieren mit einem Löffel ungesüßter Schlagsahne bedeckt.

Tegethoff: Pr. Püreesuppe von frischen grünen Erbsen, garniert mit weißen Spargelköpfen.
Theresa: V. Thérèse: Püree von weißen Bohnen, vermischt mit Kalbsvelouté, garniert mit Tapioka und Julienne von Lauch.
Tiroler: P. à la tyrolienne: Püree von grünen Erbsen, Kopfsalat, Sauerampfer und frischer Gurke, garniert mit Würfelchen von geröstetem Graubrot.
Tomaten-, Amerikanische: Cr. de tomates à l'américaine: Tomatenrahmsuppe, vermischt mit Bisque von Krebsen, garniert mit Tapioka.
  Chicago: P. Tomatensuppe, garniert mit Sago, gehacktem Estragon und Kerbel.
  mit Nudeln: Tomatensuppe, garniert mit feinen Nudeln.
Toulouser: V. à la toulousaine: Geflügelvelouté mit Champignonessenz, garniert mit Geflügelklößchen, gewürfelter Gänseleber, Trüffeln, Hahnenkämmen und -nieren.
Tourer Art: P. à la tourangelle: Püreesuppe von weißen Bohnen und grünen Bohnenkernen zu gleichen Teilen, garniert mit gewürfelten grünen Bohnen und kleinen grünen Bohnenkernen.
Trouviller Art: V. à la trouvillaise: Feine Fischvelouté, mit Garnelenbutter aufmontiert, garniert mit Garnelenschwänzchen.
Turenne: P. Parmentiersuppe, garniert mit kleinen Würfeln von gekochtem, magerem Speck.

Valois: Pr. Püreesuppe von Fasan, garniert mit Fasanenklößchen und grünen Erbsen.
Van Duzer: P. Tomatenpüreesuppe, garniert mit Perlgraupen.
Véfour: Cr. Geflügelrahmsuppe, vermischt mit Tomatenpüree, garniert mit Tapioka und Geflügelklößchen.
Velours: siehe Samtsuppe
Venezianische: Cr. à la vénitienne: Geflügelrahmsuppe, garniert mit winzigen Raviolis, gefüllt mit Spinat.
Verneuil: Pr. Püree von frischen grünen Erbsen, vermischt mit Gerstenrahmsuppe, garniert mit gewürfeltem Eierstich und Würfelchen von Karotten und Champignons.
Vert-pré: Cr. Püree von Spinat und Kartoffeln, vervollständigt mit Rahm, garniert mit gerösteten Weißbrotwürfelchen und Kerbelblättchen.
Victoria: V. Fischvelouté, vermischt mit Reiscremesuppe, Tomaten- und Hummerpüree, garniert mit gerösteten Weißbrotwürfeln.
Villageoise: siehe dörfliche Suppe
Villars: Püreesuppe von halb Artischocken und halb grünen Bohnenkernen mit Zwiebeln, garniert mit gerösteten Weißbrotwürfeln.
Vintimille: P. Bisque von Krebsen, garniert mit Tapioka und Krebsschwänzen.
Vivian: Cr. Viviane: Geflügelrahmsuppe, garniert mit gewürfelten Artischockenböden, Trüffeln und Karotten.
Voisin: Geflügelrahmsuppe, garniert mit kleingewürfelten Frühlingsgemüsen, grünen Bohnen und Erbsen.
Vuillemot: P. Püreesuppe von weißen Bohnen, mit Rahm und Butter vervollständigt, garniert mit Reis und Streifen von Sauerampfer.

Waldèze: P. Püreesuppe von frischen Tomaten, verdickt mit Tapioka, garniert mit gewürfelten Tomaten; geriebener Parmesankäse nebenbei serviert.
Washington: Cr. Rahmsuppe von jungem Mais, gewürzt mit Portwein und Whisky, garniert mit jungen Maiskörnern.
Weinkenner: Cr. des gourmets: Braune Wildsuppe, vermischt mit Fasanen- und Gänseleberpüree, verfeinert mit Rahm, gewürzt mit Portwein, garniert mit Streifen von Fasanenbrust und Fasanenklößchen.
Weiße Dame: V. Dame Blanche: Geflügelvelouté, gewürzt mit Mandelmilch, garniert mit gewürfeltem Hühnerfleisch und Hühnerklößchen.
Wellington: P. Püree von Knollensellerie, vermischt mit Velouté, garniert mit Reis.
Wild: P. de gibier: Geröstete Wildknochen und -abgänge mit Mirepoix, mit Mehl bestäubt und angeröstet, verkocht mit braunem Fond, Gewürzen und Rotwein und langsam ausgekocht oder mit Linsen anstelle der Mehlbindung. Passiert, garniert mit gerösteten Weißbrotwürfelchen.
Wilhelmina: Cr. Wilhelmine: Rahmsuppe von Geflügel und Reis, garniert mit grünen Spargelspitzen und Julienne von Trüffeln und Karotten.
Windham: P. Püreesuppe von jungem Mais, mit Tapioka gebunden, garniert mit Reis.
Windsor: P. Velouté von Reismehl, mit kräftigem Kalbsfond verkocht, gewürzt mit Schildkrötenkräutern, garniert mit Geflügelklößchen mit Püree von hartgekochtem Eigelb und Julienne von Kalbsfüßen.
Winzer: P. vigneronne: Püreesuppe von Kürbis, weißen Bohnen und Lauch, verkocht mit Rotwein, garniert mit gerösteten Schwarzbrotwürfeln.
Woronzow: Cr. Geflügelrahmsuppe, vermischt mit Gänseleberpüree, gewürzt mit Madeira, garniert mit Julienne von Karotten und Bleichsellerie sowie winzigen Raviolis, gefüllt mit Gänseleberpüree.

Xavier: V. Geflügelvelouté, vermischt mit Reiscreme, garniert mit gewürfeltem Hühnerfleisch und Eierstich.

Yvette: Fischvelouté, vermischt mit Hummerpüree, vervollständigt mit Rahm, garniert mit Fischklößchen, gewürfeltem Hummer und Trüffel.

Zarenart: P. du tsar: Gebundene Suppe von Haselhuhn mit Trüffelessenz, vermischt mit Gänseleberpüree, gewürzt mit Madeira, garniert mit Trüffeljulienne.

Zarinart: V. à la tsarine: Püree von Haselhuhn, vermischt mit Velouté von Knollensellerie, garniert mit grober Julienne von Knollensellerie.

Ziegenhirten: Pr. à la chevrière: Püreesuppe von Kartoffeln, Lauch, Kopfsalat, Sauerampfer und Kräutern, garniert mit kleinen, gewürfelten, gebratenen Kartoffeln.

Zwiebel: V. Soubise: Zwiebelpüree, vermischt mit Kalbsvelouté, legiert, garniert mit gerösteten Weißbrotwürfelchen.

Kaltschalen und kalte süße Suppen

Ananas-Kaltschale: Frische, geschälte Ananas gerieben, mit Zucker vermischt, aufgekocht, zugedeckt, zum Durchziehen gestellt, durchgestrichen, vermischt mit Weißwein, stark gekühlt, garniert mit kleinen Ananasscheibchen mit Zucker und Zitronensaft mazeriert.

Apfel-Kaltschale: Geschälte, entkernte, in Scheiben geschnittene Äpfel, mit Zucker und wenig Wasser gekocht, durchgestrichen, nach dem Auskühlen mit Weißwein vermischt, garniert mit in Läuterzucker pochierten Apfelwürfeln und aufgequollenen kernlosen Rosinen.

Aprikosen-Kaltschale: Reife Aprikosen entkernt, kleingeschnitten, mit Puderzucker mazeriert, einige der Mandeln gebrüht, abgezogen, gestoßen, zusammen mit den Früchten in wenig Läuterzucker pochiert, durchgestrichen, mit Weißwein vermischt, mit einigen Aprikosenscheiben garniert.

Bier-Kaltschale: Weißbier mit Stangenzimt, Zitronenschale, Zucker, Prise Salz und Zitronensaft aufgekocht, sehr leicht mit Stärkemehl gebunden, passiert, sehr kalt serviert.

Erdbeer-Kaltschale: Walderdbeeren, durch ein Sieb gestrichen, mit Puderzucker gesüßt, vermischt mit Weißwein, garniert mit Walderdbeeren. Kann auch mit kleinen aromatischen Gartenerdbeeren bereitet werden.

mit Schaumklößchen: Wie oben, jedoch mit aromatischen Gartenerdbeeren bereitet, mit winzigen pochierten Schnee-Eiern garniert.

Flieder-Kaltschale: Heiße, mit Vanille und wenig Zimt aromatisierte Milch, über Holunderblüten gegossen, nach kurzem Durchziehen passiert, mit Eigelb legiert, gut gekühlt, mit zerbröckelten Löffelbiskuits bestreut serviert.

Hagebuttensuppe: Getrocknete, eingeweichte Hagebutten, abgebrüht, mit Zitronenschale, Zimt, Zucker und Prise Salz gekocht, mit Zwieback leicht gebunden, durchgestrichen, mit Weißwein vermischt, aufgekocht, mit Eigelb legiert, mit etwas Butter verfeinert, heiß oder kalt mit Makrönchen serviert.

Hamburger Apfelsuppe: Geschälte, in Scheiben geschnittene Äpfel, in wenig Wasser mit Zitronenschale, Zimt, Zucker, geriebenen Mandeln und zerdrücktem Zwieback gekocht, passiert, mit Apfelwein aufgekocht, mit Butter vervollständigt, mit gerösteten Weißbrotwürfelchen garniert.

Himbeer-Kaltschale: Himbeeren, in kräftigem, kaltem Läuterzucker mazeriert, durchgestrichen, mit Weißwein vermischt, mit Zitronensaft gewürzt, mit gezuckerten Himbeeren garniert.

Johannisbeeren-Kaltschale: Rote Johannisbeeren, in Läuterzucker gekocht, durchgestrichen, mit Weißwein vermischt, garniert mit Johannisbeeren; Löffelbiskuits nebenbei serviert.

Kirschen-Kaltschale: Weichselkirschen, mit einigen der Kerne gestoßen, mit leichtem Läuterzucker verkocht, durchgestrichen, gekühlt, mit Weißwein vervollständigt, mit entkernten, in Läuterzucker pochierten Kirschen garniert.

Mandel-Kaltschale: Geriebene süße und einige bittere Mandeln, mit heißer Milch übergossen, zum Ausziehen gestellt, durch ein Tuch gedrückt, gesüßt, mit Eigelb legiert, stark gekühlt, mit Suppenmakronen garniert.

Melonen-Kaltschale: Aromatisches, rohes Melonenfleisch, durch ein Sieb gestrichen, mit Zucker und Weißwein vermischt, mit Zitronensaft gewürzt, mit gewürfelter Melone, mit Zucker und Zitronensaft mazeriert, garniert.

Orangen-Kaltschale: Abgeriebene Orangenschale in wenig Läuterzucker zum Ausziehen gestellt, passiert, mit Orangensaft und Weißwein vermischt, mit feiner, blanchierter, in Julienne geschnittene Orangenschale und Orangenfilets garniert.

Pfirsich-Kaltschale: Reife, geschälte Pfirsiche, in Scheiben geschnitten, zusammen mit einigen gestoßenen, geschälten Kernen in Läuterzucker mazeriert, durchgestrichen, mit Weißwein vermischt, stark gekühlt, mit geschälten, in Zitronensaft und Zucker mazerierten Pfirsichscheiben garniert.

Reis-Kaltschale: Wie Kirschen-Kaltschale bereitet, garniert mit gekochtem, kaltem Reis anstelle von Kirschen.

Sago-Kaltschale: Sago, in halb Wasser und halb Weißwein gekocht, mit Zitronenschale und Zimt gewürzt, gesüßt, passiert, mit Zitronensaft abgeschmeckt, stark gekühlt.

Stachelbeer-Kaltschale: Grüne, noch unreife Stachelbeeren in vanilliertem Läuterzucker gekocht, durchgestrichen, mit Weißwein vermischt, stark gekühlt; Löffelbiskuits nebenbei serviert.

Wein-Kaltschale: Abgeriebene Zitronenschale, mit heißem Läuterzucker übergossen, nach dem Erkalten mit naturreinem Weißwein vermischt, durch ein Tuch passiert, garniert mit entkernten, geschälten Zitronenscheiben und zuletzt mit Suppenmakrönchen.

suppe: Zitronenschale und Zimt, mit halb Wasser und halb Weißwein aufgekocht, gesüßt, passiert, mit Eigelb vermischt, mit Mandelmilch legiert, stark gekühlt. Für Diabetiker mit Süßstoff gesüßt.

Eierspeisen

Englisch: Egg Dishes
Französisch: Plats d'œufs
Italienisch: Piatti d'uova
Spanisch: Platas de huevos

Einfache Eiergerichte serviert man zum ersten Frühstück, reich garnierte oder komplizierte Eierspeisen bleiben dem zweiten Frühstück (Déjeuner, Luncheon, Mittagessen) vorbehalten. Zuweilen serviert man sie auch zum Souper, doch ist es gastronomisch falsch, sie zur Hauptmahlzeit (Diner) aufzutragen.

Eierspeisen sollten niemals direkt auf Silber gargemacht oder serviert werden, da die Platte schwarz anläuft. Man verwendet hierzu feuerfeste Eierplatten aus Porzellan oder Glas.

Allgemeine Klassifizierung

1. **Rühreier:** Œufs brouillés: Butter in einer flachen Kasserolle (Plat à sauter) schmelzen lassen. Die geschlagenen Eier mit Salz und Pfeffer würzen, etwas süße Sahne beifügen, in die Kasserolle geben und bei mäßiger Hitze rühren, bis sie Bindung haben; sie sollen weichgehalten werden und die Konsistenz einer dicken holländischen Sauce haben. Zum Schluß noch ein Stückchen Butter darunterrühren.
2. **Eier in Näpfen, Tiegeln:** Œufs en cocottes: Kleine feuerfeste Porzellannäpfchen (Kokotten) mit Butter fetten oder mit Farce oder anderem ausstreichen oder ausfuttern. Ein rohes Ei hineinschlagen, würzen, in ein flaches Wasserbad stellen und auf dem Herd oder im Ofen garziehen lassen. Je nach Größe 4–5 Minuten pochieren.
3. **Wachsweiche Eier:** Œufs mollets: In der Schale je nach Größe 5 bis 6 Minuten kochen, unter fließendem Wasser auskühlen, schälen und nach Bedarf kurz in Salzwasser warm machen, jedoch nicht mehr kochen lassen.
4. **Weichgekochte Eier:** Œufs à la coque: In siedendem Wasser je nach Größe 3–4 Minuten kochen und in der Schale servieren.
5. **Hartgekochte Eier:** Œufs durs: Eier in der Schale in siedendem Wasser je nach Größe 8–10 Minuten kochen, unter fließendem Wasser abkühlen und schälen.
6. **Gefüllte Eier:** Œufs farcis: Hartgekochte, geschälte Eier der Länge nach oder quer durchschneiden, das Gelbe entfernen, mit Farce, Püree u.a.m. vermischen, füllen und nach Angabe verarbeiten.
7. **Kalte Eier:** Œufs froids: Hartgekochte, wachsweiche oder pochierte, kalte Eier, je nach Art, füllen, mit Mayonnaise oder kalter Sauce überziehen, mit Gelee überglänzen, in Tarteletts, auf Croutons usw. füllen oder setzen, nach Vorschrift garnieren.
8. **Gebackene Eier:** Œufs frits: Etwas Öl in Stielpfanne erhitzen, Pfanne etwas schräg halten, rohes Ei hineinschlagen, das Weiße würzen, mit zwei Holzlöffeln zusammenschlagen, damit die Form gewahrt bleibt, und backen; das Innere muß weich bleiben. Auf einem sauberen Tuch entfetten und leicht würzen.

9. **Setzeier, Spiegeleier:** Œufs au plat, œufs miroir: Für Setzeier die Eier in heiße Butter in Stielpfanne schlagen, nur das Weiße würzen, auf dem Herd anziehen lassen und im Ofen fertigmachen. Für Spiegeleier die Eier in eine gebutterte Eierplatte schlagen, nur das Weiße würzen, auf dem Herd anziehen lassen, dann im Ofen fertigmachen, bis das Gelbe mit einem leichten Schleier überzogen ist. Eigelb und etwas Eiweiß müssen weich bleiben.
10. **Pochierte Eier, verlorene Eier:** Œufs pochés: Flache Kasserolle (Plat à sauter) mit Wasser nicht ganz füllen, guten Schuß Essig beifügen. Wasser zum Kochen bringen, die Eier sorgfältig hineinschlagen, damit sie nicht entzweigehen. Nicht zuviel Eier auf einmal in das Wasser geben. Nach dem Aufkochen Kasserolle beiseite ziehen und die Eier bei Siedehitze 4–5 Minuten ziehen lassen; das Gelbe muß weich bleiben. Nach dem Garwerden sofort mit Schaumlöffel herausnehmen und in Eiswasser legen. Eier sauber parieren und nach Bedarf in heißem Salzwasser erwärmen, aber nicht mehr kochen lassen. Vor dem Servieren gut auf Tuch abtropfen lassen.
11. **Geformte Eier:** Œufs moulés: Kleine Förmchen oder Porzellannäpfchen mit Butter ausstreichen und in jedes ein Ei einschlagen. Das Eiweiß leicht salzen und die Förmchen in einen Behälter mit heißem Wasser stellen, um die Eier wie Eier in Näpfchen zu pochieren. Die Förmchen können vor dem Einschlagen der Eier auch dekoriert und mit Farce ausgestrichen werden. Vor dem Stürzen kurze Zeit ruhen lassen, in Tarteletts füllen oder auf Croutons setzen und nach Wunsch garnieren und mit Sauce bedecken.
12. **Omelette:** Eier mit einigen Tropfen Milch oder Rahm schlagen und mit Salz und Pfeffer würzen, durch ein Sieb passieren. Wenig Butter in Omelettepfanne heiß machen, Eier hineingeben und bis zur Bindung rühren. Unterteil kurz anziehen, doch keine Farbe nehmen lassen; Mitte muß weich bleiben. Die hintere Seite mit Gabel nach vorn überklappen, durch Schläge auf Pfannenstiel auch Vorderseite überschlagen und auf die Platte umgekehrt gleiten lassen. Oberfläche mit einem Stückchen Butter überglänzen. Da eine Omelette kein Mehl enthält, ist der Ausdruck Eierkuchen unrichtig.

1. Rühreier – Œufs brouillés

Admiralsart: Œufs brouillés à l'amiral: Vermischt mit gewürfeltem Hummerfleisch, umkränzt mit Hummersauce.
Antoine: Vermischt mit gewürfeltem, gebratenem Speck, gehackten Kräutern und Kapern, übergossen mit brauner Butter.
auf arlesische Art: à l'arlésienne: Vermischt mit in Butter gebratenen, gewürfelten Eierfrüchten und gewürfelten Tomaten.
d'Aumale: Vermischt mit gewürfelten, gedünsteten Tomaten, Mitte mit gewürfelter, sautierter Kalbsniere, mit Madeirasauce gebunden, gefüllt.
Balzac: Vermischt mit gewürfelter Pökelzunge und Trüffeln, garniert mit kleinen, runden Croutons maskiert mit Zwiebelpüree; Kranz von tomatierter Demiglace rundherum.
à la batelière: siehe auf Flußschifferart
Belly: Vermischt mit gebratenen Speckwürfeln und gehacktem Schnittlauch, umkränzt mit Demiglace.
Benclan: Vermischt mit Würfelchen von grünen und roten Paprikaschoten in Butter gedünstet, bestreut mit gehackten Trüffeln.
à la bonne femme: siehe auf Hausfrauenart
Bordelaiser Art: à la bordelaise: Vermischt mit gewürfelten, sautierten Champignons, garniert mit dreieckigen, gebratenen Croutons, umkränzt mit Bordelaiser Sauce.

Rühreier bourguignonne . . . **mit feinen Kräutern**

à la bourguignonne: siehe auf Burgunder Art
Brasilianische Art: à la brésilienne: Vermischt mit kurzer Julienne von roten Paprikaschoten, gefüllt in flache Blätterteigpastete, umkränzt mit Tomatensauce mit gehacktem Schinken vermischt.
Bresser Art: à la bressanne: Garniert mit gewürfelten, sautierten Geflügellebern und Trüffelscheiben, umkränzt mit Demiglace.
mit Brotkrüstchen: aux croûtons: Vermischt mit gewürfeltem, geröstetem Weißbrot.
auf Burgunder Art: à la bourguignonne: Vermischt mit grobgehackten, gedünsteten Schnecken, gewürfeltem, gebratenem Speck, zerdrücktem Knoblauch, gehackter Petersilie und frischen gehackten Haselnüssen.

Cambridgeart: Vermischt mit gewürfeltem Hummerfleisch, Champignons und grünen Paprikaschoten, umkränzt mit Rahmsauce.
Carême: Vermischt mit Salpicon von Gänseleber, Huhn und Trüffeln, in der Mitte Gänseleber- und Trüffelscheiben, umkränzt mit gebundener Kalbsjus; zuweilen in flache Blätterteigpastete dressiert.
Carnot: Vermischt mit Hahnenkämmen und Champignons, garniert mit Hahnennieren, umkränzt mit Demiglace.
Chalonsart: à la chalonnaise: Garniert mit Hahnenkämmen und -nieren, umkränzt mit Rahmsauce.
Chambord: Auf gebratenen Scheiben von Eierfrüchten dressiert, mit Demiglace umkränzt.
mit Champignons: aux champignons: Vermischt mit gewürfelten oder in Scheiben geschnittenen, gebratenen Champignons, umkränzt mit Demiglace.
Chantilly: siehe mit Schlagrahm
auf Chatilloner Art: à la Châtillon: Vermischt mit gebratenen Champignonscheiben, ein Sträußchen gebackene Petersilie in der Mitte, garniert mit Blätterteigfleurons.
Crispi: Vermischt mit gewürfelten, geschmolzenen Tomaten und gerösteten Weißbrotwürfelchen.

Divette: Vermischt mit gewürfelten Krebsschwänzchen und grünen Spargelspitzen, ganze Krebsschwänze in der Mitte, umkränzt mit Nantuasauce.
Don Juan: Vermischt mit gehackten grünen Paprikaschoten, garniert mit Streifen von Sardellenfilets, umkränzt mit Madeirasauce.

Eierrösti: Gewürfeltes Weißbrot, in Milch geweicht, verrührt, vermischt mit warmer Butter und geschlagenen Eiern, gewürzt, wie Rührei bereitet (schweizerisch).
Elliot: In Risottorand angerichtet, mit Madeirasauce umkränzt.
Elvira: Vermischt mit gewürfelten Trüffeln, gefüllt in flache Blätterteigpastete, garniert mit gebratener Gänseleber, nappiert mit Paprikasauce, grüne Spargelspitzen in der Mitte.
auf Epikuräerart: à l'épicurienne: Vermischt mit gewürfelter Gänseleberpastete, Trüffeln und Champignons, umkränzt mit Demiglace.
Erzherzoginart: à l'archiduchesse: 1. Vermischt mit Salpicon von Schinken und Champignons, gewürzt mit Paprika, obenauf ein Bukett grüner Spargelspitzen;
2. wie oben, aber gefüllt in Kartoffelkroketten in Nestform, die Spargelspitzen obenauf; umgossen mit Paprikasauce.
Esau: Esaü: Vermischt mit gebratenen Speckwürfeln, dressiert auf Linsen, umkränzt mit Demiglace.
à l'espagnole: siehe auf spanische Art
mit feinen Kräutern: aux fines herbes: Vermischt mit gehackter Petersilie, Kerbel, Schnittlauch und wenig Estragon.

Figaro: Garniert mit Wurstscheibchen, umkränzt mit Montebellosauce.
aux fines herbes: siehe mit feinen Kräutern
Flußschifferart: à la batelière: Vermischt mit gehacktem Schnittlauch, gefüllt in mit Seezungenpüree ausgestrichene Tarteletts.
aux foies de volaille: siehe mit Geflügellebern

mit Garnelen: aux crevettes: Vermischt mit Garnelenschwänzchen, umkränzt mit Garnelensauce.
mit Geflügellebern: aux foies de vollaile: Garniert mit gewürfelten, sautierten Geflügellebern, mit Madeirasauce gebunden, umkränzt mit Madeirasauce.
Georgette: Vermischt mit gewürfelten Krebsschwänzen und etwas Krebscoulis, gefüllt in gebackene, ausgehöhlte Kartoffeln.
Gordon: Vermischt mit Trüffeln, gefüllt in flache Blätterteigkrustade, garniert mit pochierten Scheiben Rindermark, leicht mit Chateaubriand-Sauce umkränzt.
auf Gräfinart: à la comtesse: vermischt mit Garnelenschwänzchen, garniert mit grünen Spargelspitzen, umkränzt mit Demiglace.
Graziella: Einfaches Rührei, gefüllt in große, ausgehöhlte Brioche, sautierte Champignonscheibe in der Mitte, umkränzt mit gebratenen Scheiben von Kalbsniere.
Großmuttersart: à la grand'mère: Vermischt mit gehackter Petersilie und gerösteten Weißbrotwürfelchen.

Hamburger Art: à la hamburgeoise: Vermischt mit enthäuteten, entgräteten, gewürfelten, in Butter sautierten Bücklingen.
Hangtown Fry: Vermischt mit gebratenen Speckwürfeln und gebratenen Austern (Vereinigte Staaten).
Hausfrauenart: à la bonne femme: Vermischt mit gerösteten Weißbrotwürfelchen, umkränzt mit Demiglace.
Héloise: Vermischt mit Streifen von Pökelzunge, Huhn und Champignons, umkränzt mit Tomatensauce.
mit Hummer: à l'homard: Mitte garniert mit gewürfeltem Hummer in Hummersauce.
Huysmans: Vermischt mit gewürfelten Champignons und Artischockenböden, gefüllt in flache Blätterteigkrustade, garniert mit gebratenen Scheiben Kalbsniere leicht mit Madeirasauce maskiert.

auf italienische Art: à l'italienne: Gefüllt in Risottorand, vermischt mit gewürfelten Tomaten, umkränzt mit Tomatensauce.

Jérôme: Flache Blätterteigkrustade, halbvoll mit Wildhaschee gefüllt, hoch mit Rührei bedeckt.
Joinville: Vermischt mit gewürfelten Garnelen, Champignons und Trüffeln, gefüllt in flache Blätterteigpastete, garniert mit Garnelen, einer Trüffelscheibe und einem gerieften Champignonkopf.

von Kiebitzeiern, Frühlingsart: Œufs de vanneau à la printanière: Vermischt mit gewürfelten Trüffeln, gefüllt in flache Blätterteigkrustade, bedeckt mit Morchelpüree, bestreut mit gehackter Petersilie.
Königin Hortense: à la reine Hortense: Vermischt mit gewürfeltem Hummerfleisch und Champignons, garniert mit kleinem Becher von Pilawreis vermischt mit gewürfelten grünen Paprikaschoten und grünen Erbsen, umkränzt mit Hummersauce.
Margot: à la reine Margot: Rührei, mit Mandelbutter vervollständigt, in Tarteletts gefüllt, umgossen mit Streifen Velouté mit Pistazienbutter montiert.

à la laitière: siehe auf Milchmädchenart
Lesseps: Garniert mit gebratenen Scheiben von Kalbshirn, übergossen mit brauner Butter.
Leuchtenberg: Vermischt mit gehacktem Schnittlauch, ein Löffelchen Kaviar in der Mitte.
Lucullus: Vermischt mit gewürfelten Trüffeln, garniert mit Trüffelscheiben, umgossen mit Demiglace.

Madrider Art: à la madrilène: Rührei, mit Rahm bereitet, vermischt mit gewürfelten, geschmolzenen Tomaten.
Magda: Vermischt mit gehackten Kräutern, Senf und geriebenem Parmesan, garniert mit gerösteten, hahnenkammförmigen Weißbrotcroutons.
Manon: Vermischt mit gehackten Champignons und Trüffeln, gefüllt in pochierte, nestförmige Tarteletts aus Hühnerfarce, umgossen mit getrüffelter Veloutésauce.
Marie: Vermischt mit geriebenem Parmesan, gefüllt in Blätterteigpastete, bestreut mit gehackter Trüffel.
Marivaux: Vermischt mit gehackter Trüffel, geriefter Champignonkopf in der Mitte, umlegt mit Champignonscheiben, rundherum ein Streifen Fleischglace.
Mary: Vermischt mit gehackten Trüffeln und roter Paprikaschote, gefüllt in Blätterteigpastete.
Maurische Art: à la mauresque: Vermischt mit gehackter, angebratener Wurst und Schinken.
Mercédès: Vermischt mit gehacktem Schnittlauch, gefüllt in flache, ausgehöhlte Brioche, deren Boden mit in Öl sautierten Tomatenwürfeln bedeckt worden ist; rundherum etwas Tomatensauce.
Mexikanische Art: à la mexicaine: Vermischt mit gewürfelter, grüner Paprikaschote, umkränzt mit Tomatensauce.
Mezerai: Garniert mit halben grillierten Lammnieren und Trüffelscheiben, umkränzt mit Trüffelsauce.
Milchmädchenart: à la laitière: Vermischt mit geriebenem Emmentaler Käse, gehacktem Schnittlauch, Petersilie und Kerbel.
Monaco: à la monégasque: Garniert mit Hummerscheiben, maskiert mit Hummersauce.
Montbarry: Vermischt mit gewürfelten Champignons, Trüffeln und Spargel, serviert auf Reis, vermischt mit geriebenem Parmesan- und Emmentaler Käse.

Nantaiser Art: à la nantaise: Dressiert auf in Öl gebratenen Weißbrotscheiben, belegt mit Sardinenscheiben.
Nantua: Vermischt mit gewürfelten Krebsschwänzen und Trüffeln, garniert mit Trüffelscheiben, umgossen mit Nantuasauce.
Normannische Art: à la normande: Garniert mit entbarteten, steifgemachten Austern, umkränzt mit normannischer Sauce.
Norwegische Art: à la norvégienne: Angerichtet auf Toast, bestrichen mit Sardellenbutter, garniert mit Streifen von Sardellenfilets.

Opéra: Vermischt mit gewürfelten, sautierten Geflügellebern, garniert mit Spargelspitzen, umgossen mit gebutterter Kalbsjus.
Orientalische Art: à l'orientale: Vermischt mit gewürfelten Tomaten, mit gehackten Zwiebeln geschmolzen, und gewürfelten grünen Paprikaschoten, garniert mit runden Croutons bestrichen mit Zwiebelpüree, umkränzt mit einem Streifen Fleischglace.
Orlow: à l'Orloff: Vermischt mit Krebsschwänzen, gefüllt in Eiernäpfchen, Trüffelscheibe in der Mitte.
Ostender Art: à l'ostendaise: Vermischt mit entbarteten, steifgemachten Austern, umgossen mit Austernsauce.

Pantheon: Vermischt mit gewürfelten, sautierten Geflügellebern und Champignons, garniert mit Fleurons, umgossen mit Trüffelsauce.
Parmentier: Mitte garniert mit kleingewürfelten, gerösteten Kartoffeln in Fleischglace und Petersilie geschwenkt.
mit Parmesan: au parmesan: Vermischt mit geriebenem Parmesankäse, bestreut mit gehackter Petersilie.
Paulus: Garniert mit gewürfelten, sautierten Tomaten und grünen Paprikaschoten.
Portugiesische Art: à la portugaise: Vermischt mit geschmolzenen Tomaten, sautierte, geschälte Tomatenviertel in der Mitte, umgossen mit Tomatensauce.
Prinzessinart: à la princesse: Vermischt mit kleingeschnittenen grünen Spargelspitzen, Bündelchen grüner Spargelköpfchen in der Mitte, garniert mit Trüffelscheiben, umgossen mit Rahmsauce.
Marie: Vermischt mit gewürfelten Trüffeln und Parmesankäse, serviert in Blätterteigkrustade oder Eiernäpfchen.
auf provenzalische Art: à la provençale: Vermischt mit gewürfelten Tomaten, Spur Knoblauch und gehackter Petersilie.

Rachel: Vermischt mit gewürfelten Trüffeln und kleingeschnittenen grünen Spargelspitzen, garniert mit Trüffelscheiben, umkränzt mit Demiglace.
Ranhofer: Gefüllt in Artischockenböden, belegt mit pochierter Scheibe Rindermark, maskiert mit Burgundersauce.
Raspail: Rührei mit Rahm, vermischt mit gewürfeltem Knollensellerie und geschmolzenen Tomaten.
Römische Art: à la romaine: Vermischt mit gehackten Sardellenfilets, Spur Knoblauch und grobe Julienne von Spinat, umkränzt mit tomatierter Demiglace.
Rothschild: Vermischt mit Krebscoulis, Mitte Bündelchen grüne Spargelspitzen, umkränzt mit Krebsschwänzen und Trüffelscheiben, umrandet mit Nantuasauce.
nach Art der Rôtisserie Périgourdine: Vermischt mit gewürfelten Trüffeln, gefüllt in flache Blätterteigkrustade, garniert mit Scheiben von in Burgunder gekochten Trüffeln, bedeckt mit gebutterter Burgundersauce.
Rotraud: Vermischt mit etwas Krebscoulis, Sträußchen Spargelspitzen in der Mitte, garniert mit Krebsschwänzen und Trüffelscheiben, umkränzt mit Krebssauce.

Saint-Denis: Gefüllt in große, geröstete Champignonköpfe, umgossen mit Rotweinsauce.
Salamanca: Salamanque: Vermischt mit gewürfelten Trüffeln, gefüllt in Artischockenböden, bedeckt mit Mornaysauce, glaciert.
Sans-gêne: In Artischockenböden gefüllt, belegt mit pochierter Rindermarkscheibe, maskiert mit Burgundersauce, bestreut mit gehackter Petersilie.
Saragossa: Vermischt mit gewürfeltem, gebratenem Schinken, garniert mit dicken, gebratenen Bananenscheiben und Maiskroketten, umkränzt mit Tomatensauce.
Sarah Bernhardt: Garniert mit Trüffelscheiben, Hahnenkämmen und -nieren, umkränzt mit Rahmsauce.
mit Sardellen: aux anchois: Vermischt mit gehackten, gewässerten Sardellen, garniert mit Streifen von Sardellenfilets.
Schinkel: Vermischt mit Streifen von Schinken, Champignons und Artischockenböden, dressiert in Blätterteigrand, mit Krebsbutter betropft, umkränzt mit gebutterter Fleischglace.
mit Schinken: au jambon: Vermischt mit kleingewürfeltem, gekochtem Schinken.
mit Schlagrahm: Chantilly: Vermischt mit geschlagenem, ungesüßtem Rahm, bestreut mit gehacktem Schnittlauch.

Schweizer Art: à la suisse: Vermischt mit kleingewürfeltem Emmentaler Käse, in Tarteletts gefüllt, mit geriebenem Käse bestreut, gratiniert.
Spanische Art: à l'espagnole: 1. Gefüllt in ausgehöhlte, in Öl gebratene Tomaten, garniert mit gebackenen Zwiebelringen;
2. wie oben, aber bestreut mit Julienne von Paprikaschoten.
mit Spargel: à l'argenteuil: Garniert mit Spargelköpfen, in Butter erhitzt.
mit grünen Spargelspitzen: aux pointes d'asperges: Vermischt mit kleingeschnittenen grünen Spargelspitzen, ein kleines Bündelchen von grünen Spargelköpfen in der Mitte, leicht mit Butter übergossen.
Sultansart: à la sultane: Vervollständigt mit Pistazienbutter, serviert in gebackenem Rand von Herzogin-Kartoffelmasse.
Sylvette: Serviert im Blätterteigtartelett, dessen Boden mit Krebspüree angefüllt ist, garniert mit Trüffelscheibe, umkränzt mit Madeirasauce.

Tartuffe: Vermischt mit gewürfeltem, gebratenem Speck, serviert in flacher Blätterteigkrustade, umgossen mit Trüffelsauce.
mit Tomaten: aux tomates: Vermischt mit gewürfelten, sautierten Tomaten.
Toronto: Dressiert in ausgehöhlte, gebratene Tomaten, nappiert mit dicker Bordelaiser Sauce, bestreut mit geriebenem Käse, rasch gratiniert.
mit Trüffeln: aux truffes: Vermischt mit gewürfelten Trüffeln, garniert mit Trüffelscheiben, umkränzt mit Demiglace.
Türkische Art: à la turque (türk): Gefüllt in halbe gebratene Eierfrüchte, angefüllt mit dem gehackten, gedünsteten Früchtefleisch, Tomaten und Zwiebeln, gewürzt mit Safran.

Urbain Dubois: Vermischt mit gewürfeltem Hummerfleisch, serviert in leeren Hummerscheren, maskiert mit Hummersauce.

Vaucourt: Vermischt mit gewürfelten Trüffeln und grünen Spargelspitzen, dressiert in gebackenem Rand von Herzogin-Kartoffelmasse, garniert mit Trüffelscheiben, umkränzt mit Demiglace.
Vert-pré: Tarteletts, halb mit Spinat- oder Lattichpüree gefüllt, mit Rührei bedeckt, mit gehackten Kräutern bestreut, umkränzt mit Veloutésauce.
Villemain: Vermischt mit gewürfelten Champignons, gefüllt in Blätterteigtarteletts, zuvor mit Geflügelfarce ausgestrichen und an der Ofenöffnung pochiert.

Waldorf: Gefüllt in große, grillierte Champignonköpfe, belegt mit runder Scheibe getrüffelter Gänseleber, umkränzt mit Trüffelsauce.
Walewska: Garniert mit Hummer- und Trüffelwürfeln, gebunden mit Rahmsauce, mit Hummerbutter aufmontiert, umrandet mit der gleichen Sauce.
Westfälische Art: à la westphalienne: Vermischt mit gewürfeltem, gebratenem westfälischen Schinken.

Yvette: Vermischt mit Krebsschwänzen, garniert mit grünen Spargelspitzen, umkränzt mit Nantuasauce.

2. Eier in Näpfchen – Œufs en cocottes

Befehlshaberart: à la commodore: In gebutterten Näpfchen pochiert; bedeckt mit Béarner Sauce.
à la bergère: siehe auf Schäferart
Bonaparte: Pochiert in ausgebutterten Näpfchen, mit gehackten Schnecken ausgestreut; garniert mit Trüffelscheibe, umkränzt mit Sherrysauce.

Bordelaiser Art: à la bordelaise: Boden des Näpfchens mit pochiertem Rindermark belegt; nach dem Garwerden mit Bordelaiser Sauce umkränzt.

Café Anglais: Näpfchen, ausgestrichen mit Geflügelfarce; Ei nach dem Garwerden mit Hummersauce bedeckt.
Carnegie: Ausgestrichen mit Champignonpüree vermischt mit gehackten Paprikaschoten; umkränzt mit Tomatensauce.
mit Chambertin: Ein Löffelchen Chambertin-Sauce in das Näpfchen gegeben und das Ei in der Sauce pochiert.
Cherburger Art: à la cherbourgeoise: Mit leichter Fischfarce ausgestrichen; umkränzt mit Garnelensauce.
Colbert: Näpfchen mit Geflügelfarce, vermischt mit gehackten Kräutern, ausgestrichen; umkränzt mit Colbertsauce.
à la commodore: siehe auf Befehlshaberart

Diana: à la Diane: Mit Wildpüree ausgestrichen; garniert mit Trüffelscheibe, Streifen Salmisauce rundherum.
Diplomatenart: à la diplomate: Boden des Näpfchens mit Scheibe Gänseleber belegt; umgossen mit Tomatensauce.

à l'écossaise: siehe schottische Art
Edison: Mit Geflügelfarce ausgestrichen; umkränzt mit Trüffelsauce.

Florentiner Art: à la florentine: Auf grobgehacktem Blattspinat vermischt mit etwas gehackter Sardelle; mit Rahm übergossen, mit geriebenem Käse bestreut und glaciert.
Försterart: à la forestière: Mit gehackten Morcheln ausgefüttert, ein kleines Scheibchen gebratener Speck auf dem Boden des Näpfchens; nach dem Pochieren mit Wildjus umgossen, das Eigelb mit gehackter Petersilie bestreut.

Gouffé: Mit gehacktem Hirn, vermischt mit gehacktem Schinken und Schnittlauch, ausgestrichen; umkränzt mit Tomatensauce.

mit Hühnerpüree: à la purée de volaille: Ausgestrichen mit Hühnerpüree vermischt mit dicker Geflügelvelouté; Eier mit geriebenem Parmesan bestreut und glaciert.

Italienische Art: Löffelchen italienische Sauce im Näpfchen; bestreut mit geriebenem Parmesan, glaciert.

Johanna: Mit Geflügelpüree, vermischt mit Gänseleber, ausgestrichen; umkränzt mit Geflügelvelouté.
Josefine: Josephine: Mit Champignonpüree ausgestrichen; nappiert mit Mornaysauce, vermischt mit etwas Tomatenpüree.

Karola: Pochiert auf Unterlage von Geflügelfarce mit Champignons und Trüffeln; umkränzt mit Demiglace.
Königinart: à la reine: Pochiert auf Unterlage von Hühnerpüree; umkränzt mit Rahmsauce.
Kubanische Art: à la cubaine: Auf Schicht von feingehacktem Crabmeat; bestreut mit gehackter Petersilie.

Leontine: Pochiert auf Unterlage von Krebs- und Trüffelsalpicon in Rahmsauce; umkränzt mit Tomatensauce.
Lucullus: Pochiert auf Unterlage von Gänseleberpüree; garniert mit Trüffelscheiben, umkränzt mit Madeirasauce.

Magdalena: à la Madeleine: Pochiert auf Unterlage von Geflügelpüree, leicht mit Currypulver gewürzt; umgossen mit Demiglace.
Marly: Pochiert auf Unterlage von haschiertem Kalbfleisch und Champignons; umkränzt mit Demiglace.

Nanziger Art: à la nancéenne: Mit Gänseleberpüree ausgestrichen; garniert mit Trüffelscheiben, bedeckt mit Demiglace.

Pariser Art: à la parisienne: 1. Pochiert auf Unterlage von gehacktem Huhn, Champignons, Schinken und Trüffeln; umkränzt mit Demiglace;
2. ausgestrichen mit Geflügelfarce, vermischt mit Salpicon von Pökelzunge, Champignons und Trüffeln; umkränzt mit Demiglace.
Pavillon: Pochiert auf Unterlage von gehackten Morcheln und Trüffeln in Rahmsauce; garniert mit Trüffel- und Morchelscheiben, bedeckt mit Chateaubriand-Sauce.
Perigorder Art: à la périgourdine: Pochiert auf Scheibchen Gänseleber; umkränzt mit Trüffelsauce.
Portugiesische Art: à la portugaise: Pochiert auf Unterlage von geschmolzenen Tomaten; umkränzt mit Tomatensauce.
Prinzessinart: à la princesse: Pochiert auf Unterlage von Spargelspitzen in Rahmsauce; umkränzt mit Rahmsauce.
Puerto Rico: Pochiert auf Unterlage von gehackten Tomaten und Schinken sowie Spargelspitzen; umkränzt mit Rahmsauce.

mit Rahm: à la crème: Ein Löffelchen Rahm in die Näpfchen gegossen, erhitzt, Eier hineingeschlagen, pochiert; mit dickem Rahm umgossen.
à la reine: siehe auf Königinart
Ribeaucourt: Auf Salpicon von Schinken, Champignons und Trüffeln, mit dicker Demiglace gebunden, pochiert; umkränzt mit Demiglace.
Rossini: Pochiert auf Püree von Gänseleber; umkränzt mit Trüffelsauce.
Roueneser Art: à la rouennaise: Mit Entenleberfarce ausgestrichen; mit Roueneser Sauce umkränzt.

Sagan: Pochiert auf Scheibchen Kalbshirn in Veloutésauce; umkränzt mit Demiglace.
Schäferart: à la bergère: Pochiert auf Unterlage von Salpicon von Hammelfleisch und Moosschwämmchen, notfalls Champignons; umkränzt mit Streifen eingekochter Jus.
Schottische Art: à l'écossaise: Auf Unterlage von gehacktem Schinken, Champignons und Trüffeln; umkränzt mit Tomatensauce.
Soubise: Mit Zwiebelpüree ausgestrichen; umgossen mit einem Streifen Fleischglace.
St. Georg: Saint-George: Pochiert auf Unterlage von Zwiebelpüree, bedeckt mit Rahmsauce, bestreut mit geriebenem Käse, glaciert.
St. Hubertus: Saint-Hubert: Auf Unterlage von Wildpüree pochiert; belegt mit Trüffelscheibe, umkränzt mit Pfeffersauce.
Stiftsdamenart: à la chanonesse: Auf Unterlage von Garnelen- und Trüffelsalpicon in Rahm, umgossen mit Rahmsauce.

Valentino: Valentine: 1. Umkränzt mit gewürfelten Tomaten und Champignons mit gebundener Kalbsjus;
2. pochiert auf Unterlage von dickem Tomatenpüree, vermischt mit gehackten Champignons; umkränzt mit Veloutésauce.
Voltaire: Auf Unterlage von Geflügelhaschee; bedeckt mit Rahmsauce, bestreut mit geriebenem Parmesan, glaciert.

Zigeunerart: à la zingara: Mit Schinkenpüree ausgestrichen; nach dem Garwerden mit großer Champignon- und kleinerer Trüffelscheibe garniert, umkränzt mit tomatierter Demiglace.

3. Wachsweiche Eier – Œufs mollets

Auber: In blindgebackene Tarteletts auf Haschee von Rindfleisch und Champignons gesetzt, mit Madeirasauce überzogen.
Aurora: à l'aurore: In Blätterteigkrustaden gefüllt, nappiert mit Aurorasauce.

Berlioz: Auf Haschee von Wildfleisch und Champignons dressiert, umrandet mit Wildjus.
Bombayer Art: Dressiert auf Reis, bedeckt mit Currysauce.
Bordelaiser Art: à la bordelaise: Auf ovale, leicht ausgehöhlte, mit blanchiertem Rindermark gefüllte Croutons dressiert, bedeckt mit Bordelaiser Sauce.
Brüsseler Art: à la bruxelloise: Gefüllt in ovale Blätterteigkrustaden auf Endivienpüree, nappiert mit weißer Rahmsauce.

Cäcilia: Cécilie: Dressiert auf ovale, ausgehöhlte Croutons, gefüllt mit Spargelpüree; nappiert mit Mornaysauce, mit geriebenem Käse bestreut, glaciert.
Cavour: In Backplatte auf gebutterte Makkaroni dressiert; bedeckt mit Mornaysauce, bestreut mit geriebenem Parmesan, rasch glaciert.
Clélia: Auf Spinatpüree mit Rahm dressiert, mit Mornaysauce bedeckt; bestreut mit geriebenem Käse, glaciert.

Dauphiner Art: à la dauphinoise: In Ei und Weißbrotkrume paniert; in heißem Fett ausgebacken, auf gebackene Petersilie dressiert; Tomatensauce nebenbei serviert.
Dubois: Muschelschale, angefüllt mit Salpicon von Hummer und Trüffeln in Rahmsauce, Ei darauf dressiert; mit Hummersauce bedeckt, mit geriebenem Parmesan bestreut, glaciert.

in weißer Einmachsauce: à la poulette: Dressiert auf ovalen Croutons, nappiert mit Poulettesauce.

Flaubert: In Ei und weißer Brotkrume paniert, in der Fritüre gebacken; dressiert in ovale Blätterteigkrustade auf Salpicon von Muscheln, Hummer und Champignons; holländische Sauce, mit Hummerbutter aufmontiert, nebenbei serviert.

auf Gastronomenart: à la gastronome: Dressiert auf ovale, ausgehöhlte Croutons, mit kleingeschnittenen, gebutterten grünen Spargelspitzen gefüllt; bedeckt mit weißer Rahmsauce, mit Spargelpüree vermischt.
Geschiedene Eier: divorçons: In Blätterteigkrustaden gesetzt; eine Hälfte mit weißer Rahmsauce nappiert und mit gehackter Trüffel bestreut, die andere Hälfte mit Tomatensauce bedeckt und mit feingehacktem, hartgekochtem Eiweiß bestreut.

auf Herrscherart: à la souveraine: Dressiert in Blätterteigkrustaden auf Hühner- oder Champignonpüree, bedeckt mit Madeirasauce, garniert mit Trüffelscheibe.

Klementine: à la Clementine: Dressiert auf halb Spargelspitzen und halb Wachsbohnen, in Butter geschwenkt; abwechselnd mit weißer Rahmsauce und Demiglace nappiert.
auf königliche Art: à la royale: Dressiert in ovale Tarteletts aus Halbblätterteig, gefüllt mit Hühnerpüree; nappiert mit weißer Rahmsauce, vermischt mit Champignonpüree, bestreut mit gehackter Trüffel.

Mailänder Art: à la milanaise: Dressiert auf Makkaroni auf Mailänder Art; bedeckt mit Mornaysauce, bestreut mit geriebenem Parmesan, gratiniert.

Manon: Dressiert in Tarteletts auf Salpicon von Huhn und Champignons in Rahmsauce; nappiert mit weißer Rahmsauce, bestreut mit gehackter Trüffel.

mit Meerrettichsauce: à la sauce raifort: Auf ovale Croutons gesetzt, nappiert mit weißer Meerrettichsauce.

Molay: Dressiert auf Püree von Sauerampfer, bedeckt mit Demiglace.

Molière: Dressiert auf halbe gedünstete Tomaten, gefüllt mit Hühnerpüree, bedeckt mit Regentschaftssauce.

Monseigneur: Gefüllt in Blätterteigkrustaden auf Sauerampferpüree, bedeckt mit Colbertsauce.

Nanziger Art: à la nancéenne: Spitze abgeschnitten, entleert, gefüllt mit Gänseleberpüree, in Soubisesauce getaucht, in weißer Brotkrume paniert; in der Fritüre gebacken, auf gebackener Petersilie angerichtet, Trüffelsauce nebenbei serviert.

Nicolas: Dressiert in Blätterteigkrustaden auf Püree von frischem Lachs; nappiert mit holländischer Sauce, vermischt mit Kaviar, garniert mit kleingeschnittenen Steinpilzen in Rahmsauce.

à la poulette: siehe in weißer Einmachsauce

à la royale: siehe auf königliche Art

à la sauce raifort: siehe mit weißer Meerrettichsauce
à la souveraine: siehe auf Herrscherart

Taillevent: Dressiert in Blätterteigkrustaden auf Fasanenpüree; bedeckt mit Pfeffersauce, vermischt mit Johannisbeergelee, gewürzt mit Ingwerpulver, garniert mit Trüffelscheibe.

auf Teufelsart: à la diable: Auf ovale Croutons gesetzt, bedeckt mit Teufelssauce.

auf Ursulinerart: à l'ursuline: Dressiert auf leicht ausgehöhlter Unterlage von pochierter Salmfarce, gefüllt mit Champignonpüree; garniert mit Trüffelscheibe, bedeckt mit Mornaysauce, bestreut mit geriebenem Parmesan, glaciert.

Viéville: Dressiert auf Risotto, nappiert mit Demiglace; garniert mit halben, grillierten Lammnieren und Fleurons.

4. Weichgekochte Eier — Œufs à la coque

Das sind Eier, die zum ersten Frühstück serviert werden, und zwar teils in der Schale, zuweilen im Glas. Da es hierbei keine Varianten gibt und die Zubereitung immer gleich bleibt, entfallen besondere Rezeptangaben.

5. Hartgekochte und 6. gefüllte Eier — Œufs durs et farcis

aux anchois: siehe mit Sardellen

Antiber Art: à l'antiboise: Der Länge nach halbiert, gefüllt mit dem passierten Eigelb, mit Butter verrührt, vermischt mit feinem Salpicon von Hummer und Tomate, darunter Eiweißschnee gezogen; mit geriebenem Käse bestreut und im Ofen überbacken.

Aurora: à l'aurore · In Scheiben geschnitten, in Backschüssel gefüllt, bedeckt mit tomatierter Béchamel; bestreut mit geriebenem Käse, glaciert, gehacktes, hartgekochtes Eigelb obenauf gestreut.

Avignoner Art: à l'avignonnaise: Der Länge nach halbiert, gefüllt mit dem passierten Eigelb, vermischt mit Rahmsauce, gehackten Sardellen und Reibbrot; mit geriebenem Käse bestreut, glaciert.

Bagration: Der Länge nach halbiert, auf Risotto dressiert, bedeckt mit Rahmsauce vermischt mit gehackten Trüffeln, Champignons und Pökelzunge.

Belloy: Der Länge nach halbiert, gefüllt mit dem passierten Eigelb, vermischt mit Mornaysauce, kleingewürfelten Champignons, Trüffeln und Hummer; mit Mornaysauce nappiert, mit geriebenem Parmesan bestreut, glaciert.

Bennet: Der Länge nach halbiert, gefüllt mit dem Eigelb vermischt mit Zwiebelpüree und gehackten Champignons; mit Béchamelsauce bedeckt, mit geriebenem Käse und gehacktem Eigelb bestreut, mit Butter beträufelt, gratiniert.

Bretagnische Art: à la bretonne: Zwiebel-, Lauch- und Champignonscheiben, in Butter gedünstet, mit Béchamelsauce gebunden; Eierplatte zur Hälfte mit der Sauce bedeckt, belegt mit halben, der Länge nach geteilten Eiern, nappiert mit der restlichen Sauce.

Cäcilia: Halbiert, gefüllt mit dem durchgestrichenen Eigelb vermischt mit Rahmsauce und gewürfelten Champignons; wieder zusammengesetzt, in große Champignons gefüllt, nappiert mit Mornaysauce, bestreut mit geriebenem Käse, glaciert.

Carême: In Scheiben geschnitten, vermischt mit Scheiben von Trüffeln und Artischockenböden, gebunden mit Nantuasauce; nappiert mit Nantuasauce, belegt mit Trüffelscheiben.

à la chasseur: siehe auf Jägerart

Coquelin: Der Länge nach halbiert, gefüllt mit dem passierten Eigelb vermischt mit Champignonpüree; belegt mit Sardellenfilets, bedeckt mit Mornaysauce, bestreut mit geriebenem Käse, glaciert.

Eierkromesquis: Cromesquis d'œufs: Masse aus gewürfeltem Eiweiß und Eigelb, Champignons und Trüffeln gebunden mit dicker deutscher Sauce; erkaltet, zu Plätzchen geformt, durch Backteig gezogen, in tiefem Fett gebacken; Tomatensauce nebenbei serviert.

Eierkoteletts: Côtelettes d'œufs: Gewürfelt, gebunden mit dicker Béchamel und Eigelb, reduziert, erkaltet; zu kleinen Koteletts geformt, paniert, in tiefem Fett gebacken; mit gebackener Petersilie angerichtet, Tomatensauce nebenbei serviert.

Manon: Wie oben, jedoch nur aus Eiweiß bereitet; gefüllt mit Salpicon von hartgekochtem Eigelb und Schinken, gebunden mit dicker Zwiebelsauce, geformt, paniert und gebacken; leichte Soubisesauce nebenbei serviert.

Eierkroketts: Croquettes d'œufs: Masse wie für Cromesquis, wie kleine Eier geformt; paniert, in tiefem Fett gebacken; leichte Rahmsauce nebenbei serviert.

Eierrissolen: Rissoles d'œufs: Masse wie für Kroketts, in Blätterteig gefüllt, zusammengefaltet wie kleine Apfeltaschen; in tiefem Fett gebacken, mit gebackener Petersilie angerichtet.

Fischhändlerart: à la poissonnière: Der Länge nach halbiert, das passierte Eigelb mit Lachspüree vermengt; nappiert mit Krebssauce, bestreut mit geriebenem Parmesan, glaciert.

Genueser Art: à la génoise: Der Länge nach halbiert, gefüllt mit dem passierten Eigelb, vermischt mit gehackten Sardellen, Kräutern und Reibbrot; mit Mornaysauce bedeckt, mit geriebenem Parmesan bestreut, glaciert.

à la gourmet: siehe auf Weinkennerart

Granville: In Viertel geschnitten, in Timbal gefüllt, bedeckt mit Bordelaiser Sauce.

à la hongroise: siehe auf ungarische Art

Hortense: Der Länge nach halbiert, gefüllt mit dem passierten Eigelb, vermischt mit Gänseleberpüree; bedeckt mit Mornaysauce, bestreut mit geriebenem Parmesan, betropft mit geschmolzener Butter, gratiniert.

Indische Art: à l'indienne: Der Länge nach halbiert, gefüllt mit dem passierten Eigelb, vermischt mit Hühnerpüree und Béchamel, gewürzt mit Currypulver; paniert, im tiefen Fett gebacken; dazu leichte Currysauce serviert.

Italienische Art: à l'italienne: Der Länge nach halbiert, gefüllt mit dem passierten Eigelb, vermischt mit Tomatenpüree, gehackten Champignons und Petersilie; mit Béchamelsauce, vermischt mit Tomatenpüree, nappiert, mit geriebenem Parmesan bestreut, mit Butter beträufelt, gratiniert.

auf Jägerart: à la chasseur: Halbiert, gefüllt mit dem passierten Eigelb, vermischt mit Wildpüree und gehackten Champignons; wieder zusammengesetzt, paniert, in tiefem Fett gebacken; Pfeffersauce nebenbei serviert.

Karmeliterart: à la carmelite: Der Länge nach halbiert, gefüllt mit dem passierten Eigelb, vermischt mit gehackten, gedünsteten Schalotten, gehackter Petersilie und Sauerampferpüree; bedeckt mit Mornaysauce, bestreut mit geriebenem Käse, beträufelt mit Butter, gratiniert.

Lennox: In Scheiben geschnitten, gebunden mit Rahmsauce; in Eierplatte gefüllt, mit leichtem Tomatenpüree bedeckt, mit geriebenem Parmesan bestreut, mit zerlassener Butter betropft, gratiniert.

Lucullus: Der Länge nach halbiert, gefüllt mit dem passierten Eigelb, vermischt mit Gänseleberpüree; wieder zusammengesetzt, paniert, in tiefem Fett gebacken; Madeirasauce nebenbei serviert.

Maintenon: Dressiert auf ovale Tarteletts, angefüllt mit Zwiebelpüree; mit Mornaysauce überzogen, mit geriebenem Käse bestreut, glaciert; mit einem Streifen gebutterter Fleischglace umgossen.

Meissonier: Der Länge nach halbiert, gefüllt mit Salpicon von Eigelb, Kalbsmilch, Champignons, Huhn und Trüffeln in Rahmsauce; mit Mornaysauce nappiert, mit geriebenem Käse bestreut, mit Butter betropft, gratiniert.

Montglas: Von einem Ende ausgehöhlt, gefüllt mit Salpicon von Huhn, Pökelzunge, Champignons und Trüffeln, gebunden mit Béchamel; paniert, in tiefem Fett gebacken; tomatierte Demiglace nebenbei serviert.

Mortimer: Von einem Ende ausgehöhlt, mit eiskaltem Kaviar gefüllt und wieder verschlossen; paniert, rasch in heißem Fett gebacken und sofort serviert.

Percheronne: Scheiben von hartgekochtem Ei und frischgekochten Kartoffeln abwechselnd in Timbal gefüllt; bedeckt mit leichter, stark gebutterter Béchamelsauce.

Piemonteser Art: à la piémontaise: Der Länge nach geteilt, gefüllt mit dem passierten Eigelb, vermischt mit Püree von weißen Trüffeln und wenig dicker Rahmsauce; mit Rahmsauce bedeckt, mit geriebenem Parmesan bestreut, mit zerlassener Butter betropft, gratiniert.

à la poissonnière: siehe auf Fischhändlerart

Poulette: Eier- und Champignonscheiben, im Timbal angerichtet, bedeckt mit Poulettesauce, bestreut mit gehackter Petersilie.

Prinzessin Alice: Princesse Alice: Gefüllt mit dem passierten Eigelb, vermischt mit Spargelpüree, gehackten Trüffeln und geriebenem Parmesan; paniert, in tiefem Fett gebacken; Trüffelsauce nebenbei serviert.

Chimay: Princesse Chimay: Der Länge nach halbiert, gefüllt mit dem passierten Eigelb, vermischt mit Champignonpüree; bedeckt mit Mornaysauce, bestreut mit geriebenem Käse, glaciert.

Ristori: Der Länge nach halbiert, mit dem passierten Eigelb vermischt mit Gänseleberpüree gefüllt; nappiert mit Rahmsauce.

de Ruyter: Lagen von Eierscheiben, Kartoffelscheiben und Stückchen von gewässertem Salzhering und pochierten Karpfenmilchern in Eierplatte gefüllt, mit Rahm bedeckt, mit geriebenem Käse bestreut, mit Butter betropft, gratiniert.

Saint-Germain: Der Länge nach halbiert, gefüllt mit dem passierten Eigelb, vermischt mit Püree von grünen Erbsen und rohem Eigelb; bedeckt mit Mornaysauce, bestreut mit geriebenem Käse, glaciert; garniert mit kleinen glacierten Karottenkugeln; Béarner Sauce nebenbei serviert.

Sarah Bernhardt: Der Länge nach halbiert, gefüllt mit dem passierten Eigelb, vermischt mit gehacktem Hühnerfleisch, weißer Brotkrume und rohem Eigelb; im Ofen gebacken, bedeckt mit Trüffelsauce.

mit Sardellen: aux anchois: Hartgekocht, ausgehöhlt, gefüllt mit dem passierten Eigelb, vermischt mit Sardellenbutter und gehackten Champignons; paniert, in tiefem Fett gebacken, Sardellensauce nebenbei serviert.

Straßburger Art: à la strasbourgeoise: Gefüllt mit dem passierten Eigelb, vermischt mit Gänseleberpüree; paniert, in tiefem Fett gebacken; Geflügelrahmsauce, vermischt mit Gänseleberpüree, nebenbei serviert.

Tripe: à la tripe: In Scheiben geschnitten, im Timbal dressiert; mit weißer Zwiebelsauce übergossen, mit gehackter Petersilie bestreut.

auf ungarische Art: à la hongroise: In Scheiben geschnitten, in Timbal gefüllt, bedeckt mit Paprikasauce vermischt mit gedünsteten Zwiebelscheiben und gewürfelten Tomaten.

Weinkennerart: à la gourmet: Der Länge nach halbiert, gefüllt mit dem Eigelb, vermischt mit Salpicon von Hummer, Krebsen und Trüffeln, gebunden mit Mornaysauce; mit geriebenem Käse bestreut, mit Butter beträufelt, gratiniert.

7. Kalte Eier – Œufs froids

Alexandra: Verlorene Eier, mit weißer Chaudfroid-Sauce nappiert, mit Trüffelscheibe dekoriert, mit Gelee überglänzt; auf Tartelett, mit Hummerschaumbrot gefüllt, gesetzt, umrandet mit Kaviar.

à l'ambassadrice: siehe auf Botschafterinart

Andalusische Art: à l'andalouse: Verlorene Eier auf Boden von geliertem Tomatenpüree gesetzt und mit tomatierter Zwiebel-Chaudfroid-Sauce nappiert; mit Gelee überglänzt, kranzartig angerichtet, mit weißgedünsteten, kalten Zwiebelscheiben umlegt, Mitte mit gewürfeltem Gelee gefüllt.

Balzac: Pochierte Eier, in Blätterteigkrustade auf Püree von Knollensellerie gesetzt, nappiert mit weißer Chaudfroid-Sauce, dekoriert mit Trüffelscheibe, überglänzt mit Gelee; garniert mit gewürfeltem Gelee.

Baroda: Hartgekocht, der Länge nach halbiert; gefüllt mit dem passierten Eigelb, vermischt mit Sardellenbutter und Spitze Currypulver; bedeckt mit Mayonnaise, gewürzt mit Currypulver, garniert mit Gelee.

Berliner Art: à la berlinoise: Pochierte Eier, nappiert mit Mayonnaise, vermischt mit Püree von Räucherlachs; serviert in Tarteletts, gefüllt mit Püree von Räucherlachs, vermischt mit Butter.

Beyram Ali: Verlorene Eier, mit grüner Mayonnaise überzogen und mit Garnelenschwänzchen dekoriert; dressiert auf Gemüsesalat, mit

Mayonnaise gebunden und mit gehacktem Dill bestreut, garniert mit halben, geschälten Tomatenscheiben.

Botschafterinart: à l'ambassadrice: Hartgekocht, in ovale Blätterteigkrustade gesetzt, mit gebundener Mayonnaise nappiert, mit blanchierten Estragonblättern verziert, mit Gelee überglänzt.

Carême: Rund ausgestochene Setzeier, auf Tartelett, gefüllt mit gewürfeltem, frischem Lachs, mit Mayonnaise gebunden, gesetzt; das Eigelb mit einer Trüffelscheibe belegt, das Eiweiß mit Kaviar umrandet, beides mit Gelee überglänzt.

Chartreser Art: à la Chartres: Pochiertes oder wachsweiches Ei, auf kleinen Boden von Hühnermousse gesetzt; mit blanchierten Estragonblättern dekoriert, mit Estragongelee überglänzt, mit gewürfeltem Gelee garniert.

Christoph Columbus: Christoph Colomb: Hartgekocht, der Länge nach halbiert, gefüllt mit dem gehackten Eigelb, Huhn, Sardellenfilets, Kapern und Salzgurken; auf blätterig geschnittenem Salat dressiert, mit Radieschenscheiben umkränzt; kalte Senfmayonnaise nebenbei serviert.

Colinette: Pochierte Eier in Förmchen, mit Trüffelscheibchen und hartgekochtem Eiweiß schachbrettförmig dekoriert, gesetzt; mit Gelee zugegossen, gestürzt, um Rachel-Salat dressiert, abwechselnd mit Kartoffel- und Trüffelscheiben umrandet.

Columbus: à la Colomb: Wachsweiche Eier, in ovale Tarteletts, gefüllt mit Gänseleberpüree, gesetzt, mit Mayonnaise nappiert, garniert mit Gelee.

auf dänische Art: à la danoise: Hartgekocht, der Länge nach halbiert, gefüllt mit dem passierten Eigelb, vermischt mit Püree von Räucherlachs; bedeckt mit Mayonnaise.

auf Dreuxer Art: à la Dreux: Form mit Gelee chemisiert und mit Spargelspitzen und Trüffelscheiben dekoriert; gefüllt mit hartgekochtem Ei, mit Gelee zugegossen; auf Crouton gesetzt, garniert mit gewürfeltem Gelee; Mayonnaise nebenbei.

Edelmannsart: à la gentilhomme: Hartgekocht, der Länge nach halbiert, gefüllt mit dem passierten Eigelb, vermischt mit Fasanenpüree; nappiert mit brauner Chaudfroid-Sauce mit Wildgeschmack, dekoriert mit Trüffelscheibe, überglänzt mit Gelee.

Eier im Nest: Œufs au nid: Wachsweiche Eier, in Nest von Hofmeisterbutter, mit gehacktem Gelee gefüllt, gesetzt; garniert mit Salat von Brunnenkresse.

Esterhazy: Verlorene Eier auf ovale Scheiben gebuttertem Röstbrot, mit ovaler Scheibe Pökelzunge belegt, gesetzt; mit Ravigote-Sauce nappiert, mit gewürfeltem Gelee garniert.

mit Estragon: à l'estragon: 1. Wachsweiche Eier, auf Kopfsalatblätter gesetzt, mit Mayonnaise nappiert, mit gehacktem Estragon bestreut; 2. verlorene Eier, in Näpfchen gefüllt, mit blanchierten Estragonblättern dekoriert, Näpfchen mit Estragongelee vollgefüllt.

Frou-Frou: Verlorene Eier, nappiert mit weißer Chaudfroidsauce, vermischt mit gehacktem Eigelb; dekoriert mit einem Trüffelring, überglänzt mit Gelee; dressiert auf Salat von Erbsen, grünen Bohnen und grünen Spargelspitzen, garniert mit Gelee.

auf Frühlingsart: à la printanière: Ovale Tarteletten, gefüllt mit feinem Gemüsesalat, leicht mit Mayonnaise gebunden; darauf pochiertes oder wachsweiches Ei, eine Hälfte mit grüner, die andere mit rosa Chaudfroid-Sauce nappiert, beide Saucen mit dünnen Streifen grüner Bohne abgegrenzt, mit Gelee überglänzt.

Fürst von Wales: Prince de Galles: Große Tomaten, halbiert, ausgehöhlt und mariniert; gefüllt mit Salat von feiner Julienne von Staudensellerie; ein halbes hartgekochtes Ei auf jeder Tomate, bedeckt mit Mayonnaise.

Gabrielle: Wachsweiche Eier, in ovale Formen, mit Gelee, vermischt mit gehacktem Hummermark, eingesetzt und mit Gelee zugegossen; in ovale Tarteletts, mit pikantem Püree von weißem Fisch gefüllt, dressiert.

à la gentilhomme: siehe auf Edelmannsart

Germaine: Pochierte Eier, in Förmchen mit Gelee, vermischt mit Tomatensaft, gefüllt; auf ovale Croutons gesetzt, die leicht ausgehöhlt und mit Hummerhaschee, mit Mayonnaise gebunden, gefüllt worden sind.

Harlekin: à l'arlequin: Pochierte Eier, mit verschiedenartiger Chaudfroid-Sauce überzogen, jede Farbe anders dekoriert; auf Tarteletts mit Gemüsesalat, gebunden mit Mayonnaise, gesetzt, mit Gelee überglänzt.

à la hongroise: siehe auf ungarische Art

Huevos escalfados Catalana: Kalte pochierte Eier, dressiert auf Blätterteigkrustaden, gefüllt mit Salat von weißen Bohnen, Zwiebeln und Paprikaschoten (spanisch).

mit Hummertarteletts: aux tartelettes de homard: Verlorene Eier, mit gebundener Mayonnaise nappiert, mit gehacktem Hummermark bestreut, mit Gelee überglänzt; garniert mit kleinen Tarteletts, gefüllt mit gewürfeltem Hummer und Tomaten, gebunden mit Mayonnaise, mit Hummerscheibe belegt, dekoriert und mit Gelee überglänzt.

Husarenart: à la hussarde: Verlorene Eier, auf Boden von Krebsmousse gesetzt, nappiert mit dicker Mayonnaise, vermischt mit geriebenem Meerrettich und Rahm; dekoriert mit Streifchen von grüner Paprikaschote.

à l'impériale: siehe auf kaiserliche Art

Johanna: Verlorene Eier, beliebig dekoriert und mit Gelee überglänzt; auf Blätterteigkrustaden, gefüllt mit Schinkenmousse, gesetzt.

auf kaiserliche Art: à l'impériale: Verlorene Eier, auf Artischockenböden, gefüllt mit Gemüsesalat, vermischt mit gewürfelter Pökelzunge und Tomaten, gesetzt; bedeckt mit Remouladensauce.

Kartäuserart: à la chartreuse: Babaförmchen, mit Gelee chemisiert und mit gleichmäßig geschnittenem Gemüse ausgelegt; kleines verlorenes Ei eingefüllt, mit Gelee zugegossen; auf Gemüsesalat angerichtet, Mayonnaise nebenbei serviert.

auf Königinart: à la reine: Kleine, ungezuckerte Briochen, in runden Förmchen gebacken, ausgehöhlt; mit Geflügelhaschee, mit Mayonnaise gebunden, gefüllt, obenauf wachsweiches Ei gesetzt, nappiert mit gebundener Mayonnaise, mit Trüffelscheibe dekoriert, mit Gelee überglänzt.

Lafond: Hartgekochte Eier, in ovale Tarteletts gesetzt, die mit Salat von dünnen Streifen Kalbsfuß und grüner Paprikaschote gefüllt worden sind; Eier mit Mayonnaise bedeckt.

auf Lebemannsart: des viveurs: Wachsweiche Eier, nappiert mit Hummer-Chaudfroid-Sauce, mit Gelee überglänzt; gesetzt auf Medaillons von Languste, mit gebundener Mayonnaise überzogen; um eine Kuppel Pariser Kartoffelsalat dressiert, garniert mit runden Kartoffel- und roten Rübenscheiben, halb übereinandergelegt.

Kalte Eier Margot **Phantasie-Eier**

Margot: Wachsweiche Eier, auf ausgehöhlte Croutons, mit gehackten Sardellen, Pökelzunge und Essiggemüse, mit Mayonnaise gebunden, gesetzt; Eier mit Mayonnaise überzogen.

Maupassant: Verlorene Eier, nappiert mit brauner Matrosensauce mit Rotwein, vermischt mit Fischgelee; mit Fischgelee überglänzt und garniert.

Mirabeau: Rund ausgestochene Spiegeleier, auf runde Scheiben Röstbrot mit Sardellenbutter, vermischt mit gehacktem, hartgekochtem Eigelb, gesetzt; mit Sardellenfilets und entsteinten Oliven garniert, mit Gelee überglänzt.

auf moderne Art: 1. à la moderne: Förmchen mit Gelee ausgegossen, mit Trüffel- und Gemüsescheibchen dekoriert; gefüllt mit pochiertem Ei, verschlossen mit Gelee; dressiert auf feinem, mit Mayonnaise gebundenem Gemüsesalat.
2. à la moderne: Hartgekochte Kiebitzeier, in kleine ovale Blätterteigkrustaden, auf Gemüsesalat in Mayonnaise, gesetzt.

Monte Christo: Verlorene Eier in Förmchen, mit Gelee chemisiert und gefüllt, eingesetzt; auf Gemüsesalat, mit Mayonnaise gebunden, gestürzt.

Mortimer: 1. Hartgekochte Eier, an den Enden glattgeschnitten, damit sie stehen können; Eigelb entfernt, mit Kaviar gefüllt, mit Trüffelscheibe und Sardellenfilets dekoriert, mit Gelee überglänzt; auf marinierte Artischockenböden gesetzt, mit Gelee garniert;
2. Hohes Förmchen, mit Gelee ausgegossen, dekoriert mit Scheibchen von Knollensellerie, Trüffel und roter Rübe; gefüllt mit verlorenem Ei, verschlossen mit Gelee; gestürzt auf Blätterteig-Tartelett, gefüllt mit Kaviar.

Mosaik: Wachsweiche Eier, mosaikartig mit grünen Bohnen, Pökelzunge, Trüffel und hartgekochtem Eiweiß dekoriert; auf Gemüsesalat, genauso dekoriert, gestürzt, mit Gelee überglänzt.

My Queen: à la petite reine: Form schachbrettartig mit hartgekochtem Eiweiß und Trüffel dekoriert und mit Gelee chemisiert; gefüllt mit pochiertem Ei, verschlossen mit Gelee; serviert auf Spargelsalat mit Mayonnaise, garniert mit Gelee-Halbmonden.

Nizzaer Art: à la niçoise: Verlorene Eier auf Tartelets, gefüllt mit Würfelsalat von Tomaten, grünen Bohnen und Kartoffeln, gebunden mit tomatierter Mayonnaise, gesetzt; die Eier mit gebundener, tomatierter Mayonnaise nappiert und mit Gelee überglänzt.

Nordenskjöld: Pochiertes Ei, in Förmchen, mit Gelee chemisiert, mit Eiweiß dekoriert und mit Gelee zugegossen, gesetzt; garniert mit Spargelsalat; Mayonnaise, mit gehackten Kräutern, nebenbei serviert.

auf norwegische Art: à la norvégienne: Verlorene Eier, beliebig gefüllt, mit Gelee überglänzt; dressiert auf Garnelensalat, vermischt mit gehackten Sardellenfilets.

Oléa: Hartgekocht, der Länge nach halbiert, gefüllt mit dem passierten Eigelb, vermischt mit Butter und gehackten grünen Oliven, gewürzt mit Cayennepfeffer; garniert mit Gelee.

Olga: Hartgekocht, der Länge nach halbiert; gefüllt mit dem passierten Eigelb, vermischt mit wenig Mayonnaise, gehackten grünen Oliven und roher Sellerieknolle; bedeckt mit Mayonnaise, Punkt Kaviar in der Mitte.

Paganini: Blätterteigkrustaden, gefüllt mit gewürfelten Tomaten, mit Mayonnaise gebunden; mit gebundener Mayonnaise nappiert, dekoriert mit einer Lyra von Trüffeln, mit Gelee überglänzt.

Phantasie-Eier: Förmchen, mit Gelee ausgegossen, dekoriert mit Trüffel, hartgekochtem Eiweiß, Pökelzunge und grünen Bohnen, gefüllt mit verlorenem Ei, mit Gelee zugegossen; auf Salat von gewürfelten roten Rüben, Knollensellerie, Kartoffeln und Salzgurken gestürzt.

Prätendentenart: à la prétendant: Verlorene Eier, mit gebundener Mayonnaise nappiert, mit Gelee überglänzt; in Blätterteigkrustaden auf Salat von rohen Champignons gesetzt; garniert mit Spargelköpfen, mit grüner Mayonnaise überzogen.

Prüger: Form, mit Gelee ausgegossen, dekoriert mit Streifen von roter und grüner Paprikaschote und hartem Eiweiß; gefüllt mit verlorenem Ei, verschlossen mit Gelee; serviert auf Tartelett, gefüllt mit gewürfelten Tomaten in Mayonnaise.

Quirinal: Verlorene Eier, mit Trüffelscheibe dekoriert und mit Gelee überglänzt; auf Boden von Hummermousse dressiert.

à la reine: siehe auf Königinart

Romanow: Verlorene Eier, mit entsteinter grüner Olive und grüner Paprikaschote dekoriert, mit Gelee überglänzt; auf marinierten Artischockenboden, mit Kaviar gefüllt, gesetzt.

Rosita: Verlorene Eier, nappiert mit weißer Chaudfroid-Sauce, vermischt mit gehacktem Hummermark, schuppenförmig dekoriert, mit Trüffel-Halbmonden und mit Gelee überglänzt; auf Geleeboden gesetzt, mit winzigen, geschälten und ausgehöhlten Tomaten, mit Thunfischcreme gefüllt, garniert.

Rubens: Verlorene Eier, nappiert mit weißer Chaudfroid-Sauce, vermischt mit Gänseleberpüree, dekoriert mit blanchierten Estragonblättern, mit Gelee überglänzt; auf tartelettförmigen Boden von Hopfensprossen, vermischt mit Tomatenpüree, gehacktem Kerbel und Petersilie und mit Gelee gebunden, gesetzt.

auf russische Art: à la russe: Blätterteigkrustade, gefüllt mit russischem Salat, darauf verlorenes Ei, garniert mit Räucherlachs, Kaviar und Gewürzgurke.

Seviller Art: à la sévillane: Ovale Scheibchen Röstbrot, mit Sardellenbutter bestrichen; halbes, hartgekochtes Ei daraufgesetzt, mit gefüllter Olive garniert.

Skobeleff: Verlorene Eier, mit gebundener Mayonnaise, vermischt mit Tomatenpüree, nappiert, dekoriert mit Streifen von Räucherlachs; auf Tarteletts, gefüllt mit Krebsschwanzsalat in mit Sardellenessenz gewürzte Mayonnaise, gesetzt.

mit Spargel: aux asperges: Wachsweichgekochte Eier, mit weißer Chaudfroid-Sauce nappiert, dekoriert und mit Gelee überglänzt; garniert mit zuvor marinierten Spargelköpfen.

Tatarenart: à la tartar: 1. Pochierte Eier, auf ganz kleine Tatar-Beefsteaks gesetzt, mit Paprika bestreut, mit dickem saurem Rahm übergossen, bestreut mit Schnittlauch;
2. hartgekocht, der Länge nach halbiert, gefüllt mit gehacktem Eigelb, roter Rübe, Essiggemüse und Sardellenfilets, gebunden mit Mayonnaise; garniert mit Kaviar, umgossen mit Tatarensauce.

auf ungarische Art: à la hongroise: Scheiben von hartgekochten Eiern, auf Gemüsesalat gesetzt und mit Paprika bestäubt; garniert mit Tomaten- und Gurkensalat, auf Salatblättern dressiert.

Valencienner Art: à la valencienne: Verlorene Eier, nappiert mit Mayonnaise, vermischt mit Senf und zerdrücktem Knoblauch; auf Artischockenböden gesetzt, garniert mit Tomatensalat.

Wladimir: Wachsweiche Eier, dressiert auf Spargelsalat, nappiert mit grüner Mayonnaise.

Zarinart: à la tsarine: Wachsweiche Eier, mit Krebs-Chaudfroid-Sauce nappiert und mit Gelee überglänzt; auf Blätterteigkrustaden gesetzt, gefüllt mit russischem Salat; die Eier mit Streifen von Räucherlachs, Sardellenfilets und Kaviar dekoriert.

8. Gebackene Eier – Œufs frits

auf abessinische Art: à l'abyssine: Auf flache Krusteln von süßen Kartoffeln dressiert, mit Trüffelsauce umgossen.

auf amerikanische Art: à l'américaine: Auf Scheiben von gebratenem Speck angerichtet; Tomatensauce nebenbei serviert.

auf andalusische Art: à l'andalouse: Auf Scheiben von Eierfrüchten, in Öl gebacken, dressiert; Tomatensauce nebenbei serviert.

auf Bayonner Art: à la bayonnaise: Dressiert auf halben, gebratenen Tomaten und grillierten Schinkenscheiben; Madeirasauce nebenbei serviert.

Benoiton: Dressiert auf Haschee von Stockfisch, in Rotwein gekocht und mit gehackten Sardellen und Kräutern vermischt; mit geriebenem Käse bestreut, rasch unter dem Salamander glaciert, mit Scheiben von gekochten Kartoffeln umkränzt.

Bordelaiser Art: à la bordelaise: Auf halbe, gebratene Tomaten, mit gehackten Champignons auf Bordelaiser Art gefüllt, dressiert.

à la bûcheronne: siehe auf Holzhauerart

Colbert: Verlorene Eier, paniert, rasch in Öl gebacken; auf Artischockenböden gesetzt, mit Chateaubriand-Sauce bedeckt, mit gehackter Petersilie bestreut.

auf englische Art: à l'anglaise: Auf Scheiben von gebratenem Schinken angerichtet; mit dreieckigen Croutons garniert.

à l'espagnole: siehe auf spanische Art

à la fermière: siehe auf Pächterart

auf Hirtinart: à la pastourelle: Auf grillierte Speckscheiben dressiert; garniert mit Champignonscheiben mit gehackten Schalotten sautiert; eine halbe grillierte Hammelniere auf jedem Ei.

auf Holzhauerart: à la bûcheronne: Mit gehacktem, hartgekochtem Ei und Schnittlauch bestreut; auf Böden von Macaire-Kartoffeln gesetzt.

Infantenart: à l'infante: Garniert mit sautierten Geflügellebern, mit Madeirasauce gebunden.

auf kosmopolitische Art: à la cosmopolite: Kalte pochierte Eier, paniert, rasch in heißer Fritüre gebacken; auf Croutons gesetzt, mit Trüffelsauce umgossen.

Louisiana: Auf panierte und gebackene Böden von süßen Kartoffeln gesetzt; garniert mit Bechern von Risotto, gebratenen Bananenscheiben und süßem Mais in Rahmsauce.

Maxim Ferronet: Auf gebackene Scheiben von Eierfrüchten gesetzt; leicht mit Béarner Sauce nappiert, garniert mit Champignons au Bordelaiser Art.

auf mexikanische Art: à la mexicaine: Auf Reis, mit geschmolzenen Tomaten und Knoblauch vermischt, angerichtet.

à la moissonneur: siehe auf Schnitterart

Nivernaiser Art: à la nivernaise: Auf Croutons gesetzt; garniert mit kleinen glacierten Zwiebelchen und Mohrrübenkugeln; umkränzt mit Demiglace.

d'Orignan: Auf gebackene Scheiben von Eierfrüchten gesetzt; bedeckt mit gewürfelten Tomaten, mit gehackter Zwiebel, Knoblauch und Kräutern in Öl sautiert, garniert mit Sardellenfilets.

auf Pächterart: à la fermière: Im Kranz um gemischtes Gemüse, in Butter geschwenkt, angerichtet; umlegt mit gebratenen Speckscheiben und Nußkartoffeln.
Palmerston: Auf Scheiben von gebuttertem Röstbrot, mit einem Scheibchen gebratenen Schinkens belegt, dressiert; umkränzt mit Pfeffersauce.
à la pastourelle: siehe auf Hirtinart

auf römische Art: à la romaine: Auf runde, ausgehöhlte Croutons, gefüllt mit in Butter sautiertem, gehacktem Spinat, mit gehackten Sardellen vermischt, gesetzt.

mit Sauerampfer: à l'oseille: Auf Sauerampferpüree angerichtet.
auf Schnitterart: à la moissonneur: Auf grillierte Speckscheiben dressiert; garniert mit grünen Erbsen, auf französische Art bereitet.
auf spanische Art: à l'espagnole: Auf halbe gebratene Tomaten gesetzt; garniert mit gebackenen Zwiebelringen; Tomatensauce nebenbei serviert.
St. Hubertus: Saint-Hubert: Auf Wildhaschee, vermischt mit Linsenpüree, dressiert; umgossen mit gebundener Wildjus.

Villeroi: Kalte, pochierte Eier, durch Villeroisauce gezogen, paniert und rasch gebacken; garniert mit gebackener Petersilie, Tomatensauce nebenbei serviert.

Yorkshireart: Garniert mit grillierten Scheiben von Yorkschinken; Tomatensauce nebenbei serviert.

9. Setzeier, Spiegeleier
Œufs sur le plat, Œufs au mirroir

auf Admiralsart: à l'amiral: Auf Ragout von Champignons und Krebsschwänzen dressiert; umgossen mit Weißweinsauce.
auf Akrobatenart: à la saltimbanque: In Eierplatte, auf Bett von gewürfelten Champignons und Tomaten, mit gehackten Schalotten und Knoblauch, gedünstet, mit gehackter Petersilie, Kerbel und Demiglace gebunden.
auf algerische Art: à l'algérienne: Dressiert auf gewürfelte Eierfrüchte, Tomaten und grünen Paprikaschoten, mit Tomatensauce gebunden.
auf amerikanische Art: à l'américaine: 1. Auf Scheiben von gebratenem Schinken gebacken; umkränzt mit Tomatensauce;
2. auf Hummerscheiben dressiert; mit amerikanischer Sauce umkränzt.
aux anchois: siehe mit Sardellen
Antiber Art: à l'antiboise: Gebacken in Eierplatte, ausgerieben mit Knoblauch und mit Sardellenfilets belegt; umgossen mit Tomatensauce.
Antonine: Auf gerösteten Schinken dressiert; mit gehackten Kräutern und Kapern bestreut, mit brauner Butter übergossen.
Antwerpener Art: à l'anversoise: Auf Hopfensprossen in Rahmsauce dressiert; umgossen mit dickem, heißem Rahm.

Bacon and Eggs: Speck und Ei: Gebratener oder grillierter Frühstücksspeck in der Eierplatte, die Eier daraufgeschlagen und gebacken (englisch).
mit Bananen: aux bananes: Auf in Scheiben geschnittenen, leicht sautierten Bananen gebacken.
Bercy: Gebacken, garniert mit sehr kleinen, gebratenen Schweinswürstchen; umgossen mit Tomatensauce.

Bibesco: Garniert mit Streifen von Pökelzunge; umgossen mit Trüffelsauce.
à la bouchère: siehe auf Metzgerart
Bradford: Rund ausgestochen; auf Blätterteigkrustade, mit gehacktem Schinken in Currysauce, gesetzt.
Braganza: Rund ausgestochen; dressiert auf Tartelett, gefüllt mit Julienne von Hühnerfleisch, Champignons und Trüffeln, gebunden mit Veloutésauce; Streifen von Tomatensauce um das Eiweiß.
Bretagnische Art: à la bretonne: Auf Zwiebelpüree dressiert; mit geriebenem Käse bestreut, rasch glaciert.
auf Burgfrauenart: à la châtelaine: Ausgestochen; auf Blätterteigkrustade, gefüllt mit Maronenpüree, gebunden mit Fleischglace, gesetzt; maskiert mit Geflügelvelouté, vermischt mit Zwiebelpüree.
mit schwarzer Butter: au beurre noir: Übergossen mit tiefbrauner Butter, darüber einige Tropfen Essig, in der Pfanne erhitzt.

Carême: Mit Trüffel- und Champignonscheiben garniert; maskiert mit weißer Rahmsauce, rasch glaciert.
Catherinette: Ragout von gehackten Zwiebeln, gewürfelten Tomaten, Scheiben von Eierfrüchten, alles in Öl gebacken, auf der Eierplatte; die Eier daraufgeschlagen und gebacken.
auf Chaloner Art: à la châlonnaise: Garniert mit Hahnenkämmen und -nieren; umgossen mit Geflügelrahmsauce.
auf Chartreser Art: à la Chartres: Rund ausgestochen; auf Croutons gesetzt, mit Demiglace, vermischt mit gehacktem Estragon, übergossen.
à la chasseur: siehe auf Jägerart
à la châtelaine: siehe auf Burgfrauenart
Clamart: Auf Erbsen, auf französische Art bereitet, dressiert.
Cluny: Garniert mit winzigen Geflügelkroketten; umgossen mit Tomatensauce.
Condé: Auf Püree von roten Bohnen, mit gewürfeltem, gebratenem Speck vermischt, angerichtet; mit Rotweinsauce umgossen.
Conti: Auf ein Bett von Linsen und gebratenen Speckscheiben angerichtet.
aux crevettes: siehe mit Garnelen

Doria: Garniert mit oval ausgestochenen, in Butter gedünsteten und mit weißer Rahmsauce gebundenen Gurkenstückchen.

auf elsässische Art: à l'alsacienne: Auf Sauerkraut angerichtet, garniert mit Wurstscheiben.
à l'espagnole: siehe auf spanische Art
mit Estragon: à l'estragon: Auf braune Estragonsauce geschlagen, gebacken; garniert mit blanchierten Estragonblättern, umgossen mit Estragonsauce.

auf Florentiner Art: à la florentine: Auf in Butter sautiertem Blattspinat angerichtet; mit Mornaysauce bedeckt, mit geriebenem Käse bestreut, rasch glaciert.
auf Försterart: à la forestière: Dressiert auf in Butter mit gehackten Schalotten sautierten Morchelscheiben und gewürfeltem Speck; garniert mit sautierten Morcheln.
auf französische Art: à la française: Auf Blattspinat, in Butter sautiert, angerichtet; garniert mit grilliertem Magerspeck, mit Colbertsauce umgossen.

mit Garnelen: aux crevettes: 1. Garniert mit einem Sträußchen Garnelen, umgossen mit Garnelensauce;
2. auf flaches Tartelett, gefüllt mit Salpicon von Garnelen, gesetzt; umgossen mit Garnelensauce.

auf Gemüsegärtnerart: à la maraîchère: In Eierplatte auf Chiffonade von Kopfsalat und Sauerampfer gebacken; garniert mit gebratenen Dreiecken von magerem Speck.

auf Glückbringerart: à la mascotte: Garniert mit gewürfelten Artischockenböden und Trüffeln sowie gebratenen Kartoffelwürfeln; umgossen mit Madeirasauce.

Gounod: Garniert mit sautierten Champignons, umgossen mit Tomatensauce.

Granier: Auf Trüffelscheiben und Spargelspitzen dressiert; garniert mit Spargelspitzen, eine Trüffelscheibe auf dem Eigelb.

auf griechische Art: à la grecque: Dressiert auf gewürfelten Kürbis, Paprikaschoten und Tomaten, in Öl mit gehackten Zwiebeln gedünstet.

Großherzogsart: grand-duc: Rund ausgestochen, auf Crouton gesetzt; eine Trüffelscheibe auf dem Eigelb, garniert mit grünen Spargelspitzen und Krebsschwänzen.

Großmuttersart: à la grand'mère: Dressiert auf gebratenes Weißbrot, mit gehacktem Schnittlauch bestreut.

Ham and Eggs: Eier mit Schinken: Schinkenscheiben auf einer Seite gebraten, in Eierplatte gelegt, die rohen Eier darübergegeben, im Ofen gebacken (englisch).

auf Herzoginart: à la duchesse: Rund ausgestochen, auf runden Boden von gebackenen Herzogin-Kartoffeln dressiert; mit weißer Rahmsauce übergossen, mit Trüffelscheibe verziert.

à la hongroise: siehe auf ungarische Art

à l'impériale: siehe auf kaiserliche Art

Isoline: Auf Eierplatte gebacken; garniert mit kleinen, halben Tomaten, auf provenzalische Art bereitet und mit gebratenen, gewürfelten Hühnerlebern, mit Madeirasauce gebunden, gefüllt.

auf Jägerart: à la chasseur: Garniert mit sautierten Geflügellebern und gewürfelten, sautierten Champignons; mit Modeirasauce umkränzt.

auf japanische Art: à la japonaise: Rund ausgestochen, dressiert auf halbe gebratene Tomaten; garniert mit gebuttertem Knollenziest.

Jessica: Garniert mit gebratenen Morcheln und Spargelspitzen; umgossen mit gebundener Jus.

Jockey-Club: Rund ausgestochen; dressiert auf runde Croutons mit Gänseleberpüree bestrichen; garniert mit gewürfelten, gebratenen Kalbsnieren und Trüffeln, umgossen mit Madeirasauce.

auf kaiserliche Art: à l'impériale: Dressiert auf Würfelchen von gebratener Gänseleber; umgossen mit Madeirasauce.

Kanadische Art: à la canadienne: Große, halbe Tomaten, ausgehöhlt, mit kleinem, rohem Ei gefüllt; auf Eierplatten gesetzt, im Ofen gebacken.

auf Kardinalsart: à la cardinale: Garniert mit Hummer- und Trüffelscheiben, umgossen mit Kardinalsauce.

Karoly: Auf Scheiben von geräucherter Pökelzunge dressiert; mit geriebenem Käse bestreut, rasch glaciert.

Khedive: Auf Zwiebelpüree dressiert; mit Rahm übergossen, mit geriebenem Käse bestreut, rasch glaciert; umgossen mit Tomatensauce.

auf Kleinherzogsart: petit-duc: Garniert mit Champignonköpfen, gefüllt mit geriebenem Meerrettich; umgossen mit Chateaubriand-Sauce.

auf Königinart: à la reine: Dressiert in gebackene Tarteletts aus Herzogin-Kartoffelmasse, gefüllt mit Geflügelsalpicon in Rahmsauce; ein Streifen von Geflügelrahmsauce ringsherum gegossen.

auf königliche Art: à la royale: Dressiert auf einen pochierten Boden von Geflügelfarce, gefüllt mit Champignonpüree; umgossen mit Geflügelrahmsauce, vermischt mit gehackten Trüffeln.

Liller Art: à la lilloise: Dressiert auf leicht zerdrücktem, gebuttertem Rosenkohl; mit weißer Rahmsauce umgossen.
auf Lothringer Art: à la lorraine: In Backplatte auf Scheiben von geröstetem Speck und dünnen Scheiben Schweizer Käse gebacken, dabei mit Rahm übergossen.
Lyoner Art: à la lyonnaise: Dressiert auf braungebratene Zwiebelscheiben, mit Fleischglace gebunden und mit einigen Tropfen Essig gewürzt; umgossen mit Lyoner Sauce.

à la maraîchère: siehe auf Gemüsegärtnerart
Margarete: Marguerite: Rund ausgestochen; auf flaches, rundes Fischkrokett dressiert; mit Tomatensauce umkränzt.
à la marinière: siehe auf Seemannsart
Marquise: Rund ausgestochen; dressiert auf Marquise-Kartoffeln, ausgehöhlt und mit Haschee von Schinken und Kalbfleisch, mit Tomatensauce gebunden, gefüllt.
Maryland: In Eierplatte gebacken; garniert mit halben, gebratenen Speckscheiben, winzigen Hühnerkroketten und gebratenen Bananenscheiben; gebundene Jus nebenbei serviert.
Mascotte: siehe Glückbringerart
auf Matrosenart: à la matelote: Auf Eierplatte, mit Matrosensauce bedeckt, gargemacht, umgossen mit Matrosensauce.
Maximilian: Rund ausgestochen; dressiert auf große halbe Tomate mit Püree von Petersilienwurzeln gefüllt; bestreut mit geriebenem Käse, Reibbrot und gehackter Petersilie und gebacken.
Metternich: Auf gebratene Champignonscheiben dressiert; mit geriebenem Käse bestreut und rasch glaciert.
auf Metzgerart: à la bouchère: Auf dünne Scheiben von gebratenem Rinderfilet oder flachem Hamburger Beefsteak dressiert; umgossen mit Demiglace.
auf mexikanische Art: à la mexicaine: Dressiert auf Gemisch von gewürfeltem Kürbis, Tomaten, Zwiebeln und Paprikaschoten, in Öl mit Knoblauch gedünstet.
Mezerai: Garniert mit halben, gebratenen Hammelnieren; mit Trüffelsauce umgossen.
Mikado: Dressiert auf halbe, gebratene Tomaten; garniert mit Sardellenfilets, bestreut mit Kapern, umgossen mit Demiglace.
Mirabeau: In Sardellenbutter gebraten; garniert mit Sardellenfilets und gefüllten Oliven, dekoriert mit blanchierten Estragonblättern.
auf moderne Art: à la moderne: Auf Champignon- und Trüffelscheiben in Rahmsauce nur halb gargebacken; mit geriebenem Käse bestreut, mit Butter beträufelt, rasch gratiniert.
Monacoer Art: à la monegasque: Auf geschmolzenen Tomaten, vermischt mit gehacktem Estragon, angerichtet; garniert mit Sardellenfilets, umkränzt mit Tomatensauce.
Monselet: Rund ausgestochen; dressiert auf Artischockenboden, garniert mit Trüffelscheiben, Streifen Demiglace ringsherum.
Montargis: Rund ausgestochen; dressiert auf flache Krustade, gefüllt mit Julienne von Champignons und Pökelzunge sowie gewürfelten, gebratenen Geflügellebern, mit Rahmsauce und Fleischglace gebunden; mit Mornaysauce bedeckt, mit geriebenem Käse bestreut, rasch glaciert.
Montebello: Dressiert auf grober Julienne von Schinken, Hühnerfleisch und Trüffeln, gebunden mit Madeirasauce mit gehacktem Estragon; mit blanchierten Estragonblättern dekoriert.
Monte Carlo: Mit Rahm in Eierplatte gebacken; garniert mit Salpicon von Lammnieren, Trüffeln und grünen Spargelspitzen.
Montmorency: In Eierplatte, auf Bett von Spargelspitzen in Rahmsauce, gebacken; garniert mit Spargelspitzen und gewürfelten, gebratenen Artischockenböden.

im Morgenrock: en robe de chambre: Kleine, rohe Eier, in gebackene, ausgehöhlte Kartoffeln gefüllt, mit zerlassener Butter betropft, im Ofen gebacken.
Mornay: In Eierplatte nur halb gargemacht; mit Mornaysauce bedeckt, mit geriebenem Käse bestreut, rasch unter dem Salamander glaciert.

Najade: à la naïade: Rund ausgestochen; dressiert auf rund ausgestochenem Röstbrot, mit gehackten, in Butter gedünsteten grünen Paprikaschoten bedeckt; umgossen mit Colbertsauce, vermischt mit gehacktem Estragon und Kerbel.
Nantua: Auf Salpicon von Krebsschwänzen gebacken; Trüffelscheibe auf dem Eigelb, garniert mit Krebsschwänzen, umgossen mit Nantuasauce.
auf Nanziger Art: à la nancéenne: Dressiert auf Zwiebelpüree, vermischt mit gewürfelten Paprikaschoten; garniert mit Wurstscheiben, umgossen mit Demiglace.
Negus: Rund ausgestochen; auf flachem, rundem Wildkrokett angerichtet.
Nero: Néron: Rund ausgestochen; auf flachem, rundem Geflügelkrokett angerichtet, mit Tomatensauce umgossen.
Nizzaer Art: à la niçoise: Auf gewürfelte, geschmolzene Tomaten mit gehacktem Estragon dressiert; garniert mit Sardellenfilets und entsteinten Oliven, Streifen von Demiglace ringsherum.
auf normannische Art: Gebacken auf rohen, entbarteten Austern in leichter Rahmsauce; umkränzt mit normannischer Sauce.

Olivet: Auf Püree von Sauerampfer mit Rahm gebunden, dressiert; umgossen mit Rahmsauce.
Omar Pascha: Auf Bett von in Butter gedünsteten Zwiebelscheiben nur halb gargemacht; mit geriebenem Käse bestreut, rasch glaciert; umgossen mit einem Streifen Tomatensauce.
Opernart: Opera: Garniert mit grünen Spargelspitzen und sautierten Geflügellebern; umgossen mit Madeirasauce.
Orléans: Dressiert auf Blätterteig-Tarteletts, gefüllt mit gewürfeltem Hühnerfleisch in Tomatensauce; nappiert mit Geflügelrahmsauce, mit Pistazienbutter aufgeschlagen.

auf Parmaart: à la parmesane: Nur halb gargemacht; übergossen mit Rahm, bestreut mit geriebenem Parmesan, rasch glaciert.
Patti: Dressiert auf Trüffelpüree; umgossen mit Sherrysauce.
auf Perigorder Art: à la périgourdine: Auf Trüffelessenz geschlagen und gargemacht; garniert mit Trüffelscheiben, umgossen mit Trüffelsauce.
auf persische Art: à la persane: Gebacken auf in Butter gebratenen Zwiebelscheiben, mit Cayennepfeffer gewürzt; mit gehackter Petersilie bestreut und mit Zitronensaft beträufelt.
auf Piemonteser Art: à la piémontaise: Nur halb gargemacht; garniert mit Scheiben von weißen Trüffeln, bestreut mit geriebenem Parmesan, rasch glaciert.
auf portugiesische Art: à la portugaise: Dressiert auf gewürfelte, gedünstete Tomaten; garniert mit geschmolzenen Tomaten, bestreut mit gehackter Petersilie.
auf provenzalische Art: à la provençale: Rund ausgestochen; dressiert auf halbe Tomaten, mit gehacktem Knoblauch und gehackter Petersilie bestreut und in Öl gebraten.

Rachel: Rund ausgestochen; auf runden Crouton gesetzt, das Eigelb mit einer blanchierten Rindermark- und einer Trüffelscheibe belegt; umgossen mit Demiglace.
à la reine: siehe auf Königinart
Richemont: Garniert mit gewürfelten Morcheln und Trüffeln; umgossen mit Madeirasauce.

auf römische Art: à la romaine: Dressiert auf Blattspinat in Butter, vermischt mit Sardellenfilets; nur halb gargemacht, mit geriebenem Parmesan bestreut, rasch glaciert.
Rossini: Rund ausgestochen; dressiert auf gebratene Scheibe Gänseleber; mit Trüffelscheibe garniert, mit Trüffelsauce umgossen.
Rothomago: Garniert mit Scheibchen von gebratenem Schinken und kleinem Schweinswürstchen (Chipolata); umgossen mit Tomatensauce.
à la royale: siehe auf königliche Art

Sagan: 1. Garniert mit Scheibchen von gebackenem Kalbshirn, umgossen mit Geflügelrahmsauce;
2. nur leicht angebacken, mit geriebenem Käse bestreut und rasch glaciert; garniert mit Scheibchen Kalbshirn, bedeckt mit Rahmsauce, umgossen mit Rahmsauce.
à la saltimbanque: siehe auf Akrobatenart
mit Sardellen: aux anchois: Auf Sardellenfilets gebacken; mit Sardellenfilets garniert.
auf Savoyer Art: à la savoyarde: Auf Scheiben von roh gebratenen Kartoffeln geschlagen, mit geriebenem Käse bestreut, mit süßem Rahm übergossen und im Ofen gebacken.
auf Schweizer Art: à la suisse: Auf dünne Scheiben von Weißbrot und Emmentaler Käse geschlagen und gebacken.
auf Seemannsart: à la marinière: Auf entbarteten Muscheln in Matrosensauce angerichtet.
auf sizilianische Art: à la sicilienne: Garniert mit halben, ausgehöhlten und gebratenen Tomaten, gefüllt mit italienischer Sauce; umgossen mit italienischer Sauce.
Soubise: Auf Zwiebelpüree dressiert; umgossen mit Demiglace.
auf spanische Art: à l'espagnole: Rund ausgestochen, auf halbe grillierte Tomaten gesetzt, garniert mit gebackenen Zwiebelringen.
St. Hubertus: Saint-Hubert: Auf Wildhaschee dressiert, umgossen mit Pfeffersauce.

Tessiner Art: à la tessinoise: In Öl, in Eierplatte mit Knoblauch ausgerieben, gargemacht.
auf Teufelsart: à la diable: Auf beiden Seiten gebraten; mit brauner Butter, mit einem Schuß Essig, übergossen.
auf Trouviller Art: à la trouvillaise: Auf Salpicon von Garnelen, Muscheln und Champignons, mit Weißweinsauce gebunden, dressiert; umgossen mit Garnelensauce.
Turandot: Garniert mit halben gebratenen Tomaten mit sautierten Geflügellebern, mit Madeirasauce gebunden, gefüllt.
auf türkische Art: à la turque: 1. Garniert mit sautierten Geflügellebern, mit tomatierter Demiglace gebunden; umgossen mit der gleichen Sauce;
2. garniert mit sautierten Geflügellebern und gebackenen Zwiebelringen; Streifen Tomatensauce rundherum.

auf ungarische Art: à la hongroise: Auf gedünsteten Zwiebelscheiben, mit Paprika gewürzt, dressiert; mit saurem Rahm übergossen, mit gehacktem Schnittlauch bestreut, rasch glaciert.

Vaucourt: Rand von gebackener Herzogin-Kartoffelmasse, gefüllt mit Rührei, vermischt mit Würfeln von grünen Spargelspitzen und Trüffeln; das rund ausgestochene Setzei daraufgesetzt, mit Trüffelscheibe bedeckt, mit Demiglace umgossen.
Vefour: Mit Scheiben von Kalbshirn bedeckt, mit dünner Scheibe Emmentaler Käse belegt, glaciert.
Viktoria: Victoria: Garniert mit Salpicon von Hummer oder Languste und Trüffeln, mit Hummersauce gebunden; umgossen mit Hummersauce.

Villars: Auf Scheiben von Artischockenböden mit Zwiebelsauce gebunden, dressiert; garniert mit Speckscheiben; umspritzt mit Rand von Püree von weißen Bohnen.

Walewska: Rund ausgestochen, gesetzt auf Tartelett, gefüllt mit Salpicon von Languste, gebunden mit Rahmsauce; mit Langusten- und Trüffelscheibe belegt, maskiert mit Rahmsauce, mit Langustenbutter aufgeschlagen.

Willkommene Eier: Bienvenue: Dressiert auf Püree von frischen Tomaten in einem vorher gebackenen Kranz von Herzogin-Kartoffelmasse.

Wladimir: 1. Das Eigelb mit Trüffelscheibe dekoriert; garniert mit Sträußchen grüner Spargelspitzen; umgossen mit Trüffelsauce;
2. nur leicht angebacken, garniert mit Trüffelscheiben und Spargelspitzen, mit geriebenem Käse bestreut, rasch glaciert.

10. Pochierte Eier, Verlorene Eier
Œufs pochés

auf abessinische Art: à l'abyssine: Auf flache, leicht ausgehöhlte und mit Maronenpüree gefüllte Kroketts von süßen Kartoffeln gesetzt; mit weißer Buttersauce, vermischt mit dünnen Scheiben italienischer Trüffeln, nappiert.

auf Admiralsart: à l'amiral: Auf Tarteletts, gefüllt mit Salpicon von Krebsschwänzen und Trüffeln, dressiert; mit Weißweinsauce übergossen.

auf afrikanische Art: à l'africaine: Auf ovale Scheiben von Röstbrot gesetzt; garniert mit grillierten Speckscheiben, Pilawreis und gewürfelten, gedünsteten Tomaten.

auf algerische Art: à l'algérienne: Auf Tarteletts dressiert, die mit gewürfelten Eierfrüchten, Paprikaschoten, Tomaten und Kürbis, in Öl gedünstet und mit Tomatensauce gebunden, gefüllt worden sind.

à l'allemande: siehe auf deutsche Art

Almassy: Auf Tarteletts, gefüllt mit Püree von Champignons und Sardinen, gesetzt; nappiert mit Nantuasauce.

à l'ambassadrice: siehe auf Botschafterinart

auf amerikanische Art: à l'américaine: Dressiert auf halben gebratenen Tomaten; garniert mit Hummerscheibe, bedeckt mit Hummersauce.

auf andalusische Art: à l'andalouse: Dressiert auf gebratene Scheiben von Eierfrüchten; bedeckt mit Tomatensauce, vermischt mit Julienne von grünen Paprikaschoten.

André: Auf halbe gebratene Tomaten, mit gebratenen Champignonscheiben gefüllt, dressiert; nappiert mit Bordelaiser Sauce.

à l'anglaise: siehe auf englische Art

auf Antwerpener Art: à l'anversoise: Dressiert auf Tarteletts, gefüllt mit Hopfensprossen in Rahmsauce; bedeckt mit Rahmsauce.

Archibald: Dressiert auf ovalem, leicht ausgehöhltem Crouton, gefüllt mit gehackten, gedünsteten roten Paprikaschoten, gebunden mit Champignonsauce; nappiert mit Colbertsauce, vermischt mit Tomatenpüree und kleingewürfelten Artischockenböden.

à l'archiduc: siehe auf Erzherzogsart

à l'archiduchesse: siehe auf Erzherzoginart

auf argentinische Art: à l'argentine: Dressiert auf Tarteletts, gefüllt mit gewürfelten, sautierten Eierfrüchten; nappiert mit Tomatensauce, garniert mit gebackenen Zwiebelringen.

Armenonville: 1. Dressiert auf Tarteletts, gefüllt mit Spargelspitzen in Rahmsauce; bedeckt mit Geflügelrahmsauce;
2. auf Briochecrouton gesetzt, nappiert mit Geflügelrahmsauce, mit Sherry gewürzt; garniert mit Sträußchen von gebutterten Spargelspitzen und Karotten in Rahmsauce.

Artagnan: Dressiert auf Tarteletts, gefüllt mit Gänseleber; garniert mit Champignonkopf, nappiert mit holländischer Sauce.

d'Artois: Dressiert auf Croutons, maskiert mit gewürfelten, gedünsteten Tomaten; nappiert mit Tomatensauce.

Aschenbrödelart: Cendrillon: In ausgehöhlte, gebackene Kartoffeln gefüllt; belegt mit Trüffelscheibe, nappiert mit Mornaysauce, bestreut mit geriebenem Käse, glaciert.

auf Bäckerart: à la boulangère: Dressiert auf ovale, ausgehöhlte Croutons, gefüllt mit gewürfelten, sautierten Champignons; bedeckt mit Mornaysauce, bestreut mit geriebenem Käse, glaciert.

auf baltische Art: à la baltique: Dressiert auf ovale, leicht ausgehöhlte Croutons, gefüllt mit geeistem Kaviar; bedeckt mit Mornaysauce, bestreut mit geriebenem Käse, rasch glaciert.

auf Barcelonaer Art: à la barcelonnaise: Dressiert auf halbe gebratene Tomaten, gefüllt mit gewürfelten, gedünsteten grünen Paprikaschoten; nappiert mit Demiglace.

Bar-le-Duc: Dressiert auf Artischockenböden; nappiert mit Rahmsauce, vermischt mit gehacktem Estragon.

Beaucer Art: à la beauceronne: Dressiert auf ausgehöhlte Croutons, gefüllt mit Zwiebelpüree; nappiert mit Velouté, vermischt mit Zwiebelpüree.

Beauharnais: Dressiert auf Artischockenböden; bedeckt mit Beauharnais-Sauce.

Beaujolaiser Art: à la beaujolaise: Auf Crouton dressiert, nappiert mit Colbertsauce.

Beauregard: Dressiert auf ovale Tarteletts, gefüllt mit Püree von Eierfrüchten; nappiert mit tomatierter Demiglace, garniert mit Trüffelscheibe.

Béchamel: Auf Crouton dressiert; nappiert mit rahmiger Béchamelsauce.

Bedford: Dressiert auf Tarteletts, gefüllt mit Gänseleberpüree; nappiert mit Madeirasauce, bestreut mit Julienne von Trüffel und Pökelzunge.

Belleclaire: Dressiert auf ausgehöhlte Croutons, gefüllt mit Champignonpüree; nappiert mit Rahmsauce, vermischt mit gehackter Trüffel, bestreut mit geriebenem Käse, glaciert.

Belle Hélène: Dressiert auf ovalem Spargelkrokett; nappiert mit Geflügelrahmsauce.

Benedict: Dressiert auf Röstbrot, belegt mit gebratener Schinkenscheibe; bedeckt mit holländischer Sauce, belegt mit Trüffelscheibe.

Benediktinerart: à la bénédictine: Dressiert auf Tarteletts, gefüllt mit Püree von Stockfisch, vermischt mit gehackten Trüffeln; nappiert mit Rahmsauce.

en berceau: siehe im Nest

Berlioz: Dressiert auf ovale Croutons, ausgehöhlt und gefüllt mit Haschee von Rebhuhn und Champignons; bedeckt mit Jägersauce.

Bernadotte: Dressiert auf ovale Croutons, belegt mit Sardellenfilets; nappiert mit Rahmsauce, vermischt mit gehackten grünen Oliven.

Bignon: Auf Boden von pochierter Hühnerfarce gesetzt; nappiert mit Veloutésauce mit Estragongeschmack, dekoriert mit blanchierten Estragonblättern.

Blanchard: Auf Röstbrot, bedeckt mit einer Scheibe Pökelzunge, gesetzt; bedeckt mit Colbertsauce.

Boieldieu: Auf Tarteletts, gefüllt mit Salpicon von Huhn, Trüffel und Gänseleber, gesetzt; nappiert mit Geflügelvelouté.

Bonnefoy: Dressiert auf Tarteletts, gefüllt mit Wildpüree; nappiert mit gebundener Wildjus.

Bonvalet: Auf Crouton gesetzt; bedeckt mit Geflügelrahmsauce mit einem Streifen Choronsauce rundherum, dekoriert mit Trüffelscheibe.

auf Bostoner Art: à la bostonienne: Dressiert auf Tarteletts, gefüllt mi Püree von geräuchertem Schellfisch; nappiert mit Rahmsauce.

auf Botschafterinart: à l'ambassadrice: Dressiert auf Blätterteigkrustade, gefüllt mit Püree von Kopfsalat, gebunden mit Rahm; nappiert mit Rahmsauce.

Braganza: Bragance: Dressiert auf halbe grillierte Tomaten, gefüllt mit Béarner Sauce; Streifen von gebundener Jus rundherum.

auf brasilianische Art: à la brésilienne: Dressiert auf Reisboden; nappiert mit Tomatensauce, vermischt mit gehackten Paprikaschoten und Schinken.

Brébant: Auf Tarteletts, gefüllt mit Püree von Gänseleber und Wachteln, gesetzt; nappiert mit Trüffelsauce.

Brebigny: Kleine, pochierte Eier, paniert und rasch gebacken; gesetzt auf Tartelett, gefüllt mit Champignonpüree; Hummersauce nebenbei serviert.

auf bretagnische Art: à la bretonne: Auf Tarteletts, gefüllt mit Püree von weißen Bohnen, gesetzt; nappiert mit gebundener Jus.

mit Brunnenkresse: à la cressonière: Auf Tarteletts, gefüllt mit Püree von Brunnenkresse, gebunden nit Béchamelsauce, gesetzt; nappiert mit Geflügelrahmsauce, vermischt mit gehackter Brunnenkresse.

auf Brüsseler Art: à la bruxelloise: Dressiert auf Endivienpüree, mit Rahm gebunden; bedeckt mit Rahmsauce, bestreut mit in Butter gebräuntem Reibbrot.

Buckingham-Palast: Dressiert auf Crouton, bedeckt mit Schinkenscheibe; nappiert mit Mornaysauce, bestreut mit geriebenem Käse, glaciert.

auf Burgfrauenart: à la châtelaine: Dressiert auf Tarteletts, gefüllt mit zerdrückten Maronen, gebunden mit gebutterter Fleischglace; nappiert mit Geflügelrahmsauce, vermischt mit Zwiebelpüree; eine Trüffelscheibe auf jedem Ei.

auf Burgunderart: à la bourguignonne: Pochiert in Rotwein; dressiert auf Crouton; bedeckt mit dem reduzierten Wein, verkocht mit Demiglace.

Cäcilia: Cécile: Auf ausgehöhlte Croutons, gefüllt mit Spargel in Rahmsauce, gesetzt; mit Mornaysauce nappiert, mit geriebenem Käse bestreut, glaciert.

Café Anglais: Dressiert auf Ring von pochierter Krebsfarce; bedeckt mit Nantuasauce.

Cambridger Art: Dressiert auf Boden von ausgehöhltem, gedünstetem Kürbis, gefüllt mit Geflügelpüree; nappiert mit venezianischer Sauce.

Camerani: In Blätterteigkrustade, gefüllt mit Sauerkraut und bedeckt mit gebratener Schinkenscheibe; nappiert mit gebundener Jus, bestreut mit gehacktem Schinken.

Carnot: Dressiert auf Artischockenböden, gefüllt mit gewürfelten, gedünsteten Tomaten; nappiert mit tomatierter Demiglace.

Castro: Dressiert auf Artischockenböden; nappiert mit Rahmsauce, vermischt mit etwas holländischer Sauce und gehackten Champignons, gewürzt mit Cayennepfeffer.

Cendrillon: siehe Aschenbrödelart

auf Cevenner Art: à la cévenole: Dressiert auf Maronenpüree; nappiert mit Veloutésauce.

auf Chaloner Art: à la chalonnaise: In Blätterteigkrustaden, gefüllt mit Hahnenkämmen und -nieren in Rahmsauce, gesetzt; nappiert mit Geflügelrahmsauce.

Chambéry: Dressiert auf ausgehöhlte Croutons, gefüllt mit Maronenpüree; nappiert mit Madeirasauce.

Chambord: Dressiert auf Croutons; nappiert mit Chambordsauce.

Chamonix: Auf Tarteletts mit Champignonpüree gesetzt; nappiert mit Madeirasauce.

Chantilly: In Krustaden auf Linsenpüree gesetzt; nappiert mit Chantillysauce.

auf Chartraiser Art: à la Chartres: Aut Croutons gesetzt; nappiert mit Estragonsauce, dekoriert mit blanchierten Estragonblättern.

Pochierte Eier chasseur   **... Dreuxer Art**

à la chasseur: siehe auf Jägerart
Chateaubriand: Dressiert auf Röstbrot, bedeckt mit Scheibe gebratener Gänseleber; nappiert mit Chateaubriand-Sauce.
à la châtelaine: siehe auf Burgfrauenart
Chivry: Dressiert auf Tarteletts, gefüllt mit Püree von Sauerampfer, Spinat und Brunnenkresse; nappiert mit Chivrysauce.
Clamart: Auf Blätterteigkrustade, gefüllt mit Erbsenpüree oder Erbsen, auf französische Art bereitet, gesetzt; nappiert mit Rahm- oder Geflügelrahmsauce.
Clermont: Dressiert auf Crouton, bedeckt mit Champignonscheiben in Tomatensauce; nappiert mit Currysauce.
Colbert: Dressiert auf Tarteletts, gefüllt mit sehr feinem Mischgemüse in Rahmsauce; Colbert-Butter nebenbei serviert.
Colombine: Verlorene Taubeneier, dressiert auf Geflügelpüree; nappiert mit Rahmsauce.
auf Cölestiner Art: à la célestine: Dressiert auf Croutons, bestrichen mit Hummerbutter und belegt mit Sardellenfilets; nappiert mit Rahmsauce, mit Krebsbutter aufgeschlagen.
à la colonel: siehe auf Oberstenart
à la comtesse: siehe auf Gräfinart
auf kontinentale Art: à la continentale: Auf Crouton, bestrichen mit Gänseleberpüree, gesetzt; bedeckt mit tomatierter Madeirasauce.
Coquelicot: Dressiert auf Ring von pochierter Geflügelfarce, gefüllt mit gewürfelten, gedünsteten Paprikaschoten; nappiert mit Rahmsauce, vermischt mit gehackter roter Paprikaschote.
Crécy: siehe mit Karotten

auf dänische Art: à la danoise: Auf Krustaden, gefüllt mit Püree von geräuchertem Lachs, gesetzt.
Daumont: Auf große Champignons, gefüllt mit gewürfelten Krebsschwänzen in Nantuasauce, gesetzt; nappiert mit Nantuasauce, eine Trüffelscheibe auf jedem Ei.
à la dauphine: siehe auf Tronfolgerart
Derby: Dressiert auf Scheiben von Gänseleberpastete, nappiert mit Trüffelsauce.
auf deutsche Art: à l'allemande: Dressiert in Blätterteigkrustaden, gefüllt mit Sauerkraut, bedeckt mit je einem Scheibchen Wurst und Pökelfleisch; nappiert mit Demiglace.
Diana: In Timbal auf Wildpüree, vermischt mit Champignonpüree, gesetzt; nappiert mit Wildsauce mit Madeira; Trüffelscheibe auf jedem Ei.
auf Diepper Art: à la dieppoise: Dressiert auf Blätterteigkrustaden, gefüllt mit Salpicon von Muscheln und Garnelen in Weißweinsauce; nappiert mit Weißweinsauce.
auf Dijoner Art: à la dijonnaise: Dressiert auf gebackenes Nest von Herzogin-Kartoffelmasse; bedeckt mit Burgundersauce; ein Champignonkopf auf jedem Ei.
Diva: à la diva: Dressiert auf einem Ring von pochierter Geflügelfarce, gefüllt mit gewürfelten Tomaten und Gänseleber; gebunden mit Béarner Sauce.
Divette: Dressiert auf ausgehöhlte Croutons, gefüllt mit Mais in Rahmsauce; nappiert mit Geflügelrahmsauce, bestreut mit gehackter Trüffel.
Divorçons: siehe geschiedene Eier
Don Carlos: Dressiert auf Tarteletts, gefüllt mit Salpicon von Huhn und Pökelzunge in Rahmsauce; nappiert mit Béarner Sauce.
Doria: Dressiert auf Tarteletts, gefüllt mit gewürfelten, gedünsteten Gurken; nappiert mit Veloutésauce; eine Scheibe weißer Trüffel auf jedem Ei.
Doriac: Dressiert auf Scheiben von Pökelzunge; nappiert mit Geflügelrahmsauce, bestreut mit gehackter Trüffel.
auf Dreuxer Art: à la Dreux: Dressiert auf Tarteletts, gefüllt mit Salpicon von Huhn, Champignons, Trüffeln und Oliven, gebunden mit Demiglace mit Trüffelessenz; eine Trüffelscheibe auf jedem Ei.

Dubarry: Auf Tarteletts, gefüllt mit Blumenkohlpüree, gesetzt; nappiert mit Mornaysauce, bestreut mit geriebenem Käse, mit Butter beträufelt, gratiniert.
Duchesse: siehe auf Herzoginart
Dufferin: Auf große, grillierte Champignonköpfe gesetzt; nappiert mit Meerrettichsauce.
Duse: Dressiert auf runde, flache Makkaronikroketts, vermischt mit gehackten Champignons, Pökelzunge und Tomatensauce; nappiert mit tomatierter Mornaysauce, bestreut mit geriebenem Käse, glaciert.

à l'écossaise: siehe auf schottische Art
Edmond: Dressiert auf ausgehöhlte Croutons, gefüllt mit gewürfelten, gedünsteten Tomaten und gehackten Schnecken; nappiert mit Tomatensauce; einen Hahnenkamm auf jedem Ei.
Elisabeth: Dressiert auf Artischockenböden; nappiert mit Zwiebelsauce, bestreut mit geriebenem Käse, glaciert.
auf elsässische Art: à l'alsacienne: Auf Tarteletts, gefüllt mit Sauerkraut und mit runder Schinkenscheibe bedeckt, dressiert; nappiert mit gebundener Jus oder Demiglace.
auf englische Art: à l'anglaise: Auf Toast, bedeckt mit geschmolzenem Cheddarkäse, mit Cayennepfeffer gewürzt, gesetzt; mit zerlassener Butter leicht übergossen.
auf Erzherzoginart: à l'archiduchesse: Auf flache Kartoffelkroketts mit einer Höhlung in der Mitte, gefüllt mit gedünsteten Zwiebel- und Champignonscheiben, gewürzt mit Paprika, gesetzt; mit Meerrettichsauce bedeckt.
auf Erzherzogsart: à l'archiduc: Dressiert auf Tarteletts, mit sautierten Geflügellebern und Trüffeln, mit Cognac deglaciert; nappiert mit Paprikasauce.
Escoffier: Dressiert auf runde, ausgehöhlte Brioche, gefüllt mit Champignonpüree, vermischt mit gewürfelten Artischockenböden; nappiert mit Geflügelrahmsauce, bestreut mit Hummermark; eine Trüffelscheibe mit einem Punkt Kaviar auf jedem Ei.
Esmeralda: Dressiert auf mit Gänseleberpüree gefüllte Tarteletts; nappiert mit Maximiliansauce; bestreut mit gehackter Trüffel und hartgekochtem Eiweiß.
mit Estragon: à l'estragon: Dressiert auf Crouton; nappiert mit brauner Estragonsauce, belegt mit blanchierten Estragonblättern.
Eugenie: Dressiert auf großem grillierten Champignonkopf, gefüllt mit Gänseleberpüree; nappiert mit holländischer Sauce.

auf Feinschmeckerart: à la gourmand: Dressiert auf mit Sardellenbutter bedeckte Croutons; nappiert mit Trüffelsauce; eine Trüffelscheibe auf jedem Ei.
Feodora: Fédora: Dressiert auf mit Salpicon von Gänseleber und Trüffel in Geflügelrahmsauce gefüllte Tarteletts; nappiert mit Geflügelrahmsauce.
auf finnische Art: à la finnoise: Dressiert auf Croutons; nappiert mit Tomatensauce, vermischt mit gehackten grünen Paprikaschoten und Kerbel.
auf flämische Art: à la flamande: Dressiert auf Blätterteigkrustaden gefüllt mit Püree von Rosenkohl; nappiert mit Rahmsauce; ein winziger Kopf Rosenkohl auf jedem Ei.
Flora: Dressiert in Blätterteigkrustaden; die Hälfte der Eier mit Hühnerrahmsauce, die andere Hälfte mit Tomatensauce bedeckt; gehackte Trüffel auf die weiße Sauce, gehackte Petersilie auf die rote.
Floréal: Dressiert auf Tarteletts; nappiert mit Hühnerrahmsauce, vermischt mit gehackter Petersilie; ein Rand von frischem Erbsenpüree um jedes Ei gespritzt.
auf Florentiner Art: à la florentine: Dressiert auf Tarteletts gefüllt mit gebuttertem Blattspinat; bedeckt mit Mornaysauce, bestreut mit geriebenem Käse, glaciert.

Fontainebleau: Auf Croutons, maskiert mit gewürfelten, gebratenen Tomaten, gesetzt; nappiert mit Rahmsauce, vermischt mit gehackten roten Paprikaschoten.

auf Försterart: à la forestière: In Nestchen von Herzogin-Kartoffelmasse, gefüllt mit Morchelhaschee, gesetzt; nappiert mit gebundener Jus, bestreut mit gehackter Petersilie; garniert mit sautierten Morcheln.

auf französische Art: à la française: Dressiert auf runde Kartoffelkroketts mit einer Vertiefung, gefüllt mit geschmolzenen Tomaten; nappiert mit Demiglace.

Gabriel: Dressiert auf Reis, vermischt mit gewürfelter Gänseleber und gewürfelten, sautierten Kalbsnieren; nappiert mit Madeirasauce.

auf gallische Art: à la gauloise: Auf Röstbrot, erst mit gehacktem Schinken und dann mit geschmolzenen Tomaten bedeckt, dressiert; nappiert mit Tomatensauce, garniert mit Hahnenkämmen und -nieren.

Garcia: Dressiert auf Tarteletts, gefüllt mit Hühnerpüree, vermischt mit gehackten Paprikaschoten; nappiert mit Madeirasauce.

auf gaskonische Art: à la gasconne: Dressiert auf halbe gebratene Tomaten, gefüllt mit Lammhaschee, vermischt mit Knoblauch und feinen Kräutern; bedeckt mit dicker Tomatensauce, bestreut mit geriebenem Käse, glaciert.

auf Gastronomenart: à la gastronome: Dressiert auf Tarteletts, gefüllt mit Champignonpüree; bedeckt mit Gastronomensauce, bestreut mit gehackten Trüffeln.

Georgette: Dressiert in gebackene, ausgehöhlte Kartoffeln, mit Salpicon von Hummer oder Krebsen in Nantuasauce gefüllt; nappiert mit Nantuasauce, bestreut mit geriebenem Käse, glaciert.

Germaine: Dressiert auf große, grillierte Champignonköpfe; nappiert mit Colbertsauce, vermischt mit gehacktem Estragon.

Geschiedene Eier: Divorçons: Abwechselnd in Blätterteigkrustaden mit geschmolzenen Tomaten, nappiert mit Rahmsauce und mit gehackten Trüffeln bestreut; und in Krustaden, gefüllt mit Hühnerhaschee, bedeckt mit Tomatensauce und mit gehacktem, hartgekochtem Eigelb, gesetzt.

Gladstone: Dressiert auf Tarteletts, gefüllt mit Maronenpüree, nappiert mit Rahmsauce, vermischt mit Gänseleberpüree.

Gladys: Dressiert auf Tarteletts, gefüllt mit Püree von weißem Fisch, vermischt mit gedünsteten Tomatenwürfeln; nappiert mit Rahmsauce.

Gounod: Dressiert auf gebratene Kalbsmilchschnitzel; nappiert mit Trüffelsauce.

auf Gräfinart: à la comtesse: 1. Auf Artischockenböden gesetzt; mit Geflügelrahmsauce nappiert, mit Trüffelscheibe garniert; Sträußchen grüner Spargelspitzen an der Seite;
2. auf Tarteletts, gefüllt mit frischem Erbsenpüree, bedeckt mit grünen Spargelspitzen, gesetzt; bedeckt mit Geflügelrahmsauce, bestreut mit gehackter Trüffel.

auf griechische Art: à la grecque: Dressiert auf gebratene Scheiben von Eierfrüchten; nappiert mit holländischer Sauce.

Grimod: Dressiert auf Tarteletts, gefüllt mit Salpicon von Krebsschwänzen in Nantuasauce; bedeckt mit Mornaysauce, bestreut mit geriebenem Käse, glaciert.

auf Großherzogsart: à la grand-duc: 1. In Blätterteigkrustaden mit Spargelspitzen gefüllt; nappiert mit Mornaysauce, glaciert; garniert mit Trüffelscheiben und Spargelspitzen;
2. in großer, flacher Blätterteigpastete, ein Krebsschwanz und Trüffelscheibe zwischen jedem Ei; nappiert mit Mornaysauce, glaciert, Mitte mit Spargelspitzen gefüllt.

Halévy: Dressiert in Tarteletts, gefüllt je zur Hälfte mit geschmolzenen Tomaten und Geflügelhaschee; eine Seite der Eier mit Geflügelrahm-, die andere mit Tomatensauce übergossen; ein Streif Fleischglace zwischen den Saucen.

Harlekin: à l'arlequin: Dressiert auf Croutons; nappiert mit Rahmsauce, bestreut mit gehackter Trüffel, Petersilie und Schinken; umgossen mit Demiglace.

d'Hauteville: Dressiert auf gebackene, ausgehöhlte Kartoffeln, gefüllt mit dem Pulp, Geflügelhaschee und Rahm; nappiert mit Geflügelrahmsauce, mit Krebsbutter aufgeschlagen; eine Trüffelscheibe auf jedem Ei, bestreut mit geriebenem Käse, glaciert.

Heinrich IV.: Henri IV.: Dressiert auf Artischockenböden; nappiert mit Béarner Sauce.

Héloise: Dressiert auf Croutons; nappiert mit deutscher Sauce, vermischt mit gehackter Trüffel, Ochsenzunge und Huhn; umgossen mit Tomatenpüree oder gebutterter Fleischglace.

auf Herzoginart: à la duchesse: 1. Dressiert auf Rand von gebackener Herzogin-Kartoffelmasse; nappiert mit Veloutésauce; Streifen von Tomatensauce rundherum;
2. dressiert auf Herzogin-Kartoffelboden; nappiert mit gebundener, gebutterter Jus.

auf holländische Art: à la hollandaise: Dressiert auf ausgehöhltem Crouton, gefüllt mit Püree von geräuchertem Lachs; nappiert mit holländischer Sauce.

à la hongroise: siehe auf ungarische Art

Hoyos: Dressiert auf Tarteletts, gefüllt mit Sauerampferpüree; nappiert mit Rahmsauce, bestreut mit geriebenem Käse, glaciert.

Humberto: Dressiert auf flachem Makkaronikrokett; nappiert mit tomatierter Veloutésauce; garniert mit sautierten Scheiben weißer Trüffel.

auf Husarenart: à la hussarde: Dressiert auf halbe gebratene Tomaten, gefüllt mit haschierten Zwiebeln und Schinken, gebunden mit Demiglace; nappiert mit Veloutésauce, gewürzt mit Cayennepfeffer.

à l'impériale: siehe auf kaiserliche Art

auf indische Art: à l'indienne: Dressiert auf Curryreis; übergossen mit Currysauce.

auf Infantenart: à l'infante: Dressiert auf Krustaden, gefüllt mit Champignonpüree; nappiert mit Mornaysauce, bestreut mit geriebenem Käse, glaciert; eine durch flüssige Fleischglace gezogene Trüffelscheibe auf jedem Ei.

Irma: Dressiert auf flache Nudelkrokettts mit einer Höhlung in der Mitte, gefüllt mit Gänseleberpüree; nappiert mit Trüffelsauce.

Isabella: Dressiert auf flache Geflügelkroketts mit einer Höhlung in der Mitte, gefüllt mit Salpicon von Pökelzunge, Pistazien und Trüffel, gebunden mit Geflügelrahmsauce; nappiert mit Geflügelrahmsauce.

auf italienische Art: à l'italienne: 1. Dressiert auf Spaghetti auf italienische Art; nappiert mit Tomatensauce;
2. dressiert auf Risotto, vermischt mit gewürfelten Tomaten; nappiert mit Tomatensauce, garniert mit Scheibchen von Zampino.

auf Jägerart: à la chasseur: Dressiert auf Tarteletts, gefüllt mit sautierten, gewürfelten Champignons und Geflügellebern in Jägersauce; nappiert mit Jägersauce.

Jean Bart: Dressiert auf Blätterteigkrustaden, gefüllt mit Salpicon von Muscheln, Champignons und Garnelen in Béchamelsauce; nappiert mit normannischer Sauce; ein kleiner Champignonkopf auf jedem Ei.

Jessica: Dressiert auf leicht ausgehöhlte Croutons, gefüllt mit Salpicon von Morcheln und Spargelspitzen; nappiert mit Chateaubriand-Sauce.

Johanna: Jeanette: Dressiert auf Tarteletts, gefüllt mit Gänseleberpüree; nappiert mit Geflügelvelouté; eine Trüffelscheibe auf jedem Ei.

auf kaiserliche Art: à l'impériale: Dressiert auf ausgehöhlte Croutons, gefüllt mit Salpicon von Gänseleber und Trüffel in Madeirasauce; nappiert mit Madeirasauce.

auf Kardinalsart: à la cardinale: Gesetzt auf Blätterteigkrustaden, gefüllt mit Salpicon von Hummer in Rahmsauce; bedeckt mit Kardinalsauce, bestreut mit gehacktem Hummermark.
mit Karotten: à la crécy: In ausgehöhlter Brioche, gefüllt mit Karottenpüree; bedeckt mit Rahmsauce, ein Karottenstern auf jedem Ei.
auf katalonische Art: à la catalane: Auf halbe gebratene Tomaten, gefüllt mit gewürfelten grünen Paprikaschoten in Tomatensauce dressiert; nappiert mit Tomatensauce.
Khédive: Dressiert auf Tarteletts, gefüllt mit Geflügelpüree, vermischt mit Spinatpüree; nappiert mit Veloutésauce.
Kiebitzeier auf königliche Art: Œufs de pluvier à la royale: Pochierte Kiebitzeier, dressiert auf flache Kroketts von Huhn und Champignons; nappiert mit Demiglace; bestreut mit gehackter Trüffel.
auf Kleinherzogsart: à la petit-duc: Dressiert auf große, grillierte Champignons; nappiert mit Chateaubriand-Sauce.
auf koloniale Art: à la coloniale: Auf Risotto, vermischt mit gehackten roten und grünen Paprikaschoten, gesetzt; mit Mornaysauce bedeckt, mit geriebenem Käse bestreut, glaciert; Streifen von Tomatensauce rundherum.
auf Königinart: à la reine: In Tarteletts, gefüllt mit Geflügelpüree, gesetzt; nappiert mit Geflügelrahmsauce.
Königin Hortense: à la reine Hortense: Dressiert auf Rand von Pilawreis, vermischt mit Safran, gewürfelten grünen Paprikaschoten und grünen Erbsen; nappiert mit amerikanischer Sauce, eine Trüffelscheibe auf jedem Ei; Mitte mit feinem Ragout von Hummer und Champignons in amerikanischer Sauce gefüllt.
auf königliche Art: à la royale: Dressiert auf Tarteletts, gefüllt mit Salpicon von Hahnennieren, Champignons und Trüffeln in Geflügelrahmsauce; nappiert mit Geflügelrahmsauce.
mit Krebsschwänzen und Spargel: aux écrevisses et asperges: Auf Krustaden, gefüllt mit Salpicon von Krebsschwänzen und Spargel, gebunden mit Rahmsauce, gesetzt; nappiert mit Nantuasauce.
auf Kreolenart: à la créole: Dressiert auf flachem Reiskrokett, vermischt mit gehackten Champignons; bedeckt mit Kreolensauce.

Lafayette: Dressiert auf Croutons; nappiert mit Béarner Sauce; garniert mit geschmolzenen Tomaten.
Lakmé: Dressiert auf leicht ausgehöhlte Croutons, gefüllt mit gewürfelter Kalbsmilch in Currysauce; nappiert mit Colbertsauce, vermischt mit gehacktem Estragon.
Lapérouse: Dressiert auf Krustaden, gefüllt mit Artischockenpüree; nappiert mit Geflügelrahmsauce; eine Trüffelscheibe auf jedem Ei.
Laurent: Dressiert auf Toast mit geräuchertem Lachs; nappiert mit Rahmsauce.
Lavallière: Dressiert auf Tarteletts, gefüllt mit Sauerampferpüree mit Rahm; nappiert mit Geflügelrahmsauce, garniert mit Spargelspitzen.
auf litauische Art: à la lithuanienne: Dressiert auf Tarteletts, gefüllt mit Champignonpüree; nappiert mit Trüffelsauce.
Loie Fuller: Dressiert auf Croutons; abwechselnd mit Hummer- und grüner Sauce nappiert.
Lorette: Dressiert in Krustaden von Herzogin-Kartoffeln; garniert mit Spargelspitzen; eine Trüffelscheibe auf jedem Ei.
Ludwig XIV.: Dressiert auf Blätterteigkrustaden, gefüllt mit Champignonpüree, vermischt mit gewürfelter Pökelzunge; nappiert mit Geflügelrahmsauce; bestreut mit gehackten Trüffeln.

auf Mailänder Art: à la milanaise: Dressiert auf Tarteletts, gefüllt mit Makkaroni auf Mailänder Art; nappiert mit Mornaysauce, bestreut mit geriebenem Käse, glaciert.
auf Matrosenart: à la matelote: Dressiert auf Crouton, maskiert mit Sardellenbutter; nappiert mit Matrosensauce.

auf Metzer Art: à la messinoise: Dressiert auf ausgehöhlte Croutons, die mit Sauerkraut gefüllt sind; nappiert mit Demiglace; garniert mit Scheiben Frankfurter Würstchen, gebunden mit Demiglace.

auf mexikanische Art: à la mexicaine: Dressiert auf Bett von geschmolzenen Tomaten, gewürfelten Paprikaschoten und Champignons, in Öl gedünstet und mit Tomatensauce gebunden.

Mignon: Dressiert auf Artischockenböden, die mit grünen Erbsen und gewürfelten Krebsschwänzen, in Butter geschwenkt, gefüllt sind; nappiert mit Krebssauce.

Mirabeau: Dressiert auf mit Sardellenbutter maskierte Croutons; nappiert mit Sardellensauce; dekoriert mit Streifen von Sardellenfilets, eine halbe gefüllte Olive auf jedem Ei.

Mireille: Dressiert auf Böden von Safranreis; nappiert mit Rahmsauce, mit Safran gefärbt; garniert mit in Öl gebackenen Croutons, die mit geschmolzenen Tomaten maskiert sind.

Mirepoix: Dressiert auf mit kleiner Scheibe grilliertem Schinken bedeckte Croutons; nappiert mit Madeirasauce, vermischt mit feiner Mirepoix.

auf moderne Art: à la moderne: Dressiert auf mit Gänseleberpüree gefüllte Krustaden; nappiert mit Veloutésauce.

Mogador: Dressiert auf flache, runde Böden von Marquise-Kartoffeln; nappiert mit Geflügelrahmsauce, vermischt mit Gänseleberpüree; kleine Scheibe Pökelzunge und Trüffel auf jedem Ei.

Molnar: Auf Blätterteigkrustaden, gefüllt mit gebuttertem Blattspinat, bedeckt mit gebratener Gänseleberscheibe dressiert; nappiert mit Mornaysauce, vermischt mit Spinatpüree, bestreut mit geriebenem Käse, glaciert.

auf Monacoer Art: à la monégasque: Dressiert auf halbe in Öl gebratene Tomaten; nappiert mit Tomatensauce mit gehacktem Estragon vermischt; dekoriert mit Streifen von Sardellenfilets.

Montgelas: Dressiert auf Blätterteigkrustaden, gefüllt mit Salpicon von Pökelzunge, Gänseleber, Champignons und Trüffel in Madeirasauce; nappiert mit Madeirasauce.

Montmorency: 1. Dressiert auf Artischockenböden, gefüllt mit Spargelspitzen in Rahmsauce; nappiert mit tomatierter Geflügelrahmsauce; 2. dressiert auf Croutons, nappiert mit tomatierter Geflügelrahmsauce; garniert mit Artischockenböden, gefüllt mit grünen Spargelspitzen in Rahmsauce.

Montpensier: Dressiert auf Tarteletts, die mit Rührei, vermischt mit Garnelen gefüllt sind; nappiert mit Garnelensauce.

Mornay: Dressiert auf Croutons; bedeckt mit Mornaysauce, bestreut mit geriebenem Käse, beträufelt mit Butter, gratiniert.

Mozart: Dressiert auf mit Gänseleberpüree maskierte Croutons; nappiert mit Rahmsauce; eine Lyra aus Trüffel auf jedem Ei.

Murger: Dressiert auf Artischockenböden, gefüllt mit Salpicon von Pökelzunge in Rahmsauce; nappiert mit Rahmsauce; eine Trüffelscheibe auf jedem Ei.

auf Navarra-Art: à la navarraise: Dressiert auf flache Kroketts von Spaghetti und grünen und roten Paprikaschoten; nappiert mit Béarner Sauce.

Neapeler Art: à la napolitaine: Dressiert auf Risotto; nappiert mit tomatierter Demiglace, bestreut mit geriebenem Käse, glaciert.

im Nest: en berceau: Gesetzt auf ausgehöhlte, gebackene Kartoffeln, gefüllt mit Geflügelhaschee; bedeckt mit Aurorasauce.

auf New Yorker Art: à la New-Yorkaise: Dressiert auf süßen Mais in Rahmsauce; nappiert mit Rahmsauce.

Nichette: Dressiert auf Artischockenböden, gefüllt mit Püree von Huhn in Rahmsauce; nappiert mit Rahmsauce.

Ninon: Dressiert auf Blätterteigkrustaden, gefüllt mit Spargelspitzen in Rahmsauce; nappiert mit Geflügelrahmsauce; eine Trüffelscheibe auf jedem Ei.

auf Nizzaer Art: à la niçoise: Auf Kartoffeln, geformt wie Artischockenböden und gebraten, gefüllt mit kleingeschnittenen Prinzeßböhnchen in Butter dressiert; geschmolzene Tomaten auf jedem Ei; umrandet mit gebundener Jus.

auf normannische Art: à la normande: Dressiert auf Tarteletts, gefüllt mit pochierten, entbarteten Austern in normannischer Sauce; nappiert mit normannischer Sauce.

auf Oberstenart: à la colonel: Auf dicke, panierte und gebackene Tomatenscheiben gesetzt; mit Champignonsauce nappiert.

Ochiuri Romanesti pe Mamaliguta: Eier auf Maisbrei auf rumänische Art: Auf in Wasser mit Butter gekochtem Maisbrei angerichtet; mit zerlassener Butter übergossen; saurer Rahm nebenbei (rumänisch).

mit Ochsenzunge: Auf Croutons, maskiert mit Püree von Pökelzunge dressiert; nappiert mit Tomatensauce.

auf olympische Art: à l'olympic: Dressiert auf Tarteletts, gefüllt mit Champignonpüree; nappiert mit Rahmsauce, aufgeschlagen mit Langustenbutter; Langusten- und Trüffelscheibe auf jedem Ei.

auf Oraner Art: à l'oranaise: Dressiert auf Blätterteigkrustaden, gefüllt mit Salpicon von Schinken, Zwiebeln, Paprikaschoten und Champignons; nappiert mit Colbertsauce.

auf orientalische Art: à l'orientale: Dressiert auf Scheiben von gebratenen Tomaten und Gurken; nappiert mit holländischer Sauce.

Orléans: 1. Dressiert auf Tarteletts, gefüllt mit Geflügelsalpicon, gebunden mit Tomatensauce; nappiert mit Geflügelrahmsauce, mit Pistazienbutter aufgeschlagen;
2. dressiert auf Tarteletts, gefüllt mit gewürfeltem Rindermark und Trüffel; nappiert mit Colbertsauce.

Orsay: Dressiert auf Croutons; nappiert mit Chateaubriand-Sauce.

Ostereier: Pascale: Dressiert auf flache Förmchen von Marquise-Kartoffelmasse, gefüllt mit Spinatpüree; jedes Ei mit einer anderen Sauce nappiert: Nantua-, Trüffel-, grüne und Rahmsauce.

Otéro: 1. Dressiert auf ausgehöhlte Kartoffeln, gefüllt mit Salpicon von Garnelen, Champignons und Trüffeln in Nantuasauce; nappiert mit Nantuasauce;
2. wie oben, jedoch nappiert mit Mornaysauce, glaciert.

Paiva: Dressiert auf Krustaden, gefüllt mit Champignonpüree; nappiert mit Mornaysauce, glaciert; Trüffelscheibe auf jedem Ei.

Parmentier: In ausgehöhlte, gebackene Kartoffel, gefüllt mit dem Pulp, vermischt mit Butter gesetzt; bedeckt mit Mornaysauce, mit Käse bestreut, rasch glaciert.

Pascale: siehe Ostereier

Pascha: Pacha: Dressiert auf flache Kroketts von Safranreis vermischt mit gewürfelten Tomaten und gehackten, gedünsteten Zwiebeln; nappiert mit Rahmsauce, bestreut mit geriebenem Käse, glaciert.

Patti: 1. Dressiert auf Tarteletts, gefüllt mit Artischockenpüree; nappiert mit Madeirasauce; eine Trüffelscheibe auf jedem Ei; garniert mit Spargelspitzen;
2. dressiert auf Tarteletts, gefüllt mit Artischockenpüree; nappiert mit Geflügelrahmsauce; bestreut mit gehacktem, hartgekochtem Ei.

Paulus: Dressiert auf Croutons; nappiert mit Rahmsauce, vermischt mit gehackter Trüffel, glaciert.

Pavillon: Dressiert auf Tarteletts, gefüllt mit Morchelpüree; nappiert mit Rahmsauce; Trüffelscheibe auf jedem Ei; Streifen von Chateaubriand-Sauce um den Rand.

auf Perigorder Art: à la périgourdine: Dressiert auf großer Trüffelscheibe nappiert mit Demiglace mit Trüffelessenz.

Perrier: Dressiert auf Geflügelkroketts vermischt mit gewürfelter Paprikaschote; nappiert mit Pariser Sauce.

petit-duc: siehe auf Kleinherzogsart

Pfordte: Dressiert auf Artischockenböden, gefüllt mit Champignonpüree; nappiert mit Trüffelsauce.

auf phönizische Art: à la phocéenne: Dressiert auf Tarteletts, gefüllt mit rahmigem Kabeljaupüree; nappiert mit getrüffelter Rahmsauce.

auf Piemonteser Art: à la piémontaise: 1. Dressiert auf Risotto auf Piemonteser Art; nappiert mit Rahmsauce; garniert mit Scheiben von weißen Trüffeln;
2. dressiert auf gratiniertem Lammhaschee; nappiert mit Tomatensauce; garniert mit Risotto auf Piemonteser Art.

Poincaré: Dressiert auf Artischockenböden; nappiert mit Schaumsauce; bestreut mit gehacktem Schnittlauch.

aux pointes d'asperges: siehe mit Spargelspitzen

auf polnische Art: à la polonaise: Dressiert auf Hammelhaschee, vermischt mit gehackten Champignons; nappiert mit Pfeffersauce.

auf portugiesische Art: à la portugaise: Dressiert auf halbe in Öl gebratene Tomaten; nappiert mit portugiesischer Sauce.

auf Präsidentenart: à la présidente: Auf Artischockenboden, gefüllt mit Geflügelhaschee in Rahmsauce, gesetzt; mit Trüffelsauce nappiert, dekoriert mit Trüffelscheibe.

Printanière impériale: Dressiert auf Langustenscheiben; nappiert mit amerikanischer Sauce, mit Rahm vervollständigt; garniert mit winzigen Tarteletts, gefüllt mit gedünsteten Tomaten, bestreut mit Trüffeljulienne sowie Morcheln in Rahmsauce.

auf Prinzessinart: à la princesse: In Blätterteigkrustade, gefüllt mit gebutterten Spargelspitzen, gesetzt; nappiert mit Rahmsauce, Trüffelscheibe auf jedem Ei.

Prinz Nikolai: Dressiert auf gebackene Scheiben von Eieräpfeln; nappiert mit Rahmsauce mit Safran, garniert mit Risotto, vermischt mit gewürfelten Paprikaschoten.

Puerto Rico: Auf geschmolzene Tomaten, vermischt mit gewürfeltem Schinken und Spargelspitzen, gesetzt; nappiert mit Tomatensauce.

Rachel: Dressiert auf Artischockenboden; nappiert mit Bordelaiser Sauce, eine Scheibe Rindermark auf jedem Ei, darauf gehackte Petersilie.

Raffael: Raphael: Auf Crouton gesetzt; nappiert mit Rahmsauce, gewürzt mit Sardellenpaste; garniert mit Krebsschwänzen.

Regina: In Krustaden, gefüllt mit Salpicon von Seezungenfilets, Garnelen und Champignons, gebunden mit Garnelensauce, gesetzt; nappiert mit normannischer Sauce, Trüffeljulienne auf jedem Ei.

Richelieu: Dressiert in Herzogin-Kartoffelnestchen; nappiert mit Demiglace, garniert mit grillierten Champignons und braisiertem Kopfsalat.

Richemont: Dressiert in Blätterteigkrustaden, die mit sautierten Morcheln gefüllt sind; nappiert mit Madeirasauce, bestreut mit Trüffeljulienne.

Rienzi: Dressiert auf mit Gänseleberpüree bedeckte Croutons; nappiert mit italienischer Sauce; garniert mit gebratenen Specksscheiben.

Ritz: Dressiert auf Krustaden, die mit Salpicon von Garnelen in Garnelensauce gefüllt sind; nappiert mit Garnelensauce; garniert mit gewürfelten, gedünsteten Paprikaschoten.

Roland: Dressiert in gebackene Brotkrustaden, gefüllt mit Geflügelhaschee in Rahmsauce; nappiert mit Rahmsauce, vermischt mit gehacktem Trüffel und weißem Hühnerfleisch, glaciert.

Romeo: Dressiert in Krustaden, mit Sardellenpaste ausgestrichen; nappiert mit Mornaysauce, vermischt mit gehacktem Schinken, bestreut mit Käse, glaciert.

auf römische Art: à la romaine: Dressiert in Blätterteig-Tarteletts, gefüllt mit Blattspinat in Butter mit gehackten Sardellen und Spur Knoblauch; nappiert mit tomatierter Demiglace.

Rossini: 1. Auf Tarteletts auf Scheibe sautierter Gänseleber dressiert; nappiert mit Madeirasauce, Trüffelscheibe auf jedem Ei;

Pochierte Eier Rotraud ... **Soubise**

2. dressiert auf Crouton, belegt mit gebratener Scheibe Gänseleber; nappiert mit Trüffelsauce, Trüffelscheibe auf jedem Ei.

Rotraud: Auf mit Trüffelpüree maskierte Croutons dressiert; nappiert mit Trüffelsauce.

auf Rouener Art: à la rouennaise: Auf mit Püree von Entenlebern maskierten Toast dressiert; nappiert mit Rouener Sauce.

Rougemont: 1. Dressiert auf flaches Makkaronikrokett; nappiert mit Mornaysauce, bestreut mit geriebenem Käse, glaciert; Streifen von Tomatensauce rundherum;

2. nappiert mit Mornaysauce, bestreut mit geriebenem Käse, glaciert; dressiert auf Reis auf Mailänder Art; Streifen von Tomatensauce rundherum.

à la royale: siehe auf königliche Art

St. Hubertus: Saint-Hubert: Dressiert auf Tarteletts, gefüllt mit Wildpüree; nappiert mit Pfeffersauce, Trüffelscheibe auf jedem Ei.

St. Laurent: Saint-Laurent: Kaltes, paniertes, pochiertes Ei, gebacken, gefüllt in Tartelett auf gehackten Schinken in Rahmsauce.

St. Peter: Saint-Pierre: Dressiert auf Crouton, der mit Sardellenbutter maskiert ist; nappiert mit Sardellensauce.

Sans-Gêne: Wird genau wie Rachel bereitet.

Sarah Bernhardt: Dressiert auf mit Geflügelpüree in Rahmsauce maskierte Croutons; nappiert mit Trüffelsauce.

auf sardinische Art: à la sarde: Dressiert auf halbe gebratene Tomaten; nappiert mit Mornaysauce, bestreut mit geriebenem Käse, glaciert.

Sardou: Dressiert auf mit Artischockenpüree maskierte Croutons; nappiert mit Rahmsauce, montiert mit Artischockenbutter; Trüffelscheibe auf jedem Ei.

mit Sauerampfer: à l'oseille: Dressiert auf Sauerampferpüree; nappiert mit Demiglace oder gebundener Kalbsjus.

auf Savoyer Art: à la savoyarde: Dressiert auf Savoyer Kartoffeln; nappiert mit Mornaysauce, bestreut mit geriebenem Käse, glaciert.

auf Schäferart: à la bergère: 1. Dressiert auf Lammhaschee, vermischt mit Champignonscheiben; nappiert mit Mornaysauce, glaciert;

2. dressiert auf Lammhaschee; nappiert mit Demiglace.

Schinkel: Dressiert auf Krustaden, gefüllt mit Streifen von Schinken, Champignons und Artischockenböden, gebunden mit Colbertsauce; nappiert mit Geflügelrahmsauce, jedes Ei mit Krebsbutter betropft.

auf schottische Art: à l'écossaise: Dressiert auf Blätterteig-Krustaden, gefüllt mit Lachspüree; nappiert mit rahmiger Fischvelouté, montiert mit Krebsbutter.

Schouvalow: Dressiert auf Artischockenböden, angefüllt mit Gänseleberpüree, vermischt mit gehackter Trüffel und Ochsenzunge; nappiert mit Demiglace, garniert mit winzigen geschmorten Kohlkugeln.

auf Schweizer Art: à la suisse: Dressiert auf Toast, der mit hauchdünner Scheibe Schweizer Käse belegt ist; nappiert mit Mornaysauce, bestreut mit geriebenem Käse, glaciert.

Scribe: Dressiert auf Tarteletts, gefüllt mit Püree von Geflügellebern; nappiert mit Demiglace.

Sergius: Dressiert auf Tarteletts, gefüllt mit Geflügelpüree; nappiert mit Geflügelrahmsauce mit Artischockenbutter aufgeschlagen.

Sevigné: Dressiert auf Croutons, maskiert mit Püree von Kopfsalat; nappiert mit Geflügelrahmsauce, ein Trüffelring auf jedem Ei.

auf Sevilla-Art: à la sévillane: Dressiert auf Croutons, die mit Sardellenbutter maskiert sind; nappiert mit tomatierter Veloutésauce, ein halbe gefüllte Olive auf jedem Ei; garniert mit geschmolzener Tomaten mit gehackter Petersilie und Spur Knoblauch.

Soubeyran: Dressiert auf Tarteletts, gefüllt mit getrüffeltem Zwiebelpüree; nappiert mit Geflügelrahmsauce.

Soubise: Dressiert auf Tarteletts, gefüllt mit weißem Zwiebelpüree nappiert mit weißer Zwiebelsauce oder gebundener Kalbsjus.

mit Spargelspitzen: aux pointes d'asperges: Dressiert auf weißen oder grünen gebutterten Spargelspitzen; bedeckt mit Schaumsauce.
mit Spinat: aux épinard: Dressiert auf Spinatpüree mit Rahm; nappiert mit Demiglace.
Stanley: 1. Dressiert auf Tarteletts, gefüllt mit Zwiebelpüree mit Curry; nappiert mit rahmiger Currysauce;
2. dressiert auf Pilawreis, vermischt mit Zwiebelpüree; nappiert mit Geflügelrahmsauce, gewürzt mit Curry.
Sully: Dressiert auf Tartelett, gefüllt mit Hühnerpüree; nappiert mit Béarner Sauce.
auf Sultansart: à la sultane: Dressiert auf Tarteletts, gefüllt mit Rührei, vermischt mit gehackter Trüffel; eine halbmondförmige Trüffelscheibe auf jedem Ei.
Suzette: Dressiert in ausgehöhlte, gebackene Kartoffeln; nappiert mit Mornaysauce, glaciert; Trüffelscheibe auf jedem Ei.

Talleyrand: Dressiert auf gebratene Gänseleberscheibe auf Toast; nappiert mit Trüffelsauce.
Tewfik Pascha: Dressiert auf Toast; bedeckt mit Champignonsauce, vermischt mit gehackten roten Paprikaschoten.
Theodor: Dressiert auf Krustaden, gefüllt mit Püree von Kalbshirn mit Rahm; nappiert mit Rahmsauce.
auf Thronfolgerart: à la dauphine: Dressiert auf Röstbrot, das mit grünen Spargelspitzen bedeckt ist; nappiert mit Madeirasauce, vermischt mit gehackten Champignons.
auf Tiroler Art: à la tyrolienne: 1. Dressiert auf ausgehöhlte Croutons mit geschmolzenen Tomaten gefüllt; nappiert mit Tiroler Sauce, garniert mit gebackenen Zwiebelringen;
2. auf Croutons gesetzt; nappiert mit tomatierter Geflügelrahmsauce, garniert mit gebackenen Zwiebelringen.
auf Toulouser Art: à la toulousaine: Dressiert auf Blätterteig-Krustaden, gefüllt mit Salpicon von Kalbsmilch, Champignons und Huhn; nappiert mit deutscher Sauce; eine Trüffelscheibe und Hahnenkamm auf jedem Ei.
Toupinel: Wie Suzette, jedoch Boden der Kartoffel mit etwas Selleriepüree gefüllt.
auf Tourer Art: à la tourangelle: Dressiert auf Tarteletts, gefüllt mit Püree von grünen Bohnenkernen; nappiert mit Rahmsauce, mit grüner Bohnenbutter aufgeschlagen.
Toussenel: Dressiert auf flachem Krokett von Federwild; nappiert mit Salmisauce, vermischt mit Maronenpüree, bestreut mit gehackter Trüffel.
Troubadour: Dressiert auf Crouton, maskiert mit Gänseleberpüree; nappiert mit Trüffelsauce.
auf Trouviller Art: à la trouvillaise: Dressiert auf Salpicon von Muscheln und Garnelen; nappiert mit Garnelensauce; ein kleiner Champignonkopf auf jedem Ei.
auf tschechische Art: à la tchèque: Dressiert auf Crouton; bedeckt mit Rahmsauce, bestreut mit gehacktem Schinken, glaciert.
Tschilbir: Dressiert auf Joghurt, gewürzt mit Salz und Spur Knoblauch; übergossen mit zerlassener Butter, vermischt mit Paprika (bulgarisch).
auf Turiner Art: à la turinoise: Dressiert auf flache Spaghettikroketts mit einer Einbuchtung in der Mitte, die mit sautierten, gewürfelten Geflügellebern gefüllt wird; nappiert mit tomatierter Demiglace.
auf türkische Art: à la turque: Auf Safranreis angerichtet; mit Tomatensauce übergossen, mit gehackten Pistazien bestreut.

überbacken: au gratin: Wie Mornay zubereitet.
auf ungarische Art: à la hongroise: Dressiert auf Tarteletts, gefüllt mit gedünsteten Zwiebeln, vermischt mit gewürfelten Tomaten, gewürzt mit Paprika; nappiert mit Rahmsauce, aufgeschlagen mit Tomatenbutter, gewürzt mit Paprika.

Vanderbilt: Dressiert auf Tarteletts, gefüllt mit Hummerwürfelchen; gebunden mit amerikanischer Sauce, vermischt mit Zwiebelpüree.

Vatel: Dressiert auf Tarteletts, gefüllt mit Salpicon von Kalbsmilch, Trüffeln und geschälten Tomaten in Rahmsauce; nappiert mit Mornaysauce, bestreut mit geriebenem Käse, glaciert.

Vediloff: Dressiert auf Blätterteig-Krustaden, gefüllt mit Spargelspitzen in Rahmsauce; nappiert mit Garnelensauce, dekoriert mit Spargelspitzen und Trüffelscheiben.

auf venezianische Art: à la venitienne: Dressiert auf Scheiben von pochiertem Kalbshirn; nappiert mit venezianischer Sauce, ein kleiner Champignonkopf auf jedem Ei.

Verdi: 1. Dressiert auf Krustade, gefüllt mit gehacktem Schinken und feinen Kräutern, gebunden mit Rahmsauce; nappiert mit Demiglace mit Trüffelessenz, eine Trüffelscheibe auf jedem Ei;
2. dressiert auf Crouton; nappiert mit venezianischer Sauce, eine Trüffelscheibe auf jedem Ei.

Victoria: Dressiert auf Tarteletts, gefüllt mit Salpicon von Hummer oder Languste und Trüffeln in Hummersauce; nappiert mit Victoriasauce, zuweilen glaciert.

Viroflay: Dressiert in Blätterteig-Krustade oder ausgehöhlter Brioche, gefüllt mit gebuttertem Blattspinat; nappiert mit Geflügelrahmsauce.

Voisin: Dressiert auf Tarteletts, gefüllt mit Geflügelpüree; abwechselnd mit Rahm- und Tomatensauce nappiert.

Volnay: Dressiert auf Crouton; nappiert mit Volnaysauce, ein Champignonkopf auf jedem Ei.

Walewska: Dressiert auf Krustade, gefüllt mit gewürfeltem Langustenfleisch in Rahmsauce; dekoriert mit Langustenscheibe, nappiert mit Rahmsauce, mit Langustenbutter aufgeschlagen, glaciert.

Washington: Dressiert in Backschüssel auf Maiskörnern in Rahmsauce; nappiert mit Mornaysauce, bestreut mit geriebenem Käse, glaciert.

Waterloo: Dressiert auf Scheibe von Gänseleberpastete auf Toast; nappiert mit Béarner Sauce.

auf westfälische Art: à la westphalienne: Dressiert auf Crouton; nappiert mit Geflügelrahmsauce, reichlich mit gehacktem, angeröstetem westfälischem Schinken bestreut.

Xavier: Dressiert auf Tarteletts, gefüllt mit Salpicon von Krebsschwänzen, Trüffel und Champignons; nappiert mit Garnelensauce.

Yvette: Dressiert auf Maiskroketts; nappiert mit Erzherzogsauce.

auf Zigeunerart: à la zingara: Dressiert auf Croutons; nappiert mit Demiglace, vermischt mit Julienne von Schinken, Pökelzunge, Champignons und Trüffel.

Zurio: Dressiert auf flaches Kartoffel-Krokett; nappiert mit Rahmsauce.

11. Geformte Eier – (Œufs moulés)

auf Antwerpener Art: à l'anversoise: Boden der Form mit Trüffelscheiben dekoriert, Seiten mit Hopfensprossen ausgefüttert; dressiert au Crouton, nappiert mit deutscher Sauce.

Belmont: Form mit dicker Villeroisauce, vermischt mit gehackten Kräutern, ausgefüttert; mit Tomatensauce, vermischt mit gehackten Trüffeln, nappiert.

Bernadotte: Form mit gehackter Petersilie und gehackten Trüffeln ausgestreut; nappiert mit Sardellensauce.

Geformte Eier Boieldieu ... Palermoer Art

Boieldieu: Phantasieförmchen, mit Trüffelstern dekoriert, mit Gänseleberpüree ausgefüttert; dressiert auf Tartelett, gefüllt mit Salpicon von Gänseleber, Huhn und Trüffel, nappiert mit gebundener Jus.

auf Bresser Art: à la bressanne: Form mit Scheiben von Trüffeln und Hahnenkämmen ausgefüttert; dressiert auf Artischockenboden, gefüllt mit Salpicon von Champignons, Hahnenkämmen und -nieren in Veloutésauce.

Carignan: Madeleineförmchen mit Hühnerfarce ausgestrichen; dressiert auf Crouton, nappiert mit Chateaubriand-Sauce.

Carini: Dariolförmchen, mit Trüffel- und Zungenpünktchen dekoriert; dressiert auf Scheibe gebratener Kalbsmilch, garniert mit Morcheln in Rahmsauce, gewürzt mit Madeira; Béarner Sauce nebenbei.

auf Chartreser Art: à la Chartres: Form mit blanchierten Estragonblättchen dekoriert; nappiert mit brauner Estragonsauce.

Cherville: Eier wie für Omelette geschlagen und in Förmchen pochiert; mit Mornaysauce nappiert, mit geriebenem Käse bestreut, glaciert.

Daumont: Form mit Scheiben von Trüffeln und Krebsschwänzen ausgefüttert; auf großen, grillierten Champignonkopf dressiert, mit Nantuasauce bedeckt.

auf Erzherzogsart: à l'archiduc: Form mit gehackten Kräutern ausgestreut; auf Herzogin-Kartoffel dressiert, mit Paprikasauce nappiert.

auf Försterart: à la forestière: Form mit gehackter Petersilie ausgestreut; dressiert auf Tartelett, gefüllt mit gebratenen Morchelscheiben; nappiert mit gebundener Jus.

auf Frühlingsart: à la printanière: Form mit Scheibchen von Frühgemüsen ausgelegt; dressiert auf Crouton, nappiert mit deutscher Sauce mit Gemüsebutter aufgeschlagen.

auf Herzoginart: à la duchesse: Form mit gehackten Trüffeln ausgestreut oder mit Trüffelscheibe dekoriert; auf flacher Herzogin-Kartoffel dressiert, mit Veloutésauce nappiert.

Juliette: Form mit gehackten Trüffeln und Pistazien ausgestreut; auf Crouton dressiert, mit gebundener Jus nappiert.

Kasimir: Form mit Streifen von roten und grünen Paprikaschoten dekoriert und mit Hühnerfarce ausgestrichen; serviert auf Crouton, nappiert mit Demiglace.

auf Königinart: à la reine: Form mit Trüffel und Hühnerscheibchen ausgelegt; dressiert auf Ring von pochierter Hühnerfarce, nappiert mit Geflügelrahmsauce.

Lilly: Form mit gehacktem Hummermark ausgestreut; gefüllt mit halb Rührei, vermischt mit halb geschlagenem Ei, vermischt mit gewürfelten Garnelen und Trüffeln; nappiert mit Garnelensauce.

Mortemar: Form mit halb Rührei und halb geschlagenem Ei vermischt gefüllt; dressiert auf Tartelett, gefüllt mit Champignonpüree; Colbertsauce nebenbei.

auf Neapeler Art: à la napolitaine: Form gefüllt mit halb Rührei und halb geschlagenem Ei, vermischt mit geriebenem Parmesan; nappiert mit dicker, tomatierter Demiglace, bestreut mit geriebenem Parmesan, glaciert.

auf Palermoer Art: à la palermitaine: Form mit Trüffel- und Zungenscheibchen dekoriert; gestürzt auf Tartelett, gefüllt mit Makkaroni, nappiert mit Rahmsauce.

auf Perigorder Art: à la périgourdine: Form dekoriert mit Trüffelscheiben; dressiert auf Tartelett, gefüllt mit Trüffelpüree, nappiert mit Madeirasauce.

auf Prinzessinart: à la princesse: Form dekoriert mit Trüffel, ausgestrichen mit Hühnerfarce; gefüllt mit Rührei, vermischt mit gewürfelten Trüffeln und Spargelspitzen, verschlossen mit Hühnerfarce; dressiert auf Crouton, Geflügelrahmsauce nebenbei.

mit Risotto: au risotto: Form mit gehackter Pökelzunge ausgestreut; dressiert auf Risotto, vermischt mit gewürfelter Paprikaschote und Eierfrucht; umgossen mit Tomatensauce.

auf Tourer Art: à la tourangelle: Form mit Püree von grünen Bohnenkernen ausgefüttert; auf Crouton dressiert, nappiert mit Rahmsauce, mit grüner Bohnenbutter aufgeschlagen.

Verdi: Form mit Trüffelscheibe dekoriert, gefüllt mit Rührei, vermischt mit ebensoviel geschlagenem Ei, geriebenem Parmesan und Trüffelwürfeln; nappiert mit Demiglace mit Trüffelessenz.

12. Omeletts – Omelettes

mit Aalrautenleber: aux foies de lottes: Gefüllt mit sautierter Aalrautenleber; umgossen mit Demiglace.
auf afrikanische Art: à l'africaine: Gefüllt mit gewürfelten Tomaten, geschwitzt in Öl mit gehackten Zwiebeln, vermischt mit Reis und gehacktem Schinken.
Agnès Sorel: Gefüllt mit Hühnerpüree, vermischt mit Champignonscheiben; auf der Omelette runde Scheibchen Pökelzunge, umgossen mit gebundener Jus.
auf ägyptische Art: à l'égyptienne: Masse, vermischt mit dickem Tomatenpüree; gefüllt mit Safranreis; umgossen mit Tomatensauce.
auf algerische Art: à l'algérienne: Gefüllt mit geschmolzenen Tomaten, vermischt mit gehackten Zwiebeln und Paprikaschoten.
auf amerikanische Art: à l'américaine: Gebratene Speckwürfel in der Eiermischung; gefüllt mit geschmolzenen Tomaten.
auf andalusische Art: à l'andalouse: Gefüllt mit geschmolzenen Tomaten, vermischt mit gewürfelten Paprikaschoten; garniert mit gebackenen Zwiebelringen.
auf argentinische Art: à l'argentine: Gefüllt mit gewürfelten, gebratenen Eierfrüchten; umgossen mit Tomatensauce.
nach der schönen Arlesierin: à la belle Arlesienne: Gefüllt mit Stockfischpüree, vermischt mit gestoßenem Knoblauch, mit Öl aufmontiert; bedeckt mit Tomatensauce, vermischt mit gebratenen Würfeln von Eierfrüchten.
mit Artischockenböden: aux fonds d'artichauts: Eiermasse, mit gewürfelten oder in Scheibchen geschnittenen, gekochten Artischockenböden vermischt; Streifen Demiglace rund um die Omelette.
d'Aumale: Gefüllt mit gewürfelter, gebratener Kalbsniere, mit Madeirasauce gebunden; geschmolzene Tomaten in die Längsöffnung gefüllt.
mit Austern: aux huîtres: Gefüllt mit entbarteten, pochierten Austern, gebunden mit Rahmsauce.

auf Bauernart: à la paysanne: Eiermasse, vermischt mit gebratenen Speck- und Kartoffelwürfeln sowie gedünsteten Sauerampferstreifen; flach wie Eierkuchen serviert.
Belloy: Gefüllt mit gebratener Aalrautenleber; umgossen mit Sardellensauce.
auf Benediktinerart: à la bénédictine: Gefüllt mit getrüffelter Brandade von Stockfisch; umgossen mit normannischer Sauce.

Béranger: Gefüllt mit geschmolzenen Tomaten, vermischt mit gewürfelten, gebratenen Speckwürfeln und gehackter Petersilie; Streifen Tomatensauce rundherum.
à la bergère: siehe auf Schäferart
Bertin: Eiermasse vermischt mit gewürfelten, geschmolzenen Tomaten und gebratenen Würfeln von Eierfrüchten; Streifen von Colbertsauce rundherum.
Bertrand: Gefüllt mit getrüffeltem Hühnerpüree, gebunden mit Rahm; garniert mit runden Hühner- und Trüffelscheiben; nappiert mit leichter holländischer Sauce mit Champignonessenz.
auf Bologner Arte à la boulonaise: Gefüllt mit gebratenen Makrelenwürfeln; begossen mit Petersilienbutter.
à la bouchère: siehe auf Metzgerart
à la braconnière: siehe auf Wilddiebsart
auf bretagnische Art: à la bretonne: Gefüllt mit gedünsteten Scheibchen von Lauch, Zwiebeln und Champignons.
Brillat-Savarin: Gefüllt mit Salpicon von Schnepfe und Trüffel, mit Salmisauce gebunden; garniert mit Trüffelscheiben; umgossen mit Schnepfenjus.
auf Brüsseler Art: à la bruxelloise: Gefüllt mit gedünsteten Chicoréescheibchen in Rahmsauce; umgossen mit Rahmsauce.
auf Burgfrauenart: à la châtelaine: 1. Gefüllt mit gedünsteten, zerdrückten Maronen, mit Fleischglace gebunden; umgossen mit Geflügelrahmsauce, vermischt mit Zwiebelpüree;
2. Masse, vermischt mit gewürfelten Artischockenböden und Trüffeln; Oberseite mit Trüffel- und Artischockenbödenscheiben garniert.
auf Burgunder Art: à la bourguignonne: Gefüllt mit gehackten, gedünsteten Schnecken in Schneckenbutter; gehackte Petersilie in der Eiermasse.

Canio: Gedünstete, gehackte Zwiebeln, gewürfelte Morcheln und Knoblauchwurst, in Öl gebraten, sowie gehackte Petersilie in der Eiermasse.
aux cèpes: siehe mit Steinpilzen
auf Chaloner Art: à la châlonaise: Gefüllt mit Hahnenkämmen und -nieren in Rahmsauce; umgossen mit Geflügelrahmsauce.
Chamberry: Eiermasse vermischt mit gedünstetem, gewürfeltem Lauch, gebratenen Kartoffel- und Speckwürfeln und geriebenem Käse.
Chambord: Gefüllt mit Püree von Fischmilchern; umgossen mit Chambordsauce.
mit Champignons: aux champignons: Eiermasse vermischt mit sautierten Champignonscheiben; umgossen mit gebundenem Kalbsjus.
Chartreser Art: à la Chartres: Gehackter Estragon in der Eiermasse; umgossen mit Demiglace mit Estragonauszug und gehacktem Estragon.
à la chasseur: siehe auf Jägerart
à la châtelaine: siehe auf Burgfrauenart
auf Cherbourger Art: à la cherbourgeoise: Gefüllt mit Garnelen; garniert mit Garnelen, umgossen mit Garnelensauce.
Chevreuse: 1. Eiermasse vermischt mit gewürfelten Trüffeln, Artischockenböden und Spargelspitzen; garniert mit Scheiben von Artischockenböden und Trüffeln;
2. Eiermasse vermischt mit gehacktem Kerbel und gedünsteten Würfelchen von Kerbelrüben; umgossen mit Demiglace.
Choisy: Gefüllt mit gedünstetem Kopfsalat in Rahmsauce; umgossen mit Rahmsauce.
Clamart: Gefüllt mit Erbsen auf französische Art; oben eingeschnitten und gleichfalls mit diesen Erbsen gefüllt.
Cluny: Gefüllt mit Wildpüree; umgossen mit Tomatensauce.
aux crevettes: siehe mit Garnelen

Danicheff: Gefüllt mit Ragout von Hahnenkämmen und -nieren, Trüffeln und Champignons, gebunden mit deutscher Sauce; umgossen mit deutscher Sauce.
Dejardins: Gefüllt mit geschmolzenen Tomaten, vermischt mit gewürfelten Champignons und Sardellenfilets; Streifen von Colbertsauce rundherum.
Demidow: Gefüllt mit Püree oder in Butter gedünsteten Artischockenböden; belegt mit blanchiertem Rindermark, nappiert mit Demiglace.
auf Diepper Art: à la dieppoise: Gefüllt mit Salpicon von Muscheln und Garnelen; umgossen mit Weißweinsauce.
Diokletian: Dioclétien: Gefüllt mit Lattichpüree, mit Rahm gebunden; umgossen mit Veloutésauce.
auf Diplomatenart: à la diplomate: Gefüllt mit gewürfelten Trüffeln und Artischockenböden, gebunden mit Trüffelsauce.
auf dörfliche Art: à la villageoise: Gefüllt mit gewürfelten, gebratenen Champignons, vermischt mit gehackten Kräutern.
Doria: Gefüllt mit Würfeln von frischer Gurke, gebunden mit Veloutésauce, vermischt mit geriebenen weißen Trüffeln.
Dratschena: russische Omelette: Eier, geschlagen mit Milch, vermischt mit Mehl, Salz, Pfeffer und wenig Rahm; auf beiden Seiten gebacken, flach angerichtet, mit brauner Butter übergossen (russisch).
Durand: Eiermasse mit dünnen Champignon- und Artischockenböden-Scheiben, in Butter sautiert, vermischt; gefüllt mit Spargelspitzen und Trüffelstreifen, gebunden mit Geflügelrahmsauce; Streifen tomatierter Demiglace rundherum.
Duse: Gefüllt mit Salpicon von Kalbshirn und Krebsschwänzen in Madeirasauce.

Eierhaber: Art kleiner Eierkuchen von Eiern, Mehl, Salz, Pfeffer und Milch; gebacken und in kleine Stücke gerissen (schweizerisch).
mit Erbsen: aux petits pois: Gefüllt mit kleinen grünen Erbsen, gebunden mit Rahmsauce; umgossen mit Rahmsauce.
auf Erzherzogsart: à l'archiduc: Gefüllt mit sautierten Scheiben von Geflügellebern, deglaciert mit Cognac und gebunden mit Demiglace; Erzherzogsauce rundherum.
à l'espagnole: siehe auf spanische Art

à la favorite: siehe auf Lieblingsart
mit feinen Kräutern: aux fines herbes: Eiermasse vermischt mit gehackten Kräutern (Petersilie, Kerbel, Estragon, Schnittlauch).
à la fermière: siehe auf Pächterart
auf Fischhändlerart: à la poissonnière: Gefüllt mit Salpicon von weißem Fisch; umgossen mit Weißweinsauce.
auf Försterart: à la forestière: Gefüllt mit sautierten Scheiben von Morcheln und Steinpilzen, mit gebutterter Glace gebunden; umgossen mit gebundener Kalbsjus.
Foulard: Eiweiß zu Schnee geschlagen, vermischt mit der doppelten Menge Eigelb und gehackten Kräutern, gewürzt und gebacken.
Franz-Josef: François-Joseph: Gefüllt mit gewürfeltem Hühnerfleisch und Champignons in Paprikasauce; bedeckt mit Mornaysauce, bestreut mit geriebenem Käse, glaciert.
auf französische Art: à la française: Eiermasse vermischt mit gehackten, gedünsteten Schalotten und Rahm.

mit Garnelen: aux crevettes: Gefüllt mit Garnelen in Garnelensauce umgossen mit Garnelensauce.
auf Gärtnerart: à la jardinière: Gefüllt mit feinem Mischgemüse, gebunden mit Rahmsauce; Streifen Demiglace rundherum.
Gefüllte: O. fourrée: Kleine Omelette, gefüllt mit Püree irgendwelcher Art und in eine größere von anderem Geschmack eingeschlagen auch Ausdruck für jede gefüllte Omelette.

Gordon: Eiermasse vermischt mit gewürfelten Trüffeln und blanchiertem Rindermark; garniert mit Scheiben von blanchiertem Rindermark und Trüffeln; ein Streifen Chateaubriand-Sauce ringsherum.
Gounod: Gefüllt mit gewürfelter Kalbsmilch, gebunden mit Trüffelsauce; umgossen mit Trüffelsauce.
auf Grenobler Art: à la grenobloise: Eiermasse vermischt mit gedünsteten Streifen von Sauerampfer und gebratenen Zwiebelscheiben.
Grimaldi: Eiermasse vermischt mit Krebspüree; gefüllt mit Salpicon von Krebsschwänzen.
auf Großmuttersart: à la grand'mère: Eiermasse vermischt mit kleinen Würfelchen von geröstetem Weißbrot und gehackter Petersilie.
Guildford: Gefüllt mit gehackten, gedünsteten Morcheln und roten Paprikaschoten, gebunden mit Weißweinsauce.

Harlekin: à l'arlequine: Vier kleine Omeletts, ein einfaches, eins mit Spinat, eins mit Tomatenpüree und eins mit gehackten Trüffeln in der Masse; nicht zusammengeschlagen, übereinandergelegt; umgossen mit Demiglace.
auf Hausfrauenart: bonne femme: Eiermasse vermischt mit gebratenen Speckwürfeln, gebratenen Zwiebel- und Champignonscheiben.
Havanna: à la havanaise: Gefüllt mit Mischung von gewürfelten, gebratenen Geflügellebern, gewürfelten Tomaten und gewürfelten grünen, gedünsteten Paprikaschoten; umgossen mit Tomatensauce.
auf holländische Art: à la hollandaise: Eiermasse vermischt mit in Butter sautierten Streifen von Räucherlachs; leichte holländische Sauce ringsherum.
mit Hopfensprossen: aux jets de houblon: Gefüllt mit Hopfensprossen in Rahmsauce; oben eingeschnitten und mit gleichem gefüllt; umgossen mit Rahmsauce.
mit Hummer: à l'homard: Gefüllt mit gewürfeltem Hummerfleisch, gebunden mit Hummersauce.

à l'impériale: siehe auf kaiserliche Art
auf indische Art: à l'indienne: Gefüllt mit Curryreis, vermischt mit gehackten, gedünsteten Zwiebeln; umgossen mit Currysauce.
auf italienische Art: à l'italienne: Gefüllt mit Risotto, vermischt mit gewürfelten Tomaten; umgossen mit Tomatensauce.
Ivanhoe: Gefüllt mit Püree von geräuchertem Schellfisch, gebunden mit Rahmsauce; Rahmsauce rundherum.

auf Jägerart: à la chasseur: Gefüllt mit gebratenen Geflügellebern und Champignons, gebunden mit Demiglace; Einschnitt mit gleicher Mischung gefüllt; Jägersauce rundherum.
auf japanische Art: à la japonaise: Eiermasse, vermischt mit gehackter Petersilie; gefüllt mit blanchierten Stachys, gedünstet in Butter; umgossen mit Rahmsauce.
Jessica: Gefüllt mit Morchelscheiben und Spargelspitzen in Rahmsauce; garniert mit halbierten Morcheln und Sträußchen von Spargelspitzen; Streifen von Chateaubriand-Sauce rundherum.
oinville: Gefüllt mit Salpicon von Garnelen, Champignons und Trüffeln; umgossen mit Garnelensauce.
nach Art der Jura: à la jurasienne: Eiermasse vermischt mit gebratenen Speckwürfeln und Schnittlauch; Einschnitt gefüllt mit geschmolzenen Sauerampferstreifen.
mit Jus: au jus: Einfache Omelette, umgossen mit gebundener Kalbsjus.

auf kaiserliche Art: à l'impériale: Gefüllt mit gewürfelter Gänseleber und gewürfelten Trüffeln, gebunden mit Madeirasauce.
mit Kalbshirn: au cervelle de veau: Gefüllt mit pochiertem, gewürfeltem Kalbshirn, gebunden mit Madeirasauce.

Kardinal P.: Masse mit Regenpfeifer-, notfalls auch Möweneiern, bereitet; gefüllt mit Salpicon von Hummer und Trüffel in gebundener Kalbsjus mit Rahm; nappiert mit Mornaysauce, mit Hummerbutter aufgeschlagen, bestreut mit geriebenem Käse, rasch glaciert.

mit Karpfenmilchern: aux laitances de carpe: Gefüllt mit gewürfelten Karpfenmilchern, in Rotwein gedünstet.

mit Kartoffeln: aux pommes de terre: Eiermasse vermischt mit gebratenen Kartoffelwürfeln.

auf katalanische Art: à la catalane: Gefüllt mit einer Mischung von geschmolzenen Tomaten und Paprikaschoten, gebratenen Würfeln von Kartoffeln und Eierfrüchten.

auf Kleinherzogsart: petit-duc: Gefüllt mit Champignons oder Steinpilzen; umgossen mit Chateaubriand-Sauce.

auf Königinart: à la reine: Gefüllt mit Hühnerpüree, gebunden mit Rahmsauce; umgossen mit Geflügelrahmsauce.

auf königliche Art: à la royale: Gefüllt mit getrüffeltem Hühnerpüree in Rahmsauce; garniert mit Trüffelscheiben; umgossen mit Rahmsauce.

auf kontinentale Art: à la continentale: Gehackter Kerbel in der Eiermasse; gefüllt mit gewürfelten, gebratenen Kartoffeln und Steinpilzen; umgossen mit Demiglace.

auf Krakauer Art: à la cracovienne: Gefüllt mit gewürfelten, gebratenen süßen Kartoffeln, vermischt mit gerösteter Brotkrume.

mit Krebsschwänzen: aux queues d'écrevisses: Gefüllt mit Salpicon von Krebsschwänzen in Nantuasauce; umgossen mit Nantuasauce.

auf Kreolenart: à la créole: Einfache Omelette, umgossen mit Kreolensauce.

Lafontaine: Eiermasse, vermischt mit geriebenem Käse; gefüllt mit gewürfelten Tomaten und Trüffeln, gebunden mit Madeirasauce.

auf Lieblingsart: à la favorite: Gefüllt mit Spargelspitzen und gehacktem Schinken in Rahmsauce; belegt mit Trüffelscheiben; umgossen mit Rahmsauce.

auf Limousiner Art: à la limousine: Eiermasse vermischt mit gerösteten Kartoffelwürfelchen und Schinken.

Loti: Gefüllt mit Trüffelpüree; umgossen mit Madeirasauce.

Ludwig XIV.: Louis XIV.: Gefüllt mit Salpicon von Hühnerfleisch und Trüffeln in Rahmsauce; umgossen mit Rahmsauce.

auf Luzerner Art: à la lucernoise: Vermischt mit gewürfeltem, geröstetem Roggenbrot; auf beiden Seiten gebacken und flach serviert (schweizerisch).

auf Lyoner Art: à la lyonnaise: Eiermasse vermischt mit gehackter Petersilie und gebratenen Zwiebelscheiben.

auf Mailänder Art: à la milanaise: Gefüllt mit kleingeschnittenen Makkaroni, vermischt mit Trüffelstreifen, geriebenem Parmesan und Tomatensauce; umgossen mit Tomatensauce.

Mancelle: Gefüllt mit Maronenpüree, vermischt mit Streifen von Rebhuhnfleisch; umgossen mit Wildsauce.

Maria: Eiermasse vermischt mit gehackten feinen Kräutern und gebratenen Zwiebelscheiben.

auf Marseiller Art: à la marseillaise: Gefüllt mit Püree von Stockfisch, vermischt mit geschmolzenen Tomaten; umgossen mit Nantuasauce.

Mascotte: Eiermischung mit gewürfelten, gebratenen Kartoffeln, Artischockenböden- und Trüffelwürfeln.

Masséna: Gefüllt mit Scheibchen von Artischockenböden in Tomatensauce; garniert mit Scheiben von Rindermark, leicht mit gebutterter Fleischglace bedeckt; Streifen von Béarner Sauce rundherum.

Maxim: Oberseite garniert mit Trüffelscheiben und Krebsschwänzen; rundherum gebratene Froschkeulen.

Mazarin: Gefüllt mit gebratenen Scheiben Chipolatas und Champignons, gebunden mit Madeirasauce.

Médicis: Gefüllt mit gewürfeltem Krammetsvogelfleisch, Trüffeln und Morcheln, gebunden mit Demiglace; umgossen mit Jägersauce.

Meissonier: Gefüllt mit gewürfelten Karotten und weißen Rüben in Rahmsauce; umgossen mit Rahmsauce.

auf Metzer Art: à la messinoise: Streifen von Frankfurter Würstchen in der Eiermasse; gefüllt mit Sauerkraut; umgossen mit Demiglace.

auf Metzgerart: à la bouchère: 1. Gefüllt mit gewürfeltem, pochiertem Rindermark, gebunden mit Fleischglace; garniert mit pochierten Markscheiben; Jus rundherum;
2. gebratene Speckwürfel und Wurstwürfel in der Eiermasse; umgossen mit Senfsauce.

auf mexikanische Art: à la mexicaine: Streifen von roten Paprikaschoten und gewürfelten Champignons in der Masse; gefüllt mit geschmolzenen Tomaten; umgossen mit tomatierter Demiglace.

Mireille: Gefüllt mit geschmolzenen Tomaten, gewürzt mit Knoblauch; Omelette, in Öl gebacken; Rahmsauce mit Safran rundherum.

Mistral: In Öl gebratene Würfel von Eierfrüchten und Tomaten in der Eiermasse, vermischt mit gehackter Petersilie und einer Spur Knoblauch; flach serviert.

auf Monacoer Art: à la monegasque: Eiermasse vermischt mit Tomatenpüree und gehacktem Estragon; garniert mit Sardellenfilets; Streifen von Sardellensauce rundherum.

Mona Lisa: Gefüllt mit Streifen von Krammetsvogelfleisch, gebunden mit Demiglace; umgossen mit Jägersauce.

Monselet: Gefüllt mit Julienne von Trüffeln, Champignons und Spargelspitzen, gebunden mit Gänseleberpüree; garniert mit gerieftem Champignon, Trüffelscheiben und Spargelspitzen; umgossen mit Demiglace.

mit Moospilzen: aux mousserons: Gefüllt mit Moospilzen, in Butter sautiert; umgossen mit Madeirasauce.

mit Morcheln: aux morilles: Gefüllt mit gebratenen Morchelscheiben; umgossen mit Demiglace.

mit Muscheln: aux moules: Gefüllt mit entbarteten Muscheln, gebunden mit Matrosensauce; umgossen mit Matrosensauce.

Nana: Eiermasse vermischt mit Streifen von Champignons und gedünstetem Kopfsalat; gefüllt mit Würfeln von Kalbsmilch in Rahmsauce; Rahmsauce mit Trüffelessenz rundherum.

auf Nantaiser Art: à la nantaise: Gefüllt mit Sardinenpüree; umgossen mit Weißweinsauce.

Nantua: Gefüllt mit Salpicon von Krebsschwänzen; garniert mit Krebsschwänzen und Trüffelscheiben; umgossen mit Nantuasauce.

mit Neulingen: aux nonats: Gefüllt mit winzigen, gebackenen Fischchen aus dem Mittelmeer.

Newburgh: Gefüllt mit Hummerwürfelchen, gebunden mit Newburghsauce; umgossen mit Newburghsauce.

mit Nieren: aux rognons: Gefüllt mit gewürfelten, gebratenen Nieren, gebunden mit Madeirasauce; Einschnitt ebenso gefüllt; umgossen mit Madeirasauce.

auf Nimeser Art: à la nimoise: In Öl gebacken, gefüllt mit Stockfischpüree; garniert mit Trüffelscheiben.

Ninon: Gefüllt mit Spargelpüree; garniert mit Trüffelscheiben; nappiert mit leichter Rahmsauce.

auf Nivernaiser Art: à la nivernaise: Gefüllt mit kleinen, glacierten Zwiebelchen; nappiert mit Demiglace; garniert mit glacierten jungen Karotten.

auf Nizzaer Art: à la niçoise: Gefüllt mit geschmolzenen Tomaten, vermischt mit gewürfelten grünen Bohnen; umgossen mit gebundener Kalbsjus oder Demiglace.

Noailles: Gefüllt mit gewürfelten, sautierten Geflügellebern und Kalbsnieren; umgossen mit Rahmsauce.

auf normannische Art: à la normande: 1. Gefüllt mit entbarteten, pochierten Austern in normannischer Sauce; umgossen mit der gleichen Sauce;
2. gefüllt mit Salpicon von Garnelen und Champignons in normannischer Sauce; garniert mit entbarteten, pochierten Austern und Trüffelscheiben; umgossen mit normannischer Sauce.

Olympia: Gefüllt mit gewürfeltem Fleisch von Taschenkrebsen und grünen, gedünsteten Paprikaschoten, gebunden mit Rahmsauce.
Omelette, einfache: Omelette nature: Einfache Omelette ohne Garnitur.
Opera: Gefüllt mit sautierten Geflügellebern und grünen Spargelspitzen; umgossen mit Madeirasauce.
à l'oseille: siehe mit Sauerampfer
auf Ostender Art: à l'ostendaise: Gefüllt mit entbarteten, pochierten Austern in Weißweinsauce; garniert mit Trüffelscheiben; umgossen mit Weißweinsauce.

auf Pächterart: à la fermière: 1. Eiermasse vermischt mit gehackten Kräutern und gewürfeltem Schinken; flach serviert;
2. kleine, dünne Scheibchen Karotten, Sellerie, Zwiebel und gehackte Kräuter in der Masse; gebratene Schinkenwürfel in der Pfanne beim Zubereiten; flach serviert.
Pantagruel: Gewürfelte Trüffeln in der Eiermasse; gefüllt mit gewürfeltem Wachtelfleisch, gebunden mit Madeirasauce; umgossen mit Madeirasauce.
auf Pariser Art: à la parisienne: 1. Eiermasse vermischt mit Julienne von Trüffel, Pökelzunge und Champignons; gefüllt mit Hühnerpüree;
2. gehackte, geschmorte Zwiebeln und Champignons in der Eiermasse; garniert mit gebratenen Chipolatas, umgossen mit gebundener Kalbsjus.
Parmentier: Gewürfelte, gebratene Kartoffeln und gehackte Petersilie in der Eiermasse.
mit Parmesan: aux parmesan: Eiermasse vermischt mit geriebenem Parmesan.
Patti: Eiermasse vermischt mit gewürfelten Trüffeln, Artischockenböden und grünen Spargelspitzen; garniert mit Trüffel- und Artischockenbodenscheiben; umgossen mit Demiglace.
à la paysanne: siehe auf Bauernart
auf Perigorder Art: à la périgourdine: Eiermasse vermischt mit dünnen Trüffelscheiben; umgossen mit Trüffelsauce.
petit-duc: siehe auf Kleinherzogsart
mit Pfifferlingen: aux chanterelles: Gefüllt mit grobgehackten, sautierten Pfifferlingen; umgossen mit Rahmsauce.
auf portugiesische Art: à la portugaise: Gefüllt mit geschmolzenen Tomaten; umgossen mit Tomatensauce.
auf Prälatenart: de prélats: Gefüllt mit grobem Salpicon von Fischmilchern, Krebsschwänzen und Trüffeljulienne, gebunden mit normannischer Sauce mit Krebspüree; nappiert mit der gleichen Sauce, bestreut mit gehackter Trüffel.
auf Prinzenart: à la princière: Bereitet von Perlhuhneiern mit Trüffelstreifen in der Masse; gefüllt mit Spargelspitzen, gebunden mit Geflügelrahmsauce; nappiert mit holländischer Sauce, mit Geflügelessenz vervollständigt.
auf Prinzessinart: à la princesse: Würfelchen von Hühnerfleisch und grünen Spargelspitzen in der Masse; garniert mit Trüffelscheiben und Sträußchen von grünen Spargelspitzen; umgossen mit Geflügelrahmsauce.
auf provenzalische Art: à la provençale: Gefüllt mit Tomatenwürfeln, gedünstet in Öl, vermischt mit zerdrücktem Knoblauch und gehackter Petersilie.

Raspail: Gefüllt mit Haschee von gekochtem Rindfleisch, Schinken und feinen Kräutern, gebunden mit Demiglace; umgossen mit Demiglace.
Reform: à la reforme: Gefüllt mit Streifen von Pökelzunge, hartgekochtem Eiweiß, Salzgurken und Trüffeln, gebunden mit Pfeffersauce, vermischt mit Johannisbeergelee.
auf Regentschaftsart: à la régence: Gefüllt mit kleinem Ragout von Hahnenkämmen und -nieren, Trüffeln, Champignons, Schinken und Pökelzunge, gebunden mit Regentschaftssauce.
Richemont: Gefüllt mit Champignonscheiben, gebunden mit Rahmsauce, gewürzt mit Portwein; bedeckt mit Mornaysauce, glaciert.
Rigoletto: Gefüllt mit gewürfelten Trüffeln und Rindermark, gebunden mit gebutterter Fleischglace; umkränzt mit einem Streifen Tomatensauce.
mit Rindermark: à la moëlle: Gefüllt mit gewürfeltem, pochiertem Rindermark, gebunden mit Burgunder- oder Madeirasauce; belegt mit Scheiben pochiertem Rindermark; umgossen mit Burgunder- oder Madeirasauce.
Robert: Eiermasse, vermischt mit gebratenen, gehackten Zwiebeln und gewürfeltem Speck; umgossen mit Robert-Sauce.
auf römische Art: à la romaine: Gefüllt mit gedünsteten Spinatstreifen, vermischt mit Sardellen und einer Spur Knoblauch; umgossen mit tomatierter Demiglace.
Rose Caron: Gefüllt mit gewürfeltem, gebratenem Speck und Würfeln von Eierfrüchten.
Rossini: Würfel von Trüffeln und Gänseleber in der Eiermasse; garniert mit Scheibchen gebratener Stopfleber und Trüffeln; nappiert mit Madeirasauce.
auf Roueneser Art: à la rouennaise: Gefüllt mit Entenpüree; umgossen mit Roueneser Sauce.
à la royale: siehe auf königliche Art
auf russische Art: à la russe: Eiermasse gewürzt mit Paprika; gefüllt mit geeistem Kaviar; umgossen mit Schalottensauce.

Sagan: Gefüllt mit gewürfeltem Kalbshirn; umgossen mit Geflügelrahmsauce.
St. Hubertus: Saint-Hubertus: Gefüllt mit Wildpüree; garniert mit Champignonköpfen; umgossen mit Demiglace oder Salmisauce.
Salvator: Eiermasse vermischt mit Julienne von Trüffeln, Champignons und Schinken.
Sarah Bernhardt: Gefüllt mit Salpicon von Trüffeln, Hahnenkämmen und -nieren, gebunden mit Rahmsauce; umgossen mit Rahmsauce.
Saratoga: Gefüllt mit Fleisch von Taschenkrebsen und gedünsteten grünen Paprikaschoten, gebunden mit Kreolensauce.
mit Sardellen: Omelette aux anchois: Eiermasse vermischt mit entsalzenen, gehackten Sardellen; umgossen mit leichter Sardellensauce oder Demiglace.
mit Sauerampfer: à l'oseille: Gebacken mit gedünsteten Sauerampferstreifen in der Eiermasse oder gefüllt mit gedünsteten Sauerampferstreifen, mit Rahm gebunden; umgossen mit Demiglace.
auf Savoyer Art: à la savoyarde: Eiermasse vermischt mit roh sautierten Kartoffelscheiben und kleinen dünnen Scheibchen Schweizer Käse; auf beiden Seiten gebacken, flach angerichtet.
auf Schäferart: à la bergère: Gefüllt mit Lammhaschee, vermischt mit Champignonscheiben; umgossen mit Demiglace.
Schaumige Omelette: O. mousseline: Geschlagenes Eiweiß, vermischt mit Eigelb und geschlagenem Rahm, gewürzt mit Salz und Pfeffer; im Ofen gebacken, flach serviert.
Schinkel: Eiermasse vermischt mit grober Julienne von Artischockenböden, Champignons und Schinken; nach dem Backen mit Krebs-

Omelett mit Schinken ... **villageoise**

---

butter überglänzt; umgossen mit gebutterter Fleischglace mit gehacktem Estragon.
mit Schinken: au jambon: Eiermasse vermischt mit grobgehacktem, gekochtem Schinken.
auf Schweizer Art: à la suisse: Eiermasse vermischt mit geriebenem Schweizer Käse; flach, mit geriebenem Käse bestreut, serviert.
auf Sevillaart: à la sevillane: Gefüllt mit geschmolzenen Tomaten vermischt mit gewürfelten grünen Oliven, gewürzt mit Knoblauch; umgossen mit Veloutésauce, vermischt mit Tomatenpüree und etwas Sardellenpaste.
Sigurd: Eiermasse vermischt mit gebratenen Morchel- und Trüffelscheiben.
Soubise: Gefüllt mit weißem Zwiebelpüree; umgossen mit gebundener Kalbsjus oder Soubisesauce.
auf spanische Art: à l'espagnole: 1. Gefüllt mit geschmolzenen Tomaten; garniert mit gebackenen Zwiebelringen.
2. **la Frita:** Eiermasse vermischt mit gehackten, gedünsteten Zwiebeln und geriebenem Käse, auf beiden Seiten gebacken, flach serviert (spanisch).
mit Spargelspitzen: aux pointes d'asperges: Masse vermischt mit kleingeschnittenen grünen Spargelspitzen; garniert mit Spargelspitzen in Butter.
mit Speck: au lard: Masse vermischt mit gewürfeltem, gebratenem Speck; garniert mit gebratenen Speckscheiben.
mit Spinat: aux épinards: Gefüllt mit Spinatpüree, gebunden mit Rahmsauce; umgossen mit Rahmsauce.
auf Sportsmannsart: Gefüllt mit Wildpüree; umgossen mit Oberjägermeister-Sauce.
mit Steinpilzen: aux cèpes: Gemischt oder gefüllt mit Scheiben von Steinpilzen, sautiert mit gehackten Schalotten; umgossen mit gebundener Kalbsjus.

mit Thunfisch: au thon: Gefüllt mit mariniertem Thunfisch.
mit Tomaten: aux tomates: Gefüllt mit geschmolzenen Tomaten; Einschnitt oben, ebenfalls mit Tomaten gefüllt, bestreut mit gehackter Petersilie.
Tortilla Española: Spanische Omelette: Rohe Kartoffel- und Zwiebelscheiben, in Olivenöl gebraten, Eiermasse darübergegossen; auf beiden Seiten gebacken und flach serviert (spanisch).
Trafalgar: Gefüllt mit in tiefem Fett gebackenen Whitebaits.
auf Trouviller Art: à la trouvillaise: Gefüllt mit Ragout von Muscheln, Garnelen und Champignons in Weißweinsauce; umgossen mit Garnelensauce.
auf tschechische Art: à la tchèque: Gefüllt mit Trüffel- und Schinkenstreifen in Rahmsauce; umgossen mit Rahmsauce.
auf Turiner Art: à la turinoise: Gefüllt mit sautierten Geflügellebern und Champignons; umgossen mit Madeirasauce.
auf türkische Art: à la turque: Gefüllt mit sautierten Geflügellebern, Einschnitt ebenfalls damit gefüllt; umgossen mit tomatierter Demiglace.

auf ungarische Art: 1. Gefüllt mit in Butter gedünsteten, mit Paprika gewürzten Zwiebelscheiben; umgossen mit Paprikasauce;
2. wie oben, Füllung aber vermischt mit gehacktem, gekochtem Schinken; Rahmsauce mit Paprika rundherum.

Valencia: Gefüllt mit Risotto; nappiert mit Rahmsauce, vermischt mit gedünsteten, gehackten roten Paprikaschoten.
Vichy: Gefüllt mit Karotten auf Vichyer Art; umgossen mit Rahmsauce.
Victoria: Gefüllt mit Salpicon von Languste und Trüffeln, gebunden mit Hummersauce; umgossen mit Hummersauce.
à la villageoise: siehe auf dörfliche Art

Walewska: Gefüllt mit Ragout von Languste und Trüffeln, gebunden mit Rahmsauce; umgossen mit Rahmsauce, aufgeschlagen mit Langustenbutter.

auf Wasgauer Art: à la vosgienne: Gebacken mit Würfeln von gebratenen Kartoffeln, Speck und Weißbrot in der Eiermasse.

auf wedische Art: à la vedique: Gefüllt mit Safranreis, vermischt mit geschmolzenen Tomaten und gewürfeltem Mango; umgossen mit Rahmsauce, aufgeschlagen mit Pistazienbutter.

auf Wilddiebsart: à la braconnière: Eiermasse, vermischt mit gewürfeltem, gebratenem Speck und Morchelscheiben; gefüllt mit Hasenhaschee.

auf Yarmouther Art: Gefüllt mit Fleisch von gebratenen Bloaters; umgossen mit Weißweinsauce.

auf Zarinart: à la czarine: Gefüllt mit gewürfelten Ogourzi (s. d.) und Champignons; umgossen mit Rahmsauce.

auf Zigeunerart: à la zingara: Gefüllt mit gewürfelten Tomaten vermischt mit Schinken-, Champignon- und Trüffelstreifen; umgossen mit tomatierter Demiglace.

Fische und Schaltiere

Französisch:	Poissons (poassong)	Crustacés (krüstasseh)
Englisch:	Fish	Shell-fish
Italienisch:	Pesci	Crostacei
Spanisch:	Pescados	Crustáceos

Infolge des großen Wassergehaltes ist Fischfleisch leichter verdaulich als das Fleisch von Schlachttieren, aber weniger sättigend. Ernährungsphysiologisch ist Fisch wegen des hohen Gehaltes an Jod und Phosphor besonders wertvoll.

Obwohl nur absolut frische Fische verwendet werden sollten, wird das in der Praxis nicht immer möglich sein, zumal bei Seefischen wegen der Fangzeiten und Transportverhältnisse, so daß weit von der Küste entfernte Orte oft benachteiligt sind. Jedoch kommen moderne Kühlwaggons heute selbst in die entferntesten Gegenden. Die Fische werden bereits an Bord geschlachtet, filiert und eingefroren; man kann also immer damit rechnen, daß Seefische in einwandfreiem Zustand an den Verbraucher gelangen. Süßwasserfische werden entweder lebend oder eingefroren gehandelt.

Beim Garmachen der Fische ist zu beachten, daß sie nicht zu früh fertig sind, da sie durch längeres Stehen im Kochsud auslaugen. Das gleiche gilt für die Vorbereitung: Fische müssen schnell und gründlich gewaschen werden, dürfen aber nicht längere Zeit im Wasser liegenbleiben.

Große Fische, wie ganze Lachse, Lachsforellen, Steinbutt usw., setzt man in kaltem Wasser an, kleinere Fische, wie Forellen, Schleie u. a., sowie in Stücke geschnittene Fische werden direkt in siedendes Wasser gelegt. In beiden Fällen darf der Fisch nach dem Aufkochen nur bei Siedehitze garziehen, aber nicht weiterkochen.

Plattfische, wie Seezungen, Fischfilets, auch kleinere Fische und Fischstückchen, werden meistens durch Pochieren mit nur wenig Flüssigkeit gargemacht. In diesem Falle legt man sie in ein gebuttertes Geschirr, das mit gehackten Schalotten oder Zwiebeln ausgestreut worden ist, gießt nur wenig Flüssigkeit – Weißwein, Fischfond, Zitronensaft u. a. – an, bedeckt das Geschirr mit einem gebutterten Papier und läßt die Fische im Ofen bei nicht zu starker Hitze garziehen.

Das Braisieren von großen Fischen beruht auf dem gleichen Prinzip. Hier wird der Boden des Fischkessels mit dünnen Scheiben von Wurzelwerk, Petersilienstielen, Champignonschalen oder -abgängen u. a. m. ausgelegt; der Fisch kommt auf den Einsatz, den man mit Butter bestrichen hat.

Es wird nun die gewünschte Flüssigkeit aufgegossen, bis der Fisch knapp bedeckt ist. Er wird mit einem gebutterten Papier bedeckt und der Deckel nicht zu fest aufgelegt, damit das Garwerden und das Einkochen der Flüssigkeit gleichzeitig verlaufen. Während des Braisierens sollte der Fisch ab und zu mit der Flüssigkeit begossen werden, zuletzt nimmt man Deckel und Papier ab, wenn der Fisch noch glaciert sein soll.

Beim Blaukochen der Fische wird oft auch heute noch dem Wasser Essig zugesetzt oder der Fisch zuvor mit Essig übergossen. Diese Methoden sind abzulehnen. Sie ändern kaum etwas an der Färbung, beeinträchtigen aber empfindlich den Geschmack feiner Fische. Eine frische Forelle oder Schleie, d. h. wenn sie ganz kurz vor der Zubereitung geschlachtet wurde und nicht so arg befingert worden ist, daß der natürliche Schleim dadurch verlorengegangen ist, kocht auch ohne Essig stets blau.

Fischsud I: Court-Bouillon (kur buhljong): Wasser, Salz, in Scheiben geschnittene Zwiebeln und Mohrrüben und ein Kräuterbündel 50 Minuten gekocht, Pfefferkörner hinzugefügt, weitere 10 Minuten gekocht und passiert. Für Fische und Schaltiere.

Fischsud II: Gesalzenes Wasser, einige Zitronenscheiben und etwas Milch. Für Steinbutt, Glattbutt, Heilbutt, Zander usw. Diese Fische werden im kalten Wasser angesetzt.

Fischfond I: Fond de poisson: Fischgräten und Abgänge, Zwiebelscheiben, Champignonschalen und -abgänge, Petersilienstiele und Pfefferkörner (diese erst 10 Minuten vor dem Passieren zusetzen), sehr wenig Salz. Mit 8 Teilen kaltem Wasser und 1 Teil Weißwein angesetzt und 30 Minuten gekocht, danach passiert. Wird auch als Fumet de poisson bezeichnet.

Fischfond II: Essence de poisson: Fischgräten und Köpfe von Seezungen, Steinbutt, Wittling usw. mit Champignonschalen und Petersilienstielen in Butter angeschwitzt, mit 3 Teilen Fischfond I und 1 Teil trockenem Weißwein aufgefüllt, wenig Zitronensaft beigefügt und 15–25 Minuten gekocht und passiert. Für manche Zubereitungen nimmt man für Fischfond auch einen Teil Rotwein anstelle des Weißweins.

Fisch, gebacken I (französische Art): Durch leicht gesalzene Milch gezogen, in Mehl gewendet und in heißem, tiefem Fett oder Öl gebacken.

Fisch, gebacken II (auf englische Art): Gemehlt, durch geschlagenes Ei gezogen, in frischgeriebener, weißer Brotkrume gewendet, in tiefem Fett oder Öl gebacken.

Fisch, gebacken III: Durch Backteig gezogen, in tiefem Fett oder Öl gebacken, meistens mit Tomatensauce serviert.

Alle gebackenen Fische werden mit gebackener Petersilie und Zitronenspalten angerichtet.

Fisch, gebraten: Filets, Fischschnitten oder kleinere Fische – diese an den Seiten einige Male leicht eingeschnitten (ziseliert), damit die Hitze schneller eindringen kann – gewürzt, entweder nur gemehlt oder auch paniert und in heißem Öl oder Butter goldbraun gebraten. Nur in Butter gebraten, mit Zitronensaft beträufelt, mit gehackter Petersilie bestreut und zuletzt mit schäumender brauner Butter übergossen, wird als „auf Müllerinart" bezeichnet.

Fisch, grilliert: Filets, Fischschnitten oder kleinere Fische – diese ziseliert – gemehlt, mit Öl oder geklärter Butter bestrichen, in ein vorher erhitztes oder geöltes Scherengitter gelegt und auf dem Rost gebraten. Zuweilen werden sie zuvor paniert. Grillierte Fische erst nach dem Röstprozeß würzen.

Aal: F. Anguille; E. Eel; I. Anguilla; S. Anguila: Wanderfisch von schlangenartiger Gestalt, der in der Tiefe des Meeres sein Leben beginnt und dann die Flüsse aufwärts ins Süßwasser wandert Aale erreichen eine Länge von 1 m und mehr. Am schmackhaftesten sind Aale im Gewicht von ungefähr 1 kg.

auf arlesische Art: à l'arlesienne: Entgrätete Stücke, gefüllt mit Fischfarce, in gefettetes Papier mit gehackten Zwiebeln, Schalotten und Spur Knoblauch eingewickelt, gebunden, in der Hülle gebacken; aus dem Papier genommen, mit dem Saft vermischt mit Sardellenbutter serviert.

mit Backpflaumen: aux pruneaux: In Stücke geschnitten, in tiefem Fett goldgelb gebacken; Speckwürfe,l und kleine Zwiebelchen in Butter angeschwitzt, mit Mehl bestreut, mit Weißwein aufgekocht; Aalstücke hinzugegeben, gedünstet, wenn halbgar, eingeweichte Backpflaumen hinzugefügt, alles langsam gargedünstet.

Beaucaire: Entgrätet, mit Weißlingsfarce, mit hackten, angeschwitzten Champignons gefüllt; in Terrine mit gehackten Schalotten, Weißwein, Cognac, Butter, Champignonköpfen und angebratenen Zwiebelchen braisiert.

Benoîton: Filets zu Spiralen gedreht, gemehlt und in tiefem Fett gebacken; garniert mit gebackener Petersilie und Zitrone; nebenbei Rotweinsauce, bereitet mit den Aalgräten und Schalotten, mit Butter aufgeschlagen.

auf Berliner Art: à la berlinoise: In Stücke geschnitten, in leichtem Bier mit Zwiebelscheiben, Pfefferkörnern und Lorbeerblatt gedünstet; Fond mit geriebenem Graubrot gebunden, passiert.

blau: au bleu: In größere Stücke geschnitten, in leicht mit Essig gesäuertem Salzwasser gekocht; serviert mit zerlassener Butter und Meerrettich, auch Kapernsauce, und Salzkartoffeln.

auf Bordelaiser Art: à la bordelaise: In Stücke geschnitten, gewürzt, in Weißwein mit gehackten Zwiebeln pochiert; Fond eingekocht, mit Bordelaiser Sauce vermischt, mit Sardellenbutter vervollständigt.

braisiert: braisée: In Stücke geschnitten, in Butter sautiert, mit Salbei, Petersilie, Zwiebelscheiben und heller Brühe, gewürzt mit Salz, Pfeffer und Muskatnuß, braisiert; Sauce aus dem mit Mehlbutter gebundenen Fond, gewürzt mit Portwein und Zitronensaft.

auf Burgunder Art: à la bourguignonne: In Stücke geschnitten, in gewürztem Rotwein pochiert; Fond mit Mehlbutter gebunden, garniert mit glacierten Zwiebelchen und Champignons.

auf bürgerliche Art: à la bourgeoise: In Stücke geschnitten, in Butter mit gehacktem Salbei gebraten; serviert mit Zitrone und Senf.

Condé: Kleine enthäutete Aale ringförmig gebunden, in Fischfond und Weißwein pochiert; Fond eingekocht, mit Butter aufgeschlagen, über den Fisch gegossen; Mitte mit Austernragout gefüllt.

à la diable: siehe auf Teufelsart

Durand: Enthäutet, entgrätet, in Stücke geschnitten, mit Hecht- oder Weißlingsfarce gefüllt; in Musselin gebunden, mit feiner angeschwitzter Mirepoix in Weißwein pochiert; ausgewickelt, glaciert; der eingekochte, gebutterte und mit Cayenne gewürzte Fond nebenbei.

Eel Pie: Englische Aalpastete: Filets, in Stücke geschnitten, mit Salz, Pfeffer und Muskatnuß gewürzt; abwechselnd mit Scheiben von hartgekochten Eiern in Pie-Schüssel gefüllt, zur Hälfte mit Weißwein aufgegossen, mit Blätterteig bedeckt, dekoriert, gebacken; wenn gar, etwas Demiglace, mit Fischessenz verkocht, durch den Kamin in die Pastete gegossen (englisch).

auf englische Art: à l'anglaise: Filets, in Stücke geschnitten, mit Öl und Zitronensaft mariniert; englisch paniert, Bastardsauce, Kräuter- oder Sardellenbutter nebenbei.

à l'espagnole: siehe auf spanische Art

auf flämische Art: à la flamande: In Stücke geschnitten, gewürzt, in Bier mit grobgehacktem Sauerampfer, Petersilie, Salbei, Estragon, Kerbel, Pimpernell und jungen Nesselblättern, geschwitzt in Butter, gedünstet; Fond mit Kartoffelstärke gebunden, mit Butter verfeinert.

Florimonde: Kleine Aale, in Zitronensaft mariniert, zusammengerollt, in geöltes Papier gewickelt, im Ofen gebacken; serviert mit Kräuterbutter und Chips-Kartoffeln.

auf französische Art: à la française: In Stücke geschnitten, in Butter angeschwitzt, Champignons beigegeben, mit Mehl bestreut, in Weißwein und Fischfond, mit gehackter Zwiebel, gehackten Kräutern, mit Salz und Pfeffer gewürzt, pochiert; Fond eingekocht, mit Eigelb und Rahm legiert, mit Zitronensaft gewürzt und über den Fisch gegossen.

Frikassee von: fricassée d'anguilles: In Stücke geschnitten, mit Mirepoix in Butter angeschwitzt, mit Mehl bestäubt, mit Fischfond und Weißwein aufgegossen, gekocht; Sauce passiert, mit Eigelb und Rahm gebunden, mit Zitronensaft gewürzt über den mit Champignons vermischten Fisch gegossen.

gebacken: frite: In Stücke geschnitten, paniert, in tiefem Fett gebacken; Tataren- oder ähnliche Sauce nebenbei.

mit Tomatensauce: frite à la sauce tomate: Kleine ganze Aale, zusammengebunden als Ring, paniert, in tiefem Fett gebacken; Tomatensauce nebenbei.

gedünstet: ragoût d'anguilles: Stücke, gewürzt, gemehlt, in Butter gebräunt, mit gehackten Sardellen und Champignons in Sherry, mit einigen Tropfen Weinessig gedünstet.

in Gelee mit Spezial-Vinaigrette (kalt): en gelée à la vinaigrette speciale: In Gelee mit Julienne von Mohrrüben, Sellerie, Dillfäden und Petersilienblätter eingelegt; dazu Vinaigrette mit feinen Tomatenwürfeln, gehacktem Dill, Schnittlauch, Kerbel, Petersilie und Ketchup.

gespickt: piquée: Enthäutet, mit Sardellenfilets, Trüffel- und Pfeffergurkenstreifen gespickt; zusammengerollt, gebunden, in Fischsud pochiert; nappiert mit Tomatensauce.

du gourmet: siehe auf Weinkennerart

grilliert: In Stücke geschnitten, vorgekocht, in Mehl gewendet, langsam auf dem Rost gebraten; Kräuter- oder Sardellenbutter nebenbei.

grün: siehe au vert

auf Hamburger Art: à la hambourgeoise: In Stücke geschnitten, mit kleinen Zwiebelchen in Weißwein und Fischfond gedünstet; Fond mit Mehlbutter gebunden, Fisch mit der Sauce bedeckt, garniert mit kleinen Mehlklößchen, bestreut mit gehackter Petersilie.

auf Haushälterinart: à la ménagère: In Stücke geschnitten, zieseliert, roh grilliert; garniert mit Pfeffergurken; Kräuterbutter, mit Senf vermischt, nebenbei.

auf Haushofmeisterart: à la maître d'hôtel: In Stücke geschnitten, in Fischsud pochiert; bedeckt mit Kräuterbutter, garniert mit Fischkartoffeln.

auf holländische Art: à la hollandaise: Enthäutet, in Stücke geschnitten, gekocht; garniert mit Petersilie, zerlassene Butter und Salzkartoffeln nebenbei.

auf katalonische Art: à la catalane: In dicke Stücke geschnitten, in Öl gebraten; auf gewürfelte grüne Paprikaschoten und Tomaten, in Öl mit Spur Knoblauch gedünstet und mit gehackter Petersilie vermischt dressiert.

Kulibijaka von: siehe Fischpastete, russische

auf Maconer Art: à la mâconnaise: In Stücke geschnitten, in Rotwein mit Zwiebelchen und Champignons gedünstet; Fond mit Mehlbutter gebunden, vermischt mit Krebsschwänzen, garniert mit herzförmigen Croutons.

Malakoff: In dicke Scheiben geschnitten, in Weißwein mit gewürfelten Tomaten und gehackten Zwiebeln gedünstet; auf gebutterten Blattspinat dressiert, mit dem gewürzten, eingekochten Tomatenfond übergossen.

auf Marschallsart: à la maréchale: Filets, in Stücke geschnitten, durch flüssige Butter gezogen, in Weißbrotkrume gewendet; in Butter gebraten, jedes Stück mit Trüffelscheibe, durch Glace gezogen, belegt, garniert mit grünen Spargelspitzen.

en matelote: siehe auf Matrosenart

auf Matrosenart: en matelote: In Stücke geschnitten, in gewürztem Rotwein pochiert, der Rotwein mit Demiglace verkocht, mit Butter verfeinert; Sauce passiert, vermischt mit glacierten Zwiebelchen, sautierten Champignonköpfen und den Aalstücken, garniert mit Blätterteig-Halbmonden.

auf Meluner Art: à la melunaise: Ganzer, enthäuteter Aal mariniert, zur Spirale gerollt, im Ofen gebacken; garniert mit Pfeffergurkenscheiben, Robert-Sauce nebenbei.

Montespan: In Stücke geschnitten, in Weißwein und Butter mit gehackten Champignons und Kräutern gedünstet.

auf Müllerinart: à la meunière: In Stücke geschnitten, gewürzt, gemehlt, in Butter gebraten; mit Zitronensaft beträufelt, mit brauner Butter übergossen, mit gehackter Petersilie bestreut.

auf normannische Art: à la normande: In Stücke geschnitten, in Apfelwein mit kleinen Zwiebeln und Champignons gedünstet; Fond mit Mehlbutter gedickt, mit pochierten entbarteten Austern vermischt, garniert mit herzförmigen Croutons.

Orly: Filets, in dünne Streifen geschnitten, durch Backteig gezogen, in tiefem Fett gebacken; Tomatensauce nebenbei.

in Papierhülle: en papillote: Enthäutet, in Stücke geschnitten, in gefettetes Papier, mit gehackten Champignons, Schalotten, Sardellen, Kapern, Petersilie und Zitronenschale bedeckt eingehüllt; im Ofen gebacken, im Papier serviert.

auf Pariser Art: à la parisienne: Enthäutet, entgrätet, in größere Stücke geschnitten, gefüllt mit getrüffelter Fischfarce; in Weißwein pochiert, garniert mit Champignons und Krebsschwänzen, nappiert mit Matrosensauce, umlegt mit Blätterteig-Halbmonden.

Pastete: pâté d'anguilles: Pastetenform, mit Pastetenteig ausgelegt, mit getrüffelter Hechtfarce ausgefüttert, abwechselnd mit Farce und in Cognac mit Aromaten marinierten Stückchen Aalfilet, in Butter gesteift und ausgekühlt, gefüllt. Mit der Marinade und zerlassener Butter begossen, mit Teig abgedeckt, im Ofen gebacken, heiß serviert; magere Demiglace nebenbei.

Pompadour: Kleiner Aal, zur Spirale gebunden, maskiert mit Villeroysauce vermischt mit Zwiebelpüree, paniert, gebacken; garniert mit Dauphine-Kartoffeln, Choronsauce nebenbei.

in Poulettesauce: à la poulette: Stücke, in Butter angeschwitzt, gewürzt, mit Mehl bestäubt, mit Wasser vermischt, mit Kräuterbündel gekocht; mit pochierten Champignonköpfen angerichtet, mit der passierten, mit Eigelb legierten und mit Butter verfeinerten Sauce übergossen, mit gehackter Petersilie bestreut.

auf provenzalische Art: à la provençale: Kleine ganze Aale, gedünstet in Weißwein mit gewürfelten Tomaten, gehackten Zwiebeln, gehackten Kräutern, Knoblauch und Weißwein.

in Rahmsauce: à la crème: Stücke in Weißwein pochiert; Fond eingekocht, mit Rahmsauce vermischt, garniert mit weißgedünsteten Zwiebelchen und Champignons.

Anguila Riojana: In Stücke geschnitten, mit gehackten Zwiebeln, Knoblauch, Thymian, Lorbeerblatt, Salz, Pfeffer, Schuß Essig, gewürfelten Paprikaschoten und gehackten Kräutern in Öl und Rotwein gedünstet (spanisch).

auf Roueneser Art: à la rouennaise: Kleine Aale, zur Spirale gebunden, in Rotwein mit Mirepoix pochiert, glaciert; angerichtet, Mitte gefüllt mit Ragout von Champignons, Austern und Fischmilchern, bedeckt mit Demiglace mit dem eingekochten Rotwein; garniert mit kleinen, gebratenen Stinten.

Saint-Menehould: In Stücke geschnitten, in Weißwein pochiert, ausgekühlt; paniert in weißer Brotkrume mit gehackten Champignons vermischt, grilliert; garniert mit Pfeffergurkenscheiben; Hascheesauce mit gehackten Sardellen nebenbei.

mit Salbei: à la sauge: In Stücke geschnitten, in Zitronensaft mariniert, gewürzt, gemehlt, abwechselnd mit Salbeiblättern auf Spieße gereiht; grilliert, mit gebutterten grünen Erbsen serviert.

auf Seemannsart: à la marinière: In Weißwein mit gehackten Schalotten und Fischfond pochiert; Fond eingekocht, vermischt mit Fischvelouté, garniert mit Champignons, Zwiebelchen, Krebsschwänzen und herzförmigen Croutons.

auf spanische Art: à l'espagnole: Stücke in Öl angeröstet, mit Knoblauch, Safran und Pfeffer in Weißwein gedünstet; mit gehobelten, gerösteten Mandeln bestreut serviert.

Suffren: Große Stücke mit Sardellenfilets gespickt und in Weißwein pochiert; Fond eingekocht mit Tomatenpüree, mit Sardellenpaste, Butter und Cayennepfeffer vervollständigt.

auf Tessiner Art: siehe anguilla alla ticinese

auf Teufelsart: à la diable: In Stücke geschnitten, vorgekocht, paniert, in tiefem Fett gebacken oder grilliert; Teufelssauce nebenbei.

Anguilla alla ticinese: Stücke, in Öl mit kleingewürfelten Zwiebeln, Karotten und Salbei angebräunt; in Weißwein und Fischfond mit gewürfelten Tomaten, Knoblauch und Gewürzen gedünstet; im eingekochten Fond mit Polenta serviert (italienisch).

auf Toulouser Art: à la toulousaine: Kleiner Aal, zur Spirale gedreht, gebunden, pochiert in Weißwein und Fischfond; mit Velouté mit dem eingekochten Fond nappiert, Mitte mit weißem Ragout von Champignons und Zwiebelchen in Veloutésauce gefüllt.

auf venezianische Art: à la vénetienne: Stücke, in Weißwein pochiert, glaciert; mit venezianischer Sauce nappiert, mit pochierten Champignons und Fischmilchen garniert.

au vert (kalt): grün: Gehackter Sauerampfer, Petersilie, Kerbel, Estragon, junge Nesselblätter und Pimpernelle in Butter angeschwitzt; Aal in Stücke geschnitten, noch etwas geschwitzt, gewürzt, in Weißwein gedünstet; Fond eingekocht, mit Eigelb gebunden, mit Zitronensaft gewürzt, über den Fisch gegossen und kalt serviert (belgisch).

Villeroi: Stücke, in Fischsud gekocht und erkaltet; maskiert mit Villeroisauce, paniert, gebacken; Tomatensauce nebenbei.

Waldorf: Stücke, mariniert, durch Milch und Mehl gezogen, grilliert; Fischkartoffeln und Mayonnaise nebenbei.

auf Weinkennerart: du gourmet: In Stücke geschnitten, in Weißwein und Fischfond pochiert; garniert mit Krebsschwänzen, bedeckt mit Rahmsauce, vermischt mit dem eingekochten Fond, mit Krebsbutter vervollständigt.

Aalquappe: siehe Aalraupe

Aalraupe, Aalquappe, Aalrutte, Trüsche; F. Lotte; E. Eelpout, Burbot; I. Lotta: Dorschartiger Süßwasserfisch, der in Seen, Bächen und Flüssen Europas, Asiens, New England und den Großen Seen Amerikas lebt. Die sehr fette Leber wird als Delikatesse geschätzt.

blau: au bleu: In Stücke geschnitten, wie Karpfen bereitet.

auf Hausfrauenart: à la bonne femme: In Stücke geschnitten, sonst wie Butt bereitet.

in Rahmsauce: à la crème: In Stücke geschnitten, leicht vorgekocht, in süßem Rahm mit Butter und Gewürz fertiggedünstet.

Villeroi: In Stücke geschnitten, wie Aal bereitet.

in Weißweinsauce: au vin blanc: Schnitten in Weißwein und Fischfond pochiert; nappiert mit Weißweinsauce, vermischt mit dem eingekochten Fond; oft auch glaciert.

Aalrutte: siehe Aalraupe

Abalone: Schaltier der Gattung Haliotis, mit breitem Fuß, um sich am Felsen festzuhalten, und nur einer starken Schutzschale. An den felsigen Küsten Südkaliforniens stark verbreitet. Muß vor dem Gebrauch geklopft oder „tenderized" werden.

Steak California: In dicke Scheiben geschnitten, in Milch geweicht, paniert und in tiefem Fett gebacken; auf gewürfelte Tomaten dressiert, mit Zitronensaft und brauner Butter übergossen; garniert mit schwarzen Oliven (amerikanisch).

Able de mer: siehe Weißbarsch

Ablette: siehe Ukelei

Aigrefin, Aiglefin: siehe Schellfisch
Aigrefin fumé: siehe Schellfisch, geräuchert
Äsche, Sprengling; F. Ombre-écailles, ombre-commun; E. Grayling: Süßwasserfisch aus der Familie der Salmoniden, der die Flüsse und Bäche der Gebirge und Ebenen ganz Mittel- und Osteuropas, auch Teile Nordamerikas bewohnt. Erkenntlich an den silbrigen, schwarzgepunkteten Schuppen. Erreicht eine Länge von 25–40 cm.
- **blau:** au bleu: Wie Forelle bereitet.
- **auf Genfer Art:** à la génevoise: In Rotwein mit Mirepoix pochiert; nappiert mit dem eingekochten, mit Mehlbutter gebundenen Fond, garniert mit gebratenen Champignons.
- **auf Hofmeisterart:** à la maître d'hôtel: In Fischsud gekocht, mit halbflüssiger Hofmeister-Butter übergossen.
- **auf Lausanner Art:** à la lausannoise: In Weißwein mit gehackten Schalotten und Champignonscheiben pochiert; Fond reduziert, mit Demiglace verkocht, mit Butter aufgeschlagen, mit Zitronensaft gewürzt.
- **auf provenzalische Art:** à la provençale: An beiden Seiten zisiliert, gemehlt, in Öl gebraten; bedeckt mit gewürfelten, in Öl mit zerdrücktem Knoblauch geschmolzenen Tomaten.

Aland, Alant, Nerfling, Döbel; F. Chevaine, Chevesne; E. Chub: Süßwasserfisch aus der Familie der Karpfen mit schmackhaftem, aber grätenreichem Fleisch, der in den meisten europäischen Bächen und Flüssen vorkommt. Länge 60–70 cm, durchschnittlich 40 cm. Wird wie Karpfen bereitet.

Alose: siehe Alse

Alse: Maifisch, Mutterhering; F. Alose; E. Shad: Der größte Fisch der Heringsfamilie, der ausgewachsen eine Länge von 50 cm und mehr erreicht. Vorkommen: die Küsten Westeuropas und Nordamerika, Mittelmeer und Nordsee. Wanderfisch, der zum Laichen in die Flüsse steigt. Der Rogen gilt als große Delikatesse, besonders in Nordamerika.
- **auf amerikanische Art:** à l'américaine: Filets, wie Meerforelle bereitet.
- **auf andalusische Art:** Filets, wie Seezungenfilets gleichen Namens bereitet.
- **auf Bäckerart:** à la boulangère: Pochiert in Weißwein mit gehackten Zwiebeln, nudelig geschnittenem Sauerampfer, Speckwürfeln und Butter.
- **auf Beelitzer Art:** Filets, mariniert, gemehlt, in Butter gebraten; belegt mit weißen Spargelköpfen, garniert mit gekochten Kartoffelkugeln und in Butter gedünsteten Gurkenoliven; mit Zitronensaft beträufelt, mit brauner Butter übergossen.
- **Bercy:** Auf beiden Seiten leicht zisiliert, gewürzt, in Öl im Ofen gebraten; bedeckt mit Bercysauce.
- **auf Brüsseler Art:** à la bruxelloise (brüsseloahs): Filets, mit Hummerfarce bestrichen, gefaltet, englisch paniert, in tiefem Fett gebacken; holländische Sauce nebenbei.
- **auf dörfliche Art:** à la villageoise (willaschoas): Eingekerbt, gemehlt, in Öl und Butter gebraten; bedeckt mit zerlassener Butter, vermischt mit gehackter Petersilie, ganz wenig gehacktem Salbei, einigen Tropfen Essig und etwas Saft von grünen Tomaten.
- **auf Finkenwerder Art:** Filets, in brauner Butter gebraten; auf Kartoffelscheiben, mit gehacktem Lauch gedünstet, angerichtet; bestreut mit geriebenem Meerrettich, übergossen mit der braunen Butter, mit Zitronensaft gewürzt und etwas Demiglace abgelöscht.
- **auf flämische Art:** à la flamande (flamangd): Wie Kabeljau gleichen Namens bereitet.
- **gebacken:** frite: Filets, in gefällige Stücke geschnitten, englisch paniert; in tiefem Fett gebacken, mit gebackener Petersilie und Zitronenvierteln angerichtet; Tataren- oder Remouladensauce nebenbei.

gefüllt: farcie: Gefüllt mit Hechtfarce mit feinen Kräutern, in geöltes Papier gewickelt, im Ofen gargemacht; aus dem Papier genommen, mit Bercysauce übergossen.

grilliert: grillée: Ziseliert, mit gehackten Schalotten, gehackter Petersilie, Zitronensaft und Öl mariniert; grilliert, mit Zitronenspalten angerichtet; Kräuter- oder Sardellenbutter nebenbei.

auf Hofmeisterart: à la maître d'hôtel: Ziseliert, mariniert, auf dem Rost gebraten; serviert mit Kräuterbutter.

auf holländische Art: à la hollandaise: In Fischsud gekocht; auf Serviette mit Petersilie und Zitrone angerichtet; Fischkartoffeln und holländische Sauce oder zerlassene Butter nebenbei.

auf irische Art: à l'irlandaise (irlangdäs): Filets, mit Fischfarce, vermischt mit Krebspüree, bestrichen, gefaltet, gemehlt, langsam mit Öl grilliert; Krebssauce nebenbei.

auf italienische Art: à l'italienne: Wie Hecht gleichen Namens bereitet.

auf Mailänder Art: à la milanaise (mihlanäs): Filets, mariniert mit gehackten Kräutern, Zitronensaft und Gewürz; paniert mit Ei und halb weißer Brotkrume und halb geriebenem Parmesan; in Öl gebacken; Spaghetti auf Mailänder Art nebenbei.

mit Meerrettich: à la raifort (räfohr): Ziseliert, gemehlt, in Butter gebraten; mit reichlich geriebenem Meerrettich bestreut, mit Zitronensaft beträufelt, mit brauner Butter übergossen.

auf Nantaiser Art: à la nantaise: Filets, wie Lachs gleichen Namens bereitet.

in Papierhülle: en papillote (ang papihjott): Ziseliert, in geölter Papierhülle, mit gehackten Schalotten und gehackten Champignons im Ofen gebacken; in der Hülle serviert, leichte Tomatensauce nebenbei.

Planked shad: Auf gefettetes Brettchen aus Hartholz gelegt, gewürzt, mit Duchessemasse umspritzt, mit Butter beträufelt; in flache Pfanne mit wenig Wasser gelegt, im Ofen gargemacht; mit Kräuterbutter bedeckt, mit Zitronenspalten und Petersilie garniert (amerikanisch).

auf provenzalische Art: à la provençale: Filets, wie Hecht gleichen Namens bereitet.

Saint-Malo: Filets, mariniert, gewürzt, auf dem Rost gebraten; Saint-Malo-Sauce nebenbei.

mit Sauerampfer: à l'oseille: Filets, englisch paniert, grilliert, auf Sauerampferpüree angerichtet, mit Zitronensaft beträufelt, mit brauner Butter übergossen; Sauerampferpüree kann auch nebenbei serviert werden.

Alsenrogen auf Bordelaiser Art: Oeufs d'alose à la bordelaise: Gewürzt, in Öl gebraten, bedeckt mit blanchierten Rindermarkscheiben, nappiert mit Bordelaiser Sauce.

Newburgh: In Stücke geschnitten, in süßem Rahm gekocht, mit Cayenne gewürzt, gebunden mit Eigelb, vermischt mit Sherry; auf Röstbrot serviert.

mit Spinat: aux épinards: Gebraten, dressiert auf gebuttertem Blattspinat, übergossen mit weißer Rahmsauce.

Amaul: siehe Zander
Anbeis: siehe Barsch
Anchois: siehe Sardelle
Anglerfisch: siehe Seeteufel
Anguille: siehe Aal
Anguille de mer: siehe Meeraal
Austernkrabbe: F. Crabe huître; E. Oyster crab: Die kleinste aller Krabben, die mit der Auster in Gemeinschaft in der Schale lebt und hauptsächlich an der nordamerikanischen Atlantikküste vorkommt.

gebacken: frite: Durch Milch gezogen, gemehlt, in tiefem Fett gebacken; mit gebackener Petersilie und Zitronenspalten angerichtet.

Balchen: Palée: Kleiner Fisch aus der Gattung der Salmoniden, der in den Alpenseen beheimatet ist. Wird wie Forelle bereitet.

Bar: siehe Wolfsbarsch

Bar noir: siehe Schwarzer Barsch

Bar rayé: siehe Barsch, gestreifter

Barbe, Flußbarbe; F. Barbeau; E. Barbel; I. Barbio: Süßwasserfisch aus der Familie der Karpfen, der in den klaren Flüssen Mitteleuropas weit verbreitet ist. Der Rogen gilt während der Laichzeit als giftig und verursacht Erbrechen.

    auf Burgunder Art: à la bourguignonne: Pochiert in Rotwein mit Kräuterbündel, gehackten Schalotten und Champignonschalen; Fond passiert, mit Mehlbutter gebunden und über den Fisch gegossen.

    auf Dijoner Art: à la dijonaise: In Fischfond mit Butter und gehackten Schalotten pochiert; Fond mit weißem Roux gebunden, passiert, mit Rahm, französischem Senf und gehackter Petersilie vervollständigt.

    gebacken: frit: in Stücke geschnitten, paniert, in tiefem Fett gebacken; Tatarensauce nebenbei.

    Gordon-Bennett (kalt): Filets, in Medaillons geschnitten, in Weißwein und Fischfond mit feinem Mirepoix pochiert; erkaltet, mit Gelee überglänzt; auf Tarteletts, mit feinem Gemüsesalat gefüllt, gesetzt.

    gratiniert: au gratin: Filets, in Backplatte geordnet; mit italienischer Sauce übergossen, mit geriebenem Parmesan bestreut, mit flüssiger Butter betropft; im Ofen gargemacht und gleichzeitig überkrustet.

    grilliert: grillé: Auf beiden Seiten eingeschnitten, gewürzt, geölt, auf dem Rost gebraten; mit Kräuterbutter serviert.

    auf Hofmeisterart: à la maître d'hôtel: In Stücke geschnitten, grilliert; mit Kräuterbutter serviert.

    mit holländischer Sauce: à la sauce hollandaise: In Fischsud gekocht; holländische Sauce und Fischkartoffeln nebenbei.

    Masséna: In Fischfond und Weißwein pochiert; Fond eingekocht, verkocht mit Demiglace, mit Sardellenbutter vervollständigt; Sauce mit gewürfeltem Hummer, Champignons und Muscheln vermischt und über den Fisch gegossen.

    mit Meerrettichsauce: à la sauce raifort: Auf beiden Seiten zisiliert, paniert und in Butter gebraten; Meerrettichsauce nebenbei.

    auf Mentoner Art: à la mentonnaise: Filets mit Hechtfarce gefüllt; zusammengefaltet, gemehlt, in Butter gebraten; mit Weißweinsauce nappiert.

    Mirabeau: Mit Sardellenfilets gespickt, im Ofen in Öl gebraten; Sardellenbutter nebenbei.

    Montebello: Filets, mit Hechtfarce gefüllt und gefaltet; pochiert in Weißwein, Fischfond und Butter; nappiert mit Choronsauce, garniert mit Blätterteig-Halbmonden.

    auf Müllerinart: à la meunière: Gemehlt, in Butter gebraten; mit gehackter Petersilie bestreut, mit Zitronensaft beträufelt, mit brauner Butter übergossen.

    auf Nizzaer Art: à la niçoise: Ziseliert auf beiden Seiten, in Öl im Ofen gebraten; dressiert auf geschmolzenen Tomaten, vermischt mit Spur Knoblauch und gehacktem Estragon; garniert mit gehackten Kapern, Sardellenfilets, Zitronenscheiben und schwarzen Oliven; übergossen mit brauner Butter.

    auf provenzalische Art: à la provençale: Pochiert in Fischfond mit etwas Öl und Knoblauch; nappiert mit provenzalischer Sauce; garniert mit gefüllten Tomaten.

    mit Ravigote-Sauce: à la ravigote: In Stücke geschnitten, paniert, in tiefem Fett gebacken; Ravigote-Sauce nebenbei.

    auf russische Art: à la russe: Pochiert in Weißwein, Butter und Fischfond mit Scheibchen von Knollensellerie; nappiert mit Weißweinsauce, vermischt mit gehacktem Kerbel.

Saint-Charles: Pochiert in Weißwein und Butter; nappiert mit Weißweinsauce, vermischt mit Trüffelscheiben und Hummerwürfeln; bestreut mit gehacktem Hummermark.

auf Touloner Art: à la toulonaise: Gefüllt mit Fischfarce; pochiert in Fischfond und Muschelfond; nappiert mit Muschelsauce.

in Weißweinsauce: au vin blanc: Filets oder kleine Fische, in Weißwein und Fischfond pochiert; nappiert mit Weißweinsauce.

Barbeau: siehe Barbe
Barbillon: Junge Flußbarbe.
Barbue: siehe Butte
Barsch: Bars; F. Perche; E. Perch: Süßwasserfisch, der in Europa und Nordasien in fast allen Teichen und größeren Flüssen vorkommt. Farbe gelblich-grün mit vom Rücken zum Bauch laufenden dunklen Streifen. Fleisch weiß, derb, aber schmackhaft, Länge bis zu 65 cm, Gewicht bis 2 kg. In kleinen Exemplaren ein beliebter Backfisch.

blau: au bleu: Pochiert in leicht gesalzenem Wasser mit einem Schuß Essig; frische oder zerlassene Butter und Salzkartoffeln nebenbei.

mit Eierbutter: In Stücke geschnitten, gekocht; abgetropft, angerichtet, mit grobgehacktem, hartgekochtem Ei und gehackter Petersilie bestreut, mit brauner Butter übergossen.

mit feinen Kräutern: aux fines herbes: Filets, in Fischfond pochiert, nappiert mit Kräutersauce.

auf holländische Art: à la hollandaise: Gekocht, mit Petersilie und Zitronenspalten angerichtet; zerlassene Butter und Salzkartoffeln nebenbei.

Joinville: Filets, mit Fischfarce bestrichen, zusammengefaltet, in Fischfond und Weißwein pochiert; garniert mit Champignons, Garnelenschwänzchen und Trüffelscheiben, nappiert mit Joinville-Sauce.

auf Marschallsart: à la maréchale: Filets, in zerlassene Butter getaucht, mit weißer Brotkrume paniert, gebraten; jedes Filet mit Trüffelscheibe, durch flüssige Glace gezogen, belegt, mit grünen Spargelspitzen oder gebutterten Erbsen, je nach Saison, garniert.

auf Müllerinart: à la meunière: Wie Barbe bereitet.

mit Sardellenbutter: au beurre d'anchois: Filets oder kleinere Fische, mariniert in Öl, Zitronensaft und gehackter Petersilie; paniert, geölt, auf dem Rost gebraten, serviert mit Sardellenbutter.

auf schwedische Art: à la suédoise: In gefettete Backplatte gelegt; mit weißer Brotkrume, vermischt mit gehackter Petersilie und Zitronenschale bestreut, mit zerlassener Butter betropft, etwas Fischfond an die Seiten gegossen, im Ofen gebacken.

mit Spargel: aux asperges: Filets, in Weißwein pochiert; nappiert mit holländischer Sauce, garniert mit weißen Spargelköpfen.

Barsch, Gestreifter: F. Bar rayé; E. Striped Bass: Schmackhafter Seefisch, der an den atlantischen Küsten der USA und auch im Pazifik gefangen wird. Durchschnittsgewicht von 1–10 kg, zuweilen bis 50 kg. Kleine Fische werden gebraten, die großen wie Heilbutt bereitet.

Baudroie: siehe Seeteufel
Berschik: Russischer Name für den Zander aus der Wolga.
Bigorneau: siehe Mondstrandschnecke
Blanchaille: siehe Weißfischchen
Blaufisch: siehe Köhler
Blauleng: F. Lingue bleu; E. Blue-ling: Dem Leng ähnlicher Fisch, jedoch noch schlanker und mit kurzem Bartfaden. Färbung des Rückens braun, aber metallisch schimmernd, daher der Name Blauleng. Durchschnittliche Länge 1 m. Hauptfanggebiet um Island. Wird frisch wie Kabeljau und zu Stockfisch verarbeitet.

Altenländer Art: Filet, in Portionsstücke geschnitten, mariniert, gemehlt, durch geschlagenes Ei gezogen, gebraten; mit gebratenen Apfelscheiben und gedünsteten Zwiebelchen belegt; garniert mit Reis und Tomaten gefüllt mit sautierten Gurkenwürfeln.

Bleie: siehe Brasse

Bloater: Geräucherter Hering; F. Hareng saur: Ein Hering, der in Küstennähe gefangen wird, so daß er nicht an Bord eingesalzen werden muß. Wird nur leicht gesalzen, geräuchert und muß frisch gegessen werden. Wird hauptsächlich als Frühstücksgericht serviert (englisch).

    gebraten: frit: Enthäutet, filiert, durch Milch und Mehl gezogen, in Butter gebraten, auf Toast serviert.

    grilliert: grillé: Gepfeffert, mit Butter bestrichen und am Rost gebraten.

    mit Setzeiern: aux œufs: Wie oben, aber mit Setzeiern serviert.

Bluefish: Atlantischer Seefisch, eng mit der Makrele verwandt, mit blauer Haut und leicht bläulichem Fleisch, im Gewicht von ½ bis 5 kg, der hauptsächlich an der atlantischen Küste von Nordamerika gefangen wird. Schmeckt am besten grilliert.

Bondelle: siehe Silberfelchen

Bombay Ducks: siehe Bummalofisch

Bonito: F. Bonite; E. Bonito: Sehr schmackhafter Fisch aus der Familie der Makrelen, der im Mittelmeer und den wärmeren Gewässern des Atlantiks vorkommt. Er wird bis zu 1 m lang. Wird wie Thunfisch und Makrele bereitet.

Bouillabaisse: Suppiges Fischgericht, das aus mehreren Sorten Fisch, Krustentieren, Schaltieren, Tomaten, Lauch und verschiedenen Gewürzen bereitet wird.

    auf Marseiller Art: à la marseillaise: Feste Fische, wie Drachenkopf, Krötenfisch, Petersfisch usw., auch Languste, zuweilen Langustinen, in Stücke geschnitten, mit gehackter Zwiebel, Weißem von Lauch, gewürfelten Tomaten, Knoblauch, Safran, getrockneter Orangenschale und anderen Gewürzen, sowie Olivenöl vermischt, mit Wasser aufgegossen und etwa 7 Minuten gekocht; dann in Stücke geschnittene weiche Fische, wie Rotbarben und Merlan, beigefügt und alles fertiggekocht; die Flüssigkeit über getrocknete Scheiben von französischem Brot gegossen, die Fische gleichzeitig auf einer Platte serviert.

    auf Pariser Art: à la parisienne: Wie Marseiller Art, jedoch mit Meeraal, rotem Knurrhahn, Petermännchen, Seezunge, Merlan, Languste und Muscheln unter Zusatz von Weißwein bereitet, leicht mit Mehlbutter gebunden und mit Scheiben von französischem Brot, mit Knoblauch eingerieben, serviert.

Bourride: Provenzalisches Fischgericht. Kleine feste Seefische, in Stücke geschnitten, mit gehackten Zwiebeln, Tomaten, Knoblauch, Kräuterbündel und einem Stückchen Pomeranzenschale vermischt, gewürzt, mit Wasser aufgegossen, unter Zusatz von einer Spitze Safran und etwas Olivenöl flott gekocht. Fond passiert, mit Aiolli (s. d.) vermischt, über Scheiben von französischem Brot gegossen; Fisch auf Platte dazu serviert.

Brachse: siehe Brasse

Brasse: Brachse, Bleie; F. Brème; E. Bream: Süßwasserfisch aus der Familie der Karpfen, der in allen europäischen Gewässern vorkommt, mit schwärzlichem Rücken und silberglänzenden, dunkelpunktierten Seiten. Länge bis 1 m, Gewicht bis etwa 8 kg, meistens jedoch sehr viel kleiner.

    in Bier: à la bière: In hellem Bier gekocht, mit Zitronenscheiben, Zwiebel, Lorbeerblatt und Gewürzen; Fond passiert und mit Mehlbutter gebunden.

    auf deutsche Art: à l'allemande: Gekocht in Fischsud, mit Wurzelwerk und Salbeiblättern; Sauce bereitet mit dem verdickten Sud, vervollständigt mit süßem Rahm.

    auf estländische Art: à l'ésthonienne: Gefüllt mit Fischfarce, vermischt mit Krebsbutter; im Ofen gebacken; nappiert mit brauner Champignonsauce, mit saurem Rahm vervollständigt.

auf Fischerart: à la mode du pêcheur: Gebutterte Backplatte, mit Mischung von gehackten Champignons, Schalotten und Reibbrot bestreut, der Fisch daraufgelegt, mit derselben Mischung bedeckt; mit Weißwein angegossen, mit zerlassener Butter beträufelt, im Ofen gebacken.

mit grünen Erbsen: aux petits pois: Filets, paniert, in Butter gebraten; garniert mit frischen grünen Erbsen, leicht mit Rahmsauce gebunden.

auf Pilgrimsart: à la pélerin: Im Ofen gebacken; deglaciert mit saurem Rahm, sämig gekocht, vermischt mit Streifen von sauren Gurken, Sauce über den Fisch gegossen; Püree von grünen Erbsen und Salzkartoffeln nebenbei.

mit Wurzelgemüsen: aux racines: Gekocht in Fischsud, mit Streifen von Wurzelgemüsen, Mohrrüben, Lauch, Sellerie und Zwiebeln; eingekochter Sud mit weißer Mehlschwitze, gebunden und mit den Gemüsen über den Fisch gegossen.

Brême: siehe Brasse
Brochet: siehe Hecht
Brocheton: Grashecht.
Brodetto de pesce: siehe Fischragout, italienisches I
Bummalo-, auch Bomelofisch: E. Bombloe; kleiner pfeilförmiger Seefisch, 25–40 cm lang; Verbreitung: ostafrikanische und indische Gewässer, vornehmlich südlich von Bombay. Guter Bratfisch; getrocknet, geröstet, zerbröckelt oder gerieben beliebte Beigabe für Curry-Gerichte; getrocknet als Bombay Duck bekannt.

Butte: Butt, Glattbutt, Rautenscholle; F. Barbue; E. Brill; I. Barbuta: Plattfisch von ähnlicher Form wie Steinbutt, jedoch etwas schlanker und ohne Verknöcherungen. Vom Mittelmeer bis zur norwegischen Küste und in den westlichen Ostsee verbreitet.

Balmoral: Filets, in Scheiben geschnitten, pochiert in Champagner, mit gehackten Schalotten; in gebackenem Rand von Herzogin-Kartoffelmasse, auf gebuttertem Blattspinat angerichtet, garniert mit Krebsschwänzen, bedeckt mit Mornaysauce; mit Krebsbutter betropft und glaciert.

Bercy: Filets, mit gehackten Schalotten in Weißwein und Fischfond pochiert; Fond eingekocht, mit Butter aufgeschlagen, mit Zitronensaft gewürzt und über den Fisch gegossen.

Bonnefoy: In Stücke geschnitten, gemehlt, in Butter gebraten; serviert mit Weißweinsauce.

auf Boulogner Art: à la boulonnaise: In Stücke geschnitten, in Fischsud pochiert; garniert mit Muscheln, nappiert mit Bastardsauce.

mit schwarzer Butter: au beurre noir: In Stücke geschnitten, in Fischsud pochiert, mit stark gebräunter Butter, mit einem Schuß Essig, Kapern und gehackter Petersilie vermischt, übergossen.

auf Cancaler Art: à la cancalaise: Filets, pochiert in Weißwein und Fischfond; garniert mit Garnelen und pochierten, entbarteten Austern; nappiert mit normannischer Sauce.

Chauchat: Pochierte Filets, umkränzt mit Scheiben von frischgekochten Kartoffeln; bedeckt mit Mornaysauce, glaciert.

auf Diepper Art: à la dieppoise: Filets, pochiert in Weißwein und Fischfond; garniert mit Garnelen und entbarteten Muscheln; nappiert mit Weißweinsauce, mit Muschelfond verkocht.

Dieudonné: Filets, pochiert in Weißwein und Fischfond, mit Champignonscheiben und gewürfelten Tomaten; Fond mit Rahm reduziert, mit Butter aufgeschlagen, mit gehackten Kräutern vermischt, mit Zitronensaft gewürzt und über den Fisch gegossen.

Donier: Filets, pochiert in Weißwein und Fischfond; auf Risotto dressiert, mit Mornaysauce nappiert, mit geriebenem Käse bestreut und überbacken; mit Krebssauce umgossen.

Dugléré: In Filets oder Stücke geschnitten, mit gehackten Schalotten, gewürfelten Tomaten und gehackter Petersilie in Fischfond pochiert; Fond eingekocht, mit Fischvelouté verkocht, mit Butter aufgeschlagen, mit Zitronensaft gewürzt und über den Fisch gegossen.

Eduard VII.: Edouard VII.: Pochiert in Weißwein und Fischfond; dressiert innerhalb einer Bordüre von gebackener Herzogin-Kartoffelmasse; garniert mit pochierten, entbarteten Austern; nappiert mit Mousselinesauce.

Fedorowna: Filets, mit Fischfarce gefüllt, zusammengefaltet, gemehlt und in Butter gebraten; garniert mit Trüffelscheiben, Garnelenschwänzen und Champignons; nappiert mit Krebssauce, mit Krebswürfeln; umkränzt mit pochierten, entbarteten, panierten und gebackenen Muscheln.

auf französische Art: à la française: Braisiert; der Länge nach eine Hälfte mit Weißweinsauce, die andere Hälfte mit Weißweinsauce, mit Estragonbutter aufgeschlagen, nappiert; garniert mit Mundbissen, gefüllt mit Muscheln Poulette, Trüffelscheiben und dressierten Krebsen.

gebacken: frite: In Stücke geschnitten, paniert, in tiefem Fett gebacken; serviert mit gebackener Petersilie und Zitronenvierteln.

gratiniert: au gratin: Filets, nappiert mit italienischer Sauce; bestreut mit Reibbrot, beträufelt mit zerlassener Butter, im Ofen gargemacht und überbacken.

grilliert: grillée: In Stücke geschnitten, gemehlt, geölt, auf dem Rost gebraten; mit gebackener Petersilie und Zitrone serviert.

auf Großherzogsart: grand-duc: Filets, pochiert in Weißwein und Champignonfond; garniert mit Trüffelscheiben, Krebsschwänzen und grünen Spargelspitzen; nappiert mit Mornaysauce, bestreut mit geriebenem Käse, gratiniert.

auf Hausfrauenart: à la bonne femme: Filets, pochiert in Butter und Weißwein mit Champignonscheiben, gehackten Schalotten und gehackter Petersilie; Fond eingekocht, mit Butter aufgeschlagen, über den Fisch gegossen, glaciert.

mit Hummersauce: à la sauce homard: In Stücke geschnitten, in Fischsud gekocht, Hummersauce nebenbei.

nach Art von Hyeres: à la hyèroise: Kleiner ganzer Fisch, mit Fischfarce gefüllt; pochiert in Weißwein und Butter mit kleinen Zwiebelchen und Streifen von weißem Lauch; Fond eingekocht, mit Eigelb und Rahm gebunden, mit Butter aufgeschlagen, mit Cayennepfeffer gewürzt, über den Fisch gegossen.

Laguipière: Filets, pochiert in Weißwein und Fischfond; nappiert mit Weißweinsauce, bestreut mit Brunoise von Trüffeln.

Leopold: Filets, zusammengefaltet, pochiert in Fischfond; im Kranz angerichtet, je ein Filet nappiert mit Hummersauce, bestreut mit gehackten Trüffeln, das andere mit Genfer Sauce, bestreut mit Hummereiern; Mitte garniert mit Salpicon von Garnelenschwänzchen, gebunden mit Weißweinsauce.

Leopold I.: Filets, pochiert in Weißwein und Fischfond; nappiert mit Genfer Sauce; garniert mit Blätterteig-Mundbissen, gefüllt mit Salpicon von Garnelenschwänzen, Champignons und Fischklößchen gebunden mit Garnelensauce.

Magdalena: Madeleine: Filets, gefüllt mit Fischfarce, gefaltet, pochiert; nach dem Erkalten paniert, in tiefem Fett gebacken; holländische Sauce, mit Tomatenpüree vermischt, nebenbei.

Mantua: Filet, gefüllt mit Fischfarce, gefaltet, pochiert in Weißwein, mit Champignonscheiben; dressiert in gebackenem Rand von Herzogin-Kartoffelmasse, bedeckt mit italienischer Sauce.

Montreuil: Filets, pochiert in Weißwein und Fischfond; nappiert mit Weißweinsauce; garniert mit großen, gekochten Kartoffelkugeln, nappiert mit Garnelensauce.

Mornay: Filets, pochiert in Fischfond; nappiert mit Mornaysauce, bestreut mit geriebenem Käse, gratiniert.

auf normannische Art: Filets, pochiert in Weißwein mit Fischfond; nappiert mit normannischer Sauce; garniert mit entbarteten pochierten Austern und Muscheln, Champignonköpfen, Trüffelscheiben, Garnelenschwänzchen und sehr kleinen Stinten oder Streifen von Seezungenfilet, paniert und in tiefem Fett gebacken.

auf portugiesische Art: à la portugaise: Filets, pochiert in Weißwein und Fischfond, mit gewürfelten Tomaten, Champignonscheiben und gehackter Petersilie; nappiert mit Weißweinsauce, glaciert oder unglaciert serviert.

auf provenzalische Art: à la provençale: Pochiert in Fischfond; bedeckt mit provenzalischer Sauce, bestreut mit gehackter Petersilie; garniert mit Tomaten auf provenzalische Art.

auf Regentschaftsart: à la régence: Ganzer Fisch, in Weißwein und Fischfond braisiert; garniert mit pochierten Austern, Champignonköpfen, Trüffeloliven und kleinen Weißlingsklößen mit Krebsbutter vervollständigt; nappiert mit normannischer Sauce mit Trüffelessenz.

auf reiche Art: à la riche: Filets, pochiert in Weißwein und Fischfond; garniert mit Trüffelscheiben und Krebsschwänzen; nappiert mit Nantuasauce.

Rosine: Filets, pochiert; nappiert mit tomatierter Weißweinsauce; garniert mit kleinen Tomaten, gefüllt mit Fischfarce.

auf russische Art: à la russe: Pochiert in Fischfond und Weißwein, mit grober Julienne von Karotten, Zwiebeln und Petersilie; Fond eingekocht, mit Butter aufgeschlagen, mit Zitronensaft gewürzt und über den Fisch gegossen; die Sauce soll etwas dünn sein.

Saint-Germain: Filets, paniert in flüssiger Butter und weißer Brotkrume; in Butter gebraten, mit Nußkartoffeln garniert; Béarner Sauce nebenbei.

Saint-Malo: Filets, grilliert; Saint-Malo-Sauce nebenbei.

Sarah Bernhardt: Filets, pochiert; übergossen mit grüner Kräutersauce, vermischt mit Julienne von Trüffeln, Karotten und Knollensellerie.

auf Seemannsart: à la marinière: Filets, pochiert in Weißwein und Fischfond, garniert mit entbarteten Muscheln und Garnelenschwänzchen; übergossen mit Seemannssauce.

auf Tiroler Art: à la tyrolienne: Pochierte Filets; garniert mit gewürfelten Tomaten, weißpochierten Zwiebelchen und gehackter Petersilie; nappiert mit Weißweinsauce.

Turenne: Filets, gefüllt mit Fischfarce, gefaltet, pochiert in Weißwein und Fischfond, mit gewürfelten Tomaten, Champignons und frischen Gurken; nappiert mit Weißweinsauce, glaciert.

Vatel: 1. Filets, pochiert in Weißwein und Fischfond; nappiert mit Chambordsauce; garniert mit gefüllten Gurkenstückchen und panierten, in tiefem Fett gebackenen Seezungenstreifen;
2. pochiert; garniert mit Trüffelscheiben, gewürfelten Krebsschwänzen und pochierten Fischmilchern; nappiert mit Krebssauce.

auf venezianische Art: à la vénetienne: Filets, pochiert, bedeckt mit venezianischer Sauce; garniert mit gekochten Kartoffelkugeln.

Wellington: Filets, pochiert in Weißwein; dressiert auf weißem Zwiebelpüree; bedeckt mit Soubisesauce, bestreut mit geriebenem Käse, glaciert; umgossen mit normannischer Sauce.

Cabillaud: siehe Kabeljau
Calmar: siehe Tintenfisch
Cappon magro: siehe italienisches Fischragout II
Caracoles Catalana: siehe Schnecken auf katalonische Art
   Madrileña: siehe Schnecken auf Madrider Art
Carassin: siehe Karausche
Carpe: siehe Karpfen
Carrelet: siehe Scholle

Chevaine: siehe Aland
Clam: D. Venusmuschel, E. Praire: Muscheltier mit einer aus zwei Klappen bestehenden rost- oder gelbfarbenen Schale, Größe 4–5 cm, Vorkommen: Atlantikküsten, Mittelmeer. Werden roh wie Austern verzehrt, auch wie Miesmuscheln bereitet.
  gebacken: frites: Vorgekocht, erkaltet, paniert oder durch Backteig gezogen, in tiefem Fett gebacken; garniert mit gebackener Petersilie und Zitrone; bei panierten Clams Tatarensauce nebenbei.
  gedämpft: à la vapeur: In wenig Fischfond oder Wasser mit Zwiebeln, Sellerie und Aromaten gedämpft; serviert in der Schale mit dem Fond.
  on Half Shell: in der Schale: Rohe Clams, geöffnet, in der halben Schale auf gestoßenem Eis wie Austern angerichtet; garniert mit Petersilie und Zitrone; auf Wunsch Cocktailsauce nebenbei (nordamerikanisch).
  Risotto: Gekocht mit Sellerie, Zwiebeln, Thymian und Lorbeerblatt; Risotto, mit dem Fond bereitet, vermischt mit gehackten Clams, Butter und geriebenem Parmesan; in runde Form gedrückt, gestürzt, mit Rahmsauce umgossen.
  Roast: gebraten: Auf heißer Platte geöffnet, in Butter mit gehackter Zwiebel, gehackten Kräutern und Petersilie gebraten; auf Toast serviert (nordamerikanisch).
  Stewed: gedünstet: In gewürztem Wasser weichgedünstet, vermischt mit heißer Milch oder Rahm, betropft mit Butter und Paprika; Crackers nebenbei (nordamerikanisch).
Cockle: siehe Herzmuschel
Coque: siehe Herzmuschel
Colin: siehe Seehecht
Congre: siehe Meeraal
Coquilles Saint-Jacques: siehe Jakobsmuscheln
Crabe huître: siehe Austernkrabbe
Crevette: siehe Garnele
Cuisses de grenouilles: siehe Froschkeulen

Daurade: siehe Goldbrassen
Denté: siehe Zahnbrasse
Dorade commune: siehe Meerbrassen
Dorée: siehe Heringskönig
Dorsch: F. Tancaud; E. Atlantic Cod: Bezeichnung für die Jugendform des Kabeljaus und den der Ostsee. Zubereitung wie Kabeljau.
  auf indische Art: à l'indienne: Filiert, in Stücke geschnitten, gemehlt, gebraten; serviert mit Currysauce und Reis.

Ecrevisse: siehe Krebs
Eisflunder: siehe Kliesche
Empereur: siehe Schwertfisch
Eperlan: siehe Stint
Escargot: siehe Schnecke
Espadon: siehe Schwertfisch
Esturgeon: siehe Stör

Felchen: Sandfelchen, Blaufelchen; F. Féra; E. Whitefisch: Forellenartiger Fisch aus der Familie der Salmoniden. Wie Forelle bereitet.
Féra: siehe Felchen
Fish Balls: gekochtes, weißes Fischfleisch, hauptsächlich Kabeljau, Dorsch oder Steinbutt, vermischt mit frischgekochten, passierten Kartoffeln, Eigelb und Butter, gewürzt, zu Kugeln geformt, paniert, in tiefem Fett gebacken, dazu Tomatensauce nebenbei; wird vorwiegend als Frühstücksgericht serviert (englisch).
Fish Cakes: Gekochter, gehackter weißer Fisch, vermischt mit doppelter Menge Herzogin-Kartoffelmasse, Eigelb und wenig Rahm, ge-

Fischkuchen, Norwegischer   **Fischmilch**

---

würzt und wie kleine Beefsteaks geformt; paniert, in tiefem Fett gebacken, Tomatensauce nebenbei (englisch).

Fischkuchen, Norwegischer: siehe Fiskkaggen

Fiskkaggen: Farce von rohem, weißem Fisch, vermischt mit Butter, Eigelb, Reibbrot, Gewürz und Eierschnee; in Auflaufschüssel gefüllt, gebacken, gestürzt, kalt gegessen (norwegisch).

Fischmilch: F. Laitance; E. Soft roe; I. Latte di pesce: Das Sperma von See- und Süßwasserfischen, hauptsächlich von Karpfen, Heringen, seltener Makrelen und Kabeljau. Es wird in der Küche zu Vorgerichten und Garnituren verwendet und auch in der Fischindustrie verarbeitet.

  auf Florentiner Art: à la florentine: Pochiert, auf Tarteletts, gefüllt mit in Butter geschwenktem Blattspinat, gesetzt; bedeckt mit Mornaysauce, bestreut mit geriebenem Käse, glaciert.

  gebacken: frites: Kurz pochiert, ausgekühlt, paniert, in tiefem Fett gebacken, mit gebackener Petersilie und Zitronenspalten angerichtet.

  in Gelee: en gelée: In Weißwein mit Zitronensaft pochiert; nach dem Erkalten in mit Gelee chemisierter Form eingesetzt, mit Gelee, mit gehacktem Estragon vermischt, verschlossen; nach dem Erstarren gestürzt, mit Gelee garniert.

  auf Kardinalsart: à la cardinale: Karpfen- oder Heringsmilcher, pochiert, in Blätterteigschiffchen oder -Tarteletts gefüllt, bedeckt mit Hummersauce, garniert mit Trüffelscheibe.

  Krapfen von: Beignets de laitances (bénjà dö lätangs): Pochiert, ausgekühlt, durch Backteig gezogen, in tiefem Fett gebacken; mit gebackener Petersilie und Zitronenspalten angerichtet.

  auf Kreolenart: à la créole: Pochiert mit Zitronensaft und Butter, mit Kreolensauce bedeckt, serviert.

  auf Marschallsart: à la maréchale (mareschall): Kurz pochiert, erkaltet, durch flüssige Butter gezogen, in frischer Weißbrotkrume, mit gehackten Trüffeln vermischt, gewälzt; in Butter gebraten, Trüffelsauce nebenbei.

  auf Müllerinart: à la meunière (mönjähr): Gewürzt, gemehlt, in Butter gebraten; mit Zitronensaft beträufelt, mit gehackter Petersilie bestreut, darüber braune Butter.

  in Muschelschale: en coquille: Pochiert in Weißwein und Butter, gefüllt in Muschelschale, umspritzt mit Herzogin-Kartoffelmasse; nappiert mit Hummer- oder Mornaysauce, bestreut mit geriebenem Käse, glaciert.

  auf Ostender Art: à l'ostendaise (ostangdäs): In Butter und Zitronensaft pochiert, in Teigschiffchen gefüllt; garniert mit kleiner pochierter Auster, übergossen mit Kräutersauce mit gewürfelten Garnelen.

  auf Pariser Art: à la parisienne: Pochiert, in Muschelschale gefüllt, mit Fischvelouté, vermischt mit Champignonscheiben, überzogen; mit geriebenem Käse bestreut, glaciert.

  auf Röstbrot: sur canapé: Karpfen- oder Heringsmilch, mit Cayennepfeffer gewürzt, gemehlt, in Butter gebraten; auf warmes, gebuttertes Röstbrot dressiert.

  auf schottische Art: à l'écossaise (ehkossäs): Pochiert, dressiert auf Teigschiffchen, gefüllt mit Rührei; mit Mornaysauce überzogen, mit geriebenem Käse bestreut, rasch glaciert.

  auf ungarische Art: à la hongroise: Karpfenmilcher, mit Paprika gewürzt, in Butter gebraten; in Blätterteigschiffchen gefüllt, leicht mit Paprikasauce überzogen.

  Villeroi (wihlroa): Pochiert, erkaltet, in Villeroi-Decksauce getaucht, paniert, in tiefem Fett gebacken.

  auf Zarinart: à la czarine: Pochiert in Butter und Weißwein; in Teigschiffchen oder Tarteletts gefüllt, mit Weißweinsauce mit Kaviar überzogen.

Fischragout, Belgisches: Waterzooi: Aal, Karpfen, Hecht und Schleie, in Stücke geschnitten, in gewürztem Wasser mit Butter und Streifen von Wurzelgemüsen gekocht; mit Reibbrot gedickt, mit Scheiben von gebuttertem Röstbrot serviert (belgisch).

Italienisches I Brodetto de pesce: Mehrere Arten Seefisch, in Stücke geschnitten, in Öl mit gehackten Zwiebeln angeröstet, mit Tomatenpüree, gehackten Kräutern und Gewürzen, in Fischfond gedünstet; garniert mit herzförmigen, in Öl gebackenen Croutons, serviert mit Polenta (italienisch).

auf niederländische Art: Frischer Kabeljau, von Haut und Gräten befreit, in große Würfel geschnitten, in Butter, in der gehackte Zwiebeln angedünstet sind, an allen Seiten leicht angeröstet. Stark blanchierte Kartoffelwürfel hinzugefügt, mit Weißwein angegossen, eingekocht, mit dünner Rahmsauce aufgefüllt, langsam fertiggedünstet. Zuletzt Schwänzchen von Nordseegarnelen hinzugefügt.

Fischrissolen: Rissoles de poisson: Gewürztes Haschee von kaltem Fisch, mit dicker Béchamel und Eigelb gebunden und halbmondförmig in Blätterteig geschlagen; in tiefem Fett gebacken, mit gebackener Petersilie garniert.

Fischrouladen: Roulades de poisson: Kalter, gehackter, gekochter Fisch, vermischt mit gedünsteten gehackten Zwiebeln und gehackter Petersilie, auf einseitig gebackenen dünnen Eierkuchen aufgestrichen; zusammengerollt, paniert, in tiefem Fett gebacken, mit passendem Gemüse serviert.

Flet: siehe Flunder

Flétan: siehe Heilbutt

Flunder: F. Flet; E. Flounder: Plattfisch von bräunlicher bis grauer Färbung und schmutziggrauen bis blaßorangefarbigen Blindseite und vorwiegend weißer Blindseite, Durchschnittslänge 30-40 cm. Vorkommen: Die europäischen Küstengebiete vom Schwarzen Meer und Mittelmeer bis zum Weißen Meer einschließlich der Ostsee. Wird geräuchert und frisch verbraucht. Wie Scholle zubereitet.

Fogas: Fogasch: Bezeichnung für den Zander aus dem Plattensee (Balaton) in Ungarn. Wird auch wie Zander bereitet.

mit Butter: au beurre: In Stücke geschnitten, in Fischsud gekocht; Fischkartoffeln und zerlassene Butter nebenbei.

gebacken: frite: Filetiert, in Stücke geschnitten, paniert, in tiefem Fett gebacken; mit gebackener Petersilie und Zitrone garniert; Tatarensauce nebenbei.

grilliert: grillée: Filetiert, gemehlt, gefettet, auf dem Rost gebraten; Tataren- oder Remouladensauce nebenbei.

auf kroatische Art: Ganzer Fisch, enthäutet, gespickt und in saurem Rahm gedünstet.

auf Müllerinart: Filetiert, wie Seezungenfilets gleichen Namens bereitet.

mit Paprika: Ganzer Fisch gekocht; Paprikasauce und Fischkartoffeln nebenbei.

mit Wurzelgemüsen: aux racines: Filets, in Weißwein und Fischfond pochiert; nappiert mit Weißweinsauce, vermischt mit gedünsteter Julienne von Mohrrüben, Lauch und Knollensellerie, glaciert.

Zichy: Ganzer Fisch, enthäutet, gekocht, nappiert mit Paprikasauce, bestreut mit geriebenem Käse, glaciert; garniert mit Spargelspitzen.

Forelle: F. Truite; E. Trout; I. Trota; S. Trucha: Kleiner, sehr wohlschmeckender Fisch aus der Familie der Salmoniden, der in kühlen Gewässern – Flüssen, Teichen und Bächen – lebt. Je nach der Umgebung nimmt er auch die Farbe an: weiß, blau, grün, goldgelb und dunkelgrün. Charakteristisch sind die purpurroten Punkte an den Seiten. Die Regenbogenforelle zeichnet sich durch viele dunkle Punkte und einen regenbogenfarbigen Streifen an den Seiten aus.

Forellen werden in besonderen Brutanstalten systematisch gezüchtet und in jedem gewünschten Gewicht geliefert. Sie sind widerstandsfähiger als die wilden Forellen, die einen delikateren Geschmack haben, in Gefangenschaft jedoch nur kurze Zeit am Leben bleiben. Geräucherte Forellen sind eine beliebte Delikatesse.

Baden-Baden (kalt): Filets, ausgelöst, aber am Kopf gelassen, lorgnonartig um ausgestochene Kartoffel gewickelt, pochiert; Haut abgezogen, Hohlraum mit Salat von Spargelspitzen, roten Paprikaschoten, grünen Bohnen und gewürfelten Tomaten, nur mit Gelee gebunden, gefüllt; mit Krebsschwänzen oben belegt, glaciert; Vinaigrette-Sauce nebenbei.

blau: au bleu (oh blöh): Frisch geschlachtet, in leicht gesalzenem Wasser pochiert; zerlassene oder geschlagene Butter oder holländische Sauce und Fischkartoffeln nebenbei.

auf Bordelaiser Art: à la bordelaise: Pochiert in Weißwein mit gehackten Schalotten, nappiert mit Bordelaiser Sauce.

auf Burgunder Art: à la bourguignonne: Pochiert in Rotwein; garniert mit Champignonköpfen und glacierten Zwiebelchen; bedeckt mit dem Fond, mit Mehlbutter gebunden, mit Butter verfeinert, mit Zitronensaft gewürzt.

Café de Paris (Kaffee dö parih): In gebutterte Backplatte auf gehackte Schalotten und Petersilie gelegt, gewürzt, mit Weißwein und Fischfond nur angegossen; bedeckt mit Butterflocken, im Ofen gargemacht.

Cambacérès (kangbasseräß): Filets von großen Forellen, auf einer Seite mit Trüffel- und Karottenfäden gespickt; mit Fischfarce mit Krebspüree wieder zusammengesetzt, in dünne Speckscheiben gewickelt, in Weißwein auf Zwiebel- und Mohrrübenscheiben braisiert; Fond eingekocht, vermischt mit Weißweinsauce, mit Krebsbutter aufgeschlagen; garniert mit sautierten Morcheln, Trüffelscheiben, entsteinten Oliven und pochierten Fischmilchern.

Doria: Wie Müllerinart bereitet; garniert mit olivenförmigen Gurkenstückchen, in Butter gedünstet.

Gautier (gohtjeh): Kleiner Fisch, paniert, in Butter gebraten; Weißweinsauce rundherum.

Gavarni: In geölte Papierhülle mit Kräuterbutter eingewickelt, im Ofen gargemacht; in der Hülle serviert, Fischkartoffeln nebenbei.

gebacken: frite: Kleine Forelle, paniert, in tiefem Fett gebacken; Mayonnaise oder Tatarensauce nebenbei.

auf Haushofmeisterart: maître d'hôtel: Gemehlt, in Butter gebraten, bedeckt mit Kräuterbutter.

auf Höflingsart: à la courtisane: Gefüllt mit Fischfarce, vermischt mit gehackten Kräutern, pochiert in Weißwein; nappiert mit Fischvelouté, vermischt mit dem eingekochten Fond; garniert mit kleinen Kartoffelkroketts.

auf Hoteliersart: à l'hôtelière: Vom Rücken aus entgrätet, durch zerlassene Butter gezogen, in weißer Brotkrume gewendet; in Butter gebraten, mit Kräuterbutter vermischt, mit Duxelles gefüllt, garniert mit Zitronenscheiben.

auf Husarenart: à la hussarde (üssard): Gefüllt mit Fischfarce, vermischt mit gehackten gedünsteten Zwiebeln; pochiert in Weißwein, nappiert mit Weißweinsauce, vermischt mit weißem Zwiebelpüree, glaciert.

Jeanne d'Arc (schann dark): Filets, gebraten in Butter; dressiert auf flache Reiskroketts; garniert mit Ragout von Austern, Muscheln, Krebsschwänzen und Champignons in Krebssauce; Filets, bedeckt mit Krebssauce.

auf jüdische Art: à la juive: Gemehlt, in Öl gebacken; Tatarensauce nebenbei.

Kleopatra: Cléopatre: Wie auf Müllerinart bereitet; garniert mit Garnelenschwänzen und Fischmilchern, in Butter gebraten, sowie Kapern.

Forelle | **Fritto misto di pesce**

auf Mailänder Art: à la milanaise (mihlannehs): Filets oder kleine Fische, in Öl, Zitronensaft, Salz und Pfeffer mariniert; gemehlt, durch geschlagenes Ei gezogen, paniert mit halb weißer Brotkrume und halb geriebenem Parmesan; in Öl gebraten, italienische Sauce nebenbei.

filets Metropole (kalt): Filets de truite Metropole: Filets, mit Lachsfarce gefüllt, in große Krebsnase gesteckt, pochiert, beim Erkalten leicht gepreßt, pariert, weiß chaudfroidiert, mit Champignonkopf und Trüffelpunkt dekoriert, mit Gelee überglänzt; um Timbale von Krebsschwänzen, Spargel, Erbsen, Dill und Petersilienblätter in Gelee dressiert.

auf Müllerinart: à la meunière: Wie Seezunge gleichen Namens bereitet.

in Papierhülle: en papillote: Mit Salz, Pfeffer und Zitronensaft gewürzt, in mit Butter bestrichenem Papier mit gehackten Schalotten eingewickelt; im Ofen gebacken, in der Hülle serviert.

in Rheinwein schwimmend: à la nage au vin du Rhin: Frisch geschlachtete Forelle, in gewürztem Sud mit Rheinwein im Tisch-Fischkessel pochiert und serviert; Fischkartoffeln und zerlassene Butter nebenbei.

Romanow: Pochiert in Fischsud; bedeckt mit Schaumsauce, vermischt mit gehackten Sardellen, garniert mit Zitronenscheiben.

in Rotwein: au vin rouge: Pochiert in Rotwein und Fischfond; Fond eingekocht, mit Mehlschwitze gebunden, über den enthäuteten Fisch gegossen, glaciert.

auf russische Art: à la russe: Pochiert in Fischsud; leichte holländische Sauce, vermischt mit Kaviar, nebenbei.

Saint-Florentin: Gefüllt mit Fischfarce, vermischt mit gehackten Kräutern; pochiert in Weißwein mit Kräuterbündel, Butter und gehackten Schalotten; Fond passiert, mit Mehlbutter gebunden, über den Fisch gegossen.

Schaumbrot von (kalt): Mousse de truites: Farce von pochierten Forellen, mit Gelee und ungesüßter Schlagsahne vermischt, gut gewürzt; in mit Gelee ausgegossene, dekorierte Form gefüllt, mit Gelee zugegossen; nach dem Erstarren gestürzt, mit Gelee garniert.

in Schaumwein: au champagne: Pochiert in Schaumwein; Fond eingekocht, vermischt mit Fischvelouté, mit Butter aufgeschlagen, über den enthäuteten Fisch gegossen.

auf schwedische Art (kalt): à la suédoise: In Fischsud pochiert, darin ausgekühlt; mit Gelee überglänzt, mit Räucherlachs und Gurkenscheiben garniert, Meerrettichsahne nebenbei.

auf Sternforscherart: à l'astronome: In Fischsud pochiert, bedeckt mit italienischer Sauce; garniert mit Ringen von Eieräpfeln, gefüllt mit Duxelles, bestreut mit geriebenem Käse, gratiniert.

auf Tiroler Art: à la tyrolienne: Paniert, in tiefem Fett gebacken, Tiroler Sauce nebenbei.

auf Vaucluser Art: à la vauclusienne: Wie auf Müllerinart, aber in Olivenöl gebraten.

auf Walliser Art: à la valaisienne: Pochiert in Dôle-Wein mit gehackten Schalotten und Kräuterbündel; enthäutet, belegt mit Champignonköpfen, Fond mit Mehlschwitze gebunden, passiert, mit Butter verfeinert und über den Fisch gegossen (schweizerisch).

Fritada de ostras: Austern in ganz kurzem Sud von gehackten Tomaten, Öl, gehackten grünen Paprikaschoten, Pfeffer, gestoßenem Koriander und Prise Salz steifgemacht; mit geschlagenen Eiern vermischt, in kleiner Pfanne auf beiden Seiten wie Eierkuchen gebacken (südamerikanisch).

Fritto misto di pesce: Gebackenes Fisch-Allerlei: Kleine Stinte, Weißfischchen, kleine Stückchen Thunfisch, Scampi, winzige Seezungenfilets und andere Fischfilets, Muscheln, kleine Aale u. a. m. durch Backteig mit Öl und zerdrücktem Basilikum und Rosmarin ge-

zogen, zuweilen auch paniert und schwimmend in Öl gebacken; grüne Mayonnaise oder Tomatensauce nebenbei (italienisch).
Friture: siehe Fischchen, Gebackene
Froschkeulen: F. Cuisses de grenouilles; E. Frogs' Legs: Die abgezogenen Hinterkeulen verschiedener Froscharten, hauptsächlich von Gras- und Wasserfrosch. In Frankreich und den Vereinigten Staaten werden Frösche besonders für die Tafel gezüchtet. Froschkeulen kommen frisch und tiefgefroren in den Handel.

Aurora (kalt): à l'aurore: Pochiert in Weißwein mit Butter; wenn kalt, mit tomatierter, weißer Chaudfroid-Sauce nappiert, in mit Schaumweingelee chemisierte Form gefüllt, mit Gelee verschlossen, gestürzt, mit Gelee garniert.

in Backteig: à l'Orly: Mariniert, durch Backteig gezogen, in tiefem Fett gebacken; garniert mit gebackener Petersilie, Tomatensauce nebenbei.

in getrüffeltem Backteig: à la pâte à frire truffée: Mariniert in Trüffelfond und Madeira; durch Backteig, vermischt mit dem Fond und feingehackten Trüffeln, gezogen, in tiefem Fett gebacken; leichte Trüffelsauce nebenbei.

Ballnymphen (kalt): Nymphes ballerines: In Weißwein pochiert, erkaltet, mit Paprika-Chaudfroid-Sauce nappiert und mit Gelee glaciert; auf Weinblättern angerichtet, Kräutermayonnaise oder grüne Sauce nebenbei.

auf Bauernart: à la paysanne: In Zitronensaft und Butter pochiert; bedeckt mit weißer Rahmsauce, vermischt mit dem eingekochten Fond und gehacktem Kerbel.

mit feinen Kräutern: aux fines herbes: 1. In Butter gebraten, mit Zitronensaft beträufelt, mit gehackter Petersilie bestreut, mit brauner Butter übergossen;
2. in weißem Fond pochiert; Fond mit Mehlbutter, Rahm und Eigelb gebunden, mit Zitronensaft gewürzt; bestreut mit gehackter Petersilie.

Frikassee von: en fricassée: 1. Pochiert in Weißwein und Butter, bedeckt mit in Butter gedünsteten Zwiebelscheiben, roten und grünen Paprika- und Tomatenwürfeln;
2. pochiert in Weißwein und Butter; Fond eingekocht, vermischt mit Velouté, mit Rahm verfeinert und Champignonscheiben, und über die Keulen gegossen.

gebacken: frite: In Öl, Zitronensaft, gehackten Kräutern und Zwiebel mariniert; gemehlt, paniert, in tiefem Fett gebacken; mit Zitronenspalten und gebackener Petersilie angerichtet.

gratiniert: gratinées: Wie Frikassee bereitet; in Backplatte innerhalb von Herzogin-Kartoffelrand gefüllt, mit der Sauce bedeckt, mit geriebenem Parmesan vermischt, mit Reibbrot bestreut, gefettet, gratiniert.

auf italienische Art: à l'italienne: In Butter und Zitronensaft pochiert; mit italienischer Sauce nappiert, mit gehackter Petersilie bestreut.

auf kanadische Art: à la canadienne: Pochiert in Weißwein und Butter, gefüllt in flache Blätterteigkrustade auf Newburgsauce, nappiert mit Newburghsauce, verschlossen mit leichter Fischfarce; kurz in den Ofen geschoben, um die Farce garzumachen.

mit Krebsschwanzragout: au ragoût d'écrevisses: Vorgekocht, ausgekühlt, paniert, in Butter gebraten; auf große, gebratene, mit Salpicon von Krebsen in Krebssauce gefüllte Champignons gesetzt.

auf Lyoner Art: à la lyonnaise: Sautiert in Butter mit gebratenen Zwiebelscheiben; bestreut mit gehackter Petersilie, beträufelt mit Zitronensaft, übergossen mit brauner Butter.

auf Müllerinart: à la meunière: In Butter gebraten, beträufelt mit Zitronensaft, bestreut mit gehackter Petersilie, mit brauner Butter übergossen.

Poulette: In Weißwein und Champignonfond mit Kräuterbündel pochiert; bedeckt mit Poulettesauce mit dem eingekochten Fond.
auf Prinzessinart: à la princesse: Pochiert in Weißwein und Butter; nappiert mit weißer Rahmsauce mit dem eingekochten Fond, garniert mit Spargelspitzen.
auf provenzalische Art: à la provençale: Sautiert in Öl mit gewürfelten Tomaten, gehackten Schalotten, Knoblauch und gehackten Kräutern.
Rane fritte: Gebackene Froschkeulen: Kurz blanchiert, paniert, in Öl schwimmend gebacken; leichte Mayonnaise nebenbei (italienisch).
mit Risotto: au risotto: In Weißwein und Butter pochiert, entbeint, vermischt mit Krebsschwänzen und Streifen von gebratenen Barschfilets, alles mit Nantuasauce gebunden; in Risottorand angerichtet; geriebener Parmesankäse nebenbei.
Schaumbrötchen von: Mousselines de grenouilles: Rohe Farce von Froschkeulen und Hechtfleisch, gewürzt, mit Eiweiß und geschlagenem Rahm aufgezogen; in ovale Förmchen, dekoriert mit Trüffelscheibe, gefüllt, pochiert; gestürzt, garniert mit in Weißwein pochierten Keulen, nappiert mit Schaumsauce.
auf Seemannsart: à la marinière: Pochiert in Butter und Weißwein, nappiert mit Seemannssauce.
auf spanische Art: frite à l'espagnole: Gewürzt, paniert, in Öl gebraten; Kreolensauce nebenbei.
Steuben: Mit Zitronensaft mariniert; in Butter rasch angebräunt, mit süßem Rahm aufgekocht, mit Liaison von Eigelb und Sherry gebunden; bestreut mit gehacktem Schnittlauch.
Theodor: In Butter gebraten; in Blätterteig-Hohlpastete gefüllt, bedeckt mit gewürfelten Tomaten sautiert mit gehackten Zwiebeln, Paprikaschoten, Petersilie und Knoblauch.
Frost-Fisch, auch Tom Cod: Amerikanischer Seefisch mit silbrigen Schuppen, bis 5 kg schwer. Wird wie Kabeljau bereitet.
Frutti di mare: Meeresfrüchte: Kleine Stinte, Streifen von Fischfilets, Stückchen Tintenfisch, Austern, Muscheln, Scampi und andere Meeresdelikatessen, mariniert in Zitronensaft und Öl; paniert oder nur durch geschlagenes Ei gezogen, in Öl gebacken; garniert mit Petersilie und Zitrone, Tomatensauce (auf Wunsch) nebenbei (italienisch).

Gardon: siehe Plötze
Garnele, Granat: F. Crevette; E. Shrimp (große Prawn); I. Gamberelli: Kleine Langschwanzkrebse, von denen es zahlreiche Arten gibt; Länge 4–12 cm, Farbe gelblichgrau, grünlichgrau bis gestreift, nach dem Kochen je nach Art graubraun, rosa bis rot, auch farbig gestreift. Wichtigste Arten: Nordseegarnele: Fr. crevette grise; Ostseegarnele: F. crevette baltique; Felsengarnele: F. crevette rose, Herkunft: Atlantische Küsten, Mittelmeer; Tiefseegarnele, Herkunft: Nordatlantik, Mittelmeer, Pazifikküsten, Indischer Ozean. Fleisch aller Arten schmackhaft, doch rasch verderblich. Garnelen werden frisch, konserviert und gefroren gehandelt; Verarbeitung zu Vor- und Zwischengerichten, Garnituren.
Curry von: au curry: Schwänzchen, mit Currysauce gebunden; körnig gekochter Reis nebenbei.
auf dänische Art: à la danoise: Große Schwänzchen, mit Spargelköpfen vermischt, mit Garnelensauce gebunden; garniert mit kleinen herzförmigen, gebratenen Croutons.
gebacken: frites (friht): Große Schwänzchen, paniert oder durch Backteig gezogen, in tiefem Fett gebacken; mit Salz vermischt mit Cayennepfeffer bestreut, mit gebackener Petersilie angerichtet.
Gustave: Große Schwänzchen, lagenweise in Backplatte mit Spargelspitzen gefüllt; mit Mornaysauce bedeckt, mit geriebenem Käse bestreut, glaciert.

Garnele   **Granat**

- **in Muscheln:** en coquilles (ang kokij): In Muschelschalen, leicht mit Mornaysauce bedeckt und mit Duchessemasse umspritzt, gefüllt; mit Mornaysauce bedeckt, mit geriebenem Käse bestreut und überkrustet. Champignon- oder Trüffelscheiben oder Spargelspitzen können den Garnelen beigemischt werden.
- **Pudding:** Pouding de crevettes (puhdengh dö krehvett): Gekochte Schwänze mit Béchamel, entsteinten Oliven und Chutney püriert, durchgestrichen, mit Eiern gebunden, mit Cayennepfeffer gewürzt; in gefettete Förmchen, mit Reibbrot ausgestreut, gefüllt, im Wasserbad pochiert; gestürzt, mit Garnelensauce übergossen.
- **dänischer:** Pouding de crevettes à la danoise: Gehackte Schwänzchen, vermischt mit geweichtem Brot, gebunden mit Eigelb, gewürzt, mit Eiweißschnee untergezogen; in Förmchen gefüllt, pochiert, gestürzt, mit Garnelensauce nappiert.
- **auf Teufelsart:** à la diable: Wie gebacken, mit Mischung von Salz, Senfpulver und Cayennepfeffer bestreut.
- **Gebackenes:** Friture: Sehr kleine Fischchen, auch Filets oder kleine Stückchen, paniert und in tiefem Fett gebacken.
- **von Aal:** d'anguilles: Enthäutet, filetiert, in breite Streifen geschnitten, paniert und gebacken; mit gebackener Petersilie und Zitronenspalten angerichtet.
- **aus der Marne:** Friture de la Marne: Jungfischchen, gemehlt, in tiefem Fett gebacken, gewürzt mit Salz und Cayennepfeffer; mit gebackener Petersilie und Zitronenspalten angerichtet.
- **auf Monacoer Art:** à la monégasque: Streifen von Seezungen-, Rotbarben- oder Makrelenfilets, paniert, gebacken; mit gebackener Petersilie und Zitronenspalten angerichtet.
- **auf Pariser Art:** à la parisienne: Kleine Filets verschiedener Fischarten, mit Fischfarce bestrichen, gefaltet, paniert; gebacken, mit gebackener Petersilie und Zitronenspalten angerichtet.

Gestreifte Meerbarbe: siehe Meerbarbe
Glattbutt: siehe Butte
Goldbrassen: Daurade, vrai dorade; E. Gilt-poll: Seefisch aus der Familie der Brachsen, der vorzugsweise im Mittelmeer und an der afrikanischen Westküste, zuweilen auch an der englischen Küste vorkommt. 30–70 cm lang, Gewicht bis zu 7 kg.

- **mit Butter:** au beurre: In Fischsud gekocht; mit zerlassener Butter und Fischkartoffeln serviert.
- **auf Calcutta-Art:** Filets, mit Fischfarce bestrichen, gefaltet, in Fischfond pochiert; nappiert mit indischer Sauce vermischt mit Champignonscheiben; Pilawreis nebenbei.
- **grilliert:** grillée: Kleinere Fische, zizeliert, gewürzt, gemehlt, auf dem Rost gebraten; Kräuterbutter, Tatarensauce oder Senfmayonnaise nebenbei.
- **auf ikarische Art:** à l'icarienne: Stücke oder Filets, pochiert in Weißwein mit gehackten Schalotten und Champignonfond; Fond, mit Mehlbutter gedickt, mit Zitronensaft gewürzt, mit Butter verfeinert; garniert mit gebratenen, herzförmigen Weißbrotscheibchen.
- **mit Petersilienbutter:** à la persillade: Kleine Fische, grilliert und mit Petersilienbutter angerichtet.
- **auf römische Art:** à la romaine: In Butter angeschwitzt, gewürzt, mit blättrig geschnittenem Kopfsalat, grünen Erbsen und Weißwein gedünstet; Fond mit Mehlbutter gebunden.
- **auf venetianische Art:** à la vénetienne: Mit Butter in Fischfond und Zitronensaft pochiert, mit venetianischer Sauce übergossen.
- **in Weißwein:** au vin blanc: Filets oder kleine Fische, in Weißwein und Fischfond pochiert; mit Weißweinsauce nappiert, Fischkartoffeln nebenbei.

Goujon: siehe Gründling
Granat: siehe Garnele

Grand Esturgeon: siehe Hausen

Grande Vive: siehe Petermännchen

Grauer Knurrhahn: F. Grondin gris; E. Grey gurnard: Seefisch aus der Familie der Panzerwangen mit kräftigem Kopfknochen und gleichmäßiger Beschuppung. Die drei unteren Brustflossen sind verschieden lang, dienen als fingerartige Tastorgane und werden auch zur Bewegung am Boden benutzt. Oberseite gelblichgrau mit weißen Punkten, Länge bis 34 cm und mehr. Vorkommen: Nordnorwegen und Murmanküste bis zur Adria. Wird wie Rotbarbe bereitet.

    auf ägyptische Art: à l'égyptienne: In Stücke geschnitten, mit Streifen von Lauch, gewürfelten Tomaten und gehackter Petersilie in Öl und Weißwein gedünstet; serviert in dem eingekochten, mit Knoblauchbutter aufgeschlagenen Fond.

    mit Garnelensauce: au sauce crevette: Gefüllt mit Fischfarce mit gehackten Garnelen; braisiert, nappiert mit Garnelensauce.

    mit Kräuterbutter: à la maître d'hôtel: Grilliert und mit Kräuterbutter serviert.

Gremille: siehe Kaulbarsch

Grondin gris: siehe grauer Knurrhahn

Gründling: F. Goujon; E. Gudgeon; I. Chiozzo: Kleiner Süßwasserfisch, der in Seen, Flüssen und Bächen Europas und Westasiens beheimatet ist. Durchschnittslänge 10–15 cm, kann bis 18 cm wachsen. Wird hauptsächlich gebacken und als Garnitur verwendet.

    auf englische Art: à l'anglaise: Mit Ei und weißer Brotkrume paniert, in Butter gebraten; mit halbzerlassener Hofmeister-Butter bedeckt, serviert.

    Francillon: Größere Fische, gemehlt, grilliert; auf Röstbrot, mit Sardellenbutter bestrichen, dressiert, garniert mit Strohkartoffeln und gebackener Petersilie; Tomatensauce und Sardellenbutter nebenbei.

    gebacken: frit: 1. Durch Backteig gezogen, in tiefem Fett gebacken; 2. grosse paniert, in tiefem Fett ausgebacken; garniert mit gebackener Petersilie und Zitronen.

    auf Teufelsart: à la diable: gemehlt, in tiefem Fett gebacken, gewürzt mit Mischung von Salz und Cayennepfeffer; mit gebackener Petersilie und Zitrone serviert.

Halászlé: Ungarisches Fischragout: Zwiebelscheiben in Butter gelb angeröstet, mit Paprika bestreut, in Stücke geschnittene Fische, Karpfen, Aal, Schleie, Fogasch und Hecht, hinzugegeben, mit Tomatenpüree vermischt, mit saurem Rahm und Wasser gekocht; Fond passiert, mit Eigelb legiert, mit Zitronensaft gewürzt (ungarisch).

Hareng: siehe Hering

Hausen: F. Grand esturgeon; E. Great Sturgeon; R. Beluga: Der größte der störartigen Fische mit einer Länge bis 9 m und einem Gewicht bis 1400 kg. Bewohnt das Schwarze und Kaspische Meer und steigt zum Laichen in die Flüsse. Sein Rogen liefert Kaviar (Beluga malossol), von seiner Schwimmblase wird die Hausenblase hergestellt.

Hecht: F. Brochet: E. Pike; I. Luccio: Süßwasserfisch mit entenschnabelähnlicher Schnauze, den man in den Teichen und Flüssen Nord- und Mitteleuropas vorfindet. Größter Süßwasserraubfisch. Länge 50–200 cm, Gewicht bis 35 kg. Besonders geschätzt ist das Fleisch der mittelgroßen und der ganz jungen, sogenannten Grashechte. Größere Hechte verwendet man am besten zur Farce.

    auf alte Art: à l'ancienne: Filets, pochiert in Fischfond; nappiert mit Weißweinsauce, vermischt mit Kapern, Trüffelscheiben und winzigen Gurkenkugeln.

mit Austern: aux huîtres: Gewürzt, mit Butter im Ofen gebacken, dabei mit Weißwein und einigen Tropfen Essig mehrfach übergossen; Fond eingekocht, mit Weißweinsauce verkocht, vermischt mit pochierten, entbarteten Austern und nebenbei serviert.

Benoiton: Filets, paniert, in tiefem Fett gebacken; Rotweinsauce nebenbei.

in Bier: à la bière: In Stücke geschnitten, in hellem Bier mit Zwiebel- und entkernten Zitronenscheiben, Pfefferkörnern, Nelke, Lorbeerblatt und Salz gekocht; Fond passiert, mit geriebenem Roggenbrot eingedickt, mit Butter verfeinert, mit Zitronensaft gewürzt, über den Fisch gegossen.

auf Bordelaiser Art: à la bordelaise: In Stücke geschnitten, in Rotwein mit gehackten Schalotten und Mirepoix gekocht; Fond mit Mehlbutter gebunden, passiert, über die Stücke gegossen.

brot: Pain de brochet: Farce von schierem Hechtfleisch, Panade, Butter, Ei und Eigelb, in Form gefüllt, im Wasserbad pochiert; mit Bastard oder Schaumsauce nappiert, mit Trüffelscheiben oder gerieften Champignonköpfen garniert.

auf Burgunder Art: à la bourguignonne: In Stücke geschnitten, in Rotwein mit gehackten Schalotten pochiert; garniert mit glacierten Zwiebelchen und Champignons, übergossen mit der mit Mehlbutter gebundenen, passierten Sauce.

Castiglione: Filets, pochiert in Weißwein; nappiert mit Weißweinsauce, vermischt mit Hummer- und Champignonscheiben, glaciert; garniert mit gekochten Kartoffelkugeln.

mit Champignons: aux champignons: Filets, pochiert in Weißwein und Fischfond mit Champignonscheiben; Fond, mit Mehlbutter gebunden, mit Eigelb und Rahm legiert, mit Cayennepfeffer gewürzt, über die Filets gegossen.

Clermont: In Stücke geschnitten, grilliert; garniert mit gratinierten Austern und gebackenen Karpfenmilchern; Kräuterbutter nebenbei.

auf deutsche Art: à l'allemande: Ganzer Fisch, Rücken enthäutet, gespickt, in Fischfond und Weißwein, mit Zwiebelscheiben, entkernten Zitronen- und Selleriescheiben, Lorbeerblatt, Pfefferkörnern und Petersilienstengeln pochiert; Fond passiert, eingekocht, mit Mehlbutter gebunden, vermischt mit Sardellenbutter und Kapern.

à l'éclusière: siehe auf Schleusenmeisterart

auf elsässische Art: à l'alsacienne: Enthäutet, Rücken gespickt, im Ofen mit Weißwein und Butter braisiert, dabei etwas gebräunt; Sauce aus dem Fond, verkocht mit Fischvelouté; garniert mit Tarteletts, gefüllt mit Sauerkraut, belegt mit runder Scheibe Schinken.

auf englische Art: à l'anglaise: 1. Filets, paniert, in Butter gebraten, bedeckt mit halbflüssiger Kräuterbutter;
2. gekocht, mit Petersilie und Zitrone angerichtet; Kapernsauce und Salzkartoffeln nebenbei.

gebacken: frit: In Stücke geschnitten oder Filets, paniert, in tiefem Fett gebacken; Tatarensauce nebenbei.

gedünstet: étuvé: Filets, mit Speckfäden gespickt, in Zitronensaft und Butter gedünstet; serviert mit Colbertsauce.

gefüllt: farci: Ganzer Fisch, gefüllt mit Fischfarce, vermischt mit gehackten Champignons, Petersilie und etwas Salbei; mit dünnen Speckscheiben bardiert, gedünstet in Butter und Weißwein, mit gewürfelten Tomaten und grünen Paprikaschoten.

getrüffelt: truffé: Enthäutet, gefüllt mit Fischfarce, vermischt mit Trüffel-, Zungen- und Speckwürfeln, bardiert; braisiert in Weißwein und Fischfond; Fond eingekocht, mit Velouté verkocht, mit holländischer Sauce vermischt, über den Fisch gegossen.

Grenadins: Ovale Medaillons, aus den Filets geschnitten, kreuzweise mit Trüffeln oder auch Speckfäden gespickt, in Fischfond und

Weißwein pochiert; Fond fast gänzlich eingekocht, über die Grenadins gegossen, glaciert; im Kranz angerichtet, Garnitur und Sauce nach Wunsch.

mit Sauerampfer: à l'oseille: Grenadins, gespickt mit Streifen von Mohrrüben und Pfeffergurken; in Butter angeschwitzt, in Fischfond pochiert; Fond reduziert, mit Fischvelouté verkocht, über die Grenadins gegossen, glaciert; Sauerampferpüree nebenbei.

grilliert: grillé: Grashechte, mit gehackten Schalotten, Zitronensaft und Öl mariniert; geölt, langsam auf dem Rost gebraten; serviert mit Kräuterbutter oder Mayonnaise, vermischt mit feingehackten Walnüssen.

grün: au vert: In Stücke geschnitten, in vorgekochtem Sud von Wasser, Zwiebel-, Sellerie- und Mohrrübenscheiben, Lorbeer, Petersilienstengeln, Pfefferkörnern und Thymian gekocht; Sauce aus dem Fond, mit weißem Roux gebunden, mit Butter aufgeschlagen, mit gehackter Petersilie, Kerbel, Dill und Pimpernelle.

auf Havelländer Art: Auf Reis angerichtet, mit Weißweinsauce, mit Julienne von Möhren, Lauch und Sellerie, gehackten Dill und Petersilie vermischt; garniert mit großen Krebsschwänzen.

auf holländische Art: à la hollandaise: In Stücke geschnitten, in Fischfond gekocht; Fond mit weißem Roux gebunden, mit Eigelb legiert, mit Butter aufgeschlagen, gewürzt, mit Zitronensaft geschärft, mit gehackter Petersilie vervollständigt; Salzkartoffeln nebenbei.

auf italienische Art: à l'italienne: Filets, leicht in Öl angebraten, in Backplatte auf italienischer Sauce geordnet; mit italienischer Sauce bedeckt, mit Reibbrot bestreut, mit Öl betropft, im Ofen überbacken.

mit Knollensellerie: au céleri-rave: In Stücke geschnitten, gekocht; bedeckt mit Fischvelouté, vermischt mit kleinen Würfelchen Knollensellerie, in Butter gedünstet.

Klöße: Quenelles de brochet: 1. Schieres Hechtfleisch, mit gleicher Menge Rindernierenfett püriert, vermischt mit gleicher Menge Panade, Eiweiß und Gewürz, durch Sieb gestrichen;
2. das Hechtfleisch mit Eiweiß im Mixer püriert, durchgestrichen, auf Eis gekühlt, gewürzt, mit süßem Rahm aufgezogen. Zu ovalen oder runden Klößchen geformt, in leicht gesalzenem Wasser oder Fischfond pochiert.

auf königliche Art: à la royale: Wie Morland bereitet, in Salzwasser pochiert, nappiert mit Austernsauce.

auf Lyoner Art: à la lyonnaise: Bereitet aus Farce mit Panade und Nierenfett; in Salzwasser pochiert, in Backplatte gefüllt, mit Fischvelouté oder Weißweinsauce bedeckt, in den Ofen zum Aufblähen gestellt.

Morland: Mit Rahmfarce bereitet, gefüllt mit pochierten Karpfenmilchern; durch geschlagenes Ei gezogen, in gehackter Trüffel gewendet, in geklärter Butter gebraten; garniert mit Champignonpüree.

Nantua: Klöße von Rahmfarce, pochiert, mit Krebsschwänzen garniert, nappiert mit Nantuasauce; Trüffelscheibe auf jeden Kloß.

auf türkische Art: à la turque: Bereitet von schierem Hechtfleisch, vermischt mit eingeweichtem Brot und Eiern; passiert, gewürzt mit Salz, Pfeffer und gestoßenen Nelken, zu ovalen Klößen geformt, in Öl gebraten.

Lucio Gayarre: In Stücke geschnitten, in Fischsud gekocht; nappiert mit Fischvelouté, mit Safran gefärbt, mit Sherry gewürzt und mit in Butter gedünsteter Julienne von grünen Paprikaschoten vermischt, garniert mit gekochten Kartoffelkugeln (spanisch).

à la marinière: siehe auf Seemannsart

Martinière: Grashecht, mit Öl, Zitronensaft und gehackten Schalotten mariniert; grilliert, Mayonnaise, vermischt mit frischen, gehackten Haselnüssen, nebenbei.

mit Meerrettich: à la raifort: In Stücke geschnitten, gekocht; abgetropft, mit geriebenem Meerrettich bedeckt, übergossen mit brauner Butter, in der weißes Reibbrot geröstet worden ist.

Montebello: Nur eine Seite enthäutet, innen mit Fischfarce gefüllt, die enthäutete Seite mit Farce bestrichen und mit kleinen Seezungenfilets, mit Trüffeln besteckt, bedeckt; mit Weißwein und Aromaten braisiert, angerichtet, mit Weißweinsauce, mit Sardellenbutter montiert, bedeckt; garniert mit Garnelenkroketts, Schiffchen, gefüllt mit pochierten Austern und Fischmilchern und ganzen Krebsen.

auf normannische Art: à la normande: Mit Fischfarce gefüllt, mit dünnen Speckscheiben umbunden, in Weißwein und Fischfond braisiert; enthäutet, nappiert mit normannischer Sauce, garniert mit pochierten Austern, Muscheln, Krebsschwänzen, Champignons, Trüffelscheiben und kleinen gebackenen Stinten oder Streifen von Seezungenfilets.

Orly: à l'Orly: Filets, in Streifen geschnitten, durch Backteig gezogen, in tiefem Fett gebacken; mit Tomatensauce serviert.

Pain de brochet: siehe Hechtbrot

auf Pariser Art: à la parisienne: Ganzer Fisch, in Weißwein und Champignonfond braisiert; nappiert mit dem eingekochten Fond, vermischt mit Weißweinsauce, garniert mit Trüffelscheiben, Champignons und ganzen Krebsen.

mit Parmesan: au parmesan: Filets, in Butter auf beiden Seiten angebraten, bedeckt mit hellgebratenen Zwiebelscheiben; nappiert mit Mornaysauce, bestreut mit geriebenem Parmesan, betropft mit Sardellenbutter, gratiniert.

mit Petersilienbutter: persillé: Filets, gemehlt, in Butter gebraten; übergossen mit brauner Butter, mit reichlich gehackter Petersilie und etwas Zitronensaft vermischt.

mit Petersiliensauce: à la sauce au persil: Ganzer Fisch, gekocht; Petersiliensauce und Fischkartoffeln nebenbei.

auf polnische Art: à la polonaise: In Stücke geschnitten, in vorgekochtem Sud von Wasser, Zwiebel-, Apfel-, Knollensellerie- und Petersilienwurzelscheiben, Lorbeerblatt, Pfefferkörnern, Nelken, Weißwein, wenig Essig und Salz gekocht; Sud passiert, mit Pfefferkuchen eingedickt, mit Butter verfeinert, mit Zitronensaft geschärft und über den Fisch gegossen.

Pompadour: 1. Filets, paniert, in tiefem Fett gebacken; garniert mit gebackener Petersilie und kleinen Kartoffelkroketts;
2. panierte Filets, in Butter gebraten; Trüffelscheibe auf jedes Filet, Streifen von Béarner Sauce zwischen den Filets, garniert mit Nußkartoffeln.

auf preußische Art: à la prusse: Gleiche Teile Hecht und Aal, in Stücke geschnitten, in Fischsud gekocht; mit Petersiliensauce nappiert, Gurkensalat und Salzkartoffeln nebenbei.

auf provenzalische Art: à la provençale: Filets, in Fischfond und Weißwein pochiert; bedeckt mit gewürfelten Tomaten, in Öl mit gehackten Schalotten, gehackten Champignons, Petersilie und Knoblauch gedünstet, mit dem eingekochtem Fond vermischt.

Ragout: Filets, in dicke Stücke geschnitten, in Zitronensaft und Butter pochiert; garniert mit Krebsschwänzen und kleinen Hechtklößchen, nappiert mit Nantuasauce.

mit saurem Rahm: à la crème aigre: In Stücke geschnitten, mit gewürfelten Speckabfällen, Zwiebeln und Mohrrübe angebraten, gewürzt, mit saurem Rahm, etwas Weißwein und Kräuterbündel gedünstet; Fond passiert, mit etwas Demiglace verkocht, mit Zitronensaft gewürzt, über die Stücke gegossen.

auf Regentschaftsart: à la régence: Medaillons, mit Trüffel bespickt, in Weißwein und Fischfond pochiert; garniert mit pochierten Fischmilchern, Champignons, Austern und kleinen Fischklößchen, vermischt mit Krebspüree, nappiert mit Regentschaftssauce.

Roger de Flor: Filets, in Weißwein und Fischfond pochiert; eine Hälfte mit weißer Rahmsauce vermischt mit Sardellenbutter, die andere Hälfte mit Tomatensauce nappiert; garniert mit entbarteten Muscheln in halber Schale, mit Mornaysauce nappiert und glaciert.

Roland Köster: Ganzer Fisch, enthäutet, mit Trüffelfäden gespickt auf einer Seite; in Weißwein und Champignonfond braisiert, nappiert mit Rahmsauce, vermischt mit dem eingekochten Fond und etwas holländischer Sauce; garniert mit entbarteten Austern, Hummerkroketts und gerieften Champignons.

auf russische Art: à la russe: In Stücke geschnitten, vorgekocht, in Backplatte gefüllt; bedeckt mit leicht gebräunten Zwiebelscheiben und geriebenem Meerrettich, mit saurem Rahm übergossen, im Ofen gebacken.

mit Safransauce: à la sauce au safran: Gewürzte Schnitten, in Backplatte auf gehackten Schalotten in Weißwein pochiert; Fond mit Safran versetzt, mit Eigelb gebunden, mit Butter aufgeschlagen, über den Fisch gegossen; gekochte Olivenkartoffeln, mit in Butter gerösteten, gehackten Mandeln bestreut nebenbei.

Saint-Germain: Filets, durch flüssige Butter gezogen, mit geriebener Weißbrotkrume paniert, in Butter gebraten; garniert mit Nußkartoffeln, Béarner Sauce nebenbei.

mit Sauerkraut: au choucroute: Gekocht, von Haut und Gräten befreit, Fleisch auseinandergezupft, lagenweise in Backschüssel mit Sauerkraut gefüllt, mit süßem oder saurem Rahm aufgegossen, im Ofen gebacken.

auf Schleusenmeisterart: à l'éclusière: Gewürzt, auf Bett von gehackten Schalotten und Champignonscheiben, mit Butter und Weißwein gedünstet; wenn halb gar, mit süßem Rahm aufgegossen, fertiggedünstet, mit dem eingekochten Fond übergossen.

Schtchuka w smetane: Hecht mit Schmantsauce: Ganzer Fisch, gewürzt, mit Butter begossen, im Ofen braungebraten, mit saurem Rahm begossen gegart, mit dem eingekochten Rahm übergossen serviert (russisch).

auf Seemannsart: à la marinière: Dicke Tranchen, in Fischfond und Weißwein pochiert; Fond eingekocht, vermischt mit Fischvelouté; Tranchen mit weißgedünsteten Zwiebelchen, Champignons und Krebsschwänzen angerichtet, mit der Sauce nappiert, garniert mit herzförmigen Croutons.

auf Sevilla-Art: Filets, paniert, in tiefem Fett gebacken; garniert mit blanchierten, gefüllten Königin-Oliven, Tomatensauce, mit gedünsteten Streifen von roten Paprikaschoten nebenbei.

Suffren: Filets, mit Streifen von Sardellenfilets gespickt, in Butter, Weißwein und Fischfond pochiert; Fond mit Mehlbutter gebunden, vermischt mit Tomatenpüree und Sardellenbutter, geschärft mit Cayennepfeffer.

auf ungarische Art: à la hongroise: Ganzer Fisch, mit Salz und Paprika gewürzt, in passendem Geschirr mit gehackten angedünsteten Zwiebeln, gehackten Sardellenfilets und saurem Rahm geordnet; mit Reibbrot bestreut, mit zerlassener Butter betropft, im Ofen gargemacht.

Wiesmoor: Pochierte Schnitten, auf dicke, in Rahm gedünstete Gurkenscheiben dressiert; Fisch- und Gurkenfond reduziert, mit Eigelb legiert, mit Butter aufgeschlagen, mit gehacktem Dill vermischt und über die Schnitten gegossen; garniert mit Kartoffelkugeln in Butter und gehackter Petersilie geschwenkt.

Hechtbarsch: siehe Zander

Heilbutt: F. Flétan; E. Halibut: Der größte aller Plattfische, sehr langgestreckt, die Ober- oder „Augen"-seite graubraun, bei älteren Tieren dunkler, die Unterseite weiß. Länge mit 4 Jahren etwa 50 cm, mit 10 Jahren etwa 100 cm, erreicht eine Länge bis zu 3 m und ein Gewicht bis 117 kg. Vorkommen: nordatlantische und

nordpazifische Küsten. Hauptfanggebiet bei Island, Spitzbergen, vor Grönland und amerikanischer Ostküste.
Boistelle: Filetstückchen, wie Seezungenfilets bereitet.
Bristol: In Stücke geschnitten, in Salzwasser mit etwas Milch gekocht; garniert mit pochierten Austern, nappiert mit Mornaysauce, bestreut mit geriebenem Käse, glaciert.
auf Cetter Art: à la cettoise: Scheiben von Filets, in Fischfond pochiert; auf geschmolzene Tomaten dressiert, mit Hummersauce nappiert, mit gehackten Kräutern bestreut.
Crème au gratin: siehe überbacken
gekocht: bouilli: In Stücke geschnitten, gekocht, serviert mit Kapern, Eiern, holländischer, Mousseline- oder Sardellensauce, auch zerlassener Butter, und Salzkartoffeln.
gratiniert: au gratin: Filetscheiben in Fischfond pochiert, in gebutterte Backplatte geordnet; bedeckt mit italienischer Sauce, bestreut mit Reibbrot, betropft mit Butter, im Ofen überkrustet.
auf Hausfrauenart: à la bonne femme: Filetscheiben, wie Seezungenfilets bereitet.
auf Herzoginart: à la duchesse: In Fischfond pochiert, in Backplatte innerhalb eines vorgebackenen Randes von Herzogin-Kartoffelmasse geordnet, mit weißer Rahmsauce, vermischt mit dem eingekochten Fond, nappiert.
Hofmeisterart: à la maître d'hôtel: Wie Schellfisch bereitet.
auf kubanische Art: à la cubaine: Filettcheiben, gewürzt, gemehlt, in Butter gebraten; Kreolensauce und Butterreis nebenbei.
auf Liller Art: à la lilloise: Filetscheiben, pochiert in Weißwein und Fischfond; nappiert mit Weißweinsauce, vermischt mit etwas Tomatenpüree, gehacktem Estragon und dünnen gebratenen Streifen von Rauchspeck.
Mornay: Eine andere Bezeichnung für „überbacken" (s.d.).
auf Müllerinart: à la meunière: Filetscheiben, wie Barbe bereitet.
Murat: Filets, in Streifen geschnitten, wie Seezunge bereitet.
mit Muscheln: aux moules: In Stücke geschnitten, gekocht; garniert mit entbarteten Muscheln, bedeckt mit Muschelsauce.
mit schwarzer Butter: au beurre noir: In Stücke geschnitten, gekocht sonst wie Butt bereitet.
überbacken: crème au gratin: Von Haut und Gräten befreiter, entblätterter Fisch, in Backplatte auf etwas Mornaysauce innerhalb eines Randes von Herzogin-Kartoffelmasse dressiert; mit Mornaysauce bedeckt, mit geriebenem Käse bestreut, mit Butter betropft, gratiniert.
auf venezianische Art: à la venetienne: Filetscheiben, in Fischfond pochiert; nappiert mit venezianischer Sauce, garniert mit Fleurons.
Hering: F. Hareng; E. Herring; I. Aringa; S. Arenque: Weithin bekannter, sehr wichtiger Seefisch, der im ganzen Nordatlantik in unschätzbaren Mengen vorkommt. In vielen Lokalformen bewohnt er auch die Nord- und Ostsee, wo er infolge des geringeren Salzgehaltes kleiner ist und als Strömling bezeichnet wird. Normalgröße: 30 cm, ausnahmsweise kann er 50 cm erreichen; Strömlinge sind beträchtlich kleiner. Heringe werden frisch, eingesalzen, geräuchert und mariniert gehandelt.
auf ägyptische Art: à l'égyptienne: In Öl gebraten; bedeckt mit in Öl sautierten, gewürfelten Tomaten und gebackenen Zwiebelringen.
auf Bauernart: à la paysanne: In Weißwein und Fischfond zusammen mit vorgedünsteten, blättrig geschnittenen Mohrrüben, Zwiebeln, Lauch und Sellerie pochiert; Fond mit dem Gemüse eingekocht, mit Butter montiert, über den Fisch gegossen, mit gehackter Petersilie bestreut.
Bismarck-: Frische Heringsfilets, in Essig, mit Senf- und Pfefferkörnern und Zwiebelscheiben eingelegt.
auf Boulogner Art: à la boulonnaise: Pochiert, in Weißwein und Fischfond; garniert mit entbarteten Muscheln, nappiert mit Muschelsauce.

Brat-: Gewürzt, gemehlt, in Öl braungebraten; ausgekühlt, in eine gekochte, kalte Marinade von Wasser, Essig, Zwiebelscheiben, Lorbeerblatt und Gewürzen einige Tage vor dem Gebrauch eingelegt.

auf Calaiser Art: à la calaisienne: Vom Rücken aus geöffnet, Gräte entfernt, gefüllt mit Mischung von gehackten Milchnern, Champignons, Schalotten und Kräuterbutter; in geöltes Papier gewickelt, im Ofen gebacken.

auf Diepper Art: à la dieppoise: In Weißwein, Muschelfond und Champignonfond pochiert; garniert mit entbarteten Muscheln und Garnelenschwänzen, nappiert mit Weißweinsauce, vermischt mit dem eingekochten Fond.

auf englische Art: à l'anglaise: Vom Rücken aus geöffnet, entgrätet, flach paniert; in Butter gebraten, mit halb zerlassener Kräuterbutter bedeckt.

auf estländische Art: à l'estonienne: Filets von Salzheringen, gewässert, gehackt, vermischt mit Butter, Reibbrot und Rahm; wie kleine dünne Eierkuchen in Butter gebraten, mit saurem Rahm serviert.

auf flämische Art: à la flamande: In Weißwein mit Butter, gehackten Schalotten und Zitronenfilets pochiert; Fond mit gestoßenem, ungesüßtem Zwieback gebunden, über den Fisch gegossen.

gebraten: frit: 1. Gewürzt, paniert, gebacken; Senfbutter nebenbei; 2. zieseliert, gemehlt, in Butter gebraten; serviert mit Kräuterbutter; 3. zieseliert, mit Senf dünn bestrichen, in Reibbrot gewendet, in Öl gebraten; Tataren- oder Remouladensauce nebenbei.

gefüllt: farci: Vom Rücken aus entgrätet, gefüllt mit Fischfarce, vermischt mit gehackten Kräutern; in geöltes Papier gewickelt, im Ofen gebacken.

gekocht: bouilli: Ganz oder in Stücke geschnitten, in Salzwasser mit etwas Essig gekocht; zerlassene Butter und Fischkartoffeln nebenbei.

auf Nantaiser Art: à la nantaise: Zieseliert, paniert, in Butter gebraten; Sauce von Püree von Heringsmilchnern, gewürzt mit Senf, montiert mit Butter, nebenbei.

Paramé: Halbgar in Butter gebraten, mit Duxelles bestrichen, in geöltes Papier eingewickelt, im Ofen gargemacht.

auf Portiersart: à la portière: Gebraten; leicht mit Senf bestrichen, mit gehackter Petersilie bestreut, mit brauner Butter übergossen.

Sill-lada: Salzheringe, entgrätet, gewaschen, in Milch gewässert; in gefettete Backplatte gefüllt, mit Scheiben gekochter Kartoffeln und Zwiebeln belegt, bestreut mit Mischung von geriebenem Parmesan und Reibbrot, mit Butter betropft, im Ofen gebacken (schwedisch).

Sjelodka po kurlandski: auf kurländische Art: Gewürzt, gemehlt, in Butter gebraten; in Backplatte auf gebratene Speckstreifen und Zwiebelscheiben gelegt, mit saurem Rahm, vermischt mit Tomatenpüree, gewürzt mit Kabulsauce, bedeckt; bestreut mit Reibbrot, mit Butterflocken bedeckt, im Ofen überbacken (russisch).

Sjelodka Stroganoff: Gemehlt, in gefettete Backplatte geordnet, bedeckt mit Scheiben gekochter Kartoffeln; übergossen mit saurem Rahm, vermischt mit gehackten gedünsteten Schalotten, gewürzt mit Kabulsauce; mit geriebenem Parmesan bestreut, mit Butter betropft, im Ofen gebacken (russisch).

Strömmings-lada: Junge Heringe, vom Rücken aus geöffnet, Gräten entfernt, gewürzt; in Backplatte gelegt, mit Mischung von Reibbrot und geriebenem Parmesan bestreut, mit Butterflocken belegt, im Ofen gebacken (schwedisch).

auf Teufelsart: à la diable: Zieseliert, mit Senf dünn bestrichen, bedeckt mit Reibbrot, auf dem Rost gebraten; Ravigote-Sauce nebenbei.

Heringskönig, Sonnen-, Petersfisch: F. Dorée, Saint-Pierre: E. John Dory: Ein den Schollen verwandter Hochseefisch mit sehr großem

Kopf und großem Maul mit vielen Zähnen. Kommt im Mittelmeer und im Atlantik bis zur englischen Küste vor und verfolgt Herings- und Sardinenschwärme. Fleisch wohlschmeckend, wird vorwiegend zur Bouillabaisse verwendet.

Herzmuschel: Muscheltier mit aus zwei Klappen bestehender, fast herzförmiger Schale, die durch ein Schließband miteinander verbunden sind.

Dornige Herzmuschel: F. Bucarde; E. Cockle; weißbraune, gestreifte Schale mit stachligen Furchen, Länge 4–5 cm.

Braune Herzmuschel: F. Palourde; E. Venus'Shell; längliche fahlfarbige Schale mit strahlartigen Bändern, Länge 4–7 cm.

Gewöhnliche Herzmuschel: F. Coque; E. Cockle. Vorkommen: französische und britische Atlantikküsten. Verwendung: roh als Vorspeise, sonst wie Miesmuschel.

Homard: siehe Hummer

Huch: siehe Huchen

Huchen, Rotfisch, Donaulachs: F. Huch; E. Huck, Hucho: Süßwasserfisch aus der Gattung der Salmoniden mit weißem, wohlschmeckendem Fleisch. Vorkommen: Hauptsächlich die Donau und ihre aus den Alpen kommenden Nebenflüsse. Sehr großer Fisch, grünlichbraungrau am Rücken, hell am Bauche, im Alter in rötliche Töne übergehend. Länge 1 m–1,60 m, Gewicht 20–30 kg. Wird wie Lachs bereitet.

Schnitzel: en escalopes: Filets, in Schnitzel geschnitten, in Butter sautiert; mit Nantuasauce serviert.

Hummer: F. Homard; E. Lobster; I. Aragosta; S. Bogavante: Krustentier, ähnlich dem Krebs, doch weitaus größer, das an fast allen europäischen Küstengebieten, besonders Dänemark, Schweden, Norwegen, Belgien, Frankreich, der Ostküste Schottlands, der Atlantikküste Nordamerikas und Kanadas und besonders um Neufundland gefangen wird. Farbe schwarzblau mit braunen oder violetten Tönen, die nach dem Kochen rot wird. Durchschnittslänge 25 bis 35 cm, wächst bis zu 45 cm und darüber, Gewicht bis zu 5 kg. Exemplare von 500–800 g gelten als am schmackhaftesten. Lebende Hummer zu zerschneiden, ist bei uns verboten. Für Gerichte, bei denen roher Hummer vorgeschrieben ist, die Tiere kurz in kochendes Wasser werfen, um sie zu töten, und gleich wieder herausnehmen.

Alexandra (kalt): Gekocht, wenn kalt, der Länge nach gespalten, Fleisch aus Körper und Scheren genommen; Körper mit nudelig geschnittenem Kopfsalat, mit dem gewürfelten Fleisch der Scheren und Alexandrasauce vermischt, gefüllt; garniert mit dem Fleisch des Schwanzes, hartgekochten Eiern und Trüffeln in Scheiben, nappiert mit Alexandrasauce, dressiert auf nudelig geschnittenen Salat, serviert mit Zitronenspalten.

auf amerikanische Art: à l'américaine: Körper in Stücke geschnitten, Scheren eingeschlagen, das grüne Mark herausgenommen und mit Butter vermischt; die Stücke in Öl und Butter mit hackten Zwiebeln sautiert, zuletzt noch hackte Schalotten beigefügt, mit Cognac flambiert, mit Weißwein abgelöscht; etwas Fischfond, hackte Tomaten und Tomatenpüree beigefügt, 20 Minuten gedünstet; Stücke herausgenommen, Fond eingekocht und mit dem reservierten Mark gebunden. Sauce passiert, erhitzt, etwas gebuttert, kräftig abgeschmeckt, nicht mehr gekocht; mit hackten Kräutern vermischt und über die Hummerstücke gegossen, deren Schale entfernt werden kann. Beste Beigabe: Butterreis.

Bagration (kalt): Medaillons, auf Tarteletts, gefüllt mit russischem Salat dressiert, mit Mayonnaise nappiert, mit hacktem Kerbel und Fenchelgrün bestreut.

Bavagantes Bahiana: Roher Hummer, der Länge nach gespalten, die Scheren aufgeschlagen, in Butter ansautiert; gedünstet in Fischfond mit Öl, gehackten, angerösteten Zwiebeln, gewürfelten Tomaten und Paprikaschoten; Fond eingekocht, gut gewürzt und über die Hummer gegossen (brasilianisch).

Bellevue (kalt): en belle-vue: Gekocht; Schwanz halbiert, Scheren von Oberseite geöffnet, Fleisch herausgenommen; Schalen mit Gemüse oder anderem Salat gefüllt, Schwanzstücke mit der roten Seite nach oben eingefüllt, Schwanzstücke ohne Salat, alles mit Gelee überglänzt; auf runder Platte symmetrisch um in die Mitte aufrecht gestellte Köpfe dressiert, garniert mit Brunnenkresse oder Petersilie; Mayonnaise nebenbei.

auf Bordelaiser Art: à la bordelaise: Wie auf amerikanische Art bereitet, jedoch Hummer der Länge nach gespalten; Sauce nach dem Einkochen mit Mirepoix Bordelaise vermischt, mit Fleischglace und Zitronensaft vervollständigt.

Brillat-Savarin: Gekocht, ausgebrochen, Schwanz in Medaillons geschnitten; Medaillons im Kranz abwechselnd mit gebratenen Courgettescheiben angerichtet und mit amerikanischer Sauce nappiert; Mitte mit Ragout von Champignons, Trüffeln und dem Fleisch der Scheren, gebunden mit amerikanischer Sauce, gefüllt.

Carnot (kalt): Gekocht; Medaillons, dekoriert mit Trüffelscheibe, mit Gelee überglänzt; dressiert auf Hummerschaumbrot in Gelee, in Randform gefüllt und gestürzt, garniert mit Gelee; russische Mayonnaise nebenbei.

Chantecler: Der Länge nach gespalten, gewürzt mit Currypulver, sautiert in Butter; Fleisch aus den Schalen entfernt, diese mit Reis gefüllt, Medaillons darauf dressiert; nappiert mit Mischung von Curry- und Nantuasauce, garniert mit Champignonkopf, Hahnenkämmen und Garnelen.

Chevreuse (kalt): Gekocht, Fleisch aus den Schalen entfernt; in Medaillons geschnitten, abwechselnd mit Trüffelscheiben auf Spargelspitzen in die Schalen dressiert und mit Gelee überglänzt; Mayonnaise nebenbei.

Churchill: Roh der Länge nach gespalten, mit einer Mischung von Butter, Senfpulver, Salz und Prise Cayennepfeffer dick bestrichen; im Ofen gebacken.

Clarence: Gekocht, der Länge nach gespalten, Fleisch aus den Halbschalen genommen; Schalen mit Curryreis gefüllt, mit Hummerscheiben, abwechselnd mit Trüffelscheiben, garniert, mit Mornaysauce nappiert, glaciert.

Curry von: Gekocht, in Scheiben geschnitten, leicht in Butter sautiert, mit Currysauce gebunden; körnig gekochter Reis nebenbei.

Delmonico: Wie Newburgh bereitet, jedoch mit Madeira anstelle des Sherrys.

Dumas: Gekocht, ausgebrochen, in Scheiben geschnitten; in Butter sautiert, mit Weißwein deglaciert, kurz in tomatierter Demiglace durchgekocht, mit Fleurons garniert.

Edison: Gekocht, in Scheiben geschnitten, in Butter sautiert, gewürzt, in Rahm fertiggedünstet; auf Röstbrot serviert.

auf französische Art: à la française: Roh in Stücke geschnitten, in Butter sautiert, mit Cognac flambiert, Weißwein und Gemüsejulienne beigefügt, gewürzt; fertiggekocht, Fond eingekocht, mit Fischvelouté verkocht, mit Butter aufgeschlagen und über die Stücke gegossen.

Grammont (kalt): Medaillons, dekoriert mit Trüffelscheibe und pochierter, entbarteter Auster, überglänzt mit Gelee; dressiert auf die halben Schalen gefüllt mit kaltem Hummerschaumbrot (von den Scheren bereitet), garniert mit Salatherzen und Petersilie.

grilliert: grillé: Roh, der Länge nach gespalten, gewürzt, grilliert, dabei mit Öl bestrichen; mit Zitronenspalten und Petersilie angerichtet; Teufelssauce und zerlassene Butter nebenbei.

auf Hamburger Art: à la hambourgeoise: Gekocht, ausgebrochen, Schwanz in Medaillons geschnitten; im Sautoir mit Madeira und etwas Fleischglace erhitzt, gewürzt, gebunden mit Weißbrotkrume, vermischt mit Butter; im Kranz angerichtet, mit der Sauce übergossen, Mitte gefüllt mit dem geschnittenen Fleisch der Scheren, mit zerlassener Hummerbutter übergossen.

auf holländische Art: à la hollandaise: 1. Gekocht, der Länge nach gespalten, mit zerlassener Butter und Fischkartoffeln serviert; 2. wie oben, jedoch holländische Sauce anstelle der zerlassenen Butter.

auf Kardinalsart: à la cardinale: Gekocht, der Länge nach gespalten, Fleisch aus Körper und Scheren herausgenommen; Schalen mit Ragout von Champignon- und Trüffelscheiben sowie dem gewürfelten Schwanzfleisch, gebunden mit Hummersauce, gefüllt; abwechselnd mit Hummer- und Trüffelscheiben belegt, mit Kardinalsauce nappiert, mit geriebenem Käse bestreut, glaciert.

Koteletts von: côtelettes de homard: Salpicon von Hummerfleisch, Champignons und Trüffel, gebunden mit Fischvelouté mit Hummerbutter und Eigelb; ausgekühlt, zu kleinen Koteletts geformt, paniert, in tiefem Fett gebacken; mit gebackener Petersilie angerichtet, Hummer- oder andere passende Sauce nebenbei.

Kroketts von h: Croquettes de h.: Salpicon wie für Koteletts, zu Kroketts geformt, paniert, in tiefem Fett gebacken; mit gebackener Petersilie angerichtet, Hummersauce nebenbei.

Lord Randolph: Gekocht, der Länge nach gespalten; Fleisch von Körper und Scheren gewürfelt, gebunden mit Mischung von Butter, Sardellenpaste und gehackter Petersilie; in die halben Schalen gefüllt, mit Mornaysauce nappiert, mit geriebenem Käse bestreut, glaciert.

Majestic: Wie auf Bordelaiser Art, aus den Schalen genommen, mit Trüffelscheiben angerichtet, mit Nantuasauce nappiert.

Merville, Blanquette von H.: Blanquette de homard M.: In Stücke geschnitten, in Butter sautiert, mit Cognac flambiert, mit Rheinwein deglaciert, in Rahm mit feiner Mirepoix gargemacht; aus den Schalen gelöst, mit Champignonköpfen und entbarteten Austern angerichtet, nappiert mit der Sauce, legiert mit Eigelb und dem mit Butter vermischten Hummermark; körnig gekochter Reis nebenbei.

auf Monacoer Art: à la monegasque: Roh der Länge nach halbiert, auf amerikanische Art bereitet; das Fleisch in Scheiben geschnitten, in die halben Schalen gefüllt, mit der eingekochten, passierten Sauce, vermischt mit geschmolzenen Tomaten und gehacktem Estragon, bedeckt, mit geriebenem Parmesan bestreut, glaciert.

Mornay: Wie auf Kardinalsart bereitet, jedoch nur mit Mornaysauce nappiert, mit geriebenem Parmesan bestreut und glaciert.

in Muschelschalen: en coquilles: Muschelschalen, mit Rand von Herzogin-Kartoffelmasse umspritzt, Boden mit Sauce bedeckt, Scheiben von Hummerfleisch und die Garnitur eingefüllt, mit Sauce bedeckt, mit geriebenem Käse bestreut, glaciert.

auf bretagnische Art: à la bretonne: Scheiben von Hummerfleisch, Garnelenschwänzchen und Champignonscheiben, nappiert mit Weißweinsauce, vermischt mit Zwiebelpüree, bestreut mit geriebenem Käse, gratiniert.

Mornay: Hummerfleisch, abwechselnd mit Champignonscheiben eingefüllt, mit Mornaysauce bedeckt, mit geriebenem Käse bestreut, glaciert.

Nantua: Schalen garniert mit Ragout von Hummer und Trüffeln, nappiert mit Nantuasauce, glaciert.

mit Rahmsauce: à la crème: Hummerscheiben, bedeckt mit weißer Rahmsauce, glaciert.

Thermidor: Schalen garniert mit Ragout von Hummer, Champignon und Trüffeln, nappiert mit Bercysauce, gewürzt mit Senf, glaciert.

Newburgh: 1. mit rohem Hummer: In Stücke geschnitten, in Butter sautiert, mit Sherry deglaciert, bis zur Höhe mit süßem Rahm aufgefüllt, mit Salz und Paprika gewürzt, langsam gargekocht; Sauce mit Eigelb und Rahm legiert, über das von der Schale befreite Fleisch gegossen;

2. mit gekochtem Hummer: Das Fleisch in Scheiben geschnitten, in Butter erhitzt, mit Sherry deglaciert, eingekocht, mit der nötigen Menge Rahm aufgefüllt; kurz durchgekocht, mit Eigelb und Rahm legiert; das Fleisch mit einigen Trüffelscheiben angerichtet, mit der Sauce nappiert.

auf palästinische Art: à la palestine: Roher Hummer, in Stücke geteilt, in Butter mit Mirepoix sautiert, mit Cognac flambiert, mit Weißwein und Fischfond aufgegossen, 15 Minuten gekocht, das Fleisch aus den Schalen gelöst und warmgehalten. Die Schalen gestoßen, mit einfacher Mirepoix angeschwitzt, mit dem Fond aufgegossen, etwas Velouté beigefügt, mit Spitze Currypulver gewürzt und kurz durchgekocht; mit etwas Rahm, dem mit Butter verriebenem Mark und weiterer Butter vervollständigt. Fleisch in einem Rand von Pilawreis dressiert, mit etwas Sauce nappiert, den Rest der Sauce nebenbei.

auf Pariser Art (kalt): à la parisienne: Kalte Medaillons von gekochtem Hummer, mit Trüffelscheibe oder beliebig dekoriert, mit Gelee überglänzt; auf der langgestreckten Karkasse, mit nudlig geschnittenem Salat gefüllt, angerichtet, garniert mit Artischockenböden und halben hartgekochten Eiern, gefüllt mit russischem Salat, mit Trüffel dekoriert und mit Gelee überglänzt; Mayonnaise nebenbei.

auf Phokaeer Art: à la phocéenne: Wie amerikanische Art bereitet, stark mit Knoblauch und Safran gewürzt, die Sauce mit Julienne von roten Paprikaschoten vermischt; dressiert in Rand von Pilawreis mit Safran.

Pilaw von: Pilaw de h.: 1. Auf amerikanische Art bereitet, aus den Schalen gelöst, in Rand von Pilawreis mit Safran angerichtet;

2. gewürfelter, gekochter Hummer, vermischt mit gewürfelten, gebratenen Eierfrüchten, gewürfelten, sautierten Tomaten und grünen Paprikaschoten, vermischt mit Pilawreis mit Safran; in Kuppelform gedrückt, auf runde Platte gestürzt, Hummersauce nebenbei.

Pompadour: Wie auf amerikanische Art bereitet, aber mit Fischfond und Rahm gekocht; Fleisch aus den Schalen gelöst, angerichtet, mit dem eingekochten, mit dem mit Butter verriebenen Mark gebundenen und mit Butter aufgeschlagenen Fond übergossen.

in Portwein: au porto: Kleine ganze Hummern roh der Länge nach gespalten, mit Salz und Paprika gewürzt, langsam in Butter angeschwitzt, reichlich mit Portwein bedeckt und gargedünstet; aus den Schalen gelöst, angerichtet, Fond etwas eingekocht, mit Eigelb und Rahm legiert und mit einigen Tropfen Portwein vervollständigt und über das Fleisch gegossen.

Schaumbrot von (warm): Mousse de homard (chaude): Farce von rohem Hummerfleisch mit Eiweiß und Rahm, gewürzt; in Form gefüllt, im Wasserbad im Ofen pochiert; gestürzt, mit Hummersauce übergossen, beliebig garniert.

auf Infantenart: à l'infante: Gekocht, halbiert, Fleisch herausgenommen, in Scheiben geschnitten; Schalen halbvoll mit warmer Schaumbrotmasse gefüllt, abwechselnd mit Hummerscheiben, pochierten, entbarteten Austern und Trüffelscheiben belegt, mit

Schaumbrotmasse bestrichen; mit gebuttertem Papier bedeckt, die Schalen auf Randblech mit wenig Wasser gesetzt, im Ofen bei mäßiger Hitze gargemacht.

Schaumbrot von (kalt): Mousse de h. (froide): Gekochtes, kaltes Hummerfleisch, mit etwas kalter Béchamel im Mörser gestoßen, durch ein feines Sieb gestrichen, gut gewürzt, mit kaltem, noch flüssigem Gelee vermischt, mit ungesüßter Schlagsahne aufgezogen; in mit Gelee chemisierte und dekorierte Form gefüllt, mit Gelee verschlossen; nach dem Erstarren gestürzt, mit Gelee garniert.

Suchet: Gekocht, der Länge nach gespalten, das Fleisch ausgelöst und in Scheiben geschnitten, in Weißwein mit gedünsteter Julienne von Würzelgemüsen erhitzt, der Fond eingekocht und mit Weißweinsauce und etwas Béchamel vermischt; Fleisch in die Schalen gefüllt, mit der Sauce maskiert, mit geriebenem Käse bestreut, glaciert.

auf Teufelsart: à la diable: Roh der Länge nach gespalten, die Scheren leicht eingeschlagen; mit Salz und Cayennepfeffer gewürzt, mit Öl bestrichen, grilliert; Teufelssauce nebenbei.

Thermidor: Gekocht, der Länge nach gespalten; Schalen mit dem in Scheiben geschnittenen Fleisch gefüllt, nappiert mit Bercysauce, mit etwas Béchamel vermischt und mit Senf gewürzt, mit geriebenem Käse bestreut, glaciert.

Tourville: Ragout von groben Hummer- und Champignonwürfeln, entbarteten Austern und Muscheln, gebunden mit normannischer Sauce; Risottorand in Backplatte gestürzt, Mitte mit dem Ragout gefüllt, mit Mornaysauce nappiert, mit geriebenem Käse bestreut, gratiniert.

auf türkische Art: à la turque: Auf amerikanische Art bereitet, Fleisch aus den Schalen gelöst, in Rand von Pilawreis mit Safran dressiert, mit der Sauce bedeckt.

auf ungarische Art: à la hongroise: Wie Newburgh, mit rohem Hummer, jedoch ohne Sherry, und mit gehackten, in Butter gedünsteten Zwiebeln und Rosenpaprika.

Vanderbilt: Roh, der Länge nach gespalten, auf amerikanische Art bereitet; Fleisch aus den Schalen gelöst, das der Schwänze in Scheiben geschnitten; Sauce mit Rahm eingekocht. Die Schalen mit dem gewürfelten Fleisch der Scheren, Champignons und Trüffeln, mit etwas Sauce gebunden, gefüllt, mit den Medaillons abwechselnd mit Trüffelscheiben belegt; mit dem Rest der Sauce, mit Eigelb legiert, überzogen und rasch glaciert.

Victoria: Halbe Schalen, mit Ragout von Hummer, Champignons und Trüffeln, gebunden mit Victoriasauce, gefüllt; belegt mit den Medaillons, nappiert mit Victoriasauce, glaciert.

Winterthur: Wie Kardinal bereitet, die Körper jedoch mit Garnelenschwänzen gefüllt, mit Kardinalsauce nappiert und mit gehackter Trüffel bestreut.

Wladimir: Farce von rohem Hummer, vermischt mit Béchamel, Trüffelpüree, Hummerbutter und Eigelb, gewürzt mit Salz und Paprika, aufgezogen mit Eierschnee; in halbe Schalen gefüllt, im Ofen gargemacht.

Xavier: Ragout von gekochtem Hummer und Champignons, mit Nantuasauce gebunden, in die Schalen gefüllt; mit geriebenem Käse bestreut, glaciert.

Hummer, Norweger; schlanker Hummer: F. Homard de Norvége; E. Norway lobster: siehe Kaisergranat

Jakobsmuschel, Kammuschel, Pilgermuschel; F. Coquilles Saint-Jacques; E. Scallops; I. Conchiglie di S. Jacobo: Große Seemuschel, charakteristisch durch die strahlenförmig geriefte und an den Enden gewellte Schale von hellrötlicher bis bräunlicher Farbe, mit festem Fleisch und orangefarbigem Mark. Vorkommen: die beiderseitigen Küsten des Atlantiks; die amerikanische Muschel ist kleiner als die europäische und hat kein rotes Mark.

Fried Scallops: gebackene Jakobsmuscheln: Vorgekocht, in Scheiben geschnitten, paniert, in tiefem Fett gebacken; Remouladensauce nebenbei (amerikanisch).

auf indische Art: à l'indienne (endjenn): Vorgekocht, in Scheiben geschnitten, in Butter sautiert mit gehackten Zwiebeln und gewürfelten Tomaten, gedünstet in Fischvelouté, mit Currypulver gewürzt; in Timbale angerichtet, körnig gekochter Reis und Mango-Chutney nebenbei.

auf Kreolenart: à la créole (kreohl): Blanchiert, in Scheiben geschnitten, in Butter ansautiert, in Kreolensauce gedünstet; Kreolenreis nebenbei.

Mornay: Vorgekocht, in Scheiben geschnitten, braisiert; in die Schalen auf Mornaysauce dressiert, mit Mornaysauce nappiert, mit geriebenem Käse bestreut, glaciert.

auf Nantaiser Art: à la nantaise: Vorgekocht, in Scheiben geschnitten, mit Weißwein und Champignonfond gedünstet; in die Schalen mit entbarteten Austern und Muscheln gefüllt, mit Weißweinsauce überzogen, glaciert.

Newburgh: Vorgekocht, in Scheiben geschnitten, in Butter angeschwitzt, in süßem Rahm gekocht; mit Cayennepfeffer gewürzt, mit Eigelb vermischt, mit Sherry gebunden; körnig gekochter Reis nebenbei.

auf Ostender Art: à l'ostendaise: Wie Nantaiser Art, aber mit Austern, Garnelen und Champignons bereitet; mit Nantuasauce übergossen, glaciert; Trüffelscheibe obenauf.

auf Pariser Art: Vorgekocht, in Scheiben geschnitten, in Weißwein und Champignonfond gedünstet; in die mit Duchessemasse umspritzten Schalen gefüllt, mit Champignonscheiben bedeckt, mit Weißweinsauce, vermischt mit gehackten Trüffeln, überzogen, glaciert.

in Rahmsauce: à la crème: Vorgekocht, in Scheiben geschnitten, mit Weißwein deglaciert, in Rahm gekocht, mit Eigelb gebunden, gewürzt mit Cayennepfeffer und Zitronensaft.

auf Spießchen: en brochette: Vorgekocht, in kleine Scheiben geschnitten, paniert, abwechselnd mit kleinen Speckvierecken auf Spießchen gesteckt, am Rost gebraten; Colbertsauce nebenbei.

Überkrustet: au gratin (o gratäng): Vorgekocht, in Scheiben geschnitten, in Weißwein und Champignonfond gedünstet; in die Schalen auf Decksauce dressiert; mit Decksauce überzogen, mit Reibbrot bestreut, gefettet, überkrustet.

Kabeljau: F. Cabillaud, Morue fraîche; E. Cod, Codfish; I. Merluzzo fresco: Wichtiger Seewasserfisch, der im gesamten Küstengebiet des Atlantiks zu Hause ist und im Gebiet von Neufundland, Island und den Lofoten besonders reichlich vorkommt. Mittlere Länge etwa 80 cm bei ungefähr 6 kg Gewicht. Nach Größe der Erträgnisse rangiert er gleich nach dem Hering.

auf andalusische Art: à l'andalouse: Filets oder Stücke, pochiert in Weißwein und Fischfond; Fond eingekocht, vermischt mit Velouté, Tomatenpüree und Julienne von roter Paprikaschote; Sauce, über den Fisch gegossen, garniert mit gebackenen Scheiben von Eierfrüchten und halben, mit Risotto gefüllten Tomaten.

auf Bäckerart: à la boulangère: Großes Mittelstück, zieseliert, in passende, stark gefettete Backplatte gelegt; mit kleinen, rohen Kartoffeln umlegt, mit viel flüssiger Butter übergossen, im Ofen gebacken und oft begossen; kurz vor dem Garwerden mit Reibbrot, vermischt mit gehackter Petersilie und zerdrücktem Knoblauch, bestreut.

Baked: überbacken: Gebratene Speck- und Zwiebelwürfel, vermischt mit blätterig gezupftem, gekochtem Kabeljau, ohne Haut oder Gräten; abwechselnd in Backplatte, mit frisch gekochten Kartoffelscheiben, gewürfelten Tomaten und gehackter Petersilie gefüllt; mit Milch übergossen, mit Crackermehl bestreut, im Ofen überbacken (nordamerikanisch).

auf Bandonger Art: Filets, in Stücke geschnitten, mit Salz, Currypulver, gehackten Schalotten und gehackter Petersilie mariniert; gemehlt, in geklärter Butter gebraten; körniger Reis, Mango-Chutney und Pilz-Ketchup nebenbei.

auf Baseler Art: à la baloise: In dicke Scheiben geschnitten, pochiert oder gebraten; reichlich mit gebratenen Zwiebelscheiben bedeckt, mit gehackter Petersilie bestreut, mit zerlassener Butter übergossen (schweizerisch).

Boston Scrod: Schwanzstück, der Länge nach gespalten, mit geklärter Butter bestrichen, gewürzt, auf dem Rost gebraten (nordamerikanisch).

Braganza: Gekocht, enthäutet, entgrätet, entblättert; mit gehackten Trüffeln und Champignons vermischt, mit Paprikasauce gebunden; in Backplatte gefüllt, mit Reibbrot bestreut, mit Butter betropft, im Ofen gebacken.

mit Champignons: aux champignons: Filets, bedeckt mit rohen Champignonscheiben, pochiert in Butter und Zitronensaft; Fond reduziert, mit Fischvelouté vermischt, über den Fisch gegossen.

Codfish Balls: Gekocht, entblättert, mit $^1/_3$ der Menge frischgekochter, durchgestrichener Kartoffeln, Butter, Ei und Gewürz vermischt; ausgekühlt, zu abgeflachten Kugeln geformt, paniert, gebacken; Tomatensauce nebenbei. Hauptsächlich Frühstücksgericht (englisch).

Codfish Dumplings: Kabeljauklößchen: Gekocht, enthäutet, entgrätet, entblättert, vermischt mit eingeweichtem Brot, gehackten, gedünsteten Zwiebeln, gehackter Petersilie, gehackten Sardellenfilets, Eiern und Reibbrot; zu abgeflachten Kugeln geformt, in Butter gebraten; mit Sardellen- oder Tomatensauce nappiert (englisch).

en coquilles: siehe in Muschelschalen

Curry von: Filets, in dicke Stücke geschnitten, mit Currypulver bestäubt, gemehlt, mit Apfel- und Zwiebelscheiben gebraten; mit etwas Rahm fertiggedünstet, körnig gekochter Reis nebenbei.

Diaz: Gekocht, entblättert, vermischt mit Champignonscheiben und gewürfelten, gedünsteten grünen Paprikaschoten; gebunden mit Paprikasauce, in Backplatte gefüllt, mit Reibbrot bestreut, mit zerlassener Butter betropft, im Ofen überbacken.

auf Diepper Art: à la dieppoise: Filets, wie Seezungenfilets gleichen Namens bereitet.

Dimitri: In Stücke geschnitten, gekocht; nappiert mit Weißweinsauce, vervollständigt mit Sardellenpaste und gehackten Sardellenfilets.

auf Diplomatenart: à la diplomate: Filets, wie Seezunge gleichen Namens bereitet.

Don Carlos: Filets, pochiert in Fischfond; eine Hälfte nappiert mit Tomatensauce, garniert mit gerieftem Champignon, die andere Hälfte nappiert mit Weißweinsauce, garniert mit Trüffelscheibe.

auf englische Art: à l'anglaise: Wie Seezungenfilets gleichen Namens bereitet.

mit Estragonsauce: à la sauce à l'estragon: In Stücke geschnitten, gekocht; Fischvelouté, mit Rahm, Butter und gehacktem Estragon vervollständigt, sowie Fischkartoffeln nebenbei.

mit feinen Kräutern: aux fines herbes: Gekocht, mit feiner Kräutersauce serviert.

auf flämische Art: à la flamande: In dicke Stücke geschnitten, pochiert in Weißwein mit gehackten Schalotten und Kräutern; mit geschälter und entkernter Zitronenscheibe auf jedem Stück angerichtet; nappiert mit dem mit Reibbrot gebundenen Fond.

auf Florentiner Art: à la florentine: Filets, pochiert in Fischfond; dressiert in Backschüssel innerhalb von Rand von Herzogin-

Kartoffelmasse auf Blattspinat, in Butter sautiert; nappiert mit Mornaysauce, bestreut mit geriebenem Käse, betropft mit Butter, überbacken.

auf Frühlingsart: à la printanière: Tranchen, in Butter gebraten, ohne sie stark zu verfärben; nappiert mit Rahmsauce, vervollständigt mit grüner Bohnenbutter; garniert mit gebutterten grünen Erbsen und neuen Kartoffeln.

gebacken: frit: In Stücke geschnitten, paniert, in tiefem Fett gebacken; Tataren- oder Tomatensauce nebenbei.

auf Genueser Art: à la génoise: Filets, pochiert in Rotwein mit gehackten Schalotten; garniert mit Champignons, Krebsschwänzen und pochierten Fischmilchern; nappiert mit dem mit Mehlbutter gebundenen Fond.

gespickt: piqué: Ganzer Fisch, auf einer Seite enthäutet und gespickt; auf Zwiebelscheiben in gefettete Pfanne gelegt, gewürzt, mit zerlassener Butter übergossen, im Ofen gebacken.

Gratiniert: 1. Crème au gratin: Gekocht, entblättert, in Backschüssel in Rand von Herzogin-Kartoffelmasse dressiert; mit Mornaysauce bedeckt, mit geriebenem Käse bestreut, überbacken;
2. au gratin: In Backschüssel auf italienische Sauce dressiert; mit Champignonscheiben belegt, mit italienischer Sauce nappiert, mit Reibbrot bestreut, gefettet, im Ofen überbacken.

Héloise: Filets, wie Seezunge gleichen Namens bereitet.

auf holländische Art: à la hollandaise: Gekocht; serviert mit zerlassener Butter und Salzkartoffeln.

auf indische Art: à l'indienne: In Stücke geschnitten, gekocht; mit indischer Sauce bedeckt; körnig gekochter Reis nebenbei.

Kämpin turska: à la Kämp: mit Weißwein und der Butter pochiert, dicke Sahne hinzugegossen, fertiggemacht, mit der Sauce nappiert; Salzkartoffeln und grüner Salat nebenbei (finnisch).

auf Königinart: à la reine: Filets, pochiert in Fischfond; garniert mit kleinen Klößchen von Fischfarce, nappiert mit Rahmsauce, vermischt mit dem eingekochten Fond.

auf Malteser Art: à la maltaise: Filets, pochiert in Weißwein und Fischfond mit gehackten Schalotten; nappiert mit dem eingekochten Fond, verkocht mit Fischvelouté, vermischt mit Sardellenbutter, gehackten Kräutern und Kapern.

auf mexikanische Art: à la mexicaine: Gekocht; serviert mit mexikanischer Sauce und Kreolenreis.

Mornay: Filets, wie Heilbutt gleichen Namens bereitet.

in Muschelschalen: en coquilles: Wie gratiniert (Crème au gratin), aber in Muschelschalen bereitet.

Nantua: en coquilles Nantua: Wie oben, jedoch mit Nantuasauce bedeckt und mit Trüffelscheibe garniert.

Newburgh: Filets, pochiert in Weißwein und Fischfond; garniert mit Hummerscheiben, bedeckt mit Newburghsauce.

auf nordische Art: à la nordique: Gekocht, entblättert, abwechselnd mit frischgekochten Kartoffelscheiben in Backplatte gefüllt; nappiert mit Fischvelouté, mit Milch und Zitronensaft vervollständigt, mit Reibbrot und geriebenem Käse bestreut, mit Butter betropft, im Ofen gebacken; eingelegte Scheiben von roten Rüben und Salzgurken nebenbei.

mit Nudeln: aux nouilles: Gekocht, entblättert; in Backschüssel abwechselnd mit gekochten Nudeln gefüllt; bedeckt mit Rahmsauce, bestreut mit geriebenem Käse und Reibbrot, mit zerlassener Butter betropft, im Ofen gebacken.

auf Pariser Art: à la parisienne: Filets, pochiert in Weißwein und Champignonfond; nappiert mit Weißweinsauce, vermischt mit dem eingekochten Fond; garniert mit Champignons, Trüffelscheiben und ganzen Krebsen.

Plukfisk: Enthäutet, entgrätet, in Würfel geschnitten, in halb Weißwein und halb Wasser mit Gewürzen pochiert; vermischt mit gekochten Kartoffelwürfeln, gebunden mit Sauce aus weißer Mehlschwitze, dem Fond und Milch; angerichtet, mit gehackter Petersilie bestreut (dänisch).

auf portugiesische Art: à la portugaise: In Tranchen geschnitten, pochiert mit gehackten Zwiebeln, Spur Knoblauch, gehackter Petersilie, gewürfelten Tomaten und Weißwein; Fond eingekocht und über die Filets gegossen.

auf provenzalische Art: à la provençale: Wie Hecht gleichen Namens bereitet.

mit Sardellenbutter: au beurre d'anchois: In Stücke geschnitten, gemehlt, gebraten; mit brauner Butter, vermischt mit Sardellenpaste, übergossen.

auf spanische Art: à l'espagnole: Filets, gemehlt, in Öl gebraten; auf geschmolzenen Tomaten angerichtet, garniert mit gebackenen Zwiebelringen und gebratenen Streifen von roter Paprikaschote.

Kaisergranat, schlanker Hummer: E. Norway lobster: Langschwanzkrebs, Mittelding zwischen Hummer und Flußkrebs, mit langen schmalen Scheren. Farbe olivgrün bis gelbrosa, die sich nach dem Kochen nicht verändert. Vorkommen: Mittelmeer, nördliche Nordsee. Länge bis 30 cm. Sehr empfindlich. Wird wie Krebs bereitet, als Vorspeise serviert, oft zur Bouillabaisse verwendet.

Karausche: F. Carassin; E. Crucian, Crucian Carp: Süßwasserfisch, bis 30 cm lang und 1 kg schwer, meistens jedoch viel kleiner. Den in der Färbung verschiedenartigen Fisch findet man in ganz Mittel-, Nord- und Osteuropa, besonders in stehenden Gewässern. Wird wie Karpfen bereitet, aber hauptsächlich für Suppen verwendet.

mit brauner Butter: au beurre noisette: In Fischsud gekocht, bedeckt mit geriebenem Weißbrot, in viel Butter braungeröstet, und etwas Zitronensaft.

mit Dillsauce: à la sauce aneth: In Fischsud gekocht; serviert mit Dillsauce und Salzkartoffeln.

mit Kräuterbutter: au beurre maître d'hôtel: Gebraten, bedeckt mit Kräuterbutter.

auf russische Art: à la russe: In Stücke geschnitten, gedünstet mit süßem Rahm, Butter, Wasser und Gewürzen; Fond mit Mehlbutter gebunden, vermischt mit gehackten Kapern, Schnittlauch, Petersilie und Zitronenschale, geschärft mit Zitronensaft, über den Fisch gegossen, garniert mit entkernten, entrindeten Zitronenscheiben.

Kalmar: F. Calmar; E. Squid: Schlanker, zehnarmiger Kopffüßer mit dreieckigen Flossen am zugespitzten Hinterende, der in großen Schwärmen im Mittelmeer auftritt und auch an der Atlantikküste gefangen wird. Vor jeder weiteren Bereitung muß die Oberseite sorgfältig geöffnet und der Tintensack entfernt werden.

braisiert: braisé: In Stücke geschnitten, in Butter mit Zwiebelscheiben angebraten, in Weißwein mit gehackten Sardellen, Knoblauch und Petersilie geschmort; Fond passiert, mit Tomatensauce verkocht.

Calamaretti fritti: Gebackener Kalmar: In Stücke geschnitten, gemehlt, in nicht zu heißem Öl langsam goldbraun gebraten; dazu Zitronenspalten (italienisch).

Kamm-Muschel: F. Pétoncle; E. Fan-shell, Pecten: Größere Muschelart, ähnlich den Jakobsmuscheln, die an den atlantischen Küsten Nordamerikas und Europas gefunden wird. Wird wie Jakobsmuschel bereitet.

Karpfen, Spiegelkarpfen, Lederkarpfen: F. carpe; E. carp; I. carpione: Stark verbreiteter Süßwasserfisch, der in langsam fließenden Bächen und Flüssen sowie stagnierenden Teichen und Seen lebt. Gewicht allgemein von 1–3 kg, ausnahmsweise auch bis 20 kg und 1 m Länge. Wird heute stark in Karpfenteichen gezüchtet. – Karpfenmilcher gelten als große Delikatesse.

in Bier: à la bière: 1. In Stücke geschnitten, in Butter gebräunt, mit gehackten Zwiebeln, gewürfeltem Knollensellerie und Pfefferkuchen in hellem Bier gedünstet; mit Mehlbutter gebundener und passierter Fond, über den Fisch gegossen;
2. ganzer Fisch braisiert in Bier wie oben, Fond eingekocht, mit Mehlbutter gebunden, passiert, über den Fisch gegossen; garniert mit pochierten Karpfenmilchern.

blau: au bleu: In Salzwasser, mit etwas Essig gesäuert, pochiert; serviert mit zerlassener Butter, geriebenem Meerrettich oder Meerrettichsahne und Salzkartoffeln.

auf Bootsführerart: à la canotière: Kleiner Fisch, gefüllt mit Fischfarce, in Weißwein mit gehackten Schalotten, bedeckt mit tournierten Champignons, pochiert; bestreut mit Reibbrot, beträufelt mit zerlassener Butter, im Ofen überbacken; garniert mit gebackenen Stichlingen, gekochten Krebsen und Blätterteig-Halbmonden.

Breteuil: Grilliert, bedeckt mit brauner Butter; garniert mit Blätterteig-Mundbissen, gefüllt mit gewürfelten, pochierten Karpfenmilchern in Weißweinsauce.

auf Burgunder Art: à la bourguignonne: Pochiert in Rotwein und Fischfond; garniert mit kleinen Champignonköpfen und glacierten Zwiebelchen; nappiert mit Rotweinsauce, vermischt mit dem eingekochten Fond.

Chambord: Ganzer Fisch, mit Fischfarce gefüllt, Rücken enthäutet und mit Trüffeln gespickt, sonst wie Lachs gleichen Namens bereitet.

auf elsässische Art: à l'alsacienne: Gefüllt mit Fischfarce, pochiert in halb Weißwein und halb Fischfond; dressiert auf Sauerkraut; Salzkartoffeln und der reduzierte, gebutterte Fond nebenbei.

Friedrich der Große: Fréderic-le-Grand: Gefüllt mit Hechtfarce, vermischt mit gehackten Trüffeln, pochiert in Rotwein mit Fischfond; nappiert mit dem eingekochten Fond, gebunden mit Mehlbutter, garniert mit olivenförmigen Trüffeln, panierten gebackenen Stichlingen und gebackenen Kalbstreifen.

gefüllt: farcie: 1. Mit Hechtschaumfarce gefüllt, braisiert in Weißwein, Fischfond und gehackten Schalotten; Fond eingekocht, mit Mehlbutter gebunden; garniert mit Champignons;
2. gefüllt mit Schweinefarce, vermischt mit eingeweichtem Brot, gehackten, gedünsteten Zwiebeln, gehackter Petersilie und Eiern; in Backplatte gelegt, mit Reibbrot bestreut, mit Butter übergossen, im Ofen gebacken.

in Gelee (kalt): en gelée: In Stücke geschnitten, in Fischfond und Weißwein mit Julienne von Mohrrüben, Knollensellerie und Petersilienwurzeln pochiert; Fond abgegossen, leicht gelatiniert, geklärt, mit der Julienne vermischt; Fisch in Glasschale angerichtet, mit dem stockenden Fond mitsamt der Julienne übergossen.

auf Genueser Art: à la génoise: Pochiert in Rotwein und Fischfond; bedeckt mit Genueser Sauce; garniert mit gebratenen Karpfenmilchern, Champignons und Krebsschwänzen.

gespickt: piquée: Enthäutet, mit Speckstreifen und Sardellenfilets gespickt, mit Butter übergossen, im Ofen gebraten; mit brauner Butter übergossen serviert.

auf jüdische Art (kalt): à la juive: Gehackte Schalotten und Zwiebeln, in Öl angeschwitzt, mit Weißwein und Fischfond aufgefüllt, Knoblauch, Kräuterbündel und Cayennepfeffer beigefügt, gekocht; Karpfen, in Stücke geschnitten, hinzugegeben, gargemacht; Fond passiert, eingekocht, mit Öl aufmontiert, erkaltet, über die kalten Karpfenstücke gegossen, mit gehackter Petersilie bestreut.

auf jütländische Art: à la jutlandaise: In Stücke geschnitten, mit Weinessig, Nelkenpulver und Pfeffer mariniert; in Bier mit etwas Marinade und geriebener Zitronenschale gargemacht; Fond mit Pfefferkuchen gedickt, Rosinen und etwas Butter beigefügt und über den Fisch gegossen.

Klößchen Morland: Quenelles de carpe Morland: Wie Hechtklößchen gleichen Namens, jedoch mit Karpfenfleisch bereitet.

auf königliche Art: à la royale: Enthäutete Filets, in Schnitzel geschnitten, pochiert in Weißwein, Fischfond und Aromaten; im Kranze angerichtet, mit normannischer Sauce, mit dem eingekochten Fond vermischt, nappiert; Mitte, gefüllt mit Trüffelscheiben, tournierten Champignons und pochierten Karpfenmilchern, mit gleicher Sauce bedeckt.

mariniert (kalt): marinée: Pochiert in Fischsud mit Julienne von Wurzelgemüsen und Zwiebelscheiben; nach dem Garwerden mit der Julienne, Kapern und Zitronenscheiben bedeckt; Fond eingekocht, mit Gelatine vermischt, geklärt, ausgekühlt, über den Fisch gegossen, mit gehackter Petersilie bestreut (österreichisch).

auf Matrosenart: en matelote: In Stücke geschnitten, in Rotwein gekocht; flambiert mit Weinbrand, mit Mehlbutter gebunden, über den Fisch passiert; garniert mit kleinen Champignons, glacierten Zwiebelchen und herzförmigen, gebratenen Croutons.

mit Mayonnaise: à la mayonnaise: Filets, ohne Gräten oder Haut, paniert, in tiefem Fett gebacken; leichte Mayonnaise und gebutterte Fischkartoffeln nebenbei.

auf Moldauer Art: à la moldavienne: Ganzer Fisch, in Weißwein und Fischfond, mit feiner Mirepoix braisiert; Fond passiert, mit Stärkemehl gebunden und mit geriebenem Meerrettich vermischt; Fisch auf Sauerkraut angerichtet, mit der Sauce nappiert, mit gerösteten Kartoffeln garniert.

auf orientalische Art: à l'orientale: In Stücke geschnitten, in Fischfond, Öl und Weißwein mit gehackten Schalotten pochiert; Fond eingekocht, mit Safran und viel gehackten Mandeln vermischt und über den Fisch gegossen.

mit Paprika: au paprica: In Stücke geschnitten, pochiert in Weißwein, Fischfond und Champignonfond, mit Butter; Fond reduziert und mit Paprikasauce vermischt.

auf polnische Art: à la polonaise: In Stücke geschnitten, in Bier mit etwas Rotwein, Zwiebelscheiben, gewürfeltem Pfefferkuchen, Thymian, Lorbeer, Pfefferkörnern, Nelken und Petersilie pochiert; Fond durchgestrichen, mit Karamelzucker, in Essig aufgelöst, vervollständigt, mit Sultaninen und gehackten Mandeln vermischt.

Pompadour (kalt): Ganzer Fisch, auf Scheiben von Mohrrüben und Zwiebeln in Rotwein mit Fischfond braisiert; erkaltet, mit Gelee aus dem Fond bereitet, nappiert; mit Artischockenböden gefüllt, mit russischem Salat garniert.

auf rumänische Art (kalt): à la roumaine: Sehr großer, ganzer Fisch, auf viel gerösteten Zwiebelscheiben placiert; bedeckt mit entkernten Zitronen- und Tomatenscheiben, im Ofen braisiert, in Weißwein mit zerdrücktem Knoblauch, reichlich Sonnenblumenöl und etwas leichter Tomatensauce, wobei der Fond stark einkochen muß; eiskalt serviert, bedeckt mit frischen Tomaten- und Zitronenscheiben und dem passierten Fond.

Saint-Menehould: Filets, in Weißwein und Fischfond nur abgesteift; abgekühlt, paniert in Ei und Weißbrotkrume, vermischt mit gehackten Champignons; gebraten oder grilliert; garniert mit Scheiben von Pfeffergurken; Hascheesauce, vermischt mit gehackten Sardellen und Pfeffergurken, nebenbei.

mit Sauerkraut: au choucroute: In Stücke geschnitten, in Fischsud pochiert; auf Sauerkraut dressiert, mit Weißweinsauce nappiert.

in saurem Rahm: à la crème aigre: Filets, in gebutterte Backplatte geordnet, mit Salz, Pfeffer und Zitronensaft gewürzt, mit saurem Rahm bedeckt, im Ofen gargemacht.

Volnay: Ganzer Fisch in Volnaywein, mit Champignonfond und gehackten Schalotten gargemacht; Fond passiert, mit Mehlbutter gebunden, über den Fisch gegossen; garniert mit Blätterteig-Halbmonden.

mit Zwiebeln: aux oignons: In Stücke geschnitten, in Fischfond, mit Weißwein, Butter und viel Zwiebelscheiben pochiert; Fond mit Reibbrot gebunden und über den Fisch gegossen.

Katfisch: siehe Seewolf

Kaulbarsch: F. Gremille (grähmihl), perche goujonnière, perche dorée: E. Ruffe, pope: Süßwasserfisch aus der Familie der Barsche, der in ganz Europa, auch in Sibirien, besonders in tiefen klaren Gewässern verbreitet ist. Wird wie Barsch bereitet. Länge bis zu 25 cm, Gewicht bis 1 kg.

Kedgeree, Cadgerie: Abwechselnde Lagen von gekochtem, von Haut und Gräten befreitem und auseinandergezupftem Steinbutt oder Kabeljau, gekochtem Reis, Scheiben von hartgekochtem Ei, gehackten, gedünsteten Zwiebeln und Rahmsauce, stark mit Currypulver gewürzt; übergossen mit leicht gebräunter Butter. Wird auch mit Lachs bereitet (anglo-indisch).

Kippers: Geräucherte Heringe: Vom Rücken aus gespaltene, leicht gepökelte, flach geräucherte Heringe, die meistens in der Pfanne oder auf dem Rost gebraten und als Frühstücksgericht serviert werden (englisch).

Kliesche: Scharbe, rauhe Scholle, Eisflunder; F. Limande; E. Dab: Rechtsseitiger Plattfisch mit rauher, blaßgelb-brauner Oberfläche, mit schwachen, unregelmäßigen Flecken. Länge: 16–30 cm, Vorkommen: alle europäischen Fischgründe von der Biskaya bis Murmansk, einschließlich der Ostsee, am häufigsten in der Nordsee. Nicht zu verwechseln mit der echten Limande. Wenig schmackhaft, wie Scholle bereitet.

Klippfisch: F. Morue séchée; E. Klippfish: In Stücke geschnittener, entgräteter Magerfisch wie Kabeljau, Schellfisch und Seelachs, gesalzen und getrocknet. Wird wie Stockfisch bereitet.

Knurrhahn: siehe grauer Knurrhahn

Köhler, Seelachs, Blaufisch; F. Lieu noir (ljöh noar); E. Coal fish, rock salmon: Schellfischart von oliven- bis schwarzgrüner Farbe, mit kleinem, verlängertem Bartfaden am Unterkiefer. Vorkommen: Biskaya bis hinauf nach Grönland. Wird frisch, getrocknet und geräuchert gehandelt. Zubereitung wie Kabeljau.

Krabbe: F. Crabe: E. Crab: Sammelname für eine Reihe von Krebstieren, von denen die Mehrzahl Meeresbewohner sind. Hierzu gehören: Maskenkrabbe (Mittelmeer), Seespinne (Nord- und Ostsee), japanische Riesenkrabbe, der große Taschenkrebs u. a. m. Im Handel bezeichnet man allgemein die zu den Langschwanzkrebsen gehörenden Garnelen als Krabben.

Krabben, Weichschalige: siehe Soft Shells Crabs

Krebs: F. Ecrevisse: E. Crayfish; I. Gambero; S. Cangrejo; Kiemenatmendes kleines Krustentier, bis 15 cm lang und etwa 150 g schwer, das über ganz Europa verbreitet ist. Bachkrebse sind schmackhafter als Flußkrebse; weniger wertvoll, doch größtes Vorkommen, die osteuropäischen Sumpf-Krebse.

auf amerikanische Art: Wie Hummer gleichen Namens bereitet.

auf andalusische Art: à l'andalouse: Große Schwänze, durch Mehl und Ei gezogen, in Öl gebacken, dazu folgende Sauce: geröstete Haselnüsse, mit etwas Sardellenfilet, kleiner Knoblauchzehe und Butter verrieben, passiert, mit schaumig gerührter Butter, Salz, Pfeffer, gehackten Oliven vermischt, mit Cayennepfeffer gewürzt.

Auflauf: Soufflé: Parmesan-Auflaufmasse, vermischt mit Krebspüree; in Auflaufschale abwechselnd mit Krebsschwänzen gefüllt, gebacken.

auf delikate Art: Gekocht, Schwänze und Scheren ausgebrochen; von den Karkassen Coulis bereitet, mit Fischvelouté verkocht, passiert, mit Senf leicht gewürzt, mit holländischer Sauce verfeinert, Schwänze mit geviertelten Champignons vermischt, mit der Sauce gebunden, im Risottorand, vermischt mit gewürfelten Tomaten und Erbsen, angerichtet; obenauf gehacktes Estragon.

auf Florentiner Art: Soufflé d'écrevisses à la florentine: Wie oben, mit Zusatz von Trüffelscheiben.
auf Piemonteser Art: à la piémontaise: Wie einfacher Auflauf, aber mit Krebsschwänzen und Scheiben weißer Trüffeln.
Rothschild: Wie Florentiner Art, mit Krebsschwänzen, Trüffelscheiben und grünen Spargelspitzen.
auf Bordelaiser Art: à la bordelaise: Wie Hummer gleichen Namens bereitet.
in Dillsauce: à l'aneth: Krebsschwänze, gebunden mit Fischvelouté, mit Rahm und gehacktem Dill vervollständigt; serviert im Rand von Pilawreis oder Reis nebenbei.
-Schwänze, gebraten: Queues d'écrevisses frites: Schwänze, mariniert in Öl, Zitronensaft, gehackten Schalotten und Petersilie; paniert oder durch Backteig gezogen, in tiefem Fett gebacken, garniert mit gebackener Petersilie und Zitrone.
gekocht: à la nage: In Fischsud von Wasser oder Fischfond, Weißwein mit Brunoise von Mohrrüben, Sellerie, Zwiebeln, Petersilienstielen, gehackten Schalotten, Thymian, Lorbeerblatt und Butter gekocht; im Fond mit Suppenterrine, bestreut mit gehacktem Dill, serviert; oder in Fischsud, mit Kümmel und Butter gekocht, im Sud mit gehackter Petersilie serviert.
Georgette: Gebackene Kartoffeln, ausgehöhlt, gefüllt mit Krebsschwänzen, gebunden mit Nantuasauce; nappiert mit Nantuasauce, bestreut mit geriebenem Parmesan, glaciert.
auf Kardinalsart: à la cardinale: Muschelschalen, umspritzt mit Herzogin-Kartoffelmasse, hellbraun gebacken; Boden mit Löffelchen Kardinalsauce bedeckt, gefüllt mit Krebsschwänzen, maskiert mit Kardinalssauce, Trüffelscheibe in die Mitte.
Kroketts: Croquettes d'écrevisses: Gewürfelte Krebsschwänze, vermischt mit gewürfelten Champignons, gebunden mit gutgewürzter Béchamel, legiert mit Eigelb; wenn kalt, zu Korken geformt, paniert, in tiefem Fett gebacken; Nantuasauce nebenbei.
Lafayette: Schwänze, in Butter sautiert, scharf gewürzt, in Rahm gedünstet; gebunden mit Eigelb, gewürzt mit Weinbrand und Sherry, in Wärmschüssel serviert.
Magenta: Krebse in Öl, mit feiner Mirepoix sautiert, gewürzt, mit Weinbrand flambiert, mit Weißwein deglaciert; gewürfelte Tomaten und Fischvelouté beigefügt, gargekocht; Sauce eingekocht, mit Glace, Butter und Prise Basilikum vervollständigt.
Mousselines: siehe Schaumbrötchen
à la nage: siehe gekocht
Pastete: Pâté d'écrevisses: Kalbfleischfarce, vermischt mit Krebspüree, Krebsbutter und gehackten Champignons, stark gewürzt, mit Eigelb gebunden; abwechselnd mit Krebsschwänzchen in Form ausgelegt, mit Pastetenteig gefüllt, mit Teig verschlossen, dekoriert, im Ofen gebacken.
Pilaw von: Pilaw d'écrevisses: Krebsschwänze in amerikanischer Sauce, gefüllt in Rand von Pilawreis, bestreut mit gehacktem Estragon.
Pyramide von: en buisson: Gekocht in Fischsud, erkaltet, mit krauser Petersilie pyramidenförmig aufgebaut.
mit Reis: Méridon d'écrevisses: Körnig gekochter Reis, vermischt mi gewürfelten Krebsschwänzen und etwas Nantuasauce; gefüllt in Portionsförmchen, garniert mit Krebsschwänzen, nappiert mit Nantuasauce.
Salat: en salade: Schwänze, mariniert in Zitronensaft und Öl, vermischt mit Kapern und gehackten Essiggemüsen, gebunden mit Mayonnaise; garniert mit Spargelköpfen, auf Salatblättern angerichtet.
Schaumbrötchen: Mousselines d'écrevisses: Rohe Hecht- oder Weißlingsfarce, vermischt mit Krebspüree, auf Eis gekühlt, ver-

mischt mit Eiweiß, gewürzt, mit dickem Rahm aufmontiert; in kleine Förmchen gefüllt oder mit zwei Löffeln zu ovalen Klößchen geformt, im Wasserbad pochiert; gut abgetropft, nappiert mit Nantuasauce.

Alexandra: Wie oben bereitet, jedoch in Förmchen dekoriert mit Trüffelscheibe und Krebsschwänzchen.

auf Seemannsart: à la marinière: Ganze Krebse, gekocht in Weißwein mit Thymian und Lorbeerblatt; Fond eingekocht, mit Fischvelouté verkocht, mit Butter aufgeschlagen, über die Krebse gegossen, bestreut mit gehackter Petersilie.

in Sherryrahm: à la crème de Xérès: Krebse mit Mirepoix angeröstet, mit Weinbrand flambiert, mit Sherry und gutem Fond verkocht; Schwänze ausgebrochen, Schalen gestampft, angeschwitzt, mit dem Fond und Béchamel verkocht, mit Rahm verfeinert, passiert, mit Sherry gewürzt. Schwänze mit der Sauce gebunden, mit Krebsbutter betropft; Butterreis nebenbei.

Suprême von K. in Champagner (kalt): Suprême d'écrevisses au champagne: Mit Schaumwein auf Bordelaiser Art bereitet und ausgekühlt; Schwänze ausgebrochen, von Fond und Karkassen, Gelee und Rahm Schaumbrotmasse bereitet, in Glasschüssel gefüllt, mit den Schwänzen, Trüffelscheiben und Kerbel dekoriert, mit Gelee überglänzt; auf Eisblock serviert.

Timbal auf Seemannsart: Timbale d'E. à la marinière: In Weißwein, mit Prise pulverisiertem Thymian und Lorbeerblatt gekocht und ausgebrochen; in Timbal angerichtet, mit dem eingekochten Fond vermischt, mit Fischvelouté, aufgeschlagen mit Butter, nappiert, mit gehackter Petersilie bestreut.

Nantua: Auf Bordelaiser Art bereitet; die Schwänze ausgebrochen, mit kleinen Fischklößchen, Champignonköpfen und Krebscoulis vermischt, im Timbal angerichtet, mit Nantuasauce nappiert, mit Trüffelscheiben garniert. Wird auch in hohem Blätterteigrand angerichtet.

auf Pariser Art: à la parisienne: Makkaroni, mit Butter und geriebenem Käse im Timbale, darauf die ausgebrochenen Krebsschwänze mit Nantuasauce gebunden; dekoriert mit roh sautierten Trüffel- und Champignonscheiben.

Vinaigrette (kalt): Krebsschwänze, kalt, in Vinaigrette-Sauce serviert.

Voltaire: Dicke Champignonscheiben sautiert in Butter, vermischt mit Krebsschwänzen, aufgekocht in Rahm und scharf gewürzt; mit Eigelb und Rahm legiert, mit Cognac und Sherry aromatisiert, im Timbal angerichtet.

Zephyrs von: Zéphyrs d'écrevisses: Auf amerikanische Art bereitet, das Fleisch ausgelöst, zusammen mit der Sauce püriert und durch Sieb gestrichen; Masse mit ungesüßter Schlagsahne und Gelee aufmontiert, gut gewürzt und in Darioleförmchen, mit Gelee chemisiert und mit Trüffelscheibe dekoriert, gefüllt und mit Gelee verschlossen. Nach dem Erstarren gestürzt und mit Gelee garniert; sie müssen ganz zart sein.

Kulibijaka: siehe Fischpastete, russisch

Laberdan, gesalzener Kabeljau: F. Morue salée; E. Salt cod fish: Am Fangort gesalzener und in Fässern verpackter Kabeljau. Wird auch heute noch in Südeuropa und Südamerika viel verwendet. Vor dem Gebrauch ist Laberdan gründlich zu wässern.

Bamboche (bammbosch): Gewässert, enthäutet, entgrätet, in Streifen geschnitten, gemehlt, in tiefem Fett gebacken; auf gemischtem Gemüse angerichtet.

Benedikt: Bénédictine: Pochiert, abgetropft, von Haut und Gräten befreit, gestoßen und, solange noch heiß, gekochte Kartoffeln beigefügt und mit Olivenöl und Milch wie dicke Mayonnaise aufgezogen; in Backplatte gefüllt, mit zerlassener Butter beträufelt, glaciert.

Benoiton: Leicht gebräunte Zwiebelscheiben, mit Mehl bestreut, mit Fischfond, Rotwein und Knoblauch aufgekocht, Kartoffelscheiben, vorgekochter, auseinandergezupfter Laberdan beigefügt; durchgekocht, in Backplatte gefüllt, mit Reibbrot bestreut, mit Olivenöl gefettet, im Ofen überkrustet.

auf Biskaya-Art: à la biscaïenne: Gewürfelt, vorgekocht, in Olivenöl mit gestoßenem Knoblauch, gehackten Zwiebeln und gewürfelten Tomaten sautiert; in Backplatte abwechselnd mit Streifen von Paprikaschoten gefüllt, im Ofen gedünstet, mit herzförmigen, gebackenen Croutons umlegt.

Brandade: Wie Benedikt, mit weniger Kartoffeln unter Zusatz von Knoblauch gestoßen, scharf gewürzt, in Timbale dressiert, mit herzförmigen, gebackenen Croutons umlegt.

   getrüffelt: B. truffée: Wie Brandade, jedoch mit gehackten Trüffeln bereitet; garniert mit Trüffelscheiben.

   mit Rahm: B. à la crème: wie Brandade, unter Zusatz von dickem Rahm bereitet.

auf englische Art: à l'anglaise: Gekocht, mit Salzkartoffeln und geviertelten, gekochten Pastinaken und Petersilie angerichtet; englische Eiersauce nebenbei.

auf Kreolenart: à la créole (kreohl): Pochiert, abgetropft, gewürfelt, in Backplatte gefüllt, deren Boden mit gehackten Zwiebeln und gewürfelten Tomaten, provenzalisch bereitet, bedeckt ist; mit Zitronensaft beträufelt, mit brauner Butter übergossen, sehr heiß serviert.

auf Lyoner Art: à la lyonnaise (lionähs): Pochiert, auseinandergezupft, vermischt mit Lyoner Kartoffeln, deglaciert mit einigen Tropfen Essig; bestreut mit gehackter Petersilie.

auf provenzalische Art: à la provençale: Gehackte Zwiebeln und gewürfelte Tomaten, sautiert in Olivenöl, schwarze Oliven, zerdrückter Knoblauch, gehackte Petersilie und gekochter, gewürfelter Laberdan beigefügt; kurz zusammen gedünstet, in Timbale angerichtet.

in Rahmsauce: à la crème: Pochiert, auseinandergezupft, bedeckt mit Rahmsauce, bestreut mit gehackter Petersilie.

auf spanische Art: à l'espagnole: Wie Biskaya, jedoch lagenweise mit Scheiben von gekochten Kartoffeln und etwas verdünnter Tomatensauce zwischen den Lagen.

mit Spinat: aux épinards: Gekochter, grobgehackter Spinat, mit Knoblauch, Muskatnuß und Pfeffer gewürzt, vermischt mit gekochtem, auseinandergezupftem Laberdan, gehackter Petersilie und Sardellenfilets, gebunden mit Béchamel; gefüllt in Backschüssel, bestreut mit Reibbrot, mit zerlassener Butter betropft und überkrustet.

Valencia: Gekocht, abgeblättert, abwechselnd in Timbale mit Pilawreis, Tomatenpüree und gebackenen Zwiebelringen gefüllt, Reis als letzte Lage; mit Vierteln von hartgekochten Eiern garniert, mit brauner Butter, mit geröstetem Reibbrot übergossen, sehr heiß serviert.

Lachs: Salm; F. Saumon (ßomong); E. Salmon; I. Salmone; S. Sálmon: Wanderfisch, der seine Jugend in klaren Bächen und Flüssen verbringt, sich mit etwa 3 Jahren ins Meer treiben läßt und zum Laichen wieder in die Ströme und Flüsse steigt. Durchschnittsgewicht 6–8 kg, Länge 60 cm, Höchstgewicht 25 kg bei 1,5 m Länge. Fanggebiete: englische und schottische Flüsse, Loire, Weser, kaum noch im Rhein, norwegische, mitteleuropäische Atlantikküsten sowie Kanada, Neufundland und die amerikanischen Atlantik- und Pazifikküstengewässer.

Adlon (kalt): 5 cm dicke Scheiben aus der Mitte, pochiert, erkaltet, Gräte ausgelöst, Mitte mit gebundenem Gemüsesalat hoch gefüllt; um den Salat Scheiben von kalten Seezungenröllchen, mit Lachsfarce gefüllt, halb übereinandergelegt, dressiert, alles mit Gelee überglänzt; grüne Mayonnaise nebenbei.

Admiralsart: à l'amiral: Wie Butte bereitet.
Artois: à la d'Artois (dahrtoa): Mittelstück, enthäutet, bedeckt mit Weißlingsfarce, dekoriert mit Trüffelscheiben, pochiert in Butter und Weißwein, bedeckt mit Garnelensauce; garniert mit großen Weißlingsklößen mit Garnelenpüree, Mundbissen, gefüllt mit Garnelen, als Deckel Trüffelscheibe und Champignonkopf.
mit Austern: aux huîtres (os üihtr): Scheiben, in Weißwein und Fischfond pochiert; bedeckt mit Weißweinsauce, mit dem eingekochten Fond und Austernsaft; garniert mit pochierten, entbarteten Austern.
Balmoral: In Fischsud pochiert; bedeckt mit Garnelensauce, garniert mit kleinen Fischklößchen, gekochten Kartoffelkugeln und Trüffelscheiben.
Baron Brisse (brihs): Tranchen, grilliert; garniert mit pochierten Austern und Garnelenklößchen; Madeirasauce.
Béarner: In Tranchen geschnitten, grilliert; Béarner Sauce nebenbei.
Bellevue (kalt): Ganzer Fisch, in Fischsud pochiert und im Sud ausgekühlt; enthäutet, mit Trüffel, Eiweiß, Estragon, Kerbel o. a. dekoriert, mit Gelee überglänzt, nach Geschmack garniert.
Bornholmer Lax Kronprincesse Margrethe: Lachs, filiert, in dicke Scheiben geschnitten, wie eine Tasche aufgeschnitten, mit Duxelles von Champignons und Paprikaschote gefüllt; gewürzt, gemehlt, in Butter gebraten, garniert mit Tomaten, gefüllt mit Erbsen und Kartoffeln; Béarner Sauce, mit Dill bereitet, nebenbei (dänisch).
Brillat-Savarin: Mittelstück, pochiert in Weißwein, mit Scheiben von Zwiebeln und Wurzelwerk; Fond, mit Rahm eingekocht, mit Butter aufgeschlagen, über den Fisch gegossen; garniert mit Champignonköpfen, Trüffeloliven und gefüllten Krebsnasen.
in Chambertin (kalt): au Chambertin: Medaillons, pochiert in Chambertin-Wein; ausgekühlt, pariert, dekoriert; in flache Glasschale dressiert, gänzlich mit leichtem Gelee, mit dem Fond bereitet, aufgefüllt.
Chambord: Großes Mittelstück, auf einer Lage von Aromaten mit $^2/_3$ Rotwein und $^1/_3$ Fischfond braisiert, enthäutet, glaciert; mit Chambord-Garnitur angerichtet, Chambordsauce nebenbei.
Champerré (schangpereh): Scheiben, in Butter und Weißwein pochiert; dressiert auf Pilawreis, bedeckt mit normannischer Sauce; garniert mit glacierten Zwiebelchen und gebackener Petersilie.
Condorcet (Kongdorssäh): Suprêmes, pochiert, bedeckt mit geschmolzenen Tomaten und in Butter gedünsteten Gurkenoliven; übergossen mit Weißweinsauce, bestreut mit gehackter Petersilie.
auf dänische Art: à la danoise (dahnoas): Darne oder Scheibe, pochiert, garniert mit Fischkartoffeln; Bastardsauce, mit Sardellenbutter aufgeschlagen, nebenbei.
Darne: Dicke Mittelscheibe vom Lachs.
Daumont (domong): Darne oder Scheiben, in Weißwein pochiert; garniert mit runden Fischklößchen, mit Trüffelscheibe dekoriert, Champignonköpfen, Krebsschwänzen und gebackenen Fischmilchern; Nantuasauce.
auf deutsche Art: à l'allemande: Scheiben, halbiert, enthäutet und entgrätet, durch flüssige Butter, vermischt mit Eigelb, gezogen, in Weißbrotkrume gewendet, in Butter gebraten; garniert mit Champignons in Rahmsauce.
auf Dieppes Art: à la dieppoise (djäpoahs): Wie Butte gleichen Namens bereitet.
auf Diplomatenart: à la diplomate: Dicke Scheibe, pochiert, bedeckt mit Diplomatensauce; Trüffelscheibe, durch Fleischglace gezogen, obenauf.
auf englische Art: à l'anglaise (anglähs): 1. Schnitzel, paniert, in Butter gebraten; mit halbzerlassener Kräuterbutter bedeckt;

2. Scheiben, in Fischsud pochiert; Salzkartoffeln, leichtgesalzene Gurkenscheiben und zerlassene Butter oder holländische Sauce nebenbei.

Fedorowna: Mittelstück, pochiert, bedeckt mit Champignon- und Trüffelscheiben, Garnelen- und Krebsschwänzchen; übergossen mit Garnelensauce, garniert mit panierten, gebackenen Muscheln.

auf Gärtnerart (kalt): à la jardinière (schardinjähr): Dicke halbe Tranchen, pochiert, enthäutet, ausgekühlt, nach Belieben dekoriert, mit Gelee überglänzt; auf Gemüsesalat angerichtet, garniert mit Gelee.

gekocht: Bouilli (buji): In Fischsud pochiert; holländische, Hummer- oder andere passende Sauce, auch zerlassene oder geschlagene Butter und Fischkartoffeln nebenbei.

mit Genfer Sauce: à la génevoise (schenehwoahs): Pochiert in Fischsud; serviert mit Fischkartoffeln und Genfer Sauce.

grilliert: grillé (grihjeh): Scheiben gefettet, auf dem Rost gebraten; Kräuterbutter oder beliebige kalte Sauce nebenbei.

mit Gurken: aux concombres: Scheiben, grilliert, bedeckt mit Kräuterbutter; dünne Gurkenscheiben, im letzten Moment mit Salatmarinade übergossen, nebenbei.

Herzogin Alice: Duchesse Alice: Großes Mittelstück, mit Mirepoix, Fischfond und Rheinwein pochiert; Fond eingekocht, mit Eigelb und Rahm gebunden, mit Butter aufgeschlagen, mit Julienne von Champignons vermischt, über den Fisch gegossen; garniert, mit Mundbissen, gefüllt mit Krebssalpicon, gebackenen Austern und Tomaten, gefüllt mit grünen Spargelspitzen.

mit holländischer Sauce: à la sauce hollandaise: Gekocht, serviert mit Salzkartoffeln und holländischer Sauce.

mit Hummersauce: au sauce homard: Gekocht, serviert mit Hummersauce, mit gewürfeltem Hummer und Fischkartoffeln.

auf Kardinalsart: à la cardinale: Schnitten, pochiert in Weißwein und Butter; Hummer- und Trüffelscheibe auf jeder Scheibe, bedeckt mit Kardinalsauce; bestreut mit gehacktem Hummermark.

Koteletts: Côtelettes de saumon: 1. Halbe, dicke Lachsscheiben, kotelettartig geschnitten, in Weißwein gedünstet, in Butter gebraten oder paniert, gebacken oder gebraten;
2. gekochter Lachs, gewürfelte Champignons und Trüffel, gebunden mit dicker Béchamel und Eigelb, ausgekühlt, geformt, paniert, in tiefem Fett gebacken;
3. Mousselinefarce von Lachs, zuweilen mit gewürfelten Champignons, Trüffeln, Krebsschwänzchen o.a. vermischt, in Kotelettförmchen gefüllt, pochiert und mit passender Sauce und Garnitur serviert; zuweilen nach dem Pochieren paniert und gebraten oder in tiefem Fett gebacken.

Alaska (kalt): Formel Nr. 1, pochiert, ausgekühlt, nappiert mit tomatierter Decksauce, dekoriert, überglänzt mit Gelee; auf ovale Blätterteigpastete, gefüllt mit russischem Salat, dressiert; Mayonnaise, mit Kaviar vermischt, nebenbei.

Artois: à la d'Artois: Formel Nr. 1, leicht mit Fischfarce maskiert, mit Trüffelscheibe dekoriert, in Butter gedünstet; mit Austernsauce übergossen.

Eduard VII.: Formel Nr. 3, pochiert, bedeckt mit Currysauce mit Rahm; Trüffelscheibe auf jedem Kotelett.

auf italienische Art: à l'italienne (italjenn): Formel Nr. 1, maskiert mit Champignonpüree, mit Eigelb gebunden; paniert in halb weißer Brotkrume und halb geriebenem Käse, in tiefem Fett gebacken; Sardellensauce nebenbei.

auf Marschallsart: à la maréchale: Formel Nr. 1, durch flüssige Butter gezogen, in weißem Reibbrot, vermischt mit gehackten Trüffeln, paniert, in geklärter Butter gebraten; Trüffelscheibe auf jedem Kotelett, garniert mit grünen Spargelspitzen.

Pojarski: 3 Teile roher Lachs, 1 Teil Weißbrot, in Milch geweicht, etwas Butter, zusammen feingehackt, gewürzt, zu Koteletts geformt; paniert, in Butter gebraten, nach Belieben garniert.

auf russische Art (kalt): à la russe: Kotelettförmchen, mit Gelee chemisiert, mit Kaviar dekoriert, gefüllt mit Lachsschaumbrot, mit Gelee verschlossen; nach dem Erstarren mit russischem Salat angerichtet.

auf königliche Art: à la royale (roajal): 1. (kalt): Medaillons, pochiert, erkaltet, pariert, bedeckt mit kalter Schaumbrotmasse; mit gestockter Mayonnaise überzogen, beliebig dekoriert, mit Gelee überglänzt; gefüllt in flache Glasschale, gänzlich mit zartem Weißweingelee bedeckt;
2. ganzer Fisch oder Mittelstück, in Weißwein braisiert; garniert mit Tarteletts, gefüllt mit Krebssalpicon, in Nantuasauce; gerieften Champignonköpfen, Trüffeloliven und gekochten Kartoffelkugeln; dazu normannische Sauce.

auf Kronprinzenart: à la dauphine (dohfihn): Scheiben, in Weißwein und Fischfond pochiert; bedeckt mit Hummersauce, garniert mit kleinen Fischklößchen, gerieften Champignonköpfen und Hummermedaillons.

Kulibijaka von: Coulibiac de saumon: Hefeteig rechteckig ausrollen, mit abwechselnden Lagen von Kascha, kleinen Lachsscheibchen, gehacktem Vesiga, gehackten hartgekochten Eiern, gehackter Petersilie, Zwiebeln und Champignons bedecken, zum Schluß wieder Kascha; zusammenschlagen, mit Butter bestreichen, Kamin machen, backen; beim Servieren flüssige Butter durch den Kamin gießen. Wird auch mit Blätterteig gemacht (russisch).

Lafayette (lafajett): Scheiben, pochiert, mit Krebsschwänzchen garniert; übergossen mit Weißweinsauce, vermischt mit Tomatenpüree, bestreut mit gehackter Trüffel.

Lucullus: Ganzer Fisch oder Mittelstück, enthäutet, mit Trüffelfäden gespickt; in Schaumwein braisiert, der eingekochte Fond mit Rahm und Eigelb gebunden, mit Krebsbutter aufgeschlagen; garniert mit pochierten Austern, Karpfenmilchern und Mundbissen mit Krebssalpicon.

Marcel Prevost (marßel prehwoh): Schnitten, dressiert auf gebutterten Blattspinat; bedeckt mit Matrosensauce, garniert mit pochierten Muscheln.

Marguery: Schnitzel, wie Seezungenfilets gleichen Namens bereitet.

Medici: Médicis (mehditschi): Medaillons, paniert, in Butter gebraten, garniert mit kleinen, gedünsteten Tomaten, gefüllt mit Béarnaise-Sauce.

Metternich: 1. Medaillons, in Weißwein und Butter pochiert; nappiert mit Weißweinsauce mit Paprika, Trüffelscheibe auf jedem Medaillon;
2. pochiert mit Madeira und gehackten Trüffeln; auf Reis dressiert, bedeckt mit Genfer Sauce, vermischt mit dem eingekochten Fond und Rahm, garniert mit Trüffelscheibe und Fleurons.

Mirabeau (mirahbo): Schnitzel, wie Seezungenfilets gleichen Namens bereitet.

auf moderne Art: à la moderne: Scheiben, grilliert; Colbertsauce und Gurkensalat nebenbei.

auf moldauische Art (kalt): à la moldavienne: Ganzer Fisch, auf geröstete Zwiebelscheiben, Tomatenscheiben, geschälte Zitronenscheiben, gehackte Petersilie und zerdrückten Knoblauch gelegt, bedeckt mit Streifen von roten und grünen Paprikaschoten und Scheiben von Eieräpfeln; mit Weißwein, Sonnenblumenöl und Tomatenpüree braisiert, eiskalt serviert.

Monte Carlo: Medaillons, wie Seezungenfilets gleichen Namens bereitet.

Montmorency (mongmohrangsi): Schnitzel, wie Seezungenfilets gleichen Namens bereitet.

in Muschelschalen Mornay: en coquille M.: Die Schalen mit Duchesserand umspritzt, gefüllt mit gekochtem, auseinandergezupftem Lachs; bedeckt mit Mornaysauce, bestreut mit geriebenem Käse, überkrustet.

Victoria: Wie Mornay, jedoch mit Hummerscheibe obenauf, bedeckt mit Nantuasauce, überkrustet; beim Servieren Trüffelscheibe auf jeder Muschel.

auf Nanteser Art: à la nantaise: In Weißwein und Champignonfond pochiert; garniert mit Langustenscheiben, pochierten Austern und Trüffelscheiben, bedeckt mit holländischer Sauce, mit dem eingekochten Fond vermischt.

Neptun (kalt): Gleichmäßig dicke Halbschnitten, pochiert, erkaltet, bescheiden dekoriert und überglänzt; garniert mit halben Eiern, gefüllt mit Eiercreme, obenauf kleiner Krebsschwanz, und halben geschälten Tomaten, gefüllt mit Lachsschaumbrotmasse, obenauf winziges Lachsmedaillon, dekoriert mit gefüllter Olivenscheibe; beides glaciert; Rahmmayonnaise nebenbei.

auf normannische Art: à la normande: Wie Seezungenfilets gleichen Namens bereitet.

auf Pariser Art: à la parisienne: Scheiben, pochiert, mit Weißwein und Champignonfond; Trüffelscheibe und geriefter Champignonkopf auf jeder Scheibe; bedeckt mit Weißweinsauce, mit dem eingekochten Fond, garniert mit ganzen Krebsen.

Pastete: Pâté de saumon (kalt): Rechteckige Form, mit Pastetenteig ausgelegt, Seiten und Boden mit Hechtfarce vermischt, mit gehackter Trüffel ausgefüttert; abwechselnd mit zwei Lagen roher Lachsscheiben, Trüffelscheiben und Farce gefüllt, mit Farce abgeschlossen; bedeckt mit Teig, dekoriert, mit Ei bestrichen, gebacken. Wenn kalt, Gelee durch den Kamin eingefüllt.

Polignac: Scheiben, pochiert; nappiert mit Weißweinsauce, mit Rahm vermischt, mit Julienne von Champignons und Trüffeln; garniert mit Fleurons.

Pompadour: Medaillons, paniert mit zerlassener Butter und weißer Brotkrume; in geklärter Butter gebraten, Trüffelscheibe und Kranz von Béarner Sauce auf jedem Medaillon; garniert mit Pariser Kartoffeln.

Prince of Wales: Darne, pochiert in Schaumwein und Butter; in vorgebackenen Rand von Duchessemasse dressiert, bedeckt mit Weißweinsauce mit Currypulver, dem eingekochten Fond und Krebsbutter; garniert mit pochierten Austern und Muscheln.

Quirinal: Scheiben, pochiert, garniert mit Krebsschwänzen und Champignons; mit Rotweinsauce überzogen.

Réjane (rehschahn): Scheiben, pochiert, bedeckt mit Weißweinsauce, mit Brunnenkressebutter aufgeschlagen; garniert mit Herzogin-Kartoffeln.

Regentschaftsart: à la régence (rehschangs): Ganzer Fisch, mit Weißlingsfarce gefüllt, wie Hecht gleichen Namens bereitet.

Richelieu (richljö): Medaillons, in geklärter Butter gebraten; bedeckt mit halbzerlassener Kräuterbutter, Trüffelscheibe auf jedem Medaillon.

Riga (kalt): Ganzer Fisch oder Mittelstück, in Fischsud pochiert, erkaltet; Haut entfernt, nappiert mit gestockter Mayonnaise, dekoriert, überglänzt mit Gelee; garniert mit marinierten Gurkenstückchen, gefüllt mit Gemüsesalat; Tartelett, gefüllt mit Gemüsesalat, mit einer Krebsnase, mit Krebsschaumbrot gefüllt, obenauf, und halben, mit Kaviar gefüllten Eiern.

Röllchen mit Meerrettich (kalt): Paupiettes de saumon à la raifort: Dünne Scheibchen, gerollt, pochiert, erkaltet, mit leicht gestockter Meerrettichsahne gefüllt, dekoriert mit kleiner Eischeibe und halber Olive, mit Gelee überglänzt; abwechselnd mit Röllchen von Räucherlachs, gefüllt mit Eiercreme, dekoriert mit Paprikaschote und überglänzt, angerichtet.

Saint-Germain: Wie Seezungenfilets gleichen Namens bereitet.
Schaumbrötchen: Mousselines: Lachsfleisch, mit etwas Eiweiß gestoßen, durch Haarsieb gestrichen, gekühlt, gewürzt, mit dickem Rahm aufgezogen, mit zwei Löffeln geformt oder in ovale Förmchen gefüllt und pochiert.
Alexandra: Schaumbrötchen, mit Löffel geformt, kleine dünne Scheibe Lachs obenauf, pochiert; Trüffelscheibe auf jedem Schaumbrötchen, bedeckt mit Mornaysauce, bestreut mit geriebenem Käse, glaciert; garniert mit grünen Spargelspitzen oder kleinen grünen Erbsen.
Tosca: Farce, vermischt mit Krebspüree, mit Löffeln geformt, pochiert; garniert mit Fischmilchern, Krebsschwänzen und Trüffelscheibe, bedeckt mit Mornaysauce, vermischt mit Krebsbutter, bestreut mit geriebenem Käse, glaciert.
Schnitzel, Medaillons, Suprêmes: Escalopes, médaillons ou suprêmes de saumon: Filets, in schräge Scheiben geschnitten und entsprechend pariert; Zubereitung hauptsächlich wie Seezungenfilets.
auf schottische Art: à l'écossaise (ehkossäs): Pochiert in Weißwein und Butter; bedeckt mit holländischer Sauce, vermischt mit dem eingekochten Fond und Gemüsebrunoise, in Butter gedünstet.
Suzette: Scheiben, pochiert, bedeckt mit Joinville-Sauce; garniert mit Ragout von Champignons und Trüffeln, mit Hummersauce gebunden.
Turenne (tührenn): Scheiben, pochiert, garniert mit Gurken- und Tomatenscheiben, nappiert mit Weißweinsauce, mit Sardellenbutter aufgeschlagen.
auf ungarische Art: à la hongroise (ongroahs): Scheiben oder dicke Schnitzel, in Weißwein mit gehackten, in Butter mit Paprika geschwitzten Zwiebeln, Fischfond und gewürfelten Tomaten pochiert; Fond eingekocht, mit Butter aufgeschlagen, über den Fisch gegossen, glaciert.
Valois (waloah): Darne, pochiert, garniert mit gekochten Kartoffelkugeln, pochierten Fischmilchern und ganzen Krebsen; bedeckt mit Valoissauce.
Vanderbilt: Darne, pochiert in Fischsud, bedeckt mit Garnelensauce, vermischt mit Trüffelscheiben; garniert mit Champignonköpfen, pochierten Austern und Garnelen.
auf venezianische Art: à la vénetienne (wehnißjenn): Darne, pochiert; venezianische Sauce nebenbei.
Viktoria: Victoria: Medaillons, pochiert, Hummer und Trüffelscheibe obenauf, nappiert mit Victoriasauce, garniert mit Fleurons.

Lachsforelle: siehe Meerforelle
Laitance: siehe Fischmilch
Lamprete: siehe Neunauge
Lamproie: siehe Neunauge
Langouste: siehe Languste
Langoustine: siehe Langustine
Languste: Stachelkrebs, Panzerkrebs: F. Langouste; E. Crawfish, Spiny Lobster: Großer Seekrebs, der im Mittelmeer, der Adria, den Südküsten Englands und Irlands, der südafrikanischen Küste und anderwärts beheimatet ist. Verwandt mit dem Hummer, jedoch ohne Scheren, nur das erste Fußpaar ist scherenartig ausgebildet. Charakteristisch der Kopfpanzer mit den vielen stachligen Höckern und die sehr langen Fühler. Wird wie Hummer bereitet.
Langustine: F. Langoustine: Seekrebs des Mittelmeeres, ähnlich dem Kaisergranat, höchste Länge 25 cm, Farbe oliv bis hellgelb, die sich beim Kochen nicht ändert, mit sehr zartem Fleisch. Kann wie Krebs zubereitet werden. Die Scheren sind sehr schmal und schlank.
Lauben: siehe Ukelei

Lavaret: siehe Renke
Lengfisch: F. Lingue; E. Ling: Langgestreckter Fisch aus der Familie der Gadidae, mit langem Bartfaden am Unterkiefer. Rücken braun bis grau gefärbt, an der Bauchseite ins Hellere übergehend. Länge: 50–150 cm, größere Exemplare wiegen 25–30 kg. Vorkommen: Ärmelkanal bis Nordnorwegen, häufig auch in der Nordsee. Wird frisch, eingesalzen und geräuchert gehandelt. Bereitet wie Kabeljau, jedoch geringwertiger.
Lieu jaune: siehe Pollack
Lieu noir: siehe Köhler
Limande: siehe Kliesche
Lingue: siehe Lengfisch
Lingue bleu: siehe Blauleng
Lotte: siehe Aalraupe
Loup marin: siehe Seewolf
Lucine: siehe Clam

Maifisch: siehe Alse
Makrele: F. Maquereau; E. Mackerel: Seefisch aus der Familie der Scombridae mit gestrecktem, spindelförmigem Körper. Die Schwanzflosse ist stark ausgeschnitten, die Schuppen klein, sie nehmen nach hinten zu noch in Größe ab. Der Rücken ist lebhaft dunkelgrün bis dunkelbraun gefärbt, die Seiten haben einen perlmuttartigen Schimmer, die Unterseite ist fast rein weiß. Die Länge schwankt zwischen 35–50 cm. Vorkommen: Der Nordatlantik, mit südlicher Grenze bei den Kanarischen Inseln, in entsprechender Breite auch in den Küstengebieten der Ostseite Nordamerikas. Er tritt reichlich im Mittelmeer und im Schwarzen Meer und zu gewissen Zeiten auch in der Nordsee auf; in der Ostsee sind die Fänge seltener.
Bonnefoy: Filets, gebraten, mit Bonnefoy-Sauce nappiert; Fischkartoffeln nebenbei.
auf Boulogner Art: à la boulonnaise: In Stücke geschnitten, pochiert, garniert mit entbarteten Muscheln, mit Bastardsauce nappiert.
auf bürgerliche Art: à la bourgeoise: Gefüllt mit Fischfarce, vermischt mit gehackten Kräutern, gemehlt, in Butter gebraten; nappiert mit Rahmsauce, vermischt mit gehackten Champignons.
auf Calaiser Art: à la calaisienne: Wie Hering gleichen Namens bereitet.
auf Diepper Art: à la dieppoise: Filets, wie Butt bereitet.
auf englische Art: à l'anglaise: In Fischsud mit viel Fenchel pochiert; Püree von grünen Stachelbeeren nebenbei.
Francillon: Filets, grilliert, auf gleich große Croutons, mit Sardellenbutter bestrichen, dressiert; garniert mit Strohkartoffeln, Tomatensauce nebenbei.
auf Frühlingsart: à la printanière: Filets, pochiert, nappiert mit Bastardsauce, mit Gemüsebutter aufgeschlagen; garniert mit gebutterten grünen Erbsen und kleinen neuen Kartoffeln.
gebacken: frit: Filets, mariniert in Öl, Zitronensaft, gehackten Kräutern und Schalotten; gemehlt, in tiefem Fett gebacken; Tomatensauce nebenbei.
gefüllt: farci: Gefüllt mit Fischfarce, vermischt mit gehackten Kräutern und Sardellenpaste; in geöltes Papier gehüllt, im Ofen gebacken; Sardellensauce nebenbei.
grilliert: grillé: Der Länge nach gespalten, gewürzt, gemehlt, geölt, auf dem Rost gebraten; Tataren- oder Ravigote-Sauce oder Kräuterbutter nebenbei.
mit grünen Erbsen: aux petits pois: Pochiert, nappiert mit feiner weißer Rahmsauce, mit grüner Erbsenbutter aufgeschlagen; garniert mit gebutterten grünen Erbsen.
auf Müllerinart: à la meunière: Wie Barbe gleichen Namens bereitet.

in Papierhülle: en papillote: Wie Forelle bereitet.
à la printanière: siehe auf Frühlingsart
auf provenzalische Art: à la provençale: Wie Rotbarbe gleichen Namens bereitet.
Rosalie: Filets, in Nußöl gebraten; bedeckt mit gehackten Zwiebeln, Schalotten, Champignons und Spur Knoblauch, in Nußöl gebraten, zuletzt gehackte Petersilie und Schuß Essig beigefügt.
Mackerel with Yoghurt Dressing: Makrele mit Joghurtsauce (kalt): Makrelenfilets gemehlt, in halb Butter, halb Öl gebraten, erkaltet, mit einer Sauce von Joghurt, gehacktem Schnittlauch, einigen gehackten Pfeffergurken und reichlich kleingewürfelten Äpfeln bedeckt; sehr kalt serviert (englisch).

Maquereau: siehe Makrele

Maräne: F. Marène; E. Marena: Silberglänzender, zur Gattung Renke gehöriger Fisch, der dem Hering ähnelt. Länge: 12–35 cm, Vorkommen: die Seen Holsteins und Mecklenburgs und einige Abschnitte der Ostseeküste. Die große oder Wandermaräne (Ostseeschnäpel) findet man in den Küstengewässern der Ostsee. Länge: 50 cm, zuweilen bis 120 cm werdend. Die kleine Maräne wird häufig geräuchert, sonst wie Forelle bereitet.

Matelote: siehe Matrosengericht

Matrosengericht: Matelote: Gericht von verschiedenen Süßwasserfischen, in Stücke geschnitten, in Wein mit Gewürzen und Aromaten gekocht, der Fond eingekocht und mit Mehlbutter gebunden, oder mit Fischvelouté vermischt und verschiedenartig garniert. Meurette, Pochouse und Waterzoi sind typische Gerichte dieser Art.

von Aal: Matelote d'anguille: In Stücke geschnitten, in Butter angeschwitzt, mit Cognac flambiert, in Rotwein gekocht; Fond mit Mehlbutter gebunden, garniert mit kleinen Zwiebeln, Champignons, Krebsschwänzen und herzförmigen, gerösteten Croutons.

auf Fischerart: de pêcheurs: Karpfen, Aal, Hecht, Barsch und Forelle, in Stücke geschnitten, in Rotwein gekocht; mit Mehlbutter gebunden, garniert mit Champignonköpfen und kleinen Zwiebeln.

auf Flußfischerart: à la canotière: Stücke von Aal und Karpfen, flambiert mit Cognac, in Weißwein gekocht; Fond eingekocht, mit Mehlbutter gebunden; garniert mit Champignons, kleinen glacierten Zwiebeln, ganzen Krebsen und panierten, gebackenen Gründlingen.

auf italienische Art: à l'italienne: Schleie und Hecht, in Stücke geschnitten, in Rotwein, mit gehackten Zwiebeln und Kräutern gekocht; mit Mehlbutter gebunden, mit Champignons und Zwiebelchen garniert.

Meurette: Stücke von Karpfen, Aal und Alant, mit Traubentrester flambiert, in Rotwein gekocht; mit Mehlbutter gebunden, garniert mit Scheiben von französischem Brot, im Ofen getrocknet und mit Knoblauch eingerieben.

auf Müllerinart: à la meunière: Mehrere Sorten in Stücke geschnittene Süßwasserfische, in Rotwein gekocht, mit Cognac flambiert; Fond mit Mehlbutter gebunden, garniert mit Krebsen und herzförmigen Croutons.

auf normannische Art: à la normande: Seezungen, Knurrhahn und kleine Meeraale, in Stücke geschnitten, mit Calvados flambiert, in Apfelwein gekocht; Fond eingekocht, mit Fischvelouté und Rahm verkocht; garniert mit entbarteten Austern und Muscheln, Champignons, Krebsschwänzen und herzförmig geschnittenen Croutons.

auf Pariser Art: à la parisienne: Stücke von Karpfen, Aal, Barsch, Hecht und Forelle, in Rotwein gekocht; mit Mehlbutter gebunden, garniert mit Krebsschwänzen, Zwiebelchen, Champignons, Trüffeln und kleinen Fischklößchen.

Pochouse: Verschiedene Süßwasserfische, in Stücke geschnitten, mit Cognac flambiert, in Rotwein gekocht; mit Mehlbutter gebunden, vermischt mit gewürfeltem, gebratenem Speck, Champignons und glacierten Zwiebelchen, garniert mit getrockneten Scheiben von französischem Brot, mit Knoblauch eingerieben.

auf Reimser Art: à la rémoise: Stücke von Hecht, in Fischfond und trockenem Champagner gekocht; Fond eingekocht, vermischt mit Fischvelouté, garniert mit pochierten Fischmilchern, Champignons, Trüffelscheiben und herzförmigen Croutons.

auf Seemannsart: à la marinière: Stücke von Karpfen, Hecht, Aal und Schleie, mit Cognac flambiert, in Weißwein gekocht; Fond eingekocht, mit Fischvelouté verkocht, garniert mit Champignons, Zwiebelchen, ganzen Krebsen und Croutons.

Meeraal: F. Congre, anguille de mer; E. Conger Eel: Seefisch von bekannter Aalgestalt, jedoch ohne Schuppen. Durchschnittliche Länge 2 m und darüber. Verbreitungsgebiet: Küstennähe westlich und südlich der Britischen Inseln, Biscaya, Mittelmeer, atlantische Küsten Amerikas, Ferner Osten, Australien. Wird auch wie Aal bereitet.

auf spanische Art: à l'espagnole: In Stücke geschnitten, in Öl, Rotwein, wenig Essig, mit gehackten Zwiebeln und roten Paprikaschoten, Knoblauch, Thymian, Lorbeerblatt und feinen Kräutern gedünstet; serviert in dem eingekochten Fond.

[am Spieß: à la broche: In große Stücke geschnitten, gewürzt, gemehlt, auf Spieße gereiht, mit Öl bestrichen, geröstet; Colbert- oder Tatarensauce nebenbei.

Meeräsche: F. Muge, mulet gris; E. Grey mullet: Döbelähnlicher Fisch mit kurzem Schwanzstiel, dunkelgraugrünem Rücken und silberfarbigem Bauch von vorzüglichem Geschmack. Vorkommen: Mittelmeer, Atlantik, Nordsee, zuweilen auch die westliche Ostsee. Länge bis 42 cm, Gewicht bis 1 kg. Zubereitung wie Goldbrassen.

Meerbarbe, Seebarbe: F. Mulet; E. Mullet: Zu den wichtigsten Barbenarten gehören die Rotbarbe (s.d.) und die gestreifte Meerbarbe, die einen von dunkelrot über hellpurpur nach dem silbrigen Bauch verlaufenden Schimmer hat. Gestalt etwas zusammengedrückt, Länge ca. 32 cm. Vorkommen: Mittelmeer, Nordsee, Atlantikküste sowohl auf der europäischen als auch amerikanischen Seite, Pazifik. Wie Alse bereitet.

Meerbrassen: F. Dorade commune; E. Seabream: Die Angehörigen dieser Fischfamilie, von denen es mehrere Arten gibt, zeichnen sich durch die hohe, zusammengedrückte Körperform aus. Der gewöhnliche Meerbrassen hat grau-rötlichen Rücken, silbrige Seiten und große Augen. Länge bis 50 cm, selten mehr. Vorkommen: Kanarische Inseln bis nach Trontheim, Mittelmeer, besonders häufig westlich der Britischen Inseln und Irland. Sehr schmackhaftes Fleisch, das sich aber nicht gut hält.

grilliert: grillée: Ziseliert, gewürzt, gemehlt, mit Öl bestrichen, auf dem Rost sorgfältig gebraten; Kräuterbutter oder Tatarensauce nebenbei.

Grimaldi: Filets, zusammengefaltet, pochiert, auf Spaghetti in Rahm dressiert, garniert mit Hummer- und Trüffelscheiben, überzogen mit Nantuasauce.

Murillo: Mit Zitronensaft und Paprika mariniert, gemehlt, in Butter gebraten; garniert mit gefüllten Gurkenstücken und großen Champignons, gefüllt mit Gänseleberpüree, bedeckt mit holländischer Sauce.

auf Warschauer Art: à la varsovienne: Gebraten, bestreut mit hartgekochtem, grobgehacktem Ei, gehackter, gekochter roter Beete und gehackter Petersilie; übergossen mit reichlich brauner Butter, in der weiße Brotkrume angeröstet worden ist.

Meerforelle, Lachsforelle, Silberlachs: F. Truite saumonée; truite de mer; E. Salmon trout, sea trout; I. Trota salmonata: Wanderfisch, der leicht mit dem Lachs verwechselt wird. Unterscheidet sich vom

Lachs durch die kürzere und stumpfere Schnauze, die weiter vorn liegenden Augen, die gedrungenere Form und die hinten gar nicht oder nur wenig eingebuchtete Schwanzflosse. Die Seeforelle findet man in der Nord- und Ostsee und in den großen Flüssen und Süßwasserseen. Durchschnittsgewicht 1 bis 5 kg, einzelne Exemplare werden jedoch bis 1 m lang und 10 kg und mehr schwer. Wie Lachs und Forelle bereitet.

auf amerikanische Art: à l'américaine: Filets, pochiert in Weißwein; belegt mit Hummerscheiben, bedeckt mit amerikanischer Sauce.

Bankiersart: à la banquière (bankjehr): In Fischsud pochiert, bedeckt mit Weißweinsauce, vermischt mit gewürfeltem Hummerfleisch; garniert mit Artischockenvierteln, gerieften Champignons, Trüffelscheiben und Gurkenoliven, in Butter gedünstet.

Cambacérès: Entgrätet, doch Kopf und Schwanz am Körper gelassen; eine Seite enthäutet, mit Streifen von Trüffeln und Mohrrüben gespickt, der Fisch mit Fischfarce gefüllt, in Speckscheiben gehüllt, in Weißwein braisiert; Speck entfernt, bedeckt mit Sauce aus dem eingekochten Fond, Fischvelouté und holländischer Sauce; garniert mit entsteinten Oliven, gebratenen Morcheln, gebratenen Fischmilchern und Trüffelscheiben.

Caruso: Filets oder Medaillons, maskiert mit Hummerfarce, Trüffelscheibe in der Mitte; pochiert in Weißwein, Fischfond und Butter; Fond eingekocht, mit Mehlbutter gedickt; garniert mit Mundbissen, gefüllt mit eiskaltem Kaviar.

Clarence: Filets, maskiert mit getrüffelter Zanderfarce, pochiert in Weißwein, Fischfond mit Schalotten; auf Pilawreis in Backplatte gelegt, bedeckt mit Rahmbéchamel, vermischt mit dem eingekochten Fond, gewürzt mit Currypulver, glaciert.

auf Genfer Art: à la génévoise: Ganzer Fisch, in Fischsud pochiert, mit Petersilie garniert; Genfer Sauce und Fischkartoffeln nebenbei.

George Sand: Filets, pochiert, dekoriert mit Trüffelscheibe, bedeckt mit Garnelensauce; garniert mit kleinen Fischklößchen und Garnelen.

Ivanhoe: Filets, gebraten, bedeckt mit gebratenen Apfel- und Artischockenbödenscheiben sowie Zitronenspalten ohne Haut oder Kerne; nappiert mit Weißweinsauce, mit Krebspüree aufgeschlagen.

auf kaiserliche Art: à l'impériale (angpehrjal): Auf einer Seite enthäutet, diese mit Speck- und Trüffelfäden gespickt, in Schaumwein und Fischfond braisiert; garniert mit großen Garnelen und pochierten Fischmilchern, übergossen mit dem eingekochten, gebundenen und gebutterten Fond, bestreut mit Trüffeljulienne.

auf meisterliche Art (kalt): Ganzer Fisch, pochiert, ausgekühlt, nach Geschmack dekoriert, mit Gelee überglänzt; garniert mit halben Eiern, gefüllt mit Keta-Kaviar, mariniert mit Zitronensaft, umkränzt mit Eigelbcreme, Artischockenböden, gefüllt mit Salat von Champignon- und Paprikaschotenjulienne, sowie gefüllten Königin-Oliven; Rubissauce nebenbei.

Monseigneur: Ganzer Fisch, mit Rotwein und Aromaten braisiert; der Länge nach mit Champignonköpfen belegt, mit Rotweinsauce übergossen; garniert mit Tarteletts, gefüllt mit kleinem verlorenen Ei, bedeckt mit Rotweinsauce und Schiffchen, gefüllt mit pochierten Fischmilchern, bedeckt mit Weißweinsauce und einer Trüffelscheibe obenauf.

Montgolfier: Filets, wie Seezungenfilets gleichen Namens bereitet.

Montrouge: Wie Seezungenfilets gleichen Namens bereitet.

Undinen (kalt): Ondines (onndihn): Kalte Schaumbrotmasse (Mousse) in eigroße ovale Förmchen gefüllt, mit Salpicon von Krebsen oder Garnelen gefüllt; nach dem Erstarren aus den Förmchen genommen, in jede Undine ein Krebs- oder Garnelenschwanz gesteckt und in tiefe Glasschale dressiert; aufgefüllt mit zartem, gerade stockendem Gelee, vermischt mit Kerbelblättchen.

Vatel: Wie Seezungenfilets gleichen Namens bereitet.

Meerwolf: siehe Seewolf
Merlan: siehe Wittling
Meurette: siehe unter Matrosengericht
Mondstrandschnecke: F. Bigorneau; E. Periwinkle: Kleine Meeresschnecke, die in einer kleinen schwarzen, runden Schale wohnt. Vorkommen: Die Küsten der Normandie und der Bretagne, der Britischen Inseln, Nordamerikas und Australiens. Sie werden roh und gekocht, hauptsächlich als Vorspeise verzehrt.
Morue fraîche: siehe Kabeljau
Morue salée: siehe Laberdan
Muge: siehe Meeräsche
Mulet: siehe Meerbarbe
Mulet gris: siehe Meeräsche
Muräne: F. Murène; E. Murena, Murry: Zur Gruppe der aalartigen Fische gehörig, jedoch mit anderem Kieferbau, auffälliger Farbe und kräftigen Hakenzähnen. Die Haut ist schuppenlos. Länge: 1-1,5 m, Gewicht etwa 6 kg. Vorkommen: Mittelmeer, Indischer Ozean und die Küsten Australiens. Der Biß ist giftig! Wird wie Aal bereitet.
Murène: siehe Muräne
Muscalonge: siehe Muskallonga
Muschel, Miesmuschel, Pfahlmuschel; F. Moule; E. Mussel: Im Seewasser lebendes Weichtier mit zweiklappiger Schale von länglicher Form und dunkelblauer bis lilabrauner Farbe. Kulturmuscheln sind solche von ordnungsgemäß angelegten Muschelbänken. Vorkommen: Die europäischen und amerikanischen Küsten. Zum Öffnen werden sie gedämpft oder mit etwas Weißwein und Aromaten gekocht, bis sich die Schalen öffnen. Dunkle oder verfärbte Muscheln sind gesundheitsschädlich und müssen fortgeworfen werden. Vor dem Kochen sind sie gut zu reinigen und bereits geöffnete zu entfernen. Zu den meisten Gerichten wird der Bart entfernt.
Alexandra: Gekocht, aus den Schalen gelöst; bedeckt mit Newburghsauce, vermischt mit in Butter gedünsteten Würfeln von Knollensellerie.
auf amerikanische Art: à l'américaine: 1. Pochiert, aus den Schalen gelöst, angerichtet, mit amerikanischer Sauce bedeckt, mit gehacktem Kerbel und Estragon bestreut;
2. wie oben, in Silbermuscheln gefüllt, mit amerikanischer Sauce nappiert, mit geriebenem Käse bestreut, glaciert.
auf Befehlshaberart: à la commodore: Vorgekocht; in Halbschale gefüllt, bedeckt mit Kräuterbutter, vermischt mit feingehacktem Räucherspeck; im Ofen gebacken.
auf Burgunder Art: à la bourguignonne: Vorgekocht, entbartet nappiert mit Burgundersauce.
chasseur: siehe auf Jägerart
gebacken: frites: 1. Vorgekocht, entbartet, mariniert mit Zitronensaft, Öl und gehackter Petersilie; paniert; in tiefem Fett gebacken, garniert mit gebackener Petersilie und Zitronenspalten;
2. wie oben, jedoch durch Backteig gezogen und gebacken.
Giardinetto: Muscheln, in halber Schale abwechselnd mit Béarner, Poulette-, amerikanischer und Kräutersauce bedeckt, sowie Muscheln Villeroi, alle auf einer Platte angerichtet.
auf griechische Art (kalt): à la grecque: Pochiert in vorgekochtem Fond von Weißwein, Öl, Wasser, Zitronensaft, gehackten Zwiebeln und Schalotten, Fenchel, Petersilienstielen, Lorbeerblatt, Pfefferkörnern und getrockneter Orangenschale; ausgebrochen, mit dem passierten Fond bedeckt und darin kalt serviert.
auf Hausfrauenart: à la bonne femme: Wie Seemannsart bereitet, zuzüglich Julienne von Champignons und Bleichsellerie.

auf Jägerart: à la chasseur: Vorgekocht, Bart entfernt, in halbe Schalen mit Duxelles von gehackten Champignons, Schalotten, Speck und gehackter Petersilie mit etwas Fond gefüllt; mit Reibbrot bestreut, mit Butter betropft, im Ofen überbacken.

auf kalifornische Art: à la californienne: Vorgekocht, entbartet, in gefettete Porzellannäpfchen gefüllt; mit feingehackten Champignons, Knollensellerie und Kerbel sowie etwas Muschelfond bedeckt, mit Butterflocken obenauf im Ofen gebacken.

auf katalonische Art: à la catalane: mit gehackten Zwiebeln, Petersilie und Pfeffer gekocht; eine Schale entfernt, mit Sauce aus dem Fond, gebunden mit Eigelb, gewürzt mit Zitronensaft, bedeckt, glaciert.

auf Kreolenart: à la créole: Vorgekocht, aus den Schalen genommen, entbartet; gebunden mit Kreolensauce, gefüllt in Reisrand oder Butterreis, nebenbei.

Lucifer: Große Muscheln, pochiert, entbartet, heiß in vorgewärmte Porzellannäpfchen gefüllt; übergossen mit halbzerlassener Kräuterbutter, vermischt mit Spur geriebenem Knoblauch, Zitronensaft, Worcestershiresauce und Spitze Cayennepfeffer.

à la marinière: siehe auf Seemannsart

auf mexikanische Art: à la mexicaine: Vorgekocht, aus den Schalen genommen, Bart entfernt; in Backplatte gefüllt, mit gewürfelten Tomaten und grünen Paprikaschoten, mit gehackten Schalotten in Öl sautiert, bedeckt; mit Reibbrot bestreut, mit Butter betropft, im Ofen überbacken.

Newburgh: Vorgekocht, aus den Schalen gelöst, Bart entfernt; in Rahm aufgekocht, mit Paprika gewürzt, mit Eigelb vermischt, mit Sherry gebunden.

Pompadour: Vorgekocht, Bart entfernt; gebunden mit Rahmsauce, mit Hummerbutter aufgeschlagen.

Poulette: Vorgekocht, eine Schale entfernt; bedeckt mit Poulettesauce, bestreut mit gehackter Petersilie.

auf Rocheleser Art: à la rochelaise: Vorgekocht, eine Schale entfernt; bedeckt mit Butter, vermischt mit gehackten Schalotten, Kräutern, Thymian und etwas Zitronensaft, im Ofen gebacken.

auf Seemannsart: à la marinière: Muscheln, mit gehackten Schalotten, Weißwein, Petersilie, Lorbeer und Thymian aufgekocht; eine Schale entfernt, ein Teil des dekantierten Fonds mit Fischvelouté verkocht, mit Zitronensaft gewürzt, mit Butter verfeinert, über die Muscheln gegossen, gehackte Petersilie darübergestreut.

auf Teufelsart: à la diable: Vorgekocht, entbartet, abwechselnd mit kleinen Vierecken Magerspeck auf Spieße gereiht, paniert; geölt, auf dem Rost gebraten, gewürzt mit Salz und Cayennepfeffer.

auf Touloner Art: à la toulonnaise: Pochierte, entbartete Muscheln, mit Weißweinsauce gebunden, im Risottorand angerichtet.

überbacken: au four: Vorgekocht, eine Schale entfernt, nappiert mit Kräutersauce, bestreut mit Reibbrot, betropft mit Butter, überbacken.

Villeroi: Vorgekocht, entbartet, durch Villeroisauce gezogen, ausgekühlt; paniert, in tiefem Fett gebacken.

Muskallonga: F. Muscalonge; E. Muskellänge: Süßwasserfisch, ähnlich dem Hecht, der in den großen nordamerikanischen Seen beheimatet ist. Wird wie Hecht bereitet.

Neunauge, Lamprete: F. Lamproie; E. Lamprey: Fischähnliches Wirbeltier, daß die Küstengebiete Europas, Nordamerikas und Japans bewohnt, zum Laichen in die Flüsse steigt und dann wieder ins Meer wandert. Länge etwa 50 cm. Kann wie Aal bereitet werden, wird jedoch hauptsächlich mariniert in Dosen gehandelt.

Ombre-commun: siehe Äsche
Ombre-écailles: siehe Äsche
Oursin: siehe Seeigel

Pagel: siehe Roter Meerbrassen
Pagre: siehe Rötlicher Brassen
Palée: siehe Balchen
Palourde: siehe Herzmuschel
Panzerkrebs: siehe Languste
Perche: siehe Barsch
Perche dorée (pärsch dohreh): siehe Kaulbarsch
Perche goujonnière: siehe Kaulbarsch
Pétoncle: siehe Kamm-Muschel
Petermännchen: F. Grande vive; E. Dragon-fish; I. Dragoni: Seefisch, der die Küsten des Atlantiks vom Mittelmeer und Westafrika nordwärts bis in die Gegend von Bergen bewohnt. Länge 24-34 cm. Wesentlich für die Erkennung als „echtes Petermännchen" ist die Tigerstreifung. Am Grunde der Stachelstrahlen in einer Vertiefung des Kiemendeckels befinden sich Giftdrüsen. Wird hauptsächlich zur Bouillabaisse, sonst wie Weißling verwendet.

mit Kapernsauce: au sauce câpres: Auf beiden Seiten leicht eingeschnitten, grilliert; Kapernsauce nebenbei.

Posillipo (kalt): Mariniert mit Zitronensaft, Öl und gehacktem Estragon; in Butter gebraten, erkaltet, auf italienischem Salat angerichtet, garniert mit gefüllten, hartgekochten Eiern und Gelee, bestreut mit Kapern und Julienne von gekochten Mohrrüben, Knollensellerie und Salzgurken.

auf sizilianische Art: à la sicilienne: Auf einer Seite gespickt, pochiert in Marsala und Öl mit Zwiebel- und Mohrrübenscheiben; Fond mit Mehlbutter gebunden, passiert, mit Zitronensaft gewürzt und über den Fisch gegossen.

auf Triester Art: à la triestaine: Mariniert in Öl und Zitronensaft; in Butter gebraten, bestreut mit gehackten, hartgekochten Eiern, bedeckt mit halbzerlassener Kräuterbutter.

Petersfisch: siehe Heringskönig
Pilchard: F. Pilchard; E. Pilchard, Gipsy Herring: Heringsartiger Fisch aus der Gattung der Alsen, bis 30 cm lang. Vorkommen: Die Küsten Westeuropas, besonders die englische Südküste. Der größte Teil wird konserviert. Pilchards können wie Hering und Sardine bereitet werden.

Plie: siehe Scholle
Plötze, Rotauge; F. Gardon (gardong); E. Roach: Bis 30 cm langer Weißfisch, der in den Flüssen und Teichen Mittel- und Osteuropas beheimatet ist. Wird oft mit der Rotfeder verwechselt. Hauptsächliche Zubereitungsarten: filiert, gebacken oder gebraten.

Pochouse: siehe unter Matrosengericht
Pollack: F. Lieu jaune; E. Pollack: Seefisch, ähnlich dem Seelachs, jedoch ohne Bartfaden. Rücken kräftig dunkelbraun, die Seiten heller, mit goldschimmernden Längs- und Querlinien gezeichnet; die Seitenlinie verläuft in einer leichten Kurve. Länge bis zu 60 cm. Vorkommen: Die Westküsten Europas bis zu den isländischen Gewässern, zuweilen auch das westliche Mittelmeer und die Ostsee. Zubereitung wie Kabeljau.

Pompano: F. Pompano; E. Pompano: Einer der besten Seefische des Südatlantiks, des Karibischen Meeres und des Golfs von Florida mit festem, weißem Fleisch. Gewicht: 500 g bis 2½ kg.

grilliert: grillé: Zieseliert, gemehlt, geölt, auf dem Rost gebraten; serviert mit Kräuterbutter.

in Papierhülle: en papillote: In Papierhülle mit gehackten Schalotten, Champignons und Petersilie gefüllt, im Ofen gebacken, in der Hülle serviert.

rellena: Gefüllt mit Mischung von in Öl gedünsteten, gehackten Zwiebeln, Tomaten und gehacktem, hartgekochtem Ei, Petersilie und Gewürzen; in Butter und Zitronensaft pochiert; nappiert mit

Fischvelouté, vermischt mit dem eingekochten, scharfgewürzten Fond (mexikanisch).
Praïre: siehe Clam
Provenzalisches Fischgericht: siehe Bourride

Rai: siehe Rochen
Rauhe Scholle: siehe Kliesche
Rautenscholle: siehe Butte
Renke, Bodenrenke: F. Lavaret; E. Whitefish; I. Lavareto: Zu der Familie der Salmoniden gehöriger Fisch, der wie der Blaufelchen in der Hauptsache in den bayerischen, österreichischen und schweizer Alpenseen beheimatet ist. Sandfelchen gehören zu der gleichen Familie. Bodenrenken findet man auch in einigen sehr tiefen französischen Seen. Zubereitung im wesentlichen wie Forelle.
- **auf Basler Art:** à la bâloise: In Butter gebraten, bedeckt mit Sardellenbutter, gebackenen Zwiebelringen und gehackter Petersilie; mit brauner Butter übergossen (schweizerisch).
- **auf bayerische Art:** à la bavaroise: Gemehlt, in Butter gebraten; bedeckt mit gewürfelten Tomaten, zusammen mit gehackten Zwiebeln in Butter geschmolzen, vermischt mit gehackten Kräutern; mit Zitronensaft beträufelt, mit brauner Butter übergossen.
- **blau:** au bleu: Wie üblich bereitet; zerlassene oder geschlagene Butter und Fischkartoffeln nebenbei.
- **auf Brüsseler Art:** à la bruxelloise (brüßeloahs): Filets, in gebutterte Backplatte geordnet, bedeckt mit gebratenen Champignonscheiben; mit Weißwein übergossen, gewürzt, mit Reibbrot und geriebenem Käse bestreut, mit Butter beträufelt, im Ofen gebacken; beim Servieren mit gehackter Petersilie bestreut.
- **Doria:** Wie Seezunge gleichen Namens bereitet.
- **auf englische Art:** à l'anglaise: Wie Forelle gleichen Namens bereitet.
- **grilliert:** grillé: Ziseliert, gemehlt, mit Öl bestrichen, auf dem Rost gebraten; garniert mit Petersilie und Zitronenspalten, Kräuterbutter nebenbei.
- **auf Hoteliersart:** à la hôtelière: Wie Forelle gleichen Namens bereitet.
- **Isabella:** Isabelle: Entgrätet, pochiert mit Weißwein und Fischfond; garniert mit gewürfelten Tomaten, grünen Spargelspitzen und schwarzen Oliven; übergossen mit Weißweinsauce; Fischkartoffeln nebenbei.
- **auf Luzerner Art:** à la lucernoise: Gemehlt, gebraten; bedeckt mit Sardellenbutter, gehackten, gebratenen Zwiebeln, gewürfelten Tomaten, Kapern und gehackter Petersilie; übergossen mit brauner Butter.
- **auf Neuchâteler Art:** à la neuchâteloise: Filets, in Weißwein und Fischfond pochiert; Fond, mit dickem Rahm eingekocht und über die Filets gegossen; garniert mit Blattspinat, in Butter geschwenkt und mit gehackten Sardellenfilets vermischt sowie kleinen, geschälten, gedünsteten Tomaten.
- **auf polnische Art:** à la polonaise: Gemehlt, in Butter gebraten; bestreut mit hartgekochtem, gehacktem Ei und gehackter Petersilie, übergossen mit weißer Brotkrume, in reichlich Butter braungeröstet.
- **in Rotwein:** au vin rouge: In Rotwein mit etwas Fleischglace und einem Kräuterbündel pochiert; Fond mit Mehlbutter gebunden, mit Sardellenbutter und Zitronensaft vervollständigt.
- **Savustettua ssikaa, muhennettuja korvasienjä:** Geräucherte Renke mit gestovten Morcheln: Große, geräucherte Renken, enthäutet und entgrätet, in schräge Stücke geschnitten, garniert mit frischen, gedünsteten Morcheln mit dickem Rahm und Salzkartoffeln (finnisch).

Rochen: Stachelrochen, Nagelrochen: F. Rai (rä); E. Ray, Thornback, Skate: Knorpelfisch mit flachem Leib und peitschenartigem Schwanz ohne Schuppen; das Maul liegt auf der Blindseite. Mehr als 40 verschiedene Arten. Länge bis zu 2,5 m, Vorkommen: von der Biskaya bis zu den Finnmarken. Der Stachelrochen ist über den ganzen Körper mit spitzen Knochen bespickt, Oberfläche braun mit hellen Flecken, Unterseite hell. Stachelrochen werden an allen europäischen Küsten gefangen. Schmackhaftes Fleisch, jedoch großer Abfall, da nur die flügelartigen Verbreiterungen des Körpers, die Brustflossen, für die Küche in Frage kommen. Wird auch geräuchert gehandelt.

mit schwarzer Butter: au beurre noir (o böhr noahr): In Stücke geschnitten, in Salzwasser gekocht, abgetropft, mit dunkelbrauner Butter übergossen, mit einem Schuß Essig im letzten Moment zugesetzt; meistens noch mit Kapern und gehackter Petersilie bestreut.

gebacken: frite: In Streifen geschnittenes Fleisch kleiner Rochen, mit Zitronensaft, Öl, Zwiebelscheiben und Kräutern mariniert; durch Backteig gezogen, in tiefem Fett gebacken, garniert mit gebackener Petersilie und Zitronenspalten.

in Gelee: en gelée: In gleichmäßige Stücke geschnitten, in Fischsud pochiert, ausgekühlt, in Gelee, mit dem Sud bereitet, eingesetzt.

auf italienische Art: à l'italienne: In Sud aus Milch, Wasser, Zwiebelscheiben, Knoblauch, Pfefferkörnern, Lorbeer, Thymian und Salz gekocht, Sauce aus dem Sud mit Mehlbutter gebunden; der Fisch in Backplatte gelegt, mit der Sauce übergossen, mit geriebenem Parmesan bestreut, mit Butterflocken bedeckt, im Ofen gebacken.

mit Kapernsauce: au sauce câpres: Stücke, in Salzwasser gekocht, mit Kapernsauce übergossen; Fischkartoffeln nebenbei.

auf provenzalische Art: à la provençale: In Stücke geschnitten, in Backplatte geordnet, bedeckt mit gewürfelten Tomaten, etwas Sardellenessenz, Zitronensaft und Fischfond, im Ofen gargedünstet.

Rotauge: siehe Plötze

Rotbarbe, Meerbarbe: F. Rouget, rouget barbet; E. Red mullet, red surmullet: Seefisch von länglicher, etwas zusammengedrückter Gestalt mit großen Schuppen und zwei langen Bartfäden am Unterkiefer. Farbe dunkel- bis purpurrot, Länge 18–30 cm. Vorkommen: Mittelmeer, hauptsächlich an der französischen Küste, bei Malta, Sardinien und an der italienischen Küste. Da die Rotbarbe keine Galle hat, wird sie nicht ausgenommen, nur die Flossen werden abgeschnitten.

Baron Brisse: Gemehlt, geölt, grilliert, bedeckt mit Kräuterbutter, garniert mit Nußkartoffeln.

auf Bordelaiser Art: à la bordelaise: Gemehlt, gebraten, serviert mit Bordelaiser Sauce, mit Weißwein bereitet.

mit Butter: au beurre: Grilliert, serviert mit zerlassener Butter, gewürzt mit Zitronensaft.

Chesterfield: Filets, gebraten, auf Ragout von Garnelenschwänzchen dressiert, nappiert mit Garnelensauce.

Danicheff: Pochiert in Fischfond mit Julienne von Trüffeln, gehackten Schalotten und Butter; Fond eingekocht, mit Butter aufgeschlagen, mitsamt der Garnitur über den Fisch gegossen, glaciert.

Don Carlos: Pochiert in Weißwein und Butter, garniert mit Champignonscheiben, eine Hälfte mit Weißwein, die andere mit Sauce von frischen Tomaten nappiert.

Duse: Pochiert in Weißwein und Fischfond, dressiert auf Risotto, vermischt mit Krebsschwänzen, nappiert mit Mornaysauce, vermischt mit gehackter Trüffel und dem eingekochten Fond; mit geriebenem Käse bestreut, glaciert.

auf Epikuräerart: à l'épicurienne: In Butter gebraten, bedeckt mit geschmolzenen Tomaten, vermischt mit wenig gebundener Jus und Schalottenbutter.

mit Fenchel: au fenouil: Mariniert mit Öl, Zitronensaft, gehackter Petersilie und gehacktem fettem Speck; mit der Marinade in geöltes Papier gefüllt, im Ofen gebacken.

Francillon: Grilliert, dressiert auf Röstbrot von gleicher Größe, mit Sardellenbutter bestrichen; garniert mit Strohkartoffeln, Tomatensauce, mit Sardellenbutter aufgeschlagen, nebenbei.

gratiniert: au gratin: Wie Seezunge bereitet.

auf Grenobler Art: à la grenobloise: Ziseliert, gemehlt, in Butter gebraten; gehackte Petersilie, Kapern und Zitronenscheiben obenauf, übergossen mit brauner Butter.

auf indische Art: à l'indienne: Grilliert, Currysauce nebenbei.

auf italienische Art: à l'italienne: Pochiert in Weißwein und Fischfond; bedeckt mit italienischer Sauce.

Jean d'Arc: Filets, in Öl gebraten; dressiert auf Risotto, vermischt mit gewürfelten Krebsschwänzen, nappiert mit Nantuasauce; garniert mit Krebsschwänzen, Champignons, Fischklößchen und pochierten Austern.

auf jüdische Art: à la juive: Gemehlt, in Öl gebacken; Tatarensauce nebenbei.

mit feinen Kräutern: aux fines herbes: Pochiert in Weißwein mit gehackten Champignons, Schalotten, Kräutern und Knoblauch; Fond reduziert, verkocht mit Demiglace.

auf Livornoer Art: à la livournaise: Pochiert in Fischfond mit gehackten Schalotten, Tomatenwürfeln und Trüffeljulienne; Fond eingekocht, gebuttert, mit der Einlage über den Fisch gegossen, glaciert.

auf marokkanische Art: à la marocaine: Gedünstet in Öl und wenig Wasser mit gehackten Zwiebeln, Safran und Pfeffer; übergossen mit geschlagenem Ei, im Ofen gebacken.

auf Marschallsart: à la maréchale: Filets, durch flüssige Butter gezogen, paniert mit geriebener Weißbrotkrume, vermischt mit gehackter Trüffel, in Butter gebraten.

auf Marseiller Art: à la marseillaise: Pochiert in Öl und Weißwein mit gehackten, in Öl angeschwitzten Zwiebeln, Knoblauch und Safran.

Montesquieu: Filets, durch flüssige Butter gezogen, in feingehackter Petersilie und Zwiebel gewälzt, in Butter gebraten, mit Zitronensaft beträufelt.

auf Nanteser Art: à la nantaise: Grilliert, dressiert auf gehackten Schalotten, in Butter geschwitzt, in Weißwein gedünstet, mit gehackten pochierten Fischmilchern und etwas Demiglace vermischt; Zitronenscheiben obenauf.

auf Nizzaer Art: à la niçoise: Grilliert, garniert mit geschmolzenen Tomaten, mit Knoblauch gewürzt; dekoriert mit Sardellenfilets und schwarzen Oliven.

auf orientalische Art: à l'orientale: In Öl und Weißwein mit gehackten Zwiebeln, gewürfelten Tomaten, Knoblauch und Safran pochiert; warm oder kalt im Fond serviert.

in Papierhülle: en papillote: Wie Forelle bereitet.

auf der Platte: au plat: Im Ofen auf gehackten Zwiebeln und Petersilie, mit Öl und Weißwein angegossen und mit Reibbrot bestreut, gebacken; mit Zitronensaft beim Servieren beträufelt.

auf polnische Art: à la polonaise: In Butter gebraten; übergossen mit Reduktion von Fischfond, mit Eigelb und Rahm gebunden; weißes Reibbrot, in reichlich Butter braungeröstet, obenauf.

auf portugiesische Art: à la portugaise: Pochiert, mit portugiesischer Sauce nappiert.

in Portwein: au porto: Gewürzt, auf gehackte Schalotten und gewürfelte Tomaten geordnet, mit weißem Portwein angegossen, pochiert; Fond, mit süßem Rahm verkocht, mit Butter verfeinert, mit Zitronensaft gewürzt; unpassiert über den Fisch gegossen.

auf provenzalische Art: à la provençale: Grilliert, bedeckt mit brauner Butter; garniert obenauf mit geschmolzenen Tomaten, Sardellenfilets und entsteinten schwarzen Oliven.

auf Sevillaner Art: à la sevillane: In Öl gebraten, mit Zitronensaft beträufelt, mit brauner Butter übergossen; bedeckt mit gebackenen Zwiebelringen, garniert mit gefüllten spanischen Oliven.

auf spanische Art: à l'espagnole: Filets in Öl und Butter gebraten; dressiert auf halbe, in Öl gebratene Tomaten, garniert mit gebackenen Zwiebelringen und dünnen Streifen von panierten Fischfilets, in Öl gebacken.

Theodor: Théodore: Entgrätet, gefüllt mit gehackten Champignons, mit etwas Fischfarce gebunden; in Weißwein pochiert, mit Weißweinsauce nappiert.

auf Trouviller Art: à la trouvillaise: Entgrätet, mit Fischfarce gefüllt; in Weißwein pochiert, nappiert mit Colbertsauce.

auf venezianische Art: à la vénetienne: Filets in Öl und Butter gebraten; nappiert mit venezianischer Sauce, garniert mit Champignons und gefüllten Oliven.

Villeroi: Filets, mariniert in Zitronensaft und Öl; durch Villeroisauce gezogen, paniert, in tiefem Fett gebacken; garniert mit gebackener Petersilie.

Rotbarsch: Ein zu den Drachenköpfen gehörender, lebendgebärender, barschartiger Fisch von leuchtendem Rot, das an der oberen Körperhälfte dunkel marmoriert ist. Vorkommen: Alle Küsten des Nordatlantiks, südliche Grenze auf der europäischen Seite das Kattegat, an der amerikanischen Seite Cape Cod, selten in der Nordsee. Mittlere Länge 40–50 cm, Gewicht 1–2 kg. Von steigender wirtschaftlicher Bedeutung als Konsumfisch. Rotbarsch kommt heute vorwiegend in Form von Filets auf den Markt. Verwendung wie Kabeljau oder Schellfisch.

Angola: à l'angolaise: Filets, englisch paniert, gebacken; auf in Öl sautierten, gewürfelten Tomaten und Bananen dressiert; leichte Currysauce und körnig gekochter Reis nebenbei.

gebacken: 1. Filets, in Stücke geschnitten, paniert, in tiefem Fett gebacken; garniert mit gebackener Petersilie und Zitrone, Remouladensauce nebenbei;
2. Filets, in Stücke geschnitten, durch Backteig gezogen, in tiefem Fett gebacken; Tomatensauce nebenbei.

Giralda: Filets, in Stücke geschnitten, in geölte Backplatte gelegt; gewürzt, bedeckt mit gewürfelten, mit gehackten Schalotten und Spur Knoblauch geschmolzenen Tomaten, umlegt mit entsteinten, blanchierten Oliven; mit etwas Weißwein angegossen, mit Reibbrot bestreut, mit Öl betropft, im Ofen gebacken.

grilliert: In Stücke geschnitten, gemehlt, mit Öl bestrichen, auf dem Rost gebraten; Tataren- oder Remouladensauce nebenbei.

Mallorca: Filets in gebutterte Backform geordnet, gewürzt, leicht mit Weißwein angegossen; bedeckt mit grobem Salpicon von Eierfrüchten, wenig Zwiebel, abgezogenen Tomaten, grünen und roten Paprikaschoten, alles leicht ansautiert; im Ofen gargemacht, beim Servieren mit sautierten Garnelenschwänzchen und gehackter Petersilie bestreut; Safranreis nebenbei.

Pittsburger Art: Filets, in Stücke geschnitten, gemehlt, gebraten; betropft mit Tomatenketchup, bestreut mit gehackter Petersilie und Kapern, übergossen mit brauner Butter mit einem Tropfen Essig.

Roter Meerbrassen: F. Pagel; E. Gilthead: Seefisch aus der Familie der Brassen, der hauptsächlich im Mittelmeer beheimatet ist, von wo aus er bis zum englischen Kanal und den wärmeren amerikanischen Gewässern wandert. Länge bis 25 cm, großer Kopf und rötliche Tönung. Das Fleisch ist weiß, fett und schmackhaft. Wird wie Goldbrassen bereitet.

Rotforelle: siehe Saibling
Rötlicher Brassen: F. Pagre; E. Becker: Seefisch aus der Familie der Brassen, verwandt mit dem roten Meerbrassen, jedoch größer, von rötlicher Farbe mit silbrigem Bauch. Vorkommen: Mittelmeer und wärmere Gewässer, steigt auch in die Flüsse, hauptsächlich den Nil; die in den Flüssen gefangenen Fische sind am schmackhaftesten. Größe: 25–50 cm. Zubereitung wie Goldbrassen.
Rötling: siehe Saibling
Rotzunge: F. Limande sole; E. Dab-sole, Lemon-sole: Ähnelt äußerlich der Seezunge, hat aber eine rundere Form und einen spitzen Kopf. Oberseite rötlich oder graubraun, die Blindseite schmutzigweiß. Größe: 30–50 cm. Vorkommen: Die europäischen Küsten von Nordnorwegen bis zum Ärmelkanal, die nördliche Nordsee, im Skagerrak, bei Island und an der nordamerikanischen Küste bis Cape Cod. Wird wie Seezunge bereitet.
- **auf Antwerpener Art:** à l'anversoise: In Butter, Zitronensaft und Wasser pochiert; nappiert mit holländischer Sauce, leicht mit Senf gewürzt: garniert mit Kartoffelkroketts.
- **Carnot:** Pochiert in Weißwein und Fischfond; nappiert mit Weißweinsauce, garniert mit Blätterteig-Mundbissen, gefüllt mit Salpicon von Garnelen in Weißweinsauce.
- **David:** Gebraten; beträufelt mit Zitronensaft, bestreut mit gehackter Petersilie, übergossen mit reichlich brauner Butter, in der weißes Reibbrot braungeröstet worden ist.
- **auf flämische Art:** à la flamande: Filets, in Butter und Zitronensaft pochiert, nappiert mit Weißweinsauce, leicht mit Senf gewürzt, garniert mit Fischkartoffeln.
- **Gaillard:** In Fischfond und Weißwein pochiert; in Backplatte geordnet, garniert mit pochierten Austern, bedeckt mit weißer Rahmsauce; bestreut mit gehacktem, hartgekochtem Ei und Reibbrot, mit Butter betropft, rasch glaciert.
- **auf Grenobler Art:** à la grenobloise: Filets, wie Seezunge gleichen Namens bereitet.

Rouget: siehe Rotbarbe
Royan (reujang): Große Sardinenart, die im Mittelmeer gefangen wird. Siehe Sardine.

Saibling, Rötel: F. Omble chevalier; E. Char: Süßwasserfisch aus der Familie der Salmoniden, der hauptsächlich in den Tiefen von klaren Gewässern der subalpinen Schweizer, schottischen, englischen und skandinavischen Binnenseen und Teichen wohnt. Einige Arten leben auch in Strömen und Flüssen. Sehr delikater Fisch mit rötlicher Bauchseite und weißlichen oder rötlichen Punkten an den Seiten. Länge 30–40 cm, mitunter auch 80 cm, je nach dem Wohngewässer.
- **blau:** au bleu: Wie Forelle bereitet.
- **mit Butter:** au beurre; Pochiert in Fischsud; wird enthäutet mit zerlassener Butter, Zitronenspalten und Fischkartoffeln serviert.
- **Cubat:** Filets, auf Champignonpüree in Backplatte dressiert; bedeckt mit Mornaysauce, glaciert; garniert mit Trüffelscheiben durch flüssige Glace gezogen.
- **du gourmet:** siehe auf Weinkennerart
- **auf Hofmeisterart:** à la maître d'hôtel: In Butter gebraten, serviert mit Kräuterbutter.
- **auf Müllerinart:** à la meunière: Wie Forelle gleichen Namens bereitet.
- **Nelson:** Filets, pochiert in Weißwein und Butter; nappiert mit Weißweinsauce, glaciert; garniert mit Pariser Kartoffeln und pochierten Fischmilchnern.
- **Reynière:** Filets, pochiert in Weißwein und Fischfond; bedeckt mit Rahmsauce, vermischt mit dem eingekochten Fond und Garnelenschwänzchen, bestreut mit geriebenem Käse, gefettet, gratiniert.

Saint-Cloud: Pochiert in Weißwein und Fischfond; nappiert mit leichter Béarner Sauce; garniert mit Pariser Kartoffeln.
Traviata: Pochiert in Weißwein und Butter; eine Seite mit Nantua-, die andere mit Weißweinsauce bedeckt; die weiße Seite mit Krebsschwänzen, die andere mit entbarteten Muscheln garniert.
auf Weinkennerart: du gourmet: Gefüllt mit getrüffelter Fischfarce, pochiert in Rheinwein mit Fischfond und Butter; Fond eingekocht, vermischt mit Fischvelouté, mit Eigelb und Rahm gebunden, vervollständigt mit Krebsbutter; garniert mit Tarteletts, gefüllt mit Salpicon von Champignons und Krebsschwänzen, gebunden mit Weißweinsauce, eine Trüffelscheibe auf jedem Tartelett.

Saint-Pierre: siehe Heringskönig
Salm: siehe Lachs
Sandre: siehe Zander
Sardelle: F. Anchois; E. Anchovy: Kleiner Tiefseefisch aus der Familie der Heringe, der im Atlantik, dem Schwarzen Meer und besonders stark im Mittelmeer verbreitet ist. Wird frisch, hauptsächlich jedoch gereinigt und in Salz verpackt, oder als Filet, in Öl konserviert, gehandelt.
auf baskische Art: à la basque: Frische Sardellen, paniert, in tiefem Fett gebacken; dressiert auf Tomaten auf provenzalische Art; Béarner Sauce, mit Kapern vermischt, nebenbei serviert.
Beaulieu: Gemehlt, in Butter gebraten; dressiert auf geschmolzene Tomaten; nappiert mit grüner Kräutersauce.
gebacken: frites: 1. Paniert, in tiefem Fett gebacken; Tatarensauce nebenbei;
2. durch Backteig gezogen, gebacken; Tomatensauce nebenbei.
grilliert: grillées: Gemehlt, geölt, auf dem Rost gebraten; Remouladensauce nebenbei.
auf Nizzaer Art: à la niçoise: Entgrätet, mit Fischfarce, vermischt mit gehackten Kräutern, gefüllt; in Kürbisblüte gehüllt, in Weißwein und Fischfond pochiert; Fond, mit Mehlbutter gebunden, mit Sardellenbutter aufgeschlagen und über die Fische gegossen.
auf Pisaer Art: Entgrätet, gefüllt mit Fischfarce; pochiert in Weißwein mit Champignonscheiben; dressiert auf grobgehacktem Spinat, vermischt mit gewürfelten Tomaten und Sardellenbutter; mit Rahmsauce nappiert, mit Reibbrot bestreut, mit Butter betropft und überbacken.
Saint-Honorat: Paniert, in tiefem Fett gebacken; dressiert auf gewürfelte Tomaten; Béarner Sauce, mit Pfefferminze bereitet, nebenbei.

Sardine: F. Sardine (sahrdihn); E. Sardine; I. Sardina: Kleiner, schlanker Fisch aus der Familie der Heringe mit silberleuchtendem Körper und verhältnismäßig großen Schuppen. Länge bei ausgewachsenen Fischen etwa 25 cm. Vorkommen: Kanarische Inseln bis zu den norwegischen Gewässern, hauptsächlich Mittelmeer. In Öl konserviert, doch besonders schmackhaft als Frischfisch.
auf Antiber Art: à l'antiboise (angtiboas): Entgrätet, paniert, in Öl gebraten, auf Tomaten mit Knoblauch und gehackter Petersilie geschmolzen, dressiert.
in Backteig: à l'Orly: Durch Backteig gezogen, in tiefem Fett gebacken; leichte Tomatensauce nebenbei.
auf baskische Art: à la basque (bask): Wie Sardellen gleichen Namens bereitet.
gebacken: frites: Paniert, in tiefem Fett gebacken; mit Zitronenvierteln und gebackener Petersilie angerichtet.
Hausfrauenart: Bonne femme: 1. In Backplatte mit gehackten Zwiebeln, gewürfelten Tomaten und etwas Weißwein gefüllt, mit Reibbrot bestreut, mit Fenchelpulver bestreut, im Ofen gargemacht und überkrustet;

2. entgrätet, gefüllt mit Fischfarce mit gehackten Champignons; in Backplatte mit gehackten Champignons und Schalotten gefüllt, mit Weißwein angegossen, mit Butterflocken belegt, im Ofen gargemacht; mit Zitronensaft beträufelt und mit gehackter Petersilie bestreut serviert.

auf Havraiser Art: à la havraise (awrähs): Wie Höflingsart bereitet, die Füllung jedoch ohne Champignons; nappiert mit Weißweinsauce mit einem Streifen Fleischglace, garniert mit gebackenen Muscheln.

auf Höflingsart: à la courtisane (kurtisahn): Entgrätet, mit Duxelles gefüllt, in Weißwein pochiert; dressiert auf Croutons von gleicher Größe, maskiert mit Weißweinsauce, vermischt mit Spinatpüree, glaciert; garniert mit murmelgroßen Kartoffelkroketts.

auf Hyerer Art: à la hyèroise (jähroas): Pochiert in Weißwein mit Champignonfond und feingehacktem Lauch; auf gebackene Croutons dressiert, übergossen mit dem eingekochten Fond, mit Eigelb gebunden, mit Butter aufgeschlagen, mit Cayenne gewürzt und mit gehackter Petersilie vermischt.

auf Marketenderinart: Filets mit Duxelles gefüllt, in Courgetteblüten gerollt; in heller Brühe pochiert, übergossen mit dem Fond, gebunden mit Mehlbutter, mit Butter verfeinert und mit Sardellenessenz gewürzt.

auf Nizzaer Art: à la niçoise: Wie Sardellen gleichen Namens bereitet.

auf provenzalische Art: à la provençale: Wie Müllerinart in Olivenöl, mit Knoblauch, Thymian und Lorbeerblatt gewürzt, gebraten; mit brauner Butter, mit einigen Tropfen Essig und gehackter Petersilie vermischt, übergossen.

vom Rost: grillées: Geölt und auf dem Rost gebraten; Kräuterbutter oder Bercysauce dazu.

Saint-Honorat: Wie Sardellen gleichen Namens bereitet.

auf sizilianische Art: à la sicilienne: Vom Rücken aus entgrätet, flach paniert, in Butter gebraten; dressiert auf Zitronenscheiben, bestreut mit gehacktem, hartgekochtem Ei und Kapern, garniert mit Sardellenfilets, übergossen mit brauner Butter.

auf Teufelsart: à la diable (diahbl): Paniert, in tiefem Fett gebacken; mit Salz, vermischt mit Cayennepfeffer, gewürzt; Teufelssauce nebenbei.

auf Touloner Art: à la toulonaise (tuhlonähs): Entgrätet, gefüllt, pochiert; garniert mit entbarteten Muscheln, übergossen mit Weißweinsauce.

auf Triester Art: à la triestaine: Entgrätet, mit Fischfarce mit gehackten Kräutern gefüllt; pochiert, bedeckt mit Fischvelouté, mit Kräuterbutter aufgeschlagen; garniert mit winzigen Reiskroketts.

Saumon: siehe Lachs

Scampi: F. Langoustine; E. Dublin Bay Prawn; I. Scampo; S. Langostino: Krustentiere, eng mit dem Kaisergranat (s.d.) verwandt, auch ähnlich in Farbe und Größe. Vorkommen: Adria, Mittelmeer und spanische Küste; im Westen der britischen Inseln als Dublin Bay Prawn bekannt.

Aspik von (kalt): en gelée: Form mit Gelee chemisiert, mit gekochten Schwänzen ausgelegt; Mitte mit Gemüsesalat, mit Mayonnaise gebunden, gefüllt, mit Gelee verschlossen; gestürzt, mit Gelee garniert; Mayonnaise nebenbei.

auf Barcelonaer Art: à la barcelonaise: Rohe, gefrorene Schwänze, geschält, in Öl sautiert, gewürzt, flambiert mit Weinbrand, deglaciert mit Weißwein und gargemacht; vermischt mit gewürfelten Tomaten, gedünstet mit gehackter Zwiebel und gehackter Petersilie.

auf Bordelaiser Art: à la bordelaise: Wie Hummer gleichen Namens bereitet.

Bouzy (kalt): Gekocht, geschält, mariniert mit Zitronensaft und Öl; auf nudelig geschnittenem Salat dressiert, mit Mayonnaise gewürzt, mit Tomatenketchup bedeckt, mit Vierteln von hartgekochten Eiern und gefüllten Oliven garniert.

alla Costa Brava: Vorgekocht, geschält, in grobe Stücke geschnitten, vermischt mit geviertelten, sautierten Champignons; in Backschüssel gefüllt, reichlich mit gewürfelten Tomaten, sautiert mit gehackten Schalotten und etwas Knoblauch, mit wenig Tomatensauce vermischt, bedeckt; bestreut mit Mischung von geriebenem Parmesan, Reibbrot und Petersilie, betropft mit Öl, im Ofen überbacken (italienisch).

gebacken: frites: Wie Krebsschwänze bereitet.

auf istrische Art: à l'istrienne: Vorgekocht, geschält, sautiert in Öl und Butter, flambiert mit Weinbrand, deglaciert mit Weißwein; gewürzt, vermischt mit gewürfelten Tomaten, serviert in dem eingekochten Fond.

auf italienische Art: à l'italienne: Vorgekocht, geschält, sautiert in Öl; vermischt mit gewürfelten Tomaten zerdrücktem Knoblauch, Rosmarin und gehackter Petersilie.

Lacroix: Vorgekocht, geschält, sautiert in Butter mit gehackten Schalotten und Champignonscheiben sowie gewürfelter roter Paprikaschote; flambiert mit Weinbrand, mit Rahm sämiggekocht, gewürzt mit Currypulver, mit Eigelb gebunden; Pilawreis nebenbei.

in Muscheln: en coquille: Wie Garnelen bereitet.

auf norwegische Art: à la norvégienne: Schwänze vorgekocht, geschält, sautiert in brauner Butter; gewürzt, gehackter Dill, Paprika und Rahm hinzugefügt, eingekocht, gewürzt mit Sherry; garniert mit Trüffelscheiben, gekochter Reis nebenbei.

mit Pernod: au Pernod: Sautiert in Öl und Butter mit Mirepoix, Knoblauch und gewürfelten Tomaten; flambiert mit Weinbrand, deglaciert mit Weißwein, verkocht mit Fischfond unter Zusatz von Kräuterbündel, Tomatenpüree und Gewürzen. Schalen entfernt, Fond, eingekocht, mit Butter aufgeschlagen und mit einigen Tropfen Pernod gewürzt; Schwänze in Backschüssel gefüllt, mit der Sauce übergossen, glaciert; Kreolenreis nebenbei.

Quarnero: Vorgekocht, geschält, sautiert in Butter mit gehackten Schalotten und gewürfelten Tomaten; gewürzt mit Zitronensaft, bestreut mit gehackter Petersilie.

mit Reis: al riso: Vorgekocht, geschält, sautiert in Öl mit gehackten Schalotten, gehackter Petersilie, Basilikum und Knoblauch; Reis hinzugefügt, mit Fischfond und Tomatenmark gargekocht; serviert mit geriebenem Parmesan nebenbei (italienisch).

alla Serenissima con Cannollicchi: auf venedische Art: In der Schale sautiert, mit Cognac flambiert; Sauce aus den Schalen mit Béchamel, Tomatenmark und Rahm. Cannollicchi – kleine Teigmuscheln – gekocht, mit Butter und geriebenem Käse vermischt, in Backform gefüllt, Scampi obenauf, mit der Sauce nappiert, glaciert (italienisch).

Silvio-Pellico: Mit Mirepoix Bordelaise ansautieren, mit Weinbrand flambieren, mit trockenem Weißwein ablöschen, garmachen und schälen. Gehackte Zwiebel in Butter blondschwitzen, gewürfelte Paprikaschoten und Tomaten beifügen, mit Spur Knoblauch würzen, mit dem Scampifond verkochen, Scampi beifügen, mit gehackter Petersilie bestreut anrichten; Butterreis nebenbei.

auf Triester Art (kalt): à la triestaine: Vorgekocht, geschält, in mit Gelee chemisierte Form abwechselnd mit Scampischaumbrot gefüllt, mit Gelee zugegossen; gestürzt, mit Gelee garniert.

Scharbe: siehe Kliesche

Schellfisch: F. Aigrefin, Aiglefin; E. Haddock; I. Merluzzo: Seefisch aus der Familie der Gadidae. Zu erkennen an dem schwarzen Fleck unterhalb der Seitenlinie in Höhe der ersten Seitenflosse. Die Seitenlinie verläuft im Bogen und hebt sich durch die schwarze Farbe hervor. Hauptverbreitungsgebiet ist der Nordatlantik sowohl an der europäischen als auch amerikanischen Küste. Gewicht: 2 bis 3 kg, Länge 30–50 cm und mehr.

auf alte Art: à l'ancienne: In Stücke geschnitten, gekocht, bedeckt mit Kapernsauce, vermischt mit Scheiben von Pfeffergurken.

à la batelière: siehe auf Flußschifferart

Buena Vista: Filets, pochiert in Weißwein und Fischfond; nappiert mit Matrosensauce, vermischt mit gewürfeltem Hummerfleisch, Tomaten und Champignons.

mit Butter: au beurre: Wie Kabeljau bereitet.

mit schwarzer Butter: au beurre noir: In Stücke geschnitten, gebraten, übergossen mit stark gebräunter Butter und einigen Tropfen in der Pfanne erhitztem Essig, bestreut mit gehackter Petersilie; Salzkartoffeln nebenbei.

Etretat: Tranchen oder Filets, in Butter und Weißwein pochiert; garniert mit pochierten Austern und Garnelen, nappiert mit normannischer Sauce.

mit feinen Kräutern: aux fines herbes: 1. Tranchen, pochiert in Fischfond; nappiert mit Weißweinsauce, vermischt mit gehackten Kräutern;

2. Filets, arrangiert in Backplatte auf gehackten Schalotten, Champignons und Petersilie, bedeckt mit der gleichen Mischung; befeuchtet mit Weißwein, bestreut mit Reibbrot, bedeckt mit Butterflocken, im Ofen gargemacht.

auf flämische Art: à la flamande: Filets, pochiert in Butter und Weißwein; garniert mit weißgedünsteten Zwiebelchen und Champignons, nappiert mit dem eingekochten Fond, vermischt mit gehackter Petersilie und Fischvelouté.

auf Flußschifferart: à la batelière: Filets, in Fischfond pochiert; dressiert auf Teigschiffchen, gefüllt mit Ragout von Muscheln und Garnelen; nappiert mit Weißweinsauce, garniert mit panierten, gebackenen Streifen von Seezungenfilets.

grilliert: grillé: In Stücke geschnitten, kurz in Milch gelegt, abgetrocknet, grilliert; serviert mit einfacher oder Kräuterbutter.

auf Hofmeisterart: à la maître d'Hôtel: In Tranchen geschnitten, in Butter gebraten; bedeckt mit Kräuterbutter, Fischkartoffeln nebenbei.

auf Lyoner Art: à la lyonnaise: Filets, in Butter gebraten; bedeckt mit gebratenen Zwiebelscheiben und gehackter Petersilie, übergossen mit brauner Butter mit einigen Tropfen Essig.

auf portugiesische Art: à la portugaise: Wie Kabeljau bereitet.

Saint-Nazaire: Tranchen, in Fischsud pochiert; garniert mit pochierten Austern und Hummerscheiben, nappiert mit Weißweinsauce, umlegt mit Fleurons.

mit Sardellen: aux anchois: Filets, in Butter gebraten, bedeckt mit brauner Butter vermischt mit gehackten Sardellen.

auf schottische Art: à l'écossaise: Gekocht, serviert mit holländischer Sauce, vermischt mit Brunoise von Wurzelgemüsen, gedünstet in Butter.

mit verschiedenen Saucen: Im Ganzen oder in Tranchen geschnitten, in Fischsud pochiert; serviert mit Sardellen-, Kapern-, Petersilie-, Hummer-, Krebs- oder holländischer Sauce und Salzkartoffeln.

Schellfisch, geräucherter: F. Aigrefin fumé; E. Smoked Haddock, Finnan Haddie: Der Länge nach gespalten, jedoch nicht getrennt, leicht gesalzen, hell geräuchert. Beliebtes Frühstücksgericht.

mit Butter: au beurre: Stücke in halb Milch und halb Wasser pochiert; abgetropft, bedeckt mit zerlassener Butter.

Delmonico: Gekocht, entgrätet, geblättert; bedeckt mit Trüffelscheiben und Garnelenschwänzchen, nappiert mit weißer Rahmsauce, garniert mit Vierteln von hartgekochten Eiern (amerikanisch).

Park Hotel: Gekocht, entgrätet, geblättert; gefüllt in Backschüssel innerhalb eines Randes von Herzogin-Kartoffelmasse; bedeckt mit Béchamel mit holländischer Sauce vermischt, glaciert.

in Rahmsauce: à la crème: Stücke in Milch und Wasser pochiert; nappiert mit leichter weißer Rahmsauce.

Schildkröte: F. Tortue; E. Turtle; I. Tartaruga; S. Tortuga: Gruppe von meeresbewohnenden Kriechtieren mit gewölbtem, gepanzertem Rücken und flachem Bauchteil. Länge bis 2 m. Vorkommen: Westindien, Florida, Kuba, Galápagos-Inseln, afrikanische Küste und anderwärts. Lebend, gefroren und in Dosen, hauptsächlich als Suppe gehandelt.

braisiert: braisée: Fleisch vorgekocht, in kräftiger Brühe mit Madeira und Wurzelwerk braisiert; Fond eingekocht und mit Demiglace verkocht.

auf Finanzmannsart: à la financière: Braisiert, garniert mit Hahnenkämmen und -nieren, entsteinten Oliven, Geflügelklößchen, gerieften Champignons und Trüffelscheiben; bedeckt mit dem Fond, verkocht mit Demiglace.

gebacken: frite: In kräftiger Brühe gargemacht; in Stücke geschnitten, durch Backteig gezogen, in tiefem Fett gebacken, mit Zitronenspalten und gebackener Petersilie angerichtet; leichte Mayonnaise nebenbei.

Schildkrötenflossen: F. Nageoires de tortue; E. Turtle-flippers; I. Alette di tartaruga: Die Flossen eßbarer Riesenschildkröten.

auf amerikanische Art: à l'américaine: In kräftiger Brühe fast gargekocht, dann mit Madeira fertiggekocht; mit amerikanischer Sauce bedeckt.

in Madeirasauce: à la sauce madère: In kräftiger Bouillon vorgekocht, mit Madeira braisiert, Fond mit Stärkemehl gebunden.

Maryland: In kräftigem Fond vorgekocht, in Butter angebraten, mit dem Fond braisiert, mit Pfeilwurzelmehl gebunden, mit Sherry abgeschmeckt (amerikanisch).

Schill: siehe Zander

Schleie: F. Tanche; E. Tench; I. Tinca: Kleinerer Fisch aus der Familie der Karpfen mit gedrungenem Körper, Rücken olivengrün, Seiten bronzefarbig mit violettem Schimmer, doch Farbe nach dem Gewässer variierend. Abgerundete Flossen, zwei kurze Bartfäden, tiefsitzende Schuppen, Länge bis 40 cm. Weißes, schmackhaftes, aber etwas unverdauliches Fleisch. Wird in den meisten langsam fließenden Gewässern Europas gefunden.

in Bier: à la bière: In Butter angebräunt, in hellem Bier mit angeschwitzten, gehackten Zwiebeln, Petersilie und Knollensellerie gedünstet; Sauce aus dem mit Pfefferkuchen verdickten, mit Butter aufgeschlagenen Fond.

blau: au bleu: Wie alle anderen Fische blau bereitet; serviert mit zerlassener Butter, geriebenem Meerrettich und Fischkartoffeln.

in Dillsauce: à la sauce aneth: Blau gekocht; bedeckt mit Fischvelouté, vermischt mit gehacktem Dill, mit einigen Löffeln holländischer Sauce vervollständigt.

gebacken: frite: In Stücke geschnitten, paniert, in tiefem Fett gebacken; Kopfsalat und Ravigote-Sauce nebenbei.

gefüllt: farcie: Mit Hechtfarce gefüllt, in Weißwein mit Butter, Zitronensaft, gehackten Schalotten, Champignons und Petersilie pochiert; Fond eingekocht und mit deutscher Sauce vermischt.

grün: au vert (wehr): Gehackte Schalotten, Petersilie, Spinat, Sauerampfer, Dill, Kerbel und Estragon in Butter angeschwitzt, Fisch daraufgelegt, mit Fischfond und Weißwein angegossen, langsam gedünstet; Fond mit Eigelb und Rahm legiert, mit Zitronensaft gewürzt über den Fisch gegossen.

mit grünen Erbsen: aux petits pois: Kleine Fische, paniert, in Butter gebraten, mit weißen Brotbröseln, in viel Butter gebräunt, übergossen, mit gebutterten grünen Erbsen garniert.

auf Hausfrauenart: à la bonne femme: Pochiert in Weißwein mit gehackten Schalotten, gehackter Petersilie, Champignonscheiben und Prise Basilikum; Fond mit Mehlbutter gebunden.

auf italienische Art: à l'italienne: Pochiert in Fischfond, mit italienischer Sauce übergossen.

in Papierhülle: en papillote: Wie Forelle bereitet.

mit Petersiliensauce: persilée: Pochiert in Butter und Zitronensaft mit gehackten Schalotten und Petersilie; Fond eingekocht, vermischt mit Fischvelouté, passiert, mit viel gehackter Petersilie vervollständigt; Fischkartoffeln nebenbei.

in Rahmsauce: à la crème: In gefettete Backplatte mit gehackten Schalotten gelegt, gewürzt, mit Weißwein angegossen, im Ofen gedünstet; wenn halbgar, mit dickem Rahm fertiggegart; in der Backplatte serviert.

vom Rost: grillée: Ziseliert, gemehlt, auf dem Rost gebraten; Ravigote-Sauce nebenbei.

mit Salbei: à la sauge: In gebutterte Backplatte auf frische Salbeiblätter gelegt, gewürzt, mit dickem Rahm übergossen; im Ofen gargemacht, dabei mit dem Rahm übergossen.

auf schlesische Art: à la silésienne: Pochiert in Weißwein und Fischfond mit Julienne von Wurzelgemüsen; Fond mit Eigelb und Rahm gebunden, mit Zitronensaft gewürzt, mit gehackter Petersilie vervollständigt.

auf Tiroler Art: à la tyrolienne (türolljenn): In Butter gebraten, auf geschmolzenen Tomaten angerichtet; bedeckt mit Tiroler Sauce, garniert mit gebackenen Zwiebelringen.

Schnecke, Weinbergschnecke: F. Escargot; E. Snail; I. Lumacha; S. Caracole: Das einzige eßbare Weichtier, das auf dem Lande lebt, heute meistens in besonderen Schneckengärten in Frankreich, Süddeutschland und Italien gezüchtet. Wird frisch und konserviert gehandelt. Zum Bereiten waschen, abdeckeln, in Essigwasser blanchieren, aus den Schalen nehmen und die schwarzen Teile (Kloake) entfernen. Gut reinigen, mit Wein, kräftigem Fond, Wurzelwerk und Kräutern garmachen. Die Schalen in Sodawasser aufkochen, wässern und gut säubern. Die Schnecken in der Schale oder nach Rezept fertigmachen.

auf Audaiser Art: à l'audaise (ohdähs): Große, vorgekochte Schnecken, mit gehackten Schalotten, Pfeffer, Zitronensaft und Öl mariniert, abwechselnd mit Champignons und Speckvierecken auf Spießchen gereiht, am Rost gebraten; in Schneckennäpfchen mit Burgunderbutter serviert.

auf Burgunder Art: à la bourguignonne (burginjonn): Mit etwas Fond in die Schalen gefüllt, mit Burgunderbutter verschlossen; in besonderer Pfanne im Ofen fertiggemacht.

Caracoles a la Cataláña: auf katalonische Art: Vorgekocht, mit gehackten Schalotten, Knoblauch, gehackter Petersilie und wenig Thymian in Olivenöl sautiert (spanisch).

Caracoles a la Española: auf spanische Art: Vorgekocht, mit etwas Fond und 2 frischen Majoranblättern je Dutzend in Schneckennäpfchen angerichtet. Nebenbei Sauce von feingeriebenen Mandeln und Knoblauch, vermischt mit geweichtem Brot, mit Olivenöl wie Mayonnaise aufgezogen, mit Salz und Pfeffer gewürzt (spanisch).

Caracoles a la Madrileña: auf Madrider Art: Vorgekocht, ansautiert in Öl, in Sauce von gehackten Zwiebeln, Schinken und Knoblauch, in Butter gedünstet, mit Weißwein eingekocht, gewürfelte Tomaten, Streifen von Paprikaschote, gehackte Petersilie, Salz, Cayennepfeffer und Muskatnuß beigefügt, und in dieser Sauce gargemacht (spanisch).

auf Chabliser Art: à la chablisienne (schablihsjenn): Wie Burgunder Art, jedoch mit Butter, vermischt mit gehackten, in Weißwein gedünsteten Schalotten, Knoblauch, gehackter Petersilie, Glace und Gewürz, verschlossen.

auf Dijoner Art: à la dijonnaise (dischonäs): Wie Burgunder Art bereitet, jedoch mit Butter, vermischt mit passiertem Rindermark, gehackter Trüffel, wenig Knoblauch, gehackten Schalotten in Weißwein gedünstet, und Gewürz, verschlossen.

mit Essigkren: Vorgekocht, in Weißwein mit gehackten Kräutern gedünstet; geriebener Meerrettich vermischt mit wenig Essig nebenbei (österreichisch).

gebacken: frits: 1. Vorgekocht, paniert, in tiefem Fett gebacken; mit gebackener Petersilie und Zitronenspalten angerichtet; 2. vorgekocht, mit Zitronensaft, Öl, gehackten Schalotten und Petersilie mariniert; durch Backteig gezogen, in tiefem Fett gebacken, mit gebackener Petersilie und Zitronenspalten angerichtet.

auf Grenobler Art: à la grenobloise (grenohbloas): Wie Burgunder Art bereitet, die Butter jedoch mit feingeriebenen, frischen Haselnüssen vermischt.

auf Klosterart: à la mode de l'abbaye: Vorgekocht, mit gehackter Zwiebel ansautiert, mit Mehl bestäubt, gewürzt, mit dünnem Rahm aufgefüllt, fertiggekocht; mit Eigelb gebunden.

mariniert (kalt): marinés: Vorgekocht, gedünstet in Weißwein mit etwas Essig, Öl, Champignonscheiben, Salz und Gewürzen; kalt im Fond serviert.

auf provenzalische Art: à la provençale: Vorgekocht, in Olivenöl angeröstet; gedünstet mit in Öl geschwitzten Schalotten, gewürfelten Tomaten, Weißwein, Knoblauch, gehackter Petersilie, Salz und Pfeffer.

Rote Teufel: Diables rouges: Vorgekocht, sautiert in Öl mit gehackter Zwiebel und Knoblauch, gehackte rote Paprikaschoten und Tomaten beigefügt, gedünstet, mit Cayennepfeffer und Tabasco-Sauce scharf gewürzt; im Timbale mit gehackter Petersilie bestreut serviert.

auf Spießchen: en brochette: Vorgekocht, abgetropft, in dünne Speckscheibchen gewickelt, auf Zahnstocher gesteckt, geröstet; serviert mit Burgunder- oder Kräuterbutter.

Villebernier: Vorgekocht, in Sauce von gehackten Schalotten in Rotwein mit Tropfen Essig und Prise Cayennepfeffer eingekocht, mit Butter aufgeschlagen, serviert.

auf Winzerart: à la vigneronne (winjeronn): Vorgekocht, mit gehackten Schalotten, Knoblauch, Salz und Pfeffer sautiert; durch Backteig gezogen, in Öl gebacken.

Scholle: F. Plie; E. Plaice; I. Passera di mare: Beliebter, rechtsseitiger Plattfisch mit gerader Seitenlinie, nur oberhalb der Brustflosse etwas gebogen. Farbe bräunlich mit zahlreichen orangefarbigen Flecken auf der Augenseite; Blindseite durchscheinend weiß. Durchschnittliche Länge 18–20 cm. Vorkommen: Nord- und Ostsee.

mit brauner Butter: au beurre noisette: Ganzer Fisch, pochiert oder in Butter gebraten; mit brauner Butter übergossen.

gebacken: frite: Filets, durch Backteig gezogen, in tiefem Fett gebacken; Tomatensauce nebenbei.

grilliert: grillée: Gemehlt, geölt, auf dem Rost gebraten; serviert mit Kräuterbutter.

auf Hausfrauenart: à la bonne femme: Filets, wie Seezunge bereitet.

mit holländischer Sauce: à la sauce hollandaise: Gekocht, mit holländischer Sauce und Fischkartoffeln serviert.

auf Müllerinart: à la meunière: Wie Seezunge gleichen Namens bereitet.

auf Nizzaer Art: à la niçoise: Filets, gemehlt, in Olivenöl gebraten; garniert mit geschmolzenen Tomaten mit einer Spur Knoblauch, Sardellenfilets und entsteinten, schwarzen Oliven; Sardellenbutter nebenbei.

Rødspaettefillets à la Holmsland: Schollenfilets Holmsland: Filets, paniert, gebacken, auf Salat von nudlig geschnittenem Lattich

Tomaten- und Ananaswürfel sowie Garnelen, mit Mayonnaise gebunden, angerichtet (dänisch).

auf Wittenberger Art: Große Filets, mit Zitronensaft mariniert, gewürzt, gemehlt, durch geschlagenes Ei gezogen, in geklärter Butter gebraten; grobgehacktes, hartgekochtes Ei, Garnelenschwänzchen und Kapern, in brauner Butter geschwenkt, darüber; gebackene Kartoffelstäbchen nebenbei.

Schwarzer Barsch: F. Bar noir; E. Black Bass: Süßwasserfisch, der in den Flüssen der Oststaaten der Vereinigten Staaten stark verbreitet ist. Er wird am besten gebraten oder gekocht und mit Bastardsauce serviert.

Schwertfisch: F. Espadon, empereur; E. Swordfish: Seefisch, dessen auffälligstes Merkmal eine schnabelartige Verlängerung des Kopfes ist, die aus Ober- und Zwischenkiefer gebildet ist und bei erwachsenen Tieren ein Drittel der Länge ausmacht; bei kleineren Tieren geringer. Stromförmiger Körper mit mächtiger Schwanzflosse, Länge bis zu 4 m, Gewicht bis 200 kg. Vorkommen: Mittelmeer, Atlantischer, Pazifischer und Indischer Ozean. Das Fleisch junger Tiere ist sehr schmackhaft.

mit brauner Butter: au beurre noisette (noahsett): Dicke Tranchen, pochiert, übergossen mit brauner Butter.

Delphi: Filets, gemehlt, in Butter gebraten; garniert mit Gurkenstückchen, mit Duxelles gefüllt, und kleinen, grillierten Tomaten; bestreut mit gehackter Petersilie und Kapern, übergossen mit brauner Butter.

auf Diepper Art: à la dieppoise: Filets, wie Seezungenfilets gleichen Namens bereitet.

auf englische Art: à l'anglaise: Scheiben, wie Kabeljau gleichen Namens bereitet.

auf Florentiner Art: à la florentine: Filets, wie Seezunge gleichen Namens bereitet.

auf Flußfischerart: à la batelière: Schnitten, wie Schellfisch gleichen Namens bereitet.

auf Genueser Art: à la génoise: Filets, in Rotwein pochiert; garniert mit Champignons, Krebsschwänzen und pochierten Fischmilchern, nappiert mit Genueser Sauce.

in Rahmsauce: à la sauce crème: Filets, pochiert in Butter mit Zitronensaft, bedeckt mit weißer Rahmsauce, garniert mit Fischkartoffeln.

auf türkische Art: à la turque (türk): Würfel, abwechselnd mit Lorbeerblättern auf Spieße gereiht, durch Mehl gezogen, grilliert; serviert auf Kreolenreis; heiße Sauce von Tomatenpüree, mit Zwiebelsaft und Knoblauch gewürzt und mit Olivenöl aufgeschlagen, nebenbei.

Seafood: D. Meeresfrüchte; F. Fruits de mer: Mehrere Sorten Meeresdelikatessen, kleine Fische, besonders jedoch Schaltiere, Krustentiere u. a. m., in verschiedenartiger Zubereitung.

Alabama: Kleine, gedünstete Jakobsmuscheln, Riesengarnelen und Hummerscheiben, in Butter ansautiert, mit Sherry deglaciert, mit dickem Rahm verkocht und mit Zitronensaft und Cayennepfeffer gewürzt; in individuelle feuerfeste Näpfchen gefüllt, mit geriebenem Käse bestreut, glaciert (amerikanisch).

Florida (kalt): Gehackte Zwiebeln, leicht in Butter sautiert, gleiche Teile entbartete Austern, Muscheln und große Garnelen beigefügt, mit Weißweinsauce aufgekocht, mit Cayennepfeffer und Zitronensaft gewürzt; ausgekühlt, mit gehackter Petersilie und Estragon bestreut, mit geschälten Zitronen- und Avocadoscheiben garniert; eiskalt serviert (amerikanisch).

Seeforelle, Grundforelle: F. Truite du lac, truite lacustre; E. Lake trout: Große Forellenart von blaugrauer bis zu dunkelblaugrauer Farbe mit dunklen Flecken auf dem Rücken und silbrig schimmernden

Seiten, die in allen Schweizer Alpenseen anzutreffen ist und zum Laichen in die Flüsse zieht. Länge bis 1 m, Gewicht bis 25-30 kg. Feines, wohlschmeckendes Fleisch. Wird wie Lachs und Lachsforelle bereitet.

Seehecht: F. Colin; E. Hake; I. Luccio marino: Seefisch aus der Familie der Gadidae mit spitzem Kopf und schlanker Körperform. Rücken schwarzgrau oder bräunlich, Bauch und Seiten silberglänzend. Mittlere Länge 50 cm, erreichbare Länge 1 m und mehr, Gewicht dann über 10 kg. Vorkommen: Atlantische West- und Südwestküsten Europas, im Norden bis Island und Nordnorwegen, Nordsee, Mittelmeer und die Gewässer von Westafrika.

auf alte Art: à l'ancienne: Wie Schellfisch bereitet.

auf Baseler Art: à la baloise: Wie Kabeljau bereitet.

Boistelle: Wie Seezungenfilets bereitet.

Gambetta: Filets, in Fischfond pochiert; ein Filet mit Nantua-, das andere mit grüner Kräutersauce nappiert; Trüffelscheibe auf jedes Filet.

gebacken: Wie Seezungenfilets bereitet.

Leopold: Filets in Weißwein und Fischfond pochiert; je ein Filet mit Hummersauce nappiert, mit gehackter Trüffel bestreut, das andere mit Genfer Sauce, bestreut mit gehacktem Hummermark; garniert mit Garnelen in Weißweinsauce.

auf Müllerinart: à la meunière: Wie Seezungenfilet bereitet.

à l'oseille: siehe mit Sauerampfer

auf polnische Art: à la polonaise: Filets, in Butter gebraten; bestreut mit gehacktem, hartgekochtem Ei und Petersilie, übergossen mit reichlich brauner Butter, in der geriebene Weißbrotkrume gebräunt wurde.

in Rotwein: au vin rouge: Tranchen, pochiert in Rotwein mit gehackten Schalotten; nappiert mit Genfer Sauce, garniert mit Fleurons.

mit Sauerampfer: à l'oseille: Ganzer Fisch, in Weißwein und Butter braisiert; auf Sauerampfpüree dressiert, garniert mit glacierten Zwiebelchen und gewürfeltem, gebratenem Rauchspeck, nappiert mit dem mit Mehlbutter eingedickten Fond.

auf Toulouser Art: à la toulousaine: Pochiert in Fischsud; garniert mit Champignons, weißgedünsteten Zwiebelchen, entsteinten Oliven und Fischklößchen, nappiert mit Weißweinsauce.

Seeigel: F. Oursin; E. Sea-Urchin, Sea-Hedgehog: Seetier aus der Ordnung der Stachelhäuter, armlos und meist von kugeliger Form mit kurzen Stacheln. Am wohlschmeckendsten sind die grünen und schwarzen. Man ißt sie gekocht oder auch roh wie ein Ei aus der Schale, das Mark wird auch für Saucen verwendet. Vorkommen: die felsigen Küsten Europas, Amerikas und Asiens.

Seekrebs: siehe Scampi

Seelachs: siehe Köhler

Seeteufel, Krötenfisch, Anglerfisch: F. Baudroie; E. Angler: Seefisch von merkwürdiger Gestalt mit sehr großem Kopf, der alle europäischen Gewässer bewohnt. Fleisch weiß, fest und wohlschmeckend. Wird hauptsächlich zu Bouillabaisse verwendet.

Seezunge: F. Sole; E. Sole; I. Sogliola; S. Lenguado: Plattfisch mit niedrigem, langgestrecktem Körper und abgerundetem Maul. Färbung der Rechtsseite grau bis graubraun, auf der Blindseite etwas lichter gefärbt. Maximalgröße etwa 45 cm. Vorkommen: Mittelmeer einschließlich der nordwestlichen Küste Afrikas über die Biskaya, den Kanal bis hinauf nach Drontheim, zuweilen auch im Kattegat und in der westlichen Ostsee. Hauptfanggebiet Nordsee.

Adlon: Pochiert in Weißwein, garniert mit Scampi, Champignonköpfen und Trüffelscheiben; mit holländischer Sauce, mit etwas Tomatenpüree vermischt, überzogen.

auf Admiralsart: à l'amiral: Pochiert in Weißwein und Fischfond mit gehackten Schalotten, bedeckt mit dem eingekochten Fond, vermischt mit Weißweinsauce, mit Krebsbutter aufgeschlagen; garniert mit Krebsschwänzen, Champignonköpfen, Trüffelscheiben und Austern Villeroi.

Adrienne: Filets, pochiert, bedeckt mit pochierten Fischmilchern; mit Weißweinsauce, vermischt mit Champignonscheiben, und etwas ungesüßter Schlagsahne überzogen; garniert mit Mundbissen, mit Krebssalpicon gefüllt.

auf ägyptische Art: à l'egyptienne (ehschiptjenn): Filets, in Streifen geschnitten, mit Zitronensaft und Butter pochiert, vermischt mit Streifen von Trüffeln und Pilzen, gebunden mit Rotweinsauce, mit Hummerbutter aufgeschlagen, in kleine Porzellannäpfchen gefüllt.

Aiglon: Pochiert, dressiert auf Champignonpüree; mit Weißweinsauce, vermischt mit weißem Zwiebelpüree, nappiert, mit Fleischglace betropft; Fleurons als Garnitur.

Alexandra: Filets, pochiert, garniert mit Hummer- und Trüffelscheibe; bedeckt mit Nantuasauce, glaciert; Fleurons.

Alfons XIII.: Alphonse XIII. (alfongs träß): Filets in Butter gebraten, auf gebackenen Scheiben von Eieräpfeln dressiert, bedeckt mit Tomatensauce, vermischt mit Julienne von Paprikaschoten.

Alice: Filets, pochiert in Weißwein und Fischfond mit gehackter Zwiebel und Thymian; am Tisch mit rohen Austern, Butter und Crackermehl vor dem Gast fertiggemacht.

auf alte Art: à l'ancienne (angsjenn): Pochiert, garniert mit Champignonköpfen und kleinen Zwiebelchen, mit Weißweinsauce überzogen.

auf Altonaer Art: Gemehlt, in Butter gebraten; bedeckt mit gewürfelten Champignons, Garnelenschwänzen und Muscheln, in Butter sautiert, beträufelt mit Zitronensaft, gehackte Petersilie und braune Butter darüber; holländische Sauce mit pochierten Austern und gekochte Kartoffelkugeln nebenbei.

Amalia: Amélie: Pochiert, mit Kranz von Kartoffel- und Trüffelscheiben garniert, bedeckt mit Nantuasauce.

auf amerikanische Art: à l'américaine: Filets gefaltet, pochiert; Hummerscheibe auf jedem Filet, bedeckt mit amerikanischer Sauce.

Amphytrion (angfütrijonn): Filets gefüllt mit Hechtfarce, vermischt mit gewürfelten Austern und Sardellenpaste, gefaltet, paniert, tief gebacken; mit gebackener Petersilie und Zitronenspalten angerichtet.

Amundsen (kalt): Filets gefaltet, pochiert, leicht gepreßt, erkaltet; dressiert auf halben, innen marinierten Tomaten, gefüllt mit gewürfelten, pochierten, marinierten Fischmilchern, die Filets mit Krebsschwanz dekoriert, mit Gelee überglänzt.

auf andalusische Art: à l'andalouse: Filets, mit Fischfarce, vermischt mit gehackter Paprikaschote, bestrichen, gerollt, pochiert; auf halbe gedünstete Tomaten mit Risotto, vermischt mit Würfeln von roter Paprikaschote, dressiert; auf Scheiben von in Öl gebackenen Eieräpfeln gesetzt, mit brauner Butter übergossen.

Angola: Filets, englisch paniert, in tiefem Fett gebacken; auf gewürfalte Tomaten, vermischt mit in Öl sautierten Bananenwürfeln, dressiert; körnig gekochter Reis und leichte Currysauce nebenbei.

auf arlesische Art: à l'arlesienne (ahrläsjenn): Pochiert in Fischfond mit gehackter Zwiebel, Tomatenwürfeln und Spur Knoblauch; Fond eingekocht, mit Butter aufgeschlagen, vermischt mit olivenförmigen Stückchen Kürbischen, in Butter gedünstet und über den Fisch gegossen; gebackene Zwiebelringe rundherum.

Artushof: Filets, mit Fischfarce bestrichen, Krebsschere eingelegt, gefaltet, pochiert; kleiner Champignonkopf auf jedem Filet, überzogen mit Nantuasauce, garniert mit Gurkenoliven, in Butter gedünstet und mit gehacktem Dill bestreut.

Atelier: Kleine Seezungenfilets, gefaltet, pochiert; mit der Spitze nach außen auf Hummerkörper, gefüllt mit Ragout von Hummer, Kalbsmilch und Champignons in Newburghsauce, dressiert; auf ein Filet Champignon, auf das andere Hummermedaillon, in die Mitte pochierte Auster gesetzt; mit Weißweinsauce nappiert, Butterreis nebenbei.

mit Austern: aux huîtres (os uihtr): Pochiert in Weißwein und Austernwasser; bedeckt mit Weißweinsauce, vermischt mit dem eingekochten Fond und pochierten Austern.

Bagration (bagrassjonn): 1. Pochiert, in Backplatte, bedeckt mit Mornaysauce, vermischt mit Trüffelscheiben, gelegt und glaciert; 2. (kalt) kalte, gefaltete, pochierte Filets, dekoriert, auf Hummermedaillon gesetzt und um Kuppel von russischem Salat in Gelee dressiert; leichte Mayonnaise nebenbei.

Baron Brisse: 1. Filets, gefüllt mit Hechtfarce, vermischt mit Krebspüree, gefaltet, pochiert, bedeckt mit Trüffelscheiben, Champignons und Krebsschwänzen, überzogen mit Béchamelsauce, mit Sherry gewürzt, glaciert;
2. mit Farce gefüllte Röllchen, auf Farcerand dressiert, mit Trüffelscheibe belegt, mit Weißweinsauce nappiert; Krebsschwänze in amerikanischer Sauce in der Mitte des Randes.

Beatrice: Pochierte Röllchen, auf großen, pochierten Champignonkopf gesetzt, garniert mit pochierten Fischmilchern; überzogen mit Weißweinsauce, vermischt mit Garnelenpüree und Garnelenschwänzchen, Trüffelscheibe und Champignonkopf auf jedem Röllchen.

Beaufort: Pochiert, bedeckt mit pochierten Austern; mit Hummersauce, mit Hummer- und Champignonwürfel vermischt, überzogen.

Beaumanoir: Pochierte Filets, abwechselnd mit Weißweinsauce, darauf eine Trüffelscheibe, und Hummersauce, mit gebackener Auster belegt, nappiert.

Bedford: Grillierte Seezunge, auf Kräuterbutter dressiert; abwechselnd mit runden, ausgehöhlten Croutons, mit Champignonpüree, mit gehackter Trüffel vermischt, gefüllt, und Croutons, gefüllt mit Spinatpüree, mit Mornaysauce bedeckt, mit geriebenem Käse bestreut und glaciert, umlegt.

Benediktine: Bénédictine: Gefaltete Filets, pochiert, mit Weißweinsauce nappiert, um Kuppel von getrüffeltem Stockfischmus dressiert.

Benevenuto: Gebraten, auf gewürzte Tomaten, mit Knoblauch gewürzt, dressiert; garniert mit Trüffelscheiben und gebratenen Steinpilzscheiben, bedeckt mit brauner Butter, bestreut mit gehacktem Estragon.

Benjamin: Filets, gefaltet, paniert, in tiefem Fett gebacken; dressiert auf gebackene Kartoffeln, ausgehöhlt und mit Champignons in Rahmsauce gefüllt; amerikanische Sauce nebenbei.

Bercy: Filets, pochiert in Weißwein und Fischfond mit gehackten Schalotten und Petersilie; Fond eingekocht, mit Butter aufgeschlagen und über den Fisch gegossen.

Birkouff: Pochiert in Weißwein und Fischfond; bedeckt mit Weißweinsauce, vermischt mit Gemüsebrunoise, gehacktem Fenchel und Bohnenkraut; mit gehackter Petersilie bestreut.

Biron: Pochiert, bedeckt mit Genfer Sauce, vermischt mit gehackter Trüffel; umlegt mit Fleurons.

Bismarck: Filets, gefüllt mit Fischfarce mit gehackter Trüffel, gefaltet, pochiert; dressiert auf Artischockenboden, belegt abwechselnd mit steifgemachter Auster und Champignonkopf, nappiert mit Weißweinsauce mit dem eingekochten Fond und holländischer Sauce, glaciert; garniert mit Ragout von Muscheln, Garnelenschwänzen und Champignons in holländischer Sauce.

Boildjöh (boaldjöh): Filets mit Fischfarce, vermischt mit Salpicon von Krebsen, Trüffeln und Garnelen, gefüllt, gefaltet, pochiert; dressiert auf flache Kroketts von Languste, bedeckt mit Nantuasauce, Trüffelscheibe auf jedem Filet.

Boistelle (boastell): Wie Bercy zuzüglich Champignonscheiben bereitet.

Bolivar: Ganzer Fisch, entgrätet, gefüllt mit Fischfarce, vermischt mit gewürfelten Tomaten und Zwiebelpüree; in Weißwein und Fischfond pochiert, bedeckt mit Weißweinsauce, vermischt mit weißem Zwiebelpüree.

Bonaparte: Mit Weißwein und Fischfond pochiert; Fond mit süßem Rahm eingekocht, mit Butter aufgeschlagen, über den Fisch gegossen, glaciert; garniert mit Fischkartoffeln, mit hackter Petersilie bestreut.

Bonne femme: siehe auf Hausfrauenart

auf Bordelaiser Art: à la bordelaise: Pochiert in Rotwein mit gehackten Schalotten; Fond eingekocht, mit Bordelaiser Sauce vermischt und über den Fisch gegossen.

auf bosnische Art: à la bosniaque (bossniak): Pochiert, bedeckt mit Weißweinsauce, vermischt mit Julienne von Mohrrüben, Champignons und Trüffel; Sauce kräftig mit Rosenpaprika gewürzt.

auf Botschafterart: à l'ambassadeur (engbassadöhr): Filets, pochiert, auf Champignonpüree dressiert; belegt mit Trüffelscheibe, bedeckt mit Weißweinsauce, glaciert; Fleurons rundherum.

auf Botschafterinart: à l'ambassadrice (engbassadriß): Filets, gefaltet, pochiert; bedeckt mit normannischer Sauce, garniert mit gefüllten Krebsnasen.

auf Botschaftsart: à l'ambassade (ambassahd): 1. Filets, in Weißwein und Fischfond pochiert, mit Hummer- und Trüffelscheibe belegt, mit Weißweinsauce nappiert, glaciert; amerikanische Sauce rundherum;

2. wie oben, jedoch Fond eingekocht mit Rahm, mit Hummerbutter aufgeschlagen, glaciert.

auf bretagnische Art: à la bretonne: Pochiert, garniert mit Champignonköpfen, bedeckt mit bretagnischer Sauce, glaciert; garniert mit Fleurons.

Breteuil (bretoij): Pochiert, garniert mit Teigschiffchen, gefüllt mit pochierter Fischmilch; Fischkartoffeln und zerlassene Butter nebenbei.

Bréval: Wie Hausfrauenart, zuzüglich gewürfelten Tomaten bereitet.

Brouns: Filets gefüllt mit Fischfarce, vermischt mit Hummerpüree; gefüllt in gebutterte Auflaufschale, bedeckt mit Hummer-Auflaufmasse, gebacken; Weißweinsauce, mit Champignonscheiben und gehackten Kräutern vermischt, nebenbei.

Buckingham: Filet, mit Fischfarce gefüllt, gefaltet, pochiert; dressiert auf Scheibchen von gefülltem Weißkraut, bedeckt mit Newburghsauce, glaciert.

auf Burgunder Art: à la bourguignonne (burginjonn): In Rotwein pochiert, garniert mit kleinen, gedünsteten Zwiebelchen und Champignonköpfen; bedeckt mit Burgundersauce, vermischt mit dem eingekochten Fond.

Byron: In Rotwein, Fischfond und Champignonfond pochiert; bedeckt mit dem eingekochten Fond, mit Butter aufgeschlagen, bestreut mit Trüffelstreifen.

Café de Paris: Pochiert mit Trüffeljulienne; garniert mit Champignonköpfen, grünen Spargelspitzen, pochierten, entbarteten Austern und großen Garnelenschwänzen; umgossen mit Victoriasauce.

Café Riche (rihsch): Filets, gefaltet, pochiert, turbanartig angerichtet; Mitte mit Ragout von Languste und Trüffeln gefüllt; alles mit Victoriasauce übergossen.

auf Cancalaiser Art: à la cancalaise (kankahläs): Filets, gefaltet, mit Austernwasser und Butter pochiert; garniert mit entbarteten, pochierten Austern und Garnelenschwänzen, bedeckt mit normannischer Sauce mit dem eingekochten Fond.

Cap Martin: Entgrätet, gefüllt mit Krebsschwänzen und Austern, pochiert in Weißwein und Fischfond; Fond eingekocht, vermischt mit Weißweinsauce, über den Fisch gegossen, betropft mit Fleischglace.

Carême: Filets oder ganzer Fisch, pochiert; garniert mit Fischmilchern, Champignonköpfen und pochierten, entbarteten Austern; bedeckt mit Weißweinsauce, vermischt mit Selleriepüree, belegt mit Trüffelscheiben, garniert mit Fleurons.

Carmen: 1. In Butter gebraten, dekoriert mit Streifen roter Paprikaschoten und Estragonblättern; Paprikaschotenbutter nebenbei;
2. Filets, pochiert, garniert mit Tomatenscheiben; nappiert mit Weißweinsauce mit Béarnaiser Reduktion, blanchierte Estragonblätter über Kreuz auf die Tomaten.

Carmencita: Pochiert in Weißwein, dressiert auf geschmolzene Tomaten mit gehackter Petersilie und Spur Knoblauch; nappiert mit Fischvelouté, mit Butter aufgeschlagen und Julienne von grünen Paprikaschoten vermischt; garniert mit Mundbissen, mit Stockfischpüree gefüllt.

Casanova: Pochiert, dekoriert mit Trüffelscheiben, bedeckt mit Weißweinsauce; garniert mit entbarteten, pochierten Austern und Muscheln, umlegt mit Fleurons.

Castel Pelisor: Gewürzt, gemehlt, in heißem Öl goldgelb gebraten, mit Zitronenfilets belegt, mit gehackter Petersilie bestreut, mit brauner Butter übergossen; an einer Seite mit geschmolzenen Tomaten mit Spur Knoblauch und gehackter Petersilie bereitet, auf der anderen mit in grobe Streifen geschnittenen, in tiefem Fett gebackenen Paprikaschoten garniert.

Castiglione (kaßtilljonn): Filets, pochiert; Hummerscheibe und Champignonkopf auf jedem Filet, umlegt mit Kartoffelscheiben; bedeckt mit Weißweinsauce, vermischt mit weißer Rahmsauce, glaciert.

Caylus: Filets in Weißwein und Fischfond, mit feiner Gemüsebrunoise pochiert; Fond eingekocht, mit Butter aufgeschlagen, über die Filets gegossen; garniert mit gebratenen Champignonköpfen und winzigen Schneckenkroketts.

Cazenave: Röllchen, mit Zitronensaft und Champignonfond pochiert; gesetzt in ausgehöhlte, pochierte Kalville, bedeckt mit dem eingekochten Fond, vermischt mit holländischer Sauce; Julienne von roter Paprikaschote obenaufgestreut.

Cecilie: Cécilia: Filets, in Butter gebraten, garniert mit Spargelspitzen, übergossen mit brauner Butter.

Cecil Rhodes: Filets, gefaltet, pochiert in Austernwasser und Zitronensaft; garniert mit grünen Spargelspitzen, Trüffeloliven und entbarteten Austern; bedeckt mit dem eingekochten Fond, mit Butter aufgeschlagen, glaciert.

Célina: Filets, pochiert; dressiert auf kleingeschnittene Spaghetti, vermischt mit Butter, geriebenem Parmesan, Garnelen und Austern; bedeckt mit Weißweinsauce, vermischt mit holländischer Sauce, glasiert.

Ceylon: Filet, gewürzt, gemehlt, gebraten; darüber sautierte Bananen- und Tomatenwürfel gegeben, mit leichter holländischer Sauce, mit Curryextrakt gewürzt, bedeckt, mit Fleurons garniert; Butterreis nebenbei.

in Chambertin: au Chambertin (oh schangbertäng): Pochiert in Chambertin-Wein; Fond mit Mehlbutter gedickt, mit Butter aufgeschlagen und über den Fisch gegossen; mit panierten, in tiefem Fett gebackenen Seezungenstreifen garniert.

mit Champignons: aux champignons: Pochiert in Weißwein mit Champignonsud und rohen Champignonscheiben; bedeckt mit Weißweinsauce, vermischt mit dem eingekochten Fond.

Charlemagne: siehe Karl der Große

Charlotte (kalt): Filets, gefaltet, pochiert, ausgekühlt; dressiert auf Artischockenboden, gefüllt mit Schaumbrot von Fischmilcher, gewürzt mit Meerrettich; mit Kerbelblättchen und Hummermark dekoriert, mit Gelee glaciert.

Chauchat (schoschah): Pochiert in Weißwein und Fischfond; umkränzt mit Kartoffelscheiben, bedeckt mit Weißweinsauce, glaciert; garniert mit Fleurons.

Cherbourg: Röllchen, pochiert, garniert mit Ragout von Muscheln, Austern und Garnelen; bedeckt mit Garnelensauce, glaciert.

Chevigné: Filets, mit Lachsfarce gefüllt, paniert, in Butter gebraten; garniert mit Champignonköpfchen in Rahmsauce, mit Portwein gewürzt; Béarner Sauce nebenbei.

Chevreuse: Filets, gefüllt mit Fischfarce mit gehackten Kräutern, gefaltet, in Weißwein pochiert; bedeckt mit tomatierter Béarner Sauce, vermischt mit dem eingekochten Fond.

Chivry: Filets, gefaltet, pochiert in Weißwein und Fischfond; bedeckt mit Chivrysauce, garniert mit Fleurons.

Choiseul (schoasöl): Pochiert, bedeckt mit Weißweinsauce, vermischt mit Julienne von weißen Trüffeln.

Choisy (schoasi): Filets, gefaltet, pochiert in Butter und Zitronensaft; dressiert auf halben gedünsteten Salatköpfen; nappiert mit Mornaysauce, vermischt mit Champignonjulienne, glaciert.

Clara Ward: Filets, in Streifen geschnitten, sautiert in Butter mit gewürfeltem Knollensellerie und Artischockenböden; bestreut mit gehackten Kräutern, übergossen mit brauner Butter.

Claremont (Klarmong): Pochiert, bedeckt mit Weißweinsauce mit Tomatenwürfeln und gehackten Kräutern; garniert mit halbmondförmigen, in Butter gebratenen Croutons.

Clarence: 1. Filets, gefaltet, dressiert auf flachem, gebackenem Herzogin-Kartoffelboden; belegt mit Trüffelscheibe, nappiert mit Mornaysauce, glaciert;
2. wie 1, jedoch nappiert mit amerikanischer Sauce, gewürzt mit Currypulver und mit Hummerwürfelchen vermischt, glaciert.

Colbert (kohlbär): Von der dicken Seite aus der Länge nach eingeschnitten, Filets zurückgeschlagen, Gräten an Seiten, Kopf und Schwanz eingeschnitten; paniert, in tiefem Fett gebacken, die Gräten sorgfältig herausgezogen, Öffnung mit Kräuterbutter gefüllt.

Colinette: Filets, mit Hechtfarce mit gehackten Kräutern gefüllt, zusammengefaltet, paniert, in tiefem Fett gebacken; leichte Tomatensauce nebenbei.

Condé: Pochiert, bedeckt mit Weißweinsauce; ein Streifen Tomatenpüree rundherum, in die Mitte etwas Fleischglace geträufelt.

Cooch Behar: Filets, in Butter gebraten; dressiert auf halben Eieräpfeln, gefüllt mit dem gehackten Fruchtfleisch, Zwiebeln, Champignons, Schalotten, Tomaten und Knoblauch, mit Reibbrot bestreut, mit Öl beträufelt, überkrustet; braune Butter über die Filets.

Cornelin (korneläng): Pochiert, bedeckt mit Weißweinsauce; obenauf gehacktes Hummermark und gehackte Trüffel gestreut.

Country Style: Filets, in Weißwein pochiert; Fond, mit Rahm und Currypaste verkocht, mit holländischer Sauce vervollständigt, darunter leicht ansautierte Bananen- und Champignonscheiben und Tomatenwürfel gemischt; Butterreis nebenbei (amerikanisch).

Cubat (kübah): Pochiert, auf Champignonpüree dressiert; mit Mornaysauce nappiert, glaciert, Trüffelscheiben obenauf.

Dartois: Blätterteig ausgerollt, in Dreiecke geschnitten, mit Ausnahme des Randes mit Fischfarce bestrichen, mit gefaltetem, plattiertem Filet belegt, mit Blätterteig-Dreieck abgedrückt, Rand angedrückt, mit Ei bestrichen, im Ofen gebacken.

Daumier (dohmje): Filets, gefaltet, in Fischfond pochiert; dressiert auf Boden von pochierter Fischfarce, bedeckt mit Mornaysauce, glaciert; Nantuasauce rundherum.

Daumont (dohmong): Röllchen, pochiert; dressiert auf großem, pochiertem Champignon mit Krebssalpicon gefüllt,; nappiert mit normannischer Sauce, garniert mit gebratenen Fischmilchern und mit gefüllten Krebsnasen.

auf Deauviller Art: à la deauvillaise (dohwihlähs): Pochiert mit gehackten Zwiebeln und Fischfond; Fond mit Rahm eingekocht, mit Butter aufgeschlagen; garniert mit Fleurons.

Déjazet (deschasä): Filets, paniert, in Butter gebraten; belegt mit blanchierten Estragonblättern, bedeckt mit Estragonbutter.

Deland: Filets, lang gelassen, mit gehackten Schalotten, rohen Champignonscheiben und Weißwein in Fischfond pochiert; Fond mit dickem Rahm und Paprika eingekocht, mit Butter aufgeschlagen; Filets auf sehr feine, gebutterte Nudeln dressiert, mit der Sauce übergossen, glaciert; um die Filets rohe, in Butter gebackene Nudeln gestreut.

Desmoulin (dämuhläng): Pochiert in Weißwein und Fischfond mit gewürfelten Tomaten, Champignonscheiben und gehackten Kräutern; Fond eingekocht, mit Butter aufgeschlagen, über den Fisch gegossen.

auf Diepper Art: à la dieppoise (diäpoahs): Filets pochiert in Weißwein, Fisch- und Muschelfond; garniert mit entbarteten Muscheln und Garnelenschwänzen, nappiert mit Weißweinsauce mit eingekochtem Muschelfond.

Dieudonné (djöhdonnet): Pochiert in Weißwein und Fischfond mit gewürfelten Tomaten, Champignonscheiben und gehackten Kräutern; Fond mit dickem Rahm eingekocht, mit Mehlbutter verdickt, über den Fisch gegossen.

Dimitri: Filets, in Weißwein pochiert; mit Weißweinsauce übergossen, über Kreuz mit Streifen von Sardellenfilets und an den Seiten mit Fischkartoffeln garniert.

auf Diplomatenart: à la diplomate: In Weißwein und Fischfond pochiert; bedeckt mit Diplomatensauce, mit Trüffelscheiben belegt.

Don Carlos: Filets, gefaltet, pochiert; abwechselnd mit Weißweinsauce nappiert, mit gehackten Trüffeln, und Tomatensauce mit gehackten Champignons bestreut.

Doria: Ganzer Fisch oder Filets, paniert, in Butter gebraten; garniert mit olivenförmigen, in Butter gedünsteten Gurkenstückchen; braune Butter über den Fisch.

Dubois: Filets, in Streifen geschnitten, gemehlt, in Butter gebraten; übergossen mit Weißweinsauce, vermischt mit Fleischglace, mit Butter aufgeschlagen, mit Zitronensaft gewürzt.

Dugléré: In breite Stücke geschnitten oder Filets, in Weißwein und Butter mit gehackten Schalotten, Tomatenwürfeln und gehackter Petersilie pochiert; Fond eingekocht, mit Fischvelouté vermischt, mit Butter aufgeschlagen, mit Zitronensaft gewürzt und über den Fisch gegossen.

Dumas: Pochiert; nappiert mit Weißweinsauce mit gehackten Kräutern und geschmolzenen Tomaten.

Duperré (düpärreh): In Butter und Zitronensaft pochiert; bedeckt mit Fischvelouté vermischt mit dem eingekochten Fond; garniert mit Champignonköpfen, Austern und Garnelenschwänzen.

d'Urville (dührwill): Filets, mit Fischfarce bestrichen, gefaltet, mit Trüffelnägeln bespickt, mit Zitronensaft und Butter pochiert; auf schiffchenförmiger, ausgehöhlter Herzogin-Kartoffel gefüllt, mit Salpicon von Garnelen mit Garnelensauce gebunden, gesetzt, mit Garnelensauce überzogen.

Duse (dühs): Filets, mit Fischfarce gefüllt, gefaltet, pochiert; in Savarinform geordnet, gefüllt mit Risotto, gestürzt, mit Mornaysauce überzogen, mit geriebenem Käse bestreut und überbacken; Mitte mit Garnelenragout in Weißweinsauce gefüllt, oben mit gehackter Trüffel bestreut.

Eduard: Edouard: Filets, in Weinbrand mariniert, gemehlt, in Butter gebraten; bedeckt mit Weißwein, mit gehackten Schalotten eingekocht, etwas Fleischglace hinzugefügt, mit Butter aufgeschlagen, mit Sardellenpaste und Zitronensaft gewürzt.

Elisabeth: Filets oder Röllchen, mit Fischfarce gefüllt, Filets gefaltet, pochiert; dressiert auf Artischockenboden, obenauf Trüffelscheibe und Champignonkopf, mit Mornaysauce überzogen, mit geriebenem Käse bestreut, mit Butter beträufelt, gratiniert.

auf Elsässer Art: à l'alsacienne: Filets, pochiert, dressiert auf gedünstetes Sauerkraut; bedeckt mit Mornaysauce, bestreut mit geriebenem Käse, glaciert.

auf englische Art: à l'anglaise (anglähs): Filets, paniert, in Butter gebraten; Kräuterbutter obenauf.

auf Epikuräerart: à l'épicurienne (epikührjenn): In Weißwein, Trüffelfond und Madeira pochiert; nappiert mit dem eingekochten Fond, mit Butter aufgeschlagen, mit gehackter Petersilie vermischt, mit Sardellenpaste und Zitronensaft gewürzt.

auf Erzherzogsart: à l'archiduc: Pochiert in Fischfond mit Whisky und Portwein; Fond eingekocht, mit Rahm verkocht, mit Butter aufgeschlagen, vermischt mit feiner Gemüsebrunoise mit Trüffeln, über den Fisch gegossen.

Escoffier (kalt): Röllchen, ein Teil mit Fischfarce mit Hummerpüree, der andere Teil mit Fischfarce mit gehackter Trüffel gefüllt, pochiert; jedes Röllchen in vier Scheiben geschnitten, abwechselnd in den Farben in Randform, mit Gelee chemisiert, gefüllt, mit Krebsschaumbrot bedeckt, mit Gelee verschlossen. Nach dem Erstarren gestürzt, mit Geleedreiecken garniert.

Etretat (etretah): Pochiert, bedeckt mit Nantuasauce; garniert mit pochierten Austern, Champignonköpfen, Garnelen und Trüffelscheiben.

Excelsior: Röllchen, pochiert, bedeckt mit normannischer Sauce vermischt mit Trüffeljulienne; Trüffelscheibe auf jedem Röllchen, im Kranz angerichtet, Hummerragout Newburgh in der Mitte.

auf Fécamper Art: à la fécampoise (fehkampoas): Filets, pochiert; garniert mit entbarteten Muscheln und Garnelen, bedeckt mit Garnelensauce.

Fedorowna: Filets mit Hechtfarce gefüllt, gefaltet, pochiert; nappiert mit Nantuasauce, vermischt mit Trüffel- und Champignonwürfeln und Garnelen; garniert mit Garnelen und gebackenen Muscheln.

mit feinen Kräutern: aux fines herbes (o finsherb): Pochiert, bedeckt mit Kräutersauce.

Floréal: Röllchen mit Fischfarce gefüllt, pochiert in Weißwein und Fischfond; in Porzellannäpfchen auf Spargelköpfen in Rahmsauce dressiert, bedeckt mit Weißweinsauce mit grüner Spargelbutter aufgeschlagen, obenauf dünne Karottenscheibe und Kerbelblättchen.

auf Florentiner Art: à la florentine (flohrangtihn): Filets, pochiert, in Backschüssel auf gebuttertem Blattspinat dressiert; mit Mornaysauce bedeckt, mit geriebenem Käse bestreut, glaciert.

auf Flußfischerart: à la batelière: Wie Schellfisch gleichen Namens bereitet.

Fontainebleau (fohntänbloh): Filets, pochiert, bedeckt mit Garnelensauce, garniert mit Spargelspitzen und Garnelen.

Foyot (foajo): Wie Bercy bereitet, mit etwas Fleischglace in der Sauce.

Franz Josef: François Joseph: Filets, gefüllt mit Krebsfarce, gefaltet, pochiert; dressiert auf gebackener Scheibe Eierapfel, bedeckt mit Choronsauce.

auf französische Art: à la française: In Fischsud gargemacht; bedeckt mit Choronsauce.

Friquet (frihket): Filets, pochiert, in Backplatte auf gedünsteten Kopfsalatstreifen dressiert; garniert mit pochierten, entbarteten Austern, bedeckt mit Mornaysauce vermischt mit Julienne von Spinat, mit gehacktem, hartgekochtem Ei bestreut.

auf Frühlingsart: à la printanière: Filets, gefaltet, pochiert, bedeckt mit weißer Rahmsauce, mit grüner Kräuterbutter aufgeschlagen; garniert mit geformten Frühlingsgemüsen und Spargelspitzen.

auf Fürstenart: à la princière (prängsjähr): Filets, pochiert, nappiert mit Nantuasauce mit gewürfelten Trüffeln; glaciert; Trüffelscheiben obenauf.

mit Garnelen: aux crevettes (oh krevett): Pochiert, garniert mit Garnelen, nappiert mit Garnelensauce.

auf Gastronomenart: à la gastronome: Filets, pochiert, garniert mit Trüffelscheiben, Champignonköpfen und Garnelen; übergossen mit reicher Sauce.

gebacken: frite: 1. Durch Milch gezogen, gemehlt, in tiefem Fett gebacken, mit gebackener Petersilie und Zitrone angerichtet;
2. ganzer Fisch oder Filets, paniert, in tiefem Fett gebacken, mit gebackener Petersilie und Zitronenspalten angerichtet;
3. dorée (dohreh): in Mehl gewendet, in Butter goldgelb gebraten, mit Zitronenscheiben belegt, mit brauner Butter übergossen;
4. à l'Orly: Filets, durch Backteig gezogen, in tiefem Fett gebacken; Tomatensauce nebenbei.

Geisha: Filets, pochiert, dressiert auf flachem Kartoffelkrokett; bedeckt mit Currysauce, vermischt mit gewürfelten Tomaten und gehackter Petersilie.

mit Gemüsesalat (kalt): à la jardinière: Filets, gefaltet, pochiert, unter leichtem Druck ausgekühlt; pariert, in Randform mit Gelee chemisiert und dekoriert eingesetzt, mit Gelee zugegossen; nach dem Erstarren gestürzt, Mitte mit Gemüsesalat gefüllt, mit Geleedreiecken garniert.

George Sand: Filets, pochiert, garniert mit kleinen Fischklößchen und Krebsschwänzen; bedeckt mit normannischer Sauce vermischt mit Krebspüree.

Gisela: Gisèle: Pochiert, bedeckt mit Garnelensauce, garniert mit Spargelköpfen.

Gismonda: Filets, pochiert in Fischfond und Portwein; Fond eingekocht, mit Eigelb und Rahm legiert, geschärft mit Cayennepfeffer und über den Fisch gegossen; garniert mit Fischkartoffeln.

glaciert: sur le plat: Pochiert in Weißwein mit gehackten Schalotten und Fischfond; in Backplatte plaziert, bedeckt mit dem eingekochten, mit Butter aufgeschlagenen Fond, rasch glaciert.

Godard: Pochiert in Weißwein; dressiert in Backplatte mit gebackenem Rand von Herzogin-Kartoffelmasse; garniert mit Garnelen, Trüffelscheiben und Champignons, bedeckt mit Weißweinsauce mit Hummerbutter aufgeschlagen.

auf Gondelführerart: à la gondolière (gondoljähr): Filets, gefaltet, pochiert; auf gebackene Schiffchen von Herzogin-Kartoffelmasse, mit Salpicon von Garnelen gefüllt, dressiert; mit grüner Kräutersauce nappiert.

Gounod (gunoh): Filets, mit Fischfarce gefüllt, gefaltet, pochiert; garniert mit entbarteten Austern und Hummerscheiben, mit Hummersauce überzogen.

Gourmet: 1. Pochiert in Fischfond, Portwein und Champignonessenz; nappiert mit dem eingekochten, mit Butter aufgeschlagenen Fond;
2. Filets, in dicke Streifen geschnitten, zusammen mit dicken Streifen von Artischockenböden und Champignons in Butter gebraten; mit Oliven-Kartoffeln in Timbalschüssel angerichtet, gehackte Petersilie und Zitronensaft obenauf, übergossen mit brauner Butter.

Grammont (grahmong): Filets, gefaltet, pochiert in Weißwein; auf Champignonpüree, mit gehackten Schalotten bereitet, dressiert; entbartete Auster und Trüffelscheibe auf jedem Filet, bedeckt mit

Champignonpüree, bestreut mit geriebenem Käse, gefettet, überbacken; holländische Sauce nebenbei.

auf Großherzoginart: à la grand duchesse: Filets, gefaltet, pochiert; garniert mit Trüffelscheiben und Spargelspitzen, nappiert mit Mornaysauce, glaciert.

auf Großherzogsart: à la grand duc (grangdühk): Filets, gefaltet, pochiert, mit Mornaysauce nappiert, mit geriebenem Käse bestreut, glaciert; garniert mit Spargelspitzen und Krebsschwänzen, Trüffelscheibe auf jedem Filet.

Grand Hotel: Im ganzen gebraten; garniert mit gebratenen, gewürfelten Kartoffeln und Artischockenböden; betropft mit Fleischglace, übergossen mit brauner Butter.

gratiniert: au gratin: In gebutterte Backplatte, bedeckt mit gehackten Schalotten und etwas Gratinsauce, plaziert, mit Champignonköpfen belegt, mit Champignonscheiben umgeben, mit Gratinsauce bedeckt; bestreut mit Reibbrot, gefettet, im Ofen überkrustet.

auf Gauklerart: à la jongleur (schonglöhr): Filets mit Lachsfarce bestrichen, gefaltet, pochiert; dressiert auf ovale Pastetchen, gefüllt mit gewürfelten Champignons und Artischockenböden mit Weißweinsauce gebunden, nappiert mit gleicher Sauce.

auf Grenobler Art: Wie Rotbarbe gleichen Namens bereitet.

auf griechische Art: à la grecque: Filets, gemehlt, in Öl gebraten; dressiert auf Pilawreis, mit Tomatensauce, vermischt mit gewürfelten Paprikaschoten, übergossen.

grilliert: grillée (grihjeh): Gemehlt, durch Öl gezogen, auf dem Rost gebraten; garniert mit Petersilie und Zitronenspalten.

Grimaldi: Filets, gefaltet oder Röllchen, dressiert auf Spaghetti in weißer Rahmsauce; Hummer- und Trüffelscheibe auf jedem Röllchen, nappiert mit Nantuasauce.

Grimod de la Reynière: Pochiert in Weißwein; garniert mit Garnelen, nappiert mit Mornaysauce, mit Tomatenpüree vermischt, mit geriebenem Käse bestreut, glaciert.

Gringoire (grängoahr): Filets, pochiert; garniert mit pochierten Fischmilchern und Hummerscheiben; nappiert mit amerikanischer Sauce mit Rahm vervollständigt.

in Halbtrauer: en demi-deuil (demihdoij): Pochiert in Weißwein, nappiert mit Weißweinsauce; der Länge nach eine Reihe von Trüffelscheiben.

Halévy: Filets, pochiert, dressiert in Rand von gebackener Herzogin-Kartoffelmasse; abwechselnd mit Weißweinsauce mit gehackten Trüffeln und Nantuasauce mit gehacktem Eiweiß bestreut, nappiert.

auf Hamburger Art: à la hambourgeoise: Pochiert in Weißwein und Fischfond; nappiert mit Weißweinsauce, vermischt mit Streifen von Knollensellerie und weißen Rüben sowie gehackter Petersilie.

auf Hausfrauenart: à la bonne femme (bonn famm): Auf gehackte Champignons, Schalotten und Petersilie in Weißwein pochiert; Fond eingekocht, mit Butter aufgeschlagen, über den Fisch gegossen, glaciert.

auf Haushälterinart: à la ménagère (menaschähr): In Rotwein mit gehackten Schalotten und Kräutern pochiert; Fond mit Mehlbutter gebunden und über die Seezunge gegossen.

auf Havrer Art: à la havraise: Filets, in Weißwein pochiert; bedeckt mit Bercysauce, garniert mit panierten, gebackenen Muscheln.

Helene: Hélène: Pochiert, dressiert auf feinen Nudeln mit Rahmsauce gebunden; mit Mornaysauce bedeckt, mit geriebenem Käse bestreut, glaciert.

Héloise: Wie Bercy bereitet, doch mit gehackten Champignons anstelle der Schalotten.

Henriette: Filets, in Streifen geschnitten, pochiert, gebunden mit paprizierter Weißweinsauce; gefüllt in ausgehöhlte, gebackene

Kartoffel, nappiert mit Mornaysauce, bestreut mit gehackten Walnußkernen, glaciert.

Herzogin Alice: Duchesse Alice: Filets, gefaltet, in Weißein und Champignonfond pochiert; mit der Spitze nach innen zu dressiert, auf flache, runde Blätterteigpastete, gefüllt mit Ragout von Kalbsmilch, Champignons und Krebsschwänzen in Nantuasauce; bedeckt mit holländischer Sauce mit dem eingekochten Fond; inmitten der Filets ein Sträußchen sautierter Morcheln dressiert.

auf herzogliche Art: à la ducale: Pochiert in trockenem Schaumwein mit Scheiben frischer Trüffeln; Fond mit Rahm eingekocht, vermischt mit holländischer Sauce, über den Fisch gegossen; garniert mit pochierten Austern und erbsengroßen Kartoffeln in Butter geschwenkt.

auf holländische Art: à la hollandaise (ollandähs): Pochiert in Fischsud; dressiert auf Serviette mit Petersilie; zerlassene Butter und Fischkartoffeln nebenbei.

mit holländischer Sauce: à la sauce hollandaise: In Fischsud gargemacht, mit holländischer Sauce nappiert, Fischkartoffeln nebenbei.

auf Hoteliersart: à la hôtelière: In Butter gebraten, auf Kräuterbutter mit Duxelles vermischt angerichtet; umkränzt mit halben Zitronenscheiben.

auf indische Art: à l'indienne (ängdjenn): Filets, gefaltet, pochiert; bedeckt mit Currysauce mit Rahm vervollständigt; trockener, körniger Reis nebenbei.

auf Infantenart: à l'infante (ängfangt): Wie Mornay, jedoch auf Champignonpüree gebettet.

Ismaïlia: Filets, gefaltet, in Butter und Fischfond pochiert; dressiert auf Pilawreis vermischt mit gewürfelten, roten Paprikaschoten und grünen Erbsen; nappiert mit dem eingekochten, mit Butter aufgeschlagenen Fond.

Jackson: Pochiert, garniert mit kleinen, weißgedünsteten Zwiebelchen; nappiert mit weißer Rahmsauce, bestreut mit gehackter Petersilie, garniert mit Fleurons.

à la jardinière: siehe mit Gemüsesalat

auf javanische Art: à la javanaise: In Weißwein pochiert, mit leichter Currysauce mit Rahm überzogen, mit gebratenen Bananen, Mango-Chutney und Fleurons angerichtet; Butterreis nebenbei.

Jean Bart (schan bar): Filets, gefaltet, pochiert, im Kranz angerichtet, mit normannischer Sauce bedeckt; Mitte mit Ragout von Garnelen, Champignons und Muscheln in weißer Rahmsauce gefüllt; garniert mit pochierten Muscheln in Halbschale, bedeckt mit Mornaysauce, und glaciert.

Jeannette: Filets, gefüllt mit Fischfarce vermischt mit Gänseleberpüree, gefaltet, pochiert; bedeckt mit Weißweinsauce, eine Trüffelscheibe auf jedem Filet. Können auch kalt mit Gelee überglänzt serviert werden.

Joinville (schoanwihl): Filets, gefaltet, pochiert, im Kranz angerichtet, Trüffelscheibe auf jedem Filet, bedeckt mit Joinville-Sauce; Mitte gefüllt mit Ragout von Champignons, Trüffeln, Garnelen und Fischklößchen in Joinville-Sauce.

Jongleur: siehe auf Gauklerart

Joseph: Filets, in Backplatte auf gehackte Zwiebeln geordnet, bedeckt mit Tomatenscheiben, gehackter Petersilie und Knoblauch; angegossen mit Weißwein, bestreut mit Reibbrot, gefettet, im Ofen gargemacht und überkrustet.

Josette: Pochiert, in Backplatte auf Karottenscheibchen und Kopfsalatstreifen, in Butter gedünstet und mit Rahmsauce gebunden, gelegt; bedeckt mit weißer Rahmsauce, glaciert.

Jouffroy (schuffroah): In Weißwein mit Champignonscheiben pochiert; mit Weißweinsauce bedeckt, glaciert; garniert mit Blätterteig-Mundbissen, gefüllt mit Spargelspitzen, eine Trüffelscheibe obenauf.

Judic: Filets, gefaltet, pochiert in Zitronensaft mit Butter; auf halben, braisierten Kopfsalat gesetzt, mit kleinen Fischklößchen garniert, mit Mornaysauce überzogen, glaciert; Streifen von Fleischglace rundherum.

Jules Janin (schül schanang): In Rheinwein mit Mirepoix bordelaise pochiert; dressiert auf Duxelles, vermischt mit gehackter Trüffel; garniert mit pochierten, entbarteten Muscheln und Krebsschwänzen; bedeckt mit Schildkrötensauce, mit Krebsbutter und dem eingekochten Fond aufgeschlagen, garniert mit Trüffelscheiben.

Julienne von: Julienne de sole: Filets, in schmale Streifen geschnitten, gewürzt, gemehlt, in tiefem Fett gebacken; garniert mit gebackener Petersilie und Zitronenspalten.

auf Jungfrauenart: à la vierge: Pochiert, bedeckt mit Jungfrauensauce, bestreut mit gehacktem Kerbel und Estragon.

auf Kaiserinart: à l'impératrice (ängperratrihs): Filets, mit Fischfarce gefüllt, gefaltet, pochiert; auf Crouton dressiert, nappiert mit normannischer Sauce mit Trüffeljulienne, pochierte, entbartete Austern auf jedem Filet.

auf kaiserliche Art: à l'impériale (ängpherial): Pochiert, garniert mit pochierten Fischmilchern und Krebsschwänzen; nappiert mit Weißweinsauce mit Trüffeljulienne, garniert mit Fleurons.

Kameliendame: Dame aux camélias: Filets, in Streifen geschnitten, pochiert, mit Paprikasauce, gewürzt mit Mango-Chutney, gebunden, auf Artischockenboden dressiert, mit Trüffelscheibe und Garnelenschwanz garniert; umgossen mit Weißweinsauce.

auf kapriziöse Art: Caprice (kahprihs): Filets, durch zerlassene Butter gezogen, in geriebener Weißbrotkrume gewälzt, am Rost gebraten; auf halbe, gebratene Bananen dressiert, mit gebutterter Robert-Sauce überzogen.

auf Kardinalsart: à la cardinale: Filets, gefüllt mit Fischfarce mit Hummerbutter, gefaltet, pochiert; belegt mit Hummermedaillon und Trüffelscheibe, übergossen mit Kardinalsauce, bestreut mit gehacktem Hummermark.

Karl der Große: Charlemagne: Filets, mit getrüffelter Lachsfarce gefüllt, gefaltet, paniert, in tiefem Fett gebacken; dressiert auf Blätterteigschiffchen, gefüllt mit Champignonpüree; Hummersauce mit Trüffeljulienne nebenbei.

auf Karmeliterart: à la carmélite: Entgrätet, gefüllt mit Fischfarce, vermischt mit Krebspüree, pochiert in Weißwein; garniert mit Trüffelscheiben, bedeckt mit Fischvelouté, mit Krebsbutter aufgeschlagen; garniert mit Blätterteig-Mundbissen, gefüllt mit Krebssalpicon.

Kasino: Casino: Filets, in Vierecke geschnitten, pochiert; vermischt mit Austern, Muscheln und Garnelenschwänzchen, alles mit weißer Rahmsauce gebunden; gefüllt in Näpfchen oder runde Backplatte, mit geriebenem Käse bestreut, überkrustet.

auf Kastellanenart: à la castellane: Filets, pochiert; garniert mit Hummerscheiben, Champignonköpfen und gekochten Kartoffelkugeln; bedeckt mit Weißweinsauce, glaciert.

auf katalonische Art: à la catalane: Filets, gefaltet, pochiert in Weißwein und Fischfond; gesetzt auf halbe, in Öl gedünstete Tomaten, gefüllt mit in Öl gedünsteten Zwiebelscheiben; bedeckt mit Weißweinsauce, glaciert.

auf Kleinherzogsart: petit duc (pti düc): In Weißwein und Fischfond mit Champignonscheiben pochiert; mit Trüffelscheiben belegt, mit Weißweinsauce vermischt, mit dem eingekochten Fond nappiert, glaciert; garniert mit grünen Spargelspitzen.

Kleopatra: Cléopâtre: Entgrätet, mit getrüffelter Weißlingsfarce gefüllt, in Weißwein und Fischfond pochiert; bedeckt mit Weißweinsauce, vermischt mit Trüffeljulienne.

auf Königinart: à la reine: Pochiert, bedeckt mit Fischvelouté, mit dickem Rahm vervollständigt; garniert mit Trüffelscheiben und kleinen Fischklößchen.

auf königliche Art: à la royale: Pochiert in Fischfumet und Butter; garniert mit Trüffelscheiben, Krebsschwänzen, Champignons und kleinen Fischklößchen, bedeckt mit normannischer Sauce, umlegt mit gekochten Kartoffelkugeln.

Kotchoubey: Filets, gefaltet, paniert, in Butter gebraten, auf Pilawreis angerichtet; Weißweinsauce, zur Hälfte mit holländischer Sauce vermischt, mit Worcestershiresauce und Cayennepfeffer gewürzt, nebenbei.

auf Kronprinzenart: à la dauphine (dohfihn): Filets, mit Fischfarce gefüllt, gefaltet, pochiert und ausgekühlt; durch dicke normannische Sauce gezogen, paniert, in tiefem Fett gebacken; Tatarensauce vermischt mit gewürfelten Tomaten nebenbei.

mit Kürbischen: aux courgettes: Filets, in gefettete Backplatte geordnet, bedeckt mit Scheiben von geschälten Kürbischen, gewürfelten Tomaten und etwas gehacktem Basilikum; gewürzt, mit Zitronensaft leicht übergossen, mit Reibbrot bestreut, mit Butter beträufelt, bei mäßiger Hitze im Ofen gargemacht und überkrustet.

Lacharme (lascharm): Wie Bercy, jedoch ohne Petersilie bereitet, mit Trüffelscheiben garniert.

Lady Egmont: Filets, pochiert in Weißwein mit Champignonscheiben; Fond eingekocht, darübergegossen, glaciert; garniert mit Spargelspitzen.

Lady Hamilton: Pochiert, bedeckt mit venezianischer Sauce, vermischt mit gehackten grünen Oliven, garniert mit Sardellenfilets.

Laguipierre: Pochiert in Fischfond und Weißwein, nappiert mit Weißweinsauce; winzige Trüffelwürfelchen obenaufgestreut.

Lavallière (lawalljär): Filets, mit getrüffelter Fischfarce bestrichen, gefaltet, pochiert; dressiert auf Rand von Fischfarce, Trüffelscheibe auf jedem Filet, nappiert mit normannischer Sauce; Mitte gefüllt mit Ragout von Krebsschwänzen, Champignons, Austern und Fischmilchern in normannischer Sauce.

Leopold: Filets, gefaltet, pochiert; die Hälfte mit Hummersauce nappiert und mit gehackter Trüffel bestreut, die andere Hälfte mit Genfer Sauce mit Hummereiern bestreut; garniert mit Garnelenschwänzchen in Weißweinsauce.

auf levantinische Art: à la levantine (lehwantihn): Filets, gefaltet, mit gehackten Schalotten, Weißwein und Fischfond pochiert; Fischfond mit Safran und Fischvelouté verkocht, mit holländischer Sauce verfeinert. Filets mit Orangenfilet belegt, mit der Sauce überzogen; Pilawreis mit gewürfelten roten Paprikaschoten nebenbei.

Lindbergh: Mit Fischfarce bestrichen, gefaltet, pochiert, erkaltet; durch Villeroisauce gezogen, paniert, in tiefem Fett gebacken; Tatarensauce mit gewürfelten Tomaten nebenbei.

auf livländische Art: à la livonienne (lihwohnjän): Filets, bestrichen mit Fischfarce mit gehackten Champignons und Trüffeln, gefaltet, in Weißwein und Fischfond pochiert mit Julienne von Fenchel und Petersilienwurzel; Fond eingekocht, mit Butter aufgeschlagen, darübergegossen, glaciert.

auf Livorner Art: à la livournaise (lihwuhrnäs): In Backplatte mit gewürfelte Tomaten, gehackte Zwiebeln und Knoblauch gelegt; mit Weißwein angegossen, mit Reibbrot bestreut, mit Olivenöl betropft, im Ofen gargemacnt; Zitronensaft und gehackte Petersilie obenauf beim Servieren.

Loie Fuller: Filets, in Weißwein pochiert; abwechselnd mit Weißwein-, Garnelen- und grüner Sauce übergossen.

Londonderry: Filets, mit Krebsfarce gefüllt, gefaltet, pochiert; nappiert mit Fischvelouté mit Sardellenbutter aufgeschlagen, garniert mit entbarteten Muscheln und Champignons.

Louis XV.: Pochiert, nappiert mit Weißweinsauce, bestreut mit gehacktem Hummermark; halbmondförmig geschnittene Trüffelscheiben als Garnitur.

Louisette (luhisett): Pochiert in Fischfond; bedeckt mit weißer Rahmsauce, garniert mit gekochten Kartoffelkugeln, mit Nantuasauce gebunden.

Louisiana: Filets, in Butter gebraten; bedeckt mit gewürfelten, gebratenen Bananen, roten Paprikaschoten und Tomaten; mit brauner Butter übergossen.

Lutèce: In Butter gebraten, dressiert auf gebutterten Blattspinat; bedeckt mit gebratenen Scheiben von Artischockenböden und gebackenen Zwiebelringen, umrandet mit Kartoffelscheiben; Zitronensaft und braune Butter darüber.

Lydia: Filets, pochiert; garniert mit Garnelenschwänzchen und Spargelspitzen, bedeckt mit Weißweinsauce, glaciert; umlegt mit Fleurons.

auf Maconer Art: à la maconnaise (makonnäs): Filets, pochiert in Rotwein; garniert mit glacierten Zwiebelchen und Champignonköpfen, bedeckt mit Rotweinsauce, umrandet mit herzförmigen, gebackenen Croutons.

auf Manchesterart: Gekocht, mit Schalottensauce übergossen.

mit Mandeln: à l'amandine: Gemehlt, in Butter gebraten, mit gerösteten Mandelsplittern bestreut; mit Zitronensaft beträufelt, mit brauner Butter übergossen.

Manon: Röllchen, pochiert, dressiert inmitten eines gebackenen Randes von Herzogin-Kartoffelmasse, nappiert mit Weißweinsauce, vermischt mit gehackten Kräutern; grüne Spargelspitzen, vermischt mit Julienne von Champignons und Trüffeln, in Butter geschwenkt, in der Mitte.

Marc Anton: Filets, gefüllt mit getrüffelter Fischfarce, gefaltet, pochiert in Butter mit wenig Maraschino; bedeckt mit holländischer Sauce vermischt mit dem eingekochten Fond; garniert mit gebackenen Meeresfrüchten.

Marcelle: Filets, gefüllt mit getrüffelter Fischfarce, pochiert in Butter und Zitronensaft; auf Teigschiffchen mit Püree von Fischmilchern gefüllt, gesetzt, mit Trüffelscheibe belegt.

Marcel Prévost: Pochiert in Weißwein, auf Champignonpüree dressiert; mit Mornaysauce überzogen, mit geriebenem Käse bestreut, glaciert.

marchand de vin: siehe auf Weinhändlerart

Margarete: Marguerite: Pochiert in Weißwein, nappiert mit Weißweinsauce; eine Reihe von Trüffelscheiben obenauf.

Margarete Devillier: Pochiert, dressiert auf geschmolzene Tomaten; nappiert mit Mornaysauce vermischt mit gehackten Trüffeln, mit geriebenem Käse bestreut, glaciert.

Marguery (margeri): Pochiert in Fischfond und Weißwein; garniert mit entbarteten Muscheln und Garnelenschwänzchen, bedeckt mit Weißweinsauce, glaciert; mit Fleurons umrandet.

Marie Louise: Gefüllt mit Fischfarce, vermischt mit gehackten Champignons und Trüffeln, pochiert; eine Hälfte mit Weißwein-, die andere mit italienischer Sauce nappiert; garniert mit gebackenen Gründlingen.

Maria Stuart: Filets, gefaltet, pochiert; nappiert mit Newburghsauce, garniert mit runden, flachen Fischklößchen mit Trüffel dekoriert.

Marigny (marienie): Gemehlt, in Butter gebraten, dressiert auf geschmolzene Tomaten; garniert mit winzigen Mundbissen, gefüllt mit gewürfeltem, pochiertem Rindermark in Bercysauce.

Marinette: Filets, gefaltet, pochiert, dressiert auf halbe, gebratene Eieräpfel, nappiert mit Mornaysauce, bestreut mit geriebenem Käse, glaciert.

auf Markgräfinart: Marquise (mahrkihs): Filets, gefaltet, pochiert, halb übereinander auf Rand von Kartoffelmasse, mit Tomatenpüree vermischt und gebacken, dressiert; Mitte gefüllt mit Ragout von Garnelenschwänzchen, Lachsklößchen und Trüffeln, alles mit Garnelensauce bedeckt.

Marlaise, Blanquette von S.: Filets, in dicke Streifen geschnitten, pochiert in weißem Burgunder und Champignonessenz; vermischt mit Krebsschwänzen, Champignonköpfen und Trüffelscheiben, gebunden mit dem eingekochten Fond mit Rahm und Eigelb gebunden, mit Fleischglace und Butter aufgeschlagen, mit Cayennepfeffer gewürzt; Kreolenreis nebenbei.

auf Marschallsart: à la maréchale: Filets, durch flüssige Butter gezogen, mit Weißbrotkrume, vermischt mit gehackter Trüffel, paniert, in Butter gebraten; Trüffelscheibe auf jedem Filet, garniert mit grünen Spargelspitzen.

auf Marseiller Art: à la marseillaise: In Backplatte im Ofen mit gehackten Zwiebeln, Knoblauch, gewürfelten Tomaten, Safran, Öl und etwas Weißwein gargemacht.

Mascotte: Filets, gefaltet, in Butter gebraten; garniert mit gebratenen Oliven-Kartoffeln und Würfel von Artischockenböden; bedeckt mit Colbertsauce.

Mathilde: Pochiert in Weißwein; nappiert mit Weißweinsauce vermischt mit weißem Zwiebelpüree, garniert mit gedünsteten, olivenförmigen Gurkenstückchen.

Maurice: Genauso wie auf Fécamper Art bereitet.

Mein Traum: mon rêve: Filets, mit Fischfarce bestrichen, gefaltet, in Champignonsud und Weißwein pochiert; auf Pilawreis, vermischt mit gewürfelten Tomaten und Paprikaschoten, dressiert, halber Scampi auf jedem Filet; nappiert mit holländischer Sauce, vermischt mit dem eingekochten Fond und Scampibutter.

Meissonier (mässonjeh): Pochiert, bedeckt mit Weißweinsauce mit gehackten Kräutern, mit gehackter Petersilie bestreut.

Meister Thuillier: Filets, gefaltet, in Weißwein und Fischfond pochiert; dressiert auf Schiffchen von Blätterteig mit Champignonpüree gefüllt, nappiert mit holländischer Sauce, mit Haselnußpüree vermischt, bestreut mit Pistazienstreifen.

Mercadet: Filets, pochiert in Weißwein und Muschelfond; nappiert mit Weißweinsauce, vermischt mit dem eingekochten Fond; garniert mit gebackenen Muscheln, Champignonköpfen, gefüllt mit Seeigelpüree, und gebackenen Gründlingen.

Messaline: Filets, in Schaumwein und Fischfond pochiert; Fond mit Tomatenpüree eingekocht, mit Butter aufgeschlagen, über die Filets gegossen; garniert mit Artischockenviertel, durch Backteig gezogen und in tiefem Fett gebacken.

Metternich: Filets in Weißwein und Fischfond pochiert; bedeckt mit Paprikasauce mit dem eingekochten Fond; garniert mit Trüffelscheiben.

auf mexikanische Art: à la mexicaine: Röllchen, pochiert, dressiert auf große, grillierte Champignonköpfe mit geschmolzenen Tomaten gefüllt; nappiert mit tomatierter Béchamelsauce, vermischt mit Würfeln von roter Paprikaschote.

Mignon: Pochiert, bedeckt mit portugiesischer Sauce.

Mignonette: Filets, der Länge nach halbiert, in Butter sautiert; in Timbale zusammen mit winzigen, gebratenen Kartoffelkugeln und Trüffelscheiben gefüllt, mit gebutterter Fleischglace, mit Zitronensaft gewürzt, übergossen.

Minerva: Pochiert in Fischfond mit gehackten Schalotten und Zwiebeln sowie gewürfelten Tomaten, bedeckt mit Sardellenfilets und Kartoffelscheiben; der eingekochte, mit Butter aufgeschlagene Fond darübergegossen.

Mirabeau: (mihraboh): 1. In Butter und Weißwein pochiert; eine Hälfte mit Weißweinsauce, garniert mit Sardellenfilets, die andere Hälfte mit Genfer Sauce, garniert mit blanchierten Estragonblättern, übergossen;
2. Filets, in Sardellenbutter gebraten, garniert mit Sardellenfilets und blanchierten Estragonblättern.

Miramar: Filets, in Streifen geschnitten, gemehlt, in Butter gebraten; auf körniggekochten Reis dressiert, garniert mit gebratenen Scheiben von Eieräpfeln, mit brauner Butter übergossen.

Mireille: Wie Colbert vorbereitet, in Öl gebraten; Öffnung gefüllt mit Béarner Sauce, mit Öl bereitet; umkränzt mit gewürfelten Tomaten, in Öl mit Knoblauch und gehackten Kräutern geschmolzen.

Miromesnil: In Weißwein und Fischfond mit Kopfsalatstreifen, Julienne von Trüffeln und gewürfelten Tomaten pochiert; Fond eingekocht, mit Butter aufgeschlagen und über den Fisch gegossen.

Miroton: Filets, in Weißwein mit gehackten Schalotten pochiert; auf Champignonpüree dressiert, der Fond mit Rahm eingekocht und mit Butter aufgeschlagen über die Filets gegossen, mit Reibbrot bestreut, mit Butter betropft und überbacken.

Mogador: Filets mit Fischfarce bestrichen, gefaltet, mit Trüffelscheibe dekoriert und pochiert; auf Rand von Fischfarce, gefüllt mit Nantua-Garnitur, dressiert, umlegt mit Krebsnasen, mit Fischfarce vermischt mit Krebssalpicon gefüllt; Nantuasauce nebenbei.

Moïna: Filets, gefaltet, in Butter gebraten, im Kranz angerichtet; Mitte mit Morcheln und Würfeln von Artischockenböden in Rahmsauce, gefüllt; Pfannensatz mit Portwein deglaciert, mit Fischglace verkocht und mit Butter aufgeschlagen über die Filets gegossen.

Monaco: Filets, pochiert; nappiert mit tomatierter Weißweinsauce, mit gehackten Kräutern vermischt, garniert mit pochierten Austern und Croutons.

Moncey: Pochiert, mit Muschelsauce übergossen, geschmolzene Tomaten obenauf.

Montauban: Filets, gemehlt, in Butter gebraten, auf Püree von Artischockenböden dressiert, mit brauner Butter übergossen.

Monte Carlo: Filets, gemehlt, in Butter gebraten; mit Sardellenessenz beträufelt, mit Kapern bestreut, mit brauner Butter übergossen.

Montespan: Filets, pochiert in Weißwein und Fischfond mit Champignonscheiben und gehackten Kräutern; Fond eingekocht, mit Butter aufgeschlagen, über die Filets gegossen.

Montgolfier (monggolfjeh): Pochiert, nappiert mit Weißweinsauce vermischt mit Julienne von Champignons, Trüffeln und Mohrrüben; garniert mit Fleurons.

Montreuil (mongtroij): Pochiert, garniert mit gekochten Kartoffelkugeln; Fisch mit Weißweinsauce, Kartoffeln mit Garnelensauce überzogen.

Montreux (mongtröh): Filets, pochiert, nappiert mit Mornaysauce; umrandet mit Kartoffel- und Trüffelscheiben, glaciert.

Montrouge (mongruhsch): Filets, gefaltet, pochiert; im Kranz angerichtet, mit Rahmsauce, vermischt mit Champignonpüree, überzogen, Mitte mit Champignonscheiben in Rahm gefüllt.

Mornay: In Weißwein und Fischfond pochiert; in Backplatte gefüllt, mit Mornaysauce bedeckt, mit geriebenem Käse bestreut, mit Butter betropft, gratiniert.

auf Müllerinart: à la meunière: Gemehlt, in Butter gebraten; mit Zitronensaft beträufelt, mit gehackter Petersilie bestreut, mit brauner Butter übergossen.

Murat (mührah): Filets, in Streifen geschnitten, gemehlt, in Butter gebraten; mit gewürfelten gebratenen Kartoffeln und Arti-

schockenböden vermischt, mit Zitronensaft beträufelt, mit gehackter Petersilie bestreut, mit brauner Butter übergossen.
mit Muscheln: aux moules (o muhl): Pochiert, garniert mit entbarteten Muscheln, mit Muschelsauce übergossen.
Nantua: Filets, pochiert, garniert mit Krebsschwänzen, nappiert mit Nantuasauce; Trüffelscheibe auf jedem Filet.
Narragansett: Filets, pochiert, bedeckt mit Garnelensauce, garniert mit Clams (amerikanisch).
auf Neapler Art: à la napolitaine: Filets, pochiert, dressiert auf kleingeschnittene Makkaroni, mit Käse und Butter vermischt; mit Mornaysauce nappiert, mit geriebenem Käse bestreut, glaciert.
Nelson: Filets, pochiert in Weißwein und Fischfond; mit Weißweinsauce nappiert, glaciert; garniert mit Nußkartoffeln und pochierten Fischmilchern.
Nemours (nehmuhr): Filets, gefüllt, gefaltet, pochiert, im Kranz angerichtet; Trüffelscheibe auf jedem Filet, nappiert mit Garnelensauce; Mitte gefüllt mit Ragout von Champignons, Fischmilchern und Fischklößchen mit normannischer Sauce gebunden; umlegt mit winzigen Garnelenkroketts.
Newburgh: Pochiert, garniert mit Hummer- und Trüffelscheiben, nappiert mit Newburghsauce.
auf Nizzaer Art: à la niçoise (nissoas): Grilliert, obenauf Kapern und Zitronenscheiben; garniert mit geschmolzenen Tomaten in Öl mit Knoblauch, Sardellenfilets und schwarzen Oliven; Sardellenbutter rundherum.
Noilly: Pochiert mit Noilly-Prat Vermouth, Zitronensaft, Fischfond und rohen Champignonscheiben; nappiert mit Weißweinsauce vermischt mit dem eingekochten Fond.
auf normannische Art: à la normande: Wie Lachs gleichen Namens bereitet.
d'Offémont: Pochiert in Fischfond mit gehackten Schalotten; nappiert mit dem eingekochten Fond verkocht mit Weißweinsauce und Rahm; garniert mit Morcheln in Rahmsauce und olivenförmigen Trüffeln.
auf Opernart: à l'opéra: Pochiert, bedeckt mit Weißweinsauce, garniert mit grünen Spargelspitzen und Trüffelscheiben.
auf orientalische Art: à l'orientale (oriangtahl): 1. Pochiert, nappiert mit Newburghsauce, mit Currypulver gewürzt; Pilawreis nebenbei;
2. Filets oder ganzer Fisch, in Weißwein mit Öl, Safran, Lorbeerblatt, Fenchel, Knoblauch, Pfeffer- und Korianderkörnern sowie gewürfelten Tomaten pochiert; kalt im Fond mit Zitronenscheiben serviert.
Orleans: Mit Fischfarce gefüllte Röllchen, pochiert; dressiert in Porzellannäpfchen auf Salpicon von Krebsschwänzen, Trüffeln und Champignons, nappiert mit Garnelensauce; kleine Trüffelscheibe und Garnelenschwänzchen obenauf.
Ostender Art: à l'ostendaise (ostangdähs): Filets, gefüllt, in Austernwasser und Butter pochiert; belegt mit Trüffelscheibe, nappiert mit normannischer Sauce, garniert mit pochierten Austern und kleinen Fischkroketts.
Otéro, auch Belle Otéro: Filets, gefaltet, pochiert; gesetzt auf gebackene, ausgehöhlte Kartoffeln, gefüllt mit Salpicon von Garnelen; nappiert mit Mornaysauce, bestreut mit geriebenem Käse, glaciert.
Otto: Große Seezunge, wie für Colbert vorbereitet, paniert, in Öl gebacken; Gräte entfernt, Mitte mit Ragout von Muscheln, Froschschenkelfleisch, Champignons und Trüffelscheiben gefüllt.
auf ozeanische Art: Sole d'Ostende à la façon océane: In gebuttertem Geschirr mit Mosel, gehackten Schalotten und Austern pochiert; Fond mit dickem Rahm verkocht, mit Butter aufgeschlagen; Seezunge mit Hummerscheibe und den Austern belegt, mit der Sauce

überzogen, mit Garnelen, gebunden mit amerikanischer Sauce und Fleurons, garniert (belgisch).

auf Pächterart: à la fermière (fermjehr): Pochiert in Weißwein mit dünnen Scheibchen von Wurzelgemüsen; Fond mit Rahm eingekocht, mit Butter aufgeschlagen, mitsamt dem Gemüse über den Fisch gegossen.

Paillard (pajahr): Wie Bercy bereitet, mit sautierten Morcheln und herzförmig geschnittenen Croutons garniert.

Palast-Hotel: Hôtel Palace: Bedeckt mit Champignonscheiben und gewürfelten, geschälten Tomaten; pochiert mit gehackten Schalotten und Estragon, Weißwein und Weinbrand; Fond eingekocht, mit Butter aufgeschlagen, über den Fisch gegossen.

auf palästinische Art: à la palestine: Röllchen, um eine mit Fischfarce gefüllte Krebsnase gerollt, pochiert; nappiert mit Weißweinsauce vermischt mit gewürfelten Krebsschwänzen, garniert mit Croutons.

Palestrina: Pochiert in Weißwein; dressiert auf kleingeschnittene Spaghetti, vermischt mit Julienne von Trüffeln und Champignons, gebunden mit Mornaysauce; nappiert mit Weißweinsauce, vermischt mit gedünsteten Streifen von Kopfsalat, mit geriebenem Käse bestreut, glaciert; umlegt mit Fleurons.

auf Pariser Art: à la parisienne: 1. Pochiert, garniert mit Champignonköpfen und Trüffelscheiben; nappiert mit Weißweinsauce, garniert mit ganzen Krebsen;
2. pochiert, die eine Hälfte mit Weißwein-, die andere Hälfte mit Garnelensauce nappiert; zwischen beiden Saucen eine Reihe von Champignonköpfen.

Parmentier (parmangtjeh): Röllchen, pochiert, gefüllt in gebackene, ausgehöhlte Kartoffel; mit Mornaysauce bedeckt, mit geriebenem Käse bestreut, glaciert.

Pastete von S.: Pâté de soles: Pastetenrand mit Pastetenteig ausgefüttert, mit Fischfarce ausgestrichen, schichtweise mit Fischfarce, Filets, rohen Austern, Champignons, Trüffelstreifen und Garnelen gefüllt, Farce als letzte Schicht; obenauf etwas zerlassene Butter, mit Teig verschlossen, dekoriert, mit Ei bestrichen, gebacken, heiß serviert; Weißwein-, Dieppersauce oder andere passende Sauce nebenbei.

Paul Bert: In Weißwein und Fischfond pochiert; bedeckt mit Weißweinsauce vermischt mit Béarnersauce und wenig Tomatenpüree.

Peter der Große: Pierre-le-Grand (pjärr lö grang): Pochiert, nappiert mit Weißweinsauce; eine Hälfte mit feingehacktem Schinken, die andere Hälfte mit gehackter Trüffel bestreut.

Piccadilly: In Weißwein mit Estragonblättern und gehackten Schalotten pochiert; Fond eingekocht, mit Weinbrand und Worcestershiresauce gewürzt, mit Butter aufgeschlagen, über den Fisch gegossen.

auf pikardische Art: à la picarde: Wie Marguery bereitet, zuzüglich pochierten Austern und Trüffelscheiben; nicht glaciert.

Polignac: Pochiert; nappiert mit Weißweinsauce mit Rahm vervollständigt und mit Julienne von Trüffeln und Champignons vermischt.

Pompadour: Filets, durch Butter gezogen, mit weißer Brotkrume paniert, in Butter gebraten; Trüffelscheibe auf jedem Filet, garniert mit Pariser Kartoffeln; Béarner Sauce nebenbei.

auf portugiesische Art: à la portugaise (portühgäs): Filets, mit gehackten Zwiebeln, Spur Knoblauch, Tomatenwürfeln und Weißwein pochiert; Sud eingekocht, über den Fisch gegossen, mit gehackter Petersilie bestreut.

Prince of Wales: In dicke Streifen geschnitten, mariniert; englisch paniert, in tiefem Fett gebacken; tomatierte holländische Sauce, mit wenig Curry gewürzt, und frische Gurkenscheiben in Joghurt geschwenkt, nebenbei.

auf Prinzessinart: à la princesse: Pochiert, nappiert mit Weißweinsauce, vermischt mit Spargelpüree; garniert mit gebackenen Nestchen von Herzogin-Kartoffelmasse, gefüllt mit gebutterten grünen Spargelspitzen, belegt mit Trüffelscheibe.

auf provenzalische Art: à la provençale (prowangsal): Pochiert in Weißwein und Fischfond; bedeckt mit provenzalischer Sauce, bestreut mit gehackter Petersilie, garniert mit Tomaten auf provenzalische Art.

Rabelais (rabläh): Wie auf normannische Art bereitet, mit gehacktem Hummermark bestreut.

Rachel (raschell): Filets, gefüllt mit getrüffelter Fischfarce, gefaltet, in Butter und Champignonsud pochiert; bedeckt mit Weißweinsauce, bestreut mit Trüffelwürfeln, garniert mit Spargelköpfen.

auf Ranguner Art: Filets, mariniert in Senföl und Zitronensaft mit gehackten Schalotten, Zimt und Korianderpulver; in Senföl gebraten, vermischt mit gebratenen Bananenscheiben, bestreut mit gehackter Petersilie; zerlassene Butter, körnig gekochter Reis und Mango-Chutney nebenbei.

mit Ravigote-Sauce: à la sauce ravigote: Filets, paniert, in tiefem Fett gebacken; mit gebackener Petersilie und Zitronenspalten angerichtet; Ravigote-Sauce nebenbei.

auf Regentschaftsart: à la régence: Wie Lachs gleichen Namens bereitet.

auf reiche Art: à la riche (risch): Pochiert, garniert mit Krebsschwänzen und Trüffelwürfeln; bedeckt mit Nantuasauce, belegt mit Trüffelscheiben.

Réjane (rehschann): Filets, pochiert in Weißwein; nappiert mit Weißweinsauce mit Krebsbutter aufgeschlagen; garniert mit rosettenförmigen Herzogin-Kartoffeln.

Rémy Martin: Pochiert in Butter, Fischfond, Mirepoix bordelaise und Rémy-Martin-Cognac; garniert mit Champignonköpfen, bedeckt mit dem eingekochten, mit Butter aufgeschlagenen Fond, umkränzt mit geschmolzenen Tomaten.

Renoir: Röllchen, in Schaumwein pochiert, in ausgehöhlte, halbe pochierte Kalville-Äpfel, mit Champignonpüree gefüllt, gesetzt; bedeckt mit holländischer Sauce, vermischt mit dem eingekochten Fond, mit gehackten Trüffeln bestreut.

Rhodesia: Röllchen, gefüllt mit Fischfarce, pochiert in Weißwein; auf Hummerscheibe gesetzt, mit amerikanischer Sauce, mit Rahm vervollständigt, überzogen.

Richelieu (rischljöh): Wie Colbert, jedoch mit Trüffelscheiben auf der Kräuterbutter.

Richemberg: Pochiert in gewürztem Sud, belegt mit pochierten Austern; weiße Rahmsauce, mit gestoßenem Lorbeerblatt und Thymian gewürzt und mit gehackter Petersilie vermischt, darübergegossen.

auf Ritterart: à la chevalière: Röllchen, mit Krebsfarce gefüllt, in Weißwein und Fischfond pochiert; im Kranz angerichtet, Mitte mit Ragout von Languste, Champignons und Trüffel, mit Hummersauce gebunden, gefüllt; Röllchen mit Weißweinsauce übergossen.

Riviera: Filets in breite Streifen geschnitten, in Butter sautiert, vermischt mit grober Julienne von Champignons und Artischockenböden, gleichfalls sautiert; in Timbale angerichtet, bedeckt mit geschmolzenen Tomaten, mit Zitronensaft beträufelt, mit brauner Butter übergossen.

Robert: Pochiert, mit pochierten, entbarteten Muscheln garniert; nappiert mit Robert-Sauce.

auf Rochelaiser Art: à la rochelaise: In Rotwein pochiert; garniert mit entbarteten, pochierten Austern und Muscheln und Fischmilchern; bedeckt mit dem eingekochten Fond, vermischt mit Demiglace, mit Butter aufgeschlagen.

auf römische Art: à la romaine (rohmän): Filets in Fischfond und weißem italienischem Wein pochiert; in Backschüssel auf Makkaroni, vermischt mit gehackten Sardellen, Spinatstreifen, Butter und geriebenem Parmesan angerichtet; nappiert mit dem eingekochten Fond, vermischt mit weißer Rahmsauce, bestreut mit geriebenem Käse, glaciert.

Romulus: In Fischfond, Rotwein und Champignonfond pochiert; Fond mit Mehlbutter gebunden, vermischt mit Sardellenbutter und Kapern, Fisch damit nappiert; garniert mit winzigen Tarteletts, abwechselnd mit Artischockenpüree, geschmolzenen Tomaten und erbsengroßen, gebratenen Kartoffeln gefüllt.

Rosalie: Filets, in Nußöl mit gehackten Schalotten und Zwiebeln, zerdrücktem Knoblauch und Champignonscheiben gebraten; mit gehackter Petersilie bestreut.

Rose Caron: Filets, in Weißwein pochiert; die Hälfte mit Garnelensauce mit gehackten Trüffeln vermischt, die andere Hälfte mit Weißweinsauce, mit Pistazienbutter aufgeschlagen, nappiert.

Rosine: Filets, in Weißwein pochiert; nappiert mit tomatierter Weißweinsauce, garniert mit kleinen Tomaten mit Fischfarce gefüllt.

Rossini: Filets, mit Fischfarce, vermischt mit Gänseleberpüree, gefüllt, zu Röllchen geformt, in Weißwein pochiert; bedeckt mit Weißweinsauce, bestreut mit gehackter Trüffel; garniert mit winzigen Tarteletts gefüllt mit Farce wie oben, belegt mit Trüffelscheibe.

in Rotwein: au vin rouge (wang rusch): In Rotwein und Fischfond pochiert; nappiert mit dem mit Mehlbutter gebundenen, mit Butter aufgeschlagenen Fond.

auf russische Art: à la russe: In Weißwein mit Zwiebelscheiben und eingekerbten Scheibchen von Mohrrüben, Knollensellerie, Fenchel und Petersilienblättern pochiert; nappiert mit dem eingekochten Fond, aufgeschlagen mit Butter, mit Zitronensaft gewürzt.

Saint-Cloud (säng klu): Pochiert, bedeckt mit Weißweinsauce, eine diagonale Linie Tomatensauce obenauf; garniert mit gebackenen Muscheln.

Saint-George (säng schorch): Filets, mit Hummerfarce gefüllt, gefaltet, pochiert; gesetzt in gebackene, ausgehöhlte Kartoffeln, gefüllt mit Hummerragout; bedeckt mit Bercysauce, glaciert.

Saint-Germain (säng schermäng): Filets, durch flüssige Butter gezogen, mit weißer Brotkrume paniert, in Butter gebraten; garniert mit Nußkartoffeln; Béarner Sauce zwischen den Filets oder nebenbei.

Saint-Michel: Filets, gefüllt mit Fischfarce vermischt mit Gänseleberpüree, gefaltet, pochiert; dressiert auf gebutterte grüne Erbsen, nappiert mit Nantuasauce, vermischt mit Krebsschwänzchen.

Saint-Valery: Pochiert, garniert mit Garnelenschwänzchen und gewürfelten Champignons; nappiert mit Weißweinsauce, glaciert.

Salisbury (salsbörri): Filets, gefaltet, pochiert; dressiert auf Pilawreis, nappiert mit Weißweinsauce, vermischt mit Hummer- und Champignonwürfeln.

Sarah Bernhardt: Pochiert, bedeckt mit grüner Kräutersauce, vermischt mit Julienne von Trüffeln und Karotten.

Savoy Hotel: Pochiert in Weißwein mit Fisch-, Trüffel- und Champignonfond; obenauf eine Reihe Champignonköpfe, abwechselnd mit geschmolzenen Tomaten und Bündelchen von grünen Spargelspitzen garniert; nappiert mit dem eingekochten, mit Butter aufgeschlagenen Fond, glaciert.

Schöne Helene: Belle Hélène: In Rotwein pochiert, nappiert mit Rotweinsauce, Reihe von Trüffelscheiben obenauf; garniert mit Tarteletts gefüllt mit pochierten Fischmilchern in Paprikasauce.

Schönheit der Nacht: Belle de nuit (bell dö nuih): Filets mit Krebsfarce gefüllt, gefaltet, pochiert in Weißwein und Champignonessenz; bedeckt mit normannischer Sauce, vermischt mit gewürfelten Tomaten, garniert mit Champignonköpfen und gekochten Kartoffelkugeln.

auf schottische Art: à l'écossaise (ekossäs): In Weißwein mit feiner Gemüsebrunoise pochiert; bedeckt mit holländischer Sauce, vermischt mit dem eingekochten Fond und der Brunoise.

Seemannsart: à la marinière (mahrinnjär): Wie Marguery zubereitet mit Austern, Champignons und gehackter Petersilie, nicht glaciert.

Sevilla Palace: Pochiert; bedeckt mit Weißweinsauce mit gewürfelten Tomaten, gedünsteter Julienne von grüner Paprikaschote und Champignons vermischt, garniert mit blanchierten, gefüllten spanischen Oliven.

auf singhalesische Art: à la cingalaise: Filets, pochiert, dressiert auf Pilawreis, vermischt mit Würfeln von roten und grünen Paprikaschoten; bedeckt mit Weißweinsauce mit Currypulver gewürzt.

auf sizilianische Art: à la sicilienne (sissiljenn): Filets, gefüllt mit Fischfarce, vermischt mit gehackten Sardellen und hartgekochtem Ei; paniert, in tiefem Fett gebacken; garniert mit geschmolzenen Tomaten und gewürfelten, gebratenen Kartoffeln; bedeckt mit zerlassener Butter.

Soglio del Adriadico al Barbera: Geschirr mit Butter bestreichen, mit gehackten Schalotten ausstreuen, gewürzte Seezunge hineinlegen, mit Barberawein aufgießen, pochieren; Seezunge in gebutterte Backplatte geben, Fond mit wenig angerührtem Kartoffelmehl und Eigelb binden, mit Butter aufschlagen, über den Fisch gießen, mit geriebenem Käse bestreuen, glacieren (italienisch).

auf spanische Art: à l'espagnole (espanjoll): 1. Ganzer Fisch, in Butter gebraten, auf in Öl geschmolzene Tomaten dressiert, garniert mit gebackenen Ringen von Zwiebeln und Paprikaschoten;
2. Fisch wie für Colbert geöffnet, paniert, in Öl gebacken, Gräten entfernt; Mitte mit Ragout von entsteinten Oliven, Paprikaschoten und Champignons gefüllt;
3. Risotto mit gehackten Zwiebeln, Öl, Champignonscheiben, Tomatenwürfeln, Julienne von grüner und roter Paprikaschote und zerdrücktem Knoblauch bereitet. Filets in Weißwein und Champignonfond pochiert, auf den wie eine Omelette geformten Reis dressiert; mit Currysauce, mit Rahm vervollständigt, umgossen, oben mit Fleischglace beträufelt.

mit Spargel: à l'Argenteuil (arschangtoij): In Weißwein pochiert, garniert mit weißen Spargelköpfen, mit Weißweinsauce übergossen.

auf Stettiner Art: à la stettinoise: Pochiert, nappiert mit holländischer Sauce, vermischt mit Lachsbutter; garniert mit Mundbissen, gefüllt mit Püree von Räucherlachs, mit Rahm aufgezogen.

Suchet: Filets, pochiert in Fischfond und Weißwein; nappiert mit Weißweinsauce vermischt mit dem eingekochten Fond sowie Julienne von Gemüsen und Trüffel.

Sullivan: Filets, mit Fischfarce gefüllt, gefaltet, pochiert; garniert mit Spargelspitzen, bedeckt mit Mornaysauce, glaciert; Trüffelscheibe auf jedem Filet.

Sully: Filets, paniert, in tiefem Fett gebacken; garniert mit gebackener Petersilie und Zitronenspalten; Béarner Sauce und Sardellenbutter nebenbei.

sur le plat: siehe glaciert

Sylvette: Filets, gefaltet, pochiert in Fischfond und Sherry mit Brunoise von Gemüsen, Champignons und Trüffeln; Fond eingekocht, mit Rahm verkocht, mit Butter aufgeschlagen, über die Filets gegossen; garniert mit winzigen Tomaten mit Fischfarce gefüllt, mit Käse bestreut, überbacken.

Taillevent (Teijevang): Pochiert in Weißwein, dressiert auf gehackten Morcheln in Rahmsauce; bedeckt mit Mornaysauce, glaciert; garniert mit kleinen Tarteletts, gefüllt mit Stockfischpüree, mit Knoblauch gewürzt.

Talleyrand: Filets, gefaltet, pochiert, dressiert auf Spaghetti in Rahmsauce, vermischt mit Trüffeljulienne; nappiert mit Weißweinsauce, Trüffelscheibe auf jedem Filet.

Talma: Filets, gemehlt, in Butter gebraten; bedeckt mit gewürfelten, sautierten Kartoffeln, Champignons, Artischockenböden und Kapern; bestreut mit gehackter Petersilie, übergossen mit brauner Butter und etwas Fleischglace.

Tanagra: Filets, gefüllt mit getrüffelter Lachsfarce, pochiert; dressiert in große Blätterteig-Hohlpastete auf Ragout von Morcheln, Spargelspitzen und Krebsschwänzen, gebunden mit holländischer Sauce; Filets mit normannischer Sauce nappiert, mit Krebsbutter beträufelt.

auf Teufelsart: à la diable: Grilliert, Teufelssauce nebenbei.

Theodora: Filets, pochiert; nappiert abwechselnd mit Weißweinsauce, venezianischer Sauce, Nantuasauce und Weißweinsauce, bestreut mit gehackter Trüffel.

Thermidor: Pochiert, nappiert mit Bercysauce, gewürzt mit Senf; Streifen von Fleischglace rundherum.

Tolstoi: Filets, in Streifen geschnitten, gemehlt, in tiefem Fett gebacken; Weißweinsauce nebenbei.

Tosca: Filets, pochiert in Weißwein, eine pochierte Fischmilch auf jedem Filet; nappiert mit Weißweinsauce, vermischt mit Krebspüree; garniert mit flachen Lachsklößchen, belegt mit Krebsschwanz und Trüffelscheibe, nappiert mit Mornaysauce, mit Krebsbutter aufgeschlagen und glaciert.

Tout-Paris: Filets, pochiert in Weißwein; abwechselnd mit Weißwein- und Garnelensauce übergossen.

Traviata: Wie Bercy, garniert mit im Ofen gargemachten Tomaten, gefüllt mit Krebssalpicon.

auf Trouviller Art: à la trouvillaise (truhwihläs): So wie auf Fécamper Art bereitet.

auf ungarische Art: à la hongroise (ongroahs): In Weißwein und Butter mit gehackten Zwiebeln und gehackten Tomaten pochiert; nappiert mit Paprikasauce.

Urbain Dubois: Pochiert, bedeckt mit Mornaysauce, vermischt mit gewürfelten Trüffeln und Krebsschwänzen; bedeckt mit Krebs-Auflaufmasse, gebacken.

d'Urville (dürwill): Filets, mit Fischfarce gefüllt, mit Trüffeln bespickt, gefaltet, pochiert; nappiert mit amerikanischer Sauce nappiert, garniert mit Teigschiffchen, gefüllt mit Krebsschwänzen in Krebssauce.

Valentine: Filets, pochiert, dressiert auf sautierten Champignonscheiben, mit brauner Butter übergossen.

Valentino: Filets, gefaltet, pochiert; nappiert mit Mornaysauce, glaciert; auf flache Kartoffelkroketts, gefüllt mit Risotto, mit gewürfelten weißen Trüffeln vermischt, gesetzt.

Valois (waloa): 1. Pochiert, bedeckt mit Weißweinsauce mit einer Béarner Reduktion;
2. pochiert in Fischfond und Weißwein, garniert mit pochierten Fischmilchern, gekochten Olivenkartoffeln und ganzen Krebsen, nappiert mit Valoissauce.

Van den Berg: Pochiert, bedeckt mit Weißweinsauce, vermischt mit gewürfelten Champignons und Tomaten sowie gehackten Kräutern.

Vanderbilt: Filets, pochiert und wie Lachs gleichen Namens bereitet.

Vatel: 1. Filets, pochiert, nappiert mit Chambordsauce; garniert mit ausgehöhlten, mit Fischfarce gefüllten Gurkenstückchen und gebackenen Seezungenstreifen;
2. pochiert, garniert mit Trüffelscheiben und pochierten Fischmilchern; nappiert mit Krebssauce, vermischt mit Würfeln von Krebsschwänzen.

auf Vaucluser Art: à la vauclusienne (wohklüsjenn): Gemehlt, in Olivenöl gebraten; mit gehackter Petersilie bestreut, mit Zitronensaft beträufelt, mit dem Bratöl übergossen.

auf venezianische Art: à la venitienne: 1. Pochiert, bedeckt mit venezianischer Sauce;
2. Belle Venice: Filets, pochiert, erkaltet, durch Villeroisauce, mit geriebenem Parmesan vermischt, gezogen, in Backteig getaucht, gebacken; venezianische Sauce nebenbei.

Verdi: Filets, pochiert, dressiert auf Makkaroni in weißer Rahmsauce, vermischt mit Hummer- und Trüffelwürfeln; nappiert mit Mornaysauce, glaciert.

Vernet: Pochiert, mit Vernetsauce bedeckt.

Véron: Filets, durch zerlassene Butter gezogen, mit weißer Brotkrume paniert, in Butter gebraten, auf Véronsauce dressiert.

Veronika: Véronique: Pochiert in Fischfond mit etwas Curaçao; garniert mit geschälten, entkernten Weinbeeren, mit dem eingekochten, mit Butter aufgeschlagenen Fond nappiert, glaciert.

Victor Hugo: Pochiert, bedeckt mit tomatierter Weißweinsauce, vermischt mit gewürfelten Trüffeln und Champignons und gehacktem Estragon.

Victoria: Filets oder ganze Seezunge, garniert mit Würfeln von Languste und Trüffeln; mit Victoriasauce bedeckt, glaciert.

à la vierge: siehe auf Jungfrauenart

Villeroi (willroa): Filets, mit Fischfarce gefüllt, gefaltet, bedeckt mit Villeroisauce, paniert; in tiefem Fett gebacken, Tomatensauce nebenbei.

Virginia: Filets, gefaltet, pochiert, dressiert auf gebackene, ausgehöhlte, mit Salpicon von Krebsen gefüllte Kartoffeln; bedeckt mit Mornaysauce, glaciert.

Walewska: Filets, pochiert, belegt mit halbem, der Länge nach geschnittenem Langustinen- oder Scampischwanz und zwei Trüffelscheiben; mit Mornaysauce bedeckt, glaciert.

auf Walkürenart: Walkyrie: Filets, pochiert, garniert mit Hummer- und Trüffelscheibe, bedeckt mit Weißweinsauce; amerikanische Sauce nebenbei.

Washington: Filets, gemehlt, in Butter gebraten; belegt mit Hummerscheiben, nappiert mit amerikanischer Sauce, bestreut mit Trüffeljulienne.

auf Weinhändlerart: marchand de vin (marschang dö wäng): Pochiert in Rotwein mit Butter und gehackten Schalotten; bedeckt mit dem eingekochten, mit Butter aufgeschlagenen Fond.

in Weißwein: au vin blanc (wängblang): Pochiert in Weißwein, bedeckt mit Weißweinsauce, vermischt mit dem eingekochten Fond.

Westlandia: Filets, in Weißwein mit gehackten Schalotten pochiert; Fond eingekocht, mit Eigelb gebunden, mit Butter aufgeschlagen und über den Fisch gegossen; garniert mit gekochten Kartoffelkugeln, mit Butter und gehackter Petersilie geschwenkt sowie halben gedünsteten Tomaten mit enthäuteten Weinbeeren gefüllt.

auf Wiener Art: à la viennoise: Filets, mariniert in Öl, Zitronensaft, gehackten Kräutern und Schalotten; paniert, in Butter gebraten, garniert mit gebackener Petersilie und Zitronenspalten.

Wilhelmine: Filets, pochiert, dressiert auf ausgehöhlte, gebackene Kartoffeln, gefüllt mit gewürfelten Gurken in Rahmsauce; Filets bedeckt mit pochierter Auster, nappiert mit Mornaysauce, glaciert.

Windsor: Pochiert in Fischfond und Zitronensaft mit feiner Mirepoix; bedeckt mit Austernsauce, mit Püree von Fischmilchern vermischt.

Xenia: Filets, mit dicker Duxelles gefüllt, gefaltet; mit Mornaysauce bedeckt, in Blätterteig gehüllt, gebacken; Austernsauce nebenbei.

Yvette: Pochiert in Weißwein, nappiert mit grüner Kräutersauce; garniert mit kleinen, mit Fischfarce gefüllten Tomaten.

Seewolf: F. Loup marin; E. Wolf-fish: Seefisch mit nahezu walzigem, vom Kopf zum Schwanz nur langsam abnehmendem Körper, mit langem, aber niedrigem Rücken. Grundfarbe grau bis graubraun mit ungefähr zwölf dunkelbraunen bis schwarzen senkrechten Bändern, aus zusammenfließenden Flecken gebildet. Sehr starke Bezahnung, Länge bis 120 cm. Vorkommen: Nordatlantik bis zur Höhe von Bergen, auf der amerikanischen Seite südlich bis Kap Hatteras. Das Fleisch ist sehr schmackhaft. Andere Namen: Katfisch, Steinbeißer.

Bellavista: Zu Medaillons geschnitten, gemehlt, in Butter gebraten; im Kranz mit einer gebratenen Tomatenscheibe auf jedem Medaillon angerichtet, mit gehackter Petersilie bestreut, mit brauner Butter übergossen; Mitte mit großolivenförmigen, in Butter gedünsteten Gurkenstückchen gefüllt.

Bercy: Filets wie Seezunge bereitet.

auf Berliner Art: à la berlinoise: Filets, in Stücke geschnitten, in Butter und Zitronensaft pochiert; garniert mit weißen Spargelköpfen, Morcheln und Krebsschwänzen; bedeckt mit Weißweinsauce, Fleischglace und Krebsbutter obenaufgeträufelt, garniert mit Fleurons.

Borghese: Filets, gefüllt mit Duxelles, vermischt mit geriebenem Käse und gehackter Petersilie; gefaltet, gemehlt, in Öl gebraten; mit Zitronensaft beträufelt, das Bratöl mit brauner Butter vermischt darübergegossen.

Doria: Wie Seezungenfilets bereitet.

auf Genfer Art: à la génevoise: Schnitzel, in Rotwein mit gehackten Schalotten pochiert; bedeckt mit Genfer Sauce.

auf moderne Art: à la moderne: Tranchen, pochiert, bedeckt mit Nantuasauce vermischt mit Trüffelwürfelchen und Krebsschwänzen.

Sépiole: siehe Tintenfisch

Silberfelchen: F. Bondelle: Forellenartiger Fisch aus den Schweizer Alpenseen. Wird wie Forelle bereitet.

Silberlachs: siehe Seeforelle

Silure: siehe Wels

Smoked Haddock: siehe Schellfisch, geräucherter

Soft Shells Crabs: D. Weichschalige Krabben; F. Crabes mous: Kleine Krabbenart, die an den Küsten Nordamerikas gefangen wird und während der Häutung ihren Panzer abwirft. Sie werden lebend oder eingefroren verkauft. Vor dem Kochen müssen sie gut gewaschen und Lungen und Schwänze entfernt werden. Sie werden meistens gebraten oder geröstet.

Creole: auf Kreolenart: In Butter gebraten; Kreolensauce und gekochter Reis nebenbei (nordamerikanisch).

Fried: Gebraten: Paniert, in tiefem Fett gebacken; serviert mit gebackener Petersilie, Zitrone und Tataren- oder anderer kalter Sauce (nordamerikanisch).

grilled: vom Rost: Grilliert, auf Toast serviert mit Kräuterbutter (nordamerikanisch).

Miller's Style: auf Müllerinart: Durch Milch gezogen, gemehlt, in Butter gebraten; übergossen mit brauner Butter, serviert mit Zitrone (nordamerikanisch).

Sole: siehe Seezunge

Sonnenfisch: siehe Heringskönig

Spierling: siehe Stint

Sprengling: siehe Äsche

Stachelrochen: siehe Rochen

Steinbeißer: siehe Seewolf

Steinbutt: F. Turbot; E. Turbot; I. Rombo; S. Rodaballo: Einer der größten und feinsten Plattfische mit fast kreisrundem Körper mit graubrauner Oberseite mit zahlreichen, einzelnstehenden Verknöcherungen, die „Steine", denen der Fisch seinen Namen verdankt. Auf der weißlichen Blindseite fehlen sie fast gänzlich. Größe: über 1 m, in Ausnahmefällen bis 2 m. Vorkommen: Mittelmeer bis zur Höhe von Bergen an der norwegischen Küste, teilweise bis zu den Lofoten, und in der Ostsee bis zum Bottnischen Busen.

auf Admiralsart: à l'amiral: Braisiert und wie Seezunge gleichen Namens bereitet.

Aida: Schnitten, wie Seezunge auf Florentiner Art bereitet.

auf amerikanische Art: à l'américaine: Filets oder kleiner Steinbutt, wie Seezunge gleichen Namens bereitet.

auf andalusische Art: à l'andalouse: Kleiner Steinbutt, in ausgebutterte, große Backplatte gelegt, gewürzt, bedeckt mit in Butter angebratenen Zwiebelringen, Champignonscheiben, gewürfelten Tomaten und Streifen von roter Paprikaschote; mit Weißwein und Fischfond angegossen, mit Reibbrot bestreut, mit Butterflocken bedeckt, im Ofen braisiert.

Antoinette: Kleiner Steinbutt, in Fischsud gekocht; bedeckt mit weißer Rahmsauce, mit Sardellenbutter aufgeschlagen, vermischt mit Kapern und Garnelenschwänzchen.

mit Apfel: Schnitzel, gemehlt, in Butter gebraten; belegt mit runden Apfelscheiben, Kerngehäuse ausgebohrt, in Butter gebraten; mit Zitronensaft beträufelt, mit brauner Butter übergossen.

auf arlesische Art: à l'arlesienne (arlesjenn): Kleiner Steinbutt, in Weißwein und Fischfond braisiert; bedeckt mit Bercysauce, glaciert, garniert mit halben gebratenen Tomaten, mit gebackenen Zwiebelringen gefüllt.

mit Austernsauce: aux huîtres: Schnitten, gekocht, serviert mit Austernsauce.

Bayard (bajahr): Schnitten, in Fischfond und Weißwein pochiert; garniert mit Champignonköpfen, Hummer und Trüffelscheiben, bedeckt mit Hummersauce.

Beauharnais: In Stücke geschnitten, gekocht, Beauharnais-Sauce und Fischkartoffeln nebenbei.

Boistelle: Schnitten, wie Seezunge gleichen Namens bereitet.

auf Botschaftsart: à l'ambassade: Filets, wie Seezungenfilets gleichen Namens bereitet.

Cambacérès: Braisiert mit Weißwein, Fischfond, Trüffel- und Champignonessenz sowie feiner Mirepoix; nappiert mit Fischvelouté, vermischt mit dem eingekochten Fond; garniert mit gebackenen Muscheln, gebratenen Champignonköpfen und winzigen Krebskroketten.

Chauchat (schoschah): Filets, wie Seezungenfilets gleichen Namens bereitet.

Daumont (domong): Filets, wie Seezungenfilets gleichen Namens bereitet.

auf Diepper Art: à la dieppoise: In Stücke geschnitten, wie Seezunge gleichen Namens bereitet.

Dugléré: Tranchen, wie Seezunge gleichen Namens bereitet.

mit dunkler Butter: au beurre noir (bör noar): Filets, in Scheiben geschnitten, gekocht, bedeckt mit dunkelbrauner Butter, mit einigen Tropfen Essig vermischt, übergossen, zuweilen auch mit Kapern bestreut; Fischkartoffeln nebenbei.

Feuillantine (feujantihn): Kleiner Steinbutt, gefüllt mit Hummerschaumfarce, pochiert in Fischfond und Weißwein; mit Nantuasauce bedeckt, mit Trüffelscheiben und gesteiften, entbarteten Austern belegt; der eingekochte Fond mit weißer Rahmsauce vermischt, und mit Cayennepfeffer gewürzt nebenbei.

auf Florentiner Art: à la florentine: Filets, wie Seezunge gleichen Namens bereitet.

Franz I.: François I.: Filets, wie Seezunge Dugléré, zuzüglich Champignonscheiben bereitet.

auf französische Art: à la française: Kleiner Steinbutt, mit Fischfond und Weißwein braisiert; eine Hälfte mit Weißweinsauce, die andere Hälfte mit Weißweinsauce, mit Estragonbutter aufgeschlagen bedeckt; garniert mit Mundbissen gefüllt mit Muscheln in Poulette-Sauce, obenauf eine Trüffelscheibe.
Fürst von Wales: Prince of Wales: 1. Braisiert, bedeckt mit Weißweinsauce, gewürzt mit Currypulver, mit Krebsbutter aufgeschlagen; garniert mit Muscheln und Austern Villeroi und winzigen Reiskroketten;
2. braisiert, bedeckt mit Chambordsauce mit Krebsbutter aufgeschlagen, garniert mit pochierten Austern und Muscheln und Reiskroketten.
gefüllt: farci: Filets von der dunklen Seite aus geöffnet, Gräten entfernt, mit Fischfarce gefüllt, pochiert oder braisiert mit Weißwein, Fischfond und Butter; mit Fischkartoffeln und passender Sauce serviert.
gekocht: bouilli: Großer Fisch, mit den Gräten in Portionsstücke geschnitten, in kochendem Wasser mit Salz, Zitronenscheiben und etwas Milch pochiert (kleine Steinbutte im ganzen); dazu Fischkartoffeln und passende Sauce: holländische, Kapern-, Hummer-, Garnelen-, Krebs-, Kaviar- oder Schaumsauce, auch zerlassene Butter nebenbei.
grilliert: grillé: Tranchen oder Filetstücke, mit Öl bestrichen, auf dem Rost gebraten; Kräuterbutter nebenbei.
Halévy: Filets, wie Seezunge gleichen Namens bereitet.
auf Helgoländer Art: à la héligolandaise: Tranchen, gekocht, abwechselnd mit Hummer-, grüner Kräuter- und weißer Buttersauce bedeckt.
auf holländische Art: à la hollandaise: Stücke, in Fischsud gekocht, sonst wie Seezunge gleichen Namens bereitet.
Hotel Bristol: In Stücke geschnitten, auf dem Rost gebraten; belegt mit Sardellenfilets, garniert mit entsteinten, blanchierten Oliven und kleinen gedünsteten Tomaten; Kräuterbutter nebenbei.
Jeanette: Kleiner Fisch, gefüllt mit gebuttertem Blattspinat, braisiert in Fischfond und Weißwein; bedeckt mit Mornaysauce, mit Krebsbutter vervollständigt, glaciert; garniert mit Blätterteig-Mundbissen gefüllt mit Krebssalpicon.
auf Königinart: à la reine: Filets, wie Seezunge gleichen Namens bereitet.
Laguipierre: Pochiert, bedeckt mit normannischer Sauce, bestreut mit Trüffelwürfelchen; garniert mit winzigen Kartoffelkroketten und Austernschalen, gefüllt mit Garnelensalpicon und glaciert.
Mirabeau: Pochiert, abwechselnd mit Genfer Sauce, garniert mit blanchierten Estragonblättern, und weißer Sauce, belegt mit Trüffelscheiben, bedeckt; Sardellenfilets zwischen beiden Saucen.
Montrouge: Filets, wie Seezunge gleichen Namens bereitet.
Olga: Röllchen, in Zitronensaft und Butter pochiert; in gebackene, ausgehöhlte, mit Garnelensalpicon, mit Weißweinsauce gebunden, gefüllte Kartoffeln gesetzt, mit Mornaysauce überzogen, glaciert.
auf Ostender Art: à l'ostendaise: Wie Seezunge gleichen Namens bereitet.
Rachel: Filets, wie Seezunge gleichen Namens bereitet.
auf Regentschaftsart: à la régence: Ganzer Fisch, wie Hecht gleichen Namens bereitet.
Reynière (ränjähr): Ganzer Fisch, entgrätet, gefüllt mit Weißlingsfarce, pochiert in Weißwein und Fischfond; Mitte dekoriert mit einer Reihe geriefter Champignons, beide Seiten mit pochierten Fischmilchern mit Sardellenfilets dazwischen; Weißweinsauce, vermischt mit weißem Zwiebelpüree, nebenbei.
Rodaballo a la Madrileña: auf Madrider Art: Schnitzel, in halb Öl und halb Butter angebräunt; mit angedünsteten Würfeln von grü-

nen Paprikaschoten und Zwiebeln, zerdrücktem Knoblauch, gewürfelten Tomaten, Safran, gestoßenen Nelken, spanischem Weißwein und Zitronensaft gedünstet und mit dem eingekochten Fond, mit gehackter Petersilie vermischt, serviert (spanisch).

Rostand: Kleiner Fisch, pochiert in Fischfond und Trüffelessenz mit Scheiben von Steinpilzen und Trüffeljulienne; Fond eingekocht, mit Butter aufgeschlagen, über den Fisch gegossen, glaciert; garniert mit Mundbissen gefüllt mit Hummersalpicon in amerikanischer Sauce; Tarteletts, gefüllt mit Spargelspitzen und gebackenen Weißfischchen.

Saint-Malo: Ganzer kleiner Fisch, ziseliert, mit Öl bestrichen, auf dem Rost gebraten; garniert mit Pariser Kartoffeln, Saint-Malo-Sauce nebenbei.

Sappho Salvatore: Pochiert, mit grüner Kräutersauce, vermischt mit Julienne von Trüffeln, Karotten und Knollensellerie, nappiert.

auf Trunkenboldart: à la pocharde: Kleiner Steinbutt, gekocht; eine Hälfte mit Rotwein-, die andere Hälfte mit Weißweinsauce nappiert.

auf ungarische Art: à la hongroise (ongroas): Pochiert, mit Weißweinsauce, scharf mit Rosenpaprika gewürzt, bedeckt; Fischkartoffeln nebenbei.

Vatel: Filets, pochiert; bedeckt mit Genfer Sauce, garniert mit gebackenen Seezungenstreifen und gefüllten, gedünsteten Gurkenstückchen.

auf Weinhändlerart: Marchand de vin: Tranchen, wie Seezunge gleichen Namens bereitet.

Wladimir: Kleiner ganzer Fisch, pochiert; bedeckt mit Weißweinsauce, mit Rahm vervollständigt und mit Gemüsejulienne, gewürfelten Tomaten und Muscheln vermischt.

Sterlet: F. Sterlet; E. Sterlet; I. Sterleto: Die kleinste der Störarten, mit langgestreckter Schnauze am schlanken Körper, die Rückenschilde vorn wenig angehoben, hinten in scharfer Spitze ansteigend. Farbe: dunkelgrau, Bauch und Afterflossen schmutziggrau. Länge bis 1 m, Gewicht bis zu 12 kg. Verbreitung: Kaspisches und Schwarzes Meer, Wolga und Donau.

Demidoff: In Weißwein und Salzgurkenlake mit gehacktem Fenchel und Sellerieknolle pochiert; Fond eingekocht, mit Bratensaft vermischt, mit Mehlbutter gebunden; garniert mit entsteinten Oliven, Krebsschwänzen, Champignons und Trüffeln.

grilliert: grillé: Filets, durch zerlassene Butter gezogen, in weißer Brotkrume paniert, am Rost gebraten; garniert mit gebackener Petersilie und Zitronenspalten, Tatarensauce nebenbei.

Mabillon: Pochiert in Weißwein mit Fischfond und Champignonessenz; nappiert mit holländischer Sauce, vermischt mit dem eingekochten Fond und Krebsbutter; garniert mit kleinen getrüffelten Fischklößchen.

auf moldauische Art (kalt): à la moldavienne (molldawjenn): Ganzer Fisch, in Weißwein und Sonnenblumenöl auf Bett von gebratenen Zwiebelscheiben, mit gewürfelten Tomaten, Zitronensaft, Zitronenscheiben, Knoblauch und gehackter Petersilie gedünstet; kalt mit Zitronenscheiben im Fond serviert.

po monastirski: auf Klosterart: Filets, in Butter angebraten, in Backplatte gelegt, mit Champignonscheiben bedeckt, mit Scheiben gekochter Kartoffeln umlegt; mit saurem Rahm übergossen, mit geriebenem Käse und Reibbrot bestreut, mit Butter betropft, im Ofen gebacken (russisch).

Orlow: Pochiert in Weißwein, Fischfond, Champignonessenz und Salzgurkenlake; nappiert mit Sauce aus dem Fond, mit Mehlbutter gebunden; garniert mit tonnenförmig geschnittenen Stückchen Salzgurke mit Fischfarce gefüllt, gefüllten Krebsnasen, Champignons und gefüllten Oliven (russisch).

auf Petersburger Art: Filets, pochiert in Weißwein, bedeckt mit amerikanischer Sauce; garniert mit sautierten Steinpilzen, kleinen Karotten, gedünsteten, olivenförmigen Gurkenstückchen, Krebsschwänzen und Fleurons.

auf polnische Art: à la polonaise: Pochiert in Weißwein und Fischfond mit Julienne von Wurzelgemüsen und Fenchel sowie Zwiebelscheiben; Fond verdickt mit Mehlbutter und mit der Julienne über den Fisch gegossen; garniert mit weißgedünsteten Zwiebelchen und gekochten Kartoffelkugeln.

porowi: Pochiert in Fischfond mit Weißwein und Champignonfond; Fond mit Mehlbutter gebunden, mit Zitronensaft und Cayennepfeffer geschärft; garniert mit Krebsschwänzen und Pilzen; geriebener Meerrettich nebenbei (russisch).

rassol: Pochiert in Weißwein, Fischfond und Salzgurkenlake; Fond mit Mehlbutter gebunden; garniert mit gefüllten Gurken, Champignons, gefüllten Krebsnasen und Vesiga (russisch).

po russki: auf russische Art: Pochiert mit Fischfond, Weißwein und Champignonsud; Sauce aus dem eingekochten Sud mit Tomatenpüree und Bratensaft; garniert mit gekochten, ausgestochenen Mohrrüben-, Knollensellerie- und Petersilienwurzelscheiben, grober Julienne von Champignons und Salzgurken, Zitronenscheiben und Oliven; geriebener Meerrettich nebenbei (russisch).

mit Schaumwein: au champagne: In Fischfond, Schaumwein und Champignonessenz pochiert; bedeckt mit holländischer Sauce, mit dem eingekochten Fond vermischt; garniert mit Krebsschwänzen, Chamgignons und Trüffelscheiben.

auf Schildkrötenart: en tortue: Kleiner Fisch oder großes Mittelstück, mit Sardellenstreifen gespickt, in Weißwein mit aromatischen Kräutern und Wurzelwerk pochiert; nappiert mit Schildkrötensauce, garniert mit Champignons, entsteinten Oliven, Fischklößchen, olivenförmig geschnittenen Pfeffergurken und Fleurons.

Stint, Spierling: F. Eperlan (ähperlang); E. Smelt; I. Eperlano; S. Espirinque: Zur Familie der Salmoniden gehörender schlanker, bis 26 cm langer Fisch mit fast durchscheinendem Körper und großen, glanzlosen Schuppen. Farbe hellbraun mit blaugrünen Tönen. Vorkommen: Nord- und Ostsee, Unterlauf der Elbe und Weser und andere europäische Küstengewässer. Frisch gefangen leicht nach Gurken riechend und schmeckend.

Bercy: Wie Seezunge gleichen Namens bereitet.

Colbert: Wie Seezunge gleichen Namens bereitet.

auf englische Art: à l'anglaise: Vom Rücken aus entgrätet, flach paniert, in Butter gebraten; mit Kräuterbutter bedeckt.

mit Essigkren: Pochiert, serviert mit kalter Sauce aus Rahm, geriebenem Meerrettich, Apfelmus, Essig, Zucker und Salz (österreichisch).

gebacken: frite: Paniert, in tiefem Fett gebacken; mit gebackener Petersilie und Zitrone angerichtet.

auf griechische Art (kalt): à la grecque (grähk): Pochiert in vorbereitetem Fond von Weißwein, Öl, Essig, Fenchel, Pfefferkörnern, Petersilienstielen, Lorbeer, Thymian und Knoblauch; kalt in dem Fond serviert.

grilliert: grillés: Vom Rücken aus entgrätet, flach gemehlt, durch geklärte Butter gezogen, auf dem Rost gebraten; mit Kräuterbutter oder Tatarensauce serviert.

Orly: Durch Backteig gezogen, in tiefem Fett gebacken; Tomatensauce nebenbei.

Polignac: Wie Seezunge gleichen Namens bereitet.

auf polnische Art: à la polonaise (pollonähs): Gefüllt mit Fischfarce, pochiert in Butter und Weißwein; mit hartgekochtem, gehacktem Ei bestreut, mit geriebenem Weißbrot in viel Butter gebräunt und mit etwas gehackter Petersilie vermischt übergossen.

Richelieu: Wie auf englische Art bereitet, mit Kräuterbutter und Trüffelscheiben auf der Butter.

Schaumbrötchen Alexandra: Mousselines d'eperlan Alexandra: Wie Schaumbrötchen von Lachs gleichen Namens bereitet.

Pacelli: Schaumfarce von Stint mit gehacktem Dill vermischt, in ovalen Förmchen pochiert; auf ovale Tarteletts, gefüllt mit gewürfelten Champignons in Rahmsauce, gestürzt, mit Nantuasauce überzogen; garniert mit gedünsteten Gurkenoliven in Rahmsauce.

Stanley (stehnli): Pochiert in Weißwein und Fischfond; dressiert auf Risotto, vermischt mit gewürfelten Champignons und Trüffeln; übergossen mit Weißweinsauce, vermischt mit Zwiebelpüree, gewürzt mit Currypulver.

überkrustet: au gratin: Auf italienischer Sauce in Backplatte geordnet, mit Champignonscheiben belegt, mit italienischer Sauce übergossen; mit Reibbrot bestreut, mit Butter beträufelt, im Ofen gargemacht und gleichzeitig überkrustet.

Stockfisch: F. morue séchée, merluche; E. Stock-fish; I. Baccalà; S. Bacalao: Entgräteter und in der Luft getrockneter Kabeljau. Muß vor dem Gebrauch 24 Stunden gewässert werden.

Bacalao a la español: auf spanische Art: Gekocht; garniert mit hartgekochten, geviertelten Eiern, grünen Bohnen und Kartoffeln; mit Olivenöl übergossen (spanisch).

Bacalao con guisantes: mit Erbsen: Gekocht, zerpflückt, gebunden mit Sauce aus angebratenem Knoblauch und gehackter Petersilie, mit Mehl bestreut, mit Wasser verkocht, mit Salz, Pfeffer und Lorbeerblatt gewürzt, passiert, vermischt mit frischgekochten Erbsen (spanisch).

Bacalao a la Madrileña: auf Madrider Art: Gekocht, auseinandergezupft, in spanischem Olivenöl mit Zitronensaft, gewürfelten Tomaten, Pinienkernen, gehackter Petersilie, Salz und Pfeffer gedünstet (spanisch).

Bacalao con miel: mit Honig: Gekocht, zerstampft, mit Mehl, Honig, Safran, Salz und Pfeffer zu steifem Teig gemacht; in Vierecke geschnitten, in Mehl gewendet, in Öl gebraten (spanisch).

Bacalhao bahiana: auf bahianische Art: Gekocht; bedeckt mit Sauce von gehackten Zwiebeln, in Öl geröstet, vermischt mit gewürfelten Tomaten und roten Paprikaschoten, verkocht mit etwas von dem Fond; garniert mit Maniokmehl in Fischfond mit Öl, Tomaten, Salz und Pfeffer gekocht, ausgekühlt, in Stücke geschnitten und in Öl gebraten (brasilianisch).

auf Benediktinerart: à la bénédictine: Wie Laberdan gleichen Namens bereitet.

auf bürgerliche Art: à la bourgeoise: In Milch pochiert, dann mit Zwiebelscheiben in Butter gedünstet; in Backplatte gefüllt, mit geriebener Semmel bestreut, reichlich mit brauner Butter übergossen; Sauerkraut nebenbei.

mit Butter: au beurre fondu (o bör fongdü): In Stücke geschnitten, in Milch pochiert; zerlassene Butter und Fischkartoffeln nebenbei.

mit Kapernsauce: à la sauce câpres: In Stücke geschnitten, gekocht, serviert mit Kapernsauce.

auf provenzalische Art: à la provençale: Gekocht, zerpflückt; vermischt mit Tomaten mit gehackten Zwiebeln in Öl geschmolzen, zerdrücktem Knoblauch, gehackter Petersilie und schwarzen Oliven.

auf schwedische Art: à la suédoise: Backschüssel, mit Butter ausgestrichen, mit dünnen Brotscheiben ausgelegt, abwechselnd mit Lagen von gekochtem, zerpflücktem Stockfisch, gebratenen Zwiebeln und Heringsfilets gefüllt; mit Rahm übergossen, mit geriebenem Käse bestreut, im Ofen gebacken.

auf Wiener Art: à la viennoise: In Stücke geschnitten, gekocht; bedeckt mit gebratenen Zwiebelscheiben, bestreut mit Reibbrot, übergossen mit brauner Butter (österreichisch).

mit Zwiebeln: aux oignons (os onjongs): Gekocht, auseinandergezupft, bedeckt mit in reichlicher Butter gebratenen Zwiebelscheiben; Salzkartoffeln nebenbei.

Stör: F. Esturgeon; E. Sturgeon; I. Storione; R. Osetrina: Haifischähnlicher Meer- und Süßwasserfisch, der in den Mündungen vieler europäischer Flüsse, Rhein, Weichsel, Elbe, Garonne u. a., an der pazifischen Küste, im Schwarzen und Kaspischen Meer gefangen wird. Das Fleisch ist weiß, aber etwas fest. Von dem Rogen wird sehr guter Kaviar bereitet.

auf griechische Art (kalt): à la grecque: Dicke Schnitzel in vorgekochtem Fond von Weißwein, Olivenöl, Essig, Zitronensaft, Fenchel, Pfefferkörnern, Petersilienstiele und getrockneter Orangenschale pochiert; kalt in Teil des Fonds angerichtet, mit gehackten Kräutern bestreut.

auf italienische Art: à l'italienne: Tranchen, wie Seezunge gleichen Namens bereitet.

Marinownaja Osetrina (kalt): marinierter Stör: Großes Mittelstück ohne Rückenknorpel, in Weinessig und etwas Wasser, mit Pfefferkörnern, einem Stückchen Ingwerwurzel, Knoblauchzehen, Estragon, Majoran, Pfefferkraut und Salz langsam pochiert; Fisch muß völlig bedeckt sein. Fisch in Steintopf gefüllt, mit der passierten Marinade übergossen; wenigstens 48 Stunden in Marinade gelassen; in Scheiben geschnitten serviert (russisch).

auf normannische Art: à la normande: Mittelstück, in Fischfond und Weißwein pochiert, mit normannischer Garnitur.

Osetrina finnlandskaïa: auf finnische Art: Scheiben, in Butter gedünstet; auf Buchweizen-Kascha, vermischt mit gehackten Champignons, angerichtet, bedeckt mit Smitane-Sauce, bestreut mit geriebenem Parmesan, mit Butter betropft, überbacken; garniert mit Sardellenfilets (russisch).

Perronet: Dicke Tranchen, gemehlt, geölt, auf dem Rost gebraten; auf sautierten Champignonscheiben angerichtet; Beauharnais-Sauce nebenbei.

auf provenzalische Art: à la provençale: Dicke Scheiben, mit Sardellenfilets gespickt, in Öl und Zitronensaft mariniert; sautiert in Öl mit gehackten Zwiebeln, gewürfelten Tomaten und etwas Knoblauch, mit Weißwein und weißem Fond angegossen, braisiert; Fond eingekocht, mit Kapern vermischt, über den Fisch gegossen, mit gehackter Petersilie bestreut.

Strandmondschnecke: F. Bigorneau; E. Periwinkle: Kleine, an den Küsten Europas und Nordamerikas weit verbreitete Seeschnecke. Wird nach dem Abdeckeln roh, mit Pfeffer und Zitronensaft gewürzt, in der Schale geröstet oder in Wasser pochiert gegessen.

Sudak, Soudac: Zanderart, die in fast allen russischen Flüssen und Haffs gefangen wird. Kann wie Zander bereitet werden und kommt auch geräuchert auf den Markt.

po russki: Leicht zisiliert, in Weißwein, Fischfond und Champignonessenz pochiert; in Backplatte mit dicken Streifen von Salzgurke, Champignonscheiben, Krebsschwänzen und Austern geordnet; mit etwas von dem Fond angegossen, mit Reibbrot bestreut, mit Butterflocken bedeckt, im Ofen überbacken; Rest des Fonds eingekocht, mit Butter aufgeschlagen, nebenbei (russisch).

po russki na skoworodke: in Pfännchen: Filets, in Pfännchen oder Backschüsseln geordnet, bedeckt mit Scheiben von gekochten Kartoffeln und Salzgurken; mit Mehl bestäubt, mit Fischfond angegossen, mit Reibbrot und geriebenem Käse bestreut, mit Butter betropft, im Ofen gebacken (russisch).

Tanche: siehe Schleie
Taschenkrebs: F. Tourteau, Poupart; E. Crab, Giant Crab; I. Granchio: Krustentier mit schild- und herzförmigem, flachem Körper und großen Scheren. Besonders häufig in der Nordsee, aber auch an der amerikanischen Atlantikküste und im Pazifik verbreitet.

Baltimore: Gekocht, das ausgelöste Fleisch sautiert in Butter mit gehackten Schalotten; gewürzt mit Senf, Cayennepfeffer und Worcestershiresauce, wieder in die Bauchschale gefüllt, mit Mornaysauce nappiert, mit geriebenem Käse bestreut, mit Butter betropft, im Ofen gratiniert (amerikanisch).

auf Bordelaiser Art: à la bordelaise: Gekocht; das entblätterte Fleisch vermischt mit sautierten Champignonscheiben, gebunden mit Bordelaiser Sauce; auf Toast oder in Krustaden gefüllt.

Dressed Crab (kalt): Das kalte, entblätterte Fleisch gebunden mit Mayonnaise, gewürzt mit Cayennepfeffer, Senf und Essig; in die Schale gefüllt, dekoriert mit gehacktem, hartgekochtem Eigelb und Eiweiß, gehackter Petersilie, Kapern, roten Rüben und Zitronenscheiben; eiskalt serviert (englisch).

gefüllt: farcie: Wie auf Teufelsart bereitet.

auf griechische Art: à la grecque: Gehackte Zwiebel und das Weiße von Lauch in Öl geschwitzt, gewürfelte Tomaten, zerdrückter Knoblauch, entblättertes Taschenkrebsfleisch, entbartete Muscheln und Kräuterbündel beigefügt, mit Salz und Safran gewürzt; mit wenig Weißwein gedünstet; serviert mit körniggekochtem Reis.

auf indische Art: à l'indienne: Gekocht, entblättert, vermischt mit Currysauce; körniggekochter Reis nebenbei.

auf italienische Art: à l'italienne: Das entblätterte Fleisch vermischt mit zerdrücktem Knoblauch, gedünsteten, gehackten Zwiebeln und gehackter Petersilie; kurz mit etwas Tomatensauce gedünstet, wieder in die Schale gefüllt, mit geriebenem Parmesan und Reibbrot bestreut, mit Butter betropft, gratiniert.

à la King: Gewürfelte grüne und rote Paprikaschoten, Champignonscheiben und gehackte Schalotten in Butter geschwitzt; mit dem entblätterten Fleisch vermischt, gewürzt mit Cayennepfeffer und Zitronensaft; im letzten Moment mit Liaison von Eigelb, Rahm, Sherry, Salz und Worcestershiresauce legiert; gekochter Reis nebenbei (nordamerikanisch).

Kroketts: Croquettes: 1. Fleisch, vermischt mit gewürfelten Champignons, gebunden mit dicker Béchamel und Eigelb; wenn kalt zu Korken geformt, paniert, in tiefem Fett gebacken; serviert mit gebackener Petersilie und Zitrone;
2. (kalt): Fleisch entblättert, vermischt mit Mayonnaise und Gelee, erkaltet, zu Kroketts geformt, in hartgekochtem, gehacktem Ei gewälzt, auf Salatblättern angerichtet.

Maryland: Das entblätterte Fleisch in Butter ansautiert, in Rahm gedünstet, mit Cayennepfeffer und Cognac gewürzt; auf Röstbrot oder Wärmplatte serviert (nordamerikanisch).

auf mexikanische Art: à la mexicaine: Entblättertes Fleisch, vermischt mit gehackten, gebratenen Zwiebeln, gehackten gedünsteten grünen Paprikaschoten, gewürzt mit Senf, Knoblauch und Worcestershiresauce; in die Schale gefüllt, mit Mornaysauce nappiert und glaciert.

Newburgh: Entblättertes Fleisch, in Butter erhitzt, scharf gewürzt, in dickem Rahm aufgekocht; legiert mit Eigelb, vermischt mit Rahm und Sherry, auf Röstbrot oder in Wärmschüssel serviert (nordamerikanisch).

auf portugiesische Art: à la portugaise: Entblättertes Fleisch, vermischt mit gehackten, angebratenen Zwiebeln, Champignonscheiben, gehackter Petersilie und gewürfelten Tomaten; aufgekocht mit wenig Tomatensauce, gefüllt in Backplatte, bestreut mit Reibbrot,

vermischt mit gehackter Petersilie, mit Butter betropft, im Ofen gebräunt.
- **Salat von:** Salade de crabes: Entblättertes Fleisch, vermischt mit gewürfeltem Bleichsellerie, gebunden mit Mayonnaise; dressiert auf Salatblättern, garniert mit hartgekochtem Ei, Kapern und Essigfrüchten.
- **auf Teufelsart:** à la diable: Gekocht, Fleisch entblättert, in Butter mit gehackten Zwiebeln sautiert; vermischt mit Rahmsauce, gewürzt mit Senf, Cayennepfeffer, Worcestershire- und Chilisauce; in die Schale gefüllt, mit Reibbrot bestreut, mit Butter betropft, im Ofen überbacken.
- **Valencia:** Entblättertes Fleisch, in Butter mit gehackten, angeschwitzten Zwiebeln, Champignonscheiben und roten und grünen gewürfelten Paprikaschoten ansautiert; gewürzt mit Knoblauch, Senf und Worcestershiresauce, in die Schale gefüllt, mit Mornaysauce nappiert, mit geriebenem Parmesan bestreut, mit Butter betropft, gratiniert.

Terrapène: siehe Terrapine

Terrapine: F. Terrapène; E. Terrapin: Kleine Seeschildkröte, die an der atlantischen Küste der Südstaaten der USA beheimatet ist. Die echte Diamant-Terrapine-Schildkröte mit der Diamantzeichnung auf der Rückenschale ist äußerst selten geworden. Terrapine ist ein Sammelname für ungefähr 20 verschiedene Arten von kleinen Seeschildkröten.

- **Baltimore:** In Salzwasser mit Gewürz gekocht; das Fleisch in Stücke geschnitten, in Butter gedünstet, mit heller Brühe angegossen; Fond mit Kartoffelmehl gebunden, gewürzt mit Sherry, Zitronensaft und Cayennepfeffer (nordamerikanisch).
- **in chafing dish:** Vorgekocht, Fleisch in brauner Butter sautiert, mit frischgemahlenem Pfeffer, Salz und Cayennepfeffer gewürzt; mit Rahm aufgegossen, eingekocht, mit Eigelb, vermischt mit Rahm und Sherry, gebunden (nordamerikanisch).
- **Frikassee von:** en fricassée: Vorgekocht, in Stücke geschnitten, mit Zwiebeln, Kräuterbündel, Zitronenschale, Lorbeerblatt und Gewürzen gargekocht; Fond mit Weißwein eingekocht, mit weißer Mehlschwitze gebunden, passiert, mit Eigelb und Rahm legiert, mit Zitronensaft gewürzt. Angerichtet mit Champignonköpfen und Krebsschwänzen, mit der Sauce bedeckt, mit Fleurons garniert.
- **Jockey Club:** Wie Maryland, aber mit Cognac flambiert und mit Zugabe von Trüffelscheiben (nordamerikanisch).
- **in Madeirasauce:** au madère: Vorgekocht, in Stücke geschnitten, gewürzt mit Cayennepfeffer und Salz, in Demiglace gedünstet; mit Madeira gewürzt.
- **Maryland:** In Salzwasser mit Aromaten vorgekocht; in Stücke geschnitten, in Sherry mit Butter gedünstet, gewürzt mit Cayennepfeffer, legiert mit Eigelb und Rahm (nordamerikanisch).

Thon: siehe Thunfisch

Thunfisch: F. Thon; E. Tunny-fish, Tuna; I. Tonno; S. Atún: Großer, spindelförmiger Seefisch mit dunkelblauem Rücken, grauen Seiten mit helleren Flecken und weißem Bauch. Durchschnittsgröße liegt bei 2 m, Gewicht ca. 100 kg. Vorkommen: Atlantik, in der Biskaya, Nordsee, zuweilen im Skagerrak, im Kattegat und in der Ostsee, doch hauptsächlich im Mittelmeer. Frisch wird er nur in Stücken gehandelt; vorwiegend in Öl konserviert.

- **Choggiola:** Tranchen, in Olivenöl mit Zwiebelscheiben, gewürfelten Tomaten, zerdrücktem Knoblauch und grünen Erbsen gedünstet, mit Zitronensaft gewürzt (italienisch).
- **gebraten:** frit: Schnitzel, paniert, in tiefem Fett gebacken; Tatarensauce nebenbei.

- **mit gemischtem Gemüse:** à la macédoine: Schnitzel, paniert, in Butter gebraten; mit feinem Mischgemüse angerichtet, Tatarensauce nebenbei.
- **Indiana:** Dicke Tranchen, gespickt mit Sardellenstreifen, in Weißwein mit gehackten Schalotten und Kräutern mariniert; in der Marinade mit Butter und feiner Mirepoix, Safran und Currypulver pochiert; Fond eingekocht, mit Velouté verkocht und über den Fisch gegossen; körniggekochter Reis nebenbei.
- **auf Livornoer Art:** à la livournaise (liwurnäs): Tranchen, mit Sardellenstreifen gespickt, in Weißwein, Marsala und Öl mit gehackten Zwiebeln, gehacktem rohen Schinken, gewürfeltem Speck und Butter gedünstet; serviert in dem eingekochten Fond, garniert mit Krebsklößchen.
- **Orly:** In Streifen geschnitten, mit Öl und Zitronensaft mariniert; durch Backteig gezogen, in tiefem Fett gebacken; Tomatensauce nebenbei.
- **mit pikanter Sauce:** à la sauce piquante: Tranchen, in Weißwein und Butter mit Scheiben von Möhren und Zwiebeln sowie Kräuterbündel gedünstet; Fond passiert, mit Mehlbutter gebunden, mit Kapern und gehackten Pfeffergurken vermischt.
- **Polpettine di tonno con salsa:** Thunfischklößchen: Farce von Thunfisch mit Ei, geriebener Semmel, gehackter Petersilie, Salz und Pfeffer zu sehr kleinen Klößchen geformt, in Olivenöl angebraten; Klößchen herausgenommen, das Bratöl mit Tomatenpüree und Fond verkocht und die Klöße darin gargemacht; mit Nudeln oder Spaghetti serviert (italienisch).
- **auf provenzalische Art:** à la provençale: Mariniert mit Öl und Zitronensaft; in Öl mit gehackter Zwiebel, Knoblauch und gehackten Tomaten; mit Weißwein und heller Brühe im Ofen gedünstet, bedeckt mit dem eingekochten, mit Kapern und gehackter Petersilie vermischten Fond.

Tintenfisch, Sepia; F. Sèche; E. Cuttle-Fish: Weichtier mit deutlich vom Rumpf abgesetztem Kopf und mehreren, meistens mit Saugnäpfen besetzten Armen. Nahe dem Herzen befindet sich der Tintenbeutel. Wird hauptsächlich im Mittelmeer und der Adria angetroffen. Ist Hauptbestandteil für frutti di mare (s.d.) und wird sonst wie Kalmar bereitet.
- **Calamaio al forno:** Gebackener Tintenfisch: Kopf, Eingeweide und Tintensack entfernen; geriebene Semmel mit geriebenem Romanokäse, Eiern, viel gehackter Petersilie, Salz, Pfeffer und einigen Rosinen vermischen, in die Tintenfische füllen; mit Olivenöl übergießen und offen im Ofen garmachen (italienisch).

Tortue: siehe Schildkröte
Truite: siehe Forelle
Truite du lac: siehe Seeforelle
Truite lacustre: siehe Seeforelle
Truite de mer: siehe Meerforelle
Truite saumonnée: siehe Meerforelle
Trüsche: siehe Aalraupe
Turbot: siehe Steinbutt

Ukelei, Lauben: F. Ablette; E. Bleak: Kleiner Süßwasserfisch, der in den europäischen Teichen und in einigen Flüssen nördlich der Alpen beheimatet ist. Wird am besten gebacken.
Ungarisches Fischgericht: siehe Halászlé

Venusmuschel: siehe Clam
Vive: siehe Petermännchen und Zwergpetermännchen
Vrai Dorade: siehe Goldbrassen

Waller: siehe Wels
Waterzooi: siehe Fischragout, Belgisches
Weißbarsch: F. Able de mer; E. Kingfisch: Seefisch, der hauptsächlich an der atlantischen Küste Nordamerikas und im Pazifik gefischt wird, mit weißem, wohlschmeckendem Fleisch. Durchschnittsgewicht: 500–1000 g. Am besten schmeckt er auf Müllerinart bereitet.
    auf holländische Art: à la hollandaise: Pochiert, Fischkartoffeln und holländische Sauce nebenbei.
    Miranda: Ziseliert, gemehlt, in Butter gebraten; gehackte Petersilie, Kapern und etwas Tomatenketchup obenauf, mit Zitronensaft beträufelt, mit brauner Butter übergossen.
    auf Teufelsart: à la diable: Ziseliert, gemehlt, geölt, am Rost gebraten; Teufelssauce nebenbei.
Weißfischchen: F. Blanchaille; E. Whitebait: Sehr kleine, weiße Fischchen von 4–7 cm Länge, die in mächtigen Schwärmen an den Küsten der Nordsee, der Themsemündung und an der nordamerikanischen Atlantikküste auftreten. Wahrscheinlich handelt es sich dabei um eine besondere Abart der Heringsfamilie und nicht, wie oft angenommen wird, um die Brut von Sprotten und Heringen.
    gebacken: frites: Durch reichlich Mehl gezogen, das Mehl wieder gründlich abgeschüttelt, in sehr heißem, tiefem Fett knusprig gebacken; mit Salz und Pfeffer gewürzt, mit Zitronenspalten serviert.
    auf indische Art: à l'indienne: Gemehlt, in tiefem Fett knusprig gebacken, mit Salz und Currypulver gewürzt.
    auf Teufelsart: à la diable: Knusprig in tiefem Fett gebacken, mit Salz, vermischt mit Cayennepfeffer, gewürzt, mit Zitronenspalten serviert.
Weißfische: E. Whitefish: Fische in vielen Größen und Abarten, die teils zu den lachsartigen und teils zu den heringsartigen Fischen gehören und die großen nordamerikanischen Binnenseen bewohnen. Sie werden wie Lachs und Forelle bereitet.
Wels, Waller: F. Silure; E. Silure: Der größte Süßwasserfisch Mitteleuropas, schuppenlos, mit Fühlfäden am Oberkiefer und vier kurzen Bartfäden am Unterkiefer. Färbung hell- oder dunkelmarmoriert, Länge bis zu 3 m, Gewicht bis 200 kg. Vorkommen: westlich bis zum Rhein, östlich im europäischen Rußland. Fleisch der jungen Fische weiß und wohlschmeckend, bei älteren zäh und tranig.
    gebacken: frit: In dicke Scheiben geschnitten, durch Backteig gezogen, in tiefem Fett gebacken; Tomatensauce nebenbei.
    gekocht: bouilli: In Stücke geschnitten, gekocht; mit Fischkartoffeln, holländischer, Kapern-, Garnelen- oder Robertsauce serviert.
    grilliert: grillé: Dicke Schnitten, gewürzt, gemehlt, durch Öl gezogen, am Rost gebraten; dazu Kräuter- oder Sardellenbutter.
    Schnitzel: Escalopes de s.: Filiert, zu Schnitzel geschnitten, paniert, gebraten; mit Zitronensaft und brauner Butter übergossen.
Whitebait: siehe Weißfischchen
Wittling, Weißling, Weißfisch: F. Merlan; E. Whiting; I. Nasello; S. Pescadilla: Meeresfisch, ähnlich dem Schellfisch, jedoch ohne Bartfäden. Färbung oberseits graugrün bis olivenbraun, Seiten hellbraun bis weißlich, zuweilen mit einem verwaschenen gelben Zickzackstreifen an den Seiten. Klein, selten über 30 cm Länge, im Höchstfalle 50 cm. Vorkommen: Von der Murmanküste und Island im Norden bis zum Mittelmeer und Schwarzen Meer im Süden. In der westlichen Ostsee nur in sehr kleinen Exemplaren. Der Wittling kommt frisch und geräuchert in den Handel.
    in der Backplatte: au plat (o plah): In gebutterte Backplatte auf gehackte Schalotten gelegt, gewürzt, mit Weißwein und Fischfond angegossen, pochiert; Fond eingekocht, mit Butter aufgeschlagen, über den Fisch gegossen, glaciert.

Bercy: Vom Rücken aus geöffnet, entgrätet, flach wie Seezunge gleichen Namens bereitet.
auf Boulogner Art: à la boulonnaise (buhlonäs): In Stücke geschnitten, mit Fischfond und Weißwein pochiert; garniert mit entbarteten Muscheln, bedeckt mit weißer Buttersauce vermischt mit dem eingekochten Fond.
auf Cancalaiser Art: à la cancalaise: Pochiert, garniert mit Muscheln, Austern und Garnelenschwänzchen; bedeckt mit normannischer Sauce.
Cäcilie: Cécilia: In Butter gebraten, mit Spargelspitzen garniert, bestreut mit geriebenem Käse, glaciert.
auf Diepper Art: à la dieppoise: Wie Seezungenfilets gleichen Namens bereitet.
auf englische Art: à l'anglaise: Wie Stint gleichen Namens bereitet.
auf Fischerart: des pêcheurs: Pochiert in Weißwein und Fischfond mit gehackten Schalotten; garniert mit Muscheln, Champignons und kleinen, weißgedünsteten Zwiebeln; bedeckt mit dem mit Mehlbutter gebundenen Fond, mit geriebenem Käse bestreut, glaciert.
auf flämische Art: à la flamande: Pochiert in Weißwein und Fischfond mit gehackten Schalotten und geschälten Zitronenscheiben; Fond mit Crackermehl gebunden (belgisch).
auf französische Art: à la française: Filets, gemehlt, in tiefem Fett gebacken; garniert mit gebackener Petersilie und Zitronenspalten, Tomatensauce nebenbei.
Gaditana: Schwanz und Maul zusammengebunden, gemehlt, durch geschlagenes Ei gezogen, in Olivenöl gebraten; mit gebackener Petersilie und Zitronenspalte angerichtet.
auf Grenobler Art: à la grenobloise: Wie Rotbarbe bereitet.
Jackson: In Backplatte mit gehackten Schalotten, Weißwein und Fischfond pochiert; garniert mit weißgedünsteten Zwiebelchen, bedeckt mit dem eingekochten Fond, vermischt mit gehackten Kräutern, weißem Zwiebelpüree und mit Butter aufgeschlagen, glaciert; umlegt mit Fleurons.
Jeannine: Mit Fischfarce, vermischt mit gehackten Kräutern, gefüllt, pochiert in Fischfond, Weißwein und Madeira; garniert mit Krebsschwänzen und Trüffelscheiben, bedeckt mit dem eingekochten Fond, mit Butter aufgeschlagen und mit geschmolzenen Tomaten vermischt.
auf jütländische Art: à la jutlandaise: Filets, in Öl, Essig und gehackten Kräutern mariniert; durch Backteig gezogen, in tiefem Fett gebacken; Joinville-Sauce nebenbei.
Klößchen mit weißer Zwiebelsauce: Quenelles à la Soubise: Fleisch gestoßen, mit Eiweiß und Gewürz vermischt, mit geschlagenem Rahm aufgezogen; mit dem Eßlöffel geformt, pochiert, mit weißer Zwiebelsauce nappiert, nach Geschmack garniert.
in Blätterteig-Hohlpastete Kardinal: Vol-au-vent de quenelles de merlan à la cardinale: Flache Hohlpastete, gefüllt mit Wittlingklößchen, Langustenscheiben und Champignonköpfen, gebunden mit Béchamelsauce mit Hummerbutter aufgeschlagen; dekoriert mit Trüffelscheiben, geriefter Champignonkopf in der Mitte.
mit feinen Kräutern: aux fines herbes: Pochiert, bedeckt mit Kräutersauce.
lorgnettenartig: en lorgnon (lorrnjong): Bis auf den Kopf filiert, Mittelgräte entfernt, beide Filets nach außen gerollt; paniert, in tiefem Fett gebacken, mit gebackener Petersilie und Zitronenspalten angerichtet.
Médicis: Wie auf englische Art bereitet, garniert mit kleinen, ausgehöhlten, grillierten Tomaten mit Béarner Sauce gefüllt.
Montreuil: Wie Seezunge bereitet.

Wittling   **Zander**

Nilsson: Pochiert in Weißwein mit gehackten Schalotten; garniert mit weißen Champignonköpfen und weißgedünsteten Zwiebelchen; bedeckt mit weißer Buttersauce vermischt mit gehacktem Estragon, glaciert.

auf Nizzaer Art: à la niçoise: Wie Rotbarbe bereitet.

Riviera: Côte d'azur (koht dasür): Pochiert in Weißwein mit Fleischglace, Fischfond, Zitronensaft, gewürfelten Tomaten, gehackten Schalotten, zerdrücktem Knoblauch, Champignonscheiben, Streifen von Kopfsalat und Knollensellerie; serviert in dem eingekochten Fond.

auf Tiroler Art: à la tyrolienne: 1. In Butter gebraten, bedeckt mit Tiroler Sauce, garniert mit gebackenen Zwiebelringen und geschmolzenen Tomaten;
2. wie Wittling „in Wut" bereitet, Tiroler Sauce nebenbei.

überkrustet: au gratin: Wie Seezunge bereitet.

Verdi: Wie Seezunge behandelt.

in Weißwein: au vin blanc: Wie Seezunge bereitet.

in Wut: en colère: Schwanz ins Maul gesteckt, um einen Ring zu bilden; paniert, in tiefem Fett gebacken; mit gebackener Petersilie garniert, Tomatensauce nebenbei.

Wolfsbarsch, Seebarsch: F. Bar, Loup de mer; E. Bass, Sea Bass: Sehr schmackhafter Seefisch, der vom Mittelmeer bis zu den Britischen Inseln, seltener in der Ostsee anzutreffen ist. Wird wie Lachs oder Seeforelle bereitet.

Planked Bass: Auf einer Hartholzplatte, mit Herzogin-Kartoffelmasse umspritzt, im Ofen gebacken; garniert mit Petersilie und Zitrone, dazu Kräuterbutter; wird auf der Holzplatte serviert (nordamerikanisch).

Zahnbrasse: F. Denté; E. Dentex: Seefisch aus der Familie der Brassen mit sehr starken Zähnen, von bläulicher Farbe, der eine Länge von 30–75 cm erreicht. Er kommt sowohl im Mittelmeer als auch im Atlantik vor und wird wie Makrele oder Thunfisch bereitet. Das Fleisch ist etwas schwer verdaulich.

Zander, Hechtbarsch, Schill, Amaul: F. Sandre; E. Pike Perch, Giant Pike-Perch: Süßwasserfisch aus der Familie der Barsche von silbriger Grundfarbe mit grünlichgrauen und dunkleren Schattierungen auf dem Rücken. Größe: 40–50 cm, im östlichen Verbreitungsgebiet bis zu 130 cm und 15 kg Gewicht. Vorkommen: Die Flüsse, Seen und Haffs Ost-, Nordost- und Mitteleuropas, fehlt in Rhein und Weser. Sehr geschätzter Fisch mit weißem Fleisch.

auf Berliner Art: à la berlinoise: Backplatte, abwechselnd mit Zanderfarce und Scheiben von Zanderfilets gefüllt; bestreut mit Mischung von geriebener Weißbrotkrume und Parmesan, reichlich mit Krebsbutter betropft, im Wasserbad im Ofen pochiert; Krebs- oder beliebige Fischsauce nebenbei.

auf Botschafterinart: à l'ambassadrice: Filets, mit Krebsfarce gefüllt, gefaltet, in Butter und Madeira pochiert; nappiert mit Rahmsauce, vermischt mit dem eingekochten Fond, mit Krebsbutter aufgeschlagen und mit Krebswürfeln vermischt.

auf Botschaftsart: à l'ambassade: Wie Seezungenfilets gleichen Namens bereitet.

auf bürgerliche Art: à la bourgeoise: Ganzer Fisch, auf Bett von Zwiebel-, Mohrrüben- und Knollenselleriescheiben, Pfefferkörnern und Lorbeerblatt mit Fischfond oder einfachem Fond gedünstet; Fond passiert, mit saurem Rahm verkocht, mit Mehlbutter gebunden, mit Zitronensaft gewürzt.

mit Butter: au beurre: In Stücke geschnitten, in Fischsud gekocht; zerlassene Butter und Salzkartoffeln nebenbei.

Christophorus: Filets, mariniert, gemehlt, durch geschlagenes Ei mit gehacktem Salbei vermischt gezogen, in Öl und Butter gebraten;

Tomaten- und Eierviertel auf dem Fisch, garniert mit Ragout von Artischockenböden, Kürbischen und Kartoffeln, darüber Sardellenfilets.

Dugléré: Filets, wie Seezunge bereitet.

au four: siehe im Ofen gebacken

auf Frühlingsart: à la printanière: In Fischsud gekocht; garniert mit Spargelspitzen, tournierten, glacierten weißen Rüben, Karotten und gekochten Kartoffelkugeln; Rahmsauce, mit Spargel- oder Gemüsebutter aufgeschlagen, nebenbei.

gebacken: frite: Filetstückchen, paniert, in tiefem Fett gebacken; Tatarensauce nebenbei.

gratiniert: au gratin: Filets, wie Seezunge bereitet.

grilliert: grillée: Tranchen, gemehlt, mit geklärter Butter bestrichen, auf dem Rost gebraten; Ravigote- oder Tatarensauce nebenbei.

Hatzfeld: Filets, pochiert in Weißwein und Fischfond; nappiert mit Weißweinsauce, vermischt mit gehackten Essiggemüsen.

mit Hummersauce: au sauce homard: Filets, gefüllt mit Fischfarce mit Hummercoulis, gefaltet, in Fischfond pochiert; nappiert mit Hummersauce, gehacktes Hummermark oder Hummereier obenaufgestreut.

mit Kalvillen: aux calvilles: Filets, gemehlt, in Butter gebraten; belegt mit in Scheiben geschnittenen, gebratenen Kalvillen, mit Zitronensaft beträufelt, mit brauner Butter übergossen.

mit Krebsschwänzen: aux queues d'écrevisses: Filets, pochiert in Fischfond; nappiert mit Krebssauce, garniert mit Krebsschwänzen und Fleurons.

auf Mailänder Art: à la milanaise: Filets, in Stücke geschnitten, mit Ei und Mischung von geriebener Weißbrotkrume und Parmesan paniert; in Butter gebraten, garniert mit Spaghetti oder Makkaroni mit Butter und geriebenem Parmesan gebunden.

auf Ministerart: à la ministre: Filets, gefaltet, pochiert in Weißwein und Fischfond; garniert mit pochierten Austern, Krebsschwänzen und Trüffelscheiben, nappiert mit Austernsauce.

im Ofen gebacken: au four: Filets, halbgar in Weißwein und Fischfond pochiert; in gefettete Backplatte geordnet, bedeckt mit Ragout von Muscheln, Champignons und kleinen Fischklößchen mit dicker Fischvelouté gebunden; maskiert mit Fischvelouté, bestreut mit geriebenem Käse, im Ofen überbacken.

mit Paprikasauce: à la sauce au paprica: Im ganzen oder in Stücke geschnitten, in Fischsud gekocht; Paprikasauce und Fischkartoffeln nebenbei.

auf polnische Art: à la polonaise: 1. Stücke, in Fischsud gekocht; mit gehacktem, hartgekochtem Ei und gehackter Petersilie bestreut, mit Reibbrot, in viel Butter braungeröstet, übergossen;
2. gekochte Stücke, nappiert mit Fischvelouté vermischt mit geriebenem Meerrettich und gehacktem Fenchel.

auf portugiesische Art: à la portugaise: Filets, wie Seezunge bereitet.

auf provenzalische Art: à la provençale: Filets, wie Seezunge bereitet.

Radzivill: Filets, in Weißwein pochiert; nappiert mit Weißweinsauce, vermischt mit Champignon-, Trüffel- und Pfeffergurkenscheibchen, garniert mit kleinen Fischklößchen.

auf rumänische Art (kalt): à la roumaine: Ganzer Fisch, auf gelb angeröstete Zwiebelscheiben gelegt, pochiert in Weißwein mit Öl, Zitronensaft und Knoblauch; bedeckt mit entkernten Zitronenscheiben und rohen Tomatenscheiben, mit dem Fond übergossen, eiskalt serviert.

Schaumbrötchen mit Krebsen: Mousselines de sandre aux écrevisses: Rahmfarce von Zander, in ovale Förmchen gefüllt oder mit Löffeln geformt, pochiert; im Kranz angerichtet, Trüffelscheibe auf jedem Schaumbrötchen, nappiert mit Weißweinsauce, Mitte mit Krebsschwänzen gefüllt.

mit Senfbutter: à la beurre de moutarde: In Stücke geschnitten, in Fischsud pochiert; leichtgebräunte Butter, vermischt mit Senf und Salzkartoffeln, nebenbei.

Tauentzien: Filets, pochiert, nappiert mit Weißweinsauce; auf jedes Filet Ring von gebackenen Seezungenstreifen mit grüner Sauce gefüllt; gekochte Olivenkartoffeln und Fleurons als Garnitur.

Victoria: Filets, wie Seezunge bereitet.

Walewska: Filets, wie Seezunge bereitet.

Zwergpetermännchen: F. Petite Vive; E. Dwarf Dragon-fish: Gehört zu den Petermännchen (s. d.), ist jedoch viel kleiner, etwa 10–18 cm lang. Wird hauptsächlich zur Bouillabaisse verwendet.

Garnituren

Französisch: Garnitures	Italienisch: Guarnizion
Englisch: Garnishes	Spanisch: Guarniciones

In der klassischen Kochkunst wird die Bezeichnung eines Gerichtes, neben der Zubereitung, von der Garnitur bestimmt; zum Teil gibt auch die dazugehörende Sauce dem Gericht seinen Namen. Man unterscheidet mehrere Gruppen von Garnituren, und zwar:

1. solche, die ihren Namen von einer Standes-, Rang- oder Berufsbezeichnung haben, wie: auf kaiserliche Art, auf Diplomatenart, Hausfrauenart, Gärtnerinnenart, Bäckerinnenart usw.;
2. die, deren Namen von einem Ort oder einer Landschaft abgeleitet werden, z.B. auf Burgunder Art, auf florentinische Art, à l'Argenteuil, à la Périgueux oder andere;
3. andere, die dem Andenken berühmter Persönlichkeiten gewidmet sind, wie Mozart, Talleyrand, Nelson, Carême usw.

Diese Bezeichnungen sind nicht etwa willkürlich entstanden, sondern alle Gerichte der klassischen Küche sind organisch gewachsen und in ihren Zusammenstellungen logisch.

Dem 20. Jahrhundert blieb es vorbehalten, Gerichte mit Phantasienamen zu benennen, die selten eine Verbindung zu dem Gegenstand selbst haben. Es wäre lächerlich, einfache Gerichte mit hochtönenden Namen zu bezeichnen. Gefährlich wird es jedoch, wenn man Gerichten klassische Namen gibt, die in keinem Zusammenhang zu dem stehen, was angeboten wird. Der Gast wird getäuscht, wenn ein solches Gericht nur teilweise oder gar nicht der Originalzubereitung entspricht. Er wird sich dann ein anderes Mal nur schwer davon überzeugen lassen, daß ein klassisches Gericht nur auf eine bestimmte Art zubereitet werden darf. Damit soll nicht gesagt sein, daß man nur klassische Gerichte servieren darf. Das ist heute ganz unmöglich, abgesehen davon, daß täglich viele neue, zum Teil vorzügliche Gerichte von talentierten Köchen geschaffen werden, die durchaus neben den klassischen bestehen können.

Aus Gründen der Zweckmäßigkeit und im Interesse des Gastes wird man heute davon Abstand nehmen, Gerichte mit zahlreichen Beilagen zu garnieren, da es fast unmöglich ist, ein solches Gericht heiß zu servieren. In einem solchen Falle ist es sinnvoller, die Garnitur getrennt anzurichten, damit man die Gewähr hat, sie heiß auf den Tisch des Gastes bringen zu können. Selbst bei Einzelportionen sollte man sich auf zwei bis drei Beilagen beschränken und, soweit noch weitere vorgeschrieben sind, sie getrennt servieren.

Bei Gerichten, zu denen keine Sauce vorgeschrieben ist, verwendet man entweder den natürlichen Fleischsaft, oder man löscht den Bratsatz mit klarer oder gebundener Jus aus; zuweilen wird auch leichtgebräunte Butter gegeben. Gemüse, die mit einer Sauce oder auch nur mit Butter gebunden sind, vertragen sich schlecht mit braunen Saucen. In solchen Fällen serviert man die Sauce am besten nebenbei. Kleine Fleischstücke kann man dagegen ganz kurz mit leicht gebundener Jus oder Fleischglace nappieren, die mit Butter aufgeschlagen worden ist.

Kleine Fleischstücke: Tournedos, Medaillons, Nüßchen, Koteletts, sofern sie klein sind.
Große Fleischstücke: Rinderfilet, Roastbeef, Kalbsnuß, Kalbsfrikandeau, Kalbs-, Hammel- oder Lammrücken, Hammel- oder Lammkeulen, Hammelschulter u. ä.
Grilladen: Filetbeefsteak, Zwischenrippenstück (Entrecôte), Rump- bzw. Kluftsteak, Kalbssteak u. ä.
Zwischengerichte: Kalbskoteletts, Kalbsmilch, Kalbssteak, Kalbs- und Hammelnieren, kleine Geflügelgerichte, große Hohlpasteten u. ä.

auf Admiralsart: à l'amiral: Fisch: Entbartete Austern und Muscheln Villeroi, große gerieft Champignonköpfe, Trüffelscheiben, normannische Sauce mit Krebsbutter aufgeschlagen.
auf afrikanische Art: à l'africaine (afrihkähn): 1. Fisch: Gebraten, garniert mit gebratenen Bananen, Teufelssauce;
2. Schlachtfleisch: Steinpilze, Scheiben von Eieräpfeln, olivenförmige Gurkenstücke, Tomatenviertel, alles in Öl sautiert, Schloßkartoffeln.
Agnes Sorel: Für Geflügel: Kleine Geflügelschaumbrötchen, mit Champignonscheiben gefüllt und in Tartelettförmchen pochiert, runde Scheiben von Pökelzunge; deutsche Sauce.
auf ägyptische Art: à l'égyptienne (eschipßjenn): Für Fisch: 1. In Öl gebraten, mit geschmolzenen Tomaten und Zwiebelringen garniert; mit Currysauce umgossen;
2. pochiert, auf Pilawreis mit Safran dressiert; bedeckt mit portugiesischer Sauce, vermischt mit Streifen roter Paprikaschote.
Albertine: Fisch: Weißweinsauce mit gehackten Champignons, Trüffeln und Petersilie; geschmolzene Tomaten und Spargelspitzen als Garnitur.
Albuféra: Geflügel: Gefüllt mit Risotto, vermischt mit Trüffel- und Gänseleberwürfeln; garniert mit Tarteletts gefüllt mit winzigen Geflügelklößchen, Trüffelperlen, Champignonwürfeln und Hahnenkämmen, mit Albuféra-Sauce gebunden.
Alexandra: 1. Fisch: Trüffelscheiben, Mornaysauce, glaciert, garniert mit grünen Spargelspitzen;
2. Geflügel: Trüffelscheiben, Mornaysauce mit Trüffelessenz, glaciert, garniert mit grünen Spargelspitzen.
Alfons: Alphonse: kleine Fleischstücke: Artischockenböden, grillierte Champignonköpfe; Madeirasauce.
auf algerische Art: à l'algérienne (alscherjenn): Schlachtfleisch: Kleine geschälte, in Öl gedünstete Tomaten, Kroketts von süßen Kartoffeln; leichte Tomatensauce mit Julienne von roten Paprikaschoten.
Alhambra: Schlachtfleisch: Sautierte Tomaten- und Artischockenbödenviertel sowie ganz kleine, entkernte rote Paprikaschoten.
Alliance: kleine Fleischstücke: Artischockenböden in Butter gedünstet, kleine, glacierte Zwiebelchen und Karotten; Demiglace.
auf alte Art: à l'ancienne (anzjenn): 1. Fisch: Pochiert, bedeckt mit Weißweinsauce, vermischt mit Champignonscheiben und kleinen weißgedünsteten Zwiebelchen, gehackter Petersilie; herzförmige Croutons;
2. Geflügel: Kleine, weißgedünstete Zwiebelchen, kleine weiße Champignonköpfe.
Amalia: Amélie: Fisch: Leicht tomatierte Weißweinsauce; Trüffelscheiben, kleine Kartoffelkroketts und Champignonköpfe.
auf amerikanische Art: à l'américaine (ahmerrikähn): 1. Fisch: Hummerscheiben, mitunter auch noch Trüffelscheiben, amerikanische Sauce;
2. Geflügel: Maiskroketts, gebratene Scheiben von süßen Kartoffeln.

auf andalusische Art: à l'andalouse (andaluhs): Schlachtfleisch: Halbe Paprikaschoten, gefüllt mit Reis auf griechische Art, dicke gebratene, ausgehöhlte Scheiben von Eieräpfeln mit geschmolzenen Tomaten gefüllt, Chipolatas; gebundene Kalbsjus.
Antoinette: Fisch: Pochiert, Kräutersauce mit Sardellenbutter aufgeschlagen, mit Kapern und gewürfelten Garnelenschwänzchen vermischt.
auf Antwerpener Art: à l'anversoise (angwersoahs): Schlachtfleisch: Tarteletts gefüllt mit Hopfensprossen in Rahmsauce, Salzkartoffeln, zuweilen Tomatensauce.
Argenteuil (ahrjangtöhl): 1. Fisch: Weißweinsauce, Spargelköpfe;
2. Schlachtfleisch: Spargelköpfe bedeckt mit holländischer Sauce.
auf arlesische Art: à l'arlesienne (ahrlehsjenn): Für kleine Fleischstücke: Gebackene Zwiebelringe, gebackene Scheiben von Eieräpfeln, in Öl geschmolzene Tomaten; tomatierte Demiglace.
Armand: Schlachtfleisch: Rotweinsauce mit Trüffelstreifen und Gänseleberwürfeln; aufgeblähte Kartoffeln.
Armenonville: Schlachtfleisch: 1. Anna-Kartoffeln, Morcheln in Rahmsauce;
2. geviertelte Artischockenböden in Butter gedünstet, Prinzeßböhnchen, Olivenkartoffeln, geschmolzene Tomaten.
Artois: à la d'Artois (artoahs): 1. Für kleine Fleischstücke: Tartelettförmige Kartoffelkroketts, mit gebutterten grünen Erbsen gefüllt, Madeirasauce;
2. Geflügel: Glacierte Karotten und kleine Zwiebelchen, geviertelte Artischockenböden in Butter sautiert; der Bratsatz mit Madeira abgelöscht, mit Fleischglace verkocht, mit Butter aufgeschlagen.
Aschenbrödelart: à la Cendrillon (sangdrijong): Für Schlachtfleisch: Artischockenböden, gefüllt mit weißem Zwiebelpüree mit Rahm, vermischt mit gehackten Trüffeln.
auf athenische Art: à l'athénienne (ahtenjän): Für kleine Fleischstücke: Dicke Scheiben von Eierpflanzen, gebraten, gefüllt mit Duxelles; Madeirasauce.
Auber: Für Geflügel und kleine Fleischstücke: Artischockenböden mit Geflügelpüree gefüllt; Madeirasauce.
auf Austernhändlerart: à l'écaillière (ekaijer): Für Haarwild: Gefüllt mit Wildfarce vermischt mit Geflügellebern, gewürfeltem Rauchspeck und Austern; garniert mit glacierten Zwiebelchen; gebundene Wildjus.

auf Bäckerart: à la boulangère (buhlangjär): 1. Schlachtfleisch: Kartoffel- und Zwiebelscheiben, gemischt; zusammen mit dem Fleisch gebraten;
2. Geflügel: Olivenförmige, gebratene Kartoffeln, glacierte kleine Zwiebeln.
auf badische Art: à la badoise (bahdoas): Für kleine Fleischstücke: Rotkraut, Kartoffelpüree und Rauchspeckscheiben.
Bahama: Fisch: Weißweinsauce, Garnelen, Streifen von roten Paprikaschoten, Schildkrötenfleisch.
Balzac: 1. Für Fisch: Mit Trüffeln gespickt, Krebssauce;
2. für kleine Fleischstücke: Große Geflügelklöße, große spanische Oliven mit Wildpüree gefüllt; Jägersauce.
Bankiersart: à la banquière (bankjär): Für kleine Fleischstücke: Mit Leberfarce gefüllte, gebratene Lerchen, Geflügelklöße, Trüffelscheiben; Demiglace mit Trüffelessenz.
Bardoux (bahrduh): Schlachtfleisch: Kleine grüne, in Butter geschwungene Erbsen vermischt mit gehackten Schinken.
Barigoule (bahriguhl): Wild: Kleine gefüllte Artischocken Barigoule; Pfeffersauce.
Baron Brisse (brihs): Schlachtfleisch: Artischockenböden, gefüllt mit Trüffelperlen; geschmolzene Tomaten, aufgeblähte Kartoffeln; Demiglace mit Trüffelessenz.

auf baskische Art: à la basque (bask): Fisch: Paniert, gebraten, auf mit Knoblauch geschmolzenen Tomaten angerichtet; Béarner Sauce, vermischt mit kleinen Kapern, nebenbei.

Bayard (beijahr): Für kleine Fleisch- und Geflügelgerichte: Runde, ausgehöhlte Croutons, mit Gänseleberpüree gefüllt, Scheibchen von Champignons, Trüffeln, Artischockenböden und Ochsenzunge, mit Madeirasauce gebunden; Madeirasauce.

Bayol (beijol): Schlachtfleisch: Schwarzwurzelstückchen in Butter mit Knoblauch gedünstet, gebratene Kartoffelwürfel.

auf Bayonner Art: à la bayonnaise (beijonäß): Schlachtfleisch: Makkaroni in Rahmsauce, vermischt mit Julienne von Bayonner Schinken, oder Makkaronikroketts mit gehacktem Bayonner Schinken; tomatierte Madeirasauce.

Beatrice (Béatrix (beahtriks): Schlachtfleisch: Morcheln in Butter geschwenkt, geviertelte Artischockenböden, junge Karotten, neue Schmelzkartoffeln; Sherrysauce.

Beaucaire (bohkähr): Für kleine Fleischstücke: Gedünsteter Kopfsalat, Kartoffelkroketts.

Beaufort (bohfor): Fisch: Champignonköpfe, entbartete Austern, Hummerwürfel; Hummersauce.

Beaugency (bohschangci): Für kleine Fleischstücke: Artischockenböden gefüllt mit geschmolzenen Tomaten, belegt mit pochierter Markscheibe; Béarner Sauce.

Beauharnais (boharnäh): Für kleine Fleischstücke: Gefüllte Champignons, geviertelte Artischockenböden, Schloßkartoffeln; Beauharnais-Sauce.

auf Befehlshaberart: à la commodore: Für große Fische: Ovale Krebskroketts, Muscheln Villeroi, Weißlingsklößchen mit Krebsbutter; normannische Sauce mit Krebsbutter aufgeschlagen.

Belle-Alliance: Für kleine Fleischstücke: Gebratene Scheiben Stopfleber, Trüffelscheiben; tomatierte Madeirasauce.

Belle Hélène: siehe Schöne Helene

Belmont (Bellmong): Schlachtfleisch: Gefüllte Tomaten und kleine gefüllte Paprikaschoten.

Benjamin: Schlachtfleisch: Runde, getrüffelte Dauphine-Kartoffeln, große gefüllte Champignonköpfe; Madeirasauce.

Bercy: Für grilliertes Fleisch: Bercybutter, gebackene Kartoffelstäbchen.

Bernard: Schlachtfleisch: Gebratene Steinpilzscheiben, geschmolzene Tomaten, Kartoffelkroketts; Tomatensauce.

auf Berner Art: à la bernoise (bernoahs): 1. Fisch: Gebraten, bedeckt mit gebratenen Kartoffel-, Artischockenböden- und Champignonwürfeln;
2. Schlachtfleisch: Gebutterte Nudeln, gebackene Kartoffelstäbchen.

Berny: Wild: Berny-Kartoffeln, Tarteletts mit Linsenpüree gefüllt und Trüffelscheibe obenauf; Pfeffersauce.

auf Berryer Art: à la berrichonne (berrischonn): Schlachtfleisch: Kleine, braisierte Kohlköpfchen, glacierte Zwiebelchen, glacierte Maronen, gebratene Speckscheiben; Demiglace.

Bignon (binnjong): Schlachtfleisch: Im Ofen gebackene Kartoffeln, ausgehöhlt, gefüllt mit Bratwurstfülle, im Ofen nachgebacken.

Bijou: Für kleine Zwischengerichte: Blätterteig-Mundbissen gefüllt mit gewürfelten Lammbrieschen, gebunden mit Tomatensauce.

Bizontine (bihsongtihn): Für kleine Fleischstücke: Tarteletts von Herzogin-Kartoffelmasse, gebacken, gefüllt mit Püree von Blumenkohl, gefüllter Kopfsalat; mit Butter aufgeschlagene Kalbsjus.

auf Blumenmädchenart: à la bouquetière (bukettjär): Für Schlachtfleisch: Artischockenböden, abwechselnd mit glacierten Karotten- und weißen Rüben-Perlen, gewürfelten grünen Bohnen und Erbsen gefüllt, Blumenkohlröschen mit holländischer Sauce bedeckt, kleine Schloßkartoffeln; Kalbsjus.

auf böhmische Art: à la bohémienne (bohemjän): Für kleine Fleischstücke: 1. Tarteletts gefüllt mit Ragout von Stopfleber und Trüffeln, gebunden mit gebutterter Fleischglace;
2. für Wildgeflügel und Geflügel: Mit einer ganzen mit Trüffeln gespickten Stopfleber gefüllt, in der Kasserolle gebraten.
Boitelle (boatell): Für Fisch: Champignonscheiben, zugleich mit dem Fisch gargemacht.
Bombay: Für Fisch: Currysauce, trockener, körniggekochter Reis, Mango, Chutney und andere indische Würzsaucen und Beilagen.
Bontoux (bongtu): Für Schlachtfleisch: Makkaroni-Krokketts, Madeirasauce.
auf Bordelaiser Art: à la bordelaise (bordelläß): Für Fisch: Bonnefoy-Sauce. – Für Schlachtfleisch: Pochierte Scheiben Ochsenmark, Bordelaiser Sauce.
auf Botschafterart: à l'ambassadeur (angbassadöhr): Schlachtfleisch: Herzogin-Kartoffeln, Artischockenböden mit Champignonpüree gefüllt, geriebener Meerrettich.
auf Botschafterinart: à l'ambassadrice (angbassadrihs): 1. Für kleine Fleischstücke: Sautierte Champignons und Geflügellebern, Hahnenkämme und -nieren, halbe braisierte Kopfsalate, Pariser Kartoffeln; Bratsatz mit Madeira und Kalbsjus abgelöscht;
2. Geflügel: Weißgedünstet, Brust herausgeschnitten, Höhlung mit gebutterten Spargelspitzen gefüllt, Brustscheiben aufgelegt, mit Geflügelrahmsauce übergossen; garniert mit gebutterten grünen Spargelspitzen und Lammilcher, gespickt mit Trüffelfäden.
à la bouquetière: siehe auf Blumenmädchenart
Bourgeoise: siehe auf bürgerliche Art
auf Brabanter Art: à la brabançonne (brabangsong): Für kleine Fleischstücke: Tarteletts, gefüllt mit Rosenkohl, bedeckt mit Mornaysauce, glaciert, und flache Kartoffelkrokketts.
auf Braganzer Art: à la bragance: 1. Für Tournedos und Nüßchen: Kleine gedünstete Tomaten, Kartoffelkrokketts, Béarner Sauce;
2. für Zwischengerichte: Blätterteig-Tarteletts gefüllt mit grünen Spargelspitzen, runde, ausgehöhlte Croutons gefüllt mit Gänseleberpüree, obenauf eine Trüffelscheibe; Trüffelsauce.
Branicka: Für kleine Fleischgerichte: Spargelkrokketts, Blätterteig-Tarteletts, gefüllt mit Champignonpüree; Madeirasauce.
Brantôme: Für Fisch: Weißweinsauce vermischt mit Gemüse- und Trüffeljulienne, geformter Risotto.
auf bräutliche Art: petite-mariée: Für Geflügel: Pochiert in Kalbsfond; weißgedünstete Zwiebelchen, junge Karotten, frische grüne Erbsen, neue Kartoffeln; Geflügelrahmsauce mit dem eingekochten Fond.
Bréhan: Für Schlachtfleisch: Artischockenböden, mit Püree von Bohnenkernen gefüllt, mit Trüffelscheibe obenauf, Blumenkohlröschen, mit holländischer Sauce bedeckt, Petersilienkartoffeln; gebundene Jus.
auf bretagnische Art: à la bretonne: Für Schlachtfleisch: Weiße Bohnen in bretagnischer Sauce, gehackte Petersilie.
Bréteuil (bretöhl): Für Fisch: Gebraten, mit gebratenen Austern belegt, mit brauner Butter übergossen.
auf Brieer Art: à la briarde (brijard): Für Schlachtfleisch: Gefüllter Kopfsalat, junge Karotten in Rahmsauce.
Brighton: Für Fisch: Pochiert; pochierte, entbartete Austern, weißgedünstete Zwiebelchen; Weißweinsauce mit englischem Senf gewürzt.
Brillat-Savarin (brijaht-sawareng): Für Wildgeflügel: Tarteletts mit Schnepfenauflauf, gebacken, Trüffelscheiben; Demiglace verkocht mit Federwild-Essenz.
Bristol: Für Schlachtfleisch: Aprikosenförmige Kartoffelkrokketts, Bohnenkerne in Rahmsauce, große Nußkartoffeln in Fleischglace geschwenkt; gebundene Kalbsjus.

auf Brüsseler Art: à la bruxelloise (brüsseloahs): Für Schlachtfleisch: Rosenkohl, gedünsteter Chicorée, Schloßkartoffeln; Madeirasauce.

auf bürgerliche Art: à la bourgeoise: Für Schlachtfleisch: Glacierte Zwiebelchen und Karotten, gebratene Speckwürfel, große Olivenkartoffeln.

auf Burgfrauenart: à la châtelaine: Für Schlachtfleisch: 1. Artischockenböden mit weißem Zwiebelpüree gefüllt, glacierte Maronen, Pariser Kartoffeln; Madeirasauce;
2. braisierter Bleichsellerie, geviertelte, gedünstete Artischockenböden, halbe Tomaten, Schloßkartoffeln.

auf Burgunder Art: à la bourguignonne (burgihnjonn): 1. Für Fisch: In Rotweinsauce mit Champignonschalen pochiert; Fond mit Mehlbutter eingedickt, gebuttert, passiert;
2. für Schlachtfleisch: Braisiert oder deglaciert mit Rotwein, glacierte Zwiebelchen, gebratene Speckwürfel, geviertelte, in Butter gebratene Champignons.

Café Anglais (kaffee ongläh): Für kleine Fleischstücke: Artischockenböden, abwechselnd mit Champignon- und Trüffelpüree gefüllt; Madeirasauce mit Trüffelessenz.

Camargo: Für kleine Zwischengerichte: Tarteletts, gefüllt mit Nudeln in Rahmsauce, bedeckt mit gebratener Scheibe Gänseleber und Trüffelscheibe; Trüffelsauce nebenbei.

Cambacérès (kangbaßeräß): Für Fisch: Krebsschwänze, Champignonscheiben; Weißweinsauce mit Krebscoulis; gehackte Trüffeln über den Fisch.

Camerani: Für Geflügel und Kalbsmilcher: Kleine Tarteletts gefüllt mit Gänseleberpüree, Trüffelscheiben, wie Hahnenkämme geschnittene Scheiben Pökelzunge, Makkaroni auf italienische Art; Geflügelrahmsauce.

auf Cancaler Art: à la cancalaise (kannkalähs): Für Fisch: Pochierte, entbartete Austern und Garnelenschwänzchen, normannische Sauce.

Canova: Für kleine Fleischstücke: Gebratene Scheiben Stopfleber, Artischockenböden, gefüllt mit gewürfelten Trüffeln, Hahnenkämmen und -nieren, mit dicker Madeirasauce gebunden.

Carême: 1. Für Fisch: Dekorierte Fischklößchen, Trüffelscheiben, Fleurons; weiße Rahmsauce;
2. für kleine Fleischstücke: Große spanische Oliven mit Schinkenpüree gefüllt, Kartoffelkroketts; Madeirasauce.

Carignan: Für Koteletts: Paniert mit halb weißer Brotkrume und halb geriebenem Käse, in Butter gebraten, Hahnenkämme und -nieren durch Backteig gezogen und gebraten; scharfgewürzte Tomatensauce nebenbei.

Carmencita: Für Schlachtfleisch: Geschmolzene Tomaten, gedünstete Paprikaschoten.

Carnegie (karnejih): Für kleine Fleischstücke: Artischockenböden, gefüllt mit Spargelspitzen, Trüffelscheiben.

Carnot (Karnoh): Für Schlachtfleisch: Gefüllte, gedünstete runde Gurkenstückchen; Rotweinsauce, mit gehacktem Estragon vermischt.

Casanova: Für Fisch: Pochierte, entbartete Austern und Muscheln, Trüffelscheiben; Weißweinsauce.

Cavour: 1. Für Zwischengerichte: Runde, flache Böden aus Polenta, vermischt mit geriebenem Parmesan, große Champignons mit Püree von Geflügellebern gefüllt; gebundene, tomatierte Kalbsjus mit Marsala gewürzt; — 2. für große Fleischstücke: Grießkroketts, Timbale mit Lasagnes, Ravioli.

Cendrillon: siehe auf Aschenbrödelart

à la centenaire: siehe auf Jahrhundertart

auf Cevenner Art: à la cévenole: Für Schlachtfleisch: Fleisch gespickt, glacierte Kastanien, Champignons; der eingekochte Fleischsaft mit Demiglace vermischt.

Chambord: Für große, braisierte Fische: Große Fischklöße mit Trüffel verziert, ganze Krebse, gerifte Champignons, Fischmilcher in Butter gebraten, herzförmige Croutons, Trüffelscheiben, Fleurons; Chambordsauce.

nach Art der Champagne: à la champenoise: Für Schlachtfleisch: Gefüllte, braisierte Zwiebeln, gefüllte, braisierte Kohlköpfchen, Anna-Kartoffeln; gebundener Fleischsaft oder Demiglace.

Chancy: Für Schlachtfleisch: Junge grüne Erbsen und Karotten, in Butter geschwenkt, Champignons; Madeirasauce.

Chanoine: siehe Domherrenart

auf Charollaiser Art: à la charollaise: Für Schlachtfleisch: Blumenkohlröschen Villeroi, glacierte Karotten, Tarteletts mit Püree von weißen Rüben gefüllt.

auf Chartraiser Art: à la Chartres: 1. Für Fisch: In Weißwein und Fischfond mit Bündelchen Estragon pochiert; Weißweinsauce mit dem eingekochten Fond, blanchierte Estragonblätter;
2. für kleine Fleischstücke: Blanchierte Estragonblätter, Schmelzkartoffeln; Kalbsjus mit Estragonauszug.

Châtelaine: siehe auf Burgfrauenart

Chatham: Für Schlachtfleisch, besonders Kalbfleisch: Nudeln, in Butter geschwenkt und mit Scheiben von Pökelzunge garniert; leichte, weiße Zwiebelsauce vermischt mit Champignonscheiben.

Chauchat (choschah): Für Fisch: Dressiert in Rand von Kartoffelscheiben, bedeckt mit Mornaysauce, glaciert.

Chavette: Für Fisch: Dressiert auf Scheiben von Artischockenböden in Butter geschwenkt, bedeckt mit Mornaysauce, vermischt mit Trüffeljulienne, glaciert.

auf Cherburger Art: Cherbourgh: Für Fisch: Entbartete Austern und Muscheln, Garnelenschwänzchen; Garnelensauce, glaciert.

Cheron: Für kleine Fleischstücke: Artischockenböden, gefüllt mit gemischtem Gemüse; Pariser Kartoffeln.

Chesterfield: Für Fisch: Hummerscheiben, Trüffelscheiben; Genueser Sauce.

Chevreuse (schewröhs): 1. Für kleine Fleischstücke: Trüffelscheiben, Grießkroketts gefüllt mit gehackten Champignons; Bonnefoy-Sauce;
2. Artischockenböden gefüllt mit Champignonpüree, belegt mit Trüffelscheibe; Pariser Kartoffeln.

nach Art von Chinon: à la chinonaise: Für Schlachtfleisch: Braisierte Kohlköpfchen mit Schweinebrät gefüllt, Petersilienkartoffeln; Demiglace.

Chipolata: Für Schlachtfleisch und Geflügel: Gedünstete Maronen, glacierte Zwiebelchen, Chipolata-Würstchen, glacierte Karotten, gebratene Speckwürfel; Demiglace mit dem eingekochten Fleisch- oder Geflügelfond.

Choiseul (Schoasöl): Für kleine Fleischstücke: Artischockenböden, gefüllt mit Gänseleberpüree; Champignonsauce.

Choisy: Für kleine Fleischstücke: Braisierter Kopfsalat, Schloßkartoffeln; gebutterte Fleischglace.

Choron: Für kleine Fleischstücke: Artischockenböden mit grünen Erbsen gefüllt, Pariser Kartoffeln; Choronsauce.

Clamart: Für Schlachtfleisch: Tarteletts gefüllt mit Erbsen auf französische Art, flache, runde Macaire-Kartoffeln; gebundene Kalbsjus.

Claremont (Klarmong): Für Schlachtfleisch: Gefüllte, braisierte Zwiebeln, gefüllte Gurkenstücke, geschmolzene Tomaten.

Clermont: 1. Für kleine Fleischstücke: Gedünstete Maronen, zerdrückt, vermischt mit Eigelb, Butter und Zwiebelpüree, in Förmchen pochiert und gestürzt, gebackene Zwiebelringe, leichte Zwiebelsauce;
2. für große Fleischstücke: Gefüllte, braisierte Kohlköpfchen, Dreiecke von Speck mit dem Kohl gekocht, Salzkartoffeln, Demiglace.

Colbert: 1. Für gebackenen Fisch: Colbertsauce;
2. für Schlachtfleisch, kleine Fleischstücke und Kalbsmilch: Kleine Geflügelkroketts, sehr kleine gebackene Eier, Trüffelscheiben; Colbertsauce.
Colinette: Für Fisch: Filets, gefüllt mit getrüffelter Fischfarce, gefaltet, paniert, in tiefem Fett gebacken; Tomatensauce.
à la commodore: siehe auf Befehlshaberart
Comtesse: siehe auf Gräfinart
Concordia: Für Schlachtfleisch: Prinzeßböhnchen, junge Karotten, Kartoffelpüree; Demiglace oder gebundene Kalbsjus mit dem Fleischsaft verkocht.
Condé: Für Schlachtfleisch: Püree von roten Bohnen mit Speck gekocht, der Speck in Dreiecke geschnitten; Rotweinsauce mit Butter aufgeschlagen.
Connaught (Konnoht): Für Wildgeflügel: Mit Kastanien gefüllt, gebundene Wildjus, Salat von Brunnenkresse.
Conti: Für Schlachtfleisch: Linsenpüree mit Speck gekocht, der Speck in Dreiecke geschnitten.
Continental: Für kleine Fleischstücke: Artischockenviertel, gespaltene, gebratene Lammnieren; Madeirasauce.
Courbet: Für Fisch: Entbartete, pochierte Austern, gerießte Champignonköpfe; Weißweinsauce gewürzt mit Currypulver.
Cussy (küssi): 1. Für Fleisch: Krebsragout in Krebssauce, bestreut mit gehackten Trüffeln;
2. für Geflügel und kleine Fleischstücke: Große Champignons mit Maronenpüree gefüllt, kleine in Madeira gekochte Trüffeln, Hahnenkämme; Madeirasauce.
Cyrano: Für kleine Fleischstücke: Artischockenböden mit Champignonpüree gefüllt; gebundene Kalbsjus.

Dame Blanche: siehe Weiße Dame
Danicheff: Für Fisch: Bedeckt mit geschmolzenen Tomaten mit gehackter Zwiebel, bestreut mit Käse, beträufelt mit Butter, glaciert.
Dartois (dartoah): Für große Fleischstücke: Karotten, weiße Rüben, braisierter Bleichsellerie, Röstkartoffeln.
Daumont (dohmong): Für Fisch: Große Champignons gefüllt mit halben Krebsschwänzen in Nantuasauce, runde Fischschaumklößchen mit Trüffel dekoriert, panierte, gebackene Fischmilcher; Nantuasauce.
Dauphine: siehe auf Thronfolgerart
Déjazet: Für Fisch: Paniert, in Butter gebraten, dressiert auf halbflüssiger Estragonbutter, mit blanchierten Estragonblättern dekoriert.
Delagrange: Für Schlachtfleisch: Grüne Erbsen, glacierte Karotten und weiße Rüben, Stückchen von Bleichsellerie durch Backteig gezogen und in tiefem Fett gebacken; Demiglace.
délicieuse: siehe auf köstliche Art
Delphine (dellfihn): Für Schlachtfleisch: Makkaroni vermischt mit Wildmus und Trüffelstreifen; gebundene Kalbsjus.
Demidoff: Für Fisch: Krebsschwänze, entsteinte Oliven, Fischklößchen, Champignons; Finanzmannssauce.
Denise: Für Schlachtfleisch: Kleine Champignonkroketts, kleine ungesüßte Auflaufkrapfen; weiße Bohnen mit holländischer Sauce gebunden und gebundene Kalbsjus nebenbei.
Descars: Für Schlachtfleisch: Artischockenböden mit Geflügelsalpicon gefüllt, Krokettkartoffeln.
Descartes: Für Geflügel und Wildgeflügel: Krustaden mit je einer Wachtel, gefüllt mit getrüffelter Wildfarce.
auf deutsche Art: à l'allemande: 1. Für große Fleischstücke: In Butter geschwenkte Nudeln, Kartoffelpüree; der gebundene Bratensaft;
2. für kleine Fleischstücke: Scheiben von gebratener Kalbsleber, glacierte Zwiebelchen, kleine in Butter gedünstete Paprikaschoten, Bratkartoffeln; Madeirasauce.

auf Diepper Art: à la dieppoise (diäpoas): Für Fisch: Garnelenschwänzchen, Muscheln; Weißweinsauce mit dem eingekochten Fischfond.

auf Dijoner Art: à la dijonaise (dischonäs): Für Schlachtfleisch: Der Länge nach geviertelte, rohe Kartoffeln in Butter gebraten, Kalbsklößchen mit gehackter Pökelzunge; Madeirasauce.

auf Diplomatenart: à la diplomate: Für Zwischengerichte: Kalbsmilchschnitzel, Hahnenkämme und -nieren sowie kleine Champignons, alles mit Madeirasauce gebunden.

auf Domherrenart: à la chanoine: Für Fisch: Filets mit Garnelenfarce gefüllt; Sardellensauce.

Don Carlos: Für Schlachtfleisch: Gedünstete rote Paprikaschoten, Champignons; Madeirasauce.

Doria: 1. Für Fisch: Oval geformte, in Butter gedünstete Gurkenstückchen, Zitronenscheiben, gehackte Petersilie, braune Butter;
2. für Geflügel: Oval geformte, in Butter gedünstete Gurkenstückchen.

d'Orsay: Für kleine Fleischstücke: Champignons, gefüllte Oliven, Schloßkartoffeln; Madeirasauce.

Dragomirow: Für Fisch: Garniert mit entbarteten Muscheln, bedeckt mit Mornaysauce, glaciert.

Dreuxer Art: à la Dreux: Für Schlachtfleisch: Mit Pökelzunge, Trüffeln und fettem Speck gespickt; Kalbs- oder Hühnerklößchen, Champignons, Trüffelscheiben, blanchierte, entsteinte Oliven, Finanzmannsauce.

Dubarry (dübarri): Für Schlachtfleisch und kleine Fleischstücke: Kleine Blumenkohlkugeln mit Mornaysauce bedeckt und glaciert, Schloßkartoffeln; gebundene Jus.

Dubley (dübleh): Für Schlachtfleisch: Nestchen von Herzogin-Kartoffelmasse gefüllt mit Champignonpüree, grillierte Champignons.

Dufferin (düfferäng): Für Fisch: Entbartete Austern und Muscheln; Genueser Sauce mit Sardellenbutter aufgeschlagen.

Dumas (düma): Für Schlachtfleisch: Glacierte Karotten, kleine braisierte Kohlköpfchen, gewürfelter, gebratener Speck; Demiglace.

Durance (düranz): Für Fisch: Gewürfeltes Hummerfleisch, Garnelenschwänzchen; holländische Sauce mit Hummerbutter aufgeschlagen.

Durand (düräng): Für Schlachtfleisch: Braisierter Kopfsalat, Kalbsklößchen, entsteinte, blanchierte Oliven, Trüffelscheiben; Demiglace.

Duroc (dürock): Für kleine Fleischstücke und sautiertes Geflügel: Kleine neue Kartoffeln in Butter geröstet; Madeirasauce mit Champignonscheiben.

Duse (dühß): Für Schlachtfleisch: Prinzeßböhnchen, geschälte, in Butter gedünstete Tomaten, Parmentier-Kartoffeln, Madeirasauce.

à l'écaillière: siehe auf Austernhändlerart

Eduard VII.: Edouard VII.: Für Geflügel: Gefüllt mit Risotto, vermischt mit Gänseleber- und Trüffelwürfeln; garniert mit olivenförmigen, gedünsteten Gurkenstücken in weißer Rahmsauce; Hühnerrahmsauce mit Currypulver gewürzt, vermischt mit gewürfelten roten Paprikaschoten.

à l'égyptienne: siehe auf ägyptische Art

auf elsässische Art: à l'alsacienne (allsaßjenn): Schlachtfleisch: 1. Tarteletts mit Sauerkraut gefüllt, eine runde Scheibe Schinken obenauf; Demiglace;
2. feine Nudeln, in Butter geschwenkt, mit Trüffel- und Gänseleberwürfeln vermischt.

Elysée Palace: Für Zwischengerichte: Panierte, in Butter gebratene Kalbsmilchschnitzel, Champignons; Béarner Sauce.

à l'empereur: siehe auf Kaiserart

auf englische Art: à l'anglaise (angläs): 1. Für gekochtes Schlachtfleisch: I. Gekochter Speck, Petersiliensauce; II. Püree von Pastinaken oder weißen Rüben, Salzkartoffeln, Kapernsauce;

2. für Fisch: Paniert, in Butter gebraten, Kräuterbutter;
3. für gekochtes Geflügel: Tournierte Karotten und weiße Rüben, Bleichsellerie, grüne Bohnen, alles gekocht, Scheiben von Pökelzunge; weiße Rahmsauce.
Excelsior: Für kleine Fleischstücke: Braisierter Kopfsalat, Schmelzkartoffeln; gebundene Kalbsjus.
Exquisite: Für Fisch: Kleine Champignonkroketts; Hummersauce mit gehackter Trüffel.

Falstaff: Für Fisch: In Butter gebraten, garniert mit sautierten Steinpilzen und geschmolzenen Tomaten.
Favart: 1. Für Schlachtfleisch: Nudeln vermischt mit Trüffelstreifen, in Butter geschwenkt; gebundene Kalbsjus;
2. für Geflügel und Kalbsmilch: Hühnerklößchen mit gehacktem Estragon; Blätterteigtarteletts, gefüllt mit Steinpilzscheiben in weißer Rahmsauce; Geflügelvelouté mit Krebsbutter aufgeschlagen.
Favorite: siehe auf Lieblingsart
Fédora: 1. Für Fischfilets: Mit Duxelles gefüllt, Fischkartoffeln; Genfer Sauce;
2. für Schlachtfleisch: Tarteletts abwechselnd mit gebutterten Karotten, weißen Rüben (olivenförmig ausgestochen) und Spargelspitzen gefüllt, glacierte Maronen, Orangenfilets.
à la fermière: siehe auf Pächterart
Ferval: Für Zwischengerichte: Briocheförmige Herzogin-Kartoffeln oder Kartoffelkroketts mit gehacktem Schinken; Artischockenböden geviertelt mit gehackten Kräutern sautiert; gebundene Jus.
auf Finanzmannsart: à la financière (finangsjär): Für Geflügel und Kalbsmilch: Geflügelschaumbrötchen, Hahnenkämme und -nieren, blanchierte, entsteinte Oliven, Trüffelscheiben, gerießte Champignonköpfe; Finanzmannsauce.
auf finnische Art: à la finnoise (fänoas): Für Fisch: Kleine gefüllte Tomaten; Weißweinsauce mit gehackten roten Paprikaschoten.
auf flämische Art: à la flamande (flamangd): 1. Für Fisch: In hellem Bier und Fischfond pochiert, Fond verdickt mit Mehlbutter, vermischt mit gehackten Kräutern;
2. für Schlachtfleisch: Braisierte Kohlköpfchen, große olivenförmige Mohrrüben und weiße Rüben, Scheiben von gekochtem Speck, Scheiben von Knoblauchwurst, Salzkartoffeln.
Fleury: Für kleine Fleischstücke: Nestförmige Kartoffelkroketts, gefüllt mit sautierten Kalbsnierenwürfeln; tomatierte Demiglace.
auf Florentiner Art: à la florentine (florangtihn): 1. Für Fisch: Blattspinat, Mornaysauce, glaciert;
2. für Schlachtfleisch: Grießkroketts mit geriebenem Parmesan, sehr kleine gebratene Spinatfladen; stark tomatierte Demiglace.
Florian: Für Schlachtfleisch: Braisierter Kopfsalat, glacierte Zwiebelchen, olivenförmige Karotten, Schmelzkartoffeln; Kalbsjus.
auf Flußschifferart: à la batelière (battelljär): 1. Für Fisch: Champignonköpfe, glacierte Zwiebelchen, gebackene Eier, ganze Krebse; Weißweinsauce.
2. Filets, dressiert auf Teigschiffchen, gefüllt mit kleinen Muscheln und Garnelenschwänzchen in Weißweinsauce, bedeckt mit grüner Kräutersauce; garniert mit gebackenen Gründlingen.
Fontainebleau (fontähnbloh): Für kleine Fleischstücke: Nestförmige Herzoginkartoffeln, gefüllt mit gewürfelten Frühlingsgemüsen, mit weißer Rahmsauce gebunden.
auf Försterart: à la forestière (fohrästjär): Für Schlachtfleisch und kleine Fleischstücke: Sautierte Morcheln, gewürfelter, gebratener Speck, Parmentier-Kartoffeln; gebundene Kalbsjus oder Demiglace.
Franklin: Für Schlachtfleisch: Gefüllte, braisierte Zwiebeln, rohe, geviertelte Kartoffeln in Butter gebraten; Demiglace.
auf französische Art: à la française (frangsäs): 1. Für Schlachtfleisch: Tarteletts mit gemischtem Gemüse gefüllt, Spargelspitzen, braisier-

ter Kopfsalat, Blumenkohlröschen, mit holländischer Sauce nappiert; Demiglace oder gebundene Kalbsjus;
2. Blattspinat, Anna-Kartoffeln.
Frascati: Für Geflügel und Schlachtfleisch: Spargelspitzen, kleine Trüffeln, gebratene Scheiben Stopfleber, geriefte Champignonköpfe, kleine, halbmondförmige Herzogin-Kartoffeln; gebundene Kalbsjus.
auf Frühlingsart: à la printanière (prängtanjär): Für Schlachtfleisch: Glacierte, olivenförmige Karotten und weiße Rüben, grüne Erbsen, grüne Bohnen, Spargelspitzen; Fleischsaft.
Fürst von Wales: Prince of Wales: Für Fisch: Entbartete Austern und Muscheln, kleine Reiskroketts; Chambordsauce mit Currypulver gewürzt und mit Krebsbutter aufgeschlagen.

Gabrielle: 1. Für Fisch: Bedeckt mit Weißweinsauce, vermischt mit Tomatenpüree und gebuttert, glaciert;
2. für kleine Fleischstücke: Plaziert auf flache Kartoffelkroketts vermischt mit gehackten Trüffeln und Hühnerfleisch, braisierter Kopfsalat, Trüffelscheiben, blanchierte Scheiben Ochsenmark; gebutterte Madeirasauce.
auf gallische Art: à la gauloise (gohloas): Für kleine Fleischstücke und kleines Geflügel: Tarteletts gefüllt mit Hahnenkämmen und -nieren Villeroi, Trüffelscheiben, Champignons; der Bratensaft mit Weißwein abgelöscht.
Gambetta: Für kleine Fleischstücke: Gefüllte Eieräpfel, in Butter gedünstete Tomaten; Madeirasauce.
auf Gärtnerinart: à la jardinière (schardinjär): Für Fleisch: Grüne Erbsen, grüne Bohnenkerne, grüne Bohnen, Karotten, weiße Rüben, Blumenkohlröschen, mit holländischer Sauce nappiert; gebundene Kalbsjus.
auf Gastronomenart: à la gastronome: 1. Für Geflügel und Kalbsmilch: Glacierte Maronen, sehr kleine Trüffeln, sautierte Morcheln, Hahnenkämme; Demiglace mit Trüffelessenz;
2. für Wildgeflügel: Sautierte Morcheln, glacierte Maronen, braisierte Lammbrieschen, Hahnenkämme und -nieren in flüssiger Fleischglace gerollt.
Gautier (gotjä): Für Fisch: Fischklößchen, Champignons, entbartete Austern; Fischvelouté mit Butter aufgeschlagen.
auf Gemüsegärtnerart: à la maraîchere (maräschär): Für Schlachtfleisch: Kleine Stückchen Schwarzwurzeln mit Rahmsauce gebunden, Rosenkohl, große Schloßkartoffeln; der Fleischsaft mit Demiglace oder gebundener Kalbsjus verkocht.
auf georgische Art: à la georgienne: Für Schlachtfleisch: Sehr kleine, kugelförmige, panierte und tiefgebackene Reiskroketts; Tomatensauce.
Girardi: Für Fisch: Entbartete Austern, Garnelenschwänzchen, Champignons; grüne Kräutersauce.
auf Glücksbringerart: Mascotte: Für kleine Fleischstücke und Geflügel: Geviertelte Artischockenböden in Butter sautiert, gebratene Olivenkartoffeln, Trüffeloliven; der Bratsatz mit Weißwein abgelöscht und mit Kalbsjus verkocht. Alle Zubereitungen dieser Art werden in der Kokotte bereitet.
Godart: Für Schlachtfleisch und Geflügel: Löffelklöße von Kalbfleisch vermischt mit gehackten Trüffeln und Champignons, große Hühnerklößchen mit Pökelzunge und Trüffel dekoriert, geriefte Champignonköpfe, Trüffeloliven, Hahnenkämme, glacierte Scheiben von Lammbries; Godartsauce.
Gorenflot: Für gedämpftes Fleisch: Rotkraut, Scheiben von Bolognawurst mit dem Fleisch gekocht, Salzkartoffeln; der Fond mit Mehlbutter gebunden.
Gouffé (guffeh): Für Schlachtfleisch: Risottoförmchen, olivenförmige Trüffeln, Kalbsklößchen, Champignons; Demiglace.

Gourmet (guhrmä): Für Schlachtfleisch: Artischockenböden, Trüffelscheiben, Champignons; Madeirasauce.
auf Gräfinart: à la comtesse: Für Schlachtfleisch: Mit Trüffeln gespickt, braisierter Kopfsalat, Kalbsklößchen; gebundene Kalbsjus.
Graf von Brabant: Comte de Brabant: Für Wildgeflügel: Kleine Rosenkohlköpfchen mit gewürfeltem Speck sautiert; Salmisauce.
Grand Hotel: Für kleine Fleischstücke: Artischockenböden mit Béarner Sauce gefüllt, braisierter Bleichsellerie, aufgeblähte Kartoffeln; der mit Weißwein abgelöschte Bratsaft, vermischt mit Demiglace.
auf griechische Art: à la grecque (grek): Hauptsächlich für Lamm- und Kalbssattel: Reis auf griechische Art bereitet.
auf Großherzogsart: à la grand-duc (grang dük): Für Fisch: Trüffelscheiben, Spargelspitzen, Krebsschwänze; Mornaysauce, glaciert.
auf Großmuttersart: à la grand'mère (grang mähr): 1. Für Fisch: In Butter gebraten, glacierte Zwiebelchen, gebratene Oliven-Kartoffeln; Zitronensaft, gehackte Petersilie, braune Butter;
2. für Geflügel: Mit Farce von Geflügellebern, Speck, weißer Brotkrume und gehackter Petersilie gefüllt; gebraten, mit Speckwürfeln, glacierten Zwiebelchen und Oliven-Kartoffeln garniert, mit Kalbsjus umgossen.
Hauser: Für grilliertes Fleisch: Zwiebelringe, Pariser Kartoffeln; Colbertsauce.
Hausfrauen-, Hausmütterchenart: bonne femme (bonn famm): Für Fisch: Mit gehackten Schalotten, Champignonscheiben, gehackter Petersilie, Weißwein und Fischfond gargemacht; Fischvelouté mit dem Fond verkocht, glaciert.
auf Haushälterinart: à la ménagère (menaschär): Für Kalbsmilcher und kleines Geflügel: Mohrrübenscheiben und kleine Zwiebelchen in Butter gedünstet, Prinzeßböhnchen und grüne Erbsen.
auf Haushofmeisterart: à la maître d'hôtel (mätr dotel): Für Grilladen: Kräuterbutter, gebackene Kartoffelstäbchen oder aufgeblähte Kartoffeln, Brunnenkresse.
auf havanesische Art: à la havanaise (awanähs): Für Fisch: Geschmolzene Tomaten, gewürfelte rote und grüne Paprikaschoten, glacierte Zwiebelchen, Champignons; Kräutersauce.
Heinrich IV.: Henri IV. (angri katr): Für kleine Fleischstücke: 1. Artischockenböden gefüllt mit Nußkartoffeln in zerlassener Fleischglace gerollt; Béarner Sauce;
2. Pont-Neuf-Kartoffeln, Brunnenkresse.
Helder: Für kleine Fleischstücke: 1. Fleisch bedeckt mit dicker Béarner Sauce mit geschmolzenen Tomaten in der Mitte, Pariser Kartoffeln; gebundene Kalbsjus;
2. Artischockenböden abwechselnd gefüllt mit kleinen Nußkartoffeln und Spargelspitzen; geschmolzene Tomaten; Béarner Sauce.
Helvetia: Für Schlachtfleisch und kleine Fleischstücke: Tomaten, abwechselnd mit Spinat und weißem Zwiebelpüree gefüllt, Madeirasauce.
auf Herzoginart: à la duchesse (düscheß): Für Schlachtfleisch und kleine Fleischstücke: Herzogin-Kartoffeln; Madeirasauce.
Hotel Plaza: Für kleine Fleischstücke: Braisierte Kohlköpfchen, Püree von frischen grünen Erbsen, Trüffelscheiben; Madeirasauce.
auf Husarenart: à la hussarde (üssard): 1. Für Schlachtfleisch: Kartoffeln mit weißem Zwiebelpüree gefüllt, gefüllte Eieräpfel; Husarensauce;
2. für kleine Fleischstücke: Herzogin-Kartoffelnestchen gefüllt mit weißem Zwiebelpüree; Husarensauce.

Imam Bayaldi: Für kleine Fleischstücke und Geflügel: Scheiben von Eieräpfeln in Öl gebacken, Förmchen von Pilawreis, geschmolzene Tomaten mit Knoblauch; portugiesische Sauce.
à l'impératrice: siehe auf Kaiserinart
auf indische Art: à l'indienne (angdjenn): Für Fisch, Fleisch und Geflügel: Körniggekochter Reis; indische Sauce.

auf Infantenart: à l'infante (angfangd): Für kleine Fleischstücke: Gefüllte Tomaten, grillierte Champignons, Strohkartoffeln; Madeirasauce; Makkaroni in Butter geschwenkt, mit Trüffelstreifen vermischt, nebenbei.

auf italienische Art: à l'italienne (ihtaljen): Für Fleisch und Geflügel: Flache Makkaronikroketts mit geriebenem Parmesan, Artischockenböden geviertelt und gekocht auf italienische Art; italienische Sauce.

Jacques: Für Federwild: Gefüllt mit Enten- oder anderer Leberfarce mit gehackten Schalotten und Champignons, geweichtem Weißbrot und Gewürz; in der Kasserolle gebraten.

auf Jahrhundertart: à la centenaire (sangtenär): Für kleine Fleischstücke: Gefüllter, braisierter Kopfsalat, Kartoffelkroketts; gebundene Kalbsjus.

auf japanische Art: à la japonaise (schaponäs): Für Schlachtfleisch: Krustaden gefüllt mit Stachy, gebunden mit Velouté, Kartoffelkroketts; Demiglace oder gebundene Kalbsjus.

à la jardinière: siehe auf Gärtnerinart

Jessica: Für Geflügelbrüstchen und kleine Fleischstücke: Artischockenböden, gefüllt mit blanchiertem, gewürfeltem Ochsenmark und gedünsteten Schalotten, mit Demiglace gebunden, sautierte Morcheln, Anna-Kartoffeln in Förmchen gebacken; deutsche Sauce mit Trüffelessenz.

Jockey-Club: Für kleine Fleischstücke und Kalbsmilch: Krebsklößchen mit gehackten Champignons vermischt, gefüllte Tomaten, Trüffelscheiben, Kartoffelkroketts; Demiglace mit Marsala.

Joinville (schoangwihl): Für Fisch: Salpicon von Champignons, Trüffeln und Garnelenschwänzchen, mit normannischer Sauce gebunden; normannische Sauce mit Krebsbutter aufgeschlagen.

Judic: Für Zwischengerichte: Braisierter Kopfsalat, Hahnenkämme, Trüffelscheibe; feinste Demiglace.

Jules Verne (schühl wern): Für Schlachtfleisch: Gefüllte, braisierte weiße Rüben, gefüllte Kartoffeln, große geviertelte Champignons in Butter sautiert.

Jussière (schüßjer): Für Schlachtfleisch: Gefüllte Zwiebeln, gefüllter, braisierter Kopfsalat, Schloßkartoffeln; gebundene Fleischjus.

Jussieu (schüßjö): Für Schlachtfleisch: Braisierte Kohlköpfchen, glacierte Zwiebelchen; Demiglace.

auf Kaiserart: à l'empereur (angprör): Für Schlachtfleisch: Halbe gebratene Tomaten mit großer Scheibe blanchiertem Rindermark belegt, Spargelspitzen, Parmentier-Kartoffeln; Trüffelsauce.

auf Kaiserinart: à l'impératrice (angperatriß): Für pochiertes Geflügel: Lammilcher, große Würfel Kalbshirn, weißgedünstete Zwiebelchen; Geflügelrahmsauce vermischt mit Hühnerpüree.

auf kaiserliche Art: à l'impériale (angperjal): Für Geflügel: Champignons, Scheiben von braisierter Kalbsmilch, Trüffelscheiben, Hahnenkämme, Scheiben von Stopfleber; Madeirasauce.

auf Kanzlerart: à la chancelier (schangsljee): 1. Für Fisch: Gekocht, holländische Sauce mit Kaviar;
2. für Schlachtfleisch: Glacierte Zwiebelchen, Pariser Kartoffeln; Demiglace.

auf Kapuzinerart: à la capucine (kapüzin): Für Schlachtfleisch: Gefüllte Kohlköpfchen, große gefüllte Champignonköpfe; Madeirasauce.

auf Kardinalsart: à la cardinale: Für Fisch: Hummer- und Trüffelscheiben; Kardinalsauce.

Karl V.: Charles V.: Für Zwischengerichte: Champignons, Hahnenkämme, Trüffelscheiben, Wildklößchen; Madeirasauce.

auf kastilische Art: à la castillane: Für kleine Fleischstücke: Nestchenförmige Kartoffelkroketts, gefüllt mit geschmolzenen Tomaten, gebackene Zwiebelringe; Tomatensauce.

auf katalonische Art: à la catalane (katalahn): 1. Für kleine Fleischstücke: Artischockenböden, grillierte Tomaten; tomatierte Demiglace; 2. für große Fleischstücke: a) Gewürfelte Eieräpfel in Öl sautiert, Pilawreis, Tomatensauce; b) gefüllte Tomaten, glacierte Zwiebelchen, gebratene Champignons, gebratene Chipolatawürstchen; tomatierte Demiglace.
Khedive: Für Zwischengerichte: Spargelspitzen, geschmolzene Tomaten, gewürfelte Champignons und Stopfleber mit Madeirasauce gebunden.
Kléber: Für kleine Fleischstücke: Artischockenböden mit Gänseleberpüree gefüllt; Trüffelsauce.
auf Kleinherzogsart: à la petit-duc (pti düc): Für Zwischengerichte: Tarteletts mit Geflügelpüree gefüllt, Trüffelscheibe obenauf, grüne Spargelspitzen; Madeirasauce.
Kompott: en compote: Für junge Hähnchen oder Tauben: Glacierte Zwiebelchen, halbe sautierte Champignons, gebratene Speckwürfel.
auf Königinart: à la reine (rähn): Für pochiertes Geflügel: Geflügelpüree mit Eigelb gebunden, in Förmchen pochiert, gestürzt, Trüffelscheibe obenauf; Geflügelrahmsauce.
Königin Margot: reine Margot (rähn margo): Für Geflügel: Gefüllt mit Hühnerschaumfarce mit Mandelpüree; Geflügelschaumbrötchen abwechselnd mit Pistazienpüree und Krebspüree vermischt; Geflügelrahmsauce mit Mandelmilch.
auf königliche Art: à la royale: Wie auf Regentschaftsart bereitet.
auf köstliche Art: délicieuse (delißjöß): Für Fisch: Gekochte Kartoffelkugeln; holländische Sauce vermischt mit geschmolzenen Tomaten.
Kotschoubey: Für Wildgeflügel: In der Kasserolle mit rohen Trüffelscheiben bereitet; garniert mit Rosenkohl, in Butter mit gewürfeltem Speck gedünstet, grobgehackt und mit Fleischglace gebunden.
auf Kreolenart: à la créole: Für Geflügel und Zwischengerichte: Risotto, gefüllte Paprikaschoten; Kreolensauce.
auf kubanische Art: à la cubaine (kuhbän): Für Schlachtfleisch und kleine Fleischstücke: Tarteletts gefüllt mit geschmolzenen Tomaten, vermischt mit gewürfelten Paprikaschoten, mit Knoblauch gewürzt.

Lady Morgan: Für Zwischengerichte: Hahnenkämme, Okra, Maiskörner in Rahmsauce; Madeirasauce.
Lakmé: Für kleine Fleischstücke: Tarteletts mit Püree von dicken Bohnen gefüllt, grillierte Champignons; Tomatensauce.
auf Languedocer Art: à la languedocienne (langedosjen): Für Schlachtfleisch, kleine Fleischstücke und Geflügel: Scheiben von Eieräpfeln in Öl gebacken, Scheiben von Steinpilzen in Öl gebraten, geschmolzene Tomaten mit Knoblauch und gehackter Petersilie; gebundene Kalbsjus.
Lavallière (lawaljär): Für kleine Fleischstücke: Artischockenböden gefüllt mit grünen Spargelspitzen, Schloßkartoffeln; Bordelaiser Sauce.
auf Lehnsherrenart: à la suzeraine (büsrähn): Für Schlachtfleisch: Gefüllte Tomaten, gefüllte Gurkenstückchen; Madeirasauce.
Leopold: Für kleine Fleischstücke und Geflügel: Tarteletts, gefüllt mit Champignonscheiben und gedünsteten, gehackten Schalotten in Rahmsauce; Madeirasauce mit Gänseleberpüree aufgezogen.
Leo XIII.: Für Geflügel: 1. Pochiert, kleine Geflügelklößchen, Krebsschwänze, gebutterte Makkaroni; Geflügelrahmsauce. 2. gefüllt mit Pilawreis mit Safran und gewürfelten Champignons, poeliert; Trüffelsauce.
auf Lieblingsart: à la favorite: 1. Für kleine Fleischstücke: In Butter gebratene Scheiben Stopfleber, Trüffelscheiben, Spargelspitzen; gebundene Kalbsjus; 2. für große Fleischstücke: Geviertelte Artischockenböden, braisierter Bleichsellerie, kleine Schloßkartoffeln.

auf ligurische Art: à la ligurienne (ligührjen): Für Schlachtfleisch: Gefüllte Tomaten, geformter Risotto mit Safran, Herzogin- oder Krokettkartoffeln; Kalbsjus.
Lilli: Für kleine Fleischstücke: Anna-Kartoffeln in Tartelettförmchen gebacken, Artischockenböden mit runder Scheibe Stopfleber, darauf Trüffelscheibe; Trüffelsauce.
Lison: Für Schlachtfleisch: Braisierter, gehackter Kopfsalat, vermischt mit Eigelb und Sahne in Förmchen pochiert; flache Kartoffelkroketts mit gehackter Ochsenzunge vermischt; gebundene Fleischjus.
auf litauische Art: à la lithuanienne (litüanjenn): Für Schlachtfleisch: Kleine Champignons in saurem Rahm gedünstet; Madeirasauce.
auf lombardische Art: à la lombarde: Für Schlachtfleisch und kleine Fleischstücke: Tomaten gefüllt mit Risotto, vermischt mit geriebenem Parmesan und gehackten italienischen Trüffeln; Madeirasauce.
Lorette: Für kleine Fleischstücke: Sehr kleine Geflügelkroketts, Spargelspitzen oder grüne Erbsen, Trüffelscheiben; gebundene Kalbsjus.
auf Lothringer Art: à la lorraine (lohrehn): Für Schlachtfleisch und großes Geflügel: Braisierte Kugeln von Rotkraut, braisiertes Sauerkraut, Kartoffelklöße; gebundener Fleischsaft.
Louisiana: Fleisch und Geflügel: Risottobecherchen gestürzt auf runde, gebackene Scheiben von süßen Kartoffeln, gebratene Bananenscheiben, Maiskörner in Rahmsauce; gebundene Geflügel- oder Kalbsjus.
Lucullus: Für Geflügel und Zwischengerichte: Trüffeln in Madeira gekocht, gefüllt mit Hahnennieren in Fleischglace gerollt, Geflügelklößchen, vermischt mit Püree von den ausgehöhlten Trüffeln, mit dem Löffel geformt, Hahnenkämme; Demiglace mit Trüffelessenz.
Ludwig XIV.: Louis XIV. (lui katorz): Für kleine Fleischstücke: Artischockenböden mit Champignonpüree gefüllt, runde, flache Anna-Kartoffeln, Trüffelscheiben; Teufelssauce.
Ludwig XV.: Louis XV. (lui känks): Für Zwischengerichte und Kalbsmilch: Artischockenböden, Champignonköpfe, gewürfelte Trüffeln; Trüffelsauce.
auf Lyoner Art: à la lyonnaise (lionäs): Für Schlachtfleisch: Mittelgroße, braisierte Zwiebeln, Schmelzkartoffeln; Lyoner Sauce.

Mac-Mahon: Für Schlachtfleisch: Kartoffeln, der Länge nach geviertelt und in Butter geröstet, Trüffelscheiben, grüne Bohnenkerne; Madeirasauce.
auf Maconer Art: à la mâconnaise (makonäs): Für Fisch: in Rotwein mit Champignons pochiert; Rotweinsauce.
Magdalena: Madeleine (madlän): 1. Für Fisch: Weiße Rahmsauce mit Krebsbutter aufgeschlagen, Garnelenschwänzchen, gewürfelter Knollensellerie;
2. für kleine Fleischstücke: Tarteletts gefüllt mit Püree von weißen Bohnen, Artischockenböden mit weißem Zwiebelpüree gefüllt; Demiglace.
auf Mäherinart: à la moissoneuse (moassonnöhs): Für Schlachtfleisch: Erbsen auf französische Art, vermischt mit Kartoffelscheiben, nudelig geschnittenem Salat und gewürfeltem Speck, mit Mehlbutter gebunden; gebundene Kalbsjus.
auf Mailänder Art: à la milanaise (milanäs): Für Schlachtfleisch: Makkaroni, vermischt mit Butter, geriebenem Parmesan und Streifen von Pökelzunge, Trüffel, Schinken und Champignons; Tomatensauce.
Maillot (majo): Für Schlachtfleisch, besonders für braisierte Schinken: Olivenförmige Karotten und weiße Rüben in Bouillon gekocht, glacierte Zwiebelchen, braisierter Kopfsalat, grüne Bohnen und Erbsen; gebundene Kalbsjus.
Maintenon (mäntenong): 1. Für Fisch: Fischklößchen, pochierte Austern; normannische Sauce;
2. für Kalbskoteletts und -steaks: Gefüllt oder bedeckt mit Champignonscheiben, gebunden mit dicker Béchamel, vermischt mit

Zwiebelpüree, sautiert, garniert mit Trüffelscheiben; Trüffelsauce.

à la maître d'hôtel: siehe auf Haushofmeisterart

Majestic: 1. Für Fisch: In Schaumwein pochiert, Artischockenböden abwechselnd mit Champignon- und Spinatpüree gefüllt, Lachs- und Seezungenklößchen; der eingekochte, mit Eigelb und Rahm gebundene, mit Butter aufgeschlagene und mit Trüffelscheiben vermischte Fond;
2. für kleine Fleischstücke: Kartoffelkroketts mit gehackten Champignons, gebratene Kalbsnierenscheiben, gebratene Tomaten, Okra; Béarner Sauce.

Mancelle: Für Wild: Tarteletts mit Wildmus, Maronenpüree mit Sellerie; Demiglace mit Wildessenz.

Mantua: Für Fisch: Filets mit italienischer Sauce bedeckt, mit Reibbrot und geriebenem Parmesan bestreut, gratiniert.

à la maraîchère: siehe auf Gemüsegärtnerart

Marianne: Für Fisch: Auf Blattspinat dressiert, mit entbarteten Muscheln garniert; mit Weißweinsauce bedeckt.

Maria Stuart: Für Zwischengerichte: Tarteletts mit weißem Zwiebelpüree gefüllt, mit blanchierter Scheibe Ochsenmark belegt; Demiglace.

Maria Theresia: Für Schlachtfleisch: Kroketts von getrüffeltem Risotto; tomatierte Demiglace.

Marie-Jeanne: Für kleine Fleischstücke: Tarteletts gefüllt mit Champignonpüree, obenauf Trüffelscheibe, Nußkartoffeln; Madeirasauce.

Marie Louise: Für Geflügel und kleine Fleischstücke: Artischockenböden, mit Champignonpüree, vermischt mit weißem Zwiebelpüree, gefüllt, Nußkartoffeln; gebundene Kalbsjus.

Marietta: Für Schlachtfleisch und Geflügel: Offene Nudelpastetchen, gefüllt mit Hahnenkämmen und geschmolzenen Tomaten; Madeirasauce.

Marigny: Für Schlachtfleisch: Tarteletts abwechselnd mit Prinzeßböhnchen und grünen Erbsen, in Butter geschwenkt, gefüllt, Schmelzkartoffeln; gebundene Kalbsjus.

Marinetta: Für Schlachtfleisch und Geflügel: Tarteletts gefüllt mit Spinatpüree, mit Béchamel gebunden, Fleurons; Tomatensauce.

Marion Delorme: Gleiche Garnitur wie Marie Louise.

auf Marketenderart: à la vivandière (wiwangdjär): Für Fisch: Filets mit Duxelles gefüllt, bedeckt mit Tomatensauce mit gehacktem Kerbel und Estragon vermischt, mit geriebenem Käse bestreut, glaciert.

auf Markgräfinart: à la marquise (markis): Für kleine Fleischstücke: Tarteletts gefüllt mit Salpicon von Kalbsmark, Trüffelstreifen und Spargelköpfen, mit deutscher Sauce gebunden; Markgräfin-Kartoffeln.

auf Marschallsart: à la maréchale: 1. Für Kalbsmilch, Schlachtfleisch und Geflügel: Löffelklößchen von Hühnerfarce mit gehackter Trüffel, Trüffelscheiben und Hahnenkämme mit italienischer Sauce gebunden; Demiglace mit Madeira;
2. für Lammkoteletts, Kalbsmilchschnitzel und Geflügelbrüstchen: In flüssige Butter getaucht, in weißer Brotkrume, mit gehackter Trüffel vermischt, gewälzt, in Butter gebraten, obenauf Trüffelscheibe; garniert mit Spargelspitzen oder grünen Erbsen.

auf Marseiller Art: à la marseillaise (marßäjäs): Für kleine Fleischstücke: Halbe Tomaten in Öl mit Knoblauch gebraten, belegt mit großer entsteinter Olive, mit Sardellenfilet umringt, große Spankartoffeln; provenzalische Sauce.

Marsini: Für Fisch: Filets oder kleine Fische auf Fischfarce, vermischt mit gehackter Trüffel und grüner Paprikaschote, dressiert, garniert mit entbarteten Austern, Trüffelscheiben und Fischklößchen; Weißweinsauce.

Mascagni: Für Schlachtfleisch: Tarteletts, gefüllt mit Maronenpüree, eine Scheibe Kalbshirn obenauf, Strohkartoffeln; Tomatensauce.

Mascotte: siehe auf Glückbringerart

Masséna: Für kleine Fleischstücke: Pochierte Scheiben Ochsenmark, Artischockenböden mit dicker Béarner Sauce gefüllt; leichte Trüffelsauce.

Massenet: Für kleine Fleischstücke: Artischockenböden mit großer Scheibe Ochsenmark gefüllt, grüne Bohnen, Anna-Kartoffeln; Madeirasauce.

auf Matrosenart: à la marinière (mahrinjär): Für Fisch: Entbartete Muscheln, Garnelenschwänzchen; Matrosensauce.

auf Matrosenart: à la matelote: Für Fisch und einige Ragouts: Glacierte Zwiebelchen, Champignonköpfchen in Butter gedünstet, kleine herzförmige Croutons, zuweilen ganze Krebse in Sud gekocht.

Mazarin (massaräng): 1. Für Fisch: Tarteletts abwechselnd mit gewürfelten Trüffeln und Garnelenschwänzchen in Garnelensauce gefüllt; Krebssauce;
2. für Zwischengerichte: Artischockenböden mit gemischtem Gemüse gefüllt, Reiskroketts, Champignons, dekorierte Kalbsklößchen; Madeirasauce.

auf mazedonische Art: à la macédoine: Für Schlachtfleisch und Zwischengerichte: Perlförmig ausgestochene oder gewürfelte Mohrrüben, weiße Rüben und Knollensellerie in Butter gedünstet, gewürfelte grüne Bohnen, grüne Erbsen, grüne Bohnenkerne und Blumenkohlröschen mit leichter Béchamel gebunden; Kalbsjus.

Medici: Médicis (medißis): Für Schlachtfleisch und kleine Fleischstücke: Tarteletts abwechselnd mit Vichy-Karotten und grünen Erbsen gefüllt, becherförmige, gebackene Herzogin-Kartoffeln, gefüllt mit Sauerampferpüree; gebundene Kalbsjus.

Melba: Für Schlachtfleisch: Gefüllte Tomaten, braisierter Kopfsalat, geriefte Champignonköpfe, Trüffelscheiben; Demiglace mit Portwein gewürzt.

auf Meluner Art: à la melunoise (melünoas): Für Fisch: Bedeckt mit Robert-Sauce.

auf Mentoner Art: à la mentonnaise (mängtonäs): Für Schlachtfleisch:
1. Kardistückchen mit Duxelles gefüllt, Artischockenböden gefüllt mit kleinsten Nußkartoffeln; Fleischjus;
2. Stückchen von mit Duxelles gefüllten Kürbischen, braisierte Artischockenviertel, geröstete Kartoffeln; Fleischsaft.

Mephisto: Für Filets oder kleine Fischstücke: Gebraten oder grilliert; Teufelssauce nebenbei.

Mercedes: Mercédès: Für Schlachtfleisch und kleine Fleischstücke: Braisierter Kopfsalat, große Champignonköpfe, gebratene Tomaten, Kartoffelkroketts; Madeirasauce.

Metro: Für Schlachtfleisch: Artischockenböden abwechselnd mit jungen Erbsen, Vierecke von grünen Bohnen, kleinen Kartoffel- und Mohrrübenkugeln gefüllt; Demiglace.

Metternich: Für Kalbs- oder Lammsattel: Braisiert, tranchiert, jede Scheibe mit paprizierter Béchamel bestrichen, wieder mit Trüffelscheibe zwischen den Fleischscheiben zusammengesetzt; mit paprizierter Béchamel bedeckt, mit geriebenem Parmesan bestreut, glaciert; Pilawreis und Kalbsjus nebenbei.

auf mexikanische Art: à la mexicaine (meksikän): Für Schlachtfleisch und Geflügel: Große, grillierte Champignonköpfe mit geschmolzenen Tomaten gefüllt, grillierte Paprikaschoten, halbierte, grillierte Eieräpfel; tomatiert, scharfgewürzte Kalbsjus.

Mignon: Für Geflügel und Kalbsmilch: Artischockenböden gefüllt mit gebutterten grünen Erbsen, kleine Geflügelklößchen mit Trüffel dekoriert; der Fleischsaft mit Weißwein abgelöscht, eingekocht und mit Butter aufschlagen.

Mikado: Für kleine Fleischstücke: Halbe, gebratene Tomaten, Knollenziest in Butter sautiert; provenzalische Sauce.

Milton: Für Geflügel: Hahnenkämme und -nieren, grüne Spargelspitzen, Trüffelscheiben; Geflügelrahmsauce.

Mirabeau (mihrabo): Für grilliertes Fleisch: Über Kreuz mit Sardellenfilets, entsteinten, blanchierten Oliven und Estragonblättern garniert; Sardellenbutter nebenbei.
Mireille (miräj): Für Schlachtfleisch: Mireillekartoffeln; Tomatensauce.
Mirette: Für kleine Fleischstücke: Kleine Timbalen von Mirettekartoffeln; der Bratsaft vermischt mit Fleischglace, mit Butter aufgeschlagen.
auf moderne Art: à la moderne: Für Schlachtfleisch: Braisierter, geformter Weißkohl dekoriert mit Trüffelscheibe, braisierter Kopfsalat, Kalbsklößchen dekoriert mit Pökelzunge; gebundene Kalbsjus.
Moïna: Für kleine Fleischstücke: Geviertelte, sautierte Artischockenböden, sautierte Champignons; Madeirasauce.
à la moissoneuse: siehe auf Mäherinart
Monaco: Für Zwischengerichte: Scheiben von gebratenem Kalbshirn, gebratene Schinkenscheiben, große gebratene Champignonköpfe; Demiglace mit Julienne von Trüffeln und Champignons.
Monseigneur (mongßenjör): Für Fisch: Filets oder kleine Fische in Weißwein und Fischfond pochiert, Blätterteig-Mundbissen gefüllt mit Salpicon von Garnelen in Weißweinsauce; grüne Kräutersauce.
Monselet: Für kleine Fleischstücke: Gefüllte Eieräpfel, Pariser Kartoffeln; Foyotsauce.
Montagné (mongtanje): Für kleine Fleischstücke: Gefüllte Tomaten, Artischockenböden gefüllt mit sautierten Champignonscheiben; Madeirasauce.
Montansier (Mongtansje): Für Fisch: Eine Hälfte mit Weißwein-, die andere Hälfte mit Rotweinsauce bedeckt, Fleurons.
Montbazon (mongbason): Für Geflügel: Mit Trüffelfäden gespickte Lammbrieschen, mit Trüffeln dekorierte Geflügelklößchen, geriefte Champignonköpfe, Trüffelscheiben; Geflügelrahmsauce.
Montebello: 1. mit Fischfarce bedeckt, mit Trüffelstreifen bespickt, in Weißwein braisiert; garniert mit Garnelenkroketts, Schiffchen mit gebratenen Fischmilchern gefüllt, und ganze Krebse; Fischvelouté mit Sardellenbutter aufgeschlagen, vermischt mit entbarteten Austern; 2. für kleine Fleischstücke: Tarteletts gefüllt mit gewürfelter Pökelzunge und Trüffeln, gebunden mit Choronsauce.
Monte Carlo: Für Schlachtfleisch und kleine Fleischstücke: Gefüllte Gurke, Kartoffelkroketts, Tarteletts abwechselnd mit gebutterten Erbsen und grünen Bohnen gefüllt; gebundener Fleischsaft.
Montgelas (monglahs): Für große und kleine Blätterteigpastetchen: Gewürfelte Stopfleber, Pökelzunge, Trüffeln und perlgroße Geflügelklößchen, mit Madeirasauce gebunden.
Montgomery: Für Schlachtfleisch: Dünne, mit Spinat gefüllte, in Stücke geschnittene Eierkuchen, Tarteletts mit weißem Zwiebelpüree gefüllt, Trüffelscheiben; Fleischsaft.
Montmorency (mongmoranßi): Für kleine Fleischstücke: Artischockenböden mit gemischtem Gemüse gefüllt, Bündelchen grüner Spargelspitzen, Nußkartoffeln; Madeirasauce.
Montpensier (mongpansjeh): Für kleine Fleischstücke, Kalbsmilch und Geflügel: Artischockenböden gefüllt mit grünen Spargelspitzen, Trüffelscheiben; Bratsaft oder Kalbsjus verkocht mit Weißwein, mit Butter aufgeschlagen.
Montreuil (mongtröj): Für Fisch: Nappiert mit Weißweinsauce, große, gekochte Kartoffelkugeln mit Garnelensauce bedeckt.
Monvoisin (mongwoasäng): Für Fisch: Nappiert mit Weißweinsauce mit gehackten Schalotten und Garnelen vermischt, bestreut mit gehackter Petersilie, garniert mit geschmolzenen Tomaten.
auf Morlaixer Art: à la morlaisienne (morläsjenn): Für Fisch: Garniert mit entbarteten Muscheln und Garnelenschwänzchen, bedeckt mit grüner Kräutersauce, bestreut mit geriebenem Käse, glaciert.
Mozart: Für kleine Fleischstücke: Artischockenböden gefüllt mit Püree von Knollensellerie, Span- oder aufgeblähte Kartoffeln; leichte Pfeffersauce.

auf Nantaiser Art: à la nantaise (nangtäs): Für Schlachtfleisch: Glacierte, geformte weiße Rüben, gebutterte grüne Erbsen, Kartoffelpüree; gebundene Fleischjus.

Nantua: Für Fisch: Krebsschwänze mit Nantuasauce bedeckt, Trüffelscheiben; Nantuasauce.

auf Neapler Art: à la napolitaine (napollitähn): 1. Für Fisch: Auf mit Butter geschwenktem, mit geriebenem Käse vermischtem Spaghetti angerichtet, mit Mornaysauce bedeckt, mit geriebenem Käse bestreut, glaciert; umkränzt mit Tomatensauce;
2. für Kalbsschnitzel und Koteletts: Paniert in Ei und halb Weißbrot und halb geriebenem Parmesan, gebraten, garniert mit Spaghetti in Butter geschwenkt und mit geriebenem Parmesan vermischt.

Nelson: 1. Für Lamm- oder Kalbskoteletts: Eine Seite angebraten, diese mit Kalbsfarce, vermischt mit weißem Zwiebelpüree, bedeckt, mit Reibbrot bestreut, gefettet, im Ofen gratiniert;
2. für Lamm- und Kalbssattel: Braisiert, tranchiert, Scheiben mit weißem Zwiebelpüree bestrichen, mit kleiner Schinkenscheibe zwischen den Scheiben wieder zusammengesetzt; mit Käse-Auflaufmasse, mit Trüffelmus vermischt, bedeckt, gebacken; gebundene Kalbsjus nebenbei.

auf Nemourser Art: Nemours (nömur): Grüne Erbsen, Karotten, Herzogin-Kartoffeln; Fleischjus.

Nesselrode: 1. Für Fisch: Filets gefüllt mit Hechtfarce vermischt mit gewürfeltem Hummerfleisch, gefaltet, in Blätterteighülle gebacken; Hummersauce mit Austern nebenbei;
2. für Schlachtfleisch: Glacierte Maronen, Champignons, Trüffelscheiben; Madeirasauce.

Nestle (näl): Für Fisch: Filets mit Fischfarce gefüllt, gefaltet, gemehlt, in Butter gebraten, garniert mit Champignons und Krebsschwänzen; Weißweinsauce nebenbei.

auf Neverser Art: à la nivernaise (nihwernäs): Für Schlachtfleisch: Glacierte, olivenförmige Mohrrüben und weiße Rüben, glacierte Zwiebelchen, braisierter Kopfsalat, geformte, gekochte Kartoffeln; Fleischjus.

Nikolaus: Nicolas: Für Zwischengerichte: Gebratene Scheiben Stopfleber, Trüffelscheiben; Madeirasauce.

Nimrod: Nemrod (nämrod): Für Wildgeflügel: Rissolen mit gewürfeltem Ochsenmark gefüllt, Kartoffelkroketts, kleine Blätterteig-Mundbissen mit Preiselbeeren gefüllt, große Champignonköpfe gefüllt mit Maronenpüree, Prinzeßböhnchen; Wildjus.

Ninon: Für kleine Fleischstücke und Geflügel: Mireille-Kartoffeln in Förmchen gebacken, kleine Blätterteig-Mundbissen mit grünen Spargelspitzen, vermischt mit Trüffelwürfeln, gefüllt; gebutterte Madeirasauce.

auf Nizzaer Art: à la niçoise (nissoahs): 1. Für Fisch: In Butter gebraten, garniert mit gewürfelten Tomaten, mit Knoblauch in Öl geschmolzen und mit gehacktem Estragon vermischt, schwarze Oliven, Sardellenfilets, Kapern und Zitronenscheiben; Sardellenbutter;
2. für Fleisch und Geflügel: Tomaten wie oben, Prinzeßböhnchen, kleine Schloßkartoffeln; gebundene Kalbsjus.

auf normannische Art: à la normande: Für Fisch: Entbartete Austern und Muscheln, Champignonköpfe, Garnelenschwänzchen, Trüffelscheiben, ganze Krebse, sehr kleine panierte, gebackene Gründlinge oder Stinte, Fleurons; normannische Sauce.

auf norwegische Art: à la norvegienne (norweschjen): Für kalten Fisch: Im ganzen pochiert, ausgekühlt, enthäutet, beliebig dekoriert, mit Gelee überglänzt; garniert mit Steingarnelen, Gurkenstückchen mit Püree von Räucherlachs gefüllt, Schiffchen von roten Rüben gefüllt mit Garnelensalat, kleinen, geschälten, marinierten Tomaten, halben hartgekochten Eiern; russische Mayonnaise nebenbei.

auf Odaliskenart: à l'odalisque: Für Lamm: Lammbrieschen, gebackene Scheiben Eieräpfel, gebutterte grüne Erbsen; italienische Sauce.
auf Opernart: à l'opéra: 1. Für Fisch: Grüne Spargelspitzen; Weißweinsauce;
2. für kleine Fleischstücke: Tarteletts, gefüllt mit sautierten Scheiben von Geflügellebern mit Madeirasauce gebunden, Herzogin-Kartoffeln in Nestchenform mit Spargelköpfen gefüllt; der abgelöschte, mit Butter aufgeschlagene Bratensatz.
Ophelia: Für Fisch: Weiße Rahmsauce mit Tomatenpüree und Tomatenketchup vervollständigt, kleine Stückchen durch Backteig gezogene, gebackene Schwarzwurzeln, Kartoffelkroketts.
auf orientalische Art: à l'orientale: Für Fisch: 1. Filets oder kleine Fische in Weißwein und Olivenöl mit Fenchel, Lorbeer, Petersilienwurzel, Safran und Knoblauch pochiert; kalt in dem Fond mit Zitronenscheiben serviert;
2. Filets, Hummerscheiben Newburgh bereitet, Newburgh-Sauce mit Currypulver gewürzt; körniggekochter Reis;
3. für Schlachtfleisch: Halbe Tomaten mit griechischem Reis gefüllt, Kroketts von süßen Kartoffeln; Tomatensauce.
auf Orleanser Art: à l'orléanaise (orleanäs): Für Schlachtfleisch: Gedünstete, mit Eigelb gebundene Endivien, Haushofmeister-Kartoffeln; Fleischsaft nebenbei.
Orloff: 1. Für Kalbs- und Lammsattel: Braisiert, tranchiert, jede Scheibe mit weißem Zwiebelpüree bestrichen, zurück auf die Karkasse mit Trüffelscheibe zwischen den Tranchen gelegt, maskiert mit Béchamel vermischt mit Zwiebelpüree, glaciert; garniert mit Spargelspitzen, Gurkenoliven in Rahm oder braisiertem Sellerie; Kalbsjus;
2. für Schlachtfleisch: Braisierter Sellerie, braisierter, gefüllter Kopfsalat, Schloßkartoffeln, gefüllte Tomaten; gebundene Jus.
auf Ostender Art: à l'ostendaise (ostandäs): Für Fisch: Filets mit Fischfarce gefüllt, in Austernwasser pochiert, garniert mit entbarteter Auster und Trüffelscheibe, bedeckt mit normannischer Sauce; kleine gebackene Seezungenkroketts rundherum.
Othello: Für kleine Fleischstücke und grilliertes Fleisch: Gebutterte grüne Erbsen, Strohkartoffeln; Trüffelsauce.

auf Pächterart: à la fermière (fermjär): Für Geflügel und Schlachtfleisch: Mohrrüben, weiße Rüben, Sellerie und Zwiebeln in dünne Scheibchen geschnitten und in Butter gedünstet, gebratene Speckwürfel, Olivenkartoffeln; der Fleisch- oder Geflügelsaft.
auf Palermoer Art: à la palermitaine (pahlermitän): Für Schlachtfleisch: Gefüllte Eieräpfel, Makkaronikroketts, grillierte Tomaten; Tomatensauce.
auf Palästiner Art: à la palestine (pahlästihn): Für Schlachtfleisch und Geflügel: Kleine gebackene Grießnocken, glacierte Zwiebelchen, geviertelte Artischockenböden in Butter sautiert; Madeirasauce.
Paquita: Für Fisch: Kleine Blätterteig-Mundbissen mit Salpicon von Hummer und Champignons in Krebssauce; Weißweinsauce mit Sardellenbutter.
auf Pariser Art: à la parisienne (parihsjenn): 1. Für Fisch: Mit Champignon- und Trüffelscheiben garniert, mit Weißweinsauce nappiert, ganze Krebse;
2. für Schlachtfleisch und Geflügel: Pariser Kartoffeln, Artischockenböden gefüllt mit Salpicon von Pökelzunge, Champignons und Trüffeln, mit Velouté gebunden und glaciert; Weißweinsauce.
Parmentier (parmangtje): Für Schlachtfleisch und Geflügel: Rohe Kartoffelwürfel oder Olivenkartoffeln in Butter gebraten und mit gehackter Petersilie bestreut; Kalbsjus.
Pergamon: Für kleine Fleischstücke: Trüffelscheibe auf dem Fleisch, Kartoffelkroketts; Madeirasauce.

auf Perigorder Art: à la périgourdine (perigurdihn): 1. Für Rinderfilet: Kleine in Madeira mit feiner Mirepoix gekochte Trüffeln; Trüffelsauce;
2. für Geflügel: Trüffelscheiben zwischen Haut und Brust, pochiert; Geflügelrahmsauce mit Trüffelessenz.

auf persische Art: à la persane: Für Schlachtfleisch und Geflügel: Kleine grüne Paprikaschoten mit Reis gefüllt, gebackene Bananenscheiben, halbe, grillierte Tomaten; Chateaubriand-Sauce.

auf peruanische Art: à la péruvienne (peruwjen): Für kleine Fleischstücke: Sauerkleeknollen, ausgehöhlt, gefüllt mit dem Mark, vermischt mit gehacktem, rohem Schinken und rohem Hühnerfleisch und braisiert; leichte Tomatensauce.

auf Piemonteser Art: à la piémontaise (pjimontäs): Für Zwischengerichte: Kleine gestürzte Becher von Risotto, vermischt mit geriebenen weißen Trüffeln; leichte Tomatensauce.

Polignac: Für Geflügel: Gefüllt mit Hühnerfarce mit Trüffel- und Champignonscheiben vermischt, pochiert; nappiert mit Geflügelrahmsauce, mit Champignonpüree vervollständigt und mit Julienne von Trüffeln und Champignons vermischt.

auf polnische Art: à la polonaise: Für Geflügel: Tarteletts gefüllt mit Sauerkraut, kleine grillierte Räucherwürstchen, kleine Kalbsklößchen; Madeirasauce.

Pompadour: 1. Für Fisch: Filets durch zerlassene Butter gezogen, in Weißbrotkrume gewälzt, in Butter gebraten; Trüffelscheibe durch Fleischglace gezogen auf dem Filet, Pariser Kartoffeln; Choronsauce nebenbei;
2. für kleine Fleischstücke: Artischockenböden gefüllt mit Linsenpüree, bedeckt mit Trüffelscheibe, murmelgroße Kartoffelkroketts; leichte Trüffelsauce.

Pontigny (pontinji): Für Fisch: Krebsschwänze, Champignonköpfe, Fischklößchen gefüllt mit weißem Zwiebelpüree; Matrosensauce vermischt mit gewürfelten Garnelenschwänzchen.

auf portugiesische Art: à la portugaise: Für Schlachtfleisch und Geflügel: Gefüllte Tomaten, Schloßkartoffeln; portugiesische Sauce.

à la printanière: siehe auf Frühlingsart

auf Prinzessinart: à la princesse: Für Zwischengerichte: Trüffelscheiben, Spargelspitzen in Rahmsauce; deutsche Sauce mit Champignonessenz.

auf provenzalische Art: à la provençale: Für kleine Fleischstücke und Zwischengerichte: 1. Tomaten auf provenzalische Art, gefüllte Champignons; provenzalische Sauce;
2. geschmolzene Tomaten mit Knoblauch, entsteinte Oliven.

Providence: Für Schlachtfleisch und Geflügel: Entsteinte Oliven, Champignons, sautierte Scheiben Stopfleber, Trüffelscheiben, Kalbs- oder Hühnerklößchen; der Saft des Fleisches.

Quirinal: 1. Für Fisch: Champignons, Krebsschwänze; Rotweinsauce;
2. für kleine Fleischstücke: Champignonköpfe mit Ochsenmark gefüllt, Strohkartoffeln, Brunnenkresse; italienische Sauce mit gehacktem Estragon.

Rachel (raschell): 1. Für Fisch: Filets mit Fischfarce und Trüffelscheibe gefüllt, grüne Spargelspitzen, Trüffelstreifen; Weißweinsauce;
2. für kleine Fleischstücke: Artischockenböden mit großer Scheibe Ochsenmark, bestreut mit gehackter Petersilie; Rotweinsauce.

Radzivill: Für Fisch: Champignonköpfe, Trüffelscheiben, Karpfenmilcher, Aalrautenleber; Genfer Sauce.

Raffael: Raphael: Für kleine Fleischstücke: Artischockenböden abwechselnd mit Karottenscheibchen in Rahmsauce und Béarner Sauce gefüllt, Strohkartoffeln.

Rakoczy: Für Schlachtfleisch: In Butter gebratene Scheiben Eieräpfel mit Paprikasauce gebunden.

Reform: à la réforme: Für Lamm- und Hammelkoteletts: Durch flüssige Butter gezogen, in weißer Brotkrume gewälzt, die mit gehacktem Schinken vermischt ist, in Butter gebraten; Reformsauce.

auf Regentschaftsart: à la régence (reschangs): 1. Für Fisch: Entbartete Austern, kleine Weißlingsklößchen mit Krebsbutter, geriefte Champignonköpfe, Fischmilcher, Trüffelscheiben; normannische Sauce mit Trüffelessenz;

2. für Geflügel und Kalbsmilch: Getrüffelte Hühnerklößchen, mit Trüffel dekorierte Kalbsklößchen, Gänseleberschnitten, Hahnenkämme, geriefte Champignonköpfe, Trüffeloliven; deutsche Sauce mit Trüffelessenz.

Regina: Für Schlachtfleisch: Tomaten mit Risotto mit Parmesan gefüllt, grillierte Paprikaschoten; Madeirasauce mit gehackten Essiggemüsen vermischt.

auf reiche Art: à la riche (risch): 1. Für Fisch: Filets, obenauf Langusten- und Trüffelscheibe; Victoriasauce;

2. für kleine Fleischstücke und Geflügel: Gänselebermedaillons, Trüffelscheiben, Artischockenböden mit Spargelspitzen; Madeirasauce.

Réjane: 1. Für Fisch: Rosettenförmige Herzogin-Kartoffeln; Weißweinsauce mit Krebsbutter und Fleischglace;

2. für Zwischengerichte: Tarteletts abwechselnd mit Gänseleberpüree und grünen Spargelspitzen gefüllt; Madeirasauce.

Renaissance: Für Schlachtfleisch: Neue Karotten, geformte weiße Rüben, junge grüne Erbsen, Prinzeßböhnchen, grüne Spargelspitzen. Blumenkohlröschen mit holländischer Sauce bedeckt, neue Röstkartoffeln; gebundene oder klare Jus.

Reynière (ränjähr): Für Geflügel: Kleine, gebratene Schweinswürstchen (Chipolatas), glacierte Maronen; Madeirasauce mit sautierten Kalbsnierenwürfelchen vermischt.

Richelieu (rischljö): 1. Für Fisch: Durch flüssige Butter gezogen, in weißer Brotkrume gewälzt, in Butter gebraten; bedeckt mit Kräuterbutter, belegt mit Trüffelscheiben;

2. für Schlachtfleisch und kleine Fleischstücke: Gefüllte Tomaten, gefüllte Champignonköpfe, braisierter Kopfsalat, Schloßkartoffeln; gebundene Kalbsjus.

Robinson: Für Zwischengerichte: Artischockenböden gefüllt mit gewürfelten, sautierten Geflügellebern, mit Madeirasauce gebunden.

Rochambeau (roschamboh): Für große Fleischstücke: Tartelettförmige Herzoginkartoffeln gefüllt mit Vichy-Karotten, braisierter Kopfsalat, Blumenkohlröschen auf polnische Art, Anna-Kartoffeln; Demiglace.

Rohan: Für pochiertes Geflügel: Artischockenböden bedeckt mit Fleischglace, belegt mit Gänselebermedaillon und Trüffelscheibe, Tarteletts gefüllt mit Hahnennieren in deutscher Sauce mit Hahnenkamm obenauf; deutsche Sauce mit Champignonessenz.

Romanow: Romanoff: Für Schlachtfleisch: Gefüllte Gurken, tartelettförmige Herzoginkartoffeln gefüllt mit gewürfelten Champignons und Knollensellerie, mit Meerrettichsauce gebunden, gefüllt; gebundene Jus.

auf römische Art: à la romaine (rohmähn): Tarteletts gefüllt mit winzigen römischen Nocken, mit Käse bestreut und überbacken, Spinatkuchen mit gehackten Sardellen vermischt; tomatierte römische Sauce.

Roosevelt: Für Wild: Tarteletts abwechselnd mit Linsenpüree, sautierten Morcheln und gewürfelten Trüffeln gefüllt; Jägermeistersauce.

Roseberry: Für Schlachtfleisch: Ausgehöhlte Grießkroketts gefüllt mit gewürfelten, sautierten Morcheln, gefüllte Tomaten; Prinzeßböhnchen; olivenförmige, in Butter gedünstete Gurken; Fleischsaft.

Rossini: Für kleine Fleischstücke und Geflügelbrüstchen: Kleine Stopflebermedaillons in Butter gebraten, dicke Trüffelscheiben; Demiglace mit Trüffelessenz.

Rostand: Für Schlachtfleisch und kleine Fleischstücke: Geviertelte Artischockenböden in Butter sautiert, Champignons in Rahmsauce; Colbertsauce.

auf Rouenaiser Art: à la rouennaise (ruangnäs): Für Fisch: In Rotwein pochiert, garniert mit entbarteten Austern und Muscheln, Garnelen, Champignons und kleinen gebackenen Stinten; der eingekochte, mit Butter aufgeschlagene Fond.

Roumanille (ruhmanill): Für kleine Fleischstücke: Bedeckt mit tomatierter Mornaysauce, glaciert; Sardellenfilets, entsteinte Oliven, in Öl gebackene Scheiben von Eieräpfeln.

auf sächsische Art: à la saxe (ßaks): Für Geflügel: Pochiert, Blumenkohlröschen, Krebsschwänze; Krebssauce.

Sagan: Für Zwischengerichte: Auf Risotto dressiert, Champignonköpfe gefüllt mit getrüffeltem Kalbshirnpüree; der eingekochte, mit gebundener Kalbsjus vermischte, mit Madeira gewürzte Fleischsaft.

auf Schildkrötenart: en tortue (tortüh): Für Kalbskopf: Kalbsklößchen, entsteinte, blanchierte Oliven, olivenförmige Stückchen Pfeffergurke, kleine Champignonköpfe, Trüffelscheiben, Scheibchen von Kalbshirn und Kalbszunge, kleine gebackene Eier, herzförmige Croutons; Schildkrötensauce.

Schöne Helena: Belle Hélène (bäll elähn): Für kleine Fleischstücke: Flache, runde Kroketts von grünen Spargelspitzen, Trüffelscheiben; gebundener Kalbsjus.

auf schottische Art: à l'écossaise (ekossäs): 1. Für Fisch: Normannische Sauce mit Gemüsebrunoise vermischt;
2. für Schlachtfleisch: Gebutterte grüne Bohnen, Schmelzkartoffeln; schottische Sauce.

Schubert: Für Zwischengerichte: Tartelletts mit grünen Spargelspitzen gefüllt, artischockenbodenförmige, gebratene Kartoffeln gefüllt mit grünen Erbsen, gleichförmige in Butter gedünstete Stücke Knollensellerie mit Kartoffelpüree gefüllt; Madeirasauce.

St. Andreas: Saint-André: Für Fisch: In Butter gebraten, auf Sauerampferpüree angerichtet, mit gehacktem, hartgekochtem Ei und Petersilie bestreut; mit brauner Butter übergossen.

St.-Cloud: Saint-Cloud (sank kluh): Für Schlachtfleisch: Erbsen auf französische Art bereitet, braisierter Kopfsalat; Madeirasauce.

Saint Florentin: Für Schlachtfleisch: St.-Florentin-Kartoffeln, Morcheln auf Bordelaiser Art; Bonnefoy-Sauce.

Saint-Germain: 1. Für Fisch: Paniert, in Butter gebraten, Nußkartoffeln; Béarner Sauce;
2. für Kalbmilch: Artischockenböden gefüllt mit Püree von frischen Erbsen; Béarner Sauce;
3. für Schlachtfleisch: Mit Eigelb gebundenes Erbsenpüree in Förmchen pochiert, glacierte, olivenförmige Mohrrüben, Schmelzkartoffeln; Béarner Sauce.

St. Heinrich: Saint-Henri (sank enrih): Für Fisch: Wie auf Müllerinart bereitet; Seeigelpüree nebenbei.

Saint-Lambert: Für Schlachtfleisch: Glacierte Zwiebelchen, glacierte Karotten, grüne Erbsen, grüne Bohnen, Blumenkohlröschen; gebundene Fleischjus.

Saint-Mandé: Für Schlachtfleisch: Macaire-Kartoffeln, grüne Erbsen, grüne Bohnen; gebundene Kalbsjus.

Saint-Marc: Für Wild: Maronenkroketts; Demiglace verkocht mit Wildjus und Wacholderbeeren.

Saint Nazaire (nasähr): Für Fisch: Entbartete Austern, gewürfeltes Hummerfleisch; Weißweinsauce, Fleurons.

Saint-Saëns (sank sän): Für Geflügelbrüstchen: Kleine, getrüffelte Gänseleberkroketts, Hahnenkämme, Spargelspitzen; Geflügelrahmsauce mit Trüffelessenz.

Salvator: Für Fisch: Fischkartoffeln; portugiesische Sauce mit Thymian.

auf Samariterart: à la samaritaine: Für Schlachtfleisch: Reisbecher, braisierter Kopfsalat, Dauphine-Kartoffeln; Demiglace.

auf sardinische Art: à la sarde (ßard): Für Schlachtfleisch: Kleine, kugelförmige Reiskroketts mit Safran, gefüllte Tomaten, gefüllte Gurken; Tomatensauce.

auf Sarlader Art: à la sarladaise (ßarladähs): Für Lamm- und Hammelbraten: Rohe Kartoffelscheiben, mit rohen Trüffelscheiben vermischt, und mit Butter im Ofen gebraten; der gebundene Fleischsaft.

Savary: Für kleine Fleischstücke: Tartelettförmige, gebackene Herzoginkartoffeln gefüllt mit Haschee von Bleichsellerie, mit Demiglace gebunden.

auf savoyische Art: à la savoyarde (ßaveujard):Für Schlachtfleisch: Braisiert; savoyische Kartoffeln; der gebundene, tomatierte Fleischsaft.

Scribe (ßkrib): Für kleine Fleischstücke: Reistartelets gefüllt mit Gänseleberpüree.

auf Senser Art: à la sénonaise (ßenonähs): Für Fisch: Matrosensauce mit Sardellenbutter, glaciert.

Sergius: Serge (ßerch) Für Kalbs- und Kalbsmilchschnitzel: Durch Ei gezogen, mit Weißbrotkrume vermischt mit gehackten Champignons und Trüffel, paniert, in Butter gebraten; garniert mit geviertelten, in Butter gebratenen Artischockenböden und grober Schinkenjulienne, in Madeira erhitzt; Demiglace mit Trüffelessenz.

Sevigné: Für kleine Fleischstücke: Gefüllter, braisierter Kopfsalat, gebratene Champignons, Schloßkartoffeln; Madeirasauce.

auf sevillanische Art: à la sévillane (ßeviljan): Für kleine Fleischstücke und Geflügel: Tartelets gefüllt mit geschmolzenen Tomaten, vermischt mit gewürfelter roter Paprikaschote, gebratene Würfelkartoffeln; Valoissauce.

Sigurd: Für Schlachtfleisch: Gefüllte Tomaten, kleine Schinkenkroketts; Trüffelsauce.

auf sizilische Art: à la sicilienne (ßissiljenn): 1. Für Fisch: Paniert, in Butter gebraten, bedeckt mit Zitronenscheiben, hartgekochtem, gehacktem Ei, gehackte Petersilie, Kapern, Sardellenfilets; braune Butter;
2. für Zwischengerichte: Bandnudeln vermischt mit Butter, geriebenem Parmesan und Mus von rosa gebratenen Geflügellebern;
3. für Fleisch allgemein: Gefüllte Tomaten, Kartoffelkroketts, Becher von Piemonteser Reis; leichte Tomatensauce.

auf Soissoner Art: à la soissonnaise (ßoassonäs): Für Hammelfleisch: Weiße Bohnen mit Tomatensauce gebunden, leicht mit Knoblauch gewürzt, oder Püree von weißen Bohnen mit Butter und Rahm; leichte Tomatensauce.

auf spanische Art: à l'espagnole (esspanjol): 1. Für Fisch: In Öl gebraten, geschmolzene Tomaten, gebackene Streifen von grüner Paprikaschote und Zwiebelringe;
2. für Schlachtfleisch: Pilawreis vermischt mit gewürfelter roter Paprikaschote, grünen Erbsen und gewürfelter Knoblauchwurst, gebratene Tomaten; Fleischsaft.

Staël: Für kleine Fleischstücke und Geflügelbrüstchen: Flache runde Hühnerkroketts, große Champignonköpfe mit Geflügelpüree gefüllt, grüne Erbsen; Madeirasauce.

auf Straßburger Art: à la strasbourgeoise: Für Schlachtfleisch: Braisiertes Sauerkraut, Dreiecke von Speck mit dem Sauerkraut gekocht, sautierte Scheibchen Stopfleber; Fleischsaft.

Suchet (süschät): Für Fisch: Weißweinsauce vermischt mit Julienne von Lauch, Sellerie und Möhren, in Butter gedünstet, und Trüffelstreifen.

auf südliche Art: à la méridionale (mehridjonal): 1. Für Fisch: In Fischfond und Öl mit gewürfelten Tomaten und Safran gedünstet;

2. **für Fleisch allgemein:** Gefüllte Tomaten, grüne Erbsen, Tarteletts mit Sauerampferpüree gefüllt, sautierte Steinpilzscheiben; leichte Tomaten- oder Madeirasauce.

Sully (ßülli): Für kleine Fleischstücke: Wie Judic, zusätzlich Pariser Kartoffeln.

auf Sultansart: à la sultane (ßültan): Für Geflügelbrüstchen: Paniert in Ei und weißer Brotkrume, mit gehackter Trüffel vermischt, gebraten, dressiert auf pochiertem, kotelettförmigem Sockel von Hühnerfarce; garniert mit Tarteletts, gefüllt mit Trüffelpüree, mit Hahnenkamm und Pistazien dekoriert; Geflügelrahmsauce mit Currypulver gewürzt nebenbei.

Susanne: Suzanne (ßüsann): Für kleine Fleischstücke: Gefüllter, braisierter Kopfsalat, Artischockenböden; braune Estragonsauce mit gehacktem Estragon.

à la suzeraine: siehe auf Lehnsherrenart

Talleyrand: Für Schlachtfleisch und Geflügel: Makkaroni vermischt mit Butter und Käse, Trüffeljulienne und Gänseleberwürfel; Perigordsauce mit Trüffeljulienne.

auf Thronfolgerart: à la dauphine (dofine): Für Schlachtfleisch: Dauphine-Kartoffeln; Demiglace mit Madeira.

auf Tiroler Art: à la tyrolienne (türoljenn): 1. Für Fisch: In Butter gebraten, auf geschmolzene Tomaten dressiert, gebackene Zwiebelringe;
2. für dunkles, grilliertes Fleisch: Gebackene Zwiebelringe, geschmolzene Tomaten; Tiroler Sauce.

Tivoli: Für Zwischengerichte: Grüne Spargelspitzen, große grillierte Champignons gefüllt mit Scheibchen von Hahnenkämmen und -nieren, mit Geflügelrahmsauce gebunden; gebundene Kalbsjus.

Tosca: 1. Für Fisch: Filets mit Fischfarce, vermischt mit Krebsbutter, gefüllt; Krebsschwänze, Trüffelscheiben, gebratene Scheibchen Fischmilcher; Mornaysauce mit Krebsbutter aufgeschlagen, glaciert;
2. für Geflügel: Mit Risotto gefüllt, pochiert, garniert mit gedünstetem Fenchel; der eingekochte, mit Butter aufgeschlagene Fond.

auf toskanische Art: à la toscane: Für Kalbs- und Kalbsmilchschnitzel und Hühnerbrüstchen: Kleingeschnittene Makkaroni, gebunden mit Gänseleberpüree, vermischt mit Trüffelwürfeln. Alle Zubereitungen auf toskanische Art werden mit Ei und halb weißer Brotkrume und halb geriebenem Parmesan paniert und in Butter gebraten.

auf Touloner Art: à la toulonaise (tulonähs): Für Fisch: Mit Weißlingsfarce gefüllt, pochiert, entbartete Muscheln; gebutterte Fischvelouté.

auf Toulouser Art: à la toulousaine (tuluhsähn): Für Geflügel, Kalbsmilch und Blätterteig-Hohlpasteten: Kleine, recht weiße Champignonköpfe, kleine Geflügelklößchen, Kalbsmilchscheibchen, Hahnenkämme, Trüffelscheiben; deutsche Sauce mit Champignonessenz.

auf Tourer Art: à la tourangelle (turangjell): Für Schlachtfleisch: Prinzeßbohnchen und grüne Bohnenkerne, vermischt und leicht mit weißer Rahmsauce gebunden; gebundener Fleischsaft.

auf Tourviller Art: à la tourvillaise (tuhrwilläs): Für Fisch: Trüffel- und Champignonscheiben, entbartete Austern und Muscheln; Mornaysauce, glaciert.

auf Treviser Art: à la Trevise (trewihs): Für kleine Fleischstücke: Runde, ausgehöhlte und gebackene Croutons mit Champignonpüree gefüllt, geviertelte, durch Backteig gezogene, gebackene Artischockenböden, Nußkartoffeln; Choronsauce.

Trianon: 1. Für Fisch: Abwechselnd mit Nantua-, grüner und Weißweinsauce, mit gehackter Trüffel vermischt, nappiert;
2. für Rinderfilets und Tournedos: Tarteletts abwechselnd mit Püree von grünen Erbsen, Mohrrüben und Maronen oder Champignons gefüllt; Madeirasauce.

auf Triester Art: à la triestoise (triäßtoas): Für Fisch: Auf in Butter gedünsteten, nudeliggeschnittenen Kopfsalat dressiert, geviertelte hartgekochte Eier, gekochte Kartoffelkugeln; braune Butter.
auf Trouviller Art: à la trouvillaise (truhwillähs): Für Fisch: Garnelenschwänzchen, kleine Champignonköpfe, entbartete Muscheln; Garnelensauce.
Turbigo: Für kleine Fleischstücke: Kleine Bratwürstchen (Chipolatas), grillierte Champignons; der Bratsaft mit Weißwein deglaciert, mit tomatierter Demiglace verkocht.
auf türkische Art: à la turque (türk): Für Fisch: In Butter gebraten, auf Pilawreis mit Safran dressiert, mit gebratenen Scheiben von Eieräpfeln garniert; braune Butter.

auf unabhängige Art: à l'indépendance (angdäpangdanz): Für kleine Fleischstücke: Artischockenböden mit Hühnerpüree gefüllt, grüne Erbsen, geschmolzene Tomaten.
auf ungarische Art: à la hongroise (ongroahs): 1. Für Fisch: Pochiert in Weißwein und Fischfond mit gehackten Zwiebeln, in Butter geschwitzt, Paprika und gewürfelte Tomaten; der Fond mit Rahm eingekocht;
2. für Schlachtfleisch und kleine Fleischstücke: Blumenkohlkugeln bedeckt mit Mornaysauce, vermischt mit Paprika und gehacktem Schinken, glaciert, Schmelzkartoffeln; der Bratsaft mit Rahm und Paprika verkocht.
Uppsala: Für Fisch: Pochiert; Weißweinsauce vermischt mit grober Julienne von Fenchelknollen, in Butter gedünstet.
Urbain-Dubois (ürbahn düboa): Für Fisch: 1. Filets, nappiert mit Aurorasauce mit Würfeln von Krebsschwänzen und Trüffeln vermischt, bedeckt mit Krebsauflaufmasse, gebacken;
2. pochiert, bedeckt mit Hummer-Auflaufmasse, gebacken; garniert mit Trüffelscheiben und Weißlingsklößchen, bedeckt mit normannischer Sauce.

auf Valenciener Art: à la valencienne (walenzjenn): Für kleine Fleischstücke und Geflügel: Pilawreis vermischt mit gewürfeltem, gekochtem Schinken und roten Paprikaschoten; für Fleisch gebundene, tomatierte Kalbsjus, für Geflügel leicht tomatierte Geflügelrahmsauce.
Valois (waloa): 1. Für Fisch: Gekochte Kartoffelkugeln, ganze Krebse, Fischmilcher in Butter gedünstet; Valoissauce;
2. für kleine Fleischstücke und Geflügel: Scheiben von rohen Kartoffeln und Artischockenböden in Butter sautiert; der Bratsaft mit Weißwein deglaciert, mit Kalbsjus eingekocht, gebuttert; stets in der Kokotte serviert.
auf Vaucluser Art: à la vauclusienne (woklüsjenn): Für Filets und kleine Fische: In Olivenöl gebraten, mit Zitronensaft und gehackter Petersilie bedeckt; mit dem Bratöl, vermischt mit brauner Butter, übergossen.
auf venezianische Art: à la vénitienne (wennisjenn): 1. Für Fisch: Venezianische Sauce, kleine herzförmige Croutons;
2. für Geflügel: Pochiert, Hahnenkämme, gerieftte Champignonköpfe, Scheibchen von pochiertem Kalbshirn; Geflügelrahmsauce mit feiner Kräuterbutter aufgeschlagen.
Ventadour: Für kleine Fleischstücke: Trüffelscheiben, Scheiben von Rindermark, Püree von Artischockenböden, Oliven-Kartoffeln.
Verdi: Für Fischfilets: Pochiert, dressiert auf kleine Makkaronistücke vermischt mit Butter, geriebenem Parmesan, Hummer- und Trüffelwürfeln; bedeckt mit Mornaysauce, glaciert.
Verneuil: Für kleine Kalbs- und Lammstücke und Geflügelbrüstchen: Durch zerlassene Butter gezogen, mit weißer Brotkrume paniert, in Butter gebraten; Colbertsauce und Püree von Artischockenböden nebenbei.

Vert-pré: 1. Für Grilladen von dunklem Fleisch und Geflügel: Strohkartoffeln, Brunnenkresse, Kräuterbutter;
2. für weißes Fleisch: Prinzeßböhnchen, grüne Erbsen und grüne Spargelspitzen in Butter geschwenkt.

auf Vichyer Art: Vichy: Für Schlachtfleisch: Mohrrüben auf Vichyer Art bereitet, Schloßkartoffeln; der Fleischsaft.

Victoria: 1. Für Fisch: Scheiben oder Würfel von Langusten oder Hummer und Trüffeln; Victoriasauce, glaciert;
2. für kleine Fleischstücke und Hühnerbrüstchen: Kleine mit Champignonpüree gefüllte Tomaten, überkrustet, Artischockenböden geviertelt und in Butter gedünstet; Bratsatz mit Portwein deglaciert, verkocht mit Kalbsjus.

Viroflay (wiroflāh): Für Schlachtfleisch: Spinatkugeln Viroflay, geviertelte Artischockenböden in Butter mit gehackter Petersilie sautiert, Schloßkartoffeln; gebundene Kalbsjus.

à la vivandière: siehe auf Marketenderart

Walewska: Für Fisch: Medaillons von Langusten oder Langustinen, Trüffelscheiben; Mornaysauce mit Langustenbutter aufgeschlagen, glaciert.

Walküre: Walkyrie (walkiri): Für Wild: Kartoffelkroketts, gefüllte Champignons; der Bratsaft mit süßem Rahm verkocht, mit Wacholderbeeren gewürzt.

auf Walliser Art: à la valaisienne (walǎsjenn): Für Fisch: Gekocht; Genfer Sauce, mit gehackten Essiggemüsen und Kapern vermischt, nebenbei.

Washington: Für Geflügel: Mit Maiskörnern auf griechische Art gefüllt, pochiert; Geflügelrahmsauce.

Weiße Dame: dame blanche (dahm blansch): Für Fisch: Weiße Rahmsauce mit gehackten Trüffeln, Fleurons.

auf Wiener Art: à la viennoise (wienoas): 1. Für Fischfilets, Kalbsschnitzel und -koteletts, Hühnerbrüstchen: Paniert, knuspriggebraten, mit Zitronenscheiben garniert;
2. für große Fleischstücke: a) Nudelpastetchen mit gebuttertem Blattspinat gefüllt, braisierter Sellerie, Salzkartoffeln; b) Nudelkrusteln gefüllt mit Kalbshirnpüree, vermischt mit Spinat; gebratene Kartoffelwürfel.

Windsor: 1. Für Fisch: Fischmilcher, entbartete Austern; Austernsauce;
2. für Kalbskoteletts und -steaks: Seitlich eingeschnitten, mit Kalbsfarce, vermischt mit gehackten Champignons, gefüllt, braisiert; garniert mit Pökelzungenscheiben und beliebigem Gemüsepüree; der Fleischsaft.

Wladimir: Für kleine Fleischstücke: Gurkenoliven in Butter gedünstet, gewürfelte Courgetts in Butter sautiert; der Bratsatz verkocht mit saurem Rahm, gewürzt mit Paprika; geriebener Meerrettich obenaufgestreut.

Yvette (iwett): Für Fisch: Grüne Kräutersauce, glaciert; kleine Tomaten mit Seezungenpüree gefüllt.

auf Zarenart: du tzar: Für Fisch: Olivenförmige, in Butter gedünstete Gurken oder Agoursis, Champignonköpfe oder Gribuis; Mornaysauce, glaciert.

auf Zarinart: à la tzarine: 1. Für Fisch: Olivenförmige, in Butter gedünstete Gurken; Mornaysauce mit Paprika, glaciert;
2. für Hühnerbrüstchen: Pochiert in Butter, gedünstete, olivenförmige Gurken in weißer Rahmsauce; Geflügelrahmsauce mit Julienne von Fenchelknollen.

auf Zigeunerart: à la zingara (sängara): Für Kalbfleisch und Geflügel: Tomatierte Demiglace mit Estragongeschmack, vermischt mit Julienne von Pökelzunge, Schinken, Champignons und Trüffeln, in Butter angeschwitzt.

Hauptgerichte

Von Fleisch, Wild und Geflügel, warme Vorspeisen, Zwischengerichte und Braten

Französisch: Plats de viande, volaille et gibier
Englisch: Meat, Poultry and Game dishes
Italienisch: Piatti di carne, pollame, selvaggina
Spanisch: Platos de carne, aves y caza

Allgemeine Regeln über das Garmachen von Fleisch, Geflügel und Wild

Braten: rôtis: Gebraten wird nur in offener Pfanne mit fetter Substanz (Öl, Butter, Schmalz usw.), wobei man das Fett erst heiß werden läßt, ehe man das gewürzte Stück hineinlegt. Die Hitze wird nach der Größe des Stückes reguliert. Rotes Fleisch wird bei starker Hitze erst angebratet, damit sich die Poren schließen. Dann wird die Hitze etwas gedrosselt. Beim weißen Fleisch müssen das Bräunen und Garwerden gleichzeitig erfolgen. Während des Bratens ist das Stück mehrfach mit dem Fett zu begießen, Wasser darf nicht hinzugesetzt werden. Beim Braten am Spieß wird das Bratgut ebenfalls erst gebräunt und dann bei etwas gedrosselter Hitze unter mehrmaligem Begießen fertiggebraten. Kleine Fleischstücke usw. werden auf dem Herd in einer Pfanne, besser noch einem Plat à sauter, in heißem Fett oder in Butter oder Öl gebraten.

Geschmortes, Braisiertes: Braisés ordinaires: Das Fleisch u.a. muß zuerst in heißem Fett an allen Seiten gut angeröstet werden, um die Poren zu schließen, damit der Saft nach innen drängt, wonach das Fett abzugießen ist. Es wird auf angeröstete Scheiben von Wurzelwerk und Zwiebeln gelegt, mit Wein, braunem Fond oder Sauce oder einer Verbindung von allen dreien bis zur Hälfte aufgegossen, ein Kräuterbündel hinzugegeben und in zugedecktem Geschirr im Ofen gargemacht.

Weiß-Geschmortes, Weiß-Braisiertes: Braisés à blanc: Diese Methode wird hauptsächlich für weißes Fleisch und Geflügel angewendet. Dabei darf das betreffende Stück in Butter nur steif gemacht werden, ohne zu bräunen. Danach legt man es auf in Scheiben geschnittenes, in Butter nur angeschwitztes Wurzelwerk und Zwiebeln, gießt mit hellem Fond auf, deckt das Geschirr zu und macht das Stück bei mittlerer Hitze im Ofen gar.

Poëlieren: pôelés: Der so oft, bisher auch hier verwendete Ausdruck „Braundünsten" gibt den Sinn dieser Zubereitungsart nicht richtig wieder. Beim Poëlieren legt man das Fleisch oder Geflügel, nachdem es gewürzt worden ist, auf ein Bett von Zwiebelscheiben und Wurzelwerk, begießt es mit zerlassener Butter, legt den Deckel auf und macht es bei nicht zu starker Hitze gar. Es handelt sich also um ein Braten im geschlossenen Geschirr. Dabei ist es wichtig, daß das Geschirr nur gerade so groß ist, daß das betreffende Stück genau hineinpaßt. Oberhitze ist hier wichtiger als Unterhitze, damit das Röstgemüse nicht zu dunkel wird. Ist die Oberseite nicht genügend gebräunt, läßt man den Deckel kurz vor dem Garwerden einige Minuten fort. Sobald das Stück gar und braun ist, nimmt man es heraus und löscht den beim Braten gebildeten Satz mit Wein, Fond oder Jus ab, kocht ihn ein und verwendet ihn mit zur Sauce oder Jus, die man gut abfettet.

Pochieren oder Garziehen: pochés: Bezeichnung für ein Garmachen mit heißer Flüssigkeit knapp unter dem Siedepunkt. Diese Methode wird hauptsächlich für große Stücke von weißem Fleisch oder Geflügel angewendet, die man in ein möglichst genau passendes Geschirr legt, mit heißem, weißem Kalbs- oder Hühnerfond aufgießt, zum Kochen bringt und dann knapp unter dem Siedepunkt garziehen läßt. Schinken wird ebenfalls, allerdings in Wasser, pochiert. Kleine Stückchen, wie Hühnerbrüstchen, werden gewürzt und in ein passendes Geschirr mit etwas zerlassener Butter und Zitronensaft übergossen gelegt, mit einem gebutterten Papier bedeckt, zugedeckt und im Ofen bei mäßiger Hitze gargezogen.

Das Backen in tiefem Fett: traitement à la friture: Es handelt sich dabei um ein Braten von kleineren Fisch-, Fleisch- oder Geflügelstücken in so viel heißem Fett, daß sie darin schwimmen können. Das Fett muß heiß genug sein, um eine Schutzkruste zu bilden, und kann bei den modernen Friteusen reguliert werden. Ist das Fett nicht heiß genug, so dringt es in das betreffende Stück ein, zumal wenn es zuvor paniert worden ist, und macht es unverdaulich. Nach dem Backen legt man die betreffenden Stücke auf ein sauberes Tuch, um das noch anhaftende Fett ablaufen zu lassen. Die Stücke werden dann leicht mit feinem Salz bestreut. Gebackenes darf niemals mit einer Cloche bedeckt werden, weil die Kruste, die den Hauptreiz bildet, aufgeweicht werden würde.

Sautieren: sautés: Dieser Ausdruck läßt sich nicht angemessen verdeutschen. Der deutsche Ausdruck ,,schwenken" erfaßt nur einen Teil der Zubereitungsart. In Wirklichkeit handelt es sich um ein schnelles Braten bei starker Hitze in einer schweren, eisernen Stielpfanne oder einem Plat à sauter von kleinen und kleinsten Stückchen. Dabei wird der Inhalt der Pfanne durch Schütteln oder Schwenken hin- und herbewegt, damit alle Teile durchgeschüttelt und gleichmäßig gebräunt sind. Größere Stücke, wie zerlegte Hühner usw., die sautiert werden sollen, brauchen solche scharfe Hitze nicht, da man die größeren Stücke wendet, nachdem eine Seite braun ist. Typisch für das Sautieren ist, daß, nachdem das Fleisch usw. herausgenommen wurde, das Fett abgegossen und der Bratsatz mit Spirituosen, Wein, Fond oder Jus abgelöscht (deglaciert) und mit zur Sauce genommen wird. Sautieren nennt man auch das Durchschwenken von Gemüse oder Kartoffeln usw. mit Butter, Sahne u. a., um eine gewisse Bindung zu erzielen oder um die einzelnen Bestandteile zu vermengen.

Grillieren, Grillen, Braten auf dem Rost: grillés: Das Braten von Lebensmitteln auf einem Rost bei trockener Hitze in einem zum mindesten auf einer Seite offenen Gerät durch direkte Bestrahlung.

Braten in der Kasserolle oder Kokotte: pôelés speciaux: Hierfür nimmt man die bekannten Brater aus Steingut oder Porzellan, die es in verschiedenen Größen und Formen gibt. Der Vorgang ist der gleiche wie beim Poëlieren, d. h. das betreffende Stück wird gewürzt, mit zerlassener Butter übergossen und, ohne Röstgemüse, in dem zugedeckten Geschirr im Ofen oder auf dem Herd gebraten. Sobald es gar ist, nimmt man es heraus, löscht den Bratsatz mit Flüssigkeit ab, kocht ihn ein, wonach er für sich oder in Verbindung mit Jus oder Sauce gut abgefettet verwendet wird. Eine eventuelle Garnitur kommt erst kurz vor dem Garwerden hinzu.

Diese Methode eignet sich besonders gut für kleineres Geflügel, wie Hähnchen, Poularden, Fasanen, Rebhühnern u. a. m.

Abatis de volaille : siehe Geflügelklein
Agnelotti : Kleine Art Ravioli, gefüllt mit Haschee von gehackten geschwitzten Zwiebeln, Huhn, Kalbshirn, Reis und Gewürzen, gekocht, abgetropft, mit geriebenem Parmesan bestreut, mit Butter beträufelt, überkrustet, oder mit Tomatensauce und geriebenem Parmesan nebenbei serviert (italienisch).
Aiguillettes : siehe Bruststreifen.
Aillerons de volaille : siehe Hühnerflügel.
Albóndigas : Fleischklöße: Roh gehacktes Rinderfilet vermischt mit halbsoviel gehacktem fetten Speck, mit Salz, Chilipfeffer und Knoblauch gewürzt, mit Ei gebunden, zu abgeflachten Klößen geformt; angebraten, in Weißwein und Tomatensauce geschmort (spanisch).
    con guisantes : mit Erbsen: Runde, abgeflachte Klopse von rohem Rindfleisch und gehackten Zwiebeln, angebraten, in tomatierter Demiglace mit Knoblauch gedünstet; Sauce mit grünen Erbsen vermischt und über die Klopse gegossen (spanisch).
Albóndiguillas : Spanische Klößchen: Gehäck von gebratenem oder gekochtem Geflügel, Fleisch oder Wild, mit Reibbrot, Eiern und wenig Weißwein gebunden, mit gehackter Petersilie und Kräutern vermischt, gewürzt; zu nußgroßen, flachen Klößchen geformt, in Olivenöl gebraten, mit Tomatensauce serviert (spanisch).
    a Criolla : auf kreolische Art: Wie oben, jedoch Sauce vermischt mit gehackten roten Paprikaschoten in Butter gedünstet; Pilawreis mit Safran nebenbei (spanisch).
Alligator Steak : Steak aus dem Schwanz des Alligators geschnitten, in Butter gebraten, mit Madeirasauce serviert (nordamerikanisch).
Allouette : siehe Lerche
Allumettes : siehe Blätterteigstäbchen
Aloyau de bœuf : Rinderrücken, Lendenstück, Sirloin of beef. Siehe Rindslendenstück.
Amourettes : Das Mark von Ochsen- und hauptsächlich Kalbsknochen. Siehe Rückenmark
Andouille : Französische Spezialwurst aus Streifen von Schweinemagen und Teilen der Eingeweide in großen Schweinsdarm gefüllt. Sie wird pochiert, am Rost gebraten und meist mit Kartoffelpüree serviert, doch auch kalt zur Vorspeise aufgetragen.
Andouillette : Französische Spezialwurst ähnlich der Andouille, jedoch in kleineren Darm gefüllt. Meistens pochiert und mit Kartoffelpüree serviert.
Arroz Valenciana : Valencianisches Reisgericht: Mischgericht von Huhn mit Reis, Streifen von rohem Schinken, grünen und roten Paprikaschoten, grünen Erbsen und Pilzen, oft mit leichter Tomatensauce (spanisch).
d'Artois : siehe Blätterteigstreifen
Aspik : Aspic: Gekochtes oder gebratenes Fleisch, Geflügel, Wild oder Fisch, in mit Gelee ausgegossene und dekorierte Form eingesetzt, mit Gelee vollgefüllt, nach dem Erstarren gestürzt; garniert, mit passender Sauce serviert.
    auf Bankiersart : à la banquière (bankjer): Form mit Motiv von hartgekochtem Eiweiß und Trüffel dekoriert, mit gewürfelter Gänseleber, Hahnenkämmen und -nieren und Champignons gefüllt, mit Madeiragelee verschlossen.
    Carnot : Mit Weißweingelee chemisiert, mit Hummer- und Trüffelscheiben gefüllt, mit Gelee geschlossen, gestürzt; mit Tarteletts, gefüllt mit Salat von Hummer- und grünen Paprikaschotenwürfeln, garniert; Remoulade vermischt mit geriebenem Meerrettich nebenbei.
    auf gallische Art : à la gauloise: Mit Gelee chemisiert, gefüllt mit kleinen Scheibchen Hühnerbrust, Hahnenkämmen und -nieren mit weißer Chaudfroid-Sauce nappiert, mit Gelee verschlossen.

- **von Gänseleber:** de foie gras: Stopfleber, mit Trüffeln bespickt, in dünne Scheiben fetten Specks eingehüllt, rosa in Portwein oder Madeira pochiert, ausgekühlt; ovale Form mit Madeiragelee chemisiert, mit Trüffel dekoriert, die vom Speck befreite Leber eingesetzt, mit Gelee zugegossen.
- **von Hasen:** de lièvre (dö liäwr): Form mit Gelee chemisiert, beliebig dekoriert, abwechselnd mit kleinen Scheibchen Hasenfleisch, Trüffelscheiben, Gänseleber- und Champignonscheiben gefüllt, mit Gelee verschlossen.
- **von Hummer:** de Homard (domahr): Form mit Gelee chemisiert, Außenseite mit Trüffelscheiben und schönen Hummermedaillons ausgelegt, Mitte mit groben Hummerwürfeln gefüllt, mit Gelee zugegossen; leichte Mayonnaise oder Gloucester-Sauce nebenbei.
- **von Lachs:** de saumon (somong): Kleine pochierte, kalte Lachsschnitten, beliebig dekoriert, in Gelee eingesetzt; gestürzt, mit Bechern von Gemüsesalat in Gelee garniert; leichte Mayonnaise, Tataren- oder Chantillysauce nebenbei.
- **auf moderne Art:** à la moderne: Glas- oder Kristallschale dreiviertelvoll mit sehr leichtem, beliebigem Schaumbrot gefüllt, darauf sehr kleine, dünne Scheibchen von Hühner- oder Wildgeflügelbrust, Lachs, Hummermedaillons usw. gelegt, hübsch dekoriert, mit sehr feinem, leichtem Gelee vollgegossen. Je nach Art: Aspik von Huhn auf moderne Art usw.

Attereaux: siehe Spießchen

Auerhahn: Grand coq de bruyère (grang kok dö brüjär): Der größte aller jagdbaren Wildvögel, der von den Alpen bis Lappland und von den Pyrenäen bis Ostsibirien verbreitet ist; in Mitteleuropa fast nur noch im Schwarzwald, dem bayerischen Gebirge, den Alpen und in den Vogesen anzutreffen. Alte Hähne haben weiße Unterflügel, bei den jüngeren zeigen sich dunklere Partien. Ältere Tiere müssen vor der Verarbeitung in eine Beize gelegt werden.
- **mit Ananas:** à l'ananas (alanana): Die gebratene Brust von einem jungen Tier in dünne Scheiben geschnitten, abwechselnd mit dünnen Scheiben Ananas, in Weißwein pochiert, angerichtet, nappiert mit Demiglace vermischt mit dem Weißwein und Wildessenz.
- **gefüllt:** farci: Junger Auerhahn, gefüllt mit Bratwurstfleisch, vermischt mit gehackten Schalotten, Champignons und Trüffeln, gewürzt mit Thymian, Basilikum, gehackter Petersilie, Salz und Pfeffer; in dünne Scheiben von fettem Speck gehüllt, gebunden, gebraten; serviert mit dem Bratsatz, verkocht mit Wildjus.
- **geschmort:** en daube: Abgehäutet, gespickt, in Rotwein mit Wurzelwerk, Zwiebelscheiben und Gewürzen gebeizt; angebraten, mit dem angerösteten Wurzelwerk, einem Teil der Marinade und leichter Demiglace geschmort.
- **auf westfälische Art:** à la westphalienne: Bardiert mit dünnen Speckscheiben, gebunden, gebraten; kurz vor dem Garwerden zerdrückte Wacholderbeeren und Kräuter beigefügt; der Bratsatz mit Wildfond verkocht, mit Pfeilwurzelmehl gebunden, passiert, vermischt mit gebratenen Streifen von rohem Schinken und gebratenen Apfelwürfeln.

Auflauf: Soufflé: Präparation von gekochtem oder rohem Fleisch. Dem rohen Fleisch liegt eine Schaumfarce zugrunde, die mit Eiweißschnee aufgezogen wird. Von gekochtem Fleisch wird die Masse püriert, mit Béchamel verarbeitet, durchgestrichen, gewürzt, mit Eigelb vermischt und mit Eierschnee aufgezogen. Aufläufe füllt man in mit Butter ausgestrichene Auflaufschalen. Sie werden im Ofen bei mäßiger Hitze gebacken und dazu eine passende Sauce serviert.

von Fasan: Von rohem Fasanenfleisch mit etwas roher Stopfleber bereitet; Demiglace mit den angerösteten Fasanenknochen verkocht nebenbei.

von Gänseleber: de foie gras: Von roher Stopfleber, vermischt mit gehackten Trüffeln bereitet; Trüffelsauce nebenbei.

von Haselhuhn: de gelinotte: Von rohem Haselhuhnfleisch, vermischt mit winzigen Trüffel- und Champignonwürfeln bereitet; Salmisauce nebenbei.

von Huhn: à la reine: Von gekochtem Hühnerfleisch mit dicker Béchamel bereitet; Geflügelrahmsauce nebenbei.

Kalbsleber: de foie de veau: Bereitet von roher, gewürfelter, leicht und noch blutig ansautierter Kalbsleber.

von Rebhuhn: de perdreau: Von blutig gebratenen Rebhühnern mit gehackten Trüffeln bereitet; Salmisauce nebenbei.

von Schinken: de jambon: Mild gepökelter roher Schinken, püriert oder gekuttert, vermischt mit dicker Béchamel, süßem Rahm, Gewürz und Eigelb, mit Eierschnee aufgezogen, in gebutterte Auflaufschale gefüllt, im Wasserbad im Ofen gargemacht.

   Alexandra: Schinkenmasse abwechselnd mit grünen Spargelspitzen und Trüffelscheiben in die Schale gefüllt.

   Carmen: Abwechselnd mit Tomatenwürfeln und gedünsteten Würfeln von grünen Paprikaschoten eingefüllt.

   mit Morcheln (o morij): aux morilles: Masse vermischt mit grobgehackten, sautierten Morcheln, mit gehackten Trüffeln bestreut.

   auf Perigorder Art: à la périgourdine: Abwechselnd mit dicken Trüffelscheiben eingefüllt, mit gehackten Trüffeln bestreut; Trüffelsauce nebenbei.

   auf spanische Art: à l'espagnole: Grundmasse mit Tomatenpüree und gehackten gedünsteten roten Paprikaschoten vermischt.

   mit Spinat: aux épinards: Schinkenmasse abwechselnd mit blanchierten, in Butter geschwenkten Spinatblättern in die Schale gefüllt.

von Schnepfen: de Bécasse: Bereitet vom Fleisch blutend gebratener Schnepfen und etwas Gänsestopfleber; Demiglace, verkocht mit den angerösteten Gerippen, nebenbei.

Aufläufe, Kleine: Petits Soufflés: Genau wie Auflauf bereitet, jedoch in mit Butter ausgestrichene kleine Behälter aus feuerfestem Porzellan, Silber, Glas oder Steingut gefüllt. Die Backzeit ist entsprechend kürzer als beim Auflauf.

Backhendl: Junge Hähnchen, in vier Stücke geteilt, einschließlich Leber und Magen paniert, in tiefem Fett gebacken, mit gebackener Petersilie angerichtet; Kopfsalat nebenbei (österreichisch).

Backhuhn: siehe Huhn, gebacken

Ballotine: Kulinarische Bezeichnung für eine Art kleine Galantine von Fisch, Fleisch, Geflügel oder Wild, mit Farce gefüllt, weiß oder braun braisiert, mit passender Sauce und Garnitur, auch kalt in Gelee serviert.

Ballotines de volailles: siehe Hühnerkeulen, gefüllt.

Barde: Eine Scheibe von fettem Speck, mit der man Geflügel, Wildgeflügel und bestimmte Stücke Fleisch umhüllt, die gebraten, geschmort, braungedünstet oder gekocht werden sollen. Die frischen oder gesalzenen Speckscheiben müssen sehr dünn geschnitten sein und der Größe des zu bardierenden Stückes entsprechen. Bei Wildgeflügel ist es nach dem Braten üblich, kleinere Vögel damit zu bedecken, bei großen den Speck in Streifen zu schneiden und auf die tranchierten Teile zu legen (französisch).

Baron: Kulinarische Bezeichnung für die beiden mit dem Sattelstück zusammenhängenden Keulen von Lämmern und Schafen.

Baron of Beef: Bezeichnung für den gesamten Rinderrücken in einem Stück.

Barquettes: siehe Schiffchen

Bartavelle: siehe Steinhuhn

Bär: Ours (uhr): Der europäische Braunbär, der dunkle amerikanische und der weiße Polar-Bär sind eßbar. Besonders schmackhaft ist das Fleisch der Tatzen, des Schinkens und des Rückens.

Bärensattel: Selle d'ours (ßell durs): In gekochter Marinade wie Bärentatzen gebeizt, mit einem Teil der Marinade geschmort.

  auf russische Art: à la russe: Gespickt, gesalzen, mit Butter und saurem Rahm geschmort.

  auf Trapperart: à la trappeur (trapöhr): Gespickt, mit Whisky, Rotwein, Zwiebeln und Wurzelwerk mariniert; mit der Marinade geschmort; Sauce aus dem passierten, mit Pfeilwurzelmehl gebundenen und mit Hagebuttenmark vermischten Fond; garniert mit in Butter gedünsteten Topinamburs; die Sauce, Maiskörner in Rahmsauce und körniggekochter Reis nebenbei.

Bärenschinken in Burgunder: Jambon d'ours au vin de Bourgogne (gjambong durs): In Burgunder mit Zwiebelgemüsen und aromatischen Kräutern 3 Tage mariniert, in der Marinade braisiert, serviert mit Sauerkraut und Rotweinsauce, aus der Marinade bereitet.

  Cumberland: In gekochter Marinade gebeizt, mit Teil der Marinade braisiert; Marinade verkocht mit Demiglace, passiert, vermischt mit Apfelmus und Johannisbeergelee.

  Franz Josef: François Joseph: Mariniert, mit Schaumwein braisiert; Sauce aus dem eingekochten Fond, vermischt mit Jägermeistersauce.

  auf nordische Art: à la nordique: Geräuchert, über Nacht gewässert, in Teig von Roggenmehl und Wasser gehüllt, im Ofen gebacken; Schlagsahne, vermischt mit geriebenem Meerrettich, und Kaviar nebenbei.

  auf russische Art: à la russe: 1. Mariniert, gespickt, braisiert; garniert mit Sauerkraut, vermischt mit Apfelspalten, und glacierten Zwiebelchen; 2. mariniert, braisiert; Sauce aus der Marinade mit saurem Rahm verkocht.

  auf Zarinart: à la tsarine: Gleiche Zubereitung wie auf nordische Art.

Bärentatzen: pattes d'ours (patt durs): In gekochter Marinade von Weißwein, Essig, Öl, Wurzelwerk, Zwiebeln, Schalotten, Wacholderbeeren, Basilikum, Rosmarin und Thymian 3 Tage gebeizt; in Weißwein mit Teil der Marinade und Mirepoix gedünstet.

  gefüllt: farcies (farßi): In der Marinade gekocht, erkaltet, Knochen entfernt; mit Schweinebrät, mit gehackten Kräutern vermischt, gefüllt, in geöltes Papier gehüllt, im Ofen gebacken; Portweinsauce nebenbei.

  grilliert: grillées (grije): In der Marinade gekocht, Knochen entfernt, ausgekühlt, in Stücke geschnitten, mit Zitronensaft und Öl mariniert; paniert, mit Öl gefettet, auf dem Rost gebraten; Teufelssauce nebenbei.

  auf russische Art: à la russe: In der Marinade gekocht, ausgekühlt, Knochen ausgelöst; in Stücke geschnitten, paniert, in Butter gebraten; Kapernsauce nebenbei.

Bayerische Leberknödel: Rohe, gehackte, durchgestrichene Kalbsleber, mit gehacktem, fettem Speck, gehackten Zwiebeln, Eiern, wenig Mehl und in Butter gebratenen Weißbrotwürfelchen vermischt, gewürzt, zu mandarinengroßen Knödeln geformt, in Salzwasser pochiert; abgetropft, mit brauner Butter übergossen, mit Sauerkraut serviert.

Bécasse: siehe Schnepfe

Bécassine: siehe Sumpfschnepfe

Bec-figue: siehe Feigendrossel
Beckenoffe: Bäckerofen: Hammel- und Schweinefleisch in Ragoutstücke geschnitten, gewürzt, in feuerfester Steingutschüssel auf einer Lage roher Kartoffelscheiben geordnet, erst mit Lage roher Kartoffel- und dann mit Zwiebelscheiben bedeckt; mit weißem Elsässer Wein aufgegossen, mit Butterflocken bedeckt, im Ofen (am besten Bäkkerofen) gargemacht (elsässisch).
Beefsteak: siehe Rind
Bengalines de bécasse: siehe Schnepfenmus, geformt
Berner Platte: Je eine Scheibe gekochtes Rindfleisch, geräucherte Schweinsrippe, Berner Zungenwurst oder Rauchwurst, geräucherter Fleischspeck und ein Markknochen auf Sauerkraut oder auf gedünsteten grünen Bohnen angerichtet (schweizerisch).
Biber: Castor: Zur Familie der Nagetiere gehörendes Wassertier mit breitem, schuppigem Schwanz, das früher wie Wild zubereitet wurde. Steht heute in Deutschland unter Naturschutz.
Biche (bisch): Hirschkuh: Wie Reh zubereitet, (s. d.)
Bifteck: Vielgebrauchte französische Bezeichnung für Beefsteak.
Birkhuhn: Coq de bois (kok dö boah): Ein von Beeren und Knospen lebender Waldvogel Europas und Asiens, der viel kleiner und auch zarter als der Auerhahn ist. Wird wie Haselhuhn bereitet.
  gebraten: rôti: Im heißen Ofen gebraten, auf Crouton angerichtet, garniert mit Brunnenkresse; der mit Wildfond verkochte Bratsatz nebenbei.
  gefüllt: farci: Der Brustknochen entfernt, gefüllt mit Farce von fettem, frischem Speck, Gänseleber, gehackten Schalotten, gewürfelten Trüffeln, Cognac und Gewürz; bardiert, gebraten; der mit Cognac deglacierte und mit Wildfond verkochte Bratsatz nebenbei.
Bitki: Mehrzahl von Bitok (s.d.).
Bitok: Kleine, runde Klopse aus rohem oder gekochtem Fleisch, hauptsächlich gebraten und mit passender Sauce und Garnitur serviert.
  Carnot: Rohes, feingehacktes Kalbfleisch, mit geweichtem Brot, Butter und Eiern vermischt, gewürzt, zu runden, flachen Klopsen geformt, mit Höhlung in der Mitte; Mitte mit Gänseleberpüree gefüllt, mit Kalbsgehäck bedeckt, pochiert, ausgekühlt; bedeckt mit dicker, kalter Béchamel, paniert, in tiefem Fett gebacken; garniert mit grünen Erbsen und Strohkartoffeln; Tomatensauce nebenbei.
  po Kassatzki: Masse wie für Carnot, jedoch mit getrüffeltem Rührei gefüllt; nur leicht pochiert, ausgekühlt, paniert, in Butter gebraten, auf ovales Crouton gesetzt, mit Tomatensauce nappiert; garniert mit geformtem Tomatenreis mit Trüffelscheibe obenauf (russisch).
  Nowgorodski: Wie po russki von rohem, gehacktem Rindfleisch vorbereitet, gebraten; bedeckt mit gebackenen Zwiebelringen, umgossen mit Madeirasauce; Bratkartoffeln nebenbei (russisch).
  po russki: Rohes, gehacktes Rindfleisch vermischt mit geweichtem Weißbrot, gehackten, gedünsteten Zwiebeln, gewürzt, zu kleinen abgeflachten, runden Klopsen geformt; in Butter gebraten, in gefettete Backplatte gelegt, mit Rand von gekochten Kartoffelscheiben umlegt, bedeckt mit saurer Rahmsauce, bestreut mit geriebenem Parmesan und Reibbrot, im Ofen überbacken. Kann auch von Kalbfleisch bereitet werden (russisch).
  Skobeleff: Wie po Kassatzki vorbereitet, jedoch mit Salpicon von Schinken, Champignons, Pökelzunge und Trüffeln gefüllt; gebraten, nappiert mit Trüffelsauce; garniert mit Kartoffelnest, gefüllt mit gebutterten Erbsen, vermischt mit gedünstetem, nudeliggeschnittenem Kopfsalat (russisch).
  tatarski: Rohes, gehacktes Rindfleisch, vermischt mit Eigelb und etwas Butter, gewürzt, zu sehr kleinen, abgeflachten Klopsen geformt; auf beiden Seiten gebraten, innen noch etwas blutig gehalten, sofort in dem Bratgeschirr serviert; Kopfsalat und Salzkartoffeln nebenbei (russisch).

Blanquette d'agneau: siehe Weißgericht
Blanquette de veau: siehe Weißgericht
Blätterteigpastete, Große; Pastetenhaus: Vol-au-vent (wolowang): Ausgestochener Boden von Blätterteig mit Rand und Deckel, oder besonders geformtes Pastetenhaus aus Blätterteig, gebacken für wenigstens vier Personen, mit Kleinragout aus verschiedenen Substanzen gefüllt und heiß serviert.
- **Agnes Sorel:** Grobgewürfelte Champignons, gewürfeltes Hühnerfleisch und sehr kleine Hühnerklößchen, mit deutscher Sauce gebunden; garniert mit runden Pökelzungen- und Trüffelscheiben mit Geflügelglace überglänzt.
- **auf alte Art:** à l'ancienne (angsjenn): Gefüllt mit Ragout von Kalbsmilch, Hahnenkämmen und -nieren, Kalbshirn und Champignons, mit Madeirasauce gebunden; garniert mit Scheiben von Kalbsmilch, Krebsschwänzen und Trüffelscheiben.
- **Beaumarchais** (bomarschäs): Mit getrüffeltem Wildpüree ausgestrichen, gefüllt mit gewürfelter Gänseleber und Spargelspitzen mit Madeirasauce gebunden.
- **auf Benediktinerart:** à la bénédictine (benediktihn): Gefüllt mit Püree von gekochtem Stockfisch, zusammen mit gekochten Kartoffeln gestoßen, mit Olivenöl und süßem Rahm aufgezogen.
- **Condé** (kondeh): Gefüllt mit Ragout von Kalbsmilch, Champignons und Trüffelscheiben, mit Madeirasauce gebunden.
- **Cussy** (küssi): Gefüllt mit gewürfelten Artischockenböden, Hühnerfleisch, Champignons, Hahnenkämmen und Trüffelscheiben, mit Madeirasauce gebunden.
- **Dumonteil** (dümongtaij): Gefüllt mit Hummer- und Trüffelscheiben mit Newburghsauce gebunden.
- **auf Epikuräerart:** à l'epicurienne (epikürjenn): Gefüllt mit Wildhaschee vermischt mit Würfeln von Gänseleber, geschmortem Ochsengaumen und Trüffeln mit Madeirasauce gebunden.
- **auf Finanzmannsart:** à la financière: Gefüllt mit Kleinragout von Hahnenkämmen und -nieren, entsteinten Oliven, Trüffeln und Champignons, gebunden mit Finanzmannsauce.
- **Florida:** Kleine Scheibchen von Putenbrust, gedünstete, gewürfelte grüne Paprikaschoten, gedünstete Würfelchen von Bleichsellerie und Ananaswürfel, mit Pfeffersauce mit Johannisbeergelee gebunden.
- **Frascati:** Gefüllt mit Scheibchen von Hühnerbrust, Trüffelscheiben und grünen Spargelspitzen, mit Velouté gebunden; garniert mit einem Bündelchen grüner Spargelspitzen in der Mitte, umkränzt mit Trüffelscheiben.
- **auf gallische Art:** à la gauloise (goloas): Ragout von Trüffeln, Champignons, gewürfeltem Schinken, Hahnenkämmen und -nieren, gebunden mit Geflügelrahmsauce.
- **auf Herzoginart:** à la duchesse: Gefüllt mit Würfeln von Pökelzunge, Hühnerfleisch, Champignons und Trüffeln mit Rahmsauce gebunden.
- **mit Huhn:** de volaille: Scheibchen von Hühnerbrust und kleine Hühnerklößchen, mit deutscher Sauce gebunden.
- **auf Infantenart:** à l'infante: Gefüllt mit Ragout von Hahnenkämmen und -nieren, Würfelchen von Knollensellerie, Mohrrüben, Trüffeln und Pökelzunge, mit Kalbsvelouté gebunden.
- **Isabella:** Isabelle: Gefüllt mit Haschee von Huhn und Ochsenzunge, mit Rahmsauce gebunden, mit Trüffelscheiben garniert.
- **mit Kalbshirn:** au cervelle de veau (o ßerwell dö wo): Gewürfeltes, gekochtes Kalbshirn, kleine Champignonköpfe und Trüffelscheiben, mit Madeirasauce gebunden.
- **mit Kalbsmilch:** de ris de veau (rih dö wo): Ovale Pastete, gefüllt mit Scheiben von braisierter Kalbsmilch, Trüffel- und Champignonscheiben, mit Madeirasauce gebunden.

auf Kardinalsart: à la cardinale: Gefüllt mit Ragout von Hummer- und Trüffelwürfeln, mit Kardinalsauce gebunden; garniert mit Hummermedaillons und Trüffelscheiben, mit der gleichen Sauce nappiert.

auf Königinart: à la reine (rähn): Gefüllt mit Hühnerpüree oder gewürfeltem Hühnerfleisch, mit Geflügelrahmsauce gebunden, garniert mit Trüffelscheiben.

Königin Friederike: Reine Frédérique (rähn fredrik): Große ovale Pastete, gefüllt mit kleinen Hechtklößchen, Krebsschwänzen, gewürfelten Tomaten und grünen Paprikaschoten in Butter gedünstet, und kleinen Champignonköpfen, mit leichter holländischer Sauce gebunden; betropft mit Krebsbutter, bestreut mit Kapern und gehacktem Dill.

Laguipierre (lagipjär): Gefüllt mit Scheibchen von Kalbsmilch, Hahnenkämmen, sautierten Geflügellebern, kleinen Champignonköpfen, Trüffelscheiben und entsteinten, blanchierten grünen Oliven, mit Madeirasauce gebunden.

auf Mailänder Art: à la milanaise: Gefüllt mit kleingeschnittenen Makkaroni, mit Butter, geriebenem Parmesan und Tomatensauce gebunden, vermischt mit Julienne von Trüffeln, Pökelzunge, Champignons und Schinken.

Mazarin (massaräng): Gefüllt mit kleinen Kalbsklößchen, Trüffelscheiben und kleinen Champignonköpfen, gebunden mit Madeirasauce.

Medici: Médicis (medißiß): Gefüllt mit Würfeln von Gänseleber, Pökelzunge und Trüffeln, mit deutscher Sauce gebunden, bedeckt mit geschmolzenen Tomaten.

Mirabeau (mirabo): Gefüllt mit kleinen, gefalteten Seezungenfilets und Trüffelscheiben, nappiert mit Genfer Sauce, garniert mit Sardellenfilets, entsteinten, blanchierten grünen Oliven und blanchierten Estragonblättchen, leicht mit Weißweinsauce bedeckt.

Mogador: Gefüllt mit kleinen Weißlingsklößchen, Streifen von Seezungenfilets, Krebsschwänzen und Trüffelscheiben, gebunden mit Nantuasauce.

Noahs Arche: Arche de Noë (arsch dö noeh): Gefüllt mit gewürfeltem Hühner- und Taubenfleisch, Gänseleber, Kalbsmilch, Hahnenkämmen und -nieren, winzigen Kalbsklößchen und Trüffeln, alles mit Geflügelrahmsauce, mit etwas Glace aufgezogen, gebunden.

auf normannische Art: à la normande (normangd): Gefüllt mit kleinen, gefalteten Seezungenfilets, steifgemachten, entbarteten Austern und Muscheln, Krebsschwänzen und kleinen Champignonköpfen; mit normannischer Sauce gebunden, garniert mit Trüffelscheiben; dressierte, ganze Krebse um die Pastete gelegt.

d'Orsay: à la d'Orsay: Gefüllt mit Würfeln von Hühnerfleisch, Artischockenböden, Champignons und Trüffeln, mit Paprikasauce gebunden.

auf Regentschaftsart: à la régence (reschangs): Gefüllt mit kleinen, getrüffelten Hühnerklößchen, kleinen Champignonköpfen, Hahnenkämmen, Gänseleberscheibchen und Trüffeloliven, mit Madeirasauce gebunden; ovale Pastete.

Réjane (reschann): Gefüllt mit sautierten Morcheln, Spargelspitzen und Trüffelscheiben, mit deutscher Sauce, mit Trüffelessenz, gebunden.

auf Seemannsart: à la marinière (marinjär): Garnelen, entbartete Muscheln und Seezungenstreifen, mit Seemannsauce gebunden.

Suwarow: Gefüllt mit Ragout von Kalbsmilch, Hühnerbrust, Artischockenböden und Gurken, gebunden mit deutscher Sauce.

Talleyrand: Gefüllt mit kleingeschnittenen Makkaroni, in Butter geschwenkt, vermischt mit geriebenem Parmesan, Gänseleberwürfeln und Trüffelscheiben, mit Demiglace mit Trüffelessenz gebunden.

auf Toulouser Art: Vol-au-vent à la toulousaine (tulusähn): Gefüllt mit Scheibchen von Hühnerbrust, Kalbsmilch und Kalbshirn, kleinen Geflügelklößchen, Hahnenkämmen und -nieren, kleinen Champignonköpfen und Trüffelscheiben, alles mit deutscher Sauce mit Trüffelessenz gebunden.

Victoria: Gefüllt mit Streifen von Seezungenfilets, Würfeln von Langustenfleisch und Trüffeln mit Victoriasauce gebunden.

Blätterteigpastetchen: Bouchée: siehe Mundbissen

Blätterteigstäbchen: Allumettes (allümett): Blätterteig, 7–8 cm breit ausgerollt, mit Farce, Püree oder Salpicon maskiert, zu Rechtecken geschnitten, im Ofen gebacken, heiß serviert. Siehe auch unter Vorspeisen.

St. Hubertus: Saint-Hubert: Maskiert mit Wildfarce, vermischt mit gehackten gedünsteten Morcheln.

Blätterteigstreifen: Dartois (dartoa): Dünn ausgerollter Blätterteig von 7–8 cm Breite, mit Farce, Salpicon oder gebundenem Püree maskiert, mit zweiter Platte von Blätterteig bedeckt, mit Eigelb bestrichen, über Kreuz eingeritzt, die Portionen markiert, gebacken, erst nach dem Backen geschnitten. Siehe auch unter Vorspeisen.

Blutente: siehe Ente, Rouener

Blutwurst: Boudin noir (budäng noar): Großwürflig geschnittener, halb zerlassener, frischer Bauchspeck, vermischt mit Schweineblut, wenig Rahm, gehackten in Schweineschmalz hellgeschwitzten Zwiebeln, mit Salz, Pfeffer und Piment gewürzt; in Schweinsdärme nicht zu prall gefüllt, bei 95 Grad pochiert, erkaltet; zum Servieren mit einer Nadel eingestochen, gebraten, mit Kartoffelpüree, Sauerkraut u.a. garniert.

auf flämische Art: à la flamande: In Butter gebraten, mit gebratenen Apfelwürfeln, mit einem Schuß Essig gewürzt, garniert.

auf Lyoner Art: à la lyonnaise: In dicke Scheiben geschnitten, gebraten, bedeckt mit in Butter braungebratenen Zwiebelscheiben, vermischt mit gehackter Petersilie, beträufelt mit Zitronensaft und Essig.

auf polnische Art: à la polonaise: Die Wurstmasse mit geweichtem Brot, Rosinen und wenig Zucker vermischt, mit Thymian und Majoran gewürzt, gebraten.

Bœuf bouilli: siehe Rindfleisch, gekocht

Bœuf braisé: siehe Rindfleisch, geschmort, Schmorbraten

Bœuf Stroganow: siehe Govia Dina Stroganow

Bordüre, Rand: Bordure (bordühr): Rand von Blätterteig, Reis, gebackener Herzogin-Kartoffelmasse oder in Randform pochierte Farce; auf runde Platte gestürzt, gefüllt mit kleinem Ragout, Salpicon, Haschee u.a.m.

auf Gräfinart: à la comtesse: Rand von Hühnerfarce, Mitte gefüllt mit kleinen Scheibchen Hühnerbrust, gewürfelten Artischockenböden und Spargelspitzen, mit Geflügelrahmsauce, mit Trüffelessenz, gebunden.

auf Jägerart: à la chasseur: Rand von Wildfarce, Mitte mit Ragout von Champignons, Wildklößchen und Trüffelscheiben, mit Jägersauce gebunden, gefüllt.

auf Königinart: à la reine: Randform mit Trüffelscheiben ausgelegt, mit Hühnerpüree, vermischt mit Reis und mit Eigelb gebunden, gefüllt, pochiert und gestürzt; Mitte mit gewürfelter Hühnerbrust, mit Rahmsauce gebunden, gefüllt.

auf Pariser Art: à la parisienne: Butterreis in Randform gedrückt und gestürzt; Mitte gefüllt mit gebratenen Geflügellebern, Champignons, Hahnenkämmen und -nieren, mit Demiglace gebunden.

auf Prinzessinart: à la princesse: Rand von Herzogin-Kartoffelmasse auf runde Backplatte gespritzt, gebacken; Mitte gefüllt mit Ragout von kleinen Geflügelklößchen und grünen Spargelspitzen, mit deutscher Sauce, mit Spargelbutter verfeinert, gebunden, Trüffelscheiben obenauf.

Bouchée: siehe Mundbissen
Bouchée mignonne: Winzige Mundbissen, die gefüllt als Suppenbeilage serviert werden.
Boudin: siehe Blutwurst
Boudin noir: siehe Blutwurst
Boudins: siehe Farce-Würstchen
Boulette: siehe Fleischklößchen
Braciola alla calabrese: Kalbsrolle auf kalabrische Art: Große Scheibe Kalbsnuß gefüllt mit Farce von gehacktem fettem Speck, gehackter Petersilie, zerdrückten Knoblauchzehen, Semmelbröseln, geriebenem Romano-Käse, gehackten, hartgekochten Eiern, gehackten Walnüssen und Rosinen, gewürzt, gebunden, in Olivenöl angebraten; mit Tomaten, Wasser und Tomatenmark geschmort; in Scheiben geschnitten angerichtet; Spaghetti, mit der passierten Sauce übergossen, mit geriebenem Parmesan bestreut, nebenbei (italienisch).
  alla siciliana: auf sizilische Art: Das Kalbfleisch geklopft, bestrichen mit Farce von gehackten Geflügellebern und -mägen, Semmelbröseln, gehackter Petersilie, gehackter Salami, zerdrückten Knoblauchzehen, zerdrückten Chilis, gehacktem Basilikum, mit Olivenöl gebunden, mit Scheiben von hartgekochten Eiern und Rosinen vermischt, gewürzt; angebraten, mit Tomaten, Wasser und Tomatenpüree geschmort; wie auf kalabrische Art weiterbehandelt (italienisch).
Bracioline ripiene: Gefüllte Kalbsschnitzel: Zwischen zwei Scheiben etwas dicker Kalbsschnitzel je eine Scheibe gekochten Schinken und Gruyere-Käse gelegt, fest angedrückt, in Butter, zugedeckt, auf beiden Seiten im Ofen gebraten (italienisch).
Brebis: Mutterschaf
Brochettes: siehe Spießchen
Bruant: siehe Goldammer
Bruststreifen: aiguillettes (ägijett): Lange, dünne Streifen von der Brust gebratenen Geflügels geschnitten, mit passender Sauce und Garnitur angerichtet.
  mit Orangensauce: de rouennais à l'orange: Wie oben bereitet, nappiert mit Fond, aus dem Gerippe gezogen, mit Orangensaft gewürzt, mit Stärkemehl gebunden und mit blanchierter Julienne von Orangenschale vermischt.
  von Rouener Ente mit Kirschen: de rouennais aux cerises: Bruststreifen von blutig gebratener Rouener Ente, mit dem aus der Karkasse gezogenen Fond, mit Stärkemehl gebunden, übergossen; garniert mit entsteinten, pochierten Sauerkirschen.
Bubble and Squeak (babbel end skwihk): Volkstümliches Gericht von Fleischresten, Rind, Hammel oder Kalb, mit grobgehacktem Kohl und Kartoffeln aufgebraten (englisch).
Bündner Wurst: Mageres, gehacktes Schweinefleisch, mit Speckwürfeln vermischt, mit Salz, Pfeffer und gestoßenen Nelken gewürzt, mit Wasser aufgearbeitet, in Kalbsblase gefüllt; geräuchert, gekocht, kalt oder warm gegessen (schweizerisch).
Burma Tak: Gefüllte Weinblätter: Junge, wildwachsende Rebenblätter, mit Farce von halb Hammelfleisch und halb Hühnerlebern, mit ebensoviel halb gargekochtem Reis vermischt, gefüllt, gerollt, in Salzwasser gekocht, abgetropft, schwimmend in Fett gebacken (persisch).

Caille: siehe Wachtel
Caisses: siehe Kästchen
Calderata de Cordero: Gehackte Zwiebeln und Knoblauch in Olivenöl angebraten, vermischt mit gehackter Lammleber, mit hellem Fond aufgegossen, gewürzt, gekocht, durch ein Sieb gestrichen; gewürfeltes, schieres Lammfleisch in dieser Sauce gedünstet und mit weißgedünsteten Zwiebelchen garniert (philippinisch).

Cambridge Sausages: Bratwurst aus einer Masse von halb magerem und halb fettem Schweinefleisch, Kalbfleisch, Rindernierenfett und Brotkrume, die mit Zitronenschale, Salbei, Majoran, Salz, Pfeffer und Muskatnuß gewürzt worden ist (englisch).
Canard: siehe Ente
Canard rouennais: siehe Ente, Rouener
Canard sauvage: siehe Wildente
Caneton: Junge Ente: siehe Ente
Cannelons: Blätterteigröhrchen.
Canvasback Duck: Kanewas-Ente: Die größte aller nordamerikanischen Wild- oder See-Enten. Der Name stammt von dem weiß-grauen Gefieder auf dem Rücken, der eine Ähnlichkeit mit Segeltuch – Canvas – hat.
  auf amerikanische Art: à l'américaine: Blutig gebraten, die Brust ausgelöst, in Scheiben geschnitten, mäßig warmgehalten; Keulen und Karkassen grobgehackt, Saft und Blut in der Entenpresse ausgedrückt, vermischt mit Püree von der zuvor sautierten Leber, gewürzt, passiert, über die Brustscheiben gegossen; sorgfältig erwärmt, jedoch nicht bis zum Siedepunkt, da sonst die Sauce gerinnt; mit Maiskroketts garniert (nordamerikanisch).
  broiled: grilliert: Vom Rücken aus geöffnet, ohne die Brust durchzuschneiden, leicht plattiert, auf dem Rost gebraten; mit halbzerlassener Kräuterbutter bedeckt, Johannisbeergelee nebenbei (nordamerikanisch).
  roasted: gebraten: Blutig gebraten, Brust herausgeschnitten, tranchiert und warmgehalten; Karkasse wie für amerikanische Art (s.d.) ausgepreßt, vermischt mit Demiglace, Madeira und Cognac, über die Brust passiert, langsam erwärmt; wilder Reis nebenbei (nordamerikanisch).
Capitolade de volaille: siehe französisches Geflügelragout
Carbonada criolla: Gehackte Zwiebeln und Knoblauch, in Öl angedünstet, in grobe Würfel geschnittenes Hammelfleisch, gewürfelte Mohrrüben, Tomaten und Kürbis, ein säuerlicher Apfel, einige kleingebrochene junge Maiskolben, Rosinen und zuletzt reichlich gewürfelte Süßkartoffeln beigefügt, mit Salz, Zucker und Paprika gewürzt und mit wenig Wasser, fast im eigenen Saft, gedünstet (argentinisch).
Carnatz: Kroketts vom feingehacktem gekochtem Rindfleisch und magerem Schweinefleisch, mit Salz, Paprika, Pfeffer und Majoran gewürzt, zu Kroketts geformt, paniert, in tiefem Fett gebacken; Tomatensauce nebenbei (rumänisch).
Carré de porc: siehe Schweinekarree
Carré de veau: siehe Kalbsrippenstück
Cassoulet (kassuleh): Ragout von entbeintem Fleisch, weißen Bohnen und anderen Bestandteilen, stets im Ofen gebacken.
  nach der Art von Carcassonne: à la carcassonne: Wie Castelnaudary bereitet, mit halb Hammel- und halb Schweinefleisch, die Knoblauchwurst durch eine eingelegte Gänsekeule ersetzt.
  nach der Art von Castelnaudary: Cassoulet de Castelnaudary: Weiße Bohnen, in Wasser mit gespickter Zwiebel, Mohrrübe und einem Stück Magerspeck, einer Knoblauchwurst, einigen stark blanchierten, zusammengebundenen Speckschwarten, Tomatenpüree und Gewürz nicht zu weich gekocht. Hammelfleisch, in mittelgroße Würfel geschnitten, in Schmalz mit viel gehackten Zwiebeln und zerdrücktem Knoblauch angebräunt, mit dem Bohnenwasser aufgegossen, gargeschmort. Die Speckschwarten in kleine Würfel geschnitten, mit den Bohnen vermischt, lagenweise abwechselnd mit dem Fleisch in ovale Backplatte gefüllt, mit dem in Scheiben geschnittenen Speck und Scheiben von Knoblauchwurst belegt, mit weißen Bohnen bedeckt, mit dem Fond aufgegossen, mit Reibbrot

bestreut, im Ofen unter mehrfachem Begießen mit dem Fond und Umrühren der Kruste überbacken.
auf Toulouser Art: à la toulousaine (tulusähn): Wie Castelnaudary, jedoch mit eingelegtem Gänsefleisch bereitet.
Castor: siehe Biber
Cerf: siehe Hirsch
Cervelle de mouton: siehe Hammelhirn
Cervelle de veau: siehe Kalbshirn
Chamois: siehe Gemse
Chapon: siehe Kapaun
Chartreuse: siehe Kartäuser-Gericht
Chaud-froid de volaille: siehe Hühner-Chaudfroid
Chevreau: siehe Kitz
Chicken Pie: siehe Hühnerpastete
Chili con carne: Mexikanisches Rinderragout: Mageres, gewürfeltes Rindfleisch in Rindertalg angebräunt, gehackte Zwiebeln, Knoblauch und Chili-Pfefferschoten beigefügt, geschmort; serviert mit Frijole-Bohnen bedeckt (mexikanisch).
Chipolatas: siehe Bratwurst
Chop Suey: Zwiebelscheiben, Champignons, Selleriestreifen, gewürfelte grüne Paprikaschoten und Bohnensprossen zusammen mit Scheiben von Hühnerfleisch in braunem Fond, mit Sojasauce gewürzt, gedünstet; körniggekochter Reis nebenbei. Wird auch mit Schweinefleisch bereitet (chinesisch).
Choucroute garnie: siehe Sauerkraut, garniert
Chow Gai See Mein: Huhn mit gebratenen Nudeln: Junges Huhn entbeint, enthäutet, in kleine Stücke geschnitten, von den Knochen kurze, kräftige Brühe gekocht. Das Fleisch in Sesam- oder Erdnußöl braun angebraten, mit gehacktem Bleichsellerie und gehackten Wasserkastanien und etwas von der Brühe kurz gekocht und gewürzt, in Scheiben geschnittene Champignons hinzugegeben, mit Stärkemehl gebunden. Streifen von dünnen Eierkuchen, nur von gewürztem, mit etwas Wasser geschlagenem Ei gebacken, und Streifen von grünem Zwiebelschlauch bereiten. Gekochte chinesische Nudeln in Schweineschmalz oder Erdnußöl goldgelb backen, auf die Schüsselchen verteilen, darüber das Hühnergericht geben und mit den Eierkuchen- und Zwiebelstreifen bestreuen (chinesisch).
Civet de lièvre: siehe Hasenpfeffer
Cochon de lait: siehe Spanferkel
Cœur de veau: siehe Kalbsherz
Contrefilet: siehe flaches Roastbeef
Coq de bois: siehe Birkhahn
Coq de bruyère: siehe Auerhahn
Coquilles: siehe Ragout in Muschelschalen
Coratello d'agnello: Lammleber, -herz und -lunge, vorgekocht, in Streifen geschnitten, zusammen mit gehackten Zwiebeln, gehackter Petersilie und Gewürzen in Butter, Weißwein, Zitronensaft und Olivenöl kurz eingedünstet (italienisch).
Cordon bleu: siehe Kalbsschnitzel
Côte, Côtelette: siehe Kotelett
   d'agneau: siehe Lamm
   de bœuf: siehe Rinderkotelett
   de chevreuil: siehe Reh
   de marcassin: siehe Frischling
   de mouton: siehe Hammel
   de pigeon: siehe Tauben
   de porc: siehe Schweinefleisch
   de veau: siehe Kalbfleisch
   de volaille: siehe Hühnerbrüstchen
Cottage Pie: Haschee von gekochten oder gebratenen Resten von Rind- oder Hammelfleisch, vermischt mit gehackten, gedünsteten Zwiebeln, ge-

würzt, mit Demiglace oder Tomatensauce gebunden; in Form gefüllt, mit Herzogin-Kartoffelmasse bedeckt, im Ofen gebacken (englisch).

Couscous: In Unterteil eines Spezialtopfes Zwiebelscheiben mit in Stücke geschnittenem Hammelfleisch in Öl angebräunt, Tomatenmark, frische Tomaten, vorgeweichte Kichererbsen, Karotten, weiße Rüben, Porree, Bataten, Courgetts und Kürbis beigegeben, gewürzt, mit Hammelbrühe aufgefüllt. Im oberen, siebartigen Teil Grieß, mit einigen Tropfen Wasser zu Kügelchen mit der Hand geformt, gedämpft; Grießkügelchen auf Holzplatte angerichtet, mit den Gemüsen und Fleisch umlegt (arabisch).

Crépinette: siehe Netzwürstchen
Crêtes de coq: siehe Hahnenkämme
Croustade: siehe Krustade
Cuisseau de veau: siehe Kalbskeule
Cuisses de lièvre: siehe Hasenkeulen
Cuisses de volaille: siehe Hühnerkeulen
Cuissot: Wildkeule
Culotte de bœuf: siehe Rinderschwanzstück
Curried Chicken and Rice: siehe Curry von Huhn mit Reis
Curry; Curry and Rice: Gericht indischer Herkunft von Fisch, Krustentieren, Eiern, Fleisch, Geflügel, Wild oder Gemüse, mit Currysauce bereitet und mit körniggekochtem Reis, geklärter Butter und weiteren Zutaten oder Beilagen wie Bomeloe-Fischchen (Bombay Ducks), Chutney, Mangoes, Ketchup u. a. m. serviert.

von Hammelfleisch: de mouton: Wie Rindercurry bereitet.

von Huhn mit Reis: Curried Chicken and Rice: Junges Huhn wie für Frikassee zerlegt, in Senföl mit gehackten Zwiebeln angebräunt, mit Currypulver reichlich bestreut, mit Mehl bestäubt, nach dem Anlaufen mit Kokosnußmilch und braunem Fond aufgegossen, Tomatenpüree und Knoblauch beigefügt, gargeschmort; körniggekochter Reis nebenbei (anglo-indisch).

auf malaiische Art: à la malaisienne (maläsjenn): Wie für Frikassee zerlegt, in Butter angebräunt, mit Currypulver und Mehl bestäubt, mit Kokosnußmilch und braunem Fond aufgegossen, gehackte Zitronenschale und geriebener Meerrettich beigefügt, geschmort; beim Servieren mit gehobelten, gerösteten Mandeln bestreut, Reis nebenbei.

von Kaninchen: de lapereau (laproh): Wie Hühnercurry bereitet.

von Lamm: d'agneau: Wie Hühnercurry bereitet.

Malai Korma: Rahmlamm mit Mandeln: Gewürfelt, in Butter mit Kurkuma- und Ingwerpulver sowie gerösteten Zwiebelscheiben angebräunt, mit Joghurt mehrmals angegossen und wieder trockengedünstet; mit gemahlenen Mandeln und süßem Rahm, gebräunten Zwiebelscheiben, Kurkuma, Chilipulver und Lorbeerblatt verkocht, übergossen (indisch).

Murghi Pellao Khasa: Huhn mit Reis: Mit Salz, Ingwerpulver und geriebener Zwiebel gekocht. Zwiebelscheiben in Butter gebräunt, Reis mit gestoßenen Pfefferkörnern, Kardamom und Ingwer mit angeröstet, mit dem Hühnerfond bedeckt, langsam gekocht; Huhn zerlegt auf dem Reis angerichtet, mit hartgekochten Eiervierteln garniert, mit gerösteten Zwiebelscheiben überschüttet (indisch).

von Rind auf Madraser Art: Curry de bœuf Madras: Rindfleisch, in Würfel geschnitten, mit gehackten Zwiebeln, Knoblauch, gehackter Zitronenschale und gehackter Petersilie in Senföl mariniert; im eigenen Saft mit einem Stück Stangenzimt gedünstet, aufgekocht mit Currysauce und geriebener Kokosnuß; Reis, geklärte Butter, Bombay-Ducks und Mango-Chutney nebenbei.

von Steinbutt: de turbot: Die abgezogenen Filets in grobe Würfel geschnitten, in Senföl mit gehackter Petersilie, gehackter Zitronenschale und Knoblauch mariniert; in Butter angebräunt, mit Currysauce gedünstet, mit körniggekochtem Reis serviert.

Dahorp: Serbisches Hammelragout: Grobgewürfeltes Hammelfleisch, in Wasser mit Zwiebeln, Sellerie, Möhren und Kräuterbündel gekocht; Reis in dem passierten Fond mit gewürfelten grünen Paprikaschoten saftig gekocht, das Fleisch daruntergemischt, leicht mit Essig gewürzt (jugoslawisch).

Daim: siehe Damhirsch

Damhirsch (daim): Paarhufer, etwas kleiner als der Hirsch, erkenntlich an dem breitzackigen, schaufelförmigen Geweih. Fell im Sommer hellbraun mit weißen Flecken, im Winter walnußbraun bis fast schwarz. Gewicht 100-120 kg. Sehr schmackhaftes Wildbret. Zubereitung wie Hirsch und Reh.

Daube (dob): Bezeichnung für ein geschmortes Gericht, hauptsächlich von Fleisch, das in einer hermetisch geschlossenen, feuerfesten irdenen oder anderen Kasserolle bereitet wird.

    auf Nizzaer Art: à la niçoise: Schmorfleisch, in kleine, dicke Scheiben geschnitten, rasch in Butter mit gewürfeltem, blanchiertem Speck, Möhren und rohem Schinken angebräunt, in eine Steingutkasserolle gefüllt, je ein Stückchen getrocknete Apfelsinen- und Zitronenschale, Lorbeerblatt, einen Zweig Thymian und Bleichsellerie beigefügt, gewürzt, wenig brauner Fond beigefügt, hermetisch geschlossen, im Ofen geschmort.

Deep-dish Pie: siehe Pie

Dinde: siehe Truthenne

Dindon: siehe Truthahn

Dindonneau: Junger Truthahn.

Djuveč (dschuwetsch): 1. Sehr viel Zwiebeln, in Schweineschmalz goldgelb angebraten, vermischt mit Kartoffelscheiben, Scheiben von geschälten Eieräpfeln, geviertelten Tomaten, Streifen von grüner Paprikaschote, gehackten Sellerie- und Petersilienblättern, mit Rosenpaprika bestäubt, gewürzt, Reis hinzugefügt, mit Wasser aufgegossen, in Tongeschirr mit einem Stückchen Schweine-, Kalb- oder Hammelfleisch, auch Geflügel, langsam im Ofen gedünstet;
2. Hammelfleisch in grobe Würfel geschnitten, in Öl mit sehr viel Zwiebelscheiben angeschwitzt, gewürfelte grüne Paprikaschoten, geschälte Eieräpfel und grüne Bohnen, Courgetts und Kartoffeln, alles gewürzt, Bamia und zerdrückter Knoblauch beigefügt, gewürzt, in Steingutschüssel oder Topf gefüllt, reichlich mit Tomatenscheiben bedeckt, mit Öl beträufelt, langsam im eigenen Saft im Ofen gedünstet (bulgarisch).

Doppeltes Lendenstück: siehe Chateaubriand

Doppskov: Reste von Kalb- oder Rindfleisch und Schinken, in Würfelchen geschnitten, in Butter mit gehackten, angeschwitzten Zwiebeln geschwenkt, in Rahmsauce gedünstet, mit gekochten Würfelkartoffeln vermischt, ein Setzei obenauf (schwedisch).

Double: Bezeichnung für die beiden zusammenhängenden Keulen von Hammel- oder Lammfleisch.

Dunstgericht: Estouffade (ästufad); étouffade (etufad): Fleisch in Würfel oder Stücke von 100 g geschnitten, in Fett angebräunt, mit Mehl bestreut, hackte, angeröstete Zwiebel beigefügt, mit Wein, Wasser oder Fond aufgegossen, gewürzt, Kräuterbündel beigefügt; in feuerfestem Porzellan- oder Steinguttopf, fest verschlossen, im Ofen gedünstet, vor dem Servieren gut entfettet.

    auf Burgunder Art: à la bourguignonne: Grobgewürfeltes Rindfleisch, leicht angebraten, zusammen mit gewürfeltem, angebratenem Magerspeck, Champignons und angebräunten Zwiebelchen in Rotwein und Demiglace gedünstet.

    auf elsässische Art: à l'alsacienne: Schweinefleisch, grob gewürfelt, angebraten, zusammen mit gehackten, angebratenen Zwiebeln und sautierten Morcheln in leichter Demiglace gedünstet.

auf provenzalische Art: à la provençale: Gewürfeltes Rindfleisch in Weißwein und Demiglace, zusammen mit gewürfelten Tomaten, zerdrücktem Knoblauch und entsteinten Oliven gedünstet.

Duvec (tjuwetsch): Rote und grüne Paprikaschoten, Karotten und Tomaten, alles gewürfelt, geschälte, in Scheiben geschnittene Eieräpfel, Scheiben von grünem Zwiebelschlauch und Okra, schichtweise in einen irdenen, feuerfesten Topf gefüllt mit einem Stück Schweine- oder Hammelfleisch in der Mitte; gut gewürzt, mit Oliven- oder Sonnenblumenöl angegossen, im eigenen Saft gedünstet (jugoslawisch).

Duyune eti ve Fasulya: Gewürfeltes Hammelfleisch, mit Salz, Pfeffer und Safran gewürzt, in Olivenöl angebraten, vermischt mit viel in Scheiben geschnittenen, gebratenen Zwiebeln, Tomatenpüree und gewürfelten Tomaten, angedünstet, mit wenig Wasser aufgefüllt; halbweich gekocht, gebrochene grüne Bohnen und geschälte, in Scheiben geschnittene Eieräpfel zugefügt, fertiggedünstet, mit viel gehackten Oliven bestreut serviert (türkisch).

Eksheli Keuftés: Hammelklopse: Nicht zu mageres, gemahlenes Hammelfleisch, vermischt mit eingeweichtem Weißbrot und gehackten, gedünsteten Zwiebeln, gewürzt mit geriebener Muskatnuß, gestoßenen Nelken, Salz und Cayennepfeffer, zu Klopsen geformt, in Wasser mit Zwiebeln, Lorbeerblatt und Prise Zucker gekocht; abgetropft, in leichte Tomatensauce, ohne Mehl, gewürzt mit Zimt, Essig, Knoblauch und Zucker, vermischt mit gewürfelten Tomaten und gehackten Oliven, gelegt, langsam gargezogen; Safranreis mit gezupfter Petersilie dazu (türkisch).

Emincé (ämangzeh): Sehr kleine, dünne Scheibchen Fleisch, Geflügel oder Wild, mit heißer Sauce gebunden, meist in Rand von Risotto oder Pilawreis angerichtet.

    von Huhn mit Reis: de volaille au riz: Gekochtes oder gebratenes Hühnerfleisch, enthäutet, in kleinste Scheibchen geschnitten, angewärmt, mit Rahmvelouté oder Geflügelrahmsauce gebunden, im Risottorand angerichtet. Wird oft mit dünnen Champignonscheibchen vermischt.

    St. Hubertus: Emincé Saint-Hubert: Kleinste Scheibchen von gebratenem Haarwild, vermischt mit Champignonscheiben, mit Wildsauce gebunden, in Rand von Butterreis angerichtet.

Englische Pastete: siehe Pie

Ente: Canard, kulinarisch meist als Caneton bezeichnet: Zahme, halbzahme und wilde Tauchvögel verschiedener Größen und Rassen mit kurzen Schwimmfüßen: 1. zahme, wie die Hamburger, Nantaiser und Aylbury-Enten;
2. Rouener Enten, die nicht geschlachtet, sondern erstickt werden, damit das Blut im Körper bleibt;
3. verschiedene Arten von Wildenten, die gejagt werden. Wild- und Rouener Enten findet man unter dem betreffenden Stichwort.

    auf alte Art: à l'ancienne (angsjenn): Geschmort, angerichtet auf Sauerkraut; garniert mit dem in Scheiben geschnittenen Rauchspeck, mit dem das Sauerkraut gedünstet wurde, Wurstscheiben und glacierten Karotten; der leicht mit Stärkemehl gebundene Fond nebenbei.

    mit Ananas Miranda (kalt): à l'ananas Miranda: Gebraten, ausgekühlt, Brust mit Brustknochen herausgeschnitten, der Hohlraum mit Salat von gewürfelter Ananas, Knollensellerie und roter Paprikaschote, mit gelatinierter Mayonnaise gebunden, gefüllt; die tranchierten Brustscheiben aufgelegt, der Länge nach mit pochierten Ananasringen mit einem Längsstreifen blanchierter Julienne von Mandarinen dekoriert, mit Gelee überglänzt. Garniert mit sehr kleinen Mandarinen, gefüllt mit Mandarinengelee, vermischt mit Ananaswürfelchen, dekoriert mit roter Kirsche.

auf badische Art: à la badoise (bahdoas): Angebraten, mit Röstgemüse, Schinken- und Champignonabgängen in Rheinwein geschmort; auf Sauerkraut angerichtet, garniert mit Scheiben von Rauchspeck, der mit dem Sauerkraut gedünstet wurde; der Fond, mit Demiglace verkocht und mit Trüffeljulienne vermischt, nebenbei.

Batakh Pista: Ente mit Pistazien: Brustknochen ausgelöst, mit Farce von gestoßenen Pistazien, Sternanis, geriebenen Zwiebeln, Joghurt, Eigelb und Rosenwasser gefüllt, zugenäht, in Butter angeröstet, mit zerdrückten Pfefferkörnern in gewürzter Brühe gekocht; wenn die Brühe vollständig eingekocht ist, mit zerlassener Butter übergossen (indisch).

auf Béarner Art: à la béarnaise: Zerlegt, in weißem Fond mit Speck, Möhren, weißen Rüben, dem Herzen eines Weißkrautkopfes, frischen weißen und grünen Bohnen gekocht; in einer feuerfesten Platte angerichtet, mit den Gemüsen und dünnen Scheiben französischen Brotes, mit geriebenem Käse bestreut, mit Entenfett betropft und überbacken, garniert; der passierte, eingekochte und entfettete Fond nebenbei.

Beaulieu (bohljö): Gebraten, garniert mit entsteinten, blanchierten Oliven, geviertelten, sautierten Artischockenböden und neuen Kartoffeln; Bratsatz mit Madeira abgelöscht, mit Demiglace verkocht, über die Ente gegossen.

Bigarade: Noch blutend gebraten, Bratsatz mit Bigarade-Sauce abgelöscht; die Brust in lange, dünne Streifen geschnitten, mit der Sauce nappiert; Keulen eventuell nachgebraten zum Nachservice.

Boboc de Rață cu Castraveți: Ente mit sauren Gurken: In vier Stücke geteilt, angebraten, mit gehackten Zwiebeln, Demiglace und Tomatenpüree geschmort. Wenn sie halbweich ist, geschälte, tournierte und angebratene Gurkenstückchen beigefügt und fertiggeschmort (rumänisch).

auf Bordelaiser Art: à la bordelaise (bordläs): Gefüllt mit einer Farce von eingeweichtem Weißbrot, vermischt mit der gehackten Leber, gehackter Petersilie und entsteinten Oliven, Scheibchen von kleinen Steinpilzen und zerdrücktem Knoblauch, gewürzt, gebraten; der mit kräftiger Jus abgelöschte Bratsatz nebenbei.

auf Burgunder Art: à la bourguignonne (burginnjonn): In Rotwein mit leichter Demiglace geschmort; garniert mit glacierten Zwiebelchen, sautierten Champignonköpfen und blanchierten, gebratenen Speckwürfeln; der passierte, entfettete Fond nebenbei.

Carmen (kalt): Gebraten, erkaltet, Brust mit Brustknochen herausgeschnitten, Hohlraum mit Gänseleberschaumbrot gefüllt, die tranchierten Brustscheiben wieder daraufgeordnet; der Mitte entlang zwei Reihen Orangenfilets, dazwischen in Weißwein blanchierte Julienne von Orangenschale gelegt, das Ganze mit Gelee überglänzt; garniert mit Orangenachteln, gefüllt mit Orangengelee oder Mandarinen, gefüllt mit Mandarinengelee.

Chipolata: Geschmort, garniert mit kleinsten Bratwürstchen, glacierten Maronen und Zwiebelchen; der gebundene Fond nebenbei.

Dame Simone: Entbeint, gefüllt mit Bratwurstfleisch, vermischt mit gedünsteten, leicht zerdrückten Maronen und Trüffelwürfeln, angebräunt, in Schaumwein und Kalbsjus geschmort; garniert mit glacierten Zwiebelchen und kleinen, gedünsteten Trüffeln, nappiert mit dem eingekochten Fond; Morcheln in Rahmsauce nebenbei.

auf deutsche Art: à l'allemande: 1. Gefüllt mit Farce von Weißbrot, in Milch geweicht, vermischt mit der gehackten Lunge und Leber, gehackter Petersilie und Gewürz; gebraten, der Bratsatz mit kräftigem braunen Fond verkocht und der Gurkensalat nebenbei;
2. gebraten, serviert mit Rotkraut und Dampfkartoffeln; der mit braunem Fond verkochte Bratsatz nebenbei.

Duclair: Caneton Duclair (düklär): 1. Gefüllt mit geweichtem Weißbrot, vermischt mit der gehackten Leber und dem gehackten Herzen, gehackte Zwiebeln, in Butter gedünstet, gehackte Petersilie, Ei und Gewürz; gebraten, Bratsatz mit Rotwein und Orangensaft deglaciert, mit Demiglace verkocht;
2. zuweilen wird die Ente in der Presse als Duclair bezeichnet.

auf elsässische Art: à l'alsacienne: Mit gutem, braunem Fond geschmort, zerlegt, auf Sauerkraut, auf elsässische Art bereitet, angerichtet, mit kleinen, gekochten Kartoffeln garniert; der passierte, leicht gebundene Fond nebenbei.

auf englische Art: à l'anglaise: Gefüllt mit einer Brotfarce mit Zwiebeln und Salbei, gebraten oder braisiert; einfache Bratenjus.

mit grünen Erbsen: aux petits pois: Halbgar gebraten, grüne Erbsen, nudelig geschnittener Kopfsalat, Speckwürfel und angeröstete Zwiebelchen beigefügt, leichte Demiglace angegossen, fertiggeschmort.

auf flämische Art: à la flamande: Geschmort, garniert mit gedünsteten Kohlköpfchen, Dreiecken von Speck (mit dem Kohl gekocht), glacierten Möhren, Rübchen und Scheiben von Knoblauchwurst; der abgefettete, leicht gebundene Schmorfond nebenbei.

Frédéric: siehe à la presse

Galantine: Galantine de canard: Entbeint, wie Hühnergalantine bereitet; wird auch heiß mit Sauce aus dem gehackten, angerösteten Gerippe, mit leichter Demiglace verkocht und mit Madeira gewürzt, serviert.

gefüllt, auf deutsche Art: farci à l'allemande: Mit Äpfeln gefüllt, gebraten; Rotkraut, Salzkartoffeln und der mit gutem Fond abgelöschte und eingekochte Bratsatz nebenbei.

gekocht: Bouilli: 1. In Wasser mit Wurzelwerk gekocht, mit Meerrettich- oder Zwiebelsauce serviert;
2. gefüllt mit Weißbrotfarce, vermischt mit der gehackten Leber, gehackten Kräutern und Petersilie, gut gewürzt, in ein sauberes Tuch gebunden, gekocht; aus dem Tuch genommen, der passierte, eingekochte Fond nebenbei.

mit Gurken: aux concombres: Geschmort, garniert mit Gurkenoliven oder -kugeln, in Butter gedünstet, und herzförmigen, in Butter gebratenen Croutons; der gebundene Fond nebenbei.

auf italienische Art: à l'italienne: In Butter gebräunt, mit blanchiertem Kalbsfuß, Zwiebelchen, rohen Schinken- und Speckabgängen, Lorbeerblatt und Gewürz mit Weißwein und braunem Fond geschmort; Sauce aus gehackten, in Öl angeschwitzten Champignons, verkocht mit dem passierten Fond, leicht gebunden, vermischt mit gehacktem Schnittlauch und Petersilie.

auf japanische Art (kalt): à la japonaise: Geschmort, ausgekühlt, Brust mit Brustknochen herausgeschnitten, der Hohlraum mit Entenschaumbrot, vermischt mit Gänseleberpüree, gefüllt; die tranchierten Brustscheiben wieder aufgelegt, die ganze Ente mit brauner Chaudfroid-Sauce, aus dem Schmorfond bereitet, nappiert, mit Mandarinenfilets dekoriert, mit Gelee überglänzt; garniert mit kleinen, ausgehöhlten Mandarinen, mit dem gleichen Schaumbrot wie für die Ente gefüllt, mit einem Mandarinenfilet belegt, mit Gelee, vermischt mit Mandarinensaft, überglänzt.

mit Kirschen: aux cerises: Wie Bigarade bereitet, jedoch mit Madeira und gebundener Kalbsjus deglaciert, entsteinte Sauerkirschen beigefügt, eingekocht und über die Scheiben gegossen.

auf Lyoner Art: à la lyonnaise: Geschmort, garniert mit glacierten Zwiebelchen und Maronen; der gebundene, passierte Schmorfond nebenbei.

in Malaga (kalt): au vin de Malaga: In Butter angebräunt, mit Wurzelwerk, Rotwein und Malaga geschmort, ausgekühlt, die beiden Brusthälften ausgelöst; die tranchierte Brust wieder aufgelegt, nappiert mit brauner Chaudfroid-Sauce, mit dem Schmorfond bereitet, beliebig dekoriert, mit Malagagelee überglänzt und garniert.

auf Maltaiser Art: à la maltaise (maltäs): Mit Röstgemüsen, Weißwein, leichter Demiglace und dem Saft von Blutapfelsinen geschmort; die passierte Sauce, vermischt mit dem Saft von Blutapfelsinen und blanchierter Julienne von der Schale.

auf moderne Art: à la moderne: In Stücke zerlegt, gewürzt, gemehlt, in Butter gebräunt, mit gehackten Schalotten und Sardellenfilets in leichter Demiglace und Portwein geschmort; die passierte Sauce über die Stücke gegossen.

Molière (moljehr): Entbeint, gefüllt mit Farce aus halb Bratwurstfleisch mit gehackten Trüffeln und halb Leberfarce, in Tuch wie für Galantine gebunden, pochiert in Fond aus den Entenknochen, abgetropft, glaciert; Madeirasauce mit Entenessenz und Trüffelscheiben nebenbei.

Musa Cavendish (kalt): Gebraten, ausgekühlt, Brust mit Brustbein herausgeschnitten; Hohlraum gefüllt mit Salat von gewürfelten Bananen, Sellerie und grüner Paprikaschote, mit geliertem, mit geriebenem Meerrettich vermischter Mayonnaise gebunden, die tranchierten Brustscheiben wieder aufgelegt; gleichmäßig mit Bananenscheiben schuppenartig bedeckt, mit Gelee überglänzt, garniert mit recht weiß pochierten, dicken Apfelringen, mit Sterntülle mit Bananenpüree gefüllt und mit Gelee überglänzt, und Geleewürfeln.

auf Neverser Art: à la nivernaise (niwärnäs): Geschmort, mit Neverser Garnitur angerichtet; der gebundene Fond nebenbei.

auf normannische Art: à la normande: In Butter gebräunt, mit Apfelschnaps flambiert, mit Apfelwein und braunem Fond geschmort; der Schmorfond mit süßem Rahm verkocht, garniert mit in Butter gedünsteten Apfelspalten.

mit Oliven: aux olives: Mit Weißwein und leichter Demiglace geschmort, entsteinte, blanchierte Oliven beigefügt, wenn die Ente dreiviertel gar ist; Sauce mit Madeira abgeschmeckt, in feuerfester Kasserolle serviert.

mit Orangen: à l'orange: Mit leichter Demiglace geschmort; Zucker zu leichtem Karamel gebrannt, mit Essig abgelöscht, mit der Sauce verkocht, kräftig mit Orangensaft und etwas Zitronensaft gewürzt und mit blanchierter Julienne von Orangenschale vermischt; garniert mit Orangenfilets.

auf Pächterart: à la fermière (färmjer): In Weißwein und leichter Demiglace mit kleinen Scheibchen von Karotten, weißen Rüben, Sellerie und Zwiebeln, rautenförmig geschnittenen grünen Bohnen und grünen Erbsen geschmort.

mit grüner Pfefferminze: à la menthe (mant): In feuerfester Servierkasserolle gebraten, Bratsatz mit Kalbsjus verkocht, gehackte grüne Pfefferminze beigefügt.

in Portwein: au Porto: Noch blutend gebraten, Brust in dünne, lange Streifen geschnitten, knapp warm in Wärmschüssel gehalten; Bratsatz mit Portwein glaciert, mit gebundener Kalbsjus verkocht, vermischt mit dem aus der Karkasse gepreßten Saft, aufgewärmt, jedoch nicht aufgekocht, und über die Bruststreifen gegossen; Keulen auf Wunsch nachgebraten und zum Nachservice gereicht.

in Portweingelee mit Orangen (kalt): en gelée de porto aux oranges: Von den gebratenen Keulen und der Leber Mousse bereitet, flach auf Kristallschale erstarren lassen; die tranchierten Brüstchen turbanartig darauf dressiert, mit Orangenfilets garniert, rund um den Mousserand Julienne von Orangenschale; mit Portweingelee aufgefüllt.

Potwarak: Ente mit Sauerkraut: Zwiebelscheiben, hellgelb geröstet, vermischt mit grobgehacktem Sauerkraut und einigen Pfefferkörnern; eine an allen Seiten gebräunte Ente daraufgelegt, mit

Sauerkrautlake angegossen, fertiggedünstet; die zerlegte Ente auf dem Sauerkraut angerichtet (jugoslawisch).

à la presse, auch Frédéric genannt: à la presse ou Frédéric (frederik): Noch blutend gebraten und in den Speisesaal zusammen mit Püree von noch blutig gebratener Entenleber gesandt. Keulen und Brust abgelöst, Brust in lange, dünne Streifen geschnitten, in Wärmschüssel leicht warmgehalten, Keulen zum Nachbraten in die Küche geschickt. Saft und Blut in der Silberpresse ausgedrückt, im Rechaud mit dem Leberpüree angewärmt, mit Orangensaft, Cognac, Portwein oder Madeira, Salz und einer Prise Cayennepfeffer gewürzt, doch nicht gekocht, da die Sauce sonst gerinnt. Sauce über die Bruststreifen gegossen, nur so weit erhitzt, daß diese garwerden, sofort serviert.

auf provenzalische Art: à la provençale: In Stücke zerlegt, in Olivenöl angebräunt, in Weißwein mit gewürfelten Tomaten und zerdrücktem Knoblauch geschmort; kurz vor dem Garwerden blanchierte, entsteinte schwarze Oliven, gehackte Sardellen und eine Prise Basilikum beigefügt.

Rață pe Varză: mit Sauerkraut: Zwiebelscheiben in Schmalz angeröstet, die vierfache Menge geschnittenes Sauerkraut hinzugegeben, mit etwas Sauerkrautsaft angegossen, die angebratene Ente daraufgelegt, im Ofen geschmort, wobei das Kraut kurz und gelb sein muß. Auf ein Sieb zum Fettabfluß geschüttet, die tranchierte Ente auf dem Kraut angerichtet (rumänisch).

auf russische Art: à la russe: Geschmort, wenn fast gar, geschälte, in Scheiben geschnittene saure Gurken beigefügt; Schmorfond mit saurem Rahm sämig gekocht.

auf savoyische Art: à la savoyarde (sawojard): 1. Mit Zwiebelscheiben geschmort, auf Savoyer Kartoffeln angerichtet, mit dem passierten, gebundenen Fond nappiert;
2. angebräunt, mit braunem Fond, gewürfelten Tomaten, Steinpilzscheiben, blanchierten, angebratenen Speckwürfeln und angebratenen Zwiebelchen geschmort; in Servierkasserolle mit der Garnitur angerichtet, mit der eingekochten, mit Zitronensaft gewürzten Sauce serviert.

Schaumbrot von: Mousse de caneton: Schieres Entenfleisch, ohne Haut, mehrmals durch die Maschine passiert, gewürzt, mit rohem Eiweiß vermischt, stark gekühlt; durch Haarsieb gestrichen, mit ungesüßter Schlagsahne ganz locker aufgezogen, in ausgebutterte, mit Trüffelscheiben dekorierte Form gefüllt, in Wasserbad pochiert, heiß mit passender Sauce serviert. Die Masse wird oft mit Gänseleber, Trüffeln, Champignons u. a. m. vermischt.

auf sevillanische Art (kalt): à la sévillane: Entbeint, gefüllt mit halb Leber- und halb Schaumfarce, vermischt mit Tomatenpüree und Gänseleberwürfeln, in ein Tuch gebunden, in gutem Fond pochiert; ausgekühlt, ausgewickelt, Brust tranchiert, wieder aufgelegt, mit brauner Chaudfroid-Sauce, mit Sherry abgeschmeckt, nappiert, beliebig dekoriert, mit Gelee überglänzt; garniert mit entsteinten Königin-Oliven mit Gänseleberpüree gefüllt.

im Topf: en terrine: Mit Entenfarce, vermischt mit Gänseleber und in Butter angeschwitzten Schalotten, gefüllt; in hermetisch verschlossener feuerfester Steingut- oder Porzellankasserolle gedünstet.

mit Weinbeeren: aux raisins (o räsing): Angebraten, mit Rotwein, leicht gebundener Kalbsjus und dünn abgeschnittener Orangenschale geschmort; der passierte Fond mit geschälten, entkernten Weinbeeren aufgekocht und über die Ente gegossen; Pilawreis vermischt mit gewürfelten, sautierten Steinpilzen nebenbei.

mit weißen Rüben: aux navets (naweh): Mit leichter Demiglace geschmort, garniert mit weißen, zu großen Oliven geformten weißen Rüben, in Butter leicht angebräunt und mit der Ente geschmort.

mit Weißkraut (Kohl): au chou (o schuh): In Stücke geschnitten, in Butter angebräunt, mit Weißkraut, in Viertel geschnitten, vom Strunk befreit und blanchiert, zusammen mit Speckwürfeln in feuerfester, zugedeckter Service-Kasserolle geschmort.

Ente, Rouener: Canard rouennais: Besonders gezüchtete große Entenart, im Gewicht von 2½–3 kg, die nicht gestochen, sondern erstickt wird, damit das Blut im Körper bleibt. Wird stets noch blutend gebraten, seltener geschmort.

Bruststreifen von, Bigarade: Aiguillettes de rouennais à la bigarade: Blutig gebraten, Bratsatz mit Kalbsjus deglaciert, eingekocht, mit Bigarade-Sauce vermischt. Die Brust in lange dünne Scheibchen geschnitten, auf lauwarmer Platte angerichtet, mit der heißen Sauce übergossen.

Bruststreifen von, mit Kirschen: aux cerises: Blutig gebraten, Bratsatz mit Madeira deglaciert, mit Kalbsjus verkocht, mit Pfeilwurzelmehl gebunden; entsteinte Sauerkirschen kurz in der Sauce aufgekocht, über die Bruststreifen gegossen.

Eduard VII. (kalt): Edouard VII.: Gebraten, erkaltet, Brust mit Brustknochen herausgeschnitten, Höhlung mit Enten- und Entenleberschaumbrot gewölbt gefüllt, die tranchierten Brustscheiben wieder aufgelegt, mit brauner Chaudfroid-Sauce nappiert, beliebig dekoriert, mit Madeiragelee überglänzt; garniert mit Tarteletts, gefüllt mit sehr feinem Gemüsesalat, dekoriert mit Scheiben von gefüllten Oliven und Trüffeln, überglänzt mit Gelee.

gefüllt, auf Rouener Art: farci à la rouennaise: Entbeint, gefüllt mit Farce von Entenlebern, frischem fettem Speck, gehackten Schalotten, gehackten Trüffeln, Gewürz usw., poëliert, mit Rouennaiser Sauce serviert.

auf japanische Art (kalt): à la japonaise (schaponäs): Gebraten, erkaltet, Brust tranchiert und wieder aufgelegt, mit Gelee, vermischt mit Mandarinensaft, überglänzt, zuvor mit Mandarinenfilets rechts und links der Brust belegt. Garniert mit entdeckelten und ausgehöhlten Mandarinen, mit Gänseleber- und Entenleberschaumbrot gefüllt, mit Mandarinenfilets garniert, mit Mandarinengelee überglänzt, und Dariolförmchen gefüllt mit Gelee von Blutentenfond, vermischt mit Mandarinensaft, nach dem Stocken gestürzt.

Montmorency (kalt) (mongmorangßi): Nicht zu blutig gebraten, Brust und Brustknochen ausgeschnitten, Brust in dünne Scheiben geschnitten, mit brauner Chaudfroid-Sauce nappiert. Karkasse gewölbt mit Enten- und Gänseleberschaumbrot gefüllt, die Brustscheiben wieder aufgelegt. In eine tiefe, rechteckige Silber- oder Glasplatte gesetzt, mit entsteinten, in Rotwein pochierten, kalten, gut abgetropften Kirschen umlegt, gänzlich mit kaltem, aus Blutentenfond bereitetem Gelee zugegossen.

mit Portwein: au porto: Wie zahme Ente bereitet.

in der Presse: à la presse: Wie Ente bereitet.

Schaumbrötchen von: Mousselines de rouennais: Wie Hühnerschaumbrötchen bereitet und mit Bigarade- oder Rouennaiser Sauce serviert. Zulässig als Garnitur nur Apfelsinen- oder Mandarinenfilets, Ananas, pochierte, entsteinte Sauerkirschen oder sehr feines Püree von Maronen, Linsen oder Knollensellerie.

mit Schaumwein: au champagne (o schangpaihn): Gebraten, Bratsatz mit trockenem Schaumwein deglaciert, mit gebundener Kalbsjus verkocht.

mit Trüffeln: aux trüffes (o trüff): Blutig poëliert, Bratsatz mit Chambertin-Wein deglaciert, eingekocht, vermischt mit Rouennaiser Sauce. Brust in lange, dünne Scheiben geschnitten, auf lauwarmer Platte angerichtet, mit Trüffelscheiben belegt, mit der Sauce übergossen.

Entrecôte: siehe Zwischenrippenstück
Entrecôte double: siehe doppeltes Zwischenrippenstück

Epaule d'agneau: siehe Lammschulter
Epaule de mouton: siehe Hammelschulter
Epaule de porc: siehe Schweineschulter
Epaule de veau: siehe Kalbsschulter
Epigramme: Spezialgericht von Lamm und Hammel (s. d.).
Escalope de chevreuil: siehe Rehschnitzel
Escalope de veau: siehe Kalbsschnitzel
Estofado Rosalia: Geschmorte Rinderschnitten: Dicke Rinderschnitten, in Olivenöl gebräunt, vermischt mit Scheiben von rohem Schinken, vielen angerösteten Zwiebelscheiben, gewürzt mit Salz, Pfefferkörnern, Knoblauch, Thymian, Basilikum, Nelken und Lorbeerblatt, mit Rinderbrühe aufgegossen, geschmort; Rinderschnitten und Schinkenscheiben ausgestochen, der eingekochte Fond darüberpassiert, mit gehackter Petersilie bestreut (spanisch).
Estouffade, étouffade: siehe Dunstgericht
Estouffade de bœuf: siehe Dämpfragout (Rind)

Faisan: siehe Fasan
Falscher Hase: Gleiche Teile gehacktes Rind-, Kalb- und Schweinefleisch, vermischt mit gehackten, in Butter geschwitzten Zwiebeln, Eiern, Kapern und etwas Butter, gewürzt mit Salz, Pfeffer und Zitronensaft; zu einem länglichen Leib geformt, in heißer Butter im Ofen gebraten; der Bratsatz mit etwas Bouillon und reichlich süßem Rahm verkocht.
Farcewürstchen: Boudins (buhdäng): Farce, zu kleinen, knapp daumenlangen Würstchen geformt oder in ovalen Förmchen pochiert, zuweilen auch mit Salpicon gefüllt; abgetropft, paniert, in tiefem Fett gebacken oder in Butter gebraten, mitunter garniert, als kleines Zwischen- oder Vorgericht serviert.
Carignan (karinjang): Hühnerfarce, gefüllt mit gehackten, in Butter gedünsteten Champignons, mit deutscher Sauce gebunden, zusammengerollt, pochiert; nach leichtem Auskühlen in dicke Scheiben geschnitten, paniert, in Butter gebraten; garniert mit Hahnenkämmen, durch Backteig gezogen und in tiefem Fett gebacken; Tomatensauce nebenbei.
von Fasan Prinz Karl: Boudin de faisan Prince Charles: Fasanenfarce, vermischt mit gehackten Trüffeln, zu kleinen Würstchen geformt, pochiert; paniert, in Butter gebraten; Pfeffersauce, mit dem Gerippe bereitet, nebenbei.
Hawaii: Dicke Wurst von Haarwildfarce, pochiert, in Scheiben geschnitten, paniert, in Butter gebraten; auf rundes Ananasscheibchen, in Butter gebraten, dressiert; Pfeffersauce mit Johannisbeergelee nebenbei.
von Huhn: de volaille: Hühnerfarce, auf gebuttertes Papier gestrichen, mit Hühnersalpicon, mit dicker Rahmsauce gebunden, gefüllt, zusammengerollt, pochiert; Papier entfernt, Farce in dicke Scheiben geschnitten, mit Geflügelrahmsauce nappiert.
auf Marschallsart: à la maréchale: Hühnerfarce, in Form einer dicken Wurst pochiert, in dicke Scheiben geschnitten, paniert, in Butter gebraten; eine durch flüssige Glace gezogene Trüffelscheibe auf jeder Farcescheibe, garniert mit grünen Spargelspitzen.
Morland: Hühnerfarce, zu knapp daumenlangen Würstchen geformt, in gehackten Trüffeln gewälzt, in geklärter Butter gebraten; auf Champignonpüree angerichtet.
von Rebhuhn: de perdreau (dö perrdroh): Kleine Würstchen von Rebhuhnfarce, pochiert, paniert, in Butter gebraten; Salmisauce nebenbei.
Richelieu: Hühnerfarce, mit gehackten Champignons und Trüffeln vermischt, zu kleinen Würstchen geformt, in Butter gebraten; Trüffelsauce nebenbei.

Soubise: Ovale Klößchen von Kalbsfarce, mit dickem, weißem Zwiebelpüree gefüllt, pochiert; nappiert mit Soubisesauce.

d'Uzés: Ovale, in Förmchen pochierte Hühnerklößchen, nappiert mit Aurorasauce, vermischt mit Trüffeljulienne.

Wild, mit Maronenpüree: de gibier à la purée de marrons (dö schibjeh): Farce von Wildgeflügel vermischt mit gehackten Champignons, zu kleinen Würstchen geformt, pochiert; paniert, in Butter gebraten, garniert mit Maronenpüree; Pfeffersauce nebenbei.

Får i kål: Schwedisches Lammragout: Lammschulter, in grobe Würfel geschnitten, in Butter angebräunt, zusammen mit Weißkraut und Kartoffeln gedünstet (schwedisch).

Fasan: Faisan (fäsang): Wildvogel aus der Familie der Hühnervögel, in Europa, Teilen Asiens und in Amerika beheimatet; die schmackhaftesten Fasanen kommen aus Ungarn und der Tschechoslowakei. Junge Vögel werden bardiert und rosa gebraten, alte geschmort, gedünstet, zu Farcen und Suppen verwendet.

mit Ananas: à l'ananas (alanana): Gebraten, garniert mit kleinen, frischen, sautierten Ananasscheiben; deglaciert mit Ananassaft, verkocht mit Wildfond.

auf Angoulemer Art: à l'angoumoise (anggumoas): Mit vorgekochten Kastanien und geviertelten Trüffeln gefüllt, bardiert, gebraten; Trüffelsauce nebenbei.

mit Austern: aux huîtres (os uihtr): Entbeint, gefüllt mit Farce von Fasanenleber, Gänseleber, frischem, fettem Speck, gehackten rohen Austern und Gewürz, Basilikum und Thymian; bardiert, am Spieß gebraten.

auf böhmische Art: à la bohémienne: Mit getrüffelter, paprizierter Gänseleber gefüllt, in Service-Kokotte gebraten; mit Weinbrand deglaciert und flambiert, mit Wildjus aufgekocht.

Brillat-Savarin: Gebraten, garniert mit Tarteletts, mit Schnepfenauflaufmasse gebacken, mit Trüffelscheibe belegt; Demiglace mit Wildfond verkocht.

auf Burgunder Art: à la bourguignonne: Gebraten, in Kokotte mit glacierten Zwiebelchen, sautierten Champignonköpfen und gebratenen Speckwürfeln angerichtet; mit dem mit Rotwein abgelöschten und mit Demiglace verkochten Bratsatz leicht umgossen.

Chaudfroid von, auf Burgfrauenart: Chaudfroid de faisan à la châtelaine: Gebraten, erkaltet, Brust ausgelöst, in dünne Scheiben geschnitten, oval pariert; die Hälfte der Scheiben mit Schaumbrot aus den Keulen maskiert, mit weißer Chaudfroid-Sauce nappiert, mit Trüffelscheibe garniert, die andere Hälfte mit Hühnerschaumbrot maskiert, mit brauner Chaudfroid-Sauce nappiert, mit Eiweiß dekoriert. Nach dem Stocken abwechselnd in den Farben in Glasschale eingesetzt, völlig mit sehr leichtem Madeiragelee vollgegossen.

Hilda: Gebraten, erkaltet, in schräge Scheiben geschnitten, maskiert mit Schaumbrot, aus den Keulen mit Gänseleber bereitet, mit brauner Chaudfroid-Sauce nappiert, mit kleinem Scheibchen Ananas dekoriert; in tiefe Glasschale auf Waldorf-Salat, mit wenig Gelee gestockt, dressiert, bedeckt mit leichtem Wildgelee mit Sherry gewürzt.

Connaught (Konot): Mit Brotfarce, vermischt mit gedünsteten, grobzerdrückten Maronen, gefüllt, gebraten; der Bratsatz mit Weinbrand und Wildfond deglaciert, Salat von Brunnenkresse nebenbei.

Coq d'Or: Gebraten, tranchiert, in feuerfester Kasserolle angerichtet; mit dem mit Wildfond verkochten Bratsatz übergossen; mit jungen Karotten, sautierten Champignons, braisierten Kohlköpfchen, glacierten Maronen, gebratenen Speckscheiben und Nußkartoffeln garniert.

auf deutsche Art: à l'allemande: Wie Rebhuhn bereitet.

auf Elsässer Art: à l'alsacienne: Mit Bratwurstfleisch gefüllt, gebräunt, zusammen mit Sauerkraut und einem Stück Magerspeck geschmort;

tranchiert, auf das Sauerkraut dressiert, mit dem in Scheiben geschnittenen Speck garniert, Salzkartoffeln nebenbei.

auf flämische Art: à la flamande: Angebraten, mit einem geviertelten Weißkrautherzen, Mohrrüben und weißen Rüben geschmort.

Galantine von (kalt): Galantine de faisan (galantin dö fäsang): Sorgfältig entbeint, ausgebreitete Haut mit Fasanenfarce, gewürzt mit Weinbrand, Salz und Pastetengewürz, vermischt mit gewürfelter Gänseleber, Trüffeln, Pökelzunge, fettem Speck und Pistazien bestrichen, Streifen von roher Fasanenbrust in die Mitte gelegt, zusammengerollt, in eine Serviette gebunden, langsam in Fasanenfond pochiert. Im Fond ausgekühlt, ausgewickelt, in sauberes Tuch gebunden, unter leichtem Druck völlig erkaltet. Wieder ausgewickelt, mit brauner Chaudfroid-Sauce nappiert, beliebig dekoriert, mit Gelee aus dem Fond gezogen und mit Madeira oder Sherry gewürzt überglänzt. Als Büfettplatte nur zum Teil aufgeschnitten und zusammen mit dem ungeschnittenen Teil auf ovale Platte auf Geleespiegel angerichtet und mit Gelee garniert; auch mit Cumberland-Sauce serviert.

auf georgische Art: à la géorgienne (schorschjenn): Junger Vogel, pochiert in einem Aufguß von grünem Tee mit Malvasier, Orangen- und Traubensaft, Butter und frischen, enthäuteten Haselnüssen; der Fond eingekocht, mit Demiglace verkocht über den Fasan gegossen.

Graf von Brabant: Comte de Brabant: In Service-Kasserolle gebraten; kurz vor dem Garwerden kleine gekochte Rosenkohlköpfchen, gebratene Speckwürfel und einige Tropfen Wildjus beigefügt, in der zugedeckten Kasserolle serviert.

grilliert: grillé: Wie Huhn am Rost gebraten bereitet; Teufelsauce nebenbei.

auf Großmutterart: à la grand'mère (grang mär): In Service-Kasserolle gebraten, garniert mit gebratenen Speckwürfeln und gerösteten Würfelkartoffeln, kleine in Butter geröstete Weißbrotwürfelchen darübergeschüttet, mit einigen Löffelchen Wildfond umgossen.

Gunsbourg: Entbeint, mit getrüffelter Schnepfenfarce gefüllt, gebraten; deglaciert mit Weinbrand und Wildessenz.

auf Hausfrauenart: à la bonne femme: Gebraten, garniert mit glacierten Zwiebelchen, sautierten Champignonköpfen und gebratenen Speckwürfeln; mit Kalbsjus deglaciert.

Jacques: Gefüllt mit Farce von eingeweichtem Weißbrot, der Fasanenleber, in Butter geschwitzten, gehackten Schalotten und gehackten Champignons; in der Kasserolle gebraten.

Kartäusergericht von: Chartreuse de faisan (schartrös dö fäsang): Große Becherform, gebuttert, mit gekochten Mohrrüben- und weißen Rübenscheiben ausgelegt, dick mit gedünstetem, gut abgetropftem Weißkraut ausgefüttert, Stücke von gebratenem Fasan in die Mitte gefüllt, mit Weißkraut verschlossen, mit Wurst- und Speckscheibchen bedeckt, mit gefettetem Papier belegt; im Ofen im Wasserbad gargemacht, gestürzt, serviert mit Demiglace, verkocht mit den Fasanenknochen. Wird auch von alten, geschmorten Fasanen bereitet.

in der Kasserolle: en casserole: In feuerfester Porzellankasserolle gebraten; mit ganz kleinen, gerösteten Kartoffeln, geviertelten, sautierten Champignons und gebratenen Speckwürfeln garniert, beim Servieren mit einigen Löffelchen Jus umgossen, in der zugedeckten Kasserolle serviert.

Kempinski: Farce von magerem Schweinefleisch, frischem, fettem Speck, gehackten Trüffeln und Gewürz zwischen Brust und Haut gefüllt, bardiert, gebraten; mit saurem Rahm deglaciert, garniert mit sautierten Champignons und glacierten Maronen.

mit Kohl: au chou: Alter Fasan, mit blanchiertem Weißkraut, einem Stück mageren Speck, gespickter Zwiebel und einigen Mohrrüben geschmort; tranchiert, auf dem Kohl angerichtet, garniert mit dem in Scheiben geschnittenen Speck, den geviertelten Mohrrüben und Chipolatas. Junge Vögel gebraten, der Kohl dafür gesondert geschmort.

mit Kronsbeeren: siehe with Cranberries

Lacroix (kalt): Rosa gebraten, erkaltet, Brust mit Brustknochen herausgeschnitten, Brusthälften in schräge Scheiben geschnitten, mit brauner Chaudfroid-Sauce mit Fasanenessenz nappiert, mit Trüffelscheibe dekoriert, mit Gelee überglänzt. Beine mit brauner Chaudfroid-Sauce nappiert, mit Gelee überglänzt, Hohlraum mit Schaumbrot von Fasan und Gänseleber, mit gewürfelten Trüffeln und roter Paprikaschote vermischt, gefüllt, die Brustscheiben wieder aufgelegt, Fasan auf Geleespiegel angerichtet. Garniert mit kleinen Mandarinen, gefüllt mit Püree von Gänseleberparfait, mit gerösteten, gestoßenen Haselnüssen, Mandarinensaft, Gelee und Schlagsahne aufgezogen, mit roter Kirsche dekoriert, mit Gelee, gewürzt mit Mandarinensaft, überglänzt.

auf Livornoer Art: à la livournaise (liwurnäs): Angebräunt, in der Kasserolle mit angebratenen Champignons und Scheiben von Steinpilzen gedünstet.

Mousse von: siehe Schaumbrot von Fasan

Mousselines von: siehe Fasanenschaumbrötchen

auf normannische Art: à la normande: Angebräunt, mit Apfelschnaps flambiert, mit Apfelwein angegossen, in der Kasserolle gedünstet; der Fond mit süßem Rahm eingekocht, garniert mit Apfelspalten in Butter gedünstet.

auf Pariser Art: à la parisienne: Gebraten, garniert mit Artischockenböden abwechselnd mit Gänseleberpüree, Trüffelperlen und Fasanennocken gefüllt.

Prince Nicolai: Blutig gebraten, ausgekühlt, maskiert mit Duxelles, vermischt mit Püree von blutig gebratenen Geflügellebern und gehackter Petersilie; in Blätterteig gehüllt, dekoriert, mit Ei bestrichen, im Ofen gebacken; Madeirasauce nebenbei.

mit Rahmsauce: à la crème: In der Kasserolle gebraten, mit süßem Rahm deglaciert, mit wenig Fleischglace verkocht.

Pheasant Canadiana: ausgelöste Brusthälften und Keulen eines jungen Fasans durch gewürztes Mehl gezogen, in einer Deckelpfanne mit gehacktem Knoblauch angeröstet, zugedeckt, langsam gargedünstet. Auf wildem Reis angerichtet, mit Blumenkohlröschen, grünen Bohnen und kleinen Tomaten garniert (kanadisch).

Richemonde (rischmong): Mit Brotfarce, vermischt mit Magerspeck- und Trüffelwürfeln gefüllt, gebraten; Bratsatz mit Madeira deglaciert, mit gebundener Kalbsjus verkocht.

Roast Pheasant with Cranberries: mit Kronsbeeren: Gebraten, Bratsatz mit Weißwein deglaciert, verkocht mit Demiglace, gewürzt mit Orangensaft; Kronsbeeren, mit wenig Wasser und Zimt gekocht, leicht mit Stärkemehl gebunden, nebenbei (nordamerikanisch).

Salmi von: Salmis de faisan: Wie Rebhuhn bereitet.

Schaumbrot von (kalt): Mousse de faisan (mus dö fäsang): 1. Püree von gebratenem Fasan, mit pochierter Gänseleber vermischt, mit etwas Velouté aufgezogen, durch feines Sieb gestrichen, gewürzt, vermischt mit Fasanenessenz, Gelee und Schlagsahne, in mit Gelee ausgegossene und beliebig dekorierte Form gefüllt, mit Gelee verschlossen; nach dem Stocken gestürzt, mit Gelee-Dreiecken garniert;

2. Masse wie oben, doch sehr zart gehalten, in tiefe runde Kristallschale gefüllt; nach dem Erstarren kranzartig mit schönen, oval parierten Scheiben gebratener Fasanenbrust, mit Trüffelscheibe

dekoriert, belegt, Schale mit sehr leichtem Gelee, aus den Fasanenknochen gezogen und mit Madeira gewürzt, gefüllt.

Schaumbrötchen (kalt): Mousselines de faisan (muslihn dö fäsang): Wie Schaumbrot bereitet, doch in kleine ovale oder runde Förmchen, mit Gelee ausgegossen und mit Trüffel dekoriert, gefüllt, mit Gelee verschlossen; nach dem Stocken gestürzt, mit Gelee garniert.

mit Sellerie: au céleri: Zusammen mit einigen Stückchen Bleichsellerie geschmort; Schmorfond mit süßem Rahm verkocht, passiert, garniert mit Stückchen von gedünstetem Bleichsellerie.

auf Straßburger Art: à la strasbourgeoise: Gebraten, tranchiert, auf Sauerkraut dressiert, garniert mit kleinen Bratwürstchen und Scheiben von magerem Speck, der mit dem Kraut gedünstet worden ist.

Suwarow: Souvaroff: Mit leicht in Butter ansautierten Gänseleberwürfeln gefüllt, bardiert, in Service-Kokotte gebraten; wenn halbgar, Speckbarde entfernt, kleine, in Madeira vorgekochte Trüffeln mitsamt dem Fond beigefügt, Kokotte hermetisch verschlossen, 15 Minuten in den heißen Ofen gestellt, erst bei Tisch geöffnet.

Thackeray: Blutig gebraten, leicht ausgekühlt, zerlegt, mit Duxelles maskiert, paniert, in tiefem Fett gebacken; garniert mit Wildklößchen, Demiglace mit Wildessenz nebenbei.

Titania: Blutig gebraten, in feuerfeste Service-Kasserolle gelegt, garniert mit dunklen, geschälten, entkernten Weinbeeren und Orangenfilets; der Bratsatz mit Granatapfelsaft deglaciert und mit Wildfond verkocht über den Vogel gegossen, zugedeckt, noch einen Moment in den heißen Ofen gestellt, sofort serviert.

Victoria: Entbeint, mit getrüffelter Gänseleberfarce gefüllt, bardiert, gebraten; in der Kokotte mit Würfelkartoffeln serviert.

auf Wiener Art: à la viennoise (wjennoas): Mit Ausnahme der Unterkeulen völlig entbeint, mit Bratwurstfleisch, verarbeitet mit frischem, fettem Speck, gewürzt mit Pastetengewürz, vermischt mit vorher in Madeira marinierten Trüffel- und Gänseleberwürfeln, gefüllt, dressiert, bardiert, 24 Stunden kühl aufbewahrt; gebraten, tranchiert, serviert mit Demiglace, mit den Fasanenknochen verkocht.

auf Zigeunerart: à la zingara: Gebräunt, in tomatierter Demiglace mit Estragon geschmort; die passierte Sauce, vermischt mit grober Julienne von Schinken, Pökelzunge, Champignons und Trüffeln, zuvor leicht in Butter sautiert, darübergegossen.

Fasanenbrüstchen: Suprême de faisan (süpräm dö fäsang): Die ausgelösten Brüstchen, je nach Größe einmal schräg geteilt oder auch ganz gelassen, oval zugeschnitten, in Butter rosa gebraten, mitunter auch nur in Butter leicht gedünstet, oft auf in Butter gebratenen Croutons von gleicher Größe angerichtet. Viele Gerichte für Hühnerbrüstchen sind auch für Fasanenbrüstchen anwendbar, mit Ausnahme jener, die mit weißen Saucen gratiniert werden.

Alexandrine: In Butter gargedünstet, belegt mit Trüffelscheibe, nappiert mit Geflügelrahmsauce; mit Tarteletts, gefüllt mit grünen Spargelspitzen in Rahmsauce, garniert.

mit Ananassaft: au suc d'ananas (o ßük danana): Wie mit Orangensaft bereitet.

mit Austern: aux huîtres: In Butter gebraten, dressiert auf Sauerkraut; garniert mit steifgemachten, entbarteten Austern, leicht mit Demiglace, mit angerösteten Fasanenknochen verkocht, übergossen.

auf Botschafterinart: à l'ambassadrice: In Butter gargedünstet ohne Farbe anzunehmen, nappiert mit Geflügelrahmsauce; garniert mit getrüffelten Lammbrieschen und grünen, gebutterten Spargelspitzen.

mit Champignons: aux champignons (o schampinjong): In Butter gebraten, Bratsatz mit Champignonessenz und Weißwein deglaciert, mit Demiglace verkocht, sautierte Champignonscheiben hinzugefügt.

auf deutsche Art: à l'allemande: Gebraten, auf gedünstetem Weißkraut dressiert; mit Magerspeckscheiben, zusammen mit dem Kraut gedünstet, garniert, nappiert mit dem Bratsatz, verkocht mit saurem Rahm.

auf Edelmannsart: à la gentilhomme (schangtilomm): Gebraten, dressiert auf Teigschiffchen gefüllt mit Linsenpüree, mit Trüffelsauce nappiert.

auf gallische Art: à la gauloise: In Butter gebraten, auf Crouton angerichtet, bedeckt mit Trüffelsauce, vermischt mit Hahnenkämmen und -nieren.

Graf Siersdorff: Einmal durchgeschnitten, auf Lebercrouton dressiert; garniert mit gebratenen Scheiben Stopfleber mit Trüffelscheibe, grünen Spargelspitzen, Dauphine-Kartoffeln in Spritzkuchenform und heißgemachten Weintrauben; Pfeffersauce mit Bar-le-duc nebenbei.

Halali: Gebraten; auf ovale Blätterteigkrustade, gefüllt mit Ragout von kleinen Champignonköpfen und Wildklößchen, mit wenig Madeirasauce gebunden, dressiert; nappiert mit kräftiger Pfeffersauce, mit Johannisbeergelee, Orangensaft und blanchierter Julienne von Orangenschale vermischt.

auf kaiserliche Art: à l'impériale (angperjal): Mit Trüffel- und Schinkenfäden gespickt, in Butter gebraten; nappiert mit Madeirasauce, vermischt mit Julienne von Trüffeln und Champignons.

auf königliche Art: à la royale (roijal): In Butter gebraten, auf ovales Klößchen von Fasanenfarce dressiert; mit Trüffelscheibe belegt, mit Trüffelsauce nappiert.

mit Mandarinensaft: au suc de mandarine (o ßük dö mandarihn): Wie mit Orangensaft bereitet.

mit Orangensaft: au suc d'orange (o ßük dorangsch): In Butter gebraten, herausgenommen, Bratsatz mit Weinbrand deglaciert, flambiert, einige Löffelchen Orangensaft hinzugegeben, aufgekocht und über das Brüstchen gegossen.

Faux filet: Lendenstück

Fejoada: Rotbraune Frijolebohnen zusammen mit einem Stück Rinderbrust, Pökelfleisch, Rauchfleisch, Schinken, Schweinsohren, geräucherter Zunge, Chorizos und roten und grünen Paprikaschoten gekocht (brasilianisch).

Feldhuhn: siehe Rebhuhn

Fesenjane-Djaafari: Viel feingehackte, in Butter gedünstete Petersilie, vermischt mit Tomatenmark, gemahlenen Walnüssen und wenig Wasser aufgekocht; gehacktes Hammelfleisch, mit Salz, Pfeffer und reichlich Zimt gewürzt, zu walnußgroßen Klößen geformt, in Hammelfett oder Öl angebraten, langsam in der vorbereiteten Sauce gedünstet (persisch).

Fettammer: siehe Ortolan

Filet Beefsteak: siehe Beefsteak

Filet de bœuf: siehe Rinderfilet
 de chevreuil: siehe Reh
 de lapereau: siehe Kaninchen
 de lièvre: siehe Hase
 mignon de bœuf: siehe Lendenspitze
 mignon de chevreuil: siehe Reh
 mignon de mouton: siehe Hammelfilet
 de porc: siehe Schweinefilet
 de renne: siehe Renntier (richtiger das Ren)
 de volaille: siehe Hühnerbrüstchen

Filets mignons: Die kleinen Filets hauptsächlich von Lamm und Hammel.

Finnisk far-stuvning: Lammragout: Lammbrust, in Stücke geschnitten, in Butter angebraten, mit einfachem Fond aufgegossen, zusammen mit Karotten, weißen Rüben und Kartoffeln geschmort (finnisch).

Fischreiher: Héron (erong): In Mitteleuropa brütender, fast 1 m hoher Vogel mit langen Beinen, oben grau, unten weiß, und schwarzem Oberkopf mit weißer Mitte, der an vielen europäischen Gewässern lebt. Früher für die Tafel gezüchtet, heute in den meisten europäischen Ländern geschützt. Fastengericht.
  gebraten: rôti: Bardiert, gebraten, mit dem abgelöschten Bratsatz, verkocht mit saurem Rahm, serviert.
  pochiert: poché: Junger Vogel, in vorbereitetem Fond von Wasser, Wurzelwerk, gespickter Zwiebel und etwas Weinessig pochiert; serviert mit dem passierten, eingekochten und mit Zitronensaft gewürzten Fond.
Fläsk korv-stuvning: Dicke Scheiben von Schweinswurst zusammen mit Zwiebelscheiben und groben Kartoffelwürfeln in Schweinebrühe gekocht (schwedisch).
Fleischklöße, Boulettes: Boulettes (bullett): Leicht abgeflachte Klößchen von rohem, gehacktem Kalb- und Schweinefleisch, eingeweichtem Weißbrot, gehackten, in Butter geschwitzten Zwiebeln, Eiern und Gewürz, in Butter gebraten, die Bratbutter darübergegossen.
Foie de bœuf: siehe Rinderleber
  de chevreuil: siehe Reh
  gras: siehe Gänseleber
  de porc: siehe Schweineleber
  de veau: siehe Kalbsleber
Foies de volaille: siehe Geflügellebern
Fondants: siehe Schmelzkrusteln
Fondue Bourguignonne: siehe Rinderfilet
Fraise: siehe Gekröse
Fressure: siehe Geschlinge, Gekröse
Fricandeau de veau: siehe Kalbsfrikandeau
Fricassée d'agneau: siehe Lammfrikassee
  de poulet: siehe Hühnerfrikassee
  de veau: siehe Kalbsfrikassee
Frikadelle: Fricadelle: 1. Von rohem Fleisch: Hackfleisch (Rind, Kalb oder Schwein), vermischt mit gehackten, gedünsteten Zwiebeln, eingeweichtem, ausgedrücktem Weißbrot, Butter und Eiern, gewürzt, zu flachen, runden oder ovalen Steaks geformt, in Butter gebraten; garniert mit beliebigem Gemüsepüree, pikante oder Robert-Sauce nebenbei;
2. gekochtes oder gebratenes Fleisch, gehackt, vermischt mit gekochten, frisch durchgestrichenen Kartoffeln, gehackten, in Butter geschwitzten Zwiebeln, Eiern und gehackter Petersilie, gewürzt, wie oben geformt, in Butter gebraten, garniert mit Gemüsepüree, zum Fleisch passende Sauce nebenbei.
Frischling: Marcassin (markassäng): Junges Wildschwein bis zu einem Jahr. Keulen, Sattel, Koteletts u. Nüßchen können wie Reh bereitet werden.
Frischlingsbrust, gebacken: Poitrine de marcassin (poatrihn dö markassäng): Gekocht mit Wasser, Rotwein, Wurzelgemüsen, Lorbeerblatt, Thymian und Pfefferkörnern, erkaltet, Knochen entfernt, in viereckige Stücke geschnitten; mit Senfpulver, vermischt mit Zitronensaft, Worcestershiresauce und etwas Wasser, bestrichen, durch Backteig gezogen, in tiefem Fett gebacken; Hopfensprossen oder Knollenzieste in Rahmsauce nebenbei.
  in Gelee: en gelée: In hellem Fond mit Kräuterbündel und Wurzelwerk gekocht, erkaltet, Knochen entfernt, das Fleisch in kleine Stücke geschnitten; in eine Form in Gelee, aus dem Fond gezogen, eingesetzt, nach dem Erstarren gestürzt, mit Gelee-Dreiecken garniert; Cumberland-Sauce nebenbei.
  mit Remouladensauce: à la sauce rémoulade: Wie oben gekocht, entbeint und in Vierecke geschnitten; paniert, in tiefem Fett gebacken, mit gebackener Petersilie und Zitronenspalten angerichtet, Remouladensauce nebenbei.

Frischlingskotelett auf Ardenner Art: Côtelette de marcassin à l'ardennaise (ardenäs): In hellem Bier und Demiglace mit zerdrückten Wacholderbeeren und etwas englischem Senf geschmort; belegt mit gebratener Schinkenscheibe, nappiert mit der eingekochten, passierten Sauce.

Costolette di Cinghiale alla Maremmana: auf toskanische Art: Kotelett mit einem kleinen Lorbeerblatt besteckt, in dünne Scheibe rohen Schinken gehüllt, mit Olivenöl bestrichen, auf dem Rost langsam gebraten; garniert mit Strohkartoffeln, Salat von weißen Bohnen, mit dünnen Streifen von grünem Zwiebelschlauch vermischt, nebenbei (italienisch).

Cumberland: In Butter gebraten, auf Crouton angerichtet; Cumberland-Sauce nebenbei.

Kaunitz: In Rotwein und Wildfond geschmort, erkaltet, paniert mit geschlagenem Ei und geriebenem Graubrot, in Butter gebraten; Püree von Äpfeln in Weißwein gekocht nebenbei.

auf kleinrussische Art: à la petite russienne (ptit rüßjenn): Gespickt, geschmort in hellem Fond mit saurem Rahm und gehacktem Fenchelkraut; erkaltet, in Backteig aus Buchweizenmehl, mit Zimt gewürzt, gezogen, in tiefem Fett gebacken; die eingekochte Sauce, mit Zimt und Malaga gewürzt und mit gedünsteten, entsteinten Kirschen vermischt, nebenbei.

auf moldauische Art: à la moldavienne (molldawjenn): Geschmort in Pfeffersauce, Saft von unreifen Trauben, Zwiebelscheiben und Fenchel; auf in Butter gebratenem Crouton angerichtet, nappiert mit der eingekochten, passierten, mit Champignonscheiben vermischten Sauce; garniert mit Kartoffelkroketten.

auf Oberjägermeister-Art: à la grand-veneur (grang venör): In Rotwein und Wildfond geschmort, bestrichen mit einer Mischung von geriebenem Roggenbrot, Zimt und Rotwein, mit zerlassener Butter betropft, im Ofen überkrustet; Oberjägermeister-Sauce nebenbei.

auf römische Art: à la romaine: In Butter sautiert, mit römischer Sauce nappiert; Maronen-, Linsen- oder Selleriepüree nebenbei.

St. Hubertus: Saint-Hubert (säng-übähr): Nur auf einer Seite sautiert, unter leichtem Druck ausgekühlt, die angebratene Seite mit Wildschweinfarce, vermischt mit gehackten Champignons, gestoßenen Wacholderbeeren und Gewürz maskiert, in Schweinsnetzchen gehüllt; in russische Platte gelegt, mit geriebenem Weißbrot bestreut, mit Butter betropft, im Ofen gargemacht; mit Wildsauce und warmem, ungesüßtem Apfelmus serviert.

St. Markus: Saint-Marc (säng mark): Mit Pökelzunge gespickt, geschmort, mit dem eingekochten, entfetteten, gebundenen Fond nappiert; garniert mit Maronenkroketts, Kronsbeeren- oder Preiselbeerenpüree nebenbei.

auf slawische Art: à la slavonienne (slawonjenn): In Rotwein und braunem Fond geschmort, erkaltet, paniert in Eigelb, mit zerlassener Butter vermischt, und geriebenem Roggenbrot, vermischt mit Zimt und je einer Prise Zucker und Ingwerpulver, gebacken in tiefem Fett; Knollenzieste in Paprikasauce nebenbei.

Frischlingsrücken, Frischlingssattel: Selle de marcassin (ßäll dö markassäng): Mitunter mariniert, meist nur gespickt, gebraten, serviert mit dem mit Wildfond deglacierten Bratsatz und beliebiger Garnitur.

in Brotteig: en croûte (äng krut): Gebraten, tranchiert, wieder zusammengesetzt, mit einer Mischung von geriebenem Roggenbrot, Zimt und Rotwein dick bedeckt, mit Butter betropft, im Ofen überkrustet; Kirschsauce nebenbei.

auf moderne Art: à la moderne: Gebraten, wie in Brotteig fertiggemacht; garniert mit Tarteletts, gefüllt mit sautierten Steinpilzscheiben, Schloßkartoffeln und kleinen Krapfen von Brandteig mit Preisel- oder Kronsbeeren vermischt; Pfeffersauce, mit süßem Rahm und Johannisbeergelee vervollständigt, nebenbei.

Frischlingsschinken in Brotteig: Jambon de marcassin en croûte (ang krut): Mariniert, in braunem Fond und Rotwein geschmort, erkaltet, in Roggenbrotteig, vermischt mit etwas Butter und Rotwein, eingehüllt, im Ofen gebacken; Cumberland-Sauce nebenbei.

auf deutsche Art: à l'allemande: Mariniert, geschmort, glaciert; der Fond, mit Pfeffersauce und süßem Rahm verkocht und mit Johannisbeergelee vervollständigt, nebenbei.

auf römische Art: à la romaine (rohmän): Mariniert, in braunem Fond geschmort, glaciert; römische Sauce nebenbei.

auf russische Art: à la russe: Mariniert, geschmort mit Rotwein, einem Teil der Marinade und Röstgemüsen; Schmorfond passiert, leicht gebunden, der Schinken mit etwas Sauce nappiert, mit geriebenem Roggenbrot, mit Zimt und Zucker vermischt, bestreut, mit Butter betropft, im Ofen überbacken; Rest der Sauce nebenbei.

Fritot: siehe Gebackenes

Fritto misto: Gemischtes Gebackenes: Scheibchen von vorgekochtem Hirn, Kalbsmilch, kleine Scheibchen Kalbsleber, Lammkoteletts, Hühnerkroketts, Stückchen von Courgetts und Artischockenböden, paniert, in Olivenöl gebacken; garniert mit Zitronenspalten (italienisch).

scelto alla Romana: auf römische Art: Scheibchen von Kalbshirn, Kalbsmilch, Kalbsleber, Kalbsmark, kleine Kartoffeln, geviertelte Artischockenböden und kleine Brotstückchen, paniert, in tiefem Fett oder Öl gebacken; garniert mit Zitronenspalten (italienisch).

alla siciliana: auf sizilianische Art: Scheibchen von Kalbshirn, -lunge und -leber, dünne Scheibchen vorgekochtes Kalbfleisch und Kalbskopf, geviertelte Artischockenböden und Sardinen, durch Backteig gezogen, gebacken; serviert mit Zitronenspalten und Tomatensauce (italienisch).

Fromage de Hongrie: siehe Schweinesülze

Fromage de Italie: siehe Leberkäse

Füllpastete, Timbale, Krustenpastete: Timbale: Eine etwas aus der Mode gekommene Pastete, bestehend aus Pasteten- oder gesalzenem Mürbeteig, Grieß- oder Herzogin-Kartoffelmasse, meist in einer runden, tiefen Form blind gebacken, mit feinem Ragout u. a. m. gefüllt; oder Charlottenform gefettet, dekoriert, dick mit Farce ausgefüttert, mit einem gebundenen Kleinragout gefüllt, mit Farce zugestrichen, pochiert im Wasserbad, gestürzt und mit passender Sauce serviert. Auch feine Ragouts, in einer Timbale-Schüssel angerichtet, bezeichnet man als Timbale.

Agnes Sorel: Becherform dick mit Hühnerfarce ausgestrichen, gefüllt mit kleinen, nur in Butter steifgemachten Hühnerbrüstchen, Trüffel-, Champignon- und Pökelzungenscheibchen, mit dicker deutscher Sauce gebunden, mit Farce verschlossen, im Wasserbad pochiert; gestürzt, mit Trüffelscheiben bedeckt, mit deutscher Sauce, mit Hühneressenz, nappiert.

Alexandra: Hohe Schale aus feinem, gesalzenem Mürbeteig, blind gebacken, gefüllt mit pochierten Hühner- oder Taubenbrüstchen, grünen Spargelspitzen und Trüffelscheiben; nappiert mit Mornaysauce mit Hühneressenz, mit geriebenem Käse bestreut, rasch glaciert.

auf badische Art: à la badoise (badoas): Hohe Pastete aus Nudelteig gebacken, gefüllt mit Kalbsmilch- und Schinkenscheiben mit Finanzmannsauce gebunden.

Beaumarchais (bomarschä): Gefettete Becherform, mit Trüffelscheiben ausgelegt, mit Wildfarce dick ausgestrichen, gefüllt mit Gänseleber- und Champignonwürfeln mit dicker Madeirasauce gebunden, mit Wildfarce zugestrichen; pochiert, gestürzt, mit Madeirasauce nappiert.

Bontoux (bongtu): Hohe dekorierte Pastete aus Pastetenteig, blind gebacken, abwechselnd mit kleingeschnittenen Spaghetti, mit geriebenem Parmesan, Butter und dickem Tomatenpüree gebunden und Scheibchen von getrüffelter Hühnerfarce, in Wurstform pochiert, Trüffelscheiben, Hahnenkämme und -nieren, mit tomatierter Demiglace gebunden, gefüllt; mit dekoriertem Deckel aus Pastetenteig gebacken belegt.

auf Botschafterinart: à l'ambassadrice: Gebutterte Becherform, ausgelegt mit Ringen von Pökelzunge mit einer runden Trüffelscheibe in der Mitte, mit Hühnerfarce ausgestrichen, abwechselnd mit Nudeln, in Butter geschwenkt, sautierten Geflügellebern, Scheiben von Lammbrieschen, Trüffeln und Champignons, mit tomatierter Madeirasauce gebunden, gefüllt; pochiert, gestürzt, Madeirasauce nebenbei.

auf Calaiser Art: à la calaisienne (kaläsjen): Ragout von Hummer, Muscheln, Garnelen und kleinen Champignonköpfen, mit normannischer Sauce gebunden, in runde, etwas flache Schale von blind gebackenem Pastetenteig gefüllt.

Cavour (kawuhr): Blind gebackene Becherpastete aus Pastetenteig, gefüllt mit Scheiben von Lammbrieschen, Trüffeln, Champignons und entsteinten, blanchierten Oliven, mit Madeirasauce gebunden; obenauf mit kleinen Scheibchen sautierter Gänsestopfleber garniert.

auf gallische Art: à la gauloise (goloas): Gebackene Becherpastete aus Grießmasse, gefüllt mit Ragout von Hahnenkämmen und -nieren, Champignons und Trüffelscheiben mit Madeirasauce gebunden.

auf Herzoginart: à la duchesse (düscheß): Runde, nicht zu hohe Schale aus Pastetenteig, gefüllt mit Scheibchen von weißem Hühnerfleisch, Champignons und Trüffeln mit weißer Rahmsauce gebunden.

auf königliche Art: à la royale (roijal): Gefettete Form mit Scheiben von Pökelzunge und Trüffeln ausgelegt, dick mit Hühnerfarce ausgefüttert, gefüllt mit Trüffelscheiben, kleinen Champignonköpfen und Gänseleberwürfeln, mit dicker Madeirasauce gebunden, mit Hühnerfarce zugestrichen; pochiert, mit Madeirasauce nappiert.

Montera: Scheibchen von gebratener Ente, blanchierten, entsteinten Oliven, Orangenfilets und Streifen gedünsteter, roter Paprikaschote, mit Bigaradesauce gebunden, in Timbaleschüssel gefüllt, mit Fleurons umlegt.

auf Prinzessinart: à la princesse: Krustade von Herzogin-Kartoffelmasse, zu schöner, brauner Farbe gebacken, gefüllt mit kleinen, pochierten Hühnerbrüstchen, kleinen Hühnerschaumklößchen und Spargelspitzen, gebunden mit deutscher Sauce, mit Spargelbutter vervollständigt.

Rachel: Hohe, blind gebackene Schale von leicht gesalzenem Auslegeteig, gefüllt mit Scheiben von Kalbsmilch, Artischockenböden und blanchierten Ochsenmarkscheiben, mit Bordelaiser Sauce gebunden.

Rothschild: Charlotteform dick mit Fasanenfarce ausgestrichen, gefüllt mit gewürfelter Gänseleber mit dicker Madeirasauce gebunden, mit Fasanenfarce zugestrichen, pochiert; gestürzt, mit Trüffelscheiben belegt, mit Madeirasauce nappiert.

Talleyrand: Form dick mit Hühnerfarce ausgestrichen, gefüllt mit Makkaroni, in kleine Stückchen geschnitten, gebunden mit Butter, geriebenem Parmesan und Rahmsauce, vermischt mit Würfeln von Gänseleber, Trüffeln und weißem Hühnerfleisch, mit Hühnerfarce zugestrichen; pochiert, gestürzt, nappiert mit Demiglace mit Trüffelessenz, bestreut mit grober Trüffeljulienne.

Galantine d'agneau: siehe Lammgalantine
  de canard: siehe Entengalantine
  de volaille: siehe Hühnergalantine
Gans: Oie (oa): Gehört zur Unterfamilie der Gänsevögel, die in Europa und der ganzen Welt verbreitet ist. Man unterscheidet zwischen Mast- und Frühmastgans. Mastgänse wiegen bis zu 7 kg, besonders

beliebt die Hafer-Mastgans. Frühmastgänse sollen nicht älter als 5 Monate sein und nicht mehr als 4 kg wiegen. Gänsefleisch ist nur im ersten Jahr wirklich schmackhaft. Gänse werden gebraten, gekocht, geschmort, gepökelt und geräuchert, die geräucherte Brust gilt als Delikatesse.

auf Bauernart: à la paysanne: Geschmort, garniert mit kleinen Scheibchen Karotten, Sellerieknolle, Zwiebeln, in Butter gedünsteten, gekochten grünen Erbsen und Rauten von grünen Bohnen, vermischt mit dem entfetteten, mit Stärkemehl gebundenen Fond.

Bismarck: Gebraten, angerichtet auf gehobeltem Weißkraut, mit Gänsefett und Weißwein geschmort; garniert mit halben, geschälten, ausgehöhlten, gebratenen Äpfeln mit Maronenpüree gefüllt; der mit Geflügeljus abgelöschte Fond nebenbei.

auf Bordelaiser Art: à la bordelaise: Mit Brotfarce, vermischt mit der gehackten Leber, gehackten Oliven, Sardellen, Eiern und in Scheiben geschnittenen, angebratenen Steinpilzen, gefüllt; gebraten, mit dem abgelöschten Bratsatz serviert.

Chipolata: Mit braunem Fond und leichter Demiglace geschmort; tranchiert, garniert mit glacierten, olivenförmigen Möhren, glacierten Maronen, glacierten Zwiebelchen, gebratenen Speckwürfeln und winzigen Bratwürstchen; nappiert mit dem eingekochten, passierten Bratfond.

auf dänische Art: à la danoise (danoas): Mit Äpfeln und Rosinen gefüllt, gebraten, mit Bratäpfeln garniert.

auf elsässische Art: à l'alsacienne: Mit Bratwurstfleisch gefüllt, gebraten; garniert mit Sauerkraut, mit Gänseschmalz gedünstet, und Dreiecken von magerem Speck, der mit dem Kraut gekocht wurde.

auf englische Art: siehe Roast Goose

auf flämische Art: à la flamande: Braun geschmort, garniert mit gedünsteten Krautbällchen, gedünsteten Karotten, weißen Rüben, Scheiben von magerem, gekochtem Speck und neuen Kartoffeln; bedeckt mit dem eingekochten, gebundenen Schmorfond.

auf französische Art: à la française: In Stücke geschnitten, angebraten, mit grünen Erbsen und nudelig geschnittenem Kopfsalat geschmort.

gedünstet (kalt): en daube (dohb): Entbeint, gefüllt mit Bratwurstfleisch, vermischt mit gewürfelter Pökelzunge, fettem Speck, Trüffeln und etwas Weinbrand; in genau passende Steingutkasserolle gelegt, mit Fond, aus dem Gerippe, Kalbsfüßen und Weißwein gezogen, angegossen, hermetisch verschlossen, bei mäßiger Hitze im Ofen gedünstet; kalt in der Kasserolle, mit dem entfetteten, gelierenden Fond bedeckt, serviert.

gefüllt: farcie: Mit Äpfeln und angedünsteten Maronen gefüllt, braun geschmort; der gebundene Schmorfond nebenbei.

in Gelee (kalt): en gelée: Gebräunt, geschmort, ausgekühlt; Keulen entbeint und in Scheiben geschnitten, Brust ausgelöst und in lange Streifen tranchiert; in nicht zu flacher Glasschale angerichtet und dabei wieder zusammengesetzt, mit leichtem Gelee, aus dem Schmorfond gezogen, völlig bedeckt.

gekocht: bouilli: Mit Wurzelwerk und gespickter Zwiebel gekocht; in Butter geschwenkte Nudeln oder fetter Reis und Mandel-Meerrettichsahne nebenbei.

gepökelt: salé: Mit einer Mischung von Salz, wenig Pfeffer und etwas Zucker eingerieben, in irdenem Topf einige Tage gepökelt; in Wasser mit Zwiebeln und Wurzelgemüsen gekocht, mit gedünstetem Sauerkraut serviert.

auf Hamburger Art: à la hambourgeoise (amburschoas): Mit in Butter gedünsteten, geschälten Apfelspalten und eingeweichten, entsteinten Backpflaumen gefüllt, gebraten, mit der naturellen Jus serviert.

auf kleinrussische Art: à la petite-russienne (ptit rüßjenn): Mit Buchweizen-Kascha gefüllt, mit viel angebräunten Zwiebelscheiben geschmort; der Schmorfond mit saurem Rahm verkocht.

mit Maronen: aux marrons (mahrong): Mit Bratwurst, vermischt mit gedünsteten Maronen gefüllt; halb gargekocht, dann gebraten, der mit dem Kochfond abgelöschte Bratsatz nebenbei.

auf Mecklenburger Art: à la mecklenbourgeoise: Gefüllt mit Weißbrotfarce, vermischt mit Gänseschmalz, gewürfelter, angebratener Gänseleber, Rosinen und gewürfelten, ansautierten Äpfeln; braisiert mit Weißwein und braunem Fond; gedünstetes Rotkraut nebenbei.

auf nordische Art: à la nordique: Mit Salz und gestoßenem Kümmel eingerieben, gefüllt mit Apfelscheiben und Zwiebelscheiben, mit Majoran gewürzt, gebraten; serviert mit der naturellen Jus.

auf provenzalische Art: à la provençale: So wie Ente gleichen Namens bereitet.

Roast Goose, Sage and Onion Stuffing: Gebratene Gans auf englische Art: Gefüllt mit Farce von gekochten, gehackten Zwiebeln, kurz blanchierten, gehackten Salbeiblättern, geriebener Weißbrotkrume, zerlassener Butter, Eiern, Salz und Pfeffer; gebraten, mit der naturellen Jus serviert (englisch).

auf russische Art: à la russe: In Stücke geschnitten, in heller Brühe mit Wurzelwerk und Pilzabgängen gekocht; nappiert mit weißer Sauce, aus dem Fond bereitet, mit saurem Rahm vervollständigt und mit Steinpilzscheiben vermischt.

auf Straßburger Art: à la strasbourgeoise: Gefüllt mit Äpfeln, gebraten, serviert mit gedünstetem Sauerkraut, vermischt mit Maronen.

Oie à l'instar de Visé: auf Viseer Art: In hellem Fond zusammen mit dem Klein, Wurzelwerk und Knoblauch gekocht; zerlegt, mit dem Bouillonfett übergossen und kurz nachgedünstet; nappiert mit Velouté, von dem Fond bereitet, mit Eigelb legiert, mit süßem Rahm und Knoblauchpüree (Knoblauch in Milch gekocht), vervollständigt (belgisch).

mit Weichselkirschen: aux griottes (o grijott): Angebräunt, mit Mirepoix, Rotwein und leichter Demiglace geschmort; tranchiert, nappiert mit der eingekochten, passierten Sauce, reichlich mit entsteinten, gedünsteten Weichselkirschen vermischt.

Gänseleber, Gänse-Stopfleber: Foie gras (foa grah): Die nach besonderem Verfahren gemästete Leber der Gans, die in Spezialfabriken zu Pasteten, Parfait und anderen Spezialitäten verarbeitet und in der Küche für warme und kalte Gerichte verwendet wird. Wenn nicht anderes erwähnt wird, handelt es sich bei den nachfolgenden Rezepten stets um Stopflebern.

auf Berliner Art: à la berlinoise: Frische Gänseleber, rosa gebraten, garniert mit gebratenen Zwiebel- und Apfelscheiben, mit brauner Butter übergossen.

in Blätterteighülle: en chausson (ang schossong): Mit Trüffeln bespickt in Speckscheibe gewickelt, in Blätterteig gehüllt, mit Teigblättern dekoriert, Loch zum Dampfabzug frei gelassen, mit Eigelb bestrichen, im Ofen gebacken; Madeirasauce nebenbei.

Brioche: Brioche de foie gras (brihosch dö foa gra): Mit Trüffeln besteckt mit dünner Speckscheibe umwickelt, etwa 20 Minuten in kräftigem Fond pochiert; fast gänzlich ausgekühlt, in die Mitte einer Briocheform, mit Briocheteig ausgefüttert, gesetzt, mit Briocheteig bedeckt, mit Eigelb bestrichen, nach dem Aufgehen im heißen Ofen gebacken; warm oder kalt serviert.

Celestine von (kalt): Celestine de foie gras: Kalte, rosa pochierte Gänseleber, oval ausgestochen, mit gehackter Trüffel bestreut, mit brauner Chaudfroid-Sauce nappiert, mit Madeiragelee überglänzt; auf ovale Scheibe Gänseleberschaumbrot gesetzt, mit Geleewürfeln garniert.

auf Finanzmannsart: à la financière: Mit Trüffeln bespickt, in fetten Speck gehüllt, in Madeira und Kalbsfond pochiert; serviert mit Finanzmann-Garnitur.

gedünstet: braisée: Mit Trüffelnägeln bespickt, mit dünnen Scheiben von fettem Speck umwickelt, in Service-Kasserolle gelegt, gewürzt, mit etwas Madeira und kräftigem Kalbsfond angegossen; hermetisch verschlossen, im Ofen gedünstet.

Godard (godahr): Mit Trüffeln bespickt, in Speck eingehüllt, in Weißwein und hellem Fond mit Champignonabgängen pochiert; mit Godardsauce und Garnitur angerichtet.

Ilona: Mit Portwein und Kalbsfond pochiert; Fond eingekocht, mit süßem Rahm verkocht, mit Eigelb legiert und über die Leber gegossen; feine Nudeln, in Butter geschwenkt, nebenbei.

auf Jägerart: à la chasseur: In dicke Scheiben geschnitten, gemehlt, in Butter gebraten; auf Wildpüree dressiert, mit Jägersauce übergossen.

in der Kokotte: en cocotte: Mit Trüffelnägeln besteckt, gewürzt, in dünne Scheiben fetten Speck gewickelt, ganz leicht in Butter angebraten, der Bratsatz mit Weißwein und Kalbsjus deglaciert; in feuerfeste Servierkokotte gelegt, mit dem passierten Fond aufgegossen, mit einfachem Teig aus Mehl und Wasser hermetisch verschlossen, im Ofen gedünstet; in der Kokotte serviert, Madeirasauce nebenbei.

auf Marschallsart: In dicke Schnitzel geschnitten, paniert, in Butter gebraten; jede Scheibe mit Trüffelscheibe, durch flüssige Glace gezogen, belegt, garniert mit grünen Spargelspitzen; gebundene Kalbsjus mit Madeira nebenbei.

Medaillons (kalt): Medaillons de foie gras: Runde Scheiben Parfait, dekoriert, in Madeiragelee eingesetzt oder damit überglänzt, z.B.: pochierte Apfelscheibe, erkaltet, darauf ein Medaillon gesetzt, mit Trüffelscheibe dekoriert, mit Madeiragelee überglänzt; Medaillon mit japanischen Mandarinenspalten und Pistazien dekoriert; Medaillon mit Gänselebercreme, vermischt mit gestoßenen, gerösteten Haselnüssen, als Rosette aufgespritzt, mit halber Kirsche dekoriert; Medaillon mit Paprika bestäubt, mit 4 pochierten Ananasdreiecken dekoriert, u.a.m., alle mit Madeiragelee überglänzt.

in Papierhülle: en papillote: Gewürzt, in Butter angebraten, in herzförmig geschnittenes, gefettetes Papier mit kleiner angebratener Scheibe von rohem Schinken und einigen Trüffelscheiben gehüllt, im Ofen fertiggemacht; Madeirasauce nebenbei.

mit Paprika: au paprika: In Scheiben geschnitten, mit Salz gewürzt, mit Rosenpaprika bestäubt, in Butter gebraten; nappiert mit Paprikasauce mit süßem Rahm vervollständigt.

Parfait: Parfait de foie gras (parfeh): Die feinste Zubereitungsart, bestehend aus den schönsten Lebern und den schwärzesten Trüffeln, meist in ovaler, offener Terrine bereitet und mit Madeiragelee bedeckt.

Pastete: Pâté de foie gras (pateh): Sehr feine Zubereitung von großen Lebern und Trüffeln in rechteckiger, ovaler oder runder Teigkruste. Heute meist von namhaften Firmen hergestellt, mit denen keine Küche so leicht konkurrieren kann. Frische Pasteten halten sich, kalt gelagert, 8–10 Tage frisch.

auf Perigorder Art: à la périgourdine (perigurdihn): Mit Trüffelnägeln besteckt, gewürzt, mit Lorbeerblatt und ganzen Trüffeln in Weinbrand mariniert; in Speckscheibe gehüllt, braisiert, wenn halbgar in feuerfeste Kokotte zusammen mit den ganzen Trüffeln gefüllt, mit der Marinade und wenig kräftiger Kalbsjus angegossen, hermetisch verschlossen, 20 Minuten in den Ofen gestellt; in der Kokotte serviert.

in Portwein: au porto: Gewürzt, in dünne Speckscheibe gehüllt, in Butter angebraten, in Portwein und Kalbsfond gedünstet; ausgewickelt, bedeckt mit dem eingekochten, mit süßem Rahm verkochten Fond.

in Portweingelee (kalt): au gelée de porto: Mit Trüffeln besteckt, in dünne Speckscheibe gehüllt, in Portwein mit Kalbsfond gedünstet; ausgekühlt, ausgewickelt, in ovale Glasschale oder Kokotte plaziert, in Gelee, von dem Fond bereitet, eingesetzt, gut gekühlt serviert.

Saint-Alliance (säng alljangs): Gewürzt, in feuerfeste Kokotte mit großen, geschälten Trüffeln placiert; mit trockenem Schaumwein angegossen, hermetisch verschlossen, im Ofen gedünstet; in der Kokotte serviert.

Schaumbrot von: mousse de foie gras: Kalte, rosa pochierte Stopfleber, durch ein Sieb gestrichen, gewürzt, mit halbflüssigem Gelee und Schlagsahne aufgezogen; gefüllt in Form, mit Gelee ausgegossen und mit Trüffelscheiben dekoriert, mit Gelee verschlossen, nach dem Festwerden gestürzt, mit Geleewürfeln garniert.

auf moderne Art: à la moderne: Wie oben hergestellt, doch besonders leicht gehalten, in Glas- oder Kristallschüssel gefüllt; dekoriert mit Trüffeln, umkränzt mit kleinen Dreiecken von Gänseleperparfait, Schüssel mit sehr leichtem Gelee, mit Sherry, Madeira oder Portwein gewürzt, aufgefüllt.

auf Straßburger Art: à la strasbourgeoise: In dicke Scheiben geschnitten, gewürzt, in Butter gebraten; jede Gänseleberscheibe auf eine gebratene Apfelscheibe dressiert, mit einer Trüffelscheibe garniert, mit der Bratbutter übergossen.

Talleyrand: Runde, etwas flache Krustade, gefüllt mit geschnittenen Makkaroni, in Butter geschwenkt, vermischt mit geriebenem Parmesan, Trüffel- und Gänseleberwürfeln; ovale, gewürzte, gemehlte und in Butter gebratene Scheiben Stopfleber obenauf dressiert; Geflügelglace, vermischt mit Trüffelessenz, mit Butter aufgeschlagen nebenbei.

Tarteletts (kalt): Tartelettes de foie gras: Kleine, blindgebackene, ausgekühlte Tarteletts von Halbblätter- oder ungezuckertem Mürbeteig, zur Hälfte mit Gänseleberschaumbrot gefüllt, mit einer runden Scheibe Gänseleberparfait bedeckt, mit Trüffel- und Pökelzungenmotiv dekoriert, mit Gelee überglänzt.

Tosca (kalt): In Madeira mit ganzen Trüffeln pochiert, ausgekühlt, zu runden Medaillons ausgestochen, mit runder Trüffelscheibe dekoriert, mit Gelee (aus dem Fond gezogen) überglänzt; von den Abgängen Püree bereitet. Jedes Medaillon auf eine runde, dicke, in Weißwein pochierte, vom Kerngehäuse befreite Apfelscheibe gesetzt, die Apfelscheibe zuvor mit dem Püree, mit gehackten gerösteten Haselnüssen vermischt, bestrichen, der äußere Rand gleichfalls mit Haselnüssen angestreut.

trüffeln (kalt): truffes en surprise: Pochierte, kalte Stopfleber oder Gänseleberpastete, durch Sieb gestrichen, mit Butter verarbeitet, gewürzt; zu Kugeln geformt, in gehackter Trüffel gewälzt, nach dem Festwerden mit Madeiragelee überzogen. Wird als Vorspeise serviert oder als Garnitur verwendet.

auf ungarische Art: à la hongroise: Leicht mit Salz gewürzt, mit Rosenpaprika bestäubt, in dünne Scheiben fetten Speck gehüllt, in feuerfeste Kokotte gelegt; mit Tokayer und kräftiger Kalbsjus bis zur halben Höhe angegossen, hermetisch verschlossen, im Ofen gargemacht.

Villeroi: Scheiben von kalter, pochierter Gänseleber, mit Villeroisauce maskiert, paniert, in tiefem Fett gebacken; Madeirasauce nebenbei.

mit Weinbeeren: aux raisins (o räsang): Getrüffelt, gewürzt, in fette Speckscheibe gehüllt, kurz in Butter angebraten, in feuerfeste Kokotte placiert, ein wenig kräftiger Rheinwein angegossen, zugedeckt, rosig pochiert; Speckscheibe entfernt, reichlich geschälte, entkernte Weinbeeren und einige Löffel kräftiger Kalbsjus zugefügt, noch einige Minuten in den Ofen gestellt, in der zugedeckten Kokotte serviert.

Gebackenes: fritot (fritoh): Scheiben oder Stückchen von vorgekochtem Hirn, Kalbskopf, Kalbs- oder Hammelfüßen, Huhn u.a.m., in Olivenöl, Zitronensaft und gehackten Kräutern mariniert, durch Backteig gezogen, in tiefem Fett gebacken; mit gebackener Petersilie und Zitronenspalten angerichtet, Tomatensauce nebenbei.

Geflügeljunges: siehe Geflügelklein

Geflügelklein: Abatis de volaille (abatih dö wolaij): Hals, Herz, Magen, Leber, die oberhalb des ersten Gelenkes abgeschlagenen Flügel, mitunter auch die abgezogenen, an der Spitze abgehackten Füße, gekocht, gedünstet oder geschmort, in Sauce mit passender Garnitur oder mit gekochtem Reis serviert. Hühnerklein wird meist wie Gänseklein bereitet.

  auf Burgunder Art: Zusammen mit gehackten Zwiebeln und gewürfeltem Magerspeck angebräunt, mit Mehl bestäubt, mit Rotwein und braunem Fond aufgegossen, geschmort; nach dem Garwerden in saubere Kasserolle ausgestochen, vermischt mit glacierten Zwiebelchen, gebratenen Speckwürfeln und der passierten Sauce, aufgekocht, mit gehackter Petersilie bestreut serviert.

  Chipolata: Wird hauptsächlich von Gänse- oder Truthahnklein bereitet, angebräunt, geschmort in leichter Demiglace; garniert mit glacierten Zwiebelchen, glacierten Maronen, gebratenen Speckwürfeln und winzigen Bratwürstchen.

  Gänseklein auf deutsche Art: de oie à l'allemande: In Wasser mit Wurzelwerk, Lorbeerblatt, Zwiebeln, Pfefferkörnern und Piment gekocht; herausgenommen, Fond mit weißem Roux gebunden, mit etwas süßem Rahm verkocht, mit viel gehackter Petersilie vermischt und über das Klein gegossen; gekochter Reis nebenbei.

  mit Gemüsen: aux légumes: Braun geschmort, vermischt mit tournierten Möhren und Rüben, gekochten Erbsen und in Rauten geschnittenen grünen Bohnen.

  Goose Giblet Pie: Gänsekleinpastete: Gänseklein, knapp mit Wasser bedeckt, mit gespickter Zwiebel und Kräuterbündel halbweich gekocht, abgetropft; Pieschüssel mit dünnen Scheibchen Rindfleisch aus der Kluft ausgelegt, mit dem in Stücke geschnittenen Klein gefüllt, mit Rindfleischscheibchen bedeckt, gewürzt, mit dem passierten Fond angegossen; mit Blätter- oder Halbblätterteig bedeckt, mit Ei bestrichen, Kamin zum Dampfabzug frei gelassen, im Ofen gebacken, mit Papier bedeckt, um zu starkes Bräunen zu verhindern (englisch).

  auf Haushälterinart: à la ménagère: Braun geschmort, vermischt mit braun gebratenen Zwiebelscheiben und Scheiben von neuen Kartoffeln.

  auf Marseiller Art: de oie à la marseillaise (marßäjäs): In Olivenöl angebräunt, in Weißwein mit gewürfelten Tomaten, gehackten, angebratenen Zwiebeln, Knoblauch und Streifen von grünen Paprikaschoten geschmort; mit Zitronensaft gewürzt, mit gehackter Petersilie bestreut.

  auf Mecklenburger Art: à la mecklenbourgeoise: Gänseklein, mit Wurzelwerk, gespickter Zwiebel, Pfefferkörnern und Piment gekocht; Sauce aus dem Fond mit weißer Mehlschwitze, Gänseblut, Salz, Prise Zucker und einem Schuß Essig bereitet, über das Klein, vermischt mit kleinen, geschälten, gevierteilten, entkernten Birnen, passiert, erwärmt, jedoch nicht mehr gekocht; Mehlklößchen nebenbei.

  auf pommersche Art: à la pommeranienne (pommrangjenn): Gänseklein, angebraten mit gehackten Zwiebeln, mit Mehl bestäubt, mit hellem Fond aufgegossen, gewürzt, gekocht; nach dem Garwerden mit Gänseblut gebunden.

  Putenklein auf Bauernart: de dinde à la paysanne: Angebräunt, mit leichter Demiglace geschmort; vorgedünstete Scheibchen von Zwiebeln, Karotten und Rüben, gekochte Erbsen und Rauten von grünen Bohnen im letzten Moment beigefügt.

mit Rübchen: aux navets: In weißem Fond gekocht, Sauce aus weißer Mehlschwitze und dem Fond bereitet; vermischt mit gedünsteten, tournierten weißen Rüben oder Kohlrüben oder auch Teltower Rübchen.

auf russische Art: à la russe: In Wasser mit Wurzelwerk, gespickter Zwiebel, Ingwer, Pfefferkörnern und Piment gekocht; die passierte Sauce mit weißer Mehlschwitze gebunden, vermischt mit vorgekochtem Trockenobst (Birnen, Äpfeln, Pflaumen, Rosinen) und dem Klein, aufgekocht und so serviert.

mit Wurzelgemüsen: aux racines: In leichter Demiglace mit Zwiebelscheiben geschmort, vorgekochte Stückchen von Schwarzwurzeln, weißen Rüben und Möhren sowie Kartoffelkugeln beigefügt.

Geflügellebern: siehe Hühnerlebern

Gemse: Chamois (schamoa): Ziegenartiges Huftier, das in Europa in den Alpen und Pyrenäen und auch in den asiatischen und nordamerikanischen Gebirgen beheimatet ist. Wird wie Reh bereitet, zuvor jedoch meistens mariniert.

Keule auf bürgerliche Art: Gigue de chamois à la bourgeoise (schig dö schamoa): Mariniert mit Weinessig, etwas Wasser, in Scheiben geschnittenen Möhren und Zwiebeln, Pfefferkörnern und Lorbeerblatt, braun angebraten, mit braunem Fond und einem Teil der Marinade geschmort; Fond passiert, eingekocht, mit saurem Rahm verkocht; Reis oder gebutterte Nudeln nebenbei.

auf Schweizer Art: Gigue de chamois à la suisse: Mariniert, gespickt, in Rotwein und braunem Fond mit Wurzelwerk, Zwiebeln, Pfefferkörnern und Lorbeerblatt geschmort; Fond passiert, mit geröstetem Brot gebunden, abermals passiert, über das Fleisch gegossen.

Sattel auf deutsche Art: Selle de chamois à l'allemande: Mariniert in Rotwein mit Scheiben von Mohrrüben und Zwiebeln, Petersilienstielen und Lorbeerblatt, in Butter gebräunt und mit der Marinade geschmort; Marinade mit Demiglace und saurem Rahm verkocht, mit Zitronensaft gewürzt, passiert; Rotkraut und Kartoffelpüree nebenbei.

auf Oberjägermeister-Art: à la grand-veneur (grang wehnör): Gespickt, nur wenn mehr als 6 Monate alt mariniert, wenn jung gebraten, wenn älter geschmort; serviert mit Oberjägermeister-Sauce, mit einem Teil des Schmorfonds bereitet, gebutterten Nudeln und sautierten Morcheln, Steinpilzen oder Champignons.

auf Snagower Art: Selle de chamois Snagow: Sattel von jungem Tier, gespickt, rosa gebraten; Bratsatz mit Weinbrand und Weißwein deglaciert, mit Demiglace verkocht, vermischt mit geschälten, entkernten Weinbeeren; Nudeln, in Butter geschwenkt und mit gedünsteten Streifen roter Paprikaschote vermischt, nebenbei.

Gigot d'agneau: siehe Lammkeule

de mouton: siehe Hammelkeule

de porc: siehe Schweinekeule

Gigue de chevreuil: siehe Rehkeule

Goldammer: Bruant (brüang): Kleiner Wasservogel, der in Europa, Asien und Amerika verbreitet und wie Knäkente bereitet wird. In den meisten europäischen Ländern unter Naturschutz.

Golubzy po litowski: Litauische Kohlrouladen: Blanchierte Weißkrautblätter, gefüllt mit Farce von Hammelfleisch, gehackten, in Butter angeschwitzten Zwiebeln und Reis, gewürzt, vermischt mit gehacktem Dill, auf Speckscheiben, Scheiben von Möhren und Zwiebeln geordnet, mit Bouillon und Tomatenmark gedünstet; mit den Speckscheiben belegt, nappiert mit dem eingekochten, mit saurem Rahm verkochten Fond, bestreut mit gehacktem Dill (russisch).

Govia Dina Stroganow: Sauté de bœuf Stroganoff: Würfelchen von Rinderfiletkopf, gewürzt, rasch in heißer Butter noch blutig sautiert; reichlich gehackte Zwiebeln in Butter goldgelb geröstet, mit etwas Demiglace abgelöscht, mit saurem Rahm verkocht, mit Senf, Zitronensaft und einem Schuß Essig gewürzt. Das Rindfleisch mit der heißen Sauce durchgeschwenkt, jedoch nicht aufgekocht, sofort serviert (russisch).

Grand Coq de bruyère: siehe Auerhahn
Gras double: siehe Rindskaldaunen
Grenadin de lapereau: siehe Kaninchen, **de veau:** siehe Kalbfleisch
Grieve: siehe Krammetsvögel
Grouse: siehe schottisches Moorhuhn
Gulasch: Goulash: Gericht ungarischer Herkunft von Rind-, Kalb-, Lamm- oder Schweinefleisch, auch eine Mischung von mehreren Fleischsorten, meist mit reichlich Zwiebelscheiben oder gehackten Zwiebeln, Paprika und anderen Zutaten im eigenen Saft gedünstet.

Alt-Wiener: Wie Rindergulasch bereitet, mit Essig gewürzt, Kartoffelwürfel beigefügt.

Bárány paprikás: Lammgulasch: Gewürfelter Magerspeck und viel gehackte Zwiebeln leicht in Schmalz angeröstet, gewürfeltes Lammfleisch beigefügt, mit Paprika bestäubt, kurz angedünstet; Tomatenpüree, Streifen von grünen Paprikaschoten, Salz und wenig Wasser beigegeben, im eigenen Saft gedünstet; kurz vor dem Servieren saurer Rahm zugegossen; Reis, Mehlnocken oder Tarhonya nebenbei (ungarisch).

Bárány pörkölt: Lammgulasch: Gewürfeltes Lammfleisch zusammen mit gehackten Zwiebeln, gewürfeltem Rauchspeck und Paprika in Schweineschmalz angebraten, gewürzt, mit braunem Fond und Tomaten oder Tomatenpüree geschmort; Tarhonya nebenbei (ungarisch).

Bogrács gulyás: Rindergulasch: Gewürfeltes Rindfleisch mit gehackten Zwiebeln zusammen mit Paprika, Kümmel, Knoblauch und Majoran in eine Kasserolle gegeben, gesalzen, verrührt, mit etwas Schmalz vermischt und wenig Wasser angegossen im eigenen Saft gedünstet; wenn halbgar, in Streifen geschnittene Paprikaschoten, geviertelte Tomaten und gewürfelte Kartoffeln beigefügt, nur soviel Wasser beigegeben, daß alles weich wird. Vor dem Servieren gezupfte, aus Mehl und Ei bereitete, gesondert gekochte Nocken beigegeben (ungarisch).

Borju pörkölt: Kalbsgulasch: Gehackte Zwiebeln in Schmalz angeröstet, Knoblauch, Paprika, Salz, wenig Wasser und Tomatenmark beigefügt, kurz gekocht; großgewürfelte Stücke Kalbshachse hinzugefügt, fast trocken gedünstet, wenn halbgar, gewürfelte Paprikaschoten und Tomaten beigegeben; Mehlnocken oder Salzkartoffeln nebenbei (ungarisch).

Debrecziner: Wie Rindergulasch bereitet, mit reichlich Scheiben von geschälten Essiggurken vermischt.

Esterhazy: Zwiebelscheiben, Scheiben von Mohrrüben, Petersilienwurzel und Knollensellerie in Schweineschmalz gut angeschwitzt, gewürfeltes Rindfleisch, Knoblauch, Paprika, Thymian und Lorbeerblatt beigefügt, wenig Wasser angegossen, im eigenen Saft gedünstet; das Fleisch in eine saubere Kasserolle ausgestochen, grobe Julienne von Petersilienwurzel, Mohrrüben und Sellerieknolle sowie saurer Rahm beigegeben, kurz durchgekocht.

Fiakergulyas: Sehr viel Zwiebelscheiben in reichlich Schweineschmalz goldgelb geröstet, dabei edelsüßer Paprika und Tomatenpüree leicht mitgeröstet, würflig geschnittene Rinderhesse, gehackter Knoblauch, Majoran, gehackte Zitronenschale, Kümmel und Salz beigefügt, wenig kaltes Wasser angegossen, im kurzen Saft weichgedünstet; garniert mit Gurkenfächer, Teewürstchen und weichgekochtem Ei (österreichisch).

Hamburger: à la hambourgeoise: Rindergulasch, mit halb Weißwein und halb Bouillon aufgegossen, mit gehackter Zitronenschale, Paprika und Knoblauch gewürzt und mit Kapern vermischt.

Hirsch: de cerf: Wie Rindergulasch bereitet, zuletzt etwas saurer Rahm zugefügt.

Hunyadi: Wie Kalbsgulasch, jedoch mit Schweinefleisch bereitet, Kartoffelwürfel beigefügt.

Kalbs-: de veau: Gehackte Zwiebeln in Schweineschmalz goldgelb geröstet, grobe Kalbswürfel beigefügt, papriziert, kurz angezogen, gesalzen, mit wenig Wasser aufgegossen, im eigenen Saft halbgar gedünstet; saurer Rahm vermischt mit Mehl und Tomatenpüree hinzugegossen, fertiggedünstet.

Karlsbader: Rindergulasch, mit saurem Rahm vervollständigt, und Nockerlnbeilage.

Karolyi: Rindergulasch, mit viel gehackten Tomaten bereitet und grobe Kartoffelwürfel kurz vor dem Garwerden beigefügt.

Marha Gulyás: Gehackte Zwiebeln und Knoblauch, leicht in Schweineschmalz angeröstet, gewürfeltes Rindfleisch, Herz, Leber und Euter beigefügt, mit Paprika, Majoran, Kümmel und Salz gewürzt, nach kurzem Anlaufen mit Wasser angegossen, Tomatenpüree hinzugegeben, gedünstet; wenn halbgar, gewürfelte Kartoffeln und kurz vor dem Servieren Csipetke zugefügt (ungarisch).

Rinder-: de bœuf: Viel Zwiebelscheiben in Schweineschmalz goldgelb angeröstet, papriziert, mit Wasser und einem Schuß Essig abgelöscht; gewürfeltes Rindfleisch beigefügt, mit gehacktem Kümmel, Knoblauch, Majoran und Salz gewürzt, unter mehrfachem, geringem Wasserzusatz weichgedünstet; mit Mehl bestäubt, angezogen, mit etwas Bouillon aufgegossen, kurz durchgekocht.

Stroganow: siehe Govia Dina Stroganow

Székeler: Viel Zwiebelscheiben in Schweineschmalz hellgelb angeröstet, papriziert, kurz angezogen, mit Wasser abgelöscht; gewürfeltes, nicht zu mageres Schweinefleisch, gehackten Knoblauch und Kümmel beigefügt, kurz angezogen, mit Wasser aufgegossen, die gleiche Menge grobgehacktes Sauerkraut wie Fleisch hinzugegeben, gedünstet; nach dem Garwerden saurer Rahm hinzugefügt, noch kurz durchgekocht.

Tocana cu Mamaliga: Schweinegulasch mit Maisbrei: Durchwachsenes Schweinefleisch in Ragoutstücke geschnitten, mit ebensoviel gehackten Zwiebeln in Öl goldgelb angeröstet, mit Salz, Paprika und geriebenem Thymian gewürzt, mit weißem Landwein aufgegossen, im Ofen geschmort; dickgehaltener Maisbrei und saurer Schmant nebenbei (rumänisch).

Ungarischer: à la hongroise: Zwiebelscheiben und gehackter Knoblauch in Schweineschmalz angeröstet, dreimal soviel gewürfeltes Rindfleisch, Paprika, Majoran, Salz und zerdrückter Kümmel beigefügt, angedünstet, wenig Wasser aufgegossen, im eigenen Saft gedünstet; wenn halbgar, grüne Paprikastreifen, gehackte Tomaten und geviertelte oder grobgewürfelte Kartoffeln hinzugegeben und fertiggedünstet.

Wiener: à la viennoise: Gleiche Zubereitung wie Rindergulasch.

Zelný gulyas: Rindergulasch mit Paprika und Kümmel gewürzt, mit Weißwein und wenig Essig gedünstet, vermischt mit blätterig geschnittenem Weißkraut (tschechoslowakisch).

Zigeuner-: à la gitane: Wie ungarisches Gulasch, jedoch mit gleichen Teilen Rind-, Kalb-, Schweine-, und Hammelfleisch.

Znaimer: Reichliche Zwiebelscheiben in Schweineschmalz goldgelb angeröstet, vermischt mit halb und halb gewürfeltem Kalb- und Schweinefleisch, papriziert, mit Salz, Majoran, Knoblauch und Kümmel gewürzt; nur knapp mit Wasser angegossen, im eigenen Saft gedünstet; vermischt mit reichlich Scheiben von Essiggurken oder mit grober Julienne von Essiggurken bestreut.

Haackin karhunleike: Bärenfilet Haack: Filet, in dünne Scheiben geschnitten, gesalzen, mit Safran bestäubt, kurz in Butter gebraten, auf in Bouillon gekochtem Reis angerichtet; dicke Sahne geschlagen, mit scharfem Senf und Paprika verrührt, über die Scheiben gegossen; Multebeeren-Konfitüre nebenbei (finnisch).

Hachis: siehe Haschee

Hähnchen: siehe Huhn, Masthähnchen

Hahnenkämme: Crêtes de coq: Der Kamm von männlichem Geflügel, abgeschnitten, in kaltem Wasser gewässert, nur so weit erwärmt, daß die dünne Haut leicht abgestreift werden kann, weiter gewässert bis völlig blutfrei; in Hühnerbrühe mit Zitronensaft weichgekocht, als Garnitur, warme Vorspeise oder Zwischengericht verwendet. Hahnenkämme sind eine Delikatesse und sollten nicht fortgeworfen werden. Auch in Gläsern konserviert erhältlich.

Demidow: Demidoff: Vorgekocht, in Butter mit Scheibchen von Möhren, weißen Rüben, Sellerie und Zwiebeln gedünstet; gebunden mit Geflügelrahmsauce, halbmondförmige Trüffelscheiben zuletzt hinzugegeben.

gebacken: frites: Vorgekocht, durch Backteig gezogen, in heißem Fett gebacken; mit Zitronenspalten und gebackener Petersilie angerichtet.

auf griechische Art: Vorgekochte Hahnenkämme und -nieren, vermischt mit Pilawreis und gewürfelten, gedünsteten roten Paprikaschoten; garniert mit gebratenen Scheiben von Eieräpfeln.

auf Spießchen: en brochette: In Hühnerbrühe vorgekocht, abgetropft, 6 Stück auf jedes Spießchen gesteckt, durch zerlassene Butter gezogen, in geriebener Weißbrotkrume gewälzt, grilliert; Béarner Sauce nebenbei.

Villeroi: Vorgekocht, abgetropft, durch Villeroisauce gezogen, paniert; in heißem Fett gebacken, Trüffelsauce nebenbei.

Hahnennieren: Rognons de coq (ronjons dö kok): Gewässert, in Mehlwasser blanchiert, abgespült; hauptsächlich in feinen Ragouts und als warme Vorspeise verwendet.

auf griechische Art: à la grecque: In Butter sautiert, sonst wie Hahnenkämme gleichen Namens bereitet.

Pastete: Montrouge (mongtrusch): In Hühnerfond gedünstet, mit Rahmsauce, mit Madeira gewürzt, gebunden, vermischt mit gehackten Trüffeln; in flache Blätterteigpastete gefüllt, mit Reibbrot bestreut, mit zerlassener Butter betropft, rasch überkrustet.

Hamburger Rauchfleisch: Durch Pökeln und Kalträuchern haltbar gemachtes Rindfleisch, im Handel erhältlich. Roh, in dünne Scheiben geschnitten, mit geriebenem Meerrettich, Morcheln, Champignons oder Steinpilzen in Rahmsauce serviert; gekocht, wie Pökelzunge verwendet oder kalt zum Aufschnitt.

Hammelfleisch: Mouton (mutong): Das Fleisch gut gefütterter Schafe im Alter von 3–6 Jahren aus guter Zucht. Es soll eine wenig dunkelrote, lebhafte Farbe haben und gut abgelagert sein. Pré-salé bezieht sich auf das Fleisch von Schafen, die auf den Meeresstrandwiesen der Bretagne grasen. Southdowns sind Schafe, die an der englischen Südküste bei Eastbourne weiden. Pauillac: französischer Bezirk in der Gironde, berühmt wegen seiner zarten Schafe und Lämmer. Heidschnucke: Schafart von besonderem Wohlgeschmack, die hauptsächlich in der Lüneburger Heide und Ostfriesland weidet.

Hammel, Epigramm von: Epigramme de mouton: Wie Epigramm von Lamm bereitet.

Hammelfilets: Filets mignons de mouton: Die beiden kleinen Lendchen, die sich unterhalb des Hammelrückens befinden.

auf arlesische Art: à l'arlésienne: In Olivenöl gebraten, garniert mit gebratenen Tomaten, gebackenen Scheiben Eieräpfeln und gebackenen Zwiebelringen.

Byron: Mit dickem, weißem Zwiebelpüree maskiert, in geriebener Weißbrotkrume, mit gehackter Petersilie vermischt, gerollt, in geklärter Butter gebraten; mit halben, gebratenen Hammelnieren und Byron-Kartoffeln garniert.

Dickson: Gebräunt, in leichter Demiglace und etwas Trüffelfond geschmort; bedeckt mit der Sauce, vermischt mit Trüffeljulienne und entsteinten, blanchierten Oliven.

Djelou Khabab: Hammelfilet, ganz dünn geklopft, mit Salz, Pfeffer und Kurkuma gewürzt, durch Stärkemehl gezogen, am Holzfeuer gebraten; mit Reis, mit viel Butter vermischt, bedeckt angerichtet (persisch).

Durand: Wie Hammelnüßchen bereitet.

Goethe: In Butter gebraten, bedeckt mit leichtem Rührei, vermischt mit gehackten Champignons, garniert mit Chips-Kartoffeln.

auf iranische Art: à l'iranienne: In Butter gebraten; garniert mit halben, grillierten Tomaten, kleinen Paprikaschoten mit Reis gefüllt und halben gebratenen Bananen; Chateaubriand-Sauce mit dem eingekochten Fond der Paprikaschoten nebenbei.

auf Neverser Art: à la nivernaise (niwernäs): Angebraten, in leichter, tomatierter Demiglace geschmort; garniert mit olivenförmigen Mohrrüben, weißen Rüben und glacierten Zwiebelchen.

auf provenzalische Art: à la provençale: In Olivenöl gebraten, garniert mit gefüllten Tomaten und gefüllten Champignonköpfen, nappiert mit provenzalischer Sauce.

Hammelfüße: pieds de mouton (pjä dö mutong): Gesengt, gewässert, blanchiert, entknöchelt, in Mehlwasser mit Aromaten gekocht.

gebacken: frits: 1. Entbeint, gekocht, unter leichtem Druck erkaltet, in größere Stücke geschnitten; durch Backteig gezogen, in tiefem Fett gebacken, mit gebackener Petersilie und Zitronenspalten angerichtet;
2. in Stücke geschnitten, mit Zitronensaft und Öl mariniert, paniert, in tiefem Fett gebacken; Tomatensauce nebenbei.

gefüllt: farcis: Völlig entbeint, gekocht, unter leichtem Druck ausgekühlt; zu je zwei Hälften mit Farce zusammengesetzt, paniert, in tiefem Fett gebacken; Tomatensauce nebenbei.

auf italienische Art: à l'italienne: Entbeint, gekocht, in Stücke geschnitten, in italienischer Sauce gedünstet.

auf katalonische Art: à la catalane: Entbeint, gekocht, in große Stücke geschnitten; in Backplatte gefüllt, bedeckt mit Tomatensauce verkocht mit Weißwein, vermischt mit zerdrücktem Knoblauch und gehackter Petersilie; mit Reibbrot bestreut, mit zerlassener Butter betropft, im Ofen überkrustet.

Poulette: Gekocht in Stücke geschnitten, mit weißgedünsteten Zwiebelchen und Champignonköpfen garniert; mit Poulettesauce übergossen, mit gehackter Petersilie bestreut.

Saint-Menehould (säng mehnu): Entbeint, gekocht, unter leichtem Druck erkaltet; paniert, auf dem Rost gebraten.

auf Tiroler Art: à la tyrolienne (türolljän): Entbeint, gekocht, in Stücke geschnitten; in Sauce von gehackten Zwiebeln in Butter geschwitzt, vermischt mit gewürfelten Tomaten, gehackter Petersilie und etwas Pfeffersauce, gedünstet.

Villeroi: Gekocht, in größere Stücke geschnitten, durch Villeroisauce gezogen, paniert; in tiefem Fett gebacken, Tomatensauce nebenbei.

Hammelhirn: cervelle de mouton: Gewässert, Haut und Blutgerinnsel entfernt, in gewürztem Essigwasser pochiert, ausgekühlt im Fond.

auf Pariser Art: à la parisienne: Vorgekocht, in Scheiben geschnitten, mit deutscher Sauce, vermischt mit Champignon- und Trüffelscheiben, nappiert, mit geriebenem Käse bestreut, überkrustet.

Poulette: Vorgekocht, in Scheiben geschnitten, mit Poulettesauce nappiert, mit gehackter Petersilie bestreut.

auf Zigeunerart: à la zingara: Vorgekocht, in Scheiben geschnitten, gemehlt, in Butter gebraten, auf gebratener Schinkenscheibe dressiert, mit Zigeunersauce nappiert.

Hammelkeule: Gigot de mouton, gigot de pré-salé (schigo dö mutong, schigo dö preßaleh): Abgehangene Keule, Schlußknochen ausgelöst, Hachsenknochen verkürzt und pariert, gebraten, geschmort oder gekocht, serviert mit passender Sauce und Garnitur.

auf australische Art: à l'australienne (ostraljenn): Entbeint, ohne die Haut zu verletzen, gefüllt mit Farce von Hammelfleisch, frischem Speck, gehackten Zwiebeln, gehackter Petersilie und Essiggurken, mit Speckscheiben umhüllt, gebunden, angebraten, mit Mirepoix, Kräuterbündel und braunem Fond geschmort; serviert mit dem passierten, gebundenen Fond.

auf Bäckerart: à la boulangère: Entbeint, gebunden, knapp zwei Drittel gargebraten; umlegt mit gevierteltelten oder in Scheiben geschnittenen Kartoffeln, zusammen mit Zwiebelscheiben vermischt, gewürzt und leicht ansautiert; fertiggebraten, gehackte Petersilie auf den Kartoffeln beim Servieren, Hammeljus nebenbei.

auf Bayonner Art: à la bayonnaise: Entbeint, bespickt mit Champignonstreifen, sauren Gurken und Sardellenfilets, in Olivenöl, Weinessig, Zitronenscheiben, Thymian und Lorbeerblatt mariniert; in geöltes Papier gewickelt, im Ofen gebraten, Rotweinsauce nebenbei.

Boiled Leg of Mutton: Gekochte Hammelkeule: Wie Lammkeule bereitet (englisch).

auf Bordelaiser Art: à la bordelaise: Mit Schinkenstreifen gespickt, angebraten, geschmort; wenn halbgar geviertelte Mohrrüben und weiße Rüben, blanchierte, angebratene Magerspeckwürfel und zerdrückter Knoblauch beigefügt, fertiggeschmort; mit der Garnitur angerichtet, Tomatensauce, vermischt mit dem eingekochten Schmorfond, nebenbei.

Brayaude: Obenauf mehrere Einschnitte gemacht, mit 6–8 Knoblauchzehen besteckt, in große Kasserolle mit Zwiebeln, Mohrrüben, Stengel Bleichsellerie, Lorbeerblatt und etwas Thymian gelegt, mit kaltem Wasser aufgegossen, gesalzen, langsam gargekocht; zuvor eingeweichte, am besten mit dem Fleisch gekochte rote Bohnen und etwas passierter Fond nebenbei.

auf bretagnische Art: à la bretonne: Gebraten, weiße Bohnen auf bretagnische Art bereitet oder Püree von weißen Bohnen sowie die klare Bratenjus nebenbei.

Dubouzet (dübuzeh): Enthäutet, mit fettem Speck und Pökelzunge gespickt, geschmort; garniert mit kleinen Kartoffelklößchen, mit einem Kern von Bratwurstfleisch, Tomatensauce, vermischt mit dem eingekochten Schmorfond, nebenbei.

gefüllt: farci: Entbeint, gefüllt mit Kalbsfarce vermischt mit gehackten Kräutern, gebunden, angebraten, geschmort; garniert mit Tarteletts, gefüllt mit Püree von grünen Erbsen, der leicht gebundene Schmorfond nebenbei.

gekocht: bouilli: Gekocht mit Wurzelgemüsen, gespickter Zwiebel und Kräuterbündel; garniert mit gekochten Mohrrüben und Zwiebeln, weiße Sauce, aus dem Fond gezogen, nebenbei.

auf Hausfrauenart: à la bonne femme: Entbeint, gefüllt mit Bratwurstfleisch, gerollt, gebunden, geschmort; wenn halbgar dicke Mohrrüben und Zwiebelscheiben, zerdrückter Knoblauch und vorgekochte weiße Bohnen beigefügt, fertiggeschmort.

mit Kapernsauce: au sauce câpres: Gekocht, Kapernsauce nebenbei.

auf Lütticher Art: a la liégoise: Gebraten, der Bratsatz mit Genever deglaciert, einige zerdrückte Wacholderbeeren und brauner Fond beigefügt, eingekocht, passiert, leicht gebunden.

Ninon: Entbeint, gespickt, mariniert in Olivenöl mit Weinessig, Weißwein, gehackten Schalotten, Thymian, Petersilie, Lorbeerblatt, Basilikum, Knoblauch und Piment; angebräunt, mit der

Marinade, Weißwein und braunem Fond geschmort; der leicht gebundene, passierte, mit gehackten Kräutern vermischte Fond nebenbei.

auf Pächterart: à la fermière (fermjer): Geschmort, wenn etwas mehr als halbgar Scheibchen von Mohrrüben, weißen Rüben, Sellerie und Zwiebeln beigefügt, fertiggeschmort; einige Minuten vor dem Servieren oval tournierte, vorgekochte Kartoffeln hinzugegeben.

auf polnische Art: à la polonaise: Geschmort, Schmorfond mit saurem Rahm verkocht, garniert mit gefüllten Gurkenstückchen.

Roast Leg of Mutton and Mint Sauce: Gebraten, Minzsauce nebenbei (englisch).

mit weißen Rüben: aux navets (o naweh): Geschmort, wenn etwas mehr als halbgar, in Butter angebratene Zwiebelchen und wie große Oliven geformte Stückchen weiße Rüben beigefügt, und fertiggeschmort.

auf spanische Art: à l'espagnole: Mit braunem Fond, Tomatenpüree und Knoblauch geschmort; garniert mit gebackenen Zwiebelringen, grillierten Paprikaschoten und gebratenen Tomaten; der eingekochte, passierte Schmorfond nebenbei.

Hammelkotelett, Hammelrippchen: Côtelette de mouton, Côte de mouton (kott dö mutong): Eine Schnitte aus dem gespaltenen Hammelrücken, Rippenstück, von dem der Rückgratknochen abgehackt worden ist. Die Schnitte muß den Rippenknochen enthalten, der von oben in etwa 2½ cm Länge sauber pariert worden ist, überflüssiges Fett wird abgeschnitten. Das Hammelkotelett wird gebraten oder grilliert.

Alberta: Gebraten, auf Champignonpüree angerichtet, bedeckt mit Colbertsauce, garniert mit großen Nußkartoffeln.

Armenonville: Gebraten, auf flachem Boden von Anna-Kartoffeln dressiert, nappiert mit Madeirasauce; mit Hahnenkämmen und Morcheln in Rahmsauce garniert.

Bardoux (bardu): Paniert, gebraten, garniert mit grünen Erbsen, in Butter geschwenkt, vermischt mit gehacktem Schinken.

Baron Brisse (brihs): 1. Angebräunt, in Servierkasserolle mit gewürfeltem Knollensellerie geschmort; garniert mit Pariser Kartoffeln und Artischockenboden, gefüllt mit Champignonpüree;
2. gebraten, bedeckt mit geschmolzenen Tomaten; garniert mit aufgeblähten Kartoffeln und Artischockenböden mit Trüffelscheiben gefüllt; Trüffelsauce nebenbei.

auf Bauernart: à la paysanne (peisann): Gebraten, dressiert auf kleine, dünne Scheibchen Mohrrübe, weißer Rübe, Zwiebeln und Knollensellerie, in Butter gedünstet; garniert mit gebratenen Oliven-Kartoffeln und gebratenen Speckwürfeln.

Beaugency (boschangßi): Gebraten, garniert mit Artischockenboden, gefüllt mit geschmolzenen Tomaten, belegt mit blanchierter Scheibe Ochsenmark, umkränzt mit Béarner Sauce.

Beauharnais (boharnäh): Gebraten, garniert mit Brunnenkresse und gebackenen Kartoffelstäbchen oder Strohkartoffeln; Beauharnais-Sauce nebenbei.

Bennet: Gebraten, garniert mit Artischockenboden, gefüllt mit Gänseleberpüree, nappiert mit Mornaysauce, bestreut mit geriebenem Käse, glaciert.

Biarritz: Nur auf einer Seite angebraten, diese mit getrüffelter Schinkenfarce maskiert, im Ofen fertiggemacht; Trüffelsauce rundherum.

Billancourt (bijankuhr): Gebraten, nappiert mit Madeirasauce; garniert mit gebutterten grünen Bohnenkernen und Maronenpüree.

auf Botschafterinart: à l'ambassadrice: 1. Gebraten, mit Madeira und gebundener Kalbsjus deglaciert, garniert mit sautierten Geflügellebern und Champignons, Hahnenkämmen und -nieren, gedünstetem Kopfsalat und Pariser Kartoffeln;

2. gebraten, garniert mit braisiertem Lammbrieschen, belegt mit Trüffelscheibe und grünen Spargelspitzen.
auf bretagnische Art: à la bretonne: Gebraten, garniert mit weißen Bohnen, auf bretagnische Art bereitet.
Buloz (bülos): Nur auf einer Seite angebraten, diese dick mit Mornaysauce maskiert, paniert mit halb geriebenem Weißbrot und halb geriebenem Parmesan, in Butter gebraten; geformter, getrüffelter Risotto als Garnitur oder nebenbei.
auf Burgfrauenart: à la châtelaine: Wie Lammkotelett bereitet.
auf Burgunder Art: à la bourguignonne: Angebraten, in Service-Kasserolle zusammen mit angebräunten Zwiebelchen, ansautierten Champignonköpfen und angebratenen Speckwürfeln gedünstet, der Fond mit Burgundersauce verkocht.
Cabaret (kabareh): Angebraten in Service-Kasserolle zusammen mit gehackten Schalotten, mit Weißwein deglaciert, etwas Demiglace beigefügt, zugedeckt, geschmort; mit gehackten Kräutern bestreut serviert.
Carignan (karinjang): Paniert mit geriebenem Weißbrot, vermischt mit geriebenem Käse, in Olivenöl gebraten; garniert mit Hahnenkämmen und -nieren, durch Backteig gezogen und gebacken, Tomatensauce nebenbei.
auf Cetter Art: à la cettoise (ßettoas): Paniert, in Öl gebraten, garniert mit gebratenen Tomaten; tomatierte Madeirasauce, mit Knoblauch gewürzt, nebenbei.
Champvallon (schangwallong): In Butter angebräunt, in ovale Backplatte auf Zwiebelscheiben gelegt, gewürzt, mit hellem Fond angegossen, Kräuterbündel beigefügt, halbgar gedünstet; bedeckt mit rohen Kartoffelscheiben, Fond nachgefüllt, fertiggedünstet; in der Backplatte serviert.
Charleroi: Nur auf einer Seite angebraten, diese mit dickem, weißem Zwiebelpüree maskiert, mit geriebenem Käse bestreut, im Ofen überbacken.
Châtillon (schatijong): Gebraten, auf Boden von Anna-Kartoffeln dressiert, bedeckt mit Mornaysauce, die reichlich mit gehackten Champignons vermischt ist, mit geriebenem Käse bestreut, im Ofen überkrustet.
Clamart: Gebraten, garniert mit Anna-Kartoffeln und Artischockenböden, gefüllt mit Erbsen auf französische Art bereitet; gebundene Kalbsjus.
Cussy (küssi): Gebraten, garniert mit Artischockenboden gefüllt mit Maronenpüree, belegt mit Trüffelscheibe und großen Hahnennieren, in dicker italienischer Sauce gewälzt; Kotelett leicht mit Madeirasauce nappiert.
Cyrano: Gebraten, garniert mit Artischockenböden mit Champignonpüree gefüllt.
auf dörfliche Art: à la villageoise: Auf einer Seite angebraten, diese mit braunem Zwiebelpüree maskiert; mit Reibbrot bestreut, mit Butter betropft, im Ofen gargemacht.
d'Orsay (dorßäh): Gebraten, mit Madeirasauce nappiert; garniert mit blanchierten, gefüllten Oliven, gebratenen Champignons und Schloßkartoffeln.
Dubarry: Gebraten, wie Lendenschnitte garniert.
Durand: Wie Hammelnüßchen bereitet.
auf elsässische Art: à l'alsacienne: Grilliert, garniert mit Tarteletts, gefüllt mit Sauerkraut, eine runde Scheibe gebratenen Schinken obenauf; gebundene Kalbsjus.
Elysée-Palace: Gebraten, auf gebratene Kalbsmilchscheibe dressiert, mit geriefftem Champignonkopf belegt; Béarner Sauce nebenbei.
Gavarnie: Gebraten, nappiert mit Colbertsauce, vermischt mit gehacktem Estragon; garniert mit gedünstetem Kopfsalat und glacierten Zwiebelchen.

gehackt: haschée: Die Nuß herausgeschnitten, doch das Fett darangelassen, das Fleisch feingehackt, mit nußgroß eingeweichtem Weißbrot und ¹/₃ der Menge Butter vermischt, gewürzt, wieder am Knochen zur ursprünglichen Form gebracht. Paniert, gebraten, nach Belieben garniert.

auf Hausfrauenart: à la bonne femme: Auf beiden Seiten nur angebraten, in Backplatte zusammen mit vorgekochten weißen Bohnen, gedünsteten Mohrrüben- und Zwiebelscheiben, zerdrücktem Knoblauch, Salz und Pfeffer gegeben, mit zerlassener Butter übergossen, im Ofen gargemacht.

Henriot (anrijoh): Blutend gebraten, ausgekühlt, mit Villeroisauce maskiert, paniert, in tiefem Fett gebacken; garniert mit Morcheln in Rahmsauce.

auf italienische Art: à l'italienne: Paniert in geschlagenem Ei, halb geriebenem Weißbrot und halb geriebenem Parmesan, in halb Öl und halb Butter gebraten; garniert mit geviertelten Artischockenböden auf italienische Art bereitet.

auf Jägerart: à la chasseur: Gebraten, deglaciert mit Weißwein, verkocht mit Jägersauce, über das Fleisch gegossen.

auf kastilische Art: à la castillane: Gebraten, garniert mit Tarteletts aus Herzogin-Kartoffelmasse, gefüllt mit geschmolzenen Tomaten mit Spur Knoblauch, und gebackene Zwiebelringe; der Bratsatz mit Tomatensauce verkocht nebenbei.

Klementine: Clementine (klemangtihn): Gebraten, dressiert auf eine Scheibe Pökelzunge, bedeckt mit einer gebratenen Scheibe Kalbsmilch; nappiert mit deutscher Sauce, vermischt mit Champignonscheiben, garniert mit Strohkartoffeln.

auf Königinart: à la reine: Auf einer Seite angebraten, diese mit getrüffelter Hühnerfarce maskiert, im Ofen gargemacht; garniert mit grünen Spargelspitzen.

mit feinen Kräutern: aux fines herbes: In Butter gebraten, herausgenommen; gehackte Schalotten in der Bratbutter zusammen mit gehackten Kräutern angeschwitzt, mit Weißwein deglaciert, Kotelett wieder hineingegeben, mit leichter Demiglace gargeschmort.

Laura: Blutend gebraten, in Schweinsnetz, zusammen mit gekochten, kleingeschnittenen Spaghetti, mit geschmolzenen Tomaten vermischt, gehüllt; durch zerlassene Butter gezogen, mit Reibbrot paniert, auf dem Rost gebraten, umgossen mit tomatierter Demiglace.

Lavalière: Wie Hammelnüßchen bereitet.

auf Lieblingsart: à la favorite: Gebraten, belegt mit gebratener Gänseleber- und Trüffelscheibe; garniert mit grünen Spargelspitzen; gebundene Kalbsjus.

auf Limousiner Art: à la limousine: Auf beiden Seiten gebräunt, in Backplatte zusammen mit glacierten Maronen und Zwiebelchen gefüllt, mit Butter betropft, im Ofen fertiggemacht; beim Servieren etwas gebundene Kalbsjus angegossen.

auf Louisianer Art: à la louisianne: Gebraten, garniert mit gebratenen Scheiben von süßen Kartoffeln, gebratenen Bananenscheiben, Reiskroketts und Maiskörnchen in Rahmsauce.

auf Mailänder Art: à la milanaise: Paniert mit halb geriebenem Weißbrot und halb geriebenem Parmesan, gebraten; garniert mit Makkaroni auf Mailänder Art, Tomatensauce nebenbei.

Maintenon (mäntnong): Nur auf einer Seite angebraten, diese mit Mornaysauce, vermischt mit dickem Zwiebelpüree und Champignonpüree, maskiert; in gebuttertes Geschirr gelegt, glaciert; Trüffelsauce nebenbei.

Malmaison: Paniert, gebraten, auf flaches Kartoffelkrokett dressiert; garniert mit gebratenen Tomaten und Tarteletts mit Linsen- und grünem Erbsenpüree gefüllt.

Mancelle: Paniert, gebraten; garniert mit Tarteletts, gefüllt mit Püree von Maronen, in Wildfond mit Sellerie gekocht.

Marie-Louise: Paniert, gebraten; garniert mit Artischockenböden, gefüllt mit Mischung von Champignon- und Zwiebelpüree; gebundene Kalbsjus.

auf Markgräfinart: à la marquise: Gebraten, garniert mit Tarteletts, gefüllt mit Ragout von Kalbsmark, Spargelspitzen und Trüffelstreifen, gebunden mit deutscher Sauce mit Krebsbutter vervollständigt, und Markgräfin-Kartoffeln.

auf Marschallsart: à la maréchale: Paniert, gebraten, belegt mit Trüffelscheibe, durch flüssige Glace gezogen; garniert mit grünen Spargelspitzen.

Mirecourt (mirkuhr): Nur an einer Seite angebraten, diese gewölbt mit Kalbsfarce, vermischt mit Champignonpüree, maskiert, im Ofen gargemacht; garniert mit Artischockenpüree, Geflügelrahmsauce mit Champignonessenz nebenbei.

auf moderne Art: à la moderne: Gebraten, garniert mit Tarteletts gefüllt mit Maronenpüree; Madeirasauce, vermischt mit Julienne von Champignons, Trüffeln und Artischockenböden, nebenbei.

Montgelas (monglas): Nur auf einer Seite angebraten, diese mit Salpicon von Trüffeln, Champignons und Pökelzunge, mit dick eingekochter Madeirasauce gebunden, maskiert; mit Reibbrot bestreut, mit Butter betropft, gebacken im Ofen; Streifen Demiglace rundherum.

Morland: Paniert mit Ei und gehackten Trüffeln, in geklärter Butter gebraten; garniert mit Champignonpüree, umgossen mit gebutterter Fleischglace.

Murillo: Nur auf einer Seite angebraten, diese mit dicker Mornaysauce, vermischt mit gehackten Champignons, maskiert, mit geriebenem Käse bestreut, glaciert; garniert mit gerösteten, roten Paprikaschoten, mit Tomatensauce umrandet.

auf Musketiersart: à la mousquetaire (musketär): Mit Olivenöl, Zitronensaft, Salz und Pfeffer mariniert; an einer Seite angebraten, diese mit Kalbsfarce, vermischt mit trockener Duxelles und gehackten Kräutern, maskiert; mit geriebenem Käse bestreut, im Ofen glaciert; garniert mit Champignon- und Artischockenbödenscheiben, mit Duxelles-Sauce gebunden.

auf Navarreser Art: à la navarraise: Nur auf einer Seite angebraten, diese Seite mit Salpicon von Schinken, grüner Paprikaschote und Champignons, mit dicker Béchamel gebunden, maskiert; mit geriebenem Käse bestreut, im Ofen gebacken, mit Tomaten auf Navarreser Art garniert.

Nelson: Nur auf einer Seite angebraten, diese mit Hühnerfarce, vermischt mit Zwiebelpüree, maskiert; mit Reibbrot bestreut, mit Butter betropft, im Ofen gargemacht; umrandet mit Madeirasauce, garniert mit Kartoffelkroketts.

auf Pariser Art: à la parisienne: Grilliert, mit Pariser Garnitur serviert.

Pompadour: Gebraten, garniert mit Artischockenboden, gefüllt mit Linsenpüree mit Trüffelscheibe obenauf, und kugelförmigen Kartoffelkroketts; Trüffelsauce nebenbei.

auf provenzalische Art: à la provençale: In Olivenöl gebraten, garniert mit in Öl gebratenen Tomaten, sautierten Champignons und entkernten, blanchierten Oliven; provenzalische Sauce.

auf puertorikanische Art: à la puertoricaine: Gebraten, nappiert mit Tomatensauce, vermischt mit gedünsteten Würfelchen von grüner Paprikaschote; garniert mit tournierten, glacierten Kerbelrübchen und ganz kleinen, gemehlten, gebratenen Bananen.

Rachel: Grilliert, garniert mit Artischockenböden, bedeckt mit großer, blanchierter Scheibe Ochsenmark; Bordelaiser Sauce.

Reform: à la réforme: Durch flüssige Butter und geriebenes Weißbrot, mit gehacktem Schinken vermischt, gezogen; in geklärter Butter gebraten, Reformsauce nebenbei.

Richmond: Auf einer Seite angebraten, diese mit Champignonpüree, gebunden mit dicker Béchamel und Eigelb, maskiert; mit Reibbrot bestreut, mit Butter betropft, im Ofen fertiggemacht; umkränzt mit Madeirasauce.

Robinson: Gebraten, nappiert mit Madeirasauce, garniert mit sautierten Geflügellebern und Champignons.

Saint-Cloud (säng kluh): Gebraten, garniert mit Tartelett, gefüllt mit Erbsen auf französische Art, gedünstetem Kopfsalat und Schloßkartoffeln; Demiglace.

Saint-Germain: Gebraten, serviert mit Saint-Germain-Garnitur und Béarner Sauce.

Saint-Ouen: Gebraten, garniert mit Artischockenboden, gefüllt mit grünen Erbsen; gebratene Tomaten und Pariser Kartoffeln; Tomatensauce mit gehacktem Estragon.

auf sardinische Art: à la sarde: Gebraten, serviert mit sardinischer Garnitur und Tomatensauce.

auf Schäferart: à la bergère (berschär): Gebraten, auf kleine Scheibe gebratenen Schinken dressiert, garniert mit glacierten Zwiebelchen, sautierten Morcheln, Champignons oder Steinpilzen und Strohkartoffeln.

auf schwedische Art: à la suédoise (swedoas): Grilliert, schwedische Sauce nebenbei.

Sevigné (ßewinjeh): Auf einer Seite leicht angebraten, diese mit Salpicon von Champignons und Artischockenböden, mit dicker Béchamel gebunden, maskiert; paniert, gebraten, mit gebutterter Fleischglace umrandet.

auf sizilianische Art: à la sicilienne: Paniert mit halb geriebenem Weißbrot und halb geriebenem Parmesan, gebraten; garniert mit Bandnudeln, vermischt mit Butter, geriebenem Parmesan und Püree von sautierten Geflügellebern, mit etwas Rahmsauce verlängert.

Soubise: Gebraten, garniert mit weißem Zwiebelpüree, umrandet mit Demiglace.

mit Steinpilzen aux cêpes (o zep): Gebraten, garniert mit kleinen, gefüllten Steinpilzköpfen.

auf Tiroler Art: à la tyrolienne: Gebraten, garniert mit gebratenen Tomaten und gebackenen Zwiebelringen; Tiroler Sauce.

auf ungarische Art: à la hongroise: Auf beiden Seiten in Schweineschmalz angebräunt, gehackte, goldgelb angeröstete Zwiebeln und gewürfelter, angebratener Speck beigefügt, papriziert, mit hellem Fond angegossen, geschmort; Fond eingekocht, mit saurem Rahm verkocht, über das Fleisch gegossen.

auf unvergleichliche Art: non pareille (nong paräij): Auf einer Seite angebraten, diese mit Hühnerfarce, vermischt mit gehackten roten und grünen Paprikaschoten, maskiert, im Ofen gargemacht; Béarner Sauce nebenbei.

Valois: Wie Montgelas bereitet, garniert mit gefüllten Oliven; Valoissauce nebenbei.

Verdi: Wie Hammelnüßchen bereitet.

Villeroi: Blutend gebraten, ausgekühlt, durch Villeroisauce gezogen, paniert, in Butter gebraten.

Westmoreland: Durch geschlagenes Ei, vermischt mit gehackten Trüffeln, gezogen, in geklärter Butter gebraten; garniert mit Champignonpüree, umrandet mit Madeirasauce.

Hammelnieren: Rognons de mouton (ronjong dö mutong): Fett entfernt, enthäutet, meistens halbiert, grilliert oder gebraten, seltener geschmort.

auf amerikanische Art: à l'américaine: Halbiert, gebraten, auf halbe gebratene Tomaten gesetzt, Höhlung mit Kräuterbutter gefüllt; garniert mit gebratenen Scheiben Frühstücksspeck und Brunnenkresse.

Bercy: In dicke Scheiben geschnitten, rasch rosa in Butter sautiert, mit Bercysauce durchgeschwenkt, mit gehackter Petersilie bestreut.

auf Berryer Art: à la berrichonne (berrischonn): In Scheiben geschnitten, blutig sautiert, vermischt mit gewürfeltem, gebratenem Magerspeck und sautierten Champignonscheiben; Bratsatz mit Rotwein deglaciert, mit Demiglace verkocht, heiß über die Nieren gegossen, mit gehackter Petersilie bestreut.

Bonvalet: In Scheiben geschnitten, rosa sautiert, vermischt mit Trüffelscheiben und geviertelten Morcheln; Bratsatz mit Madeira deglaciert, mit Demiglace verkocht, über die Nieren gegossen.

auf Bordelaiser Art: à la bordelaise: In dicke Scheiben geschnitten, rosa sautiert, vermischt mit gebratenen Steinpilzscheiben und blanchierten Ochsenmarkscheiben; Bratsatz mit Rotwein deglaciert, eingekocht, Bordelaiser Sauce hinzugegeben, mit den Nieren vermischt, gehackte Petersilie obenauf.

Carvalho: Halbiert, gebraten, jede Hälfte auf Crouton dressiert, mit grilliertem Champignonkopf belegt; nappiert mit Madeirasauce mit Trüffelscheiben.

mit Champignons: aux champignons: In dicke Scheiben geschnitten, zusammen mit gehackten Schalotten und Champignonscheiben in Butter sautiert; herausgenommen, Bratsatz mit Weißwein deglaciert, mit Demiglace verkocht, die Nieren damit durchgeschwenkt.

Chateaubriand: Halbiert, jedoch nicht getrennt, flach auf Spießchen gereiht, grilliert; mit Strohkartoffeln und Brunnenkresse garniert, Chateaubriand-Sauce nebenbei.

Chipolata: Grilliert, garniert mit winzigen Bratwürstchen, glacierten Zwiebelchen, Maronen und gebratenen Speckscheiben; leicht mit Demiglace nappiert.

in Currysauce: à la sauce au curry: Scheiben, sautiert, mit brauner Currysauce nappiert; körnig gekochter Reis nebenbei.

auf englische Art: à l'anglaise: Halbiert, grilliert, garniert mit dünnen, gebratenen Scheiben Frühstücksspeck; gebutterte Petersilienkartoffeln nebenbei.

auf französische Art: à la française: Halbiert, sautiert, auf Crouton dressiert, mit Trüffelsauce übergossen; garniert mit grünen Spargelspitzen.

gebacken: frit: In dicke Scheiben geschnitten, in Butter und etwas Rotwein gedünstet, erkaltet; paniert, rasch in tiefem Fett gebacken, Trüffelsauce nebenbei.

Heinrich IV.: Henri IV. (angri katr): 1. Gespalten, aber nicht getrennt, grilliert, Öffnung mit Béarner Sauce gefüllt; garniert mit gebackenen Kartoffelstäbchen und Brunnenkresse;
2. wie oben, aber garniert mit Artischockenböden, mit winzigen Nußkartoffeln gefüllt.

auf Jägerart: à la chasseur: In Scheiben geschnitten, schnell zusammen mit gehackten Schalotten und Champignonscheiben sautiert, mit Jägersauce durchgeschwenkt, mit gehackter Petersilie bestreut.

auf japanische Art: à la japonaise: 1. Halbiert, gebraten, jede Hälfte auf ein flaches Kartoffelkrokett dressiert; leicht mit gebundener Kalbsjus nappiert, mit in Butter gedünstetem Knollenziest garniert; 2. halbiert, gebraten, eine Hälfte mit geschmolzenen Tomaten, die andere mit einem winzigen, gebackenen Ei gefüllt; garniert mit Strohkartoffeln und Brunnenkresse.

Ludwig XIV.: Louis XIV. (lui katorß): Aufgeschnitten, auf Spießchen gesteckt, grilliert; auf kleine, gebratene Schinkenscheibe dressiert, mit gebundener Kalbsjus nappiert, mit Brunnenkresse garniert.

auf Metzgerart: à la bouchère (buschär): Halbiert, grilliert, jede Hälfte in Tartelett, mit Rindfleischhaschee gefüllt, gesetzt; garniert mit kleinen Bratwürstchen.

auf mexikanische Art: à la mexicaine: Halbiert, gebraten oder grilliert; garniert mit großen Champignonköpfen, mit geschmolzenen Tomaten gefüllt, und halben, grillierten roten Paprikaschoten; nappiert mit gebundener, tomatierter Kalbsjus.

Michel (mischell): Flache, runde, blindgebackene Krustade aus Pastetenteig, gefüllt mit gedünstetem Sauerkraut, vermischt mit sautierten Gänseleberwürfeln; mit halben, gebratenen Nieren kranzartig belegt, Nieren leicht mit gebutterter Glace bedeckt.

Montpensier (mongpangsje): Halbiert, gebraten, mit Trüffelscheibe belegt, mit Madeirasauce nappiert; garniert mit Spargelspitzen und Nußkartoffeln.

auf orientalische Art: à l'orientale: Sautierte Scheiben, vermischt mit Pilawreis mit gewürfelten Tomaten und grünen Paprikaschoten; in Kuppelform gedrückt, gestürzt, mit Tomatensauce übergossen.

in Paprikasauce: à la sauce paprika: In Scheiben geschnitten, in Butter mit gehackten Zwiebeln sautiert, in leichter Paprikasauce gedünstet.

auf Piemonteser Art: à la piémontaise: Halbiert, gebraten, in Rand von Reis auf Piemonteser Art angerichtet; mit weißen Trüffelscheiben belegt, mit tomatierter Demiglace mit Essenz von weißen Trüffeln nappiert.

auf portugiesische Art: à la portugaise (portügähs): Halbiert, grilliert, auf halbe gebratene Tomaten dressiert, mit portugiesischer Sauce nappiert.

Saint-Lazare: Halbiert, in Butter gebraten, auf Crouton dressiert; nappiert mit Marksauce mit Scheibchen von blanchiertem Rindermark.

mit Schaumwein: au champagne: Dicke Scheiben, sautiert, mit Schaumwein deglaciert, eingekocht, vermischt mit Fleischglace, gewürzt mit Zitronensaft, gebuttert, über die Nieren gegossen.

auf spanische Art: à l'espagnole: Halbiert, gebraten, garniert mit halben gebratenen Tomaten und gebackenen Zwiebelringen.

auf Spießchen: en brochette: Halbiert, abwechselnd mit kleinen Speckscheibchen auf Spießchen gesteckt, grilliert; bedeckt mit halbflüssiger Kräuterbutter, garniert mit Brunnenkresse.

Turbigo (türbigoh): Halbiert, in Butter gebraten, auf Crouton dressiert; Bratsatz mit Weißwein deglaciert, mit tomatierter Demiglace verkocht, über die Nieren gegossen; garniert mit gebratenen Champignonköpfen und gebratenen Chipolatas.

Vert-pré: Geöffnet, am Rost gebraten, gefüllt mit Kräuterbutter, garniert mit Strohkartoffeln und Brunnenkresse.

Viéville: Halbiert, gebraten, auf Crouton dressiert, mit Madeirasauce nappiert; garniert mit gebratenen Champignonköpfen, glacierten Zwiebelchen und Chipolatas.

mit Wacholderbeeren: à la liégeoise: Halbiert, in Butter gebraten, mit Genever deglaciert, einige zerdrückte Wacholderbeeren hinzugegeben, mit Demiglace verkocht, passiert, über die Nieren gegossen.

auf Weinhändlerart: à la marchand de vin (marschang dö wäng): Dicke Scheiben, mit gehackten Schalotten in Butter sautiert, herausgenommen; mit Rotwein deglaciert, eingekocht, mit Fleischglace und gehackter Petersilie vermischt, mit Butter aufgezogen, über die Nieren gegossen.

in Weißwein: au vin blanc (owäng blang): Dicke Scheiben, mit gehackten Schalotten in Butter sautiert, herausgenommen; Bratsatz mit Weißwein deglaciert, eingekocht, gehackte Petersilie und einige Tropfen Zitronensaft beigefügt, mit Butter aufgeschlagen, über die Nieren gegossen.

Hammelnüßchen: Noisette de mouton (noasett dö mutong): Dicke Scheibe aus dem ausgelösten Sattelstück geschnitten, pariert, gebraten oder grilliert, oft auf gleichgroßem Crouton angerichtet.

auf Aschenbrödelart: Cendrillon: 1. Gebraten, garniert mit Artischockenböden, gefüllt mit weißem Zwiebelpüree, umrandet mit tomatierter, gebundener Kalbsjus;
2. angebräunt, ausgekühlt, maskiert mit getrüffelter Kalbsfarce auf beiden Seiten, in Schweinsnetzchen gehüllt, durch zerlassene Butter gezogen, mit geriebenem Weißbrot paniert, grilliert; Trüffelsauce nebenbei.

auf Brabanter Art: à la brabançonne: Gebraten, garniert mit Tarteletts, gefüllt mit kleinem, sautiertem Rosenkohl, nappiert mit Mornaysauce, glaciert, und Kartoffelkroketts; Madeirasauce.

Braganza: à la Bragance: Gebraten, auf Macaire-Kartoffeln angerichtet, bedeckt mit geschmolzenen Tomaten, mit Trüffelsauce umgossen.

Bréhan (breang): Gebraten, garniert mit Tartelett, gefüllt mit Püree von dicken Bohnen, und Blumenkohlbällchen, bedeckt mit holländischer Sauce; gebundene Kalbsjus.

auf bretagnische Art: à la bretonne: Gebraten, garniert mit weißen Bohnen auf bretagnische Art.

auf Burgfrauenart: à la châtelaine: Gebraten, garniert mit Tartelett gefüllt mit weißem Zwiebelpüree, glacierten Maronen und Pariser Kartoffeln; Madeirasauce.

Cendrillon: siehe auf Aschenbrödelart

Châtelaine: siehe auf Burgfrauenart

Chevreuse (schewrös): Gebraten, belegt mit großer Trüffelscheibe, garniert mit Grießkroketts, vermischt mit gehackten Champignons; umrandet mit Bonnefoy-Sauce.

Cyrano: Wie Hammelkotelett bereitet.

Dickson: Wie Hammelfilet bereitet.

Durand (düräng): Gebraten, auf Crouton dressiert, garniert mit Artischockenboden, gefüllt mit halbem, gedünstetem Kopfsalat, belegt mit blanchierter Scheibe Ochsenmark, und kleinem, getrüffeltem Kalbsklößchen; Madeirasauce mit gehackten Oliven nebenbei.

Lavallière: Gebraten, garniert mit Artischockenboden, gefüllt mit Spargelpüree, und Schloß-Kartoffeln, nappiert mit Bordelaiser Sauce.

mit Spargelpüree: au purée d'asperges: Gebraten, mit gebundener Kalbsjus nappiert, garniert mit Tarteletts, gefüllt mit Spargelpüree.

Susanne: Suzanne: Gebraten, auf Artischockenboden dressiert, garniert mit Pariser Kartoffeln; Demiglace mit Auszug von Estragon.

Verdi: Gebraten, auf Scheibe gebratener Gänseleber dressiert, mit weißem Zwiebelpüree maskiert, mit geriebenem Käse bestreut, rasch glaciert; garniert mit gebackenen Kartoffelkrustaden, mit kleinen, in Butter gedünsteten Mohrrübenkugeln gefüllt, und gedünstetem Kopfsalat.

Voisin (woasang): Gebraten, Bratsatz mit Kalbsjus mit Estragon verkocht und über das Nüßchen gegossen; garniert mit Anna-Kartoffeln und Spinatbecher, mit Hühnerfarce vermischt, pochiert und gestürzt;
2. gebraten, dressiert auf Anna-Kartoffeln, garniert mit halben, gebratenen Tomaten, mit gehacktem Estragon bestreut, und Artischockenböden abwechselnd mit Püree von grünen Erbsen und Spinat gefüllt; nappiert mit Estragonsauce.

Hammelragout: Ragoût de mouton (raguh dö mutong): Hals, Brust oder Schulter, ausgebeint, in grobe Würfel geschnitten, zusammen mit gewürfelten Mohrrüben und Zwiebeln angeröstet, mit Mehl bestäubt, gewürzt, Tomatenpüree oder frische Tomaten und zerdrückter Knoblauch beigefügt, mit braunem Fond angegossen, Kräuterbündel hinzugegeben, zugedeckt im Ofen geschmort. Sobald das Fleisch dreiviertel gar ist, in eine saubere Kasserolle ausgestochen, angebräunte Zwiebelchen und oval tournierte, angeröstete Kartoffeln beigefügt, die passierte, entfettete Sauce darübergegossen, fertiggeschmort; mit gehackter Petersilie bestreut angerichtet.

mit grünen Bohnen: aux haricots verts (ös ariko wer): Wie Grundrezept bereitet, garniert mit Würfelkartoffeln und in Würfel geschnittenen, gekochten grünen Bohnen.

mit weißen Bohnen: Haricot de mouton (ariko dö mutong): Entbeinte Schulter, in grobe Würfel geschnitten, in Schmalz angebräunt, mit Mehl bestreut, angeröstet, mit Wasser oder braunem Fond aufgefüllt, Knoblauch, Tomatenpüree und Kräuterbündel beigefügt, zugedeckt im Ofen geschmort; wenn beinahe gar, glacierte Zwiebelchen und vorgekochte weiße Bohnen zu dem ausgestochenen Fleisch gegeben, die Sauce darüberpassiert, fertiggeschmort.

auf bürgerliche Art: à la bourgeoise: Wie Grundrezept bereitet, garniert mit kugel- oder olivenförmigen Mohrrüben und weißen Rüben und glacierten Zwiebelchen.

Französisches: siehe Navarin

Haricot de mouton: siehe mit weißen Bohnen

auf indische Art: à l'indienne: Das Fleisch mit viel gehackten Zwiebeln angebräunt, mit Currypulver und Mehl bestreut, nach dem Anlaufen mit braunem Fond aufgegossen, geschmort; Sauce mit süßem Rahm vervollständigt, körnig gekochter Reis nebenbei.

auf katalonische Art: à la catalane: Fleisch in grobe Würfel geschnitten, in Schmalz mit gehackten Zwiebeln und Knoblauch gebräunt, mit Rotwein und leichter Demiglace geschmort; ausgestochen, gebratene Kartoffelwürfel, gebratene Magerspeckwürfel und entsteinte, blanchierte Oliven hinzugefügt, mit der passierten Sauce aufgegossen, aufgekocht, mit gehackter Petersilie bestreut serviert.

Navarin: Navarin de mouton (nawareng dö mutong): Wie Grundrezept bereitet, garniert mit glacierten Zwiebelchen und oval tournierten Salzkartoffeln.

auf Frühlingsart: Navarin à la printanière: Nach dem Grundrezept bereitet, garniert mit olivenförmigen Mohrrüben und weißen Rüben, glacierten Zwiebelchen und oval tournierten Kartoffeln; angerichtet, mit frisch gekochten grünen Erbsen und in Rauten geschnittenen grünen Bohnen vervollständigt.

auf persische Art: siehe Mehemehalou

mit Reis: au riz (o rih): Wie Grundrezept, jedoch ohne Garnitur bereitet; wenn dreiviertel gar, Reis beigefügt und fertiggeschmort.

auf rheinische Art: à la rhénane: Die Fleischwürfel in Schmalz mit gehackten Zwiebeln und gewürfeltem Magerspeck gebräunt, mit Mehl bestreut, angeröstet, mit Bouillon aufgegossen, geschmort; nach dem Garwerden kräftig mit Essig und Pfeffer gewürzt, mit vorgekochten weißen Bohnen vermischt.

Schöpsengulasch: Gewürfeltes Hammelfleisch, in Schmalz angebräunt, mit Mehl bestreut, mit Weißwein und braunem Fond angegossen, Tomatenpüree beigefügt, gewürzt, geschmort; nach dem Garwerden vorgekochte Kartoffelkugeln, grüne Erbsen, gewürfelte grüne Bohnen, olivenförmige Mohrrüben und weiße Rüben hinzugegeben, aufgekocht, serviert (österreichisch).

Tilliliha: Hammelfleisch mit Dill: Hammelschulter und Brust in Ragoutstücke geschnitten, mit Pfeffer und Salz gewürzt, gargekocht; Fond mit hellem Roux zu weißer Sauce verkocht, mit gehacktem Dill vermischt, mit Essig und Zucker gewürzt (finnisch).

Hammelrücken, Hammelsattel: Selle de mouton (ßell dö mutong): Sattelstück hinter der letzten Rippe abgeschnitten, Nieren und Filets herausgenommen, vom überflüssigen Fett befreit, die seitlichen Lappen nach unten geschlagen, Oberseite kreuzweise eingeritzt, gebunden, noch etwas rosa gebraten.

auf Bauernart: à la paysanne: Gebraten, wie Hammelkotelett gleichen Namens garniert.

Belle-Alliance: Gebraten, garniert mit gefüllten Tomaten, gedünstetem Kopfsalat und Kartoffelkroketts; der Bratsatz mit gebundener Kalbsjus verkocht.
auf bretagnische Art: à la bretonne: Gebraten, wie Hammelkeule garniert.
Brillat-Savarin: Gebraten, garniert mit gebackenen Nestchen von Herzogin-Kartoffelmasse, gefüllt mit geschmolzenen Tomaten, und Artischockenböden mit Trüffelpüree gefüllt; der Bratsatz mit Madeira deglaciert und mit Demiglace verkocht nebenbei.
auf Herzoginart: à la duchesse: Gebraten, garniert mit Herzogin-Kartoffeln, Madeirasauce nebenbei.
Lafayette: Gebraten, garniert mit Artischockenböden, gefüllt mit winzigen, in Butter gedünsteten Mohrrübenkugeln, Tarteletts mit gewürfelten grünen Bohnen gefüllt, gefüllten Tomaten und Maronenkroketts; Madeirasauce.
Lison (lihsong): Gebraten, garniert mit Kartoffelkroketts, vermischt mit gehackter Pökelzunge, und Püree von Kopfsalat, mit Eigelb und Rahm gebunden, in Becherförmchen pochiert und gestürzt.
Merville: Wie Metternich bereitet, doch mit Scheibchen Gänseleberparfait zwischen den Fleischscheiben, mit Mornaysauce nappiert, mit geriebenem Käse bestreut, glaciert; garniert mit gefüllten Tomaten und Trüffel- und Champignonscheiben, vermischt mit blanchiertem Kalbsmark, mit dicker Demiglace gebunden; der gebundene Fleischsaft nebenbei.
Metternich: Sehr rosa gebraten, die Rückenfilets ausgelöst, in schräge Scheiben geschnitten, wieder mit einer Trüffelscheibe zwischen den Fleischscheiben auf die Karkasse gelegt; mit paprizierter Béchamel völlig nappiert, mit geriebenem Käse bestreut, glaciert; Pilawreis nebenbei.
auf Nizzaer Art: à la niçoise (nihsoas): Gebraten, garniert mit Prinzeßböhnchen, Schloßkartoffeln und geschmolzenen Tomaten mit zerdrücktem Knoblauch und gehacktem Estragon; gebundene Fleischjus nebenbei.
Orlow: Orloff: Wie Metternich bereitet, jedoch die Scheiben mit Mischung von Zwiebel- und Champignonpüree bestrichen; mit Mornaysauce nappiert, glaciert.
auf Pächterart: à la fermière: Gebraten, wie Hammelkeule garniert.
Polignac: Wie Metternich, jedoch mit Trüffelscheiben zwischen den Fleischscheiben, nappiert mit Béchamel, vermischt mit Champignonpüree, mit geriebenem Käse bestreut, im Ofen überkrustet.
Romanow: Wie Metternich, jedoch mit dünnen Steinpilzscheibchen, mit Béchamel gebunden, zwischen den Fleischscheiben; nappiert mit Mornaysauce, mit Krebsbutter aufgeschlagen, glaciert; garniert mit geviertelten Fenchelknollen in Weißwein gedünstet.
Sarah Bernhardt: Gebraten, garniert mit Kartoffelkrustaden, gefüllt mit Blumenkohlröschen, bedeckt mit Mornaysauce und überkrustet, und Tomaten, mit gebratenen Kartoffelperlen gefüllt; die gebundene Fleischjus nebenbei.
auf sizilianische Art: Gebraten, Garnitur wie für Hammelkotelett.
Talleyrand (tallehrang): Enthäutet, mit Speck- und Trüffelfäden gespickt, gebraten; Makkaroni Talleyrand und die abgefettete Jus nebenbei.
Hammelschnitzel: Escalope de mouton: Dünne Scheibe, aus einer zarten, abgehangenen Keule geschnitten, pariert, geklopft, paniert, in Butter gebraten, mit gebackenen Kartoffelstäbchen und Brunnenkresse angerichtet.
Hammelschulter: Epaule de mouton (epohl dö mutong): Wie Lammschulter bereitet.
Hammelschwanz: Queue de mouton (kö dö mutong): Wird meistens für Suppen verwendet, aber auch geschmort oder grilliert.

gebacken: frite: Gekocht, in Stücke von 5–6 cm geschnitten, paniert, in tiefem Fett gebacken; Tomatensauce nebenbei.

grilliert: grillée: Vorgekocht, in Stücke geschnitten, durch flüssige Butter gezogen, in geriebenem Weißbrot gewälzt, grilliert; Sardellenbutter nebenbei.

in Madeirasauce: au madère: In Stücke geschnitten, angebraten, in dünner Demiglace geschmort, beim Servieren Sauce mit Madeira gewürzt.

Hammelzunge: Langue de mouton: Gewässert, gekocht, pariert und enthäutet, oder blanchiert, pariert, enthäutet und geschmort. Auch wie Kalbszunge bereitet.

gebacken: frite: Gekocht, enthäutet, in dicke Scheiben geschnitten, paniert, in tiefem Fett gebacken; Tomatensauce nebenbei.

grilliert: grillée: Vorgekocht, enthäutet, der Länge nach geteilt, in Olivenöl mit gehackten Schalotten und gehackten Kräutern mariniert; gemehlt, geölt, auf dem Rost gebraten, pikante Sauce nebenbei.

auf Lütticher Art: à la liégoise: Blanchiert, geschmort, dabei einige zerdrückte Wacholderbeeren beigefügt; den Fond passiert, mit Stärkemehl gebunden, mit Genever gewürzt.

in Papierhülle: en papilotte: Gekocht, enthäutet, der Länge nach in drei Scheiben geschnitten, mit oben und unten je einer Schinkenscheibe mit Duxelles bestrichen in geöltes Papier gehüllt, verschlossen, im Ofen gebacken.

auf provenzalische Art: à la provençale: Vorgekocht, mit provenzalischer Sauce geschmort; garniert mit großen Champignonköpfen, gefüllt mit knoblauchgewürzter Duxelles.

Ragout von: Ragoût de langue de mouton: Gekocht, enthäutet, in dicke Scheiben geschnitten, in Velouté gedünstet, die aus dem Fond, mit Zwiebelscheiben, Lorbeerblatt, Piment und einem Schuß Essig bereitet wurde; mit Champignon- und Essiggurkenscheiben vermischt angerichtet.

Ramadura: Vorgekocht, enthäutet, in dicke Scheiben geschnitten; gedünstet in Weißwein mit gehackten, angebratenen Zwiebeln, grobgehackten Äpfeln, gewürfelten Tomaten und zerdrücktem Knoblauch; die Sauce mit Kokosnußmilch, süßem Rahm und Currypulver sämig gekocht; Pilawreis, vermischt mit gewürfelten grünen Paprikaschoten und Tomatenwürfeln, nebenbei.

in Schweinsnetzchen: en crepinette: Gekocht, enthäutet, der Länge nach geteilt; mit getrüffeltem Bratwurstfleisch auf beiden Seiten bedeckt, in Schweinsnetzchen gehüllt, paniert, in Butter im Ofen gebraten.

überkrustet: au gratin (o gratäng): Gekocht, enthäutet, der Länge nach geteilt, in gefettete Backplatte auf Champignonscheiben gelegt; mit italienischer Sauce bedeckt, mit Butter betropft, im Ofen überkrustet.

Haschee: Hachis (aschih): Mischung von feingewürfeltem oder gehacktem, jedoch nicht durch die Maschine gedrehtem Fleisch, Geflügel oder Wild, und Gemüse, mit passender Sauce gebunden. Braunes Fleisch wird mit brauner, und weißes Fleisch mit weißer Sauce gebunden und recht heiß serviert.

American Lamb Hash (ämerikähn lämm häsch): Gebratenes, feingewürfeltes Lammfleisch, vermischt mit gehackten, gedünsteten Zwiebeln und grünen Paprikaschoten, gewürfelten Tomaten und Kartoffeln, mit Demiglace gebunden (nordamerikanisch).

Beef and Brain Hash (bihf änd brein häsch): Gewürfeltes Roastbeef, vermischt mit gewürfelten, gedünsteten grünen Paprikaschoten; mit dicker Tomatensauce gebunden, eine gebratene Scheibe Kalbshirn obenauf (nordamerikanisch).

Corned Beef Hash (kornt bihf häsch): Kleingewürfeltes Corned Beef, vermischt mit gehackten, goldgelb gerösteten Zwiebeln und gebratenen Würfelkartoffeln, mit Demiglace gebunden (nordamerikanisch).

and poached egg (änd pautscht äg): Gehacktes Corned Beef, vermischt mit gehackten, gekochten Kartoffeln und gewürfelten, gedünsteten grünen Paprikaschoten; mit Tomatensauce gebunden, ein verlorenes Ei obenauf (nordamerikanisch).

auf Großmutterart: à la grand'mère (grang meer): Drei Teile gehacktes gebratenes oder gekochtes Rindfleisch vermischt mit einem Teil Kartoffelpüree; in Auflaufschüssel gefüllt, mit einer Mischung von geriebenem Käse und Reibbrot bestreut, mit Butter betropft, im Ofen gebacken.

von Hammelfleisch: de mouton: Feingewürfeltes, gekochtes Hammelfleisch, mit dicker, brauner Zwiebelsauce gebunden; obenauf ein Setzei.

von Hase: de lièvre: Feingehackte Zwiebeln, in Butter hellgelb angeröstet, vermischt mit feingewürfeltem Hasenfleisch und gehackter Petersilie, mit Wildsauce oder Demiglace gebunden; winzige, geröstete Weißbrotwürfelchen obenaufgestreut.

auf Hausfrauenart: à la bonne femme: Feingewürfeltes Hühnerfleisch und gewürfelte Champignons, mit dicker Rahmsauce gebunden, mit Bratkartoffeln serviert.

von Huhn: de volaille: Gehacktes Hühnerfleisch, vermischt mit gewürfelten Champignons; mit dicker Rahmsauce gebunden, auf gebuttertem Röstbrot serviert.

auf italienische Art: de volaille à l'italienne: Gebratenes oder gekochtes, gehacktes Hühnerfleisch, mit italienischer Sauce gebunden; in Backplatte gefüllt, mit geriebenem Käse bestreut, gratiniert. Makkaroni, in Butter geschwenkt und mit geriebenem Parmesan vermischt, nebenbei.

Lamb Hash and fried Bananas: Sehr klein gewürfeltes gebratenes Lammfleisch, vermischt mit gewürfelten Kartoffeln, mit Rahmsauce gebunden; garniert mit halben, gemehlten, in Butter gebratenen Bananen (nordamerikanisch).

Mexikanisches: à la mexicaine: Lammgehäck, vermischt mit gehackten gebratenen Zwiebeln, gehackten roten und grünen Paprikaschoten und Chilischoten, mit dicker Tomatensauce gebunden.

auf polnische Art: à la polonaise: Feingehacktes Hühnerfleisch, vermischt mit gehackten, in Öl sautierten Steinpilzen, gebunden mit Pfeffersauce; gehacktes, hartgekochtes Ei und gehackte Petersilie obenaufgestreut, mit brauner Butter übergossen.

auf portugiesische Art: à la portugaise: Feingewürfeltes Rindfleisch, vermischt mit gehackten, gebratenen Zwiebeln und geschmolzenen Tomaten, in Backschüssel gefüllt, mit geriebenem Käse und Reibbrot bestreut, mit zerlassener Butter betropft, im Ofen überbacken; garniert mit halben, gefüllten Tomaten.

Saint-Hubert: Gehacktes Wildfleisch, mit Wildsauce gebunden, ein verlorenes Ei obenauf.

mit Spinat: Marianne: Gehäck von Hühnerfleisch, mit Rahmsauce gebunden, dressiert auf gebuttertem Blattspinat, innerhalb eines gespritzten Randes von Kartoffelpüree dressiert.

überbacken: au gratin: Muschelschale, mit Rand von Herzogin-Kartoffelmasse umspritzt, gefüllt mit Lamm-, Rinder- oder Geflügelhaschee mit passender Sauce gebunden; mit geriebenem Käse bestreut, mit zerlassener Butter betropft, im Ofen überbacken.

auf Zigeunerart: à la zingara: Wie Corned Beef Hash bereitet, doch gebackenes Ei anstelle des verlorenen obenauf.

Hase: Lièvre (liähwr): Zum Ballenwild gehöriges Säugetier, den Nagetieren ähnlich, das die Wiesen und lichten Wälder Mitteleuropas vom Kaukasus, Nordrußland und Nordschweden bis Frankreich, Norditalien, Südfrankreich, Schottland, Teile Englands und auch Nord- und Südamerika bewohnt. Junge Hasen werden, im ganzen oder geteilt, gespickt und gebraten, ältere geschmort, zu Farcen, Suppen und Pasteten verwendet.

auf deutsche Art: à l'allemande: Gespickt, gebraten; Bratsatz mit saurem Rahm verkocht, serviert mit Rotkraut und Kartoffelpüree.

auf englische Art: à l'anglaise: Ganzer Hase, ohne Kopf, gefüllt mit Farce von gehacktem Rindernierenfett, eingeweichtem Brot, der gehackten Leber, gehackter Zitronenschale, gehacktem Schinken, Eiern, gehackten Kräutern, mit Salz, Pfeffer und Muskatnuß gewürzt; zusammengenäht, gebraten, mit dem abgelöschten Bratsatz und Johannisbeergelee serviert.

im Topf: In Stücke geschnitten, gewürzt, mit geriebenem Roggenbrot bestreut, abwechselnd mit grobgewürfeltem Schweinebauch in feuerfesten Serviertopf gefüllt; mit halb Rotwein und halb braunem Fond, mit etwas Essig vermischt, knapp bedeckt, hermetisch verschlossen, im Ofen gedünstet; Kartoffelklößchen nebenbei.

Hasenfilets: Filets de lièvre: Das Muskelfleisch des Rückens, vom Halsende bis zur Keule ausgelöst, mit Speck, mitunter auch Trüffeln gespickt, gebraten, grilliert oder sautiert, doch stets rosig gehalten.

Diana: Wie Hasenkotelett gleichen Namens zubereitet.

Karl V.: Charles V.: Nur auf einer Seite leicht angebraten, diese mit Gänseleberfarce bestrichen, mit gebuttertem Papier bedeckt, im Ofen gargemacht; garniert mit Kleinragout von Hasennieren, kleinen Champignons, Trüffelscheiben und Wildnocken, mit Madeirasauce gebunden.

Mauritius: Enden über Kreuz befestigt, gebraten; Mitte gefüllt mit grobgewürfelten Bananen und Ananaswürfelchen, in Butter sautiert; mit Pfeffersauce, vermischt mit Johannisbeergelee, nappiert.

Mirza: Wie Hasenkotelett bereitet.

auf normannische Art: à la normande: Sautiert, Bratsatz mit Apfelwein deglaciert, mit süßem Rahm und Wildfond verkocht; über die Filets gegossen, garniert mit in Butter gebratenen Apfelscheiben.

auf römische Art: à la romaine: Gebraten, serviert mit Maronen-, Linsen- oder Selleriepüree und römischer Sauce.

Sully (ßülli): Gespickt, die Enden über Kreuz gebunden, in Butter mit Weinbrand gedünstet; Mitte des einen Filets mit Linsenpüree, des anderen mit Selleriepüree gefüllt mit Trüffelscheibe obenauf; Pfeffersauce.

Hasenkeulen: Cuisses de lièvre (kwiß dö liäwr): Enthäutet, gespickt, meist noch rosig gebraten, wie Hasenrücken bereitet. Sonst wie Hasenrücken bereitet.

auf deutsche Art: à l'allemande: Gespickt, angebraten, geschmort; Fond mit saurem Rahm verkocht, Rotkraut und Kartoffelpüree nebenbei.

auf französische Art: à la françaice: Gespickt, rosa gebraten, mit Maronenpüree und Pfeffersauce serviert.

Hasenkoteletts: Côtelettes de lièvre: Können auf drei verschiedene Arten bereitet werden: 1. Wie Kroketts aus Resten mit Champignons, Trüffeln u.a., mit dicker Béchamel gebunden, auf gemehltem Tisch zu Koteletts geformt, paniert, in tiefem Fett gebacken oder gebraten;

2. rohes, feingehacktes Hasenfleisch, vermischt mit eingeweichtem Brot, Butter und Gewürz, auf gemehltem Tisch zu Koteletts geformt, in geklärter Butter gebraten;

3. Hasenfarce, vermischt mit Panade und Butter, gewürzt, in gebutterte Kotelettförmchen gefüllt, pochiert.

auf Berliner Art: à la berlinoise: In der 3. Art bereitet, pochiert, nappiert mit Pfeffersauce, mit sauerm Rahm vervollständigt; garniert mit kleinen, geschälten, ausgehöhlten Äpfeln, in Zitronenwasser mit Weißwein pochiert, mit Rotkraut gefüllt.

mit Champignons: aux champignon (o schampinjong): In der 1. Art bereitet, garniert mit sautierten Champignons; Champignonsauce nebenbei.

Diana: Diane (diahn): In der 2. Art bereitet, in Butter gebraten, mit Maronenpüree und Dianasauce serviert.

Mirza: In der 2. Art bereitet, in Butter gebraten; dressiert auf halbem, geschältem, ausgebohrtem, gebratenem Apfel mit Johannisbeergelee gefüllt; Pfeffersauce nebenbei.

Morland: In der 2. Art bereitet, durch flüssige Butter gezogen, in gehackten Trüffeln gewälzt, in geklärter Butter gebraten; auf Champignonpüree angerichtet, Pfeffersauce nebenbei.

Pojarski: In der 2. Art bereitet, in geklärter Butter gebraten; feines Mischgemüse oder anderes Gemüse und saure Rahmsauce oder andere Sauce nach Geschmack nebenbei.

Saint-Marc: In der 3. Art bereitet, jedoch mit der Hand auf gemehltem Brett geformt, in Butter gebraten; garniert mit Maronenkroketts, Pfeffersauce und Preiselbeeren nebenbei.

Hasenläufe: Wie Hasenkeulen auf deutsche Art bereitet.

Hasenparfait (kalt): Parfait de lièvre (parfä dö liäwr): Kaltes, gebratenes Hasenfleisch, gemahlen, mit etwas dicker, kalter Béchamel und $\frac{1}{4}$ der Menge pochierter Gänseleber feinpüriert, durchgestrichen, gewürzt; mit etwas Madeira und kaltem Gelee vermischt, nach dem Anziehen ungesüßte Schlagsahne daruntergezogen, in Parfaitform, mit Gelee ausgegossen, gefüllt; nach dem Festwerden gestürzt, mit Gelee-Dreiecken garniert.

Hasenpastete: Pâté de lièvre chaude (pateh dö liäwr schod): Pastetenform mit Pastetenteig ausgefüttert, Boden und Seiten mit Hasenfarce, mit Panade vermischt, dick ausgestrichen, gefüllt mit kleinen, sautierten Scheiben Hasenfilet und Trüffelscheiben, gebunden mit Salmisauce (aus den Hasenknochen mit Rotwein gezogen), mit Farce verschlossen, mit Teig bedeckt, gebacken; heiß mit Salmisauce nebenbei serviert.

Hasenpfeffer: Civet de lièvre (ziweh dö liäwr): Hase mit Ausnahme des Kopfes und der Bauchlappen in Stücke geschnitten, 48 Stunden in Olivenöl mit Weinbrand, Zwiebelscheiben und Kräuterbündel mariniert. Speckwürfel und die Zwiebelscheiben in Butter leicht gebräunt, die Hasenstückchen zugefügt, angebraten, mit Mehl bestäubt, gewürzt, nach dem Anlaufen mit Rotwein aufgegossen, Knoblauch und Kräuterbündel beigefügt, langsam gargedünstet. Fleisch in saubere Kasserolle ausgestochen, glacierte Zwiebelchen und sautierte Champignons beigefügt. Die passierte Sauce unter ständigem Rühren mit dem Hasenblut gebunden, dabei die in Scheibchen geschnittene Leber hinzugegeben; über das Fleisch gegossen, alles zusammen erhitzt ohne kochen zu lassen, mit herzförmigen Croutons garniert.

auf Brüsseler Art: à la bruxelloise (brüsseloas): Vermischt mit glacierten Zwiebelchen, gebratenen Speckwürfeln und geschälten, entkernten Weinbeeren.

auf deutsche Art: à l'allemande: In Weinessig, Wasser, Zwiebelscheiben und Wurzelwerk mariniert; wie oben bereitet, jedoch mit Bouillon und Teil der Marinade gedünstet; mit Hasenblut gebunden, garniert mit kleinen Champignonköpfen und gebratenen Speckwürfeln.

auf flämische Art: à la flamande: In Rotwein mit etwas Weinessig gedünstet, viel gebratene Zwiebelscheiben und etwas brauner Zukker beigefügt; garniert mit Croutons, bestrichen mit Johannisbeergelee.

auf Lyoner Art: à la lyonnaise: Wie üblich bereitet, garniert mit glacierten Maronen, ohne Zwiebelchen oder Champignons.

Mumbled Hare: Hasenpfeffer, etwas flüssiger als sonst gehalten, nach dem Garwerden mit rohen, geschlagenen Eiern vermischt (englisch).

Hasenrücken: Râble de lièvre (rahbl dö liäwr): Sattelstück, von den ersten Rippen bis zu den Keulen, enthäutet, pariert, gespickt, rosa gebraten.

Diana: Diane: Gespickt, gebraten, mit Maronenpüree und Dianasauce serviert.

auf deutsche Art: à l'allemande: Wie Hasenkeulen bereitet.

mit grünem Pfeffer: Rücken in gestoßenem grünem Pfeffer gewälzt, rosa gebraten; gehackte Zwiebeln und Schalotten in der Bratbutter geschwitzt, mit Cognac, Weißwein und Essig abgelöscht, mit trockenem weißen Wermut verkocht, etwas Tomatenketchup beigefügt. Sauce passiert, mit zerdrückten grünen Pfeffer vollendet. Rücken mit der Sauce nappiert, mit halben gebackenen Bananen garniert (belgisch).

mit Pampelmuse: au pamplemousse: Gespickt, gebraten; Bratsatz mit Weißwein und Pampelmusensaft abgelöscht, eingekocht, mit Demiglace verkocht, mit blanchierter Julienne von Pampelmusenschale vermischt; mit in Butter gewärmten Pampelmusenfilets garniert.

Rôtisserie Périgourdine: Geköpft, Bauchlappen lang gelassen, gefüllt mit Farce von eingeweichtem Weißbrot, der gehackten Hasenleber, Lunge und Herz, Geflügellebern, frischem, ungesalzenem Speck, geriebenen rohen Trüffeln, gehackten Schalotten, Knoblauch und Eiern, mit Pastetengewürz gewürzt; Bauch zugenäht, ganz in dünne Speckscheiben gehüllt, gebunden, in braunem Fond mit Madeira und Trüffelfond geschmort. Nach dem Auskühlen Speck entfernt, die obere Seite mit Trüffelscheiben belegt, völlig in Blätterteig gehüllt, mit Eigelb bestrichen, gebacken; der leicht gebundene Braisierfond, mit Trüffeljulienne vermischt, und Maronenpüree nebenbei.

auf russische Art: à la russe: In Essig mit etwas Wasser, Zwiebel- und Mohrrübenscheiben, Pfefferkörnern und Petersilienstielen mariniert; angebräunt, mit braunem Fond geschmort, wenn fast gar, saurer Rahm beigefügt. Der Schmorfond verkocht mit etwas von der Marinade und Demiglace, passiert, mit eingelegten, gehackten roten Rüben vervollständigt.

San Juan: Gespickt, gebraten, Bratsatz mit etwas echtem Rum deglaciert und mit gebundenem Wildfond verkocht; mit kleinen halben, geschälten, ausgehöhlten, sorgfältig in Butter, Zitronensaft und Weißwein pochierten Kalvillen, mit Bananenpüree gefüllt und mit gerösteten Mandelsplittern bestreut, garniert.

Saint-Hubert (sängübehr): Gespickt, zusammen mit einigen zerdrückten Wacholderbeeren gebraten; Bratsatz mit Wildsauce verkocht, passiert; mit der Sauce nappiert, garniert mit sautierten Moosschwämmen und Hasenfarce, in Tartelettförmchen pochiert.

auf Schweizer Art: à la suisse (swiß): Gespickt, mit gewürfeltem Magerspeck in Butter angebräunt, mit braunem Fond und saurem Rahm geschmort; Sauce mit gehackter Zitronenschale und etwas Weinessig verkocht, mit Reibbrot gebunden, passiert.

mit Wacholder: au genièvre: Gespickt, in Butter mit einigen zerdrückten Wacholderbeeren gebraten; Bratsatz mit Genever oder Gin deglaciert, mit Wildfond verkocht, passiert.

auf Wiener Art: à la viennoise: Gespickt, mariniert, gebraten; Bratsatz mit braunem Fond und saurem Rahm verkocht, passiert, mit Kapern vermischt; kleine Mehlklößchen nebenbei.

Hasenschnitten: Suprême de lièvre (büprem dö liäwre): Sind Hasenfilets, die je nach Größe, in 2-3 schräge Stücke geschnitten, gewürzt, in Butter rosa gebraten werden.

Montmorency: In Butter gebraten, auf Artischockenboden, gefüllt mit feinem Mischgemüse in Rahmsauce, dressiert; nappiert mit Demiglace, verkocht mit Hasenfond, mit Madeira gewürzt, garniert mit Spargelspitzen.

mit Orangen: à l'orange: Rosa gebraten, jede Schnitte mit einem großen Orangenfilet belegt, mit Pfeffersauce, gewürzt mit Orangensaft und etwas Curaçao, nappiert; garniert mit glacierten Maronen.

mit Preiselbeeren: aux airelles (osärell): 1. In Butter gebraten, auf Tartelett, mit warmem Preiselbeerkompott gefüllt, dressiert; nappiert mit Pfeffersauce, mit Hasenfond verkocht;
2. rund pariert, gebraten, unter leichtem Druck ausgekühlt; nappiert mit brauner Chaudfroid-Sauce, von Hasenfond bereitet, mit Eiweiß und Trüffel dekoriert, mit Gelee überglänzt; auf Tartelett, gefüllt mit geliertem Preiselbeerkompott, dressiert.

Rabelais (rabeläh): Gebraten, dressiert auf Teigschiffchen mit Maronenpüree gefüllt, belegt mit kleiner, gebratener Gänseleberscheibe; nappiert mit Madeirasauce mit Trüffeljulienne vermischt.

Haselhuhn: Gelinotte (schelinott): Rebhuhngroßes, unauffällig gefärbtes, in den dichten Wäldern Europas und Asiens lebendes Wildhuhn, das in Deutschland nur noch in den Bergwäldern Süddeutschlands und (selten) in Mitteldeutschland vorkommt. Das Fleisch ist weiß, zart und schmackhaft, jedoch etwas trocken, so daß Haselhühner stets bardiert und oft begossen werden müssen. Junge Tiere werden gebraten und grilliert, alte geschmort. Alle Rezepte für Rebhuhn eignen sich für Haselhuhn.

auf Bojarenart: à la boyarde: Gebraten; Bratsatz mit gehackten Schalotten und Weißwein deglaciert, mit saurem Rahm verkocht, mit blanchierter Julienne von geschälter Salzgurke vermischt.

auf deutsche Art: à l'allemande: Wie Rebhuhn bereitet.

auf Großmutters Art: à la grand'mère: In der Kokotte gebraten, mit Weinbrand und Wildfond kurz deglaciert; garniert mit sautierten Champignons, winzige Weißbrotwürfelchen, in Butter geröstet, obenauf.

auf kurländische Art: à la courlandaise (kuhrlangdäs): In vier Stücke geteilt, in Butter mit gehackten Schalotten angebräunt, in saurem Rahm mit gewürfelten Tomaten, geviertelten Champignons und gehackten Sardellenfilets gedünstet.

Monseigneur: Entknöchelt, mit Bratwurstfleisch, vermischt mit roh geriebenen Trüffeln und Gänseleberwürfeln, gefüllt; in der Kasserolle gebraten, mit Madeira deglaciert, mit gebratenen Speckwürfeln, glacierten Zwiebelchen und sautierten Champignonköpfen garniert.

Monte Caprino: In der Kokotte gebraten, garniert mit geschälten, entkernten Weinbeeren; Bratsatz mit Marsala und wenig Wildfond deglaciert.

auf polnische Art: à la polonaise: Gebraten, bestreut mit gehacktem, hartgekochtem Ei, mit Reibbrot, in viel Butter geröstet, übergossen.

Savoy-Hotel: Angebraten, in feuerfeste Kasserolle, deren Seiten mit Knoblauch ausgerieben worden sind, gesetzt, wenig Wildfond angegossen, hermetisch verschlossen, im Ofen gedünstet.

Smitane: Gebraten, herausgenommen; Bratsatz mit Weißwein deglaciert, mit saurem Rahm verkocht, über den Vogel gegossen.

Suwarow: Wie Fasan gleichen Namens bereitet.

Victoria: Mit Gänseleber- und Trüffelwürfeln gefüllt, poeliert; garniert mit Würfelkartoffeln mit gehackter Petersilie bestreut.

auf Zarinart: à la tsarine: Gebraten, garniert mit olivenförmigen sauren Gurken und sautierten russischen Pilzen (Gribuis); Bratsatz mit Weißwein deglaciert und mit saurem Rahm verkocht.

Haselhuhnbrüstchen: Suprême de gelinotte: Die beiden Brusthälften, vom Brustknochen sorgfältig abgelöst, saftig gebraten, grilliert oder gedünstet und mit passender Sauce und Garnitur serviert. Sie werden auch wie Rebhuhnbrüstchen bereitet.

auf kleinrussische Art: à la petite-russienne (ptit rüßjenn): In Butter sautiert, auf einen Boden von Kascha dressiert; nappiert mit Pfeffersauce, mit Malaga und Zimt gewürzt und mit gehackten Sauerkirschen vermischt.

Lautrec (lotreck): Gewürzt, durch flüssige Butter gezogen, grilliert; mit flüssiger Glace, gewürzt mit Zitronensaft, bestrichen, garniert mit grillierten Champignonköpfen, gefüllt mit Kräuterbutter.

auf litauische Art: à la lithuanienne (lihtüanjenn): Saftig sautiert, mit Reibbrot, in reichlich Butter geröstet, übergossen; garniert mit sautierten Scheiben von Steinpilzen, Madeirasauce nebenbei.

auf livländische Art: à la livonienne (liwonjenn): In Butter sautiert, garniert mit sautierten Steinpilzscheiben, nappiert mit Pfeffersauce mit saurem Rahm vervollständigt.

Nikolaus: Nicolas: Sautiert, auf Teigschiffchen, gefüllt mit gehackten sautierten Steinpilzen mit Madeirasauce gebunden, dressiert; nappiert mit saurer Rahmsauce vermischt mit grober Julienne von Salzgurken.

Héron: siehe Fischreiher

Hirsch: Cerf (ßerf): Zur Familie der Paarhufer gehöriges Rotwild, erkenntlich am Geweih, im Sommer mit rötlichem, im Winter mit graubraunem Oberhaar. In Europa fast überall verbreitet. Wird 160 bis 270 kg schwer. Junge Tiere werden wie Reh bereitet, ältere geschmort oder zu Ragout verwendet.

Hirschbrust, gefüllt: Poitrine de cerf farcie (poatrihn dö ßerf farßi): Entbeint, mit Wildfarce bestrichen, gerollt, gebunden, halbgar in Wasser mit Wurzelgemüsen, gespickter Zwiebel und einem Schuß Essig gekocht; in geöltes Papier gewickelt, im Ofen fertiggebraten, Bratsatz mit Wildfond verkocht, mit Stärkemehl gebunden, mit Sardellenpaste vervollständigt.

Hirschkalb: Faon (fa'ng): Wie Reh zubereitet.

Hirschleber: Foie de cerf: In grobe Würfel geschnitten, in Butter mit gewürfelten Zwiebeln angebräunt, mit Mehl bestreut, angebräunt, mit braunem Fond geschmort; Sauce mit Senf und etwas Essig gewürzt.

Hirschnuß Berny: Nuß aus der Keule gelöst, enthäutet, gespickt, gebraten; garniert mit Tarteletts mit Linsenpüree und Berny-Kartoffeln, Wildsauce nebenbei.

Hirschroulade auf Bergler Art: Roulade de cerf à la montagnarde: Schulter entbeint, mit Hirschfarce mit Streifen von grünen Paprikaschoten und Pökelzunge gefüllt, gerollt, mit fettem Speck umhüllt, gebunden, geschmort; ausgewickelt, mit dem mit Pfeffersauce verkochten Fond nappiert, garniert mit halben gedünsteten Birnen und glacierten Maronen.

Hirschsattel: Cimier de cerf (ßimje dö ßerf): Enthäutet, gespickt, gebraten, wie Rehrücken bereitet.

auf deutsche Art: à l'allemande: Nach dem Braten dick mit geriebenem Graubrot, vermischt mit Rotwein, braunem Zucker und einer starken Prise Zimt bedeckt, mit zerlassener Butter betropft, im Ofen überkrustet; Oberjägermeister-Sauce nebenbei.

auf polnische Art: à la polonaise: Mariniert, angebräunt, in hellem Fond mit saurem Rahm und Fenchel geschmort; garniert mit sautierten Steinpilzen und Sauerkraut; die eingekochte, passierte Sauce nebenbei.

Hirschschnitzel: Escalope de cerf: Aus der Keule eines Jungtiers geschnitten, wie Hasenfilet bereitet.

Hirschschulter auf deutsche Art: Epaule de cerf à l'allemande: Enthäutet, gespickt, gebraten; Bratsatz verkocht mit saurem Rahm, gebutterte Nudeln nebenbei.

Hohe Rippe: siehe Roast Ribs of Beef

Huhn: Poulet (puleh): Das am meisten verbreitete und wohl schmackhafteste aller zahmen Geflügelarten. Hühner für die Tafel werden nach Größe, Gewicht und Qualität klassifiziert, wie:
Kücken, Stubenküken: Poussin;
Hähnchen, Masthähnchen: Poulet de grains;
Brathuhn, Brathähnchen: Poulet reine;
Kapaun: Chapon;
Masthuhn: Poularde;

Suppenhuhn: Poule: Dieses wird am besten für Suppen, Salate, Mayonnaisen oder für Berliner Hühnerfrikassee verwendet.

Huhn, Chaudfroid von: Chaudfroid de poulet (schohfroa dö puleh); chaudfroid de volaille (dö wollaij): Brüstchen von pochierten, erkalteten Hühnern oder Masthühnern, je nach Größe entweder ganz gelassen oder in schräge, nicht zu dünne Scheiben geschnitten, pariert, mitunter auch mit Schaumbrot maskiert, mit Chaudfroid-Sauce überzogen, dekoriert, mit Gelee überglänzt.

auf Frühlingsart: à la printanière: Pochierte Brüstchen junger Hähnchen, enthäutet, mit grüner Kräuter-Chaudfroid-Sauce überzogen, dekoriert, mit Gelee überglänzt; garniert mit Artischockenböden gefüllt mit Gemüsesalat, gebunden mit gestockter Mayonnaise, dekoriert mit Trüffelstern und überglänzt.

Gounod (gunoh): Scheibchen von Poulardenbrust, pariert, mit Hühnerschaumbrot maskiert, nach Anziehen mit weißer Chaudfroid-Sauce überzogen; mit einer Lyra aus Trüffeln dekoriert, mit Gelee überglänzt, mit Geleewürfeln garniert.

Las Palmas: Chaudfroid de volaille Las Palmas: Runde Poulardenbrustscheibchen, nappiert mit tomatierter Hühner-Chaudfroid-Sauce, dekoriert mit Trüffel und Scheiben von gefüllten Oliven, mit Gelee überglänzt; auf Artischockenböden gesetzt, die mit Salat von Ananas, Reis und roten Paprikaschoten gefüllt worden sind; garniert mit Geleewürfeln.

Rossini: Scheibchen pochierter Poulardenbrust, mit weißer Chaudfroid-Sauce überzogen, mit Trüffelmotiv dekoriert, mit Madeiragelee überglänzt; jedes Stück auf eine gleich große Scheibe Gänseleberparfait gesetzt, mit Gelee garniert.

schottische Art: à l'écossaise: Mit weißer Chaudfroid-Sauce, vermischt mit feiner Brunoise von Pökelzunge, Trüffel, hartgekochtem Eiweiß und Pfeffergurken, nappiert, mit Gelee überglänzt; dressiert auf geformten Gemüsesalat, mit kleinen dünnen Scheiben Pökelzunge bedeckt, garniert mit Gelee.

Veronika: Veronique: Brüstchen junger, pochierter Hähnchen, mit feiner Geflügel-Chaudfroid-Sauce überzogen, mit Motiv von roter Paprikaschote dekoriert; Glasschale zur Hälfte mit Schaumbrotmasse von rotem Paprikamark, gut gewürzt, gefüllt, nach dem Anziehen die Chaudfroids darauf dressiert, mit sehr zartem Geflügelgelee vollständig bedeckt.

Chicken à la King: Scheibchen von gekochter, zarter Hühnerbrust, leicht gewürzt, in süßem Rahm gedünstet, vermischt mit gewürfelten grünen und roten Paprikaschoten und Champignons, in Butter gedünstet; legiert mit Eigelb und Rahm, vermischt mit Sherry und Cognac, sogleich vom Feuer genommen, um Gerinnen zu verhindern, in Wärmschüssel oder auf Toast serviert (nordamerikanisch).

Ciulama de pui: Rahmhuhn: Junges Huhn, in vier Stücke geteilt, mit Wurzelwerk und Pfefferkörnern in Wasser gekocht; Fond mit heller Mehlschwitze verkocht, passiert, mit viel dickem, süßem Rahm vervollständigt, gut gewürzt (rumänisch).

Creamed Chicken: Huhn in Rahmsauce: Gekochtes, enthäutetes Huhn, gehackt, nicht püriert, mit süßem Rahm dick eingekocht, mit Salz, Paprika und einem Schuß Sherry gewürzt; auf Toast oder in einer Wärmschüssel (chafing dish) angerichtet (nordamerikanisch).

Baked: gebacken: Huhn wie oben bereitet, in Backschüssel, umspritzt mit Rand von Herzogin-Kartoffelmasse, gefüllt, mit Reibbrot bestreut, mit zerlassener Butter betropft, im Ofen gebräunt (nordamerikanisch).

Huhn, gebacken; Backhuhn: Poulet frit (puleh fri): Junges Huhn oder Hähnchen in vier Stücke geteilt, Brustknochen ausgelöst, nur die Flügelspitzen an den Brustsrücken gelassen, meist auch der Oberschenkelknochen ausgelöst; hauptsächlich paniert, im Fettbad gebacken, mit gebackener Petersilie garniert.

Croissy: Gebacken: Béarner Sauce nebenbei.
englische Art: à l'anglaise: Völlig entbeint, gebacken, garniert mit Zitronenspalten und gebackener Petersilie; Kräuterbutter nebenbei.
Fritot: Fritot de poulet: Dünne Scheiben von Hühnerbrust, in Öl, Zitronensaft und gehackten Kräutern mariniert; durch Backteig gezogen, in tiefem Fett gebacken, mit gebackener Petersilie angerichtet, Tomatensauce nebenbei.
Maryland: Gebacken, garniert mit gebratenen Speckscheiben, gebratenen Bananen und Maiskrusteln; Sahnemeerrettich nebenbei.
Pollo fritto alla Romana: Backhuhn auf römische Art: Kornmasthähnchen in heller Brühe pochiert, in kaltem Wasser rasch abgekühlt, enthäutet, von den Knochen befreit, in Streifen von der Stärke eines Bleistiftes geschnitten; in Backteig, mit Weißwein angemacht und mit geriebenem Parmesan vermischt, getaucht, in heißem Öl gebacken, wie ein Scheiterhaufen angerichtet, mit Zitronenspalten und gebackener Petersilie garniert (italienisch).
Pollo fritto alla Toscano: Backhähnchen toskanische Art: Junge Hähnchen, in vier Stücke geteilt, mit Ausnahme des Schenkelknochens und der Flügelspitzen entbeint; gewürzt, gemehlt, durch geschlagenes Ei gezogen, schwimmend in Öl knusprig gebacken, mit gebackener Petersilie und Zitronenspalten angerichtet (italienisch).
auf provenzalische Art: à la provençale: Gebacken; provenzalische Sauce nebenbei.
Savoy Hotel: Gebacken; Spargelköpfe in Rahmsauce und leichte Tomatensauce nebenbei.
Southern fried Chicken: Gebackenes Huhn auf südliche Art: Junges Hähnchen geviertelt, gewürzt, gemehlt, durch geschlagenes Ei gezogen, in geklärter Butter gebacken; garniert mit Bananenscheiben, durch Backteig gezogen und gebacken, runden, flachen Maiskroketts und gebratenen Speckscheiben; Velouté verkocht mit Ahornsirup und süßem Rahm nebenbei (nordamerikanisch).
Villeroi: Vorgekocht, ausgekühlt, entknöchelt, in passende Stücke geteilt, mit Villeroisauce maskiert, paniert, gebacken; Trüffelsauce nebenbei.
Wiener Art: Wiener Backhendl: à la viennoise: Junge Hähnchen, geviertelt, zusammen mit Magen und Lebern paniert, gebacken; mit gebackener Petersilie trocken angerichtet, Kopfsalat nebenbei.
Pollo alla cacciatora: Huhn auf Jägerart: Wie für sautiertes Huhn geteilt, in Butter mit gehackten Zwiebeln gebräunt, gehackte Petersilie beigefügt und mitgeschwitzt; blättrig geschnittene Champignons, gehacktes Basilikum, Rosmarin, Lorbeerblatt, Salz und Pfeffer beigegeben, mit wenig Wasser angegossen, nach und nach mehr hinzugegeben; nach dem Garwerden im kurzen Saft mit Marsala gewürzt serviert, Polenta nebenbei (italienisch).
español: Huhn auf spanische Art: Wie für Frikassee geteilt, in spanischem Olivenöl angebräunt; mit leichter, tomatierter Demiglace aufgefüllt, gewürfelte rote Paprikaschoten, vorgekochte Kichererbsen, angebratene Speckwürfel und Scheiben von Chorizos beigefügt und weichgeschmort (spanisch).
à la Pepitoria: Huhn Pepitoria: Wie für Frikassee zerlegt in Olivenöl angeröstet, herausgenommen; gehackte Zwiebel und zerdrückter Knoblauch in dem Öl gebräunt, mit wenig Mehl bestäubt, mit Wasser und trockenem Weißwein aufgegossen; die Hühnerstücke hinzugegeben, gewürzt, etwas Safran und Lorbeerblatt beigefügt, halbgar gedünstet; in saubere Kasserolle ausgestochen, grobgeschnittener, angebratener roher Schinken dazugegeben; die passierte Sauce mit geriebenen Mandeln verdickt und mit gehackter grüner Pfefferminze vermischt darübergegossen, die Hühnerstücke darin weichgekocht (spanisch).

Pollo al riso: Huhn mit Reis: Wie für Frikassee geteilt, in Olivenöl mit gehackten Zwiebeln, Streifen von rohem Schinken und Champignons gedünstet; wenn halbgar, Reis, gewürfelte Tomaten und gehackte Petersilie beigefügt, gewürzt, mit Bouillon aufgegossen, gargedünstet; mit geriebenem Parmesan und Kopfsalat serviert (italienisch).

Huhn am Rost gebraten; grilliertes Huhn: Poulet grillé (puleh grijeh): Vom Rücken aus gespalten, der Rückenknochen abgeschlagen, plattiert, die Keulen vorn durch die Brusthaut gesteckt, die Flügel auf den Rücken zurückgelegt; gewürzt, mit Butter oder Öl bestrichen, grilliert.

 amerikanische Art: à l'américaine: Grilliert, garniert mit gebratenen Speckscheiben und gebratenen Tomaten.

 Krötenart: à la crapaudine: Mit zerlassener Butter bestrichen, in geriebener Weißbrotkrume gewälzt, mit zerlassener Butter gefettet, auf dem Rost gebraten; garniert mit Zitronenspalten und Petersilie, Teufels- oder andere scharfe Sauce nebenbei.

 Teufelsart: à la diable (dijabl): Mit Senfpulver, vermischt mit wenig Wasser und Cayennepfeffer, bestrichen, in geriebener Weißbrotkrume gewälzt, auf dem Rost gebraten; Teufelssauce nebenbei.

Huhn, sautiert; sautiertes Huhn, geschwungenes Huhn: Poulet sauté (puleh soteh): Zartes Huhn oder Hähnchen, ausgenommen, die Brüste vom Brustknochen so abgelöst, daß nur die Flügelknochen bleiben. Von den Keulen der Schlußknochen abgelöst, der Oberschenkel mit scharfem Messer freigelegt, Knochen herausgenommen; der Rückenknochen pariert, in 2-3 Stücke geteilt. Huhn braun sautiert: gewürzt, in Butter oder Öl an beiden Seiten braun angebraten, zugedeckt, im Ofen oder auf dem Herd ohne Flüssigkeit gargemacht; die Bruststücke zuerst herausgenommen, da sie zarter sind. Der Bratsatz mit Wein, Fond, Sauce oder anderer Flüssigkeit abgelöscht und die Stücke in der Sauce noch kurz durchziehen lassen. Huhn weiß sautiert: gewürzt, in Butter oder Öl nur steifgemacht, zugedeckt gargemacht, ohne daß die Stücke Farbe annehmen dürfen. Stets mit Weißwein, weißem Fond, süßem Rahm oder weißer Sauce deglaciert; Hühnerstücke aus dem Geschirr genommen, ehe mit Flüssigkeit abgelöscht wird.

 auf ägyptische Art: à l'egyptienne: Sautiert in Olivenöl mit gehackten Zwiebeln, gewürfelten Schinken und Champignonscheiben, belegt mit gebratenen Tomatenscheiben; deglaciert mit Kalbsjus und mitsamt den Zwiebeln usw. über das Huhn gegossen.

 Alexandra: Weiß sautiert, mit süßem Rahm und weißer Zwiebelsauce deglaciert; mit Trüffelscheiben und grünen Spargelspitzen garniert.

 auf algerische Art: à l'algerienne: Braun sautiert; mit Weißwein abgelöscht, gewürfelte Tomaten und eine Spitze Knoblauch beigefügt, verkocht; garniert mit olivenförmigen süßen Kartoffeln, in Öl sautiert oder mit Würfeln von Eieräpfeln in Öl sautiert; mit der Sauce bedeckt.

 auf alte Art: à l'ancienne: Weiß sautiert, Satz verkocht mit Geflügelvelouté; garniert mit weißgedünsteten Zwiebelchen und Champignonköpfen.

 auf Antwerpener Art: à l'anversoise (angwersoas): Weiß sautiert, mit süßem Rahm abgelöscht, mit Geflügelrahmsauce verkocht; Sauce vermischt mit Julienne von Pökelzunge und Hopfensprossen über das Huhn gegossen.

 auf arlesische Art: à l'arlesienne (arlesjenn): In Öl braun sautiert, mit Weißwein abgelöscht, mit tomatierter Demiglace und etwas Knoblauch verkocht, passiert, über das Huhn gegossen; garniert mit geschmolzenen Tomaten, gebackenen Zwiebelringen und gebackenen Scheiben Eieräpfel.

 Armagnac: Weiß sautiert, deglaciert mit Armagnac, verkocht mit süßem Rahm, mit Krebsbutter aufgeschlagen, mit Zitronensaft gewürzt.

Armenonville: Braun sautiert, mit Weinbrand deglaciert, verkocht mit Demiglace; Armenonville-Garnitur.

mit Artischockenböden: aux fonds d'artichauts: Braun sautiert, gleichzeitig mit in Scheiben geschnittenen, rohen Artischockenböden; herausgenommen, deglaciert mit Weißwein, verkocht mit gebundener Kalbsjus.

d'Artois: Braun sautiert, mit Madeira deglaciert, mit Fleischglace aufgekocht, mit Butter aufgeschlagen; garniert mit glacierten Zwiebelchen, olivenförmigen, glacierten Möhren und geviertelten Artischockenböden.

mit Austern: aux huîtres (os uitr): Weiß sautiert, mit Weißwein und Austernwasser deglaciert, verkocht mit Velouté, garniert mit pochierten, entbarteten Austern.

mit Basilikum: au basilic: In Butter braun sautiert, mit Weißwein abgelöscht, etwas gehacktes Basilikum beigefügt, eingekocht, mit Butter vermischt und über das Huhn gegossen.

auf Bauernart: à la paysanne (peisann): Braun sautiert, mit Weißwein deglaciert, verkocht mit Demiglace; kleine Scheibchen von weißen Rüben, Karotten und Zwiebeln, in Butter gedünstet, gewürfelte grüne Bohnen und grüne Erbsen darübergeschüttet, mit der Sauce übergossen.

auf Bayonner Art: à la bayonnaise (bajonäs): Braun sautiert, deglaciert mit Sherry, verkocht mit tomatierter Demiglace mit gehacktem Schinken vermischt; Butterreis nebenbei.

Beaulieu (bohljö): Braun sautiert, mit Weißwein abgelöscht, mit Kalbsjus verkocht, mit Zitronensaft gewürzt; Hühnerstücke in Kokotte angerichtet, garniert mit geschmolzenen Tomaten, geviertelten Artischockenböden, Kartoffelkugeln in Butter sautiert und schwarzen Oliven; mit der Jus nappiert.

Belle-Otéro: Weiß bereitet, mit Cognac, Portwein, süßem Rahm und Kalbsfond deglaciert, eingekocht, mit Hahnenkämmen und -nieren sowie Trüffelscheiben vermischt und über das Huhn gegossen; garniert mit gebackenen Eiern und winzigen Hühnerkroketts.

Bercy: Braun sautiert, herausgenommen; gehackte Schalotten in der Bratbutter angebraten, mit Weißwein abgelöscht, eingekocht, flüssige Glace und Zitronensaft beigefügt, mit Butter aufgeschlagen; vermischt mit gebratenen Bratwurstscheiben und Champignonscheiben, über das Huhn gegossen, mit gehackter Petersilie bestreut.

auf Berliner Art: à la berlinoise: Braun sautiert, mit Weinbrand und Weißwein abgelöscht, mit Demiglace verkocht; garniert mit geschmolzenen Tomaten, Champignons und kleinen Geflügelklößchen.

Biarritz: In Olivenöl sautiert, mit Weißwein abgelöscht, verkocht mit Demiglace; garniert mit glacierten Zwiebelchen, Nußkartoffeln, gebratenen Würfeln von Eieräpfeln und sautierten Steinpilzen.

Boivin: Sautiert mit vorgekochten kleinen Zwiebelchen, blanchierten Artischockenböden und stark blanchierten Kartoffelkugeln; nach dem Herausnehmen Bratsatz mit Hühnerbrühe abgelöscht, eingekocht, mit Glace vermischt, gebuttert, mit Zitronensaft gewürzt und über Huhn und Garnitur gegossen.

auf Bordelaiser Art: à la bordelaise (bordlähs): Sautiert, herausgenommen; gehackte Schalotten in der Bratbutter angeschwitzt, mit Weißwein abgelöscht, mit Demiglace verkocht; garniert mit rohen, in Butter sautierten Kartoffelscheiben, sautierten Vierteln von Artischockenböden, sautierten Steinpilzscheiben und gebackenen Zwiebelringen.

auf Botschaftsart: à l'ambassade: Weiß sautiert, mit süßem Rahm abgelöscht, mit Geflügelrahmsauce verkocht; garniert mit Trüffelscheiben, kleinen Champignonköpfen und sautierten Gänseleberwürfeln.

auf bürgerliche Art: à la bourgeoise: Braun sautiert, mit Weißwein abgelöscht, mit Demiglace verkocht; garniert mit glacierten Zwiebelchen, tournierten, glacierten Möhren und gebratenen Rauchspeckwürfeln.

auf Burgunder Art: à la bourguignonne: Sautiert, mit Burgunder abgelöscht, mit Demiglace verkocht; garniert mit glacierten Zwiebelchen, sautierten Champignons und gebratenen Speckwürfeln, mit der Sauce nappiert.

Cecil-Hotel: Braun sautiert, mit Rotwein deglaciert, mit Demiglace verkocht; garniert mit sautierten Steinpilzen, sautierten Vierteln von Artischockenböden und gefüllten Tomaten.

Champeaux: Braun sautiert, mit Weißwein abgelöscht, mit Kalbsfond und Glace verkocht, mit Butter aufgeschlagen; garniert mit glacierten Zwiebelchen und Oliven-Kartoffeln.

mit Champignons: aux champignons: Braun sautiert, gehackte Schalotten und rohe Champignonscheiben oder kleine Champignonköpfe in der Bratbutter angebraten, mit Madeira abgelöscht, mit Demiglace verkocht über das Huhn gegossen, gehackte Petersilie obenauf.

Chantecler (schangteklär): Braun sautiert, mit trockenem Schaumwein abgelöscht, mit Demiglace verkocht; garniert mit Hahnenkämmen und Oliven-Kartoffeln.

Côte d'Azur: Braun sautiert, deglaciert mit Madeira, verkocht mit Weißwein; garniert mit gewürfelten grünen Bohnen, grünen Erbsen, gewürfelten Artischockenböden, grünen Spargelspitzen und Oliven-Kartoffeln.

Delmonico: Weiß zubereitet, deglaciert mit Kalbsvelouté, verkocht mit süßem Rahm, gewürzt mit Paprika; garniert mit sautierten Steinpilzwürfeln, gedünsteten Würfeln von roter Paprikaschote und Artischockenböden und Trüffelscheiben; mit der Sauce nappiert.

Demidow: Demidoff: Sautiert, dieselbe Garnitur wie für Poularde gleichen Namens beigefügt, Trüffelhalbmonde und etwas Kalbsjus beim Servieren beigefügt.

Dora: Braun sautiert, mit Weinbrand und Weißwein abgelöscht, mit Demiglace verkocht; garniert mit Spargelspitzen.

Doria: Braun, gleichzeitig mit Gurkenstücken in Form von großen Oliven, sautiert und angerichtet; deglaciert mit Zitronensaft, verkocht mit Kalbsjus, über das Huhn gegossen, darüber noch etwas braune Butter.

Durand (dürang): Hühnerstückchen gewürzt, gemehlt, in Olivenöl sautiert und auf kleine Scheibchen von gebratenem Schinken dressiert; bedeckt mit gebackenen Zwiebelringen, umrandet mit Tomaten mit gehackten Schalotten geschmolzen und mit gehackter Petersilie vermischt.

Duroc (dürock): Wie auf Jägerart bereitet, zusätzlich Oliven-Kartoffeln und geschmolzene Tomaten.

Duse (dühs): In Öl sautiert, Bratsatz mit Tomatensauce verkocht; garniert mit sautierten Würfeln von Artischockenböden, angerichtet im Reisrand.

auf Erzherzogsart: à l'archiduc: Weiß mit gehackten Zwiebeln sautiert; herausgenommen, Bratsatz mit Weinbrand, süßem Rahm und Velouté verkocht, passiert, mit Madeira und Zitronensaft gewürzt, mit Butter verfeinert, über das Huhn gegossen; mit Zitronenscheiben garniert.

mit Estragon: à l'estragon: Braun sautiert, deglaciert mit Weißwein, verkocht mit brauner Estragonsauce; gehackten Estragon obenaufgestreut.

Feodora: Fédora: Weiß mit rohen Trüffelscheiben sautiert; mit süßem Rahm abgelöscht, mit etwas Béchamel verkocht, mit Krebsbutter aufgeschlagen, mit Cayennepfeffer und Zitronensaft gewürzt; garniert mit grünen Spargelspitzen.

auf Försterart: à la forestière: Ansautiert mit gehackten Schalotten, in Stücke geschnittenen Morcheln oder Champignons, zugedeckt im Ofen gargemacht; mit Weißwein und Kalbsjus deglaciert, verkocht und mit den Pilzen über das Huhn gegossen; garniert mit gebratenen Speckdreiecken und Würfelkartoffeln.

Frou-Frou (frufru): Braun sautiert; mit Madeira abgelöscht, mit Demiglace verkocht; garniert mit Trüffelscheiben, gevierteilten Artischockenböden, Oliven-Kartoffeln und Spinatkroketts.

mit Frühgemüsen: aux primeurs (o primöhr): Braun sautiert, mit Weißwein deglaciert, mit Demiglace verkocht; garniert mit Frühgemüsen.

Gabriele: Weiß bereitet, mit Champignonfond abgelöscht, mit Béchamel verkocht, mit Butter verfeinert, über das Huhn gegossen; grobe Trüffeljulienne obenaufgestreut, umrandet mit Fleurons.

George Sand: Weiß bereitet, mit süßem Rahm deglaciert, verkocht mit Kalbsglace, vermischt mit Krebscoulis; garniert mit Krebsschwänzen und Trüffelscheiben.

Georgina: Weiß bereitet zusammen mit kleinen Zwiebelchen und einem Kräuterbündel mit Fenchel; mit Rheinwein und Champignonfond deglaciert, mit süßem Rahm verkocht, garniert mit Champignonköpfen, gehackten Kerbel und Estragon obenaufgestreut.

Gounod (gunoh): Braun sautiert, mit Weinbrand deglaciert, mit Tomatensauce zusammen mit Champignon- und Trüffelscheiben, Karotten- und Artischockenbödenscheiben verkocht, über das Huhn gegossen.

Grand Hotel: Braun sautiert, mit Weinbrand und Weißwein deglaciert, mit gebundener Kalbsjus verkocht; garniert mit Trüffelscheiben und Nußkartoffeln.

auf Hausfrauenart: à la bonne femme: Braun sautiert, mit Weißwein deglaciert, mit gebundener Kalbsjus verkocht; garniert mit glacierten Zwiebelchen, gebratenen Speckwürfeln und Nußkartoffeln.

Hispalis: Braun in spanischem Olivenöl, gleichzeitig mit grobgewürfelter roter Paprikaschote sautiert und herausgenommen; mit Sherry deglaciert, mit gewürfelten Tomaten, Demiglace und etwas geriebener Orangenschale verkocht; garniert mit blanchierten, gefüllten und mit etwas Fond gedünsteten spanischen Oliven und großen Orangenfilets, mit der Sauce nappiert.

Hotel Knickerbocker: Braun sautiert, mit Weißwein und Madeira deglaciert, verkocht mit Demiglace; garniert mit gebratenen Würfeln von Rauchspeck, Champignonköpfen und Kokotte-Kartoffeln.

Hotel Vier Jahreszeiten: Weiß zusammen mit gehackten Schalotten und Champignonscheiben sautiert; mit Weinbrand deglaciert, mit süßem Rahm und Hühnerfond verkocht, mit Krebsbutter aufgeschlagen, mit Cayennepfeffer gewürzt; Sauce vermischt mit Trüffelscheiben und Krebsschwänzen.

auf indische Art: à l'indienne (ängdjenn): In Öl mit gehackten Zwiebeln sautiert und mit Currypulver bestreut; deglaciert mit Kokosnußmilch, verkocht mit Velouté; körnig gekochter Reis nebenbei.

auf italienische Art: à l'italienne: Braun sautiert, Bratsatz mit italienischer Sauce verkocht; garniert mit gevierteilten Artischockenböden auf italienische Art bereitet.

auf Jägerart: à la chasseur: Braun sautiert, in der Bratbutter gehackte Schalotten mit Champignonscheiben sautiert, mit Weinbrand und Weißwein deglaciert, mit tomatierter Demiglace verkocht, mit gehacktem Estragon und Kerbel vervollständigt, über das Huhn gegossen.

auf japanische Art: à la japonaise: Braun sautiert, mit Weißwein deglaciert, mit Demiglace verkocht; garniert mit in Butter sautiertem Knollenziest.

Josephine: Braun ansautiert, Mirepoix Bordelaise, grobgehackter magerer Schinken und gehackte Champignons beigefügt; nach dem Herausnehmen mit Weinbrand und Champignonfond abgelöscht, mit gebundener Kalbsjus verkocht, mit Butter verfeinert; umrandet mit kleinen in Öl sautierten Steinpilzen.

Judic: Braun sautiert, mit Weißwein abgelöscht, mit Demiglace verkocht; garniert mit Trüffelscheiben und gedünstetem Kopfsalat.

nach Art der Jura: à la jurassienne (jürasjenn): Ansautiert, kurz vor dem Herausnehmen gewürfelter, blanchierter und kurz angebratener Magerspeck beigefügt; Bratsatz mit Demiglace verkocht und mit gehacktem Schnittlauch vermischt.

auf katalonische Art: à la catalane: In Olivenöl sautiert, gehackte Schalotten in dem Bratöl angeschwitzt, mit Weißwein abgelöscht; gewürfelte Tomaten und grüne Paprikaschoten, zerdrückter Knoblauch, Champignonscheiben und etwas Tomatensauce beigefügt, verkocht, über das Huhn gegossen; garniert mit glacierten Zwiebelchen, glacierten Maronen und Scheiben von Knoblauchwurst.

mit feinen Kräutern: aux fines herbes: Braun sautiert; gehackte Schalotten in der Butter angeschwitzt, mit Weißwein deglaciert, verkocht mit Demiglace und Kalbsfond, vermischt mit gehackten Kräutern, über das Huhn gegossen.

Lathuile (latüihl): Braun zusammen mit blanchierten Würfelkartoffeln und gewürfelten Artischockenböden sautiert; garniert mit gebackenen Zwiebelringen und gebackener Petersilie, mit wenig flüssiger Glace beträufelt, leicht mit brauner Butter übergossen.

Leopold: Weiß mit gehackten Schalotten zubereitet, mit Weißwein abgelöscht, mit süßem Rahm verkocht, garniert mit gedünstetem Chicorée.

auf lothringische Art: à la lorraine (lohrähn): Braun sautiert, mit Weißwein abgelöscht, mit süßem Rahm und wenig Demiglace verkocht; mit gehacktem Kerbel und Schnittlauch bestreut.

mit Madeira: au madère: Braun mit gehackten Schalotten sautiert; mit Madeira deglaciert, mit Demiglace verkocht.

Magdalena: Madeleine (madlähn): Weiß sautiert, mit süßem Rahm abgelöscht, mit Geflügelrahmsauce, vermischt mit in Butter gedünsteter Gemüsebrunoise, vervollständigt.

Marengo: Braun sautiert, mit Weinbrand und Weißwein deglaciert, eingekocht, gewürfelte Tomaten, zerdrückter Knoblauch, Champignonköpfe, Trüffelscheiben, Demiglace und Tomatenpüree beigefügt, verkocht, über das Huhn gegossen; garniert mit ganzen Krebsen, gebackenen Eiern und herzförmigen Croutons, gehackte Petersilie obenauf.

Marigny: In Butter angebräunt, gewürfelte grüne Bohnen und grüne Erbsen beigefügt, zugedeckt, im Ofen fertiggemacht; Hühnerstücke herausgenommen, Bratsatz mit Kalbsjus verkocht und über das Huhn gegossen, wenn das Gemüse gar ist; mit kleinen Schmelzkartoffeln garniert.

auf Marseiller Art: à la marseillaise: Braun ansautiert, wenn halb gar zerdrückter Knoblauch, gewürfelte Tomaten und in Olivenöl angedünstete Streifen von grünen Paprikaschoten beigefügt; Huhn herausgenommen, Bratsatz mit Weißwein abgelöscht, eingekocht, mit Zitronensaft gewürzt, mitsamt der Garnitur über das Huhn gegossen; bestreut mit gehackter Petersilie.

Mascotte: Braun sautiert, mit Weißwein deglaciert, mit Demiglace verkocht; Mascotte-Garnitur.

Masséna: Braun sautiert; mit Weißwein abgelöscht, mit Trüffelsauce verkocht; garniert mit sautierten Würfeln von Artischockenböden und blanchierten Ochsenmarkscheiben.

Mathilde: Weiß zusammen mit gehackten Zwiebeln und Gurkenoliven sautiert; mit Weinbrand abgelöscht, Geflügelrahmsauce beigefügt, über das Huhn gegossen.

Mazarin (massaräng): Braun sautiert, mit Madeira deglaciert, mit Demiglace verkocht; garniert mit glacierten Zwiebelchen, olivenförmigen, glacierten Möhren, Knollensellerie und Trüffelscheiben.

auf mexikanische Art: à la mexicaine: Sautiert in Öl, mit Weißwein deglaciert, mit tomatierter, gebundener Kalbsjus verkocht; garniert mit kleinen, grillierten Paprikaschoten und großen Champignonköpfen mit geschmolzenen Tomaten gefüllt.

Mireille: Braun sautiert, auf Mireille-Kartoffeln dressiert; Bratsatz mit wenig Kalbsjus verkocht, über das Huhn gegossen, darüber etwas braune Butter.

Monselet (mongsleh): Braun sautiert, mit Sherry deglaciert, mit Demiglace mit Scheiben von Artischockenböden und Trüffeln verkocht.

Montmorency (mongmorangßi): Braun sautiert, mit Madeira deglaciert, mit Demiglace verkocht; garniert mit geviertelten, sautierten Artischockenböden und grünen Spargelspitzen.

mit Moospilzen: aux mousserons (o mussrong): Zusammen mit gehackten Zwiebeln und den Pilzen braun sautiert; mit Weißwein deglaciert, verkocht mit Demiglace; gehackte Petersilie obenauf.

mit Morcheln: aux moreilles (o morij): Braun sautiert, wenn halbgar, zuvor in Butter gedünstete Morcheln beigefügt; mit Weinbrand und Morchelfond deglaciert, Glace beigefügt, mit Butter aufgeschlagen.

Nimrod: Braun sautiert, deglaciert mit Weißwein, verkocht mit angeschwitzten, gehackten Schalotten, gewürfelten Tomaten und Demiglace; garniert mit sautierten Champignons.

auf Nizzaer Art: à la niçoise (nißoas): In Olivenöl sautiert, mit Weißwein abgelöscht, mit tomatierter Demiglace verkocht; Nizzaer Garnitur.

auf Orleanser Art: à l'orléanaise: Braun sautiert, deglaciert mit Rotwein, verkocht mit Kalbsjus, eingekocht, gebuttert; garniert mit glacierten Zwiebelchen und gerieften Champignons.

auf Pächterart: à la fermière: Braun sautiert, serviert mit Pächter-Garnitur in gebundener Kalbsjus; meist in Kokotte angerichtet.

Palestrina: Weiß bereitet, mit Sherry deglaciert, mit süßem Rahm verkocht, vermischt mit Champignonscheiben und grober Julienne von Kopfsalat in Butter gedünstet; Risotto, vermischt mit Julienne von Champignons und Trüffeln, nebenbei.

Parmentier: Braun sautiert, deglaciert mit Weißwein, verkocht mit gebundener Kalbsjus; garniert mit gebratenen Oliven-Kartoffeln, gehackte Petersilie obenauf.

auf portugiesische Art: à la portugaise: In Öl braun sautiert, herausgenommen; gehackte Zwiebeln in dem Bratöl angeschwitzt, gewürfelte Tomaten, Champignonscheiben, etwas Weißwein und gehackte Petersilie beigefügt, gekocht, über das Huhn gegossen.

auf provenzalische Art: à la provençale: In Olivenöl sautiert, mit Weißwein deglaciert, verkocht mit provenzalischer Sauce; garniert mit blanchierten schwarzen Oliven.

Rivoli: Braun sautiert, mit Sherry deglaciert, mit tomatierter Demiglace verkocht; auf Anna-Kartoffeln mit gehackten Trüffeln vermischt angerichtet.

Rostand: Braun sautiert, mit Weinbrand deglaciert, mit gebundener, tomatierter Kalbsjus verkocht, mit halbmondförmigen, vorher in Butter gedünsteten Scheiben von Karotten, weißen Rüben, Sellerie, Trüffeln und Champignons vermischt.

auf rumänische Art: à la roumaine (ruhmähn): Braun sautiert mit gehackten Zwiebeln und gewürfelten Eieräpfeln; mit Pflaumenschnaps und Weißwein deglaciert, gewürfelte Tomaten, Knoblauch, grobe Streifen von grüner Paprikaschote und Tomatensauce beigefügt, verkocht, über das Huhn gegossen.

mit Samos: au Samos: Zusammen mit gewürfelten Tomaten sautiert, mit Samos abgelöscht, mit gebundener Kalbsjus verkocht, vermischt mit geschälten, entkernten Weinbeeren

mit Schaumwein: au champagne: Braun in Butter sautiert, mit trockenem Schaumwein deglaciert, mit gebundenem Kalbsjus verkocht, dabei rohe Trüffelscheiben beigefügt und über das Huhn gegossen.

auf Schwiegermutterart: à la belle-mère (bällmähr): Braun sautiert, mit Madeira deglaciert, mit Demiglace verkocht; garniert mit gewürfeltem, gebratenem Speck, grünen Erbsen, gebratenen Kartoffelkugeln, gewürfelten Artischockenböden und glacierten Zwiebelchen.

auf spanische Art: à l'espagnole (espannjol): In spanischem Olivenöl angebräunt, halb gargemachter Pilawreis, vermischt mit grünen, gewürfelten Paprikaschoten, vorgekochte grüne Erbsen und Scheiben von spanischer Knoblauchwurst sowie etwas Kalbsfond beigefügt; alles zusammen zugedeckt im Ofen gargemacht.

Stanley: Weiß zusammen mit gehackten Zwiebeln sautiert, mit Hühnerbrühe deglaciert, mit süßem Rahm eingekocht, mit Currypulver gewürzt, die passierte Sauce mit Trüffelscheiben vermischt; garniert mit weißgedünsteten Champignonköpfen.

mit Steinpilzen: aux cèpes (o ßähp): Braun sautiert, wenn halb gar ansautierte Scheiben von Steinpilzen beigefügt; mit Madeira abgelöscht, mit Demiglace verkocht.

mit Trüffeln: aux truffes (o trüff): Braun sautiert, wenn halb gar, rohe Trüffelscheiben beigefügt; Bratsatz mit Madeira deglaciert, mit etwas Demiglace verkocht, leicht gebuttert und über das Huhn gegossen.

Turbigo: Braun sautiert, mit Weißwein deglaciert, mit tomatierter Demiglace verkocht; garniert mit winzigen Bratwürstchen und sautierten Champignons.

Turenne (türenn): Braun sautiert, mit Weißwein deglaciert, mit Demiglace verkocht; garniert mit Trüffelscheiben und gebratenen Würfelkartoffeln.

auf ungarische Art: à la hongroise (ongroas): Braun in Schmalz mit gehackten Zwiebeln sautiert; mit saurem Rahm abgelöscht, mit Kalbsfond verkocht, mit Paprika gewürzt, gewürfelte Tomaten beigefügt.

van Dyck: Weiß sautiert, mit süßem Rahm abgelöscht, mit Geflügelrahmsauce vermischt mit blanchierten Hopfensprossen verkocht.

auf Vendéer Art: à la vendéenne: Weiß zubereitet, mit Weißwein deglaciert, mit gebutterter Hühnervelouté, vermischt mit gehackter Petersilie, nappiert; garniert mit weißgedünsteten Zwiebelchen.

Verdi: Braun sautiert, mit Astiwein deglaciert, verkocht mit Demiglace; auf Risotto auf Piemonteser Art dressiert, garniert mit Trüffelscheiben und gebratenen Scheibchen Gänseleber.

mit Whisky: au whisky: Weiß in Butter sautiert, herausgenommen, mit Löffelchen Whisky warmgehalten; Bratsatz mit schottischem Whisky und Weißwein deglaciert, mit Velouté verkocht, mit süßem Rahm vervollständigt, gewürzt, leicht gebuttert; mit kleinen Champignonköpfen garniert, mit der Sauce übergossen.

Wissmann: Braun sautiert, deglaciert mit Weißwein, verkocht mit Velouté, mit Currypulver gewürzt und mit in Butter gedünsteter Gemüsebrunoise vermischt; garniert mit blanchierten, entsteinten Oliven, glacierten Zwiebelchen und sautierten Champignons; Butterreis nebenbei.

Murghi Seekh Kabab: Huhn am Spieß: Junges, zartes Huhn, mit einer Mischung von geriebenen Zwiebeln, gestoßenen Pfefferkörnern, Sternanis, Knoblauch und Salz eingerieben; nach 15–20 Minuten an den Spieß gesteckt, gebraten, dabei mit flüssiger Butter übergossen (indisch).

Hühnerbrüstchen: Suprême de volaille (ßüprähm dö wolaij): Hierfür sind die beiden Brüstchen haarscharf am Brustknochen abzulösen. Vorher sind die Flügel abzuhacken, so daß nur der Flügelknochen am

Brüstchen bleibt. Sie können braun oder weiß bereitet werden. Braun bereitet, sind sie erst zu würzen, zu mehlen und dann in einen Plat à sauter mit heißer, geklärter Butter zu geben, wo sie rasch auf beiden Seiten gebräunt werden.

Sollen sie weiß bereitet werden, so legt man sie ebenfalls in einen Plat à sauter in warme, jedoch nicht heiße Butter, wendet sie in der Butter, würzt und beträufelt sie mit etwas Zitronensaft. Dann wird das Geschirr zugedeckt und in den heißen Ofen gestellt. Wenige Minuten genügen, um sie gar zu machen. Einerlei, ob weiß oder braun, die Brüstchen müssen innen noch saftig sein und sofort serviert werden, da sie sonst trocken und zäh sind.

Hühnerbrüstchen können auch paniert und in geklärter Butter gebraten werden.

Agnes Sorel: Weiß pochiert, auf Tartelett aus Hühnerschaumfarce, gefüllt mit Champignonscheiben, dressiert; nappiert mit Geflügelrahmsauce, ein Ring von Pökelzunge mit runder Trüffelscheibe in der Mitte obenaufgelegt.

Albuféra: Herzförmig geschnitten, gefüllt mit Hühnerschaumfarce, weiß pochiert; auf Tartelett, gefüllt mit Albuféra-Garnitur, dressiert, nappiert mit Albuféra-Sauce.

Alexandra: Sehr saftig weiß pochiert, mit Trüffelscheiben belegt, mit Mornaysauce, vermischt mit Geflügelessenz, glaciert; garniert mit grünen Spargelspitzen.

auf andalusische Art: à l'andalouse: Mit Hühnerschaumfarce gefüllt, pochiert, nappiert mit Geflügelrahmsauce, vermischt mit gewürfelten, in Butter gedünsteten roten Paprikaschoten.

auf arlesische Art: à l'arlesienne: Gebraten, garniert mit Eierapfelscheiben, in Öl gebraten, gebackenen Zwiebelringen und in Olivenöl geschmolzenen Tomaten; tomatierte Demiglace nebenbei.

Belleclaire (bellklär): Pochiert, nappiert mit Geflügelrahmsauce, gewürzt mit Currypulver und vermischt mit Julienne von Champignons und Streifen von roter Paprikaschote in Butter gedünstet.

Bellevue (kalt): en belle vue: Pochiert, ausgekühlt, mit Chaudfroid-Sauce nappiert, beliebig dekoriert, mit Gelee überglänzt; garniert mit Gelee.

auf Berliner Art: à la berlinoise: Pochiert, garniert mit Krebsschwänzen, kleinen Kalbfleischklößchen, weißgedünsteten Champignons und Scheibchen von Kalbsmilch; nappiert mit Geflügelrahmsauce, beträufelt mit Krebsbutter, umrandet mit Fleurons.

auf Botschafterinart: à l'ambassadrice: Pochiert, wie Masthuhn gleichen Namens garniert.

Carmen: Pochiert, auf Crouton, mit einer Scheibe Pökelzunge belegt, dressiert, nappiert mit tomatierter Rahmsauce; garniert mit Tarteletts, gefüllt mit grünen Spargelspitzen und kleinen, gerösteten roten Paprikaschoten.

Clementine: Pochiert, dressiert auf Hühnerschaumbrot, in Tartelettform pochiert, nappiert mit Geflügelrahmsauce; garniert mit Schwarzwurzelstückchen mit Rahmsauce gebunden.

Cumberland: Durch leichten Backteig gezogen, in tiefem Fett ausgebacken; Cumberland-Sauce nebenbei.

Cussy (küssi): In Butter gebraten, auf Artischockenboden dressiert, mit Trüffelscheibe und Hahnenkamm belegt; gebundene Geflügeljus nebenbei.

Doria: Paniert, in Butter gebraten; garniert mit Gurkenoliven in Butter gedünstet, mit Zitronensaft beträufelt, mit brauner Butter übergossen.

auf Dreuxer Art: à la Dreux (drö): Mit Trüffel- und Pökelzungenstreifen gespickt, pochiert; garniert mit Hahnenkämmen, Hahnennieren und Trüffelscheiben, nappiert mit deutscher Sauce.

auf Erzherzogsart: à l'archiduc: Pochiert, auf Crouton gesetzt, mit Trüffelscheiben belegt, nappiert mit Erzherzogssauce.

auf Finanzmannsart: à la financière: Pochiert, dazu Finanzmann-Garnitur und- sauce.

auf Florentiner Art: à la florentine: Sehr leicht pochiert, auf gebutterten Blattspinat dressiert, mit Mornaysauce nappiert, rasch glaciert.

auf Gräfinart: à la comtesse: Pochiert, nappiert mit Geflügelrahmsauce vermischt mit gehackten Trüffeln; garniert mit Mundbissen, gefüllt mit grünen Spargelspitzen.

auf Großherzogsart: à la grand-duc: Leicht pochiert, belegt mit Trüffelscheibe, nappiert mit Mornaysauce, vermischt mit Krebsbutter, glaciert; garniert mit grünen Spargelspitzen und Krebsschwänzen.

auf indische Art: à l'indienne: Pochiert, nappiert mit indischer Sauce; körnig gekochter Reis nebenbei.

Irma: In Butter gebraten, auf flaches Kartoffelkrokett plaziert; garniert mit grünen Spargelspitzen, vermischt mit Trüffelstreifen, und in Butter geschwenkt; gebundene Kalbsjus nebenbei.

auf italienische Art: à l'italienne: In Butter gebraten, mit italienischer Sauce nappiert; Artischockenböden auf italienische Art bereitet als Garnitur.

auf japanische Art: à la japonaise: In Butter gebraten, auf geformten Reis dressiert; garniert mit Tarteletts, gefüllt mit Knollenziest in Rahmsauce, gebundene Kalbsjus nebenbei.

Jeannette (schanett) (kalt): Pochiert, ausgekühlt, mit Hühner-Chaudfroid-Sauce nappiert, dekoriert mit blanchierten Estragonblättchen; in Plat russe oder tiefe Silberschüssel auf ovalen Scheiben von Gänseleberparfait dressiert, mit sehr leichtem Geflügelgelee gänzlich bedeckt.

Judic: In Butter gebraten, auf halben, gedünsteten Kopfsalat dressiert, mit Hahnenkamm und Trüffelscheibe belegt; nappiert mit gebundener Kalbsjus.

Jules Verne (schül wern): Mit Gänseleberfarce gefüllt, mit Butter und Zitronensaft pochiert; auf gebackenen Blätterteigring, mit Finanzmanns-Garnitur gefüllt, dressiert, mit Wladimir-Sauce nappiert, mit Trüffelscheibe belegt.

auf kaiserliche Art: à l'impériale (angpährjal): Mit Hühnerfarce gefüllt, pochiert; dressiert auf Risottorand mit Finanzmann-Garnitur gefüllt, nappiert mit Geflügelrahmsauce, garniert mit Tarteletts, gefüllt mit grünen Spargelspitzen.

auf Kiewer Art: à la Kiew: Der Länge nach eingeschnitten, mit einem Scheibchen eisgekühlter Butter gefüllt, paniert, in Butter gebraten;
garniert mit sehr feinem Mischgemüse und Strohkartoffeln.

Maria Theresia: Pochiert, auf Pilawreis angerichtet, nappiert mit Geflügelrahmsauce vermischt mit Würfelchen von Pökelzunge.

Marie Louise: Paniert, in Butter gebraten, auf Artischockenboden, gefüllt mit Champignonpüree vermischt mit weißem Zwiebelpüree, gesetzt, mit brauner Butter übergossen.

auf Markgräfinart: à la marquise (markihs): Pochiert, auf Tartelett, gefüllt mit Ragout von grünen Spargelspitzen, Trüffelscheibchen und gewürfeltem, blanchiertem Kalbsmark, mit deutscher Sauce mit Krebsbutter aufgeschlagen gebunden, dressiert; mit Geflügelrahmsauce nappiert, mit Markgräfin-Kartoffeln garniert.

auf Marschallsart: à la maréchale: Durch geschlagenes Ei gezogen, mit weißer Brotkrume, mit gehackten Trüffeln vermischt, paniert, in geklärter Butter gebraten; belegt mit Trüffelscheibe durch flüssige Glace gezogen, garniert mit in Butter geschwenkten grünen Spargelspitzen, außerhalb der Saison mit grünen Erbsen.

Mein Traum: mon rève: In Butter gebraten, auf halbe, geschälte, ausgehöhlte und sorgfältig pochierte Kalville, mit Bananenpüree gefüllt, dressiert, mit Pfeffersauce nappiert.

Moïna: In Butter gebraten, auf Artischockenboden, mit gehackten, in Butter gedünsteten Morcheln gefüllt, dressiert; mit Demiglace mit Portwein gewürzt nappiert.

Montpensier (mongpangsjeh): Paniert, in Butter gebraten, belegt mit Trüffelscheibe; mit brauner Butter übergossen, mit Spargelspitzen garniert.

Orly: à l'Orly: In Zitronensaft und Olivenöl mit gehackter Petersilie und Schalotten mariniert; durch Backteig gezogen, in tiefem Fett gebacken, mit gebackener Petersilie garniert Tomatensauce nebenbei.

mit Paprika: au paprika: In Butter gebraten, nappiert mit Rahmsauce stark mit Paprika gewürzt; gebutterte Nudeln oder Reis nebenbei.

auf Pariser Art: à la parisiènne: Pochiert, nappiert mit deutscher Sauce, dekoriert mit Trüffel- und Pökelzungen-Halbmonden, durch flüssige Glace gezogen; garniert mit Klößchen aus Geflügelfarce mit gehackten Trüffeln und Pökelzunge vermischt.

Patti: Gefüllt mit Hühner- und Gänseleberfarce, pochiert, nappiert mit Geflügelrahmsauce; garniert mit Artischockenböden, mit glacierten Trüffelkügelchen gefüllt.

Polignac (pollinjak): Pochiert, nappiert mit Geflügelrahmsauce vermischt mit Julienne von Trüffeln und Champignons.

auf Präsidentenart (kalt): à la président: Mit weißer Chaudfroid-Sauce nappiert, mit Halbmond von Paprikaschote und grünem Punkt dekoriert, überglänzt; eine mit Eiweiß und Trüffel dekorierte Hummerschere wird gegen die Brusthöhlung gelegt; garniert mit Spargelspitzen; Rahmmayonnaise mit Ketchup, Cognac und Hummermark nebenbei.

auf Prinzessinart: à la princesse: Pochiert, garniert wie Masthuhn gleichen Namens.

Prinzessin Chimay: princesse Chimay: In Butter gebraten, garniert mit sautierten Morcheln und Spargelspitzen; mit gebundener Kalbsjus umgossen.

auf provenzalische Art: à la provençale: Wie sautiertes Huhn gleichen Namens bereitet.

Providence (prowidangs): Mit Trüffeln gespickt, mit Hühnerfarce maskiert, pochiert; nappiert mit Geflügelrahmsauce, garniert mit Hahnenkämmen, Champignonköpfen, Trüffelscheiben und kleinen Hühnerklößchen.

in Rahmsauce: à la crème (krem): In Butter gebraten, herausgenommen; Bratsatz mit Weinbrand und süßem Rahm deglaciert, mit Rahmsauce verkocht und über die Brüstchen gegossen.

auf Regentschaftsart: à la régence (reschangs): Pochiert, mit Regentschafts-Garnitur und -sauce serviert.

Richelieu: Paniert, in Butter gebraten, mit Trüffelscheiben, durch flüssige Glace gezogen, belegt; Kräuterbutter nebenbei.

Rimini: Mit Trüffelstreifen gespickt, pochiert; auf Blätterteigschiffchen, mit Champignonpüree gefüllt, dressiert; deutsche Sauce nebenbei.

Rixensart: In Butter gebraten, garniert mit Tartelett, gefüllt mit Hopfensprossen in Rahmsauce und artischockenbodenförmigen Kartoffeln, in Butter gebraten, mit grobgehackten Morcheln in Butter gedünstet, gefüllt; Colbertsauce nebenbei.

Rossini: In Butter gebraten, auf sautierte Gänseleberscheibe dressiert, mit Madeirasauce vermischt mit Trüffelscheiben nappiert.

Saint-Germain: In Butter gebraten; Béarner Sauce und Püree von frischen grünen Erbsen nebenbei.

scharlachartig: à l'écarlate: Mit Streifen von Pökelzunge gespickt, pochiert, auf flaches Geflügelklößchen gesetzt; mit Geflügelrahmsauce nappiert, mit Julienne von Pökelzunge bestreut.

Schöne Helena: Belle Hélène (bähl elähn): In Butter sautiert, auf flaches Spargelkrokett dressiert, belegt mit Trüffelscheibe; mit brauner Butter übergossen, gebundene Geflügeljus nebenbei.

Hühnerbrüstchen   **Hühnerfrikassee**

---

in Gelee auf schottische Art (kalt): en gelée à l'écossaise: Kalte, enthäutete Brüstchen, in Glasschale geordnet, bedeckt mit sehr leichtem Gelee aus dem Fond, vermischt mit Brunoise von roter Pökelzunge, hartgekochtem Eiweiß und Pfeffergurke; Salat von Prinzeßböhnchen nebenbei.

de Soto: Am Knochen pochiert, ausgelöst, enthäutet, auf Safranreis, vermischt mit Würfeln von roter Paprikaschote, Ananas und gerösteten Mandelsplittern, angerichtet; garniert mit panierten, gebackenen Bananenscheiben und blanchierten, gefüllten spanischen Oliven; Brüstchen leicht mit Currysauce, mit Rahm vervollständigt, nappiert.

Valois: Paniert, in Butter gebraten, garniert mit blanchierten, in Butter gedünsteten, gefüllten spanischen Königin-Oliven; Valoissauce nebenbei.

Verneuil: Wie für Orly mariniert, paniert, in Butter gebraten; nappiert mit Colbertsauce, Püree von Artischockenböden nebenbei.

Villeroi: Kurz pochiert, ausgekühlt, durch Villeroisauce gezogen, paniert, rasch in tiefem Fett gebacken; Trüffelsauce nebenbei.

auf Zarinart: à la tsarine (tzarihn): Pochiert, nappiert mit Geflügelrahmsauce, vermischt mit grober Julienne von Fenchelknolle in Butter gedünstet; garniert mit Gurkenoliven, mit saurer Rahmsauce gebunden.

Hühnerflügel: Ailerons de volaille: Die abgeschlagenen Flügel von großem Geflügel wie Masthühnern und Kapaunen, aber auch von Truthähnen, entknöchelt und meist mit Farce gefüllt.

Chipolata: Angebraten, in leichter Demiglace geschmort, mit Chipolata-Garnitur serviert.

auf Metzgerart: à la charcutière: Mit Bratwurstfleisch gefüllt, in Schweinsnetz gehüllt, paniert, langsam auf dem Rost gebraten.

Risotto von: Risotto d'ailerons: Entknöchelt, mit getrüffelter Schweinefarce gefüllt, in Weißwein und hellem Fond pochiert; in dicke Scheiben geschnitten, mit dem mit Rahm verkochten und mit Stärkemehl abgezogenen Fond gebunden; in Risottorand angerichtet.

d'Uzès (düsäh): Mit getrüffelter Schweinefleischfarce gefüllt, in leichter Madeirasauce braisiert; garniert mit Trüffelscheiben und Hahnenkämmen.

Hühnerfrikassee, Frikassee von Huhn: Fricassé de poulet (frikaßee dö puleh): Junges Huhn, in Stücke geteilt, in Butter nur steifgemacht, mit Mehl bestäubt, mit hellem Fond aufgegossen, eine gespickte Zwiebel und ein Kräuterbündel beigefügt, gewürzt, gargekocht; in eine saubere Kasserolle ausgestochen, Sauce passiert, mit Rahm und Eigelb legiert, mit Zitronensaft abgeschmeckt, über die Hühnerstücke gegossen, garniert.

auf alte Art: à l'ancienne: mit Champignonköpfen und weißgedünsteten Zwiebelchen garniert, die Sauce mit gehackter Petersilie und Schnittlauch vervollständigt; umrandet mit Fleurons.

Aurora: à l'aurore (orohr): Garniert mit Kalbsklößchen vermischt mit Tomatenpüree, mit der tomatierten Sauce nappiert.

auf Berliner Art: à la berlinoise: Suppenhuhn mit Wurzelwerk gekocht, in Stücke geschnitten, enthäutet, garniert mit Morcheln, Champignons, kleinen Scheibchen Kalbsmilch und Kalbsklößchen; bedeckt mit Velouté, aus dem Fond bereitet, mit Eigelb und Sahne legiert, mit Zitronensaft gewürzt; mit Kapern bestreut, mit Krebsbutter betropft, umlegt mit gefüllten Krebsnasen.

auf bräutliche Art: à la petite mariée (ptit marjä): Garniert mit sehr kleinen gekochten Kartoffeln, Karottenkugeln, grünen Erbsen und weißgedünsteten Zwiebelchen, bedeckt mit der Sauce.

auf bretagnische Art: à la bretonne: Bedeckt mit der Sauce, vermischt mit grober Julienne von Champignons, Lauch und Knollensellerie.

Carmencita: Sauce mit Sherry abgeschmeckt und mit Julienne von roter Paprikaschote vermischt; garniert mit gefüllten, blanchierten Oliven, in Hühnerfond gedünstet, und kleinen Champignonköpfen.

Chimay (schimäh)**:** Garniert mit Morcheln und grünen Spargelspitzen.

Demidow: Die Sauce, vermischt mit halbmondförmigen Scheibchen von Karotten, weißen Rüben, Knollensellerie und Zwiebelscheibchen in Butter gedünstet, über die Hühnerstücke gegossen; mit halbmondförmigen Trüffelscheiben bestreut.

auf Elfenbeinart: à l'ivoire (iwoar): Die mit viel Rahm und etwas Fleischglace vervollständigte Sauce, mit Scheibchen von Artischockenböden und kleinen Champignonköpfen vermischt.

auf Erzherzogsart: à l'archiduc (alarschidük): Bedeckt mit der Sauce, vermischt mit Trüffelscheiben und kleinen Champignonköpfchen.

auf französische Art: à la française: Sauce vermischt mit sehr kleinen, gekochten Kartoffeln, Karottenkugeln und grünen Erbsen.

auf Frühlingsart: à la printanière: Garniert mit olivenförmigen Möhren, weißen Rüben, weißgedünsteten Zwiebelchen und in Rauten geschnittenen grünen Bohnen; grüne Erbsen obenaufgestreut.

auf Hamburger Art: à la hambourgeoise: Mit Krebsschwänzen, Spargelköpfen und Champignons garniert, oft mit den ausgelösten Scheren bestreut; Butterreis nebenbei.

auf Herzoginart: à la duchesse: Garniert mit weißen Spargelköpfen.

Königin Margot: reine Margot: Garniert mit Hühnerklößchen mit Krebsbutter und Hühnerklößchen mit Pistazienpüree; die Sauce mit Mandelmilch vervollständigt.

mit Krebsschwänzen: aux queues d'écrevisses: Garniert mit Krebsschwänzen, nappiert mit der Sauce verkocht mit Krebsfond und mit Krebsbutter aufgeschlagen, mit Fleurons umlegt.

Leo X.: Garniert mit Champignonköpfen und kleinen Kalbsklößchen; Makkaroni nebenbei.

auf Prinzessinart: à la princesse: Sauce mit grünen Spargelspitzen und Trüffelscheiben.

Rakoczy: Garniert mit in Butter gedünsteten Scheiben von Eieräpfeln, nappiert mit der Sauce mit Paprika und Rahm vervollständigt.

Richemonde: Die Sauce mit Julienne von Möhren und Trüffeln vermischt.

mit spanischen Oliven: aux olives d'Espagne: Mit entsteinten, blanchierten, spanischen Oliven garniert; Sauce mit Mischung von Eigelb, süßem Rahm und trockenem Sherry legiert.

auf Sultansart: à la sultane (ßültann): Sauce mit Pistazienbutter aufgeschlagen; im Reisrand angerichtet, gedünstete Würfelchen von roter Paprikaschote obenaufgestreut.

Trianon: Garniert mit drei Arten kleiner Klößchen: Huhn mit gehackten Trüffeln, Huhn mit gehackter Pökelzunge und Kalbfleisch mit Kräuterpüree; die Sauce mit Gänseleberpüree vermischt.

Victor Hugo: Garniert mit geviertelten Artischockenböden, Sauce mit Rahm und Paprika vervollständigt.

westfälisches: à la westphalienne: Serviert mit gebutterten Nudeln, mit gehacktem westfälischen Schinken vermischt.

Hühnergalantine: siehe Vorspeisen

Hühnerkeulen, gefüllt: Ballotines de volaille: Rohe Keulen, entknöchelt, ohne sie einzuschneiden, mit Farce gefüllt, zugenäht, pochiert oder weiß oder braun gedünstet, mit passender Sauce und Garnitur serviert.

auf Florentiner Art: à la florentine: Mit Hühnerfarce gefüllt, pochiert; auf gebutterten Blattspinat dressiert, mit Mornaysauce, mit Geflügelessenz vermischt, nappiert; mit geriebenem Käse bestreut, glaciert.

Garibaldi: Gefüllt mit Kalbfleisch- und Hühnerfarce, vermischt mit gehackter Pökelzunge und Trüffeln, braun braisiert; den Fond mit Tomatensauce verkocht.

Giambonetti di Pollo alla Lombarda: Die Keulen mit Hühnerfarce, mit geriebenem Parmesan und gehackter Petersilie vermischt, gefüllt, in Ölpapier eingewickelt, in Weißwein und Hühnerfond pochiert; auf Crouton angerichtet, mit dem eingekochten, gebutterten Fond nappiert, mit gebutterten Erbsen, mit Schinkenwürfeln vermischt, und tournierten, in Butter gargemachten Kartoffeln garniert (italienisch).

auf italienische Art: à l'italienne: Gefüllt mit Hühnerfarce, vermischt mit gehackten Champignons, in dünner italienischer Sauce gedünstet; mit der eingekochten Sauce nappiert, mit geviertelten Artischockenböden auf italienische Art garniert.

mit feinen Kräutern: aux fines herbes: Gefüllt mit Hühnerfarce, vermischt mit gehackten Kräutern, mit Weißwein in Demiglace braisiert; Sauce mit gehacktem Estragon, Petersilie und Kerbel vervollständigt.

auf Nizzaer Art: à la niçoise: Mit Hühnerfarce gefüllt, in Weißwein mit gehackten Zwiebeln, Knoblauch, gewürfelten Tomaten und Demiglace braun gedünstet; garniert mit Prinzeßböhnchen und gebratenen Kartoffelwürfeln.

auf Prinzessinart: à la princesse: Mit getrüffelter Hühnerfarce gefüllt, weiß gedünstet; auf flaches Kartoffelkrokett dressiert, mit deutscher Sauce nappiert, mit einer Trüffelscheibe belegt, mit grünen Spargelspitzen garniert.

Hühnerkeulen, grilliert: Cuisses de poulet grillées: Keulen von gebratenen oder gekochten Hühnern, mit Senf bestrichen, durch flüssige Butter gezogen, in geriebener Weißbrotkrume gewälzt, grilliert; Teufelssauce nebenbei.

auf Vierländer Art: Ballotines de volaille à la vierlandaise: Mit Kalbfleischfarce, vermischt mit Schinken- und Leberwürfeln, gefüllt, poeliert, glaciert; auf große Artischockenböden gesetzt, mit Bordelaiser Sauce nappiert, garniert mit Schloßkartoffeln.

Hühnerkotelett: Côtelette de volaille (kotlett dö volaij): Man unterscheidet:
1. die entbeinte, rohe Hühnerbrust, ohne Haut, jedoch mit dem kleinen Flügelknochen, die genau wie Hühnerbrüstchen behandelt wird;
2. Krokettmasse von Huhn, Champignons, Trüffeln u.a., mit dicker Béchamel gebunden, mit Eigelb legiert, ausgekühlt, zu kleinem Kotelett geformt, paniert, in Butter gebraten oder in tiefem Fett gebacken und mit passender Garnitur serviert;
3. Hühnerschaumfarce, in kleine Kotelettform gefüllt, pochiert, mitunter auch noch paniert und in Butter gebraten, mit passender Sauce und Garnitur angerichtet.

Albuféra: Wie Hühnerbrüstchen gleichen Namens behandelt.

auf amerikanische Art: à l'américaine: Krokettmasse von Huhn und Champignons, geformt, paniert, in Butter gebraten; mit winzigen Schildkrötenkroketts garniert, Newburghsauce nebenbei.

Amphytrion (ahfitrijon): In Butter gebraten, auf Champignonpüree dressiert, mit Madeirasauce, vermischt mit gehackten Trüffeln, nappiert.

Barberina: Rohe Brust, mit Hühnerfarce, vermischt mit roher Gänseleber und gehackten Trüffeln, bestrichen, paniert, in Butter gebraten; garniert mit Artischockenböden, gefüllt mit gehackten Champignons gebunden mit Rahmsauce.

auf Béarner Art: Rohe Brust, seitlich aufgeschnitten, gefüllt mit Kalbsfarce, vermischt mit gehackten Kräutern; in Butter sautiert, mit gebundener Kalbsjus umrandet, Béarner Sauce nebenbei.

Berchoux: Rohe Brust, mit getrüffelter Kalbsfarce gefüllt, in Butter sautiert; auf Tartelett, gefüllt mit rahmigem Champignonpüree, dressiert, mit Trüffelsauce übergossen.

Bérenger: Pochiertes Brüstchen, auf Tartelett, mit Champignonpüree gefüllt, dressiert; mit Geflügelrahmsauce nappiert, mit dekorierten Kalbsklößchen garniert.

mit Champignons: aux champignons: Rohe Brust, in Zitronensaft und Butter pochiert, nappiert mit Geflügelrahmsauce, vermischt mit Champignonscheiben.

auf Chartreser Art: à la Chartres: Rohe Brust, gefüllt mit Hühnerfarce, vermischt mit gehacktem Estragon, in Butter gebraten; nappiert mit Estragonsauce mit gehacktem Estragon.

Colbert: Rohe Brust, paniert, in Butter gebraten; auf Püree von Artischockenböden dressiert, Colbertsauce nebenbei.

Dubarry (dübarri): Kotelett von Hühnerfarce, pochiert, ausgekühlt, paniert, in Butter gebraten; garniert mit geformten Blumenkohlköpfchen Mornay, gebundene Geflügeljus nebenbei.

auf englische Art: à l'anglaise: Rohe Brust, paniert, in Butter gebraten; mit beliebigem grünen Gemüse, in Butter geschwenkt, garniert, umrandet mit gebundener, gebutterter Kalbsjus.

auf Epikuräer-Art: à l'épicurienne: Gebraten, auf flache, ovale Hühnerklößchen dressiert; mit Rahmsauce, mit Champignonscheiben vermischt, nappiert.

d'Estrées (destreh): Kotelett von Geflügelschaumfarce, pochiert, mit Trüffelscheibe belegt, mit Geflügelrahmsauce nappiert; garniert mit Morcheln in Rahmsauce.

auf gallische Art: à la gauloise (goloas): Gebraten, auf Scheibchen von gebratenem Schinken plaziert; nappiert mit Madeirasauce, vermischt mit Scheibchen von Hahnenkämmen und -nieren.

Gatchina: Rohes Brustfleisch, gehackt, vermischt mit Butter und Rahm, gewürzt, geformt, in zerdrücktem Zwieback gewälzt, in Butter gebraten; garniert mit gewürfelten Wurzelgemüsen, in Butter gedünstet.

Georgette (schorschett): In Butter gebraten, auf Georgette-Kartoffel dressiert, belegt mit Trüffelscheibe, bedeckt mit gebutterter Glace.

Heinrich IV.: Henri IV.: In Butter gebraten, auf Artischockenboden dressiert, mit Trüffelscheibe, durch flüssige Glace gezogen, belegt; garniert mit Nußkartoffeln, Béarner Sauce nebenbei.

Herzkönigin: Reine de cœur: Krokettmasse von Hühnerfleisch und gedünstetem Bleichsellerie, geformt, paniert, in Butter gebraten; garniert mit Tarteletts, gefüllt mit gewürfelten grünen Paprikaschoten, mit Tomatenwürfeln, gehackten Schalotten und gehackter Petersilie in Butter gedünstet; stark eingekochter, gebutterter Hühnerfond nebenbei.

auf Herzoginart: Rohes Brüstchen, in Butter gebraten, auf gebackene Herzoginkartoffeln gesetzt, dazu Finanzmann-Garnitur und -sauce.

auf Karpathenart: à la carpathique (karpatik): Wie Pojarsky bereitet, auf kleine, geröstete rote Paprikaschote dressiert; garniert mit gebackenen Scheiben von Eieräpfeln; Sauce von frischen Tomaten mit Zitronensaft gewürzt nebenbei.

Kotelettki Kiew: Hühnerkotelett Kiew: Rohe Brüstchen ausgelöst, enthäutet, Stück Hühnerknochen darangelassen, dünn plattiert. Mit länglichem Stück eiskalter Butter belegt, zusammengefaltet, Rand angeklopft, zweimal paniert, in heißer Fritüre gebacken; garniert mit Strohkartoffeln und feinem Gemüse (russisch).

Kurinuy Koteletki Pojarski: Pojarski-Kotelett: Enthäutete Hühnerbrust, mit Rahm, Weißbrot in Rahm geweicht, einem Eigelb, kleinem Stückchen Butter und dem notwendigen Gewürz gehackt, zu zwei Koteletts mit der Hand geformt, in geriebenem Weißbrot gewälzt, in Butter gebraten, mit etwas brauner Butter übergossen; garniert mit Frühlingsgemüsen und Bratkartoffeln, mit wenig Demiglace umgossen (russisch).

auf Lieblingsart: à la favorite: In Butter gebraten, auf gebratene Gänseleberscheibe dressiert, mit Trüffelscheibe belegt, mit gebutterter Fleischglace nappiert; garniert mit grünen Spargelspitzen.

Lucullus: Rohe Brust, mit Geflügelschaumfarce, mit gehackten Trüffeln vermischt, gefüllt, in Butter mit Zitronensaft pochiert; nappiert mit Demiglace mit Trüffelessenz, garniert mit Hahnenkämmen und kleiner, in Schaumwein gekochter Trüffel.

auf Lyoner Art: à la lyonnaise: In Butter gebraten, nappiert mit gebundener Kalbsjus, vermischt mit viel in Scheiben geschnittenen, gebratenen Zwiebeln, bestreut mit gehackter Petersilie.

Marie Louise: Rohe Brust, paniert, in Butter gebraten; dressiert auf Artischockenboden mit weißem Zwiebelpüree gefüllt, mit brauner Butter übergossen.

mit Maronenpüree: à la purée de marons: Gebratenes Brüstchen, bedeckt mit Madeirasauce, garniert mit Maronenpüree.

Miramar: Von Krokettmasse mit Champignons bereitet, paniert, gebraten, auf Risotto, vermischt mit gewürfelten Eieräpfeln, angerichtet, mit brauner Butter übergossen; leichte Tomatensauce nebenbei.

My Fancy (mei fenci): Geflügelschaumfarce, mit gehackten Champignons vermischt, in Kotelettform gefüllt, pochiert; gestürzt; mit portugiesischer Sauce nappiert, mit in Butter gedünsteten Gurkenoliven garniert.

auf orientalische Art: à l'orientale: In Öl gebraten, auf Pilawreis mit Safran angerichtet; nappiert mit tomatierter Geflügelrahmsauce mit Safran.

Rohan: Gebraten, belegt mit blanchierter Scheibe Ochsenmark, durch flüssige Glace gezogen; garniert mit sautierten Champignons, vermischt mit gehackter Petersilie und einigen Tropfen Zitronensaft.

Saint-Germain: Rohe Brust in Butter gebraten; garniert mit Püree von grünen Erbsen, mit Eigelb gebunden, in Becherförmchen pochiert und gestürzt, und Schloßkartoffeln; Béarner Sauce nebenbei.

Ségard: Rohe Brust, gehackt mit süßem Rahm, Butter und Eigelb, gewürzt, geformt, paniert, in Butter gebraten; mit Trüffelscheibe durch Glace gezogen belegt; Madeirasauce mit Trüffelessenz nebenbei.

auf türkische Art: à la turque: Pochiert, nappiert mit deutscher Sauce, mit Pistazienbutter aufgeschlagen und mit halbmondförmigen Trüffelscheiben vermischt; Pilawreis mit Safran nebenbei.

Waselewitch: Wie Pojarsky bereitet; garniert mit Gribuis (russischen Pilzen) mit saurem Rahm gebunden; saure Rahmsauce, vermischt mit grober Julienne von Salzgurken, nebenbei.

Wladimir: In Butter gebraten, auf Boden von Risotto dressiert; belegt mit kleiner Scheibe gebratener Kalbsmilch, Trüffelscheibe und Hahnenkamm, nappiert mit Wladimir-Sauce.

Hühnerlebern, Geflügellebern: Foies de volaille (foa dö wolaij): Die Lebern von großen Hühnern, Masthühnern und Puten sind am besten geeignet. Sie müssen sorgfältig von der Galle befreit, in grobe Würfel geschnitten und innen noch rosa gebraten werden. Als Frühstücksgericht auf Toast sehr beliebt.

auf Bauernart: à la paysanne: Sautiert mit gehackten Schalotten und gehackten rohen Champignons; beträufelt mit Zitronensaft, bestreut mit gehackter Petersilie.

auf Bordelaiser Art: à la bordelaise: Sautiert mit gehackten Schalotten und gehackten Kräutern; Bratsatz mit Rotwein abgelöscht und mit Demiglace verkocht.

auf englische Art: à l'anglaise: Die ganzen Lebern, gebraten, auf gebratene Speckscheiben dressiert, mit gehackter Petersilie bestreut, mit brauner Butter übergossen.

auf Försterart: à la forestière: Sautiert, vermischt mit sautierten Morcheln, mit Madeirasauce gebunden.

auf italienische Art: à l'italienne: Kleine, aber ganze Lebern, gemehlt, sautiert, mit italienischer Sauce gebunden, im Risottorand angerichtet.

auf Jägerart: chasseur: Mit gehackten Schalotten sautiert, mit Jägersauce gebunden.

mit feinen Kräutern: aux fines herbes: In Butter mit gehackten Schalotten und gehackten Kräutern sautiert; Bratsatz mit tomatierter Demiglace verkocht.

mit Madeira: au madère: Sautiert, mit Madeirasauce gebunden.

auf orientalische Art: à l'orientale: In Öl mit gehackten Schalotten sautiert, vermischt mit zerdrücktem Knoblauch, grobgehackten, zuvor eingeweichten Korinthen und einer Prise Zucker; gebunden mit dem mit Zitronensaft abgelöschten Bratsatz, mit Tomatensauce verkocht.

Pilaw von: en pilaf: Sautiert, gebunden mit Tomatensauce; in Rand von Pilawreis angerichtet.

Pilaw von, Merville: Pilaf de foies de volaille Merville: Poulardenlebern in grobe Würfel geschnitten, sautiert, vermischt mit sautierten Champignonwürfeln; Bratsatz mit Portwein deglaciert, mit süßem Rahm verkocht; Lebern mit der Sauce gebunden, in Rand von Pilawreis, vermischt mit Tomatenwürfeln und grünen Erbsen, angerichtet.

auf Spießchen: en brochette (ang broschett): Große Lebern, abwechselnd mit viereckigen Speckscheibchen und Champignonköpfen auf Spießchen gereiht; paniert, gefettet, auf dem Rost gebraten.

Hühnerpastete: Chicken Pie (tschikn pei): Pie-dish (englische Pieschüssel), mit dünnen Scheiben Frühstücksspeck ausgelegt, mit Hühnerstücken, wie zum Sautieren geschnitten, gehackten, angedünsteten Zwiebeln, geviertelten oder gehackten Champignons und geviertelten, hartgekochten Eiern gefüllt; gewürzt, wenig Kalbsfond oder Wasser angegossen, mit Blätterteig abgedeckt, eingeritzt, mit Eigelb bestrichen, Kamin angebracht, gebacken (englisch).

gebackene: Chicken pan pie: Gekochtes Huhn, in Stücke geteilt, entknöchelt bis auf die Flügelstücke, in eine flache runde Backplatte gefüllt. Zur Hälfte mit dem stark eingekochten, leicht gebundenen, gut gewürzten Fond übergossen, mit Pasteten oder Halbblätterteig bedeckt, bei mäßiger Hitze braun gebacken (nordamerikanisch).

Kurnik: Polnische Hühnerpastete: Pastetenform mit Blätterteig ausgefüttert und mit dünnen, ungesüßten Eierkuchen ausgelegt. Abwechselnd mit kaltem gekochten Reis, vermischt mit gehackten Zwiebeln und hartgekochten Eiern, mit wenig Rahmsauce vermischt, kalten sautierten Steinpilzen mit saurer Rahmsauce und gewürfeltem Hühnerfleisch mit Rahmsauce gebunden gefüllt. Mit dünnen Eierkuchen bedeckt, mit Blätterteig verschlossen und dekoriert, ein Kamin angebracht, mit Eigelb bestrichen und gebacken; heiß serviert, Geflügelrahmsauce nebenbei (polnisch).

Hühnerpüree: Purée de volaille: Gekochtes oder gebratenes Huhn, ohne Haut und Knochen, fein passiert, mit deutscher oder Geflügelrahmsauce vermischt, in Blätterteigpastetchen gefüllt oder in Timbale dressiert und mit Fleurons garniert.

auf Königinart: à la reine: Hühnerpüree in die Mitte eines flachen Randes von pochierter Hühnerfarce gefüllt, mit dünnen Scheibchen Pökelzunge und kleinen verlorenen Eiern belegt, mit Geflügelrahmsauce nappiert.

Hühnerragout, Französisches: Capitolade de volaille: Scheibchen von gebratenem oder gekochtem Huhn, ohne Knochen, zusammen mit Champignonscheiben in italienischer Sauce erhitzt, aber nicht aufgekocht, mit gehackter Petersilie bestreut.

Hühnerschaumbrot: Mousse de volaille (muss dö wolajj): Rohes, feinpassiertes Hühnerfleisch, durch Haarsieb gestrichen, stark gekühlt; mit Eiweiß vermischt, gewürzt, mit süßem Rahm zu einer lockeren Masse aufgezogen, in gebutterte, dekorierte Form gefüllt, im Wasserbad zugedeckt im Ofen pochiert; gestürzt, Sauce und Garnitur wie für Hühnerschaumbrötchen.

Hühnerschaumbrötchen: Mousselines de volaille (musslihn dö wolaij): Farce wie für Schaumbrot bereitet, in kleine Becherförmchen gefüllt oder mit zwei Eßlöffeln ausgestochen, pochiert, mit geeigneter Sauce und Garnitur serviert.

Agnes Sorel: Sauce und Garnitur wie für Hühnerbrüstchen gleichen Namens.

auf Botschafterinart: à l'ambassadrice: Sauce und Garnitur wie für Hühnerbrüstchen gleichen Namens.

auf Gräfinart: à la comtesse: Förmchen mit Trüffelscheibchen und Pistazien dekoriert, gefüllt mit Hühnerschaumfarce, vermischt mit gehackten Champignons; pochiert, gestürzt, mit Geflügelrahmsauce nappiert.

mit Mosaik: à la mosaic: Förmchen mit Mosaik von Trüffeln, hartgekochtem Eiweiß und Pökelzunge ausgelegt, schichtweise mit Hühnerschaumfarce, Trüffelscheiben und Gänseleberfarce gefüllt; pochiert, umrandet mit Colbertsauce.

auf Nanziger Nonnenart: Ursulines de Nancy (ürsülihn dö nangßi): Rundes Schaumbrötchen, auf Tartelett mit Gänseleberpüree, mit Demiglace mit Portwein gebunden, gefüllt, mit Trüffelscheibe belegt, mit gebutterter Geflügelglace nappiert.

Principessa: Ovales Schaumbrötchen dressiert auf ovales Tartelett mit geschmolzenen Tomaten gefüllt; nappiert mit Geflügelrahmsauce mit rotem Paprikamark vermischt, bestreut mit gehacktem Estragon, garniert mit gebackenen Eierapfelscheiben.

Schöne Irma: Belle Irma: Ovales Mousseline, auf flaches, ovales, getrüffeltes Kartoffelkrokett dressiert; mit Geflügelrahmsauce nappiert, mit Spargelspitzen garniert.

auf sizilianische Art: à la sicilienne: Ovales Schaumbrötchen, dressiert auf ein ovales Tartelett, gefüllt mit kleingeschnittenen Makkaroni nach Neapler Art; nappiert mit Geflügelrahmsauce, vermischt mit Püree von Geflügellebern, mit geriebenem Käse bestreut, schnell glaciert.

Ursulines de Nancy: siehe auf Nanziger Nonnenart

Sesatee Ajam: Hühnerspießchen: Fleisch von jungen Hähnchen in Würfel geschnitten, mit einer Mischung von gehackter Zwiebel, Knoblauch, Kemeris, Palmzucker, getrockneter Garnelenmasse, gemahlenem Koriander, Kreuzkümmel, Zitronengras, Zitronenblatt und Salz, alles gestampft und mit Tamarindensaft und Kokosnußmilch vermischt, eingerieben, auf Spießchen gesteckt, mit Kokosöl beträufelt geröstet, dabei mit dem Rest der Gewürzmischung bepinselt (indonesisch).

Küken, Hamburger Küken: Poussins, poussins de Hambourg: Junge Hühnchen oder Hähne, die bereits im Alter von 5–6 Wochen bei einem Gewicht von etwa 500 g schlachtreif sind. Ältere, jedoch höchstens 10 Wochen alt, nennt man Doppelküken. Sie können wie Masthähnchen bereitet oder am Rost gebraten werden.

auf Aschenbrödelart: Cendrillon (sangdrijong): Vom Rücken aus geöffnet, leicht plattiert, in Butter nur steifgemacht; in Schweinsnetz zwischen zwei Lagen getrüffelter Kalbsfarce eingehüllt, durch flüssige Butter gezogen, in Weißbrotkrume gewälzt, auf dem Rost gebraten; Trüffelsauce nebenbei.

Barigoule (barigul): Entbeint, mit Hühnerfarce, vermischt mit Würfelchen von Pökelzunge und Trüffeln, gefüllt, in Butter gebraten; garniert mit Artischockenböden in Weißwein gedünstet, gefüllt mit Duxelles; umgossen mit Kalbsjus.

auf Bremer Art: à la bremoise: Pochiert, nappiert mit Velouté, aus dem Fond gezogen, mit Eigelb und Rahm legiert und mit Zitronensaft gewürzt; garniert mit Scheibchen von Lammbries, Champignons, weißgedünsteten Zwiebelchen und Kalbfleischklößchen, mit Fleurons umrandet.

auf Feinschmeckerart: du gourmet: Wie Huhn am Rost bereitet, auf Anna-Kartoffeln angerichtet; garniert mit Scheiben von sauren Gurken, Chateaubriand-Sauce mit Champignonscheiben vermischt, nebenbei.

auf Großmuttersart: à la grand'mère: Wie Masthähnchen in der Kokotte bereitet.

auf Hamburger Art: à la hambourgeoise: Entbeint, mit Kalbsfarce gefüllt, in der Kasserolle gebraten; garniert mit gebratenen Würfeln von Artischockenböden und Kartoffeln sowie einigen Trüffelscheiben; umgossen mit Kalbsjus.

Jacques: Gefüllt mit Entenfarce vermischt mit gehackten Schalotten und Champignons, gehackter Petersilie und eingeweichtem Weißbrot; in Butter an allen Seiten gebräunt, in feuerfeste Kasserole gelegt, mit etwas Madeira und Kalbsjus angegossen, hermetisch verschlossen, im Ofen gargemacht. Deckel erst bei Tisch abgenommen.

auf Piemonteser Art: à la piémontaise: Gefüllt mit weißen Trüffeln zusammen mit frischem, fettem Speck gestoßen; bridiert, gebraten, serviert auf Risotto, vermischt mit gehobelten, weißen Trüffeln und geriebenem Parmesan, übergossen mit brauner Butter.

auf polnische Art: à la polonaise: Mit Leberfarce, vermischt mit eingeweichtem Brot, Butter und gehackter Petersilie, gefüllt; in der Kokotte gebraten, mit etwas Zitronensaft beträufelt, geriebene Weißbrotkrume in viel Butter gebräunt darübergegossen.

Richelieu: Wie Hähnchen auf Krötenart bereitet, jedoch in Butter gebraten; mit halbzerlassener Kräuterbutter bedeckt, einige Trüffelscheiben obenaufgelegt.

auf Tatarenart: à la tartar: Vom Rücken aus gespalten, leicht plattiert, mit Mostrich bestrichen, in Weißbrotkrume gewälzt, grilliert; Tatarensauce nebenbei.

Usurow: Usuroff: An allen Seiten in Butter gebräunt, in feuerfeste Kasserolle mit grober Julienne von Trüffeln und Bleichsellerie plaziert, zerlassene Butter, Fleischglace und wenig Kalbsjus beigefügt, hermetisch verschlossen, im Ofen gargemacht.

Villani: Gefüllt mit kleinem Stückchen Gänseleber mit Paprika bestäubt, gebraten; Bratsatz mit Tokayer deglaciert, mit süßem Rahm und etwas Kalbsfond verkocht, mit Paprika gewürzt und über das Küken gegossen.

Masthähnchen: Poulet de grain (puläh dö grän): Mit Korn gemästete Hähnchen, die sich für viele Zubereitungsarten, vornehmlich zum Servieren in der Kasserolle oder Kokotte, eignen.

Bazar: In der Kokotte mit gewürfelten Artischockenböden, gebratenen Speckwürfeln, gewürfelten Tomaten, Steinpilzen in Scheiben und gebratenen Kartoffelkugeln bereitet.

mit Chambertin: Coq au Chambertin: Wie für sautiertes Huhn zerlegt, in Butter angeschwitzt, in die zuvor einige kleine Zwiebelchen und Speckwürfel gegeben worden sind, doch nicht verfärben lassen; mit Cognac flambiert, mit Chambertin knapp aufgegossen, Kräuterbündel und rohe, geviertelte Champignons beigefügt, aufgekocht und zugedeckt fertiggedünstet. Zum Schluß mit Mehlbutter gebunden, nach Möglichkeit mit Hühnerblut abgezogen, abgeschmeckt und mit herzförmigen Croutons umlegt.

Djudje Rob 'h-e Anar: Hähnchen in Granatapfelsauce: Hähnchen, fast noch blutig gebraten, zerteilt, der Bratsaft mit etwas Wasser abgelöscht, zerdrückter Knoblauch, geriebene Zwiebel, Granatapfelsaft und eine Prise Zucker, Salz und Pfeffer aufgekocht; die Hühnerstückchen in der Sauce gargezogen, mit gehackten Kräutern, Basilikum, Dill, Petersilie und Bohnenkraut bestreut, mit körnig gekochtem Reis serviert (iranisch).

auf Hoteliersart: à la hôtelière: Entknöchelt, mit Bratwurstfleisch gefüllt, in der Kasserolle mit Champignonscheiben gebraten; beim Servieren etwas Kalbsjus angegossen.

Judic: Gebraten in feuerfester Kasserolle, garniert mit gedünstetem Kopfsalat, Hahnennieren und Trüffelscheiben; mit etwas Madeirasauce umrandet.

in der Kasserolle: en casserole: Mit Butter in irdener oder feuerfester Porzellankasserolle unter mehrfachem Begießen gebraten; zugedeckt, ohne Garnitur serviert.

Katoff: Wie Huhn am Rost bereitet, auf gebackenen Boden von Herzogin-Kartoffelmasse plaziert, leicht mit gebundener Kalbsjus umgossen; gebutterte Fleischglace nebenbei.

in der Kokotte: en cocotte: In feuerfester Porzellan- oder Glaskokotte gebraten; wenn halbgar gebratene Olivenkartoffeln, gebratene Speckwürfel und glacierte Zwiebelchen beigefügt; etwas Kalbsjus beim Servieren darübergegossen.

in der Kokotte auf Hausfrauenart: en cocotte bonne femme: 1. In der Kokotte angebraten, mit Speckwürfeln und kleinen Schloßkartoffeln fertiggebraten; zugedeckt mit wenig Kalbsjus übergossen serviert;
2. gebratene Hähnchen auf roh gebratene Kartoffelscheiben plaziert, mit gebratenen Dreiecken von Rauchspeck garniert, mit wenig Jus übergossen.

Kompott von: en compote: In feuerfester Kasserolle angebräunt, herausgenommen, Bratsatz mit Weißwein deglaciert, mit dünner Demiglace verkocht; Hahn wieder in die Kasserolle mit blanchierten, angebratenen Speckwürfeln, Zwiebelchen in Butter ansautiert und sautierten Champignons gegeben, zugedeckt mit der Sauce gargedünstet.

auf Limousiner Art: à la limousine (lihmusihn): Mit Bratwurstfleisch, mit gehackten Champignons vermischt, gefüllt, in der Kasserolle gebraten; garniert mit glacierten Maronen und gebratenen Speckdreiecken; beim Servieren mit etwas Jus umgossen.

Maskott: Mascotte: In feuerfester Porzellankasserolle gebräunt; grobgewürfelte rohe Artischockenböden und Oliven-Kartoffeln, beide zuvor in Butter angebraten, hinzugefügt, zugedeckt im Ofen fertiggebraten; Trüffelscheiben und etwas Kalbsjus zuletzt beigegeben.

Mireille: Vom Rücken aus gespalten, Rückenknochen abgehackt, leicht plattiert, in Butter halbgar gebraten; auf fast gar gebratene Anna-Kartoffeln, vermischt mit rohen Scheiben von Artischockenböden plaziert, mit zerlassener Butter übergossen und fertiggebraten.

mit Morcheln: aux morilles: In der Kasserolle bereitet; wenn halbgar in Butter ansautierte Morcheln beigefügt, ganz wenig Kalbsjus angegossen, zugedeckt im Ofen fertiggemacht.

Rouzier: Wie für sautiertes Huhn in vier Stücke, ohne Rücken, geteilt, kurz in Butter angebraten, leicht ausgekühlt und gewürzt, in feuerfeste Servierkokotte plaziert; einige rohe Trüffelscheiben, etwas Burgunder und Kalbsjus hinzugefügt, mit Blätterteig abgedeckt, dekoriert, Loch zum Dampfabzug in der Mitte gelassen, mit Eigelb bestrichen, im Ofen gebacken.

Schöne Müllerin: Belle-Meunière: Gefüllt mit Scheiben von Geflügellebern und grobgehackten Champignons, beides in Butter sautiert, einige Trüffelscheiben zwischen Haut und Brust geschoben; in Butter gebräunt, in Servierkasserolle mit Butter, blanchierten Dreiecken von Magerspeck und ansautierten, geviertelten Champignons gesetzt, zugedeckt, gebraten; beim Servieren ein Löffelchen Kalbsjus über das Huhn gegossen.

Szirke gulyás, szegedi modra: Würfelchen von Knollensellerie, Zwiebeln, Mohrrüben und Petersilienwurzeln leicht in Schweineschmalz angebraten, gesalzen, papriziert und mit hellem Fond angegossen; ein wie für Frikassee zerteiltes Hähnchen, Streifen von grüner Paprikaschote, gewürfelte Tomaten und rohe Kartoffeln beigegeben, gedünstet; mit der Hand zerrissener Nudelteig, gekocht und in Butter geschwenkt, nebenbei (ungarisch).

Tcherkez tâouk: Hähnchen nur in Wasser mit viel in Öl gebratenen Zwiebelscheiben und Gewürz gekocht, ausgekühlt, zerlegt und entknöchelt; bedeckt mit Sauce, bereitet aus eingeweichter Brotkruste, zusammen mit Haselnußkernen feingestoßen, vermischt mit etwas Hühnerfond, gewürzt mit Paprika; kalt serviert, betropft mit heißem Öl vermischt mit Paprika (türkisch).

Tinutungan: Hahn mit Ingwer und Kokosnußmilch: in kleine Stücke geschnittenes Hähnchen in Öl mit gehacktem Ingwer und Knoblauch ansautiert, mit dünner Kokosnußmilch aufgekocht. Das Innere eines Bananenstrunks, fein zerdrückt, beigefügt, gargedünstet. Streifen roter und grüner Paprikaschoten hinzugegeben, gewürzt, dicke Kokosnußmilch angegossen, kurz durchgekocht (philippinisch).

Masthuhn: Poularde (pulard): Ein Junghuhn von etwa 6 Monaten, das durch eine besondere Methode gemästet worden ist. Masthühner haben weißes, festes Fleisch und eignen sich zum Braten, Pochieren und Poelieren. Die besten stammen aus der Bresse, von Le Mans und Houdans in Frankreich, aus Brüssel und der Steiermark. Das Gewicht beträgt 1,8–3 kg. Sie werden im allgemeinen im ganzen Stück serviert, zuvor jedoch je nach der Zubereitungsart bridiert und die Brust mit Speckscheiben umbunden.

Alexandra: Mit Trüffel- und Pökelzungennägeln besteckt, pochiert, Brust mitsamt dem Brustknochen herausgeschnitten, die Öffnung kuppelförmig mit Hühnerschaumfarce gefüllt, gedämpft; die tranchierte Brust wieder aufgelegt, mit Mornaysauce nappiert, glaciert; garniert mit Tarteletts gefüllt mit gebutterten grünen Spargelspitzen, ein kleines Brustscheibchen obenaufgelegt und mit flüssiger Glace umrandet.

auf amerikanische Art: à l'américaine: Mit Weißbrotfarce, vermischt mit gedünsteten, gehackten Zwiebeln, gehackter Petersilie und etwas Salbei gefüllt, gebraten; garniert mit gebratenen Magerspeckscheiben; der mit Kalbsjus abgelöschte Bratensatz nebenbei.

Amphytrion: Gefüllt mit Mischung von Bratwurstfleisch, eingeweichtem Weißbrot, gedünsteten, grobzerdrückten Maronen und gehackten Trüffeln; braisiert, garniert mit gefüllten Tomaten und Champignonköpfen; Madeirasauce.

auf andalusische Art: à l'andalouse: Pochiert, nappiert mit Geflügelrahmsauce mit roter Paprikabutter aufgeschlagen; garniert mit kleinen, mit Risotto gefüllten roten Paprikaschoten, sautierten Scheiben von Eieräpfeln und Scheiben von spanischer Knoblauchwurst (chorizos).

Argenteuil (argantœul): Pochiert, nappiert mit Geflügelrahmsauce mit grüner Spargelbutter aufgeschlagen; garniert mit Spargelköpfen.

d'Aumale (domal): Mit Trüffelnägeln bespickt, mit Hühnerschaumfarce gefüllt, braisiert; garniert mit Tarteletts gefüllt mit Gurkenkügelchen, mit Rahmsauce gebunden, und kleinen gedünsteten Zwiebeln, gefüllt mit Haschee von Ochsenzunge und Gänseleber mit Demiglace gebunden; der eingekochte, mit Butter aufgeschlagene Braisierfond nebenbei.

Aurora: à l'aurore (oror): Gefüllt mit Kalbfleischfarce, vermischt mit Tomatenpüree; pochiert, nappiert mit Aurorasauce.

mit Austern: aux huîtres: Pochiert, nappiert mit Geflügelrahmsauce mit Austernwasser vermischt; Geflügelrahmsauce mit steifgemachten, entbarteten Austern nebenbei.

auf baskische Art: à la basquaise (baskäs): Keulen und Brüste von kleinerem Masthuhn abgelöst, mit gehackter Petersilie und Knoblauch dreiviertel gargebraten, flambiert; Bratsatz mit Weißwein verkocht, über die in feuerfeste Platte gefüllte Poularde gegossen.

Gleiche Teile gewürfelte Tomaten, gelbe, rote und grüne Paprikaschoten und etwas gewürfelter Knollensellerie zu Mus gekocht, gewürzt, mit süßem Rahm aufgekocht, über die Hühnerstücke gegossen, im Ofen fertiggedünstet.
auf Blumenmädchenart: à la bouquetière (bukettjär): Pochiert, garniert wie Rinderfilet gleichen Namens; nappiert mit Geflügelrahmsauce mit Champignonessenz vervollständigt.
auf Botschafterinart: à l'ambassadrice: Mit Trüffelnägeln bespickt, mit dünnen Scheibchen von Wurzelgemüsen, in Butter gedünstet, bedeckt, in ein Tuch gewickelt, weiß gedünstet; ausgewickelt, Brust mitsamt dem Brustknochen herausgeschnitten, Höhlung mit gebutterten Spargelspitzen gefüllt, die tranchierte Brust wieder aufgelegt, mit Geflügelrahmsauce nappiert; garniert mit getrüffelten Lammbrieschen und grünen Spargelspitzen.
auf bräutliche Art: à la petite-mariée: In weißem Fond pochiert, in feuerfester Porzellankasserolle angerichtet; garniert mit jungen Karotten, weißgedünsteten Zwiebelchen, kleinen neuen, in Butter gedünsteten Kartoffeln und frischen grünen Erbsen; bedeckt mit Geflügelrahmsauce, vermischt mit dem eingekochten Fond.
auf Bresser Art: à la bressanne: Gefüllt mit Risotto, vermischt mit gewürfelten, sautierten Geflügellebern, gebraten; Madeirasauce.
auf Burgfrauenart: à la châtelaine (schatlähn): Braun gedünstet, deglaciert mit Weißwein und Kalbsjus, mit Stärkemehl gebunden; serviert mit Burgfrauen-Garnitur.
Cavour (kawur): Mit Speck- und Trüffelstreifen gespickt, weißgedünstet, nappiert mit Geflügelrahmsauce; gebutterte Nudeln mit geriebenem Parmesan vermischt, nebenbei.
Chantilly: Gefüllt mit Pilawreis vermischt mit Trüffel- und Gänseleberwürfeln, pochiert; nappiert mit Chantillysauce, garniert mit Hühnerklößchen.
à la châtelaine: siehe auf Burgfrauenart
à la chevalière: siehe auf Ritterart
Chimay: Gefüllt mit Nudeln vermischt mit Gänseleberwürfeln, braungedünstet; leicht mit dem Fond, mit Pfeilwurzelmehl gebunden, übergossen, bestreut mit rohen, in Butter sautierten Nudeln; gebundener Fond auch nebenbei.
Chipolata: Braungedünstet, mit Chipolata-Garnitur serviert.
Chivry: Pochiert, nappiert mit Chivrysauce, garniert mit feinem Mischgemüse, entweder in Butter geschwenkt oder leicht mit Rahmsauce gebunden.
Claridge-Hotel: Gefüllt mit Brotfarce, vermischt mit gewürfelten, sautierten Steinpilzen und Trüffelwürfeln, gebraten; deglaciert mit Weißwein, verkocht mit gebundener Kalbsjus.
à la dauphine: siehe auf Thronfolgerart
Demidow: Demidoff: In feuerfester Kasserolle dreiviertel gargebraten, halbmondförmig geschnittene Möhren und weiße Rüben, Würfelchen von Bleichsellerie und Zwiebelscheibchen, alles zuvor in Butter gedünstet, beigefügt; Masthuhn in zugedeckter Kasserolle fertiggebraten, zuletzt halbmondförmige Trüffelscheiben und konzentrierter Hühnerfond beigefügt; in der Kasserolle serviert.
Derby: Gefüllt mit Pilawreis vermischt mit Gänseleber- und Trüffelwürfeln, in zugedeckter, feuerfester Kasserolle gebraten; garniert mit kleinen, in Schaumwein gekochten Trüffeln und gebratenen Gänseleberscheiben; den Bratsatz mit Trüffelfond und Kalbsjus, mit Stärkemehl gebunden, nebenbei.
Diva: Gefüllt mit Pilawreis, vermischt mit Gänseleber- und Trüffelwürfeln, pochiert; nappiert mit paprizierter Geflügelrahmsauce, garniert mit Scheibchen von Steinpilzen mit Rahmsauce gebunden.

Doria: Pochiert, nappiert mit Geflügelrahmsauce, vermischt mit Gurkenpüree; garniert mit Gurkenkugeln oder -oliven, in Butter gedünstet.

auf Dreuxer Art: à la Dreux: Mit Trüffel- und Pökelzungenstreifen gespickt, pochiert, nappiert mit deutscher Sauce; Brust mit Trüffelscheiben belegt, garniert mit Hühnerklößchen und Sträußchen von Hahnenkämmen und -nieren.

Eduard VII.: Edouard VII.: Wie für Diva gefüllt, pochiert; nappiert mit Geflügelrahmsauce, mit Currypulver gewürzt und mit gedünsteten, gewürfelten roten Paprikaschoten vermischt; gedünstete Gurkenkugeln, mit Rahmsauce gebunden, nebenbei.

auf Elfenbeinart: à l'ivoire (iwoar): Pochiert, nappiert mit Elfenbein-Sauce, nach Geschmack garniert.

Elysée-Palast: Mit Trüffelnägeln bespickt, gefüllt mit Hühnerschaumfarce vermischt mit Gänseleberpüree; serviert mit Geflügelrahmsauce und Regentschafts-Garnitur.

Emile Bernard: Mit sautierten Morcheln gefüllt, braisiert mit angebratenem, gewürfeltem Magerspeck, grober Gemüsebrunoise und gewürfelten Champignons; mit Weinbrand deglaciert, mit Sauternes-Wein verkocht, vermischt mit tomatierter Demiglace und gehackten Trüffeln.

auf englische Art: à l'anglaise: Pochiert, nappiert mit Geflügelrahmsauce, garniert mit Pökelzungenscheiben, olivenförmigen Möhren und weißen Rüben, braisiertem Bleichsellerie und grünen Erbsen.

Escoffier: Pochiert, nappiert mit Geflügelrahmsauce, garniert mit Morcheln, Champignons, Trüffelscheiben und Hühnerklößchen.

Escorial: Gefüllt mit Pilawreis, vermischt mit Schinken und Champignonwürfeln, in zugedeckter Kasserolle gebraten; Bratsatz mit Weißwein deglaciert und mit Demiglace verkocht, garniert mit gefüllten spanischen Oliven und gebackenen Eiern.

mit Estragon (kalt): à l'estragon: Pochiert unter Zusatz eines Bündelchens Estragon, ausgekühlt; die Brust mit blanchierten Estragonblättern dekoriert, mit Estragongelee überglänzt, mit Gelee garniert.

Eugen Lacroix (kalt): Gebraten, ausgekühlt, Brust mitsamt dem Brustknochen herausgeschnitten, die Höhlung kuppelartig mit Gänseleberschaumbrot, vermischt mit gerösteten, gestoßenen Haselnüssen, gefüllt, mit gleichmäßigen, dünnen Apfelscheiben schuppenartig dekoriert, mit Madeiragelee glaciert; garniert mit den in dünne Scheibchen geschnittenen Brüstchen, mit Trüffelscheibe dekoriert, mit Madeiragelee überglänzt und auf Teigschiffchen, mit Schinkenschaumbrot gefüllt, gesetzt, und Überraschungstrüffeln.

Feodora: Fédora: Pochiert, nappiert mit Geflügelrahmsauce, mit Krebsbutter aufgeschlagen, garniert mit Spargelspitzen.

auf flämische Art: à la flamande: Wie Gans gleichen Namens bereitet.

Florida: Gebraten, garniert mit gebratenen Tomaten, gebratenen Bananen- und Pfirsichscheiben; dazu der mit Kalbsjus abgelöschte Bratsatz.

auf Frühlingsart: à la printanière: Mit etwas Kräuterbutter gefüllt, halbgar gebraten; in feuerfeste Kasserolle zusammen mit Frühlingsgarnitur gefüllt, etwas Kalbsjus angegossen, zugedeckt im Ofen gargemacht.

Fürst von Wales: Prince de Galles: Gefüllt mit Schnepfenfarce vermischt mit Gänseleber und Trüffelwürfeln, poeliert; garniert mit Schnepfenbrüstchen, Trüffelscheiben und sautierten Champignons.

auf Gastronomenart: à la gastronome: Mit ansautierten Morcheln gefüllt, poeliert; mit Schaumwein deglaciert, mit Demiglace verkocht; garniert mit kleinen Trüffeln und glacierten Maronen mit je einem Hahnenkamm dazwischen; die Sauce nebenbei.

in Gelee: en gelée: Pochiert, ausgekühlt, nappiert mit weißer Geflügel-Chaudfroid-Sauce, mit hartgekochtem Eiweiß und Trüffel dekoriert, mit Gelee überglänzt; garniert mit Bechern von Tomatenschaumbrot in Gelee.

getrüffelt: truffée: Rohe Trüffelscheiben zwischen Haut und Brust geschoben, gefüllt mit Farce von Gänseleber und frischem Speck, mit Madeira gewürzt und mit gewürfelten Trüffeln vermischt; bardiert, gebraten, Bratsatz mit Kalbsjus und Trüffelfond verkocht nebenbei.

Godard: Braun braisiert, mit Godard-Garnitur und Sauce serviert.

auf griechische Art: à la grecque: 1. Gefüllt mit griechischem Reis, braun braisiert, nappiert mit Tomatensauce, mit dem reduzierten Fond verkocht;
2. enthäutet, roh zerlegt, mit rohen Schinken- und Zwiebelwürfeln angedünstet, mit gewürfelten Tomaten und süßem Rahm gargedünstet; Sauce mit Geflügelglace verkocht, mit Cayennepfeffer und Zitronensaft gewürzt und über die auf gebutterten Blattspinat dressierten Hühnerstückchen gegossen; Butterreis nebenbei.

in Halbtrauer: en Demi-deuil: Trüffelscheiben zwischen Brustfleisch und Haut geschoben, mit getrüffelter Hühnerschaumfarce gefüllt, pochiert; nappiert mit Geflügelrahmsauce vermischt mit Trüffelscheiben.

auf italienische Art: à l'italienne: Mit Risotto, vermischt mit gewürfelten, sautierten Geflügellebern, gefüllt, weißgedünstet; garniert mit Artischockenböden auf italienische Art bereitet, nappiert mit italienischer Sauce.

Jahrhundertende: fin de siècle (fäng dö sjäkl): Gebraten, garniert mit olivenförmigen Gurkenstückchen, Knollensellerie und Kartoffeln, alle in Butter gedünstet, kleinen gefüllten Zwiebeln, sautierten Steinpilzscheiben, gebratenen Tomaten und gebratenen Scheiben Eieräpfeln; Madeirasauce.

auf jungfräuliche Art: à la vierge (wiérsch): Pochiert, nappiert mit Geflügelrahmsauce; garniert mit Scheiben von Kalbsmilch, Kalbshirn und Hahnenkämmen.

auf Kaiserinart: à l'impératrice (angperatrihs): Pochiert, nappiert mit Geflügelrahmsauce, vermischt mit Hühnerpüree; garniert mit gedünsteten Lammbrieschen, Kalbshirnscheiben und kleinen Zwiebelchen in Hühnerfond gedünstet.

auf kalifornische Art: à la californienne: Gefüllt mit Farce von eingeweichtem Weißbrot, vermischt mit gehackten gedünsteten Zwiebeln, sautierten Geflügellebern, gebratenen Würfelchen von Magerspeck, gehackter Petersilie und Gewürz; gebraten, serviert mit dem abgelöschten Bratsatz.

auf Kanzlerart: à la chancelière (schangseljär): Gespickt mit Speck und Trüffeln, pochiert; nappiert mit Geflügelrahmsauce, Brust mit Trüffelscheiben belegt, garniert mit getrüffelten Hühnerschaumbrötchen.

auf Kardinalsart: à la cardinale: Gefüllt mit Hühnerfarce, vermischt mit Hummerbutter, Hummer- und Trüffelwürfelchen, pochiert; garniert mit Hummermedaillons und Trüffelscheiben, nappiert mit Geflügelrahmsauce mit Hummerbutter aufgeschlagen.

Königin Blanche: reine Blanche (rein blansch): Gefüllt mit Hühnerschaumfarce, vermischt mit Würfelchen von Pökelzunge und Trüffeln, pochiert; garniert mit Ragout von Trüffelscheiben, Hahnenkämmen und kleinen Champignonköpfen, mit deutscher Sauce gebunden.

Königin Friederike: reine Frédérique (frederik): Gebraten, garniert mit dicken Bananen- und Ananasscheiben, durch Backteig gezogen und in tiefem Fett gebacken; der Bratsatz mit Portwein deglaciert und mit gebundener Kalbsjus verkocht nebenbei.

Königin Margot: reine Margot (margoh): Gefüllt mit Hühnerschaumfarce mit Mandelmus vermischt, pochiert; nappiert mit Geflügelrahmsauce mit Mandelmilch vervollständigt, garniert mit Hühnerklößchen, vermischt mit Pistazienpüree und ebensolchen, vermischt mit Krebsbutter.

Königin Olga: reine Olga: Mit Schinkenstreifen gespickt, mit gewürzter Brotfarce gefüllt, gebraten; nappiert mit Madeirasauce, vermischt mit gewürfeltem, gebratenem Magerspeck und blanchierter, in Julienne geschnittener Zitronenschale.

Lady Curzon: Wie für Diva gefüllt, pochiert, nappiert mit Geflügelrahmsauce mit Currypulver gewürzt; Gurkenoliven oder Steinpilzscheiben in Rahmsauce nebenbei.

Lambertye (kalt): Pochiert, ausgekühlt, Brust und Brustknochen herausgeschnitten, die Höhlung mit Hühnerschaumbrot, vermischt mit Gänseleberpüree, gefüllt; die Brusthälften in schräge Scheiben geschnitten, mit weißer Chaudfroid-Sauce überzogen, mit Trüffelmotiv verziert, wieder auf der Füllung zusammengesetzt; gänzlich mit Geflügelgelee überglänzt, mit Gelee garniert.

auf Languedocer Art: à la languedocienne (langedossjenn): Poeliert, mit Languedocer Garnitur serviert.

Leo XIII.: Mit Risotto, mit Safran gefärbt, vermischt mit Scheiben italienischer Trüffeln und geriebenem Parmesan, gefüllt, braun braisiert; mit dem gebundenen Fond, vermischt mit Scheiben weißer Trüffeln, serviert.

auf Lieblingsart: à la favorite: Mit Geflügelfarce, vermischt mit getrüffelter Gänseleber, gefüllt, pochiert, mit Geflügelrahmsauce nappiert; garniert mit Hahnenkämmen und -nieren und Trüffelscheiben.

auf Livornoer Art: à la livournaise (liwurnäs): Braun braisiert, garniert mit gebratenen Speckwürfeln, sautierten Steinpilzscheiben, glacierten Zwiebelchen und Champignonköpfen; nappiert mit dem gebundenen Braisierfond.

auf Lothringer Art: à la lorraine: Mit Kalbsfarce, mit gehackten Kräutern vermischt, gefüllt; pochiert, nappiert mit Rahmsauce mit gehackten Kräutern.

auf Louisiana-Art: à la louisiane: Gefüllt mit Maiskörnchen, gebunden mit dicker Rahmsauce und mit gewürfelten, roten Paprikaschoten vermischt; gebraten, garniert mit gebratenen Bananen, geformtem Reis und Tarteletts, mit Maiskörnchen in Rahmsauce gefüllt; dazu der mit Jus abgelöschte Bratsatz.

Lucas: Gefüllt mit Kalbfleischfarce vermischt mit gehackten Kräutern, gebraten; garniert mit gefülltem, gedünstetem Kopfsalat, gefüllten Zwiebeln, entsteinten Oliven, Kartoffelkroketts und sautierten Würfeln von Knollensellerie; den abgelöschten Bratsatz nebenbei.

Lucullus: Gefüllt mit Hühnerschaumfarce mit Gänseleberpüree vermischt, braun braisiert; garniert mit Trüffeln in Schaumwein gekocht und Hahnenkämmen; Demiglace mit Trüffelessenz und dem eingekochten Braisierfond nebenbei.

Lucy: Gefüllt mit Risotto, vermischt mit gewürfelten roten Paprikaschoten und grünen Erbsen, weiß mit Geflügelfond und Tokayer braisiert; garniert mit Artischockenböden, gefüllt mit Haschee von Bleichsellerie, mit Demiglace gebunden, und gerösteten roten Paprikaschoten; nappiert mit dem eingekochten, mit Paprika gewürzten und mit süßem Rahm verkochten Fond.

Luise von Orleans: Louise d'Orléans: Mit einer ganzen, mit Trüffelnägeln bespickten, 20 Minuten pochierten Gänseleber gefüllt; rasch im Ofen gebräunt, etwas ausgekühlt, Brust mit Trüffelscheiben bedeckt, erst mit dünnen Speckscheiben bardiert, dann in Pasteteteig gehüllt, Loch zum Dampfabzug freigelassen, im Ofen gebacken; heiß oder kalt serviert.

Maintenon (mängtenong): Mit Pökelzunge und Trüffeln gespickt, weiß braisiert, mit Geflügelrahmsauce nappiert; garniert mit gerieften Champignonköpfen, Hühnerklößchen und Artischockenböden, mit großer Trüffelscheibe gefüllt, mit Mornaysauce bedeckt und glaciert.

Mairose (kalt): Rose de mai: Pochiert, ausgekühlt, enthäutet; Brust herausgeschnitten, in schräge Scheiben geschnitten, mit weißer Chaudfroid-Sauce überzogen, mit Trüffel dekoriert, mit Gelee überglänzt und auf Teigschiffchen, mit Tomatenschaumbrot gefüllt, gesetzt; Keulen mit weißer Chaudfroid-Sauce nappiert, Höhlung mit Tomatenschaumbrot gefüllt, mit Motiv von Trüffel und Eiweiß dekoriert, mit Gelee überglänzt; mit den Teigschiffchen garniert.

Metropole: Pochiert, nappiert mit Geflügelrahmsauce; garniert mit geviertelten Artischockenböden, in Butter gedünstet; weißgedünsteten kleinen Zwiebelchen und Champignonköpfen, umlegt mit in Butter gebratenen, herzförmigen Croutons.

Milton: Gefüllt mit Kalbfleischfarce, vermischt mit gewürfelter Gänseleber, pochiert; garniert mit Hahnenkämmen und -nieren und Champignonköpfchen, alles mit Geflügelrahmsauce gebunden; Geflügelrahmsauce nebenbei.

Moïna: In der Kasserolle zusammen mit Morcheln und geviertelten Artischockenböden bereitet; Bratsatz mit Schaumwein abgelöscht und mit Demiglace verkocht.

Monte Carlo: Pochiert, die eine Seite mit Geflügelrahmsauce, die andere mit Aurorasauce nappiert; die weiße Seite mit Hühnerklößchen mit Tomatenpüree, die andere mit einfachen Hühnerklößchen garniert.

Montmorency: Mit Trüffelstreifen gespickt, mit Madeira und Demiglace braisiert; mit der Sauce nappiert, mit Montmorency-Garnitur serviert.

Nantua: Pochiert, nappiert mit Geflügelrahmsauce mit Krebsbutter aufgeschlagen; die Brust mit Trüffelscheiben belegt, garniert mit Krebsschwänzen und Geflügelklößchen mit Krebsbutter vermischt.

Newa (kalt): à la Néva: Pochiert, ausgekühlt, enthäutet, Brust mit Brustknochen ausgelöst, die Höhlung mit Gänseleberschaumbrot gefüllt; die Brust tranchiert, wieder an die ursprüngliche Stelle gelegt, das ganze Huhn mit weißer Chaudfroid-Sauce überzogen, mit Trüffeln verziert, mit Gelee überglänzt; garniert mit Becherchen von Gemüsesalat, mit russischer Mayonnaise gebunden und in Gelee eingesetzt.

auf Nizzaer Art: à la niçoise: Braisiert, nappiert mit dem gebundenen Fond; dazu Nizza-Garnitur mit entsteinten, schwarzen Oliven anstelle der Kartoffeln.

mit Oliven (kalt): aux olives: Gebraten, ausgekühlt, Brust und Brustknochen ausgeschnitten, Höhlung mit Hühnerschaumbrot, vermischt mit gehackten Oliven, gefüllt; die tranchierte Brust wieder aufgelegt, mit Scheiben von gefüllten Oliven dekoriert, mit Gelee überglänzt; garniert mit geschälten, geviertelten Tomaten, gefüllt mit Hühnerschaumbrot, belegt mit kleinem Brustscheibchen, dekoriert mit Olivenscheibe, überglänzt, und großen, gefüllten Oliven.

mit Orangen (kalt): à l'orange: Gebraten, vollständig ausgekühlt, Brust ausgelöst und in gleichmäßige Scheiben geschnitten, Keulen entbeint und gleichfalls zerlegt, Keulen, zur ursprünglichen Form zusammengesetzt, in die Mitte einer halbhohen Glasschale dressiert, rechts und links von den tranchierten, zusammengesetzten Brustscheiben flankiert; rundherum gleichmäßig mit schönen Orangenfilets umkränzt, Schale mit fast stockendem, sehr zartem Hühnergelee, mit Orangensaft gewürzt, gefüllt.

auf orientalische Art: à l'orientale: Gefüllt mit Pilawreis mit Safran, pochiert; nappiert mit Geflügelrahmsauce mit Currypulver gewürzt, garniert mit tournierten Zaunrüben in Butter gedünstet.

Orlow: Orloff: Pochiert, nappiert mit Geflügelrahmsauce, vermischt mit weißem Zwiebelpüree; Brust mit Trüffelscheiben belegt, garniert mit gedünstetem Kopfsalat.

Paramé: Bardiert, poeliert; mit tournierten Möhren, weißen Rüben und gedünstetem Kopfsalat garniert; der mit gebundener Kalbsjus abgelöschte Bratsatz nebenbei.

auf Pariser Art: à la parisienne: Pochiert, nappiert mit deutscher Sauce, Brust mit Halbmonden von Trüffeln und Pökelzunge dekoriert; garniert mit getrüffelten Hühnerklößchen und Kalbfleischklößchen mit gehackter Pökelzunge.

Parsival: Entbeint, gefüllt mit getrüffelter Hühnerschaumfarce, pochiert; garniert mit Artischockenböden, mit grünem Erbsenpüree, mit gehackten Kräutern vermischt, gefüllt und geformtem Risotto mit gewürfelten Tomaten und Champignons vermischt; Geflügelrahmsauce, mit Püree von Masthuhnlebern, aufgezogen nebenbei.

Patti: Wie für Derby gefüllt, pochiert, nappiert mit Geflügelrahmsauce mit Paprika gewürzt; garniert mit Artischockenböden, in jedem eine kleine, mit flüssiger Glace überzogene Trüffel.

auf Piemonteser Art: à la piemontaise: Gefüllt mit Risotto vermischt mit Scheiben von weißen Trüffeln, poeliert; Bratsatz mit Madeira abgelöscht und mit Demiglace verkocht.

Polignac: Pochiert, Brust und Brustknochen ausgelöst, die Höhlung kuppelförmig mit Hühnerschaumfarce, mit Julienne von Trüffeln und Champignons vermischt, gefüllt, am Eingang des Ofens gargemacht; Brust tranchiert, abwechselnd mit Trüffelscheiben wieder in Position gebracht, nappiert mit Geflügelrahmsauce, vermischt mit Julienne von Champignons und Trüffeln.

Pollastra arrostito alla genovese: gebraten auf genuesische Art: Innen und außen mit Knoblauch, Olivenöl, Salz und Pfeffer eingerieben, gefüllt mit dem gekochten Fleisch vom Hals, Magen, Herz und Leber, durch die Maschine getrieben, und mit gehackten Zwiebeln gedünstet, mit in Brühe geweichtem Röstbrot, Butter, Ei, gehackter Petersilie und Sellerie, einem gehackten Salbeiblatt, Salz und Pfeffer vermischt; mit Speckscheiben bardiert, gebraten (italienisch).

auf portugiesische Art: à la portugaise: Mit Risotto, vermischt mit gewürfelten Tomaten, gefüllt, gebraten; nappiert mit portugiesischer Sauce, mit dem mit Weißwein verkochten Bratsatz vermischt, garniert mit gefüllten Tomaten.

auf Prinzessinart: à la princesse: Pochiert, nappiert mit Geflügelrahmsauce vermischt mit Spargelpüree; garniert mit Artischockenböden oder Krustaden von Herzogin-Kartoffelmasse mit Spargelspitzen gefüllt.

auf Rappoltsweiler Art: à la Ribeauvillé (ribowilleh): Weiß mit gehackten angedünsteten Zwiebeln und Rieslingwein braisiert, Fond eingekocht, mit süßem Rahm sämig gekocht, gewürzt, passiert und über das Masthuhn gegossen; Nudeln auf elsässische Art bereitet nebenbei.

auf Regentschaftsart: à la régence: Mit Hühnerschaumfarce, vermischt mit Krebspüree, gefüllt, pochiert; bedeckt mit Geflügelrahmsauce, mit Regentschafts-Garnitur serviert.

Renaissance: Pochiert, nappiert mit deutscher Sauce mit Trüffelessenz vervollständigt; Renaissance-Garnitur.

Revue (rewüh): Pochiert, mit Geflügelrahmsauce nappiert; garniert mit abgeflachten, runden, leicht eingebuchteten Reiskroketts gefüllt mit Hühnerpüree.

auf Ritterart: à la chevalière (schwaljer): Brust herausgeschnitten und mit Streifen von Ochsenzunge und Trüffeln gespickt, Keulen abgelöst, entbeint und mit Kalbsfarce gefüllt, beide Teile pochiert; Keulen rechts und links auf ovaler Platte angerichtet, dazwischen

Ragout von Champignonköpfchen, Hahnenkämmen und -nieren, gebunden mit Geflügelrahmsauce, darüber die tranchierte Brust geordnet und mit Geflügelrahmsauce nappiert.

Rose Marie (kalt): Wie Mairose bereitet, doch mit Schinkenschaumfarce anstelle von Tomatenfarce gefüllt.

in Rotwein: au vin rouge: Ausgelöst, Keulen und Brust je einmal geteilt, gewürzt, in Butter angebräunt, mit Champignonschalen, Lorbeerblatt, Zwiebelscheiben, Knoblauch und Rotwein halbgar geschmort; in saubere Kasserolle ausgestochen, gewürfelter, angebratener Magerspeck, ansautierte Champignons und angebratene Zwiebelchen beigefügt, fertiggeschmort; Fond mit Mehlbutter gebunden.

auf russische Art: à la russe (rüß): Pochiert, nappiert mit Geflügelrahmsauce mit rohem Saft von roten Rüben vervollständigt; garniert mit gedünsteten Fenchelknollen.

auf sächsische Art: à la saxonne (sacksonn): Pochiert, nappiert mit Krebssauce; garniert mit Krebsschwänzen und geformten Blumenkohlröschen.

Sainte-Anne (sangtann): Mit Risotto, vermischt mit gewürfelten Tomaten, gefüllt, mit Madeira und Demiglace braisiert; garniert mit gefüllten Tomaten und grillierten Champignonköpfen.

Saint-James: Mit Kalbfleischfarce, vermischt mit gehackten Kräutern, gefüllt, in der Kasserolle zubereitet; deglaciert mit Weinbrand und Madeira, verkocht mit gebundener Kalbsglace; garniert mit Frühgemüsen in Butter sautiert.

mit grobem Salz: au gros sel (o groh säll): In kräftigem, weißem Fond mit tournierten Karotten und kleinen Zwiebelchen pochiert; garniert mit den Karotten und Zwiebeln, eine Sauciere mit Fond und ein Schüsselchen mit grobem Salz nebenbei.

auf schottische Art: à l'écossaise (ekossäs): Gefüllt mit Kalbfleischfarce, vermischt mit zuvor in Butter gedünsteten Gemüsewürfelchen, pochiert; nappiert mit schottischer Sauce, Prinzeßböhnchen, mit Rahmsauce gebunden, nebenbei.

Simone: Gefüllt mit grillierten, getrüffelten Schweinsfüßen, grobgehackt, und gedünsteten, grobzerdrückten Maronen, bardiert, mit kleinen Trüffeln und angebräunten Zwiebelchen umlegt; mit Schaumwein und Kalbsjus braisiert, garniert mit Morcheln in Rahmsauce, der mit Stärkemehl gebundene Fond nebenbei.

Suwarow: Souwaroff: Mit Gänseleber und Trüffeln, in grobe Würfel geschnitten, gefüllt, dreiviertel gargebraten; in feuerfeste Porzellankasserolle gefüllt, mit kleinen Trüffeln, einige Minuten in Madeira gekocht, umlegt, mit dem Madeira und etwas kräftigem Hühnerfond angegossen, hermetisch verschlossen, im Ofen fertiggemacht; Deckel erst bei Tisch abgenommen.

Sylvia: Mariniert mit Olivenöl, gehackten Trüffeln, Trüffelfond, gehackten Schalotten, Petersilie und Basilikum, gewürzt, mit sämtlichen Zutaten in geöltes Papier gehüllt, im Ofen gebraten; gebundene Geflügeljus nebenbei.

Talleyrand (tallehrang): Gebraten, Brust mit Brustknochen herausgeschnitten, mit Talleyrand-Garnitur gefüllt, dünn mit Hühnerfarce bedeckt und mit Trüffelscheiben dekoriert; mit gebuttertem Papier belegt, bei mäßiger Hitze Farce im Ofen gargemacht, Papier entfernt, ganz leicht mit Demiglace mit Trüffelessenz nappiert, Rest der Sauce nebenbei.

auf Thronfolgerart: à la dauphine: Gespickt, gebraten; garniert mit kleinen Hühnerkroketts und Trüffeloliven; der abgelöschte Bratsatz nebenbei.

Tivoli: Gebraten, deglaciert mit Weißwein und Zitronensaft, verkocht mit Kalbsjus, gebuttert; garniert mit großen Champignonköpfen, gefüllt mit grobem Salpicon von Hahnenkämmen und -nieren, mit deutscher Sauce gebunden, und Spargelspitzen.

Tosca: Gefüllt mit Pilawreis vermischt mit gewürfelter Gänseleber, in zugedeckter Kasserolle gebraten; Bratsatz mit Kalbsjus verkocht, mit Butter aufgeschlagen, über das Huhn gegossen; garniert mit gedünsteten Fenchelknollen.
auf toskanische Art: à la toscanne: Gefüllt mit Nudeln, vermischt mit gewürfelter Gänseleber, Trüffelwürfeln, Butter und geriebenem Parmesan, in zugedeckter Kasserolle gebraten; deglaciert mit Weißwein, verkocht mit Demiglace; gebutterte Nudeln, vermischt mit geriebenem Parmesan, gehacktem Schinken, Pökelzunge und Trüffeln, nebenbei. Anstelle der Nudeln können auch Spaghetti zur Füllung und Garnitur genommen werden.
auf Toulouser Art: à la toulousaine: Pochiert, nappiert mit deutscher Sauce, mit Toulouser Garnitur serviert.
auf ungarische Art: à la hongroise: Gebraten, nappiert mit ungarischer Sauce, garniert mit geformtem Pilawreis, vermischt mit gewürfelten Tomaten.
auf Valencienner Art: à la valencienne (walängsjenn): Poeliert, garniert mit Risotto, vermischt mit gehacktem Schinken, und kleinen Scheibchen grilliertem, rohem Schinken belegt; tomatierte Geflügelrahmsauce nebenbei.
van Dyck: Pochiert, nappiert mit Geflügelrahmsauce vermischt mit gedünsteten Hopfensprossen.
Victoria: Mit Gänseleber- und Trüffelwürfeln gefüllt, etwas mehr als halbgar in zugedeckter Kasserolle gebraten; rohe, blanchierte, in Butter ansautierte Kartoffelwürfel beigefügt, im Ofen fertiggemacht.
Villars: Weißgedünstet, mit Geflügelrahmsauce nappiert; garniert mit Lammbriesehen, Champignons, Hahnenkämmen und halbmondförmigen Scheiben Pökelzunge.
Washington: Gefüllt mit Maiskörnern, auf griechische Art bereitet, braun braisiert, glaciert; Maiskörner in Rahmsauce und der entfettete, gebundene Braisierfond nebenbei.
Weiße Dame: Dame Blanche (dahm blansch): Pochiert, nappiert mit Geflügelrahmsauce; garniert mit Trüffelscheiben und weißgedünsteten Champignonköpfen.
Windsor: Mit Speckscheiben bardiert, in zugedeckter Kasserolle gebraten; Bratsatz mit Madeira deglaciert, mit gebundener Kalbsjus verkocht; garniert mit Champignons, Trüffelwürfeln, Hahnenkämmen und -nieren.
Wladimir: Pochiert, nappiert mit Geflügelrahmsauce, vermischt mit Béarner Sauce, ergänzt mit Julienne von Sellerie, Karotten und Trüffeln.
Hunyadi töltöt: Rostbraten, dünn geklopft, mit Mischung von gerührter Butter, Eigelb, gehacktem Schinken und in Scheiben geschnittenen Makkaroni, gewürzt, und mit Eierschnee unterzogen maskiert, zusammengerollt, gebunden; in Schweineschmalz gebräunt, mit reichlich goldgelb gebratenen Zwiebelscheiben, Streifen von grünen Paprikaschoten und Tomatenscheiben angesetzt, stark papriziert, mit Bouillon gedünstet; wenn halbgar, saurer Rahm beigefügt, gargedünstet; vor dem Servieren Bindfaden entfernt (ungarisch).
Hure de sanglier: siehe Wildschweinskopf
Husarenfilet: Filetbeefsteak, mit Schinkenstreifen und Streifen von saurer Gurke gespickt, angebräunt; in dünner Rahmsauce geschmort, mit Salzkartoffeln serviert (österreichisch).
Husarenfleisch: Dünne Scheiben von Rinder-, Kalbs- und Schweinefilet, papriziert, gesalzen, in Butter gebräunt, gebratene Zwiebelscheiben beigefügt, mit Mehl bestäubt, mit braunem Fond aufgegossen, etwas Weinessig hinzugegeben, geschmort; wenn halbgar saurer Rahm beigefügt; mit Salzkartoffeln serviert (österreichisch).

Indian: siehe Truthahn
Innocents: Junge Tauben.
Isard (ißahr): Alpine Gemse aus den Pyrenäen, wie Gemse bereitet.
Izmir keuftessi: Hammelfleischrolle: Rohes, gehacktes Hammelfleisch, vermischt mit eingeweichtem Brot, Eiern und Zwiebelsaft, gewürzt, zu länglicher Rolle geformt; gebraten, in eine Sauce von Tomatenpüree mit Wasser verdünnt und mit Zitronensaft gewürzt einige Zeit zum Ziehen gelegt (türkisch).

Jambon: siehe Schinken
    de Bayonne: Bayonner Schinken.
    Cobourg: Koburger Schinken.
    Prague: Prager Schinken.
    Virginie: Virginia-Schinken.
    Westphalie: Westfälischer Schinken.
    York: Yorker Schinken.
Jambon de marcassin: siehe Frischlingsschinken
Jambon d'ours: siehe Bärenschinken
Jambonneau de volaille: Eine andere Bezeichnung für Hühnerkeulen, gefüllt, Ballotines de volaille.
Jarret de veau: siehe Kalbshachse
Jungfernbraten: Schweinelende, gespickt, angebräunt, auf Bett von angebräunten Zwiebel- und Mohrrübenscheiben gelegt, mit etwas Bouillon angegossen, saurer Rahm hinzugegeben, geschmort; Sauce passiert, zur nötigen Dicke eingekocht, mit Weinessig gewürzt (österreichisch).
Junggans: Oison (oasong): Junge Gans im Alter von 5–6 Monaten, die hauptsächlich gebraten wird.
Jungschweinskarree: Rippenstück von jungem Schwein, blanchiert, Haut in 1 cm breiten Streifen eingeritzt, mit Salz und zerdrücktem Kümmel eingerieben, gebraten; mit dem einfach mit Bouillon abgelöschten Bratsatz serviert (österreichisch).

Kadine bouton: Rinderklöße: Gehacktes Rindfleisch, mit gekochtem Reis und gehackter Petersilie vermischt, gewürzt, zu kleinen, flachen, runden Klößen geformt, leicht pochiert; ausgekühlt, durch geschlagenes Ei gezogen, in Öl gebacken (türkisch).
Kaiserfleisch: Gepökeltes, geräuchertes Schweinekarree, gekocht, serviert mit Semmelknödeln und Sauerkraut (österreichisch).
Kalb: Veau (wo): Das Junge von Rindern im Alter bis höchstens ein Jahr. Gutes Kalbfleisch ist von sehr leichter rosa Färbung, saftig und mit weißem Fett bedeckt. Zu rotes oder fettloses, graues Fleisch ist unreif, trocken und geschmacklos. Das beste Fleisch stammt von Mastkälbern.
Kalbsbrust: Poitrine de veau (poatrihn dö wo): Die Knochen werden herausgelöst und der größte Teil der Knorpelknochen entfernt, die Brust am unteren Ende durchgestoßen, um eine Tasche zu bilden, die die Füllung aufnimmt. Sie wird gebraten oder poeliert, zum Glacieren etwas aus den Knochen gezogener brauner Fond angegossen.
    Breast of Veal with Gooseberry Sauce: mit Stachelbeersauce: In Butter gebräunt, mit Weißwein, grünen Stachelbeeren, Zitronenschale, je einer Prise Zucker, Zimt und Salz geschmort; Sauce durchgestrichen, mit Eigelb legiert, gesondert serviert (englisch).
    auf deutsche Art: à l'allemande: Mit Bratwurstfleisch und Kalbsfarce gefüllt, in hellem Fond gekocht, mit Meerrettichsauce serviert.
    auf elsässische Art: à l'alsacienne: Mit gutgewürzter Brotfarce gefüllt, geschmort, glaciert, serviert mit Sauerkraut, vermischt mit sautierten Gänseleberwürfeln, und dem leicht gebundenen Schmorfond.

auf englische Art: à l'anglaise: Gefüllt mit Brotfarce mit gehackten Kräutern, gekocht, serviert mit Kapernsauce.

gebacken: frite: Entbeint, jedoch nicht gefüllt, in hellem Fond gekocht, erkaltet; in Stücke geschnitten, paniert, in tiefem Fett gebacken, Tomatensauce und beliebiges Gemüse nebenbei.

gerollt: roulée: Völlig entbeint, von einer Seite aus geöffnet, mit Kalbsfarce bestrichen, gerollt, gebunden, geschmort; vor dem Tranchieren leicht gepreßt, mit dem leicht gebundenen, passierten Fond und beliebigem Gemüse serviert.

glaciert: glacée: Entbeint, mit Röstgemüsen saftig gebraten, mit dem Saft glaciert; leichte Kalbsjus nebenbei.

auf jüdische Art: à la juive (gjuif): Entbeint, in Wasser mit Zwiebelscheiben, Zitronenschale, Piment und wenig Salz gekocht; abgetropft, mit flüssigem Gänseschmalz bestrichen, reichlich mit Reibbrot bestreut, mit Gänseschmalz betropft, im Ofen gebräunt.

auf kurländische Art: à la courlandaise (kurländäs): Mit entsteinten, aufgequollenen Backpflaumen gefüllt, gebräunt, auf angeröstete Zwiebel- und Mohrrübenscheiben mit braunem Fond geschmort; den Fond mit Demiglace verkocht, mit Kartoffelpüree und weißgedünsteten Zwiebeln serviert.

mit Makkaroni: au macaroni: Gefüllt, geschmort, glaciert; Schmorfond mit Tomatenpüree verkocht und Makkaroni, mit Butter und geriebenem Käse gebunden, nebenbei.

auf Wiener Art: à la viennoise: 1. Gefüllt mit Brotfarce vermischt mit gehackten, in Butter geschwitzten Zwiebeln, gehackten Kräutern und gestoßenem Kümmel; gestoßener Kümmel in das Fleisch gerieben, gebraten; Demiglace mit Kümmelgeschmack nebenbei; 2. gefüllt mit Brotfarce vermischt mit schaumig gerührter Butter, Eigelb, gehackter Petersilie, grünen Erbsen und gedünsteten Champignons, gebraten; serviert mit gebundener Kalbsjus.

mit Zwiebelsauce: à la Soubise (ßubihs): Gefüllt mit Brotfarce vermischt mit gehackten weißgedünsteten Zwiebeln; weiß braisiert, garniert mit Kartoffelkroketts, weiße Zwiebelsauce nebenbei.

Kalbsbrustknorpel: Tendron de veau (tangdrong dö wo): Die Knochenenden der Brust glatt gehackt, das Fleisch mit dem Knochen in Querstücke geschnitten, geschmort, glaciert; der Fond mit Kalbsfond verkocht und leicht gebunden.

auf Bauernart: à la paysanne: Geschmort, bedeckt mit Madeirasauce vermischt mit glacierten, olivenförmigen Mohrrüben, mit Rüben- und Knollensellerie, grünen Erbsen und glacierten Zwiebelchen.

auf bürgerliche Art: à la bourgeoise: In Weißwein und braunem Fond mit Röstgemüsen, Tomaten und Kräutern geschmort, Fond gebunden und passiert; garniert mit glacierten Zwiebeichen, Mohrrüben und Knollensellerie, gedünstetem Kopfsalat und Stückchen Schwarzwurzeln.

auf deutsche Art: à l'allemande: Geschmort, mit Champignonsauce nappiert; Butterreis nebenbei.

mit Estragon: à l'estragon: Geschmort, Fond mit Estragon gewürzt, mit Stärkemehl gebunden, mit gehacktem Estragon vermischt.

gebacken: frit: Brust im ganzen Stück gekocht, erkaltet, geteilt, paniert, in tiefem Fett gebacken; Tomaten-, Estragon- oder Champignonsauce nebenbei.

grilliert: grillé: In hellem Fond gekocht, erkaltet, paniert, gefettet, auf dem Rost gebraten; Madeirasauce nebenbei.

mit Gurken: aux concombres: Geschmort, mit Madeirasauce nappiert; garniert mit olivenförmigen Gurkenstücken in Butter gedünstet.

Marengo: In Olivenöl angebraten, mit braunem Fond, Weißwein, Tomatenwürfeln und Knoblauch geschmort, Fond stark eingekocht; garniert mit glacierten Zwiebelchen, Champignonköpfen und herzförmigen, in Öl gebackenen Croutons, mit gehackter Petersilie bestreut.

auf Neverser Art: à la nivernaise: Geschmort, garniert mit glacierten Zwiebelchen und olivenförmigen, glacierten Mohrrüben; der Fond des Stückes.

mit Sellerie: aux céleris: Geschmort, glaciert, mit gedünstetem Bleichsellerie garniert.

Villeroi: Im ganzen Stück gekocht, erkaltet, geschnitten, mit Villeroisauce maskiert, paniert, in tiefem Fett gebacken; Tomatensauce nebenbei.

Kalbseuter: Tétine de veau (tätihn dö woh): Gewässert, in Salzwasser stark blanchiert, enthäutet, in hellem Fond oder halb Milch und halb Wasser mit Wurzelwerk weichgekocht.

gebacken: frite: Weichgekocht, in Vierecke geschnitten, paniert, in tiefem Fett gebacken; Tomaten-, Ravigote- oder Tatarensauce nebenbei.

gebraten: sauté: Weichgekocht, in Vierecke geschnitten, gewürzt, gemehlt, in Butter gebraten; bedeckt mit brauner Butter, Sauerkraut, Linsen oder grüne Erbsen nebenbei.

Kalbfleisch, Weißgericht von: Blanquette de veau (blankett dö wo): Kalbfleisch, in grobe Würfel geschnitten, mit hellem Fond angesetzt, gewürzt, gespickte Zwiebel und Kräuterbündel beigefügt, langsam gekocht, abgeschäumt; nach dem Garwerden in saubere Kasserolle ausgestochen, den Fond mit weißer Mehlschwitze gebunden, gekocht, über das Fleisch passiert, mit Eigelb und süßem Rahm gebunden, mit Zitronensaft gewürzt, garniert, nicht mehr gekocht.

auf alte Art: à l'ancienne: Garniert mit weißgedünsteten Champignonköpfen und kleinen Zwiebelchen.

mit Nudeln: aux nouilles (o nuij): Weißgericht mit feinen, gebutterten Nudeln als Beigabe.

mit Sellerie, Chicorée oder Schwarzwurzeln: au céleri, chicorée ou salsifis: Das Weißgericht mit Zusatz der vorgekochten, in Stücke geschnittenen Gemüse.

Kalbfleischröllchen: Paupiette de veau (pohpjett dö wo): Sie werden aus der Nuß oder dem Schnitzelfrikandeau geschnitten, leicht plattiert, mit Farce oder einem Püree gefüllt, gerollt, gebunden, geschmort und mit passender Garnitur und Sauce serviert.

auf algerische Art: à l'algerienne (alscherjenn): Gefüllt mit Kalbsfarce, vermischt mit gehackten roten Paprikaschoten, geschmort; nappiert mit Tomatensauce vermischt mit Julienne von roten Paprikaschoten, garniert mit gebratenen Tomaten und Kroketts von süßen Kartoffeln.

auf Antwerpener Art: à l'anversoise (angwersoas): Mit Kalbsfarce gefüllt, mit Tomatensauce nappiert, garniert mit Tarteletts gefüllt mit Hopfensprossen in Rahmsauce; Salzkartoffeln nebenbei.

auf Brabanter Art: à la brabançonne (brabangßonn): Mit Kalbsfarce, mit Rahm aufgezogen, gefüllt; garniert mit sehr kleinen Kartoffelkroketts und Tartelett, gefüllt mit Rosenkohl, nappiert mit Mornaysauce und glaciert; umkränzt mit gebundener Kalbsjus.

mit Champignons: aux champignons: Mit Kalbsfarce, vermischt mit gehackten Champignons und gehackten Kräutern, gefüllt; mit Champignonsauce nappiert, ein geriefter Champignonkopf obenauf.

Fontanges: Mit Kalbsfarce gefüllt; dressiert auf flaches Kartoffelkrokett, garniert mit Püree von weißen Bohnen mit Rahm aufgezogen, umkränzt mit gebundener Kalbsjus.

auf Husarenart: à la hussarde (üßard): Mit Kalbsfarce gefüllt; auf gebackener Rosette von Herzogin-Kartoffelmasse plaziert, garniert mit kleinen Tomaten auf Husarenart.

Magdalena: Madeleine (madlähn): Mit rahmiger Kalbsfarce gefüllt; auf Artischockenboden, mit weißem Zwiebelpüree gefüllt, dressiert, garniert mit Püree von weißen Bohnen, mit Rahm und Eigelb gebunden, in Becherförmchen gefüllt, pochiert und gestürzt; Demiglace mit dem Schmorfond verkocht nebenbei.

Marie Louise: Schnitzel dünn mit Kalbsfarce bestrichen, mit dickem Champignonpüree, vermischt mit Zwiebelpüree, bedeckt, gerollt, gebunden, geschmort; nappiert mit dem gebundenen Schmorfond.

Messicani con Risotto alla Milanaise: auf Mailänder Art: Fleisch dünn geklopft, mit Kalbsfarce, vermischt mit geriebenem Parmesan, geriebenen Zwiebeln und Rahm, gefüllt, gerollt, diese kleine Röllchen abwechselnd mit Salbeiblättern und Speckscheibchen auf Spieße gesteckt, in Butter und Olivenöl gebraten; Bratsatz mit Weißwein deglaciert, mit süßem Rahm verkocht, die Röllchen auf Risotto auf Mailänder Art dressiert, mit der Sauce nappiert (italienisch).

Molokai: Gefüllt mit Kalbsfarce, vermischt mit gedünsteten Würfeln von roter Paprikaschote, mit Kalbsfond und Röstgemüse geschmort; nappiert mit dem eingekochten, leicht mit Stärkemehl gebundenen Fond, vermischt mit Würfelchen von frischer, in Butter sautierter Ananas und kurzer, grober Julienne von eingelegtem Ingwer.

Noailles (noaij): Gefüllt mit Kalbsfarce, vermischt mit gehackten Champignons und Kräutern; nappiert mit Trüffelsauce, vermischt mit dem eingekochten Fond und gehackten Trüffeln.

Olivette glacate: Gedünstetes Kalbsröllchen: Geklopft, mit Kalbsfarce vermischt mit gehacktem Schinken und geriebenem Parmesan dick bestrichen, gerollt, gebunden; in Weißwein und braunem Fond gedünstet, glaciert; mit dem mit tomatierter Demiglace verkochten Fond umkränzt (italienisch).

auf portugiesische Art: à la portugaise (portügäs): Gefüllt mit Kalbsfarce; nappiert mit portugiesischer Sauce, garniert mit halben, gebratenen Tomaten und Schloßkartoffeln.

Ria: Gefüllt mit Kalbsfarce, vermischt mit gehacktem Estragon; auf gebackenes Schiffchen von Herzogin-Kartoffelmasse, gefüllt mit Champignonpüree, dressiert; nappiert mit Demiglace mit gehacktem Estragon; garniert mit kleinen, geschälten, gedünsteten Tomaten.

mit Sauerampfer: à l'oseille: Mit Kalbsfarce gefüllt; dressiert auf Sauerampferpüree mit Rahm gebunden, umkränzt mit gebundener Kalbsjus.

Schöne Helene: Belle Hélène: Mit Kalbsfarce gefüllt; belegt mit Trüffelscheibe, garniert mit kleinen Spargelkroketts, umkränzt mit gebundener Kalbsjus.

Schwäbische Kalbsvögel: Plattiert, mit Kalbsfarce gefüllt, gerollt, gebunden; mit Zwiebel- und Mohrrübenscheiben, Zitronenschale, Lorbeerblatt und Piment, halb mit hellem Fond und halb Weißwein gedünstet. Nach dem Garwerden Sauce passiert, mit blonder Mehlschwitze verkocht, mit gehackten Sardellenfilets und Kapern vermischt, über die Vögel gegossen.

Kalbsfrikandeau: Fricandeau de veau (frihkando dö wo): Das aus der Kalbskeule ausgelöste, sogenannte „lange Frikandeau", im Gegensatz zum Schnitzelfrikandeau, enthäutet, gespickt, gebraten oder geschmort, glaciert und wie Kalbsnierenbraten oder Kalbsrücken garniert.

Kalbsfrikassee: Frikassée de veau (frikasse dö wo): Schieres Kalbfleisch, in grobe Würfel geschnitten, in Butter steifgemacht, ohne Farbe annehmen zu lassen, mit Mehl bestäubt, mit weißem Fond aufgegossen, Kräuterbündel und gespickte Zwiebel beigefügt, langsam gedünstet; nach dem Garwerden in saubere Kasserolle ausgestochen, Garnitur beigefügt, Sauce darüberpassiert, mit Eigelb und süßem Rahm legiert, mit Zitronensaft gewürzt. Wie Hühnerfrikassee garniert.

Kalbsfuß: Pied de veau (pjeh dö woh): Abgebrüht, der Länge nach halbiert, in leichtgesalzenem Mehlwasser mit Zitronenscheiben gekocht.

Kalbsfuß | **Kalbsgekröse**

auf bürgerliche Art: à la bourgeoise (burschoas): Blanchiert, entbeint, in braunem Fond gedünstet; garniert mit glacierten Zwiebelchen, Karotten und kleinen Salzkartoffeln; bedeckt mit dem eingekochten, mit Demiglace verkochten und mit Madeira gewürzten Fond.

Custine (küstihn): Blanchiert, entknöchelt, in braunem Fond und Weißwein gedünstet; in Würfel geschnitten, mit Champignonscheiben vermischt, mit sehr dicker Duxelles-Sauce gebunden, ausgekühlt; in rechteckige Stückchen geteilt, in Schweinsnetz gehüllt, mit flüssiger Butter bestrichen, im heißen Ofen gebräunt; Demiglace nebenbei.

auf englische Art: à l'anglaise: Abgebrüht, gekocht, entbeint, paniert, in Butter gebraten; mit halbzerlassener Kräuterbutter bedeckt.

gebacken: frit: Gekocht, entknöchelt, beide Hälften paniert, in tiefem Fett gebacken; mit gebackener Petersilie garniert, Tomatensauce nebenbei.

grilliert: grillé: Blanchiert, gekocht, entknöchelt, mit Senf dünn bestrichen, durch flüssige Butter gezogen, mit frischgeriebener Weißbrotkrume paniert; mit Öl oder Butter betropft, auf dem Rost gebraten, Teufels- oder Tatarensauce nebenbei.

auf katalonische Art: à la catalane: Blanchiert, entbeint, leicht in Olivenöl angebraten, in Weißwein mit gewürfelten Tomaten und Demiglace geschmort; kurz vor dem Garwerden angebräunte Zwiebelchen und sautierte, geviertelte Champignons, und beim Servieren noch kleine Bratwürstchen (Chipolatas) beigefügt.

Kroketts von: Croquettes de pied de veau: Abgebrüht, in aromatischem, weißem Fond gekocht, entbeint, in Würfelchen geschnitten, vermischt mit gewürfelten Champignons und gehackter Petersilie, mit dicker deutscher Sauce gebunden; ausgekühlt, zu Kroketts geformt, paniert, in tiefem Fett gebacken; mit gebackener Petersilie garniert, leichte, weiße Senfsauce nebenbei.

Poulette: Gekocht, entknöchelt, mit Poulettesauce übergossen, mit gehackter Petersilie bestreut.

auf provenzalische Art: à la provençale (prowanßal): Gekocht, entknöchelt, in provenzalischer Sauce gedünstet.

auf Tiroler Art: à la tyrolienne: Gekocht, entknöchelt, gedünstet in Pfeffersauce mit gehackten, in Öl leicht angebräunten Zwiebeln, gewürfelten Tomaten, zerdrücktem Knoblauch und gehackter Petersilie.

mit Vinaigrette-Sauce: à la vinaigrette: Gebrüht, in Mehlwasser gekocht, entknöchelt, mit Vinaigrette-Sauce serviert.

Kalbsgekröse: Fraise de veau (frähs dö wo): Sehr gut gereinigt, lange gewässert, blanchiert, abermals gewässert, in Mehlwasser gekocht, abgespült und weiterverarbeitet.

Frikassee von: en fricassé: Wie Kalbsfrikassee bereitet.

gebacken: frite: Vorgekocht, in Stücke geschnitten, paniert, in tiefem Fett gebacken; mit gebackener Petersilie garniert, Teufelssauce nebenbei.

auf Haushälterinart: à la ménagère: Vorgekocht, in Stücke geschnitten, in Velouté gedünstet, Möhrenscheibchen, kleine Zwiebelchen und kleine neue Kartoffeln hinzugefügt.

auf Lyoner Art: à la lyonnaise: Vorgekocht, in dicke Streifen geschnitten, in Öl sautiert; vermischt mit in Butter gebratenen Zwiebelscheiben, angerichtet, mit gehackter Petersilie bestreut, einige Tropfen Essig, in der Bratpfanne erhitzt, darübergegossen.

in Poulette-Sauce: à la sauce poulette (pulett): Blanchiert, in weißem Fond gekocht, in Stücke geschnitten, abgetropft, mit Poulette-Sauce angerichtet.

mit Ravigote-Sauce: à la ravigote: Vorgekocht, in Stücke geschnitten, in weißem Fond gedünstet, mit einigen Löffeln des Fonds angerichtet; leichte Ravigote-Sauce nebenbei.

mit Vinaigrette-Sauce: à la vinaigrette (winnägrett): Wie mit Ravigote-Sauce angerichtet; Vinaigrette-Sauce nebenbei.

Kalbsgeschnetzeltes auf Zürcher Art: Fein geschnetzeltes Kalbfleisch in heißer Butter hellbraun geröstet, abgeschüttet. Gehackte Zwiebeln in Butter hell angeröstet, das Fleisch hinzugegeben, gewürzt, durchgeschwenkt, mit Mehl bestäubt, mit Weißwein und süßem Rahm abgelöscht, mit der Sauce bis zum Aufkochen durchgeschwenkt; mit gehackter Petersilie bestreut (schweizerisch).

Kalbsgrenadin: Das Grenadin wird aus dem langen Frikandeau geschnitten, gespickt, gebunden und geschmort. Besser ist es, das Grenadin aus dem Filet oder Sattelstück, wie ein Tournedo, zu schneiden und zu sautieren. Es wird wie das Frikandeau garniert.

Kalbshachse: Jarret de veau (dschareh dö wo): Knochenende abgehackt, im ganzen oder geteilt geschmort, zuweilen auch gekocht.

    abgebräunte: Mit Wurzelwerk und gespickter Zwiebel gekocht, im Fond erkaltet, abgetrocknet, gemehlt, paniert, in Schweineschmalz gebräunt, in Butter nachgebraten, mit brauner Butter übergossen; Kartoffelsalat nebenbei.

    in Butter gedünstet: etuvé au beurre (etüweh o bör): In hellem Fond halbgar gekocht, herausgenommen, in zugedeckter Kasserolle zusammen mit grober Julienne von Wurzelgemüsen und gehackten Kräutern in Butter gedünstet; beim Servieren Salzkartoffeln beigefügt.

    auf Frühlingsart: à la printanière: In dicke Stücke geteilt, geschmort, serviert mit dem leichtgebundenen Schmorfond, vermischt mit grünen Erbsen, gewürfelten grünen Bohnen, olivenförmigen Mohrrüben und weißen Bohnen.

    geschmort: braisé: Gebräunt, mit wenig kräftigem, braunem Fond geschmort, glaciert; der passierte, leicht gebundene Fond und Kopf- oder gemischter Salat nebenbei.

    Osso buco: Kalbshachse, in 3–4 Stücke gesägt, gewürzt, gemehlt, in Butter angebräunt, in Weißwein und etwas hellem Fond mit gehackten Zwiebeln, gewürfelten Tomaten und Knoblauch geschmort; die Flüssigkeit fast gänzlich eingekocht, mit Zitronensaft gewürzt, über das Fleisch gegossen, mit gehackter Petersilie bestreut (italienisch).

    alla Gremolada: Große Hachse, in 4 Stücke gesägt, gewürzt, gemehlt, in Butter gebräunt, mit Weißwein und Kalbsfond aufgegossen; Brunoise von Mohrrüben und Knollensellerie, gehackten, angeschwitzten Zwiebeln, gehackter Petersilie, Knoblauch, gehackter Zitronenschale, etwas Tomatenmark, Salbei und Rosmarin beigefügt, geschmort. Mit dem eingekochten Fond übergossen, Risotto nebenbei (italienisch).

    alla milanese: Große Hachse, in 4 Stücke gesägt, gewürzt, gemehlt, in Butter gebräunt; Brunoise von Mohrrüben und Knollensellerie, gehackten Zwiebeln, gehackter Petersilie, etwas Tomatenmark und Wasser hinzugefügt, zugedeckt, geschmort (italienisch).

    saure: In leichtgesalzenem Wasser mit gespickter Zwiebel, Wurzelwerk und Pfefferkörnern, gut mit Essig gewürzt, vorgekocht, in saubere Kasserolle mit grober Julienne von Wurzelgemüsen gegeben, mit dem passierten Fond bedeckt, gargekocht. Serviert mit dem etwas eingekochten Fond mitsamt der Julienne bedeckt, gehackte Petersilie obenaufgestreut.

Kalbsherz: Cœur de veau (kör dö woh): Kurz gewässert, zum Schmoren meistens halbiert, das Blut gut ausgewaschen, und gespickt; kann auch gekocht und sautiert werden.

    auf bayerische Art: à la bavaroise: In weißem Fond mit Zwiebelscheiben und Scheibchen von Wurzelgemüsen gekocht; in dem eingekochten, mit etwas Essig gesäuerten Fond mitsamt dem Gemüse angerichtet.

auf bürgerliche Art: à la bourgeoise: Mit braunem Fond geschmort; sobald es halbgar ist, gebräunte, halb gargebratene Zwiebelchen, angebratene Speckwürfel und kleine, angebratene, halbgare Karotten oder geformte Möhren beigefügt; Fond mit braunem Roux oder Pfeilwurzelmehl gebunden.

auf Burgunder Art: à la bourguignonne: Mit Rotwein und leichter Demiglace geschmort; garniert mit Champignons, glacierten Zwiebelchen und gewürfeltem, gebratenem Magerspeck.

gefüllt: farci: An einer Seite geöffnet, gut ausgeblutet; mit gutgewürzter Kalbsfarce gefüllt, in dünne Speckscheiben gehüllt, gebunden, angebraten, mit Wurzelwerk in dünner Demiglace geschmort; mit der passierten Sauce serviert.

geschmort: braisé: Halbiert, gespickt, braun angebraten, angeröstetes Wurzelwerk und Zwiebelscheiben beigefügt; mit Weißwein abgelöscht, mit braunem Fond aufgegossen, gewürzt, weichgeschmort; mit dem passierten, mit braunem Roux gebundenen Fond serviert.

Sainte-Menehould (menuh): Gekocht; ausgekühlt, in Scheiben geschnitten, mit Villeroisauce, vermischt mit gehackten Champignons, maskiert, in Schweinsnetz gehüllt, durch flüssige Butter gezogen, mit Reibbrot bestreut, grilliert.

sautiert: sauté: Der Länge nach in dünne Scheiben geschnitten, gewürzt, rasch sautiert; in Demiglace, pikante, Tomaten- oder Pfeffersauce gelegt; nicht aufgekocht, da das Fleisch sonst hart werden würde.

überkrustet: au gratin: Gekocht; in kleine, dünne Scheibchen geschnitten, mit Champignonscheiben, vermischt mit deutscher Sauce, gebunden; in Muschelschalen gefüllt, mit Reibbrot bestreut, mit zerlassener Butter betropft, im Ofen überkrustet.

Kalbshirn, Kalbsbrägen: Cervelle de veau (ßerwäl dö woh): Gewässert, von Fasern und Blutadern befreit, enthäutet; in Wasser mit Zwiebelscheiben, Lorbeerblatt, Gewürzen, Salz und Schuß Essig oder Zitronensaft pochiert.

mit Artischockenböden: aux fonds d'artichauts: In Scheiben geschnitten, jede Scheibe auf einen in Butter gedünsteten Artischockenboden gesetzt; mit leichter holländischer Sauce bedeckt, mit gehacktem Estragon bestreut.

Beaumont (Bohmong): Je zwei Scheiben, mit Gänseleberfarce zusammengesetzt, mit Farce bestrichen, mit gehackten Trüffeln bestreut; in Blätterteig gehüllt, gebacken; Trüffelsauce nebenbei.

in großer Blätterteigpastete: Vol-au-vent de cervelle: Vorgekocht; in Scheiben geschnitten, abwechselnd mit Ragout von kleinen Kalbfleischklößchen und Champignons, mit deutscher Sauce gebunden, in eine große Hohlpastete gefüllt; mit deutscher Sauce leicht nappiert, mit Trüffelscheiben garniert.

mit brauner Butter: au beurre noir (o bör noar): Gekocht; mit stark gebräunter Butter, mit einigen Tropfen Essig gewürzt, übergossen, mit gehackter Petersilie und Kapern bestreut.

auf Burgunder Art: à la bourguignonne: Gekocht; bedeckt mit Burgundersauce vermischt mit kleinen Champignonköpfen und gebräunten Zwiebelchen; mit herzförmigen, gebratenen Croutons umrandet.

Carola: Vorgekocht, in dicke Scheiben geschnitten, ausgekühlt; mit dicker deutscher Sauce, mit gehackten Champignons vermischt, maskiert, paniert, in tiefem Fett gebacken; garniert mit gebackener Petersilie und Zitronenspalten.

auf Erzherzogsart: à l'archiduc: In Scheiben geschnitten, bedeckt mit Kalbsvelouté, vermischt mit weißem Zwiebelpüree und Rahm, mit Weinbrand und Madeira gewürzt; Trüffelscheiben obenauf.

auf florentinische Art: à la florentine: Vorgekocht; in Scheiben geschnitten, in Butter angedünstet, in Backplatte auf gebutterten Blattspinat dressiert, mit Mornaysauce überzogen, mit geriebenem Käse bestreut, überkrustet.

Fries: Gefettete Muschelschale, mit gebuttertem Blattspinat belegt, darauf eine dicke Scheibe vorgekochtes Kalbshirn, bedeckt mit Spinatblättern; reichlich mit geriebenem Parmesan und Reibbrot bestreut, mit zerlassener Butter beträufelt, im Ofen überkrustet.

gebacken: frite: Vorgekocht; ausgekühlt, in Scheiben geschnitten, paniert, in tiefem Fett gebacken; garniert mit gebackener Petersilie und Zitronenspalten, gebutterte grüne Erbsen nebenbei.

geröstet: Vorgekocht; grob zerdrückt, in der Pfanne mit Butter angeröstet, gewürzt, mit etwas gehackter Petersilie verrührt (österreichisch).

Hirnpalatschinken: Vorgekochtes, gehacktes Hirn, in Butter gedünstet, gewürzt; in dünne, ungesüßte Eierkuchen gefüllt, zusammengerollt in Stücke geschnitten, paniert, in tiefem Fett gebacken (österreichisch).

auf italienische Art: à l'italienne: Roh in Scheiben geschnitten, gemehlt, in halb Olivenöl und halb Butter gebraten; mit italienischer Sauce nappiert.

krapfen: Beignets de cervelle (bänjä dö ßerwähl): Vorgekocht; in Scheiben geschnitten, durch Backteig gezogen, in tiefem Fett gebacken; Tomatensauce nebenbei.

mit feinen Kräutern: aux fines herbes (o finserb): Gekocht, mit feiner Kräutersauce übergossen.

Kroketts von: Croquettes de cervelle: Vorgekocht; erkaltet, gewürfelt, vermischt mit Champignonwürfeln, mit dicker Kalbsvelouté und Eigelb gebunden, ausgekühlt; zu Korken geformt, paniert, in tiefem Fett gebacken; mit gebackener Petersilie garniert, Tomatensauce nebenbei.

Kromeskis von: Cromesquis de cervelle: Vorgekocht; grobgehackt, mit gewürfelten Champignons und Trüffeln vermischt, mit dicker deutscher Sauce und Eigelb gebunden, ausgekühlt, in Dreiecke oder Rechtecke geformt durch Backteig gezogen, in tiefem Fett gebacken; Tomaten- oder Trüffelsauce nebenbei.

mit Mandeln: aux amandes: Roh in Scheiben geschnitten, gewürzt, gemehlt, in Butter gebraten; bedeckt mit brauner Butter, in der reichlich gehobelte Mandeln goldgelb geröstet worden sind.

Marianne: Vorgekocht; in Scheiben geschnitten, in Butter gebraten; dressiert auf Unterlage von gehackten Spinatblättern, mit etwas Sauerampfer und Portulak vermischt, und in Butter gedünstet; bedeckt mit Madeirasauce.

auf Marschallsart: à la maréchale: Vorgekocht; in Scheiben geschnitten, mit frisch geriebener weißer Brotkrume paniert, in Butter gebraten; Trüffelscheibe durch flüssige Fleischglace gezogen obenauf, garniert mit Spargelspitzen.

auf Matrosenart: en Matelote: In vorgekochtem Fond von Rotwein, Zwiebel- und Möhrenscheiben, Gewürz usw. pochiert; in Scheiben geschnitten, mit glacierten Zwiebelchen und Champignons garniert, nappiert mit dem eingekochten, mit Mehlbutter gebundenen und passierten Fond; mit herzförmigen, gebratenen Croutons umlegt.

Mazagran: en mazagran: Würfelragout von Kalbshirn, Champignons und Trüffeln, mit dicker deutscher oder Geflügelrahmsauce gebunden, in gebutterte Form zwischen zwei Lagen Herzogin-Kartoffelmasse gefüllt, mit Eigelb bestrichen, im Ofen gebacken; gestürzt, leicht mit Tomatensauce nappiert.

Montrouge (mongruhsch): Vorgekocht; in Scheiben geschnitten, in flache Torte aus ungezuckertem Mürbeteig gefüllt, mit Champignonscheiben bedeckt, mit Mornaysauce nappiert, mit geriebenem Käse bestreut, rasch glaciert.

auf Müllerinart: à la meunière: Roh in Scheiben geschnitten, gewürzt, gemehlt, in Butter gebraten; mit gehackter Petersilie bestreut, mit Zitronensaft beträufelt, mit brauner Butter übergossen.

in Muschelschale: en coquille: Vorgekocht; gewürfelt, in Muschelschale gefüllt, deren Boden leicht mit italienischer Sauce bedeckt ist, mit italienischer Sauce nappiert, mit geriebenem Käse und Reibbrot bestreut, mit Butter betropft, überkrustet.

auf Pariser Art: à la parisienne: Vorgekocht; gewürfelt, mit Champignon- und Trüffelscheiben vermischt, mit deutscher Sauce gebunden; in Muschelschalen, mit Herzogin-Kartoffelmasse umspritzt, gefüllt, mit geriebenem Parmesan bestreut, überkrustet.

Poulette: Gekocht; nappiert mit Poulette-Sauce, bestreut mit gehackter Petersilie.

in Rahmsauce: à la crème: Gekocht, mit feiner Béchamelsauce, mit süßem Rahm verfeinert, übergossen.

Rambouillet: Vorgekocht; in Timbalschale angerichtet, mit Champignonköpfen und weißgedünsteten Zwiebelchen garniert, mit deutscher Sauce nappiert, mit gehackter Petersilie bestreut.

Ravigote: Vorgekocht; in Scheiben geschnitten, dressiert in vorgebackenem Rand von Herzogin-Kartoffelmasse; mit Ravigote-Sauce serviert.

Rosita: Vorgekocht; gewürfelt, vermischt mit kleingeschnittenen Makkaroni, Champignon- und Trüffelscheiben, mit Mornaysauce gebunden, in flache, hellgebackene Blätterteigpastete gefüllt, mit geriebenem Käse bestreut, rasch überglänzt.

mit Senfsauce: à la sauce moutarde: Gekocht; nappiert mit Rahmsauce, kräftig mit Senf gewürzt und mit feingehackter Petersilienwurzel vermischt, die in Butter gedünstet worden ist.

Sesos espanolas: Vorgekocht; gewürfelt, mit gehackten Zwiebeln in Butter gebraten, mit gehackter Petersilie und Zitronensaft vermischt; in Muschelschale gefüllt, mit dicker Rahmsauce nappiert, mit einem dicken Streifen Tomatensauce in der Mitte verziert, mit geriebenem Käse bestreut, glaciert (spanisch).

mit Spargelköpfen: aux asperges: Nach dem Kochen erkaltet, in dicke Scheiben geschnitten, paniert; in Butter gebraten, mit Spargelköpfen, leicht mit Rahmsauce nappiert, garniert.

Tosca: Vorgekocht; in grobe Würfel geschnitten, vermischt mit kleingeschnittenem Makkaroni und Krebsschwänzchen; gebunden mit Krebssauce und geriebenem Parmesan, in Hohlpastete gefüllt.

Villeroi: Vorgekocht; nach dem Auskühlen in dicke Scheiben geschnitten, mit Villeroisauce maskiert, paniert, in tiefem Fett gebacken; Trüffelsauce nebenbei.

Vol-au-vent de cervelle: siehe in großer Blätterteigpastete

auf Zigeunerart: à la zingara: Roh in Scheiben geschnitten, gemehlt, in Butter gebraten; auf kleiner gebratener Schinkenscheibe dressiert, mit Zigeunersauce übergossen.

Kalbskarree: siehe Kalbsrippenstück

Kalbskopf: Tête de veau (täht dö woh): Entbeint, gut gewässert, mit Zitronensaft eingerieben, in leicht gesalzenem Mehlwasser gekocht; meistens mit Zungenscheiben und dem Gehirn serviert. Wenn nicht anders vermerkt, nach dem Kochen in viereckige Stücke geschnitten.

auf amerikanische Art: à l'américaine: Vorgekocht; in Vierecke geschnitten, in Butter mit gehackten Zwiebeln, Tomatenwürfeln, gehacktem Fenchel und gehackten Kräutern gedünstet.

auf Arme-Leute-Art: à la pauvre homme (powr omm): Gekocht, in Vierecke geschnitten; mit Demiglace, vermischt mit gehackten, in Butter gedünsteten Schalotten, gehackter Petersilie, gehacktem Schnittlauch und gebratener Brotkrume vermischt, übergossen.

Boiled Calf's Head: Ein ganzer oder halber Kalbskopf gewässert und vorschriftsmäßig gekocht; das Gehirn gewässert, gekocht, gehackt, mit zerlassener Butter, Zitronensaft, gehackter Petersilie, Salz und Pfeffer vermischt. Der Kalbskopf unentbeint angerichtet; dazu die enthäutete, in Scheiben geschnittene Zunge, ein Stück gekochtes

Pökelfleisch oder Speck, das angerührte Gehirn und Petersilienbutter oder Petersiliensauce nebenbei (englisch).
Boiled Calf's Head and Parsley Sauce: Gekocht, in Vierecke geschnitten, mit Petersiliensauce übergossen; Salzkartoffeln nebenbei (nordamerikanisch).
auf englische Art: siehe Boiled Calf's Head.
auf französische Art: Gekocht; heiß angerichtet mit gehackten Zwiebeln, gehackter Petersilie und Kapern; Vinaigrette-Sauce nebenbei.
gebacken: frite: Vorgekocht; in Rechtecke geschnitten, mit Öl und Zitronensaft mariniert; durch Backteig gezogen oder paniert, in tiefem Fett gebacken; Tomaten- oder Tatarensauce nebenbei.
gekocht: bouilli: Gekocht, in Vierecke geschnitten, heiß mit gehacktem Schnittlauch aufgetragen; Essig- und Öl-Sauce nebenbei.
mit Gribiche-Sauce: à la sauce Gribiche: Gekocht; in viereckige Stücke geschnitten, mit etwas heißem, weißem Fond bedeckt angerichtet; Gribiche-Sauce nebenbei.
auf Haushofmeisterart: à la maître d'hôtel: Vorgekocht; ausgekühlt, in Vierecke geschnitten, paniert, in Butter gebraten; mit halbflüssiger Kräuterbutter bedeckt.
à l'huile (aluil): Wie gekocht bereitet.
auf livländische Art (kalt): à la ilvonienne (liwohnjenn): Gewässert, sorgfältig entbeint, gefüllt mit Kalbsfarce, vermischt mit Würfeln von fettem Speck, Pökelzunge, Trüffeln und Pistazien; zur ursprünglichen Form gebracht, in ein gefettetes Tuch gehüllt, gebunden, in weißem Fond mit Weißwein, Madeira und Röstgemüsen gekocht; im Fond ausgekühlt, zum Teil tranchiert, mit Gelee aus dem Fond bereitet überglänzt.
in Madeirasauce: à la sauce madère (mahdär): Blanchiert; in Mehlwasser mit Aromaten gekocht; in Vierecke geschnitten, mit Madeirasauce nappiert.
mit Oliven: aux olives (osoliv): Vorgekocht; in Vierecke geschnitten, kurz mit Madeirasauce gedünstet, entsteinte, blanchierte Oliven hinzugegeben.
auf polnische Art: à la polonaise: 1. Gekocht, in Vierecke geschnitten, mit gehackter Petersilie und gehacktem, hartgekochtem Ei bestreut, mit Reibbrot, in viel Butter gebräunt, übergossen;
2. in Vierecke geschnitten, paniert, in Butter gebraten, mit gehackter Petersilie bestreut, mit brauner Butter übergossen; Johannisbeeren mit einer Prise Zucker und wenig weißem Fond gekocht, eingekocht und durch ein Sieb gestrichen nebenbei.
Poulette: Gekocht, in Vierecke geschnitten, mit Poulettesauce bedeckt, mit gehackter Petersilie bestreut.
Ravigote: à la ravigote: In Vierecke geschnitten, mit heißer Ravigote-Sauce übergossen.
auf Schildkrötenart: en tortue: Vorgekocht; in Vierecke geschnitten, mit Schildkröten-Garnitur und -Sauce serviert.
Tertillière (tertiljähr): Vorgekocht; in Vierecke geschnitten, kurz mit grober Julienne von Champignons, Pökelzunge und Trüffeln in Madeirasauce gedünstet: kurz vor dem Servieren noch etwas feine, blanchierte Julienne von Zitronenschale hinzugefügt, angerichtet und mit halben, hartgekochten Eiern garniert.
Titus: Vorgekocht; in Vierecke geschnitten, bedeckt mit Poulette-Sauce mit Senf abgeschmeckt, mit herzförmigen Croutons umlegt.
en tortue: siehe auf Schildkrötenart
auf Toulouser Art: à la toulousaine: Vorgekocht; in Vierecke geschnitten, in Timbalschüssel dressiert, mit Toulouser Garnitur und Sauce bedeckt.
Vinaigrette: à la vinaigrette: Vorgekocht; in Vierecke geschnitten, mit etwas von dem Kalbskopffond heiß angerichtet; Vinaigrette-Sauce nebenbei.

mit Wurzeln: aux racines: Vorgekocht; in Vierecke geschnitten; Julienne von Wurzelwerk und Zwiebeln, in Kalbskopffond gekocht, darübergeschüttet; Salzkartoffeln mit gehackter Petersilie bestreut und geriebenem Meerrettich nebenbei (österreichisch).
Kalbskotelett: Côte de veau (koht dö wo): Der Deckel wird vom Rippenstück entfernt, die Rippen geradegehackt, Gratknochen und Sehne entfernt, die Koteletts mit dem Knochen geschnitten, leicht plattiert, pariert, Knochen gesäubert und die Koteletts gebraten oder grilliert, oft auch paniert.
auf badische Art: à la badoise (badoas): In Butter gebraten, bedeckt mit Rührei, vermischt mit gehackten Kräutern.
Barigoule: Gebräunt, in leichter Madeirasauce gedünstet, garniert mit Artischocken-Barigoule.
mit Basilikum: au basilic: In Butter gebraten, mit Weißwein deglaciert, mit etwas Fleischglace eingekocht, mit Basilikumbutter aufgeschlagen und über das Kotelett gegossen.
auf Bauernart: à la paysanne (pejsann): In Butter angebraten, in Service-Kokotte, zusammen mit blättrig geschnittenen Wurzelgemüsen und Zwiebeln, zuvor in Butter angedünstet, plaziert, im Ofen gargemacht; beim Servieren ein Löffelchen Kalbsjus hinzugegossen.
Beaulieu (bohljö): In Butter gebraten, garniert mit kleinen, gedünsteten Tomaten, Artischockenherzen, Pariser Kartoffeln und entsteinten schwarzen Oliven; gebundene Kalbsjus.
Bellevue (kalt): Mit Trüffel- und Pökelzungenstreifen gespickt, braungedünstet, unter leichtem Druck erkaltet; mit Gelee überglänzt, garniert mit Artischockenböden, gefüllt mit feinem Gemüsesalat, dekoriert, mit Gelee überglänzt.
auf Berliner Art: à la berlinoise (berlihnoas): Blutend gebraten, maskiert mit Bratwurstfleisch vermischt mit Gänseleberpüree, in Schweinsnetzchen gehüllt, im Ofen gebraten; garniert mit runden, gratinierten Stückchen Knollensellerie, Trüffelsauce nebenbei.
Bonaparte: Durch flüssige Butter gezogen, in geriebener Weißbrotkrume, mit gehackter Petersilie und etwas Thymian vermischt, gewälzt, in halb Olivenöl und halb Butter gebraten; Weißwein mit Trüffelsud verkocht und leicht gebunden nebenbei.
auf Bordelaiser Art: à la bordelaise (bordeläs): Gebraten, belegt mit großer, blanchierter Scheibe Rindermark, mit Bordelaiser Sauce, ohne Mark, nappiert.
auf bürgerliche Art: à la bourgeoise: Gebraten, wie Kalbsnierenbraten garniert.
Buloz: Wie Hammelkotelett bereitet.
auf byzantinische Art: à la byzantine: Gebraten, garniert mit Kartoffelkroketts und gedünstetem Kopfsalat; gebundene Kalbsjus.
mit Champignons: aux champignons: Gebraten, nappiert mit Madeirasauce vermischt mit sautierten Champignonscheiben.
mit Chicorée: aux endives (os angdif): Gebraten, mit Demiglace nappiert, gedünsteter Chicorée nebenbei.
Chuleta de ternera a la Espanola: auf spanische Art: Gebraten in Olivenöl, garniert mit glacierten Zwiebelchen, Bratkartoffeln und Tomaten, gefüllt mit Safranreis vermischt mit gehacktem Schinken; Sherrysauce nebenbei (spanisch).
Clamart (klamahr): Gebraten, mit Clamart-Garnitur serviert.
Colbert (kollbär): Gebraten, nappiert mit Colbertsauce, belegt mit einem gebackenen Ei, darüber eine Trüffelscheibe; garniert mit rundem, flachen Hühnerkrokett.
Dampierre (dampjär): Gebraten, serviert mit Püree von frischen grünen Erbsen und Husarensauce.
auf deutsche Art: à l'allemande: Paniert, gebraten, serviert mit Kartoffelpüree.

Kalbskotelett

auf Dreuxer Art: à la Dreux (dröh): Mit Trüffel- und Pökelzungenstreifen gespickt, gebraten, mit Finanzmann-Garnitur serviert.
Dubarry: Gebraten, mit Dubarry-Garnitur serviert.
auf Düsseldorfer Art: à la duesseldorfoise: Gehackt, mit gehackten Champignons, Schalotten, Petersilie und fettem Speck vermischt, gewürzt, zur ursprünglichen Form zusammengesetzt, paniert, gebraten; Demiglace nebenbei.
auf englische Art: à l'anglaise: Paniert, gebraten, mit Kräuterbutter serviert.
Fleury (flöri): Grilliert, garniert mit runder, flacher, eingehöhlter Kartoffelkrokette mit sautierten Kalbsnierenwürfelchen gefüllt; gebundene Kalbsjus.
auf Försterart: à la forestière: Gebraten, garniert mit sautierten Morcheln, gerösteten Würfelkartoffeln und gebratenen Speckwürfeln; der mit Kalbsjus deglacierte, eingekochte und leicht gebutterte Bratsatz nebenbei.
auf Frühlingsart: à la printanière (prängtangjär): Gebraten, garniert mit glacierten Zwiebelchen, glacierten Karotten und weißen Rüben, Spargelspitzen, grünen Erbsen und grünen Bohnen.
gebraten: frite: Paniert, in Butter gebraten, serviert mit Zitronenspalten.
auf Gemüsegärtnerart: à la maraîchère (maräschär): Gebraten, wie Kalbsnuß garniert.
geschmort: braisée: Gebräunt, in leichter, tomatierter Madeirasauce geschmort, nach Belieben garniert.
auf Glücksbringerart: à la mascotte: Gebraten, wie Truthahn gleichen Namens garniert.
auf griechische Art: à la grecque (greck): Gebraten, serviert mit Reis auf griechische Art und Tomatensauce.
Herzog von Reichstadt: Duc de Reichstadt: Gebraten, dabei nur leicht gebräunt, nappiert mit Veloutésauce; garniert mit winzigen Mundbissen, gefüllt mit Champignonpüree, eine Trüffelscheibe anstelle des Deckels.
Holstein: siehe Kalbsschnitzel
auf italienische Art: à l'italienne: Gebraten, garniert mit Makkaronikrokets und Artischockenböden auf italienische Art bereitet; italienische Sauce nebenbei.
auf jungfräuliche Art: à la vierge: Gewürzt, gemehlt, gebraten, Bratsatz mit Rahm deglaciert, mit Zitronensaft gewürzt; belegt mit einer Scheibe Kalbshirn, einem Hahnenkamm und einer Trüffelscheibe, mit der Sauce nappiert.
mit Jus: au jus (o schü): In Butter gebraten, mit kräftiger Kalbsjus deglaciert.
Kinsky: Grilliert, belegt mit einer gebratenen Kalbsmilchscheibe, garniert mit Bratkartoffeln; pikante Sauce, vermischt mit gehackter Pökelzunge und Schinken, nebenbei.
mit feinen Kräutern: aux fines herbes (finserb): In Butter gebraten, herausgenommen, Bratsatz mit Weißwein deglaciert, mit brauner Kräutersauce verkocht, über das Kotelett gegossen.
auf Lyoner Art: à la lyonnaise: Gebraten, deglaciert mit Weißwein und einem Schuß Essig, eingekocht, mit Demiglace verkocht, über das Kotelett gegossen; garniert mit gebratenen Zwiebelscheiben mit etwas flüssiger Glace gebunden.
auf Mailänder Art: à la milanaise (milanäs): Paniert mit einer Mischung von halb Reibbrot und halb geriebenem Parmesakäse, in halb Öl und halb Butter gebraten; Makkaroni auf Mailänder Art und Tomatensauce nebenbei.
Maintenon: Eingeschnitten, mit kalter, dicker Béchamel, vermischt mit Zwiebelpüree und Champignonscheiben, gefüllt, in Butter angebräunt, in wenig kräftigem Fond gedünstet; nappiert mit Trüffelsauce mit Trüffelscheiben.

Marchand (marschang): Auf einer Seite angebraten, diese mit dickem Artischockenpüree maskiert, mit geriebenem Parmesan bestreut, mit Butter betropft, im Ofen gargemacht und gebräunt; garniert mit Nußkartoffeln und kleinen, runden Croutons mit blanchierter Rindermarkscheibe belegt.
Marigny: Wie Kalbsmilch bereitet.
mit Maronenpüree: à la purée de marons: Paniert, gebraten, Maronenpüree und Pfeffersauce nebenbei.
auf Marschallsart: Wie Kalbsmilch bereitet.
Mazarin (massaräng): Gebraten, garniert mit gefüllten Gurken und Kartoffelkroketts; tomatierte Madeirasauce nebenbei.
Montholon: Wie Kalbsschnitzel bereitet.
Morland: Paniert mit geriebenem Weißbrot vermischt mit gehackten Trüffeln, gebraten; garniert mit Tarteletts gefüllt mit Champignonpüree, gebutterte Kalbsglace nebenbei.
Murillo: Wie Hammelkotelett bereitet.
auf Neapler Art: à la napolitaine (napolitän): In Butter angebraten, abgekühlt, getrocknet, durch dicke Mornaysauce, mit Eigelb gebunden und mit viel geriebenem Parmesan vermischt, gezogen, paniert, in geklärter Butter gebraten; garniert mit Spaghetti auf Neapler Art.
Nelson: Wie Hammelkotelett bereitet.
Noailles (noaj): Gebräunt, in leichter Madeirasauce gedünstet, belegt mit gebratener Schinkenscheibe; gebutterte Nudeln nebenbei.
im Ofen: au four (o fuhr): Nur auf einer Seite angebraten, diese gewölbt mit Hühnerfarce, vermischt mit Champignons und Trüffelwürfeln, maskiert, mit gefettetem Papier bedeckt, im Ofen gargemacht; Papier abgenommen, Oberfläche mit Krebsbutter bestrichen, Geflügelrahm- oder deutsche Sauce nebenbei.
auf Orleanser Art: à l'orléanaise (orleanäs): Gebraten, garniert mit Endivienpüree, mit Eigelb und Béchamel gebunden, in Becherförmchen gefüllt, pochiert und gestürzt; umrandet mit gebundener Kalbsjus, Haushofmeister-Kartoffeln nebenbei.
Oscar: In Butter gebraten, maskiert mit Salpicon von grünen Spargelspitzen und Krebsschwänzen, mit Rahmsauce gebunden, nappiert mit Choronsauce.
auf Pächterart: à la fermière (fermjer): In Butter gebräunt, mit blättrig geschnittenen Wurzelgemüsen und etwas braunem Fond gedünstet; beim Servieren glacierte Zwiebelchen und kleine Röstkartoffeln beigefügt.
in Papierhülle: en papillote (papijot): In Butter ansautiert, in geöltes Papier zwischen zwei Lagen Schinken, innen mit Duxelles bestrichen, gehüllt, im Ofen fertiggemacht; in der Papierhülle serviert.
auf Pariser Art: à la parisienne: Mit Trüffel- und Pökelzungenstreifen gespickt, gedünstet, glaciert, wie Kalbsmilch garniert.
auf Parma-Art: à la Parme: Paniert mit einer Mischung von halb Reibbrot und halb Parmesankäse, in Olivenöl gebraten; Tomatensauce nebenbei.
Parmentier: Gebraten, garniert mit gerösteten Kartoffelwürfeln, umkränzt mit Demiglace.
Pasteur (pastör): Paniert mit geriebenem Weißbrot, vermischt mit gehackten Trüffeln, gebraten; garniert mit Tarteletts mit Champignonpüree gefüllt, Madeirasauce mit Trüffelessenz nebenbei.
auf Perigorder Art: à la périgourdine: Angebraten, eine Seite mit Bratwurstfleisch, vermischt mit gehackten Trüffeln und etwas Gänseleberpüree, maskiert, in Schweinsnetz gehüllt, mit Butter bestrichen, auf dem Rost gebraten; umkränzt mit Trüffelsauce.
Pojarski: Fleisch vom Knochen gelöst, zusammen mit Butter und Weißbrot, in Milch oder Rahm geweicht, gehackt, gewürzt, wieder am Knochen zusammengesetzt; in geklärter Butter gebraten, beliebig garniert.

auf provenzalische Art: à la provençale: Auf einer Seite angebraten, diese mit dicker Béchamel, mit Eigelb gebunden und mit gestoßenem Knoblauch vermischt, maskiert, mit geriebenem Parmesan bestreut, gefettet, im Ofen glaciert; umkränzt mit provenzalischer Sauce.

Rubens (kalt): Geschmort, unter leichtem Druck erkaltet, dekoriert, mit Gelee überglänzt; garniert mit Tarteletts, gefüllt mit Salat von Hopfensprossen und gewürfelten Tomaten, oder Salat extra angerichtet.

auf russische Art: à la russe: In Butter gebräunt, in hellem Fond geschmort; Fond mit saurem Rahm und etwas Demiglace eingekocht, mit Zitronensaft gewürzt; garniert mit sautierten Steinpilzen.

Saint-Cloud (sänk kluh): Mit Trüffeln gespickt, mit Saint-Cloud-Garnitur serviert.

mit Sardellen: aux anchois (os angschoa): Mit Sardellenfilet, Streifen von sauren Gurken und Schinken gespickt, in Olivenöl mit Zitronensaft und gehackten Kräutern mariniert, gemehlt, in Butter gebraten; Sardellenbutter nebenbei.

Seymour: Paniert mit Weißbrot vermischt mit gehackten Trüffeln, in geklärter Butter gebraten; auf Champignonpüree dressiert, mit kleinen Kalbsmilchkroketts garniert; Madeirasauce nebenbei.

auf sizilianische Art: à la sicilienne (Bissiljenn): Gebraten; gekochte kurze Bandnudeln, gebunden mit geriebenem Parmesan und Velouté, vermischt mit Püree von noch blutend gebratenen Geflügellebern, nebenbei.

Stanley: Angebräunt, zusammen mit Zwiebelscheiben und weißem Fond gedünstet; Fond mit süßem Rahm eingekocht, mit Currypulver gewürzt, durchgestrichen, über das Kotelett gegossen; Champignonköpfe und Trüffelscheiben obenauf.

Talleyrand: Gebraten, ausgekühlt unter leichtem Druck, beide Seiten mit Hühnerfarce maskiert, in gehackten Trüffeln gewälzt, in geklärter Butter gebraten; Talleyrand-Garnitur.

auf Thronfolgerart: à la dauphine (dofihn): Gebraten, garniert mit Dauphine-Kartoffeln; Madeirasauce nebenbei.

mit Trüffeln: aux trüffes: Gebraten, belegt mit Trüffelscheiben; Bratsatz mit Trüffelessenz deglaciert, mit Kalbsglace aufgekocht, mit Butter aufmontiert über das Kotelett gegossen.

auf türkische Art: à la turque: Gebraten, garniert mit gebratenen Scheiben von Eieräpfeln und geformtem Risotto mit gewürfelter, gebratener Geflügelleber vermischt; tomatierte Madeirasauce.

auf ungarische Art: à la hongroise: Plattiert, gewürzt, gemehlt, in Schweineschmalz gebraten, herausgenommen. Gehackte Zwiebeln und gewürfelter Speck in dem Schmalz hell angeröstet, stark papriziert, mit Mehl bestäubt, mit hellem Fond und saurem Rahm verkocht, passiert, über das Kotelett gegossen.

auf veronesische Art: à la véronaise (weronäs): Gebraten, auf Boden von Polenta dressiert, mit geschmolzenen Tomaten bedeckt; umkränzt mit gebundener, tomatierter Kalbsjus, garniert mit Prinzeßböhnchen.

Vert-pré: Gebraten, mit halbzerlassener Kräuterbutter bedeckt, mit Brunnenkresse und Strohkartoffeln garniert.

auf Vichyer Art: à la Vichy: Gebraten, mit Karotten auf Vichyer Art garniert.

Virieu (wihrjö): Gebräunt, mit gewürfelten Tomaten, angebratenen Speckwürfeln und etwas Kalbsfond gedünstet; auf sautierten Steinpilzscheiben dressiert, bedeckt mit dem eingekochten Fond.

Westmoreland: Durch geschlagenes Ei gezogen, in gehackten Trüffeln gewälzt, in geklärter Butter gebraten, mit Champignonpüree angerichtet; Madeirasauce mit Trüffelessenz nebenbei.

auf Wiener Art: à la viennoise: Wie Kalbsschnitzel bereitet.

Yard: Braungedünstet, belegt mit einer Scheibe Kalbsmilch, einer Trüffelscheibe, einem Hahnenkamm und einem grieften Champignonkopf; den mit etwas Glace eingekochten und mit holländischer Sauce vermischten Fond nebenbei.

auf Zigeunerart: à la zingara: Gebraten, belegt mit einer gebratenen Schinkenscheibe, nappiert mit Zigeunersauce.

Kalbsleber: Foie de veau (foa dö woh): Die schmackhafteste aller Lebern von Schlachtvieh. Sie wird enthäutet, entsehnt und meistens in gleichmäßige, nicht zu dünne Scheiben geschnitten, gemehlt und in Butter innen noch rosa gebraten; zuweilen wird sie auch im ganzen Stück geschmort.

auf amerikanische Art: à l'américaine: In Scheiben geschnitten, gebraten, mit gebratenen Speckscheiben und gebratenen Tomaten angerichtet.

Auflauf: Soufflé de foie de veau: Enthäutet, entsehnt, in hellem Fond gekocht, püriert, mit etwas dicker Béchamel, durchgestrichen, gewürzt, mit Eigelb und wenig süßem Rahm vermischt, mit Eierschnee aufgezogen; in gebutterte Auflaufschüssel gefüllt, im Ofen gebacken; Madeira- oder andere braune Sauce nebenbei.

mit Bananen: aux bananes: Scheiben, in Butter gebraten, jede Scheibe mit einer halben, der Länge nach geteilten, gemehlten und gebratenen Banane belegt; mit Zitronensaft beträufelt, mit brauner Butter übergossen.

Bercy: Scheiben, gebraten, bedeckt mit Bercy-Butter.

auf Berliner Art: à la berlinoise: Scheiben, gebraten, mit gebratenen, geschälten und vom Kerngehäuse befreiten Äpfeln und gerösteten Zwiebelringen garniert, mit der Bratbutter übergossen.

auf Bordelaiser Art: à la bordelaise: Ganze, enthäutete Leber, auf allen Seiten in Butter angebraten; in Schweinsnetz, mit gehackten Schalotten, Zwiebeln und gehackten Steinpilzen in Butter geschwitzt, gehüllt, in Weißwein und Demiglace geschmort; garniert mit sautierten Steinpilzscheibchen.

Broiled Liver and Bacon: Geröstete Leberscheiben abwechselnd mit gerösteten Scheiben Frühstücksspeck angerichtet (nordamerikanisch).

auf bürgerliche Art: à la bourgeoise: Ganze Leber, enthäutet, gespickt, angebraten, in Demiglace geschmort; garniert mit glacierten Zwiebelchen und kleinen, in Butter gedünsteten Karotten.

auf englische Art: à l'anglaise: Scheiben, in Butter gebraten, abwechselnd mit gebratenen Scheiben Frühstücksspeck angerichtet; mit gehackter Petersilie bestreut, mit brauner Butter übergossen.

gebraten: frite: Gemehlt, paniert, in Butter gebraten; beliebiges Gemüse nebenbei.

haschée: Haschée de foie de veau (ascheh): Enthäutet, ganze Leber in hellem Fond pochiert, feingehackt, vermischt mit gehackter Petersilie und gehackten, angeschwitzten Zwiebeln; gebunden mit Sauce, bereitet aus dem Fond und Mehlbutter, gewürzt; serviert mit einem verlorenen Ei obenauf.

auf italienische Art: à l'italienne: Scheiben, gebraten, mit italienischer Sauce umgossen.

auf jüdische Art: à la juive (schuif): Ganze Leber, enthäutet, in Gänseschmalz gebräunt; in hellem Bier mit Scheiben von Zwiebeln und Wurzelgemüsen, Pfefferkörnern, Lorbeerblatt und Salz geschmort; mit dem passierten, mit Mehlbutter gebundenen Schmorfond bedeckt.

Knödel, Wiener: Quenelles de foie de veau à la viennoise (wienoas): Rohe Leber, gehackt, durchgestrichen, mit weißer, geriebener Brotkrume, gehackten, angeschwitzten Zwiebeln, gehackter Petersilie, Eiern und Eigelb vermischt, gewürzt und zu Löffelklößen geformt; in weißem Fond pochiert, abgetropft, angerichtet, mit Zitronensaft beträufelt, mit brauner Butter übergossen (österreichisch).

mit feinen Kräutern: aux fines herbes (o finserb): 1. Scheiben, gebraten, mit gehackten Kräutern bestreut, mit brauner Butter übergossen; 2. Scheiben, gebraten; braune Kräutersauce nebenbei.

- **Leberspießli:** Leber in Vierecke geschnitten, abwechselnd mit Vierecken von Magerspeck auf Spießchen gesteckt; mit zerlassener Butter bestrichen, mit gehacktem Salbei bestreut, in Schweinsnetz gehüllt, mit Butter bestrichen, auf dem Rost gebraten (schweizerisch).
- **auf Lyoner Art:** à la lyonnaise: Scheiben, in halb Butter und halb Öl gebraten; garniert mit gebratenen Zwiebelscheiben, gebunden mit etwas Fleischglace; das Bratfett mit einigen Tropfen Essig besprizt über das Fleisch gegossen.
- **auf Mailänder Art:** à la milanaise: Scheiben, in Olivenöl gebraten; auf Makkaroni, auf Mailänder Art bereitet, angerichtet; Tomatensauce nebenbei.
- **à la moissoneuse:** siehe auf Schnitterinart
- **auf orientalische Art:** à l'oriental (oriangtal): Scheiben, in Olivenöl gebraten; den Bratsatz mit wenig Essig abgelöscht, darin etwas Zucker zu Karamel gekocht, mit Demiglace verkocht und mit zuvor ausgequollenen Malagatrauben und Rosinen vermischt.
- **Pastete:** Pain de foie de veau: Rohe, entsehnte und enthäutete Leber, durch den Wolf zusammen mit rohem, frischem Speck gedreht, vermischt mit geweichtem Brot, gehackten, angewschwitzten Zwiebeln und ganzen Eiern; durchgestrichen, gewürzt, etwas Eiweiß und süße Sahne beigefügt, in gebutterte Charlotteform gefüllt, im Wasserbad im Ofen pochiert; gestürzt, mit Madeira- oder anderer passender Sauce bedeckt.
- **auf provenzalische Art:** à la provençale: Scheiben, gebraten, mit provenzalischer Sauce bedeckt.
- **mit Risotto:** au risotto: Rohe Leber, gewürfelt, rasch noch blutig in Butter sautiert, gewürzt; in die Mitte eines Risottorandes auf eine flache Backplatte dressiert, mit Mornaysauce bedeckt, mit geriebenem Käse bestreut, rasch überglänzt.
- **sauer:** à l'aigre: Scheiben, gebraten; Bratsatz mit Essig abgelöscht, mit Demiglace verkocht, über die Scheiben gegossen.
- **auf Schnitterinart:** à la moissoneuse (moassonnös): Scheiben, gebraten; dressiert auf Erbsen auf französische Art, vermischt mit Scheiben von gekochten Kartoffeln und gewürfeltem, gebratenem Magerspeck.
- **im Schweinsnetz:** en crépine (krehpihn): Ganze Leber, enthäutet, gespickt, in Schweinsnetz gehüllt, in Weißwein und hellem Fond mit gehackten Zwiebeln gedünstet; Fond eingekocht, mit saurem Rahm verkocht, mit Mehlbutter gebunden.
- **auf spanische Art:** à l'espagnole: Scheiben, in spanischem Olivenöl gebraten; bedeckt mit gebackenen Zwiebelringen, garniert mit halben, gebratenen Tomaten.
- **auf Turiner Art:** à la turinoise (türinoas): Scheiben, gebraten, auf Risotto dressiert, mit brauner Butter übergossen.

Kalbslendchen: Filets de veau: Die beiden kleinen unter den Nieren belegenen Fleischstücke, die dem Filet beim Rind entsprechen. Sie werden zum Schneiden von Medaillons und Nüßchen, aber auch im ganzen gespickt und gebraten verwendet.

Kalbslunge, Kalbsbeuschel: Mou de veau (mu dö woh): Stark blanchiert, in weißem Fond mit Aromaten gekocht, im Fond bis zum Gebrauch aufbewahrt.
- **gebacken:** frit: Vorgekocht, in Streifen geschnitten, in Butter mit gehackter Petersilie und gehackten Zwiebeln gedünstet; mit dicker Sauce, aus dem Fond mit Eigelb legiert, gebunden, ausgekühlt, zu Dreiecken geformt, paniert, in tiefem Fett gebacken; Tomatensauce nebenbei.
- **haschee:** Hachée de mou de veau: Vorgekocht, gehackt, mit gehackten Zwiebeln in Butter gedünstet, vermischt mit gehackter Petersilie, etwas gehackter Zitronenschale und hellem Fond, gekocht, mit hellem Roux gebunden; mit verlorenem Ei serviert.

Kalbslunge   Kalbsmilch

auf Kuttlerart: à la tripière (tripjär): Roh in dicke Streifen geschnitten, in Butter sautiert, mit weißem Fond aufgegossen, gewürzt, rohe, in Viertel geschnittene Kartoffeln, zerdrückter Knoblauch und Kräuterbündel beigefügt; langsam gargekocht.

pfeffer: en civet (ßiweh): Roh in dicke Streifen geschnitten, leicht in Butter angebraten, mit Mehl bestäubt, mit zerdrücktem Knoblauch und Kräuterbündel in Rotwein und hellem Fond fast gargekocht; in saubere Kasserolle ausgestochen, blanchierte, angebratene Speckwürfel, rohe, geviertelte Champignons und angebräunte Zwiebelchen beigefügt; mit der passierten Sauce übergossen, gargekocht, leicht gebunden.

Poulette: Gargekocht, in dicke Streifen geschnitten, mit Poulette-Sauce gebunden, mit gehackter Petersilie bestreut.

Wiener Lungenbeuschel: Vorgekocht, in Streifen geschnitten; gedünstet in Sauce aus weißem Roux und hellem Fond bereitet, gehackte Sardellen, Kapern, etwas gehackte Zitronenschale, gehackte Petersilie und Rosmarin beigefügt; mit Grießknödeln oder Weißbrot serviert (österreichisch).

Kalbsmark: Amourettes de veau: Wie Rindermark bereitet.

Kalbsmedaillons: Médaillons de veau (medaijon dö wo): Eine andere Bezeichnung für Kalbsnüßchen; die Bereitung ist die gleiche.

Altmeisterart: Gebraten, auf gebratene Scheibe Stopfleber dressiert, bedeckt mit gebratener Scheibe Kalbsniere; überzogen mit geschmolzenen Tomaten, vermischt mit dünnen Champignonscheiben; garniert mit Dauphine-Kartoffeln mit dem Teelöffel geformt.

auf Feinschmeckerart: Médaillons de veau à la gastronome: Mit Ingwerstreifen gespickt, dressiert auf Mireille-Kartoffeln, belegt mit Scheibe Kalbsmilch, nappiert mit Kalbsjus, obenauf gebackene Auster; garniert mit halben Tomaten, gefüllt mit sautierten Morcheln mit gehackter Petersilie.

Nignon: Sautiert, Bratsatz mit Weinbrand und Sherry deglaciert, mit süßem Rahm verkocht; Medaillons auf Artischockenböden gesetzt, mit der Sauce nappiert, mit sautierten Steinpilzen und Schmelzkartoffeln garniert.

Segni: In Butter sautiert, Bratsatz mit Weinbrand und Weißwein deglaciert, mit süßem Rahm verkocht. Runde Schinkenscheibe, in Butter gebraten, auf gebutterten grünen Nudeln angerichtet, darauf das Medaillon gesetzt, mit der Sauce nappiert.

Kalbsmilch, Kalbsbries, Kalbsbröschen, Schweser: Ris de veau (ri dö woh): Die Thymusdrüsen des Kalbes, von denen die eine länger, die andere größer, runder und schmackhafter ist. Die kleine wird vorwiegend zu Ragouts, Salpicons und Kroketts, die große, die sogenannte Nuß, wird weiß oder braun braisiert oder in Scheiben geschnitten und weiter nach Vorschrift verarbeitet. Vor jeder Verwendung wird die Kalbsmilch von allen knorpligen Teilen befreit, gründlich gewässert, kurz blanchiert, enthäutet und unter leichtem Druck ausgekühlt. Sie wird mit Speckfäden, zuweilen auch mit Trüffel- oder Pökelzungenstreifen gespickt, braisiert, oft glaciert, und mit passender Garnitur serviert.

auf ägyptische Art: à l'égyptienne: Braungedünstet; auf Risotto angerichtet, mit Marksauce übergossen; garniert mit gefüllten, gedünsteten Paprikaschoten.

Alexandra: Blanchiert, mit weißem Fond gedünstet; wie Hühnerbrüstchen gleichen Namens garniert.

Alhambra: Blanchiert, in Servierkokotte gedünstet mit Julienne von roten Paprikaschoten, groben Champignonstreifen, entsteinten spanischen Oliven, Sherry und kräftigem Kalbsfond; der Fond eingekocht und mitsamt der Garnitur in der zugedeckten Kokotte serviert.

auf alte Art: à l'ancienne: Weißgedünstet; garniert mit weißgedünsteten Zwiebelchen und weißgehaltenen Champignonköpfen; der eingekochte, mit Velouté verkochte Fond.

Baden-Baden: Vorgekocht, in Scheiben geschnitten, gemehlt, in Butter gebraten; auf Anna-Kartoffeln angerichtet, garniert mit Champignonköpfen und Spargelköpfen; Madeirasauce.

Bravoura: Scheiben, in Butter gebraten, auf gebutterten Blattspinat dressiert; mit Rahmsauce nappiert, mit geriebenem Käse bestreut, überglänzt.

Brighton (kalt): Mit Speck- und Trüffelscheiben gespickt, weißbraisiert, erkaltet; in Scheiben geschnitten, mit Gelee überglänzt, garniert mit Artischockenböden, gefüllt mit feinem Mischgemüse, gebunden mit gestockter Mayonnaise und dekoriert; und Geleewürfeln.

Bristol: Scheiben, gemehlt, gebraten, ein kleines verlorenes Ei auf jede Scheibe; garniert mit Strohkartoffeln und geschmolzenen Tomaten; Béarner Sauce nebenbei.

Camargo: Braun braisiert, nappiert mit Madeirasauce; garniert mit kleinen flachen, ausgehöhlten Briochen, gefüllt mit Erbsen auf französische Art, vermischt mit Karottenscheibchen Vichy.

Carême (karemm): Weißbraisiert, der Länge nach seitlich geöffnet, gefüllt mit kurzer, grober Julienne von Champignons, Trüffeln und Hahnenkämmen mit Champignonpüree gebunden; nappiert mit deutscher Sauce, bestreut mit geriebenem Käse und Reibbrot, glaciert.

auf Cevenner Art: à la cévenole (ßewenol): Braunbraisiert, bedeckt mit dem eingekochten, passierten Fond; garniert mit glacierten Maronen, glacierten Zwiebelchen und gebratenen, halbmondförmigen Croutons.

mit Champignons: aux champignons: 1. Weißgedünstet, mit deutscher Sauce, mit Champignonscheiben vermischt, überzogen; 2. braungedünstet, nappiert mit brauner Champignonsauce, garniert mit sautierten Champignons.

Chivry: Weißgedünstet, bedeckt mit Chivrysauce; feine Mischung von Frühgemüsen, mit Butter gebunden, nebenbei.

Choiseul (schoasöl): Vorgekocht, in Scheiben geschnitten; je zwei Scheiben mit feinem Mirepoix, vermischt mit gehackten Trüffeln, zusammengesetzt, paniert und gebraten; Trüffelsauce nebenbei.

Cinq Clous (zäng kluh): Mit fünf Trüffelstiften bespickt, braungedünstet; garniert mit Hahnenkämmen und -nieren, Champignonköpfen, Trüffelköpfen und kleinen Kalbsklößchen; reichlich mit deutscher Sauce bedeckt.

Clamart: Braungedünstet, glaciert; mit Clamartgarnitur und gebundener Kalbsjus serviert.

Coquelin (Kokläng): Gespickt, braungedünstet, glaciert; in flache ovale Blätterteigkrustade dressiert, die mit grünen Erbsen, gewürfelten roten Paprikaschoten und Champignonscheiben, mit Melbasauce gebunden, gefüllt worden ist.

Cordon bleu (kordong blöh): Mit Trüffeln gespickt, braungedünstet, glaciert; garniert mit Strohkartoffeln und Artischockenböden, gefüllt mit sautierten Kalbsnierenwürfelchen, gebunden mit Madeirasauce; bedeckt mit dem eingekochten, passierten Fond.

Demidow: Demidoff: Mit Speck- und Trüffelstreifen gespickt; mit halbmondförmigen Scheibchen von Karotten, weißen Rüben, Zwiebeln, Bleichsellerie und Trüffeln in der Kokotte braisiert und serviert.

auf deutsche Art: à l'allemande (allmangd): Gespickt, weißgedünstet; garniert mit Champignonköpfen und Gurkenoliven in Butter gedünstet; deutsche Sauce.

Diana: Diane: Braungedünstet und glaciert; garniert mit kleinen Wildklößchen; Maronenpüree und Dianasauce nebenbei.

Dom Pedro: In der Kokotte mit Kalbsjus braungedünstet; wenn halb gar, grobe Julienne von roter Paprikaschote, in Butter gedün-

stet, vorgekocht, geviertelte Fenchelknolle und etwas Portwein beigefügt; fertiggedünstet und in der Kokotte serviert.
Don Carlos: Braungedünstet; nappiert mit Madeirasauce, vermischt mit Champignonscheiben und Julienne von roter Paprikaschote.
Doria: Weißgedünstet; garniert mit großen, olivenförmig geschnittenen Gurkenstückchen in Butter gedünstet, bedeckt mit dem eingekochten Fond, vermischt mit Kalbsvelouté.
Drei Ähren: Trois Epis (troasepis): Mit Trüffeln gespickt, in hellem Fond, mit gehackten Schalotten, gedünstet; Fond mit Velouté, Fleischglace und süßem Rahm verkocht; Nudeln auf Elsässer Art nebenbei.
Dreux (Dröh): Mit Trüffel- und Zungenstreifen gespickt, braungedünstet; mit Finanzmann-Garnitur und -sauce serviert.
Dumas (düma): Weißgedünstet; bedeckt mit Geflügelrahmsauce mit gewürfelten Artischockenböden vermischt.
auf Edelmannsart: à la gentilhomme (schangtijomm): Weißgedünstet, erkaltet, in Scheiben geschnitten; mit Villeroisauce, mit gehackten Trüffeln vermischt, maskiert, paniert mit Weißbrotkrume, vermischt mit gehackten Trüffeln, in Butter gebraten; Trüffelsauce nebenbei.
Erika: Blanchiert; in feuerfester Porzellankokotte mit gehackten Schalotten, gewürfelten grünen Paprikaschoten, Tomatenwürfeln und rohen Champignonscheiben mit etwas Weißwein gedünstet; in der zugedeckten Kokotte serviert.
auf Feinschmeckerart: du gourmet: Blanchiert, in Scheiben geschnitten, in Butter gebraten und auf einen mit geviertelten Champignons in Rahmsauce gefüllten Artischockenboden gesetzt; garniert mit Spargelspitzen, Pariser Kartoffeln und Blätterteig-Halbmonden.
Figdor: Scheiben, gebraten, auf Anna-Kartoffeln dressiert; garniert mit gebratenen Tomaten und großen, grillierten Champignonköpfen; Tomatensauce.
auf Finanzmannsart: à la financière: Braungedünstet, mit Finanzmanns-Garnitur und -sauce serviert.
auf Florentiner Art: à la florentine: Ganze Kalbsmilch, weißgedünstet; auf gebutterten Blattspinat dressiert, mit Mornaysauce nappiert, mit geriebenem Parmesan bestreut, glaciert.
Fréville (frehwill): Gespickt, mit Scheiben von rohen Trüffeln und Champignons in Kalbsfond und Portwein gedünstet; der Fond mit süßem Rahm und Kalbsglace verkocht und über das Fleisch gegossen; grüne Spargelspitzen nebenbei.
gebraten: frit: Scheiben, gemehlt, paniert, in Butter gebraten; garniert mit feinem Mischgemüse.
getrüffelt: truffé: Mit frischen Trüffelnägeln bespickt, in Servicekokotte gelegt, etwas Butter, Weißwein und Kalbsglace beigefügt, gewürzt, mit einfachem Mehlteig hermetisch verschlossen, im Ofen gedünstet; erst bei Tisch geöffnet.
Gismonda: Blanchiert, pariert, ausgekühlt, waagerecht geteilt, durch zerlassene Butter gezogen, grilliert; in flache, ovale Krustade dressiert, die mit sautierten, rohen Champignon- und Artischockenböden, mit Rahmsauce gebunden, gefüllt worden ist.
Godard: Braungedünstet; mit Godard-Garnitur und Sauce serviert.
auf Gräfinart: à la comtesse: Mit Trüffeln gespickt, braungedünstet, glaciert, bedeckt mit dem eingekochten, gebundenen Fond; garniert mit gedünstetem Kopfsalat und kleinen, dekorierten Hühnerklößchen.
gratiniert: au gratin: Weißgedünstet, in Scheiben geschnitten; dressiert auf Backplatte in Rand von Herzogin-Kartoffelmasse, der Boden in Duxelles-Sauce maskiert; belegt mit Champignonscheiben, bedeckt mit Duxelles-Sauce, mit geriebenem Käse bestreut, im Ofen überkrustet.

grilliert: grillé: Vorgekocht, in dicke Scheiben geschnitten, gemehlt, durch flüssige Butter oder Olivenöl gezogen, grilliert; Colbertsauce nebenbei.

auf Großmuttersart: à la grand'mère: In geschlossener Kokotte mit halbgar gebräunten Zwiebelchen, angebratenen Speckwürfeln und ansautierten Olivenkartoffeln gargemacht.

mit grünen Erbsen: aux petits pois: 1. Vorgekocht, in Scheiben geschnitten, paniert, in Butter gebraten; garniert mit gebutterten grünen Erbsen;
2. braungedünstet, der Fond mit Madeirasauce verkocht; gebutterte grüne Erbsen nebenbei.

Guizot: Braungedünstet, nappiert mit Madeirasauce mit Auszug von frischer grüner Minze; garniert mit gefüllten Tomaten und Kartoffelkroketts.

Heinrich IV.: Henri IV. (angri kat): Scheiben, gemehlt, in Butter gebraten; garniert mit Artischockenböden, mit kleinen Nußkartoffeln gefüllt, Béarner Sauce nebenbei.

mit Hummer: à l'homard (alomahr): Weißgedünstet, in schräge Scheiben geschnitten, abwechselnd mit Hummerscheiben angerichtet; nappiert mit Rahmsauce vermischt mit dem eingekochten Fond und mit Hummerbutter aufgeschlagen.

Isabella: Isabelle: Blanchiert, gebraten; garniert mit Champignonköpfen, gedünsteten grünen Paprikaschoten und Artischockenböden; gebundene Kalbsjus nebenbei.

Jahrhundertswende: Fin de siècle (fäng dö sjäkl): In der Kokotte braunbraisiert; garniert mit gebratenen Scheibchen Gänseleber, Champignonköpfen und Trüffelscheiben; gebundene Kalbsjus verkocht mit dem Braisierfond.

Joceline: Scheiben, grilliert, auf gebratene Kartoffelscheiben gesetzt, die wie große Artischockenböden geformt und mit weißem Zwiebelpüree, mit Currypulver gewürzt, gefüllt sind; garniert mit halben, gebratenen Tomaten und halben gedünsteten grünen Paprikaschoten.

Josephine: Vorgekocht, in Scheiben geschnitten, gemehlt, auf flache, runde Käsekroketts dressiert; garniert mit Morcheln, mit Rahmsauce gebunden und Kartoffelpastetchen mit grünen Erbsen gefüllt.

Judic: Braungedünstet, auf ovalen Crouton dressiert; garniert mit Trüffelscheiben und gedünstetem Kopfsalat; Madeirasauce mit Hahnenkämmen und -nieren vermischt.

auf Kaiserinart: à l'impératrice (ängperatrihß): Weißgedünstet; nappiert mit Geflügelrahmsauce, vermischt mit Hühnerpüree, garniert mit weißgedünsteten Zwiebelchen, Spargelspitzen und gewürfeltem Kalbshirn mit Velouté gebunden.

auf kalabrische Art: à la calabraise (kalabrähs): Scheiben, gebraten, serviert mit Makkaroni auf Neapler Art.

à la King: Blanchiert, in dicke Scheiben geschnitten; in Butter auf beiden Seiten angebräunt, mit süßem Rahm aufgegossen, gewürfelte, zuvor in Butter gedünstete, grüne Paprikaschoten und Champignonscheiben beigefügt, kurz gedünstet; mit Eigelb, mit Sherry vermischt, legiert, mit herzförmigen Croutons umlegt.

auf Königinart: à la reine: Weißgedünstet, mit Geflügelrahmsauce nappiert; entweder garniert mit Hühnerpüree, mit Eigelb gebunden, in Becherformen pochiert und gestürzt, oder mit Tarteletts oder kleinen Blätterteigpastetchen, gefüllt mit Hühnerpüree.

auf königliche Art: à la royale: Weißgedünstet, mit Geflügelrahmsauce bedeckt; mit Regentschafts-Garnitur serviert.

mit Kopfsalat: au laitue (o lettü): Braungedünstet, bedeckt mit Madeirasauce; garniert mit gedünstetem Kopfsalat und Schloßkartoffeln.

mit Krebsschwänzchen: aux queues d'écrevisses (o kö dekrewiß): Weißgedünstet; garniert mit Krebsschwänzen, mit Rahmsauce gebunden, und pochierten Krebsnasen, gefüllt mit Hühnerfarce mit Krebsbutter aufgezogen; leichte Krebssauce.

auf Lausanner Art: à la lausannoise (losannoas): Braungedünstet, in Scheiben geschnitten, jede Scheibe auf eine Scheibe Pökelzunge gesetzt; nappiert mit Madeirasauce, Champignonpüree nebenbei.

Lavallière: Weißgedünstet, bedeckt mit Geflügelrahmsauce mit weißem Zwiebelpüree und gehacktem Schinken vermischt; garniert mit gebutterten grünen Erbsen und glacierten Zwiebelchen.

auf Lieblingsart: à la favorite: Vorgekocht; in Scheiben geschnitten, gemehlt, in Butter gebraten; abwechselnd mit gebratenen Gänseleberscheiben und Trüffelscheiben angerichtet, mit grünen Spargelspitzen garniert; Madeirasauce mit Trüffelessenz nebenbei.

Lucullus: Mit Trüffelstreifen gespickt, braungedünstet; Lucullusgarnitur; Demiglace mit Trüffelessenz nebenbei.

Madame Sans-gêne: Braungedünstet, glaciert; mit gefüllten Champignonköpfen garniert, Colbertsauce.

auf Mailänder Art: à la milanaise: Blanchiert, in Scheiben geschnitten, durch geschlagenes Ei gezogen, in halb geriebener Weißbrotkrume und halb geriebenem Käse paniert, in Olivenöl und Butter gebraten; Makkaroni auf Mailänder Art und leichte Tomatensauce nebenbei.

Margarete: Marguerite: Weißgedünstet; nappiert mit holländischer Sauce, vermischt mit dem eingekochten Fond und gehackten Trüffeln.

Maria Stuart: Marie Stuart: Mit Trüffel- und Zungenstreifen gespickt, braungedünstet; nappiert mit dem eingekochten, gebundenen Fond, garniert mit kleinen, flachen Blätterteigpastetchen mit Selleriepüree gefüllt.

Marigny: Braungedünstet, glaciert; garniert mit Tarteletts abwechselnd mit gewürfelten grünen Bohnen und grünen Erbsen gefüllt; gebundene Kalbsjus nebenbei.

mit Maronenpüree: à la purée de marrons: Braunbraisiert, bedeckt mit Madeirasauce; Maronenpüree nebenbei.

auf Marschallsart: à la maréchale: Wie Hühnerbrüstchen gleichen Namens bereitet.

auf Maubeuger Art: Maubeuge (moböhsch): Gespickt, in Servierkokotte braungedünstet; wenn halbgar Trüffelscheiben, Champignonköpfe, Hahnenkämme und -nieren sowie etwas dünne Madeirasauce beigefügt, zugedeckt und fertiggedünstet.

Medaillon auf moderne Art (kalt): Médaillon de ris de veau à la moderne: Weißgedünstet, erkaltet, in dicke Scheiben geschnitten, rund pariert, mit tourniertem Champignonkopf garniert, mit Madeiragelee überglänzt; auf Tartelett, gefüllt mit Salat von Champignonscheiben, gewürfelten Tomaten und gewürfelten, gedünsteten, grünen Paprikaschoten, mit Crème double, mit Senf und Tomatenketchup gewürzt, gebunden, dressiert.

Melba: Dicke, gebratene Scheibe, auf Blätterteigring mit Champignonpüree gefüllt gesetzt; nappiert mit Madeirasauce vermischt mit Trüffeljulienne.

Montauban (mongtobang): Braungedünstet, glaciert; garniert mit kleinen Reiskroketts, mit gehackter Pökelzunge und Champignons vermischt, und runde Scheiben pochierter Hühnerfarce; Velouté mit Trüffelessenz nebenbei.

Montebello: Braungedünstet; garniert mit Artischockenböden mit Champignonpüree gefüllt; leichte Béarner Sauce.

Montpensier: Wie Lendenschnitten gleichen Namens garniert.

auf Mütterchensart: bonne-maman: In der Kokotte braisiert, dabei auf grobe Gemüsejulienne gelegt und mit etwas gutem Kalbsfond angegossen; in der Kokotte mit dem eingekochten Fond und der Julienne serviert.

auf Neapler Art: à la napolitaine: Braungedünstet; Makkaroni auf Neapler Art und leichte Tomatensauce nebenbei.

Nesselrode: Braungedünstet, mit dem eingekochten, gebundenen Fond bedeckt; Maronenpüree nebenbei.

Orlow: Orloff: In feuerfester Kokotte mit grober Trüffeljulienne braungedünstet; garniert mit gedünstetem Bleichsellerie, bedeckt mit dem eingekochten Fond mitsamt den Trüffeln, in der zugedeckten Kokotte serviert.

in Papierhülle: en papillote: Stark blanchiert, in dicke Scheiben geschnitten; jede Scheibe in gefettete Papierhülle, auf dünnes Schinkenscheibchen gelegt und mit feinem Mirepoix bedeckt; im Ofen fertiggemacht, in der Hülle serviert.

mit Paprikasauce: à la sauce au paprika: Weißgedünstet mit Zwiebelscheiben; den Fond eingekocht, passiert, mit Rosenpaprika stark gewürzt, mit süßem Rahm verkocht.

auf Pariser Art: à la parisienne: Mit Trüffelscheiben gespickt, braungedünstet, glaciert; garniert mit Artischockenböden, gefüllt mit Salpicon von Trüffeln, Pökelzunge und Champignons, mit Velouté gebunden und glaciert, und Pariser Kartoffeln; der eingekochte, gebundene Fond nebenbei.

auf Perigorder Art: à la périgourdine: Mit Trüffelnägeln bespickt, braungedünstet; mit Trüffelsauce bedeckt.

auf Piemonteser Art: à la piemontaise: Braungedünstet auf Risotto, vermischt mit Scheiben von weißen italienischen Trüffeln, angerichtet; leichte Tomatensauce nebenbei.

Pompadour: Braungedünstet; mit Pompadourgarnitur und Trüffelsauce serviert.

auf portugiesische Art: à la portugaise (portügähs): In Scheiben geschnitten, gebraten; sonst wie sautiertes Huhn gleichen Namens bereitet.

Prince of Wales: Braungedünstet; garniert mit sautierten Geflügellebern, Champignonköpfen, Trüffelscheiben und kleinen, halben, grillierten Paprikaschoten; Madeirasauce.

auf Prinzessinart: à la princesse (prängßess): Weißgedünstet, in ovale Krustade, mit gebutterten, grünen Spargelspitzen gefüllt, dressiert, mit Trüffelscheiben durch flüssige Fleischglace gezogen garniert; deutsche Sauce mit Champignonessenz nebenbei.

Prinzessin Marie: Princesse Marie: Blanchiert, in Scheiben geschnitten, in Butter gebraten; auf Artischockenboden dressiert, garniert mit gebratenen Geflügellebern und Blumenkohlröschen, mit holländischer Sauce bedeckt.

auf provenzalische Art: à la provençale: Scheiben, gebraten; garniert mit grillierten Champignonköpfen und gefüllten Tomaten, bedeckt mit provenzalischer Sauce.

Rachel: Braungedünstet; garniert mit Artischockenböden belegt mit blanchierter Scheibe Ochsenmark, bedeckt mit Bordelaiser Sauce, bestreut mit gehackter Petersilie; der eingekochte, gebundene Fond nebenbei.

Richelieu (kalt) (richljö): In kräftigem Kalbfond mit feiner Julienne von Karotten, Bleichsellerie, weißen Rüben und Trüffeln gedünstet; in Servierkokotte angerichtet, bedeckt mit der Julienne, mit dem entfetteten, eingekochten Fond übergossen und kalt serviert.

auf römische Art: Braungedünstet; mit römischer Garnitur und Sauce serviert.

Rossini: Braungedünstet, in Scheiben geschnitten; jede Scheibe auf eine Scheibe gebratene Gänseleber gesetzt, mit großer Trüffelscheibe belegt, mit Madeirasauce nappiert.

Rostand: Braungedünstet; garniert mit Tarteletts abwechselnd mit Püree von Sellerieknolle und Püree von grünen Erbsen gefüllt; der eingekochte, gebundene Fond nebenbei.

à la royale: siehe auf königliche Art

auf russische Art (kalt): à la russe: Weißgedünstet, erkaltet, mit weißer Chaudfroid-Sauce überzogen, mit Gelee überglänzt; mit

Tarteletts, mit russischem Salat gefüllt, garniert; russische Mayonnaise nebenbei.
Saint Alban: Braungedünstet, in Scheiben geschnitten; jede Scheibe auf ein flaches, rundes Hühnerkrokett dressiert, mit einem gerieften Champignonkopf garniert; leichte Tomatensauce nebenbei.
Saint-Cloud (sang klu): 1. Mit Trüffel- und Pökelzungenstreifen gespickt, braungedünstet; garniert mit gedünstetem Kopfsalat und Tarteletts, gefüllt mit Püree von grünen Erbsen; Madeirasauce nebenbei; 2. gespickt, braungedünstet, mit Regentschafts-Garnitur und dem eingekochten, gebundenen Fond serviert.
Saint-Germain (säng schermäng): Vorgekocht, in Scheiben geschnitten, grilliert; garniert mit Pariser Kartoffeln und olivenförmigen, in Butter gedünsteten Möhren; Béarner Sauce und Püree von grünen Erbsen nebenbei.
Saint-Saëns (säng sang): Mit Trüffelstreifen gespickt, braungedünstet; bedeckt mit dem eingekochten, mit Madeirasauce verkochten Fond, garniert mit Artischockenböden gefüllt, mit Champignonpüree, vermischt mit gehackten Trüffeln.
Sarah Bernhardt: Braungedünstet; nappiert mit Madeirasauce, garniert mit sehr kleinen, gedünsteten roten Paprikaschoten, gefüllt mit Risotto vermischt mit Champignonpüree.
Schnitzel: escalope de ris de veau: Gewässert, blanchiert, enthäutet, unter leichtem Druck erkaltet; in dicke Scheiben geschnitten, pariert, in Butter gebraten, wie Kalbsschnitzel garniert.
auf schwedische Art: à la suédoise (swedoas): Weißgedünstet, erkaltet, in Scheiben geschnitten, pariert; jede Scheibe mit leicht gelatinierter Meerrettichsahne bestrichen, mit einer gleich großen Scheibe Pökelzunge bedeckt, mit Eiweiß usw. dekoriert, mit Gelee überglänzt; dressiert auf flache, runde Krustade mit gebundenem Gemüsesalat gefüllt; russische Mayonnaise nebenbei.
Soubise: Weißgedünstet mit viel Zwiebelscheiben; nappiert mit Soubisesauce, weißes Zwiebelpüree nebenbei.
auf spanische Art: à la espagnole: Gespickt, braungedünstet; angerichtet auf Risotto vermischt mit gewürfelten roten Paprikaschoten, Champignons und entsteinten Oliven; Tomatensauce nebenbei.
mit Spargelspitzen: aux pointes d'asperges (o poangt daspersch): Vorgekocht, in Scheiben geschnitten, paniert, in Butter gebraten; garniert mit gebutterten grünen Spargelspitzen.
mit Spinat: aux épinards: Braungedünstet, mit Madeirasauce nappiert; Spinatpüree nebenbei.
Surcouf (sürkuf): Braungedünstet; nappiert mit dem gebundenen Fond nappiert; garniert mit jungen Karotten, weißen Rübchen, gevierteltem Artischockenböden und Spargelspitzen, alle in Butter geschwenkt.
Tegetthoff: Braungedünstet; nappiert mit Madeirasauce, garniert mit Spargelspitzen und Tarteletts gefüllt mit Püree von grünen Erbsen.
auf Toulouser Art: à la toulousaine: Weißgedünstet; nappiert mit Geflügelrahmsauce, serviert mit Toulouser Garnitur.
Verdi: In Kalbsfond mit Marsala braungedünstet; garniert mit gebratenen Gänseleberscheiben und römischen Nocken; den mit Demiglace verkochten Fond nebenbei.
Villeroi: Vorgekocht, in Scheiben geschnitten; jede Scheibe mit Villeroisauce maskiert, paniert, im Fettbad gebacken; garniert mit grünen Erbsen oder anderem, passendem Gemüse, Tomaten- oder Trüffelsauce nebenbei.
Virginia: Blanchiert, in Scheiben geschnitten; in süßem Rahm und Demiglace gedünstet, jede Scheibe auf runden Crouton, mit einer runden, gebratenen Schinkenscheibe belegt, gesetzt, mit der mit Rosenpaprika gewürzten Sauce bedeckt.
Waldorf: Blanchiert, in Scheiben geschnitten, in Butter gebraten; garniert mit Artischockenböden, gefüllt mit Geflügel- oder Kalbsnocken, mit Madeirasauce gebunden.

Kalbsmilch   **Kalbsniere**

- **auf Wiener Art:** à la viennoise: Blanchiert, in Scheiben geschnitten, paniert, in Butter gebraten; garniert mit Zitronenscheiben und Petersilie.
- **auf Zarinart:** à la tsarine: Weißgedünstet; nappiert mit Velouté mit süßem Rahm verkocht, garniert mit Gurkenoliven mit Rahmsauce gebunden.

Kalbsniere: Rognon de veau (ronjong dö woh): Werden sie im ganzen Stück gebraten, so sind sie gleichmäßig vom überflüssigen Fett zu befreien. Zum Sautieren sind sie der Länge nach zu halbieren, von Fett und Sehnen zu befreien und in nicht zu dünne Scheiben zu schneiden; sautierte Nieren werden noch innen blutig gehalten, dürfen in der heißen Sauce nicht mehr kochen, da sie zäh werden würden. Auch im ganzen gebratene Nieren sind innen noch rosa zu halten.

- **auf Baseler Art:** Rognon de veau à la baloise: Eine Scheibe heißes geröstetes Weißbrot, belegt mit einer Scheibe gebratenem Frühstücksspeck, einigen in Butter gebratenen, dicken Scheiben Kalbsniere und einer gebratenen Tomate; garniert mit Strohkartoffeln, Teufelssauce nebenbei (schweizerisch).
- **Bercy:** In Scheiben geschnitten, sautiert, herausgenommen; gehackte Schalotten in der Bratbutter geschwitzt, mit Weißwein abgelöscht, mit Fleischglace verkocht, gewürzt, gebuttert, mit Zitronensaft geschärft; Nieren in der Sauce serviert.
- **auf Berryer Art:** à la berichonne: In Scheiben geschnitten, sautiert, abgetropft, mit gebratenen Champignonscheiben vermischt; Bratsatz mit Bordelaiser Sauce (ohne Rindermark) verkocht, gewürfelter, gebratener Magerspeck beigefügt; Nieren und Champignons mit der Sauce gebunden.
- **bonne-femme:** siehe auf Hausfrauenart
- **auf Bordelaiser Art:** à la bordelaise: In Scheiben geschnitten, sautiert, vermischt mit gebratenen Steinpilzscheibchen; mit Bordelaiser Sauce mit gewürfeltem Mark gebunden, mit gehackter Petersilie bestreut.
- **Cecil Hotel:** Ganze Niere, in Butter gebraten; garniert mit Spargelspitzen, grillierten Champignonköpfen und aufgeblähten Kartoffeln; Madeirasauce nebenbei.
- **Demidow:** Ganze Niere, in der Kasserolle mit vorher angedünsteter Demidow-Garnitur, zugedeckt, gebraten.
- **Deviled Kidney and Bacon:** auf Teufelsart: Der Länge nach gespalten, von Fett und Sehnen befreit, gewürzt mit Salz, mit einer Mischung von Senfpulver, Worcestershire Sauce, Tomatenketchup und Tabasco-Sauce bestrichen, mit Reibbrot bestreut, mit zerlassener Butter befeuchtet; auf dem Rost gebraten, auf gebratenen Speckscheiben angerichtet (nordamerikanisch).
- **auf Dijoner Art:** à la dijonnaise: Ganze Niere anbraten, mit Weißwein, kräftigem Kalbsfond und Mirepoix braisieren und in Scheiben schneiden; den Fond stark einkochen, mit süßem Rahm verkochen und mit französischem Senf pikant abschmecken; mit sautierten Pfifferlingen garnieren.
- **Empire** (angpihr): In Scheiben geschnitten, sautiert, mit sautierten Geflügellebern, Champignonscheiben und Streifen von gekochtem Schinken vermischt; mit saurer Rahmsauce, vermischt mit Tomatenpüree, gewürzt mit Kabulsauce, gebunden, in Backplatte gefüllt, mit geriebenem Käse bestreut, rasch überglänzt; umrandet mit halben, gebratenen Tomaten (russisch).
- **General Guisan:** Pariert, in Scheiben geschnitten, mit gehackten Schalotten noch fast blutend sautiert, mit Weinbrand flambiert. Gebundene Kalbsjus mit süßem Rahm verkocht, mit zuvor ansautierten Spitzmorcheln verkocht, leicht mit Senf gewürzt; die sautierten Nieren darauf angerichtet.

Kalbsniere

auf Hausfrauenart: à la bonne femme: Ganze Niere, in der Kasserolle gebraten, garniert mit gebratenen Speckwürfeln und gebratenen Würfelkartoffeln; beim Servieren etwas kräftige Kalbsjus angegossen.

auf Jägerart: à la chasseur: In Scheiben geschnitten, herausgenommen, abgetropft; gehackte Schalotten in der Butter geschwitzt, mit Weinbrand und Weißwein deglaciert, mit Jägersauce verkocht; die Nieren in der Sauce durchgeschwenkt, angerichtet, mit gehackter Petersilie, Kerbel und Estragon bestreut.

in der Kasserolle: en casserole: Ganze Niere, gewürzt, in feuerfester Servierkasserolle in Butter langsam unter mehrfachem Wenden gebraten; in der Kasserolle mit ganz wenig kräftiger Kalbsjus umgossen serviert.

auf Küchenmeisterart: à la manière du chef: Ganze Niere, in der Kasserolle bereitet; der Bratsatz mit Sherry abgelöscht, mit süßem Rahm und Demiglace verkocht; garniert mit sautierten Champignons, mit groben Streifen Ananas, in Butter sautiert, bestreut.

auf Lütticher Art: à la liégoise (lieschoas): Ganze Niere, in der Kasserolle bereitet; eine Minute vor dem Servieren mit Genever flambiert, zwei zerdrückte Wacholderbeeren beigefügt und 1–2 Löffel kräftige Kalbsjus hinzugegossen; in der Kasserolle serviert.

Montpensier: In dicke Scheiben geschnitten, sautiert; Bratsatz mit Madeira abgelöscht, mit etwas Fleischglace verkocht, gewürzt, mit Butter aufgeschlagen, mit Zitronensaft geschärft; die Nieren mit Champignonscheiben vermischt, in der Sauce geschwenkt, mit Trüffelscheiben garniert.

nach Art der Mutter Katarina: à la mère Catherine (katrin): Ganze Niere, in der Kasserolle gebraten, herausgenommen; Bratsatz mit Portwein abgelöscht, mit süßem Rahm und Fleischglace verkocht; die Niere in der Kasserolle mit sautierten Champignons und einigen Trüffelscheiben garniert und mit der Sauce bedeckt serviert.

Nierndl mit Hirn: Kalbshirn, gewässert, gekocht, grobgehackt, in Butter mit zuvor gehackten, gebratenen Zwiebeln angebraten; vermischt mit in Scheiben geschnittener, in Butter sautierter Kalbsniere, mit gehackter Petersilie bestreut (österreichisch).

auf Parmer Art: Potschki Parm: Dicke Scheibe, gebraten, auf Croûton gesetzt und mit ansautiertem, mit grünen Spargelspitzen gefülltem Artischockenboden bedeckt. Mit Mornaysauce überzogen, glasiert, mit Trüffelscheibe belegt, mit einem Streifen Demiglace umgossen, mit Strohkartoffeln garniert (russisch).

Rajputana: In dicke Scheiben geschnitten, abwechselnd mit Speckscheibchen auf Spießchen gesteckt, auf dem Rost gebraten; angerichtet auf Pilawreis vermischt mit Rosinen, gerösteten Mandelstiften, gewürfeltem Ingwer und Mango-Chutney; leichte Currysauce nebenbei.

Robert: Im ganzen in feuerfester Servierkasserolle innen noch rosa gebraten und so serviert. Im Speisesaal vom Kellner herausgenommen, in dicke Scheiben geschnitten und zwischen zwei Tellern warmgehalten; der Bratsatz mit Weinbrand flambiert, der herausgetretene Saft der Nieren damit aufgekocht, etwas Senf und Butter rasch daruntergerührt, mit gehackter Petersilie vermischt, mit Salz und Zitronensaft gewürzt und über die Nierenscheiben gegossen.

auf russische Art: Potschki po russki: In grobe Streifen geschnitten, noch rosa mit gehackten Schalotten sautiert. Vermischt mit tournierten Mohrrüben und Gurken, entsteinten Oliven und Gribuis, mit Tomatensauce gebunden, in Töpfchen angerichtet (russisch).
2. in Scheiben geschnitten, mit gehackten Schalotten sautiert; vermischt mit Champignonscheiben und glacierten, olivenförmigen Gurkenstückchen, gebunden mit Demiglace, vermischt mit saurem Rahm, gewürzt mit Zitronensaft.

Kalbsniere   **Kalbsnierenbraten**

---

saure –: à l'aigre: In Scheiben geschnitten, rasch in Butter noch blutig sautiert, herausgenommen, abgetropft; gehackte Zwiebeln in der Butter hell angebraten, mit etwas Essig abgelöscht, mit Demiglace und dem Nierensaft verkocht; die Nieren mit der heißen Sauce durchgeschwenkt und gleich serviert.

in Schaumwein: au champagne: In Scheiben geschnitten, sautiert, herausgenommen und abgetropft; Bratsatz mit Schaumwein abgelöscht, eingekocht, der abgetropfte Saft und Demiglace beigefügt, verkocht; die Nieren in der Sauce durchgeschwenkt.

auf Tiroler Art: à la tyrolienne: Ganze Nieren, gebraten; garniert mit geschmolzenen Tomaten und gebackenen Zwiebelringen.

mit verschiedenen Weinen: aux vins divers: Wie mit Schaumwein bereitet, doch an dessen Stelle mit Madeira, Marsala, Sherry, Portwein, Rheinwein, Burgunder usw. abgelöscht.

Kalbsnierenbraten: Longe de veau (longsch dö wo): Sattel der Länge nach halbiert, Knochen ausgelöst, Niere der Länge nach dreiviertel gespalten, auseinandergeklappt, damit das Filetstück bedeckt, zusammengerollt und fest verschnürt. Von außen gesalzen, gebraten, geschmort oder poeliert.

auf alte Art: à l'ancienne (angsjenn): Gebraten, garniert mit glacierten Zwiebelchen und sautierten Champignons; Kalbsjus.

auf Baseler Art: à la baloise (baloas): Ohne Niere gebraten, garniert mit Prinzeßböhnchen, sautierten Morcheln und Artischockenböden, mit der gewürfelten, sautierten Niere, mit Demiglace gebunden, gefüllt.

auf Brier Art: à la briarde (brijard): Gespickt, geschmort, garniert mit gedünstetem Kopfsalat, mit Kalbsfarce mit gehackten Kräutern gefüllt; Karotten in Rahmsauce und der eingekochte Schmorfond nebenbei.

auf Brüsseler Art: à la bruxelloise (brüsseloas): Gespickt, gebraten, garniert mit gedünstetem Chicorée, Rosenkohl und Schloßkartoffeln; der mit Madeira abgelöschte Bratsatz mit Demiglace verkocht nebenbei.

auf bürgerliche Art: à la bourgeoise: Gebraten, wie Truthahn, auf gleiche Art, garniert.

Casablanca: Gebraten, garniert mit kleinen, gerösteten grünen Paprikaschoten, Tomaten, gefüllt mit Reis in Hammelbrühe gekocht und Maiskörnchen, vermischt mit in Butter gedünsteten, gehackten Zwiebeln und Tomatenwürfeln; der abgelöschte Fond nebenbei.

auf elsässische Art: à l'alsacienne: Gebraten, mit Kalbsfond deglaciert und mit Stärkemehl gebunden; garniert mit Tarteletts, gefüllt mit Sauerkraut, eine runde, gebratene Schinkenscheibe obenauf; die Jus nebenbei.

auf englische Art: à l'anglaise: Gefüllt mit Farce von eingeweichtem Weißbrot, gehacktem Kalbsnierenfett, gehackter Niere, gehackten Zwiebeln und Kräutern, Eiern und Gewürz, gerollt, gebraten, geschmort; serviert mit einem Stück gekochtem Magerspeck und dem eingekochten Fond.

mit Estragon: à l'estragon: Gebraten, serviert mit Estragonsauce.

auf flämische Art: à la flamande: Gebraten, mit flämischer Garnitur und gebundener Kalbsjus serviert.

auf Florentiner Art: à la florentine (florentihn): Gebraten, garniert mit Spinatkuchen und Grießkroketts; tomatierte Demiglace.

auf französische Art: à la française (frangßäß): Gebraten, garniert mit Anna-Kartoffeln; Spinatpüree mit Rahm und Madeirasauce nebenbei.

mit Frühgemüsen: aux primeurs (o primöhr): Gebraten, garniert mit Frühgemüsen in Butter geschwenkt; Kalbsjus.

auf Gärtnerinart: à la jardinière: Gebraten, serviert mit Gärtnerin-Garnitur und Kalbsjus.

- **mit gemischtem Gemüse:** à la macédoine: Gebraten, feines Mischgemüse, in Butter geschwenkt oder mit Rahm gebunden, und Kalbsjus nebenbei.
- **auf Herzoginart:** à la duchesse (düscheß): Gebraten, garniert mit Herzogin-Kartoffeln, Madeirasauce.
- **auf Lausanner Art:** à la lausannoise (lohsanoas): Geschmort, garniert mit Robert-Kartoffeln und Tarteletts, gefüllt mit Lebermus; der gebundene Fond nebenbei.
- **auf Lehnsherrenart:** à la suzeraine (büsrähn): Gebraten, garniert mit gefüllten Tomaten und Gurken; Kalbsjus.
- **Lison:** Geschmort, garniert mit kleinen Brioches von Herzogin-Kartoffelmasse vermischt mit gehackter Pökelzunge, mit Ei bestrichen und gebacken; und gedünsteten, gehackten Kopfsalat, mit Béchamel und Eigelb gebunden, in kleine Tartelettförmchen gefüllt und im Ofen gegart; der eingekochte Schmorfond nebenbei.
- **auf Mailänder Art:** à la milanaise: Gespickt, geschmort; Makkaroni auf Mailänder Art und der eingekochte, tomatierte Fond nebenbei.
- **auf Monarchenart:** à la monarque (monark): Gebraten, garniert mit glacierten, tournierten Mohrrüben, weißen Rüben und Knollensellerie; Madeirasauce.
- **auf Nemourser Art:** à la Nemours (nemuhr): Gespickt, gebraten, glaciert; garniert mit Vichy-Karotten, Spargelspitzen und Kartoffelkugeln in Butter weißgedünstet; Kalbsjus.
- **auf Neverser Art:** à la nivernaise: Gebraten, wie Kalbsschnitzel garniert.
- **auf Pariser Art:** à la parisienne: Mit Trüffel- und Pökelzungenstreifen gespickt, poeliert; serviert mit Pariser Garnitur und der gebundenen Jus.
- **auf peruanische Art:** à la péruvienne (perüvjenn): Gebraten, garniert mit ausgehöhlten Sauerkleeknollen, gefüllt mit dem gehackten Knollenfleisch, Hühnerfleisch und Schinken, mit Demiglace gebunden, in Öl gedünstet; leichte Tomatensauce nebenbei.
- **auf Piemonteser Art:** à la piémontaise (pjemongtäs): Gebraten, serviert mit Risotto, vermischt mit Scheiben italienischer Trüffeln, und Kalbsjus.
- **Pompadour:** Gebraten, serviert mit Pompadour-Garnitur, Trüffelsauce nebenbei.
- **auf portugiesische Art:** à la portugaise (portügäs): Gebraten, garniert mit gefüllten Tomaten und Schloßkartoffeln; portugiesische Sauce nebenbei.
- **auf Prinzessinart:** à la princesse: Gebraten, garniert mit Tarteletts gefüllt mit grünen Spargelspitzen in Rahmsauce, mit Trüffelscheibe belegt, und Kartoffelkroketts; der mit Champignonessenz deglacierte und mit Demiglace verkochte Bratsatz nebenbei.
- **Richelieu:** Gebraten, garniert mit gedünstetem Kopfsalat, gefüllten Tomaten, gefüllten Champignonköpfen und Schloßkartoffeln; gebundene Kalbsjus.
- **auf Rigaer Art:** Gebraten, garniert mit glacierten Zwiebelchen, olivenförmigen Wurzelgemüsen und Bratkartoffeln; saure Rahmsauce nebenbei.
- **nach Art der Riviera:** à la côte d'azur (kot dasür): Gebraten, garniert mit Strohkartoffeln, Tomaten mit Rahmspinatpüree gefüllt, mit einem gerieften Champignonkopf belegt, und Artischockenböden, abwechselnd mit grünen Spargelspitzen und gewürfelten grünen Bohnen gefüllt; Kalbsjus.
- **Romanow:** Romanoff: Mit Speckstreifen und Sardellenfilets gespickt, gebraten; garniert mit geviertelten, gedünsteten Fenchelknollen; Kalbsjus.
- **auf russische Art:** à la russe: Gebraten, garniert mit sautierten Steinpilzen, glacierten Zwiebelchen, grünen Erbsen und Kalbsmilchkroketts; gebundene Kalbsjus.

Saint-Cloud: Gebraten, serviert mit Saint-Cloud-Garnitur; Madeirasauce.
auf Thronfolgerart: à la dauphine: Gebraten, mit Dauphine-Kartoffeln garniert, Madeirasauce.
Trianon: Gebraten, garniert mit Tarteletts, abwechselnd mit Püree von frischen grünen Erbsen, winzigen Kartoffel- und Mohrrübenkugeln, in Butter geschwenkt, gefüllt; gebundene, tomatierte Kalbsjus.
Viroflay: Gebraten, garniert mit Spinat Viroflay, gevierteilten Artischockenböden, in Butter mit gehackten Kräutern gedünstet, und Schloßkartoffeln; gebundene Kalbsjus.
Kalbsnuß: Noix de veau (noa dö wo): Einer der drei hauptsächlichsten Muskeln der Kalbskeule, der fast herzförmig ist. Die Nuß wird enthäutet, gespickt, gebraten, aber auch für Schnitzel und Rouladen verwendet.
Beatrice: Gebraten, mit Beatrice-Garnitur und gebundener Kalbsjus serviert.
auf Blumenmädchenart: à la bouquetière (bukettjer): Gebraten, garniert mit tournierten, glacierten Mohrrüben und weißen Rüben, Schloßkartoffeln, grünen Erbsen, Prinzeßböhnchen und Blumenkohlröschen mit holländischer Sauce nappiert; gebundene Kalbsjus nebenbei.
auf Bordelaiser Art: à la bordelaise: Gebraten, serviert mit Steinpilzscheiben, zusammen mit gehackten Schalotten in Olivenöl sautiert, und Bordelaiser Sauce.
auf Brabanter Art: à la brabançonne (brabangsonn): Gebraten, garniert mit Kartoffelkroketts und Tarteletts, gefüllt mit Rosenkohl, nappiert mit Mornaysauce und glaciert; Kalbsjus.
Bréhan: Gespickt, gebraten, garniert mit Artischockenböden, gefüllt mit Püree von Puffbohnen, belegt mit Trüffelscheibe, und Blumenkohlröschen, mit holländischer Sauce nappiert; Petersilienkartoffeln und Kalbsjus nebenbei.
auf Brieer Art: à la briarde: Wie Kalbsnierenbraten bereitet.
Chatam: Gespickt, geschmort, glaciert; gebutterte Nudeln, umkränzt mit runden Scheiben Pökelzunge, und leichte weiße Zwiebelsauce, mit Champignonscheiben vermischt, nebenbei.
Choisy (schoasi): Gebraten, garniert mit gedünstetem Kopfsalat und Schloßkartoffeln; gebutterte Kalbsglace nebenbei.
Choron: Gebraten, garniert mit Artischockenböden, mit grünen Erbsen gefüllt, und Pariser Kartoffeln; Choronsauce nebenbei.
Clamart: Gebraten, serviert mit Clamart-Garnitur; gebundene Kalbsjus.
auf Dreuxer Art: à la Dreux: Mit Trüffel- und Pökelzungenstreifen gespickt, geschmort; serviert mit Finanzmannsauce und -Garnitur.
auf elsässische Art: à l'alsacienne: Wie Kalbsnierenbraten bereitet.
mit Endivien: au chicorée: Geschmort, glaciert; Endivienpüree und gebundene Kalbsjus nebenbei.
auf Feinschmeckerart: du gourmet (gurmeh): Mit Pökelzungen- und Trüffelstreifen gespickt, in leichter Madeirasauce geschmort; garniert mit glacierten Zwiebelchen, gebratenen Tomaten, olivenförmigen Karotten und gerösteten Würfelkartoffeln; der passierte Schmorfond nebenbei.
auf Florentiner Art: à la florentine: Wie Kalbsnierenbraten bereitet.
auf Gemüsegärtnerart: à la maraîchère (maräschär): Gebraten, garniert mit kleinen Stückchen Schwarzwurzel, Rosenkohl und Schloßkartoffeln; gebundene Kalbsjus nebenbei.
auf italienische Art: à l'italienne: Gebraten, garniert mit Makkaronikroketts und gevierteilten Artischockenböden, auf italienische Art bereitet; italienische Sauce nebenbei.
auf japanische Art: à la japonaise: Gebraten, garniert mit Tarteletts, gefüllt mit Knollenziest in Rahmsauce, und Kartoffelkroketts; Kalbsjus.

auf kaukasische Art (kalt): à la caucasienne (kokasjenn): Gebraten, erkaltet, dreieckig in Größe eines Sandwichs geschnitten; je 2 Stück mit Butter, vermischt mit gehackten Sardellenfilets und gehacktem Schnittlauch, zusammengesetzt, unter leichtem Druck zum Festwerden der Butter kaltgestellt, pariert, mit Gelee überglänzt. Tomatenschaumbrot in Kuppelform gefüllt, auf runde Platte gestürzt, umkränzt mit den Dreiecken, garniert mit Geleewürfeln.

Lison: Wie Kalbsnierenbraten bereitet.

auf Mailänder Art: à la milanaise: Wie Kalbsnierenbraten bereitet.

auf Nemourser Art: à la Nemours: Wie Kalbsnierenbraten bereitet.

auf nordische Art: à la nordique (norrdik): Gespickt, gebraten, garniert mit gefüllten Champignonköpfen, Artischockenböden, mit Champignonpüree gefüllt, und Krokettkartoffeln; den mit saurem Rahm verkochten Bratsatz nebenbei.

auf Orleanser Art: à l'orléanaise (orleanais): Gebraten, wie Kalbskotelett garniert.

auf römische Art: à la romaine (romän): Gebraten, serviert mit römischer Garnitur und Sauce.

Saint-Mandé (sänk mandeh): Gebraten, garniert mit gebutterten grünen Bohnen, grünen Erbsen und kleinen geformten Anna-Kartoffeln; gebundene Kalbsjus.

auf sardinische Art: à la sarde (ßard): Gebraten, garniert mit kleinen, runden Kroketts von Safranreis, gefüllten Tomaten und gefüllten, gratinierten Gurken; tomatierte Demiglace nebenbei.

mit Sauerampfer: à l'oseille (oseij): Gebraten, Sauerampferpüree und Kalbsjus nebenbei.

auf slavonische Art: à la slavonienne (slawonjenn): Noch blutend gebraten, ausgekühlt, maskiert mit dickem Zwiebelpüree, in Blätterteig gehüllt, dekoriert, gebacken; Mischgemüse und Madeirasauce nebenbei.

Trianon: Wie Kalbsnierenbraten bereitet.

Viroflay: Wie Kalbsnierenbraten bereitet.

Kalbsnüßchen: Noisettes de veau (noasett dö wo): Die Nüßchen werden am besten aus dem Kalbsfilet in Form von kleinen Tournedos geschnitten, gebunden, gewürzt und stets in Butter gebraten.

auf englische Art: à l'anglaise: Leicht plattiert, paniert, in Butter gebraten, bedeckt mit halbzerlassener Kräuterbutter.

in der Kokotte: en cocotte: In der Service-Kokotte sautiert, garniert mit sautierten Champignons und gerösteten Würfelkartoffeln; beim Servieren etwas Jus angegossen.

mit Kopfsalat: au laitue (o lättü): Gebraten, garniert mit gedünstetem Kopfsalat, umkränzt mit gebundener Kalbsjus.

Marigny (marinji): Gebraten, garniert mit Tarteletts, abwechselnd mit grünen Erbsen und gewürfelten grünen Bohnen gefüllt, und Schmelzkartoffeln; gebundene Kalbsjus.

Muriel: Sautiert, auf Artischockenboden gesetzt, mit runder, gebratener Scheibe frischer Ananas belegt, mit gebundener, mit Madeira gewürzter Kalbsjus nappiert; mit Nußkartoffeln, mit gehackten, in Butter gerösteten Walnüssen geschwenkt, garniert.

Palais royal: Etwas blutend gebraten, mit Scheibchen Kalbsmilch belegt, nappiert mit dickem Zwiebelpüree, mit etwas holländischer Sauce vermischt, glaciert; garniert mit gedünstetem Bleichsellerie und Berny-Kartoffeln.

Ujest: Gebraten, nappiert mit Sauerrahmsauce, vermischt mit gehackten Sardellen und Kapern, mit gehacktem Schnittlauch bestreut.

Kalbsohren: Oreilles de veau (oraij dö wo): Abgebrüht, geputzt, sonst wie Kalbskopf gekocht.

Dressel: Abgebrüht, weichgedünstet, in Streifen geschnitten, gemehlt, in halb Olivenöl und halb Butter hellbraun gebraten; im letzten Moment mit gehackter Petersilie, Basilikum, Majoran und einer

Prise Salbei durchgeschwenkt, angerichtet, mit Zitronensaft beträufelt, mit brauner Butter übergossen, mit Kapern bestreut.

gebacken: frites: Abgebrüht, weichgedünstet, in Streifen geschnitten, durch Backteig gezogen, in tiefem Fett gebacken; garniert mit gebackener Petersilie, Tomatensauce nebenbei.

grilliert: grillées: Weichgedünstet, der Länge nach halbiert, mit Senf bestrichen, durch flüssige Butter gezogen, in geriebener Weißbrotkrume gewälzt, auf dem Rost gebraten; Teufelssauce nebenbei.

Poulette: Abgebrüht, in weißem Fond gedünstet; mit Poulettesauce übergossen, mit gehackter Petersilie bestreut.

Kalbsragout: Sauté de veau (soteh dö wo): Brust-, Schulter- oder Halsstücke, in Ragoutstücke geteilt, in Öl oder Butter mit Röstgemüsen angebräunt, Knoblauch und Gewürz beigefügt, mit Weißwein, Fond oder Sauce aufgegossen, gedünstet; wenn beinahe gar, die Stücke in eine saubere Kasserolle ausgestochen, die Garnitur beigefügt, Fond oder Sauce darüberpassiert, wie vorgeschrieben fertiggemacht.

mit Champignons: aux champignons: In braunem Fond und Demiglace geschmort; garniert mit kleinen Champignonköpfen in Butter sautiert, mit gehackter Petersilie bestreut.

mit Eieräpfeln: aux aubergines (os obergjihn): In Weißwein und Tomatensauce gedünstet, beim Servieren mit gemehlten, in Öl gebackenen Eierapfelscheiben garniert.

auf Frühlingsart: à la printanière: Garniert mit hübsch geformten Gemüsen der Saison.

auf Jägerart: à la chasseur (schassör): In braunem Fond mit Tomatenpüree gedünstet, Fond mit Jägersauce eingekocht, mit gehackter Petersilie bestreut.

auf katalonische Art: à la catalane (katalan): In Olivenöl mit gehackten Zwiebeln und Knoblauch gebräunt, in Weißwein und Demiglace geschmort; kurz vor dem Garwerden glacierte Zwiebelchen, sautierte Champignons, geschälte, geviertelte Tomaten und entsteinte Oliven beigefügt, die Sauce darüberpassiert.

Marengo: In Olivenöl mit gehackten Zwiebeln gebräunt, mit Weißwein deglaciert, eingekocht, mit braunem Fond, gewürfelten Tomaten und Tomatensauce aufgefüllt, Knoblauch und Kräuterbündel beigefügt, geschmort; garniert mit sautierten Zwiebelchen und Champignons, die eingekochte Sauce darüberpassiert, mit herzförmigen, in Olivenöl gebratenen Croutons umkränzt.

auf Neapler Art: à la napolitaine (napolitän): In Olivenöl angebräunt, mit Weißwein abgelöscht, mit Tomatensauce geschmort; Makkaroni auf Neapler Art nebenbei.

mit Nudeln: aux nouilles (o nuij): In braunem Fond mit Demiglace geschmort; gebutterte Nudeln nebenbei.

auf Oraner Art: à la oranaise (oranäs): Wie Marengo vorbereitet, ausgestochen, garniert mit Tomatenwürfeln und olivenförmigen, blanchierten Zaunrüben, die Sauce darüberpassiert, gargemacht; beim Servieren mit gebackenen Zwiebelringen bedeckt.

auf portugiesische Art: à la portugaise: Wie Marengo, jedoch ohne Champignons und Zwiebelchen bereitet, dafür reichlich gewürfelte Tomaten beigefügt; mit gehackter Petersilie bestreut.

Kalbsrippe: Siehe Kalbskotelett

Kalbsrippenstück, Kalbskarree: Carré de veau (karreh dö wo): Das Rippenstück wird vom Sattel getrennt, der Länge nach gespalten, der Wirbelknochen entfernt und die Rippenknochen glattgehackt. Das so hergerichtete Rippenstück ist auch zum Schneiden von Koteletts fertig. Es wird wie Kalbsnierenbraten bereitet.

Kalbsrücken, Kalbssattel: Selle de veau (ßell dö wo): In der Regel wird vom Rücken nur das Sattelstück im ganzen gebraten. Die zu langen Rippen werden abgehackt, Niere und Filets ausgelöst, die Bauchlappen nach innen geschlagen und der Sattel mit Bindfaden geschnürt. Wird er gespickt, so muß er zuvor enthäutet werden. Er wird gebraten, poeliert oder geschmort.

auf Baseler Art: à la bâloise: Gebraten, garniert mit gefüllten Morcheln und Tarteletts, mit gebutterten grünen Bohnen gefüllt und mit einer gebratenen Scheibe Kalbsniere belegt; Kalbsjus nebenbei.

auf Brieer Art: à la briarde: Wie Kalbsnierenbraten bereitet.

Chatam: Gespickt, gebraten, wie Kalbsnuß garniert.

auf flämische Art: à la flamande: Wie Kalbsnierenbraten bereitet.

auf Frankfurter Art (kalt): à la francfortoise (frankfortoas): Geschmort, erkaltet, Filets ausgelöst, in schräge Scheiben geschnitten, Mittelknochen ausgehackt; Scheiben mit Gänselebercreme bestrichen, wieder auf die Karkasse gelegt, Zwischenraum mit Gänselebercreme ausgefüllt und mit zwei Reihen geschälter, entkernter, halber Trauben abgesetzt und mit Madeiragelee überglänzt; garniert mit abgedeckelten, ausgehöhlten Mandarinen, gefüllt mit Salat von gewürfelter roter Paprikaschote, Mandarinenfilets und gekochtem Knollensellerie, mit Ketchupmayonnaise gebunden, mit Gelee, mit Mandarinensaft gewürzt, überglänzt.

mit Gemüsen: aux légumes: Mit beliebigen Gemüsen und Schloßkartoffeln garniert; Kalbsjus nebenbei.

auf Herzoginart: à la duchesse: Gebraten, garniert mit Herzogin-Kartoffeln; Madeirasauce nebenbei.

auf italienische Art: à l'italienne: Wie Kalbsnuß bereitet.

Matignon (matinjong): Halbgar geschmort, mit Matignon bedeckt, erst in dünne Scheiben fetten Specks und dann in Schweinsnetz gehüllt, fertiggeschmort; der eingekochte, entfettete Schmorfond nebenbei.

Metternich: Geschmort, tranchiert, die Tranchen wieder zurückgelegt mit zwei Trüffelscheiben und etwas paprizierter Béchamel dazwischen, gänzlich mit paprizierter Béchamel nappiert, glaciert; Pilawreis und der eingekochte, entfettete Schmorfond nebenbei.

Nelson: Wie Metternich bereitet, jedoch mit dicker, weißer Zwiebelsauce und dünnen Scheibchen Schinken zwischen den Tranchen; gänzlich mit Käse-Auflaufmasse, mit gehackten Trüffeln vermischt, bedeckt, im Ofen gebacken; der entfettete Fond nebenbei.

auf Nemourser Art: à la Nemours: Wie Kalbsnierenbraten bereitet.

auf orientalische Art: à l'orientale: Wie Metternich, jedoch mit Béchamel, stark mit Currypulver gewürzt, zwischen den Tranchen; gänzlich mit stark tomatierter Béchamel nappiert, glaciert, garniert mit gedünstetem Bleichsellerie, der entfettete, eingekochte Fond nebenbei.

Orlow: Orloff: Wie Metternich bereitet, mit Trüffelscheiben und dickem, weißem Zwiebelpüree zwischen den Tranchen; nappiert mit Mornaysauce, vermischt mit weißem Zwiebelpüree, glaciert; Spargelspitzen in Rahmsauce und der entfettete Fond nebenbei.

auf Pariser Art: à la parisienne: Wie Kalbsnierenbraten bereitet.

auf Piemonteser Art: à la piémontaise (pjimontäs): Wie Metternich bereitet, jedoch mit Mornaysauce, vermischt mit geriebenen weißen Trüffeln zwischen den Tranchen; nappiert mit der gleichen Sauce, glaciert; Reis auf Piemonteser Art und der entfettete, eingekochte Fond nebenbei.

auf portugiesische Art: à la portugaise: Wie Kalbsnierenbraten bereitet.

auf Prinzessinart: à la princesse: Wie Kalbsnierenbraten bereitet.

Renaissance (rennäsangs): Gebraten, mit Sträußchen von Frühlingsgemüsen garniert; Kalbsjus nebenbei.

Richelieu: Gebraten, wie Kalbsnierenbraten garniert.

Richemont (kalt) (rischmong): Gebraten, erkaltet, tranchiert, mit Madeiragelee überglänzt; garniert mit kleinen Muschelschalen mit Gemüsesalat gefüllt und hübsch dekoriert sowie gewürfeltem Gelee.

Romanow: Romanoff: Wie Metternich bereitet, jedoch mit Béchamel, vermischt mit dünnen, sautierten Scheibchen von Steinpilzen zwischen den Tranchen; nappiert mit Béchamel mit Krebsbutter aufgeschlagen, glaciert; in Weißwein gedünstete Fenchelknollen und die entfettete Jus nebenbei.

Saint-Germain: Gespickt, gebraten, glaciert; garniert mit gestürztem Becher von Püree von grünen Erbsen, mit Eigelb und Rahm gebunden und pochiert, Schloßkartoffeln und olivenförmigen Mohrrüben; der eingekochte, entfettete, mit Kalbsjus abgelöschte Bratsatz und Béarner Sauce nebenbei.

Salazar: Wie Metternich bereitet, jedoch die Tranchen mit Béchamel, mit dick eingekochten, geschmolzenen Tomaten vermischt, zusammengesetzt; nappiert mit Käse-Auflaufmasse, vermischt mit dikkem Püree von frischen Tomaten, glaciert; gedünstete, mit Duxelles gefüllte Zwiebeln und der entfettete Fond nebenbei.

auf spanische Art: à l'espagnole (espanjol): In Weißwein und leichter Demiglace geschmort, garniert mit gebratenen Tomaten, geformtem Reis, vermischt mit grünen Erbsen, gewürfelten roten Paprikaschoten und zerdrückter Bratwurst, und Schloßkartoffeln; der entfettete Fond nebenbei.

Tosca: Wie Metternich bereitet, jedoch der Mittelknochen ausgehackt, die Öffnung mit kleingeschnittenen Makkaroni, gebunden mit Butter, Rahm und geriebenem Käse, vermischt mit Trüffeljulienne, gefüllt, die Tranchen wieder aufgelegt mit Trüffelscheiben und Béchamel vermischt mit Zwiebelpüree dazwischen; nappiert mit der gleichen Sauce, glaciert; der entfettete, eingekochte Fond nebenbei.

Versailles: Wie Metternich bereitet, mit Mornaysauce zwischen den Tranchen; nappiert mit Mornaysauce, bestreut mit geriebenem Parmesan, betropft mit Butter, überkrustet; garniert mit Champignonköpfen, gefüllt mit Püree von grünen Erbsen, und Artischockenböden mit feinem Kartoffelpüree gefüllt; gebundene Kalbsjus.

auf westfälische Art: à la westphalienne: Gebraten, tranchiert, abwechselnd mit gleichgroßen Scheiben von in Madeira gedünsteten Schinken wieder zusammengesetzt, leicht mit gebundener Kalbsjus nappiert; flache Blätterteigpastetchen, gefüllt mit Haschee von Bleichsellerie, belegt mit blanchierter Rindermarkscheibe mit flüssiger Glace bedeckt, und gebundene Kalbsjus nebenbei.

Kalbsschnitzel: Escalope de veau (eskalopp dö wo): Schnitzel schneidet man am besten aus der kleinen Nuß oder dem Schnitzelfrikandeau. Sie werden oval oder rund pariert, paniert oder unpaniert in Butter gebraten und entsprechend garniert.

auf badische Art: à la badoise: Gewürzt, in Butter gebraten, mit Nudeln oder mit Spätzle garniert; Blattspinat mit süßem Rahm gedünstet nebenbei.

Bismarck: Gebraten, mit zwei halben Kiebitz- oder Möweneiern, Champignonköpfen und Trüffelscheiben belegt, mit Tomatensauce nappiert.

Carmen: Gebraten, eine Hälfte mit Trüffel-, die andere Hälfte mit Béarner Sauce bedeckt; garniert mit gebratenen Tomaten und Strohkartoffeln.

mit Champignons: aux champignons: Paniert, gebraten, garniert mit gebratenen Champignonköpfen;

Cordon bleu: Zwei kleine, gleichmäßige Schnitzel, plattiert, gewürzt, dazwischen je eine Scheibe gekochter Schinken und Schweizer Käse plaziert; mehliert, mit geschlagenem Ei und geriebener Weißbrotkrume paniert, sorgfältig in geklärter Butter gebraten.

auf englische Art: à l'anglaise: Paniert, gebraten, zwischen zwei gebratenen Scheiben Frühstücksspeck angerichtet, mit brauner Butter übergossen.

Escalope: siehe Kalbsschnitzel

auf flämische Art: à la flamande: Gebraten, mit flämischer Garnitur angerichtet.

Fleury: Wie Kalbskotelett bereitet.

auf Freiburger Art: à la fribourgeoise (friburschoas): Gewürzt, gemehlt, in Butter gebraten, herausgenommen; gehackte Schalotten in der Butter angeschwitzt, mit Marsala abgelöscht, Tomatenwürfel hinzugefügt, gargedünstet. Schnitzel in Backplatte gelegt, mit dünner Scheibe Emmentaler Käse belegt, im Ofen kurz überkrustet, bis der Käse geschmolzen ist, mit den Tomatenwürfelchen bedeckt (schweizerisch).

Holstein: In Butter gebraten, mit einem Spiegelei mit Kapern bestreut belegt; garniert mit drei gerösteten Croûtons mit Sardellenfilets, Räucherlachs und Sardine, außerdem Scheiben roter Rüben und Pfeffergürkchen. Bratkartoffeln nebenbei.

italienisches -: Wie Kalbskotelett bereitet.

auf Jägerart: à la chasseur: In Butter gebraten, herausgenommen; gehackte Schalotten und Champignonscheiben in der Bratbutter sautiert, mit Weißwein deglaciert, mit tomatierter Demiglace verkocht, gehackter Estragon und Kerbel hinzugefügt, über das Schnitzel gegossen.

Kaiserschnitzel: Gespickt, in Butter angebraten, in Kalbsfond mit saurem Rahm gedünstet; Sauce mit Mehl eingedickt, mit Zitronensaft gewürzt, passiert, mit Kapern vermischt, über das Schnitzel gegossen (österreichisch).

Leipziger -: Gebraten, belegt mit pochiertem Ei bedeckt mit Béarner Sauce, garniert mit Leipziger Allerlei.

auf Mailänder Art: à la milanaise (milanäs): Gemehlt, durch geschlagenes Ei gezogen, mit Mischung von geriebenem Weißbrot und geriebenem Parmesan paniert, in Olivenöl gebraten; Makkaroni auf Mailänder Art nebenbei.

Metropole: Paniert, gebraten, bedeckt mit einem Spiegelei; abwechselnd mit frischen, in Butter geschwenkten Gemüsen und Schälchen mit eingelegten roten Rüben, Salaten und Essiggemüsen garniert (russisch).

auf moderne Art: à la moderne: Zwei kleine runde Schnitzel, plattiert, nur auf einer Seite angebraten; mit getrüffelter Kalbsfarce zusammengesetzt, die gebratenen Seiten nach innen, in geklärter Butter langsam gebraten; nappiert mit Madeirasauce, garniert mit gebutterten grünen Erbsen.

auf Moldauer Art: à la moldavienne (molldawjenn): Gebraten, auf Butterreis angerichtet, leicht mit Tomatensauce nappiert; garniert mit gefüllten Tomaten und winzigem Tartelett mit Kaviar gefüllt.

Montholon: Gebraten, gleich große, gebratene Schinkenscheibe obenauf, belegt mit zwei Trüffelscheiben und zwei Champignonköpfen, umrandet mit Geflügelrahmsauce.

Napoleon: Saftig gebraten, dressiert in Backplatte auf Butterreis, vermischt mit gebratenen Gänseleberwürfeln und Trüffeln, nappiert mit Mornaysauce, rasch glaciert; garniert mit gestürzten Becherchen von Kalbsmilchwürfeln, mit Rahm und Eigelb gebunden und pochiert, sowie Pfifferlingen mit Rotweinsauce gebunden.

Naturschnitzel: Gebraten, mit der Bratbutter übergossen, ohne Garnitur angerichtet.

auf Neverser Art: à la nivernaise (niwernäs): Gebraten, mit gebundener Kalbsjus nappiert, garniert mit glacierten Zwiebelchen und glacierten, olivenförmigen Mohrrüben.

Oscar: Wie Kalbskotelett bereitet.

Paprika-: au paprika: 1. Papriziert, gemehlt, in Butter braungebraten, in saurem Rahm mit etwas tomatierter Demiglace gedünstet;

2. gebraten, herausgenommen, in der Bratbutter gehackte Zwiebeln leicht angeröstet, papriziert, mit Rahm verkocht, über das Schnitzel gegossen.

Paradeis-Schnitzel: Naturschnitzel auf beiden Seiten gebräunt, in leichter Tomatensauce gedünstet; Butterreis oder Nudeln nebenbei (österreichisch).

Prinz-Heinrich-: Gebraten, nappiert mit Jägersauce, bestreut mit hartgekochtem, gehacktem Eiweiß und gehackten Trüffeln; garniert mit Schmelzkartoffeln, grünen Erbsen und Tartelett gefüllt mit gewürfeltem Knollensellerie in Rahmsauce.

in Rahmsauce: à la crème: Gebraten, Bratsatz mit süßem Rahm verkocht und über das Schnitzel gegossen.

auf reiche Art: à la riche (rihsch): Paniert, gebraten; garniert mit Artischockenböden mit Püree von frischen grünen Erbsen gefüllt, Madeirasauce nebenbei.

auf rheinische Art: à la rhenane (renang): Paniert, gebraten, über Kreuz mit Sardellenfilets belegt, mit Kapern bestreut; garniert mit Bratkartoffeln, Sardellensauce nebenbei.

auf russische Art: à la russe: In Butter gebraten, nappiert mit Rahmsauce vermischt mit Tomatenstreifen, Streifen von Steinpilzen und sauren Gurken, eine Zitronenscheibe mit einem kleinen Häufchen Kaviar obenauf.

Scaloppine di vitello alla Marsala: Kleine runde Schnitzelchen, geklopft, gewürzt, gemehlt, in Butter gebraten, herausgenommen. Rohe Champignonscheiben in der Butter sautiert, etwas Marsala zugegossen, aufgekocht, die Schnitzelchen hineingelegt, einige Minuten darin durchgezogen; wieder herausgenommen, der Fond eingekocht, mit den Champignons über das Fleisch gegossen, mit gehackter Petersilie bestreut; mit Spargelköpfen, grünen Erbsen oder anderem feinen Gemüse garniert (italienisch).

auf schwäbische Art: à la souabe (ßuab): Gebraten, mit etwas Zitronensaft beträufelt, mit Rahmsauce übergossen; Spätzle mit Reibbrot in reichlich Butter gebräunt übergossen nebenbei.

auf westfälische Art: Wie Kalbskotelett bereitet.

überbacken: au four (o fuhr): Nur auf einer Seite angebraten, mit der ungebratenen Seite in eine gebutterte Backplatte gelegt, mit grobem Salpicon von Champignons, Pökelzunge und Kalbsmilch, nach Möglichkeit auch Trüffeln, mit Rahm- oder deutscher Sauce gebunden, bedeckt; mit geriebenem Käse bestreut, mit Butter betropft, im Ofen gargemacht und überkrustet.

auf ungarische Art: à la hongroise: Gesalzen, papriziert, gemehlt, in Schweineschmalz gebraten, in leichter saurer Rahmsauce mit Paprika gedünstet; kleine Mehlklößchen, Tarhonya oder Nudeln nebenbei.

Wiener: à la viennoise: Paniert, in Schweineschmalz halb schwimmend gebraten, trocken nur mit Zitronenspalten und Petersilie angerichtet.

Yorkshire-: à la yorkaise: Gebraten, mit Weißwein deglaciert, mit Demiglace verkocht, über das Schnitzel gegossen; belegt mit einer Scheibe gebratenem Schinken, bestreut mit Kapern.

Zigeuner-: Gebräunt, in leichter Tomatensauce, vermischt mit grober Julienne von Pökelzunge, Champignons und Trüffeln, gedünstet (österreichisch).

Kalbsschulter: Epaule de veau (epohl dö wo): Sie wird hauptsächlich entbeint, gerollt, gebunden und wie Kalbsnierenbraten bereitet.

gefüllt: farcie: Entbeint, gefüllt mit Bratwurstfleisch, vermischt mit gehackten angedünsteten Schalotten und Zwiebeln, eingeweichtem Weißbrot, Eiern, gehackter Petersilie und Champignons, gewürzt, gerollt, gebunden, geschmort; der eingekochte, gebundene und passierte Fond nebenbei.

Kalbsschwanz: Queue de veau (kö dö wo): In passende Stücke geschnitten, kurz blanchiert, wie Ragout behandelt.

auf italienische Art: à l'italienne: Vorgekocht, in italienischer Sauce fertiggedünstet.

Marengo: Wie Kalbsragout gleichen Namens bereitet.

Kalbssteak: Steak de veau (stehk dö wo): Man schneidet das Steak am besten aus dem ausgebeinten Sattelstück, kann es aber auch aus dem Schnitzelfrikandeau schneiden. Es wird leicht plattiert, pariert, gewürzt und in Butter gebraten.

Adlon: Gebraten, bedeckt mit Rührei und gebratenen Kalbsnierenscheiben; garniert mit Strohkartoffeln, Madeirasauce nebenbei.

auf Berliner Art: à la berlinoise: Gebraten, bedeckt mit zwei pochierten, entbarteten Austern und zwei Trüffelscheiben, nappiert mit weißer Rahmsauce mit dem Austernwasser vermischt, mit Fleurons umkränzt.

auf Erzherzogsart: à l'archiduc (arschidük): Gebraten, mit Trüffelscheiben belegt; deglaciert mit Weinbrand und süßem Rahm, verkocht mit Velouté und weißem Zwiebelpüree, mit Zitronensaft und Madeira gewürzt, über das Steak gegossen.

mit Estragon: à l'estragon: Gebraten, nappiert mit Estragonsauce mit gehacktem Estragon.

Horcher: Gebraten, nappiert mit Béarner Sauce; garniert mit Artischockenböden, abwechselnd mit Gänseleber- und Champignonpüree gefüllt, und Strohkartoffeln.

Kempinski: Gebraten, bedeckt mit Rührei und Spargelköpfen, mit holländischer Sauce, überbacken; garniert mit grünen Erbsen, Karotten, gedünsteten Gurkenoliven und Tomatenvierteln.

in der Kokotte: en cocotte: In ovaler Kokotte gebraten, wenn halbgar sautierte Champignonköpfe, gebratene Würfelkartoffeln und geröstete Speckwürfel beigefügt, zugedeckt, im Ofen fertiggebraten; beim Servieren wenig Kalbsjus angegossen.

auf köstliche Art: Kurz und dick geschnitten, in aromatischem Kalbsfond pochiert; mit Hummersauce nappiert, mit gerieften Champignonköpfen belegt, mit Spargelköpfen garniert.

Loncha de Ternera: Spanisches Kalbssteak: Gewürzt, paniert mit geschlagenem Ei und geriebenem Weißbrot, vermischt mit geriebenem Parmesan; in gefettete Backplatte gelegt, mit zerlassener Butter bedeckt, im Ofen gebraten; mit leichter Tomatensauce umgossen (spanisch).

Lustige Witwe: Veuve joyeuse: Gebraten, mit halben, gebratenen Bananen belegt, mit warmer Cumberland-Sauce, mit Butter aufgeschlagen, nappiert; garniert mit grober Julienne von roten Paprikaschoten, in Butter gedünstet, und Strohkartoffeln.

Maryland: Paniert, gebraten, auf gebratenen Speckscheiben angerichtet; garniert mit gebratenen Bananen und Maiskroketts, Meerrettichsahne nebenbei.

Mein Wunsch: Mon désir: Noch blutend gebraten, in ovale Backplatte gelegt, bedeckt mit dünner Scheibe Emmentaler Käse, bestäubt mit Paprika, einige Tropfen Weißwein angegossen; im Ofen rasch glaciert, umrandet mit geschmolzenen Tomaten mit einer Spur Knoblauch und gehackter Petersilie.

Mirbach: Gebraten, auf Safranreis vermischt mit geriebenem Parmesan dressiert; belegt mit Lammbrieschen, mit Trüffel- und Pökelzungenstreifen gespickt, mit gebutterter Tomatensauce umkränzt.

Monaco: Gebraten, dressiert auf Crouton mit flüssiger Glace bestrichen, bedeckt mit einer gebratenen Schinkenscheibe, einer gebratenen Scheibe Kalbshirn und einem gerieften Champignonkopf; Demiglace, vermischt mit Trüffel- und Champignonscheiben, rundherum.

Rachel: Wie Kalbsmilch bereitet.

auf reiche Art: à la riche: Wie Kalbsschnitzel bereitet.

auf sächsische Art: à la saxe (ßaks): Gebraten, bedeckt mit Rührei vermischt mit gebratenen Steinpilzscheiben und gehackter Petersilie; Bratkartoffeln nebenbei.

Kalbszunge: Langue de veau (lang dö wo): Wird meistens zusammen mit dem Kalbskopf serviert. Als Einzelgericht wird die Zunge mit

Wurzelwerk gekocht, enthäutet, der Länge nach geteilt oder in dicke Scheiben geschnitten. Zum Schmoren wird sie stark blanchiert und vor dem Anbraten enthäutet.

gebacken: frite: Gekocht, in dicke Scheiben geschnitten, paniert, in tiefem Fett gebacken; mit gebackener Petersilie angerichtet, Sardellen-, Kapern- oder Tomatensauce nebenbei.

mit Gurkensauce: à la sauce aux concombres: Gekocht, nappiert mit Pfeffersauce, vermischt mit gehackten Essiggurken.

auf Haushälterinart: à la ménagère: Vorgekocht; je zwei Scheiben mit feiner, in Butter gedünsteter Mirepoix, mit dicker Demiglace vermischt, zusammengesetzt, paniert, in tiefem Fett gebacken; italienische Sauce und Spinat- oder Kartoffelpüree nebenbei.

auf italienische Art: à l'italienne: Vorgekocht, geschmort, bedeckt mit italienischer Sauce vermischt mit dem Schmorfond; Spaghetti auf italienische Art bereitet nebenbei.

mit Malagasauce: à la sauce au Malaga: Gekocht, in Scheiben geschnitten, nappiert mit Demiglace kräftig mit Malaga abgeschmeckt.

auf Münchener Art: à la munichoise: Blanchiert, enthäutet, mit Bouillon, Essig, Pfefferkörnern, Nelkenpfeffer, Lorbeerblatt und Salz fertiggekocht; bedeckt mit groben Streifen von Sellerie, Lauch, Mohrrüben und Zwiebelscheiben, in etwas von dem Fond gekocht; garniert mit Scheiben von Salzgurken und geraspeltem Meerrettich.

auf polnische Art: à la polonaise: Vorgekocht; geschmort in leichter Demiglace mit Mandelstreifen, Korinthen, gehackten Feigen und Datteln und etwas Honig.

auf portugiesische Art: à la portugaise: Gekocht, geschnitten, mit portugiesischer Sauce bedeckt.

mit Püree: au purée: Geschmort; serviert mit dem eingekochten und gebundenen Fond und Kartoffel-, Maronen-, grünen Erbsen-, Knollensellerie- oder weißen Bohnenpüree.

mit Senfsauce: à la sauce moutarde: Gekocht, in Scheiben geschnitten, paniert, mit zerlassener Butter befeuchtet, grilliert, Senfsauce nebenbei.

mit Teufelssauce: à la diable (dijab): 1. Vorgekocht, in dicke Scheiben geschnitten, mit Senf bestrichen, in Weißbrotkrume gewälzt, grilliert; Teufelssauce nebenbei;
2. gekocht, mit Teufelssauce angerichtet.

Westmoreland: Gekocht, serviert mit Madeirasauce, vermischt mit gehackten Essiggemüsen.

Kaldaunen, Kutteln, Kuttelfleck: Tripes (trip): Man versteht hierunter den Fettdarm und die eigentlichen Kutteln, da der Teil, der den ersten liefert, auch zum Herstellen des zweiten Teiles mitverwendet wird. Den Fettdarm erhält man nur aus dem Magen. Kaldaunen werden meistens im gekochten Zustand geliefert, müssen aber durch Kochen, Braten oder Schmoren weiterbehandelt werden.

Blanchard (blangschahr): Gehackte Zwiebeln leicht angebraten, mit Mehl bestäubt, mit hellem Fond angegossen, aufgekocht; in Streifen geschnittene, vorgekochte Kaldaunen, Weißwein, Gewürz, ein Kräuterbündel und gewürfelte Kartoffeln beigefügt, zusammen gargekocht.

auf bürgerliche Art: à la bourgeoise: Zwiebel- und Mohrrübenscheiben in Butter angeschwitzt, mit Mehl bestäubt, mit Bouillon aufgefüllt, aufgekocht; in Vierecke geschnittene Kaldaunen beigefügt, zusammen mit Kräuterbündel und Knoblauch gekocht, kurz vor dem Garwerden Champignonscheiben und etwas Essig beigefügt.

auf Caener Art: à la mode de Caën (mod dö kang): Vorgekocht, in breite Streifen geschnitten, zusammen mit mittelgroßen, blanchierten Stücken Rinderfüßen, Karotten- und Zwiebelscheiben und großem Kräuterbündel in feuerfeste Steingutschüssel gefüllt, gewürzt, mit den gespaltenen Knochen der Füße und gewässerten Rinderfettscheiben bedeckt; mit Calvados oder Weinbrand, Apfel- oder Weißwein aufgegossen, zugedeckt, mit Teig verschlossen, im Ofen etwa 10 Stunden gedünstet.

gebacken: frite: Vorgekocht, in Vierecke geschnitten, paniert, in tiefem Fett gebacken; Tomatensauce nebenbei.

grilliert: grillée: Vorgekocht, in Vierecke geschnitten, durch flüssige Butter gezogen, in geriebenem Weißbrot gewälzt, auf dem Rost gebraten; serviert mit Zitronenspalten.

auf Hausfrauenart: à la bonne femme (bonn famm): Gehackte Zwiebeln in Butter angeschwitzt, mit Mehl bestäubt, leicht angeröstet, mit Weißwein und hellem Fond aufgegossen, gewürzt, aufgekocht; vorgekochte, in Streifen geschnittene Kaldaunen und Kräuterbündel beigefügt, zugedeckt, im Ofen gargeschmort.

auf Haushälterinart: à la ménagère: Vorgekocht, in Vierecke geschnitten, vermischt mit dem gewürfelten Fleisch eines vorgekochten Ochsenfußes, Zwiebel-, Sellerie- und Mohrrübenscheiben, gewürfelten Tomaten, Knoblauch, Majoran und Kräuterbündel, gewürzt, mit Weinbrand, Weißwein und etwas Bouillon aufgegossen, gargedünstet.

Holland House: Vorgekocht, in Vierecke geschnitten, gewürzt, gemehlt, in Butter gebraten, mit Schnittlauchsauce übergossen.

auf irische Art: à l'irlandaise: Vorgekocht, in Vierecke geschnitten, in halb Milch und halb Wasser mit Zwiebelscheiben und Gewürz gekocht; Fond mit Mehlbutter gebunden, mit Senfpulver und Zitronensaft gewürzt.

Königsberger Fleck: Mit Zwiebelscheiben, Wurzelwerk und Gewürz vorgekocht; in Streifen geschnitten, in einer Sauce aus dem Fond und weißer Mehlschwitze, gewürzt mit Majoran, Lorbeerblatt, Pfefferkörnern und Prise geriebener Muskatnuß, gargekocht; mit Essig abgeschmeckt, auf Tellern mit einer Prise Majoran bestreut serviert.

mit feinen Kräutern: aux fines herbes: Vorgekochte Kaldaunen, in Streifen geschnitten, in Butter mit gehackten Schalotten, gehackter Petersilie und Kerbel sautiert, mit gehackten Kräutern bestreut serviert.

auf Kreolenart: à la créole: In Scheiben geschnittene Zwiebeln und Streifen grüner Paprikaschote in Olivenöl und Butter angeröstet, Streifen vorgekochter Kaldaunen, Tomatenwürfel und Knoblauch beigefügt, gewürzt, mit wenig Fond aufgegossen, gedünstet.

auf Lyoner Art: à la lyonnaise: Vorgekocht, in Streifen geschnitten, in heißem Schmalz knusprig sautiert, mit gebratenen Zwiebelscheiben durchgeschwenkt; einige Tropfen in der Pfanne erhitzter Essig darübergegossen, mit gehackter Petersilie bestreut.

Orly: à l'Orly: Vorgekocht, in breite Streifen geschnitten, durch Backteig gezogen, in tiefem Fett gebacken; Tomatensauce nebenbei.

Poulette: Vorgekocht, in Streifen geschnitten, in Poulettesauce gedünstet.

auf provenzalische Art: à la provençale: 1. Zwiebelscheiben und gehackten Speck in Olivenöl angeschwitzt, mit Mehl bestäubt, gebräunt, mit Brühe aufgegossen, gekocht; vorgekochte Kaldaunenstreifen beigefügt, gewürzt, gargekocht, die Sauce mit Eigelb gebunden, mit Zitronensaft, gehackter Petersilie und Basilikum vervollständigt;

2. vorgekocht, in Streifen geschnitten, in Olivenöl mit gehackten Zwiebeln, Tomatenwürfeln, Knoblauch, Champignonscheiben und Weißwein gedünstet.

auf rumänische Art: à la roumaine: Vorgekocht, in Streifen geschnitten, vermischt mit Streifen von Schweinsfüßen, in Demiglace mit Piment und einem Schuß Essig gedünstet.

Kaldaunen   **Känguruh**

    in saurer Sauce, saure Kutteln: à l'aigre: Vorgekocht, in Streifen geschnitten, zusammen mit Zwiebelscheiben in Butter angeschwitzt, in Demiglace gedünstet, mit Essig gesäuert.

    mit Senf: à la moutarde: Vorgekocht, in Viereck geschnitten, mit Senf bestrichen, paniert; in tiefem Fett gebacken, Tomatensauce nebenbei.

    mit Tataren-Sauce: à la sauce tartare: Grilliert, Tatarensauce nebenbei.

    Tripas a la Andaluza: auf andalusische Art: Gehackte Zwiebeln und roher Schinken leicht in Butter angebraten, gewürfelte Tomaten beigefügt, mit Mehl bestreut und mit hellem Fond angegossen; in Streifen geschnittene, vorgekochte Kaldaunen, vorgekochte Kichererbsen, Knoblauch und gehackte Pfefferminze hinzugegeben, mit Salz, Pfeffer und Zimt gewürzt, gedünstet; zuletzt mit Olivenöl und Reibbrot gebunden (spanisch).

    Tripas a la Española: Blanchiert, in Wasser und Weißwein mit Wurzelwerk, Zwiebeln, Kalbsfüßen und einem Schinkenknochen vorgekocht; in Streifen geschnitten, in Sauce von in Olivenöl leicht angerösteten Zwiebeln und gehackten Tomaten, mit Mehl bestäubt, mit dem passierten Fond aufgegossen und mit Salz, Pfeffer und Kümmel gewürzt, zusammen mit Scheiben von Knoblauchwurst (Chorizos) gekocht (spanisch).

    auf Troyer Art: à la mode de Troyes (troa): Vorgekochte Vierecke, mit Senf bestrichen, paniert, in tiefem Fett gebacken; Vinaigrette-Sauce nebenbei.

    auf ungarische Art: à la hongroise: Vorgekocht, in Streifen geschnitten, zusammen mit Streifen roter Paprikaschote in leichter Paprikasauce gedünstet.

    auf venezianische Art: à la vénétienne: Vorgekocht, in Streifen geschnitten, in Butter mit Champignonscheiben angedünstet, mit Tomatensauce aufgekocht, in feuerfeste Schüssel gefüllt, mit geriebenem Parmesan bestreut, im Ofen überkrustet.

    mit Vinaigrette-Sauce: à la sauce vinaigrette (winägrett): Vorgekocht, in Vierecke geschnitten, paniert, in tiefem Fett gebacken; Vinaigrette-Sauce nebenbei.

    Zadéjávané drsky: auf tschechische Art: Vorgekocht, in Streifen geschnitten, in Butter mit gehackten Zwiebeln und Knoblauch sautiert, mit Mehl bestäubt, mit Bouillon aufgegossen, mit gehacktem Schinken und Petersilie gargedünstet (tschechoslowakisch).

Kangourou: siehe Känguruh

Känguruh: Kangourou (känguruh); Riesenkänguruh: Der größte aller pflanzenfressenden Springbeutler, gekennzeichnet durch stark verlängerte Hinterglieder und kräftigen Schwanz, in Australien beheimatet, kräftig nach Wild schmeckendes Fleisch; der Schwanz eignet sich besonders gut für Suppen, zum Dünsten und Braten.

    Sattel: Selle de kangourou: In gekochter Marinade von Rotwein, etwas Weinessig, Zwiebel- und Mohrrübenscheiben, Pfefferkörnern und Petersilienstielen gebeizt; gespickt, je nach Alter gebraten oder geschmort, wie Haarwild garniert.

    Schwanz, gebacken: Queue de kangourou frit: Gewässert, entbeint, gefüllt mit Farce von Schweine- und Kalbfleisch, mit Eiern, Weinbrand und Gewürz vermischt, in hellem Fond gekocht, ausgekühlt; in Stücke geschnitten, paniert, in tiefem Fett gebacken, mit Mangold, Spinat oder Schwarzwurzeln und Tomatensauce serviert.

    gefüllt: farci: Entbeint, gefüllt mit Kalbfarce, vermischt mit gewürfeltem Magerspeck und Eiern, gut gewürzt, in ein Tuch gehüllt; vorgekocht, dann in leichter Demiglace mit Rotwein, Wurzelwerk und Champignonabgängen gedünstet; in Stücke geschnitten, serviert mit der passierten, eingekochten, mit Marsala gewürzten Sauce.

    auf orientalische Art: Queue de kangourou à l'orientale: Gewässert, in passende Stücke geschnitten, gebräunt, in leichter Demiglace mit angebratenen Zwiebel- und Mohrrübenscheiben geschmort; garniert mit gefüllten Tomaten, gebratenen Eierapfelscheiben, gebratenen Bananen und Artischockenböden; die passierte Sauce darübergegossen.

Kaninchen, zahmes Kaninchen: Lapin de chou, lapin de clapier: Wildes Kaninchen: Lapin de garenne: Nagetier aus der Familie der Hasen. Das Wildkaninchen ist gedrungener als das zahme gebaut, das Ohr kürzer als der Kopf, niedergelegt und nicht bis zur Schnauze reichend. Die Körperfarbe ist grau bis gelblichbraun und unten weiß. Von den Hauskaninchen gibt es eine Anzahl verschiedener Rassen, Größen und Farben.

Junge Kaninchen nimmt man zum Braten, Sautieren oder für Frikassee, ältere zum Schmoren, für Pasteten, Farcen und Suppen.

auf alte Art: à l'ancienne (angsjenn): In Butter nur steifgemacht, jedoch nicht gebräunt, mit Mehl bestäubt, mit Weißwein und hellem Fond angegossen, gedünstet; wenn halbgar vorgekochte Zwiebelchen und kleine Champignonköpfe beigefügt; mit Eigelb und süßem Rahm legiert, mit Fleurons garniert, mit gehacktem Schnittlauch bestreut.

auf bürgerliche Art: à la bourgeoise: In Stücke geteilt, angebraten, mit Mehl bestreut, mit Weißwein und braunem Fond aufgegossen, geschmort; wenn halbgar angebräunte Zwiebelchen, angebratene Speckwürfel und olivenförmige, ansautierte Mohrrüben beigefügt.

auf Burgunder Art: à la bourguignonne: Wie auf bürgerliche Art bereitet, jedoch mit Rotwein, kleinen Champignonköpfen und kleinen Zwiebelchen, umlegt mit gebratenen, herzförmigen Croutons.

mit Champignons: aux champignons: In Stücke geteilt, gebräunt, in Weißwein und leichter Demiglace geschmort; kurz vor dem Garwerden ansautierte Champignonköpfe beigefügt.

Coniglio fritto alla Lombardo: auf lombardische Art: In Stücke geteilt, durch geschlagenes Ei, vermischt mit gehacktem Basilikum, zerdrücktem Rosmarin, gehackter Petersilie, Salz und Pfeffer, gezogen, mit geriebenem Weißbrot paniert, in Olivenöl goldgelb gebraten (italienisch).

auf englische Art: à l'anglaise: Ganzgelassen, nur Kopf entfernt, ausgenommen, mit Brotfarce mit Zwiebeln und Salbei gefüllt, zugenäht, mit Wurzelwerk und Kräuterbündel gekocht; serviert mit Kapernsauce aus dem Fond bereitet.

auf französische Art: Gibelotte de lapin: Wie Hasenpfeffer (s.d.) mit halb Rotwein und halb braunem Fond bereitet.

gebraten: frit: Rücken und Keulen entsehnt, in Stücke geschnitten, mit Zitronensaft, Olivenöl, gehackten Schalotten, Salz und Pfeffer mariniert; abgewischt, paniert, in Butter gebraten, Tomatensauce nebenbei.

Gibelotte de lapin: siehe auf französische Art

auf Jägerart: à la chasseur (schassör): In Stücke geteilt, angebräunt, mit Mehl bestäubt, mit Weißwein und braunem Fond geschmort; wenn halbgar, angebräunte Zwiebelchen und ansautierte Champignonköpfe beigefügt; beim Servieren mit gehacktem Estragon und Kerbel bestreut.

Lapin aux pruneaux (o prünoh): mit Zwetschen: In Stücke geteilt, in Essigmarinade gebeizt; in Butter angebräunt, mit halb Wasser halb Marinade angegossen, eingeweicht, entkernte Trockenpflaumen beigefügt, gedünstet; vor dem Servieren Sauce mit Johannisbeergelee legiert (belgisch).

à l'aigre-doux (ägr du): süßsauer: In Stücke geschnitten, in Essig- und Weißweinmarinade 24 Stunden gebeizt; in Butter gebräunt, mit Demiglace, etwas Marinade und braunem Fond geschmort; die Stücke in saubere Kasserolle ausgestochen, Essigkirschen beigefügt, die eingekochte, mit etwas geschmolzener Schokolade gewürzte Sauce darüberpassiert (belgisch).

Marengo: In Stücke geteilt, wie Kalbsragout gleichen Namens bereitet.

Pastete auf Bauernart: Tourte de lapereau à la paysanne: Flacher Tortenring mit einfachem Pastetenteig an Boden und Seiten ausgelegt, mit Bratwurstfleisch, vermischt mit eingeweichtem Brot, gehackten Zwiebeln und Petersilie, ausgefüttert, mit Scheiben von Rückenfilets, in Butter nur steifgemacht, gefüllt, mit Champignonscheiben belegt, mit Bratwurstfarce bedeckt, mit Pastetenteig verschlossen; mit Eigelb bestrichen, gebacken, nach dem Garsein etwas Demiglace oder Madeirasauce durch den Kamin gegossen, heiß serviert.

Poulette: Stücke in Butter nur steifgemacht, in Poulettesauce gedünstet.

auf provenzalische Art: à la provençale: In Stücke geschnitten, in Olivenöl angebraten, in provenzalischer Sauce gedünstet.

in der Röhre: au four (o fuhr): In Stücke geschnitten, angebraten, wenn halbgar mit Senf bestrichen, mit geriebenem Weißbrot, vermischt mit wenig gehacktem Thymian, bestreut, mit zerlassener Butter betropft, im Ofen fertiggebacken.

auf spanische Art: à l'espagnole: Stücke in Olivenöl zusammen mit Zwiebelwürfeln und Speckwürfeln angebräunt, mit Salz und Paprika gewürzt; geschälte, gehackte Tomaten, Streifen von roten und grünen Paprikaschoten beigefügt, mit wenig Fond angegossen, gargedünstet; mit herzförmigen, in Olivenöl gebratenen Croutons garniert.

auf ungarische Art: à la hongroise: In Stücke geschnitten, in Schweineschmalz zusammen mit Zwiebelwürfeln angebräunt, stark papriziert, mit hellem Fond und saurem Rahm gedünstet.

Kaninchenfilet: Filet de lapereau: Die ausgelösten Rückenfilets junger Kaninchen, entsehnt, gespickt und meist gebraten.

Conti: Mit Speck und Pökelzungenstreifen gespickt, gebraten; auf Speckscheibe, mit den Linsen gekocht, dressiert, mit Wildsauce, aus den Knochen bereitet, nappiert; Linsenpüree nebenbei.

Dampierre (dangpjär): Mit Trüffel- und Pökelzungenstreifen gespickt, in Butter mit wenig Weinbrand pochiert, auf Schaumbrot von Kaninchen dressiert; mit glacierten Zwiebelchen, Champignonköpfen und glacierten Maronen garniert; Pfeffersauce nebenbei.

mit feinen Kräutern: aux fines herbes: Gespickt, in Butter und Weißwein mit gehacktem Speck, Champignons, Schalotten und Petersilie gedünstet; Fond mit etwas Demiglace verkocht, über das Filet gegossen.

auf Mailänder Art: à la milanaise: Entsehnt, plattiert, mit Ei und geriebenem Weißbrot, vermischt mit geriebenem Parmesan, paniert, in Butter gebraten; Makkaroni auf Mailänder Art und Tomatensauce nebenbei.

mit Orangen: à l'orange: Gespickt, in Butter gebraten, herausgenommen; Bratsatz mit Orangensaft deglaciert, mit Pfeffersauce verkocht, mit etwas Johannisbeergelee vervollständigt, über das Filet gegossen, garniert mit Orangenfilets in Butter gewärmt.

mit Pfeffersauce: à la sauce poivrade (poawrad): Gespickt, gebraten, mit Pfeffersauce nappiert, mit herzförmigen Croutons umlegt.

auf provenzalische Art: à la provençale: Gespickt, in Olivenöl gebraten, herausgenommen; mit Weißwein deglaciert, gehackte geschälte Tomaten, gehackte Sardellen, Knoblauch, Basilikum und entsteinte, blanchierte Oliven beigefügt, einige Minuten gekocht, über das Filet gegossen.

Kapama: Ragout vom Lamm: Grobe Würfel von Lammfleisch, gemehlt, in Öl gut angebraten, gesalzen, stark papriziert, mit wenig Wasser angegossen, fast im eigenen Saft halbgar gedünstet; viel junge grüne Zwiebeln beigegeben, gargedünstet; mit gedünsteten Spinatblättern und dem Fleischsaft bedeckt; saurer Rahm nebenbei (bulgarisch).

Kapaun: Chapon: Früher verschnittene und gemästete Hähne. Heute ist das Kapaunisieren auf hormonalem Wege möglich; in den meisten Fällen nennt man jedoch solche Hähne, die noch nicht getreten haben, Kapaune. Die Zubereitung ist die gleiche wie bei Masthühnern (Poularden).

Karajalan paisti: Karelischer Braten: Gleiche Mengen Lamm-, Rind-, Kalb- und Schweinefleisch in grobe Würfel geschnitten, mit Zwiebelscheiben vermischt, in hohen, feuerfesten Steintopf gefüllt; mit Salz, Pfeffer, Lorbeerblatt gewürzt, mit Wasser angegossen, über Nacht im Ofen gargemacht; mit im Ofen gebackenen Kartoffeln und Salat von roten Rüben und Salzgurken serviert (finnisch).

Kartäusergericht: Chartreuse (schartrös): Gefettete Charlotteform, ausgelegt mit ausgestochenen Gemüsescheiben, Champignons, Kohl oder anderem, mit Farce ausgefüttert, mit Speckscheiben ausgelegt, mit Ragout gefüllt, mit Farce verschlossen, mit Speckscheiben bedeckt, im Wasserbad gargemacht; vor dem Stürzen einige Minuten stehengelassen, mit passender Sauce serviert.

von Fasan: de faisan: Alter Fasan mit Weißkohl geschmort; Form dick mit Weißkohl ausgefüttert, abwechselnd mit Fasanenscheiben, Scheiben von Knoblauchwurst und kleinen blanchierten Speckscheiben gefüllt, mit Weißkohl verschlossen; im Wasserbad gargemacht, nappiert mit Demiglace vermischt mit Wildessenz.

von Kalbsmilch: de ris de veau: Form mit Gemüsemuster ausgelegt, mit Kalbsfarce ausgefüttert, mit Kleinragout von Kalbsmilch, Champignons und Trüffeln, mit dicker deutscher Sauce gebunden, gefüllt, mit Kalbsfarce verschlossen; im Wasserbad gargemacht, gestürzt, garniert mit gedünstetem Kopfsalat; deutsche Sauce nebenbei.

von Rebhuhn: de perdreau: Wie von Fasan bereitet.

Kästchen: Caisses: Kleine viereckige oder runde Behälter (Kokotten) aus Silber, feuerfestem Porzellan, Glas oder Steingut mit einem Kleinragout in Sauce gefüllt. Siehe auch unter Vorspeisen.

Aiglon: Mit Gänseleberfarce ausgestrichen, gefüllt mit Trüffel- und Gänseleberwürfeln, mit Demiglace gebunden; bedeckt mit Gänseleber-Auflaufmasse, im Wasserbad im Ofen pochiert.

Alice: Mit kleinen Scheibchen Hühnerbrust, mit Geflügelrahmsauce gebunden, gefüllt, bedeckt mit Herzogin-Kartoffelmasse, mit Ei bestrichen, im Ofen gebacken.

Carême: Mit kleinen Fischklößchen und Scheiben von pochierten Fischmilchern, mit Garnelensauce vermischt mit Sardellenbutter gebunden, gefüllt; Trüffelscheibe obenauf.

Cupidon: Gefüllt mit Finanzmann-Ragout in Finanzmannssauce.

auf Feinschmeckerart: du gourmet: Kleinragout von Morcheln, Lammbriesen und Trüffeln, mit Demiglace gebunden; Trüffelscheibe obenauf.

Montglas: Mit Gänseleberfarce ausgestrichen, mit Ragout von Gänseleber, Champignons und Pökelzunge, mit Madeirasauce gebunden, gefüllt; mit Gänseleberfarce verschlossen, im Wasserbad im Ofen pochiert, mit Trüffelscheibe, durch flüssige Fleischglace gezogen, belegt.

Rôtisserie Périgourdine: Gefüllt mit kleinen Scheibchen Hühnerbrust mit Trüffelscheiben vermischt, gebunden mit Geflügelrahmsauce mit Portwein gewürzt; bedeckt mit Blätterteig, gebacken.

Susanne: Suzanne (süssann): Gefüllt mit Spargelspitzen gebunden mit Rahmsauce, belegt mit Scheibchen Hühnerbrust und einer Trüffelscheibe, leicht mit Rahmsauce nappiert.

Kebab, Kabab: Türkische Spießchen: Hammel- oder Hühnerfleisch, in Scheiben oder grobe Würfel geschnitten, gewürzt, abwechselnd mit Zwiebelscheiben auf Spießchen gesteckt, durch Öl, Hammelfett oder zerlassene Butter gezogen, auf dem Rost gebraten; auf Safranreis angerichtet (türkisch).

Chachi-Kebassi: Hammelspießchen: Größere Würfel von zartem Hammelfleisch, aus Keule oder Rücken geschnitten, mit Zwiebel- und Zitronensaft mariniert; gewürzt, auf Spieße gesteckt, auf dem Rost gebraten; zum Servieren abgestreift, mit saurem Rahm übergossen, mit gerösteten Mandelsplittern bestreut (türkisch).

Osmanie Kébabi: Grobe Würfel von fettem Hammelfleisch, in Essig oder Zitronensaft mit gehackten Zwiebeln mariniert; auf Spieße gesteckt ohne Zwiebeln, gewürzt, auf dem Rost gebraten, auf Safranreis angerichtet (türkisch).

Tendjéré kébabi: Grobe Würfel von fettem Hammelfleisch, in Öl mit gehackten Zwiebeln angebräunt, in Wasser geschmort, vermischt mit viel gehackter Petersilie (türkisch).

Keuftés: Hammelfleischröllchen: Rohes, gehacktes Hammelfleisch, vermischt mit eingeweichtem Brot, Eiern und gestoßenem Knoblauch, mit Salz und Zimt gewürzt; zu daumendicken und -langen Rollen geformt, in Hammelfett gebraten (türkisch).

Terbiyéli keuftés: Türkische Klößchen: Flache Klößchen von gemahlenem Rindfleisch, eingeweichtem Weißbrot, Eiern, gehackten Zwiebeln, gehackter Petersilie, Salz und Pfeffer, in Butter angebraten, in Bouillon gargedünstet; nappiert mit Sauce aus Mehl, mit Wasser verrührt, mit kochendem Wasser aufgeschlagen, mit Eigelb gebunden, mit viel Zitronensaft, Paprika und wenig Salz gewürzt (türkisch).

Kiebitz: Vanneau (wannoh): Ein den Regenpfeifern nahestehender Vogel, der auf sumpfigen Wiesen Europas und des gemäßigten Asiens brütet. Wie Wachtel bereitet. Die Eier gelten als Delikatesse, sind aber in vielen Ländern, auch in Deutschland, geschützt.

Kisela Dahorp: Gewürfeltes Hammelfleisch in Wasser mit Wurzelwerk und Zwiebeln gekocht, abgetropft; vermischt mit halbgar gekochtem Reis, gehackten, hellgelb gebratenen Zwiebeln, mit etwas von dem passierten Fond angegossen, mit Paprika und Essig gewürzt, zugedeckt, im Ofen fertiggedünstet (jugoslawisch).

Kitz: Chevrau (schewroh): Das Fleisch junger Ziegen ist sehr schmackhaft und kann wie Lamm bereitet werden, doch muß es gut gewürzt sein.

gefüllt: farcie: Ausgebeint, gefüllt mit Farce aus in Butter gebratenen, angeschwitzten Zwiebeln, der gekochten Lunge, Herz, Leber und Nieren, eingeweichtem Weißbrot und Eiern, mit Salz, Pfeffer, geriebener Muskatnuß, Majoran und Knoblauch gewürzt; zusammengenäht, mit Butter gebraten, den Bratsatz mit Bouillon abgelöscht, mit saurem Rahm verkocht und gut gewürzt.

Klößchen, Nocken: Quenelles (kenell): Farce verschiedener Art, in ovale, mit Butter ausgestrichene Förmchen gefüllt, oder mit zwei Suppenlöffeln geformt, pochiert und mit passender Sauce und Garnitur angerichtet.

bretagnische: à la bretonne: Hühnerfarce, mit braunem Zwiebelpüree vermischt, geformt, pochiert; nappiert mit Bastardsauce, vermischt mit gehackten Champignons.

elsässische: à l'alsacienne: Gewürfelte Kalbsleber und Geflügellebern blutend gebraten, zusammen mit gehackten, leicht angerösteten Zwiebeln gestoßen, durch ein Sieb gestrichen, mit geweichtem Brot und Eigelb vermischt, gewürzt, in Förmchen pochiert; mit Kräuterbutter bedeckt serviert.

Hermann Senn: Entenfarce, vermischt mit ganz kleinen, blanchierten Würfelchen von fettem Speck, geformt, pochiert; auf Rand von pochierter Hühnerfarce dressiert, bedeckt mit Finanzmann-Sauce, Mitte mit Finanzmann-Garnitur gefüllt.

von Kalbfleisch: de godiveau (godihwo): Kalbsfarce vermischt mit Kalbsnierenfett, Eiern und Eisstückchen, im Kutter verrieben, gewürzt, mit zwei Löffeln geformt, pochiert; serviert mit deutscher oder ähnlicher Sauce.

Morland: Hühnerfarce mit Panade, eierförmig, in feingehackten Trüffeln gewälzt, in geklärter Butter langsam gebraten; mit Champignonpüree angerichtet.

Pacelli: Hühnerfarce, vermischt mit gewürfeltem Hummerfleisch, mit zwei Löffeln geformt, pochiert; mit Hummerscheibchen belegt, mit Geflügelrahmsauce, mit Hummerbutter aufgeschlagen, nappiert.

Rothschild: Fasanenfarce, mit zwei Löffeln geformt, pochiert; nappiert mit Madeirasauce verkocht mit Fasanenessenz, garniert mit Kleinragout von Hahnenkämmen, -nieren und Trüffeln, mit Madeirasauce gebunden.

schwedische: Quenelles à la suédoise: Feingemahlenes Rindfleisch, vermischt mit geriebenem Weißbrot, Eiern, Salz und Pfeffer; zu runden Klößchen geformt, in ausgelassenem Speck gebraten, mit Demiglace nappiert.

Soubise: In Förmchen pochierte Hühnerfarce, leicht ausgekühlt, in tiefem Fett gebacken; mit weißem Zwiebelpüree serviert.

Talleyrand: Hühnerklößchen, innen mit Salpicon von Champignons und Trüffeln, mit dicker Madeirasauce gebunden, gefüllt, pochiert; nappiert mit deutscher Sauce, vermischt mit Champignon- und Hahnenkammscheibchen.

d'Uzés (düßeh): Ovale Klößchen von Hühnerfarce, vermischt mit gehacktem, gekochtem Huhn; pochiert, nappiert mit Aurorasauce mit Trüffeljulienne vermischt.

Wiener Schinken-: de jambon à la viennoise: Feingehackter, gekochter Schinken, vermischt mit eingeweichtem Brot, wenig Mehl, Eiern, gehackten in Butter angerösteten Zwiebeln und gerösteten Brotwürfelchen; gewürzt, mit zwei Löffeln geformt, in leicht gesalzenem Wasser pochiert, abgetropft, mit brauner Butter übergossen.

Kluftsteak: Norddeutsche Bezeichnung für das echte Rumpsteak, s.d.

Kofta: Gehacktes Hammelfleisch, mit reichlich in Öl gebratenen, gehackten Zwiebeln vermischt, mit Salz, Zimt und Cayenne scharf gewürzt, zu runden, abgeflachten Klopsen geformt; mit Öl bestrichen gebraten (nordafrikanisch).

Königsberger Klops: Halb Rind- und halb Schweinefleisch, durch den Wolf getrieben, vermischt mit gehackten Zwiebeln, gehackten Sardellen, eingeweichtem Weißbrot und Eiern, gewürzt, zu runden Klößen geformt; in Wasser mit Zwiebelscheiben, Pfefferkörnern, Piment und Lorbeerblatt gekocht. Sauce aus dem passierten Fond mit weißem Roux bereitet, vermischt mit gehackten Sardellen und Kapern, mit Zitronensaft geschärft, die Klopse darin einige Minuten ziehen gelassen.

Köttbullar: Fleischklöße: Rohes, durch den Wolf getriebenes Rindfleisch, vermischt mit gehacktem Rindernierenfett, eingeweichtem Weißbrot und Eigelb, gewürzt, zu abgeflachten Klößen geformt; in Butter angebraten, in leichter Demiglace gedünstet; Makkaroni oder grüne Bohnen mit Rahmsauce gebunden nebenbei (schwedisch).

med stekt Fläsk: Bratklopse mit Speck: Rind-, Kalb- und Schweinefleisch, mit eingeweichtem Weißbrot und gehackten, angeschwitzten Zwiebeln durch die feine Scheibe der Fleischmaschine getrieben, gewürzt, mit Eigelb vermischt, zu taubeneigroßen Klößchen geformt; in Kalbsbrühe pochiert, portionsweise mit gepökeltem, gewässertem, in Scheiben geschnittenem, rösch gebratenem Schweinebauch angerichtet; braune, süßsauer bereitete Bohnen nebenbei (schwedisch).

Knäkente: Sarcelle (ßarßell): Neben der Krickente eine der kleineren Wildenten, deren Genuß auch an Fastentagen gestattet ist. Sie ist in Mitteleuropa bis Skandinavien und in Großbritannien beheimatet. Knäkenten werden, wie alle Wildenten, blutend gebraten, nur selten geschmort.

Bruststreifen mit Kirschen: Aiguillettes de sarcelle aux cerises: Blutend gebraten, Brust ausgelöst, in lange dünne Scheiben geschnitten, auf lauwarme Platte dressiert; Bratsatz mit Madeira und Kalbsjus verkocht, mit Pfeilwurzelmehl gebunden, entsteinte Sauerkirschen beigefügt, durchgekocht, über die Bruststreifen gegossen.

auf englische Art: à l'anglaise: Gebraten, garniert mit Brunnenkresse und Zitronenspalten; warmes Apfelmus nebenbei.

auf japanische Art: à la japonaise: Gebraten, mit Mandarinensaft und Weinbrand deglaciert, mit gebundener Kalbsjus verkocht und mit blanchierter Julienne von Mandarinenschale vermischt; garniert mit angewärmten Mandarinenfilets, mit der Sauce nappiert.

mit Orangen: à l'orange: Gebraten, deglaciert mit Orangen- und Zitronensaft, verkocht mit gebundener Kalbsjus, vermischt mit blanchierter Julienne von Orangenschale; garniert mit angewärmten Orangenfilets, nappiert mit Sauce.

in der Presse: à la presse: Wie Ente bereitet.

mit Sardellen: aux anchois (osangschoa): Mit Kalbsfarce, vermischt mit gehackten Sardellen, gefüllt, geschmort; serviert mit einer Sauce aus dem Fond, verkocht mit saurem Rahm, gewürzt mit Senfpulver und Zitronensaft, mit gehackten Kräutern vervollständigt.

Teal with Cranberry Sauce: mit Kronsbeerensauce: Gebraten, garniert mit Brunnenkresse und Zitronenspalten, Kronsbeerensauce nebenbei (nordamerikanisch).

with Port-Wine Sauce: mit Portweinsauce: Gebraten, garniert mit Brunnenkresse und Zitronenspalten; der mit leicht gebundener Kalbsjus abgelöschte und mit Portwein aromatisierte Bratsatz nebenbei (englisch).

Walter Scott: Mit einem Stück Butter gefüllt, in Nudelteig gehüllt, im Ofen gebacken; ausgehöhlt, mit geriebenem Weißbrot in reichlich Butter geröstet übergeschüttet.

Krammetsvogel: Grieve (grihf): Drosselart mit aschgrauem Kopf und kastanienbraunem Rücken, deren schmackhaftes Fleisch sehr geschätzt ist. In Deutschland unter Naturschutz.

auf alte Art: à l'ancienne: In der Kokotte gebraten, garniert mit glacierten Zwiebelchen und kleinen, gebratenen Champignonköpfen; beim Servieren mit wenig Kalbsjus angegossen.

mit Gänseleber: au foie gras: Entbeint, mit kleinem Stückchen Stopfleber gefüllt, gebraten; mit Madeira deglaciert, mit Demiglace aufgekocht.

gefüllt: farcie: Entbeint, mit Leberfarce gefüllt, gebraten; auf mit Leberfarce maskierten Crouton, gesetzt, mit dem Bratsatz, mit Weinbrand deglaciert, übergossen.

auf Hausfrauenart: à la bonne femme: Zusammen mit blanchierten Speckwürfeln in der Kokotte gebraten; bedeckt mit winzigen, gebratenen Weißbrotwürfelchen, den Bratsatz mit einigen Tropfen Weinbrand deglaciert, darübergegossen.

auf italienische Art: à l'italienne: Jedes Stück mit zwei Salbeiblättern und dünner Speckscheibe bardiert, gebunden, gebraten.

auf Jägerart: à la chasseur: Gebraten, kurz mit Jägersauce übergossen.

auf Lütticher Art: à la liégoise (liéschoas): In der Kokotte auf dem Herd gebraten, wenn fast gar zerdrückte Wacholderbeeren und winzige, in Butter gebratene Brotwürfelchen darübergestreut, zugedeckt serviert.

mit Madeira: au madère: Gebraten, Bratsatz mit Madeira abgelöscht und mit Demiglace verkocht.

in Papierhülle: en papillote: Entbeint, gefüllt mit Leberfarce; je drei Stück zusammen mit einer zerdrückten Wacholderbeere in gefettete Papiertüte gefüllt, im Ofen gebraten.

auf Piemonteser Art: à la piémontaise: Gebraten, Bratsatz mit Weinbrand, Trüffelfond und Madeira abgelöscht; auf Risotto, vermischt

mit gewürfelten, italienischen Trüffeln, dressiert, mit der Sauce übergossen.
auf polnische Art: à la polonaise: Mit Leberfarce gefüllt, in der Kokotte gebraten; einige Tropfen Zitronensaft und Kalbsjus rundherum gegossen, mit reichlich Bröselbutter übergossen.
Rabelais: Entbeint, mit Stückchen Stopfleber gefüllt, in Schaumwein mit feiner Mirepoix Bordelaise pochiert; große Trüffeln, in Schaumwein pochiert, ausgehöhlt, der Vogel daraufgesetzt; mit dem stark eingekochten Pochierfond, vermischt mit deutscher Sauce und gehackten Trüffelpulp, nappiert.
mit Risotto: au risotto: Mit Leberfarce gefüllt, gebraten; auf Risotto angerichtet, mit dem Bratsatz, deglaciert mit Weinbrand und Wildjus, übergossen.
mit Sauerkraut: au choucroute (o schuhkrut): Gebraten, auf Sauerkraut angerichtet, der mit Apfelwürfeln, Weißwein und einigen Wacholderbeeren gedünstet worden ist.
mit Wacholderbeeren: au genièvre (o schenjäwr): In feuerfester Kokotte gebraten, kurz vor dem Garsein einige zerdrückte Wacholderbeeren beigefügt, mit altem Genever flambiert, ein Löffelchen Wildjus beigefügt, zugedeckt in der Kokotte serviert.
mit Weinbeeren: aux raisins (o räsang): Gebraten, in feuerfeste Kokotte plaziert, mit geschälten, entkernten Weinbeeren umlegt; Bratsatz mit wenig Weinbrand deglaciert, mit Traubensaft aufgekocht, über die Vögel gegossen; zugedeckt, vor dem Servieren einige Minuten in den Ofen gestellt.
Kroketts: Croquettes (krokett): Bestehen aus sehr feingewürfeltem Fleisch, Geflügel, Wild, Fisch, Krustentieren oder Gemüse als Hauptbestandteil, vermischt mit gewürfelten Champignons, Trüffeln, Steinpilzen oder anderem, mit dicker Béchamel oder anderer Sauce gebunden, oft auch mit Eigelb legiert. Die ausgekühlte Masse wird zu Korken, kleinen Kugeln oder Birnen, auch zu Dreiecken geformt, paniert, in heißem Fett ausgebacken und mit gebackener Petersilie garniert; oft wird eine Sauce nebenbei serviert.
American Codfish Balls: de morue à l'américaine: Gekochter, geblätterter Kabeljau, mit Herzogin-Kartoffelmasse vermischt, wenig dicke Béchamel beigefügt; kugelförmig; Tomatensauce nebenbei (nordamerikanisch).
auf böhmische Art: à la bohémienne: Gleiche Masse wie für Kromeskis, doch mit deutscher Sauce gebunden; birnenförmig.
auf chinesische Art: à la chinoise (schihnoas): Salpicon von Huhn, Ananas, getrockneten, geweichten Pflaumen und Morcheln, gebunden mit dick eingekochter, gebundener Jus, gewürzt mit Zimt, Kardamom, Sherry, Sojasauce und etwas Essig; mandarinenförmig. Gebackene Chow Mein-Nudeln nebenbei.
Diana: Diane: Salpicon von Haarwild und Trüffeln, mit dicker Salmisauce gebunden; korkenförmig.
auf Dominikanerart: à la dominicaine (dohmihnikähn): Salpicon von steifgemachten Austern und Champignons, mit dicker, weißer Zwiebelsauce, vermischt mit Hummerbutter, gewürzt mit Cayennepfeffer, gebunden; Weißweinsauce mit dem Austernwasser nebenbei.
von Eiern: aux œufs (osöh): Salpicon von hartgekochten Eiern und Champignons, mitunter auch Trüffeln, mit dicker Kalbsvelouté und Eigelb gebunden; Currysauce nebenbei.
Erimar: Salpicon von Haarwild, Bananen, Champignons und grünen Paprikaschoten, viereckige Form; Pfeffersauce mit Johannisbeergelee vermischt und mit etwas Senfpulver gewürzt nebenbei.
auf Feinschmeckerart: du gourmet: Salpicon wie für Kromeskis gleichen Namens.
von Fisch: de poisson (dö poaßong): Gekochter, geblätterter Fisch und Champignons, mit dicker Fischvelouté gebunden; korkenförmig.

von Gänseleber: de foie gras: Salpicon wie für Kromeskis; kugelförmig, Madeirasauce nebenbei.

von Geflügellebern: de foies de volaille (dö foa dö wolaj): Salpicon von noch blutig gebratenen Geflügellebern, Champignons und Trüffeln, mit dicker Madeirasauce gebunden; kugelförmig; Madeirasauce nebenbei.

auf hawaiische Art: à la havaiienne (aweijenn): Salpicon von Huhn, Ananas und roter Paprikaschote, mit dicker Velouté und Eigelb gebunden; mandarinenförmig; Pfeffersauce mit Ananassaft nebenbei.

auf Herzoginart: à la duchesse: Salpicon wie für Kromeskis gleichen Namens; korkenförmig.

von Huhn: de volaille: Salpicon von Huhn und Champignons, mit oder ohne Trüffeln, mit Geflügelvelouté gebunden, mit Eigelb legiert; korkenförmig oder dreieckig. Leichte Madeira- oder Trüffelsauce und zuweilen auch grüne Spargelspitzen, grüne Erbsen oder sehr feines Mischgemüse nebenbei.

von Hummer: de homard (dö omah): Salpicon von Hummer und Champignons, nach Belieben auch Trüffeln, gebunden mit Béchamel mit Hummerbutter, gewürzt mit Cayennepfeffer; ovale Form, Hummersauce nebenbei.

auf indische Art: à l'indienne: Salpicon von hartgekochten Eiern, gekochtem Reis und Hühnerfleisch, mit Hühnervelouté, verkocht mit Kokosmilch, gewürzt mit Currypulver, gebunden; korkenförmig. Currysauce nebenbei.

Istambul: Salpicon von Huhn, geweichten, getrockneten Aprikosen, wenig gehacktem, eingelegtem Ingwer und Pistazien, mit dicker Tomatensauce gebunden; korkenförmig, mit gehobelten Mandeln und geriebener Weißbrotkrume paniert. Demiglace vermischt mit Johannisbeergelee, geschärft mit Zitronensaft, nebenbei.

auf italienische Art: à l'italienne: 1. Salpicon von Pökelzunge, Kalbsmilch und Champignons, mit italienischer Sauce gebunden; korkenförmig, Tomatensauce nebenbei;
2. Reis, vermischt mit gewürfeltem Schinken und Champignons, gebunden mit Béchamel mit reichlich geriebenem Parmesan gebunden; orangenförmig; Tomatensauce nebenbei.

auf Jägerart: à la chasseur: Salpicon von Haarwild, Champignons und feingehackten Trüffelschalen, mit dicker Demiglace mit Wildessenz gebunden; Jägersauce oder Demiglace mit Trüffelessenz nebenbei.

Jean Bart (schang bahr): Salpicon von Hummer und Austern, mit Béchamel, mit Hummerbutter aufgeschlagen, gebunden; kugelförmig, Rahmsauce mit Hummerbutter vermischt nebenbei.

Joinville (schoanwill): Salpicon von Garnelen, Champignons und Trüffeln, mit dicker Garnelensauce gebunden; korkenförmig. Garnelensauce ohne Garnitur nebenbei.

auf Kaiserinart: à l'impératrice: Salpicon von Lammbrieschen, Huhn und Kalbshirn, mit Velouté, mit Zwiebelpüree vermischt, gebunden; birnenförmig; Hühnervelouté mit Hühnerpüree vermischt nebenbei.

von Kalbshirn: Croquettes de cervelle de veau (dö ßerwähl): Salpicon von Kalbshirn, gekochtem Schinken und Champignons, mit dicker deutscher Sauce gebunden; birnenförmig, Tomatensauce nebenbei.

von Kalbsmilch: de ris de veau: Gewürfelte Kalbsmilch, Schinken und Champignons, gebunden mit dicker Madeirasauce; korkenförmig.

auf Kardinalsart: Masse wie für Kromeskis gleichen Namens bereitet; dreieckige Form; Kardinalsauce nebenbei.

Klubart: du club (dü klüb): Salpicon von Huhn, Champignons und grünen Paprikaschoten, mit Béchamel, vermischt mit geriebenem Käse, gebunden; aprikosenförmig. Gebutterte grüne Erbsen nebenbei.

auf Mailänder Art: à la milanaise (milanäs): Kleingeschnittene Makkaroni vermischt mit Julienne von Trüffeln, Pökelzunge und Huhn, gebunden mit tomatierter Béchamel, vermischt mit geriebenem Parmesan; viereckige Form, leichte Tomatensauce nebenbei.

auf Nanteser Art: à la nantaise: Gekochter, geblätterter Fisch und Champignons, mit dicker Weißweinsauce gebunden; korkenförmig, leichte Tomaten- oder Weißweinsauce nebenbei.

auf österliche Art: à la pasquale (paskal): Salpicon von Lammbrieschen, Lammzunge, Schinken und Trüffeln, mit dicker Velouté, mit Zwiebelpüree vermischt, gebunden; kugelförmig.

Savigny: Salpicon von Artischockenböden und Morcheln, mit Béchamel und Eigelb gebunden; flache, runde Form. Rahmsauce mit weißem Zwiebelpüree vermischt nebenbei.

auf Schäferart: à la bergère (bärschär): Salpicon von Lammfleisch, Schinken und Moosschwämmen, mit Béchamel gebunden; aprikosenförmig, braune Kräutersauce nebenbei.

von Schinken: de jambon (dö schangbong): Salpicon von gekochtem Schinken, mit dicker deutscher Sauce gebunden; korkenförmig. Leichte Tomatensauce nebenbei.

Soubise (subihs): Salpicon von Huhn, Champignons und Trüffeln, gebunden mit Geflügelrahmsauce mit Zwiebelpüree vermischt; aprikosenförmig, leichte Soubisesauce nebenbei.

ungarische: à la hongroise (ongroas): Salpicon von Kalbsfuß, Schinken und Champignons, mit dicker Paprikasauce gebunden; dreieckige Form. Scharfpaprizierte Demiglace oder Paprikasauce nebenbei.

Val de Grace (wal dö graß): Salpicon von Geflügel und Champignons, mit dicker paprizierter Béchamel gebunden; korkenförmig. Sehr feines Mischgemüse, mit Rahmsauce leicht gebunden, nebenbei.

von Wild: de gibier (schibjeh): Salpicon von beliebigem Wildfleisch und Champignons, mit Salmisauce gebunden, nach Wunsch geformt; Jägersauce nebenbei.

auf Zigeunerart: à la zingara (ßängarah): Kurze Julienne von Champignons, Schinken, Pökelzunge und Trüffeln, mit dicker Demiglace gebunden; oval geformt; Zigeunersauce nebenbei.

Kromeskis: Cromesqui: Art von Krokette, nicht paniert, doch mit feinem Salpicon wie diese bereitet und mit dick eingekochter Sauce gebunden; korken-, birnen- oder kugelartig geformt. Französische Art: nur durch Backteig gezogen; polnische Art: in Stückchen von dünnem Eierkuchen gewickelt und durch Backteig gezogen; russische Art: in Schweinsnetz gehüllt, durch Backteig gezogen. Alle Arten in tiefem Fett gebacken und mit gebackener Petersilie garniert; einige werden auch mit Sauce serviert.

auf böhmische Art: à la bohémienne: Salpicon von Gänseleber, Pökelzunge, Trüffeln und Champignons, mit dicker Demiglace gebunden.

von Eiern: aux œufs (osöh): Hartgekochte, gewürfelte Eier, vermischt mit gewürfelten Trüffeln und Champignons, mit dicker Demiglace gebunden; durch Backteig gezogen, in tiefem Fett gebacken.

auf Feinschmeckerart: du gourmet (dü gurmeh): Salpicon von Wild und Trüffeln, mit Velouté gebunden; in tiefem Fett gebacken, leichtes Maronenpüree nebenbei.

auf französische Art: à la française: Salpicon von blanchiertem Ochsenmark, Champignons und Trüffeln; durch Backteig gezogen, in tiefem Fett gebacken.

von Gänseleber: de foie gras (dö foa grah): Salpicon von gewürfelter Gänseleber und Trüffeln, mit sehr dicker Madeirasauce gebunden; in Eierkuchen gewickelt, durch Backteig gezogen, in tiefem Fett gebacken.

auf Genueser Art: à la genoise (schenoahs): Salpicon von blanchiertem, gewürfeltem Ochsenmark, Schinken und gekochtem Reis, mit dicker Tomatensauce gebunden; durch Backteig gezogen, in Öl ausgebacken, Tomatensauce nebenbei.

auf Herzoginart: à la duchesse (düscheß): Salpicon von Huhn, Trüffeln und Champignons, mit dicker Rahmsauce gebunden; durch Backteig gezogen, gebacken.

auf Jägerart: à la chasseur: Salpicon von Haarwild, Champignons und Trüffeln, mit Demiglace mit Wildessenz gebunden; durch Backteig gezogen, in tiefem Fett gebacken, Demiglace mit Wildessenz nebenbei.

auf Kardinalsart: à la cardinale: Wie Kroketts gleichen Namens bereitet.

auf Nanteser Art: à la nantaise: Wie Kroketts gleichen Namens bereitet.

Nowgorod: Salpicon von gekochtem Rindfleisch, Champignons, sauren Gurken und gekochten roten Rüben, mit dicker saurer Rahmsauce gebunden; in Schweinsnetz gehüllt, durch Backteig gezogen, in tiefem Fett gebacken.

auf polnische Art: à la polonaise (pollonäs): Salpicon von gekochtem Rindfleisch, Steinpilzen und Trüffeln, mit dicker Demiglace gebunden; in Viereck von dünnem Eierkuchen gewickelt, durch Backteig gezogen, in tiefem Fett gebacken.

Rossini: 1. Salpicon von Huhn und Trüffeln, mit Trüffelsauce gebunden;
2. Salpicon von Gänseleber und Trüffeln, mit dicker Madeirasauce gebunden.

auf russische Art: à la russe: Salpicon von blanchiertem Ochsenmark, Pilzen und Haarwild, mit dicker saurer Rahmsauce gebunden; in Schweinsnetz gehüllt, durch Backteig gezogen, in tiefem Fett gebacken.

auf Schäferart: à la bergère: Wie Kroketts gleichen Namens bereitet.

Victoria: Salpicon von Hummer und Trüffeln, mit dicker Hummersauce gebunden.

Kronfleisch: Dicke Scheibe nicht ganz durchgekochte Rinderbrust, auf Holzteller angerichtet, mit gehacktem Schnittlauch bestreut, serviert mit grobem Salz.

Krustade: Croustade (krustad): Große Krustaden bestehen aus ungezuckertem Auslege- oder Pastetenteig, mit dem eine Charlott- oder geriefte Form ausgefüttert, mit Papier ausgelegt, mit Reis oder Erbsen gefüllt und blind gebacken wird. Ein passender Deckel wird ausgestochen, mit Teigblättern usw. dekoriert und gleichfalls gebacken. Nach dem Herausnehmen aus der Form wird die Außenseite der Krustade oft mit Blättern dekoriert und leicht nachgebakken. Sie werden vorwiegend für warme Zwischengerichte verwendet. Kleine Krustaden, die man als warme Vorspeise serviert, bestehen aus Auslegeteig, in kleinen Becherformen gebacken; aus weichgekochtem Reis, mit Eigelb und geriebenem Parmesan vermischt, nach dem Erkalten rund ausgestochen, ausgehöhlt, zweimal paniert und in tiefem Fett gebacken, oder Herzogin-Kartoffelmasse, in gefettete Dariolförmchen gedrückt, gestürzt, paniert, gebacken und innen ausgehöhlt. Man kann die Krustaden auch aus Grießmasse bereiten, ferner gibt es fertige Krustaden im Handel. Alle, mit Ausnahme der großen, können wie Mundbissen gefüllt werden. Große Krustaden werden heute selten serviert.

Agnes Sorel: Becherpastete aus Auslegeteig, innen mit Hühnerfarce ausgestrichen, gefüllt mit Salpicon von Huhn und Champignons, mit deutscher Sauce gebunden; eine kleine Scheibe Hühnerbrust, darüber eine runde Scheibe Pökelzunge und ein geriefter Champignonkopf obenauf, leicht mit flüssiger Glace übergländzt.

auf andalusische Art: à l'andalouse: Krustade von Reis, gefüllt mit Salpicon von roter Paprikaschote, Huhn und Eieräpfeln, gebunden mit Geflügelrahmsauce mit roter Paprikaschotenbutter vervollständigt; runde Scheibe roter Paprikaschote obenauf.

Condé (kondeh): Mit Salpicon von Kalbsmilch und Champignons, mit Trüffelsauce gebunden, gefüllt.

Copacabana: Ovale Krustade von Kartoffelmasse, gefüllt mit Salpicon von Truthahn, Banane und süßen Kartoffeln, mit Pfeffersauce gebunden; gehobelte, geröstete Mandeln obenauf.

auf Herzoginart: à la duchesse: Krustade von Kartoffelmasse, gefüllt mit Salpicon von Huhn, Champignons und Trüffeln, mit Velouté, mit Rahm verkocht, gebunden.

Joinville: Reiskrustade, Füllung wie für Mundbissen gleichen Namens.

auf königliche Art: à la royale: Krustade von Auslegeteig, gefüllt mit Salpicon von Kalbsmilch, Trüffeln, Champignons, Hahnenkämmen und -nieren, gebunden mit Geflügelrahmsauce.

Mariposa: Große Becherpastete, wie für Pontus, gefüllt mit Ragout von gebratenem Truthahnfleisch, Ananas, entsteinten, blanchierten spanischen Oliven, Julienne von eingelegtem Ingwer und Champignons, gebunden mit Rahmsauce, mit rotem Paprikapüree vervollständigt.

auf Nanteser Art: à la nantaise: Krustade von Auslegeteig, gefüllt mit Salpicon von weißem Fisch und Champignons, mit Tomatensauce gebunden.

Nantua: Krustade von Auslegeteig, gefüllt mit Salpicon von Krebsschwänzen und Trüffeln, mit Nantuasauce gebunden; eine gefüllte Krebsnase obenauf.

auf Piemonteser Art: à la piémontaise: Reiskrustade, gefüllt mit Salpicon von Huhn, italienischen Trüffeln und winzigen Kalbsnocken, mit italienischer Sauce gebunden.

Pontus: Große Krustade von Pastetenteig, in Charlottform hell gebacken, gestürzt, außen mit Eigelb bestrichen, mit Blättern dekoriert, nachgebacken; runden, dekorierten Deckel extra gebacken. Füllung: Krebsschwänzchen, kleine Fischklößchen und Champignons, mit Weißweinsauce, mit Krebsbutter aufgeschlagen, gebunden.

Labskaus: Pökelrinderbrust in Wasser mit gespickter Zwiebel, Pfefferkörnern und Wurzelwerk gekocht, durch die grobe Scheibe der Fleischmaschine getrieben, vermischt mit gehackten, in Butter gebratenen Zwiebeln, gehacktem, gewässertem Salzhering und frisch gekochtem Kartoffelpüree; heiß mit eingelegten roten Rüben und Salzgurken serviert.

Lamb Chop: siehe Lammchop

Lamm: Agneau (anjo): Das Fleisch junger, bis zu einem Jahr alter Schafe. Das Fleisch ist hell- bis dunkelrosa, das Fett etwas weich und leicht cremefarbig. Zu Ostern bevorzugt man Lämmer im Alter von 2–3 Monaten.

Abbachio spezzato alla Romana: Römisches Lammragout: Lammbrust und -schulter in Würfel geschnitten, mit gehackten Zwiebeln und Knoblauch in Butter angebraten; mit Weinessig abgelöscht, mit wenig Weißwein aufgegossen, mit Rosmarin, Lorbeer, Salz und Pfeffer gewürzt, im eigenen Saft geschmort (italienisch).

Agnello al forno: Lammbraten: Lammrücken oder Lammkeule, mit Knoblauch und Zwiebel gespickt, mit Salz und Rosmarin gewürzt, umlegt mit geviertelten, rohen Kartoffeln, mit Schmalz übergossen gebraten (italienisch).

Lammbrieschen, Lammbröschen: Ris d'agneau (rih danjo): Wie Kalbsmilch bereitet, doch hauptsächlich für Salpicon, Kleinragouts und Garnitur verwendet.

Lammbrust: Poitrine d'agneau (poatrihn danjo): Die Brust wird gebraten, geschmort und auch gekocht, je nach Zubereitungsart.

- **auf Bäckerart:** à la boulangère (bulangschär): In Butter gebräunt, umlegt mit gewürzten Kartoffelscheiben, vermischt mit zuvor ansautierten Zwiebelscheiben; mit Butter oder Fett übergossen, im Ofen gebraten.
- **gebacken:** frite: Gekocht, ausgebeint, unter leichtem Druck ausgekühlt; in Vierecke geschnitten, paniert, in tiefem Fett gebacken; garniert mit gebackener Petersilie, leichte Tomatensauce nebenbei.
- **gefüllt:** farcie: Entbeint, an einer Seite geöffnet, mit Kalbsfarce gefüllt, zugenäht, gebraten; mit einem grünen Gemüse garniert, der Bratsatz mit gebundener Kalbsjus verkocht nebenbei.
- **à la gratar:** grilliert: Gekocht, entbeint, unter leichtem Druck ausgekühlt, in Vierecke geschnitten, mit feingehackter Zwiebel und Knoblauch sowie Salz eingerieben; gemehlt, durch Sonnenblumenöl gezogen, auf Holzkohlenfeuer grilliert; garniert mit eingelegten roten Rüben, eingemachten grünen Zwiebeln und grünen Tomaten sowie kleinen, scharfen Paprikaschoten (Ardei) (rumänisch).
- **grilliert:** grillée (grijeh): Gekocht, entbeint, unter leichtem Druck ausgekühlt, in Vierecke geschnitten, paniert, durch geklärte Butter gezogen, auf dem Rost gebraten, garniert mit Zitronenspalten; Kartoffel-, Linsen- oder Selleriepüree nebenbei.
- **auf Hamburger Art:** à la hambourgeoise: Gekocht, entbeint, mit Butter bestrichen, mit Reibbrot und geriebenem Parmesan bestreut, im Ofen überbacken; Tomatensauce nebenbei.
- **auf Schäferart:** à la bergère: Gekocht oder braisiert, unter leichtem Druck ausgekühlt, in Vierecke geschnitten; mit Ei und geriebenem Weißbrot, vermischt mit gehackten Champignons, paniert, gefettet, grilliert; mit Strohkartoffeln garniert, Duxelles-Sauce nebenbei.
- **auf Teufelsart:** à la diable (dijabl): In hellem Fond gekocht, entbeint, unter leichtem Druck ausgekühlt; in Vierecke geschnitten, mit Senf, vermischt mit Prise Cayennepfeffer, bestrichen, in Weißbrotkrume gewälzt, geölt, grilliert; Teufelssauce nebenbei.
- **Vert-pré:** Grilliert, garniert mit Strohkartoffeln und Brunnenkresse; halbzerlassene Kräuterbutter nebenbei.
- **Lammchop:** Querscheibe aus dem gespaltenen Sattelstück von 3-3¹/₂ cm Stärke, das Fett entfernt, der Bauchlappen nach innen gerollt, mit einem Spießchen zusammengehalten. Am Rost oder in der Pfanne gebraten, mit Kräuterbutter und gebackenen Kartoffelstäbchen serviert.
- **Lamm, Epigramm von:** Epigramme d'agneau: Lammbrust, geschmort, entknöchelt, unter leichtem Druck erkaltet, rokelettförmig geschnitten, paniert, in Butter gebraten; abwechselnd mit panierten, gebratenen Lammkoteletts im Kranz angerichtet, Mitte mit Gemüse garniert, passende Sauce nebenbei.
- **auf Parmer Art:** à la Parme: Schulterstücke und Koteletts in einer Mischung von halb geriebener Weißbrotkrume und halb geriebenem Parmesankäse paniert, in halb Olivenöl und halb Butter gebraten; garniert mit Champignons oder Scheiben von italienischen Trüffeln mit Rahmsauce gebunden.
- **mit Spargelspitzen:** aux pointes d'asperges: Garniert mit Spargelspitzen in Butter geschwenkt.
- **Lammfrikassee:** Fricassée d'agneau: Wie Hühnerfrikassee bereitet.
- **Lammfrikassé med dillsas:** In Stücke geschnitten, mit Zwiebeln, Salz und Pfefferkörnern weichgekocht, ausgestochen; Fond mit weißer Mehlschwitze gebunden, mit einer Reduktion von grobgeschnittenem Dill mit gestoßenem Pfeffer und Essig verkocht; passiert, mit Eigelb und Rahm legiert, mit viel gehacktem Dill vermischt; mit tournierten Möhren, Teltower Rübchen und Kartoffeln garniert (schwedisch).
- **Lammfüße:** Wie Hammelfüße bereitet.

Lamm, Galantine von: Galantine d'agneau: Schulter, ausgebeint, ausgebreitet, plattiert, maskiert mit Lammfarce, vermischt mit gehackter Petersilie, gehackten, in Butter geschwitzten Zwiebeln, der gewürfelten, sautierten Leber, gewürfelter Ochsenzunge und Essiggurken, Ei und Gewürz; gerollt, in Tuch gebunden, pochiert, unter leichtem Druck ausgekühlt, ausgewickelt, mit Gelee glaciert.

Lammkarree: Carré d'agneau (karreh danjo): Pariert, gewürzt, gebraten, poeliert oder grilliert.

  auf Bäckerart: à la boulangère: Angebraten, umlegt mit ansautierten Zwiebelscheiben vermischt mit rohen Kartoffelscheiben, mit zerlassener Butter begossen, im Ofen gargemacht.

  grilliert: grillé: Pariert, gewürzt, mit zerlassener Butter bestrichen, auf dem Rost gebraten; wenn fast gar, mit feiner weißer Brotkrume bestreut, gebräunt; beliebiges Gemüse und Minzsauce nebenbei.

  auf Hausfrauenart: à la bonne femme: In Butter angebraten, in feuerfeste Servierschüssel gelegt, garniert mit angebratenen Zwiebelchen, blanchierten, angebratenen Speckwürfeln, kurz angebratenen Olivenkartoffeln; mit Butter begossen, langsam im Ofen gargemacht, in der Schüssel serviert.

Lammkeule: Gigot d'agneau (schigo danjo): Schlußknochen ausgelöst, Hachsenknochen gekürzt und pariert; gebraten oder geschmort, seltener gekocht.

  Boiled Leg of Lamb: Gekochte Lammkeule: Mit Mohrrüben, weißen Rüben und Zwiebeln gekocht, mit dem Gemüse garniert; Kapernsauce nebenbei (englisch).

  auf Brabanter Art: à la brabançonne (brahbangßonn): Gebraten, serviert mit Brabanter Garnitur und dem mit gebundener Jus verkochten Bratsatz.

  Chivry: Gemehlt, in Tuch gebunden, gekocht; Chivrysauce nebenbei.

  mit Estragon: à l'estragon: Angebräunt, mit braunem Fond und leichter Demiglace mit einem Bündelchen Estragon geschmort; der eingekochte, passierte Fond, mit gehacktem Estragon vermischt, nebenbei.

  auf Lütticher Art: à la liègeoise: In ovaler Kokotte poeliert, kurz vor dem Garwerden einige zerdrückte Wacholderbeeren beigefügt und mit Genever flambiert.

  Roast Leg of Lamb and Mint Sauce: Gebraten mit Minzsauce: Gebraten, mit dem abgelöschten Bratsatz, Minzsauce, meistens auch Röstkartoffeln serviert; auch kalt mit Minzsauce gern gegessen (englisch).

  auf Sarlater Art: à la sarladaise (ßarlahdäs): Gewürzt, angebräunt, in ovale, feuerfeste Platte auf rohe Kartoffelscheiben, vermischt mit rohen Trüffelscheiben, beides zusammen leicht ansautiert, gelegt, mit Butter übergossen, im Ofen gebraten.

Lammkotelett: Côtelette d'agneau (kotlett danjo): Aus dem Rippenstück geschnitten, Rückgratknochen abgehackt, pariert, gebraten oder grilliert.

  Argenteuil: Paniert, in Butter gebraten, garniert mit Spargelspitzen in Rahmsauce.

  auf arlesische Art: à l'arlesienne (arlesjenn): Gebraten, garniert mit gebackenen Zwiebelringen, gebratenen Scheiben Eieräpfel und geschmolzenen Tomaten.

  Armenonville: Wie Hammelkotelett gleichen Namens bereitet.

  mit Artischockenpüree: à la purée d'artichauts: Paniert, in Butter gebraten; garniert mit Artischockenpüree; Madeirasauce nebenbei.

  Beaucaire (bokär): Gebraten, garniert mit Artischockenböden, gefüllt mit geschmolzenen Tomaten, bestreut mit gehackten Kräutern.

  Beaugency: Wie Hammelkotelett gleichen Namens bereitet.

  Belle-Alliance (bellalljangs): Gebraten, belegt mit gebratener Scheibe Gänseleber und Trüffelscheibe, nappiert mit tomatierter Madeirasauce.

Bellevue (kalt): Gebraten, unter leichtem Druck ausgekühlt, beliebig dekoriert, mit Gelee überglänzt; kranzartig angerichtet mit gewürfeltem Gelee in der Mitte; Gemüse oder passender Salat nebenbei.

Bignon (binjong): Gebraten, garniert mit Tomaten, gefüllt mit Risotto, nappiert mit Madeirasauce, vermischt mit gehackten Trüffeln.

auf Botschafterinart: Wie Hammelkotelett gleichen Namens bereitet.

auf Bresser Art: à la bressanne: Gebraten, garniert mit sautierten Champignons und grobgewürfelten, sautierten Geflügellebern mit getrüffelter Demiglace gebunden.

auf bretagnische Art: à la bretonne: Gebraten, serviert mit Püree von weißen Bohnen oder weißen Bohnen auf bretagnische Art bereitet; Kalbsjus nebenbei.

Buloz: Wie Hammelkotelett gleichen Namens bereitet.

auf Burgfrauenart: à la châtelaine: Grilliert, garniert mit Artischockenboden, gefüllt mit weißem Zwiebelpüree, glacierten Maronen und Nußkartoffeln; Madeirasauce nebenbei.

Cambon (kangbong): Gebraten oder grilliert, garniert mit Tartelett, gefüllt mit gewürfelten, in Butter gedünsteten roten Paprikaschoten, und halbem, gefülltem Eierapfel; Kalbsjus nebenbei.

Carême (karemm): Doppelkotelett, von einer Seite aus geöffnet, gefüllt mit dickem Champignonpüree, vermischt mit Salpicon von Hahnennieren, -kämmen und Trüffeln; auf beiden Seiten angebraten, ausgekühlt, mit Villeroisauce maskiert, paniert, in tiefem Fett gebacken; Tomatensauce nebenbei.

Carignan: Wie Hammelkotelett gleichen Namens bereitet.

Champvallon: Wie Hammelkotelett gleichen Namens bereitet.

Charleroi: Wie Hammelkotelett gleichen Namens bereitet.

auf Chartreser Art: à la Chartres: Grilliert, nappiert mit Demiglace mit Estragonauszug und gehackten Estragonblättern; beliebiges Gemüse nebenbei.

à la châtelaine: siehe auf Burgfrauenart

Chatillon (schattiljong): Nur auf einer Seite angebraten, diese Seite mit Champignonscheiben, mit dicker Béchamel gebunden, maskiert, mit geriebenem Parmesan bestreut; im Ofen gargemacht und glaciert, umrandet mit gebutterter Fleischglace, garniert mit Püree von grünen Bohnen.

Choiseul: Wie Hammelkotelett gleichen Namens bereitet.

Constance: Nur an einer Seite angebraten, diese mit Kalbsfarce, mit gehackten Kräutern vermischt, maskiert; mit gefettetem Papier bedeckt, im Ofen gargemacht, Rahmsauce vermischt mit Hahnenkammscheiben nebenbei.

Conti: Auf beiden Seiten angebräunt, mit Weißwein geschmort; mit einer Scheibe Pökelzunge belegt, mit Pfeffersauce nappiert, mit Tartelett, mit Linsenpüree gefüllt, garniert.

Cova: Paniert, in Butter gebraten, mit jungen grünen Erbsen garniert; Pomeranzensauce nebenbei.

Cyrano: Wie Hammelkotelett gleichen Namens bereitet.

à la dauphine: siehe auf Thronfolgerart

Dénise: Grilliert, garniert mit kleinen Champignonkroketts und ungesüßten Auflaufkrapfen; weiße Bohnen, mit leichter holländischer Sauce gebunden, und gebutterte Fleischglace nebenbei.

Dubelly (dübelli): Grilliert, garniert mit Kartoffelkroketts mit Champignonpüree vermischt; gebundene Kalbsjus nebenbei.

Durand: Wie Hammelnüßchen gleichen Namens bereitet.

auf elsässische Art: Wie Hammelkotelett bereitet.

auf Försterart: à la forestière: Gebraten, garniert mit sautierten Morcheln, gebratenen Magerspeckwürfeln und Kartoffelwürfeln; italienische Sauce nebenbei.

Francillon: Grilliert, dressiert auf ovalem Crouton, mit Sardellenbutter bestrichen; garniert mit Strohkartoffeln, Tomatensauce mit Sardellenbutter vervollständigt nebenbei.

Frascati: Gebraten, garniert mit kleinem, halbmondförmigem Kartoffelkrokett, gebratener Scheibe Gänseleber, Trüffelolive, grünen Spargelspitzen und Champignonköpfen; gebundene Kalbsjus nebenbei.

auf Gärtnerart: à la jardinière: Gebraten, mit Gärtnerin-Garnitur serviert.

Gordon-Bennet: Gebraten, garniert mit Artischockenboden, belegt mit gebratener Gänseleber- und Trüffelscheibe, mit Mornaysauce maskiert, glaciert.

auf griechische Art: à la grecque: Nur an einer Seite gebraten, diese dick mit Reis auf griechische Art maskiert, mit geriebenem Parmesan bestreut, gratiniert; gebundene, tomatierte Kalbsjus nebenbei.

auf Hausfrauenart: Wie Hammelkotelett gleichen Namens bereitet.

Heinrich IV.: Henri IV. (angri kattr): Grilliert, garniert mit Artischockenböden mit kleinen Nußkartoffeln gefüllt; Béarner Sauce nebenbei.

Henriot: Wie Hammelkotelett gleichen Namens bereitet.

auf italienische Art: à l'italienne: Wie Hammelkotelett gleichen Namens bereitet.

Jungfrau von Orleans: Jeanne d'Arc (schann dark): Dünn plattiert, durch Backteig gezogen, in tiefem Fett gebacken; garniert mit Nußkartoffeln, Madeirasauce nebenbei.

auf kaiserliche Art: à l'impériale: Nur an einer Seite angebraten, diese mit Salpicon von Lammbrieschen, mit Rahmsauce gebunden, maskiert, mit geriebenem Käse bestreut, glaciert; auf getrüffelten Reis angerichtet, Madeirasauce nebenbei.

auf katalonische Art: à la catalane (kattalahn): Auf beiden Seiten angebräunt, mit Weißwein, Demiglace, gewürfelten Tomaten, und sautierten Champignonscheiben geschmort; kurz vor dem Garwerden glacierte Zwiebelchen und gebratene, halbierte Chipolatas beigefügt.

auf Königinart: Wie Hammelkotelett gleichen Namens bereitet.

auf königliche Art: à la royale: Gebraten, auf ausgehöhlten, mit Gänseleberpüree gefüllten Crouton dressiert; garniert mit aufgeblähten Kartoffeln, Madeirasauce nebenbei.

Lavallière: Wie Hammelnüßchen gleichen Namens bereitet.

auf Limousiner Art: à la limousine: Wie Hammelkotelett gleichen Namens bereitet.

Maintenon: Wie Hammelkotelett gleichen Namens bereitet.

Maison dorée: Gebraten, dressiert auf gebratene Scheibe Gänseleber, mit Trüffelscheibe belegt, mit Trüffelsauce nappiert.

Malmaison: Wie Hammelkotelett gleichen Namens bereitet.

Marie Louise: Wie Hammelkotelett gleichen Namens bereitet.

Marly: Gebraten, garniert mit Artischockenböden, gefüllt mit winzigen Karottenkugeln in Butter geschwenkt; gebundene Kalbsjus.

auf Marschallsart: Wie Kalbsmilch gleichen Namens bereitet.

Mirecourt (mihrkur): Nur an einer Seite angebraten, diese gewölbt mit Geflügelfarce maskiert; mit gebuttertem Papier bedeckt, im Ofen fertiggemacht; garniert mit Tarteletts gefüllt mit Artischockenpüree, umkränzt mit Velouté verkocht mit Champignonessenz.

auf moderne Art: Wie Hammelkotelett gleichen Namens bereitet.

Monaco: Wie Kalbssteak gleichen Namens bereitet.

Montglas (mongschlah): Gebraten, nappiert mit Madeirasauce mit Trüffelessenz, vermischt mit Julienne von Champignons und Pökelzunge; garniert mit kleinen Kalbsklößchen.

Morland: Wie Hammelkotelett gleichen Namens bereitet.

Morly: Nur leicht angebraten, eine Seite mit Gänseleberfarce maskiert; paniert, gebraten; Maronenpüree nebenbei.

Lammkotelett **Lammkotelett**

auf Moskauer Art: à la moscovite (moßkovit): Angebräunt, in braunem Fond und saurem Rahm geschmort, kurz vor dem Garwerden grobe Julienne von sauren Gurken beigefügt; bedeckt mit der Sauce, bestreut mit Julienne von roten Rüben, garniert mit sautierten Champignons.

auf Navaraiser Art: à la navarraise (nawaräs): Nur auf einer Seite angebraten, diese mit Salpicon von roten Paprikaschoten, Schinken und Champignons, mit Béchamel verkocht mit Champignonfond gebunden maskiert, mit geriebenem Käse bestreut, im Ofen überbacken; garniert mit Tomaten auf Navaraiser Art.

Nelson: Wie Hammelkotelett gleichen Namens bereitet.

Ninon: Nur einseitig angebraten, die gebratene Seite mit Gänseleberfarce maskiert, mit gebuttertem Papier bedeckt, im Ofen fertiggemacht; garniert mit Spargelspitzen, Colbertsauce nebenbei.

auf Pariser Art: Grilliert, wie Hammelkotelett gleichen Namens bereitet.

auf Perigorder Art: Wie Hammelkotelett gleichen Namens bereitet.

Pompadour: Wie Hammelkotelett gleichen Namens bereitet.

auf portugiesische Art: à la portugaise: Gebraten, garniert mit gefüllten Tomaten und Schloßkartoffeln; portugiesische Sauce.

Rachel: Wie Hammelkotelett gleichen Namens bereitet.

Réforme: Wie Hammelkotelett gleichen Namens bereitet.

auf römische Art: à la romaine: Gebraten, garniert mit: 1. Tartelett, gefüllt mit winzigen römischen Nocken, mit geriebenem Käse bestreut, gratiniert;

2. Spinatpüree, mit gehackten Sardellen vermischt, mit Eigelb gebunden, in Becherförmchen pochiert, gestürzt.

Saint-Hillier (säng illjeh): Von einer Seite aus geöffnet, gefüllt mit Hühnerfarce, paniert mit geriebenem Weißbrot, vermischt mit gehackter Pökelzunge und Trüffeln, in geklärter Butter gebraten; Madeirasauce, vermischt mit gewürfelten Tomaten und roten Paprikastreifen nebenbei.

Saint-James: Gebraten, garniert mit gefüllten Champignons und geformtem Tomatenreis; Madeirasauce mit Trüffeljulienne nebenbei.

Saint-Lô: Gebraten, garniert mit geviertelten, sautierten Artischockenböden und geschmolzenen Tomaten; Colbertsauce mit gehacktem Estragon nebenbei.

Saint-Ouen (säng uang): Gebraten, garniert mit Artischockenböden, abwechselnd mit grünen Erbsen, geschmolzenen Tomaten und gebratenen Perlkartoffeln gefüllt; Demiglace mit gehacktem Estragon.

Sandringham (sändring'm): Paniert, gebraten, garniert mit Prinzeßböhnchen, Spargelspitzen und Schmelzkartoffeln; Demiglace.

Savary: Gebraten, garniert mit Tarteletts aus Herzogin-Kartoffelmasse, mit gehacktem, gedünstetem Bleichsellerie, mit Demiglace gebunden, gefüllt, mit Reibbrot bestreut, mit Butter betropft und gratiniert.

auf Schäferart: à la bergère: 1. Paniert, gebraten, garniert mit einer Scheibe gebratenem Schinken, sautierten Moosschwämmen, glacierten Zwiebelchen und Strohkartoffeln;

2. gebraten, serviert in russischer Platte, garniert mit gebratenen Speckdreiecken, sautierten Morcheln und Strohkartoffeln.

im Schlafrock: en robe de chambre: Auf beiden Seiten nur leicht angebraten, abgekühlt, in Blätterteig gehüllt, gebacken; Champignonsauce nebenbei.

auf schwedische Art: à la suédoise: Mariniert, paniert, auf dem Rost gebraten; schwedische Sauce nebenbei.

auf sizilianische Art: à la sicilienne: Gebraten; Bandnudeln, in Butter geschwenkt, vermischt mit geriebenem Parmesan und Püree von sautierten Geflügellebern, mit etwas Velouté vermischt, nebenbei.

Susanne: Suzanne (süzann): Gebraten, auf Artischockenboden gesetzt; garniert mit gedünstetem Kopfsalat, Demiglace mit gehacktem Estragon nebenbei.

auf unvergleichliche Art: à la nonpareille (nongpareij): Nur an einer Seite angebraten, diese Seite mit Hühnerfarce, vermischt mit gehackter grüner Paprikaschote, maskiert, im Ofen fertiggemacht; Rahmsauce.

Villeroi: Wie Hammelkotelett gleichen Namens bereitet.

Westend-Hôtel: Gebraten, garniert mit grünen Erbsen, kleinen, gefüllten, gedünsteten Zwiebeln, kleinen Karotten und gebratenen Kartoffelwürfeln; Madeirasauce.

Wilsede: Gebraten, glaciert, bedeckt mit Champignonkopf; garniert mit halben Tomaten, gefüllt mit gedünsteten Würfeln von Knollensellerie, Strohkartoffeln und Reistimbale; mit Senf gewürzte Béarner Sauce nebenbei.

Lammkrone: Lamb Crown: Lammkarree, vom Rückgratknochen befreit, der obere Teil der Kotelettknochen sauber pariert, rund zu einer Krone gebunden und sorgfältig gebraten. Mitte mit Kartoffelpüree gefüllt, mit grünen Bohnen oder Erbsen garniert, Lammjus nebenbei. Wird auch mit zartem, gut entfettetem Hammelfleisch, zuweilen auch einem Kalbskarree bereitet (amerikanisch).

Lammnieren: Rognons d'agneau (ronjon danjo): Wie Hammelnieren gleichen Namens bereitet.

Lammnüßchen: Noisette d'agneau (noasett danjo): Sie werden aus dem Karree oder dem Filet ungefähr 2 cm dick geschnitten, pariert, gebraten oder grilliert. Man rechnet 2 für die Portion. Auch wie Lammkotelett bereitet.

Denise: Wie Lammkotelett gleichen Namens bereitet.

Don Pedro: In Butter sautiert, auf blanchierten, in Butter gedünsteten Gombos dressiert, mit Pfeffersauce gewürzt mit Tomatenketchup überzogen; mit halben, gebratenen Bananen nebenbei.

auf Dreuxer Art: à la Dreux: Mit Trüffel-, Pökelzungen- und Schinkenstreifen gespickt, gebraten; mit Finanzmann-Garnitur serviert.

auf englische Art: à l'anglaise: Gebraten, garniert mit gebratener Lammniere, gebratenen Speckscheiben und Brunnenkresse.

mit Estragon: à l'estragon: Gebraten, belegt mit blanchierter Ochsenmarkscheibe und zwei blanchierten Estragonblättern; garniert mit Pariser Kartoffeln, braune Estragonsauce nebenbei.

auf Florentiner Art: à la florentine: Gebraten, auf Grießcrouton, vermischt mit geriebenem Parmesan, gesetzt; garniert mit Spinatsubrics, tomatierte Demiglace nebenbei.

Frascati: Wie Lammkotelett gleichen Namens bereitet.

auf griechische Art: à la grecque: Gebraten, garniert mit geformtem Reis auf griechische Art; Tomatensauce nebenbei.

Heinrich IV.: Wie Lammkotelett gleichen Namens bereitet.

Judic (schüdick): Gebraten, auf Crouton dressiert, mit Trüffelscheibe und Hahnenniere belegt; garniert mit gedünstetem Kopfsalat, Demiglace nebenbei.

auf Lieblingsart: à la favorite: Gebraten, belegt mit gebratener Gänseleberscheibe und Trüffelscheibe; garniert mit grünen Spargelspitzen, nappiert mit gebundener Kalbsjus.

Maintenon: Wie Hammelkotelett gleichen Namens bereitet.

Marigny (marinji): Gebraten, garniert mit Tarteletts, abwechselnd mit grünen Erbsen und gewürfelten grünen Bohnen gefüllt, und Schloßkartoffeln; gebundene Kalbsjus.

auf Marschallsart: à la maréchale: Wie Kalbsmilchschnitzel gleichen Namens bereitet.

Masséna: Gebraten, auf Artischockenboden, gefüllt mit dicker Béarner Sauce, gesetzt, belegt mit blanchierter Ochsenmarkscheibe, nappiert mit Tomatensauce.

Montpensier (mongpangsjeh): Gebraten, Bratsatz mit Madeira deglaciert, verkocht mit Demiglace, vermischt mit Trüffelstreifen, über

Lammnüßchen   **Lammschulter**

die Nüßchen gegossen; garniert mit Artischockenboden gefüllt mit Spargelspitzen.

auf provenzalische Art: à la provençale: Gebraten, mit provenzalischer Sauce und Garnitur serviert.

Schöne Helena: Belle Hélène (ell elän): Gebraten, auf flache Spargelkrokette dressiert, mit Trüffelscheibe belegt; gebundene Kalbsjus.

Soubise: Gebraten, auf Crouton gesetzt; garniert mit Artischockenboden gefüllt mit weißem Zwiebelpüree; Madeirasauce.

Lammohren: Oreilles d'agneau (oräj danjo): Gereinigt, blanchiert, in weißem Fond vorgekocht.

Condé: Vorgekocht, ausgekühlt, gefüllt mit Hühner-Krokettmasse, paniert, in tiefem Fett gebacken; garniert mit gebackener Petersilie und Zitronenspalten.

gefüllt: farcies (farßi): Vorgekocht, ausgekühlt, gefüllt mit Hühnerfarce mit gehackter Petersilie vermischt; paniert, in tiefem Fett gebacken, mit Zitronenspalten und gebackener Petersilie garniert.

Lammragout, Ägyptisches: Ragoût d'agneau à l'egyptienne: In Würfel geschnittenes Lammfleisch, in Öl zusammen mit gehackten Zwiebeln und Knoblauch angebräunt, mit Mehl bestreut, nach dem Anlaufen mit Bouillon aufgegossen, gewürfelte Tomaten beigefügt, geschmort; angerichtet, mit ganzen, gekochten, in Öl hellbraun gebratenen grünen Bohnen bedeckt, mit gehackter Petersilie bestreut; Pilawreis nebenbei.

Kapama: Lammfleisch in Ragoutstücke geschnitten, in Öl angeröstet, mit viel in Öl angerösteten Zwiebelscheiben vermischt, mit Salz und Paprika gewürzt; im eigenen Saft halbgar gedünstet, mit reichlich grünen Zwiebelchen gargemacht, mit Blattspinat bedeckt, mit dem Fleischsaft übergossen, saurer Schmant nebenbei (bulgarisch).

Stufat de miel: Lammragout mit grünen Zwiebeln: Milchlammfleisch in Würfel geschnitten, angebraten, mit angerösteten, grünen Zwiebeln und etwas angeröstetem, grünem Knoblauch vermischt, mit dünner Demiglace geschmort, mit Weinessig gewürzt (rumänisch).

Lammrücken, Lammsattel: Selle d'agneau, Selle de Pauillac (ßell danjo, ßell dö pujak): Gebraten, wie Hammelrücken bereitet.

auf griechische Art: à la grecque: Pariert, die Lappen lang gelassen, um ein geschlossenes Viereck zu bilden; umgedreht, Rückseite nicht ganz voll mit Reis auf griechische Art gefüllt, die Lappen darübergeschlagen, zusammengenäht; geschmort, glaciert, mit dem entfetteten, eingekochten, passierten Fond serviert.

Saint-Florentin: Gebraten, Rückenfilets ausgelöst, tranchiert; Karkasse mit gebuttertem Blattspinat gefüllt, mit Mornaysauce bedeckt, überbacken; Tranchen daraufgeordnet, garniert mit Artischockenböden, gefüllt mit Spinat und überkrustet, sowie italienischen Kartoffeln; Lammjus nebenbei.

Sella d'Agnello del Capo di Leuca: mit Steinpilzen in Frascatiwein: Gebunden, mit Olivenöl gebraten; Bratsatz mit weißem Frascatiwein abgelöscht, mit leichter Demiglace verkocht; garniert mit grillierten Tomaten, Blätterteigtarteletts gefüllt mit Steinpilzen in Rahmsauce und Schmelzkartoffeln; Sauce nebenbei (italienisch).

Washington: Wie auf griechische Art, doch mit Maiskörnern gefüllt.

Lammschulter: Epaule d'agneau (äpohl danjo): Sie wird meistens entbeint, gerollt, gebunden und gebraten oder geschmort.

auf Bäckerart: à la boulangère: Wie Lammbrust gleichen Namens bereitet.

auf bretagnische Art: à la bretonne: Gebraten, serviert mit weißen Bohnen auf bretagnische Art bereitet und dem mit tomatierter Kalbsjus verkochten Bratsatz.

Chevet (scheweh): Entbeint, gerollt, gebraten; garniert mit der Länge nach geviertelten, mit dem Fleisch gebratenen Kartoffeln, Demi-

glace mit gehackter Petersilie und gehackten, in Weißwein gedünsteten Schalotten nebenbei.
- **auf englische Art:** à l'anglaise: Entbeint, gerollt, gebunden, mit Karotten und weißen Rüben gekocht; mit dem Gemüse garniert, Kapernsauce nebenbei.
- **Florian:** Gebraten, wenn beinah gar mit Butter bestrichen, mit geriebener Weißbrotkrume bestreut, überkrustet; garniert mit gedünstetem Kopfsalat, olivenförmigen Mohrrüben, glacierten Zwiebelchen und Nußkartoffeln; klare Kalbsjus nebenbei.
- **gefüllt:** farcie: Entbeint, gefüllt mit Bratwurstfleisch, gerollt, geschmort; serviert mit dem gebundenen, passierten Fond.
- **auf Hausfrauenart:** à la bonne femme: Entbeint, gerollt, zusammen mit rohen, in Scheiben geschnittenen Kartoffeln und angebräunten Zwiebelchen gebraten.
- **Lämmernes-Gebackenes:** Entbeint, gekocht, in Vierecke geschnitten, paniert, in heißem Schweineschmalz gebacken; Kopfsalat nebenbei (österreichisch).
- **auf Mailänder Art:** à la milanaise: Entbeint, gefüllt, gerollt, gebraten; Makkaroni auf Mailänder Art und tomatierte Demiglace nebenbei.
- **mit Minzsauce:** à la sauce menthe: Gebraten, Minzsauce nebenbei.
- **auf schottische Art:** à l'écossaise: Entbeint, gerollt, in Wasser mit gespickter Zwiebel und Möhren gekocht; garniert mit kleineren Zwiebeln, gefüllt mit Kalbsfarce mit gehackter Petersilie, und Petersilienkartoffeln, nappiert mit Velouté aus dem Kochfond gezogen.
- **auf Warschauer Art:** à la varsovienne (warßowjenn): Entbeint, gefüllt mit Bratwurstfleisch, vermischt mit eingeweichtem Brot, hartgekochtem, gewürfeltem Ei und gewürfelten sauren Gurken, gerollt, gebunden, geschmort; der Schmorsaft verkocht mit saurem Rahm, Salat von roten Rüben nebenbei.
- **Windsor:** Entbeint, gefüllt mit Kalbsfarce, vermischt mit gehackter Petersilie und Duxelles, gerollt, geschmort; tranchiert, abwechselnd mit Scheiben von Pökelzunge angerichtet; mit einem grünen Gemüse und klarer Kalbsjus serviert.

Lammzunge: Langue d'agneau (lang danjo): Gekocht, wie Hammelzunge bereitet.
- **gebacken:** frite: Gekocht, enthäutet, der Länge nach geteilt, paniert, in tiefem Fett gebacken; Tomaten- oder Tatarensauce nebenbei.
- **grilliert:** grillée: Gekocht, ausgekühlt, der Länge nach geteilt, durch flüssige Butter gezogen, in geriebenem Weißbrot gewälzt, grilliert; Tomatensauce oder Kräuterbutter nebenbei.
- **im Schweinsnetz:** en crépinette: Gekocht, enthäutet, mit Trüffeln bespickt, mit Kalbsfarce maskiert; in Schweinsnetz gehüllt, paniert, mit zerlassener Butter befeuchtet, grilliert.

Langar Chaneedarh: Gewürztes Schweinefleisch, zusammen mit Paste von roten Rüben, Mohrrüben, Koriander, Pfefferkörnern, Ingwerpulver, Salz und wenig Wasser halbgar gedünstet, ausgestochen, den Fond aufbewahrt. Zwiebelscheiben in Butter geröstet, das Fleisch, Knoblauch, reichlich roher, gehackter Spinat, gehackte Paprikaschoten, der aufbewahrte Fond, in Wasser aufgelöster Fadensafran und etwas mit Zitronensaft gewürzter Läuterzucker hinzugefügt, alles unter mehrfachem Schütteln fertiggedünstet (indisch).

Langue de bœuf: siehe Rinderzunge
- **de mouton:** siehe Hammelzunge
- **de porc:** siehe Schweinezunge
- **de veau:** siehe Kalbszunge

Lapereau: siehe Kaninchen
Lapin: siehe Kaninchen
- **de chou:** siehe Kaninchen
- **de garenne:** siehe Kaninchen

Lapskojs: Reste von gekochtem oder gebratenem Rind-, Kalbfleisch und Schinken, gewürfelt, vermischt mit rohen, gewürfelten Kartoffeln und gehackten Zwiebeln, mit Bouillon oder hellem Fond aufgegossen, gewürzt, Kräuterbündel beigefügt, gekocht; mit Rahmsauce gebunden (schwedisch).

Lard: siehe Speck

Leberkäse: Fromage de Italie: Geschabte Schweinsleber, vermischt mit frischem, gemahlenem, fettem Speck, Eiern und Knoblauch, gewürzt mit Salz, Pfeffer, gepulvertem Thymian, Lorbeerblatt, Salbei und geriebener Muskatnuß; gut durchgearbeitet, in rechteckige, mit dünnen Scheiben fettem Speck ausgelegte Form gefüllt, bei mäßiger Hitze im Ofen gebacken; nach dem Auskühlen mit Gelee überglänzt.

Leberwurst: Gewürfelte Schweins- und Kalbsleber, rasch noch blutig mit gehackten Zwiebeln und Magerspeckwürfeln sautiert, durch die Fleischmaschine getrieben, mit Salz, Pfeffer, Piment und Majoran gewürzt, in Därme gefüllt; in kochendheißem Wasser pochiert (nicht gekocht) in kaltem Wasser ausgekühlt.

Lendenbraten: siehe Rinderfilet

Lerche, Leipziger Lerche: Allouette (allwett), Mauviette (mowjett): Kleiner, sehr schmackhafter Wiesenvogel, der in Europa und Asien weit verbreitet ist. Steht in vielen europäischen Ländern unter Naturschutz.

auf Bauernart: à la paysanne: In Butter mit Magerspeckwürfeln gebräunt, mit Mehl bestäubt, mit warmem Wasser angegossen, gewürzt, kleines Lorbeerblatt, zuvor angebräunte Zwiebelchen und Oliven-Kartoffeln beigefügt, gargedünstet; in Servierkokotte dressiert mitsamt der Garnitur, Sauce eingekocht, passiert, über die Lerchen gegossen.

auf englische Art: à l'anglaise: Gewürzt, mit Butter bestrichen, mit geriebenem Weißbrot, mit gehackter Petersilie vermischt, bestreut, mit zerlassener Butter übergossen, im Ofen gebraten.

auf Hausfrauenart: bonne femme: Zusammen mit Speckwürfeln gebraten, bedeckt mit der Bratbutter, in der winzige Weißbrotwürfelchen geröstet sind; Bratsatz mit einem Schuß Cognac deglaciert, über die Vögel gegossen.

nach der Mutter Marianne: à la mère Marianne: In Butter nur angesteift, in Servierkokotte auf ansautierten Apfelscheiben dressiert; wenn dreiviertel gar, mit geriebenem Weißbrot bestreut, mit zerlassener Butter beträufelt, im Ofen fertiggemacht.

auf normannische Art: à la normande: Mittelgroßer Apfel abgedeckelt, ausgehöhlt, mit zwei Lerchen gefüllt, Stückchen Butter hinzugegeben, gewürzt, mit einigen Tropfen Apfelschnaps begossen, der Deckel aufgesetzt; in gesalzenen Mürbeteig gehüllt, mit Eigelb bestrichen, im Ofen gebacken.

mit Oliven: aux olives: In Butter gebräunt, mit Madeira deglaciert, in leichter Demiglace mit entsteinten, blanchierten Oliven langsam gargemacht.

pastete (kalt): Pâté d'alouettes: Ovale Pastetenform mit Pastetenteig ausgefüttert, Boden und Seiten mit dünnen Scheiben fettem Speck ausgelegt, abwechselnd mit Kalbsfarce und Lerchen, entbeint und mit gut gewürzter Leberfarce gefüllt, vollgefüllt; mit dünner Speckscheibe bedeckt, Lorbeerblatt aufgelegt, mit Pastetenteig verschlossen, Kamin zum Dampfabzug freigelassen, mit Eigelb bestrichen, mit Teigblättern dekoriert, gebacken. Nach völligem Auskühlen Wildgelee durch den Kamin gegossen, erst nach dem Festwerden serviert.

auf Vater Philipps Art: du père Philippe (dü pär filipp): In Butter gebraten, zusammen mit gebratenen Speckwürfeln in runde, halb gar gebackene, ausgehöhlte Kartoffel gefüllt; mit dem Deckel verschlossen, in geöltes Papier gehüllt, im Ofen fertiggebacken.

auf provenzalische Art: à la provençale: Gebraten, wenn halbgar geviertelte, sautierte Champignons, entsteinte, blanchierte Oliven und gewürfelte Tomaten mit einer Spitze Knoblauch beigefügt, im Ofen gargemacht.

auf südliche Art: à la méridional (merihdjonal): Entbeint, mit Leberfarce vermischt mit gehackter Petersilie gefüllt, gebraten; serviert mit Trüffelsauce.

auf türkische Art: à la turque: Gehackte Zwiebeln in Olivenöl angeschwitzt, Reis und gewürfelte Eieräpfel, Lerchen, zuvor in Butter angebraten, beigefügt, mit Salz, Pfeffer und Safran gewürzt, mit Bouillon aufgefüllt, wie Pilawreis bereitet; nach dem Garwerden in eine Kuppelform gepreßt, gestürzt, mit gebundener Wildjus nappiert.

Levraut: Junger Hase.

Lieder ohne Worte: Dickes, gebratenes Kalbsschnitzel, leicht mit Demiglace übergossen, mit verlorenem Ei belegt, umkränzt mit Béarner Sauce; garniert mit Krebsfleisch mit Krebssauce gebunden, Essiggemüsen, gefüllten Oliven, Sardellenringen und Zitronenscheibe bedeckt mit Kaviar.

Lièvre: siehe Hase

Löffelente: Rouge de rivière (ruhsch dö riwjär): Wildentenart, in der nördlichen Hemisphäre stark verbreitet. Erkenntlich an dem breiten Löffelschnabel. Wie Wildente bereitet.

Longe de veau: siehe Kalbsnierenbraten

Love in disguise: Verhüllte Liebe: Gewässertes Kalbsherz, gespickt, weichgekocht, abgetrocknet, gänzlich mit Kalbsfarce maskiert, in zerdrückten, rohen Nudeln gewälzt, in Butter bei öfterem Begießen im Ofen gebraten (englisch).

Lungenbraten: Österreichische Bezeichnung für Rinderfilet, s. d.

Majoranfleisch: Zwiebelscheiben, in Schweineschmalz goldgelb geröstet, mit Essig abgelöscht, Rindfleisch in Scheiben geschnitten beigefügt, mit Salz, Pfeffer und Majoran gewürzt, knapp mit Bouillon angegossen, im eigenen Saft gedünstet; mit Mehl bestäubt, etwas Bouillon aufgegossen, mit süßem Rahm vervollständigt (österreichisch).

Malácz Kovesonya: Schweinesülze: Schweinefleisch und Schweineschwarten mit nur genügend Wasser, um sie zu bedecken, gekocht. Knoblauch, Mohrrüben, Zwiebeln, Petersilienwurzeln, Salz und Gewürz beigefügt; nach dem Garwerden Fleisch und Schwarten gewürfelt, in tiefe Schüssel oder Form gleichmäßig verteilt, mit dem passierten, entfetteten und eingekochten Fond bedeckt, zum Erstarren gestellt; in Scheiben geschnitten und mit Paprika bestäubt serviert (ungarisch).

Mandarines de cailles: siehe Wachteln

Marcassin: siehe Frischling

Marinebraten: Mit Butter ausgestrichene Bratpfanne, mit Mohrrüben-, Zwiebel- und Knollenselleriescheiben belegt, darauf ein ganzes Rinderfilet gelegt, im Ofen gebräunt, mit Weißwein und braunem Fond angegossen, im Ofen geschmort; Schmorfond passiert, eingekocht, mit süßem Rahm verkocht, mit in Butter gedünsteten Streifen von Wurzelgemüsen vermischt; Fleisch mit der Sauce übergossen, Spätzle oder Butterreis nebenbei.

Markknochen: Os à la moelle (osalla moall): In passende Stücke gesägt, in Bouillon pochiert, an einer Seite eingeschlagen, in Serviette serviert.

Markkrusteln: Beignets de moelle: Markknochen in Stücke gesägt, pochiert, ausgekühlt, Mark herausgenommen, in dicke Scheiben geschnitten; durch Backteig gezogen, in tiefem Fett gebacken, mit gebackener Petersilie und Zitronenspalten angerichtet.

Mashimono no tori: Geflügelreis: Schieres Hühnerfleisch, mit Wasser, ohne Salz, bedeckt pochiert, Reis in salzloser Hühnerbrühe (aus dem

Gerippe gezogen) trocken gedünstet; unter den Reis das mundgerecht geschnittene Hühnerfleisch, Shoju-Sauce, Salz und etwas Sake locker mit der Gabel ziehen, in kleine Schälchen füllen, mit zerbröckelten Noriblättern bestreuen (japanisch).

Masthuhn: siehe Huhn
Mauviette: siehe Lerche
Medaillon de chevreuil: siehe Reh
Médaillon de bœuf: siehe Lendenschnitte
Médaillon de veau: siehe Kalbsmedaillon
Mehemalou: Lamm- oder Hammelragout: Lamm- oder Hammelfleisch, in grobe Würfel geschnitten, mit Zitronensaft, gehackten Zwiebeln, Knoblauch, Lorbeerblatt, zerdrückten Pfefferkörnern und Nelken mariniert; scharf in Hammelfett angeröstet, mit Mehl bestäubt, mit Hammelbrühe aufgegossen, Salz, Zucker und Safran beigefügt, geschmort; wenn halbgar entsteinte, eingeweichte Backpflaumen und getrocknete Muskattrauben beigefügt und fertiggeschmort. Die Sauce mit Traubensirup vervollständigt, beim Servieren mit gehobelten, gerösteten Mandeln bestreut (persisch).
Milchschweinfüße: Pieds de cochon de lait (pjäh dö koschong dö läh): Gewässert, geputzt, in Mehlwasser mit Aromaten gekocht.
  auf tschechische Art: à la tchèque: Blanchiert, in hellem Bier mit Kümmel, einer gespickten Zwiebel und Gewürz gekocht; den Fond passiert, mit Roggenbrot gebunden.
Miroton de bœuf: siehe gekochtes Rindfleisch auf französische Art
Mititei: Nationalwürstchen: Frisch geschlachtetes, noch warmes Rindfleisch, mit Salz, Pfeffer, Piment und Thymian gewürzt, durch den Wolf getrieben, mit gestoßenen Knoblauchzehen und heißer Bouillon verarbeitet; zu daumenbreiten und langen Würstchen ohne Darm geformt, auf dem Rost gebraten, mit grünen, eingelegten Paprikaschoten serviert (rumänisch).
Mixed Grill: Gericht von verschiedenen Arten von Fleisch, u.a. auf dem Rost gebraten, z.B. Lamm Chop oder Kotelett, Lammniere, Bratwürstchen, kleine Lendenschnitte, Speck- oder Schinkenscheibchen, Kalbsnüßchen, Hühnerbrüstchen u.a., mit grillierten Tomaten, großen Champignonköpfen, Kartoffelstäbchen oder Strohkartoffeln usw. garniert (englisch).
  London-: Je ein Lamm Chop, eine Lendenschnitte, eine Lammniere, zwei Scheibchen Bacon und ein kleines Bratwürstchen, mit zwei halben Tomaten, zwei großen Champignonköpfen und Brunnenkresse garniert; Kräuterbutter und Kartoffelstäbchen nebenbei.
  Meister Thuilliers-: Je ein Kalbsnüßchen, Rehnüßchen, Lammfilet (Filet mignon), kleine Hähnchenbrust, kleine Scheibe Kalbsleber, eine Scheibe Bacon, ein großer Champignonkopf, 2 große Krebsschwänze oder ein Scampischwanz, alles am Rost gebraten; garniert mit Strohkartoffeln und Brunnenkresse, Kräuterbutter und Kopfsalatherzen nebenbei.
Mou de veau: siehe Kalbslunge
Moussaka: Eieräpfel, der Länge nach geteilt, Schnittfläche zieliert, im Ofen gebacken, Fleisch ausgehöhlt, zusammen mit gehacktem Hammelfleisch, gehackten Zwiebeln, Knoblauch, geschälten, entkernten, gehackten Tomaten, gehackter Petersilie und Eiern vermischt, mit Salz und Paprika gewürzt; flache, geölte runde Form, gleichmäßig mit den Eierapfelschalen ausgefüttert, abwechselnd mit dem Gehäck und gewürzten, gemehlten, gebackenen Eierapfelscheiben gefüllt, die Form im Wasserbad im Ofen gebacken; gestürzt, mit Tomatensauce umkränzt.
  auf ägyptische Art: à l'egyptienne: Rohes Hammelfleisch, grobgehackt, vermischt mit gehackten Zwiebeln und Knoblauch, gewürzt, in Hammelfett gedünstet. Tomatenscheiben, Scheiben von Eieräpfeln und Streifen von grünen Paprikaschoten, jeder Teil für sich in Öl gedünstet, gewürzt mit Salz, Pfeffer, Paprika und ge-

hackten Kräutern. Sämtliche Bestandteile abwechselnd in geölte Backplatte gefüllt, mit geriebenem Käse bestreut, im Ofen gebacken; mit Tomatensauce leicht umgossen, mit wenig brauner Butter übergossen.

auf türkische Art: à la turque: Eieräpfel halbiert, eingeritzt, im Ofen gebacken, ausgehöhlt; das Fleisch mit gehacktem Hammelfleisch, angebratenen Tomatenwürfeln und gehacktem, gedünstetem Lauch vermischt, gewürzt, mit gehackter Petersilie und zerdrücktem Knoblauch vermischt. Die Form mit den Schalen ausgelegt, mit dem Gehäck gefüllt, im Wasserbad im Ofen gargemacht; gestürzt, mit Tomatensauce umgossen.

Mousse de jambon: siehe Schinkenschaumbrot

Mousselines de jambon: siehe Schinkenschaumbrötchen

Mousselines de volaille: siehe Hühnermousselines

Mudjemeri: Hammelkrusteln: Rohgehacktes Hammelfleisch, vermischt mit gehackten Zwiebeln, Knoblauch und kaltem, gekochtem Reis; durch die feine Scheibe der Fleischmaschine getrieben, mit Ei vermischt, mit Salz und gehackten Kräutern gewürzt, davon Löffelklößchen geformt, in heißem Hammelfett gebacken; Tomatensauce auf Wunsch (türkisch).

Mundbissen: Bouchée (buscheh): Kleine Blätterteigpastetchen in vielerlei Formen, rund, viereckig, oval oder rautenförmig, mit kleinem Ragout, Salpicon, Püree oder Haschee gefüllt, zuweilen mit Trüffelscheibe oder Champignonkopf anstelle des Deckels. Mundbissen werden als warme Vorspeise oder als kleiner Imbiß serviert.

Amerikanische-: à l'américaine: Gefüllt mit gewürfeltem Hummerfleisch mit amerikanischer Sauce gebunden, Scheibchen Hummerschwanz als Deckel.

Austern-: aux huîtres: Gefüllt mit pochierten, gewürfelten Austern, gebunden mit normannischer Sauce; pochierte Auster obenauf.

Blumenmädchen-: à la bouquetière (bukettjer): Gefüllt mit feingewürfelten Möhren, weißen Rüben, grünen Bohnen, Spargelspitzen und grünen Erbsen, mit Geflügelrahmsauce gebunden; Spargelköpfe obenauf.

Böhmische: à la bohémienne (boemjenn): Kleine Brioche, in geriefter Form gebacken, ausgehöhlt, gefüllt mit Gänseleber- und Trüffelwürfeln, mit Madeirasauce gebunden.

Botschaftern-: à l'ambassadrice: Gefüllt mit gewürfelter Lammilch, gewürfelten Trüffeln und Spargelspitzen, mit Geflügelrahmsauce gebunden.

Bresser: à la bressanne: Ovales Pastetchen, mit gewürfelten, sautierten Geflügellebern und Champignons, mit Duxelles-Sauce gebunden, gefüllt.

Diana-: Diane: Würfelchen von Federwild und Trüffeln, mit Salmisauce gebunden; Trüffelscheibe obenauf.

Don Juan- (Dong Schuang): Würfelchen von Hühnerfleisch, Champignons und Trüffeln, mit Demiglace gebunden.

Elysée-: Gefüllt mit gewürfeltem Hühnerfleisch und Champignonwürfeln, mit Nantuasauce gebunden.

mit Fischmilchern: aux laitances (o lätangs): Gefüllt mit kleinen Scheibchen pochierter Fischmilcher, mit Garnelensauce gebunden.

mit Garnelen: aux crevettes: Gefüllt mit gewürfelten Garnelenschwänzchen, mit Garnelensauce gebunden; Trüffelscheibe obenauf.

Großherzogs-: à la grand-duc: Gefüllt mit grober Julienne von Trüffeln und grünen Spargelspitzen, mit Geflügelrahmsauce gebunden.

Herzogin-: à la duchesse (düschess): Gefüllt mit Hühnerpüree vermischt mit Spargelspitzen, gebunden mit Geflügelrahmsauce; Trüffelscheibe obenauf.

Holländische: à la hollandaise (ollangdähs): Gefüllt mit Würfelchen von Räucherlachs mit holländischer Sauce gebunden; pochierte Auster obenauf.

Hummer-: à l'homard (alomahr): Mit Salpicon von Hummernfleisch und Champignons, mit Hummersauce gebunden, gefüllt.

Indische: à l'indienne: Reis vermischt mit Fisch- oder Geflügelwürfelchen und gehacktem, hartgekochtem Ei; entweder mit Fisch- oder Geflügelvelouté, mit Currypulver gewürzt, gebunden.

Isabella-: Isabelle: Gefüllt mit Salpicon von Pökelzunge und Trüffeln, leicht mit Hühnerpüree gebunden; Trüffelscheibe obenauf.

Jäger-: à la chasseur: Gefüllt mit Salpicon von Wildfleisch und Champignons, mit Jägersauce gebunden.

Joinville-: Gefüllt mit Salpicon von Garnelen, Champignons und Trüffeln, mit Joinville-Sauce gebunden; Trüffelscheibe obenauf.

Jungfrauen-: à la vierge (wiärsch): Salpicon von Lammilch und Kalbshirn, mit weißer Rahmsauce gebunden.

Kaiserliche: à l'impériale (angperjal): Gefüllt mit Salpicon von Garnelen und Austern, gebunden mit Garnelensauce; Trüffelscheibe obenauf.

Königin-: à la reine: 1. Gefüllt mit Salpicon von Hühnerbrust, Kalbs- oder Lammilch, Champignons und Trüffeln, mit Geflügelrahmsauce gebunden;
2. gefüllt mit sehr weißem Hühnerpüree, mit Geflügelrahmsauce gebunden.

Marie-Rose-: Rautenförmiges Pastetchen, gefüllt mit perlengroßen Stintklößchen, Garnelenschwänzchen und kurzer Trüffeljulienne, mit Garnelensauce gebunden; rautenförmiges Scheibchen Stintfarce obenauf.

Maskott-: à la mascotte: Salpicon von Hühnerfleisch, Artischockenböden und Trüffeln, gebunden mit Kalbsjus, mit Weißwein eingekocht und mit Stärkemehl abgezogen.

Metternich: Gefüllt mit Salpicon von Hühnerfleisch und Trüffeln, mit weißer Rahmsauce gebunden; Trüffelscheibe obenauf.

Mirabeau-: Gefüllt mit Salpicon von Seezunge, gebunden mit weißer Rahmsauce mit Sardellenbutter aufgeschlagen; eine gefüllte Olive obenauf.

Mogador-: Gefüllt mit Salpicon von Pökelzunge und Hühnerbrust, gebunden mit Béchamelsauce mit Gänseleberpüree vermischt.

Monseigneur-: Ovale Form, Boden angefüllt mit getrüffeltem Fischmilcherpüree, darauf ein Stück pochierte Fischmilch mit Garnelensauce bedeckt; ovale Trüffelscheibe obenauf.

Montgelas, (monglahs) Viereckiges Pastetchen, mit Salpicon von Gänseleber, Pökelzunge, Champignons und Trüffeln, mit vorzüglicher Madeirasauce gebunden; viereckige Trüffelscheibe obenauf.

Montpensier- (Mongpangsjeh): Gefüllt mit perlgroßen, getrüffelten Hühnerklößchen, mit Garnelensauce gebunden; Trüffelscheibe obenauf.

Montrose-: Gefüllt mit Hühnerpüree mit feinen Schinkenwürfeln vermischt; Trüffelscheibe obenauf.

Nantua-: Gefüllt mit gewürfelten Krebsschwänzen und Trüffeln, mit Nantuasauce gebunden; Krebsschwänzchen obenauf.

Nesles- (nell): Gefüllt mit Lammhaschee vermischt mit Würfelchen von Champignons und Trüffeln, mit deutscher Sauce gebunden.

Perigorder-: à la périgourdine: Viereckiges Pastetchen, gefüllt mit Trüffelpüree, gebunden mit dicker Madeirasauce.

Prinzessin-: à la princesse: Wie Königin-Pastetchen, mit Spargelköpfen belegt.

Russische: à la russe (rüß): Würfelchen von Vesiga und hartgekochtem Ei, mit saurer Rahmsauce gebunden.

St.-Hubertus-: Saint-Hubert (säng übähr): Gefüllt mit Wildpüree; geriefter Champignonkopf obenauf.

Stuart-: Dreiviertelvoll mit Geflügelhaschee, mit Hühnerrahmsauce gebunden, gefüllt, bedeckt mit Hühnerrahmsauce mit Krebspüree vermischt.

Thronfolger-: à la dauphine (dofihn): Gefüllt mit Hahnenkämmen, -nieren und gewürfelten Champignons, mit holländischer Sauce gebunden.
Turbigo: Ovale Form; gefüllt mit Salpicon von sautierten Entenlebern, Artischockenböden und Trüffeln, mit tomatierter deutscher Sauce gebunden.
Vatel-: Viereckige Form; gefüllt mit Hühner- und Gänseleberpüree, mit Geflügelrahmsauce gebunden.
Victoria-: Gefüllt mit Salpicon von Hummer und Trüffeln, gebunden mit Victoriasauce; Trüffelscheibe obenauf.
Ungarische: à la hongroise (ongroas): Gefüllt mit Schinkenpüree mit Paprikasauce gebunden.
Mundtaschen, Russische: Pelmeni: Dünn ausgerollter Nudelteig, viereckig oder rund ausgestochen, Ränder mit Ei angefeuchtet, gefüllt mit gewürztem Haschee verschiedener Art, mit Teigplatte abgeschlossen, Ränder zusammengedrückt, in Salzwasser gekocht; abgetropft, mit flüssiger Butter übergossen, mit geriebenem Parmesan bestreut.
Pelmeni sibirskije: Sibirische Mundtaschen: 1. Mit gleichen Teilen Rindfleisch und Kalbsnierenfett, durch die feine Scheibe der Fleischmaschine getrieben, gewürzt, mit gehackten, angeschwitzten Zwiebeln, gehackter Petersilie und Thymian verarbeitet, gefüllt; in Bouillon mit nußgroß Butter und wenig Essig gekocht, abgetropft, mit Zitronensaft beträufelt und gehacktem Dill bestreut, mit zerlassener Butter übergossen;
2. mit Haschee von Haselhuhn und Schinken, mit dicker Demiglace gebunden; gekocht, mit Zitronensaft und etwas flüssiger Glace beträufelt, mit gehackter Petersilie bestreut, mit zerlassener Butter übergossen (russisch).
Mutton Chop (mattn tschopp): Schnitte aus dem gespaltenen Hammelsattel mitsamt dem Filet, vom überflüssigen Fett befreit, Lappen nach innen gerollt, mit Spießchen befestigt oder gebunden. Chops werden hauptsächlich auf dem Rost gebraten und mit Kräuterbutter, Brunnenkresse und Kartoffelstäbchen oder Strohkartoffeln angerichtet (englisch).
Double Chop (dabbl tschopp): Wie Mutton Chop, jedoch ohne den Sattel zu spalten (englisch).
English Chop (inglisch tschopp): Das gleiche wie Mutton Chop, jedoch den Rückenknochen abgehackt und das Fleisch mit dem Filet und einem Stück Niere zusammengerollt und mit einem Holzstäbchen befestigt (englisch).
Loin Chop (loin tschopp): Das gleiche wie Mutton Chop (englisch).

Netzwürstchen: Crépinette (kreppinett): Eine Art flaches, rundes Würstchen von Farce oder Salpicon, mit dick eingekochter Sauce gebunden, in Schweinsnetz gehüllt, ganz mit zerlassener Butter bestrichen, in feingeriebener Weißbrotkrume gewälzt, auf dem Rost gebraten, mit passender Sauce serviert.
auf Aschenbrödelart: à la cendrillon: Von Bratwurstfleisch, vermischt mit gekochten, gehackten Schweinsfüßen und gehackten Trüffeln bereitet, in Schweinsnetz gehüllt, grilliert.
von Hirn: de cervelle: Von Bratwurstfleisch vermischt mit rohem, gehacktem Kalbshirn bereitet.
von Huhn: de volaille: Rohes Hühnerfleisch, gehackt, vermischt mit gehacktem magerem Schweinefleisch, Gänseleber und gehackter Trüffel, gewürzt, zu flachem, rundem Kuchen geformt, mit Trüffelscheibe belegt, in Schweinsnetz gehüllt; grilliert, Madeirasauce nebenbei.
auf italienische Art: à l'italienne: Salpicon von Kalbsmilch und Champignons, mit dicker italienischer Sauce gebunden, ausgekühlt,

geformt; in Schweinsnetz, zwischen zwei Lagen Bratwurstfleisch gefüllt, gehüllt; italienische Sauce nebenbei.

auf Jägerart: à la chasseur (schassör): Mit Schweinefleischfarce, vermischt mit rohem, gehacktem Wildgeflügel, Champignons und Wildglace, bereitet, in Schweinsnetz gehüllt, grilliert; Jägersauce nebenbei.

von Kalbsmilch: de ris de veau (dö rih dö woh): Vorgekochte, gewürfelte Kalbsmilch, vermischt mit gewürfelten Trüffeln und hartgekochten Eiern, mit dicker deutscher Sauce gebunden; Tomatensauce nebenbei.

auf Königinart: à la reine (rähn): Wie Hühnernetzwürstchen, jedoch ohne Trüffel bereitet; Geflügelrahmsauce nebenbei.

von Lamm: d'agneau (danjo): Salpicon von Lammfleisch und Champignons, mit dick eingekochter deutscher Sauce oder Demiglace gebunden, in Schweinsnetz gehüllt.

auf Lütticher Art: à la liègeoise (lieschoas): Gewürfeltes, gekochtes Lammfleisch, eingeweichtes Weißbrot, hackte, in Butter angedünstete Zwiebeln, Eier, Salz, Pfeffer und eine Prise pulverisierte Wacholderbeeren, durchgearbeitet, in Schweinsnetz gehüllt, grilliert; Kartoffelpüree nebenbei.

auf Perigorder Art: à la périgourdine (perrigurdihn): Feine Schweinsfarce, mit gewürfelten Trüffeln vermischt, in Schweinsnetz gehüllt, am Rost gebraten; Kartoffelpüree und Trüffelsauce nebenbei.

St. Hubertus: Saint-Hubert (sänkt-übehr): Von Bratwurstfleisch vermischt mit rohem, gehacktem Haarwildfleisch bereitet; Maronenpüree und Wildsauce nebenbei.

Sainte-Menehould (säng männould): Gekochte, gewürfelte Schweinsfüße, vermischt mit gewürfelten Trüffeln, mit dick eingekochter Demiglace gebunden, in Schweinsnetz zwischen zwei Lagen Bratwurstfleisch gefüllt.

auf türkische Art: à la turque: Bratwurstfleisch, vermischt mit gehacktem, gekochtem Hammelfleisch, mit Salz und Nelkenpfeffer gewürzt; garniert mit gebratenen Scheiben Eierapfel, Tomatensauce nebenbei.

auf Vivareser Art: à la vivaraise (wiwarās): Rohes, gehacktes Schweinefleisch, Schweineleber und -lunge, vermischt mit in Butter geschwitzten, gehackten Zwiebeln, vorgekochten Spinat- und Mangoldblättern, gewürzt mit Salz, Pfeffer und zerdrücktem Knoblauch, gebunden mit Ei, in Schweinsnetz gehüllt, am Rost gebraten.

New England Boiled Dinner: Entbeinte, geräucherte Schweineschulter und Pökelrinderbrust zusammen mit Mohrrüben, weißen Rüben, Weißkraut und Kartoffeln gekocht und mit diesen angerichtet; eingelegte rote Rüben nebenbei (nordamerikanisch).

Stew: Gewürfelter, gepökelter Schweinebauch, in Scheiben geschnittene weiße Rüben und kleine Zwiebelchen, leicht angebraten, gewürzt, mit Wasser bedeckt, gekocht, gewürfelte Kartoffeln später hinzugesetzt; mit dem gebundenen Fond bedeckt serviert (nordamerikanisch).

Noisette de chevreuil: siehe Reh
  de mouton: siehe Hammelnüßchen
  de veau: siehe Kalbsnüßchen
Noix de veau: siehe Kalbsnuß

Oie: siehe Gans
Oie sauvage: siehe wilde Gans
Oison: Junggans, siehe Gans
Open Pie: siehe Pie
Oreilles d'agneau: siehe Lammohren
Oreilles de porc: siehe Schweinsohren
Oreilles de veau: siehe Kalbsohren

Ortolan, Fettammer: Ortolan: Kleiner Wildvogel aus der Familie der Finken, mit braun-schwarz-weißem Gefieder, der in fast allen Erdteilen anzutreffen und von vorzüglichem Geschmack ist.

mit Ananassaft: au suc d'ananas (o büc danana): Gebraten, Bratsatz mit Weinbrand flambiert, mit wenigen Tropfen Zitronensaft und einigen Löffeln Ananassaft verkocht und über den Vogel gegossen.

in Blätterteig: en feuilleté: Gebraten, ausgekühlt, in Blätterteig gehüllt, mit Eigelb bestrichen, im Ofen gebacken.

auf Hausfrauenart: bonne femme: In feuerfester Porzellankokotte mit angebratenen Speckwürfeln und angebräunten Zwiebelchen gebraten, mit Weinbrand flambiert, mit wenig Wildfond deglaciert.

in gebackener Kartoffel: en surprise (ang sürprihs): Entbeint, mit Gänseleber gefüllt, in Wildjus pochiert; in eine große, im Ofen gebackene Kartoffel gesetzt, die ausgehöhlt und mit dem zerdrückten, gewürzten, mit Butter vermischten Pulp gefüllt wurde; mit Trüffelsauce, vermischt mit dem eingekochten Fond, nappiert.

im Kästchen: en caisse (ang käss): Gebraten, in feuerfestes, ovales Porzellankästchen gesetzt, das mit einem Kleinragout von Gänseleber und Trüffeln, mit Madeirasauce gebunden, angefüllt wird.

mit Kirschen: aux cerises (o zris): Entbeint, mit Brotfarce, vermischt mit gehackten, blutig gebratenen Geflügellebern, gefüllt, in Wildfond und Portwein pochiert; bedeckt mit entsteinten, pochierten Sauerkirschen, gebunden mit Demiglace, vermischt mit dem eingekochten Wildfond und Kirschensaft.

auf Lothringer Art: à la lorraine: Sehr große, reife Pflaume, entsteint, halbiert, in Butter angebraten; eine leicht angefeuchtete, gewürzte Ortolane in jede Hälfte gesetzt, in großes Weinblatt gehüllt, gebunden, im Ofen gebacken; ausgewickelt, leicht mit Saft von unreifen Trauben übergossen.

in Mandarine (kalt): en mandarine: Mandarine abgedeckelt, ausgehöhlt, mit Gänseleberschaumbrot gefüllt. Ortolan in Wildfond pochiert, ausgekühlt, die Brüstchen ausgelöst, mit Portweingelee mit Mandarinensaft abgeschmeckt, überglänzt, in die Mandarine gesetzt, mit Mandarinenfilets garniert, auch diese leicht überglänzt.

Marianne: Gebraten, auf gebutterten Blattspinat dressiert, mit dem mit Wildfond abgelöschten Bratsatz übergossen.

Rothschild (kalt): Große Trüffel, in Schaumwein gekocht, ausgehöhlt; gefüllt mit kaltem, gebratenem Ortolan, reichlich mit Wildgelee mit Schaumwein, vermischt mit Blattgold, überglänzt.

in Schaumwein: au champagne: Entbeint, mit kleinem Stückchen roher Trüffel gefüllt, in kleine, ovale, feuerfeste Kokotte gesetzt, gewürzt, etwas Schaumwein angegossen, mit Blätterteig bedeckt, im Ofen gebacken.

auf Spießchen: en brochette (ang broschett): Zwei oder mehr Ortolane, abwechselnd mit kleinen Scheibchen durchwachsenem Speck auf Spießchen gereiht, auf dem Rost gebraten.

Toulouse-Lautrec (tuluhs lotreck): In der Kokotte gebraten, mit Armagnac flambiert, mit Traubensaft deglaciert, mit geschälten, entkernten Chasselas-Trauben garniert.

mit Trüffeln: aux truffes (o trüff): Gebraten, nappiert mit Madeirasauce vermischt mit Trüffelscheiben.

mit Wacholder: au geniève: In der Kokotte in Butter mit einigen zerdrückten Wacholderbeeren gebraten, mit Weinbrand flambiert, mit Wildfond deglaciert.

Oxbringa: Gekochte Pökelrinderbrust mit Rahmkartoffeln als Beilage (schwedisch).

Oxford Sausage: Bratwurst aus einem Brät von gleichen Teilen Rind-, Kalb- und Schweinefleisch, Nierenfett und Speck, mit Salbei und Kräutern, Salz und Pfeffer gewürzt (englisch).

Paella: Gewürfeltes Rind-, Kalb-, Hammel- und Schweinefleisch, in Olivenöl zusammen mit gehackten Zwiebeln angebraten, mit Fond oder Wasser angegossen, etwas mehr als halbgar gekocht; Scheiben von Knoblauchwurst (Chorizo), Streifen von roter Paprikaschote, Blumenkohlröschen, grüne Bohnen, in Stücke gebrochen, grüne Erbsen, Reis und Muscheln beigefügt, mit Salz, Pfeffer und Safran gewürzt und gargekocht (spanisch).

Palais de bœuf: siehe Rindergaumen

Paleron: siehe Rinder-Schulterstück

Palten: Blutpudding: Schaumig gerührte Butter, vermischt mit Schweineblut, süßem Rahm, Mehl, Eigelb und Eierschnee, mit Salz, geriebener Muskatnuß und Majoran gewürzt; in gefettete Form gefüllt, im Wasserbad im Ofen pochiert, gestürzt, mit brauner Butter übergossen (russisch-baltisch).

Paon: siehe Pfau

Papaz yahnissi: Hammelschnitzel: Dicke Scheiben Hammelkeule, in Hammelfett mit Zwiebelscheiben angebräunt, mit Wasser angegossen, mit Salz, Pfeffer, Zimt und etwas Essig gewürzt, geschmort (türkisch).

Paprikás borjut szelet: Paprikaschnitzel: Gesalzene und paprizierte Schnitzel, in Mehl gewendet, in Schmalz mit gehackten Zwiebeln angebraten, mit weißem Fond angegossen, Streifen von grüner Paprikaschote beigefügt, geschmort; nach dem Garwerden herausgenommen, die Sauce mit saurem Rahm verkocht; Reis, Nudeln oder Tarhonya nebenbei (ungarisch).

Paprikás csirke: Paprikahuhn: Gehackte Zwiebeln und zerdrückter Knoblauch, leicht in Schmalz angebräunt, mit Mehl bestreut, paprizert, das wie zum Sautieren geteilte Huhn und der vorgekochte Magen, einige zerschnittene Tomaten und gehackte grüne Paprikaschoten beigefügt, gewürzt, mit Wasser aufgegossen, gedünstet; kurz vor dem Garwerden die Hühnerleber und saurer Rahm hinzugegeben; mit kleinen Mehlklößchen oder Nudeln serviert (ungarisch).

Pastetchen, Kleine: Petits Pâtés: Salpicon, Haschee oder Püree von Fisch, Fleisch, Wild oder Geflügel, zwischen zwei kleine Lagen rund ausgestochenen Blätterteig gefüllt, mit Ei bestrichen, im Ofen gebacken, heiß serviert. Auch wie Mundbissen gefüllt.

Manon: Mit Salpicon von Kalbfleisch und Pökelzunge, mit dicker Madeirasauce gebunden, gefüllt.

Nérac: Mit Salpicon von Wildfleisch und Trüffeln, mit dicker Madeirasauce gebunden, gefüllt.

auf orientalische Art: à l'orientale: Gefüllt mit Salpicon von Hammelfleisch und roten Paprikaschoten, mit Tomatensauce gebunden.

auf Pariser Art: 1. de deux sous (dö döh suh): Mit Kalbsfarce gefüllt, nach dem Backen etwas Madeirasauce durch ein kleines Loch hineingegossen;
2. à la parisienne: Gefüllt mit Bratwurstfleisch, vermischt mit gewürfelten Trüffeln und Hühnerfleisch.

auf Tourer Art: à la tourangelle: Gefüllt mit Salpicon von Lerchen und Trüffeln, mit dicker Wildsauce gebunden.

Pastete: Pâté (patteh): Pasteten werden von verschiedenartigen Farcen bereitet, mit Streifen oder Würfeln des Hauptbestandteiles, Gänseleber, Trüffeln, Speck, Pistazien u.a.m. vermischt, in rechteckige, runde oder ovale Pastetenform, mit Pastetenteig ausgefüttert, meist mit Speckscheiben ausgelegt, gefüllt, mit Teig verschlossen, dekoriert, gebacken. Zum Dampfablaß werden je nach Größe ein bis zwei Löcher gemacht, mit Kamin aus gefettetem Papier ausgefüllt. Kalte Pasteten werden nach völligem Auskühlen durch den Kamin mit noch flüssigem Gelee gefüllt, in warme eine entsprechende Sauce gegossen.

d'Abbéville: Handelsartikel von Schnepfen bereitet, frisch verkauft.

d'Amiens: Entenpastete in ovaler Teigkruste, im Handel erhältlich.

de Beaugency: Regenpfeiferpastete, im Handel erhältlich.

de Chartres: Pastete von Lerchen und Gänseleber, im Handel erhältlich.

Enten-: de canard: Ente, entbeint, mit Enten- und Leberfarce, wie für Galantine, gefüllt; in ovale Pastetenform, mit Pastetenteig ausgefüttert, mit Speckscheiben ausgelegt und mit Kalbsfarce ausgestrichen gefüllt, mit Kalbsfarce bedeckt, mit Speckscheiben belegt, mit Teig verschlossen; dekoriert, mit Ei bestrichen, gebacken, nach dem Auskühlen mit noch flüssigem Gelee gefüllt.

Fasanen-: de faisan (dö fäsang): Ovale, mit Pastetenteig ausgefütterte Form, mit dünnen Speckscheiben ausgelegt, mit Fasanen- und Leberfarce ausgestrichen, abwechselnd mit Lagen von Farce, Streifen von Fasanenbrust, Gänseleber, Pökelzunge und geviertelten Trüffeln gefüllt, mit Speckscheiben bedeckt, mit Teig verschlossen, gebacken; nach dem Erkalten mit Madeiragelee gefüllt.

auf amerikanische Art: de faisan à l'américaine: Fasanenbrust ausgelöst, in Streifen geschnitten, mit gehackten Schalotten, Pastetengewürz und Sherry mariniert; von den Knochen Gelee gekocht. Von dem restlichen Fleisch, Kalbfleisch und frischem Speck Farce bereitet, gewürzt, abwechselnd in die mit Teig ausgefütterte Form mit den Fasanen- und fetten Speckstreifen und Pistazien gefüllt, mit Speckstreifen bedeckt, mit Teig verschlossen, dekoriert, mit Ei bestrichen, gebacken. Nach dem Erkalten das vorbereitete Gelee durch den Kamin gegossen.

getrüffelte Gänseleber-: de foie gras truffé: Infolge der komplizierten Herstellung heute hauptsächlich fabrikmäßig hergestellt und in vorzüglicher Qualität im Handel erhältlich.

Hasen-: de lièvre (dö liäwr): Hase, entbeint und entsehnt, Sattelstück ausgelöst, in Streifen geschnitten, zusammen mit Streifen von magerem Schinken und fettem Speck mit Pastetengewürz und Weinbrand mariniert; vom restlichen Fleisch, frischem fettem Speck und Kalbfleisch Farce bereitet, in rechteckige Form, mit Pastetenteig ausgefüttert, mit Speckscheiben ausgelegt, abwechselnd mit den marinierten Streifen gefüllt, wie üblich fertiggemacht, gebacken. Nach dem Erkalten Gelee, aus den Hasenknochen bereitet, durch den Kamin gefüllt.

von Huhn: de volaille: Wie Fasanenpastete bereitet.

Kalbfleisch- und Schinken-: de veau et jambon (dö wo eh schangbong): Ovale Form, mit Pastetenteig ausgefüttert, mit Scheiben von fettem Speck ausgelegt, gefüllt mit Farce von magerem Schweinefleisch und frischem fettem Speck, vermischt mit Würfeln von Kalbfleisch, Schinken und fettem Speck, zuvor mit Weinbrand und Pastetengewürz mariniert; mit Scheiben von fettem Speck bedeckt, mit Teig verschlossen, gebacken; nach dem Erkalten mit Gelee gefüllt.

Kaninchen-: de lapereau (dö laproh): Wie Hasenpastete bereitet.

Krammetsvogel-: de grives (grihf): Krammetsvögel, entbeint, mit Leberfarce, mit Wacholder gewürzt, gefüllt; in ovale Pastetenform, mit Pastetenteig ausgefüttert, abwechselnd mit Wild- und Leberfarce und gewürfelten Trüffeln geordnet, mit Farce bedeckt, mit Teig verschlossen, dekoriert, gebacken. Nach dem Erkalten Gelee, aus dem Vogelgerippe gezogen, eingefüllt.

de Lyon: Fertige Truthahnpastete, im Handel erhältlich.

de Marseille: Getrüffelte Thunfischpastete, im Handel erhältlich.

Pariser: parisien: Ovale Form, mit Pastetenteig ausgefüttert, mit fettem Speck ausgelegt, mit Farce von Rind- und Kalbfleisch ausgestrichen und abwechselnd mit rohen Scheiben Rinderfilet, zuvor mit gehackten Schalotten, Weißwein, Pastetengewürz und Weinbrand mariniert und mit Scheiben von in Butter sautierten Champignonscheiben gefüllt. Mit Farce verschlossen, mit etwas flüssiger Butter bedeckt, mit Teig verschlossen, gebacken; nach dem Garwerden etwas Madeirasauce durch den Kamin gegossen, heiß serviert.

de Périqueux: Fabrikmäßig hergestellte, getrüffelte Gänseleberpastete im Handel erhältlich.
de Pithiviers: Fabrikmäßig hergestellte Lerchenpastete, im Handel erhältlich.
de Reims: Fabrikmäßig hergestellte Schweinefleischpastete.
de Saumur: Fabrikmäßig hergestellte Kalbfleischpastete.
Schinken-: de jambon: Wie Pastete von Kalbfleisch und Schinken, doch mit Schweinefleischfarce, vermischt mit gewürfeltem, magerem Schinken bereitet; nach dem Erkalten Madeiragelee durch den Kamin eingefüllt.
Tauben-: de pigeon (dö pischong): Wie Fasanenpastete bereitet, nach dem Erkalten mit Gelee, aus den Knochen gezogen, gefüllt.
Schwarzenberg: Ovale Pastetenform, mit Pastetenteig ausgefüttert, mit Farce von Taubenkeulen, Schweinefleisch und frischem, fettem Speck ausgestrichen; abwechselnd mit Farce, Taubenbrüstchen, enthäutet, in Butter steifgemacht und ausgekühlt, Gänseleberwürfeln und geviertelten Trüffeln gefüllt, mit Farce bedeckt, mit Teig abgeschlossen, dekoriert, gebacken; nach dem Erkalten mit Madeiragelee gefüllt.
Pastete, Englische: siehe Pie
Pâté: siehe Pastete
Paupiette de veau: siehe Kalbfleisch-Röllchen
Pelmeni: siehe Mundtaschen, russische
Perdreau: siehe Rebhuhn
Perdrix blanche: siehe Schneehuhn
Perisoare cu verdaturi: Grüne Fleischklößchen: Ein Teil gemahlenes Rindfleisch und 3 Teile fettes Schweinefleisch, mit viel gehackten, angerösteten Zwiebeln vermischt, gewürzt, zu walnußgroßen Kugeln geformt, in gehacktem Kerbel, Dill, Petersilie, Estragon und Spinat gewälzt; langsam in wenig Butter angebraten, mit Demiglace mit einem Schuß Essig vervollständigt (rumänisch).
Perlhuhn: Pintade (pängtahd): Gehört zur Unterfamilie der Fasanen und ist in Westafrika beheimatet. Seit langem in Europa und Amerika domestiziert und als Hausgeflügel gehalten. Junge Perlhühner werden bardiert und recht rosa gebraten, dabei oft begossen, da das Fleisch sonst trocken ist. Alte Hühner sind am besten geschmort oder gedünstet.
auf amerikanische Art: à l'américaine: Vom Rücken aus geöffnet, plattiert, gewürzt, mit Butter bestrichen, grilliert; mit gebratenen Speckscheiben und gebratenen Tomaten garniert.
mit Bananen: aux bananes: Bardiert, gebraten, der Bratsatz mit Pfeffersauce abgelöscht, vermischt mit Johannisbeergelee; garniert mit Bananen, halbiert, gemehlt und in Butter gebraten; die Sauce nebenbei.
auf Borsdorfer Art: Bardiert, gebraten, Bratsatz mit Weißwein deglaciert, mit Pfeffersauce verkocht; garniert mit geschälten, ausgehöhlten Borsdorfer Äpfeln, in Zitronensaft und Butter pochiert, mit Preiselbeeren, mit Zucker und Stangenzimt pochiert und mit Stärkemehl gebunden, gefüllt.
Brüstchen: Suprême de pintadeau: Brüstchen von jungen Perlhühnern wie Fasanbrüstchen bereitet.
auf elsässische Art: à l'alsacienne: In Kalbsfond mit Karotten, geviertelte Herzen eines Weißkrautkopfes und magerem Speck gekocht; tranchiert, auf dem Kraut angerichtet, mit den Karotten, dem in Scheiben geschnittenen Speck, gebratenen Schweinswürstchen und Salzkartoffeln garniert.
auf Försterart: à la forestière: Bardiert, gebraten, kurz vor dem Garsein Speck entfernt, um die Brust zu bräunen; in feuerfester Kokotte angerichtet, mit sautierten Morcheln, gebratenen Speck- und Kartoffelwürfeln garniert, mit dem mit Weißwein deglacierten und mit Duxelles-Sauce verkochten Bratsatz nappiert.

gefüllt: farcie: Gefüllt mit Farce von eingeweichtem Brot, vermischt mit gehackten gedünsteten Zwiebeln, gehacktem fetten Speck, Eiern, gehackter Petersilie, Salbei, Salz und Pfeffer, bardiert, gebraten; serviert mit dem Bratsaft, mit Kalbsjus abgelöscht, und Johannisbeergelee.

auf Kartäuser Art: à la chartreuse (schartröhs): Altes Huhn, wie Fasan bereitet.

in der Kasserolle: en casserole: In feuerfester Porzellan- oder Glaskasserolle gebraten; in der zugedeckten Kasserolle, mit einigen Löffelchen kräftiger Kalbsjus angegossen, serviert.

Knickerbocker: Die ausgelösten Brüste gewürzt, durch geklärte Butter gezogen, mit weißer, frischgeriebener Brotkrume paniert, leicht geölt, auf dem Rost gebraten; garniert mit gebackenen Kartoffelstäbchen, Colbertsauce nebenbei.

auf Kreolen-Art: à la créole (krehol): Wie für sautiertes Huhn zerlegt, in Butter angebräunt, in leichter Demiglace mit gehackten, angeschwitzten Zwiebeln, gewürfelten Tomaten, gehacktem rohem Schinken, gewürfelten grünen Paprikaschoten und geviertelten Champignons geschmort.

Mirabeau (miraboh): Zerlegt, in Butter gebräunt, in leichter Demiglace mit gebratenen Speckwürfeln, Champignons, geformten weißen Rüben und gehacktem Estragon geschmort.

Nesselrode: Zerlegt, gewürzt, gemehlt, in Butter gebraten; tomatierte Demiglace und Maronenpüree nebenbei.

mit Orangen: à l'orange: Bardiert, gebraten; Bratsatz mit Weinbrand und Orangensaft deglaciert, mit gebundener Kalbsjus verkocht; garniert mit angewärmten Orangenfilets.

auf polnische Art: à la polonaise: Mit Brotfarce gefüllt, gebraten; in Kokotte angerichtet, mit gehacktem, hartgekochtem Ei und gehackter Petersilie bestreut, mit Reibbrot, in viel Butter gebräunt, übergossen.

in Rahmsauce: à la crème: Gebraten, einige Minuten vor dem Garwerden saurer Rahm beigefügt.

mit Sellerie: aux céleris (o ßeleri): Altes Huhn, angebraten, mit leichter Demiglace, Weißwein und Sellerieblättern geschmort; garniert mit Stückchen von gedünstetem Bleichsellerie, mit blanchierten Rindermarkscheiben belegt, mit der passierten Sauce nappiert.

Singapore: Singapoure (sängapuhr): Wie für sautiertes Huhn zerlegt, mit Currypulver, gehackten Schalotten und Zitronensaft mariniert; gemehlt, sautiert, die Stücke herausgenommen; Bratsatz mit Ananassaft und Weinbrand deglaciert, mit Kalbsjus und süßem Rahm verkocht, ansautierte Ananaswürfel beigefügt, aufgekocht, über die Stücke gegossen.

Suprême von: siehe Perlhuhnbrüstchen

auf tschechische Art: à la tchèque (tscheck): Gefüllt mit Stopfleber, mit Paprika bestäubt und leicht pochiert; gebraten, Bratsatz mit Madeirasauce verkocht.

Petits Pâtés: siehe Pastetchen, Kleine
Petits Soufflés: siehe Aufläufe, Kleine
Pfau: Paon (paong): Zu den Fasanen gehöriger Hühnervogel, der früher auf keiner Prunktafel fehlen durfte. Heute nur als Ziervogel gezüchtet und selten gegessen. Für die Tafel kommen nur ganz junge Tiere in Betracht, die wie junge Pute bereitet werden können.

Contadino: Enthäutet, gespickt, in leichter tomatierter Demiglace geschmort; tranchiert, auf Risotto, vermischt mit Korinthen und Pistazien, angerichtet, leicht mit der Sauce nappiert.

auf englische Art: à l'anglaise: Enthäutet, gespickt, mit Kalbsfarce gefüllt, gebraten; serviert mit dem mit Kalbsjus abgelöschten Bratsatz und englischer Brotsauce.

auf schwäbische Art: à la souabe (swab): Bardiert, mit Gewürzkräutern gefüllt, gebraten; Austernsauce nebenbei.

Pfeffer-Potthast: Leiterstück in große Würfel geschnitten, mit sehr viel Zwiebelscheiben, Sellerie, Mohrrübe und Lorbeerblatt aufgekocht, gesalzen, stark gepfeffert, gargekocht; Wurzelwerk entfernt, mit geriebenem Weißbrot leicht gebunden, mit Salzkartoffeln und Salzgurke serviert.

Philadelphia Pepperpot: Philadelphia-Pfeffertopf: Rinderhesse oder Schulter, in Würfel geschnitten, Streifen von Fettdarm, Zwiebelscheiben, in Streifen geschnittene grüne Paprikaschoten und zerdrückte Pfefferkörner in reichlich Rinderbrühe gekocht; kurz vor dem Garwerden gewürfelte Kartoffeln und Spätzle beigefügt, mit geriebenem Zwieback gebunden, gehackte Dill Pickles im letzten Moment dazugegeben (nordamerikanisch).

Scrapple: Frische Schweinerippchen in leicht gesalzenem Wasser gekocht, bis das Fleisch vom Knochen fällt; Fleisch grob gemahlen, mit dem Fond vermischt, mit Maismehl, mit Wasser vermischt, gebunden, gekocht, bis die Masse dick ist. Gewürzt, in mit Wasser ausgespültes Randblech gefüllt, völlig ausgekühlt, in Stücke geschnitten, in Butter gebraten; mit Butter und Sirup serviert (nordamerikanisch).

Pichelsteiner, auch Büchelsteiner Fleisch: Feuerfester Servicetopf, abwechselnd mit Scheiben von Rind-, Kalb-, Schweine- und Hammelfleisch, Ochsenmark, Zwiebel-, Mohrrüben- und Knollenselleriescheiben, Kartoffeln und Weißkraut gefüllt, gewürzt, mit Wasser aufgegossen, zugedeckt im Topf gedünstet.

Piche-Pache: Putenragout: Putenklein in Butter mit gehackten Zwiebeln und Knoblauch angebräunt, mit Bouillon aufgegossen, ein gevierteltes Weißkrautherz, Mohrrüben, weiße Rüben, Ochsenmark und Kartoffeln beigefügt, gargekocht; mit Tomatensauce serviert (spanisch).

Pie: Englische Pastete: Fisch, Fleisch, Geflügel, Obst oder Cremespeisen mit einer Teigkruste bedeckt oder in einer offenen Teigkruste gebacken. Englische Pasteten werden stets in einer ovalen, tiefen Schüssel aus Porzellan, Steingut oder Glas (pie dish) gebacken. In Nordamerika nennt man sie deep-dish pies, im Gegensatz zu jenen, die in runden Formen mit Teig offen gebacken werden und open pies heißen. Fleisch, Geflügel oder Wild Pies werden immer in Pieschüsseln gefüllt, mit Teig abgedeckt, mit oder ohne Verzierung mit Ei bestrichen und im Ofen gebacken. Raised Pies sind solche, bei denen Pastetenteig noch warm mit der Hand geformt, gefüllt, mit einem Deckel versehen und ohne Form oder Schüssel gebacken werden. Wo nichts anderes angegeben wird, handelt es sich bei den nachstehenden Pies stets um Blätterteig. Wenn nicht anders erwähnt, werden alle Pies heiß gegessen.

Beefsteak: Pieschüssel mit kleinen, dünnen Scheiben Rinderfilet ausgefüttert, die Mitte mit rohen Oliven-Kartoffeln, kleinen Champignons und geviertelten, hartgekochten Eiern gefüllt, gewürzt, gehackte Zwiebeln und Petersilie beigefügt, mit Scheibchen Rinderfilet bedeckt, etwas Kalbsjus angegossen; mit ungesüßtem Mürbe- oder Blätterteig abgedeckt, mit Ei bestrichen, im Ofen gebacken (englisch).

and Kidney: Beefsteak und Nieren-Pastete: Wie oben, doch anstelle der Kartoffeln in Streifen geschnittene Rinder- oder Kalbsnieren hinzugegeben (englisch).

and Kidney, American: Amerikanische Beefsteak- und Nierenpastete: Gewürfelte Rinderschulter, geviertelte Lammnieren und gehackte Zwiebeln, in Rinderfett angebräunt, gewürzt, mit kräftiger Rinderbrühe weichgeschmort, ausgekühlt; in Pieschüssel gefüllt, mit etwas von der leicht mit Stärkemehl gebundenen Brühe angegossen, mit gesalzenem Mürbeteig abgedeckt, mit Ei bestrichen, gebacken (nordamerikanisch).

Chicken I: Hühnerpastete: Pieschüssel mit dünnen Scheiben durchwachsenem Speck ausgelegt, mit jungem Hähnchen oder Huhn wie für Frikassee geteilt, geviertelten, hartgekochten Eiern, geviertelten Champignons und entsteinten Oliven gefüllt, gewürzt, mit gehackten Schalotten bestreut, mit Hühner- oder Kalbsfond angegossen; mit Blätterteig abgedeckt, eingeritzt, Loch in der Mitte gelassen, mit Ei bestrichen, im Ofen gebacken (englisch).
Chicken II: Pieschüssel gefüllt mit Huhn, wie für Frikassee gekocht, gewürfelten, angerösteten Magerspeckwürfeln, ausgestochenen Kartoffeln, Mohrrüben und Knollensellerie, alles nicht zu weich gekocht, und grünen Erbsen gefüllt; mit nicht zu dicker Frikasseesauce leicht übergossen, mit Blätter- oder Pastetenteig abgedeckt, geritzt, Loch zum Dampfabzug freigelassen, mit Eigelb bestrichen, im Ofen zu schöner brauner Farbe gebacken (nordamerikanisch).
Chicken and Ham Pot Pie: Huhn und Schinkenpastete: Pieschüssel mit gekochtem Schinken ausgefüttert, gefüllt mit Stückchen von gekochtem Huhn, vorgekochten Champignons und Kartoffelkugeln; mit Schinkenscheibchen belegt, mit Pastetenteig abgedeckt, mit Ei bestrichen, im Ofen gebacken (nordamerikanisch).
Melton Mowbray: Pastetenteig noch warm mit der Hand zu runder, hoher Pastete geformt oder runde Pastetenform damit ausgefüttert; gefüllt mit gewürfeltem Schweinefleisch, vermischt mit Salz, Pfeffer, je einer Prise Salbei und Majoran und etwas Sardellenessenz, ganz wenig Fond oder Gelee angegossen; obere Seite des Teiges glattgeschnitten, Deckel aufgesetzt, angedrückt, Loch zum Dampfabzug gelassen, mit Teigblättern dekoriert, mit Eigelb bestrichen. Mit gefettetem Papier bedeckt, bei guter Hitze angebacken, bei abgedrosselter Hitze fertiggebacken; ausgekühlt, durch den Kamin Gelee eingefüllt, kalt gegessen (englisch).
Mutton: Hammelpastete: Hammelfleisch, gewürfelt, vermischt mit dünnen Scheiben Hammelnieren, Scheibchen blanchierter Kalbsmilch und geviertelten Champignons, mit gehackten Schalotten, Salz und Pfeffer gewürzt, in Pieschüssel gefüllt; mit wenig hellem Fond angegossen, mit Blätterteig abgedeckt, mit Ei bestrichen, im Ofen gebacken (englisch).
Pigeon: Taubenpastete: Tauben, in vier Stücke geschnitten, gewürzt, mit gehacktem Speck, gehackten Champignons und Schalotten in Pieschüssel gefüllt, mit kleingewürfeltem Rindfleisch bedeckt; mit Fond, aus den Taubenknochen gezogen, aufgegossen, mit Blätterteig abgedeckt, dekoriert, mit Eigelb bestrichen, mit gefettetem Papier belegt, gebacken.
Rabbit: Kaninchen-Pastete: Entbeinte Kaninchenstücke, leicht in Butter ansautiert, gewürfelter Magerspeck, Champignons, geviertelte, hartgekochte Eier und gehackte Zwiebeln, mit Salz, Pfeffer und Thymian gewürzt; in Pieschüssel gefüllt, mit Fond aus den Knochen angegossen, mit Blätterteig abgedeckt, dekoriert, mit Eigelb bestrichen, im Ofen gebacken (englisch).
Rook: von jungen Saatkrähen: Entfedert, enthäutet, Brüstchen ausgelöst, in Butter nur steifgemacht, mit Whisky flambiert; restliches Fleisch vom Gerippe abgelöst, zusammen mit geschälten, entkernten Tomaten gehackt, mit Salz und Majoran gewürzt. Pieschüssel mit dünnen Scheiben durchwachsenem Speck ausgefüttert, der Boden mit dem Gehäck bedeckt, die Brüstchen daraufgelegt, mit Zwiebelwürfeln bestreut, mit Kartoffelscheiben gefüllt, gewürzt, mit etwas Fond untergossen, mit Halbblätterteig oder gesalzenem Mürbeteig abgedeckt, Kamin zum Dampfabzug gemacht, mit Eigelb bestrichen, im Ofen gebacken. Beim Servieren etwas gute Jus durch den Kamin gegossen (irisch).
Sweetbread: Kalbsmilchpastete: Blanchierte, grobgewürfelte Kalbsmilch, kleine Champignonköpfe, kleine Kalbsklößchen, geviertelte, hartgekochte Eier und Spargelspitzen, in Pieschüssel gefüllt, mit

Salz, Pfeffer und Worcestershiresauce gewürzt, mit etwas hellem Fond angegossen; mit Blätterteig abgedeckt, mit Ei bestrichen, gebacken (englisch).

Veal and Ham: Kalbfleisch- und Schinkenpastete: Schieres, gewürfeltes Kalbfleisch, vermischt mit ¼ der Menge in Streifen geschnittenem, rohem Schinken, Salz, Pfeffer, gehackter Zitronenschale und einer Prise getrockneter Kräuter; in Pieschüssel gefüllt, mit hartgekochten, in dicke Scheiben geschnittenen Eiern belegt, mit etwas hellem Fond angegossen, mit Blätterteig abgedeckt, mit Ei bestrichen, gebacken (englisch).

Veal Pot Pie: Kalbspastete: Gewürfeltes Kalbfleisch, wie für Blanquette bereitet, zusammen mit kleinen Champignonköpfen in die Pieschüssel gefüllt; mit der nicht zu dicken Sauce übergossen, mit Pastetenteig abgedeckt, mit Ei bestrichen, gebacken (nordamerikanisch).

Pièce de bœuf: siehe Tafelstück, Tafelspitz

Pieds de mouton: siehe Hammelfüße

   de porc: siehe Schweinsfüße

   de veau: siehe Kalbsfüße

Pigeon: siehe Taube

Pigeonneau: Junge Taube, siehe Taube

Pilaw, Pilau: Reisgericht orientalischen Ursprungs, das mit Fisch, Fleisch, Geflügel, Gewürzen u. a. m. bereitet wird.

   ägyptischer: à l'egyptienne: Gewürfeltes Hammelfleisch in Hammelfett gedünstet, gehackte Zwiebel, gewürfelte Tomaten, Reis und Eierapfelwürfel beigefügt, mit Hammelbrühe aufgegossen, gewürzt, gargekocht.

   arabischer: Pilaw à l'arabe: Fette Hammelbrustwürfel, im eigenen Fett gedünstet. Reis blanchiert, abgegossen, mit Hammelfett und den Hammelwürfeln vermischt, langsam mit nur wenig Hammelbrühe trocken gedünstet.

   Azem pilafi: Hähnchen, zerteilt, in Öl mit gehackten Zwiebeln angebräunt, mit Wasser angegossen, halbweich gedünstet; gewürzt, Langkornreis und Safran beigefügt, die noch notwendige Flüssigkeit hinzugegossen, langsam gedünstet, bis der Reis fast trocken ist (iranisch).

   mit Geflügellebern: aux foies de volaille: Grobe Würfel Geflügelleber, rosa gebraten, mit gewürfelten Champignons vermischt, mit Madeirasauce gebunden; in Rand von Pilawreis dressiert.

   griechischer: à la grecque: 1. Lammfleischwürfel zusammen mit gehackten Zwiebeln in Hammelfett angebraten, Reis, gewürfelte Tomaten und Okra beigefügt, gewürzt, mit Lammbrühe aufgegossen, gekocht;
2. entbeintes, enthäutetes Hühnerfleisch in kleine Stücke geschnitten, in Hammelfett mit gehackten Zwiebeln angeschwitzt; blanchierter Reis, gewürfelte grüne Paprikaschoten, Tomaten, Rosinen und Korinthen beigefügt, mit Bouillon aufgegossen gargekocht.

   Hammel-: de mouton: Gewürfeltes Hammelfleisch mit gehackten Zwiebeln in Hammelfett angebraten, vermischt mit blanchiertem Reis, Hammelbrühe und Tomatenpüree beigefügt, gewürzt, gargekocht.

   indischer: à l'indienne: Huhn wie für Frikassee geteilt, zusammen mit gehackten Zwiebeln in Butter gebräunt, mit Currypulver bestäubt, mit Bouillon angegossen, Knoblauch und Sultaninen beigefügt, gargedünstet. Auf Pilawreis, mit Safran, Currypulver und Cayennepfeffer gewürzt, angerichtet.

   orientalischer: à l'orientale (oriangtal): Stückchen von schierem Hühnerfleisch ohne Haut, in Butter mit gehackten Zwiebeln angebräunt, mit Salz und Ingwerpulver gewürzt, Malagatrauben, Korinthen und gewürfelte rote Paprikaschoten hinzugegeben, gewürzt, mit etwas Bouillon angegossen, ziemlich trocken gedünstet; körnig gekochter Reis nebenbei.

Pilau-i-Rarah: Lammpilaw: Lammfleisch in Ragoutstücke geschnitten, mit in Scheiben geschnittenen Zwiebeln in Öl angeröstet; entsteinte, geviertelte, etwas harte Pfirsiche, Rosinen, Backpflaumen, Pinienkerne oder Pistazien, in Streifen geschnittene Paprikaschoten und gehackter Ingwer hinzugegeben, mit Salz, Pfeffer, Zucker und viel Zimt gewürzt; bis knapp zur Höhe mit geronnener Milch aufgegossen, mit etwas Butter bedeckt, zugedeckt im Ofen gedünstet; Reis nebenbei (afghanisch).

Persischer: à la perse: Gewürfeltes, fettes Hammelfleisch zusammen mit gehackten Zwiebeln in Hammelfett zwei Drittel gargedünstet; Reis, Safran und Salz beigefügt, mit Hammelbrühe aufgegossen, gargemacht.

Pilaw Beyinleve Tomatas ve Kuzu: Schieres Hammelfleisch, in dünne Scheibchen geschnitten, angebraten. Gehackte Zwiebeln in Öl angedünstet, Reis beigefügt, nach dem Anlaufen mit Knoblauch und Fadensafran vermischt, mit Hammelbrühe aufgegossen, gewürzt; wenn dreiviertel gar, gewürfelte Tomaten und das Hammelfleisch beigefügt. Garniert mit gebratenen Scheiben von Eieräpfeln je mit kleinem Stückchen Lammhirn belegt (türkisch).

Türkischer: à la turque: Wie orientalischer Pilaw bereitet, doch mit Safranreis serviert.

Pintade: siehe Perlhuhn
Pintadeau: Junges Perlhuhn, siehe Perlhuhn
Pirogues: siehe Piroschki
Piroschki, Piroggen: Pirogues: Kleine russische Pastetchen, hauptsächlich von Hefeteig bereitet, mit Fisch, Fleisch, hartgekochtem Ei, Kohl, Grieß u. a. gefüllt und gebacken. Meist zu russischen Suppen serviert.

po finnski: Vierecke von dünn ausgerolltem Blätterteig, belegt mit dünner pochierter Zanderscheibe, bedeckt mit gehackten, gedünsteten Zwiebeln und kleinem Stückchen marinierten Hering; die Enden des Teiges darübergeschlagen, mit Eiweiß bestrichen, gebacken; nach dem Garwerden reichlich mit Krebsbutter bestrichen (russisch).

s'kapusstoi: mit Weißkraut: Hefeteig dünn ausgerollt, in Vierecke geschnitten, Mitte mit gehacktem Weißkraut, zusammen mit gehacktem Speck und Zwiebeln gedünstet, mit Rahm, Butter, gehacktem hartgekochtem Ei vermischt, gefüllt; die Enden des Teigs darübergeschlagen, mit Eiweiß bestrichen, nach dem Aufgehen gebacken; heiß mit reichlich Krebsbutter bestrichen serviert (russisch).

mit Lachs: au saumon (o somong): Von Hefeteig bereitet, gefüllt mit kleinen Stückchen gekochtem Lachs, bedeckt mit gehackten, in Butter gedünsteten Zwiebeln, hartgekochtem, gehacktem Ei und gehackten Kräutern; nach dem Backen etwas holländische Sauce durch ein kleines Loch eingefüllt.

rewelski: auf Revaler Art: Von Hefeteig wie oben bereitet, mit einem kleinen Stückchen pochierten Zander, bedeckt mit gehackten, in Butter gedünsteten Zwiebeln, gefüllt, gebacken; beim Servieren mit Butter bestrichen (russisch).

auf russische Art: à la russe: Hefeteig in runder Form, gefüllt mit gehackter Vesiga, gehackten, hartgekochtem Ei, gehackten, in Butter gedünsteten Zwiebeln und gehackten Kräutern, mit dicker Demiglace gebunden; beim Servieren reichlich mit Butter bestrichen.

mit Speck: au lard: Gehackten Speck zusammen mit gehackten Zwiebeln leicht gebraten, zwischen zwei dünnen, runden Lagen Hefeteig gebacken.

Pluvier: siehe Regenpfeifer
Pointe de bœuf: siehe Rinderschwanzspitze
Poitrine d'agneau: siehe Lammbrust
Poitrine de bœuf: siehe Rinderbrust
Poitrine de bœuf salée: siehe Pökelrinderbrust
Poitrine de veau: siehe Kalbsbrust

Polnische Hühnerpastete: siehe Huhn: Kurnik
Polpettine Casalungo: Gleiche Teile Rind-, Kalb- und Schweinefleisch, durch den Wolf getrieben, gewürzt, mit Ei gebunden, zu kleinen krokettförmigen Klößchen geformt; in Olivenöl angebräunt, gewürfelte Tomaten, gehackte Petersilie und Knoblauch beigefügt, knapp mit Fond angegossen, gedünstet. Geriebener Parmesan und Spaghetti oder Polenta nebenbei (italienisch).
Porc: siehe Schwein
Pörkölt: Rind-, Kalb- oder Schweinefleisch, grob gewürfelt, in Schweineschmalz mit viel gehackten Zwiebeln angebräunt, papriziert, zerdrückter Knoblauch, gevierteltes Tomaten oder Tomatenpüree beigefügt, mit nur wenig Flüssigkeit angegossen, im eigenen Saft gedünstet; Reis, Tarhonya oder kleine Mehlklößchen nebenbei (ungarisch).
Potpourri: Auf passender Platte angerichtet: je ein gebratenes Hammel- und Schweinekotelett, ein Naturschnitzel und eine gebratene Lendenschnitte, abwechselnd mit Demiglace und Tomatensauce nappiert; garniert mit sautierten Champignons, Prinzeßböhnchen, grünen Erbsen und Kartoffelkroketts.
Potschki Demidoff: siehe Kalbsniere Demidow
    Empire: siehe Kalbsniere Empire
    menjer s pomidorom: siehe Kalbsniere auf Müllerinart
    Parm: siehe Kalbsniere auf Parmer Art
    po russki: siehe Kalbsniere auf russische Art
Poularde: siehe Masthuhn
Poule de neige: siehe Schneehuhn
Poulet frit: siehe Huhn, gebacken
Poulet sauté: siehe Huhn, sautiert
Poulets de grains: siehe Masthähnchen
Poussins: siehe Kücken
Puchero Argentina: Gewürfeltes Rind- und Lammfleisch und gewürfelter Schweinekopf, zerlegtes Huhn und eingeweichte Kichererbsen langsam in Wasser gekocht; später Speckwürfel, Chorizos, ein gevierteltes Weißkrautherz, rohe Kartoffelkugeln, Reis und gewürfelte Tomaten beigefügt, scharf gewürzt, zusammen fertiggekocht (argentinisch).
    Madrileña: Eingeweichte Kichererbsen, mit gewürfelter Rinderbrust, Hühnerstücken, Speck, Chorizos, gewürfelten Tomaten und grünen Paprikaschoten in Wasser gekocht, gewürzt; kurz vor dem Garwerden rohe Kartoffelkugeln beigefügt und die Flüssigkeit stark eingekocht (spanisch).
Puter: siehe Truthahn
Pytt i panna: Reste von Roastbeef, Schinken und Kalbsbraten, würflig geschnitten, vermischt mit reichlich gewürfelten, gekochten Kartoffeln und gehackten gebratenen Zwiebeln; alles zusammen in Butter sautiert und mit einem Setzei obenauf serviert (schwedisch).

Quasi de veau (kwasi dö wo): Dickes Stück aus der Kalbskeule, zwischen dem Nierenstück und Schwanz. Wird wie Kalbsnuß bereitet, meistens jedoch geschmort.
Quenelles: siehe Klößchen
Queue de bœuf: siehe Ochsenschwanz
Queue de mouton: siehe Hammelschwanz

Râble de lièvre: siehe Hasenrücken
Ragout; Würzfleisch: Ragoût (raguh): Würziges braunes oder weißes Gericht in Sauce mit oder ohne Garnitur von Fleisch, Wild oder Geflügel. Meist ein Gericht für sich, aber auch als Kleinragout zum Füllen von Hohl- und Blätterteigpasteten verwendet. Auch Fri-

kassees und Blanquettes sind Ragouts. Siehe auch unter Fleisch, Wild und Geflügel.

auf deutsche Art: à l'allemande: Kleine Scheibchen Rindfleisch und Rindernieren, in Fett zusammen mit gehackten Zwiebeln gebräunt, in tomatierter Demiglace unter Zusatz von grobgewürfelter grüner Paprikaschote geschmort; Sauce mit Sherry gewürzt, mit gehackter Petersilie bestreut serviert, roh gebratene Kartoffelscheiben nebenbei.

elsässisches Schweine-: de porc à l'alsacienne: Magere Schweinefleischwürfel zusammen mit Zwiebelwürfeln in Schmalz gebräunt, in leichter Demiglace geschmort; garniert mit glacierten Zwiebelchen, bestreut mit gehacktem Schnittlauch.

Enten-: de canard: Ente nur halbgar gebraten, leicht ausgekühlt, in Stücke geteilt, in Entenfond mit gespickter Zwiebel, Zitronenscheiben und Pfefferkörnern geschmort; Fond mit brauner Mehlschwitze gebunden, mit Portwein aromatisiert, über die Entenstücke passiert, mit herzförmigen Croutons umrandet.

auf Feinschmeckerart: du gourmet: Wie weißes Hühnerragout bereitet unter Zusatz von Krebsschwänzen; beim Anrichten mit Krebsbutter betropft.

auf Finanzmannsart: à la financière (finangsjär): Gewürfelte Kalbsmilch, kleine Hühnerklößchen, Champignonköpfe, Hahnenkämme und -nieren, Trüffelscheiben und entsteinte, blanchierte Oliven, mit Demiglace mit Trüffelessenz gebunden, in Blätterteigrand angerichtet, mit Trüffelscheiben belegt.

von Hammelfleisch und grünen Bohnen: de mouton aux haricots verts: Hammelfleisch, grob gewürfelt, zusammen mit gebrochenen grünen Bohnen in Wasser gekocht, mit Salz, Pfeffer und Bohnenkraut gewürzt; gewürfelte Kartoffeln einige Zeit vor dem Garwerden hinzugegeben.

von Huhn, braun: de poulet à brun: Wie für sautiertes Huhn zerlegt, in Butter gebräunt, mit Mehl bestreut, mit braunem Fond angegossen, gewürzt, zugedeckt geschmort; nach dem Garwerden gewürfelte Kalbsmilch, kleine Kalbsklößchen, Kapern, Champignonköpfe und Trüffelscheiben beigefügt, in Blätterteigrand oder großer, flacher Blätterteigpastete angerichtet.

von Huhn, weiß: de poulet à blanc: Wie für sautiertes Huhn zerlegt, in Butter mit Mirepoix nur steifgemacht; in weißem Fond gedünstet, herausgenommen, enthäutet, in saubere Kasserole mit kleinen Champignonköpfen, Morcheln, Scheibchen von Kalbsmilch und Trüffelscheiben gegeben; der Fond mit weißer Mehlschwitze gebunden, gewürzt mit Cayennepfeffer und Zitronensaft, über das Ragout passiert; garniert mit Fleurons.

Irish Stew: Hammelfleisch, mit oder ohne Knochen, in Ragoutstücke geteilt, mit Salz und Pfeffer gewürzt, reichlich Zwiebelscheiben beigefügt, mit Wasser bis zur Höhe aufgegossen, gekocht; wenn halbgar Kartoffelscheiben hinzugegeben, fertiggekocht; mit gehackter Petersilie bestreut serviert (englisch).

auf italienische Art: à l'italienne: Gekochte Makkaroni in kleine Stücke geschnitten, vermischt mit gewürfelten Artischockenböden, Schinkenwürfeln, Hahnenkämmen und Scheibchen gebratener Rebhuhnbrust, gebunden mit Tomatensauce; geriebener Parmesan nebenbei.

Jäger-: à la chasseur: Würfel von Hirschfleisch, in Butter gebräunt, mit Mehl bestäubt, mit Weißwein, braunem Fond und Tomatenpüree angegossen, Knoblauch und Kräuterbündel beigefügt, geschmort; ausgestochen, sautierte Champignons beigefügt, Sauce darübergeseiht, kurz aufgekocht.

von Känguruh: de kangourou: In Würfel geschnitten, in Rotwein mariniert; in Butter mit Mirepoix angebraten, mit der Marinade und leichter Demiglace aufgegossen, mit Salz, Pfeffer, Lorbeerblatt und Nelkenpfeffer gewürzt, geschmort; ausgestochen, die Sauce darüberpassiert.

Rahmfleisch: Kalbfleischwürfel zusammen mit Zwiebelwürfeln in Butter gebräunt, papriziert, mit Mehl bestäubt, mit weißem Fond aufgegossen, geschmort; Sauce mit süßem Rahm vervollständigt, mit Mehlklößchen garniert (österreichisch).

Steirisches Schöpsernes: Hammelfleisch, würflig geschnitten, knapp mit Wasser bedeckt, Salz, Essig, Gewürzkörnern, Lorbeerblatt und Thymian beigegeben, halbweich gekocht; grobe Julienne von Wurzelwerk, Zwiebeln und rohe, geschälte, geviertelte Kartoffeln zugefügt, fertiggekocht; beim Anrichten mit gehackter Petersilie bestreut (österreichisch).

Straßburger: à la strasbourgeoise: Gewürfeltes Rind-, Kalb- und Schweinefleisch, in Schmalz zusammen mit Zwiebelwürfeln angebräunt, mit Rotwein und braunem Fond angegossen, gewürzt mit Salz, Paprika, Majoran, Salbei, Ingwer und Lorbeerblatt, gedünstet; im eingekochten Fond mit Mehlklößchen serviert.

Tolstoi-: Sauté de bœuf Tolstoï: (soteh dö böf): Würfelchen von Rinderfiletkopf rasch in Butter gebräunt, geschälte, gewürfelte Tomaten, gehackte Zwiebeln, Tomatenpüree, wenig Fond und geschälte, gewürfelte Essiggurken zugefügt, langsam gedünstet; gekochte Kartoffelkugeln nebenbei.

auf Toulouser Art: à la toulousaine (tulusähn): Kleine Scheibchen Kalbsmilch, Hahnenkämme und -nieren und Trüffelscheiben, gebunden mit deutscher Sauce mit Trüffel- und Champignonessenz; in Timbalschüssel gefüllt, bedeckt mit Geflügelklößchen, umrandet mit Fleurons. Wird auch in Hohlpastete oder im Blätterteigrand serviert.

Triester: à la triestaine: Gewürfeltes Rindfleisch, in Schmalz gebräunt, gewürzt, vermischt mit angebratenen Speckwürfeln und blanchiertem, nudelig geschnittenem Weißkraut, mit etwas Fond angegossen, gedünstet; später angeröstete Kartoffelwürfel hinzugefügt.

Ragout in Muschelschalen, Muschelragout: Coquilles (kokij): Die tiefen Schalen von Jakobsmuscheln, auch solche aus feuerfestem Porzellan, Glas oder Silber, meist mit einem Rand von Herzogin- Kartoffelmasse umspritzt, Boden mit Sauce maskiert, mit Scheibchen von Fleisch, Geflügel, Wild, Fisch oder Schaltieren u.a. gefüllt, mit Sauce nappiert, mit geriebenem Käse bestreut, mit Butter betropft, im Ofen überkrustet.

Aurora: Coquille à l'aurore (kokij alorohr): Scheibchen von Huhn, Schinken und Champignons, leicht mit Aurorasauce gebunden, mit Aurorasauce nappiert, mit geriebenem Käse bestreut, überkrustet.

feines, Feines Ragout in Muscheln: Ragoût fin en coquille: Gekochtes Kalbfleisch, Kalbszunge, Kalbsmilch, Hühnerbrust und Champignons, in kleine Würfel geschnitten, und kleine Kalbfleischklößchen mit deutscher Sauce gebunden, ohne Kartoffelrand in die Muschelschalen gefüllt; mit Reibbrot und geriebenem Käse bestreut, mit zerlassener Butter betropft, im Ofen überbacken. Deutsche, vorwiegend Berliner Spezialität.

von Huhn: de volaille: Boden der Schale mit Rahm- oder Hühnerrahmsauce maskiert, schöne Scheibchen von gekochtem Huhn daraufgelegt, mit Sauce nappiert, mit geriebenem Käse bestreut, überkrustet.

auf Kardinalsart: à la cardinale: Gefüllt mit gewürfeltem Hummerfleisch und Trüffeln mit Kardinalsauce gebunden, mit geriebenem Käse bestreut, überkrustet; eine schöne Hummer- und Trüffelscheibe obenaufgelegt.

Lieselotte: Rand mit Herzogin-Kartoffelmasse umspritzt, Boden mit Weißweinsauce bedeckt, gefüllt mit zerblättertem, gekochtem Schellfisch, Garnelenschwänzchen und Champignonscheiben. Nappiert mit Weißweinsauce, mit etwas holländischer Sauce verfeinert, überkrustet, eine Trüffelscheibe in die Mitte gelegt.

auf Mutter Katrins Art: à la mère Catherine: Boden mit Demiglace maskiert, gefüllt mit grobem Salpicon von gebratenem Entenfleisch und Champignons, mit Demiglace mit Entenessenz gebunden; bestreut mit Reibbrot, betropft mit Butter, überkrustet.

auf Pariser Art: à la parisienne: Boden mit deutscher Sauce maskiert, gefüllt mit Scheibchen von pochiertem Kalbshirn, Trüffel- und Champignonscheiben, nappiert mit deutscher Sauce, überkrustet.

Richelieu: Scheibchen von Hühnerbrust, Pökelzunge und Trüffeln, nappiert mit deutscher Sauce, überkrustet.

auf Toulouser Art: à la toulousaine: Gleiche Füllung wie für Mundbissen (s.d.), nappiert mit deutscher Sauce mit Champignonessenz, überkrustet.

Rakott káposza: Ungarisches Krautgericht: Sauerkraut mit einem Stück Rauchspeck gedünstet. Grobgehacktes mageres Schweinefleisch in Schmalz mit gehackten Zwiebeln gebräunt, zerdrückter Knoblauch beigefügt, papriziert; ovale Backform abwechselnd gefüllt mit Lagen von Sauerkraut, in Scheiben geschnittenem Speck, dem Schweinefleisch und Scheiben von Debrecziner Wurst, alles mit Sauerkraut bedeckt. Mit saurem Rahm übergossen, mit Salz und Paprika bestreut, im Ofen fertiggedünstet (ungarisch).

Rebhuhn, Feldhuhn: Perdreau (perdroh): Das graue Reb- oder Feldhuhn ist über ganz Europa, Iran und Teile Asiens verbreitet. In Nordamerika gibt es mehrere Abarten, die jedoch völlig anders als die europäischen Rebhühner sind. Junge Hühner haben einen weichen Schnabel, gelbe oder höchstens gelbgraue Füße. Sie werden bridiert, mit Speck umwickelt und hauptsächlich gebraten, alte Vögel sind gut zum Schmoren, für Farcen und Suppen.

auf alte Art (kalt): Chaudfroid à l'ancienne: Gebraten, ausgekühlt, Brüstchen ausgelöst; Keulenfleisch zusammen mit gehackten, gedünsteten Schalotten, Champignons und Trüffeln püriert, durch Sieb gestrichen, gewürzt, mit Gelee aufgezogen. Die Brüstchen mit diesem Püree nappiert, mit Trüffelscheibe dekoriert, mit Gelee überglänzt.

Andrassy: Angebraten, mit in Butter angedünsteten Streifen grüner Paprikaschote und saurem Rahm gargemacht.

Bacchus: Gebraten, deglaciert mit Weißwein, verkocht mit Wildsauce, geschälte, entkernte Malagatrauben in der Sauce aufgekocht.

auf Béarner Art: à la béarnaise: In Olivenöl angebraten, geschmort in Weißwein mit braunem Fond, Tomatenpüree und Knoblauch; mit dem eingekochten, passierten Fond serviert.

auf Brabanter Art: à la brabançonne: Gebraten, garniert mit Rosenkohl, Kartoffelkroketts und gebratenen Chipolatas; der mit leichter Demiglace verkochte Bratsatz nebenbei.

auf Burgfrauenart: à la châtelaine: Gebraten, garniert mit glacierten Maronen und Artischockenböden mit Zwiebelpüree gefüllt; der mit gebundener Wildjus abgelöschte Bratsatz nebenbei.

auf Burgunder Art: à la bourguignonne: Gebraten, in Kokotte angerichtet, mit glacierten Zwiebelchen und Champignonköpfen garniert; der mit Rotwein abgelöschte und mit leichter Demiglace verkochte Bratsatz rundherumgegossen.

Carême: Gebraten, deglaciert mit süßem Rahm und Geflügelrahmsauce, etwas Selleriepüree beigefügt; garniert mit Stückchen gedünstetem Bleichsellerie.

Conti: Gebraten, mit Madeira und Demiglace deglaciert; garniert mit Tarteletts gefüllt mit Linsenpüree, obenauf runde Scheibe von dem mit den Linsen gekochten Speck.

auf deutsche Art: à l'allemande: Gebraten, serviert mit Sauerkraut, Kartoffelbrei, mit gebratenen Weißbrotwürfelchen bestreut, und saurer Rahmsauce.

Diana: Diane: Gebraten, serviert mit Maronenpüree und Dianasauce.
auf Diplomatenart: à la diplomate: Entbeint, mit getrüffelter Wildfarce gefüllt, gebraten, deglaciert mit Madeirasauce und Trüffelessenz, mit etwas Gänseleberpüree vermischt; garniert mit blanchierten, entsteinten Oliven, Champignons und Gänseleberklößchen.
auf elsässische Art: à l'alsacienne: Gebraten, mit Weißwein und Demiglace deglaciert; Sauerkraut in Riesling mit einem Stück Magerspeck gekocht nebenbei, der tranchierte Speck obenauf.
Epigramm von: Epigrammes de perdreau: Die Brüstchen mit dem kurzen Flügelknochen abgelöst gebraten; von dem restlichen Fleisch Farce bereitet, in Kotelettförmchen gefüllt, pochiert, gestürzt, durch geschlagenes Ei und hackte Trüffel gezogen, in geklärter Butter gebraten. Brüstchen und Koteletts abwechselnd angerichtet, Maronenpüree und Demiglace, mit den angerösteten Knochen verkocht, nebenbei.
Estramadura: Gebraten, Bratsatz mit Sherry und Orangensaft deglaciert, mit gebundener Kalbsjus verkocht; garniert mit blanchierten, gefüllten spanischen Königin-Oliven und großen Orangenfilets.
auf Försterart: à la forestière (forestjär): Gebraten, garniert mit sautierten Morcheln; Bratsatz mit Weißwein deglaciert, mit Demiglace verkocht, vermischt mit Püree von blutend gebratenen Geflügellebern.
gebacken: frit: In vier Stücke geteilt, gewürzt, paniert, in tiefem Fett gebacken; mit gebackener Petersilie und Zitronenspalten angerichtet.
gefüllt: farci: Entbeint, mit getrüffelter Wildfarce gefüllt, einige Trüffelscheiben zwischen Haut und Brust gesteckt, bardiert, in ein Tuch gewickelt, in Wildfond pochiert; ausgewickelt, der stark eingekochte Fond, mit abgebranntem Weinbrand vermischt, nebenbei.
auf Grenobler Art: à la grenobloise (grenobloas): Angebraten, in Stücke geschnitten, in Madeirasauce mit zerdrücktem Knoblauch und angebratenen Magerspeckwürfeln geschmort.
Grévy: In Olivenöl angebraten, in tomatierter Madeirasauce geschmort; garniert mit glacierten Zwiebelchen, sautierten Steinpilzen und entsteinten Oliven.
auf Hausfrauenart: bonne femme: Wie Fasan gleichen Namens bereitet.
auf kalifornische Art: à la californienne: In Servierkasserolle gebraten, mit in Butter sautierten Pfirsichvierteln garniert; Pfeffersauce mit Johannisbeergelee.
auf Kartäuser Art: à la chartreuse: Wie Fasan gleichen Namens bereitet.
in der Kasserolle: en casserole: In feuerfester Porzellankasserolle gebraten, einige Tropfen Weinbrand und Wildjus hinzugegossen, zugedeckt in der Kasserolle serviert.
auf katalonische Art: à la catalane: In vier Stücke geschnitten, in Olivenöl mit Knoblauch und geviertelten Champignons angebräunt, gewürfelte Tomaten beigefügt, mit Wildsauce und etwas Sherry geschmort; mit der Sauce übergossen, garniert mit gebratenen Chipolatas und glacierten Zwiebelchen.
Kléber: Wie Fasan gleichen Namens bereitet.
auf Krötenart: à la crapaudine (krapodihn): Roh vom Rücken aus gespalten, aber nicht getrennt, plattiert, gewürzt, grilliert; Teufelssauce nebenbei.
Lady Clifford: In Servierkasserolle in Butter gebraten; kurz vor dem Fertigwerden rohe Trüffelscheiben, etwas abgebrannter Weinbrand und im Löffel Glace beigefügt; zugedeckt in der Kasserolle serviert, leichte Soubisesauce nebenbei.
Lautrec: Wie für Krötenart vorbereitet, auf Silberspieß gesteckt, mit Butter bestrichen, grilliert; mit Zitronensaft beträufelt, mit flüssiger Glace umrandet, mit gerösteten Champignonköpfen, gefüllt mit Kräuterbutter, garniert.

mariniert: siehe Perdiz en escabeche

Marly: Angebraten, in Service-Kasserolle mit leicht angebratenen Moosschwämmen plaziert, hermetisch verschlossen, im Ofen fertiggemacht.

Mirbach: Entbeint, mit Rebhuhnfarce gefüllt, in Butter angebräunt, in leichter Trüffelsauce geschmort; garniert mit Tarteletts gefüllt mit Linsenpüree.

auf nordische Art: Rosa gebraten, Bratsatz mit saurem Rahm deglaciert, mit Fleischglace verkocht, mit Zitronensaft gewürzt; Kartoffelpüree und Kronsbeerenkompott nebenbei.

auf normannische Art: à la normande: Gebraten, deglaciert mit Apfelschnaps, verkocht mit Apfelwein und süßem Rahm; in Service-Kasserolle mit in Butter gedünsteten Apfelspalten garniert serviert.

mit Oliven: aux olives (os olif): In Butter angebraten, in leichter Madeirasauce mit entsteinten, blanchierten Oliven geschmort.

auf Pächterart: Wie Masthähnchen gleichen Namens bereitet.

Patti: Gebraten, garniert mit glacierten Zwiebelchen, entsteinten grünen Oliven und sautierten Steinpilzen; mit Knoblauch gewürzte Tomatensauce.

Perdiz a la Andaluza: auf andalusische Art: Roh in Stücke geschnitten, gemehlt, durch geschlagenes Ei gezogen, mit geriebenem Weißbrot, vermischt mit gehacktem Knoblauch und Petersilie, paniert, auf Spießchen gesteckt grilliert; kalte Sauce von gestoßenem Knoblauch, entsteinten Oliven, Pfefferminze und Petersilie, mit Öl wie Mayonnaise aufgezogen, mit Zitronensaft und Salz gewürzt, nebenbei (spanisch).

Perdiz en chocolate: Rebhuhn in Schokolade: In kräftiger Brühe pochiert, den Fond passiert, stark eingekocht, mit geriebener Schokolade gut abgeschmeckt, mit kleinen, weißgedünsteten Zwiebeln vermischt; das Rebhuhn halbiert, auf in Olivenöl gebratenen Crouton gesetzt, die Schokoladensauce nebenbei (spanisch).

Perdiz en Escabeche: Junge Rebhühner in Olivenöl nur kurz braun angebraten, dicht nebeneinander in eine Kasserolle geordnet, mit Bouillon bis zur Höhe aufgegossen, Brunoise von Mohrrüben und Knollensellerie, sehr kleine, blanchierte Zwiebelchen, einige Knoblauchzehen, Thymian, Lorbeerblatt, Nelken, Pfefferkörner und Salz beigefügt, weichgekocht. Reichlich gehackter roher Schinken, 1 Glas Weißwein, ½ Glas Weinessig hinzugegeben, über die in einen Steintopf gefüllten Rebhühner heiß gegossen, 2 Tage im Fond gelassen; kalt im Fond angerichtet, mit Zitronenscheibe belegt, mit gehackter Petersilie bestreut (spanisch).

auf Piemonteser Art: à la piémontaise: Entbeint, gefüllt mit Risotto, vermischt mit geriebenen italienischen Trüffeln, gebraten; serviert mit Tomatensauce, vermischt mit Streifen von italienischen Trüffeln.

auf polnische Art: Entbeint, gefüllt mit Kräuterfarce, gebraten; Reibbrot, in Butter geröstet, darübergegeben.

Prince Victor: Entbeint, mit Rebhuhnfarce gefüllt, pochiert in Wildfond, auf Crouton angerichtet; Fond eingekocht, mit abgebranntem Weinbrand gewürzt, mit Pfeilwurzelmehl gebunden, über den Vogel gegossen.

auf provenzalische Art: à la provençale: In Stücke geschnitten, in Olivenöl angebräunt, mit gewürfelten Tomaten, zerdrücktem Knoblauch, gewürfelten, zuvor ansautierten Eieräpfeln und Courgetten, blanchierten schwarzen Oliven und wenig Weißwein gedünstet.

Roast Partridge and Bread Sauce: Gebraten, auf Crouton gesetzt, garniert mit Brunnenkresse und Zitronenspalten; englische Brotsauce, frischgeriebenes, hellbraun geröstetes Weißbrot und der abgelöschte Bratsatz nebenbei (englisch).

mit Rotkraut: au chou rouge (o schuh ruhsch): Bardiert, gebraten, halbiert, auf Rotkraut, mit Rotwein gedünstet, angerichtet; der mit saurem Rahm verkochte Bratsatz nebenbei.

Salmi von: en salmis: Noch blutend gebraten, in Stücke geschnitten, in Salmisauce, vermischt mit Trüffelscheiben und kleinen Champignonköpfen, erhitzt, jedoch nicht aufgekocht; mit herzförmigen Croutons, mit Leberpüree maskiert, garniert.

auf Jägerart: à la chasseur: Blutend gebraten; Bratsatz mit Weinbrand, Weißwein und Salmisauce deglaciert, vermischt mit Champignonscheiben mit gehackten Schalotten sautiert; Rebhuhn in Stücke geschnitten, in der Sauce erhitzt, mit gehacktem Kerbel und Estragon bestreut.

auf Seemannsart: à la marinière (marinjär): Wie Salmi mit Trüffelscheiben und Champignonköpfen bereitet, Krebsschwänzchen beigefügt; ein gebackenes Ei und ein herzförmiger gebratener Crouton obenauf.

mit Sardellenbutter: au beurre d'anchois (o bör danchoa): Gebraten, auf Crouton gesetzt, mit Brunnenkresse garniert; halbgeschmolzene Sardellenbutter nebenbei.

mit Sauerkraut: au choucroute (o schukrut): Altes Rebhuhn, angebräunt, zusammen mit Sauerkraut und Apfelscheiben in Weißwein mit fetter Rinderbrühe geschmort.

Sierra Leone: In Olivenöl gebraten, bedeckt mit grober Julienne von rohem Schinken in Öl sautiert und Reibbrot in Öl gebräunt.

Soubise (ßubihs): In Service-Kasserolle gebraten; wenn mehr als halbgar rohe Trüffelscheiben beigefügt; Soubisesauce nebenbei.

Souwarow: Wie Fasan gleichen Namens bereitet.

auf ungarische Art: à la hongroise (ongroas): In Stücke geschnitten, in Schmalz zusammen mit gehackten Zwiebeln und feinem Mirepoix angeröstet; papriziert, Streifen von grünen Paprikaschoten beigefügt, mit saurem Rahm gedünstet.

Victoria: Entbeint, mit Gänseleber- und Trüffelwürfeln gefüllt, gebraten; in Service-Kasserolle mit gerösteten Würfelkartoffeln und wenig Wildjus umgossen serviert.

auf Wiener Art: 1. Bardiert, in blanchierte Weißkrautblätter gewickelt, gebunden in Butter und wenig Bouillon mit gehackten Zwiebeln gedünstet, Fond mit saurem Rahm verkocht, mit Mehl gebunden; 2. gebraten, dabei mit saurem Rahm begossen; Linsen, vermischt mit gebratenen Speckwürfeln, nebenbei (österreichisch).

Rebhuhnbrüstchen: Suprême de perdreau: Die ausgelösten Brüstchen mit dem Flügelknochen rosa in Butter gebraten. Auch wie Fasanenbrüstchen bereitet.

Alt-Strasbourg: Vieux Strasbourg: Sehr saftig sautiert, auf gleichgroßer, gerösteter Scheibe Brioche dressiert. Bratzusatz mit Trüffelfond und Sherry abgelöscht, Eigelb hinzugegeben, mit Gänseleberpüree wie holländische Sauce aufgeschlagen, abgeschmeckt. Die Brüstchen mit der Sauce nappiert, mit einer Trüffelscheibe belegt, Maronenpüree nebenbei.

mit Ananas: au suc d'ananas (o büc danana): Rosa sautiert, auf gebratene Scheibe frischer Ananas dressiert; Bratsatz mit Weinbrand und Ananassaft deglaciert, mit gebratenem Kalbsjus verkocht.

mit Gänseleber und Weinbeeren: aux foie gras et raisins: Rosa gebraten, mit Weinbrand und Fond, aus dem Gerippe gezogen, deglaciert; in Service-Kasserolle mit gewürfelter, sautierter Gänseleber und geschälten, entkernten Weinbeeren dressiert, den Fond darübergegossen, zugedeckt, einen Moment in den Ofen gestellt, serviert.

Magenta: Plattiert, nur eine Minute auf einer Seite angebraten, diese mit Rebhuhn-Auflaufmasse maskiert, mit einer Trüffelscheibe bedeckt; kurz in den Ofen gestellt, um Auflaufmasse garzumachen, bedeckt mit Madeirasauce mit Trüffelessenz.

Regenpfeifer: Pluvier (plüwjeh): Vogel aus der artreichen Familie der Schnepfenvögel, mit kurzem, geradem Schnabel, etwas mehr als lerchengroß, oben meist sandbraun, unten weiß mit weißem Nackenring, in Mitteleuropa brütend, mit sehr schmackhaftem Fleisch. Als Kleinwild geschätzt. Regenpfeifer und ihre Eier stehen in einigen europäischen Ländern unter Naturschutz.

mit Armagnac: à l'Armagnac (armanjack): Gebraten, beim Servieren mit Armagnac flambiert, den Bratsatz mit etwas Wildfond verkocht.

Douglas (dagläs): Entbeint, mit getrüffelter Leberfarce gefüllt, gebraten; Bratsatz mit Weinbrand und Wildfond verkocht.

Dumanoir (dümanoar): Gebraten, mit dem mit Weinbrand und Trüffelsauce verkochten Bratsatz übergossen.

auf katalonische Art: à la catalane: Wie Rebhuhn gleicher Bezeichnung bereitet.

Lady Morgan: Gebraten, mit Armagnac flambiert, Bratsatz mit süßem Rahm verkocht und mit wenig Fleischglace vermischt; garniert mit geschälten, entkernten Weinbeeren, mit einigen Tropfen Weinbrand erhitzt.

Regensburger Braten: Gleiche Teile Rind- und Schweinefleisch, durch die Fleischmaschine getrieben, vermischt mit gehacktem Rindernierenfett, eingeweichtem Weißbrot, gehackten, in Butter gedünsteten Zwiebeln, gehackter Petersilie und Ei, gewürzt mit Salz, Pfeffer, Knoblauch und Majoran; zu einem länglichen Laib geformt, mit Butter übergossen, gebraten; Bratsatz mit Rinderbrühe und saurem Rahm verkocht, Kartoffelklöße nebenbei.

Reh: Chevreuil: Gehört zum Schalwild. Das Fell ist im Sommer braunrot, im Winter graubraun, die weiblichen Tiere, Ricken, sind ebensogroß wie die Böcke. Das Fleisch ist bis zum dritten Jahr sehr schmackhaft, danach wird es grobfaserig und schwerverdaulich. Junge Tiere werden meist frisch verarbeitet, ältere können mariniert werden.

Chaudfroid von (kalt): Chaudfroid de chevreuil: Schräge Scheiben aus dem rosa gebratenen Rücken geschnitten, rund pariert, mit brauner Wild-Chaudfroid-Sauce nappiert, beliebig dekoriert, mit Wildgelee überglänzt. Auf Tartelett, gefüllt mit kräftig gewürztem Rehpüree, gesetzt, mit gehacktem Gelee umrandet, Cumberland-Sauce nebenbei.

Rehfilet: Filet mignon de chevreuil: Die kleinen Muskeln, die sich unter dem Rücken befinden. Sie werden gespickt und gebraten. Da sie sehr klein sind, gibt man 2–3 für eine Portion. Sie können wie Kotelett garniert werden.

in Rahmsauce: à la crème: Gebraten, Bratsatz mit süßem Rahm und wenig Fleischglace verkocht, mit Zitronensaft gewürzt.

Douglas: Gebraten, mit Weinbrand deglaciert, mit etwas Fleischglace vermischt, gebuttert; Filet auf gebratene Scheibe Stopfleber dressiert, mit der Sauce übergossen.

Dubarry (dübarri): Gebraten, nappiert mit Madeirasauce, garniert mit kleinen überkrusteten Blumenkohlkugeln.

Josephine: Durch geschlagenes Ei gezogen, in gehackten Trüffeln gewälzt, in Butter gebraten; garniert mit Tarteletts, gefüllt mit Wildpüree, belegt mit Champignonkopf; Trüffelsauce nebenbei.

Rehkeule: Gigue de chevreuil (schig dö schewröij): Enthäutet, Schlußknochen entfernt, Hachsenknochen pariert, mit fettem Speck gespickt, rosa gebraten, zuweilen zuvor in Rotweinmarinade gelegt. Wie Rehrücken garniert.

Rehkotelett: Côtelette de chevreuil (kotlett dö schewröij): Wird aus dem gespaltenen Rippenstück des Rückens wie Lammkotelett bereitet, pariert, der obere Teil des Knochens freigelegt; meistens schneidet man es doppelt dick, d.h. mit zwei Knochen, von denen einer entfernt wird, wonach es leicht plattiert und rosa gebraten wird.

mit Ananas (kalt): à l'ananas: Die Koteletts vom kalten, gebratenen Rücken geschnitten, mit Lebermus bedeckt, braun chaudfroidiert, mit Ananas und Kirsche dekoriert, mit Gelee überglänzt; mit kleinen Artischockenböden, gefüllt mit Waldorf-Salat und vergoldetem Walnußkern obenauf, garniert; Cumberland-Sauce nebenbei.

mit Birnen: aux poires (o poar): Mariniert in Olivenöl, Zitronensaft und Nelkenpfeffer, in Butter gebraten, mit Weißwein und Pfeffersauce deglaciert; heißes Birnenkompott, mit Zimt und Zitronensaft gewürzt, und Johannisbeergelee nebenbei.

Conti: Gebraten, deglaciert mit Weißwein und Pfeffersauce; mit einer herzförmigen Scheibe Pökelzunge belegt, mit der Sauce nappiert; Linsenpüree nebenbei.

Diana: Diane (djan): Gebraten, dressiert auf mit Leberpüree maskiertem Crouton; Dianasauce und Maronenpüree nebenbei.

auf Jägerart: à la chasseur: Gebraten, deglaciert mit Weißwein und Jägersauce.

auf kaukasische Art: à la caucassienne (kokasjenn): Gebraten in Butter, herausgenommen und auf geformte Kascha dressiert. Gehackte Schalotten in der Bratbutter angeschwitzt, Knoblauch und zerdrückter Koriander hinzugegeben, mit Weißwein deglaciert, mit Pfeffersauce verkocht, passiert, mit Sardellenbutter und gehacktem Fenchelkraut vervollständigt, über das Kotelett gegossen.

mit Kirschen: aux cerises: Gebraten, nappiert mit Pfeffersauce vermischt mit entsteinten, gedünsteten Sauerkirschen.

auf kleinrussische Art: à la petite-rusienne (ptit rüßjenn): Gebraten, auf Kaschaboden mit Zimt gewürzt angerichtet; nappiert mit Pfeffersauce vermischt mit gehackten Sauerkirschen und ganzen Malagatrauben.

mit Kräuterbutter: à la maître d'hôtel: Grilliert, garniert mit Strohkartoffeln und Brunnenkresse; Kräuterbutter obenauf.

Lacroix (kalt): Rosa gebraten, unter leichtem Druck ausgekühlt, pariert, leicht mit Gelee überglänzt; ein Rand von Gänselebercreme aufgespritzt, die Mitte mit zwei kleinen Orangenfilets und einer halben Kirsche dazwischen gefüllt, abermals leicht mit Gelee überglänzt; auf ovaler Platte angerichtet, mit kleinen, halben, eingekerbten Orangen, gefüllt mit Waldorf-Salat und mit halber Kirsche und halber Walnuß dekoriert, garniert.

Montmorency (mongmorangsi): Mit Trüffelfäden gespickt, gebraten, mit Madeira deglaciert, mit Wildsauce aufgekocht; garniert mit Artischockenböden, gefüllt mit Spargelspitzen.

Morand: Gebraten, deglaciert mit Weißwein und saurem Rahm, mit wenig Pfeffersauce aufgekocht, gewürzt mit Muskatnuß, etwas feingehackte Orangenschale beigefügt; mit der Sauce nappiert, mit Anna-Kartoffeln garniert.

Nesselrode: Nur auf einer Seite angebraten, diese mit Wildfarce maskiert und mit Trüffelscheibe belegt; mit Butterpapier bedeckt im Ofen gargemacht, Demiglace mit Wildessenz und Maronenpüree nebenbei.

mit Oliven: aux olives: Gebraten, serviert mit Pfeffersauce und blanchierten, gefüllten Oliven.

mit Orangen: à l'orange: Gebraten, Bratsatz mit Orangensaft deglaciert, verkocht mit Wildsauce, vermischt mit blanchierter Julienne von Orangenschale; garniert mit Orangenfilets in Butter gewärmt.

d'Orsay (dorßä) (kalt): Gebraten, unter leichtem Druck erkaltet, mit brauner Chaudfroid-Sauce, mit gehackten Trüffeln vermischt, nappiert, mit Gelee überglänzt; auf Rand von Wildschaumbrot in Gelee angerichtet.

in Papierhülle: en papillote: Blutig gebraten, ausgekühlt, mit Duxelles maskiert, mit dünner Schinkenscheibe bedeckt, in geöltes Papier gehüllt; im Ofen gargemacht, in der Hülle serviert.

Romanow: Romanoff: Gebraten, garniert mit Gurkennestchen, gefüllt mit Champignonpüree, und sautierten Steinpilzen mit Rahmsauce gebunden; Pfeffersauce nebenbei.

auf schnelle Art: à la minute: In Olivenöl mit gehackten Zwiebeln gebraten, mit Weinbrand deglaciert, mit Pfeffersauce aufgekocht, mit Butter aufgeschlagen, über das Kotelett gegossen; sautierte Champignonscheiben als Garnitur.

auf schottische Art: à l'ecossaise (ekossäs): Gebraten, nappiert mit Pfeffersauce vermischt mit Julienne von Pökelzunge; garniert mit Prinzeßböhnchen und Nußkartoffeln.

mit Trüffeln: aux truffes (o trüff): Gebraten, deglaciert mit Trüffelfond, aufgekocht mit Trüffelsauce mit einigen Trüffelscheiben.

Valencia: Gebraten, nappiert mit Bigarade-Sauce, garniert mit Orangenfilets.

Villeneuve (wihlnöf): In Butter nur steifgemacht, unter leichtem Druck erkaltet; eine Seite kuppelförmig mit kaltem Wildsalpicon maskiert, in Schweinsnetzchen gehüllt, kurz in den Ofen zum Garmachen gestellt; Wildsauce mit Trüffeljulienne nebenbei.

mit Wacholderbeeren: au genièvre (o schenjäwr): Gebraten, auf herzförmigen Crouton dressiert; deglaciert mit Genever, zwei zerdrückte Wacholderbeeren, etwas süßer Rahm, ein Löffelchen Pfeffersauce und einige Tropfen Zitronensaft beigefügt, aufgekocht, passiert, über das Kotelett gegossen; warmes Apfelpüree nebenbei.

auf Walkürenart: à la Walkyrie: Gebraten, auf flache Berny-Kartoffel dressiert, mit Champignon, gefüllt mit weißem Zwiebelpüree, belegt; Rahmsauce mit Wacholderbeeren gewürzt nebenbei.

auf Zarinart: à la tsarine: Gebraten, garniert mit Gurkenoliven in Butter gedünstet und halbem, hartgekochtem Kiebitz- oder Möwenei, gefüllt mit Kaviar; Trüffelsauce nebenbei.

Rehleber: Foie de chevreuil: In Scheiben geschnitten, gewürzt, gemehlt, gebraten und wie Kotelett garniert.

Rehmedaillons: Médaillons de chevreuil: Sie werden aus den Rückenfilets meist rund, aber auch oval geschnitten, etwas größer als Nüßchen, gebraten und mit den gleichen Garnituren und Saucen wie Koteletts serviert.

mit Orangen (kalt): à l'orange: Gebraten, unter leichtem Druck ausgekühlt, braun chaudfroidiert, drei Orangenfilets im Dreieck aufgelegt, die Mitte mit marinierter Julienne von Orangenschale leicht gefüllt; mit Gelee überglänzt, auf Ananasscheibe angerichtet, mit sehr kleinen, ausgehöhlten, eingezackten Orangen, mit Fruchtwürfeln in Gelee gefüllt, garniert.

Rehnüßchen: Noisettes de chevreuil (noasett dö schewröij): Diese kleinen Stückchen werden meistens aus dem Karree, aber auch aus einer zarten Keule rund oder oval geschnitten, gebraten und meist wie Rehkotelett bereitet.

auf Gastronomenart: à la gastronome: Gebraten, auf sautierter Ananasscheibe dressiert, mit rundem, gebratenem Scheibchen Stopfleber bedeckt, mit Champignonkopf belegt, nappiert mit Wildsauce; garniert mit Tarteletts, gefüllt mit Champignonpüree, und Nestchen von Kartoffelmasse, gefüllt mit Maronenpüree, ein Deckel aufgesetzt.

Rehpfeffer: Civet de chevreuil: Wie Hasenpfeffer bereitet.

Rehrücken, Rehsattel: Selle de chevreuil (ßell dö schewröij): Als Sattel bezeichnet man den zwischen den Karrees und den Keulen befindlichen Teil des Rückens. Er wird oft um die an der Brustseite kurz abgehackten Karreestücke vergrößert und dann als Rücken bezeichnet. Er wird entsehnt, pariert, gespickt und stets rosa gebraten. Mitunter wird der Rücken zuvor mariniert.

mit Ananas: à l'ananas: Gebraten, deglaciert mit frischem Ananassaft, verkocht mit Pfeffersauce, vermischt mit zuvor ansautierten Streifen frischer Ananas.

Baden-Baden: Mariniert, gebraten, mit Wildfond deglaciert, entfettet, mit Stärkemehl gebunden; garniert mit halben Birnen, als Kompott mit Zimt und Zitronenschale, jedoch ohne Zucker gedünstet, die Sauce und Johannisbeergelee nebenbei.

Beaujeu (bojöh): Gespickt, gebraten, garniert mit Artischockenböden, gefüllt mit Linsenpüree und glacierten Maronen; Wildsauce.

Berny: Gebraten, garniert mit Berny-Kartoffeln und Tarteletts, gefüllt mit Linsenpüree, eine Trüffelscheibe obenauf; Pfeffersauce nebenbei.

Carmen (kalt): Rosa gebraten, erkaltet, Rückenfilets tranchiert, Karkasse mit Gänseleberschaumbrot bestrichen, Filets wieder aufgelegt, mit Gelee überglänzt; beiderseits des Rückgrats Orangenfilets aufgelegt, dazwischen ein Strang in Weißwein gedünsteter Julienne von Orangenschale, abermals mit Gelee überglänzt; garniert mit Achteln von ausgehöhlten, mit Orangengelee gefüllten Orangen und kleinen Muscheln mit Johannisbeergelee.

Cumberland: Gebraten, Maronenpüree und Cumberland-Sauce nebenbei.

auf deutsche Art: à l'allemande: Gebraten, deglaciert mit saurem Rahm, mit wenig Fleischglace verkocht, mit Zitronensaft gewürzt; Sauce, Kartoffelpüree und Rotkraut nebenbei.

Diana: Diane: Gebraten, serviert mit Maronenpüree und Dianasauce.

auf kalifornische Art (kalt): à la californienne: Gebraten, ausgekühlt, Rückenfilets ausgelöst, tranchiert; Karkasse mit Salat aus Ananas, Äpfeln, rohen Champignons und Bleichsellerie, mit gelierter Rahmmayonnaise gebunden, ausgefüllt, die Scheiben wieder aufgelegt, Rückgrat mit kleinen, mit einer Kirsche gefüllten Ananastütchen bedeckt, mit Gelee überglänzt; mit in Weißwein pochierten, mit einer Kirsche belegten und mit Gelee überglänzten Birnen garniert.

mit Kirschensauce: à la sauce aux cerises (o srihs): Gebraten, serviert mit Pfeffersauce, vermischt mit Johannisbeergelee und entsteinten, gedünsteten Sauerkirschen.

auf Kreolenart: à la créole (krejohl): Gespickt, in Rotwein mariniert, gebraten; deglaciert mit dem Rotwein, verkocht mit Pfeffersauce, mit Butter vervollständigt; mit gebratenen Bananen garniert.

Lucullus (kalt): Gespickt, gebraten, erkaltet; Rückenfilets ausgelöst, in schräge Tranchen geschnitten, mit Gänselebermus bestrichen, wieder auf der Karkasse zusammengesetzt, der Länge nach mit einer Reihe Trüffelscheiben dekoriert, mit Madeiragelee überglänzt. Garniert mit Überraschungstrüffeln (Kugeln von durchgestrichener Gänseleber, mit Butter vermischt, erkaltet, in gehackten Trüffeln gewälzt, mit Gelee überglänzt).

Montague (kalt): Gebraten, erkaltet, Rückenfilets tranchiert, der Mittelknochen der Karkasse abgehackt; die Rückenfilets wieder aufgelegt, der Hohlraum mit gebundenem Waldorf-Salat gefüllt, geglättet, mit einer Reihe halb übereinandergelegten Bananenscheibchen bedeckt, darüber halbe, rote Kirschen gelegt, ganz mit Gelee überglänzt; garniert mit kleinen Medaillons von Gänseleberparfait in Gelee und Geleewürfeln.

Park-Hotel (kalt): Rosa gebraten, erkaltet, Rückenfilets ausgelöst, tranchiert, Mittelknochen abgehackt, der Hohlraum mit geliertem Gänseleberpüree gefüllt, die Rückenfilets wieder aufgelegt; das Gänseleberpüree mit kleinen, pochierten Apfelscheiben halb übereinandergelegt bedeckt, rechts und links davon eine halbe rote Kirsche, mit Gelee überglänzt. Den Rücken auf einer rechteckigen Silberplatte auf Geleespiegel angerichtet, garniert mit rund ausgestochenen, vom Kerngehäuse befreiten, pochierten Apfelscheibchen, mit runder Ananasscheibe bedeckt und mit Gelee überglänzt, Gänselebertrüffeln, Tarteletts gefüllt mit Waldorf-Salat, bedeckt mit gerieftem Champignonkopf, und Geleewürfeln.

mit Pfeffersauce: à la sauce poivrade (poavrad): Gebraten, serviert mit Pfeffersauce und beliebiger Garnitur.

mit Rahmsauce: à la crème: Gebraten, Bratsatz verkocht mit süßem Rahm, gewürzt, wenig Fleischglace beigefügt, mit Zitronensaft geschärft.

Rehschnitzel: Escalope de chevreuil (eskalopp dö schewröij): Werden meist aus einer zarten Keule, mitunter auch aus den Rückenfilets geschnitten, gewürzt, rosa in Butter gebraten und wie Rehkotelett behandelt.

Condé: Dünnes Schnitzel, plattiert, maskiert, mit Wildfarce, vermischt mit gehackten Kräutern angebraten, mit Wildfond angegossen, geschmort; Fond mit Stärkemehl gebunden, Maronenpüree nebenbei.

mit Oliven: aux olives (os oliw): Dünnes Schnitzel, plattiert, mit Wildfarce maskiert, zusammengerollt, in dünne Scheibe fetten Speck gehüllt, gebunden; in leichter Madeirasauce mit entsteinten, blanchierten Oliven geschmort.

Roulade: en paupiette (popjett): Plattiert, mit Kalbsfarce, vermischt mit gehackten Kräutern, maskiert, zusammengerollt, paniert in Butter langsam gebraten.

Ren: siehe Renntier

Renntier, Renne: Kälteliebendes, zur Gattung der Hirsche gehöriges Haarwild, bei dem beide Geschlechter Geweihe tragen. Beheimatet im hohen Norden, hauptsächlich Lappland, Nordamerika und Teilen Asiens. Das Renntier ist die einzige Hirschart, die Haustier wurde. Besonders geschätzt ist die geräucherte Zunge.

Renntierfilet: Filet de renne: Je nach Größe entweder ganz oder geteilt, gewürzt, mitunter auch gemehlt, in Butter gebraten.

Renfilé Mignon: Renntierfilet Mignon: Filet gewürzt, gemehlt, in halb Butter, halb Öl gebraten; Bratsatz mit Weißwein abgelöscht, mit kräftiger Jus verkocht, mit Butter montiert, mit Zitronensaft gewürzt; mit gehackter Zwiebel sautierte Morcheln, mit Rahm gebunden, Schloßkartoffeln und grüne Erbsen als Garnitur; die Jus nebenbei (schwedisch).

auf norwegische Art: à la norvégische: Gewürzt, gemehlt, in Butter gebraten; garniert mit Tarteletts abwechselnd mit Maronenpüree und Schwarzwurzeln in Rahmsauce gefüllt; Oberjägermeister-Sauce nebenbei.

auf sibirische Art: à la sibirienne (ßibirjenn): Sautiert, deglaciert mit braunem Fond und saurem Rahm, grobe Julienne von geschälten sauren Gurken beigefügt, eingekocht, über das Filet gegossen.

Renntierkeule auf russische Art: Cuissot de renne à la russe (kwisoh dö renn ala rüß): Enthäutet, in leichter Weinmarinade gebeizt, gespickt, gebraten; garniert mit kleinen, ausgehöhlten, mit Kaviar gefüllten Croutons, Steinpilze in saurer Rahmsauce und Madeirasauce nebenbei.

Renntiersattel: Selle de renne: Enthäutet, gespickt, gebraten oder geschmort.

auf finnische Art: à la finlandaise: Gebraten, mit leichter Demiglace deglaciert, verkocht mit saurem Rahm, gewürzt mit Zitronensaft; gebutterte Nudeln, Kronsbeerengelee und saure Gurken nebenbei.

auf livländische Art: à la livonienne (liwonjenn): Geschmort, der Schmorfond mit saurem Rahm verkocht; garniert mit großen, gebratenen Champignonköpfen, mit geriebenem Meerrettich gefüllt, und winzigen Muschelschalen mit geeistem Kaviar; die Sauce und Salzgurken nebenbei.

auf norwegische Art: à la norvégienne (norweschjenn): Gebraten, serviert mit Maronenpüree, Schwarzwurzeln mit Rahmsauce gebunden und Oberjägermeister-Sauce.

auf russische Art: à la russe: Gebraten, serviert mit Steinpilzen in saurer Rahmsauce und Madeirasauce.

Poronkieltä, lakkasalaattia ja voiperunaa: Renntierzunge mit Multbeeren: Frische Zunge gekocht, enthäutet, pariert, in Scheibe geschnitten; frischgekochte, grobzerdrückte und mit Butter vermischte Kartoffeln und rohe Multbeeren, nur mit Zucker vermischt, nebenbei (finnisch).

Rind: Rindfleisch, Ochsenfleisch: Bœuf (böf): Das Fleisch von Rindern und Kühen, am besten von jungen Ochsen. Maßgebend für die Qualität des Fleisches ist die Zucht, das Alter, die Art der Mast und auf welche Art das Tier geschlachtet wurde. Gesundes, frisches Rot mit zarten Fettpartikelchen durchwachsen zeichnet das Fleisch von gut gemästeten Tieren aus.

Rind: Beefsteak, Filetsteak, Filet Beefsteak: Im Prinzip wird das Beefsteak aus der Lende, hauptsächlich aus der Mitte dem Kopfe zu geschnitten. Sofern es nicht ausdrücklich als Filet Beefsteak oder Filetsteak bezeichnet wird, kann es genauso gut aus der gut abgehangenen Kluft oder dem flachen Roastbeef geschnitten werden, da Beefsteak nur der Name für eine Schnitte Rindfleisch ist. Das Steak wird grilliert oder gebraten, sämtliche Zubereitungsvorschriften für Zwischenrippenstück sind anwendbar.

auf amerikanische Art: à l'américaine: 1. Feingehackt, die Form des Beefsteaks wieder hergestellt, in der Mitte eingehöhlt, ein Eigelb eingesetzt; Kapern, gehackte Zwiebeln und gehackte Petersilie nebenbei;

2. gebraten, garniert mit gebackenen Scheiben von süßen Kartoffeln und Maiskrusteln.

Béarner: Grilliert, mit aufgeblähten Kartoffeln oder Kartoffelstäbchen garniert; Béarner Sauce nebenbei.

auf Börsenart, Börsensteak: à l'hôtel des monnaies: Gekochte, in dünne Scheiben geschnittene Kartoffeln und Champignons, hellbraun in Butter gebraten, mit geschlagenem Ei übergossen und zu dünnem Eierkuchen gebraten. Steak rosa gebraten, in den Eierkuchen gewickelt, mit brauner Butter übergossen; Kopfsalat nebenbei.

à cheval: siehe mit Setzei

deutsches: à l'allemande: Rohes, gehacktes Rindfleisch, vermischt mit eingeweichtem Brot und gehackten, angeschwitzten Zwiebeln; gewürzt, geformt zu runden, abgeflachten Steaks, in Butter gebraten, mit gebratenen Zwiebelscheiben bedeckt, Kartoffelpüree nebenbei.

Duval: Blutig gebraten; mit dickem Champignonpüree bestrichen, mit Trüffelscheiben belegt, in Schweinsnetz gehüllt, im Ofen fertiggemacht; Madeirasauce mit gehackten Trüffeln nebenbei.

Franco-Russe: Gebraten; bedeckt mit Demiglace, vermischt mit geschmolzenen Tomaten und Champignonscheiben; garniert mit Würfelkartoffeln und geraspeltem Meerrettich.

du Gourmet: siehe auf Weinkosterart

auf griechische Art: à la grecque: Gehackt, vermischt mit kaltem, gekochtem Reis und gehackten, angeschwitzten Zwiebeln, gewürzt, geformt gebraten; mit Tomatensauce bedeckt.

auf Hamburger Art, Hamburger Beefsteak: à la hambourgeoise: Gehackt, mit gehackten, angebratenen Zwiebeln vermischt, gewürzt, geformt; in Butter gebraten, mit gebackenen Zwiebelringen oder gebratenen Zwiebeln bedeckt.

auf Helgoländer Art: à la heligolandaise: Gebraten; mit Streifen von dicker Tomaten-, Kräuter- und holländischer Sauce bedeckt; gebackene Kartoffelstäbchen nebenbei.

auf holländische Art: à la hollandaise: Mit Sardellenfilets gespickt, in Kalbsjus, mit gehackten Zwiebeln braisiert; mit der mit süßem Rahm eingekochten Sauce serviert.

Jean Paul: Garniert mit Artischockenboden, mit kleinem verlorenem Ei gefüllt, und Waffelkartoffeln; Trüffelsauce nebenbei.

Kempinski: Gebraten; garniert mit zwei halben gebratenen Tomaten, mit Béarner Sauce gefüllt, Strohkartoffeln und Brunnenkresse.

Meier: In Butter gebraten, mit gebackenen Zwiebelringen bedeckt, mit Bratkartoffeln garniert.

Murillo: Blutig gebraten, bedeckt mit dickem Champignonpüree mit Eigelb und Rahm gebunden, im Ofen gebacken.

Nelson: Leicht plattiert, blutig gebraten, in runde Servierkasserolle mit gehackten, gebratenen Zwiebeln gelegt; Bratsatz mit Madeira abgelöscht, mit einem Löffel Demiglace verkocht und über das Fleisch gegossen; garniert mit glacierten Zwiebelchen, glacierten Karotten, Champignonköpfen und gekochten Kartoffelkugeln; Kasserolle zugedeckt, einige Minuten gedünstet, in der Kasserolle mit gehackten Essiggemüsen bestreut serviert.

Nilson: Mariniert in Rotweinbeize mit Wurzelwerk, gespickt, angebraten, in Demiglace und einem Teil der Marinade geschmort; garniert mit dicken, kurzen Streifen von Mohrrüben, Pastinaken und Weißkraut in Butter und heller Brühe gedünstet.

auf Nimeser Art: à la nimoise (nihmoas): Gehackt, vermischt mit in Milch geweichtem Weißbrot, Ei, gehackten, gedünsteten Zwiebeln, gewürzt, geformt; paniert, in Butter gebraten, Tomatensauce mit Knoblauch gewürzt nebenbei.

Pera Palast-Hotel: Gebraten; garniert mit Kartoffelnestchen mit Erbsen gefüllt, Tomate mit Gänselebermus gefüllt mit Trüffelscheibe obenauf: Tiroler Sauce nebenbei.

Pfeffersteak: steak au poivre: Filetsteak, in zerdrückten Pfefferkörnern gewälzt, gebraten. Der Bratsatz mit Weinbrand oder Rotwein abgelöscht, mit wenig guter Jus verkocht, mit Butterflöckchen vervollständigt.

auf polnische Art: à la polonaise: Gebraten, bedeckt mit gehackten, gebratenen Zwiebeln und geriebener Weißbrotkrume in viel Butter gebräunt; garniert mit Bratkartoffeln in Sardellenbutter gebraten und geriebenem Meerrettich.

Potted Steak: in der Kasserolle: Gewürzt, gemehlt, in Butter gebräunt; in feuerfeste Steingut- oder Porzellankasserolle gelegt, mit tournierten Mohrrüben, weißen Rüben und Kartoffeln garniert, mit etwas kräftiger Rinderbrühe angefeuchtet, zugedeckt, gedünstet (nordamerikanisch).

Reindl-Beefsteak: Filetsteak, in Butter gebräunt, in leichter Demiglace geschmort; bedeckt mit Setzei, garniert mit Bratkartoffeln und Scheiben von Gewürzgurken (österreichisch).

auf republikanische Art: à la républicaine (repüblikähn): In Olivenöl angebräunt, zusammen mit gehackten Zwiebeln und gehacktem rohen Schinken in Demiglace geschmort; frische grüne Erbsen und gebratene Moospilzchen zugefügt, garniert mit einer halben gedünsteten roten Paprikaschote mit sehr kleinem, verlorenem Ei gefüllt.

auf russische Art: à la russe: 1. Wie Hamburger Steak bereitet, doch mit zwei kleinen ausgestochenen Setzeiern anstelle der Zwiebeln; 2. mit Speck- und Schinkenstreifen gespickt, angebraten, in Weißwein und saurem Rahm, vermischt mit gehacktem Fenchelkraut, gedünstet; garniert mit Steinpilzen.

Salisbury-Steak: 1. Geschabt oder gehackt, vermischt mit Rindernierenfett, Ei, Reibbrot und Kapern, gewürzt, geformt, grilliert;
2. gehackt, vermischt mit gehacktem Rauchspeck, gehackten Zwiebeln, Paprikaschoten und Petersilie, gewürzt, geformt, auf dem Rost gebraten;
3. geschabt oder gehackt, vermischt mit gehackten Zwiebeln, gewürzt, viereckig geformt, in Schweinsnetz gehüllt, grilliert; mit gebratenen Zwiebeln bedeckt, Rahmsauce rundherum (nordamerikanisch).

Creole: Wie Salisbury-Steak 1 mit Kreolensauce serviert (nordamerikanisch).

with Smothered Onions: Mit gedünsteten Zwiebeln: Wie Salisbury-Steak 1, gebraten, bedeckt mit Zwiebelscheiben in Butter gebräunt und in leichter Demiglace gedünstet, gehackte Petersilie obenauf (nordamerikanisch).

auf schwedische Art: à la suédoise (swedoas): In Butter gebräunt, mit gehackten Zwiebeln und rohen Kartoffelscheiben mit wenig kräftiger Brühe gedünstet.

mit Setzei: à cheval (a schwall): Gebraten, mit zwei rund ausgestochenen Setzeiern belegt.

auf spanische Art: à l'espagnole: Gehackt, mit gehacktem fettem Speck, eingeweichtem Brot, gehackter Petersilie und Knoblauch vermischt, gewürzt, geformt, paniert, in spanischem Olivenöl gebraten; Tomatensauce nebenbei.

Steeple Chase (stipel tschäs): Gebraten, bedeckt mit ausgestochenem Setzei; garniert mit Sardine, Räucherlachstüte, gefüllt mit geriebenem Meerrettich, und Sträußchen von Kartoffel-, Gurken- und Kopfsalat.

auf Tatarenart: à la Tartar: 1. Wie amerikanische Art 1 bereitet, jedoch ohne das Eigelb; Tatarensauce nebenbei;
2. gehackt oder geschabt, rund geformt, ein Eigelb in eine Höhlung in die Mitte plaziert; garniert mit Sträußchen von gehackten Zwiebeln, Kapern, Essiggemüsen und Sardellenfilets.

auf Weinkosterart: du Gourmet: Sehr blutig gebraten, zwischen zwei ansautierte Scheiben Stopfleber gelegt, mit Blätterteig umhüllt, im Ofen gebacken; Trüffelsauce nebenbei.

Rind: Beefsteak Pudding: Englische Puddingschüssel aus Porzellan mit Nierenfetteig ausgefüttert, mit kleinen dünnen Scheibchen magerem Rindfleisch, gehackter Zwiebel und Kartoffelscheibchen (auf Wunsch) gefüllt, mit Teig verschlossen, in Serviette gebunden, in Dampf oder Wasser gekocht (englisch).

and Kidney Pudding: Beefsteak und Nierenpudding: Wie oben, jedoch mit halb Rindfleisch- und halb Rindernierenscheibchen gefüllt, keine Kartoffeln (englisch).

and Oyster Pudding: Beefsteak und Austernpudding: Wie oben, jedoch zwei Drittel Rindfleischscheibchen und ein Drittel entbartete Austern (englisch).

Rind: Chateaubriand (schatobriang): Doppeltes Lendensteak: Wird stets aus der Mitte des Rinderfilets geschnitten, grilliert oder sautiert. Gewicht nicht unter 400 g. Alle Garnituren für Tournedos passen auch zum Chateaubriand.

auf Béarner Art: Béarnaise: Auf dem Rost gebraten, mit aufgeblähten oder Schloßkartoffeln garniert; Béarner Sauce, mit etwas flüssiger Fleischglace betropft, nebenbei.

Chateaumeillant (schatomeijang): In Butter gebraten; gehackte Schalotten in der Bratbutter leicht angeröstet, mit Rotwein deglaciert, mit Demiglace verkocht, mit Butter aufgeschlagen; Sauce über das Fleisch gegossen, garniert mit Strohkartoffeln und großen, mit Duxelles gefüllten Champignons.

auf Markgräfinart: marquise (markihs): In Butter gebraten, mit Tarteletts, gefüllt mit blanchierten Markwürfeln, Spargelspitzen und Trüffelstreifen, mit deutscher Sauce mit Krebsbutter aufgeschlagen, gebunden, und Markgräfin-Kartoffeln garniert.

mit Ochsenmark: à la moëlle (moall): In Butter gebraten, mit blanchierten Ochsenmarkscheiben belegt, mit Madeirasauce nappiert, mit gehackter Petersilie bestreut.

Savarin: In Butter gebraten, belegt mit gebratener Scheibe Stopfleber, nappiert mit Trüffelsauce; Artischockenböden mit grünen Spargelspitzen gefüllt und Champignons als Garnitur.

Rind: Clubsteak: Wie T-Bone Steak geschnitten, jedoch ohne Filet, aber mit dem Rippenknochen. Wie Zwischenrippenstück bereitet (nordamerikanisch).

Rind: Contrefilet, Contrefilet de bœuf: siehe Rippenstück, flaches Roastbeef

Rind: **Corned beef:** Gepökelte Rinderbrust: Langsam in Wasser (ohne Salz) gekocht, mit den mitgekochten Wurzelgemüsen umlegt. Corned beef wird auch in Dosen gehandelt.

Baked: Entbeint, gekocht, abgetropft, mit Nelken bespickt, mit Ahornsirup übergossen, unter Begießen mit dem Sirup im Ofen gebacken (nordamerikanisch).

and Cabbage: mit Weißkraut: Gekocht, mit separat gekochtem Weißkraut und Salzkartoffeln garniert (nordamerikanisch).

Rind: **Dämpfragout:** Estouffade de bœuf (estuffahd): Speckwürfel angebraten, herausgenommen, Rindfleischwürfel zusammen mit gehackten Zwiebeln in dem Fett gebräunt, mit Mehl bestäubt, mit Rotwein aufgegossen, gehackter Knoblauch beigefügt, im Ofen in verschlossener Kasserolle geschmort; in saubere Kasserolle ausgestochen, die Speckwürfel, geviertelte, angebratene Champignons und die passierte Sauce zugefügt, zugedeckt im Ofen fertiggeschmort.

auf Burgunder Art: à la bourguignonne: In Rotwein und Demiglace geschmort, mit gebratenen Speckwürfeln, angebräunten Zwiebelchen und Champignonköpfen vervollständigt.

auf provenzalische Art: à la provençale: Mit Weißwein und Demiglace geschmort, mit geschmolzenen Tomaten, Knoblauch und entsteinten Oliven vervollständigt.

Rinderbrust: Poitrine de bœuf: Wird frisch oder gepökelt, mit oder ohne Knochen mit gespickter Zwiebel und Wurzelgemüsen gekocht; mit den olivenförmig geschnittenen Gemüsen und gutgeformten Salzkartoffeln garniert; Meerrettich-, Senf-, Paprika-, pikante oder Robert-Sauce nebenbei.

auf Berliner Art: à la berlinoise: Entbeint, mit Wurzelgemüsen gekocht, mit den Gemüsen garniert, leicht mit Brühe übergossen; weiße Meerrettichsauce, Brühkartoffeln, rote Rüben, saure Gurken, Preiselbeeren und eingelegte Zwiebelchen nebenbei.

Bristol: Gerollt, gekocht, in Scheiben geschnitten, garniert mit Lauchstückchen, tournierten Möhren und Selleriescheiben; Meerrettichsauce, Bouillonkartoffeln und Raviers mit Senfgurke, Delikateßgurke, eingemachten roten Rüben und Preiselbeeren nebenbei.

Rinderpökelbrust: Poitrine de bœuf salée (poatrin dö böf saleh): Mit Wurzelgemüsen gekocht, mit in großer Olivenform geschnittenen, gekochten Wurzelgemüsen und Kartoffeln umlegt; geriebener Meerrettich nebenbei.

Rinderfilet, Ochsenfilet, Lendenbraten: Filet de bœuf (fille dö böf): Das feinste Stück des Rindes, das unter dem Knochen am Roastbeef (aloyau) liegt. Es wird pariert, mit Speckstreifen, zuweilen auch Trüffel- oder Pökelzungenstreifen, gespickt und gebraten oder poeliert und warm oder kalt mit passender Sauce und Garnitur serviert. Der Bratsatz, ohne Fett, wird mit Wein oder anderer Flüssigkeit abgelöscht und mit zur Sauce genommen.

auf ägyptische Art: à l'egyptienne (eschiptjänn): Gebraten; garniert mit Reiskroketts mit Safran und gefüllten roten Paprikaschoten; scharfgewürzte, tomatierte Kalbsjus nebenbei.

Agnès Sorel: Mit Trüffel- und Pökelzungenstreifen gespickt, poeliert; garniert mit Tarteletts gefüllt mit Champignonpüree, mit runder Scheibe Pökelzunge und Trüffelscheibe belegt; der mit Kalbsjus verkochte Bratsatz nebenbei.

auf alte Art: à l'ancienne (angsjenn): Gebraten; garniert mit Champignons und glacierten Zwiebelchen; gebundene Kalbsjus.

auf andalusische Art: à l'andalouse: Gebraten, garniert mit Paprikaschoten auf griechische Art bereitet, in Öl gebratenen Stückchen Eieräpfel mit geschmolzenen Tomaten gefüllt, kleinen Bratwürstchen (Chipolatas); gebundene Kalbsjus mit Sherry gewürzt nebenbei.

auf Antwerpener Art: à l'anversoise (angwersoahs): Gebraten; garniert mit Tarteletts gefüllt mit Hopfensprossen in Rahmsauce und geformten Salzkartoffeln, tomatierte Demiglace nebenbei.

à l'arlequine: siehe auf Harlekinart

auf arlesische Art: à l'arlesienne: Gebraten; garniert mit Scheiben von Eierfrüchten in Olivenöl sautiert, geschmolzenen Tomaten und gebackenen Zwiebelringen; tomatierte Demiglace nebenbei.

Beatrice (Beahtriß): Gebraten, Beatrice-Garnitur.

auf Berryer Art: à la berrichonne (berrischonn): Gespickt, gebraten; mit braisierten Kohlköpfchen, glacierten Maronen und glacierten Zwiebelchen garniert, gebundene Kalbsjus nebenbei.

auf Besançoner Art: à la bisontine (bihsontin): Gebraten; garniert mit Kartoffelkrustaden mit Blumenkohlpüree gefüllt und braisiertem Kopfsalat; gebundene Kalbsjus.

auf Blumenmädchenart: à la bouquetière (buketjär): Gebraten; garniert mit schöngeformten Gemüsen der Saison in Sträußchen angeordnet; klare Kalbsjus nebenbei.

à la bouquetière: siehe auf Blumenmädchenart

auf Brabanter Art: à la brabançonne (brahbangsonn): Gebraten; garniert mit runden Kartoffelkroketts und Tarteletts gefüllt mit Rosenkohl, bedeckt mit Mornaysauce und überbacken; gebundene Kalbsjus.

Bréhan (brehang): Gebraten; garnierte Artischockenböden gefüllt mit Püree von dicken Bohnen mit Trüffelscheibe obenauf, Blumenkohlsträußchen mit holländischer Sauce nappiert und in Butter gedünstete Kartoffeln mit gehackter Petersilie; Kalbsjus nebenbei.

Bristol: Gebraten; garniert mit Reiskroketts, Bohnenkerne in Rahmsauce und Schloßkartoffeln; Madeirasauce oder gebundene Kalbsjus.

auf Burgfrauenart: à la châtelaine (schatellän): Gebraten; garniert mit Artischockenböden mit weißem Zwiebelpüree, großen glacierten Maronen und Nußkartoffeln; Madeirasauce.

Camargo: Von einer Seite aus geöffnet, leicht ausgehöhlt, das gehackte Fleisch vermischt mit gehackter roher Stopfleber und Trüffeln wieder eingefüllt, mit Trüffeln bespickt, in Speckscheiben gehüllt, gebraten, ausgewickelt, glaciert; garniert mit Tarteletts gefüllt mit gebutterten Nudeln, darauf Gänseleber- und Trüffelscheibe; Trüffelsauce nebenbei.

Caprivi: Poeliert; garniert mit gefüllten Gurkenstückchen, gefüllten Zwiebeln, Kalbfleischklößchen und Kroketts von Makkaroni und Kalbsmilchwürfeln; Madeirasauce.

à la châtelaine: siehe auf Burgfrauenart

Chipolata: Gebraten; garniert mit glacierten Maronen, glacierten Zwiebelchen, gebratenem, gewürfeltem Rauchspeck, olivenförmigen, glacierten Mohrrüben und kleinen Bratwürstchen (Chipolatas); gebundene Kalbsjus.

Clamart (klahmar): Gebraten; garniert mit Tarteletts oder Artischockenböden, gefüllt mit Erbsen auf französische Art oder Püree von frischen grünen Erbsen, und kleinen runden Böden von Macairekartoffeln oder kleinen Schloßkartoffeln; gebundene Kalbsjus.

Coquelin (kalt): Gebraten, ausgekühlt, tranchiert; in ovale Kokotte geordnet, bedeckt mit dem abgelöschten, entfetteten, leicht gelierten Bratsatz vermischt mit Julienne von Mohrrüben, Trüffeln und Bleichsellerie; Kokotte mit leichtem Madeiragelee gefüllt, gekühlt in der Kokotte serviert.

à la dauphine: siehe auf Thronfolgerart

auf Diplomatenart: à la diplomate: Mit Speck, Trüffel- und Pökelzungenstreifen gespickt, in Weißwein mariniert, poeliert, mit dem Weißwein der Marinade abgelöscht, mit Demiglace verkocht; garniert mit gewürfelter Kalbsmilch, gewürfelten Champignons, Hahnenkämmen und -nieren mit Diplomatensauce gebunden.

Doria: Gebraten; garniert mit großen, olivenförmig geschnittenen Gurkenstückchen in Butter gedünstet; Demiglace.

Dubarry: Gebraten; garniert mit Blumenkohlköpfchen mit Mornaysauce überzogen und überkrustet; gebundene Kalbsjus.

à la duchesse: siehe auf Herzoginart

auf elsässische Art: à l'alsacienne: Gebraten, garniert mit Tarteletts gefüllt mit Sauerkraut, obenauf runde Schinkenscheibe; Demiglace.

à la favorite: siehe auf Lieblingsart

Feervaal: Poeliert; garniert mit Kartoffelkroketts mit gehacktem Schinken und sautierten Artischockenböden; der Bratsatz mit gebundener Kalbsjus nebenbei.

auf Finanzmannsart: à la financière: Gebraten; serviert mit Finanzmanns-Garnitur und -sauce.

auf flämische Art: à la flamande: Gebraten; garniert mit braisierten Kohlköpfchen, glacierten, tournierten Mohrrüben und weißen Rüben, Rechtecken von gekochtem Rauchspeck, Wurstscheiben und geformten Salzkartoffeln.

auf Försterart: à la forestière: Gebraten, garniert mit sautierten Morcheln, gebratenen Würfeln von Rauchspeck und Würfelkartoffeln; italienische Sauce.

Frascati: Gespickt, poeliert; garniert mit halbmondförmigen, getrüffelten Herzogin-Kartoffeln, gebratenen Dreiecken von Stopfleber, gerieften Champignons, Trüffeloliven und Spargelspitzen; gebundener Bratensaft.

auf Gärtnerinart: à la jardinière (schardinjär): Gebraten; garniert mit geformten Wurzelgemüsen, grünen Bohnen, grünen Erbsen und Blumenkohlröschen mit holländischer Sauce überzogen; klare Kalbsjus.

auf Gastronomenart: à la gastronome: Mit Trüffelnägeln bespickt, in Madeira mariniert, in Speckscheiben eingewickelt, in Madeira braisiert, ausgewickelt, glaciert; garniert mit glacierten Maronen, dicken Trüffelscheiben und Hahnenkämmen in Fleischglace gerollt; Demiglace mit dem Braisierfond und Trüffelsud verkocht.

auf Gemüsegärtnerart: à la maraîchère (marächär): Gebraten; garniert mit Rosenkohl, kurzen Stückchen Schwarzwurzeln, mit Rahmsauce gebunden, und Schloßkartoffeln; klare Kalbsjus.

Godard: Poeliert; Godard-Garnitur und -Sauce.

Gouffé (guffeh): Gebraten; auf Risottosockel angerichtet, garniert mit Champignonköpfen, kleinen Kalbfleischklößchen und Trüffelscheiben; Madeirasauce.

à la grand-veneur: siehe auf Oberjägermeisterart

auf Harlekinart: à l'arlequine (arlekin): Gebraten; garniert mit Tarteletts abwechselnd mit Spinatpüree, Mohrrüben- und weißen Rübenkügelchen, winzigen Nußkartoffeln, geschmolzenen Tomaten und Blumenkohlröschen, mit holländischer Sauce überzogen, gefüllt; gebundene Kalbsjus nebenbei.

auf Herzoginart: à la duchesse (düscheß): Gebraten; garniert mit Herzogin-Kartoffeln in verschiedenen Formen; Madeirasauce.

à la hongroise: siehe auf ungarische Art

auf Husarenart: à la hussarde (üssard): Gebraten; garniert mit rosettenförmigen Herzogin-Kartoffeln und großen Champignonköpfen mit weißem Zwiebelpüree gefüllt; Husaren-Sauce.

auf Infantenart: à l'infante (ängfang): Gebraten; garniert mit Strohkartoffeln, gefüllten Tomaten und Champignonköpfen; Makkaroni auf italienische Art, mit Trüffelstreifen vermischt, und Madeirasauce nebenbei.

auf italienische Art: à l'italienne: Gespickt, poeliert; garniert mit geviertelten Artischockenböden auf italienische Art und Makkaronikroketts; italienische Sauce nebenbei.

Rinderfilet

auf japanische Art: à la japonaise (schaponäs): Gebraten; garniert mit Tarteletts gefüllt mit Knollenziest in Rahmsauce und Kartoffelkroketts; gebundene Kalbsjus.

à la jardinière: siehe auf Gärtnerinart

Jockey Club: Gespickt, mariniert mit Weißwein und Madeira; gebraten, garniert mit gefüllten Tomaten, Kartoffelkroketts, Hühnerklößchen, Trüffeloliven und Krebsschwänzen; Demiglace mit der Marinade verkocht nebenbei.

auf Kapuzinerart: à la capucine (kapüzin): Poeliert; garniert mit gefüllten Kohlköpfchen und gefüllten Champignons; Madeirasauce.

auf Kleinherzogsart: à la petit duc (pti düc): Gebraten; garniert mit Blätterteigpastetchen, mit Spargelspitzen in Rahmsauce gefüllt, und Artischockenböden, gefüllt mit Trüffelwürfeln mit Madeirasauce gebunden; Madeirasauce nebenbei.

Lacroix: Gespickt, an einer Seite geöffnet und leicht ausgehöhlt, mit getrüffeltem Gänseleberparfait gefüllt, mit Speckscheiben umwickelt, glaciert; mit Cocotte-Kartoffeln garniert; der Fond mit Madeirasauce verkocht.

auf Languedoker Art: à la languedocienne (langdoßjenn): Gebraten; garniert mit Scheiben von Eieräpfeln in tiefem Fett gebacken, in Öl sautierten Steinpilzen und mit Knoblauch geschmolzenen Tomaten; gebundene Fleischjus.

auf Laxenburger Art: à la laxenbourgeoise: An allen Seiten gebräunt, mit Eigelb, vermischt mit zerlassener Butter bestrichen, bedeckt mit geriebener Weißbrotkrume, vermischt mit geriebenem Parmesan, im Ofen fertiggemacht; garniert mit Artischockenböden abwechselnd mit Erbsen und gewürfelten grünen Bohnen gefüllt; Madeirasauce nebenbei.

auf Lieblingsart: à la favorite: Gebraten; garniert mit gebratenen Scheiben Gänsestopfleber, bedeckt mit Trüffelscheibe, sowie grünen Spargelspitzen; gebundene Kalbsjus nebenbei.

London House: Von einer Seite aus geöffnet, gefüllt mit rohen Scheiben Stopfleber und Trüffeln abwechselnd übereinandergelegt, mit Trüffelnägeln bespickt, gebunden, poeliert, glaciert; garniert mit kleinen, in Madeira gekochten Trüffeln und Champignonköpfen; Demiglace, verkocht mit dem Bratsatz und dem Trüffelfond, nebenbei.

Loretto: Lorette: Gespickt, poeliert und glaciert; mit Loretto-Kartoffeln und Spargelspitzen garniert; leichte tomatierte Demiglace nebenbei.

auf lothringische Art: à la lorraine (lorähn): Gebraten; geschmortes Rotkraut und braune Meerrettichsauce nebenbei.

auf Lyoner Art: à la lyonnaise: Gebraten; garniert mit gebratenen Zwiebelscheiben, mit Demiglace gebunden, und mit gehackter Petersilie bestreut; den Bratsatz mit Essig und Weißwein abgelöscht und mit Demiglace verkocht nebenbei.

Madeleine (madlähn): Gebraten; garniert mit Artischockenböden, gefüllt mit weißem Zwiebelpüree und Püree von weißen Bohnen mit Eigelb gebunden, in Becherform pochiert und gestürzt; Demiglace.

à la maraîchère: siehe auf Gemüsegärtnerart

Mariposa: Gebraten; garniert mit gerösteten roten Paprikaschoten, Tarteletts, mit Maiskörnern in Rahmsauce gefüllt, und gebratenen Bananen; Demiglace mit Sherry gewürzt nebenbei.

Masséna: Garnitur wie bei Lendenschnitten gleichen Namens.

Massenet: Garnitur wie bei Lendenschnitten gleichen Namens.

Mazarin (massaräng): Gebraten; garniert mit Tarteletts, gefüllt mit Kalbsmilch- und Trüffelwürfeln, gebunden mit Madeirasauce, und Artischockenböden abwechselnd mit gewürfelten grünen Bohnen und Kalbfleischnocken, mit Madeirasauce gebunden, gefüllt; Madeirasauce nebenbei.

Medici: Médicis: Gebraten, mit Medici-Garnitur serviert.

Melba: Gebraten; garniert mit gedünstetem Kopfsalat, gedünsteten Tomatenvierteln und Tarteletts mit Maronenpüree gefüllt; Madeirasauce.

auf Mentoner Art: à la mentonnaise (mängtonähs): Gebraten; garniert mit gefüllten Kardistückchen und Artischockenböden mit kleinen Pariser Kartoffeln gefüllt; gebundene Kalbsjus.

auf mexikanische Art: à la mexicaine (mexikähn): Gebraten; garniert mit grillierten Champignons und roten Paprikaschoten; stark gewürzte Tomatensauce nebenbei.

Milhaud (Miloh) (kalt): Mit Trüffelstreifen gespickt, gebraten; ausgekühlt, tranchiert, mit gleich großen, dünnen Scheiben Gänseleberparfait zwischen den Fleischscheiben wieder zusammengesetzt, mit Madeiragelee überglänzt; mit ausgehöhlten Mandarinen, mit Gänselebermousse gefüllt, mit Mandarinenfilets dekoriert und überglänzt, und Dreiecken von Gelee mit Mandarinensaft gewürzt garniert.

Mireille (miräj): 1. Geformte Mireille-Kartoffeln, Tomatensauce; 2. gebraten; sautierte Artischockenböden in Vierteln, Champignonköpfe, Spinatkuchen; Madeirasauce.

auf moderne Art: à la moderne: Gebraten; garniert mit Bechern mit Gemüsechartreuse, gedünstetem Kopfsalat und dekorierten Kalbfleischklößchen; gebundene Kalbsjus nebenbei.

Montmorency (mongmorängzi): Gebraten; garniert mit Artischockenböden mit feinem Mischgemüse gefüllt, und Bündelchen von Spargelspitzen; Madeirasauce nebenbei.

auf Neverser Art: à la nivernaise (niwernäs): Gespickt, poeliert, glaciert; garniert mit glacierten Karotten und Zwiebelchen; der abgelöschte, entfettete Bratensaft nebenbei.

auf Nizzaer Art: à la niçoise (nissoahs): Gebraten; garniert mit Tomatenwürfeln mit Knoblauch und gehackter Petersilie in Öl geschmolzen, Prinzeßböhnchen und Schloßkartoffeln; gebundene Kalbsjus nebenbei.

auf Oberjägermeisterart: à la grand-veneur (grang venöhr): In Weißwein mariniert, braisiert; garniert mit tartelettförmigen Linsenkroketts mit Morchelhaschee gefüllt; Oberjägermeister-Sauce mit dem eingekochten Braisierfond nebenbei.

auf orientalische Art: à l'orientale (orjängtal): Gebraten; garniert mit halben Tomaten in Olivenöl gebraten, gefüllt mit Reis auf griechische Art bereitet, und Kroketts von süßen Kartoffeln; scharfgewürzte Tomatensauce nebenbei.

auf palästinische Art: à la palestine: Gebraten, mit glacierten Zwiebelchen, gebackenen Grießklößchen und geviertelten Artischockenböden, in Butter sautiert, garniert; Madeirasauce.

auf Pariser Art: à la parisienne: Gebraten; mit Pariser Garnitur und Madeirasauce serviert.

Park-Hotel (kalt): Gespickt, poeliert, ausgekühlt, mit dem abgelöschten, entfetteten und mit Gelee vermischten Bratsatz glaciert; obenauf mit runden Tomaten- und Eiweißscheiben dekoriert und mit Madeiragelee überglänzt, garniert mit Tarteletts gefüllt mit Waldorf-Salat, Überraschungstrüffeln und kleinen, geschälten Tomaten mit Salat von gewürfelten grünen Bohnen gefüllt.

à la petit duc: siehe auf Kleinherzogsart

auf portugiesische Art: à la portugaise (portügäs): Gebraten; garniert mit gefüllten Tomaten und Schloßkartoffeln; portugiesische Sauce nebenbei.

auf provenzalische Art: à la provençale (prowangßal): Gebraten; garniert mit gefüllten Tomaten und gefüllten Champignons; provenzalische Sauce nebenbei.

auf Präsidentenart: à la présidente (kalt): Gespicktes, gebratenes, kaltes Filet mit Madeiragelee überglänzt; garniert mit Tarteletts abwechselnd mit Salaten von Tomatenwürfeln, Würfeln von Knollensellerie und Blumenkohlröschen, mit gestockter Mayonnaise gebunden, dekoriert und überglänzt.

auf Regentschaftsart: à la régence (rehschangs): Mariniert in Weißwein, mit Matignon bedeckt, in dünne Speckscheiben gehüllt, gebunden, in der Marinade braisiert, vom Speck befreit, glaciert, mit Regentschafts-Garnitur und dem eingekochten, mit Demiglace vermischten Fond serviert.

auf reiche Art: à la riche (risch): Gebraten, ausgekühlt, tranchiert; auf Silberplatte mit Scheiben von Gänseleberparfait zwischen den Fleischscheiben angerichtet, mit Madeiragelee überglänzt, garniert mit Artischockenböden gefüllt mit grünen Spargelspitzen, mit gestockter Mayonnaise gebunden, kleinen geschälten Tomaten, gefüllt mit Hühnermousse, mit Trüffelstern dekoriert und mit Madeiragelee überglänzt, und großen Geleewürfeln.

Renaissance (renässangs): Gebraten; mit Renaissance-Garnitur und Kalbsjus serviert.

Richelieu (rischljö): Gebraten; garniert mit gefüllten Tomaten, gefüllten Champignonköpfen, gedünstetem Kopfsalat und Schloßkartoffeln; gebundene Kalbsjus.

Romanoff: Gebraten; garniert mit olivenförmig geschnittenen, in Butter gedünsteten Gurken und Kartoffelkrustaden mit Würfeln von Champignons und Knollensellerie, mit Rahmsauce gebunden, gefüllt; leichte Demiglace nebenbei.

auf römische Art: à la romaine: Gebraten; garniert mit Tarteletts gefüllt mit römischen Nocken, mit geriebenem Käse bestreut und überkrustet, und Spinat-Subrics; römische Sauce.

auf russische Art: à la russe (kalt): Gebraten, ausgekühlt, mit Gelee überglänzt; abwechselnd mit Tarteletts, gefüllt mit geriebenem Meerrettich, mit Schlagsahne gebunden und mit Paprika gewürzt, und kurze Julienne von Salzgurken.

auf sächsische Art: à la saxe: Gebraten; garniert mit gefüllten Gurken und gebratenen Tomaten; tomatierte Demiglace.

Saint-Florentin (säng flohrengtäng): Gebraten; garniert mit sautierten Steinpilzen und Saint-Florentin-Kartoffeln; Bonnefoy-Sauce nebenbei.

Saint-Germain (säng schermäng): Gebraten; garniert mit glacierten Karotten, mit Eigelb gebundenem Erbsenpüree in Becherförmchen gefüllt und gestürzt, und Schmelzkartoffeln; Béarner Sauce nebenbei.

Saint-Mandé: Gebraten; garniert mit Macaire-Kartoffeln, Spargelspitzen und grünen Erbsen; gebundene Kalbsjus.

auf sardinische Art: à la sarde: Gebraten; garniert mit Reiskroketts, gefüllten Tomaten und gefüllten Gurken; leichte Tomatensauce nebenbei.

Talleyrand (tallrang): Mit Trüffelnägeln bespickt, in Madeira mariniert, braisiert, glaciert; Talleyrand-Garnitur und Demiglace, verkocht mit dem Braisierfond und gehackten Trüffeln.

auf Thronfolgerart: à la dauphine: Gebraten; garniert mit Dauphine-Kartoffeln; Madeirasauce.

auf Tiroler Art: à la tyrolienne: Gebraten; garniert mit geschmolzenen Tomaten und gebackenen Zwiebelringen; Tiroler Sauce nebenbei.

Tivoli: Gebraten; garniert mit gefüllten Champignonköpfen, und Bündelchen von grünen Spargelspitzen; gebutterte, gebundene Kalbsjus nebenbei.

auf toskanische Art: à la toscanne: Gebraten; garniert mit geschmolzenen Tomaten und Tarteletts, gefüllt mit Rosenkohl; gebundene, tomatierte Kalbsjus nebenbei.

Trianon: Gebraten; garniert mit Tarteletts abwechselnd mit Karotten-, frischen Erbsen- und Maronenpüree (außerhalb der Saison Champignonpüree) gefüllt; Madeirasauce nebenbei.

auf ungarische Art: à la hongroise (onggroahs): Gespickt, gebraten; garniert mit Blumenkohlköpfchen mit Mornaysauce, vermischt mit Paprika und gehacktem Schinken, überzogen und glaciert, und kleinen glacierten Zwiebeln; leichte paprizierte Soubisesauce nebenbei.

Viroflay: Gebraten; garniert mit sautierten, geviertelten Artischockenböden, Spinat Viroflay und Schloßkartoffeln; gebundene Kalbsjus.

Wellington: An allen Seiten gebräunt, leicht ausgekühlt, mit Duxelles vermischt mit feiner Mirepoix Bordelaise dick bestrichen, in Blätterteig eingehüllt, mit Teigmotiven verziert, gebacken; Madeirasauce mit gehackten Trüffeln nebenbei.

-Fondue Bourguignonne: Grobgewürfeltes Rinderfilet oder abgelagerte Rinderschwanzspitze, auf Holzspießchen oder lange Gabel mit Holzgriff gesteckt, vom Gast bei Tisch selbst in heißem Öl, in feuerfester Porzellan- oder Kupferkasserolle auf elektrischem Rechaud, gebraten. Mit Worcestershiresauce, Tomatenketchup, Mayonnaise, Remoulade, Senfrahm, Harwey-Sauce und kleinen Beigaben wie eingelegten Perlzwiebeln, Champignons, geviertelten Artischockenböden oder Knollensellerie auf griechische Art, Cornichons, Piccalilli, Mixed Pickles u. a. serviert (schweizerisch).

Rindergaumen: Palais de bœuf: Lange gewässert, blanchiert, ausgekühlt, enthäutet, in weißem Sud gekocht, in Vierecke oder Streifen geschnitten.

auf Bauernart: à la paysanne: Vorgekocht, in Stücke geschnitten, mit kleinblättrig geschnittenen Scheibchen von Möhren, weißen Rüben, Sellerie und Zwiebeln in leichter Demiglace gedünstet; grüne Erbsen kurz vor dem Servieren beigefügt.

in Currysauce: à la sauce au curry: Vorgekocht, mit Currysauce gedünstet; körnig gekochter Reis nebenbei.

auf dänische Art: à la danoise: Vorgekocht, in kleine Vierecke geschnitten, paniert, auf dem Rost gebraten; Remouladensauce nebenbei.

Frikassee von: en fricassée: Vorgekocht, in Vierecke geschnitten, in leichter Velouté gedünstet, mit Eigelb und Rahm legiert, mit Zitronensaft gewürzt; vermischt mit weißgedünsteten Zwiebelchen und Champignonköpfen, garniert mit Fleurons.

gebacken: frit: Vorgekocht, in Vierecke geschnitten, paniert, in tiefem Fett gebacken; Tomatensauce nebenbei.

auf italienische Art: à l'italienne: Vorgekocht, in Vierecke geschnitten, gemehlt, in Öl gebacken, mit italienischer Sauce bedeckt serviert.

auf Lyoner Art: à la lyonnaise: Vorgekocht, in breite Streifen geschnitten, in Butter mit zuvor angebräunten Zwiebelscheiben sautiert, mit leichter Demiglace gebunden, mit gehackter Petersilie und einigen Tropfen Essig vervollständigt.

in Madeirasauce: à la sauce madère: Vorgekocht, in Vierecke geschnitten, in leichter Madeirasauce gedünstet.

in Poulettesauce: à la poulette: Vorgekocht, in Vierecke geschnitten, in Poulettesauce gedünstet.

in weißer Rahmsauce: à la Béchamel: Vorgekocht, in Vierecke geschnitten, in leichter Béchamel gedünstet, mit süßem Rahm vervollständigt.

in Sardellensauce: à la sauce anchois: Vorgekocht, geschnitten, in Rotweinsauce gedünstet, mit gehackten Sardellen oder Sardellenpaste vervollständigt.

überbacken: au gratin: Vorgekocht, in breite Streifen geschnitten, in Kräutersauce gedünstet; in Backschüssel gefüllt, mit geriebenem Käse bestreut, mit Butter betropft, im Ofen überbacken.

Villeroi: Vorgekocht, ausgekühlt, in kleine Vierecke geschnitten, durch Villeroisauce gezogen, paniert, in tiefem Fett gebacken; garniert mit gebackener Petersilie, Tomatensauce nebenbei.

Rinderherz, geschmort: Cœur de bœuf braisé (cör dö böf bräseh): Gewässert, durchgeschnitten, gespickt, in leichter Essigmarinade gebeizt; mit Wurzelwerk angebraten, in leichter Demiglace und Teil der Marinade geschmort.

Rinderkotelett, Ochsenkotelett: Côte de bœuf: Wird aus dem Rippenstück mitsamt dem Knochen im Gewicht von ³/₄–1 kg geschnitten und am Knochen pariert; grilliert oder gebraten, Garnitur wie für Chateaubriand.

Rinderleber: Foie de bœuf (foa dö böf): Nicht so zart und weniger geschätzt als Kalbsleber. Enthäutet, entsehnt, in Scheiben geschnitten, wie Kalbsleber zubereitet.

Rindermedaillon: Medaillon de bœuf: Lediglich eine andere Bezeichnung für Lendenschnitten (Tournedos).

Rinderniere: Rognon de bœuf (ronjon dö böf): Fett und Haut entfernt, in nicht zu dünne Scheibchen geschnitten, meistens geschmort, da zum Schnellbraten weniger geeignet. Wird auch wie Kalbsniere bereitet.

  Bercy: In Scheiben geschnitten, in Butter sautiert, in Bercysauce serviert.

  in Madeirasauce: à la sauce madère (madähr): In Scheiben geschnitten, in Butter sautiert, mit Madeirasauce gebunden.

  sauer: Saure Nieren: à l'aigre: In Scheiben geschnitten, in Schweineschmalz mit gehackten Zwiebeln gebräunt, Fett abgegossen, mit Essig abgelöscht, gewürzt, mit Demiglace geschmort; mit gehackter Petersilie bestreut serviert.

  in Weißwein: au vin blanc: In Scheiben geschnitten, mit gehackten Schalotten gebräunt, mit Weißwein abgelöscht, in leichter Demiglace geschmort.

Rinderschulterstück: Paleron de bœuf: Wie Rinderschwanzstück bereitet.

Rinderschwanzspitze: pointe de bœuf: Wie Rinderschwanzstück behandelt.

Rinderschwanzstück, Ochsenschwanzstück: Culotte de bœuf: Meist mit gewürzten, zuvor marinierten Speckstreifen durchzogen, an allen Seiten angeröstet, mit angeröstetem Wurzelwerk in braunem Fond, Wein, leichter Demiglace oder einer Verbindung dieser drei in verschlossener Schmorpfanne im Ofen geschmort.

  auf Bordelaiser Art: In leichter Bordelaiser Sauce geschmort; Steinpilze auf Bordelaiser Art nebenbei.

  Brillat-Savarin: Mit Trüffelstreifen gespickt, in Rotwein mit leichter Demiglace geschmort; garniert mit kleineren, gefüllten Zwiebeln und Lammbriesschen; die passierte Sauce nebenbei.

  Bülow: Mit Speckstreifen durchzogen, in Weinbrand und Madeira mariniert, angeröstet, mit Weißwein, braunem Fond und der Marinade geschmort; garniert mit gebackenen Kartoffelkrustaden, abwechselnd mit Spinat und weißem Rübenpüree gefüllt; der passierte, mit Stärkemehl gebundene Fond nebenbei.

  auf Burgunder Art: à la bourguignonne: Mit in Weinbrand marinierten Speckstreifen durchzogen, in Rotwein und leichter Demiglace mit Champignonschalen und Kräuterbündel zweidrittelgar geschmort; in saubere Kasserolle mit gerösteten Speckwürfeln, glacierten Zwiebelchen und sautierten Champignons gelegt, mit dem passierten Fond aufgegossen und fertiggeschmort.

  Charles Dickens: Lardiert, mit Mirepoix und Portwein mariniert; angebraten, mit der Mirepoix, dem Portwein und braunem Fond geschmort; mit braisiertem Kopfsalat, braisierten Staudenselleriee und Herzogin-Kartoffeln in Briocheform garniert; Sauce aus dem passierten, mit Stärkemehl legierten Fond.

  nach Art der Dauphiné: au gratin dauphinoise: Mit Weißwein und leichter Demiglace geschmort, mit der passierten Sauce und Kartoffeln auf Dauphiner Art nebenbei serviert.

auf Etterbeeker Art: siehe à l'instar d'Etterbeek
auf flämische Art: à la flamande: Geschmort, glaciert, mit dem eingekochten, entfetteten Fond und flämischer Garnitur serviert.
Fondant Limousin: siehe auf limousinische Art
mit Frühgemüsen: aux primeurs (au primöhr): Wie üblich geschmort, mit Frühgemüsen garniert.
auf griechische Art: à la grecque: Mit Kalbsfond und Tomatenpüree geschmort; mit dem passierten, gebundenen Fond und Reis auf griechische Art serviert.
à l'instar d'Etterbeek: In hellem Bier mit Thymian, Lorbeer, Pfefferkörnern, Gewürznelken, Wurzelwerk und wenig Öl mariniert; mit der passierten Marinade und braunem Fond mit Röstgemüsen geschmort; mit glacierten Zwiebelchen, sautierten Champignons garniert, der eingekochte, passierte, mit geschälten und entkernten Weinbeeren vermischte Fond nebenbei (belgisch).
auf italienische Art: à l'italienne: Mit fettem Speck und Sardellenfilets gespickt, mit Salz und Nelkenpulver gewürzt, mit braunem Fond, Rotwein und Tomatenmark geschmort; mit dem eingekochten, passierten Fond serviert; Makkaroni auf italienische Art nebenbei.
auf japanische Art: à la japonaise: In leichter Demiglace geschmort; die passierte Sauce und Knollenziest in Rahmsauce nebenbei.
auf limousiner Art: Fondant Limousin (fongdang limmusäng): Mit Speckstreifen durchzogen, in Madeira mariniert; mit Mirepoix, braunem Fond und Madeira, Tomatenmark und Champignonschalen sehr weich geschmort; glaciert, mit dem eingekochten, passierten Fond serviert.
auf lothringische Art: à la lorraine: Mit Weißwein und Demiglace geschmort, glaciert; mit geschmorten Kohlkugeln, Bauchspeckdreiecken (mit dem Kohl geschmort) und tournierten weißen Rüben garniert; die passierte Sauce nebenbei.
auf Lyoner Art: à la lyonnaise: Mariniert in Weißwein, Essig und Zwiebelscheiben; mit der Marinade geschmort, garniert mit braungebratenen Zwiebelscheiben mit Fleischglace gebunden; der eingekochte, passierte Fond nebenbei.
auf modische Art: à la mode: 1. Mit zuvor mit Nelkenpfeffer, gehackter Petersilie und Weinbrand marinierten Speckstreifen durchzogen, einige Stunden mit Rotwein und Weinbrand gebeizt; mit entbeinten, blanchierten Kalbsfüßen, Wurzelwerk und der Beize zweidrittel gargeschmort; in saubere Kasserolle mit den in Dreiecken geschnittenen Kalbsfüßen, angebräunten kleinen Zwiebelchen und halbgar gekochten, olivenförmig geschnittenen Möhren plaziert, mit dem entfetteten, passierten Fond übergossen und fertiggeschmort; mit der mit Demiglace verkochten Sauce mit der Garnitur serviert;
2. (kalt): Wie oben zubereitet, nach Fertigstellung Fond mit Gelee verkocht; nach dem Erkalten Fleisch in Terrine gelegt, mit der Garnitur umlegt, der entfettete, passierte Fond darübergegossen, erst nach dem Erstarren serviert.
auf Neverser Art: à la nivernaise: Mit Rotwein und Demiglace geschmort; mit olivenförmigen, glacierten Mohrrüben und glacierten Zwiebelchen garniert; die passierte Sauce nebenbei.
auf Pariser Art: à la parisienne: Mit Trüffel- und Pökelzungenstreifen gespickt, in Weißwein mit Demiglace geschmort; mit Artischockenböden gefüllt mit Salpicon von Pökelzunge, Champignons und Trüffeln, mit Velouté gebunden, sowie Pariser Kartoffeln garniert; die passierte Sauce nebenbei.
aux primeurs: siehe mit Frühgemüsen
auf provenzalische Art: à la provençale: In braunem Fond mit Weißwein, Tomaten, Wurzelwerk und Knoblauch geschmort; mit provenzalischer Garnitur und dem mit provenzalischer Sauce verkochten Fond serviert.

Providence: In Weißwein und Demiglace geschmort; mit Blumenkohlröschen, mit holländischer Sauce bedeckt, glacierten, olivenförmig geschnittenen Mohrrüben und gebutterten Wachsbohnen garniert; die passierte Sauce nebenbei.

Sauerbraten: In einer kalten, vorgekochten Marinade von leichtem Essig, Wurzelwerk und Gewürzen 3 Tage gebeizt; gut angebraten mit dem Wurzelwerk, in den Ofen gestellt zum Saftziehen, mit Mehl bestäubt, mit Brühe und Tomatenmark aufgegossen, zugedeckt im Ofen geschmort; mit der passierten Sauce, Kartoffelpüree oder Kartoffelklößchen serviert.

in Schaumwein: au champagne (o schampain): In Kalbsfond mit Schaumwein und Röstgemüse geschmort, glaciert; der eingekochte, passierte, mit Pfeilwurzelmehl gebundene Fond nebenbei.

Soubise: Mariniert in Weißwein, mit der Marinade, Kalbsfond und Wurzelgemüsen geschmort und glaciert; weißes Zwiebelpüree sowie die entfettete, passierte Sauce nebenbei.

Tohubohu: Mit leichter Demiglace und viel Tomaten geschmort; mit glacierten Zwiebelchen, braisierten Kohlköpfchen, braisierten Lauchstückchen und Parmesanbrandkrapfen garniert; Makkaroni auf italienische Art und die passierte Sauce nebenbei.

Waldmeisterbraten: In leichter Essigmarinade mit einem Bündel Waldmeister mariniert, angeröstet mit Wurzelwerk, mit einem Teil der Marinade und braunem Fond geschmort; Fond mit Mehl, mit Rotwein angerührt, verdickt, aufgekocht, mit saurem Rahm vervollständigt; die passierte Sauce und Bratkartoffeln oder gebutterte Makkaroni nebenbei (österreichisch).

Rinderzunge, Ochsenzunge, Pökelrinderzunge: Frische Zungen werden geschmort, gedünstet oder mit Wurzelwerk gekocht, Pökelzungen langsam in Wasser gekocht, ausgekühlt, enthäutet und heiß oder kalt serviert. Alle Zungen müssen vor dem Gebrauch von den knorpligen Teilen befreit werden.

à l'allemande: siehe auf deutsche Art

Bigarade: Leicht gepökelte Zunge, braisiert, mit Bigarade-Sauce serviert.

mit dicken Bohnen: aux fèves (o few): In Weißwein und Demiglace braisiert; die Sauce und dicke Bohnen, in Butter geschwenkt, nebenbei.

auf bürgerliche Art: à la bourgeoise: Frische Zunge in Rotwein und braunem Fond braisiert; wenn zweidrittelgar in saubere Kasserolle mit angebräunten Zwiebelchen, vorgekochten, ovalgeformten Mohrrüben und angebratenen Speckwürfeln gelegt, mit dem leicht gebundenen, passierten Fond übergossen und fertiggeschmort.

Christiania: Pökelzunge gekocht; garniert mit Artischockenböden, gefüllt mit blanchiertem, gewürfeltem Ochsenmark und gewürfelten Champignons mit Demiglace gebunden; Pfeffersauce mit gehackten Sauerkirschen nebenbei.

Conti: Frische Zunge in Weißwein mit Demiglace braisiert; Linsenpüree mit Dreiecken von Rauchspeck, mit den Linsen gekocht, und die Sauce nebenbei.

auf deutsche Art: à l'allemande: Frische Zunge, vorgekocht, in leichter Demiglace braisiert; Spinatpüree, Kartoffelpüree und die mit Madeira gewürzte Sauce.

auf elsässische Art: à l'alsacienne: Leicht gepökelt, braisiert, angerichtet auf Sauerkraut mit kleinen Scheibchen Schinken belegt; Kartoffelpüree und Demiglace, mit dem Braisierfond verkocht, nebenbei.

aux epinards: siehe mit Spinat

auf flämische Art: à la flamande: Leicht gepökelte Zunge, braisiert; flämische Garnitur und leichte Demiglace oder Madeirasauce.

mit Gurken: aux concombres: Frische Zunge halbgar gekocht, in Madeirasauce fertig braisiert; gedünstete, zu großen Oliven geformte Gurkenstücke in Rahmsauce nebenbei.

auf italienische Art: à l'italienne: Pökelzunge, vorgekocht, in leichter italienischer Sauce braisiert; mit Artischockenböden auf italienische Art und Makkaronikroketts garniert; Sauce nebenbei.

Julien: Pökelzunge, gekocht; Kartoffelpüree und tomatierte pikante Sauce nebenbei.

Leopold: Frische Zunge in Weißwein und Demiglace braisiert; braisierte Chicorée nebenbei.

auf Mailänder Art: à la milanaise: Frische Zunge braisiert in braunem Fond mit Tomaten oder Tomatenmark; Makkaroni auf Mailänder Art und die gebundene Sauce nebenbei.

Mandragora (kalt): Pökelzunge gekocht, ausgekühlt, enthäutet, tranchiert, zusammengesetzt, mit Madeiragelee überglänzt; auf Silberplatte dressiert, mit kleinen enthäuteten, ausgehöhlten Tomaten, mit Salat von Reis, Bananen- und Mangowürfeln, mit Curry-Mayonnaise gebunden, gefüllt und mit gerösteten Mandelsplittern bestreut, und mit Tarteletts, mit Eigelbcreme vermischt mit gehacktem Kerbel, gefüllt und mit Trüffelstern dekoriert, garniert.

Mentschikoff: Frische Zunge in Weißwein und Demiglace braisiert; Sauce vermischt mit braungedünsteten Zwiebelchen, olivenförmigen Gurken in Butter gedünstet, geviertelten Champignons und geschälten, entkernten Weinbeeren.

auf Neapler Art: à la napolitaine: Frische, braisierte oder gepökelte, gekochte Zunge; bedeckt mit Tomatensauce, Spaghetti auf Neapler Art nebenbei.

Nelson: Pökelzunge, gekocht, ausgekühlt, enthäutet, in Scheiben geschnitten; je zwei Scheiben mit dickem, kaltem, weißem Zwiebelpüree zusammengesetzt, paniert, in tiefem Fett gebacken, mit gebutterten grünen Erbsen und Nußkartoffeln garniert.

Nignon: Pökelzunge, gewässert, dreiviertel gargekocht, in Kalbsfond mit Muskatwein fertig braisiert, glaciert; garniert mit gebackenen Scheiben Eieräpfel, gebratenen Tomaten und sautierten Steinpilzen; der mit Pfeilwurzelmehl gebundene Fond nebenbei.

Orlow: Frische Zunge, vorgekocht, in Weißwein und weißem Fond braisiert; tranchiert, wieder zusammengesetzt mit weißem Zwiebelpüree und einer Trüffelscheibe zwischen den Scheiben; maskiert mit Mornaysauce, vermischt mit weißem Zwiebelpüree, glaciert.

à l'oseille: siehe mit Sauerampfer

auf Palermoer Art: à la palermitaine (palermitän): Frische Zunge, in leichter Tomatensauce braisiert; garniert mit halben gebratenen Tomaten und Makkaronikroketts.

mit Parmesan: au parmesan: Backplatte, mit Butter bestrichen, mit geriebenem Parmesan bestreut, mit Lagen von gekochten Scheiben Pökelzunge, Demiglace und geriebenem Parmesan gefüllt, mit Demiglace bedeckt, mit geriebenem Parmesan bestreut, mit Butter betropft, im Ofen überkrustet.

auf Perigorder Art: à la périgourdine (perigurdihn): Frische Zunge, vorgekocht, in leichter Demiglace mit Madeira und Trüffelschalen braisiert; serviert mit Trüffelsauce, mit dem Braisierfond bereitet.

Saint-Flour (säng fluhr): Gekocht, serviert mit Maronenkroketts, gebutterten Nudeln mit geriebenem Parmesan und Madeirasauce.

mit Sauerampfer: à l'oseille (osäj): Braisiert oder gekocht, serviert mit Sauerampferpüree und Madeirasauce.

Soubeyran (subejrang): Frische Zunge in Demiglace mit Madeira braisiert, garniert mit Tarteletts, gefüllt mit weißem, getrüffeltem Zwiebelpüree; die Sauce nebenbei.

mit Spinat: aux epinards (osepinar): Vorgekocht, braisiert, serviert mit Spinatpüree und Madeirasauce.

auf tschechische Art: à la tcheque (tscheck): Braisiert in Weißwein und braunem Fond mit Mirepoix; Sauce leicht mit geriebenem Pfefferkuchen gebunden, passiert, vermischt mit Sultaninen und blanchierten Mandelsplittern und leicht gesüßt.

Rindfleisch, gekocht: Bœuf bouilli (böf buji): Brust oder Rippenstück in heißem Wasser mit gespickter Zwiebel, Wurzelgemüsen und Herzen eines Kohlkopfes langsam gekocht; mit den zierlich geschnittenen Gemüsen und Salzkartoffeln garniert; Meerrettich- oder andere passende Sauce nebenbei.

auf französische Art: Miroton de bœuf: Boden einer feuerfesten Platte mit Lyoner Sauce bedeckt, darauf dünne Scheiben von gekochtem Rindfleisch geordnet, mit Lyoner Sauce nappiert, mit Reibbrot bestreut, mit Butter betropft, langsam im Ofen überkrustet; beim Servieren mit gehackter Petersilie bestreut.

auf russische Art: à la russe: Gekocht, in Scheiben geschnitten, mit saurer Rahmsauce mit Meerrettich vermischt und mit Essig gewürzt überzogen, mit Reibbrot bestreut, mit Butter betropft, im Ofen überbacken.

Rind: **Lendenschnitte:** Tournedos (turnedoh): Daumendicke Schnitte aus dem Filet, rund pariert, gebunden, grilliert oder in der Schwenkpfanne (plat à sauter) gebraten, meist auf gleich großem Crouton, mit Fleischglace bestrichen, gesetzt. Typisch das Ablöschen des Bratsatzes, nach Abgießen des Fettes, mit Wein, Fond oder anderer Flüssigkeit, die nach dem Einkochen der Sauce beigefügt wird.

Rindermedaillon: Médaillon de bœuf: Andere Bezeichnung für Tournedos.

Adelaide: Grilliert; garniert mit Tarteletts gefüllt mit Maiskörnern in Rahmsauce und panierten, in tiefem Fett gebackenen Bananenscheiben; dicke Tomatenscheibe mit Tomatenketchup gewürzt, und mit Butter verfeinert, nebenbei.

Aida: Leicht blutig gebraten, bedeckt mit Garnelenschwänzchen mit dicker Béchamel gebunden, mit geriebenem Parmesan bestreut, mit Butter betropft, rasch überkrustet; Madeirasauce nebenbei.

Aiglon, à l'aiglon (äglong): Auf runde, flache, getrüffelte Kartoffelkroketts gesetzt, mit runder, gebratener Scheibe Gänseleber belegt, mit Madeirasauce nappiert.

Alexandra: 1. Mit Trüffelscheibe belegt, mit gebutterter Fleischglace nappiert; garniert mit Tarteletts gefüllt mit grünen Spargelspitzen; 2. mit Trüffelscheibe belegt, mit Madeirasauce nappiert; garniert mit sautierten Vierteln von Artischockenböden.

auf algerische Art: à l'algerienne (alscherjenn): Auf flache Kroketts von süßen Kartoffeln dressiert, garniert mit gebratenen Tomaten; tomatierte Demiglace.

à l'ambassade: siehe auf Botschaftsart

à l'ambassadrice: siehe auf Botschafterinart

auf amerikanische Art: à l'américaine: Auf flache Kroketts von süßen Kartoffeln gesetzt, mit Maiskroketts garniert; leichte Tomatensauce.

auf andalusische Art: à l'andalouse (angdaluhs): Garniert mit gefüllten Paprikaschoten, kleinen Bratwürstchen (Chipolatas) und gebackenen Scheiben Eieräpfel; gebundene, tomatierte Kalbsjus.

auf Antwerpener Art: à l'anversoise: Wie Rinderfilet gleichen Namens bereitet.

d'Aremberg: Trüffelscheibe auf dem Fleisch; garniert mit Tarteletts, abwechselnd mit gebuttertem Blattspinat und Karotten in Rahmsauce gefüllt; der mit Madeira abgelöschte und mit Demiglace verkochte Bratsatz über das Fleisch gegossen; Béarner Sauce nebenbei.

auf arlesische Art: à l'arlesienne: Wie Rinderfilet gleichen Namens bereitet.

Armand: Belegt mit Trüffelscheibe; garniert mit Tarteletts gefüllt mit Gänseleberpüree; Rotweinsauce.

Armenonville: Auf Boden von Anna-Kartoffeln dressiert, garniert mit Morcheln in Rahmsauce; Bratsatz mit Madeira deglaciert und mit Kalbsjus verkocht.

auf Aschenbrödelart: Cendrillon: Auf Artischockenböden, mit getrüffeltem, weißem Zwiebelpüree gefüllt und glaciert, gesetzt.
Baltimore: Auf Tartelett mit Maiskörnern in Rahmsauce dressiert, belegt mit gebratener Tomatenscheibe und kleiner Scheibe grüner Paprikaschote; Chateaubriand-Sauce.
Balzac: Mit Jägersauce bedeckt, garniert mit kleinen Hühnernocken und blanchierten gefüllten Oliven.
auf Bankiersart: à la banquière (bankjär): Bratsatz mit Madeira abgelöscht und mit Demiglace verkocht; Bankier-Garnitur.
Baroda: Auf Risottoboden dressiert; garniert mit Artischockenböden und kleinen Kalbsklößchen mit Trüffel dekoriert; Regentschafts-Sauce.
Baron Brisse: Bedeckt mit geschmolzenen Tomaten; garniert mit aufgeblähten Kartoffeln und Artischockenböden mit Trüffelkugeln gefüllt; Demiglace mit Trüffelessenz.
auf baskische Art: à la basque (bask): Sautiert; garniert mit gefüllten Tomaten, Annakartoffeln und geformtem Knollensellerie in Rahmsauce.
Bayard (bajahr): Auf Crouton mit Gänseleberpüree bestrichen dressiert; mit Streifen von Champignons, Trüffeln, Pökelzunge und Artischockenböden mit dicker Madeirasauce gebunden garniert; Madeirasauce nebenbei.
auf Bayonner Art: à la bayonnaise: Garniert mit Makkaronikroketts mit gehacktem Schinken vermischt; Tomatensauce.
Beatrice: Garniert mit sautierten Morcheln, tournierten, in Butter gedünsteten Mohrrüben, gevierteilten Artischockenböden und neuen Kartoffeln.
Beaugency: Dressiert auf Artischockenböden, mit geschmolzenen Tomaten gefüllt, blanchierte Scheibe Ochsenmark auf dem Fleisch; Madeirasauce.
Beauharnais (boarnäh): 1. Garniert mit Artischockenböden, mit Beauharnais-Sauce gefüllt und mit blanchierten Estragonblättern belegt sowie gebackene Kartoffelstäbchen;
2. garniert mit gefüllten Champignons und gevierteilten, sautierten Artischockenböden; Trüffelsauce.
Belleclaire (bellklär): Auf halbe, gebratene Tomaten plaziert; garniert mit Champignonköpfen, gefüllt mit in Butter gedünsteten, gewürfelten roten Paprikaschoten, und Tarteletts gefüllt mit kleinen, mit gehackten Schalotten gebratenen Kartoffelkugeln.
Belmont (bellmong): Garniert mit Champignons und Gurkenkugeln in Butter gedünstet, Trüffelscheibe auf dem Fleisch, bedeckt mit Madeirasauce.
Benjamin (bängschahmäng): Garniert mit getrüffelten Dauphine-Kartoffeln und gefüllten Champignons; Madeirasauce.
Bercy: Wie Zwischenrippenstück bereitet.
à la bergère: siehe auf Schäferart
Bernardi: Garniert mit kleinen Wildkroketts und Blätterteig-Mundbissen, gefüllt mit feinem Mischgemüse; Madeirasauce.
Berny: In Öl gebraten; garniert mit Berny-Kartoffeln, Trüffelscheibe auf dem Fleisch; Pfeffersauce.
Berthier: Garniert mit gefüllten Tomaten und Oliven, gefüllt mit Sardellenpüree; Tomatensauce mit geriebenem Meerrettich vermischt.
auf Besançoner Art: à la bisontine (bisongtihn): Wie Rinderfilet gleichen Namens garniert.
à la bisontine: siehe auf Besançoner Art
Blanchette (blangschett): Große Trüffelscheibe auf dem Fleisch, bedeckt mit Bordelaiser Sauce, vermischt mit Julienne von Champignons, Schinken und Trüffel.
Bonaparte: Garniert mit Artischockenboden, gefüllt mit Geflügelsalpicon, mit Geflügelrahmsauce gebunden; Trüffelsauce.

Bonnefoy: Gebraten, mit Bonnefoy-Sauce bedeckt.

auf Bordelaiser Art: à la bordelaise: Wie Zwischenrippenstück gleichen Namens bereitet.

auf Botschafterinart: à l'ambassadrice (ambassadrihs): Garniert mit getrüffelten Lammbrieschen und grünen Spargelspitzen; Madeirasauce mit Trüffelessenz.

auf Botschaftsart: à l'ambassade: Bedeckt mit Choronsauce, garniert mit Artischockenböden, gefüllt mit Gurkenkugeln in Butter gedünstet.

auf Brabanter Art: à la brabançonne: Wie Rinderfilet gleichen Namens garniert.

Braganza: à la Bragance: Auf mit Gänseleberpüree bestrichenes Crouton gesetzt, eine Trüffelscheibe obenauf; garniert mit Blätterteig-Mundbissen, gefüllt mit grünen Spargelspitzen; Trüffelsauce.

Brébant (brehbang): Garniert mit Strohkartoffeln und Brunnenkresse, bedeckt mit Béarner Sauce.

Bristol: Wie Rinderfilet gleichen Namens garniert.

auf Brüsseler Art: à la bruxelloise: Garniert mit Rosenkohl, gedünstetem Chicorée und Schloßkartoffeln; Demiglace mit Madeira.

auf Burgfrauenart: à la châtelaine: Wie Rinderfilet gleichen Namens garniert.

Calypso: Grilliert; auf Artischockenboden gesetzt, mit Rotweinsauce übergossen, mit blanchierter Scheibe Ochsenmark belegt, mit gehacktem Kerbel bestreut.

Canova: Mit runder, gebratener Scheibe Gänseleber belegt; garniert mit Artischockenboden, gefüllt mit Trüffelscheiben, Hahnenkämmen und -nieren, mit Madeirasauce gebunden.

Carême: Garniert mit Kartoffelkrokets und großen Oliven mit Schinkenpüree gefüllt; Madeirasauce.

Carignan (karinjang): Auf Boden von Anna-Kartoffeln gesetzt, garniert mit Artischockenboden, gefüllt mit grünen Spargelspitzen, und Kartoffelnestchen mit Gänseleberpüree gefüllt; Bratsatz mit Portwein abgelöscht und mit tomatierter Kalbsjus verkocht nebenbei.

Carnot: Garniert mit gefüllten Gurkenstückchen; Rotweinsauce mit gehacktem Kerbel.

Cavaignac: Garniert mit halbmondförmigen Kartoffelkrokets, gefüllten Oliven und sautierten Geflügellebern, Hahnenkämmen, Hahnennieren und Trüffelscheiben mit dicker Tomatensauce gebunden.

Cäcilia: Cécilia: Grilliert; garniert mit großen Champignonköpfen, gefüllt mit grünen Spargelspitzen, gebunden mit Rahmsauce, und aufgeblähten Kartoffeln; gebundene Kalbsjus.

Cecil: Garniert mit sautierten Champignons, Spargelspitzen und aufgeblähten Kartoffeln; Madeirasauce.

Cendrillon: siehe auf Aschenbrödelart

mit Champignons: aux champignons: Gebraten; nappiert mit Madeirasauce mit Champignonscheiben, garniert mit gebratenen Champignons.

Chancy (schangßi): Garniert mit gebutterten grünen Erbsen, sautierten Champignons und Mohrrübenkugeln mit Rahmsauce gebunden; Madeirasauce.

Chantecler (schangteklär): Garniert mit Kartoffelnestchen abwechselnd mit Hühnerpüree und Spargelspitzen gefüllt; eine halbe sautierte Lammniere und ein Hahnenkamm oben auf dem Fleisch, bedeckt mit Portweinsauce, vermischt mit Trüffeljulienne.

auf Chartreser Art: à la Chartres: Garniert mit Schloßkartoffeln, belegt mit blanchierten Estragonblättern; Kalbsjus mit Estragonauszug nebenbei.

Chéron: 1. Artischockenböden, gefüllt mit gemischtem Gemüse, Pariser Kartoffeln; gebundene Kalbsjus;

2. garniert mit gefüllten Tomaten, Artischockenböden, mit ge-

butterten grünen Erbsen gefüllt, und gefüllten Champignonköpfen; eine Hälfte der Lendenschnitte mit Choron- und die andere Hälfte mit Béarner Sauce bedeckt.

Chevreuse (schewröhs): 1. Auf flache Grießkrokketts vermischt mit gehackten Champignons gesetzt, belegt mit großer Trüffelscheibe, bedeckt mit Bonnefoy-Sauce;
2. belegt mit Trüffelscheibe, bedeckt mit Madeirasauce, garniert mit Artischockenböden mit Champignonpüree gefüllt.

Choisy: Auf mit Fleischglace überzogenen Crouton gesetzt; garniert mit gedünstetem Kopfsalat und Schloßkartoffeln.

Choron: Garniert mit Artischockenböden, mit grünen Spargelspitzen oder Erbsen gefüllt, und Nußkartoffeln; bedeckt mit Choronsauce.

Clamart: Auf Boden von Macaire-Kartoffeln gesetzt; garniert mit Tarteletts, gefüllt mit Erbsen auf französische Art mit Kopfsalatstreifen vermischt.

Claude (klohd): Garniert mit gedünstetem Kopfsalat und Nestchen von Kartoffelmasse, gefüllt mit kleinen Mohrrübenkugeln; gebundene Kalbsjus.

Colbert (kollbähr): Dressiert auf flaches Geflügelkrokett, ein gebackenes Ei mit einer Trüffelscheibe belegt obenauf; Colbertsauce.

à la comtesse: siehe auf Gräfinart

Crécy: Garniert mit kleinen Karottenkugeln in Butter gedünstet; Madeirasauce.

Crispi: Auf mit Risotto gefülltes Tartelett gesetzt, bedeckt mit Tomatensauce; garniert mit Tartelett, gefüllt mit Blumenkohl, nappiert mit Mornaysauce und glaciert.

Cussy (küßi): Gesetzt auf Artischockenboden, mit Maronenpüree (außerhalb der Saison Champignonpüree) gefüllt; Portweinsauce mit Hahnenkämmen, Hahnennieren und Trüffelscheiben nebenbei.

Delagrange (dellagrangsch): Garniert mit gratinierten Spargelköpfen, ausgestochenen Karotten, weißen Rüben und grünen Erbsen; Madeirasauce.

Deslignac (deßlinnjak): Grilliert; bedeckt mit Choronsauce, garniert mit Schloßkartoffeln.

Dubarry: Wie Rinderfilet gleichen Namens bereitet.

Duquinha: Gebraten; bedeckt mit weißer Rahmsauce, vermischt mit Püree von roter Paprikaschote; garniert mit Tarteletts, gefüllt mit grober Julienne von sauren Gurken, gebunden mit saurer Rahmsauce, bestreut mit gehacktem Dill.

Duroc: Garniert mit geschmolzenen Tomaten und Nußkartoffeln; Jägersauce.

auf elsässische Art: à l'alsacienne: Garniert mit Sauerkraut und Speckscheibchen; Demiglace.

Elysée-Palast: Elysée-Palace: Gebraten, belegt mit einer Scheibe gebratener Kalbsmilch, darüber ein geriefter Champignonkopf; Béarner Sauce.

Eugen: Gebraten; bedeckt mit Pfeffersauce, vermischt mit gehackten Senffrüchten; garniert mit kleinen Paprikaschoten, mit Duxelles gefüllt, und Mandelkartoffeln.

auf Florentiner Art: à la florentine (flohrangtihn): Gebraten; auf Spinat-Subric oder gebuttertem Blattspinat angerichtet, garniert mit Grießkroketts; Chateaubriand-Sauce.

auf Försterart: à la forestière: Gebraten; garniert mit sautierten Morcheln, Parmentier-Kartoffeln und gebratenen Dreiecken von Rauchspeck; gebutterte Kalbsjus.

Foyot: Grilliert; garniert mit Strohkartoffeln und Brunnenkresse; Foyotsauce.

Frascati: Gebraten; Garnitur wie für Rinderfilet gleichen Namens.

Gabrielle: Gebraten; auf flache getrüffelte Hühnerkrokketts angerichtet, eine blanchierte Scheibe Ochsenmark und eine Trüffel-

scheibe auf dem Fleisch; mit Madeirasauce bedeckt, mit gedünstetem Kopfsalat und Kartoffelkroketts garniert.
Gambetta: Gebraten; ein Spiegelei bedeckt mit einem Trüffelstreifen obenauf, garniert mit Parmentier-Kartoffeln und grünen Erbsen; gebundene Kalbsjus.
auf Gastronomenart: à la gastronome: Gebraten; garniert mit glacierten Maronen, Trüffelscheiben und Hahnennieren, durch flüssige Fleischglace gezogen; Demiglace mit Trüffelessenz.
Gouffé: Auf geformtem Risotto angerichtet, mit Champignons, Trüffeloliven und kleinen Kalbsklößchen garniert; Demiglace.
auf Gräfinart: à la comtesse: Garniert mit Artischockenböden, gefüllt mit Spargelspitzen, und Kartoffelkroketts; Trüffelsauce.
Gräfin Maritza: Grilliert; garniert mit kleinen Stückchen Bleichsellerie in Blätterteig gehüllt und gebacken, Mandelkroketts und Scheiben von Kürbischen, durch Backteig gezogen und in tiefem Fett gebacken; Kräuterbutter.
auf Großherzogsart: à la grand-duc: Gebraten; eine blanchierte Scheibe Ochsenmark und eine Trüffelscheibe auf dem Fleisch, garniert mit Spargelspitzen; Trüffelsauce mit Madeira.
Hauser: Grilliert; garniert mit Strohkartoffeln und gebackenen Zwiebelringen; Colbertsauce.
auf Haushofmeisterart: à la maître d'hôtel: Grilliert; mit Kräuterbutter serviert.
Heinrich IV.: Henri IV.: Grilliert; garniert mit Artischockenböden mit sehr kleinen Pariser Kartoffeln gefüllt; Béarner Sauce nebenbei.
Helder: Gebraten; Kranz von dicker Béarner Sauce mit geschmolzenen Tomaten in der Mitte oben auf dem Fleisch; garniert mit Pariser Kartoffeln; Madeirasauce nebenbei.
auf Hoteliersart: à la hotelière (oteljär): Gebraten; Bratsatz mit Weißwein deglaciert und mit Demiglace verkocht; garniert mit Artischockenböden gefüllt mit Béarner Sauce, braisierte Sellerieherzen und aufgeblähte Kartoffeln.
auf Husarenart: à la hussarde: Wie Rinderfilet gleichen Namens garniert.
Imam Bayaldi: Auf dicke Scheibe gebratenen Eierapfels dressiert; garniert mit gebratener Tomate und Becher von Pilawreis; tomatierte, gebundene Kalbsjus nebenbei.
auf italienische Art: à l'italienne: Wie Rinderfilet gleichen Namens garniert.
auf japanische Art: à la japonaise: Wie Rinderfilet gleichen Namens garniert.
Jetée-Promenade: Grilliert; garniert mit halber gebratener Tomate gefüllt mit Béarner Sauce, aufgeblähten Kartoffeln und Brunnenkresse.
Judic: Wie Zwischenrippenstück gleichen Namens garniert.
Jussieu (schüßjö): Gebraten; garniert mit kleinen glacierten Zwiebelchen und gedünstetem Kopfsalat; Madeirasauce.
auf katalonische Art: à la catalane: Grilliert; dressiert auf Artischockenboden; garniert mit grillierten Tomaten; gebundene Kalbsjus.
Katharina: Catherine: Dressiert auf Boden von Macaire-Kartoffeln, eine blanchierte Scheibe Ochsenmark obenauf; Bonnefoy-Sauce.
Kléber: Gebraten; garniert mit Artischockenböden gefüllt mit getrüffeltem Gänseleberpüree; Trüffelsauce.
auf Kleinherzogsart: à la petit-duc: Gesetzt auf Tartelett, gefüllt mit Geflügelpüree, eine Trüffelscheibe auf dem Fleisch; garniert mit Spargelspitzen.
auf kontinentale Art: à la continentale: Grilliert; garniert mit grillierten Tomaten, grillierten Champignonköpfen, aufgeblähten Kartoffeln und Brunnenkresse; Kräuterbutter nebenbei.
Laguipierre (lagüpjär): Belegt mit runder Scheibe Pökelzunge und Trüffelscheibe, bedeckt mit Trüffelsauce.

Lakmé: Gebraten; dressiert auf Artischockenboden, gefüllt mit Püree von dicken Bohnen, belegt mit Champignonkopf; Streifen von Tomatensauce.

Langtry: Gebraten; auf Artischockenboden gesetzt, bedeckt mit kleiner, geschälter, gedünsteter Tomate, garniert mit blanchierten Estragonblättern und gefüllter Olive; Trüffelsauce.

Lavallière (lawalljär): Bedeckt mit Bordelaiser Sauce, garniert mit Artischockenboden mit grünen Spargelspitzen gefüllt, und Schloßkartoffeln.

Leopold: Gebraten; nappiert mit Madeirasauce, vermischt mit Gänseleberpüree; garniert mit Tarteletts, gefüllt mit Scheibchen von Steinpilzen mit gehackten Schalotten sautiert.

Lesdiguières: Grilliert; garniert mit spanischer Zwiebel, mit Spinatpüree gefüllt, mit Mornaysauce überzogen und überbacken.

Lesseps: Gebraten; auf flache Reiskroketts, vermischt mit Safran und gewürfelter roter Paprikaschote, gesetzt; garniert mit Tomate mit Hirnpüree gefüllt; Madeirasauce.

Levasseur (lewassör): In Öl gebraten; bedeckt mit provenzalischer Sauce mit gebratenen Steinpilzscheibchen vermischt, garniert mit Strohkartoffeln.

auf Lieblings-Art: à la favorite: Wie Rinderfilet gleichen Namens bereitet.

Lilli: Auf Boden von Anna-Kartoffeln dressiert; garniert mit Artischockenboden, gefüllt mit runder gebratener Scheibe Gänseleber und Trüffelscheibe; Trüffelsauce.

Lola Montez: Auf Tartelett, gefüllt mit geschmolzenen Tomaten, gesetzt; garniert mit Champignonköpfen gefüllt mit gewürfelten roten Paprikaschoten in Butter gedünstet; tomatierte Madeirasauce.

Lord Seymour (ßimohr): Garniert mit Artischockenböden gefüllt mit getrüffelter Béarner Sauce; Madeirasauce mit gehackten Oliven.

Lorette: Auf Crouton gesetzt; garniert mit Geflügelkroketts und Tartelett, gefüllt mit grünen Spargelspitzen mit einer Trüffelscheibe obenauf.

Louis XV.: Auf Boden von Anna-Kartoffeln gesetzt, bedeckt mit Teufelssauce; garniert mit Tartelett, gefüllt mit Haschee von Champignons, in Butter gedünstet, mit Trüffelscheibe obenauf.

Louise: Garniert mit gebratenen Tomaten, gefüllten Champignons und Nußkartoffeln; Pariser Sauce.

Lucullus: Auf Crouton gesetzt; nappiert mit Demiglace mit Trüffelessenz, garniert mit kleinen Geflügelklößchen, Trüffeloliven und Hahnenkämmen.

auf Lyoner Art: à la lyonaise: Wie Rinderfilet gleichen Namens bereitet.

Mac-Mahon: 1. Gebraten; Bratsatz mit Weißwein abgelöscht, verkocht mit Fleischglace, mit Butter aufgeschlagen; in Kokotte auf rohe mit gehackten Zwiebeln gebratene Kartoffeln dressiert, mit dem Bratsatz übergossen;
2. garniert mit in Butter gebratenen Kartoffelvierteln, grünen Bohnenkernen und Trüffelscheiben; Madeirasauce.

Madame Butterfly: Auf Crouton gesetzt, leicht mit Currysauce nappiert, belegt mit runder, gerösteter Scheibe Schinken, darüber mit Curry bestäubte, gebratene Ananasscheibe mit Mango-Chutney in der Mitte; garniert mit Spargelspitzen und Reistimbale.

Magenta (madschenta): Gesetzt auf ausgehöhlten Crouton, gefüllt mit blanchierten Ochsenmarkwürfeln mit gebutterter Fleischglace gebunden; Madeirasauce.

Maire (mähr): Gebraten, nappiert mit Madeirasauce; Maire-Kartoffeln nebenbei.

à la maître d'hôtel: siehe auf Haushofmeisterart

Marc Aurel: Garniert mit Geflügelklößchen und Lammbrieschen; Madeirasauce.

Marianne: Garniert mit Artischockenböden, gefüllt mit Püree von frischen grünen Erbsen; gebundene Kalbsjus.

Maria Theresia: Marie-Thérèse: Gebraten; belegt mit Trüffelscheibe, garniert mit geformtem Risotto; tomatierte Demiglace.

Marie-Johanna: Marie-Jeanne (mari schann): Gebraten; garniert mit Artischockenböden gefüllt mit Champignonpüree, vermischt mit Zwiebelmus; tomatierte Madeirasauce.

Marie-Louise: Wie Marie-Johanna zubereitet.

Marigny: Garniert mit Tarteletts, abwechselnd mit grünen Erbsen und grünen Bohnen, in Würfel geschnitten, gefüllt, und Schloßkartoffeln; Kalbsjus.

Marion-Delorme: Gleiche Zubereitung wie Marie-Johanna.

auf Markgräfinart: à la marquise: Gebraten; Markgräfin-Garnitur und Kartoffeln.

Marly: Garniert mit Tarteletts, gefüllt mit kleinen Karottenkugeln in Butter gedünstet; Madeirasauce.

auf Marschallsart: à la maréchale: Gebraten; eine große Trüffelscheibe durch flüssige Fleischglace gezogen obenauf; garniert mit grünen Spargelspitzen.

auf Marseiller Art: à la marseillaise: In Olivenöl gebraten; bedeckt mit provenzalischer Sauce, ein Sardellenring mit einer entsteinten Olive obenauf; garniert mit provenzalisch zubereiteten Tomaten und Spankartoffeln.

Mascagni: Auf mit Maronenpüree gefülltes Tartelett gesetzt, mit einer Scheibe gebratenem Kalbshirn belegt, mit Tomatensauce nappiert; garniert mit Strohkartoffeln.

Mascott: à la mascotte: In der Kokotte gebraten; deglaciert mit Weißwein und gebundener Kalbsjus; garniert mit sautierten Vierteln von Artischockenböden, Oliven-Kartoffeln und Trüffeloliven; in der Kokotte serviert.

Masséna: Gebraten; belegt mit großer, blanchierter Scheibe Ochsenmark; garniert mit Artischockenboden mit Béarner Sauce gefüllt; Trüffelsauce nebenbei.

Massenet (masseneh): Auf Boden von Anna-Kartoffeln gesetzt, belegt mit dicker Scheibe blanchiertem Ochsenmark; garniert mit Artischockenboden mit gewürfelten grünen Bohnen gefüllt; Madeirasauce.

Maxims: Auf flache runde Spargelkroketts dressiert, belegt mit gebratener Tomatenscheibe mit Béarner Sauce bedeckt und Trüffelscheibe obenauf; garniert mit Kartoffelnestchen abwechselnd mit grünen Erbsen und Kartoffelstäbchen gefüllt.

Medicis: Gebraten; mit Medicis-Garnitur angerichtet.

Melba: Gebraten, Bratsatz mit Portwein abgelöscht und mit Demiglace verkocht; garniert mit Tomaten, gefüllt mit Salpicon von Huhn, Champignons und Trüffeln, gebunden mit Velouté und glaciert, und gedünstetem Kopfsalat.

Mercedes: Mercédès: Gebraten; garniert mit gedünstetem Kopfsalat, gebratenen Tomaten, großen Champignonköpfen und Kartoffelkroketts; Madeirasauce.

Metropole: Gebraten; belegt mit gebratener Scheibe Kalbsmilch und darüber mit einem Champignonkopf, nappiert mit Trüffelsauce.

Metropolis: Gebraten; Bratsatz mit Sherry, süßem Rahm und Demiglace verkocht; garniert mit Tarteletts, gefüllt mit Okra vermischt mit geschmolzenen Tomaten; und Strohkartoffeln.

auf mexikanische Art: à la mexicaine: Wie Rinderfilet gleichen Namens garniert.

Mignon (minjong): Gebraten; belegt mit kleinem flachen Geflügelklößchen und Trüffelscheibe; garniert mit Artischockenböden gefüllt mit grünen Erbsen.

Mikado: Gebraten; garniert mit halben, gebratenen Tomaten und Knollenziest in Butter geschwenkt; mit provenzalischer Sauce umgossen.

Mirabeau: Wie Zwischenrippenstück gleichen Namens bereitet.
Mireille: Wie Rinderfilet gleichen Namens bereitet.
Mirette: Gebraten; Bratsatz mit Weißwein abgelöscht, mit Fleischglace verkocht und gebuttert; auf Mirette-Kartoffeln angerichtet.
auf moderne Art: à la moderne: Wie Rinderfilet gleichen Namens garniert.
Monaco: Gebraten; belegt mit runder, gebratener Schinkenscheibe, darüber Kalbshirnscheibe und Champignonkopf; Demiglace, vermischt mit Julienne von Trüffeln und Champignons.
Monte Carlo: Gebraten; garniert mit gefüllten Gurken, Tarteletts, abwechselnd mit grünen Erbsen und gewürfelten grünen Bohnen gefüllt, und Kartoffelkroketts; gebutterte Kalbsjus.
Montespan: Gebraten; auf Artischockenboden gesetzt, bedeckt mit Champignonkopf; Madeirasauce mit gehackten Champignons vermischt.
Monthabor: Auf Boden von Pilawreis vermischt mit gewürfelten, roten Paprikaschoten gesetzt; Tomatensauce.
Montmorency (mongmorangßi): Garniert mit Artischockenboden, mit feinem Mischgemüse gefüllt, und Spargelspitzen; Madeirasauce.
Montmort (mongmohr): Gebraten; gesetzt auf ausgehöhlte Brioche mit getrüffeltem Gänseleberpüree gefüllt, belegt mit durch flüssige Glace gezogener Trüffelscheibe; Madeirasauce mit Gänseleberpüree vermischt rundherum.
Montpensier (mongpangsjeh): Gebraten; garniert mit Artischockenböden mit gebutterten grünen Spargelspitzen gefüllt; Madeirasauce mit Trüffeljulienne.
mit Morcheln: aux morilles (o morij): Gebraten; mit gehackten Schalotten sautierte Morcheln als Garnitur; Demiglace.
Mozart: Gebraten; garniert mit Artischockenböden, gefüllt mit Selleriepüree, und Kartoffelnest mit aufgeblähten Kartoffeln gefüllt; Pfeffersauce.
auf Nanziger Art: à la nancéenne: Gebraten; bedeckt mit gebratener Scheibe Gänseleber; Trüffelsauce.
auf Neapler Art: à la napolitaine (napollitän): In Öl gebraten; umrandet mit Tomatensauce; Makkaroni auf Neapler Art nebenbei.
Nesselrode: Gebraten; garniert mit glacierten Maronen und Trüffeloliven; Demiglace mit Madeira.
Nichette (nischett): 1. Gebraten; garniert mit Champignonköpfen gefüllt mit Karottenkugeln; nappiert mit Marksauce, vermischt mit Hahnenkämmen und -nieren;
2. grillierte Champignonköpfe gefüllt mit geriebenem Meerrettich; Sauce wie oben.
Ninon: 1. Auf Kartoffelkrokett gesetzt, garniert mit Blätterteig-Mundbissen gefüllt mit grünen Spargelspitzen und Trüffelstreifen; gebutterte, gebundene Kalbsjus mit Madeira;
2. auf Anna- oder Mirette-Kartoffeln gesetzt, Garnitur und Sauce wie oben.
auf Nizzaer Art: à la niçoise: Wie Rinderfilet gleichen Namens garniert.
Noailles (noaij): Gebraten; gesetzt auf Hühnerfarce, in Tartelettform pochiert, belegt mit gebratener Scheibe Gänseleber, garniert mit Hahnenkämmen und -nieren; Madeirasauce.
auf Oberjägermeister-Art: à la grandveneur: Wie Rinderfilet gleichen Namens bereitet.
mit Ochsenmark: à la moëlle: Grilliert; obenauf eine große Scheibe von blanchiertem Ochsenmark, bedeckt mit Marksauce.
auf Opern-Art: à l'opéra: Gebraten; garniert mit Tartelett gefüllt mit sautierten Geflügellebern, und Krustade mit Spargelspitzen gefüllt; die Geflügellebern mit Madeirasauce gebunden.
auf orientalische Art: à l'orientale: Wie Rinderfilet gleichen Namens bereitet.

auf Orleanser Art: à l'orléanaise: Gebraten; garniert mit gehackten Endivien mit Rahm und Eigelb gebunden; Haushofmeister-Kartoffeln und gebundene Kalbsjus nebenbei.

Oscar: Gebraten; garniert mit Kartoffelkrustaden, abwechselnd mit Karottenkugeln in Rahmsauce und kleinen gedünsteten Kohlköpfchen gefüllt.

Othello: Gebraten; belegt mit winzigem verlorenen Ei, bedeckt mit Trüffelsauce; garniert mit gebutterten grünen Erbsen und Strohkartoffeln.

Palast-Hotel: Palace Hôtel: Gebraten; mit Kartoffelnestchen, abwechselnd mit grünen Erbsen und gewürfelten grünen Bohnen gefüllt, sowie mit Gänseleberpüree gefüllte Tomaten; Demiglace.

à la palatine: siehe auf Pfälzer Art

auf Palermoer Art: à la palermitaine (palermitähn): Garniert mit Makkaroni-Kroketts, gefüllten Eieräpfeln und gebratenen Tomaten; Tomatensauce.

auf Pariser Art: à la parisienne: Wie Rinderfilet gleichen Namens bereitet.

Parmentier (parmangtjeh): Garniert mit Parmentier-Kartoffeln; Demiglace mit Madeira.

auf Pauer Art: à la paloise: Gebraten; garniert mit Nußkartoffeln; Pauer Sauce nebenbei.

Pera Palast-Hotel: Péra Palace Hôtel: Gebraten; mit Trüffelscheibe belegt, mit Kartoffelnest, mit gebutterten grünen Erbsen gefüllt, und mit Gänseleberpüree gefüllten Tomaten garniert; Tiroler Sauce.

Perrier (perrjeh): Gebraten; belegt mit Champignonkopf; garniert mit Kartoffelkrustade gefüllt mit Salpicon von Lammbrieschen, Champignons und Trüffeln mit Madeirasauce gebunden.

auf peruanische Art: à la péruvienne: Gebraten; garniert mit Sauerkleeknollen, gefüllt mit Haschee von Huhn und Pökelzunge, mit Madeirasauce gebunden; Tomatensauce.

auf Pfälzer Art: à la palatine (palatihn): Gebraten; garniert mit glacierten Zwiebelchen, gebratenen Magerspeckwürfeln und in Butter gebratenen Apfelspalten.

auf Piemontaiser Art: à la piémontaise (pjemongtähs): In Olivenöl gebraten; garniert mit Reis auf Piemonteser Art bereitet; Madeirasauce.

Pompadour: 1. Gebraten; belegt mit Trüffelscheibe, garniert mit winzigen, kugelförmigen Kartoffelkroketts und Artischockenböden mit Linsenpüree gefüllt; Trüffelsauce;
2. bedeckt mit Choronsauce, garniert mit Artischockenböden mit Nußkartoffeln gefüllt; Trüffelsauce nebenbei.

auf portugiesische Art: à la portugaise: Wie Rinderfilet gleichen Namens bereitet.

Prince Impériale: Grilliert; garniert mit Strohkartoffeln und grünen Erbsen; Béarner Sauce.

auf Prinzessinart: à la princesse: Gebraten; Trüffelscheiben auf dem Fleisch; garniert mit Spargelköpfen; Demiglace mit Weißwein verkocht.

auf provenzalische Art: à la provençale: Wie Rinderfilet gleichen Namens bereitet.

Quirinal (kirihnal): Gebraten; garniert mit Champignonköpfen, gefüllt mit blanchiertem, gewürfeltem Ochsenmark mit Demiglace gebunden, Strohkartoffeln und Brunnenkresse; umgossen mit italienischer Sauce, vermischt mit gehacktem Estragon.

Rachel (Raschell): Gebraten; nappiert mit Bordelaiser Sauce; garniert mit Artischockenböden gefüllt mit großer, blanchierter Scheibe Ochsenmark.

Raffael: Raphael: Gebraten; garniert mit Artischockenböden, abwechselnd mit Béarner Sauce und kleinen Karottenkugeln, mit Rahmsauce gebunden, gefüllt, und Strohkartoffeln.

Regina: Garniert mit Tomaten gefüllt mit Risotto; Madeirasauce mit gehackten Paprikaschoten und Essiggemüsen.

auf reiche Art: à la riche: Bratsatz mit Madeira abgelöscht und mit Demiglace verkocht; gebratene Gänseleberscheibe und Trüffelscheibe auf dem Fleisch, garniert mit Artischockenböden, gefüllt mit Spargelspitzen.

Richelieu: Wie Rinderfilet gleichen Namens garniert.

Richemont (rischmong): Gebraten; Bratsatz mit Madeira abgelöscht, mit gebundener Kalbsjus aufgekocht und mit Morchel- und Trüffelscheibchen vermischt.

Rivoli: Gebraten; auf Anna-Kartoffeln gesetzt, mit Trüffelsauce übergossen.

Rohan: Gebraten; degláciert mit Sherry und Demiglace; garniert mit Artischockenboden, gefüllt mit runder Gänseleberscheibe und Trüffelscheibe, und Tartelett, gefüllt mit Hahnenkämmen und -nieren mit deutscher Sauce gebunden.

auf römische Art: à la romaine: Wie Rinderfilet gleichen Namens garniert.

Rossini: Gebraten; belegt mit einer Scheibe frischer Gänsestopfleber und schöner Scheibe frischer Trüffel; Madeirasauce mit Trüffelessenz.

Roumanille: Gebraten; garniert mit halber gebratener Tomate, mit tomatierter Mornaysauce bedeckt, mit geriebenem Käse bestreut und glaciert, und gebackenen Scheiben von Eieräpfeln; gebundene Kalbsjus.

Roxy: Grilliert; auf dicke gebratene Apfelscheibe gesetzt, nappiert mit Pfeffersauce, vermischt mit Julienne von grünen Paprikaschoten; garniert mit gebackenen Bananen und Tartelletts gefüllt mit Okra vermischt mit geschmolzenen Tomaten.

Saint-Bernhard: Gebraten; garniert mit kleinen, geschälten, gedünsteten Tomaten und gedünstetem Kopfsalat; eine blanchierte Scheibe Ochsenmark auf dem Fleisch, bedeckt mit Demiglace mit Portwein.

Saint-Didier (sang didjeh): Gebraten; garniert mit geschmolzenen Tomaten mit gehacktem Schnittlauch bestreut; Magentasauce nebenbei.

Saint-Germain: Wie Rinderfilet gleichen Namens garniert.

Saint-Laurent (sang lorang): Gebraten; garniert mit Tomaten, gefüllt mit Béarner Sauce, und aufgeblähten Kartoffeln; Demiglace.

Saint-Mandé: Wie Rinderfilet gleichen Namens garniert.

Saint-Silvestre: Garniert mit Tartelletts, gefüllt mit Gänseleberpüree vermischt mit Trüffelpüree; Rotweinsauce.

auf sardinische Art: à la sarde: Wie Rinderfilet gleichen Namens garniert.

auf Schäferart: à la bergère: Garniert mit glacierten Zwiebelchen, gewürfeltem, gebratenem Magerspeck und Strohkartoffeln.

Schöne Helena: Belle Hélène: 1. Auf rundes, flaches Spargelkrokett dressiert, mit Trüffelscheibe belegt; Madeirasauce;
2. grilliert, garniert mit Strohkartoffeln, Artischockenböden gefüllt mit Béarner Sauce und Brunnenkresse.

Sevigné: Gebraten; garniert mit gefülltem, gedünstetem Kopfsalat, Champignons und Schloßkartoffeln; Madeirasauce.

auf Sevilla-Art: à la sévillane: Garniert mit Tartletts, abwechselnd mit geschmolzenen Tomaten und gewürfelten roten Paprikaschoten, in Butter gedünstet, gefüllt, und Schmelzkartoffeln; Valoissauce.

Sevilla Palace-Hotel: In Olivenöl gebraten; nappiert mit Demiglace mit Orangensaft gewürzt und mit Julienne von Orangenschale vermischt; garniert mit blanchierten Königin-Oliven und halben grünen Paprikaschoten, mit Duxelles gefüllt und überkrustet.

Sigurd: Garniert mit gebratenen Tomaten und Kartoffelkroketts mit gehacktem Schinken vermischt; Trüffelsauce.

auf sizilianische Art: à la sicillienne (ßissilljen): Gebraten; feine Nudeln in Butter geschwenkt, vermischt mit Püree von Geflügellebern mit Velouté gebunden und mit geriebenem Parmesan bestreut, und gebundene, tomatierte Kalbsjus nebenbei.

auf spanische Art: à l'espagnole: Gebraten; garniert mit kleinen, glacierten spanischen Zwiebeln, Tomaten, gefüllt mit Pilawreis mit gehacktem Schinken, und Nußkartoffeln; Demiglace mit Sherry.

Staël: Gebraten; dressiert auf ein rundes Geflügelkrokett, belegt mit Champignonkopf mit Geflügelpüree gefüllt, garniert mit grünen Erbsen; gebundene Kalbsjus.

Stephanie: Gebraten; belegt mit Trüffelscheibe; garniert mit Kartoffelnestchen, gefüllt mit Parmentier-Kartoffeln und grünen Erbsen; Madeirasauce.

Sully: Garniert mit gedünstetem Kopfsalat und Pariser Kartoffeln; Madeirasauce vermischt mit Hahnenkämmen und -nieren.

auf Sultansart: à la sultane (ßültann): Gebraten; auf Pilawreis angerichtet, ein sehr kleines verlorenes Ei auf dem Fleisch; garniert mit Parmentier-Kartoffeln und gebackenen Scheiben Eieräpfel.

Talleyrand: Wie Rinderfilet gleichen Namens bereitet.

auf Thronfolgerart: à la dauphine: Wie Rinderfilet gleichen Namens bereitet.

auf Tiroler Art: à la tyrolienne: Wie Rinderfilet gleichen Namens bereitet.

Tivoli: Wie Rinderfilet gleichen Namens bereitet.

Tosca: Auf Boden von Risotto dressiert; garniert mit gedünsteten Vierteln von Fenchelknolle; Kalbsjus.

auf Toulouser Art: à la toulousaine: Mit Toulouser Garnitur und Trüffelsauce angerichtet.

auf Tourainer Art: à la tourangelle (tuhrangjell): Gebraten; garniert mit gewürfelten grünen Bohnen vermischt mit grünen Bohnenkernen, mit süßem Rahm gebunden.

Trianon: Wie Rinderfilet gleichen Namens bereitet.

auf tschechische Art: à la tchèque: Auf Risottoboden gesetzt, garniert mit geschmolzenen Tomaten und gebackenen Zwiebelringen.

Turbigo: Gebraten; deglaciert mit Weißwein und Demiglace; garniert mit Champignonköpfen und kleinen Bratwürstchen (Chipolatas).

auf ungarische Art: à la hongroise: Die gleiche Garnitur wie für Rinderfilet gleichen Namens.

Valençay: Gebraten; auf flaches Nudelkrokett mit gehacktem Schinken vermischt gesetzt; Finanzmann-Garnitur.

Valois (waloah): Gebraten; auf Anna-Kartoffeln angerichtet; Valoissauce.

Vatel: Gebraten; deglaciert mit Weißwein und Demiglace; auf Boden von Anna-Kartoffeln dressiert, ein Kranz von Püree von grünen Erbsen gefüllt mit geschmolzenen Tomaten auf dem Fleisch; garniert mit gebratenen Scheibchen von Steinpilzen und braisiertem Chicorée.

Vendôme (wandohm): Gebraten; garniert mit gebratener Tomate gefüllt mit Béarner Sauce, aufgeblähten Kartoffeln und gebackenen Zwiebelringen.

Ventadour (wangtaduhr): Gebraten; nappiert mit Chateaubriand-Sauce; garniert mit Tartelett, gefüllt mit Püree von Artischockenböden, bedeckt mit blanchierter Ochsenmark- und Trüffelscheibe, und Nußkartoffeln.

Verdi: Gebraten; deglaciert mit Madeira und Demiglace; dressiert auf ausgehöhltem Crouton mit dickem Zwiebelpüree gefüllt und glaciert; garniert mit gedünstetem Kopfsalat und Nestchen von Kartoffelmasse mit kleinen Karottenkugeln gefüllt.

Vert-pré: Wie Zwischenrippenstück gleichen Namens bereitet.

Victor Hugo (ügo): Gebraten; bedeckt mit geschmolzenen Tomaten, mit einer Trüffelscheibe belegt; Béarner Sauce vermischt mit geriebenem Meerrettich.

Victoria: Dressiert auf flaches, rundes Geflügelkrokett; garniert mit Tomaten gefüllt mit Champignonpüree und glaciert; Madeirasauce.

Villaret: Grilliert; mit großem Champignonkopf belegt; garniert mit Tarteletts gefüllt mit Püree von grünen Bohnenkernen; Chateaubriand-Sauce.

Villemer (willmeer): Dressiert auf ausgehöhlten Crouton mit getrüffeltem, weißem Zwiebelpüree gefüllt, belegt mit Trüffelscheibe; Madeirasauce.

Visconti: Gebraten; belegt mit großem Champignonkopf gefüllt mit Chateaubriand-Sauce; garniert mit Tarteletts gefüllt mit Püree von grünen Bohnenkernen.

Voisin (woasäng): Auf Boden von Anna-Kartoffeln dressiert; garniert mit halben, gebratenen Tomaten, mit blanchierten Estragonblättern dekoriert, und Artischockenböden gefüllt abwechselnd mit Püree von grünen Erbsen und Spinat; Kalbsjus mit Estragonauszug.

auf Weinkosterart: du gourmet: 1. Blutig gebraten, mit einer Scheibe gebratener Gänseleber bedeckt, in Blätterteig gehüllt, im Ofen gebacken; Trüffelsauce nebenbei;
2. auf einer Seite aufgeschnitten, mit einer Scheibe Gänseleber gefüllt, paniert, gebraten; mit einer Trüffelscheibe belegt, mit Champignonköpfen und Schloßkartoffeln garniert; Trüffelsauce nebenbei.

Wellington: Wie Rinderfilet gleichen Namens bereitet.

Winterthur: Gebraten; garniert mit Artischockenböden, gefüllt mit blanchierter Rindermarkscheibe und Trüffelscheiben; Colbertsauce.

Wladimir: Gebraten; auf Boden von Hühnerfarce, in Tartelettform pochiert, gesetzt, belegt mit gebratener Gänseleberscheibe; Colbertsauce vermischt mit gehacktem Fenchelkraut.

Xavier: Gebraten; deglaciert mit Portwein und gebundener Kalbsjus; auf Boden von Hühnerfarce, vermischt mit Spinatpüree und in Tartelettform pochiert, gesetzt; garniert mit Nußkartoffeln, Tartelett gefüllt mit Hühnerpüree, obenauf grüne Spargelspitzen, und Artischockenböden abwechselnd mit gedünsteten Karotten- und roten Rübenkugeln gefüllt.

Zola: Blutig gebraten, bedeckt mit Sardellenfilets, mit ungesüßtem Briocheteig umhüllt, gebacken; Trüffelsauce nebenbei.

Rind: **Lendenspitze,** Filetspitze: Filet mignon de bœuf: Die Filetspitze, die für Tournedos zu klein ist, in Form von flachen Dreiecken zugeschnitten, durch flüssige Butter und weiße Brotkrume gezogen, grilliert oder gebraten, mit passender Garnitur serviert.

auf amerikanische Art: à l'américaine: Mit gebratenen Speckscheiben und gebratenen Tomaten garniert.

Bayard: Auf mit Gänseleberpüree bestrichenen Crouton gesetzt, mit kleinen Geflügelkroketts und grünen Erbsen garniert; Trüffelsauce nebenbei.

auf Béarner Art: à la béarnaise: Grilliert, mit Pariser Kartoffeln garniert; Béarner Sauce nebenbei.

Beaufrémont (bohfrehmong): Grilliert; Makkaroni, mit Butter, geriebenem Parmesan und Trüffelstreifen vermischt, und Tomatensauce nebenbei.

Labori: Grilliert; Trüffelsauce vermischt mit gehackten Champignons nebenbei.

Reform: à la réforme: Grilliert, auf gebratene Schinkenscheibe gesetzt; Reformsauce nebenbei.

auf Tiroler Art: à la tyrolienne: Mit gebratenen Tomaten und gebackenen Zwiebelringen garniert; Tiroler Sauce nebenbei.

Vert-pré: Mit Brunnenkresse und Strohkartoffeln garniert.

Rind: **Lendenstück, Großes,** ganzes Roastbeef: Aloyau de bœuf (aloijo dö böf): Der von der Hüfte bis zu den ersten Rippen laufende Teil des Rückens, der Roastbeef (contrefilet) und Lende (filet) zusammenhängend umfaßt. Hauptsächlich gebraten, seltener geschmort. Heute nur ausnahmsweise im ganzen Stück serviert.
  auf Antwerpener Art: à l'anversoise: Wie Rinderfilet gleichen Namens bereitet.
  auf bretagnische Art: à la bretonne: Gebraten, weiße Bohnen auf bretagnische Art und der klare Bratensaft nebenbei.
  Bristol: Pariser Kartoffeln, kleine kugelförmige Reiskroketts, grüne Bohnenkerne mit Velouté gebunden; gebundene Jus.
  auf elsässische Art: Wie Rinderfilet gleichen Namens bereitet.
  auf englische Art: à l'anglaise: Gebraten, Yorkshire-Pudding und der klare Bratensaft nebenbei.
  mit Sellerie: aux céleris: Gebraten, braisierter Bleichsellerie mit leichter Demiglace bedeckt und der Bratensaft nebenbei.
Rind: **Ochsenschwanz:** Queue de bœuf (köh dö böf): Zum Schmoren und Dünsten geeignet; das dünnere Ende zur Suppe verwendet. Vor dem Gebrauch in Stücke geschnitten.
  auf alte Art: à l'ancienne (angsjenn): In größere Stücke geschnitten, mit Wurzelwerk gekocht, abgetropft, paniert, in tiefem Fett gebacken; mit Sauerkraut, Püree von grünen Erbsen oder Kartoffelpüree serviert.
  auf Auvergner Art: à l'auvergnate (owernjat): In Stücke geteilt, in Fett angebraten, mit Mehl bestäubt, in halb Weißwein und halb braunem Fond geschmort; kurz vor dem Garwerden glacierte Zwiebelchen, gebratene Speckwürfel und glacierte Maronen beigefügt.
  Cavour (kawuhr): In Stücke geschnitten, angebraten, mit Weißwein und braunem Fond geschmort; ausgestochen, mit vorher sautierten Champignons vermischt; der passierte, mit Pfeilwurzelmehl gebundene Fond darübergegossen, aufgekocht; Maronenpüree nebenbei.
  auf Charollaiser Art: à la charollaise (scharoläs): In Fett angebräunt, mit Weißwein abgelöscht, mit Demiglace geschmort; kurz vor dem Garwerden olivenförmige Mohrrüben, weiße Rüben und kleine Klößchen von Schweinebrät, vermischt mit gehackter Petersilie und Knoblauch, beigefügt; in vorgebackenem Rand von Herzogin-Kartoffelmasse angerichtet, umlegt mit Dreiecken von magerem, gekochtem Speck.
  Chipolata: Wie in Madeirasauce bereitet, mit glacierten Zwiebelchen, Karotten, Maronen und kleinen Bratwürstchen (Chipolatas) garniert.
  auf elsässische Art: à l'alsacienne (alsassjenn): Wie auf alte Art bereitet.
  mit Essig- und Öl-Sauce: à la vinaigrette (winägrett): In Stücke geschnitten, mit Wurzelwerk gekocht; Essig- und Öl-Sauce nebenbei.
  gebacken: frite: In größere Stücke geschnitten, mit Wurzelwerk gekocht; abgetrocknet, paniert, in tiefem Fett gebacken; Tatarensauce nebenbei.
  gedünstet: en hochepot: In Stücke geschnitten, mit blanchierten, entbeinten und in Streifen geschnittenen Schweinefüßen und Ohren gekocht; wenn halbgar olivenförmige Mohrrüben, weiße Rüben und das Herz eines Weißkrautkopfes beigefügt; mit gebratenen Chipolatas garniert; Salzkartoffeln nebenbei.
  mit Gemüsen: aux légumes: In Stücke geschnitten, in Fett gebräunt, Mirepoix beigefügt, mit Mehl bestäubt, mit braunem Fond aufgegossen geschmort; wenn gut halbgar ausgestochen, olivenförmig geschnittene Mohrrüben, weiße Rüben, Knollensellerie und angebratener, gewürfelter Magerspeck beigefügt, Sauce darübergepassiert, fertiggeschmort; beim Servieren mit Madeira aromatisiert.

auf Genueser Art: à la génoise (schenoas): In Öl gebräunt, in braunem Fond mit rohem, gewürfeltem Schinken, Knoblauch und Tomatenpüree geschmort; mit vorgekochten Ravioli und grünen Spargelspitzen serviert.

mit Klößen: Ochsenschweif mit Knödeln: Gut angebräunt, mit geriebenen Wurzelgemüsen in braunem Fond geschmort; kurz vor dem Garwerden saurer Rahm beigefügt; mit Semmelknödeln serviert (österreichisch).

in Madeirasauce: à la sauce madère: Mit Mirepoix und Speckabfällen gebräunt, mit Mehl bestäubt, mit braunem Fond, Rotwein und Tomatenpüree geschmort; ausgestochen, mit der mit Madeira gewürzten und passierten Sauce übergossen.

in Rahmsauce: à la crème: In Stücke geschnitten, in weißem Fond mit Wurzelwerk gekocht; nach dem Garwerden abgetropft und kurz in weißer Rahmsauce gedünstet.

Rind: **Porterhouse Steak:** Dicke Scheibe aus dem flachen Roastbeef am Übergang zur Hüfte mitsamt dem Knochen und Filet, wobei der Rückgratknochen größtenteils entfernt wird. Geeignet zum Braten und Grillieren.

auf Londoner Art: à la londonienne: Auf dem Rost gebraten, garniert mit gerösteten Speckscheiben, halben grillierten Lammnieren, großen grillierten Feldchampignons, gebratenen Tomaten, Strohkartoffeln und Brunnenkresse; Kräuterbutter nebenbei.

Rind: **Pressed Beef:** Gepökelte, gekochte Rinderbrust, noch heiß in eine besondere viereckige Form übereinandergelegt gefüllt, mit Holzbrett zugedeckt und gepreßt, in der Form erkaltet; herausgenommen, dick glaciert, in Scheiben geschnitten (englisch).

Rind: **Rippenstück, flaches Roastbeef:** Contrefilet: Der Teil des Ochsenrückens, der von der Spitze der Hüfte bis zu den ersten Rippen am Rückgrat entlangläuft. Wird heute meistens ausgelöst gebraten, um das Tranchieren zu erleichtern. Wird wie Rinderfilet, Lende, behandelt.

Rind: **Roast Ribs of Beef:** Hohe Rippe: Besteht aus den 7 Rippen des Rinderrückenstückes von der 6. bis 12. Rippe. Wenn im ganzen Stück gebraten, pariert, Wirbelsäulenknochen bis zum Rippenansatz sowie der Gratknochen abgeschlagen, dicke Sehne entfernt. Meist rosa gebraten, mit dem abgelöschten Bratsatz und Yorkshire-Pudding serviert (englisch).

Rind: **Rostbraten:** Fingerdicke Scheibe aus dem hohen Roastbeef geschnitten, geklopft, gewürzt, meist gemehlt, gebraten oder geschmort.

Dampf-: Gehackte Zwiebeln leicht in Schmalz angedünstet, belegt mit gewürztem Rostbraten, bedeckt mit rohem Gemüse wie Spargelköpfen, Champignons, grünen Erbsen, gewürfelten Kartoffeln, Mohrrüben oder Knollensellerie; obenauf einige Butterflocken gegeben, etwas Fond angegossen, zugedeckt im Ofen gedünstet (österreichisch).

Esterhazy rostélyos: Esterhazy-Rostbraten: Rostbraten, geklopft, gewürzt, in Schmalz angeröstet, mit angerösteten Zwiebel-, Mohrrüben- und Petersilienwurzelscheiben in eine Kasserolle gegeben, mit Mehl bestäubt, Paprika, Lorbeerblatt, Majoran und einige entkernte Zitronenscheiben beigefügt, mit Wasser oder Bouillon aufgegossen, geschmort; in saubere Kasserolle ausgestochen, grobe Julienne von in Butter gedünsteten Mohrrüben und Petersilienwurzeln hinzugegeben. Die Sauce darüberpassiert, saurer Rahm und Kapern beigefügt, kurz durchgekocht; Reis, kleine Mehlklößchen oder Nudeln nebenbei (ungarisch).

Girardi-: Gewürzt, gemehlt, zusammen mit Zwiebelwürfeln in Butter gebräunt, etwas Fond angegossen, gehackte Champignons, gehackte Kräuter und Kapern beigefügt, geschmort; Fond mit Mehl

eingedickt, mit Senf und Zitronensaft gewürzt; garniert mit Kartoffelkroketts (österreichisch).
italienischer: In Butter gebräunt, in wenig Fond mit gehackten Sardellen geschmort; überkrustete Makkaroni nebenbei.
Maschin-: Angebraten, in Service-Kasserolle gelegt, gehackte Essiggurken, Petersilie, Zitronenschale und Kapern beigefügt, etwas Fond und saurer Rahm untergossen, in der Kasserolle geschmort; zugedeckt mit Gurkenfächer garniert serviert (österreichisch).
Meraner: In Schmalz angebräunt, mit nudelig geschnittenem Weißkraut belegt mit Magerspeckscheiben in wenig Fond geschmort (österreichisch).
mit Most: Angebraten in Schmalz, gewürzt, grobe Julienne von Wurzelgemüsen und Zwiebelstreifen beigefügt, mit Weinmost geschmort; Sauce mit geriebenem Lebkuchen gebunden.
Paprika-: An beiden Seiten in Schmalz gebräunt, stark papriziert, mit weißem Fond und saurem Rahm geschmort; Nudeln, Mehlklößchen oder Reis nebenbei.
Preßburger: Angebraten, zusammen mit angeschwitzten Zwiebelwürfeln mit hellem Fond und Rahm gedünstet; belegt mit Scheiben von hartgekochten Eiern, bestreut mit grünen Erbsen; Kopfsalat nebenbei (österreichisch).
Reindl-: Gewürzt, angebraten, in Service-Kasserolle gelegt; in dem Schmalz gehackte Zwiebeln angeröstet, Paprika, Tomatenpüree, hackter Kümmel und Majoran zugegeben, mit hellem Fond aufgekocht, über den Rostbraten gegossen, halbweich geschmort; Kartoffelscheiben beigefügt, gargeschmort, mit Scheiben von Salzgurken garniert, in der Kasserolle serviert (österreichisch).
Russischer: Gewürzt, gebraten, mit Senf bestrichen, mit geriebenem Meerrettich bedeckt.
Sardellen-: Gebraten, bedeckt mit gehackten, in Butter angedünsteten Sardellenfilets, oder geschmort, die Sauce mit gehackten Sardellen vermischt (österreichisch).
Schwedischer: In ausgelassenem Rindermark angebraten, mit gehackten Zwiebeln, Petersilie und Sardellenfilets in saurem Rahm und etwas Fond geschmort.
Schweizer: Stark plattiert, mit Herzogin-Kartoffelmasse, vermischt mit geriebenem Parmesan und gewürfeltem Schweizer Käse, maskiert, zusammengerollt, gebunden; angebraten, mit saurem Rahm und etwas Fond geschmort.
Serpenyös rostélios: Geschmorter Rostbraten: Plattiert, gewürzt, gemehlt, in Schmalz gebräunt; Zwiebelwürfel in Schmalz hell geröstet, gehackter Knoblauch hinzugegeben, mit Mehl bestreut, papriziert, mit Wasser aufgekocht, über den Rostbraten gegossen. Gewürfelte Tomaten, gehackte grüne Paprikaschoten, Majoran und gestoßener Kümmel beigefügt, gargeschmort; vor dem Auftragen dicke Scheiben frisch gekochter Kartoffeln dazugegeben (ungarisch).
Stefanie: Dünngeklopft, mit Kalbsfarce bestrichen, mit hartgekochtem Ei und roter, marinierter Paprikaschote bedeckt, zusammengerollt, gebunden, angebraten, mit gutem Fond geschmort; eingekochter Fond über das Fleisch gegossen, mit neuen Kartoffeln und grünen Bohnen garniert, Paprikasalat nebenbei (österreichisch).
Steirischer: An den Enden eingeschnitten, papriziert, gesalzen, gemehlt, gebraten; herausgenommen, in der Butter gehackte Zwiebeln angeröstet, mit saurem Rahm verkocht, mit Zitronensaft gewürzt, über den Rostbraten gegossen (österreichisch).
Tegetthoff-: In Butter angebräunt, mit grober Julienne von Wurzelgemüsen und Zwiebelstreifen in leichter Demiglace geschmort; Sauce mit entsteinten, blanchierten Oliven vervollständigt, belegt mit Scampischwänzen, mit der Sauce übergossen (österreichisch).
Trobloff-: Sehr stark plattiert, ein wachsweiches, geschältes Ei, in eine Scheibe rohen Schinken gewickelt, in die Mitte plaziert, ge-

rollt, gebunden, in Butter angebraten, in Rinderbrühe geschmort; auf Kartoffelpüree angerichtet, mit der leicht gebundenen Brühe nappiert.

Westmoreland-: Angebraten, mit braunem Fond und Rotwein angegossen, gehackte Tomaten, gehackte Mixed Pickles und einige Kapern beigefügt, zugedeckt geschmort.

Zigeuner-: Plattiert, gewürzt, in Butter mit Zwiebel- und Speckwürfeln gebräunt, zusammen mit nudelig geschnittenem Weißkraut, Kartoffelscheiben und Majoran geschmort (österreichisch).

Zwiebel-: Gebraten, reichlich mit gebackenen oder gebratenen Zwiebelringen bedeckt.

Rind: Rumpsteak, echtes Rumpsteak: Romsteck: Daumendicke, aus der Kluft geschnittene Fleischscheibe, die genau so saftig wie das Zwischenrippenstück ist, wenn das Fleisch gut abgehangen war. Wird wie Zwischenrippenstück bereitet.

auf englische Art: à l'anglaise: In Butter gebraten, mit in tiefem Fett gebackenen Zwiebelringen bedeckt.

grilliert: grillé: Grilliert, mit geraspeltem Meerrettich und Kräuterbutter serviert.

auf Großmuttersart: à la grand'mère: In Butter gebraten, Bratsatz mit Zitronensaft und Fleischsaft verkocht; mit gebratenen Speckwürfeln, gerösteten Oliven-Kartoffeln und glacierten Zwiebelchen garniert.

Meyerbeer: In Butter gebraten, mit einer halbierten, gerösteten Lammniere belegt, mit Trüffelsauce übergossen.

Mirabeau: Wie Zwischenrippenstück gleichen Namens behandelt.

Rind: Tafelstück, Tafelspitz: Pièce de bœuf: Wird wie Rinderschwanzstück behandelt.

Rind: T-Bone Steak: Wird wie Porterhouse Steak, jedoch etwas dünner geschnitten. Wie Porterhouse Steak bereitet (nordamerikanisch).

Rind: Zwischenrippenstück, fälschlich Rumpsteak: Entrecôte (angtrkoht): Wird gewöhnlich vom parierten, flachen Roastbeef als einfaches oder als doppeltes Zwischenrippenstück (Entrecôte double) geschnitten und in der Pfanne oder auf dem Rost braun und innen rosa gebraten.

auf Antiber Art: à l'antiboise: Gebraten, mit geschmolzenen Tomaten auf provenzalische Art bereitet, bedeckt.

Béarner Art: Grilliert, mit flüssiger Fleischglace bestrichen, mit Schloßkartoffeln garniert; Béarner Sauce nebenbei.

Bercy: Grilliert, leicht mit flüssiger Fleischglace bestrichen; Bercysauce nebenbei.

auf Bergbewohner-Art: à la montagnarde (mongtangjard): Fast blutig gebraten, belegt mit blanchierten Scheiben Ochsenmark, bedeckt mit weißem Zwiebelpüree, glaciert.

auf Bordelaiser Art: à la bordelaise: Gebraten, bedeckt mit blanchierten Ochsenmarkscheiben; Bordelaiser Sauce darüber oder nebenbei.

mit Brunnenkresse: au cresson: Grilliert, mit Brunnenkresse garniert; Stroh-, Stäbchen- oder aufgeblähte Kartoffeln.

auf Burgfrauenart: à la châtelaine: Gebraten, garniert mit Artischockenböden mit weißem Zwiebelpüree gefüllt, glacierten Maronen und Nußkartoffeln; Madeirasauce.

auf Burgunder Art: à la bourguignonne: Gebraten; Bratsatz mit Rotwein abgelöscht, eingekocht mit Fleischglace, gebuttert, mit Zitronensaft gewürzt und über das Fleisch gegossen; mit großen gebratenen Speckwürfeln, sautierten Champignons und glacierten Zwiebelchen garniert.

Cavour (kawuhr): Gebraten, belegt mit blanchierten Ochsenmarkscheiben, nappiert mit Demiglace; garniert mit Bechern von Anna-Kartoffeln, gebratenen Tomaten und glacierten Zwiebelchen.

Cecilia: Cécile: Wie Lendenschnitten gleichen Namens bereitet.

mit Champignons: aux champignons: 1. Gebraten; der Satz mit Weißwein, Demiglace und Champignonfond verkocht, über das Fleisch gegossen, mit ganzen Champignonköpfen garniert;
2. gebraten; rohe Champignonscheiben mit gehackten Schalotten in der Bratbutter sautiert, mit Weißwein und Demiglace verkocht und über das Fleisch gegossen.
Choron: Wie Lendenschnitte gleichen Namens bereitet.
Clamart: Wie Lendenschnitte gleichen Namens bereitet.
Danitscheff: Grilliert, mit einem breiten Querstreifen Béarner Sauce bedeckt mit einer Linie Kaviar in der Mitte; mit Kartoffelkroketts und grünen Erbsen garniert.
auf englische Art: à l'anglaise: Grilliert, mit gerösteten Speckscheiben und Salzkartoffeln garniert; Kräuterbutter.
auf Försterart: à la forestière: Gebraten, Bratsatz mit Weißwein abgelöscht und mit Kalbsjus verkocht; mit sautierten Morcheln, Würfelkartoffeln und Dreiecken von Rauchspeck garniert; die Jus nebenbei.
auf georgische Art: à la géorgienne (jehorgjenn): Blutig gebraten, ausgekühlt, mit Sardellenbutter bestrichen, in Blätterteig gehüllt, mit Eigelb bestrichen, im Ofen gebacken.
geschmort: braisé: gebräunt, mit Weißwein und Demiglace geschmort; mit glacierten Karotten, weißen Rüben, Sellerieknolle und kleinen Zwiebelchen sowie gebratenen Kartoffelvierteln garniert.
auf Großmuttersart: à la grand'mère: In feuerfester Kokotte gebraten, mit wenig Kalbsjus deglaciert; mit glacierten Zwiebelchen, Oliven-Kartoffeln und gebratenen Speckwürfeln garniert, in der zugedeckten Kokotte serviert.
auf Haushofmeisterart: à la maître d'hôtel: Grilliert, mit Kräuterbutter serviert.
auf Hoteliersart: à l'hôteliere (otelljär): Gebraten, bedeckt mit Kräuterbutter, vermischt mit gehackten, angeschwitzten Schalotten und Champignons, deglaciert mit Weißwein und Zusatz von Fleischglace.
Judic: Gebraten; Bratsatz mit Weißwein, Trüffelessenz und Kalbsjus verkocht; mit Trüffelscheiben und Hahnennieren, durch flüssige Fleischglace gezogen, belegt, mit braisiertem Kopfsalat garniert; die Jus nebenbei.
Jussieu (jühsjö): Gebraten, leicht mit Madeirasauce bedeckt; garniert mit braisiertem Kopfsalat und glacierten Zwiebelchen.
auf Klosterart: du couvent (dü kuweng): Braun angebraten, in Weißwein mit Demiglace geschmort, auf Boden von Anna-Kartoffeln dressiert; bedeckt mit der mit Trüffel-, Pökelzungen- und Champignonstreifen sowie grünen Erbsen vermischten Sauce.
Lorette: Gebraten, mit Artischockenböden gefüllt, mit Spargelspitzen und Loretto-Kartoffeln garniert; Madeirasauce.
auf Lyoner Art: à la lyonnaise: Wie Rinderfilet gleichen Namens bereitet.
auf Markgräfinart: à la marquise: Wie Rinderfilet gleichen Namens bereitet.
auf Marseiller Art: à la marseillaise: Grilliert, bedeckt mit Kräuterbutter, vermischt mit etwas Tomatenpüree und zerdrücktem Knoblauch; garniert mit Spankartoffeln und halben, gebratenen, mit Knoblauch und gehackten Kräutern gewürzten Tomaten.
auf mexikanische Art: à la mexicaine (meksikän): Grilliert, garniert mit grillierten Champignons und roten Paprikaschoten; tomatierte Kalbsjus nebenbei.
Meyerbeer: Gebraten; belegt mit zwei halben grillierten Lammnieren, mit Trüffelsauce übergossen.
à la minute: siehe auf schnellste Art
Mirabeau (mirabo): Grilliert; über Kreuz mit Sardellenfilets belegt, dazwischen entsteinte, blanchierte Oliven, umkränzt mit blanchierten Estragonblättern; Sardellenbutter nebenbei.

auf Monacoer Art: à la monegasque: Wie Lendenschnitte gleichen Namens bereitet.

Montagné (mongtangjä): Grilliert, garniert mit Artischockenböden, abwechselnd mit geschmolzenen Tomaten und grobgehackten Champignons, mit dicker Madeirasauce gebunden, gefüllt.

Nicolas II.: In einer feuerfesten Kokotte gebraten, garniert mit gebratenen Scheibchen von Gänsestopfleber und sehr kleinen in Madeira gekochten Trüffeln; Demiglace mit dem Trüffelfond verkocht, rundherum.

mit Ochsenmark: à la moëlle: In der Pfanne oder am Rost gebraten, mit Marksauce nappiert.

auf Pariser Art: à la parisienne: Wie Lendenschnitte gleichen Namens bereitet.

Pergamon: Grilliert, obenauf breiter Streifen dicker Béarner Sauce belegt mit dünnen Trüffelscheiben; garniert mit Kartoffelkroketts, schmaler Streifen Tomatensauce an einer Seite.

Planked Sirloin Steak: Zwischenrippenstück auf Holzbrett: Gebraten, auf ein besonderes Holzbrett aus Ahorn- oder Eichenholz dressiert, das mit einem weiten Rand von Herzogin-Kartoffelmasse bespritzt und vorgebacken wurde; umgeben von einem Gemüsekranz, oben auf dem Fleisch geröstete Champignons und Kräuterbutter (nordamerikanisch).

auf portugiesische Art: à la portugaise: Gebraten, garniert mit gefüllten Tomaten und Schloßkartoffeln; portugiesische Sauce.

Quirinal: Wie Lendenschnitte gleichen Namens bereitet.

Regina: Gebraten, garniert mit Tomaten gefüllt mit Risotto; Madeirasauce mit hackten Champignons, roten Paprikaschoten und Essiggemüsen vermischt nebenbei.

auf schnellste Art: à la minute: Dünn geschnitten, flachgeklopft, rasch rosa grilliert oder gebraten, mit Kräuterbutter bedeckt; mit Brunnenkresse und gebackenen Kartoffelstäbchen garniert.

Soldatski Gowjadina: Auf beiden Seiten gebräunt, in Rinderbrühe mit nudelig geschnittenem Weißkraut und Petersilienwurzel, kleinen Kugeln von weißen Rüben und Mohrrüben sowie einem Kräuterbündel geschmort (russisch).

auf spanische Art: à l'espagnole (eßpangjol): In Olivenöl gebraten; mit gebratenen Tomaten, in tiefem Fett gebackenen Scheiben Eieräpfel und Zwiebelringen garniert.

Steeple-chase: Wie Filet-Beefsteak gleichen Namens bereitet.

Stuttgarter Art: à la stuttgartoise (stütgartoas): Gebraten, bedeckt mit halber gebratener Banane und Kräuterbutter, garniert mit geraspeltem Meerrettich; kleine gefüllte Tomaten, braisierte Stückchen Bleichsellerie mit Mark, kleine gefüllte Kohlrabi, Prinzeßböhnchen und gebackene Kringelkartoffeln nebenbei.

auf Tiroler Art: à la tyrolienne (türoljänn): Grilliert, bedeckt mit gebratenen Zwiebelscheiben mit wenig Pfeffersauce gebunden, umrandet mit geschmolzenen Tomaten.

auf ungarische Art: à la hongroise (ongroas): 1. In Butter gebraten, angerichtet, gehackte Zwiebeln und gewürfelter Speck in der Butter gebraten, mit Paprika bestäubt, mit Weißwein abgelöscht, mit Velouté verkocht, über das Fleisch gegossen; mit gekochten Kartoffelkugeln garniert;
2. in Schmalz mit gehackten Zwiebeln gebräunt, mit Paprika bestäubt, mit Bouillon und saurem Rahm geschmort; garniert mit gefüllten roten Paprikaschoten und gekochten Kartoffelkugeln.

Vert-pré: Grilliert, bedeckt mit Kräuterbutter, garniert mit Strohkartoffeln und Brunnenkresse.

auf Weinhändlerart: à la marchand de vin (marchang dö wäng): Grilliert, bedeckt mit Rotweinbutter.

Ris d'agneau: siehe Lammbriesschen
Ris de veau: siehe Kalbsmilch

Rissolen: Rissoles (rissol): Salpicon von Fisch, Fleisch, Geflügel oder Wild, vermischt mit feingewürfelten Champignons, Trüffeln u.a.m., mit dicker kalter Sauce gebunden, in Blätterteig, gesalzenen Mürbeteig, zuweilen auch Hefeteig gehüllt, in Form von Halbmonden, Hörnchen, Pastetchen u.a. gebracht, in tiefem Fett gebacken. Mit gebackener Petersilie und Zitronenspalten, stets ohne Sauce angerichtet. Als warme Vorspeise oder kleines Zwischengericht serviert.

  mit Austern: aux huîtres (os witr): Steifgemachte, entbartete, gewürfelte Austern, gebunden mit Béchamel, verkocht mit Austernwasser; Blätterteig halbmondförmig.

  von Eiern: aux œufs (osöh): Hartgekochtes, gehacktes Ei, vermischt mit gehackten Champignons und Trüffeln, mit dicker Rahmsauce gebunden; Blätterteig halbmondförmig.

  Fasanen-: de faisan: Fasanenpüree, gut gewürzt, gefüllt in Blätterteig; hörnchenförmig.

  Garnelen-: de crevettes (dö krewett): Halbmondförmig aus gesalzenem Mürbeteig, gefüllt mit Salpicon von Garnelenschwänzchen und Champignons mit dicker Garnelensauce gebunden.

  Hummer-: de homard (dö omahr): Salpicon von Hummerfleisch, Champignons und Trüffeln, mit Blätterteig umhüllt, wie ein gezackter Halbmond geformt.

  Königin-: à la reine: Blätterteig halbmondförmig, gefüllt mit Salpicon von Hühnerbrust, mit dicker Rahmsauce gebunden.

  Lamm-: à la bergère (berschär): Salpicon von Lamm und Morcheln, mit dicker Béchamel, vermischt mit Zwiebelpüree, gebunden; zwischen zwei kleine, runde, ausgezackte Blätterteigböden gefüllt.

  Montglas-: Salpicon von Huhn, Champignons, Kalbsmilch und Trüffeln mit dicker Geflügelrahmsauce gebunden; Blätterteig, halbmondförmig.

  Nantua-: Salpicon von Krebsschwänzen und Trüffeln, gebunden mit Béchamel mit Krebsbutter aufgeschlagen; Blätterteig, ovale Form.

  Pompadour-: Salpicon von Gänseleber, Pökelzunge, Champignons und Trüffeln, mit dicker Trüffelsauce gebunden; zwischen zwei runden Böden Blätterteig, mit einer Scheibe blanchiertem Ochsenmark in der Mitte, gefüllt, Seiten angedrückt, in tiefem Fett gebacken.

  von Rindfleisch: de bœuf: Gekochtes, haschiertes Rindfleisch, vermischt mit gehackten Sardellenfilets, gehackten, hartgekochten Eiern und gehackter Petersilie, mit dicker Demiglace gebunden; in rund ausgestochenen Blätterteigboden gefüllt, zusammengeschlagen, in tiefem Fett gebacken.

  Schinken-: de jambon: Halbmondförmiger Blätterteig, gefüllt mit Schinkenpüree mit dicker Madeirasauce gebunden.

Roastbeef, Ganzes: siehe Großes Lendenstück

Rock Cornish Game Hen: Eine nordamerikanische Kreuzung zwischen zahmem Huhn und Perlhuhn. Wird bardiert und wie Fasan bereitet.

  Minnesota: Mit wildem Reis gefüllt, gebraten; garniert mit Broccoli, mit holländischer Sauce nappiert, glacierten süßen Kartoffeln und Würfeln von Kronsbeerengelee; Madeirasauce nebenbei (nordamerikanisch).

Rognons d'agneau: siehe Lammnieren

  de bœuf: siehe Rindernieren

  de mouton: siehe Hammelnieren

  de porc: siehe Schweinenieren

  de veau: siehe Kalbsnieren

Roi de cailles: siehe Wachtelkönig

Rouenaiser Ente: siehe Ente, Rouenaiser

Rouge de rivière: siehe Löffelente

Rückenmark: Amourettes: Das Rückenmark von Rind oder Kalb. Zuerst gewässert, dann von den Nervenhäutchen befreit, in kochende,

gewürzte Brühe gelegt und pochiert, vor weiterem Gebrauch ausgekühlt.
gebacken: frites: Mit Villeroisauce umhüllt, paniert, gebacken; Tomatensauce nebenbei.
in Kapernsauce: à la sauce aux câpres: Pochiert, in Kapernsauce serviert.
Kroketts: Croquettes d'amourettes: Gewürfelt, mit gewürfelten Champignons und Trüffeln vermischt, mit dicker deutscher Sauce gebunden, erkaltet, zu Kroketts geformt; paniert, in tiefem Fett gebacken; Trüffelsauce nebenbei.
auf Matrosenart: en matelote: In dicke Stücke geschnitten, mit Krebsschwänzen, pochierten Fischmilchern, Champignons und kleinen gedünsteten Zwiebelchen vermischt; mit Rotweinsauce gebunden.
in Poulettesauce: à la sauce poulette: Pochiert, kurz in Poulettesauce gedünstet; mit gehackter Petersilie bestreut serviert.
auf russische Art: à la russe: Gewürfelt, mit gewürfelten Steinpilzen vermischt, mit dicker Demiglace gebunden; in Schweinsnetz gehüllt, durch Backteig gezogen, in tiefem Fett gebacken; grüne Kräutersauce nebenbei.
Sanglier: siehe Wildschwein
Sarcelle: siehe Knäkente
Sarma: Wie Sarmale bereitet (s. d.) (jugoslawisch).
Sarmale: Sauerkrautröllchen: Gemahlenes Rind- und Schweinefleisch vermischt mit halbgar gekochtem Reis, gehackten Zwiebeln und Knoblauch, gewürzt, gerollt in Blätter von im ganzen eingesalzenem Weißkohl. Boden einer Kasserolle mit reichlich hellgelb gerösteten Zwiebelscheiben bedeckt, mit nudelig geschnittenen, gesäuerten Kohlköpfen oder Sauerkraut bedeckt, die Röllchen darauf geordnet, mit Kraut bedeckt, mit etwas Sauerkrautlake und Tomatensauce angegossen, zugedeckt im Ofen gedünstet; saurer Rahm nebenbei (rumänisch).
in foi de spanac: in Spinatblättern: Große, blanchierte Spinatblätter, mit der gleichen Fleischmasse wie oben gefüllt, auf reichlich angeröstete Zwiebelscheiben gelegt, mit Zwiebelscheiben bedeckt, mit dünner Tomatensauce angegossen, zugedeckt im Ofen gedünstet; saurer Rahm nebenbei (rumänisch).
in foi de vin: in Weinblättern: Wie mit Spinat, doch in Weinblätter gehüllt (rumänisch).
Saucisse: siehe Würstchen
Saucisse de porc: siehe Bratwürstchen
Saucisson: siehe Wurst
Sauerkraut, garniert: 1. Sauerkraut in Weißwein mit fettem Fond, Schweineschmalz, Zwiebelscheiben, einigen Wacholderbeeren, einem Stück Schinken oder durchwachsenem Speck und gepökeltem oder frischem Gänsefleisch gedünstet. Nach dem Garwerden das Fleisch tranchiert, auf dem Sauerkraut angerichtet, garniert mit Frankfurter Würstchen und Salzkartoffeln;
2. Sauerkraut wie oben, aber mit einem Stück Schinken, Pökelfleisch und Mohrrüben gedünstet; garniert mit dem tranchierten Fleisch und dem Schinken, den in Scheiben geschnittenen Mohrrüben, Frankfurter Würstchen und Salzkartoffeln.
auf polnische Art: Choucroute à la polonaise: Sauerkraut mit Apfelscheiben, magerem Speck, Knoblauchwurst und Rauchfleisch gedünstet; wenn gar das tranchierte Fleisch auf dem Sauerkraut angerichtet, garniert mit Scheiben von sauren Gurken.
Sauté: siehe Würzfleisch
Sauté de veau: siehe Kalbsragout
Schafsragout auf Emmentaler Art: Weiß eingemachtes Ragout von Hammelfleisch, mit Safran gefärbt, mit grober Julienne oder gewürfeltem Wurzelgemüse (schweizerisch).
Schaschlik: Türkische Spießchen: Scheibchen von nicht zu magerem Hammelfleisch, in Olivenöl mit gehackter frischer Pfefferminze

und Petersilie, Salz und Pfeffer mariniert, abwechselnd mit viereckigen Scheibchen Speck, mitunter auch Zwiebel- und Tomatenscheiben auf Spießchen gesteckt, auf dem Rost gebraten; auf Reis in fetter Hammelbrühe gekocht serviert (türkisch).

Schaschlyk is baranina po kawkawski: Hammelspießchen auf kaukasische Art: Würfel von Hammelfleisch, mit Zwiebelscheiben, Zitronensaft und Öl mariniert, abwechselnd mit Speckscheiben, Hammelnieren und Zwiebelringen auf Spieß gereiht, mit Öl bestrichen, auf dem Rost gebraten. Tomatenscheiben, grobgeschnittener Dill und grüner Zwiebelschlauch sowie $1/2$ Zitrone nebenbei (russisch).

is file: Spießchen mit Rinderfilet: Wie auf kaukasische Art, aber mit Würfeln von Rinderfilet zubereitet; körniggekochter weißer Reis nebenbei (russisch).

is shinina: mit Schweinefleisch: anstelle von Hammel- mit Schweinefleisch bereitet; Safranreis nebenbei (russisch).

Scheibenfleisch, Saucenfleisch: Emincé (emangzeh): Kleine, dünne Scheiben von gekochtem, gebratenem oder geschmortem Fleisch oder Geflügel, angewärmt, mit heißer Sauce gebunden (nicht aufgekocht), mit Champignonscheiben oder anderen Zutaten vermischt.

Geisha: Scheibchen von Hühnerfleisch, mit tomatierter Currysauce, gewürzt mit Chutney und Johannisbeergelee, gebunden; körnig gekochter Reis nebenbei.

mit Gurken: aux concombres (o kongkombr): Dünne Scheibchen Hammelfleisch, vermischt mit geschälten Scheibchen von Pfeffergurken, mit Demiglace gebunden; garniert mit Scheibchen von Salatgurken in Butter gedünstet.

auf Hausfrauenart: de volaille à la bonne femme: Scheibchen von Hühnerfleisch, mit Geflügelvelouté gebunden, umrandet mit Scheiben von frisch gekochten Kartoffeln und Champignonköpfen.

von Huhn mit Reis: de volaille au riz: Dünne Hühnerscheibchen, mit Geflügelrahmsauce gebunden, inmitten eines Risottorandes angerichtet.

auf italienische Art: à l'italienne: Scheibchen von Hühnerfleisch, mit italienischer Sauce gebunden, meist im Risottorand angerichtet.

Marianne: Scheibchen von Rindfleisch, gebunden mit Pfeffersauce; garniert mit gebackenen Kartoffeln, ausgehöhlt, gefüllt mit dem zerdrückten, mit Butter und gehackter Petersilie vermischten Pulp.

mit Pökelzunge: à la langue de bœuf: Scheibchen von Rindfleisch, mit tomatierter Demiglace gebunden, belegt mit Scheiben von Pökelzunge.

von Reh: de chevreuil (dö schewreuj): Scheibchen von Reh, vermischt mit Morcheln und einigen Trüffelscheiben, mit Madeirasauce gebunden; garniert mit winzigen Wildkroketts.

Schiffchen: Barquettes (barkett): Schiffchenformen, mit Auslege-, Halbblätter- oder Pastetenteig ausgelegt, meist blind gebacken, gefüllt mit Salpicon oder Püree, mitunter überbacken.

Choisy: Mit gesalzenem Auslegeteig ausgefüttert, gebacken, gefüllt mit Salpicon von Seezunge und Champignons, mit Rahmsauce gebunden; belegt mit halbem, gedünstetem Kopfsalat, nappiert mit Mornaysauce, glaciert.

Diana: Diane: Mit Mürbeteig ausgelegt, mit Wildfarce ausgefüttert, gefüllt mit Salpicon von Champignons und Trüffeln, mit Dianasauce gebunden; mit Wildfarce verschlossen, im Ofen gargemacht, beim Servieren mit flüssiger Butter bestrichen.

mit Fischmilchern: aux laitances (o lätangs): Mit Halbblätterteig ausgelegt, gebacken, gefüllt mit Fischmilchern in Butter und Zitronensaft pochiert, mit Paprikasauce nappiert.

auf Florentiner Art: à la florentine (florangtihn): Mit Blätterteig ausgelegt, hell ausgebacken, angefüllt mit gebuttertem Blattspinat, bedeckt mit Käse-Auflaufmasse vermischt mit Sardellenpaste, im Ofen gebacken.

auf gallische Art: à la gauloise (goloas): Mit Halbblätterteig ausgelegt, gebacken; gefüllt mit Salpicon von Hahnenkämmen und -nieren, mit Demiglace gebunden, maskiert mit Hühnerfarce, im Ofen gargemacht.

Ivanhoe: Mit Blätterteig ausgelegt, gebacken; gefüllt mit rahmigem Püree von geräuchertem Haddock, ein geriefter Champignonkopf obenauf.

Joinville: Mit Halbblätterteig ausgelegt, gebacken; gefüllt mit Garnelen, mit Velouté, vermischt mit Garnelenbutter, gebunden, nappiert mit Garnelensauce, Hummerkrabbenschwanz obenauf.

auf Kreolenart: à la créole: Mit gesalzenem Mürbeteig ausgelegt, gebacken; gefüllt mit Risotto, vermischt mit gewürfelten Tomaten und Okra, scharf gewürzt.

Nantua (nangtüa): Mit Halbblätterteig ausgelegt, gebacken; gefüllt mit Salpicon von Krebsschwänzen, gebunden mit Velouté, mit Krebsbutter aufgeschlagen, nappiert mit Nantuasauce, zwei Krebsschwänze und eine gefüllte Krebsnase obenauf.

auf normannische Art: à la normande: Mit Halbblätterteig ausgelegt, gebacken; gefüllt mit Salpicon von Champignons und Krebsschwänzen, mit normannischer Sauce gebunden, belegt mit pochierten, entbarteten Austern, leicht mit normannischer Sauce bedeckt.

auf Ostender Art: à l'ostendaise (ostangdäs): Mit Blätterteig ausgelegt, gebacken; gefüllt mit pochierten, entbarteten Austern, gebunden mit leichter Béchamel mit Fischglace vermischt; Julienne von Trüffeln obenauf.

Regina: Mit Mürbeteig ausgelegt, Boden mit Champignonpüree bedeckt, gefüllt mit Chester-Auflaufmasse, gebacken.

auf Teufelsart: à la diable: Mit Halbblätterteig ausgelegt, gebacken; gefüllt mit Salpicon von Kalbskopf und Krebsschwänzen, gebunden mit scharfgewürzter Rotweinsauce.

Tosca: Mit Halbblätterteig ausgelegt, mit Salpicon von Krebsschwänzen, gebunden mit amerikanischer Sauce, halb gefüllt, bedeckt mit Käseauflaufmasse, gebacken.

Schmelzkrusteln: Fondants (fongdang): Sehr dickes Püree, mit stark eingekochter Sauce gebunden, zuweilen mit einem zweiten Püree vermischt, erkaltet; wie sehr kleine Birnen geformt, gemehlt, durch geschlagenes Ei gezogen, mit geriebener Weißbrotkrume paniert, in tiefem Fett gebacken, mit gebackener Petersilie angerichtet. In der Hauptsache als kleine, warme Vorspeise serviert.

auf böhmische Art: à la bohémienne: Schinkenpüree, gebunden mit Béchamel, vermischt mit winzigen Gänseleberwürfeln.

auf Dreuxer Art: à la Dreux (dröh): Püree von noch blutend gebratenen Geflügellebern, vermischt mit dickem Champignonpüree, gebunden mit stark eingekochter Demiglace.

Georgette (schorschett): Gleiche Teile Wild- und Gänseleberpüree.

auf Gräfinart: à la comtesse: Von gleichen Teilen Hühnerpüree und Püree von Pökelzunge, mit dicker Béchamel gebunden, bereitet.

auf Herzoginart: à la duchesse: Wie Gräfinart unter Zusatz von feingehackten Pistazien bereitet.

auf Königinart: à la reine: Dickes Hühnerpüree, mit eingekochter Geflügelrahmsauce gebunden.

Louisette: Besteht aus zwei Teilen Geflügelpüree und je einem Teil Püree von Gänseleber und Pökelzunge, mit stark eingekochter deutscher Sauce gebunden.

Marion: Besteht aus gleichen Teilen Geflügel und Wildpüree.

Marly: Wird aus drei Teilen Fasanen- und einem Teil Hühnerpüree bereitet, mit dicker Salmisauce gebunden.

Metternich: Besteht aus Gänseleberpüree vermischt mit Gänseleberwürfelchen.

Monselet (mongsleh): Besteht aus zwei Teilen Gänse- und einem Teil Trüffelpüree, mit dick eingekochter Madeirasauce gebunden.

Schneehuhn: Perdrix blanche, Poule de neige (puhl dö nähch): Im nördlichen Europa und Sibirien beheimateter Wildvogel in der Größe ungefähr zwischen Reb- und Birkhuhn, im Sommer braun, weiß und schwarz gezeichnet, im Winter nur weiß. Kommt hauptsächlich eingefroren auf den Markt und wird wie Rebhuhn oder Fasan zubereitet.

Schnepfe: Bécasse (bekaß): Beliebter Wildvogel, der in fast ganz Europa, den Britischen Inseln, Teilen von Asien und Amerika anzutreffen ist. Die rebhuhngroßen Wald- oder Bergschnepfen leben im Wald und werden beim Zug durch unser Gebiet (Schnepfenstrich) geschossen. Schnepfen werden stets rosa und saftig gebraten und mit einem Püree von den sautierten Eingeweiden ohne Magen, dem sogenannten Schnepfendreck, auf Croutons gestrichen, serviert.

auf Austernhändlerart: à l'écaillière (ekajär): Gefüllt mit Farce von Geflügellebern, fettem Speck, den Eingeweiden, der Leber und gewürfelten Austern, mit Paprika gewürzt; bardiert, gebraten, mit saurem Rahm und Glace deglaciert, gewürzt mit Zitronensaft und Sardellenbutter.

Bengalines von (kalt): Bengalines de bécasse (bengalihn dö bekaß): Halbeierförmchen, mit Schnepfenschaumbrot ausgestrichen, mit einem kleinen, kalten Scheibchen gebratener Schnepfenbrust und einer Trüffelscheibe gefüllt, mit Schaumbrot bedeckt, nach dem Erstarren gestürzt; mit brauner Chaudfroid-Sauce nappiert, mit einer Trüffelscheibe belegt, in tiefe Silber- oder Glasschale geordnet, mit zartem Gelee, von Schnepfenfond bereitet, völlig bedeckt, auf Eisblock angerichtet.

auf Burgunder Art: à la bourguignonne (burginjonn): In der Kokotte gebraten, mit etwas Weinbrand und Rotwein deglaciert; garniert mit glacierten Zwiebelchen, sautierten Champignonköpfen und gerösteten Speckwürfeln.

Cäcilia (kalt): Cécile (ßeßil): Rosa gebraten, die beiden Brusthälften ausgelöst und mit brauner Chaudfroid-Sauce, mit Fond aus dem Gerippe bereitet, nappiert; auf Scheiben von Gänseleberparfait, mit Püree von Gänseleber und Schnepfe bestrichen, gesetzt, in tiefe Glas- oder Silberschale geordnet, gänzlich mit gerade stockendem, sehr leichtem Madeiragelee bedeckt.

Carême (karemm): In Stücke geteilt, in Olivenöl blutig gebraten, mit Weinbrand deglaciert, der aus dem Gerippe ausgepreßte Saft beigefügt, mit Senf und Zitronensaft gewürzt, über die Stücke gegossen.

Chaudfroid von: Chaudfroid de bécasse: Gebraten, die Brusthälften ausgelöst, mit brauner Chaudfroid-Sauce, aus dem Gerippe bereitet, nappiert, dekoriert, mit Sherry- oder Madeiragelee überglänzt; jede Brusthälfte auf eine Scheibe Gänseleberparfait gesetzt, mit Geleewürfeln garniert.

mit Cognac: au fine champagne (o fihn schangpainj): Gebraten, in sechs Stücke geteilt, mit altem Cognac flambiert, herausgenommen; Satz mit etwas Wildfond verkocht, der aus dem Gerippe ausgepreßte Saft und die gehackten Eingeweide beigefügt, mit Zitronensaft und Cayennepfeffer gewürzt, doch nicht gekocht, über die Stücke gegossen.

Galitzin: Brustknochen ausgelöst, mit Wildfarce, vermischt mit der gehackten Leber und den Eingeweiden, gefüllt, bardiert, gebraten; serviert mit Trüffelsauce.

gebraten: rôtie: 1. Bardiert, rosa gebraten, auf Crouton, mit der gehackten Leber und den Eingeweiden bestrichen, dressiert; garniert mit Brunnenkresse und Zitronenspalten, der mit Weinbrand und etwas Wildfond deglacierte Bratsatz nebenbei;

2. **au fumet** (o fümeh): Bardiert, rosa gebraten, die Brusthälften ausgelöst und auf ausgehöhltem Crouton, mit gerösteten Speckwürfeln gefüllt, angerichtet; mit Rotwein und Weinbrand deglaciert, vermischt mit dem ausgepreßten Saft der Karkasse, über das Fleisch gegossen.

in der Kasserolle: en casserole: In feuerfester Service-Kasserolle gebraten; nach dem Garwerden mit Weinbrand flambiert, die gehackten Eingeweide, mit Cayennepfeffer und Zitronensaft gewürzt, beigefügt, in der zugedeckten Kasserolle serviert.

auf katalonische Art: à la catalane: In Stücke geteilt, noch blutend in Olivenöl zusammen mit feinem Mirepoix, gehackten Schalotten, Knoblauch und Speck sautiert; herausgenommen, mit Demiglace abgelöscht, die gehackte Leber und Eingeweide beigefügt, mit Sherry gewürzt, passiert, über die Stücke gegossen.

Lucullus: Gebraten, deglaciert mit Trüffelessenz und Demiglace; garniert mit Trüffeln, in Madeira gekocht, ausgehöhlt, gefüllt mit Hahnennieren mit flüssiger Glace bedeckt, und Wildklößchen vermischt mit den gehackten Eingeweiden.

auf Monacoer Art: à la monegasque (monegask): Gebraten, deglaciert mit Trüffelfond und Wildfond; Brüste herausgeschnitten, auf Crouton, maskiert mit Püree von der Leber, den Eingeweiden und gehackten Trüffeln plaziert.

in Papierhülle: en papillote: Der Länge nach gespalten, blutend gebraten, herausgenommen; gehackte Schalotten, Champignons, Trüffel und Petersilie in der Bratbutter angeschwitzt, mit etwas Madeira zu dickem Püree gekocht, die gehackte Leber und Eingeweide beigefügt. Die beiden Hälften mit der Mischung maskiert, in gefettete Papiertüte gefüllt, noch einige Minuten in den heißen Ofen gestellt, im Papier serviert.

Parker-Gilbert (kalt): Gebraten, erkaltet, Brusthälften herausgeschnitten, mit brauner Chaudfroid-Sauce nappiert, überglänzt. Das Fleisch der Knochen, die ansautierte Leber und die Eingeweide zusammen mit pochierter Gänseleber gestoßen, durchgestrichen, mit Weinbrand und Pastetengewürz gewürzt, mit Gelee und Schlagsahne aufgezogen, in Parfaitform, mit Gelee ausgegossen und beliebig dekoriert, gefüllt. Nach dem Festwerden gestürzt, mit den Brüstchen und Geleewürfeln garniert.

auf reiche Art: à la riche: Gebraten, Brüste ausgelöst und auf Croutons, maskiert mit Püree von der Leber und den Eingeweiden, plaziert; Satz mit Weinbrand und Wildfond deglaciert, mit Gänseleberpüree und Butter aufgezogen und über die Brüste gegossen.

Salmi von: Salmis de bécasse: Wie Rebhuhn bereitet.

auf Jägerart: en salmis à la chasseur: Rosa gebraten, zerteilt, zusammen mit geviertelten, sautierten Champignons angerichtet; Bratsatz mit Weißwein deglaciert, mit Salmisauce, mit dem Gerippe bereitet, verkocht, mit Püree von der Leber und den Eingeweiden vervollständigt, über die Stücke gegossen; garniert mit herzförmigen, gebratenen Croutons.

Schaumbrot von: Mousse de bécasse (mus dö bekass): Mousselinefarce von Schnepfen, in gebutterte Form gefüllt, im Wasserbad pochiert, gestürzt; nappiert mit Demiglace, verkocht mit Rotwein und dem gehackten, angerösteten Gerippe.

mit Schaumwein: au champagne (o schangpanj): Gebraten, die Brusthälften ausgelöst, warmgehalten; das Gerippe, die Leber und Innereien in Butter angeröstet, im Mörser gestampft, mit einem Glas Schaumwein aufgekocht, eingekocht, durchgestrichen, wieder aufgewärmt, aber nicht gekocht, mit Zitronensaft und Cayennepfeffer gewürzt, über die Brust gegossen.

Suwarow: Souvaroff: Wie Fasan bereitet.

Timbal Metternich: Timbale de bécasse Metternich: Wie mit Schaumwein bereitet; die Brusthälften, abwechselnd mit sautierten

Gänseleberscheiben in eine flache, runde Kruste von Pastetenteig dressiert, mit der mit Butter aufgeschlagenen Sauce und Trüffelscheiben bedeckt.

mit Trüffeln: aux truffes (o trüff): Wie mit Schaumwein bereitet, doch mit Trüffelfond anstelle des Schaumweines, dazu Trüffelscheiben.

Victoria: Brustknochen entfernt, gefüllt mit Gänseleber- und Trüffelwürfeln, in der Kokotte mit ansautierten Kartoffelwürfeln gebraten; beim Servieren ein Schuß Weinbrand beigefügt, zugedeckt serviert.

mit Weinbeeren: aux raisins (o räsäng): Wie Chaudfroid bereitet, jedoch nicht überglänzt; in Glas- oder Silberschale dressiert, mit geschälten, entkernten Weinbeeren umkränzt, gänzlich mit zartem Madeiragelee vollgegossen.

Schnepfenbrüstchen: Suprême de bécasse: Die ausgelösten Brüstchen wie Rebhuhnbrüstchen bereitet.

auf Neapler Art: à la napolitaine: Rosa gebraten, auf Spaghetti, vermischt mit geriebenem Parmesan, Butter und Püree von der Leber und den Eingeweiden angerichtet; nappiert mit tomatierter Demiglace mit der gehackten, angerösteten Karkasse verkocht.

Nignon (ninjonn): Noch blutend gebraten, mit einem Schuß Weinbrand warmgehalten; Keulen und Karkasse gehackt, zusammen mit gehackten Schalotten angeröstet, mit Rotwein abgelöscht, eingekocht, mit Demiglace verkocht, passiert. Die Sauce mit grober, sautierter Julienne von Champignons und kleinen, mandelförmigen Wildklößchen vermischt, über die Brüstchen gegossen, mit Trüffeljulienne bestreut.

Schottisches Moorhuhn: Grouse (graus): Sehr wohlschmeckendes, dunkelfleischiges Wildhuhn, das in Schottland, Nordengland, Wales und Westirland beheimatet ist. Amerikanische Abarten sind das Prairiehuhn, die Halskragen-Grouse, der schwarze Heidenhahn und der Ptarmigan. Wird wie Rebhuhn bereitet, schmeckt jedoch am besten einfach gebraten.

auf englische Art: à l'anglaise: Gebraten, auf Crouton dressiert, garniert mit Brunnenkresse und Zitronenspalten; Brotsauce, geröstetes, frisch geriebenes Weißbrot und Game chips (s.d.) nebenbei.

mit Orangensauce: à l'orange (ohrangsch): Bardiert, gebraten, auf Crouton angerichtet; Orangengelee, mit etwas Weißwein aufgekocht, passiert, mit Zitronensaft gewürzt und mit blanchierter Julienne von Orangenschale vermischt, nebenbei.

Rob Roy: Mariniert in Whisky, bardiert, gebraten; mit Whisky flambiert; der Bratsatz mit etwas Wildfond verkocht.

Schwäbische Kalbsvögel: Größere Stücke aus der Kalbshesse geschnitten, flachgeklopft, gespickt, mit Kalbsfarce maskiert, zusammengerollt, gebunden; angebräunt, auf Scheiben von angerösteten Mohrrüben und Zwiebeln mit Weißwein und braunem Fond geschmort; Fond passiert, gebunden, mit Kapern und gehackten Sardellen vermischt über die Vögel gegossen.

Schwein: Porc (por): Das Fleisch junger Tiere im Alter von 7–10 Monaten gilt als am besten. Schweinefleisch guter Qualität ist weiß bis hellrosa und nicht zu fett. Rotes und grobfaseriges Fleisch stammt von alten Tieren.

Schwein: Bratwurst: Saucisse de porc (ßoßihs dö por): Frisches, mageres Schweinefleisch und ebensoviel frischer, fetter Speck, oder halb mageres und halb fettes Schweinefleisch, fein oder grob gemahlen, mit Salz, Gewürzen und Zwiebeln gewürzt und in Schafsdärme gefüllt. Sehr kleine, dünne, etwa 6 cm lange Bratwürstchen sind als Chipolatas bekannt. Vor dem Braten werden die Würste blanchiert.

auf Burgunder Art: à la bourguignonne: Pochiert, in grobe Stücke geschnitten, in Burgunder Butter (Schneckenbutter) gebraten.

gebraten: frite: In Butter gebraten, mit der Bratbutter und Kartoffelpüree angerichtet.

grilliert: grillée (grijeh): Blanchiert, gemehlt, durch zerlassene Butter gezogen, auf dem Rost gebraten; mit Kartoffelpüree angerichtet.

mit Risotto: au risotto: Chipolatas, in Butter und Weißwein pochiert, der Fond mit Demiglace verkocht; die Würstchen in einem Risottorand angerichtet, mit der Sauce nappiert.

im Schlafrock: en robe de chambre: Blanchiert, ausgekühlt, in Blätterteig gehüllt, mit Ei bestrichen, gebacken.

in Weißwein: au vin blanc (o wäng blang): In Butter gebräunt, in Weißwein gedünstet; Fond mit Demiglace verkocht und über die Würste gegossen.

Schwein: Eisbein: Das gepökelte, vom Bug abgeschnittene Schweinebein, geteilt in Dickbein und Spitzbein. Für die Küche kommt hauptsächlich das Dickbein in Betracht, das in gewürztem Wasser gekocht und mit Sauerkraut und Salzkartoffeln serviert wird.

auf Berliner Art: Gekocht, serviert mit Sauerkraut, gelbem Erbsbrei, Salzkartoffeln und Speckstippe (kleinwürflig geschnittener ausgelassener Speck, in dem Zwiebelwürfelchen gebräunt worden sind).

Schweinefilet: Filet de porc (filleh dö por): Die kleinen Filets, die sich unter dem Lendenstück befinden. Sie werden entsehnt, je nach Größe ganz gelassen, oft gespickt, der Länge nach halbiert und plattiert, oder in dicke Scheiben wie Lendenschnitten geschnitten.

mit Ananas: à l'ananas: In dicke Scheiben geschnitten, leicht plattiert, gewürzt, in Butter gebraten; deglaciert mit Ananassaft, mit etwas Demiglace verkocht, über die Schnitten gegossen; garniert mit geviertelten Ananasscheiben, mit Puderzucker bestäubt und unter dem Salamander glaciert.

mit Äpfeln: aux pommes fruits: Gewürzt, gemehlt, in Butter gebraten; garniert mit dicken Scheiben geschälter Äpfel, das Kerngehäuse ausgestochen, die Scheiben in Butter und Weißwein pochiert, mit Puderzucker bestäubt und unter dem Salamander glaciert.

auf deutsche Art: à l'allemande: In Butter gebraten, Bratsatz mit saurem Rahm verkocht, mit Kartoffelpüree und Spätzle serviert.

auf französische Art: à la française (frangsähs): Gewürzt, in dünne Scheiben fetten Speck gehüllt, in blanchiertes Weißkrautblatt gewickelt, gebunden, in Weißwein und Demiglace gedünstet; Faden entfernt, mit der Sauce übergossen serviert.

auf Gastronomenart: à la gastronome: Großes Filet, mit Speck und Sardellen gespickt, angebräunt, in braunem Fond geschmort; Fond mit saurem Rahm eingekocht, garniert mit sautierten Steinpilzen und entsteinten, blanchierten grünen Oliven.

auf Lyoner Art: à la lyonnaise: Gebraten, bedeckt mit braungebratenen Zwiebelscheiben, vermischt mit flüssiger Glace, gewürzt mit Essig.

mit saurem Rahm: à la crème aigre: Ganzes Filet, angebraten, mit angeröstetem Wurzelwerk und Zwiebelscheiben, braunem Fond und saurem Rahm gedünstet; Sauce über das Fleisch passiert, mit Salzkartoffeln serviert (österreichisch).

auf russische Art: à la russe: Der Länge nach gespalten, aber nicht getrennt, leicht plattiert, angebraten; mit Duxelles gefüllt, zusammengeklappt, erst in blanchiertes Weißkrautblatt gewickelt, dann in Schweinsnetzchen gehüllt; im Ofen gebraten, mit brauner Kräutersauce serviert.

auf ungarische Art: à la hongroise: In Butter gebräunt, in leichter Paprikasauce geschmort; mit Nudeln oder Salzkartoffeln serviert.

Wellington: Blutend gebraten, ausgekühlt, maskiert mit Duxelles vermischt mit Tomatenpüree, gehackter Petersilie und gehackter Zitronenschale; in Blätterteig gehüllt, dekoriert, mit Ei bestrichen, gebacken.

Westmoreland: Gebraten; Bratsatz mit Rotwein deglaciert, mit Demiglace verkocht; Sauce mit gehackten Essiggemüsen, gehackten Champignons und Kapern vermischt.

Schweinekarree: Carré de porc (kareh dö por): Wirbelknochen abgehackt, pariert, gewürzt, gebraten; mit dem abgelöschten, entfetteten Fond und passender Garnitur serviert. Alle Garnituren für Schweinekotelett eignen sich auch für das Karree.

auf Bauernart: à la paysanne: Gebraten, wenn halbgar, rohe geviertelte Kartoffeln und Zwiebelscheiben beigefügt, fertiggebraten.

mit weißen Bohnen: à la soissonnaise: Gebraten, serviert mit weißen Bohnen auf Soissoner Art bereitet.

Jungschweinsbraten: Karree eines jungen Schweines mit Schwarte, diese rautenförmig eingeritzt, mit Salz und gestoßenem Kümmel eingerieben, gebraten; der abgelöschte Bratsatz mit Mehl gedickt passiert, Salzkartoffeln nebenbei (österreichisch).

Kalocsai sertésborda: auf Kalocsaer Art: Im Stück gebraten, in Scheiben geschnitten, mit paprizierter und leicht tomatierter Sahnensauce übergossen; mit grünen Erbsen, Rosenkohl, Karotten und Butterkartoffeln garniert (ungarisch).

mit Püree: aux purées diverses (o püree diwers): Gebraten, serviert mit dem abgelöschten, entfetteten Fond und Püree von Linsen, Knollensellerie, Zwiebeln, grünen Erbsen oder Kartoffeln.

mit Rotkraut: au chou rouge (o schuh ruhsch): Gebraten, mit dem abgelöschten, entfetteten Bratsatz und Rotkraut.

mit Sauerkraut: au choucroute: Gebraten, mit Sauerkraut, Salzkartoffeln und dem abgelöschten Bratsatz serviert.

Schwein: Kasseler, richtiger Kasseler Rippenspeer: Das gepökelte und schnell geräucherte Rippenstück des Schweines, das hauptsächlich gebraten, aber auch gekocht und zu Koteletts geschnitten wird.

mit gefüllten Äpfeln: Gebraten, Bratsatz mit Weiß- oder Apfelwein abgelöscht, mit tomatierter Demiglace verkocht; garniert mit halben, geschälten, ausgehöhlten, in Weißwein und Zitronensaft pochierten, mit Johannisbeergelee gefüllten Äpfeln und Schloßkartoffeln, mit der Sauce leicht nappiert.

auf badische Art: à la badoise (badoas): Mit Zwiebel-, Mohrrüben- und Zitronenscheiben, Pfefferkörnern, Lorbeerblatt und Petersilienstielen in Weißweinmarinade mit Essig eingelegt; mit dem Wurzelwerk angebraten, mit halb braunem Fond und halb Marinade aufgegossen, geschmort; schwach gesüßtes, mit Zimt gewürztes, heißes Kompott von Weichselkirschen; Bratkartoffeln und der mit Stärkemehl gebundene, passierte Fond nebenbei.

auf Berliner Art: à la berlinoise: Mit etwas Wasser angegossen, nach dem Verdunsten im eigenen Fett gebraten; Bratsatz mit milder Jus abgelöscht, leicht mit Stärkemehl gebunden, Rotkraut und Kartoffelpüree nebenbei.

auf bürgerliche Art: à la bourgeoise: Angebraten, mit Rotwein und salzlosem braunem Fond geschmort, Fond mit Stärkemehl abgezogen; mit glacierten Zwiebelchen, sautierten Champignons und glacierten, tournierten Mohrrüben garniert.

mit diversen Garnituren: aux garnitures diverses: Gebraten, serviert mit Spinat- oder Sauerampferpüree, Sauerkraut, warmes, nur leicht gesüßtes und glaciertes Apfelmus, Linsen-, weißes Bohnen- oder grünes Erbsenpüree.

auf Teltower Art: Auf Zwiebel- und Mohrrübenscheiben gelegt, mit milder Brühe angegossen, Kräuterbündel beigefügt, gedünstet; garniert mit glacierten Teltower Rübchen und gutgeformten Petersilienkartoffeln, der abgezogene, passierte Fond nebenbei.

Kasseler-Kotelett mit Ananas: à l'ananas: Mild gepökeltes Rippenspeer, Wirbelknochen abgehackt, zu Koteletts geschnitten, pariert, Rippenknochen darangelassen, in Butter gebraten; garniert mit halber, mit Currypulver bestäubter, gemehlter, gebratener Ananasscheibe und Nußkartoffeln, Streifen gebundener Kalbsjus rundherum.

auf puertorikanische Art: à la puertoricaine: Gemehlt, in Butter gebraten, herausgenommen, Zucker in der Bratbutter zu hellem

Karamel geröstet, mit halb Weinessig und halb Rum deglaciert, mit einigen Löffeln Kalbsjus aufgekocht; gewürfelte, stark blanchierte rote Paprikaschoten, gewürfelte Ananas und Bananenwürfel in die Sauce gegeben, kurz durchgekocht und über das Kotelett gegossen.

auf russische Art: à la russe: In Butter gebraten, Bratsatz mit braunem Fond und saurem Rahm verkocht, vermischt mit blanchierter, grober Julienne von sauren Gurken und gehacktem Dill, gewürzt mit Zitronensaft; Kartoffelpüree nebenbei.

auf schwedische Art: à la suédoise: Paniert, in Butter gebraten; Salat von grober Julienne von roten Rüben und Meerrettich-Schlagsahne vermischt mit Apfelmus nebenbei.

-Steak auf Bostoner Art: Grilliert, garniert mit Maiskrusteln, gebratenen Bananen, Strohkartoffeln und halben, mit Tomatenreis gefüllten Paprikaschoten; Scheibe Zitronenbutter auf dem Fleisch.

Schweinekeule, frischer Schweineschinken: Gigot de porc (schigoh dö por), Jambon frais (schambon fräh): Schwarte mit scharfem Messer rautenartig eingeritzt, völlig durchgebraten. Bratsatz mit Fond aus Schweineknochen oder Kalbsjus verkocht, serviert mit gerösteten Kartoffeln oder Kartoffelpüree, Rotkraut, Spinat, auch warmem Apfelmus oder sautierten Früchten.

Cerdo asado a la Riojano: Schweinebraten, Schweinekeule oder Rippenstück, mit Knoblauch bespickt, am offenen Feuer oder am Spieß gebraten, garniert mit ganzen Paprikaschoten in spanischem Olivenöl gedünstet (spanisch).

Schweinekotelett: Côtelette de porc, Côte de porc (kot dö por): Das Kotelett wird vom Schweinekarree geschnitten, dabei wird der Wirbelknochen abgehackt, damit nur der Rippenknochen verbleibt. Dieser wird oben etwas vom Fett befreit und sauber pariert.

mit Äpfeln: aux pommes fruits: Gewürzt, gemehlt, in Butter gebraten; garniert mit Apfelspalten in Butter, Weißwein, Zitronensaft und wenig Zucker gedünstet.

auf Bauernart: Gebraten, garniert mit gebratenen Zwiebelscheiben und roh gerösteten, geviertelten Kartoffeln.

auf Berliner Art: à la berlinoise: Paniert, gebraten; Kartoffelpüree und Rotkraut, mit Apfel bereitet, nebenbei.

mit weißen Bohnen: à la soissonaise (soassonäs): In Butter gebraten, serviert mit weißen Bohnen auf Soissoner Art.

Brabanter Art: à la brabançonne: Gemehlt, angebraten, mit viel gerösteten Zwiebelscheiben in halb belgischem Bier und halb Demiglace geschmort; mit in Butter sautiertem Rosenkohl und Salzkartoffeln garniert.

auf Debrecziner Art: Auf beiden Seiten in Butter angebräunt, in blanchierte Weißkrautblätter gewickelt, gebunden, in leichter Paprikasauce geschmort; Salzkartoffeln nebenbei.

Esterhazy: Angebräunt, papriziert, in hellem Fond zusammen mit grober Julienne von Wurzelgemüsen gedünstet; Fond mit saurem Rahm verkocht, mitsamt der Julienne über das Kotelett gegossen.

auf flämische Art: à la flamande (flamangd): In Butter gebräunt, in gebutterte Backplatte gelegt, mit reichlich geschälten, vom Kerngehäuse befreiten und in grobe Scheibchen geschnittenen Äpfeln bedeckt, im Ofen gargemacht.

in Gelee (kalt): en gelée: Karree im ganzen Stück mit gespickter Zwiebel und Wurzelwerk gekocht, im Fond ausgekühlt; Rippenknochen entfernt, zu Koteletts ohne Knochen geschnitten. Von dem Fond leicht gesäuertes Gelee bereitet, Kotelettformen damit ausgegossen, mit Mohrrüben- und Salzgurkenscheiben dekoriert, Kotelett eingesetzt, mit Gelee zugegossen; nach dem Stocken gestürzt, mit Bratkartoffeln serviert.

auf Großmuttersart: à la grand'mère: Gehackt, vermischt mit gehackten, gedünsteten und ausgekühlten Zwiebeln, Ei und Butter,

Schweinekotelett

gewürzt, wieder am Knochen zusammengesetzt; in Schweinsnetzchen gehüllt, mit Butter bestrichen, grilliert, Kartoffelpüree nebenbei.
- **mit feinen Kräutern:** aux fines herbes (o finnserbs): In Butter angebräunt, mit wenig braunem Fond und gehackten Schalotten, Petersilie und Champignons gedünstet.
- **auf kurländische Art:** à la courlandaise (kurlandgäs): Durch zerlassene Butter gezogen, in geriebenem Weißbrot gewälzt, grilliert; garniert mit glacierten Maronen, Rotkraut und Madeirasauce nebenbei.
- **auf Mailänder Art:** à la milanaise: Paniert in Ei und geriebenem Weißbrot, vermischt mit geriebenem Parmesan, in Olivenöl gebraten; Makkaroni auf Mailänder Art nebenbei.
- **auf Metzgerart:** à la charcutière (scharkütjähr): Nicht pariert, leicht plattiert, durch flüssige Butter gezogen, in geriebenem Weißbrot gewälzt, grilliert; Kartoffelpüree und Metzgersauce nebenbei.
- **auf mexikanische Art:** à la mexicaine (mexikähn): In Butter gebräunt, in tomatierter Demiglace mit Streifen von roten Paprikaschoten gedünstet.
- **auf Moldauer Art:** à la moldavienne (molldawjenn): Gehackt, gewürzt, mit Ei und Butter vermischt, wieder am Knochen zusammengesetzt, durch zerlassene Butter gezogen, in Reibbrot gewälzt; in Butter gebraten, mit gehackten, in Butter gerösteten Zwiebeln bedeckt, mit geschabtem Meerrettich garniert; Senfsauce nebenbei.
- **mit pikanter oder Robert-Sauce:** à la sauce piquante ou au sauce Robert: Gewürzt, gemehlt, in Butter gebraten; mit pikanter oder Robert-Sauce und Kartoffelpüree serviert.
- **Puebla:** Angebraten, auf Bett von leicht angerösteten Zwiebelscheiben gelegt, mit grober Julienne von roter Paprikaschote bedeckt, mit dünner, mit Knoblauch gewürzter Tomatensauce geschmort.
- **in saurer Rahmsauce:** à la crème aigre: Gewürzt, gemehlt, in Butter gebraten; Bratsatz mit saurem Rahm verkocht, mit etwas Fleischglace vermischt, mit Zitronensaft gewürzt und über das Kotelett gegossen; Salzkartoffeln nebenbei.
- **mit Sauerkraut:** au choucroute: In Schmalz angebräunt, in Backplatte auf vorgekochtes Sauerkraut gelegt, mit rohen Apfelscheiben bedeckt, mit Weißwein und etwas Rinderbrühe angegossen, im Ofen fertiggeschmort.
- **Skovhus Kotelett Jutlandia:** Jutländisches Schweinekotelett: Koteletts von mild gepökeltem und wenig geräuchertem Schweinekarree in Butter gebraten; mit holländischer Sauce, mit geriebenem Samsöskäse vermischt, nappiert, rasch glaciert; mit Ragout von weißgedünsteten Zwiebelchen und Champignons in Rahmsauce garniert, nudelig geschnittener Kopfsalat, mit Tomatenwürfeln vermischt, mit Meerrettich-Marinade angemacht, nebenbei (dänisch).
- **auf südländische Art:** à la méridionale: Gebraten; Bratsatz mit Weißwein abgelöscht, vermischt mit geschmolzenen Tomaten mit Knoblauch, Prise Thymian und Rosmarin, über das Kotelett gegossen, mit gehackter Petersilie und Estragon bestreut.
- **auf ungarische Art:** à la hongroise (ongroas): Gewürzt, stark papriziert, gemehlt, in Butter gebräunt; mit etwas Bouillon und saurem Rahm angegossen, zugedeckt im Ofen gedünstet; Nudeln oder Tarhonya nebenbei.
- **Westmoreland:** In Butter gebraten, nappiert mit Demiglace mit gehackten Essiggemüsen, gehackten Champignons und Kapern vermischt.
- **Wiesmoor:** Gebraten, in Backplatte auf gebuttertem Blattspinat angerichtet, bedeckt mit geschmolzenen Tomaten, belegt mit Käsescheibe, überbacken; garniert mit Byron-Kartoffeln.
- **mit Wurzelgemüsen:** aux racines: In Butter gebräunt, in Backplatte zusammen mit blätterig geschnittenen Mohrrüben, Zwiebeln, weißen Rüben und Kartoffeln gefüllt, gewürzt, mit etwas Bouillon angegossen, im Ofen gedünstet.

Schweineleber: foie de porc (foa dö por): Wird hauptsächlich zu Farcen verwendet, kann aber wie Kalbsleber bereitet werden.
  auf bürgerliche Art: à la bourgeoise (burschoas): Enthäutet, angebräunt, in leichter Demiglace geschmort; garniert mit glacierten Zwiebelchen und kleinen, rohen, der Länge nach geviertelten Kartoffeln.
  Chanfaina: Schweineleber, in Würfel geschnitten, mit gehackten Zwiebeln in Olivenöl angebraten, mit Bouillon angegossen, mit gehackter Petersilie, Pfefferminze, Zimt, Paprika, Safran, Pfefferkörnern und Gewürznelken gedünstet; beim Servieren mit Reibbrot bestreut (spanisch).
  auf italienische Art: à l'italienne: In Scheiben geschnitten, gebraten, nappiert mit italienischer Sauce.
  in Rotwein: au vin rouge: Enthäutet, in Würfel geschnitten, in Butter gebräunt, mit Mehl bestreut, gewürzt, mit halb Rotwein und halb braunem Fond aufgegossen, geschmort; mit gebackenen Zwiebelringen bestreut angerichtet.
Schweineschinken: Jambon (schambong): Die gepökelten und geräucherten Hinterkeulen des Schweins. Schinken sind verschieden in der Größe, der Farbe und dem Geschmack, je nach der Zucht und der Art des Pökelns. Die bevorzugtesten Arten sind: Westfälische Schinken, Yorker Schinken, Bayonner Schinken, die kleineren Prager Schinken und die Virginia-Schinken. Schinken, die heiß serviert werden sollen, sind vorher abzubürsten und zu wässern; sollen sie gebacken oder braisiert werden, sind sie 30 Minuten vor dem Garwerden aus dem Fond zu nehmen, abzuziehen und zu parieren. Schinken werden nicht gekocht, sondern pochiert, d.h. daß sie auf Siedehitze zu halten sind und das Wasser nur „lächeln" darf.
  auf Bayonner Art: à la bayonnaise (bajonähs): Vorgekocht, in Madeira mit kräftigem Kalbsfond braisiert; Risotto, vermischt mit gewürfelten Tomaten, kleinen Champignonköpfen und Scheiben von Chipolatas sowie Madeirasauce nebenbei.
  Bellevue (kalt): en belle vue: Gekocht, ausgekühlt, Oberseite herausgeschnitten, tranchiert, wieder in Position gelegt; beliebig dekoriert, mit Gelee überglänzt, mit gewürfeltem Gelee garniert.
  auf Botschafterart (kalt): à l'ambassadeur: Gekocht, im Fond ausgekühlt, von der Schwarte befreit, bis auf ein Stückchen am Hachsenknochen, das eingezackt wird, und sauber pariert. Kurz hinter der Schwarte senkrechter Schnitt bis zum Knochen gemacht, entlang dem Röhrenknochen geführt, das Fleisch wie eine Mulde herausgehoben, die Höhlung mit Gänseleberschaumbrot gefüllt, das mit gewürfelten Trüffeln vermischt ist, und gewölbt glattgestrichen. Nach dem Festwerden des Schaumbrotes das der Länge nach geschnittene, herausgenommene Fleisch, rechts und links mit einer runden Trüffelscheibe zwischen den Scheiben, aufgelegt, dazwischen eine Reihe chaudfroidierter Champignonköpfe gesetzt, das Ganze mit Madeiragelee überglänzt, mit Geleewürfeln garniert.
  auf Burgunder Art: à la bourguignonne: Vorgekocht, entschwartet, pariert, in weißem Burgunder mit Mirepoix Bordelaise und Champignonabgängen braisiert; Madeirasauce, vermischt mit dem eingekochten Fond und sautierten Champignonscheiben, nebenbei.
  mit Chicorée: aux endives (osangdihf): Gekocht, serviert mit gedünstetem Chicorée und Madeirasauce.
  Clamart: Vorgekocht, in Madeira braisiert; Macaire-Kartoffeln, Erbsen auf französische Art (mit nudelig geschnittenem Kopfsalat vermischt) und Madeirasauce nebenbei.
  auf elsässische Art: à l'alsacienne: Vorgekocht, in Riesling braisiert; tranchiert, auf Sauerkraut, auf elsässische Art zusammen mit einem Stück magerem Speck gedünstet, angerichtet, garniert mit dem in Scheiben geschnittenen Speck und Straßburger Würstchen; Salz-

kartoffeln und Madeirasauce, vermischt mit dem eingekochten Schinkenfond, nebenbei.

auf englische Art: à l'anglaise: Vorgekocht, in Brotteig gehüllt, gebacken; tournierte, in Butter gedünstete Wurzelgemüse und Madeirasauce nebenbei.

auf Finanzmannsart: à la financière: In Madeira braisiert, Finanzmann-Garnitur und -sauce.

Fitz-James: Vorgekocht, mit Madeira braisiert, glaciert; garniert mit geformtem Tomatenreis und gefüllten Champignons; Madeirasauce, vermischt mit dem eingekochten Fond, kleinen Hahnenkämmen und -nieren, nebenbei.

auf flämische Art: à la flamande: Vorgekocht, in Madeira braisiert; garniert mit gedünsteten Krautkugeln, Scheiben von Knoblauchwurst, Scheiben von gekochtem Magerspeck, tournierten Mohrrüben und weißen Rüben, Madeirasauce nebenbei.

gebacken: au four (o fuhr): Prager Schinken, vorgekocht, entschwartet, pariert, in Pastetenteig gehüllt, dekoriert, Kamin zum Dampfabzug angebracht, im Ofen gebacken. Nach dem Garwerden etwas Sherry oder Port durch das Kaminloch gegossen; flüssige Glace, mit Sherry oder Port gewürzt und mit Butter aufgeschlagen, nebenbei.

gebacken in Brotteig: en croûte (ang kruht): Vorgekocht, entschwartet, pariert, in Brotteig gehüllt, gebacken; warmer Kartoffelsalat nebenbei.

Godard: Mit Madeira braisiert, mit Godard-Sauce und -Garnitur serviert.

auf Gräfinart: à la comtesse: Vorgekocht, entschwartet, pariert, mit Trüffelnägeln besteckt, in Madeira braisiert, glaciert; garniert mit gedünstetem Kopfsalat und Klößchen von Hühnerschaumfarce, Madeirasauce nebenbei.

Lacroix (kalt): Dünne Scheiben von gekochtem, kaltem Prager Schinken, mit dünner Scheibe getrüffeltem Gänseleberparfait zwischen zwei Scheiben, in Glasschale angerichtet, mit sehr feinem, leichtem Madeiragelee bedeckt.

in Madeira: au madère (madehr): Vorgekocht, in Madeira braisiert; beliebiges Gemüse und Madeirasauce nebenbei.

auf Mailänder Art: à la milanaise: Vorgekocht, in Weißwein und Kalbsfond braisiert; Makkaroni auf Mailänder Art und tomatierte Demiglace nebenbei.

mit Maronenpüree: à la purée de marrons: Vorgekocht, in Weißwein braisiert, glaciert; Maronenpüree und Pfeffersauce nebenbei.

auf Mecklenburger Art: à la mecklenbourgeoise: Gekocht, entschwartet, pariert; dicht bestreut mit geriebenem Roggenbrot, vermischt mit Zucker, gestoßenen Nelken und Zimtpulver, mit zerlassener Butter betropft, im Ofen gebräunt.

Metternich: Vorgekocht, in Pastetenteig gehüllt, gebacken; garniert mit gebratenen Stopfleberscheiben, mit Trüffelscheibe belegt, und gebutterten grünen Spargelspitzen; Demiglace mit Trüffelessenz nebenbei.

auf Norfolker Art: à la Norfolk: Vorgekocht, in Pastetenteig gebacken; Scheiben von braisierter Kalbsmilch, Erbsen auf Bauernart und Demiglace mit Madeira nebenbei.

mit Nudeln: aux nouilles (o nuij): Braisiert, serviert mit feinen, gebutterten Nudeln und Madeirasauce.

mit Pommard: au Pommard (o pommahr): Vorgekocht, braisiert mit Pommard, glaciert; garniert mit glacierten Zwiebelchen, kleinen Champignonköpfen und sautierten Hahnenkämmen; Demiglace vermischt mit dem eingekochten Fond nebenbei.

Pückler-Muskau: Vorgekocht, mit Sherry braisiert; Spinatkroketts mit gehacktem Schinken und Finanzmannsauce, vermischt mit dem eingekochten Fond und Trüffelscheiben, nebenbei.

Roland Köster (kalt): Gekocht, ausgekühlt, wie für Botschafterart pariert und Mittelstück herausgeschnitten; Höhlung mit leicht geliertem Waldorf-Salat, vermischt mit kurzer, feiner Julienne von roter Paprikaschote, gefüllt; die Schinkenscheiben immer etwas übereinander im Kranz auf dem Salat angeordnet, die freie Mitte mit winzigen Überraschungstrüffeln gefüllt, das Ganze mit Madeiragelee glaciert. Der Schinken wird auf eine viereckige, mit Geleespiegel versehene Platte dressiert. Garnitur: kleine geschälte, ausgehöhlte Tomaten, gefüllt mit Salat von Bananen- und Tomatenwürfeln, mit Currysahne gebunden und mit Pistazienstreifen bestreut; sehr kleine Tarteletts, gefüllt mit Eigelbcreme, mit der gleichen Menge Gänselebercreme vermischt, mit runder Tülle aufgespritzt und mit feiner Trüffeljulienne bestreut, und größere Geleewürfel.

mit Sauerkraut: aux choucroute: Gekocht, serviert mit Sauerkraut, Salzkartoffeln und Demiglace, mit Rheinwein verkocht.

auf schwäbische Art: à la souabe (swab): Vorgekocht, in hellem Bier und braunem Fond mit Zwiebelscheiben braisiert; der passierte, mit Stärkemehl gebundene Fond nebenbei.

mit Spinat: aux epinards (osepinahr): Braisiert, serviert mit feinem Spinatpüree und Madeirasauce.

auf Valencienner Art: à la valencienne (walangsjenn): Vorgekocht, in Weißwein und Kalbsfond braisiert; Risotto, vermischt mit gewürfelten Tomaten und grünen Erbsen, und Demiglace mit dem eingekochten Fond nebenbei.

Virginia Style Ham: auf virginische Art: Vorgekocht, entschwartet, pariert, mit Nelken bespickt, mit Puderzucker bestäubt, glaciert; Zucker zu hellem Karamel gebrannt, mit Weinessig deglaciert, mit zerdrückten Pfefferkörnern fast gänzlich eingekocht, mit gebundener Kalbsjus kurz aufgekocht, passiert, vermischt mit eingeweichten, aufgekochten, kernlosen Rosinen, mit Sherry gewürzt, nebenbei (nordamerikanisch).

Wagram: Vorgekocht, in Marsala braisiert, glaciert; garniert mit glacierten Maronen, kleinen Blut- und Hühnerwürstchen; Sauerkraut und Marsalasauce nebenbei.

Schwein: **Schinkenauflauf:** Soufflé de jambon (ßuffleh dö schambong): 1. Von rohem Schinken: gleiche Masse wie für Schaumbrot, doch ein Viertel Rahm weniger, der durch dicke, kalte Béchamel ersetzt wird, zuletzt mit 4 festgeschlagenen Eiweiß je 500 g Schinken aufgezogen;
2. von gekochtem Schinken: mit etwas Béchamel gestoßener Schinken, durchgestrichen, mit etwas kalter Béchamel vermischt, mit Eigelb legiert, mit reichlich geschlagenem Eiweiß aufgezogen. Ausgebutterte Auflaufschale mit der Masse dreiviertel voll gefüllt, bei nicht zu starker Hitze gebacken.

auf Perigorder Art: à la périgourdine: Abwechselnd mit Trüffelscheiben in die Auflaufform gefüllt, Oberfläche geglättet, mit gehackten Trüffeln bestreut, gebacken.

Schwein: **Schinkenschaumbrot:** Mousse de jambon (mus dö schambong): Mild gepökelter Schinken gemahlen, im Mörser mit rohem Eiweiß gestoßen, durch ein feines Sieb gestrichen, gut gekühlt; mit dickem, süßem Rahm ganz locker aufgezogen, in gefettete Charlotteform gefüllt, im Wasserbad im Ofen, zugedeckt, pochiert, vor dem Stürzen einige Minuten stehengelassen. Mit passender Sauce und Garnitur serviert.

auf Chartreser Art: à la Chartres: In zylindrische Form gefüllt, pochiert, gestürzt; nappiert mit gebundener Kalbsjus, mit Portwein gewürzt und leicht gebuttert, Mitte mit kleingeschnittenen, gebutterten Spargelspitzen gefüllt; Champignonpüree, mit etwas Hühnerpüree vermischt, nebenbei.

Schwein: Schinkenschaumbrötchen: Mousselines de jambon: Gleiche Masse wie für Schaumbrot, jedoch in kleine ovale Förmchen gefüllt oder mit zwei Eßlöffeln ausgestochen und pochiert.

Alexandra: Förmchen mit Trüffelscheibe und zwei Schinkenrauten dekoriert, gefüllt, pochiert; gestürzt, mit deutscher Sauce, vermischt mit geriebenem Käse, nappiert, glaciert; garniert mit grünen Spargelspitzen.

Clamart (klamahr): Pochiert, nappiert mit Madeirasauce; garniert mit geformten Macaire-Kartoffeln und Tarteletts gefüllt mit Erbsen auf französische Art, vermischt mit nudelig geschnittenem Kopfsalat.

auf Florentiner Art: à la florentine: Pochiert, auf Blattspinat, in Butter geschwenkt, dressiert; nappiert mit deutscher Sauce, mit geriebenem Käse vermischt, glaciert.

auf ungarische Art: à la hongroise: 1. Pochiert, mit Paprikasauce nappiert, garniert mit überbackenen Blumenkohlköpfchen;
2. Schinkenmasse gut pappriziert, in Förmchen gefüllt, pochiert; nappiert mit leicht tomatierter und mit geriebenem Käse vermischter Béchamel, glaciert; garniert mit gebutterten Mehlnocken.

Schwein: Schinkensteak auf kalifornische Art: Steak de jambon à la californienne: Steak von mild, mit viel Zucker gepökeltem Schinken, am Rost gebraten; garniert mit gevierteltem, sautierten Pfirsichen und Strohkartoffeln; Kalbsjus, mit Stärkemehl, mit Sherry verrührt, gebunden und mit Ananaswürfeln vermischt nebenbei.

auf Kurländer Art: Steak de jambon à la courlandaise (kurlangdäs): Dicke Scheibe mild gepökelten Schinken, gebraten, bedeckt mit gebackenen Zwiebelringen; Sauce von in Weißwein gedünsteten Zwiebeln, durchgestrichen, mit saurem Rahm aufgekocht, gewürzt und mit Kabulsauce abgeschmeckt, nebenbei.

Maryland: Mildgepökeltes Steak, am Rost gebraten, noch heiß leicht mit Honig bestrichen; garniert mit gebratenen Bananen und Maiskroketts; Meerrettichsahne nebenbei.

Sugar Cured Ham Steak Hawaiian Style: Schinkensteak vom Rost auf hawaiische Art: Grilliert, belegt mit glacierter Ananasscheibe, nappiert mit Rosinensauce; garniert mit kandierten, süßen Kartoffeln und Spinatpüree mit Rahm (nordamerikanisch).

Schweinesülze: Fromage de Hongrie: Schweinskopf, -füße und -schwarten in Wasser mit gespickter Zwiebel, Wurzelgemüsen, Kräuterbündel und Nelkenpfeffer gekocht; nach dem Garwerden entbeint und gewürfelt; aus dem Fond kräftiges Gelee bereitet. Rechteckige Form mit Gelee ausgegossen, mit Scheiben von hartgekochtem Ei, Cornichons und Mohrrüben dekoriert, das gewürfelte Fleisch eingefüllt, mit Gelee gefüllt; nach dem Erstarren gestürzt, mit Vinaigrette-Sauce serviert.

Schweinsfüße: Pieds de porc (pjäh dö por): Abgesengt, abgeschabt, gereinigt, in hellem Fond mit gespickter Zwiebel, Wurzelwerk und Kräuterbündel gekocht; der Länge nach halbiert, die großen Knochen entfernt, meist unter leichtem Druck ausgekühlt.

auf Aschenbrödelart: Cendrillon (sangdrijong): Vorgekocht, gänzlich entbeint, kleingewürfelt, vermischt mit gehackten Champignons und Trüffeln, mit dicker Demiglace gebunden; in Schweinsnetzchen gehüllt, auf dem Rost gebraten, Trüffelsauce nebenbei.

gebacken: frits: Vorgekocht, entbeint, unter Druck erkaltet, paniert, in tiefem Fett gebacken; Tomatensauce nebenbei.

getrüffelt: truffé: Vorgekocht, ganz entbeint, ausgekühlt, kleingewürfelt, vermischt mit Schweinefleischfarce und gehackten Trüffeln; in Schweinsnetzchen mit einigen Trüffelscheiben gehüllt, mit Butter bestrichen, grilliert; Trüffelsauce nebenbei.

auf Rouener Art: à la rouennaise: Vorgekocht, entbeint, unter Druck erkaltet, zwei Hälften mit Schweinefleischfarce, vermischt mit gehackten Kräutern zusammengesetzt; paniert, auf dem Rost gebraten, Madeirasauce nebenbei.

Sainte-Menehould (säng menu): Vorgekocht, entbeint, ausgekühlt, paniert, auf dem Rost gebraten; Pfeffer- oder Madeirasauce nebenbei.

Villeroi: Vorgekocht, entbeint, in Stücke geschnitten, durch Villeroisauce gezogen, paniert; in tiefem Fett gebacken, Tomatensauce auf Wunsch nebenbei.

Schweinshachse auf pommersche Art: Jarret de porc à la pommerannienne: Knusperig mit Schwarte gebraten, mit dem Fond überrgossen; garniert mit halben, gedünsteten Äpfeln mit Kurpflaumen gefüllt und schön tournierten Petersilienkartoffeln.

Schweinskopf: Tête de porc (täht dö por): Meist halbiert, in leicht gesäuertem Wasser mit gespickter Zwiebel und Wurzelwerk gekocht und hauptsächlich für Sülze verwendet. Kann auch wie Kalbskopf behandelt werden.

  gefüllt (kalt): farcie: Wie Wildschweinskopf bereitet.

  mit Meerrettich: au raifort: Gekocht, entbeint, in Vierecke geschnitten, mit etwas von dem Kochfond übergossen angerichtet; geriebener Meerrettich, gewürzt mit Salz und Essig, nebenbei.

  Vinaigrette: Gekocht, entbeint, in Vierecke geschnitten, mit etwas von dem Kochfond übergossen recht heiß angerichtet; Vinaigrette-Sauce nebenbei.

Schweinsohren: Oreilles de porc (oräj dö por): Vor dem Gebrauch gereinigt, blanchiert, in hellem Fond mit gespickter Zwiebel und Wurzelgemüsen gekocht.

  gebacken: frits: Vorgekocht, ausgekühlt, paniert, in tiefem Fett gebacken; Teufelssauce nebenbei.

  gefüllt: farci (farssi): Blanchiert, mit Bratwurstfleisch gefüllt, in Tuch eingewickelt, in hellem Fond gekocht; serviert mit Madeirasauce.

  grilliert: grillé: Vorgekocht, ausgekühlt, durch flüssige Butter gezogen, in geriebener Weißbrotkrume gewälzt, auf dem Rost gebraten; Teufelssauce nebenbei.

  auf italienische Art: à l'italienne: Vorgekocht, in italienischer Sauce fertiggedünstet.

  auf Lyoner Art: à la lyonnaise (lionäs): Vorgekocht, in Streifen geschnitten, in Butter braun sautiert; vermischt mit braungebratenen Zwiebelscheiben, leicht mit flüssiger Glace gebunden, mit einigen Tropfen Essig gewürzt.

  auf Rouener Art: à la rouennaise (rüanäs): Vorgekocht, erkaltet, mit Schweinefleischfarce gefüllt, in Schweinsnetzchen gehüllt, durch flüssige Butter gezogen, in geriebenem Weißbrot gewälzt; auf dem Rost gebraten, Madeirasauce nebenbei.

  mit Sauerkraut: au choucroute: Blanchiert, zusammen mit Sauerkraut gekocht, auf diesem angerichtet.

  mit Senfsauce: à la sauce moutarde (mutard): Vorgekocht, in breite Streifen geschnitten, mit leichter Senfsauce gebunden.

  auf Schweizer Art: à la suisse (swiß): Vorgekocht, ausgekühlt, durch flüssige Butter gezogen, in geriebenem Weißbrot, vermischt mit gehackter Petersilie, Estragon, Majoran und Thymian, gewälzt; in Butter gebraten, Kapernsauce nebenbei.

Schweinsrippchen, gepökelt, Gepökelte Schweinsrippchen: Gekocht, meist mit Sauerkraut, gelbem Erbsenbrei oder Kartoffelpüree serviert.

  überbacken: Gekocht, in dünne Scheiben geschnitten, in ovale Backplatte lagenweise, abwechselnd mit Sauerkraut und Kartoffelpüree, gefüllt, Kartoffelpüree als oberste Lage; mit Reibbrot bestreut, mit zerlassener Butter reichlich betropft, im heißen Ofen überbacken.

Scotch Haggis (skotsch häggiß): Hammelmagen, sorgfältig gereinigt, lange gewässert, ausgekratzt, gewaschen. Gefüllt mit Hammelleber und -lunge, die gekocht, durch die Maschine gedreht, mit viel gehackten Zwiebeln, gehacktem Rindernierenfett und Hafermehl vermischt worden sind, mit Salz, Pfeffer und Zitronensaft gewürzt, mit wenig Hammelfond verrührt. Der Magen wird in eine Serviette gebunden, in dem Fond gekocht (schottisch).

Selle d'agneau: siehe Lammrücken
  de chevreuil: siehe Rehrücken
  de marcassin: siehe Frischlingsrücken
  de mouton: siehe Hammelrücken
  de renne: siehe Rentiersattel
  de veau: siehe Kalbsrücken
Serbisches Reisfleisch: Gehackte Zwiebeln in Butter hell angeröstet, gewürfeltes Kalbfleisch hinzugegeben, papriziert, Salz, Knoblauch und Tomatenpüree beigefügt, halbgar gedünstet; halb soviel Reis wie Fleisch beigegeben, mit Wasser oder hellem Fond aufgegossen, trocken gedünstet; in Kuppelform gedrückt, gestürzt, mit geriebenem Parmesan bestreut oder dieser nebenbei gegeben (österreichisch).
Smyrna-Keuftés: Geschälte Eieräpfel, feingehackt, mit passiertem Hammelfleisch mit Knoblauch, gehackten, angeschwitzten Zwiebeln, geriebenem Käse und Eiern vermischt, gewürzt; zu daumendicken, langen Röllchen geformt, gemehlt, in Öl gebacken; mit Safranreis und Tomatensauce serviert (türkisch).
Sobrebarriga, papas chorreadas: Rinderlappen mit Kartoffeln: Rinderbauchlappen, gekocht, in Stücke geschnitten, auf gebuttertes Blech gelegt, mit geriebenem Käse bestreut, mit Butter betropft, goldgelb gebacken. Nebenbei serviert: Schalkartoffeln in Milch gekocht, abgegossen, mit gehacktem Schnittlauch, gewürfelten Tomaten, geriebenem Käse und Butterflocken bedeckt, mit heißem Rahm übergossen (kolumbianisch).
Soufflé: siehe Auflauf
Spanferkel, Milchschwein: Cochon de lait (koschong dö läh): Das junge, noch säugende, etwa 6 Monate alte Ferkel. Vor dem Gebrauch wird es gewässert, um das Blut zu entfernen, entweder gefüllt oder ungefüllt gebraten und warm oder kalt serviert. Es kann auch entbeint, gefüllt, in ein Tuch gewickelt und wie Galantine bereitet werden. Zum Braten wird es mit Öl bestrichen und knusprig gehalten.
  auf amerikanische Art: à l'américaine: Gefüllt mit Bratwurstfleisch vermischt mit eingeweichtem Weißbrot, gekochter, gehackter Zwiebel, Eiern, gehackten Kräutern, Salbei, Salz und Pfeffer; gebraten.
  mit Backpflaumen: aux pruneaux: Gefüllt mit entsteinten, halbgar gedünsteten Backpflaumen und etwas Majoran; gebraten.
  auf bayerische Art: à la bavaroise: Mit Öl bestrichen, bedeckt mit geöltem Papier, gebraten; Bratsatz mit gebundener Kalbsjus verkocht; serviert mit Kartoffelklößen und Weißkrautsalat mit Speck.
  auf deutsche Art: à l'allemande: Gefüllt mit Apfelscheiben und Korinthen, gebraten; der mit braunem Fond abgelöschte und leicht gebundene Bratsatz nebenbei.
  auf elsässische Art: à l'alsacienne: Gefüllt mit Bratwurstfleisch, vermischt mit gedünstetem Sauerkraut und der gewürfelten, ansautierten Leber; gebraten.
  auf englische Art: à l'anglaise: Gefüllt mit Brotfarce, vermischt mit gebackenen, gehackten Zwiebeln und Salbei, gebraten; warmes Apfelmus vermischt mit aufgequollenen Korinthen als Beigabe.
  auf italienische Art: à l'italienne: Entbeint, gefüllt mit Risotto, vermischt mit geriebenem Parmesan und gewürfelter Salami; gebraten.
  mit Leberfüllung: à la farce de foie de porc: Gefüllt mit einer Farce von schaumig gerührter Butter, Eiern, eingeweichtem Weißbrot, der gekochten, feingehackten Leber, gewürzt mit Salz, Pfeffer und geriebener Muskatnuß; gebraten.
  auf Piemonteser Art: à la piémontaise: Entbeint, gefüllt mit Risotto, vermischt mit geriebenen weißen Trüffeln; leichte Tomatensauce nebenbei.

auf polnische Art: à la polonaise: Gefüllt mit nudelig geschnittenem, gedünstetem Weißkraut vermischt mit Schinkenwürfeln; gebraten.

auf russische Art: à la russe: Ungewürzt gebraten, dabei häufig mit saurem Rahm übergossen; tranchiert, serviert auf Kascha, vermischt mit der gekochten, gewürfelten Leber und gewürfelten, hartgekochten Eiern; die saure Rahmsauce nebenbei.

Spanische Fleischklöße: siehe Albóndigas

Spanische Klößchen: siehe Albóndiguillas

Speck, Fleischspeck, Brustspeck: Lard, lard de poitrine: Rückenspeck mit anhaftendem Fleisch oder durchwachsener Bauchspeck, gepökelt und geräuchert. Guter Speck ist weiß und zart und gleichmäßig mit magerem Fleisch durchzogen.

gebraten: frit: Scheiben von mild gepökeltem Frühstücksspeck (Bacon), gebraten, zusammen mit Setzeiern, gebratenen Tomaten oder kleinen Bratwürstchen als Frühstücksgericht serviert.

mit Kohl: Weißkraut, geviertelt, vom Strunk befreit, zusammen mit einem Stück Bauchspeck, einer gespickten Zwiebel und einigen Mohrrüben gekocht; nach dem Garwerden der in Scheiben geschnittene Speck auf dem kurz gekochten Kraut angerichtet; Salzkartoffeln nebenbei.

Spießchen: Brochettes (broschett): Gleich große Stückchen Fleisch, Geflügel, Wild usw. als Hauptbestandteil, Pilze, Speck, Schinken u. a. als Nebenbestandteil. Hauptbestandteil kurz ansautiert, mit den anderen Bestandteilen durch dicke Duxelles gezogen, auf Silberspießchen gereiht, paniert, gefettet, am Rost gebraten. Hauptsächlich als warme Vorspeise serviert.

böhmische: à la bohémienne: Gänseleber-, Trüffel- und Schinkenscheibchen; Paprikasauce nebenbei.

auf Finanzmannsart: à la financière (finangsjär): Hahnenkämme, -nieren, Trüffelscheiben, Champignonköpfchen und Schinken; Finanzmannsauce.

Florida: Viereckc von gebratenem Truthahn, Ananas, Schinken und dicke Scheiben von gefüllten Königin-Oliven; auf Spießchen gesteckt, nur paniert, am Rost gebraten; Orangenbutter nebenbei.

mit Geflügellebern: aux foies de volaille (o foa dö wolajj): Geflügellebern in passende Stücke geschnitten und ansautiert, kleine Champignonköpfe und Speckvierecke; Kräuterbutter.

auf Genfer Art: à la génevoise (schenewoas): Geflügelleber, Lammbrieschen, Trüffelscheiben, Artischockenböden und dicke Scheiben blanchierten Rindermarks; italienische Sauce.

von Lammnieren: de rognons d'agneau: Halbiert, abwechselnd mit Speck auf Spießchen gereiht, ohne Duxelles und nicht paniert; mit Brunnenkresse garniert; Kräuterbutter.

Leda: Kalbsleber, Kalbsmilch, Champignons und Artischockenböden, ohne Duxelles, durch geschlagenes Ei und geriebenes Weißbrot, vermischt mit gehacktem Bohnenkraut, gezogen, am Rost gebraten.

Nieren-, auf spanische Art: de rognons à l'espagnole: Dicke Hammelnierenscheiben, Speck und Champignons, ohne Duxelles und nicht paniert, mit Cayennepfeffer gewürzt; Kräuterbutter.

Pahlen: Hummerscheibchen, rohe Austern und Champignonköpfe; auf Risotto dressiert.

auf Piemonteser Art: à la piemontaise: Polenta, vermischt mit geriebenen italienischen Trüffeln und Parmesan, erkaltet, in Würfel geschnitten, abwechselnd mit Geflügellebern auf Spieße gereiht; Tomatensauce.

Stucchi: Geflügellebern, Lammbrieschen, Artischockenböden, Schinken und italienische Trüffelscheiben, alles gleich groß geschnitten; maskiert mit Kalbsfarce, paniert, langsam in Öl gebacken; Tomatensauce nebenbei.

Steak de veau: siehe Kalbssteak

Stekt fläsk: Geräucherter, gewässerter, gebratener Schweinebauch, in Scheiben geschnitten, auf süßsauer bereiteten braunen Bohnen angerichtet (schwedisch).

Sumpfschnepfe: Bekassine, Himmelsziege: Bécassine: Eine über alle Erdteile verbreitete, im Sumpfland lebende Gattung der Schnepfenvögel. Sie ist kleiner als die Schnepfe, hat einen geraden, langen Schnabel und brütet auch in Mitteleuropa. Wie Schnepfe bereitet.

Suprême de bécasse: siehe Schnepfenbrüstchen
Suprême de faisan: siehe Fasanenbrüstchen
Suprême de gelinotte: siehe Haselhuhnbrüstchen
Suprême de lièvre: siehe Hasenschnitten
Suprême de perdreau: siehe Rebhuhnbrüstchen
Suprême de volaille: siehe Hühnerbrüstchen

Svensk panna: Kleine Kalbs- und Schweineschnitzel und dicke Scheiben Kalbsniere, gewürzt, leicht angebraten, in Service-Kasserolle gefüllt, mit Scheiben blanchierter Zwiebeln und rohen Kartoffelscheiben bedeckt, mit Bouillon aufgegossen, ein Mullbeutelchen mit Pfefferkörnern, Piment und Lorbeerblatt beigegeben, zugedeckt im Ofen gedünstet (schwedisch).

Tarteletts: Tartelettes: Hierfür werden glatte oder geriefte Tartelettförmchen mit Blätter-, ungesüßtem Mürbe- oder Pastetenteig ausgefüttert und hellbraun gebacken; wenn sie noch mit Farce ausgestrichen werden sollen, dürfen sie nur hellgelb sein. Sie werden mit Salpicon, Farce oder Püree oder einer Mischung dieser Substanzen gefüllt und als warme Vorspeise, leichtes Zwischengericht, als Imbiß oder als Garnitur serviert. Als Garnitur müssen sie besonders klein gehalten werden.

Brillat-Savarin: Mit Wildsalpicon, mit dicker Trüffelsauce gebunden, gefüllt; bedeckt mit Wildfarce, einige Minuten in den mäßig heißen Ofen gestellt, um die Farce gar zu machen.

Cavour: Mit Trüffelwürfeln, gebunden mit Madeirasauce, gefüllt, mit Hühnerschaumfarce bedeckt, im Ofen gargemacht.

mit Champignons: aux champignons: Mit Hühnerfarce ausgestrichen, gargemacht; gefüllt mit Champignonpüree, ein geriefter Champignonkopf in die Mitte placiert.

Châtillon (schattijong): Mit Hühnerschaumfarce ausgestrichen, gargemacht; mit Champignonscheiben, gebunden mit Rahmsauce, gefüllt.

Condé: Gefüllt mit Salpicon von Lammbrieschen und Champignons, gebunden mit Madeirasauce; mit Geflügelfarce zugestrichen, im Ofen gargemacht.

Diana: Diane: Mit Wildfarce ausgestrichen, mit Trüffelscheiben und kleinen Scheiben Rebhuhn gefüllt, mit Löffelchen Wildsauce bedeckt; mit Wildfarce zugestrichen, gargemacht.

auf Diplomatenart: à la diplomate: Gefüllt mit Würfelchen von Gänseleber und Trüffeln, mit Fasanenfarce zugestrichen, gargemacht.

auf gallische Art: à la gauloise: Mit Geflügelfarce ausgestrichen, mit Salpicon von Hahnenkämmen und -nieren, mit gebutterter Glace gebunden, gefüllt; mit Huhn- und Schinkenfarce zugestrichen.

Gänseleber-: de foie gras: Gefüllt mit Gänseleberfarce, nach dem Garwerden mit Trüffelscheibe, durch flüssige Glace gezogen, belegt.

mit Geflügellebern: aux foies de volaille: Mit Hühnerfarce, vermischt mit Püree von Geflügellebern, ausgestrichen, gefüllt mit sautierten Würfeln von Geflügellebern, mit Madeirasauce gebunden, mit Hühnerfarce zugestrichen, im Ofen gargemacht; mit runder Trüffelscheibe, durch flüssige Glace gezogen, belegt.

Irving: Gefüllt mit gewürfeltem Federwild mit Schaumweinsauce gebunden, mit Wildfarce zugestrichen.

auf italienische Art: à l'italienne: Gefüllt mit kleingeschnittenen Makkaroni, mit Butter und geriebenem Parmesan gebunden; mit Käse-Auflaufmasse bedeckt, gebacken.

auf Jägerart: Gefüllt mit sautierten Geflügelleberwürfeln und sautierten Champignons mit Jägersauce gebunden; bestreut mit gehackten Kräutern.

auf Königinart: à la reine: Mit Hühnerfarce ausgestrichen, pochiert; gefüllt mit Salpicon von weißem Hühnerfleisch, Champignons und Trüffeln, gebunden mit Geflügelrahmsauce, mit Hühnerfarce zugestrichen.

auf Lieblingsart: à la favorite: Mit Gänseleberfarce ausgestrichen, gefüllt mit Trüffelwürfeln und grünen Spargelspitzen, mit Madeirasauce gebunden, mit Gänseleberfarce zugestrichen.

Malayische: à la malaisienne: Gefüllt mit Salpicon von Huhn und Mango-Chutney, gebunden mit Currysauce, belegt mit kleiner, runder Apfelscheibe in Butter gebraten und darauf eine Scheibe eingelegter Ingwer.

Marly: Mit Wildfarce ausgestrichen, gefüllt mit Salpicon von Fasanenbrust und Trüffeln, mit Salmisauce gebunden; mit Wildfarce zugestrichen.

Palmerston: Gefüllt mit Hühnerwürfelchen mit Rahmsauce gebunden, bedeckt mit Champignonpüree.

auf Piemonteser Art: à la piémontaise: Gefüllt mit leichter Grieß-Auflaufmasse mit geriebenem Parmesan und weißen Trüffeln.

auf Ritterart: à la chevalière (schewaljär): Gefüllt mit Salpicon von Hahnenkämmen und -nieren, mit Madeirasauce gebunden, bedeckt mit Gänseleberfarce, im Ofen gargemacht.

auf Rouener Art: à la rouennaise: Entenwürfelchen, gebunden mit Rouener Sauce, mit Entenfarce zugestrichen.

St. Hubertus-: Saint-Hubert: Gefüllt mit Wildpüree, vermischt mit gehackten Morcheln, mit Wildfarce zugestrichen.

auf ungarische Art: à la hongroise: Gefüllt mit gewürfeltem Hühnerfleisch, mit Paprikasauce gebunden, bedeckt mit Käse-Auflaufmasse, bei mäßiger Hitze gebacken.

Taube: Pigeon (pieschong): junge Taube: Pigeonneau (pieschonno): Körnerfressende Vogelrasse, von der es mehrere zahme und wilde Arten gibt. Junge, für die Tafel gemästete Vögel werden hauptsächlich gebraten, alte gekocht, zur Suppe und für Farcen verwendet.

auf Bauernart: à la paysanne (päisann): In der Kokotte gebraten, kurz vor dem Garsein gebratene Kartoffelwürfel und angebratene Magerspeckwürfel beigefügt; beim Servieren einige Löffelchen Kalbsjus angegossen.

auf Berliner Art (kalt): à la berlinoise (berlihnoas): Große Taube, entbeint, gefüllt mit Geflügelfarce, vermischt mit gewürfelten Trüffeln, gewürfelter roter Paprikaschote und Pistazien, in ein Tuch gehüllt, in Fond, aus den Knochen gezogen, pochiert, erkaltet; nappiert mit weißer Chaudfroid-Sauce, aus dem Kochfond gezogen, mit Gelee überglänzt, angerichtet mit einer abgeschnittenen Scheibe, um die Füllung zu zeigen, garniert mit kleinen, enthäuteten Tomaten, mit Waldorf-Salat gefüllt, dekoriert, und überglänzt.

in Blätterteig: en feuilletage (feujetasch): Entbeint, mit getrüffelter Hühnerfarce gefüllt, dreiviertel gargebraten, ausgekühlt; in Blätterteig gehüllt, dekoriert, mit Ei bestrichen, im Ofen gebacken; Taubenjus nebenbei.

auf Bordelaiser Art: à la bordelaise: Vom Rücken aus gespalten, aber nicht getrennt, plattiert, in Butter gebraten; garniert mit sautierten, gevierteln Artischockenböden, rohen, sautierten Kartoffeln und gebackenen Zwiebelringen.

auf Bresser Art: à la bressane (bressann): Entbeint, gefüllt mit Risotto, vermischt mit gewürfelten, ansautierten Geflügellebern, gebraten; der mit Geflügelfond abgelöschte Bratsatz nebenbei.

auf bretagnische Art: à la bretonne: Halbiert, in Butter leicht angebräunt, zusammen mit Zwiebelscheiben, Streifen von Lauchweiß und Champignonscheiben, zuvor in Butter angeschwitzt, in hellem

Fond gedünstet; nach dem Garwerden Fond mit Velouté und süßem Rahm eingekocht und mit der Einlage über die Hälften gegossen.

auf bürgerliche Art: à la bourgeoise: In der Kasserolle gebraten; wenn fast gar, glacierte Zwiebelchen, sautierte Champignonköpfe und angebratene Magerspeckwürfel beigefügt, mit Madeira und ganz wenig Kalbsjus deglaciert.

Casanova: Wie zum Grillieren vorbereitet, mit Senf bestrichen, durch Ei gezogen, mit geriebenem Weißbrot, vermischt mit gehackter Petersilie, Schinken und Knoblauch, paniert; auf dem Rost gebraten, Anna-Kartoffeln und Chateaubriand-Sauce nebenbei.

Chipolata: Gebräunt, mit Weißwein deglaciert, mit Demiglace und braunem Fond geschmort; mit Chipolata-Garnitur serviert.

Crispi: Gefüllt, gebraten, mit gewürfeltem Schinken, gewürfelten Champignons und Trüffeln, in der Bratbutter sautiert, bedeckt; warme Ravigote-Sauce nebenbei.

auf Diplomatenart: à la diplomate: Hell gebraten, geviertelt, die gröbsten Knochen entfernt, ausgekühlt; durch Villeroisauce gezogen, paniert, in tiefem Fett gebacken; Demiglace mit Taubenessenz, vermischt mit Champignon- und Trüffelscheiben, nebenbei.

auf englische Art: à l'anglaise: Vom Rücken aus gespalten, nicht getrennt, auf Spieß gesteckt, auf dem Rost gebraten; garniert mit gebratenen Speckscheiben, Strohkartoffeln und Brunnenkresse, Teufelssauce nebenbei.

mit grünen Erbsen: aux petits pois (o ptit poa): Angebräunt, in Servicekasserolle zusammen mit angebratenen Speckwürfeln, angebratenen kleinen Zwiebelchen und grünen Erbsen gegeben, mit etwas braunem Fond und Demiglace, zugedeckt, langsam geschmort.

Gautier (gotjeh): Der Länge nach geteilt, in Butter und Zitronensaft pochiert, abgetropft; nappiert mit deutscher Sauce mit Krebsbutter aufgeschlagen.

gefüllt: farci: Gefüllt mit Weißbrotfarce mit gehackten Champignons vermischt, gebraten in Service-Kasserolle; beim Servieren mit wenig Jus angegossen.

gefüllt auf österreichische Art: à l'autrichienne: Mit Brotfarce, vermischt mit Ei, gehackten Schnittlauch und Butter, gefüllt, gebraten; beim Servieren etwas Jus hinzugefügt (österreichisch).

grilliert: grillé: Vom Rücken aus gespalten, jedoch nicht getrennt, plattiert, mit Salz, Pfeffer und Cayennepfeffer gewürzt; auf Spieß befestigt, durch zerlassene Butter gezogen, in geriebenem Weißbrot gewälzt, auf dem Rost gebraten; zerlassene Butter oder Kräuterbutter nebenbei.

auf Großmuttersart: à la grand'mère: Wie Masthähnchen in der Kokotte bereitet.

mit Gurken: au concombres: In Butter gebräunt, mit Bouillon gedünstet; nach dem Garwerden Fond mit süßem Rahm eingekocht, vermischt mit olivenförmigen, in Butter gedünsteten Gurkenstückchen.

auf Hausfrauenart: à la bonne femme: Wie Masthähnchen gleichen Namens bereitet.

auf holsteinische Art: à la holsteinoa (olstänoas): Zerteilt, in Butter und etwas hellem Fond mit Magerspeckwürfeln pochiert; Sauce mit Mehlbutter gebunden und mit Kapern vermischt.

auf Kartäuser-Art: à la chartreuse: Mit alten Tauben wie Rebhuhn gleichen Namens bereitet.

auf katalonische Art: à la catalane: In vier Stücke geteilt, in Olivenöl sautiert, mit Weißwein und Demiglace deglaciert; zusammen mit angebräunten Zwiebelchen, geviertelten, ansautierten Champignons und Tomatenwürfeln gedünstet.

Kompott von: en compote: Wie Masthähnchen gleichen Namens bereitet.

auf Krötenart: à la crapaudine: Wie Masthähnchen gleichen Namens bereitet.
Laurette (kalt): Entbeint, mit Kalbsfarce wie Galantine gefüllt, gerollt und gebunden; erkaltet, in dicke Scheiben geschnitten, mit brauner Chaudfroid-Sauce nappiert, mit Eiweiß und Pistazien dekoriert, mit Gelee überglänzt.
Lavallière (lawalljär): In der Kokotte gebraten; garniert mit frischen grünen Erbsen, Schinkenwürfel und glacierten Zwiebelchen, nappiert mit Madeirasauce.
mit Malaga: au malaga: In Butter gebräunt, mit Malaga deglaciert, mit leichter Demiglace geschmort; eingeweichte, getrocknete Malagatrauben kurz vor dem Garwerden hinzugefügt.
mit Morcheln: aux morilles: Gebraten, garniert mit sautierten Morcheln, mit Madeirasauce nappiert.
Nana: In der Kasserolle bereitet mit entsteinten Oliven, Trüffelwürfeln, glacierten Zwiebelchen und kleinen Nußkartoffeln; mit Weißwein und wenig Kalbsjus deglaciert.
auf Neapler Art: à la napolitaine: Gebraten, serviert mit Makkaroni auf Neapler Art.
auf Pächterart: à la fermière: In Butter gebräunt, in Kokotte auf blätterig geschnittenen Mohrrüben, weißen Rüben, Zwiebeln und Bleichsellerie plaziert, etwas Kalbsfond angegossen, zugedeckt, gedünstet; in der Kokotte serviert.
Piccioni Ripieni con Olive: mit Oliven gefüllt: Mit Farce von geweichtem Brot, geriebenem Parmesan, gedünsteter, hackter Zwiebel, gebratenen Speckwürfeln, gehackter Petersilie, Gewürz, Ei und entsteinten Oliven gefüllt, gebraten; mit Prinzeßbohnen in Butter und Chipskartoffeln garniert (italienisch).
Pigeon Gumbo: In Butter mit gehackten Zwiebeln angebräunt, gewürfelter Schinken, Tomatenwürfel und Okra beigefügt, mit hellem Fond angegossen, gardedünstet, dabei etwas suppig gehalten; körnig gekochter Reis nebenbei (nordamerikanisch).
auf polnische Art: à la polonaise: Wie Kücken gleichen Namens bereitet.
mit Sauternes: au Sauternes (o sotern): Gebraten, Bratsatz mit Sauternes-Wein deglaciert und mit gebundener Kalbsjus verkocht.
Sierra Moreno: Zerlegt, in Olivenöl angebräunt, mit braunem Fond angegossen, mit Champignon- und Trüffelscheiben, Knoblauch und gehacktem Schnittlauch gedünstet; Sauce leicht gebunden und mit Malaga gewürzt.
auf spanische Art: à l'espagnole: Der Länge nach gespalten, in spanischem Olivenöl gebraten; auf Safranreis dressiert, mit grünen Erbsen, gebratenen Tomaten und grillierten roten Paprikaschoten garniert.
Sylvain: Zerlegt, angebraten, in Servicekasserolle zusammen mit Moosschwämmen oder Champignonscheiben, Thymian und Salbei, mit etwas Kalbsjus angegossen, gedünstet; zugedeckt in der Kasserolle serviert.
Thiers: Geviertelt, pochiert, die gröbsten Knochen entfernt, abgekühlt; durch Backteig gezogen, in tiefem Fett gebacken; pikante Sauce und überkrusteter Blumenkohl nebenbei.
auf Valenciener Art: à la valenciennes (walangsjenn): Entbeint, gefüllt mit Kalbfleischfarce vermischt mit Champignon- und Gänseleberwürfeln, angebraten, mit Weißwein, Demiglace und Tomatenmark geschmort; serviert mit Valenciener Reis.
Vivian: Gefüllt, gebraten, garniert mit Pariser Kartoffeln; Colbertsauce nebenbei.
auf Wildbretart: Innen mit Butter und gestoßenen Wacholderbeeren ausgestrichen, mit Herz, Leber und Magen gefüllt; mit Speck, Zwiebel und Wurzelwerk gebraten, mit Bouillon aufgegossen, weichgedünstet. Fond passiert, mit Mehl bestäubt, mit Zitronensaft,

Zucker und Johannisbeergelee und Rotwein verkocht, über die Taube gegossen, nochmals aufgekocht (österreichisch).

Taubenbrüstchen: Côtelettes de pigeon: Die Brüstchen von feisten, jungen Tauben mit dem kleinen Flügelknochen ausgelöst, in Butter nur steifgemacht, ausgekühlt, paniert, in Butter gebraten.

Pompadour: Paniert, gebraten, garniert mit Artischockenböden, gefüllt mit Linsenpüree, eine Trüffelscheibe obenauf, und kleinen Kartoffelkroketts; Trüffelsauce nebenbei.

auf Thronfolgerart: à la dauphine: Steifgemacht, mit Villeroisauce maskiert, paniert, in tiefem Fett gebacken; gebutterte grüne Erbsen nebenbei.

Valois: Paniert, in Butter gebraten, mit grünen Spargelspitzen garniert; Valoissauce nebenbei.

Verdi: Unpaniert in Butter gebraten, auf Piemonteser Reis angerichtet, garniert mit gebratenen Gänseleberscheibchen und Scheiben italienischer Trüffeln; Bratsatz mit Astiwein deglaciert, mit Kalbsjus eingekocht, mit Butter aufgeschlagen, über die Brüstchen gegossen.

Tendron de veau: siehe Kalbsbrustknorpel

Terrine, Napfpastete: Terrine (terrihn): Ovale oder runde Schüssel aus feuerfestem Porzellan oder Steingut, mit Scheiben von fettem Speck ausgelegt, mit Farce ausgefüttert, abwechselnd mit Farce, Streifen der betreffenden Lebensmittel, Speckstreifen u. a. m. gefüllt, mit Farce verschlossen, mit Scheiben von fettem Speck bedeckt, im Wasserbad im Ofen pochiert. Terrinen werden hauptsächlich kalt als Vorgericht serviert.

Enten-: Terrine de canard: Ente, entbeint und wie für Galantine gefüllt und gerollt, in ovale Terrine mit Speckscheiben ausgelegt und mit Kalbsfarce ausgefüttert gelegt, mit Kalbsfarce gefüllt, mit Speckscheiben bedeckt, pochiert; nach dem Erkalten herausgenommen, vom Fett befreit, wieder in die saubere Terrine gegeben, mit Gelee aus den Entenknochen zugegossen, gut gekühlt.

Fasanen-: de faisan (dö fäsang): Wie Rebhuhn-Terrine, jedoch mit Fasanenfleisch bereitet.

Hasen-: de lièvre (dö ljäwr): Mit Speckscheiben ausgelegt, mit Hasenfarce ausgefüttert, abwechselnd mit Hasenfarce und Streifen von Hasenfilets, fettem Speck, Schinken, geviertelten Trüffeln und Pistazien, zuvor in Weinbrand mit Pastetengewürz mariniert, gefüllt; mit Hasenfarce zugestrichen, mit Speckscheiben bedeckt, pochiert, erkaltet und wie Ententerrine fertiggemacht.

auf Hausfrauenart: à la ménagère (menaschär): Kalbsnuß in kleinfingerdicke Streifen geschnitten, ganz leicht ansautiert, zusammen mit gleich großen Streifen von fettem Speck und gekochtem Schinken mit Madeira, Weinbrand und Gewürz mariniert. Terrine mit Speckscheiben ausgelegt, mit Kalbsfarce ausgestrichen, abwechselnd mit Farce und den marinierten Streifen gefüllt, mit Farce verschlossen, mit Speckscheiben bedeckt, pochiert; nach dem Erkalten nicht herausgenommen, nur Speck entfernt und mit Gelee zugegossen.

Hühner-: de vollaile: Wie Enten-Terrine mit Hühnerfleisch bereitet.

Kaninchen-: de lapin: Wie Hasen-Terrine bereitet.

Rebhuhn-: de perdreau (dö perdro): Je nach Größe der Terrine ein oder mehrere Rebhühner entbeint, wie für Galantine mit Gänseleber- und Trüffelwürfeln gefüllt; Terrine mit Speckscheiben ausgelegt, mit Kalbsfarce, vermischt mit gehackten Schalotten, Thymian und Weinbrand, ausgefüttert, die Rebhühner eingefüllt, mit Farce verschlossen, mit Speckscheiben belegt, pochiert; nach dem Erkalten wie Enten-Terrine fertiggemacht.

Tête de porc: siehe Schweinskopf
Tête de veau: siehe Kalbskopf
Tétine de veau: siehe Kalbseuter
Timbale: siehe Füllpastete

Tinutungan: Philippinisches Hühnergericht: Hähnchen, in kleine Stücke geschnitten, mit Knoblauch und wenig frischem Ingwer in Öl sautiert, mit dünner Kokosnußmilch aufgekocht. Das zarte Innere eines Bananenstrunkes zerdrückt, hinzugegeben, alles gargekocht. In Scheiben geschnittene rote und grüne Paprikaschoten, dicke Kokosnußmilch zugefügt, mit Salz und Pfeffer gewürzt, noch einige Minuten gekocht.

Töltölt Káposzta: Gefüllte Kohlrouladen: Große, blanchierte Weißkohlblätter, bedeckt mit Bratwurstfleisch, vermischt mit gehackten Zwiebeln, halbgar gekochtem Reis, Knoblauch und Eiern, gewürzt mit Majoran, Salz und Paprika, zusammengerollt, zwischen zwei Lagen Sauerkraut eingesetzt; mit Mehl und Paprika bestreut, mit Wasser angegossen, zugedeckt im Ofen gedünstet; wenn halbgar saurer Rahm beigefügt und fertiggedünstet (ungarisch).

Tournedos: siehe Lendenschnitte

Trappe: Outarde (utard): Name einer Reihe von eßbaren, heute selten gewordener Vögel, besonders:

Großtrappe: Grand outarde: Der größte aller europäischen Landvögel, von Spanien ostwärts bis China anzutreffen;

Kleine oder Zwergtrappe: Outardeau: Die schmackhafteste Art, die in Süd- und Südosteuropa bis Nordfrankreich beheimatet ist. Wird wie Wildente bereitet.

   auf Zarinart: à la tsarine (tzarihn): In Butter gebräunt, mit Madeira und Weinbrand deglaciert, in kräftigem Rinderfond geschmort; Fond mit Pfeilwurzelmehl gebunden, passiert; garniert mit Tartelettes, gefüllt mit Gurkenkugeln, in Butter gedünstet, mit saurer Rahmsauce, mit gehacktem Dill vermischt, gebunden, sautierten Steinpilzen, Berny-Kartoffeln und geformtem Trüffelreis.

Tripes: siehe Kaldaunen

Truthahn, Puter, Indian, Welschhahn: Truthenne, Pute: Dinde (dängd); Puter: Dindon (dängdong); junger Puter: Dindonneau (dändonno): Großer amerikanischer, ursprünglicher Wildvogel, seit vierhundert Jahren domestiziert; gehört zum beliebtesten Hausgeflügel. Truthähne mit starker Brust und wenig Knochen sind am beliebtesten, da sie am meisten weißes Fleisch ergeben. Vor dem Braten usw. müssen die Sehnen aus den Keulen herausgezogen werden. Beim Servieren gibt man stets etwas weißes Brust- und dunkles Keulenfleisch.

   auf algerische Art: à l'algerienne (alscherjenn): Gebraten oder poeliert, mit Weißwein deglaciert, gehackte Schalotten, gewürfelte Tomaten und Knoblauch beigefügt, mit Demiglace verkocht, passiert; garniert mit olivenförmigen, gedünsteten süßen Kartoffeln und gebratenen Scheiben von Eieräpfeln, die Sauce nebenbei.

   auf amerikanische Art: à l'américaine (alscherjenn): Babyputer, vom Rücken aus geöffnet, plattiert, mit Leberfarce bestrichen, paniert, mit zerlassener Butter befeuchtet, langsam auf dem Rost gebraten.

   mit Austern: aux huîtres (os uihtr): Gefüllt mit Risotto vermischt mit grobgewürfelten Austern, pochiert; nappiert mit Geflügelrahmsauce, vermischt mit steifgemachten, entbarteten Austern und dem Austernwasser.

   auf brasilianische Art: à la brésilienne (bresiljenn): Brustknochen ausgelöst, gefüllt mit Bratwurstfleisch, vermischt mit eingeweichtem Weißbrot, dem gekochten, gehackten Magen, der gehackten Leber, gehackten, hartgekochten Eiern, Schinken und Schalotten sowie zerdrücktem Knoblauch, gewürzt, bardiert, am Spieß gebraten.

   Broiled Baby Turkey: Babyputer, vom Rücken aus geöffnet, plattiert, gewürzt, mit Scheiben von fettem Speck zwischen einen Scherenrost gesteckt, langsam auf dem Rost gebraten; Jägersauce, Kronsbeerenkompott und süße Kartoffeln nebenbei (nordamerikanisch).

   auf bürgerliche Art: à la bourgeoise: Geschmort, garniert mit glacierten Zwiebelchen, glacierten, olivenförmigen Mohrrüben und gebratenen Speckwürfeln; serviert mit dem mit gebundener Kalbsjus eingekochten Schmorfond.

mit Champignons: aux champignons: In passende Stücke zerlegt, in Butter sautiert, mit Weißwein und Champignonfond deglaciert; in leichter Demiglace gedünstet; kurz vor dem Garwerden geviertelte, ansautierte Champignons beigefügt.

Conti: Brustknochen entfernt, gefüllt mit getrüffelter Kalbsfarce, gebraten; garniert mit Kalbsklößchen, Hahnenkämmen und Trüffelscheiben, Trüffelsauce nebenbei.

auf englische Art: à l'anglaise: Wie Poularde gleichen Namens zubereitet.

mit grünen Erbsen: aux petits pois (o ptit poa): Zerlegt, in Butter mit Speckwürfeln sautiert, mit Weißwein deglaciert, mit leichter Demiglace, zugedeckt, gedünstet; wenn gut halbgar grüne Erbsen beigefügt.

mit Estragon: à l'estragon: In kräftigem, weißem Fond mit einem Bündelchen Estragon pochiert; zerlegt, mit blanchierten Estragonblättchen über Kreuz belegt, der eingekochte, passierte, mit Pfeilwurzelmehl gebundene und mit etwas gehacktem Estragon vermischte Fond nebenbei.

auf Feinschmeckerart: du gourmet: Mit Kastanien gefüllt, gebraten, garniert mit Chipolatas; der mit Kalbsjus abgelöschte Bratsatz nebenbei.

auf Gastronomenart: à la gastronome: Gefüllt mit Morcheln, poeliert, mit Schaumwein und Trüffelfond deglaciert, mit Demiglace verkocht; garniert mit kleinen in Schaumwein gekochten Trüffeln, glacierten Maronen und Hahnenkämmen.

gefüllt: farci: 1. Gefüllt mit Brotfarce, vermischt mit gehackten, in Butter geschwitzten Schalotten, gehacktem Schinken, gewürfelten Trüffeln und Eiern, mit Salz und gemischtem Gewürz gewürzt; gebraten, serviert mit der naturellen Jus;
2. (kalt): Brustknochen entfernt, gefüllt mit Kalbs- und Schweinefarce, vermischt mit Trüffel-, Speck- und Pökelzungenwürfeln, zuvor in Weinbrand mariniert; pochiert in hellem Fond aus Kalbsfüßen, Kalbsknochen, Weißwein, Wasser, Wurzelwerk und Gewürzen bereitet. Nach dem Erkalten zerlegt, in passende, tiefe Schüssel gefüllt, gänzlich mit sehr leichtem Gelee, aus dem Pochierfond gezogen, bedeckt.

getrüffelt: Dindonneau truffé: Gefüllt mit Farce von Stopfleber und frischem, fettem Speck, mit Salz, Pfeffer und geriebener Muskatnuß gewürzt und mit kleinen geviertelten Trüffeln vermischt, einige Trüffelscheiben zwischen Brustfleisch und Haut gesteckt; 24–48 Stunden kühl aufbewahrt, damit der Trüffelgeschmack durchziehen kann. Dressiert, bardiert, im Ofen oder am Spieß gebraten, mit der naturellen Jus oder Trüffelsauce serviert.

auf Glücksbringerart: à la mascotte: Zerlegt, in Butter sautiert, mit Weißwein deglaciert, in leichter Demiglace geschmort; in Kokotte angerichtet, garniert mit Trüffel- und gebratenen Kartoffeloliven sowie in Butter sautierten Vierteln von Artischockenböden, mit der Sauce nappiert.

Godard: Poeliert, serviert mit Godard-Garnitur.

auf Großmuttersart: à la grand'mère: Gebraten, tranchiert, serviert mit der gleichen Garnitur wie für Tauben; der Bratsatz verkocht mit gebundener Kalbsjus.

mit Gurken: aux concombres (o konkombr): Gebraten, garniert mit großen, olivenförmigen Gurkenstückchen, sautiert und mit Demiglace gebunden.

auf kaiserliche Art: à l'impériale (ängperjal): Brustknochen entfernt, mit getrüffelter Kalbsfarce gefüllt, pochiert; nappiert mit Geflügelrahmsauce, garniert mit Hahnenkämmen und weißgedünsteten Champignons.

auf katalonische Art: à la catalane (katalan): Wie für Frikassee zerlegt, in Öl sautiert, mit Weißwein deglaciert, gewürzt, zerdrückter Knoblauch beigefügt, mit tomatierter Demiglace geschmort; serviert mit katalonischer Garnitur.

auf Königinart: à la reine: Pochiert, nappiert mit Geflügelrahmsauce; garniert mit Hühnerpüree, vermischt mit gekochtem Reis und Eigelb, in Dariolförmchen pochiert, gestürzt und mit einer Trüffelscheibe belegt.

mit Mandeln: aux amandes (os amangd): Brustbein entfernt, gefüllt mit Füllung von schaumig gerührter Butter, vermischt mit Eigelb, geriebenem Weißbrot, geriebenen Mandeln und Eierschnee, mit Salz und geriebenem Muskat gewürzt; gebraten, serviert mit der naturellen Jus.

mit Maronen: aux marrons: Gefüllt mit gedünsteten, grob zerdrückten Maronen, vermischt mit Bratwurstfleisch; gebraten, mit der abgelöschten Jus serviert.

Mascotte: siehe auf Glücksbringerart

auf Neverser Art: à la nivernaise (niwernäs): Wie für Frikassee zerlegt, geschmort, garniert mit glacierten, olivenförmigen Mohrrüben und glacierten Zwiebelchen.

auf Pariser Art: à la parisienne: Wie Masthuhn gleichen Namens bereitet.

Pavo a la Caseros: Brustknochen entfernt, gefüllt mit Bratwurstfleisch vermischt mit Eiern, gewürfeltem, fettem Speck, Pinienkernen und entsteinten, eingeweichten Backpflaumen, mit Salz und geriebener Muskatnuß gewürzt, mit etwas Sherry angefeuchtet; angebraten, zusammen mit angebratenen Zwiebeln und einem Kräuterbündel in trockenem Weißwein und Demiglace geschmort; serviert mit der eingekochten, passierten Sauce (spanisch).

Peru Paulistano: gefüllt: Mit Brotfarce, vermischt mit gehacktem Schinken und aufgequollenem Tapioka, gefüllt; geschmort, mit der gebundenen Jus serviert (brasilianisch).

Petto di tachino alla milanaise: Putenbrust auf Mailänder Art: Schöne Scheiben von jungen Putern, saftig in Butter gebraten, mit einer dünnen Scheibe Pökelzunge und Champignonscheiben belegt, mit dünner Scheibe Parmesan bedeckt, rasch in den heißen Ofen gestellt, um den Käse zu schmelzen; auf Risotto angerichtet, Sauce von frischen Tomaten nebenbei (italienisch).

auf phantastische Art (kalt): à la fantastique (fantastik): Babyputer, in hellem Fond pochiert, erkaltet, Brust und Brustknochen herausgeschnitten, Brust in schräge, dünne Scheiben geschnitten. Karkasse mit Gänseleberschaumbrot, vermischt mit gestoßenen, gerösteten Haselnüssen gefüllt, zur Form der Brust aufgestrichen, symmetrisch mit den Brustscheiben belegt, gänzlich mit Madeiragelee überglänzt, auf rechteckiger Platte auf einem Geleespiegel angerichtet; garniert mit kleinen Tarteletts, gefüllt mit Salat von gewürfelten Äpfeln, Bleichsellerie, roter Paprikaschote und Schinken, mit gestockter Mayonnaise gebunden, dekoriert mit kleiner, runder Ananasscheibe und mit Gelee überglänzt, sowie kleinen, halben, marinierten roten Paprikaschoten, gefüllt mit Gemüsesalat, mit gestockter Crème double gebunden, mit einem Trüffelstern dekoriert, mit Gelee überglänzt, und großen Geleewürfeln.

auf portugiesische Art: à la portugaise (portügäs): Mit Risotto, vermischt mit gewürfelten Tomaten, gefüllt, poeliert; nappiert mit portugiesischer Sauce, vermischt mit den deglacierten Bratsatz, garniert mit gefüllten Tomaten.

auf provenzalische Art: à la provencale: Wie sautiertes Huhn gleichen Namens bereitet.

auf Regentschaftsart: à la régence: Wie Masthuhn gleichen Namens bereitet.

Romantic Style: auf romantische Art: Gebraten, Brust ausgelöst, zusammen mit einigen Scheiben Keulenfleisch auf Risotto angerichtet, nappiert mit Geflügelrahmsauce, vermischt mit der gleichen Menge Béarner Sauce; garniert mit sautierten Champignonköpfen, halben, gemehlten und gebratenen Apfelringen, gebratenen Tomaten und weißen Spargelköpfen (nordamerikanisch).

mit weißen Rüben: aux navets (o naweh): Angebräunt, mit Weißwein deglaciert, in leichter Demiglace geschmort; garniert mit großen, olivenförmigen weißen Rüben, in Butter sautiert, und glacierten Zwiebelchen.

auf russische Art: à la russe: Gefüllt mit Brotfarce, vermischt mit gehackten, angeschwitzten Zwiebeln und sautierten Steinpilzscheibchen, angebraten, in braunem Fond mit Fenchel und Anis gewürzt geschmort; wenn halbgar, saurer Rahm beigefügt, fertiggeschmort; serviert mit der eingekochten passierten Sauce und gefüllten Steinpilzköpfen.

mit Sellerie: aux céleris braisés: Poeliert mit Sellerieabgängen, deglaciert mit Weißwein, verkocht mit Demiglace, passiert; garniert mit gedünstetem Bleichsellerie.

mit Steinpilzen: aux cèpes (o ßepp): 1. Gefüllt mit Bratwurstfleisch vermischt mit gerösteten Steinpilzscheiben, eingeweichtem Weißbrot, Eiern, gehackter Petersilie und Gewürz, gebraten;
2. gefüllt mit Farce von Kalbfleisch, frischem fettem Speck, eingeweichtem Weißbrot und gehackten Steinpilzstielen; geschmort, wenn dreiviertel gar gewürfelter, blanchierter, angerösteter Magerspeck und ansautierte, kleine Steinpilze beigefügt.

Stuffed Turkey: Gefüllter Truthahn: Gefüllt mit Brotfarce, vermischt mit gekochten, gehackten Zwiebeln und Salbei, gebraten; serviert mit gebratenen Scheiben Frühstücksspeck und dem abgelöschten Bratsatz (englisch).

Turkey Breast Chef's Style: Puterbrust auf Küchenmeisterart: Die ausgelösten Brüste von Babyputer, in weißem Fond pochiert, tranchiert, garniert mit steifgemachten Austern und gefüllten Oliven, nappiert mit Geflügelrahmsauce, aus dem Fond bereitet, bedeckt mit Julienne von roten Paprikaschoten (nordamerikanisch)

Michael: Brüste von Babyputer, gebraten, deglaciert mit Weinbrand, Weißwein und Ananassaft, eingekocht, verkocht mit Demiglace; die Brüste tranchiert, auf Risotto angerichtet, garniert mit halben Ananasscheiben, mit Currypulver bestäubt und gebraten, süßen Kartoffeln und gebratenen Tomaten; leicht sautiert, Rest der Sauce nebenbei (nordamerikanisch).

auf Yorker Art: à la yorkaise: Brustknochen entfernt, gefüllt mit Farce von schaumig gerührter Butter, Eigelb, süßem Rahm, eingeweichtem Weißbrot, gewürfeltem Yorker Schinken, vorgekochten, gewürfelten Wurzelgemüsen und grünen Erbsen, geschmort; serviert mit dem gebundenen Fond.

Tscheburek: Kaukasische Rissolen: Vierecke von dünn ausgerolltem Nudelteig, gefüllt mit einer Mischung von rohem, gehacktem Hammelfleisch, gekochtem Reis, gehacktem fettem Speck, gewürfelten Tomaten, gehacktem Dill und Petersilie, mit Salz und Pfeffer gewürzt, Ränder mit Wasser befeuchtet, zusammengeschlagen; langsam in Butter gebraten, mit frischer Butter bestrichen serviert (russisch).

Turban: Turban (türbang): Bezeichnung für ein Gericht, das in Form eines Turbans oder Kranzes angerichtet oder innerhalb eines Randes von pochierter Farce, Reis u.a.m. serviert wird.

von Hasen: de lièvre: Gefettete Randform mit Hasenfarce dick ausgestrichen, mit Scheiben von gebratenem Hasenrücken gefüllt, mit Farce zugestrichen, pochiert; gestürzt, Rand mit Madeirasauce nappiert, Mitte hoch mit Maronenpüree gefüllt.

von Huhn: de volaille: Randform mit Hühnerfarce dick ausgestrichen, mit kleinen Scheibchen pochierter Hühnerbrust gefüllt, mit Farce zugestrichen, im Wasserbad im Ofen pochiert; gestürzt, mit Geflügelrahmsauce nappiert, Mitte mit Kleinragout von Hühnerfleisch, kleinen Champignonköpfen und Trüffelscheiben, mit Geflügelrahmsauce gebunden, gefüllt.

Turlu: Gedünstetes Hammelfleisch: Gewürfeltes, etwas fettes Hammelfleisch, mit gehackten Zwiebeln angeschwitzt, gehackte Tomaten, Kürbiswürfel, Scheiben von Eieräpfeln, Streifen von Paprikaschoten und gebrochene grüne Bohnen beigefügt, gewürzt, mit nur wenig Wasser angegossen, zugedeckt im Ofen gedünstet (türkisch).

Vanneau: siehe Kiebitz

Veau: siehe Kalb

Vol-au-vent: siehe Blätterteigpastete, Große

Wachtel: Caille (kaij): Kleiner, feister Wildvogel, der im größten Teil Europas brütet und in Afrika und Indien überwintert. Die nordamerikanische Wachtel, von der es mehrere Arten gibt, ist größer als die europäische.

Alexandra: In weißem Fond pochiert, in Backplatte geordnet, belegt mit Trüffelscheibe; nappiert mit Mornaysauce mit Trüffelessenz, mit geriebenem Käse bestreut, glaciert; grüne Spargelspitzen nebenbei.

Alexis: In feuerfester Kokotte gebraten, deglaciert mit Curaçao, verkocht mit süßem Rahm, Kalbsglace und Malagatrauben beigefügt; in der zugedeckten Kokotte serviert.

auf ägyptische Art: à l'égyptienne (echiptsjenn): Gebraten, auf Pilawreis mit Safran und gewürfelten Tomaten angerichtet.

mit Ananas: à l'ananas: In Service-Kokotte gebraten, mit Ananassaft deglaciert, mit gebundener Kalbsjus und Ananaswürfelchen verkocht.

Beaconsfield (bikhnsfihld): Mit Butter und hellem Fond gedünstet, auf Püree von frischen grünen Erbsen dressiert, garniert mit sautierten Champignons; nappiert mit dem eingekochten Fond vermischt mit Demiglace.

auf Berliner Art: à la berlinoise: Entbeint, mit Gänseleberfarce gefüllt, in Musselintuch gebunden, in Kalbsfond pochiert; auf Artischockenboden dressiert, mit deutscher Sauce, vermischt mit dem eingekochten Pochierfond, nappiert, mit gehackten Trüffeln bestreut.

auf böhmische Art: à la bohémienne: Entbeint, gefüllt mit einem Stückchen Gänseleber und Trüffel, gebraten; serviert mit dem mit Kalbsjus deglacierten Bratsatz.

Café de Paris: Gebraten; große, gebackene Kartoffel, abgedeckelt, leicht ausgehöhlt, mit Gänseleberpüree ausgefüttert, mit der Wachtel gefüllt.

Carmen (kalt): Pochiert in kräftigem Kalbsfond mit Portwein gewürzt; erkaltet, glaciert mit Gelee, aus dem Fond bereitet; serviert mit Granatapfel-Eispunsch.

Cecilie (kalt): Gebraten, die Brüstchen ausgelöst, auf Scheibchen Gänseleberparfait gesetzt, mit brauner Chaudfroid-Sauce nappiert, gestockt; Randform mit Madeiragelee ausgegossen, mit Trüffelscheiben dekoriert, die Brüstchen eingesetzt, mit Gelee vollgegossen; nach dem Erstarren gestürzt, mit Gelee-Dreiecken garniert.

auf Charenter Art: à la charentaise (scharangtäs): Erst in fetten Speck und dann in Weinblatt gewickelt, gebraten; Bratsatz mit Cognac deglaciert.

Clermont (Klärmong): Entbeint, gefüllt mit gedünsteten, grobgehackten Maronen, vermischt mit in Butter gedünsteten, gehackten Zwiebeln und Butter; pochiert, mit leichter weißer Zwiebelsauce nappiert.

Demidow: Demidoff: In der Kokotte in Butter mit halbmondförmigen Scheibchen von Mohrrüben, weißen Rüben und Scheibchen von Bleichsellerie und Zwiebeln gedünstet; im letzten Moment halbmondförmige Trüffelscheiben und einige Löffel Jus beigefügt, zugedeckt in der Kokotte serviert.

Diana: Diane: Gebraten, serviert mit Maronenpüree und Dianasauce.
Félix: Pochiert, mit Großherzog-Sauce bedeckt serviert.
Figaro: Mit einem Stückchen Trüffel gefüllt, in Schweinsnetzchen mit etwas Glace gehüllt, in Kalbsfond pochiert.
Frères Provencaux (frär prowangsoh): Entbeint, mit Wildfarce gefüllt, in Butter gebräunt, ausgekühlt; in Blätterteig gehüllt, dekoriert, mit Ei bestrichen, gebacken.
Gebacken: sous la cendre (su la sangdr): Entbeint, mit getrüffelter Wildfarce gefüllt, bardiert, in Pastetenteig gehüllt, im Ofen gebacken. Früher wurden sie in geöltes Papier gewickelt und in heißer Asche gebacken.
George Sand: Entbeint, mit Gänseleberfarce gefüllt, in Butter gebräunt, ausgekühlt; in Blätterteig gehüllt, mit Eigelb bestrichen, gebacken.
auf griechische Art: à la grecque: Gebraten, auf Reis auf griechische Art angerichtet, mit dem mit Wildfond abgelöschten Bratsatz übergossen.
auf italienische Art: à l'italienne: Gebraten, mit Weißwein deglaciert, mit italienischer Sauce aufgekocht; garniert mit geviertelten Artischockenböden, auf italienische Art bereitet.
Judic (schüdick): Gebraten, auf halben gedünsteten Kopfsalat dressiert, garniert mit Trüffelscheiben, Hahnenkämmen und -nieren; Demiglace mit Wachtelessenz.
Julia: Entbeint, der Länge nach gespalten, jedoch nicht getrennt, plattiert; durch flüssige Butter gezogen, in gehackten Trüffel gewälzt, in Schweinsnetzchen gehüllt, grilliert.
auf kanadische Art: à la canadienne (kanadjenn): Gebraten, nappiert mit Salmisauce, garniert mit gebratenen Apfelspalten.
in der Kasserolle: en casserole: In der Kasserolle gebraten; mit Weinbrand und Wildfond deglaciert, darin serviert.
mit Kirschen: 1. aux cerises (o shris): In Service-Kasserolle gebraten, mit Weinbrand und Zitronensaft deglaciert; garniert mit gedünsteten, entsteinten, ganz kurz eingekochten Sauerkirschen;

2. (kalt): à la cerisette (shrisett): In Kalbsfond mit Schaumwein pochiert, erkaltet, mit Gelee, aus dem Fond bereitet, überglänzt; garniert mit gedünsteten, entsteinten Sauerkirschen in Timbalform, mit Gelee gebunden, gefüllt; Kirsch-Eispunsch nebenbei.
Kléber: Gebraten, dressiert auf Blätterteigkrustade gefüllt mit Salpicon von Gänseleber und Champignons, nappiert mit Madeirasauce mit Champignonessenz.
Lucullus: Große runde Trüffel halbiert, ausgehöhlt, in Madeira gedünstet; Wachtel entbeint, mit Wildfarce, vermischt mit dem gehackten, ausgehöhlten Trüffelfleisch, gefüllt, in ein Tuch gebunden, in Kalbsfond pochiert. Aus dem Tuch genommen, in die halbe Trüffel gefüllt, nappiert mit Demiglace verkocht mit dem Trüffelfond.
auf Lütticher Art: à la liègeoise: Wie Krammetsvögel gleichen Namens bereitet.
auf Mailänder Art: à la milanaise: Der Länge nach gespalten, doch nicht getrennt, plattiert, paniert mit Ei und halb geriebenem Weißbrot und halb Parmesan; in Butter gebraten, Teufelssauce nebenbei.
Maintenon (mängtenong): Entbeint, gefüllt mit getrüffelter Wildfarce, in Kalbsfond pochiert; garniert mit Trüffel- und Champignonscheiben und Hahnenkämmen, mit Trüffelsauce nappiert.
mit Malagasauce: au Malaga: Gebraten, deglaciert mit Malaga und gebundener Kalbsjus; garniert mit Malagatrauben.
in Mandarine (kalt): en mandarine: Entbeint, mit Wildfarce gefüllt, in Kalbsfond pochiert, ausgekühlt; Mandarine abgedeckelt, ausgehöhlt, den Saft ausgepreßt, filtriert. Aus dem Pochierfond Gelee bereitet, kräftig mit dem Mandarinensaft gewürzt. Wachtel in die Mandarine gefüllt, mit Mandarinenfilets umlegt, mit dem Gelee reichlich überglänzt.

Mandarinette (kalt): Mandarines de cailles: Abgedeckelte, ausgehöhlte Mandarine mit leichtem Schaumbrot von Wachteln, vermischt mit Gänseleberwürfeln, gefüllt; Brust einer gebratenen Wachtel, mit brauner Chaudfroid-Sauce nappiert, und zwei Mandarinenfilets obenauf dressiert, mit Gelee überglänzt, recht kalt serviert.

Marianne: In Service-Kasserolle mit Apfelwürfeln gebraten; mit Reibbrot bestreut, mit Butterflocken bedeckt, im Ofen gebräunt.

auf normannische Art: à la normande: In Butter gebräunt, ausgekühlt, in halben, geschälten und ausgehöhlten Apfel gesetzt, mit einigen Tropfen Apfelschnaps übergossen; in Blätterteig gehüllt, mit Eigelb bestrichen, gebacken.

auf orientalische Art: à l'orientale: Gebraten, mit Tomatensaft deglaciert, mit Kalbsjus verkocht; dressiert auf Pilawreis mit Safran, mit der Jus übergossen.

in Papierhülle: en papillote: Entbeint, in Butter angebräunt, ausgekühlt; maskiert mit Duxelles, vermischt mit gehackter Petersilie und Trüffeln, in geöltes Papier gehüllt, im Ofen gebacken; in der Hülle serviert.

Parmentier: Entbeint, mit Gänseleberfarce gefüllt; in eine große, ausgehöhlte Kartoffel mit einem Stückchen Butter gefüllt, in geöltes Papier gehüllt, im Ofen gebacken.

auf Perigorder Art: à la périgourdine (perigurdihn): In Service-Kasserolle gebraten, deglaciert mit Madeira und gebundener Kalbsjus; garniert mit Trüffeloliven.

auf Piemonteser Art: à la piémontaise (pjemongtäs): In Butter gedünstet, dressiert auf Risotto, vermischt mit gewürfelten, sautierten Geflügellebern und Scheibchen von weißen Trüffeln.

mit Pommard (kalt) glacé au Pommard: Pochiert in Kalbsfond mit Pommard-Wein, erkaltet; mit Gelee, aus dem Fond gezogen, überglänzt, serviert mit Pommard-Eispunsch.

Pompadour: Entbeint, gefüllt mit dickem Champignonpüree, mit Eigelb gebunden, mit Trüffelwürfelchen vermischt; gebraten, nappiert mit Trüffelsauce.

auf Prinzessinart: à la princesse: Entbeint, gefüllt mit Gänseleberfarce, in Kalbsfond pochiert; dressiert auf gebackenem Nest von Herzogin-Kartoffelmasse, gefüllt mit gebutterten grünen Spargelspitzen, nappiert mit deutscher Sauce mit grüner Spargelbutter aufgeschlagen.

mit Quitten: aux coings (o koang): 48 Stunden in Weinbrand mit Quittenschalen mariniert, in geschlossener Service-Kokotte mit dem Weinbrand und Butter, ohne die Schalen, gedünstet; in der Kokotte serviert, Quittengelee nebenbei.

in Rahmsauce: à la crème: Gebraten, deglaciert mit Weinbrand, verkocht mit süßem Rahm und etwas Kalbsglace, mit Zitronensaft gewürzt.

Richelieu (rischljö): Entbeint, mit einem Stückchen roher Trüffel gefüllt, pochiert in Kalbsfond mit Julienne von Mohrrüben, Bleichsellerie und Zwiebeln; kurz vor dem Garwerden Trüffeljulienne beigefügt; in dem eingekochten Fond mit der Julienne obenauf angerichtet. Wird auch kalt serviert.

Rossini: Entbeint, mit getrüffelter Gänseleberfarce gefüllt, gebraten; dressiert auf gebratene Scheibe Gänseleber, belegt mit Trüffelscheibe, nappiert mit Madeirasauce.

Rôtisserie Périgourdine: Entbeint, mit einem Stückchen roher Gänseleber gefüllt, in feuerfeste Service-Kokotte auf Scheiben roher Trüffel dressiert, mit etwas Madeira und Kalbsjus angegossen; Kokotte mit Blätterteig verschlossen, dekoriert, Kamin zum Dampfabzug freigelassen, mit Eigelb bestrichen, gebacken.

mit Rotkraut: au chou-rouge: Gebraten, serviert mit gedünstetem Rotkraut mit Apfelwürfeln und zerdrückten Maronen vermischt.

mit Sauerkraut: au choucroute: Mit fettem Speck bardiert, in Butter gebräunt; zwischen zwei Lagen Sauerkraut im Ofen gedünstet.

auf spanische Art: à l'espagnole: In spanischem Olivenöl gebraten, dressiert auf Risotto, vermischt mit gewürfelten grünen Paprikaschoten, grünen Erbsen und gewürfelten Chorizos, garniert mit in Olivenöl gebratenen Tomaten.

Suwarow: Suwaroff: Wie Fasan gleichen Namens bereitet.

auf Thronfolgerart: à la dauphine (dofihn): Gebraten, in große, gebackene, abgedeckelte und leicht ausgehöhlte Kartoffel gesetzt, mit Trüffelsauce nappiert.

auf türkische Art: à la turque (türk): In Butter gebräunt, zusammen mit gehackten, geschälten Eieräpfeln in Pilawreis bereitet; beim Servieren mit Wildjus umkränzt.

Urbain Dubois: Entbeint, mit Wildfarce gefüllt, angebräunt, in leichter Madeirasauce zusammen mit feiner Brunoise von Mohrrüben und Champignons sowie angebräunten Zwiebelchen geschmort.

auf Valencienner Art: à la valenciennes (walangsjenn): Gebraten, serviert auf Risotto, vermischt mit grünen Erbsen, gehacktem Schinken und gewürfelten Tomaten und Artischockenböden.

auf Vater Philipps Art: du Père Philippe (dü pär Philipp): Gebraten, in eine gebackene, leicht ausgehöhlte Kartoffel gesetzt.

Victoria: Entbeint, mit einem Stückchen Gänseleber und Trüffel gefüllt, in der Kasserolle mit blanchierten, angerösteten Kartoffelwürfeln gebraten; mit Weinbrand und wenig Kalbsjus deglaciert.

mit Weinbeeren (kalt): aux raisins (o räsing): In Kalbsfond pochiert, ausgekühlt, in Glasschüssel mit geschälten, entkernten, aromatischen Weinbeeren dressiert; gänzlich mit leichtem Gelee zugegossen, der aus dem Fond mit Rheinwein bereitet wurde.

auf Winzerart: à la vigneronne (winjeronn): Mit Weinblatt und fettem Speck bardiert, gebraten; deglaciert mit Madeira und Kalbsjus, garniert mit geschälten, entkernten Weinbeeren.

Wachtelkönig: Roi de cailles (roa dö kaij): Zu der Ordnung der Rallen gehöriger Vogel von dunklerem Braun, längsgefleckt, kleiner als das Rebhuhn, in Mitteleuropa brütend. In vielen Ländern unter Naturschutz. Wird wie Wachtel bereitet.

Weißgericht: weiß eingemachtes Fleisch; weißes Ragout: Blanquette (blankett): Schieres Kalb- oder Lammfleisch in grobe Würfel geschnitten, junge Hühner wie für Frikassee geteilt, in weißem Fond oder Wasser mit kleiner Möhre, gespickter Zwiebel und Kräuterbündel gekocht; nach dem Garwerden in saubere Kasserolle ausgestochen, Fond mit weißem Roux gebunden, über das Fleisch passiert, gewürzt, mit Eigelb und Rahm legiert, mit Zitronensaft geschärft, garniert.

auf Haushälterinart: à la ménagère: Garniert mit weißgedünsteten Zwiebelchen, kleinen jungen Karotten und kleinen, neuen Kartoffeln in Butter gedünstet

von Kalbfleisch auf alte Art: Blanquette de veau à l'ancienne: Mit weißgedünsteten Zwiebelchen und Champignonköpfen garniert.

mit Nudeln: aux nouilles: Wie üblich zubereitet, entweder mit Nudeln garniert oder die Nudeln, leicht gebuttert, angerichtet, und mit rohen Nudeln, im letzten Moment mit Butter geröstet, bedeckt.

mit Sellerie: aux céleris: Bleichsellerie in passende Stücke geschnitten, stark blanchiert, und zusammen mit dem Fleisch gekocht.

Wildente: Canard sauvage (kannahr ßowasch): Wasservogel aus der Familie der Gänsevögel, von denen es zahlreiche Arten gibt. Am häufigsten die Stockente, etwas kleiner die Schnatterente und am kleinsten Knäk- und Krickente. Weitere bekannte und geschätzte Arten sind die Löffelente, die Moorente und die in hohlen Bäumen brütende Schellente. Wildenten werden noch blutend gebraten, mitunter auch geschmort.

auf amerikanische Art: à l'américaine (amerikähn): Mit Wildfarce gefüllt, geschmort; serviert mit Salmisauce, mit Portwein gewürzt und mit Püree von Entenlebern vervollständigt.

Bigarade: Wie Ente gleichen Namens bereitet.

auf englische Art: à l'anglai (anglgläs): Blutend gebraten, garniert mit Brunnenkresse und Zitronenspalten; Apfelmus nebenbei.

gefüllt: farci: Gefüllt mit Farce von eingeweichtem Brot, gehacktem fettem Speck, dem gekochten, gehackten Herzen, gehackter Leber, Eiern, gehackter Petersilie und Gewürz, geschmort; serviert mit dem gebundenen, passierten Schmorfond.

geschmort: braisé: In Butter gebräunt, mit Röstgemüsen, Wacholderbeeren, Pfefferkörnern und Schinkenabgängen geschmort; serviert mit Champignonsauce.

auf Jägerart: à la chasseur: Blutend gebraten, mit Jägersauce serviert.

auf kleinrussische Art: à la petite russienne: In Speck gehüllt, blutend gebraten, erkaltet, in Blätterteig gehüllt, im Ofen gebacken; Madeirasauce nebenbei.

mit Kronsbeerensauce: à la sauce aux airelles: Blutend gebraten, mit Brunnenkresse und Zitronenspalten garniert, Kronsbeerensauce nebenbei.

mit Orangen: orangine: Blutend gebraten, mit Curaçao und Weißwein deglaciert, mit gebundener Kalbsjus verkocht, mit Orangensaft gewürzt, mit blanchierter Julienne von Orangenschalen vermischt; garniert mit Orangenfilets, leicht in Butter sautiert und mit Weinbrand und Curaçao flambiert.

auf palästinische Art: à la palestine (palestihn): Blutend gebraten, mit Kalbsjus deglaciert; garniert mit tournierten, gebratenen süßen Kartoffeln.

mit Portwein: au porto: Wie Rouener Ente bereitet.

in der Presse: à la presse: Wie Ente gleichen Namens bereitet.

auf rumänische Art: à la roumaine (ruhmähn): Angebraten, mit viel gerösteten Zwiebelscheiben in halb Demiglace und halb braunem Fond mit etwas Salzgurkenlake halbgar geschmort; mit reichlich olivenförmigen, blanchierten Salzgurkenstückchen in der passierten Sauce fertiggeschmort; dicker saurer Schmant nebenbei.

Salmi von-: Salmis de canard sauvage: Wie Rebhuhn gleichen Namens bereitet.

auf spanische Art: à l'espagnole: Mit Mirepoix angebraten, mit Sherry deglaciert, mit tomatierter Demiglace und braunem Fond geschmort; Sauce vermischt mit entsteinten, blanchierten spanischen Oliven; Pilawreis mit Safran nebenbei.

auf syrische Art: à la syrienne (bürijenn): In Stücke geteilt, in Butter ansautiert, in Rotwein und Wildsauce gedünstet; garniert mit glacierten Zwiebelchen, entsteinten, blanchierten grünen Oliven und herzförmigen Croutons mit Lebermus bestrichen.

auf Westerländer Art: Blutend, zusammen mit zerdrückten Wacholderbeeren, gebraten, mit saurem Rahm und Kalbsjus deglaciert; garniert mit herzförmigen Croutons, maskiert mit Farce von der Leber, Geflügellebern, fettem Speck, dem gekochten, gehackten Herzen, gehackten Kräutern und Gewürz.

Wildgans: Oie sauvage (oa sowasch): Die Stammutter unserer zahmen Gans, die nur in Nordeuropa von Norddeutschland bis Norwegen, Rußland, Nordindien, Nordwest-Afrika und in China verbreitet ist. Wird wie Wildente und zahme Gans bereitet.

auf Bauernart: à la paysanne: Geschmort, kurz vor dem Garwerden blätterig geschnittenes, in Butter gedünstetes Wurzelgemüse und Zwiebelscheiben, vorgekochte, gewürfelte grüne Bohnen und grüne Erbsen beigefügt.

auf elsässische Art: à l'alsacienne: Mit Bratwurstmasse gefüllt, mit Weißwein und Demiglace geschmort; garniert mit glacierten Maronen und Tarteletts, mit Sauerkraut gefüllt und einer runden, gebratenen Schinkenscheibe obenauf; Salzkartoffeln nebenbei.

gedünstet: à l'étuvée (etüweh): Mit fettem Speck bardiert, mit Scheiben von Wurzelgemüsen und Zwiebeln, Speck- und Schinkenabgängen, Wacholderbeeren, Kräuterbündel, Butter, wenig Wasser und einem Schuß Essig gedünstet.

mit Sauerkraut: au choucroute (o schuhkrut): Mit Brotfarce, vermischt mit gehackten, in Butter geschwitzten Zwiebeln, gehackter Petersilie und Eigelb, gefüllt, in Rotwein und Demiglace geschmort; serviert mit Sauerkraut und Salzkartoffeln.

Wildschwein: Sanglier (sanglieh): Gehört zum Schwarzwild und wird bis zu 200 kg schwer. Mit Ausnahme der Keulen und des Rückens, die erst mariniert und dann geschmort werden, wird es in der Küche kaum gebraucht. Dagegen sind junge Wildschweine, Frischlinge (s.d.) sehr begehrt.

Ragout von -: Ragout de sanglier: In grobe Würfel geschnitten, angebräunt, in Demiglace und Rotwein mit gehackten Zwiebeln und zerdrückten Wacholderbeeren gedünstet; ausgestochen, die eingekochte, passierte Sauce darübergegossen.

Wildschweinskopf: Hure de sanglier (ühr dä sangljeh): Von den Borsten befreit, gewässert, abgebürstet, ausgelöst, in Salzwasser gewässert; Öffnungen zugenäht, mit Farce von Schweinefleisch und frischem Speck, mit Cognac und Gewürzsalz gewürzt, mit Madeira und Eiern vermischt, Würfel von Pökelzunge, Luftspeck, Trüffeln und Gänseleber sowie Pistazien daruntergezogen, gefüllt. Offene Seite mit Schwarte verschlossen, zugenäht, in Tuch gewickelt, wie Galantine fest verschnürt. In Fond von Rinderknochen, Kalbsfüßen, Wurzelwerk und Aromaten gekocht, im Fond erkaltet, mit Fleischglace bepinselt, auf Platte mit Geleespiegel angerichtet, mit Geleewürfeln garniert, Cumberland-Sauce nebenbei.

Würstchen: Saucisse (ßoßiß): Fleischzubereitungen verschiedener Art aus Muskelfleisch, Schlachtfett u.a., gewürzt, in gereinigten Darm, Blase oder Kunstdarm gefüllt, gekocht, getrocknet, auch geräuchert, und im Handel erhältlich.

Frankfurter: de Francfort (dö frangfohr): Pochiert, mit Sauerkraut und Kartoffelpüree, mit warmem Kartoffelsalat, mit geriebenem Meerrettich oder nur mit Senf serviert.

gebraten: frit: Pochiert, enthäutet, durch Backteig gezogen, in tiefem Fett gebacken.

im Schlafrock: en robe de chambre: Kurz pochiert, enthäutet, abgekühlt, in Blätterteig gehüllt, mit Eigelb bestrichen, gebacken.

Wiener: de Vienne: Wie Frankfurter Würstchen bereitet.

Wild-: de gibier (dö schibjeh): Farce von 2 Teilen Wildfleisch, 1 Teil frischem fettem Speck, Wildlebern, gehackten Trüffeln, gehackten Kräutern, Gewürzen und Weinbrand, in Schweinsdarm gefüllt, in Butter gebraten.

Würzfleisch, Saucenfleisch: Sauté (ßoteh): Art Ragout, bestehend aus meist gewürfeltem, angebratenem Fleisch, in einer fertig vorbereiteten Sauce geschmort. Charakteristisch ist, daß der Bratsatz mit Weinbrand oder Wein deglaciert und der Sauce beigefügt wird.

von Hammel auf armenische Art: de mouton à l'armenienne (dö mutong alarmehnjenn): Gewürfelt, in Öl zusammen mit Zwiebelwürfeln und Knoblauch angebraten, in leichter Tomatensauce mit gewürfelten grünen Paprikaschoten und einem Stückchen Zimt geschmort; Pilawreis mit Safran nebenbei.

von Kalb auf Gärtnerinart: de veau à la jardinière (dö wo ala schardinjär): In Würfel geschnitten, gebräunt, mit Weißwein deglaciert, in tomatierter Demiglace geschmort; vermischt mit olivenförmigen weißen Rüben und Mohrrüben, grünen Bohnenkernen und Blumenkohlröschen, beim Servieren mit gewürfelten grünen Bohnen und grünen Erbsen bestreut.

- **von Kalb Marengo:** de veau Marengo: Gewürfelt, in Olivenöl mit gehackten Zwiebeln und Knoblauch gebräunt, mit Weißwein deglaciert, in braunem Fond mit reichlich gehackten Tomaten geschmort; kurz vor dem Garwerden angebräunte Zwiebelchen und Champignonköpfe beigefügt; mit herzförmigen Croutons garniert.
- **von Kalb auf ungarische Art:** de veau à la hongroise (dö wo ala ongroas): in Schweineschmalz mit Zwiebelwürfeln angebräunt, in leichter Paprikasauce geschmort, beim Servieren mit saurem Rahm übergossen.
- **von Kalb auf Teufelsart:** de veau à la diable (dö wo ala djabl): In kleine dicke Scheibchen geschnitten, angebraten, in Teufelssauce geschmort.
- **von Lamm auf Bauernart:** d'agneau à la paysanne (danjo ala peisang): Gewürfelt, in Butter gebräunt, mit Weißwein deglaciert, in leichter Demiglace geschmort; kurz vor dem Garwerden blätterig geschnittene Mohrrüben, weiße Rüben, Sellerie und Zwiebeln, vorher in Butter angedünstet, und vorgekochte grüne Erbsen beigefügt.
- **von Lamm auf flämische Art:** d'agneau à la flamande (danjo ala flamangd): In große Würfel geschnitten, in leichter Demiglace geschmort, vermischt mit olivenförmigen Mohrrüben, weißen Rüben und Kartoffeln, gebratenen Speckwürfeln und Scheiben von Knoblauchwurst; beim Anrichten mit gedünsteten Weißkrautköpfchen umlegt.
- **von Lamm auf Försterart:** d'agneau à la forestière (danjo ala forestjähr): Angebratene Würfel, mit Weißwein deglaciert, mit Demiglace geschmort; vermischt mit geviertelten, sautierten Morcheln, gebratenen Kartoffelwürfeln und gebratenen Speckwürfeln.
- **von Lamm auf spanische Art:** d'agneau à l'espagnole (danjo alespanjol): In kleine dicke Scheiben geschnitten, in Olivenöl gebräunt mit gehackten Zwiebeln und Knoblauch, in leichter Tomatensauce geschmort.
- **von Rind auf arlesische Art:** Sauté de bœuf à l'arlesienne: Mit Mirepoix angebräunt, mit Weißwein deglaciert, in tomatierter Demiglace geschmort; kurz vor dem Garwerden in saubere Kasserolle ausgestochen, gewürfelte Tomaten und grobe Würfel von Eieräpfeln, in Öl ansautiert, beigefügt; mit gebackenen Zwiebelringen bedeckt serviert.
- **von Rind auf bürgerliche Art:** de bœuf à la bourgeoise (dö böff ala burschoas): Gewürfelt, angebraten, mit Weißwein deglaciert, in leichter Demiglace geschmort; garniert mit gebratenen Speckwürfeln, glacierten Zwiebelchen und angebräunten, oval tournierten Mohrrüben.

Yahni: Dicke Scheibe aus der Hammelkeule mit Knochen, in Hammelfett mit Zwiebelscheiben angebraten, gewürzt, mit Wasser angegossen, in feuerfester Kasserolle zugedeckt gedünstet (türkisch).
- **ve Bezelyapilawe:** mit Erbsenreis: Grobgewürfeltes Hammelfleisch zusammen mit gehackten Zwiebeln in Hammelfett angeröstet, mit Wasser angegossen, gedünstet; wenn halbgar Reis, frische grüne Erbsen und Tomatenpüree beigefügt und gargedünstet (türkisch).

Yalanci Dolma: Stark blanchierter Reis mit ebensoviel gehacktem, fettem Hammelfleisch und viel gehackten, in Olivenöl gerösteten Zwiebeln vermischt, gewürzt, gut durchgearbeitet; in zarte Weinblätter gehüllt, in Kasserolle mit Öl bestrichen auf Bett von Zwiebelscheiben gelegt, mit Hammelbrühe gedünstet (türkisch).

Yambalaya: Roher, gewürfelter Schinken zusammen mit gehackten Schalotten, roten und grünen gewürfelten Paprikaschoten in Butter gedünstet; vermischt mit Würfeln von gebratenem Huhn und Pilawreis (indisch).

Zamponi di Modena: Gefüllter Schweinsfuß: Entbeint, gefüllt mit Farce von Schweinefleisch, frischem, fettem Speck, Gewürz und Trüffelwürfeln, gepökelt, geräuchert; gekocht, mit Linsen serviert (italienisch).

Zephir: Zéphir: Sehr zarte Rahmfarce von Fisch, Schalentieren, weißem Fleisch, Geflügel oder Wild, mit geschlagenem Eiweiß aufgezogen, in Silber- oder Porzellankokotten gefüllt, im Ofen wie ein Auflauf gebacken. Wird auch kalt mit Schaumbrotmasse bereitet.

Ziemer: Cimier: Veraltete Bezeichnung für den wertvollsten Teil des Hoch- und Rehwildes, den Rücken mit den Lenden.

Zrázy: Zwischenrippenstück, plattiert, mit einer Mischung von gehackten, angeschwitzten Zwiebeln, Speck, Reibbrot, Eiern und Gewürz maskiert, zusammengerollt, gebunden, in Butter gebräunt, in Rotwein mit gehackten Zwiebeln, Speckwürfeln und Kräuterbündel geschmort, der Fond mit Mehlbutter gebunden (polnisch).

Nelson: Zwei kleine Filet Beefsteaks, plattiert in der Service-Kasserolle zusammen mit gehackten Zwiebeln und Speckwürfeln gebraten; mit Madeira deglaciert, mit Nußkartoffeln und sautierten Champignons garniert (polnisch).

Zwiebelfleisch: Reichlich Zwiebelscheiben in Fett angeröstet, Fett abgegossen, blättrig geschnittenes, mageres Rindfleisch beigefügt, gewürzt, mit Fleischbrühe angegossen kurz eingedünstet, mit wenig Mehl bestäubt und gargedünstet; mit Mehlnockerl serviert (österreichisch).

Zwischenrippenstück: siehe Rind

Gemüse und Teigwaren

Französisch: Légumes et Pâtes alimentaires
Englisch: Vegetables and Farinaceous Dishes
Italienisch: Vegetali e paste
Spanisch: Verduras y pastas

Allgemeine Regeln

Alle Gemüse müssen sauber gewaschen werden, einige sogar mehrfach in gewechseltem Wasser, um kleine Würmer und Sand restlos zu entfernen. Man darf es aber nicht zu lange im Wasser liegen lassen, damit es nicht auslaugt. Einige Gemüse, besonders Kohlarten, werden vor der weiteren Bereitung oft, obwohl das nicht den Forderungen der Ernährungslehre entspricht, erst abgebrüht, um ihnen den scharfen und unangenehmen Geschmack oder Geruch zu nehmen.

Um grünem Gemüse die schöne Farbe zu bewahren, wird es in viel kochendem Salzwasser angesetzt und offen gekocht. Will man jedoch die Vitamine und Mineralstoffe weitgehend bewahren, so dünstet man das Gemüse im geschlossenen Topf mit nur wenig Flüssigkeit oder Butter. Kein Gemüse sollte länger als notwendig kochen, da es sonst an Geschmack, Farbe und Nährwert verliert. Man sollte den Geschmack auch nicht dadurch verderben, daß man es mit einer dicken oder langen Mehlsauce bindet; das idealste Bindemittel für Gemüse ist frische Butter, mitunter auch süßer Rahm.

Gemüse kann sowohl als Beilage als auch als Extragang oder, wie der Spargel, als Vorspeise serviert werden.

Teigwaren kocht man möglichst immer frisch, da sie durch längeres Liegen im Wasser an Geschmack verlieren. Sie dürfen auch nicht zu weich gekocht sein. In Italien kocht man alle Teigwaren erst unmittelbar vor dem Gebrauch, und zwar „al dente", d.h., sie sollen zwar gar sein, den Zähnen jedoch noch einen leichten Widerstand bieten, da sie nur so ihren vollen Geschmack entwickeln.

Ail: siehe Knoblauch
Artichaut: siehe Artischocke
Artischocke: Artichaut (artischo): Der grüne, noch nicht völlig entwickelte Blütenkopf eines Distelgewächses, das im Mittelmeerraum beheimatet ist und auch in Amerika kultiviert wird. Eßbar sind nur der fleischige Boden und der untere Teil der Kelchblätter. Zum Servieren im ganzen werden die Spitzen der Kelchblätter und der obere Teil der Artischocke abgeschnitten, wonach sie gebunden und in Salzwasser gekocht wird. Sehr kleine Sorten können, solange sie noch jung und zart sind, ganz gegessen werden. Die Herzen junger Artischocken kommen auch in Öl konserviert in den Handel.
Ganze Artischocken werden warm und kalt mit verschiedenen Saucen, z.B. holländischer- Schaum-, Chantilly, Mayonnaise, Vinaigrette u. a., serviert.

Anghinará Moldovenești: auf Moldauer Art: Junge zarte Artischocke, pariert, geviertelt, Heu entfernt, auf in Sonnenblumenöl angeröstete Zwiebelscheiben gelegt; mit gewürfelten Tomaten, Knoblauch, gehackter Zitronenschale und gehacktem Dill in Weißwein gedünstet; kalt im Fond serviert (rumänisch).

auf Bäckerart: à la boulangère (bulangschär): Pariert, vorgekocht, die inneren Blätter und das faserige Gewebe, sogenannte Heu, entfernt, mit Bratwurstfleisch gefüllt, in Pastetenteig gehüllt, im Ofen gebacken.

Barigoule (bariguhl): Junge, zarte Artischocke, stark blanchiert, Heu und Innenblätter entfernt, mit Duxelles, vermischt mit gehacktem frischen Bauchspeck, gefüllt, in fette Speckscheiben gehüllt, gebunden; in Weißwein gedünstet, nach dem Garwerden der Wein mit Demiglace verkocht, über die Artischocke gegossen.

auf Bauernart: à la paysanne: Pariert, geviertelt, Heu entfernt, zusammen mit kleinen Zwiebelchen, Speckwürfeln und kleinen neuen Kartoffeln in hellem Fond gedünstet.

auf Béarner Art: à la béarnaise: Blanchiert, Innenblätter und Heu entfernt, in Weißwein, hellem Fond und Zitronensaft gedünstet; Béarner Sauce nebenbei.

auf Bresser Art: à la bressanne (bressann): Blanchiert, Innenblätter und Heu entfernt, gefüllt mit Hühnerfarce, vermischt mit Püree von sautierten Geflügellebern, in Speckscheiben gehüllt, gebunden; in Weißwein und hellem Fond gedünstet, nach dem Garwerden Fond eingekocht, mit Demiglace vermischt, über die Artischocken gegossen.

Clamart (klamahr): Kleinere, zarte Artischocke pariert, zusammen mit jungen, gevierteilten Karotten, rohen grünen Erbsen und Kräuterbündel in gebutterte Service-Kokotte plaziert, gewürzt, wenig Wasser angegossen, zugedeckt gedünstet; nach dem Garwerden Kräuterbündel entfernt, Fond mit Mehlbutter gebunden, in der Kokotte serviert.

Dietrich: Junge, zarte Artischocke geviertelt, blanchiert, zusammen mit gehackten, in Butter angeschwitzten Zwiebeln in leichter Velouté gedünstet; im Risottorand angerichtet.

Forestas: Mittelgroße, zarte Artischocke, pariert, stark blanchiert, Heu entfernt, gefüllt mit Kaninchenhaschee vermischt mit geschmolzenen Tomaten; in Speckscheiben gehüllt, gebunden, auf Mohrrüben- und Zwiebelscheiben gesetzt, mit hellem Fond und Madeira gedünstet; Fond mit Mehlbutter gebunden, passiert, über die Artischocke gegossen.

gefüllt: farci: Pariert, vorgekocht, Innenblätter und Heu entfernt, mit Duxelles, vermischt mit Reibbrot und Rinderhaschee, gefüllt; mit Reibbrot bestreut, mit Öl betropft, im Ofen überkrustet; Madeirasauce nebenbei.

auf griechische Art: à la grecque: siehe Vorspeisen

auf Hausfrauenart: à la bonne femme: Gekocht, Bastardsauce nebenbei.

mit holländischer Sauce: à la sauce hollandaise: Pariert, gekocht; holländische Sauce nebenbei.

Artischocke, Jerusalemer: siehe Erdartischocke

auf jüdische Art: Junge, zarte Artischocke, blanchiert, Innenblätter und Heu entfernt, mit Farce von Reibbrot, gehackter grüner Pfefferminze, Knoblauch, Gewürz und Ei gefüllt; mit Olivenöl übergossen, zugedeckt gedünstet, im letzten Moment einige Tropfen Wasser beigefügt.

auf orientalische Art: à l'orientale (oriangtal): Junge, zarte Artischocke, geviertelt, in Weißwein, Olivenöl und hellem Fond mit Zwiebelscheiben, Knoblauch und Fenchel gedünstet.

mit Pfeffersauce: à la sauce poivrade (poawrad): Geviertelt, in leicht gesäuertem Salzwasser gekocht; Vinaigrette-Sauce, vermischt mit gehackten Schalotten und frisch gemahlenem Pfeffer, nebenbei.

auf provenzalische Art: à la provençale (prowangßal): Ganz kleine, zarte Artischocken, pariert, gewürzt, in Olivenöl, zugedeckt, langsam gedünstet; wenn halbgar frische grüne Erbsen und nudelig geschnittener Kopfsalat beigefügt, ohne Wasserzusatz, zugedeckt, fertiggedünstet.

Artischocke, spanische: siehe Karde

Artischockenböden: Fonds d'artichauts (fong dartischo): Mittelgroße Artischocken, Blätter und Heu entfernt, Boden sauber pariert, mit Zitronensaft eingerieben, in leicht gesalzenem Wasser stark blanchiert, abgetropft, in Butter gargedünstet. Auch konserviert im Handel erhältlich.

Alice: Blanchiert, in Butter gedünstet, mit blanchierten Scheiben Ochsenmark gefüllt, mit Trüffelsauce nappiert.

Artagnan: Gefüllt mit Champignonpüree, vermischt mit sautierten, gewürfelten Artischockenböden, gehackter Petersilie und Eigelb; mit geriebenem Käse bestreut, mit Butter betropft, im Ofen überbacken; umkränzt mit Tomatensauce.

Bayard (bajahr): Mit Gänseleberpüree gefüllt, gänzlich mit Hühnerfarce maskiert, mit Trüffelscheibe belegt, im Ofen gargemacht; leicht mit Madeirasauce nappiert.

auf Bordelaiser Art: à la bordelaise (bordläs): Blanchiert, in Rotwein und Demiglace gedünstet; gefüllt mit gewürfeltem, blanchiertem Ochsenmark, nappiert mit der eingekochten Sauce, mit gehackter Petersilie bestreut.

auf Brüsseler Art: à la bruxelloise (brüsseloas): Große Böden, blanchiert, in Weißwein und weißem Fond gedünstet; mit kleinen Rosenkohlköpfchen, mit Demiglace gebunden, gefüllt.

mit Butter: au beurre (o böhr): Blanchiert, mit Butter und Zitronensaft gedünstet; bedeckt mit zerlassener Butter, vermischt mit gehackter Petersilie.

Castiglione (kastiljonn): Gefüllt mit gewürfeltem Knollensellerie, Gurken, Trüffeln und grünen Spargelspitzen mit Rahmsauce gebunden.

Cavour (kawuhr): Gekocht, abgetropft, durch flüssige Butter gezogen, in geriebenem Parmesan gewälzt, im Ofen gebräunt; bestreut mit gehackten, hartgekochten Eiern, betropft mit Sardellenessenz, mit schäumender Butter übergossen.

Colbert (kollbähr): Zwei kleine gekochte Böden, mit Leberfarce, vermischt mit Duxelles, zusammengesetzt, durch Backteig gezogen, in tiefem Fett gebacken; Colbertsauce nebenbei.

Cussy: Zwei kleine Böden, mit getrüffeltem Gänseleberpüree zusammengesetzt, mit Villeroisauce maskiert, paniert, in tiefem Fett gebacken; Madeirasauce.

Descartes (dekart): Gefüllt mit Salpicon von Gänseleber, Kalbsmilch und Trüffeln mit Madeirasauce gebunden.

Dubarry (dübarri): Gefüllt mit Blumenkohlröschen, nappiert mit Mornaysauce, mit geriebenem Käse bestreut, überkrustet.

mit Estragonsauce: à l'estragon: Gekocht, nappiert mit Estragonsauce mit gehacktem Estragon.

Feen-Königin: Reine de fées (rähn dö fäs): Blanchiert, in Butter und Zitronensaft gedünstet; gefüllt mit Käse-Auflaufmasse vermischt mit Krebs- und Hühnerwürfeln, im Ofen gebacken.

auf flämische Art: à la flamande: Gefüllt mit winzigen, gedünsteten Mohrrübenkugeln, mit deutscher Sauce gebunden.

auf Florentiner Art: à la florentine: Gefüllt mit gehacktem, in Butter gedünstetem, mit gehackten, gedünsteten Zwiebeln und gehackten Sardellenfilets vermischtem Spinat, gebunden mit Velouté, nappiert mit Mornaysauce, mit geriebenem Käse bestreut, glaciert.

auf Gärtnerinart: à la jardinière (schardinjär): Gefüllt mit feinem Mischgemüse mit Rahmsauce gebunden, mit gehackter Petersilie bestreut.

Georgette (schorschett): Blanchiert, in hellem Fond mit gewürfeltem Speck und gehackten Kräutern gedünstet; gefüllt mit Lammhirn, nappiert mit holländischer Sauce, bestreut mit gehacktem Estragon.

auf Großherzogsart: à la grand-duc (grang dük): Großer Boden, gefüllt mit grünen Spargelspitzen mit Rahmsauce gebunden; nappiert mit Mornaysauce, glaciert, Trüffelscheibe durch flüssige Glace gezogen obenauf.

auf italienische Art: à l'italienne: Blanchiert, in Weißwein und braunem Fond gedünstet; nappiert mit italienischer Sauce mit dem eingekochten Fond vermischt.

auf kaiserliche Art: à l'impériale (angperjal): Gefüllt mit grünen Spargelspitzen, mit Geflügelrahmsauce nappiert.

auf Königinart: à la reine (rähn): Gefüllt mit Hühnerpüree, nappiert mit Geflügelrahmsauce, garniert mit Trüffelscheibe.

mit feinen Kräutern: aux fines herbes (finserb): Blanchiert, in Demiglace mit gehackten Kräutern gedünstet.

Kroketts von: Croquettes de fonds d'artichauts: Gekocht, kleingewürfelt, mit dicker Béchamel und Eigelb gebunden; erkaltet, geformt, paniert, in tiefem Fett gebacken.

Krusteln von: Beignets de fonds d'artichauts (bänjä): Zwei kleine Böden, mit dicker Duxelles zusammengesetzt, durch Backteig gezogen, in tiefem Fett gebacken.

Lucullus: Nappiert mit Madeirasauce vermischt mit Trüffelpüree.

auf Lyoner Art: à la lyonnaise (lionnäs): Blanchiert, geviertelt, in Weißwein und braunem Fond, mit viel zuvor in Butter gebräunten Zwiebelscheiben vermischt, gedünstet; bestreut mit gehackter Petersilie.

auf Mailänder Art: à la milanaise: In gefettete Backplatte geordnet, mit geriebenem Käse reichlich bestreut, mit zerlassener Butter betropft, im Ofen gebräunt.

auf Maltaiser Art: à la maltaise (maltäs): Gedünstet, mit Maltaiser Sauce nappiert.

Monico: Gefüllt mit Champignonpüree, mit Eigelb gebunden, mit Eierschnee aufgezogen, mit geriebenem Käse bestreut, im Ofen gebacken.

Mornay: Mit Mornaysauce nappiert, mit geriebenem Parmesan bestreut, mit Butter betropft, gratiniert.

auf Nizzaer Art: à la niçoise (nissoahs): Blanchiert, in Olivenöl mit gehackten Schalotten, gewürfelten Tomaten, zerdrücktem Knoblauch und gehackten Sardellenfilets gedünstet; im Fond serviert, mit gehacktem Estragon bestreut.

in Öl: à l'huile (üil): Blanchiert, in Weißwein und Olivenöl mit gehackten Zwiebeln gedünstet; mit Zitronensaft gewürzt, kalt im Fond serviert.

mit Palmenmark: au cœurs de palmier: Mit kleingeschnittenem, in Butter gedünstetem Palmenmark gefüllt, mit holländischer Sauce nappiert.

auf Piemonteser Art: à la piémontaise: Gefüllt mit Risotto, vermischt mit geriebenen italienischen Trüffeln, mit Tomatensauce umkränzt.

auf polnische Art: à la polonaise: Gefüllt mit hartgekochtem, gehacktem Ei, übergossen mit Reibbrot in viel Butter gebräunt.

Poulette: Vorgekocht, geviertelt, in Poulettesauce gedünstet.

auf Prinzessinart: à la princesse: Gefüllt mit kleingeschnittenen, in Butter geschwenkten grünen Spargelspitzen, belegt mit einem flachen, runden Hühnerklößchen und einer Trüffelscheibe, mit Geflügelrahmsauce nappiert.

Püree von: Crème de fonds d'artichauts: Blanchiert, in Butter gedünstet, passiert, mit einem Drittel der Menge Kartoffelpüree vermischt, mit Butter und süßem Rahm vervollständigt.

Rachel (raschell): Gefüllt mit großer, blanchierter Rindermarkscheibe, mit Bordelaiser Sauce nappiert.

Artischockenböden — Banane

Ristori: Zwei kleine Böden, gefüllt mit Risotto, vermischt mit geriebenem Parmesan, sautierten, gewürfelten Geflügellebern und Trüffeln, paniert, in tiefem Fett gebacken; Tomatensauce nebenbei.

Sagan: Gefüllt mit Püree von Kalbshirn, mit Eigelb und geriebenem Parmesan vermischt, im Ofen gebacken.

auf sibirische Art: à la sibirienne: Gekocht, erkaltet, nappiert mit Mayonnaise vermischt mit gehacktem, hartgekochtem Ei, Kerbel, Estragon, Kapern und Salzgurke, gewürzt mit Senf.

auf sizilianische Art: à la sicilienne (sißiljenn): Großer Boden, gefüllt mit kleingeschnittenen Makkaroni, vermischt mit geriebenem Parmesan, gebunden mit Velouté vermischt mit Püree von Geflügellebern; mit geriebenem Parmesan bestreut, mit Butter betropft, gratiniert.

auf spanische Art: à l'espagnole: Gefüllt mit gehackten roten Paprikaschoten zusammen mit gehackten Zwiebeln in Butter gedünstet und mit Demiglace gebunden.

mit Spargelköpfen: aux asperges: Mit weißen Spargelköpfen gefüllt, mit holländischer Sauce nappiert.

Stanley: Blanchiert, in Weißwein und Butter zusammen mit blanchierten Zwiebelscheiben, rohem Schinken und dünner Béchamel gedünstet; nach dem Garwerden Sauce passiert, mit süßem Rahm verkocht, über die Böden gegossen, mit gehacktem Schinken bestreut.

auf Triester Art: à la triestaine (triestän): Blanchiert, in Olivenöl mit Zwiebel- und Petersilienwurzelscheiben gedünstet, mit Zitronensaft gewürzt.

auf türkische Art: à la turque: Gefüllt mit Hammelhaschee vermischt mit gehackten, gebratenen Zwiebeln, gebunden mit Tomatensauce.

auf ungarische Art: à la hongroise (ongroas): 1. Blanchiert, in Weißwein mit Scheiben von Zwiebeln und Wurzelgemüsen gedünstet, gefüllt mit Haschee von Champignons, roten Paprikaschoten, gehackten Zwiebeln und Knoblauch, mit dem passierten, gedickten Fond gebunden;
2. blanchiert, in leichter Paprikasauce gedünstet.

auf venezianische Art: à la venitienne: Blanchiert, in Butter und hellem Fond gedünstet, mit venezianischer Sauce nappiert.

Villeroi: Gekocht, erkaltet, geviertelt, durch Villeroisauce gezogen, paniert, in tiefem Fett gebacken; mit gebackener Petersilie garniert.

auf Weinkennerart: du gourmet (gurmeh): Blanchiert, in Butter und Zitronensaft gedünstet; mit geschmolzenen Tomaten gefüllt, eine panierte, gebackene Auster obenauf.

Asperge: siehe Spargel
en branches: Stangenspargel.
vert: grüner Spargel.

Aubergine: siehe Eierapfel

Bambussprossen: Jets de bamboo (gjä dä bambu): Die jungen Schößlinge verschiedener Bambusarten, eines tropischen und halbtropischen Riesengrases, von dem es annähernd 200 Arten gibt. Sie werden wie Hopfensprossen bereitet, hauptsächlich aber in chinesischen Gerichten verwendet.

Bamia: siehe Gombo

Banane: Banane (banann): Riesenstaude aus der Gattung der Musaceen, deren Blütenstand an der Spitze die länglichen Früchte hervorbringt. Mehr als 80 Arten, früher im tropischen Asien beheimatet, heute über alle Tropenländer verbreitet. Wird frisch, getrocknet und zu Mehl verarbeitet gehandelt. Das Herz der jungen Schosse wird wie Palmenmark bereitet. Außer zu Süßspeisen wird die Banane als Gemüse und Garnitur verwendet.

gebacken: frite: Größere Früchte, in schräge, dicke Scheiben geschnitten, durch Backteig gezogen, in tiefem Fett gebacken.

Banane   **Baummelone**

---

gebraten: sautée: Kleine Früchte, der Länge nach halbiert, gemehlt, in Butter gebraten.

Bananenmus: Purée de bananes: Geschält, in Scheiben geschnitten, mit einer Prise Salz, zugedeckt, in Butter gedünstet, durchgestrichen, mit wenig dickem Rahm und frischer Butter vervollständigt.

Bandnudeln, Italienische: siehe Lasagne

Batate, süße Kartoffel: Patate (patat): Am Boden kriechendes oder kletterndes tropisches Windengewächs mit dick-knolligen, stärkereichen Wurzeln, die wie Kartoffeln verwendet werden können. Über die Tropenländer der Alten und Neuen Welt verbreitet. Die Batate ist mit der Kartoffel nicht verwandt.

   auf algerische Art: à l'algerienne (alscherjenn): Geschält, gekocht, püriert, mit Maronenpüree und Eigelb vermischt, ausgekühlt; zu kleinen Kroketts geformt, paniert, in tiefem Fett gebacken.

   Broiled Sweet Potatoes: Vorgekocht, geschält, der Länge nach geteilt, durch zerlassene Butter gezogen, beide Seiten auf dem Rost hellbraun gebraten (nordamerikanisch).

   mit Butter: au beurre: Gekocht, geschält, in Scheiben geschnitten, ganz leicht in Butter gebraten.

   gebacken: au four (o fuhr): Mit der Schale im Ofen gebacken.

   gebacken: frits: 1. Geschält, roh in Streifen geschnitten, in tiefem Fett wie Kartoffelstäbchen gebacken;
2. gekocht, geschält, halbiert, durch Backteig gezogen, in tiefem Fett gebacken.

   glaciert: glacés: Gekocht, geschält, der Länge nach halbiert, jede Hälfte in braunen Zucker, mit wenig Wasser gelöst, getaucht; auf gefettetes Backblech geordnet, gewürzt, mit Butter übergossen, im Ofen braungebacken.

   Griddled Sweet Potatoes: Geschält, in dicke Scheiben geschnitten, beide Seiten auf dem Rost braungebraten (nordamerikanisch).

   auf italienische Art: à l'italienne: Gekocht, geschält, in Scheiben geschnitten, in gefettete Backplatte gefüllt, mit geriebenem Parmesan bestreut, mit Butter betropft, im Ofen überbacken.

   auf Kreolenart: à la créole: Gekocht, geschält, der Länge nach geteilt, in gefettete Backplatte gelegt, bedeckt mit Streuzucker, vermischt mit Butter, geriebener Orangenschale, Salz und Muskatblüte; im Ofen gebacken, bis aus Butter und Zucker ein dicker brauner Sirup geworden ist.

   Maple Candied Sweet Potatoes: Mit Ahornsirup glaciert: Gekocht, geschält, in Scheiben geschnitten; in Backplatte gefüllt, mit Ahornsirup, mit Apfelwein, Wasser, Butter und Salz aufgekocht, übergossen, im mittelheißen Ofen gebacken und überglänzt (nordamerikanisch).

   mit Maronenpüree gefüllt: farcis à la purée de marrons: Gebacken, ausgehöhlt, den Pulp püriert, mit Maronenpüree vermischt, gewürzt, leicht gebuttert, wieder in die Schale gefüllt.

   Southern Style Sweet Potatoes: nach Art der Südstaaten: Gekocht, geschält, in dicke Scheiben geschnitten, in Butter gebräunt; in Backplatte gefüllt, mit zerlassener Butter übergossen, reichlich mit Puderzucker bestäubt, im Ofen glaciert (nordamerikanisch).

   überkrustet: au gratin: Gekocht, geschält, in Scheiben geschnitten; mit Rahmsauce gebunden, in Backplatte gefüllt, mit geriebenem Parmesan bestreut, mit Butter betropft, im Ofen überbacken.

Baummelone, Papaya: Papaya: Die keulenförmigen, gelb bis gelbgrünen, längsfurchigen 2–5 kg schweren Früchte des tropischen Melonenbaumes, der auch in Florida gezüchtet wird. Die Frucht enthält reichlich orangegelbes oder weißgrünes, angenehm säuerlich und melonenartig schmeckendes Fleisch. Arten mit weißgrünem Fleisch sind nur gekocht genießbar. Außer als Gemüse auch als Kompott und süßsauer eingelegt verwendbar.

mit Butter: au beurre: Geschält, Samen entfernt, in gleichmäßige Stücke geschnitten, blanchiert, in hellem Fond gedünstet; abgetropft, mit zerlassener Butter übergossen.

gedünstet: étuvé (etüweh): Noch unreife Frucht geschält, Samen entfernt, in Stücke geschnitten, tourniert, langsam in Butter mit hellem Fond gedünstet; Fond abpassiert, mit heller Mehlschwitze gebunden, gewürzt, verkocht, über die Früchte passiert.

Bette: siehe Mangold
Betterave: siehe Rübe, rote
Blaukraut: siehe Rotkraut
Bleichsellerie: siehe Staudensellerie
Blette: siehe Mangold
Blé vert: siehe Grünkern
Blini: Russische Plinzen: Sehr kleine Hefeteigplinzen aus halb Weizen- und halb Buchweizenmehl, Hefe, Butter, Milch, Salz und Eierschnee, in kleinen Spezialpfännchen gebacken, stets mit saurem Schmant serviert. Mit Kaviar als Vorspeise, aber auch als Beilage zu Fleisch, Geflügel und Wild sowie mit hartgekochten, gewürfelten Eiern und anderem eingebacken serviert (russisch).

Livländische: à la livonienne (liwonjenn): Teig nur aus Buchweizenmehl, Eigelb, Milch, Salz und Eierschnee bereitet.

Blumenkohl, Karfiol: Chou-fleur (schu flör): Eine durch Züchtung entstandene Kohlart, bei der sich die weißen, fleischigen Blumen aus dem unentwickelten Fruchtstand bilden und innerhalb der grünen Blätter sitzen. Die Blätter, mit Ausnahme der kleinen zarten, werden entfernt, der Strunk wird glattgeschnitten und der Kohl in Salzwasser gekocht. Er kann auch geraspelt roh gegessen oder zum Salat verwendet werden.

Dubarry: Purée Dubarry (dübarih): Gekocht, abgetropft, püriert, gewürzt, mit einem kleinen Teil frisch gekochter, pürierter Kartoffeln vermischt, mit Butter und Rahm vervollständigt.

auf englische Art: à l'anglaise: Gekocht mitsamt den kleinen grünen Blättern; zerlassene Butter nebenbei.

auf Florentiner Art: à la florentine (florangtihn): Gekocht, abgetropft, in Backschüssel auf gebutterten Blattspinat gesetzt, nappiert mit Mornaysauce, mit geriebenem Käse und Reibbrot bestreut, mit Butter betropft, gratiniert.

auf französische Art: à la française (frangsäs): Gekocht; Bastardsauce mit geriebener Muskatnus gewürzt nebenbei.

gebacken: frite: Röschen, gekocht, abgetropft, durch Backteig gezogen, in tiefem Fett gebacken.

mit holländischer Sauce: à la sauce hollandaise: Gekocht, mit leichter holländischer Sauce nappiert oder diese gesondert serviert.

Ignatieff: Wie auf polnische Art bereitet.

auf italienische Art: à l'italienne: Röschen, gekocht, abgetropft, in Backplatte gefüllt, bedeckt mit italienischer Sauce vermischt mit geschmolzenen Tomaten, mit geriebenem Parmesan und Reibbrot bestreut, mit Olivenöl betropft, im Ofen überkrustet.

auf Kardinalsart: à la cardinale: Gekocht, abgetropft, mit Kardinalsauce nappiert, mit geriebenem Käse bestreut, gratiniert.

mit Krebsschwänzen: aux queues d'écrevisses (o köh dekrewihs): Röschen, gekocht, abgetropft, mit Krebsschwänzen vermischt, mit Krebssauce gebunden.

auf Mailänder Art: à la milanaise: Gekocht, in gebutterte Backplatte gelegt, reichlich mit geriebenem Parmesan bestreut, mit Butter betropft, im Ofen überkrustet; beim Servieren mit brauner Butter übergossen.

auf polnische Art: à la polonaise: Gekocht, mit gehackter Petersilie und hartgekochtem, gehacktem Ei bestreut, mit Reibbrot in viel Butter gebräunt übergossen.

mit Rahmsauce: à la sauce crème: Gekocht, abgetropft, nappiert mit Rahmsauce mit süßem Rahm vervollständigt.
Rebecca: Wie gebacken bereitet, Tomatensauce nebenbei.
auf Schweizer Art: à la suisse (swiß): In halb Milch und halb hellem Fond mit etwas Butter gekocht; mit Sauce aus dem Kochfond, mit heller Mehlschwitze bereitet, übergossen.
auf Snagower Art: à la Snagow: Halbe rote Paprikaschoten, von Kernen und Fasern befreit, gedünstet; gefüllt mit kleinen, gekochten Röschen, mit Béchamel, vermischt mit Tomatenpüree und mit Knoblauch gewürzt, gebunden, mit geriebenem Käse bestreut, mit Butter betropft, langsam im Ofen gratiniert.
überkrustet: au gratin: Wie auf Florentiner Art, jedoch ohne Spinat, zubereitet.
Victorine: Gekocht, abgetropft, in Backschüssel gelegt, mit Béchamelsauce, mit Krebsbutter aufgeschlagen, nappiert; mit geriebenem Käse bestreut, mit Krebsbutter betropft, gratiniert.
Villeroi: Röschen, gekocht, abgetropft, ausgekühlt, durch Villeroisauce gezogen, paniert, in tiefem Fett gebacken.
Bohnen Frijole: Haricots Frijole: Rötlichbraune Bohnenkerne, die in Mexiko, Südamerika und im Südwesten der Vereinigten Staaten kultiviert und wie weiße Bohnen bereitet werden.
Feyjar mechada: Gekocht, abgetropft, mit gehackten, gebratenen Zwiebeln und Rinderbrühe vermischt, mit Tapioka eingedickt; in Stielpfanne in Öl oder Butter wie ein Eierkuchen gebacken (brasilianisch).
Bohnen, grüne: Haricots verts (ariko wär): Früchte einer Pflanze aus der Familie der Schmetterlingsblüter, die in zahlreichen Arten verbreitet ist. Je nach Art und Größe im ganzen, gebrochen, quer- oder längsgeschnitten in Salzwasser offen gekocht und abgetropft, oder im eigenen Saft mit wenig Butter, zugedeckt, gedünstet. Grüne Bohnen kommen auch in Dosen konserviert, getrocknet und eingefroren auf den Markt.
auf belgische Art: à la belge (bellsch): Gehackte Zwiebeln und Speckwürfel leicht in Butter gebräunt, blanchierte Bohnen beigefügt, gewürzt, mit braunem Fond bedeckt, gekocht; mit Mehlbutter gebunden, mit gehackter Petersilie bestreut.
mit Birnen: aux poires (o poar): In Vierecke geschnitten, in Butter und hellem Fond mit gewürfelten, etwas festen Birnen und Würfelkartoffeln, mit Salz, je einer Prise Zucker und Zimt, gedünstet, mit Mehlbutter gebunden.
mit Butter: au beurre: Große Bohnen längsgeschnitten, kleine junge Bohnen ganz gelassen, gekocht, abgetropft, gewürzt, in Butter geschwenkt.
mit brauner Butter: au beurre noisette (o böhr noasett): Ganze, zarte Bohnen gekocht, abgetropft, mit brauner Butter übergossen, mit gehackter Petersilie bestreut.
auf deutsche Art: à l'allemande: Gebrochen, blanchiert, abgetropft; gehackte Zwiebeln in Butter angeschwitzt, mit Mehl bestäubt, mit hellem Fond aufgegossen, gewürzt; Bohnen in der Sauce gargekocht.
eingebrannt, eingebrannte Fisolen: In schiefe Vierecke geschnitten, gekocht, abgetropft; gehackte Zwiebeln hell angeröstet, mit Mehl bestäubt, hell geröstet, mit Bouillon aufgegossen, mit saurem Rahm, gehackter Petersilie und Dill vermischt, gewürzt, ein Schuß Essig beigefügt. Die Bohnen hineingegeben, aufgekocht (österreichisch).
auf englische Art: à l'anglaise: Gekocht, abgetropft, gewürzt, mit einem Stück frischer Butter belegt.
auf französische Art: à la française (frangsähs): Vorgekocht, abgetropft, in Butter mit Zitronensaft und gehackter Petersilie gedünstet.

gebrochen, Brechbohnen: In grobe Stücke gebrochen, gekocht, abgegossen; gewürzt, in Butter geschwenkt oder leicht mit Béchamel gebunden, gehackte Petersilie obenauf.

gemischte: panachés (panascheh): Je zur Hälfte gekochte Prinzeßböhnchen und gekochte grüne Bohnenkerne, in Butter geschwenkt, mit gehackter Petersilie bestreut.

geschnitten, Schnittbohnen: Nudelig geschnitten, gekocht, abgetropft; in Butter geschwenkt oder mit leichter Rahmsauce gebunden, mit gehackter Petersilie bestreut.

auf Haushofmeisterart: à la maître d'hôtel: Gekocht, abgetropft, mit Kräuterbutter geschwenkt.

auf Hoteliersart: à la hôtelière (otteljer): Gekocht, abgetropft, mit Velouté leicht gebunden, mit Knoblauch und einem Schuß Essig gewürzt, mit gehackter Petersilie bestreut.

Judias verdes a la Campesina: Vorgekocht, vermischt mit gehackten Zwiebeln, gehackten rohen Schinken und etwas zerdrücktem Knoblauch, in spanischem Olivenöl gedünstet (spanisch).

auf jüdische Art: à la juive: In Längsstreifen geschnitten, in Gänseschmalz und wenig Wasser gedünstet, mit Salz, Pfeffer, geriebener Zitronenschale, Nelkenpulver, Zimt, Zucker und Zitronensaft gewürzt; gebunden mit brauner Mehlschwitze, etwas Rotwein beigefügt.

mit Karotten: aux carottes (o karott): Brechbohnen, gekocht, abgetropft, vermischt mit kleinen, gekochten Karotten, in Butter geschwenkt oder leicht mit Béchamel gebunden.

auf Lyoner Art: à la lyonnaise (lionäs): Längsgeschnitten, gekocht, abgetropft; vermischt mit reichlich gebratenen Zwiebelscheiben, leicht mit Demiglace gebunden, mit gehackter Petersilie bestreut.

auf Mecklenburger Art: à la mecklenbourgeoise (mäklamburschoas): Vorgekocht, in leichter Béchamel mit gehackter Petersilie und frischem Bohnenkraut gargedünstet.

auf norddeutsche Art: Vorgekocht, in leichter Velouté, vermischt mit gehackter Petersilie, gargedünstet.

mit Parmesan: au parmesan: Große, ganze Bohnen, gekocht, abgetropft, wie Stangenspargel angerichtet; reichlich mit geriebenem Parmesan bestreut, mit brauner Butter übergossen.

auf polnische Art: à la polonaise (pollonäs): Große, ganze Bohnen, gekocht, wie Blumenkohl gleichen Namens bereitet.

in Poulettesauce: à la poulette: Gekocht, mit Poulettesauce gebunden.

Püree von: Purée de haricots verts: Zarte Bohnen, gekocht, mit halb soviel grünen Bohnenkernen vermischt, püriert, mit süßem Rahm und Butter vervollständigt.

in Rahmsauce: à la sauce crème: Gekocht, abgetropft, mit leichter Béchamel, mit süßem Rahm vervollständigt, gebunden.

mit Sauerampfer: à l'oseille (osaij): Schnittbohnen, gekocht, abgetropft, vermischt mit nudelig geschnittenem, in Butter gedünstetem Sauerampfer.

mit Speck: au lard: Gekocht, abgetropft, in Butter mit gerösteten Speckwürfeln geschwenkt.

mit Tomaten: aux tomates (o tomat): Grobgewürfelte grüne Bohnen, gekocht, abgetropft, vermischt mit geschmolzenen Tomaten und gehackter Petersilie.

auf Tourer Art: à la tourangelle (turangschell): Längsgeschnitten, vorgekocht, in leichter Rahmsauce, vermischt mit gehackter Petersilie und einer Spur Knoblauch, gargedünstet.

auf ungarische Art: à la hongroise: Geschnitten, blanchiert, mit gehackten Zwiebeln in Schweineschmalz angedünstet, in Paprikasauce gargedünstet.

Bohnen, Lima: Die großen, grünlichen Kerne einer südamerikanischen Bohnenart, die auch in Kalifornien und Florida angebaut wird. Wie weiße Bohnen und grüne Bohnenkerne bereitet. Werden frisch, getrocknet und in Dosen konserviert gehandelt.

Succotash: Gekochte Limabohnen und Maiskörner zu gleichen Teilen, in Butter geschwenkt oder mit leichter Rahmsauce gebunden (nordamerikanisch).

Bohnen, rote: Haricots rouges (ariko ruhsch): Werden frisch, getrocknet und in Dosen konserviert gehandelt. Getrocknete rote Bohnen weicht man ein und kocht sie in halb Wasser und halb Rotwein mit gespickter Zwiebel, Mohrrübe, Kräuterbündeln und Salz. Wie weiße Bohnen bereiten.

auf Burgunder Art: à la bourguignonne (burginnjonn): In Wasser vorgekocht, in Rotwein mit gerösteten Speckwürfeln, angebräunten Zwiebelchen, kleinsten, vorgekochten Karotten und gehackten Kräutern gedünstet, mit Mehlbutter gebunden.

gedünstet: étuvés (etüweh): Vorgekocht, in Rotwein mit Butter, angebräunten Zwiebelchen und Gewürz gedünstet.

mit Speck: au lard (o lar): Abgetropft, vermischt mit Butter, gerösteten Speckwürfeln und glacierten Zwiebelchen.

Bohnen, weiße: Haricots blancs (ariko blang): Die Kerne verschiedener Bohnenarten, die sowohl frisch als auch getrocknet gehandelt werden. Getrocknete Bohnen müssen vor dem Gebrauch einige Zeit gewässert werden. Sie werden mit einer gespickten Zwiebel, Wurzelgemüsen und einem Schinkenknochen oder Speckabfällen gekocht, wobei sie nicht zerfallen dürfen, und vor weiterem Gebrauch meistens abgetropft.

auf amerikanische Art: à l'américaine: Zusammen mit einem Stück Räucherspeck gekocht; vermischt mit dem gewürfelten Speck, mit Tomatensauce gebunden.

Boston Baked Beans: auf Bostoner Art: Mit einem Stück Pökel-Schweinebauch vorgekocht, zusammen mit dem Fleisch mit eingeritzter Haut in einen Steinguttopf gefüllt, bedeckt mit der Flüssigkeit, mit braunem Zucker, Melasse und Senfpulver vermischt, in einem mäßig heißen Ofen gargemacht; eine halbe Stunde vor dem Garwerden aufgedeckt, um die Bohnen zu bräunen (nordamerikanisch).

auf brasilianische Art: à la brésilienne (bresilljenn): Gekocht, abgetropft, vermischt mit geschmolzenen Tomaten und gerösteten Weißbrotwürfelchen, einige Tropfen des Bohnenfonds beigefügt und kurz durchgedünstet.

auf bretagnische Art: à la bretonne: Abgetropft, gewürzt, mit bretagnischer Sauce gebunden, mit gehackter Petersilie bestreut.

mit Butter: au beurre: Abgetropft, gewürzt, vermischt mit gehackter Petersilie; ein Stück frische Butter obenauf gelegt.

auf deutsche Art: à l'allemande (allmangd): Abgetropft, mit deutscher Sauce gebunden.

eingebrannte Fisolen: Gekocht, mit heller Zwiebel-Mehlschwitze gebunden, mit einem Schuß Essig gewürzt (österreichisch).

auf englische Art: à l'anglaise: Wie mit Butter, jedoch ohne gehackte Petersilie bereitet.

auf Haushofmeisterart: à la maître d'hôtel (mätr dotel): Abgetropft, gewürzt mit Salz, Pfeffer und Zitronensaft, mit frischer Butter und gehackter Petersilie geschwenkt.

mit holländischer Sauce: à la sauce hollandaise: Abgetropft, mit leichter holländischer Sauce vermischt, mit gehackter Petersilie bestreut.

auf indische Art: à l'indienne: Abgetropft, mit Currysauce durchgeschwenkt.

auf italienische Art: à l'italienne: Vorgekocht, in Demiglace mit gerösteten Speckwürfeln, angeschwitzten, gehackten Zwiebeln und Lauch fertiggedünstet.

Judias blancas a la Catalana: Weiße Bohnen mit einem Stück magerem Speck gekocht, abgegossen; in spanischem Olivenöl mit

Weiße Bohnen   **Brunnenkresse**

    gewürfelten Zwiebeln, Knoblauch, dem gewürfeltem Speck und Gewürz gedünstet (spanisch).
- **mit Jus:** au jus: Abgetropft, mit gebundener Kalbsjus vermischt.
- **mit Kartoffeln:** aux pommes de terre (o pomm dö tär): Vorgekocht, abgetropft, vermischt mit Kartoffelwürfeln, in Demiglace gedünstet.
- **mit Kerbel:** au cerfeuil (o ßerfoij): Gekocht, abgetropft, gewürzt, in Butter mit gehacktem Kerbel durchgeschwenkt.
- **mit Knoblauch:** à l'ail (alaij): Beim Kochen Knoblauch beigefügt, abgetropft, kurz mit Gänsegrieben und gehackter Petersilie gedünstet.
- **auf Lyoner Art:** à la lyonnaise: Abgetropft, gewürzt, vermischt mit in Butter gebratenen Zwiebelscheiben.
- **mit Mohrrüben:** aux carottes (o karott): Vorgekocht, abgetropft, mit gewürfelten, gekochten Mohrrüben vermischt, in fetter Hammelbrühe gedünstet.
- **Mus von:** Purée de haricots blancs: Gekocht, abgetropft, durchgestrichen, mit süßem Rahm und Butter vervollständigt.
  - **auf bretagnische Art:** Purée bretonne (püree bretonn): Wie oben, doch mit bretagnischer Sauce vermischt.
- **auf peruanische Art:** à la péruvienne (perüwjenn): Abgetropft, in Backplatte abwechselnd mit Scheiben gekochter Kartoffeln und gehackten, angeschwitzten Zwiebeln gefüllt, mit Kartoffelscheiben bedeckt, mit Rahmsauce nappiert, im Ofen gebacken.
- **auf provenzalische Art:** à la provençale (prowangßal): Vorgekocht, zusammen mit gewürfelten Tomaten, zerdrücktem Knoblauch und gehackten Sardellenfilets gargedünstet; mit Kapern bestreut.
- **in Rahmsauce:** à la sauce crème: Abgetropft, mit weißer Rahmsauce gebunden.
- **Robert** (robehr): Abgetropft, mit brauner Zwiebelsauce gebunden.
- **auf Soissoner Art:** à la soissonnaise: Gekocht, abgetropft, mit Tomatensauce, mit Knoblauch gewürzt, gebunden, mit gehackter Petersilie bestreut.
- **mit Tomaten:** aux tomates (o tomat): Vorgekocht, abgetropft, vermischt mit gehackten, leicht angeschwitzten Zwiebeln, gewürfelten Tomaten und Butter, einige Minuten zusammen gedünstet.
- **überkrustet:** au gratin: Abgetropft, mit Demiglace gebunden, in Backschüssel gefüllt, mit Reibbrot bestreut, mit Butter betropft, im heißen Ofen überkrustet.
- **Walanushaka:** Getrocknete Bohnen, eingeweicht, gekocht mit Salz, rotem Pfeffer, Gelbwurzpulver und etwas Öl; passiert, mit Öl nach Belieben aufgezogen, abgeschmeckt, heiß serviert (indisch).
- **auf westfälische Art:** à la westphalienne: Abgetropft, vermischt mit Apfelspalten in Wasser mit Butter und einer Prise Zucker gekocht, gebunden mit brauner Zwiebelschwitze, gewürzt mit geriebener Muskatnuß; mit in Butter gebräuntem Reibbrot bedeckt.
- **auf Wiener Art:** à la viennoise (wjenoas): Abgetropft, bedeckt mit Reibbrot in reichlich Butter gebräunt.

Bohnenkerne, grüne: Haricots flageolets (flascholä): Die Samenkerne einer grünen Bohnenart, die frisch, getrocknet und in Dosen konserviert gehandelt wird. Meist nur gekocht, in Butter geschwenkt, gewürzt und mit gehackter Petersilie vermischt.
    Püree von: Purée Musard (müßar): Gekocht, abgetropft, püriert, gewürzt, mit Butter und süßem Rahm vervollständigt.

Braunkohl: siehe Grünkohl

Brennesseln: Orties (ortih): Die jungen und zarten Blättchen sind, solange sie frisch gepflückt werden, wie Spinat bereitet sehr schmackhaft.

Broccoli: siehe Spargelkohl

Brunnenkresse: Cresson, Cresson Alenois (kressong alenoa): Pflanze aus der Familie der Kreuzblütler, die in Europa, Nordasien und Nordamerika in Wasserläufen mit schlammigem Grund wild wächst, aber auch als Salat- und Gemüsepflanze systematisch gezüchtet wird.

Wird außer zu Salaten als Garnitur für gebratenes und grilliertes Fleisch, seltener als Gemüse und oft zur Suppe verwendet.

Mus von: Purée de cresson (püree dö kressong): Gekocht, abgetropft, ausgedrückt, durchgestrichen, mit etwas Kartoffelpüree vermischt, gewürzt, mit Butter und Rahm vervollständigt.

Brüsseler Endivie: siehe Chicorée

Butterbohnen: Haricots mange-tout (arikoh mangj tuh): Grüne Bohnenart, deren Hülsen keine Häutchen haben, so daß sie mit den ausgewachsenen Kernen verzehrt werden können. Meist nur gekocht und in Butter geschwenkt.

Canneloni: Gefüllte Nudelrollen: Eine Art Ravioli in Röllchenform, aus zuvor geschnittenem, kurz pochiertem Nudelteig, gefüllt, zusammengerollt, mit Sauce bedeckt, mit geriebenem Käse bestreut, im Ofen gebacken (italienisch).

al burro: mit Butter: Nudelteig, dünn ausgerollt, in Quadrate geschnitten, in Salzwasser fast gar gekocht, abgetropft, ausgebreitet; gefüllt mit Mischung von gekochtem, gehacktem Spinat, durchgedrehtem, gekochtem Hühner-, Schweine- oder Kalbfleisch, geriebenem Parmesan, rohen Eiern, Salz und Pfeffer, zusammengerollt, in gebutterte Backplatte nebeneinander geordnet. Mit geriebenem Parmesan bestreut, reichlich mit Butter übergossen, im Ofen gebacken (italienisch).

alla Napoletana: auf Neapeler Art: Mit Mischung von angebratenen Kalbfleischwürfeln, Mortadella-Wurst, in Olivenöl angeschwitzten Zwiebeln, zerdrückter Knoblauchzehe, Rotwein und gebundener Kalbsjus, im Mixer püriert, durchgestrichen und zu Paste verarbeitet gefüllt, gerollt und in Backplatte geordnet; mit Tomatensauce, mit Majoran und Salbei gewürzt, übergossen, mit geriebenem Parmesan bestreut, im Wasserbad im Ofen gratiniert. Vor dem Servieren mit brauner Butter übergossen (italienisch).

Cardons: siehe Karde

Carotte: siehe Mohrrübe

Céleri en branches: siehe Staudensellerie

Céleri-rave: siehe Knollensellerie

Cèpe: siehe Steinpilz

Cerfeuil bulbeux: siehe Kerbelrübchen

Champignons, Wiesen-Champignons: Champignons de prés (dö preh); Zuchtchampignons: Champignons de couche (dö kusch): Blätterpilz von heller, weißlichgelber, seltener grauer Farbe mit Lamellen auf der Unterseite, die anfangs hellgrau, bald rosa, dann bis dunkelpurpurbraun werden. Sie wachsen auf Wiesen, Dünen und in Gärten und sind auch als Feldchampignons (champignons champêtre) bekannt, kommen aber nur selten auf den Markt. Die meisten gehandelten Pilze sind heute Zuchtchampignons. Sie müssen fest, weiß und geschlossen sein. Champignons kommen frisch, getrocknet und in 3 Qualitäten unterschieden in Dosen konserviert auf den Markt.

Auflauf: Soufflé de champignons: Weiße, feste Köpfe, gewaschen, abgetropft, roh durchgestrichen, in Butter gedünstet, bis die Flüssigkeit verdampft ist; mit dicker Béchamel und Eigelb gebunden, gewürzt, mit Eierschnee aufgezogen, in gebutterte Auflaufschale gefüllt, im Ofen gebacken.

auf Bordelaiser Art: (Schangpingjong ala bordlähs): 1. Wie Steinpilze gleichen Namens bereitet;
2. geviertelt, zusammen mit gehackten Schalotten in Butter sautiert, mit Bordelaiser Sauce gebunden, mit gehackter Petersilie bestreut.

auf Burgunder Art: à la bourguignonne (burginjong): Große offene Köpfe, grilliert, mit Schneckenbutter gefüllt.

nach der Art des Claintals: à la vallée de Clain (waleh dö klän): Große Wiesenchampignons, Lamellen und Stiele entfernt, diese gehackt und zusammen mit gehackten Schalotten und Knoblauch in Butter gedünstet, vermischt mit geschmolzenen Tomaten und gehackter Petersilie. Die Köpfe mit der Mischung gefüllt, mit Reibbrot, vermischt mit gehackter Petersilie, Kerbel und Estragon bestreut, mit Öl betropft, überbacken.

gefüllt: farcis: Große Köpfe, die Lamellen und Stiele entfernt, mit Duxelles, mit den Stielen bereitet, gefüllt, mit Reibbrot bestreut, mit Butter betropft, im Ofen gebacken.

unter der Glasglocke: sous cloche (Buh klosch): Große Köpfe, Stiele und Lamellen entfernt, mit Salz, Pfeffer und Zitronensaft gewürzt, mit Kräuterbutter gefüllt; mit der Füllung nach oben auf feuerfeste Platte gesetzt, mit Glasglocke bedeckt, im Ofen gargemacht; mit der Glocke serviert.

auf Kapuzinerart: à la capucine (kapuzihn): In Olivenöl mit zerdrücktem Knoblauch und gehackter Petersilie sautiert, vermischt mit gehacktem Fleisch von gebratenen Tauben, gebunden mit deutscher Sauce.

mit feinen Kräutern: aux fines herbes: Geviertelt oder in dicke Scheiben geschnitten, in Butter sautiert, mit gehackten Kräutern vermischt.

Kroketts: Croquettes de champignons: Pochiert, gehackt, gebunden mit Béchamel mit dem eingekochten Champignonfond, legiert mit Eigelb, gewürzt, ausgekühlt; kleine Kroketts geformt, paniert, in tiefem Fett gebacken.

auf Languedocer Art: à la languedocienne (langdoßjenn): Große Köpfe, Stiele und Lamellen entfernt, diese zusammen mit der gleichen Menge gehackter Schalotten und gehackter Petersilie in Olivenöl und Butter gedünstet, mit Salz und geriebener Muskatnuß gewürzt; die Köpfe mit der Mischung gefüllt, mit Reibbrot bestreut, mit Öl betropft, im Ofen gebacken.

auf livländische Art: à la livonienne (liwonjenn): Kleine Köpfe, in Öl gedünstet, mit Salz, Pfeffer und Knoblauch gewürzt, vermischt mit Kapern, Scheibchen von Gewürzgurken, kleinen Kugeln von gekochter roter Rübe und Zitronensaft; warm oder kalt serviert.

Matinal: Kleine Köpfe, in Butter ansautiert, Tomatenwürfel beigefügt, mit Portwein deglaciert, in süßem Rahm mit etwas Kalbsglace gar- und sämiggekocht.

auf Perigorder Art: à la périgourdine (perigurdihn): 1. Große Scheiben, in Olivenöl mit gehackten Schalotten sautiert, mit Scheiben frischgekochter Trüffeln vermischt, mit Salz, Pfeffer und Zitronensaft gewürzt, mit gehackter Petersilie bestreut;
2. wie Bordelaiser Art bereitet, mit viel gehackten Trüffeln bestreut.

auf Piemonteser Art: à la piémontaise: In dicke Scheiben geschnitten, in Olivenöl mit gehackten Schalotten und Petersilie sautiert, in Backplatte gefüllt, mit geriebenem Käse bestreut, mit Butter betropft, im Ofen überkrustet.

mit Portwein: au porto: Kleine Köpfe, in Butter angeschwitzt, gewürzt, mit Portwein deglaciert, mit süßem Rahm gedünstet.

Poulette: Köpfe, in Butter mit Zitronensaft und einer Prise Salz gekocht; gebunden mit Poulettesauce vermischt mit dem eingekochten Fond.

auf provenzalische Art: à la provençale: Wie Steinpilze gleichen Namens bereitet.

Püree: Purée de champignons: Sehr weiße, feste, gründlich gewaschene Champignons, roh durchgestrichen, mit Butter gedünstet, bis die Flüssigkeit verdampft ist; mit dicker Béchamel gebunden, mit dickem Rahm und Butter vervollständigt.

mit Rahm: à la crème: Zuchtchampignons, in dicke Scheiben geschnitten, mit gehackten Schalotten in Butter gedünstet, gewürzt, mit dickem, süßem Rahm angegossen, darin sämiggekocht; kleine Köpfe ohne Stiel werden ebenso bereitet.

auf Röstbrot: sur croûte (krut): Entrindetes, nicht zu dünn geschnittenes Weißbrot, leicht ausgehöhlt, in Butter geröstet; gefüllt mit Champignonscheiben in Rahm.

Chanterelle   **Ciernikis**

    auf russische Art: à la russe: Wie Steinpilze gleichen Namens bereitet.
Chanterelle: siehe Pfifferlinge
Chapati: Teig von Weizenmehl, Öl und Wasser (½ Teelöffel Öl auf 100 g Mehl, Prise Salz), geschmeidig wie Strudelteig verarbeitet, zu einer langen Rolle geformt, davon kleine Stückchen abgeschnitten, walnußgroß gerollt, mit dem Rollholz zu papierdünnen, runden Fladen ausgewalkt; nicht ausgestochen, da die Chapati dann nicht hochgehen. In einer trockenen, heißen Pfanne oder Eisenplatte unter mehrmaligem Wenden gebacken, wobei sie sich stark aufblähen müssen. Nach dem Backen mit dem Pinsel dünn mit Butter bestreichen. Anstelle von Brot zu Gemüsegerichten, Süßspeisen u.a. serviert (indisch).
Chayotte: siehe Eierkürbis
Chicorée, Brüsseler Endivie, Witloof; Endive belge (angdif bälgj), Chicorée de Bruxelles (schikoreh dö brüssel): Pflanze aus der Gattung der Korbblütler, deren im Dunkeln getriebene bananenförmige Blattsprossen gebleicht als Gemüse, besonders in Belgien, gezüchtet werden. Um sie weiß zu halten, werden sie nicht blanchiert, sondern mit Butter, Zitronensaft, Prise Salz und wenig Wasser, mit gebuttertem Papier bedeckt, gedünstet.
    auf Ardenner Art: à l'ardennaise (ardenäs): In Wasser mit Butter, gehacktem mageren Schinken und blanchierten Speckwürfeln gedünstet; mit dem gebundenen Fond übergossen.
    Beulemanns: à la Beulemanns (bölmang): Mit Zwiebelscheiben gedünstet, nappiert mit Demiglace, vermischt mit gehackten Champignons.
    Bradford: Mit Butter und Kalbsjus gedünstet; den Fond mit Stärkemehl gebunden, mit sautierten Champignonscheiben vermischt über die Stauden gegossen.
    mit holländischer Sauce: à la sauce hollandaise: Gedünstet, abgetropft, mit holländischer Sauce nappiert.
    mit Jus: au jus: Gedünstet, abgetropft, mit gebundener Kalbsjus nappiert.
    auf Mailänder Art: à la milanaise (milanäs): In Backplatte schichtweise mit geriebenem Parmesan dazwischen geordnet, mit geriebenem Parmesan bestreut, mit brauner Butter übergossen.
    mit Mark: à la moëlle (moall): Mit blanchierten Rindermarkscheiben belegt, mit Demiglace nappiert, mit gehackter Petersilie bestreut.
    Mornay (mornä): In gebutterte Backplatte geordnet, mit Mornaysauce nappiert, mit geriebenem Parmesan bestreut, überkrustet.
    auf polnische Art: à la polonaise (polonäs): Mit gehacktem, hartgekochtem Ei und gehackter Petersilie bestreut, mit Reibbrot, in reichlich Butter gebräunt, übergossen.
    in Rahm: à la crème: Gedünstet, der Fond mit dickem Rahm eingekocht.
Chicorée frisée: siehe Endivie
Chinakohl: siehe Pe-Tsai
Chou-blanc: siehe Weißkraut
Choucroute: siehe Sauerkraut
Chou-fleur: siehe Blumenkohl
Chou-marin: siehe Meerkohl
Chou de Milan: siehe Wirsingkohl
Chou-navet: siehe Kohlrübe
Chou-palmiste: siehe Palmkohl
Chou-rave: siehe Kohlrabi
Chou-rouge: siehe Rotkraut
Chou de Savoie: siehe Wirsingkohl
Chou vert non pommé: siehe Grünkohl
Choux de Bruxelles: siehe Rosenkohl
Ciernikis: Trockener Rahmquark, durchgestrichen, mit Mehl, Eiern und zerlassener Butter vermischt, mit Salz, Pfeffer und geriebener Muskatnuß gewürzt; zu runden, abgeflachten, kleinen Kuchen ge-

formt, in Salzwasser pochiert, abgetropft, mit zerlassener Butter übergossen (russisch).
Concombre: siehe Gurke
Courge: siehe Markkürbis
Courgette: siehe Kürbischen
Cresson, Cresson Alenois: siehe Brunnenkresse
Crosnes du Japon: siehe Knollenziest
Czipetke: Dünn ausgerollter Nudelteig, mit der Hand in kleine Stücke gerissen, in Salzwasser gekocht und abgetropft oder einem saucigen Gericht kurz vor dem Garwerden beigefügt (ungarisch).

Dent-de-lion: siehe Löwenzahn
Ditalini: Kleine Makkaronistückchen, wie Makkaroni bereitet (italienisch).

Edelkastanie: siehe Marone
Eierapfel, Eierfrucht, Aubergine: Aubergine (obärgjin): Die Frucht eines in Asien und Afrika beheimateten Nachtschattengewächses, das heute auch in Amerika, vor allem aber in Südeuropa kultiviert wird. Die eier- bis kolbenförmigen, kürbisähnlichen Früchte haben eine grünliche oder dunkelviolette Farbe.
  auf ägyptische Art: à l'égyptienne (äschiptjenn): Der Länge nach gespalten, eingeritzt, im Ofen in Öl angebacken, ausgehöhlt; das gehackte Fruchtfleisch, mit gehackten, in Öl leicht angerösteten Zwiebeln vermischt und gewürzt, gefüllt, mit Öl betropft, im Ofen gebacken; mit gebratenen Tomatenscheiben belegt, mit gehackter Petersilie bestreut.
  auf algerische Art: à l'algeriènne (alscherjenn): Wie ägyptische Art bereitet, jedoch mit Tomatensauce bedeckt, mit Reibbrot bestreut, mit Öl betropft und im Ofen überbacken.
  auf amerikanische Art: à l'américaine (amerikän): Der Länge nach halbiert, eingeritzt, im Ofen gebacken, ausgehöhlt, die Schalen mit dem gehackten Fruchtfleisch, Hammelgehäck, gekochtem Reis, gehackten Tomaten und Knoblauch vermischt; mit Reibbrot bestreut, mit Butter betropft, im Ofen gebacken.
  auf andalusische Art: à l'andalouse (angdalus): Halbiert, ausgehöhlt, mit dem gehackten Fruchtfleisch, vermischt mit gehackten Tomaten, gehackten roten Paprikaschoten und Schinken, gefüllt, im Ofen gebacken; mit tomatisierter Demiglace umkränzt.
  Benjamin: Der Länge nach gespalten, kreuzweise eingeritzt, mit Salz, vermischt mit geriebenem Knoblauch, eingerieben, mit zerlassener Butter betropft, im Ofen gebacken.
  gebacken: au four (o fuhr): 1. In Scheiben geschnitten, leicht in Olivenöl mit Knoblauch angebraten, in gefettete Backschüssel schichtweise mit Tomatenscheiben und gehacktem Hammelfleisch gefüllt; mit Reibbrot, vermischt mit gehackter Petersilie, bestreut, mit Olivenöl betropft, im Ofen gebacken;
  2. in Scheiben geschnitten, gewürzt, gemehlt, in heißem Öl gebacken.
  auf türkische Art: à la turque: Geschält, in Scheiben geschnitten, eine Stunde lang eingesalzen, abgewaschen, gemehlt, in Öl gebacken; mit leicht gesalzenem und mit geriebenem Knoblauch gewürztem Joghurt übergossen.
  gefüllt: farcis: Der Länge nach geteilt, eingekerbt, in Öl angebraten; ausgehöhlt, das gehackte Fruchtfleisch mit gehackten Zwiebeln in Öl angedünstet, vermischt mit gehackten Champignons, gehackten Tomaten, gehackter Petersilie und Knoblauch, in die Schalen gefüllt, mit Reibbrot bestreut, mit Öl betropft, im Ofen gebacken.
  auf türkische Art: à la turque: Wie „gefüllt" vorbereitet, das gehackte Fruchtfleisch vermischt mit gehackten Tomaten, gekochtem Reis und in Öl gedünsteten, gehackten Zwiebeln, mit Salz, Pfeffer, Zimt und gehackter Pfefferminze; einige Tropfen Wasser angegossen, mit Öl betropft, im Ofen gebacken.

auf griechische Art: à la grecque (gräk): In dicke Scheiben geschnitten, einige Minuten in Olivenöl gedünstet, in einer Marinade von Weißwein, Olivenöl, Essig, Zwiebelscheiben, Fenchel, Knoblauch und Gewürzen gedünstet; kalt in der passierten Marinade serviert.

grilliert: grillées: Der Länge nach gespalten, eingeritzt, gewürzt, mit Öl bestrichen, auf dem Rost gebraten.

Haydée: Scheiben, mit Weinbrand und Weißwein mariniert, abgetropft, paniert, in Öl gebraten; Tomatensauce nebenbei.

Imam Bayaldi: 1. In Scheiben geschnitten, in Öl sautiert, abwechselnd mit geschmolzenen Tomaten, mit Knoblauch gewürzt und mit viel gehackten, angeschwitzten Zwiebeln vermischt, in Backplatte gefüllt, mit Reibbrot bestreut, mit Öl betropft, im Ofen gebacken; 2. gehackte Zwiebeln, in Olivenöl gelb geröstet, dicke Eierapfelscheiben beigefügt, gewürzt, mit halb Weißwein und halb Bouillon gedünstet; in feuerfeste Platte gefüllt, mit geschmolzenen Tomaten bedeckt, mit entsteinten schwarzen Oliven belegt, mit gehackten Sardellenfilets und gehackter Petersilie bestreut; warm oder kalt serviert (türkisch).

Karni Yarik: Durch einen Einschnitt leicht geöffnet, das Fleisch ausgehöhlt, gehackt; gehackte Zwiebeln in Öl angeröstet, das Fruchtfleisch hinzugefügt, mit gehacktem Hammelfleisch vermischt, wieder in die Frucht gefüllt; in gefettete Backplatte gelegt, mit zerlassener Butter bedeckt, mit wenig Wasser angegossen, im Ofen gedünstet (türkisch).

Krusteln von: Beignets d'aubergines: In Scheiben geschnitten, eingesalzen, abgewischt, paniert oder durch Backteig gezogen, in tiefem Fett gebacken; Tomatensauce nebenbei.

auf Lyoner Art: à la lyonnaise (lionäs): Der Länge nach gespalten, in Öl angebraten, ausgehöhlt; das gehackte Fruchtfleisch, vermischt mit gehackten, gebratenen Zwiebeln, wieder in die Schalen gefüllt, mit Reibbrot bestreut, mit Butter betropft, im Ofen gebacken.

auf mexikanische Art: à la mexicaine (mexikän): Geschält, gehackt, gewürzt, schichtweise in Backplatte mit gehackten Zwiebeln, gewürfelten Tomaten und gewürfelten grünen Paprikaschoten gefüllt, mit geriebenem Knoblauch gewürzt, mit Butter übergossen, im Ofen gebacken.

auf Neapeler Art: à la napolitaine (napolitän): Geschält, in Scheiben geschnitten, gewürzt; in gefettete Backplatte gefüllt, mit Tomatensauce leicht nappiert, mit geriebenem Parmesan und Reibbrot bestreut, mit Olivenöl betropft, im Ofen gebacken.

auf Nimeser Art: à la nimoise (nimoas): Wie Nizzaer Art bereitet, jedoch ohne Sardellen, aber mit gehackten grünen Paprikaschoten.

auf Nizzaer Art: à la niçoise (nissoas): 1. Geschält, in Scheiben geschnitten, gewürzt, in Olivenöl sautiert; gewürfelte Tomaten und Streifen von grünen Paprikaschoten, jeder Teil für sich in Öl sautiert, mit den Scheiben vermischt, mit gehackter Petersilie bestreut; 2. der Länge nach gespalten, eingeritzt, in Öl angebraten, ausgehöhlt; das gehackte Fruchtfleisch, vermischt mit geschmolzenen Tomaten, gehackten Sardellenfilets und Knoblauch, wieder in die Schalen gefüllt, mit geriebenem Parmesan bestreut, mit Öl betropft, im Ofen überkrustet.

auf orientalische Art: à l'orientale (orijangtal): Halbiert, gespalten, angebraten, ausgehöhlt; das gehackte Fruchtfleisch, vermischt mit gekochtem Reis, gehackten, in Öl gebratenen Zwiebeln, gehackten roten Paprikaschoten, gehacktem Hammelfleisch und Knoblauch, in die Schalen gefüllt, mit geriebenem Käse bestreut, mit Öl betropft, im Ofen gebacken.

auf Pariser Art: à la parisienne: Halbiert, mit dem gehackten Fruchtfleisch, vermischt mit gehacktem Schinken, Lammfleisch, gehacktem, blanchiertem Ochsenmark und gehackten, in Butter gebratenen Zwiebeln, gefüllt.

mit Parmesan: au parmesan: In Scheiben geschnitten, einige Zeit eingesalzen, abgewischt; in Backplatte gefüllt, reichlich mit geriebenem Parmesan bestreut, mit Butter betropft, bei mäßiger Hitze gebacken.

Pera-Palace-Hotel: Der Länge nach in Scheiben geschnitten, je zwei Scheiben mit Farce aus gehacktem gedünsteten Eierapfelfleisch, geschälten, ausgedrückten, gehackten Tomaten, gehackten, angeschwitzten Zwiebeln, Reibbrot, geriebenem Knoblauch, Eiern und Gewürz zusammengesetzt; in gefettete Backplatte gefüllt, mit Öl betropft, im Ofen gebacken.

auf provenzalische Art: à la provençale (prowangßal): Wie gefüllte Eierapfel bereitet, jedoch mit mehr Tomaten; beim Servieren mit Tomatensauce umgossen.

in Rahmsauce: à la sauce crème: Geschält, in Scheiben geschnitten, eingesalzen, abgewischt, in Butter gedünstet, mit leichter Rahmsauce gebunden.

auf rumänische Art: à la roumaine (rümän): Kleine, längliche Frucht, im Ofen mit Olivenöl und dünner Tomatensauce gedünstet; nach dem Garwerden auf einer Seite einen Einschnitt gemacht, ohne die Hälften zu trennen, den Einschnitt mit knusperig gebackenen Zwiebelscheiben gefüllt.

Salate de vinete: Eierapfelsalat: Im Ofen in der Schale gebacken, enthäutet, gewaschen, mit einem Holz- oder rostfreien Messer gehackt; mit Salz und Pfeffer, Zitronen- und Zwiebelsaft gewürzt, mit Oliven- oder Sonnenblumenöl wie Mayonnaise aufgezogen; garniert mit Tomatenachteln, kalt serviert (rumänisch).

Sidney: Hälften, in Öl angebraten, ausgehöhlt, mit dem gehackten Fleisch, vermischt mit geriebenem Parmesan und Eigelb, gefüllt, im Ofen gebacken; mit Tomatensauce umgossen.

Talalelye Waagyachi Bhaji: In dicke Scheiben geschnitten, in geklärter Butter angebraten, gesalzen, mit einige Tropfen Wasser gedünstet; kurz vor dem Garwerden mit etwas Currypulver bestäubt und Zitronensaft beigefügt (indisch).

überbacken: au gratin (o gratäng): Der Länge nach gespalten, in Öl angebacken, ausgehöhlt; die Schalen mit dem gehackten Fruchtfleisch, mit Duxelles vermischt, gefüllt, mit geriebenem Parmesan bestreut, mit Butter betropft, im Ofen überkrustet.

Eierkürbis, Chayotte: Chayotte (schaijott): Die ziemlich große, fast birnenförmige, fleischige Frucht eines Gurkengewächses, das in Mexiko und Zentralamerika beheimatet, aber auch in Südfrankreich, Spanien, Algier und Kalifornien angebaut wird. Die weißen, doch meistens grünen Früchte wiegen etwa 700 g, sind gut haltbar und werden als Gemüse und Salat verarbeitet.

gefüllt: farcie: In der Haut nicht zu weich gekocht, längsweise halbiert, Samen entfernt, leicht ausgehöhlt; das ausgehöhlte, gehackte Fleisch zusammen mit gehackten Zwiebeln in Butter angeschwitzt, mit gehackten Champignons, gekochtem Reis und etwas Tomatensauce vermischt, gewürzt, wieder in die Hälften gefüllt, mit geriebenem Käse und Reibbrot bestreut, mit Olivenöl betropft im Ofen gebacken.

auf kalkuttische Art: à la Calcutta (kalkütta): Geschält, geviertelt, von den Kernen befreit, kurz blanchiert, leicht in Senf- oder Olivenöl mit gehackten Zwiebeln angeröstet, mit Currypulver bestäubt, in Hühnerbrühe gedünstet; die Brühe abgegossen, mit süßem Rahm und etwas geriebener Kokosnuß sämig gekocht, mit Zitronensaft gewürzt, über das Gemüse gegossen.

auf Parmaer Art: à la Parme: Geschält, geviertelt, in nicht zu dünne Scheiben geschnitten, mit halb soviel Kartoffelscheiben vermischt, gewürzt, mit gehackten Zwiebeln in Butter gedünstet, mit dickem Rahm aufgekocht; in Backplatte gefüllt, mit geriebenem Parmesan bestreut, mit Butter betropft, im Ofen überkrustet.

in Rahmsauce: à la créme: Geschält, geviertelt, in dicke Scheiben geschnitten, in hellem Fond gedünstet; abgegossen, den Fond eingekocht, mit Rahmsauce vermischt und das Gemüse damit gebunden.

Eierschwamm: siehe Pfifferling

Endive belge: siehe Chicorée

Endivie: Chicorée, Chicorée frisée (schikoreh friseh): Eine der Zichorie verwandte, zur Familie der Korbblütler gehörende Salatpflanze von pikant-bitterlichem Geschmack, die nach entsprechender Entwicklung der Blätter zusammengebunden wird, um die inneren Blätter zu bleichen. Kann wie Spinat bereitet werden.

auf Bauernart: à la paysanne: Blanchiert, gehackt, in Butter zusammen mit gehackten Zwiebeln und angerösteten Speckwürfeln gedünstet.

Brot: Pain de chicorée: Blanchiert, in hellem Fond gekocht, abgetropft, durchgestrichen, gewürzt, mit Eiern und etwas Rahm gebunden; in gefettete Form gefüllt, im Wasserbad im Ofen pochiert, gestürzt, mit Velouté oder Demiglace übergossen.

Mus: Purée de chicorée: Blanchiert, in Butter und hellem Fond gedünstet, abgetropft, püriert; mit der halben Menge Kartoffelpüree vermischt, gewürzt, mit Butter und Rahm vervollständigt.

in Rahmsauce: à la crème: Blanchiert, in hellem Fond gedünstet, abgetropft, gehackt, mit Rahmsauce gebunden.

auf russische Art: à la russe: Blanchiert, grobgehackt, in Butter mit gehackten Zwiebeln und Fenchel gedünstet, mit weißer Rahmsauce und saurem Rahm gebunden.

Englischer Sellerie: siehe Staudensellerie

Epinards: siehe Spinat

Erbsen, getrocknete, gelbe oder grüne Trockenerbsen, Schälerbsen: Pois secs (poa seck), jaunes et verts (schonn eh wehr): Die getrockneten gelben und grünen Samen aus den Schoten, von denen die grünen den feineren Geschmack haben. Gelbe Erbsen kommen auch als Schälerbsen oder Splittererbsen in den Handel. Trockenerbsen werden vor dem Kochen eingeweicht.

auf böhmische Art: à la bohémienne (bohemjenn): Gekocht, mit Reibbrot gebunden, in gefettete Backplatte gefüllt, mit Reibbrot bestreut, mit Butter betropft, im Ofen überbacken.

auf hessische Art: à la hessoise (eßoas): Gekocht, mit Salz, Zucker und Essig gewürzt, mit eingeweichten Rosinen vermischt, mit gestoßenem Zwieback gebunden.

Mus: Trockenerbsen, eingeweicht, gargekocht, mit hellgelber Mehlschwitze gebunden, durchgestrichen, gewürzt; mit gebackenen Zwiebelringen bedeckt (österreichisch).

Pease Pudding: Mus von gelben Erbsen: Eingeweicht, mit einer gespickten Zwiebel und einem Kräuterbündel weichgekocht, durchgestrichen, mit Butter und geschlagenem Ei vermischt, gewürzt (englisch).

mit Speck: au lard: Mit einer gespickten Zwiebel und einem Kräuterbündel gekocht; beides entfernt, mit gebratenen Zwiebelscheiben und gebratenen Magerspeckscheiben garniert.

Erbsen, grüne: Petit pois, Petit pois vert (pti poa, pti poa wär): Die in Schoten gehüllten Samen eines einjährigen Schmetterlingsblütlers, von dem es annähernd 100 Kultursorten gibt. Erbsen kommen frisch, in Dosen konserviert und gefroren auf den Markt.

auf altmodische Art: à l'ancienne (angsjenn): In Salzwasser mit einem Kräuterbündel gekocht, abgetropft, in Butter geschwenkt, gewürzt, mit Eigelb und süßem Rahm gebunden.

Anna: In Butter mit nudelig geschnittenem Kopfsalat, Butter, wenig Wasser, Salz, Zucker und gehackter frischer Pfefferminze gedünstet; nach dem Garwerden mit weißglacierten Zwiebelchen vermischt.

- **auf Bauernart:** à la paysanne (pejsann): Vermischt mit nudelig geschnittenem Kopfsalat, einer geviertelten Zwiebel, Butter, Salz, Prise Zucker und etwas Wasser; gedünstet, mit Mehlbutter gebunden.
- **mit Butter:** au beurre: Gekocht, abgetropft, mit Butter geschwenkt, mit Salz und einer Prise Zucker gewürzt.
- **auf deutsche Art:** à l'allemande (allmangd): Gekocht, abgetropft, mit deutscher Sauce gebunden.
- **auf Dionysische Art:** à la dionysienne (dionisjenn): Gekocht, abgetropft, mit Butter gebunden, mit in Butter gebratenen Zwiebelwürfeln, gekochten Kartoffel- und Mohrrübenwürfeln und gehacktem Kerbel vermischt.
- **auf englische Art:** à l'anglaise (angläs): Gekocht, abgetropft, gewürzt, mit einem Stückchen frischer Butter belegt.
- **auf flämische Art:** à la flamande (flamangd): Sehr kleine Frühkarotten, mit der gleichen Menge Erbsen vermischt, beides getrennt gekocht, mit Butter gebunden.
- **auf Florentiner Art:** à la florentine: Gekocht, abgetropft, vermischt mit gebratenen Zwiebelwürfeln, gehacktem Schinken und gehackten Kräutern, mit Tomatensauce gebunden.
- **auf französische Art:** à la française (frangsäß): Vermischt mit nudelig geschnittenem Kopfsalat, kleinen Zwiebelchen, gehacktem Kerbel und Butter, mit Salz und Prise Zucker gewürzt, mit wenig Wasser gedünstet; mit Mehlbutter gebunden.
- **gedünstet:** étuvées (etüweh): Auf französische Art in einer hermetisch verschlossenen feuerfesten Porzellan- oder Steingutkasserolle bereitet.
- **auf Hausfrauenart:** à la bonne femme (bonn famm): Wie auf französische Art zusätzlich mit gewürfeltem, durchwachsenem Speck bereitet.
- **auf Haushälterinart:** à la ménagère (menaschär): Zusammen mit nudelig geschnittenem Kopfsalat und gehackten Zwiebeln in Butter mit wenig Wasser gedünstet.
- **auf holländische Art:** à la hollandaise: Gekocht, abgetropft, mit leichter holländischer Sauce gebunden.
- **mit Kopfsalat:** aux laitues (o lätü): Wie auf französische Art bereitet, jedoch mit ganzen Kopfsalaten; mit den gevierteilten Kopfsalaten belegt angerichtet.
- **mit Krebsschwänzen:** aux queues d'écrevisses (o kö dekrewiß): Gekocht, mit Butter gebunden, mit Krebsschwänzen vermischt.
- **auf Magdeburger Art:** à la magdebourgeoise: Gekocht, abgetropft, mit Butter geschwenkt, mit gehackter Petersilie und in Butter geröstetem Reibbrot vermischt.
- **Mataraki Sabaji:** Öl in einer Kasserolle heißgemacht, die Erbsen zugefügt, mit Salz und Currypulver gewürzt, durchgeschüttelt, wenig Wasser angegossen, nicht ganz zugedeckt, fast trocken gedünstet; Zitronenspalten nebenbei (indisch).
- **Mus:** Purée Saint-Germain (püreh sängschermáng): Gekocht, abgetropft, durchgestrichen, mit Butter und süßem Rahm vervollständigt.
- **auf Pächterart:** à la fermière (färmjär): Blättrig geschnittene Mohrrüben, weiße Rüben, Zwiebeln und gewürfelter Magerspeck, in Butter angedünstet, mit grünen Erbsen vermischt, mit hellem Fond angegossen, gewürzt, gedünstet; mit Mehlbutter gebunden, mit gehackter Petersilie bestreut.
- **Parmentier** (parmangtjeh): Gekocht, abgetropft, vermischt mit gekochten Kartoffelwürfelchen, mit Butter gebunden.
- **mit Pfefferminze:** à la menthe (mangd): Mit einem Bündelchen frischer grüner Minze gekocht, abgetropft, in Butter geschwenkt, mit gehackter Pfefferminze bestreut.

mit Speck, Speckerbsen: au lard (o lar): Durchwachsener, gewürfelter Speck, leicht angeröstet, mit Mehl bestäubt, nach dem Anlaufen mit hellem Fond angegossen, umgerührt, Erbsen hinzugegeben, gewürzt, gargedünstet; mit gehackter Petersilie vermischt serviert.

mit Stockfisch: au morue séché: Gekocht, vermischt mit gekochtem, auseinandergepflücktem Stockfisch, gehackter Petersilie und Butter.

Erdartischocke, Topinambur, Jerusalem-Artischocke, Erdbirne: Topinambour (topinambuhr): Hohe Staude aus der Familie der Körbchenblütler, einer Sonnenblume ähnlich, mit knollenbildendem Wurzelstock. Die süßlich, leicht nußartig schmeckenden Knollen enthalten keine Stärke, sondern Insulin, und können daher für Zuckerkranke verwendet werden. Vor weiterer Verwendung müssen sie sorgfältig geschält werden.

Coligny (kolini): Eierförmig tourniert, in Butter mit Zitronensaft gedünstet, kurz vor dem Garwerden etwas Fleischglace und gehackte Petersilie beigefügt.

Duxelles: Große Erdartischocke, in der Schale vorgekocht, der Länge nach halbiert, leicht ausgehöhlt, der Pulp gehackt, mit gehackten, angerösteten Zwiebeln, Duxelles, gehackten Kräutern und etwas Tomatensauce vermischt; in die Hälften gefüllt, mit Reibbrot bestreut, mit Butter betropft, im Ofen überbacken.

auf englische Art: à l'anglaise: Geschält, gekocht, mit frischer Butter serviert.

gebacken: frits: In dicke Scheiben geschnitten, gewürzt, gemehlt, in heißem Öl gebacken.

auf georgische Art: à la georgienne (schorschjenn): Geschält, in Scheiben geschnitten, mit dünnen Kartoffelscheiben vermischt; in hellem Fond mit etwas Butter und Zucker gedünstet, bis die Scheiben glaciert sind.

auf Haushofmeisterart: à la maître d'hôtel (mätr dotel): Scheiben, gekocht, mit leichter Rahmsauce gebunden, vermischt mit gehackten Kräutern.

auf holländische Art: à la hollandaise: In Scheiben geschnitten, gekocht, abgetropft, mit leichter holländischer Sauce gebunden.

auf Krakauer Art: à la cracovienne (krakowjenn): In Scheiben geschnitten, in Butter gebraten, mit in Butter geröstetem Reibbrot bedeckt.

Mus von: Purée de topinambours: Geschält, gekocht, abgetropft, püriert; mit wenig Kartoffelpüree vermischt, mit Butter und süßem Rahm vervollständigt.

auf orientalische Art: à l'orientale (oriängtal): Im Ofen in der Haut gebacken, frische Butter nebenbei.

Orly: à l'Orly: Zu großen Oliven geformt, gekocht, abgetropft; durch Backteig gezogen, in tiefem Fett gebacken; Tomatensauce nebenbei.

auf Pariser Art: à la parisienne (parisjenn): Geschält, in dicke Scheiben geschnitten, blanchiert; in dünner Rahmsauce gedünstet, mit französischem Senf und Zitronensaft gewürzt.

auf polnische Art: à la polonaise: Gekochte Scheiben, abgetropft, wie Blumenkohl gleichen Namens fertiggemacht.

in Rahmsauce: à la crème: Olivenförmig tourniert, blanchiert, in leichter Rahmsauce fertiggekocht, etwas süßer Rahm beigefügt.

sautiert: sautés: Geschält, in Scheiben geschnitten, sautiert.

auf tunesische Art: à la tunisienne (tünisjenn): Große Erdartischocken, gekocht, der Länge nach aufgeschnitten, leicht ausgehöhlt, mit Maronenpüree, vermischt mit dem Pulp, gefüllt.

überkrustet: au gratin: Geschält, in Scheiben geschnitten, gekocht, abgetropft; in gefettete Backplatte geordnet, mit Mornaysauce übergossen, mit geriebenem Käse bestreut, mit Butter betropft, im Ofen überkrustet.

Fenchel, Fenchelknollen, Finocchi, Fenouil (fenuij): Doldengewächs, das in den Mittelmeerländern beheimatet ist und der Samen, Stiele und der fleischigen Knollen wegen kultiviert wird. Die leicht nach Anis schmeckenden und duftenden Knollen können wie Sellerie bereitet werden. Man schneidet sie oben glatt, wäscht und teilt sie, je nach Größe, in Viertel oder Hälften und dünstet sie in hellem Fond mit Zwiebel- und Mohrrübenscheiben. Das Fenchelkraut wird gehackt und oft über das fertige Gericht gestreut. Die Stiele können geschält und roh zum Salat genommen werden.

Finocchi fritti: Knollen in Salzwasser gekocht, ausgekühlt, in Viertel oder Achtel geschnitten, durch geschlagenes Ei gezogen, mit geriebenem Weißbrot paniert, schwimmend in Olivenöl gebacken (italienisch).

gebacken: frit: Gedünstet, in Viertel oder Achtel geschnitten, durch Backteig gezogen, in tiefem Fett gebacken; Tomatensauce nebenbei; 2. wie oben vorbereitet, paniert, in tiefem Fett gebacken; Béarner Sauce nebenbei.

auf griechische Art: à la grecque: siehe Vorspeisen

auf italienische Art: à l'italienne: 1. Blanchiert, in Scheiben geschnitten, in Butter mit etwas Weißwein gedünstet, gewürzt, das gehackte Grün beigefügt, den Fond kurz eingekocht; 2. (kalt) siehe Vorspeisen

mit Jus: au jus: In etwas fetter Brühe gedünstet, abgetropft, mit gebundener Kalbsjus nappiert.

mit Schaumsauce: à la sauce mousseline (mußlihn): Gedünstet, abgetropft, mit Schaumsauce nappiert.

überkrustet: au gratin: Blanchiert, geteilt, in Weißwein mit Demiglace, gehackten Champignons, gehackten geschälten Tomaten, gehackten Kräutern und Gewürz gedünstet; in gebutterte Backplatte gefüllt, mit dem eingekochten Fond nappiert, mit Reibbrot und geriebenem Parmesan bestreut, mit Butter betropft, im Ofen überkrustet.

Fenouil: siehe Fenchel

Ferretti: Wellige Nudeln, wie Makkaroni bereitet (italienisch).

Fettuccine al burro: Nudelteig, in 1½ cm breite Streifen geschnitten, in Salzwasser gekocht, abgegossen, mit geriebenem Parmesan und reichlich Butter vermischt (italienisch).

Fève de marais: siehe Puffbohne

Finocchi: siehe Fenchel

Fonds d'artichauts: siehe Artischockenböden

Frühlingslorchel, Speiselorchel, Stockmorchel: Gyromitre comestible (dgüromitr komestibl): Mittelgroßer bis großer Schlauchpilz mit klumpigem, gekröseartig gewundenem, rundlichem, kastanienbraunem, sehr zerbrechlichem Hut und kammerig hohem Stiel, der in Norddeutschland besonders in Kiefernwäldern von März bis Mai auftritt. Beliebter Speisepilz, jedoch für viele Menschen giftig. Er muß daher vorher abgekocht und das Wasser fortgegossen werden, da es die sehr giftige Helvellasäure enthält. Lorcheln können danach wie Morcheln bereitet werden.

Garbanzo: Spanische Bezeichnung der Kichererbse.

Gemüse, gemischtes, Mischgemüse: Macédoine de légumes (maßedoan dö legümm): Wurzelgemüse, in Würfelchen geschnitten, grüne Erbsen, Vierecke von grünen Bohnen, Spargelköpfe in kleinen Stücken, Blumenkohlröschen und geviertelte Morcheln, jeder Teil einzeln gekocht, abgetropft, vermischt, gewürzt, in Butter geschwenkt oder mit leichter Rahmsauce gebunden.

Ghiveci Calugarest: Mischgemüse auf Klosterart: Gewürfelte Mohrrüben und Kartoffeln, Vierecke von grünen Bohnen, grüne Erbsen, Rosenkohl, Blumenkohlröschen, gewürfelte Zucchetti, Scheiben von Eieräpfeln, Tomatenscheiben, entkernte, gewürfelte Paprikaschoten und Okra, mit Knoblauch und Salz gewürzt und zusammen mit reichlich hell angerösteten Zwiebelscheiben bei gelinder Hitze im geschlossenen Geschirr im Ofen gedünstet (rumänisch).

Girolle: siehe Pfifferling

Gnocchi: siehe Nocken, italienische

Gombaut: siehe Gombo

Gombo, Bamia, Bame, Okra: Gombo, Gombaut: Die unreifen Früchte einer Eibischart, Hibiscus esculenta (Rosenpappel), die aus Mittelamerika stammt, aber auch in Nordamerika und Südeuropa angebaut wird. Die Fruchtkapseln sind in der Form sehr kleinen, etwas spitzen Paprikaschoten ähnlich, sie enthalten ein farbloses, gallertartiges Sekret, in dem die Samenkörner eingebettet sind. Zum Vorbereiten wird der Stiel der Frucht mit einem kleinen Messer tourniert, nicht abgeschnitten, und die Frucht in Salzwasser mit etwas Essig oder Zitronensaft gekocht, besser noch im Dämpfer bereitet. Die kleinen, runden Früchte sind als Bamia bekannt, die länglich-runden als Okra. Sie kommen frisch, getrocknet und in Dosen konserviert in den Handel.

auf amerikanische Art: à l'américaine: Vorgekocht, in Olivenöl mit gewürfelten Tomaten, Knoblauch, gehackten Kräutern und Gewürz gedünstet, mit Zitronensaft abgeschmeckt; kalt serviert.

Bame Sultanine: In gesäuertem Salzwasser vorgekocht, abgetropft, in heißem Öl mit viel angebratenen Zwiebelscheiben und Tomatenpüree gedünstet, mit Salz und Zitronensaft gewürzt; eiskalt mit geschälten, geviertelten Tomaten, in Olivenöl gedünstet, garniert (rumänisch).

mit Butter: au beurre: Vorgekocht, abgetropft, gewürzt, übergossen mit heißer, zerlassener Butter mit Zitronensaft vermischt.

mit Curry: au curry: Vorgekocht, abgetropft, in scharfer Currysauce kurz gedünstet, im Reisrand angerichtet.

als Garnitur: Vorgekocht, abgetropft, in Butter mit gehackter Schalotte und gewürfelten Tomaten gedünstet.

gedünstet: étuvés: Vorgekocht, abgetropft, vermischt mit goldgelb angebratenen Zwiebelscheiben, in Demiglace gedünstet.

Janina: Gehackte Zwiebeln, in Hammelfett angeschwitzt, gewürfelte Tomaten und rohes, kleingewürfeltes Hammelfleisch beigefügt, ansautiert, Gombo (getrocknete über Nacht eingeweicht) beigefügt, scharf gewürzt, wenig Wasser angegossen, langsam gargedünstet.

auf orientalische Art: à l'orientale (oriangtal): Vorgekocht, in Butter oder Olivenöl mit gewürfelten Tomaten gedünstet, mit Salz, Knoblauch und Nelkenpulver gewürzt; im Rand von Safranreis angerichtet.

in Rahm: à la crème: Vorgekocht, abgetropft, in Butter gedünstet, gewürzt, mit dickem Rahm vervollständigt.

auf türkische Art: à la turque (türk): Wie Janina, jedoch mit Öl anstelle von Hammelfett gedünstet.

Grieß: Semoule (smul): Ein Mühlenerzeugnis, hauptsächlich aus Weizen, das in verschiedenen Korngrößen hergestellt wird und nach der Beschaffenheit des Weizens als Hart- und Weichgrieß bezeichnet wird. Grieß wird für Gnocchi, Tarteletts Chevreuse, Puddinge, Flammerie, als Frühstücksgericht u. a. m. verwendet.

Gruau: siehe Grütze

Grüne Fisolen: siehe Bohnen, grüne

Grünkern: Blé vert (blä wer): Das im halbreifen Zustand geerntete, sorgfältig gedörrte und geschälte Korn des Dinkels. Es wird hauptsächlich zu Graupen verwandt oder zu Grünkernmehl verarbeitet.

Grünkohl, Braunkohl: Chou vert non pommé (schu wer no pommeh): Kulturform einer zu den Kreuzblütlern gehörenden Pflanze mit krausen Blättern ohne Kopfbildung. Kommt frisch und gefroren auf den Markt. Wie Spinat zubereitet.

Grünkohl **Gurke**

auf französische Art: à la française (frangsäs): Gekocht, abgetropft, gehackt, in Butter mit Zwiebelwürfeln und etwas Bouillon gedünstet; mit dickem Rahm vervollständigt, mit glacierten Maronen garniert.

mit gepökelter Gänsekeule: Vorgekocht, grob passiert, zusammen mit einer gepökelten Gänsekeule in Rinderbrühe gedünstet; mit heller Mehlschwitze gebunden, mit der tranchierten Gänsekeule garniert.

auf Holsteiner Art: Vorgekocht, passiert, zusammen mit gehacktem Lauch in Rinderbrühe gedünstet, mit Hafermehl eingedickt.

Grütze: Gruau (gruo): Die in verschiedenen Feinheitsgraden von der Schale befreiten und geschroteten Körner von Hafer, Gerste, Buchweizen, Hirse und Grünkern.

Kascha: Buchweizengrütze, leicht angeröstet, mit Butter und heißem Wasser vermischt, gewürzt, zugedeckt langsam im mäßig heißen Ofen gargemacht; mit zerlassener Butter, saurem oder süßem Rahm serviert (russisch).

Smolenska Kascha: Buchweizengrütze vermischt mit rohen Eiern, ganz langsam im Ofen getrocknet, mit heißer Milch angefeuchtet, gewürzt, etwas Butter beigefügt, zugedeckt bei gelinder Hitze im Ofen gegart; frische Butter nebenbei (russisch).

Gurke: Concombre (kongkombr): Die Frucht einer wärmebedürftigen Pflanze aus der Familie der Kürbisgewächse, die in vielen Sorten und zahlreichen Formen vorkommt. Gurken werden roh als Salat, eingelegt und gekocht verwendet.

auf andalusische Art: à l'andalouse: Geschält, der Länge nach geteilt, die Kerne entfernt, in dicke Stücke geschnitten, in Tomatensauce gedünstet; in Backschüssel gefüllt, mit geriebenem Parmesan bestreut, mit Olivenöl betropft, im Ofen überkrustet.

Clermont (klermong): Geschält, der Länge nach geteilt, Kerne entfernt, in Würfel geschnitten, in Butter gedünstet, gewürzt, vermischt mit halb soviel gewürfelten Artischockenböden und gehackter Petersilie.

auf deutsche Art: à l'allemande: Geschält, halbiert, entkernt, in dicke Stücke geschnitten, in Butter zusammen mit gehackten Zwiebeln und angerösteten Magerspeckwürfeln ansautiert; mit dünner Demiglace angegossen, gargedünstet, mit einem Schuß Essig gewürzt.

in Dill: à l'aneth (anät): Olivenförmig, in Butter angedünstet, gewürzt, in süßem Rahm gargedünstet, reichlich mit gehacktem frischem Dill vermischt.

mit Fenchel: à la tsarine (zarihn): Olivenförmig, in dünner Rahmsauce gedünstet, gewürzt, vermischt mit gehacktem Fenchelgrün und gehackter Petersilie.

gebacken: frits: Geschält, in dicke Scheiben geschnitten, gewürzt, durch Backteig gezogen, in tiefem Fett gebacken.

gedünstet: étuvés: Geschält, halbiert, entkernt, in fingerbreite Stücke geschnitten; leicht in Butter angeschwitzt, in hellem Fond gedünstet, gewürzt, mit Mehlbutter und Eigelb gebunden, mit Zitronensaft geschärft.

gefüllt: farcis: 1. Geschält, in runde Stücke geschnitten, ausgehöhlt, mit Hühner- oder Kalbsfarce gefüllt, in gebuttertes Geschirr geordnet, mit etwas Fond angegossen, mit gebuttertem Papier bedeckt, im Ofen gargemacht;
2. mit Duxelles gefüllt, mit Reibbrot bestreut, mit Butter betropft, etwas Fond angegossen, im mittelheißen Ofen gargemacht und überkrustet.

glaciert: glacés (glaceh): Olivenförmig, blanchiert, in Butter mit wenig Wasser, je einer Prise Salz und Zucker gedünstet, bis die Flüssigkeit verdampft ist und die Gurken mit einer glänzenden Schicht überzogen sind.

auf Herzoginart: à la duchesse (düscheß): Geschält, in zweifingerbreite Stücke geschnitten, ausgehöhlt, blanchiert; in ein gebuttertes Geschirr geordnet, mit Hühnerfarce gefüllt, mit geriebenem Käse bestreut, mit etwas dünnem, süßem Rahm umgossen, im Ofen gargemacht und überkrustet.

auf italienische Art: à l'italienne: Geschält, in runde Stücke geschnitten, ausgehöhlt, gefüllt mit Farce von in Milch geweichtem Brot, Eigelb, hartgekochtem, gehacktem Ei, geriebenem Parmesan, Salz und geriebener Muskatnuß; mit etwas Bouillon angegossen, im Ofen gargemacht.

auf polnische Art: à la polonaise (polonäs): Geschält, der Länge nach geteilt, Kerne entfernt, in ziemlich breite Stücke geschnitten, in Salzwasser gekocht; abgetropft, angerichtet, mit geriebenem hartgekochtem Ei und gehackter Petersilie bestreut, mit Reibbrot in reichlich Butter gebräunt übergossen.

in Rahm: à la crème: Olivenförmig ausgestochen oder zu großen Oliven tourniert, kurz blanchiert, in Butter angedünstet, gewürzt, in süßem Rahm gar und sämig gekocht.

auf römische Art: à la romaine (romän): Olivenförmig, in Butter gedünstet, mit römischer Sauce gebunden.

auf sächsische Art: à la saxe (ßaks): Geschält, halbiert, Kerne entfernt, in breite Stücke geschnitten, in Butter mit gehackter Zwiebel angeschwitzt, in saurem Rahm gargekocht.

auf spanische Art: à l'espagnole: Geschält, zu runden Stücken geschnitten, ausgehöhlt; mit Bratwurstfleisch, vermischt mit Duxelles und gehackten Kräutern, gefüllt, mit dünner Demiglace angegossen und gargedünstet.

Stephanie: Geschält, in runde Stücke geschnitten, ausgehöhlt; gefüllt mit Bratwurstfleisch, vermischt mit gehackten Trüffeln und etwas Gänseleberpüree, mit dünner Speckscheibe bedeckt, mit leichter Rahmsauce angegossen, im Ofen gedünstet; nach dem Garwerden Speck entfernt, auf die Gurken etwas Krebsbutter getropft.

auf türkische Art: à la turque: Geschält, in runde Stücke geschnitten, ausgehöhlt; gefüllt mit Reispilaw vermischt mit gehacktem, gekochtem Hammelfleisch, langsam im Ofen mit fetter Hammelbrühe angegossen, gedünstet.

Gyromitre comestible: siehe Frühlingslorchel

Haricot asperge: siehe Spargelbohne
Haricots blancs: siehe Bohnen, weiße
Haricots flageolets: siehe Bohnenkerne, grüne
Haricots Frijole: siehe Frijole-Bohnen
Haricots mange-tout: siehe Butterbohnen
Haricots rouges: siehe Bohnen, rote
Haricots verts: siehe grüne Bohnen
Hélianthe: siehe Helianthi
Helianthi, Sonnling: Hélianthe (eliant): Die knollenartigen Wurzeln einer Sonnenrosenart, eng mit der Topinambur verwandt, die in Nordamerika beheimatet ist, aber auch in Südeuropa angepflanzt wird. Das Gemüse wird wie Topinambur geschabt, gewaschen, in Salzwasser gekocht, abgetropft und weiterverarbeitet. Es darf nicht zu weich gekocht werden und muß scharf gewürzt sein, da es sonst zu fade im Geschmack ist.

glaciert: glacé: In Form großer Oliven tourniert, blanchiert, in Butter mit kräftiger Rinderbrühe gedünstet, bis die Flüssigkeit verdampft und das Gemüse mit einer glänzenden Schicht überzogen ist.

auf Hausfrauenart: à la bonne femme: In vier Teile geschnitten, blanchiert, in Kalbsfond mit Butter und etwas Milch gedünstet, mit Pfeffer und Salz gewürzt; Fond mit Mehlbutter gebunden, gehackte Petersilie beigefügt, über das Gemüse gegossen.
auf Haushofmeisterart: à la maître d'hôtel: Vorgekocht, abgetropft, sorgfältig mit Kräuterbutter geschwenkt.
Mornay: In Stücke geschnitten, vorgekocht, kurz in Butter gedünstet, in gebutterte Backplatte gefüllt; mit Mornaysauce überzogen, mit geriebenem Käse bestreut, mit Butter betropft, im Ofen überbacken.
Mus: Purée de hélianthe: Blanchiert, in hellem Fond mit etwas Zitronensaft gekocht, bis die Flüssigkeit verdunstet ist; püriert, mit heißer Milch oder Rahm vermischt, mit Salz und Paprika gewürzt, mit kleinen, herzförmigen Croutons garniert.
Nimrod: In dicke Scheiben geschnitten, blanchiert, leicht in Butter gedünstet, gewürzt; halb soviel Steinpilzscheiben in Butter mit gehackten Schalotten sautiert, mit gehackter Petersilie und etwas feingestoßenem Kümmel vermischt. Helianthi und Steinpilze schichtweise in eine Backplatte gefüllt, Steinpilze obenauf, mit geriebenem Käse und Reibbrot bestreut, mit Butter betropft, im Ofen überbacken.
sautiert: sautés: Zu großen Oliven geformt, blanchiert, in Butter sautiert, bis das Gemüse schön gebräunt ist.
Helvelle crépue: siehe Herbstlorchel
Herbstlorchel, Krause Lorchel: Helvelle crépue (elwell krepü), morille de moine (morij dö moan): Pilz mit faltigem Stiel und sattelförmigem oder gefaltetem Hut, der in Laub- und Mischwäldern im Spätsommer und Herbst auftritt. Wie Morchel bereitet.
Himmel und Erde: Apfel- und Kartoffelscheiben, in Bouillon gekocht, mit Lorbeerblatt gewürzt; püriert, mit Blutwurst oder Schweinefleisch serviert.
Hirse: Millet (milleh): Die Körner verschiedener Getreidepflanzen, deren Blütenstände Rispen mit vielen kleinen Ähren bilden. Die Körner sind nach dem Schälen mattgelb bis schwarzbraun. Hauptsächliche Verwendung: zu Suppen, Brot, Puddinge und Grütze.
Grütze: Gruau (grüo): In Milch mit einem Stück Butter und Salz gekocht, mit brauner Butter übergossen.
Piroggen: Pirogues de millet à la russe (pirog dö milleh alla rüß): Blanchiert, in Milch gekocht, gewürzt, durchgestrichen, abgekühlt; mit Hefe und etwas Butter vermischt, nach dem Gären mit Mehl, Eigelb, lauwarmer Milch und Eierschnee aufgezogen. Zu runden Kugeln geformt, abgeflacht, mit Fleischfarce gefüllt, mit Milch bestrichen, abermals zum Gären gestellt, gebacken; heiß zu russischen Suppen serviert.
Hohlnudeln: siehe Makkaroni
Hominy: siehe Mais
Hopfensprossen, Hopfenkeimchen: Jets de houblon (schä dö ublong): Die jungen Sprossen des Hopfens, einer Pflanze aus der Familie der Hanfgewächse, die in Europa, Amerika und Asien kultiviert wird. Die Sprossen werden mehrmals in wechselndem Wasser gewaschen, in leichtgesalzenem Wasser mit Zitronensaft gekocht und gut abgetropft.
auf bayerische Art: à la bavaroise (bawaroas): Gekocht, abgetropft, in Butter geschwenkt, mit Salz, Pfeffer, geriebener Muskatnuß und Prise Zucker gewürzt, mit Rahmsauce und reichlich gehackter Petersilie geschwenkt.
auf bürgerliche Art: à la bourgeoise (burschoas): Gekocht, abgetropft, mit Bastardsauce gebunden.
mit Butter: au beurre: Vorgekocht, abgetropft, gewürzt, in Butter mit Zitronensaft gedünstet.
Colbert (kollbär): Blanchiert, in Butter mit Zitronensaft gedünstet, mit Rahmsauce gebunden; dressiert auf Toast, belegt mit verlorenem Ei, mit zerlassener Butter bestrichen.

auf holländische Art: à la hollandaise: Gekocht, abgetropft, mit leichter holländischer Sauce gebunden, mit Zitronensaft gewürzt.

auf königliche Art: à la royale (röal): Blanchiert, in Hühnerbrühe mit Butter gekocht; Fond mit süßem Rahm eingekocht, die Sprossen mit dieser Sauce gebunden und mit Trüffelstreifen vermischt.

mit feinen Kräutern: aux fines herbes: Blanchiert, mit Zitronensaft und Butter gedünstet, mit Velouté gebunden, reichlich mit gehackten Kräutern vermischt.

Mornay: Gekocht, abgetropft, mit Mornaysauce gebunden; in gebutterte Backplatte gefüllt, mit geriebenem Käse bestreut, mit Butter betropft, im Ofen überbacken.

auf Müllerinart: à la meunière (münnjär): Gekocht, abgetropft, angerichtet; mit Zitronensaft betropft, mit brauner Butter übergossen.

in Omelette: en omelette: Gekocht, abgetropft, mit leichter holländischer Sauce gebunden, mit Zitronensaft gewürzt, in eine Omelette gefüllt.

auf polnische Art: à la polonaise: Gekocht, abgetropft, wie Blumenkohl bereitet.

Vinaigrette: Gekocht, abgetropft, kalt mit Vinaigrette-Sauce vermischt serviert.

Hopping John: Reis, wie für Risotto bereitet, reichlich mit gerösteten Würfelchen von durchwachsenem Speck und frischen grünen Erbsen vermischt (nordamerikanisch).

Indian Corn: siehe Mais
Indianer Reis: siehe Reis, wilder
Italienische Mundtaschen: siehe Ravioli

Jahnie de Ciuperci: Champignonragout: Gehackte Zwiebeln, leicht in Oliven- oder Sonnenblumenöl angeröstet, in dicke Scheiben geschnittene Champignons beigefügt, hellbraun geröstet; mit Salz und Pfeffer gewürzt, mit Tomatenpüree und viel gehacktem Dill vermischt (rumänisch).

de Fasole: Ragout von weißen Bohnen: Weiße Bohnen, gekocht, abgetropft, noch heiß mit reichlich Sonnen- oder Olivenöl vermischt, viel geröstete Zwiebelscheiben beigefügt, mit Salz, Pfeffer, Zitronensaft und gehacktem Dill gewürzt; kalt serviert (rumänisch).

Japanische Artischocken: siehe Knollenziest
Japanknollen: siehe Knollenziest
Jarmuz: Gedünstetes Kraut: Weißkrautblätter, blanchiert, grob gehackt, in Bouillon gekocht, mit brauner Mehlschwitze gebunden, mit saurem Rahm vermischt, mit gedünsteten Maronen garniert (polnisch).

Jerusalem-Artischocke: siehe Erdartischocke
Jets de bamboo: siehe Bambussprossen
Jets de houblon: siehe Hopfensprossen

Karde, Kardi, spanische Artischocke: Cardons (kardong): Aus Südeuropa stammendes Distelgewächs mit dickfleischigen Blattstielen, das bis 1,5 m hoch wächst. Die Stiele oder Rippen werden gereinigt, die Fasern abgezogen, die Stiele in Stücke geschnitten, mit Zitronensaft abgerieben und in Mehlwasser mit Zitronensaft gekocht, um sie weiß zu halten.

auf andalusische Art: à l'andalouse (angdaluhs): Vorgekocht, abgetropft, in Demiglace mit Portwein gedünstet; in Backplatte geordnet, mit der Sauce übergossen, mit Reibbrot bestreut, mit Butter betropft, überkrustet.

auf bürgerliche Art: à la bourgeoise: Vorgekocht, in Butter und hellem Fond mit gehacktem Schinken und gehackten Zwiebeln gedünstet; mit Mehlbutter gebunden, mit Zitronensaft gewürzt.

mit Buttersauce: au maigre (o mägr): Vorgekocht, abgetropft, mit Buttersauce nappiert.

Cardos a la Española: Stark blanchiert, abgetropft, in spanischem Olivenöl mit gehackten Zwiebeln und rohem, gehacktem Schinken angedünstet, mit spanischem Weißwein abgelöscht; geschälte, entkernte, grob gehackte Tomaten, Knoblauch und gehackte Petersilie beigefügt, gewürzt, gedünstet, mit der Sauce übergossen (spanisch).
gebacken: à l'Orly (orrli): Gekocht, abgetropft, durch Backteig gezogen, in tiefem Fett gebacken; Tomatensauce nebenbei.
gedünstet: étuvée (etüweh): Vorgekocht, abgetropft, in leichter Demiglace gedünstet, Sauce mit Sherry und Cayennepfeffer gewürzt.
auf italienische Art: à l'italienne (italjenn): Vorgekocht, abgetropft, in Backplatte geordnet, mit italienischer Sauce nappiert; mit geriebenem Parmesan und Reibbrot bestreut, mit Olivenöl betropft, im Ofen überkrustet.
mit Jus: au jus (o schüh): Vorgekocht, mit gebundener Kalbsjus gedünstet, mit der Jus übergossen.
mit feinen Kräutern: aux fines herbes: Blanchiert, mit Bouillon und Rotwein gedünstet; gehackte Schalotten, Zwiebeln, Champignons und Petersilie in Butter gedünstet, mit dem Kardifond und Demiglace aufgegossen, etwas eingekocht, über die Kardi gegossen; Kardi in der Sauce noch kurz gedünstet, mit Zitronensaft gewürzt.
auf Mailänder Art: à la milanaise (milanäs): Vorgekocht, abgetropft, lagenweise mit geriebenem Parmesan dazwischen angerichtet, mit geriebenem Parmesan bestreut, mit brauner Butter übergossen.
auf Neverser Art: à la nivernaise: In fingerbreite Stücke geschnitten, vorgekocht, abgetropft, in Butter gedünstet; vermischt mit olivenförmigen Mohrrüben und weißen Rüben, mit Rahmsauce gebunden.
auf polnische Art: à la polonaise (polonäs): Gekocht, abgetropft, wie Blumenkohl bereitet.
mit Poulettesauce: à la poulette (puhlett): Vorgekocht, abgetropft, mit Zitronensaft und Butter gedünstet, mit Poulettesauce nappiert.
auf provenzalische Art: à la provençale (prowangßal): Stark blanchiert, auf Scheiben von Wurzelwerk mit Abgängen von rohem Schinken angedünstet, mit Rotwein abgelöscht, fast eingekocht, mit leichter Demiglace gedünstet; Sauce passiert, mit durchgestrichenem Rindermark aufgezogen, abgeschmeckt, über die Kardi gegossen, mit gehackter Petersilie bestreut.
in Rahmsauce: à la crème: Vorgekocht, in Butter gedünstet, mit Rahmsauce nappiert.
mit Rindermark: à la moëlle (moall): Vorgekocht, abgetropft, mit blanchierten Scheiben Rindermark belegt, mit Demiglace nappiert, mit gehackter Petersilie bestreut.
in Rotwein: au vin rouge (wang ruhsch): Vorgekocht, abgetropft, mit Rotwein und kräftiger Rinderbrühe gedünstet; Fond mit Mehlbutter gebunden, mit Zitronensaft gewürzt, über die Kardi gegossen.
auf spanische Art: à l'espagnole (espangjol): Vorgekocht, abgetropft, in Demiglace mit geschmolzenen Tomaten gedünstet; mit glacierten Zwiebelchen und der Sauce bedeckt, mit Fleurons umkränzt.
überkrustet: au gratin: Vorgekocht, abgetropft, in gebutterte Backplatte geordnet, mit Mornaysauce überzogen, mit geriebenem Käse bestreut, mit Butter betropft, im Ofen gratiniert.

Karfiol: siehe Blumenkohl
Karotte: siehe Mohrrübe
Kartoffel, Erdapfel: Pomme de terre (pomm dö tär): Die unterirdischen, stärkereichen Knollen einer zu den Nachtschattengewächsen gehörenden Pflanze. Sie stammt ursprünglich aus Peru, wird aber heute in zahlreichen Variationen in der ganzen Welt angebaut und ist neben dem Brot das wichtigste Nahrungsmittel. Kartoffeln mit gelbem, wachsartigem Fleisch eignen sich für alle Arten im Fett Gebackenen, die mit weißem, mehligem Fleisch zum Kochen und Backen in der Schale.

Aloo Madarasi: Gehackte Zwiebeln, in Senföl angeschwitzt, rohe, gewürfelte Kartoffeln beigefügt, mit Currypulver und Salz gewürzt, mit Linsenwasser angegossen, gehackte Zitronenschale und wenig Zimt beigefügt, gekocht; geklärte Butter nebenbei (indisch).

Alphonso: In der Schale gekocht, geschält, in Scheiben geschnitten, vermischt mit Kräuterbutter, in Backplatte gefüllt; mit geriebenem Schweizer Käse bestreut, mit Butter betropft, im Ofen überkrustet.

Anna: Rohe, runde Scheiben, in Spezialform oder passender Kasserolle, heiße geklärte Butter enthaltend, lagenweise geordnet, mit geklärter Butter übergossen, im Ofen gebacken, auf runde Platte gestürzt.

Annette: Anna-Kartoffeln in Portions-Becherförmchen gebacken.

auf Ardenner Art: à l'ardennaise (ardenäs): Große Kartoffel, im Ofen gebacken, oben Deckel abgeschnitten, ausgehöhlt; der zerdrückte Pulp mit Butter, Hühnerpüree, gehacktem Schinken und gehacktem Schnittlauch vermischt, in die Schale gefüllt, mit geriebenem Käse bestreut, im Ofen überbacken.

Aufgeblähte: Pommes soufflées (pomm suffleh): Mittelgroße, längliche, geschälte Kartoffeln in gleichmäßige Scheiben von ungefähr 4 mm Dicke geschnitten, abgetrocknet, in tiefem Fett mit etwa 130 Grad blanchiert, bis sie oben schwimmen. Mit dem Backlöffel herausgenommen, in einen Kartoffelkorb aus Drahtgestell gelegt, in sehr heißem Fett unter Bewegen des Korbes gebacken, bis sie sich aufblähen und goldgelb sind, auf einem Tuch abgetrocknet, leicht gesalzen, auf einer Serviette oder Papiermanschette angerichtet.

Auflauf: Soufflé de pommes de terre (ßuffleh dö pomm dö tär): Mehlige Kartoffeln, gekocht, püriert, mit Butter, Rahm und Eigelb vermischt, gewürzt, mit Eierschnee unterzogen; in gebutterte Auflaufschale gefüllt, mit geriebenem Käse bestreut, mit Butter betropft, im Ofen gebacken.

auf Bäckerart: à la boulangère: Geviertelte oder in Scheiben geschnittene Kartoffeln, vermischt mit in Butter angeschwitzten Zwiebelscheiben, gewürzt, in Butter oder Schmalz im Ofen gebacken.

Bartholdy: Bratkartoffeln in Butter und flüssiger Fleischglace geschwenkt.

Bataillé (batteije): Große rohe Würfel, blanchiert, in tiefem Fett gebacken.

auf Bauernart: à la paysanne: Roh, in dicke runde Scheiben geschnitten, in Bouillon mit Butter und einer Spur Knoblauch gedünstet; vermischt mit nudelig geschnittenem, in Butter gedünstetem Sauerampfer und gehackten Kräutern.

auf Befehlshaberart: à la commodore (kommodor): Große Kartoffeln, im Ofen gebacken, Deckel abgeschnitten, ausgehöhlt; Pulp püriert und mit Butter, Spinatpüree und gehackten Kräutern vermischt; wieder in die Schale gefüllt, mit zerlassener Butter begossen, noch einige Minuten in den Ofen gestellt.

auf Benediktinerart: à la bénédictine: Mit dem Spiralbohrer geformte Spiralen, in tiefem Fett gebacken.

Berny-: Krokettmasse, mit gehackten Trüffeln vermischt, in Ei und gehackten Mandeln paniert, meist rund geformt, in tiefem Fett gebacken.

auf Berryer Art: à la berrichonne (berrischonn): Wie kleinere Schloßkartoffeln geformt, in Bouillon mit mageren Speckwürfeln, Zwiebelwürfeln und gehackten Kräutern gedünstet.

Biarritz-: Kartoffelpüree, vermischt mit kleinen, gedünsteten Würfeln von Paprikaschote, Schinkenwürfelchen und gehackten Kräutern.

Bignon-: Rohe Kartoffeln, wie kleine flache Fässer geformt, ausgehöhlt, mit Bratwurstfleisch gefüllt, mit Reibbrot bestreut, mit Butter betropft, in mäßig heißem Ofen gbeacken; mit Madeirasauce umkränzt.

auf böhmische Art: à la bohémienne (bohemjenn): In der Schale gebacken, ubgedeckelt, ausgehöhlt, gefüllt mit dem zerdrückten

Pulp, mit Bratwurstfleisch vermischt, mit Butter bestrichen, im Ofen gebacken.
auf Bordelaiser Art: à la bordelaise (bordläs): Wie Parmentier-Kartoffeln mit feingehacktem Knoblauch.
auf Botschafterart: à l'ambassadeur (angbassadör): Wie Voisin bereitet.
auf Brabanter Art: à la brabançonne (brabangsonn): Pellkartoffeln, geschält, in Scheiben geschnitten, vermischt mit gehackten Schalotten, gehackter Petersilie, Butter und geriebenem Parmesan, in gefettete Charlotteform gefüllt, im Ofen gebacken, auf runde Platte gestürzt.
Brat-: Pommes sautées: In der Schale gekocht, gepellt, in gleichmäßige, nicht zu dünne Scheiben geschnitten, goldgelb in Butter gebraten.
auf bretagnische Art: à la bretonne: Rohe Würfel, zusammen mit gehackten Zwiebeln, Tomatenwürfeln und zerdrücktem Knoblauch in Fleischbrühe gedünstet.
Brioche-: en brioche (briosch): Herzogin-Kartoffelmasse, wie kleine Brioches geformt, mit Eigelb bestrichen, im Ofen gebacken.
Brüh-: Gewürfelt, in Bouillon mit zerdrücktem Kümmel, Brunoise von Wurzelgemüsen, Zwiebelwürfeln und gehackter Petersilie gekocht.
Bussy (büßi): Krokettmasse, mit gehackten Trüffeln, gehackter Petersilie und geriebenem Parmesan vermischt, wie kleine Zigarren geformt, paniert, in tiefem Fett gebacken.
Byron (beiran): In der Schale gebacken, ausgehöhlt, Pulp mit etwas Butter gehackt, gewürzt, in Crêpespfannen gebacken; gestürzt, mit dickem Rahm übergossen, mit geriebenem Käse bestreut, gratiniert.
Carême (karemm): Gekocht, durchgestrichen, mit dickem Rahm und geriebenem Parmesan vermischt, gewürzt; in Muschelschalen gefüllt, mit geriebenem Parmesan bestreut, mit Butter betropft, im Ofen überkrustet.
Chambery: Roh zerkleinert, gewürzt, mit Butter und geriebenem Parmesan vermischt, in gefettete Backplatte gefüllt, mit geriebenem Parmesan bestreut, mit Butter betropft, in mäßig heißem Ofen gebacken.
Chamonix (schamuni): Wie auf Dauphiner Art mit geriebenem Käse bereitet.
Champignol-: Schmelzkartoffeln, mit geriebenem Käse bestreut, glaciert.
Chateaubriand-: Olivenförmig ausgestochen, in Butter gebraten, mit gehackten Kräutern und Kalbsglace geschwenkt.
Chatouillard (schatujar): Zu dünnen, langen, gleichmäßigen Spänen geschnitten, in tiefem Fett gebacken.
auf chinesische Art: à la chinoise (schinoas): Roh, wie ein oben und unten abgeflachtes Ei geformt, ausgehöhlt, mit Rinderhaschee, vermischt mit gehackten grünen Paprikaschoten, gefüllt, mit zerlassener Butter übergossen, im mäßig heißen Ofen gebacken.
Chipped Potatoes: Rohe Kartoffeln, zu runden Korken geschält, dünn gehobelt, gewaschen, abgetrocknet, knusprig in tiefem Fett gebacken, gut abgefettet, leicht gesalzen (englisch).
Chips: Gleiche Zubereitung wie Saratoga-Chips.
Christie: In der Schale im Ofen gebacken, Deckel abgeschnitten, ausgehöhlt; der pürierte Pulp mit Püree von blutig sautierten Geflügellebern und etwas Tomatenmark vermischt, gewürzt, wieder in die Schale gefüllt.
Cocotte-: Zu großen Oliven, etwa ein Viertel so groß wie Schloßkartoffeln, geformt, in geklärter Butter goldgelb gebraten, gewürzt, mit gehackter Petersilie bestreut.
Colbert (kollbär): Wie Parmentier, in Butter, flüssiger Glace und gehackter Petersilie geschwenkt.

Colombine (kolombihn): Dünne, rohe Scheiben, zusammen mit Julienne von roten und grünen Paprikaschoten in Butter sautiert.

Contrexville: Rohe Kartoffelviertel, in Butter mit Speckwürfeln, Zwiebelwürfeln und gehackten Kräutern gebraten.

Creamed potatoes: Rahmkartoffeln: In der Schale gekocht, gepellt, in Scheiben geschnitten, mit Milch angegossen, Butter und Salz beigefügt, sämig gekocht; kurz vor dem Servieren süßer Rahm beigefügt (nordamerikanisch).

and Corn: mit Maiskörnern: In Würfel anstatt in Scheiben geschnitten, in Milch und Butter gekocht, gekochte Maiskörner beigefügt, mit dickem süßem Rahm vervollständigt (nordamerik.).

hashed: gehackt: Gekocht, gepellt, grob gehackt, mit dünner Rahmsauce mit reichlich Rahm gebunden; in Backplatte gefüllt, mit Reibbrot und geriebenem Käse bestreut, mit Butter betropft im Ofen überbacken (nordamerikanisch).

mit Currysauce: à la sauce au curry: Pellkartoffeln, geschält, in Scheiben geschnitten, mit leichter Currysauce gebunden.

Dampf-: à la vapeur (wapör): Gut geformte, rohe Kartoffeln, im Dämpfer gargemacht.

Dauphine: siehe auf Kronprinzessinart

auf Dauphiner Art: à la dauphinoise (dofinoas): Rohe, runde Scheiben, in mit Knoblauch ausgeriebene Backplatte gefüllt, gewürzt, mit Milch übergossen, mit geriebenem Schweizer Käse bestreut, im Ofen gargemacht und gebräunt.

Delmonico: Roh gewürfelt, in Milch mit etwas Butter und Gewürz gekocht, dicker süßer Rahm und rote Paprikaschotenwürfelchen beigefügt; in gefettete Backplatte gefüllt, mit Reibbrot bestreut, mit Butter betropft, im Ofen überkrustet.

Dietrich-: Wie Kronprinzessinart, jedoch korkenförmig bereitet.

auf Dijoner Art: à la dijonaise (digjonäs): Scheiben gekochter Kartoffeln, mit gehacktem Schinken vermischt, mit dünner Senfsauce, mit Dijoner Senf bereitet, gebunden.

auf dörfliche Art: à la villageoise (wilagoas): Gekocht, abgekühlt, grob gehackt, mit Butter in süßem Rahm gedünstet.

Dressel-: Kleine rohe Würfel, in Milch gekocht, mit Salz und geriebener Muskatnuß gewürzt, in Backplatte gefüllt, mit Reibbrot und geriebenem Käse bestreut, mit Butter betropft, im Ofen überkrustet.

Eierkuchen: Galette de pommes de terre (galett): Rohe geriebene Kartoffeln, nach kurzer Ruhe Wasser abgetropft, mit Ei, wenig Mehl, Salz und geriebener Muskatnuß vermischt, zu sehr dünnen, kleinen Kuchen in Schmalz gebacken.

Elisabeth-: Wie Kronprinzessinart, mit Rahmspinatpüree gefüllt.

auf elsässische Art: à l'alsacienne (alsässjenn): Kleine neue Kartoffeln, langsam ohne viel Farbe anzunehmen in Butter gebraten, vermischt mit gebratenen Zwiebeln und Speckwürfeln und gehackten Kräutern. Außerhalb der Saison von großen, rohen Würfeln bereitet.

auf englische Art: à l'anglaise (angläs): Salzkartoffeln.

auf Feinschmeckerart: du gourmet: Rohe, korkenförmige Kartoffeln, in Butter zugedeckt gebraten, ohne daß sie viel Farbe annehmen, mit flüssiger Glace und gehackten Trüffeln geschwenkt.

auf flämische Art: à la flamande: Wie kleine Schloßkartoffeln geformt, in Bouillon mit etwas Butter und vorher angedünsteten kleinen Karotten und Zwiebelchen gargemacht.

Game Chips: Wie Chipped Potatoes (s.d.) bereitet. Beliebte Beilage für gebratenes Wildgeflügel (englisch).

gebacken: au four: Große mehlige Kartoffeln, in Zinn- oder Aluminiumfolie gehüllt, im Ofen gebacken; beim Servieren leicht oben eingedrückt und Stückchen frische Butter eingesteckt.

Georgette (schorgett): Große Kartoffeln, im Ofen gebacken, von der Seite geöffnet, Teil des Pulps entfernt; mit Krebsschwänzen, gebunden mit Nantuasauce, gefüllt, wieder zusammengedrückt, noch einige Minuten in den Ofen geschoben, auf Serviette angerichtet.

Gilbertine (gjilbertihn): Runde, rohe Scheiben, blanchiert, in Kalbsjus gekocht, mit dickem Rahm vervollständigt; in gefettete Backplatte gefüllt, mit geriebenem Käse bestreut, glaciert.

Godard: Masse wie für Kronprinzessin-Kartoffeln, löffelweise in heißem Fett ausgebacken.

auf hannoversche Art: Rohe, geschälte, gut geformte Kartoffeln, in Rinderbrühe gekocht, beim Servieren einige Butterflocken obenauf gegeben.

Hashed Browned Potatoes: Gehackte, gebräunte Kartoffeln: Salzkartoffeln, nicht zu weich gekocht, abgedämpft, grob gehackt, mit Butter vermischt, gewürzt, auf beiden Seiten in der Stielpfanne wie ein Eierkuchen gebraten (nordamerikanisch).

auf Hausfrauenart: à la bonne femme: 1. Kleine Schloßkartoffeln, in Butter mit zuvor angebratenen Zwiebelchen fertiggebraten;
2. rohe, geschälte Kartoffeln, nur einige Minuten gekocht, abgetropft, grob gehackt, in Butter und dünnem Rahm mit nudelig geschnittenem Kopfsalat, gehackter Petersilie, Salz und Pfeffer gekocht.

auf Haushälterinart: à la ménagère: In der Schale gebacken, ausgehöhlt, der mit der Gabel zerdrückte Pulp mit gehacktem Schinken, gerösteten Zwiebelwürfeln, Milch und Gewürz vermischt; wieder in die Schale gefüllt, mit geriebenem Käse bestreut, mit Butter betropft, im Ofen überbacken.

Herings-: Gekochte Scheiben, abwechselnd mit Stückchen von gewässerten Heringsfilets in Backplatte gefüllt, mit saurem Rahm übergossen, im Ofen gebacken.

Herzogin-: duchesse (düscheß): Wie Krokettmasse, jedoch mit mehr Butter bereitet; zu kleinen runden, viereckigen oder rechteckigen Böden geformt oder mit dem Spritzsack und Sterntülle zu hohen Rosetten, mit zerlassener Butter bestrichen, im Ofen goldgelb gebacken.

Hofmeister-, auch Haushofmeister-: à la maître d'hôtel: In der Schale gekocht, gepellt, in Scheiben geschnitten, in Milch mit etwas Butter sämig gekocht, mit gehackter Petersilie bestreut.

auf holländische Art: à la hollandaise: 1. Kleine, gut geformte Salzkartoffeln mit zerlassener Butter übergossen;
2. kleine, gut geformte Kartoffeln zusammen mit kleinen Zwiebelchen in Wasser mit Butter, Salz und Pfeffer gedünstet, mit einem Schuß Essig gewürzt.

auf italienische Art: à l'italienne: In der Schale gebacken, ausgehöhlt, der pürierte Pulp mit gekochtem Reis, Tomatenpüree und geriebenem Parmesan vermischt; wieder in die Schale gefüllt, mit geriebenem Parmesan bestreut, mit Butter betropft, überbacken.

Jackson: In der Schale gebacken, ausgehöhlt, Pulp mit der Gabel zerdrückt, gewürzt, wieder in die Schale gefüllt; reichlich mit zerlassener Butter übergossen, noch einige Minuten in den Ofen gestellt.

auf Kanzlerart: à la chancelière (schanggeljär): Roh zu Kugeln ausgebohrt, gedämpft oder gekocht, abgedämpft, mit Butter und leichter Rahmsauce gebunden.

auf königliche Art: à la royale: Krokettmasse, vermischt mit gehackten Trüffeln, wie üblich geformt, paniert, im tiefen Fett gebacken.

auf kontinentale Art: à la continentale: In rohe, eiförmige Scheiben geschnitten, in Butter gebraten, mit grober Trüffeljulienne bestreut.

Korb: Panier de pommes de terre (panje dö pomm dö tär): Strohkartoffeln, zwischen zwei Sätzen in einem besonderen Drahtkorb in tiefem Fett gebacken; wird hauptsächlich zur Aufnahme von aufgeblähten Kartoffeln verwendet.

Krausen: Collerette (kollerett): Mit einem Spiralbohrer in Form einer länglichen Krause gedreht, in tiefem Fett gebacken.

Kroketts: Croquettes de pommes de terre (krokett dö pomm dö tär): Geschält, gekocht, gründlich abgedämpft, durchgestrichen, mit Salz und geriebener Muskatnuß gewürzt, mit Butter und Eigelb vermischt, ausgekühlt; zu Korken oder kleinen Kugeln geformt, paniert, in tiefem Fett gebacken.

Kronprinzessinart: à la dauphine: Krokettmasse, mit halb soviel Brandteig vermischt, zu kleinen Birnen geformt, paniert, in tiefem Fett gebacken.

mit Kümmel: au cumin (o kümang): Rund geschält, in Salzwasser mit Kümmel gekocht.

Lafitte: Krokettmasse, zu sehr kleinen Zigarren geformt, paniert, in tiefem Fett gebacken.

Lola Montez: In der Schale gebacken, ausgehöhlt, der pürierte Pulp vermischt mit gehackten, gedünsteten roten Paprikaschoten, Schnittlauch und etwas ungesüßter Schlagsahne; wieder in die Schale gefüllt, einige Minuten in den Ofen gestellt, mit flüssiger Butter bestrichen.

Lorette: Masse wie für Kronprinzessin-Kartoffeln, mit geriebenem Parmesan vermischt, zu kleinen Halbmonden geformt, mit Mehl bepudert, in tiefem Fett gebacken.

auf Lyoner Art: à la lyonnaise (lionäs): Bratkartoffeln vermischt mit reichlich gebratenen Zwiebelscheiben, mit gehackter Petersilie bestreut.

Macaire (makär): In der Schale gebacken, ausgehöhlt, der Pulp zerdrückt, mit Butter vermischt, gewürzt, in kleiner Stielpfanne wie Eierkuchen gebacken.

Maire (mähr): Wie Hofmeister-Kartoffeln, jedoch ohne gehackte Petersilie, im letzten Moment etwas Rahm beigefügt.

Majoran-Erdäpfel: Gekocht, gewürfelt, in Demiglace mit Majoran gedünstet (österreichisch).

Mandel-: Pommes de terre amandines: Krokettmasse, mit halb soviel Brandteig vermischt, zu Kroketts von beliebiger Form hergestellt, durch geschlagenes Ei gezogen, in gehobelten Mandeln gewälzt, in tiefem Fett gebacken.

Maria-: Krokettmasse mit geriebenem Parmesan, zu Korken geformt, paniert, in tiefem Fett gebacken.

Markgräfin-: marquise (markihs): Krokettmasse mit Butter und Tomatenpüree vermischt, mit Sterntülle gespritzt oder zu runden flachen Kuchen geformt, mit Butter bestrichen, im Ofen gebacken.

Mireille (miräj): Anna-Kartoffeln, vermischt mit dünnen Scheibchen roher Artischockenböden und Trüffeln.

mit Mirepoix: au mirepoix (mirpoa): Rohe Kartoffelwürfel zusammen mit Mirepoix Bordelaise in Butter langsam gedünstet.

Mirette: Rohe Würfel, in Butter gebraten, mit Trüffeljulienne und flüssiger Fleischglace vermischt; in Backplatte gefüllt, mit geriebenem Parmesan bestreut, glaciert.

mousseline: siehe Schaumkartoffeln

mus, Kartoffelpüree: Purée de pommes de terre (püree dö pomm dö tär): Geschälte, mehlige Kartoffeln, gekocht, gut abgedämpft, durchgestrichen, mit frischer Butter, heißer Milch oder heißem Rahm vermischt, mit geriebener Muskatnuß und nötigenfalls Salz gewürzt.

überbacken: Purée de pommes de terre gratinée: Kartoffelpüree in gefettete Backplatte gefüllt, mit geriebenem Käse bestreut, mit Butter betropft, im Ofen braun überbacken.

Nana: Masse wie für Kronprinzessin-Kartoffeln, in gefettete Becherförmchen gefüllt, im Ofen gebacken.

auf Nassauer Art: à la nassovienne (nassowjenn): In der Schale gebacken, ausgehöhlt, gefüllt mit dem zerdrückten Pulp vermischt mit Butter, gehacktem Schnittlauch und geriebenem Parmesan; mit geriebenem Parmesan bestreut, mit Butter betropft, überbacken.

Neue: Pommes nouvelles (nuwell): In der Schale gekocht, gepellt, in Butter geschwenkt.

geröstete: Pommes nouvelles rissolées (rissoleh): In der Schale gekocht, gepellt, in Butter goldgelb geröstet.

Ninette: Anna-Kartoffeln mit geriebenem Parmesan zwischen den Lagen.

auf normannische Art: à la normande: Zwiebelwürfel und gehackter Lauch in Butter angeschwitzt, rohe Kartoffelscheiben beigefügt, mit Mehl bestäubt, mit Milch aufgegossen, gewürzt, aufgekocht; in Backplatte gesetzt, mit geriebenem Käse bestreut, im Ofen gebacken.

Nostiz-: Krokettmasse, in Vierecke geformt, durch flüssige Butter gezogen, in geriebenem Parmesan gewälzt, auf Backblech geordnet; mit Reibbrot bestreut, mit Krebsbutter betropft im Ofen gebacken.

Nuß-: noisettes (noasett): Von rohen Kartoffeln rund in der Größe einer Haselnuß ausgebohrt, blanchiert, in Butter goldgelb gebraten, mit gehackter Petersilie bestreut.

O'Brien-: In der Schale gekocht, gepellt, vermischt mit gewürfelten, in Butter gedünsteten roten Paprikaschoten, in Butter gebräunt.

Pariser: parisiennes (parisjenn): Wie Nußkartoffeln, doch ohne gehackte Petersilie, nach dem Braten in flüssiger Fleischglace gerollt.

Parmentier (parmangtjeh): Roh, in Würfel geschnitten, in Butter goldgelb gebraten, mit gehacktem Schnittlauch bestreut.

Petersilien-: persilées (persijeh): Schön geformte Salzkartoffeln, mit zerlassener Butter übergossen, reichlich mit gehackter Petersilie bestreut.

mit Pfefferminze: à la menthe (mant): Neue Kartoffeln, in der Schale mit Salz und einem Bündelchen frischer grüner Pfefferminze gekocht; geschält, in Butter gewälzt, einige blanchierte Pfefferminzblättchen obenauf.

auf polnische Art: à la polonaise (polonäs): Salzkartoffeln, bedeckt mit Reibbrot in reichlich Butter gebräunt.

Pommes frites: siehe Kartoffelstäbchen

Pommes soufflées: siehe aufgeblähte Kartoffeln

Pont-neuf: Kartoffelstäbchen, gleichmäßig in der Länge und Dicke des Daumens geschnitten, in tiefem Fett gebacken.

auf portugiesische Art: à la portugaise (portügäs): Rohe Würfel, in dünner Tomatensauce mit Knoblauch, Zwiebelwürfeln und Lorbeerblatt gedünstet.

auf provenzalische Art: à la provençale: Rohe Scheiben, in Olivenöl mit gehacktem Knoblauch und gehackten Kräutern sautiert.

Puffer, Reibekuchen: Geschält, roh gerieben, ausgedrückt, mit wenig Mehl, Eigelb, Salz und Eierschnee vermischt, wie kleine Eierkuchen recht knusprig in Schmalz gebacken.

Riche: à la riche (risch): Rohe Kartoffeln, der Länge nach geviertelt, blanchiert, in Butter gebraten, mit gebratenen Zwiebelwürfeln und gehackter Petersilie vermischt.

Ritz-: Roh gewürfelt, gekocht, abgetropft, mit gebratenen Zwiebelwürfeln und Würfeln von roten Paprikaschoten, in Butter gedünstet, vermischt.

Robert: Wie Macaire-Kartoffeln bereitet, jedoch mit Zusatz von geschlagenen Eiern und gehacktem Schnittlauch.

mit weißen Rüben: à la freneuse (frenös): Kartoffelpüree vermischt mit Würfelchen von in Butter gedünsteten weißen Rüben.

auf russische Art: à la russe: 1. Bratkartoffeln, mit gehacktem Schinken und Heringsmilchern, in Backplatte lagenweise gefüllt, mit saurem Rahm, vermischt mit geschlagenem Ei, übergossen, mit geriebenem Käse bestreut, mit Butter betropft, im Ofen überbacken; 2. kleine, roh geschälte Kartoffeln, in saurem Rahm und Butter gedünstet.

Saint-Florentin (säng florängtäng): Krokettmasse, mit gehacktem Schinken vermischt, wie üblich geformt, durch Ei gezogen, in zerdrückten Nudeln gewälzt, in tiefem Fett gebacken.

Saratoga-Chips: Runde oder ovale, dünne Kartoffelscheiben, in Salzwasser gewässert, gut abgetrocknet, in tiefem Fett hellbraun und knusprig gebacken (nordamerikanisch).

Sardellen-: aux anchois: 1. Rohe Scheiben, in Butter mit gehackten Zwiebeln angegangen, mit saurem Rahm bedeckt, gehackte Sardellenfilets und gehackte Petersilie beigefügt, gargedünstet; 2. Bratkartoffeln vermischt mit gehackten Sardellenfilets und Petersilie.

auf Sarlader Art: à la sarladaise (ßarladäs): Roh in Scheiben geschnitten, vermischt mit einem Viertel der Menge roher Trüffelscheiben, in Butter sautiert.

auf Savoyer Art: à la savoyarde (sawojard): Rohe Scheiben, in Backplatte, mit Knoblauch ausgerieben, gefüllt, mit Bouillon, mit geschlagenen Eiern vermischt, zugegossen, mit geriebenem Parmesan bestreut, mit Butter betropft, bei mäßiger Hitze gebacken.

Schaum-: Pommes mousseline (mußlihn): Gekochte, abgedämpfte, durchgestrichene Kartoffeln, gewürzt, mit Butter und ungesüßter Schlagsahne vermischt.

überbacken: Pommes de terre mousseline gratinées: Schaumkartoffeln, mit Butter, Eigelb und ungesüßter Schlagsahne, in Eierplatte oder hell gebackene Krustade gefüllt, mit einem Teil der Mischung mittels Sterntülle dekoriert, mit zerlassener Butter betropft im Ofen gebacken.

im Schlafrock: en robe de chambre (ang rob dö schambr): In der Schale gekocht, kurz im Ofen abgetrocknet.

Schloß-: Pommes Château: Olivenförmig in der Größe eines Taubeneis tourniert, blanchiert, in Butter langsam braungebraten, mit gehackter Petersilie bestreut.

Schmelz-: Pommes fondantes: Wie Schloßkartoffeln, jedoch etwas größer geformt, blanchiert, gut abgetropft, in Butter gargemacht, ohne sie zu bräunen; gewürzt, ganz leicht mit der Gabel gedrückt, frische Butter beigefügt, die von den Kartoffeln absorbiert werden soll.

Schnee-: en neige: Salzkartoffeln, gut abgedämpft, noch heiß durch grobes Sieb direkt auf die Servierplatte gedrückt.

Schneider-: Dicke rohe Scheiben, in Rinderbrühe und Butter gedünstet, mit Fleischglace und gehackter Petersilie vervollständigt.

auf schwäbische Art: à la souabe (swab): Rohe Kartoffeln, der Länge nach geviertelt, in Rinderbrühe mit Butter gedünstet; reichlich mit in Butter gebratenen Zwiebelwürfeln bedeckt.

auf Schweizer Art: à la suisse (swiß): Rohe Scheiben, in Milch gekocht, gewürzt, in Backplatte gefüllt, mit geriebenem Emmentaler oder Greyerzer Käse bestreut, im Ofen überbacken.

Shoestring Potatoes: cordon de soulier (kordong dö ßuljeh): Sehr lange Kartoffeln, in dünne Scheiben geschnitten, übereinandergelegt, in recht lange, dünne Streifen geschnitten; in Salzwasser gewässert, gut abgetrocknet, rasch in heißem Fett gebacken, leicht mit Salz bestreut (nordamerikanisch).

Span-: en copeaux: Rohe Kartoffeln, wie Holzspäne geschnitten, in tiefem Fett gebacken.

spatzen: Kalte, gekochte Kartoffeln, gerieben, vermischt mit heißer Milch, Butter, Eiern und Reibbrot, gewürzt, mit zwei Löffeln geformt in Salzwasser gekocht; abgetropft, mit brauner Butter übergossen.

mit Speck: au lard (o lar): Kleine Zwiebelchen und Speckwürfel in Butter gebräunt, gehackte Kräuter und Spur Knoblauch hinzugegeben, mit Rinderbrühe aufgegossen, olivenförmige Kartoffeln beigefügt, langsam gargekocht.

stäbchen: Pommes frites: Rohe, gleichmäßige Stäbchen in der Länge des kleinen Fingers, in tiefem Fett gebacken, mit feinem Salz bestreut.

Streichholz-: Pommes allumettes (allümett): Rohe Kartoffeln, wie Streichhölzer geschnitten, in tiefem Fett gebacken.

Stroh-: pailles (paij): Rohe Kartoffeln, wie kurze, feine Nudeln geschnitten, gut abgetrocknet, in tiefem Fett gebacken.

Suzette (ßüßett): Eierförmig geschält, die Enden abgeflacht, in Butter im Ofen hellgelb gebraten; oben Deckel abgeschnitten, ausgehöhlt, der pürierte Pulp mit gehackter Ochsenzunge, Schinken, Hühnerfleisch, Butter und Eigelb vermischt, wieder eingefüllt, Deckel aufgesetzt, im Ofen fertiggebraten; beim Servieren mit Butter überglänzt.

auf türkische Art: à la turque: Rohe Scheiben, in Öl gebraten, auf Pilawreis angerichtet, mit Currysauce übergossen.

überkrustet: In der Schale gekocht, gepellt, in Scheiben geschnitten, in Milch mit einem Stückchen Butter sämig gekocht, gewürzt; in Backplatte gefüllt, mit geriebenem Käse bestreut, mit Butter betropft, im Ofen überbacken.

Überraschungs-: en surprise (sürprihs): In der Schale gebacken, ausgehöhlt, mit dem pürierten Pulp, vermischt mit Butter, Rahm und gehackter Petersilie, gefüllt; noch einige Minuten in den Ofen geschoben, auf Serviette angerichtet.

auf ungarische Art: à la hongroise: Zwiebelscheiben, leicht in Schweineschmalz angeröstet, rohe Kartoffelscheiben und Tomatenwürfel beigefügt, papriziert, gesalzen, mit hellem Fond und süßem Rahm gedünstet.

Vauban (wobá): Große Würfel, blanchiert, in Butter gebraten.

Voisin (woasäng): Anna-Kartoffeln mit geriebenem Parmesan zwischen den einzelnen Lagen.

auf Warschauer Art: à la varsovienne (warsowjenn): Weißkrautblätter, die Rippen herausgeschnitten, blanchiert, abgetropft, mit Krokettmasse gefüllt, zusammengerollt; in Rinderbrühe mit Butter gedünstet, mit dem gebundenen Fond nappiert.

auf westfälische Art: à la westphalienne (westfaljenn): Kartoffelpüree vermischt mit Mus von säuerlichen Äpfeln und etwas Butter, mit Reibbrot, in Butter geröstet, bedeckt.

Käsereis: siehe Risotto

Katalou: Gewürfelte Eieräpfel und grüne Paprikaschoten, gebrochene grüne Bohnen, geviertelte Tomaten und Gombo in Olivenöl mit zerdrücktem Knoblauch und gehackter Petersilie in zugedecktem Topf im Ofen langsam gedünstet (türkisch).

Kerbelrübchen: Cerfeuil bulbeux (ßerfoi bülbö): Die Knollen einer zweijährigen Gemüsepflanze von länglicher, außen graubrauner, innen weißer Farbe und leicht süßlichem Geschmack. Die etwa 7 cm langen und 3–5 cm dicken Rübchen werden geschält und wie Knollenziest bereitet. Zum Schälen am besten in kaltem Wasser ansetzen, 5 Minuten kochen und wie Mandeln von der Haut befreien.

gedünstet: étuvés (etüweh): Blanchiert, von der Haut befreit, in Bouillon weichgedünstet, mit Butter und gehackter Petersilie leicht durchgeschwenkt.

glaciert: glacés: Von der Haut befreit, mit Bouillon bedeckt, gewürzt, ein Stück Butter beigefügt, unter öfterem Schwenken gedünstet, bis der Fond sirupartig eingekocht ist und die Rübchen glaciert sind.

Kichererbse, Kicherling, Platterbse: Pois chiches (poa schich): Keine eigentliche Erbse, sondern die Samen eines einjährigen, bis 1 m hohen Krautes aus der Familie der Schmetterlingsblütler, das im östlichen Mittelmeer beheimatet ist. Von brauner, schwarzer, rötlicher oder gelblichweißer Farbe, etwas herb-bitterlich im Geschmack. Vor dem Kochen müssen die Kichererbsen geweicht, danach ziemlich lange gekocht werden.

mit Butter: au beurre (o böhr): Eingeweicht, in Salzwasser gekocht, abgetropft, mit Butter gebunden, mit gehackten Kräutern bestreut.

auf katalonische Art: à la catalane: Gekocht, abgetropft, vermischt mit geschmolzenen Tomaten, verriebenem Knoblauch und gehackten Kräutern.

Mus von: Purée de pois chiches: Gekocht, abgetropft, durchgestrichen, gewürzt, mit Rahm und Butter vervollständigt.

in Rahm: à la crème: Gekocht, abgetropft, mit Rahm und Butter sämig gekocht.

Vinaigrette: Gekocht, abgetropft, kalt in Vinaigrette-Sauce serviert.

Kloß, Klöße: Quenelles (kenell): Zubereitungen von Fleisch, Fisch, Wild, Geflügel, Hefeteig, Kartoffeln, Mehl, Brot oder anderen Substanzen, meist in größerer oder kleinerer runder Form, in Salzwasser pochiert oder gedämpft.

Buchweizen-: de gruau de sarrasin (dö grüo dö ßarasäng): In Wasser aufgequollene feine Buchweizengrütze, vermischt mit Mehl und Eigelb, gewürzt, Eierschnee daruntergezogen, zu Klößen geformt, in Salzwasser pochiert.

Erdapfelknödl: Kartoffeln, in der Schale im Ofen gebacken, aufgeschnitten, ausgehöhlt, püriert, mit etwas Mehl, Eigelb, Butter, gehacktem Schnittlauch und gerösteten Weißbrotwürfelchen vermischt, zu kleinen Klößen geformt, in Salzwasser gekocht (österreichisch).

Grieß-: de semoule (dö ßemuhl): Milch, mit einem Stückchen Butter und Salz aufgekocht, darin Grieß gekocht, mit Eiern gebunden, ausgekühlt; zu Klößen geformt, in Salzwasser pochiert.

Holsteiner: de pommes de terre à la holsteinoise: Kalte, geriebene Kartoffeln, vermischt mit Eiern, Milch, Buchweizenmehl, gerösteten Speckwürfeln und Salz; zu Klößchen geformt, in Salzwasser gekocht.

Klosski: Schaumig gerührte Butter, vermischt mit Eiern, Weißbrotwürfelchen, gehacktem gekochten Schinken, gehackten, leicht angebratenen Zwiebeln, Mehl und Gewürzen zu Klößen geformt, in Salzwasser pochiert; saurer Rahm nebenbei (russisch).

Kräuter-: aux fines herbes: Kalte, gekochte, geriebene Kartoffeln, vermischt mit in Milch geweichtem, ausgedrücktem Weißbrot, Mehl, Eiern, Salz, gehacktem Kerbel, Estragon, Thymian, Majoran, Basilikum und Pimpernelle; zu Klößchen geformt, in Salzwasser gekocht, mit brauner Butter übergossen.

Pignatelli: Brandteig, vermischt mit Schinkenwürfelchen und Splitter von angerösteten Pinienkernen (notfalls Mandelsplitter), oft auch geriebenem Parmesan; zu walnußgroßen Klößchen geformt, in tiefem Fett gebacken (italienisch).

Semmelknödl: In Milch eingeweichtes, ausgedrücktes Weißbrot, vermischt mit schaumig gerührter Butter, Eiern, Mehl und gehacktem Schnittlauch, gewürzt; zu Klößchen geformt, in Salzwasser gekocht (österreichisch).

Speckknödl: Wie Semmelknödel mit Zusatz von gerösteten Magerspeckwürfelchen (österreichisch).

Thüringer: Roh geriebene Kartoffeln, ausgedrückt, mit Grießbrei, geschlagenem Ei und gerösteten Weißbrotwürfelchen vermischt, gewürzt; zu kleinen Klößchen geformt, in Salzwasser gekocht.

Knoblauch: Ail (aij): Die aus dem Orient stammenden und in Mittel- und Südeuropa kultivierten Zwiebeln der Knoblauchpflanze von durchdringendem Geruch und Geschmack. Unter der Hülle (Knolle) befinden sich dicht und fest aneinandergedrängt die Brutzwiebeln – Knoblauchzehen.

auf provenzalische Art: à la provençale: Große Zehen, überbrüht, in Butter mit gehackten Champignons und einigen Tropfen Wasser gedünstet, mit Cayennepfeffer und Zitronensaft gewürzt.

Knollensellerie: Céleri-rave (sellri rahw): Sellerie, der seiner runden, knollenartigen Stielbasis wegen gezüchtet wird. Die Knollen werden für Gemüse, Salate, Suppen u. a. verwendet, die Blätter zum Würzen von Brühen und Fonds.

mit Fleischsaft: au jus (o schü): Olivenförmig gedreht, stark blanchiert, in kräftiger Kalbsjus gargedünstet.

gebacken: frit: Gekocht, geschält, in kleinere, gleichmäßige Stücke geschnitten, durch Backteig gezogen, in tiefem Fett gebacken.

gedünstet: étuvé (etüweh): Halbgar gekocht, geschält, in beliebige Stücke geschnitten, in dünner Madeirasauce gargedünstet.

auf griechische Art: à la grecque (gräk): Wie Artischocke bereitet.

auf holländische Art: à la hollandaise: Zu großen Oliven geformt, in leicht gesalzenem Wasser mit Zitronensaft gekocht, abgetropft, mit leichter holländischer Sauce gebunden.

auf italienische Art: à l'italienne: Halbgar gekocht, geschält, in kleine Scheiben geschnitten, in italienischer Sauce gargedünstet.

auf Meraner Art: à la méranienne (meranjenn): Backplatte mit dünnen Magerspeckscheiben ausgelegt, mit rohen Selleriescheiben gefüllt, gewürzt, mit hellem Fond aufgegossen, mit Butter betropft, in mittelheißem Ofen gedünstet; kurz vor dem Garwerden saurer Rahm hinzugegossen.

Mus: en purée: Geschält, in Stücke geschnitten, püriert, mit einer kleinen Menge Kartoffelpüree vermischt, mit Rahm und Butter vervollständigt.

mit Parmesan: au parmesan: Gekocht, geschält, in Scheiben geschnitten, in gebutterte Backplatte gefüllt, mit Demiglace nappiert; reichlich mit geriebenem Parmesan bestreut, mit Butter betropft, überkrustet.

in Rahm: à la crème: Tourniert oder in Würfel geschnitten, in hellem Fond nicht ganz gargekocht, abgetropft, gewürzt, in süßem Rahm gargedünstet.

mit Rindermark: à la moelle (moall): Geschält, in dicke Scheiben geschnitten, wie Artischockenböden geformt, in Zitronenwasser blanchiert, in hellem Fond gekocht; mit braunem Zwiebelpüree gefüllt, mit großer, blanchierter Rindermarkscheibe belegt, mit gehackter Petersilie bestreut.

auf spanische Art: à l'espagnole (espangjol): Olivenförmig, blanchiert, in Demiglace mit gehackten Zwiebeln und gewürfelten Tomaten gedünstet.

Villeroi (wihlroa): Gekocht, geschält, in kleine, dicke Scheiben geschnitten, mit Villeroisauce maskiert, paniert, in tiefem Fett gebacken.

Vinaigrette: Gekocht, geschält, in Scheiben geschnitten, lauwarm oder kalt mit Vinaigrette-Sauce serviert.

Knollenziest, Stachy, Japanknollen, Japanische Artischocke: Crosnes du Japon (kron dü schapong): Verwandter des bei uns verbreiteten Sumpfziest mit 5–7 cm langen, 1–2 cm dicken Knollen. Heimat Japan, doch auch in Frankreich, Deutschland, England, der Schweiz und Rußland angebaut. Die leicht verdaulichen, nährstoffreichen Knollen eignen sich auch für Diabetiker. Gründliches Säubern und gutes Würzen sind unbedingt erforderlich.

gekocht: Bouillis: Geputzt, nicht zu weich gekocht, abgetropft, leicht in Butter geschwenkt, mit Salz und Zitronensaft gewürzt.

auf italienische Art: à l'italienne: Kurz blanchiert, in italienischer Sauce gargedünstet.

auf Kardinalsart: à la cardinale: Gekocht, mit Kardinalsauce gebunden.

Krapfen von: Beignets de crosnes (bänjä dö kron): Masse wie für Kroketts, beliebig geformt, durch Backteig gezogen, in tiefem Fett gebacken.

Kroketts von: Croquettes de crosnes (krokett dö kron): Gekocht, grobgehackt, mit dicker deutscher Sauce und Eigelb gebunden; ausgekühlt, zu kleinen Kroketts geformt, paniert, in tiefem Fett gebacken.

auf Mailänder Art: à la milanaise: Gekocht, abgetropft, mit geriebenem Parmesan bestreut, mit brauner Butter übergossen.

Knollenziest   **Kohlrübe**

- **Mus von:** Purée de crosnes: Gekocht, abgetropft, durchgestrichen, gewürzt, mit Butter und Rahm vervollständigt.
- **auf Neapeler Art:** à la napolitaine: Blanchiert, in leichter Tomatensauce gekocht, in Backplatte gefüllt, mit geriebenem Parmesan bestreut, mit Butter betropft, im Ofen überbacken.
- **mit Petersiliensauce:** persilé: Gekocht, abgetropft, mit Petersiliensauce gebunden.
- **auf polnische Art:** à la polonaise: Gekocht, abgetropft, mit Reibbrot, in reichlich Butter gebräunt, übergossen.
- **in Rahm:** à la crème: Stark blanchiert, abgetropft, in Butter mit dickem Rahm gedünstet, gewürzt.
- **sautiert:** sautés: Nicht zu weich gekocht, in Butter zu hellgelber Farbe sautiert.
- **überkrustet:** au gratin: Nicht zu weich gekocht, abgetropft, in gefettete Backplatte gefüllt, mit Mornaysauce nappiert, mit geriebenem Käse bestreut, mit Butter betropft, im Ofen überbacken.
- **mit Velouté:** au velouté: Gekocht, abgetropft, mit Kalbsvelouté gebunden.

Kohlrabi: Chou-rave (schu rahw): Ein aus dem Wildkohl entstandenes Stengelgemüse, bei dem die Knolle zwischen Wurzelhals und Stengel über der Erde wächst. Weiße Kohlrabi sind in der Jugend zarter, die blauen widerstandsfähiger und weniger rasch verholzt. Die Blätter werden meist getrennt wie Spinat gekocht und den Knollen beigefügt.

- **auf bayerische Art:** à la bavaroise (bawaroas): Weichgekocht, durchgestrichen, mit weißer Mehlschwitze gebunden, mit etwas Bouillon vermischt, gewürzt, kurz gedünstet.
- **gefüllt:** farcis: Kleine, gleichmäßige Knollen, geschält, in Salzwasser gekocht, ein Deckel abgeschnitten, ausgehöhlt; das Fleisch gehackt, mit den gekochten, gehackten Blättern, gehackten gebratenen Zwiebeln, Reibbrot, Butter und Gewürz vermischt, in die Knollen gefüllt, mit Reibbrot bestreut, mit Butter betropft, im Ofen überbacken.
- **auf häusliche Art:** à la chez-soi (scheh soa): Vorgekocht, in Scheiben geschnitten, in Butter mit etwas von dem Kochwasser, Salz und einer Prise Zucker gedünstet; mit Mehlbutter gebunden, mit den gekochten, gehackten Blättern vermischt.
- **auf österreichische Art:** à l'autrichienne (otrischjenn): Geschält, in Scheiben geschnitten, die gekochten, gehackten Blätter beigefügt, vermischt mit Zwiebel-Mehlschwitze, mit Bouillon angegossen, gedünstet.
- **mit Rahm:** à la crème (krem): In Scheiben geschnitten, stark blanchiert, abgetropft, gewürzt, in süßem Rahm mit Butter gedünstet.
- **auf russische Art:** à la russe: Geschält, in Scheiben geschnitten, blanchiert, in Butter mit saurem Rahm gedünstet; mit gehackter Petersilie bestreut, mit Scheiben von Räucherwurst serviert.
- **auf tschechische Art:** à la tchèque (tschäk): Geschält, in Scheiben geschnitten, in hellem Bier mit einer Prise Salz und Zucker gekocht, mit hellem Roux gebunden.
- **überkrustet:** au gratin: In Scheiben geschnitten, gekocht, abgetropft, in gefettete Backschüssel gefüllt, mit Mornaysauce nappiert, mit geriebenem Käse bestreut, mit Butter betropft, im Ofen überkrustet.
- **auf ungarische Art:** à la hongroise: Stark blanchiert, in Scheiben geschnitten, in Paprikasauce gedünstet.
- **auf Wiener Art:** à la viennoise: Geschält, gewürfelt, blanchiert, in Butter mit einer Prise Zucker und Salz angeschwitzt, mit Mehl bestäubt, mit Bouillon angegossen, gedünstet.

Kohlrübe, Wruke: Rutabaga (rütabaga), Chou-navet (schu naweh): Eine aus Wildkohl entstandene Gemüserübe mit gelblichem Fleisch. Wird wie weiße Rüben bereitet.

auf böhmische Art: à la bohémienne: Geschält, in kurze dicke Streifen geschnitten, leicht in Schmalz angeröstet, mit halb Wasser und halb hellem Bier angegossen, gewürzt, geröstete Zwiebelwürfel beigefügt; gargedünstet, mit brauner Mehlschwitze gebunden, mit Prise Zucker abgeschmeckt.

karamelisiert: caramelisé (karameliseh): Zucker mit Butter zu hellbraunem Karamel geröstet, gewürfelte Kohlrüben beigefügt, mit Bouillon aufgegossen, gewürzt, gargekocht, leicht gedickt.

auf norddeutsche Art: In dicke Streifen geschnitten, zusammen mit einem Stück fettem Schweinefleisch gekocht, später Kartoffelwürfel beigefügt; leicht mit Mehlbutter gebunden, mit gehackter Petersilie vermischt, mit dem tranchierten Fleisch serviert.

Kopfsalat, Lattich: Laitue (lätü): Beliebte Salatpflanze mit festen Köpfen, die zum Salat, aber auch als Gemüse verwendet wird. Vor der weiteren Verwendung werden die Köpfe stark blanchiert, ausgekühlt, gut ausgedrückt, je nach Größe halbiert oder geviertelt und zusammengefaltet.

auf alte Art: à l'ancienne (angsjenn): Große Blätter, blanchiert, abgetropft, ausgebreitet, gefüllt mit gehacktem, in Butter gedünstetem Spinat, vermischt mit gehacktem Kerbel, grüner Pfefferminze und Schnittlauch, gebunden mit Eigelb; zu kleinen Kugeln geformt, in fetter Brühe gedünstet; nappiert mit Bastardsauce.

mit brauner Butter: au beurre noisette (böhr noasett): Gedünstet, gut abgetropft, mit brauner Butter übergossen.

gedünstet: braisée: Blanchiert, ausgedrückt, geteilt, gefaltet, auf Mohrrüben- und Zwiebelscheiben sowie Speckabgänge gelegt, mit fetter Brühe gedünstet; abgetropft, Fond eingekocht, mit Demiglace oder Fleischglace verkocht, passiert, über den Kopfsalat gegossen.

gefüllt: farcie: Blanchiert, geöffnet, mit Bratwurstfleisch, Hühnerfarce oder Duxelles gefüllt, gefaltet, gedünstet, mit Demiglace nappiert.

auf griechische Art: à la grecque: Kleine Köpfe, blanchiert, ausgedrückt, geöffnet, mit griechischem gekochtem Reis gefüllt, zusammengeschlagen, gedünstet; mit gebundener Kalbsjus nappiert.

mit Mark: à la moëlle: Gedünstet, abgetropft, mit blanchierten Scheiben Rindermark belegt, mit Demiglace oder gebundener Kalbsjus nappiert, mit gehackter Petersilie bestreut.

mit Rahmsauce: à la crème: Gedünstet, abgetropft, mit Rahmsauce nappiert.

auf Wiener Art: à la viennoise: Blätter, in Salzwasser gekocht, abgetropft, gehackt, mit heller Mehlschwitze gebunden, mit hellem Fond aufgegossen, mit Salz und geriebener Muskatnuß gewürzt, gedünstet; mit saurem Rahm vervollständigt.

Krupuk, Kroepok: Art Fladen aus gestoßenen Garnelen, Tapioka u. a., die in Fett gebacken sich stark aufblähen und zu indonesischen Gerichten serviert werden. Im Handel erhältlich.

Kukuruz: siehe Mais

Kürbis: Potiron (potirong): Die Frucht einer Pflanze aus der Familie der Kukurbitazeen, von denen es etwa 800 Arten gibt. Die wichtigsten Arten für die Küche sind der Speisekürbis, der Markkürbis und der Melonenkürbis, die sich am besten als Gemüse, Kompott und zum Einlegen eignen.

auf ägyptische Art: à l'égyptienne (äschiptjenn): Kleiner Kürbis, abgedeckt, Samen entfernt, blanchiert; gefüllt mit ausgekühltem Risotto, vermischt mit Tomatenpüree, haschiertem Hammelfleisch, gehackter frischer Pfefferminze, Petersilie, Knoblauch, Fenchel und Tomatenwürfel; Deckel aufgesetzt, in geöltes Papier mit dünnen Zwiebel-, Mohrrüben- und Tomatenscheiben gewickelt, in braunem Fond mit Tomatenpüree gedünstet. Ausgewickelt, die Sauce mit den Aromaten durchgestrichen und um den Kürbis gegossen, mit brauner Butter übergossen.

auf deutsche Art: à l'allemande: In Würfel geschnitten, überbrüht, abgetropft, in Butter mit Zwiebelwürfeln und Speckwürfeln angebraten, in Demiglace gargedünstet.

geschmort: braisé: In grobe Würfel geschnitten, überbrüht, in Butter angebräunt, in Kalbsjus geschmort.

Kürbiskraut: Geschält, Samen entfernt, in Streifen geschnitten, eingesalzen, nach längerem Stehen das Wasser ausgedrückt; vermischt mit gebratenen Zwiebelscheiben, mit Mehl bestäubt, mit saurer Milch aufgegossen, mit Salz, Pfeffer, Anis und Essig gewürzt, langsam gargedünstet (österreichisch).

auf mexikanische Art: à la mexicaine (mekßikän): Kleine Kürbisse, abgedeckelt, Samen entfernt, gefüllt mit gekochtem, gehacktem Rindfleisch, vermischt mit gehackten grünen Oliven, gewürfelten roten Paprikaschoten und dem ausgehöhlten, gewürfelten Fruchtfleisch; Deckel wieder aufgesetzt, mit braunem Fond angegossen gedünstet.

Mus: en purée: Geschält, gekocht, durchgestrichen, mit frisch gekochten, durchgestrichenen Kartoffeln vermischt, gewürzt, mit Butter und Rahm vervollständigt.

mit Tomaten: à la tomate: Zwiebelwürfel, in Butter angeschwitzt, Tomaten- und Kürbiswürfel beigefügt, gewürzt, angeschwitzt, mit Tomatensauce angegossen, gargedünstet, mit gehackter Petersilie bestreut.

auf ungarische Art: à la hongroise (ongroas): Wie Kürbiskraut mit Zusatz von Rosenpaprika bereitet.

Kürbischen: Zucchini; Courgette (kurschett): Die Frucht eines Rankengewächses mit haarigem Stengel und gelben Blüten, von dem es mehrere Arten gibt. Sie hat die Form eines sehr kleinen Flaschenkürbisses. Für die Küche kommen hauptsächlich die glatten, hellgrünen und die dunkelgrünen, etwas rauhschaligen Früchte in Betracht, die die Form einer kleinen Gurke haben.

auf englische Art: à l'anglaise: Geschält, in Stücke geschnitten, in Salzwasser gekocht, abgetropft, mit zerlassener Butter übergossen oder diese nebenbei serviert.

gebacken: frites: Geschält, in nicht zu dünne Scheiben geschnitten, eingesalzen, abgewischt, durch Mehl gezogen, in tiefem Fett gebacken.

glaciert: glacées: Olivenförmig, wie junge Karotten bereitet.

auf griechische Art: à la grecque: Olivenförmig, wie Artischocken bereitet (siehe Vorspeisen), kalt serviert.

auf Haushälterinart: à la ménagère: Der Länge nach gespalten, sorgfältig ausgehöhlt, gefüllt mit dem gehackten Fruchtfleisch, vermischt mit gehacktem Lammfleisch, gehackten, angerösteten Zwiebeln, gekochtem Reis, grünen Erbsen, gerösteten Speckwürfeln, gewürfelten Tomaten und Spur Knoblauch. In gefettete Backplatte gelegt, etwas Bouillon angegossen, mit geriebenem Käse bestreut, bei mäßiger Hitze gebacken.

auf indische Art: à l'indienne (angdjenn): Zu Oliven geformt, in Butter gedünstet, mit indischer Sauce gebunden.

mit Käse: au fromage (o fromagj): Geschält, in Scheiben geschnitten, kurze Zeit eingesalzen, abgewischt, je zwei Scheiben mit einer Mischung von geriebenem Käse und geschlagenem Ei zusammengesetzt; durch Backteig gezogen, in tiefem Fett gebacken.

Krusteln von: Beignets de courgettes: In Scheiben geschnitten, eingesalzen, abgewischt, durch Backteig gezogen, in tiefem Fett gebacken.

auf Mentoner Art: à la mentonnaise: Der Länge nach gespalten, das Fleisch an den Seiten und der Mitte eingekerbt, gesalzen, nach einiger Zeit abgewischt, in Olivenöl gedünstet, ohne zu bräunen. Ausgehöhlt, das Fruchtfleisch gehackt, vermischt mit gehacktem Spinat, gehackter Petersilie, geriebenem Parmesan und Knoblauch, mit Reibbrot bestreut, mit Olivenöl betropft, im Ofen überkrustet.

auf Nizzaer Art: à la niçoise (nissoas): Wie für Mentoner Art vorbereitet; gefüllt mit dem gehackten Fruchtfleisch, vermischt mit viel Risotto, gewürfelten Tomaten und Knoblauch, in Backplatte gelegt, mit Reibbrot bestreut, mit Olivenöl betropft, bei mäßiger Hitze gebacken; mit gehackter Petersilie bestreut, mit gebundener Kalbsjus umgossen.

in Öl: à l'huile: In Würfel geschnitten, zusammen mit in Olivenöl gedünsteten Zwiebelwürfeln, Tomatenwürfeln, grobgehacktem Dill und Petersilie, Salz, Paprika und Zitronensaft, mit etwas Olivenöl und einer Kelle Wasser gedünstet; kalt im Fond serviert.

auf provenzalische Art: à la provençale: In dicke, ungeschälte Scheiben geschnitten, eingesalzen, abgewischt, gemehlt, in Olivenöl auf beiden Seiten angebraten; in gefettete Backplatte schichtweise mit Reis, in fetter Brühe gekocht, und mit gehackten Zwiebeln, Petersilie und Knoblauch, geschmolzenen Tomaten geschichtet, mit geriebenem Käse bestreut, bei mäßiger Hitze überkrustet.

in Rahmsauce: à la crème: Geschält, zu großen Oliven geformt, in Butter gedünstet, mit Rahmsauce gebunden.

auf rumänische Art: à la roumaine (ruhmän): Wie auf Mentoner Art bereitet, jedoch mit dem gehackten Fruchtfleisch, vermischt mit körnig gekochtem Reis, Tomatenwürfeln, angerösteten Zwiebelwürfeln, gehackter Petersilie, Knoblauch, Öl und Reibbrot, gefüllt; mit geriebenem Käse bestreut, mit Öl betropft, im Ofen überkrustet.

auf spanische Art: à l'espagnole: Geschält, in Scheiben geschnitten, in Olivenöl sautiert; schichtweise in Backplatte mit gewürfelten Tomaten und angerösteten Zwiebelscheiben, mit Paprika gewürzt, gefüllt; mit Reibbrot bestreut, mit Olivenöl betropft, im Ofen überkrustet.

auf türkische Art: à la turque: An beiden Enden abgeschnitten, ausgehöhlt, blanchiert. Mit dem gehackten Fruchtfleisch, vermischt mit gehacktem gebratenen Hammelfleisch und gekochtem Reis, mit Knoblauch und Majoran gewürzt, mit Eiern gebunden, gefüllt. In mit Wurzelwerk markiertem Sautoir geordnet, mit fettem Fond gedünstet, mit Tomatensauce übergossen serviert.

Zucchini ripieni alla napoletana: gefüllt: Der Länge nach geteilt, nicht zu weich gekocht, abgetropft, mit einem Gemüsebohrer ausgehöhlt, das Fruchtfleisch gehackt. Zwiebelwürfel in Olivenöl goldgelb angeschwitzt, gehacktes Rindfleisch, gehackter italienischer Schinken, gehackte Petersilie, das Fruchtfleisch und geriebener Romanokäse beigefügt, gewürzt, mit Ei gebunden; in die Hälften gefüllt, in Backplatte geordnet, mit Tomatensauce übergossen, mit geriebenem Romanokäse bestreut, im Ofen gebacken (italienisch).

alla parmigiana: mit Käse: Geschält, in Scheiben geschnitten, durch gewürztes, geschlagenes Ei, Mehl und abermals durch Ei gezogen, in Olivenöl goldgelb gebraten. In Backplatte abwechselnd mit geriebenem Romanokäse und Tomatensauce geschichtet, mit Sauce bedeckt, mit geriebenem Käse bestreut, im Ofen gebacken (italienisch).

alla Toscana: auf toskanische Art: Fetter Speck und gehackte Petersilie zu Paste verrieben, geschmolzen, Zwiebelwürfel darin blond angeröstet, geschälte, geviertelte Kürbischen beigefügt, nach dem hellgelben Anrösten gewürfelte Tomaten hinzugegeben; gewürzt, zugedeckt, langsam gedünstet, beim Servieren mit geriebenem Parmesan bestreut (italienisch).

Laitue: siehe Kopfsalat

Lasagne: Bandnudeln, italienische: Sehr breite Bandnudeln, gekocht, meist wie Makkaroni bereitet.

alla bolognese: auf Bolognaer Art: Teig der Nudeln mit grünem Spinatpüree bereitet; gekocht, in Butter geschwenkt, geriebener Parmesan nebenbei (italienisch).

con cavolfiore: mit Blumenkohl: Gebutterte Auflaufform, schichtweise mit Bandnudeln, gekochtem, kleingeschnittenem Blumenkohl, festem Quark, mit geschlagenen Eiern vermischt und gekrümelt, und geriebenem Romanokäse, alles mit Salz und Pfeffer gewürzt, gefüllt; im Ofen gebacken, gestürzt, in Scheiben geschnitten (italienisch).

alla piemontese: auf Piemonteser Art: Gekocht, abgetropft, mit gehobelten Scheiben weißer Trüffeln vermischt, mit kräftiger, gebundener Rindsjus gebunden; geriebener Parmesan nebenbei (italienisch).

Lasagnette: Schmale Bandnudeln, wie Lasagne bereitet.

Leipziger Allerlei: Gewürfelte Mohrrüben, Sellerieknolle und weiße Rüben, Vierecke von grünen Bohnen, grüne Erbsen, Spargelköpfe und Morcheln, jeder Teil für sich gegart, abgetropft, gemischt, in Butter geschwenkt, gewürzt, mit Krebssauce gebunden; garniert mit Krebsschwänzchen, kleinen Grießklößchen und Fleurons.

Lentilles: siehe Linsen

Liebesapfel: siehe Tomate

Linsen: Lentilles (langtij): Die Samen eines einjährigen Krautes aus der Familie der Schmetterlingsblütler, von graubrauner bis schwärzlicher, gelblicher oder rötlicher Farbe; sehr formenreich. Wichtigste Anbaugebiete: Ägypten, Vorderasien, Spanien, Rußland. Je nach dem Alter werden Linsen längere oder kürzere Zeit eingeweicht.

auf Bauernart: à la paysanne (paisann): Gekocht, abgetropft, vermischt mit glacierten Zwiebelchen, olivenförmigen, gedünsteten Mohrrüben und gewürfeltem Schinken, leicht mit Demiglace gebunden.

auf bayerische Art: à la bavaroise (bawaroas): In fetter Schweinebrühe gekocht, vermischt mit gerösteten Würfeln von Magerspeck, mit brauner Mehlschwitze gebunden, mit Salz und Essig gewürzt.

mit Chipolatas: aux chipolatas: Gekocht mit gespickter Zwiebel, Wurzelwerk und Kräuterbündel, abgetropft, mit Butter gebunden, mit gebratenen Chipolatas garniert.

auf französische Art: à la française: Vorgekocht, in Rotwein mit gerösteten Magerspeckwürfeln gedünstet, mit hellbrauner Mehlschwitze gebunden.

auf klein-russische Art: à la petite russienne (ptit rüßjenn): Mit Schinkenknochen, gespickter Zwiebel, Mohrrübe und Kräuterbündel gekocht; Garnitur entfernt, abgetropft, kurz in Butter mit gehackten, gerösteten Zwiebeln gedünstet, mit Demiglace gebunden, mit gehackter Petersilie vermischt.

mit Mark: à la moelle: Gekocht, mit blonder Mehlschwitze gebunden; belegt mit blanchierten Scheiben Rindermark, mit gehackter Petersilie bestreut.

in Öl: à l'huile: Gekocht, abgetropft; kalt oder lauwarm, mit Essig, Olivenöl, gehackten Zwiebeln und Gewürz vermischt, serviert.

auf provenzalische Art: à la provençale: Eingeweicht, in Wasser mit Zwiebelscheiben, Knoblauchzehe, Kräuterbündel, einer eingelegten Gänsekeule (oie confit), Gewürz und etwas Olivenöl gekocht; nach dem Garwerden Kräuterbündel entfernt, vermischt mit gehackter Petersilie, mit Eigelb, mit Olivenöl vermischt, gebunden, mit Essig gewürzt; die geschnittene Gänsekeule obenauf.

mit Rahm: à la crème: Eingeweicht, in kräftigem Fond gekocht, der Fond stark eingekocht, mit Butter und süßem Rahm vervollständigt; die Linsen damit gebunden, mit gehackter Petersilie bestreut.

auf russische Art: à la russe: Vorgekocht, in Butter mit gehackten Zwiebeln und saurem Rahm gedünstet, vermischt mit gehacktem Schnittlauch.

Specklinsen: Gekocht mit gespickter Zwiebel und Wurzelwerk; nach dem Garwerden Garnitur entfernt, mit brauner Mehlschwitze gebunden, mit gerösteten Speckwürfelchen bedeckt.

mit Wurst: au saucisson: Mit gespickter Zwiebel und Schinkenknochen gekocht, mit brauner Mehlschwitze gebunden, mit Scheiben von Räucherwurst angerichtet.

Lorchel: siehe Frühlingslorchel

Löwenzahn: Dent-de-lion (dangdeljong), Pissenlit (pißanglih): Die zarten, jungen Blattrosetten der wildwachsenden Butterblume. Löwenzahn wird auch angebaut, die Beete werden vor der Sonne geschützt, um zarte, bleiche Blätter zu gewinnen. Wird als Salat, aber auch oft als Gemüse bereitet.

Püree von: Purée de dent-de-lion: Blanchiert, abgetropft, ausgedrückt, gehackt, in fetter Bouillon gedünstet; mit heller Mehlschwitze gebunden, gewürzt, im Ofen geschmort, beim Anrichten mit heißem Rahm umgossen.

Macaroni: siehe Makkaroni

Macédoine de légumes: siehe gemischtes Gemüse

Maipilz, Mehlpilz, Moosschwamm, Mousseron (mußrong): Kleiner, weißer Blätterpilz, am grasigen oder moosigen Mischwaldrand wachsend, mit herablaufenden, weißen, bald rosafarbigen dichten Lamellen von angenehm würzigem Geschmack. Wie Feldchampignons bereitet, auch getrocknet und zum Würzen von Speisen und Saucen verwendet.

mit Kräutern: aux fines herbes: In Butter mit gehackten Schalotten sautiert, gewürzt, mit gehackten Kräutern geschwenkt.

auf provenzalische Art: à la provençale: Mit gehackten Schalotten und Knoblauch in Olivenöl sautiert, mit geschmolzenen Tomaten vermischt, mit gehackter Petersilie bestreut.

sautiert: sautés: Mit gehackten Schalotten in Butter sautiert, mit gehackter Petersilie geschwenkt, mit Zitronensaft gewürzt.

Mais, Maiskolben, Welschkorn, Kukuruz, Indian Corn: Maïs: Aus Nordamerika stammendes Grasgewächs, das bis 5 m hoch wird und Kolben trägt, bei denen auf einer Spindel die Körner dichtgedrängt sitzen. Kolben mit frischen grünen Hülsen sind, solange sie jung sind, ein vorzügliches Gemüse, nach voller Reife werden die Körner getrocknet, gemahlen und verschiedenen Zwecken zugeführt. Die von frischen, gekochten Kolben abgelösten Körner werden frisch verwendet und kommen auch in Dosen oder gefroren konserviert auf den Markt.

Corn, Corn and Celery: Maiskörner mit Staudensellerie: Gedünstete Maiskörner, gewürfelter, gedünsteter Staudensellerie, gehackte grüne Paprikaschoten und gehackte Oliven, abwechselnd in eine gebutterte Backplatte geschichtet; übergossen mit heißem süßen Rahm, vermischt mit Salz, Pfeffer und etwas zerlassener Butter, mit Reibbrot bestreut, mit Butter betropft, im mittelheißen Ofen gebacken (nordamerikanisch).

off the cob (of thö kob): Junge Kolben gekocht, Maiskörner mit Gabel entfernt, mit Salz und Paprika gewürzt, in frischer Butter geschwenkt (nordamerikanisch).

on the cob (korn on thö kob): Außenblätter und Fäden entfernt, gekocht, abgetropft, am Kolben mit Butter und Salz serviert (nordamerikanisch).

creamed: Körner von jungen Kolben abgelöst, in süßem Rahm gedünstet, mit Salz und Pfeffer gewürzt.

Fritters American Style: Mehl mit Backpulver, Paprika und Salz gesiebt, gekochte, abgetropfte, kalte Maiskörner beigefügt, mit Eigelb gebunden, mit Eierschnee unterzogen, löffelweise in heißem Fett gebacken (nordamerikanisch).

Maryland: Gekochte Maiskörner vermischt mit gewürfelten, in Butter sautierten Tomaten, mit Salz, Pfeffer und Prise Zucker gewürzt, zusammen kurz in Butter gedünstet (nordamerikanisch).

Mais   **Makkaroni**

    Mexican Style: auf mexikanische Art: Kolben, gekocht, abgekernt, vermischt mit gekochten, gewürfelten grünen Bohnen, gehackten grünen Paprikaschoten, gehackten, gebratenen Zwiebeln, Butter und Tomatenpüree (nordamerikanisch).

    Mush: Maismehl in leichtgesalzenem Wasser im Doppelkocher gargemacht; als Frühstücksgericht mit süßem Rahm und Zucker serviert (nordamerikanisch).

    O'Brien: Streifen von grünen Paprikaschoten, in Butter gedünstet, gekochte Maiskörner und gehackte rote Paprikaschoten beigefügt, gewürzt, kurz zusammen gedünstet (nordamerikanisch).

    Southern Style: Maiskörner, roh ausgelöst, zusammen mit gehackten roten und grünen Paprikaschoten in süßem Rahm mit Butter gedünstet, gewürzt (nordamerikanisch).

    and Tomatoes: mit Tomaten: Geschälte, ausgedrückte und gewürfelte Tomaten in Butter zusammen mit jungen, gekochten Maiskörnern gedünstet, mit Salz und Pfeffer gewürzt (nordamerikanisch).

Hominy: Maisgrieß, in Milch oder Salzwasser zu Brei gekocht, mit Zucker und Rahm als Frühstücksgericht serviert (nordamerikanisch).

    Fritters: Hominy, gekocht, kurz vor dem Garwerden etwas Weizenmehl beigefügt, um später beim Braten das Auseinanderfallen zu vermeiden; ausgekühlt, in Stücke geschnitten, auf beiden Seiten in Butter gebraten, als Frühstücksgericht mit Sirup serviert (nordamerikanisch).

Kolben auf englische Art: Epis de maïs à l'anglaise (epih dö mais a langläs): Junge Kolben, von den Blättern und den Fäden befreit, in leichtgesalzenem Wasser gekocht, auf Serviette angerichtet, frische Butter nebenbei.

    grilliert: grillés (grijeh): Von den Blättern und Fäden befreit, mit Butter bestrichen, auf dem Rost gebraten, mit frischer Butter und Salz serviert.

körner, gedünstet: étuvés: Körner, vorgekocht, kurz in etwas Milch und Butter gedünstet, gewürzt.

Kroketten: Croquettes de maïs (krokett dö mais): Junge Körner, gekocht, abgetropft, mit dicker Béchamel, Eigelb und Rahm gebunden, mit Paprika gewürzt, ausgekühlt; zu kleinen, runden, etwas flachen Kroketts geformt, paniert, in tiefem Fett gebacken.

Mamaliga: Maismehl, langsam in leichtgesalzenem Wasser mit Butter zu Brei gekocht, mit zerlassener Butter übergossen (rumänisch).

Maispudding: Corn pudding: Abgetropfte, konservierte Maiskörner, mit geschlagenen Eiern, Milch, gehackten Zwiebeln, roten und grünen Paprikaschoten, Salz, Pfeffer und zerlassener Butter vermischt, in gefetteter Form im Ofen gebacken (amerikanisch).

Virginische Maiskuchen: Virginian corn cakes: Maismehl mit Salz, Backpulver und zerlassenem Schmalz vermischt, mit Milch, die mit geschlagenen Eiern vermengt ist, glattgerührt. Davon kleine Kuchen auf heißer, mit Speck gefetteter Schnellbratpfanne gebacken (amerikanisch).

Tomerl: Maismehl, vermischt mit Eiern, Milch, gehackten gebratenen Zwiebeln und Salz zu einem dickfließenden Teig; in Butter wie mittelgroße Eierkuchen gebacken (österreichisch).

Makkaroni, Hohlnudel: Macaroni: Lange, hohle Teigwaren von runder Form, von denen die besten aus kleberreichem Hartweizengrieß hergestellt werden. Sie werden in viel Salzwasser „al dente", also nicht zu weich, gekocht. Reichlich Butter und geriebener Parmesan sind bei allen Makkaronigerichten unbedingt erforderlich.

auf Bauernart: à la paysanne: In Butter geschwenkt, mit geschmolzenen Tomaten und gedünsteter Gemüse-Brunoise vermischt; geriebener Parmesan nebenbei.

auf Bayonner Art: à la bayonnaise (bajonäs): Gekocht, abgetropft, mit gehacktem Schinken vermischt, mit Demiglace gebunden; geriebener Parmesan nebenbei.

auf Bologner Art: à la bolognese (bolonjäs): Mit Butter und geriebenem Parmesan gebunden, vermischt mit kleingewürfeltem Rinderfilet, mit Zwiebelwürfeln in kräftigem Rinderfond ganz weich und dick eingekocht.

mit Bratensaft: au jus (o schü): Gekocht, dabei etwas fester gehalten, mit wenig kräftiger Rinderjus gedünstet, bis die Jus eingekocht ist; geriebener Parmesan nebenbei.

auf bürgerliche Art: à la bourgeoise: Wie auf italienische Art bereitet.

Camerani: Gebunden mit Butter und geriebenem Parmesan, vermischt mit gewürfelten, sautierten Eieräpfeln, Champignonscheiben und Hahnenkämmen.

Cussy (küßi): Mit Butter und geriebenem Parmesan gebunden, vermischt mit Trüffelwürfeln und Hahnenkämmen.

auf deutsche Art: à l'allemande: Mit geriebener Muskatnuß, Salz und Pfeffer gewürzt, mit Butter, süßem Rahm und geriebenem Käse gebunden; mit gebratenen Schinkenscheiben serviert.

auf Dominikanerart: à la dominicaine (dominikän): Gekocht, abgetropft, mit Butter, geriebenem Parmesan und Champignonpüree gebunden, mit gehackten Sardellen vermischt.

auf englische Art: à l'anglaise: Mit geriebenem Parmesan und gebundener Kalbsjus gebunden, in Backplatte gefüllt, mit geriebenem Parmesan und Reibbrot bestreut, mit Butter betropft, im Ofen überkrustet.

Garibaldi: Vermischt mit gebratenen Eierapfelwürfeln, mit Demiglace gebunden; geriebener Parmesan nebenbei.

auf Haushälterinart: à la ménagère: Mit Butter, geriebenem Emmentaler Käse und süßem Rahm gebunden, mit geriebener Muskatnuß gewürzt.

auf Husarenart: à la hussarde (üßard): Mit Husarensauce gebunden, gehackter Schinken obenaufgestreut; geriebener Parmesan nebenbei.

auf italienische Art: à l'italienne: Mit Salz, Pfeffer und geriebener Muskatnuß gewürzt, mit Butter und halb geriebenem Parmesan und halb Greyerzer Käse gebunden.

auf kalabrische Art: à la calabraise (kalabräs): Vermischt mit gehacktem gekochten Schinken, gebratenen Zwiebelwürfeln und geriebenem Parmesan, gebunden mit Tomatensauce mit Knoblauch gewürzt, obenauf etwas Olivenöl gegossen.

auf Königinart: à la reine (rähn): Vermischt mit Hühnerpüree, leicht mit Geflügelrahmsauce gebunden; in gefettete Backplatte gefüllt, mit geriebenem Parmesan bestreut, mit Butter betropft, im Ofen überbacken.

auf königliche Art: à la royale: Mit Butter und geriebenem Parmesan gebunden, mit dünnen Trüffel- und Champignonscheiben vermischt.

Kroketts: Croquettes de macaroni (krokett dö makkaroni): Gekocht, in kleine Stücke geschnitten, mit dicker Béchamel, geriebenem Parmesan und Eigelb gebunden; ausgekühlt, wie kleine Korken geformt, paniert, in tiefem Fett gebacken.

auf levantinische Art: à la levantine (lewantihn): In heißem Olivenöl geschwenkt, gebunden mit tomatierter Rahmsauce; geriebener Parmesan und Schinkenwürfel nebenbei.

Maccheroni alla calabrese: Vermischt mit gewürfelten, in Olivenöl gedünsteten Artischockenböden und Romanokäse (italienisch).

alla carbonara: Mit Butter, geriebenem Parmesan und geschlagenen Eiern gebunden, mit Schinkenwürfeln und gehackten Sardellenfilets vermischt (italienisch).

alla Nicoreto: In Stücke gebrochen, gekocht, abgetropft, mit Butter, geriebenem Parmesan und Madeirasauce, vermischt mit Rinderhaschee, gebunden (italienisch).

alla Principe di Napoli: Vermischt mit gewürfeltem Hühnerfleisch, grünen Erbsen und Mozzarellakäse, mit kräftiger, mit Stärkemehl abgezogener Rinderjus gebunden.

alla Sardegnola: auf sardinische Art: Gewürfeltes Rindfleisch mit feingehacktem Speck und Knoblauch angeröstet, mit reichlich gewürfelten Tomaten vermischt, mit wenig Wasser aufgegossen, gewürzt, Blatt Basilikum beigefügt, langsam ganz weich und dicklich gekocht; vermischt mit gekochten, gut abgetropften Makkaroni, geriebener Schafkäse nebenbei (italienisch).

alle vongole: mit Muscheln: Mit reichlich Butter, geriebenem Parmesan und wenig Velouté gebunden, vermischt mit kleinen, entbarteten Muscheln.

auf Mailänder Art: à la milanaise: In grobe Stücke geschnitten, mit Tomatensauce und geriebenem Parmesan gebunden, mit Julienne von Pökelzunge, Champignons und Trüffeln vermischt.

Massimo: Gebunden mit Butter, geriebenem Parmesan und Geflügelrahmsauce, vermischt mit reichlicher Julienne von Champignons und weißem Hühnerfleisch.

Nantua: In Stücke geschnitten, mit Nantuasauce gebunden, vermischt mit Krebsschwänzen; geriebener Parmesan nebenbei.

auf nationale Art: à la nationale (naßjonal): Wie italienische Art, etwas Tomatensauce und geschmolzene Tomaten beigefügt.

auf Neapeler Art: à la napolitaine (napolitän): In große Stücke geschnitten, mit Butter und geriebenem Parmesan gebunden; in Timbalschüsseln dressiert, schichtweise mit Rindfleisch eingefüllt, das mit Rinderbrühe und Rotwein solange gekocht worden ist, bis es zu Püree wurde.

auf Nizzaer Art: à la niçoise (nissoas): Vermischt mit geschmolzenen Tomaten mit Knoblauch und gehackten Zwiebeln, mit geriebenem Käse bestreut.

auf Palermoer Art: à la palermitaine (palermitän): In heißem Olivenöl geschwenkt, gemischt mit gehackten Kräutern, mit Tomatensauce gebunden; geriebener Parmesan nebenbei.

mit Reibbrot: au mie-de-pain: Gekocht, abgetropft, mit geriebener Weißbrotkrume, in reichlich Butter gebräunt, übergossen.

Rossini: Mit Butter und geriebenem Parmesan gebunden, vermischt mit Trüffel- und Gänseleberwürfeln, mit Madeirasauce, umkränzt.

mit Sardellen: aux anchois (osangschoa): Gekocht, abgetropft, mit Butter, süßem Rahm und geriebenem Parmesan gebunden, mit gehackten Sardellenfilets vermischt.

auf Seemannsart: à la marinière (marinjär): Mit Butter, geriebenem Parmesan und Seemannssauce gebunden, vermischt mit pochierten Austern, Muscheln und Garnelen.

auf sizilianische Art: à la sicillienne (ßißiljenn): Wie italienische Art bereitet, gebunden mit Velouté, mit Püree von sautierten Geflügellebern vermischt.

überkrustet: au gratin: Wie italienische Art bereitet, mit wenig leichter Béchamel gebunden; in gefettete Backplatte gefüllt, mit geriebenem Parmesan bestreut, mit Butter betropft, im Ofen überkrustet.

auf venezianische Art: à la vénitienne (wenissjenn): Mit Butter, geriebenem Parmesan und Velouté gebunden, vermischt mit Julienne von Huhn, Schinken, Champignons und Trüffeln.

mit weißen Trüffeln: aux truffes blanches (trüff blansch): Wie italienische Art bereitet, vermischt mit gehobelten weißen Trüffeln.

Mangold: Bette (bett), Blette (blett), Poirée à carde (poareh a kard): Die fleischigen Blätter der Zuchtform einer Rübenart, zu der auch die rote und die Runkelrübe gehören. Die Blattstiele sind zart und wohlschmeckend, solange sie jung sind, später werden sie holzig. Sie werden geschält, in Stücke von etwa 10 cm geschnitten, in Mehlwasser mit Salz und Zitronensaft gekocht, um sie weiß zu halten, und warm abgespült. Die jungen Blätter können wie Spinat bereitet werden.

mit Butter: au beurre (o böhr): In gesalzenem Mehlwasser gekocht, abgetropft, kurz in Butter nachgedünstet.

mit Fleischsaft: au jus: In Mehlwasser gekocht, abgetropft, noch einige Minuten mit gebundener Kalbsjus gedünstet.

mit holländischer Sauce: à la sauce hollandaise: Geschält, ziemlich lang gelassen, wie Spargel gebündelt, in Salzwasser gekocht, abgetropft, auf Serviette angerichtet; holländische Sauce nebenbei.

auf italienische Art: à l'italienne: In Mehlwasser gekocht, abgetropft, noch kurze Zeit mit italienischer Sauce gedünstet.

auf Mailänder Art: à la milanaise: Wie Spargel gleichen Namens bereitet.

auf polnische Art: à la polonaise: Wie Spargel gleichen Namens bereitet.

in Rahm: à la crème: In Mehlwasser gekocht, in Butter gedünstet, mit dickem, süßem Rahm angegossen, gekocht, bis der Rahm sämig ist.

mit Rindermark: à la moelle: In Mehlwasser gekocht, abgetropft, kurz in Demiglace gedünstet, mit blanchierten Rindermarkscheiben belegt, mit der Sauce nappiert, mit gehackter Petersilie bestreut.

mit diversen Saucen: aux sauces diverses: Wie „mit holländischer Sauce" bereitet; dazu können nebenbei zerlassene Butter, Schaumsauce, Rahmsauce, Bastardsauce oder Vinaigrette serviert werden.

überkrustet: au gratin: In Mehlwasser gekocht, abgetropft, in Backplatte auf etwas Mornaysauce geordnet, mit Mornaysauce nappiert, mit geriebenem Parmesan bestreut, mit Butter betropft, im heißen Ofen überkrustet.

Markkürbis: Courge (kursch): Der Markkürbis gehört zur Familie der Kukurbitazeen, von denen annähernd 800 Arten in den wärmeren Ländern der Erde verbreitet sind. Er hat eine grün bis gelb marmorierte Schale und hellgelbes bis leicht grünliches Fleisch. Junge Markkürbisse sind zart und saftig, alte trocken und strähnig.

Candied Squash: glaciert: Geschält, in kleine Scheiben geschnitten, Samen entfernt, jede Scheibe durch Puderzucker gezogen; auf gebuttertes Blech geordnet, mit zerlassener Butter betropft, im Ofen braungebacken (nordamerikanisch).

Colache: Leicht in Butter gebräunte Zwiebelwürfel, mit gewürfeltem Kürbis vermischt, Tomatenwürfel und frische Maiskörnchen beigefügt, gewürzt, zugedeckt langsam ohne Flüssigkeit im Ofen gedünstet (mexikanisch).

auf englische Art: à l'anglaise: Geschält, in große Stücke geschnitten, die Samen entfernt; am besten im Dämpfer gargemacht, sonst gekocht, und mit zerlassener Butter übergossen.

gebacken: Geschält, in längliche, ziemlich große Stücke geschnitten, die Samen entfernt; gewürzt, mit zerlassener Butter übergossen, im Ofen gebacken.

Mashed vegetable marrow: püriert: Geschält, in Stücke geschnitten, Samen entfernt, gekocht, abgetropft, püriert, gewürzt, mit Butter vermischt (englisch).

Marone, Edelkastanie: Marron (marrong): Die ein- oder mehrseitig abgeflachten Samen des echten Kastanienbaumes, der in Südeuropa beheimatet, aber auch in Teilen Deutschlands angebaut wird. Vor weiterem Gebrauch werden die Schale und Innenhaut entfernt.

braisiert: braises (bräseh): Geschält, in kräftiger Brühe gedünstet, der Fond eingekocht, um die Maronen zu glacieren.

auf französische Art: à la française (frangßäs): Geschält, mit Würfeln von Knollensellerie zusammen gedünstet.

gedünstet: étuvés (etüweh): Geschält, in hellem Fond mit einem Stückchen Bleichsellerie gedünstet.

Mus: Purée de marrons: Geschält, zusammen mit einem Stückchen Sellerie in hellem Fond gedünstet; durchgestrichen, gewürzt, mit Butter und Rahm vervollständigt.

auf Teufelsart: à la diable (djabl): Geschält, mit wenig Bouillon und etwas Butter gedünstet, mit Salz und Cayennepfeffer gewürzt.

Marron: siehe Marone

Meerkohl, Seekohl, Strandkohl, Sea-Kale: Chou-marin (schu maräng): Ein ausdauerndes Kraut, das an den Küsten Europas, besonders Großbritanniens, wild wächst und auch dort seit langem gezogen wird. Als Gemüse werden die jungen, gebleichten Schößlinge verwendet, die geschält und wie Spargel bereitet werden können.

auf englische Art: à l'anglaise (angläs): Gekocht, mit Bastardsauce oder zerlassener Butter serviert.

geschmort: braisé: Gekocht, grobgehackt, mit Hammelbrühe gedünstet, mit brauner Mehlschwitze gebunden.

auf holländische Art: à la hollandaise (olländäs): Gekocht, auf Serviette angerichtet, zerlassene Butter und Salzkartoffeln nebenbei.

auf Mailänder Art: à la milanaise (milanäs): Gekocht, gut abgetropft, lagenweise mit geriebenem Parmesan dazwischen angerichtet, mit geriebenem Parmesan bestreut, reichlich mit brauner Butter übergossen.

auf polnische Art: à la polonaise (polonäs): Gekocht, wie Spargel bereitet.

in Rahmsauce: à la crème: Geschält, in Salzwasser gekocht, mit leichter Béchamelsauce, mit süßem Rahm vervollständigt, übergossen.

auf russische Art: à la russe: Stark blanchiert, in saurem Rahm gedünstet, geriebener Meerrettich und geriebener Parmesan dem Rahm kurz vor dem Servieren beigefügt.

Mehlpilz: siehe Maipilz

Millet: siehe Hirse

Moelle de palmier: siehe Palmenmark

Mohrrübe, Möhre, gelbe Rübe: Carotte (karott): Wichtiges Wurzelgemüse, von roter bis orangeroter Farbe, das in verschiedenen Formen in allen Teilen der Welt kultiviert wird. Man unterscheidet:
Treib- und Frühmohrrüben oder Karotten, von runder, zylindrischer oder abgestumpfter Form;
Sommer- und Herbstmohrrüben, von zylindrischer Form mit beschränkter Haltbarkeit;
Spät- und Dauermohrrüben, die eine walzen- oder zylindrische Wurzelform haben. Kleine Frühmohrrüben – Karotten – werden meistens ganz gelassen, Spätmohrrüben, die oft einen holzigen oder bitteren Kern haben, werden von dem Kern befreit, mit einem ovalen Gemüsebohrer ausgestochen oder in Form von großen Oliven tourniert.

Argenteuil (arschangtöl): Junge, kleine Karotten, geputzt, blanchiert, in Butter gedünstet, gewürzt, mit weißen Spargelköpfen vermischt.

Auflauf: Soufflé de carottes: Gekocht, püriert, mit Butter, Rahm und Eigelb vermischt, gewürzt, mit Eierschnee untergezogen; in gebutterte Auflaufschale gefüllt, im Ofen gebacken.

auf Bauernart: à la paysanne: Vorgekocht, zusammen mit Speckwürfeln in Butter gedünstet, vermischt mit glacierten Zwiebelchen.

mit weißen Bohnen: aux haricots blancs (osariko blang): Gewürfelt, in Butter und Wasser gedünstet, vermischt mit gekochten weißen Bohnen, mit Mehlbutter gebunden.

auf bürgerliche Art: à la bourgeoise: In Butter, wenig Wasser, Salz und Prise Zucker gedünstet, mit Mehlbutter gebunden.

mit Butter: au beurre: Junge Karotten, in Salzwasser gekocht, abgetropft, gewürzt mit Salz und Zucker, mit frischer Butter geschwenkt.

Candied Carrots: Junge Karotten, in Salzwasser gekocht, abgetropft, gewürzt, in gebutterte Backplatte gefüllt; reichlich mit Zucker bestreut, mit Butter betropft, im heißen Ofen überglänzt (nordamerikanisch).

auf englische Art: à l'anglaise: 1. Junge Karotten, in Salzwasser gekocht, abgetropft, mit einem Stückchen frischer Butter obenauf serviert;
2. gekocht in halb Milch, halb Bouillon, mit Mehlbutter gebunden.

auf flämische Art: à la flamande (flamangd): Blättrig geschnitten, in Butter mit wenig Wasser, Salz und Zucker gedünstet, mit Eigelb und süßem Rahm legiert, mit gehackter Petersilie bestreut.

Fried Carrots: gebacken: Junge lange Karotten halbiert oder geviertelt, stark blanchiert, gemehlt, in Schweineschmalz gebacken, leicht gesalzen (nordamerikanisch).

glaciert: glacées (glaßeh): In Wasser mit Salz, Zucker und Butter gekocht, bis die Flüssigkeit verdunstet ist und die Karotten mit einer glänzenden Schicht überzogen sind.

mit grünen Erbsen: aux petits pois (o pti poa): Gewürfelt, gekocht, abgetropft, mit der gleichen Menge frischgekochter grüner Erbsen vermischt; gewürzt, in Butter geschwenkt oder mit Rahmsauce gebunden.

auf Haushälterinart: à la ménagère (menaschehr): In Scheiben geschnitten, in Bouillon mit etwas Weißwein und einem Kräuterbündel gekocht, mit Salz, Pfeffer und geriebener Muskatnuß gewürzt; Kräuterbündel entfernt, mit Mehlbutter gebunden.

auf Haushofmeisterart: à la maître d'hôtel (mätr dotel): In Bouillon mit Butter gedünstet, gewürzt, mit deutscher Sauce oder Béchamel gebunden, vermischt mit gehackter Petersilie.

mit feinen Kräutern: aux fines herbes (o finserb): Glaciert, kurz vor dem Servieren mit frischgehackten Kräutern geschwenkt.

Kroketts: Croquettes de carottes: Mohrrüben, gekocht, abgetropft, püriert, mit dicker Béchamel gebunden, mit Eigelb legiert, gewürzt, ausgekühlt; zu kleinen Korken oder Kugeln geformt, paniert, in tiefem Fett gebacken.

auf Liller Art: à la lilloise (lilloahs): In Scheiben geschnitten, in Butter mit etwas Wasser gedünstet, gewürzt; mit Eigelb und süßem Rahm gebunden, mit gehackter Petersilie vermischt.

Marianne: In grobe Streifen geschnitten, in Butter gedünstet, mit der gleichen Menge Blätterpilzen, in Butter sautiert, vermischt, mit gehackter Petersilie und flüssiger Fleischglace geschwenkt.

Mus: en purée: Gekocht, abgetropft, püriert, mit Salz und geriebener Muskatnuß gewürzt, mit Butter und süßem Rahm aufgezogen; mit brauner Butter übergossen.

auf Neverser Art: à la nivernaise (nihwernäs): Zu großen Oliven tourniert, in Bouillon und Butter gedünstet, gewürzt, gekocht, bis die Flüssigkeit verdunstet ist.

mit Pastinaken: au panais (paneh): Gleiche Mengen Mohrrüben und Pastinaken, blätterig geschnitten, in hellem Fond gekocht, mit blonder Mehlschwitze gebunden.

auf preußische Art: à la prusse (prühß): Gewürfelt, in Bouillon mit Butter gekocht, gewürzt, mit Mehlbutter gebunden; kurz vor dem Servieren einfach gekochter Reis beigefügt.

mit Rahm: à la crème: Wie glacierte Karotten vorbereitet, kurz vor dem Garwerden süßer Rahm angegossen und sämig gekocht.

auf rheinische Art: à la rhenanne: In grobe Streifen geschnitten, zusammen mit angebratenen Zwiebelscheiben in Wasser mit Butter gekocht; nach dem Verdunsten des Wassers mit gebratenen Apfelscheiben vermischt.

Mohrrübe   **Morchel**

- **mit Schwarzwurzeln:** aux salsifis (ßalsifi): In Würfel geschnitten, abgetropft, mit kleinen Stückchen gekochter Schwarzwurzeln vermischt, mit Rahmsauce gebunden.
- **mit Steinpilzen:** aux cèpes (o ßepp): Mohrrüben, in dicke Streifen geschnitten, in Butter und hellem Fond gedünstet; vermischt mit Steinpilzscheiben, mit Mehlbutter gebunden.
- **süß-sauer:** à l'aigre-doux (ägrehdu): Zucker zu hellem Karamel geröstet, junge blanchierte Karotten hinzugegeben, mit Weinessig deglaciert, mit Zucker und Salz gewürzt, mit Bouillon aufgegossen, gargekocht; mit Stärkemehl abgezogen.
- **Vichy:** Blätterig geschnitten, mit Butter und Wasser, früher Vichywasser, Zucker und Salz gekocht, bis die Scheiben glaciert sind; mit gehackter Petersilie bestreut.
- **Watane Gajarachi Bhaji:** Mohrrüben und Erbsen: In Scheiben geschnitten, zusammen mit ebensoviel Erbsen in heißem Senf- oder Olivenöl angeschwitzt, mit Currypulver bestreut, mit Salz gewürzt, mit Wasser gedünstet, bis sie fast trocken sind; mit körnig gekochtem Reis oder Chapati (s. d.), geklärter Butter und Zitronenspalten serviert (indisch).
- **auf Wiener Art:** à la viennoise: In grobe Streifen geschnitten, vorgekocht, in Bouillon mit gebratenen Zwiebelscheiben gekocht, gewürzt; mit blondem Roux gebunden, mit gehackter Petersilie bestreut.
- **mit Zwiebeln:** aux onions (osongjong): In Scheiben geschnittene Mohrrüben und Zwiebeln, leicht in Butter angeröstet, mit Mehl bestäubt, nach dem Anlaufen mit Bouillon aufgegossen, gewürzt, gekocht; mit Eigelb und Milch gebunden, mit Essig gewürzt, mit gehackter Petersilie bestreut.

Moosschwamm: siehe Maipilz

Morchel: Morille (morij): Beliebter Schlauchpilz mit bienenkorbähnlichem oder glockenförmigem Hut und säulenförmigem, glattem, meist weißem Stiel, der in vielen Arten in Europa, Amerika und den Gebirgen der Tropen beheimatet ist. Da er durch seine Struktur viel Sand enthält, muß er mehrmals in wechselndem Wasser gewaschen werden. Die Farben variieren von hellgelb zu hell- und dunkelbraun.

- **auf andalusische Art:** à l'andalouse (angdaluhs): Geteilt, in Olivenöl mit gehackten roten Paprikaschoten und Würfelchen von rohem Schinken gedünstet, mit wenig Demiglace angegossen, mit Sherry gewürzt; garniert mit herzförmigen, in Olivenöl gebackenen Croutons.
- **auf Bordelaiser Art:** à la bordelaise: In heißem Olivenöl mit gehackten Schalotten und Petersilie sautiert, gewürzt, abgetropft, mit Zitronensaft abgeschmeckt.
- **Chaumont** (schomong): Geviertelt, in Butter sautiert, mit Mehl bestäubt, mit hellem Fond aufgegossen, gekocht, mit Eigelb und Rahm gebunden, mit Zitronensaft gewürzt.
- **d'Este:** In Butter mit gehackten Zwiebeln, Zitronensaft und saurem Rahm gedünstet, vermischt mit gehackten Kräutern, mit hartgekochten Kiebitz- oder Möweneiern garniert.
- **auf Försterart:** à la forestière (forestjär): Abgebrüht, mit Bratwurstfleisch, vermischt mit den gehackten Stielen und Petersilie, gefüllt; in gebuttertem Sautoir markiert, mit kräftigem Kalbsfond angegossen, gedünstet; der gebundene Fond über die Morcheln gegossen.
- **auf Königinart:** à la reine: Gewaschen, kurz gebrüht, vom Stiel aus mit Hühnerfarce, vermischt mit den gehackten Stielen, gefüllt; in gebuttertes Sautoir gegeben, mit hellem Fond angegossen, zugedeckt im Ofen gedünstet; der eingekochte, mit Geflügelrahmsauce vermischte Fond darübergegossen.
- **mit feinen Kräutern:** aux fines herbes (finserb): In Butter sautiert, gewürzt, im letzten Moment mit frischgehackten Kräutern vermischt.

Poulette: In Butter mit Zitronensaft gedünstet, mit Poulettesauce gebunden.
auf provenzalische Art: à la provençale (prowangßal): Wie auf Bordelaiser Art, jedoch mit Knoblauch bereitet.
mit Rahm: à la crème: In Butter mit gehackten Zwiebeln gedünstet, gewürzt, dicker Rahm angegossen, sämig gekocht.
auf spanische Art: à l'espagnole (espangjol): In Olivenöl mit gehacktem rohen Schinken sautiert, mit Weißwein deglaciert, mit Demiglace gedünstet, mit Paprika und Zitronensaft gewürzt.
auf Toulouser Art: à la toulousaine (tulusän): Geteilt, in Butter und Olivenöl mit gehackten Zwiebeln, Schalotten und Knoblauch sautiert, vermischt mit gerösteten Schinkenwürfeln und geschmolzenen Tomaten.
Villeneuve (Willnöw): Wie in Rahmsauce bereitet, in Blätterteigpastete gefüllt.
Morille: siehe Morchel
Morille de moine: siehe Herbstlorchel
Moussaka de vinete: Eieräpfel, der Länge nach gespalten, eingekerbt, in Öl gebraten, ausgehöhlt, die Häute aufgehoben; das gehackte Fruchtfleisch mit gehackten, angerösteten Zwiebeln, gehacktem Hammelfleisch, gehackten, angeschwitzten Champignons, gehackter Petersilie und Knoblauch vermischt, mit dicker Demiglace und Eiern gebunden. Gefettete Charlotteform mit den Häuten, die dunkle Seite nach außen, ausgefüttert, schichtweise mit der Farce und mit in Öl gebratenen Scheiben von geschälten Eieräpfeln gefüllt, mit Häuten abgeschlossen, mit geöltem Papier bedeckt, im Wasserbad im Ofen etwa eine Stunde pochiert; kurze Zeit zum Ruhen gestellt, dann auf runde Platte gestürzt (rumänisch).
Mousseron: siehe Maipilz
Muttar Foogatha: Erbsen in Kokosnußmilch: Gehackte Zwiebeln, in Butterfett angedünstet, schwaches und starkes Currypulver, Salz, die vorgekochten Erbsen beigefügt, Kokosnußmilch aufgegossen, eingekocht (indisch).

Navet: siehe weiße Rübe
Nocken, Nockerl: Noques (nock): Kleine Klößchen von Mehl, Eiern, Butter, Milch u. a., auch Brandteig, mit dem Löffel in verschiedenen Größen ausgestochen, in Salzwasser pochiert.
Deutsche: à l'allemande: Schaumig gerührte Butter, mit Eigelb und Mehl vermischt, mit Salz und geriebener Muskatnuß gewürzt, mit Eierschnee aufgezogen, ausgestochen, in Salzwasser pochiert.
Grieß-: de semoule (dö ßemul): Grieß, in Milch gekocht, gewürzt, vermischt mit Eigelb, mit Eierschnee aufgezogen; mit dem Suppenlöffel geformt, pochiert, abgetropft, in Backplatte gefüllt, mit geriebenem Parmesan bestreut, mit Butter betropft, im Ofen überkrustet.
Mehl- de farine (farin): Mehl, vermischt mit Eiern, Milch und zerlassener Butter, gewürzt, ausgestochen, in Salzwasser pochiert; abgetropft, mit brauner Butter übergossen.
Polnische: à la polonaise: Fester Teig von Mehl, Eiern, zerlassener Butter, saurem Rahm und Prise Salz, 1 cm dick ausgerollt, in Vierecke geschnitten, in Salzwasser pochiert; abgetropft, in Timbalschüssel gefüllt, mit Reibbrot in viel Butter gebräunt übergossen.
Schweizer: à la suisse (swiß): Brandteig, mit kleinem Löffel geformt, in Backplatte gefüllt, mit geriebenem Schweizer Käse bestreut, reichlich mit zerlassener Butter übergossen, in mäßig heißem Ofen gebacken.
Tschechische: à la tchèque: Brandteig, mit dem Kaffeelöffel ausgestochen, in Salzwasser pochiert, abgetropft, mit brauner Butter übergossen.

Wasserspatzen: Teig aus Mehl, Milch, Eiern, geriebener Muskatnuß und Salz, geschlagen bis er Blasen wirft, mit in Butter gerösteten Weißbrotwürfelchen vermischt, Nocken abgestochen, in Salzwasser gekocht.

Nocken, Italienische: Gnocchi (njokki): Kleine, walnußgroße oder noch kleinere Klößchen, aus Grießmasse, Kartoffeln, Brandteig u.a.m., fast immer mit geriebenem Parmesan vermischt oder serviert.

Gnocchi di patate: Kartoffelnocken: Frischgekochte Kartoffeln, durchgedrückt, vermischt mit Mehl, Eiern und etwas Salz; zu kleinen Kugeln geformt, jedes Stück über ein Reibeisen gerollt, in Salzwasser pochiert; abgetropft, mit reichlich geriebenem Parmesan bestreut, mit brauner Butter übergossen (italienisch).

alla Romana: Römische Nocken: Grieß, langsam in Milch ausgequollen, mit Salz, Pfeffer und geriebener Muskatnuß gewürzt, mit Eigelb gebunden, auf gefettetem Blech ausgekühlt; rund oder halbmondförmig ausgestochen, in gebutterte Backplatte geordnet, mit geriebenem Parmesan und Schweizer Käse bestreut, mit Butter betropft, im Ofen überkrustet (italienisch).

gratiniert: au gratin: Brandteig, mit Milch bereitet, vermischt mit geriebenem Parmesan, walnußgroß geformt, in Salzwasser pochiert, abgetropft; in Backplatte, leicht mit Mornaysauce bedeckt, gefüllt, mit Mornaysauce nappiert, mit geriebenem Parmesan bestreut, mit Butter betropft, im Ofen überbacken.

auf italienische Art: à l'italienne: Gekochte, durchgedrückte Kartoffeln, mit Butter, Ei, Mehl und Parmesan vermischt, gewürzt, zu kleinen Kugeln geformt, über ein grobes Reibeisen gerollt, in Salzwasser pochiert; abgetropft, in gefettete Backplatte geordnet, mit geriebenem Parmesan bestreut, mit Butter betropft, überbacken.

mit Parmesan: au parmesan: Schaumig gerührte Butter, vermischt mit Eiern, Eigelb, Mehl und geriebenem Parmesan, mit Eierschnee aufgezogen, mit Salz, Pfeffer und Muskatnuß gewürzt; walnußgroß ausgestochen, pochiert, angerichtet, mit geriebenem Parmesan bestreut, mit brauner Butter übergossen.

auf Piemonteser Art: à la piémontaise: Haselnußgroß aus Kartoffeln, wie auf italienische Art, bereitet, pochiert, mit geriebenem Parmesan und Reibbrot bestreut, mit brauner Butter übergossen, mit Tomatensauce umkränzt.

Noques: siehe Nocken

Nouilles: siehe Nudeln

Nouillettes: Sehr dünne, feine Nudeln. Siehe Nudeln

Nudeln: Nouilles (nuij): Mittelfester Teig von Mehl, Eiern und Eigelb (kein Wasser), mit Salz und geriebener Muskatnuß gewürzt, nach kurzem Ruhen ganz dünn ausgerollt, in dünne, lange Streifen geschnitten, getrocknet; in Salzwasser gekocht, refraichiert, gut abgetropft. Auch im Handel in verschiedenen Breiten erhältlich.

mit Butter: au beurre: In heißer Butter geschwenkt, mit Salz und geriebener Muskatnuß gewürzt.

auf elsässische Art: à l'alsacienne (alsaßjenn): Wie mit Butter zubereitet, bestreut mit rohen Nudeln in Butter braun und knusprig geröstet.

auf Florentiner Art: à la florentine: Mit frischer Butter und Spinatstreifen, in Butter gedünstet, vermischt; in Backplatte gefüllt, mit Kalbsjus angegossen, mit geriebenem Käse bestreut, mit Butter betropft, im Ofen überkrustet.

auf Großmutters Art: à la grand-mère: Mit Butter und gerösteten Speckstreifen vermischt, mit gerösteten Weißbrotwürfelchen und gehacktem Schnittlauch bestreut.

grüne: Nouilles vertes: Grundteig mit ganz feinem, trockenem Spinatpüree vermischt, etwas breiter als sonst geschnitten.

auf spezielle Art: à la spéciale (speßjal): Gekocht, abgetropft, mit frischer Butter und süßem Rahm gebunden, gewürzt, mit sehr kleinen, in Butter gerösteten Weißbrotwürfelchen bestreut.

auf italienische Art: à l'italienne (italjenn): Mit Butter und geriebenem Parmesan vermischt, mit Tomatensauce umgossen.
auf polnische Art: à la polonaise: Mit Butter vermischt, gewürzt, mit Reibbrot, mit viel Butter gebräunt, übergossen.
auf Schweizer Art: à la suisse (swiß): Gekocht, abgetropft, in gefettete Backplatte gefüllt; mit heißem, gewürztem Rahm übergossen, mit geriebenem Emmentaler Käse bestreut, im Ofen überbacken.
überkrustet: au gratin (o gratäng): Mit Mornaysauce vermischt, in Backplatte gefüllt, mit geriebenem Käse bestreut, mit Butter betropft, überkrustet.
auf westfälische Art: à la westphalienne (westfaljenn): Mit Julienne von westfälischem Schinken vermischt, mit leichter Béchamel gebunden, in Backplatte gefüllt, mit geriebenem Parmesan bestreut, mit Butter betropft, im Ofen überbacken.

Nudelröllchen, gefüllte: siehe Canneloni

Oignon: siehe Zwiebel
Okra: siehe Gombo
Orge perlé: siehe Perlgraupen
Orties: siehe Brennesseln
Oseille: siehe Sauerampfer
Oxalis: siehe Sauerkleeknolle

Palmenmark: Palmensprossen, Cœurs de palmier (kör dö palmjeh): Die zarten Sprossen verschiedener Palmenarten, die bei uns nur in Dosen konserviert in den Handel kommen. Wie Spargel oder Karden bereitet.
mit Butter: au beurre: In passende Stücke geschnitten, im eigenen Saft aufgewärmt, abgetropft, mit zerlassener Butter übergossen.
auf Florentiner Art: à la florentine (florentihn): Gefüllt mit gehacktem, in Butter gedünstetem, gewürztem, mit Eigelb und Rahm gebundenem Spinat; paniert, in tiefem Fett gebacken, leichte Rahmsauce nebenbei.
mit holländischer Sauce: à la sauce hollandaise: Aufgewärmt, auf Serviette angerichtet, holländische Sauce nebenbei.
auf italienische Art: à l'italienne: In Stücke geschnitten, in Butter mit gehackten Schalotten und Zitronensaft gedünstet, mit gehackter Petersilie bestreut.
Metropole: In ovale, gebutterte Backplatte geordnet, bedeckt mit weißem Zwiebelmus, mit geriebenem Käse bestreut, im Ofen überkrustet; garniert mit gleichgroßen, pochierten Champignonköpfen, leicht mit Demiglace nappiert und mit gehacktem Estragon bestreut.
auf polnische Art: à la polonaise (polonäs): Wie Spargel bereitet.
Palmkohl: Chou-palmiste (shu palmis): Die noch geschlossenen Palmendknospen, die geschnitten werden, ehe sie sich öffnen. Sie werden wie Wirsingkohl bereitet und auch roh als Salat gegessen.
Panais: siehe Pastinake
Papanasi cu Smantana: Quarkkuchen mit saurem Rahm: Rahmquark, durchgestrichen, mit Butter, Eigelb, Eiern und dickem Rahm vermischt, mit Salz, Prise Zucker und geriebener Zitronenschale gewürzt; runde, flache, kleine Kuchen geformt, in Butter gebraten, saurer Rahm nebenbei (rumänisch).
Papaya: siehe Baummelone
Paprikaschote, Pfefferschote, Peperoni: Piment doux (pimong du): Nachtschattengewächs mit leuchtend roten, grünen, gelben und violetten Früchten von verschiedenen Größen und Gestalten, von scharfem, mildem und süßem Geschmack. Als Gemüse kommen nur die milden und süßen Arten in Betracht, von denen die Samen vor weiterer Bereitung entfernt werden müssen.
Ardei Umpluti: Gefüllte Paprikaschoten: Vom Stiel befreit, ausgehöhlt, mit Mischung von ³/₄ Schweinehack und ¹/₄ Rinderhack,

in Schweineschmalz gerösteten Zwiebelwürfeln, Eiern, Salz, Pfeffer, Muskatnuß und gehackter Petersilie gefüllt; gefüllte Seite in Öl angebraten, in Braisière geordnet, im Ofen angebraten, mit leichter Tomatensauce geschmort; saurer Rahm nebenbei (rumänisch).

auf Bostoner Art: à la bostonienne (bostonjenn): Kleine Früchte, enthäutet, Samen entfernt, mit Crabmeat gefüllt, paniert, mit geklärter Butter befeuchtet, auf dem Rost gebraten.

gefüllt: farcis (farßi): Enthäutet, Samen entfernt, gefüllt mit Risotto, vermischt mit gewürfelten Champignons und Schinken, in leichter Tomatensauce gedünstet.

auf Haushälterinart: à la ménagère: Blanchiert, Samen entfernt, mit Bratwurstfleisch, vermischt mit gekochtem Reis, gefüllt, zugedeckt mit Tomatensauce im Ofen gedünstet.

auf Kreolenart: à la créole (kreol): Blanchiert, enthäutet, Samen entfernt, mit Kreolenreis gefüllt, in dünner Tomatensauce gedünstet.

Mus: Purée de poivrons doux: Rote Früchte, blanchiert, Samen entfernt, in Stücke geschnitten, in Butter angedünstet, Reis beigefügt, mit Bouillon aufgegossen, gewürzt, sehr weich gekocht, durchgestrichen, mit etwas Butter vervollständigt.

auf orientalische Art: à l'orientale (oriangtal): Rote Paprikaschoten, enthäutet, Samen entfernt, in grobe Stücke geschnitten, vermischt mit zuvor in Öl geschwitzten Zwiebelwürfeln und Knoblauch, mit Hammelbrühe angegossen, langsam gargedünstet.

auf Piemonteser Art: à la piémontaise: Rote Früchte, halbiert, Samen entfernt, in hellem Fond gedünstet, abgetropft; abwechselnd mit Risotto in Backplatte gefüllt, mit geriebenem Parmesan bestreut, mit Olivenöl betropft, im Ofen überbacken.

auf Snagower Art: à la Snagow: Enthäutet, blanchiert, Samen entfernt, mit Sauerkraut, zuvor in zarter Brühe gekocht, gefüllt; auf viel in Öl goldgelb gerösteten Zwiebelscheiben geordnet, Tomatenwürfel beigefügt, mit leichter Tomatensauce aufgegossen, langsam gedünstet, mit Zitronensaft gewürzt; warm oder kalt serviert.

auf spanische Art: à l'espagnole: Blanchiert, enthäutet, halbiert oder geviertelt, Samen entfernt, durch Backteig gezogen, in tiefem Fett gebacken.

auf türkische Art: à la turque (türk): Blanchiert, enthäutet, Samen entfernt, gefüllt mit 2 Teilen in Hammelbrühe körnig gekochtem Reis und einem Teil gekochtem, gehacktem Hammelfleisch, mit Salz, Pfeffer und Knoblauch gewürzt und mit Tomatensauce gebunden; auf viel in Öl angerösteten Zwiebelwürfeln geordnet, mit dünner Tomatensauce aufgegossen, im Ofen gedünstet.

überkrustet: au gratin: Blanchiert, enthäutet, Samen entfernt; in gefettete Backplatte geordnet, maskiert mit Mornaysauce, vermischt mit gedünsteten Zwiebelwürfeln, mit geriebenem Käse bestreut, mit Butter betropft, in mäßig heißem Ofen gargemacht und überkrustet.

Pasta asciutta: Italienische Bezeichnung für trockene Teigwaren und auch für den Teig, aus dem diese hergestellt werden.

Pastinake: Panais (pannä): Die weißgelbliche Wurzel einer Pflanze aus der Familie der Petersilie. Hauptsächlich als aromatische Substanz verwendet, aber auch wie Knollensellerie bereitet.

Mashed Parsnips: Pastinakenmus: Geschabt, zerschnitten, in Bouillon oder leicht gesalzenem Milchwasser gekocht; abgetropft, durchgestrichen, gewürzt, mit einem Stückchen Butter verrührt (englisch).

Patate: siehe Batate

Peperoni: siehe Paprikaschote

Perlgraupen: Orge perlé (orsch perleh): Kleine, kugelige, geschälte und durch Schleifen abgerundete Gersten-, seltener Weizenkörner. Sie werden zu Suppen und zu Beilagen verwendet.

mit Birnen: aux poires (o poar): Blanchiert, in Bouillon mit Würfeln von härtlichen Birnen gekocht; beim Anrichten mit gebratenen Scheiben Magerspeck belegt.

Perlgraupen   **Polenta**

    mit Gemüsen: aux légumes (o legümm): In Bouillon mit gewürfeltem Knollensellerie, Mohrrüben und Zwiebeln gekocht.
    auf italienische Art: à l'italienne: Wie Risotto bereitet, vermischt mit geriebenem Parmesan und Butter; Tomatensauce nebenbei.
Petits Pois: siehe Erbsen, grüne
Pe-Tsai: Chinesischer Kohl: Kohlsorte, die dem römischen Salat in der Struktur ähnelt. In China beheimatet, heute jedoch auch in Europa, hauptsächlich in Frankreich angebaut. Wird wie Wirsingkohl bereitet.
Pfefferschoten: siehe Paprikaschoten
Pfifferling, Eierschwamm, Eierpilz: Chanterelle (schangträll), Girolle (schiroll): Dottergelber, fast trichterförmiger kleiner Blätterpilz, mit gewölbtem Hut und Lamellen, die weit am Stiel herunterlaufen. Er wird meist in Olivenöl und Butter sautiert, oder in Butter mit gehackten Zwiebeln oder Schalotten gedünstet.
    auf Berner Art: à la bernoise (bernoas): In Schweineschmalz mit gehackten Zwiebeln sautiert, in hellem Fond gedünstet, der Fond eingekocht und mit gehackter Petersilie vermischt; mit geriebenem Schweizerkäse bestreut serviert.
    auf Haushälterinart: à la ménagère: In Butter mit gehackten Zwiebeln ansautiert, in hellem Fond mit gehacktem Fenchelgrün gedünstet, mit Mehlbutter gebunden, mit gehacktem Schnittlauch bestreut.
    mit feinen Kräutern: aux fines herbes: In Butter mit gehackten Schalotten sautiert, mit gehackten Kräutern geschwenkt.
Pimiento, süße Paprikaschote: Eine glänzend rote Art von Paprikaschote, mild im Geschmack, die besonders in Spanien angebaut wird. Sie wird zum Füllen von Oliven, zu Salaten, Fleisch- und anderen Gerichten verwendet und kommt sowohl frisch als auch geschält in Dosen konserviert auf den Markt. Siehe auch Paprikaschote.
Pissenlit: siehe Löwenzahn
Pizza: Eine Art Fladen von Hefe-, seltener Blätterteig mit Tomaten, Käse, Oliven, Schinken, Sardellen u. a. belegt, gebacken und heiß serviert (italienisch).
    alla napoletana: auf Neapeler Art: Hefeteig mit Schmalz bereitet, zu einem dünnen, runden Fladen geformt, mit Olivenöl bestrichen, mit Scheiben geschälter, entkernter Tomaten und Mozzarellakäse bedeckt, mit Salz, Pfeffer, Majoran und Thymian gewürzt, einige gehackte Sardellenfilets obenaufgestreut, mit Olivenöl betropft, nach dem Gären im Ofen gebacken (italienisch).
Plinzen, russische: siehe Blini
Podrida Créole: Rote Bohnen, in Wasser mit Zwiebeln, Knoblauch und einem Stück Magerspeck gekocht; vermischt mit dem gewürfelten Speck, mit Mehlbutter gebunden, in Risottorand, mit Schmalz bereitet und ohne Käse, angerichtet (spanisch).
Pointes d'amour: Phantasiename für grüne Spargelspitzen.
Poireau: siehe Porree
Poirée à carde: siehe Mangold
Pois cassées: siehe Splittererbsen
Pois chiches: siehe Kichererbsen
Pois mange-tout: siehe Zuckererbsen
Pois secs: siehe Erbsen, getrocknete
Poivron doux: siehe Paprikaschote
Polenta: Glatter Brei von gelbem Maismehl, in leicht gesalzenem Wasser gekocht, in eine Form oder Schüssel gefüllt, dann geschnitten und mit Sauce bedeckt (italienisch).
    alla calabrese: auf kalabrische Art: Querrippe, Schweinefleisch und Schinkenknochen in Tomatensauce weichgekocht, gewürzt, Fleisch herausgenommen und separat angerichtet. Tiefe Schüssel mit Tomatensauce bedeckt, mit geriebenem Romanokäse bestreut, Polenta, weich wie Kartoffelpüree gehalten, löffelweise, wieder abwechselnd mit Sauce und Käse, darauf angerichtet, zuletzt Sauce und Käse (italienisch).

gebraten: frit: Nach dem Kochen auf angefeuchtetes Randblech gestrichen, ausgekühlt, in Vierecke oder verschobene Vierecke geschnitten, in Butter gebraten; angerichtet, mit geriebenem Parmesan bestreut, mit brauner Butter übergossen.

alla Toscana: Gehackte Zwiebeln und Petersilie, zerdrückte Rosmarinblätter und gewürfeltes Kalbfleisch in Butter angebräunt, vermischt mit Tomatenmark, mit etwas Wasser angegossen, gewürzt, weichgeschmort, kurz vor dem Garwerden schwarze Oliven beigefügt; Polenta in Scheiben geschnitten, die Sauce darübergegossen, mit geriebenem Parmesan bestreut.

Pomme de terre: siehe Kartoffel

Porree, Lauch: Poirau (poaro): Das mildeste Mitglied der Zwiebelfamilie, das der langen Stauden wegen geschätzt wird. Als Gemüse wird nur der weiße Teil des Porrees verwendet und hauptsächlich junge, zarte Stauden.

mit Butter: au beurre: Blanchiert, in hellem Fond gedünstet, abgetropft, mit zerlassener Butter übergossen.

auf deutsche Art: à l'allemande: Der Länge nach gespalten, blanchiert, in hellem Fond mit Rosinen gedünstet; Fond mit weißer Mehlschwitze gebunden, mit Pfeffer, Zucker und Essig gewürzt.

gedünstet: braisé: In Stücke von gleicher Länge geschnitten, auf Bett von Zwiebel- und Mohrrübenscheiben sowie Speckabfällen in fetter Brühe gedünstet; nappiert mit dem entfetteten, mit Demiglace verkochtem Fond.

auf Mailänder Art: à la milanaise: In gleichmäßige Stücke geschnitten, in Salzwasser gekocht, abgetropft; schichtweise mit geriebenem Parmesan dazwischen angerichtet, mit geriebenem Parmesan bestreut, mit brauner Butter übergossen.

mit Mark: à la moelle (moall): Wie gedünstet bereitet, mit blanchierten Rindermarkscheiben belegt, mit der Sauce nappiert, mit hackter Petersilie bestreut.

mit Öl: à l'huile (üil): Gekocht, abgetropft, kalt mit Vinaigrette-Sauce serviert.

auf polnische Art: à la polonaise: Wie Spargel gleichen Namens bereitet.

auf sardinische Art: à la sarde: Gekocht, grobgehackt, vermischt mit gewürfelten, sautierten Eieräpfeln, mit Hacksauce gebunden.

auf türkische Art: à la turque: In gleichgroße Stücke geschnitten, blanchiert, auf gehackte, leicht angebratene Zwiebeln gelegt, mit Olivenöl und etwas Wasser gedünstet, wenn halbgar Reis beigefügt; kalt oder lauwarm, mit etwas Zucker bestreut, serviert.

überkrustet: au gratin: Gebündelt, in Salzwasser gekocht, abgetropft, Faden entfernt; in gefettete Backplatte gefüllt, mit geriebenem Käse bestreut, mit Butter betropft, überbacken.

auf Waadtländer Art: à la vaudoise (wodoas): Gleichmäßige Stücke, in fetter Brühe mit einem Stück Speck und einer Kochwurst gedünstet; mit dem tranchierten Speck und der Wurst oben auf dem Porree angerichtet, mit Salzkartoffeln garniert (schweizerisch).

Porridge: Mehl, auch Flocken verschiedener Getreidearten, mit Wasser oder Milch und Salz, meist im Doppelkocher gekocht, und mit Zucker und süßem Rahm als Frühstücksgericht serviert.

Oatmeal-: Hafermehl, in leicht gesalzenem Wasser gekocht, heiß mit Streuzucker und süßem Rahm serviert (englisch).

Portulak: Pourpier (purpjeh): Gemüse- und Würzpflanze aus der Gattung der Portulakazeen, deren gelbblätterige Art bevorzugt wird. Man verwendet die jungen Blätter und die fleischigen Stengel als Gemüse und zum Salat.

mit Bratensaft: au jus (o schü): Stiele, in Stücke geschnitten, in Salzwasser vorgekocht, in Butter gedünstet, mit gebundener Kalbsjus nappiert.

auf Brüsseler Art: à la bruxelloise (brüsseloas): Blätter und Stengel gekocht, abgetropft, grobgehackt, in Olivenöl mit gehackter Petersilie und Knoblauch gedünstet; gewürzt, vermischt mit in Milch geweichtem Brot und Eigelb, in gefettete Backplatte gefüllt, mit geriebenem Parmesan bestreut, mit Butter betropft, im Ofen gebacken.

auf französische Art: à la française: Stengel geschält, blanchiert, in fetter Brühe gekocht, abgetropft; in Backplatte gefüllt, mit geriebenem Parmesan bestreut, mit Butter betropft, überbacken.

gebacken: frit: Stengel in passende Stücke geschnitten, in Salzwasser gekocht, abgetropft, durch Backteig gezogen, in tiefem Fett gebacken.

auf holländische Art: à la hollandaise (ollandäs): Junge Blätter, blanchiert, gehackt, in Butter gedünstet, gewürzt, mit Eigelb und Mehlbutter gebunden.

mit Rahm: à la crème: Junge Blätter, gekocht, ausgedrückt, püriert, gewürzt, mit dickem Rahm gebunden.

Potiron: siehe Kürbis

Pourpier: siehe Portulak

Puffbohne, Ackerbohne, Saubohne, große Bohne: Fève de marais (fehf dö marä): Zu den Wicken gehörige Pflanze mit großen, bohnenartigen Früchten, deren Kerne nur grün, solange der Keimfleck noch weiß ist, verwendet werden sollten. Später sind die Kerne mit einer zähen, lederartigen Haut umgeben, die nach dem Kochen entfernt werden muß.

auf bretagnische Art: à la bretonne: Wie weiße Bohnen gleichen Namens bereitet.

mit Butter: au beurre (o böhr): Gekocht, abgetropft, gewürzt, in Butter geschwenkt.

auf deutsche Art: à l'allemande: Vorgekocht, vermischt mit gekochten Mohrrübenwürfeln, mit Bouillon angegossen, mit Mehlbutter gebunden, gewürzt, vermischt mit gehackter Petersilie und Bohnenkraut.

auf englische Art: à l'anglaise: Gekocht, gut abgetropft, gewürzt, mit einem Stückchen frischer Butter belegt.

auf griechische Art: à la grecque: Blanchiert, in Öl mit gehackten Zwiebeln gedünstet, mit wenig Wasser angegossen, gewürzt, gargedünstet, mit Zitronensaft gewürzt, kalt serviert.

Janina: Blanchiert, abgetropft, in Hammelfett zusammen mit gehackten Zwiebeln und Tomatenwürfeln gedünstet, mit gehacktem, gekochtem Hammelfleisch vermischt.

Mus: en purée: Gekocht, abgetropft, püriert, gewürzt, mit Rahm und Butter aufgezogen.

mit Rahm: à la crème: Blanchiert, in Butter gedünstet, gewürzt, mit dickem, süßem Rahm vervollständigt.

mit Speck: au lard (o laar): Gehackte, in Butter leicht angeröstete Zwiebeln und Speckwürfel, mit Mehl bestäubt, hell angebräunt, mit Bouillon aufgekocht; blanchierte Puffbohnen beigefügt, gewürzt, langsam gargedünstet.

auf westfälische Art: à la westphalienne: Gekocht, vermischt mit gebratenen Speckwürfeln und gehackter Petersilie; kurz mit wenig Velouté aufgekocht, gewürzt.

Püree: Purée: Gemüse entweder gekocht oder weichgedünstet, durchgestrichen, je nach der Art mit Kartoffelpüree oder dicker Béchamel vermischt, gewürzt, meist mit süßem Rahm, Butter oder Milch vervollständigt.

Argenteuil (arschangtoij): Spargelmus, mit dicker Béchamel gebunden, mit Butter und dickem Rahm vervollständigt.

Brasilianisches: Purée brésilienne (bresiljenn): Mus von Sauerkleeknollen, vermischt mit Kartoffelpüree, mit Butter und Rahm vervollständigt.

Clamart (klamar): Mus von frisch gekochten grünen Erbsen, mit Butter und süßem Rahm vervollständigt.

Condé (kondeh): Mus von roten Bohnen, mit Rotwein und einem Stück Magerspeck gekocht, mit der Brühe und etwas Butter aufgezogen.

Conti (konti): Linsenmus, mit Butter und Rahm vervollständigt.

Crécy (kressi): Mus von Mohrrüben oder Karotten, mit Reis gekocht, mit Butter vervollständigt.

Dubarry (dübarri): Mus von Blumenkohl, mit etwas Kartoffelpüree vermischt, mit Butter und Rahm vervollständigt.

Favorite: Mus von grünen Bohnen, mit dicker Béchamel gebunden, mit Butter vervollständigt.

Flämisches: Purée flamande: Mus von Rosenkohl, mit etwas Kartoffelpüree vermischt, mit Butter vervollständigt.

Freneuse: Mus von weißen Rüben, mit Kartoffelpüree und etwas Butter vermischt.

Musart (müsahr): Mus von grünen Bohnenkernen, mit Butter und Rahm vermischt.

Palästinisches: Purée palestine (palestihn): Mus von Topinambur, mit etwas Kartoffelpüree vermischt, mit Butter und Rahm vervollständigt.

Rachel (raschell): Mus von Artischockenböden, mit dicker Béchamel gebunden, mit Butter und Rahm vervollständigt.

Sächsisches: saxonne (ßaksonn): Mus von weißen Rüben, Kartoffeln und Zwiebeln, mit Butter vervollständigt.

Soubise (ßubihs): Mus von Zwiebeln mit Reis gekocht, mit süßem Rahm vervollständigt.

Suzette (süßett): Mus von Knollensellerie und Kartoffeln, mit süßem Rahm und Butter vervollständigt.

Puri: Teig wie für Chapati (s. d.), doch mit Butter anstelle des Öls bereitet, zu nußgroßen Kugeln geformt, papierdünn schön rund ausgerollt; niemals ausgestochen. In reichlich Butter, damit sie darin schwimmen können, hintereinander goldgelb, nicht braun, unter mehrfachem Wenden gebacken, bis sie soufflieren. Anstelle von Brot für Gemüse und andere Gerichte serviert (indisch).

Quenelles: siehe Klöße

Quiche Lorraine: Tortenring mit ungezuckertem Mürbeteig ausgefüttert, der Boden mit dünnen, blanchierten und leicht angebratenen Speckscheiben, abwechselnd mit dünnen Scheiben Schweizer Käse belegt; mit Eier- oder Rahmmilch, mit Salz und Paprika gewürzt, vollgegossen, mit Butterflocken bedeckt, bei mäßiger Hitze gebacken.

Radieschen: Radis (radih): Die fleischigen Wurzeln einer Gemüsepflanze aus der Familie der Kreuzblütler, von runder, ovaler oder spitzer Form mit roter oder weißer Wurzelschale und scharfem, pikantem Geschmack. Junge Radieschen werden als Vorspeisen, Salat und als Gemüse verwendet.

in Curry: au curry: Große Radieschen, geschält, in Butter mit Zwiebelwürfeln angeschwitzt, mit Currypulver bestäubt, in dünner Rahmsauce gekocht; im Reisrand serviert.

glaciert: glacés: Geschält, in Kalbsfond, Butter und etwas Zucker gedünstet, bis die Flüssigkeit verdampft ist und die Radieschen mit einer glänzenden Schicht überzogen sind.

in Rahm: à la crème: Geschält, in Butter gedünstet, mit dickem Rahm oder dünner Rahmsauce eingekocht.

Radis: siehe Radieschen

Rahalou: Gemüseragout: Blanchierte grüne Bohnen, rote Paprikaschoten und Eieräpfel, in grobe Streifen geschnitten, und Gombo, mit gehackten Schalotten in Olivenöl gedünstet, mit Salz und Paprika gewürzt, mit Tomatensauce gebunden; serviert mit Pilawreis (türkisch).

Ravioli, italienische Mundtaschen: Teig aus Mehl, Eiern, lauwarmem Wasser, wenig Olivenöl und Salz, wie Nudelteig bereitet, dünn ausgerollt, in Abständen mit Farcehäufchen bedeckt, rund um die Farce angefeuchtet, mit einer zweiten Teigplatte bedeckt, angedrückt und die einzelnen Ravioli mit dem Teigrädchen in Vierecke ausgeschnitten; in Salzwasser gekocht, abgetropft, mit geriebenem Parmesan bestreut, mit brauner Butter oder Demiglace übergossen oder nach Rezept fertiggemacht.

Beliebte Füllungen: Weichgeschmortes Rindfleisch, Kalbshirn und Spinat, passiert, mit etwas Tomatensauce oder Demiglace gebunden, auch mit gehackten Sardellen vermischt;

Kalbshirn, Spinat, Champignons, feingehackt und mit Bratwurstfleisch vermischt.

- **di ricotta:** Ravioli gefüllt mit einer Mischung von passiertem Weißkäse (Quark), Eiern, gehackter Petersilie, Butter, geriebenem Romanokäse, Salz, Pfeffer und wenig Zucker, gekocht, abgetropft; mit geriebenem Romanokäse bestreut, reichlich mit brauner Butter übergossen (italienisch).
- **con salsa parmigiana:** mit Tomatensauce: Mit einer Mischung von weichgeschmortem Rindfleisch, Spinat, Knoblauch, Kalbshirn und Sardellen gefüllt; mit Tomatensauce, mit Knoblauch gewürzt, nappiert, geriebener Parmesan darüber oder nebenbei (italienisch).
- **überkrustet:** au gratin: Wie con salsa parmigiana bereitet, in Backplatte gefüllt, mit Tomatensauce nappiert, mit geriebenem Parmesan bestreut, mit Butter betropft, im Ofen überbacken.

Reis: Riz (ri): Eine zur Unterfamilie der Reisgräser gehörige Gattung einjähriger Gräser, unter diesen die uralte Speiseispflanze mit zahlreichen Variationen. Hauptsächlicher Anbau in Asien, danach in Nord- und Südamerika, Afrika, Mittelamerika, Italien, Spanien und Portugal. Edle Qualitäten sind: Patnareis, Karolinareis, Mexikoreis, Siamreis, Javareis und italienischer Reis aus der Po-Ebene. Reis wird für Risotto, Pilaw, Curries, zu Süßspeisen, Garnituren u. a. m. verwendet.

- **Butter-:** riz au beurre (ri o böhr): Wie Kreolenreis bereitet, mit der Gabel Butterflocken daruntergemischt.
- **Fetter:** Riz au gras (ri o gra): In fetter Bouillon gekocht, bis der Reis ganz trocken ist.
- **gekocht:** nature (natür): In reichlich Salzwasser gekocht, refraichiert, im Wärmschrank oder mäßig heißen Ofen nachgetrocknet und leicht gesalzen.
- **auf griechische Art:** à la grecque: Pilawreis, vermischt mit Bratwurstfleisch, in kleine Stückchen geteilt und in Butter gargemacht, gedünsteten Würfelchen roter Paprikaschote, nudelig geschnittenem Kopfsalat und gekochten grünen Erbsen.
- **auf indische Art:** à l'indienne (ängdjenn): Wie auf Kreolenart bereitet.
- **auf Kreolenart:** à la créole: In Salzwasser gar, aber körnig gekocht, rasch mit kaltem Wasser abgespült, abgetropft, auf Randblech ausgebreitet, im Wärmschrank getrocknet, so daß jedes Reiskorn trocken und einzeln ist.
- **Kroketts:** Croquettes de riz (krokett dö ri): Risotto, mit Eigelb gebunden, mit geriebenem Parmesan und Butter vermischt, ausgekühlt; Kroketts von gewünschter Form hergestellt, paniert, in tiefem Fett gebacken, auf Wunsch Tomatensauce nebenbei. Risotto kann mit gehacktem Schinken, Champignons, Geflügellebern u. a. m. vermischt werden.
- **Montargis:** Pilawreis vermischt mit Artischockenböden und Trüffelwürfeln.
- **auf Palermoer Art:** à la palermitaine (palermitän): In fetter Bouillon mit gewürfelten Tomaten gekocht, bis der Reis trocken ist, vermischt mit gehackter Petersilie und frischer Butter; geriebener Parmesan nebenbei.

auf Pariser Art: à la parisienne (parisjenn): Pilawreis, vermischt mit Champignonwürfeln, geriebenem Parmesan und etwas Tomatensauce.

Pilaw-: Pilaw, Riz pilaw: Zwiebelwürfel, in Butter angeschwitzt, Reis beigefügt, gerührt, bis er glasig ist, mit der doppelten Menge heller Brühe aufgefüllt, gewürzt, zugedeckt im Ofen gegart. Für Pilawgerichte siehe Hauptgerichte.

Risi-Pisi: Fetter Reis mit reichlich frischgekochten grünen Erbsen vermischt.

auf spanische Art: à l'espagnole (espanjol): In Butter mit Zwiebelwürfeln angeschwitzt, mit hellem Fond und etwas Tomatenpüree aufgegossen, gewürfelter roher Schinken und grüne Paprikaschoten beigefügt, mit Cayennepfeffer und Salz gewürzt, gegart; mit frischer Butter vermischt.

auf Valencienner Art: à la valenciennes (walängsjenn): Pilawreis mit rohen Schinkenwürfeln, grünen Erbsen, Tomaten und Paprikaschotenwürfeln bereitet.

Reis, Wilder, Indianerreis: Die Samen eines dem Reis verwandten, an Fluß- und Seeufern Nordamerikas wachsenden Wildgetreides. Gekocht, abgedämpft, gebuttert, als Beilage für Geflügel und Wildgeflügel (amerikanisch).

Rhabarber: Rhubarbe (rübarb): Pflanze aus der Familie der Knöterichgewächse von asiatischer Herkunft, die ihrer dicken, fleischigen Stengel wegen kultiviert wird. Die jungen Stengel werden für Kompott, englische Pasteten und zuweilen als Gemüse verwendet.

mit brauner Butter: au beurre noisette: Junge Stiele, geschält, in gleichgroße Stücke geschnitten, in Salzwasser (besser noch in Dampf) sorgfältig gekocht, abgetropft, angerichtet und mit Reibbrot, in reichlich Butter gebräunt, bedeckt.

Rhubarbe: siehe Rhabarber

Risotto, Käsereis: Risotto, Rizotto: Zwiebelwürfel in Olivenöl oder Butter angeschwitzt, Reis hinzugefügt, nach dem Glasigwerden mit Bouillon aufgegossen – Ratio 1 zu 3 –, gewürzt, zugedeckt, im Ofen ohne umzurühren gegart; geriebener Parmesan und Butterflocken locker daruntergezogen.

alla certosina: Wie auf italienische Art bereitet, serviert mit Ragout von Scampi, groben Würfeln von Fischfilet, Champignons und grünen Erbsen, mit Weißweinsauce gebunden (italienisch).

auf Fastenart: de carême (dö karemm): In Olivenöl angeschwitzt, mit Fischfond aufgegossen, nach dem Garwerden mit Garnelen, gewürfeltem Fischfleisch und Hummerstückchen vermischt.

auf Florentiner Art: à la florentine: Zwiebeln und Reis zusammen mit gewürfeltem Ochsenmark angeschwitzt; nach dem Garwerden mit geriebenem Parmesan, Butterflocken, geschmolzenen Tomaten und Trüffelwürfeln vermischt.

auf italienische Art: Wie Grundrezept, jedoch mit halb geriebenem Parmesan und halb Schweizer Käse unterzogen.

magro alla Nuoro: auf Nuoreser Art: Entkernte, geschälte und gewürfelte Tomaten, in Olivenöl gedünstet, in dem gehackte Zwiebeln angeschwitzt worden sind, mit Salz, Pfeffer und Safran gewürzt; unter den Reis gegeben, gehacktes Basilikum beigefügt, alles zusammen gargemacht (italienisch).

auf Mailänder Art: à la milanaise: Vermischt mit Julienne von Pökelzunge, Champignons, Trüffeln, Butter und geriebenem Parmesan; Tomatensauce nebenbei (französisch).

alla Matriciana: Mit Speckwürfeln, Tomatenwürfeln und Knoblauch bereitet (italienisch).

alla milanese: Knoblauchzehen leicht in Olivenöl und gewürfeltem Ochsenmark angebraten, herausgenommen, der Reis in dem Öl angeschwitzt, mit Bouillon aufgegossen, mit Salz gewürzt, Faden-

safran beigefügt, gargemacht; geriebener Parmesan nebenbei (italienisch).
auf Neapler Art: à la napolitaine: Reis und Zwiebeln zusammen mit fetten Speckwürfeln angeschwitzt, mit Bouillon aufgegossen, Tomatenwürfel beigefügt; geriebener Parmesan nebenbei.
auf Piemonteser Art: à la piémontaise (pjemontäs): Risotto mit Safran, vermischt mit Butter, geriebenem Parmesan und dünnen Scheibchen italienischer Trüffeln.
Saint-Denis: Mit rohen Champignonscheiben vermischt zubereitet; umrandet mit Demiglace, geriebener Parmesan nebenbei.
auf Seemannsart: à la marinière (marinjär): Vermischt mit pochierten Muscheln, Austern und Garnelen, umgossen mit Seemannssauce.
auf türkische Art: à la turque: Mit gewürfelten Tomaten und Safran bereitet.
Valenciana: Mit angebratenen Schinkenwürfeln und grünen Paprikaschoten bereitet; mit Demiglace umkränzt, geriebener Parmesan nebenbei.
con vongole: mit Muscheln: Mit Fischfond, Muschelfond und Weißwein aufgegossen, nach dem Garwerden mit kleinen, entbarteten Muscheln, Butter und geriebenem Parmesan vermischt (italienisch).

Riz: siehe Reis

Rosenkohl, Sprossenkohl: Choux de Bruxelles (schu dö brüssäl): Kohlart, bei der nur die in den Achseln der Stengelblätter sich bildenden Blattknospen verwertet werden. Die Röschen müssen klein, fest und geschlossen sein. Sie werden flott in Salzwasser gekocht, abgetropft und weiter bereitet.
mit Butter: au beurre: Gekocht, abgetropft, gewürzt, in Butter geschwenkt.
mit brauner Butter: au beurre noisette (o böhr noasett): Gekocht, abgetropft, mit brauner Butter übergossen, mit gehackter Petersilie bestreut.
auf englische Art: à l'anglaise (anglähs): Gekocht, abgetropft, gewürzt, mit einem Stückchen frischer Butter belegt.
auf Großmutters Art: à la grand'mère (grang mär): Gekocht, abgetropft, in Butter mit gehackten, hellgelb gerösteten Zwiebeln und gerösteten Speckwürfeln sautiert; mit winzigen Weißbrotwürfelchen in reichlich Butter geröstet bedeckt.
auf Hausfrauenart: à la bonne femme (bonn famm): Gekocht, in Butter gedünstet, mit gehackter Petersilie bestreut.
auf italienische Art: à l'italienne: Gekocht, abgetropft, mit geriebenem Parmesan bestreut, mit gehackten Sardellenfilets leicht in brauner Butter geschwenkt bedeckt.
auf Limousiner Art: à la limousine (lihmusihn): Gekocht, abgetropft, mit gedünsteten, grobgehackten Maronen vermischt, gewürzt, kurz in Butter nachgedünstet.
auf Mailänder Art: à la milanaise: Gekocht, abgetropft, in Backschüssel gefüllt, nappiert mit italienischer Sauce vermischt mit geschmolzenen Tomaten; mit geriebenem Parmesan bestreut, mit Olivenöl betropft, im Ofen überbacken.
mit Maronen: aux marrons (o marrong): Gekocht, in Butter geschwenkt, mit glacierten Maronen umkränzt.
Mus: en purée: Gekocht, abgetropft, passiert, mit etwas Kartoffelpüree vermischt, gewürzt, mit Butter und Rahm vervollständigt.
auf polnische Art: à la polonaise (pollonäs): Gekocht, abgetropft, mit Reibbrot, in reichlicher Butter braungeröstet, übergossen.
mit Rahm: à la crème: Gekocht, abgetropft, grobgehackt, in Butter gedünstet, gewürzt, mit dickem süßem Rahm vervollständigt.
überkrustet: au gratin: Gekocht, abgetropft, in Backplatte gefüllt, mit Mornaysauce bedeckt, mit geriebenem Käse bestreut, mit Butter betropft, überkrustet.

Rote Beete: siehe Rüben, rote

Rotkraut, Rotkohl, Blaukraut: Chou rouge (schu ruhsch): Kohlart von rotbläulicher Farbe mit glatten Blättern, ursprünglich in China beheimatet, heute in der ganzen Welt angebaut. Er wird meist nudelig geschnitten und unblanchiert mit Schweine- oder Gänseschmalz, Speck- oder Schinkenabfällen, Zwiebeln, Äpfeln u.a.m. gedünstet.

mit Äpfeln: aux pommes fruits (pomm früh): In fetter Brühe mit geschälten, entkernten, in Spalten geschnittenen Äpfeln gedünstet, mit Mehlbutter gebunden.

mit Backpflaumen: aux pruneaux (o prünoh): Geschnitten, in fetter Brühe mit entsteinten Backpflaumen gedünstet; mit Mehlbutter gedickt.

auf Berliner Art: à la berlinoise (berlihnoas): Überbrüht, abgetropft, mit Apfel- und Zwiebelscheiben, in Gänse- oder Schweineschmalz angeschwitzt, in Bouillon, mit Salz, Zucker, Nelkenpfeffer, Prise Zimt und Essig gewürzt, gedünstet; mit Stärkemehl gebunden, kurz vor dem Garwerden etwas Johannisbeergelee beigefügt.

auf brasilianische Art: à la brésilienne (bresiljenn): In Bouillon mit gehackten Zwiebeln, Speckwürfeln und einem Stück fettem Schweinefleisch gedünstet; beim Servieren das tranchierte Fleisch auf das Kraut gelegt.

auf deutsche Art: à l'allemande: Nudelig geschnitten, überbrüht, in Schweineschmalz und Bouillon gedünstet, mit Salz, Nelkenpfeffer, Wacholderbeeren und Essig gewürzt.

auf elsässische Art: à l'alsacienne: 1. Mit Schweineschmalz, Wacholderbeeren und gehackten Zwiebeln in Riesling gedünstet;
2. in Rotwein und Schweineschmalz mit Zwiebelscheiben und Schinkenabfall gedünstet, mit gedünsteten Maronen garniert.

auf flämische Art: à la flamande: Nudelig geschnitten, überbrüht, in Butter mit gehackten Zwiebeln und Apfelscheiben, Salz und einer Prise Zucker gedünstet.

auf griechische Art: à la grecque: Nudelig geschnitten, in Hammelfett mit gehackten Zwiebeln, nudelig geschnittenem Kopfsalat, grünen Erbsen, gewürfelten roten Paprikaschoten, einer geräucherten Wurst und wenig Hammelbrühe gedünstet; beim Servieren mit der in Scheiben geschnittenen Wurst belegt.

auf Hausfrauenart: à la bonne femme: Nudelig geschnitten, mit gewürfeltem Magerspeck, fetter Brühe, etwas Tomatenpüree und Gewürz gedünstet.

auf holländische Art: à la hollandaise: Gehackte, in Butter angeschwitzte Zwiebeln, mit etwas Wasser angegossen, grobgehacktes Rotkraut und einige Apfelwürfel beigefügt, mit Salz, Zucker, Zimt, Nelkenpfeffer, gestoßenen Nelken und Essig gewürzt und gargedünstet.

auf Küchenmeisterart: à la manière du chef (manjer dü scheff): Zwiebelscheiben leicht in Gänseschmalz angeröstet, nudelig geschnittenes, überbrühtes Rotkraut beigefügt, kurz angedünstet, mit Mehl bestäubt, mit halb Rotwein und halb Bouillon angegossen, mit Salz, einer Prise Zimt und Zucker und einem Schuß Essig gewürzt, zusammen mit einem Stückchen magerem Speck gedünstet; nach dem Garwerden mit dem gewürfelten Speck und einigen Löffeln Apfelmus vermischt.

auf Limousiner Art: à la limousine: Mit Bouillon und Schweineschmalz gedünstet, garniert mit braungedünsteten Maronen.

Parforcekohl: Geschnitten, überbrüht, in Schweineschmalz angeschwitzt, mit heißem Essig übergossen, mit Mehl bestäubt, Apfelspalten beigefügt, mit Salz, Pfeffer, Kümmel und Zucker gewürzt, mit etwas Rotwein angegossen, gedünstet.

auf pommersche Art: à la pommeranienne (pommerangjenn): Geschnitten, abgebrüht, mit Apfelscheiben, Schweineschmalz und Kümmel gedünstet, mit Salz, Zucker und Essig gewürzt.

auf russische Art: à la russe: Geschnitten, vermischt mit Zwiebelscheiben, Streifen von Petersilienwurzeln und Knollensellerie, mit fetter Brühe aufgegossen, mit Essig, Zucker, Salz, Nelkenpfeffer und Nelken gewürzt; gedünstet, mit Maisstärke gebunden.

auf Valencienner Art: à la valenciennes (walangsjenn): Mit Bouillon und Schweineschmalz zusammen mit Apfelscheiben und gerösteten Speckwürfeln gedünstet; mit gebratenen Chipolatas serviert.

auf westfälische Art: à la westphalienne: Geschnitten, gebrüht, in Butter mit angerösteten Zwiebelscheiben, Bouillon, etwas Rotwein und einem Schinkenknochen gedünstet; mit Essig gewürzt.

Rübe, rote: Betterave (bettraw): Runde oder längliche Wurzel einer Abart der Runkelrübe mit dünner Haut und rotem Fleisch, die vor dem Kochen nicht verletzt werden darf, da sie sonst auslaugt und hell wird. Das Backen im Ofen ist dem Kochen vorzuziehen. Sie wird für Gemüse und zu Salaten verwendet.

auf alte Art: à l'ancienne: Gekocht, gewürfelt, in Butter mit gehackten Zwiebeln gedünstet, gebunden mit Bastardsauce, gewürzt mit Essig.

auf Bauernart: à la paysanne (pejsann): Gekocht, in Scheiben geschnitten, vermischt mit gebratenen Zwiebelscheiben, mit Rahmsauce gebunden.

auf Bordelaiser Art: à la bordelaise: Gekocht, geschält, in Scheiben geschnitten, in Olivenöl mit gehackten Zwiebeln sautiert, mit Rotweinsauce gebunden.

mit Butter: au beurre: Gehackte Zwiebeln in Butter gedünstet, gekochte Scheiben roter Rüben beigefügt, gewürzt, in Butter geschwenkt, mit einem Schuß Essig vervollständigt.

und Sellerie: Betteraves et céleri au beurre (bettraw e ßelleri o böhr): Wie oben, doch zur Hälfte mit breiten, gedünsteten Stückchen Bleichsellerie vermischt.

gedünstet: étuvées (etüweh): Gekocht, zu großen Oliven geformt, gewürzt, in Butter, zugedeckt, gedünstet.

gewürzt: épicées (epißeh): Gehackte, in Butter gedünstete Zwiebeln, gekochte, gewürfelte rote Rüben beigefügt, mit Wasser kurz angegossen, mit Salz, Pfeffer, Zucker, Essig, gestoßenen Nelken und Zimt gewürzt, gedünstet, bis die Flüssigkeit fast gänzlich verdunstet ist.

Kroketts von: Croquettes de betterave (krokett dö bettraw): Gekocht, geschält, in kleinste Würfel geschnitten, in Butter angedünstet; mit dicker Béchamel und Eigelb gebunden, mit Senfpulver und einem Schuß Essig gewürzt, ausgekühlt. Zu kleinen Korken geformt, paniert, in tiefem Fett gebacken.

mit Kümmel: au cumin (o kümang): Mit Kümmel gekocht, in Scheiben geschnitten, leicht mit Essig mariniert, mit Velouté, mit Kümmel gewürzt, gebunden.

mit Orangensauce: à la sauce orange (oransch): Vorgekocht, geschält, zu großen Oliven geformt, in Butter mit Salz, Pfeffer, Prise Zucker und einem Schuß Essig gedünstet; mit halb Wasser und halb Orangensaft angegossen, geriebene Orangenschale beigefügt, mit Stärkemehl gebunden, kurz durchgekocht.

auf polnische Art: à la polonaise: Gekocht, in Scheiben geschnitten, kurz in Butter mit Salz, Pfeffer, Prise Zucker, gestoßenen Nelken und etwas Essig gedünstet.

in Rahmsauce: à la crème: Gekocht, in kurze, dicke Stäbchen geschnitten, gebunden mit weißer Rahmsauce.

auf russische Art: à la russe (rüß): Gekocht, in Scheiben geschnitten, in Butter gedünstet, kurz vor dem Servieren gehackte grüne Pfefferminze beigefügt.

sautiert: sautées: In Scheiben geschnitten, gewürzt, in Butter sautiert.

mit Senfsauce: à la sauce moutarde (mutard): Gekocht, gewürfelt, mit Senfsauce mit Essig gebunden.

Rübe, weiße: Navet (naweh): Eine Abart der Rübsen mit fleischigsaftiger Wurzel, von denen es zwei Hauptarten gibt: die längliche und die runde; die runde ist die schmackhaftere. Weiße Rüben werden zum Wurzelwerk für Brühen, als Gemüse und Garnitur verwendet.
  mit Béchamel: à la béchamel: Geschält, gewürfelt, gekocht, abgetropft, mit gut gewürzter Béchamel gebunden.
  auf bretagnische Art: à la bretonne: Gekochte Würfel mit bretagnischer Sauce gebunden.
  auf englische Art: à l'anglaise: Geschält, der Länge nach geviertelt, in Salzwasser gekocht, abgetropft, mit zerlassener Butter übergossen.
  mit Fleischsaft: au jus: Geschält, geviertelt, vorgekocht, in kräftiger Kalbsjus gargedünstet.
  auf französische Art: à la française: Gewürfelt, gekocht, abgetropft; vermischt mit der gleichen Menge gekochter Kartoffelwürfel, mit Buttersauce, mit Senf gewürzt, gebunden.
  gebacken: Navet frits: In kleinfingerdicke Streifen geschnitten, durch Milch gezogen, gemehlt, in tiefem Fett wie Kartoffelstäbchen gebacken.
  gedünstet: étuvés (etüweh): Geschält, geviertelt oder tourniert, mit Butter, wenig Wasser und Prise Salz gedünstet.
  gefüllt: farcis: Runde Rüben, geschält, gekocht, Deckel abgeschnitten, ausgehöhlt, Pulp gehackt, mit Bratwurstfleisch, etwas Butter und Rahm vermischt, gewürzt, wieder in die Rüben gefüllt; in Backplatte geordnet, mit Reibbrot bestreut, mit Butter betropft, im Ofen gargemacht.
  glaciert: glacés: Zu großen Oliven geformt, in hellem Fond mit Butter, Salz und Zucker gedünstet, bis die Flüssigkeit verdampft und die Rüben glaciert sind.
  mit Maronen: aux marrons: Gewürfelt, blanchiert, in Kalbsjus gedünstet, mit gedünsteten Maronen vermischt.
  Mashed Turnips: Mus von weißen Rüben: Geschält, geviertelt, gekocht, abgetropft, püriert, mit Butter vermischt, mit Salz und Pfeffer gewürzt (englisch).
  Poulette (pulett): Gekocht, in Scheiben geschnitten, mit Poulettesauce gebunden.
  mit Rahm: à la crème: Geschält, in Scheiben geschnitten, in Butter gedünstet, mit leichter Rahmsauce und frischem Rahm fertiggekocht.
  auf tschechische Art: à la tchèque (tscheck): In dicke Streifen geschnitten, in hellem Bier gedünstet, mit Salz, Pfeffer, Zucker und Lorbeerblatt gewürzt, mit Mehlbutter gebunden.
Rutabaga: siehe Kohlrübe

Salsifis: siehe Schwarzwurzeln
Sauerampfer: Oseille (osäij): Wildwachsende, gelegentlich auch angebaute, etwa 30 cm hohe Pflanze, mit länglichen, pfeilförmigen Blättern und kräftig säuerlichem Geschmack. Wird im eigenen Saft gedünstet, püriert, wie Spinatpüree bereitet und zu Lamm- und Hammelfleisch serviert, aber auch zu Suppen, Omeletts u. a. verwendet.
Sauerkleeknolle, Oxalis: Oxalis (oxalih): Südamerikanisches Knollengewächs mit gelblicher bis rotbrauner Haut und weißem, etwas mehligem Fleisch, das auch in Frankreich und England angebaut wird. Die Knollen werden nicht geschält, sondern geschabt, wobei darauf zu achten ist, daß die Auswüchse nicht verletzt werden.
  auf Finanzmannsart: à la financière (finangsjähr): Zugedeckt in Weißwein und hellem Fond gedünstet; abgetropft, mit holländischer Sauce, vermischt mit dem eingekochten Fond, gebunden, mit gehackten Kräutern bestreut.

auf Haushofmeisterart: à la maître d'hôtel: In hellem Fond gekocht, abgetropft; Fond stark eingekocht, mit Béchamel und süßem Rahm vermischt, mit gehackter Petersilie vervollständigt, die Scheiben mit der Sauce gebunden.

auf Müllerinart: à la meunière (münjär): In dünne Scheiben geschnitten, hellbraun in Butter sautiert, gewürzt, angerichtet; mit Zitronensaft betropft, mit gehackter Petersilie bestreut, mit brauner Butter übergossen.

in Rahmsauce: à la crème: In Salzwasser gekocht, in Scheiben geschnitten, mit dünner Béchamelsauce, mit dickem Rahm verkocht, gebunden.

Sauerkraut, Sauerkohl: Choucroute (schuhkrut): Gehobeltes Weißkraut, das nach Zusatz von Salz eine Milchsäuregärung durchgemacht hat. Wird auch mit Zusatz von natürlichen Gewürzen, Kräutern, Zucker oder Wein hergestellt.

mit Ananas, Ananaskraut: à l'ananas (alanana): In hellem Fond mit Weißwein, gespickter Zwiebel und einem Stück Speck gedünstet; nach dem Garwerden Zwiebel und Speck entfernt, mit gewürfelter, frischer Ananas und Ananassaft kurz durchgekocht, in ausgehöhlte Ananas gefüllt.

mit Austern: aux huîtres (uihtr): In Weißwein und hellem Fond gedünstet, beim Servieren mit pochierten Austern belegt.

auf bürgerliche Art: à la bourgeoise: Zusammen mit in Gänse- oder Schweineschmalz angebratenen Apfel- und Zwiebelscheiben in fetter Brühe gedünstet.

Champagnerkraut: au champagne (o schampain): Mit Weißwein, hellem Fond, gespickter Zwiebel und Speck gedünstet; vor dem Servieren Speck und Zwiebel entfernt und mit einem Glas Schaumwein aufgekocht.

auf deutsche Art: à l'allemande: In Bouillon mit zuvor in Gänseschmalz angebratenen Zwiebelscheiben und Speckwürfeln gedünstet.

auf französische Art: à la française: In Weißwein und fetter Bouillon mit gespickter Zwiebel, Mohrrübe und einigen Wacholderbeeren sehr weich gedünstet.

garniert: garnie: In hellem Fond und Weißwein mit Schweineschmalz, Zwiebelscheiben, ganzen Mohrrüben und einem Stück Pökelrippchen gedünstet; beim Servieren garniert mit dem in Scheiben geschnittenen Pökelrippchen, Scheiben von gekochtem Schinken, Frankfurter Würstchen, den in Scheiben geschnittenen Mohrrüben und Salzkartoffeln.

auf holländische Art: à la hollandaise: In Weißwein und hellem Fond mit Apfel- und Zwiebelscheiben gedünstet, mit Mehlbutter gebunden.

auf russische Art: à la russe: Mit gehackten, leicht angerösteten Zwiebeln, Weißwein und Bouillon ziemlich trocken gedünstet, zuletzt mit dickem saurem Rahm vervollständigt.

Ungarisches Kraut: à la hongroise (ongroas): In Weißwein mit goldgelb angebratenen Zwiebelscheiben, Tomatenpüree, Streifen von roten Paprikaschoten, fetter Bouillon und einem Stück mageren Rauchspeck gedünstet.

Schwarzwurzeln: Salsifis (ßalßifih): Lange dünne Gemüsewurzeln, von denen es zwei verschiedene Arten gibt: eine mit schwarzer, die andere mit gelblichweißer Haut. Beide Arten schmecken angenehm und können als Gemüse und Salat verwendet werden. Die Wurzeln sind zu schaben, zu waschen und in leicht gesäuertem Mehlwasser zu kochen.

gebacken: frits: In 5–6 cm lange Stücke geschnitten, gekocht, abgetropft, durch Backteig gezogen, in tiefem Fett gebacken.

auf Hausfrauenart: à la bonne femme (bonn famm): In Stücke geschnitten, gekocht, abgetropft, mit Bastardsauce gebunden.

auf holländische Art: à la hollandaise (ollangdähs): In passende Stücke geschnitten, gebündelt, gekocht, wie Spargel angerichtet; mit zerlassener Butter übergossen, Salzkartoffeln nebenbei.

mit holländischer Sauce: à la sauce hollandaise: In Stücke von etwa 12 cm geschnitten, gebündelt, gekocht, abgetropft; auf Serviette angerichtet, holländische Sauce nebenbei.

auf königliche Art: à la royale: In Stücke geschnitten, gekocht, abgetropft, mit Geflügelrahmsauce gebunden.

mit feinen Kräutern: aux fines herbes (o finserb): In 3–4 cm lange Stücke geschnitten, gekocht, abgetropft; in Butter sautiert, bis sie hellgelb sind, gewürzt, mit gehackten Kräutern geschwenkt.

Kroketts: Croquettes de salsifis (krokett dö ßalßifih): Vorgekocht, abgespült, abgetropft, gehackt, mit dicker Béchamel und Eigelb gebunden, gewürzt, ausgekühlt; zu Kroketts geformt, paniert, in tiefem Fett gebacken.

auf polnische Art: à la polonaise: Stücke von etwa 12 cm, gekocht, weiter wie Spargel gleichen Namens behandelt.

Poulette: In Stücke geschnitten, gekocht, abgetropft, mit Poulettesauce gebunden.

in Rahm: à la crème: Geputzt, in kleine Stücke geschnitten, in Mehlwasser vorgekocht, abgespült, abgetropft; in Butter kurz gedünstet, gewürzt, mit süßem Rahm fertiggedünstet.

überkrustet: au gratin: Längere Stücke, gekocht, abgetropft, in mit Mornaysauce kurz bedeckte Backplatte gefüllt, mit Mornaysauce nappiert, mit geriebenem Käse bestreut, mit Butter betropft, überbacken.

Sea-Kale: siehe Meerkohl
Seekohl: siehe Meerkohl
Sellerie: siehe Knollen- und Staudensellerie
Semoule: siehe Grieß
Sonnling: siehe Helianthi
Sou-fassu: siehe Wirsingkohl auf südfranzösische Art
Spaghetti: Spaghetti: Lange, runde, stäbchenförmige Teigwaren von etwa 2 mm Durchmesser, aus feinem Hartweizengrieß und Eiern hergestellt. Sie werden in reichlich Salzwasser „al dente" – gar, aber noch fest – gekocht und wie Makkaroni bereitet.

Camerani: Wie Makkaroni gleichen Namens bereitet.

auf kaiserliche Art: à l'impériale (angpärjal): Mit Gänseleber-, Champignon- und Trüffelwürfeln vermischt, mit Madeirasauce gebunden.

auf Mailänder Art: à la milanaise: Wie Makkaroni gleichen Namens bereitet.

auf Neapeler Art: à la napolitaine: Wie Makkaroni gleichen Namens bereitet.

auf Piemonteser Art: à la piémontaise: Mit Butter und geriebenem Parmesan gebunden, mit dünnen Scheibchen italienischer Trüffeln vermischt.

alla Raguttati: Mit Butter und Sauce von frischen Tomaten gebunden, vermischt mit zu Püree geschmortem Rindfleisch, Schinkenwürfelchen und Streifen von Mortadellawurst; geriebener Parmesan nebenbei (italienisch).

mit Sardellen: aux anchois: Wie Makkaroni gleichen Namens bereitet.
Spaghettini: Dünne Spaghetti, wie diese zubereitet (italienisch).
Spargel (aspersch): Die jungen Stengelsprossen der Spargelpflanze, einer bis zu 1,5 m hohen Krautpflanze, die am besten in gemäßigt warmen Gebieten gedeiht. Weißer Spargel wird tief gestochen, ehe er die Oberfläche erreicht, grüner Spargel wächst oberhalb der Beete. Die dünnen grünen Stangen, sogenannte Spargelspitzen, werden als Garnitur, zur Füllung von Omeletten, zu Salaten und zur Dekoration verwendet.

Spargel muß sorgfältig geschält, alle Stangen zur gleichen Länge geschnitten, gebündelt, gebunden und in Salzwasser nicht zu weich gekocht werden. Er wird auf gefalteter Serviette, Papiermanschette oder besonderem Spargelhalter angerichtet.

Grüne Spargelspitzen werden vom Kopf aus etwa 5 cm lang abgeschnitten und gebündelt, die Enden, soweit sie zart sind, abgebrochen, in kleine Stücke geschnitten in Salzwasser zusammen mit den Bündelchen gekocht, abgetropft, in Butter geschwenkt, die Bündelchen obenauf dressiert.

auf Berner Art: à la bernoise (bernoas): Stangenspargel, gekocht, abgetropft, in Backplatte, mit den Köpfen stufenweise übereinanderdressiert, Köpfe mit geriebenem Emmentaler Käse, gehackten, gebratenen Zwiebeln und Reibbrot bedeckt, mit Butter betropft (Stiele mit gefettetem Papier bedeckt), im Ofen überkrustet.

in Butter: au beurre (o böhr): In Stücke geschnitten, gekocht, in Butter geschwenkt, mit den Köpfen belegt.

Colbert: Gekochte grüne Spargelspitzen, auf Toast angerichtet, nappiert mit Schaumsauce, ein kleines pochiertes Ei obenauf.

auf deutsche Art: à l'allemande: Stangenspargel, gekocht, Reibbrot, in reichlich Butter gebräunt, wird über die Köpfe gegossen.

Don Carlos: Stangenspargel, gekocht, abgetropft, erkaltet; nappiert mit Mayonnaise, mit grünem Kräuterpüree vervollständigt und sehr leicht mit Gelee gebunden, nach dem Erstarren mit Gelee glaciert.

auf englische Art: à l'anglaise: Nur die weißen Spargelköpfe, gekocht, abgetropft, auf Buttertoast dressiert, bedeckt mit rohem Eigelb mit zerlassener Butter vermischt.

mit Erbsen und Karotten: aux carottes et petits pois (o karott e pti poa): In Stücke geschnitten, gekocht, abgetropft, vermischt mit frischgekochten grünen Erbsen und kleinsten Karotten, in Butter geschwenkt, gewürzt, leicht mit deutscher Sauce gebunden.

auf flämische Art: à la flamande (flamangd): 1. Stangenspargel serviert mit hartgekochtem, zerdrücktem Ei, vermischt mit zerlassener Butter; 2. serviert mit zerlassener Butter und wachsweichem Ei.

auf Freiburger Art: à la fribourgeoise (frihburschoas): Gekocht, abgetropft, geriebener Schweizer Käse über die Köpfe gestreut, mit brauner Butter übergossen.

gekühlt: glacées: Stangenspargel gekocht, abgetropft, noch warm mit Essig, Olivenöl, gehackten Kapern, gehackten Essiggemüsen, Kerbel und Estragon, Salz, Pfeffer und wenig Worcestershiresauce gebeizt; stark gekühlt serviert.

auf Genfer Art: à la génevoise (schenwoas): Stangenspargel, gekocht, lagenweise mit geriebenem Emmentaler Käse zwischen den Köpfen angerichtet, mit brauner Butter übergossen.

auf ideale Art: à l'idéale: Stangenspargel, serviert mit Schaumsauce, vermischt mit wenig Tomatenpüree.

Isigny: Stangenspargel, gekocht, die Köpfe übergossen mit zerlassener Butter mit rohem Eigelb vermischt.

auf italienische Art: à l'italienne: Stangenspargel, die Köpfe mit geriebenem Parmesan bestreut (Enden mit gefettetem Papier bedeckt), mit zerlassener Butter betropft, im Ofen überkrustet.

mit Jus: au jus: Stangenspargel, gekocht, serviert mit gebundener Kalbsjus.

mit feinen Kräutern: aux fines herbes: Weiße Spargelköpfe, in hellem Fond mit Speckwürfelchen und Butter gekocht; Fond eingekocht, mit gehackten Kräutern vermischt, wird über die Köpfe gegossen.

auf Mailänder Art: à la milanaise: Wie auf italienische Art bereitet.

auf Maltaiser Art: à la maltaise: Stangenspargel, Maltaiser Sauce nebenbei.

Melba: Weiße Spargelköpfe nappiert mit Melba-Sauce 2.

Monselet: Weiße Spargelköpfe mit gebundener Kalbsjus nappiert.

mit Morcheln: aux morilles: In Stücke geschnitten, gekocht, abgetropft, mit gedünsteten Morcheln vermischt, mit Bastardsauce gebunden.

Mornay: Stangenspargel, in gebutterte Backplatte geordnet, Köpfe mit Mornaysauce nappiert, mit geriebenem Käse bestreut, mit Butter betropft, überkrustet.

mit Öl: à l'huile (üil): Stangenspargel, kalt oder lauwarm, serviert mit Vinaigrette-Sauce mit reichlich Olivenöl.

Orly: à l'Orly: Weiße, gekochte Spargelköpfe, durch Backteig gezogen, in tiefem Fett gebacken; Tomatensauce nebenbei.

auf Piemonteser Art: à la piémontaise: Wie Freiburger Art, jedoch mit geriebenem Parmesan bereitet.

Pompadour: Stangenspargel, serviert mit Sauce von Essig, Olivenöl, Salz, Pfeffer und hartgekochtem, gehacktem Ei bereitet.

auf Prinzessinart: à la princesse: Stangenspargel, kalt, mit Mayonnaise, mit Schlagsahne unterzogen, serviert.

in Rahmsauce: à la crème: In Stücke geschnitten, gekocht, abgetropft, mit feiner Rahmsauce gebunden.

auf sibirische Art: à la sibirienne: Stangenspargel, kalt, Gribiche-Sauce nebenbei.

auf spanische Art: à l'espagnole (espanjol): Stangenspargel, gekocht; serviert mit Eiern in dem Spargelwasser pochiert, Vinaigrette-Sauce nebenbei.

spitzen in Butter: Pointes d'asperges verts au beurre (poangt daspersch wert o böhr): Gekocht, mit Salz und Prise Zucker gewürzt, in Butter geschwenkt.

    mit jungfräulicher Sauce: à la sauce vierge (wiärsch): Grüne Spitzen gekocht, nappiert mit jungfräulicher Sauce.

    auf kaiserliche Art: à l'impériale: Grüne Spitzen, gekocht, abgetropft, auf gebuttertem Toast angerichtet; mit leichter holländischer Sauce nappiert, mit Trüffeljulienne bestreut.

    auf königliche Art: à la royale: Gekocht, abgetropft, mit Trüffeljulienne vermischt, mit deutscher Sauce gebunden.

    mit Rahm: à la crème: Wie in Butter bereitet, beim Servieren mit dickem, süßem Rahm umgossen.

    mit Räucherlachs: au saumon fumé (o somong fümeh): Gekocht, mit Rahmsauce gebunden; dünne Scheibchen Räucherlachs nebenbei.

in Stangen, Stangenspargel: Asperges en branches: Stangen gebündelt, in Salzwasser gekocht, abgetropft, angerichtet; zerlassene Butter, holländische, Schaum-, Chantilly- oder Vinaigrette-Sauce nebenbei.

überkrustet: au gratin (o gratäng): Wie Mornay zubereitet.

auf westfälische Art: à la westphalienne: Stangenspargel, gekocht; dünne Scheibchen von rohem, westfälischem Schinken und zerlassene Butter nebenbei.

Spargelbohne: Haricot asperge (arikoh aspersch): Längliche, hellgrüne Bohne, in Südamerika beheimatet, auch in den USA extensiv angebaut. Wie grüne Bohne bereitet.

Spargelkohl: Broccoli (brokolih): Eine Abart des Blumenkohles, doch von grüner Farbe, die in Südeuropa und den Vereinigten Staaten extensiv angebaut wird. Im Gegensatz zum Blumenkohl entwickelt sich der Blütenstand an spargelähnlichen Rispen zu kleinen Köpfen. Wie Blumenkohl bereitet.

mit Butter: au beurre: Gekocht, mit brauner Butter übergossen, mit einigen Tropfen Essig gewürzt.

mit holländischer Sauce: à la sauce hollandaise: Gekocht, abgetropft, mit holländischer Sauce nappiert.

auf italienische Art: à l'italienne: Zerteilt, blanchiert, in Fleischjus mit Sardellenbutter gedünstet.

auf Liller Art: à la lilloise (lihloas): Köpfe, blanchiert, in Butter mit gehackten Zwiebeln und Petersilie gedünstet.

auf polnische Art: à la polonaise: Wie Blumenkohl gleichen Namens bereitet.

auf römische Art: à la romaine: Köpfchen, gekocht, abgetropft, durch ungesüßten Eierkuchenteig gezogen, in tiefem Fett gebacken, mit Zitronenspalten serviert.

Spätzle: Halbfeste Masse aus Mehl, Eiern, Wasser oder Milch, Salz und geriebener Muskatnuß, tüchtig geschlagen, vom Brett mit einem Messer in lange Streifen direkt in kochendes Salzwasser abgeschabt. Die abgetropften Streifen werden in Butter geschwenkt oder gewälzt und mit Eiern vermischt oder als Beilage serviert. Fertige Spätzle sind auch im Handel erhältlich.

Speiselorchel: siehe Frühlingslorchel

Spinat: Epinards (epinahr): Gemüsepflanze aus der Familie der Gänsefußgewächse, ursprünglich aus Asien herstammend, doch heute in der ganzen Welt der schmackhaften Blätter wegen angebaut und fast zu jeder Jahreszeit erhältlich. Spinat kommt frisch, tiefgefroren und in Dosen konserviert auf den Markt.

    auf altmodische Art: à l'ancienne: Gekocht, abgetropft, gehackt, in Butter gedünstet, mit Rahm vervollständigt.

    auf amerikanische Art: à l'américaine: Von den Stengeln befreit, gründlich gewaschen, abgetropft, im eigenen Saft gedünstet; gut abgetropft, gehackt, in Butter gedünstet, mit Salz und Zitronensaft gewürzt, mit Scheiben von hartgekochten Eiern angerichtet.

    auflauf: Soufflé d'épinards (ßuffleh depinahr): Spinatpüree, mit dicker Béchamel gebunden, gewürzt, mit Eigelb vermischt, mit Eierschnee unterzogen, in gebutterte Auflaufschale gefüllt; mit geriebenem Parmesan bestreut, mit Butter betropft, im Ofen gebacken. Gehackte Sardellenfilets oder Trüffelscheiben können unter die Masse gemengt werden.

    mit Blätterteig-Halbmonden: aux fleurons (o flörong): Rahmspinat mit Blätterteig-Halbmonden umlegt.

    Cavourma: Gekocht, abgetropft, gehackt, vermischt mit gebratenen Zwiebelwürfeln und haschiertem Hammelfleisch, mit einem verlorenen Ei bedeckt serviert (türkisch).

    mit Croutons: aux croûtons (o krutong): Rahmspinat mit herzförmigen, gebratenen Weißbrotcroutons umlegt.

    auf deutsche Art: Püriert, mit gehackten, in Butter angeschwitzten Zwiebeln und Demiglace gedünstet, mit Reibbrot gebunden.

    mit Ei: aux œufs (osö): Rahmpüree umlegt mit warmen, geviertelten, hartgekochten Eiern.

    auf englische Art: à l'anglaise: Blattspinat, gut abgetropft, mit frischer Butter belegt.

    auf Florentiner Art: à la florentine: Blattspinat, gut abgetropft, in mit Mornaysauce maskierte Backplatte gefüllt, nappiert mit Mornaysauce, mit geriebenem Käse bestreut, glaciert.

    gefüllt: farci: Große Blätter, blanchiert, mit kaltem Wasser abgeschreckt, abgetropft, ausgebreitet, mit Kalbfleisch- oder anderer Farce bedeckt, zusammengerollt, in leichter Demiglace gedünstet.

    auf Gräfinart: à la comtesse (kongtess): Spinatpüree vermischt mit dickem Rahm und hartgekochten, gehackten Eiern.

    auf italienische Art: à l'italienne: 1. Ganze Blätter, in Olivenöl mit gehackten Sardellenfilets, Knoblauch, Gewürz und sehr wenig Jus gedünstet;
2. gekocht, abgetropft, gehackt, in Butter mit Knoblauch und gehackten Sardellenfilets gedünstet; in Blätterteigkrustade gefüllt, leicht mit Rahmsauce nappiert.

    mit Knoblauch: à l'ail (alaij): Spinatpüree mit Salz und Knoblauch gewürzt, mit Mehlbutter gebunden.

    koteletts: Côtelettes d'epinards: Spinatpüree, mit dicker Béchamel und Eigelb gebunden, mit geriebenem Parmesan vermischt, gewürzt; in gefettete Kotelettförmchen gefüllt, im Wasserbad im Ofen pochiert, gestürzt, ausgekühlt, paniert, in tiefem Fett oder in Butter gebacken; auf Wunsch Tomatensauce nebenbei.

Laubfrösche: Große Blätter, blanchiert, mit kaltem Wasser abgeschreckt, je vier Blätter kreuzweise übereinandergelegt; gefüllt mit Farce aus eingeweichtem, ausgedrücktem Brot, in Butter gedünsteten Zwiebelwürfeln, gehackter Petersilie, geriebenem Parmesan und Eiern, gewürzt; die Blätter zusammengefaltet, umgedreht in gefettete Pfanne geordnet, etwas Bouillon angegossen, gargedünstet; mit Rahmsauce umgossen serviert (schweizerisch).

auf Nizzaer Art: à la niçoise (nissoas): Blätter, blanchiert, abgetropft, in Olivenöl mit gehacktem Knoblauch gedünstet, gewürzt; mit geschlagenen Eiern vermischt, in Backplatte gefüllt, mit Reibbrot bestreut, mit Butter betropft, im Ofen überbacken.

Nocken: Subrics d'épinards (ßübrick depinahr): Gekocht, abgetropft, durchgestrichen, in Butter trocken gedünstet, mit dicker Béchamel und Eiern gebunden, gewürzt; löffelweise in heißer, geklärter Butter gebraten, Velouté- oder Rahmsauce nebenbei.

Parmentier: Große, im Ofen gebackene Kartoffel, ausgehöhlt, gefüllt mit Spinatpüree, mit Eigelb und Rahm gebunden, mit Reibbrot bestreut, mit Butter betropft, im Ofen überbacken.

auf Piemonteser Art: à la piémontaise: Gekocht, abgetropft, grobgehackt, mit zerdrücktem Knoblauch, etwas Sardellenbutter und Demiglace gedünstet.

mit Rahm: à la crème: Gekocht, abgetropft, ausgedrückt, durchgestrichen, in leicht gebräunter Butter getrocknet; mit Salz und geriebener Muskatnuß gewürzt, mit dickem Rahm kurz durchgekocht, beim Anrichten mit heißem Rahm umgossen.

auf römische Art: à la romaine (román): Ganze Blätter, in Butter gedünstet, mit gehackten Sardellen vermischt.

Schiffchen: Barquettes d'épinards (barkett depinahr): Teigschiffchen oder Schiffchen aus Herzogin-Kartoffelmasse, gebacken, gefüllt mit Spinatpüree, mit Mornaysauce nappiert, mit geriebenem Käse bestreut, mit Butter betropft, rasch glaciert.

mit Steinpilzen: aux cèpes (o ßepp): Blattspinat, in Butter gedünstet, gewürzt, mit ansautierten Steinpilzscheiben bedeckt, mit geriebenem Parmesan bestreut, mit brauner Butter übergossen.

überkrustet: au gratin: Rahmspinat, in Backplatte gefüllt, mit geriebenem Käse bestreut, mit Butter betropft, im Ofen überbacken.

auf venezianische Art: à la vénitienne (wenisjenn): Ganze, blanchierte und abgetropfte Blätter, in Backplatte gefüllt, mit geschmolzenen Tomaten und Sardellenfilets bedeckt, mit geriebenem Käse bestreut, mit Butter betropft, im Ofen überbacken.

Viroflay (wirofläh): Masse wie für Spinatnocken, in blanchierte Blätter gefüllt, in gefettete Backplatte geordnet, mit geriebenem Käse bestreut, mit Butter betropft, im Ofen gebacken.

Splittererbsen: Pois cassés (poa kasseh): siehe Erbsen, getrocknete

Sprossenkohl: siehe Rosenkohl

Stachy: siehe Knollenziest

Stangensellerie: siehe Staudensellerie

Staudensellerie, Bleichsellerie, Stangensellerie, englischer Sellerie: Céleri en branches (sellri ang brangsch): Staudengemüse, in Europa beheimatet, das seiner Stengel wegen gezüchtet wird. Sie werden angehäufelt, durch Hüllen vor Lichteinwirkung geschützt und gebleicht, um zart genug auch zum Rohessen zu sein. Fasern werden entfernt, die Wurzeln geputzt, die Stauden stark blanchiert und meist in fetter Brühe gedünstet.

auf Bauernart: à la paysanne: Stark blanchiert, gefaltet, in Demiglace zusammen mit gerösteten Speckwürfeln gedünstet.

in Blätterteig: en feuilletée (föijeteh): In hellem Fond gedünstet, abgetropft, ausgekühlt, in passende Stücke geschnitten, in Blätterteig gehüllt, mit Eigelb bestrichen, gebacken.

mit Fleischsaft: au jus: Gedünstet, mit gebundener Kalbsjus nappiert.

gebacken: frit (fri): Vorgekocht, in Stücke geschnitten, durch Backteig gezogen, in tiefem Fett gebacken.

gedünstet: braisé: Blanchiert, der Länge nach gespalten, gefaltet, auf Bett von Zwiebel- und Mohrrübenscheiben und Speckabfällen gelegt, in fetter Brühe gedünstet; abgetropft, mit Madeirasauce nappiert.

auf Genfer Art: à la génevoise (schenwoas): Gedünstet, abgetropft, in gefettete Backplatte geordnet, mit Rahmsauce übergossen, mit geriebenem Emmentaler Käse und Reibbrot bestreut, mit Butter betropft, im Ofen überbacken.

auf Haushofmeisterart: à la maître d'hôtel: Gedünstet, mit Buttersauce nappiert, mit gehackter Petersilie bestreut.

mit holländischer Sauce: à la sauce hollandaise: Blanchiert, in hellem Fond gedünstet, abgetropft, mit holländischer Sauce nappiert.

auf italienische Art: à l'italienne: 1. Kleine Stauden, gespalten, in hellem Fond gedünstet, abgetropft, in passende Stücke geschnitten, lagenweise mit geriebenem Parmesan dazwischen angerichtet, mit geriebenem Parmesan bestreut, mit brauner Butter übergossen; 2. gedünstet, mit italienischer Sauce nappiert.

mit Madeirasauce: au sauce madère: Gedünstet, mit Madeirasauce nappiert.

mit Malagasauce: au sauce au malaga: Gedünstet, mit Malagasauce nappiert.

mit Rindermark: à la moelle (moall): Gedünstet, mit blanchierten Rindermarkscheiben belegt, mit Demiglace nappiert, mit gehackter Petersilie bestreut.

auf spanische Art: à l'espagnole: Blanchiert, gespalten, gefaltet, in Demiglace mit gehackten Schalotten, gewürfelten Tomaten und Knoblauch gedünstet.

auf Tessiner Art: à la tessinoise (teßinoas): In hellem Fond gedünstet, in passende Stücke geschnitten, durch Backteig gezogen, in tiefem Fett gebacken; abgefettet, auf Backblech geordnet, mit Puderzucker bestäubt, rasch glaciert.

auf ungarische Art: à la hongroise (ongroas): Blanchiert, der Länge nach gespalten, gefaltet, in hellem Fond mit gehackten Zwiebeln, Speck, Paprika und Anis gedünstet; der passierte, eingekochte Fond mit Paprikasauce vermischt.

Steinpilz, Herrenpilz: Cèpe (ßepp): Speisepilz mit angenehmem Geschmack von gedrungener, fleischiger Form, hellem, sich nach unten verdickendem Stiel und hell- bis dunkelbraunem Kopf und weißlichen, bis grüngrauen Lamellen. Steinpilze werden frisch, konserviert und getrocknet gehandelt.

auf Bordelaiser Art: à la bordelaise: Köpfe in dicke Scheiben geschnitten, in Öl sautiert, gewürzt; im letzten Moment die feingehackten Stiele, etwas gehackte Schalotte und hackte Petersilie beigefügt, mitsautiert, mit etwas Zitronensaft gewürzt.

gebacken: frites: Kleinere Köpfe, in Butter gedünstet, gewürzt, ausgekühlt; durch Backteig gezogen, in tiefem Fett gebacken.

gefüllt: farcies: Köpfe, leicht ausgehöhlt, gefüllt mit den gehackten Stielen, zusammen mit gehackten Zwiebeln sautiert, mit Tomatensauce und gehackter Petersilie vermischt, mit Reibbrot gebunden; mit Reibbrot bestreut, mit Öl betropft, im Ofen gebacken.

grilliert: grillées: Große Köpfe, in Olivenöl mit gehackten Schalotten und Knoblauch mariniert; abgewischt, durch geklärte Butter gezogen, grilliert, mit Kräuterbutter serviert.

auf Harlekinart: à l'arlequin (arlekäng): Kleingewürfelte Mohrrüben und Knollensellerie, zusammen mit gehackten Zwiebeln gut in Butter angeschwitzt, mit Weißwein angegossen, gewürzt, gedünstet; vermischt mit sautierten Steinpilzscheiben und gehacktem Kerbel, mit Tomatensauce leicht gebunden.

auf italienische Art: à l'italienne: Scheiben, in Öl sautiert, mit italienischer Sauce gebunden.
Kotelett: Côtelette de cèpes: Gehackt, zusammen mit gehackter Zwiebel in Butter gedünstet, vermischt mit eingeweichtem Weißbrot, Ei und Reibbrot, gewürzt, zu kleinen Koteletts geformt; paniert, in Butter gebraten.
auf Moldauer Art: à la moldavienne (molldawjenn): Scheiben, zusammen mit gehackten Schalotten in Öl sautiert, kurz in saurem Rahm mit gehacktem Fenchelgrün gedünstet, mit gehacktem Schnittlauch bestreut.
auf nordische Art: à la nordique (nordick): Scheiben, in Butter ansautiert, gewürzt, leicht mit Mehl bestäubt, mit hellem Fond und saurem Rahm gedünstet.
auf Piemonteser Art: à la piémontaise (pjemongtäs): Große Köpfe, leicht ausgehöhlt, gefüllt mit Duxelles, aus den gehackten Stielen, Schalotten, Knoblauch und Petersilie bereitet; mit Reibbrot bestreut, mit Öl betropft, im Ofen überkrustet.
auf provenzalische Art: à la provençale: Wie Bordelaiser Art unter Zusatz von zerdrücktem Knoblauch bereitet.
mit Rahm: à la crème: In Butter zusammen mit gehackten Zwiebeln gedünstete Scheiben, gewürzt, mit süßem Rahm angegossen und eingekocht.
auf russische Art: à la russe: Scheiben, in Butter mit gehackten Zwiebeln angedünstet, saurer Rahm beigefügt, gargedünstet, mit gehacktem Fenchelkraut und Petersilie vervollständigt.
sautiert: sautées: Scheiben, in halb Olivenöl und halb Butter mit gehackten Schalotten sautiert, mit gehackter Petersilie durchgeschwenkt.
auf Toulouser Art: à la toulousaine (tulusän): Scheiben, in halb Butter, halb Öl mit gehackten Zwiebeln, Schalotten und Knoblauch sautiert, vermischt mit gebratenen Schinkenwürfeln und geschmolzenen Tomaten.
überkrustet: au gratin (o gratäng): Scheiben, in Öl mit gehackten Zwiebeln sautiert, gewürfelte Tomaten beigefügt, gewürzt, in Backplatte gefüllt, mit Reibbrot bestreut, mit Butter betropft, im Ofen überkrustet.
Stockmorchel: siehe Frühlingslorchel
Strandkohl: siehe Meerkohl
Süße Kartoffel: siehe Batate

Tarhonya: Eiergraupen: Kleine Nudeln aus Hartweizenmehl und Eiern, wie kleine Graupen geformt. Leicht in Schweineschmalz angeröstet, mit Bouillon aufgegossen, gewürzt, solange gekocht, bis die Flüssigkeit völlig aufgesaugt ist. Oft auch mit Zwiebelwürfeln und Paprika angeröstet. Beilage zum Gulasch und anderen ungarischen Gerichten (ungarisch).
Teltower Rübchen: Navets de Teltow: Kleine, sehr schmackhafte Rübenart, die in der Nähe von Berlin kultiviert wird.
glaciert: glacés: Zucker und Butter zu hellem Karamel geröstet, mit Bouillon aufgegossen, aufgekocht; die geputzten Rübchen beigefügt, gewürzt, gekocht, bis die Flüssigkeit fast gänzlich verdampft ist und die Rübchen glaciert sind.
Tomate, Liebesapfel: Tomate (tomat): Nachtschattengewächs, aus Mittel- und Südamerika stammend, mit roten, saftigen Früchten, die reich an Vitaminen sind. Neben den runden Früchten von glänzend roter Farbe gibt es auch ovale und eiförmige Tomaten und solche von gelber Farbe. Sie werden roh als Vorspeise, Salat und als Garnitur, Gemüse, zu Suppen u. a. m. verwendet.
auf algerische Art: à l'algerienne: Halbiert, ausgehöhlt, gefüllt mit geschmolzenen Tomaten mit gehackten Zwiebeln und Knoblauch

vermischt mit Reibbrot und geschlagenem Ei, gewürzt; mit Reibbrot bestreut, mit Olivenöl betropft, im Ofen gebacken.

auf alte Art: à l'ancienne (angsjenn): Gefüllt mit Duxelles vermischt mit gehacktem Schinken und Knoblauch, mit Reibbrot bestreut, mit Butter betropft, im Ofen gebacken; beim Servieren mit tomatierter Demiglace umkränzt.

auf amerikanische Art: à l'américaine: Oben abgedeckelt, ausgehöhlt, mit Maiskörnern in Rahm, mit Eigelb gebunden, gefüllt, im Ofen gebacken.

auf brasilianische Art: à la brésilienne (bresiljenn): Enthäutet, geviertelt, Kerne entfernt, in Öl gebraten, mit gekochten roten Bohnen und gerösteten Weißbrotwürfelchen vermischt, kräftig gewürzt.

mit Butter: au beurre: Gleich große Tomaten, oben überkreuz eingeritzt, im Ofen in Butter gebraten.

auf französische Art: à la française (frangsäs): Gefüllt mit geschmolzenen Tomaten, vermischt mit Knoblauch, gehackter Petersilie, Kerbel und Estragon, mit Reibbrot bestreut, mit Butter betropft, im Ofen gebacken.

gebacken: frites: 1. Enthäutet, in dicke Scheiben geschnitten, gewürzt, durch Backteig gezogen, in tiefem Fett gebacken;
2. geschält, in dicke Scheiben geschnitten, gemehlt, paniert, in tiefem Fett gebacken.

gefüllt: farcies: Mit Duxelles oder Fleischfarce gefüllt, mit Reibbrot bestreut, mit Butter betropft, im Ofen gebacken.

auf Genfer Art: à la génevoise (schenewoas): Gefüllt mit Kalbsfarce, vermischt mit gehackten Kräutern, mit geriebenem Parmesan bestreut, mit Butter betropft, bei mäßiger Hitze im Ofen gebacken.

Geschmolzene: Tomates concassées (tomat kongkassèh): Gehackte Schalotten oder Zwiebelwürfelchen, in Butter hellgelb angeschwitzt, geschälte, entkernte und grobgehackte oder gewürfelte Tomaten beigefügt, gewürzt, gedünstet, bis die Feuchtigkeit verdampft ist.

grilliert: grillées: Halbiert, gewürzt, mit Olivenöl bestrichen, auf dem Rost gebraten.

auf Hausfrauenart: à la bonne femme: Gefüllt mit Bratwurstfleisch, vermischt mit gehacktem gekochten Weißkraut, gebratenen Speck- und Zwiebelwürfeln; mit Butter betropft, im Ofen gebacken.

auf Husarenart: à la hussarde (üßard): Mit Salpicon von roten Paprikaschoten, Champignons, Pökelzunge und Pfeffergurken, mit Béchamel gebunden, gefüllt; mit Butter betropft, im Ofen gebacken.

auf indische Art: à l'indienne (ängdjenn): Mit körnig gekochtem Reis, mit Currysauce gebunden, gefüllt, mit Öl betropft, im Ofen gebacken.

auf Karmeliterart: à la carmelite (karmelit): Oben Deckel abgeschnitten, ausgehöhlt, gefüllt mit Seezungenfarce vermischt mit Seeigelpüree und gehacktem, hartgekochtem Ei; Deckel wieder aufgesetzt, im Ofen pochiert.

Karoline: à la caroline: Halbiert, mit Risotto gefüllt, im Ofen gebacken; umkränzt mit gebundener Kalbsjus.

Marianne: Gefettete Backplatte, abwechselnd mit Tomatenscheiben, Streifen von gedünsteten Paprikaschoten, leicht angebratenen Zwiebelscheiben und halbgar gekochtem Reis gefüllt, gewürzt; mit Tomatenscheiben bedeckt, mit Reibbrot bestreut, mit Butter betropft, bei mäßiger Hitze im Ofen gebacken.

mit Maronen: aux marrons: Ausgehöhlt, gefüllt mit gedünsteten, grob zerdrückten Maronen, im Ofen gebacken; nappiert mit Madeirasauce.

auf Marseiller Art: à la marseillaise (marsäjäs): Halbiert, in gefettete Backplatte gefüllt, bedeckt mit einer Mischung von gehackten, hartgekochten Eiern, Petersilie, Schalotten und Kerbel, bestreut mit Reibbrot vermischt mit gehackten Sardellenfilets, mit Olivenöl betropft, im Ofen gebacken.

Maryland Style Tomatoes: Dicke Scheiben, in gebutterte Backplatte gefüllt, gewürzt, mit zerlassener Butter übergossen, reichlich mit Puderzucker bestäubt, im Ofen gebacken und glaciert (nordamerikanisch).

auf navarresische Art: à la navarraise (nawaräs): Gefüllt mit Hühnerschaumfarce vermischt mit Würfeln von Hühnerfleisch und Trüffeln, im Ofen pochiert.

auf polnische Art: à la polonaise: Gefüllt mit eingeweichtem, ausgedrücktem Weißbrot vermischt mit Butter, Eiern und zerdrücktem Knoblauch, gewürzt, im Ofen gebacken.

Pomodori ripieni al forno: Ausgehöhlt, gefüllt mit halbgar gekochtem Reis, vermischt mit in Olivenöl geschmolzenen Tomaten mit Knoblauch, gehackter Petersilie und geriebenem Romanokäse, gewürzt; in Backplatte gefüllt, mit Olivenöl betropft, im Ofen gebacken (italienisch).

auf portugiesische Art: à la portugaise (portügäs): Gefüllt mit Risotto vermischt mit geschmolzenen Tomaten und geriebenem Parmesan, im Ofen gebacken, mit gehackter Petersilie bestreut.

auf provenzalische Art: à la provençale (prowangßal): Halbiert, bestreut mit Reibbrot vermischt mit gehackter Petersilie und Knoblauch, mit Olivenöl betropft, im Ofen gebacken.

auf türkische Art: à la turque: Gefüllt mit Pilawreis vermischt mit gebratenen Zwiebelwürfeln und gehacktem Fenchel, in Öl gebraten.

überkrustet: au gratin: In dicke Scheiben geschnitten, in gebutterte Backplatte gefüllt, mit Reib rot bestreut, mit Butter betropft, im Ofen überbacken.

Virginia Style Tomatoes: auf virginische Art: Enthäutet, halbiert, Kerne ausgedrückt, in grobe Würfel geschnitten, gewürzt, mit geriebenen Zwiebeln vermischt; in Backplatte lagenweise mit Weißbrotwürfeln gefüllt, mit Reibbrot bestreut, mit zerlassener Butter übergossen, bei mittlerer Hitze gebacken (nordamerikanisch).

Topinambur: siehe Erdartischocke

Truffe: siehe Trüffel

Trüffel: Truffe (trüff): Unterirdischer, im Waldhumus wachsender Pilz aus der Gattung der Schlauchpilze mit derber, oft warziger Haut, innen hell und dunkler marmoriert, von feinem Duft und Geschmack. Die besten kommen aus dem Perigord, sie haben eine fast schwarze Farbe und sind walnuß- bis faustgroß. Die norditalienischen Trüffeln sind innen gelblichweiß und haben einen leicht knoblauchartigen Duft. Frische Trüffeln müssen sauber gebürstet werden, um sie von der anhaftenden Erde zu befreien. Man verwendet sie für Pasteten, für Vorspeisen, als Gemüse, zum Dekor u. a. m.

Cussy (küßi): In Madeira gekocht, ausgehöhlt, gefüllt mit Wachtelpüree vermischt mit dem gehackten Pulp; nappiert mit gebundener Wildjus mit Madeira gewürzt.

gebacken: sous la cendre (ßu la ßangdr): Sauber gewaschen, gewürzt, mit Weinbrand betropft, in Pastetenteig gehüllt, etwa 30 Minuten im Ofen gebacken; mit frischer Butter serviert.

Grammont (grahmong): Geschält, in Scheiben geschnitten, in Butter angeschwitzt, mit Portwein deglaciert, mit süßem Rahm und Kalbsglace gedünstet, in Blätterteigpastete serviert.

auf italienische Art: à l'italienne: Weiße italienische Trüffeln, geschält, in Scheiben geschnitten, in Olivenöl angeschwitzt, mit Weißwein deglaciert, Knoblauch und gehackte Sardellenfilets beigefügt, langsam gedünstet.

in der Kasserolle: en casserole: In feuerfester Porzellankasserolle zusammen mit feinem Röstgemüse (Mirepoix Bordelaise), Madeira,

Weinbrand und Gewürz gefüllt, zugedeckt, mit Teig hermetisch verschlossen, im Ofen gedünstet; in der Kasserolle aufgetragen, erst bei Tisch geöffnet, frische Butter nebenbei.

in Madeira: au madère (o madär): Geschält, gewürzt, in geschlossener Kasserolle mit feinem Röstgemüse, Madeira und kräftigem Kalbsfond gekocht.

auf Piemonteser Art: à la piémontaise: Geschälte, in Scheiben geschnittene weiße Trüffeln, in Olivenöl angeschwitzt, mit leichter Demiglace gedünstet, mit Sardellenbutter vermischt; in gefettete Backplatte gefüllt, mit geriebenem Parmesan bestreut, mit Butter betropft, im Ofen überbacken.

in Portwein: au porto: Große Trüffeln, in zugedeckter Kasserolle mit Portwein und feinem Röstgemüse gekocht; nach dem Garwerden einzeln in kleine Silber- oder Porzellankokotte gefüllt, mit dem mit Kalbsglace eingekochten, passierten Fond übergossen.

auf provenzalische Art: à la provençale: Geschält in Scheiben geschnitten, in Olivenöl mit gehackten Schalotten angedünstet, mit Marsala gargemacht, mit Sardellenbutter und gehackter Petersilie durchgeschwenkt.

mit Rahm: à la crème: Geschält, in Scheiben geschnitten, in Butter leicht angeschwitzt, gewürzt, mit Weinbrand deglaciert, langsam in Rahm gargedünstet.

Rossini: Große Trüffeln, oben abgedeckelt, ausgehöhlt, das gehackte Fleisch in Butter und Madeira gedünstet, mit gehackter Hühnerbrust und pochierter Gänseleber vermischt, gewürzt; Trüffel mit der Farce gefüllt, mit Reibbrot bestreut, in Backplatte gefüllt, mit Butter betropft, mit etwas dünner Madeirasauce angegossen, bei mäßiger Hitze im Ofen gargemacht.

in Schaumwein: au champagne: Wie in Portwein bereitet.

Talleyrand: Geschält, in Scheiben geschnitten, in Butter angeschwitzt, mit Madeira deglaciert, langsam in gebundener Kalbsjus gedünstet; in ausgehöhlter Brioche aus ungezuckertem Hefeteig serviert.

Wareniki: Art russische Ravioli, mit Fleisch, Quark, Kohl u. a. gefüllt, gekocht, abgetropft, hauptsächlich mit zerlassener Butter übergossen.

is kapussta: mit Sauerkraut: Nudelteig, rund ausgestochen, die Mitte mit einem Löffelchen Sauerkraut, in Bouillon gekocht, gehackt, mit gerösteten Zwiebelwürfeln vermischt und gewürzt, gefüllt; mit einem zweiten Nudelblättchen abgedeckt, in Salzwasser pochiert, abgetropft, mit gebratenen Zwiebelscheiben bedeckt, mit zerlassener Butter übergossen (russisch).

Litowski Wareniki: Rohes, gehacktes Rinderfilet, vermischt mit der gleichen Menge hacktem Kalbsnierenfett, gerösteten Zwiebelwürfeln und wenig Béchamel, gewürzt; Nudelteig dünn ausgerollt, die Farce darauf in kleine Häufchen geteilt, mit einer zweiten Schicht Nudelteig bedeckt, angedrückt, wie runde Ravioli ausgestochen, in Salzwasser pochiert, abgetropft, mit zerlassener Butter übergossen (russisch).

Watruschki s tworogom: Rahmquark, durchgestrichen, mit schaumig gerührter Butter und Eiern vermischt, mit Salz gewürzt; ungezuckerter Briocheteig, dünn ausgerollt, mit großem, rundem Ausstecher ausgestochen, die Mitte mit der Käsemischung gefüllt, zu Hörnchen gerollt, mit Eigelb bestrichen, nach dem Gären im heißen Ofen gebacken; saurer Rahm nebenbei (russisch).

Weißkraut, Weißkohl: Chou-blanc (schu blang): Kohlgewächs mit festgeschlossenen kugelrunden bis kegelförmigen Köpfen und hellgrünen bis weißgrünen Blättern.

mit Äpfeln: aux pommes fruits (o pomm frü): Halb Weißkraut und halb Rotkohl, nudelig geschnitten, in Butter mit wenig Wasser halbgar gedünstet, mit Salz, Zucker und Essig gewürzt; Apfelscheiben beigefügt, gargedünstet.

Bayrisch-Kraut: à la bavaroise: Speck- und Zwiebelwürfel in Butter angeschwitzt, das nudelig geschnittene Kraut beigefügt, mit Salz, Pfeffer, Kümmel, Zucker und Essig gewürzt, mit Wasser angegossen gedünstet; mit hellbrauner Mehlschwitze gebunden.

auf französische Art: à la française: Wie Wirsingkohl gleichen Namens bereitet.

gefüllt: farci (farßi): Ganze Blätter, blanchiert, die dicken Rippen herausgeschnitten, mit Bratwurstfleisch gefüllt, zusammengerollt, auf Mohrrüben und Zwiebelscheiben sowie Speckabfälle gelegt, gewürzt, mit fetter Brühe gedünstet; mit Demiglace, Tomaten- oder Madeirasauce bedeckt serviert.

auf armenische Art: à l'armenienne (armehnjenn): Blanchierte Kohlblätter, gefüllt mit Farce von rohem Hammelfleisch, gekochtem Reis, gewürfelten Tomaten und Knoblauch, mit Salz und Pfeffer gewürzt; zu Röllchen geformt, in leichter Tomatensauce gedünstet, vor dem Servieren mit Zitronensaft gewürzt.

auf ungarische Art: à la hongroise: Blätter, blanchiert, Rippen herausgeschnitten, gefüllt mit Bratwurstfleisch, zu Kugeln geformt, leicht in Schweineschmalz angebraten, mit dünner Paprikasauce und saurem Rahm gedünstet.

auf italienische Art: à l'italienne: Nudelig geschnitten, in Olivenöl angeschwitzt, mit dünner italienischer Sauce gedünstet; garniert mit gedünsteten Maronen und Scheibchen von Zamponi.

mit Käse: au fromage: Blätter, in Salzwasser gekocht, grobgehackt, gewürzt, in Backplatte gefüllt; mit dünnen Scheibchen Emmentaler Käse bedeckt, mit Butterflocken belegt, im Ofen gebacken, bis der Käse geschmolzen und leicht gebräunt ist.

Klößchen: Quenelles de chou-blanc (kenell dö schu blang): Blätter, in Salzwasser gekocht, abgetropft, Wasser restlos ausgedrückt, gehackt, gewürzt, vermischt mit etwas dicker Béchamel, Eigelb und Mehl; zu runden Klößchen auf gemehltem Tisch geformt, in Salzwasser pochiert, abgetropft, mit brauner Butter übergossen.

Kobichi Bhaji: Korianderkörner, in eine Kasserolle mit heißem Senf- oder Olivenöl geschüttet, zugedeckt; wenn sie nicht mehr springen, beiseitegezogen. Nudelig geschnittenes Weißkraut in die Kasserolle gegeben, angeschwitzt, mit Salz und Currypulver gewürzt, sehr wenig Wasser angegossen, zugedeckt gedünstet; mit Zitronenspalten serviert (indisch).

Kulibijaka von: Coulibiac de chou: In Salzwasser gekochte Blätter, abgetropft, gehackt, vermischt mit gehackten, angeschwitzten Zwiebeln, gehacktem Dill und Petersilie, gut gewürzt. Hefeteig dünn ausgerollt, oval oder zu einem Rechteck geschnitten, mit dem Kraut gefüllt, mit Scheiben hartgekochter Eier belegt, etwas zerlassene Butter darübergegossen, der Teig darübergeschlagen, auch die Seiten zurückgeschlagen, ein Loch zum Dampfabzug in der Mitte gemacht, mit Ei bestrichen, mit ausgestochenen Teigstücken dekoriert, abermals mit Ei bestrichen, nach dem Aufgehen im heißen Ofen gebacken; vor dem Servieren noch etwas flüssige Butter durch den Kamin gegossen.

auf litauische Art: à la lithuanienne (litüanjenn): Nudelig geschnitten, in Bouillon mit gerösteten Speckwürfeln, angerösteten Zwiebelwürfeln und Apfelscheiben gedünstet; mit kleinen Scheiben von gekochtem Rindfleisch belegt serviert.

mit Maronen: aux marrons: Nudelig geschnitten, mit Zwiebelwürfeln in Schweineschmalz angegangen, mit Mehl bestäubt, mit Weißwein und hellem Fond angegossen, gewürzt, gedünstet; garniert mit braungedünsteten Maronen.

mit Rahmsauce: à la sauce crème: Nudelig geschnitten, mit etwas hellem Fond gedünstet, mit weißer Rahmsauce gebunden.

auf schwäbische Art: à la souabe (swab): Nudelig geschnitten, mit gehackten Zwiebeln in Bouillon gedünstet; vermischt mit geschlagenem Ei, eingeweichtem Brot und gerösteten Speckwürfeln, gewürzt, in Backschüssel gefüllt, mit Butter betropft, im Ofen gebacken.

auf Schweizer Art: à la suisse (swiß): Nudelig geschnitten, in Butter und wenig Wasser gedünstet, gewürzt, gekocht, bis die Flüssigkeit verdunstet ist; in Backschüssel gefüllt, mit süßem Rahm, mit Eigelb verschlagen, mit Salz, geriebener Muskatnuß und geriebenem Emmentaler Käse vermischt übergossen, im Ofen gebacken.

auf spanische Art: à l'espagnole (espangjol): Nudelig geschnitten, kurz blanchiert, abgetropft, vermischt mit Mohrrübenstreifen, in Butter angeschwitzt, in Bouillon mit gehackten Zwiebeln, Knoblauch, gehackter Petersilie, Thymian und Lorbeerblatt gedünstet, zuletzt mit Sherry gewürzt.

Süßes Kraut: Nudelig geschnitten, in Bouillon mit gehackten Zwiebeln, Speckwürfeln und Kümmelkörnern gedünstet, mit Salz, Zucker und Essig gewürzt (österreichisch).

Weinkraut: au vin blanc (o wäng blang): Nudelig geschnitten, überbrüht, abgetropft, in Butter mit Weißwein, dünnen Apfelscheibchen, Salz und Zucker gedünstet (österreichisch).

Welschkorn: siehe Mais

Wilder Reis: siehe Reis

Wirsingkohl, Welschkraut: Chou de Milan, Chou de Savoie (schu dö Milang, schu dö Sawao): Kohlart mit gekrausten, runzeligen, gelbgrünen Blättern, in Europa beheimatet, doch heute in fast der ganzen Welt angebaut. Wie Weißkraut bereitet.

auf Bremer Art: à la bremoise (bremoas): Abgebrüht, grobgehackt, in Gänseschmalz mit gehackten Zwiebeln und wenig Wasser, mit Nelken, Salz und Zucker gewürzt gedünstet, mit Mehlbutter gebunden.

auf englische Art: à l'anglaise: Geviertelt, in Salzwasser gekocht, abgetropft, zwischen zwei Tellern gepreßt, in Stücke geschnitten, mit zerlassener Butter übergossen.

auf französische Art: à la française (frangsäs): Geviertelt, blanchiert, in fetter Brühe mit Speck, einer gespickten Zwiebel und einer Mohrrübe gedünstet.

gedünstet: étuvés (etüweh): In Viertel geschnitten, Strunk entfernt, in fetter Brühe mit gehackten Zwiebeln und Speckwürfeln gedünstet; beim Servieren leicht mit Demiglace bedeckt.

gefüllt auf südfranzösische Art: Sou-fassu: Ganzer Kopf, blanchiert, ausgekühlt, die inneren Blätter entfernt, gehackt, vermischt mit gehackten, blanchierten Mangoldblättern, gehackten, hellgelb gerösteten Zwiebeln, gerösteten Speckwürfeln, gewürfelten Tomaten, frischen grünen Erbsen, blanchiertem Reis, Knoblauch und Bratwurstfleisch, gewürzt; in den Kohl gefüllt, in ein gefettetes Tuch gebunden, 3–4 Stunden in heller Brühe gekocht.

auf Magdeburger Art: à la magdebourgeoise (magdöburschoas): Geviertelt, blanchiert, in fetter Brühe gedünstet; mit Reibbrot in reichlicher Butter gebräunt übergossen.

Witloof: siehe Chicorée

Wruke: siehe Kohlrübe

Yorkshire Pudding: Dickfließender Teig aus Eiern, Mehl, Milch und Prise Salz, ähnlich einem Eierkuchenteig, in Pfanne mit heißem Fett im Ofen gebacken; in Vierecke geschnitten und heiß als Beigabe zu Roastbeef serviert (englisch).

Zucchetti: siehe Zucchini
Zucchini: siehe Kürbischen
Zuckererbsen, Süßerbsen: Pois mange-tout (poa mansch tuh): Erbsenart, deren Schoten keine innere Pergamenthaut haben und daher, solange sie jung sind, mit der Hülse verwendet werden können.
Zwiebel: Oignon (onjong): Die unterirdischen, verdickten, aus einzelnen Schalen zusammengesetzten und von einer dünnen, trockenen Haut umgebenen Sprossen eines Lauchgewächses, von denen auch der junge Trieb (Zwiebelröhrchen, Zwiebelschlauch) verwendet wird. Man unterscheidet:
Kleine Zwiebelchen (nicht zu verwechseln mit den Perlzwiebeln, die eine dünne Haut haben, weißglänzend sind und in Essig eingelegt werden); sie werden geerntet, ehe sie ihre volle Größe erreicht haben;
Haus- oder Sommerzwiebeln, die in zahlreichen Formen und Farben vorkommen; die sogenannte spanische oder Bermudazwiebel, die besonders groß und mild ist und sich gut zum Füllen eignet; und die Schalotte, die klein und eiförmig in Büscheln wächst, innen meist violett gefärbt und feiner und milder als die gewöhnliche Zwiebel ist.

gebacken: frits: In Ringe geschnitten, gemehlt, in tiefem Fett gebacken, leicht gesalzen.

gefüllt: farci (farßi): 1. Große Zwiebel, gekocht, ausgekühlt, ausgehöhlt; Pulp gehackt, vermischt mit Duxelles und Mirepoix Bordelaise, in die Zwiebel gefüllt, mit Reibbrot bestreut, mit Butter betropft, im Ofen überbacken;
2. wie oben, jedoch Pulp mit Bratwurstfleisch vermischt und gefüllt, mit Reibbrot bestreut, mit Butter betropft, Füllung im Ofen gargemacht.

gekocht: bouilli: In halb Milch und halb leicht gesalzenem Wasser gekocht; abgetropft, mit leichter Rahmsauce nappiert.

glaciert: glacés: braun: à brun (brö): Kleine Zwiebelchen, geschält, leicht mit Puderzucker bestäubt, in Butter langsam angebräunt, mit braunem Fond angegossen, langsam gedünstet, bis der Fond eingekocht ist und die Zwiebelchen glaciert sind; weiß: à blanc (blang): Mit Butter in hellem Fond gedünstet, bis die Flüssigkeit verdunstet ist und die Zwiebelchen mit einer glänzenden Schicht überzogen sind.

auf jüdische Art: à la juive (gjif): Große Zwiebeln, gekocht, abgetropft, ausgekühlt, ausgehöhlt; der gehackte Pulp vermischt mit gehacktem, in Gänseschmalz geschmortem Grünkohl, in die Zwiebeln gefüllt, mit Reibbrot bestreut, mit Gänseschmalz betropft, im Ofen überkrustet.

auf Lyoner Art: à la lyonnaise (lionäs): In Scheiben geschnitten, in Butter gebräunt, mit Fleischglace gebunden, mit einem Schuß Essig gewürzt.

Marencic: Große spanische Zwiebel, gekocht, ausgehöhlt, Pulp gehackt, mit Spinatpüree vermischt; mit Mornaysauce nappiert, mit geriebenem Parmesan bestreut, mit Butter betropft, überbacken.

mus: Purée Soubise (ßubihs): In Stücke geschnitten, blanchiert, in Butter und weißem Fond zusammen mit Reis gedünstet, gewürzt; durchgestrichen, mit süßem Rahm und Butter vervollständigt. Auch ohne Reis bereitet, nach dem Durchstreichen mit dicker Béchamel gebunden.

strudel: Zwiebelscheiben gedünstet, ausgekühlt, gewürzt; Strudelteig ausgerollt, mit den Zwiebelscheiben bedeckt, zusammengerollt, in zweifingerbreite Stücke geteilt, die Enden zusammengedrückt, in Salzwasser pochiert; abgetropft, mit in reichlicher Butter geröstetem Reibbrot übergossen (österreichisch).

Tarteletts Mornay: Tarteletts d'oignons Mornay: Scheiben, in Butter und wenig hellem Fond gedünstet, mit Rahmsauce gebunden; hellgelb blind angebackene Blätterteigtarteletts mit den Zwiebeln gefüllt, mit geriebenem Käse bestreut, mit Butter betropft, im Ofen überbacken.

torte, Slavonische: Tarte aux oignons à la slavonienne (slawonjenn): Zwiebelscheiben, mit Butter und hellem Fond weißgedünstet, abgekühlt, mit geschlagenen Eiern und saurem Rahm vermischt, mit Salz und zerdrücktem Kümmel gewürzt; Masse dick auf runden Hefeteigfladen aus Roggenmehl gestrichen, mit Speckwürfeln bestreut, nach dem Gären im Ofen gebacken.

überkrustet: au gratin: Mittelgroße Zwiebeln, gekocht, abgetropft, in gefettete Backplatte geordnet, mit Rahmsauce nappiert, mit geriebenem Käse und Reibbrot bestreut, mit Butter betropft im Ofen überkrustet.

auf ungarische Art: à la hongroise (ongroas): Große Zwiebeln, gekocht, abgetropft, grobgehackt; vermischt mit hackten grünen Paprikaschoten, in Butter gedünstet, mit Salz und Rosenpaprika gewürzt, mit dickem Rahm aufgekocht.

Salate und Rohkostsalate

Englisch: Salad, Raw vegetable salad
Französisch: Salade, Salade de légumes crus, crudités
Italienisch: Insalata, Insalata di verdure crude
Spanisch: Ensalada, Ensalada de verduras crudos

Es ist üblich, zwischen zwei Arten von Salaten zu unterscheiden: den einfachen und den zusammengesetzten. Zu den ersten gehören alle sogenannten grünen Salate, wie Kopfsalat, Bindesalat, Chicorée, Endivie, Kapuzinerbart, Rapunzel usw., aber auch solche, die nur aus einer einzelnen Substanz, sei es Gemüse oder Frucht, bereitet werden. Grüne Salate müssen sehr sorgfältig gewaschen, abgetrocknet und ausgekühlt sein. Nur ein frischer, knuspriger und gut gekühlter Salat ist ein Genuß. Im allgemeinen macht man grüne Salate mit einer Essig- und Öl-Sauce an, die man aber durch gehackte Kräuter, gehacktes Ei, Senf, Würzsaucen u. a. m. variieren kann. Wo immer es nur möglich ist, sollte man danach trachten, den Salat am Tisch des Gastes frisch und nach seinem Geschmack anzumachen. Ein grüner Salat in der Salatküche durch den sogenannten Fond gezogen, ist nur ein höchst dürftiger Ersatz für einen frisch angemachten Salat. Grüne Salate können natürlich auch mit dünner Mayonnaise, mit Rahm und anderem mehr bereitet werden.
Bei den zusammengesetzten Salaten wird jeder Bestandteil gesondert gewürzt, wenn man die einzelnen Bestandteile in Sträußchen von abwechselnder Farbe anrichtet; man kann jedoch auch alles zusammenmischen. Die zusammengesetzten Salate werden sehr oft mit einer Sauce angemacht, die Mayonnaise als Grundlage hat.
Grüne und einfache zusammengesetzte Salate werden hauptsächlich als Beigabe zu warmem Fleisch, Geflügel und Wild serviert. Üppigere Verbindungen bleiben jedoch den kalten Gerichten vorbehalten. Dagegen gehören kombinierte Salate, die Fisch, Schaltiere, Fleisch, Geflügel oder Wild enthalten, zu den Vorspeisen; neuerdings reicht man sie auch gern mit Toast als kleinen Imbiß.

Salatsaucen, Salatmarinaden, Dressings

1. Drei Teile Öl, am besten Olivenöl, ein Teil Weinessig, Salz, Pfeffer.
2. Drei Teile Öl, ein Teil Weinessig, Salz, Pfeffer, Senf.
3. Drei bis vier Teile Öl, ein Teil Zitronensaft, Salz, Pfeffer.
4. Drei Teile dicker, süßer Rahm, ein Teil Weinessig oder Zitronensaft, Salz, Pfeffer.
5. Drei Teile dicker, saurer Rahm, knapp ein Teil Zitronensaft, Salz, Pfeffer.
6. Wie 1 vermischt mit gehacktem, hartgekochtem Ei.
7. Wie 1 vermischt mit gehackten Kräutern (Petersilie, Kerbel, Estragon).
8. Hartgekochtes, passiertes Eigelb, vermischt mit Essig, Öl, Senf, gehackten Kräutern und gehackten Schalotten.
9. Hartgekochtes, passiertes Eigelb, Senf, Salz, Prise Zucker, gehackte, gewässerte Sardellenfilets, dicker süßer Rahm, Zitronensaft.
10. Milder Weinessig, Salz, Pfeffer, dann noch heiße, braungeröstete Würfelchen von mildgeräuchertem, durchwachsenem Speck sofort unter grünen Salat gemischt und unverzüglich serviert.

Salatsaucen **Ägyptischer Salat**

11. Dicker Rahm oder Crème double, auch Joghurt, Prise Salz, Orangensaft (hauptsächlich für Rohkostsalate).
12. Hartgekochtes, gehacktes Eigelb, Weinessig, Öl, Tomatenketchup, Salz, Prise Cayennepfeffer.
13. Gehackte, gewässerte Sardellenfilets, Senf, Olivenöl, Weinessig, geriebener Knoblauch, kein Salz.
14. Wie 1 mit einigen kleinen Weißbrotkrüstchen, mit Knoblauch eingerieben (chapon), unter grünen Salat gemischt.
15. Verdünnte, pikant abgeschmeckte Mayonnaise.
16. Mit Zitronensaft angerührte, verdünnte Mayonnaise.
17. Chantillysauce: Zitronenmayonnaise mit einigen Löffeln ungesüßter Schlagsahne vermischt.
18. Châtelaine-Dressing: Dicke, pikant abgeschmeckte Mayonnaise, mit der gleichen Menge ungesüßter Schlagsahne vermischt.
19. Cheese-Dressing: Mayonnaise, vermischt mit geriebenem Parmesan, Paprika und Selleriesalz.
20. Chiffonade-Dressing: Wie 1 unter Beigabe von gehackten roten Rüben, hartgekochtem Eigelb und Petersilie.
21. Special-Dressing: Wie Chiffonade zuzüglich gehacktem Schnittlauch, mit Estragonessig anstelle von einfachem Essig bereitet.
22. Escoffier-Dressing: Zitronenmayonnaise mit Escoffier-Würzsauce, Chilisauce, Paprika und gehacktem Schnittlauch.
23. French-Dressing, französische Marinade: Wie 1, meist mit etwas französischem Senf verrührt.
24. Lorenzo-Dressing: Wie 1 mit englischem Senfpulver, Chilisauce und geriebenem Knoblauch.
25. Plaza-Dressing: Estragonessig, Olivenöl, Senfpulver, Salz, Chilisauce und Chutney.
26. Princess-Dressing: Wie 1 mit steifem Eierschnee vermischt.
27. Roquefort-Dressing: Wie 1, ohne Salz, mit durchgestrichenem Roquefortkäse.
28. Russian- (russische) Dressing: Tausend-Inseln-Dressing zuzüglich gehackte rote Rüben, Schnittlauch, Petersilie und wenig Kaviar.
29. St. Regis-Dressing: Wie 1 mit englischem Senf, Paprika und Worcestershiresauce.
30. Thousand Islands- (Tausend Inseln) Dressing: Mayonnaise, Paprika, Chilisauce, feingehackte rote und grüne Paprikaschoten.
31. Kräutermayonnaise: Feingehackter Kerbel, Estragon, Schnittlauch, Sauerampfer und Kresse, kurz vor dem Gebrauch unter die Mayonnaise gerührt.
32. Schwedische Sauce: Mayonnaise mit geriebenem Meerrettich, etwas Apfelmus, Paprika und ungesüßter Schlagsahne.
33. Johannisbeersauce: Auf 11 Mayonnaise 4 Eßlöffel durchgestrichener Johannisbeergelee, 1 großer Eßlöffel geriebener Meerrettich, etwas Zitronensaft, eine starke Prise englisches Senfpulver, 2–3 Löffel ungesüßte Schlagsahne (besonders für Salate mit Obst).

Salatsaucen und Marinaden können ferner mit Harvey-, O.K.-, Kabul-, Prince of Wales-, Herbadox-, Maggi-, Soja-, Nabob-, Piccalilli-, Worcestershire- oder Anchovy-Sauce, auch mit Oyster and Lobster- oder Anchovy-Essence, Tomaten-, Walnuß-, Champignon-Ketchup gewürzt werden.

Adelina: Adeline: Kleine gekochte Stückchen Schwarzwurzel, mariniert, mit Mayonnaise gebunden, mit Gurken- und Tomatenscheiben garniert.
Adlon: Streifen von gekochtem Knollensellerie, roten Rüben, Kartoffeln und rohen Äpfeln, umkränzt mit Rapunzeln; einfache Essig- und Öl-Marinade.
Ägyptischer: à l'égyptienne: Körnig gekochter Reis, sautierte, kalte Geflügellebern, gewürfelte rote Paprikaschoten, Artischockenböden, Schinken und Champignons, grüne Erbsen; Essig- und Öl-Sauce.

Aida: Streifen von Artischockenböden, grünen Paprikaschoten, geschälten Tomaten und krauser Endivie; Essig- und Öl-Marinade mit Senf, gehacktes, hartgekochtes Ei obenauf.

Alexandra: Weiße Salatblätter belegt mit Würfeln von Pampelmusen und frischen Nußkernen, umkränzt mit frischen, entsteinten Kirschen und Weinbeeren; Essig- und Öl-Marinade.

Alexis: Kopfsalatherz bedeckt mit gewürfeltem Staudensellerie und gehackten Nußkernen; Essig- und Öl-Marinade.

Algerischer: algerienne: Würfel von gekochten Pataten, Courgetten und rohen geschälten Tomaten, gebunden mit Mayonnaise gewürzt mit Knoblauch, umkränzt von Salatblättern, Julienne von Hühnerfleisch obenauf.

Alhambra: Nudelig geschnittener Kopfsalat, gewürfelte Artischockenböden, Knollensellerie und rote Rüben, gebunden mit Mayonnaise.

Alice: 1. Orangen- und Pampelmusenfilets, Apfelscheibchen, gehobelte Nußkerne, gewürfelte rote Paprikaschoten und entsteinte Sauerkirschen; Essig- und Öl-Marinade;
2. abgedeckelte, ausgehöhlte mürbe Äpfel, gefüllt mit winzigen Apfelkugeln, Bar-le-Duc und gehobelten Walnüssen mit dickem, saurem Rahm gebunden, mit dem Deckel aufgesetzt serviert.

Amerikanischer: Salade américaine: Kartoffelscheiben, Scheiben geschälter Tomaten, Julienne von Staudensellerie, Zwiebelringe, halbe, hartgekochte Eier; Essig- und Öl-Marinade.

Andalusischer: à l'andalouse: Gekochter Reis, Julienne von grünen Paprikaschoten, geschälte Tomatenviertel, gehackte Zwiebeln, gehackte Petersilie, Knoblauch; Vinaigrette-Sauce.

Annette: Kartoffelscheiben, Julienne von Staudensellerie und entbartete Muscheln mit Mayonnaise gebunden.

Apfel-: de pommes fruits: Kleiner Apfel, geschält, Kerngehäuse ausgestochen, in leichtem Läuterzucker pochiert, ausgekühlt; abgetropft, auf Salatblatt plaziert, mit Rahmmayonnaise nappiert, mit geraspelter, gerösteter Kokosnuß bestreut.

Arlesischer: à l'arlésienne: Gebratene Würfel von Eieräpfeln, Kartoffel- und Tomatenwürfel; Essig- und Öl-Sauce mit Knoblauch und gehackter Petersilie; Zwiebelringe obenauf.

von Artischockenböden: de fonds d'artichauts: Gekochte Böden, gewürfelt; Ravigote-Sauce.

Aschenbrödel: cendrillon: Grobe Julienne von Kartoffeln, Artischockenböden, Knollensellerie und Trüffeln, Apfelscheibchen und grünen Spargelspitzen; Essig- und Öl-Sauce.

Astor: Gurkenscheiben, Julienne von roter Paprikaschote, Brunnenkresse und Rapunzeln; saure Rahmsauce mit Olivenöl.

Astoria: Würfel von Birnen und Pampelmusen, Julienne von roter und grüner Paprikaschote, gehobelte Haselnüsse; Essig- und Öl-Sauce.

Augustiner-: augustine: Streifen von römischem Salat, Prinzeßböhnchen, grüne Erbsen, geschälte, geviertelte Tomaten, geviertelte, hartgekochte Eier; Mayonnaise mit Worcestershiresauce.

Avocado-: Geschälte, halbierte Avocado, entkernt, in Scheiben geschnitten, Hälften wieder auf Salatblättern zusammengesetzt; Essig- und Öl-Sauce, gehackter Kerbel obenauf.

Bagatelle: Julienne von Karotten und Champignons, Spargelspitzen; Essig- und Öl-Sauce.

Bagration: Julienne von Staudensellerie, Hühnerbrust und Artischockenböden, gekochte Makkaroni in dünnen Scheibchen, mit tomatierter Mayonnaise gebunden; dekoriert mit Pökelzunge, Trüffeln, gehacktem, hartgekochtem Eigelb, Julienne von hartgekochtem Eiweiß und gehackter Petersilie.

Bananen-: de bananes: Geschält, in Scheiben geschnitten; Essig- und Öl-Sauce.

Barcelonaer: à la barcelonnaise: Julienne von roter Paprikaschote, Staudensellerie und Champignons, Apfelscheiben, Trüffelwürfel, nudelig geschnittener Kopfsalat; Essig- und Öl-Sauce.
Basto: Julienne von Knollensellerie, Äpfeln und roter Paprikaschote, nudelig geschnittener Kopfsalat, umkränzt mit runden Apfel- und roten Rübenscheiben; Essig- und Öl-Sauce.
Bauern-: paysanne: Blätterig geschnittene Mohrrüben, weiße Rüben, Knollensellerie und Zwiebelwürfel, garniert mit olivenförmigen, gekochten Kartoffeln; Essig- und Öl-Sauce.
Beatrice: Julienne von Kartoffeln, Hühnerbrust und Trüffeln, Spargelspitzen; Senfmayonnaise.
Beaucaire (bokär): Julienne von Knollen- und Bleichsellerie, Hühnerbrust, Schinken, Champignons und säuerlichen Äpfeln, mit Mayonnaise gebunden, mit gehackten Kräutern bestreut; garniert mit runden Scheiben von Kartoffeln und roten Rüben.
Bellevue: Nudelig geschnittener Kopfsalat, Endivie und Chicorée, kleiner gekochter Rosenkohl; Currymayonnaise.
Berliner: à la berlinoise (berlinoas): Gekochter, gewürfelter Knollensellerie, mit Mayonnaise gebunden, bestreut mit Julienne von roter Rübe, umkränzt mit Rapunzelsalat in Essig- und Öl-Sauce.
Bermuda: Prinzeßböhnchen und Julienne von roter Paprikaschote, auf Salatblättern angerichtet; Essig- und Öl-Marinade.
Biarritz: Würfel von Knollensellerie und grüner Paprikaschote, auf Salatblättern dressiert, mit Mayonnaise bedeckt.
Bismarck: Entripptes Rotkraut und Kopfsalat, nudelig geschnitten; Essig- und Öl-Sauce mit geriebenem Meerrettich.
Blumenkohl-: de choux-fleurs (schuh flör): Blumenkohlröschen, nicht zu weich gekocht, ausgekühlt, mit Essig- und Öl-Sauce mariniert, mit gehacktem Kerbel und Petersilie bestreut.
von grünen Bohnen: de haricots verts (dö ariko wär): Rhombenförmig geschnitten, gekocht, ausgekühlt; Essig- und Öl-Sauce mit gehackten Zwiebeln und Petersilie.
von grünen Bohnenkernen: de flageolets: Gekocht, abgetropft, ausgekühlt; Senfmayonnaise mit gehacktem Schnittlauch.
von weißen Bohnen: de haricots blancs (dö ariko blang): Gekocht, ausgekühlt, abgetropft, Essig- und Öl-Sauce mit gehackten Zwiebeln und Kräutern.
Bombayer: Körnig gekochter Reis, gewürfelte Mangos und rote Paprikaschoten, auf Salatblättern dressiert; Essig- und Öl-Sauce.
Brasilianischer: brésilienne: Gekochte Limabohnen, gekochte Würfel Knollensellerie, Streifen von roten und grünen Paprikaschoten; Mayonnaise.
Braunschweiger: Gewürfelte Artischockenböden und Streifen von Staudensellerie; Essig- und Öl-Sauce.
Bresser: bressanne: Gekochte weiße Bohnen, Tomatenscheiben, Streifen von Artischockenböden; Essig- und Öl-Sauce.
Bretagnischer: bretonne: Gekochte weiße Bohnen, Tomaten- und Zwiebelwürfel; Essig- und Öl-Sauce mit gehackten Kräutern.
Bristol: Julienne von Knollensellerie, säuerlichen Äpfeln, Pfeffergurken, Trüffeln, Tomaten und gebratener Hühnerbrust mit Mayonnaise gebunden.
Brüsseler: bruxelloise (brüsseloas): Gekochter Rosenkohl, Chicoréescheibchen und Kartoffelscheiben in Sträußchen angerichtet; Essig- und Öl-Sauce mit gehackten Zwiebeln und Kräutern.
Buenos Aires: Scheiben von Avocados, Gurken und Äpfeln, gewürfelten grünen Paprikaschoten und gehobelten Paranüssen; Essig- und Öl-Sauce.
Burgfrauen-: Châtelaine: Würfel von Kartoffeln, Artischockenböden, hartgekochten Eiern und Trüffeln; Essig- und Öl-Sauce mit gehacktem Estragon.

Byzantinischer: à la byzantine: Apfelscheiben und Pampelmusenwürfel, auf Salatblättern dressiert; mit Mayonnaise bedeckt, mit gehackten Trüffeln und Petersilie bestreut.

Canaille: 1. Gewürfelte Kartoffeln, Artischockenböden, Champignons, Trüffeln und rote Paprikaschoten, Garnelen; Essig- und Öl-Sauce mit Cayennepfeffer;
2. Julienne von Staudensellerie, Bananenwürfeln, Reis, Zwiebelwürfeln und geschälten Tomatenachteln; saure Rahmsauce.

Carmen: Würfel von gerösteten, geschälten roten Paprikaschoten und Hühnerfleisch, gekochter Reis und grüne Erbsen; Essig- und Ölsauce mit Senf und gehacktem Estragon.

Caroline: Kleine Pampelmusenfilets und Bananenscheiben, auf Salatblättern dressiert, mit gehackten roten und grünen Paprikaschoten bestreut; Essig- und Öl-Sauce.

Caruso: Ananas- und Tomatenwürfel, auf Salatblättern dressiert; saurer Rahm mit Zitronensaft.

Casanova: Julienne von Staudensellerie und Trüffeln, mit Mayonnaise gebunden; garniert mit Scheiben hartgekochter Eier, umkränzt mit Brunnenkresse.

Chambéry (schangberri): Große, geschälte, ausgehöhlte Tomate, innen mariniert, gefüllt mit feinnudelig geschnittenem Kopfsalat vermischt mit kleinen Würfeln von Hummer, Lachs, Artischockenböden, Pfeffergurken und grünen Bohnen, mit Mayonnaise gebunden.

Châtelaine: siehe Burgfrauen-Salat

Chevreuse (schäwrös): Streifen von Staudensellerie, Chicorée und Trüffeln, garniert mit Tomatenscheiben; Essig- und Öl-Sauce.

Chiffonade: Nudelig geschnittener Kopfsalat und Chicorée, Julienne von roten Rüben, Knollensellerie und Tomaten, garniert mit Brunnenkresse; Essig- und Öl-Sauce mit gehacktem Schnittlauch.

Claire Fontaine (klärfongtän): Kartoffelsalat, umkränzt mit Brunnenkresse bestreut mit gehackten Kräutern, garniert mit Vierteln von hartgekochten Eiern; Essig- und Öl-Sauce.

Cole Slaw: Krautsalat: Feingehobeltes Weißkraut ohne Rippen, mit gehackten Zwiebeln vermischt, mit Salz, Pfeffer, drei Teilen Olivenöl und einem Teil Weinessig angemacht (nordamerikanisch).

Comtoise: Kopfsalatherzen, im letzten Moment mit Marinade von Salz, Pfeffer, Essig und heißem, gewürfeltem, gebratenem Speck übergossen.

Cremona: Crémone: Knollenziest auf griechische Art gekocht, garniert mit geschälten, entkernten Tomatenscheiben mit Sardellenfilets über Kreuz belegt; Essig- und Öl-Sauce mit Senf.

Cressonnière (kreßongjär): Brunnenkresse und Kartoffelscheiben, mit gehackter Petersilie und hartgekochtem Ei bestreut; Essig- und Öl-Sauce.

Crispi: Scheiben geschälter Avocados, kleine Orangen- und Pampelmusenfilets, entsteinte Kirschen, Nußkerne; mit Mayonnaise gebunden.

Cupido: Nudelig geschnittener Kopfsalat, gekochter Knollenziest, Tomatenwürfel, Julienne von Knollensellerie; Essig- und Öl-Sauce.

Danicheff: Kleine Scheibchen von gekochtem Knollensellerie, Kartoffelscheiben, Julienne von rohen Champignons und Artischockenböden, weiße Spargelköpfe, mit Mayonnaise gebunden; mit Krebsschwänzen, Trüffelscheiben und geviertelten, hartgekochten Eiern garniert.

Dänischer: à la danoise (dannoas): Julienne von sauren Gurken, roten Rüben, Selleriknolle und Räucherlachs, garniert mit Eierscheiben; Essig- und Öl-Sauce mit gehackten Zwiebeln, Schnittlauch, Kerbel und Estragon.

Delmonico: Winzige Apfel- und Knollenselleriewürfel; Rahmmayonnaise.

Del Monte: Apfelscheibchen, Streifen von Staudensellerie und grüner Paprikaschote, Ananaswürfel, auf Salatblättern dressiert; Senfmayonnaise mit Sardellenessenz.

Demidow: Demidoff: Halbmondförmige, gekochte Scheibchen von Mohrrüben, weißen Rüben und Knollensellerie, Scheibchen grüner Zwiebeln; Essig- und Öl-Sauce; bestreut mit halbmondförmigen Trüffelscheiben.

Deutscher: à l'allemande: Gewürfelte Äpfel, Kartoffeln, saure Gurken und gewässerte Salzheringe, garniert mit Scheiben von roten Rüben, hartgekochten Eiern und Heringsstreifen; Essig- und Öl-Sauce mit gehackten Zwiebeln, hartgekochten Eiern und Senf.

Diplomaten-: diplomate: Würfel von Staudensellerie und Ananas, Nußkerne; Mayonnaise.

Dixie: Gekochte Maiskörner und gewürfelte Tomaten, auf Salatblättern dressiert, mit Mayonnaise nappiert.

Don Carlos: Gewürfelte Tomaten, Artischockenböden und Trüffeln, umkränzt mit Brunnenkresse mit gehackten Zwiebeln und Petersilie; Essig- und Öl-Sauce.

Doria: Rund oder oval ausgestochene Salatgurken, mit Rahmmayonnaise gebunden, mit gehacktem Kerbel und Estragon bestreut.

Dumas (düma): Gewürfelte rote Rüben, Kartoffeln, Gurken und Tomaten, gebunden mit Mayonnaise mit Sardellenessenz gewürzt; garniert mit Scheiben von sauren Gurken, Salatblättern und Eierviertln, bestreut mit gehacktem Kerbel, Estragon und Schnittlauch.

Dyer's: Tomatenscheiben auf Salatblättern dressiert; Essig- und Öl-Sauce mit Chilisauce gewürzt.

Eddy: Kleine Scheibchen von Ananas, Pampelmuse und Äpfeln, geschälte, entkernte Weinbeeren und gehobelte Nüsse; mit Mayonnaise gebunden, auf Salatblättern dressiert.

Eisberg-, Eissalat: Wirsingkohlähnlicher Salat mit knackigen, schmackhaften Blättern. Kleingezupft mit Essig- und Ölsauce, auch mit Krüstchen mit Knoblauch berieben.

Elaine: Salatblatt belegt mit Birnenscheibchen und Pampelmusenstückchen, mit gehackter roter Paprikaschote bestreut; Essig- und Öl-Sauce.

Elisabeth: Salatherzen mit saurer Rahmsauce.

Elsie: Salatblatt belegt mit Scheibchen geschälter Avocados, Pampelmusenstückchen und geschälten, entkernten Weinbeeren; bedeckt mit Mayonnaise, bestreut mit gehackten Haselnüssen.

Emma: Gurkensalat umlegt mit Tomatensalat.

auf Erzherzogsart: à l'archiduc: Streifen von roten Rüben, Kartoffeln, Chicorée und Trüffeln; Essig- und Öl-Sauce.

d'Estrées: Julienne von Staudensellerie und Trüffeln, gebunden mit Senfmayonnaise mit Cayennepfeffer geschärft.

Eugenia: Eugénie: Chicorée- und Gurkenscheibchen, Rapünzchen und gewürfelter Knollensellerie, garniert mit Eierscheiben; Essig- und Öl-Sauce.

Eva: Eve: 1. Gekochte Würfel von Knollensellerie, Champignon-, Schinken-, Gurken- und Apfelwürfel; saure Rahmsauce;
2. abgedeckelter, ausgehöhlter Apfel, gefüllt mit dem kleingewürfelten Fleisch, Würfeln von Bananen, Äpfeln und frischen Haselnüssen; saure Rahmmarinade mit Zitronensaft.

Everard: Streifen von rohen Champignons, Artischockenböden und roten Paprikaschoten, gebunden mit Senfmayonnaise; garniert mit Tomatenscheiben, mit Julienne von Staudensellerie und Trüffeln bestreut.

Excelsior: Julienne von Staudensellerie, roten Paprikaschoten und geschälten Tomaten, auf Salatblättern dressiert; bedeckt mit Mayonnaise, mit gehackten Trüffeln bestreut.

Fanchette: Julienne von rohen Champignons, Trüffeln und Hühnerbrust, nudelig geschnittener Kopfsalat; Essig- und Öl-Sauce.

Fancy: Grobe Julienne von Ananas, Staudensellerie und roter Paprikaschote, körnig gekochter Reis und Tomatenwürfeln; Escoffier-Salatsauce.

Fédora: Apfel- und Orangenscheibchen, Julienne von Knollensellerie und nudelig geschnittener Kopfsalat; Mayonnaise.

Feinschmecker-: du gourmet: Grobe Julienne von Trüffeln, Hahnenkämmen und Staudensellerie, mit Mayonnaise mit Trüffelsaft gebunden; garniert mit gedünsteten Maronen und Morcheln in Essig- und Öl-Sauce mit gehackten Kräutern mariniert.

Figaro: Julienne von roten Rüben, Staudensellerie, Pökelzunge und nudelig geschnittenem Kopfsalat, garniert mit Sardellenfilets; tomatierte Mayonnaise.

Flämischer: flamande: Kartoffeln und Chicorée in Streifen, Würfel gewässerter Salzheringe, gebackene, gehackte Zwiebeln; Essig- und Öl-Sauce mit gehacktem Kerbel und Estragon.

Florentiner: florentine: Nudelig geschnittener roher Spinat, Brunnenkresse, Julienne von roter Paprikaschote und Staudensellerie; Essig- und Öl-Sauce.

Florida: 1. Gewürfelte Ananas, Pampelmuse und Banane, mit Rahmmayonnaise gebunden, mit gehackten Walnüssen bestreut;
2. Orangenfilets auf Salatherzen dressiert; Rahmsauce mit Zitronensaft.

Francillon: Halbrunde Kartoffelscheiben und halb entbartete, gekochte Muscheln noch warm mit Chablis mariniert, mit Trüffelscheiben belegt; Vinaigrette-Sauce.

Frankfurter: francfortoise (frangfortoas): Apfelscheibchen, Würfel von Kartoffeln, roten Rüben und feingehobeltes Rotkraut, garniert mit Eierscheiben; Essig- und Öl-Sauce.

Französischer: Nudelig geschnittener Kopfsalat; Essig- und Öl-Marinade.
   Chicorée-: d'endives: In zweifingerbreite Stücke geschnitten, in Salatschüssel mit Knoblauch ausgerieben dressiert; Essig- und Öl-Marinade.

Frucht-: de fruits: Gewürfelte Äpfel, Birnen, Bananen, Pampelmusen, Orangen, entsteinte Kirschen und Weintrauben; Châtelaine-Marinade.

Gallati: Weiße Spargelköpfe und kleine, recht weiße Champignons, Essig- und Öl-Sauce.

Gallischer: gauloise (goloas): Kartoffel-, Champignon-, Artischockenböden- und Trüffelscheibchen; Mayonnaise.

Gambetta: Artischockenböden- und Trüffelscheibchen; Mayonnaise mit gehacktem Estragon.

Garibaldi: Grobe Julienne von Äpfeln, Staudensellerie und roten Paprikaschoten, auf Salatblättern dressiert, mit Mayonnaise bedeckt.

von Gartenkresse: de cresson alénois (dö kressong alenoas): Gewaschen, gut abgetropft; Essig- und Öl-Sauce.

auf Gärtnerinart: à la jardinière: Würfelchen von gekochten Wurzelgemüsen, grünen Erbsen, gewürfelten grünen Bohnen und Blumenkohlröschen, umkränzt mit Brunnenkresse, garniert mit Eierscheiben; Essig- und Öl-Sauce.

Geformter: moulée: Mit Gelee ausgegossene und dekorierte Form, mit Gemüse-, Fisch-, Schaltier-, Geflügel-, Fleisch- oder Wildsalat gefüllt, mit Gelee verschlossen, erstarrt, gestürzt.

Gemischter: panachée: Gekochte weiße Bohnen, grüne Bohnen, grüne Erbsen, Blumenkohlröschen, Champignons u. a. m., in Sträußchen angerichtet, mit gehackter Petersilie bestreut; Essig- und Öl-Sauce.

Gemüse-: de légumes: Alle möglichen Sorten Gemüse wie Erbsen, grüne Bohnen, Spargelspitzen oder -köpfe, gewürfelte oder geformte, gekochte Wurzelgemüse usw. in Sträußchen auf Salatblättern geordnet, mit gehackten Kräutern bestreut; Essig- und Öl-Sauce.

gärtner-: maraîchère (maräschär): Kleine Stückchen gekochter Schwarzwurzeln, rote Rüben und Kartoffeln, gewürfelt, mit Rapunzelsalat umkränzt; Senfmayonnaise mit geriebenem Meerrettich.

Georgette (schorschett): Körnig gekochter Reis, gewürfelte rote Rüben, Artischockenböden, Gurken und Trüffeln; Mayonnaise.

Globus: Globe: Apfel-, Ananas-, Pampelmusenwürfel und kernlose Mandarinenfilets; Essig- und Öl-Marinade mit gehackten Oliven.

Goblin: des gobelins (dö gobläng): Runde Kartoffel-, Knollensellerie- und Trüffelscheiben, Scheibchen roher Artischockenböden und Champignons, grüne Spargelspitzen; Zitronenmayonnaise mit gehacktem Estragon.

Göttlicher: divine: Julienne von Artischockenböden, Staudensellerie und Trüffeln, grüne Spargelspitzen, mariniert, mit Rahmsauce gebunden; garniert mit Hummerkrabbenschwänzen.

Gracia: Julienne von roten und grünen Paprikaschoten, Apfelscheibchen und gewürfeltem, gekochtem Knollensellerie; Mayonnaise.

auf Gräfinart: à la comtesse: Gewürfelter Knollensellerie, Apfel- und Tomatenwürfel; Mayonnaise.

Grimod: Gewürfelte grüne Bohnen, rote Rüben und Blumenkohlröschen; auf Salatblätter dressiert, Mayonnaise.

Gurken-: de concombres (konkombr): 1. amerikanischer: à l'américaine: Geschält, Kerne entfernt, in Streifen geschnitten, gekühlt; auf Salatblättern dressiert, mit Tatarensauce bedeckt;

2. deutscher: à l'allemande: Geschält, gehobelt, Essig- und Öl-Sauce mit gehacktem Dill oder saurer Rahm und Zitronensaft;

3. mit Rahm: à la crème: Geschält, in Scheiben geschnitten, mit saurem Rahm, Salz, Pfeffer, gehackten Zwiebeln und Essig angemacht;

4. auf russische Art: à la russe: Geschält, in Scheiben geschnitten, gebunden mit passiertem Quark vermischt mit saurem Rahm, saurer Milch, Salz, Pfeffer, zerdrücktem Knoblauch; mit gehacktem Dill bestreut.

Halbtrauer: Demi-deuil: Julienne von Kartoffeln und Trüffeln, umkränzt mit runden Trüffel- und Kartoffelscheiben; Senfrahm.

Harvey: Nudelig geschnittener Kopfsalat und Chicorée, Brunnenkresse; Essig- und Öl-Sauce mit Harveysauce gewürzt.

Hawaneser: à la havanaise (awanäs): Spargelspitzen und Hummerkrabbenschwänze auf Salatblätter dressiert; bedeckt mit Mayonnaise mit Gurkenpüree vervollständigt.

Heinrich IV: Henri IV. (angri kat): Sträußchen von gewürfelten Artischockenböden und gekochten Kartoffelwürfeln; Essig- und Öl-Sauce mit gehackten Zwiebeln und Kräutern.

Helene: Hélène: Mandarinenfilets, Spargelspitzen, Julienne von grünen Paprikaschoten, einige Trüffelscheiben; Essig- und Öl-Sauce mit Weinbrand.

Henriette (angrijett): Blumenkohlröschen, weiße Bohnen, Karotten- sowie Trüffelscheiben; Sauce von Estragonessig, Olivenöl, gehackten Schalotten, Salz und Pfeffer.

Hermine: Julienne von Huhn, Staudenselleriehrzen, Chicorée und Kartoffeln; Mayonnaise.

Hering- und Apfel-: de hareng aux pommes fruits: Gewürfelte mürbe Äpfel und gewässerte Salzheringe; Essig- und Öl-Sauce mit gehackten Zwiebeln.

Holländischer: hollandaise: Kartoffel- und Rauchlachswürfel, wenig Kaviar und gehackte Zwiebeln; Zitronensaft- und Öl-Sauce mit gehacktem Schnittlauch.

Humbert: Gewürfelte Tomaten und rote Paprikaschoten; Essig- und Öl-Sauce.

Indischer: à l'indienne: 1. Körnig gekochter Reis, gewürfelte Tomaten und Mangos, Zwiebelwürfel; Mayonnaise mit Currypulver und Champignonketchup gewürzt; Julienne von roter Paprikaschote obenauf;
2. Reis, Apfelwürfel, Julienne von roter Paprikaschote und Spargelspitzen; Creme double mit Currypulver gewürzt.

auf Infantenart: à l'infante (ängfangd): Salatblätter belegt mit weißen Spargelköpfen und Julienne von roten und grünen Paprikaschoten, bedeckt mit Mayonnaise.

Irma: Gurkenscheiben, Spargelspitzen, Blumenkohlröschen, rhombenförmig geschnittene grüne Bohnen, mit Rahmmayonnaise mit gehacktem Kerbel und Estragon gebunden; hoch angerichtet, nudelig geschnittener Kopfsalat und Brunnenkresse darübergestreut.

Isabella: Isabelle: Rohe Champignonscheiben, Scheiben gekochter Kartoffeln, Artischockenböden und Trüffeln, Streifen von Staudensellerie; Essig- und Öl-Sauce mit gehacktem Kerbel.

Italienischer: à l'italienne: Gewürfelte Kartoffeln, Mohrrüben, weiße Rüben, Tomaten, grüne Bohnen, Knollensellerie, Salami und grüne Erbsen, garniert mit entsteinten Oliven, Sardellenfilets und Kapern; Mayonnaise.

20. Jahrhundert: Julienne von Staudensellerie und grünen Paprikaschoten, Apfelscheiben und Haselnußkernen, gebunden mit tomatierter Mayonnaise.

Jahrhunderts-Ende: Fin de siécle: Würfel von gekochter Sellerieknolle und Artischockenböden, Chicoréescheibchen, grüne Bohnen und Spargelspitzen, mit Mayonnaise gebunden; garniert mit Spargelspitzen, Scheiben von hartgekochten Eiern und roten Rüben.

Jamaika: Jamaïque (gjamaik): Würfelchen von Bananen, Orangen und Pampelmusen, entsteinte Kirschen und gehackte Haselnüsse, mit Mayonnaise gebunden; in Bananenschalen gefüllt, mit gehackten, gerösteten Haselnüssen bestreut.

Japanischer: japonaise (schaponäs): Wie Francillon (s.d.) bereitet.

Javanischer: javanaise (jawanäs): Orangenfilets auf Salatherzen dressiert, nappiert mit dickem Rahm mit Zitronensaft, Salz und geriebenem Meerrettich gewürzt; mit feiner blanchierter Julienne von Orangenschale bestreut.

Jeannette: Grüne Bohnen, Blumenkohlröschen und Brunnenkresse; Essig- und Öl-Sauce mit gehackten Kräutern.

Jefferson: Nudelig geschnittener römischer Salat, grobe Julienne von roten Paprikaschoten, Staudensellerie und Ananas; Roquefort-Marinade.

Jockey-Club: Gleiche Menge Trüffeljulienne und grüne Spargelspitzen, jeder Teil für sich mariniert; Mayonnaise.

Jolanda: Gewürfelte Karotten, Pataten und Staudensellerie; Essig- und Ölsauce mit geriebenen roten Rüben und gehackter grüner Pfefferminze.

Judic (jüdick): Gewürfelte Kartoffeln, Mohrrüben, grüne Bohnen, rote Rüben, Blumenkohlröschen und Rosenkohl; in Essig und Öl mariniert, mit Ravigote-Sauce bedeckt.

Kaiserlicher: à l'impérial (ängperjal): 1. Streifen von Äpfeln, Mohrrüben, grünen Bohnen und Trüffeln; Essig- und Öl-Sauce mit gehackten Kräutern;
2. Prinzeßböhnchen, weiße Spargelköpfe und Trüffelscheiben; Essig- und Öl-Sauce.

Kalifornischer: à la californienne: Ananasscheibchen und Orangenfilets, Blumenkohlröschen und Prinzeßböhnchen, auf Salatblätter dressiert, mit Mayonnaise nappiert.

Kapriziöser: caprice: Julienne von Pökelzunge, Schinken, Huhn, Trüffeln und rohen Artischockenböden; Essig- und Öl-Sauce mit Senf oder Senfmayonnaise.

Kapuzinerbart: barbe de capucin (barb dö kappüssäng): Zerteilt, Essig- und Öl-Marinade.

Karmeliter-: à la carmelite (karmelit): Kartoffel-, Zwiebel-, Eier-, rote Rüben- und Sardellenfiletwürfel; Essig- und Öl-Sauce.

Kartoffel-: de pommes de terre: 1. In der Schale gekocht, gepellt, in Scheiben geschnitten, noch heiß mit Bouillon, Essig, Öl, gehackten Zwiebeln, Salz und Pfeffer durchgeschwenkt;
2. auf deutsche Art: Wie oben, dünne Apfelscheiben beigefügt;
3. mit Mayonnaise: Gekocht, gepellt, in Scheiben geschnitten, erst mit Essig und Öl mariniert, mit Mayonnaise gebunden;
4. in der Schale gekocht, gepellt, in Scheiben geschnitten, noch heiß mit Bouillon, Essig, Öl und Zwiebel- und Speckwürfeln, in Öl gebraten, vermischt.

auf Kennerart: connaisseur (konnässör): Sellerie-, Huhn- und Trüffelstreifen, mit Mayonnaise gebunden, mit Tomatenscheiben und grünen Spargelspitzen garniert.

Khedive: Tomatenscheiben, gehackte Zwiebeln, einige Trüffelscheiben, garniert mit gefüllten spanischen Oliven, mit gehacktem Schnittlauch bestreut; Essig- und Öl-Sauce mit Cayennepfeffer geschärft.

Kloster-: du couvent: Kartoffel- und Gurkenwürfel; Essig- und Öl-Sauce.

Klub-: du club: Julienne von roten Paprikaschoten, Staudensellerie und Trüffeln, gebunden mit Mayonnaise, auf Salatblätter dressiert, garniert mit Apfelscheiben.

Knickerbocker: Scheiben mürber Äpfel, Orangenfilets und entsteinte, geschälte Weinbeeren, auf Salatblätter dressiert; Essig- und Öl-Sauce.

von Knollensellerie: de céleri-rave: Gekocht, geschält, in Scheibchen oder Streifen geschnitten; noch warm mit Essig- und Öl-Sauce angemacht.

Königin Isabella: Reine Isabelle: Scheibchen von Hummerfleisch, gekochter, auseinandergezupfter Lachs, Garnelen und gehackte Sardellenfilets, auf nudelig geschnittenen Salat dressiert, mit Julienne von roter Paprikaschote bestreut; Essig- und Öl-Sauce.

Königin Margot: Reine Margot: Halbe, ausgehöhlte, innen marinierte Tomaten, gefüllt mit nudelig geschnittenem Kopfsalat und Garnelen, mit Mayonnaise gebunden; garniert mit Brunnenkresse und Radieschen.

Kopfsalatherzen: Cœurs de laitues (kör dö lätü): Herzen von weißen Salatköpfen, der Länge nach gespalten; Essig- und Öl-Sauce mit gehackten Kräutern oder gehacktem, hartgekochtem Ei, Châtelaine-, Roquefort- oder Escoffier-Marinade, Rahmmayonnaise oder andere Sauce, je nach Wunsch.

Köstlicher: délicieuse: Scheiben entkernter, geschälter Tomaten, Ananaswürfel und Orangenfilets auf Salatherzen dressiert; Rahmsauce.

auf Kreolenart: à la créole: 1. Kleine Melone, abgedeckelt, Samen entfernt, das ausgehöhlte Fleisch gewürfelt, mit gekochtem Reis vermischt, mit Salz und Ingwerpulver gewürzt, mit saurem Rahm mit Zitronensaft gebunden; in die Melone gefüllt, Deckel aufgesetzt, stark gekühlt;
2. gekochter Reis, Julienne von Staudensellerie, grüner Paprikaschote und nudelig geschnittenem Salat; Mayonnaise.

Kubanischer: cubaine (kübähn): Julienne von grünen Paprikaschoten, geschälten Tomaten und Staudensellerie, Zwiebelringe; Mayonnaise.

Küchenmeister-: Salade du chef: Besteht meistens aus einer Vielzahl verschiedener Salate, einschließlich Julienne von Rot- und Weißkraut, Tomaten, Karotten usw., garniert mit Scheiben von hartgekochten Eiern; Essig- und Öl-Sauce mit gehackten Kapern, Estragon und Kerbel.

von Kürbischen: de courgettes (kurschett): In Streifen geschnitten, in Öl sautiert, noch heiß mit Essig- und Öl-Sauce mariniert, mit gehacktem Schnittlauch bestreut.

Kurokisalat   Margaretesalat

Kuroki: Orangenfilets, Julienne von roter und grüner Paprikaschote, auf Salatblätter dressiert; Essig- und Öl-Sauce.

Lackmé: Gekochter Reis, gewürfelte Tomaten und rote Paprikaschoten, Zwiebelwürfel; Essig- und Öl-Sauce mit Currypulver gewürzt.
auf Landwirtsart: à la cultivateur (kültiwatör): Rapunzelsalat und Scheibchen grüner Zwiebel; Essig- und Öl-Sauce mit gehacktem Kerbel und grüner Pfefferminze.
Lapérouse: Geschälte, entkernte Tomatenviertel, grüne Bohnen, Schinkenwürfel und Scheiben von Artischockenböden; saure Rahmsauce.
Laura: Apfelscheibchen und Julienne von grüner Paprikaschote, mit Mayonnaise gebunden, auf Salatblätter dressiert.
Lieblings-: favorite: Streifen von Hühnerbrust und Trüffeln sowie grüne Spargelspitzen; Rahmmayonnaise.
Linsen-: de lentilles (langtij): Eingeweicht, gekocht, abgetropft, ausgekühlt; Essig- und Öl-Sauce mit gehackten Zwiebeln.
Lorenzo: Kopfsalat, Rapunzeln, Scheiben von roten Rüben, Birnen und hartgekochten Eiern; Essig- und Öl-Sauce mit Senf und Chilisauce gewürzt.
Lorette: Julienne von roten Rüben und Sellerie, mit Rapunzeln umkränzt; Essig- und Öl-Sauce.
Louis: Gewürfelte Ananas, mürbe Äpfel und Staudensellerie; Rahmmayonnaise mit Sherry.
Louise: Kleine Pampelmusenfilets und entkernte, geschälte Weinbeeren, auf Salatblätter dressiert; bedeckt mit Mayonnaise, mit gehackten Haselnüssen bestreut.
Louisette: Herzen von römischem Salat, entkernte, geschälte Weinbeeren, Tomatenwürfel; Essig- und Öl-Sauce.
Louisiana: Scheiben von geschälten, entkernten Tomaten, Blutapfelsinen und Bananen; Sauce von rohem Tomatenpüree, gewürzt mit Salz, Pfeffer und Prise Zucker, mit Zitronensaft und Öl aufgeschlagen.
Löwenzahn-: de dent-de-lion (dangdeljong): Nur ganz junge, gebleichte Blättchen; Essig- und Öl-Sauce.
Lustige Witwe: Merry Widow (märri widdau): Apfel- und Chicoréescheibchen, Stückchen von Pampelmusen- und Orangenfilets, frische Haselnußkerne; mit Mayonnaise gebunden, mit Julienne von roter und grüner Paprikaschote bestreut.
Luxor: Julienne von Knollensellerie, Hühnerbrust, grünen Bohnen, Tomaten und roten Paprikaschoten; Zitronen- und Öl-Marinade.
Lyoner: lyonnaise (lionäs): Kleinwürflig geschnittenes, gekochtes gemischtes Gemüse, Sardellenfilets, entsteinte Oliven und Kapern; Ravigote-Sauce.

Maintenon: Crabmeat, Austern und grüne Spargelspitzen, mit Mayonnaise gebunden; bestreut mit Trüffeljulienne.
Majestic: Gewürfelte Äpfel, grüne Paprikaschoten und Staudensellerie; Mayonnaise.
Mandalay-: Körnig gekochter Reis, Scheibchen grüner Zwiebeln und roter Paprikaschoten, Tomatenwürfel; Mayonnaise mit Currypulver, Tomatenketchup und Mangochutney.
Mandragora: Kurze Stückchen gekochter Schwarzwurzeln, gewürfelte Tomaten, Bananen und entsteinte grüne Oliven; Plazamarinade.
Manhattan: Apfelscheibchen, Julienne von Staudensellerie und roten Paprikaschoten, mit frischen Haselnußkernen und grünen Paprikaschoten garniert; Mayonnaise.
Manon: Stückchen von Pampelmusenfilets auf Salatblätter dressiert; Zitronen- und Öl-Marinade mit Prise Zucker.
Margarete: Marguerite: Tomaten-, Kartoffel- und Gurkenwürfel, Garnelen; Mayonnaise.

Marianne: Streifen von gekochtem Knollensellerie, grünen Paprikaschoten, Pökelzunge und Trüffeln, garniert mit Tomaten- und Trüffelscheiben; Mayonnaise.
Maria Stuart: Nudelig geschnittener Kopfsalat, Julienne von Knollensellerie und Trüffeln, gebunden mit saurem Rahm, vermischt mit gehacktem Kerbel; garniert mit Eierscheiben.
Marie Louise: Bananen-, Sellerie-, Apfel- und Trüffelscheibchen; Mayonnaise.
Mariette: 1. Gewürfelte Birnen, Gurken und Essiggemüse; Mayonnaise; 2. Julienne von gekochten Mohrrüben, Orangenfilets, mit Julienne von Orangenschale bestreut; Essig- und Öl-Sauce mit Orangensaft.
Marquise: Gewürfelte Artischockenböden und Gurken, auf nudelig geschnittenem Salat angerichtet, mit Eierscheiben garniert; Mayonnaise.
Martini: Würfelchen von mürben Äpfeln, Staudensellerie und entkernte, geschälte Weinbeeren, mit Mayonnaise gebunden; in ausgehöhlte Orangen gefüllt, mit gestifteten Nüssen bestreut.
Maskott: Mascotte: 1. Olivenförmig ausgestochene, gekochte Kartoffeln und Trüffeln, gewürfelte Artischockenböden, jeder Teil für sich mariniert; Mayonnaise;
2. weiße Spargelköpfe, Krebsschwänze, Hahnenkämme in Scheiben, Kiebitz- oder Möweneier, Trüffelscheiben; Rahmmayonnaise.
Mazarin: Julienne von Staudensellerie, Knollensellerie und Trüffeln; Essig- und Öl-Sauce mit gehackten Kräutern.
Méronas: Streifen von Artischockenböden, Kartoffeln und Schinken, kleine Stückchen von gekochten Spaghetti, grüne Bohnenkerne und frische Haselnußkerne, mit Essig und Öl mariniert; mit Mayonnaise gebunden, mit Trüffelscheiben garniert.
Mexican Slaw: Wie Cole Slaw (s.d.), vermischt mit gehackten roten und grünen Paprikaschoten (nordamerikanisch).
Miami: Mandarinenfilets und geschälte, entkernte Tomatenscheiben, auf Salatblätter dressiert; Sauce von Öl, Zitronensaft, Salz und Prise Zucker.
Michelangelo: Kleine Schwarzwurzelstückchen und Gurkenwürfel, mit Mayonnaise gebunden; mit geschälten Tomatenvierteln garniert.
Midinette: Julienne von säuerlichen Äpfeln, Knollensellerie, Greyerzer Käse und Hühnerbrust; Mayonnaise.
Mignon (minjong): Gewürfelte Artischockenböden und Garnelen, mit Rahmmayonnaise, mit Cayennepfeffer geschärft, gebunden; garniert mit Trüffelscheiben.
Mignonne: Gewürfelte Kartoffeln, Artischockenböden, Knollensellerie, Trüffeln und Spargelspitzen, mariniert; Mayonnaise.
Mikado: 1. Gewürfelte Tomaten, gekochter Knollenziest, Zwiebelwürfel, garniert mit gefüllten Oliven; Essig- und Öl-Sauce;
2. gekochter Knollenziest, gewürfelte grüne Bohnen und Kartoffeln, auf römischem Salat angerichtet, mit Gribiche-Sauce nappiert.
Milliken: Gekochter Reis, gewürfelte rote Paprikaschoten und geschälte Avocados; Marinade von Pampelmusensaft, Olivenöl, Salz, Pfeffer und gehacktem Estragon.
Millionärs-: du millionaire: Scheiben von geschälten Avocados und Trüffeln, auf Salatblättern angerichtet; mit Mayonnaise mit Trüffelessenz nappiert, mit gehobelten Mandeln bestreut.
Mimosa: 1. Brunnenkresse mit Kopfsalatherzen garniert, mit gehacktem, hartgekochtem Eigelb bestreut; Essig- und Öl-Sauce;
2. Kopfsalatherzen, mit Orangenfilets, Bananenscheiben und entkernten, geschälten Weinbeeren belegt; dicker Rahm mit Zitronensaft gewürzt.
Mirabeau (mirabo): Gewürfelte Tomaten und Kartoffeln, Gurkenscheiben, garniert mit Sardellenfilets; Essig- und Öl-Sauce mit Senf.
Miss Helyett: Gewürfelte Kartoffeln und Artischockenböden, Spargelspitzen; Essig- und Öl-Sauce.

Moldauer: moldavienne: Salat von Mischgemüse und Trüffelwürfeln, mit gestockter Mayonnaise gebunden, in mit Gelee chemisierte und mit Trüffelscheiben dekorierte Form gefüllt; gestürzt, mit Filets von Bücklingen und Kaviar dekoriert.

Monacoer: monégasque (monegask): Runde Kartoffelscheibchen, Tomatenwürfel, geviertelte Artischockenböden, blanchierte Weißfischchen, entsteinte schwarze Oliven; Zitronen- und Öl-Marinade mit Sardellenpüree und Senf gewürzt.

Mona Lisa: Apfel- und Trüffelstreifen, auf Salatherzen dressiert; Mayonnaise mit Tomatenketchup.

Montblanc: Ananas- und Pampelmusenwürfel, Julienne von grünen Paprikaschoten, kleine Erdbeeren, in Essig und Öl mariniert; bedeckt mit ungesüßter Schlagsahne.

Monte Carlo: Ananaswürfel, Orangenfilets, Granatapfelkörnchen, mit Zitronensaft, Rahm und Salz angemacht; in ausgehöhlte Orange gefüllt, auf nudelig geschnittenen Salat dressiert.

Monte Christo: Gewürfeltes Hummerfleisch, Kartoffeln, hartgekochte Eier und Trüffeln, garniert mit Salatherzen; Senfmayonnaise.

Montgomery: Kleine Stückchen gekochter Schwarzwurzeln, Kartoffel-, Eier- und Artischockenbodenwürfel; Essig- und Öl-Sauce mit gehackten Kräutern.

Montmorency: Julienne von Staudensellerie und entsteinten Kirschen; Meerrettichsahne mit Zitronensaft.

Moskauer: moscovite: Russischer Salat, mit gestockter Mayonnaise gebunden, in mit Gelee ausgegossene Parfaitform gefüllt, mit Gelee verschlossen; gestürzt, garniert mit winzigen Tarteletts gefüllt mit Püree von Sigui, ein Pünktchen Kaviar in der Mitte.

My Fancy (mei fänßi): Salatherzen, belegt mit Orangenfilets und Julienne von grünen Paprikaschoten; Essig- und Öl-Sauce.

Nantaiser: nantaise (nangtäs): Garnelen, Streifen von Räucherlachs und weiße Spargelköpfe, auf Salatblätter dressiert, mit Eierscheiben garniert, mit gehackter Petersilie bestreut; Essig- und Öl-Sauce.

Nassau-: Tomatenscheiben, Streifen von Staudensellerie, roter und grüner Paprikaschoten auf Salatblätter dressiert; Châtelaine-Marinade.

Neapeler: napolitaine: Kleine Stückchen gekochter Spaghetti, gewürfelte Tomaten und Streifen von Greyerzer Käse; Essig- und Öl-Sauce mit Knoblauch gewürzt.

Negresco: Scheiben geschälter Avocados, Trüffeln und gehobelte Mandeln, auf Salatblätter dressiert; Mayonnaise mit Trüffelessenz.

Nelusko: Spargelspitzen, gekochte Kartoffeloliven, Julienne von roten Rüben; Mayonnaise mit Escoffier-Sauce gewürzt.

Neptune: Marinierter, gekochter, auseinandergezupfter Fisch, mit Ravigote-Sauce nappiert, mit Salatherzen garniert.

Neujahrs-: Bonne année: Gewürfelter Knollensellerie und rote Paprikaschoten mit Mayonnaise gebunden; auf Salatblätter dressiert, mit Kapern bestreut.

Neu Orleans: New Orleans: Pampelmusen-, Bananen-, Orangen- und Avocadowürfel, geschälte, entkernte Weinbeeren, auf Salatblätter dressiert; Essig- und Öl-Sauce mit Cayennepfeffer geschärft.

Newa: Neva: Salatherzen bedeckt mit Julienne von roten Rüben, Trüffeln und Chicorée; Essig- und Öl-Sauce.

New York: Gewürfelte mürbe Birnen, Orangen, Äpfel und entkernte, geschälte Weinbeeren, auf Salatblätter dressiert, Essig- und Öl-Sauce.

Nimrod: Nudelig geschnittener Kopfsalat, Streifen von roten Rüben und Wild, garniert mit Eierscheiben; Essig- und Öl-Sauce.

Ninette: Kopfsalat, Kartoffelwürfel und gekochte weiße Bohnen; Essig- und Öl-Sauce mit gehacktem Estragon.

Ninon: 1. Salatherzen, belegt mit Orangenfilets, mit Zitronen- und Orangensaft, Olivenöl und Salz angemacht;

2. gewürfelte Artischockenböden und Trüffeln, Garnelen, Austern, Hahnenkämme und -nieren; Essig- und Öl-Sauce.
Nizzaer: niçoise: Prinzeßböhnchen, geschälte, entkernte Tomatenviertel, geformte, gekochte Kartoffeln, garniert mit entsteinten Oliven, Sardellenfilets und Kapern; Essig- und Öl-Sauce.
Noémi: Gebratene, geviertelte, entbeinte Kücken, Krebsschwänze und Kopfsalatherzen; dicker Rahm vermischt mit Krebscoulis, Zitronensaft, Salz und Pfeffer; gehackter Kerbel obenauf.
Nonnen-: des nonnes: Gekochter Reis und Julienne von Hühnerfleisch; Essig- und Öl-Sauce mit Senf; bestreut mit gehackten Trüffeln.
Norwegischer: norvegienne: Streifen von gekochtem Rindfleisch, Bücklingen, Kartoffeln, roten Rüben und Äpfeln, garniert mit Sardellenfilets; Essig- und Öl-Sauce.

Oberjägermeister-: grand-veneur (grang wenör): Julienne von Fasanenbrust, rohen Champignons, Staudensellerie und Trüffeln, gebunden mit Senfmayonnaise mit geriebenem Meerrettich und Johannisbeergelee.
Olga: Streifen von Knollensellerie, Chicorée und roter Rübe; Essig- und Öl-Sauce.
Opern-: Opéra: Julienne von Hühnerbrust, Pökelzunge, Staudensellerie und Trüffeln, Spargelspitzen, mit Mayonnaise gebunden, sträußchenweise angerichtet, mit Scheiben von Pfeffergurken und Hahnenkämmen garniert.
Orientalischer: orientale: Gekochter Reis, gewürfelte Tomaten und rote Paprikaschoten, grüne Bohnen, garniert mit Sardellenfilets; Essig- und Öl-Sauce mit Knoblauch.
Orlow: Orloff: Artischockenböden- und Melonenwürfel; Essig- und Öl-Sauce.
Österlicher: pascaline: Römischer Salat, Avocadoscheiben, Pampelmusenfilets, Julienne von roter Paprikaschote; Essig- und Öl-Sauce.
Otto: Gewürfelte mürbe Äpfel, Melonen, Ananas und Orangen, geschälte, entkernte Weinbeeren, gebunden mit Mayonnaise; auf nudelig geschnittenem Salat dressiert.
Oxford: Gewürfeltes Hühnerfleisch, Tomaten, Pfeffergurken und Trüffeln, auf Salatblätter dressiert, mit Eierscheiben garniert; Essig- und Öl-Sauce mit gehacktem Estragon.

Pariser: parisienne: Mit Gelee chemisierte Form, mit Krebsschwanzscheiben dekoriert, gefüllt mit Gemüsesalat, vermischt mit Hummer- und Krebsschwanzwürfeln, mit gestockter Mayonnaise gebunden, mit Gelee verschlossen; gekühlt; gestürzt.
Parmentier: Olivenförmige oder gewürfelte Kartoffeln, noch warm mit leichter Mayonnaise gebunden; mit gehacktem Kerbel bestreut.
Pastinaken-: de panais: Gekocht, geschält, blättrig geschnitten; Essig- und Öl-Sauce.
Pauer: paloise: Kleine Stückchen gekochter Schwarzwurzel, gewürfelte Artischockenböden, Spargelspitzen; Essig- und Öl-Sauce.
Paulette: Julienne von rohen Trüffeln, Staudensellerie, gekochten Kartoffeln und grünen Bohnen; Mayonnaise.
Piemonteser: piémontaise: 1. Gekochter Reis, Tomatenwürfel, blättriggeschnittene italienische Trüffel; Essig- und Öl-Sauce mit Knoblauch; 2. Scheibchen italienischer Trüffeln und gekochter Kartoffeln, mit Sardellenfilets garniert; Mayonnaise.
Pieukerke: Julienne von Huhn und Trüffeln, grüne Bohnen und weiße Spargelköpfe, mit Mayonnaise gebunden; Julienne von roter und grüner Paprikaschote obenauf.
Pineapple and carrot: Ananas- und Karottensalat: Frische Ananasscheibe, mit Essig, Öl, Salz, Pfeffer und Orangensaft mariniert, bedeckt mit nudelig geschnittenem Kopfsalat, bestreut mit geriebenen rohen Karotten (nordamerikanisch).

Pissenlit: dent-de-lion: siehe Löwenzahn
Polnischer: polonaise: Gewürfelte Mohrrüben, weiße Rüben, Pfeffergurken, Champignons, Kartoffeln und Hering, mit Mayonnaise gebunden; garniert mit halben, hartgekochten, mit Mayonnaise gefüllten, mit gehacktem Kerbel und Estragon bestreuten Eiern.
Pompadour: Gewürfelte, gekochte Kartoffeln und Knollensellerie, Blumenkohlröschen; Senfmayonnaise.
Portugiesischer: portugaise (portügäs): Gewürfelte Tomaten, gekochte Kartoffel- und Champignonscheiben in Weißwein mariniert; Essig- und Öl-Sauce.
Portulak-: de pourpier (purpjeh): Gewaschen, abgetropft, nudelig geschnitten; Essig- und Öl-Sauce.
auf Prinzenart: des princes: Gewürfelte Gurke und Trüffel mit Remoulade gebunden.
Provenzalischer: provençale: Grobe Julienne von Kürbisblüten, Tomaten- und Artischockenbodenscheibchen, entsteinte schwarze Oliven; Essig- und Öl-Sauce mit Sardellenpüree, Knoblauch und gehacktem Basilikum.

Rachel: Julienne von Staudensellerie, Trüffeln, Artischockenböden und gekochten Kartoffeln, grüne Spargelspitzen; leichte Mayonnaise.
Radicchiosalat: Salat, der in der Struktur dem Eskariol und in der Farbe dem Rotkohl ähnelt. Wird mit Essig- und Ölmarinade angemacht. Kann auch mit Eskariol oder Chicorée vermischt werden.
Radieschen-: de radis: Gekochte, erkaltete Scheibchen, mit Essig- und Öl-Sauce mit gehackten Zwiebeln und Petersilie angemacht; auf Salatblätter dressiert.
Rapünzchen, auch Feldsalat: de mâches (masch): Gewaschen, abgetropft, Essig- und Öl-Sauce.
Regenten-: du régent: Nudelig geschnittener römischer Salat, mit Remoulade gebunden; garniert mit Sträußchen Tomaten- und Blumenkohlsalat.
Rhabarber-: de rhubarbe: Geschält, in kleine Stücke geschnitten, sorgfältig pochiert, ausgekühlt, abgetropft; Essig- und Öl-Sauce.
Rheinischer: rhénane: Gewürfelter Schinken, Kalbfleisch, Pökelzunge, Schlackwurst, Salzhering, Sardellenfilets, Äpfel, Champignons, Salzgurke und Zwiebeln, gebunden mit Mayonnaise mit Heringsmilcherpüree vervollständigt.
Riviera: Streifen von Ananas und Knollensellerie, Orangen- und Mandarinenfilets sowie kleine Erdbeeren, auf Salatblätter dressiert; Mayonnaise mit feingehackter grüner Paprikaschote.
Rohkostsalate: siehe S. 637.
Römischer: romaine: In zweifingerbreite Stücke geschnitten, Essig- und Öl-Marinade, auch mit gehacktem, hartgekochtem Ei oder gehackten Kräutern.
Roosevelt: Halbe Tomaten, ausgehöhlt, innen mariniert, gefüllt mit feingewürfelten Champignons, Trüffeln, Orangen und Spargel in Zitronen- und Öl-Sauce.
Rosamunde: Rosemonde: Grüne Spargelspitzen und grüne Bohnen in kleinen Stückchen, mariniert, gebunden mit Mayonnaise; Bündelchen grüner Spargelspitzen obenauf.
Rose: Apfel-, Karotten- und rote Rübenscheiben, Spargelspitzen und Portulak; Essig- und Öl-Sauce.
von roten Rüben: de betteraves (bettrahf): 1. Gekocht, in Julienne geschnitten; Essig- und Öl-Sauce oder Senfmayonnaise;
2. gekocht oder gebacken, geschält, in Scheiben geschnitten, vermischt mit Apfelwürfeln und geriebenem Meerrettich, einige Tage in leichtem Weinessig mariniert.

Russischer: russe (rüss): Gewürfelte Mohrrüben, weiße Rüben, grüne Bohnen, Champignons, Schinken, Hummer, Pfeffergurken, Pökelzunge, Trüffeln und Sardellenfilets, mit Mayonnaise gebunden; garniert mit harten Eiervierteln, roten Rüben, Kapern, Kaviar u. a. m.

Saint-James: Gekochter Reis, Champignon- und Trüffelwürfel; Zitronen- und Öl-Sauce.

Saint-Jean: Grüne Spargelspitzen, grüne Erbsen, gewürfelte grüne Bohnen, Scheibchen von Artischockenböden und Gurken, garniert mit Eier- und Pfeffergurkenscheiben, mit gehacktem Estragon bestreut; Zitronenmayonnaise mit gehacktem Kerbel.

Saint-Pierre (säng pjär): Gewürfelte Ananas, Kartoffelscheibchen, Pampelmusenfilets, weiße Spargelköpfe und Streifen von Staudensellerie; Essig- und Öl-Sauce mit gehackter grüner Pfefferminze.

Salisbury (salsbärri): Gartenkresse, Löwenzahn, Endivie, Knollensellerie und Scheiben roter Rüben; Essig- und Öl-Sauce mit rohem roten Rübensaft, gehacktes, hartgekochtes Ei obenauf.

Sans-souci: Artischockenböden und Fasanenbrust, gewürfelt, mit Johannisbeermayonnaise gebunden; umkränzt mit Kugeln von Cantaloupmelone.

Sarah Bernhardt: Gewürfelte Artischockenböden, grüne Spargelspitzen und geviertelte hartgekochte Eier, auf Salatblätter dressiert; Essig- und Öl-Sauce.

Sauerkraut-: de choucroûte: Rohes Sauerkraut, gewaschen, ausgedrückt, grobgehackt; Essig- und Öl-Sauce.

Scharmante Dame: dame charmante (dahm scharmant): Halbe Babymelone, Samen und Fasern entfernt, Fleisch ausgehöhlt, gewürfelt, vermischt mit Tomaten-, Hühner- und Orangenwürfel, gebunden mit Mayonnaise, gewürzt mit Tomatenketchup und Orangensaft, vermischt mit gehackten Senffrüchten; Salat hoch in Melonenhälfte gefüllt, mit feiner Julienne von roter Paprikaschote bestreut.

Schöne Pächterin: Belle fermière (bell fermjär): Streifen von gekochten Kartoffeln, Sellerie, roten Rüben und grünen Paprikaschoten, mit Senfrahm gebunden.

Schönheit der Nacht: Belle de nuit (bell dö nui): Krebsschwänze und Trüffelscheiben; scharfgewürzte Essig- und Öl-Sauce.

Schottischer: à l'écossaise (ekossäs): Nudelig geschnittener Kopfsalat, Kartoffel- und Trüffelwürfel, mariniert mit Essig und Öl; mit Curry-Mayonnaise nappiert, mit Sardellenfilets garniert, mit gehacktem Ei bestreut.

Schwarzwurzel-: de salsifis: In kleine Stücke geschnitten, in Mehlwasser gekocht; Essig- und Öl-Sauce.

Schwedischer: suédoise (swedoas): Würfelchen von gekochtem Rindfleisch, roter Rübe, Bücklingen, Kartoffeln, Salzgurken, Äpfeln, entsteinten Oliven und Kapern; Essig- und Öl-Sauce mit gehackten Kräutern.

Schweizer: suisse (swiß): Gewürfelte Knollensellerie und rote Rüben, mit Rapunzelsalat umkränzt; Essig- und Öl-Sauce.

Sellerie-: de céleri: 1. Roher Stauden- oder Knollensellerie, in Julienne geschnitten, mit wenig Salz und Zitronensaft mariniert, mit Mayonnaise gebunden;
2. Sellerieknolle, gekocht, ausgekühlt, geschält, in Streifen oder Scheibchen geschnitten; Essig- und Öl-Sauce, gehackte Petersilie obenauf.

Sevilla: Séville: Orangenfilets und entkernte, geschälte Weinbeeren, auf Salatblätter dressiert; Essig- und Öl-Sauce.

Sevilla-Palace: Salatherzen, belegt mit Orangenfilets und Julienne von roter Paprikaschote, mit Mayonnaise, gewürzt mit Orangensaft und Chilisauce, nappiert; bestreut mit gehackten, gefüllten Königin-Oliven.

Signora: Verschiedene Sorten gewürfelter, frischer Früchte, auf Salatblätter dressiert; Essig- und Öl-Sauce.

Sizilianischer: sicilienne (ßissiljenn): Gewürfelte Äpfel, Tomaten, gekochter Knollensellerie und Artischockenböden; Mayonnaise.
Sommer-: d'été (detteh): Sträußchen von Kopfsalat, Brunnenkresse, Gurken- und roten Rübenscheiben, mit halben, hartgekochten Eiern garniert; Essig- und Öl-Sauce.
Sotteville: Römischer Salat; dicker Rahm mit Zitronensaft und Salz.
Spanischer: espagnole (eßpanjoll): Grüne Bohnen, geviertelte, geschälte und entkernte Tomaten, bedeckt mit Julienne von roter und grüner Paprikaschote, umrandet mit Zwiebelringen; Essig- und Öl-Sauce.
Spargel-: d'asperges: Gekochte Stücke, mariniert, in Essig- und Öl-Sauce oder Mayonnaise.
Sportsmann: Blumenkohlröschen, gewürfelte rote Rüben, Brunnenkresse, Streifen von Räucherlachs und Scheiben hartgekochter Eier, in Sträußchen angerichtet; Senfrahm.
Stanislaus: Julienne von Staudensellerie, Pampelmusenfilets und entkernte, geschälte Weinbeeren, auf Salatblätter dressiert, mit gehackten Nüssen bestreut; Essig- und Öl-Sauce.
Stroganoff: Julienne von Karotten und Trüffeln, grüne Erbsen und Spargelspitzen, gebunden mit Mayonnaise, bestreut mit gehackten Kräutern; garniert mit halben, hartgekochten Kiebitzeiern.
Suzette: (süßett): Gewürfelte Artischockenböden, Trüffel und grüne Spargelspitzen; bestreut mit gehackten Kräutern; Essig- und Öl-Sauce.

Tanagra: Julienne von Bananen, Tomaten und Staudensellerie; saure Rahmsauce.
Theresia: Thérèse: Gekochte Kartoffel-, Knollensellerie- und Apfelscheibchen; Mayonnaise.
Tomaten: de tomates: Geschält, in Scheiben geschnitten, mit gehackten Zwiebeln und Petersilie bestreut; Essig- und Öl-Sauce.
Tosca: 1. Julienne von Hühnerfleisch, Pökelzunge, Artischockenböden und roten Rüben, mit Mayonnaise gebunden; mit halbmondförmig geschnittenem, hartgekochtem Eiweiß dekoriert;
2. gewürfeltes Hühnerfleisch, italienische Trüffel und Parmesan; Mayonnaise mit Senf und Sardellenpüree.
Tourer: tourangelle (turangjell): Streifen gekochter grüner Bohnen und Kartoffeln, grüne Bohnenkerne; Rahmmayonnaise mit gehacktem Estragon.
Trédern: Der Länge nach halbierte Krebsschwänze, pochierte, entbartete Austern, grüne Spargelspitzen, dünne Trüffelscheiben; Rahmmayonnaise mit Krebspüree.
Trüffel-: de truffes: Dünne, rohe Trüffelscheibchen, mit gehackten Kräutern bestreut; Zitronensaft- und Öl-Sauce.
Turenner: touraine (turän): Scheibchen gekochter Kartoffeln und Knollensellerie, Apfelscheibchen, Eskariol; Essig- und Öl-Sauce.
Türkis: turquoise (türkoas): Streifen von Chicorée und roter Paprikaschote, geviertelte, geschälte und entkernte Tomaten, Julienne von Staudensellerie; Mayonnaise.

Überraschungs-: surprise: Geschälte, ausgehöhlte, innen marinierte Tomate, auf Salatblatt gesetzt, gefüllt mit Würfelchen von Äpfeln, Staudensellerie und gehackten Haselnüssen, mit Mayonnaise gebunden.
Uncle Sam: (ankl sämm): Kopfsalatherzen, bedeckt mit Tatarensauce, gehacktes, hartgekochtes Ei obenauf (nordamerikanisch).
Ungarischer: à la hongroise (ongroas): 1. Kurz blanchiertes, gehobeltes Weißkraut, mit Essig, wenig Öl, Salz und Pfeffer angemacht, mit heißen, gebratenen Speckwürfeln überschüttet;
2. Julienne von Pökelzunge, Salzgurke, roten Paprikaschoten, Chicorée und Trüffeln; Essig- und Öl-Sauce.
Unvergleichlicher: nonpareille (nongparreij): Julienne von römischem Salat, Staudensellerie, Tomaten und Ananas; Tausend-Inseln-Marinade.

Venezianisch: vénitienne (weníßjenn): Orangenfilets, entsteinte grüne Oliven, Scheibchen von Staudensellerie und Trüffeln; grüne Mayonnaise mit Püree von sautierten Geflügellebern.

Veronika: Veronique (weronik): Julienne von Staudensellerie und roten Rüben, nudelig geschnittener Kopfsalat, garniert mit Eierscheiben; Essig- und Öl-Sauce mit gebratenen Speckwürfeln.

Vicomte: Gewürfelte Pökelzunge, grüne Paprikaschoten, Knollensellerie und Spargelspitzen; dickes Püree von frischen Tomaten mit Zitronensaft, Olivenöl, Salz und Pfeffer aufgeschlagen.

Victoria: Gewürfeltes Langustenfleisch, Gurken, Trüffeln und grüne Spargelspitzen; Mayonnaise vermischt mit Langustenmus; mit gehacktem Langusten- oder Hummermark bestreut.

Vier Jahreszeiten: quatre saisons (kat säsong): Tomaten-, Gurken- und Radieschenscheiben sowie Kopfsalat, als Sträußchen angerichtet; Essig- und Öl-Sauce.

Villeroi: Julienne von Staudensellerie und roter Rübe, garniert mit Trüffelscheiben; Essig- und Öl-Sauce mit Senf.

Virginischer: Virginia: Würfel von gekochtem Knollensellerie, roten Rüben und Kartoffeln; Essig- und Öl-Sauce.

Vorstadt-: du faubourg (fobuhr): Scheibchen gekochter Kartoffeln, Knollensellerie und gebratene Apfelscheibchen; Essig- und Öl-Sauce.

Waldorf: 1. Julienne von säuerlichen Äpfeln und rohem Knollensellerie, mit Mayonnaise gebunden; gehobelte Walnüsse obenauf;
2. mürber, ausgehöhlter Apfel, gefüllt mit Würfelchen von Sellerie und Äpfeln, mit Mayonnaise gebunden; auf Salatblatt dressiert, gehackte Walnüsse obenauf.

Washington: Kleine runde Scheibe rote Rübe mit Eierscheibe obenauf, auf Salatblätter dressiert; Essig- und Öl-Sauce.

Weihnachts-: de noël: Kapuzinerbart, Rapünzchen, Julienne von Trüffeln und Staudensellerie, in Sträußchen dressiert; Essig- und Öl-Sauce.

Westinghouse: Julienne von Staudensellerie, Avocadoscheibchen und entkernte, geschälte Weinbeeren, auf Salatblätter dressiert; Essig- und Öl-Sauce.

Windsor: 1. Halbierter, ausgehöhlter Apfel, gefüllt mit Apfel- und Ananaswürfelchen mit Mayonnaise gebunden; auf Salatblätter dressiert, mit Tomatenscheiben umkränzt;
2. Julienne von Knollensellerie, Champignons, Hühnerfleisch und Salzgurken, mit Mayonnaise, gewürzt mit geriebenem Meerrettich und Worcestershiresauce, gebunden; umkränzt mit Rapunzelsalat.

Winter: d'hiver (diwär): Streifen von gekochtem Knollensellerie, roten Rüben und Kartoffeln; Essig- und Öl-Sauce mit geriebenem Meerrettich.

Wladimir: Gewürfeltes Störfleisch, Champignons, Räucherlachs, Krebsschwänze, Essiggemüse und saure Gurken, gebunden mit Meerrettichmayonnaise; garniert mit Scheiben hartgekochter Regenpfeifereier.

Yam-Yam: Sträußchen von grünen Bohnen, Gurkenscheiben, Julienne von Knollensellerie und geviertelte Kopfsalatherzen; Essig- und Öl-Sauce.

Zwiebel-, Schweizer: d'oignons à la suisse: Gebratene Zwiebelscheiben, mit Weinessig, Salz und Pfeffer mariniert.

Viele **Rohkostsalate** findet man auch unter den Salaten im allgemeinen.

Ananas mit Karotten: Frische, in Würfelchen geschnittene Ananas, mit Orangensaft mariniert, auf nudelig geschnittenen Kopfsalat dressiert, mit Rahmmayonnaise angemacht; umkränzt mit Julienne von Karotten mit Zitronensaft und Olivenöl mariniert.

Apfel mit Karotten: Gleiche Mengen geraspelte Karotten und Äpfel; saurer Rahm mit Zitronensaft und Prise Zucker; mit gehackter Pistazie bestreut.

Apfel- und Paprikaschoten: Julienne von roter Paprikaschote und Streifen säuerlicher Äpfel; süßer Rahm, Zitronensaft, geriebener Meerrettich, Prise Salz.

Apfel und rote Rüben: Gleiche Teile Äpfel und rote Rüben, geraspelt; Zitronensaft, Nußöl, Salz, Prise Zucker, geriebener Meerrettich.

Apfel mit Sellerie und Orange: Nudelig geschnittener Staudensellerie, Scheibchen säuerlicher Äpfel und kleine Orangenfilets in grobe Würfel geschnitten; Orangensaft mit Honig verrührt, mit Prise Ingwerpulver gewürzt.

Apfel mit Spinat: Entstielt, gewaschen, abgetropft, in Julienne geschnitten, vermischt mit gleicher Menge geraspelter Karotten; süßer Rahm mit Zitronen- und Apfelsinensaft und feingeriebenen Nüssen, gehobelte, geröstete Mandeln obenauf.

Apfelsinen mit Chicorée: Fingerbreite Stückchen Chicorée und halb soviel Orangenfilets, mit Orangensaft mariniert; saurer Rahm mit Zitronensaft und dem Saft der Marinade.

Artischockenböden mit Champignons: Gleiche Mengen rohe Artischockenböden und große, rohe, entstielte, gewaschene Champignons, in Scheiben geschnitten; Zitronensaft, Olivenöl, Prise Salz, gehackte Kräuter; auf weißen Salatblättern angerichtet.

Bananen mit Blumenkohl: Bananenscheibchen mit ebensoviel geraspeltem Blumenkohl vermischt, mit Zitronensaft mariniert; Rahmmayonnaise, gehackte Haselnüsse obenauf.

Bleichsellerie mit Brunnenkresse: Abgezogene Stengel, in Streifen geschnitten, mit Zitronensaft und Prise Salz mariniert; mit leichter Mayonnaise gebunden, mit Brunnenkresse umkränzt.

Blumenkohl mit Apfel: Geraspelter Blumenkohl vermischt mit gleicher Menge Apfelscheibchen, mit Zitronensaft mariniert; durchgestrichener Quark, Zitronensaft, Prise Salz, Paprika, wenig dicker Rahm.

Brunnenkresse mit Apfel: Brunnenkresse, geputzt, mit Zitronensaft und Prise Zucker mariniert; vermischt mit geraspelten Äpfeln.

Chicorée mit Äpfeln: Fingerbreite Chicoréestückchen und Apfelscheibchen; süßer Rahm, Olivenöl, Senf, Zitronensaft, Prise Salz.

Chicorée mit Pampelmuse: Chicorée in fingerbreite Streifen, Stückchen von Pampelmusenfilets; Orangensaft mit Honig vermischt.

Chicorée mit geraspelten roten Rüben: Chicorée in fingerbreite Streifen, geraspelte rote Rüben; Zitronensaft, Öl, Prise Salz.

Chicorée und Tomaten: Fingerbreite Stücke Chicorée und grobe Julienne geschälter Tomaten; saurer Rahm, Zitronensaft, Prise Salz; mit gehackten Kräutern bestreut.

Fenchel mit Knollensellerie: Von den Außenblättern befreite Fenchelknolle und Knollensellerie in Julienne geschnitten, mit Zitronensaft mariniert; Rahmmayonnaise mit Prise Senfpulver.

Gracia: Julienne von roten und grünen Paprikaschoten, Knollensellerie und säuerlichen Äpfeln; saurer Rahm, Zitronensaft, Prise Salz.

Gurken mit Rettich: Gehobelte Gurken, mit geriebenem Rettich vermischt, mit Öl mariniert; dicker süßer Rahm, Salz, Paprika, wenig Weinessig zusammen verrührt, Salat damit angemacht, mit gehacktem Dill bestreut.

Knollensellerie mit Orange: Julienne von Knollensellerie mit gewürfelten Orangenfilets vermischt; Honig mit Orangensaft verrührt.

Rohkostsalate

Kohlrabi mit Bananen: Junge zarte Kohlrabi, geraspelt, mit gleicher Menge Bananenscheiben vermischt; dicker Rahm mit Zitronensaft und Currypulver gewürzt; mit gehobelten, gerösteten Mandeln bestreut.

Mohrrübe mit Knollensellerie: Mohrrüben, nur der rote Teil, und Knollensellerie zu gleichen Teilen, in feine Julienne geschnitten; erst mit Zitronensaft mariniert, dann mit Rahmmayonnaise mit Prise Senfpulver gebunden, gestiftelte Pistazien obenauf.

Mohrrüben mit Meerrettich: Vier Teile Rotes von Mohrrüben, geraspelt, ein Teil geriebener Meerrettich; Zitronensaft, Olivenöl, Salz, Prise Zucker.

Orange mit Chicorée: Nudelig geschnittener Chicorée und gewürfelte Orangenfilets; Honig mit Orangensaft verrührt.

Pampelmuse mit Sellerie: Gewürfelte Pampelmusenfilets vermischt mit gleicher Menge geraspeltem Knollensellerie; Pampelmusensaft, Olivenöl, Prise Salz; mit gehobelten Walnußkernen bestreut.

Paprikaschote, Knollensellerie und Apfel: Zwei Teile grüne Paprikaschote, je ein Teil Knollensellerie und Apfel in Julienne geschnitten; Weinessig, Olivenöl, Prise Salz, wenig dicker Rahm.

Rote Rüben und Meerrettich: Vier Teile geraspelte rote Rüben, ein Teil geriebener Meerrettich; Zitronensaft, Olivenöl, Prise Salz, wenig dicker Rahm; auf Salatblättern angerichtet.

Rotkraut mit Apfel: Rotkraut, vom Strunk befreit, gehobelt, in warmem Wasser gewaschen, abgetropft; vermischt mit Apfelwürfelchen; mit Zitronensaft mariniert, Weinessig, Öl, Prise Salz.

Sauerkraut mit Ananas: Weinkraut, einige Male durchgeschnitten, reichlich mit rohen Ananaswürfeln vermischt; Olivenöl und Apfelsinensaft, mit gehackten Pistazien bestreut.

Sauerkraut mit Apfel: Wie mit Ananas, jedoch mit Apfelwürfelchen bereitet.

Schwarzwurzeln mit Äpfeln: Schwarzwurzeln gewaschen, geschält, geraspelt, sofort mit Zitronensaft mariniert; mit geraspelten, etwas säuerlichen Äpfeln vermischt; Zitronensaft, Olivenöl, Prise Salz, wenig Rahm oder Joghurt.

Schwarzwurzeln mit feinen Kräutern: Gewaschen, geschält, geraspelt, sofort mit Zitronensaft mariniert; Zitronensaft, Olivenöl, wenig dicker Rahm, Prise Salz, reichlich gehackter Schnittlauch, Petersilie und Kerbel.

Schwarzwurzeln mit Paprikaschoten: Geschälte, gewaschene Schwarzwurzeln, geraspelt, sogleich mit Zitronensaft mariniert; mit der gleichen Menge Julienne von roter Paprikaschote vermischt; Zitronensaft, Olivenöl, Prise Salz, wenig dicker Rahm.

Tomate mit Gurke: Geschälte, entkernte Tomaten und geschälte, entkernte Gurken in Streifen geschnitten; Weinessig, Olivenöl, Prise Salz, gehackter Dill.

Tomaten mit feinen Kräutern: Geschält, geviertelt, entkernt, auf Salatblättern angerichtet; Essig, Olivenöl, Prise Salz, gehackte Kräuter.

Tomate mit Nüssen: Geschälte, entkernte Tomatenviertel, auf Salatblättern angerichtet; mit leichter Rahmmayonnaise übergossen, reichlich mit gehackten Haselnüssen bestreut.

Weißkraut: Strunk herausgeschnitten, gehobelt, warm gewaschen, abgetropft; Weinessig, Öl, Prise Salz, Paprika.

Weißkraut mit Ananas: Wie Weißkrautsalat gehobelt, mit Zitronensaft mariniert, mit rohen Ananaswürfeln vermischt; Rahmmayonnaise.

Süßspeisen, Eisspeisen, Backwaren

Französisch: Entremets de douceur, Glaces, Pâtisserie
Englisch: Hot and Cold Sweets, Ices and Pastries
Italienisch: Dolce, Gelati, Paste
Spanisch: Dulces, Helados, Pasteles

Teige und Massen

Auslegeteig: pâte à foncer: 500 g gesiebtes Mehl, 250 g Butter, 8 g Salz, 2 dl Wasser. Das Mehl mit dem Salz, mit der Butter und dem Wasser verarbeiten, zu einer Kugel zusammenschlagen, in ein Tuch einwickeln, bis zum Gebrauch kühl aufbewahren.

Zuckerteig: pâte sèche sucrée: 500 g Mehl, 200 g Butter, 150 g Zucker, 3 Eier, ½ Löffel Orangenblütenwasser. Wie Auslegeteig bereiten, zweimal zusammenschlagen, zur Kugel formen und kühl aufbewahren.

Mürbeteig: pâte frolle: 500 g Mehl, 250–300 g Butter, 2 Eier, Vanille oder abgeriebene Zitronenschale, nötigenfalls etwas Milch beifügen. Wie Auslegeteig flott durcharbeiten.

Mandelmürbeteig: pâte frolle aux amandes: 600 g Mehl, 400 g Butter, 200 g Puderzucker, 200 g Marzipanrohmasse, 4 Eigelb, etwas abgeriebene Zitrone. Wie Auslegeteig flott durcharbeiten, zur Kugel formen und vor dem Gebrauch durchkühlen.

Blätterteig: feuilletage: 500 g Mehl mit 8 g Salz und ungefähr 2 dl Wasser zu einem mittelfesten Teig verarbeiten und ½ Stunde ruhen lassen. 500 g Ziehbutter zur gleichen Konsistenz wie den Teig durcharbeiten, zu einem Viereck formen. Den Teig ausrollen, die Butter in die Mitte legen, die Seiten darüberschlagen und den Teig 1 cm dick dreimal so lang wie breit ausrollen, die beiden Enden wieder zur Mitte schlagen und 10–15 Minuten kühl ruhen lassen. In Abständen von 10–15 Minuten jeweils 2 mal 2 Touren geben, indem man den Teig immer wieder von der Seite nach innen zur Mitte schlägt und etwa 1 cm dick ausrollt. Er erhält also insgesamt 6 Touren, und zwar 3 × 2.

Backteig: pâte à frire: 500 g Mehl mit 1 dl Olivenöl, ungefähr 6 dl Wasser und einer Prise Salz behutsam zu einem etwas flüssigen Teig vermischen, kurz vor dem Gebrauch 6–8 festgeschlagene Eiweiße locker darunterziehen.

Nierenfetteig: suet dough: 500 g gesiebtes Mehl, 300 g entsehntes, feingehacktes Rindernierenfett, ungefähr 2 dl Wasser und 8 g Salz zu einem mittelfesten Teig verarbeiten und vor dem Gebrauch kurz ruhen lassen.

Brandteig: pâte à choux: 1 l Wasser mit einer Prise Salz und 250–500 g Butter – je nach dem Zweck – aufkochen, 500 g gesiebtes Mehl in die kochende Flüssigkeit schütten und mit dem Spatel schnell durcharbeiten, bis sich die Masse vom Kessel löst. Kurz abkühlen und 15 oder 16 Eier nacheinander locker unterziehen.

Savarinteig: pâte à savarin: 500 g gesiebtes Mehl in eine Schüssel geben, in die Mitte eine Höhlung machen, 20 g Hefe, mit 1 dl lauwarmer Milch aufgelöst, und 8 ganze Eier hineintun, eine Prise Salz beifügen und von innen angefangen alles zu einem glatten Teig verarbeiten. 300 g weiche Butterflocken und 30 g Zucker obenaufgeben, den Teig zum Gären stellen, nach dem Hochgehen Butter und Zucker gründlich in den Teig einschlagen.

Briocheteig, Apostelkuchenteig: pâte à brioche: 500 g Mehl, 30 g Zucker, 8 g Salz und 7 ganze Eier mit 375 g Butter zu einem mittelfesten Teig abarbeiten und mit einem Hefestück von 125 g Mehl, 25 g Hefe und 1 dl lauwarmem Wasser gut durcharbeiten. Den Teig mit Mehl bestäuben, mit einem Tuch bedecken und vor weiterem Gebrauch noch einmal gären lassen.

Feiner Biskuitteig, Genoiseteig: pâte à biscuit génoise: 500 g Puderzucker mit 16 ganzen Eiern erst warm aufschlagen, dabei den gewünschten Geschmack beigeben, dann kaltschlagen. 375 g gesiebtes Mehl locker darunterziehen und zuletzt 200 g zerlassene, nicht mehr warme Butter in einem dünnen Strahl untermengen.

Meringuemasse: meringue ordinaire: 8 Eiweiß festgeschlagen und 500 g Zucker locker daruntermelieren. Eiweißmenge kann auf 12 erhöht werden.

Italienische Meringuemasse: meringue italienne: 1. 16 Eiweiß mit 500 g Zucker vermengen und bei mäßiger Hitze aufschlagen, bis die Masse fest ist;
2. 8 Eiweiß festgeschlagen und unter fortwährendem Schlagen 500 g Zucker, zum großen Ballen gekocht, heiß unterziehen.

Savoy-Biskuitmasse: pâte à biscuit de Savoie: 500 g Zucker mit 14 Eigelb schaumigrühren, 14 festgeschlagene Eiweiß und 25 g Vanillezucker locker unterziehen und sorgfältig mit je 185 g Mehl und Kartoffelpuder melieren.

Cremes und Glasuren

Konditorcreme: crème pâtissière: 500 g Zucker, 12 Eigelb, 125 g Mehl, 1 l Milch, Vanille. Die Vanille in der heißen Milch ausziehen lassen. Zucker, Eigelb, Mehl und eine Prise Salz durcharbeiten, nach und nach mit der heißen Milch verrühren, unter ständigem Rühren aufkochen und 2 Minuten lang kochen lassen.

Saint-Honoré-Creme: crème à Saint-Honoré: Wie Konditorcreme bereiten und noch kochend unter 12–16 festgeschlagene Eiweiß locker melieren.

Frangipane-Creme: crème frangipane: 250 g Zucker, 250 g Mehl, 4 Eier, 8 Eigelb, 1½ l Milch, Vanille, 1 Prise Salz, 50 g gestoßene Makronen, 100 g Butter. Die Vanille in der heißen Milch ausziehen lassen, Salz beifügen. Zucker, Eier, Eigelb und Mehl gut verrühren, langsam die heiße Milch unter ständigem Rühren daruntermengen und unter weiterem Rühren 2 Minuten kochen lassen. In eine Schüssel füllen, die gestoßenen Makronen unter die Butter mengen und die Oberfläche mit Butter betupfen.

Englische Creme, Vanillecreme: crème à l'anglaise: 500 g Zucker, 16 Eigelb, 1 l Milch, Vanille oder Zitronenschale. Die Milch mit der Vanille oder Zitronenschale zum Ausziehen heißstellen. Den Zucker mit dem Eigelb verrühren, nach und nach die heiße Milch dazugießen, auf dem Feuer bis zur Rose abschlagen, durch ein Sieb passieren. Für Süßspeisensauce nur 10 Eigelb und 375 g Zucker nehmen. Eine Spitze Stärkemehl unter die Eigelb gerührt gibt eine bessere Bindung, zumal bei kalten Saucen. Als Sauce kann die Creme mit Likören oder Spirituosen parfümiert werden.

Buttercreme: crème au beurre: 450 g Butter weich und schaumig rühren. 6 dl englische Creme, die abgekühlt, aber nicht eiskalt sein darf, mit dem Schneebesen nach und nach darunterziehen und mit dem gewünschten Geschmack vermischen. Kaffeepuder, Schokolade, Tee usw. können gleich der Creme beigefügt werden, Spirituosen, Liköre, Krokant und ähnliches zieht man erst unter die fertige Creme

Fondant, Schmelzglasur: fondant: Feine Raffinade unter fortwährendem Abschäumen zum Flug gekocht, abgekühlt, solange mit Holzspatel bearbeitet, bis die Masse weiß und dick ist. Kann mit Kaffee, Tee, Schokoladen, Likören oder Spirituosen parfümiert werden.

Spritzglasur: glace royale: Puderzucker mit Eiweiß und einigen Tropfen Zitronensaft solange verrührt, bis die Masse dick und spritzfähig ist.

Kuvertüre: couverture: Die Kuvertüre in kleine Stücke schneiden und in einer Kasserolle im Wasserbad schmelzen, dabei ständig rühren und nicht über Blutwärme erhitzen. Herausnehmen, weiterrühren bis zum Abkühlen, ehe mit dem Überziehen begonnen wird. Nicht richtig temperierte und gerührte Kuvertüre wird nach dem Festwerden grau und streifig.

Krokant: pralin: 500 g geschälte Mandeln oder Haselnußkerne oder auch halb und halb bei mäßiger Wärme gut trocknen. 500 g Zucker zu hellem Karamel rösten, die Mandeln oder Haselnüsse daruntermengen, auf einen leicht geölten Marmor gießen und vollständig erkalten lassen. Stoßen, sieben und, wenn der Krokant aufbewahrt werden soll, in verschlossener Dose trocken aufheben.

Süße Saucen und Sirupe

Die Grundlage für kalte und warme Süßspeisensaucen sind: englische Creme, Weinschaumsauce (s. d.), Marmeladen, Fruchtsäfte oder Läuterzucker (Sirup), der meistens mit Stärkemehl leicht abgezogen und mit Likören oder Spirituosen parfümiert werden kann.

Läuterzucker: sirop: Zucker, mit Wasser unter ständigem Abschäumen gekocht, bis er 15–18 Grad Baumé wiegt (mit der Zuckerwaage gemessen). Für Süßspeisen wird er meistens leicht mit Stärke-, Reis- oder Pfeilwurzelmehl abgezogen und kann nach Bedarf mit Vanille, Zitronenschale, Orangenschale, Orangensaft, Likören oder Spirituosen parfümiert werden. Man kann auch die im Handel befindlichen Fruchtsäfte leicht mit Läuterzucker vermischen.

Aprikosensauce: sauce à l'abricot: Frische oder zuvor eingeweichte, getrocknete Aprikosen, mit wenig Wasser verkocht, mit Vanille aromatisiert, durchgestrichen, mit abgezogenem Läuterzucker vermischt.

Aprikosensirup: sirop d'abricots: Püree von frischen, sehr reifen Aprikosen, vermischt mit leicht gebundenem Läuterzucker, dem vor dem Passieren einige zerdrückte Mandelkerne beigegeben wurden.

Arraksauce: sauce à l'arac: Aprikosensauce, kräftig mit Arrak abgeschmeckt.

Cognacsauce: sauce au cognac: 1. Leichte englische Creme kräftig mit Cognac abgeschmeckt;
2. Aprikosensauce mit Cognac abgeschmeckt;
3. Cognacbutter speziell für Plumpudding: Butter mit Puderzucker schaumiggerührt und sehr reichlich mit Cognac unterzogen.

Erdbeersauce: sauce aux fraises: 1. Erdbeermark mit leicht gebundenem Läuterzucker vermischt;
2. Erdbeermarmelade, durchgestrichen, mit gebundenem Läuterzucker vermischt, mit Kirschwasser abgeschmeckt.

Sirup: sirop de fraises: 1. Erdbeersaft, im Handel erhältlich;
2. Läuterzucker, mit frischem Erdbeerpüree vermischt, leicht mit Stärkemehl abgezogen, passiert, eventuell mit Kirschwasser abgeschmeckt.

Harte Sauce: hard sauce: Schaumiggerührte Butter mit abgeriebener Zitronenschale und einigen Löffeln Sahne vermischt, kräftig mit Weinbrand oder Cognac abgeschmeckt. Diese Sauce wird hauptsächlich zum Plum- und ähnlichen Puddings serviert.

Himbeersauce: aux framboises: 1. Wie Kirschen- oder Erdbeersauce bereitet;
2. frische, reife Himbeeren, durchgestrichen, mit Puderzucker vermischt (hauptsächlich für Eis- und kalte Speisen).

Sirup: sirop aux framboises: 1. Himbeersaft, im Handel erhältlich;
2. frische, durchgestrichene Himbeeren, vermischt mit kaltem, leicht abgezogenem Läuterzucker; kann mit Vanille oder mit Kirschwasser leicht abgeschmeckt werden.

Johannisbeersauce: sauce aux groseilles: 1. Rote Johannisbeeren mit reichlich Zucker verkocht, passiert, leicht mit Stärkemehl abgezogen;
2. Johannisbeergelee, durchgestrichen, mit leicht gebundenem Läuterzucker vermischt, mit wenig Kirschwasser abgeschmeckt.

Karamelsauce: au caramel: Wie englische Sauce, mit einem Teil des Zuckers zu hellbraunem Karamel geröstet, bereitet.

Kirschensauce: aux cerises: Entsteinte Kirschen mit wenig Läuterzucker gekocht, durchgestrichen, mit der gleichen Menge passiertem Johannisbeergelee vermischt, mit Kirschwasser abgeschmeckt.

Mandelmilchsauce: au lait d'amandes: Geriebene süße, auch einige bittere Mandeln, mit etwas Läuterzucker verrieben, in einem Tuch gut ausgedrückt, mit Eigelb und etwas Rahm wie englische Creme bereitet, oder mit Läuterzucker vermischt, leicht mit Reismehl gebunden, mit Orangenblütenwasser parfümiert.

Melonensauce: au melon: Geschälte Melonenstücke mit Zucker, Weißwein und Zitronenschale oder Vanille gekocht, durchgestrichen, leicht mit Reis- oder Stärkemehl abgezogen.

Orangensauce: à l'orange: Durchgestrichene Orangenmarmelade, verrührt mit Orangensaft, mit Curaçao abgeschmeckt.

Sirup: sirop d'orange: Läuterzucker, kräftig mit Orangen- und etwas Zitronenschale gewürzt, mit Stärkemehl gebunden, mit Orangensaft zur notwendigen Konsistenz gebracht.

Richelieusauce: sauce Richelieu: Vanille-Läuterzucker, leicht mit Stärkemehl gebunden, mit Kirschwasser abgeschmeckt, reichlich mit Julienne von Kirschen vermischt.

Rumsauce: au rhum: Aprikosensauce, kräftig mit echtem Rum abgeschmeckt.

Schokoladensauce: au chocolat: Gute Schokolade, mit wenig Wasser geschmolzen, mit etwas süßem Rahm und nußgroß Butter zur notwendigen Konsistenz gebracht, oder englische Creme mit geriebener Schokolade vermischt, für kalte Sauce mit einigen Löffeln Schlagsahne vervollständigt.

Vanillesauce: à la vanille: Wie englische Sauce bereitet, kräftig mit Vanille parfümiert.

Weinschaumsauce: sabayon: Eigelb mit Zucker verrührt, mit Weißwein vermengt, auf dem Feuer zur Rose abgeschlagen. Zum Verhindern des Absetzens ist ein kleiner Zusatz von Stärkemehl, unter das Eigelb gegeben, vorteilhaft. Kann mit fast allen Süßweinen, auch mit Orangensaft bereitet und mit Likören und Spirituosen abgeschmeckt werden.

Süßspeisen, Kuchen und Eisspeisen

Abricot: siehe Aprikose
Airelles: siehe Heidelbeeren
Albuféras: Kleine, rund ausgestochene Kuchen von mit Arrak aromatisiertem Mürbeteig, mit Eigelb bestrichen, mit gehackten Mandeln bestreut, gebacken; mit Rumfondant glaciert.
Allumettes glacées: siehe Blätterteigstäbchen
Ananas: Ananas (anana): Frucht, bestehend aus einer Anzahl von fleischigsaftigen Früchten, unter sich und mit der fleischigen Fruchtachse verbunden, einem großen Zapfen ähnlich. Heimat Westindien und das tropische Mittelamerika, heute extensiv auf Hawaii und in vielen tropischen und subtropischen Ländern angebaut. Ananas wird frisch, in Dosen als Scheiben, Saft, in Stücken und zerdrückt (crushed) gehandelt.

Aetna: Maraschinoeis, auf Biskuitboden dressiert, gleichmäßig mit dünnen Ananasscheibchen belegt, mit Meringuemasse maskiert und dekoriert, rasch abgeflämmt; kleiner Krokantbecher, mit warmem Rum gefüllt, in die Kuppe gesteckt, angezündet, brennend serviert.

auf andalusische Art: à l'andalouse: Pochierte Scheiben, auf Vanillereis dressiert, mit Meringuemasse bedeckt und garniert, gebacken; Ananassirup nebenbei.

Carlton Hotel: Boden von Haselnußparfait, kuppelartig mit Schlagsahne vermischt mit Ananaswürfelchen, zuvor mit Maraschino und Grand-Marnier mazeriert, bedeckt.

Caroline: Rand von Genoisebiskuit, mit Rumfondant glaciert, mit Vanillereis gefüllt, mit dünnen Ananasscheibchen bedeckt, mit Aprikosenmarmelade überglänzt.

Condé (kondeh): Pochierte Ananasscheibchen, auf heißen Vanillereis dressiert, mit heißer Aprikosensauce nappiert, mit Angelika und kandierten Kirschen dekoriert.

Curtet (kürte): Phantasieform, mit Kirschwassergelee ausgegossen, mit kalten, pochierten Ananaswürfelchen gefüllt, mit Aprikosengelee zugegossen, nach dem Stocken gestürzt.

Cussy: Gewürfelt, pochiert, mit dickem Aprikosenpüree gebunden; in große, ausgehöhlte Makrone gefüllt, mit Meringuemasse maskiert und dekoriert, abgeflämmt; Aprikosensauce mit Kirschwasser abgeschmeckt nebenbei.

Eduard VII.: Edouard VII.: Ganze Frucht, Deckel abgeschnitten, ausgehöhlt, gefüllt mit Vanilleeis vermischt mit dem gewürfelten Fleisch und entsteinten Kirschen mit Kirschwasser mazeriert, Deckel wieder aufgesetzt.

mit Erdbeeren und Schlagsahne: Ganze Frucht, Deckel abgeschnitten, ausgehöhlt, abwechselnd mit Schlagsahne, Ananasscheiben und Erdbeeren, mit Kirschwasser, Maraschino oder Curaçao mazeriert, gefüllt.

auf Gastronomenart: à la gastronome: Biskuitscheibe, in runde Backplatte gelegt, bedeckt mit Bananeneis, mit dünnen Scheibchen Ananas abgedeckt, mit Vanille-Auflaufmasse gefüllt; in Eis gesetzt, rasch im Ofen gebacken.

Geisha: Tartelett mit Orangeneis angefüllt, bedeckt mit kleinen Ananasscheibchen mit Zucker, Maraschino und Kirschwasser mazeriert, mit gebundenem Ananassirup glaciert.

Gelee: Gelée d'ananas: Phantasieform mit Ananasgelee ausgegossen, mit kalten, pochierten Ananaswürfeln gefüllt, mit Ananasgelee gefüllt, nach dem Erstarren gestürzt.

Georgette: Ganze Frucht, Deckel abgeschnitten, ausgehöhlt, gefüllt mit bayerischer Ananascreme vermischt mit Fruchtsalpicon mit Kirschwasser und Maraschino mazeriert; Deckel wieder aufgesetzt.

Haroun-el-Rashid: Schöne Frucht mit den Blättern waagerecht durchgeschnitten, ausgehöhlt, mit Pistazieneis gefüllt; bedeckt mit dünnen Ananasscheibchen mit Kirschwasser mazeriert, nappiert mit dickem Himbeerpüree, mit gehobelten Pistazien bestreut.

auf Herrscherart: à la souveraine (ßuwerän): Runde, leicht mit Ananassirup getränkte Biskuitscheibe, belegt mit Ananasscheibchen mit Kirschwasser und Maraschino mazeriert, mit Meringuemasse maskiert, mit gehobelten Mandeln bestreut, mit Puderzucker bestäubt, nur leicht abgeflämmt; Aprikosensauce nebenbei.

auf Kaiserinart: à l'impératrice: Dünne Ananasscheibchen, auf Kaiserinreis angerichtet, mit Himbeerpüree nappiert.

auf Königinart: à la reine: Gebackener Rand von Genoisebiskuit, garniert mit Ananasdreiecken in Cointreau mazeriert, Mitte gefüllt mit Salpicon von Ananas, Kirschen und Aprikosen, gebunden mit Ananassirup.

auf königliche Art: à la royale (roajal): Ganze Frucht, Deckel abgeschnitten, ausgehöhlt, gefüllt mit dem gewürfelten Fleisch, vermischt mit Fruchtsalpicon in Maraschino und Kirschwasser mazeriert; Deckel wieder aufgesetzt, umrandet mit halben Pfirsichen und großen Erdbeeren mit Kirschwasser mazeriert.

auf Kreolenart: à la créole: Pochierte Scheibchen, dressiert auf Vanilleeis, vermischt mit Salpicon von kandierten Früchten, nappiert mit Aprikosensauce mit Rum abgeschmeckt; heiß oder kalt serviert.

Krüstchen: Croûtes à l'ananas (krut alanana): Altbackener Savarin, in schräge Scheiben geschnitten, im Ofen gebräunt, im Kranze angerichtet, die Mitte mit Ananaswürfelchen, mit dicker, mit Kirschwasser abgeschmeckter Aprikosensauce gebunden, gefüllt.

Majestic: Ganze Frucht, abgedeckelt, ausgehöhlt, gefüllt mit bayerischer Vanillecreme vermischt mit dem pürierten Fruchtpulp, Deckel wieder aufgesetzt.

Maskott: Mascotte: Runder Boden von Biskuit, mit Aprikosenmarmelade bestrichen, mit Ananasscheibe von gleicher Größe, zuvor mit Kirschwasser mazeriert, belegt; mit Meringuemasse maskiert und garniert, mit gehackten Pistazien bestreut, mit Puderzucker bestäubt, abgeflämmt; Ananassirup nebenbei. Kalt oder warm serviert.

Ninon: Ananasscheiben auf Vanilleeis dressiert, bedeckt mit Walderdbeeren, nappiert mit Himbeerpüree, mit Pistaziensplitter bestreut.

Orleans: à la d'Orléans: Ananasscheibe mit Zucker und Kirschwasser mazeriert, auf Vanillereis dressiert, mit Schlagsahne bedeckt, mit Angelika und kandierten Kirschen dekoriert; kalte, mit Kirschwasser abgeschmeckte Aprikosensauce rundherum.

Pineapple Master Joe: Dicke Scheibe, mit Zucker, Maraschino und Kirschwasser mazeriert, mit Orangenfilets und Erdbeeren bedeckt; dicker Rahm nebenbei (nordamerikanisch).

auf Prinzessinart: à la princesse: Runde Biskuitscheibe, mit gleich großer, in Kirschwasser mazerierter Ananasscheibe belegt, eine Kugel Erdbeereis in die Mitte dressiert; garniert mit Schlagsahne und kleinen, mit Maraschino mazerierten Erdbeeren.

auf reiche Art: à la riche: Tartelett von Mandelmürbeteig, gefüllt mit Ananassalpicon mit Schlagsahne vermischt, rundes Ananasscheibchen obenauf.

Savoy: Ananasscheibe, auf kalten Vanilleeis dressiert, belegt mit halbem, pochiertem Pfirsich, nappiert mit Erdbeerpüree, garniert mit Schlagsahne.

mit Schlagsahne: à la crème Chantilly: Dünne Scheibchen, gezuckert, mit Schlagsahne bedeckt.

Tartelett: Blind gebackenes Tartelett aus Mürbeteig, gefüllt mit Ananas-Buttercreme, belegt mit runden Ananasscheibchen, glaciert mit Ananasfondant.

Torte: Gâteau d'ananas (gato danana): Genoisemasse in runder Tortenform gebacken, nach dem Auskühlen zweimal durchgeschnitten, mit Schlagsahne, vermischt mit Ananaspüree, gefüllt, mit Ananasfondant glaciert, frisch gegessen.

überbacken: meringué: Scheibe, auf Vanillereis dressiert, mit Meringuemasse bedeckt und gitterartig garniert; im Ofen abgeflämmt, die Öffnungen mit Johannisbeergelee gefüllt.

Virginia: Ganze Frucht, abgedeckelt, ausgehöhlt, gefüllt mit bayerischer Erdbeercreme, vermischt mit Ananaswürfelchen und Walderdbeeren.

Angel Cake: Engelskuchen: 1. Eiweißschnee, vermischt mit Zucker, Mehl, Maismehl, Prise Salz, Cremor-tartari und Vanille, in gemehlter Form gebacken;

2. Eiweißschnee, vermischt mit Puderzucker, Mehl, geriebener Zitronenschale und Vanille, in Zylinderform gefüllt, gebacken; nach Erkalten mit Zitronenglasur überzogen (nordamerikanisch).

Anisbrot: Eigelb und Zucker flaumig abgerührt, vermischt mit Eierschnee, Mehl und Anis; in Königskuchenform gebacken, kalt aufgeschnitten.

Anisplätzchen **Apfel**

Plätzchen: Eierschnee, vermischt mit Eigelb, Zucker, Mehl und gestoßenem Anis, zu Plätzchen auf gewachstes Backblech gesetzt, gebacken.

Scharten: Zucker und Eier abgerührt, mit Mehl vermischt, auf gewachstes Backblech gesetzt, mit Anis bestreut, gebacken; noch warm vom Blech gelöst und über Holzlöffelstiel gebogen (österreichisch).

Anone, Zimtapfel: Anone: Name einer Anzahl tropischer Früchte von rundlicher bis eierförmiger Gestalt, schuppiger gelb- oder graugrüner Schale und zimtartig duftendem, angenehm saftigem Fleisch, besonders der Cherimoya (Zuckerapfel), Custard apple; der Stachelanone, sour-sop, und der Netzanone, Bullocks heart. Die Größe variiert zwischen einer Orange und einer großen Kokosnuß.

auf brasilianische Art: à la brésilienne (bräsiljenn): Halbiert, geschält, in Scheiben geschnitten, in heißem, mit Anisette aromatisiertem Läuterzucker mazeriert; abgetropft, auf flachen Reiskroketts angerichtet, leicht mit Aprikosensauce, mit Anisette aromatisiert, überzogen.

Krapfen: Beignets d'anones (bänjä danong): Geschält, halbiert, Kerne entfernt, in Scheiben geschnitten, mit Puderzucker bestäubt; durch Backteig gezogen, in tiefem Fett gebacken, mit Puderzucker bestäubt.

mit Schaumwein: au champagne: Geschält, halbiert, Kerne entfernt, in Scheiben geschnitten, in Glasschüssel geordnet, eiskalt, mit Schaumwein übergossen serviert.

Apfel: Pomme (pomm): Aus Europa herstammende, heute am stärksten verbreitete Frucht. Mehr als 1500 Arten werden in den gemäßigten Zonen der nördlichen und südlichen Hemisphäre angebaut.

Adolf: Deckel abgeschnitten, Frucht ausgehöhlt, in Läuterzucker mit Weißwein pochiert, ausgekühlt; gefüllt mit Süßspeisenreis, der mit Kirschwasser abgeschmeckt wurde, Deckel wieder aufgesetzt.

auf andalusische Art: à l'andalouse (angdalus): Geschält, Kerngehäuse ausgestochen, pochiert, auf Sockel von Vanillereis gesetzt; mit Meringuemasse maskiert und dekoriert, im Ofen überbacken, mit Apfelsirup umkränzt.

Apple fool: Kaltes Apfelmus, mit Schlagsahne vermischt, in Gläser gefüllt (englisch).

Apple Crisp: Knusprige Äpfel: Geschälte, vom Kerngehäuse befreite, in Scheiben geschnittene Äpfel in Backplatte gefüllt. Streusel von Mehl, Zucker, Prise Salz und Zimt, Milch und zerlassener Butter dick darübergestreut, im Ofen gebacken (amerikanisch).

Bourdalou (burdalu): Geschält, halbiert, Kerngehäuse ausgestochen, pochiert, abgetropft; in flachen, blind gebackenen Tortenrand auf Frangipancreme, vermischt mit zerbröckelten Makronen, gesetzt, mit der gleichen Creme bedeckt, mit grobgestoßenen Makronen und Zucker bestreut, mit zerlassener Butter betropft, im Ofen überkrustet.

Brissac: Geschält, Kerngehäuse ausgestochen, in Weißwein, Madeira, Zucker und Vanille pochiert, ausgekühlt, abgetropft; in Glasschüssel gefüllt, bedeckt mit kalter Creme von Eigelb, Rahm, Zucker, Gelatine, Arrak und Eierschnee, mit zerdrückten Makronen und gehackten Pistazien bestreut, umkränzt mit Johannisbeergelee.

auf bulgarische Art: à la bulgarienne (bülgarjenn): Kerngehäuse ausgestochen, gefüllt mit Konditorcreme, vermischt mit gehackten, gerösteten Mandeln, Haselnüssen und Malagatrauben, mit Butter und Rotwein im Ofen gargemacht; auf blind gebackenes Tartelett von Mürbeteig gesetzt, mit dem eingekochten Fond, mit Johannisbeergelee vermischt, glaciert.

auf Burgfrauenart: à la châtelaine: Geschält, Kerngehäuse ausgestochen, im Ofen mit Butter und Läuterzucker pochiert; Öffnung mit gewürfelten Dunstkirschen, mit Aprikosensauce gebunden, gefüllt, mit dünner Frangipancreme nappiert, mit grobgestoßenen Makronen und Zucker bestreut, im Ofen glaciert.

mit Butter: au beurre (o bör): 1. Geschält, Kerngehäuse ausgestochen, in gebutterte Backplatte gesetzt, Öffnung mit Butter und Zucker gefüllt, sorgfältig im Ofen gebacken; nappiert mit leicht gebutterter Aprikosensauce;
2. wie oben, Öffnung jedoch mit schaumig mit Zucker und Weinbrand verrührter Butter gefüllt; nach dem Garwerden auf Briochescheibe gesetzt.

Carignan: Geschält, Kerngehäuse ausgestochen, pochiert in Vanille-Läuterzucker, ausgekühlt; auf Biskuitboden gesetzt, Öffnung mit Schokoladeneis gefüllt, mit dem leicht gebundenen, kalten Sirup nappiert.

Chevreuse (schewrös): Boden von runder Backplatte mit Vanillegrieß bedeckt, geschälte, pochierte Apfelviertel darauf geordnet, Mitte mit Fruchtsalpicon, mit Aprikosensauce gebunden, gefüllt; gänzlich mit Meringuemasse bedeckt und dekoriert, mit gehackten Pistazien und Puderzucker bestreut, im Ofen glaciert.

Condé: Wie Ananas gleichen Namens bereitet.

Demidow: Demidoff: Geschält, ausgestochen, pochiert in Läuterzucker mit Weinbrand; gefüllt mit Apfelmus, mit Eigelb, Zucker und Eierschnee aufgezogen, im Ofen gebacken, Schlagsahne nebenbei.

Eva: Eve (ew): Geschält, ausgehöhlt, pochiert; Öffnung mit Soufflémasse, vermischt mit Apfelmus, Kirschen und Biskuitwürfelchen, mit Anisette mazeriert, gefüllt, im Ofen gebacken.

auf Florenzer Art: à la florentine: Geschält, Kerngehäuse ausgestochen, in Vanille-Läuterzucker pochiert, ausgekühlt; mit kaltem Vanillereis gefüllt, in blind gebackenes Tartelett auf Maronenpüree gesetzt, mit Schlagsahne dekoriert.

Friedrich: Frédéric: Geschält, Kerngehäuse entfernt, pochiert; auf mit Vanillereis bedeckten Biskuitsockel gesetzt, mit Meringuemasse bedeckt, mit Puderzucker bestäubt, gebacken; Weinschaumsauce nebenbei.

gebacken: au four (o fuhr): Kerngehäuse ausgestochen, in gebutterte Platte gefüllt, Höhlung mit Butter und Streuzucker gefüllt, im Ofen gebacken.

mit Gelee: en gelée: Geschält, Kerngehäuse ausgestochen, ausgekühlt, abgetropft; Öffnung mit entsteinten Dunstkirschen, mit Apfelgelee gebunden, gefüllt, Apfel mit Apfelgelee überglänzt.

auf Hausfrauenart: bonne femme: Kerngehäuse ausgestochen, rundherum eingeritzt, mit Zucker und Butter gefüllt, im Ofen gebacken; kalt oder warm serviert.

auf Haushälterinart: à la ménagère: Kerngehäuse ausgestochen, aber nicht geschält, mit Zucker und Butter gefüllt, im Ofen gebacken; ausgekühlt, Öffnung mit Johannisbeergelee gefüllt, mit Schlagsahne garniert.

Helene: Hélène: Geschält, halbiert, Kerngehäuse ausgestochen, pochiert, ausgekühlt; auf Vanilleeis dressiert, mit Schlagsahne und kandierten Veilchen dekoriert, heiße oder kalte Schokoladensauc nebenbei.

Irene: Geschält, ausgestochen, pochiert, ausgekühlt; Öffnung gefüllt mit Marzipan, mit gehackten Pistazien und Kirschwasser vermischt auf Pistazieneis gesetzt, mit Vanillecreme übergossen.

Josephine: Geschält, ausgehöhlt, pochiert, ausgekühlt; auf Vanillereis vermischt mit Salpicon von kandierten Früchten, mit Kirschwasser mazeriert, gesetzt, Öffnung mit Pistaziencreme gefüllt, mit Himbeerpüree umkränzt.

auf Kleinherzogsart: à la petit-duc (pti dük): 1. Geschält, ausgehöhlt, pochiert, ausgekühlt; auf Vanilleeis dressiert, mit Schlagsahne, vermischt mit gestoßenem Krokant, gefüllt, mit Johannisbeergelee überglänzt;
2. geschält, geviertelt, entkernt, in Weißwein mit Zitronensaft und Zucker pochiert, ausgekühlt; in Glasschüssel mit dem eingekochten, mit Johannisbeergelee vermischten, erkalteten Fond dressiert, nappiert mit Vanillecreme, mit Schlagsahne vermischt und mit Arrak abgeschmeckt.

auf Lieblingsart: à la favorite: 1. Kleiner Apfel, geschält, Kerngehäuse ausgestochen, pochiert, ausgekühlt, Öffnung mit Frangipancreme gefüllt; durch Backteig gezogen, in tiefem Fett gebacken;
2. runde, geschälte Scheiben ohne Kerngehäuse, leicht pochiert, ausgekühlt, mit dicker Frangipancreme bestrichen; paniert, in tiefem Fett gebacken, mit Puderzucker bestäubt.

auf lombardische Art: à la lombarde: Geschält, Kerngehäuse ausgestochen, pochiert, ausgekühlt; auf Kaiserinreis dressiert, mit Schlagsahne, mit Maraschino aromatisiert, bedeckt.

Maria Stuart: Geschält, ausgehöhlt, pochiert, ausgekühlt; mit Konditorcreme gefüllt, in Blätterteig gewickelt, mit Ei bestrichen, gebacken.

Mariette: Geschält, Kerngehäuse ausgestochen, pochiert; dressiert auf Maronenpüree, nappiert mit Aprikosensauce, mit Rum aromatisiert.

Morgan: Schöner, mürber Apfel, abgedeckt, ausgehöhlt, gefüllt mit gehackter Ananas vermischt mit Danziger Goldwasser-Gelee; Deckel wieder aufgesetzt, mit gleichem Gelee überglänzt.

auf Moskauer Art: à la moscovite: Geschält, ausgehöhlt, in Vanille-Läuterzucker pochiert, abgetropft; Öffnung mit Auflaufmasse, mit Kümmellikör abgeschmeckt, gefüllt, gebacken.

auf nordische Art: à la nordique (nordik): Geschält, ausgehöhlt, pochiert; in Backplatte gesetzt, Öffnung mit Apfelmus gefüllt, bedeckt und dekoriert mit Meringuemasse, mit Kümmel aromatisiert, im Ofen gebacken.

auf norwegische Art: à la norvegienne: 1. Kalter, geschälter, pochierter Apfel, auf Vanilleeis dressiert, mit Zitronencreme bedeckt;
2. kalter, geschälter, ausgehöhlter, pochierter Apfel, gefüllt mit Fruchteis, mit italienischer Meringuemasse bedeckt und dekoriert, mit Puderzucker bestäubt, rasch im Ofen abgeflämmt.

auf Pächterart: à la fermière (färmjer): Wie Hausfrauenart, aber auf Briochescheibe angerichtet.

Pompadour: Geschält, ausgehöhlt, pochiert, ausgekühlt; auf Mürbeteigtartelett gesetzt, gefüllt mit Haselnußeis, mit Meringuemasse bedeckt und dekoriert, im Ofen abgeflämmt.

auf portugiesische Art: à la portugaise (portügäs): Geschält, ausgehöhlt, mit Frangipancreme, vermischt mit Salpicon von Orangenfilets, Makronen, Rosinen und Korinthen, gefüllt; im Ofen gebacken; auf Grießsockel gesetzt, nappiert mit Johannisbeergelee vermischt mit blanchierter Julienne von Orangenschale.

Richelieu (richljö): Geschält, geviertelt, pochiert, ausgekühlt; in die Mitte eines Grießrandes dressiert, bedeckt mit Frangipancreme, vermischt mit Schlagsahne und zerbröckelten Makronen, mit Schlagsahne dekoriert; kalte Aprikosensauce, mit Kirschwasser aromatisiert, nebenbei.

scheibe: Tranche aux pommes: Blätterteig zu langem Streifen ausgerollt, Rand aufgesetzt, gefüllt mit in Butter gedünsteten Apfelscheiben mit Rosinen und Korinthen vermischt; mit leichter Makronenmasse bestrichen, mit Puderzucker bestäubt, gebacken, noch warm geschnitten.

im Schlafrock: en robe de chambre: Geschält, vom Kerngehäuse befreit, mit Zucker, Butter und Korinthen gefüllt, in Blätterteig gehüllt, mit Ei bestrichen, im Ofen gebacken, heiß oder kalt serviert.

Apfel

schmarren: Apfelwürfel, in Butter angedünstet, mit Eierkuchenteig dick übergossen, auf beiden Seiten in Butter gebacken; in der Pfanne mit der Gabel zerrissen, mit Puderzucker bestäubt serviert (österreichisch).

auf schwedische Art: à la suédoise: Geschält, ausgehöhlt, pochiert, ausgekühlt; auf Biskuitboden gesetzt, mit Vanilleeis, vermischt mit Apfelmus, gefüllt, nappiert mit Johannisbeergelee, garniert mit Schlagsahne.

auf Sevenner Art: à la cévenole (ßewenol): Geschält, ausgehöhlt, pochiert, ausgekühlt; mit Maronenpüree, mit Schlagsahne unterzogen, gefüllt.

mit spanischem Wind: meringuée (merängge): Ganze oder geviertelte, geschälte und entkernte Äpfel, pochiert, in Backplatte auf Vanillereis dressiert; mit Meringuemasse bedeckt und dekoriert, mit Puderzucker bestäubt, gebacken.

auf Teufelsart: à la diable: Geschält, ausgestochen, pochiert, abgetropft; mit Schlagsahne bedeckt, im Speisesaal mit warmem Kirschwasser umgossen, angezündet, brennend serviert.

auf Thronfolgerart: à la dauphine: Geschält, Kerngehäuse ausgestochen, im Ofen gebacken, ausgekühlt; auf Sockel von Vanillereis gesetzt, mit kalter, mit Kirschwasser abgeschmeckter Aprikosensauce nappiert.

Törtchen: Blind gebackenes Tartelett, gefüllt mit dickem Apfelmus, vermischt mit Zucker, gehackten Mandeln und Zitronensaft; mit Meringuemasse bedeckt und dekoriert, im Ofen abgeflämmt.

russisches: Tartelette des pommes à la russe: 1. Förmchen mit Ausleogeteig ausgefüttert, maskiert mit Apfelmus, symmetrisch mit dünnen Apfelscheiben bedeckt, gebacken; heiß aprikotiert, kalt oder warm serviert;

2. blind gebackenes Tartelett, gefüllt mit dickem, mit Kümmel abgeschmecktem Apfelmus, aprikotiert, garniert mit Schlagsahne, Angelikablättchen und halber Kirsche in der Mitte.

Torte, Normannische: Tarte aux pommes à la normande: Flacher Tortenrand, mit Mürbeteig ausgefüttert, mit dickem Apfelmus angefüllt, symmetrisch mit dünnen Apfelscheiben belegt, ganz dünn mit Apfelmus bedeckt, mit Puderzucker bestäubt, gebacken.

van Dyck: Geschält, Kerngehäuse ausgestochen, pochiert, ausgekühlt; auf Vanilleeis dressiert, mit dicker, mit Arrak abgeschmeckter Vanillesauce nappiert.

Apfelsine

Apfelsine: Orange (orangsch): Frucht eines etwa 10 m hohen Baumes, ursprünglich in China beheimatet, seit 1520 in Europa eingeführt und in vielen Variationen angebaut. Hauptanbaugebiete die Mittelmeerländer von Spanien bis Israel, die Vereinigten Staaten, hauptsächlich Kalifornien und Florida. Hauptsächliche Marktsorten: Valencia- und Navelorangen; letztere sind rund, kernlos und mit dicker Schale. Kernlose Apfelsinen werden heute in vielen Ländern gezüchtet.

Auflauf-: Abgedeckelt, ausgehöhlt, innen gereinigt; gefüllt mit Apfelsinen-Auflaufmasse mit dem Pulp bereitet, mit Puderzucker bestäubt, gebacken.

Bristol: Wie ein Körbchen geschnitten, ausgehöhlt, zur Hälfte mit Apfelsineneis gefüllt, bedeckt mit Vanilleeis, darüber Ananaswürfelchen mit kalter Aprikosensauce gebunden.

Côte d'Azur: (kot dassür): Wie ein Körbchen geschnitten, ausgehöhlt, mit Fruchtsalpicon, mit Curaçao abgeschmeckt, angefüllt, mit Orangeneis bedeckt.

mit Curaçao: Filets, mit Zucker und Curaçao mazeriert, stark gekühlt serviert.

Ilona: Abgedeckelt, ausgehöhlt, zur Hälfte mit Schokoladeneis, vermischt mit kleinen Würfelchen von eingelegtem Ingwer, gefüllt, bedeckt mit Salpicon von Apfelsinenfilets, mit dicker, mit Rum abgeschmeckter Aprikosensauce gebunden; mit Rosette Schlagsahne garniert, mit gesiebtem Krokant bestreut.

auf Infantenart: à l'infante (ängfangd): 1. Ausgehöhlt, mit Orangeneis gefüllt, mit Meringuemasse garniert, mit Puderzucker bestäubt, in gestoßenes Eis gesetzt, rasch im Ofen abgeflämmt;
2. ausgehöhlt, zur Hälfte mit Erdbeereis gefüllt, mit Orangen-Auflaufmasse bedeckt, in gestoßenes Eis gesetzt, rasch im Ofen gebacken.

auf javanische Art: à la javanaise (schawanäs): Ausgehöhlt, zur Hälfte mit Orangeneis vermischt mit Würfelchen von eingelegtem Ingwer gefüllt, mit Orangenwürfel mit Curaçao mazeriert bedeckt, mit Meringuemasse dekoriert, mit Puderzucker bestäubt, rasch abgeflämmt.

auf Malteser Art: à la maltaise (maltäs): Süßspeisenreis, vermischt mit blanchiertem, feingehacktem Orangeat und Saft von Blutapfelsinen, in Randform gedrückt, gestürzt; Mitte hoch mit gezuckerten Filets von Blutapfelsinen gefüllt, mit Orangengelee überglänzt.

auf nordische Art: à la nordique (nordik): Ausgehöhlt, zur Hälfte mit Apfelsinenwürfelchen, mit Kümmellikör aromatisiert, gefüllt, bedeckt mit Vanilleeis.

auf norwegische Art: à la norvégienne: Ausgehöhlt, gefüllt mit Orangeneis, vermischt mit Ananaswürfelchen, bedeckt mit Meringuemasse mit Rum aromatisiert, mit Puderzucker bestäubt, in Eis gestellt, im Ofen abgeflämmt.

Rum-: Orange au rhum: Kleinere, kernlose Früchte, rund geschält, dabei sämtliche Haut entfernt, acht Tage in Läuterzucker von 28 Grad, stark mit echtem Rum aromatisiert, so gelegt, daß die Früchte mit der Flüssigkeit bedeckt sind.

Salat: Salade d'oranges: Filets, mit Zucker, Curaçao und Kirschwasser mazeriert, geeist in Glasschüssel serviert.

Schnitten: Butter mit Zucker, Eigelb und geriebener Orangenschale schaumig gerührt, mit geriebenen Haselnüssen vermischt, mit Eierschnee unterzogen, dünn auf gefettetes Backblech gestrichen, gebacken; nach dem Erkalten in drei breite Bänder geschnitten, mit Orangen-Buttercreme zusammengesetzt, mit Orangenfondant glaciert, mit Orangenfilet garniert, in Streifen geschnitten.

torte Montelimart: Gâteau d'oranges Montélimart: Tortenring mit Mürbeteig ausgefüttert, abwechselnd mit Orangen-Auflaufmasse, vermischt mit geriebenen Mandeln und mit Curaçao abgeschmeckt, und Orangenfilets gefüllt, bei mäßiger Hitze gebacken; kalt, mit Schlagsahne nebenbei, serviert.

mit Überraschungen: en surprise: Abgedeckt, ausgehöhlt, mit Apfelsineneis oder -gelee, mit Curaçao parfümiert, gefüllt, Deckel wieder aufgesetzt, auf gestoßenem Eis serviert.

Aprikose: Abricot: Hellgelbe bis orangenfarbige, samtartig behaarte Frucht mit einseitiger Furche, auf der Sonnenseite meist karminrot, ursprünglich aus Mittelasien stammend, heute in allen Ländern der gemäßigten Zone angebaut. Aprikosen werden frisch und konserviert gehandelt, auch als Püree, das als Füllung und zum Glacieren von Gebäck verwendet wird.

Aiglon (äglong): Pochiert, auf Vanilleeis dressiert, mit kandierten Veilchen bestreut, mit Spinnzucker bedeckt.

Alexandra: In Vanille-Läuterzucker pochiert, auf Vanilleeis dressiert, mit Erdbeerpüree nappiert, grob zerdrückte weiße und rote kandierte Rosenblätter obenauf gestreut.

auf andalusische Art: à l'andalouse: Wie Ananas gleichen Namens bereitet.

Aurora: à l'aurore (orohr): Enthäutet, pochiert, ausgekühlt, auf Erdbeermousse angerichtet.

Bourdalou: Wie Apfel gleichen Namens bereitet.

Carmen Sylva: Abgezogen, pochiert, geviertelt, mit Maraschino mazeriert; in Glasschale gefüllt, mit Schlagsahne bedeckt, mit zerbröckelten Makronen bestreut.

Colbert: Pochiert, entsteint, mit Vanillereis gefüllt, paniert, in tiefem Fett gebacken; Aprikosensauce nebenbei.

Condé: Wie Ananas gleichen Namens bereitet.

Cussy (küßi): Runder, leicht ausgehöhlter Biskuitboden mit Salpicon von Früchten, mit Aprikosensauce gebunden, gefüllt, mit halber, pochierter Aprikose bedeckt; mit Meringuemasse maskiert, im Ofen abgeflämmt, beim Servieren mit Aprikosensauce umgossen, die mit Kirschwasser abgeschmeckt wurde.

Dreux (drö): Flache, ausgehöhlte Brioche, mit Mandelsulz gefüllt, bedeckt mit halber pochierter Aprikose, nappiert mit Aprikosensauce, mit Kirschwasser aromatisiert.

Femina: In Curaçao-Läuterzucker pochiert, ausgekühlt, auf Orangeneis angerichtet.

flambiert: flambé: Abgezogen, pochiert, entsteint, mit warmer Aprikosensauce nappiert; mit angewärmtem Kirschwasser oder anderen Spirituosen umgossen, brennend serviert.

auf Herzoginart: à la duchesse (düscheß): Tartelett von Mandelmürbeteig, mit kalter Vanillecreme gefüllt, mit halber, kalter pochierter Aprikose bedeckt; nappiert mit Aprikosenpüree, garniert mit Angelikablättchen, halber kandierter Kirsche und Schlagsahne.

auf kaiserliche Art: à l'impériale: Halbe, kalte, pochierte Aprikose, auf Kaiserinreis dressiert, mit entsteinten Kirschen garniert; mit kalter Aprikosensauce, mit Kirschwasser abgeschmeckt, nappiert.

krapfen: Beignets d'abricots (bänjä dabriko): Roh halbiert und enthäutet, mit Puderzucker und Kirschwasser mazeriert; durch Backteig gezogen, in tiefem Fett gebacken, mit Puderzucker bestäubt; Aprikosensauce mit Kirschwasser abgeschmeckt nebenbei.

auf Kreolenart: Wie Ananas gleichen Namens bereitet.

auf lombardische Art: à la lombarde: Wie Apfel gleichen Namens bereitet.

auf Madrider Art: à la madrilène: Halbe, enthäutete, pochierte Aprikosen, auf Orangeneis dressiert, mit Schlagsahne dekoriert, garniert mit Apfelvierteln in Curaçao-Läuterzucker pochiert.

auf Markgräfinart: à la marquise (markihs): Zwei halbe, pochierte Aprikosen, mit Marzipancreme zusammengesetzt, auf Vanillereis, mit Schlagsahne unterzogen, dressiert; nappiert mit Erdbeerpüree, umrandet mit Schlagsahne, mit Erdbeerpüree vermischt.

marmelade: Confitüre d'abricots: Enthäutet, halbiert, entsteint, mit der gleichen Menge Zucker zum kleinen Faden gekocht; den Sirup abpassiert, dick eingekocht, die Aprikosen und einige der blanchierten, enthäuteten Kerne beigefügt, alles zusammen bis zur Geleeprobe gekocht; in vorgewärmte Töpfe oder Gläser gefüllt, erst nach zwei bis drei Tagen zugebunden.

Mistral: Roh enthäutet, halbiert, entkernt, mit Puderzucker kurz mazeriert; mit Püree von Walderdbeeren nappiert, mit gehobelten Mandeln bestreut, gänzlich mit Schlagsahne bedeckt.

im Nachthemd: en chemise: Halbe geschälte, rohe Aprikosen, mit Puderzucker bestäubt, zu zweien zusammengesetzt; mit Blätterteig umhüllt, mit Eigelb bestrichen, gebacken, mit Puderzucker bestäubt.

Negus: Enthäutet, halbiert, pochiert, ausgekühlt; auf Schokoladeneis dressiert, mit kalter Aprikosensauce nappiert, mit Schlagsahne garniert.

auf polnische Art: à la polonaise (pollonäs): Halbe pochierte Aprikosen auf Vanillereis, mit Ananaswürfeln vermischt, dressiert; nappiert mit kalter, mit Kirschwasser abgeschmeckter Aprikosensauce, mit gehobelten, gerösteten Mandeln bestreut.

mit spanischem Wind: meringué: Wie Apfel gleichen Namens bereitet.

auf Sultansart: à la sultane: Runder Biskuitboden, mit Meringuemasse umrandet und abgeflämmt, gefüllt mit Vanillereis, vermischt mit

Frangipancreme und gehackten Pistazien; halbe pochierte Aprikose in die Mitte gesetzt, bestreut mit gehackten Pistazien; Mandelmilchsirup nebenbei.

überkrustet: au gratin: 1. Halbiert, enthäutet, pochiert, in Backplatte auf dickes Apfelpüree dressiert; mit dünner Wasserglasur, vermischt mit gehackten Mandeln, überzogen, mit Puderzucker bestäubt, glaciert;

2. blind gebackenes Tartelett, mit Konditorcreme halbvoll gefüllt, halbe Aprikose daraufgesetzt, mit dünner Konditorcreme nappiert, mit gestoßenen Makronen und Puderzucker bestäubt, glaciert.

Victoria: Aprikosentartelett, nappiert mit durchgestrichener Aprikosenmarmelade mit Kirschwasser aromatisiert, bestreut mit gehackten Pistazien.

Auflauf: Soufflé (Buffleh): Feine, lockere Mehlspeise, in Auflaufschale gefüllt, bei mittlerer Hitze gebacken, kurz vor dem Garwerden mit Puderzucker bestäubt, glaciert, sofort aufgetragen.

Cremeauflauf: Milch mit Butter, Zucker und Vanille aufgekocht, mit wenig Mehl abgerührt, mit Eigelb vermischt, mit Eierschnee unterzogen. Fruchtauflauf: Fruchtpüree mit Zucker, zum Bruch gekocht, vermischt, mit Eierschnee unterzogen. Wird auch mit Crememasse, reichlich mit Fruchtpüree untermengt, bereitet.

Absinth: à l'absinthe: Mit Pernod abgeschmeckte Rahmmasse.

Ananas: d'ananas: Vanillemasse vermischt mit pochierten, in Kirschwasser mazerierten Ananaswürfelchen.

Apfel: de pommes: Fruchtmasse mit dickem Apfelmus bereitet, mit Kirschwasser parfümiert.

Aprikosen: d'abricot (dabriko): Fruchtmasse mit dickem Aprikosenpüree bereitet.

Bananen: de bananes: Grundmasse mit reichlich Bananenwürfel, zuvor mit Kirschwasser mazeriert, vermischt.

Camargo: Grundmasse mit geriebenen Haselnüssen und Grundmasse bereitet mit Mandarinensaft und geriebener Mandarinenschale anstelle der Milch, schichtweise eingefüllt, mit Löffelbiskuit, mit Curaçao getränkt, zwischen den Lagen.

Cavalieri: Vanille-Grundmasse vermischt mit dünnen Bananenscheiben, zuvor mit Kirschwasser mazeriert.

Elisabeth: Vanillemasse vermischt mit Makronenwürfeln, mit Kirschwasser und Maraschino getränkt, sowie grob zerdrückten kandierten Veilchen.

Erdbeer: aux fraises (o frähs): 1. Fruchtmasse mit dickem Erdbeerpüree bereitet;

2. Vanillemasse, vermischt mit kleinen, zuvor mit Zucker und Kirschwasser mazerierten Erdbeeren.

Florida: Grundmasse mit Apfelmus vermischt, mit Arrak parfümiert.

Grand-Marnier: Grundmasse kräftig mit Grand-Marnier abgeschmeckt.

Himbeer: de framboise (dö framboas): Fruchtmasse mit dickem Himbeerpüree bereitet.

Idealer: idéal: Vanillemasse, vermischt mit gestoßenem, gesiebtem Krokant und gewürfelten Makronen mit Nußlikör getränkt.

Indischer: à l'indienne: Grundmasse, vermischt mit Würfelchen von eingelegten Ingwerpflaumen.

Javanischer: à la javanaise: Grundmasse mit Teeaufguß anstelle der Milch bereitet, vermischt mit geriebenen Pistazien.

Kaffee: au café: Grundmasse mit starkem Kaffeeaufguß anstelle der Milch oder Grundmasse reichlich mit löslichem Kaffeepulver vermischt.

Kaki: de kaki: Vanillemasse vermischt mit Püree von reifen Kakis und etwas Zitronensaft.

auf Kartäuserart: à la chartreuse (schartrös): Vanillemasse kräftig mit grünem Chartreuse abgeschmeckt.

Kirschen: aux cerises (o srihs): Grundmasse mit dem Saft gedünsteter Sauerkirschen anstelle von Milch bereitet, reichlich mit entsteinten, gedünsteten, abgetropften, mit Kirschwasser mazerierten Kirschen vermischt.
Königlicher: royal: Grundmasse, vermischt mit Würfeln von Löffelbiskuits und Fruchtsalpicon, mit Kirschwasser mazeriert.
Lucullus: Savarin mit Kirschwasser-Läuterzucker getränkt, umbunden mit gebuttertem Papier, Öffnung mit Vanille- oder Fruchtmasse gefüllt, nach dem Backen Papier entfernt.
Madrigal: Schokoladenmasse, vermischt mit geriebenen Mandeln; leichte Aprikosensauce kräftig mit Sherry abgeschmeckt nebenbei.
Mailänder: à la milanaise: Grundmasse mit gehackter Zitronenschale und Makronenwürfel, mit Maraschino getränkt, vermischt.
Malteser: à la maltaise: Grundmasse mit dem Saft von Blutapfelsinen anstelle der Milch bereitet, mit Curaçao parfümiert.
Mandarinen: à la mandarine: Wie Orangenauflauf, jedoch mit Mandarinen bereitet.
Mandel: aux amandes (osamangd): Grundmasse mit geriebenen Mandeln.
Mercedes: Vanillemasse, vermischt mit Salpicon von Früchten, mit Kirschwasser und Maraschino mazeriert.
Montmorency: Wie Kirschenauflauf bereitet, die Kirschen zuvor in Cherry Brandy mazeriert.
auf nordische Art: à la nordique: Grundmasse kräftig mit Kümmellikör abgeschmeckt.
Orangen: à l'orange: Grundmasse mit Orangensaft und geriebener Orangenschale anstelle der Milch bereitet.
Orientalischer: à l'orientale (oriangtal): 1. Vanillemasse vermischt mit geriebenen Pistazien;
2. Kaffeemasse vermischt mit geriebener Schokolade.
Orleans: à la d'Orléans: Grundmasse vermischt mit Fruchtsalpicon, Streifen von Engelswurz und Löffelbiskuitwürfel mit Peach Brandy getränkt.
Palmyra: Vanillemasse schichtweise mit Löffelbiskuits, mit Anisette getränkt, eingefüllt.
Paulette: Vanillemasse vermischt mit festem Erdbeerpüree; frische gezuckerte Erdbeeren nebenbei.
Rachel: Zur Hälfte Vanille- und zur Hälfte Pistazienmasse schichtweise in die Auflaufschale gefüllt.
Rothomago: Auflaufschale zu einem Drittel mit Fruchtwürfel der Saison, mit Zucker und Kirschwasser mazeriert, gefüllt, bedeckt mit Vanille-Auflaufmasse mit Kirschwasser abgeschmeckt.
Rothschild: 1. Vanillemasse vermischt mit Fruchtsalpicon, mit Danziger Goldwasser mazeriert; kleine gezuckerte Erdbeeren nebenbei;
2. Auflaufschale ¹/₄ mit Vanilleeis gefüllt, bedeckt mit Fruchtsalpicon mit Kirschwasser mazeriert, maskiert mit Vanille-Auflaufmasse. In Behälter mit gestoßenem Eis gestellt, rasch gebacken.
Schokoladen: au chocolat: Grundmasse mit aufgelöster Schokolade vermischt.
Sizilianischer: à la sicilienne (ßisiljenn): Orangenmasse vermischt mit gesiebtem Krokant und gewürfelten Orangenfilets.
Skobeleff: Grundmasse vermischt mit gesiebtem Krokant, gewürfelten Löffelbiskuits, mit Anisette getränkt, und entkernten Johannisbeeren.
Vanille: à la vanille: Grundmasse mit Vanille aromatisiert.
Zitronen: au citron (o tzitrong): Grundmasse kräftig mit Zitronensaft und geriebener Zitronenschale abgeschmeckt.
Avocado, fälschlich Alligatorbirne: Avocat: Die birnenförmige Frucht eines im tropischen Afrika beheimateten Baumes, der heute in Mexiko, Süd- und Zentralamerika, Israel und den Vereinigten Staaten angebaut wird. Das Gewicht variiert je nach der Art von 150 g bis zu 2 kg, die Frucht hat eine grüne, braune oder purpur-

farbige, zähe Haut, einen großen Kern und angenehm schmeckendes Fleisch von lebhaft grüner oder gelblicher Farbe.

Jaipure: Geschält, der Länge nach halbiert, Kern entfernt, in Weißwein mit Zucker und Zitronensaft pochiert; ausgekühlt, auf Vanilleeis dressiert, Öffnung mit Guavagelee gefüllt, mit zerbröckelten Makronen bestreut.

kompott: en compote: Kleine Früchte, geschält, geviertelt oder geachtelt, Kern entfernt, in mit Ingwer gewürztem Läuterzucker pochiert, sehr kalt serviert.

Louison: Reife Frucht, geschält, halbiert, entkernt, innen leicht mit Anisette mazeriert; auf mit Anisette-Läuterzucker leicht getränkten Biskuitboden dressiert, Öffnung mit Krokanteis gefüllt, mit Schlagsahne bedeckt, mit gestoßenem, gesiebtem Krokant bestreut; stark gekühltes Erdbeerpüree nebenbei.

San Francisco: Geschält, halbiert, Kern entfernt, in Scheiben geschnitten, mit Puderzucker und Cognac mazeriert; auf Vanilleeis dressiert, mit Meringuemasse bedeckt und dekoriert, mit Puderzucker bestäumt, abgeflämmt.

überbacken: meringué: Der Länge nach halbiert, Kern entfernt, Fleisch püriert, vermischt mit Süßspeisenreis, mit Curaçao parfümiert; in die Schalen gefüllt, mit Meringuemasse bedeckt und dekoriert, abgeflämmt, leicht aprikotiert.

Baba: Savarinteig (s.d.), mit Rosinen und Korinthen vermischt, in Portionsförmchen oder Serviceform gebacken, noch heiß mit Zuckersirup getränkt, meist mit Aprikosensauce nappiert oder nebenbei serviert.

mit Kirschwasser: au kirsch: Mit Kirschwassersirup getränkt, leicht mit Aprikosensauce, mit Kirschwasser aromatisiert, nappiert, den Rest nebenbei.

mit Rum: au rhum (o rhomm): Wie oben, mit echtem Jamaicarum anstelle des Kirschwassers.

Baies de ronce: siehe Brombeeren

Baiser, Meringue: Meringue (meräng): Eiweiß mit Prise Salz zu steifem Schnee geschlagen, mit gesiebtem Zucker untermengt, mit Loch- oder Sterntülle rund, oval, zu Spiralen oder anderer beliebiger Form auf Papier, heißes Blech, besser noch auf Holz gesetzt und bei schwacher Hitze gebacken. Die Masse kann auch mit Mandelpulver, geriebener Blockschokolade, Kaffeepulver u.a.m. vermischt sein. Nach dem Backen werden ovale und runde Meringues leicht ausgehöhlt und nachgetrocknet. Meringues müssen stets trocken und luftdicht aufbewahrt werden.

Eis-: glacé: Zwei ovale Baisers, mit Vanille- oder anderem Eis gefüllt, mit Schlagsahne garniert.

Eisbaiserwaffel: Masse in Form dünner, rechteckiger Waffeln gespritzt, gebacken, beide Enden in Kuvertüre getaucht; zu je zweien mit beliebigem Eis zusammengesetzt, mit Schlagsahnenspirale und Ornament von gespritzter, gebackener Brandmasse garniert.

Erdbeer-: Meringue aux fraises (meräng o frähs): Zwei spiralförmige Baisers, innen mit Kuvertüre ausgestrichen, gefüllt mit kleinen in Kirschwasser mazerierten, mit Schlagsahne vermischten Erdbeeren.

Mokka-Kirsch-: Masse mit Kaffeepulver unterzogen, zu Spiralen gespritzt, gebacken, ausgehöhlt, innen und Unterseite mit Kuvertüre bestrichen; mit Schlagsahne, mit Kirschwasser aromatisiert, gefüllt, oben mit Schlagsahne, kandierten Kirschen und Ornament aus Kuvertüre dekoriert.

Sahnen-: Meringue Chantilly: Zwei runde oder ovale Baisers mit Schlagsahne zusammengesetzt und dekoriert.

Baisertorte: Tarte meringué: Zwei runde Böden aus Meringuemasse, einer mit flachem Rand, der andere oben gitterartig gespritzt, mit Schlagsahne, Eis, Früchten u.a.m.

Doris: Gefüllt mit Vanilleeis, vermischt mit in Grand-Marnier mazerierten Ananaswürfelchen, leicht mit Schlagsahne bedeckt; oben mit Schlagsahne und kandierter Ananas garniert.

mit Erdbeeren: aux fraises: Gefüllt mit Schlagsahne, vermischt mit kleinen, zuvor mit Zucker und Kirschwasser mazerierten Erdbeeren.

Eribel: Gefüllt mit Krokanteis, vermischt mit Salpicon von kandierter, mit Cointreau mazerierter Ananas, leicht mit Schlagsahne bedeckt; Öffnungen des Gitterwerkes der Oberseite mit Johannisbeergelee gefüllt, mit gehackten Pistazien bestreut.

Ravanola: Gefüllt mit Schlagsahne, vermischt mit geriebener Schokolade und grob zerdrückten, glacierten Maronen.

Banane: Banane (banan): Die samenlosen, länglichen, gelbfleischigen, wohlschmeckenden Früchte einer tropischen Riesenstaude aus der Gattung der Musaceen, von denen es mehr als 80 Arten gibt.

Bayerische Creme von: Bavarois de bananes: Püriert, vermischt mit Zucker, Zitronensaft und aufgelöster Gelatine, mit Weinbrand oder Rum aromatisiert, mit ungesüßter Schlagsahne unterzogen, in beliebige Form gefüllt, nach dem Erstarren gestürzt, mit Schlagsahne garniert.

Bourdalou: In Vanille-Läuterzucker pochiert, wie Apfel gleichen Namens bereitet.

Caruso: Geschält, in Scheiben geschnitten, mit Puderzucker und Maraschino mazeriert; schichtweise in Backplatte mit feiner Konditorcreme, mit Eierschnee aufgelockert, gefüllt, mit Meringuemasse bedeckt und dekoriert, mit Puderzucker bestäubt, im Ofen abgeflämmt.

Chantilly: Geschält, in Scheiben geschnitten, mit Puderzucker bestäubt, sehr stark gekühlt, mit Schlagsahne bedeckt.

Condé: Wie Ananas gleichen Namens bereitet.

Copacabana: Kleinere Frucht, geschält, halbiert, in Weinbrand-Läuterzucker pochiert, ausgekühlt; auf Vanilleeis dressiert, mit kalter Schokoladensauce nappiert, mit gerösteten, gehobelten Mandeln bestreut.

mit Erdbeeren: aux fraises (o frähs): Mit der Schale der Länge nach halbiert, Fleisch herausgeholt, püriert, vermischt mit Walderdbeeren in Zucker und Curaçao mazeriert; wieder in die Schalen gefüllt, gehackte Pistazien obenauf.

flambiert: flambée: Geschält, halbiert, in Kirschwasser-Läuterzucker pochiert; in Backplatte mit wenig Sirup dressiert, im Speisesaal mit angewärmtem Cognac oder Kirschwasser übergossen und angezündet.

auf Hoteliersart: à la hôtelière (oteljär): Geschält, in Scheiben geschnitten, mit Puderzucker, Maraschino und Curaçao mazeriert, stark gekühlt serviert.

Krapfen: Beignets de bananes (bängjä dö banan): Kleinere Früchte, geschält, der Länge nach gespalten, mit Weinbrand und Puderzucker mazeriert; durch Backteig gezogen, in tiefem Fett gebacken, mit Puderzucker bestäubt.

auf Kreolenart: à la créole: Geschält, halbiert, in Rum-Läuterzucker pochiert; auf warmen Vanillereis dressiert, mit grobgestoßenen Makronen bestreut, mit Butter betropft, mit Zucker bestreut, im Ofen überkrustet; mit Rum abgeschmeckte Aprikosensauce nebenbei.

auf Nizzaer Art: à la niçoise (nißoas): Mit der Schale der Länge nach geteilt, Fleisch herausgeholt, püriert, mit Zucker vermischt, mit Maraschino aromatisiert, wieder in die Schalen gefüllt; mit Puderzucker bestäubt, im Ofen glaciert.

auf norwegische Art: à la norvegienne (norweschjen): Deckel abgeschnitten, ausgehöhlt, mit Bananeneis gefüllt; rasch mit Meringuemasse bedeckt und dekoriert, mit Puderzucker bestäubt, sofort unter dem Salamander glaciert.

auf orientalische Art: à l'orientale: Geschält, in Scheiben geschnitten, leicht in Zitronen-Läuterzucker, mit Rosenwasser parfümiert, pochiert; abgetropft, auf Mandeleis dressiert, mit dicker Vanillesauce nappiert, mit Schlagsahne garniert, gehackte, geröstete Mandeln obenauf gestreut.

röllchen: en robe de chambre: Sehr kleine Bananen, geschält, mit Puderzucker und Kirschwasser mazeriert; in dünn ausgerollten Blätterteig gehüllt, mit Ei bestrichen, im heißen Ofen gebacken; mit Kirschwasser abgeschmeckte Aprikosensauce nebenbei.

auf russische Art: à la russe: Deckel abgeschnitten, Fleisch herausgeholt, püriert, mit Auflaufmasse vermischt, mit Kümmelschnaps gewürzt; in die Schalen gefüllt, mit Puderzucker bestäubt, im Ofen gebacken.

Salat von Bananen und Orangen: Salade de bananes et oranges: Geschält, in schräge, dicke Scheiben geschnitten, abwechselnd mit kleinen Orangenfilets in Glasschale geordnet, mit Puderzucker bestäubt, mit Orangensaft übergossen, mit echtem Rum aromatisiert, stark gekühlt.

Schaumomelette von: Omelette mousseuse aux bananes: Bananen in Scheiben geschnitten, leicht in Butter angedünstet, ausgekühlt, mit Kirschwasser mazeriert; Eigelb mit Zucker schaumig gerührt, Eierschnee und die Bananenscheiben daruntergezogen, in gebutterter Omelettepfanne angebacken, im Ofen fertiggebacken, sofort offen serviert.

mit Schokolade: meringuées au chocolat: Boden der Backplatte mit dicker Schokoladencreme bedeckt, die halben pochierten Bananen darauf dressiert, mit Meringuemasse bedeckt und dekoriert, mit Puderzucker bestäubt, im Ofen abgeflämmt.

auf schwedische Art: à la suédoise: Geschält, kleingewürfelt, mit Puderzucker und Schwedenpunsch mazeriert, leicht mit dickem Aprikosenpüree gebunden; in blind gebackene Tarteletts gefüllt, mit Schlagsahne, mit Schwedenpunsch abgeschmeckt, dekoriert.

mit spanischem Wind: meringuées: Geschält, der Länge nach geteilt, nur leicht pochiert; auf Vanilleeis dressiert, mit Meringuemasse bedeckt und dekoriert, mit Puderzucker bestäubt, im Ofen abgeflämmt.

split: banana split: Halbierte Banane, mit dicker Schokoladensauce nappiert, auf Glasschale zusammen mit halber Kugel Vanilleeis dressiert, mit Schlagsahne garniert, mit Schokoladenspänen dekoriert (nordamerikanisch).

Bannock: Runde Kuchen aus Hafer-, Erbs-, Weizen- oder Gerstenmehl, Hefe, Butter, Wasser, Zucker und Prise Salz, je nach der Gegend anders bereitet (schottisch).

Bavarois: siehe Bayerische Creme

Bayerische Creme: Bavarois, Crème bavaroise (bawaroas): Creme von Eigelb, Zucker, Milch, Vanille und aufgelöster Gelatine, nach dem Anziehen mit Schlagsahne untermengt, in Formen oder Förmchen gefüllt, nach dem Erstarren gestürzt. Fruchtcreme: Sirup von 30 Grad, mit gleicher Menge Fruchtpüree vermischt, mit Zitronensaft gewürzt, aufgelöste Gelatine zugefügt, nach dem Anziehen mit Schlagsahne aufgezogen.

Adelheid: Apfelsinencreme mit Madeira.

Alexandria: Aprikosencreme, mit Schlagsahne dekoriert, mit halben gedünsteten Aprikosen garniert.

Clermont: Vanillecreme mit Maronenpüree vermischt, garniert mit kandierten Maronen.

auf dalmatinische Art: à la dalmatienne: Vanillecreme vermischt mit Biskuitwürfelchen und gewürfelten, in Maraschino mazerierten Dunstfrüchten.

auf Diplomatenart: à la diplomate: Form mit Vanillecreme chemisiert, mit Lagen von Schokoladen- und Erdbeercreme gefüllt.

Figaro: Creme von verschiedenem Geschmack und verschiedener Farbe, in Würfel geschnitten, in Form gefüllt, mit Weingelee zugegossen.

auf Florenzer Art: à la florentine: Mandelcreme, mit Kirschwasser abgeschmeckte Schlagsahne als Garnitur, mit gehackten Pistazien bestreut.

gebänderte: rubanée: Form, mit Gelee chemisiert, mit wenigstens drei Lagen Creme von verschiedenem Geschmack und verschiedener Farbe gefüllt.

auf Kaiserinart: à l'impératrice: Form mit Weingelee chemisiert, Boden mit Kirschen dekoriert, gefüllt mit Vanillecreme, vermischt mit gehackten Pistazien.

Kreolen-: à la créole: Vanillecreme, mit süßem Reis und Ananaswürfelchen vermischt, mit Ananasscheibchen und Schlagsahne garniert.

Malakoff: Vanillecreme mit gehackten Mandeln, Korinthen und gewürfelten Löffelbiskuits, mit Maraschino getränkt, vermischt.

Marie-Louise: Pfirsichcreme mit Kirschwasser abgeschmeckt.

Mokka: Moka: Creme stark mit Kaffee abgeschmeckt.

My Queen (mei kwihn): Mit Vanillecreme chemisiert, mit Erdbeercreme, vermischt mit kleinen mit Kirschwasser mazerierten Erdbeeren, gefüllt; nach dem Stürzen mit in Kirschwasser mazerierten Erdbeeren garniert.

auf Nonnenart: à la réligieuse: Form mit Schokoladencreme chemisiert, mit Vanillecreme gefüllt.

Pompadour: Vanille- und Schokoladencreme in abwechselnden Lagen.

Regina: Form gefüllt mit Lagen von Vanille- und Erdbeercreme, garniert mit Erdbeeren mit Maraschino mazeriert.

Richelieu: Chemisiert mit Backpflaumenpüree mit Gelee gebunden und mit Prunelle parfümiert, gefüllt mit Vanillecreme.

auf spanische Art: à l'espagnole: Orangencreme mit Orangenfilets garniert.

Becherpastete: siehe Timbale

Beignets: siehe Krapfen

Beignets soufflés: siehe Brandteigkrapfen

Berliner Luft: Eigelb mit Zucker, Zitronensaft und abgeriebener Zitronenschale verrührt, mit aufgelöster Gelatine vermischt, mit Eierschnee unterzogen; in Formen gefüllt, nach dem Erstarren gestürzt, mit Himbeersaft serviert.

Torte: Vier runde Böden von feinem Haselnuß-Mürbeteig, mit Zimt und geriebener Zitronenschale gewürzt, gebacken, nach dem Auskühlen mit Johannisbeergelee zusammengesetzt, mit Vanillefondant glaciert.

Birne: Poire (poar): Die duftige, süße, mehr oder weniger saftige Frucht des Birnenbaumes, der in allen Ländern mit gemäßigtem Klima angebaut wird. Von den zahlreichen Arten eignen sich nur die zarten, saftigen und schmackhaften Früchte zur Bereitung von Süßspeisen. Birnen werden frisch, in Dosen konserviert und getrocknet gehandelt.

Alma: In stark mit Portwein versetztem und mit geriebener Orangenschale aromatisiertem Läuterzucker pochiert, im Sirup erkaltet; in Glasschale mit etwas von dem Sirup übergossen, mit gesiebtem Krokant bestreut angerichtet, Schlagsahne nebenbei.

auf andalusische Art: Wie Pfirsich gleichen Namens bereitet.

d'Aremberg: Geschält, halbiert, leicht ausgehöhlt, pochiert, erkaltet; Öffnung mit Johannisbeergelee gefüllt, auf Vanilleeis plaziert, mit kalter Vanillesauce nappiert, mit gehackten Pistazien und kandierten Veilchen bestreut.

Bar-le-Duc: Pochierte Hälften auf Johannisbeereis dressiert, bedeckt mit entkernten roten Johannisbeeren, leicht mit Honig gebunden.

Bourdalou: Wie Apfel gleichen Namens bereitet.
Bristol: Pochiert, auf Vanilleeis dressiert, nappiert mit Himbeerpüree, garniert mit Schlagsahne und Walderdbeeren.
Casanova: Pochierte Hälften, auf Himbeereis dressiert, bedeckt mit Schlagsahne mit Benediktiner abgeschmeckt, mit geriebener Schokolade bestreut.
Condé: Wie Ananas gleichen Namens bereitet.
auf Dreuxer Art: à la Dreux: Wie Aprikose gleichen Namens bereitet.
Eduard: Edouard (edwar): Geschält, Kerngehäuse ausgestochen, pochiert, erkaltet; dressiert auf ovalen, ausgehöhlten, mit Vanilleeis gefüllten Biskuitboden, mit Aprikosengelee nappiert.
auf Erzherzogsart: à l'archiduc (arschidük): Pochierte Hälften, auf Ananaseis dressiert, mit Erdbeerpüree nappiert.
Felicia: Halbe, pochierte, ausgekühlte Birnen, auf Boden von Wiener Creme dressiert, mit Schlagsahne bedeckt, mit kandierten Rosenblättern bestreut.
flambiert: flambée: In Kirschwasser-Läuterzucker pochiert, mit etwas von dem mit Stärkemehl leicht gebundenen Sirup nappiert; mit warmem Kirschwasser umgossen, brennend serviert.
Florence: Geschält, Kerngehäuse ausgestochen, pochiert, ausgekühlt, mit Curaçao maceriert; in Glasschale gefüllt, mit leichtem Mandelsulz bedeckt, mit Schlagsahne garniert.
auf Florentiner Art: à la florentine: Pochierte Hälften, auf Boden von süßem Grieß plaziert, mit kalter, mit Kirschwasser abgeschmeckter Aprikosensauce nappiert.
Geraldine Farrar: In Vanillesirup pochiert, auf Orangeneis angerichtet, bedeckt mit kalter Aprikosensauce, mit Schlagsahne garniert.
Helene, auch Schöne Helene: Belle Hélène (bäll elähn): Pochiert, auf Vanilleeis dressiert, mit kandierten Veilchen bestreut, heiße Schokoladensauce nebenbei.
Hiller: Geschält, Kerngehäuse entfernt, roh gewürfelt, mit Vanillelikör maceriert; in Sektschale gefüllt, bedeckt mit Schlagsahne, vermischt mit geriebener Schokolade und Makronenbröseln.
Irene: Wie Apfel gleichen Namens bereitet.
auf kaiserliche Art: Wie Aprikose gleichen Namens bereitet.
auf Kardinalsart: à la cardinale: 1. Pochiert, erkaltet, auf Erdbeerpüree dressiert, mit Mandelsplitter bestreut;
2. auf Vanilleeis dressiert, mit Erdbeerpüree nappiert, mit Mandelsplitter bestreut.
auf Kleinherzogsart: petit-duc: Ananasscheibe mit Kirschwasser und Maraschino maceriert, bedeckt mit Vanillereis, belegt mit halber pochierter Birne, mit Johannisbeergelee überglänzt.
Kolschitzky: Halbe pochierte, ausgekühlte Birne, auf mit Vanillecreme gefüllte Blätterteigkrustade gesetzt, nappiert mit kalter Aprikosensauce, mit gehackten, gerösteten Haselnüssen bestreut.
Lilly: Pochierte Hälften, auf Vanilleeis dressiert, mit kalter Schokoladensauce nappiert.
auf lombardische Art: Wie Apfel gleichen Namens bereitet.
Louise: Kleine Birne, geschält, ausgebohrt, pochiert, ausgekühlt; Mitte mit kalter Mandelcreme gefüllt, durch Backteig gezogen, in tiefem Fett gebacken, mit Puderzucker bestäubt.
Louis Philippe: Pochiert, auf Mandeleis dressiert, nappiert mit Vanillesirup mit Maraschino abgeschmeckt.
Majestic: Geschält, halbiert, Kerngehäuse entfernt, mit Weißwein, Zucker, Butter und Zitronensaft pochiert, ausgekühlt; auf Briochescheibe dressiert, nappiert mit Kakipüree.
Mary Garden: Pochiert, ausgekühlt, auf Himbeerpüree, vermischt mit zuvor geviertelten, eingeweichten kandierten Kirschen, dressiert, mit Schlagsahne garniert.
Melba: Genau wie Pfirsich gleichen Namens bereitet.

Menelik: Pochierte Hälften, auf Pistazieneis dressiert, mit kalter Schokoladensauce nappiert.
Mireille: 1. Saftige rohe Birne, geschält, halbiert, ausgehöhlt, mit Vanillezucker bestreut; nappiert mit Püree von Walderdbeeren, garniert mit Schlagsahne, mit kandierten Veilchen und Jasmin bestreut;
2. pochierte Hälften, auf Himbeereis dressiert, bedeckt mit Schlagsahne mit Rosenlikör abgeschmeckt.
Montrose: 1. Wie Pfirsich gleichen Namens bereitet;
2. pochiert, auf Schokoladeneis dressiert, mit kalter Schokoladensauce nappiert, grober Krokant obenauf gestreut.
Negus: Pochiert, auf Schokoladeneis dressiert, nappiert mit kalter Aprikosensauce, mit Schlagsahne garniert.
Nelusko: Pochiert, ausgekühlt, auf kalten Vanillereis dressiert, mit kalter Schokoladensauce nappiert.
auf nordische Art: à la nordique: Halbe pochierte Birne, in ovales Tartelett aus Mandelmürbeteig gesetzt, nappiert mit kalter, mit Kirschwasser abgeschmeckter Aprikosensauce.
auf orientalische Art: à l'orientale: Pochiert, auf ovales Tartelett dressiert, mit Schlagsahne kuppelartig bedeckt, mit Johannisbeergelee dekoriert, mit gesponnenem Zucker (auf Wunsch) umhüllt.
Paillard: Pochierte Hälften, auf Vanillereis dressiert, mit kalter Vanillecreme nappiert, mit Angelika und kandierten Veilchen dekoriert; umgossen mit Vanillesirup.
auf Pariser Art: à la parisienne: Pochierte Hälften, auf mit Vanillereis maskierten Biskuitboden gesetzt; bedeckt und dekoriert mit italienischer Meringuemasse, verziert mit kandierten Kirschen, gebacken; heiße Aprikosensauce nebenbei.
Richelieu: Wie Pfirsich gleichen Namens bereitet.
Romanow: Romanoff: 1. Zarte Birnen, geschält, Kerngehäuse entfernt, grobgewürfelt, mit Zucker und Portwein mazeriert; in Sektkelch mit dem Saft gefüllt, mit Schlagsahne garniert;
2. Hälften, in Curaçao-Läuterzucker pochiert, ausgekühlt, bedeckt mit Schlagsahne, mit Kümmellikör abgeschmeckt.
Saint-Georges: Halbe Birne, auf Briocheboden gesetzt, mit Meringuemasse maskiert und dekoriert, im Ofen abgeflämmt; Kirschwassersirup nebenbei.
Salambo: Wie Pfirsich gleichen Namens bereitet.
Schuwalow: Halbe Birne, auf Biskuitboden gesetzt, mit Meringuemasse maskiert und gitterartig dekoriert, im Ofen abgeflämmt; die Öffnungen des Gitters mit Johannisbeergelee gefüllt, mit gehackten Pistazien bestreut.
auf Schweizer Art: à la suisse (swiß): Zarte rohe Birnen, geschält, geviertelt, Kerngehäuse entfernt, mit Puderzucker und Kirschwasser mazeriert; durch Backteig gezogen, in geklärter Butter gebacken.
auf Sultansart: Wie Pfirsich gleichen Namens bereitet.
Trocadero: Zarte rohe Birnen und Löffelbiskuits, gewürfelt, mit Curaçao getränkt, in Sektschale gefüllt; bedeckt mit Schlagsahne vermischt mit geriebenen Haselnüssen, bestreut mit geriebener Schokolade, leicht mit Puderzucker bestäubt.
überbacken: au gratin: Pochierte Hälften, in ovale, blind gebackene mit Vanillecreme maskierte Tarteletts gesetzt, mit Vanille-Konditorcreme nappiert, mit gestoßenen Makronen bestreut, mit Puderzucker bestäubt, glaciert.
van Dyck: Pochierte Hälften, auf Biskuitboden plaziert, nappiert mit dicker, kalter Schokoladensauce, mit zerbröckelten, kandierten Veilchen bestreut.
en vogue: Pochiert, auf heißen Vanillereis dressiert, mit Rotweinsauce nappiert, mit gehobelten, gerösteten Mandeln bestreut, mit heißem Fruchtsalat umkränzt.

Birne   **Brombeeren**

    Weiße Dame: Wie Pfirsich gleichen Namens bereitet.

    auf Züricher Art: à la zurichoise (zürischoas): Halbe pochierte Birne, auf ovalen mit Mandeleis angefüllten Vacherin gesetzt; nappiert mit kalter Schokoladensauce, gehobelte, geröstete Mandeln obenauf.

Biscuit glacé: siehe Eisbiskuit

Biscuits à la cuiller: siehe Löffelbiskuits

Biskuitrolle: Roulade: Eigelb mit Zucker und Geschmack schaumig gerührt, Eierschnee und gesiebtes Mehl gleichzeitig untergezogen; dünn auf gefettetes, gemehltes Papier gestrichen, rasch abgebacken, sofort vom Papier abgezogen. Mit Marmelade oder Buttercreme gefüllt, zusammengerollt, mit Puderzucker bestäubt oder mit Fondant, mit zur Füllung passendem Geschmack, glaciert, in Scheiben geschnitten.

Blanc-manger: siehe Mandelsulz

Blätterteigstäbchen, Glacierte: Allumettes glacées (allümett glaseh): Dünn ausgerollter Blätterteig, zu breiten Bändern geschnitten, mit Eiweiß, dick mit Puderzucker angerührt, bestrichen, mit in Mehl getauchtem Messer in Streifen geteilt, gebacken.

Blaubeeren: siehe Heidelbeeren

Blitzkuchen: Eclair (ecklär): Streifen von Brandteig von etwa 8 cm Länge auf Backblech gespritzt, mit Ei bestrichen, kroß ausgebacken; mit Fondant glaciert, mit Schlagsahne oder Konditorcreme gefüllt.

    Mandel-: à la crème aux amandes: Mit Mandelcreme gefüllt, mit weißem Fondant glaciert, mit gehackten Mandeln bestreut.

    Maraschino: au marasquin (maraskäng): Mit Konditorcreme, abgeschmeckt mit Maraschino, gefüllt, mit Maraschinofondant glaciert.

    Mokka-: au café: Auf einer Seite geöffnet, mit Schlagsahne oder Konditorcreme mit Kaffee aromatisiert, gefüllt, mit Kaffeefondant glaciert.

    Schokoladen-: au chocolat (o schokola): Mit tablierter Schokolade glaciert, mit Schlagsahne gefüllt.

    Victoria: Mit Orangencreme gefüllt, mit Curaçaofondant glaciert.

Bombe: siehe Eisbombe

Bordure de riz: siehe Reisrand

Boulbett is tworog: Rahmquark, durchgestrichen, mit Eigelb, Zucker, Mehl und Prise Salz vermischt, zu Kugeln geformt, gebacken; Puderzucker und saurer Rahm nebenbei (russisch).

Brandteigkrapfen: Beignets soufflés (bänjä ßufleh): Brandteig, mit dem Löffel abgestochen oder zu kleinen runden Kugeln geformt, in tiefem Fett gebacken, mit Creme, Gelee, Marmelade u. a. gefüllt, mit Puderzucker bestäubt, heiß serviert.

    mit Bananen: aux bananes: Brandteig mit winzigen Bananenwürfelchen vermischt gebacken, mit Vanille-Puderzucker bestäubt.

    auf Großmuttersart: grand'mère: Mit Aprikosenmarmelade gefüllt.

    auf Nizzaer Art: à la niçoise: Brandteig vermischt mit gehackten Malagatrauben, Äpfeln und kandierten Früchten, mit Orangenblütenwasser parfümiert.

    auf Thronfolgerart: à la dauphine (dofihn): Mit Mandelcreme gefüllt.

    auf Wiener Art: à la viennoise: Brandteig mit Milch bereitet, mit Puderzucker bestäubt; Himbeersaft oder kalte Aprikosensauce nebenbei.

Brombeeren: Baies de ronce (bäh dö rongs): Namen der Beeren einer Anzahl von stachligen Schößlingssträuchern aus der Gattung der Rosaceen, von denen mehr als 500 Arten über die Erde verbreitet sind, aber nur wenige kultiviert werden. Die großen Beeren sind meist glänzend schwarz, seltener rotschwarz, saftig und säuerlich süß. Sie kommen frisch, in Sirup konserviert und gefroren auf den Markt.

    Astoria: Apfel, geschält, ausgehöhlt, pochiert, ausgekühlt, abgetropft; gefüllt mit pochierten, abgetropften, mit dicker, mit Kirschwasser abgeschmeckter, durchgestrichener Aprikosenmarmelade gebundenen Brombeeren; Apfel aprikotiert, mit gehackten, gerösteten Mandeln angestreut, auch gehackte Mandeln auf die Brombeeren gestreut.

auf Berner Art: à la bernoise (bernoas): Mit Maraschino und Zucker mazeriert, in blind gebackene Tarteletts gefüllt, mit Johannisbeergelee überzogen, mit gehackten Pistazien bestreut.

Blackberry Pie: Pieschüssel hoch gefüllt mit gezuckerten, mit Zimt und geriebener Zitronenschale gewürzten Brombeeren, einige Tropfen Wasser beigefügt; Schüssel mit Blätterteig abgedeckt, mit Teigblättern usw. verziert, Kamin zum Dampfabzug frei gelassen, mit Ei bestrichen, gebacken. Warm oder kalt mit flüssiger Sahne oder Vanillesauce serviert (englisch).

and Apple Pie: Wie Blackberry Pie unter Zusatz von dünnen Apfelscheiben (englisch).

Pudding: In Rotwein mit Zimt und Zitronenschale pochiert, durchgestrichen, mit Zucker aufgekocht, mit Stärkemehl gebunden; noch heiß mit festem Eierschnee unterzogen und mit zuvor gezuckerten ganzen, rohen Beeren vermischt, in Charlottform gefüllt, stark gekühlt; gestürzt, mit Vanillesauce nappiert.

Buchteln, auch Wuchteln: Butterhefeteig, kleinfingerdick ausgerollt, in längliche Vierecke geschnitten, mit Häufchen von Aprikosenmarmelade, Pflaumenmus, Mohn- oder Nußfülle belegt, die Enden übereinandergeschlagen; in gebutterte Pfanne dicht nebeneinandergelegt, nach dem Aufgehen mit Eiweiß bestrichen, gebacken, mit Zucker bestreut; kalt oder warm serviert (österreichisch).

Cassata: Art Eispudding italienischer Herkunft, bestehend aus Bombenform mit einfachem Eis ausgefüttert, mit zwei, bisweilen auch drei Lagen Bomben- oder Schaumeismasse, reichlich mit gewürfelten Früchten, Makronen, Nüssen u.a. vermischt, gefüllt und gefroren.

Alhambra: Mit Vanilleeis ausgefüttert, gefüllt mit gesüßter Schlagsahne vermischt mit kleinen, mit Nußlikör mazerierten Erdbeeren.

Carmencita: Mit Himbeer-Rahmeis ausgefüttert, gefüllt mit Lagen von Orangen- und Vanilleeis, vermischt mit blanchiertem, gehacktem Orangeat in Kirschwasser mazeriert.

auf Diplomatenart: Mit Vanilleeis ausgefüttert, gefüllt mit Lagen von Krokanteis, Schlagsahne vermischt mit pochierten, gehackten, mit Zucker und Weinbrand mazerierten schwarzen Kirschen und einer dritten Lage Krokanteis.

alla napoletana: Bombenform abwechselnd mit Schichten von Vanille-, Erdbeer- und Pistazieneis ausgefüttert; Mitte gefüllt mit italienischer Meringuemasse, vermischt mit geschlagener Sahne und zuvor mit Rum mazerierten, gewürfelten Konfitfrüchten, wie üblich gefroren (italienisch).

Cerise: siehe Kirsche

Champagnerfinger: Eier, Eigelb und Zucker, schaumig gerührt, mit Mehl und Stärkemehl vermischt, in gefettete, ausgemehlte und ausgezuckerte Fingerförmchen gefüllt; 3—4 Stunden getrocknet, bei mäßiger Hitze gebacken, sogleich aus den Förmchen geschüttelt.

Charlotte: 1. Warme Süßspeise von Äpfeln oder anderen Früchten, in einer mit Brotscheibchen, durch zerlassene Butter gezogen, ausgelegten Form gebacken;
2. Becherform, mit Löffelbiskuits oder Biskuitstreifen ausgelegt, mit bayerischer oder anderer Creme, Gelee, Gefrorenem oder anderem gefüllt.

Apfel-: de pommes (dö pomm): Boden und Seiten der Form mit dünnen Scheibchen durch flüssige Butter gezogenen Brots ausgefüttert, mit dick in Butter gedünsteten, mit Zucker und sehr dicker Aprikosenmarmelade gebundenen Apfelscheiben gefüllt, mit runder, durch Butter gezogener Brotscheibe bedeckt, gebacken; gestürzt, Aprikosensauce nebenbei.

mit Madeira: au madère: Wie oben, aber mit Malagatrauben vermischt; mit Madeira abgeschmeckte Aprikosensauce nebenbei.
Birnen-: aux poires (o poar): Wie Apfelcharlotte bereitet.
Carmen: Form mit Waffeln ausgelegt, gefüllt mit Mischung von ⅓ Tomaten- und ⅔ rotem Paprikaschotenpüree, vermischt mit gewürfelten Ingwerpflaumen, Läuterzucker von 32 Grad mit Ingwerpulver gewürzt, zerlassener Gelatine und Zitronensaft, mit Schlagsahne unterzogen.
Chantilly: Löffelbiskuits, Waffeln oder winzige Windbeutel, direkt auf Boden von Biskuit mit Karamel fixiert; mit Schlagsahne gefüllt.
auf Florenzer Art: à la florentine: Mit Biskuitstreifen ausgelegt, mit Orangeneis, vermischt mit Schlagsahne, gefüllt, bis zum Gebrauch im Tiefkühlschrank aufbewahrt.
George Sand: Form mit sehr kleinen Schokoladen-Blitzkuchen ausgelegt, mit Mokkaeis gefüllt; gestürzt, mit Schlagsahne und Johannisbeergelee dekoriert.
Harlekin: à l'arlequin (arlekäng): Mit Biskuitstreifen, abwechselnd mit Schokoladen-, Zitronen- und Pistazienfondant glaciert, ausgelegt, mit Würfeln verschiedenfarbiger bayerischer Creme, gefüllt, mit Gelee zugegossen; Oberseite nach dem Stürzen mit kandierten Früchten dekoriert.
Kaiserliche: à l'impériale: Form mit Maraschinogelee ausgegossen, mit Waffeln ausgelegt, gefüllt mit bayerischer Creme, vermischt mit gewürfelten Birnen; gestürzt, garniert mit kleinen halben Birnen, gefüllt mit Schlagsahne, bestreut mit gehackter Engelswurz.
Klondyke: Mit kleinen Schokoladen-Blitzkuchen ausgelegt, gefüllt mit Schlagsahne, leicht mit Gelatine gebunden und mit Danziger Goldwasser parfümiert; nach dem Stürzen mit Schlagsahne garniert.
Metternich: Mit Löffelbiskuits ausgelegt, mit Schlagsahne, vermischt mit Maronenpüree, leicht gelatiniert, gefüllt.
Montreuil: Mit Löffelbiskuits ausgelegt, gefüllt mit bayerischer Creme von Pfirsichpüree, garniert mit rohen Pfirsichwürfelchen.
Neapler: napolitaine: 1. Mit Biskuitstreifen ausgelegt, gefüllt mit Schlagsahne, vermischt mit Maronenpüree und Ananaswürfelchen, gewürfeltem Orangeat und Rosinen, leicht gelatiniert;
2. Genoisemasse, in Charlotteform gebacken, ausgekühlt, ausgehöhlt, gefüllt mit Schlagsahne vermischt mit Maronenpüree, mit Schlagsahne und kandierten Früchten dekoriert.
auf nordische Art: à la nordique (nordisk): Mit Streifen von Biskuit ausgelegt, gefüllt mit bayerischer Vanillecreme mit Kümmellikör aromatisiert und mit Fruchtsalpicon vermischt.
Normannische: à la normande: Wie Apfelcharlotte, die Äpfel mit Calvados aromatisiert; Aprikosensauce mit Calvados nebenbei.
Opern-: Opéra: Mit Zuckerwaffeln ausgelegt, gefüllt mit bayerischer Vanillecreme, vermischt mit etwas Maronenpüree und Salpicon von mit Maraschino mazerierten kandierten Früchten.
Pariser: à la parisienne: Ausgelegt mit Biskuitstreifen, mit Aprikosenmarmelade bestrichen und mit Fondant glaciert; gefüllt mit bayerischer Vanillecreme.
Pompadour-: Mit Biskuitstreifen ausgelegt, mit Ananascreme gefüllt; nach dem Stürzen mit Blätterteig-Halbmonden, abwechselnd mit Schokoladen- und Vanillecreme gefüllt, garniert.
Russische: russe: Mit Löffelbiskuits ausgelegt, mit bayerischer Vanillecreme, vermischt mit Schlagsahne, gefüllt. Kann auch mit Creme von anderem Geschmack gefüllt werden, heißt dann: Russische Orangencharlotte, russische Schokoladencharlotte usw.
Choux à la crème: siehe Windbeutelchen
Chworost: Art Nudelteig aus Mehl, Eiern, wenig Wasser, Zucker und Rum, dünn ausgerollt, zu langen Streifen geschnitten, zu Zöpfen geflochten; in geklärter Butter gebacken, kalt mit Zucker und Zimt bestreut serviert (russisch).

Clementine: siehe Klementine
Coffee Chiffon Pie: Eigelb mit starkem Kaffee und Zucker im Wasserbad bis zur Rose aufgeschlagen, aufgelöste Gelatine beigefügt, noch heiß unter mit Zucker aufgeschlagenes Eiweiß gezogen; nach kurzem Auskühlen in blindgebackenen Tortenboden aus Mürbe- oder Halbblätterteig gefüllt, mit gehackten Nüssen bestreut (nordamerikanisch).
Cornets à la crème: siehe Schillerlocken
Coupe: siehe Eisbecher
Creme, Krem: Crème: 1. Mischung von Eiern, Eigelb, Zucker, Milch und Geschmacksträger, mit oder ohne Mehl oder Cremepulver, auf dem Feuer bis zur Bindung abgerührt;
2. Mischung von Eiern, Eigelb, Zucker, Milch und Geschmacksträger, in Form gefüllt, im Wasserbad pochiert;
3. Mischung von Eigelb, Wein oder Milch, Zucker und aufgelöster Gelatine, nach dem Anziehen Eierschnee oder Schlagsahne daruntergezogen;
4. Schlagsahne, vermischt mit Fruchtpüree, Schokolade, Kaffeepulver u.a.;
5. Bayerische Creme (s.d.);
6. Füllcremes, wie Konditor-, Frangipane- oder Saint-Honoré-Creme.

Ananas-: à l'ananas: Saft von frischer, geriebener, ausgedrückter Ananas, mit Zucker und Zitronensaft verrührt, mit aufgelöster Gelatine vermischt; nach dem Anziehen mit Schlagsahne unterzogen. In Formen oder Glasschalen gefüllt, mit Ananasstückchen und Schlagsahne garniert.
brulée (brühleh): Wie Wiener Creme bereitet.
Chantilly: Geschlagene Sahne, mit Zucker und Vanillezucker abgeschmeckt.
  mit Früchten: Crème Chantilly aux fruits: Schlagsahne, gesüßt, mit $^1/_4$ der Menge Püree von Früchten wie Erdbeere, Himbeere usw. vermengt, in Gläser gefüllt, mit der betreffenden Frucht garniert, Löffelbiskuits nebenbei.
Diplomaten-: diplomate: Englische Creme, leicht mit Gelatine gebunden, vermischt mit Schlagsahne, mit Weinbrand und Maraschino aromatisiert; in Form mit Lagen von zerbröckelten Makronen und Löffelbiskuits gefüllt, mit Schlagsahne und kandierten Kirschen dekoriert.
Englische: anglaise: Milch mit Vanille aufgekocht, Eigelb mit Zucker verrührt, mit der Milch vermischt, bis zur Rose aufgeschlagen; wird auch heiß oder kalt als Süßspeisensauce verwendet.
Florenzer: florentine: Süßer Eierstich, vermischt mit gestoßenem, gesiebtem Krokant, in mit Karamel ausgegossener Form pochiert; erkaltet, gestürzt, garniert mit Schlagsahne, mit Kirschwasser abgeschmeckt, bestreut mit gehackten Pistazien.
Frangipane (frangdjipan): Konditorcreme (s.d.), mit etwas Butter und gestoßenen Makronen vervollständigt.
Haselnuß-: aux avelines (o awelin): Wie bayerische Creme bereitet, mit gestoßenen, gesiebten gerösteten Haselnüssen vermischt.
Karamel-: Crème au caramel: Eierstich, wie für Königliche Creme, in mit Karamel ausgegossene Form gefüllt, im Wasserbad pochiert, ausgekühlt, gestürzt.
Konditor-: Crème pâtissière (patisjer): Eigelb, mit Zucker und etwas Mehl verrührt, mit heißer vanillierter Milch vermischt, auf dem Feuer bis zur Bindung aufgeschlagen, ausgekühlt. Cremepulver kann anstelle von Eigelb und Mehl verwendet werden. Dient als Füllcreme für Gebäcke.
Königin-: à la reine (rähn): Mandelpulver, mit Orangenblütenwasser verrieben, mit Schlagsahne vermischt, leicht gelatiniert, mit Maraschino aromatisiert.

Königliche: royale: Süßer Eierstich: Das gleiche wie Sturzcreme.
Mokka: au moka: Wie Vanillecreme mit starkem Kaffee-Extrakt oder löslichem Kaffeepulver anstelle der Vanille bereitet; nach Erkalten in Gläser gefüllt, mit Schlagsahne und Schokoladen-Kaffeebohnen garniert.
Nesselrode: Bayerische Vanillecreme, mit Maronenpüree und Würfelchen von kandierten Kirschen, Orangeat und Sultaninen, in Madeira mazeriert, vermischt; gestürzt, mit dicker Schokoladencreme nappiert, mit Schlagsahne garniert.
Opern-: Opéra: Süßer Eierstich, mit gestoßenem Krokant vermischt, in Randform pochiert; ausgekühlt, gestürzt, Mitte mit Schlagsahne, vermischt mit zerdrückten, kandierten Veilchen, gefüllt, umkränzt mit in Kirschwasser mazerierten Erdbeeren, bedeckt mit gesponnenem Zucker.
Orangen-: à l'orange: Wie Ananascreme bereitet; kann mit Eierschnee vervollständigt werden.
pâtissière: siehe Konditorcreme
auf Regentschaftsart: régence (reschangs): Löffelbiskuits, mit Kirschwasser und Maraschino mazeriert, in heißer Milch geweicht, durchgestrichen, vermischt mit Eiern, Eigelb und Zucker; in flacher Charlotteform pochiert, erkaltet, gestürzt, mit kalter, mit Kirschwasser abgeschmeckter Aprikosensauce nappiert, mit halben Aprikosen, mit halber kandierter Kirsche belegt, garniert.
Saint-Honoré: Konditorcreme, noch heiß mit Eierschnee untergezogen.
Schokoladen-: au chocolat: Wie Vanillecreme bereitet, aufgelöste Schokolade unter die noch warme Creme gemischt.
Sturz-, gestürzte: Crème renversée (rangwerßeh): Ganze Eier und Eigelb, mit Zucker verrührt, mit heißer, vanillierter Milch vermischt, passiert; in gebutterte Form gefüllt, im Wasserbad im Ofen pochiert.
Vanille: vanille (wanij): Eigelb mit Zucker verrührt, mit heißer vanillierter Milch vermischt, auf dem Feuer bis zur Rose abgeschlagen, warm oder kalt serviert. Dicke, kalte Vanillecreme, meist in Gläser gefüllt und mit Schlagsahne garniert.
Wein-: au vin: Eier und Eigelb, mit Zucker und etwas Zitronensaft verrührt, mit naturreinem Weißwein vermischt, bis zur Rose aufgeschlagen, mit eingeweichter Gelatine vermengt; nach dem Anziehen Eierschnee untergezogen. In Formen oder Gläser gefüllt, mit Schlagsahne garniert; sehr zart gehalten.
Wiener: viennoise: Wie Karamelcreme, jedoch Form nicht mit Karamel ausgegossen, sondern Karamel unter die Milch gegeben.
Cremeschnitte: Tranche à la crème: Dünn ausgerollter Blätterteig, in ca. 6 cm breite Streifen geteilt, gebacken; 4–5 Streifen mit Konditor- oder Saint-Honoré-Creme zusammengesetzt, leicht zusammengedrückt, Oberseite aprikotiert und mit Fondant glaciert, in etwa 3 cm breite Teile geschnitten.
Cremetöpfchen, Kleine: Petits pots à la crème (pti po ala krem): Süßer Eierstich, wie für Sturzcreme (s. d.), mit Kaffee, Schokolade, Vanille, Krokant u.a. aromatisiert, in kleine feuerfeste Porzellankokotten oder andere Behälter gefüllt, im Wasserbad im Ofen pochiert, ausgekühlt, mit Schlagsahne garniert, im Behälter serviert.
Arabische: à l'arabe: Gefüllt mit Kaffeecreme, nach dem Erkalten mit gehackten Datteln, gebunden mit dicker Aprikosensauce mit Orangenblütenwasser aromatisiert, bedeckt, mit Rosette von Schlagsahne garniert.
Banania: Vanillecreme, nach dem Erkalten bedeckt mit Bananenscheibchen mit Kirschwasser mazeriert und mit kalter Aprikosensauce gebunden, mit Schlagsahne umkränzt.
Helena: Hélène (elän): Vanillecreme, rundes Stück pochierter, kalter Birne obenauf, mit dicker Schokoladensauce nappiert, mit Schlagsahne umrandet.

Königin Margot: Reine Margot (rän margo): Mandelcreme, mit Schlagsahne dekoriert, mit gehackten Pistazien bestreut.

Mozart: Schokoladencreme, vermischt mit gestoßenem, gesiebtem Krokant, umkränzt mit Schlagsahne, bestreut mit gehackten gerösteten Mandeln, große Schokoladentrüffel in der Mitte.

Prinz Nikolai: Vanillecreme mit Krokant, knapp mit Aprikosengelee bedeckt, garniert mit kleinen mit Chartreuse mazerierten Erdbeeren, umkränzt mit Schlagsahne.

mit Schokolade: au chocolat: Grundmasse mit aufgelöster Schokolade vermischt; mit Schlagsahne garniert.

Cremetörtchen: Tartelette à la crème: Tartelettförmchen, dünn mit Mürbe- oder Halbblätterteig ausgefüttert, gefüllt mit einfacher Konditorcreme oder mit Mandel-, Haselnuß- oder Krokantcreme, mit Eiweißschnee unterzogen, gebacken; nach dem Backen mit Puderzucker bestäubt.

Crêpes: siehe Eierkuchen

Croquettes: siehe Kroketts

Croûtes: siehe Krustenspeise

Crumpets: Mit Butter leicht erwärmte Milch, vermischt mit geschlagenem Ei, Prise Salz, in Milch aufgelöster Hefe und Mehl, zu nicht zu weichem Teig verarbeitet; nach dem Gären ausgerollt, zu runden Kuchen von etwa 8 cm Durchmesser ausgestochen, auf gefettetes Blech gesetzt, nach nochmaligem Aufgehen hellbraun gebacken; waagerecht durchgeschnitten, mit Butter bestrichen oder geröstet serviert (englisch).

Custard (kastrd): Eierrahm: Ganze Eier, mit Zucker vermischt, mit geriebener Zitronenschale, Vanille oder Mandeln aromatisiert, mit warmer Milch vermischt, im Wasserbad bis zur Rose aufgeschlagen, ausgekühlt; in Gläsern serviert, auch als Sauce für diverse Speisen verwendet. Wird auch mit Cremepulver (Custard powder) bereitet (englisch).

pie: Niedriger Tortenring mit Halbblätterteig oder Mürbeteig leicht angebacken, mit kaltem Custard gefüllt, bei mäßiger Hitze gebacken (englisch).

tartlet: Tartelettförmchen, mit Halbblätter- oder Mürbeteig ausgefüttert, leicht blind angebacken, mit kaltem Custard gefüllt, mit Puderzucker bestäubt, gebacken (englisch).

Dalken, Böhmische: Teig von Mehl, Eigelb, Zucker, Hefe, Prise Salz und Eierschnee, ausgerollt, rund ausgestochen; nach dem Aufgehen, mit dem Finger eingebuchtet, gebacken, warm mit Pflaumenmus oder Johannisbeergelee in der Einbuchtung serviert (österreichisch).

Dampfnudeln: Hefeteig, zu kleinen Kugeln geformt, in gebutterte Pfanne mit hohem Rand geordnet, in die etwas lauwarme Milch gegossen wurde; nach dem Aufgehen mit Ei bestrichen, gebacken, warm mit Vanillesauce serviert.

Dartois (dartoa): Dünn ausgerollter Blätterteig, in Streifen von etwa 6 cm Breite geschnitten, mit Mandelcreme bestrichen, mit zweitem Streifen bedeckt, die Seiten fest angedrückt; die Portionen leicht mit dem Messer markiert, mit der Messerspitze kreuzweise eingeritzt, gebacken, noch warm in Stücke geschnitten.

Date: siehe Dattel

Dattel: Date (datt): Die Frucht der ursprünglich in Arabien beheimateten, heute in Vorderasien, Ägypten, Südwestafrika, Kalifornien, Südostspanien und anderen Ländern angebauten Dattelpalme. Von den sehr zuckerreichen, saftigen Kultursorten gilt die hellbraune persische Dattel als die schmackhafteste. Datteln werden frisch und getrocknet, hauptsächlich getrocknet gehandelt.

gefüllt: farcis: 1. Entsteint, mit Marzipan, mit Maraschino parfümiert, gefüllt, mit dunkler Kuvertüre maskiert und gestreift;

2. entsteint, gefüllt mit gehackten Haselnußkernen, mit Honig gebunden, in Hagelzucker gerollt;
3. entsteint, mit Frangipanecreme gefüllt, durch geschlagenes Ei gezogen, in zerdrückten Makronen gerollt, in tiefem Fett gebacken; Vanillesauce nebenbei.
auf Königinart: à la reine: In Läuterzucker mit Sherry pochiert, ausgekühlt, mit Marzipan gefüllt, kalt mit etwas vom Läuterzucker übergossen.
kuchen: Gâteau aux dattes (gato o datt): Eierschnee, vermischt mit Zucker, Eigelb, Streifen entsteinter getrockneter Datteln, Mandelsplittern und gehacktem, blanchiertem Zitronat, in gebutterte, mit Zucker ausgestreute Tortenform gefüllt, bei mäßiger Hitze gebacken; nach Auskühlen gestürzt, mit Schlagsahne garniert.
tortelett: Tartelette aux dattes: Eigelb mit Zucker schaumig gerührt, vermischt mit feingehackten Datteln und Haselnußkernen, mit Eierschnee unterzogen; in gebutterte Förmchen gefüllt, gebacken, nach dem Erkalten mit Schlagsahne garniert.
Devonshire Junket (dewenshir schankett): Rohe Vollmilch, mit etwas Zucker gesüßt, mit Labextrakt vermischt, in Glasschalen gefüllt, kaltgestellt; nach dem Gerinnen mit wenig geriebener Muskatnuß bestäubt, mit Schlagsahne garniert, oft mit Kompott serviert. Kann auch mit Zitrone, Vanille, Schokolade, Zimt, Sherry u. a. aromatisiert werden (englisch).

Eaton Mess: Rohe, grob zerdrückte Erdbeeren, mit Schlagsahne vermischt (englisch).
Eclair: siehe Blitzkuchen
Eierkuchen: Crêpes (krepp): Sehr kleine, dünne, in der Pfanne auf beiden Seiten in Butter gebackene Küchlein aus Eiern, Mehl, Zucker, Milch oder Rahm, Vanille oder anderen Geschmackszutaten, mit etwas flüssiger Butter vervollständigt. Gerollt, gefaltet, durch spezielle Buttermischung gezogen oder gefüllt, mit Puderzucker bestäubt oder glaciert serviert.
Déjazet: Offen gelassen, mit Kaffeecreme maskiert, mit Meringuemasse bedeckt, mit Puderzucker bestäubt, abgeflämmt; mit Kirschwasser abgeschmeckte Aprikosensauce nebenbei.
Empire (angpihr): Dünn mit Vanillecreme, vermischt mit Ananaswürfelchen und zerdrückten Makronen, bestrichen, gefaltet, einen dünnen Streifen Johannisbeergelee quer darübergespritzt.
auf englische Art: à l'anglaise: Etwas größer als sonst gebacken, zu Vierteln gefaltet, mit Puderzucker bestäubt, Zitronenspalten nebenbei.
Gil Blas: Gefüllt mit schaumig gerührter Butter, mit Puderzucker, gemahlenen Haselnüssen, Weinbrand und etwas Zitronensaft vermischt, zusammengefaltet, sofort heiß serviert.
auf Klosterart: du couvent (dü kuvang): Teig vermischt mit kleinen Würfelchen mürber Birnen, auf beiden Seiten gebacken, offen, mit Puderzucker bestäubt, serviert.
Normannische: à la normande: 1. Wie auf Klosterart, jedoch mit dünnen Apfelscheibchen bereitet;
2. kleine, dünne Eierkuchen, mit Apfelmus, vermischt mit in Butter sautierten Apfelwürfelchen und mit Apfelschnaps abgeschmeckt, bestrichen, zusammengerollt, mit Puderzucker bestäubt.
Orangen: à l'orange: Gefüllt mit gewürfelten Orangenfilets, gebunden mit dicker Aprikosensauce, mit Curaçao oder Grand-Marnier abgeschmeckt, gerollt, mit Puderzucker bestäubt.
Russische: à la russe: Zwei dünne Eierkuchen mit dickem, mit Ananaswürfelchen vermischtem Apfelmus zusammengesetzt, mit Puderzucker bestäubt, glaciert; Weinschaumsauce, mit Allasch abgeschmeckt, nebenbei.

mit Schokolade: au chocolat: Gebacken, zu Vierteln gefaltet, mit Puderzucker bestäubt; Sauce von Schokolade, nur mit etwas Rahm geschmolzen, nebenbei.

auf Sevenner Art: à la cévenole: Dünn mit Maronenpüree, mit Rum abgeschmeckt, gefüllt, mit Puderzucker bestäubt, rasch glaciert.

Suzette (süzett): Wie Zitronen-Eierkuchen (s. d.), im Speisesaal fertiggemacht, jedoch mit Orangen- oder Mandarinenbutter, vermischt mit Curaçao oder Grand-Marnier; mit Cognac oder Grand-Marnier flambiert. Es gibt mehrere Arten, diese Eierküchlein zu bereiten.

Wilhelmine: Hell gebacken, mit etwas Cherry Brandy betropft, mit Vanille-Auflaufmasse maskiert, im Ofen gebacken.

Yvonne: Zwei kleine Eierkuchen, mit Frangipanecreme, vermischt mit geschmolzener Schokolade, zusammengesetzt, mit Puderzucker bestäubt, glaciert.

Zitronen-, mit Cointreau: au citron flambée au Cointreau: In den Speisesaal zu senden: dünne Eierkuchen, Butter, mit Zucker, geriebener Zitronenschale und Zitronensaft schaumig gerührt, und Cointreau. Der Kellner läßt die Butter im Rechaud schmelzen, zieht die Eierkuchen einige Male dadurch, rollt, flambiert sie mit Cointreau und legt sofort auf heißen Tellern vor.

Eierkuchen II, Pfannkuchen, Palatschinken: Pannequet (pannkä): Eier vermischt mit Mehl, Milch und Prise Salz, bei einigen auch etwas Zucker oder Eierschnee beigefügt.

Apfel-: Pannequets aux pommes (pannkä o pomm): Dünne Apfelscheiben, leicht in Butter sautiert, mit Eierkuchenteig übergossen, auf beiden Seiten gebacken; offen mit Zucker und Zimt bestreut serviert.

Creme-: à la crème: Gefüllt mit Konditor-, Frangipane- oder Saint-Honoré-Creme, zusammengerollt, in schräge Stücke geschnitten, mit Puderzucker bestäubt, glaciert.

Deutscher: à l'allemande: Bereitet mit Eierkuchenteig, dem Eierschnee unterzogen wurde, in großer Stielpfanne im Ofen gebacken; offen mit Streuzucker bestreut serviert.

mit Marmelade: aux confitures (o konfitür): Große, dünne Eierkuchen, mit beliebiger Marmelade bestrichen, zusammengerollt, in schräge Stücke geschnitten, mit Puderzucker bestreut; glaciert oder nicht glaciert serviert.

mit Maronenpüree: à la purée de marrons: Gefüllt mit leichtem Püree von Maronen in Vanille-Läuterzucker gekocht, zusammengerollt, in schräge Stücke geschnitten, mit Puderzucker bestäubt, glaciert.

mit Schokoladencreme: à la crème au chocolat: Bestrichen mit Konditorcreme, vermischt mit geschmolzener Schokolade, zusammengerollt, in schräge Stücke geschnitten, mit Puderzucker bestäubt, glaciert.

Eis, Gefrorenes, Speiseeis, Maschinengefrorenes: Glace (glaß), glace simple (glaß ßämpl): Allgemeine Einteilung: 1. Französische Art Rahmeis: Eigelb mit Zucker verrührt, mit heißer Milch oder Rahm oder halb und halb, mit dem gewünschten Geschmack versehen, auf dem Feuer bis zur Rose aufgeschlagen, ausgekühlt, in der Maschine gefroren;

2. Fruchteis: Glace aux fruits (glaß o fruih): Fruchtpüree, vermischt mit Läuterzucker und etwas Zitronensaft, gefroren. Eis von rohen Früchten gewinnt an Geschmack, wenn kurz vor dem Fertigfrieren etwas rohe Sahne beigefügt wird;

3. Liköreis: Rahm- oder Fruchteis mit Likör aromatisiert;

4. amerikanisches Rahmeis, Ice cream: Wird von Rahm, Milch oder kondensierter Milch, mit Gelatine eingedickt, gesüßt und aromatisiert, ohne Eier bereitet.

Für die Eisbereitung in gewerblichen Betrieben ist die Speiseeis-Verordnung maßgebend, die 7 verschiedene Sorten unterscheidet.

Rahmeis:
Haselnuß-: Glace aux avelines (o saweljhn): Leicht geröstete, gestoßene Haselnüsse, vor dem Bereiten der Rahmmasse in die Milch zum Ausziehen gegeben.
Kaffee-: au café: Rahmeis stark mit Kaffee-Extrakt oder Kaffeepulver aromatisiert.
Krokant: Rahmeis mit gestoßenem, gesiebtem Krokant.
Mandel-: aux amandes (osamand): Rahmeis, mit feingeriebenen süßen und einigen bitteren Mandeln, die zuvor in der Milch ausziehen müssen. Wird auch mit Marzipanmasse bereitet.
Pistazien-: aux pistaches (o pistasch): Grundmasse mit $^1/_3$ gestoßenen Mandeln und $^2/_3$ recht grünen Pistazien, die zuvor in der Milch ausziehen müssen.
Schokoladen-: au chocolat (o schokola): Grundmasse mit Vanille in der Milch, vermischt mit geschmolzener oder geriebener Schokolade.
Tee-: au thé (o te): Grundmasse mit starkem Teeauszug.
Vanille-: à la vanille: Grundmasse, Vanillestangen zuvor in der Milch ausziehen lassen.

Fruchteis:
Ananas-: à l'ananas: Geriebene Ananas, in Kirschwasser-Läuterzucker zum Ausziehen gegeben, durchgestrichen, auf 20 Grad (Zuckerwaage) gebracht, gefroren.
Aprikosen-: à l'abricot (abriko): Aprikosenpüree, mit Läuterzucker und wenig Zitronensaft vermischt; 18–19 Grad.
Bananen-: aux bananes: Bananenpüree, mit Kirschwasser-Läuterzucker vermischt, mit Zitronensaft abgeschmeckt; 20–21 Grad.
Birnen-: aux poires (o poar): Püree von reifen, geschälten Birnen, mit ebensoviel Zucker vermischt, Zitronensaft beigefügt, mit filtriertem Wasser auf 22 Grad gebracht.
Erdbeer-: aux fraises (o frähs): Erdbeerpüree mit Läuterzucker, Orangen- und Erdbeersaft; 18 Grad.
Himbeer-: aux framboises (o framboas): Wie Erdbeereis bereitet.
Johannisbeer-: aux groseilles rouges (grosaij rusch): Halb frischer Johannisbeersaft, halb Läuterzucker; 20 Grad.
Kirschen-: Entsteinte Kirschen, auch einige Steine, gestoßen, in Läuterzucker zum Ausziehen gegeben, durchgestrichen, mit Zitronensaft gewürzt; 21 Grad.
Mandarinen-: aux mandarines (o mandarin): Wie Orangeneis bereitet.
Melonen-: au melon: Püree von reifer Melone, mit Läuterzucker, Orangensaft und Orangenblütenwasser vermischt; 22 Grad.
Orangen-: à l'orange: Geriebene Orangenschale, in Läuterzucker zum Ausziehen gegeben, mit Orangen- und Zitronensaft vermischt, passiert; 21 Grad.
Pfirsich-: aux pêches (o pesch): Wie Aprikoseneis bereitet.
Pflaumen-: aux prunes (o prühn): Wie Aprikoseneis bereitet.
Zitronen-: au citron (o zitrong): Wie Orangeneis bereitet; 22 Grad.

Eisauflauf: Soufflé glacé (ßuffleh glaßeh): Grundmasse A: Wie Schaumeis (s. d.) bereitet;
Grundmasse B: Italienische Meringuemasse mit gleichen Mengen Fruchtmark und ungesüßter Schlagsahne. Zum Herstellen: Auflaufschale mit Papier oder Karton 3–4 cm höher als der Rand umbunden, die Masse bis zur Höhe eingefüllt, gefroren. Oberfläche mit geriebenen, gestoßenen, gesiebten Mandeln oder Kakaopulver bestreut, mit Puderzucker bestäubt, das Papier entfernt.
Benedictiner: à la bénédictine: Grundmasse A mit Benediktiner parfümiert, vermischt mit Biskuitwürfeln mit Benediktiner getränkt.
Cavalieri: Abwechselnd mit Erdbeer-, Schokoladen- und Ananasmasse gefüllt, mit dünnen, mit Kirschwasser getränkten Biskuitscheiben zwischen den einzelnen Lagen.
Elite: Gefüllt mit Mandarinenmasse. Wenn beinahe durchgefroren, Mitte ausgehöhlt, mit Salpicon von kandierter Ananas und Oran-

gen sowie reichlich Biskuitwürfelchen, mit Benediktiner und Cognac getränkt, gefüllt, mit der Mandarinenmasse zugestrichen, fertiggefroren; mit Kuvertüre gitterartig bespritzt, mit Blattgold verziert.

Feodora: Fédora: Gefüllt mit abwechselnden Lagen von Haselnuß- und Vanillemasse.

Georgette: Gefüllt abwechselnd mit Fruchtmasse von Sauerkirschen und Vanillemasse, vermischt mit gewürfeltem Biskuit und kandierten Kirschen, mit Weinbrand getränkt.

Jamaika: à la jamaique: Grundmasse A mit Rum abgeschmeckt und mit in Rum getränkten Biskuitwürfeln vermischt.

Margot: Mandelmasse, vermischt mit kleinen mit Zucker und Maraschino mazerierten Erdbeeren.

Miracle: Mandarinen A-Masse, vermischt mit zerbröckelten Makronen und kandierten Ananaswürfeln mit Grand-Marnier mazeriert; leicht gezuckerte Walderdbeeren nebenbei.

Montmorency: Grundmasse A mit Kirschwasser abgeschmeckt, vermischt mit gehackten Sauerkirschen, mit Zucker und Kirschwasser mazeriert.

Montrose: Vanillemasse vermischt mit Ananaswürfelchen, mit Zucker und Maraschino mazeriert; gezuckerte Walderdbeeren nebenbei.

Nesselrode: Vanillemasse vermischt mit Maronenpüree, mit kleinen glacierten Maronen garniert; kalte Schokoladensauce nebenbei (auf Wunsch).

Paquitta: Boden der Auflaufschale mit runder, mit Maraschino getränkter Biskuitscheibe belegt, abwechselnd bis zum Rand der Schale mit Lagen von Erdbeer- oder Ananasmasse und Gemisch von Ananas-, Bananen- und Aprikosenwürfeln und kleinen Erdbeeren, mit Zucker und Maraschino mazeriert, gefüllt. Bis zum obersten Papierrand mit Schlagsahne bedeckt, glattgestrichen, gefroren, zuletzt mit geriebener Schokolade und gehackten Pistazien bestreut und mit Puderzucker bestäubt.

Singhalesischer: singalaise (sängäläs): Gefüllt mit abwechselnden Lagen von Tee- und Bananenmasse, zwischen den Lagen gewürfelte Löffelbiskuits, mit Maraschino getränkt.

Sylvia: Vanillemasse mit geriebenen Walnüssen, vermischt mit gewürfelten, kandierten Aprikosen und Löffelbiskuits, mit Kirschwasser getränkt.

Tortoni: Gefüllt mit Vanillemasse mit gesiebtem Krokant; kurz vor dem Durchfrieren mit dünner Lochtülle Schlagsahne wie Spaghetti hin und her gespritzt, mit gehackten, gerösteten Haselnüssen bestreut, fertiggefroren.

Yolanda: Himbeer-Fruchtmasse, vermischt mit frischer, gewürfelter Ananas mit Zucker und Curaçao mazeriert.

Eisbecher: Coupe (kupp): Eine Verbindung von ein oder mehreren Sorten Gefrorenem mit oder ohne Früchten, Likör, Sahne, Schlagsahne oder anderen Bestandteilen, zuweilen auch ohne Eis nur stark gekühlt, hübsch dekoriert, in Eisbecher oder Eisschalen, nicht in hohen Gläsern angerichtet, da unbequem zum Essen.

Adelina: Walderdbeeren, mit Kirschwasser und Zucker mazeriert, auf Schokoladeneis dressiert, mit Schlagsahne und einigen Beeren garniert.

Alexandra: Früchte der Saison, gewürfelt, mit Kirschwasser und Zucker mazeriert, mit Erdbeereis bedeckt, mit kleinen Erdbeeren garniert.

Amerikanischer: américaine: Salpicon von Ananas auf Ananaseis dressiert, bestreut mit zerbröckelten Makronen, garniert mit Schlagsahne, mit Kirschwasser mazerierten Erdbeeren und kandierten Veilchen.

Andalusischer: andalouse: Orangenfilets mit Curaçao mazeriert, mit Zitroneneis bedeckt, mit Schlagsahne und Orangenfilets garniert.

Arlesischer: arlésienne: Becher halb gefüllt mit Vanilleeis, vermischt, mit in Kirschwasser mazeriertem Salpicon von kandierten Früchten, mit einer kleinen halben Kompottbirne belegt, mit geeister Aprikosensauce nappiert.

Barberina: Erdbeereis im Becher, belegt mit in Läuterzucker mit Maraschino getränkter Makrone, nappiert mit Schokoladencreme, garniert mit Schlagsahne und kleinen Ananasstückchen.

Bébé: Je halb Himbeer- und halb Ananaseis mit kleinen Erdbeeren zwischen den Lagen, garniert mit Schlagsahne und kandierten Veilchen.

Brasilianisches: brésilienne: Würfelchen frischer Ananas, mit Zucker und Maraschino mazeriert, bedeckt mit Zitroneneis.

Claire Dux: Fruchtsalpicon mit Kirschwasser mazeriert, mit einer Kugel Haselnußeis bedeckt, nappiert mit dicker Vanillesauce, mit Erdbeeren umkränzt.

Clo-Clo: Einige Abgänge von kandierten Maronen, grob zerdrückt, mit Maraschino getränkt, auf dem Boden des Bechers, bedeckt mit Vanilleeis, garniert mit Schlagsahne, vermischt mit Erdbeerpüree; eine glacierte Marone in der Mitte.

Denise: Kaffee-Eis, bestreut mit Likörpralinen, garniert mit Schlagsahne.

Edna May: Vanilleeis, bedeckt mit leicht gebundenem Kirschenkompott, nappiert mit Schlagsahne, vermischt mit Himbeerpüree.

Elisabeth: Pochierte Kirschen, mit Kirschwasser und Cherry Brandy mazeriert, bedeckt und garniert mit Schlagsahne, eine Prise Zimt obenaufgestreut.

Emma Calvé: Becher halb mit Vanilleeis angefüllt, bedeckt mit pochierten, mit Kirschwasser mazerierten Kirschen, nappiert mit Himbeerpüree.

Eugenia: Eugénie: Vanilleeis, vermischt mit zerdrückten, glacierten Maronen, mit Maraschino abgeschmeckt; bedeckt und dekoriert mit Schlagsahne, bestreut mit grob zerdrückten, kandierten Veilchen.

auf Försterart: à la forestière: Waldmeistereis, bedeckt mit in Maraschino mazerierten Walderdbeeren, verziert mit Schlagsahne vermischt mit Himbeerpüree, garniert mit Walderdbeeren.

Franz-Josef: François-Joseph: Ananaswürfelchen mit Kirschwasser mazeriert, bedeckt mit Orangeneis, garniert mit Schlagsahne.

Frou-Frou: Vanilleeis, bedeckt mit frischen, gewürfelten Pfirsichen, dekoriert mit Schlagsahne und kandierten Veilchen.

Helena: Hélène: Vanilleeis, bedeckt mit grob gewürfelten, mit Kirschwasser mazerierten Birnen, nappiert mit dicker, kalter Schokoladensauce, bestreut mit zerbröckelten, kandierten Veilchen.

Iris: Kirschen, mit Zimt und Zucker in Rotwein pochiert und ausgekühlt, bedeckt mit Erdbeereis, garniert mit Schlagsahne, bestreut mit Schokoladenspänen.

Jacques: Zitronen- und Erdbeereis, dazwischen grobes Salpicon von Früchten der Saison mit Kirschwasser mazeriert.

Jubiläums-: Jubilée: Grob gehackte, pochierte, mit Kirschwasser mazerierte Kirschen, bedeckt mit Vanilleeis; garniert mit Schlagsahne, bestreut mit gehackten Pistazien.

Kleinherzogsart: petit-duc: Kleiner, halber pochierter frischer Pfirsich, auf Vanilleeis dressiert, nappiert mit Johannisbeergelee, umrandet mit Zitroneneis.

auf königliche Art: royale: 1. Weiches Vanilleeis, vermischt mit in Kirschwasser mazerierten Walderdbeeren, garniert mit Schlagsahne;

2. grob gewürfelte Früchte der Saison, mit Kirschwasser mazeriert, bedeckt mit einer Kugel Vanilleeis.

auf Königsart: du roi: Sauerkirscheneis, vermischt mit grobgehackten Sauerkirschen, bedeckt und garniert mit Schlagsahne, bestreut mit gehackten Pistazien.

auf köstliche (oder **himmlische**) **Art:** divine: Mit Cointreau mazeriertes Salpicon von Birnen, bedeckt mit Schokoladeneis, nappiert mit Vanillesauce, dekoriert mit Schlagsahne; zerbröckelte Baisers und kandierte Veilchen obenaufgestreut.

auf Kreolenart: créole: In Kirschwasser mazerierte Ananas- und Bananenwürfelchen, bedeckt mit Zitroneneis, mit Rum abgeschmeckt; garniert mit Schlagsahne und Früchten.

auf Lieblingsart: favorite: Zur Hälfte mit Vanille- und Kirscheneis mit Maraschino gefüllt, Mitte Schlagsahne, mit Erdbeerpüree vermischt, umrandet mit Ananaseis.

Louis: Halbe reife Aprikose, mit Marzipan anstelle des Kernes, auf Pfirsicheis dressiert, bedeckt mit Schlagsahne vermischt mit Erdbeerpüree.

Louis XV.: Pochierte, entsteinte Mirabellen, auf Erdbeereis dressiert, nappiert mit durchgestrichener Pfirsichmarmelade, garniert mit Schlagsahne.

Maharadja: Scheibchen von zarten Birnen mit Zucker und Benediktiner mazeriert, auf Aprikoseneis, mit gehackten Mandeln vermischt, dressiert; nappiert mit Johannisbeergelee, garniert mit Schlagsahne, bestreut mit grob zerdrückten Ingwerkeksen.

Malmaison: Weiches Vanilleeis, vermischt mit geschälten, entkernten Weinbeeren, garniert mit Schlagsahne, bedeckt mit gesponnenem Zucker.

Medici: Médicis: Himbeerschaumeis, vermischt mit Walderdbeeren, bedeckt mit Himbeeren mit Maraschino mazeriert, garniert mit Schlagsahne und Walderdbeeren.

Metternich: Salpicon von Ananas, bedeckt mit Himbeereis, garniert mit Schlagsahne mit Vanillelikör abgeschmeckt.

Mireille: Becher je zur Hälfte mit Vanille- und mit Johannisbeer-Rahmeis gefüllt, dazwischen eine halbe pochierte Nektarine, garniert mit Schlagsahne.

Mozart: Becher je zur Hälfte mit Vanille- und mit Mandeleis gefüllt, dazwischen zarte Pfirsichscheibchen; nappiert mit Himbeersaft, garniert mit Schlagsahne, mit gerösteten, gehackten Mandeln bestreut.

Neapeler: napolitaine: Zitroneneis, bedeckt mit Fruchtwürfeln, mit Likör mazeriert, mit Aprikosengelee nappiert, mit Schlagsahne garniert.

Nizzaer: niçoise: 1. Fruchtwürfel mit Curaçao mazeriert, mit Orangeneis bedeckt;
2. Salpicon von Pfirsichen mit Maraschino mazeriert, bedeckt mit Vanilleeis, garniert mit Schlagsahne und kandierten Kirschen.

Pariser: parisienne: Vanilleeis, bedeckt mit Schlagsahne, besteckt mit kleinen Erdbeeren, mit Maraschino mazeriert.

Portugiesischer: portugaise: Ananaswürfel mit Maraschino mazeriert, bedeckt mit Orangeneis, garniert mit Schlagsahne und sauren Kirschen.

Romanow: Romanoff: 1. Vanilleeis, bedeckt mit kleinen, mit Orangensaft und Curaçao mazerierten Erdbeeren, garniert mit Schlagsahne;
2. Vanilleeis, bedeckt mit grob zerdrückten Erdbeeren, garniert mit Schlagsahne;
3. Vanilleeis, bedeckt mit in Portwein getränkten Erdbeeren, mit sehr dicker, ungeschlagener Sahne übergossen.

Roter Teufel: diable rouge: Erdbeereis, bedeckt mit entsteinten, in Rotwein pochierten Kirschen, leicht mit Himbeersaft übergossen; garniert mit Schlagsahne vermischt mit Erdbeerpüree.

Sahara: Halber pochierter Pfirsich mit Kirschwasser mazeriert, gefüllt mit Himbeereis, dressiert auf Vanilleeis, garniert mit Schlagsahne, Ananas-Dreiecken und kandierten Kirschen.

Saint-Martin: Gemischte, mit Maraschino mazerierte Fruchtwürfel, bedeckt mit Zitronen- und Erdbeereis, garniert mit Schlagsahne und Erdbeeren.

Santa-Lucia: Vanilleeis, bedeckt mit geschälten, entkernten, mit Benediktiner mazerierten Weintrauben, nappiert mit kalter Schokoladensauce, bestreut mit zerdrückten Makronen, garniert mit Schlagsahne, betropft mit Himbeersaft.

Savoy: Gemischte, mit Anisette mazerierte Fruchtwürfel, garniert mit halb Kaffee- und halb Veilcheneis.

Schwedischer: suédoise: Kleiner halber, vom Kerngehäuse befreiter, pochierter Apfel, auf Vanilleeis, mit Apfelmus vermischt, dressiert, mit Johannisbeergelee nappiert, mit Schlagsahne garniert.

Singapore: Zitroneneis, bedeckt mit in Arrak mazerierten Ananasscheibchen, bedeckt mit in Arrak getränkter Makrone.

Sublime (sublihm): Vanilleeis, bedeckt mit Schlagsahne vermischt mit geriebenem Pumpernickel, mit Schokoladenpulver bestäubt.

Sylvia: Bananenwürfel mit Kirschwasser und Orangensaft mazeriert, bedeckt mit Haselnußeis, garniert mit Schlagsahne.

Thais: 1. Gemischte Fruchtwürfel und Reste von glacierten Maronen, mit Kirschwasser mazeriert, bedeckt mit Vanilleeis, garniert mit Schlagsahne;
2. Vanilleeis, belegt mit halbem pochiertem Pfirsich, umrandet mit Schlagsahne, Sahne mit Schokoladenspänen bestreut.

Tutti-Frutti: Becher, abwechselnd mit Erdbeer-, Zitronen- und Ananaseis gefüllt, mit Lagen von in Kirschwasser mazerierten Fruchtwürfeln dazwischen.

Venus: Kleiner, pochierter, entsteinter Pfirsich, auf Vanilleeis dressiert, umrandet mit Schlagsahne, garniert mit Erdbeeren.

Vera Schwarz: Fruchtsalpicon, mit Maraschino mazeriert, bedeckt mit Himbeereis, garniert mit Schlagsahne, mit gehackten Pistazien bestreut.

Walewska: Pfirsichscheibchen in Kirschwasser mazeriert, auf Vanilleeis dressiert, mit Schlagsahne und Erdbeeren garniert.

Weiße Dame: dame blanche: Halber pochierter Pfirsich, mit Gelee von weißen Johannisbeeren gefüllt, auf Mandeleis dressiert, mit Zitroneneis umrandet.

Zarin: à la tsarine: Zitroneneis, bedeckt mit gehackten Kirschen, garniert mit Schlagsahne.

Eisbiskuit: Biscuit glacé (biskwi glaßeh): Eigelb mit Zucker im Wasserbad erst warm, dann kalt aufgeschlagen, mit italienischer Meringuemasse, ungesüßter Schlagsahne und dem gewünschten Geschmack vermischt; in Eisziegelform gefroren, in senkrechte, etwa 3 cm dicke Scheiben geschnitten, bis zum Gebrauch im Gefrierschrank aufbewahrt.

Benediktiner-: Drei Lagen: Boden mit Erdbeer-, Mitte mit Benediktiner- und oben mit Veilchenmasse gefüllt.

auf Gräfinart: comtesse: Je zwei Lagen Erdbeer- und Maraschinomasse.

Königin-: à la reine: Je eine Lage Vanille-, Mandarinen- und Schokoladenmasse.

Marquise: Je zwei Lagen Kirschwasser- und Erdbeermasse, abwechselnd eingefüllt.

Mexikanisches: mexicaine: Boden mit Bananenmasse mit Curaçao abgeschmeckt, Mitte mit Mandelmasse, vermischt mit Salpicon von kandierten Früchten, und Oberseite mit Ananasmasse gefüllt.

Montblanc: Unten Rum-, Mitte Maronen- und Oberseite mit Vanillemasse gefüllt.

Neapler: à la napolitaine: Je eine Lage von Vanille-, Erdbeer- und Pistazienmasse.

Nicolas: Je eine Lage Krokant-, Himbeer-, vermischt mit Ananaswürfelchen mit Kirschwasser mazeriert, und Schokoladenmasse.

Regina: Vanille- und Erdbeermasse in vier getrennten Lagen.

Schloßgarten-: Jardin du château: Boden mit Haselnußmasse gefüllt, belegt mit Biskuitscheibe in Rum-Läuterzucker getränkt, bedeckt mit Kirschwassermasse; beim Servieren mit kalter Schokoladensauce nappiert.

Sigurd: Je eine Lage Erdbeer- und Pistazienmasse zwischen zwei Waffeln von gleicher Größe gelegt.

Eisbombe: Bombe, Bombe glacée: Name für eine besondere Eisart, die in Halbkugelform gefroren wird und aus dem Mantel und dem Kern besteht. Der Mantel besteht hauptsächlich aus Maschinengefrorenem, der Kern aus einer oder mehreren Sorten Bombenmasse, mit oder ohne Garnitur. Vor dem Einfüllen der Bombenmasse wird die Form mit dem Maschinengefrorenen ausgestrichen. Bombenmasse: Eigelb mit 28gradigem Läuterzucker erst warm- und dann kaltgeschlagen und mit ungesüßter Schlagsahne vermischt.

Aboukir: Mantel Pistazieneis, Kern Krokant-Bombenmasse mit gehackten Pistazien.

Afrikanische: à l'africaine (afrikän): Mantel Schokoladeneis, Kern Aprikosenmasse mit Rum abgeschmeckt.

Aiglon (äglong): Mantel Erdbeereis, Kern Chartreuse-Bombenmasse.

Aisha: Mantel Erdbeereis, Kern Lagen von Ananas- und Orangen-Bombenmasse.

Albuféra: Mantel Vanilleeis, Kern Bombenmasse, vermischt mit Maronenpüree, mit Anisette abgeschmeckt.

Alexandra: Mantel Vanilleeis, Kern Haselnuß-Bombenmasse.

Alhambra: Mantel Vanilleeis, Kern Erdbeer-Bombenmasse; beim Servieren mit in Kirschwasser mazerierten Erdbeeren umkränzt.

Almeria: Mantel Vanilleeis mit Anisette abgeschmeckt, Kern Granatapfel-Bombenmasse.

Altenburger: Mantel Schokoladeneis, Kern gesüßte, vanillierte Schlagsahne.

Amerikanische: à l'américaine: Mantel Erdbeereis, Kern Mandarinenmasse mit gehackten Pistazien.

Andalusische: à l'andalouse: Mantel Aprikoseneis, Kern Vanille-Bombenmasse.

Apricotine-: Mantel Aprikoseneis, Kern mit Kirschwasser abgeschmeckte Bombenmasse, dazwischen Schichten Aprikosenmarmelade.

Arabische: arabe: Mantel Kaffee-Eis, Kern Bombenmasse mit Rum abgeschmeckt.

Batavische: Mantel Ananaseis, Kern Erdbeer-Bombenmasse vermischt mit Ingwerwürfelchen.

Bismarck: Mantel Vanilleeis mit Maraschino und geriebenen Mandeln, Kern Aprikosen-Bombenmasse.

Bourdalou: Mantel Vanilleeis, Kern Anisette-Bombenmasse; mit gezuckerten Veilchen dekoriert.

Braganza: Mantel Zitroneneis, Kern Lagen von Erdbeer- und Rum-Bombenmasse.

Brasilianische: brésilienne: Mantel Vanilleeis, Kern Bombenmasse mit Rum abgeschmeckt, mit Ananaswürfelchen vermischt.

Bräutliche: petite mariée: Mantel Erdbeereis, Kern Vanille-Bombenmasse; beim Servieren mit gesponnenem Zucker bedeckt.

Camargo: Mantel Kaffee-Eis, Kern Vanille-Bombenmasse.

Carmen: Mantel Schokoladeneis, Kern Vanille-Bombenmasse.

Carnot: Mantel Himbeereis, Kern Maraschino-Bombenmasse; Vanille-Weinschaum nebenbei.

Chantilly: Mantel Schokoladeneis, Kern Lagen von Maraschino- und Kirschwasser-Bombenmasse; mit Schlagsahne dekoriert.

Chateaubriand: Wie andalusische Bombe bereitet.

Chinesische: chinoise (schinoas): Mantel Tee-Eis, Kern mit Maraschino abgeschmeckte Vanille-Bombenmasse.

Cleopatra: Mantel Pistazieneis, Kern mit Rum abgeschmeckte Bombenmasse.

Columbia: Mantel Kirscheis, Kern Birnen-Bombenmasse; mit kandierten Kirschen dekoriert.
Coppelia: Mantel Kaffee-Eis, Kern Krokant-Bombenmasse.
Cyrano: Mantel Krokanteis, Kern mit Kirschwasser abgeschmeckte Kirschen-Bombenmasse.
Danitscheff: Mantel Kaffee-Eis, Kern mit Kirschwasser abgeschmeckte Bombenmasse.
Delikate: délicieuse (delisjös): Mantel Sauerkirscheneis vermischt mit gehackten Mandeln, Kern je eine Lage Karamel- und Erdbeer-Bombenmasse.
Diplomaten-: diplomate: Mantel Vanilleeis, Kern mit Maraschino abgeschmeckte Bombenmasse mit Salpicon von kandierten Früchten vermischt.
Edith: Mantel Kaffee-Eis, Kern mit Kirschwasser abgeschmeckte Bombenmasse.
Elsässische: alsacienne: Mantel Krokanteis, Kern je eine Lage Krokant-, Vanille- und Schokoladen-Bombenmasse.
Erzherzogs-: archiduc (arschidük): 1. Mantel Erdbeereis, Kern Vanille-Bombenmasse mit Krokant;
2. Mantel Erdbeereis, Kern Mandel-Bombenmasse.
Esterhazy: Mantel Vanilleeis, Kern vanillierte Schlagsahne mit Salpicon von kandierten Früchten in Kirschwasser mazeriert.
Excelsior: Mantel Apfelsineneis, Kern mit Rum abgeschmeckte Bombenmasse.
Falstaff: 1. Mantel Krokanteis, Kern Erdbeer-Bombenmasse;
2. Mantel Haselnußeis, Kern Kaffee-Bombenmasse.
Fanchon: Mantel Haselnußeis, Kern mit Kirschwasser abgeschmeckte Bombenmasse, mit Schokoladen-Kaffeebohnen vermischt.
Farandole: Mantel Mandarineneis, Kern Haselnuß-Bombenmasse.
Feodora: Fédora: Mantel Apfelsineneis, Kern Krokant-Bombenmasse.
Fiametta: Mantel Maraschinoeis, Kern Vanille-Bombenmasse.
Florenzer: florentine: Mantel Himbeereis, Kern Krokant-Bombenmasse.
Francillon: Mantel Kaffee-Eis, Kern mit Cognac abgeschmeckte Bombenmasse.
Frou-Frou (frufru): Mantel Vanilleeis, Kern mit Rum abgeschmeckte Bombenmasse, vermischt mit Salpicon von kandierten Früchten.
Gabrielle: 1. Mantel Pfirsicheis, Kern Vanille-Bombenmasse;
2. Mantel Himbeereis, Kern Bombenmasse mit Maraschino abgeschmeckt.
Georgette: Mantel Haselnußeis, Kern mit Maraschino abgeschmeckte Bombenmasse.
Gismonda: Mantel Haselnußeis, Kern mit Anisette abgeschmeckte, mit ausgequollenen, kernlosen Rosinen vermischte Bombenmasse.
Gladstone: Mantel Ingwereis, Kern Bombenmasse mit Wacholderschnaps abgeschmeckt, mit gewürfeltem, eingelegtem Ingwer vermischt.
Gräfin Maria: Comtesse Marie: Mantel Vanilleeis, Kern Erdbeer-Bombenmasse.
Großherzogs: grand-duc (grangdük): Mantel Apfelsineneis, Kern Bombenmasse mit Benediktiner abgeschmeckt.
Havanna: Mantel Kaffee-Eis, Kern abwechselnde Lagen von Rum- und Vanille-Bombenmasse.
Helena: Hélène: Mantel Haselnußeis, Kern Vanille-Bombenmasse; Schokoladensauce nebenbei.
Herzogin: duchesse: Mantel Ananaseis, Kern mit Kirschwasser abgeschmeckte Birnen-Bombenmasse.
Hilda: Mantel Haselnußeis, Kern Krokant-Bombenmasse mit Chartreuse abgeschmeckt.
Holländische: hollandaise (ollandäs): Mantel Apfelsineneis, Kern mit Curaçao abgeschmeckte Bombenmasse.

Ida: Mantel Erdbeereis, Kern Kirschwasser-Bombenmasse.
Illusions-: Mantel Kaffee-Eis, Kern Haselnuß-Bombenmasse.
Ingwer: Mantel Apfelsineneis, Kern Vanille-Bombenmasse, reichlich mit Würfelchen von eingelegtem Ingwer unterzogen.
Italienische: à l'italienne: Mantel Pistazieneis, Kern je eine Lage Erdbeer- und Maraschino-Bombenmasse.
Jaffa: Mantel Haselnußeis, Kern Orangen-Bombenmasse.
Jamaika: jamaique: 1. Mantel mit Rum abgeschmecktes Ananaseis, Kern Tee-Bombenmasse;
2. mit Rum abgeschmecktes Ananaseis, Kern Orangen-Bombenmasse.
Japanische: japonaise: Mantel Pfirsicheis, Kern Tee-Bombenmasse.
Jeanne d'Arc: Mantel Vanilleeis, Kern Schokoladen-Bombenmasse mit Krokant.
Jeritza: Mantel Mandeleis, Kern je zwei Lagen Pfirsich-Bombenmasse und mit Himbeerpüree vermischte Schlagsahne.
Jocelyn: Mantel Pfirsicheis, Kern mit Maraschino abgeschmeckte Bombenmasse.
Joinville: Mantel Schokoladeneis mit gehackten Mandeln, Kern Bombenmasse mit Maraschino abgeschmeckt, mit gehackten Kirschen vermischt.
Josephine: Mantel Kaffee-Eis, Kern Pistazien-Bombenmasse.
Kardinal: cardinale: 1. Mantel Himbeer- und Johannisbeereis, Kern Vanille-Bombenmasse mit kandierten Rosenblättern vermischt;
2. Mantel Johannisbeereis, Kern mit Maraschino abgeschmeckte Vanille-Bombenmasse.
Klein-Herzog: petit duc (pti dük): Mantel Erdbeereis, Kern Haselnußmasse mit Johannisbeeren.
Königin-: à la reine: 1. Mantel Haselnußeis, Kern Erdbeer-Bombenmasse;
2. Mantel Vanilleeis, Kern Bombenmasse vermischt mit grob zerdrückten, glacierten Maronen.
Königin Olga: Reine Olga: Mantel Kirschwassereis mit Schaumwein, Kern Ananas-Bombenmasse mit gewürfelter Ananas.
Königliche: à la royale: Mantel Kirschwassereis, Kern Schokoladen-Bombenmasse mit Krokant.
Kreolen: à la créole: 1. Mantel Ananaseis, Kern je eine Lage Ananas- und Erdbeer-Bombenmasse;
2. Mantel Schokoladeneis, Kern mit Curaçao abgeschmeckte Bombenmasse.
Leopold: Mantel Vanilleeis, Kern Walderdbeeren-Bombenmasse mit Kirschwasser abgeschmeckt.
Lyrische: Mantel Kirschwassereis, Kern Schokoladen-Bombenmasse, vermischt mit Salpicon von kandierten Früchten mit Cointreau mazeriert; nach dem Stürzen mit dünnen Streifen von Kuvertüre hin und her gezogen, dekoriert mit Blattgold; Himbeerpüree nebenbei.
Madrider: madrilène: Mantel Kaffee-Eis, Kern Vanille-Bombenmasse.
Magdalene: Madeleine: Mantel Mandeleis, Kern Vanille-Bombenmasse vermischt mit Fruchtsalpicon, mit Kirschwasser mazeriert.
Maharadja: Mantel Ananas-Wassereis mit Schaumwein, Kern Erdbeer-Bombenmasse, vermischt mit kleinen mazerierten Erdbeeren.
Maltaiser: Mantel Blutapfelsineneis, Kern Schlagsahne mit Mandarinensaft.
Margot: Mantel Mandeleis, Kern Pistazien-Bombenmasse.
Maria Luise: Marie-Louise: Mantel Schokoladeneis, Kern Vanille-Bombenmasse.
Maria Stuart: Mantel Vanilleeis, Kern Bombenmasse, vermischt mit gehackten Kirschen, mit Anisette abgeschmeckt.
Marquise: Mantel Aprikoseneis, Kern Schaumwein-Bombenmasse

auf Marschallsart: à la maréchale: Mantel Erdbeereis, Kern abwechselnde Lagen von Pistazien-, Vanille- und Orangen-Bombenmasse.
Maskott: mascotte: Mantel Pfirsicheis, Kern mit Kirschwasser abgeschmeckte Bombenmasse.
Mathilde: Mantel Kaffee-Eis, Kern Aprikosen-Bombenmasse.
Medici: Médicis: Mantel Weinbrandeis, Kern Himbeer-Bombenmasse.
Menelik: Mantel Mandarineneis, Kern mit Rum abgeschmeckte Bombenmasse.
Mercedes: Mantel Aprikoseneis, Kern mit Chartreuse abgeschmeckte Bombenmasse.
Mignon: Mantel Aprikoseneis, Kern Krokant-Bombenmasse.
Mireille: Mantel Johannisbeereis, Kern Erdbeer-Bombenmasse, mit Kirschwasser abgeschmeckt.
Moldauer: moldavienne: Mantel Ananaseis, Kern mit Curaçao abgeschmeckte Bombenmasse.
Monte Carlo: Mantel Vanilleeis, Kern je eine Lage Rum- und Maronen-Bombenmasse.
Monte Christo: 1. Mantel Cognaceis, Kern Erdbeer-Bombenmasse; 2. Mantel Mandarineneis, Kern Mandarinen-Bombenmasse mit Kirschwasser.
Montmorency: Mantel Kirscheneis, Kern Bombenmasse von sauren Kirschen.
Nabob: Mantel Vanilleeis mit gehackten, gerösteten Mandeln, Kern Cognac-Bombenmasse mit Fruchtsalpicon.
Nelusko: Mantel Haselnußeis, Kern Schokoladen-Bombenmasse.
Nesselrode: Mantel Vanilleeis, Kern Schlagsahne mit zerbröckelten glacierten Maronen vermischt.
Nordische: nordique: Mantel Vanilleeis mit Kümmellikör - abgeschmeckt, Kern Mandel-Bombenmasse, vermischt mit Fruchtsalpicon.
Odessa: Mantel Aprikoseneis, Kern Erdbeer-Bombenmasse.
Odette: Mantel Vanilleeis, Kern Haselnuß-Bombenmasse.
Orientalische: orientale: Mantel Ingwereis, Kern Pistazien-Bombenmasse.
Otéro: 1. Mantel Aprikoseneis, Kern mit Kirschwasser abgeschmeckte Bombenmasse;
2. Mantel Aprikoseneis, Kern Bombenmasse von schwarzen Johannisbeeren.
Othello: Mantel Krokanteis, Kern Pfirsich-Bombenmasse.
Paradiesische: Mantel Vanilleeis, Kern mit Kirschwasser abgeschmeckte Bombenmasse.
Pariser: parisienne: 1. Mantel Ananaseis, Kern Schokoladen-Bombenmasse mit Haselnußkrokant;
2. Mantel Erdbeereis, Kern Haselnuß-Bombenmasse.
Pompadour: Mantel Spargeleis, Kern Granatapfel-Bombenmasse.
Portugiesische: portugaise: Mantel Mandarineneis, Kern Bombenmasse, mit Curaçao abgeschmeckt.
Prinzessin: princesse: Mantel Anisetteeis, Kern Vanille-Bombenmasse.
Propheten: prophète: Mantel Erdbeereis, Kern Ananas-Bombenmasse.
Regensburger: Mantel Pistazieneis, Kern Mandel-Bombenmasse.
Rosette: Mantel Vanilleeis, Kern Schlagsahne mit Johannisbeergelee.
Roter Teufel: diable rouge: Mantel Erdbeereis, Kern Bombenmasse mit Kirschwasser abgeschmeckt, mit glacierten Kirschen vermischt.
Saint-George: Mantel Orangeneis, Kern Bombenmasse mit Rum und Curaçao abgeschmeckt.
Sappho: Mantel Erdbeereis, Kern Vanille-Bombenmasse mit Walderdbeeren.
Sarasate: Mantel Kaffee-Eis, Kern Vanille-Bombenmasse mit gehackten, gerösteten Mandeln.

Schwedische: suédoise: Mantel Vanilleeis mit Orangensaft, Kern Schlagsahne vermischt mit Salpicon von Früchten, mit Schwedenpunsch mazeriert.

Selika: Mantel Krokanteis, Kern mit Curaçao abgeschmeckte Bombenmasse.

Selma Kurz: Mantel Erdbeereis, Kern Schlagsahne, vermischt mit Himbeerpüree und gehackten gerösteten Mandeln.

Singhalesische: Ceylonaise: Mantel Tee-Eis, Kern mit Rum abgeschmeckte Bombenmasse.

Sizilianische; sicilienne: Mantel Zitroneneis, Kern Vanille-Bombenmasse mit Krokant.

Skobeleff: Mantel Wodkaeis, Kern Schlagsahne mit Kümmelschnaps abgeschmeckt.

Spanische: espagnole: Mantel Kaffee-Eis, Kern Haselnuß-Bombenmasse.

Speranza: Mantel Pistazieneis, Kern je eine Lage Erdbeer- und mit Maraschino abgeschmeckte Bombenmasse.

Succès: Mantel Aprikoseneis, Kern Schlagsahne, vermischt mit gewürfelten, kandierten, mit Kirschwasser mazerierten Aprikosen.

Sultan: sultane: Mantel Schokoladeneis, Kern Krokant-Bombenmasse.

Susanne: Suzanne: Mantel Rumeis, Kern Vanille-Bombenmasse mit entsteinten, eingelegten roten Johannisbeeren.

Theodora: Mantel Kirscheneis, Kern Vanille-Bombenmasse.

Tortoni: 1. Mantel Krokanteis, Kern Krokant-Bombenmasse;
2. Mantel Mandeleis, Kern abwechselnde Lagen von Aprikosen- und Kaffee-Bombenmasse mit gehackten, gerösteten Haselnüssen.

Tosca: Mantel Aprikoseneis, Kern mit Maraschino abgeschmeckte Bombenmasse mit Fruchtsalpicon.

Trocadero: Mantel Orangeneis mit feingehackter Orangenschale, Kern Schlagsahne, abwechselnd mit Biskuitwürfeln, mit Curaçao getränkt, eingefüllt.

Trophy: Mantel Kirscheneis, Kern Tomaten-Bombenmasse.

Tutti-Frutti: Mantel Erdbeereis, Kern Zitronen-Bombenmasse, vermischt mit Fruchtsalpicon.

Valençay: Mantel Mandeleis, Kern Schlagsahne mit Maraschino abgeschmeckt und mit Himbeerpüree vermischt.

Venezianische: vénitienne: Mantel halb Vanille- und halb Erdbeereis, Kern Bombenmasse mit Maraschino abgeschmeckt.

Victoria: 1. Mantel Erdbeereis, Kern Vanilleeis mit Schlagsahne untergezogen;
2. Mantel Erdbeereis, Kern Bombenmasse mit Fruchtsalpicon und zerdrückten glacierten Maronen;
3. Mantel Vanilleeis, Kern Schlagsahne mit gezuckerten, entkernten Johannisbeeren.

Weiße Dame: dame blanche: Mantel Vanilleeis, Kern Bombenmasse mit Mandelmilch.

Westfälische: westphalienne: Mantel Vanilleeis mit geriebenem Pumpernickel; Kern Schlagsahne mit gevierteilten, frischen Haselnüssen vermischt.

Zamora: Mantel Kaffee-Eis, Kern Bombenmasse mit Curaçao abgeschmeckt.

Zanzibar: Mantel Kaffee-Eis, Kern mit Curaçao abgeschmeckte Bombenmasse mit gemahlenen Mandeln vermischt.

Zaren-: du tsar: Mantel Vanilleeis, Kern Bombenmasse mit Kümmellikör abgeschmeckt, mit kandierten Veilchen dekoriert.

Eispudding: Pudding glacé: Bomben- oder Eisschaummasse, mit oder ohne Einlagen, in Puddingform gefroren, stets mit einer kalten Sauce serviert.

Lyrischer: lyrique (lirick): Vanille-Bombenmasse, vermischt mit gewürfelten Löffelbiskuits und kandierter Ananas mit Kirschwasser getränkt, gefroren, gestürzt. Gitterartig mit dünnen Streifen Kuvertüre bedeckt, mit Blattgold und kandierten Veilchen garniert; frisches Himbeerpüree nebenbei.

Merville: Puddingform mit dünnen Scheibchen, mit Aprikosenmarmelade gefüllter Biskuitroulade ausgefüttert, gefüllt mit Vanille-Bombenmasse mit Salpicon von kandierten Früchten und gehackten, gerösteten Haselnüssen vermischt; kalte Schokoladensauce nebenbei.

Miramar: Granatapfel-Bombenmasse mit Kirschwasser abgeschmeckt, reichlich mit Mandarinenfilets, Ananaswürfelchen und grob zerbrochenen Löffelbiskuits, mit Kirschwasser mazeriert, gefüllt, gefroren; kalter Vanillesirup nebenbei.

Nanziger: Nancy: Charlotteform mit Löffelbiskuits, leicht mit Grand-Marnier getränkt, ausgefüttert, gefüllt mit Schokoladen-Bombenmasse, vermischt mit zerbröckelten Makronen; kalte Vanillesauce nebenbei.

Eispunsch, gefrorener Punsch: Punch glacé (ponsch glaßeh): Auszug von Orangen- und Zitronenschale in Läuterzucker von 22 Grad, vermischt mit Zitronen-, Orangen- oder anderem Fruchtsaft und genügend Weiß- oder Schaumwein, um die Mischung auf 18 Grad zu bringen. Ziemlich fest gefroren, mit ¼ der Menge italienischer Meringuemasse und dem gewünschten Geschmack vermischt.

Kardinal-: à la cardinale: Ananas-Eispunsch mit Portwein und Rum abgeschmeckt.

auf Lieblingsart: favorite: Erdbeer Eispunsch mit Weinbrand abgeschmeckt.

Lucullus: Grundmasse mit Ananassaft und Schaumwein bereitet, mit Maraschino, Kirschwasser und Rum abgeschmeckt.

Römischer: à la romaine: Mit Orangen- und Zitronensaft bereitet, mit Rum abgeschmeckt.

Eisrolle, roulade glacée (ruhlad glaßeh): Teig wie für Biskuitrolle (s.d.) dünn aufgestrichen, gebacken, vom Papier abgezogen, ausgekühlt, mit geschmeidigem Eis bestrichen, zusammengerollt, im Gefrierschrank gefroren.

Menelik: Mit Vanilleeis gefüllt, gefroren, in kleinfingerdicke Scheiben geschnitten; mit Schlagsahne garniert, mit heißer Schokoladensauce umgossen, sofort serviert.

Orientalische: à l'orientale: Mit Pistazieneis gefüllt, mit Orangen-Weinschaum nappiert, mit gerösteten Mandelsplittern bestreut.

Eistorte: Gâteau glacé (gato glaßeh): Eine oder mehrere Lagen Bomben- oder andere leichte Eismasse, mit oder ohne Früchte oder anderer Einlage, in flacher, runder oder viereckiger Form gefroren, zwischen zwei Böden Biskuit, mit Läuterzucker mit Likör abgeschmeckt leicht getränkt, oder Meringue u.a. gesetzt, dekoriert, und bis zum Gebrauch im Gefrierschrank aufbewahrt. Wird wie Torte, jedoch in erheblich kleinere Stücke geteilt.

Brasilianische: brésilienne: Viereckige Form, mit dünnem Genoiseboden, mit Curaçao-Läuterzucker getränkt, ausgelegt, bedeckt mit Ananas-Rahmeis, belegt mit getränktem Genoiseboden, darüber Schokoladen-Bombenmasse, mit getränktem Genoiseboden abgeschlossen, gefroren; gestürzt, garniert mit Schlagsahne und kandierter Ananas.

Cédard-: Zwei runde Böden Genoisebiskuit, mit Curaçao-Läuterzucker getränkt, gefüllt mit Orangen-Bombenmasse. Nach dem Gefrieren mit Orangenfondant glaciert, mit Schlagsahne und einem Stern von Orangenfilets garniert.

Dolores: Kirschwasser-Bombenmasse, in viereckiger Form gefroren, zwischen zwei dünne, mit Kirschwasser getränkte Biskuitscheiben plaziert. Oben und an den Seiten dünn aprikotiert, mit zerdrückter Borkenschokolade angestreut, oben mit gehackten Pistazien bestreut und mit Puderzucker bestäubt; Schlagsahne nebenbei.

Japanische: japonaise: Tee-Bombenmasse, vermischt mit gewürfelten Löffelbiskuits leicht mit Mandarinenlikör getränkt, in viereckiger Form gefroren. Seiten mit gehackten, gerösteten Mandeln angestreut, Oberseite mit Schlagsahne und Mandarinenfilets garniert.

Königin-: à la reine: Runde Form, unten mit dünnem, mit Kirschwasser-Läuterzucker getränktem Biskuitboden ausgelegt, gefüllt mit je einer Lage Mandel- und Erdbeer-Bombenmasse, mit einer getränkten Biskuitscheibe dazwischen und obenauf. Oben und an den Seiten mit Orangenmarmelade bestrichen, mit zerdrückten Makronen angestreut, mit Puderzucker bestäubt.

Tortoni: Runde Form, unten mit dünnem Biskuitboden, mit Maraschino-Läuterzucker getränkt, ausgelegt, gefüllt mit Krokant-Bombenmasse, vermischt mit Biskuitwürfeln, getränkt mit Maraschino-Läuterzucker. Oben getränkten Biskuitboden. Diesen und die Seiten dünn mit Schlagsahne bestrichen, mit gehackten, gerösteten Haselnüssen bestreut, mit Puderzucker bestäubt.

Englische Creme: siehe Custard

Erdbeere: Fraise (frähs): Pflanze aus der Gattung der Rosengewächse mit weißen Blüten und Scheinfrüchten, die aus der Blütenachse hervorgehen. In vielen Variationen in der nördlichen gemäßigten Zone, Teilen Asiens, Nordamerika bis Mexiko verbreitet. Die Walderdbeere ist viel kleiner, aber duftiger als die kultivierten Erdbeeren. Erdbeeren werden frisch, in Dosen konserviert und gefroren gehandelt.

auf arlesische Art: à l'arlésienne (arlesjenn): Blind gebackenes Tartelett, zur Hälfte mit Vanilleeis vermischt mit Fruchtsalpicon gefüllt, garniert mit kleinen Erdbeeren in Kirschwasser mazeriert, überglänzt mit Aprikosenmarmelade mit Kirschwasser parfümiert.

Babys Traum: Rêve de Bébé (rehw dö bäbä): Ananas, der Länge nach gespalten, ausgehöhlt, auf mit Fondant glacierten Biskuitsockel gesetzt; abwechselnd mit kleinen, dünnen Ananasscheibchen, mit Kirschwasser mazeriert, Walderdbeeren mit Ananassaft und Maraschino mazeriert, und Schlagsahne gefüllt, garniert mit Schlagsahne.

Bristol: Auf Vanilleeis dressiert, mit rohem Erdbeerpüree nappiert.

Cecil: Mit Zucker und Orangensaft mazeriert, mit Schlagsahne bedeckt.

Chantilly (schangtiji): Gezuckert, gekühlt, mit Schlagsahne bedeckt.

auf Feinschmeckerart: à la gourmande: Deckel einer kleinen Melone abgeschnitten, Kerne entfernt, Fleisch ausgehöhlt und gewürfelt; Schale gefüllt mit dem Fleisch vermischt mit kleinen Gartenerdbeeren und Walderdbeeren mit Zucker und Kirschwasser mazeriert, Deckel aufgesetzt, stark gekühlt.

Femina: Mit Zucker und Grand-Marnier mazeriert, auf Orangeneis angerichtet.

Fragole con vino: mit Wein: Gewaschen, abgetropft, mit Zucker bestäubt, mit Zitronensaft beträufelt, einige Zeit mazeriert; mit Marsala übergossen, stark gekühlt (italienisch).

Gekühlte: rafraichies (rafräschi): Mit Zucker, Kirschwasser und Maraschino mazeriert, stark gekühlt serviert.

auf Kardinalsart: à la cardinale: Wie Birnen gleichen Namens bereitet.

auf Kartäuserart: à la chartreuse: Randform mit Weingelee ausgegossen, mit kleinen Erdbeeren und Ananaswürfeln gefüllt, mit Weingelee zugegossen; nach dem Erstarren gestürzt, Mitte hoch mit Schlagsahne, vermischt mit Fruchtsalpicon, mit Kirschwasser mazeriert, gefüllt.

Krapfen: Beignets de fraises (bänjä dö frähs): Kleine Garten- oder Walderdbeeren, mit Zucker und Kirschwasser mazeriert, in sehr dünnen Eierkuchen gerollt, in Stücke geschnitten; durch Backteig gezogen, in tiefem Fett gebacken, mit Puderzucker bestäubt.

auf Kreolenart: à la créole: Halb Erdbeeren und halb Ananaswürfel mit Kirschwasser und Zucker mazeriert, dressiert auf dünne mit

Kirschwasser mazerierte Ananasscheiben, leicht mit gebundenem Kirschwassersirup nappiert.

Lacroix: Mit Grand-Marnier, Cognac und Zucker mazeriert, auf Mandeleis angerichtet, mit Orangen-Weinschaum nappiert, mit zerbröckelten Veilchen bestreut.

Margarete: Marguerite: Walderdbeeren, mit Kirschwasser und Maraschino vermischt mit Granatapfel-Scherbett; in geeiste Glasschale oder Glasbecher gefüllt, bedeckt und garniert mit Schlagsahne mit Maraschino abgeschmeckt.

Marquise: Mazeriert mit Kirschwasser, in grobem Zucker gewälzt, dressiert auf Schlagsahne, mit Erdbeerpüree vermischt.

Melba: Wie Pfirsich gleichen Namens bereitet.

auf moderne Art: à la moderne: Phantasierandform mit Schaumweingelee ausgegossen, gefüllt mit bayrischer Erdbeercreme; nach dem Stocken gestürzt, Mitte mit Erdbeeren in Maraschino mazeriert gefüllt.

Monte Carlo: Mazeriert mit Benediktiner, Zucker und Cognac, mit Schlagsahne bedeckt.

Nina: Mit Kirschwasser, Maraschino und Zucker mazeriert, dressiert auf Ananaseis, nappiert mit Schlagsahne, vermischt mit Erdbeerpüree.

Ninon: Dressiert auf Vanilleeis, nappiert mit Himbeerpüree, bestreut mit gehackten Pistazien, umkränzt mit dünnen Ananasscheibchen.

auf Pariser Art: à la parisienne: Mit Zucker, Zitronensaft und Maraschino mazeriert, nappiert mit Schlagsahne vermischt mit Erdbeerpüree.

Patti: Mit Kirschwasser mazeriert, dressiert auf Schokoladeneis, bedeckt und garniert mit Schlagsahne.

Pharao: Tartelett von Mandel-Mürbeteig, zur Hälfte mit Erdbeereis gefüllt, mit Schlagsahne bedeckt, mit kleinen in Maraschino und Kirschwasser mazerierten Erdbeeren garniert.

Prinzessin Margarete: Princesse Marguerite: Abgeflachte Halbkugel aus Krokant, belegt mit dünner Scheibe Biskuit mit Grand-Marnier getränkt, gefüllt mit Erdbeeren mit Puderzucker und Grand-Marnier mazeriert, mit Johannisbeergelee überglänzt, mit Schlagsahnetupfen garniert.

Renaissance: Mit Zucker und Kümmellikör mazeriert, auf Ananaseis dressiert, nappiert mit Vanillesauce mit Kirschwasser abgeschmeckt, garniert mit Schlagsahne.

Ritz: 1. Gezuckert, gekühlt, bedeckt mit Schlagsahne, vermischt mit halb Erdbeer- und halb Himbeerpüree;
2. Wie oben, zuvor aber die Erdbeeren mit Maraschino, Kirschwasser und Curaçao mazeriert.

Romanow: Romanoff: 1. Mit Portwein mazeriert, in hohes Glas gefüllt, mit Schlagsahne bedeckt, eine Beere in der Mitte;
2. mit Zucker und Curaçao mazeriert, in hohes Glas gefüllt, mit Schlagsahne bedeckt.

auf römische Art: à la romaine (román): Kleine Beeren mit Zucker, Zitronensaft und Curaçao mazeriert.

in Rotwein: Fraises au vin (frähs o wäng): Kleine Beeren, gezuckert, mit Burgunder bedeckt, kühl, aber nicht geeist serviert.

Sarah Bernhardt: Mit Cognac und Curaçao mazeriert, dressiert auf Ananaseis, bedeckt mit Erdbeerpüree abgeschmeckt mit Curaçao, vermischt mit Schlagsahne.

mit Schaumwein: au champagne: Gezuckert, mit Schaumwein mazeriert, stark gekühlt, in geeiste Glasschale gefüllt, im letzten Moment mit Schaumwein-Scherbett bedeckt.

Schiffchen: Barquettes de fraises: Blindgebackene Schiffchen von Mandel-Mürbeteig, gefüllt mit Schlagsahne vermischt mit Erdbeerpüree, garniert mit kleinen gezuckerten Erdbeeren, mit Johannisbeergelee überglänzt.

mit spanischem Wind: meringués: Mit Maraschino mazeriert, vermischt mit Meringuemasse; gewölbt in Backplatte gefüllt, mit Puderzucker bestäubt, im Ofen abgeflämmt.

Strawberry Shortcake: Flacher, frischer, runder Boden von Savoybiskuit, belegt mit gezuckerten Erdbeeren, reichlich mit Schlagsahne bedeckt, portionsweise aufgeschnitten (nordamerikanisch).

Strawberry Tart: Tortenring mit Blätterteigresten ausgefüttert, hellbraun angebacken; gefüllt mit leicht zerdrückten Erdbeeren vermischt mit Meringuemasse, mit Puderzucker bestäubt, im Ofen leicht gebacken (englisch).

Supreme von: Suprême de fraises (süpräm dö frähs): Randform mit bayerischer Erdbeercreme ausgegossen, mit kleinen in Zucker und Kirschwasser mazerierten Erdbeeren gefüllt, mit bayerischer Erdbeercreme zugegossen; nach dem Stocken gestürzt, Mitte gefüllt mit Schlagsahne, garniert mit Erdbeeren.

Tivoli von: Tivoli aux fraises (tiwoli o frähs): Phantasieform mit Kirschwassergelee chemisiert, gefüllt mit bayerischer Creme, vermischt mit Erdbeerpüree; nach dem Stocken gestürzt, garniert mit gewürfeltem Kirschwassergelee.

Victoria: Walderdbeeren, übergossen mit heißem Läuterzucker, mit Kirschwasser abgeschmeckt, ausgekühlt; abgetropft, in Gläser gefüllt, bedeckt mit Schlagsahne vermischt mit Ananaswürfelchen.

Wilhelma: Mit Orangensaft und Kirschwasser mazeriert, in Glasschale gefüllt, mit Schlagsahne bedeckt, mit kandierter Kirsche garniert.

Zelma Kuntz: Gezuckert, gut gekühlt, bedeckt mit Schlagsahne vermischt mit Himbeerpüree, bestreut mit gestoßenem Haselnußkrokant.

Fanchonette: Tartelettförmchen, mit Blätterteig ausgefüttert, mit Mandelcreme gefüllt, nicht ganz durchgebacken; mit Meringuemasse bedeckt und dekoriert, mit Puderzucker bestäubt, fertiggebacken. Nach dem Erkalten mit Johannisbeergelee dekoriert.

Feige: Figue (fig): Die Frucht des im östlichen Mittelmeergebiet beheimateten Feigenbaumes, der im ganzen Mittelmeergebiet, Kalifornien, Südwest-Afrika und Australien im großen angebaut wird. Frische, reife Feigen haben eine grüne, purpurne oder dunkelviolette Farbe. Sie werden frisch, getrocknet und in Sirup konserviert gehandelt.

Carlton: Frische, reife Feigen, geviertelt, bedeckt mit Schlagsahne vermischt mit ¼ der Menge frischem Himbeerpüree; stark gekühlt serviert.

Chantilly: Reife, frische Feigen, halbiert, mit Zucker und Kirschwasser mazeriert, gekühlt, mit Schlagsahne bedeckt.

Eden: Frische, halbierte Feigen und Orangenfilets, mit Kirschwasser und Puderzucker mazeriert; in Glasschüssel, halb mit Zitroneneis gefüllt und mit zerdrückten Makronen bestreut, dressiert, mit Schlagsahne bedeckt, mit gestoßenen Makronen bestreut.

auf griechische Art: à la grecque: Frische Feigen in Weißwein, Zitronensaft und Zucker pochiert, kalt im Fond serviert.

auf orientalische Art: à l'orientale: In Zitronen-Läuterzucker pochiert, ausgekühlt, abgetropft, mit Weinschaum nappiert.

in Portwein: au porto: Halbiert, kurz in Läuterzucker mit Portwein pochiert, kalt in dem Läuterzucker serviert.

Salat: en salade: Geviertelt, mit Puderzucker, Curaçao und Cognac mazeriert; beim Servieren mit etwas Portwein übergossen.

Fenchelkuchen: Eigelb und Zucker schaumig gerührt, mit geriebenen Mandeln, Mehl und einigen Fenchelsamen vermischt, mit Eierschnee unterzogen, in gefettete, gemehlte Kuchenform gefüllt, gebacken.

Figue: siehe Feige

Flammeri: Flamerie: Süßspeise von in Milch oder Wein gekochtem Reis, Grieß oder Sago, mit Fruchtsauce, Fruchtsaft oder Weinschaumsauce serviert.
- **auf deutsche Art:** à l'allemande: Grieß, in gesüßter, mit geriebener Zitronenschale gewürzter Milch gekocht, noch heiß mit Eierschnee unterzogen; in ausgespülte Form gefüllt, erkaltet, gestürzt, mit Fruchtsaft serviert.
- **auf französische Art:** à la française: Grieß, in halb Weißwein und halb Wasser mit Zucker und Prise Salz gekocht, mit Eigelb gebunden, Eierschnee unterzogen; in Randform oder beliebige andere Form gefüllt, im Wasserbad im Ofen pochiert, ausgekühlt. Gestürzt, mit Erdbeer-, Himbeer-, Kirsch- oder anderem Fruchtpüree nappiert.
- **auf nordische Art:** à la nordique: Reismehl, in Milch zu Brei gekocht, mit Zucker, zerdrückten Makronen, blanchiertem, gewürfeltem Zitronat und aufgequollenen Sultaninen vermischt, mit Eierschnee unterzogen, in beliebige Form gefüllt; nach dem Erkalten gestürzt, mit Fruchtsaft serviert.
- **Rhabarber-:** de rhubarbe: Rhabarber mit Zucker, Zimt, Zitronensaft und geriebener Zitronenschale gekocht, püriert, mit Maismehl (Maizena usw.) gebunden, mit Eierschnee unterzogen, in Form gefüllt; nach dem Erkalten gestürzt, mit Weinschaumsauce serviert.
- **von Sauerkirschen:** de griottes (grijott): Püree von Sauerkirschen, Zucker und geriebenen Mandeln, mit Reismehl zu Flammeri gekocht, mit Eierschnee unterzogen; in Formen gefüllt, ausgekühlt, gestürzt, mit Weinschaum nappiert.
- **Schokoladen-:** au chocolat: Auf deutsche oder französische Art bereitet, dabei mit geriebener Schokolade vermischt; mit kalter Weinschaum- oder englischer Sauce serviert.

Flan: siehe Obsttorte
Fraise: siehe Erdbeere
Framboise: siehe Himbeere
Fromage glacé: Nicht mehr gebräuchlicher Name für Eisbiskuit (s. d.).
Fruchtbrot, Gestürztes: Pain aux fruits (päng o fruih): Charlotteform, ziemlich dick mit Fruchtgelee ausgegossen, mit der gleichen Mischung wie für bayerische Fruchtcreme, jedoch ohne Schlagsahne und mit weniger Gelatine, gefüllt; nach dem Festwerden gestürzt.
- **von Erdbeeren:** aux fraises (o frähs): Mit Erdbeergelee ausgegossen, mit Erdbeermischung gefüllt.
- **George Sand:** Mit Maraschinogelee ausgegossen, mit Pfirsichmischung gefüllt.
- **auf Pariser Art:** à la parisienne: Mit Ananasgelee mit gehackten Pistazien ausgegossen, gefüllt mit Ananasmischung mit Orangensaft abgeschmeckt.
- **Pompadour:** Mit Ananasgelee ausgegossen, gefüllt mit Mischung von Ananaspüree, Weißwein, Zitronensaft, gezuckerten Ananaswürfeln und Gelatine.
- **Richelieu:** Mit Mandelsulz ausgegossen, mit Aprikosenmischung gefüllt.
- **Victoria:** Zur Hälfte mit Mandelsulz und zur Hälfte mit Himbeermischung gefüllt, zerbröckelte Makronen zwischen den Lagen.

Früchtebrot: Entsteinte Backpflaumen, Zitronat und Feigen, kleinwürflig geschnitten, vermengt mit Rosinen, gehackten Mandeln, Haselnüssen, gehackter Zitronenschale, gemahlenem Zimt und Nelken, vermischt mit Zucker, Mehl und Rum, mit Eierschnee unterzogen; in ausgerollten Roggenbrotteig gehüllt, zu einem Laib geformt, mit Ei bestrichen, im Ofen gebacken. Nach dem Erkalten in Scheiben geschnitten. Wird mitunter auch mit Schokoladenguß glaciert.
Fruchtpastete: Vol-au-vent aux fruits: Große Blätterteigpastete, gefüllt mit gewürfelten Früchten der Saison, gebunden mit Aprikosensauce mit Kirschwasser abgeschmeckt.

Fruit Cake: Butter mit Zucker und Eigelb schaumig gerührt, vermischt mit Mehl, zuvor mit Backpulver gesiebt, vermengt mit gewürfeltem Orangeat und Zitronat, Rosinen, Korinthen und Sultaninen, zuvor mit abgeriebener Zitronenschale, gemischtem Gewürz und Rum mazeriert, Eierschnee daruntergezogen; in gefettete, mit Papier ausgelegte Form gefüllt, bei mäßiger Hitze gebacken (englisch).

Füllpastete: siehe Timbale

Fürst-Pückler-Eis: Hohe gerieſte Eisform mit drei getrennten Lagen gesüßter Schlagsahne gefüllt: ein Teil weiß, mit Maraschino abgeschmeckt und mit Makrönchen vermischt, ein Teil mit Erdbeerpüree und ein Teil mit geriebener Schokolade vermischt; die weiße Sahne soll sich in der Mitte befinden. Nach dem Gefrieren gestürzt, nicht mit Schlagsahne dekoriert.

Gâteau: siehe Torte

Gâteau glacé: siehe Eistorte

Gefrorenes: siehe Eis

Gelee: Gelée: Kalte Süßspeise, bereitet aus Stand von Wasser, Zucker, Zitronenschale und eingeweichter Gelatine, geklärt mit Eiweiß zusammen mit Weißwein geschlagen, dann durch Tuch oder Geleesack passiert und nach dem Abkühlen mit Spirituosen oder Likören aromatisiert. Fruchtgelee wird mit halb geklärtem Stand, mit doppelter Menge Gelatine, und halb filtriertem Fruchtsaft bereitet. Früher mit Kalbsfüßen, heute fast ausschließlich mit Gelatine hergestellt, in Formen, Schalen oder Gläser gefüllt. Gelee in Gläsern oder Schalen wird sehr leicht gehalten.

Ananas: à l'ananas: Phantasieform, abwechselnd mit Lagen von Ananaswürfeln und Gelee gefüllt.

Apfel: Gelée de pommes (scheleh dö pomm): Stand vermischt mit filtriertem Apfelsaft.

Carmen Sylva: Glasschale, mit Erdbeergelee angefüllt, nach dem Erstarren mit je einer Lage bayerischer Vanillecreme und Erdbeeren bedeckt, mit Erdbeergelee gefüllt; kann auch in Formen bereitet werden.

mit Früchten, Maraschino-: au marasquin et aux fruits: Boden einer Charlotteform mit dünner Lage Maraschinogelee bedeckt, lagenweise mit Früchten verschiedener Farbe und Maraschinogelee gefüllt.

Gebändertes: rubanée (rübaneh): Charlotteform lagenweise mit mehreren Arten Gelee von verschiedener Farbe gefüllt.

auf Jubiläumsart: Jubilée: Zylinderform mit Portweingelee gefüllt, gestürzt, Mitte mit Schlagsahne garniert.

Kaiserliches: à l'impériale (angpärjal): Schaumweingelee, vermischt mit pochierten Ananaswürfeln und gestiftelten Pistazien.

Königliches: à la royale: Leichtes Gelee von Ananassaft und Weißwein, nach dem Erkalten mit Goldblatt vermischt, kurz vor dem Anziehen in Sektschalen gegossen, die mit Ananaswürfeln angefüllt worden sind.

marmoriert: marbrée: Zwei oder drei Gelees von verschiedener Farbe und anderem Geschmack, (siehe russisches Gelee) vor dem in die Form Füllen leicht durcheinandergemischt.

Modernes: à la moderne: Glasschale mit Weingelee angefüllt, nach dem Stocken bedeckt mit Fruchtwürfeln, mit Kirschwasser mazeriert, mit Weingelee gefüllt.

Moskauer: moscovite: Beliebiges Gelee, in Zylinderformen gefüllt, nur so lange in den Gefrierschrank gestellt, bis die äußere Schicht leicht gefrostet ist.

auf nordische Art: à la nordique: Weingelee mit Kümmelschnaps aromatisiert.

Orangen: à l'orange: Sehr zartes Gelee von Orangensaft, in Glasschale abwechselnd mit Orangenfilets gefüllt.

Orientalisches: à l'orientale: Schaumweingelee mit Mandarinenlikör abgeschmeckt und mit Mandarinenfilets vermischt; kann auch in Gläser gefüllt werden.

Pariser: à la parisienne: Form mit abwechselnden Lagen von kleinen Erdbeeren und mit Kirschwasser abgeschmecktem Gelee gefüllt.

Russisches: à la russe: Beliebiges Frucht-, Wein- oder Likörgelee, nach dem Erkalten zu Schaum geschlagen, kurz vor dem Erstarren in Formen gefüllt.

Schwedisches: Suédoise de fruits (swedoas dö fruih): Rand- oder Zylinderform, mit Weingelee ausgegossen, gefüllt mit frischen Fruchtwürfeln aller Farben, mit Weingelee zugegossen; nach dem Erstarren gestürzt.

auf Sultansart: à la sultane (bültann): Form abwechselnd mit Orangengelee, bayerischer Pistaziencreme und Orangengelee gefüllt; nach dem Stürzen mit gesponnenem Zucker bedeckt.

Vanille: à la vanille: Stand mit Vanille bereitet, mit Weißwein vermischt, mit Kirschwasser abgeschmeckt, sehr leicht gehalten und in spitze Sektgläser gefüllt.

Gitterkuchen: Jalousies: Dünn ausgerollter Blätterteig, in breite Streifen geschnitten, die Mitte mit vanillierter Mandelcreme gefüllt, mit dünnen Blätterteigstreifen gitterartig abgedeckt, gebacken; noch warm aprikotiert und in Stücke geschnitten.

Glace aux fruits: siehe Eis

Glace-Crème: siehe Eis

Glace simple: siehe Eis

Götterspeise: Schlagsahne mit geriebenem Pumpernickel und geriebener Schokolade vermischt.

Gramolata: Granité: Leicht gefrorenes Getränk, meist aus Fruchtsirup, das etwas körnig sein soll und in gekühlten Gläsern als Erfrischung oder anstelle von Eis serviert wird. Die Grundmasse muß vor dem Gefrieren 14 Grad mit der Zuckerwaage gemessen wiegen (italienisch).

Granatapfel: Grenade: Die apfelgroße, kugelförmige lederbraune Frucht eines hohen Baumes oder niedrigen Strauchs mit zahlreichen durch einen purpurblauen Mantel gehaltenen saftreichen Samen; Heimat: Mittelmeergebiet.

creme: crème de grenade: Saft mit Zucker und Eigelb aufgeschlagen, mit Gelatine versetzt, Schlagsahne untergezogen, in Becher gefüllt, mit gezuckerten Granatapfelkernen bestreut.

gelee Annar: gelée Annar: Saft gesüßt, sehr wenig Gelatine zugesetzt, in Schälchen gefüllt, stark gekühlt, dicke, ungeschlagene Sahne nebenbei.

Granité: siehe Gramolata

Grapefruit: siehe Pampelmuse

Grieß: Semoule (smul): Man versteht darunter im allgemeinen Weizen, hauptsächlich Hartweizen, der in den Größen grob, mittel und fein gemahlen wird. Das entspricht einer Korngröße mit einem Durchmesser von 0,2–1,5 mm.

Auflauf: Soufflé de semoule: In Milch mit Zucker, Butter und Vanille zu leichtem Brei gekocht, mit Eigelb vermischt, reichlich mit Eierschnee untergezogen; in gebutterte Auflaufschale gefüllt, gebacken, Himbeersaft nebenbei.

brot: Pain de semoule: In gesüßter Milch zu Brei gekocht, abgekühlt, mit Vanillecreme und Schlagsahne untergezogen, in Form gefüllt, gut gekühlt; gestürzt, mit Fruchtsaft serviert.

auf orientalische Art: à l'orientale: Wie für Grießbrot bereitet, in Form gefüllt, die mit Gelee, mit Rosenwasser abgeschmeckt, ausgegossen worden ist; nach dem Festwerden gestürzt, mit Vanillesirup mit Pistazienpüree vermischt umgossen.

plätzchen: Subrics de semoule (sübrick dö smul): In vanillierter, gezuckerter, mit etwas Butter angesetzter Milch zu Brei gekocht, mit Eigelb abgezogen, fingerdick auf gefettetes Blech gestrichen, erkaltet; zu Ringen von 6 cm Durchmesser ausgestochen, in geklärter Butter gebraten, angerichtet, jeder Ring mit Johannisbeer- oder Quittengelee gefüllt.

pudding: In Milch mit etwas Butter zu leichtem Brei gekocht, mit Zucker, abgeriebener Zitronenschale, geriebenen Mandeln und Eigelb vermischt, mit Eierschnee untergezogen; in gebutterte Form gefüllt, im Wasserbad im Ofen gebacken, mit Frucht-, Vanille- oder Schokoladensauce serviert.

schmarren: Feiner Grieß, in Milch zu einem ziemlich dicken Brei gekocht, nach kurzem Abkühlen mit Butter, Eiern, Zucker und Prise Salz vermischt; in Stielpfanne in Butter wie Eierkuchen gebacken, mit zwei Gabeln auseinandergerissen, Pflaumenröster (s.d.) nebenbei (österreichisch).

Groseille à maquereau: siehe Stachelbeere

Groseille rouge: siehe Johannisbeere

Groseille verte: siehe Stachelbeere

Guglhupf, Kugelhupf: Teig von Mehl, Butter, Eiern, Zucker, Milch und Hefe, vermischt mit Rosinen, gehackter Zitronenschale und gehackten Mandeln, in Napfkuchenform, mit Butter ausgestrichen und mit gehackten Mandeln und Bröseln ausgestreut, gefüllt; nach dem Aufgehen gebacken, mit Puderzucker bestäubt.

Gurjeffski Kascha: Grieß, in gesüßter, mit Vanille gewürzter Milch gekocht, vermischt mit Butter und Eigelb, in gebutterte, feuerfeste Form abwechselnd mit gemischten, mit Maraschino mazerierten Früchten und der Haut von Milch oder Rahm gefüllt (hierzu wird Milch oder Rahm in mäßig warmen Ofen gestellt und jeweils die gebildete Haut wieder abgenommen); mit gehackten Mandeln und Zucker bestreut, im Ofen gebacken, Aprikosensauce nebenbei (russisch).

Halva: Geriebene Mohrrüben, in Milch zu Püree gekocht, ein Viertel der Menge Butter beigefügt, umgerührt, kurz durchgekocht, dabei Zucker, Safran und gestoßener Kardamom hinzugegeben; muß etwa wie rotgefärbter Grieß aussehen (indisch).

Harrogate Trifle: Sandmasse, in Randform gebacken, nach dem Erkalten dreimal waagerecht durchgeschnitten, jede Lage mit Johannisbeergelee bestrichen, mit Sherry-Brandy-Läuterzucker leicht getränkt, mit dicker Vanillecreme zusammengesetzt; gänzlich mit Schlagsahne bedeckt, mit kleinen Makronen garniert (englisch).

Haselnußrolle: Roulade aux noisettes: Leichte Sandmasse, vermischt mit geriebenen Haselnüssen, auf gefettetes Papier gestrichen, auf Backblech im heißen Ofen gebacken; noch heiß vom Blech abgenommen, mit Zucker bestäubt und über Nacht im Kühlraum aufbewahrt, um den Kuchen biegsam zu halten. Mit Kirschwasser-Buttercreme, vermischt mit gerösteten, gestoßenen, gesiebten Haselnüssen gefüllt, zusammengerollt, mit Kirschwasserfondant glaciert.

Heidelbeeren: Airelles (ärell), myrtilles (mirtil): Saftige, kugelige, schwarzblaue, meist etwas bereifte Beeren eines reichverzweigten mitteleuropäischen Strauches, der hauptsächlich in Misch- und Nadelwäldern und auf Hochmooren wächst.

Chantilly: Randform, mit Karamel ausgegossen, mit süßem Eierstich gefüllt, pochiert, ausgekühlt, gestürzt; Mitte mit gezuckerten, mit Schlagsahne vermischten Heidelbeeren gefüllt.

auf Schweizer Art: à la suisse: Mit Vanillezucker und Rum mazeriert, in Becher gefüllt, mit Schlagsahne garniert.

Himbeere: Framboise (framboas): Die Frucht einer zweijährigen, sommergrünen Schößlingsstaude, die in der ganzen nördlichen Hemisphäre in den kühleren und subarktischen Zonen beheimatet und auch bis Ostasien und Nordamerika allgemein verbreitet ist. Früchte vorwiegend rot, aber auch gelb, seltener weiß, weich, saftig, duftend, wohlschmeckend, sich zur Reifezeit ablösend. Himbeeren kommen frisch, in Dosen konserviert und gefroren auf den Markt. Sie können zum Teil auch wie Erdbeeren bereitet werden.

Anita: Gezuckert, in Glasschale auf Vanilleeis dressiert, mit Ananaseis bedeckt, mit Himbeerpüree nappiert, mit Pistazienstiften bestreut.

Erika: Mit Zucker und Apricot Brandy mazeriert, in Glasschale auf Mandelsulz dressiert, mit Johannisbeergelee nappiert, mit gehobelten Mandeln bestreut; crème double nebenbei.

Ninette: Gezuckert, gekühlt, auf Orangeneis dressiert; bedeckt mit Orangenschaumsauce, bestreut mit gestiftelten Pistazien.

mit Orangeneis: à la glace à l'orange: Mit Puderzucker und Kirschwasser mazeriert, auf Orangeneis dressiert, mit kalter Aprikosensauce nappiert.

Hippen, Hohlhippen: Mit Eiweiß gestoßene oder geriebene Mandeln, mit Zucker, Eierschnee, wenig Mehl und Prise Zimt vermischt; zu dünnen Plätzchen auf gewachstes Blech gestrichen, in heißem Ofen gebacken, sofort abgenommen, über ein Nudelholz oder dünnes, rundes Stäbchen gedrückt; als Garnitur für Torten, Eisspeisen u. a. verwendet.

Honigkuchen: Bienenhonig, Kunsthonig und Traubenzucker aufgekocht, mit Mehl, mit Backpulver und Pottasche gesiebt, Eigelb und Gewürz vermengt, auch mit geschnittenen Mandeln vermischt, abgeteilt, an den Seiten mit Wasser bestrichen, in Zucker getaucht, dicht nebeneinander gesetzt, mit Milch bestrichen, gebacken.

Ischler Krapfen: Butter mit Zucker und Eigelb schaumig gerührt, mit geriebenen Mandeln, Zimt, geriebener Zitronenschale und Mehl vermischt, Eierschnee daruntergezogen, davon Kugeln auf gefettetes Backblech gesetzt, gebacken; nach dem Erkalten mit Fondant glaciert, mit Angelikablättchen und kandierter Kirsche dekoriert (österreichisch).

Japanische Dattelpflaume: siehe Kaki

Johannisbeere: Groseille rouge (grosaij ruhsch): Frucht eines bis 2 m hohen, unbestachelten Strauches mit zuerst nickenden, dann hängenden Blütentrauben. Beeren rot oder gelblichweiß, seltener rosa. Heimat Norddeutschland, durch Anbau über ganz Nordeuropa bis Lappland und Sibirien verbreitet. Hauptsächliche Verwendung: Saft, Gelee und Marmelade.

auf Pächterart: à la fermière (fermjär): Rahmquark, durchgestrichen, gesüßt, mit Zimt gewürzt, mit Schlagsahne unterzogen; in Glasschale oder Becher gefüllt, mit kalten, gedünsteten, gezuckerten Johannisbeeren bedeckt, mit Schlagsahne garniert.

pudding (kalt): Mit Zucker, Vanille und Prise Zimt gekocht, durchgestrichen; mit Grieß zu Brei gekocht, noch heiß mit Eierschnee unterzogen, in beliebige Formen gefüllt, ausgekühlt, mit kalter Vanillesauce nappiert.

Tartelett: Tartelette aux groseilles: Blindgebackenes Tartelett aus Mürbeteig, ausgekühlt, Boden mit Kuchenbrösel bestreut, mit gezuckerten Johannisbeeren gefüllt, mit Johannisbeergelee glaciert.

Joghurt, Yoghurt: Ein durch Einwirkung bestimmter Bakterien aus Voll- oder Magermilch hergestelltes sauermilchartiges Erzeugnis; wichtiges diätetisches Nahrungsmittel.

Erdbeercreme: Durch ein Sieb gestrichene, mit Zucker und Zitronensaft vermischte, leicht angewärmte Erdbeeren, mit wenig geschmolzener Gelatine vermischt. Abgekühlt, geschlagener Sahnejoghurt untergezogen, in Glasschüssel gefüllt, mit Schlagsahnerosette und kleiner Erdbeere garniert.

und Erdbeer-Sahnetorte: Drei dünne, runde, gebackene Mürbeteigböden, zusammengesetzt mit einer Lage von geschlagenem, gezuckertem, mit Zitronensaft gewürztem, leicht mit Gelatine gebundenem Sahnejoghurt und einer Lage gebundener Erdbeersahne. Oberfläche mit Erdbeergelee überglänzt, gekühlt, leicht mit gehackten Pistazien bestreut.

mit Himbeeren: aux framboises: Himbeeren, mit Zucker und wenig Himbeergeist mazeriert, unter mit Zucker und etwas Zitronensaft geschlagenem Sahnejoghurt gezogen, stark gekühlt, in Gläser gefüllt.

Becher mit Sauerkirschen: en coupe aux griottes: Entsteinte Sauerkirschen mit Zucker und abgeriebener Zitronenschale gedünstet, der Saft eingekocht, leicht mit Stärkemehl gebunden, mit den Kirschen vermischt, gekühlt. Joghurt, mit Zucker und Zitronensaft geschlagen, abwechselnd mit den Kirschen in Becher gefüllt, gehackte Pistazien obenauf.

Junket: siehe Devonshire Junket

Kaiserschmarren: Teig von Butter mit Zucker und Eigelb schaumig gerührt, vermischt mit Mehl, Milch und Rosinen, mit Eierschnee untergezogen; zu dickem Eierkuchen gebacken, mit zwei Gabeln zerrissen, mit Zucker bestreut, Pflaumenröster nebenbei (österreichisch).

Kaki, Kakipflaume, japanische Dattelpflaume: Kaki: Die tomatenähnlichen, etwa 5–7 cm großen, runden, gelben oder roten Früchte eines Baumes aus der Familie der Ebenholzgewächse, der im subtropischen Ostasien, Kalifornien, Florida und den Mittelmeerländern angebaut wird. Unreif ist das Fruchtfleisch herb und adstringierend, reif oder gefroren süß und wohlschmeckend; es ist dann weich und kann mit dem Löffel aus der Schale geholt werden.

Auflauf: Soufflé de kaki: Zitronen-Auflaufmasse, vermischt mit Kakipüree, in Auflaufschale gefüllt, gebacken; Weinschaumsauce nebenbei.

Calcutta: Deckel abgeschnitten, ausgehöhlt, gefüllt mit Fruchteis, aus dem Kakifleisch und Melonenfleisch bereitet, vermischt mit Ananaswürfelchen; maskiert und dekoriert mit Meringuemasse, in gestoßenes Eis gesetzt, mit Puderzucker bestäubt, rasch unter dem Salamander abgeflämmt.

Cyrill: Deckel abgeschnitten, ausgehöhlt, das leicht zerdrückte Fleisch mit Salpicon von Bananen und Ananas vermischt, mit Zucker und Anisette mazeriert, mit dicker Aprikosensauce gebunden, wieder in die Frucht gefüllt; Deckel aufgesetzt, stark gekühlt serviert.

Delmonico: Deckel abgeschnitten, ausgehöhlt, gefüllt mit Rahmeis mit dem Fruchtmark bereitet; garniert mit Schlagsahne, vermischt mit Maronenpüree, eine kandierte Haselnuß in die Mitte gesetzt.

auf Opernart: à l'opéra: Deckel abgeschnitten, ausgehöhlt, gefüllt mit halb Kaki- und halb Bananenpüree, vermischt mit Schlagsahne; garniert mit Rosette von Schlagsahne, bestreut mit gestoßenem, gesiebtem Krokant, stark gekühlt serviert.

Katzenzungen: Langues de chat (lang dö scha): Butter, mit Vanillezucker schaumig gerührt, mit Eiweiß und Mehl vermischt, wenig Rahm beigefügt; auf gefettete, gemehlte Bleche zu Fingern gespritzt, im heißen Ofen gebacken.

Kesaracha Bhate: Reis, in reichlich zerlassener Butter angeschwitzt, mit Wasser aufgegossen, gewürfelte Orangenfilets und Rosinen beigefügt, gekocht; kurz vor dem Garwerden Zucker, Safran und gestiftelte Mandeln hinzugegeben (indisch).

King Henry's Shoe-strings: König Heinrichs Schuhbänder: Biskuitmasse von Zucker mit Eigelb und abgeriebener Zitronenschale schaumig gerührt, mit Mehl, Orangenblütenwasser und wenig Zitronensaft vermischt, mit Eierschnee unterzogen, dünn auf Backblech gestrichen, gebacken; in lange, sehr dünne Streifen geschnitten, mit Puderzucker bestäubt (englisch).

Kirsche: Cerise (srihs): Frucht des Kirschbaumes, der in zahlreichen Arten in fast allen Ländern der gemäßigten Zonen verbreitet ist. Wichtige Kultursorten sind: Süßkirschen: schwarze, gelbe und bunte, süße Herzkirschen sowohl mit weichem als auch festem Fleisch; Sauerkirschen: Weichseln mit dunkler Haut und färbendem Saft, Weichseln, sauer, dunkelhäutig, Amarellen, sauer, hellhäutig, und Glaskirschen, hell, nicht färbend.

Frische Kirschen werden vor weiterer Verwendung entsteint.
Kirschen werden frisch, in Dosen konserviert und gefroren gehandelt.

auf Dijoner Art: à la dijonnaise: Pochiert in Läuterzucker mit Likör von schwarzen Johannisbeeren, ausgekühlt, mit etwas Kirschwasser übergossen, mit Löffelbiskuits serviert.

Dubarry: Flacher Tortenring, mit Auslegeteig ausgefüttert, Boden mit Zucker bestreut, mit entsteinten Kirschen bedeckt gebacken, ausgekühlt; gänzlich mit Schlagsahne, vermischt mit gestoßenen Makronen, glattgestrichen, mit Schlagsahne dekoriert.

Eldorado: In Vanille-Läuterzucker pochiert, abgetropft, mit Weinbrand-Sabayon gebunden, heiß serviert.

Frascati: In Läuterzucker mit Kirschwasser pochiert, ausgekühlt, bedeckt mit Schlagsahne.

Heinrich IV.: Henri IV: Blindgebackenes Tartelett aus Blätterteig, zur Hälfte mit Mandeleis gefüllt, mit in Kirschwasser-Läuterzucker pochierten und abgetropften Kirschen gefüllt, mit Meringuemasse dekoriert, mit Puderzucker bestäubt, rasch abgeflämmt.

auf Jubiläumsart: Jubilé (djübileh): In Vanille-Läuterzucker pochiert, Fond mit Pfeilwurzelmehl gebunden und mit Johannisbeergelee vermischt; in kleine Silber- oder Porzellankokotten gefüllt, mit angewärmtem Kirschwasser übergossen, brennend serviert.

in Rotwein: au vin rouge (o wäng ruhsch): In Rotwein mit Zucker und etwas Stangenzimt pochiert, abgetropft, den Sirup eingekocht, mit Johannisbeergelee vermischt, über die Kirschen passiert; kalt mit Löffelbiskuits serviert.

Torte: Tarte aux cerises (tart o shris): 1. Tortenring mit Mürbeteig ausgefüttert, dicht mit Kirschen belegt, gebacken, mit Johannisbeergelee bestrichen, mit Meringuemasse bedeckt und verziert, mit Puderzucker bestäubt, abgeflämmt;

2. Butter mit Zucker und Eigelb schaumig gerührt, geriebene Mandeln, geriebene Zitronenschale und Mehl daruntergemischt, mit Eierschnee aufgezogen; Tortenform zur Hälfte mit der Masse angefüllt, reichlich mit entsteinten Kirschen bedeckt, mit dem Rest der Masse maskiert, bei mäßiger Hitze gebacken; nach dem Stürzen mit Puderzucker bestäubt.

Sylvia: Tortenring mit Mürbeteig ausgefüttert, mit pochierten, abgetropften Morellen bedeckt, mit süßem Eierstich zugegossen, gebacken; nach dem Erkalten mit Rumfondant glaciert.

Vacherin: Vacherin aux cerises: Sauerkirschen, in Vanille-Läuterzucker pochiert, abgetropft, ausgekühlt, mit Johannisbeergelee gebunden; kurz vor dem Servieren in nestförmiges Vacherin gefüllt, Deckel aufgesetzt, mit Schlagsahne garniert.

Valéria: Blindgebackenes Tartelett, zur Hälfte mit in gesüßtem Rotwein pochierten, abgetropften Kirschen gefüllt, mit italienischer Meringuemasse maskiert und dekoriert, abgeflämmt; leicht mit aufgelöstem Johannisbeergelee bestrichen, mit gehackten Pistazien bestreut.

Kiwi: Eigroße, ursprünglich aus China stammende Frucht mit braungrün schimmernder Schale und grünem, saftigem Fruchtfleisch. Das wohlschmeckende Fleisch kann direkt aus der Schale gelöffelt werden.

scherbett, sorbet de kiwi: Läuterzucker von 22 Grad mit dem passierten Fruchtfleisch, Weißwein und Zitronensaft auf 15 Grad gebracht, gefroren, italienische Meringuemasse untergezogen.

Klementine: Clementine (klementihn): Kleine, runde Frucht aus der Familie der Zitrusfrüchte, der Mandarine ähnlich, aber runder, mit dünnerer, etwas hellerer Schale. Wird wie Mandarine bereitet.

Kompott: Compote de fruits (kompott dö fruih): Früchte zu Kompott sollten stets je nach Art geschält oder abgezogen, entkernt, gewürfelt oder in Scheiben geschnitten und sorgfältig in Läuterzucker pochiert und in diesem ausgekühlt werden. Rote Früchte werden meistens nur mit heißem Läuterzucker übergossen und müssen zugedeckt ziehen.

Ananas-: d'ananas: Frische Frucht, geschält, in Scheiben geschnitten, Strunk herausgestochen, Scheiben halbiert oder geviertelt, in Vanille-Läuterzucker pochiert.

Apfel-: de pommes: Geschält, geviertelt oder in Achtel geschnitten, Kerngehäuse entfernt, in Läuterzucker mit Weißwein und etwas Zitronensaft pochiert, ausgekühlt.

Apfelsinen-: d'oranges: Apfelsinenfilets, mit Vanille-Läuterzucker, mit etwas geriebener Apfelsinenschale vermischt, übergossen; zugedeckt in dem Läuterzucker erkaltet, nicht gekocht.

Aprikosen-: d'abricots (dabriko): Enthäutet, halbiert, entsteint, in Vanille-Läuterzucker mit einigen der enthäuteten Kerne pochiert; nach dem Erkalten mit Kirschwasser parfümiert.

Bananen-: de bananes: Geschält, der Länge und der Breite nach geteilt oder in schräge, dicke Scheiben geschnitten, in Läuterzucker pochiert; nach dem Erkalten mit Rum oder Kirschwasser parfümiert.

Birnen-: de poires (dö poar): Gute Früchte geschält, je nach Größe halbiert oder geviertelt, Kerne entfernt, in Vanille-Läuterzucker mit etwas Zitronensaft pochiert.

Erdbeer-: de fraises (dö frähs): Kleinere Früchte, mit heißem Vanille-Läuterzucker übergossen, zugedeckt im Sirup erkaltet; nie gekocht.

Feigen-: de figues (dö fig): Ganze oder halbierte frische Feigen, nur kurz in Vanillezucker pochiert; nach dem Erkalten mit Kirschwasser parfümiert.

Gemischtes: melée: Von verschiedenen, separat pochierten Früchten bereitet.

Himbeer-: de framboises (dö framboas): Wie Erdbeeren bereitet.

Kirschen-: de cerises (dö srihs): 1. Entsteint, in Vanille-Läuterzucker pochiert;
2. entsteint, in Rotwein mit Zucker und einem Stückchen Zimt pochiert.

Pfirsich-: de pêches (dö pesch): Wie Aprikosen bereitet.

Rhabarber-: de rhubarbe: Junge Stiele, abgezogen, in Stücke geschnitten, mit nur wenig Vanille-Läuterzucker sorgfältig pochiert.

Königskuchen: Butter mit Eigelb, Zucker und geriebener Zitronenschale schaumiggerührt, mit Mehl und Eierschnee untergezogen, in längliche, gefettete und mit Papier ausgelegte Kästen gefüllt, bei mäßiger Hitze gebacken.

Krapfen: Beignets (bänjä): Gezuckerte Fruchtscheiben oder Filets, getränkte Biskuitscheiben, dicke Cremes, Reis- oder Grießpräparationen u.a.m., durch Backteig gezogen oder paniert, in tiefem

Fett gebacken, serviert mit Frucht- oder anderer Sauce. Siehe auch Brandteigkrapfen.

Ananas-: d'ananas: Scheibchen frischer Ananas, in Kirschwasser-Läuterzucker pochiert, abgetropft, durch Backteig gezogen, in tiefem Fett gebacken; mit Puderzucker bestäubt, unter dem Salamander glaciert.

auf kaiserliche Art: à l'impériale: Weiche Makrone, in Maraschino-Läuterzucker getränkt, zwischen zwei pochierte Ananasscheibchen gefüllt, durch Backteig gezogen, in tiefem Fett gebacken; mit Puderzucker bestäubt, glaciert.

Apfel-: de pommes: Geschälte, vom Kerngehäuse befreite Apfelscheiben, mit Puderzucker und Kirschwasser mazeriert, durch Backteig gezogen, in tiefem Fett gebacken, mit Puderzucker bestäubt.

Aprikosen-: d'abricots (dabriko): Halbe Früchte, gezuckert, durch Backteig gezogen, in tiefem Fett gebacken; abgefettet, mit Puderzucker bestäubt, unter dem Salamander glaciert.

Bananen-: de bananes: Geschält, halbiert, mit Puderzucker, Kirschwasser oder Weinbrand mazeriert; durch Backteig gezogen, in tiefem Fett gebacken, mit Puderzucker bestäubt.

Erdbeer-: de fraises (frähs): Große Früchte, mit Puderzucker und Kirschwasser mazeriert, durch Backteig gezogen, in tiefem Fett gebacken, mit Puderzucker bestäubt.

Faschings-: siehe Wiener Krapfen

Grand-Marnier: Dicke Konditorcreme, mit Butter verfeinert, mit Grand-Marnier abgeschmeckt, gekühlt, rund ausgestochen; mit Ei und Weißbrotkrume oder Biskuitbröseln paniert, in tiefem Fett gebacken, mit Puderzucker bestäubt.

auf Großmuttersart: grand'mère: 1. Fruchtpüree mit Zucker zu Paste dick eingekocht, ausgekühlt, rund oder viereckig ausgestochen, durch Backteig gezogen, in tiefem Fett gebacken; abgetropft, mit Puderzucker bestäubt, glaciert;

Harems-: Kalter, mit Rosenwasser parfümierter Süßspeisenreis, zu kleinen Kugeln geformt, paniert, in tiefem Fett gebacken; mit Puderzucker bestäubt, Himbeersaft nebenbei.

Javanische: à la javanaise: Dicke Konditorcreme, mit gewürfelten Bananen vermischt, ausgekühlt, rund ausgestochen, paniert, in tiefem Fett gebacken; Erdbeersauce nebenbei.

Mignon (minnjong): Zwei weiche Makronen, leicht ausgehöhlt, mit Aprikosenmarmelade zusammengesetzt, leicht mit Kirschwasser-Läuterzucker getränkt; paniert, in tiefem Fett gebacken, mit Puderzucker bestäubt.

Polnische: à la polonaise: Sehr dünne Eierkuchen, mit Vanillecreme bestrichen, gerollt, in Scheiben geschnitten, mit geschlagenem Ei und Makronenbröseln paniert, in tiefem Fett gebacken; mit Puderzucker bestäubt, Fruchtsaft nebenbei.

Regina: Kleine, runde Böden aus Sandmasse gebacken, leicht ausgehöhlt, mit Aprikosenmarmelade zu zweien zusammengesetzt, leicht in Kaffeesahne, mit Maraschino abgeschmeckt, getränkt; abgetropft, paniert, in tiefem Fett gebacken, mit Puderzucker bestäubt.

Kroketts, Krusteln: Croquettes: Süßspeisenreis, Grieß oder anderes, mit Eigelb gebunden, geformt, paniert, in tiefem Fett gebacken, mit passender Sauce warm serviert.

Ananas-: à l'ananas: Gebundener Süßspeisenreis, vermischt mit Ananaswürfelchen, zu Korken geformt, paniert, in tiefem Fett gebacken; Ananassirup nebenbei.

Aprikosen-: d'abricots: Gebundener Süßspeisenreis, vermischt mit gewürfelten Aprikosen, mit Kirschwasser abgeschmeckt, wie kleine Aprikosen geformt; paniert, gebacken, mit Kirschwasser abgeschmeckte Aprikosensauce nebenbei.

Grieß-: de semoule (dö smul): Grieß, in Milch mit Butter, Zucker und Vanille gekocht, mit Eigelb verrührt mit Rahm legiert, ausgekühlt; zu kleinen Kugeln geformt, paniert, in tiefem Fett gebacken, Fruchtsaft nebenbei.

Mandelreis-: de riz aux amandes (dö ri osamangd): Wie Vanillereiskroketts, mit geriebenen Mandeln vermischt.

Maronen-: de marrons (dö marrong): Geschälte, in Vanille-Läuterzucker pochierte Maronen, püriert, gesüßt, mit Eigelb gebunden, mit etwas Butter aufgelockert; zu Korken geformt, paniert, gebacken; Vanillesauce nebenbei.

auf Nizzaer Art: à la niçoise: Wie Vanillekroketts, doch Masse mit Fruchtsalpicon vermischt; mit Maraschino abgeschmeckte Aprikosensauce nebenbei.

Orangen-: à l'orange: Reismasse, mit Orangensaft gewürzt, mit gewürfelten Orangenfilets vermischt, zu kleinen Kugeln geformt; paniert, gebacken, Orangensirup mit Curaçao abgeschmeckt nebenbei.

Tutti-Frutti-: Salpicon von Früchten, mit Kirschwasser mazeriert, mit sehr dicker Frangipanecreme gebunden, ausgekühlt; rund ausgestochen, paniert, gebacken; mit Maraschino abgeschmeckte Aprikosensauce nebenbei.

Vanillereis-: de riz au vanille (dö ri ovanij): Mit Vanille gekochter Süßspeisenreis, gebunden mit Eigelb verrührt mit Rahm, ausgekühlt, zu Korken geformt; paniert, in tiefem Fett gebacken, Himbeer- oder Erdbeersaft oder Vanillesauce nebenbei.

Krusten, Krustenspeise: Croûtes (krut): Scheiben von Briochen, Savarin oder Einback, im Ofen geröstet und mit Zucker glaciert, oder schmale Weißbrotscheiben in Butter geröstet, mit Früchten garniert und mit Fruchtsauce nappiert.

mit Ananas: à l'ananas: Entrindete, halbierte Scheiben Kastenbrot, in Butter goldgelb gebraten, halb übereinander im Kranze angerichtet, jede Scheibe mit halber kandierter Kirsche belegt; Mitte mit kleinen, pochierten Ananasscheibchen gefüllt, beim Servieren mit heißer Aprikosensauce nappiert.

mit Bananen: aux bananes (o banan): Wie mit Ananas bereitet, Mitte mit in Butter gedünsteten Bananenscheiben gefüllt; vor dem Servieren mit heißer Aprikosensauce nappiert.

Lyoner: à la lyonnaise (lionäs): Altbackener Savarin, in gleichmäßige Scheiben geschnitten, mit Puderzucker bestäubt, im Ofen glaciert; im Kranze angerichtet, mit halben kandierten Kirschen und Angelikablättchen dekoriert, Mitte mit kleinen pochierten Apfel- und Birnenvierteln gefüllt, nappiert mit Aprikosensauce mit Kirschwasser abgeschmeckt.

Langues de chat: siehe Katzenzungen

Lemon cheese cakes: Tartelettförmchen, mit Halbblätter- oder Mürbeteig ausgefüttert, mit Lemon curd (s.d.) gefüllt, mit Puderzucker bestäubt, gebacken (englisch).

curd: Butter mit Zucker und abgeriebener Zitronenschale schaumig gerührt, mit Eigelb und Zitronensaft vermischt, wie Holländische Sauce im Wasserbad aufgeschlagen (englisch).

Letchi: siehe Litchis

Liebesgrübchen: Puits d'amour (püi damuhr): Dünn ausgerollter Blätterteig, zu kleinen runden Böden ausgestochen, Rand angefeuchtet mit Blätterteigring bedeckt, gebacken; nach dem Auskühlen mit Johannisbeergelee oder -marmelade gefüllt.

Litchis, Leechee, F. Letchi (chinesische oder japanische Haselnuß): Eiförmige, rotbraune Früchte mit warzig kegelförmigen Erhebungen und saftigem, nach Muskatellertrauben schmeckendem Fruchtfleisch und derbschaligem Samen eines tropischen Baumes aus der Familie der Seifenbaumgewächse. Kommt in Europa hauptsächlich als Konserve auf den Markt.

Bordüre Maya: Bordure de letchi Maya: Klebereis, in Kokosnußmilch gekocht, gesüßt, leicht gelatiniert, abgekühlt, mit geschlagener Sahne unterzogen, in Randform gefüllt, gekühlt. Gestürzt, die Mitte mit den entsteinten Litchis im eigenen, mit Stärkemehl leicht gebundenem, mit Arrak aromatisiertem Saft gefüllt, mit geraspelter Kokosnuß bestreut.

auf orientalische Art: á l'orientale: Entsteinte Litchis abgetropft, der Saft mit Grenadine und Geleestand vermischt, kurz vor dem Stocken mit den Früchten vermischt, in Glasschale gefüllt, gekühlt. Mit Schlagsahne, mit Benediktiner aromatisiert, dekoriert, mit gerösteten, gehackten Pinienkernen bestreut.

mit Whisky flambiert: flambé au whisky: Entsteinte, abgetropfte Früchte, am Tisch mit Whisky flambiert, auf Vanilleeis dressiert, mit Aprikosensauce nappiert, mit gehobelten, gerösteten Mandeln bestreut.

Liwanzen: Hefeteig mit Zitronenschale, Eigelb, Butter und gestoßener Muskatblüte nach dem Aufgehen löffelweise in mit heißer Butter ausgestrichene Spiegeleierpfanne gefüllt, beiderseits gebacken; heiß mit Pflaumenmus bestrichen und mit Zimtzucker bestreut (tschechisch).

Löffelbiskuits, Fingerbiskuits: Biscuits à la cuiller (biskwi ala küjär): Eigelb und Zucker schaumig gerührt, Eierschnee und Mehl locker unterzogen; fingerartig auf gewachstes Backblech gespritzt, mit Puderzucker bestäubt, leicht mit Wasser besprengt, gebacken.

Macédoine de fruits: siehe Mischfrüchte
Macédoine à la suédoise: siehe Schwedenfrüchte
Madeira Buns (mäderä banns): Teig aus Mehl, Hefe, Butter, Zucker, Zitronenschale, Ingwerpulver, Eiern, Muskat, Prise Salz und Madeira, zu kleinen runden Brötchen geformt, nach dem Aufgehen mit Ei bestrichen, gebacken (englisch).

Mahalebi: Milch mit Zucker aufgekocht, mit Reisstärke, mit kaltem Wasser angerührt, gebunden, dick gekocht, mit Rosenwasser parfümiert, in Schalen gefüllt, gut gekühlt (türkisch).

Makronen: Macarons: Geriebene Mandeln, mit Zucker, Eiweiß und Vanille zu etwas weichem Teig verrieben, auf gewachstes Blech gespritzt oder auf Oblaten gesetzt, mit Wasser besprützt, bei mittlerer Hitze gebacken.

Haselnuß-: Von leicht angerösteten, geriebenen Haselnußkernen wie oben bereitet.

Mandarine: Mandarine (mandarihn): Frucht eines kleinen Baumes oder Strauches aus der Familie der Rutazeen mit duftenden weißen Blüten. Die Früchte sind flach-kugelig, orangengelb, 6 bis über 8 cm groß, 8- bis 10fächerig, mit dünner, stark aromatischer, leicht abziehbarer Schale. Durch Großkulturen im Mittelmeergebiet, in Kalifornien und anderen warmen Ländern verbreitet.

Almina: Deckel abgeschnitten, ausgehöhlt, mit bayerischer Creme, mit dem Fruchtsaft bereitet und mit Kirschwasser abgeschmeckt, gefüllt; mit einer Rosette Schlagsahne garniert, mit grob zerdrückten kandierten Veilchen bestreut.

gefrostet: givrée (djiwreh): Abgedeckelt, ausgehöhlt, mit Mandarineneis gefüllt, Deckel wieder aufgesetzt; leicht mit Wassertropfen besprengt, nur so lange in den Tiefkühlschrank gestellt, bis die Frucht von außen leicht gefrostet ist.

auf norwegische Art: à la norvégienne (norweschjenn): Abgedeckelt, ausgehöhlt, mit Mandarineneis gefüllt, mit Meringuemasse, mit Rum abgeschmeckt, bedeckt und garniert, mit Puderzucker bestäubt; in gestoßenes Eis gesetzt, rasch im Ofen abgeflämmt.

auf schwedische Art: à la suédoise: Abgedeckelt, gefüllt mit bayerischer Mandarinencreme, Deckel aufgesetzt und mit Marzipanblättern verziert.

Mandarine   **Marone**

Überraschungs-: en surprise (ang sürprihs): Abgedeckelt, ausgehöhlt, mit Mandarinenauflaufmasse gefüllt, gebacken, sofort serviert.

Mandelsulz: Blancmanger (blangmangdjeh): Mandeln, gestoßen oder feingerieben, dabei mit Wasser vermischt, nach dem Ausziehen durch ein Tuch gedrückt, die Flüssigkeit mit Zucker, aufgelöster Gelatine und dem gewünschten Geschmack vermischt, in Zylinderform gefüllt, nach dem Erstarren gestürzt. Heute vielfach mit ungesüßter Schlagsahne unterzogen.

Englisches: Blancmanger: Milch, aufgekocht, mit Vanille oder beliebig aromatisiert, gesüßt, mit Cornflour (Maisstärke), in etwas Milch angerührt, vermischt, gekocht, in Form gefüllt, gekühlt, gestürzt, meist mit Fruchtsauce serviert (englisch).

Erdbeer-: aux fraises (o frähs): Grundmasse vermischt mit der gleichen Menge Püree von frischen Erdbeeren, dabei Gelatine entsprechend verstärkt.

Gebändertes: rubané: Drei oder vier verschiedene Sorten Mandelsulz, abwechselnd in den Farben, wie Schokolade, einfaches Mandelsulz, Kaffee und Erdbeer, in die Formen gefüllt.

Himbeer-: aux framboises (o framboas): Wie Erdbeer-Mandelsulz mit Püree von frischen Himbeeren bereitet.

Kaffee-: au café: Grundmasse mit starkem Kaffee-Extrakt, Kaffee-Essenz oder Pulverkaffee abgeschmeckt.

mit Pistazien: aux pistaches (o pistasch): Masse mit halb Mandeln und halb recht grünen, geschälten Pistazien bereitet.

Schokoladen-: au chocolat: Grundmasse mit aufgelöster Schokolade vermischt.

Mango, fr. mangue: Die fleischig saftigen, pflaumenförmigen oder schiefbirnenförmigen, bis zu 1 kg schweren Früchte des tropischen Mangobaumes. Beliebtes Tafelobst der Tropen mit dickem Steinkern. Wird zu Chutney verarbeitet.

Eis: Reife Früchte geviertelt, das Fleisch von der Schale und dem Kern abgeschabt, durch ein Nylonsieb gestrichen. Das Püree mit Staubzucker und etwas Orangenblütenwasser verrührt, nach dem Auflösen des Zuckers Weißwein und halbsoviel Wasser beigefügt, mit Zitronensaft gewürzt, wie üblich gefroren.

Krapfen: beignets de mangues: Reife, doch nicht überreife Frucht geschält, das Fleisch sichelartig geschnitten, mit Zucker und Maraschino mazeriert. Durch Backteig gezogen, sofort gebacken und serviert. Mango- oder Aprikosenmarmelade nebenbei.

Marmelade: Reife Früchte geschält, das Fleisch mit Nirostaklinge von Kern und Schale abgelöst, gewogen, auf 500 g Fleisch 375 g Zucker und etwas Wasser genommen. Mit Ingwer oder Vanille gewürzt zur nötigen Konsistenz gekocht.

Reis: Größere und kleinere Stückchen Mango in Ingwer-Läuterzucker pochiert. Reis blanchiert, mit Weißwein und Vanille gekocht und nach dem Garwerden die kleinen Mangostücke daruntergemischt. In Form gefüllt, gestürzt, mit den größeren Stücken garniert; Aprikosensauce nebenbei.

Marillenknödel: Feiner Hefeteig, dünn ausgerollt, in Vierecke geschnitten, eine mit Würfelzucker anstelle des Steines gefüllte frische Aprikose in die Mitte gelegt, die Ecken nach oben geschlagen, zu einer Kugel geformt. Nach dem Aufgehen in kochendem Wasser pochiert, abgetropft, in mit viel Butter geröstetem Reibbrot gerollt, mit Puderzucker bestäubt (österreichisch).

Marone, Edelkastanie: Marron: Die Samen mehrerer Arten von Kastanienbäumen, besonders aber der süßen oder spanischen Kastanie, die in Frankreich, Italien, Portugal und Spanien kultiviert wird. Maronen werden frisch, in Dosen, in Sirup, glaciert und pulverisiert gehandelt.

Chantilly: Püree von in Vanillesirup pochierten Maronen, auf mit Kirschwassersirup getränkten Biskuitboden dressiert, maskiert und dekoriert mit Schlagsahne, mit glacierten Maronen garniert.

Montblanc von: Montblanc aux marrons: Geschält, in Vanillesirup pochiert, durchgestrichen, bergartig aufgetürmt, gänzlich mit Schlagsahne bedeckt.

Marquise Alice: Bayerische Vanillecreme, vermischt mit gestoßenem und gesiebtem Krokant und mit in Anisette getränkten, gewürfelten Löffelbiskuits, in runde Form gefüllt; nach dem Stocken gestürzt, gänzlich mit Schlagsahne bestrichen, mit dünnen Linien Johannisbeergelee bespritzt, mit der Messerspitze marmoriert, rundherum mit kleinen, dreieckigen, glacierten Blätterteigschnitten garniert.

Marron: siehe Marone

Maschinengefrorenes: siehe Eis

Mascottes: Genoisemasse, im Randblech gebacken, waagerecht durchgeschnitten, mit Krokant-Buttercreme gefüllt. In kleine Vierecke geschnitten, oben und seitlich mit Krokant-Buttercreme bestrichen, mit gehackten gerösteten Mandeln angestreut, oben mit Puderzucker bestäubt.

Maulbeere (mühr): Frucht des Maulbeerbaumes oder -strauches aus der Familie der Moraceaen, in Ostasien beheimatet, seit dem 12. Jh. im Mittelmeergebiet angebaut. Die schwarzen, wohlschmeckenderen Früchte stammen aus Persien und sind heute über viele Länder verbreitet, auch im Süden der Vereinigten Staaten. Maulbeeren werden hauptsächlich frisch gehandelt und als Obst, zu Kompott oder Pie genossen.

Torte aux mûres (tart o mühr): Tortenring mit Mürbeteig ausgefüttert, Boden mit Kuchenbröseln bestreut, gefüllt mit rohen Maulbeeren, vermischt mit Zucker und Prise Zimt, gebacken; nach dem Abkühlen aprikotiert oder mit Johannisbeergelee überzogen.

Mekkakuchen, Mekkabrötchen: Pains de la Mecque (päng dela meck): Brandteig, zu kleinen ovalen Brötchen auf Backblech gespritzt, mit Ei bestrichen, dick mit Zucker bestreut, Mitte der Länge nach mit dem Messerrücken eingedrückt, nach kurzem Stehenlassen gebacken. Können aufgeschnitten und mit Schlagsahne, vermischt mit Aprikosenpüree, gefüllt werden.

Melone: Melon (mälong): Frucht eines einjährigen kriechenden oder kletternden Krautes, von ovaler oder runder, ziemlich großer Form, mit netzig geaderter oder tief gerippter, fester, grüner, brauner oder gelber Schale und saftigem, gelbrotem, rötlichem, seltener grünlichem Fruchtfleisch. Melonen werden in Süddeutschland, Österreich, den Mittelmeerländern und Kalifornien angebaut. Von den zahlreichen Sorten sind die Cantaloup-, die persische, Cassaba-, Netz-, Honey Dew- und Moschus-Melone am beliebtesten.

Atlantic: Deckel abgeschnitten, Samen entfernt, gefüllt mit Meloneneis, aus dem ausgehöhlten Fleisch bereitet, vermischt mit gewürfelten Bananen; mit Schlagsahne garniert, mit Schokoladenspänen bestreut.

mit Cognac: au fine champagne (o fihn schampain): Deckel abgeschnitten, Samen entfernt, etwas alter Cognac hineingegossen, Deckel aufgesetzt, bis zum Servieren in gestoßenes Eis gepackt.

auf Kreolenart: à la créole: Deckel abgeschnitten, Samen entfernt, Fleisch ausgehöhlt und gewürfelt oder rund ausgestochen, mit kleinen Erdbeeren vermischt, mit Zucker, Maraschino und Kirschwasser mazeriert, wieder in die Frucht gefüllt, Deckel aufgesetzt, stark gekühlt.

Marquise: Oberseite wie ein Korb aufgeschnitten, Samen entfernt, Fleisch mit einem Löffel muschelartig ausgestochen, mit Weinbrand und Zucker mazeriert; Vanilleeis und das ausgestochene Fleisch abwechselnd in die Frucht gefüllt, mit Schlagsahne garniert.

Mathis: Deckel abgeschnitten, Samen entfernt, Fleisch mit Kugelausstecher ausgehöhlt, mit Zucker, Schaumwein und Weinbrand maziert; abwechselnd mit Vanilleeis in die Frucht gefüllt, garniert mit Schlagsahne mit Benediktiner abgeschmeckt.

auf orientalische Art: à l'orientale (oriangtal): Ausgehöhlt, das gewürfelte Fleisch vermischt mit Walderdbeeren, mit Zucker und Kirschwasser maziert, wieder in die Schale gefüllt.

Überraschungs-: en surprise (ang sürprihs): Fleisch mit einem Löffel ausgestochen, mit Kirschwasser und Zucker maziert, reichlich mit dickem, frischem Erdbeermark gebunden, wieder in die Schale gefüllt; in gestoßenes Eis gesetzt, mit Meringuemasse bedeckt und dekoriert, mit Puderzucker bestäubt, rasch im Ofen abgeflämmt.

Meringue: siehe Baiser

Mincemeat: Mischung von feingewürfeltem, gebratenem Rinderfilet, entsehntem Rindernierenfett, Zitronat, Orangeat, geschälten, entkernten Äpfeln, Rosinen, Malagatrauben und Korinthen, gehackter Zitronen- und Orangenschale, gemischtem Gewürz und etwas Zucker, alles mit Madeira und Weinbrand wenigstens einen Monat vor Gebrauch maziert (englisch).

Mince pies: Tartelettförmchen mit Blätter- oder Halbblätterteig ausgefüttert, mit Mincemeat (s. d.) gefüllt, mit Blätterteig abgedeckt, mit Ei bestrichen gebacken; aus den Förmchen herausgenommen, mit Puderzucker bestäubt, heiß serviert.

Mirliton: Tartelettförmchen mit Blätter- oder Halbblätterteig ausgefüttert, mit mit verschiedenen Füllungen versehen; z. B. Boden mit Aprikosenmarmelade maskiert, gefüllt mit Zucker und Eigelb schaumig gerührt, vermischt mit gestoßenen Makronen und Eierschnee, mit drei halben Mandeln belegt und mit Puderzucker bestäubt; oder Eigelb mit Zucker schaumig gerührt, mit wenig Sahne, Mehl, Zitronensaft und flüssiger Butter vermischt, mit Puderzucker bestäubt und gebacken.

Mischfrüchte: Macédoine de fruits (massedoan dö fruih): Alle Früchte der Saison, die kleinen ganz gelassen, die großen gewürfelt, mit kaltem, schwerem Läuterzucker übergossen, nach Geschmack mit Likör aromatisiert, stark gekühlt serviert.

Mohnbeugel: Ziemlich fester Teig aus Mehl, Butter, Eigelb, Milch und Hefe, nach dem Aufgehen dünn ausgerollt, in Dreiecke geschnitten; Mitte mit Fülle aus gebrühtem Mohn, Zucker, gehackter Zitronenschale, Zimt, etwas Milch und Butter belegt, zu Hörnchen geformt, auf gefettetes Backblech gesetzt, nach abermaligem Aufgehen mit Eigelb bestrichen, gebacken (österreichisch).

nudeln: Dünn ausgerollter Nudelteig, in ziemlich breite Streifen geschnitten, in Salzwasser gekocht, abgetropft; vermischt mit feingemahlenem Mohn, mit Milch und etwas Butter gekocht und mit Honig vermengt, Streuzucker obenauf (österreichisch).

Mousse glacé: siehe Schaumeis

Muffins: 1. Teig aus Mehl, Milch, Hefe, Eier, Butter und Salz, oder nur Mehl, Milch oder Wasser, Hefe und Salz, zu kleinen Kugeln geformt, abgeflacht, in besondere Ringe gefüllt, nach dem Aufgehen gebacken, ohne die Muffins Farbe annehmen zu lassen; geröstet, aufgeschnitten, mit Butter bestrichen serviert (englisch).
2. Zucker mit Butter und Eiern schaumig gerührt, mit Mehl, vermischt mit Backpulver, Milch und Vanille verarbeitet, in besondere Formen gefüllt, bei mäßiger Hitze gebacken (nordamerikanisch).

Blueberry: Grundmasse vermischt mit Heidelbeeren, vor dem Einmengen leicht gemehlt (nordamerikanisch).

Corn: Wie Muffins 2, aber mit halb Weizen- und halb Maismehl hergestellt (nordamerikanisch).

Mûre: siehe Maulbeere

Myrtilles: siehe Heidelbeeren

Noisette, Haselnuß: siehe Nuß
Noix, Walnuß: siehe Nuß
Nouilles: siehe Nudeln
Nudeln, Angedünstete: Nudelteig, in dünne Streifen geschnitten, in heißer Milch mit Zucker und Vanille gekocht, bis sich am Boden des Geschirrs eine hellbraune Kruste bildet; mit heißer Milch übergossen, zugedeckt stehengelassen, gestürzt. Mit der ausgestochenen Kruste nach oben angerichtet, mit Zucker und Zimt bestreut (österreichisch).

- **Mohn:** Nudelteig, in breitere Streifen geschnitten, in Salzwasser gekocht, abgetropft; mit geriebenem, in Butter und Milch verkochtem Mohn und etwas Honig vermischt, mit Zucker bestreut (österreichisch).
- **Nuß-:** Wie Mohnnudeln, jedoch mit geriebenen Haselnüssen und Zucker vermischt (österreichisch).
- **Obers-:** Nudelstreifen, in vanillierter Milch gekocht, vermischt mit Masse aus Butter mit Eigelb und Zucker schaumig gerührt, mit Eierschnee unterzogen; in gefettete Pfanne gefüllt, gebacken, Schnitten abgestochen (österreichisch).
- **Palfy-:** Nudelstreifen, in vanillierter Milch gekocht, mit Vanillecreme vermischt, in gefettete Pfanne gefüllt, gebacken, portionsweise abgestochen (österreichisch).
- **Topfen-:** Butter mit Eiern, Eigelb, durchgestrichenem Quark, Vanillezucker, abgeriebener Zitronenschale und etwas Mehl vermischt, vorbereitetes Hefestück darunterbearbeitet, zu fingerdicken Rollen geformt; aufgehen lassen, in tiefem Fett gebacken, mit Zucker bestreut, Himbeersaft nebenbei (tschechisch).

Nürnberger Lebkuchen: Zucker mit Eiweiß leicht schaumig gerührt, Ammonium und Honig, geriebene Mandeln, gehacktes Orangeat, wenig Mehl und Lebkuchengewürz darunterbearbeitet, die Mischung dünn aufgestrichen auf runde Oblaten gestrichen; zwei Stunden getrocknet, dann gebacken, weiß, rosa oder mit Schokolade glaciert. Es gibt vielerlei Sorten von Lebkuchen, die in der Hauptsache fabrikmäßig hergestellt und in Zellophan oder in Dosen verpackt gehandelt werden.

Nuß, noix (Walnuß), noisette (Haselnuß).

Nußkipfel: Vierecke aus Blätter- oder Halbblätterteig, gefüllt mit kalter Masse aus geriebenen Nüssen, mit Milch aufgekocht, mit Honig und geriebener Zitronenschale verrührt; zu Hörnchen geformt, mit Eigelb bestrichen, gebacken (österreichisch).

- **koch:** Butter mit Eigelb, Zucker, geriebenen Haselnüssen und auf Zucker abgeriebener Zitronenschale vermischt, mit Eierschnee unterzogen, in gefettete Pfanne gefüllt, gebacken, zu Portionen abgestochen (österreichisch).
- **schiffchen:** Teig von Mehl, Butter, geriebenen Haselnüssen, Zucker und geriebener Zitronenschale wie Mürbeteig bereitet; nach längerem Ruhen ausgerollt, damit Schiffchenformen ausgefüttert, gefüllt mit Masse wie für Nußkipfel, mit Teig abgedeckt, gebacken; nach dem Auskühlen mit Fondant dünn überzogen, eine angezuckerte Nuß in die Mitte gesetzt.
- **schnitten:** Butter mit Zucker, Eigelb und geriebenen Haselnüssen schaumig gerührt, mit Mehl unterzogen, mit Eierschnee aufgelockert. Ausgebutterte Kastenform mit der Hälfte der Masse gefüllt, bedeckt mit kalter Fülle aus zusammen dick gekochten, geriebenen Haselnüssen, Milch, Zucker und Honig, mit dem Rest der Masse gefüllt, gebacken; mit Zitronenfondant glaciert, mit gezuckerten Nüssen belegt, in Scheiben geschnitten.

Obstsalat: Salade de fruits (salad dö fruih): Eine oder mehrere Obstsorten, entkernt oder geschält, je nach Art entweder ganz gelassen oder in

Scheibchen geschnitten, mit kaltem Läuterzucker, mit Likör abgeschmeckt, übergossen, stark gekühlt, auch mit Gefrorenem, serviert.

Ananas-: d'ananas: Dünne Scheibchen frischer Ananas, mit Puderzucker bestreut, mit Kirschwasser oder Rum aromatisiert.

Apfelsinen-: d'oranges (dorangsch): Orangenfilets, mit Läuterzucker, mit Curaçao abgeschmeckt, übergossen.

Bananen und Apfelsinen-: de bananes et oranges: Geschälte Bananen in dicke, schräge Scheiben geschnitten, abwechselnd mit Orangenfilets in Glasschale gefüllt, leicht mit Rum-Läuterzucker übergossen.

Chantilly: Beliebiger Obstsalat, mit Kirschwasser parfümiert, mit Schlagsahne bedeckt.

auf Kardinalsart: à la cardinale: Salat von mehreren Sorten, hauptsächlich roten Früchten, mit Kirschwasser parfümiert, mit Püree von frischen Erdbeeren bedeckt, mit gehobelten Mandeln bestreut.

mit Kirschwasser: au kirsch: Beliebige Frucht, je nach Art ganz oder in Scheiben, nur mit Zucker und Kirschwasser mazeriert.

auf Lieblingsart: à la favorite: Boden einer Glasschale mit Vanilleeis angefüllt, mit Löffelbiskuits bedeckt, kleine ganze und gewürfelte Früchte, mit Zucker und Maraschino mazeriert darübergegeben; mit Schlagsahne maskiert, mit geriebener Schokolade bestreut.

Pfirsich-: de pêches: Reife, geschälte, entsteinte Pfirsiche, in dünne Scheibchen geschnitten, gleich mit etwas Zitronensaft betropft, mit Zucker und Cointreau mazeriert.

mit Vanilleeis: à la glace vanille (glass vanij): Beliebiger, auch gemischter Obstsalat, mit einer Kugel Vanilleeis je Portion obenauf.

Obsttorte: Flan, tarte aux fruits: Offene Obsttorte aus Mürbe-, Auslege- oder Halbblätterteig, entweder blind gebacken und nachträglich oder gleich gefüllt gebacken, oft mit aufgesetztem, eingekerbtem Rand, nach dem Backen aprikotiert oder glaciert, mitunter mit Eierstich beim Backen aufgegossen. Bei rohen Früchten Boden eingestochen und mit Kuchenkrümel oder gemahlenen Haselnüssen bedeckt, um das Aufweichen zu verhindern.

Apfeltorte, Französische: Tarte aux pommes à la française: Ring mit Mürbeteig ausgefüttert, nur leicht blind angebacken; mit dickem, süßem Apfelmus angefüllt, symmetrisch mit halb übereinanderliegenden Apfelscheibchen gefüllt, gebacken; noch heiß mit Aprikosenmarmelade bestrichen. Wird oft viereckig gemacht.

Aprikosen-: Tarte aux abricots (tart osabriko): Tortenring mit Auslegeteig ausgefüttert, Boden mit Kuchenkrümeln bestreut, mit halben entsteinten Aprikosen symmetrisch belegt, gebacken; noch warm mit passierter Aprikosenmarmelade bestrichen.

Erdbeer-: aux fraises: Blind gebackene Boden, mit zuvor gezuckerten Erdbeeren gefüllt, mit passiertem Johannisbeergelee glaciert, mit gestiftelten Pistazien oder gehobelten Mandeln bestreut.

Kirsch-, Elsässische: Flan aux cerises à l'alsacienne: Ring mit Mürbeteig ausgelegt, nur leicht angebacken; mit entsteinten Kirschen gefüllt, mit süßem Eierstich übergossen, gebacken, mit Puderzucker bestäubt.

Orangen-: à l'orange: Blind gebackene Mürbeteigtorte, gefüllt mit Orangenfilets, mit Aprikosenmarmelade bestrichen, mit Curaçao abgeschmeckt; mit Meringuemasse bedeckt und dekoriert, mit Puderzucker bestäubt, im Ofen abgeflämmt.

Pfirsich-: aux pêches: Wie Aprikosentorte bereitet.

Œufs à la neige: siehe Schnee-Eier

Omelette: Zubereitung siehe Eierspeisen. Zu süßen Omeletten wird nur eine Prise Salz und etwas Zucker unter die Eiermasse gemischt. Zum Glacieren der Oberfläche verwendet man einen Elektrostab anstelle des früher üblichen roten Feuerhakens.

Auflauf-: Omelette soufflée (Buffleh): Eigelb mit Zucker, geriebener Orangen- oder Zitronenschale, Vanille oder anderem Geschmack schaumig gerührt, reichlich Eierschnee untergezogen; hoch in gefettete, ovale Backplatte gefüllt, geglättet, mit Sterntülle mit gleicher Masse dekoriert, mit Puderzucker bestäubt, im Ofen gebacken.

mit Bananen: aux bananes: Gewürfelte Bananen, leicht in Butter angebraten, Eiermasse darübergegossen, Omelette wie üblich bereitet.

Claremont (klärmong): Mit dickem, gesüßtem Apfelmus gefüllt, mit Zucker bestreut, gitterartig karamelisiert.

Cölestiner: Drei kleine Omeletts offen gebacken, jedes mit anderer Marmelade bestrichen, übereinandergelegt, dann zusammengefaltet, mit Zucker bestreut, oben symmetrisch mit dem heißen Stab glaciert.

George Sand: Sehr lockere Omelette, gefüllt mit warmem Fruchtsalpicon, vermischt mit zerbröckelten, kandierten Maronen, mit Aprikosensauce gebunden; mit Butter bestrichen, mit gestoßenen Makronen und Zucker bestreut, rasch unter dem Salamander glaciert.

mit Kirschwasser: au kirsch: Sehr locker gehalten, mit Zucker bestäubt, mit warmem Kirschwasser begossen, brennend serviert.

mit Konfitüre: au confiture: Mit beliebigem Gelee oder mit Konfitüre gefüllt, mit Zucker bestreut, mit dem Stab gitterartig karamelisiert.

Nero: Wie Überraschungs-Omelette, jedoch in Form eines Berges bereitet; nach dem Backen kleine Schale aus Krokant, Marzipan oder Meringuemasse mit warmem Kirschwasser in die Kuppe gesteckt, angezündet, brennend serviert.

Norwegische: norvégienne (norweschjenn): Wie Überraschungs-Omelette bereitet.

mit Rum: au rhum (o rom): Wie mit Kirschwasser bereitet.

Schaumige: mousseuse: Eigelb mit Zucker und etwas beliebigem Likör, Kirschwasser, Weinbrand oder Rum schaumig gerührt, Eierschnee unterzogen, in heißer, gefetteter Pfanne angebacken, im Ofen fertiggebacken, sogleich offen serviert.

Stefanie: Wie schaumige Omelette, aber flacher gehalten bereitet, gefüllt mit kleinen gezuckerten Erdbeeren, Himbeeren oder Brombeeren, zusammengeschlagen, mit Puderzucker bestäubt.

auf Sylphidenart: des sylphs: Savarin, mit Maraschino-Läuterzucker getränkt, auf flache runde Backplatte gesetzt, dünne Scheibe Biskuit auf den Boden der Öffnung gelegt, Mitte mit Erdbeer-Schaumeis gefüllt; gänzlich mit italienischer Meringuemasse bedeckt, dekoriert, rasch im Ofen abgeflämmt.

Überraschungs-: en surprise (ang ßürprihs): Dünne, ovale, leicht mit Likör, Kirschwasser u.a. getränkte Biskuitscheibe, mit beliebigem Eis belegt, mit dünner Biskuitscheibe abgedeckt, mit gleicher Masse wie für Auflauf-Omelette oder mit italienischer Meringuemasse bedeckt; geglättet, aus Sterntülle mit gleicher Masse dekoriert, mit Puderzucker bestäubt, rasch im heißen Ofen abgeflämmt.

Vesuv: Wie Nero bereitet.

Weihnachts-: de noël: Leicht gehaltene Omelette, mit heißem Mincemeat (s.d.) gefüllt, mit Zucker bestreut, mit warmem Rum angegossen, brennend serviert.

Orange: siehe Apfelsine

Pain aux fruits: siehe Fruchtbrot, Gestürztes
Pains de la Mecque: siehe Mekkakuchen
Palatschinken: siehe Eierkuchen II
Palmiers: siehe Schweinsohren
Pampelmuse, Pompelmo, Grapefruit: Pamplemousse: Eine Subspecies der Orange, Frucht eines bis 5 m hohen Baumes, ursprünglich auf den Malaiischen und Fidji-Inseln beheimatet, heute in Süd- und Nordamerika, den Westindischen Inseln, Israel, weniger in Südeuropa angebaut. Die leicht bitterlichen, säuerlichen Früchte haben eine gelbliche Schale und ein Gewicht bis zu 5 kg. Die kleinen

Früchte werden als Frühstücksgericht, für Süßspeisen und Vorspeisen verwendet.

auf amerikanische Art: à l'américaine: Halbiert, ausgehöhlt, gefüllt mit Scherbett, aus dem Saft bereitet, garniert mit kleinen Pampelmusenfilets, zuvor mit Zucker und Sherry mazeriert.

Florida: Kleine Frucht, oben abgedeckelt, ausgehöhlt, mit gewürfelten Pampelmusen- und Orangenfilets, entsteinten Kirschen und kleinen Erdbeeren, mit Sherry und Zucker mazeriert, gefüllt; mit frischem Erdbeerpüree nappiert, mit gehobelten Mandeln bestreut.

Jeannine: Kleine Frucht, abgedeckelt, ausgehöhlt, mit Scherbett aus dem Saft, vermischt mit Ananassaft, gefüllt.

auf kalifornische Art: à la californienne (kalifornjenn): Halbiert, ausgehöhlt, gefüllt mit gekühlter Mischung von gewürfelten Pampelmusen-, Orangenfilets und Melonen, mit Maraschino, Curaçao und Zucker mazeriert, mit gehobelten Mandeln bestreut.

Victoria Louise: Halbiert, ausgehöhlt, gefüllt mit Fruchteis aus dem Saft der Pampelmuse und Orangensaft, mit Curaçao parfümiert; garniert mit einer Rosette Schlagsahne, eine glacierte Marone in der Mitte.

Pamplemousse: siehe Pampelmuse

Pannequets: siehe Eierkuchen II

Parfait: Eigelb mit Läuterzucker von 28 Grad erst warm dann kalt geschlagen, mit Rum, Weinbrand oder anderem Geschmack aromatisiert, mit ungesüßter Schlagsahne unterzogen; in hohe, besondere Form gefüllt, gefroren. Parfaits werden stets nur mit einem Geschmack ohne Mantel von anderem Eis bereitet.

Kaffee-: au café: Grundmasse mit Kaffee-Extrakt oder löslichem Kaffeepulver vermischt.

Kirschwasser-: au kirsch: Grundmasse mit Kirschwasser abgeschmeckt.

Marie-Brizard: Grundmasse mit Anisette abgeschmeckt.

Rum-: au rhum (o romm): Grundmasse mit echtem Rum abgeschmeckt.

Schokoladen-: au chocolat: Grundmasse mit geriebener oder geschmolzener Schokolade vermischt.

mit Schwarzbrot: au pain bis (o päng bi): Vanillemasse vermischt mit geriebenem Schwarzbrot oder Pumpernickel.

Tee-: au thé: Grundmasse mit starkem Teeaufguß.

Vanille-: Grundmasse mit Vanille.

Pêche: siehe Pfirsich

Petits choux à la crème: siehe Windbeutelchen

Petits fours (pti fuhr): Sehr feines, kleines, trockenes oder glaciertes Feingebäck von verschiedenen Arten und Formen, mit oder ohne Füllung, von feinstem Geschmack und geschmackvoll dekoriert, wie winzige Windbeutel oder Blitzkuchen mit Schokoladen- oder Kaffeecreme gefüllt und glaciert; winzige runde, viereckige, rechteckige oder rautenförmige Biskuitstückchen, mit fein abgeschmeckter Likör- oder anderer Creme gefüllt und mit pikant abgeschmecktem Fondant glaciert; kandierte Früchte mit Marzipan belegt; winzige Teigschiffchen mit Ananas- oder anderem Fruchtpüree gefüllt, mit Mandel- oder anderer Buttercreme spitz aufgestrichen und mit Kuvertüre glaciert; winzige gefüllte Baisers; Küchlein aus Mandelmasse u.a.m.

Petits pots à la crème: siehe Cremetöpfchen, Kleine

Pfannkuchen: siehe Eierkuchen II

Pfirsich: Pêche (pähsch): Frucht eines bis 8 m hohen Strauches oder Baumes, der in China beheimatet ist, heute aber in allen gemäßigten und warmen Ländern in vielen Variationen angebaut wird. Die Früchte sind kugelig, 5–8 cm groß, mit einseitiger Längsfurche, an

Pfirsich **Pfirsich**

---

der Sonnenseite rötlich, glattschalig oder sammetfilzig, mit saftigem, gelblichem bis rötlichem hocharomatischem Fleisch.

Alexandra: In Vanille-Läuterzucker pochiert, ausgekühlt, auf Vanilleeis dressiert; mit Erdbeerpüree nappiert, weiße und rosa kandierte Rosenblätter obenauf gestreut.

auf andalusische Art: à l'andalouse: Pochiert, entsteint, enthäutet, auf Vanillereis dressiert, bedeckt und dekoriert mit Meringuemasse, mit Puderzucker bestäubt, gebacken; heiße Aprikosensauce nebenbei.

Aurora: à l'aurore (orohr): In Kirschwasser-Läuterzucker pochiert, ausgekühlt, auf Erdbeer-Schaumeis dressiert, mit kalter Weinschaumsauce, mit Curaçao abgeschmeckt, nappiert.

auf Botschafterart: à l'ambassadeur: Tartelett aus Mürbeteig, zur Hälfte mit Mandelcreme gefüllt, kleiner, pochierter, entsteinter Pfirsich daraufgesetzt, mit Weingelee überglänzt. Den Stein durch Marzipan ersetzt.

Bourdalou: Wie Aprikose gleichen Namens bereitet.

Colbert: Pochiert, ausgekühlt, Stein durch Vanillereis ersetzt, paniert, in tiefem Fett gebacken; mit Puderzucker bestäubt, heiße Aprikosensauce nebenbei.

Cussy: Wie Aprikose gleichen Namens bereitet.

Flambiert: flambée: In Vanille-Läuterzucker pochiert, abgezogen, der Fond leicht mit Pfeilwurzelmehl gebunden; in heiße Silbertimbale gelegt, mit etwas Sirup umgossen, beim Servieren mit warmem Kirschwasser flambiert.

auf griechische Art: à la grecque: Roh geschält, halbiert, entsteint, mit Zucker und Kirschwasser mazeriert; bedeckt mit Püree von frischen, mit Schlagsahne vermischten Feigen, garniert mit Walderdbeeren, mit gehobelten Mandeln bestreut.

Heinrich: Henri: Pochiert, ausgekühlt, auf Haselnußeis dressiert, mit Schlagsahne garniert.

Hiller: Pochiert, erkaltet, auf Mandeleis dressiert, garniert mit Schlagsahne, vermischt mit Erdbeerpüree mit Maraschino abgeschmeckt; mit geriebener Schokolade bestreut.

auf Kaiserinart: à l'impératrice: Halbiert, pochiert, ausgekühlt, abgetropft, mit Vanilleeis wieder zusammengesetzt; rasch aprikotiert, in gehobelten Mandeln gewälzt, auf mit Kirschwasser und Maraschino betropften Biskuitboden gesetzt, mit gesponnenem Zucker umhüllt.

auf Kardinalsart: à la cardinale: Wie Birne gleichen Namens bereitet.

Karputhala: Pochiert, erkaltet, auf Pfirsicheis dressiert; bedeckt mit Schlagsahne, garniert mit in Honig pochierten Johannisbeeren.

auf Kleinherzogsart: petit-duc: Pochiert, auf Vanilleeis dressiert, bedeckt mit kleinen, dünnen Ananasscheibchen mazeriert mit Kirschwasser und Maraschino, nappiert mit Johannisbeergelee.

Königin Blanche: Reine Blanche: Geschält, pochiert, halbiert, auf Ananaseis dressiert, mit Ananassirup mit Maraschino abgeschmeckt nappiert.

Manuel: Halbiert, geschält, pochiert, erkaltet; dressiert in Glasschale auf Schaumweingelee, vermischt mit Blattgold, mit dem gleichen Gelee völlig zugegossen.

Maria: Marie: Halbiert, Stein entfernt, durch Marzipan mit Rum und Zimt abgeschmeckt ersetzt, in Blätterteig gehüllt, mit Ei bestrichen, gebacken; Pfirsichsauce nebenbei.

Maria Reining: Reifer geschälter Pfirsich, auf Haselnußeis dressiert, nappiert mit kalter Schokoladensauce, vermischt mit gewürfelten Makronen mit Benediktiner getränkt.

Mary Pickford: Halbiert, pochiert, ausgekühlt; auf Himbeereis dressiert, bedeckt mit Himbeerpüree, vermischt mit etwas englischer Creme und Schlagsahne, aromatisiert mit Maraschino.

Melba: In Vanille-Läuterzucker pochiert, erkaltet, abgezogen, Stein entfernt; dressiert auf zartes Vanilleeis, nappiert mit Püree von frischen Himbeeren.

auf moderne Art: à la moderne: Halbe pochierte, kalte Pfirsiche, auf kalten Vanillereis, mit Vanillecreme vermischt, dressiert, bedeckt und garniert mit Schlagsahne; mit grob zerbröckelten Maronen bestreut, kalte Pfirsichsauce nebenbei.

Monte Carlo: Pochiert, erkaltet, auf Pfirsicheis dressiert, nappiert mit Himbeerpüree.

Montreal: Halbiert, pochiert, erkaltet, auf große mit Benediktiner getränkte Makrone gesetzt; mit Puderzucker bestäubt, mit warmem Kirschwasser übergossen, beim Servieren angezündet.

Montreuil (mongtröij): Pochiert, erkaltet, auf kalten Süßspeisenreis dressiert, mit Pfirsichsirup übergossen.

Montrose: Halber pochierter, kalter Pfirsich, mit Erdbeereis gefüllt, auf mit Kirschwasser-Läuterzucker getränkten Biskuitboden gesetzt; bedeckt und garniert mit Schlagsahne, mit Angelika und kandierter Kirsche dekoriert.

Nassauer Hof: Pochiert, dressiert auf Haselnußeis, nappiert mit kalter Schokoladensauce; garniert mit Schlagsahne, bestreut mit gehackten, gerösteten Mandeln.

Nelusko: Wie Birne gleichen Namens bereitet.

auf nordische Art: Wie Birne gleichen Namens bereitet.

auf orientalische Art: Wie Birne gleichen Namens bereitet.

auf Pariser Art: Wie Birne gleichen Namens bereitet.

auf portugiesische Art: à la portugaise (portügäs): Halbe, pochierte, kalte Pfirsiche, dressiert auf kalten Vanillereis mit Ananaswürfelchen vermischt, nappiert mit kalter Aprikosensauce, mit Kirschwasser abgeschmeckt, mit gerösteten Mandelspänen bestreut.

Richelieu: Geviertelt, pochiert, in die Mitte eines gestürzten Randes von Grießflammeri gefüllt. Rand dekoriert mit Angelika und kandierten Kirschen, Pfirsiche nappiert mit Frangipanecreme vermischt mit Schlagsahne und Makronenbröseln, garniert mit Schlagsahne; kalte, mit Kirschwasser abgeschmeckte Aprikosensauce nebenbei.

Rose-Chéri: In Vanille-Läuterzucker pochiert, ausgekühlt, in Glasschale gefüllt, nappiert mit Ananaspüree vermischt mit Schaumwein.

Sahara: Randform mit Mandelsulz ausgefüttert, gefüllt mit kalten, pochierten Pfirsichvierteln, mit Erdbeergelee zugegossen stockt; gestürzt, Mitte mit Schlagsahne, vermischt mit Himbeerpüree gefüllt.

Salambo: Pochiert, erkaltet, auf Orangeneis dressiert, nappiert mit Mandelcreme, garniert mit Schlagsahne.

Salisbury (solsbri): Vacherin mit Rand, angefüllt mit Ananaseis, mit halbem Pfirsich belegt, nappiert mit Himbeerpüree, garniert mit Schlagsahne.

Stanislas: Pochiert, erkaltet, auf Himbeereis dressiert, nappiert mit Johannisbeergelee, garniert mit Schlagsahne mit Anisette abgeschmeckt.

auf Sultansart: à la sultane: In Vanille-Läuterzucker pochiert, ausgekühlt, auf Pistazieneis dressiert; nappiert mit dem leicht mit Stärkemehl gebundenen und mit Rosenwasser abgeschmeckten Läuterzucker, mit gesponnenem Zucker umhüllt (fakultativ).

auf Teufelsart: à la diable (djabl): Pochiert, auf mit Kirschwasser-Läuterzucker leicht getränkten Biskuitboden gesetzt, maskiert und dekoriert mit Meringuemasse vermischt mit gehackten Mandeln, im Ofen abgeflämmt; mit Kirschwasser umgossen und brennend aufgetragen.

überbacken: meringué: Pochiert, halbiert, Stein entfernt, auf Süßspeisenreis dressiert, mit Meringuemasse bedeckt und dekoriert, gebacken; mit Tupfen von Johannisbeergelee dekoriert.

Vanderbilt: Randform mit Schaumweingelee chemisiert, mit kleinen halben oder geviertelten, pochierten, ausgekühlten Pfirsichen gefüllt, mit Gelee, mit Danziger Goldwasser abgeschmeckt, zugegossen; nach dem Stocken gestürzt, Mitte mit Schlagsahne gefüllt.

Weiße Dame: Dame Blanche (dahm blansch): Pochiert, erkaltet, auf Vanilleeis dressiert; bedeckt mit dünnen Scheibchen Ananas mit Maraschino und Kirschwasser mazeriert, garniert mit Schlagsahne.

Wilhelma: Tartelett zur Hälfte mit gezuckerten Walderdbeeren gefüllt, mit halbem Pfirsich belegt, mit kalter Vanillecreme nappiert, mit gehackten Pistazien bestreut.

Pflaume, Zwetsche, Zwetschge: Prune (prün): Steinfrucht eines bis 10 m hohen Baumes, in Asien beheimatet, heute in allen Ländern der gemäßigten Zonen Europas und Amerikas angebaut. Zu den Kulturformen gehören: die schwarzblaue Pflaume, die Edelpflaume, die große grüne Reineclaude, die Eierpflaume, die Mirabelle, die Damaszener Pflaume, die rote Zwetschge u.a.m.

auf Großmuttersart: à la grand'mère: Große gelbe Pflaumen, geschält, entsteint, sorgfältig in Vanille-Läuterzucker pochiert, erkaltet. Blind gebackenes Tartelett, dreiviertel voll mit Maronenpüree, vermischt mit Schlagsahne, gefüllt, eine Pflaume aufgelegt, mit dem leicht mit Stärkemehl gebundenen und mit Rum abgeschmeckten Fond überglänzt.

auf Hausfrauenart: à la bonne femme: Blaue Pflaumen, geschält, entsteint, pochiert, ausgekühlt; in die Mitte eines Flammerirandes dressiert, mit dem leicht gebundenen Fond nappiert, mit Mandelsplittern bestreut.

auf kanarische Art: à la canarienne (kanarjenn): Große Edelpflaume, geschält, entsteint, in Vanille-Läuterzucker pochiert, ausgekühlt, abgetropft; auf Bananeneis dressiert, mit Schlagsahne garniert, grobe Julienne von eingelegten Ingwerpflaumen obenauf.

auf lothringische Art: à la lorraine: Reineclauden, in Vanille-Läuterzucker pochiert, abgetropft; den Fond mit Pfeilwurzelmehl gebunden, mit Zwetschgenwasser aromatisiert, kalt über die Früchte gegossen.

Martinique: Reineclauden, in Vanille-Läuterzucker pochiert, ausgekühlt; Steine entfernt, auf Bananeneis dressiert, mit Weinschaumsauce, mit Rum abgeschmeckt, nappiert.

röster: Reife blaue Pflaumen entkernt, mit Zucker und abgeriebener Zitronenschale unter fortwährendem Rühren gekocht (österreichisch).

in Weingelee: Reine-claudes en gelée: Reineclauden, sorgfältig in Vanille-Läuterzucker pochiert, ausgekühlt, abgetropft, entsteint; in Glasschale gefüllt, mit gerade anziehendem Weingelee übergossen.

Pie: Englische Schüsselpastete: Ovale Schüssel aus feuerfestem Steingut oder Glas mit breitem Rand, gefüllt mit gezuckertem Obst, bedeckt mit Blätterteig, Halbblätter- oder Mürbeteig, mit Ei bestrichen, gebacken, warm oder kalt serviert. In den Vereinigten Staaten werden diese Pasteten als „deep dish pie" im Gegensatz zu den dort beliebteren Cream oder „open face pies" genannt. Diese bestehen aus einer „pie shell", d.h. einer in einer flachen Randform blind gebackenen Krustade aus Mürbe- oder Halbblätterteig, die zur Aufnahme von Creme, Sahne u.a. bestimmt ist.

Apple: Apfel Pie: Geschälte, vom Kerngehäuse befreite Äpfel, in dünne Scheibchen geschnitten, mit Zucker und geriebener Zitronenschale vermischt, in Pieschüssel hoch gefüllt, einige Tropfen Wasser beigefügt; mit Teig abgedeckt, Kamin zum Dampfabzug gelassen, mit Ei bestrichen, gebacken; heiß oder kalt mit Rahm oder Custardsauce serviert (englisch).

Apple and Blackberry: Apfel- und Brombeer-Pie: Wie Apple pie mit halb Apfel und halb Brombeeren bereitet (englisch).

Cherry Meringue: Entsteinte Kirschen, in Zitronen-Läuterzucker pochiert, abgetropft, mit nur wenig von dem mit Stärkemehl gebundenen Sirup vermischt, ausgekühlt; in eine vorgebackene pie shell gefüllt, mit Meringuemasse maskiert und dekoriert, mit Puderzucker bestäubt, im Ofen abgeflämmt (nordamerikanisch).

Chocolate Pie: Creme von Eigelb, Zucker, Maisstärke, Milch und Kakao, abgekühlt, in vorgebackener pie shell gefüllt, bedeckt und garniert mit Schlagsahne (nordamerikanisch).

Damson: Wie Stachelbeer Pie, jedoch mit Damaszener Pflaumen bereitet (englisch).

Gooseberry: Geputzte grüne Stachelbeeren, in Pieschüssel gefüllt, reichlich Zucker und wenig Wasser beigefügt, mit Halbblätter- oder Mürbeteig abgedeckt, mit Ei bestrichen, gebacken; kalt mit Custard oder dickem süßem Rahm serviert (englisch).

Greengage: Wie Stachelbeer Pie, aber mit entsteinten Reineclauden bereitet.

Lemon Meringue: Creme von Zitronensaft, abgeriebener Zitronenschale, Zucker und etwas Wasser, mit Stärkemehl gebunden, nach dem Abkühlen in pie shell gefüllt; mit Meringuemasse bedeckt und dekoriert, mit Puderzucker bestäubt, im Ofen gebacken, kalt serviert (nordamerikanisch).

Peach: Wie Apfel Pie mit halben entsteinten, geschälten Pfirsichen bereitet (englisch).

Plum: Wie Damson Pie, aber mit halben, entsteinten Pflaumen bereitet (englisch).

Raspberry Chiffon: Wie Strawberry Chiffon Pie, aber mit Himbeeren bereitet (nordamerikanisch).

Rhubarb: Junge Rhabarberstengel, abgezogen, in kleine Stücke geschnitten, mit reichlich Zucker und nur wenige Tropfen Wasser in Pieschüssel gefüllt; mit Teig abgedeckt, gebacken, kalt mit dickem Rahm serviert (englisch).

Strawberry Chiffon: Aufgeschlagene Creme von Eigelb, Zucker, Erdbeersaft, Zitronensaft und aufgelöste Gelatine, noch heiß mit Eierschnee untergezogen; kurz vor dem Anziehen mit grob zerdrückten Erdbeeren vermengt, gefüllt in vorgebackene pie shell, nach dem Stocken mit Schlagsahne bedeckt und garniert (nordamerikanisch).

Pischingerschnitten: Sechs dünne Haselnußwaffeln, mit Creme aus Butter, Zucker, Eigelb, geriebener Schokolade und Vanille zusammengesetzt; nach dem Festwerden der Creme mit Schokoladenglasur oder Kuvertüre überzogen (österreichisch).

Plaçinte moldovenesti: Durchgestrichener Rahmquark, mit Eigelb, Zucker, Butter und Prise Salz vermischt, gefüllt in dünn ausgerollten, in Vierecke geschnittenen Blätterteig, Enden nach oben zusammengeschlagen, mit Ei bestrichen, gebacken (rumänisch).

Plombière: Vanilleeis, vermischt mit Salpicon von kandierten Früchten mit Kirschwasser mazeriert, abwechselnd mit Aprikosenmarmelade in Parfaitform gefüllt und nachgefroren.

Plum Cake: Butter und Zucker schaumig gerührt, nach und nach Eier daruntergezogen, mit $^2/_3$ des Mehles vermischt mit Sultaninen, Korinthen und gewürfeltem Zitronat und Orangeat, zuvor mit Rum und abgeriebener Zitronenschale mazeriert, vermengt, zuletzt das restliche mit Backpulver gesiebte Mehl untergezogen; in gefettete, mit gefettetem, gemehltem Papier ausgelegte Form gefüllt, bei mäßiger Hitze gebacken (englisch).

Poire: siehe Birne
Pomme: siehe Apfel
Pouding: siehe Pudding

Powidlknödel: Vierecke von ausgerolltem Kartoffelteig, belegt mit Häufchen Pflaumenmus, mit abgeriebener Zitronenschale und Rum gewürzt, zu Klößen geformt, in siedendem, leicht gesalzenem Wasser gekocht; abgetropft, mit in viel Butter geröstetem, angezuckertem Reibbrot bedeckt (tschechisch).

Profiteroles (profitrol): Sehr kleine, runde Kuchen aus Brandteig, mit Ei bestrichen, trocken gebacken, ausgekühlt, mit Schlagsahne gefüllt, oft auch mit Sauce übergossen.

mit Erdbeercreme: à la crème aux fraises: Gefüllt mit Schlagsahne, vermischt mit Erdbeerpüree, nappiert mit Weinschaumsauce mit Erdbeerpüree.

Negus: Mit Vanilleeis gefüllt, mit heißer Schokoladensauce übergossen, mit gehackten gerösteten Mandeln bestreut.

Schokoladen: Profiteroles au chocolat: Mit Schlagsahne gefüllt, beim Servieren mit heißer Schokoladensauce übergossen.

Venezianische: à la vénetienne: Mit Schlagsahne gefüllt, mit kaltem, leicht gesüßtem Himbeerpüree nappiert.

Prune: siehe Pflaume

Pudding: Pouding (pudäng), auch Pudding (püdäng): Bezeichnung für vielerlei Arten, hauptsächlich warmer Süßspeisen, wie Auflaufpuddinge, aus Brandmasse, vermischt mit dem gewünschten Geschmack, Früchten u.a., mit Eierschnee unterzogen; englische Puddinge auf der Grundlage von gehacktem Rindernierenfett; Puddinge von Reis, Grieß usw.; die verschiedenen Arten von Brotpuddingen u.a.m.

Albemarle: Auflaufpuddingmasse, vermischt mit geriebenen Mandeln, nappiert mit englischer Sauce.

Albuféra (albüféra): Gebutterte Form mit Makronenbrösel ausgestreut, gefüllt mit Grieß-Auflaufpuddingmasse vermischt mit Rosinen, im Wasserbad pochiert; serviert mit Aprikosensauce.

Apfelsinen: à l'orange: Auflaufpudding kräftig mit Apfelsine aromatisiert; Weinschaumsauce mit Curaçao abgeschmeckt nebenbei.

Apple pudding: Gefettete englische Puddingform, mit Nierenfett-Teig (s.d.) ausgefüttert, mit dünnen Apfelscheibchen, vermischt mit geriebener Zitronenschale und Zucker, gefüllt, mit Teig abgedeckt; mit Serviette zugebunden, in siedendes Wasser gestellt, gekocht, in der Schüssel serviert (englisch).

Beaulieu (boljö): Form abwechselnd mit Vanille- und Erdbeer-Auflaufmasse gefüllt, mit Weinschaumsauce nappiert.

Bread and Butter: Brot- und Butterpudding: Halbe, entrindete Scheibchen Kastenbrot, mit Butter bestrichen, halb übereinander in gebutterte Pieschüssel gelegt, mit Korinthen bestreut, mit süßem Eierstich aufgegossen; nach dem Aufsaugen der Flüssigkeit gebacken, mit Puderzucker bestäubt serviert (englisch).

Brot-, Deutscher: de pain à l'allemande: Weißbrot, in Mosel- oder Rheinwein eingeweicht, durchgestrichen, vermischt mit Zucker, Prise Zimt, Eiern, Eigelb und zerlassener Butter, mit Eierschnee unterzogen; in gebutterte, mit Bröseln ausgestreute Form gefüllt, im Wasserbad im Ofen pochiert, mit Himbeersaft serviert.

Französischer: de pain à la française: Wie deutscher Brotpudding, jedoch ohne Zimt, das Brot zuvor in Milch eingeweicht; mit Vanille-, Fruchtsauce oder Weinschaum serviert.

Cambacérès (kangbaßeräß): Mandel-Auflaufpudding mit gehackter Engelswurz vermischt, mit Haselnußsauce nappiert.

Chevreuse (schewrös): Grieß-Auflaufpudding mit Weinschaumsauce mit Kirschwasser abgeschmeckt.

Chinesischer: à la chinoise (schinoas): Auflaufpudding mit Würfelchen von eingelegtem Ingwer in der Masse, serviert mit Aprikosensauce vermischt mit Ingwersirup.

Christmas: siehe Plumpudding

Custard: Baked custard pudding: Eierstich von geschlagenen Eiern, Vanille oder abgeriebener Zitronenschale und Milch, in gebutterte Pieschüssel gefüllt, bei mäßiger Hitze gebacken, mit Puderzucker bestäubt (englisch).

Damson: Wie englischer Apfelpudding, aber mit entsteinten Damaszener Pflaumen bereitet (englisch).

Figaro: Auflaufpuddingmasse, jeweils mit Vanille, geschmolzener Schokolade und Erdbeerpüree vermischt, schichtweise in Puddingform gefüllt, gebacken; Weinschaumsauce nebenbei.

Fontainebleau (kalt): Form mit Weingelee mit Curaçao aromatisiert ausgegossen, abwechselnd mit Lagen von bayerischer Vanillecreme, gehackten Kirschen und in Curaçaosirup getränkten Makronen gefüllt; nach dem Erstarren gestürzt, mit Schlagsahne, mit Curaçao abgeschmeckt, bedeckt.

Frankfurter: de Francfort: Mandel-Auflaufpudding, vermischt mit geriebenem Schwarzbrot und entsteinten Sauerkirschen; Rotweinsauce mit gehackten Kirschen nebenbei.

Franklin: Auflaufpudding mit Fruchtsalpicon in der Masse, nappiert mit Mandelsauce.

Harlekin: à l'arlequin (arleking): Auflaufpudding in vier verschiedenen Lagen: Vanille, Himbeer, Pistazie und Schokolade.

Indischer: à l'indienne: Auflaufpudding mit Ingwerpulver gewürzt, mit gewürfelten Ingwerpflaumen vermischt; englische Sauce mit Ingwerpulver gewürzt nebenbei.

Istrischer: à l'istrienne: Mandel-Auflaufpudding serviert mit Sirup, aromatisiert mit Orangenblütenwasser.

Javanischer: à la javanaise: Tee-Auflaufpudding mit gehackten Pistazien, serviert mit Teeschaumsauce.

Junggesellen: à la bachelière: Auflaufpudding mit Korinthen und Apfelwürfeln in der Masse; Weinschaumsauce nebenbei.

Kabinet: de cabinet: Gebutterte Charlotteform, abwechselnd mit groben Stückchen Löffelbiskuit, Salpicon von kandierten Früchten, Rosinen und Korinthen gefüllt, mit süßem Eierstich vollgegossen, bei mäßiger Hitze pochiert; mit Weinschaumsauce serviert.

Kaiserin (kalt): à l'impératrice (angpäratrihs): Schaumweingelee, in Randform gefüllt, nach dem Stocken gestürzt; Mitte gefüllt mit bayerischer Vanillecreme, vermischt mit Pfirsich- und Makronenwürfeln, mit Madeira getränkt.

Königin: à la reine: Gebutterte Zylinderform, mit gehackten Pistazien und Makronenbrösel ausgestreut, abwechselnd mit Vanille-Auflaufpuddingmasse, gehackten Pistazien und zerbröckelten Makronen gefüllt; englische Sauce mit gesiebtem Krokant nebenbei.

Königlicher: à la royale: Gebutterte Charlotteform, mit dünnen Rouladenscheiben ausgelegt, mit Vanille-Auflaufpuddingmasse gefüllt, gebacken; Aprikosensauce mit Marsala abgeschmeckt nebenbei.

Lyoner: à la lyonnaise: Zitronen-Auflaufpudding, mit Weinschaumsauce serviert.

Maronen: aux marrons (o marong): Püree von in Läuterzucker gekochten Maronen, mit Butter, Zucker und Vanille abgerührt, mit Eigelb vermischt, mit Eierschnee unterzogen; in gebutterte Form gefüllt, pochiert, mit englischer Sauce oder Aprikosensirup mit Kirschwasser abgeschmeckt serviert.

Metternich: Maronen-Auflaufpudding mit Schokolade; Schokoladensauce nebenbei.

Midland: Gehacktes Rindernierenfett, vermischt mit gehackten Trockenfeigen, geriebenen Semmeln, Zucker, Eiern, geriebener Zitronenschale, Zimt, Nelkenpulver, geriebener Muskatnuß und Prise Salz, in gefettete Puddingform gefüllt, zugebunden, gekocht; gestürzt, mit Aprikosensauce serviert (englisch).

Normannischer: normande: Auflaufpudding, vermischt mit Apfelwürfelchen in Butter gedünstet; Aprikosensauce, mit Apfelschnaps abgeschmeckt, nebenbei.

Orléans: Auflaufpudding mit zerbröckelten Makronen und Malagatrauben in der Masse; Malaga-Weinschaumsauce nebenbei.

Palmyra: Auflaufpudding mit Anisette aromatisiert; leicht gebundener Läuterzucker, mit Anisette abgeschmeckt, nebenbei.

Plum, Christmas: Gehacktes Rindernierenfett, vermischt mit Sultaninen, Korinthen, gewürfeltem Orangeat und Zitronat, Reibbrot, Apfelwürfelchen, wenig Mehl und Eiern, gewürzt mit Ingwer, Zimt, geriebener Muskatnuß, Rum oder Weinbrand, gut durchgearbeitet, in gefettete Puddingformen oder Tücher gefüllt, mehrere Stunden gekocht; gestürzt, mit Stückenzucker belegt, mit warmem Rum, Weinbrand oder Whisky übergossen, brennend serviert; englische Sauce mit Whisky, Rum oder Weinbrand aromatisiert oder Cognacbutter nebenbei (englisch).

Reis: au riz: Reis, in Milch mit Vanille gekocht, mit Zucker, Butter und Eigelb vermischt, mit Eierschnee unterzogen; in gebutterte Form, mit Brotbröseln ausgestreut gefüllt, im Wasserbad im Ofen pochiert; Frucht- oder englische Sauce nebenbei.

auf Kreolenart: au riz à la créole (o ri ala kreol): Wie Reispudding, jedoch in mit Karamel ausgegossener Form pochiert.

Rice: Reispudding: Reis, in Milch mit Vanille oder geriebener Zitronenschale gekocht, gesüßt, wenig Butter beigefügt, etwas flüssig gehalten, mit geschlagenen Eiern vermischt; in ausgebutterte Pieschüssel gefüllt, gebacken, mit Puderzucker bestäubt (englisch).

Roly Poly: Nierenfett-Teig, dünn ausgerollt, mit roter Marmelade bestrichen; zusammengerollt; in ein Tuch gebunden, in siedendem Wasser gekocht, Fruchtsauce, der Füllung entsprechend, nebenbei (englisch).

Sächsischer: à la saxonne (ßakßong): Vanille-Auflaufpudding, mit Vanillesauce oder Weinschaum serviert.

Schaum: mousseline: Eigelb mit Zucker und Butter wie holländische Sauce aufgeschlagen, mit Eierschnee unterzogen, hohe Randform damit zur Hälfte gefüllt, bei mäßiger Hitze im Wasserbad im Ofen pochiert; vor dem Stürzen noch kurze Zeit stehengelassen, Weinschaumsauce nebenbei.

Schottischer: à l'écossaise: Wie französischen Brotpudding, jedoch mit Scheibchen von Früchten der Saison vermischt, bereitet; Püree von Himbeeren und Johannisbeeren, leicht mit Stärkemehl gebunden, nebenbei.

Slawjanski: Wie Kabinetpudding bereitet, doch der Eierstich mit geriebener Schokolade vermischt; Schokoladensauce nebenbei.

Spotted Dick: Nierenfett-Teig, dünn ausgerollt, reichlich mit Korinthen und Sultaninen bestreut, zusammengerollt, wie eine Galantine in ein Tuch gebunden, in siedendem Wasser gekocht; in Scheiben geschnitten, mit Aprikosen- oder anderer Fruchtsauce serviert (engl.).

Tapioka: de tapioca: Tapioka in Milch mit Butter, Zucker und Vanille gekocht, mit Eigelb gebunden, mit Eierschnee unterzogen; in gebutterte Puddingform gefüllt, im Wasserbad im Ofen pochiert, mit englischer oder Fruchtsauce serviert.

Brasilianischer: de tapioca à la brésilienne: Wie Tapiocapudding bereitet, aber in mit Karamel ausgegossene Form gefüllt.

Vermicelly: Wie Rice-pudding, jedoch mit Fadennudeln bereitet (englisch).

Vesuv: Auflaufpuddingmasse, vermischt mit dickem Mark von frischen Tomaten und kernlosen Malagatrauben, in Zylinderform gefüllt, gebacken; mit Aprikosensauce umgossen, warmer Rum in die Öffnung gefüllt, brennend serviert.

Westfälischer: à la westphalienne: Butter mit Zucker, Eiern, Eigelb und geriebenen Mandeln schaumig gerührt, mit geriebener Zitronenschale, etwas geriebener Schokolade, Zimt und geriebenem Pumpernickel vermischt, mit Eierschnee unterzogen; in gebutterter Charlotteform pochiert, mit Rotweinsauce oder Weinschaum serviert.

Pudding glacé: siehe Eispudding

Puits d'amour: siehe Liebesgrübchen

Punch glacé: siehe Eispunch

Rahat-Loukoum: Zucker, zum starken Faden gekocht, mit Stärkemehl gebunden, vermischt mit Zitronensaft und aufgelöstem Gummiarabikum; wenn dick genug mit Mandel-, Pistazien- und Haselnußstiften vermischt, mit Rosenwasser parfümiert. In flache Form, reichlich mit Puderzucker ausgestreut, gefüllt, nach dem Erkalten in Würfel oder Rechtecke geschnitten, in Puderzucker gewälzt, bis zum Gebrauch trocken aufbewahrt (türkisch).

Reineclaude: siehe Pflaume

Reis: Riz (ri): Grundlage für die meisten Süßspeisen ist der Süßspeisenreis, auch Condéreis genannt. Verhältnis: 2 l Milch mit Vanille, abgeriebener Zitronen- oder Orangenschale aromatisiert, 500 g Reis, gewaschen, blanchiert, abermals gewaschen, abgetropft, 250 g Butter, 300 g Zucker, beides zusammen mit der Milch aufgekocht, den Reis zugefügt, zugedeckt, im Ofen gargemacht, wobei er körnig bleiben muß. Reis zum Schluß, doch nur für gewisse Zubereitungen mit 8—14 Eigelb abgezogen.

Auflauf: Soufflé au riz: Condéreis mit Eigelb abgezogen, mit Eierschnee unterzogen, in gebutterte Auflaufschale gefüllt, gebacken; wenn beinahe gar mit Puderzucker bestäubt und glaciert; beliebige Fruchtsauce nebenbei.

Jackson: Blanchiert, in Läuterzucker mit Weißwein, abgeriebener Zitronenschale und Zitronensaft gekocht, abgekühlt, abgetropft; vermischt mit Weinschaumsauce, leicht mit aufgelöster Gelatine gebunden, nach dem Anziehen abwechselnd mit Orangenfilets in gerippte Form gefüllt. Nach dem Erstarren gestürzt, mit Weinschaumsauce übergossen.

Kaiserin: Riz à l'impératrice (ri alangperatrihß): Condéreis, ohne Eigelb, vermischt mit Salpicon von mit Kirschwasser mazerierten, kandierten Früchten, reichlich mit bayerischer Vanillecreme unterzogen; in Zylinderform gefüllt, deren Boden zuvor mit Himbeergelee ausgegossen worden ist, stark gekühlt, nach dem Erstarren gestürzt, Himbeermark nebenbei.

Kroketts: Croquettes au riz: Kalter, mit Eigelb abgezogener Condéreis, zu kleinen Korken geformt, durch geschlagenes Ei gezogen, in Kuchenbröseln gewälzt, in tiefem Fett gebacken; Fruchtsauce oder -saft nebenbei.

Lord Byron: Blanchiert, in Wasser und Weißwein mit Zucker und Vanille trocken gedünstet, erkaltet; vermischt mit in Grand-Marnier mazerierten Ananaswürfeln und Schlagsahne, leicht mit zerlassener Gelatine gebunden, in Zylinderform gefüllt; kalter Ananassirup nebenbei.

Malteser: à la maltaise: Form mit Gelee von Blutapfelsinen ausgegossen, gefüllt mit Condéreis ohne Eigelb, vermischt mit bayerischer Creme von Blutapfelsinen; nach dem Stürzen mit Filets von Blutapfelsinen garniert.

Nesselrode: Condéreis ohne Eigelb, mit Orangensaft und Maraschino abgeschmeckt, vermischt mit Salpicon von Orangeat, kandierten Kirschen und Ananas, mit Maronenpüree und Schlagsahne unterzogen, leicht mit aufgelöster Gelatine gebunden; in gerippte Form gefüllt, mit englischer Sauce mit Maraschino abgeschmeckt serviert.

auf Palermoer Art: à la palermitaine (palermitän): Randform mit Gelee von Blutapfelsinen chemisiert, mit Kaiserinreis gefüllt; gestürzt, Mitte mit Schlagsahne gefüllt, mit Orangenfilets, in Curaçao und Zucker mazeriert, garniert.

auf Prinzessinart: à la princesse: Blanchiert, in halb Weißwein und halb Wasser mit Zucker, Vanille, Zimt und Prise Salz gedünstet, ausgekühlt; kuppelartig in Glasschale getürmt, spitz mit Schlagsahne aufgestrichen, mit dünnen Ananasscheiben umkränzt.

auf Schweizer Art: à la suisse: Form mit Johannisbeergelee, mit Maraschino abgeschmeckt, chemisiert, mit Kaiserinreis ohne Fruchteinlage gefüllt; mit Johannisbeersirup serviert.

auf sizilianische Art: à la sicilienne: Kaiserinreis in Randform gefüllt, nach dem Stocken gestürzt, Rand mit kandierten Kirschen und Angelika dekoriert; Mitte gefüllt mit Plombières (s. d.) und kleinen Erdbeeren.

Trauttmansdorf: Condéreis ohne Eigelb, vermischt mit Salpicon von frischen Früchten, mit Maraschino mazeriert, mit Schlagsahne unterzogen, leicht mit aufgelöster Gelatine gebunden, in hohe gerippte Form gefüllt; mit Erdbeer- oder Himbeerpüree serviert.

Reisrand mit Früchten: Bordure de riz Condé (bordür dö ri kondeh): Warmer, mit Eigelb abgezogener Condéreis, in gebutterte Randform gedrückt, auf runde Platte gestürzt; Mitte mit heißem Obstsalat mit Aprikosensauce, mit Kirschwasser abgeschmeckt, gebunden, umrandet mit Aprikosensauce.

auf Infantenart: à l'infante (ängfang): Rand von Condéreis, gefüllt mit entsteinten Kirschen und Pfirsichvierteln, mit heißer Aprikosensauce gebunden.

Marquise: Condéreisrand vermischt mit gewürfelten Birnen, Mitte mit kleinen halben oder geviertelten Birnen gefüllt, mit Aprikosensauce, mit Madeira abgeschmeckt, nappiert.

Metropole: Kalter Condéreis vermischt mit Schlagsahne, leicht mit aufgelöster Gelatine gebunden, in Randform gefüllt, gestürzt; gefüllt mit Vanilleeis, garniert mit Schlagsahne, in Kirschwasser-Läuterzucker getränkten Makronen und halben, pochierten Birnen.

Sarah Bernhardt: Boden der Randform mit Maraschinogelee ausgegossen, mit gehackten Pistazien bestreut, gefüllt mit Condéreis mit Schlagsahne und wenig aufgelöster Gelatine unterzogen, mit Maraschinogelee zugegossen. Mitte mit Schlagsahne gefüllt und mit Walderdbeeren garniert.

Singapore: Bordure de riz Singapour: Kalter, mit Maraschino parfümierter Condéreis, mit Ananaswürfelchen und Schlagsahne vermischt, in Randform gedrückt; mit kalter Aprikosensauce, mit Maraschino abgeschmeckt, serviert.

Rhabarber: Rhubarbe (rübarb): Pflanze aus der Familie der Knöterichgewächse mit langgestielten gelappten Grundblättern. Die noch jungen Stiele werden abgezogen, als Gemüse, zu Kompott und Süßspeisen verwendet.

gebacken: frit: Abgezogen, in kleinfingerlange Stücke geschnitten, nur leicht mit Weißwein und Zucker anpochiert, ausgekühlt, abgetropft; durch Backteig gezogen, in tiefem Fett gebacken, mit Puderzucker bestäubt.

Rhubarb Fool: Wie Gooseberry Fool bereitet. Siehe Stachelbeeren.

schaum: Mousse de rhubarbe (mus dö rübarb): Abgezogen, mit Zucker und Vanille gedünstet, durchgestrichen, leicht gelatiniert, mit Kirschwasser abgeschmeckt; beim Anziehen mit Eierschnee unterzogen, in beliebige Form gefüllt, nach dem Stocken gestürzt, mit Schlagsahne garniert.

torte: Flan au rhubarbe: Flacher Tortenrand mit Mürbeteig ausgefüttert, Boden mit Mischung von geriebenen Haselnüssen und Kuchenbrösel bestreut, mit abgezogenem, kleingeschnittenem, gezuckertem Rhabarber gefüllt, gebacken; wenn halbgar mit süßem Eierstich aufgegossen, nach dem Festwerden mit Puderzucker bestäubt und glaciert; kalt serviert.

Rhubarbe: siehe Rhabarber

Richmond Maids of Honour: Tartelettförmchen, mit Mürbeteig ausgefüttert, Boden mit etwas Himbeermarmelade bedeckt; gefüllt mit Mischung von geriebenen Mandeln, etwas Rahm, Zucker, Schuß Weinbrand und Prise Zimt, mit Eierschnee unterzogen, mit Puderzucker bestäubt, gebacken (englisch).

Riz: siehe Reis

Rote Grütze: Johannisbeeren und Himbeeren, Erdbeeren oder entsteinte Kirschen, mit wenig Wasser gekocht, durchgestrichen, gesüßt, mit feinem Grieß, Sago, Reismehl oder Buchweizenmehl zu Grütze gekocht, nach leichtem Abkühlen in Glasschalen oder Förmchen gefüllt; stark gekühlt mit dickem, süßem Rahm, Vanillesauce oder Schlagsahne serviert.

Roulade: siehe Biskuitrolle

Sabayon: siehe Weinschaum

Salade de fruits: siehe Obstsalat

Salambos: Sehr kurze, etwas breite Blitzkuchen, mit Vanille-Konditorcreme gefüllt, Oberseite in Bruchzucker getaucht, mit gehackten Pistazien bestreut.

Salzburger Nockerl: Butter mit Zucker und Eigelb schaumig gerührt, wenig Mehl zugefügt, Eierschnee unterzogen; zu Löffelnocken in gebutterte Form mit großen Löffel ausgestochen, etwas warme Milch angegossen, im Ofen gebacken; mit heißer Vanillesauce serviert (österreichisch).

Savarin: Savarinteig (s.d.) in Portions- oder Service-Formen gefüllt, nach dem Aufgehen bei guter Hitze gebacken, noch heiß mit Läuterzucker, kräftig mit Spirituosen abgeschmeckt, getränkt, heiß oder kalt serviert.

Cédard: Mit Orangen-Läuterzucker, mit Curaçao abgeschmeckt, getränkt, nach dem Erkalten in schräge Scheiben geschnitten, mit Orangen-Buttercreme, mit Curaçao abgeschmeckt, bestrichen, wieder zusammengesetzt; dünn aprikotiert, mit Orangenfilets in Zucker und Curaçao mazeriert, gefüllt, mit Schlagsahne garniert; Curaçao-Weinschaum nebenbei.

Chantilly: Mit Kirschwasser-Läuterzucker getränkt, nach dem Erkalten dünn aprikotiert, mit vanillierter Schlagsahne gefüllt.

mit Erdbeeren: aux fraises: Mit Vanille-Läuterzucker getränkt, Mitte gefüllt mit Schlagsahne, vermischt mit kleinen, mit Zucker und Maraschino mazerierten Erdbeeren.

mit Früchten: aux fruits: Mit Kirschwasser-Läuterzucker getränkt, heiß serviert, mit Obstsalat, mit dicker, mit Kirschwasser abgeschmeckter Aprikosensauce gebunden, in der Mitte.

mit Himbeeren: aux framboises: Getränkt mit Läuterzucker, mit Himbeergeist abgeschmeckt, erkaltet, Mitte gefüllt mit Schlagsahne, reichlich mit Himbeeren vermischt.

auf Kardinalsart: à la cardinale: Mit Maraschino-Läuterzucker getränkt, erkaltet, mit halbierten oder geviertelten, pochierten Pfirsichen gefüllt, mit Erdbeerpüree nappiert, mit gehobelten Mandeln bestreut.

auf Kreolenart: à la créole: Mit Rum-Läuterzucker getränkt, ausgekühlt, dünn aprikotiert, mit Angelika und kandierten Kirschen dekoriert; Mitte gefüllt mit kaltem Condéreis vermischt mit Bananenwürfeln und reichlich Schlagsahne, maskiert mit dünnen Ananasscheibchen, leicht mit Aprikosensauce nappiert, mit Rum abgeschmeckte Aprikosensauce nebenbei.

Medici: Médicis: Mit Maraschino-Läuterzucker getränkt, erkaltet, aprikotiert, Mitte mit Mandelcreme gefüllt, mit Schlagsahne garniert.

Montmorency (mongmorangßi): Mit Kirschwasser-Läuterzucker getränkt, Mitte mit heißem Kompott von entsteinten Kirschen, mit Aprikosensauce, mit Kirschwasser abgeschmeckt, gebunden, gefüllt;

leichter, gebundener Kirschensirup nebenbei. Kann auch kalt serviert werden.

mit Orangen: à l'orange: Mit Läuterzucker, mit Orangensaft und Curaçao abgeschmeckt, getränkt, erkaltet, leicht aprikotiert; Mitte mit Orangencreme gefüllt, mit Orangenfilets garniert.

Peter der Große: Pierre-le-Grand: Mit Kirschwasser-Läuterzucker getränkt, dünn aprikotiert, mit gehackten Mandeln und Pistazien bestreut; Mitte mit vanillierter Schlagsahne gefüllt.

Schaumeis: Mousse glacé (muß glaßeh): 1. Eigelb und Zucker zusammen mit dem gewünschten Geschmack erst warm- und dann kaltgeschlagen, mit ungesüßter Schlagsahne untergezogen,
2. italienische Meringuemasse, vermischt mit Fruchtmark, mit Schlagsahne untergezogen, in beliebiger Form gefroren.

Absinth-: Vanillemasse mit Absinth abgeschmeckt.

Aprikosen-: à l'abricot: Italienische Meringuemasse mit Aprikosenmark und ungesüßter Schlagsahne.

Orangen-: à l'orange: Grundmasse 1 mit Orangensaft und abgeriebener Orangenschale bereitet.

Schokoladen-: Grundmasse mit Vanille und aufgelöster Schokolade.

Scherbet, Scharbett: Sorbet (ßorbeh): Dünnflüssige Eisart, bereitet aus Fruchtsaft, Läuterzucker und Zitronensaft, oder Läuterzucker mit Süßwein, Likör oder Spirituosen, nach dem Gefrieren mit einem Viertel der Menge italienischer Meringuemasse oder Schlagsahne unterzogen, in vorher gekühlten Gläsern serviert. Früher als Erfrischung nach dem Braten, heute meist als Nachtisch serviert. Zuckergehalt des Scherbets: 15 Grad mit der Zuckerwaage gemessen.

Ananas: Sorbet à l'ananas: Läuterzucker von 22 Grad, mit Ananassaft, etwas Zitronensaft und Weißwein auf 15 Grad gebracht; gefroren, mit italienischer Meringuemasse vermischt.

Erdbeer: au fraises (o frähs): Erdbeersaft, mit Zitronensaft und Weißwein auf 15 Grad gebracht, gefroren, mit italienischer Meringuemasse unterzogen.

mit Kirschwasser: au kirsch: Läuterzucker von 18 Grad, mit Kirschwasser auf 15 Grad gebracht, gefroren.

Portwein: au porto: Läuterzucker von 22 Grad, mit reichlich Portwein, Orangen- und Zitronensaft auf 15 Grad gebracht, gefroren.

Rum: Sorbet au rhum (ßorbeh o rhom): Läuterzucker von 18 Grad, mit echtem Rum auf 15 Grad gebracht.

Waldmeister: à l'asperule (aßperül): Moselwein, mit Waldmeister aromatisiert, vermischt mit Läuterzucker von 22 Grad und wenig Zitronensaft, auf 15 Grad gebracht, gefroren, mit italienischer Meringuemasse unterzogen.

Schillerlocken: Cornets à la crème (korneh ala krem): Schmale Blätterteigstreifen, über trichterförmige Blechhülsen gewickelt; nach dem Backen mit Zucker bestäubt, mit Schlagsahne oder Vanillecreme gefüllt.

Schlosserbuben: Große entsteinte, eingeweichte Backpflaumen, in Zitronen-Läuterzucker pochiert, abgekühlt; abgetropft, Stein durch geschälte Mandel ersetzt, durch Backteig, mit Wein bereitet, gezogen, in tiefem Fett gebacken, gleich in geriebener Schokolade gewälzt, mit Puderzucker bestäubt (österreichisch).

Schnee-Eier: Œufs à la neige (ös ala nädg): Festgeschlagenes Eiweiß, mit Zucker unterzogen, löffelweise in heißer, gesüßter, vanillierter Milch pochiert, oder rund oder oval in gebutterte Pfanne mit hohem Rand gespritzt und mit der heißen Milch übergossen. Herausgenommen, abgetropft, ausgekühlt, mit kalter Vanillesauce, mit der Milch bereitet, reichlich nappiert.

Erdbeer-: Mit leicht gesüßtem Erdbeerpüree nappiert.

Himbeer-: aux framboises: Mit leicht gesüßtem Püree von frischen Himbeeren nappiert.

Nignon: Süßer Eierstich, in Randform pochiert, ausgekühlt, gestürzt; Mitte gefüllt mit Schnee-Eiern (mit geriebener Schokolade vermischt), Rand mit einfachen Schnee-Eiern bedeckt. Die weißen Schnee-Eier mit kalter Schokoladensauce, die dunklen mit kalter Vanillesauce nappiert; beide Saucen auch nebenbei serviert.

Schokoladen-: au chocolat: Mit kalter Schokoladensauce, vermischt mit Schlagsahne, überzogen.

Schuhsohlen: Semelles (Bömel): Dünn ausgerollter Blätterteig, rund ausgestochen, auf Streuzucker zu ovaler Form ausgerollt, gebacken und gleichzeitig karamelisiert.

Schüsselpastete, Englische: siehe Pie

Schwarzwälder Eierküchlein: Dünne, mit Kirschwasser parfümierte Eierkuchen, gefüllt mit Butter, mit Zucker und Kirschwasser schaumig gerührt, mit gehackten, entsteinten, pochierten, mit Kirschwasser abgeschmeckten Sauerkirschen vermischt, zusammengerollt; mit Puderzucker bestäubt, mit warmem Kirschwasser übergossen, brennend serviert.

Kirschtorte: Runder Boden von Mürbeteig, mit Johannisbeergelee bestrichen, mit Boden von Schokoladenbiskuit von gleicher Form belegt, mit abgetropften, entsteinten, pochierten Kirschen, vermischt mit Schlagsahne, mit Kirschwasser abgeschmeckt und leicht gelatiniert, bedeckt, glattgestrichen, mit rundem Biskuitboden abgeschlossen; dick mit leicht gelatinierter, mit geschmolzener Schokolade vermischter Schlagsahne gänzlich maskiert, glattgestrichen, zum Anziehen kaltgestellt. Oben mit Schlagsahne, entsteinten, gut abgetropften, pochierten Kirschen und Schokoladespänen garniert.

Schwedenfrüchte: Macédoine à la suédoise: Frische Früchte der Saison aller Arten, darunter viele rote Früchte, gewürfelt, mit Schwedenpunsch (notfalls Kirschwasser und Arrak) und Zucker mazeriert; in hohen Glasbecher gefüllt, mit dickem, süßem Rahm aufgegossen.

Schwedisches Apfelgelee: Suédoise de pommes (swedoas dö pomm): Form mit Apfelgelee chemisiert, abwechselnd mit kalten, rund ausgestochenen, zum Teil mit in Kirschwasser-Läuterzucker und in Himbeersaft pochierten, abgetropften Apfelkugeln gefüllt; mit Apfelgelee zugegossen, nach dem Stocken gestürzt.

Schweinsohren: Palmiers (palmjeh): Blätterteig, auf Streuzucker ausgerollt, zweimal nach der Mitte zu zusammengefaltet, in dicke Scheiben geschnitten; ziemlich weit auseinander auf Backblech gesetzt, gebacken und gleichzeitig karamelisiert.

Schwimmende Insel: Ile flottante: Meringuemasse, löffelweise in vanillierter, gezuckerter Milch pochiert; mit der Milch und Eigelb Vanillesauce bereitet. Die Sauce in Glasschale gefüllt, die pochierte Meringuemasse in die Mitte gehäuft, warm oder kalt serviert.

Semelles: siehe Schuhsohlen

Semoule: siehe Grieß

Sfogliatelle ripiene: Dünn ausgerollter Blätterteig, in Vierecke geschnitten, gefüllt mit Konditorcreme, mit Rum abgeschmeckt, Marmelade, Gelee oder Quark mit Zucker, Vanille, Zimt oder abgeriebener Zitronenschale verrührt; zu einem Dreieck gefaltet, die Seiten angedrückt, gebacken; noch warm dünn mit Fondant glaciert (italienisch).

Shortbread: Kleine runde Kuchen von Mürbeteig, mit reichlich Butter, Vanille oder abgeriebener Zitronenschale hergestellt (englisch).

Sirne Paska: Osterkäse: Sehr trockener, durchgestrichener Quark, mit Butter und etwas Zucker schaumig gerührt, mit dickem saurem Rahm vermischt, nach Wunsch abgeschmeckt; in eine Holz- oder andere Form mit einem feuchten Musselintuch ausgelegt gefüllt, mit Holzdeckel 24 Stunden leicht gepreßt, stark gekühlt, gestürzt. Meist in Holzform, in die das griechisch-orthodoxe Kreuz geschnitzt wurde, gepreßt, sonst mit Rosinen oder Korinthen mit dem Zeichen X (Christ ist auferstanden) garniert (russisch).

Sorbet: siehe Scherbet
Soufflé: siehe Auflauf
Soufflé glacé: siehe Eisauflauf
Speiseeis: siehe Eis
Stachelbeere: Groseille verte (großaij wärt), groseille à maquereau (großaij a makero): Frucht eines etwa 2 m hohen Strauches, der ursprünglich in Südeuropa und den Gebirgen Nordafrikas beheimatet, heute aber über viele gemäßigte Länder verbreitet ist. Die Früchte sind rund oder oval, grün, gelb oder rot, glatt oder mit stachliger, haariger Haut. Zu Süßspeisen eignen sich am besten die vor der vollen Reife gepflückten grünen Beeren.

Creme, Englische: Crème de groseilles vertes à l'anglaise: Mit Zucker und wenig Wasser gekocht, durchgestrichen, mit Eigelb, Zucker und Vanille zu Creme aufgeschlagen, kaltgeschlagen, mit Schlagsahne vermischt; in Gläsern serviert, Löffelbiskuits nebenbei.

Gooseberry Fool: Mit wenig Wasser, aber reichlich Zucker gekocht, durchgestrichen, ausgekühlt; mit der gleichen Menge Schlagsahne vermischt, gut gekühlt in Gläsern serviert (englisch).

Gooseberry Trifle: Löffelbiskuits, leicht mit Sherry getränkt, abwechselnd mit dickem, gesüßtem Stachelbeerpüree in Glasschale gefüllt, mit dickem, kaltem Custard (s. d.) maskiert, mit Schlagsahne garniert, mit zerbröckelten Makronen bestreut (englisch).

Tartelett Kempinski: Blind gebackenes Tartelett, gefüllt mit in schwerem Läuterzucker pochierten, erkalteten und gut abgetropften Beeren, bedeckt mit Schlagsahne vermischt mit Makronenbröseln.

Torte: Flacher Tortenring, mit Mandelmürbeteig ausgefüttert, blind gebacken, ausgekühlt; mit kalten, in dickem Läuterzucker pochierten, abgetropften Stachelbeeren gefüllt, mit Schlagsahne bedeckt, glattgestrichen, mit Johannisbeergelee marmoriert.

Vacherin: Vacherin aux groseilles: Vacherin mit aufgesetztem Rand, mit etwas Schlagsahne angefüllt, mit in Vanille-Läuterzucker pochierten, gut abgetropften, kalten Stachelbeeren reichlich bedeckt, mit Schlagsahne garniert.

Streuselkuchen: Hefeteig, dünn ausgerollt, auf Backblech plaziert: bedeckt mit Mischung von zerlassener Butter, Zucker und Mehl, mit Zimt gewürzt, zu mehr oder weniger großen Streuseln mit der Hand gerieben; zum Aufgehen gestellt, bei guter Hitze gebacken.

Strudel: Mit der Hand und mit einem gemehlten Tuch dünn wie Papier ausgezogener Strudelteig, mit Apfelscheibchen u. a. bedeckt, zusammengerollt, auf ein Backblech gelegt, mit Butter gut bestrichen, gebacken, mit Puderzucker bestäubt, warm oder kalt, oft mit Schlagsahne serviert. Strudelteig wird aus Mehl mit einer Prise Salz, Ei, Eßlöffel Öl oder Schmalz, einigen Tropfen Essig und lauwarmem Wasser ähnlich wie Nudelteig geschlagen und muß vor dem Ausziehen wenigstens 1 Stunde ruhen.

Apfel-: Teig ausgezogen, mit Butter bestrichen, mit in Butter gerösteten Bröseln bestreut, mit Apfelscheibchen vermischt mit Rosinen, Zucker und Zimt gefüllt, zusammengerollt, mit Butter bestrichen, gebacken; kalt oder warm mit Schlagsahne serviert (österreichisch).

Kirschen-: Wie Apfelstrudel mit reichlich gerösteten Brotwürfelchen, zum Aufsaugen des Fruchtsaftes, Zucker und abgeriebener Zitronenschale bereitet (österreichisch).

Mohn-: Gestoßener schwarzer Mohn, vermischt mit Zucker und Rotwein, wenigstens 1 Stunde geweicht, zerlassene Butter, Honig, Aprikosenmarmelade, Eigelb, gehackte Zitronenschale, gehackte Rosinen und Vanille beigefügt; Strudelteig mit der Mischung bestrichen, zusammengerollt, mit Butter bestrichen, gebacken, kalt serviert (österreichisch).

Nuß-: Butter mit Zucker, Eigelb und gemahlenen Haselnüssen schaumig gerührt, mit Zimt gewürzt, auf den ausgezogenen Teig gestrichen, zusammengerollt, gebacken; kalt serviert (österreichisch).

Topfen-: Durchgestrichener Topfen (Quark), mit Eigelb, Zucker und Vanille verrührt, Eierschnee daruntergezogen, auf den Teig gestrichen, wie Apfelstrudel bereitet (österreichisch).

Suédoise de pommes: siehe Schwedisches Apfelgelee

Tarte aux fruits: siehe Obsttorte
Tartelette: siehe Tortelett
Tartelette à la crème: siehe Cremetörtchen
Tarte meringué: siehe Baisertorte
Tel Kadayif: Weizenflocken mit kochendem Wasser gebrüht, zu zwei 1 cm dicken Platten ausgestrichen, stark gekühlt. Eine Platte auf gebuttertes Backblech gelegt, dick mit gehackten Pistazien, Walnüssen und Pinienkernen bestreut, mit der zweiten Platte bedeckt, leicht angedrückt, mit viel Butter bestrichen, gebacken. Noch warm mit Sirup von Milch, reichlich Zucker, Safran und einigen Tropfen Rosenöl getränkt, in Stücke geschnitten, kalt serviert (türkisch).
Timbale, Becherpastete, Füllpastete; timbale (tängbal): Biskuit-, Savarin- oder anderer Teig, in einer runden oder halbkonischen Form gebacken, ausgehöhlt und gefüllt, oder auch Form mit Mürbe- oder anderem Teig ausgefüttert, blind gebacken und nach dem Auskühlen gefüllt.

d'Aremberg: Charlotteform, mit Babateig ausgefüttert, gefüllt mit geviertelten, in Vanille-Läuterzucker pochierten, abgetropften Birnen mit Aprikosenmarmelade dazwischen, mit Babateig geschlossen, Kamin zum Dampfabzug gemacht, gebacken; gestürzt, mit Aprikosensauce, mit Maraschino abgeschmeckt, nappiert.

Bourdalou (burdalu): Runde, etwas flache Pastetenform, mit Mürbeteig ausgefüttert, abwechselnd mit Frangipanecreme und gewürfelten, gedünsteten Früchten gefüllt, mit Mürbeteig verschlossen, gebacken; gestürzt, nappiert mit gebundenem, vanilliertem Aprikosensirup.

Chantilly: Savarinteig, in Charlotteform gebacken, ausgekühlt, ausgehöhlt, leicht mit Kirschwasser-Läuterzucker getränkt, abwechselnd mit Schlagsahne und gewürfelten Früchten gefüllt, mit Schlagsahne garniert.

Condé: Flache Becherform, mit Mürbeteig ausgefüttert, ausgekühlt; gefüllt mit kaltem Vanilleeis, mit Schlagsahne unterzogen, und halben, gedünsteten Aprikosen, mit Aprikosensauce nappiert.

auf Herzoginart: à la duchesse (düscheß): Flache runde Krustade aus Mürbeteig, gefüllt mit großen, pochierten Apfelwürfeln, vermischt mit Rosinen, gebunden mit dicker Aprikosensauce, mit Kirschwasser abgeschmeckt.

Louis Napoleon: Briocheteig, in Charlotteform gebacken, sorgfältig ausgehöhlt, mit Fruchtwürfeln, mit Aprikosensauce gebunden, gefüllt; maskiert und garniert mit Meringuemasse, mit Puderzucker bestäubt, im Ofen abgeflämmt.

auf Pariser Art: à la parisienne: Charlotteform, mit Briocheteig gefüllt, gebacken, ausgekühlt, ausgehöhlt; gefüllt mit gedünsteten Apfel- und Birnenvierteln, halbierten Pfirsichen und Aprikosen, Ananaswürfeln, aufgequollenen Rosinen, geschälten, entkernten Weinbeeren und rautenförmig geschnittener Angelika, alles mit Aprikosenpüree, mit Kirschwasser abgeschmeckt, gebunden.

auf sizilianische Art: à la sicilienne: Briocheteig in Charlotteform gebacken, erkaltet, ausgehöhlt, innen aprikotiert; gefüllt mit Orangenfilets, mit gerade stockendem Zitronengelee zugegossen, mit Orangenfilets dekoriert.

Topfengolatschen: Blätterteig, dünn ausgerollt, in Vierecke geschnitten, die Mitte mit Butter, zusammen mit Zucker, Eigelb, durchgestrichenem Topfen (Quark), abgeriebener Zitronenschale und Vanille schaumig gerührt, mit einigen Korinthen vermischt; die Enden nach oben zu eingeschlagen, mit Ei bestrichen, gebacken (österreichisch).

knödel: Butter mit Zucker, ganzen Eiern und durchgestrichenem Quark schaumig gerührt, sehr wenig Mehl und Prise Salz beigefügt, zu Klößen geformt, in siedendem Salzwasser pochiert; abgetropft, bedeckt mit Bröseln in reichlich Butter gebräunt, Pflaumenröster (s.d.) nebenbei (österreichisch).

palatschinken: Große, dünne Eierkuchen, gefüllt mit passiertem Quark, mit Zucker, Eigelb und gehackter Zitronenschale schaumig gerührt, mit Korinthen vermischt, mit Eierschnee aufgezogen; zusammengerollt, in schräge Stücke geschnitten. In gebutterte Backform gefüllt, mit süßem Eierstich übergossen, im Ofen gebacken, kurz vor dem Garsein mit Puderzucker bestäubt und glaciert (ungarisch).

Törtchen: siehe Tortelett

Torte: Gâteau (gato): Feiner Kuchen, auf verschiedene Arten und in verschiedenen Formen hergestellt, gefüllt oder nicht gefüllt, glaciert oder nicht glaciert, meistens, jedoch nicht immer dekoriert. Die Torten der feinen Küche sind eine ausgesprochene Süßspeise und kein Gebäck für den Kaffee- oder Teetisch.

Apponyi-: Eierschnee, mit Zucker, gemahlenen Haselnüssen, geriebener Schokolade und wenig Mehl vermischt, in runder Tortenform gebacken; nach dem Erkalten dreimal durchgeschnitten, mit Schokoladen-Buttercreme gefüllt, mit der gleichen Creme bestrichen und dekoriert, mit kleinen runden Hippen abgesetzt.

Dobos-: Vier ovale oder runde Böden aus Dobosmasse, gebacken, mit Kirschwasser-Schokoladen-Buttercreme zusammengesetzt, der oberste vor dem Aufsetzen karamelisiert und portionsweise markiert (ungarisch).

Haselnuß: aux noisettes: Genoisemasse vermischt mit geriebenen Haselnüssen, in runder oder viereckiger Form gebacken; drei- bis viermal durchgeschnitten, mit Haselnuß-Buttercreme gefüllt, Seiten und Oberteil mit gleicher Creme bestrichen und mit gehackten, gerösteten Haselnüssen angestreut, mit Puderzucker bestäubt.

Linzer: Butter mit Zucker und Eiern schaumig gerührt, mit geriebenen Mandeln, Mehl und abgeriebener Zitronenschale zu glattem Teig verarbeitet; ziemlich dick ausgerollt, rund ausgestochen, reichlich mit Johannisbeergelee oder Himbeermarmelade bestrichen, eingekerbter Rand aufgesetzt, mit Streifen eingekerbten Teiges über Kreuz bedeckt, mit Puderzucker bestäubt, gebacken (österreichisch).

Manon: Briocheteig in Charlotteform gebacken, nach dem Erkalten leicht mit Kirschwasser-Läuterzucker getränkt; viermal durchgeschnitten, abwechselnd mit Vanille- und Schokoladen-Konditorcreme gefüllt. Oben und an den Seiten aprikotiert, mit gehackten, gerösteten Haselnüssen angestreut, mit Puderzucker bestäubt.

Marignan: Runde oder ovale Tortenform mit Savarinteig halb gefüllt, nach dem Aufgehen gebacken, noch heiß mit Kirschwasser- oder Rum-Läuterzucker getränkt; nach dem Erkalten oben fingerdicke Scheibe abgeschnitten, beide Seiten nach oben gehoben, um einen geöffneten Korb zu imitieren, die Öffnungen beiderseits mit Sterntülle hoch mit italienischer Meringuemasse oder Schlagsahne gefüllt; ein dünner Streifen Angelika zwischen beide Öffnungen gesteckt, um den Korbgriff darzustellen.

Maronen-: Gâteaux aux marrons: Drei dünne Böden Sandmasse, mit Maronen-Buttercreme, mit Maraschino abgeschmeckt, zusammengesetzt, mit Kuvertüre überzogen; Rand mit Krokantdreiecken abgesetzt, Marzipanrose in der Mitte, garniert mit glacierten Maronen mit Kuvertüre überzogen.

Mikado: Je drei dünne Böden Genoise und drei gebackene Baiserböden, mit Rum-Buttercreme zusammengesetzt, oben und außen mit gleicher Creme bestrichen, mit gehackten, gerösteten Mandeln angestreut, oben mit Puderzucker bestäubt.

Mokka: Moka: Genoisemasse, in runder oder viereckiger Form gebacken; drei- bis viermal durchgeschnitten, mit Kaffee-Buttercreme gefüllt und gänzlich bestrichen; Seiten mit gehackten, gerösteten Mandeln angestreut, Oberseite mit Sternchen von Kaffee-Buttercreme, dicht nebeneinander gesetzt, bedeckt.

Paris-Brest: Brandmasse, zu einem dicken Kranz auf Blech gespritzt, gebacken; waagerecht durchgeschnitten, mit Saint-Honoré-Creme, mit gestoßenem, gesiebtem Krokant vermischt, gefüllt, mit Puderzucker bestäubt.

Pithiviers: Dünner, runder Boden von Blätterteigresten mit aufgesetztem Blätterteigrand, Mitte mit Mandelcreme, mit Rum abgeschmeckt, gefüllt, mit Blätterteig abgedeckt; Rand eingekerbt, Oberseite mit Ei bestrichen und rosettenförmig eingeritzt, gebacken, mit Puderzucker bestäubt und glaciert.

Portugiesische Reis-: de riz à la portugaise (dö ri ala portügäs): Tortenring mit Mürbeteig ausgefüttert und nur leicht angebacken; Boden mit Aprikosenmarmelade bestrichen, gefüllt mit Reis, in Rotwein und Zucker gekocht, mit Eigelb und entsteinten Sauerkirschen vermischt, mit Eierschnee unterzogen, mit Puderzucker bestäubt, gebacken.

Prinzen-: des princes: Genoisemasse in runder Tortenform gebacken, nach dem Erkalten in sechs Scheiben geschnitten, mit Madeira besprizt, abwechselnd mit Erdbeer- und Aprikosenmarmelade zusammengesetzt; Seiten und oben mit Meringuemasse bedeckt und dekoriert, mit Puderzucker bestäubt, im Ofen abgeflämmt.

Quark: Runder Tortenring, mit Mürbeteig ausgefüttert, gefüllt mit durchgestrichenem Quark, vermischt mit abgeriebener Butter, Zucker, Eigelb und Korinthen, gewürzt mit Zimt und geriebener Zitronenschale, mit Eierschnee unterzogen; bei mäßiger Hitze gebacken, mit Puderzucker bestäubt.

Reis-Baiser-: au riz meringué: Tortenring mit Mürbeteig ausgefüttert, leicht angebacken, gefüllt mit Süßspeisenreis, vermischt mit Salpicon von Früchten, in Kirschwasser mazeriert, und Eigelb, mit Eierschnee unterzogen; bedeckt und dekoriert mit Meringuemasse, mit Puderzucker bestäubt, bei mäßiger Hitze gebacken.

Sacher: Butter mit Zucker und Vanille schaumig gerührt, mit Eigelb und geschmolzener Schokolade vermengt, mit Eierschnee und wenig Mehl unterzogen, in runder Form bei mäßiger Hitze gebacken; nach dem Erkalten dünn aprikotiert, mit tablierter Schokolade glaciert, stets mit Schlagsahne serviert (österreichisch).

Saint-Honoré: Runder Boden von Mürbeteig mit aufgesetztem Rand von Brandteig gebacken. Sehr kleine, durch Karamel gezogene Windbeutelchen mit Karamel auf dem Rand befestigt, Mitte mit Saint-Honoré-Creme (s.d.) gefüllt und garniert, dekoriert mit kandierten Kirschen und Angelikablättchen.

Tausendblätter-: Gâteau millefeuilles: Dünn ausgerollter Blätterteig, zu großen, runden Böden ausgestochen, eingestochen, gebacken; mit Marmelade, Konditor- oder Frangipanecreme gefüllt in 6 bis 8 Lagen, leicht zusammengedrückt, Oberseite mit Fondant glaciert, Seiten aprikotiert und mit gehackten, gerösteten Mandeln angestreut.

Zuger Kirsch-: Runde Genoisetorte, getränkt mit Läuterzucker, vermischt mit $^1/_3$ Teil Kirschwasser, abgetropft, inmitten von zwei gebackenen Böden von Haselnuß-Meringuemasse, mit Mokkabuttercreme bestrichen, gesetzt; oben und an den Seiten mit gleicher Creme bestrichen, Seiten mit gerösteten Mandelsplittern angestreut, Oberseite mit Puderzucker bestäubt und eingekerbt (schweizerisch).

Tortelett, Törtchen: Tartelette (tartlett): Einfache oder gerippte, hohe oder niedrige kleine Förmchen, mit Mürbe-, Mürbemandel-, Blätter-, Halbblätter- oder Hefeteig ausgefüttert, meist blind gebacken, mit Frucht oder Creme, auch beidem, gefüllt, aprikotiert oder mit Gelee überglänzt. Fruchtschiffchen (barquettes) werden genauso, nur in Schiffchenformen bereitet.

Ananas: à l'ananas: Blind gebackenes Tortelett von Mürbeteig, gefüllt mit gewürfelter Ananas mit Aprikosenmarmelade gebunden, garniert mit Schlagsahne.

Apfel: Tartelette aux pommes (tartlett o pomm): Gewürfelte Äpfel, in Butter gedünstet, leicht mit Konditorcreme gebunden, in blind gebackenes Mürbeteigtortelett gefüllt, mit runder, gedünsteter Apfelscheibe bedeckt, leicht aprikotiert.

Französisches: aux pommes à la française (o pomm ala frangsähs): Förmchen mit Blätterteigresten ausgefüttert, leicht blind angebakken, Boden mit dickem Apfelmus gefüllt, symmetrisch mit dünnen Apfelscheibchen bedeckt, gebacken; noch heiß aprikotiert.

Normannische: à la normande: Förmchen mit Mürbeteig ausgefüttert, blind gebacken, Boden mit Condéreis bedeckt, gefüllt mit in Butter gedünsteten Apfelscheibchen, aprikotiert.

Russisches: à la russe: Mit Mürbeteig ausgefüttert, blind gebacken, mit dickem Apfelmus, mit Kümmellikör abgeschmeckt, gefüllt; mit dünner, runder Ananasscheibe bedeckt, mit halber Kirsche garniert, aprikotiert.

Apfelsinen: à l'orange: Blind gebackenes Tortelett von Mürbeteig, Boden mit Konditorcreme maskiert, gefüllt mit Orangenwürfeln, gebunden mit Orangensirup, leicht mit Stärkemehl abgezogen; garniert mit Orangenfilets, glaciert mit Orangenmarmelade oder gebundenem Sirup, der Rand mit gehackten Mandeln abgesetzt.

Aprikosen: à l'abricot: Mit Mürbeteig ausgefüttert, blind gebacken, ausgekühlt, innen mit Kuvertüre ausgestrichen; nach dem Festwerden Boden mit Vanillecreme bedeckt, darauf drei oder zwei kleine, halbe, pochierte, abgetropfte Aprikosen dressiert, aprikotiert, Mitte mit gehackten Mandeln bestreut.

Chamberlain: Gerripptes Förmchen, mit Blätterteig ausgefüttert, dünn mit Aprikosenmarmelade ausgestrichen, gefüllt mit gehackten Äpfeln vermischt mit Bröseln, Zucker, Zimt, gehackter Zitronenschale und wenig Rum; mit Blätterteig abgedeckt, gebacken, nach dem Abkühlen mit Vanillefondant glaciert.

Erdbeer: aux fraise (o frähs): 1. Blind gebackenes Mürbeteigtortelett, mit sehr kleinen Erdbeeren gefüllt, mit Puderzucker bestäubt, mit Schlagsahne garniert;

2. blind gebackenes Mürbeteigtortelett, gefüllt mit kleinen Erdbeeren vermischt mit Meringuemasse, mit Puderzucker bestäubt, abgeflämmt;

3. hohes, gerippptes Förmchen, mit Mandelmürbeteig ausgefüttert, gefüllt mit Masse von Butter mit Eigelb, Zucker und gemahlenen Mandeln abgerührt, mit großen Erdbeerwürfeln und Eierschnee unterzogen, gebacken; nach dem Erkalten mit Kirschwasserfondant glaciert.

Kirschen und Bananen: de cerises et banane (dö srhihs e banan): Blind gebackenes Tortelett von Mürbeteig, mit entsteinten, gedünsteten, leicht mit dem abgezogenen Fond gebundenen Kirschen gefüllt, mit dünnen Bananenscheibchen umkränzt, leicht aprikotiert.

Nelson: Förmchen mit Mürbeteig ausgefüttert, hell blind gebacken, dünn mit Aprikosenmarmelade ausgestrichen; gefüllt mit Meringuemasse mit Zimt gewürzt, reichlich mit Mandelsplittern bestreut, bei mäßiger Hitze gebacken, mit Puderzucker bestäubt.

Nuß: aux noisettes: Förmchen mit Mürbeteig ausgefüttert, den Boden leicht mit roter Marmelade maskiert; gefüllt mit gemahlenen Haselnüssen vermischt mit Zucker, Eigelb und wenig Rahm, mit Eierschnee unterzogen, mit Vanille oder Kirschwasser aromatisiert, mit Puderzucker bestäubt, gebacken.

Obst: aux fruits: Blind gebackenes Tortelett aus Mürbeteig, gefüllt mit Fruchtwürfeln leicht mit Aprikosenmarmelade gebunden; Rand mit gehackten Pistazien eingefaßt, die Mitte mit einer Rosette Schlagsahne garniert.

Strawberry and Cottage Cheese Tartlett: Erdbeer- und Quarktortelett: Durchgestrichener Quark mit Zucker, Eigelb und Vanille schaumig gerührt, vermischt mit Schlagsahne und kleinen Erdbeeren, wenig geschmolzene Gelatine unterzogen; gefüllt in hohes, geripptes Tortelett aus Mürbeteig, nach dem Festwerden mit Schlagsahne garniert (nordamerikanisch).

Weinbeeren: aux raisins: 1. Blind gebackenes Tortelett von Halbblätterteig, den Boden mit Konditorcreme maskiert, gefüllt mit geschälten, entkernten Weinbeeren, mit Meringuemasse vermischt, mit Puderzucker bestäubt, im Ofen abgeflämmt;

2. blind gebackenes Tortelett aus Mürbeteig, mit geschälten, entkernten Weinbeeren symmetrisch gefüllt, mit Weingelee, mit Kirschwasser abgeschmeckt, überglänzt.

Tranche à la crème: siehe Cremeschnitte

Trifle: Rechtecke von leichter Biskuitmasse (Sponge cake) aufgeschnitten, mit Himbeermarmelade bestrichen, in Glasschüssel gefüllt, leicht mit Sherry getränkt, bedeckt mit Obstsalat und mit gerade stockendem Gelee vom Saft der betreffenden Früchte; maskiert mit dicker Vanillesauce, garniert mit Schlagsahne, dekoriert mit frischen oder kandierten Früchten (englisch).

Vacherin (waschräng): Süßspeise bestehend aus zwei gebackenen Teilen von Meringuemasse: dem Boden mit aufgesetztem Rand und dem Deckel, bestehend aus einem Ring mit Gitterwerk, groß genug für eine Portion. Der Boden wird mit Eis, Schlagsahne oder anderem gefüllt, der Deckel aufgesetzt, garniert mit Schlagsahne, Marmelade, Schokoladenspänen u. a. m.

Berolina: Gefüllt mit Schlagsahne, vermischt mit Himbeerpüree, Deckel aufgesetzt, gitterartig garniert mit Schlagsahne und Hippenblättern, Johannisbeergelee zwischen dem Gitterwerk.

Chantilly: Gefüllt mit vanillierter Schlagsahne, garniert mit Schlagsahne, Angelikablättchen und kandierten Kirschen.

mit Eis: glacé: Gefüllt mit beliebigem Eis, garniert mit Schlagsahne.

Nignon: Gefüllt mit Schlagsahne, vermischt mit geriebener Schokolade und einigen zerdrückten kandierten Maronen, leicht mit Kirschwasser abgeschmeckt; garniert mit Schlagsahne und Schokoladenspänen, eine glacierte Marone in der Mitte.

Suchard: Gefüllt mit Schokoladeneis, garniert mit Schlagsahne und Schokoladenspänen.

Vol-au-vent aux fruits: siehe Fruchtpastete

Wareniki: Nudelteig dünn ausgerollt, rund ausgestochen, Mitte mit schaumiger Masse von Quark, Eigelb, Zucker und geriebener Zitronenschale gefüllt. Rand hochgezogen und fest zusammengedrückt, in Salzwasser gekocht, abgetropft, mit Zucker bestreut, mit zerlassener Butter übergossen; saurer Rahm nebenbei (russisch).

Weinschaum: Sabayon (sabajong): Eidotter mit Zucker und Weißwein bis zur Bindung im Wasserbad geschlagen, eventuell mit Spirituosen oder Likör abgeschmeckt. Kann auch mit Südweinen wie Sherry, Madeira, Portwein, Malaga, Marsala und mit Schaumwein bereitet werden. Wird warm als Sauce und Süßspeise, kalt in Gläsern mit Löffelbiskuits serviert. Kalter Weinschaum kann leicht mit aufgelöster Gelatine gebunden werden, um ein Absetzen zu verhindern,

Gefrorener: Sabayon glacé: Weinschaum, mit Schlagsahne vermischt, in beliebiger Form gefroren; mit in heißes Wasser getauchtem Löffel zu Muscheln ausgestochen, in vorgekühlten Sektschalen serviert.

Gefrorener Orangen-: Mit Orangensaft und etwas Weißwein bereitet, gefroren, mit Löffelbiskuits serviert.

Wiener Krapfen: Gut fermentierter Teig von Mehl, Eiern, Butter, Hefe, Milch, Zucker und abgeriebener Zitronenschale, dünn ausgerollt, rund ausgestochen, Mitte mit Aprikosen-, Erdbeer-, Ananas- oder anderer Marmelade gefüllt, mit zweitem runden Boden bedeckt, Rand angedrückt, zum Aufgehen gestellt; in tiefem Fett – nicht zuviele auf einmal – gebacken, dabei zwei- bis dreimal gewendet; leicht mit Puderzucker bestäubt (österreichisch).

Windbeutelchen: Petits choux à la crème (pti shuh ala krem): Kleine Kugeln von Brandteig, auf gefettetes Blech gespritzt, mit Eigelb bestrichen, kroß ausgebacken; nach dem Erkalten mit Schlagsahne oder Konditorcreme usw. gefüllt.

Schokoladen-: au chocolat: Mit Schokoladencreme gefüllt.

Yoghourt, Yoaurt: siehe Joghurt

Zimtapfel: siehe Anone
Zwergapfelsine: siehe Mandarine
Zwetschenknödel: Hefeteig, dünn ausgerollt, in Vierecke geschnitten, gefüllt mit einer Zwetsche, deren Stein durch ein Stück Zucker ersetzt wurde, Seiten nach oben zusammengefaltet, geschlossen, zu Knödel geformt; in leicht gesalzenem, siedendem Wasser pochiert, gut abgetropft, bedeckt mit Brotbröseln in reichlicher Butter gebräunt, mit Zucker bestreut (österreichisch).

Gruppe		Anzahl der Angaben
Gruppe 1 S. 1	**Vorspeisen**	743
Gruppe 2 S. 38	**Saucen**	566
Gruppe 3 S. 62	**Suppen** Klare Suppen · Gebundene Suppen · Kalte Suppen Nationale, regionale und diverse Suppen Obstsuppen	1098
Gruppe 4 S. 116	**Eierspeisen**	1128
Gruppe 5 S. 166	**Fische** Krustentiere · Schaltiere	1958
Gruppe 6 S. 273	**Garnituren** Umlagen · Beilagen	500
Gruppe 7 S. 300	**Hauptgerichte** Fleischspeisen	3275
Gruppe 8 S. 541	**Gemüse** Teigwaren und Zerealien	1485
Gruppe 9 S. 620	**Salate**	425
Gruppe 10 S. 640	**Süßspeisen** Gefrorenes · Gebäcke	1490

Anzahl der Angaben		Gruppe
209	**Käse** Käsespeisen · Käsegerichte	11 S. 719
	Die Speisekarte **Die Speisenfolge** **Das Service**	12 S. 732
	Fleischteile-Benennung **Das Zerlegen**	13 S. 742
	Vollwertige Ernährung und Krankenkost (Diät), Verdaulichkeitstabelle, Nährstofftabelle	14 S. 752
1872	**Allg. Angaben und praktische Winke** Jahreszeitenkalender · Rohgewichtstabelle Zubereitungsdauer · Küchenausdrücke Verdeutschungen · Historische Angaben	15 S. 790
2114	**Weine** Weinbehandlung · Kellerwirtschaft **Weinlexikon**	16 S. 820
534	**Spirituosen, Liköre, Bitters usw.** **Mischgetränke** **Kaffee und Tee**	17 S. 894
696	**Fachwörterverzeichnis** deutsch, französisch, englisch, italienisch, spanisch	18 S. 921
932	**Landesgerichte**	19 S. 936
	Inhaltsverzeichnisse deutsch fremdsprachig	20 S. 944 S. 955

Käse und Käsespeisen

Französisch: Fromage
Italienisch: Formaggio
Englisch: Cheese
Spanisch: Queso

Käse

Käse ist das aus der Milch von Kühen, Schafen, Ziegen, Büffeln u.a. durch Säuerung oder Lab abgeschiedene, mehr oder weniger fetthaltige Eiweiß, der sogenannte Bruch. Bei der Herstellung verwendet man auch Molke, Rahm, Wasser, Salz, Pilz- oder Bakterienkulturen u.a.m. Die Güte des Käses wird jedoch nicht nur durch die Qualität der Milch und die abweichende Behandlung, sondern auch durch die Nachbehandlung, die Temperatur und den Feuchtigkeitsgehalt der Luft in den Reifungsräumen und viele andere Faktoren beeinflußt.

Nach Art der Herstellung unterscheidet man:
1. Sauermilchkäse.
2. Süßmilchkäse,
   a) Frischkäse (ohne Reifung),
   b) Weichkäse,
   c) Schnittkäse,
   d) Hartkäse.

Der Fettgehalt in der Trockenmasse entscheidet darüber, ob der Käse als Magerkäse, Viertelfettkäse, Halbfettkäse, Dreiviertelfettkäse, Fettkäse, Vollfettkäse, Rahmkäse oder Doppelrahmkäse bezeichnet werden darf.

Käse ist eines der wichtigsten Nahrungsmittel. Er ist auch aus der Küche nicht fortzudenken. Man serviert ihn im Stück und verwendet ihn für Suppen, Saucen und vielerlei Gerichte. Als Käsespeise bereichert er die Tafel, sei es als Vorgericht, Zwischengericht oder Nachtisch. Käsestangen, Käseplätzchen, Käsekringel usw. serviert man zu manchen Suppen, zur Cocktail-Party und in der Bar.

Die Frage, ob der Käse vor oder nach der Süßspeise serviert werden soll, ist rein akademisch. In Frankreich serviert man ihn stets vorher, in den meisten anderen Ländern nach der Süßspeise. Ausgesprochene Käsegerichte und Käsegebäcke werden immer am Schluß der Mahlzeit aufgetragen. Einzelne Käsegerichte findet man auch unter Vorspeisen und Teiggerichten.

Einige der wichtigsten Käse der Welt

Alentejo, Queijo do: Portugiesischer Käse aus Schafmilch.
Ambert: siehe Fourmes
American Cheddar: Amerikanischer Schnittkäse nach Art des englischen Cheddars (s.d.) in zylindrischer, viereckiger oder länglicher Form hergestellt, der, solange er frisch ist, einen milden Geschmack hat und sich leicht schneiden läßt, später jedoch krümelig und scharf wird.
Appenzeller: Nach Tilsiter Art hergestellter, sehr scharfer Käse von zylindrischer Form, 25–40 cm Durchmesser, Höhe 12–15 cm, Gewicht 7–8 kg.
Arenenberger: Ein weicher Fettkäse aus der Schweiz.

Banon: Kleiner französischer Ziegenkäse, der zum Reifen in Weinblätter gewickelt und mit Bast umbunden wird.

Beaufort: Schnittkäse aus den französischen Hochalpen, aus Vollmilch nach Art der Schweizer Käse, geschmeidig und duftreich zugleich, mit einer einheitlichen lochfreien Schnittfläche, der in runden Blöcken von 30–60 kg in den Handel kommt.

Bel Paese: Italienischer Weichkäse nach Art der Butterkäse von runder Form.

Bleu d'Auvergne: Schimmelkäse nach Art des Roqueforts, der in der Auvergne aus einer Mischung von Kuh-, Schaf- und Ziegenmilch hergestellt wird.

Bloder: Ein magerer Schweizer Sauermilchkäse, der in Toggenburg hergestellt wird. Er ist rund oder viereckig und 2–10 kg schwer.

Bouton de Culotte: Sehr kleiner, runder französischer Ziegenkäse mit ockerfarbiger Rinde.

Brie, Fromage de Brie: Feiner französischer, vollfetter Weichkäse mit Schimmelbildung in Form einer runden, flachen Torte. Die Farbe ist weiß bis hellgelb, der Teig geschlossen und geschmeidig. Die größten Käse haben einen Durchmesser bis zu 54 cm, die kleinsten nicht über 35 cm. Man unterscheidet: Brie de Meaux; Brie de Melun, der nicht so breit, aber höher als der von Meaux und auch pikanter ist; und Brie de Provins, der dem Meaux ähnelt, jedoch kleiner und höher ist. Brie kommt auch in dreieckigen Schachteln in den Handel.

Brimsenkäse: Ein Sauermilchkäse, der in Ungarn, Rumänien, der Tschechoslowakei und Südrußland beliebt ist.

Brioler: Käse nach Limburger Art, der in der Gegend von Tilsit fabriziert wurde.

Broccio: Schafkäse von der Insel Korsika, der von März bis Juni verzehrt wird.

Butterkäse: Ein flacher, zylindrischer Weichkäse von butterähnlicher Konsistenz, äußerlich gelbbraun bis rötlich mit trockener Haut ohne Risse. Der Teig ist weich und butterähnlich, aber nicht fließend. Er kommt als Rahm- und als Vollfettkäse in zwei verschiedenen Größen in den Handel: 14 cm und 19 cm Durchmesser.

Buttermilchkäse: Viertelfetter oder magerer Sauermilchkäse, der unter Verwendung von Buttermilch fabriziert wird.

Caciocavallo: Geräucherter Hartkäse aus Süditalien, der sich gut zum Reiben eignet. Er wird oft in Form einer Keule oder eines Kegels hergestellt.

Caerphilly: Käse aus Vollmilch, der ursprünglich nur in Wales, heute aber in vielen Teilen Westenglands hergestellt wird. Es ist ein Frischkäse, der nur leicht gepreßt wird und schon nach 10–12 Tagen Reifung in den Handel kommt. Gewicht 4–4½ kg.

California Jack Cheese: Bezeichnung für einen Käse aus gerührtem Quark, der frisch verzehrt wird.

Camembert: Vollfetter Weichkäse aus der Normandie von feinem, aromatischem Geschmack, der in runden Schachteln verpackt wird. Guter Camembert hat hellgelben Teig, ohne Augen, und darf nicht laufen.

Canestrato: Sizilianischer Käse von gelblicher Farbe und kräftigem Geschmack aus Schaf- und Ziegenmilch.

Cantal: Hellgelber französischer Schnittkäse von zylindrischer Form aus Vollmilch, der kaum Geruch, jedoch einen ausgeprägten Eigengeschmack hat. Er hat einen Durchmesser von 20–50 cm und ein Gewicht von 20 bis ungefähr 40 kg.

Carré de l'Est: Ein viereckiger Weichkäse aus der Champagne nach Art des Brie oder des Camembert, jedoch mit einem völlig anderen, charakteristischen Geschmack, der in verschiedenen Größen hergestellt und nur in Schachteln gehandelt wird.

Cheddar Cheese: Zylindrischer, fetter Hartkäse von 25–28 cm Höhe, 35–40 cm Durchmesser und einem Gewicht von etwa 25 kg, der in der Grafschaft Somersetshire in England fabriziert wird. Er hat eine orangegelbe Farbe, nußartigen Geschmack und braucht 12 Monate zum Reifen.

Cheshire Cheese, fälschlich Chester genannt, der älteste englische Käse, von orangegelber Farbe, leicht salzigem Geschmack und zylindrischer Form. Dieser ziemlich harte Süßmilchkäse im Gewicht von ungefähr 50 kg brauchte früher 2 Jahre zum Reifen, wird heute aber schon nach einer Reifezeit von 4–5 Monaten gehandelt.

Chester: Auf dem Kontinent gebräuchlicher, aber falscher Name für Cheshire Cheese.

Comté: Französischer Käse nach Schweizer Art aus der Franche-Comté in Mühlensteinform. Die Käsemasse hat eine bleiche, gelbliche, elfenbeinfarbige Tönung mit wohlverteilten Löchern in der Größe einer Haselnuß, die Rinde ist fest, körnig und von gelbbrauner Farbe, der Geschmack erinnert an Butter.

Cotherstone Cheese: Doppelrahmkäse, ähnlich dem Wensleydale (s. d.), der in der englischen Grafschaft Yorkshire hergestellt wird.

Cottage Cheese: Bauernkäse aus Quark, der in verschiedener Form und Verpackung in den Vereinigten Staaten hergestellt wird.

Coulommiers: Ein Briekäse von feinem haselnußartigem Geschmack, ein Drittel kleiner als der sonstige Brie, dafür aber dichter, von makellosem Weiß und härterer Oberfläche.

Crottin de Chavignol: Kleiner, runder französischer Ziegenkäse.

Danablu: Halbfester Edelschimmelkäse aus Dänemark, ähnlich dem Roquefort, jedoch aus Kuhmilch bereitet.

Danboe: Halbfester, viereckiger dänischer Käse, von mild säuerlichem Geschmack, der in verschiedenen Fettstufen hergestellt wird.

Demi-sel: Französischer Frischkäse ähnlich dem Double-crème, der jedoch ganz leicht gesalzen ist.

Derbyshire Cheese: Hartkäse, ähnlich dem Cheddar, jedoch weniger kräftig gewürzt und milder im Geschmack.

Double-crème: Französischer Frischkäse aus Vollmilch mit Rahmzusatz, abgepackt in Form kleiner Zylinder.

Edamer Käse: Hell- bis goldgelber, fester Schnittkäse in Form von abgeplatteten Kugeln, von außen in rotes Paraffin getaucht und gewachst, der in der Gegend von Hoorn und Alkmar hergestellt wird. Die Kugeln haben ein Gewicht von 2–10 kg.

Edelpilzkäse: Halbfester Schnittkäse nach Art des Roquefort, aber aus Kuhmilch hergestellt. Der Teig ist leicht krümelig, aber mit einer gewissen Geschmeidigkeit.

Emmentaler Käse: Hartkäse, der auch als Schweizer bezeichnet wird. Der mühlensteinförmige Käse stammt aus dem Schweizer Kanton Bern, hat eine dunkelgelbe bis bräunliche Rinde, schwach mattgelben Teig mit runden, kirschgroßen Löchern. Durchmesser 70 bis 100 cm, Gewicht ungefähr 40 kg.

Fontina: Ein in den Sennhütten der italienischen Provinz Turin hergestellter Käse.

Fourmes: Marmorierte französische Käse von besonderem Geschmack und großer Haltbarkeit, die eine eigenartige Säulenform haben. Ihre Markennamen leiten sie von den verschiedenen Ortschaften ab, wie Monts du Forez, Ambert, Monbrison und Pierre-sur-Haute.

Gammelost: Ein norwegischer, mit kochender Molke behandelter, getrockneter und dann eingelegter Sauermilchkäse von etwa 30 cm Durchmesser.

Geheimratskäse: Fester, hell- bis goldgelber, vollfetter Schnittkäse, mit glatter, paraffinierter Rinde in der Form der Goudakäse (s.d.), jedoch viel kleiner.

Géromé: Flacher, zylindrischer, außen dunkelroter Weichkäse, ähnlich dem Münsterkäse, der mit Kümmel gewürzt ist und in Gérardmer in den Vogesen und der Umgebung hergestellt wird. Er kommt in Laiben von 15–35 cm Durchmesser und 4–10 cm Höhe in den Handel.

Gervais: Doppelrahmkäse, siehe Petit Suisse

Gex: Schimmelkäse aus der Jura, der aus Vollmilch hergestellt wird und 4 Monate zum Reifen braucht. Er hat ungefähr 30 cm Durchmesser, 10 cm Höhe und ein Gewicht von 6–7 kg.

Gjede-Myost: Norwegischer Käse aus Ziegenmolke. Siehe auch Myost.

Gjestost: Einer der bekanntesten norwegischen Schnittkäse, der während des ganzen Jahres hauptsächlich aus Ziegenmilch gemacht wird.

Gloucester Cheese: Englischer Schnittkäse nach Art des Cheshires, der aus Vollmilch zubereitet und in Zylindern von 20–40 cm Durchmesser und 10–40 cm Höhe in den Handel kommt. Je nach der Größe unterscheidet man Single Gloucester und Double Gloucester.

Gorgonzola: Halbfester Schnittkäse mit glatter, geschlossener, leicht feuchter Oberfläche mit unregelmäßigen Schimmeladern im Teig, der in der Nähe von Mailand hergestellt wird.

Gouda-, auch Holländer Käse: Fester, in Brotform hergestellter Vollfettkäse mit abgerundeten Kanten. Der Teig ist hell- bis buttergelb mit erbsengroßen, gleichmäßig verteilten Löchern, der Geschmack ist kräftig und pikant. Er wird überall in Holland hergestellt.

Grana: Name verschiedener italienischer Hartkäse aus pasta cotta nach der Art des Parmesans, die je nach dem Herstellungsort als Grana Reggiano, Grana Lombardo usw. bezeichnet werden.

Greyerzer Käse, Gruyère: Ein dem Emmentaler (s.d.) ähnlicher Schweizer Hartkäse, der halb- oder dreiviertelfett hergestellt wird.

Gris de Lille: Ein völlig ausgereifter Maroilles (s.d.), der auf „grau" behandelt worden ist.

Harzer Käse: Ein kleiner, runder Sauermilchkäse.

Herrgardsost: Schwedischer Käse nach Emmentaler Art, der im Salzbad gesalzen wird und 6–10 Monate zum Reifen braucht. Er wird in zwei Arten bereitet, dem großlöcherigen nach Emmentaler Art und dem kleinlöcherigen Cheddar-ähnlichen.

Hervé: Magermilchkäse, der in viereckige Formen gepreßt und in dunklem Keller mit in Bier getränkten Tüchern gereift wird und der aus der belgischen Provinz Lüttich herstammt.

Holländer Käse: siehe Gouda

Kascaval: Ein aus Bulgarien herstammender harter Schafskäse.

Kascharkäse: Ein aus der Türkei und Syrien stammender Schafkäse.

Koppen, auch Bauden-Käse: Konischer Handkäse aus Magermilch im Gewicht von ca. 500 g, der im Riesengebirge hergestellt wurde.

Korbkäse: Sauermilchkäse mit Kümmel, der in der Gegend von Magdeburg hergestellt wird.

Kräuterkäse: Sauermilchkäse, die aus Magermilchquark mit Zusatz von Kochsalz und bestimmten Kleearten, Schafgarbe u.a. hergestellt werden.

Kümmelkäse: Weichkäse mit Kümmelzusatz, auch andere Käse, vor allem Sauermilchkäse, mit Kümmel gewürzt und nach der betreffenden Käseart bezeichnet.

Lancashire Cheese: Ein Mittelding zwischen einem festen Käse, wie Cheshire, und krümeligem wie Stilton, vollfett, von gelblicher

Farbe und kräftigem Geschmack, der in der Grafschaft Lancashire hergestellt wird.

Leicestershire Cheese: Englischer Hartkäse aus Vollmilch von tief orangeroter Farbe ähnlich dem Cheddar, von feinem, mildem Geschmack in Form eines Emmentalers und im Gewicht von ungefähr 40 kg.

Liederkranz: Ein weicher, amerikanischer Vollrahmkäse von Art des Limburgers, der in Kleinpackungen von 1½ und 4 oz. in den Handel kommt.

Limburger Käse: Weichkäse mit gelbbrauner bis rotbrauner Oberfläche, von würzig pikantem Geschmack und kräftigem Geruch, der in Stangen- oder runder Form auf den Markt kommt. Er stammt ursprünglich aus Limburg in Belgien.

Liptauer: Käse ungarischen Ursprungs, aus Schafmilch oder Gemisch von Schaf- und Kuhmilch oder Kuhmilch- und Schafmilchquark hergestellt.

Livarot: Französischer Weichkäse aus Magermilch, von besonderem Duft und Geschmack, mit weichem, gelblichem Teig und rotbrauner, trockener Rinde. Er wird nach 4–6 Monaten mit Riedgras umwickelt, wodurch sich wohl der typische Geschmack erst entwickelt. Er ist rund mit einem Durchmesser von ungefähr 15 cm.

Mainzer Handkäse: Laibförmiger, dem Harzer ähnlicher Sauermilchkäse im Gewicht von 40 g.

Malakoff: Flachrunder französischer Rahmkäse, ähnlich dem Neufchâtel (s. d.), von 5 cm Durchmesser und 1½ cm Höhe.

Maroilles: Viereckiger französischer Weichkäse von blonder Farbe mit kräftigem, aber angenehmen Duft. Die Rinde ist ziegelrot ohne Bakterienschicht, die Seitenlänge 13 cm, die Dicke 6 cm.

Mignon: Französischer Weichkäse nach Art des Maroilles (s. d.), jedoch nur dreiviertel so groß.

Monbrison: siehe Fourmes

Mont Cenis: Französischer Schimmelkäse aus Vollmilch, der in Kellern gereift wird und in Form und Geschmack zwischen Roquefort und Gorgonzola liegt.

Monts du Forez: siehe Fourmes

Morbier: Ein leichtgesalzener, halbfester französischer Käse, der sowohl in runder als auch viereckiger Form in den Handel kommt.

Mozzarella: Unausgereifter Käse aus Süditalien.

Munster: Leichtgesalzener Rotschmier-Weichkäse aus dem Elsaß von runder Form mit einem Durchmesser zwischen 11–18 cm mit besonders würzigem Geschmack und feiner Schimmelschicht auf glatter Rinde.

Münsterkäse: Dreiviertelfetter, auch als Rahmkäse hergestellter Weichkäse, der dem Limburger ähnelt, mit weißgelbem Teig und angenehm mildem Geschmack. Er hat eine runde Form von 15–18 cm und wird auch im Allgäu hergestellt.

Mutschen: sind kleine Sauermilchkäse, die in der Schweiz in gedrechselten hölzernen Formen hergestellt werden und ein Gewicht von ungefähr 500 g haben.

Myost: Norwegischer Käse aus eingedickter Molke, der aus Ziegen-, Renntier- oder Kuhmilch in verschiedenen Fettstufen hergestellt wird.

Neufchâtel: Dieser Käse wird je nach der Qualität aus entrahmter oder Vollmilch, auch unter Zusatz von Rahm, in Spundform hergestellt und auf Strohgeflecht gereift. Der Teig hat eine kräftige gelbe Farbe, der Käse selbst ist etwa 7 cm lang und hat einen Durchmesser von 5 cm.

Nögelost: Norwegischer schnittfester Käse nach Edamer Art mit Zusatz von Kümmel und Gewürznelken.

Parmigiano, auch Grana, Formaggio di grana: Parmesankäse, ein großer, trockener Hartkäse von mildem, süßem Geschmack mit gleichmäßig verteilten Gärungslöchern. Der an Kasein sehr reichhaltige Käse wird in großen Laiben von 20–60 kg hergestellt und braucht wenigstens 2–3 Jahre zum Reifen. Dient vor allem als Reibkäse.

Pecorino: Harter italienischer Schafkäse nach Art des Parmesan, der hauptsächlich zum Reiben verwendet wird.

Petit suisse: Doppelrahmkäse nach der Art der Double-Crème, von zylindrischer Form im Gewicht von etwa 60 g, die jedoch nicht aus der Schweiz, sondern der Normandie herstammen. Die bekanntesten sind die Gervais.

Pierre-sur-Haute: siehe Fourmes

Pineapple Cheese: Amerikanischer Süßmilchkäse nach Art des Cheshire, den man in Kegelformen einpreßt, die äußerlich einem Fichtenzapfen ähneln.

Pinzgauer Käse: Österreichischer, aus gleichen Teilen Kuh- und Ziegenmilch hergestellter Schnittkäse.

Piorakäse: Ein nach Emmentaler Art hergestellter Tessiner Käse im Gewicht von 5–8 kg.

Pont l'Evêque: Fetter französischer Backsteinkäse mit weichem, hellgelbem Teig von feinem Geschmack und einer Rinde, die aus einer Mischung von rot, ocker, nußbraun und grau besteht. Einer der ältesten französischen Käse, der im 16. Jahrhundert unter dem Namen Angelot bekannt wurde.

Popkekäse: Ein ostfriesischer Käse nach Tilsiter Art, der mit Nelken, Piment und Anis gewürzt ist.

Port-Salut: Halbfetter, fermentierter und gepreßter französischer Käse aus Vollmilch von ungefähr 26 cm Durchmesser und 5 cm Höhe, der ursprünglich von Trappistenmönchen im Kloster von Port-Salut im Dép. Mayenne hergestellt wurde.

Pouligny Saint-Pierre: Französischer Ziegenkäse mit rostbrauner Kruste in Form einer oben abgeflachten Pyramide.

Provolone: Italienischer Vollfett-Hartkäse aus Schafsmilch, der angeräuchert und hauptsächlich zum Würzen verwendet wird.

Quargel: Ein Sauermilchkäse, der nur als Magermilchkäse in Stücken zu 25 g hergestellt wird.

Quark, weißer Käse, Topfen: Ein aus Magermilch, Milch und auch mit Zusatz von Sahne unter Anwendung von Lab bereiteter Frischkäse.

Quart: Ein Weichkäse nach Art des Maroilles (s.d.), jedoch nur ein Viertel so groß, im Gewicht von 90 g.

Rahmfrischkäse: Ungereifter Käse aus Vollmilch mit Zusatz von frischem Rahm und geringer Labmenge von leicht säuerlichem Geschmack in quadratischer Form und einem Gewicht von 50 bzw. 62,5 g.

Ramadou: Ein weicher spanischer Fettkäse, der aus Schafmilch bereitet wird.

Reblochon: Kleiner, gedrungener französischer Weichkäse aus den Savoyer Bergen von runder Form im Gewicht von ungefähr 500 g, dessen sahnehaltige Masse im Geschmack an Alpenblumen erinnert. Die Rinde schillert in den Farben von rot, safrangelb bis rostbraun.

Ricotta: Ein italienischer weicher, frischer Weißkäse, der auch aus Schafsmilch hergestellt wird.

Rollot: Französischer zylindrischer Weichkäse nach Art des Camemberts, jedoch kleiner und dicker, dessen Namen von dem Dorfe Rollot in der Picardie herstammt, wo er zuerst fabriziert wurde.

Romadurkäse: Ein dem Limburger ähnlicher Weichkäse von mildem Geschmack, der in Stangenform in den Handel kommt. Der Teig ist weißgelb, weich und feinschnittig, die Haut gelbbraun bis rötlich, trocken und ohne Risse.

Romano: Eine andere Bezeichnung für den italienischen Pecorino (s. d.).
Roquefort: Halbfester Schnittkäse mit Schimmelbildung, der in Roquefort (Dép. Aveyron) aus Schafmilch hergestellt wird. Er ist außen orangegelb, innen weiß mit blaugrüner Äderung, hat eine zylindrische Form von 17 cm Durchmesser und 7,5 cm Höhe und ein Durchschnittsgewicht von 2 kg. Roquefort ist einer der ältesten Käse der Welt.

Sage Cheese: Marmorierter amerikanischer Käse, der mit Salbei gewürzt wird.
Sahnequark: Eine Mischung aus Speisequark und Sahne oder direkt aus fetter Milch gewonnener Quark.
Saingorlon: Französischer Schimmelkäse mit nur sehr feiner Marmorierung und mildem Geschmack von hohem Fettgehalt, dessen Masse sich wie Butter schneiden läßt. Er kommt in runden Laiben, etwas flacher als der Roquefort, auf den Markt.
Saint-Maure: Französischer Ziegenkäse in Form einer länglichen Walze.
Saint-Nectaire: Sehr feiner französischer Weichkäse aus der Gegend von Puy-de-Dôme von abgeflachter runder Form und buttergelbem, nur schwach gelochtem Teig.
Saint-Paulin: Ein französischer halbfester Schnitt- bzw. Weichkäse mit geschmeidigem Teig und gelber, nichtklebriger Rinde, der dem französischen Münsterkäse ähnelt.
Salami: Geschmeidiger, vollfetter italienischer Weichkäse von gelblicher Farbe und angenehm mildem Geschmack, der in Rollenform, einer Wurst ähnlich, in den Handel kommt. Gewicht ungefähr 1,5 kg.
Salamura: Weicher, scharf gesalzener, in Blasen gefüllter Ziegenkäse aus der Dobrudscha.
Samsoe: Dänischer Käse nach Art des Emmentalers, gleichmäßig rund gelocht und von süßlich aromatischem Geschmack.
Sapsago: Eine andere Bezeichnung für Schabziger (s. d.).
Sassenage: Französischer Schimmelkäse von zylindrischer Form nach Art des Roquefort, jedoch aus einer Mischung von Schafs-, Ziegen- und vor allem Kuhmilch hergestellt. Er ist bröcklig und mit Blauschimmel durchsetzt.
Sbrinz: Spalenkäse: Ein vollfetter, nach Emmentaler Art hergestellter Rundkäse aus der Schweiz, der auch als Reibkäse verwendet wird.
Scamorza: Ein unausgereifter italienischer Käse, der zum Würzen verwendet wird.
Schabziger: Ein aus abgerahmter Milch und Buttermilch mit Zusatz von Zigerkleepulver hergestellter Reibkäse von abgestumpfter Kegelform, der sehr hart und trocken ist.
Schichtkäse: Ein dem Speisequark ähnlicher Frischkäse aus drei gleichstarken Schichten, von denen die mittlere fettreicher als die beiden äußeren sein darf.
Schmelzkäse: Durch Schmelzen von einer oder mehreren Käsesorten unter gelegentlichem Zusatz von weiteren Milchprodukten bereiteter Käse, der in Blockform, in Schachtelpackungen oder in Einzelstücken gehandelt wird.
Selle-sur-Cher: Kleiner Ziegenkäse mit einzigartigem Rebholz-Holzkohlengeschmack.
Septmoncel: Schimmelkäse aus der Jura nach Art des Roquefort, der im Prinzip aus einer Mischung von Kuh- und Ziegenmilch hergestellt wird. Er wird nach dem Dorf gleichen Namens benannt.
Slipcote Cheese: Einer der ältesten englischen Rahmkäse, der ungefähr 15 cm Durchmesser und 5 cm Höhe hat und zwischen Kohlblättern gereift wird, heute aber nur noch selten auf den Markt kommt.
Spalenkäse: Eine andere Bezeichnung für Sbrinzkäse (s. d.).
Speisequark: siehe Quark.
Steinbuscher Käse: Weichkäse von halbfester Schnittkonsistenz in Backsteinform von mildem, angenehmem Geschmack, haltbarer als der Limburger.

Stilton: Ein in England hergestellter Schimmelkäse nach Art des Roquefort, jedoch aus Vollmilch mit Rahmzusatz. Der Teig ist weich, bröckelig und innen stark mit Schimmel durchzogen. Er hat eine zylindrische Form und ein Gewicht von 3¼–4 kg.

Strachino: Bezeichnung für zwei verschiedene italienische Käse, viz:
1. Strachino di Milano: ein in der Umgebung von Mailand hergestellter Weichkäse;
2. Strachino di Gorgonzola: Ein Schimmelkäse nach Art des Gorgonzola (s. d.).

Stravecchio: Harter italienischer Reibkäse nach Art des Parmesans.

Tilsiter Käse: Fester, nachgepreßter, vollfetter Schnittkäse mit strohgelbem Teig und glatter, gut angetrockneter Rinde, der in runden oder länglichen Laiben in den Handel kommt.

Tomme: Verschiedene Käsearten aus Savoyen und der Dauphiné, die ausschließlich aus Kuh- oder aus Ziegenmilch oder einer Verbindung beider hergestellt werden, z.B.
Tomme de Savoie,
Tomme au fenouil, der mit Fenchel gewürzt ist,
Tomme au Marc, ein Sauermilchkäse, der durch Einlegen in Weintrester seinen Geschmack erhält.

Trappistenkäse: Ein dem Tilsiter ähnlicher vollfetter Schnittkäse mit buttergelbem Teig, reichlich runder Lochung und angenehm mildem Geschmack, der in Laiben von ungefähr 1,5 kg in den Handel kommt.

Vacherin: Name eines Weichkäses, der sowohl im Schweizer Jura als auch im französischen Département Doubs hergestellt wird. Er hat eine feste, lederartige Rinde und weichen Teig, ähnlich einem reifen Brie. Man unterscheidet zwischen Vacherin à la main, weil er aus der Hand gegessen wird, und Vacherin fondu, der zum Essen gekocht, vielmehr geschmolzen wird.

Valençay: Französischer Ziegenkäse in viereckiger Form mit abgeschrägten Seiten.

Volvet: Ein holländischer Rahmkäse, der ein Minimum von 45% Fett in der Trockensubstanz enthalten muß.

Walliser Käse: Ein zu der Gruppe der Saanenkäse, ähnlich dem Emmentaler, gehörender Hartkäse.

Wensleydale: Ein aus Yorkshire in England herstammender Schimmelkäse, ähnlich dem Stilton, der früher aus Schafsmilch, heute aber aus Kuhmilch hergestellt wird. Es gibt auch einen weißen – White Wensleydale – von zylindrischer Form, der weiter nichts ist als ein frischer, noch nicht ausgereifter blauer Wensleydale.

Wilstermarschkäse: Holsteiner vollfetter Hartkäse, in Form und Konsistenz dem Tilsiter, im Geschmack dem Goudakäse ähnlich. Der Teig ist geschmeidig, blaßgelb und hat sehr feine Poren. Er kommt in runden Laiben von ungefähr 6 kg Gewicht in den Handel.

Wisconsin Brick Cheese: Heller amerikanischer Käse nach Art des Cheddars in Ziegelsteinform.

Ziegenkäse, Altenburger: Kleiner, runder Vollfettkäse aus Ziegenmilch von 10–12 cm Durchmesser und 5 cm Höhe im Gewicht von etwa 500 g.

Käsespeisen

Birne mit Roquefort: Poire au Roquefort (poar o rockfohr): Kleine, sehr zarte rohe Birne, geschält, Kerngehäuse ausgestochen und etwas erweitert; gefüllt mit ungesüßter Schlagsahne, vermischt mit geriebenem Roquefort, mit Paprika gewürzt, leicht gelatiniert; mit Gelee überglänzt, kalt serviert.

Brie mit Apfel: Sehr kleine Äpfel, geschält, rund ausgestochen, Kerngehäuse groß ausgestochen, in Weißwein pochiert, ausgekühlt. Brie gesäubert, durchgestrichen, mit Paprika gewürzt, mit feingehacktem rohem Apfel vermischt, mit etwas Butter aufgezogen; in den Apfelboden aufgespritzt, mit halber Pistazie dekoriert, mit Gelee überglänzt.

Brot- und Käsepudding, Pudding de fromage au pain: Kleine, dünne Weißbrotscheibchen, mit Butter bestrichen, mit geriebenem Käse dicht bestreut, in flache Backplatte gefüllt. Mit Eierstich von Eiern und Bouillon aufgegossen, reichlich mit geriebenem Käse bestreut, im Ofen gebacken.

Camembert, gebacken, Camembert frit: Von der Außenrinde befreit, in Vierecke geschnitten, mit Paprika bestäubt, zweimal paniert, in tiefem Fett gebacken.

Aufläufchen, Kleine, kalte: Petits soufflés au camembert froids: Durchgestrichener Camembert, erst mit wenig süßem Rahm glattgerührt, mit Paprika und Sherry gewürzt, mit Gelee vermischt, mit geschlagener Sahne aufgezogen. In kleine, mit Papierstreifen umlegte Auflaufförmchen gefüllt, mit gerösteten, gestoßenen und gesiebten Haselnüssen bestreut; nach dem Erstarren Papierstreifen entfernt.

Kroketts: Croquettes de camembert (krokett dö kamangbär): Sehr dicke Béchamel, mit entrindetem, gewürfeltem Camembert vermischt, mit Eigelb legiert, mit Cayennepfeffer gewürzt; ausgekühlt, kleine Böden ausgestochen, zweimal paniert, in tiefem Fett gebacken.

Cheddar-Auflauf mit Paprika: Soufflé de cheddar au paprica: Auflaufmasse von Milch, Butter, wenig Mehl, geriebenem Cheddarkäse und Eigelb, mit Paprika gewürzt, mit Eierschnee untergezogen, in gebutterte Auflaufschale gefüllt, im Ofen gebacken.

Chester-Schmelzkuchen: Fondants au chester: Gleiche Mengen Butter, Mehl und Chesterkäse, wenig Wasser, Salz und Cayennepfeffer, zu Teig verarbeitet, dünn ausgerollt, zu dünnen Plätzchen ausgestochen, gebacken; nach dem Auskühlen je zu zweien mit Chestercreme zusammengesetzt.

Crêpes mit Roquefort: Crêpes au Roquefort: 1. Feine, ungesüßte Eierkuchenmasse, mit zerdrücktem Roquefort vermischt, zu kleinen, knusprigen Eierkuchen gebacken;
2. geriebene rohe Kartoffeln, ausgedrückt, mit Eiern, passiertem Roquefort, ganz wenig Mehl vermischt, mit Cayennepfeffer gewürzt, zu sehr kleinen Eierkuchen sehr knusprig gebacken und sofort serviert.

Florentinische Tarteletts: Tartelettes à la florentine: Kleine, recht hell, blind gebackene Tarteletts, mit Käse-Auflaufmasse, vermischt mit gewürfelten Krebsschwänzen, gefüllt, im Ofen gebacken.

Fondue: Gewürfelter Schweizer Käse, in einen mit Knoblauch ausgeriebenen Fonduetopf gegeben, mit Weißwein bedeckt, eine Prise Mehl beigefügt, unter gleichmäßigem Rühren über Spiritusflamme geschmolzen, mit Kirschwasser gewürzt. Auf der Flamme mit großen Brotwürfeln nebenbei serviert (schweizerisch).

Brillat-Savarin: Geschlagenes Ei, mit geriebenem Emmentaler Käse, Butter und Weißwein vermischt, mit Cayennepfeffer gewürzt, unter ständigem Rühren auf Spiritusflamme in Fonduetöpfchen geschmolzen, mit Brotwürfeln serviert.

auf Neuenburger Art: Wie Grundrezept, jedoch mit halb Emmentaler und halb Greyerzer Käse, mit Neuenburger Weißwein bedeckt, mit feingehackter Knoblauchzehe, Muskat und Pfeffer gewürzt, mit Kartoffelmehl, mit Kirschwasser verrührt, gebunden und mit Brotwürfeln serviert (schweizerisch).

auf Walliser Art: Butter im Fonduetopf geschmolzen, mit Mehl verrührt, heiße Milch aufgegossen, glattgerührt, mit Salz, Pfeffer, Muskatnuß und Kümmel gewürzt, kleingeschnittener Gomser Käse hinzugegeben, zum Kochen gebracht, mit Brotwürfeln serviert (schweizerisch).

Fonduta: Gewürfelter Fontinakäse, in Fonduetöpfchen gefüllt, mit Milch bedeckt, geschlagenes Ei und Butter beigefügt, gewürzt, auf Spiritusflamme unter ständigem Rühren geschmolzen, mit Scheiben italienischer Trüffeln vermischt (italienisch).

Gorgonzola, gebacken: Würfel von Gorgonzolakäse, in dünne Speckscheibe gewickelt, durch Backteig gezogen, in tiefem Fett gebacken.

Hawaiischer Käsetoast: Leicht geröstete, entrindete Scheibe Toastbrot, gebuttert, mit kleiner Scheibe gekochtem Schinken, darüber dünner Ananasscheibe belegt, mit dünner Scheibe Emmentaler Käse bedeckt, unter dem Salamander geschmolzen und glaciert.

Käseauflauf: Soufflé au fromage (suffleh o fromasch): Milch mit Butter aufgekocht, wenig Mehl daruntergerührt, geriebener Käse beigefügt, gewürzt, glattgerührt, mit Eigelb vermischt, Eierschnee unterzogen, in gebutterte Auflaufschale gefüllt, im Ofen gebacken.

Brillat-Savarin: Mit halb geriebenem Parmesan und halb Emmentaler Käse bereitet.

auf Genfer Art: à la génevoise: Gekochte, abgetropfte Nudeln, unter Auflaufmasse von Emmentaler Käse gemischt, in Auflaufschale gefüllt, im Ofen gebacken.

Italienischer: à l'italienne: Mit geriebenem Parmesankäse bereitet.

mit Krebsschwänzen: aux queues d'écrevisses: Mit halb geriebenem Emmentaler und halb Parmesankäse bereitet, in Auflaufschale, mit Krebsschwänzen dazwischen, gefüllt, im Ofen gebacken.

Lyoner Art: à la lyonnaise (lionäs): Wie Brillat-Savarin mit grober, in Weißwein gargemachter Trüffeljulienne in der Masse.

-blitzkuchen: Eclairs au fromage: (eklär o fromasch): Kleine lange Stangen aus Brandteig auf Backblech gespritzt, mit Ei bestrichen, mit geriebenem Käse bestreut, trocken ausgebacken, ausgekühlt. Aufgeschnitten, mit rahmiger Käsecreme gefüllt.

-bretzeln: Craquelins au fromage (kracklän o fromasch): Käseblätterteig wie für Käsestangen 2 (s.d.), in bleistiftstarke Streifen geschnitten, zu sehr kleinen Brezeln geformt, mit Ei bestrichen, mit geriebenem Käse, Salz und Paprika bestreut, heiß im Ofen gebacken.

-briochs: Brioches au fromage: Ungesüßter Hefeteig wie für Brioche, jedoch mit halb Mehl und halb geriebenem Parmesan. Wie üblich geformt, in sehr kleine Förmchen gefüllt, nach dem Aufgehen gebacken; heiß oder kalt gegessen.

Creme: Crème de fromage (krähm dö fromahsch): Eierstich, vermengt mit geriebenem Parmesan, gewürzt mit Salz und Paprika, in kleine Förmchen gefüllt, im Wasserbad im Ofen pochiert; nach dem Erkalten gestürzt.

-eierkuchen: Crêpes au fromage: Feine, ungesüßte Eierkuchenmasse, mit geriebenem Parmesan vermischt, mit Paprika und Muskatnuß gewürzt, mit etwas flüssiger Butter vervollständigt, zu ganz kleinen, sehr dünnen Eierkuchen gebacken, sehr heiß serviert.

-kipfel: Cornets au fromage (korneh o fromasch): Halbblätterteig, dünn ausgerollt, erst zu Vierecken, dann zu Dreiecken geschnitten. Die Mitte mit dicker Béchamel, vermischt mit gehackten, in Butter gedünsteten Zwiebeln und viel winzigen Käsewürfeln, mit Paprika und Muskat gewürzt, gefüllt, zu Hörnchen geformt, mit Ei bestrichen, bei mäßiger Hitze gebacken.

-krapfen: Beignets soufflés au fromage (bänjä Buffleh o fromasch): Brandteig, mit winzigen Würfelchen Schweizer Käse vermischt, nußgroß ausgestochen, in tiefem Fett gebacken.

Käsekringel   **Käsewindbeutel**

-**kringel:** Brandteig, mit geriebenem Parmesan- und Schweizer Käse vermischt, mit Sterntülle auf gefettetes Papier zu kleinen Kringeln gespritzt, in heißem Fett braun und kroß ausgebacken, heiß serviert.

kuchen: Talmouses (talmuhs): 1. Blätterteigvierecke, Mitte gefüllt mit dicker Auflaufmasse, vermischt mit Würfeln von Emmentaler Käse, Ecken zusammengeschlagen, mit Ei bestrichen, gebacken; 2. rund ausgestochener, ungesüßter Mürbeteig, darauf Brandteigmasse, vermischt mit gewürfeltem Emmentaler Käse, in Größe eines kleinen Windbeutels aufgespritzt, mit Ei bestrichen, mit geriebenem Parmesan bestreut; gebacken, mit dicker Käsecreme gefüllt. 3. Gâteau au fromage (gatto o fromahsch): Tortenring mit Halbblätterteig ausgelegt, gefüllt mit Eierstich, vermischt mit geriebenem Fettkäse, mit Paprika gewürzt, bei mäßiger Hitze gebacken.

-**leckerbissen, Holländische:** Dicke holländische Sauce, mit geriebenem Goudakäse vermischt, mit Paprika gewürzt, in kleine, gebutterte Dariolförmchen gefüllt, im Wasserbad im Ofen pochiert. Auf gebackene Böden von Blätterteig gestürzt, mit Mornaysauce nappiert, mit geriebenem Käse bestreut, rasch unter dem Salamander glaciert.

Mundbissen: Bouchées au fromage: Winzige Blätterteigpastetchen, mit pikanter Käsecreme gefüllt.

-**mundtäschchen, Gebackene:** Rissoles au fromage: Blätterteig, dünn ausgerollt, rund ausgestochen, Rand mit Ei bestrichen, Mitte mit Holländer- oder Chestercreme gefüllt, zusammengeklappt, Seiten angedrückt, in tiefem Fett gebacken, mit gebackener Petersilie angerichtet.

-**nocken, gewürzt:** Diablotins (diablotäng): Kartoffelmasse mit Brandteig und geriebenem Parmesan vermengt, mit Cayennepfeffer gewürzt, kleine Löffelnocken abgestochen, in Salzwasser pochiert, abgetropft; in feuerfeste Form gefüllt, mit geriebenem Parmesan bestreut, mit zerlassener Butter beträufelt, gratiniert.

-**perlen, Schweizerische:** Perles suisses (perl suiß): Ungezuckerter Brandteig, vermischt mit sehr feingewürfeltem Emmentaler Käse, mit Paprika gewürzt; davon sehr kleine Kugeln geformt, gebacken.

-**plinzen, Jüdische:** Jewish Cheese Blinzes: Masse aus Mehl, Milch, Eiern, wenig Öl, Salz und Prise Zucker, davon dünne runde, kleine Eierkuchen gebacken; gefüllt mit schaumig gerührter Butter, vermischt mit Eigelb und durchgestrichenem Quark, gewürzt mit Salz, Zucker und gehackter Zitronen- und Orangenschale, gerollt serviert (amerikanisch).

-**röllchen:** Canelons au fromage (kanelong o fromasch): Dünn ausgerollter, in Streifen geschnittener Blätterteig, wie Schillerlocken um kleine Blechröllchen gezogen, mit Ei bestrichen, mit geriebenem Käse bestreut. Mit pikanter Käsecreme gefüllt.

-**roulade:** Biskuit roulé au fromage: Ungesüßte Masse wie für Biskuitrolle, jedoch mit geriebenem Parmesan anstelle des Mehles, gewürzt, ganz dünn gebacken, mit dicker, kräftig gewürzter Käsecreme bestrichen, zusammengerollt, dünn mit der Creme bestrichen, in gehackten, gerösteten Haselnüssen gerollt, nach völligem Auskühlen in Scheiben geschnitten.

-**stroh:** Pailles de fromage (paj dö fromahsch): Wie für Stangen, aber dünner ausgerollt, Bänder von 10 cm Breite und hiervon Streifen von 3 mm geschnitten, rasch im Ofen gebacken.

-**waffeln:** Gaufrettes au fromage (gofrétt): Blätterteig wie für Käsestangen bereitet, dünn ausgerollt, in Vierecke oder Rechtecke geschnitten, mit Ei bestrichen, mit geriebenem Käse und Paprika bestreut, im Ofen gebacken.

-**windbeutel:** Ramequins (ramkäng): 1. Brandteig, vermischt mit geriebenem Parmesan und kleinen Würfelchen von Emmentaler Käse,

davon Windbeutelchen geformt, mit Ei bestrichen, Käsewürfel bestreut, im Ofen gebacken;
2. **Choux au fromage** (shuh): Windbeutelchen, mit Ei bestrichen, mit geriebenem Käse bestreut, gebacken, mit Käsecreme gefüllt.

Käseschnitten mit Speck: Condés au lard (kondeh o lar): Dünn ausgerollter Blätterteig, mit festgehaltener Käsecreme bestrichen, mit winzigen, angebratenen, ausgekühlten Speckwürfeln und gehacktem Kümmel bestreut; in viereckige Stücke geschnitten, im Ofen gebacken.

-stangen: Batons de fromage: Viertouriger Blätterteig noch zweimal mit dazwischengestreutem, geriebenem Parmesan und Paprika ausgerollt, in Streifen geschnitten, korkenzieherartig gedreht, mit Ei bestrichen, mit geriebenem Käse bestreut, heiß gebacken.

-timbales, Frankfurter: Passierter Rahmkäse, mit gehackten Senffrüchten vermischt, mit geschlagener Sahne aufgezogen, leicht mit Gelee gebunden. Kleine Becherförmchen mit Gelee ausgegossen, mit der Käsemasse gefüllt, mit Gelee verschlossen, erstarrt; gestürzt, mit Gelee garniert.

-toast: Entrindete Toastbrotscheibe, geröstet, gebuttert, mit dünner Scheibe Emmentaler Käse belegt, bei nicht zu starker Oberhitze geschmolzen, sofort serviert.

-törtchen Bagration: Talmouses à la Bagration: Kleine Tartelettförmchen, mit Blätterteig dünn ausgelegt, mit Brandteig, vermischt mit geriebenem Parmesan und Cayennepfeffer gewürzt, gefüllt, mit geriebenem Käse bestreut, gebacken, heiß serviert.
Spanische: Tartelette de fromage à l'espagnole: Sehr kleine, blind gebackene Tarteletts aus ungesüßtem Mürbeteig, gefüllt mit passiertem Rahmkäse, mit Rahm aufgezogen, gewürzt, mit gehackten spanischen Oliven vermischt, mit Scheibe gefüllter spanischer Olive dekoriert, mit Gelee überglänzt.

-torte, Sevillanische: Tarte au fromage à la sévillane: Tortenring mit ungezuckertem Mürbeteig ausgelegt, blind gebacken, ausgekühlt. Rahmquark, durchgestrichen, mit Paprika und Orangensaft gewürzt, mit reichlich gedünsteten, gewürfelten Paprikaschoten und gehackten spanischen Oliven vermischt, mit Gelee und geschlagener Sahne aufgezogen. Die Torte mit der Mischung gefüllt, glattgestrichen, über Kreuz mit dünnen Streifen gedünsteter roter Paprikaschote verziert, mit Gelee überglänzt; nach dem Festwerden in Dreiecke geschnitten.

-trüffeln: Camembert en surprise: Reifer, nicht zu weicher Camembert, durchgestrichen, mit Butter und wenig süßem Rahm verrührt, mit Paprika und Weinbrand gewürzt. Nach leichtem Festwerden zu Kugeln geformt, in geriebenem Pumpernickel gerollt, mit Madeiragelee überglänzt, in kleine Papierkästchen gesteckt.

Mundbissen mit Chester: Bouchée au Chester: Dicke Béchamel, reichlich mit geriebenem Cheshire-Käse vermischt, mit Paprika und Muskatnuß gewürzt, mit etwas süßem Rahm unterzogen. In winzige, frisch gebackene Blätterteig-Mundbissen gefüllt, sehr heiß serviert.

Parmesanplätzchen: Galettes au parmesan: Teig von Mehl, Butter, geriebenem Parmesan, Eigelb und Gewürz bereitet, dünn ausgerollt, davon dünne Plätzchen gebacken. Noch heiß mit pikanter Parmesancreme je zu zweien zusammengesetzt, heiß serviert.

Raclette: Walliser Käse, mit der Schnittseite gegen die Hitze gehalten (Toaster oder Spezialapparat), bis er schmilzt und leicht röstet, mit einem Messerrücken abgestreift, auf heißen Teller gegeben, mit Pellkartoffeln oder frischgekochten Salzkartoffeln serviert (schweizerisch).

Roquefortkäse, gebacken: Roquefort frit: Kleine Stückchen, in dünne Speckscheiben gehüllt, durch Backteig gezogen, in tiefem Fett gebacken (Würzbissen).

Puffer: Crêpes au Roquefort: Durchgestrichen, mit Butter und Portwein vermischt; auf kleine, tassengroße, dünne, kroß gebackene Kartoffelpuffer gestrichen, heiß serviert (Würzbissen).

Schiffchen: Barquettes au Roquefort: Sehr kleine, blindgebackene, kalte Schiffchen aus Halbblätterteig, gefüllt mittels Sterntülle mit durchgestrichenem Roquefort, vermengt mit feingehackter Bleichsellerie, Butter, Sahne und Portwein; überglänzt mit Gelee (Würzbissen).

Schweizer, gebacken: Emmental frit: Kleinere, dickere Scheiben, mit Paprika gewürzt, paniert und in tiefem Fett gebacken (Würzbissen).

Roquefortschiffchen Florida: Barquettes de roquefort Florida: Kleine Schiffchenformen, mit Käsemürbeteig ausgelegt, blind gebacken, ausgekühlt. Durchgestrichener Roquefort, mit reichlich Butter verrührt, mit Paprika und Portwein gewürzt, in die Schiffchen gefüllt, glattgestrichen, mit kleinem Pampelmusenfilet belegt, mit Portweingelee überglänzt.

Roqueforttoast mit Apfel: Rund ausgestochene Toastbrotscheibe, geröstet, gebuttert, mit dünner Scheibe von mürbem Apfel und dünner Roquefortscheibe belegt, mit geriebenem Parmesan bestreut, im Ofen gebacken, glaciert.

Tausendblätterküchlein mit Brie: Millefeuilles à la briarde: Dünn ausgerollter Blätterteig, zu kleinen, runden Böden ausgestochen, rösch ausgebacken, ausgekühlt. Reifer Briekäse, mit Butter verrührt, mit Weinbrand und Cayennepfeffer gewürzt, je vier Böden mit der Creme zusammengesetzt, unter leichtem Druck ausgekühlt, mit einer Rosette von Briecreme dekoriert, mit gehackter Pistazie bestreut.

Die Speisekarte

Die erste Verbindung mit der Küche nimmt der Gast durch die Speisekarte auf, die ein Verzeichnis aller fertiggehaltenen oder auf Bestellung anzufertigenden Speisen enthält, im Gegensatz zur Speisenfolge. Nach der Speise- oder Tageskarte kann man wählen, dagegen ist man bei der Speisenfolge oder bei dem Menü an eine vorher bestimmte Folge von Speisen gebunden. Von der rein gastronomischen Seite abgesehen, wird der Gast von der graphischen Ausstattung der Karte sich angezogen oder abgestoßen fühlen. Diesen wichtigen physiologischen Vorgang sollte man stärker als bisher berücksichtigen. Eine schlecht vervielfältigte Karte oder ein mit schlechter Handschrift auf minderwertigem Papier hingeschmierter Zettel ist selbst der einfachsten Gaststätte unwürdig. Dagegen wird schon ein einfacher weißer Karton nur mit kleiner Vignette, Monogramm oder Wappen und sauberem, übersichtlichem Druck immer Anklang finden. Hier das Richtige zu wählen, erfordert Fingerspitzengefühl. Da sich seit jeher namhafte Künstler diesem Dienst am Gast gewidmet haben, wird es nicht schwerfallen, einen allen Ansprüchen gerecht werdenden Graphiker zu finden.

Aber selbst eine graphisch noch so gut hergestellte Karte würde ihren Zweck verfehlen, wenn die Anordnung unübersichtlich, unruhig und unzweckmäßig wäre. Man vermeide eine zu große Auswahl der gleichen Gerichte und teile die einzelnen Kategorien so ein, daß der Gast sofort und ohne langes Suchen das Gewünschte finden kann. Gerichte, die fertiggehalten werden, sind als solche zu bezeichnen, und bei denen, die frisch zubereitet werden, ist die Zubereitungsdauer dahinterzusetzen. Spezialitäten des Hauses sollten immer an bevorzugter Stelle, womöglich in der Mitte der Karte, genannt und darüber hinaus noch typographisch hervorgehoben werden.

Eine eigene Rubrik müßte für Schonkost reserviert bleiben, die heute in keiner gutgeführten Gaststätte fehlen darf. Hotels und Restaurants, die mit einem lebhaften Fremdenverkehr zu rechnen haben, sollten außerdem täglich wenigstens einige ausgesprochen ausländische Landesgerichte bringen. Der ausländische Gast fühlt sich hierdurch angesprochen, selbst wenn er es bevorzugt, die Gerichte des Gastlandes zu probieren. Ausländische Gerichte müssen aber wirklich solche sein und nicht etwa Erzeugnisse einer verwässerten Allerweltsküche.

Das sind nur einige Punkte, die berücksichtigt werden müssen. Nimmt man noch hinzu, daß der Küchenmeister außerdem auf die Jahreszeit, die Einkaufsmöglichkeiten, die jeweiligen Preise, den Rang der Gaststätte, die landschaftlichen Eigenarten, die ernährungsphysiologischen Anforderungen, die vorhandenen Vorräte und auf einen angemessenen Gewinn achten muß, so kann man ermessen, daß eine nach gastronomischen Regeln aufgestellte Karte nicht unerhebliches Können und langjährige Erfahrungen erfordert.

Trotz angemessener Anzahl und Auswahl der Gerichte darf die Karte keineswegs zu einem Katalog ausarten, der dem Gast die Wahl unnötig erschwert. Es erscheint uns auch als unzweckmäßig, fertige Speisefolgen auf die Tageskarte zu setzen; man sollte hierfür stets eine besondere Karte auflegen.

Ob die Speisekarte als reine Tageskarte benutzt wird oder ob man eine besondere Tages- und Abendkarte vorsieht, hängt stets vom Rang des Hauses, dem Gästekreis, den besonderen Erfordernissen des Betriebes und vielen anderen Unwägbarkeiten ab. Im allgemeinen wird es aber genügen, für Gerichte, die ab 18 Uhr gereicht werden sollen, eine besondere Rubrik vorzusehen. Nebenbei sei bemerkt, daß die vornehmsten Häuser des In- und Auslandes sich vorwiegend mit einer Tageskarte begnügen.

Die Speisekarte sollte in allen Häusern, in denen ausschließlich deutsche Gäste verkehren, nur in deutscher Sprache abgefaßt werden, wobei selbstverständlich die attributiven Bezeichnungen der einzelnen Gerichte nicht gemeint sind. Anders verhält es sich in Badeorten von internationaler Bedeutung sowie Hotels und Restaurants in Großstädten, die für ein internationales Publikum zu sorgen haben. Hier sollte man neben der Karte in deutscher Sprache stets eine in englischer und französischer Sprache auslegen. Das ist nicht allein ein Gebot internationaler Höflichkeit, sondern auch eine gute Geschäftsempfehlung.

Daß alle Karten nicht nur graphisch und gastronomisch, sondern auch orthographisch und grammatikalisch einwandfrei sein müssen, kann nicht genug hervorgehoben werden. Denn hierin wird noch immer stark gesündigt, vorwiegend bei fremdländischen Bezeichnungen. Vor allem ist das Mischen mehrerer Sprachen zu vermeiden.

Die Speisenfolge

Ist schon die Aufstellung der Speisekarte eine kleine Kunst, so ist die Speisenfolge oder das Menü ein womöglich noch schwierigeres Problem. Denn hier muß nicht nur unterschieden werden zwischen den Speisenfolgen für den täglichen Bedarf eines täglich verkehrenden und sehr anspruchsvollen Publikums und denjenigen, die für besondere Anlässe, wie Hochzeiten, Taufen, Herrenessen, offizielle Empfänge, internationale Tagungen usw. notwendig sind. Daß die Kochkunst nicht allein aus rein technischem Können besteht, sieht man hier am besten. Denn bei einer gastronomisch richtig zusammengesetzten Speisenfolge sind so viele Faktoren zu berücksichtigen, daß wir nicht alle hier aufführen können. Ehe wir jedoch auf allgemeine Regeln im einzelnen eingehen, wollen wir zum besseren Verständnis erst die Vergangenheit betrachten.

Wie jeder weiß, ist die moderne internationale Restaurantküche von Frankreich aus maßgebend beeinflußt worden. Schon im 18. Jahrhundert hatte hier die Kochkunst einen großen Aufschwung genommen, und die Großen des Landes, vom Hofe beeinflußt, wetteiferten gegenseitig um den Ruhm, die beste Küche zu führen und den besten Küchenchef zu haben. Mercier, der bekannte Verfasser des „Tableau de Paris", schreibt über die Stellung der Köche unter Ludwig XIV. und XV.: „Der Koch ist notwendigerweise eine bedeutende Persönlichkeit geworden. Er ist heute genau so wichtig wie bei den Römern, und es fehlt nicht viel daran, daß man ihm den Titel Küchenkünstler verliehen hätte. Man tut für ihn alles, beruhigt ihn, wenn er ärgerlich ist, und opfert unbedenklich alle Personen im Hause, ehe man ihn gehen läßt."

Der Einfluß der Köche nahm aber nicht nur in Frankreich, sondern auch anderswo zu. Französische Köche wurden nach allen Ländern der Welt geholt, und es gab kaum eine Hofküche in Europa, die nicht unter der Oberaufsicht eines Franzosen stand. Noch bis zur zweiten Hälfte des vorigen Jahrhunderts waren die Hofküchen deutscher Fürsten selten, deren Leitung ein deutscher Küchenmeister inne hatte. Es ist also nicht verwunderlich, wenn die französische Küche sich in der ganzen Welt immer mehr verbreitete und auch die Grundlage der modernen, internationalen Gaststättenküche bildete. Leider ist aber diese Küche immer mehr verwässert worden, und man verwechselt allzu oft eine mit den verschiedensten nationalen Elementen aus allen Ländern vermischte Allerweltsküche mit der französischen. Nur wirklich gute Häuser haben es verstanden, sich von diesem zweitrangigen Internationalismus freizuhalten. Wie sah nun aber diese Küche vor hundert bis hundertundfünfzig Jahren aus, als sie noch einen unverfälschten französischen Charakter trug? Gaststätten im heutigen Sinne gab es kaum. Zwar ist die Wirtshausküche schon uralt, und schon vor der Wende des 19. Jahrhunderts gab es in Paris eine ganze Reihe von Restaurants. Die Besitzer dieser Häuser, die es bald zu Ruhm und Wohlstand brachten, waren fast ausschließlich Köche, die aus den Küchen des ehemaligen Hofes oder der königlichen Prinzen hervorgegangen waren und deren großes Können ihnen bald eine wohlhabende Kundschaft einbrachte. Aber es war noch keine Gaststättenküche in unserm Sinne, denn diese mußte sich erst langsam aus der Tradition der Höfe und der Grandseigneurs entwickeln. Immer noch war aber die Mehrzahl aller Köche in den Häusern des Adels und reicher Privatleute beschäftigt. Sämtliche großen Köche in allen Ländern, auch der illustre Carême, stammten aus diesen Kreisen. Nur wer das berücksichtigt, kann die spätere Entwicklung zur Restaurationsküche richtig begreifen. Denn die Kompliziertheit der einzelnen Gerichte bedingte ein sehr zahlreiches Personal, und das allein machte alle Gaststätten, mit Ausnahme derer, die für ein ganz exklusives Publikum bestimmt waren, unrentabel. Diese Entwicklung hielt noch bis weit über die Mitte des 19. Jahrhunderts an. Die Speisenfolgen der Gaststätten sind also weiter nichts als die folgerichtige Entwicklung der täglichen Mahlzeiten früherer Fürsten und großer Herren.

Bis zu den vierziger Jahren des vergangenen Jahrhunderts herrschte noch das sogenannte französische Service, das sich meistens in drei Abteilungen oder Gänge gliederte. Hierbei wurden alle Gerichte der einzelnen Abteilungen gleichzeitig auf der Tafel oder auf Seitentischen zur Schau gestellt, dann wieder fortgenommen, um nötigenfalls vom Vorschneider zerlegt zu werden, ehe die einzelnen Gerichte den Gästen angeboten wurden. Um ein Kaltwerden zu verhindern, wurden alle Schüsseln, mit Ausnahme der kalten Schaugerichte, auf Behälter mit heißem Wasser oder auf mit Holzkohle oder Spiritus erhitzte Wärmer gestellt und vielfach mit einer Glocke zugedeckt. Eine Speisenfolge vom Anfang des 19. Jahrhunderts sah damals so aus:

1. *Service:*

    2 Potages (Suppen)
    2 Hors-d'œuvre ou Entrées vollants (Vorspeisen)
    4 Relevés (große Hauptschüsseln, davon 2 mit Fisch)
    6 Entrées chaudes (warme Zwischengerichte)
    2 Gros Pièces sur socle (2 große Stücke auf Sockeln, 1 von Fisch)

2. *Service:*

    2 Rôts (Braten)
    2 Entremets de légume (Gemüseschüsseln)
    2 Entremets sucrés chaudes (warme Süßspeisen)

3. *Service:*

    2 Entremets sucrés, froides (kalte Süßspeisen)
    2 Gros Pièce sur socle (große Zuckeraufbauten)
    Fruits Compotes Dessert (Obst, Kompott, Dessert)

Mit zunehmenden technischen Verbesserungen auf allen Gebieten des Lebens erwies sich das französische Service als nicht mehr befriedigend und wurde in den vierziger Jahren des 19. Jahrhunderts fast überall durch das sogenannte russische Service ersetzt, das auch heute noch Geltung hat. Hierbei werden alle Gerichte in der Küche angerichtet, nötigenfalls zerlegt und als Einzelgänge direkt aus der Küche gebracht. Aber die Anzahl der Gänge blieb dennoch sehr groß, und erst das 20. Jahrhundert brachte hier eine entscheidende Wendung. Die klassische Speisenfolge hatte sich aber nicht verändert, und auch heute noch gilt sie als Muster, wenngleich stark verkleinert.

Speisenfolge

Wie sieht nun solch eine klassische Speisenfolge aus und wie wird sie gegliedert? Das sieht man am besten aus dem nachfolgenden Schema:

Kaltes Vorgericht	Hors-d'œuvre froid
Suppe	Potage
Warmes Vorgericht	Hors-d'œuvre chaud
Fischgericht	Poisson
Großer Fleischgang	Relevé, auch Gros Pièce oder Pièce de résistance genannt
Warmes Zwischengericht	Entrée chaude
Kaltes Zwischengericht	Entrée froide
Gefrorenes Getränk	Sorbet
Braten, Salat	Rôtis, salade
Gemüsegericht	Entremet de légumes
Warme Süßspeise	Entremet chaude
Kalte Süßspeise	Entremet froide
Käsespeise	Entremet de fromage
Nachtisch	Dessert

Diese an sich schon recht lange Speisenfolge wurde noch dadurch ergänzt, daß man viele Gerichte, vorwiegend Fleisch, Fisch, Suppen und Braten, in verschiedenen Arten zur Auswahl anbot. Im einzelnen sah eine solche klassische Speisenfolge dann so aus:

Englische Austern	Natives
Klare Schildkrötensuppe	Potage de tortue claire
Fasanensuppe auf Jägerart	Purée de faisan à la chasseur
Mundbissen Montgelas	**Bouchées Montgelas**
Steinbutt mit holländischer Sauce und Petersilienkartoffeln	Turbotin, sauce hollandaise, pommes persilées
Rotbarben portugiesisch	Rougets à la portugaise
Prager Schinken in Madeira	Jambon braisé au madère,
Nudeln mit brauner Butter	nouilles au beurre noisette,
Rahmspinat	épinards à la crème
Hammelrücken Orlow	Selle de mouton Orlow
Kalbsmilchschnitten, englisch	Escalopes de ris de veau à l'anglaise
Aufbau von Hummern mit Remouladensauce	Homards en bellevue, sce. remoulade
Bleichsellerie mit Rindermark	Céleri à la moelle
Mandelauflauf	Soufflé aux amandes
Pfirsiche Condé	Pêches Condé
Sizilianische Eisbombe	Bombe sicilienne
Feines Gebäck	Friandises
Tausendblätterkuchen mit Briekäse	**Mille-Feuilles Briardes**
Nachtisch	Dessert

Ein aufmerksames Studium dieser Karte ergibt, daß auch im russischen Service alle Elemente des französischen noch enthalten sind und daß sich nur die Art des Services an sich geändert hat. Sie dient als Muster für den Aufbau aller Karten bis zum heutigen Tage, wenn auch in verkürzter und modernisierter Form.

Wie stark die Wandlung innerhalb eines halben Jahrhunderts war, ersieht man aus einer Speisenfolge, welche die beiden Klassiker der Küche, Bernard und Dubois, für den preußischen Hof anläßlich des Ordensfestes 1880 entworfen und geleitet hatten. Hier die Karte:

Potage au riz à l'indienne
Turbot et saumon, garnis
Filet de bœuf à la bordelaise, épinards au jus, légumes
Pain de faisan aux truffes
Salade de homards à la gelée, Cailles en chaufroix
Poulardes rôties, cresson
Asperges, sauce hollandaise
Pêches meringués
Fromage, Salade
Glaces, Compotes, Dessert

1913 sah es am deutschen Kaiserhofe schon anders aus. Nicht allein, daß inzwischen die Leitung der Hofküchen in die Hände deutscher Küchenmeister übergegangen war; in erster Linie war wohl der Wunsch des Kaisers maßgebend, daß alle Speisekarten deutsch geschrieben werden sollten. Die „Königliche Mittagstafel" anläßlich des 25. Regierungsjubiläums Kaiser Wilhelms II. hatte folgenden Wortlaut:

Berlin, den 17. Juni 1913

Königliche Mittagstafel

Suppe nach Vefour
Rheinlachs nach Richelieu
Lammrücken, garniert
Krebsschwänze mit Spargelspitzen
Geflügelauflauf auf Pariser Art
Kalte Fasanen, Salat
Grüne Bohnen
Wiener Bombe
Käsestangen
Nachtisch

Diese Karte zeigt deutlich den Umschwung, der innerhalb eines Jahrhunderts stattgefunden hat.

Schon vor der Wende des 19. Jahrhunderts fing man an, den kleinen Stücken den Vorzug zu geben, so daß vorwiegend nur ein wirklich „Großes Stück" auf die Tafel kam. Dieses „Pièce de résistance" bestand vorwiegend aus einem Braten, wie Hammel oder Kalbsrücken, Rinderfilet, Roastbeef, Rehrücken, Schinken usw., mit entsprechenden Umlagen. Allmählich haben diese „Kleinen Stücke" die großen fast völlig verdrängt, zum mindesten bei der Mittagstafel (Déjeuner, Gabelfrühstück), da diese am besten ein schnelles und sauberes Service gewährleisten. Die Verkürzungen der Speisenfolgen wurden immer radikaler, und das oben gezeigte klassische Menü würde in den Jahren kurz vor dem zweiten Weltkrieg wahrscheinlich so ausgesehen haben:

Klare Schildkrötensuppe
Steinbutt mit holländischer Sauce und Petersilienkartoffeln
Bresser Masthuhn vom Spieß, Herzen von Kopfsalat
Aufbau von Hummern mit Remouladensauce
Bleichsellerie mit Rindermark
Sizilianische Bombe, feines Gebäck
Nachtisch

Wohl nichts dokumentiert die Vereinfachung der Speisenfolgen deutlicher als die nachstehenden Speisekarten von Festessen aus neuerer Zeit:

Galadiner, gegeben von Ihrer Majestät Königin Wilhelmine der Niederlande, für Kronprinzessin Beatrix und Klaus von Amberg am Vorabend ihrer Hochzeit.
Menu
Délices de la Mer du Nord

Consommé à l'Estragon

Selle de Veau à l'Orange

La Bienvenue Neerlandaise Friandises

Demi-Tasse

Amsterdam-Hilton   8. 3. 1966

Extraessen anläßlich einer Vorstandssitzung
Menu
Imperial Austern
Chesterbrot

Terlaner Weinsuppe

Junges Rebhuhn auf Winzerinart
Weinkraut, Kartoffelpüree

Teeparfait mit Aprikosen-Rumsauce
Feingebäck

Mokka

Hotel Palace
im Europa-Center   29.9.1973
Berlin

Festbankett anläßlich der 18. Hauptversammlung der Gastronomischen Akademie Deutschlands e. V.
Menu
Klare braune Gänsesuppe

Mousseline von Forelle Park-Hotel

Frische Wachteln Windsor
Favorite-Kartoffeln

Badischer Rahmkäse
mit Radieschen

Eisauflauf Stephanie

Mokka

Brenner's Park-Hotel   29. Oktober 1977
Baden-Baden

Das sind natürlich nur wenige Beispiele. Sie beweisen aber, daß wir schon manches aus der Vergangenheit gelernt haben. Es steht auch außer Frage, daß auf die Dauer nicht nur die Kantinen und Werksküchen, sondern auch das gehobene Gastgewerbe sich stärker als bisher mit den Erkenntnissen der Ernährungsphysiologie befassen muß. Diese Erkenntnisse haben in den letzten Jahren zwar die Küche beeinflußt, doch noch nicht in dem notwendigen Maß. Das bedeutet natürlich nicht, daß wir uns in der Zukunft kasteien sollen und daß eine Kultur der Tafel überflüssig geworden ist. Gerade das Gegenteil ist richtig. Die Tafel als Mittelpunkt einer gepflegten Geselligkeit bildet ein nicht zu unterschätzendes Bollwerk gegen eine noch weitere Verflachung unserer Kultur.

Wenn das Aufsetzen der Tageskarte bereits mit Schwierigkeiten verbunden ist, so ist die Aufstellung der Speisenfolge für Banketts und große Empfänge noch komplizierter, da Wiederholungen hinsichtlich des Rohmaterials unbedingt zu vermeiden sind. Besonderer Wert ist auf eine Abwechslung der

Farben zu legen. Wird Lachs als Fischgang gereicht, so kann man nicht gleich hinterher Schinken geben, und einer weißen Hühnerrahmsauce darf nicht eine holländische folgen. Wenn es auch ein Fehler ist, daß eine Sauce zweimal innerhalb der Speisenfolge erscheint, so wird man nichts dagegen einzuwenden haben, wenn beispielsweise holländische Sauce zum Fisch gereicht und auch zum Übergießen eines Nebenbestandteiles einer Gemüseplatte, sei es Blumenkohl oder Spargel, verwendet wird. Der Hauptbestandteil einer gebundenen Suppe, ob aus Gemüse, Wild, Geflügel oder Fisch, sollte dagegen nicht noch einmal als Hauptbestandteil eines nachfolgenden Gerichtes erscheinen. Wiederholungen von gleichem Material und gleicher Farbe sollten vermieden werden. Man braucht jedoch nicht allzu engherzig zu sein, denn es wird viele Fälle geben, wo Wiederholungen unvermeidlich sind. Alles in allem lassen sich sämtliche Regeln kurz zusammenfassen: möglichst große Abwechslung in Material, Geschmack und Farbe. Zu berücksichtigen ist die Jahreszeit, jedoch keine Hauptbestandteile doppelt verwenden und besondere Sorgfalt auf leichte Verdaulichkeit legen und auf die Einhaltung anerkannter Ernährungslehren. Unbedingt zu vermeiden ist das Überwürzen der Speisen. Auch wird man ein zu langes Warmstehen verhindern, weil dadurch Geschmack und Nährwert leiden.

Wenden wir uns nun den einzelnen Arten der Speisenfolgen zu, so finden wir es selbstverständlich, daß bei einem ausgesprochenen Herrenessen kompaktere und herzhaftere Gerichte gereicht werden dürfen als bei einem Taufessen. Bei diplomatischen Empfängen wird man berücksichtigen müssen, daß Diplomaten sozusagen Feinschmecker von Beruf sind, die aber infolge ihrer vielen gesellschaftlichen Verpflichtungen für leichtverdauliche, allerdings mit feinstem gastronomischen Verständnis zubereitete Gerichte besonders dankbar sind.

Gemüsegarnituren wird man bei einem Festessen heute immer gesondert reichen. Zwar sieht ein mit jungen Gemüsen garniertes Rinderfilet recht hübsch aus. Hat aber erst der dritte Gast sich bedient, dann ist der Anblick schon weniger erfreulich. Man kann das den weiteren Gästen ersparen, wenn man die Garnitur getrennt serviert.

Sehr umstritten ist der Platz des kalten Ganges innerhalb einer kurzen Speisenfolge. Früher, als es noch ein kaltes Zwischengericht und eventuell einen kalten Braten gab, war diese Frage einfach zu lösen. Durch die Verkürzung der Speisenfolge ist man sich aber vielfach immer noch nicht im klaren, ob er vor oder nach dem Braten oder hinter dem Gemüsegericht eingeschoben werden soll. Zwar ist diese Frage rein akademisch, und es ist kein Schaden, wenn sie nicht gelöst ist. Wir meinen aber, daß ein kaltes Zwischengericht unmittelbar zwischen Hauptgang und Gemüsegericht gehört. Bedenklicher erscheint schon der geringe Unterschied, der heute zwischen warmen Vorspeisen und Zwischengerichten gemacht wird. Ist das Vorgericht zu schwer, dann ist der erste Teil des Menüs überladen, und das ist immer ein Fehler, weil man bei jeder Speisenfolge vom Leichten zum Kompakteren und wiederum umgekehrt gehen sollte.

Gemischte Vorgerichte sollten eigentlich nur zum Mittagessen, aber nicht zum Diner gereicht werden. Hier begnügt man sich mit einer einzigen Sorte, wie Kaviar, Austern, Melone oder dergleichen. Gemischte Vorspeisen in möglichst großer Abwechslung und schöner Zusammenstellung müssen stets kühl serviert werden, wenn sie nicht ihren Reiz einbüßen sollen. Daß die Zutaten nicht allzustark den nachfolgenden Gerichten gleichen dürfen, ist besonders wichtig. Hier weise Maß zu halten ist schon deshalb nötig, weil die Versuchung groß ist, aus den vielen unscheinbaren Resten möglichst große Abwechslung zu bieten.

Es ist üblich, bei der Aufstellung der Speisenfolge dem Auftraggeber mehrere Vorschläge in verschiedenen Preislagen vorzulegen. Bei diesen Berechnungen darf sich der Küchenmeister nicht davon leiten lassen, daß da wahrscheinlich viele und teure Weine getrunken werden, die Küche nur einen bescheidenen Gewinn zu erzielen braucht. Genau wie bei den Berechnungen für die Tageskarte muß außer dem Material und den allgemeinen Unkosten eine angemessene Gewinnspanne einkalkuliert werden.

Aus alledem geht klar hervor, daß es keineswegs so einfach ist, eine Speisekarte oder eine Speisenfolge aufzustellen, wie vielfach angenommen wird. Nur ein Küchenmeister mit langjährigen Erfahrungen, mehr als durchschnittlichem Können, kaufmännischen Kenntnissen und hohem Berufsidealismus wird hier Vorbildliches leisten.
W. B.

Das Service

Für das Gastgewerbe ist das Service – das *richtige* Service – von allergrößter Bedeutung. Das schönste Gericht kommt nicht zu seiner Wertschätzung, wenn es nicht in der echten Form des Services gereicht wird. In dieser kurzen Abhandlung können nur die wichtigsten Vorbedingungen für ein gutes Service leicht verständlich erläutert werden.
Gastgewerbliche Betriebe unterscheiden sich durch Rang und Größe. Eine Norm läßt sich daher nach keiner Richtung hin allgemeingültig aufstellen. Deshalb soll hier zunächst das feine Service, wie es in erstklassigen Häusern üblich ist, behandelt werden.

Das Restaurantservice

Angenommen wird, daß ein bis vier Personen zu Tisch sitzen. Der Tisch ist vorschriftsmäßig gedeckt, das heißt, für jede Person steht ein Gedeck auf dem Tisch: Ein großer Teller, auf dem die Serviette einfach (nicht in Formen gebrochen) liegt, links davon die große Gabel sowie die Fischgabel, außerdem ein kleiner Teller, auf dem ein kleines Messer für Butter und Brot liegt. Rechts liegen das große Messer und das Fischmesser sowie der Suppenlöffel. Oben quer liegen für die Süßspeise ein kleiner Löffel und eine kleine Gabel. Das Besteck für die Vorspeise hat seinen Platz unter der Serviette auf dem großen Teller. Selbstverständlich müssen Salz und Pfeffer auf dem Tisch stehen, keinesfalls aber Zahnstocher. Zweckmäßig ist es, einen Aschbecher hinzustellen, denn oft betreten die Gäste rauchend den Raum und rauchen während des Essens. Gläser stellt man nicht auf, sie werden erst mit dem Getränk dazu passend serviert.
Brot und Butter reicht man zuerst herum, dann die Vorspeise. Nach deren Abräumen wird die Suppe serviert, wobei besonders darauf zu achten ist, daß ein flacher Teller unter dem Suppenteller stehen muß. Wird die Suppe in Tassen serviert, so wird statt des großen Suppenlöffels ein kleiner beigegeben. Der Fisch wird auf dem kleinen Beistelltisch auf den Teller gelegt und so dem Gast gereicht. Man hüte sich, dem Gast vorzulegen, wenn man die Platte in der Hand hält, das Resultat ist ein Herumfahren mit Messer und Gabel in der Luft und zerbrochene Stücke auf dem Teller des Gastes. Vor allem seien junge Kellner gewarnt, die noch nicht routiniert sind. Ungeschickt wirkt es in jedem Falle und grotesk dazu, wenn nur *ein* Gast am Tisch sitzt. Man kann natürlich auch die Platte reichen und den Gast sich selbst bedienen lassen, doch das ist höchstens noch bei Festessen üblich.
Der nun folgende Fleischgang wird ebenfalls auf den Teller gelegt, auch der Salat, Gemüse jedoch nimmt der Gast allein. Beim Servieren der Süßspeise beachte man, daß Butterteller, Pfeffer und Salz verschwinden, wenn Butter und Käse nicht mehr genommen werden. Selbstverständlich sind die Brotkrümelchen vom Tische zu entfernen.
Ist die Süßspeise serviert und damit das Essen beendet, so ist der Tisch schnellstens zu reinigen. Es bleiben nur Aschbecher und Zündhölzer auf dem Tische. Ein guter Kellner wird darauf achten, daß der Aschbecher nicht unappetitliche Formen eines Miniaturschutthaufens annimmt. Zu einem guten Service gehört vom Anfang bis zum Ende als Wichtigstes ein Kellner mit offenen Augen und umsichtiger Gewandtheit.

Das einfache Restaurantservice

Bei dem einfachen Restaurantservice kommt es darauf an, wie der Kellner die Platte dem Gast vorsetzt. Die Platte muß direkt vor dem Gast stehen

und das Besteck schräg auf der Platte liegen, so daß der Gast sich leicht und bequem bedienen kann. Unfein ist es, wenn mehrere Personen zu Tisch sitzen, *vor* einem der Gäste vorbeizuservieren.
Die Reinlichkeit des Tisches ist wohl stets das Sorgenkind derartiger Betriebe. Wie unappetitlich ist es, wenn halbaufgerauchte Zigarren, Reste von Zigaretten und Aschenhaufen von bisherigen Gästen den neuen Gast „begrüßen".

Das Frühstücks-Service

Zu diesem Gedeck gehören: kleiner Teller, darauf eine kleine Serviette, rechts ein kleines Messer, rechts davon eine kleine Untertasse mit Kaffeelöffel. Links vom Teller steht der Brotkorb mit Brötchen, daneben Marmelade oder Honig im Glas, unmittelbar dabei ein kleiner Teller mit Butter und zugehörigem Messer. Beim Servieren des Kaffees wird eine gut angewärmte Tasse auf die Untertasse gesetzt und rechts davor die Kaffee- und die Milchkanne. Salz und Pfeffer dürfen nicht fehlen. Leider wird es sehr oft vergessen! Für das Frühstücksei unerläßlich! Wie bei allen anderen Servicen sind Aschenbecher und Streichholzständer angebracht.

Beim Nachmittags-Teeservice

wird ungefähr in der gleichen Weise gedeckt, nur bleiben Brotkorb mit Brötchen sowie Marmelade und Honig weg. An ihrer Stelle werden Kuchen und Sandwiches gereicht.
Höflichkeit und zuvorkommendes Benehmen des Kellners sind, es sei wiederholt, das Wichtigste bei einem Service. Nie sollten Kellner zusammenstehen, sich unterhalten oder gar in Streit geraten. Der Kellner hat immer (als vordringlich) sein Augenmerk auf seinen Tisch und die Wünsche seiner Gäste zu richten.
Der Servicetisch soll immer tadellos aufgeräumt sein. Ein tüchtiger und gewandter Kellner wird seine Platten und Teller stets so zusammenstellen, daß sich, selbst bei großem Geschäft, sein Service in guter Ordnung befindet.

Das Festsaalservice

Beim Festsaalservice unterscheidet schon die Art, ob Hochzeits-, Industrieessen oder Festbankett vorliegt.
Als Beispiel soll hier ein Hochzeitsessen für etwa 50 Personen dienen:
Die Tafelform ist hier länglich, wobei es je nach der Größe des Raumes darauf ankommt, die Tafel in Hufeisenform, T-Form oder – bei Platzmangel – an zwei langen Tischen herzurichten. Bei einem solchen Essen legt man mehrere Bestecke auf, im Gegensatz zum Restaurantservice. Angenommen wird, das Diner besteht aus Vorspeise, Suppe, Fisch, Hauptgericht mit Beilagen und Nachtisch. In diesem Falle deckt man nicht alle zum Essen notwendigen Bestecke auf, sondern nur:
Ein kleines Messer und eine kleine Gabel werden auf den Teller gelegt, darauf die Serviette. Links vom Teller eine Gabel, rechts ein Messer. Rechts dazu der Suppenlöffel, links die Fischgabel, rechts das Fischmesser und vielleicht oben das Besteck für die Süßspeise. Alles übrige Besteck wird während des Essens auf silbernen Tabletts gereicht.
War es in früheren Zeiten üblich, möglichst viele Gläser für die verschiedenen Weine auf der Festtafel aufzustellen, so stellt man heute höchstens drei Gläser zu einem Gedeck. Beim Empfang – also bevor die Gäste zu Tisch gehen – ist es Brauch, daß ein Apéritif oder ein Glas Sekt gereicht wird. Üblich ist es in den meisten Fällen, daß nach dem Dessert von einem der Gastgeber die Tafel aufgehoben wird. Danach wird der Mokka entweder im Speisesaal oder an kleinen Tischen im Empfangsraum serviert. Dabei werden dann Liköre, Zigarren und Zigaretten auf silbernen Platten herumgereicht.

Das Service

Gewöhnlich bedient *ein* Kellner nicht mehr als acht Personen, und zwar folgendermaßen: Vorspeisen von der linken Seite des Gastes auf großen silbernen Platten reichen. Bei einer Hochzeitstafel mit dem Brautpaar beginnen und dann der Reihe nach weiterservieren. Die Suppe, wenn auf Tellern gereicht, wird vom Oberkellner eingeschöpft. Unter dem tiefen Teller steht noch ein flacher Teller, der beim Abräumen selbstverständlich mit fortgenommen wird. Zu beachten ist, daß ein Kellner nie mehr als zwei Suppen trägt. Gibt es eine Kraftbrühe oder Schildkrötensuppe usw., so reicht man diese in Tassen. Für exotische Suppen hat man besonders kleine Tassen. Hierbei muß ein kleiner Teller unter der Untertasse stehen. Es darf nicht vergessen werden, einen kleinen Teller und ein kleines Messer für Brot und Butter links zum Gedeck zu stellen.

Der Fisch sowie alle anderen Speisen werden in gleicher Weise wie die Vorspeisen herumgereicht. Sind bei einem Gang mehrere Gerichte zu reichen, so bedarf es natürlich auch eines Kellners (Kommis), der unmittelbar diese Platten nachserviert. In dem ganz modernen Service sieht man von dem Herumreichen der Platten ganz ab. Man präsentiert die Platten den Gästen, und danach wird vom Oberkellner, Geschäftsführer, eventuell nimmt man sich noch einen Koch zur Hilfe, die Portion fein säuberlich auf die bereitstehenden Teller gelegt und sogleich den Gästen vorgesetzt. Dieses Service hat den Vorteil, daß jeder Gast die Speisen gleichmäßig erhält und daß nicht, wie es häufig vorkommt, die letzten Gäste von einer ziemlich ramponierten Platte sich Stücke heraussuchen müssen. Aber auch bei diesem modernen Service werden die Vorspeisen herumgereicht.

Eine Selbstverständlichkeit ist bei jedem Service, daß die Kellner immer auf ein Zeichen des Oberkellners das Service beginnen und ebenso die Teller wieder abräumen.

Bevor die Süßspeise serviert wird, hat jeder Kellner den Tisch von Salzfässern, Brotkrümelchen usw. zu befreien. Daß die nicht mehr erforderlichen Gläser abgeräumt werden, ist Sache des Weinkellners.

Werden während der Tafel Reden gehalten, so gehen alle Kellner aus dem Saal. Ein geschickter Oberkellner wird sich vorher mit den Gastgebern in Verbindung setzen, damit Reden nicht während des Servierens gehalten werden. Auch wird er es so einzurichten wissen, daß der Redner immer dann anfängt, wenn die Kellner die gebrauchten Teller vom Tisch geräumt haben.

Fleischteile-Benennung

Bezeichnung der Fleischstücke in Deutschland

Rind

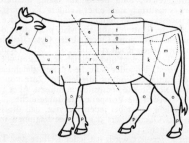

a Kopf
b Hals
c Kammstück, Hochrippe
d Rinderrücken (Roastbeef)
e Hohes Roastbeef, Rippenstück, Vorderrippenstück
f flaches Roastbeef
g Lende (Filet)
h Querrippe und Dünnung
i Hüfte (Culotte)
k Blume und Kugel
l Schwanzstück
m Oberschale punktiert, Innenseite gedeckt
n Schwanz
o Hesse
p Füße
q Nachbrust, Dünnung, untere Weiche
r Rippenfleisch, Leiter, schmales Rippenstück
s Brust
t Bug, Schulter, Blatt, Bogen
u Stichbrust, Wamme

Kalb

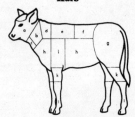

a Kopf
b Hals
c Bries, Bröschen, Milcher
d Kammstück
e Rippenstück, Kotelettstück
f Nierenstück, Sattelstück
g Keule, Stotzen, Schlegel
h Brust
i Blatt, Bug, Schulter, Schaufel
k Hachse
l Füße

Fleischteile-Benennung

Hammel

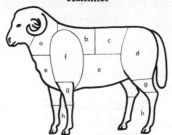

- a Hals
- b Rippenstück, Kotelettstück
- c Sattelstück, Nierenstück
- d Keule, Schlegel
- e Brust
- f Blatt, Schulter, Bug, Schaufel
- g Hachse
- h Füße

Schwein

- a^1 Schweinerücken (Kotelettstücke)
- a^2 Schweinerücken (Lendenstück, Mörbraten)
- a^3 Schweinekamm
- schraffiert: Rückenfett, fetter Speck
- b Schinken
- c Schulter, Blatt, Bug, Schuft, Vorderschinken
- d Bauch, Bauchspeck, magerer Speck
- e Eisbeine
- f Schweinshachse (Schinkenhachse)
- g Spitzbeine (Füße)
- h^1 Schweinebacke (Kopf)
- h^2 Schweineohren (Kopf)
- h^3 Schweineschnauze (Kopf)

Quellenvermerk (nur für diese 4 Bilder!): Aus Friebel-Klinger, Die kalte Küche. Handbuch für praktisches Anrichten, Auslösen und Ausbeinen des Schlachtfleisches, praktisches Zerlegen von Fischen, Wild und Geflügel. Fachbuchverlag Dr. Pfanneberg & Co., Gießen.

Bezeichnung der Fleischstücke in Österreich

Rind

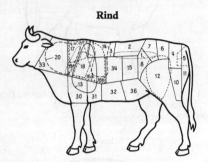

1 Lungenbraten
2 Beiried, Roastbeef
3 Rostbraten
4 Tafelspitz
5 Beinscherzel
6)
7} Hüferschwanzel und Hüfer-
8) scherzel
10 Ortsschwanzel
11 Weißes Scherzel
12 Zapfen
13 Schulter
14 Rieddeckel
15 Riedhüferl
16a Dicker Spitz (Rippenspitz)
16b Kruspelspitz
17 Hinteres Ausgelöstes
18 Kavalierspitz
19 Mageres Meisel
20 Fettes Meisel
30 Brustkern, Brustspitz
31 Dickes Kügerl
32 Mittleres Kügerl
33 Tristel
34 Zwerchried, Palissade
36 Dünnes Kügerl

Kalb

3 Kalbskarree
4 Kalbsrücken
5 Nierenbraten
6 Kalbsschlögel

f Schlußbraten
7)
8} Kalbsbrust

Schaf

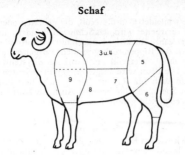

3 Lamms- oder Schöpsenkarree mit Niere
4 Lamms- oder Schöpsenrücken
5) Lamms- oder Schöpsenschlögel
6) mit Schlußbraten
7) Lammsbrust und Bauchfleisch
8)
9 Lamms- oder Schöpsenschulter

Schwein

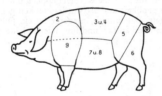

2 Schopfbraten
3) Schweinskarrees, Koteletts
4)
5 Schlußbraten
6 Schweinsschlögel
7) Bauchfleisch und
8) Schweinsbrust (Ripplertes)
9 Schweinsschulter

Die vorgenannten Bezeichnungen beziehen sich nur auf die wesentlichen der Teile verschiedenen Schlachttiere.

Rind

Das Hauptstück der feinen Küche ist der Rücken. Der Länge nach geteilt kann er im ganzen Stück und auch zu Rinderkoteletts, Porterhouse Steaks und Clubsteaks verwendet werden. Das flache Roastbeef (Contrefilet) wird gebraten und für Zwischenrippenstücke genommen. Aus der Lende (Filet) schneidet man Filetsteaks, Lendenschnitten und Chateaubriands; sie wird auch im ganzen Stück gebraten. Die Keule, eingeteilt in Hüftstück, Blume, Kugel, Schwanzstück und Oberschale, eignet sich für Kluftsteaks, zu Karbonaden, zum Schmoren und für Ragouts; die Brust wird gekocht. Der Bug wird gekocht, geschmort, zu Ragout, Gulasch und Karbonaden genommen oder auch zu Hackfleisch verarbeitet. Das Fleisch der Hesse dient zum Klären der Kraftbrühe.

Fleischteile-Benennung

Kalb

Aus der Keule schneidet man die Nuß, die gebraten oder geschmort und auch zu Steaks verarbeitet wird, das Schnitzelfrikandeau und auch das lange Frikandeau. Der ganze Rücken oder auch nur das Sattelstück wird gebraten oder geschmort, das Rippenstück gespalten, im ganzen gebraten oder zu Koteletts geschnitten. Wertvoll sind fernerhin die Kalbmilch, die Niere und die Leber. Die Brust wird ausgelöst, gefüllt, gebraten oder geschmort, man nimmt sie auch für Ragout, Weißgericht und Frikassee. Von der Hachse werden Spezialgerichte bereitet. Auch das Blatt kann für Frikassee, Ragout und Weißgericht genommen werden.

Hammel

Das Rippenstück wird in Karrees gespalten und gebraten oder für Koteletts verwendet, während man das Sattelstück im allgemeinen im ganzen brät und zu Mutton chops nimmt. Die Keule nimmt man zum Braten oder Kochen, die Brust für Ragout und Eintopfgerichte, den Hals für Ragout und Irish Stew. Die Schulter kann gebraten, geschmort, gekocht oder zu Ragout verwendet werden.

Schwein

Das Hauptstück ist der Rücken, der in Karrees gespalten und gebraten, für Koteletts und Kasseler Rippenspeer genommen wird. Die Keule wird im ganzen oder ausgelöst gebraten oder als Schinken gepökelt und gekocht oder roh geräuchert. Schweinekamm nimmt man zum Braten, Schmoren und für Karbonaden, die Eisbeine werden gepökelt und gekocht, die Schulter gebraten, auch gepökelt und als Vorderschinken gekocht oder roh geräuchert. Rückenfett, Bauchspeck, magerer Speck, Dörrfleisch usw. sind ein wichtiger Bestandteil an sich und für viele Gerichte.

Das Zerlegen

Das Zerlegen oder Tranchieren ist eine sehr alte Kunst. An allen Höfen des Mittelalters war das Amt des Vorschneiders oder Ecuyer tranchant – später Officier tranchant – sehr wichtig. Es gab unzählige „Trincier-Büchlein" in allen Sprachen, die reichlich bebildert waren und dem Unkundigen diese Kunst näher bringen sollten. Früher gehörte diese Kunst auch zu den Fähigkeiten, die jeder Gebildete neben Tanzen, Fechten usw. beherrschen mußte. Auch heute noch ist es in England üblich, daß der Hausherr bei Tisch den Braten tranchiert. Ausführliche Anweisungen über die Kunst des Tranchierens sind hier nicht möglich. Aber die folgenden, bebilderten Ausführungen geben doch das Wesentliche der allgemeinen Richtlinien für das Zerlegen bei Tisch wieder.

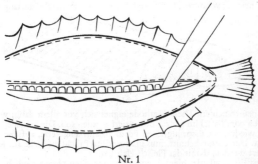

Nr. 1

Beginnen wir mit dem Fisch:
Bei gekochten oder gebratenen Seezungen, Rotzungen oder anderen kleinen Plattfischen fährt man nach Nr. 1 mit dem Fischmesser an der Längsgräte entlang, hebt mit Hilfe der Gabel das Filet heraus und legt es auf den vorgewärmten Teller.
Bei Steinbutten und anderen großen Plattfischen, die im ganzen gereicht werden, ist der Vorgang ähnlich, doch werden die Filets mit einem scharfen Messer noch in breite Querstücke geteilt. Die Anzahl der einzelnen Stücke richtet sich nach der Größe des Fisches (Nr. 2).

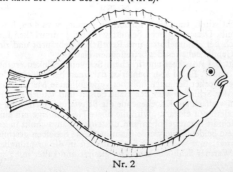

Nr. 2

Das Zerlegen

Lachse, große Lachsforellen und Zander werden erst mit einem Längsschnitt beiderseits der Rückengräte von dieser befreit (Nr. 3), mit einem zweiten Längsschnitt werden die Bauchlappen entfernt und die Filets dann in möglichst gleich große Stücke geschnitten. Die Bauchlappen werden in

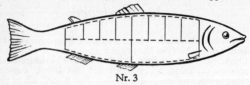

Nr. 3

guten Häusern selten serviert, sondern in der Küche für Vorspeisen, Mayonnaisen usw. verwendet. Daß die Anzahl der Stücke sich nach der Größe des Fisches richtet, ist einleuchtend.

Für das Zerlegen von Kalbs-, Hammel- oder Rehrücken (Nr. 4) gibt es zwei Methoden. Bei der ersten wird das Rückenfleisch durch einen Längsschnitt, der sowohl am Mittel- wie am unteren Knochen entlang geführt wird, herausgeschnitten, und die Filets werden dann in schräge, lange, dünne

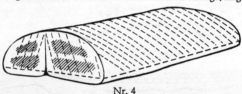

Nr. 4

Scheiben tranchiert. Diese Methode eignet sich vor allem dann, wenn der Rücken oder Sattel im ganzen präsentiert werden soll. Die Scheiben werden dann wieder, zur ursprünglichen Form zusammengesetzt, auf den Rücken gelegt. Der untere Schnitt muß glatt sein und darf nicht zu dicht am Knochen geführt werden, damit das Fleisch Halt hat.

Die zweite Methode, hier an einem Lammrücken veranschaulicht (Nr. 5), zeigt den sogenannten englischen Schnitt. Hier wird das herausgeschnittene

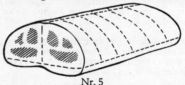

Nr. 5

Fleisch nicht schräg tranchiert, sondern in gerade, etwa 4 cm breite Querstücke geteilt. Dieser englische Schnitt wird bei Lammrücken immer, zuweilen auch bei Hammelsattel und Rehrücken gebraucht und richtet sich nach den Gepflogenheiten des betreffenden Hauses.

Der Schnitt bei Roastbeef und frischem Schweineschinken ergibt sich aus den Nr. 6 und 7. Es sei aber bemerkt, daß man bei heißem oder kaltem Prager oder Yorker Schinken üblicherweise folgende Methode anwendet: Nachdem der Schinken von der Haut befreit und sauber pariert wurde, wobei man vielfach am Knochenende die Schwarte 6–8 cm breit nicht abtrennt, sondern nur einzackt, wird die obere Fleischanlage mit einem horizontalen Schnitt herausgehoben und mit einem Längsschnitt in zwei Teile geteilt. Diese beiden Teile werden nun in dünne Scheiben geschnitten, zusammengesetzt und wieder auf den Schinken in die ursprüngliche Form gebracht. Warmer Schinken kann nun glasiert und kalter mit Aspik überglänzt werden.

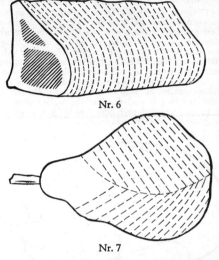

Nr. 6

Nr. 7

Eine besondere Kunst ist das Tranchieren des Geflügels. Kleinere Stücke, wie Tauben, Rebhühner oder Schnepfen, werden im allgemeinen nur einmal der Länge nach durchgeschnitten (Nr. 8). Bei großen Stücken, wie bei

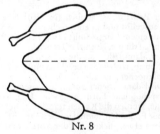

Nr. 8

Bordeaux-Tauben, kann man erst die Keulen ausschneiden und im Glied einmal teilen und auch jede Brusthälfte am Brustknochen entlang mit einem Längsschnitt herauslösen und einmal quer durchschneiden. Auf diese Art erhält man vier Portionen statt zwei. Das völlige Auslösen des Fleisches bei gebratenen Tauben und kleineren Vögeln ist nicht üblich oder nur, wenn es der Gast wünscht.

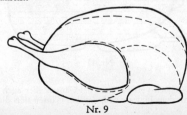

Nr. 9

Das Zerlegen

Mittelgroße Brathühner zerlegt man folgendermaßen (Nr. 9): Erst werden die Keulen abgetrennt und geteilt. Dann schneidet man an beiden Seiten die Flügelknochen mit einem kleinen Stück der Brust ab und mit der Geflügelschere oder einem scharfen Messer den Rückenknochen heraus. Dieser wird nur mitserviert, wenn das Huhn hierauf in seine ursprüngliche Form wieder zusammengesetzt und im ganzen gereicht werden soll. Die Brust wird nun mit einem Längsschnitt am Knochen entlang herausgehoben und der Länge nach noch einmal mit schräggehaltenem Messer durchgeschnitten. Ist das Huhn sehr groß, so kann jedes Bruststück noch einmal quer durchgeschnitten werden. In guten Häusern ist es üblich, alle Knochen, mit Ausnahme der des Flügels und des Kaiserbeins, auszulösen. Man kann natürlich die Brusthälften auch nach dem Auslösen je nach der Größe gleich in drei bis vier schräge Scheiben schneiden.

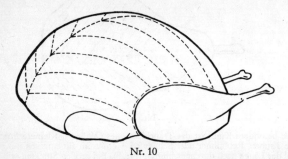

Nr. 10

Der Schnitt bei der Poularde ist ähnlich (Nr. 10): Nachdem die Keulen abgetrennt, geteilt, ausgelöst und in entsprechend große Stücke geschnitten werden, löst man mit einem Längsschnitt beide Brusthälften ab und schneidet sie schräg in nicht zu dünne, längliche Tranchen. Will man die Poularde im ganzen auftischen, dann läßt man die Keulen dran und löst wie üblich die beiden Brusthälften ab, wobei man beachten muß, daß der untere Schnitt, oberhalb der Flügelknochen, gerade bleibt. Die, wie oben beschrieben, tranchierte Brust wird dann wieder zusammengesetzt und auf den Brustknochen in die ursprüngliche Form gebracht. Erst nachdem das Stück herumgereicht wurde, werden die Keulen tranchiert. Bei Gänsen und Puten verfährt man wie bei Poularden, wobei zu beachten ist, daß die einzelnen Scheiben bei der Gans etwas dicker, bei der Pute schräger und dünner zu

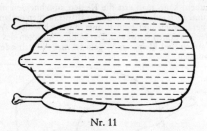

Nr. 11

schneiden sind. Vielfach verfährt man bei Gänsen aber auch genauso wie bei Enten, nur mit dem Unterschied, daß bei Gänsen stets die Keulen mitserviert werden.

Das Zerlegen

Enten werden, im Gegensatz zu anderem Geflügel, nicht durch-, sondern noch rosig gebraten. Nachdem die beiden Brusthälften ausgelöst wurden, schneidet man sie, zwar mit einem schrägen Schnitt, aber der Länge nach (Nr. 11). Sollen auch die Keulen serviert werden, so müssen sie in die Küche zum Nachbraten geschickt werden, da sie, im Gegensatz zu der Brust, durchgebraten sein müssen. Sie können dann wie jedes andere Geflügel im Gliede getrennt und ausgelöst werden.

Fasanen und Perlhühner werden wie Poularden oder Hühner tranchiert, Schnepfen wie Rebhühner; dagegen serviert man Fettammern, Wachteln und andere kleine Vögel nur im ganzen.

Gefülltes Geflügel wird genau wie jedes andere zerlegt, doch muß stets ein Teil der Füllung, entsprechend geschnitten, gleichzeitig gereicht werden.

Vollwertige Ernährung und Krankenkost (Diät)

von Dr. med. Friedrich Steinke, Bad Hersfeld

Die Gesundheit, unser höchstes Gut auf Erden, hängt entscheidend davon ab, ob wir uns richtig, d.h. „vollwertig" ernähren. Ohne eine vollwertige Ernährung können wir nicht gesund bleiben und, wenn wir krank sind, nicht gesund werden. Bei der Verschiedenheit der Krankheiten kann es naturgemäß keine einheitliche Standarderhnährung für Kranke geben. Vielmehr muß jede Krankenkost auf den vorliegenden Krankheitsfall zugeschnitten sein. Eine solche, der Erkrankungsart und dem Gesamtzustand des Kranken individuell angepaßte Ernährung nennen wir heute „Diät". Und wenn sich schon der Gesunde vollwertig ernähren muß, so gilt dies in erhöhtem Maße für die „Diät". Jede auf längere Zeit verabfolgte Diät muß also eine genauso „vollwertige Ernährung" wie die normale Vollkost des Gesunden sein.

Von der „vollwertigen Ernährung" (Vollkost des Gesunden und Diät) verlangen wir:

1. Sie muß richtig zusammengesetzt sein und alle für die Gesundheit notwendigen Nähr- und Wertstoffe in ausreichender Menge, richtigem Mischungsverhältnis und einwandfreier, hochwertiger Beschaffenheit enthalten: die 3 Haupt- oder Grundnährstoffe Eiweiß (Protein), Fett, Kohlehydrate, weiter Mineralstoffe und Spurenelemente, Vitamine, Ballaststoffe, Aromastoffe, Wasser.
2. Die Zubereitung der Vollkost des Gesunden und der Diät muß die natürlichen Wertstoffe (Nährstoffe) in den Lebensmitteln schonen, bestens erhalten und in ihrer Wirksamkeit unangetastet lassen.
3. Die vollwertige Kost der Gesunden und Kranken muß schmackhaft und richtig gewürzt sein, so daß sie den Appetit fördert, die Absonderung der Verdauungssäfte steigert und damit die Erschließung der Nährwerte begünstigt.

1. Zusammensetzung

„Leben" = „Bewegung" (Wechsel von Stoffen = Stoffwechsel).
„Bewegung" kann nur durch Energie, Energie durch Wärme gebildet werden. Alle Lebensvorgänge als „Bewegungen", als „Stoffwechsel", sind daher mit Bildung und Änderung der Wärme, der Energie verbunden. Diese Wärme oder Energie kann, wenn wir am Leben bleiben wollen, nur von außen durch die Nahrung den Körperzellen zur Verfügung gestellt werden.
Die Hauptmasse der Kost wird von den 3 Haupt- oder Energieträgern Eiweiß (Protein), Fett und Kohlehydrate gebildet. Sie liefern dem Körper sowohl die für den ständigen Aufbau der Zellen benötigten Baustoffe (= Baustoffwechsel) als auch die erforderlichen Nährstoffe, die die Wärme, d. h. die Energie liefern (Energiestoffwechsel). — Alle 3 Hauptnährstoffe bestehen aus den organischen Urelementen Kohlenstoff (C), Wasserstoff (H) und Sauerstoff (O) in verschiedener Strukturanordnung. Beim Eiweiß kommt noch ein viertes Urelement hinzu, der Stickstoff (N), der dem Eiweiß seine Sonderstellung verleiht.

Vollwertige Ernährung und Krankenkost

Wärme kann einmal durch *chemische Verbrennungen* (ohne sichtbare Flamme) erzeugt werden. Wärmeentwicklung entsteht aber auch durch elektrische Ströme. Bisher wurde die *chemische* Verbrennung für die Berechnung des Energiewertes oder — wie wir sagen — des Nährwertes herangezogen. Ab dem 1. 1. 1978 wird sie jedoch nur noch in *elektrischen* Werten gemessen, deren Benennung die SI-Einheit „Joule" (sprich: Dschul; Abkürzung J) ist. Joule löst damit die Einheit „Kalorie" ab. Da in der Ernährungslehre immer die „Kilokalorie" (1 kcal = 1 000 cal) üblich war, wird man in Zukunft in der Regel auch die Kilojoule-Einheit (1 kJ — 1 000 J) wählen.

1 kJ — 0,239 kcal   1 kcal — 4,1868 kJ (= aufgerundet 4,2 kJ)
Bei der Verbrennung ergibt:
1 Gramm (g) Eiweiß   = 17,166 kJ (4,1 kcal)
1 Gramm (g) Fett   = 38,830 kJ (9,3 kcal)
1 Gramm (g) Kohlehydrate = 17,163 kJ (4,1 kcal)

Der Gesamtbedarf eines Erwachsenen von durchschnittlicher Gesamtbeschaffenheit, bei durchschnittlicher, meist leichterer Arbeitsleistung und unter „normalen" Verhältnissen beträgt in unseren Breitengraden in 24 Stunden rund 10 467 kJ (2 500 kcal), bei Frauen mit geringerem Gewicht rund 840—1250 kJ (200—300 kcal) weniger. Das sind jedoch Durchschnittswerte, die nicht absolut, sozusagen als Vorschrift, zu gelten haben, sondern nur als Anhalt dienen. Denn Geschlecht, Körperbau, Größe, Lebensalter, Schwangerschaft, ferner eine Reihe von Krankheiten beeinflussen die erforderliche Tagesmenge an Energie u. U. sehr erheblich nach oben oder, z. B. bei fehlender körperlicher Betätigung oder bei Übergewicht usw., auch nach unten. Bei schwerer körperlicher Arbeit kann sich der Tagesbedarf u. U. fast verdoppeln.

Die Gesamttagesmenge von rund 10 467 kJ, die, wie gesagt, ein errechneter und daher nicht unbedingt verbindlicher Durchschnittswert ist, verteilt sich wie folgt:

1. Grundumsatz = diejenige Menge an kJ, die unser Organismus auch bei völliger äußerer Ruhelage benötigt, da die inneren Organe (Herz, Blutkreislauf, Lungen, Leber, Nieren, Drüsen usw.) unablässig Tag und Nacht tätig sein müssen. Die hierfür erforderliche Energie, eben der Grundumsatz, hängt ab von der *anlagemäßigen oder krankheitsbedingten Verfassung* der innersekretorischen (= endokrinen) Drüsen, die eine Kette, einen Ring bilden und so das „Stoffwechselfeuer" (= Verbrennungsintensität) in den Zellen und überhaupt unser Temperament und unser ganzes körperliches Leben bestimmen. Die Mehrheit unseres Volkes hat — ererbt oder auch nur anlagemäßig — nur ein ziemlich kleines „Stoffwechselfeuer", oft sogar nur eine „Sparflamme", die aber für alle Lebensfunktionen genügt. Um die „Sparflamme" aufrechtzuerhalten, sind nur wenige Nährstoffe nötig. Da aber der Appetit „normal", also für die „Sparflamme" zu groß ist, wird in der Regel zuviel gegessen. Dieser Überschuß setzt sich als Fettpolster ab, es entsteht Übergewicht. — Umgekehrt haben die von Natur aus Magersüchtigen (Vererbung oder aus Krankheitsgründen, z. B. Basedow) ein großes Stoffwechselfeuer, das, je mehr man an Brennstoff (Nahrung) hineinwirft, nur umso heller lodert und verbrennt, so daß sich kein überschüssiges Fett bilden kann; diese Leute können essen, soviel sie wollen, und nehmen doch nicht an Gewicht zu.

Auch das *Lebensalter* stellt einen gewichtigen Faktor dar. Bei jungen Menschen ist der Grundumsatz höher als bei alten.
Berücksichtigt man dieses alles, so kann man den Grundumsatz nur als Durchschnittswert angeben, und zwar mit 5025—6280 kJ (1200—1500 kcal) am Tag.

2. Arbeitsumsatz = diejenige Energiemenge, die für die von uns willkürlich und sichtbar geleisteten körperlichen und geistigen Arbeiten notwendig ist.

A. Eiweiß

Eiweiß (internationale Bezeichnung = *Protein*) bestreitet den Baustoffwechsel. Das heißt, die Billionen Zellen, aus denen sich unser Körper zusammensetzt, brauchen für ihren Aufbau in erster Linie Eiweiß. Da fast alle Zellen nur eine begrenzte Lebensdauer von einigen Wochen bis Monaten haben und dann von neuen Zellen abgelöst werden, muß für den Aufbau der neuen Zellen ständig mit der Nahrung frisches Eiweiß in ausreichendem Maße zugeführt werden. Bei ungenügendem Eiweißnachschub aus der Nahrung können die von der Bühne abtretenden alten Zellen zahlenmäßig nicht mehr vollständig ersetzt werden. Es entstehen also Lücken in den verschiedenen Zellenbereichen des Körpers, die Körpermasse beginnt zu schrumpfen. Tritt kein Wandel in der Eiweißversorgung ein, dann geht die Schrumpfung unaufhaltsam weiter, um schließlich mit dem „Hungerödem" und dem Tod zu enden. Eiweiß ist somit der unentbehrlichste Hauptnährstoff.

Die Hauptnährstoffe bestehen strukturell aus Molekülen, die man am zweckmäßigsten als kleinste biologische Funktionseinheiten bezeichnet. Jedes Molekül setzt sich aus Hunderten bis Tausenden von Grundbausteinen verschiedenen Charakters zusammen.

Aus dieser Andersartigkeit ergeben sich die Unterschiede zwischen den Grundbausteinen, den 3 Hauptnährstoffen. Beim Eiweiß gibt es mehr als 20 verschiedene Grundbausteine, „Aminosäuren" genannt. Etwa 10 von ihnen sind lebenswichtig („essentiell"), d. h. Zellen und Gewebe können nur dann aufgebaut werden, wenn alle diese lebenswichtigen Aminosäuren in der erforderlichen Menge zugegen sind. Fehlt auch nur eine von ihnen, dann stockt die Neubildung von Zellen so lange, bis die fehlende Aminosäure mit der Nahrung wieder hinzukommt, erst dann können wieder neue Zellen aufgebaut werden. Nur das *Eiweiß* darf als *„vollwertig"* gelten, das in seinen Molekülen *alle lebenswichtigen Aminosäuren enthält*.

1. Tierisches Eiweiß

Wir unterscheiden tierisches und pflanzliches Eiweiß. Die tierischen Eiweißspender (Milch, Käse, Eier, Fisch, Fleisch) sind ohne Ausnahme vollwertig, ihr Eiweißgehalt ist zum Teil beträchtlich.

2. Pflanzliches Eiweiß

Im Vergleich zum tierischen Eiweiß findet sich im Pflanzenreich weniger Eiweiß, das zudem häufig nicht vollwertig ist. Vollwertiges Eiweiß weisen von unseren landesüblichen Pflanzen z.B. Haferflocken, Getreidevollkorn und Kartoffeln auf, jedoch in erheblich geringerem Ausmaß als die tierischen Eiweißspender (die Nüsse aller Art und Sojabohnen sind reich an Eiweiß und vor allem an Fett, aus diesem Grunde werden sie nicht in größeren Mengen vertragen, können also nicht als wesentliche Bestandteile der Nahrung, sondern nur als willkommene Beigabe gelten). Es liegt kein nachprüfbarer Beweis vor, daß tierisches Eiweiß irgendwie der Gesundheit abträglich sein könnte. Da tierisches Eiweiß immer „vollwertig" ist, d. h. alle lebenswichtigen Aminosäuren enthält, und da es in unseren Lebensmitteln im allgemeinen wesentlich stärker als pflanzliches Eiweiß vorkommt, ist vom ernährungswissenschaftlichen Standpunkt aus nicht einzusehen, warum man auf tierisches Eiweiß verzichten soll, zumal sich der Bedarf des Körpers an vollwertigem Eiweiß durch tierisches Eiweiß mühelos decken läßt. Dagegen ist die Deckung mit pflanzlichem Eiweiß zwar möglich, aber schwieriger, meist auch kostspieliger und leicht mit Einseitigkeit des Kostzettels verbunden.

Die für die Aufrechterhaltung des Zellbestandes unseres Körpers notwendige Eiweißmenge nennt man die *„Erhaltungsdosis"*. Sie beträgt beim Erwachsenen rund 1 g Eiweiß auf 1 kg Körpergewicht, also etwa 60–80 g Eiweiß am Tag je nach Gewicht, Körperbau und Lebensalter. Im Wachstumsalter sind natürlich wesentlich größere Mengen Eiweiß nötig. Von der genannten Tagesmenge soll nach Möglichkeit *wenigstens die Hälfte*, auf

Vollwertige Ernährung und Krankenkost

keinen Fall aber weniger als ein Drittel aus *biologisch vollwertigem Eiweiß* bestehen.

Die „*Naturheilkunde*" glaubt, daß der Mensch nicht mehr als 25—30 Gramm Eiweiß im Tag als *Bestmaß* benötigt, während die „*Schulmedizin*" diese Menge als gerade noch tragbares *Minimum* ansieht, mit dem man nicht auf längere Zeit optimal leistungsfähig ist. Die oben angeführte Tagesmenge von 60—80 Gramm Gesamteiweiß ist das auch von der Schulmedizin anerkannte vernünftige „goldene Mittelmaß". Wie überhaupt das „Leben" mit seiner billionenfachen Wandlungs- und Anpassungsfähigkeit sich *nie* starr in eine Schablone pressen läßt, sondern immer nur das goldene Mittelmaß kennt. Jedes Extrem ist eine Todsünde gegen den Begriff „Leben".

Eiweiß kann im Körper nicht in nennenswertem Umfang gespeichert werden. Eine den Aufbaubedarf übersteigende Zufuhr von Eiweiß mit der Nahrung bringt daher dem Aufbau der Zellen keinen Nutzen. Vielmehr wird der Überschuß — nach Abspaltung des Stickstoff-(N)-Anteils im Eiweißmolekül — in Traubenzucker umgewandelt und in den Zellen verbrannt, also für die Erzeugung von Energie verwendet. Ein Übermaß (z. B. 150—200 g oder mehr pro Tag) kann u. U. eine zu starke Belastung des Stoffwechsels herbeiführen und daher gesundheitsschädlich sein.

B. Fett

Fett besteht aus den Urelementen C, H, O (Kohlenstoff, Wasserstoff, Sauerstoff). Es wird in der Nahrung zur Deckung des Energiebedarfs benötigt, dient somit dem *Energiestoffwechsel* des Körpers. Hierzu wird Fett in Traubenzucker umgewandelt, der dann in den Zellen verbrannt wird und dadurch Energie bildet. 1 g Fett erzeugt mit 38,83 kJ mehr Energie als die beiden anderen Hauptnährstoffe zusammen. Fett ist demnach der größte Energiespender in der Nahrung.

Leider wird das mit der Nahrung zugeführte Fett nach der Aufnahme (Resorption) in den inneren Stoffwechsel trotz seines Energiereichtums nur zu einem Bruchteil (etwa 1/3) sofort verwertet. Der größere Teil gelangt durch den Milchbrustgang ins Blut und wird zunächst als Fettpolster gespeichert und — leider — nur im Notfall — d. h. bei Hungersnot oder überdurchschnittlich starken körperlichen Anstrengungen, wenn also nicht mehr genug Kohlehydrate zum Verbrennen im Körper vorhanden sind — verbrannt und in Energie umgewandelt.

Das Fettmolekül wird im Dünndarm in seine Grundbausteine Glyzerin und Fettsäuren zerlegt. Glyzerin interessiert hier nicht weiter. Dagegen sind die *Fettsäuren* in der Ernährung sehr bedeutsam. Es gibt in der Nahrung „gesättigte" und „ungesättigte" Fettsäuren (wie diese chemischen Bezeichnungen zustande kommen, kann hier nicht erörtert werden).

1. Gesättigte Fettsäuren

Gesättigte Fettsäuren finden sich am stärksten in den tierischen Fetten (Speck, Talg, Schmalz, Butter, Käse, Ei, Fleisch), aber auch in manchen pflanzlichen Fetten, z. B. Kokosfett.

2. Ungesättigte Fettsäuren

Unter ungesättigten (hochungesättigten) Fettsäuren verstehen wir in der Regel die zwei- bis vierfach ungesättigten Fettsäuren. Sie gelten als „*essentiell*", d. h. unentbehrlich, weil sie vorhanden sein müssen, aber von unserem Körper nicht aufgebaut werden können, sondern von außen mit der Nahrung zugeführt werden müssen (ähnlich wie die Mehrzahl der Vitamine). Hauptquellen der hochungesättigten Fettsäuren sind die hochwertigen Öle (*Erdnußöl, Fischöle,* Öl aus *Baumwollsamen,* Keimen von *Mais, Weizen* und *Gerste,* ferner *Sonnenblumenöl* und *Sojabohnenöl*). Sie haben 25—50% ungesättigte Fettsäuren. Mit Ausnahme der Fischöle enthält tierisches Fett wesentlich weniger Fettsäuren, z. B. Butter nur etwa 5—8%.

Vollwertige Ernährung und Krankenkost

Die ungesättigten Fettsäuren sind lebenswichtig. Sie gewährleisten die ohne sie nicht mögliche Aufnahme der fettlöslichen Vitamine A, D, E, K aus der Nahrung ins Blut. Aus diesem Grunde muß immer ein Mindestmaß von ungesättigten Fettsäuren in der Nahrung vorhanden sein.

Auch wirken offenbar die hochungesättigten Fettsäuren, in entsprechender Menge und genügend lange Zeit dargereicht, *hemmend* auf die unerwünschte Bildung von *Cholesterin* im Blut und seine Ablagerung in den Arterien und damit auf das vorzeitige Entstehen von Arteriosklerose wie überhaupt auf das Auftreten von organischen Herzschäden, z. B. Herzinfarkt usw. Allerdings können bereits bestehende Schäden an den Arterien bisher in der Regel nicht wieder rückgängig gemacht werden.

Die *Linolsäure* ist der klassische Standardvertreter der essentiellen hochungesättigten Fettsäuren, nach ihr werden die sonstigen essentiellen Fettsäuren gemessen und bewertet.

Der 24-Stunden-Bedarf an hochungesättigten Fettsäuren ist gering und wird auf 3—7 Gramm im Tag geschätzt, kann also leicht gedeckt werden.

Umgekehrt wird vor zu reichlicher Zufuhr von hochungesättigten Fettsäuren mit Recht gewarnt, da der Organismus bei allen lebenswichtigen Stoffen auf ein abgewogenes Maß eingestellt ist und ein Übermaß die Harmonie, d. h. die Gesundheit nur gefährden kann.

Die hochungesättigten Fettsäuren machen das Nahrungsfett weich, so daß es schneller schmilzt, und verbessern dadurch seine Verdaulichkeit und Bekömmlichkeit, insbesondere für Oberbauchkranke, kurz, die ungesättigten Fettsäuren erhöhen durch ihre Beimengung den biologischen Wert des Fettes. Was biologisch ihr Vorteil ist, nämlich ihre weiche Beschaffenheit, ist wirtschaftlich ihr Nachteil, da sie deshalb weniger haltbar sind und schneller ranzig werden.

Hier muß kurz auf das Verhältnis zwischen der Butter und den tierischen Fetten einerseits und der Margarine und den Ölen andererseits eingegangen werden. Es ist heute vielfach üblich, den Wert eines Fettes allein nach seinem Gehalt an ungesättigten Fettsäuren zu bemessen. So werden die Öle mit hohem Anteil an ungesättigten Fettsäuren wertmäßig an die Spitze gestellt, jedoch die Butter mit vergleichsweise nur wenig ungesättigten Fettsäuren, wie auch das Eifett, als Fett minderen Ranges eingestuft. Das ist aber einseitig und nicht stichhaltig:

a) Zunächst kann die gesundheitlich zulässige Tagesmenge von Butter wenigstens das Minimum an ungesättigten Fettsäuren, das unser Körper braucht, liefern. Was darüber hinaus noch erwünscht ist, läßt sich leicht durch Öl und Margarine mit reichlichem Gehalt an ungesättigten Fettsäuren ergänzen.

b) Die Butter ist ein echtes Naturfett, aus unserem biologisch wertvollsten Lebensmittel, der Milch, ohne besondere industrielle Manipulation, sondern lediglich durch Verschiebung des physikalischen Zustandes von flüssiger in feste Form gewonnen. Ansonsten bleibt alles naturbelassen. Im Vergleich dazu ist selbst kaltgepreßtes Öl bereits eine Art Kunsterzeugnis. Dies gilt erst recht für Margarine, auch für die modernere Edelmargarine, die einen nicht unerheblichen technischen Fertigungsprozeß durchlaufen und der erst Vitamine und künstliches Aroma beigemengt werden müssen, um sie der Butter möglichst ähnlich zu gestalten.

c) An Kalorienzahl und Fett ist die Edelmargarine – nur sie ist für ein vergleichbares Urteil geeignet – der Butter gleichwertig, an ungesättigten Fettsäuren sogar hoch überlegen. Dafür ist die Margarine ärmer an wertvollen Mineralstoffen. Manche hochwichtigen Spurenelemente, beispielsweise Mangan, Kupfer und Jod, und ebenso unentbehrliche (essentielle) Aminosäuren sind – im Gegensatz zur Butter – kaum vorhanden. Weiter ist die Deutsche Markenbutter (Süß- und Sauerrahmbutter) technisch frei von Natrium (Kochsalz), von dem in der Margarine immerhin beachtliche Mengen vorhanden sind.

d) Die Buttergegner, die meistens auch das Ei ablehnen, führen an, das Fett von Butter und Eiern sei als tierisches Fett an der Bildung von Cholesterin beteiligt und wirke somit auch am Entstehen der Arteriosklerose mit.

Hierzu ist zu sagen: Cholesterin ist ein durchaus lebenswichtiger Bestandteil des Körpers, genau wie z. B. Traubenzucker, Natrium, Chlor und viele andere Stoffe (Vitamine, Mineralstoffe, Spurenelemente usw.) Entsprechend seiner Lebenswichtigkeit besitzt der Körper immer einen Vorrat von wenigstens 100 Gramm, auch bildet die Leber (endogen) täglich 1 Gramm, während eine Normalkost im Durchschnitt auch nur 0,5—1 Gramm enthält. Der *gesunde* Körper ist also gewiß nicht auf das Nahrungscholesterin angewiesen; darüber hinaus hat er Schutzvorrichtungen, um den Cholesterinspiegel im Blut zu regeln, d. h. auf tragbarer Höhe zu halten (z. B. verringerte Aufnahme ins Blut, vermehrte Ausscheidung und verringerte endogene Cholesterinbildung in der Leber). Der Gesunde braucht sich also um den Cholesteringehalt seiner Speisen kaum den Kopf zu zerbrechen. — *Anders der Kranke — und mit „krank" sind im Grunde alle Stoffwechselstörungen gemeint*: Übergewicht, Zuckerharnruhr, Gicht, Leberschäden usw. Hier funktionieren die Schutzvorrichtungen offenbar nicht genug (die Zusammenhänge sind leider nicht genügend klar). Auf jeden Fall kann der Cholesterinspiegel im Blut, der normalerweise kaum höher als 200—220 Milligramm (mg) in 100 ml Blut liegt, auf 250, 300, 350 mg und noch höher steigen und damit zunehmende die Gefahr eines Herzinfarktes oder sonst einer lebensbedrohenden Störung mit sich bringen. — Andererseits kann man meistens den krankhaft erhöhten Cholesterinspiegel dadurch, daß man in der Nahrung das Fett ausschließlich oder wenigstens zum größten Teil in Gestalt von hochungesättigten Fettsäuren zuführt, wieder normalisieren oder jedenfalls auf nicht mehr gefährliche Werte herabdrücken. (Allerdings gibt es auch hier, wie überall beim „Leben", keine unbedingte Gesetzmäßigkeit. Manches ist auch noch unklar und nicht genügend untersucht oder falsch gedeutet.)

Für die tierischen Fette gilt als Regel: Je niedriger ihr Schmelzpunkt d. h. je niedriger die Temperatur, bei der sie flüssig werden, desto bekömmlicher und leichter ausnutzbar sind sie. Fette mit hohem Schmelzpunkt (Speck, Talg, Schweinefett u. a.) nennt man harte Fette. Von ganz gesunden Menschen werden sie in der Regel glatt vertragen, dem Oberbauchkranken hingegen bereiten sie erhebliche Schwierigkeiten.

e) Für den unbefangenen Ernährungsfachmann liegen die Dinge klar: Die Butter ist als unverfälschter, nicht manipulierter Abkömmling der Vollmilch, unser Lebensmittel Nr. 1, und wegen seines Naturaromas in unseren Breitengraden das beste Streichfett, diesen Rang kann ihr kein anderes Fett streitig machen. Edelmargarine kann selbstverständlich auch als Brotaufstrich dienen, jedoch muß sie als Streichfett der Butter den biologischen Vorrang einräumen.

Anders verhält es sich in der Küche: Hier haben Edelmargarine und Öl, vor allem in der Diät, breitere Verwendung als Butter. Die Küche ist die Hauptdomäne von Margarine und Öl hochwertiger Qualität. Jede Fettart hat ihre eigenen Vorzüge. Erst alle 3 Fettarten zusammen ergeben die rechte Harmonie.

Verwendung der Fette in der Küche:

Die frühere Forderung, jedes Fett soll weitestgehend „naturbelassen" bleiben, d. h. möglichst nicht erhitzt, kann heute ernährungswissenschaftlich in dieser strengen Form nicht mehr aufrechterhalten werden. In der Küche kann man je nach Art der Lebensmittel und der Zubereitungsart natürlich

Vollwertige Ernährung und Krankenkost

alle Fette verwenden, bei Margarine und Öl achte man auf hohen Anteil von hochungesättigten Fettsäuren.

In der Fritüre das Fett häufig erneuern, nur 2—3mal verwenden, dann wechseln.

Bei der täglichen Gesamtenergiemenge von etwa 10 467 kJ (2500 kcal) soll Fett das gesundheitlich noch tragbare Maß von höchstens 30% nicht übersteigen. Das bedeutet: Die Gesamttagszufuhr an Fett einschließlich des unsichtbaren, d. h. in den Lebensmitteln versteckten und einschließlich des in der Küche verwendeten Fettes, darf etwa 80 g betragen. Davon kann die eine Hälfte aus Butter, die andere aus Öl und Margarine mit hohem Gehalt an ungesättigten Fettsäuren bestehen. Wer so verfährt, braucht sich vor selbstverschuldeten, durch Ernährungsfehler bedingten Krankheiten, insbesondere vor Arteriosklerose, Herzinfarkt u.a. Störungen, nicht zu fürchten.

C. Kohlehydrate (KH)

Die Kohlehydrate bestehen, ebenso wie Fett, aus den organischen Urelementen Kohlenstoff, Wasserstoff, Sauerstoff (C, H, O), nur sind diese in der Molekularstruktur anders angeordnet und erzeugen dadurch den verschiedenen Charakter der beiden Hauptnährstoffe. Die Quellen der Kohlehydrate in der Nahrung sind:
1) *Stärke* (Getreidekorn, Nährmittel, Reis, Kartoffeln, Mais usw.), sie bestreitet die Hauptmasse der Kohlehydrate. 2) *die verschiedenen Zuckerarten einschließlich Honig, Sirup usw.* 3) *Obst und Südfrüchte.* 4) *Gemüse und alle zellulosehaltigen Pflanzen.*

Die Kohlehydrate dienen der Erzeugung von Energie. Beim Fermentabbau im Darm werden die KH-Moleküle in ihre Grundbausteine Traubenzucker, Fruchtzucker und Galaktose zerlegt. *Die Stärke* ergibt als Grundbaustein ausschließlich Traubenzucker. Die *Zucker* zerfallen in je 1 Teil Traubenzucker und Galaktose. Der Traubenzucker ist also mit Abstand der zahlenmäßig häufigste Grundbaustein. Dem entspricht, daß zur Energiegewinnung in den Zellen in der Hauptsache nur Traubenzucker verwendet und verbrannt wird. Das heißt, die anderen für Energieerzeugung in Betracht kommenden Nährstoffe werden im wesentlichen erst nach Umwandlung in Traubenzucker verbrannt (was bereits beim Eiweiß und Fett erwähnt wurde).

Unser üblicher weißer Tafelzucker ist Rübenzucker oder Rohrzucker, die miteinander identisch sind, wobei sich die Verschiedenheit der Benennung nur nach dem Rohstoff, aus dem sie gewonnen werden, richtet. Der Rohr- oder Rübenzucker, im folgenden nur „Zucker" genannt, besteht aus je einem Teil Trauben- und Fruchtzucker. Das Zuckermolekül wird im Dünndarm durch Fermente in diese beiden Grundbausteine zerlegt, die so winzig sind, daß sie durch die Dünndarmwand hindurch ins Blut aufgenommen (resorbiert) werden können. Ins Blut gelangen also nie ganze Zuckermoleküle, sondern nur ihre Grundbausteine Traubenzucker, Fruchtzucker sowie Galaktose vom Milchzucker. Demgemäß finden sich in unserem Stoffwechsel, d. h. im Blut, in den Geweben und Zellen unseres Körpers *niemals Moleküle* von weißem Zucker und sonst einem Kohlehydrat, *sondern nur die* allen Zuckern und Kohlehydraten gemeinsamen *Grundbausteine*, an der Spitze ihr Hauptvertreter Traubenzucker, daneben die obengenannten Fruchtzucker und Galaktose. Traubenzucker ist aber, wie gesagt, der Hauptverbrennungsstoff in den Zellen, d. h. der Lebensenergiespender schlechthin und somit neben dem Baustoff Eiweiß der wichtigste Nährstoff überhaupt.

Wenn wir nun noch bedenken, daß alles organische Leben auf unserer Erde einstmals mit der Bildung von Zucker begonnen hat, dann ist klar, daß Zucker an sich niemals schädlich sein kann, wie seine Gegner behaupten.

Richtig hingegen sind folgende Einwände:
a) *Verzehr von Zucker zur unrechten Zeit*, d. h. zwischen den Mahlzeiten, vor allem, wenn es sich um klebrige Zuckerwaren handelt, zieht in der Regel Zahnschäden nach sich.
b) *Einseitigkeit in der Auswahl von KH* (zuviel Stärke und Zucker, zuwenig Vollkornerzeugnisse) ruft Mangel an dem Vitamin B-Komplex und dadurch Störungen im inneren Kohlehydratstoffwechsel und am Nervensystem hervor.
c) *Zu reichlicher Verzehr* von Zucker und Kohlehydraten überhaupt ist gesundheitlich bedenklich und unerwünscht:
   1. Er führt zu *Übergewicht*. Denn der Überschuß der Kohlehydrate, der nicht für die unmittelbare Energiegewinnung gebraucht wird und nach Auffüllung der Kohlehydratspeicher in den Leber- und Muskelzellen – der Zucker wird hier als Glykogen, das auch „tierische Stärke" genannt wird, gespeichert –, der Zucker, der also als Überschuß übrigbleibt, wird in Fett umgewandelt.
   2. Zu reichlicher Verzehr von *Zucker* begünstigt das Entstehen von Arteriosklerose: Das aus dem Kohlehydratüberschuß der Nahrung gebildete Fett enthält hauptsächlich gesättigte Fettsäuren und neigt, wie tierisches Fett, zu unerwünschter Cholesterinbildung und damit zu arteriosklerotischem Gewebeumbau.

Diese durchaus berechtigten Einwände betreffen aber nicht Zucker und Kohlehydrate selbst, sondern nur die zu reichliche Zufuhr, deren einseitige Auswahl und den Verzehr zur unrechten Zeit. Gegen den Mißbrauch wenden sich aber *alle* vernünftigen Ärzte und sonstigen Fachleute. Die Gegner von Zucker und Kohlenhydraten rennen also offene Türen ein.

Eingangs wurde gesagt, daß alle 3 Haupt- oder Grundnährstoffe aus den 3 Urelementen C, H, O bestehen und daß nur beim Eiweiß noch Stickstoff (N) hinzukommt. Spaltet man den Stickstoff vom Eiweiß-Molekül ab, dann setzt es sich auch nur noch aus C, H, O zusammen. Infolge dieser gemeinsamen Grundlage müssen sich die einzelnen Hauptnährstoffe gegeneinander auswechseln lassen. Dies ist in der Tat möglich und geschieht auch laufend. Die Umwandlung von KH-Überschuß in Fett, der Umbau von Eiweiß (nach Abspaltung des Stickstoffanteils) und auch von Fett in Traubenzucker zum Zwecke der Verbrennung wurde bereits erwähnt. Umgekehrt kann Eiweiß allerdings nie aus KH oder Fett entstehen, weil ihnen der für Eiweiß charakteristische Stickstoff (N) fehlt. Fett und Kohlehydrate hingegen lassen sich weitgehend gegeneinander ersetzen. Aber ein völliger Austausch ist biologisch unmöglich, die verschiedenen Gründe hierfür kann ich hier nicht anführen. Das bedeutet: Ein Mindestmaß von Fett und KH muß stets in der Nahrung vorhanden sein, sonst drohen schwere Störungen. Beispielsweise kann Fett in den Zellen nur verbrannt werden, wenn eine bestimmte Menge von Kohlenhydraten gleichzeitig vorhanden und mitbeteiligt ist. „Fett verbrennt nur im Feuer der Kohlehydrate", eine alte Weisheit, die besonders bei der Zuckerharnruhr schwer wiegt. Deshalb lautet für die vollwertige Ernährung (Vollkost des Gesunden und Diät) die Grundforderung: *Die 3 Hauptnährstoffe müssen in einem biologisch richtigen gegenseitigen Mengenverhältnis und in biologisch hochwertiger Beschaffenheit vorhanden sein.*

D. Mineralstoffe, Spurenelemente, Vitamine

Die vollwertige Nahrung (Vollkost und Diät) muß die erforderlichen Mengen an Mineralstoffen, Spurenelementen (= nur in Spuren vorkommenden Mineralstoffen) und Vitaminen enthalten. Diese Bestandteile sind im Gegensatz zu den beträchtlichen Massen von Hauptnährstoffen, die dem Aufbau von Zellen dienen und durch Verbrennung die für das Leben benötigten großen Energiemengen liefern, nur mit geringen, z. T. sogar nur mit winzigsten Mengen in der Nahrung vertreten. Wegen ihrer mengenmäßigen Geringfügigkeit brauchen sie nicht erst durch Fermente resorptionsreif zerkleinert zu werden, sondern können ohne weiteres durch die

Vollwertige Ernährung und Krankenkost

Dünndarmwand ins Blut schlüpfen. Aus demselben Grunde können sie auch nicht durch Verbrennung Energie erzeugen.
Trotzdem sind sie alle lebensnotwendig. Die Mineralstoffe beispielsweise sichern die für das Fortbestehen des Lebens unerläßliche chemische Blut- und Gewebsreaktion und sorgen dafür, daß diese in allen Wechselfällen des Lebens unverändert bleibt. Eisen, Kupfer und Kobalt sind für die Blutbildung; Kalzium, Phosphor und Fluor für den Knochenaufbau erforderlich usw. Die Vitamine sind, vergleichbar der Zündung beim Auto, unentbehrlich für das Ingangkommen aller energieliefernden Verbrennungen, chemischen Umwandlungen und sonstigen Stoffwechseltransaktionen, die nur in Anwesenheit der Vitamine anlaufen können. Solche Stoffe nennt man auch Katalysatoren oder Reglerstoffe oder Wirkstoffe.

E. Ballaststoffe und Aromastoffe

Eine vollwertige Ernährung (Vollkost und Diät) muß ein gewisses Maß an Ballaststoffen enthalten, die zwar keine Energie liefern, aber die Dickdarmtätigkeit und somit die Stuhlentleerung anregen und fördern. Wichtig sind weiterhin die Aromastoffe, die sich zum Teil bei der Speisenzubereitung entwickeln. Für die Anregung des Appetits, für den Wohlgeschmack und die Bekömmlichkeit ist die Kunst des Würzens unerläßlich und oft entscheidend.
Die bisherigen Ausführungen gelten für die „vollwertige Ernährung", also ebenso für die Vollkost des Gesunden wie für jede Diät auf längere Zeit. Das neue Lebensmittelgesetz sucht die ernährungswissenschaftlich einwandfreie „Diät" durch strenge Bestimmungen gegen den bisher unkontrollierbaren Mißbrauch zu schützen. Nach den Bestimmungen sollen auf der Speisekarte bei einem Diätgericht nicht nur die Krankheiten vermerkt werden, gegen die sich das Gericht wendet, sondern auch Zusammensetzung und Zubereitungsart mit einer gewissen Begründung, inwiefern das Gericht die erwähnten Krankheiten günstig beeinflußt. Werden diese Vorschriften wörtlich befolgt, würde die Diätspeisekarte sehr umfangreich und unübersichtlich; auch Fehler würden sich zweifellos öfter einschleichen. Manche Betriebe umgehen die Schwierigkeiten, indem sie das Wort „Diät" durch „Schonkost" ersetzen, was erlaubt ist. Seriöse Diätverpflegungsbetriebe, vor allem die mit dem Diätgütezeichen der Gütegemeinschaft Diätverpflegung e.V., oder die ihrem Charakter nach ohnehin ein hohes Diätniveau haben, wie Kliniken, Sanatorien usw., werden in der Praxis wohl kaum mit Schwierigkeiten rechnen müssen, wenn sie, wie bisher, den Begriff „Diät" ohne Erläuterungen verwenden. Trotzdem empfiehlt es sich für jeden Diätverpflegungsbetrieb, das neue Lebensmittelgesetz kennenzulernen.
Die Diät wird von der normalen Vollkost des Gesunden her abgewandelt und muß daher genauso vollwertig sein wie diese. Die Unterschiede zwischen Normalkost und Diät betreffen
1. die *Auswahl und Menge der erlaubten Lebensmittel*
2. *ihre Zubereitungsart*
Die Gütegemeinschaft Diätverpflegung verlangt, daß die ihr angehörenden Diätverpflegungsbetriebe (zumeist Diätanstalten in Kurorten, Gemeinschafts- und Großverpflegungsbetriebe aller Art, Hotels, Gaststätten usw.) in der Lage sein müssen, den Gästen folgende vier Diätformen als Tageskost, Einzelmenüs oder Einzelgerichte darzureichen:
a) Diät bei Übergewicht („Kalorienarme Kost")
b) Diät bei Krankheiten der Verdauungsorgane („Schonkost")
c) Diät bei Herz- und Kreislaufkrankheiten („Kreislaufdiät")
d) Diät bei Diabetes („Diabetesdiät")
Mit diesen 4 Standarddiätformen kann man praktisch alle in den Tätigkeitsbereich der Gütegemeinschaft Diätverpflegung fallenden Diätbedürftigen – es handelt sich um Millionen! – ernährungswissenschaftlich einwandfrei beköstigen.

II. Diätformen

A. Diät bei Übergewicht (energiearme Kost)

1. Allgemeines

Die energiearme Kost (Abmagerungs- oder Schlankheitsdiät) muß folgende Forderungen erfüllen:
1. *Sie muß weniger Energie enthalten, als der Körper zur Aufrechterhaltung des Gewichts braucht,* so daß das Gewicht allmählich absinken muß. Andererseits muß sie *hinreichend sättigen,* weil sonst der Kranke nicht durchhalten kann.
2. Die energiearme Kost muß *arm an Flüssigkeit und Natrium* sein. Begründung: Ein Teil des Übergewichts beruht auf Wasserüberschuß im Körper. Wasser wird im Körper vom Natrium (dem in diesem Zusammenhang maßgeblichen Bestandteil des Kochsalzes) zurückgehalten und nach Ausschaltung von Natrium freigegeben und ausgeschieden, so daß der Überhang an Flüssigkeit aus dem Organismus verschwindet. In der Armut an Flüssigkeit und Natrium läuft die energiearme Kost mit der weiter unten zu besprechenden „Herz-Kreislaufdiät" parallel.

Die erstgenannte Forderung „wenig Energie und doch sättigen" ist am schwierigsten zu erfüllen. Um ihr gerecht zu werden, sind *„mageres Eiweiß"* und *zellulosehaltiges Gemüse die Hauptbestandteile der Abmagerungskost.*

2. Mageres Eiweiß

1. Der Sättigungswert einer Speise hängt im wesentlichen von ihrer Verweildauer im Magen ab. Stark fetthaltige oder mit viel Fett zubereitete Speisen verbleiben am längsten im Magen, sättigen also am meisten, sie fallen natürlich in der Abmagerungskost vollständig weg. Nächst dem Fett verweilt Eiweiß am längsten im Magen, sein Sättigungswert ist demgemäß beträchtlich. Und da eine Reihe der hochwertigen Eiweißspender fettarm, manche sogar fast fettlos sind, steht mageres Eiweiß als Sättigungsfaktor in der kalorienarmen Kost obenan.
2. Der Eiweißabbau und die Eiweißverwertung im Körper erhöhen die Stoffwechselverbrennung in den Zellen („spezifisch-dynamische Wirkung" des Eiweißes) und begünstigen dadurch die Gewichtsabnahme. *Eiweiß,* möglichst ohne Verbindung mit Fett, ist daher der *wichtigste Faktor in der Abmagerungskost.*

3. Zellulosehaltiges Gemüse

1. *füllt den Magen* und kann ihn wegen seines sperrigen Charakters nur verhältnismäßig langsam verlassen, ruft also eine sättigende Völle hervor und verzögert dadurch das Auftreten von Hunger;
2. enthält *wenig Energie.*

Gemüse ist nach dem mageren Eiweiß der wesentlichste Bestandteil der energiearmen Kost. Allerdings sind hier Grenzen gesetzt: Zellulose verursacht Blähungen. Diese drücken das Zwerchfell nach oben und lösen dadurch Beklemmung, Herzklopfen, Angstgefühle usw. aus, die manchmal ein ernstes Ausmaß annehmen können. Bei Übergewichtigen über 40 Jahre müssen wir daher mit Zellulose vorsichtig sein.

Die extrem energiearme Kost, bei der alle verwendeten Lebensmittel peinlich auf die vom Arzt genau angegebene Tagesenergiemenge angerechnet werden müssen, bleibt in der Regel den Krankenhäusern und klinischen Sanatorien vorbehalten und wird deshalb hier nicht besprochen. Außerhalb der geschlossenen Krankenheilanstalten, also in den Verpflegungsbetrieben, für die das vorliegende Werk in erster Linie gedacht ist, kommt eine zwar ernährungswissenschaftlich einwandfreie, sonst aber nicht allzu strenge Abmagerungskost in Betracht.

Vollwertige Ernährung und Krankenkost

Eine auf längere Zeit berechnete Abmagerungskost – und nur langfristige Diätformen können hier besprochen werden – hat folgende Beschaffenheit:
Zulässige Arten der Zubereitung und des Verzehrs:
1. Kochen,
2. Dünsten,
3. als Frikassee,
4. leichtes Grillen,
5. als Rohkost.

4. Rohkost

Zur *Rohkost* noch einige Erläuterungen: Rohkost im üblichen Sinne umfaßt in der Regel nur pflanzliche Lebensmittel. Sie ist arm an Energie, Eiweiß, Fett und ebenso auch an Natrium, sonst aber reich an wertvollen Mineralstoffen und Vitaminen und deshalb an sich für Abmagerungszwecke ideal. Als ausschließliche Dauerernährungsart ist Rohkost jedoch ungeeignet:

1. Wegen ihrer Eiweißarmut kann sie den notwendigen Körperbedarf an vollwertigem Eiweiß nicht oder nur mit großen Schwierigkeiten decken.
2. Ihr meist hoher Zellulosegehalt verursacht Blähungen und ruft hierdurch u. U. starke Beschwerden bei Oberbauchkranken, Herzkranken, Fettleibigen und alten Menschen hervor. Bei diesen Gruppen von Kranken ist sie entweder ganz verpönt oder nur begrenzt anwendbar.
3. Zum Rohverzehr eignet sich nur ein beschränkter Teil der Lebensmittel. Es fallen beispielsweise weg Kartoffeln, Nährmittel (außer Hafer), Hülsenfrüchte, die Mehrzahl der Kohlarten und ein Teil des sonstigen Gemüses, also ganz erhebliche Bereiche von Lebensmitteln, deren Fehlen die Nahrung in nicht vertretbarer Weise abwerten würde.
4. Rohkost in strengem Sinne gibt es heute im Grunde nur noch dort, wo der Verbraucher alles Benötigte aus dem eigenen Garten oder Feld holen kann. Aber auch dann sind die Lebensmittel selten vollkommen naturgegeben, da fast überall gedüngt, gespritzt oder sonstwie manipuliert wird bzw. werden muß.
5. Rohkost birgt die Gefahr der Infektion mit Krankheitserregern in sich. Überdurchschnittlich sorgfältiges Reinigen und Spülen unter fließendem Wasser ist daher nötig.
6. Der für uns verfügbare Lebensraum könnte nur einen Bruchteil der Bevölkerung hinreichend mit Rohkost versorgen.

Aus allen diesen Gründen ist die *alleinige Dauerernährung* mit Rohkost ernährungsphysiologisch *unbegründet* und *bedenklich*. Dagegen besitzt Rohkost als *kurzfristige Alleinernährung hohen Wert* in *akuten Notfällen* (z. B. bei akuter Nierenentzündung und bedrohlicher Herzwassersucht, wo sie buchstäblich das Leben retten kann), in Form von *Schalttagen*, die 1–3 Tage nacheinander in die sonstige Kost eingeschaltet werden (Obsttag, Obstgemüsetag, Safttag usw., um das Gewicht zu senken und den Körper zu entschlacken), als willkommene *Rohkostbeilage* in allen vier Standarddiätformen.

Die sogenannte *Heilfastenkur*, bei welcher der Kranke für die Dauer von 2 Wochen oder mehr als Nahrung nur Rohsäfte und etwas Tee erhält, ist die wirksamste, allerdings auch am stärksten eingreifende Abmagerungsart und daher nur unter ärztlicher Verantwortung in der abgeschlossenen Atmosphäre bestimmter Sanatorien durchführbar. Falls der Arzt für die Schalttage keine besonderen Anweisungen erteilt, kann man sich an folgende Regeln halten:

Obsttag: 1000–1200 g frisches, rohes, reifes, nicht süßes Obst, auf 3 Portionen verteilt, bei Bedarf zusätzlich 2–3 Scheiben Knäckebrot. Sonst in 24 Stunden nichts essen und nichts trinken!

Rohsafttag: 750 g frisch gepreßter Rohsaft (Obst oder Gemüse oder beides im Wechsel, u. U. mit Zitronensaft angereichert) auf 5 Portionen zu je 150 g verteilt.

Es gibt natürlich noch andere Schalttage, die beiden obigen sind nur als Beispiel erwähnt.

5. Energiearme Diät (Abmagerungsdiät)

Ganz verboten	Mengenmäßig begrenzt erlaubt	Ohne Begrenzung erlaubt
I. Fett 1. Fett in jeder Art und in jeder Menge *als Brotaufstrich* 2. Fette Lebensmittel mit mehr als 5% Fettgehalt a) alle Käsearten außer Quark (zu fett und zu salzreich) b) *Fettes Fleisch:* Kalb: Bug, Hirn, Keule Rind: Brust, Hirn, Deutsches Corned beef Hammel: Ganz (außer Leber) Schaf: Ganz Schwein: Ganz (höchstens Leber und Herz) Fettes Geflügel aller Art (Gans, Ente, Huhn) c) *Fette Fische:* Hering (außer Milch und Rogen) Bückling und alle Heringsabkömmlinge Aal, Lachs, Thunfisch, Makrelen Karpfen (ca. 7% Fett) **II. Kohlehydrate** 1. Stärkeprodukte: Alle Mehlerzeugnisse, Kartoffeln, Hafer, Mais, Reis, Nährmittel 2. Zucker, Honig, Sirup, alles Natursüße (süße Äpfel, Aprikosen, Birnen, Kirschen, Mirabellen, Reineclauden, Pflaumen, Heidelbeeren, Ananas, Weintrauben, Feigen, Bananen, Rosinen, Datteln usw.) 3. Gemüse: Schwarzwurzeln, Artischocken **III. Kochsalzzutat** zu fertigen Speisen auf dem Tisch **IV. Stärkere Gewürze** Pfeffer, Curry, Senf, Meerrettich u.a., da durstauslösend **V. Flüssigkeit** 3–4 Tassen in 24 Stunden (gemeint ist nicht nur Wasser, sondern alles, was flüssig ist, also auch Suppen und Getränke jedweder Art) **VI. Alkohol** am besten ganz vermeiden, da er Gewichtsansatz fördert	**I. Fett** *Nur für die Küche bis höchstens 20 g tägl.* (Butter, Öl, Margarine) **II. Fleisch** 1. *Kalb: 150–200 g tägl.* mageres Muskelfleisch, Leber, Niere, Zunge 2. *Rind: 150–200 g tägl.* mageres Filet, Herz, Leber 3. *Schwein:* Höchstens Leber und Herz 100 bis 150 g tägl. **III. Fisch** *bis 200 g tägl.* Schellfisch (zwar fast fettlos, aber 116 mg-% Natrium) Heilbutt Heringsmilch Heringsrogen Garnelen (Speisekrabben) Hummer **IV. Kohlehydrate** 1. Vollkornbrot *bis 150 g tägl.* (enthält viel Natrium) *Salzfrei zubereitetes Brot 200–300 g tägl.* 2. *Obst bis 250–300 g tägl.* Herber Apfel, Pampelmuse, Apfelsine, Mandarine, Erdbeere, Himbeere, Holunderbeere, Stachelbeere, Johannisbeere, Preiselbeere, Brombeere Pfirsich (bis 200 g) Hagebutte (bis 50 g)	**I. Fleisch** Huhn (mager) Wild (Hase, Reh) **II. Fisch** *Süßwasserfische:* Forelle Flußbarsch Hecht Schleie Zander *Seefische:* Flunder Gold- und Rotbarsch Kabeljau (Dorsch) Seelachs Scholle Stint, Austern (Obwohl Meerwasser salzig ist, enthalten die Mehrzahl der Seefische verhältnismäßig wenig Natrium, außerdem sind sie meistens fettarm bis praktisch fettlos, so daß sie *sowohl in der kalorienarmen als auch in der natriumarmen* Kost gut zu gebrauchen sind. Das Fischeiweiß kommt in der biologischen Wertigkeit gleich nach dem Milcheiweiß.)

B. Diät bei Herz- und Kreislaufkrankheiten (Kreislaufdiät)

Die „Kreislaufdiät" (wissenschaftliche Bezeichnung: *Natriumarme* bzw. *streng natriumarme Kost*, früher kochsalzarme bzw. streng kochsalzarme oder kochsalzfreie Kost genannt) ist angezeigt bei

1. Wassersucht

Bei herz- oder nierenbedingter Wassersucht und bei krankhaften Wasseransammlungen anderer Art, z. B. beim Übergewicht. Wie dort schon berichtet, hält Natrium Wasser im Körper zurück. Um die unerwünschte Flüssigkeit aus dem Körper zu entfernen, muß man Natrium weitgehend aus der Nahrung ausschalten. – Bei der Abmagerungskost beherrscht Kalorienarmut das Bild. Einschränkung der Natriumzufuhr ist zwar nötig, aber nicht die entscheidende Eigenschaft der Diät. Bei Wassersucht hingegen steht Natriumarmut im Vordergrund, während hier die Kalorienbeschränkung nur am Platze ist, wo gleichzeitig Fettleibigkeit und Blähsucht vorhanden sind. Die kalorienarme und die natriumarme Kost gehen also nur bei Wassersucht miteinander, sonst sind sie getrennte Diätformen mit getrennten Anwendungsbereichen.

2. Bluthochdruck

Eine zweite Heilanzeige für die natriumarme Kost ist der Bluthochdruck verschiedenen Ursprungs, bei dem eine jahrelang eingehaltene streng natriumarme Kost oft das einzige wirklich wirksame Mittel darstellt.

3. Störungen im Eiweißstoffwechsel

Bei Nierenkrankheiten muß in manchen Stadien die Eiweißzufuhr – im Gegensatz zur kalorienarmen Abmagerungskost – mehr oder weniger scharf gedrosselt, in anderen Fällen dagegen reichlich bemessen werden. Hier muß der Arzt von Fall zu Fall die zulässige Eiweißmenge bestimmen.
Die älteren Nahrungsmitteltabellen geben bei den einzelnen Lebensmitteln in der Regel den Kochsalzgehalt an. Kochsalz besteht als chemisches Molekül aus den Ionen Natrium und Chlor, die in Form eines neutralen „Salzes", eben des Kochsalzes, miteinander verbunden sind. Bei der Aufnahme ins Blut zerfällt das Kochsalzmolekül in seine beiden Bestandteile Natrium und Chlor, so daß im Innenbereich des Körpers (Blut, Gewebsflüssigkeit und Zellen) keine ganzen Kochsalzmoleküle, sondern nur ihre Bestandteile als Einzelionen Natrium und Chlor anzutreffen sind, die dann im weiteren Verlauf der Stoffwechselgeschehnisse unabhängig voneinander ihren eigenen Weg gehen.
Während man früher die wasserzurückhaltende Eigenschaft des Kochsalzes dem Chlor zuschrieb, hat man in den letzten Jahrzehnten erkannt, daß in erster Linie das Natrium für die Bindung von Wasser im Körper verantwortlich ist. Demzufolge bringen die modernen Tabellen nicht mehr Angaben über „Kochsalz", sondern *getrennt* die Werte von Natrium und Chlor. Wo noch Angaben über Kochsalz angeführt sind, müssen sie auf Natrium umgerechnet werden:
1 g Kochsalz (NaCl) enthält 0,393 g Natrium, das sind rund 400 mg Natrium oder ⅖ des Kochsalzgewichts.
In einer *streng natriumarmen* (= „streng kochsalzarmen" oder „kochsalzfreien") Kost soll die *Natriumzufuhr in 24 Stunden* die Menge von *400 Milligramm* (= 1000 mg Kochsalz) *nicht übersteigen*. Bei der Zusammenstellung einer natriumarmen Kost kommt man nicht ohne Nahrungsmitteltabelle aus, in der bei den einzelnen Lebensmitteln ihr Natriumgehalt in Milligramm, d. h. auf 100 g des Lebensmittels, verzeichnet ist. Als *grundsätzliche Regel* kann gelten:

a) *Ganz verboten:*
  1. *Alles, was von sich aus salzig schmeckt,*
  2. *jede Zutat von Kochsalz in der Küche oder nachträglich bei der Mahlzeit.*

b) Von den nicht salzig schmeckenden Lebensmitteln dürfen
  a) Lebensmittel mit *weniger als 50 mg Natrium-%* (auf 100 g des Lebensmittels) im allgemeinen *ohne Einschränkung*,

b) Lebensmittel mit *mehr als 40 mg Natrium-% nur mengenmäßig beschränkt*, d.h. *genau abgewogen*, verwendet werden, wobei jedoch immer auf die Tageshöchstmenge von 400 mg Natrium zu achten ist. In weniger strengen Fällen kann der Arzt natürlich höhere Mengen zulassen.

Einen Überblick über die Zusammensetzung der streng natriumarmen Kost zeigt die *folgende Tabelle*.

Aus ihr ergibt sich:
1. Keine Schwierigkeit bereitet die Deckung des Bedarfs an
   1. Kalorien,
   2. Fett,
   3. Zucker,
   4. Stärke,
   5. Vollkorn und allen aus ihm ohne Salz hergestellten Mehlen und sonstigen Erzeugnissen,
   6. Obst, Vitaminen, Mineralstoffen.
2. *Mengenmäßig berechnete Beschränkung ist nötig bei vollwertigem Eiweiß* (hier steht der Fisch noch vor dem Fleisch), *bei einem Teil des Gemüses.*
3. Im Gegensatz zu den bisherigen Anschauungen ist auch der Seefisch verhältnismäßig natriumfrei und daher für die natriumarme Kost geeignet.

4. Streng natriumarme Kost

a) Ganz verboten	b) Ohne Mengenbeschränkung erlaubt weniger als 50 mg-%
Alle Lebensmittel mit mehr als 150 mg Natrium. % = auf 100 g des betreffenden Lebensmittels.	a) Quark = 36 mg-% b) Deutsche Markenbutter (Süß- und Sauerrahm) = 6 mg-%
a) *Fleisch* Hirn und Nieren von allen Schlachttieren Kalbskeule (172 mg-% Na) Corned beef jeder Art (stark natriumhaltig!)	c) Öle = praktisch natriumfrei Schmalz = praktisch natriumfrei
b) *Fische:* Hummer (270 mg-% Na)	d) Rohr- und Rübenzucker = praktisch natriumfrei
c) *Käse:* Alle üblichen Käsearten außer Quark (Ausnahmen möglich, wenn eine Herstellerfirma das Kochsalz bei der Käsebereitung ausschalten kann. Sie muß aber objektive und nachprüfbare Angaben machen).	Blütenhonig = 7,4 mg-% Kunsthonig = 19 mg-% Marzipan = 5 mg-% e) Kartoffeln = 19 mg-% f) Getreidevollkorn = praktisch natriumfrei (außer Roggen = 40 mg-%) Mais, Reis, Hirse = praktisch natriumfre
d) Übliches *Brot* Brötchen und Zwieback (220 bis 480 mg-% Na)	Alle daraus gewonnenen Mehle und salzfrei zubereiteten Nährmittel (Graupen, Grütze, Grieß, Flocken, Nudeln, Spaghetti) Salzfrei gebackenes Brot Salzfrei hergestellte Backwaren
e) *Cornflakes* Maisfrühstücksflocken (915 mg-%)	
f) *Sauerkraut und konserviertes Gemüse* (außer Möhren in Dosen) Tomatenmark (590 mg-%) Senf, Pfeffer, Curry u. dgl., da durstauslösend	g) Pilze, Schnittlauch, Nüsse, Kastanien, Mandeln, Oliven
g) *Suppen* jeder Art, da in der Regel mit Salz zubereitet	h) Alle Gemüse, soweit nicht ganz verboten oder nur in beschränkter, berechneter Menge erlaubt (a und c)

Vollwertige Ernährung und Krankenkost

a) Ganz verboten	b) Ohne Mengenbeschränkung erlaubt weniger als 50 mg-%
h) Auch sonst alle Lebensmittel und Speisen, bei deren küchentechnischer Bearbeitung Salz benötigt wird, also alle Räucherwaren, Marinaden und alle Fleisch- und Fischkonserven.	i) Frisches Obst (fast natriumfrei) Obstsäfte (im Rahmen der Flüssigkeitsbeschränkung) Mehrzahl der getrockneten Obstarten Kokosnuß = 35 mg-% Milchfreie Schokolade mit wenigstens 40% Kakaomasse Kaffeebohnen Schwarzer Tee Kakaopulver Bier (3–5mg-% Natrium) im Rahmen der erlaubten Flüssigkeitsmenge

c) In beschränkter, berechneter Menge erlaubt

a) 1. Gruppe: 100–150 mg-% Natriumgehalt

Mögliche Menge gering, muß im Rahmen der 400 mg-Tagesmenge Natrium mit den anderen Lebensmitteln verrechnet werden. Daher kann hier nur der Natriumgehalt in Milligramm-% angegeben werden.

Fleisch:

Hammel:	Zunge	= 105 mg-%
	Herz	= 118 mg-%
Rind:	Herz	= 108 mg-%
	Leber	= 116 mg-%
Kalb:	Herz	= 120 mg-%
Huhn:	Herz	= 111 mg-%
Wild:	Hase	= 50 mg-%
	Rehkeule	= 60 mg-%
	Rehrücken	= 84 mg-%

Fisch:

a) *Süßwasserfische*

Karpfen und Forelle	= 39 mg-%
Lachs	= 51 mg-%
Hecht	= 63 mg-%
Flußbarsch	= 69 mg-%
Aal	= 78 mg-%
Schleie	= 80 mg-%
Zander	= 81 mg-%

b) *Seefische*

Heilbutt	= 78 mg-%
Scholle	= 104 mg-%
Schellfisch	= 116 mg-%
Hering	= 118 mg-%
Garnele (Speisekrabbe)	= 140 mg-%
Makrele	= 144 mg-%

Fett: *Margarine* = 104 mg-%

Gemüse: *Sellerie* = 132 mg-%

Obst und Früchte:
Rosinen = 144 mg-%

b) 2. Gruppe: 50–100 mg-% Natriumgehalt

Ebenfalls Anrechnung auf Tagesmenge nötig.

Fleisch:

Hammel:	Bug	= 97 mg-%
Schaf:		= 84 mg-%
Kalb:	Allgemeines mageres	
	Muskelfleisch	= 74 mg-%
	Bug	= 87 mg-%
	Bries	= 87 mg-%
	Leber	= 84 mg-%
	Zunge	= 84 mg-%
Rind:	Allgemein mageres	
	Muskelfleisch	= 58 mg-%
	Brust	= 60 mg-%
	Filet	= 51 mg-%
Schwein (nicht zu fett):		
	Filet	= 74 mg-%
	Leber	= 77 mg-%
	Herz	= 80 mg-%
Huhn:	Durchschnitt	= 82 mg-%
	Brust	= 66 mg-%
	Leber	= 88 mg-%

Fisch:

Seelachs	= 81 mg-%
Kabeljau (Dorsch)	= 86 mg-%
Rot- u. Goldbarsch	= 94 mg-%
Stint	= 98 mg-%

Ei: (Durchschnittsgewicht von 55 g) = 72 mg-%

Milch:

Kuhvollmilch	= 47 mg-%
Magermilch	= 53 mg-%
Buttermilch	= 57 mg-%
Joghurt	= 62 mg-%
Kondensmilch	= 94 mg-%

Reife Hülsenfrüchte:
(Erbsen, Bohnen, Linsen) = 55 bis 60 mg-%

Vollwertige Ernährung und Krankenkost

c) In beschränkter, berechneter Menge erlaubt

Roggenvollkorn	=	40 mg-%	Fenchelkraut = 86 mg-%
Gemüse:			Mangold = 90 mg-%
Grünkohl	=	42 mg-%	Milchschokolade = 58 mg-%
Möhren	=	45 mg-%	
Möhren in Dosen	=	61 mg-%	Flüssigkeit:
Artischocke	=	47 mg-%	Natriumarme Kost ist flüssigkeitsarm: 500–600 ccm Flüssigkeit am Tag.
Spinat	=	62 mg-%	
Löwenzahn	=	76 mg-%	
Trüffel	=	77 mg-%	Die Art der Flüssigkeit, soweit nicht salzhaltig, ist freigestellt.
Rote Rüben	=	86 mg-%	

Gewürze: *Kochsalz*, das machtvollste Würzmittel, ist *ganz verboten*, ebenso die üblichen industriellen Würzmittel, da sie alle Kochsalz enthalten. Kochsalz-Ersatzmittel sind nicht gerade erwünscht, auch wenn sie natriumarm sind, da sie den Geschmack des Kochsalzes doch nicht ersetzen können. Ein guter Koch wird auch ohne Kochsalz mit Hilfe von Küchenkräutern, Zitrone und den sonstigen natürlichen Würzmöglichkeiten eine gut schmeckende Kost zubereiten können.

C. Diät bei Zuckerharnruhr (Diabetesdiät)

Bei Zuckerharnruhr (Diabetes mellitus) ist nicht nur der Kohlehydrathaushalt, sondern auch der Haushalt der anderen Hauptnährstoffe sowie das Gleichgewichtsverhältnis zwischen den hormonbildenden Drüsen gestört. Der Erkrankung bieten sich also eine ganze Reihe von Angriffspunkten. Demgemäß sind die Krankheitserscheinungen vielfältig, in den einzelnen Lebensabschnitten verschieden und bei den allgemeine Generationen – infolge des inzwischen eingetretenen Strukturwandels auf allen Lebensgebieten – vielfach anders ausgeprägt als noch vor 40–50 Jahren. Auch sonst ist jeder Diabetiker ein Fall für sich, der diätetisch individuell auf die Besonderheiten gerade seines Falles eingestellt werden muß. Es kann demnach keine bis ins einzelne einheitliche Zuckerdiät geben, sondern nur gewisse allgemeine Richtlinien, die auf den heutigen Anschauungen über das Wesen des Diabetes beruhen: Beim Diabetes ist nicht nur der Kohlehydratverwertung gestört, sondern auch der Fettstoffwechsel in Mitleidenschaft gezogen. Das vorerwähnte „Feuer der Kohlehydrate" reicht bei vielen Zuckerkranken nicht mehr für die vollständige Fettverbrennung aus: der Fettabbau bleibt dann auf der Stufe der sogenannten Ketonkörper (Acetessigsäure, Aceton) stehen. Die Ketonkörper sind gefährliche Säuren, sie überfluten, wenn nicht rechtzeitig und nachhaltig gebremst wird, den ganzen Organismus und verursachen eine allgemeine Säurevergiftung des Körpers (Acidose), die ohne energische ärztliche Behandlung zum Tode führt. Dieses Schicksal stand, ehe es Insulin gab, in allen schwereren Fällen bevor. Heute erreichen die Diabetiker zumeist ein normales Lebensalter. Die naturgegebenen, altersbedingten arteriosklerotischen Verschleißerscheinungen werden durch die diabetische Stoffwechselverschiebung ungünstig beeinflußt, so daß die diabetisch bedingte Schädigung der Arterien und damit des Herzens sich als Gefahrenmoment immer mehr in den Vordergrund schiebt.

Hieraus ergeben sich für die Ernährung des Zuckerkranken folgende Forderungen:

1. Außer den grundsätzlich verbotenen Kohlehydraten, die in der nachstehenden Tabelle vermerkt sind (Zucker, natursüße Lebensmittel), soll man *die Kohlehydrate nicht unnötig beschränken*, damit das für die Fettverbrennung erforderliche „Feuer der Kohlehydrate" auf jeden Fall gesichert bleibt.

Vollwertige Ernährung und Krankenkost

2. *Wenig Fett*, um die Bildung von Aceton bzw. Ketonkörpern hintanzuhalten.

3. *Eiweiß in normaler Menge*.

Diese Forderungen gelten allgemein und für alle Zuckerkranken. Darüber hinaus müssen Einzelvorschriften vom Arzt errechnet werden, weil jeder Fall individuell etwas anders gelagert ist und weil auch die Ansichten der Ärzte zum Teil auseinandergehen. Der Arzt muß nötigenfalls auf Grund jeder Blut- und Harnuntersuchung genaue Zahlen über Menge und Art der Kohlehydrate errechnen, gegebenenfalls auch des Fettes. Der Kranke jedoch muß sich mit der Nahrungsmitteltabelle und der Kalorienberechnung selbst vertraut machen.

Um den Kost abwechslungsreicher zu gestalten, kann der Kranke innerhalb der vorgeschriebenen Kohlehydratmenge die Kohlehydratspender gegeneinander austauschen, jedoch nur aus der gleichen Lebensmittelgruppe, z.B. Obst nur gegen Obst, Gemüse nur gegen Gemüse usw. Hierzu bedient er sich der *Kohlehydrataustausch-Tabelle für Diabetiker*, herausgegeben vom Deutschen Diabetes-Komitee und erschienen im Georg Thieme-Verlag, Stuttgart. Um den Austausch zu erleichtern, ist es vielfach üblich geworden, die Kohlehydratmenge in *„Broteinheiten"* (= BE) auszudrücken. 1 BE entspricht 12 g Kohlehydrate.

Beispiel: Der Arzt schreibt als Tagesmenge 15 BE vor, das sind 180 g Kohlehydrate: Der Kranke kann dann an Hand der klar formulierten Anmerkungen zur „Kohlehydrataustausch-Tabelle für Diabetiker" seinen Tagesverzehr an Kohlehydraten berechnen und einen etwaigen Austausch vornehmen. Die Austauschtabelle teilt die Lebensmittel übersichtlich nach ihrer Art und nach ihrem Kohlehydratanteil in verschiedene Gruppen ein, so daß sich jeder sofort zurechtfindet. Unter Mitverwendung der Kohlehydrataustausch-Tabelle kann man die Kohlehydrate wie folgt unterteilen (s. die Tabellen):

Milch und Milchprodukte enthalten als Kohlehydrat den Milchzucker, und zwar nur in geringer Konzentration (3–5%). Werden große Mengen getrunken, muß voll angerechnet werden. In leichten Diabetesfällen können Vollmilch und Magermilch bis *100 g* im Tag frei,
Joghurt und Buttermilch bis *200 g* im Tag frei,
d.h. ohne Anrechnung bleiben.

Fleisch und Fisch sind praktisch frei von Kohlehydraten. Bei ihnen entscheidet der etwaige *Fettanteil*, wieviel in der Zuckerdiät gegeben werden darf. (Die Leber enthält als Kohlehydrat das gestapelte Glykogen, der Prozentsatz ist vergleichsweise niedrig und fällt daher beim Diabetes nicht ins Gewicht.)

Einteilung der Kohlehydrate in der Diabetesdiät
Tabelle A

a) Völlig verboten	b) Reich an Kohlehydraten, daher nur beschränkt erlaubt
a) Zucker Honig Sirup und die mit diesem hergestellten Lebensmittel b) Natursüße Lebensmittel, z.B. Datteln Korinthen Trockenobst ohne Kerne Feigen (Von Trockenobst und Feigen sind kleine Mengen bei entsprechender Anrechnung möglich.) Statt Zucker Sionen und Süßstoff verwenden. c) Mehlverwendung in der Küche	Genaue Mengenangabe seitens des Arztes und genaues Abwiegen in der Küche. *Stärkehaltige Lebensmittel:* Alle Getreideerzeugnisse (Mehle, Brot, Teigwaren, Nährmittel) Kartoffeln In der Mehrzahl der Fälle werden Teigwaren und Nährmittel vom Arzt völlig verboten.

Vollwertige Ernährung und Krankenkost

c) Gemüse (geputzt, roh)

Gruppe 1	Gruppe 2	Gruppe 3
Gemüse bis 5% (bis 5 g Kohlenhydrate auf 100 g Gemüse) = ohne Beschränkung in beliebiger Menge erlaubt. Die Mehrzahl der Gemüse gehört in diese Gruppe, z. B.	Gemüse bis 10% Kohlenhydrate (bis 10 g Kohlenhydrate auf 100 g) = bis 200 g im Tag frei, d.h. ohne Anrechnung erlaubt. Was darüber hinaus verzehrt wird, muß auf die Kohlenhydrat-Tagesmenge angerechnet werden.	Mehr als 10% (mehr als 10 g Kohlenhydrate auf 100 g) = bis 100 g im Tag frei, d.h. ohne Anrechnung, darüber hinaus Anrechnung auf die Tagesmenge.
Artischocken Auberginen Blumenkohl junge grüne Bohnen Champignons Chicorée Chinakohl Endiviensalat Feldsalat Kopfsalat Flaschenkürbis Gurken Grünkohl Kohlrabi Lauch, Porree Mangold Speisemorchel Pfifferling Petersilie Radieschen Rhabarber Rotkohl Sauerampfer Spinat Sauerkraut Tomate Schnittlauch Wachs- Sellerie bohnen Spargel Weißkohl Steinpilz Wirsing	Gelbe Rüben große Mohrrüben kleine Karotten frühe Mohrrüben Kapern, eingemacht Kohlrüben Kürbis Löwenzahnblätter Paprikaschoten dicke Bohnen (Puffbohnen) Rettich Rosenkohl rote Rüben (rote Beete) Steckrüben Wassermelonen Zwiebeln	Grüne Erbsen, frisch Fenchel Meerrettich Schwarzwurzeln Teltower Rübchen Kerbelrübe Knoblauch die reifen Hülsenfrüchte Bohnen Erbsen Linsen geschält und ungeschält Sojabohnen

Einteilung der Kohlenhydrate in der Diabetesdiät
Tabelle B

In mittelschweren und schweren Fällen sollte Obst grundsätzlich abgewogen und auf die Tagesmenge der Kohlenhydrate angerechnet werden.
In leichten Fällen kann wie beim Gemüse gruppenmäßig abgestuft werden:

Gruppe 1 Bis 8 g Kohlenhydrate auf 100 g Obst = bis 8% KH	Gruppe 2 8–16 g Kohlenhydrate auf 100 g Obst = 8–16% KH
Bis 200 g im Tag ohne Anrechnung frei, darüber hinaus mit Anrechnung. Erdbeeren Himbeeren Grapefruit Pampelmuse Holunderbeeren Johannisbeeren, rot – weiß Mandarine	Volle Anrechnung auf die Kohlenhydrat-Tagesmenge. Ananas Apfel, Apfelsine Aprikose Birnen Brombeeren, Heidelbeeren Johannisbeeren, schwarz Kirschen, süß und sauer

Vollwertige Ernährung und Krankenkost

Gruppe 1 Bis 8 g Kohlehydrate auf 100 g Obst = bis 8% KH	Gruppe 2 8–16 g Kohlehydrate auf 100 g Obst = 8–16% KH
Melonen Stachelbeeren, unreif Zitrone	Mirabellen Pfirsiche Pflaumen Preiselbeeren Quitten Reineclauden Stachelbeeren, reif (rot und grün) Zwetschgen

Gruppe 3
Mehr als 16 g Kohlehydrate auf 100 g
Obst = mehr als 16% KH

	Gruppe 4 Obstsäfte (unvergoren, ohne Zuckerzusatz)	Gruppe 5 Sonstige Getränke
Volle Anrechnung auf die Kohlehydrat-Tagesmenge. Banane Feigen, frisch Weintrauben Erdnüsse Haselnüsse Kokosnüsse Süßmandel Paranüsse Walnüsse 1. *Die Kastanien* (Maronen) haben 60–70% Kohlehydrat-Anteil, sollten daher am besten ganz wegbleiben. 2. *Trockenobst* hat ebenfalls 50–70% Kohlehydrate und sollte deshalb auch ganz weggelassen oder nur in kleinen Mengen verzehrt werden: getr. Äpfel getr. Aprikosen getr. Birnen getr. Bananen getr. Feigen getr. Pflaumen getr. Zwetschgen Datteln Rosinen, Sultaninen	Am zweckmäßigsten volle Anrechnung auf die Tagesmenge der Kohlehydrate. Apfelsaft Brombeersaft Erdbeersaft Himbeersaft Johannisbeersaft, rot und schwarz Traubensaft	a) *Ohne Anrechnung* auf die Kohlehydrat-Tagesmenge. Natürl. Mineralquellen naturreiner Weiß- und Rotwein (herb) Sekt (trocken) Berliner Weiße Obstwein (herb) Weinbrand, Cognac und alle ohne Zucker bzw. ohne Gärung hergestellten reinen alkoholischen Getränke b) *mit Anrechnung* Bier ab 2. Glas c) am besten ganz meiden: 1. Natursüße oder künstlich gesüßte Weine, da ihr Kohlehydrat-Anteil meist nicht bekannt ist. 2. Cola-Getränke, da zu hoher Kohlehydrat-Anteil (11–12%) 3. Liköre, Cocktails u. dgl.

D. Diät bei Krankheiten der Verdauungsorgane (Schonkost)

Diese Diät, kurz „Oberbauchdiät" genannt, unterscheidet sich von der Vollkost des Gesunden
1. in der *Auswahl* und
2. vor allem in der *Art der Zubereitung*.

Als „Oberbauchorgane" bezeichnen wir die Organgruppe, deren Aufgabe es ist, die mit der Nahrung zugeführten Nährstoffe so weit zu zerkleinern und chemisch zu verändern, daß sie durch die Wand des Dünndarms hindurch in das Blut aufgenommen (resorbiert) werden können und damit allen Zellen und Geweben des Körpers zugute kommen. Oder auf eine kurze Formel gebracht: Die Oberbauchorgane müssen die Nähr- und Wertstoffe der auf dem Tisch stehenden Speisen ins Blut befördern. Zu den „Oberbauchorganen" gehören Magen, Zwölffingerdarm und Dünndarm, ferner als unentbehrliche Zubringerorgane die Gallenwege nebst Gallenblase und die Bauchspeicheldrüse, schließlich, über allen thronend, die Leber, das wichtigste Organ des Körpers.

Vollwertige Ernährung und Krankenkost

1. Auswahl

Für die Auswahl der Lebensmittel gilt das *Grundgebot jeder Oberbauchdiät*, daß das betreffende Lebensmittel *keine Beschwerden verursachen und den Allgemeinzustand nicht ungünstig beeinflussen darf.* Entscheidend für die Zulässigkeit eines Lebensmittels in der Oberbauchdiät ist demzufolge nicht sein biologischer Wert an sich, sondern im wesentlichen die Frage, ob es dem Oberbauchkranken Beschwerden verursacht oder nicht. Hiernach müssen einige *Gruppen von Lebensmitteln wegfallen, weil sie,* obwohl aus biologischer Sicht gut und unbedenklich, *bei den Oberbauchkranken Schmerzen und andere Beschwerden hervorrufen* und damit gegen das allein maßgebende Grundgebot der Oberbauchdiät verstoßen. *Unter das Verbot fallen:*

1. die von Natur aus zu fetten Lebensmittel, wie Schwein einschl. Speck, Talg, Schmalz, Mayonnaise, Aal, Hering, fetter Käse usw.;
2. alles, was zu stark gesalzen, gepökelt, geräuchert, gewürzt oder mit Öl durchtränkt ist, also die Mehrzahl der Fleisch- und Fischkonserven, die harten geräucherten Wurstarten, auch die zu stark würzigen Käsearten, ferner Fleischbrühen und Fleischextrakte wegen ihrer Extraktivstoffe;
3. die zu stark zelluloschaltigen Gemüse, wie reife Hülsenfrüchte, die meisten Kohlarten, Steckrüben, Sellerie, Rettich, Zwiebel, Lauch, Pilze (außer Champignon und Steinpilz) u.a.;
4. häufig auch Kakaowaren (Schokolade, Pralinen usw.), üblicher Bohnenkaffee (Kaffee Hag und Idee-Kaffee sind in besonderer Weise gesundheitlich vorbereitet und daher meist bekömmlich).

Aber auch die bedingt erlaubten und daher für die Oberbauchdiät in Betracht kommenden Lebensmittel dürfen nicht in zu großer Menge zugeführt werden. Denn ein Übermaß ist - auch für den Gesunden - grundsätzlich unerwünscht, weil es auf die Dauer die Oberbauchorgane überlastet und schließlich zu deren Erkrankung führt. Darum ist Maßhalten - auch bei den an sich gut vertragenen Speisen - für den Oberbauchkranken eine zwingende Notwendigkeit und in gleicher Weise für den Gesunden ein wichtiges Gebot.

2. Art der Zubereitung

Neben dem Wegfall der eben erwähnten unverträglichen Lebensmittelgruppen unterscheidet sich die Oberbauchdiät von der Normalkost des Gesunden durch die Zubereitungsart der Lebensmittel.
Verboten, weil beschwerdeverursachend, sind
a) *starkes und fettes Braten,*
b) *Backen und Rösten,*
c) *zu starkes Würzen.*

Die *für Oberbauchkranke bekömmlichsten Zubereitungsarten sind Kochen, Dünsten, Frikassieren, leichtes Braten* und *Grillen* (elektrisch, nicht auf dem Rost mit Holzkohlenfeuer, da bei dessen Verwendung krebsbegünstigende Verbrennungsprodukte entstehen können).

Salz, unser mächtigstes Würzmittel, ist in der Oberbauchdiät nicht verboten, jedoch gilt folgende Regel:

1. Salz wird nur in der Küche verwendet, und zwar nur so viel, daß die Speisen gut schmecken und der Eigengeschmack der Lebensmittel nicht unterdrückt wird;
2. Nachsalzen ist schädlich; deshalb darf auf dem Tisch kein Salzfaß stehen.
   Zum Würzen nimmt man Zitronensaft anstelle des meist nicht gut vertragenen Essigs, außerdem Suppenkräuter aller Art. Ganz verboten, da zu stark reizend, sind Pfeffer, Meerrettich, Senf, Curry.

Weitere Grundregeln für die Oberbauchdiät:
1. Langsam essen und gut kauen!
2. Keine Hungerpausen entstehen lassen, sondern fünf kleinere Mahlzeiten regelmäßig über den Tag verteilt einnehmen.

Vollwertige Ernährung und Krankenkost

3. Die Speisen sollen nicht zu heiß und nicht zu kalt, sondern mäßig temperiert nach beiden Richtungen sein.
4. Während der Mahlzeiten möglichst wenig trinken.
5. Bei zeitlich unregelmäßigen Mahlzeiten die Speisen nicht lange warmhalten, sondern kaltstellen und dann vor dem Verzehr kurz aufwärmen.

3. Die Zusammensetzung der Oberbauchdiät

	Verboten	Bedingt erlaubt
1. Fleisch und Wild	Schweinefleisch (außer magerem rohem und gekochtem Schinken), fettes Hammelfleisch, Wildschwein	Vom Kalb: Zunge, Brust, Schnitzel, Gulasch, Roulade, zartes Steak, Frikassee, Herz, Leber, Bries, Hirn Vom Rind: Gulasch, Roulade, Steak Magerer junger Hammel (in den meisten anderen Ländern als Delikatesse geschätzt), Pferdefleisch Rehragout, Rehkeule (nicht gespickt), Hase (nicht gespickt), kalter Hackbraten, kalter Kalbsbraten oder Roastbeef
	Wurst- und Dauerwaren: Alle Räucher- und Dauerwürste, wie Salami, Zervelatwurst, Hart- und grobe Landwürste Scharf gewürzte und mit Speck versetzte Würste wie Blutwurst, Bockwurst Fetter Schinken	Magerer gekochter oder roher Schinken, mild gewürzt, nach Möglichkeit ungeräucherte oder mild geräucherte Wurstarten wie Kalbsleberwurst, Teewurst, Streichwurst, Weißwürstchen, Lachsschinken, Lyoner, Jagdwurst, Fleischwurst Mageres Corned beef
	Geflügel Fette Gans, fette Ente	Huhn (gekocht), Hähnchen (gedünstet oder gegrillt), Taube, Rebhuhn, Truthahn Kaltes Geflügel
2. Fisch	Alle fetten Fische wie Aal, Hering und alle Heringsabkömmlinge, Lachs, Makrelen, Karpfen Räucherfisch, Fischkonserven Schal- und Krustentiere wie Krebs, Hummer, Auster	Alle mageren Süßwasserfische (Forelle, Flußbarsch, Hecht, Schleie, Zander), von den Seefischen Flunder, Gold- und Rotbarsch, Kabeljau, Seelachs, Scholle, Heil- und Steinbutt
3. Eier	Hartgekochte Eier, gewöhnliche Spiegeleier, Soleier, Mayonnaisen, russische Eier	Weichgekochte Eier, verlorene Eier, Eierstich, Rührei Schaumomelette, Eischnee zum Auflockern von Puddings und Aufläufen; Eigelb zum Legieren von Suppen, Breien und Saucen

Vollwertige Ernährung und Krankenkost

	Verboten	Bedingt erlaubt
4. Käse	Scharfe und fette Käse wie Harzer, Limburger, Mainzer, Romadour, Roquefort, Tilsiter, Schweizer und Parmesan (in kleinen Mengen gerieben als Gewürz erlaubt)	Quark, Schmelz- und Streichkäse ohne Zusatz, Gervais, Camembert, Briekäse, Emmentaler ohne Rinde
5. Kartoffeln	Bratkartoffeln, Pellkartoffeln, Kartoffelpuffer, Klöße aus rohen Kartoffeln, Pommes frites, Kartoffelsalat	Kartoffelbrei, Kartoffelschnee, Salzkartoffeln, Kartoffelauflauf, Klöße aus gekochten Kartoffeln, Béchamelkartoffeln

6. Gemüse und Pilze

Die Gemüse sind zweifellos das schwierigste Kapitel in der Oberbauchdiät, einmal wegen ihrer Zellulose, über die bereits gesprochen wurde, dann wegen ihres geringen Energiegehaltes und weil sie meistens bei der Zubereitung in der Küche Nährwerte einbüßen. Roh können wir nur einen Teil der Gemüse verwenden, z.B. Kopfsalat, Endivien, Möhren, Tomaten, Chicorée, Kresse, junge Gurken (aber nicht als Salat) und andere.
Andererseits sind die Gemüse unentbehrlich, da sie uns Vitamine, Mineral- und Geschmacksstoffe bescheren, den Speisezettel bereichern und das Blut auffrischen. Eine Mahlzeit ohne Gemüse ist kaum denkbar. Die Mehrzahl muß mit Hitze zubereitet werden. Um unnötige Werteinbußen zu verhüten, muß man beim Gemüse und ebenso auch bei den Kartoffeln bei der Zubereitung sorgfältig verfahren. Es ist falsch, Kartoffeln oder Gemüse bereits am Vorabend zu schälen, zu putzen, zu zerschneiden, an der Luft liegen zu lassen und über Nacht zu wässern. Wenn möglich, fängt man mit dem Reinigen usw. erst kurz vor der Zubereitung in der Küche an.
Garen am besten im Wasserdampf: Nur so viel Wasser, daß der Topfboden etwa 1 cm hoch mit Wasser bedeckt ist. Je nachdem etwas Fett hinzugeben, den Topfdeckel fest schließen, schnell ankochen und dann bei kleiner bis mittlerer Temperatur vorsichtig weitergaren. Das Kochwasser von Kartoffeln oder Gemüse nicht wegschütten, da es wertvolle Mineralstoffe usw. enthält, sondern für Suppen und Saucen verwenden.
Das Gemüse läßt sich aufwerten, indem man dem gedünsteten Gemüse kurz vor dem Anrichten feingeschnittenes rohes Gemüse der gleichen Art beimengt, z.B. Spinat, Möhren, oder, wenn Rohverzehr nicht möglich ist, wie z.B. bei Kartoffeln, Blumenkohl, Spargel usw., indem man dann frische Küchenkräuter daruntermischt.

Häufig muß Gemüse, um keine Beschwerden zu verursachen, passiert oder durch den Wolf gedreht werden.

	Verboten	Bedingt erlaubt
Gemüse und Pilze	Alle Kohlarten (außer den wenigen, die unter „bedingt erlaubt" angeführt sind), die reifen Hülsenfrüchte Erbsen, Linsen, Bohnen, ferner Lauchgemüse, Pfifferlinge, Sellerie, Steckrüben, Rettiche	Karotten, junge Erbsen, Prinzeßbohnen, Spargel, Schwarzwurzeln, Tomaten (gegebenenfalls abgezogen), geschmorte Gurken, Spinat (als Püree am besten), junge zarte Kohlrabi, Radieschen (solange nicht holzig), Paprikaschoten, rote Rüben, Chicorée, junger Wirsing (durchgedreht), Champignons, Steinpilze

Vollwertige Ernährung und Krankenkost

	Verboten	Bedingt erlaubt
Gemüse und Pilze	Salate: Gurkensalat, in der Regel auch Selleriesalat, der höchstens in kleinen Mengen zu reichen ist. Alle fertig käuflichen und mit Mayonnaise versetzten Salate wie Heringssalat, italienischer Salat, Fleischsalat Keinen Essig, keine fertigen Essenzen oder Pfeffer verwenden!	Garten- und Brunnenkresse, Kopfsalat, Salat von Spargel, Endivien, roten Rüben, Tomaten, Sauerampfer, selbst zubereitete Fleisch- und Fischsalate Sauerkraut kann versuchsweise in kleinen Mengen roh oder fein geschnitten als Salat genossen werden.

7. Obst ist so wertvoll, daß man auch in der Diät nicht darauf verzichten kann. Andererseits löst es öfter Beschwerden aus. Daher wird für die Oberbauchdiät empfohlen: Nur reifes, weiches Obst verzehren und die Schalen, wenn sie zu fest sind, entfernen. An der Schale sitzt nicht der biologische Hauptwert, wie manche Kreise glauben. Als Kompott und in Gestalt von Fruchtsäften sind wohl alle Obstarten für Oberbauchkranke bekömmlich. Fruchtsäfte am besten ganz frisch zubereiten. Da dies nur beschränkt möglich ist, sind die käuflichen Säfte nicht zu entbehren. Gesundheitlich-biologische Bedenken bestehen gegen sie nicht, denn die heutige Saftbereitung erhält einen großen Teil der natürlichen Inhaltsstoffe.

	Verboten	Bedingt erlaubt
Obst	Rohe Stachel- und Johannisbeeren, blaue Pflaumen (Zwetschgen), Quitten, Kastanien Bei Süßkirschen und Birnen muß man erst mit kleinen Mengen versuchen, ob sie bekommen, man darf aber nie viel von ihnen essen	Erdbeeren, Himbeeren, Heidelbeeren, Sauerkirschen, Pfirsiche (unter Umständen abgezogen), gelbe Pflaumen (versuchsweise auch Reineclauden), Weintrauben (bei Bedarf ohne Schale und Kerne), Äpfel (am besten ohne Schale und Kerne oder gerieben oder als Bratäpfel), Aprikosen, Apfelsinen, Bananen. Nüsse und Feigen in kleinen Mengen, Datteln nur stückweise, da zu süß. Rosinen nur als Zusatz oder Gewürz

	Verboten	Bedingt erlaubt
8. Teigwaren und Nährmittel	Aufläufe mit scharfer Kruste, Pfannkuchen, in heißem Fett gebackene Teigwaren, wie Berliner Pfannkuchen, Spritzgebackenes	Alle Mehlsorten und Nährmittel, z.B. Maizena, Mondamin, Nudeln, Reis, Makkaroni, Spaghetti, Spätzle, Grieß, Sago (Tapioka), Haferflocken usw. Breie, Flammeris, Puddings, Aufläufe, Semmelknödel Zum Auflockern von Puddings, Breien und Aufläufen ist Eischnee sehr zu empfehlen

9. Brot

Vom Brot verlangen wir in der Oberbauchdiät, daß es gut gebacken und daß es nicht frisch verzehrt wird. Dies gilt besonders auch für Brötchen, die man am besten einen Tag liegen läßt und dann leicht aufgewärmt vorsetzt. Im übrigen hat jede Brotart ihr Für und Wider. In akuten Fällen oder bei großer Empfindlichkeit eignen sich Weißbrot, Zwieback und Toast am besten. Den bei ihrem Verzehr leicht eintretenden Mangel an Vitamin B kann man ausgleichen, indem man Keimkonzentrate, Edelhefe u.dgl. beifügt. Vollkorn ist biologisch am wertvollsten, jedoch nicht immer verträglich. Am besten bekommt dünnes Knäckebrot, Grahambrot u.a. Pumpernickel ist in der Regel zu schwer.

	Verboten	Bedingt erlaubt
Brot	Frisches Brot, Pumpernickel und andere grobe Schwarz- und Vollkornbrote	Weißbrot und Semmeln (möglichst einen Tag alt), Toast, Zwieback, Vollkornbrot (Knäcke, Graham, Simons, Steinmetz, Waerland)

10. Kuchen und Süßigkeiten

Über ihre biologischen Eigenschaften ist schon weiter oben berichtet worden. Sie kommen in der Oberbauchdiät, wo süße Speisen häufig nicht vertragen werden, mengenmäßig nicht allzusehr in Betracht.

	Verboten	Bedingt erlaubt
Kuchen und Süßigkeiten	Frischer Hefeteig, englischer Kuchen (mit Zusatz von Zitronat usw.), Torten, Stollen, Butterkrem, Konfekt, Marzipan, Schmalzgebackenes, Schokolade, da häufig unbekömmlich	Biskuit, leichter Blätterteig, Obstkuchen, Mürbeteig, Sandtorte, Leibniz- und Albertkekse Gebäck soll wenigstens einen Tag alt sein

11. Fett

Das Wichtigste ist bereits eingangs erwähnt worden.

	Verboten	Bedingt erlaubt
Fett	Speck, Talg, Schweine- und Gänseschmalz, gebräunte Butter oder Margarine Schlagsahne Mayonnaisen	Frische oder zerlassene Butter, hochwertige pflanzliche Margarine mit großem Gehalt an ungesättigten Fettsäuren. Sahne in kleinen Mengen, hochwertige Öle (Sonnenblumen, Mais, Leinsamen, Erdnuß), Kalbsnierenfett

12. Auch das **Würzen** ist bereits weiter oben besprochen worden. Die Oberbauchdiät soll und darf nicht fade sein. Es müssen nur die Würzmittel vermieden werden, die den Magen-Darm-Kanal reizen und Blähungen oder andere Beschwerden verursachen.

Vollwertige Ernährung und Krankenkost

	Verboten	Bedingt erlaubt
Würzen	Pfeffer, Meerrettich, Curry, Senf, saure Gurken, Zwiebeln, Knoblauch, Nelken, Lorbeer, Kapern. Statt Essig besser Zitrone. Bei leichten Fällen versuchsweise *kleine* Mengen von Pfeffer und Meerrettich erlaubt	Gartenkräuter wie Petersilie, Dill, Estragon, Salbei, Zitronenmelisse, Bohnenkraut, Majoran, Thymian, Rosmarin, Schnittlauch, Kümmel, Paprika, Muskat, Lauch als Zwiebelersatz, Vanille, Zimt. Obst- und Gemüsesäfte. Diät-Aroma.

Die modernen Würzen, z.B. Fondor (Maggi), Aromat (Knorr) u.dgl.; werden in den benötigten kleinen Mengen meist auch vom Oberbauchkranken gut vertragen.

13. Milch

Milch wird roh, gekocht, in Mischgetränken und bei der Verarbeitung mit anderen Speisen meist gut vertragen. Roh getrunken, kann sie bei empfindlichen Kranken mit Tee oder anderen Getränken verdünnt werden. Außer der Vollmilch sind auch Dickmilch, Buttermilch, Joghurt oder Bioghurt bekömmlich. Lediglich die Magenoperierten sind gegen Milch in der Regel empfindlich. Im Tag sollte der Erwachsene wenigstens $^1/_2$ Liter, das Kind wenigstens 1 Liter Milch in irgendeiner der oben angegebenen Zubereitungen trinken.

14. Tee

Alle einheimischen Teesorten sind vom ärztlichen Standpunkt aus unbedenklich, ebenso verursacht auch der echte schwarze Tee, wenn er nicht zu stark ist, keine Beschwerden.

15. Malzkaffee

ist an sich bekömmlich, nur können seine Röstprodukte unter Umständen bei Gallenkranken Schmerzen verursachen.

16. Bohnenkaffee

In der üblichen Zubereitung verursacht der Bohnenkaffee bei Gallenkranken meistens, bei den anderen Oberbauchkranken häufig, Beschwerden. Er kann daher in der Regel nicht verordnet, sondern nur als Zugeständnis zugelassen werden. Bohnenkaffee bekommt am besten morgens, während er nachmittags und abends grundsätzlich unerwünscht ist. Die modernen Großfirmen haben, um den Bohnenkaffee auch für die Oberbauchdiät zugänglich zu machen, besondere Zubereitungsarten entwickelt, bei denen ein Großteil der unbekömmlichen Stoffe ausgeschieden wird.

17. Fruchtsäfte

können ohne Einschränkung empfohlen werden. Sonstige alkoholfreie Getränke kommen nur in Frage, wenn sie nicht zu kalt und zu schnell getrunken werden und wenn sie nicht zuviel Kohlensäure enthalten.

18. Alkohol

Grundsätzlich ist Alkohol in jeder Form verboten bei Erkrankungen der Leber, hohem Blutdruck und Gefahr von Schlaganfall. Aber auch der, bei dem diese Krankheiten nicht vorliegen, fährt entschieden besser, wenn er keinen Alkohol trinkt. Andererseits besteht kein Anlaß, dort, wo der Alkohol nicht aus gesundheitlichen Gründen verboten werden muß, ihn aus anderen Gründen abzulehnen. Alkohol ist in der Form, in der er uns zum Genuß angeboten wird, an sich kein Gift. Es kommt nur darauf an, wie und wieviel getrunken wird. Wer als Oberbauchkranker den Alkohol nicht meiden will, beachte folgende Regeln:

Den Alkohol nicht auf leeren Magen, am besten erst nach dem Abendessen; nicht in Hast oder Ärger, und nicht wenn man allein ist, trinken, sondern den Alkohol in ausgeglichener, gehobener Stimmung und in netter Gesellschaft genießen, den Alkohol schluckweise mit großen Zwischenpausen trinken und ihn nicht „saufen".

Bier wird vom Oberbauchkranken meist vertragen. Wein nur in naturreiner Form, richtig temperiert und nicht nüchtern genießen.

Wermut bekommt gut, aber nur in kleinen Mengen, ebenso Südweine. Sekt wird, wenn er nach den vorstehenden Regeln getrunken wird, gut vertragen und erfreut sich zunehmender Beliebtheit.

Die konzentrierten alkoholischen Getränke sollte der Oberbauchkranke am besten ganz meiden. Bringt er das nicht fertig, dann soll er nur reine, d.h. nicht „gemixte" und gewürzte Getränke verwenden. Cognac, Weinbrand usw. nur in kleinen Mengen und mit langen Zwischenräumen. Besonders das letztere ist wesentlich, wenn man unerwünschte Weiterungen verhüten will.

Verdaulichkeits-Tabelle

Wie lange verweilen die Speisen im Magen bei Annahme
normaler Portionen?

1 bis 2 Stunden

Reines Wasser 1—2 dl
Mineralwasser 2 dl
Kaffee ⎫
Tee   ⎬ ohne Zutaten
Kakao ⎭

1—2 dl gekochte Milch
2 dl leichter Wein
2 dl Bier
2 dl klare Fleischbrühe
2 weichgekochte Eier

2 bis 3 Stunden

Kaffee mit Sahne
Kakao mit Milch
3 dl — 1/2 l gekochte Milch
Rohes Ei, Rührei, Omelette
Karpfen, Kabeljau, Schellfisch, Hecht (gekocht)
Forelle blau
Blumenkohl, gekocht
Salzkartoffeln, Kartoffelpüree

1 Dutzend Austern, roh
Spargel, gekocht
100 g Fleischwurst
Kalbsmilch, gedünstet
Kalbshirn, gekocht
Kirschen, roh oder als Kompott
Weißbrot, Zwieback
3 dl — 1/2 l Bier
2 dl Malaga

3 bis 4 Stunden

Junge Hühner, gekocht oder gebraten
Taube, gekocht
Fasan, Rebhuhn, gebraten
Rindfleisch, roh oder gekocht
Lendenschnitte, gebraten
Rindfleisch, roh oder gekocht
Kalbsbraten, warm oder kalt
Schinken, roh oder gekocht

Graubrot, Schwarzbrot, Schrotbrot
Lachs, gekocht
Mohrrüben, Kohlrabi, Kohlrüben, Spinat, gekocht
Gurkensalat, Radieschen
Reis, gekocht
Bückling, geräuchert
Kaviar

4 bis 5 Stunden

Rinderfilet, gebraten
Gans oder Ente, gebraten
Taube, gebraten
Rehrücken oder -keule, Hase, gebraten
Geräucherte Rinderzunge

Linsen- oder Erbsenpüree
Grüne Bohnen, gekocht
Rauchfleisch
Salzheringe
Beefsteak, gebraten

5 bis 8 Stunden

Hummer, gekocht oder anders zubereitet
Languste, gekocht

Ölsardinen, Thunfisch in Öl
Buttercremetorte

Tabelle
über die Nährstoffe
Eiweiß, Fett, Kohlehydrate, Fruchtsäure
und Vitamine
wichtiger Nahrungsmittel

Die angegebenen Zahlen sind Durchschnittswerte und schwanken je nach Qualität und Saison. Die Hauptnährstoffe sind links, die Vitamine rechts aufgeführt worden. Die angegebenen Analysenwerte beziehen sich auf die ausnutzbaren Nährstoffe der Nahrungsmittel. Der Abfall ist bereits einbezogen, nicht einberechnet ist der mögliche Verlust bei der Lagerung oder bei der küchentechnischen Auswertung. Wenn man daher den tatsächlichen Verzehr ermitteln will, dann sollte man die in den Tabellen angegebenen Werte um ungefähr 10% kürzen.

Nahrungsmittel	Der		
	Eiweiß	Fett	Kohlehydrate
	g	g	g
Fleisch und Fleischwaren			
Schweinefleisch, mager	19	7	.
Schweinefleisch, fett	10	37	.
Rindfleisch, mager	15	11	.
Rindfleisch, fett	14	24	.
Kalbfleisch, mittelfett	16	3	.
Hammelfleisch, mittelfett	13	20	.
Kaninchenfleisch	16	6	1
Kalbshirn	10	7	1
Kalbsleber	18	4	4
Rinderleber	18	3	6
Kalbsniere	15	6	1
Zunge, Rind	12	12	+
Schinken, geräuchert, roh	16	29	.
Schinken, gekocht	19	20	.
Speck, fett	2	80	.
Speck, durchwachsen	8	60	.
Blutwurst	14	44	.
Bratwurst	12	35	.
Fleischwurst	11	30	.
Leberkäse	13	23	+
Leberwurst	12	40	1
Mettwurst, Braunschweiger	12	51	.
Mortadella	12	32	+
Salami	17	47	+
Zervelatwurst	17	41	.
Frankfurter Würstchen	13	21	+

* 1 kcal = 4,1868 kJ

Tabelle wichtiger Nahrungsmittel

Zeichenerklärung:
J = Joule = internationale Einheit für Energie, die die Maßeinheit „Kalorie" ablöst.
1000 J = 1 kJ
1 kJ = 0,239 kcal
1 kcal = 4,1868 kJ
\+ = Nährstoff ist nur in Spuren vorhanden.
. = es liegen keine Analysen vor.
( ) = Analysenwerte sind unsicher.
i. D. = im Durchschnitt.
o. Sch. = ohne Schalen.
I. E. = Internationale Einheiten.
1 mg = 1/1000 g.

genießbare Teil von 100 g Rohware enthält

Energie*		Vitamine				
Joule	Kalorien	A	B_1	B_2	Niacin	C
kJ	kcal	I. E.	mg	mg	mg	mg
699	143	.	0,70	0,15	3,5	.
1629	389	.	0,70	0,10	2,5	.
724	173	.	0,05	0,15	4,0	.
1227	293	.	0,05	0,15	3,5	.
389	93	.	0,10	0,20	5,0	.
1030	246	+	0,10	0,10	3,0	+
553	132	+	0,10	0,05	7,0	2
481	115	.	0,20	0,20	3,5	22
574	137	4000	0,25	2,45	16,5	39
548	131	7760	0,30	2,70	13,5	28
507	121	185	0,35	2,20	5,5	11
699	167	+	0,10	0,20	3,5	.
1440	344	+	0,50	0,20	3,0	.
1147	274	+	0,50	0,25	3,5	+
3224	770	+	0,10	0,05	0,5	.
2533	605	+	0,40	0,15	2,0	.
1938	463	.	.	.	.	.
1570	375	.	0,40	0,10	2,0	.
1357	324	.	0,20	0,25	2,5	.
1135	271	.	0,05	0,15	2,5	.
1842	440	1430	0,20	0,90	3,5	.
2219	530	.	(0,20)	(0,15)	(2,5)	.
1507	360	+	0,10	0,20	3,0	+
2190	523	+	0,15	0,20	2,5	+
1901	454	.	.	.	.	.
1047	250	+	0,20	0,20	2,5	.

Tabelle wichtiger Nahrungsmittel

Nahrungsmittel	Eiweiß g	Der Fett g	Kohlehydrate g
Kasseler Rippchen	15	22	+
Knochen, auskochbare (Wert i. D.)	.	6	.
Gelatine	84	+	+
Wild und Geflügel			
Hase	17	2	.
Reh (Rücken)	16	3	.
Wildgeflügel (Fasan, Rebhuhn usw. i. D.)	13	3	.
Ente	15	14	.
Gans	10	20	.
Brathuhn	15	4	.
Suppenhuhn	20	13	.
Truthahn (Puter, Indian)	15	11	+
Fische und Fischwaren			
Aal	9	18	+
Forelle	10	1	+
Hecht	10	1	.
Heilbutt	16	2	.
Hering, frisch	13	10	.
Hering, Filet	18	15	+
Kabeljau/Dorsch, ganzer Fisch	10	+	+
Kabeljau/Dorsch, Filet	17	+	+
Karpfen	10	3	+
Rotbarsch/Goldbarsch	9	2	+
Rotbarsch/Goldbarsch, Filet	18	4	+
Schellfisch, ganzer Fisch	10	+	+
Schellfisch, Filet	18	+	+
Seelachs, ganzer Fisch	12	1	+
Seelachs, Filet	18	1	+
Räucheraal	14	22	.
Bückling	14	9	.
Seelachs, geräuchert	19	1	.
Salzhering	9	7	+
Matjeshering, (Filet)	16	23	.
Ölsardinen, nur der Fisch	24	14	1
Thunfisch in Öl	24	21	.
Stockfisch	51	2	.
Eier			
Hühnerei von ca. 57 g	7	6	+
Hühnerei, Dotter	16	32	+
Hühnerei, Weiß	11	+	1
Trockenvollei	46	42	2
Milch und Milcherzeugnisse			
Trinkmilch, 3,5% Fett	3,5	3,5	5
Rohmilch, Vorzugsmilch	3,5	4	5
Magermilch, entrahmte Milch	4	+	5
Kondensmilch, 10% Fett	9	10	13

[1]) Werte für Mai bis November
[2]) Werte für Dezember bis April

Tabelle wichtiger Nahrungsmittel

genießbarer Teil von 100 g Rohware enthält

Energie*		Vitamine				
Joule kJ	Kalorien kcal	A I. E.	B_1 mg	B_2 mg	Niacin mg	C mg
1139	272	+	.	.	.	.
251	60	.	.	.	.	.
1424	340	+	+	+	+	+
414	99	.	0,05	0,05	6,5	.
389	93	.	.	0,20	.	.
339	81	45	(0,05)	(0,10)	(5,0)	.
812	194	.	0,25	0,15	3,0	(6)
963	230	41	0,10	0,15	4,0	.
448	107	7	0,05	0,10	5,0	2
837	200	.	0,10	0,15	8,0	.
703	168	+	0,10	0,10	6,0	.
875	209	520	0,10	0,20	1,5	1
218	52	23	0,05	0,04	2,0	.
205	49	8	0,05	0,05	0,9	.
368	88	25	0,05	0,05	4,5	.
649	155	27	0,05	0,15	2,5	0,3
929	222	40	0,05	0,25	4,0	0,5
184	44	.	0,03	0,02	1,0	1
327	78	.	0,05	0,05	2,0	2
272	65	27	0,05	0,03	0,1	(1)
230	55	6	0,05	0,05	1,5	1
477	114	12	0,10	0,10	2,5	1
193	46	10	0,03	0,10	2,0	.
335	80	17	0,05	0,15	3,0	.
239	57	7	0,05	0,25	2,5	.
368	88	11	0,10	0,35	4,0	.
1118	267	710	0,15	0,30	3,0	.
611	146	9	0,03	0,20	2,0	.
364	87	9	0,05	0,10	2,5	.
419	100	20	0,02	0,15	1,5	+
1193	285	.	.	.	.	.
1005	240	60	0,05	0,30	6,5	+
1273	304	370	0,05	0,05	11,0	+
996	238	.	0,05	0,05	2,0	+
352	84	150	0,05	0,15	0,05	+
1578	377	1490	0,30	0,40	0,1	+
230	55	+	0,02	0,30	0,1	0,3
2567	613	.	0,45	1,40	0,2	+
276	66	32[1] 12[2]	0,04	0,20	0,1	2,0
293	70	35[1] 15[2]	0,04	0,20	0,1	2,0
147	35	.	0,05	0,15	.	.
758	181	85	0,10	0,50	0,3	2,7

Tabelle wichtiger Nahrungsmittel

Nahrungsmittel	Eiweiß g	Der Fett g	Kohle-hydrate g
Buttermilch	4	1	4
Vollmilchpulver	25	26	38
Magermilchpulver	35	1	52
Schlagsahne, mindestens 28% Fett	2	30	3
Sahne, Rahm	3	10	4
Hartkäse, vollfett	25	28	3
Hartkäse, dreiviertelfett	27	16	3
Weichkäse, halbfett	26	9	1
Edamer Käse, 40% Fett i. Tr.	24	22	3
Doppelrahmfrischkäse, 60% Fett i. Tr.	15	31	2
Camembert, 45% Fett i. Tr.	19	21	2
Schmelzkäse, halbfett	25	9	1
Speisequark (Topfen) mager	17	1	2
Sahnequark	12	11	4
Schichtkäse, 20% Fett i. Tr.	13	5	6
Öle und Fette			
Deutsche Markenbutter	1	83	+
Margarine	1	80	+
Mayonnaise (80% Fett)	2	80	3
Mayonnaise	1	52	5
Rindertalg	1	97	+
Schweineschmalz	+	100	+
Olivenöl	+	100	+
Sonnenblumenöl	+	100[1]	+
Brot und Backwaren			
Roggenvollkornbrot	7	1	46
Roggenbrot	6	1	51
Brötchen, Semmeln	7	1	58
Mischbrot	7	1	52
Weizenvollkornbrot	8	1	47
Zwieback, eifrei	10	4	76
Biskuit	9	5	82
Kuchen i. D.	7	13	39
Getreideerzeugnisse und Mehl			
Vollreis	7	2	75
Reis, poliert	7	1	79
Gerstengraupen	10	1	74
Haferflocken	14	7	66
Weizengrieß	10	1	75
Corn flakes	8	1	83
Eierteigwaren (Nudeln, Makkaroni, Spaghetti u. ä.)	13	3	72
Weizenmehl, Type 1050	12	2	71
Weizenmehl, Type 550	11	1	74
Roggenmehl, Type 1150	9	.	75

[1] Werte für Mai bis November
[2] Werte für Dezember bis April
[3] Vitamin A-Werte je nach Höhe der Vitaminisierung
[4] 55 g Linolsäure

Tabelle wichtiger Nahrungsmittel

genießbare Teil von 100 g Rohware enthält

Energie*		Vitamine				
Joule kJ	Kalorien kcal	A I. E.	B_1 mg	B_2 mg	Niacin mg	C mg
151	36	12	0,03	0,15	0,1	0,6
2093	500	295	0,25	1,30	0,7	2,0
1549	370	12	0,35	2,20	1,1	2,0
1264	302	330[1]) 140[2])	0,03	0,15	0,1	1,0
532	127	80	0,05	0,15	0,1	.
1557	372	240	0,05	0,35	0,2	+
1168	279	130	0,05	0,35	0,1	+
816	195	45	0,05	.	.	+
1323	316	165	0,05	0,35	0,1	+
1486	355	320	0,05	0,30	(0,1)	+
1256	300	600	0,05	0,45	1,5	+
875	209	150	+	0,50	0,2	.
368	88	13	0,05	0,30	0,1	1,0
695	166	110	0,05	0,20	0,1	.
481	115	30	0,05	0,30	0,1	.
3245	775	730[1]) 340[2])	0,01	0,02	0,03	+
3186	761	590[3])	+	+	+	+
3199	764	3	0,05	0,05	0,2	6
2131	509	.	.	.	.	.
3856	921	260	+	+	+	1
3965	947	+	+	+	+	+
3881	927	(20)	.	.	.	.
3885	928	4	.	.	.	.
1001	239	50	0,20	0,15	0,5	.
1059	253	+	0,15	0,10	1,0	.
1164	278	+	0,10	0,05	1,0	+
1055	252	.	0,15	0,10	1,5	.
1009	241	.	0,25	0,15	3,3	+
1687	403	.	.	.	1,5	.
1846	441	.	.	.	.	.
1315	314	50	0,15	0,10	0,5	1
1553	371	+	0,40	0,10	5,0	+
1541	368	+	0,05	0,03	1,5	+
1553	371	.	0,10	0,10	3,1	+
1683	402	.	0,40	0,15	1,0	.
1549	370	.	0,10	0,05	1,5	.
1624	388	+	.	0,05	1,4	+
1633	390	60	0,20	0,10	2,0	.
1549	370	+	0,45	.	.	.
1549	370	20	.	0,10	0,5	+
1491	356	+	0,20	0,10	1,2	.

Tabelle wichtiger Nahrungsmittel

Nahrungsmittel	Eiweiß g	Fett g	Der Kohlehydrate g
Kartoffelstärkemehl	1	+	83
Maisstärkemehl	+	.	87
Puddingpulver, Cremepulver	5	2	80
Gemüse, Hülsenfrüchte			
Blumenkohl	2	+	2
Bohnen, grüne	2	+	5
Chicorée	1	+	2
Erbsen, grüne	3	+	6
Grünkohl (Braunkohl)	2	1	3
Gurken, ungeschält	+	+	1
Kohlrabi	1	+	3
Kohlrübe	1	+	6
Kopfsalat, Lattich	1	+	1
Lauch, Porree	1	+	4
Möhren, Karotten	1	+	6
Paprikaschoten	1	+	4
Rettich	1	+	3
Rhabarber	0,5	+	3
Rosenkohl	4	1	6
Rote Bete	1	+	6
Rotkohl (Blaukraut)	1	+	4
Schwarzwurzeln	1	+	9
Sellerie	1	+	5
Spargel	1	+	2
Spinat	2	+	2
Tomaten	1	+	3
Weißkohl (Weißkraut)	1	+	3
Wirsingkohl	2	+	3
Zwiebeln	1	+	9
Sauerkraut	2	+	4
Champignons	3	+	3
Pfifferlinge	1	+	2
Steinpilze	2	+	4
Bohnen, weiße	21	2	57
Erbsen, gelbe, geschält	22	1	59
Linsen	24	1	56
Kartoffeln			
Kartoffeln mit Schale	2	+	15
dto. ohne Schale	2	+	19
Trockenkartoffeln	7	1	82
Kartoffelknödelmehl	5	+	77
Obst		Fruchtsäure	
Äpfel	0,3	1	12
Aprikosen	0,8	1	11
Birnen	0,5	+	13
Kirschen, süße	0,7	1	13
Pfirsiche	0,7	1	10
Pflaumen	0,6	1	14
Brombeeren	1,2	1	9
Erdbeeren	0,8	1	7

Tabelle wichtiger Nahrungsmittel

genießbare Teil von 100 g Rohware enthält

Energie*		Vitamine				
Joule kJ	Kalorien kcal	A I. E.	B_1 mg	B_2 mg	Niacin mg	C mg
1511	361	+	+	+	+	+
1537	367	+	+	0,01	+	+
1532	366	17	0,05	0,15	+	+
71	17	4	0,05	0,05	0,4	43
130	31	50	0,05	0,15	0,5	18
59	14	190	0,05	0,05	0,2	9
155	37	35	0,10	0,05	1,0	10
96	23	350	0,05	0,15	1,0	54
29	7	21	0,01	0,02	0,2	1
75	18	30	0,05	0,03	1,2	36
121	29	14	0,05	0,05	0,7	27
42	10	105	0,05	0,05	0,3	7
92	22	+	0,05	0,05	0,3	17
121	29	1120	0,05	0,05	1,0	5
92	22	230	0,05	0,05	0,3	107
63	15	1	0,05	0,02	0,3	22
59	14	9	0,02	0,02	0,2	8
176	42	65	0,10	0,15	0,5	84
121	29	2	0,02	0,03	0,2	8
88	21	4	0,05	0,05	0,4	39
172	41	2	0,05	0,02	0,2	2
117	28	2	0,05	0,05	0,7	6
63	15	4	0,10	0,10	0,5	16
75	18	630	0,05	0,20	0,5	37
75	18	130	0,05	0,03	0,5	23
80	19	6	0,05	0,03	0,3	36
100	24	5	0,05	0,05	0,2	32
176	42	5	0,03	0,03	0,2	8
109	26	3	0,05	0,05	0,2	20
92	22	+	0,10	0,40	5,5	5
59	14	+	0,01	0,15	4,0	2
113	27	+	0,03	0,30	(3,9)	3
1461	349	65	0,45	0,15	2,0	3
1503	359	20	0,70	0,20	3,0	1
1482	354	20	0,45	0,25	2,0	.
285	68	4	0,10	0,05	1,0	12
356	85	5	0,10	0,05	1,0	15
1549	370	40	0,25	0,10	5,0	26
1403	335	.	.	.	.	.
209	50	10	0,03	0,03	0,3	11[1]
205	49	250	0,04	0,05	0,7	9
230	55	15	0,05	0,03	0,2	5
239	57	45	0,03	0,03	0,2	9
176	42	70	0,05	0,05	0,7	10
243	58	33	0,07	0,04	0,4	5
201	48	45	0,03	0,05	0,4	17
151	36	8	0,03	0,05	0,5	62

[1]) Schwankungen je nach Sorte

Tabelle wichtiger Nahrungsmittel

Nahrungsmittel	Eiweiß g	Frucht-säure	Kohle-hydrate g
Hagebutten	2,3	2	14
Heidelbeeren	0,6	1	13
Himbeeren	1,3	1	8
Johannisbeeren, rot	1,1	2	9
Johannisbeeren, schwarz	1,3	3	12
Preiselbeeren	0,3	2	9
Stachelbeeren	0,8	.	9
Weintrauben	0,7	.	16
Ananas	0,3	.	7
Apfelsinen, Orangen	0,7	1	9
Bananen	0,8	+	16
(Pampelmusen) Grapefruits	0,5	4	7
Zitronen	0,5	3	5
		Fett g	
Erdnüsse, geröstet, geschält	26	49	18
Haselnüsse o. Sch.	14	62	13
Mandeln o. Sch.	18	54	16
Walnüsse o. Sch.	15	63	14
		Frucht-säure	
Trockenobst			
Trockenmischobst i. D.	2,7	+	64
Apfel	1,4	4	65
Aprikosen	5,0	2	70
Feigen	3,5	1	61
Pflaumen	1,9	2	59
Rosinen	2,3	1	64
		Fett g	
Süßwaren			
Zucker	.	.	100
Vollmilchschokolade	9	33	55
Pralinen i. D.	5	16	70
Kakaopulver, schwach entölt	20	25	38
Bienenhonig i. D.	+	.	81
Marmelade i. D.	+	.	66
Bierhefe, getrocknet	48	1	36

Tabelle wichtiger Nahrungsmittel

genießbare Teil von 100 g Rohware enthält

Energie*		Vitamine				
Joule kJ	Kalorien kcal	A I. E.	B_1 mg	B_2 mg	Niacin mg	C mg
276	66	.	.	.	.	813
251	60	20	0,02	0,02	0,4	21
167	40	7	0,02	0,05	0,3	25
184	44	6	0,04	0,03	0,2	35
234	56	23	0,05	0,04	0,3	170
180	43	4	0,01	0,02	.	12
180	43	34	0,02	0,02	0,2	34
293	70	5	0,05	0,03	0,2	4
126	30	5	0,04	0,02	0,1	11
163	39	11	0,06	0,03	0,2	36
276	66	25	0,03	0,04	0,4	8
96	23	2	0,05	0,02	0,2	32
75	18	2	0,03	0,01	0,1	34
2721	650	.	0,25	0,14	14,3	.
2889	690	2	0,40	0,20	1,4	3
2726	651	20	0,20	0,60	4,2	1
2952	705	4	0,35	0,10	1,0	15
1156	276	210	0,10	0,10	1,5	9
1168	279	.	0,10	0,10	0,8	12
1281	306	760	.	.	3,2	11
1126	269	9	0,10	0,10	1,1	.
1043	249	95	0,15	0,10	1,5	3
1135	271	5	0,10	0,05	0,5	1
1650	394	.	.	.	.	.
2357	563	25	0,10	0,40	0,5	+
1913	457	.	.	.	.	.
1976	472	8	0,10	0,10	1,9	.
1277	305	+	+	0,05	0,1	2
1093	261	.	+	+	+	8
1440	344	.	12,00	3,75	44,8	+

Allgemeine Angaben und praktische Winke

Aalblut: Darf nicht mit offenen Wunden in Berührung kommen, da leicht eine Blutvergiftung entstehen kann.

Aale abhäuten: Große Aale mit einem Bindfaden um den Hals an einen Tisch gebunden, die Haut am Hals eingeschlitzt und mit Zuhilfenahme eines Tuches die Haut abgezogen; kleinere Aale werden nicht enthäutet, sondern mit Asche oder Salz eingerieben.

Abklären von Butter: Bei gelindem Feuer langsam kochen, bis das Fett durchsichtig und rein ist; dann vom Feuer genommen, kurze Zeit ruhig stehen lassen, damit sich Salz oder Unreinlichkeiten zu Boden setzen können; abschäumen und ohne den Bodensatz in ein anderes Gefäß umleeren.

Abrösten: Mandeln und Haselnüsse auf ein Backblech gelegt und solange in die Röhre gestellt, bis sie sich färben; dann durch Reiben zwischen einem Tuch von den Schalen befreit.

Abschuppen: Fische von den Schuppen befreien, indem man mit einem scharfen Messer oder mit einem Fischschupper (Kratzer) solange vom Schwanzende gegen den Kopf kratzt, ohne die Haut zu verletzen, bis sich die Schuppen lösen. Forellen werden jedoch nicht abgeschuppt.

Absengen, abbrennen: Geflügel vor dem Waschen und Ausnehmen über einer offenen Gasflamme oder über Spiritus hin und her schwenken, um die kleinen Haare abzusengen.

Abziehen: Mandeln, Pistazien oder Haselnußkerne eine Minute lang in kochendes Wasser gelegt, dann zwischen den Fingern oder zwischen einem Tuch die Haut abziehen.

Agar-Agar: Ein Pflanzenschleimstoff, auch als Ceylontang bekannt, der aus Rot-Algen, vornehmlich in Japan und Kalifornien, gewonnen wird. Die Gelierkraft übertrifft die der Gelatine bei weitem.

Agrest: Saft von unreifen Trauben; unreife grüne Weinbeeren im Mixer gequetscht, der Saft durch ein Seihtuch gepreßt und nachher mit Filterpapier geseiht, bis er ganz klar geworden ist; in ausgeschwefelte Flaschen gefüllt, gut verschlossen, stehend aufbewahrt. Man verwendet Agrest zu Saucen, auch an Stelle von Essig zum Säuern.

Anbraten, steifmachen: Fleisch mit ganz wenig Butter auf beiden Seiten schnell angebraten; die Poren schließen sich und verhindern den Austritt von Eiweiß; auch wird Fleisch angebraten, um es einige Tage haltbar zu machen.

Angelika: siehe Engelwurz

Aprikotieren: Bestreichen oder Überziehen von Kuchen und Süßspeisen mit eingekochter, durchgestrichener Aprikosenmarmelade.

Arancini: In Scheiben geschnittene, kleine, unreife gezuckerte Pomeranzen oder auch Pomeranzenschalen.

Arrow-root: siehe Pfeilwurzelmehl

Askalonzwiebel: Eine andere Bezeichnung für die Schalotte.

Aspik: Bezeichnung für eine Speise von Fisch, Fleisch, Geflügel und anderem, die in eine Form mit Gelee eingesetzt wird; oft auch Bezeichnung für das Gelee selbst.

Aspik, klären: siehe Gelee

Ausbeinen: Fleisch, Geflügel oder Wild, roh oder zubereitet, von den Knochen restlos befreien.

Ausnehmen von Geflügel: Gerupft, unterhalb des Halses ein Querschnitt gemacht und Schlund und Gurgel herausgezogen. Mit dem Finger die Eingeweide loslösen und sie durch einen Schnitt am Steiß herausnehmen. Wird das Huhn sofort verwendet, so wird es ausgewaschen, anderenfalls nur mit einem trockenen Tuch ausgewischt.

Ausstechen: Einzelne Fleisch-, Geflügel- oder Wildstücke, die als Ragout, Frikassee oder in ähnlicher Form zubereitet worden sind, mit einer Gabel aus der Sauce nehmen, in eine saubere Kasserolle geben, die Garnitur beifügen und die Sauce durch ein Spitzsieb darüberpassieren.

Ausstreichen, überziehen: siehe Formen ausstreichen.

Ausstreuen, bestäuben: Förmchen mit Butter ausgestrichen, mit Mehl oder auch mit gehackten Mandeln, Pistazien oder mit Reibbrot bestäubt oder bestreut, so daß sich das Mehl oder das Gebäck gleichmäßig anlegt; den Rest durch Drehen der Form oder durch Abklopfen entfernen.

Bäckereien, die auf einem mit Wachs bestrichenen Backblech gebacken werden, läßt man auf dem Blech erkalten, erhitzt es dann von unten, wodurch sich die Bäckereien, ohne zu zerbrechen, leicht ablösen lassen.

Backteig: für Fische, Hirn, Kalbsmilch oder Pastetchen: Mehl, Öl oder geschmolzene Butter, Salz und ein wenig lauwarmes Wasser langsam verrührt; vor Gebrauch vermischt mit Eierschnee.

für Gemüse: Mehl, geschmolzene Butter, Ei und Wasser zu flüssigem Teig verrührt.

für Obstspalten: Mehl, geschmolzene Butter, Prise Salz, Wasser und Bier verrührt, zum Schluß mit Eierschnee klargezogen; vielfach wird auch dicker Eierkuchenteig benutzt.

Bardieren: Geflügel und Wildgeflügel mit dünnen Scheiben von fettem Speck umbinden.

Bestäuben: siehe Ausstreuen

Blaukochen der Fische: Bei Forelle, Aal, Hecht, Schleie und Karpfen anwendbar; der Fisch soll frisch geschlachtet sein und darf nicht lange an der Luft liegen bleiben, bis er gekocht wird. Auch soll er so wenig wie möglich mit den Händen angegriffen werden. Die blaue Farbe ist der Schleim des nicht abgeschuppten Fisches, der sich im Sud blau färbt. Durch längeres Stehen wird der Fisch blauschwarz, was durch sofortiges Bestreichen mit geschmolzener Butter verhindert wird.

Blindbacken: siehe Leerbacken

Bombay Ducks: Geräucherte, getrocknete Bommelofische, die in Dosen aus Indien importiert und zu Currygerichten serviert werden.

Bouillon klären: Eierschnee mit ein wenig von der Brühe vermischen und unter fortwährendem Rühren die übrige Brühe zugeben, aufkochen und durch Tuch seihen.

Bridieren: Richten von Geflügel: Die Schenkel so weit nach rückwärts gebogen, daß sie senkrecht stehen, mit einer Spicknadel knapp unter den Knochen des linken und dann des rechten Fußes stechen und den Faden einziehen, um die Füße in der gleichen Lage zu haben. Dann führt man die Nadel unter dem Huhn gegen den Rücken auf die andere Seite und bindet den Faden fest. Darauf drückt man die Füße so weit herunter, daß sie waagerecht stehen und die Brust hervortritt, sticht mit der Nadel durch den Rücken nach vorn und kommt damit unter dem Fuß heraus, führt den Faden über das Schenkelbein durch die Brust und den zweiten Fuß wieder in den Rücken und bindet ihn.

Champignonessenz: Essence de champignons: Der eingekochte, kurze Saft, in dem Champignons pochiert worden sind.
Chorizo: Eine scharfgewürzte spanische Knoblauchwurst.

Dressieren: Das gleiche wie Anrichten.

Eierkuchenpfanne: Soll an der Innenseite nicht mit Sand und Wasser gescheuert werden. Man reinigt sie durch Auswischen mit einem Tuch oder mit Papier; ist nur eine gescheuerte Pfanne zu haben, so gieße man etwas Fett hinein und lasse es erhitzen, damit die Pfanne das Fett aufsaugt.
Eierschnee: siehe Schneeschlagen
Engelwurz, Angelika: Pflanze aus der Familie der Umbelliferen, deren junge, grüne Stengel kandiert und für Süßspeisen, Gebäcke und in der Konfiserie verwendet werden.
Enzyme oder Fermente: Sie gehören zu den Biokatalysatoren und spielen beim Abbau der Nahrungsstoffe im Körper eine entscheidende Rolle. Mit ihrer Hilfe ist es möglich, unter den im Körper und allgemein in den Zellen herrschenden milden Bedingungen die Nahrungsstoffe abzubauen und umzusetzen.

Farce, Füllsel: Gestoßenes und dann durch ein Haar- oder feines Drahtsieb gestrichenes Fleisch, Wild, Geflügel oder Fisch auf Eis mit Eiweiß, Gewürzen, Salz, roher süßer Sahne, auch eingeweichtem, getrocknetem Brot, Fett u.a.m. aufgezogen.
Fermente: siehe Enzyme
Fischbraten am Rost: Kleinere Fische an den Seiten leicht eingeschnitten, abgetrocknet, gesalzen, auf einen Teller gelegt, mit Öl betropft und über gelinder Glut am Rost gebraten.
Fische: siehe auch frische Fische
Fische abschuppen: Die Schuppen, vom Schwanz angefangen gegen den Kopf, mit einem Messer oder mit einem Fischschupper abstreifen.
Fischessenz: Essence de poisson: Gräten und Köpfe von gelatinösen Fischen, zerkleinert, mit Zwiebelscheiben, Champignonschalen und Petersilienstielen in Butter leicht angeschwitzt, mit halb Weißwein und halb Wasser bedeckt, 20 Minuten gekocht, mit Zitronensaft leicht gewürzt, durch ein Tuch passiert.
Fleischglace: siehe Glace
Fondor: siehe Mononatriumglutamat
Forellen: werden nicht abgeschuppt.
Formen ausstreichen: Förmchen aus Kupfer oder aus Blech vor dem Füllen mit geschmolzener Butter ausgestrichen oder mit geschmolzener, etwas erstarrter Butter gleichmäßig ausgepinselt, damit sich die fertige Speise leicht ausstürzen läßt.
Frische Eier, in ein Gefäß mit viel Wasser gelegt, bleiben am Boden liegen; je höher sie im Wasser steigen, desto älter sind sie und können wohl zum Verkochen, aber nicht als Trinkeier oder zu heiklen Eierspeisen verwendet werden.
Frische Fische erkennt man an der Frische der Augen und den roten Kiemen, die bei nicht frischen Fischen blaßrot sind.
Füllsel: siehe Farce
Füllselnocken, Löffelnocken: Kaffeelöffel mit Füllsel gefüllt, mit einem in warmes Wasser getauchten Messer glattgestrichen; einen zweiten Löffel ebenfalls in warmes Wasser tauchen und damit die Nocken in kochende Brühe oder Wasser legen.
Füllselperlen: Füllsel in einen Spritzsack gefüllt und auf Backblech kleine Perlen gesetzt; in heißer Brühe oder Wasser gargemacht.

Garnelen, Krevetten: Die fingerlangen Seekrebse lebend in kochendes Salzwasser geworfen und gekocht; auch kann man mehrmals einen glühenden Eisenstab im Kochwasser löschen, wodurch die Krevetten schön rot werden.

Geflügel: siehe auch Abstechen, Ausbeinen, Ausnehmen, Bridieren.

Geflügel abbrühen, naßputzen: Nach dem Schlachten das Huhn vorerst in kaltes Wasser gelegt, darauf in kochendes Wasser und dann wieder in kaltes Wasser; auf diese Art lassen sich die Federn leicht abstreifen, ohne daß die Haut beschädigt wird; dieses Verfahren soll aber nur dann angewendet werden, wenn das Stück sofort verbraucht wird, denn es hat den Nachteil, daß es, nachdem es mit Wasser in Berührung gekommen ist, nach 2–3 Tagen schmierig wird und Geruch annimmt, was bei einem trocken gerupften Tier nicht der Fall ist.

Geflügelessenz: Essence de volaille: Kräftige, salzlose und fettlose Hühnerbrühe sehr stark eingekocht, oder Geflügelabgänge mit Champignonschalen in wenig Butter angeschwitzt, mit Hühnerfond bedeckt, langsam wenigstens 1 Stunde gekocht, passiert, abgefettet.

Gelee: kann man aus Kalbsfüßen zusammen mit blanchierten Schwarten, Rind-, Kalbfleisch oder Suppenhuhn, aber auch von kräftigem Fond nur mit Gelatine bereiten. Das für Gelee verwendete Fleisch kann nach dem Garwerden anderweitig verarbeitet werden. Vor dem Gebrauch ist Gelee zu klären.

Gelee klären: Den kalten, völlig abgefetteten Fond erhitzen. Einen Teil mit etwas Eiweiß mit dem Schneebesen schlagen, den restlichen Fond hinzugeben, langsam zum Kochen bringen und dann zugedeckt an der Seite des Herdes stehen lassen, bis das geronnene Eiweiß an der Oberfläche eine dicke Schicht bildet. Danach langsam durch ein Tuch passieren, bis das Gelee ganz klar ist. Feine Weine erst dem abgekühlten Gelee, doch noch vor dem Erstarren beifügen.

Glace, Fleischglace: Glace de viande: Ungesalzene Rinder- oder auch Rinderknochenbrühe, so lange eingekocht, bis sie sirupartig ist, in kleinen Töpfchen aufbewahrt. Dient zum Verbessern von Suppen und Saucen, zum Überglänzen von Fleisch u.a.m. Fisch-, Geflügel- und Wildglace wird genauso hergestellt.

Glacieren: 1. Gerichte mit stark gebutterten Saucen oder solche, die mit geriebenem Käse bestreut worden sind, rasch unter der Salamander bräunen;
2. Fleisch überglänzen, indem man es am Eingang der Ofenröhre wiederholt mit dem eigenen Fett begießt;
3. Fleisch mit Glace bestreichen;
4. kalte Gerichte oder Bestandteile dieser mit Gelee überglänzen;
5. Torten, Gebäck, auch einzelne Süßspeisen mit eingekochter Aprikosenmarmelade bestreichen oder sie mit einer Glasur bedecken.

Glutaminsäure: siehe Mononatriumglutamat

Haarsieb: Bestandteile, die Säuren enthalten, dürfen nie durch ein Drahtsieb gestrichen werden, sondern man benutzt ein Haar- oder Kunstfasersieb.

Hagelzucker: Zucker im Mörser halbfein gestoßen und durch Siebe von verschiedener Maschenweite gesiebt; zuerst durch ein feines Sieb, welches das Zuckermehl absondert, dann durch ein weitmaschiges, wobei die größeren Stücke zurückbleiben. Der Hagel-, Grob- oder Grießzucker wird zum Bestreuen von Bäckereien verwendet.

Hahnenkämme: In kaltem Wasser zugesetzt und am Herdrand das Wasser nur so weit erhitzt, daß man die feine Haut zwischen den Fingern leicht abstreifen kann. Dann in kaltes Wasser gelegt und noch einige Male ausgewässert, bis die Kämme ganz weiß geworden sind. In hellem Fond mit Zitronensaft gedünstet oder gekocht mit Wasser und Zitronensaft; für Garnituren oder Ragout.

Haselnüsse abziehen (s. unter abziehen)

Hermetisch verschließen: wörtlich = dicht verschließen. Das Versiegeln einer feuerfesten Porzellankasserolle oder eines anderen Gefäßes mit

Teig oder auch nur Mehl mit Wasser vermischt, um Aromaverluste zu verhindern.

Holländische Sauce, geronnene: Mit einigen Tropfen kaltem Wasser wieder aufschlagen.

Hummer kochen: Der Hummer wird gewaschen, abgebürstet, in kochendes, gesalzenes Wasser geworfen. Der Kochtopf wird verschlossen, beschwert. Langsam kochen lassen. Der Sud wird schließlich mit ein wenig kaltem Wasser abgeschreckt und der Hummer in der Brühe erkaltet, dann abgetrocknet, mit Öl bestrichen und vor Gebrauch gespalten. Man kocht auch Hummer mit gesalzenem Wasser, Butter und Kümmelkörnern oder mit Wasser, Butter, Petersilienblättern, Lauch und Cayennepfeffer.

Karamelzucker: Zuckerraffinade mit wenig Wasser kochen, bis es sich blond färbt; dient zum Ausgießen von Formen für Creme, Pudding usw., auch für Saucen.

Karamelzucker, gebrannter Zucker: Zuckerraffinade in einer eisernen Pfanne unter fortwährendem Umrühren am Herdrand dunkelbraun färben, aber nicht verbrennen. Mit heißem Wasser bedeckt den Zucker auflösen lassen und aufkochen. Nach dem Erkalten in Flaschen füllen. Wird zum Färben von Saucen verwendet.

Karamelzucker in der Konditorei ist so dick geläuterter Zucker, daß er sich, wenn man ein Holzstäbchen eintaucht und dann sofort in kaltes Wasser gibt, mit einem Knall ablöst.

Kastanien schälen: Kurze Zeit in kochendes Wasser gegeben, lassen sich Kastanien leicht schälen.

Klöße: siehe lockere Klöße

Krebse kochen: Krebse sind in etwa 8–10 Minuten gekocht. Bei längerer Kochzeit wird das Fleisch zähe.

Krebse lebend aufbewahren: Henkelkorb belegt mit Kraut oder Moos, halb in fließendes Wasser oder in ein Forellenbecken gehängt.

Krevetten: siehe Garnelen

Krupuk udang: Eine Art Fladen aus Krabben, Tapioka u.a., der beim Backen in heißem Fett soufliert und zu indonesischen Gerichten serviert wird.

Krusten: Weiß- oder Schwarzbrotdreiecke, Scheiben, eiförmig, herzförmig oder halbmondförmig, in Butter gelb gebacken oder mit Milch gefeuchtet, in geschlagenem Ei und Reibbrot gerollt und gebacken; als Verzierung von Platten verwendet. Nudelig oder kleinwürfelig geschnittenes Weißbrot, in Butter geröstet oder in der Röhre getrocknet, dient als Suppeneinlage.

Kwas: Getränk aus Roggenmehl, auch Roggenbrot, mit Zucker, Hefe, Malz und Wasser fermentiert. Bestandteil einiger Suppen (russisch).

Leerbacken, Blindbacken: Törtchen oder Timbale aus Blätterteig oder Mürbeteig werden mit Papier ausgelegt und mit trockenen Erbsen gefüllt; nach dem Backen werden Papier und Erbsen entfernt, sie dienen dazu, die Form zu erhalten.

Lockere Klöße erzielt man, wenn das dazu verwendete Weißbrot vorerst kurz in kochendem Wasser oder Milch abgebrüht, dann in kaltem oder in halbwarmem Wasser oder Milch erweicht wurde.

Mandeln abziehen: siehe unter Abziehen

Mayonnaise geronnen: Durch zu schnelles Nachgießen von Öl, oder wenn das Öl zu kalt war, gerinnt die Mayonnaise. In diesem Falle wird ein Eigelb mit der Schneerute 2 Minuten lang geschlagen und die Mayonnaise löffelweise dazugerührt; auch kann die Mayonnaise mit einigen Tropfen kochendem Wasser verrührt werden.

Mazerieren: macérer: Kleingeschnittene, auch ganze Früchte, Biskuitwürfelchen usw. mit Puderzucker und Spirituosen oder Likören einige Zeit ziehen lassen.

Mehlschwitze: Mehl mit Fett, Schmalz oder Butter weiß oder braun geröstet, erst mit kalter und dann mit heißer Brühe oder heißem Fond aufgefüllt und gut verrührt, damit sich keine Klümpchen bilden.

Mehlspeisen: Im Dunst kochen: Das Kochgeschirr, in das die Form gestellt wird, soll höher als die Form sein. Es wird mit kochendem Wasser gefüllt, die Dunstform wird mit gut passendem Deckel hineingestellt und gekocht. Es muß darauf geachtet werden, daß kein Wasser in die Form eindringt und daß sich das Wasser nicht zu stark einkocht.

Mehlspeisen: Stürzen einer Form: Puddings oder Gebackenes; zuerst löst man mit einem Messer die Speise vom Rand, legt eine flache Schüssel auf die Form, dreht beide miteinander um, wartet einige Augenblicke, damit sich die Speise lösen kann, und hebt dann die Form vorsichtig ab. Um die Speise gut stürzen zu können, muß die Form reichlich gefettet sein und mit Mehl, Reibbrot, Mandeln, Pistazien u. dgl. ausgestreut werden.

Mononatriumglutamat (MSG), Glutaminsäure: Glutamat, ein feines farbloses, fast geruchloses Salz, das in geringen Mengen den Speisen zugesetzt den Geschmack intensiviert. Kommt mit verschiedenen Bezeichnungen, wie Fondor u.a., auf den Markt.

Muscheln: Nur geschlossene Muscheln dürfen verwendet werden, offene sind verdorben. Muscheln, welche nach dem Dämpfen rot oder schwärzlichrot aussehen, nicht verwenden, da dies ein Zeichen ist, daß sie nicht einwandfrei sind.

Nori-Blätter: Bezeichnung für getrockneten Seetang.

Oxydieren: Himbeeren, Johannisbeeren und schwarze Kirschen verändern die Farbe und werden blau oder violett, wenn sie in bleihaltigen oder verzinkten Gefäßen gedünstet wurden. Es sollten nur emaillierte oder Nirosta-Töpfe verwendet werden.

Petersilie, abgewelkte: Wird in warmem Wasser wieder frisch.

Pfeilwurzelmehl, Arrow-root: Stärke, die aus den Wurzeln der tropischen Marantapflanze gewonnen wird. Dient zum Binden von Saucen, Speisen und auch in der Diätküche.

Pistazien abziehen: siehe unter Abziehen

Plat russe: Ovale Backplatte mit niedrigem Rand aus feuerfestem Porzellan, die zum Anrichten warmer und kalter Gerichte dient.

Poularde weiß erhalten: Man reibt das Geflügel mit Zitronensaft ein.

Probe machen: Um sich zu vergewissern, ob Geflügel genügend gebraten ist, dreht man das Stück um und läßt einige Tropfen Saft herausrinnen; ist dieser wasserhell, dann ist der Braten gar; zeigen sich noch Blutspuren, so muß das Stück noch gebraten werden.

Probe machen: Fleisch, welches sich fest anfühlt, ist durchgebraten; bei **Hefebäckereien** sticht man mit einer Dressiernadel hinein; wenn kein Teig haften bleibt, ist die Bäckerei gar.

Rinderfett auslassen: In kleine Würfel schneiden, in eiserner Pfanne langsam anbraten. Oder Rinderfett geschnitten, durch den Wolf getrieben und langsam gekocht; das flüssige Fett abgießen und die Grieben auspressen.

Salpicon: In sehr kleine Würfelchen geschnittenes Fleisch, Fisch, Geflügel, Schaltiere, Früchte usw.

Schalotte: auch Eschlauch oder Askalonzwiebel: Klein bis mittelgroß, eiförmig und in Büscheln wachsend, das Innere meist violett verfärbt; milder als die Zwiebel.

Schneeschlagen: Nur Eiweiß, ohne das geringste von Eigelb, in einem Schneekessel oder in der Anschlagmaschine mit der Schneerute zu Schnee schlagen; anfangs wird langsam, später immer schneller und stärker geschlagen, bis der Schnee so steif geworden ist, daß, wenn die

Schneerute herausgenommen wird, das entstandene Loch bestehen bleibt. Um Gerinnen zu vermeiden, kann man ein wenig Salz, wenn der Schaum zu Süßspeisen bestimmt ist, ein wenig Zucker zusetzen.

Schnecken vorrichten: Den kalkigen Deckel abheben, die Schalen waschen und für einige Zeit in Essig, Salz und ein wenig Mehl beizen. Reichlich auswässern, abwällen, aus den Schalen heben, den schwarzen Darm entfernen: die Schnecken in Fond, Weißwein, Mohrrübchen, Schalotten, Zwiebeln und einer Prise Salz langsam kochen und im Sud erkalten lassen.

Schnitzel: Soll nur in Butter oder reinem Schweinefett gebacken werden; Rindertalg ergibt einen schlechten Geschmack.

Schwalbennester: Die gelatinösen Nester einer südasiatischen Schwalbenart, die ihre Nester hoch an den Küstenklippen baut. Sie schwellen beim Einweichen auf und müssen von den kleinen Federn gesäubert werden.

Schweinefleisch schröpfen: Jungschweinskeule, Brust oder Rippenstück einige Augenblicke in kochendes Wasser gelegt, die Haut mit scharfem Messer in Abständen von etwa 1 cm eingeschnitten, mit Salz und Kümmelkörnern eingerieben und dann gebraten.

Schwitzen des Teiges: Teig, der mit zuwenig Wasser angemacht wurde, oder einer anderen Flüssigkeit angemacht wurde, oder Teig, der zu lange, besonders mit warmen Händen, angemacht wurde, schwitzt, wird bröselig und läßt sich schwer ausrollen. Auch Teig mit zuviel Butter schwitzt.

Shoju: Sojasauce

Spicken: Zurichten des Specks: Von dickem, weißem Luftspeck den oberen, weichen Teil abschneiden, etwa 4–5 cm an der Schwarte lassen und senkrecht auf das gewünschte Format schneiden. Von oben nach unten in Blätter geschnitten, nachher das ganze Stück waagerecht durchgeschnitten, so daß kleine, zündholzförmige Streifen entstehen. Auf dem zu spickenden Stück in der Mitte des Bratens drei Linien in fingerbreiten Abständen machen und die Spicknadel am äußersten linken Ende der untersten Linie in das Fleisch stechen, so daß die Nadelspitze auf der ersten Linie herauskommt, einen der Speckstreifen in die Nadel stecken, ihn durch das Fleisch ziehen, bis er auf jeder Seite gleich lang aus dem Fleisch ist. Dicht nebeneinander der nächste Streifen eingeführt und so fort, bis die erste Reihe gespickt ist. Dann wird unterhalb der dritten Linie eine vierte Linie gemacht und so mit der vierten und der zweiten Linie die zweite Reihe gespickt. Die dritte Reihe wird gespickt, indem man eine fünfte Linie macht und so fortfährt, bis der ganze Braten gespickt ist.

Spinatmatte, Rohe Spinatblätter, im Mixer zerkleinert, der Saft durch ein Tuch gepreßt und im Wasserbad heißgemacht. Das gelbe Wasser durch ein Haarsieb ablaufen lassen, die restlichen grünen Flocken durchgestrichen. Wird zum Färben von Saucen verwendet.

Steifmachen: Fleisch oder Geflügel anbraten, um nur die Poren zu schließen. Geflügelstücke, die weiß zubereitet werden sollen, nur in Butter erhitzen, um die Poren zu schließen, jedoch nicht verfärben lassen. Austern einen Moment nach dem Herausnehmen aus den Schalen im eigenen Saft oder mit einigen Tropfen Zitronensaft oder auch nur Wasser erhitzen, aber nicht garmachen.

Stürzen von Aspik, Creme u. dgl.: Die Form bis zum Rande in warmes Wasser getaucht und abgewischt; mit einem kleinen Messer fährt man zwischen Form und Masse herum, hält die Form mit der rechten Hand senkrecht, so daß der obere Teil herauskommt und die Luft eintreten kann. Mit der linken Hand hält man die Platte halb senkrecht und stürzt die Form darauf.

Suppen klären: Durch zu schnelles Kochen wird Bouillon trübe. Sie wird abgekühlt, ein wenig rohes, gehacktes Fleisch und Eiweiß zugegeben,

Tablieren von Zucker: mit der Schneerute geschlagen, langsam aufgekocht und durch ein Tuch geseiht.

Tablieren von Zucker: Der zum Flug gekochte Zucker wird mit einem Holzlöffel an der inneren Wand des Kochkessels so lange gerieben, bis er weiß ansetzt; dann mit dem übrigen Zucker vermischen und fortfahren, bis aller Zucker weiß und dicklich wird. Dient zum Verfertigen von Bonbons und zu Konserven.

Tapioka: Stärke, die aus den Wurzeln der tropischen Manihotpflanze (Cassavastrauch) gewonnen wird. Kommt in Form von Perlen, Flocken und Mehl auf den Markt und ist schneeweiß.

Tofu: Bohnenquark.

Tomatenmus, haltbares: Kochen, heiß auf Flaschen füllen, mit Korken und Bindfaden verschließen und auf dicke Tücher legen; zudecken, einen Tag liegen lassen und dann erst mit Lack verschließen. Nicht sterilisieren.

Torten oder Biskuit: Ob ausgebacken, erkennt man, wenn bei leichtem Fingerdruck kein zischender Ton zu hören ist und der Fingerdruck nicht sichtbar bleibt.

Tränken von Hefeteigtörtchen: Die gebackenen Törtchen, Scheiben oder Ringe auf ein Drahtgeflecht gesetzt und in ein Gefäß mit 20- bis 25gradigem Zuckersirup, abgeschmeckt mit Rum, Kirschwasser, Arrak, Maraschino, Curaçao u. dgl., getaucht, herausgenommen, mit warmer Aprikosenmarmelade überglänzt; der verbleibende Zuckersirup wird als Sauce zu den Kuchen gereicht.

Trockenputzen von Geflügel: Trocken gerupftes Geflügel kann und soll ein bis zwei Tage ablagern, bevor es verwendet wird; wenn das Tier noch blutwarm gerupft wird, reißt leicht die Haut ein.

Trüffeln, gehackt: Lassen sich leicht auf Eier u. dgl. streuen, wenn sie zuerst gehackt, dann auf ein Tuch gelegt werden und der Saft, ausgedrückt wird; nachher hackt man sie nochmals.

Trüffeln in offenen Dosen kurze Zeit haltbar zu machen: Die Dosen mit Wein auffüllen, ein wenig Olivenöl zugießen.

Trüffelessenz: Essence de truffes: Der kurz eingekochte Fond, in dem Trüffeln gargemacht worden sind.

Überziehen von Torten usw.: Die ausgekühlte Torte wird mit der glatten Seite nach oben gelegt, überdeckt mit warmem Zuckerguß, der durch leichtes Schaukeln der Torte gleichmäßig verteilt wird, ohne daß mit dem Messer nachgeholfen wird; die Ränder mit dem Messer glattgestrichen und der Zuckerguß in mäßigheißer Röhre getrocknet.

Verjus: Der ausgepreßte Saft unreifer Weinbeeren.

Vesiga: Die gallertartige Substanz, die das Rückenmark des Störs umgibt. Wird für russische Gerichte, besonders für Kulibijaka verwendet.

Vitamine: Lebenswichtige Ergänzungsstoffe der Ernährung, die laufend aufgenommen werden müssen, um Avitaminosen (Mangelerscheinungen) zu verhindern. Sie gehören wie die Enzyme und Hormone zu den Wirkstoffen.

Wasserziehen: Zu lange gekochte Puddings setzen Wasser ab.

Wildessenz: Essence de gibier: Wildabfälle und Knochen in kleine Stücke gehackt, zusammen mit wenig Zwiebelscheiben und Champignonabgängen in Butter angeschwitzt, knapp mit Wasser bedeckt, langsam 2 Stunden gekocht, passiert, eingekocht, abgefettet.

Zedrat: Eine andere Bezeichnung für Zitronat.

Zibeben: Schwarze, bis 2 cm große, länglich-plattgedrückte, hartschalige braunschwarze Beeren, die auf Kreta und in Smyrna wachsen. Sie gehören zu den Rosinen.

Zucker: siehe auch Hagelzucker, Karamelzucker, Tablieren

Zucker und Eier geschlagen heißt Eigelb und Eiweiß in eine Schüssel geben, den Zucker beimischen und so lange mit der Schneerute schlagen, bis die Masse dick und schaumig ist; dann das Mehl beigeben und ganz leicht verrühren.

Zucker kochen: Der 1. Grad, der kleine Faden, Zuckerwaage Beaumé 36½ Grad: Taucht man einen Holzlöffel in den kochenden Zucker, berührt diesen mit dem Zeigefinger und drückt mit dem Daumen darauf, so ergibt sich beim Wiederöffnen der zwei Finger ein etwa 2 cm langer Faden, der nicht abreißt.

Der 2. Grad, der große Faden oder auch Zucker zum Fluge gekocht, Zuckerwaage Beaumé 38 Grad: Der Zucker kocht weiter, und man wiederholt obige Probe; es läßt sich ein Faden von 4 cm erzielen.

Der 3. Grad, Kettenflug (Beaumé 43 Grad): Wird in weiterkochenden Zucker ein birnenförmig gebogener, ¹/₄ cm breiter Draht eingetaucht, dann herausgehoben und der in der Schlinge befindliche Zucker geblasen, so fliegt er in Blasenform heraus.

Der 4. Grad, der kleine Ballen: Der Zucker wird weitergekocht; taucht man nun einen Holzlöffel hinein und steckt ihn sofort in kaltes Wasser, so läßt sich der anhaftende Zucker mit dem Finger leicht zu einer Kugel formen.

Der 5. Grad, der große Ballen: Nach 1½ Minuten weiteren Kochens wird die Probe wie beim 4. Grad gemacht; die Kugel ist fester.

Der 6. Grad, der kleine Bruch: Es wird die gleiche Probe wie beim 4. Grad gemacht; der Zucker erstarrt und läßt sich leicht brechen.

Der 7. und letzte Grad, Zucker zum Bruch: Der Zuckersirup wirft Blasen und dampft nicht mehr; an einem eingetauchten Stäbchen, das sofort in kaltes Wasser gesteckt wird, wird der Zucker krachen und beim Kosten an den Zähnen kleben bleiben.

Wird er weitergekocht, färbt er sich und wird zu Karamel.

Zuckerwaage: Pese-sirop: Saccharometer, kleine Glasröhre, die den Zuckergrad nach Beaumé in der Flüssigkeit anzeigt.

Jahreszeiten-Kalender

(Zahlen bedeuten Monate)

A Wann zu haben
B Wann am schmackhaftesten

Bei den nachstehenden Angaben handelt es sich um frische Lebensmittel. Gefrierware, die es während des ganzen Jahres gibt, ist nicht berücksichtigt worden.
Da die Schuß-, Fang- und Schonzeiten in verschiedenen Ländern, ja selbst innerhalb der Bundesrepublik, nicht mit dem gleichen Tage beginnen oder schließen, da ferner klimatische Verhältnisse in Betracht gezogen werden müssen, haben wir Mitteleuropa als Grundlage angenommen. Es ergeben sich daher kleine Verschiebungen.

	A	B		A	B
Aal	1–12	(5–9)	Erbse	5–8	(5–6)
Aalraupe	1–12	(12–1)	Erdbeere	5–8	(5–7)
Alse	3–9	(6–7)	Erdbirne	9–4	(11–12)
Apfel	9–5	(11–3)			
Ananas	1–12	(12–4)	Fasan	9–4	(11–2)
Apfelsine	10–7	(12–3)	Feige, grüne	7–11	(7–8)
Aprikose	5–9		Felchen	5–11	(5–7)
Artischocke	1–9	(5–6)	Feldhuhn	10–3	(11–12)
Auerhahn	10–5		Fettammer	11–2	(11–12)
Auster	10–3	(12–2)	Fogosch	1–12	(4–7)
			Forelle	1–12	(4–8)
Banane	1–12	(10–2)	Frischling	3–9	(7–8)
Barsch	1–9	(7–9)	Froschkeulen	3–10	(5–7)
Bärenfleisch	11–2	(12–1)			
Barbe	7–3	(11–2)	Gans	1–12	(10–2)
Birkhahn	10–6	(11–2)	Gänseleber	1–12	(10–4)
Birne	7–2	(9–12)	Garnele	3–9	(3–5)
Blaubeere	6–9		Gemse	6–9	(8)
Blaufelchen	5–11	(5–6)	Goldmakrele		
Blumenkohl	7–5	(9–12)	(Dorade)	1–12	(10–12)
Bohnen, grüne	5–10	(5–8)	Granatapfel	10–11	
Brasse	7–10	(9)	Goldrübe	4–11	
Brennessel	4–5		Gurke	5–11	(6–7)
Broccoli	10–3				
Bundsalat	4–11	(5–6)	Hammelfleisch	1–12	(10–3)
			Hase	9–3	(9–12)
Clams	5–9		Haselhuhn	9–1	(11–12)
			Haselnuß	1–12	(9–10)
Dachs	10–11		Hausen	5–12	(7–10)
Damwild	9–2	(10–12)	Hecht	7–4	
Dorsch	1–12	(7–8)	Heidelbeere	6–9	
Drachenfisch	5–10	(6–7)	Hering, grün	5–1	(6–8)
			Himbeere	6–10	(6–7)
Eierpflanze	6–10	(6–8)	Hirschfleisch	8–3	(9–12)
Endivie	1–12	(5–7)	Hopfenkeime	4–5	
Ente	3–10	(7–9)	Huchen	6–3	(10–12)

Jahreszeiten-Kalender

	A	B		A	B
Huhn, junges	5–10	(6–9)	Perlhuhn	1–12	(3–7)
Hummer	1–12	(4–9)	Pfahlmuschel	7–3	(8–11)
			Pfifferling	6–10	
Jakobsmuschel	1–6	(1–3)	Pfirsich	7–10	
Johannisbeeren	6–7		Pflaume	8–10	
Junggans	5–9		Pilgermuschel	12–6	(1–2)
			Pilzling	6–11	(6–7)
Kabeljau	1–12	(10–4)	Porree	1–12	(9–11)
Kalbfleisch	1–12	(3–9)	Preiselbeere	9	
Kaninchen	1–12	(6–11)	Pute	10–3	(10–1)
Kapaun	1–12	(11–3)			
Karde	10–3	(10–12)	Quitte	10–1	
Karotte	5–10				
Karpfen	1–12	(9–4)	Radieschen	2–9	(2–4)
Kartoffel, frühe	6–9		Rebhuhn	9–3	(9–11)
Kartoffel, späte	1–12		Regenpfeifer	10–3	(10–11)
Kaviar	1–12	(11–3)	Regenpfeifereier	2–3	
Kiebitz	9–3	(2–3)	Rehfleisch	9–3	(10–12)
Kiebitzeier	3–4		Reineclaude	8–9	
Kirsche	5–7		Renke	5–2	(6–10)
Knollenziest	10–4	(11–12)	Renntier	12–5	(1–2)
Knurrhahn	1–12	(10–7)	Rhabarber	4–9	(4–5)
Kohl	1–12	(9–2)	Rindfleisch	1–12	(12–3)
Kohlrübe	5–9		Rochen	1–12	(2–6)
Krabbe	9–3		Rosenkohl	9–2	
Krammetsvogel	8–2	(8–12)	Rotbarbe	1–5	(1–4)
Krebs	5–9		Rotkraut	8–11	
Krevette	3–9	(3–5)	Rotwild	8–3	(11–2)
Kriekente	7–12	(7–11)	Rübe	1–12	(8–10)
Kücken	1–12	(4–9)			
			Saibling	1–10	(2–9)
Lachs	8–3	(11–12)	Salm	8–3	(11–2)
Lachsforelle	2–10	(5–6)	Sardelle	10–5	(12–4)
Lammfleisch	3–6		Sardine	6–10	(8–9)
Languste	1–12	(6–9)	Sauerampfer	3–7	(4–5)
Lauch	1–12	(7–11)	Sauerkirsche	5–8	
Lerche	10–3	(10–11)	Schellfisch	1–12	(10–12)
			Schildkröte	3–10	(6–7)
Maifisch	3–9	(5–8)	Schleie	7–3	(9–2)
Mairübe	5–6		Schnecke	10–4	
Mais	8–9		Schneehuhn	10–3	(11–1)
Makrele	4–12	(5–8)	Schnepfe	8–3	(10–12)
Mandarine	11–5	(12–3)	Scholle	4–11	(5–9)
Mandel	7–11		Schöpsenfleisch	1–12	(11–3)
Maronen	10–1	(11–12)	Schwarzwurzel	12–3	
Masthuhn	1–12	(11–1)	Schweinefleisch	1–12	(9–4)
Meerspinne	10–3	(10–2)	Seeaal	1–12	(9–1)
Melone	7–10	(7–9)	Seebarbe	1–12	(2–6)
Miesmuschel	8–4	(9–2)	Seeforelle	1–8	(2–8)
Mispel	10–12	(11–12)	Seekohl	10–3	(11–12)
Moorhuhn	9–1	(10–12)	Seezunge	1–12	(4–10)
Morchel	4–5		Sellerie	9–1	(10–1)
Möweneier	4–5		Spargel	4–6	
Muräne	1–4	(1–3)	Speisedistel	1–9	(5–6)
Muschel	10–4	(10–12)	Stachelbeere	6–7	
			Steinbutt	1–12	(10–4)
			Steinpilz	5–11	(7–8)
Nektarine	7–10		Stint	9–4	(11–3)
Nuß	1–12	(8–10)	Stör	5–10	(5–8)

Jahreszeiten-Kalender

Strandkohl	11–3	(11–12)
Sumpfschnepfe	4–11	(4–9)
Taube	1–12	(7–11)
Teltower Rübchen	10–11	
Thunfisch	5–10	(6–7)
Tomate	1–12	(8–10)
Trüffel	10–4	(10–1)
Truthahn	11–3	(10–12)
Wachtel	5–11	(9–10)
Waldhuhn	8–11	(10)
Waldschnepfe	5–9	(5–7)
Walnuß	8–9	
Wassermelone	8–12	

Weintraube	9–10	
Weißfischchen	2–8	(2–7)
Weißkraut	8–11	
Weißling (Merlan)	1–12	(3–12)
Wels	7–4	(8–3)
Whitebait	2–8	(2–6)
Wildente	8–4	(10–12)
Wildgans	8–4	(10–12)
Wildkaninchen	9–4	(11–2)
Wildschwein	1–12	(1–11)
Wirsing	7–10	
Zander	1–12	(4–8)
Zitterrochen	1–12	(2–4)
Zuchtchampignon	1–12	
Zwiebel	1–12	(8–11)

Rohgewichtstabelle
für Fisch, Schlachtfleisch, Ragouts und Verschiedenes

Die Zahlen sind Durchschnittswerte, sie können von Betrieb zu Betrieb leicht variieren.

Bezeichnung der einzelnen Stücke	à la carte (g)	im Gedeck (g)
Flußfische, Süßwasserfische		
Aal	200	150
Felchen	250	150
Forelle	250	150
Hecht	250	150
Hechtfilet	150	100
Karpfen	400	200
Lachs mit Gräte	200–250	125
Lachsfilet	150	100
Lachsforelle	200–250	125
Lachsforellenfilet	150	100
Schleie	250	150
Zander	250	150
Zanderfilet	150	100
Seefische		
Heilbutt	250	150
Heilbuttfilet	150	100
Kabeljau	250–300	175
Kabeljaufilet	175–200	125–150
Makrele	250	175
Rochen	200	150
Rotbarsch	250	175
Rotbarschfilet	175	125–150
Rotzunge, abgezogen, pariert	250	150
Rotzungenfilet	175	125
Scholle	250	150
Schollenfilet	175	125
Seezunge, abgezogen, pariert	200–250	175
Seezungenfilets	175–200	125
Steinbutt	300	175
Steinbuttfilet	150	100
Weißling (Merlan)	250	175
Schlachtfleisch		
Chateaubriand	400	–
Doppeltes Zwischenrippenstück	360	–
Filetbeefsteak	150	120
Filetgulasch (à la minute)	150	–
Hackbeefsteak	160	125
Kluftsteak	175	125
Lendenschnittchen (Tournedos)	150	120
Ochsenfilet, gebraten	150	100
Rindergulasch	225	175
Rinderroulade	180	150
Rostbraten, geschmort	180–200	150–175
Zwischenrippenstück (Entrecôte)	180	150

Gewichtstabelle

Bezeichnung der einzelnen Stücke	à la carte (g)	im Gedeck (g)
Mixed Grill	400–500	–
Porterhouse Steak	1000	–
Kalbsbrustknorpel (Tendron)	225	175
Kalbsfrikassee, ohne Knochen	200	175
Kalbsgrenadin	2 je 75	2 je 60
Kalbshachse	400	–
Kalbskopfragout mit Hirn und Zunge	250	175
Kalbskotelett, naturell	175	150
Kalbsleber	150	120
Kalbsmedaillon	2 je 60	1 à 75
Kalbsmilch	125	80
Kalbsragout, mit Knochen	250	175
Kalbsroulade, ohne Farce	140	110
Kalbsschnitzel, naturell	150	120
Kalbsschnitzel, paniert	125	100
Kalbssteak	175–200	125
Hammelchop	200	–
Hammelfilet	2 je 75	2 je 60
Hammelkoteletts	2 je 75	2 je 60
Hammelkeule, gebraten	175	150
Hammelkeule, gekocht oder geschmort	185	150
Hammelnieren, grilliert	150	120
Hammelragout, mit Knochen	250	175
Hammelrücken, gebraten	180	150
Irish Stew	250	175
Kasseler Kotelett	175	150
Schweinekarree, gebraten	180	150
Schweinekeule, gebraten	160	125
Schweinekotelett, naturell	175	150
Schweinekotelett, paniert	150	125
Schweineschnitzel, naturell	150	120
Schweineschnitzel, paniert	125	100
Schweinsroulade	175	130
Verschiedenes		
Gänseleber, frische	150	100
Geflügellebern	150	100
Geflügellebern für Omelette	75	50
Hasenpfeffer, mit Knochen	250	175
Kalbsfüße, gepreßt	200	125
Kalbshirn, naturell (blanchiert)	150	120
Kalbshirn, paniert	150	120
Nieren für Omelette	75	50
Wildragout, ohne Knochen	200	150

Zubereitungsdauer einiger Speisen

(Durchschnitt in Minuten)

Suppen

Kraftbrühe klären	90	Gebundene Suppen	30–

Eierspeisen

Eier in Näpfchen	8	Setzeier	5
Omelette	5	Speck mit Eiern	10
Rühreier	5	Schinken mit Eiern	10

Fische

Fische, gebacken je nach Art und Größe	5–15	Fischfilets, pochiert, je nach Art und Größe	5–10
Fische, gebraten je nach Art und Größe	8–15	Große Fische, gekocht oder gargezogen, je nach Art und Größe	10–40

Rindfleisch

Chateaubriand, innen rosa	15–20	Filetbeefsteak, rosa	8–10
Lendenschnitten (Tournedos)	7–8	Rinderfilet, gebraten, je kg	12–15
Zwischenrippenstück (Entrecôte)	8–10	Hochrippe, gebraten, je kg	15–18

Kalbfleisch

Kalbsleber	5–6	Kalbsschnitzel, paniert	6
Kalbskotelett	10–12	Kalbsrücken, je nach Größe	60–80
Kalbsschnitzel, naturell	6–8	Kalbsnierenbraten	60–90

Hammel- bzw. Lammfleisch

Hammelkotelett	8–10	Hammelkarree je kg	25
Hammelchop	10–12	Hammelkeule, gekocht oder geschmort	ca. 120
Hammelnieren	6–8	Hammelkeule, gebraten, innen rosa	75
Hammelrücken, gebraten, innen rosa	50–60		

Schweinefleisch

Schweinekotelett, naturell	12–15	Schweinekarree, durchgebraten, je kg	25
Schweinekotelett, paniert	15	Schweinekeule, durchgebraten, je kg	30

Haarwild

Rehrücken oder -keule, innen rosa, je kg	12–14	Frischlingsrücken, je kg	25
		Hasenrücken, innen rosa	12–18

Zubereitungsdauer einiger Speisen

Geflügel und Wildgeflügel

Ente	35–45	Masthuhn, pochiert	50
Fasan, innen rosa	25–30	Perlhuhn, innen rosa	25–30
Fettammer	4–5	Pute, je kg	20
Hähnchen	30	Rebhuhn, innen rosa	15–20
Hähnchen am Rost	25–30	Schneehuhn	15–18
Junggans	60–80	Schnepfe	15–18
Kriekente	12–14	Suppenhuhn, gekocht	120–180
Kücken	15	Taube	20–25
Masthuhn (Poularde) gebraten	50	Wachtel	10–12
		Wildente	20

Gemüse und Teigwaren

Artischocke, gekocht, je nach Größe	45–60	Makkaroni, gekocht	15–18
Blumenkohl, je nach Größe	12–15	Nudeln, gekocht	8–10
Bohnen, grüne	15–18	Paprikaschoten, gefüllt	60–90
Chicorée, gedünstet	50–60	Polenta	50–60
Eieräpfel, gebacken, in Scheiben	4–5	Ravioli, pochiert	12–15
Erbsen, gekocht	12–15	Reis, gekocht	15–18
Fenchelknollen, gedünstet	50–60	Risotto	18–20
Karotten, glaciert	20–35	Spaghetti, gekocht	15
Kürbischen (Courgettes), gefüllt	25–30	Spinat	6–8
		Stangenspargel	18–25
		Staudensellerie, gedünstet	50–60
		Steinpilze, sautiert	12–15
		Tomaten, gebraten	8

Alle Angaben beziehen sich auf frische Lebensmittel. Für gefrorene, sogenannte tiefgekühlte Ware ist die Zeit um ungefähr ein Drittel zu kürzen.

Küchenausdrücke

Verdeutschungen – Historische Angaben

à la nach Art der, auf ... Art, nach der Mode von ..., nach ...: hat den Zweck, gewisse Platten zu kennzeichnen und gibt dadurch die Art der Zubereitung an.

Speisennamen können herstammen: 1. von dem Namen der Persönlichkeit, welcher die Platte zuerst serviert wurde; 2. nach dem Namen einer berühmten Person; 3. nach der Mode eines Landes oder einer Stadt; 4. nach der beigegebenen, bereits bekannten fixen Garnierung; 5. nach einem Ereignis usw.

In neuester Zeit wird vielfach die Bezeichnung à la weggelassen und zum Beispiel eine Platte nicht mehr mit „Sole à la meunière", sondern nur mit „Sole meunière" bezeichnet.

A part: einzeln, separat
A volonté: nach Belieben
Abaisser: ausrollen
Abbesse, à l': Äbtissin-Art
Abonnement: ständige Abnahme
Abyssinienne, à l': abessinisch
Accolade: 1 Paar (Wildgeflügel)
Acidulér: säuern
Additionner: hinzufügen
Adoucir: versüßen
Africaine, à l': afrikanisch
Afternoon Tea: Nachmittagstee
Agnes Sorel: Mätresse Karls VII.
Aïda: Oper von G. Verdi
Aide: Helfer, Gehilfe
  de Cuisine: Hilfskoch
  de Salle: Saalkellner
Aider: helfen
Aiglon, à l': Sohn Napoleons I.
Aigre: sauer
  -doux: süß-sauer
Aiguillettes: Fleischstreifen
Aile: Flügel
  de poulet: Hühnerflügel
Ajouter: hinzugeben
Albigeoise, à l': Mode von Albi
Albran: junge wilde Ente
Albuféra: Teich nahe Valencia. Sieg Marschall Suchets über die Engländer
Alcool: Weingeist, Spiritus
Alençon: Titel einiger Fürsten aus dem Hause Valois
Alexander I.: russischer Zar

Algérienne: algerische Mode
Alhambra: Palast in Granada
Allemande: deutsche Art
Allonger: verdünnen
Allumettes, en: in Zündholzform
Alma, à l': russische Niederlage
Almeria: Stadt in Spanien
Alsacienne, à l': auf elsässische Art
Alterner: abwechselnd
Ambassadeur: Botschafter
Ambassadrice: Botschafterin
Amélie: Amalia
Amer: bitter
Américaine, à l': amerikanisch
American Bar: amerikanischer Ausschank
  Drinks: amerikanische Getränke
Amidon: Stärke
Amiral: Admiral
Amourettes: Kalbs-, auch Rindermark
Amphitryon: Gastgeber
Ancienne, à l': alte Mode
Andalouse, à l': andalusisch
Andouilles: Gekrösewürste
Andrassy: ungarischer Staatsmann
Anglaise, à l': englisch
Anneau: Ring
Antiboise, à l': Mode von Antibes
Apéritif: Appetitanreger
Apicius: römischer Feinschmecker
Appareil: Zurüstung, Masse
Apprenti: Lehrling

Küchenausdrücke

Arabe, à l': arabisch
Archevêque: Erzbischof
Archiduc: Erzherzog
Archiduchesse: Erzherzogin
Ardennaise, à l': Mode der Ardennen
Argenteuil: Stadt in Frankreich
Argentine: Argentinien
Arlequin: Harlekin
Arlesienne, à l': Mode von Arles
Arménienne, à l': armenisch
Aromates: Würzkräuter
Arome: Duft
Arrangement: Abmachung
Arranger: ordnen
Arroser: übergießen
Arrow-root: Pfeilwurzmehl
Ascenseur: Fahrstuhl, Aufzug
Aspérule: Waldmeister
Assaisonner: würzen
Assiette: Teller, auch Vorspeise
à potage: Suppenteller
Assorti: ausgewählt
Astor: amerikanischer Finanzmann
Astronome, à l': Sterndeuter-Mode
Attereaux: Spießchen
au: mit, mit dem
au madère: mit Madeira
Auber: französischer Musiker
Auberge: Herberge, Wirtshaus
Auersperg: österr. Staatsmann
Aumale: Sohn Ludwig Philipps I.
Aurore: Morgenrot
Autrichienne, à l': österreichisch
Auvergnate, à l': auf Auvergner Art
Avignonnaise: Mode von Avignon
Avoine: Hafer
aux: mit, mit den
aux champignons: mit Champignons

Baba: Guglhupf, Napfkuchen
Babeurre: Buttermilch
Bacchus: Gott des Weines
Bachelière, a la: Abiturientenart
Bacon: Speck
Badoise, à la: badische Mode
Bagages: Gepäck
Bagration, Prinz: russ. General
Bain: Bad
-marie: Wasserbad
Bains: Bäder
Baiser: Schaumnocken
Balai: Besen
Balance: Waage
Balayer: kehren, fegen
Balmoral: englisches Königsschloß in Schottland

Bâloise, à la: Baseler Art
Balzac: französ. Schriftsteller
Bambôche: Knirps, Saufkumpan
Bangkok: Hauptstadt Thailands
Banquet: Festmahl
Banquière: Bankier-Mode
Bar: Ausschank
Barcelone, à la: Mode von Barcelona
Barde: Speckscheibe
Barder: Mit Speck umwickeln
Bardoux: französischer Geschichtsschreiber
Barigoule: Distelohr (Pilz)
Barman: Barmann
Baron Brisse: französischer Feinschmecker
Barrique: Faß mit zirka 220 Liter
Bart, Jean: Berühmter Seeheld
Bartavelle: Steinhuhn
Basilic: Basilikum
Basque, à la: baskische Mode
Batavia: früherer Name der indonesischen Hauptstadt Djakarta
Batelière, à la: Flußschifferart
Bâtons: Stangen
Battre: zu Schaum schlagen
Bavarois: bayerische Creme
Bavaroise, à la: bayerisch
Bayard: französischer Held
Bayonne: Stadt in Frankreich
Beaconsfield (Lord Disraeli): englischer Staatsmann, Schriftsteller
Béarnaise, à la: Mode von Béarn
Béatrice: berühmte Florentinerin
Beau: schön
Beaucaire: früher berühmter Messeort.
Beauceronne: Mode von Beauce
Beaucoup: viel
Beaufort, Herzog: Enkelsohn Heinrichs IV. von Frankreich
Beauharnais: Stiefsohn Napoleons I.
Beaulieu: Stadt in Südfrankreich
Beaumont: französ. Städtename
Béchamel: Hofmeister Louis' XIV.
Bedford, Herzog: Bruder Heinrichs V. von England
Beignets: Krapfen
Belge, à la: belgisch
Bellay, Du: französ. Feldherr
Belle-Alliance: Gehöft bei Waterloo
  Hélène: Operette von Offenbach
Belle-Valence: Valencia, Stadt in Spanien
Bellevue: schöne Aussicht, Ansicht

Küchenausdrücke

Bellini: italienischer Komponist
Belloy: Erzbischof von Paris (1709–1808)
Bénédictine, à la: Benediktinerart
Béranger: französ. Liederdichter
Berchoux: französischer Poet
Bercy: Vorort von Paris
Bérenger: französ. Staatsmann
Berger: Schäfer
Berlioz: Komponist und Kritiker
Bernadotte: Marschall von Frankreich
Bernard, E.: Küchenchef Kaiser Wilhelms I.
Bernhardt, Sarah: dramatische Künstlerin
Bernis: französischer Dichter und Diplomat
Bernoise, à la: Mode von Bern
Berrichonne, à la: Mode von Berry
Bert, P.: französischer Politiker
Berthier: Prinz von Wagram
Beurre: Butter
  d'ail: Knoblauchbutter
  d'anchois: Sardellenbutter
  clarifié: geklärte Butter
  d'échalotes: Schalottenbutter
  d'écrevisses: Krebsbutter
  de foie-gras: Gänseleberbutter
  fondu: geschmolzene Butter
  frais: frische Butter
  de Gascogne: Knoblauchbutter
  de homard: Hummerbutter
  maître d'hôtel: Petersilienbutter
  manié: Mehlbutter
  Montpellier: Kräuterbutter
  mousseux: schäumende Butter
  de moutarde: Senfbutter
  noir: braune Butter
  noisette: gebräunte Butter
  de pistaches: Pistazienbutter
  printanier: Kräuterbutter
  de raifort: Rettichbutter
  ravigote: grüne Butter
  de truffes: Trüffelbutter
Beurrer: mit Butter bestrichen
Bibesco: rumänisches Fürstengeschlecht
Bidon: Eimer
Bien: gut
  cuit: gut gebraten
Bientôt: bald
Bière: Bier
Bigarrer: scheckig machen
Bignon: ehemaliger Restaurateur in Paris
Biscuit: Biskuit
  à la Cuiller: Löffelbiskuit

Bisque: Krebssuppe
Bizet: französischer Komponist
Blanc, blanche: weiß
  cuire à: blind gebacken
  d'œuf: Eiweiß
  d'œuf fouetté: Eierschnee
  un: Mehl, Wasser, Salz
  de volaille: Hühnerbrust
Blanchir: abbrühen, überkochen
Blanc-manger: Mandelsulz
Blanquette: weißes Ragout
Blé: Getreide, Korn
  de Turquie: Mais, Kukuruz
  vert: Grünkorn
Blette: Mangold
Bleu: blau
  au: blau gekocht
Blinis: Plinsen
Blond de Veau: Kalbssaft
Bluepoints: amerik. Austern
Boarding-house: Logierhaus
Bock, un: Glas Bier
Bodega: Weinschank
Bœuf braisé: Schmorbraten
Bohémienne, á la: böhmisch
Boieldieu: französ. Komponist
Bois: Holz
Boisson: Getränk
Boîte: Schachtel
Bon: Gutschein, gut
Bonaparte: korsisches Geschlecht
Bonbons: Bonbons, Zuckerln
Bonnefoy: früheres Restaurant in Paris
Bontoux: französischer Bankier
Bonvalet: früheres Restaurant in Paris
Bord: Rand
Bordeaux: französischer Rotwein
Bordelaise, à la: Mode von Bordeaux
Border: umlegen
Bordure: Rand, Einfassung
Bostonienne, à la: Mode von Boston
Botzaris: griechischer Freiheitskämpfer
Bouche: Mund
Bouchées: Blätterteigpastetchen
Boucher: französischer Maler
Bouchère, à la: Metzgerart
Boucherie: Schlächterei
Boudin: Farcewurst
  blanc: Weißwurst
  noir: Blutwurst
Bougie: Kerze
Bouillant: kochend
Bouillie: Milchbrei
  de riz: Reis in Milch
  de semoule: Grieß in Milch

Küchenausdrücke

Bouillon: klare Suppe
 à l'œuf: klare Suppe mit Ei
Boulangère, à la: Bäckerart
Boulette: Knödeln, Klöße
Boulonnaise, à la: Mode von Boulogne
Bouquet: Büschel, Strauß
 garni: Kräuterbündel
Bourbon: französisches Herrschergeschlecht
Bourdaloue: franz. Kanzelredner
Bourgeoise, à la: bürgerlich
Bourgogne: Burgund
Bourguignonne, à la: Burgunder Art
Bourrache: Gurkenkraut
Bout: Ende, Spitze
Bowle: Punschgefäß, Getränk
Boyeau: Darm
Brabanconne, à la: Brabanter Art
Braconnier: Wildschütz
Braiser: dünsten, schmoren
Braisière: Geschirr mit Deckel
Brantôme: französ. Schriftsteller
Bread: Brot
Breakfast: Frühstück
Brébant: früheres Restaurant in Paris
Brébis: Mutterschaf
Brésilienne, à la: brasilianisch
Bresse: französischer Landstrich
Bressane, à la: Mode von Brest
Breteuil: Stadt im Dep. Eure
Bretonne, à la: Mode der Bretagne
Briarde: Mode von Brie
Brider: mit Schnur binden
Brieux: französischer Dramatiker
Brigade: Kochbrigade
Brighton: Badeort in England
Brillat-Savarin: Schriftsteller, Feinschmecker
Brioche: Apostelkuchen
Brisse, Baron: Schriftsteller, Feinschmecker
Bristol: Stadt in England
Broche: Spieß
Brochettes: Spießchen
Brosse: Bürste
Brouiller: vermischen, rühren
Brûlant: brennend
Brûler: brennen
Brun, brune: braun
Brunoise: feinwürflig geschnittene Wurzelgemüse
Bruxelloise, à la: Mode von Brüssel
Buena Vista: schöne Aussicht
Buffet: Büfett, Anrichtetisch
Bulgare, à la: bulgarisch
Buloz: französischer Schriftsteller

Byron, Lord: englischer Dichter
Byzantine, à la: byzantinische Art

Cabaret: Schenke
Cacao: Kakao
Caën: Stadt in Frankreich
Café: Kaffee, Kaffeehaus
 des Anglais: früheres Restaurant in Paris
 chantant: Konzertkaffee
 complet: Kaffee, Brot, Butter, Marmelade
 à la crème: Kaffee mit Rahm
 glacé: Eiskaffee
 au lait: Milchkaffee
 noir: schwarzer Kaffee
 en poudre: Pulverkaffee
 turque: türkischer Kaffee
Cafétière: Kaffeekanne
Caillé: geronnen
Caisses: Porzellankästchen
Caissier: Kassierer
Caissière: Kassiererin
Cake: Kuchen
Cakes: kleine Kuchen
Calabraise, à la: Mode in Kalabrien
Calaisienne, à la: Mode von Calais
Calcutta: Hauptstadt in Indien
Calvé: französische Sängerin
Calville: Erdbeerapfel
Camargo: berühmte Tänzerin
Cambacérès: französ. Staatsmann
Cambridge: Stadt in England
Cambyse: persischer König
Camerani: Schauspieler und Feinschmecker
Camomille: Kamille
 une: Kamillentee
Campbell: englischer Poet
Canapés: belegte Schnittchen
Cancalaise, à la: Mode von Cancale
Cannelle: Zimt
Canova: italienischer Bildhauer
Cantaloup: Warzenmelone
Capétiens: Französische Herrschergeschlechter
Câpres: Kapern
Capucine, à la: Kapuzinermode
Caramel: Karamelzucker
Cardinal: Kardinal
Cardon: Karde
Carême: Fastenzeit
 dto. berühmter Koch
Carmélite: Barfüßer
Carmen: nach Carmen
Carnot: Präsident von Frankreich
Carte: Speisekarte
 à la: nach Wahl

Küchenausdrücke

du jour: Tageskarte
Carvalho: französische Sängerin
Casanova: italienischer Schriftsteller
Casino: Kasino
Casserolle: Kochtopf
Cassonnade: einmal raffinierter Zucker
Catalane, à la: katalonische Mode
Caucasienne: kaukasisch
Cave: Keller
Caviar: Rogen vom Stör oder Hausen
Cavour: italienischer Staatsmann
Cayenne: Cayennepfeffer
Cecil: altenglische Familie
Cédrat: Zitronat
Célestine, à la: Cölestinerart
Cendre: Asche
Cendrillon: Aschenbrödel
Cèpes: Steinpilze
Cérès: Göttin der Landwirtschaft
Cerf: Hirsch
Cerfeuil: Kerbelkraut
César: römischer Konsul
Cettoise, à la: Mode von Cette
Cévenole: Mode der Cevennen
Chafing-Dish: Platte zum Warmhalten
Chair: Fleisch
Chaleur: Hitze
Châlonnaise, à la: Mode von Châlons
Chalumeau: Strohhalm
Chambord: Graf Chambord, Enkel Karls X. von Frankreich
Champagne: Champagner
  brut: sehr herber
  crémant rosé: Rosa
  demi-sec: halbsüß
  doux: süßer
  dry: herber
  sec: trockener
Champignons: Edelpilze
Chandelle: Kerze
Chanterelles: Pfifferlinge
Chantilly: Stadt bei Paris
Chapelure: Brösel, Panierbrot
Chapon: Kapaun
Charbon: Kohle
Chartreuse, à la: Kartäuser Art
Chasseresse, à la: Art der Jägerin
Châtelaine: Burgfrau
Chaud-froid: Sulzgericht
Chaudeau: Weinschaum
Chaud-froider: übersulzen
Cheese: Käse
Chef de Brigade: Küchenchef
  de cuisine: Küchenchef
  de réception: Empfangschef
Cheminée: Kamin
Chemiser: überziehen

Cherbourg: französ. Hafenstadt
Chevalière: Rittersfrau
Chevreuse: Titel einer Herzogin
Chevrière: Ziegenhirtin
Chicken-Broth: Hühnersuppe
Chiffonnade: gezupfte Kräuter
Chilis: spanische Pfefferschoten
Chine: China
Chinois: Spitzsieb
Chives: Schnittlauch
Choiseul: Herzog, Minister
Choisy: Ortschaft im Dep. Seine
Choron: französischer Komponist
Chowder: amerikan. Bezeichnung bestimmter Suppen
Ciboulette: Schnittlauch
Cidre: Apfelwein
Circassienne: tscherkessisch
Ciseaux: Schere
Ciseler: einkerben
Citrouille: Kürbis
Claret: leichter Rotwein
Clarifier: klären
Cloche: Klingel, Deckel
Clos: Weingut
Clous de girofle: Gewürznelken
Club: Klub, Kasino
Coco: Kokosnuß
Cochon: Schwein
  de lait: Spanferkel
Cocotières: Porzellantiegel
Coing: Quitte
Colbert: französischer Staatsmann
Colimacon: Weinbergschnecke
Colorer: färben
Comestibles: Lebensmittel
Compote: Dunstobst, Kompott
Compoter: verschlossen gedünstet
Comptabilité: Buchhaltung
Comptable: Buchhalter
Comte: Graf
Concièrge: Portier
Concordia: Eintracht
Confire: einmachen
Confiseur: Zuckerwarenhändler, Zuckerbäcker
Conserver: konservieren
Conserves: Konserven
Consommé: klare Fleischbrühe
  double: doppelte Kraftbrühe
Contadino, à la: Bauernart
Contiser: Einschnitte, gefüllt
Coq: Hahn
Coque: Eierschale
Coquelin: französ. Schauspieler
Coquilles: Muschelschalen, Muscheln
Corbeille: Korb
Cordelier: Franziskaner
Cordon: Kranz
Cornets: Hörnchen, Kipfeln
Cornichons: Essiggurken

Küchenausdrücke

Côte: Rippe
Cou: Hals
Couleur: Farbe
Coupe: Becher, Schale
Couper: schneiden, tranchieren
Court-bouillon: Würzbrühe
Courtisane: Kurtisane
Couvert: bedeckt
  Le: Gedeck
Crabe: Krabbe
Crème: Rahm, Obers, Sahne
  aigre: saure Sahne
  fouettée: Schlagsahne
  d'orge: Gerstenschleim
Crêpes: Eierkuchen
Crépine: Schweinsnetz
Cresson: Kresse
Crêtes de coq: Hahnenkämme
Croissants: Butterkipfeln
Croquant: knusperig
Croquettes: Krusteln
Crosnes: Stachys
Cru: roh
Cruche: Krug
Cubat: berühmter Küchenchef
Cuire à l'eau: in Wasser kochen
  au four: im Ofen backen
  sur le gril: am Rost
  à moitié: halbgebraten
  à sec: leer gebacken
Cuisine: Küche
  Bourgeoise: bürgerliche Küche
Cuisinier: Koch
Cuisinière: Köchin
Culinaire: Küche betreffend
Cumin: Kümmel
Cupidon: Liebesgott
Curry: indische Gewürzmischung
Custard: englischer Eierrahm
Czarine: Zarin

Danoise: dänisch
Dante: italienischer Poet
Darioles: Becherpasteten
Darne: Mittelstück
Daube, en: gedämpft
Daubière: Dämpfkasserolle
Dauphin: Kronprinz
Dé: Würfel
Décorer: verzieren
Découper: zerlegen
Dégorger: auswässern
Dégraisser: entfetten
Déjazet: französ. Schauspielerin
Déjeuner: Frühstück
  dinatoire: großer Lunch
  à la fourchette: Gabelfrühstück
Demi: halb
  -glace: braune Kraftsauce
  -tasse: schwarzer Kaffee
Demidoff: russische Adelsfamilie

Dépouiller: abziehen
Désosser: ausbeinen
Dessécher: dörren
Dessert: Nachtisch
Détremper: abrühren
Diable, à la: Teufelsart
Dieppoise, à la: Mode von Dieppe
Diner: Mittagessen
  maigre: Fastenessen
Diplomate: Diplomat
Diva: erstklassige Künstlerin
Divers: verschieden
Diviser: teilen
Dominicain: Dominikaner
Doria: italienische Adelsfamilie
Dos: Rücken
Doubler: verdoppeln
Douille, à la: gespritzt
Doux, douce: süß
Dresser: formen, anrichten
  en dôme: domförmig
Dreux: französische Stadt
Drews: englischer Geologe
Dubarry: Mätresse Louis' XV.
Dubois: Küchenchef Kaiser Wilhelms I.
Ducale: herzoglich
Duchesse: Herzogin
Dumas: französischer Schriftsteller
Dumesnil: französ. Schauspielerin
Dunkerque: Dünkirchen
Dur: hart
Duse: italienische Schauspielerin
Duval: früheres Restaurant in Paris
Duxelles, D'Uxelles: feines Pilzgehäck

Eau: Wasser
  de Dantzik: Goldwasser
  minérale: Mineralwasser
  de Seltz: Selterswasser
  de vie: Branntwein
Ébarber: abschuppen, entbarten
Ébullition: brodeln
Écaillière: Austernhändler
Écarlate: scharlachrot
Échauder: abbrühen
Écorce: Rinde, Schale
Écraser: zerdrücken
Écumer: abschöpfen
Égaliser: gleichmachen
Églantines: Hagebutten
Égoutter: abtropfen
Égrugé: grobgestoßen
Élan: Elentier, Elch
Élysée: französ. Regierungspalast
Emballer: einpacken
Embrocheter: aufspießen

811

Küchenausdrücke

Émile Bernard: Koch, Schriftsteller
Émincé: Fleisch in Scheibchen
Émincer: zerkleinern
Emplir: füllen
Employé: Angestellter
Emporte-pièce: Ausstecher
Emporter: wegtragen
En: in
Enlever: weggeben
En même temps: gleichzeitig
Entonnoir: Trichter
Entourer: umgeben
Entrailles: Eingeweide
Entrée: Zwischengericht, Eingang
Entremets: Süßspeisen
Envoyer: schicken, senden
Épépiner: entkernen
Épicer: würzen
Épices: Gewürze
Épicurien: Epikuräer
Épinards: Spinat
Éplucher: abschälen
Escalopes: Schnitzel
Essayer: probieren
Essence: Aufguß, Sud, Auszug
Espagnole: braune Grundsauce
  à l': spanisch
Ésprit-de-vin: Weingeist
Ésprots: Sprotten
Ésterel: französisches Gebirge
Éstomac: Magen
Éstrées: französische Adelsfamilie
Établissement: Anstalt
Étamine: Passiertuch
Étretat: französischer Badeort
Étroit: eng
Étuver: dämpfen

Façonner: zustutzen
Fade: geschmacklos
Faible: schwach
Faim: Hunger
Faire pendre couleur: bräunen
  prendre sur glace: erstarren
Faisan: Fasan
Faisandé: Hautgoût
Fanchon: Mädchenname
Faon: Hirschkalb
Farandole: spanischer Tanz
Farce: Füllsel, Füllung
Farcir: füllen, stopfen
Farine: Mehl
  de moutarde: Senfmehl
  de seigle: Roggenmehl
Farineux: mehlig, Mehlspeisen
Faubourg: Vorstadt
Faux, fausse: falsch
Favorite: die Auserwählte
Fécule: Stärkemehl

Femme de chambre: Zimmermädchen
Fendre: spalten
Fenouil: Fenchel
Fer blanc: Weißblech
Fermer: schließen
Fermier: Pächter
Fête: Fest
Feu: Feuer
Feuille: Blatt
Feuilles de laurier: Lorbeerblätter
Feuilletage: Blätterteig
Fèves: Puffbohnen
Ficeler: binden
Ficelle: Bindfaden
Filet: Schnitte
  de sauce: ein Streifen Sauce
Filtre: Filter
Filtrer: filtrieren
Fin, fine: fein
  de siècle: übermodern
Financier: Finanzmann
Fines herbes: gehackte Würzkräuter
Finnoise: finnisch
Finocchi: Fenchel
Flageolets: Bohnenkerne
Flamande: flämisch
Flamber: absengen, anzünden
Flamboyant: brennend
Flan: Fladen, Obstkuchen
Flanc: Seite
Flanquer: an den Seiten belegen
Fleuri: blühend
Fleurons: Blätterteighalbmonde
Fleurs d'oranges: Orangenblüten
Fleury: französischer Kardinal
Floréal: Blumenflora
Florentine: Mode von Florenz
Foie: Leber
  -gras: Gänseleber
Foncer: auslegen
Fond: Bratensaft
  blanc: weiße Grundbrühe
  brun: braune Grundbrühe
Fondre: schmelzen
Fonds d'artichauts: Artischockenböden
Fondue: geschmolzene Käsespeise
Fontainebleau: Lustschloß bei Paris
Fontanges: Mätresse Louis' XIV.
Forestière: Försterart
Former: schaffen, bilden
Fort: stark
Fouet: Schneerute
Fouetter: zu Schaum schlagen
Fourchette: Gabel
Fourneau: Kochherd
Fournisseur: Lieferant

Küchenausdrücke

Fraise de veau: Kuttelfleck
Français, française: französisch
Frapper: mit Eis kühlen
Frascati: italienische Landschaft, früher bekanntes Londoner Restaurant
Friandises: Naschwerk
Frire: backen
Frit, frite: gebacken
Friture: Backfett
Froid, froide: kalt
Fromage: Käse
  blanc: Topfen, Quark
  de Brie: Brier-Käse
  à la Crème: Rahmkäse
  Gruyère: Greyerzer Käse
  à la Pie: Schmierkäse
Froment: Weizen
Fruits: Früchte
  confits: verzuckertes Obst
  divers: gemischtes Obst
  frais: frisches Obst
  séchés: Backobst
Fumé: geräuchert
Fumer: räuchern
Fumet: Auszug, Essenz

Gâcher: verschleudern, verderben lassen
Galette: Kuchen
Galloise, à la: gallische Mode
Gambetta: französ. Staatsmann
Gambrinus: Bierkönig
Ganymède: Mundschenk der Götter
Garbanzos: Kichererbsen
Garçon: Junge, Kellner (auch Junggeselle)
Garde-manger: kalte Küche
Garderobe: Kleiderablage
Gargote: Garküche
Gargotier: Garkoch
Garibaldi: italienischer Freiheitskämpfer
Garnir: umlegen
Garniture: Zutaten
Gasterea: Göttin der Gastronomie
Gastrique: zum Magen gehörig
Gastronome: Feinschmecker
Gastronomie: Kunst und Pflege des Essens
Gastrosophie: Weisheit des Essens
Gâteau: Kuchen
Gâter: verderben
Gaufres: Waffeln
Gauloise, à la: gallisch
Gazeux: schäumend
Gelée: Gelee, Sulz
Gelatine: Gelatine
Gelinotte: Haselhuhn
Gendarme: Landjäger
Genevoise: Mode von Genf
Genièvre: Wacholder
Gérant: Geschäftsleiter
Germaine: Hermine
Germinal: Revolutions-Monat
Gibelotte: Kaninchenragout
Gibier: Wild
  à plumes: Federwild
  à poil: Haarwild
Gingembre: Ingwer
Girofles: Gewürznelken
Girolles: Pfifferlinge
Gitana: Zigeunerin
Glace: Gefrorenes, Eis
  nature: Natureis
  pilée: gestoßenes Eis
  de viande: eingedickter Fleischsaft
Glacer: überglänzen
Gobelet: Becher
Goinfre: Schlemmer, Fresser
Gombo: Eibisch
Gonfler: aufquellen
Gouffé: Küchenchef, Schriftsteller
Gourmandise: Naschhaftigkeit
Gourmet: Feinschmecker, Weinkenner
Gousse d'ail: Knoblauchzehe
Goût: Geschmack
Goûter: kosten
Goutte: Tropfen
Grains de poivre: Pfefferkörner
Granité: Eispunsch
Gratiner: überkrusten
Grecque: griechisch
Grenade: Granatapfel
Gril: Rost
Griller: am Rost braten
Grimod de la Reynière: französischer Schriftsteller
Griottes: Weichselkirschen
Gros: dick, grob
Groseilles: Johannisbeeren, Ribisel
  à maquereau: Stachelbeeren
  rouges: rote Johannisbeeren
  vertes: Stachelbeeren, grüne
Gruau: Grütze
Gulyas: Paprikafleisch

Habiller: ausnehmen
Hache: Hacke, Beil
Haché: gehackt
Hacher: hacken
Hachoir: Hackbrett
Hareng vierge: Matjeshering
Hâtelettes: Spießchen
Haut: hoch
Herbes: Kräuter
  potagères: Küchenkräuter
Hérisson: Igel

Küchenausdrücke

Héron: Fischreiher
Historier: verzieren
Hollandaise: holländisch
Hongroise: ungarisch
Hors-d'œuvre: Vorspeise
Horticole, à l': Gärtnermode
Hôtel: Gasthof, Hotel
  d'Allemagne: Deutscher Hof
Hôtelier: Gasthofbesitzer, Hotelier
Houblon: Hopfen
Huile: Öl
  d'amandes: Mandelöl
  d'arachides: Erdnußöl
  de cacao: Kakaobutter
  d'olives: Olivenöl
Huillier: Ölflasche

Imbiber: tränken
Imiter: nachmachen
Imperator: Kaiser
Impérial: kaiserlich
Inciser: einkerben
Incorporer: vermischen
Indienne, à l': indisch
Infusion: Aufguß
Ingrédients: Bestandteile
Intestins: Eingeweide
Inventer: erfinden
Invitation: Einladung
Inviter: einladen
Italienne, à l': italienisch

Jacques: Jakob
Japonais: japanisch
Jardin: Garten
Jardinier: Gärtner
Jarret: Hachse, Hesse
Jaune d'œuf: Eigelb
Jeanne: Johanna
Jeanne d'Arc: Jungfrau von Orleans
Jeune: jung
Jour de fête: Festtag
  fixe: festgesetzter Tag
  maigre: Fasttag
Jubilé: Jubiläum
Julienne: feinnudelig
Jus de viande: Bratensaft
  de veau: Kalbssaft
Juteux: saftig
Jutta: weibl. Vorname

Kangourou: Känguruh
Katkoff: russischer Schriftsteller
King Edward: König Eduard
Kléber: französischer General

Lafayette: Marquis, Minister
Laguipière: Küchenchef des Königs Murat

Lait: Milch
  d'amandes: Mandelmilch
  caillé: geronnene Milch
Lames: Scheiben
Lapereau: Jungkaninchen, Kaninchen
Lard fumé: geräucherter Speck
  de poitrine: Brustspeck
Larder: spicken
Lardoire: Spicknadel
Lardons: Spickspeckstreifen
Lavallière: Mätresse Louis' XIV.
Léger: leicht, flaumig
Légumes: Gemüse
Lentilles: Linsen
Levure: Hefe, Germ
Liaison: Bindemittel
Lier: binden
Limoneux: schleimig
Limousine, a la: Mode von Limoges
Limouxienne: Mode von Limoux
Limpide: durchsichtig
Linge: Wäsche
Liquide: flüssig
Lithuanien: litauisch
Livonienne: livländisch
Livre de cuisine: Kochbuch
Lorraine: Lothringen
Losanges: schiefe Vierecke, Rauten
Lourd: schwer
Lucullus: General, Feinschmecker
Lustrer: mit Gelee überglänzen
Lutter: Deckel verkitten
Lyonnaise, à la: Mode von Lyon

Macarons: Makronen
Macédoine: gemischte Früchte, auch Gemüse
Macérer: beizen
Macis: Muskatblüte
Madrilène: Mode von Madrid
Maigre: mager
Maître d'hôtel: Oberkellner
Mangeable: eßbar
Manière: Art und Weise
Marbrer: marmorieren
Marché: Markt
  aux poissons: Fischmarkt
Margarine: Margarine
Marinade: Beize
Marjorlaine: Majoran
Marmelade: Fruchtpüree
Marmite: Fleischtopf
Masquer: überziehen
Massepain: Marzipan
Matignon: Wein und Wurzeln
Mécène: Kunstfreund
Mélanger: vermischen
Mêler: mischen
Ménagère: Hausfrau, Wirtschafterin
Menthe: Pfefferminze

Küchenausdrücke

Menu: klein, Speisekarte
Meunier: Müller
Mie de pain: Brotkrume
Miel: Honig
Mignonnette: gestoßener Pfeffer
Mijoter: langsam dünsten
Milanaise, à la: Mode von Mailand
Mille-Feuilles: Tausendblätterkuchen
Mince: dünn
Mirepoix: angeröstetes Wurzelwerk
Mitonner: langsam kochen
Mock: falsch, unecht
Mollet: weich, leicht
Mondamin: Maisstärke
Monter: steigen, aufschlagen
   laisser: aufgehen lassen
Mortier: Mörser
Mortifier: abhängen lassen, mürbe werden
Mouiller: befeuchten
Moule: Form
Moules: Muscheln
Moulin: Mühle
Moût: Most
Moutarde: Senf
Muguet: Waldmeister
Mûr: Reif
Mûres: Maulbeeren
Muscade: Muskat
Museau de bœuf: Ochsenmaul
Myrtilles: Heidelbeeren

Nage, à la: schwimmend
Nageoires: Flossen
Nancéenne, à la: Mode von Nancy
Nantaise, à la: Mode von Nantes
Napolitaine, à la: Mode von Neapel
Nappe: Tischtuch
Natives: englische Austern
Naturel, au: natürlich
Navette: Schiffchenform
Nectarines: Nektarinen
Nêfles: Mispeln
Neige: Schnee
Nemrod: Jäger, Nimrod
Neptune: Meergott
Nerf: Sehne, Nerv
Nerveux: nervig, nervös
Nettoyer: reinigen
Neuf, neuve: neu, frisch
Nevers: französische Stadt
Niçoise, à la: Mode von Nizza
Nid: Nest
Nilsson: schwedische Sängerin
Nimoîse, à la: Mode von Nimes
Nivernaise, à la: Mode von Nevers

Noce: Hochzeit
   d'argent: Silberhochzeit
   d'or: goldene Hochzeit
Noël: Weihnachten
Nœud: Knoten, Knopf
Noir: schwarz
Nordenskjöld: Polarforscher
Normande, à la: Mode der Normandie
Nouer: knüpfen
Nouilles: Nudeln
Nourrissant: nahrhaft
Nourriture: Nahrung
Noyau: Obstkern
Nuptial: hochzeitlich
Nutritif: nährend

Oatmeal: Hafergrütze
Octogone: achteckig
Odeur: Geruch
Œil: Auge
Offerte: Angebot
Office: Servicezimmer
Offrir: anbieten
Oiseau: Vogel
Olive: Olive
Omelette: Omelett
Omnibus: Servicewagen (auch Hilfskellner)
Or: Gold
Orangeade: Orangenlimonade
Oranger: Orangenbaum
Ordinaire: gewöhnlich, einfach
Ordre: Bestellung
Ordure: Kehricht, Mist
Oreille: Ohr
Orge: Gerste
   mondé: Rollgerste
   perlé: Perlgraupen
Orgeat: Mandelmilch
Ornement: Verzierung
Orner: verzieren
Orties: Brennesseln
Os: Knochen
Oublier: vergessen
Oublies: Oblaten
Ouverture: Öffnung
Ouvrage: Werk, Arbeit
Ouvrir: öffnen
Ovale: oval
Oxalis: Sauerklee
Ox-tail: Ochsenschwanz
Oyster: Auster

Page: Laufbursche
Paille: Stroh
Pain: Brot
   blanc: Weißbrot
   noir: Schwarzbrot
   de ménage: Hausbrot
Palais de bœuf: Ochsengaumen

Küchenausdrücke

Palermitaine: Mode von Palermo
Palme: Palme
Palmier: Palmbaum
Pamplemousse: Grapefruit
Panaché: vermischt
Panacher: vermischen
Panade: Mehl- oder Brotbrei
Paner: panieren
Panier: Korb
Pannequets: Pfannkuchen
Paon: Pfau
Papale, à la: päpstlich
Papillote: gefettete Papierhülle
Parer: zustutzen
Parisienne, à la: Mode von Paris
Parmesan: Parmer Käse
Part: Teil
  à: gesondert
Parures: Abfälle
Pasquale, à la: österlich
Passer: durchseihen
  au beurre: in Butter anbraten
  à l'étamine: durch Tuch treiben
Passe-thé: Teesieb
Passoire: Durchschlag
Pastèque: Wassermelone
Pâte: Teig
  d'amandes: Mandelteig
  à bière: Bierteig
  à biscuit: Biskuitteig
  brisée: Mürbeteig
  à choux: Brandteig
  feuilletée: Blätterteig
  à flan: Küchenteig
  à foncer: Auslegeteig
  à frire: Backteig
  frolle: Zuckerteig
  à génoise: Genueser Biskuitteig
  à levure: Hefeteig
  à nouilles: Nudelteig
  sableuse: Sandteig
  à savarin: Savarinteig
Pâtes d'Italie: italienische Teigware
Pâtisserie: Backwerk
Pâtissier: Kuchenbäcker, Süßspeisenkoch
Patte: Tatze
Pavillon: Zelt, Pavillon
Pavot: Mohn
Paysanne, à la: bäuerlich
Peau: Haut
Pêcheur: Fischer
Pêle-Mêle: bunt durcheinander
Peler: abschälen
Pelures: Schalen
Pentecôte: Pfingsten
Pépin: Kern
Périgord: Stadt in Frankreich
Perles du Nizam: Sagoperlen

Persane, à la: persisch
Persil: Petersilie
  frit: gebackene Petersilie
Persiller: mit Petersilie bestreuen
Petit-lait: Molken
  -lard: Spickspeck
  -salé: Pökelfleisch
  -Suisse: Doppelrahmkäse
  -verre: Glas Likör
Petite-mariée: Braut
Petits fours: feines Backwerk
  pains: Semmeln
Piccalilli: Senfgemüse
Pickles: Essiggemüse
Pie: Pastete
Pièce: Stück
Pignon: Piniennuß
Piler: stoßen
Piment: Nelkenpfeffer
Pimprenelle: Pimpernell
Pince: Zange
Pinces: Scheren
Pincette: Feuerzange
Pintade: Perlhuhn
Piquer: Spicken
Pistaches: Pistazien
Placer: legen, stellen
Plafond: Deckel mit hohem Rand, Randblech
Plaisirs: Waffeln
Planche: Schneidebrett
Plat: flach, Schüssel
  du Jour: Tagesplatte
Plateau: Servierbrett, Tablett
Plein: voll
Plier: falten
Plumer: rupfen
Pocher: pochieren
Poêle: Pfanne
  à frire: Bratpfanne
Poêlé: braun gedünstet
Poignée, une: Handvoll
Point, cuire à: gut gebraten
Pointe: Prise, Spitze
Poissonnière: Fischkessel
Poivrer: Pfeffern
Poivrière: Pfefferbüchse
Polenta: dicke Grütze von Maisgrieß
Pomme: Apfel
Ponche: Punsch
Porcelaine: Porzellan
Portier: Pförtner
Portion: Anteil
Pot: Topf, Kanne
Pouding: Pudding
Poudre: Pulver
Poudrer: bestäuben
Poule: Henne
Poumon: Lunge
Pour Acquit: beglichen

Küchenausdrücke

Pourboire: Trinkgeld
Pourpier: Portulak
Pourri: verfault
Poussin: Kücken
Poutargue: Preßkaviar von Barben
Praliner: in Zucker rösten
Préparer: herrichten
Presser: pressen
Primeurs: Frühobst, Gemüse
Prise, une: ein wenig
Prix-fixe: festgesetzter Preis
Profitable: einträglich
Propriétaire: Eigentümer
Pulpe: Fruchtmark
Pur: echt, rein
Purée: Brei, Mus

Qualité: Güte
Quantité: Anzahl
Quartier: Viertel
Quenelles: Klöße
  historiées: verzierte Klöße
Queue: Schweif
Quirinal: ehemaliger Königspalast in Rom

Râble de lièvre: Hasenrücken
Racines: Wurzeln
Raifort: Kren, Meerrettich
Raisins: Weintrauben
Raisins secs: Rosinen
Râper: reiben
Rassis: altbacken
Rate: Milz
Rave: Rübe
Ravier: Vorspeiseschüssel
Réal: königlich
Réception: Empfang
Réchaud: Schüsselwärmer, Wärmeschrank
Réchauffer: aufwärmen
Réduire: einkochen
Rafraîchir: abkühlen
Refroidir: erkalten
Régaler: bewirten
Reine: Königin
Relever: Geschmack verbessern
Remplir: auffüllen
Remuer: rühren
Renaissance: Wiedergeburt
Renverser: stürzen
Renvoyer: zurücksenden
Repas: Mahlzeit
Réserver: aufheben
Rester: übrigbleiben
Retour: zurück
Retourner: zurückgeben
Réunion: Vereinigung
Revenir: zurückkommen
  faire: leicht anrösten
Rhum: Rum
Riche: reich, üppig

Richelieu: Kardinal, Minister
Rince-bouche: Fingerschale
Rissoler: rösten
Riz: Reis
Robinet: Hahn, Wasserhahn
Rocher: Felsen
Rognon: Niere
Rognures: Abfälle
Roi: König
Romain: römisch
Romaine: Bundsalat
Romarin: Rosmarin
Rond: rund, Scheibe
Rondelles: Scheiben
Rose: rosafarbig
Rossini: italienischer Komponist
Rostand: französischer Poet
Rôti: Braten
Rôtir: braten
Rôtisseur: Bratenkoch
Rôts: Braten
Roulé: ausgerollt
Rouleau: Nudelwalker
Rouler: rollen
Roux: Einbrenne
Royal: königlich
v. Rumohr: Gastrosoph, Kunsthistoriker
Russe: russisch

Sabayon: Weinschaum
Sableux: sandig
Safran: Safran
Sagou: Sago
Saignant: blutig
Saindoux: Schweinefett
Saint, Sainte: Sankt
Saint-Germain: französ. General, Minister Louis' XVI.
Saint-Malo: französischer Badeort
Saisir: anbraten
Saison: Jahreszeit
Salade: Salat
  de laitue: Kopfsalat
  de légumes: Gemüsesalat
  de mâche: Vögerlsalat
  melée: gemischter Salat
  verte: grüner Salat
Saladière: Salatschüssel
Salaison: einsalzen
Salamandre: Überbackvorrichtung, Salamander
Saler: salzen
Salière: Salzfaß
Salle: Saal
  de bains: Badezimmer
  de billard: Billardzimmer
  de danse: Tanzsaal
  d'écriture: Schreibzimmer
  de lecture: Lesezimmer
  à manger: Speisesaal

Küchenausdrücke

Salon: Salon
Samovar: russische Teemaschine
Sandwich: belegtes Brot
Sang: Blut
Sanguine: blutrot
Sans: ohne
Santé: Gesundheit
Sarrasin: Buchweizen
Sarriette: Bohnenkraut
Sauce: Sauce
Saucer: übergießen
Saucier: Saucenkoch
Saucière: Saucenkanne
Saucisse: Würstchen
Saucisson: Wurst
Sauge: Salbei
Saupoudrer: bestreuen
Sauter: braten
Sautoir: Schwenkpfanne
Savoury: Würzbissen
Scorsonères: Schwarzwurzeln
Sea-kale: Meerkohl
Seau: Eimer
Sec, sèche: trocken
Seigle: Roggen
Sel: Salz
Selle: Rücken
Semoule: Grieß
Separé: getrennt
Serpolet: Quendel
Service: Bedienung, Tafelgeschirr
Serviette: Mundtuch
Servir: anrichten, bedienen
Simple: einfach
Singer: mit Mehl bestäuben
Sirop: Fruchtsaft, Sirup
Socle: Sockel
Soigné: sorgfältig
Soigner: pflegen
Soirée: Abendgesellschaft
   dansante: Tanzabend
Sommelier: Weinkellner
Son: Kleie
Sorbet: Scherbett
Soucoupe: Untertasse
Soupçon: Spur
Souper: Abendessen
Splendide: prachtvoll
Succès: Erfolg
Suif: Kernfett, Talg
Surprise: Überraschung

Table: Tisch, Tafel
Table d'hôtel: Gemeinschaftstafel
Tablier: Schürze
Tailler: zuschneiden
Tamis: Haarsieb
Tampon: Sockel aus Brot usw.
Tarhonya: Eiergraupen
Tartelettes: Törtchen
Tartiner: bestreichen
Tasse: Schale, Tasse
Taverne: Schenke
Tel-quel: wie es ist
Tendre: zart, mürbe
Terrine: tiefe Schüssel
Tête: Kopf
Thé: Tee
   dansant: Tanztee
Thym: Thymian
Tiède: lauwarm
Tilleul: Lindenblütentee
Timbale: becherförmige Schüssel
Tire-bouchon: Korkenzieher
Toast: Röstbrot
Torchon: Küchentuch
Tortue: Schildkröte
Toulonaise: Mode von Toulon
Tournedos: Lendenschnittchen
Tourner: Gemüse zuschneiden
Traiteur: Stadtkoch
Tranche: Schnitte, Scheibe
Tremper: eintauchen
Triangle: Dreieck
Tripes: Kaldaunen
Tronçons: Stücke
Trousser: Formen
Truffe: Trüffel
Truffé: getrüffelt
Turque, à la: türkisch

Uni: glatt, nicht verziert
Ustensile: Küchengerät

Vacherin: Schneetorte, Käseart
Vaerst: Gastrosoph, Schriftsteller
Vaisselle: Geschirr
Valois: französ. Adelsgeschlecht
Vanille: Vanille
Vanillé: vanilliert
Vapeur: Dampf
Varié: verschieden
Varsovienne: Warschauer Mode
Vatel: Hofmeister des Fürsten
   Condé
Veau: Kalb
Velours: Samt
Venaison: Wildbret
Vendôme: Herzog, Sohn Heinrichs IV.
Vénéneux: giftig
Vénétienne: Mode von Venedig
Ventre: Bauch
Véritable: echt
Verjus: Saft von unreifen Trauben
Vermicelle: Fadennudeln
Verre: Glas
   à bière: Bierglas
   de bière: Glas Bier
   à vin: Weinglas
Verser: eingießen
Vert: grün

Viande: Fleisch
  blanche: weißes Fleisch
  crue: rohes Fleisch
  froide: kaltes Fleisch
  fumée: Rauchfleisch
  salée: Pökelfleisch
Vider: ausleeren
Vierge: Jungfrau
Vieux, vieille: alt
Vif, vive: lebend
Villeroi: Herzog, Marschall
Vin: Wein
  blanc: Weißwein
  de Bordeaux: Bordeauxwein
  de Bourgogne: Burgunder
  brulé: Glühwein
  de Champagne: Champagner
  de la Moselle: Moselwein
  du Rhin: Rheinwein
  rouge: Rotwein
Vinaigre: Essig
Vitellottes: rote Kartoffeln
Vivandière: Marketenderin
Viveur: Lebemann
Voiler: verschleiern
Volaille: Geflügel
Volontaire: Volontär
Vrai, vraie: echt

Whisky: Gerstenbranntwein
Worcestershire Sauce: englische Sauce

Yaourt: Joghurt

Zeste: abgeschälte Zitronenschale

Weine

Wein, Weinbehandlung, Kellerwirtschaft

Bearbeitet von F. Keller, Weingutbesitzer in Oberbergen a. K.

Das neue deutsche Weingesetz, das erstmals für die Ernte 1971 wirksam geworden ist und in seinem Aufbau weitgehend auf die EWG-Weinordnung abgestimmt wurde, kann hier in allen Einzelheiten nicht geschildert werden. Was den Fachmann, besonders aber den Gastronomen, interessiert, sind die Folgerungen, die aus dem Gesetz, den regionalen Verordnungen, die von den Länderregierungen erlassen werden sowie den EWG-Verordnungen zu ziehen sind. Die folgenden Ausführungen sind hierauf abgestimmt.
Der gesetzliche Begriff WEIN erfordert, daß Wein Alkohol enthalten muß. Verschnitte mit unvergorenem Traubensaft sind gestattet, sofern er sortengleich oder sortenverwandt ist, aus dem gleichen Anbaugebiet kommt und den Vorschriften über chemische Zusätze zur Haltbarmachung entspricht. Der Alkoholgehalt des Weines muß der eigenen Gärung entstammen. Es ist grundsätzlich verboten, einem in Deutschland hergestellten und gehandelten Wein fremden Alkohol zuzusetzen (aufspriten). Der Wein muß aus dem Saft von frischen Trauben sein. Frisch in diesem Sinne kann nur eine Weintraube sein, die natürlichen, gärungsfähigen Saft abgibt, also auch Trockenbeeren oder angetrocknete Beeren, wie man sie zur Herstellung von Trockenbeeren-Auslesen und Strohweinen verwendet. Nicht erlaubt ist die Verwendung völlig ausgetrockneter Beeren oder Rosinen, die nur durch Wässerung gären können. Die Herstellung von Wein aus Rosinen, Sultaninen, Korinthen oder schwarzen Zibeben ist in Deutschland verboten. Als Saft frischer Trauben gilt hier auch die Rotweinmaische, die je nach Art der Kelterung entweder zusammen mit den gequetschten Beeren (Maische) oder auch nur als Saft vergären kann. Dessertweine, Süß- bzw. Südsüßweine oder Perlweine sind Weine im Sinne des deutschen Weingesetzes.
Bei der Herstellung des Weines in Deutschland muß man sich im wesentlichen darauf beschränken, die natürliche Entwicklung zu überwachen, zu unterstützen und zu fördern. Da Wein seinem ganzen Wesen entsprechend ein Naturerzeugnis ist, muß man sich bei der Herstellung auch in den durch die Natur gegebenen Grenzen halten. Das neue Weingesetz hat deshalb die Bezeichnung „Naturwein" aus juristischen Gründen abgeschafft, was aber in einem anderen Zusammenhang erklärt wird.
Wenn der Traubensaft oder der Wein einen Mangel an wichtigen Bestandteilen, z. B. eigenem Zuckergehalt, aufweist, so darf er verbessert werden, indem man ihm Zucker hinzufügt. Die Verbesserungsmengen richten sich nach den verschiedenen Regionen, wobei die Höchstmengen auch unterschiedlich entsprechend der einzelnen Trauben- bzw. Weinsorten festgelegt sind. Bei einem zu hohen Säuregehalt kann dem Traubenmost ein Teil dieser Säure entzogen werden, wozu man in der Regel chemisch reinen kohlensauren Kalk oder ein ähnliches Mittel nimmt. Außerdem sind zur Behandlung des Weines eine Reihe weiterer Stoffe zugelassen, z. B. Schwefel (SO_2 = schweflige Säure) zum Verhindern der Oxydation. Die Menge ist genau festgelegt. Tafel- und Qualitätsweine dürfen bis 250 mg/l Gesamtschwefel, d. h. gebundene und freie schweflige Säure haben, wobei aber der Anteil an freier SO_2 nicht über 50 mg/l liegen darf. Weine mit einem höheren Anteil sind nicht verkehrsfähig und unterliegen der Beschlagnahme durch die Wein-

kontrolle. Spätlesen und Auslesen können einen Gesamtschwefelgehalt von 350 bzw. 450 mg/l erreichen, doch gilt auch für diese Kategorien ein Höchstgehalt von 50 mg/l freier SO_2.

Weitere zugelassene Behandlungsstoffe für Wein sind Schönungsmittel: Gelatine, gebrannte Tonerde und Carbon (Kohle). Es handelt sich hier zwar um chemisch bearbeitete, an sich aber vollkommen natürliche Mittel, mit deren Hilfe der Wein bei richtiger Anwendung qualitativ gehoben werden kann. Mit Gelatine werden beispielsweise überschüssige Gerb- und Bitterstoffe aus Traubenkernen und -schalen, genau berechenbar, reduziert. Gebrannte Tonerde, richtig dosiert, bewirkt den Ausfall von überschüssigem Eiweiß, das seinerseits, wenn es erst in der Flasche ausfällt, Trübungen auslöst. Das würde aber den Wein unverkäuflich machen. Die Anwendung von Karbonaten ist meistens das Ergebnis von fehlerhafter Kelterung und in einem fachgerecht geführten Kellereibetrieb nur selten erforderlich. Mit Carbon können unreiner Geschmack oder zu hohe Farbstoffe bei den jeweiligen Weinsorten vermindert werden. Sie sind aber nur ein sehr beschränkt wirkendes Hilfsmittel und geben dem Wein niemals wieder seine ursprüngliche Qualität zurück.

Gelatine und Tonerde sind absolut qualitätsfördernd. Sie wurden nicht zuletzt durch den Strukturwandel im Weinbau notwendig, der die Weine zum Teil biologisch verändert hat, sie sind auch das Ergebnis intensiver Forschung der deutschen Institute, die dem Kellermeister zu Erkenntnissen und Möglichkeiten verhalfen, die sich letztlich in der höheren Qualität der Weine gezeigt haben. Hatte man noch vor wenigen Jahrzehnten einen Wein mit hohem Eiweißanteil, der von Jahr zu Jahr verschieden ist, so kannte man nur die Möglichkeit, ihn solange im Faß zu lagern, bis er möglichst viel Eiweiß ausgeschieden hatte. Daß das zuweilen 18 oder noch mehr Monate dauern konnte, nahm man mit in Kauf. Der Nachteil dabei war, daß der Wein dann fast immer seine feine Art und Rasse, zum mindesten aber die notwendige Frische verloren hatte. Der Wein wurde breit und behäbig, zeigte mitunter eine alkoholische Spitze, was der Fachmann als „brandig" bezeichnet. Der Sinn und Zweck eines guten Weines, anregend zu sein und Genuß zu vermitteln, war damit vertan. Die Anwendung von Gelatine zur Verminderung des Gerbstoffgehalts liegt im Ermessen des Fachmannes. Dazu gehört Geschmack und Gefühl. Eine zu große Menge bewirkt zwar, daß der Wein sehr schnell eine gewisse Harmonie erreicht, kann aber auch zu einer wesentlich kürzeren Haltbarkeit führen. Gerbstoffe sind nun einmal zum Erhalten der Frische und zur Verhinderung einer frühen Überreife des Weines unerläßlich.

Verschnitte einzelner Weine dürfen nur noch vorgenommen werden, wenn sie aus demselben Gebiet stammen. Eine vorübergehende Ausnahme gilt für Rotweine. Zur Stärkung der Farbe dürfen sie für eine Übergangszeit von sieben Jahren mit sogenannten Deckweinen ausländischer Herkunft in einem festgelegten Anteil verschnitten werden.

Weine, die unter einem Lagenamen verkauft werden, dürfen nur einen Anteil von 25 % gleicher oder ähnlicher Sorten aus angrenzenden Lagen enthalten. Ein höherer Anteil ist bezeichnungsschädlich, dieser Wein darf nur noch unter der nächst niederen Bezeichnung, z. B. dem Gemarkungsnamen, in den Verkehr kommen. Das Gesetz von 1971 hat auf dem Sektor der Gebietsweine eine völlig neue Situation geschaffen. Obwohl man den Verbraucher vor Täuschungen schützen will, hat man mit der Einführung von Großlagen genau das Gegenteil erreicht. Ein Wein, der zu unterschiedlichen Anteilen aus verschiedenen Gemarkungen eines Weinbaugebietes besteht, kann unter diesem gesetzlich verankerten Großlagennamen verkauft werden. Er kann zusätzlich zum Großlagennamen einen Gemarkungsnamen auf dem Etikett tragen, auch wenn er nicht aus der genannten Gemarkung stammt. Das wird in der Praxis dazu führen, daß der jeweils berühmteste Ortsname für diese Großlagenweine verwendet wird. Hier ist dem Gesetzgeber ein Fehler unterlaufen, der legalisierte Täuschungen möglich macht.

Die zugelassenen Verschnittmöglichkeiten von 25 zu 75 % bedeuten, daß 25 Prozent des Weines aus einer anderen, aber angrenzenden Lage als der ge-

Weingesetz

nannten, kommen dürfen. Das ist eine technische Notwendigkeit, denn die Erntemengen sind jährlich verschieden. Es ist deshalb unmöglich, immer die betreffende Menge für die vorhandene Faß- oder Tankgröße verfügbar zu haben. Außerdem ist ein Verschnitt in diesem Verhältnis hinsichtlich Geschmack und Art des Weines oft von besonderem Vorteil für die Qualität.

Die neuen Qualitätsbestimmungen, die nicht nur für den Hotelier, Gastronom, Kellner und Fachmann, sondern auch für jeden Weinliebhaber wichtig sind, sehen folgende Bezeichnungen vor:

1. Tafelwein — Ein Wein aus Trauben des unteren Qualitätsbereichs. Er ist in jedem Fall mit Zucker angereichert, da Weine mit einem natürlichen, höheren Zuckergehalt unter einer der folgenden Qualitätsbezeichnungen vermarktet werden. Der Mindestmostgehalt (nach Öchsle), nach dem die Bezeichnung des Weines vorgenommen wird, ist regional und bei den einzelnen Traubensorten verschieden.

2. Qualitätswein — Ein Wein aus dem mittleren Qualitätsbereich, was wiederum regional verschieden bestimmt wird und somit relativ ist. In diesem Fall gehört er aber zu jenen Weinen, die nur geringfügig aufgezuckert sind. Beide vorstehenden Kategorien werden sicherlich in der Zukunft — von wenigen Ausnahmen bei den Qualitätsweinen abgesehen — als Liter- oder Schoppenweine zum Offenausschank auf den Markt gelangen.

3. Qualitätswein mit dem Prädikat: Kabinett. Der Kabinettwein muß aus Lesegut hergestellt sein, das eine Aufzuckerung erübrigt. Er ist in der neuen Skala (von unten nach oben betrachtet) der erste Wein, der bisher unter den Bezeichnungen: Natur, Naturrein, Originalabfüllung oder als Wachstum geführt wurde.

4. Qualitätswein mit dem Prädikat: Spätlese. Zum Unterschied zu der bisherigen Regelung ist die Bezeichnung Spätlese nicht mehr von einem regional festgelegten „späten Lesetermin" abhängig, sondern von einem Mindestmostgewicht. Diese Bestimmung ist begrüßenswert, da dadurch wenigstens eine Mindestqualität des Lesegutes garantiert ist.

5. Qualitätswein mit dem Prädikat: Auslese. Eine Auslese unterlag schon bisher keinem besonderen Termin. Wie der Name besagt, soll sie eine Auslese von besonders guten Trauben sein. Sie muß zusätzlich ein bestimmtes Mindestmostgewicht aufweisen.

6. Qualitätswein mit dem Prädikat: Beerenauslese. Eine Beerenauslese ist eine manuell vorgenommene Auslese überreifer, meistens eingeschrumpfter Beeren, die einen besonders konzentrierten Zuckergehalt aufweisen.

7. Qualitätswein mit dem Prädikat: Trockenbeeren-Auslese. Die Auslese der Trockenbeeren kann bei günstigen Witterungsbedingungen an der Rebe erzielt werden. Es kommen jedoch nur sehr stark eingetrocknete und damit im Zuckergehalt besonders konzentrierte Beeren dafür in Betracht. Deshalb muß das Eintrocknen der Beeren u. U. auf Stroh (Strohwein) oder durch Aufhängen der Trauben in bedeckten Räumen vorgenommen werden.

In Zukunft wird die Qualität der Weine durch Kommissionen der verschiedenen Gebiete besonders überwacht werden, wobei die endgültigen Qualitätsbezeichnungen letztlich nicht nur von dem Ausgangsmostgewicht, sondern auch von der qualitativen Beschaffenheit des Weines abhängen. Die Kommission beurteilt jeden Wein, ehe er verkauft werden darf. Jedes Etikett enthält eine Zahlenkombination, die sich aus der Betriebsnummer und der Prüfungsnummer zusammensetzt. Hierdurch kann in Zweifelsfällen sehr schnell geklärt werden, ob der Wein demjenigen der Prüfung entspricht, da die Prüfungsinstanz eine oder mehrere Musterflaschen des unter der bezeichneten Nummer freigegebenen Weines archivarisch aufbewahrt. Fraglos werden sich bei diesem System auch Probleme ergeben, denn wenn ein Wein der gleichen Füllung lange Zeit unter schlechten Bedingungen gelagert wird, kann sich durchaus eine unterschiedliche Entwicklung ergeben. Es ist jedoch sicher, daß allein dieses System schon vor unseriösen Manipulationen abschrecken wird.

Zum besseren Verständnis der Qualitätsunterschiede geben wir nachstehend die für das Weinbaugebiet Baden festgelegten Mindestmostgewichte für die verschiedenen Kategorien wieder. Eine Aufführung der Daten aller deutschen Gebiete ist aus Platzmangel leider nicht möglich.

Baden gehört zusammen mit den französischen Weinbaugebieten Burgund und dem Elsaß zur Weinbauzone B. Hier dürfen nur Trockenzuckerungen vorgenommen werden, was wiederum nur für Tafelwein und Qualitätswein ohne Prädikat zutrifft. Regional verschieden und von den Verordnungen der Länderregierungen in den anderen deutschen Weinbaugebieten, die zur Zone A gehören, dürfen dort auch Naßzuckerungen durchgeführt werden. Naßzuckerung bedeutet, daß außer dem Zucker auch eine bestimmte Menge Wasser zugesetzt werden darf, was weniger zur Vermehrung der Weinmenge als zur Verringerung des Säuregehaltes besonders in denjenigen Jahren notwendig ist, in denen die Qualität der Weinernte geringer ausfällt. Die Naßzuckerung wird aber innerhalb der EWG keine lange Lebensdauer haben, da schon jetzt Bestrebungen im Gange sind, sie endgültig zu verbieten.

Für Baden gelten folgende Mindestmostgewichte (Qualitäten, die unter den aufgeführten Werten für Qualitätswein liegen, müssen als Tafelwein vermarktet werden):

Sorte	Mindestmostgewicht nach Öchsle
weißer Riesling	63°
Riesling + Silvaner (auch Müller Thurgau genannt) Silvaner und Gutedel	66°
Auxeroir, weißer Burgunder, Rotweinsorten, außer blauem Spätburgunder zur Rotweinherstellung, blauer Burgunder zur Weißherbstherstellung (auch Rosé genannt) Freisamer, Gewürztraminer, Ruländer, blauer Burgunder zur Rotweinherstellung, roter Traminer	72°
Qualitätswein mit dem Prädikat Kabinett	
Riesling + Silvaner (Müller Thurgau), weißer Riesling	72°
Gutedel, Silvaner	75°
Auxeroir, weißer Burgunder, blauer Burgunder zum Herstellen von Weißherbst	78°
Freisamer, Gewürztraminer, Ruländer, blauer Spätburgunder zur Rotweinherstellung, roter Traminer	81°

Weingesetz

Sorte	Mindestmostgewicht nach Öchsle
Qualitätswein mit dem Prädikat Spätlese	
Gutedel, Riesling + Silvaner (Müller Thurgau) weißer Riesling	85°
Silvaner	88°
Freisamer, Gewürztraminer, Ruländer, roter Traminer, alle Rotweinsorten	91°
Qualitätswein mit dem Prädikat Auslese	
Riesling + Silvaner, Weißer Riesling	98°
Silvaner, Gutedel	101°
alle anderen oben nicht aufgeführten Rebsorten	124°
Qualitätswein mit dem Prädikat Trockenbeerenauslese	
alle Weine ohne Angabe der Rebsorte	150°

Da mittels chemischer Analyse auf Grund des Alkoholgehalts sowie des restlichen Gehalts an unvergorenem Zucker das Ausgangsmostgewicht leicht feststellbar ist, sind durch diese Bestimmungen klare Verhältnisse geschaffen und Manipulationen erschwert bzw. unmöglich gemacht worden. Wer Wein gewerbsmäßig in den Verkehr bringt, ist verpflichtet, dem Abnehmer auf Verlangen die gesetzliche Beschaffenheit des Weines zu erklären. Das gilt nicht nur für den Händler, auch alle Menschen, die in der Gastronomie mit Wein zu tun haben, müssen das beachten.

Weinhaltige Getränke. Darunter versteht man Medizinalweine, Punsche, Bowlen usw. Man kann sie nur schwer mit Wein verwechseln. Sie haben teilweise im Gastgewerbe große Bedeutung, daher werden wir eine größere Reihe noch näher besprechen. Wichtig sind von ihnen auch die Getränke, die durch Mischen unmittelbar vor dem Genuß bereitet werden, zum Beispiel Bowlen, kalte Ente und andere mehr.

Wenn man einen Wein chemisch untersucht, so findet man folgende Stoffe als Bestandteile:

1. Wasser
2. Extrakt
3. Kohlehydrate
4. Alkohole
5. Aldehyde
6. organische Säuren
7. Gerbstoffe
8. stickstofffreie Extraktstoffe
9. Stickstoff in verschiedener Form
10. Mineralstoffe
11. verschiedene Gase

Der Weinchemiker muß auf die Zusammensetzung der Weine bis ins kleinste eingehen, um das Werden des Weines zu beobachten und zu verbessern oder um Schädigungen und Fälschungen nachzuweisen. Für uns ist die Zusammensetzung der Weine wichtig, weil durch sie der Geschmack bestimmt wird. Einige dieser Bestandteile wollen wir näher ansehen:

a) Das Wasser. In 100 cm³ Wein sind etwa 85–90 g Wasser enthalten. In sehr leichten Weinen bisweilen mehr, in Süßweinen dagegen bedeutend weniger. Es handelt sich hier um den natürlichen Wassergehalt, der vom Saft der Weintraube herstammt, nicht um zugesetztes Wasser.

b) Kohlehydrate. Sie sind in Verbindung mit dem Extrakt. (Extrakt nach Abzug der Kohlehydrate in 100 cm³ Most etwa 1–5 g.) Kohlehydrate, deutsch Kohlenwasserstoffe, sind in der Hauptsache Zuckerarten (Glukose und Fruktose). In allen Weinen finden wir etwas unvergorenen Zucker, oft mehr, oft weniger. In edlen Weinen, auch in Auslesen, Trockenbeerauslesen und Südweinen hingegen finden wir oft unverhältnismäßig mehr unvergorene Zuckerarten. Neben den Zuckerarten sind im Wein an Kohlenwasserstoffen noch anzutreffen: Pektin, Gummi, Pflanzenschleim und einige weniger wichtige Stoffe.

c) Alkohole. Alkohole machen den Wein haltbar, außerdem üben sie auf das Nervensystem des Weintrinkers eine angenehme, anregende Reizwirkung aus (Weinstimmung, Weinlaune). Bei stärkerem Genuß tritt allerdings auch eine weniger angenehme Wirkung zutage (Erschlaffung, Trunkenheit, Rausch). Leichte Tischweine enthalten in 100 cm³ 6–9 g Alkohol, kräftige Weine 9–11 g, starke oder schwere Weine enthalten 11–13 g Alkohol. Dessertweine oder Süßweine enthalten bis zu 19 g im Liter. Enthält ein Wein über 14 g Alkohol, so kann man einen künstlichen Alkoholzusatz (Sprittung) ohne Umstände annehmen. Der im Wein vorhandene Alkohol ist Äthylalkohol.

d) Organische Säuren. Wir finden sie in größerer Zahl in den Weinen, für uns spielen nur einige eine größere Rolle: Weinsäure, Apfelsäure, Milchsäure und Essigsäure. Die Säuren haben einen erheblichen Einfluß auf den „Charakter" des Weines. In der Regel finden wir in 100 cm³ Wein 0,4–1,4% Gesamtweinsäure. Weißwein enthält mehr Weinsäure als Rotweine und Südweine. In kranken Weinen finden wir die Essigsäure und die Buttersäure vor.

e) Gerbstoffe. In den Kämmen, Hülsen und Kernen der Weinbeeren sind Gerbstoffe in erheblichem Maße enthalten und gelangen, je nach der Art der Weiterverarbeitung, in größeren oder geringeren Mengen in den Wein. Gerbstoffe üben einen adstringierenden (zusammenziehenden) Geschmack aus. Zufolge ihrer Herstellung haben Rotweine stets wesentlich höhere Gehalte an Gerbstoffen als Weißweine. Normale Rotweine haben 2–3 g je l an Gerbstoffen, milde Rotweine 1–1,5 g je l. Üblicherweise enthalten Weißweine höchstens 0,2–0,4 g Gerbstoff je Liter.

f) Stickstofffreie Extraktstoffe. Hierher gehören natürliche Farbstoffe und Geschmacks- und Geruchsstoffe. Letztere nennen wir auch Bukettstoffe, weil sie den Weinen ihr „Bukett" geben. Man sagt, das Bukett kann man „mit der Nase einsaugen", das heißt, wenn man an einem Wein riecht, dann zeigen sich diese Bukettstoffe in ihren feinen und feinsten Tönen. Je feiner und nachhaltiger das Bukett, um so wertvoller ist der Wein.

g) Stickstoff in verschiedener Form. Bisweilen kommen Spuren von Eiweiß vor. Ebenso Albumosen, Amidosäuren und Enzyme (zum Beispiel Invertase).

h) Mineralstoffe. Man findet in Weinen oft eine Reihe von Mineralstoffen, unter ihnen besonders Kali, Natron, Chlor und Kieselsäure. Bisweilen auch Spuren von Kupfer, Arsen, Blei und Zinn, die wohl von den Geräten des Kellers oder von den Spritzmitteln (Peronosporabekämpfung) herstammen. Da es sich nur um Spuren handelt, ist eine schädliche Wirkung dieser Stoffe ausgeschlossen.

i) Verschiedene Gase. Diese spielen im Wein eine große Rolle! In geringen Mengen finden wir schwefelige Säure (SO_2). Der Schwefelwasserstoff wird von der Hefe gebildet, er verursacht den „Böcksergeschmack" oder das „Böcksern". Die Kohlensäure wird bei der Gärung erzeugt und findet sich in der Hauptsache in Jungweinen, daher die „Heurigen" oder „Möste" so bevorzugt. Die Kohlensäure verleiht dem Getränk etwas „Frisches", „Junges", „Prickelndes" oder „Spritziges". Die Moselweine halten die Kohlensäure länger fest und haben ihren Charakter unter anderem von ihr. In ganz geringen Mengen finden wir außerdem Sauerstoff und bisweilen Stickstoff.

Während ersterer für den Ausbau der Weine sehr wichtig ist, hat letzterer kaum eine Bedeutung.

Wir sehen aus der Aufzählung der Bestandteile des Weines, daß im Wein verschiedene Stoffe zusammenwirken. Man wird nur sehr selten zwei Weine finden, die in ihrer Zusammensetzung gleich sind. Stets sind Abweichungen zu beobachten, und gerade diese ergeben die unzählig vielen Weintypen. In der Praxis bedient man sich zum Erkennen der Weine der

„Zungenprobe", man müßte eigentlich sagen Zungen-Nasen-Augenprobe, denn der Wein wird durch Geschmack, Geruch und Gesicht geprüft. Es ist eine besondere Geschäftsbegabung des Weinfachmannes, einen Wein sicher beurteilen zu können, worüber wir noch später sprechen werden.

Die Arten der Weine

Die Bezeichnung Wein ist ein Sammelbegriff, der eine Reihe verschiedener Weingruppen in sich vereinigt, die sich durch Herstellungsart, Farbe, Geruch und Geschmack sowie in ihrer Zusammensetzung zum Teil erheblich voneinander unterscheiden.

Rot- und Weißweine werden zunächst nach der Farbe unterschieden. Die Weißherbste (in Baden) und die Schillerweine (in Württemberg) nehmen eine Mittelstellung zwischen beiden Weingruppen ein. Diese Weinart wird durch das sofortige Keltern blauer oder roter Trauben hergestellt, wodurch nur ein Minimum an Farbstoffen, welche hauptsächlich aus der Traubenschale kommen, gelöst wird. In Frankreich nennt man diese Weine Rosé, wo sie teilweise auch durch Verschnitt zwischen Rot- und Weißweinen hergestellt werden, was jedoch in Deutschland verboten ist.

Die Weißherbste sind hell- bis lichtrot und gleichen im Geschmack sehr stark den Weißweinen.

Eine weitere, außerordentlich wichtige Weingruppe sind die **Dessert- oder Südweine**. Sie sind nicht nur als Frühstückweine, als appetitanregende Getränke vor Beginn der Mahlzeiten und beim Genuß von Süßspeisen als Getränk geeignet, sondern auch als Medizinalweine wegen ihrer stärkenden und anregenden Wirkung für Kranke und Genesende.

Nach Art ihrer Herstellung werden unterschieden: konzentrierte Süßweine (eigentliche „Süßweine") aus Trockenbeeren, ohne Zusatz von Alkohol oder Zucker hergestellt, und gespritete Dessertweine mit einem Zusatz von fremdem Alkohol (Industriesprit, Weindestillat, eingedicktem Most usw.).

Zur ersten Gruppe gehören insbesondere die ungarischen Tokayerweine, zu den gespriteten Dessertweinen Malaga-, Sherry-, Port-, Madeira-, Marsala- und Samos-Weine. Sie sind nicht nur durch ein besonders feines Aroma und durch hohe Alkoholkonzentrationen (bis 20 %) ausgezeichnet, sondern haben zum Teil auch eine ganz erhebliche Süße (Samos).

Wermutweine sind weinhaltige Getränke, hergestellt aus Wein unter Verwendung von Wermutkraut und anderen Würzstoffen, unter denen der dem Wermutkraut eigentümliche Geschmack deutlich hervortritt. In 1 l Wermutwein müssen mindestens 750 cm³ Wein sowie insgesamt mindestens 119 und höchstens 145 g Alkohol (15—18,3 Vol.-%) enthalten sein.

Schaumwein oder **Sekt** (die französische Herkunftsbezeichnung Champagner ist international geschützt) sind weinhaltige Getränke, die durch Gärung (Flaschengärung, Tankgärung) oder durch Zusatz von Kohlensäure (imprägnierte Sekte) aus Most oder Wein hergestellt werden und die mindestens 50 g Alkohol im Liter enthalten und in geschlossenen Behältnissen bei +10°C einen Kohlensäuredruck von mindestens 2 atü aufweisen. Es darf bei der Herstellung bis 100 cm³ Traubensaft und bis insgesamt 50 cm³/l an Weinbrand, Weindestillat oder Dessertwein zugesetzt werden. Ein Zuckerzusatz ist bis zu der Menge von 75 g/l, berechnet als Invertzucker, möglich. Schaumwein für Diabetiker kann unter Deklaration mit Sorbit gesüßt werden.

Als Champagner darf nur Schaumwein verkauft werden, der in dem dafür geschützten Gebiet der Champagne durch Flaschengärung hergestellt wurde. Tankgärung ist für die Champagnerherstellung verboten.

Fruchtschaumweine sind aus Beeren, Obst oder Früchten hergestellte schaumweinähnliche Getränke, bei denen auf dem Flaschenetikett die verwendete Fruchtart gekennzeichnet werden muß. Die Bezeichnung „Sekt" ist verboten.

Perlweine sind kohlensäurereiche Stillweine, die keine Schaumkrone bilden. Der Perlwein wird durch Vergären des Mostes in Drucktanks, durch

Umgären ausgebauter Naturweine oder durch Zusatz von Kohlensäure (Kohlensäureimprägnierung) zu fertigem Wein hergestellt. Perlwein darf nur auf Weinflaschen, die mit Weinkorken verschlossen sind, abgefüllt werden, darf nicht mehr als 1,5 atü Kohlensäuredruck bei 20°C aufweisen und darf nicht als „Sektersatz", „Schaumweinersatz" u. dgl. oder in einer Aufmachung angeboten werden, die Verwechslungen mit Sekt nahelegt.

Obst- und Beerenweine sind weinähnliche Getränke, bei deren gewerbsmäßiger Herstellung Wein nicht verwendet werden darf. Im Verkehr dürfen sie nur in Verbindung mit dem Rohstoff (Stein-, Kern-, Beerenobst, Schlehen usw.) als Wein bezeichnet werden, aus dem sie hergestellt sind.

Die **Traubensorten** sind in ihrem Wachstum, im Ertrag und in der Zusammensetzung ihres Traubensaftes verschieden. In Deutschland werden die Sorten: Riesling, Ruländer und blauer Burgunder besonders geschätzt. Die Beeren dieser Sorten sind zwar klein, dafür ist aber ihr Saft sehr süß und würzig. Der Ruländer hat den höchsten Zuckergehalt und bringt daher auch die alkoholreichsten, kräftigsten Weine hervor. Die Rieslingtraube weist zwar im allgemeinen geringere Mostgewichte auf, ergibt aber rassige, frische und fruchtige Weine. Der blaue Burgunder bringt unter günstigen Bedingungen vollmundige bis samtig-milde Rotweine und gute Qualitäten der bereits geschilderten Weißherbste hervor. Rheingau, Franken, Pfalz und Teile der Gebiete Mosel, Saar und Ruwer sind seit langer Zeit für feine und teilweise sehr große Rieslinge bekannt. In Mittelbaden findet man viele sehr gute Rieslingweine neben vollmundigen kräftigen Rotweinen. Am Kaiserstuhl dagegen herrschen die feurigen, temperamentvollen Ruländer, milde, rubinrote Rotweine und Weißherbste von eleganten appetitlichen Farbnuancen vor.

Der Weinbau in Deutschland

Der Weinbau in Deutschland ist zwar sehr alt, doch kann man seine Herkunft nicht mit absoluter Sicherheit nachweisen. Es ist sicher, daß die Römer den Weinbau nicht nur in Gallien, sondern auch in Süddeutschland im 2. Jahrhundert n. Chr. gefördert haben, daß er aber bereits früher bekannt war. Verschiedene Funde bestätigen diese Annahmen. Heute ist der Weinbau in der Hauptsache in Süddeutschland zu finden, doch findet man kleinere Weinkulturen auch in Sachsen. Ehemalige Weingebiete, die sich fast bis nach Norddeutschland hinzogen, sind eingegangen.

Weinbaugebiet	Weißwein	Rotwein	Bedeutende Weinorte	Bemerkungen
Rheingau	vorwiegend	wenig	Hattenheim Hallgarten Hochheim Rüdesheim Geisenheim Johannisberg Östrich-Winkel Aßmannshausen	die besten deutschen Edelweinorte
Mosel- Saar- Ruwer	ausschließlich		Erden Graach Klüsserath Mehring Piesport Wehlen Zell Trier Ürzig Bernkastel-Kues	Rotweinort leichte „spritzige" Weißweine

Der Wein

Weinbau-gebiet	Weiß-wein	Rot-wein	Bedeutende Weinorte	Bemerkungen
Franken	vor-wiegend	sehr wenig	Würzburg Randersacker Escherndorf Freudenberg Miltenberg Klingenberg	kräftige, z. T. sehr edle Weißweine
Pfalz	vor-wiegend	weniger	Bergzabern Edenkoben Bad Dürkheim Ungstein Kallstadt Deidesheim Forst Wachenheim	Rotweine
Rhein-hessen	viel	viel	Nackenheim Guntersblum Worms Ingelheim Bingen Nierstein Oppenheim	Rotweine
Ahr	kaum	viel	Remagen Ahrweiler Walporzheim Mayschoß Alten- u. Neuenahr	kräftige Rotweine „Berg-auslese"
Mittel-baden Ortenau	vor-handen	auch Weiß-herbst	Sasbachwalden Waldulm Umweg Durbach	Riesling Rotwein
Kaiserstuhl			Achkarren Bickensohl Ihringen Oberbergen Bischoffingen	Gewürztra-miner Rotweine Ruländer
Mark-gräfler-land			Hügelheim Laufen Auggen Wolfenweiler	Ruländer Gutedel
Bodensee			Meersburg Hagenau	Weißherbst
Nahe	über-wiegend	—	Bad Kreuznach Rotheim Schloß Böckelheim	—
Mittel-rhein	über-wiegend	— Kaub	Bacharach Kaub Königswinter St. Goarshausen Unkel	—
Württem-berg			Auenstein Brackenheim Fellbach Flein Lauffen Schwaigern Weinsberg	Weißweine Rotweine Schillerwei-ne

Der Weinbau des Auslands

Der Weinbau der großen europäischen Erzeugerländer ist heute in der EWG zusammengeschlossen. Bereits in den Jahren der Vorbereitung für den gemeinsamen Markt hatte man sich in den einzelnen Ländern mehr auf eine Ergänzung des Angebotes als auf eine gegenseitige Konkurrenz eingestellt. So liefert heute beispielsweise Italien das größte Kontingent von Konsumweinen, während Frankreich auf dem Sektor der Qualitätsweine ein Niveau erreicht hat, das weitaus höher liegt als das vergleichbarer deutscher Weine. Während früher sehr viel süße oder süßgehaltene Sauternes- oder Gravesweine zu relativ hohen Preisen in Deutschland getrunken wurden, hat sich der deutsche Weinbau inzwischen auf diesen Verbraucherkreis eingestellt und liefert in großen Mengen süßgehaltene Weine, die erheblich weniger Restzuckergehalt aufweisen und deswegen vermutlich besser ankommen. Da sie auch wesentlich billiger als die früher relativ teuren Sauternes sind, ist die Nachfrage nach den süßen Bordeauxweinen sehr stark gesunken.

Allgemein betrachtet hat sich der europäische Weinmarkt organisch gut entwickelt, und das Angebot ist für den Fachmann durchaus übersichtlich. Zum Beispiel:

Frankreich	Große und schwere Rotweine aus dem Bordelaise und Burgund; kräftige und schwere, trockene Weißweine aus dem Elsaß, der Loire und Burgund; Konsumweine aus der Provence und dem Midi.
Deutschland	Frische, elegante, zum Teil süßgehaltene Weißweine leichterer Art aus allen deutschen Weinbaugebieten; leichte bis mittelschwere, daher besonders bekömmliche Rotweine aus Baden, von der Ahr und zum Teil aus dem Rheingau.
Italien	Leichte Weißweine und rote Konsumweine aus Tirol; leichtere Rotweine mit nur geringen Qualitätsunterschieden aus allen anderen italienischen Weinbaugebieten.

Frankreich

Die wichtigsten Weinbauregionen sind: Die Bourgogne, deren bekannteste Weißweine der Chablis und der Montrachet sind. Die Rotweine der Côte d'Or, die sich wieder in die Côte de Nuit und die Côte de Beaune unterteilt, sind vor allem der Pommard, Beaune und Aloxe-Corton von der Côte de Beaune sowie der Vosne-Romanée, Gevrey-Chambertin, Nuits-St. Georges u. a. Es ist interessant zu wissen, daß hier die großen Rotweinorte ihrem Wein den Namen des berühmtesten Weinberges dem ursprünglichen Ortsnamen angehängt haben. Zum Großraumgebiet Bourgogne gehören fernerhin die Rotweingebiete Maconnais (auch etwas Weißwein) und das Beaujolais, das durch die Fleuries, Morgons, Julienas, Saint-Amour, Moulin à vent usw. bekannt geworden ist, das aber auch etwas Weißwein, z. B. den Pouilly fuissé, liefert. Der bekannteste Wein der Côtes du Rhône ist der Châteauneuf-du-Pape. Unter dem Namen „Val de Loire" sind die Weine zusammengefaßt, die an den Abhängen der Loire und ihrer Nebenflüsse geerntet werden, z. B. die Weißweine von Pouilly-sur-Loire vom Oberlauf der Loire, die Roséweine aus Anjou, die roten und weißen Weine der Touraine, zu denen der bukettreiche weiße Vouvray gehört, nicht zu vergessen der trockene, frische und süffige Muscadet (Muskateller), der in den beiden Regionen der Departements Loire-Atlantique und Sèvre-et-Maine geerntet wird.

Das Bordelais erzeugt seit Jahrhunderten weltbekannte Qualitätsweine. Es ist unterteilt in Médoc, Saint-Emilion und Pommerol, die alle Rotweine erzeugen, sowie Graves und Sauternes, die hauptsächlich ihrer Weißweine wegen bekannt sind, darunter solche, die prächtig nach Honig schmecken. Im Elsaß werden Rieslinge, Pinots (Weißburgunder), Traminer, Gewürztraminer, Chasselas (Gutedel), Tokay und Silvaner angebaut. Das sind fast alles die gleichen Haupt- und Nebensorten der deutschen Weinbaugebiete. Die Kellerwirtschaft, d. h. der Anbau der Weine, hat sich aber im Elsaß nach dem Geschmack des französischen Konsumenten ausgerichtet. Die Weine sind schwerer und trockener als die deutschen Sorten.

Griechenland
betreibt die Erzeugung von Wein und Korinthen; es werden schwere Weiß- und Rotweine erzeugt.

Italien
Italien bringt eine große Vielfalt unterschiedlicher Weine hervor. Neben vollmundigen Tischweinen im Norden, den kohlensäurereichen Asti-Weinen in der Umgebung von Turin, den verschiedenen Qualitäten der roten Chianti-Weine im Gebiet der Toskana und den schweren, fast bräunlichen Marsala-Weinen aus Sizilien, einem konzentrierten Dessertwein, werden vor allem auch weiße und rote Wermutweine exportiert.

Jugoslawien
Große Mengen an Weißweinen werden in Serbien angebaut.

Österreich
Wichtige Weinbaugebiete Österreichs sind die Wachau (Veltliner, Reinriesling, Neuburger, Dürnsteiner, Katzensprung, Dürnsteiner Flohhaxn, Loibner Kaiserwein usw.), der Wiener Bereich mit leichten fruchtigen, süffigen bis feinblumigen, gehaltvollen Weinen, das Südbahngebiet (Gumpoldskirchener, Badener Traminer, Vöslauer Blauburgunder usw.), das Burgenland (Weiße und rote Konsumweine, tokayerähnliche süße schwerere Weine und leichte süßliche Burgunderweine) und das Gebiet der Steiermark (u.a. blauer Wildbacher, ein hellroter Schillerwein).

Portugal
Zur Herstellung der Portweine sind 15 rote und 6 weiße Rebsorten zugelassen. Der Portwein liegt im Alkoholgehalt bei etwa 20 Vol.-%. — Auch der sehr gehaltvolle schwere Madeirawein, von der gleichnamigen portugiesischen Insel stammend, ist weltbekannt und besitzt neben vornehm-harmonischer Säure und stark-würzigem Charakter einen Alkoholgehalt bis 20 Vol.-%.

Rußland
treibt Weinbau im Kaukasusgebiet, in Bessarabien, in der Krim und im Dongebiet; außerdem in Astrachan und Turkestan; nebenbei ist die Erzeugung von Rosinen und Tafeltrauben zu erwähnen. Sekt wird in großen Mengen auf der Krim produziert.

Schweiz
Es werden überwiegend weiße Weine hergestellt, die recht unterschiedlich in ihren Geschmacksrichtungen sind. Die großen Weine der Schweiz, zugleich die verbreitetsten Konsumweine des Landes, sind der kohlensäurereiche feine Neuenburger, der kräftige, aromatische Dôle aus den roten Traubensorten Pinot noir und Gamay bzw. der Burgunderrebe und die weißen Fendants, vorwiegend aus der Gutedelrebe hergestellt. – Größter Weinbaubezirk ist der Kanton Waadt, der neben leichten Weißweinen und roten Hybridenweinen die besten Weine der Schweiz liefert, während aus dem Kanton Wallis neben Fendants der dunkle Dôle-Wein kommt. Im Kanton Zürich werden vor allem säurearme, bukettreiche Weine aus Riesling- und Sylvaner-Reben hergestellt.

Spanien
Auch Spanien ist ein sehr großes Weinland. Hier werden die Trauben oft an Bäumen kultiviert: dieses Verfahren finden wir übrigens auch in Italien und Frankreich. Obgleich in Spanien selbst sehr viel Wein verbraucht wird, steht noch immer eine große Menge zur Ausfuhr und zur Spritbereitung zur Verfügung. Bekannte spanische Weine sind Jerez (Xerez oder Sherry), Malaga, Alicante, Tarragona u.a.

Ungarn

Das zu den ältesten Weinbauländern Europas zählende Ungarn liefert neben mittelschweren Weißweinen (Plattenseer Riesling) schwere Rotweine (Erlauer Stierblut), süßliche starke Rotweine (Kadarka) und vor allem die verschiedenen Qualitäten von Tokayerweinen mit ihrem einzigartigen Bukett und ihrer hohen Fruchtsüße.

Rumänien

Aus Siebenbürgen und dem Banat kommen heute rumänische Weine nach Deutschland, die eine vollkommene Ähnlichkeit mit unseren einheimischen, besonders aber den badischen Weinen haben. Siebenbürgener Ruländerweine gibt es in Spätlesen und ähnlichen Steigerungen, was sicherlich auf die Anwesenheit deutscher Auswanderer in diesem Raum zurückzuführen ist.
In Europa werden außerdem in **Belgien** und **Luxemburg** kleinere Weinmengen erzeugt, die jedoch nur von lokaler Bedeutung sind. In Luxemburg sind es sehr leichte, trockene Weißweine.
Außer in den bisher genannten Ländern wird Weinanbau in größerem Stil in anderen Teilen der Welt betrieben. Der Anbau in **Südafrika** ist in den letzten Jahren sehr stark gestiegen. Er erstreckt sich auf Riesling und andere uns bekannte Traubensorten. Der größte Teil dieser Weine wird an Ort und Stelle zu Sherry und Alkohol verarbeitet. In den **Vereinigten Staaten von Nordamerika** werden, hauptsächlich in Kalifornien, schon seit langem Riesling und andere Weinarten angebaut, die sogar als Mosel- oder Rheinwein, Sauternes usw. auf den Markt gelangen, jedoch nicht exportiert werden.
Nordafrika, hauptsächlich Algerien und Marokko, produziert erhebliche Mengen an farbstarken, jedoch charakterarmen Rotweinen, die auch heute noch, wie bereits erwähnt, in Deutschland als Deckweine Verwendung finden. Zuletzt sei noch erwähnt, daß auch **Australien** Weinbau betreibt, der sich zusehends ausbreitet.

Die Gefäße für den Wein

Im Altertum wurde der Wein in Tonkrügen gelagert, das Faß ist erst seit dem Mittelalter bekannt. Zu dieser Zeit wurde er in Kannen aufgetragen und aus Bechern getrunken. Die Lagerung bzw. das Einfüllen in damals noch handgeblasene Flaschen war in Frankreich bereits vor der Revolution bekannt. Die Flaschen dienten vermutlich zum Aufbewahren von Destillaten wie Cognac und Armagnac.
Heute werden drei Arten von Gefäßen verwendet:
das Faß oder der Tank zum Ausbau und für kürzere Lagerzeit;
die Flasche zur längeren Lagerung und zur Reife.
Als Trinkgefäß kennt man, von wenigen Ausnahmen abgesehen, heute nur noch das Glas.

Das Faß

Das Faß hat für die Gastronomie seine Bedeutung verloren, da nur noch in wenigen Ausnahmefällen, z. B. in Weinbaugebieten, der Gastwirt gleichzeitig Kellereiwirtschaft betreibt. In der Kellerwirtschaft wird es aber seinen festen Platz behalten, weil es für Weine von bestimmter Art unerläßlich ist, z. B. für den Rotweinausbau höchster Qualität. Ein großer Rotwein braucht zur Reife einen ununterbrochenen Kontakt mit Sauerstoff, der nur durch die sehr kleinen Poren des Eichenholzfasses gegeben ist. Das Faß hat aber in den letzten Jahrzehnten in dem Tank einen wichtigen Konkurrenten bekommen. Der mit Glas ausgeschlagene Betontank, der mit Kunststoff beschichtete Stahltank und der Tank aus nichtrostendem säurefestem Stahl machen das hermetische Abschließen von dem auf die Dauer nachteiligen Sauerstoff möglich und werden besonersd für den Ausbau von leichteren Weißweinen geschätzt. Denn im Gegensatz zu den Rotweinen ist die Berührung

Der Wein

mit Sauerstoff für Weißweine auf die Dauer schädlich. Diese neuartigen Werkstoffgefäße haben den Vorteil, daß sie die von den meisten Weintrinkern so sehr geschätzte Frische bewahren und die Bukettstoffe und die eigene Kohlensäure leichter erhalten bleibt. Darüber hinaus haben sie den Vorzug, sich wesentlich leichter sauberhalten zu lassen, Bakterienherde sind leicht zu verhindern; hygienische Vorteile, die letzten Endes dem Weine zugute kommen. Für den Ausbau des Rotweines werden runde und ovale Fässer verwendet. Bei ovalen Fässern ist eine schnellere Selbstklärung und eine bessere Raumausnutzung des Kellers möglich. In Deutschland richten sich die Faßgrößen im allgemeinen nach der Betriebsgröße, d. h. nach den Anbauflächen und den daraus zu erwartenden Erntemengen. Demgegenüber verwendet man in französischen Weinbaugebieten, in denen Qualitätsweine erzeugt werden, sehr kleine Faßgrößen, die oft drei- und vierstöckig gesattelt sind. Diese Fässer sind sehr dünnwandig und dienen während der Periode des Ausbaus dem bereits erwähnten Kontakt mit dem Sauerstoff. Die Normen und Bezeichnungen dieser Fässer sind der nachstehenden Tabelle zu entnehmen:

Name des Gebindes	Inhalt in Litern	Vorkommen
Hektoliter (hl)	100	überall
Ohm	150	Rheingau, Baden
Ohm	50	Elsaß Frankreich,
Viertelstück	300	Rheingau, Franken, Baden
Halbstück	600	alle deutschen Weinbaugebiete
Stück	1200	
Halbfuder	500	Mosel
Fuder	1000	
Fuhrfaß	400—700	Österreich
Pièce	650	Languedoc
Pièce (Macon)	215—225	Burgund: Macon, Beaujolais
Barrique	225—228	Bordeaux
½ Barrique	110—114	
Barrique (Cognac)	250	Cognac, Armagnac
Barrique (Madeira)	15	Madeira

In den Sektkellereien findet man Großfässer von 50 000 l Inhalt und mehr zum Mischen der verschiedenen Grundweine (Cuvées), womit ein über lange Perioden hinaus gleichbleibendes Endprodukt erreicht wird.
Berühmte Weingüter in Burgund und dem Bordelaise verwenden für ihre Spitzengewächse jedes Jahr neue Eichenfässer. Der Rotwein erhält durch den natürlichen Gerbstoffgehalt des Holzes eine weitere Geschmacksvariante, die sich allerdings erst nach jahrelanger Faß- und Flaschenlagerung sehr vorteilhaft auswirkt.
Pflege der Fässer. Werden für den Weißweinausbau neue Fässer genommen, so müssen sie, im Gegensatz zum Rotweinfaß, so behandelt werden, daß ein möglichst großer Teil des Tannins dem Holz entzogen wird. Das geschieht auf natürlichstem Wege durch Dämpfen. Es würde zuweit führen, wollte man hier die verschiedensten Methoden angeben, die früher verwendet wurden. Es sei nur darauf hingewiesen, daß die Fässer, wenn sie eine längere Zeit leer standen, geschwefelt werden mußten, um Schimmelansätze und Bakterien zu bekämpfen. Diese Schwefelung mußte regelmäßig wiederholt werden und hatte den Nachteil, daß sich der Schwefel im Holz festsetzte und nur durch wiederholte Bearbeitung wieder herausgeholt wer-

den konnte. Man kann sagen, daß für den Ausbau des Weißweines der Tank sich dem Faß gegenüber als ideal erwiesen hat.

Pflege des Weinkellers. Reinlichkeit ist hier das erste Gebot. Fremdstoffe wie Öl, Petroleum, Fleisch, Gemüse, Kartoffeln, selbst Konserven haben in einem Weinkeller, auch wenn es sich nur um einen privaten Flaschenkeller handelt, nichts zu suchen. Durch den Korken haben die Flaschen immer noch Kontakt mit der Luft der Umgebung. Muffige Luft entsteht oft, wenn man keine Klimaanlage hat und deshalb, zumal in der warmen Jahreszeit, den Keller nur selten lüften kann. Wenn aber ein Flaschenkeller in der kühlen Jahreszeit des öfteren gelüftet wird, kommt man auch mit guter Temperatur selbst über die Sommermonate hinweg. Man kann sich im Sommer durch zeitweiliges Befeuchten des Bodens behelfen, da die Verdunstung gute Kellerluft erzeugt. Zu hohe Luftfeuchtigkeit schadet auf die Dauer zwar den Etiketten, ein angemodertes Etikett auf einer Flasche gut gepflegten Weines wird man jedoch eher in Kauf nehmen als umgekehrt. Sauberkeit, gute Luft und eine möglichst gleichbleibende Temperatur sind also für den Weinkeller von größter Bedeutung.

Die Flasche

Die Flasche dient der Konservierung und Lagerung des Weines. Sobald dieser im Faß oder Tank die sogenannte Flaschenreife erreicht hat, der Wein also jenes Stadium gewonnen hat, das man längere Zeit erhalten oder noch langsam weiter entwickeln möchte, wird er auf Flaschen gefüllt. Kurz nach der Abfüllung tritt die sogenannte Flaschenkrankheit ein, die jedoch keine Krankheit des Weines an sich bedeutet. Der Füllvorgang ist besonders für einen hochwertigen Wein eine Strapaze, die erst überwunden werden muß. Allem Anschein nach sind dabei Geschmacksstoffe und Aroma des Weines verlorengegangen. Das trifft aber nicht zu, und nach unterschiedlicher Lagerdauer findet der Wein seine ursprüngliche Art wieder zurück. Allerdings wesentlich langsamer als im Faß. Die Entwicklung ist aber natürlich und gewollt. Man sollte daher auch niemals frischgefüllte Flaschenweine im Gastgewerbe anbieten. Nach wenigen Monaten wird dieser Wein erst zeigen, welche angenehmen Geruchs- und Geschmacksstoffe er besitzt. Ein Wein der schon geraume Zeit auf Flaschen gefüllt worden ist, muß nach dem Versand erst einige Wochen ruhen, ehe er ausgeschenkt wird, wenn er seine guten Seiten zeigen soll. Auch der Versand, zumal auf längere Entfernungen, ist für Flaschenweine eine Belastung.

Die verschiedenen Flaschenformen und Glasfarben. Jedes größere Weinbaugebiet hat seit jeher eine eigene Flaschenform, und auch die Farben des Glases sind verschieden. Die Farbe der Flasche hatte früher eine größere Bedeutung als heute, denn man mußte die Lichtempfindlichkeit des Weines berücksichtigen, die durch Fremdkörper (Eisen- oder Arsengehalt) hervorgerufen wurde und die man durch schützende Glasfarben (dunkles Grün oder Braun) zu mindern versuchte. Bei besonders starkem Eisen- oder Arsengehalt bekamen die Weine bereits nach kurzer Zeit durch die Lichteinwirkung eine schwarze Färbung.

Der Eisengehalt wurde früher meistens durch Verwendung von oxydierendem Geschirr beim Lesen und Keltern verursacht, konnte aber auch mineralischen Ursprungs sein. Der Arsengehalt bestand aus Rückständen der Schädlingsbekämpfung. Da wir keine oxydierenden Geschirre mehr verwenden und auch die Schädlingsbekämpfung mit Mitteln vorgenommen wird, die keine Rückstände hinterlassen, brauchen wir nicht mehr Rücksicht auf die Farbe der Flaschen zu nehmen. Die Glasfarbe ist jedoch für die verschiedenen Weinbaugebiete zur Tradition geworden. Es sind allerdings Bestrebungen im Gange, die Flaschenarten für Rot- und Weißweine zu normen. Ein Schritt in dieser Richtung ist die Änderung der Weißweinflasche im Elsaß, die bisher lang und schlank war. Eine Vereinheitlichung ist schon deshalb wünschenswert, weil dadurch die Lagerung in vorgefertigten Flaschenfächern erleichtert wird und das Verpackungsmaterial vereinfacht werden kann. Die anfänglichen Bedenken hinsichtlich der Erkennung des

Der Wein

Weines sind längst widerlegt, da die Art und Form der Ausstattung (Kapsel, Etikett usw.) die Herkunft leicht erkennen läßt.

Flaschenart	Form	Farbe	Anwendung
Schlegelflasche	rund mit schlankem Hals	rot, rotbraun, blau, grün	verbreitetste Weißweinflasche Rheingau, Mosel
Burgunderflasche	gedrungene Schlegelflaschenform	braun, olivgrün	verbreitetste Rotweinflasche
Sauternesflasche	bordeauxähnliche Flasche, kurzhalsig	farblos	für alle weißen Bordeauxweine
Bocksbeutel	beutelartig	grün u. braun	Franken, Mittelbaden
Bordeauxflasche	Hals deutlich abgesetzt	weiß oder farbig	Frankreich und Deutschland, meist für Rotweine
Sherryflasche, Tokayerflasche	mit abgesetztem Hals	verschieden, meist bunt	für Südweine, auch Liköre
Fiaschetti	mit langem, dünnem Hals, in Bast eingebunden	farblos	Italiener (Toskaner) mit Ölverschluß!

Die Flaschenverschlüsse. Der Naturkork ist der älteste Flaschenverschluß, zum mindesten seitdem Getränke in großen Mengen in Flaschen gefüllt werden. Sein Nachteil ist der bereits erwähnte Korkgeschmack, der sich bis heute noch nicht restlos verhindern läßt. Verschiedene andere Werkstoffe haben in den vergangenen Jahren auch bei der Weinfüllung Verwendung gefunden. Der Grund hierfür sind nicht nur die bereits erwähnten Nachteile des Korkens, sondern ist auch seine immer teurer werdende Produktion. Früher wurden die Korkeichen frühestens alle 5—6 Jahre geschält — die Rinde ist der Rohstoff für den Kork —, bei dem immer schneller steigenden Verbrauch reicht diese Zeit jedoch nicht mehr aus und man schält deshalb heute bereits alle 2—3 Jahre. Da der Verkauf vom Faß praktisch vollkommen eingestellt ist und der Verkauf aus der Flasche, auch für Schoppenweine, einfacher und insbesondere hygienischer ist, wird man für Tafel- und Schoppenweine aus der Literflasche mit Rücksicht auf die Rohstoffverknappung sehr bald Kronkorken oder andere Kunststopfen verwenden. Für Weine gehobener Qualität, vor allem für solche, die länger lagern, wird sich kein Werkstoff finden lassen, der die Eigenschaft einer guten, aber teuren Korkqualität voll ersetzen kann.

Zum Schutz des Korkens hatte man früher die Flaschenmündung mit Siegellack versehen. Damit war die Flasche hermetisch abgeschlossen, was bei sehr langer Lagerung teilweise zu Nachteilen für den Wein führte. Seit den Jahren nach dem Ersten Weltkrieg verwendet man Stanniol- und Aluminiumkapseln, die im Oberteil gelocht sind. Dadurch kann der Kork atmen, wird aber dennoch geschützt. Plastikkapseln werden heute schon von namhaften Weinbaubetrieben verwendet. Der Vorteil liegt im wesentlich günstigeren Preis und der absolut hohen Haltbarkeit. Der Weinkenner ist beim Auftauchen neuer Werkstoffe zwar immer skeptisch, läßt sich aber überzeugen, wenn ihm der Fachmann die Vorteile erklären kann.

In letzter Zeit hat sich auch ein tierischer Feind des Korkens sehr schnell verbreitet, und zwar die Korkmotte, die in Kellern mit hohen Temperaturen günstige Lebensbedingungen findet. Sie legt ihre Eier an den Korken und die daraus entstehenden Maden fressen sich ca. 3—4 Millimeter in den Kork. Die nächste Generation tut das gleiche und man kann sich ausrechnen, wann die ersten Auslaufschäden auftreten. Mit chemischen Mitteln ist die Korkmotte nur schwer zu bekämpfen. Das sicherste Mittel sind normale Kellertemperaturen unter +12° C, die man heute mit technischen Mitteln (Klimaanlage) relativ leicht erreichen kann. Diese Klimaanlagen haben dann auch noch den Vorteil, daß gleichzeitig der günstigste Luftfeuchtigkeitsgehalt erzielt werden kann, der bei etikettierten Flaschenweinen bei ca. 80% liegt.

Korkbrand. Für gute Flaschenweine verwenden Erzeugerbetriebe wie Weingüter oder Winzergenossenschaften Korken mit eingebrannten Firmenzeichen. Oft sind dem Korkbrand Angaben über Art oder Herkunft des Gewächses zu entnehmen. Doch auch Handelsbetriebe von Ruf legen Wert darauf, mit dem Korkbrand anzuzeigen, daß der betreffende Wein in ihrem Keller gefüllt wurde und damit eine gewisse Qualitätsgarantie übernommen wird.

Ausstattung der Flasche. Die Ausstattung besteht aus dem Etikett und der Kapsel. Das Etikett kann ein einteiliges, sogenanntes Fußetikett sein, kann aber noch einen zweiten Teil, eine Halsschleife haben, die meistens den Jahrgang angibt. Das Etikett gilt heute als Dokument, denn es muß nach dem Weingesetz von 1971 alle Angaben über den Inhalt der Flaschen aufweisen. Sie sind genau vorgeschrieben und bestehen im einzelnen aus der Angabe:
1. des Weinbaugebietes — im oberen Teil — z. B. Rheingau, Baden;
2. der Weinart, z. B. Qualitätswein, Kabinett, Spätlese usw.;
3. der Betriebsnummer, Nummer der Abfüllung, Jahr der Abfüllung (nicht Jahrgang);
4. des Weinortes, der Lage sowie der Sorte;
5. des Unterbereichs innerhalb des Großgebietes, z. B. Kaiserstühler Tuniberg;
6. des Ursprungs des Lesegutes (Trauben).

Bei Markenweinen, die meistens einen gesetzlich geschützten Phantasienamen tragen, ist das Gebiet anzugeben, da Lagennamen nicht verwendet werden dürfen. Kommen wesentliche Teile des Weines aus verschiedenen Weinbaugebieten (Verschnitte), so muß er z. B. als „Deutscher Weißwein" deklariert werden. Die Angaben auf dem Etikett werden von einer ständigen Kommission in jedem Weinbaugebiet bei der Qualitätsprüfung getestet, ehe der Wein für den Verkauf freigegeben wird. Ab Jahrgang 1971 darf kein Wein in den Verkehr gebracht werden, ehe ihn die zuständige Gebietskommission freigegeben hat. Diese Kommissionen arbeiten mit der staatlichen Weinkontrolle eng zusammen, so daß Gesetzesübertretungen sofort verfolgt werden können. Der Verbraucher ist hier, abgesehen von den bereits erwähnten Großlagen, der bisherigen Regelung gegenüber weit besser geschützt.

Wird bei einem Wein kein Jahrgang angegeben, so handelt es sich um einen Verschnitt verschiedener Jahrgänge. Bei Qualitätsweinen und solchen mit Prädikat ist das nicht oder nur beschränkt möglich. Ohne Jahrgang werden in Zukunft immer mehr Literweine zum offenen Ausschank verkauft werden, denn hier sind Jahrgangsverschnitte durchaus vertretbar, da Qualitätsschwankungen einzelner Jahrgänge ausgeglichen werden können, indem man Verschnitte von einem säurereichen mit einem säureärmeren Jahrgang vornimmt. Hierdurch entsteht oft ein Verschnitt zum Vorteil des Konsumenten, der auf lange Zeit mit gleichbleibender Qualität rechnen kann. Deshalb befürworten Fachleute bereits seit langem diese Methode der Vermarktung von säurereichen Weinen (Schoppenweine). Bei Weinen mit Lagebezeichnung wird der Markt in Zukunft übersichtlicher sein, da ein großer Teil der bisherigen Klein- und Kleinstlagen in größere zusammengefaßt wurde.

Die Wahl der Kapsel ist genau wie die graphische Gestaltung des Etiketts Geschmackssache. Grelle Farben und aufdringliche Motive stoßen den Kenner ab. Dezente Etiketten und dazu passende Kapseln erreichen hier viel mehr, vorausgesetzt, daß der Inhalt der Flasche von wirklich guter Qualität ist. In der Regel gibt man mit der Farbe der Kapsel schon einen ersten Hinweis auf die Art des Weines. Ein kräftiges Weinrot weist z. B. auf einen Spät-

Der Wein

burgunder, ein frisches Grün auf einen Riesling. Im übrigen kann diese Frage hier nur gestreift werden, da die Kapselfarbe voraussichtlich genormt werden wird.
Deutschland ist zwar das nördlichste Weinland, aber intensive Forschung bei der Schädlingsbekämpfung und der Düngung der Weinberge haben die früher sehr großen qualitativen Schwankungen zwischen den einzelnen Jahrgängen bedeutend vermindert. Trotzdem gibt es immer noch deutliche Jahrgangsunterschiede und das wird auch – für alle Weinbaugebiete der Welt – so bleiben. Nicht allein eine hohe Anzahl von Sonnentagen, sondern vor allem ein ausgewogener Wasserhaushalt in den Weinbergen ist für eine hohe Qualität besonders wichtig.

Das Glas

Für den richtigen Genuß des Weines sind Form und Beschaffenheit des Glases von ausschlaggebender Bedeutung. Im allgemeinen unterscheidet man
1. Probiergläser
2. Trinkgläser } für Gaststätte und Haushalt,

wobei es eine Vielfalt von Formen gibt, denn gerade Gläser sind sehr stark Modeschwankungen unterworfen. Für den Gastwirt, besonders aber für den Weinkenner, ist in erster Linie der Gebrauchswert von Bedeutung, wobei auf eine schöne Form natürlich nicht verzichtet zu werden braucht.
Wein wird mit dem Auge, der Nase und der Zunge probiert. Daher sollte das Weinglas aus Material ohne jegliche Farbschattierungen bestehen, damit die natürliche Farbe des Weines sichtbar bleibt. Die Wandung des Glases soll möglichst dünn sein, für Weine gehobener Qualität ist außerdem ein feingeschliffener Rand erforderlich. Dieser geschliffene Rand läßt den zu kostenden Wein leicht und unbeschwert auf die Zunge gelangen, wodurch Art und Geschmack besser zur Geltung kommen als wenn aus einem dicken Glas getrunken wird. Das Weißweinglas sollte ein Volumen von höchstens 150—160 cm³ haben und wird nur zu ³/₄ gefüllt. Der verbleibende Raum ist die Bukettzone. Hier sammelt sich innerhalb von wenigen Sekunden der aufsteigende Duft des Weines und vermittelt der Nase den ersten Eindruck über die Art und Beschaffenheit.
Für Schankweine (aus der Literflasche) werden in den einzelnen Weinbaugebieten sowohl unterschiedliche Maße als auch verschiedene Glasformen verwendet. Alle Weinbaugebiete — außer Baden und Württemberg — verwenden das ²/₁₀-Glas in unterschiedlichen Formen, meistens Schoppen genannt. In Baden und Württemberg kennt man das Viertele (¹/₄ l) ebenfalls in verschiedenen Formen. Das Fäßleviertel ist sowohl in Baden als auch in Württemberg im Gebrauch, vereinzelt findet man auch das Henkelviertel, mit einem seitlichen Henkel, in niedriger Ausführung.
Für Schankweine gibt es noch den sogenannten Römer, meistens mit bernsteinfarbenem Fuß für Weißweine und mit grünem Fuß für Rotweine sowie den gesetzlich geschützten „Badischen Weinrömer".
Das Rotweinglas, das gastronomischen Ansprüchen genügen soll, darf ein Volumen von 300—400 cm³ haben, ist aber nur etwa ¹/₃ zu füllen. Es soll bauchig, aber nach oben zu verjüngt, d. h. konisch sein. Die Öffnung muß mindestens so groß sein, daß ein Kenner mit der Nase unter dem Rand gelangen kann, da das zur genauen Beurteilung und für den vollen Genuß unerläßlich ist. Große, sogenannte Schwenker sind zwar dekorativ, haben aber durch eine zu kleine Öffnung nur einen geringen Nutzwert. Außerdem erfordert das Trinken aus einem solchen Glas noch oft unnötige Verrenkungen.
Ein Rotweinglas, das den genannten Forderungen entspricht, kann auch für feine Brände wie Cognac, Weinbrand, Armagnac, Calvados oder für aromatische weiße Destillate wie Kirschwasser, Himbeergeist, Mirabell usw. verwendet werden.
Für das Gastgewerbe ist zusätzlich aus wirtschaftlichen Gründen auf eine relative Stabilität zu achten, da sowohl bei manueller als auch bei maschineller Reinigung mit einem mehr oder weniger großen Bruchanteil gerechnet werden muß. Gläser, die sich nach oben zu verjüngen, erfüllen die Bedin-

gungen zum Kosten und Genießen des Weines und haben außerdem mehr Stabilität. Im Haushalt wird sehr oft mehr auf modische Merkmale als auf praktischen Wert geachtet. Sie werden von dem Weinkenner nur ungern benutzt.

Das klassische Champagnerglas hat stets eine gewisse Ähnlichkeit mit der Tulpenform. Die vielerorts gebräuchlichen Schalen widersprechen der Eigenart von Champagner und Sekt, weil das Mousseux durch die große Oberfläche schnell verloren geht. Wer allerdings dieses Mousseux mit dem Quirl vertreiben will, bevorzugt die Schale. Das Quirlen ist aber stilwidrig, denn gerade das Mousseux macht ja den Reiz und die Eigenart des Schaumweines aus.

Durch die allgemein übliche Verwendung von Reinigungsmitteln ist es notwendig, hier auf das Thema Reinigung der Gläser näher einzugehen. Fast alle handelsüblichen Reinigungsmittel, einerlei ob sie für den manuellen oder maschinellen Gebrauch bestimmt sind, hinterlassen am Glas einen kaum sichtbaren Film. Man kann ihn optisch am besten feststellen, indem man mit dem Finger leicht über das Glas fährt. Da es immer noch nicht erwiesen ist, ob diese praktischen Reinigungsmittel auf die Dauer nicht gesundheitsschädlich sind, ist ein Nachspülen der Gläser in frischem warmem Wasser unbedingt zu empfehlen. Bei Biergläsern ist es schnell erkennbar, ob das Glas rein von Rückständen ist. Der Bierschaum fällt sofort zusammen, wenn solche Rückstände am Glas haften.

Glasform	Merkmale	Bemerkungen
Rhein	massiger, meist grüner Fuß, 0,2—0,25 l	sogenannter Römer
Mosel	hoher Stengel, kleiner Kopf mit meist eingezogenem Rand	oft mit Schliff versehen, was die Wirkung des Weines erhöht
Baden Württemberg	wie Rhein	sogenannter Römer, Becher in Fäßleform, niedriger, bauchiger Becher mit Henkel
Rotweinglas	mit gedrungenem Stiel, Gefäß breit, schalenartig	Rotweingläser müssen Schwenken und Riechen des Weines gestatten
Süßwein	stets kleine Gläser, da Süßweine zu schwer	
Schaumwein	Kelch Schale Becher	sehr dünnes Glas oder Kristall, meist geschliffen, innen mit geätzten Punkten versehen, wo die Kohlensäure abprallt

Das sind nur allgemeine Angaben über die örtlich üblichen Formen der Gläser. Es ist nun die Aufgabe eines geschulten Kellners, das jeweils richtige Glas zu wählen. Diese Wahl dürfte nicht schwerfallen, wenn er sich daran erinnert, was über das richtige Weiß- und Rotweinglas gesagt wurde. Der Kellner muß aber auch wissen, welcher Wein am besten zu einer bestimmten Speise schmeckt. Er muß also in der Lage sein, Speise, Wein und Glas zu koordinieren. Das ist eine Aufgabe, die man nur im Laufe einer längeren Praxis erwerben kann.

Das Werden des Weines

Die „Lese" der Trauben, die in den Weinbergen angebaut werden, findet in der Zeit von Ende September bis Mitte November statt. Schon am Weinstock wird eine gewisse Sortierung vorgenommen. Zum Herstellen von

Der Wein

Wein gehobener Qualität dürfen durch Krankheit veränderte, nur teilweise reife oder abgestorbene Trauben nicht gelesen werden. Für Auslesen nimmt man besonders überreife Trauben und keltert sie gesondert, für Beeren-Auslesen müssen durch Überreife eingeschrumpfte Beeren manuell ausgesucht sein. Dadurch wird ein besonders hoher Zuckergehalt des Traubensaftes oft bis zu 200° Öchsle und mehr erreicht.

Die Beeren werden heute fast ausnahmslos maschinell von den Stielen befreit und gemaischt (gequetscht), wodurch sich bereits ein Teil des Saftes von der Haut und dem Fruchtfleisch löst. Danach kommt die Maische in die Presse und wird je nach Traubenart mehr oder weniger stark ausgepreßt. Bei den heute gebräuchlichen, teilweise vollautomatisch arbeitenden Pressen geht auch Fruchtfleisch in den Traubensaft, was sich bei der Gärung auf die Art des Weines oft nachteilig auswirkt. Die Jungmoste werden daher entweder durch Selbstklären oder Zentrifugieren — bei niedrigen Temperaturen — von diesem Schleim befreit. Dabei können gleichzeitig Reste von Schädlingsbekämpfungsmitteln oder Erde, die durch starke Regenfälle an die Trauben gelangte, ausgeschieden werden.

Nicht allein in den Weinbaugebieten, auch in den Gaststätten verkauft man heute viele dieser Jungmoste als neuer Süßer, Süßkretzer oder Federweißer (kurz nach der Gärung). Junge Süßmoste werden wegen des hohen Gehalts an Traubenzucker wieder mehr getrunken, Federweiße finden des Hefegehalts und der Gerbstoffe wegen viele Liebhaber.

Nachdem der Traubensaft ausgepreßt ist — man nennt diesen Vorgang Kelterung — kommt er in Fässer oder Tanks und beginnt dort nach einigen Tagen zu gären. Was heißt nur gären? Auf den Trauben und in der Luft befinden sich Hefepilze. Sobald sie mit Zucker in Verbindung kommen, erwachen sie zu neuem Leben und beginnen sich zu vermehren, sie spalten ihn in Alkohol und Kohlensäure. Je nach der Reife der Trauben hat der abgepreßte Saft einen mehr oder weniger hohen Gehalt an Traubenzucker. Bereits wenige Tage nach der Kelterung beginnen die Pilze ihre Wirkung. Man merkt es am Gluckern im Faß oder Tank, daß sie begonnen haben, den Traubenzucker im Most zu spalten. Damit die Kohlensäure entweichen kann, sind die Gärbehälter nicht fest verschlossen. Kohlensäure kann unter Umständen zu einer gefährlichen Situation führen. Moderne Gärkeller sind deswegen mit einer leistungsfähigen Belüftungsanlage ausgestattet. In alte Gärkeller ging man während der Gärzeit nur mit einer brennenden Kerze, deren Erlöschen Sauerstoffmangel anzeigt.

Die Gärung wird heute fast ausschließlich mit Reinzuchthefe vorgenommen, weil hierdurch reintönigere und feinartigere Weine gewonnen werden können. Die im Most enthaltenen Hefen spalten den natürlichen Traubenzucker solange, bis der Alkoholgehalt 12 Volumenprozent übersteigt. Der Alkohol wirkt also im Wein konservierend, und zwar nicht nur den Hefepilzen, sondern auch anderen Bakterien gegenüber. Die Qualität des Weines hängt in erster Linie von der Güte der Trauben, die Fülle des Weines und der Gehalt an Alkohol von der Reife der Trauben ab.

Die veränderte Bebauung der Weinberge hinsichtlich der Schädlingsbekämpfung sowie ihre Düngung haben die Beschaffenheit der bei der Gärung gebildeten Hefe biologisch so stark verändert, daß diese Hefen früher entnommen werden müssen, und zwar oft schon nach dem Abstich und der Klärung durch Zentrifugieren und Filtrieren.

Abstechen bedeutet, die durch die Gärung ausfallende und sich am Boden des Behälters absetzende Hefe von dem jungen Wein zu trennen. Das Spundloch befindet sich dabei ca. 15 cm vom Boden entfernt.

Nach dem Klären reift der junge Wein im Faß oder Tank. In der Regel hat er bei zweckmäßiger Behandlung vor der Gärung schon den richtigen Säuregehalt. Je nachdem, wie hoch die Anteile der Wein- und Apfelsäure innerhalb der Gesamtsäuregehaltes sind, fällt nun im Laufe der ersten Monate die überschüssige Weinsäure in Form von Kristallen aus, die sich an den Faß- oder Tankboden und Wänden absetzen. Durch diesen Vorgang wird nicht zuletzt eine Harmonie des Weines erreicht, die man auch Reife nennt. Die jungen Weine müssen während ihrer Entwicklung genau überwacht

Der Wein

werden. Stammt der Most aus besonders reifen Trauben mit einem hohen Gehalt an Traubenzucker, dann wird der Wein den höchsten Alkoholgehalt erreichen und zudem noch unvergorenen Traubenzucker enthalten. In weniger günstigen Jahrgängen oder Lagen, die von der Witterung nicht sehr begünstigt sind, reifen immer wieder Trauben heran, die fein und auch aromatisch, aber arm an Traubenzucker sind. Die Hefepilze können, obwohl sie den Traubenzucker gespalten haben, nicht ganz die erforderliche Menge an Alkohol produzieren, die zum Konservieren des Weines und zum Entfalten des Buketts notwendig sind. In diesem Falle war es bisher und ist es auch nach dem neuen Weingesetz gestattet, der Natur nachzuhelfen. Man darf, je nach dem Öchslegehalt des Mostes, der ja die Menge des natürlichen Traubenzuckers anzeigt, dem Most Zucker in einer genau festgelegten Menge hinzusetzen. Diese sogenannte Trockenzuckerung wird streng überwacht.

Um die Oxydation des Weines, d. h. eine Verbindung mit Sauerstoff zu verhindern, benötigt er immer wieder geringe Mengen von freier, schwefliger Säure (SO_2), wobei entscheidend ist, daß nur die äußerst notwendigen Mengen gegeben werden. Durchgorene Weine, also solche ohne unvergorenen Zucker, benötigen wesentlich weniger als solche mit hohem Restzuckergehalt. Ein Teil dieses Schwefels verwandelt sich laufend in gebundene schweflige Säure, die inaktiv ist und zum nachteiligen Ballast wird. Später, auf der Flasche, verwandelt sich freie schwefelige Säure fast vollständig in gebundene. Deshalb haben alte Flaschenweine fast immer ihre natürliche Frische verloren. Eine Oxydation auf der Flasche kommt nur bei ganz altem Wein vor oder wenn der Korken nicht in Ordnung ist und deshalb Sauerstoff eintreten kann. In der Regel ist die Flasche dann schon zum Teil ausgelaufen.

Über das Schönen des Weines hat der Laie fast immer falsche Vorstellungen, wobei oft sogar an ein Pantschen gedacht wird. Dieses althergebrachte Verfahren ist ein notwendiger Vorgang, bei dem unter Zuhilfenahme von natürlichen Mitteln dem Wein Stoffe entzogen werden, die im Übermaß vorhanden sind und daher die Gleichmäßigkeit stören. Für das Ausscheiden von Trübstoffen gibt es jahrhundertealte Hausmittel und moderne Verfahren. Eine ganze Reihe von Schönungsstoffen sind zugelassen. Ein zu großer Eisengehalt mineralischen Ursprungs, der durch die Bearbeitung der Maische oder des Weines mit metallischen Geräten entstehen kann, wird durch Blausäureschönung ausgeschieden. Da man heute weder im Weinberg noch in der Kellerwirtschaft eisenhaltige Geräte verwendet, bleibt nur die Entfernung von mineralischem Eisen notwendig, was allerdings äußerst selten vorkommt. Bis zu einem Eisengehalt von 2 g/hl nimmt man in der Regel keine Schönung vor. Liegt der Eisengehalt höher, so gibt man je hl 1 g Ferro-Zyankali bei. Dadurch verbindet sich das Eisen mit dem Zyankali und beide fallen zusammen aus. Die genaue Dosierung gibt hier die Gewähr, daß auch nicht der geringste Rest der beiden Fremdstoffe zurückbleibt. Überschüssige Gerbstoffe werden mit tierischem Eiweiß behandelt. Ablauf und Ergebnis sind die gleichen wie bei der erwähnten Ferro-Schönung.

Die Lagerzeit der Weißweine ist nicht nur regional und nach Sorte und Art des Weines verschieden, sondern auch der Jahrgang spielt dabei eine Rolle. Im allgemeinen rechnet man von 4 bis 12 Monaten, doch lagern auch heute noch schwere weiße Burgunderweine bis zu 18 Monaten im Faß. Bei Rotweinen beträgt die normale Lager- und Ausbauzeit 8—15 Monate. Nur im Beaujolais, wo man heute die sogenannten Primeurweine sehr jung abfüllt und sofort trinkt, kann man schon zu Weihnachten den neuen Jahrgang trinken. Die Ansichten darüber sind verschieden, doch haben diese jungen temperamentvollen Weine durchaus ihren Reiz. Die moderne Kellerwirtschaft kennt ohnehin die früher üblichen langen Lagerzeiten nicht mehr, weil man heute im allgemeinen frische und anregende Weine den schweren, reifen vorzieht.

Der letzte Behandlungsvorgang vor dem Füllen ist die Entkeimungsfiltration. Mit besonderen Filterschichten wird dadurch eine relativ keimfreie

Der Wein

Füllung erreicht, wozu auch eine sehr genaue und bestmögliche Keimfreimachung der Füllgeräte durch Dämpfen notwendig ist.

Flaschenweine

Unter dieser Bezeichnung versteht der Fachmann Weine, die sich durch besondere Güte auszeichnen und den Hauptpunkt ihrer Entwicklung nicht im Faß oder Tank, sondern vielmehr durch eine entsprechende Lagerzeit auf der Flasche verdanken. Mit den Flaschenweinen sind aber nicht jene Weine gleichzusetzen, die nur wegen des einfacheren Ausschanks in Flaschen gefüllt werden. So wurde vor wenigen Jahren in Baden ein großer Teil der besten Weine in Literflaschen gefüllt, weil man dort eben einen entsprechend großen Anteil an guten Weinen aus dem Viertel, d. h. offenen Ausschank zu trinken gewohnt war — zu einer Zeit, in der man in anderen vergleichbaren Weinbaugebieten Deutschlands längst nur einfache Weine für den Schoppenausschank auf Literflaschen füllte.
Wir haben oben die Reize der jungen französischen Primeurweine erwähnt. Dabei taucht die Frage auf, wie alt der Flaschenwein sein soll, ehe er getrunken wird. Ein einfacher frischer Tafelwein kann oft schon nach wenigen Wochen oder Monaten zu empfehlen sein. Einen guten deutschen Qualitätswein kann man getrost zwei bis drei Jahre lagern. Eine Spätlese hält sich länger, Beeren- und Trockenbeerenauslesen noch länger. Prädikatsweine werden von den Winzern kaum vor einem halben Jahr nach der Lese auf den Markt gebracht. Im allgemeinen darf man sagen, daß Kabinettweine und Spätlesen mindestens ein halbes Jahr, Auslesen, Beeren- und Trockenbeerenauslesen wenigstens ein Jahr gelagert haben sollen. Natürlich halten sich Qualitätsweine, Spätlesen und Auslesen viele Jahre lang. Es gibt bei uns Beeren- und Trockenbeerenauslesen, die über 20 Jahre alt sind und von ihrer Fülle und Frische noch nichts eingebüßt haben.
Daß im Flaschenkeller peinlich saubere Luft herrschen muß und daß eine Klimaanlage von großem Nutzen sein kann, ist bereits an anderer Stelle gesagt worden. Der Weinkenner beurteilt den Keller schon nach der Luft, die ihm beim Eintreten entgegenströmt.

Die Fehler und Krankheiten des Weines

Da Faßweinausbau in der Gastronomie kaum mehr vorkommt und dort, wo er in größeren Betrieben noch getätigt wird, Fachkräfte erforderlich sind, braucht auf Faßkrankheiten und Fehler nicht mehr eingegangen werden. Sie sollen hier nur stichwortartig erwähnt sein.

Kahmigwerden des Weines wird durch die Kahmhefen oder Kuhnen ausgelöst, im allgemeinen jedoch nur bei Faßweinen, die im Anbruch sind (früher üblicher Faßausschank).

Essigstich wird durch Essigbakterien ausgelöst und ist häufig die Folge unhygienischer Kelterung. Besonders bei der Maische tritt er schon bei hohen Temperaturen während der Lese auf. Er kann durch schnelle leichte Schwefelung der Maische verhindert werden.

Milchsäurestich kommt bei zu hoher Kellertemperatur vor, die ihrerseits den Säureabbau beschleunigt. Er tritt bei leichten Weinen mit wenig Alkohol und Gerbstoffen, besonders im Anschluß an zu langen Säureabbau, auf.

Oxydationston ist die Folge von Verbindung mit Sauerstoff und ergibt einen unangenehmen Fremdton. Peinliche Überwachung des Schwefelgehalts verhindert die Ursache.

Das Zähwerden des Weines (Weichwerden, Langwerden). Die Weine schmecken stumpf und verlieren Rasse. Diese Nachteile entstehen hauptsächlich bei Jungweinen, die nicht einwandfrei überwacht werden, und zwar durch die gleichen Ursachen wie die Oxydation.

Das Umschlagen oder Trübwerden des Weines. Die Ursachen sind Nachgären oder Eiweißausscheidungen.

Der schwarze Bruch wird durch Bildung von gerbsaurem Eisenoxid hervorgerufen, das auch die schwarzdunkle Färbung verursacht.

Das Braunwerden tritt nur bei Jungweinen auf und ist ebenfalls eine Folge mangelhafter Schwefelgaben. Hierzu gehört auch der Luftgeschmack, der nur entstehen kann, wenn ein Faß längere Zeit im Anbruch liegt. In der Steigerung kommt dieser Geschmack dem des Sherrys ähnlich. Forciert und im Zusammenhang mit konzentriertem Alkohol ergibt das den typischen Geschmack von Sherry.

Der Böckser hat einen eigenartigen Geruch nach Schwefelwasserstoff. Er wird durch Schwefelverbindungen hervorgerufen, die im Wein im Zusammenwirken mit unreinen Hefen entstehen. Er hat vermutlich auch biologische Ursachen, da er Jahr für Jahr verschieden auftritt. Vermutlich spielen hier Umwelteinflüsse, z. B. Witterungsverhältnisse und damit veränderte Wachstumsbedingungen der Trauben, eine nicht unbedeutende Rolle.

Hefegeschmack entsteht durch zu langes Verbleiben auf der abgesetzten Hefe, die sich ihrerseits nach einer gewissen Zeit zersetzt und in Fäulnis übergeht. Besonders bei säurearmen Jahrgängen besteht diese Gefahr.

Schimmelgeschmack entsteht bei Verwendung von Fässern, die durch unsachgemäße Behandlung angeschimmelt sind. Für den Qualitätsweinausbau sind solche Fässer unbrauchbar, da der in das Holz eingedrungene Schimmel noch nach Jahren nachteilig wirkt.

Der Holzgeschmack bekommt leichteren Weißweinen nicht. Dagegen ist bei verschiedenen schweren französischen Weißweinen, z. B. Meursault oder Corton-Charlemagne, ein leichter Holzton typisch geworden, wozu man am besten neue Fässer verwendet.

Alle vorstehenden Krankheiten und Fehler des Weines kommen bei einer fachlich einwandfreien Kellerwirtschaft nicht mehr vor. Eine Ausnahme bildet hier lediglich der Böckser, dessen Ursachen immer noch nicht klar erkennbar sind.

Erzeugung und Vermarktung des Weines

Die Erzeuger des Weines sind Winzer und Weingutbesitzer. Neben den privaten Weingütern haben wir in Deutschland noch eine Anzahl von Staatsdomänen, Kloster-Weingüter und Güter im Besitz von Staat, Kirche oder anderen Behörden, die in der deutschen Weinerzeugung eine bedeutsame Rolle spielen, z. B.:
1. Staatsdomänen: Aßmannshausen, Kloster Eberbach im Rheingau;
2. Gymnasium Trier, Priesterseminar Trier und Hofkellerei an der Mosel;
3. Juliusspital und Bürgerspital, Würzburg/Franken;
4. Weingüter der Weinbaulehranstalten Geisenheim und Oppenheim, Veitshöchheim, Unterfranken, und Weinsberg, Württemberg;
5. Staatsweingut Blankenhornsberg, Kaiserstuhl, Baden.

Die Güter der Lehranstalten erblicken ihre Hauptaufgabe nicht im Kommerziellen, sondern in erster Linie in der Ausbildung von Praktikanten für den Beruf des Weinküfers und des Winzers im allgemeinen. Die Lehranstalt in Geisenheim wird in absehbarer Zeit zur Weinbau-Akademie erhoben werden, da sie auf dem Gebiet der Forschung im Rahmen des gesamten Weinbaus das höchste Niveau erreicht hat. Sogar in Frankreich wird diese Anstalt als führend zum mindesten auf dem Sektor Weißwein angesehen.

Von den Erzeugern gelangt der Wein über den Handel oder auch direkt vom Weingut oder der Winzergenossenschaft zum Verbraucher. Wir unterscheiden:
1. den freihändigen Verkauf;
2. die Versteigerung.

Versteigerungen sind beispielsweise in Baden nicht üblich, dagegen werden sie in anderen Gebieten regelmäßig abgehalten. Sie haben für die Gastronomie an Bedeutung verloren, weil sich diese, wie bereits erwähnt, nur in sehr seltenen Fällen mit dem Ausbau und der Flaschenfüllung befaßt. In der Regel deckt sich bei den Versteigerungen der Qualitätsweinhandel ein, wobei der Kauf üblicherweise über einen Kommissionär erfolgt, der auf Provisionsbasis den vom Interessenten ausgesuchten Wein ersteigert. Wesentlich einfacher ist der Kauf fertiger Flaschen- und Ausschankweine über den Handel oder direkt beim Weingut.

Jeder Art des Einkaufs sollte eine Probe vorausgehen. Sie sollte jedoch nicht im Weinkeller, sondern in den Räumen stattfinden, in denen der Wein ausgeschenkt wird, weil sie dort objektiver ist. Werden Weiß- und Rotweine probiert, so ist zu empfehlen, zuerst die Weißherbste (Roséweine) und dann die Rotweine zu kosten, auch wenn sie schwerer als die nachfolgenden Weißweine sind. Nach den Rotweinen ist eine Neutralisierung des Mundes mit trockenem Weißbrot vorzunehmen. Käse sollte man niemals zu einer Weinprobe zulassen, denn zu Käse schmecken alle Weine besser, so daß man auch leicht fehlerhafte und kleinere Weine nicht richtig einschätzen kann. Bukettreiche Weine wie Muscat, Traminer, Gewürztraminer sollten in dieser Reihenfolge stets am Schluß einer Probe stehen, selbst wenn sie weniger alkoholreich als eine Ruländer- oder Riesling-Spätlese sind. Vor diesen bukettreichen Weinen sollte man eine Pause einlegen und den Gaumen neutralisieren. Weißweine lassen sich am besten bei 9—12° C, Rotweine bei 15—18° C probieren.

Die folgenden Einteilungen haben mit der Klassifizierung der Weine nach dem Gesetz von 1971 nichts zu tun. Sie sind ausschließlich für den Gebrauch in der Gastronomie gedacht, gelten aber auch als Anleitung für den Privatmann, der seinen Gästen die richtigen Weine zu den verschiedenen Speisen anbieten möchte.

1. Schoppen- oder Viertelweine — meistens leichte Weine aus der Literflasche;

2. Tischweine — wurden früher oft direkt vom Faß ausgeschenkt;

3. Kochweine — eine Bezeichnung, die völlig fehl am Platze ist. Zu einfachen Speisen genügen zwar leichte, saubere Schoppenweine, zum Bereiten von guten Saucen und gepflegten Speisen braucht man aber einen Qualitätswein, oft den gleichen Wein, den man zu der betreffenden Speise trinkt;

4. Frühstücksweine — leichte, fruchtige Flaschenweine, die nicht schwer sein sollten;

5. Flaschenweine höherer Qualität — serviert man zu Speisen der verschiedensten Arten, worauf an anderer Stelle noch eingegangen wird;

6. Dessertweine — der Name besagt zwar, daß diese Weine zum Dessert gereicht werden sollen, doch ist das keineswegs immer der Fall. In Deutschland müßte man die Auslesen, Beerenauslesen und Trockenbeerenauslesen, von ausländischen Weinen z. B. Samos, Malaga, Madeira usw. zu den Dessertweinen rechnen.

Das sind Empfehlungen zum Aufstellen der Weinkarte. Daß sie für Festessen oder kalte Buffets entsprechend abgewandelt werden können, ja müssen, wird an anderer Stelle erläutert.

Früher reichte man als Frühstückswein nur Süd- oder Süßweine, zuweilen ein Glas Sekt. Inzwischen ist es üblich geworden, vor dem Essen ein den Gaumen anregendes Getränk zu sich zu nehmen. Diese Getränke, einerlei ob es sich um Süßweine, Cocktails oder ähnliche Mixgetränke handelt, bezeichnet man als Aperitif. Ein leichter, frischer Weißwein, ein gutes Glas Sekt oder Champagner, selbst ein Glas Bier erfüllen diese Aufgabe fast immer besser, denn sie haben den Vorteil, weniger Alkohol zu enthalten als die konzentrierten Süßweine oder die alkoholisierten Kräuterweine. Große Experten der Gastronomie sind sich darüber einig, daß ein frisch-fruchtiger, möglichst junger Weißwein, ein Glas Sekt oder Champagner, vor dem Mittag- oder Abendessen der beste und bekömmlichste Aperitif sei.

Der Wein

7. Meßweine — unterliegen besonders strengen Vorschriften des Klerus. Schon bei der Lese muß darauf geachtet werden, daß die Trauben nicht mit Taubelag oder gar mit Regentropfen bedeckt sind. Die Kelterung muß mit trockenem Gerät erfolgen, Zuckerungen sind streng verboten. Es darf neben dem reinen Traubensaft kein Fremdstoff während oder nach der Kelterung hinzukommen. Mit der Herstellung von Meßwein, der von der katholischen Kirche für die heilige Wandlung und von der evangelischen Kirche für das Abendmahl verwendet wird, sind nur wenige Weinbaubetriebe beauftragt.

Die Weinkarte

Es ist gesetzlich geregelt, daß nicht nur spezielle Weinhäuser, sondern jeder Betrieb, der Weine ausschenkt, eine Weinkarte aufzulegen hat. Die auf der Weinkarte angebotenen Weine müssen unter den gleichen Bezeichnungen geführt werden wie sie das Etikett aufweist. Für jede Region ist ein übersichtliches Angebot notwendig. Zusätzliche Charakterisierung der Weine sind erlaubt und erleichtern dem Gast nicht nur die Wahl, sondern dem Servierpersonal auch den Verkauf. Die Weinkarte ist dem Stil und dem Rang des Hauses anzupassen, da sie, genau so wie die Speisekarte, dem Gast den ersten Eindruck vermittelt.

Die Einteilung der Weinkarte

Schoppenweine können in einer Serie aufgeführt werden, auch wenn sie aus verschiedenen Gebieten stammen. Ein Hinweis auf das Weinbaugebiet ist jedoch bei jedem Wein zu empfehlen. Da den gesetzlichen Bestimmungen gemäß nicht nur Weine, sondern auch alle anderen Getränke mit dem Preis verzeichnet sein müssen, können Schoppenweine, in einer Rubrik zusammengefaßt, auf eine Seite gesetzt werden.

Flaschenweine ordnet man unter der jeweiligen Bezeichnung der Region aufsteigend nach der Güte. Das gilt natürlich auch für ausländische Weine. Vorausgesetzt, daß die Weine klar deklariert sind, läßt das Weingesetz von 1971 genügend Raum für ihre Charakterisierung.

Empfehlungen sind z. B.:

für einen Mosel-Riesling	duftig, frisch
für einen Rheinhessen	fein, süffig
für einen Kaiserstühler Ruländer	vollmundig, kräftig
für einen Burgunder Rotwein	samtig, vollmundig

Alle Empfehlungen müssen natürlich zutreffend sein. Man geht selten fehl, wenn man die stichwortartigen Bezeichnungen des Lieferanten verwendet. Betriebe, die einen besonderen Weinkellner beschäftigen, kommen ohne diese stumme Empfehlung aus. Hier richtet sie sich nach den bestellten Speisen, denn erst die harmonische Verbindung von Speise und Wein lassen eine gepflegte Mahlzeit zu einem wirklichen Genuß werden. Leider trifft man diese Spezialsparte des Kellnerberufs in Deutschland nur noch selten und es wäre zu hoffen, daß unsere Angaben dazu beitragen, daß mancher Kellner sich auf diese Sparte spezialisiert. Der Sommelier, wie der Weinkellner in Frankreich genannt wird, muß schon bei der Bestellung den Geschmack der Speise auf der Zunge spüren, um sogleich den passenden Wein empfehlen zu können. Meister in diesem Fach sind angesehene Persönlichkeiten, deren Ratschläge von anspruchsvollen Gästen selten ignoriert werden.

Die Behandlung des Weines im Service

Die fachgerechte Lagerung der Weine ist von großer Bedeutung. Da nicht jede Flasche Wein aus dem Keller geholt werden kann, muß der Wein aus Personal- und Zeitersparnis schnell greifbar sein. Gut eingerichtete Betriebe

Der Wein

haben daher im Office Kühlschränke oder klimatisierte Räume mit einer Temperatur von + 8 bis 9° C für Weißweine, Sekt und Champagner und + 14 bis 16° C für Rotweine. Eine Temperatur unter 8° C ist für Weißweine nicht zu empfehlen, da die Möglichkeit besteht, daß die seltener verkauften Weine bei einer längeren Lagerzeit Schaden erleiden können. Trotz dieser geringen Temperatur ist für das Service am Tisch ein Kühler notwendig. Lediglich leichtere Weine dürfen am Tisch etwas wärmer werden, weil sie dadurch besser zur Geltung kommen. Kräftige und alkoholreiche Weine sind in jedem Fall im Kühler zu halten. Sie sind bei niedriger Temperatur bekömmlicher und reizen zum Trinken, während sie bei höheren Temperaturen sättigend wirken. Hinzu kommt noch, daß die Wirkung des Alkohols bei kühl servierten Weinen wesentlich geringer spürbar ist als bei warm getrunkenen.

Weißweinflaschen sollen sauber auf den Serviertisch kommen. Eine Ausnahme bildet lediglich eine besonders alte Flasche, die auf Grund langer Lagerzeit mit Staub oder echter Patina behaftet ist. Die Kapsel muß, gleich aus welchem Material sie hergestellt ist, vor dem Gast sauber abgeschnitten sein und zwar mindestens am oberen Rand der Bandmündung, $^1/_2$ cm unter dem Flaschenrand, besser noch am unteren Rand, damit der Wein beim Eingießen nicht mit dem Material in Verbindung kommt. Kunststoffkapseln, die immer mehr zur Verwendung kommen, haben einen Abreißstreifen, der das Abschneiden mit dem Messer erübrigt. Die Mündung der Flasche muß sorgfältig gereinigt werden. Im guten Service wird die Flasche am Tisch entkorkt. Der Kellner beriecht den Korken, wobei er meistens schon feststellen kann, ob der Wein korktonfrei ist. Riecht der Korken streng, besteht die Gefahr, daß der Wein korkig ist. Es gibt aber auch Ausnahmen. Hat der geschulte Kellner Bedenken, dann nimmt er die Flasche ins Office, um ruckartig 2—3 cm^3 Wein aus dem Flaschenhals zu gießen. Sind nur diese wenige cm^3 befallen und der Wein sonst einwandfrei, so kann der Ausfall einer ganzen Flasche verhindert werden. Werden mehrere Flaschen der selben Sorte serviert, so ist jede Flasche mit einem frischen Glas vom Gast oder Kellner zu kosten. Wenn das unterbleibt, ist es möglich, daß mit einer korkigen Flasche nachgefüllt und dann der ganze Wein verdorben ist und abgeräumt werden muß.

Es sei hier noch erwähnt, daß es nur in Deutschland Gegenden gibt, in denen ein Nachgießen vor dem Leeren des Glases verpönt ist. In Süddeutschland und in fast allen weinerzeugenden Ländern ist es üblich, nachzugießen, ehe der Wein im Glas zur Neige geht. Man richtet sich am besten nach den Sitten der Region.

Grundsätzlich sind alle Weine so zu servieren, daß sie vor dem Auftragen der Speisen im Glas sind, was leider sehr oft nicht beachtet wird.

Die günstigste Lagert Temperatur der Weine wurde bereits besprochen. Sie liegt in der Regel 1—2° C niedriger als die günstigste Trinktemperatur. Eine aus dem Office kommende Flasche temperiert in normal beheizten Räumen im Glas sehr schnell um 1—2°C auf, besonders das Glas, das im Gedeck eingesetzt ist und schon Zimmertemperatur hat, erhöht die Temperatur des Weines. Das ist auch der Grund, weshalb ein guter Weinkellner Sekt- oder Champagnergläser, worin also stark gekühlte Getränke serviert werden müssen, zuvor mit Eiswürfeln ausschwenkt oder sie im Kühlschrank eiskalt hält. Nach der Kühlung mit Eis ist das restliche Wasser durch Umstülpen und leichtes Aufschlagen auf eine Serviette zu entfernen. Wollte man die Gläser mit der Serviette nachpolieren, um Wasserreste zu entfernen, so wäre der Zweck verfehlt, da durch das Polieren die Temperatur wieder ansteigen würde.

Empfehlenswerte Temperaturen für den Genuß der verschiedenen Weine sind:

leichte Weißweine	10—12°C
schwere Weißweine	8— 9°C
junge Rotweine	10—13°C
alte Rotweine	15—18°C

leichte Sekte	8—10°C
Champagner	7— 8°C

Im übrigen ist letzten Endes der Wunsch des Gastes maßgebend.
Die Form des Weinkühlers hat eine große Bedeutung, vor allem für die schnelle Kühlung von Wein und Sekt. Die meisten Kühler haben keine praktische Form, da sie nicht der Höhe der Flaschen entsprechen. Werden diese unpraktischen Kühler dann auch nur bis zur Hälfte mit Wasser gefüllt, so ist die Wirkung gleich Null bzw. zögert sie sich ungebührlich lange hin. Der Kühler muß so geschaffen sein, daß die ganze Füllhöhe der Flasche in Eis oder Eiswasser gestellt werden kann; nur so ist ein schnelles und gleichmäßiges Kühlen möglich.
Es ist selbstverständlich, daß die Flasche, die aus dem Kühler kommt, mit der Serviette gut abgetrocknet und der untere Teil von der Serviette gut umschlossen und beim Eingießen fest in der Hand gehalten wird.

Steigerung der Weine

Wenn man Einfluß auf die Wahl der Weine hat, so gilt der Grundsatz: leichter vor schwererem, geringerer vor besserem. Das ist besonders bei Festessen zu beachten, bei dem mehrere Weine serviert werden. In der Regel stellt man beim Eindecken des Tisches 4 Gläser hin: ein Weißwein-, ein Rotwein-, ein Sekt- und ein Mineralwasserglas. Werden mehrere Rot- oder Weißweine serviert, so stellt man sie nach Bedarf nach und räumt das benutzte Glas ab. Wird der Mokka am selben Tisch eingenommen, so sollte auch das Glas für den Digestif nicht fehlen. Diese Sitte ist aber überholt, und man bringt diese Gläser heute meistens gleichzeitig mit dem Digestif herein.

Rotwein

In der vorstehenden Temperaturtabelle sind Wärmegrade empfohlen, die in der Praxis leider nur selten eingehalten werden. Rotwein wird fast immer zu warm serviert. Er wird bei Raumtemperatur gelagert und erreicht oft 24° C. Besonders alten Jahrgängen bekommt diese Temperatur nicht. Bei längerer Lagerung bildet sich Ester, der beim Probieren leicht säuerlich in die Nase sticht. In der Steigerung kann das bis zum Essigstich führen.
Die uralte Regel, Rotweine zu chambrieren, d. h. bei Zimmertemperatur zu servieren, ist aus technischen Gründen längst überholt. Als diese Regel entstand, kannte man noch keine Zentralheizung, die Räume des Hauses waren ungleichmäßig beheizt und der Rotwein wurde nicht neben dem Kamin oder Kachelofen gelagert, sondern erst am Morgen in den Eßraum gebracht und auf das Buffet gestellt. Damit erreichten sie gerade die für den Genuß richtige Temperatur. Es ist daher heute nötig, die Rotweine entweder in einem schwach geheizten Raum oder in einem entsprechend hoch gestellten Kühlschrank für das Service vorzubereiten.
Rotweine serviert man meistens schrägliegend in einem Korb oder entsprechendem Gestell. Das ist nicht nur dekorativ, sondern hat auch praktische Bedeutung. Ältere Burgunderweine scheiden zum Teil Feststoffe aus, die aus kristallisierter Weinsäure, Farbstoffen und Gerbstoffen bestehen. Dieses „Dépôt", wie man es nennt, darf nicht in das Glas des Gastes gelangen, deswegen muß mit den Flaschen behutsam umgegangen werden. Handelt es sich um sehr alte Flaschen, die erst aus dem Keller geholt werden, so müssen sie liegend gehalten werden. Das Eingießen ist sehr vorsichtig vorzunehmen, da bei feinem Dépôt dieses staubartig aufsteigt, sich aber nur langsam wieder absetzt. Im übrigen ist bei solchen Weinen das Dekantieren zu empfehlen. Alte rote Bordeauxweine sind unbedingt zu dekantieren. Das geschieht, indem man mit ruhiger Hand den Flaschenhals über eine brennende Kerze haltend den klaren Wein in eine Kristallkaraffe laufen läßt. Die Karaffe ist dabei schräg zur Flasche zu halten, damit der Wein an der Innenwand einläuft. Das erreicht man, wenn man die Flaschenmündung fest auf den Karaffenrand legt, um eine ruhige Haltung zu erzielen. Mit dem Kerzenlicht, das sehr intensiv wirkt, kann man von oben genau beobachten, wann der erste durch Dépôt getrübte Wein im Flaschenhals erscheint. In diesem Moment

Der Wein

hört man sofort mit dem Gießen auf, so daß sich in der Karaffe nur der klare Teil des Weines befindet. Bei uralten Weinen wird mit dieser Methode erreicht, daß nur einige Kubikzentimeter als unbrauchbarer Rest zurückbleiben. Das Dekantieren hat aber noch einen weiteren Vorteil. Durch die kurze Sauerstoffaufnahme nimmt der Wein an Fülle und Bukett zu, um nach 24 Stunden endgültig geschmacklich zu verflachen.

Grundregeln für Weinvorschläge

Es ist außerordentlich schwer, genaue Angaben zu machen, welcher Wein zu einer bestimmten Speise paßt. Wir können nur allgemeine Regeln geben, die jedoch keinen Anspruch auf Vollständigkeit haben, da der Geschmack der verschiedenen Länder, ja selbst Regionen nicht die gleiche ist.

Suppen	früher gab man zu exotischen Suppen ein Gläschen Sherry oder Madeira, doch ist man im allgemeinen davon abgekommen
leichte kalte Vorspeisen	leichten Saar-, Mosel- oder Ruwerwein, leichte trockene Rheingauer oder badische Weißweine
Vorspeisen mit Geräuchertem, z. B. westfälischem oder Schwarzwälder Schinken	kräftige Weißherbste aus Baden oder leichte Weine aus der Rhein-Pfalz
Meeresfrüchte, wie Austern, Hummern, Krebse, Langusten, weißer, pochierter Fisch	durchgegorene weiße deutsche Burgunder oder Ruländer aus Baden, Rieslingweine ohne besonders ausgeprägtes Bukett, z. B. aus dem Elsaß, oder Rheingau, Meursault, Montrachet oder Pouilly fuissé
gebackener oder grillierter dunkler Fisch	Weißweine wie oben, doch vorzugsweise leichte Rotweine von Nahe, Rheingau oder Baden
weißes Fleisch, Geflügel	Rheingauer, kräftiger deutscher Rotwein von der Ahr, Rheinhessen, Mittelbaden oder vom Kaiserstuhl
dunkles Fleisch vom Rind	leichte Rotweine wie oben, leichter Burgunder wie Côte de Nuit oder Côte de Beaune, leichter Bordeaux wie St. Julien oder St. Emilion
Hammel- oder Lammfleisch, Hase, Reh oder anderes Haarwild	Schwere Burgunder, gute kräftige Jahrgänge deutscher Rotweine kräftige Bordeauxweine wie Medoc, Paulliac
Wildgeflügel: Fasan, Rebhuhn, Schnepfe u. ä.	alle klassischen Rotweine leichterer Provenienz
Käse	Burgunder oder Bordeaux, gute durchgegorene rote deutsche Burgunder
Süßspeisen	Schaumweine oder Beeren- oder Trockenbeerenauslesen, Champagner demi-sec

Man kann zu einem Essen auch von der Vorspeise bis zur Süßspeise einen großen deutschen Schaumwein oder Champagner servieren. In diesem Falle sollte er aber trocken oder brut sein.
Es ist kaum möglich, für exotische Gerichte oder auch nur solchen Speisen mit exotischen Beilagen einen passenden Wein zu empfehlen. Die klassi-

schen indischen und pakistanischen Restaurants in England empfehlen Bier als Getränk. Auch wenn Salat als Extragang oder als Hauptbeilage serviert wird, ist Wein fehl am Platze. Empfehlenswert ist es, sich hier auf Mineralwasser zu beschränken, wenn man unbedingt etwas trinken will.

Schaumwein

Der Name Champagner ist gesetzlich geschützt und darf nur für Schaumweine angewendet werden, deren Grundwein in der Champagne erzeugt und in diesem Gebiet hergestellt wird. Das Gebiet ist genau abgegrenzt, die Erzeugung wird streng überwacht. Innerhalb der Champagne gibt es viele Variationen, die von den unterschiedlichen Cuvées, d.h. von dem Anteil der Traubensorte, die für das fertige Produkt verwendet wird, abhängen. Man unterscheidet Reims-, Epernay- und Champagner von der Côte de Blancs (Blanc de Blancs Champagne). An der Côte de Blancs werden nur Weißweine hergestellt und für diesen Champagner verwendet. Die gebräuchlichste Weißweintraube ist dort die Pinot-Meunier, die reiche Erträge bringt, deren Qualität jedoch für die besten Blanc de Blancs nicht ausreicht. Mutationen der besten Qualität sind die Pinot Chardonay, auch Pinot Blanc Chardonay genannt. Sie sind bekömmlich und werden von Kennern besonders geschätzt.

Champagner, die keinen Hinweis auf die Traubensorte bringen, sind im allgemeinen Verschnitte von weißen Pinotweinen und Pinot noire; in Deutschland als roter Spätburgunder angebaut. Dieser schwarze Pinot, von dem es mehrere verschiedene Sorten gibt, wird früh gelesen, und zwar ehe sie die volle Farbe haben, die für den Verschnitt mit dem weißen Pinot nicht gebraucht werden kann. In früheren Jahren, als Rosé-Champagner beliebt waren, verwendete man rote Pinot-Weine, die reifer sind und bedeutend mehr Farbe bringen.

Große Champagnerhäuser haben umfangreichen Weinbergbesitz, zum Teil bis zu 400 Hektar, außerdem kaufen sie fast alle noch Trauben aus kleinerem Privatbesitz zur Verarbeitung.

Die von Kennern beliebteste Champagnerart ist der Brut, d. h. der trockene. Damen bevorzugen süffigere Champagner mit mehr oder weniger unvergorenem Zucker, die dem Champagner nach der Flaschengärung — Champagner darf nur in der Flasche vergoren werden — in Form eines Likörs in verschiedenen Mengen zugesetzt wird. Dieser Likör ist ein Konzentrat aus Zucker oder Traubensaft. Die Dosis besteht in der Regel

für Brut	aus 1—1,5%
für Demi-sec	aus 2— 3%
für Sec	aus 3— 4%

In der Champagne werden die Trauben nicht vollreif gelesen, weil für zwei Gärungen (einmal in Faß oder Tank und einmal auf der Flasche) ein Maximum an Säure erforderlich ist. Deshalb werden die Trauben in der Champagne in Körbe gelesen, was voraussetzt, daß sie ihre volle Reife nicht erreichen dürfen.

Die deutschen Sekte wurden früher genau wie Champagner hergestellt, jedoch aus Grundweinen, die fast aus allen Weinbaugebieten kamen. Dadurch hatte man ein sehr breites Angebot verschiedenartigster Schaumweine. Heute noch sind Sekte aus Rieslingsweinen besonders beliebt. Sie sind frisch, leicht und gut bekömmlich. Die große Konsumsteigerung nicht nur bei uns, auch im Ausland, hat zu einer Rationalisierung der Produktion geführt. Fast alle Sekte der unteren Preislagen werden heute im Tankgärverfahren hergestellt. Dabei wird der Grundwein im Tank vergoren und mit der Dosierung (ähnlich wie beim Champagner) vom Tank direkt in die Flasche gefüllt. Die Herstellung ist dadurch wesentlich billiger. Nur wenige altbekannte Sektfirmen stellen ihren Sekt noch in Flaschengärung her und werden daher von Kennern allen anderen vorgezogen.

Die Herstellung von Sekt mittels Flaschengärung ist das klassische Champagnerverfahren. Die Cuvée wird aus verschiedenen Weinen zusammengestellt, die auch diverse Jahrgänge enthält, um über lange Zeit hinaus die gleiche Art und den gleichen Geschmack des Endproduktes zu erreichen. Die Cuvée erhält eine bestimmte Menge Zucker und Reinzuchthefe. Mit diesen Zusätzen wird der Wein dann auf die Gärflasche gefüllt, die einen Gärungsdruck von 6—8 Atmosphären aushalten muß. Nach der Gärung kommen die Flaschen auf Rüttelgestelle in Schräglage. In Abständen von einigen Tagen wird jede Flasche manuell gerüttelt, wobei sie immer in der Richtung des Uhrzeigers ständig verändert wird. Dadurch wird das Absetzen der bei der Gärung gebildeten Hefe bewirkt, die sich nach einiger Zeit im nach unten gerichteten Flaschenhals über dem Korken sammelt. Auf dem Kopf stehend kommen dann die Flaschen zum „degorgieren", wo sie zunächst in Sole von —20° C eingetaucht werden, damit die Hefe zu einem Propfen gefriert. Danach wird der Gärungskorken ruckartig entfernt, wobei die gefrorene Hefe durch den Druck der Kohlensäure herausgeschleudert wird. Nach Beruhigung, d. h. langsamem Ablassen des Druckes, wird die bereits beschriebene Dosierung hinzugegeben und die Flasche mit dem zweiten Korken — heute teilweise Plastikkorken — verschlossen und auf Lager gelegt, denn nach dem neuen Weingesetz muß Sekt mindestens 3 Monate lagern, wenn er diese Bezeichnung führen will.

Sogenannte Obstsekte werden seit einigen Jahren immer mehr angeboten, doch haben sie für die Gastronomie keine große Bedeutung. Sie finden eher im Haushalt anstelle von Bowlen Verwendung.

Bowlen und weinhaltige Getränke

Admiral: Rotwein mit Vanillezucker aufgekocht, vermischt mit einem Eigelb, das in Rotwein abgerührt wurde.

Ananas-Bowle A: Scheiben von frischer Ananas mit Zucker bestreut, mit Moselwein 1 Stunde ziehen lassen; in Glasbowle angerichtet; aufgefüllt mit Schaumwein.

Ananas-Bowle B: Mit Zucker bestreute Würfel von frischer Ananas 2–3 Stunden in zugedeckter Schüssel ziehen lassen, dann mit Weiß- oder Rotwein vermischt, kaltgestellt und vor dem Auftragen mit Schaumwein aufgefüllt.

Ananas-Kaltschale: Geviertelte, mit Zucker bestreute Ananasscheiben ziehen lassen; geriebene Ananas mit Weißwein und Zuckersirup aufgekocht, mit den Viertelscheiben und Zitronensaft vermischt, durchgetrieben; in Bowlenschüssel kaltgestellt, mit Weißwein aufgefüllt; die Ananasscheiben besonders aufgetragen.

Apfel-Bowle: Gezuckerte Apfelspalten ziehen lassen, dann mit 2 Glas Rum nochmals gebeizt; in Bowlenschüssel durchgetrieben, aufgefüllt mit Moselwein.

Apfel-Kaltschale: Apfelspalten gedünstet mit Weißwein, Zucker, Zitronensaft und Rosinen; erkaltet vermischt mit Apfelmus, Weißwein und Zucker.

Apfelsinen-Bowle: Orangenscheiben bestreut mit Staubzucker und Zucker, auf welchem Orangenschale abgerieben wurde; mit Moselwein und 1 Glas Curaçao ziehen lassen, mit Schaumwein aufgefüllt.

Badische Schorle: Halb Weißwein, halb Schaumwein, bisweilen Zitronenscheibe; wird im Römer aufgetragen.

Bischof A: Rotwein mit Gewürznelken, auf Orangen abgeriebenem Zucker, Zimt und Orangenscheiben. 24 Stunden ziehen lassen.

Bischof B: 400 g Zucker, 2 Flaschen Rotwein, 10 g Zimt, Schale von bitteren grünen Pomeranzen, erhitzen bis zum Kochen, durchseihen, heiß anrichten.

Cardinal: Weißwein, Orangenschale, Zimt und Gewürznelken 24 Stunden ziehen lassen.

Champagner-Bowle A: Orangen- und Zitronenschale, Ananas-, Pfirsichspalten mit 1 Glas Weinbrand ziehen lassen; mit 2–3 Flaschen Schaumwein übergießen.

Bowlen und weinhaltige Getränke

Champagner-Bowle B: 1 Glas Curaçao, 2 Glas Sherry, 3 Löffel Zuckersirup, Gurkenschale, 1 Flasche Schaumwein, 1 Flasche Sodawasser, ohne Gurkenschale kalt aufgetragen.

Crambambuli: Rotwein mit Orangenschale und Gewürznelken erhitzt; vermischt mit auf Arrak abgebranntem Zucker.

Dreyfus: Rotwein erhitzt mit Zucker, Zimt, Gewürznelken und Vanillestange; in kaltem Wasser verrührtes Eigelb hinzugegeben und schaumig geschlagen.

Eier-Punsch: Weißwein mit Zucker und Vanille erhitzt, verrührt mit dem Schaum von 2 Eiern und 2 Löffeln Zucker zusammengeschlagen; 1 Glas Rum gut hineingerührt.

Erdbeer-Bowle A: 1 kg nicht gewaschene Erdbeeren in Bowlenschüssel gegeben, mit ¼ kg Staubzucker bedeckt, mit 1 Flasche Mosel übergossen und auf Eis 1 Stunde zugedeckt ziehen lassen; aufgefüllt mit Schaumwein.

Erdbeer-Bowle B: ½ kg Ananaserdbeeren angesetzt mit 1 Liter Weiß- und 1 Liter Rotwein und ¼ kg Zucker; 1–2 Stunden ziehen gelassen; mit 1 Flasche Schaumwein auffüllen.

Feingespritzter: Ein Viertelliterglas halb mit Schaumwein, 1 Stück Eis, mit Weißwein aufgefüllt und mit einem Schuß Rotwein überschichtet.

Glühwein: In Kasserolle erhitzt: 1 Glas Rotwein mit 4 Stück Zucker, Zimtstange, Gewürznelken und 1 Zitronenscheibe; in Henkelbecher aufgetragen.

Goldfasan: 2 Flaschen Sekt, 1 Flasche Burgunder.

Götterwein: In Bowle 12 Stunden ziehen lassen: Apfelspalten, Zitronenscheiben, Staubzucker, Weiß- und Rotwein; durchgeseiht aufgetragen.

Gurken-Bowle: Rot- oder Weißwein über eine frischgeschälte Gurke in eine Bowle laufen lassen, mit 1 Glas Maraschino gekühlt; manchmal mit Schaumwein.

Himbeer-Bowle: 1 Liter ungewaschene Himbeeren mit Zucker und ½ Liter Weißwein 6 Stunden ziehen lassen; ohne die Himbeeren in eine Bowle geseiht, mit Schaumwein gemischt; in die Gläser frische Himbeeren.

Je länger je lieber: 1 Flasche Hochheimer, 1 Flasche Schaumwein, 1 Flasche echten Schweden-Punsch. Gut kühlen.

Johannisbeer-Kaltschale: 1 Liter entstielte Johannisbeeren roh durchgetrieben, mit ¼ kg Zucker und ½ Liter Weißwein ziehen lassen; vor dem Auftragen in Bowle über zerdrückten Zwieback gegossen.

Kalte Ente A: Eine Zitrone auf Zucker abgerieben, vermischt mit dem Saft einer Zitrone, 1 Stück Eis, 1 Flasche Schaumwein.

Kalte Ente B: Bowle mit Moselwein, Zucker, Zitronenscheiben, Schaumwein und Sodawasser.

Kalte Ente (rot): Schale von ½ Zitrone 10–15 Minuten in 1 Glas Wasser ziehen lassen. Hierzu 2 Flaschen deutschen Rotwein, den filtrierten Saft von 2 Zitronen, flüssigen Zucker nach Geschmack. Vor dem Auftragen Sodawasser oder Schaumwein zugeben.

Kalter Sekt-Punsch: 1 Flasche Rheinwein, 1 Zitrone in feine Scheiben geschnitten, 1 Flasche Selters, 2 Weingläser deutschen Weinbrand, Zucker nach Belieben. Beim Auftragen 1 gut gekühlte Flasche Schaumwein hineingießen.

Kirschen-Kaltschale: Sauerkirschen mit den aufgeschlagenen Kernen in Wein, Zucker, Zimt, Wasser und Zitronenschale gekocht; ver-

Bowlen und weinhaltige Getränke

dickt mit Kartoffelmehl, auf Eis erkaltet; in Bowle aufgetragen auf Kugeln aus gebackenem Eierschnee.

Klosterpunsch: 1 Liter Rotwein, 3 Liter Weißwein, eine halbe Flasche Arrak, ¼ kg Zucker, kalt in Bowle aufgetragen.

Krambambuli: siehe Crambambuli

Landsturm: 2 Liter Weißwein, Schale von 4 Zitronen zudecken, 6–8 Stunden ziehen lassen, durchseihen, 150 g Zucker dazu. So oder mit Schaumwein oder Selters auftragen.

Mai-Bowle (Maitrank): 1 Flasche Rheinhessen, 1 Bündelchen frischen unaufgeblühten Waldmeister zugedeckt auf Eis ziehen lassen; durchseihen und mit Sekt auffüllen.

Marquise: Steingutgefäß gut gekühlt, 100 g Zucker in etwas Wein zergehen lassen, hierzu 1 Flasche Rheinwein, 2 Flaschen Selters und den Saft von 2 Zitronen. Auf Eis gut kühlen!

Oberstleutnant: 6 Pfirsiche mit Schale geviertelt, ½ Stunde auf Eis, dann in Abständen von je ¼ Stunde 2 Flaschen Rotwein, ½ Flasche Burgunder, 1 Flasche Schaumwein.

Papst: ⅛ kg Zucker, auf Orangenschale abgerieben, Gewürznelken, 1 Zimtstange, 3 Orangen in Scheiben, 3 Flaschen ungarischen Rotwein oder Tokayerwein. 24 Stunden an kaltem Ort ziehen lassen.

Pfirsich-Bowle A: 6 reife Pfirsiche geschält, geviertelt, mit Zucker bestreut, mit wenig Wein 1 Stunde ziehen lassen; mit 2 Flaschen Weißwein oder Schaumwein aufgefüllt.

Pfirsich-Bowle B: 2 Liter Weißwein mit 4 großen, geschälten, halbierten Pfirsichen; mit Zuckersirup gesüßt, 2–3 Stunden ziehen lassen.

Pfirsich-Bowle C: Geschälte, geviertelte Pfirsiche mit Staubzucker bestreut, 1 Stunde ziehen lassen; mit 2 Flaschen Weißwein und 1 Flasche Schaumwein aufgefüllt.

Pfirsich-Punsch: 6 reife Pfirsiche geschält, geviertelt, mit Zucker bestreut mit ¼ Liter Weißwein 1 Stunde ziehen lassen; vor dem Auftragen 2 Flaschen Schaumwein zugeben.

Schorle-Morle (Gespritzter): Halb Weißwein, halb Soda- oder Mineralwasser.

Schorle-Rot: Wie Schorle-Morle, nur mit Rotwein.

Schwedischer Sommerpunsch: 5 Flaschen Moselwein, 1 Flasche guten, echten Schweden-Punsch. Auf Eis, kein Zucker.

Sellerie-Bowle: Scheibchen von geschältem Knollensellerie mit Zucker bestreut, mit Weinbrand oder Rum bedeckt, einige Stunden ziehen lassen; hierzu 2 Flaschen Weißwein, auf Eis erkaltet, durchseiht.

Strohwitwerlabe: In Eis gekühlte Becher halb mit gezuckerten Erdbeeren gefüllt, mit gut gekühltem Schaumwein übergossen aufgetragen.

Umgekehrtes Stempelblättchen: 2 Teile Sodawasser, 1 Teil Weißwein, im Sommer 1 Stückchen Eis.

Waldmeister-Bowle (siehe auch Mai-Bowle, Maitrank): Noch nicht erblühter Waldmeister wird dicht unter den Blättern abgeschnitten und in Leinensäckchen gebunden, mit 1 Flasche Weißwein und 5 Löffeln Staubzucker 10 Minuten ziehen lassen. Säckchen entfernen Wein in Bowle leeren; mit Orangenscheiben garnieren.

Die wichtigsten Fachausdrücke

Es wurden besonders berücksichtigt die Fehler und Krankheiten der Weine und Ausdrücke, die beim Vorkosten (Kostprobe) der Weine üblich sind, Ausdrücke, deren Sinn ohne weiteres aus dem Wort zu erkennen ist, wurden weggelassen!

Fachausdrücke

Ablassen: siehe abstechen und Abstich
Abstich; auch Abzug (abstechen, abziehen der Weine): Befreien vom Trüb der Hefe oder Schäumung.
Alkoholzusatz: Ist bei deutschen Weinen, die in Deutschland angeboten werden, verboten.
Altelgeschmack: Ähnlich dem Luftgeschmack, früher waren alte Weine beliebt, heute finden sie nur selten Liebhaber.
Art: Eleganter Wein mit viel Körper (siehe unter elegant).
Asbest: Silikatische Mineralien von faseriger Zusammensetzung, die zu einem weichen Fasermaterial verarbeitet werden und zur Klärung (Filtration) der Weine dienen.
Auffüllen der Fässer: Spundvollmachen, muß von Zeit zu Zeit wiederholt werden.
Aufnehmen lassen: Angären der Weißweinmaische vor dem Pressen.
Aufschlagen: Den Inhalt eines Fasses zum Zwecke der besseren Mischung umrühren. Zum Beispiel beim Verschnitt, bei der Schönung.
Auslese; Ausleseweine: Es werden nur besonders gute und edelfaule Trauben zur Bereitung dieser naturreinen Weine aus dem Lesegut ausgesucht.
Ausstattung der Flaschen besteht im Aufkleben der Schilder und Halsschleifen und im Lacken und Siegeln oder im Kapseln.

Bauch: Umgebung des größten Durchmessers am Faß.
Beerenauslese: Ausleseweine, die nur aus für sich gekelterten überreifen und edelfaulen Beeren guter Lagen gewonnen werden.
Bitterwerden der Rotweine: Bei Weißwein selten! Bitterer Nachgeschmack, selten Veränderung der Farbe.
Blume: Edler Duft des Weines, durch seine aromatischen Stoffe erzeugt.
Bocksbeutel: Besondere Flaschenform für die Abfüllung der Frankenweine (Steinweine).
Böckser (böcksern): Geschmack und Geruch nach Schwefelwasserstoff.
Bodengeschmack: Eigenartiger Geschmack der Weine ganzer Lager und Gemarkungen.
Brandelnde Weine erinnern an Weinbrand oder Karamel, haben meist viel Alkohol.
Brandig: Alkoholreich
Braunwerden, braune Färbung: Geschmack wie alte Süßweine oder Dessertweine, kommt nur bei Weißweinen vor. Schon in Mosten.
Braunwerden der Rotweine (Umschlagen): Sehr gefürchtete Krankheit, ähnlich dem Rahnwerden der Weißweine.
Brenke (Abfahrbrenke): Flaches, ovales Holzgebinde, wird benutzt beim Anstecken und Stützen sowie beim Füllen von Weinen vom Faß zum Auffangen der Weinreste.
Brenndraht: Drahthaken zum Einhängen der Schwefelschnitten in die Fässer.
Brühen: Behandlung mit heißem Wasser. Fässer werden gebrüht, um Geschmackstoffe aus Holz auszulaugen.
Bukett: Der Duft, der dem Wein entströmt und seinen Wert erhöht (Bukettstoffe).
Büttner, Küfer oder Faßbinder, der Mann, der Fässer, Bütten usw. herstellt. Heute oft verdrängt durch Faßfabriken.

Cabinetwein: Der Gesetzgeber fordert von diesen naturreinen Weinen ausgesuchte Spitzenweine.
Claretwein (Schillerwein): Rote Trauben wie Weißwein gekeltert.
Cuvée: Verschnitt verschiedener Weine bei der Schaumweinbereitung.

Dämpfen der Fässer, Behandlung mit heißem Dampf, zum Beispiel stichige Fässer.
Dessertweine: Werden häufig als Süd- oder Süßweine bezeichnet. Es werden unterschieden: 1. Konzentrierte Süßweine (hoher Zucker- und Extraktgehalt, niedriger Alkoholgehalt), die durch Vergärung

Fachausdrücke

zuckerreicher Moste entstehen (Beispiel: Tokayer).

2. Gespritete Dessertweine (Likörweine) mit hohem Alkoholgehalt und relativ niedrigem Zucker- und Extraktgehalt (Malaga, Sherry, Portwein, Madeira, Marsala usw.).

Drusen: Hefen, die beim ersten Abstich gewonnen werden; man benutzt sie zum Brennen.

Edelauslese, Edelgewächs, Edelwein: Qualitativ edle Naturweine.

Einschwefeln: Die schweflige Säure in den verschiedensten Formen (Schwefelschnitten, K.-P.-Tabletten, als Gas) dient zur Gesunderhaltung der Weine.

Eiswein: Weine, die sich durch gute Qualität auszeichnen und aus Trauben gewonnen wurden, die am Stock gefroren waren.

Elegant: Gefälliger, lieblicher Wein mit viel Körper.

Essigmücken: Kleine Insekten, die sich überall aufhalten, wo Früchte faulen und Essigsäure bilden. Sie sind im Keller mit Schwefel zu bekämpfen.

Essigstich: siehe Stich

Faßgeschmack ist ein Zeichen der Unreinlichkeit im Keller (Faßgeschirr).

Faßtürchen: Öffnung zum Schlüpfen in die Fässer, damit diese von innen gereinigt werden können.

Fehler der Weine: Es fehlt oder mangelt dem Wein der eine oder andere Bestandteil (Säure, Alkohol usw.).

Fett: Weine mit viel Extrakt und Glyzeringehalt.

Filter: Grobe und feinere Trübungen des Weines werden durch Filtration über Asbest mittels Schichtenfilter beseitigt.

Firne: siehe Altelgeschmack der Weine

Flaschenbürste: Runde Bürsten mit Drahtstiel zum Reinigen der Weinflaschen. Sind in verschiedenen Größen zu haben, für ganze, halbe und noch kleinere Flaschen.

Flaschenkrank ist der Wein unmittelbar nach der Flaschenfüllung. Man muß nach Füllung oder Versand alle Weine (auch Faßweine) mindestens zwei Wochen ruhen lassen, bis sie ihre Harmonie wieder erlangt haben.

Flaschenlager (Flaschenschrank): Früher von Holz, heute meist von Eisen mit gutem Lackanstrich. Die Flaschen müssen waagerecht liegen, der Wein muß die Korken stets umspülen.

Flaschenreife (flaschenreif): Ein Wein ist flaschenreif, wenn er, auf Flaschen gefüllt, sich nicht unvorteilhaft verändert. (Trübung, Umschlag, Nachgärung usw.).

Frisch: siehe spritzig

Fruchtig: Angenehmer Geschmack nach Frucht (Weintraube).

Füllweine: Weine, die zum Nachfüllen des durch Verdunstung im Faß entstandenen Schwundes dienen.

Gargel, Kröse: Rille in den Faßdauben, in die der Faßboden eingelassen wird.

Gärig: siehe göhrig

Gebrochen: Wein, der durch Luft trüb geworden ist.

Gemarkung: Gebiet einer politischen Gemeinde, zu der mehrere Lagen zählen, die sich durch ihre Namen unterscheiden.

Gerbstoff: Gerbsäure sitzt in Schalen, Rappen und Kernen. Im Handel als Tannin zu haben. Rotweine haben infolge ihrer Herstellung stets wesentlich größere Gerbstoffgehalte als Weißweine.

Geschmacks- und Geruchsfehler treten bei Unordnung und Unreinlichkeiten im Keller durch fremde Stoffe ein.

Gezuckerte Weine: Weine, die in durch das Gesetz vorgeschriebenen Grenzen einen Zusatz von Zucker erhalten, um sie in ungünstigen Jahren qualitativ zu verbessern.

Göhrig, lebendig, jugendlich, nach Gärung schmeckend, viel Bukett.

Hart: Wein mit viel Weinsäure.

Hausenblase (Schönungsmittel): Die Blase des Hausens, eines

Fachausdrücke

Fisches im Schwarzen und Kaspischen Meer.
Hefe (Weinhefe): siehe Reinhefe
Hefe-Faulgeschmack: siehe Mäuseln
Herbst: Zeit der Weinlese, Beginn der Lese wird durch eine Behörde festgesetzt. Der Schluß des Herbstes wird in vielen Weinbaugebieten durch einen Festzug, ein Festmahl und einen Tanz gefeiert.
Heuriger: Bezeichnung in Süddeutschland und Österreich für den Most bzw. Wein des letzten Jahrgangs.
Hochfarbig: Goldgelbe bis bernsteinfarbige Weine, die durch langes Lagern altersfirn sind. Auch das Braunwerden junger Weine wird als hochfarbig bezeichnet.
Hochgewächs: Bezeichnung für qualitativ hochwertigen, naturreinen Wein.
Holzgeschmack entsteht, wenn die Fässer nicht gut weingrün gemacht waren. Zuerst nur geringe Weine in neue Fässer bringen!
Hülsengeschmack: Geschmack nach grünen Trauben- und Beerenstielen und Hülsen, grasherb, bitterherb.

Imprägnieren: Auffrischen von Weinen mit künstlich eingepreßter Kohlensäure.

Jungwein: Nach beendeter Gärung des Mostes ist der Jungwein (unfertiger, unausgereifter) vorhanden, der sich durch größeren Gehalt an Kohlensäure und Gärungsbuketten auszeichnet.

Kahmig: Nach Buttersäure schmeckend.
Kahmigwerden des Weines (Kuhnen): Weiß-graue Flocken an der Oberfläche des Weines. Bei Ausschankweinen im Anbruch häufig. Schwefeln, Weinfreund, Weinkonservator.
Kaliumpyrosulfit: Salz, das unter Einwirkung von Säuren des Weines schweflige Säure abspaltet (K.P.-Tabletten).
Kammgeschmack: siehe Hülsengeschmack.
Kammherb: siehe Hülsengeschmack
Kellergläschen: Kleines Becherglas zum Durchleuchten und Kosten des Weines im Keller bei der Behandlung.
Kellerlicht: Früher meist Kerze, heute in größeren Betrieben elektrische Handlampe. Zum Durchleuchten der Weine ist das Kerzenlicht besser geeignet.
Kellerschimmel wuchert an den Wänden der Weinkeller. Wo er wächst, herrscht gleichmäßige Temperatur und Feuchtigkeit sowie gesunde Luft. (Siehe Schloßkeller Johannisberg a.Rh., Hofkeller Würzburg.)
Kelter: Presse zum Auspressen der Trauben. Früher aus Holz (Baumkaltern) mit Handbetrieb, heute aus säurebeständigem Material mit hydr. Pumpen, die 100 Atü Druck erzeugen.
Kimmung, Kopf: Ende der Faßdauben.
Klaretwein: siehe Claretwein
Kochgeschmack des Weines kommt beim Pasteurisieren (Keimfreimachen durch Erhitzen) vor.
Kohlensäure entsteht bei der Gärung der Weine. Vorsicht beim Betreten des Gärkellers! Stets offenes Licht mitnehmen, wenn dieses erlöscht, sofort zurückgehen. Kräftig lüften!
Komet: Flaschenabfüllfilter, hergestellt von Firma Seitz, Kreuznach an der Nahe.
Korkbrand: Bei Originalweinen wird der Kork mit einer Inschrift versehen, die die Herkunft des Weines angibt. Auch gezuckerte Weine können mit einem Korkbrand versehen werden, doch darf in der sonstigen Beschriftung dann keine Andeutung auf besondere Reinheit des Weines erfolgen.
Korkgeschmack: siehe unter Stopfengeschmack
K.P.: Kaliumpyrosulfit in Tablettenform ist ein vom Weingesetz erlaubter Ersatz für Schwefelschnitten.
Kräftig: Alkoholreich.
Krankheiten der Weine: Durch Bakterien oder Pilze verursach-

Fachausdrücke

tes Schlechtwerden. Verderben des Weines.
Kreszenz: siehe Wachstum
Kuhnen: siehe Kahm

Landwein: Durchschnittliche Konsumweine aus wenig bekannten Gemarkungen (offene Weine bzw. Schoppenweine).
Lang: Der Wein fließt in langen Fäden an der Glasoberfläche ab.
Leer: Wein mit viel Wasser, wenig Säure und Extrakt.
Lese: Weinlese, Ernte der Weintrauben im Herbst.
Liebfraumilch, Liebfrauenmilch: Phantasiebezeichnung für Rheinweine.
Liesch: Blätter des Wasser- oder Lieschkolbens dienen als Dichtung bei Fässern.
Lüften: Bei Sauerstoffmangel wird der Wein mit Luft versehen. Man bedient sich der Reißrohre oder der Lüftungsvorrichtung nach Moog.
Luftgeschmack zeigt sich nach den Abstichen und wenn Wein mit Luft in Berührung kommt.

Maische: Gemahlene Trauben mit Hülsen, Razzen und Kernen vor der Gärung und vor dem Kaltern.
Mäuseln: Unangenehmer Geruch, widriger Geschmack wie nach Mäusen.
Milchsäurestich bei alkohol-, säure- und gerbstoffarmen Weinen oft während der Gärung. Vorbeugen durch Verschnitt mit kräftigen Weinen; unter Umständen Umgärung mit Reinhefe.
Milchsäurestichig: Geruch nach Milchsäure.
Montain in 4% wäßriger Lösung zum Imprägnieren der Holzteile.
Möslinger (Verfahren Dr. Möslinger). Mit gelbem Blutlaugensalz (Ferrocyankalium) wird das Eisen beim Schwarzwerden des Weines entfernt.
Mostwaage (nach Öchsle) ist eine Schwimmwaage aus Glas, die zur Bestimmung des Zuckergehaltes im Moste dient.

Öchsle: siehe Mostwaage
Ölig: siehe Fett

Originalabfüllung, Originalabzug: Bezeichnung für einen naturreinen Wein, der im Keller des Erzeugers ausgebaut und abgefüllt wurde.

Pasteurisieren: Keimfreimachen der Weine durch Hitze nach Louis Pasteur, Paris 1862.
Perlwein: Kohlensäurehaltiger, perlender Stillwein, der sich durch eine vom Schaumwein übliche Ausstattung unterscheiden muß.
Pressen: siehe keltern
Prickelnd: siehe spritzig
Probeentnahme aus dem Faß erfolgt mit einem Stechbecher aus Glas.

Rahn-, Rohnwerden der Weißweine; siehe Braunwerden
Reinhefe: Besonders kräftige, künstlich gezüchtete Heferassen, die dem Most beigefügt werden.
Reinhefezuchtstation an der Staatl. Lehr- und Forschungsanstalt für Weinbau zu Geisenheim am Rhein. Auskunft und Gebrauchsanweisung ist dort zu haben.
Restzucker im Wein: Unter Restzucker ist die Zuckermenge (g/l) zu verstehen, die im Wein unvergoren zurückbleibt. Durch besondere Verfahren bei der Herstellung der Weine erreichbar.
Riesling: Beste deutsche weiße Rebsorte.
Roséwein: siehe Schillerwein

Sauber: Reintönig, kein fremder Beigeschmack.
Schalwerden: Mangel an Kohlensäure im Wein.
Scharf: Wein mit zuviel Kohlensäure.
Schillerwein: Darf in Deutschland nur erzeugt werden durch Keltern eines Gemisches von blauen und weißen Trauben aus gemischtem Satz oder durch Angären blauer Trauben auf der Maische. Blaßrot bis rötlich schillernd.
Schimmelgeschmack entsteht, wenn der Wein auch nur kurze Zeit mit Schimmel oder mit verschimmeltem Gerät in Berührung kommt.

Schlegel: Kleiner, langstieliger Hammer, den der Küfer zum Aufschlagen der Fässer benützt.

Schmalzig: siehe Fett

Schönung: Klärung des Weines mit Hilfe von Hausenblase, Gelatine, Agar-Agar, Tannin bis zur Höchstmenge von 10 g/100 l, Eiereiweiß, eisenfreies Bentonit bis zur Höchstmenge von 150 g/100 l, chemisch reines Ferrocyankalium, sofern der Zusatz so bemessen ist, daß im geklärten Erzeugnis keine Cyanverbindungen gelöst bleiben, und frische, gesunde, flüssige Weinhefe bis 15%, um Mängel des Geschmacks und der Farbe zu beseitigen.

Schwarzwerden der Weine (Schwarzer Bruch): Bildung von gerbsaurem Eisenoxyd im Wein.

Schwefelschnitten zum Einbrennen der Fässer; es gibt dicke und dünne, mit Papier-, Stoff-, Asbest- und Drahteinlage. Zu empfehlen sind dünne Schnitten mit Asbesteinlage, diese sind nichttropfend. Gewürzschnitten sind verboten.

Schwer: Voller oder alkoholreicher Wein.

Schwund des Weines: Abnahme der Menge des Weines im Faß durch Verdunstung. Man muß von Zeit zu Zeit nachfüllen, um das Faß spundvoll zu halten.

Spätlese: Ungezuckerter Wein, der aus solchen Trauben hergestellt wurde, die erst nach der allgemeinen Lese in vollreifem Zustand geerntet wurden.

Spitz: Wein, der am Gaumen dünn erscheint.

Spitzkorken: Konisch geformter Kork, der ohne Maschine aufgesetzt und ohne Korkzieher entfernt werden kann.

Spritzig: Frischer Wein mit viel Kohlensäure (Mosel).

Spundloch: Öffnung des Fasses, rundes Loch in einer Daube, wird vom Spund abgeschlossen.

Stark: Alkoholreich.

Steckenbleiben nennt man die Unterbrechung der Gärung, meist durch Mangel an Wärme oder Luft verursacht.

Steinwein: Weinbezeichnung für fränkische Weine, die aus bestimmten Lagen der Würzburger Gemarkung stammen.

Stich (stichig): Ein Wein, der von Essigsäurebakterien befallen ist, er verwandelt sich langsam in Essig und kann auch meist nur zur Bereitung von Weinessig benutzt werden.

Stopfengeschmack: Unheilbar. Vorbeugen durch Auswahl guter, gesunder Stopfen.

Strohwein: Um den Saft zu konzentrieren, werden die Trauben nach der Ernte auf Strohmatten gelagert, bevor sie weiterverarbeitet werden.

Stütze: Kannenartiges Gefäß von etwa 10 Liter Inhalt; früher Holzgebinde, heute aus Kupfer und meist aus Aluminium mit Oberflächenbehandlung.

Traubenmühle: Dient zum Zerkleinern der Trauben zum Wein.

Trester: Die Überreste nach der Kelterung, bestehend aus Stielen, Kernen und Schalen der Weintrauben. Werden verwendet zum Brennen oder zur Haustrunkbereitung (Tresterwein).

Trocken: Wein, dem die Frische fehlt, der den Gaumen nicht belebt.

Trockenbeerenauslese: Beerenauslese, die aus vollreifen, für sich gekelterten, edelfaulen, rosinenartig eingeschrumpften Beeren gewonnen wird. Spitzenweine des deutschen Weinhandels.

Trüb: Trübende Stoffe im Wein, werden durch Schönung oder Filtrieren entfernt.

Trübwerden der Weine: siehe Umschlagen.

Umgärung: Fehlerhafte Weine können einer zweiten Gärung unterzogen werden, zum Beispiel nach Verschnitt oder Zuckerung.

Umschlagen (das Trübwerden der Weine): Entweder durch Mikroorganismen oder chemische Verwandlungen verschiedener Art hervorgerufen.

Umschlagen: Ein Wein schlägt um, wenn er durch äußere Einflüsse eine Trübung erleidet,

Fachausdrücke

zum Beispiel beim Füllen auf Flaschen, bei Temperaturwechsel, beim Verschnitt.

Ungezuckerte Weine: Bezeichnung für Naturweine.

Unrein: Nach Faß, Sack, Schlauch (Gummi) schmeckend.

Unschlitt (Türlesstreiche): 73 Teile Talg und 27 Teile Fichtenharz. Dient zum Verschmieren der Faßtürchen und zur Herstellung von Unschlittkerzen.

Verbesserung der Weine, Zuckerung: Siehe Vorschriften des deutschen Weingesetzes von 1970.

Verschnitt: Vermischung von verschiedenen Weinen. Benennung von Verschnittweinen siehe deutsches Weingesetz von 1970.

Versteigerung (Weinversteigerung): In manchen Gegenden werden die Weine nur versteigert. Es finden vorher zwei Proben statt (eine öffentliche Weinprobe und eine Probe für Kommissionäre). Die Weinkommissionäre steigern die Weine für ihre Kunden.

Voll: Wie schwer, jedoch ist hoher Alkoholgehalt nicht Bedingung (siehe schwerer Wein).

Vorlauf: Der Saft, der zuerst ohne Druck von der Kelter abläuft.

Vorlese: In deutschen Qualitätsweinbaugebieten werden in der sog. Vorlese alle faulen, kranken oder beschädigten Beeren gelesen, während in der Hauptlese die vollreifen, gesunden Beeren geerntet werden.

Wachstum (Kreszenz oder Creszenz): Herkunft des Weines, besonders Angabe des Weingutes.

Weich: Wein mit wenig Weinsäure.

Weinfreund: Erfindung von Lahr. Die Luft, die beim Abfüllen von Wein in das Faß nachströmt, wird durch eine Glaskugel mit schwefeliger Säure geleitet und so keimfrei gemacht. Winkelmann, Frankenthal, hat eine ähnliche Vorrichtung, den „Weinkonservator". Dieser ist aus Aluminium und wird mit K.P. gespeist.

Weingesetz: Deutsches Weingesetz von 1970. Auch andere Länder haben Weingesetze.

Weingrünmachung der Fässer: Behandlung der Fässer, um einen Holzgeschmack zu vermeiden. Alle neuen Fässer müssen mit Schwefelsäure behandelt werden, 1–1½ kg auf 1 hl.

Weinkonservator: siehe Weinfreund

Weinstein: Primäres Kaliumsalz der Weinsäure. Weinsteinsaures Kalium.

Weißer Bruch: Sehr verbreitet, es zeigt sich ein weißblauer Schleier von schwer löslichem Eisenphosphat. Wein stark lüften, dann Schönung mit Gelatine (Tannin).

Zähe: siehe lang

Zapfweine (Ausschankweine): Die Weine werden vom Faß in Krüge oder Flaschen gefaßt und unmittelbar zum Ausschank gebracht.

Zickig: siehe lang

Zuckerung: Siehe Weingesetz; nach § 3 ist erlaubt die Anwendung von technisch reinem, nichtfärbendem Rüben-, Rohr-, Invertzucker, gegebenenfalls in reinem Wasser gelöst. Zucker bzw. Zuckerlösung darf zugesetzt werden, um einem natürlichen Mangel an Zucker oder Alkohol oder einem natürlichen Übermaß an Säure insoweit abzuhelfen, als es der Beschaffenheit des aus Trauben gleicher Art und Herkunft in guten Jahrgängen ohne Zusatz gewonnenen Erzeugnisses entspricht. In keinem Falle jedoch darf dieser Zusatz mehr als ein Viertel der gesamten Flüssigkeit betragen.

Zungenprobe (Kostprobe): Beurteilung der Weine durch den Geschmack, den Geruch und das Gesicht.

Weinlexikon

Um die Übersichtlichkeit der Zusammenstellung zu vergrößern und das Auffinden eines Weines zu erleichtern, haben wir die Stichworte, meist Herkunftsbezeichnungen, vorangestellt und die zusätzlichen Titel dahinter vermerkt. Man suche also Château Duplessis nicht unter Château, sondern unter Duplessis, La Gaffelière unter Gaffelière usw.

Abkürzungen: Dep. = Departement
r. = rot
w. = weiß
r. u. w. = rot und weiß

Aarauer: Schweizer Rotwein
Achaia Malvasier: süßer griechischer Weißwein
Achaier: neugriechischer herber Weißwein
Acherner: badischer Weißwein
Achkarren: siehe Kaiserstühler
Adlerberg: siehe Ofener
Affentaler: badischer Rotwein
Agritiusberger: siehe Oberemmeler
Ahrbleichert: roter Ahrwein
Ahrweiler: rote Ahrweine. Lagen: Silberberg, Forstberg, Daubhaus
Aigrots: siehe Beaune
Aillas: Bordeauxweine aus der Landschaft Graves, r. u. w.
Akkermanski: rumänische Weine, w. u. r.
Albanello: sizilianische Weine, r. u. w.
Albersbacher: badischer Rotwein
Alberts: Château-les-A., roter Bordeauxwein aus dem Bezirk Blayais
Albillo: spanischer Weißwein
Aldeno: Tiroler Weine, w. u. r., aus dem Bezirk Nogaredo
Aleatico: süßer italienischer Rotwein aus Apulien und Umbrien
Alella: trockener spanischer Weißwein aus Katalonien
Aleyor: gehaltvoller Rotwein aus Mallorca
Alfölder: weißer Ungarwein
Alfölder Sandwein: desgleichen
Alger: algerischer Rotwein
Alger grenache: algerischer Weißwein
Alger malaga: algerischer Rotwein
Alicante: spanische Weine, r. u. w. Lagen: Alaque, Fondillon
Aliso: amerikanische Weine, r. u. w.
Alkassar: marokkanischer Rotwein
Allensbacher: badischer Wein
Almadi: weißer Ungarwein
Almissa: gehaltvoller roter Dessertwein aus Dalmatien
Almonte: spanischer Weißwein
Alodial: siehe Bisager
Aloxe: französische rote Burgunderweine. Lagen: Corton, Boutières, Chantemerle, Chaumes, Dôle, Morais, Pauland, Sallière u.a.
Also: Ungarweine, r. u. w. Lagen: Also-Dörgicse, Also-Galla, Also-Homorod, Also-Némedi, Also-Raks u.v.a.

Weinlexikon

Altenberger: siehe Luttenberger
Altenberger: badischer Weißwein
Altnauer: Schweizer Weine, w. u. r.
Alzey: rheinhessische Weißweine. Lagen: Kapellenberg, Rotenfels, Römerberg
Amarante: portugiesische Weine, w. u. r.
Amerot: siehe Volnay
Amontillado: siehe Jerez
Amoroso: Sherrywein unterschiedlicher Qualität
Añada: spanische Bezeichnung für Jungwein
Anaheim: amerikanische Weine, r. u. w.
Ancy: guter Weißwein Lothringens
Andiottes: Château des A., roter Bordeauxwein aus dem Bezirk Blayais
Anières: Schweizer Weißwein
Anjou: bekanntes Weinbaugebiet Frankreichs, gute Weißweine, Rosé- und Rotweine liefernd
Annay: Burgunderwein
Anthosmias: goldgelber griechischer Wein
Antonic, Château A.: roter Bordeauxwein aus der Landschaft Médoc
Äpferrain: siehe Jonaer
Appellations controlées: Bezeichnung für französische Qualitätsweine, die laufender amtlicher Überwachung und Kontrolle unterliegen und für die strenge Vorschriften gelten.
Apremont: guter Weißwein Französisch-Savoyens
Arader: Ungarweine. Lagen: Bakator (w.), Kadarka (r.). Riesling (w.).
Aranyos-Marot: Ungarweine, r. u. w.
Arbin: roter Tischwein Französisch-Savoyens
Arcoer: Tiroler Weine, r. u. w., aus dem gleichnamigen Bezirk
Ardillats: lokal sehr geschätzter Beaujolais-Wein
Arinto: portugiesischer Weißwein
Aromatico di Chiavenna: italienischer Likörwein aus der Lombardei, r. u. w.
Arrieux, Château-des-A.: weißer Bordeauxwein aus der Landschaft Sauternes
Arrossée, Château-l'A.: roter Bordeauxwein aus der Landschaft Saint-Emilionnais
Artiguillon: roter Bordeauxwein
Arzheimer: roter Rheinwein. Lagen: Clävner, Riesling (w.)
Assmannshäuser: Rheinweine, r. u. w. Lagen: Höllenberg, Frankenthal, Hinterkirch, Berg usw.
Astheimer: roter Frankenwein
Asti: italienische Weine, r. u. w., aus der Landschaft Piemont, moussierend
Aubance, Coteau de l'A.: französisches Weinbaugebiet an der Loire, das gute süße Weißweine liefert
Aubigny: französischer Rotwein aus der Champagne
Auggener Markgräfler: badischer Weißwein
Aulhausener: weiße Rheinweine
Auros: Bordeauxweine aus der Landschaft Graves, r. u. w.
Ausone, Auzonne, Château A.: roter Bordeauxwein aus der Landschaft Saint-Emilionnais
Auvernier: Schweizer Weißweine. Lagen: Corcelles, Serrières
Auxerre: rote Burgunderweine. Lagen: Boussicat, Champeaux, Clairion, Tureau u. a.
Auxey-le-Grand: rote Burgunderweine. Lagen: Boutonnières, Grands Champs, Grandes Vignes, Larrey u. v. a.
Avallon: rote Burgunderweine
Avelane: Vin d'Avelane, lothringischer Rotwein
Avellino: rotbrauner italienischer Wein aus Kampanien
Avenay: französische Weine, r. u. w., aus der Champagne
Avlona: albanischer Rotwein
Ay: französischer Weißwein aus der Champagne
Ayler: weißer Saarwein

Weinlexikon

Les Babillières: siehe Chambolle-Musigny
Bachem: roter Rheinwein
Badener: österreichische Weine, r. u. w.
Badener: Schweizer Weine, w. u. r. Lagen: Geißberger Schiller, Goldwändler
Badette-d'Allard: roter Bordeauxwein aus der Landschaft Saint-Emilionnais
Badette-du-Foussat: ebenso
Bages: roter Bordeauxwein aus der Landschaft Médoc. Lagen: Pauillac, Cru Bichon, Cru Brunet
Baja e Latina: italienischer Weißwein aus Kampanien
Bakator: siehe Arader, Ermelleker, Magyarader und Maszka
Balcik: bulgarischer Wein
Baleau, Château: roter Bordeauxwein aus der Landschaft Saint-Emilionnais
Balestard-La-Tonnelle, Château B.: roter Bordeauxwein aus der Landschaft Saint-Emilionnais
Ballemonte: siehe Chassagne-M.
Balta: rumänischer Weißwein
Bambergener: badischer Wein
Banderettes: siehe Lutry
Banyuls: Aus weißen Banyuls-Trauben hergestellter französischer Dessertwein hervorragender Qualität aus Südwestfrankreich
Barateau, Château B.: roter Bordeauxwein aus der Landschaft Médoc
Barbaresco: bekannter italienischer Rotwein aus Piemont
Barbé, Château B.: roter Bordeauxwein aus dem Bezirk Blayais
de Barbe, Château de B.: roter Bordeauxwein aus dem Kanton Bourg
Barbera: italienischer Rotwein aus Piemont
Barcellos: portugiesischer Rotwein
La-Barde, Château L.-B.: rote Bordeauxweine aus der Landschaft Saint-Emilionnais. Lagen: St.-Christophe-des-Bardes, Clos La-Barde, Barde-Haut u. a.
Bari: italienische Weine aus Sardinien, r. u. w.
Barka: Wein aus Tripolis
Barolo: brauner italienischer Wein aus Piemont
Barra-a-Barra: portugiesische Weine, w. u. r.
Barrail: roter Bordeauxwein aus der Landschaft Médoc
Barraude: siehe Givry
La Barre: siehe Volnay
Barret: Bordeauxweine, r. u. w., aus der Landschaft Graves
Barsac: wichtiges Weinbaugebiet der Gironde, das gehaltvolle Weißweine von Sauternes-Charakter liefert
Basadingener: Schweizer Weine, w. u. r. Lagen: Eichenbühl (w.)., Oberschlatt (w.), Schlattingen (r.), Unterschlatt (w. u. r.).
Basemer Auslese: siehe Friesenheimer
Basque: roter Bordeauxwein aus dem Bezirk Bourg
Basses Vergelesses: siehe Savigny-les-Beaune
Bâtard Montrachet: siehe Chassagne-M.
Baudan: roter Bordeauxwein aus der Landschaft Médoc
Bayonville: lothringische Weine, r. u. w.
Baziner: weiße Ungarweine
Beaufort: französischer Rotwein aus dem Dep. Maine-et-Loire
Beaugency: französische Weine, r. u. w., aus dem Orléanais
Beaujolais: Sammelname für Burgunderweine aus der Landschaft Beaujolais, r. u. w., von mittlerer bis guter Qualität
Beaulieu: französischer Weißwein aus dem Dep. Maine-et-Loire
Beaulieu: roter Bordeauxwein aus der Landschaft Médoc
Beaulieu: französische Weine, r. u. w., aus der Touraine
Beau-Mazerat, Château B.: roter Bordeauxwein aus der Landschaft Saint-Emilionnais

Weinlexikon

Beaumont, Château B.: roter Bordeauxwein aus der Landschaft Médoc
Beaumonts: siehe Chorey
Beaune: Burgunderweine, r.u.w. Lagen: Aigrots, Bellissand, Clos de Chalet, Châtelaine (w.), Chaume Gaufriot (r.u.w.), Closeau (w.), Faubourg-Saint-Martin, Le Foulot, Les Grèves, Hauts Jarons, en Monde-Ronde (w.), Montagne Saint-Désire (w.), Montbattois, Montée Rouge, Pierre Blanche (w.), Les Roles u.a.
En Beauregard: siehe Santenay
En Beaurepaire: siehe Santenay
Beauséjour: roter Bordeauxwein aus der Landschaft Médoc
Beauséjour: rote Bordeauxweine aus der Landschaft Saint-Emilionnais. Lagen: Château-Grand-Beauséjour Libourne, Château Beauséjour Puisseguin, Cru Beauséjour St.-Magne u.a.
Beauséjour: roter Bordeauxwein aus der Landschaft Graves
Beau-Site, Château B.: roter Bordeauxwein aus dem Bezirk Bourg
Beau Soleil: siehe Sancé
Beaussière: siehe Lutry
Beauvois: siehe Chardonnay
Les Beaux-Bruns: siehe Chambolle-Musigny
Becksteiner: badischer Weißwein
Bedoux, Château-B.: roter Bordeauxwein aus dem Bezirk Blayais
Belair: Bordeauxweine aus dem Bezirk Bourg, r.u.w.
Belair, Bel-Air: Bordeauxweine aus der Landschaft Graves, r.u.w.
Belair: roter Bordeauxwein aus der Landschaft Saint-Emilionnais
Bel-Air: roter Bordeauxwein aus der Landschaft Médoc. Lagen: Avensan, St. Vivien, Blanquefort, Le Haillan, Lagrave u.a.
Belair-Ouy, St.-Etienne-de-Lisse: roter Bordeauxwein aus der Landschaft Saint-Emilionnais
Belissand: siehe Beaune
Bellegrave: roter Bordeauxwein aus der Landschaft Graves
Bellegrave: roter Bordeauxwein aus der Landschaft Médoc. Lagen: Château B., St. Laurent, Listrac, Pauillac u.a.
Belle Roque: roter Bordeauxwein aus dem Bezirk Bourg
Belleville: lothringische Weine, r.u.w.
Bellevue, Château B., Plassac: roter Bordeauxwein aus dem Bezirk Blayais
Bellevue, Château B.: roter Bordeauxwein aus der Landschaft Médoc. Lagen: Cordeillan-Bages, Pauillac, St. Lambert u.a.
Bellevue, Domaine B., Bourg: roter Bordeauxwein aus dem Bezirk Bourg
Benay: roter Bordeauxwein aus dem Bezirk Blayais
Benevento: italienischer Rotwein aus Kampanien
Benicarlo: spanischer Wein, sehr dunkel, aus der Provinz Valencia
Benoites: siehe Chassagne-M.
Bensheim: hessische Bergstraßen-Weißweine. Lagen: Paulus, Kirchberg, Fürstenlager u.a.
Berbillot: roter Bordeauxwein aus dem Bezirk Bourg
Berger: Schweizer Weine, w.u.r. Lagen: Engiberg (w.), Mauren, Hinterreben (r.), Weersweiler (r.)
Bergerac: dunkelrote Tischweine aus dem französischen Dep. Dordogne
Bergeron, Cru B.: roter Bordeauxwein aus der Landschaft Médoc
Bergheimer: elsässische Weißweine. Lagen: Altenberg, Kanzelberg
Bergsträsser, auch Bergsträßler: badische Weine, r.u.w.
Bernkasteler: weiße Moselweine. Lagen: Badestub, Doktor, Lay, Schloßberg, Pfaffenberg
Bernones, Château B.: roter Bordeauxwein aus der Landschaft Médoc
Berthenon: roter Bordeauxwein aus dem Bezirk Blayais
Bertry: siehe Vermenton
Besenello: Tiroler Weine, w.u.r., aus dem Bezirk Rovereto
Besigheimer: württembergische Weine, r.u.w.
La Bessière: siehe Corpeau
Beychevelle, Château B.: roter Bordeaux St. Julien
Bezencenet: siehe Yvorne

Bezenne: siehe Brochon
Bickensohl: siehe Kaiserstuhl
La Bigarderie: roter Bordeauxwein aus dem Bezirk Blayais
Bikaver: siehe Erlauer
Binger: rheinhessischer Weißwein. Lagen: Eisel, Rosengarten, Rochusberg, Schloßberg, Schwätzerchen
Birle Duchan: kaukasischer Weißwein
Bisager: kroatisch-slawonische Weißweine. Lagen: Alodial, Kraljevina, Zierfandler
Bisaudun, Ludon: roter Bordeauxwein aus der Landschaft Médoc
Bischofsheimer: elsässische Weine, r. u. w.
Biston-Brilette, Moulis: roter Bordeauxwein aus der Landschaft Médoc
Blagny: siehe Puligny
Blanc fumé: guter französischer Weißwein, aus der Sauvignon-Traube hergestellt (Loire-Weinbaugebiet)
Blanchereau: roter Bordeauxwein aus dem Bezirk Bourg
Blanchots: hervorragender weißer Burgunder aus dem Chablis-Gebiet
Blankenhornsberger: badischer Wein. Lagen: Burgunder (r.), Riesling (w.), Traminer (w.), Staatliches Weingut Ihringen
Blayais: französisches Weinbaugebiet an der Gironde, das rote Tafelweine guter Qualität liefert
Blocksberg: siehe Ofener
Boavista: kapverdischer Südwein
Böckelheimer, Schloß: weißer Nahewein
Bocksteiner: siehe Schodener
Bodendorfer: roter Ahrwein
Bodenheimer: rheinhessische Weine, r. u. w. Lagen: Burgweg, Kahlenberg, Silberberg, Westrum
Bodrog-Olaszi: Ungarwein (Tokaier)
Boichot: siehe Santenay
Le Bois de Chassagne: siehe Chassagne-M.
Boismartin, Château B.: roter Bordeauxwein aus der Landschaft Graves
Boisredon-Frédignac: roter Bordeauxwein aus dem Bezirk Blayais
Boisset, Château B.: roter Bordeauxwein aus dem Bezirk Blayais
Bonchamps, Chardonnay
Boncourt: lothringischer Weißwein
Bonnes Mares: sehr guter roter Burgunderwein der Côte de Nuits
Bonnezeaux: guter Weißwein aus dem französischen Anjou-Weinbaugebiet
Bönnigheim: württembergische Weine. Lage: Sonnenberg
Bonzac: Bordeauxweine aus dem Bezirk Guitres, r. u. w.
Bopparder: weiße Rheinweine. Lagen: Hamm, Oberspay, Riesling u. a.
Bordeaux: Sammelname für französische Weine aus der Gironde
Borja: körperreicher spanischer Rotwein aus Katalonien
Bosco dell'Etna: sizilianische Weine, r. u. w.
Bosco di Catania: roter Tischwein Siziliens
Bouchon de Corvés: siehe Chassagne-M.
Boudriotte: siehe Chassagne-M.
Boudry: Schweizer Weißwein
Bougéreau: siehe Chablis
Bouqueyran, Château B.: roter Bordeauxwein aus der Landschaft Médoc
Bourdieu: rote Bordeauxweine aus der Landschaft Médoc. Lagen: Moulis, Cru Daniau, Civrac u. a.
Bourdillas: roter Bordeauxwein aus dem Bezirk Saint-Savin
Bourdillot: roter Bordeauxwein aus der Landschaft Graves
Bourg de Chardonnay: siehe Chardonnay
Bourgade, Château-Bourgade-La-Chapelle: roter Bordeauxwein aus der Landschaft Médoc
Bourgueil: guter französischer Rotwein aus dem Touraine-Gebiet
Bourgueneuf: roter Bordeauxwein aus dem Bezirk Saint-Emilionnais
Bourse des pauvres: siehe Lutry

Bouscatton: roter Bordeauxwein aus der Landschaft Médoc
du-Bousquet, Château du B.: roter Bordeauxwein aus dem Bezirk Bourg
Boussicat: siehe Auxerre
Boutière: siehe Aloxe
Boutoc: weißer Bordeauxwein aus der Landschaft Sauternes
Boutonnières: siehe Auxey
La Bouyque, Cru L. B.: roter Bordeauxwein aus der Landschaft Saint-Emilionnais
Bouzeron: Burgunderweine, r. u. w.
Bouzy: französische Weine, r. u. w., aus der Champagne
Bragard: Château B.: roter Bordeauxwein aus der Landschaft Saint-Emilionnais
Brandeau Les Salles: Bordeauxweine aus der Landschaft Saint-Emilionnais, r. u. w.
Brantôme: weiße Bordeauxweine aus dem Dep. Dordogne
Brauneberger: weiße Moselweine. Lagen: Hasenläufer, Juffer
Brausewein: auch Rauscher und Sauser genannt, ist der noch in voller Gärung befindliche Weinmost, der in diesem Zustande getrunken wird.
Brava: kapverdischer Südwein
Breisgauer: badische Weine, w. u. r. siehe Kaiserstuhl
Breitenweg: siehe Diessenhofener
La Bressande du Château: siehe Rully
Brilette, Cru Br.: roter Bordeauxwein aus der Landschaft Médoc
Brion: französischer Weißwein aus dem Dep. Maine-et-Loire
Brionne: französischer Rotwein aus der Normandie
Brochon: rote Burgunderweine. Lagen: Bezenne, Crébillon, Le Crêot Epinards, Le Grand-Pré, Jeunes-Roxes, Vignois u.a.
Brolio Chianti: italienischer guter Rotwein des Chianti-Weinbaugebietes
Bronte: weißer Landwein aus Sizilien
Brouilly: guter französischer roter Beaujolais-Wein
Brühlberger: siehe Winterthurer
Brun, Château B.: roter Bordeauxwein aus der Landschaft Saint-Emilionnais
Bucellas: portugiesischer weißer Wein aus der Nähe von Lissabon
Bucherburger: Rotwein der Schweiz aus dem Kanton St. Gallen
Büdesheimer: rheinhessische Weine, r. u. w. Lagen: Scharlachberg, Steinkaut, Karsborn
Buffon: roter Burgunderwein
Bühelwein: siehe Güttingener
Bühlerthaler: badischer Weißwein
Bülacher: Schweizer Weine, w. u. r. Lagen: Bergli (r.), Dettenberger (w.), Fohhalden (r.)
Burgerberg: siehe Ofener
Burignon: weißer Qualitätswein aus der Umgebung von Lausanne
Burty: siehe Chardonnay
Bussières: rote Burgunderweine
Bussy-la-Côte: lothringischer Rotwein
Buxy: lieblicher weißer Burgunderwein
Buyon: siehe St. Etienne les Oullières
Buzau: bekanntes rumänisches Weinbaugebiet in der Walachei
Buzet: roter Bordeauxwein aus dem Dep. Lot-et-Garonne
Bzenec: bekanntes Weinbaugebiet der Tschechoslowakei

Cabanac: Bordeauxweine aus der Landschaft Graves, r. u. w. Lagen: Château de Cabanac, Cabanac-Villagrains, Gassies-Cabanac u.a.
Cabeceiras de Basto: portugiesischer Rotwein
Cabernet: siehe Obermaiser
Cabinet: siehe Gumpoldskirchner
Cach-St.-Laurent: roter Bordeauxwein aus der Landschaft Médoc

Cadet Château C.: roter Bordeauxwein aus der Landschaft Saint-Emilionnais
Cadillac: Bordeauxweine aus dem Bezirk gleichen Namens, r. u. w.
Caillavet, Château de C.: überwiegend weiße Bordeauxweine liefernd
Cailleret: siehe Volnay
Callao: peruanischer Südwein
Calliste: schwerer, süßlicher Rotwein der griechischen Insel Santorin
Calvaire: siehe Joigny
Cama de Lobos: hervorragende Weinlage auf Madeira
Camarite: hellroter griechischer Wein
Cambes: roter Bordeauxwein aus dem Bezirk Bourg
Cambon, Château Cambon-La-Pelouse: roter Bordeauxwein aus der Landschaft Médoc
Camillac: roter Bordeauxwein aus dem Bezirk Bourg
Camillac-Gellibert: desgleichen
Camino-Salva, Château C.: roter Bordeauxwein aus der Landschaft Médoc
Campidano: guter Wein Sardiniens
Campoloro: Weine von der Insel Korsika, r. u. w.
Canaria Lagrimae Christi: weißer Südwein von den Kanarischen Inseln
Canaria Madeira: Madeira von den Kanarischen Inseln
Cannstatter: württembergische Weine. Lagen: Berg, Halden, Steinhalden u. a.
Canon, Château C.: rote Bordeauxweine aus der Landschaft Saint-Emilionnais. Lagen: Canon-La-Gaffelière, Canon-St.-Martin u. a.
Canotte: siehe Chassagne-M.
Cante-Laude: rote Bordeauxweine aus der Landschaft Médoc. Lagen: Labarde, Château u. a.
Canteloup: rote Bordeauxweine aus der Landschaft Médoc. Lagen: Arsac, Blaignan, St.-Estèphe u. a.
Canteloup, Fours: roter Bordeauxwein aus dem Bezirk Blayais
Canteloup-Lesportes, Château C.: roter Bordeauxwein aus der Landschaft Graves
Cantemerle, Château C.: roter Bordeauxwein aus dem Bezirk Blayais
Cantenac, Château C.: roter Bordeauxwein aus der Landschaft Saint-Emilionnais
Cantenac: rote Bordeauxweine aus der Landschaft Médoc. Lagen: Cru Boisdouvin, Château u. a.
Canteranne: roter Bordeauxwein aus der Landschaft Saint-Emilionnais
Canzemer: siehe Kanzemer
Cap-de-Haut: roter Bordeauxwein aus dem Bezirk Blayais
Cap-de-Haut-Bergeron: roter Bordeauxwein aus der Landschaft Médoc
Capbern, Château-Capbern, St.-Estèphe: roter Bordeauxwein aus der Landschaft Médoc
Capdeville, Château C.: roter Bordeauxwein aus der Landschaft Médoc
Cape Burgundy: roter Kapwein
Cape Frontignac: roter Kapwein
Cape Madeira: Madeirawein aus dem Kaplande
Cape Sherry: Sherrywein aus dem Kaplande
Carbenet: siehe auch Tordaer
Carbenet: siehe Gombaser und Gyereser
Carbonnieux, Château C.: rote und weiße Qualitätsweine aus dem Gebiet Graves de Bordeaux
Carcasset St.-Estèphe: roter Bordeauxwein aus der Landschaft Médoc
Carcavellos: portugiesische rote und weiße Weine aus der Gegend von Lissabon
La Carelle: siehe St. Etienne les Oullières
Carmignano: italienischer Rotwein aus Toscana
Caronne-Sainte-Gemme: roter Bordeauxwein aus der Landschaft Médoc
Cartagena: spanischer Rotwein
La-Carte, Château L. C.: roter Bordeauxwein aus der Landschaft Saint-Emilionnais

Cartillon, Château de C.: roter Bordeauxwein aus der Landschaft Médoc
Caseler: weißer Moselwein
Caslauer: böhmische Weine, w.u.r.
Cassevert, Château C.: roter Bordeauxwein aus der Landschaft Saint-Emilionnais
Castell Toblino: süßer Dessertwein Tirols
Castellamare: Rotwein aus Sizilien, in geringeren Sorten auch weiß
Castello Branco: portugiesischer Rotwein
Castello de Paiva: portugiesischer Rotwein
Cavaleser: Tiroler Weine, r.u.w., aus dem gleichnamigen Bezirk
Cazeaux, Château C.: roter Bordeauxwein aus dem Bezirk Blayais
Celaya: mexikanischer Weißwein
Celorico: portugiesische Weine, w.u.r.
Cervione: Weine von der Insel Korsika, r.u.w.
Les Chabiots: siehe Chambolle-Musigny
Chablis: weiße Burgunderweine. Lagen: Bougéreau, Hélie, Montmain, Vaulorent u.a.
Chagnot: s. Corgoloin
Chaigneau-Canon, Château Ch.: Bordeauxwein aus der Landschaft Saint-Emilionnais
Chailland: französischer Weißwein aus dem Dep. Mayenne
Chaillots: siehe Corgoloin
Chaintré: trockener, herber, weißer Burgunderwein oder auch Name für einen süßlicheren Wein aus dem Anjou-Gebiet
Chalet Bergat: roter Bordeauxwein aus der Landschaft Saint-Emilionnais
Chalet-du-Mayne-de-Moulis: roter Bordeauxwein aus der Landschaft Médoc
Chalkis: gute griechische Weißweine aus der gleichnamigen Landschaft
Chambertin: sehr berühmter roter Burgunderwein
Chambolle-Musigny: rote Burgunderweine. Lagen: Les Babillères, Les Amoureuses, Les Beaux-Bruns, Les Chabiots, La Combe d'Orveau, Douais, Grand Musigny, Petit Musigny, Les Plantes, Clos de l'Orme u.a.
Chambon (Blasois): französische Weine, r.u.w., aus dem Orléanais
Chambray: guter Rotwein aus der Touraine
Chamgains: siehe Chassagne-M.
Champ Gain: siehe Puligny
Champagne: berühmtes Weinbaugebiet und Heimat des Champagner. Geschützte Herkunftsbezeichnung
Champeaux: siehe Auxerre
Champfuillot: siehe Volnay
Chânes: rote Burgunderweine
Chanlis: siehe Volnay
Chantemerle: siehe Aloxe
Chanturgne: bester französischer Wein der Auvergne
La Chapelle: französischer Weißwein aus der Bretagne
La Chapelle: siehe auch Chassagne-M. und Comblanchien
La Chapelle-sous-Brancion: rote Burgunderweine. Lagen: sur le Four, en Mangot, sur le Pressoir, les Planchettes
La Chapelle-de-Guinchay: rote Burgunderweine. Lagen: Deschamps, Gandelins, Potets u.a.
La Chapelle-Heulin: französischer Weißwein aus der Bretagne
Chapelle-Madeleine: roter Bordeauxwein aus der Landschaft Saint-Emilionnais
Chardonnay: rote Burgunderweine. Lagen: Beauvois, Bonchamp, Bourg de Chardonay, Burty, Les Combes u.a.
Charentay: roter Burgunderwein
Charmant, Cru Charmant Margaux: roter Bordeauxwein aus der Landschaft Médoc
Charmots et Vollon: siehe Gamay
Charney-les-Mâcon: Burgunderweine, r.u.w
Charrières: siehe Chassagne-M.

Charron, Château C.: roter Bordeauxwein aus dem Bezirk Blayais
Chassagne-Montrachet: Burgunderweine, r.u.w. Lagen: Ballemonte, Benoîtes, Le Bois de Chassagne, Bouchon de Corvés, Boudriotte, Canotte, Champgains, La Chapelle, Charrières, Les Chênes, Franchemont, Goujonne, Le vrai Montrachet (w.), Chevalier Montrachet, Bâtard Montrachet, Plante Saint-Aubin, Romanée, Voillenot (Dessous und Dessus) u.a.
Chasse-Spleen, Château Ch.: roter Bordeauxwein aus der Landschaft Médoc
Chasselas: rote Burgunderweine
Chassés: siehe Vaux
Le Chat Blanc: siehe Corpeau
Château-du-Loir: französischer Weißwein aus dem Dep. Sarthe
Château-Salins: lothringischer Rotwein
Châteauneuf-du-Pape: guter französischer Rotwein aus dem Rhône-Gebiet bei Avignon
Châtelaine: siehe Beaune
Châtenay: siehe Sancé
Châtillon: französische Weine, r.u.w., aus der Champagne
Châtillon-le-Duc: Burgunderweine aus der Franche-Comté, r.u.w.
Chatolle, Cru de La Chatolle St.-Laurent: roter Bordeauxwein aus der Landschaft Médoc
Chaume-au-Baril: siehe Joigny
Le Chaume Gaufriot: siehe Beaune
Chaumes: siehe Aloxe
Les Chaumes (w.): siehe Rully
Chaumont: französischer Rotwein aus dem Orléanais
Chauvin, Château Ch.: roter Bordeauxwein aus der Landschaft Saint-Emilionnais
Chaves (Villa Real): portugiesischer Rotwein
Chavignol: guter französischer Weißwein aus dem Dep. Cher
Cheille: lieblicher Rotwein aus dem französischen Touraine-Gebiet
Chenas: roter Burgunderwein (Beaujolais)
Les Chênes: siehe Chassagne-M.
Chenevary: siehe Chenôve
Chenôve: Burgunderweine, r.u.w. Lagen: Chenevary, Clos d'Etoile, Goudrandes, Valandons u.a.
Chenôve-Ermitage: siehe Savigny-les-Beaune
Chesnaye-Ste-Gemme: roter Bordeauxwein aus der Landschaft Médoc
Cheval blanc, Château Ch.: hervorragender roter Bordeauxwein aus der Landschaft Saint-Emilionnais
Chevalier Montrachet: siehe Chassagne-M.
Chevannes: weißer Burgunderwein
Chevannes: französische Weine, r.u.w., aus dem Orléanais
Chianti: italienischer Rotwein aus der Provinz Siena
Chiaramonte: Rotwein aus Sizilien
Chichée: weißer Burgunderwein
Chinon: guter Rotwein aus dem Loire-Gebiet
Chorey: Burgunderweine. Lagen: Beaumonts, Les Moutots, La Rochelle und andere
Churer: Schweizer Rotwein
Chusclan: hellroter Wein aus dem Rhône-Gebiet
Ciro: italienischer Rotwein aus Kalabrien
Citran, Château C.: roter Bordeauxwein aus der Landschaft Médoc
Clairac: weißer Bordeauxwein aus dem Dep. Lot-et-Garonne
Clairion: siehe Auxerre
Claron St.-Morillon: Bordeauxweine aus der Landschaft Graves, r.u.w.
Clävner: siehe Erlenbacher
Clemongeat: siehe Couchey
Clinet, Domaine C.: roter Bordeauxwein aus der Landschaft Saint-Emilionnais

Clos de Chalet: siehe Beaune
Clos L'église-Clinet: roter Bordeauxwein aus der Landschaft Saint-Emilionnais
Clos d'Etoile: siehe Chénove
Clos de la George: siehe Yvorne
Clos Marceaux: siehe Givry
Clos de l'Orme: siehe Chambolle-Musigny
Clos de Saint Thierry: französischer Rotwein aus der Champagne
Clos de Vougeot: siehe Vougeot
Clos de Vougeot blanc: siehe Vougeot
Closeau: siehe Beaune
La-Closure: Château L. C.: roter Bordeauxwein aus der Landschaft Saint-Emilionnais
La-Clusière, Château la C.: roter Bordeauxwein aus der Landschaft Saint-Emilionnais
Collares: rote portugiesische Tischweine aus der Umgebung von Lissabon
Colmères: Bordeauxweine aus der Landschaft Graves, r. u. w.
Colombier, Château-du-Colombier-Monpelou-Laurent-Desse: roter Bordeauxwein aus der Landschaft Médoc
La Combe d'Orveau: siehe Chambolle-Marigny
Combes: siehe Puligny
Les Combes: siehe Chardonnay
Comblanchien: Burgunderweine. Lagen: La Chapelle, Aux Montagnes, La Trelle, Les Vignes Blanches (w.) u. a.
Come, Cru de Come St.-Estèphe: roter Bordeauxwein aus der Landschaft Médoc
La Commanderie, Château L.: roter Bordeauxwein aus dem Gebiet von Pomerol
Concia Italia: siehe Marsala
Cône, Château-du-C.: roter Bordeauxwein aus dem Bezirk Blayais
Cône-Taillasson, Château-du-C.: roter Bordeauxwein aus dem Bezirk Blayais
La Conseillante, Château L.: roter Bordeauxwein aus dem Gebiet von Pomerol
Constant-Bages-Monpelou: roter Bordeauxwein aus der Landschaft Médoc
Le Convent: roter Bordeauxwein aus der Landschaft Saint-Emilionnais
Corbin, Château C.: roter Bordeauxwein aus der Landschaft Saint-Emilionnais
Corbin-Michotte, Château C.: roter Bordeauxwein aus der Landschaft Saint-Emilionnais
Corcaron: siehe Couchey
Corconnac St. Laurent: roter Bordeauxwein aus der Landschaft Médoc
Cordeliers, Cru des C.: roter Bordeauxwein aus der Landschaft Saint-Emilionnais
Cordelièrs, Cru des C.: roter Bordeauxwein aus der Landschaft Saint-Emilionnais
Cordeliers-Villemorine, Les C.: roter Bordeauxwein aus der Landschaft Saint-Emilionnais
Corgoloin: Burgunderweine. Lagen: Chagnot, Chaillots, Les Hautes Fourneaux, Robignottes u. a.
Cormey, Château C.: roter Bordeauxwein aus der Landschaft Saint-Emilionnais
Cornas: roter Bordeauxwein aus der Languedoc
Corneillan, Cru C.: roter Bordeauxwein aus der Landschaft Médoc
Corpeau: Burgunderweine. Lagen: La Bassière, Le Chat Blanc, Grillot-Pré-Jeannot, Matronge u. a.
Cortaillod: Schweizer Weine, w. u. r.
Corvo blanco: sizilianischer Weißwein
Corvo di Casteldaccia: weißer sizilianischer Wein sehr guter Qualität
Corvo rosso: sizilianischer Rotwein

Cos St.-Estèphe: roter Bordeauxwein aus der Landschaft Médoc
Côte de Grouets (Blasois): französischer Rotwein aus dem Orléanais
Côte de Nuits: nördliches Weinbaugebiet der Côte d'Or im Burgund, liefert beste rote Burgunderweine
Côte d'Or: Zentralgebiet des burgundischen Weinlandes
Côteaux de Samour: französischer Weißwein aus dem Dep. Maine-et-Loire
Cotnar: rumänischer Wein, dunkel grüngelb
Coubet: roter Bordeauxwein aus dem Kanton Bourg
Couchey: Burgunderweine. Lagen: Corcaron, Gros Poirier, Pièce d'Assey, Les Plantes, Verchères, Clemongeat, La Croix Saint-Germain u.a.
Coudert, Château C.: rote Bordeauxweine aus der Landschaft Saint-Emilionnais. Lagen: St.-Christophe-des Bardes, Haut-St.-Emilion u. a.
Coudonneau: roter Bordeauxwein aus dem Bezirk Blayais
Coulée de Serrant: Süßlicher Weißwein aus dem Anjou-Gebiet (Loire)
Couronne, Château la C.: roter Bordeauxwein aus der Landschaft Médoc
Courpalay Grand Bréant: französischer Rotwein aus dem Dep. Seine-et-Marne
La Couspaude, Château L. C.: roter Bordeauxwein aus der Landschaft Saint-Emilionnais
Couteaux de la Loire: Weißweine des Loire-Weinbaugebietes (Anjou)
Coutelin-Merville: roter Bordeauxwein aus der Landschaft Médoc
Coutet, Château C.: 1. roter Bordeauxwein aus der Landschaft Saint-Emilionnais,
2. weißer Bordeauxwein aus der Landschaft Sauternes
Cramant: französischer Weißwein aus der Champagne
Crassion, Cru C.: roter Bordeauxwein aus der Landschaft Saint-Emilionnais
Crato: portugiesischer Rotwein
Cravignac: roter Bordeauxwein aus der Landschaft Saint-Emilionnais
Crébillon: siehe Brochon
Le Créot: siehe Brochon
La Croix: roter Bordeauxwein aus der Landschaft Médoc
La Croix, Cartelègue: roter Bordeauxwein aus dem Bezirk Blayais
La Croix Saint-Germain: siehe Couchey
La Croizette: roter Bordeauxwein aus dem Bezirk Blayais
Croûte-Charlus, Château C.: roter Bordeauxwein aus dem Bezirk Bourg
Croûte-Courpon: desgleichen
Croûte-Mallard, Château C.; desgleichen
Crussal: guter weißer Tischwein aus dem Rhône-Gebiet
Cujac, Château C.: roter Bordeauxwein aus der Landschaft Médoc
Curé-Bon-la-Madeleine, Château C.: roter Bordeauxwein der Landschaft Saint-Emilionnais
Curtiberger: siehe Jonaer
Cussau, Château C.: roter Bordeauxwein aus der Landschaft Médoc
Czegleder: weißer Ungarwein

Damaskus Muskat: syrischer Rotwein
Dampierre: französische Weine, r. u. w., aus dem Dep. Maine-et-Loire
Dante malvazia: kanarischer Südwein aus Teneriffa
Darche, Cru D.: roter Bordeauxwein aus der Landschaft Médoc
Dattenberger: roter Rheinwein
Daubos-Haut-Bages, Château D.: roter Bordeauxwein der Landschaft Médoc
Daugay, Château D.: roter Bordeauxwein aus der Landschaft Saint-Emilionnais
Dealu mare: rumänischer Weißwein
Deidesheimer: Pfälzer Weißweine. Lagen: Herrgottsacker, Hohenmorgen, Kalkofen
Dents de Chien: siehe Gamay

Weinlexikon

Deschamps: siehe La Chapelle-de-Guinchay
Desenzano: italienischer Weißwein aus der Lombardei
Dettelbacher: weißer Frankenwein
Dézaley: guter schweizerischer Weißwein aus dem Kanton Vaud
Diakovarer: kroatisch-slawonischer Weißwein, auch Schillerwein
Diessenhofener: Schweizer Rotweine. Lagen: Breitenweg, Einfang, Hamer, Ritterhalden, Schneckenbergler
Diosder Kovacsiwein: weißer Ungarwein
Djordjadza: kaukasische Weine, r. u. w.
Dôle: siehe Aloxe
Donissan: roter Bordeauxwein aus der Landschaft Médoc. Lagen: Listrac, Château D. u. a.
Dorf Johannisberger: weiße Rheinweine. Lagen: Hölle, Schloßberg, Erntebringer
Dorfer Burghalden: Schweizer Rotwein
Dorfer Schwarzenberg: Schweizer Rotwein
Douais: siehe Chambolle-Musigny
Douat, Cru D.: roter Bordeauxwein aus der Landschaft Médoc
Doumens, Château D.: roter Bordeauxwein aus der Landschaft Médoc
Drachenblut: siehe Drachenfelser und Königswinter
Drachenburger: österreichischer Wein aus der Steiermark
Drachenfelser Drachenblut: roter Rheinwein
Dragasani: rumänische Weine, w. u. r.
Dreimännerwein: siehe Seewein
Dromersheimer: rheinhessische Weißweine. Lagen: Honigberg, Kapellenberg
Drouillards, les D.: Bordeauxweine aus dem Bezirk Saint-Savin, r. u. w.
Dudon, Château D.: weißer Bordeauxwein aus der Landschaft Sauternes
Duplessis: roter Bordeauxwein aus der Landschaft Médoc. Lagen: Château Duplessis Moulis, Château Duplessis Hauchecorne
Duprina: bulgarischer Wein
Durbacher: badischer Weißwein. Lagen: Clävner, Josephsberger, Ruländer, Weißherbst
Dürkheimer: Pfälzer Weißweine. Lagen: Feuerberg, Kobnert, Krähhöhle, Mühlberg, Spielberg
Duroc-Milon, Château D.: roter Bordeauxwein aus der Landschaft Médoc

Eckartsberger: Breisacher Weißwein, zum Bereich Kaiserstuhl-Tuniberg gehörend
Edenkobener: rheinpfälzischer Wein mäßiger Qualität
Efringer Markgräfler: badischer Weißwein
L'Eglise Pomerol, Domaine L'E.: roter Bordeauxwein aus der Landschaft Saint-Emilionnais
Eguisheimer: elsässische Weißweine und Pinot Rouge
Egyeder: Ungarwein
Ehrenstetter: badische Weißweine (Markgräfler)
Eibelstadter: weißer Frankenwein
Eibinger: weiße Rheinweine
Eichenbühler: siehe Basadingener
Eichstetter: siehe Kaiserstuhl
Eimeldingener Markgräfler: badischer Weißwein
Einersheimer: weißer Frankenwein
Eisenthaler (Affenthaler): badischer Rotwein
Eisenthürer: siehe Luttenberger
Eitelsbacher: roter Moselwein
Elisenberg: weißer Moselwein
Eltviller: weißer Rheinwein
Emmishofener: Schweizer Rotweine. Lagen: Esslen, Gütli, Hornacker
Engiberg: siehe Berger
Eningener: württembergische Weine. Lagen: Alte Halde, Glasmaler, Zigeuner u. a.

Enkircher: weißer Moselwein
Epinards: siehe Brochon
Epineuil: Burgunderweine, r. u. w.
Eppiger: siehe Jonaer
Erbacher: weiße Rheinweine. Lagen: Marcobrunn, Siegelsberg, Steinmorgen
Erdener: weiße Moselweine. Lagen: Himmelreich, Hödlei, Pichter, Treppchen, Rotkirch
Ergersheimer: weißer Frankenwein
Erlacher: Schweizer Weißwein
Erlauer: rote Ungarweine: Bikaver, Kadarkawein, Stierblut, Visonta
Erlenbacher: Schweizer Weine, w. u. r. Lagen: Clävner (r.), Erlengut (r.), Mariahalden (w.), Tokajer (w.), Winkel (w.), Wyden (w.)
Ermellecker: Ungarweine. Lagen: Ausbruch (r.), Bakator (w.), Tischwein (w.).
L'Ermitage: roter Bordeauxwein aus der Landschaft Graves
Erpeler: roter Ahrwein
Erpeler Lei: desgleichen
Escalette, Château E.: roter Bordeauxwein aus dem Bezirk Bourg
Escherndorfer: weiße Frankenweine. Lagen: Auslese, Berg, Berg Auslese
L'Evangile, Château L'E.: roter Bordeauxwein aus der Landschaft Saint-Emilionnais
Eyquem, Château E.: roter Bordeauxwein aus dem Bezirk Bourg
Eyrans: Bordeauxweine aus der Landschaft Graves. Lagen: St.-Médard, Château

Fachlisbrunnen: siehe Winterthurer
Falkenlel: siehe Piesporter
Falsas, Château F.: roter Bordeauxwein aus dem Bezirk Bourg
Fanning-Lafontaine, Château F.: roter Bordeauxwein aus der Landschaft Graves
Faro: portugiesische Weine, r. u. w.
Fatin St.-Estèphe: roter Bordeauxwein aus der Landschaft Médoc
Faubourg-Saint-Martin: siehe Beaune
Faugère: roter Bordeauxwein aus der Landschaft Saint-Emilionnais
Le Faure: roter Bordeauxwein aus der Landschaft Saint-Emilionnais
Faurie, Château F.: roter Bordeauxwein aus der Landschaft Saint-Emilionnais. Lagen: Château Grand-Faurie, Château Faurie-Lavau, Domaine de Faurie de Soutard
Faye-sur-Layon: guter Weißwein des Anjou-Gebietes
Federweißer ist jeder Jungwein, der soeben erst die Gärung beendet hat und so getrunken wird, ohne auf die Flasche gekommen zu sein.
Fehértemplomer: Ungarwein, w. u. r.: Burgunder Sandwein, Dinka-Sandwein, Kadarka-Sandwein, Oporto-Sandwein
Felbener: Schweizer Weine, w. u. r. Lagen: Halden, Köllensberger, Wellenberger
Feldberger Markgräfler: badischer Weißwein
Felletin Lamarque: roter Bordeauxwein aus der Landschaft Médoc
Fellonneau, Château F.: roter Bordeauxwein aus der Landschaft Médoc
Felsöer: Ungarweine. Lagen: Almas, Balog, Csany, Hahot, Illmicz, Ludany, Novaj, Bajk, Szelény u. a.
Fendant: Bezeichnung für eine schweizerische Rebsorte
Ferro: weißer Südwein von den Kanarischen Inseln
Feuerthaler: weißer Frankenwein
Fienzal, Château F.: guter weißer bzw. roter Bordeauxwein aus der Landschaft Graves
Figeac, Château F.: roter Bordeauxwein aus der Landschaft Saint-Emilionnais
Figueira: portugiesischer Rotwein
Fino: Bezeichnung für einen guten, wohlschmeckenden Sherry

Weinlexikon

Flagey-Echézeaux: Weinbaugemeinde im Burgund (Côte de Nuits), die sehr gute Rotweine liefert
Flagy: Burgunderweine, r. u. w.
Fleurie: roter Beaujolais
Flumser: Schweizer Rotwein
Fongaban, Cru F.: roter Bordeauxwein aus der Landschaft Saint-Emilionnais
Fonplégade, Château F.: roter Bordeauxwein aus der Landschaft Saint-Emilionnais
Fonroque, Château F.: roter Bordeauxwein aus der Landschaft Saint-Emilionnais
Fontaine de la Madeleine: roter Bordeauxwein aus der Landschaft Saint-Emilionnais
Fontaines-les-Chalon: Burgunderweine, r. u. w.
La Fontanelle, Cru L. F.: roter Bordeauxwein aus der Landschaft Médoc
Fontbonne-Agassac: roter Bordeauxwein aus der Landschaft Médoc
Fontenay: weißer Burgunderwein
Fontenay-sous-Bois: französischer Rotwein aus dem Dep. Seine
Fontenay-le-Comte: Burgunderweine aus der Vendée, r. u. w.
Fontesteau: roter Bordeauxwein aus der Landschaft Médoc. Lagen: Château F., Fontesteau St.-Sauveur
Fontpetites, Château F.: roter Bordeauxwein aus der Landschaft Médoc
Forchheimer: weißer Frankenwein
Forditas: siehe Tokajer
de la Forêt, Domaine de la F.: weißer Bordeauxwein aus der Landschaft Sauternes
Forster: Pfälzer Weißweine. Lagen: Jesuitengarten, Kirchenstück, Ungeheuer
La Fosse (r.): siehe Rully
Le Foulot: siehe Beaune
Fourcas: roter Bordeauxwein aus der Landschaft Médoc. Lagen: Fourcas cru Laubaney, Fourcas-Dupré, Fourcas-Hostein
Fourtet, Clos F.: roter Bordeauxwein aus der Landschaft Saint-Emilionnais
Franc-Mayne, Château F.: roter Bordeauxwein aus der Landschaft Saint-Emilionnais
Franc-Pourret, Château F.: roter Bordeauxwein aus der Landschaft Saint-Emilionnais
Franchemont: siehe Chassagne-M.
Frankenweiler: badischer Weißwein
Frauenfelder: Schweizer Weine, r. u. w. Lagen: Herten, Langsdorf, Neuhausen, Stammerau. (r. u. w.)
Frédignac, Chapelle F., Cru F.: roter Bordeauxwein aus dem Bezirk Blayais
Freudenberger: badischer Rotwein
Freyburger: sächsische (Prov.) Weine. Lagen: Ehrau, Galgenberg, Haineberg, Mühlberg, Schweigenberg u. a.
Friesenheimer: rheinhessische Weißweine. Lagen: Knopf, Altörr, Bergpfad
Frontignan: Bezeichnung für französische süße Dessertweine aus der weißen Muskatellertraube
Fünfkirchener: Ungarweine, w. u. r. Lagen: Deindol, Kalvarienberg
Furiani: Heller, süßlicher Dessertwein aus Korsika
Furmint: Qualitätstraube, aus der in Ungarn die Tokajerweine erzeugt werden
Fürstenwein: siehe Rauenthaler

Gachnanger: Schweizer Weine, r. u. w. Lagen: Gerlikon (w.), Islikon (r.), Niederweil (r.), Oberweil (r.)
La Gaffelière, Château La G.: roter Bordeauxwein aus Saint-Emilion
Gairo Nuoro: italienische Weine aus Sardinien, r. u. w.
Gaisbacher: badischer Weißwein

Galamus: Schwerer Dessertwein aus dem südfranzösischen Roussillon-Gebiet
Galan, Château Galan St. Laurent: roter Bordeauxwein aus der Landschaft Médoc
Gamay: wichtige dunkle Traube, hauptsächlich in Burgund
La Garde, Château L.: roter Bordeauxwein aus dem Gebiet von Graves
Garnascha: spanischer Süßwein
Gastebois, Château-Gastebois Moulis: roter Bordeauxwein aus der Landschaft Médoc
Gaualgesheimer: rheinhessische Weißweine
Gaubert, Château G.: roter Bordeauxwein aus der Landschaft Saint-Emilionnais
Le-Gay, Château Le G.: roter Bordeauxwein aus der Landschaft Saint-Emilionnais
Le Gazines: roter Bordeauxwein aus der Landschaft Saint-Emilionnais
Gebweiler: elsässische Weißweine: Kitterle, Strohwein, Wanne
Geisberger: siehe Schodener
Geisenheimer: weiße Rheinweine. Lagen: Fuchsberg, Kläuserweg, Mäuerchen, Morschberg, Rothenberg
Geißberger Schiller: siehe Badener
Gellerthegyi: siehe Ofener
Gensac, Cru G.: Bordeauxweine aus der Landschaft Saint-Emilionnais, r. u. w.
Geraise: Burgunderweine aus der Franche-Comté, r. u. w.
Gerlachsheimer: badische Weine, r. u. w.
Gevrey-Chambertin: roter Burgunder
Gewürztraminer: weiße Rebsorte, aus der gute Qualitätsweine gekeltert werden
Giovo: Tiroler Weine, r. u. w., aus dem Bezirk Lavis
Gircourt, lothringischer Rotwein
Giro di Sardegna: süßer, roter Dessertwein Sardiniens
Girondas: sehr guter Rotwein der Côtes du Rhône
Gironville, Château G., roter Bordeauxwein aus der Landschaft Médoc
Giscours, Château G.: roter Bordeauxwein aus der Landschaft Médoc
Givry: Burgunderweine, r. u. w. Lagen: Barraude, Clos Marceaux, Plante-Genlis, Poncey, Russilly u. a.
Glotterthäler Weißherbst: z. B. roter Bur oder Eichberg
Goldberg: siehe Ofener
Goldwändler: siehe Badener
Gombaser: Siebenbürgener Rotweine. Lagen: Carbenet, Meriot
Gombaude-Guillaut: roter Bordeauxwein aus der Landschaft Saint-Emilionnais
Gondats, Domaine-des-Gondats: roter Bordeauxwein aus der Landschaft Médoc
Gontier, Château G.: französischer Weißwein aus dem Dep. Mayenne
Goudrandes: siehe Chènove
Goujonne: siehe Chassagne-M.
Graacher: weiße Moselweine. Lagen: Abtsberg, Dompropst, Himmelreich, Kirchlay, Münzlay
Gradenthaler: siehe Vöslauer
Gräfenberger: weiße Rheinweine
Grand Champs: siehe Auxey
Grand-Duroc-Milon, Château G.: roter Bordeauxwein aus dem Gebiet Médoc
Grand-Masson: siehe St. Etienne les Oullières
Grand-Mayne, Château G.: roter Bordeauxwein aus dem Gebiet Saint-Emilionnais
Grand-Mouche: siehe Sancé
Grand-Musigny: siehe Chambolle-Musigny
Grand-Pontet, Château G.: roter Bordeauxwein aus dem Gebiet Saint-Emilionnais

Le Grand Pré: siehe Brochon
Grand Saconnex, Schweizer Weißwein
Grand-Saint-Lambert, Château Gr.: roter Bordeauxwein aus der Landschaft Médoc
Grand-Soussans, Château du Gr.: roter Bordeauxwein aus der Landschaft Médoc
Grande-Côte: siehe Vermenton
Grandes Murailles, Les G.: roter Bordeauxwein aus dem Bezirk Bourg
Grandes Vignes: siehe Auxey
Grands-Perrés: siehe Sance
Grauensteiner: siehe Güttingener
La Grave: roter Bordeauxwein aus der Landschaft Graves
La Grave Trigant de Boisset, Domaine la G.: roter Bordeauxwein aus der Landschaft Saint-Emilionnais
de-la-Gravem, Château de la G.: roter Bordeauxwein aus dem Bezirk Bourg
Graves-Queytignan: roter Bordeauxwein aus der Landschaft Médoc
Greco di Gerace: italienischer Süßwein aus Kalabrien
Grenache: hellroter, süßlicher Dessertwein aus dem französischen Pyrenäengebiet (Roussillon)
Grenzacher Markgräfler: badischer Weißwein
Gressenwein: siehe Würzburger
Gressier-Grand-Poujeaux: roter Bordeauxwein aus der Landschaft Médoc
Les Grèves: siehe Beaune
Grignolino: italienischer Rotwein aus Piemont
Grillet, Château G.: sehr guter Weißwein des Rhône-Gebietes
Grillot-Pré-Jeannot: siehe Corpeau
Grinzinger: österreichischer Weißwein
Gros Poirier: siehe Couchey
Großkokelthaler: Siebenbürgener Weißweine. Auslese, Schankwein, Tischwein
La Gruppe: roter Bordeauxwein aus dem Bezirk Blayais
Guanajualo: mexikanische Weine, r. u. w.
Gubel-Fuchsberger: siehe Jonaer
Guillot: roter Bordeauxwein aus der Landschaft Saint-Emilionnais
Guinola: siehe Malaga
Guiraud: roter Bordeauxwein aus dem Bezirk Bourg
Guitignan, Château G.: roter Bordeauxwein aus dem Gebiet von Médoc
Gumpoldskirchener: österreichische Weine. Auslese, Ausstich (w.), Burgunder (r), Cabinet, Liebfrauenmilch (w.), Portugieser (r.), Steinwein (w.), Strohwein, Traminer (w.)
Guntersblumer: qualitativ guter rheinhessischer Weißwein mit den Lagen Rost, Herrengarten, Himmeltal usw.
Güttingener: Schweizer Rotweine. Lagen: Bühelwein, Grauenstein, Herren-Weingarten
Gyereser: Siebenbürgener Weine, r. u. w. Marken: Carbenet, Leanyka, Merlot, Som, Traminer
Gyöngyös: ungarische weiße und rote Tischweine, z. T. moussierend
Gyüder: Ungarweine, w. u. r.
Gyüder Bratenwein: weißer Ungarwein

Haardter: Pfälzer Weine
Haigerlocher: Hohenzollernscher Weißwein
Le Haillan: Bordeauxweine aus der Landschaft Médoc, r. u. w.
Haldenwein: siehe Jonaer
Hallburger Riesling: weißer Frankenwein
Hallgarter: weiße Rheinweine. Lagen: Würzgarten, Schönhell, Jungfer
Haltinger Markgräfler: badischer Weißwein
Hamer: siehe Diessenhofener
Hasensprung: siehe Winkeler

Hattenheimer: weiße Rheinweine. Lagen: Berg, Deutelsberg, Gassenweg, Heiligeweg, Kabinett
Haut-Bages, Château H.: roter Bordeauxwein aus der Landschaft Médoc
Haut-Bailly, Château L.: roter Bordeauxwein aus der Landschaft Graves
Haut-Barsac: gute Weißweine aus der Gemeinde Barsac (Bordeauxgebiet)
Haut-Breton-Larigaudière, Château H.: roter Bordeauxwein aus der Landschaft Médoc
Haut-Brion, Château H.: roter Bordeauxwein aus der Landschaft Graves
Haut-Canteloup, Margaux: roter Bordeauxwein aus der Landschaft Médoc
Le Haut-Cluseau: roter Bordeauxwein aus dem Bezirk Blayais
Haut-Marin: Bordeauxweine aus dem Bezirk Cadillac, r. u. w.
Haut-Médoc: Gebiet guter roter Tischweine im Dep. Gironde
Haut-Pauillac: roter Bordeauxwein aus der Landschaft Médoc
Haut-Peyraguey: weißer Bordeauxwein aus der Landschaft Sauternes
Haut-Pontet, Château P.: roter Bordeauxwein aus dem Gebiet von Saint-Emilionnais
Haut-Sauternes: Bezeichnung für süßliche Weißweine mittlerer bis guter Qualität, die aus Mischung verschiedener Sauternes-Weine bestehen
Haut-Simard, Château H.: roter Bordeauxwein aus dem Gebiet Saint-Emilionnais
Haut-Tayac Soussans: roter Bordeauxwein aus der Landschaft Médoc
Haut-Vignoble: roter Bordeauxwein aus der Landschaft Médoc
Haute-Libarde, cru Conihl: roter Bordeauxwein aus dem Bezirk Bourg
Les Hautes Fourneaux: siehe Corgoloin
Les Hauts-Jarrons: siehe Savigny-les-Beaune
Hautvillers: französische Weine, r. u. w., aus der Champagne
La-Haye, Château L.: roter Bordeauxwein aus der Landschaft Médoc
Hebron: syrischer Rotwein
Hegner Seewein: badischer Rotwein
Heidegger Schloßberg: Schweizer Weine, w. u. r.
Heiligengeistwein: siehe Würzburger
Heiligensteiner: elsässische Weißweine. Clävner, Muskat, Strohwein, Traminer
Heiligenzeller: badischer Weißwein
Heimersheimer: roter Ahrwein
Hélie: siehe Chablis
Hellersberger: siehe Winkeler
Hemigkofener: württembergische Weine
Heppenheimer: hessische Bergstraßen-Weißweine
Herrschäftler: Schweizer Rotwein
Hesslocher: rheinhessische Weißweine
Heubacher: weißer Frankenwein
Hiltenfinger: Schwabenwein
Hironde, Château l'H.: roter Bordeauxwein aus der Landschaft Graves
Hitzkircher: Schweizer Weißwein
Hochheimer: weiße Rheinweine. Lagen: Bein, Berg, Daubhaus, Domdechanei, Kirchenstück u. a.
Hochstadter Mainwein: Frankenwein
Hohenburger: weißer Frankenwein
Hollenburger: österreichischer Weißwein. Lagen: Johannisberg, Prechte, Röhrendorfer, Schiefer, Steinbiegl, Weixbiegl u. a.
Homburger: weißer Frankenwein
Homburger Kalmut(h): weißer Frankenwein
Honigberg: siehe Winkeler
Horchheimer: rote Rheinweine. Frühburgunder, Spätburgunder, Roland
Hornacker: siehe Emmishofener
Hörsteiner: Frankenweine, r. u. w. Abtsberg, Riesling
Hörtenberger: siehe Zwölfmalgreiener

Hostein-Berthe-Milon: roter Bordeauxwein aus der Landschaft Médoc
Houissant St. Estèphe, Château H.: roter Bordeauxwein aus der Landschaft Médoc
Hourtin, St.-Sauvant: roter Bordeauxwein aus der Landschaft Médoc
La Houtan, Château L.: roter Bordeauxwein aus dem Graves-de-Bordeaux-Gebiet
Hrad: bester Wein aus dem tschechoslowakischen Weinbaugebiet Bzenec
La Hutte, Cru L.: roter Bordeauxwein aus der Landschaft Médoc
Huy (Hoey): belgischer Wein

Ihringer Kaiserstuhler: siehe Kaiserstuhl
Ile-d'Arès, cru de Ségur: roter Bordeauxwein aus der Landschaft Médoc
Ingelfinger: württembergische Weine
Inghilterra: siehe Marsala
Ingrandes: französischer Rotwein aus dem Dep. Maine-et-Loire
Ingrandes: französischer Rotwein aus der Touraine

Jasz-Apati'er: Ungarweine
Jaulnay: roter Burgunderwein aus der Landschaft Haut-Poitou
Jaulny: lothringischer Rotwein
Jautard Listrac: roter Bordeauxwein aus der Landschaft Médoc
Jennes Roxes: siehe Brochon
Jerez, deutsch: Xeres, französisch: Xérès, englisch: Sherry: spanische Weine. Amontillado, dry, Manzanilla, Moscatel del paja, Napoleones, Pajarete, Pedro Jimenez, Tinto di Rota, Solera
Jesuitengarten: siehe Winkeler
Johannisberger: siehe auch Schloß und Dorf Johannisberger, weiße Rheinweine
Johannisberger: siehe auch Hollenburger und Vöslauer
Joigny: rote und weiße Burgunderweine. Lagen: Calvaire, Chaume-au-Baril, Poules, Souvillers u. a.
Jonaer: Schweizer Weine, w. u. r. Lagen: Äpferrain (w.), Curtiberger (w. u. r.), Eppiger (w.), Gubel-Fuchsberger (w. u. r.), Haldenwein (w.), Tägernauer (w.)
Josephshofer: weiße Moselweine
Josephshöfer: siehe Graacher
Joulans: siehe Morges
Jugenheimer: hessischer Bergstraßen-Weißwein
Jugenheimer: rheinhessischer Weißwein
Juliénas: Gemeinde, die einige der besten Beaujolais liefert
Jullié: roter Burgunderwein
Junay: Burgunderweine, r. u. w.
Jussas, Château J.: Bordeauxweine aus dem Bezirk Saint-Savin, r. u. w.
Jussy: roter Burgunderwein
Jussy: lothringischer Weißwein
Justina: siehe Zwölfmalgreiner

Kaiserstuhl: Klimatisch sehr begünstigtes Weinbaugebiet in der Oberrheinebene mit den Hauptsorten Ruländer, Spätburgunder Rotwein (und Weißherbste), Silvaner, Riesling x Silvaner und den Nebensorten Weißburgunder, Gewürztraminer.
Die bekanntesten Weinorte:
Amoltern: Achkarren (Schloßberg) (w. u. r.), Bickensohl (Steinfelsen und Herrenstück) (w. u. r.); Burkheim: Bischoffingen (Enselberg) (w. u. r.), Bahlingen (w. u. r.), Bötzingen (w. u. r.), Eichstetten (w. u. r.); Ihringen (Winklerberg): Jechtingen (Eichert), Königschaffhausen (w. u. r.); Kiechlinsberger: Leiselheim (Gestühl) (w. u. r.), Oberbergen (Baßgeige u. Pulverbuck) (w. u. r.), Oberrotweil (Eichert) (w. u. r.); Schelingen: (w. u. r.); Riegel: (w. u. r.); Wasenweiler: (w. u. r.).

Kaiserstuhler: Schweizer Rotwein
Kalavryta: gehaltvoller Rotwein aus Griechenland (Morea)
Kallstadter: Pfälzer Weine, r. u. w. (Saumagen, Kobnert)
Kanzemer: Saarweine, r. u. w.
Kappel-Rodecker: badischer Weißwein
Kappel-Windecker: badischer Weißwein
Karacsonder: weißer Ungarwein
Karlburger: weißer Frankenwein
Karlowitzer: kroatisch-slawonische Weine, w. u. r.: Kadarka-Ausbruch, Tropfwermut
Kaseler, auch Caseler: weißer Moselwein
Kastelberger Markgräfler: badischer Weißwein
Kauber: weiße Rheinweine. Lagen: Kupferflöz, Schloßberg, Silbernagel
Kauschauer: rumänischer Wein
Kecskemeter: weißer Ungarwein
Kiedricher: weiße Rheinweine. Lagen: Gräfenberg, Wasserros
Kippenheimer: badischer Weißwein
Kirchener Markgräfler: badischer Weißwein
Kisfaluder: Ungarwein (Tokaier)
Kitzinger: weißer Frankenwein
Kleinkokelthaler: Siebenbürgener Weißwein. Marken: Spätlese, Tischwein
Klingenberger: Frankenweine, r. u. w.
Klosterneuburger: österreichische Weine. Burgunder (r.), Prälatenwein (w.), Riesling (w.), Strohwein, Sylvaner (w.), Traminer (w.)
Köhler Muskateller: weißer Frankenwein
Kokelthaler: siehe Groß- und Kleinkokelthaler
Köllensberger: siehe Felbener
Komloder: Ungarwein
Königsbacher: Pfälzer Weine, r. u. w.
Königshofener: badischer Weißwein
Königswinter: Rheinweine, r. u. w. Lagen: Drachenblut, Drachenfels, Rheinbleichart u. a.
Kövesder: weißer Ungarwein
Kraljevina: siehe Bisager
Kreuznacher: Naheweine, r. u. w. Lagen: Brückes, Kautzenberg, Kronenberg, Mönchberg
Kreuzwertheimer: weißer Frankenwein
Kröver: weißer Moselwein
Küchlingsbergener Kaiserstuhl: badischer Weißwein
Kurtatscher Hügel: Tiroler Wein aus der Bozener Gegend

Laacher: rote Ahrweine. Lagen: Berg, Sonnenscheide
Labat-Puy-de-Menjon: roter Bordeauxwein aus der Landschaft Médoc
Labat St.-Laurent: roter Bordeauxwein aus der Landschaft Médoc
Labégorce, Château L.: roter Bordeauxwein aus der Landschaft Médoc
Labégue, Château L.: roter Bordeauxwein aus der Landschaft Médoc
Labrousse, Château L.: roter Bordeauxwein aus dem Bezirk Blayais
Lacabanne, Domaine L.: roter Bordeauxwein aus der Landschaft Saint-Emilionnais
Lacombe: roter Bordeauxwein aus der Landschaft Médoc
Lacoste: Bordeauxweine aus dem Bezirk Cadillac, r. u. w.
Lacoste: rote Bordeauxweine aus der Landschaft Médoc: Ludon, Blanquefort, Macau, cru Dupille u. a.
Lacour-Bouquey, Domaine L.: roter Bordeauxwein aus der Landschaft Médoc
Lacrimae: siehe auch Lagrimae
Lacrimae Christi: Südwein
Lados: Bordeauxweine aus der Landschaft Graves, r. u. w.
Ladoys, Château L.: roter Bordeauxwein aus der Landschaft Médoc

Lafaurie-Peyraguey: weißer Bordeauxwein aus der Landschaft Sauternes
Laffite, Château L.: rote Bordeauxweine aus der Landschaft Médoc. Lagen: Bégadan, Pauillac, Canteloup
Lafite Rothschild, 1. Hochgewächs, Pauillac
Lafleur Pétrus: roter Bordeauxwein aus der Landschaft Saint-Emilionnais
Lafleur Pomerol: roter Bordeauxwein aus der Landschaft Saint-Emilionnais
Lafon, Château L.: weißer Bordeauxwein aus der Landschaft Sauternes
Lagrange, Château L.: roter Bordeauxwein aus der Landschaft Médoc
Lagrima: hellroter sizilianischer Wein
Lagrimae di Castellamare: italienischer Rotwein aus Kampanien
Lagrimae Christi: heller italienischer Rotwein aus Kampanien
Lagrimae Christi della Somma: desgleichen
Lagrimae Tiberii: italienischer Wein von der Insel Capri, r.u.w.
Lagrimas: siehe Malaga
Laitacher: siehe Zwölfmalgreiener
Lalande: rote Bordeauxweine aus der Landschaft Médoc. Lagen: Bégadan, Château, Civrac, Listrac u.a.
Lamanceau: roter Bordeauxwein aus dem Bezirk Blayais
Lamarque: rote Bordeauxweine aus der Landschaft Médoc: Cadillon, Capeyron, Deux-Mondes u.a.
Lambrusco: Bezeichnung für gute italienische Rotweine aus der Provinz Emilia
Lamorère Moulis, Château L.: roter Bordeauxwein aus der Landschaft Médoc
Lamothe: rote Bordeauxweine aus der Landschaft Médoc. Lagen: Château L., Château-Lamothe-Lescure u.a.
Lamouroux Margaux, Château L.: roter Bordeauxwein aus der Landschaft Médoc
Lamplberger: niederösterreichische Weine: Burgunder (r.), Riesling (w.), Traminer (w.).
Langheimer: weißer Frankenwein
Langsdorfer: siehe Frauenfelder
Laon: französischer Rotwein aus der Picardie
Larcis, Château L.: roter Bordeauxwein aus der Landschaft Saint-Emilionnais
Larcis-Ducasse, Château L.: roter Bordeauxwein aus Saint-Emilionnais
Larnoult, siehe Vaux
Larose, Château L.: rote Bordeauxweine aus der Landschaft Médoc. Perganson, Trintaudon
Larose, Château Gruaud-Larose, roter Bordeauxwein aus der Landschaft Médoc
Larrém, Ambarès: französischer Rotwein aus dem Kanton Carbon-Blanc
Lassole: siehe Volnay
Latour: roter Bordeauxwein aus der Landschaft Médoc, siehe auch La Tour
Latour Blanche: weißer Bordeauxwein aus der Landschaft Sauternes
Laubenheimer: rheinhessische Weißweine
Laudaer Tauberwein: badische Weine, r.u.w.
Laudenbacher: badischer Weißwein
Laufener Markgräfler: badischer Weißwein
Laujac St.-Estèphe: roter Bordeauxwein aus der Landschaft Médoc
Lauransanne (Lauransane), Château L.: roter Bordeauxwein aus dem Bezirk Bourg
Laurenzane, Château L.: Lagebezeichnung für Rotweine der Graves-de-Bordeaux
Laville: weißer Bordeauxwein aus der Landschaft Sauternes
Layon: vorzügliche Weißweine aus dem französischen Anjou-(Loire-)Gebiet
Leanyka: siehe Szöfalva'er

Lemoyne-Lafont-Rochet: roter Bordeauxwein aus der Landschaft Médoc
Lenzburger: Schweizer Rotweine. Lagen: Schloßberg, Staufberg
Léoville, Château L.: rote Bordeauxweine aus der Landschaft Médoc. Lagen: Barton, Lascases, Poyferré
Lescadre: roter Bordeauxwein aus dem Bezirk Blayais
Lestage: rote Bordeauxweine aus der Landschaft Médoc. Lagen: St.-Seurin-Cadourne, Cru Haut-Espinaud u.a.
Les Lèves: Bordeauxweine aus der Gironde, r.u.w.
Leyran, Château L.: roter Bordeauxwein aus der Landschaft Graves
Leyssac: roter Bordeauxwein aus der Landschaft Médoc
Libocher: böhmische Weine, r.u.w.: Gewürztraminer (w.).
Liebfrauenstift: Lagebezeichnung für rheinhessischen Weißwein
Liebfraumilch: siehe Wormser, Vöslauer und Gumpoldskirchener
Lieser: weiße Moselweine. Lagen: Rosenley, Schloßberg, Süßenberg
Lindauer Seewein: Schwabenwein
Listrac: rote Bordeauxweine aus der Landschaft Médoc. Lagen: Cru Cluzeau, Cru Couleau, Cru Raymond Louisot, Château Listrac-Savy u.a.
Löhningener: Schweizer Weißwein
Lonay: siehe Morges
Lorcher: Rheinweine, r.u.w.
Lorchhausener: weiße Rheinweine
Lörzweiler: rheinhessische Weißweine
Loupmont: lothringische Weine, r.u.w.
Loury: französischer Weißwein aus dem Orléanais
Louvrière, Château La L.: rote und weiße Bordeauxweine aus dem Gebiet von Graves
Ludes: französische Weine, r.u.w., aus der Champagne
Ludon-Pomiès-Agassac, Château L.: roter Bordeauxwein aus der Landschaft Médoc
Lutry: Schweizer Weißweine. Lagen: Banderettes, Beaussière, Bourse des pauvres, Montagny
Luttenberger: österreichische Weine aus der Steiermark. Lagen: Altenberg, Eisenthürer, Nachtigall
Lützelsachsener: badischer Rotwein: Bergsträßer, Auslese, Schnittberg

Maccarthy St. Estèphe: roter Bordeauxwein aus der Landschaft Médoc
Macedo Braganza: portugiesischer Rotwein
Macharnudo: spanisches Weinbaugebiet, berühmt durch seine Fino-Sherry
Mâcon: Burgunderweine, r.u.w.
Mâconnais: Sammelname für rote und weiße Burgunderweine aus der Landschaft Mâconnais
La Maconne: roter Bordeauxwein aus der Landschaft Graves
Madeira: Süßwein von der Insel Madeira. Sammelname für eine ganze Anzahl von Weinen, von denen der beste der Malvasier (Madeira malvazia) ist. – Madeira batardo, Madeira Calheta, Madeira Estrato, Madeira Oliveiras usw.
La Madeleine-Bouhou: roter Bordeauxwein aus dem Bezirk Blayais
Mader: weißer Ungarwein (Tokaier)
Maderan St.-Laurent: roter Bordeauxwein aus der Landschaft Médoc
Madiran: guter Rotwein der französischen Pyrenäen
Madrac St.-Sauveur: roter Bordeauxwein aus der Landschaft Médoc
Madrigal: spanischer Weißwein
Magdelaine, Château M.: roter Bordeauxwein aus Saint-Emilionnais
Magyarader: weißer Ungarwein: Bakator, Cabinet, Mustaferwein
Maikammer-Alsterweiler: pfälzischer Wein guter Qualität
Mailly: französische Weine, r.u.w., aus der Champagne
Mailly-le Château: lothringische Weine, r.u.w.
Maison blanche: siehe Yvorne
Malaga: meist rote spanische Weine: Guinola, Lagrimas, Pedro Jimenez, seco, Vino tierno, Velez

Weinlexikon

Malans: Schweizer Rotwein
Malans Completer: Schweizer Weißwein
Malescasse, Château M.: roter Bordeauxwein aus der Landschaft Médoc
Maligny: weißer Burgunderwein
Malineau, Château M.: roter Bordeauxwein aus Saint-Emilionnais
Malterdingener Kaiserstuhl: badischer Weißwein
Malvasia di Lipari: sizilianische Weine, r.u.w.
Malvasia di Pantelleria: süßlicher Dessertwein der Liparischen Inseln
Malvasia di Quarto Sant'Elena: italienische Weine aus Sardinien, r.u.w.
Malvasier-Gutland: süße griechische Weine, r.u.w.
Malvasier, Madeira malvazia: Madeirawein
La Mancha: spanische Weine, w.u.r.
Mangot, Château M.: roter Bordeauxwein aus Saint-Emilionnais
Mangualde: portugiesischer Rotwein
Le Mans: französischer Rotwein aus dem Dep. Sarthe
Mantes-sur-Seine: französischer Rotwein aus dem Dep. Seine-et-Oise
Manzanilla: siehe Jerez
Marburger: österreichischer Wein aus der Steiermark
Marceaux: siehe Givry
Marcellin: siehe Morges
Mareuil: französische Weine, r.u.w., aus der Champagne
Margaut, Château M.: roter Bordeauxwein aus der Landschaft Graves
Margaux, Château M.: roter Bordeauxwein aus der Landschaft Médoc
Marigny: französische Weine, r.u.w., aus dem Orléanais
Marinot: siehe Gamay
Markelsheimer: weißer Tauberwein
Markgräfler, Efringer: badischer Weißwein
Markgräfler, Ehrstetter: badischer Weißwein
Markgräfler, Eimeldingener: badischer Weißwein
Markgräfler, Feldberger: badischer Weißwein
Markgräfler, Grenzacher: badischer Weißwein
Markgräfler, Haltinger: badischer Weißwein
Markgräfler, Kirchener: badischer Weißwein
Markgräfler, Laufener: badischer Weißwein
Markgräfler, Hügelheim: badischer Weißwein
Markgräfler, Müllheimer: badischer Weißwein
Markgräfler, Wolfenweiler: badischer Weißwein
Markgräfler, Thumringener: badischer Weißwein
Markgrafschaft: Badisches Weinbaugebiet mit der Hauptsorte Gutedel
  Nebensorten Riesling x Silvaner, Spätburgunder u. Ruländer
  Weinorte:
  Auggen, Ebringen, Efringen, Eimeldingen, Feldberg, Laufen, Grenzach, Norsingen, Pfaffenweiler, Müllheim, Haltingen, Schallstadt-Wolfenweiler, Vögesheim
Markobrunner: weiße Rheinweine
Marsac: rote Bordeauxweine aus der Landschaft Médoc. Lagen: Soussans, Marsac-Séguineau
Marsala: goldgelber Wein aus Sizilien: Inghilterra, Doppia Concia, Italia, Concia Italia, Vergine
de-Marsillac, Château de M: roter Bordeauxwein aus dem Bezirk Bourg
Martineau-La-Madeleine: roter Bordeauxwein aus Saint-Emilionnais
La Marzelle, Château L.: roter Bordeauxwein aus Saint-Emilionnais
Mascard: roter Bordeauxwein aus der Landschaft Médoc
Masdeu: mit Alkohol verstärkte Rotweine aus dem französischen Pyrenäengebiet (Roussillon)
Maslas: siehe Tokayer
Matras, Château M.: roter Bordeauxwein aus Saint-Emilionnais
Matronge: siehe Corpeau
Maucamps, Château M.: roter Bordeauxwein aus der Landschaft Médoc
Maulbronner: württembergische Weine
Mauren Hinterreben: siehe Berger

Mauvezin, Cru M.: roter Bordeauxwein aus der Landschaft Saint-Emilionnais
Mavrodaphne: Name einer Rebsorte und Name eines roten, süßlichen griechischen Weines
Mayne, Château M.: roter Bordeauxwein aus der Landschaft Saint-Emilionnais
Le Mayne-Boyer: roter Bordeauxwein aus dem Bezirk Blayais
Mazerelles-Lapereuse: roter Bordeauxwein aus dem Bezirk Blayais
Médoc: Sammelname für die Bordeauxweine aus der Landschaft Médoc
Médoc, Château M.: roter Bordeauxwein aus der Landschaft Médoc
Meersburger Seewein: badischer Rotwein
Megaspileon: roter Tischwein aus Griechenland (Morea)
Mehringer: weißer Moselwein mittlerer Güte
Mela Ponte: brasilianischer Wein
Melniker: böhmische Weine aus dem gleichnamigen Bezirk, w.u.r.
Melser: Schweizer Weine, r.u.w. Lagen: Nidberg, Opfer, Stadt-Weingarten, Steinsteg, Tokajer (w.)
Mendoce, Château M.: roter Bordeauxwein aus dem Bezirk Bourg
Meneser: Ungarweine, w.u.r.: Ausbruch, Kadarkawein
Menin: belgischer Wein
Mergentheimer: württembergische Weine
Mer-la-Ville: französische Weine, r.u.w., aus dem Orléanais
du Merle, Château du M.: roter Bordeauxwein aus der Landschaft Médoc
Merle, St.-Hippolyte: roter Bordeauxwein aus der Landschaft Saint-Emilionnais
Merlot: siehe Gombaser und Gyeres'er
Merziger: weißer Saarwein
Meslay: französischer Wein aus dem Dep. Mayenne
Meursault: Gemeinde in Burgund, die gute weiße Weine erzeugt
Mezzolombardo: Tiroler Weine, r.u.w., aus dem gleichnamigen Bezirk
Michelbacher: weißer Frankenwein
Midi: Tischweine Südfrankreichs von durchschnittlicher Qualität, meist rot
Migraine: guter burgundischer Rotwein
Mirail, Château-du-M.: Bordeauxweine aus der Landschaft Graves, r.u.w.
Mistelbacher: österreichische Weine, w.u.r.
Mittelheimer: weiße Rheinweine
Moine: siehe Vaux
Molins: französischer Weißwein aus der Champagne
Molsheimer: elsässischer Weißwein
Moßheimer Finkenwein: desgleichen
Mölsheimer: rheinhessische Weine, r.u.w.
Monbalon, Château M.: roter Bordeauxwein aus der Landschaft Graves
Monbazillac: Weißwein aus der Dordogne
Mönchensteiner: Schweizer Weißwein
Moncorvo: portugiesischer Weißwein
En Monde-Ronde: siehe Beaune
la Monge, Domaine la M.: roter Bordeauxwein aus dem Bezirk Bourg
Mons: belgischer Wein
Montagna dell'Etna: sizilianische Weine, r.u.w.
Montagne Saint-Désiré: siehe Beaune
Aux Montagnes: siehe Complanchien
Montagny: siehe Lutry
Montaigne: roter Bordeauxwein aus der Landschaft Médoc
Montbattois: siehe Beaune
Montbazon: französischer Rotwein aus der Touraine
Mont-Belair: roter Bordeauxwein aus der Landschaft Saint-Emilionnais
Montbeliard: roter Burgunderwein aus der Franche-Comté
Montbellet: Burgunderweine, r.u.w.
Montbrison: roter Bordeauxwein aus der Landschaft Médoc
Montée Rouge: siehe Beaune

Weinlexikon

Montefiascone: guter weißer Tischwein Italiens (Latium)
Monteil: weißer Bordeauxwein aus der Landschaft Sauternes
Monteil: rote Bordeauxweine aus dem Bezirk Blayais. Lagen: Cru du M., Château-La-Cave-Monteil
Montepulciano: roter Tischwein der Toskana
Monte Solaro: italienischer Wein von der Insel Capri, r.u.w.
Montevecchia: italienischer Weißwein aus der Lombardei
Monthelie: Burgunderweine
Monthelon: siehe Rully
Montilla: spanischer sherryartiger Dessertwein mit nußartigem Geschmack, der in der Gegend von Côrdoba gewonnen wird
Montlouis: französischer Rotwein aus der Touraine
Montmain: siehe Chablis
Montmélian: guter Rotwein Französisch-Savoyens
Les Montots: siehe Chorey
Montrachet: bester französischer Weißwein aus dem Burgundischen
Montsoreau: guter Weißwein aus Anjou
Mont Vully: Schweizer Weinbaubezirk, in dem rote und weiße Weine produziert werden
Morais: siehe Aloxe
Morey-Saint-Denis: Weinbaugebiet der Côte de Nuits mit guten roten und weißen Burgunderweinen
Morges: Schweizer Weine, w.u.r. Lagen: Joulans (w.), Lonay (r.), Marcellin (w.)
Morgon: Beaujolais
Mosbacher: badischer Weißwein
Moscatel del paja: siehe Jerez
Moscatel de Setubal: portugiesischer Weißwein
Moscato: braune italienische Weine: appassito, secco
Moscato Capriato: sizilianischer Rotwein
Moscato di Stromboli: sizilianischer Rotwein
Moslaviner: kroatisch-slawonischer Rotwein
Le Moulin: Bordeauxwein aus der Landschaft Gironde, r.u.w.
Moulin blanc, Château M.: weißer Bordeauxwein von Saint-Germain du Puch
Moulin de Demey: roter Bordeauxwein aus der Landschaft Médoc
Moulin de Laborde, roter Bordeauxwein aus der Landschaft Médoc
Moulin-Riche, Château M.: roter Bordeauxwein aus der Landschaft Médoc
Moulin-Robert-le-Tris: roter Bordeauxwein aus der Landschaft Médoc
Moulin-Saint-Georges: roter Bordeauxwein aus der Landschaft Saint-Emilionnais
Moulin-à-Vent; Bester Rotwein des Beaujolais
Mouline, Clos de la M.: roter Bordeauxwein aus der Landschaft Médoc
Moulis, Château Moulis Bouqueyran: roter Bordeauxwein aus der Landschaft Médoc
Mouton-Rothschild: 1. Hochgewächs, Pauillac
Müller-Thurgau: deutsche weiße Rebsorte, die mittleren Wein ergibt
Müllheimer Markgräfler: badischer Weißwein
Münsterer: Nahewein
Murcia: Weinbaugebiet in Spanien
Muscadet: herber, leichter Weißwein der unteren Loire
Muscadin: rote Rebsorte in Frankreich
Muscat: siehe auch Ruzter
Musigny: erlesener roter Tischwein Burgunds
Muskateller: Süßwein aus Zypern
Muskotaly: ungarischer Muskatellerwein
Muszka: weiße Ungarweine. Lagen: Bakator, Felsenwein, Steinwein

Nachtigaller: siehe Luttenberger
Nackenheimer: rheinhessische Weißweine

Nahe: bekanntes deutsches Weinbaugebiet, das überwiegend elegante, liebliche Weißweine neben wenigen, guten Rotweinen liefert
Nairac, Château N.: weißer Bordeauxwein aus der Landschaft Sauternes
Nantes: französische Weine aus der Bretagne, r. u. w.
Napoleones: siehe Jerez
Naudes: roter Bordeauxwein aus der Landschaft Saint-Emilionnais
Nebbiolo: 1. rote Rebsorte Italiens;
2. guter norditalienischer Wein aus der gleichen Rebe
Negotiner: Sammelname für die jugoslawischen Weine, meist Nachtischweine
Nemes Kadarka: sehr guter ungarischer Rotwein aus Kadar
Nénin, Château N.: roter Bordeauxwein aus dem Gebiet von Pomerol
Neszmelyer: Ungarweine, w. u. r.: Safehérwein, Oporto
Neuberger: österreichischer Wein aus der Steiermark
Neuchâteler: Schweizer Weine, w. u. r.
Neudorfer: weiße Rheinweine
Neuenahrer: roter Ahrwein
Neuenburger: Schweizer Weine, w. u. r.
Neuhausener: siehe Frauenfelder
Neusatzer: badischer Weißwein
Neusiedler: weißer Ungarwein: Muskat, Riesling
Neustadler: roter Ungarwein
Neustädter: weiße Pfälzer Weine. Lagen: Berg, Johanniskirchel, Kapellenberg
Nezmély: sehr guter Weißwein Ungarns
Nicastro: italienischer Rotwein aus Kalabrien
Niederhäuser: Nahewein. Lage: Hermannshöhle
Niederingelheimer: rheinhessische Rotweine
Niedermenniger: weiße Saarweine
Niersteiner: rheinhessische Weißweine. Lagen: Auflangen, Domtal, Glöck, Orbel
Nolay: weißer Burgunderwein
Nonnenhorner: weißer Burgunderwein
Nonnenhorner: Schwabenwein
Norheimer: weiße Naheweine
Noriou: roter Bordeauxwein aus dem Bezirk Bourg
Nouchet, Château de N.: roter und weißer Bordeauxwein aus dem Gebiet von Graves
Nuits les Herbues: Burgunderweine
Nuits-Saint-Georges: Burgunderweine
Nußberger: siehe Nußdorfer
Nußdorfer: österreichische Weißweine: Nußberger, Prälatenwein

Oberemmeler: weiße Saarweine
Oberhofener: Schweizer Weißwein
Oberingelheimer: rheinhessische Weine, r. u. w.
Oberkircher: badischer Weißwein
Oberkirchner: siehe Vöslauer
Oberlahnsteiner: weiße Rheinweine
Obermaiser: Tiroler Weine aus dem Bezirk Meran. Lagen: Schloß Rametz, Cabernet, Perle von Maja, Schloß Trautmannsdorf
Oberschwarzacher: weißer Frankenwein
Ockenheimer: rheinhessische Weißweine
Ockfener: kräftiger Weißwein des Saar-Weinbaugebietes
Ödenburger: weiße Ungarweine
Oestricher: kräftige Rheingauer Weißweine. Lagen: Aliment, Doosberg, Lenchen
Ofener: Ungarweine, w. u. r. Lagen: Adlerberg (w.), Blocksberg (r.), Burgerberg (r.), Gellerthegyi (goldgelb), Goldberg (goldgelb), Türkenblut (r.)
Ohligsberger: weißer Moselwein

Olhao: portugiesischer Rotwein
Oliveira: portugiesische Rotweine: do Bairro, de Frade, de Hospital
Olivier, Château O.: rote und weiße Bordeauxweine aus dem Gebiet Graves
Oloroso: dunkler, würziger Sherry-Wein
Oppenheimer: rheinhessische Weine, r.u.w. Lagen: Goldberg, Herrenberg, Krötenbrunnen, Sackträger, Schloßberg, Zuckerberg
Ordinari: siehe Tokajer
Ormes, Château-des-O.: Bordeauxweine aus der Landschaft Sauternes, w.u.r.
Ortenauer: badische Weine, r.u.w.
Ortenberger: badischer Rotwein
Osthofener: rheinhessische Weißweine
Ottweiler: elsässische Weine, r.u.w.

Paceta: roter Tischwein aus dem spanischen Rioja-Gebiet
Pachino: sizilianische Rotweine
Le Pain de Sucre: roter Bordeauxwein aus dem Bezirk Bourg
Pajarete: spanischer Wein
Le Pallet: französischer Weißwein aus der Bretagne
Palomino: beste weiße Rebsorte zur Herstellung der spanischen Sherry-Weine
Paloumey, Château P.: roter Bordeauxwein aus der Landschaft Médoc
Pape-Clément: rote Bordeauxweine aus der Landschaft Graves. Lagen: Château P., Petit Pape-Clément, Quartier P.
Patras: griechisches Weinbaugebiet, in dem weiße und rote Weine angebaut werden
Pauland: siehe Aloxe
Paulin-Lafitte, Château P.: roter Bordeauxwein aus dem Bezirk Blayais
Pavie: Château P.: roter Bordeauxwein aus der Landschaft Saint-Emilionnais
Pavie-Dussant, Château P.: desgleichen
Pedro Jimenez: siehe Malaga und Jerez
Pedro Ximenes: spanischer Wein und spanische Traube, sehr süß
Pérenne: Château P.: roter Bordeauxwein aus dem Bezirk Blayais
Pergine: Tiroler Weine, r.u.w., aus dem gleichnamigen Bezirk
Perle von Maja: siehe Obermaiser
Pernand, Pernant: Burgunderweine
Pernaud, Château P.: weißer Bordeauxwein aus der Landschaft Sauternes
Pero Jimen: siehe Pedro Jimenez
Péronne: Burgunderweine, r.u.w.
Petit-Certan: roter Bordeauxwein aus der Landschaft Saint-Emilionnais
Petit-Poujeaux: rote Bordeauxweine aus der Landschaft Médoc. Lagen: Château Ruat, Cru du Mau u.a.
Petit-Puy: roter Bordeauxwein aus dem Bezirk Blayais
Petit-Village, Pomerol: roter Bordeauxwein aus der Landschaft Saint-Emilionnais
Pétrus, Château P.: roter Bordeauxwein aus der Landschaft Saint-Emilionnais, 1. Hochgewächs
Peuillets: siehe Savigny-les-Beaune
Peycharmant: Rotwein aus der französischen Dordogne
Peychaud, Château P.: roter Bordeauxwein aus dem Bezirk Bourg
Peyredoulle, Château P.: roter Bordeauxwein aus dem Bezirk Blayais
Peyres-Pomiès-Agassac: roter Bordeauxwein aus der Landschaft Médoc
Pfaffenberger: siehe Bernkasteler
Pfaffenberger: böhmischer Wein, w.u.r.
Pfaffstättener: österreichische Weine. Lagen: Höll (w.u.r.), Taglsteiner (w.), Zirnberger (w.)
Pfalz: Weinkammer Deutschlands mit den Anbaugebieten Oberhaardt (Konsumweine), Mittelhaardt (Edelweine) und Unterhaardt (Konsumweine)
Pfullinger: württembergische Weine

Piada, Château P.: guter Sauternes-Wein
Picardan: süßer Dessertwein aus dem französischen Pyrenäengebiet
Pichon-Longueville, Château P.: roter Bordeauxwein aus der Landschaft Médoc
Pico de Teyde: kanarischer Südwein aus Teneriffa
Pièce d'Assey: siehe Couchey
Pierre Blanche: siehe Beaune
Pierreclos: Burgunderweine, r. u. w.
Pierry: französische Weine, r. u. w., aus der Champagne
Piesporter: Moselweine, w. Lagen: Falkenberg (w.), Falkenlei (w.), Goldtröpfchen (w.), Taubengarten (w.) u. a.
Pimpinelle, Château P.: roter Bordeauxwein aus der Landschaft Saint-Emilionnais
Pique-Caillou, Château P.: roter und weißer Bordeauxwein aus dem Gebiet von Graves
Pizzo: italienischer Rotwein aus Kalabrien
Plante Saint Aubin: siehe Chassagne-M.
Plante-Genlis: siehe Givry
Plante-Moraine: siehe Rully
Les Plantes: siehe Chambolle-Musigny und Couchey
Plantes-Hautes: siehe Vermenton
Pleytegeat, Château P.: weißer Bordeauxwein aus der Landschaft Sauternes
Pomerol: Bordeauxweine (r.) aus der Gemeinde Pomerol in der Landschaft Saint-Emilionnais
Pommard: Burgunderweine in vielen Lagen
Pommiers: roter Burgunderwein
Pomys, Château P.: roter Bordeauxwein aus der Landschaft Médoc
Poncey: siehe Givry
Pont-Château: französische Weine aus der Bretagne, r. u. w.
Pont-de-Rouleau: roter Bordeauxwein aus dem Bezirk Blayais
Pontac: rote Bordeauxweine aus der Landschaft Graves. Lagen: Cru P. Villenave, Pontac Montplaisir, Château Pontac-Montplaisir
Pontac: rote Bordeauxweine aus der Landschaft Médoc. Lagen: Cru Pontac-Lynch, Domaine P.
Pontet: rote Bordeauxweine aus der Landschaft Médoc. Lagen: Château Pontet-Canet, Pontet-Chappaz, Pontet-Pachan
Pontigny: roter Burgunderwein
Port-Louis: französischer Rotwein aus der Bretagne
Port-Morant: Jamaikawein
Port-Mort: französischer Rotwein aus der Normandie
Porte-Rouge: roter Bordeauxwein aus der Landschaft Saint-Emilionnais
Porto-Vecchio: Weine von der Insel Korsika, r. u. w.
Potensac: rote Bordeauxweine aus der Landschaft Médoc. Lagen: Domaine du Grand-Bois, Cru Lasalle, Cru Plotignan
Pouilly: lothringischer Rotwein
Pouilly: weiße Burgunderweine. Lagen: Le Monial, les Barges, Belle-Barbe, Le Vignard
Le Pouit: weißer Bordeauxwein aus der Landschaft Sauternes
Le Poujeau: roter Bordeauxwein aus der Landschaft Graves
Poujeaux: Grand-Poujeaux: rote Bordeauxweine aus der Landschaft Médoc. Lagen: Moulis, cru Ducasse, cru Ramonille, cru Renouil-Franquet u. a.
Poules: siehe Joigny
Le Pouyau de Boisset: roter Bordeauxwein aus dem Bezirk Blayais
Pozeganer: kroatisch-slawonischer Weißwein
Prälatenwein: siehe Klosterneuburger und Nußdorfer
Pratola Serra: italienischer Rotwein aus Kampanien
Préau (r.): siehe Rully
Prechte: siehe Hollenburger
Premeaux: Burgunderweine in zahlreichen Lagen

Weinlexikon

Presbytière, Cru Le P.: roter Bordeauxwein aus der Landschaft Saint-Emilionnais
Pressac, Château de P.: roter Bordeauxwein aus der Landschaft Saint-Emilionnais
Preßburger: Weine ungarischen Charakters. Preßburg, früher zu Ungarn gehörig, ist jetzt Hauptstadt der Slowakei
Priban-Terrefort, Château P.: roter Bordeauxwein aus der Landschaft Médoc
Prieuré-Saint-Emilion, Château le P.: roter Bordeauxwein aus dem Gebiet von Saint-Emilionnais
Prouilly: französischer Rotwein aus der Champagne
La Providence-Lartaude: roter Bordeauxwein aus dem Bezirk Bourg
Pucelle: siehe Gamay
Puerto de Santa Maria: spanischer Weißwein
Puligny: Burgunderweine, r.u.w. Lagen: Puligny-Montrachet (w.), Blagny (r.u.w.), Blagny Blanc, Champ Gain, Combes, Vaillonges u.a.
Puligny-Montrachet: weißer Burgunderwein
Purkaer: rumänischer Wein
Le Puy: rote Bordeauxweine aus der Landschaft Médoc. Lagen: Cissac, St. Laurent
Puy Blanquet, Château P.: roter Bordeauxwein aus der Landschaft Saint-Emilionnais
Puynard, Château P.: roter Bordeauxwein aus dem Bezirk Blayais

Quarts de Chaume: sehr guter französischer Weißwein aus dem Loire-Gebiet
Quetignan: roter Bordeauxwein aus der Landschaft Médoc

Rabaut, Château R.: weißer Bordeauxwein aus der Landschaft Sauternes
Rablay: Weinbauort im französischen Loire-Tal, der sehr gute süßliche, würzige weiße Likörweine liefert
Radolfzeller: badischer Rotwein
Ramboursey (r.): siehe Rully
Randersacker: Frankenweine, r.u.w.
Rappenhaldener: siehe Winterthurer
Rappoltsweiler: elsässische Weine, r.u.w.: Geißberg, Muskateller, Riesling, Strohwein, Zahnacker u.a.
Rauenthaler: weiße Rheinweine
Rauler: siehe Oberemmeler
Rauscher: siehe Brausewein
du-Raux, Château du R.: roter Bordeauxwein aus der Landschaft Médoc
Ravion, Château R.: Bordeauxweine aus dem Bezirk Saint-Savin, r.u.w.
Rayne-Vigneau, Château de R.: weißer Bordeauxwein aus dem Gebiet Sauternes
Rebeymont, Château R.: roter Bordeauxwein aus dem Bezirk Bourg
Recioto: süßer italienischer Rotwein aus Venetien
Reckenhagener Markgräfler: badischer Weißwein
Récolte de Marquis: siehe Yvorne
Reichenauer Seewein: badischer Rotwein
Reichenweier: elsässische Weine, r.u.w. Marken: Edel (w.), Riesling (w.), Schönenburg (w.), Sporen (w.) u.a.
Remilly: siehe Gamay
Retou, Château R.: roter Bordeauxwein aus der Landschaft Médoc. Lagen: Lamarque u.a.
La Retraite: roter Bordeauxwein aus dem Bezirk Bourg
Retzbacher: weißer Frankenwein
Reutlinger: württembergische Weine
Rheingau: deutsches Weinbaugebiet mit den qualitativ besten Weißweinen neben geringem Rotweinertrag

Rheinhessen: deutsches Weinbaugebiet, das hervorragende Weißweine und angenehme Rotweine liefert
Rhenser: weiße Rheinweine
Ricard: roter Bordeauxwein aus dem Bezirk Bourg
Les Richebourg: siehe Vosne-Romanée
Riesling: edelste deutsche weiße Rebsorte
Rioja: spanischer Rotwein
Riomaggiore: italienischer Rotwein aus Ligurien
Ripeau, Château R.: roter Bordeauxwein aus der Landschaft von Saint-Emilionnais
Rivallerie, Cru de la R.: roter Bordeauxwein aus dem Bezirk Blayais
Robignottes: siehe Corgoloin
Le Roc: roter Bordeauxwein aus dem Bezirk Bourg
Rocard, Domaine: weißer Bordeauxwein aus der Landschaft Sauternes
La Roche: siehe Sancé
Roche St.-Estèphe: roter Bordeauxwein aus der Landschaft Médoc
Rochefort: französischer Weißwein aus dem Dep. Maine-et-Loire
La Rochelle: siehe Chorey
Rocher, Château R.: roter Bordeauxwein aus der Landschaft Saint-Emilionnais
Rödelseer: weißer Frankenwein. Lagen: Pfülben, Rothenfels
Röhrendorfer: siehe Hollenburger
Les Roles: siehe Beaune
Rolland, Château-de-R.: weißer Bordeauxwein aus der Landschaft Sauternes
Romanée: siehe Chassagne-M.
La Romanée: siehe Vosne-Romanée
Romanée-Conti: siehe Vosne-Romanée
Rorschacher Steingrübli: Schweizer Rotwein
Rosé: hellrote Naturweine, vgl. Schillerwein
Rose-la-Biche, Château R.: roter Bordeauxwein aus der Landschaft Médoc
Rosemont-Geneste, Château R.: roter Bordeauxwein aus der Landschaft Médoc
Rosoy: roter Burgunderwein
Rothweiler Kaiserstuhl: badischer Weißwein
Rouana: spanischer Weißwein
Rouget, Château R.: roter Bordeauxwein aus der Landschaft Saint-Emilionnais
Roumieux: weißer Bordeauxwein aus der Landschaft Sauternes
Les Rousseaux: roter Bordeauxwein aus dem Bezirk Blayais
Rousset, Château R.: roter Bordeauxwein aus dem Bezirk Bourg
Roussette: guter Weißwein aus Savoyen
Roussillon: Bezeichnung für ein südfranzösisches Weinbaugebiet, wo vor allem starke Rotweine erzeugt werden
Rousson: roter Burgunderwein
Rovereto: Tiroler Weine, w.u.r., aus dem gleichnamigen Bezirk
Roxheimer: weiße Naheweine. Lagen: Birkenweg, Höllenpfad
Rozan: roter Bordeauxwein aus der Landschaft Médoc
Rozsamaler: Siebenbürgener Weißwein
Rüdesheimer: weiße Rheinweine. Lagen: Berg Bronnen, Bischofsberg, Schloßberg, Roseneck
Rully: Burgunderweine, r.u.w. Lagen: La Bressande du Château, Les Chaumes, La Fosse, Monthelon, Plante Moraine, Préau, Ramboursey, Saint-Jacques u.a.
Ruppertsberger: Pfälzer Weißweine. Lagen: Achtmorgen, Hausbrunnen, Hofstück, Reiterpfad, Wiesenweg u.a.
Russilly: siehe Givry
Ruster: siehe Ruszter
Ruszter: Ungarweine, w.u.r.: Ausbruch, Burgunder, Essenz, Fettausbruch, Muscat, Tafelwein

Weinlexikon

Ruwer: deutsches Weinbaugebiet, das zum Mosel-Saar-Ruwer-Gebiet zählt und nur Weißweine liefert
Rychenberger: siehe Winterthurer

Saalecker: weißer Frankenwein
Saar: Teil des deutschen Mosel-Saar-Ruwer-Weinbaugebietes, aus dem gute Weißweine, jedoch keine Rotweine kommen
Le-Sabie, Château le S.: roter Bordeauxwein aus der Landschaft Saint-Emilionnais
Sagunto: spanischer Rotwein
Sahuc-la-Tour, Château S.: weißer Bordeauxwein aus der Landschaft Sauternes
Saint: siehe auch St.
Saint-Amand: weißer Bordeauxwein aus der Landschaft Sauternes
Saint-André-et-Apelles: Bordeauxwein aus der Gironde, r.u.w.
Saint-Aubin: roter Bordeauxwein aus der Landschaft Médoc
Saint-Avertin: guter Rotwein der französischen Touraine
Saint-Elie: guter Weißwein der griechischen Insel Santorin
Saint-Emilion: rote Bordeauxweine aus der Gemeinde St. E. – auch Sammelname für alle Weine aus der Landschaft Saint-Emilionnais
Saint-Epain: französischer Rotwein aus der Touraine
Saint-Estèphe: Weinbaugemeinde des französischen Médoc-Gebietes, die gute Rotweine liefert
Saint-Georges-Côte-Pavie, Château S.: roter Bordeauxwein aus der Landschaft Saint-Emilionnais
Saint-Germain: roter Bordeauxwein aus dem Bezirk Blayais
Saint-Gilles: rote Burgunderweine
Saint-Hélène: Burgunderweine, r.u.w.
Saint-Hilaire: Burgunderweine aus dem Dep. Indre, r.u.w.
Saint-Hilaire-des-Landes: französischer Rotwein aus dem Dep. Mayenne
Saint-Jacques: siehe Rully
Saint-Jean: weißer Bordeauxwein aus der Languedoc
Saint-Joseph: roter Bordeauxwein aus der Languedoc
Saint-Julien: rote Burgunderweine
Saint-Julien: roter Bordeauxwein aus der Landschaft Médoc
Saint-Julien, Château S.: roter Bordeauxwein aus der Landschaft Saint-Emilionnais
Saint-Julien-en-St.-Alban: roter Bordeauxwein aus der Languedoc
Saint-Julien-la-Brousse: roter Bordeauxwein aus der Languedoc
Saint-Julien-de-Serre: roter Bordeauxwein aus der Languedoc
Saint-Julien-Vocance: roter Bordeauxwein aus der Languedoc
Saint-Lambert: roter Bordeauxwein aus der Landschaft Médoc: Pauillac, St.-Lambert-Croizet
Saint-Laurent: Burgunderweine aus der Franche-Comté, r.u.w.
Saint-Laurent-d'Oingt: rote Burgunderweine
Saint-Loup (de la Salle): Burgunderweine, r.u.w.
Sainte-Luce: roter Bordeauxwein aus dem Bezirk Blayais
Sainte-Luce-Montagnet: siehe Sainte-Luce
Sainte-Luce-la-Tour: siehe Sainte-Luce
Saint-Martin-le-Beau: französischer Weißwein aus der Touraine
Saint-Martin-de-Laye: Bordeauxweine aus dem Bezirk Guîtres, r.u.w.
Saint-Nicolas-de-Bourgueil: sehr guter Rotwein aus der Touraine
Saint-Peray: weiße Bordeauxweine aus der Languedoc. Lagen: Clos de Gaillard, Clos de Hongrie
Saint-Philippe-de-Seignac: Bordeauxweine aus der Gironde, r.u.w.
Saint-Pierre-Maurenx: roter Bordeauxwein aus der Landschaft Médoc
Saint-Quentin-de-Caplong: Bordeauxweine aus der Gironde, r.u.w.
Saint-Vallerin: Burgunderweine, r.u.w.
Saint-Vérand: Burgunderweine, r.u.w.
Saint-Vivant: Lagebezeichnung für einen guten roten Burgunderwein der Côte d'Or

Salerno: roter und weißer italienischer Wein aus Kampanien
La Salle: Burgunderweine, r. u. w.
Sallière: siehe Aloxe
Salta: argentinische Weine, r. u. w.
Salurner: Tiroler Wein aus der Gegend von Bozen
Salvagnin: siehe St.-Prex
Sambatello: italienischer Rotwein aus Kalabrien
Sambiase: italienischer Rotwein aus Kalabrien
Samos: Name einer griechischen Insel und eines gehaltvollen, schweren, süßen, lohfarbigen Dessertweines
Sancé: Burgunderweine, r. u. w.: Beau Soleil (r.), Châtenay (r. u. w.), Grande-Mouche (r.), Grands-Perrés (r.), La Roche (r.) u. a.
Sandwein: siehe auch Fehértempomer
Sankt Goarshausen: Mittelrheinischer Weinbauort, der gute Weißweine liefert
Sansonnet: roter Bordeauxwein aus der Landschaft Saint-Emilionnais
Santa Catharina: brasilianischer Wein
Santenay: Burgunderweine, r. u. w. Marken: En Beauregard, En Beaurepaire, Boichot u. a.
Sante-Stefano: italienischer Rotwein aus Toscana
Sao Vicente: kapverdischer Weißwein
Saragossa: spanischer Rotwein
Sarganser: Schweizer Weine, w. u. r. Lagen: Ackeren, Buel, Hinterschloß, Ratell, Sandgrub, Stadt-Weingarten, Tschingel
Sarpe: roter Bordeauxwein aus der Landschaft Saint-Emilionnais
Sarpe-Palletan: siehe Sarpe
Sarranso-Dupré: roter Bordeauxwein aus der Landschaft Médoc
Sarrières (Saint Gilles): roter Burgunderwein
Sassari: gehaltvoller Rotwein Sardiniens
Sassella: gehaltvoller Rotwein aus der Lombardei
Sauerschwabenheimer: rheinhessische Weine, r. u. w.
Saules: Burgunderweine, r. u. w.
Saulnes: lothringische Weine, r. u. w.
Saumur: französische Weine, r. u. w., aus dem Dep. Maine-et-Loire
Sauser: siehe Brausewein
Sauternes: Weißweine aus der gleichnamigen französischen Landschaft, sie gehören zu den Bordeauxweinen
Sauvignon: edle weiße Rebe, aus der unter anderem die französischen Sauternes-Weine hergestellt werden
Sauvignon: siehe Szökefalvaer und Tordaer
Savennières: französischer Weißwein aus dem Dep. Maine-et-Loire
Savigny-les-Beaune: Burgunderweine. Lagen: Basses Vergelesses, Chenove-Ermitage, Les Hautes-Jarrons, Peuillets u. a.
Schabaer: rumänischer Wein
Schaffiser: Schweizer Weißwein
Scharlachberger: rheinhessische Weißweine
Schärtler: siehe Wettinger
Scharzberger: siehe Wiltinger
Scharzhofberger: siehe Wiltinger
Schiefer: siehe Hollenburger
Schiersteiner: weiße Rheinweine
Schillerwein: ein Sammelname für alle hellroten Weine
Schlattingener: siehe Basadingener
Schloß Böckelheim: Gemarkungsbezeichnung aus dem Nahe-Weinbaugebiet, das gute Weißweine liefert
Schloß Johannisberger: weiße Rheinweine
Schloß Rametz: siehe Obermaiser
Schloß Trautmannsdorf: siehe Obermaiser
Schneckenbergler: siehe Diessenhofener
Schodener: weiße Saarweine
Schomlauer: siehe Somlyo'er

Weinlexikon

Schönnaer: Tiroler Weine aus dem Bezirk Meran: Schloßgut Goyen, Schloßgut Vernau
Schreckensteiner: böhmischer Weißwein
Schwarzenberger: siehe Dorfer
Schwarzer Herrgott: badischer Wein
Seewein, Hegner: badischer Rotwein
Seewein, Meersburger: badischer Rotwein und Weißwein
Seewein, Reichenauer: badischer Rotwein und Weißwein
Segonzac, Château S.: roter Bordeauxwein aus der Landschaft Médoc
Seguy: roter Bordeauxwein aus dem Bezirk Bourg
Semillon: hervorragende weiße Rebsorte
Sercial: Bezeichnung für einen hervorragenden Madeira-Wein, aus der gleichnamigen Traube hergestellt
La-Serre, Château la S.: roter Bordeauxwein aus der Landschaft Saint-Emilionnais
Serrières: rote Burgunderweine
Serrig: Weinbaugemeinde des Saargebietes mit guten Weißweinen
Servanier: Schweizer Rotwein
Setubal: hellfarbiger Muskatellerwein aus Portugal
Seurey: gute Lage eines roten Burgunderweins aus dem Beaune-Gebiet
Sherry: siehe Jerez
Sidra: Südwein aus Tripolis
Sigalas-Rabaud, Château S.: guter Weißwein des Sauternes-Gebietes
Sillery: französischer Weißwein aus der Champagne
Sillery Lecoureux: siehe Sillery
Simard, Château S.: roter Bordeauxwein aus Saint-Emilionnais
Sistov: bulgarischer Wein
Solerna: siehe Jerez
Solon: weißer Bordeauxwein aus der Landschaft Sauternes
Som: siehe Szökefalvaer
Somloer, Somlaer: siehe Somlyo'er
Somlyo'er, auch Schomlauer, Somloer, Somlaer: Ungarweine, r.u.w. Auslese, Ausstich, Berg
Sommeracher: weißer Frankenwein
Sommeracher Katzenkopf: desgleichen
Sonnenberger Riesling: badischer Weißwein
Sotto il Monte: italienischer Rotwein aus der Lombardei
Soussans: roter Bordeauxwein aus der Landschaft Médoc
Soutard, Château S.: roter Bordeauxwein aus der Landschaft Saint-Emilionnais
Soutard-Cadet, Château S.: roter Bordeauxwein aus der Landschaft Saint-Emilionnais
Souvillers: siehe Joigny
Spelskier: rumänischer Wein
Spiezer: Schweizer Weißweine: Elbling, Riesling
St.-Barthélmy: französischer Weißwein aus dem Dep. Maine-et-Loire
St.-Basle: französischer Rotwein aus der Champagne
St.-Bris: Burgunderweine, r.u.w.
St.-Cyr-en-Bourg: französische Weine, r.u.w., aus dem Dep. Maine-et-Loire
St.-Denis: französischer Rotwein aus dem Dep. Mayenne
St.-Etienne-de-Mont-Luc: französischer Rotwein aus der Bretagne
St.-Etienne (-les-Oullières): rote Burgunderweine. Marken: Buyon, La Carelle, Grand-Masson u.a.
St.-Géréon: französischer Weißwein aus der Bretagne
St.-Herblon: französischer Weißwein aus der Bretagne
St.-Julien: lothringische Weine, r.u.w.
St.-Julien-du-Sault: roter Burgunderwein
St.-Louis: lothringischer Rotwein
St.-Peter: siehe Zwölfmalgreiner
St.-Prex: Schweizer Weine, w.u.r.: Salvagnin (r.)

St.-Valentin: Tiroler Wein aus der Bozener Gegend. Lagen: Schloßberg u. a.
Staffelberger: Frankenweine, r. u. w.
Staffelsteiner: weißer Frankenwein
Stammerauer: siehe Frauenfelder
Staufener: badischer Weißwein
Steckweiler Felsenwein: siehe Hesslocher
Steinberger: weiße Rheinweine
Steinbiegler: siehe Hollenburger
Steiniger: Siebenbürger weißer Nachtischwein
Steinwein: Bezeichnung für Frankenweine, siehe auch Gumpoldskirchener
Stephansberger: weißer Moselwein
Stierblut: siehe Erlauer
Strohwein: siehe Klosterneuburger und Gumpoldskirchener
Suau, Château S.: weißer Bordeauxwein aus der Landschaft Sauternes
Suduiraut, Château-de-S.: weißer Bordeauxwein aus der Landschaft Sauternes
Sylvaner: siehe auch Klosterneuburger
Syrmier: kroatisch-slawonische Tisch- und Nachtischweine
Szamorodni: siehe Tokajer
Szegeder, Szegediner: weißer Ungarwein
Szegeder Sandwein: desgleichen
Szegszarder: Ungarwein, w. u. r.
Székefalvaer: Siebenbürgener Weißweine. Leanyka, Sauvignon, Som, Welschriesling

La Tâche: Lagebezeichnung eines sehr guten roten Burgunderweins (Côte d'Or) siehe auch Vosne-Romanée
Tägernauer: siehe Jonaer
Taglsteier: siehe Pfaffstättener
Tallard: guter Rotwein Savoyens
Talyaer: Ungarwein (Tokaier)
Tarragona: spanische Weine, r. u. w.
Tarrasa: spanischer Süßwein
Taubengarten: siehe Piesporter
Tauberwein, Laudaer: badische Weine, r. u. w.
Tayac, Château T.: roter Bordeauxwein aus dem Bezirk Bourg
Teciuci: rumänische Weine, w. u. r.
Terezovac: bosnischer Wein
Terlaner: Tiroler Weißwein
Terrano: Rebsorte, die einen guten Rotwein in Istrien liefert
Terrefort, Château-de-T.: Bordeauxweine aus dem Bezirk St.-André-de-Cubzac, r. u. w.
Tertre-Daugay, Château T.: roter Bordeauxwein aus dem Gebiet von Saint-Emilionnais
Thiaucourt: lothringische Weine, r. u. w.
Thierry, Th.: französischer Rotwein aus der Picardie
Thorins: Bezeichnung für qualitativ guten Beaujolais aus festgelegten Weinbergen
Thumringener Markgräfler: badischer Weißwein
Thuner: Schweizer Rotwein
Thuner Fendant: Schweizer Weißwein
Thüngersheimer: weißer Frankenwein
Tiélandry: Bezeichnung für roten Burgunderwein guter Lage aus dem Côte-d'Or-Gebiet
Tifliser Riesling: kaukasischer Wein, r. u. w.
Tinto do Bocca de Mina: portugiesischer Rotwein
Tinto di Rota: siehe Jerez
Tissey: weißer Burgunderwein
Tokajer, Tokayer: Ungarweine: Essenz, Forditas, Maslas, Ordinari, Szamorodni
Tomina: bolivianischer Rotwein

Tonnere: Burgunderweine, r.u.w. Lagen: Beauvais (r.u.w.), Perrières Côtes de Préaux (w.) u.a.
Tordaer: Siebenbürgener Weine, w.u.r.: Carbenet, Sauvignon
Toro: guter spanischer Rotwein aus Zamora
Törökhegyer: Siebenbürgener weißer Nachtischwein
Torredos: griechischer Rotwein
Toskana: wichtiges Weinbaugebiet Italiens. Herkunftsgebiet der Chianti-Weine
La-Tour, Château L.-T.: roter Bordeauxwein aus der Landschaft Médoc
La-Tour-Haut-Brion, Château L.: roter Bordeauxwein aus der Landschaft Graves
La-Tour-du-Haut-Vignoble: roter Bordeauxwein aus der Landschaft Médoc
La-Tour-Massac: roter Bordeauxwein aus der Landschaft Médoc
La-Tour-de-Mons: roter Bordeauxwein aus der Landschaft Médoc
La-Tour-Rauzan, Château L.T.: roter Bordeauxwein aus der Landschaft Médoc
La-Tour-Sieujan: roter Bordeauxwein aus der Landschaft Médoc
La-Tour-du-Tertre: roter Bordeauxwein aus der Landschaft Médoc
Touraine: bekanntes französisches Weinbaugebiet an der Loire, in dem sowohl gute Weißweine (vgl. Vouvray) als auch Rotweine (vgl. Bourgueil) erzeugt werden
Tourteau: roter Bordeauxwein aus dem Bezirk Bourg
Tourteran St.-Saveur: roter Bordeauxwein aus der Landschaft Médoc
Touvent: roter Bordeauxwein aus dem Bezirk Blayais
Trabener: weiße Moselweine
Traminer: Tiroler Wein aus der Gegend von Bozen: Traminer Hügel, siehe auch Gumpoldskirchener, Klosterneuburger und Lamplberger
Trani: italienischer guter Rotwein aus Apulien
Trarbacher: weiße Moselweine. Lagen: Schloßberg, Ungsberg
Travnik: bosnischer Wein
La Trelle: siehe Comblanchien
Treloup: französische Weine, r.u.w., aus der Picardie
Treppchen: siehe Erdener
Trierer: weiße Moselweine. Lagen: Augenscheiner, Tiergärtner
Trittenheimer: weißer Moselwein
Trochand: roter Bordeauxwein aus der Landschaft Saint-Emilionnais
Trois-Moulins, Château du T. M.: roter Bordeauxwein aus der Landschaft Médoc
Trois-Puits: französischer Rotwein aus der Champagne
Tronquay, Château Tr.: französischer Rotwein aus der Normandie
Tropfwermut: siehe Karlowitzer
Troplong-Mondot, Château T.: roter Bordeauxwein aus der Landschaft Saint-Emilionnais
Trotanoy, Château T.: roter Bordeauxwein aus dem Gebiet von Pomerol
Trottevielle, Château T.: roter Bordeauxwein aus dem Gebiet von Saint-Emilionnais
Tuniberg: Weinbaugebiet in der Freiburger Bucht. Gehört zum Bereich Kaiserstuhl-Tuniberg
Les Tunlières: roter Bordeauxwein aus dem Bezirk Bourg
Tureau: siehe Auxerre
Türkenblut: siehe Ofener
Türkheimer: elsässische Weine, r.u.w.: Brand (w.), Strohwein (w.), Tischwein (r.u.w.)
Twanner: Schweizer Weißwein

Überlinger: badischer Wein
Uerzig: Mosel-Weinbauort, der gute Weißweine liefert
Uffenheimer: weißer Frankenwein
Uhla: syrischer Süßwein

Ungsteiner: Pfälzer Weißweine. Lagen: Spielberg, Nußriegel, Feuerberg, Herrenberg, Kreuz u.a.
Untertürkheimer: württembergische Weine

Vachery: kaukasischer Rotwein
Vaillonges: siehe Puligny
Valandons: siehe Chènove
Valdelsa: Rotweine der Toskana mit Chianti-Typ
Valdepeñas: spanischer Rotwein
Valencay: roter Burgunderwein aus dem Dep. Indre
Valmur: sehr guter weißer Burgunderwein
Valpolicella: italienischer Rotwein aus Venetien
Valwiger: weißer Moselwein
Varnhalter: badischer Weißwein
Vaucouleur: lothringische Weine, r.u.w.
Vaudésir: guter weißer Burgunderwein aus der Chablis-Lage
Vaulorent: siehe Chablis
Vaux: rote Burgunderweine aus dem Beaujolais. Lagen: Chassés, Larnoult, Moine
Velez: siehe Malaga
Veltheimer: siehe Winterthurer
Verchères: siehe Couchey
Vermentino: weißer Tischwein aus Ligurien
Vermenton: rote Burgunderweine. Lagen: Bertry, Grande-Cote, Plantes-Hautes u.a.
Vernaccia: Rotwein Italiens unterschiedlicher Qualität
Verneuil: französischer Rotwein aus der Normandie
Verseuil: roter Burgunderwein des Côte-d'Or-Gebietes
Verzenay: französische Weine, r.u.w., aus der Champagne
Verzy: französische Weine, r.u.w., aus der Champagne
Vesuvio: sizilianischer Weißwein guter Provenienz
Veuil: Burgunderweine, r.u.w., aus dem Dep. Indre
Vèvre: siehe Volnay
Vianna do Castello: portugiesischer Rotwein
Vieux Château-Certan: roter Bordeauxwein aus der Landschaft Saint-Emilionnais
Vignau, Château-du-V.: weißer Bordeauxwein aus der Landschaft Sauternes
Vigne-au-Saint: Lagebezeichnung sehr guter roter Burgunderweine aus dem Côte-d'Or-Gebiet
Les Vignes Banches: siehe Comblanchien
Vignes Franches: Lagebezeichnung guter roter Burgunderweine aus dem Côte-d'Or-Gebiet
Vignois: siehe Brochon
Villa-Nova: portugiesische Rotweine. Lagen: da Cerveira, de Famalicão
Villanyer: Ungarweine, w.u.r.: Muskateller, Riesling
Villa Real: siehe Chaves
Villegeorge, Domaine de V.: roter Bordeauxwein aus der Landschaft Médoc
Villemaurine: roter Bordeauxwein aus der Landschaft Saint-Emilionnais
Villeneuve: rote Bordeauxweine aus der Landschaft Médoc. Lagen: St.-Laurent, Cru de Verdun, Valeyrac u.a.
Villers-en-Tardenois: französischer Weißwein aus der Champagne
Villers-sous-Preny: lothringischer Rotwein
Villesechon (Blasois): französischer Rotwein aus dem Orléanais
Vinaroz: spanische Weine, r.u.w.
Vincent, Château V.: rote Bordeauxweine aus der Landschaft Médoc. Lagen: Cantenac, Vincent-Margaux
Vinho Geropiga: portugiesischer Rotwein
Vino di Bacco: griechischer Rotwein
Vino santo: süßer brauner griechischer Wein

Weinlexikon

Vino Tierno: siehe Malaga
Visonta: siehe Erlauer
Visontaer: Ungarweine, w. u. r. Lagen: Auslese, Riesling
Vitry-les-Cluny: roter Burgunderwein
Viviers, Viviers Gravière: weißer Burgunderwein
Voillenot: siehe Chassagne-M.
Volkach: weißer Frankenwein. Lagen: Ratsherr, Schloßberg
Vollradser: feiner weißer Rheinwein
Volnay: Burgunderweine. Lagen: Amerot, La Barre, Cailleret, Champfuillot Chanlis, Lassole, Montpoulain, Vèvre u. a.
Vöslauer: österreichische Weine: Ausbruch, Auslese, Ausstich, Cabinet, Goldeck, Gradenthaler, Oberkirchner (sämtlich w. u. r.), Blutwein (r.), Burgunder (r.), Johannisberger (w.), Liebfraumilch (w.)
Vosne-Romanée: Burgunderwein. Lagen: Romanée-Conti, Les Richebourg, La Tâche, La Romanée u. a.
Vougeot: Burgunderweine. Lagen: Clos de Vougeot, Clos de Vougeot Blanc (w.) u. a.
Vouvray: bekannter guter Weißwein der Touraine und auch Zentrum des Weinanbaus im Loire-Gebiet
Le vrai Montrachet: siehe Chassagne-M.

Wachenheimer: Pfälzer Weißweine. Lagen: Fuchsmantel, Mandelgarten, Altenburg, Gerümpel
Wachenheimer: rheinhessische Weine, r. u. w.
Walporzheimer: rote Ahrweine. Lagen: Alte Lay, Domberg, Gährkammer, Kräuterberg
Wangener: Tiroler Weine, r. u. w.
Wawern: Ortschaft des Saargebietes, die gute Weißweine liefert
Weersweiler: siehe Berger
Wehlener: weiße Moselweine. Lagen: Münzlei, Nonnenberg, Sonnenuhr, Klosterberg
Weinheimer: badische Weine, r. u. w.
Weixlbiegler: siehe Hollenburger
Wellenberger: siehe Felbener
Welschriesling: siehe Székelfalvaer
Werschetzer: Ungarwein, w. u. r.
Wertheimer: badischer Weißwein
Wertheimer Steinwein: badischer Weißwein
Wettinger: Schweizer Rotweine: Schärtler
Wiltinger: weiße Saarweine. Lagen: Scharzberger, Scharzberger Muskateller, Scharzhofberger, Scharzhofberger Kupp
Winkeler: weiße Rheinweine. Lagen: Dachsberg, Ensing, Gutenberg, Hasensprung, Hellersberg, Honigberg, Jesuitengarten, Kreuzweg, Neuberg, Steinchen u. a.
Winterthurer: Schweizer Rotweine. Lagen: Brühlberg, Fachlisbrunnen, Rappenhalden, Rychenberg, Veltheim, Stadtberg
Winzenheimer: weiße Naheweine
Wolxheimer: elsässische Weine, r. u. w.: Muskat, Riesling
Wormser: rheinhessische Weißweine. Lagen: Kattenloch, Kapuzinergarten, Luginsland u. a.
Würzburger: Frankenweine, r. u. w. Lagen: Pfaffenberg, Stein, Stein/Harfe, Abtsleite, Kirchberg, Schloßberg u. a.
Wydener: siehe Erlenbacher

Xeres: siehe Jerez

Yon-Figeac, Château Y.: roter Bordeauxwein aus dem Gebiet von Saint-Émilionnais

Yquem, Château d'Y.: berühmter weißer Bordeauxwein aus der Landschaft Sauternes
Yvorne: Schweizer Weißweine. Lagen: Bezencenet, clos de la George, clos du rocher, Maison blanche, récolte Marquis

Zellenberger: elsässische Weißweine: Edel, Riesling, Strohwein
Zeller: roter Moselwein
Zeller Mainwein: weißer Frankenwein
Zeltinger: weiße Moselweine. Lagen: Sonnenuhr, Schloßberg, Himmelreich, Deutschherrenberg
Zierfahndler: siehe Bisager
Zirnberger: siehe Pfaffstättener
Zomborer: weißer Ungarwein
Zsadanyer: Ungarwein (Tokajer)
Zwölfmalgreiener: Tiroler Weine, r. u. w. Lagen: Hörtenberger, Justina, Laitacher, St. Peter u. a.

Spirituosen, Liköre, Bitters usw.

Absinth: Ein Trinkbranntwein von ungefähr 50% Alkoholgehalt, der unter Verwendung von Wermutöl, Anis, Fenchel, Melisse und Ysop hergestellt und mit Wasser verdünnt getrunken wird. In vielen Ländern infolge des schädlichen Einflusses auf das Nervensystem verboten. Er wird heute ohne Wermutöl (Wermutkraut) in Frankreich hergestellt und unter dem Namen „Pernod" exportiert.

Aguardiente: Bezeichnung für einen hochprozentigen Schnaps, der in Westindien aus Zuckerrohrmelasse destilliert wird.

Advokaat: Phantasiename, der für Eierlikör und Eierweinbrand üblich ist. Ursprünglich ein holländischer Likör aus Eigelb und Weinbrand, der in der Provinz Gelderland hergestellt wurde, heute aber auch in Deutschland fabriziert wird.

Allasch: Ein Destillat aus Kümmel mit reichlichem Zuckergehalt und reinem Geschmack von ca. 40 Vol.-% Alkoholgehalt, das früher in Allasch bei Riga, heute aber auch in Deutschland und anderwärts hergestellt wird.

Amer Picon: Einer der beliebtesten französischen Bittere, der gerne als Aperitif genossen wird.

Angostura Bitters: Bezeichnung des bekanntesten Bitterlikörs, der aus einem Auszug von Angosturarinde, Chinarinde, Enzianwurzel, Zimt, Kardamom, Nelken, Pomeranzenschalen u. a. hergestellt wird. Er wurde von einem deutschen Arzt, Dr. Siegert, in Venezuela erfunden.

Anisette: Beliebter, aus Anis und Koriander bereiteter französischer Likör.

Apple Jack: Name eines Branntweines, der aus Apfelwein destilliert wird, den man festgefroren und während der Wintermonate im Freien gelassen hat.

Apricot Brandy, Apricotine: Ein süßer Likör von frischen oder getrockneten Aprikosen, dessen Grundlage Weinbrand sein sollte.

Apricotine: Eine andere Bezeichnung für Apricot Brandy

Apry: Bezeichnung für einen vorzüglichen französischen Aprikosenlikör, der mit Cognac hergestellt wird.

Aquavit: Ein hoch rektifizierter skandinavischer, mit Kümmel aromatisierter Branntwein. Der Alkoholmindestgehalt beträgt 32 Vol.-%. Er wird auch in Deutschland hergestellt.

Armagnac: Herkunftsbezeichnung für einen Weinbrand, der von Trauben aus dem Dep. Gers in Südfrankreich destilliert wird. Die Hauptqualitäten werden als Grand, Fin und Petit Armagnac bezeichnet. Armagnac differiert wesentlich vom Cognac im Geschmack und Aroma und wird von Kennern hoch geschätzt.

Arrak, Arack, Arrack: Edelbranntwein, der in Indien aus Reis, in Java aus Zuckerrohrmelasse und in Ostindien aus dem Saft der Blütenkolben der Kokospalme destilliert wird.

Baccardi: Eine beliebte, sehr leichte Rumsorte.

Barack Pálinka: Bezeichnung eines sehr trockenen, stark alkoholhaltigen ungarischen Branntweines, der aus Aprikosen destilliert wird.

Benedictine: Ein hellgrüner Kräuterlikör von kräftigem Aroma, der früher von den Benediktinermönchen in Fécamp in der Normandie hergestellt wurde, seit der Französischen Revolution von einer Aktiengesellschaft vertrieben wird. Die Zusammensetzung dieses ausgezeichneten Likörs ist Geschäftsgeheimnis.

Blackberry Brandy: Name eines sehr würzigen Cordials von Brombeeren auf Weinbrandbasis.

Spirituosen, Liköre, Bitters usw.

Liqueur: Ein kräftig mit Brombeeren gewürzter Brombeerlikör mit einem gewissen Prozentsatz von Rotwein.

Boonekamp: Ein ausgezeichneter Bitters, der Gewürznelken, Fenchel, Koriander, Enzian, Lakritze, Curaçaoschalen und andere Gewürze enthält.

Bourbon Whisky: Whisky bereitet aus der fermentierten Maische von Korn, von dem 51% Mais sein muß.

Brandy, Branntwein: Destillat aus dem fermentierten Saft von Früchten, besonders aber von Trauben.

Branntwein: siehe Brandy

Calvados: Ein heller Branntwein, der in der Normandie aus gesunden, nicht überreifen, zum Teil süßen, zum Teil sauren Äpfeln destilliert wird und in Holz altern muß.

Campari: Italienischer Bitter-Aperitif von roter Farbe, der aus Kräutern bereitet wird und auch Chinin enthält.

Cassis, Crème de cassis: Bezeichnung für einen Likör aus schwarzen Johannisbeeren, aber auch für Sirup von schwarzen Johannisbeeren.

Cerasella: Ein italienischer Likör von roter Farbe, der kräftig nach Kirschen schmeckt und auch Würzkräuter aus den Abruzzen enthält.

Certosa: Ein italienischer Likör, der dem Chartreuse ähnelt und in verschiedenen Farben und Geschmacksnuancen hergestellt wird.

Chartreuse: Berühmter Likör aus Kräutern und Gewürzen, der ehedem von Kartäusermönchen im Kloster La Grande Chartreuse in Frankreich hergestellt wurde. Neben den Sorten Grün und Gelb gab es früher noch einen weißen Likör. Die Zusammensetzung des Likörs ist Geheimnis.

Cherry Brandy: Ein süßer Likör auf Branntweinbasis von Kirschsaft und auch einigen gestoßenen Kirschsteinen.

Liqueur: Schwerer Likör auf der Grundlage von Weinbrand aus wilden Kirschen bereitet. Die bekanntesten Marken sind *Cherry Rollier* und *Cherry Hering*.

Chesky: Eine Art Kirschwhisky.

Cinzano: Einer der besten italienischen Wermuts.

Cinzano Bitter: Bitterspirituose italienischer Herkunft mit 30% Volumen, meistens mit Mineralwasser oder Sekt getrunken.

Cognac: Branntwein destilliert aus Wein von Trauben, die im Dep. Charente in Frankreich wachsen. Cognac ist die Hauptstadt des Départements. Die besten Cognacs stammen von Weinen aus den Bezirken Grand Champagne, Fine Champagne und Borderies, doch auch aus den Reben der Weingärten von Fin Bois und Bon Bois wird Cognac destilliert. In der Praxis wird der Cognac aus einer Mischung der verschiedenen Weinbrände hergestellt, die in diesen Bezirken gewonnen wird. Da der französische Geschmack ein anderer als der deutsche, englische, amerikanische u.a. ist, wird der Cognac für jedes Land besonders zusammengestellt. Die Bezeichnungen auf den Etiketten der Flaschen bedeuten:

E — Extra oder Spezial P — Pale
F — Fine S — Superior oder Soft
M — Mellow V — Very
O — Old X — Extra

So bedeutet z.B. V.S.O.P. = Very Superior Old Pale = ganz besonders alter heller Cognac.

Cognac ist eine Herkunftsbezeichnung und darf auch in der Form Kognak nicht für deutschen Weinbrand angewendet werden.

Cointreau: Einer der besten, hellen französischen Liköre, der mit den Schalen von Curaçao- und anderen Orangen aromatisiert ist.

Cordial Médoc: Bezeichnung für einen französischen Likör, der mit Cognac, der Schale von Curaçao-Orangen und Dessertwein hergestellt wird.

Crème: Name einer Anzahl von sehr süßen französischen Likören, die aus Früchten oder anderen Substanzen hergestellt werden, z.B.

Spirituosen, Liköre, Bitters usw.

Crème d'ananas	— Ananaslikör
Crème de bananes	— Bananenlikör
Crème de cacao	— Schokoladenlikör
Crème de cassis	— Schwarzer Johannisbeerlikör
Crème de fraises	— Erdbeerlikör
Crème de menthe	— Grüner Pfefferminzlikör
Crème de moka	— Kaffeelikör
Crème de noyau	— Likör von Kirschen und gestoßenen Kirschsteinen
Crème de prunelle	— Schlehenlikör
Crème de vanille	— Vanillelikör

Curaçao: Ein Orangenlikör, der ursprünglich in Holland aus den Schalen von Curaçao-Orangen, Rohrzucker und Branntwein bereitet wurde, heute aber auch in anderen Ländern auf der Grundlage von Weinbrand, Gin und anderen Branntweinen hergestellt wird. Er kommt als weißer, gelber und grüner Curaçao in den Graden sec, double sec und triple sec in den Handel.

Cynar: Italienischer Aperitif auf der Grundlage von Artischockenherzen mit angenehm bitterlichem Geschmack.

Danziger Goldwasser: Ein ursprünglich in Danzig hergestellter klarer Likör, der mit Zimt, Koriander, Kardamom, Orangenschale u. a. m. aromatisiert ist und als besonderes Kennzeichen fein verteiltes Blattgold enthält. Der Alkoholgehalt muß mindestens 38 Vol.-% betragen. Ist auch als Danziger Lachs bekannt.

Doornkaat: Ein wasserheller Kornbranntwein mit Wacholderbeerzusatz.

Drambui: Bezeichnung für einen schottischen Likör auf der Grundlage von Whisky, der mit Honig, Kräutern und verschiedenen Gewürzen aromatisiert ist.

Dubonnet: Süßlicher französischer Aperitif von Wein auf Kräutergrundlage.

Eau de vie de marc, Trester-Branntwein: Branntwein, der aus den Schalen von Trauben destilliert wird, die zum Herstellen von Wein gedient haben.

Enzian: Branntwein, der aus fein zerkleinerten, fermentierten Wurzeln des gelben Enzians hauptsächlich in Deutschland und der Schweiz hergestellt wird.

Forbidden Fruit: Ein süßer Likör, der aus westindischen Pampelmusen, Branntwein und anderen Ingredienzien hergestellt wird.

Genever: Ein klarer, holländischer Branntwein, der aus einer Maische von Getreide und Darrmalz gebrannt und mit Wacholderbeeren aromatisiert wird.

Gin: Ein Destillat aus Getreide, das mit Wacholderbeeren und anderen Substanzen, je nach dem Rezept des Destillers hergestellt wird. Es gibt zwei Sorten von London gin: dry and sweet. Gin, der als „dry" oder „trocken" bezeichnet wird, muß mindestens einen Alkoholgehalt von 40 Vol.-% enthalten.

Glayva: Ein moderner Likör, der mit Heilkräutern aromatisiert ist.

Glen Mist: Bezeichnung für einen schottischen Whiskylikör, der mit Kräutern und Gewürzen aromatisiert ist.

Grand-Marnier: Einer der edelsten französischen Liköre auf Cognac-Grundlage mit kräftigem Orangengeschmack.

Grappa: Italienischer Trester-Branntwein, der dem französischen Eau de vie de marc entspricht.

Grenadine: Nichtalkoholhaltiger Sirup von Granatäpfeln, der für gemischte Getränke und Cocktails verwendet wird.

Halv om Halv: Name eines bitteren, holländischen Likörs, der aus Curaçao-Orangenschalen und verschiedenen Zusätzen hergestellt wird.

Irish Mist: Bezeichnung eines Likörs auf Grundlage von irischem Whisky, mit Kräutern aromatisiert ist.

Izzara: Ein baskischer Likör, der auf der Grundlage von Armagnac aus Kräutern und Pflanzen aus den Pyrenäen destilliert wird.

Spirituosen, Liköre, Bitters usw.

Kirschwasser: Ein Edelbranntwein, der aus vergorener Maische von kleinen, schwarzen Kirschen im Schwarzwald, den Vogesen und in der Schweiz hergestellt wird.

Kornbranntwein: Ein klarer, ausschließlich aus Roggen, Weizen, Buchweizen, Hafer oder Gerste hergestellter Branntwein.

Kümmel: Ein klarer Trinkbranntwein mit Kümmelgeschmack, wird in Berlin und Holland hergestellt; kam früher in besonderer Güte aus Riga.

Kümmellikör: Farbloser Likör, der über Kümmelfrüchten destilliert wird. Von besonderer Güte ist der Allasch (s. d.).

Liqueur d'Or: Eine farblose Imitation von Danziger Goldwasser mit Zitronengeschmack und Blattgold.

Mandarine, Mandarinette: Ein mit Mandarinenschalen aromatisierter Likör.

Maraschino: Ein feiner, klarer Kirschlikör, der aus Marasken, eine Dalmatiner Sauerkirschenart, hergestellt und aus Zara in mit Bast umflochtenen Flaschen exportiert wird.

Marc de Bourgogne: Branntwein, der aus den Schalen ausgepreßter Burgundertrauben gewonnen wird, die zur Weinherstellung dienten.

Champagne: Trester-Branntwein aus den Schalen von Trauben aus der Champagne, die zur Weinherstellung dienten.

Martini: Martini Rosso, Martini Bianco, bekannte italienische Wermutweine, Martini extra dry, sehr trockener französischer Wermut.

Mastika: Beliebter, stark alkoholhaltiger Anisschnaps aus Griechenland.

Mirabell, Mirabellbranntwein: Die im Elsaß und Baden übliche Bezeichnung eines Edelbranntweins aus Mirabellen, der sowohl im Gärungsverfahren als auch von der unvergorenen Frucht destilliert wird.

Noilly-Prat: Sehr trockener, weißer französischer Wermutwein, der sich besonders gut zum Cocktail eignet.

Ouzo: Hochprozentiger griechischer Branntwein mit Anissamen aromatisiert.

Parfait d'Amour: Ein sehr süßer, stark parfümierter Likör, der in Frankreich und Holland in verschiedenen Farben und Geschmacksnuancen hergestellt wird.

Peach Brandy: Ein Pfirsichlikör, der meist auf Grundlage von Weinbrand mit frischen oder getrockneten Pfirsichen hergestellt wird.

Pernod: Französischer Anislikör, der legale Ersatz für den früheren Absinth. Er wird stets mit Wasser vermischt getrunken.

Pisco: Ein weinbrandähnliches Destillat aus Muskateller Trauben, das in Peru, Chile und Argentinien gebrannt wird.

Prunelle: Französischer Likör, der aus frischen Schlehen hergestellt wird.

Quetsch: Die im Elsaß und Baden gebräuchliche Bezeichnung für einen klaren Branntwein aus Zwetschgen.

Raki: Klarer türkischer Branntwein mit Anis aromatisiert, der oft mit Wasser vermischt getrunken wird.

Ricard: Ein ausgezeichneter französischer Anislikör, der mit Wasser vermischt getrunken wird.

Rum: Ein Erzeugnis, das in der Hauptsache aus Zuckerrohr, Zuckerrohrsaft, Zuckerrohrmelasse und sonstigen Rückständen der Zuckerrohrfabrikation durch Vergärung und nachfolgende Destillation hergestellt wird. Man unterscheidet: 1. kubanischen Rum, entweder weiß oder goldfarbig; 2. Jamaikarum, dunkelfarbig und ziemlich streng im Geschmack; Neu-England-, mexikanischen und puertoricanischen Rum, der nicht ganz so schmackhaft ist, wie die zuerst genannten; 4. Rum, der auf den südkaribischen Inseln destilliert wird.

Sapindor: Ein grüner, französischer Likör, der aus Pflanzen und Kräutern hergestellt wird, die im Juragebirge wachsen, und der ein besonderes Aroma und würzigen Geschmack hat.

Spirituosen, Liköre, Bitters usw.

Schwedenpunsch: Likör, der unter Verwendung von Arrak und Gewürzen hergestellt wird und bei dem eine Zugabe von Wein üblich ist.

Sliwowitz: Ein feiner Zwetschgen-Branntwein, dem bei der Destillation auch zerdrückte Pflaumenkerne beigefügt werden, und der hauptsächlich in Jugoslawien, Rumänien und Ungarn hergestellt wird.

Steinhäger: Ein aus Westfalen herstammender Branntwein, der aus vergorener Wacholderbeerenmaische hergestellt wird.

Strega: Ein bitterer italienischer Kräuterlikör von gelblicher Farbe.

Suze: Französischer Enzian-Aperitif.

Tafia: Bezeichnung für einen Branntwein, der in Westindien von Zuckerrohrmelasse destilliert wird.

Tequila: Bezeichnung eines hochprozentigen mexikanischen Schnapses, der aus Agaven gebrannt wird.

La Tintaine: Ein französischer Kräuterlikör, bei dem der Anisgeschmack vorherrscht.

Trappistine: Name eines gelbgrünen französischen Kräuterlikörs, der auf der Grundlage von Armagnac hergestellt wird.

Tuica: Ein klares Destillat aus Zwetschgen, das in Rumänien hergestellt und oft als Aperitif getrunken wird.

Vieille Cure: Sehr feiner, grünfarbiger französischer Kräuterlikör.

Vodka, Wodka: Russischer Trinkbranntwein ohne besonderen Geschmack, der aus Korn hergestellt wird.

Weinbrand: Ein zu den Edelbranntweinen zählender Trinkbranntwein, dessen Alkohol ausschließlich aus Weindestillat herstammt und der nach der Art des Cognacs (s.d.) hergestellt wird.

Whisky: Ein vor allem in Schottland, aber auch in Irland, den Vereinigten Staaten und Kanada hergestellter Getreidebranntwein aus Roggen, Weizen, Gerste u.a., wobei der arteigene Rauchgeschmack durch Mälzen des Getreides über Torffeuer erzielt wird. Schottische und irische Whiskies werden hauptsächlich aus Gerste, amerikanische und kanadische aus Roggen und Bourbon Whisky im wesentlichen aus Mais hergestellt. Schottische und irische Whiskies enthalten bis zu 40% gemälzte Gerste. Um eine abgerundete Qualität zu erreichen, werden verschiedene Destillate gemischt und ergeben dann den „Blend" oder „Blended Whisky".

Williamine: Branntwein aus William-Christ-Birnen, der zuerst in der Schweiz im Kanton Wallis destilliert wurde.

Zubrowka: Eine besondere Art Vodka, oft auch grüner Vodka genannt.

Mischgetränke

Mixed Drinks, Cocktails, alkoholfreie Getränke,
lange Sommergetränke u. a.

Cobbler
Hohes Stengelglas, halb mit gestoßenem Eis gefüllt, mit der gewünschten Flüssigkeit aufgegossen, mit geschnittenen Früchten garniert; Strohhalm und Barlöffel dazugeben.

Cocktail (kocktehl)
Eisstückchen in den Mischbecher gegeben, die betreffenden Alkoholika und Zutaten beigefügt, geschüttelt, durch ein Barsieb in Stengelglas geseiht.

Cooler (kuhlr), Sommergetränk
Wird meist wie Fizz bereitet und serviert, aber mit Ginger Ale aufgefüllt.

Crusta (krasta)
Rand eines ballonförmigen Weinglases mit Zitronensaft befeuchtet, in Streuzucker getaucht, belegt mit senkrecht stehender Spirale von Zitronenschale. Mischung nach Rezept geschüttelt und in das Glas gefüllt.

Daisy (däsie)
Flache Schale mit Zitronensaft, Alkoholika u. a. angefüllt, mit Sodawasser vollgegossen; Saughalme und Barlöffel nebenbei.

Fizz
Grundmischung mit Eis gut durchschütteln, in Fizzglas füllen, mit eiskaltem Sodawasser, Ginger Ale, Tonic water, Sekt usw. vollgießen; sofort servieren, Strohhalme beigeben.

Flip
Eisstückchen in den Mischbecher geben, Eigelb, Südwein oder sonstige Alkoholika und Zucker beifügen, schütteln, in großes Cocktailglas seihen; Strohhalme beigeben. Muskatnuß, gerieben, obenauf streuen.

Highball (heibohl)
Glas mit den Grundalkoholika füllen, ein Stück Eis und eine Spirale aus Zitronenschale hineingeben, mit Ginger Ale auffüllen.

Julep
Pfefferminzblätter mit etwas Zucker und Wasser im Glas zerdrücken, die Blätter wieder entfernen. Glas mit gestoßenem Eis fast vollfüllen, Cognac oder andere Alkoholika usw. hinzugeben, mit frischem Zweig grüner Pfefferminze und Früchten garnieren.

Sangaree (sängäri)
Zucker und gestoßenes Eis in den Mischbecher geben, Wein oder Alkoholika beifügen, gut schütteln, in Punschglas seihen; Prise geriebene Muskatnuß obenauf.

Sling
Kleinen Becher mit wenig Eis, Wein oder Spirituosen aufgießen, etwas Zucker beigeben, mit Wasser anfüllen, eine Prise Muskatnuß darauf reiben.

Mischgetränke

Smash
Im Mischbecher etwas frische Pfefferminzblätter mit Zucker, mit wenig Wasser aufgelöst, zerdrücken und wieder herausnehmen. Die gewünschte Mischung im Becher schütteln, in Weinglas füllen, gemahlenes Eis beifügen, mit Früchten und Zitronenscheibe garnieren.

Sour (saur)
Wie Fizz mit Zitronensaft und Spirituosen bereiten, in kleinem Tumbler servieren, mit Zitronen- oder Orangenscheibe und Früchten garnieren; Barlöffel und Strohhalme beigeben.

Toddy (toddi)
In Weinglas oder kleinem Glasbecher Zucker mit wenig Wasser auflösen. Erst die gewünschten Spirituosen, dann erst Eis hinzugeben. Mit kaltem Wasser auffüllen, Zitronenscheibe beifügen; Strohhalm.

Toddy, heiß
Whisky, Weinbrand, Rum oder andere Spirituosen und etwas Zucker in Glasbecher geben, mit heißem Wasser aufgießen, Zitronenscheibe beifügen.

Pousse-Cafés
werden in einem hohen Stengelglas serviert und bestehen aus Likören und Spirituosen. Sie müssen in der bestimmten Reihenfolge in das Glas gegossen werden, wobei sich die einzelnen Sorten und Farben nicht vermischen sollten; Strohhalm.

Maßeinheit
Für die nachstehenden Rezepte gilt als Maßeinheit ein normales Süßweinglas mit einem Fassungsvermögen von 5 cl = 50 g, es gibt jedoch auch besondere Meßgläser. Wenn im Rezept z.B. vorgeschrieben ist ¼ Zitronensaft, ¼ Grenadine und ½ Rum, so bedeutet das, daß man je ein Viertel Süßweinglas Zitronensaft und Grenadine und ein halbes Süßweinglas Rum zu nehmen hat.

1 Barmischglas 4 Spritzflasche 7 Eispickel
2 Barsieb 5 Elektr. Mischer Hamilton Beach 8 Fruchtsaftsieb
3 Barschüttler 6 Siphon mit Kohlensäurepatrone 9 Handfruchtpresse

Mischgetränke

Gläser: 1 Limonadenglas, 2 Fizzglas, 3 kleines Cocktailglas, 4 großes Cocktailglas, 5 Whiskyglas, 6 Old-fashioned Glas, 7 Sour- oder Julepglas

After Dinner Cocktail (aftr dinner koktehl): Mischbecher mit Kaffee-Eis, $1/2$ Kirschwasser und $1/2$ Kakaolikör; geschüttelt und in Stengelglas geseiht.

Ale (ehl): Starkes, lichtes, obergäriges englisches Bier.

Ale Egg Nogg (ehl eggnogg): Eigelb, Zucker und Muskat verrührt, vermischt mit erhitztem Ale, mit der Schneerute geschlagen; in Glasbecher gefüllt.

Ale Flip (ehl flip): Mischbecher mit Eis, Teelöffel Zucker und 1 Eigelb; geschüttelt, in Glasbecher geseiht und mit Ale vollgefüllt.

Ale Punsch (ehl pantsch): Mischbecher halb gefüllt mit Eis, dem Saft von einer halben Zitrone und einem Gläschen Weinbrand; geschüttelt, in Glasbecher geseiht und mit Ale vollgefüllt; mit Muskat bestreut; Strohhalm.

Ale Sangaree (ehl sängäri): Glasbecher mit 1 Löffel Zucker in Wasser gelöst; mit Ale vollgefüllt und mit Muskat bestreut.

Alemannia: In hohem Likörglas zu gleichen Teilen Weinbrand, Cherry Brandy und weißer Curaçao.

Amer: Bitterlikör; in Frankreich sehr beliebt.

American Cup (ämerikän kap): In Bowlenschüssel oder in einem Glaskrug eine halbe Stunde ziehen lassen: 1 Flasche Rotwein, 2 Flaschen Schaumwein, 1 Gläschen Zuckersirup, eine geschälte Gurke und Gurkenschale; die Gurke und Gurkenschalen werden vor dem Auftragen herausgenommen.

American Flip: Wie Brandy-Flip; mit Rye Whisky anstatt Weinbrand.

American Glory: Sektkelch mit einem Stückchen Eis, dem Saft einer halben Apfelsine und 2 Spritzern Zuckersirup; vollgefüllt mit Schaumwein; Orangenscheibe, Strohhalm.

American Grog: Glasbecher gefüllt mit Teeaufguß mit Zuckersirup, einem Spritzer Curaçao und Rum; eine Zitronenspalte besteckt mit Gewürznelken.

American Lemonade (ämerikän lemoneihd): Glasbecher mit gestoßenem Eis, Zitronensaft, Zuckersirup und 1 Spritzer Rotwein; vollgefüllt mit Sodawasser; Zitronenscheibe und Strohhalm.

American Punsch (ämerikän pantsch): Kleiner Glasbecher, halb mit Eis gefüllt, vollgefüllt mit $1/6$ Grenadine, $2/6$ Cordial Médoc, $1/6$ Zitronensaft und $2/6$ Canadian Club Whisky; Früchte, Strohhalm.

Americano: Tumbler, gefüllt mit $1/4$ Fernet-Branca und $3/4$ italienischem Wermut, 1 Spritzer Angostura und 2 Stück Eis hinzugegeben; mit Sodawasser aufgefüllt; Zitronenspalte.

Ananas Ade (äd): Limonadenglas zu einem Drittel voll gestoßenem Eis. 4 cl Ananassirup und Saft einer halben Zitrone beifügen, mit Sodawasser knapp vollfüllen; mit 2 kleinen Ananasstückchen garnieren, Strohhalme beigeben.

Mischgetränke

Ananas Cobbler: Weinglas mit Eis halb gefüllt; 1 Gläschen Ananassirup; vollgefüllt mit Weißwein; Früchte und Strohhalm.

Ananas Cocktail (alkoholfrei): Mischbecher mit Eis, $^1/_4$ Orangensaft, $^3/_4$ Ananassaft; schütteln, in großes Cocktailglas seihen; Ananasscheibe.

Ananas Julep (dschulep): Mischbecher mit Eis, je ein Spritzer Himbeersirup, Gin und Maraschino; in größeres Stengelglas geseiht und mit Moselwein aufgefüllt; Ananaswürfel, Pfefferminzblättchen und Strohhalm.

Ananas Lemonade (lemoneihd): Hohes Stengelglas mit einem Stück Eis und 1 Gläschen Ananassirup; vollgefüllt mit Wasser oder Sodawasser; Strohhalm.

Ananas-Punsch: Becher halb gefüllt mit gestoßenem Eis; je $^1/_3$ Weinbrand, Ananassirup und Ananaslikör; mit Sodawasser vollgefüllt; Kirsche und Ananaswürfel.

Angels Kiss (endschls kiss): Hohes Likörglas mit 3 Teilen Crème de Cacao und einem Teil frischer Sahne.

Angels Wing (endschls wing): Hohes Likörglas gefüllt mit zwei Drittel Abricotine-Likör; vollgefüllt mit Vanille-Schlagsahne.

Anglers Cocktail (änglers): Mischbecher mit Eis, 3 Spritzer Angosturabitter, 6 Spritzer Orangebitter, 1 Spritzer Gin und 1 Löffel Himbeersaft; in Stengelglas geseiht; Zitronenspirale.

Appetizer Cocktail (äppetaiser): Mischbecher mit Eis, 4 Spritzer Angosturabitter, 2 Spritzer Zitronensaft und 1 Löffel Zuckersirup; mit Scotch Whisky aufgefüllt; in Stengelglas geseiht.

Apple Blossom (äppl blössöm): Mischbecher mit gestoßenem Eis, 2 Gläschen Apfelwein, 2 Spritzer Maraschino und 2 Spritzer Zuckersirup; in Stengelglas geseiht.

Apple Toddy (äppl toddi): Mischbecher mit Eis, 1 Gläschen Apfelwein und 4 Spritzer Zuckersirup; in kleinen Becher geseiht und mit kaltem Wasser aufgefüllt.

Apple Toddy, hot: Glasbecher mit einem halben gebratenen Apfel, 1 Löffel Zuckersirup und 1 Gläschen Apfelwein; mit heißem Wasser vollgefüllt; bestreut mit geriebener Muskatnuß.

Arrac-Punsch: Punschglas mit Eis, $^1/_4$ Zitronensaft, $^1/_4$ Apfelsinensirup, $^1/_2$ Arrak, Apfelsinenscheibe, Kirschen.

Bachelor Cocktail (bätschler): Mischbecher mit gestoßenem Eis, $^2/_5$ Kakaolikör, $^2/_5$ Weinbrand und $^1/_5$ frischer Milch; in Stengelglas geseiht.

Baltimore Egg Nogg (baoltimor eggnogg): Mischbecher mit Eis, 1 Löffel Zucker, 1 Eigelb, je $^1/_3$ Rum, Weinbrand und Madeira; geriebene Muskatnuß; mit Milch aufgefüllt, in kleinen Becher geseiht; Strohhalm.

Barley Water (barlih wotr): Gerstenwasser: Gerstenkörner, Zucker und Zitronenschale mit kochendem Wasser übergossen; nach dem Erkalten durchgeseiht.

Bastille: Tumbler zur Hälfte mit Eisstücken füllen, $^1/_4$ Creme de Menthe, $^1/_4$ Wodka, $^1/_2$ Lime Juice; mit Sodawasser knapp auffüllen; Strohhalme.

Bavaroise (bawaroas): Heiße Milch verrührt mit 1 Gläschen Kirschwasser, 1 Spritzer Rum, 1 Löffel Zuckersirup und einem rohen Eigelb; in Glasbecher aufgetragen.

Belfast Cooler (belfast kuhlr): Großer Glasbecher mit Eis und Zitronensaft; vollgefüllt mit Ginger Ale.

Bénédictine glacé (benediktin glasseh): Gekühlter Benediktinerlikör: Größeres Likörglas gefüllt mit gestoßenem Eis; 2 cl Benediktiner daraufgegossen; Strohhalm.

Berliner Weiße: Weißbier in besonderen Gläsern (wie Schaumweinschalen, aber zehnmal größer) aufgetragen; oft mit Zusatz von Himbeersaft oder Waldmeister.

Mischgetränke

Bezirksrat: In hohem Likörkelch zu gleichen Teilen, ohne zu vermischen: Maraschino, Chartreuse grün, Kirschwasser und Weinbrand.

Bishop: Becher mit Eis, Apfelsinen- und Zitronensaft und Zuckersirup; mit Rotwein aufgefüllt, mit einem Gläschen Rum bedeckt; Weinbeeren, Ananaswürfel und Apfelsinenscheibchen.

Black Stripes (bläck streips): Mischbecher mit Eis, 1 Löffel Melassezucker und 1 Gläschen Rum; in Stengelglas geseiht.

Black Thorn (bläk torn): Glasbecher mit 4 Spritzern Pernod, 4 Spritzern Orangebitter, je $^{1}/_{2}$ Gläschen Turiner Wermut und Irish Whisky; Kirsche und Strohhalm.

Blaubeer-Milchgletscher: In den Mixbecher geben: $2^{1}/_{2}$ cl Blaubeersirup, 1 dl eisgekühlte Milch, eine 20er Kelle Vanilleeis. Gut durchschütteln, in hohes Glas gießen, mit Sodawasser knapp auffüllen; Barlöffel und Strohhalme beigeben.

Bloody Mary: Mixglas mit Eis, $^{1}/_{4}$ Zitronensaft, $^{1}/_{2}$ Wodka, $1^{1}/_{4}$ Teile Tomatensaft, 3 Spritzer Worcestershiresauce, Prise Salz und Cayennepfeffer; in kleinen Tumbler seihen.

Blue Blazes (blu blehses): Glasbecher mit je 1 Löffel Kandiszucker und Honig und 2 Whisky; mit heißem Wasser vollgefüllt, mit Muskat bestreut, angezündet und brennend aufgetragen.

Blutgeschwür: Hohes Likörglas, $^{2}/_{3}$ Eier-Cognac und $^{1}/_{3}$ Cherry Brandy, ohne zu vermischen.

Bobsleigh Cocktail (bobsle): Mischbecher mit Eis, $^{1}/_{2}$ Gin, $^{1}/_{2}$ Noyau und 5 Spritzer Angosturabitter; in Stengelglas geseiht; Kirsche und Zitronenspirale.

Bodega Cobbler: Größeres Stengelglas mit gestoßenem Eis, je $^{1}/_{3}$ Sherry, Portwein und Weinbrand; 1 Löffel Zuckersirup und 5 Spritzer Pernod; mit Sodawasser vollgefüllt.

Bombay Cocktail: Mischbecher mit Eis, je 3 Spritzer Curaçao, Noyau und Angostura, 1 Teil Weinbrand; in Stengelglas geseiht; Zitronenscheibchen.

Bombay Punchet (pöntschet): Mischbecher mit Eis, je 4 Spritzer Zuckersirup, Maraschino und Zitronensaft, je $^{1}/_{3}$ Weinbrand, Madeira und Sherry; in Stengelglas geseiht.

Bosom Caresser A: (bosm käresser): Mischbecher mit Eis, 1 rohes Eigelb, 1 Löffel Grenadine, je 1 Spritzer Maraschino und Weinbrand, 1 Gläschen Sherry; in Stengelglas geseiht.

Bosom Caresser B: Mischbecher mit Eis, je $^{1}/_{4}$ Himbeersaft und Weinbrand, 1 frisches Ei und $^{1}/_{2}$ Milch; schütteln und in Stengelglas seihen.

Boston Cooler (bostn kuhlr): Kleiner Glasbecher mit Eis, einigen Tropfen Sassafras (Sassaparillawasser) und Zitronenschale; vollgefüllt mit Ginger Ale.

Boston Flip I (bostn flip): Mischbecher mit Eis, Zuckersirup, ein Ei und je $^{1}/_{2}$ Weinbrand und Rye Whisky; schütteln und in kleinen Glasbecher seihen; mit Muskatnuß bestreuen.

Boston Flip II (alkoholfrei): 3 cl Orangensirup, $1^{1}/_{2}$ cl Himbeersaft, 1 cl Pfefferminzsirup, 1 Ei, 2 Spritzer Zitronensaft, etwas gemahlenes Eis. Gut durchschütteln, in hohes Glas seihen, mit Sodawasser knapp vollfüllen, mit Prise geriebener Muskatnuß bestreuen.

Brain duster (brehn döstr): Mischbecher mit Eis, je $^{1}/_{4}$ italienischer Wermut, Sherry, Zitronensaft und Anisette umrühren; in hohes Glas seihen, Schuß Sodawasser.

Brandy (brändi): Englischer Name für Weinbrand.

Brandy Cobbler (brändi kobbler): Stengelglas mit gestoßenem Eis, je 2 Spritzern Curaçao, Noyau und Zuckersirup; mit Weinbrand vollgefüllt, Früchte beigegeben; einige Tropfen Portwein obenauf.

Brandy Cocktail A (brändi koktehl): Mischbecher mit Eis, 1 Spritzer Angostura, 2 Spritzer Orangebitter, 2 Löffel Zuckersirup und Weinbrand; in Stengelglas geseiht, Likörkirsche und Zitronenspirale beigegeben.

Mischgetränke

Brandy Cocktail B: Mischbecher mit Eis, 2 Spritzern Orangebitter, 2 Spritzern Curaçao und 1 Gläschen Weinbrand; umrühren und in Stengelglas seihen; Zitronenspirale.

Brandy Crusta (brändi krösta): Mischbecher mit Eis, je 2 Spritzern Angostura und Maraschino, 1 Löffel Zuckersirup und 1 Weinbrand; umrühren und in Stengelglas mit verzuckertem Rand seihen; Früchte und Zitronenspirale.

Brandy Daisy (brändi dehsi): Mischbecher mit Eis, 1 Löffel Zuckersirup, 2 Löffel Zitronensaft, ein halber Löffel Apfelsinensirup, 2 Löffel gelber Chartreuse und 1 Weinbrand; umrühren, in kleinen Becher seihen; Früchte beigeben und mit Sodawasser auffüllen.

Brandy Fizz (brändi fiss): Mischbecher mit Eis, 1 Löffel Zitronensaft, 1 Eßlöffel Zucker, 1 Weinbrand; ein größeres Stengelglas halb mit Sodawasser gefüllt und mit der Mischung vollgefüllt.

Brandy Flip (brändi flip): Glasbecher mit Eis, 2 Spritzer Zuckersirup, 1 Eigelb, 1 Weinbrand; umrühren.

Brandy Highball (brändi heibohl): Becher mit Eis, 1 Weinbrand, Zitronenspirale; mit Sodawasser oder Ginger Ale vollgefüllt.

Brandy and Honey (brändi änd hanni): Kleiner Glasbecher mit Eis, 2 Löffel Honig und 1 Weinbrand; umrühren, Zitronenscheibe beigeben.

Brandy Julep (brändi dschulep): Pfefferminzblätter mit Zucker und Wasser zerdrückt, in ein großes, mit gestoßenem Eis gefülltes Stengelglas geseiht und mit 1 Weinbrand vollgefüllt; Früchte, frische Pfefferminzblätter und Strohhalm.

Brandy Punsch (kalt): Punschglas, 2 Barlöffel Zucker auflösen, $^1/_3$ Ananassaft, $^1/_3$ Zitronensaft, 1 Weinbrand; mit gestoßenem Eis auffüllen, mit Kirschen und Ananasstückchen garnieren; Strohhalm.

Brandy Punch hot: Stengelglas halb gefüllt mit heißem Wasser, vollgefüllt mit Weinbrand, erhitzt mit Zucker; brennend aufgetragen.

Brandy Rickey (brändi rihki): Kleiner Glasbecher mit Zitronenspalte, gestoßenes Eis, 1 Weinbrand; mit Sodawasser vollgefüllt.

Brandy Sangaree (brändi sängäri): Mischbecher mit Eis, 1 Löffel Zucker und 2 Weinbrand; schütteln und in kleinen Becher seihen; mit Muskatnuß bestreuen.

Brandy Scaffa (brändi skäffa): Hohes Likörglas zu gleichen Teilen gefüllt mit Himbeersaft, grünem Chartreuse, Maraschino und Weinbrand; ein Spritzer Angosturabitter.

Brandy Schamparelle: In hohes Likörglas, ohne zu vermischen, Curaçao-Orange, grüner Chartreuse, Anisette, Weinbrand.

Brandy Sling (brändi sling): Mischbecher mit Eis, 3 Weinbrand, 1 Löffel Zitronensaft und 1 Löffel Zucker; in kleinen Becher geseiht und mit Wasser vollgefüllt.

Brandy Smash (brändi smäsch): Mischbecher mit Eis, gestoßene Pfefferminzblätter, 1 Löffel Zucker und 1 Weinbrand; schütteln, in Stengelglas seihen; Früchte oder Zitronenscheibe.

Brandy Snapper (brändi snäppr): Mischbecher mit Eis, 2 Löffel Himbeersaft, 2 Löffel Honig, 3 Spritzer Curaçao und 1 Weinbrand; schütteln, in einen mit gestoßenem Eis halb gefüllten Punschbecher seihen; Zitronenscheibe

Brandy Sour (brändi saur): Mischglas mit Eis, einem halben Löffel Zuckersirup, dem Saft von einer $^1/_4$ Zitrone, 1 Weinbrand; umrühren, in kleinen Becher seihen; Zitronenscheibe.

Brandy Split (brändi split): Eine Flasche Weinbrand, Gläser, Eis und Sodawasser; die Gäste bedienen sich selbst.

Brandy Straight (brändi streht): Wie vorstehend; Quellwasser an Stelle von Sodawasser.

Brandy Toddy (brändi toddi): Im Mischbecher Würfelzucker in Wasser gelöst, Eis und 1 Weinbrand; umrühren, in Stengelglas seihen und mit Wasser vollfüllen.

Brautnacht: In hohem Likörkelch zu gleichen Teilen ohne zu vermischen: Parfait d'amour, Peppermint und Sherry Brandy.
Braze up (brehs öp): Mischbecher mit 1 Löffel Zuckersirup, je 2 Spritzern Orangebitter, Zitronensaft und Pernod, 1 Weinbrand und 1 Ei; schütteln und in großen Becher seihen; mit Apollinariswasser auffüllen.
Brazil Cocktail (bresil): Mischbecher mit Eis, 3 Spritzern Angosturabitter und 4 Spritzern Pernod, je $1/2$ Wermut und Sherry; schütteln, in Stengelglas seihen; Kirsche, Zitronenspirale und Strohhalm.
Brombeer-Milchfrost: $2^{1}/_{2}$ cl Brombeersirup in hohes Glas füllen, mit wenig kalter Milch durchrühren. Kleine Kelle Vanilleeis beifügen, mit eisgekühlter Milch vollfüllen; Strohhalme und Barlöffel beigeben.
Bronx Cocktail: Mischbecher mit Eis, je $1/3$ Gin, italienischer Wermut und Apfelsinensaft; umrühren, in Stengelglas seihen; Kirsche.
Brunswick Cooler (brönswik kuhlr): Glasbecher mit Eis, dem Saft einer Zitrone und 2 Löffeln Zuckersirup; vollgefüllt mit Ginger Ale; Früchte, Zitronenspalte und Strohhalm.
Bülow: In hohem Likörkelch zwei Drittel Mampe Gold und ein Drittel Orangebitter.
Burnt Brandy and Peach (börnt brändi änd pihtsch): 1 Süßweinglas Sherry mit 1 Löffel Zuckersirup und Spalten von getrockneten Pfirsichen in einer Pfanne abgebrannt und dann in einen Becher gefüllt; bestreut mit geriebener Muskatnuß.

Cacao Flip: Mischbecher mit Eis, 1 Eigelb, 2 Eßlöffel Sahne, 1 Crème de Cacao; schütteln, in großes Cocktailglas seihen; geriebene Muskatnuß.
California Cocktail: Mischbecher mit Eis, je 1 Spritzer Angostura, Curaçao-Orange und Maraschino, $2/3$ Peach Brandy, $1/3$ italienischer Wermut; schütteln, in Cocktailglas seihen.
Calvados Cocktail: Mischbecher mit Eis, je 1 Spritzer Angostura und Orangenbitter, $1/3$ Orangensaft, $1/3$ Cointreau, $1/3$ Calvados; schütteln, in Stengelglas seihen.
Champagne Cobbler (schämpehn kobbler): Glasbecher mit Eis und 1 Süßweinglas Cobblermischung mit Schaumwein vollgefüllt; Früchte und Strohhalm; einige Tropfen Portwein obenauf.
Champagne Cocktail (schämpehn koktehl): Mischbecher mit Eis, je zwei Spritzern Curaçao und Angosturabitter; mit Schaumwein aufgefüllt; umgerührt, in Stengelglas geseiht; Strohhalm.
Champagne Cup (schämpehn kap): Glasbecher mit Eis, 3 Spritzern Curaçao, 2 Spritzern Noyau und 1 Spritzer Maraschino; vollgefüllt mit Schaumwein; umrühren; Früchte, Strohhalm.
Champagne Flip (schämpehn flip): Mischbecher mit Eis, 1 rohes Ei, 2 Gläschen Weißwein, 1 Löffel Zucker; schütteln, in größeres Stengelglas seihen und mit Schaumwein auffüllen; mit geriebener Muskatnuß bestreuen.
Champagne Sour (schämpehn saur): Schaumweinbecher mit Eis, 3 Spritzern Zitronensaft, 1 Spritzer Maraschino und 1 Würfel Zucker; vollgefüllt mit Schaumwein.
Cherisher (dscherisher): Mischbecher mit Eis, 3 Spritzern Pfirsichbitter, je $1/2$ Sherry Brandy und italienischem Wermut; umrühren und in Süßweinglas seihen.
Chicago (schikaigau): Mischbecher mit Eis, 1 Löffel Grenadinesirup, 1 Weinbrand, 1 Spritzer Angosturabitter; mit Sodawasser aufgefüllt und in kleinen Becher gefüllt; Zitronenspalte und Strohhalm.
Chicago Cocktail (schikaigau koktehl): Mischbecher mit Eis, je 3 Spritzer Curaçao, Angosturabitter und Zuckersirup; in Stengelglas seihen und mit Schaumwein auffüllen; Zitronenspalte und Kirsche.
Chicago Cooler (schikaigau kuhlr): Großer Becher mit Eis und 2 Löffeln Zitronensaft; mit Ginger Ale vollgefüllt und einige Tropfen Rotwein obenauf gespritzt.

Mischgetränke

Chinese Cocktail (dscheinihs koktehl): Mischbecher mit Eis, 2 Spritzern Angosturabitter, 4 Spritzern Curaçao, 4 Spritzern Noyau und 1 Löffel Zuckersirup; auffüllen mit je $^1/_3$ Rum und Weinbrand; schütteln und in Stengelglas seihen; Zitronenspirale und Strohhalm.

Chocolade Cocktail: Mischbecher mit Eis, 1 Eigelb, $^1/_2$ Portwein, $^1/_2$ grüner Chartreuse, 1 Barlöffel Schokoladenpulver; schütteln, in Stengelglas seihen.

Cider Cup (seidr kap): Becher mit Eis, je 3 Spritzern Curaçao und Noyau, 1 Löffel Zuckersirup; mit Apfelwein und Schaumwein aufgefüllt, umgerührt; Früchte, Apfelsinenspalte und Strohhalm.

Cincinnati (ßinßinati): In großem Becher halb Bier, halb Ginger Ale.

Claret Cup A (klärét kap): Becher mit Eis, 2 Löffeln Zuckersirup, je 1 Spritzer Curaçao und Maraschino, 2 Spritzern Zitronensaft; mit Rotwein vollgefüllt und umgerührt; Apfelsinenscheibe und Strohhalm.

Claret Cup B: Becher mit 1 Löffel Zucker, 1 Teil Sherry, 1 Teil Portwein, Zitronenschale und Lorbeerblatt; mit Rotwein aufgefüllt.

Claret Cup Balaclava: Bowlenschüssel mit Zitronenschale, der Saft von 2 Zitronen, 2 Löffel Zucker, Gurkenscheibchen, 2 Flaschen Rotwein, 1 Flasche Schaumwein und 1 Flasche Sodawasser.

Claret Flip (klärét flip): Mischbecher mit Eis, 1 Löffel Zuckersirup, 2 cl Curaçao und 1 rohes Ei; mit Rotwein auffüllen, schütteln und in kleinen Becher seihen; mit geriebener Muskatnuß bestreuen; Strohhalm.

Claret Lemonade (klärét lemonehd): Glasbecher mit 1 Löffel Zuckersirup, 6 Spritzern Zitronensaft und Eis; mit Rotwein aufgefüllt.

Club Cocktail (klöb koktehl): Mischbecher mit Eis, 1 Löffel Zuckersirup, 1 Gin und je 1 Spritzer gelber Chartreuse und Orangebitter; umrühren und in Stengelglas seihen.

Coaxer (kauhksr): Mischbecher mit Eis, 1 Löffel Zuckersirup, 2 Spritzern Zitronensaft, 1 Eiweiß und 1 Scotch Whisky; schütteln und in kleinen Becher seihen.

Coca-Cola-Malzmilch: In Mischbecher geben: 3 cl Schokoladensirup, 5 cl Kaffeesahne, 2 Limonadenlöffel Malzmilch, etwas gestoßenes Eis. Gut schütteln, in hohes Glas seihen, mit Coca-Cola auffüllen.

Coffee Cobbler (koffi kobbler): Großer Becher mit Eis, 1 Löffel Zuckersirup, je 1 Gläschen Weinbrand und Kaffeelikör; vollfüllen mit Kaffeeaufguß; umrühren; Strohhalm.

Coffee Cocktail (koffi koktehl): Mischbecher mit Eis, je 2 Spritzern Curaçao und Noyau, 1 Spritzer Kaffeelikör, 2 Löffeln Zuckersirup und 1 Weinbrand; mit Kaffeeaufguß aufgefüllt, umgerührt und in Stengelglas geseiht; Strohhalm.

Coffee Flip (koffi flip): Mischbecher mit Eis, 1 rohes Ei, 1 Löffel Zuckersirup und 1 Kaffeelikör; schütteln und in größeres Stengelglas seihen; mit geriebener Muskatnuß bestreuen.

Coffee Punch (koffi pantsch): Mischbecher mit Eis, je 2 Spritzern Noyau und Curaçao, $^1/_2$ Kirschwasser und $^1/_2$ Weinbrand, 2 Löffeln Zuckersirup; mit Kaffeeaufguß aufgefüllt, umgerührt und in kleinen Becher geleert; Strohhalm.

Columbia Skin (kolömbia skin): Mischbecher mit Eis, 1 Löffel Zuckersirup, 2 Spritzern Zitronensaft und 1 Rum; schütteln und in Stengelglas seihen; Zitronenspirale.

Continental Cocktail (kontinentl koktehl): Mischbecher mit Eis, je zwei Spritzern Angosturabitter, Curaçao, Orangebitter und Maraschino; je 3 Spritzer französischer Wermut und italienischer Wermut; in Schaumweinschale gefüllt, mit Schaumwein aufgefüllt; Kirsche und Strohhalm.

Corps Reviver (korps riweiwr): In hohem Likörkelch zu gleichen Teilen, ohne zu vermischen: Grenadinesirup, Anisette, Erdbeerlikör, grünen Chartreuse, Sherry Brandy, Vanillelikör, Kirschwasser und Weinbrand.

Mischgetränke

Curaçao Punch (küraßao pantsch): Becher mit Eis, 2 Löffeln Zuckersirup, 2 Spritzern Zitronensaft, je $^1/_4$ Weinbrand und Rum, $^1/_2$ Curaçao; umrühren, Früchte und Apfelsinenscheibe zugeben; Strohhalm.

Daiquiri Cocktail: Mischbecher mit Eis, Saft $^1/_2$ Zitrone, 1 Barlöffel Puderzucker, $^1/_6$ Grenadine, $^2/_3$ Bacardi Rum; kräftig schütteln, in Stengelglas seihen.

Damson Gin Cocktail (dämsn dschin koktehl): Mischbecher mit Eis, $^1/_2$ Damson Gin, je $^1/_4$ Orangebitter und Dry Gin; umrühren und in Stengelglas seihen; Strohhalm.

Dash (däsch): Englische Bezeichnung für einen Spritzer (französisch: trait): Dasjenige Quantum, welches aus einer mit einem Spritzkork versehenen Flasche bei einmaligem Spritzen entnommen wird.

Delaware Punch (delawär pantsch): Glasbecher mit Eis, $1^1/_2$ Weinbrand, 2 Löffeln Zuckersirup, $^1/_2$ Rum und 2 Spritzern Zitronensaft; Früchte und Strohhalm.

Derby Sour (dörbi saur): Mischbecher mit Eis, je $1^1/_2$ Curaçao und Rye Whisky, 2 Löffel Zitronensaft; in kleinen Becher seihen; Früchte und Strohhalm.

Deutsches Lied: In hohem Likörkelch, ohne zu vermischen: $^2/_5$ Maraschino, $^2/_5$ Himbeerlikör und $^1/_5$ Kakaolikör.

Dogs Nose (dogs nohs): Ein Glas Porterbier mit $^1/_2$ Gin.

Doppeldecker: In hohem Likörkelch halb Sherry Brandy und Weinbrand.

East India Cocktail (ihst india koktehl): Mischbecher mit Eis, je ein Spritzer Curaçao und Maraschino, 2 Spritzer Angosturabitter, ein Löffel Ananassirup und 1 Weinbrand; schütteln, in Stengelglas seihen; Kirsche, Zitronenspirale und Strohhalm.

Egg Flip (eg flip): Mischbecher mit Eis, 1 rohen Eigelb, je 2 Spritzern Curaçao und Noyau, 2 Löffeln Zuckersirup, je $^1/_2$ Weinbrand und Sherry; schütteln und in kleinen Becher seihen; mit geriebener Muskatnuß bestreuen.

Egg Icecream Flip (eg eiskrihm flip): Mischbecher mit einem Löffel Vanilleeis, 1 Vanillelikör und einem rohen Ei; schütteln, in Glasbecher leeren und mit Sodawasser vollfüllen.

Egg Lemonade (eg lemonehd): Mischbecher mit Eis, 2 Spritzern Zitronensaft, 1 Löffel Zuckersirup, 1 rohem Ei und Wasser; in größeren Glasbecher seihen.

Egg Nogg (eg nog): Mischbecher mit Eis, $^2/_3$ Weinbrand, $^1/_3$ Rum und rohem Ei; mit Milch aufgefüllt, geschüttelt und in Henkelbecher geseiht; mit geriebener Muskatnuß bestreut (kalt).

Egg nogg, hot: Ein Glas Milch, 1 Löffel Zucker und ein rohes Eigelb verrührt, am Feuer erhitzt; unter Umrühren 1 Rum zugegeben und in einem Henkelbecher aufgetragen; mit geriebener Muskatnuß bestreut.

Ein Kuß: In hohem Likörkelch zu gleichen Teilen, ohne zu mischen: Vanillelikör und Maraschino.

Encore: In hohem Likörkelch zu gleichen Teilen, ohne zu mischen: Maraschino, Curaçao und Weinbrand; brennend aufgetragen.

Erbtante: In hohem Likörkelch, ohne zu mischen: Halb Orangebitter und halb Danziger Goldwasser.

Erdbeer-Limonade: Hohes Stengelglas mit einem Stückchen Eis, $^1/_2$ Zitronensirup und 1 Erdbeersirup; mit Wasser oder Sodawasser aufgefüllt; Strohhalm.

Es ist erreicht: In hohem Likörkelch zu gleichen Teilen, ohne zu mischen: Orangebitter, Danziger Goldwasser und Curaçao sec.

Euer Wohlgeboren: In hohem Likörkelch zu gleichen Teilen, ohne zu mischen: Sherry Brandy, Eierweinbrand und Curaçao.

Expulsion (ekspölschn): 2 Eigelbe verrührt mit 1 Löffel Zucker und einem halben Gläschen Orangenblütenwasser; in Henkelbecher geleert und mit heißem Wasser aufgefüllt.

Mischgetränke

Eye Opener A (ei opner): Mischbecher mit Eis, 1 Ei, 1 Löffel Zucker und je $^1/_2$ Rum und Weinbrand; schütteln, in kleinen Becher seihen.

Eye Opener B: Mischbecher mit Eis, 1 Pernod, 2 Spritzern Whisky und 1 Eiweiß; schütteln, in kleinen Becher seihen und mit Sodawasser auffüllen.

Fancy Brandy Cocktail (fänsi brändi koktehl): Mischbecher mit Eis, 1 Spritzer Orangebitter, 1 Spritzer Angosturabitter und 1 Weinbrand; umrühren, in Schaumweinschale seihen, mit Schaumwein auffüllen; Kirsche und Zitronenspirale.

Fancy Whisky Smash (fänsi wiski smäsch): Mischbecher mit Eis, 3 gestoßenen Pfefferminzblättern, 1 Löffel Zuckersirup, 3 Spritzern Noyau und 1 Whisky; schütteln, in kleinen Becher seihen; Früchte und Strohhalm.

Feine Nummer: In hohem Likörkelch zu gleichen Teilen, ohne zu mischen: Orangebitter, Cherry Brandy und Curaçao triple sec.

First Drink (först drink): Mischbecher mit Eis, $^1/_2$ Himbeersaft, $^1/_2$ Rum und 4 Spritzern Curaçao braun; schütteln und in Stengelglas seihen.

Fishermans Prayer (fischermäns präer): Mischbecher mit Eis, 1 Löffel Zuckersirup, $^1/_3$ Himbeersaft, 2 Spritzern Zitronensaft und $^2/_3$ Rum; umrühren, in kleinen Becher seihen und mit Wasser auffüllen; Früchte und Strohhalm.

Forstmeister: In hohem Likörkelch zu gleichen Teilen, ohne zu mischen: Anisette grün, Maraschino und Halv om Halv.

Fromme Helene: In Cocktailglas auf gestoßenes Eis: Halb Maraschino und halb Eierweinbrand.

Fürst Opodeldok: In hohem Likörkelch zu gleichen Teilen, ohne zu mischen: Cherry Brandy und Peach Brandy.

Gebrannter Eierwein: In Eierpfanne 1 Süßweinglas Weinbrand und 2 Würfel Zucker; angezündet und dann in Likörglas aufgetragen.

Genever Cocktail (dschenäwr koktehl): Mischbecher mit Eis, 1 Süßweinglas Genever, 4 Spritzern Orangebitter und 1 Löffel Zucker; umrühren, in Stengelglas seihen: Olive, Zitronenspirale und Strohhalm.

Gerstenwasser: $^1/_8$ kg Rollgerste mit $^1/_2$ l Wasser ganz weichgekocht, etwas kaltes Wasser zugegossen und stehen gelassen; der Saft, durch Tuch geseiht und mit Zuckersirup versüßt, dient zum Mischen mit Likör, Wein oder Fruchtsäften.

Gin and Bitter (dschin änd bitter): Ein Cocktailglas wird mit Angosturabitter ausgeschwenkt, gefüllt mit Gin.

Gin Brazer (dschin brehsr): Kleiner Glasbecher mit Eis, 1 Gin; vollgefüllt mit Milch und Sodawasser.

Gin Cocktail (dschin koktehl): Wie Brandy Cocktail, mit Gin an Stelle von Weinbrand.

Gin Daisy (dschin dehsi): Wie Brandy Daisy, mit Gin an Stelle von Weinbrand.

Gin Fix (dschin fiks): Kleiner Glasbecher mit Eis, 1 Löffel Zucker, dem Saft von $^1/_2$ Zitrone, 2 Spritzern Ananassirup und 1 Gin; umrühren, Früchte beigeben.

Gin Fizz (dschin fiss): Mischbecher mit Eis, 2 Spritzern Zitronensaft, 2 Spritzern Zuckersirup und 1 Gin; umrühren, in kleinen Becher seihen und mit Sodawasser vollfüllen.

Gin Flip (dschin flip): Mischbecher mit Eis, 2 Spritzern Noyau, 2 Löffeln Zuckersirup, 1 Eigelb und 1 Gin; schütteln, in kleinen Becher seihen und mit geriebener Muskatnuß bestreuen.

Gin and French: Mischbecher mit Eis, $^2/_3$ Gin, $^1/_3$ französischem Wermut; schütteln, in großes Cocktailglas seihen.

Gin Julep (dschin dschulep): Frische Pfefferminzblätter gestoßen mit ein wenig Zucker; Mischbecher mit Eis, $^1/_3$ Chartreuse gelb, den Pfefferminzblättern und $^2/_3$ Gin; schütteln, in kleinen Becher seihen;

Mischgetränke

Früchte, Strohhalm und ein in Zitronensaft gebeiztes Pfefferminzblatt.

Gin and Milk (dschin änd milk): Mischbecher mit Eis, 1 Löffel Zuckersirup, 2 Spritzern Noyau, $1/3$ Gin und $2/3$ Milch; schütteln und in kleinen Becher seihen; Strohhalm.

Gin and Molasses (dschin änd molass): Kleiner Glasbecher mit Eis, 1 Löffel Zuckersirup, 1 Löffel Melassezucker und 1 Gin; aufgefüllt mit Sodawasser.

Gin Punch (dschin pantsch): Henkelbecher mit Eis, 2 Spritzern Noyau, 1 Löffel Himbeersaft, 2 Löffeln Zuckersirup und 1 Gin; mit Wasser auffüllen, umrühren und Ananas, Apfelsinenscheibe und Strohhalm beigeben.

Gin Sangaree (dschin sängäri): Wie Brandy Sangaree mit Gin an Stelle von Weinbrand.

Gin Scaffa (dschin skäffa): In hohem Likörkelch zu gleichen Teilen, ohne zu mischen: Benedictinerlikör und Gin; ein Tropfen Angosturabitter obenauf.

Gin Sling (dschin sling): Wie Brandy Sling, mit Gin an Stelle von Weinbrand.

Gin Smash (dschin smäsch): Wie Brandy Smash, mit Gin an Stelle von Weinbrand.

Gin Sour (dschin saur): Wie Brandy Sour, mit Gin an Stelle von Weinbrand.

Gin Toddy (dschin toddi): Wie Arrak Toddy, mit Gin an Stelle von Arrak.

Gin and Tonic: Tumbler mit viel Eis, $1/4$ Zitronensaft, 1 Gin, mit Tonic Water auffüllen, Zitronenscheibe.

Glasgow Flip (gläsgo flip): Großer Glasbecher mit Eis, 1 Ei, 3 Spritzern Zitronensaft, 1 Löffel Zuckersirup; aufgefüllt mit Ginger Ale, umgerührt; Strohhalm.

Gloria: Eine Mokkatasse schwarzer Kaffee mit 5 bis 6 Würfeln Zucker und 1 Weinbrand; einen Augenblick lang angezündet.

Golden Fizz (goldn fiss): Mischbecher mit Eis, 1 Löffel Zucker, 2 Löffeln Zitronensaft, 1 Eßlöffel Grenadine, 1 Eigelb, 1 Gin; schütteln, in kleinen Becher seihen, mit Sodawasser auffüllen.

Golden Fizz (alkoholfrei): Mixbecher mit gestoßenem Eis, 4 cl Zitronensirup, 1 cl Ingwersirup und 1 Eigelb beifügen, gut schütteln. In großes Glas seihen, mit Sodawasser knapp vollfüllen, 1 Teelöffel Puderzucker beifügen, sofort servieren.

Golden Slipper (goldn slipper): In Likörglas, ohne zu mischen: Chartreuse gelb, 1 Eigelb und Danziger Goldwasser.

Golden Sunset (goldn sönset): Mischbecher mit Eis, 1 Löffel Zuckersirup, dem Saft von $1/2$ Zitrone, 1 Eigelb und 1 Whisky; schütteln, in größeres Stengelglas seihen und mit Mineralwasser auffüllen.

Golf Cocktail: Mischbecher mit Eis, 2 Spritzern Orangebitter, $2/3$ französischem Wermut und $1/3$ Gin; umrühren, in kleines Stengelglas seihen; Olive und Strohhalm.

Graf Waldersee: In hohem Likörkelch, ohne zu mischen: $1/3$ Arrak, $1/3$ Curaçao, weiß, und $1/3$ Cherry Brandy.

Graf Zeppelin: Mischbecher mit Eis, $2/3$ Ingwerlikör, 2 Spritzern Angosturabitter und $1/3$ Turiner Wermut; umrühren, in kleines Stengelglas seihen; Strohhalm.

Grasshopper (grässhoppr): In Likörkelch, ohne zu mischen: Halb Kakaolikör, halb Pfefferminzlikör.

Grog: Heißes Wasser mit Zucker, Arrak, Rum oder Weinbrand.

Half and Half (haf änd haf): In großem Becher halb Lagerbier und halb Porterbier.

Hamburger: In hohem Likörglas zu gleichen Teilen, ohne zu mischen: Danziger Goldwasser, Cherry Brandy und Halv om Halv- Likör.

Mischgetränke

Harem-Limonade: In hohem Stengelglas; gestoßenes Eis, je $1/2$ Orangenblütenwasser und Orangensirup und der Saft einer Zwergapfelsine (Mandarine).

Heaps of Comfort (hihps of komfort): Mischbecher mit gestoßenem Eis, je $1/3$ Madeira, Weinbrand und Curaçao, 1 frisches Ei; schütteln, in kleinen Becher seihen und mit geriebener Muskatnuß bestreuen.

Helgoländer A: In hohem Likörkelch zu gleichen Teilen, ohne zu mischen: Chartreuse grün und Cherry Brandy.

Helgoländer B: In hohem Likörkelch zu gleichen Teilen, ohne zu mischen: Anisette, Curaçao sec und Peppermint.

Herzblättchen: In hohem Likörkelch, ohne zu mischen: $1/2$ Cordial Médoc und $1/2$ Getreidekümmel.

High Life (heileif): Großer Glasbecher mit Eis, 3 Spritzern Zitronensaft, 1 Löffel Zuckersirup und 1 Weinbrand; aufgefüllt mit Sodawasser.

Hock Cobbler (hock kobbler): Großes Stengelglas mit Eis, 2 Spritzern Zuckersirup, $1/2$ Bananenlikör; mit Rheinwein aufgefüllt; Früchte und Strohhalm.

Holländischer Punsch: Teeaufguß mit Rum, Zucker und auf Zucker abgeriebene Apfelsinenschale.

Hoppel Poppel: Eigelb, Vanillezucker, auf Zucker abgeriebene Zitronenschale und Rum; mit Milch vermischt, mit der Schneerute schäumend geschlagen und in Gläsern aufgetragen.

Horse Guards Bishop (hors gards bischop): 1 Glasbecher mit Eis, einem Ei, 4 Spritzern Curaçao und 1 Rum; mit Schaumwein aufgefüllt, umgerührt; Zitronenspirale und Strohhalm.

Horse's Neck (horsses nek): Tumbler mit langer, im Glase aufrechtstehender Zitronenspirale, Eis, 2 Spritzern Orangebitter und 1 Whisky oder Gin, mit Ginger Ale aufgefüllt.

Hot Locomotive (hot lokomotif): Eigelb mit 2 Löffeln Honig und einem Gläschen Curaçao verrührt, mit der Schneerute am Feuer geschlagen; in Henkelbecher gefüllt, mit geriebener Muskatnuß bestreut.

Ice Cream Soda (eiskrihm soda): Limonadenbecher mit $1/2$ Portion Eiscreme, mit Sodawasser aufgefüllt und umgerührt.

Iced Coffee (eisd koffi): Mischbecher mit Eis, je 2 Spritzern Noyau, Weinbrand und Zuckersirup; mit schwarzem Kaffee aufgefüllt, geschüttelt und in kleinen Becher geseiht; Strohhalm.

Iced Tea (eisd tih): Mischbecher mit Eis, 2 Spritzern Noyau, $1/2$ Gläschen Rum und 1 Löffel Zuckersirup; mit Teeaufguß vollgefüllt, geschüttelt und in kleinen Becher geseiht; Apfelsinenscheibe und Strohhalm.

International Cocktail (internehschnäl koktehl): Mischbecher mit Eis, $1/2$ Chartreuse, $1/2$ Weinbrand und 1 Spritzer Ananassirup; umrühren, in kleines Stengelglas seihen; Zitronenspalte und Strohhalm.

Irish Porridge (eirisch porridsch): Größeres Stengelglas mit einem Stückchen Eis, 3 Spritzern Zuckersirup und 1 Irish Whisky; mit Milch aufgefüllt und mit gestoßenem Zimt bestreut.

Jersey Cocktail (dschörsi koktehl): Mischbecher mit Eis, 1 Löffel Zuckersirup, 3 Spritzern Angosturabitter und 1 Apfelwein; umrühren, in Stengelglas seihen; Kirsche und Strohhalm.

Jersey Lily (dschörsi lili): In hohem Likörkelch, ohne zu mischen: halb Weinbrand und halb Chartreuse grün.

John Collins (dschon kollins): Glasbecher mit Eis, dem Saft einer Zitrone und 1 Genever; mit Sodawasser auffüllen, umrühren; Zitronenspirale und Strohhalm.

Junge! Junge!: In hohem Likörkelch zu gleichen Teilen, ohne zu mischen: Eierweinbrand, Kakaolikör und Curaçao triple sec.

Jungfrau: In hohem Likörkelch zu gleichen Teilen, ohne zu mischen: Cordial Médoc und Maraschino.

Mischgetränke

Keusche Nonne: In hohem Likörkelch zu gleichen Teilen, ohne zu mischen: Curaçao triple sec, Kakaolikör und Danziger Goldwasser.

Kikeriki: Großer Becher mit Eis, je 1 Moselwein und Portwein; umrühren und mit Mineralwasser auffüllen; Strohhalm.

Kirsch Punch (kirsch pantsch): Stengelglas mit heißem Wasser, Zucker und 2 Gläschen Kirschwasser; brennend aufgetragen.

Kiss me Quick (kiss mi kwik): Mischbecher mit Eis, 2 Spritzern Angostura, $1/2$ Curaçao und $1/2$ Pernod; umrühren, in Tumbler seihen und mit Sodawasser auffüllen.

Klondyke Cocktail (klondeik koktehl): Mischbecher mit Eis, 4 Spritzern Orangebitter, 2 Spritzern Apfelwein, 1 Löffel Zuckersirup und 1 Wermut; umrühren, in Stengelglas seihen; Olive, Zitronenspirale.

Knickebein: In hohem Likörkelch ein schwerer Likör am Boden, ein rohes Eigelb in die Mitte und obenauf ein leichterer Likör; zum Beispiel: Benedictiner, Ei und Cherry Brandy; Danziger Goldwasser, Ei und Cherry Brandy; Weinbrand, Ei und Chartreuse; Weinbrand, Ei und Curaçao; Kirschwasser, Ei und Cordial Médoc; Weinbrand, Ei und Cordial Médoc.

Knickerbocker: Mischbecher mit Eis, 1 Spritzer Zitronensaft, 4 Spritzern Curaçao, 2 Löffeln Himbeersaft, 1 Rum; schütteln, in kleinen Becher seihen; Früchte und Strohhalm.

Knock out (nokaut): Mischbecher mit gestoßenem Eis, 1 Löffel Zucker, 1 Eigelb, je $1/2$ Rye Whisky und Madeira; schütteln, in Henkelbecher seihen und mit Schaumwein auffüllen; Früchte.

Königspunsch: Teeaufguß mit Zucker, Zitronensaft, Weißwein, Rotwein, Schaumwein, Maraschino und Arrak; entweder heiß aufgetragen oder kalt gereicht.

Kuß mit Liebe: In hohem Likörkelch zu gleichen Teilen, ohne zu mischen: Eierweinbrand, Crème de vanille und Kirschwasser.

Ladies Blush (lehdis blösch): Mischbecher mit Eis, $2/3$ Anisette, 2 Spritzern Curaçao, $1/3$ Pernod und $1/2$ Glas Wasser; umrühren und in kleinen Becher seihen.

Ladies Cocktail A: Mischbecher mit Eis, 2 Spritzer Angostura, 2 Spritzer Anisette, $1/3$ Ananassaft, $2/3$ Gin; schütteln, in Cocktailglas seihen.

Ladies Cocktail B: Mischbecher mit Eis, $1/2$ Curaçao, $1/2$ Portwein, je 2 Spritzern Orangebitter, Peppermint und Grenadine; umrühren, in Stengelglas seihen.

Lambs Wool (lämbs wuhl): $1/4$ l Milch und 1 Löffel Hafermehl verrührt und dann aufgekocht; vermischt mit 1 Süßweinglas Rum.

Last Drink (last drink): Mischbecher mit Eis, je 2 Spritzern Weinbrand, Chartreuse gelb, Cherry Brandy, Kümmellikör und Ginger Brandy; umrühren, in rotes Stengelglas mit gezuckertem Rand seihen.

Leave it to me (lihf it tu mih): Mischbecher mit Eis, 1 Löffel Zitronensaft, je 1 Spritzer Himbeersaft und Maraschino, $3/4$ Gin; umrühren, in kleinen Becher seihen; Zitronenscheibe.

Lebenswecker: Mischbecher mit Eis, 1 Süßweinglas schwarzer Kaffee, $1/2$ Weinbrand, $1/2$ Portwein und ein rohes Ei; schütteln und in großes Stengelglas seihen.

Lemon and Dash (lemön änd däsch): Großer Glasbecher mit einem Stück Eis; halb Brauselimonade und halb Pale Ale.

Lemon Squash (lemön skwosch): Großer Glasbecher mit Eis, Barlöffel Puderzucker und einer ausgepreßten Zitrone; mit Sodawasser aufgefüllt; Zitronenscheibe und Strohhalm.

London Cocktail (londn koktehl): Mischbecher mit Eis, 1 Spritzer Orangebitter, 1 Spritzer Grenadine und je $1/3$ Wermut, Apple Brandy und Gin; schütteln und in Stengelglas seihen; Früchte und Strohhalm.

Love Reviver (laf riweiwr): Süßweinglas mit einem rohen Eigelb und je $1/3$ Weinbrand, Kirschwasser und Maraschino; Löffel beigeben.

Lustige Witwe: In hohem Likörkelch zu gleichen Teilen, ohne zu mischen: Parfait d'amour, Curaçao weiß und Angelikalikör.

Mischgetränke

Madeira Cobbler: Wird wie Sherry Cobbler bereitet.

Madeira Sorbet: Fruchteis vermischt mit Madeirawein; in hohen Schaumweinkelch gefüllt; belegt mit Weinbeeren.

Maidens Blush (mehdns blösch): Mischbecher mit Eis, 1 Löffel Grenadine, $^1/_3$ Pernod und $^2/_3$ Gin; umrühren, in Stengelglas seihen; Zitronenspirale.

Maidens Dream (mehdns drihm): Mischbecher mit Eis, 1 Kakaolikör; schütteln und in Stengelglas seihen; einige Tropfen frische Milch obenauf.

Maidens Kiss (mehdns kiss): In hohem Likörkelch zu gleichen Teilen, ohne zu mischen: Maraschino, Rosenlikör, Curaçao weiß, Chartreuse grün und Benedictiner.

Mandelmilch: Süße Mandeln gestoßen, vermischt mit Orangenblütenwasser, Zucker und Milch, aufgekocht, durch Tuch geseiht, erkaltet.

Manhattan Cocktail (mänhättn koktehl): Mischbecher mit Eis, 1 Spritzer Angosturabitter, $^1/_3$ ital. Wermut und $^2/_3$ Canadian-Club Whisky; umrühren und in Stengelglas seihen; Kirsche.

Manhattan Cocktail, dry: Mischbecher mit Eis, $^2/_3$ Canadian-Club Whisky, $^1/_3$ französischer Wermut; schütteln, in Stengelglas seihen; Kirsche.

Manhattan Cooler: Mischbecher mit Eis, 2 Barlöffel Zucker, $^1/_2$ Zitronensaft, 1 Rotwein; schütteln, in Tumbler füllen, mit Ginger Ale aufgießen.

Manhattan Lemonade (mänhättn lemonehd): Glasbecher mit 1 Stück Eis, 1 Löffel Zuckersirup, 1 italienischen Wermut und 1 Spritzer Angosturabitter; mit Sodawasser auffüllen; Früchte.

Marquise (markis): Limonadebecher mit Eis, $^1/_2$ Ananassirup, $1^1/_2$ Weißwein; mit Sodawasser aufgefüllt; Früchte.

Martini Cocktail, dry: Mischbecher mit Eis, $^2/_3$ Gin, $^1/_3$ Martini-Vermouth secco; schütteln, in Stengelglas seihen; Olive.

Mayflower (mehflauer): Mischbecher mit Eis, 1 Löffel Zuckersirup, 2 Eigelbe, je $^1/_3$ italienischen Wermut, Weinbrand und Kakaolikör; schütteln und in Stengelglas seihen.

Medford Rum Sour (medford röm sauer): Mischbecher mit Eis, 1 Löffel Zuckersirup, 1 Löffel Zitronensaft, 1 Rum; umrühren und in Glasbecher seihen; Zitronenscheibchen, Apfelsinenspalte und Ananaswürfel; Strohhalm.

Menthe glacée (mangt glasseh): Stengelglas mit gestoßenem Eis gefüllt und 1 Pfefferminzlikör darübergegossen; Strohhalm.

Milch und Selters: Zur Hälfte rohe, kalte Milch und Selterswasser.

Milk Punch A (milk pantsch): Mischbecher mit Eis, 1 Löffel Grenadine, je $^1/_4$ Rum und Weinbrand und $^1/_2$ Milch; schütteln und in Becher seihen; mit geriebener Muskatnuß bestreuen.

Milk Punch B: 2 dl heiße Milch verrührt mit 1 Löffel Zucker und je $^1/_2$ Rum und Weinbrand, zum Kochen gebracht; mit Muskat bestreut.

Mint Green: Tumbler mit 2–3 Eiswürfeln, $^1/_3$ Creme de Menthe, $^2/_3$ Lime Juice, mit Tonic Water auffüllen.

Mississippi Cocktail: Mischbecher mit Eis, je $^1/_3$ Cassis, Orangensaft und Gin; schütteln, in Stengelglas seihen.

Mississippi Punsch: Glasbecher mit gestoßenem Eis, 1 Löffel Zucker, 1 Löffel Zitronensaft, je $^1/_3$ Rum, Weinbrand und Rye Whisky; Früchte.

Morgan Rum Cocktail: Mischbecher mit Eis, 1 Barlöffel Lime Juice, 1 Barlöffel Cointreau, $^3/_4$ Bacardi Rum; schütteln, durchseihen in Stengelglas; Olive.

Morning Call (morning kohl): Mischbecher mit Eis, $^1/_2$ Curaçao, 4 Spritzern Angosturabitter und $^1/_2$ Rum; umrühren und in Stengelglas seihen; Zitronenspirale.

Morning Daisy (morning dehsi): Mischbecher mit Eis, je 4 Spritzern Zitronensaft und Absinth, 1 Löffel Zuckersirup, 1 Eiweiß und 1 Scotch Whisky; schütteln und in Stengelglas seihen.

Morning Glory (morning glori): Mischbecher mit Eis, 3 Spritzern Curaçao, je 2 Spritzern Angosturabitter und Noyau, 1 Löffel Zuckersirup und je $1/2$ Weinbrand und Whisky; umrühren, in Stengelglas seihen; Zitronenspirale.

Mother's Milk (modders milk): Mischbecher mit Eis, 3 Spritzern Curaçao, 2 Spritzern Noyau, 1 Löffel Grenadine, 1 rohem Eigelb, $1/2$ Weinbrand und 1 Süßweinglas Milch; schütteln und in Glasbecher seihen; Strohhalm.

Mulled Claret (mölld kläret): 1 Flasche Rotwein, $1/8$ kg Zucker, 1 Zimtstange und einige Gewürznelken gekocht, vermischt mit 2 rohen, mit Zucker abgerührten Eigelben; in Glasbecher gefüllt, bestreut mit geriebener Muskatnuß.

Napoleon Cocktail: Mischbecher mit Eis, 1 Löffel Zuckersirup, 3 Spritzern Zitronensaft; je $1/2$ Gin und Whisky; umrühren und in Stengelglas seihen; Zitronenspirale.

Nektar A: Zitronenschalen und dünne Apfelspalten mit Zucker bestreuen, mit ein wenig Weißwein überdecken und 8–10 Stunden ziehen lassen; in Bowlenschüssel geben und mit Wein und Schaumwein auffüllen.

Nektar B: In hohem Stengelglas: Je 2 Löffel Apfelsineneis und Zitroneneis, 1 Spritzer Pfefferminz; mit Sodawasser auffüllen, umrühren.

New Orleans Fizz: Mischbecher mit Eis, $1/2$ Zitronensaft, 2 Barlöffel Zucker, 1 Spritzer Curaçao-Orange, 1 Eiweiß, $1/2$ süßer Rahm, $1/2$ Gin; durchschütteln, in Fizzglas füllen, mit Sodawasser auffüllen.

Night Cap: Limonadebecher mit 3 Spritzern Vanillesirup und 1 Süßweinglas heißer Milch; mit Sodawasser auffüllen.

Non plus ultra: In hohem Likörkelch zu gleichen Teilen, ohne zu mischen: Rosenlikör, Benedictiner, Chartreuse grün und Weinbrand; einen Augenblick angezündet.

Old Chums Reviver (ohld dschöms riweiwr): Mischbecher mit Eis, dem Saft einer halben Zitrone, 1 Löffel Zucker, $1/2$ Erdbeersirup und 1 Weinbrand; schütteln, in großen Glasbecher seihen und mit Sodawasser auffüllen; Dunstkirsche und Strohhalm.

Olympia Cooler (olimpia kuhlr): Großer Glasbecher mit Eis, dem Saft einer halben Zitrone und 1 Scotch Whisky; mit Ginger Ale vollgefüllt.

Orange Blossom Cocktail: Mischbecher mit Eis, 1 Orangensaft, 1 Gin; schütteln, in großes Cocktailglas seihen.

Orange Egg-Nogg (alkoholfrei): In den Mischbecher geben: 4 cl Orangensirup, 1 frisches Ei, 2 cl süße Sahne, etwas gemahlenes Eis, 1 dl eiskalte Milch. Gut schütteln, in hohes Glas seihen; Strohhalme beigeben.

Orange frappée (orangsch frappeh): Mischbecher mit Eis, dem Saft einer Apfelsine, 2 Spritzern Portwein, 2 Spritzern Rum und 1 Spritzer Weinbrand, schütteln und in einen mit gestoßenem Eis halbvoll gefüllten Becher seihen, mit Sodawasser auffüllen; Apfelsinenscheibe, Strohhalm.

Orange Lemonade (orangsch lemonehd): Glasbecher mit Eis, 1 Löffel Zuckersirup, 1 Spritzer Zitronensaft und dem Saft einer Apfelsine; mit Sodawasser auffüllen und Apfelsinenscheibe und Strohhalm beigeben.

Orange Punch A: $1/4$ l Arrak, $3/4$ l Punschessenz, 4 aufgeschnittene Apfelsinen und 3 l Wasser; auf Eis ziehen lassen.

Orange Punch B: Bowlenschüssel mit 200 g Zucker auf Apfelsinenschale abgerieben, dem Saft von 4 Apfelsinen, 1 l heißes Wasser, 1 l Rotwein und $1/4$ l Arrak.

Orangen-Sahne-Flip (alkoholfrei): In den Mischbecher geben: 3 cl Orangensirup, 2 cl Himbeersaft, 3 cl süße Sahne, 1 Ei, gemahlenes Eis

Mischgetränke

Gut schütteln, in hohes Glas seihen, mit Sodawasser knapp füllen, mit kleinem Ananasscheibchen garnieren.

Orgeat (orschät): Siehe Mandelmilch

Orgeat Punch (orschät pantsch): Henkelbecher halbgefüllt mit gestoßenem Eis; 1 Löffel Zuckersirup, 2 Spritzern Noyau, 1 Gläschen Weinbrand; mit Mandelmilch aufgefüllt, Früchte und Zitronenscheibe beigegeben; einige Tropfen Rotwein obenauf.

Panaché (panascheh): Glasbecher halb mit dunklem Bier und halb mit Limonade gefüllt.

Pariser Cocktail: Mischbecher mit Eis, $1/3$ Anisette, $1/3$ französischer Wermut, $1/3$ Cognac; schütteln, in Stengelglas seihen.

Pariser Pousse-Café (puss kaffeh): In hohem Stengelglas zu gleichen Teilen, ohne zu mischen: Erdbeerlikör, Vanille, Maraschino, Chartreuse gelb und Weinbrand.

Peach and Honey (pihdsch änd hanni): Stengelglas mit 2 Löffeln Honig, aufgefüllt mit Peach Brandy.

Peppermint Lemonade (peppermint lemonehd): Hohes Stengelglas mit Eis, 1 Pfefferminz, 2 Löffeln Zitronensaft; mit Wasser aufgefüllt; Strohhalm.

Pimpernel: Tumbler halbvoll mit gestoßenem Eis, 1 Spritzer Angostura, $1/3$ Anisette, $2/3$ Peach Brandy; mit Sodawasser knapp vollgießen; mit Pfefferminzblättern und roter Kirsche garnieren.

Pineapple Julep: siehe Ananas-Julep

Port Sangaree (port sängäri): Kleiner Glasbecher mit Eis, 2 Spritzern Curaçao und 1 Löffel Zuckersirup; mit 1 Portwein und Wasser aufgefüllt und mit geriebener Muskatnuß bestreut.

Port Wine Flip: Mischbecher mit Eisstückchen, 1 Eigelb, 2 Barlöffel Zucker, 1 Portwein; kurz durchschütteln, in großes Cocktailglas seihen; geriebene Muskatnuß.

Port Wine Negus (portwein nigös): Portwein aufgekocht mit Gewürznelken und Zucker; in Stengelglas geseiht, mit Selters aufgefüllt.

Pousse l'amour (puss lamuhr): In hohem Likörkelch zu gleichen Teilen, ohne zu mischen: Maraschino, 1 rohes Eigelb, Curaçao rot, Noyau und Weinbrand.

Pousse-Café (puss kaffeh): In hohem Likörkelch zu gleichen Teilen, ohne zu mischen: Parfait d'amour, Maraschino, Vanillelikör, Curaçao weiß, Chartreuse gelb und Weinbrand; oder Himbeerlikör, Maraschino, Chartreuse gelb und Weinbrand; oder Chartreuse grün, Curaçao rot, Kirschwasser und Weinbrand usw.

Prairie Oyster: Großes Glas, 1 Eigelb, 1 Eßlöffel Worcestershiresauce, Paprika, Salz, je ein Schuß Essig und Olivenöl.

Prince of Wales (prinz of wehls): Größerer Glasbecher mit Eis, 2 Spritzern Angosturabitter, 2 Spritzern Curaçao, mit Schaumwein aufgefüllt; Zitronenscheibe.

Queen (kwihn): Mischbecher mit Eis, je 2 Spritzern Zuckersirup und Curaçao, 5 Spritzern Noyau, 1 Spritzer Pfefferminz und 1 Weinbrand; umrühren und in Stengelglas seihen.

Queen Charlotte (kwihn scharlott): Kleiner Glasbecher mit Eis, 2 Spritzern Himbeersaft und 1 Glas Mandelmilch; mit Sodawasser aufgefüllt.

Quinquina Cocktail (kwinkeina koktehl): Mischbecher mit Eis, je drei Spritzern Angosturabitter und Curaçao, 1 Dubonnet; umrühren und in Stengelglas seihen.

Rainbow (rehnbo): In hohem Likörkelch zu gleichen Teilen, ohne zu mischen: Maraschino, Pfefferminz, Aprikosenlikör, Curaçao, Kirschwasser und Weinbrand.

Ransom Cooler (ränsöm kuhlr): Größerer Glasbecher mit Eis, 4 Spritzern Curaçao, 3 Spritzern Noyau, 2 Spritzern Kirschwasser, 1 Sprit-

zer Orangebitter und 1 Löffel Grenadine; mit Sodawasser aufgefüllt; Zitronenscheiben, Früchte und Strohhalm.
Raspberry Punch (räspberri pantsch): Henkelbecher halb mit gestoßenem Eis gefüllt; 1 Himbeersaft, je 2 Spritzer Maraschino, Weinbrand und Zitronensaft; mit Schaumwein aufgefüllt; frische Himbeeren, Strohhalm.
Refresher (refreschr): Großer Glasbecher mit Eis, je $1/2$ Grenadine und Kirschwasser; mit Sodawasser auffüllen, umrühren; Apfelsinenscheibe und Zitronenscheibe.
Rocky Mountain Cooler (rocki mauntin kuhlr): Mischbecher mit Eis, 1 Löffel Zuckersirup, 3 Spritzern Zitronensaft und 1 Süßweinglas Apfelwein; schütteln und in Glasbecher seihen; mit geriebener Muskatnuß bestreuen.
Römischer Punsch: Punschglas, 1 Barlöffel Himbeersaft, 2 Barlöffel Zukker, $1/4$ Zitronensaft, $1/4$ Curaçao-Orange, $1/2$ Weinbrand; mit gestoßenem Eis auffüllen, 1 Spritzer Rum; mit Früchten garnieren, Strohhalm.
Russischer Punsch: $1/4$ kg Zucker aufgelöst in 1 l kaltem Teeaufguß, vermischt mit dem Saft von 2 Zitronen und $1/4$ l Kümmelschnaps (4–6 Personen).

Sam Ward (säm wohrd): Stengelglas mit gestoßenem Eis und 1 Chartreuse gelb; Zitronenspirale, Weinbrandkirsche und Strohhalm.
Santa Cruz Punch: Mischbecher mit Eis, je 2 Spritzern Curaçao und Noyau, 1 Löffel Zuckersirup und 1 Rum; umrühren, in Henkelbecher seihen und mit Wasser auffüllen; Früchte und Strohhalm.
Saratoga Cocktail A (särätoga koktehl): Mischbecher mit Eis, je 2 Spritzern Angosturabitter und Ananassirup, 3 Spritzern Maraschino und 1 Weinbrand; umrühren und in Weinglas seihen, mit Sekt auffüllen; 2 Erdbeeren.
Saratoga Cocktail B: Mischbecher mit Eis, 2 Spritzern Angosturabitter, je $1/3$ Weinbrand, Turiner Wermut und Rye Whisky; umrühren und in Stengelglas seihen; Zitronenspirale.
Saratoga Cooler (särätoga kuhlr): Großer Glasbecher mit Eis, 1 Löffel Zuckersirup und 4 Spritzern Zitronensaft; mit Ginger Ale aufgefüllt.
Schaumweinbowle: Scheiben von Apfelsinen und von Zitronen, Ananas- und Pfirsichwürfel mit Zucker bestreut, mit 1 Glas Weinbrand übergossen, ziehen lassen; in Bowlenschüssel gelegt und mit Schaumwein aufgefüllt.
Schokoladen-Milch-Shake: In Mischbecher 2 Kugeln Vanilleeis, 3 cl Schokoladensirup und $1/8$ l eiskalte Milch geben, rasch durchschütteln, in großes Glas umfüllen; mit Schlagsahne und Schokoladensplitter garnieren.
Schorlemorle: Gespritzter: Halb Weißwein und halb Soda- oder Mineralwasser; wird auch mit Rotwein gemacht.
Schwedischer Punsch: Größeren Stengelglas mit gestoßenem Eis gefüllt und 1 Glas Caloric-Punsch beigegeben.
Schwiegermutter: In hohem Likörkelch zu gleichen Teilen, ohne zu mischen: Klostergeist, Vanille und Danziger Goldwasser.
Shandy Gaff (schändi gaff): Becher halbgefüllt mit Ginger Ale, vollgefüllt mit hellem englischen Bier (Pale Ale).
Sherry and Bitter (scherri änd bitter): Süßweinglas mit einigen Tropfen Angosturabitter; vollgefüllt mit Sherry.
Sherry Cobbler (scherri kobbler): Tumbler mit Eis, 2 Löffeln Zuckersirup und 1 Süßweinglas Sherry; mit Sodawasser aufgefüllt; Früchte, Apfelsinen und Zitronenscheibe, mit Zucker bestreut, Strohhalm.
Sherry Cocktail (scherri koktehl): Mischbecher mit Eis, 1 Eßlöffel französischem Wermut, 2 Spritzern Angosturabitter und 1 Sherry; umrühren und in Stengelglas seihen; Zitronenspirale.

Mischgetränke

Sherry and Egg (scherri änd eg): Ein rohes Eigelb im Stengelglas; mit Sherry aufgefüllt.

Sherry Flip (scherri flip): Mischbecher mit Eis, 1 Löffel Zuckersirup und 1 Süßweinglas Sherry; schütteln, in Glasbecher seihen und mit geriebener Muskatnuß bestreuen.

Side-Car Cocktail: Mischbecher mit Eis, $1/3$ Zitronensaft, $1/3$ Cointreau, $1/3$ Weinbrand; schütteln, in Stengelglas seihen.

Sillabub: Weinschaum, Sabayon, Chaudeau.

Silver Fizz (silwr fiss): Mischbecher mit gestoßenem Eis, 1 Löffel Puderzucker, 3 Spritzern Zitronensaft, 1 Eiweiß und 1 Gin; schütteln und in größeren Glasbecher seihen; mit Selters auffüllen.

Snowball (snoubohl): Mischbecher mit Eis, 1 Eiweiß, $1/6$ Rahm, 1 Rye Whisky; schütteln und in großes Cocktailglas seihen.

Soda Cocktail (soda koktehl): Mischbecher mit Eis, 3 Spritzern Zitronensaft, 4 Spritzern Angosturabitter und 1 Löffel Zuckersirup; mit Sodawasser aufgefüllt.

Spinat mit Ei: In Likörglas zu gleichen Teilen: Eierweinbrand und Pomeranzenlikör.

Square Meal (skwär mihl): Mischbecher mit Eis, 1 rohen Eigelb, 3 Spritzern Curaçao, je 2 Spritzern Noyau und Ginger Brandy, 1 Weinbrand; schütteln und in Stengelglas seihen.

Stars and Stripes (stars änd streips): In hohem Likörglas zu gleichen Teilen, ohne zu mischen: Noyau, Maraschino, Chartreuse gelb, Curaçao und Weinbrand.

Stone Fence (stohn fens): Glasbecher mit Eis, 3 Spritzern Zuckersirup und 1 Whisky; mit Apfelwein auffüllen, umrühren; Strohhalm.

Süße Susie (alkoholfrei): Hohes Glas mit je halber Kelle Vanille- und Ananaseis. 2 cl Himbeersaft zufügen, mit Sodawasser dreiviertelvoll gießen. Obenauf Löffel Schlagsahne, darüber einige zerdrückte Erdbeeren.

The Real Thing (te riäl ting): Glasbecher mit Schaumwein, 1 Weinbrand und 1 Würfel Zucker; umrühren.

Thunder (töndr): Mischbecher mit Eis, 1 Löffel Zuckersirup, 1 Ei, 1 Sherry und einer Prise Cayennepfeffer; schütteln und in gelbes Stengelglas seihen.

Tip Top Punch: Henkelbecher mit gestoßenem Eis, 2 Spritzern Zitronensaft, 2 Löffeln Zuckersirup und 1 Gin; mit Sodawasser auffüllen; Strohhalm.

Tom and Jerry (tom änd dscherri): Henkelbecher mit 1 Löffel Zucker in Wasser aufgelöst, 1 gequirlten Eigelb, 2 Spritzern Curaçao, $2/3$ Rum, $1/3$ Weinbrand und 2 Gewürznelken; umrühren, mit heißer Milch auffüllen, mit geriebener Muskatnuß bestreuen.

Tomatenmilch: In den Mixbecher geben: 4 cl Tomatensaft, Saft von $1/4$ Zitrone, etwas gestoßenes Eis, 2 dl Vollmilch. Gut schütteln, in das Glas seihen, Prise geriebener Muskatnuß obenauf; Strohhalm.

Tom Collins (tom kollins): Großer Glasbecher mit Eis, 1 Spritzer Zitronensaft, 2 Barlöffel Zucker und 1 Gin; mit Sodawasser aufgefüllt.

Totgeborene Hebamme: In hohem Likörkelch halb Pomeranzenbitter und Eckauer Kümmel.

Touch me not (tötsch mi not): Mischbecher mit Eis, 2 Spritzern Zitronensaft, je 4 Spritzern Cassis und Curaçao, 1 Rum; schütteln und in Stengelglas seihen.

Türkenblut: Sektbecher zu einem Drittel mit Burgunder füllen, mit geeistem Schaumwein vollgießen.

Vanille-Punsch: Henkelbecher mit gestoßenem Eis halbvoll gefüllt; je 2 Spritzer Grenadine, Curaçao und Noyau, 1 Spritzer Zitronensaft und 1 Vanillelikör; Früchte.

Velvet: Halb Porterbier und halb Sekt.

Mischgetränke

Vermouth Cocktail A: Mischbecher mit Eis, je 2 Spritzern Orangebitter und Angosturabitter, je $1/2$ italienischer Wermut und französischer Wermut; umrühren und in Stengelglas seihen.

Vermouth Cocktail B: Mischbecher mit Eis, 2 Spritzern Angosturabitter, 3 Spritzern Noyau, 4 Spritzern Curaçao und 1 italienischen Wermut; umrühren und in Stengelglas seihen.

Vermouth frappé: Stengelglas gefüllt mit gestoßenem Eis; 1 Wermut daraufgeleert; Strohhalm.

Weißbier mit Himbeer: 1 Weißbierglas mit Weißbier und 1 Gläschen Himbeersaft.

Whisky Cobbler (wiski kobbler): Großer Glasbecher mit gestoßenem Eis, 1 Löffel Zuckersirup, 1 Spritzer Ananassirup und 1 Whisky; umrühren und Früchte beigeben.

Whisky Cocktail (wiski kokteh!): Mischbecher mit Eis, je 2 Spritzern Angosturabitter und Grenadine, 1 Whisky; umrühren, in Stengelglas seihen; Kirsche.

Whisky Crusta (wiski krösta): Stengelglas mit gezuckertem Rand und langer Zitronenspirale; Mischbecher mit Eis, $1/4$ Zitronensaft, zwei Spritzern Maraschino und 1 Whisky; schütteln und in das vorbereitete Glas seihen; Strohhalm.

Whisky Daisy (wiski dehsi): Mischbecher mit Eis, 1 Löffel Zuckersirup, 2 Spritzern Zitronensaft, 4 Spritzern Himbeersaft und 1 Whisky; schütteln und in kleinen Becher seihen; mit Sodawasser auffüllen.

Whisky Fix: Old fashioned-Glas, 1 Barlöffel Zucker auflösen, $1/2$ Zitronensaft, $1/4$ Cherry Brandy, $3/4$ Weinbrand; mit gestoßenem Eis auffüllen; Zitronenscheibe.

Whisky Flash (wiski fläsch): Mischbecher mit Eis, 1 Spritzer Zitronensaft, 2 Spritzern Ananassirup und 1 Whisky; umrühren und in Stengelglas mit angezuckertem Rand seihen.

Whisky Flip (wiski flip): Mischbecher mit gestoßenem Eis, 1 Eigelb, 1 Löffel Zucker, 1 Whisky; schütteln, in kleinen Becher seihen und mit geriebener Muskatnuß bestreuen.

Whisky Flip-Flap (wiski flipfläp): Mischbecher mit gestoßenem Eis, 1 Eiweiß, 3 Löffeln Zuckersirup und 1 Whisky; schütteln und in Becher seihen.

Whisky Julep (wiski dschulep): Mischbecher mit Eis, 1 Löffel Zucker, 3 frische, zerdrückte Pfefferminzblätter und 1 Bourbon Whisky; schütteln und in großes Stengelglas seihen; Pfefferminzblatt und Strohhalm.

Whisky Punch A (wiski pöntsch): In Stengelglas 1 Löffel Zucker, $2/3$ Whisky, $1/3$ heißes Wasser; angezündet und brennend aufgetragen.

Whisky Punch B: Henkelbecher halbgefüllt mit gestoßenem Eis, 1 Löffel Zuckersirup, 2 Spritzern Curaçao triple sec, 1 Spritzer Noyau, 2 Löffeln Zitronensaft und 1 Whisky; Früchte.

Whisky Rickey (wiski rihki): Glasbecher mit Eis, 1 Löffel Zitronensaft oder Lime-juice, 1 Whisky; mit Sodawasser aufgefüllt.

Whisky on the Rocks: Whiskyglas halbvoll mit Eiswürfeln, 1 Maß der gewünschten Whiskymarke zugießen; kein Wasser zugeben.

Whisky Sling, warm (wiski sling): Glasbecher mit 1 Löffel Zuckersirup, gefüllt mit Whisky und heißem Wasser zu gleichen Teilen und 2 langen Zitronenspiralen; mit geriebenem Muskat bestreut.

Whisky Sling, kalt: Glasbecher mit Eis, 2 Löffeln Zuckersirup, 4 Spritzern Zitronensaft und 1 Whisky; mit Sodawasser auffüllen; Strohhalm.

Whisky Smash (wiski smäsch): Mischglas mit Eis, 3 zerdrückten Pfefferminzblättern, 1 Löffel Zucker und 1 Whisky; umrühren und in kleinen Becher seihen; mit Pfefferminzblättern und Früchten garnieren.

Whisky Snapper (wiski snäpper): Großer Becher mit Eis, 1 Löffel Zucker, 4 Spritzern Zitronensaft, 2 Spritzern Himbeersaft, 1 Löffel Honig

Mischgetränke

und 1 Whisky; aufgefüllt mit Sodawasser; Zitronenscheibchen und Strohhalm.

Whisky Sour (wiski saur): Mischbecher mit Eis, 1 Löffel Zucker, $1/4$ Zitronensaft und 1 Whisky; schütteln und in kleinen Becher seihen, Schuß Sodawasser; Zitronenscheibe.

Whisky Spider (wiski speider): Kleiner Glasbecher mit Eis, 3 Spritzern Angosturabitter, 1 Whisky; mit Ginger Ale auffüllen; Zitronenscheibe.

Whisky Stone Fence (wiski stohn fens): Glasbecher mit Eis, 2 Löffeln Zuckersirup und 1 Whisky; mit Apfelwein auffüllen, umrühren; Strohhalm.

Whisky Toddy (wiski toddi): Glasbecher mit 2 Stück Zucker, halb Whisky und halb heißes Wasser; Zitronenscheibe.

White Blush (weit blösch): Größeres Stengelglas mit 1 Whisky; mit Milch aufgefüllt.

Widow's Kiss (widous kiss): In hohem Likörkelch zu gleichen Teilen, ohne zu mischen: 1 rohes Eigelb, Maraschino, Chartreuse grün und Benedictiner.

Wodka Cocktail: Mischbecher mit Eis, 2 Spritzer Grenadine, 2 Spritzer Angostura, $1/4$ Zitronensaft, $1/4$ Orangensaft, $1/2$ Wodka; schütteln, in Stengelglas seihen.

Yale Cocktail: Old fashioned Glas, 3 kleine Eisstückchen, 1 Zuckerwürfel mit 3–4 Spritzern, Orangensaft, 1 Zitronenspirale, 1 Orangenscheibe, 1 Maraschinokirsche, mit 1 Bourbon Whisky aufgießen.

Yankee Flip (jänki flip): Mischbecher mit gestoßenem Eis, 1 Ei, 1 Löffel Zucker, $1/2$ Ananassirup und 1 Rotwein; schütteln, in größeren Becher seihen und mit geriebener Muskatnuß bestreuen.

Anregungen, die zur Verbesserung dieses Werkes beitragen könnten, oder neue Rezepte werden bestens dankend angenommen und nach Möglichkeit verwertet.

Kaffee und Tee

Jeder Gast freut sich, wenn er eine wirklich gute und frisch gebrühte Tasse Kaffee erhält. Für die Güte des Getränkes ist das Rösten von ausschlaggebender Bedeutung; hierbei entwickeln sich Röstbitter und Karamel. Guter Kaffee muß klar und von feinem Duft und Geschmack sein. Maßgebend für die Wertschätzung eines guten Kaffees sind: das Coffein, die Substanz mit einer belebenden Wirkung auf Körper und Geist; die flüchtigen ätherischen Öle, die während des Röstens hervortreten und das Aroma geben; die Gerbsäure, die sich mit dem Röstbitter gleichzeitig entwickelt und für den Geschmack des Kaffees von wesentlicher Bedeutung ist.

Gleichartige Bohnensorten allein ergeben niemals ein schmackhaftes, vollmundiges Getränk. Sie müssen gemischt werden; das Mischungsverhältnis ist Berufsgeheimnis der Handelsfirmen. Man kann sich auf die Güte stets verlassen, wenn man den Kaffee von einer angesehenen Firma bezieht und ihn vorschriftsmäßig bereitet. Im übrigen sind die Geschmackswünsche in fast allen Ländern verschieden und somit auch die Mischungsverhältnisse.

Im Laufe der Jahre haben sich zwei Methoden der Kaffeezubereitung herausgebildet, die am vorteilhaftesten sind: das Überbrühen und das Filtrieren; es gibt Maschinen, die beide Methoden vorteilhaft verbinden. Das Kochen, auch nur Aufkochen, wie es hier und da Brauch ist, zerstört den feinen Duft und Geschmack des Getränkes. Die Bohnen müssen nach dem Rösten so bald wie möglich verbraucht werden, denn schon nach wenigen Tagen fangen sie an zu schwitzen, d.h. Fett tritt an die Oberfläche, und das Getränk nimmt leicht einen ranzigen Geschmack an. Kaffeebohnen müssen gutverschlossen aufbewahrt werden. Man sollte Kaffee niemals gemahlen beziehen.

Hinweise für die Kaffeezubereitung

1. Verwende stets nur den allerbesten Kaffee.
2. Überzeuge dich, daß er auch frisch geröstet ist.
3. Mahle ihn erst ganz kurz vor dem Gebrauch.
4. Überzeuge dich davon, daß der Kaffee so fein gemahlen ist, wie du ihn gebrauchst.
5. Achte darauf, daß das Wasser frisch sprudelt. Kocht es zu lange, dann schmeckt auch der Kaffee abgestanden.
6. Entnimm zum Kaffee niemals Wasser aus der Warmwasserleitung.
7. Überzeuge dich davon, daß Kaffeemaschinen, Kaffeefilter, Kannen usw. vor dem Gebrauch peinlich sauber sind.
8. Verwende nicht weniger als 40 g gemahlenen Kaffee für 1 l Wasser, für stärkeren Kaffee entsprechend mehr.
9. Rohkaffee hält sich fast unbeschränkt, geröstete Bohnen jedoch verlieren schon nach kurzer Zeit an Güte.
10. Kaufe nie mehr Kaffee ein, als in höchstens einer Woche gebraucht wird.
11. Bedenke, daß Kaffeebohnen ihren Duft verlieren, wenn sie offen herumstehen.
12. Bewahre keine Kaffeebohnen an einem warmen Ort auf, weil sie dann noch stärker als sonst zu „schwitzen" beginnen.
13. Serviere den Kaffee stets in zuvor angewärmten Tassen.
14. Milch zum Kaffee muß wirklich heiß sein, Sahne darf nie unmittelbar aus dem Kühlschrank genommen werden.
15. Man darf in Kaffeemaschinen stets nur die Menge zum unmittelbaren Gebrauch fertigmachen und sie nicht länger als unbedingt notwendig

Kaffee und Tee

im Behälter stehenlassen, da der Kaffee sonst nach kurzer Zeit schon schal schmeckt.
16. Serviere Kaffee stets so schnell wie nur möglich, sobald er fertig ist.
17. Wärme Kaffee nie auf, aufgewärmter Kaffee verliert jeden Geschmack.

Hinweise für die Zubereitung von Tee

1. Gebrauche niemals eine Silber- oder Metallkanne, um Tee aufzubrühen.
2. Erhitze die Teekanne mit heißem Wasser, ehe du die Teeblätter hineingibst.
3. Lasse das kalte Leitungswasser erst kurz ablaufen, ehe du es zum Kochen aufstellst, und gieße es frisch sprudelnd über die Teeblätter.
4. Benutze kein Tee-Ei und keinen Sieblöffel, weil sich die Teeblätter durch das Zusammenpressen darin nicht entfalten können. Außerdem kommen sie mit Metall in Berührung, wodurch der Geschmack beeinträchtigt wird.
5. Nimm einen Teelöffel Tee für jede Tasse und einen extra für die Kanne.
6. Lasse den Tee 3–4 Minuten ziehen und gieße ihn dann in eine saubere, zuvor angewärmte Porzellankanne ab.
7. Verwende niemals schon einmal aufgebrühte Teeblätter.
8. Serviere den Tee stets in zuvor angewärmten Tassen.
9. Serviere frische Sahne, kalte, rohe Milch, Zitronenscheiben und Würfelzucker zum Tee.
10. Serviere niemals abgekochte, womöglich noch warme Milch zum Tee, da bei dieser das Kasein durch die Erhitzung bereits geronnen ist und mit dem Gerbstoff des Tees keine Verbindung eingehen kann.
11. Zitronensaft behindert die Wirkung der Gerbsäure, der Tee wird dadurch heller und etwas bitterer und erfordert mehr Zucker.
12. Kaufe stets die beste Qualität Tee und hebe ihn in einer verschlossenen Dose auf, denn Tee ist gegen fremde Gerüche noch empfindlicher als Kaffee.
13. Alle diese Hinweise gelten für schwarzen Tee.
14. Grüner Tee muß wenigstens 6 Minuten ziehen; auch dann ist er heller als der schwarze. Er hat ein feineres Aroma als schwarzer Tee, aber weniger Körper. Man trinkt ihn am besten ohne jedwede Zutat.

Fachwörterverzeichnis

Die Umlaute sind unter ihren Stammlauten sortiert:
Käse = Kase; Würstchen = Wurstchen

Deutsch	Französisch	Englisch	Italienisch	Spanisch
Aal	anguille	eel	anguilla	anguila
Aalraupe	lotte	eel-pout	lotta, lasca	lota
Abend- bzw. Nachtessen	souper	supper	pranzo	cena
Alaun	alun	alum	allume	alumbre
Alkohol	alcool	alcohol	alcole	alcohol
alt	vieux, vieille	old	vecchio	viejo
Amsel	merle	black-bird	merlo	mirlo
Ananas	ananas	pineapple	ananasso, ananas	piña
Angelika (Engelwurz)	angélique	angelica	angelica	angélica
Anis	anis	aniseed	anice	anis
Apfel	pomme	apple	mela	manzana
Apfelsine	orange	orange	arancia	naranja
Apfelwein	cidre	cider	sidro	sidra
Appetit	appétit	appetite	appetito	apetito
Aprikose	abricot	apricot	albicocca	albaricoque
Aroma	arôme	flavour	aroma	aroma
Artischocke	artichaut	artichoke	carciofo	alcachofa
Artischockenböden	fonds d'artichauts	artichoke bottoms	fondi di carciofi	fondos de alcachofas
Aubergine (Eierapfel)	aubergine	aubergine, eggplant	melanzane	berenjena
Auerhahn	coq de bruyere	capercailzie, mountain-cock	urogallo	gallo silvestre
Aufguß	infusion	infusion	infusione	infusion
Aufschnitt	viande froide	cold meat, cold cuts	carne fredda	fiambre
aufwärmen	rechauffer	to warm up	ricaldare	recalentar
Austern	huîtres	oysters	ostriche	ostras
Auszug	essence, extrait	essence	essenza	extracto, esencia
Bäcker	boulanger	baker	fornaio	panadero
Backobst	fruits sechés	dried fruit	frutta secca	frutas secas
Backwerk	pâtisserie	pastry	pasta	pasteles
Banane	banane	banana	banana	plántano
Barsch	perche	perch	persico	perca
Basilikum	basilic	sweet basil	basilico	albahaca
Bauch	ventre	belly	ventre	vientre
Becher	gobelet	tumbler	coppa	copa
Beize	marinade	pickle	marinata	escabeche

Fachwörterverzeichnis

Deutsch	Französisch	Englisch	Italienisch	Spanisch
Belegtes Brot	canapé	sandwich, open face sandwich	panino imbottito, sandwich	bocadillo
Bertram	estragon	tarragon	dragoncello	estragón
besetzt	occupé	occupied	occupato	ocupado
bestätigt	reçu	received	ricevuto	confirmado
Bier	bière	beer	birra	cerveza
Birkhahn	coq de bois	heath cock, black grouse	fagiano di monte	faisán silvestre
Birne	poire	pear	pera	pera
Biskuit	biscuit	biscuit, sponge cake	biscottino, Pan di Spagna	bizcocho
bitter	amer	bitter	amaro	amargo
Blumenkohl	chou-fleur	cauliflower	cavolfiori	coliflor
Blut	sang	blood	sangue	sangre
blutig	saignant	under done, rare	sanguinante	sangriente
Blutwurst	boudin noir	black pudding	sanguinaccio	morcilla
Bohnen, grüne	haricots verts	french beans	fagioli verdi	judias verdes
Bowle	bol	bowl, cup	coppa	ponchera
Branntwein	eau-de-vie	brandy	acquavite	aguardiente
braten	rôtir	to roast	arrostire	asar
Braten	rôti, rôts	roasts	arrosto	asado
Bratpfanne	poêle à frire	frying-pan	padella	sartén
Bratrost	gril	grill	gril	asador
Brauerei	brasserie	brewery	birreria	cerveceria
Brennessel	orties	nettles	ortica	ortiga
Brot	pain	bread	pane	pan
Brunnenkresse	cresson	water-cress	crescione	berro
Brust	poitrinc	breast, brisket	petto	pecho
Buchweizen	sarrasin	buckwheat	grano saraceno	trigo sarraceno
Bundsalat	salade romaine	cos lettuce	lattuga romana	lechuga romana
Butter	beurre	butter	burro	manteca
Buttermilch	petit-lait	buttermilk	siero	suero de manteca
Cayennepfeffer	poivre de Cayenne	Cayenne pepper	pepe di Caienna	pimienta Cayena
Creme	crème	cream	crema	crema
Curry	currie	curry	curry	curry
Danke	merci	thank you, thanks	grazia	gracias
Darm	boyau	intestin, boyau	budello	intestino, tripa
Dattel	datte	date	dattero	dátil
Diätkost	cuisine de régime	dietary cooking	cucina dietetica	alimento de régimen
Direktor	directeur	manager	direttore	gerente
Dose	boîte	tin, can	scatola	lata
Duft	arôme	fragrance	aroma	aroma
duftig	aromatique	fragrant	odorifera	aromático
Dunstobst (Kompott)	compote	stewed fruit	composta di frutta	compota
durchgebraten	bien cuit	well done	ben cotto	bien asado
Echt	vrai, veritable	genuine, real	vero, puro	puro, genuino
Ei	œuf	egg	uovo	huevo
Eier	œufs	eggs	uova	huevos
Eierapfel (s. Aubergine)				

Fachwörterverzeichnis

Deutsch	Französisch	Englisch	Italienisch	Spanisch
Eierkuchen	crêpe, pannequet	pancake	frittata	tortilla
Eigelb	jaune d'œuf	egg-yolk	torlo d'uovo	yema de huevo
Eigentümer	propriétaire	proprietor	proprietario	propietario
Eimer	seau	pail, bucket	secchio	cubo
Eingeweide	intestins	bowels, entrails	intestino	intestinos
Eis (Gefrorenes)	glace	ice cream	gelato	helado
Eiweiß	blanc d'œuf	white of egg	bianco dell'uovo	clara de huevo
Endivie	chicorée	chicory	cicoria	escarola
Engelwurz (s. Angelika)				
Ente	canard	duck	anitra	pato
Erbsen, grüne	petits pois	peas	piselli	guisantes
Erdbeeren	fraises	strawberries	fragole	fresas
Erde	terre	earth	terra	tierra
erhalten	recevoir	to receive	ricevere	recibir
Erlaubnis	permission	permission	permissione	permiso
erstes Frühstück (s. Frühstück)				
erweichen	macérer	to steep, macerate	macerare	ablandar
eßbar	mangeable, comestible	edible	mangiabile	comestible
essen	manger	to eat	mangiare	comer
Essig	vinaigre	vinegar	aceto	vinagre
Essiggurken	cornichons	gherkins	citriuoli in aceto	pepinillos
Estragon	estragon	tarragon	dragoncello	estragón
Fadennudeln	vermicelles	vermicelly	vermicelli	fideos, vermicelles
Fahrstuhl	ascenceur	lift	ascensore	ascensor
falsch	faux, fausse	false, mock	falso	falso, no legitimo,
Farce (s. Füllsel)				
Fasan	faisan	pheasant	fagiano	faisán
Fastenzeit	carême	lent	quaresima	cuaresma
Feige	figue	fig	fico	higo
Feigendrossel	bec-figue	fig-pecker	beccaficco	becafigo
fein	fin, fine	fine	fino, delicato	fino
Feinschmecker	gastronome	gastronomer	buongustaio	gastrónomo
Fenchel	fenouil	fennel	finocchio	hinojo
Fest	fête	festival, feast	festa	fiesta
Festessen	banquet	banquet	banchetto	banquete
fett	gras	fat	grasso	grasa
Fett	graisse	fat	grasso	grasa
Fettammer	ortolan	ortolan	ortolano	hortelano
Feuer	feu	fire	fuoco	fuego
Fisch	poisson	fish	pesce	pez, pescado
Fischmarkt	marche aux poissons	fish-market	mercato di pesce	mercado de pescado
Fischmilch	laitances	soft roes	latte di pesce	lechecillas de pescados
Flasche	bouteille	bottle	bottiglia	botella
Fleisch	viande	meat	carne	carne
Fleischbrühe	consommé	clear soup	brodo	caldo
Fleischer	boucher	butcher	macellaio	carnicero

Fachwörterverzeichnis

Deutsch	Französisch	Englisch	Italienisch	Spanisch
Fleischsaft	jus de viande	meat gravy	sugo di carne	jugo de carne
Flügel	aile	wing	ala (Einzahl)	ala
Flunder	flet	flounder	passera	platija
Forelle	truite	trout	trota	trucha
Form	moule	mould	forma	forma
frisch, kühl	frais, fraîche	cool, fresh	fresco	fresco
Frischling	marcassin	young wild boar	cinghialetto	jabato, cinghialetto
Frosch	grenouille	frog	rana	rana
Froschschenkel	cuisses de grenouilles	frogs' legs	coscie di rana	ancas de rana
Frühgemüse, Frühobst	primeurs	early fruit or vegetables	primizie	legumbre de la temporada primeras frutas
Frühling	printemps	spring	primavera	primavera
Frühstück, erstes	prémier déjeuner	breakfast	prima colazione	desayuno
Füllsel (Farce)	farce	stuffing, forcemeat	farcia, ripieno	relleno
Gabel	fourchette	fork	forchetta	tenedor
Gabelfrühstück	déjeuner à la fourchette	luncheon	colazione alla forchetta	almuerzo
Gans	oie	goose	oca	ganso
Gänseklein	abats d'oie	goose giblets	rigaglie d'oca	menudillos de ganso
Gänseleber	foie gras	goose-liver	fegato d'oca	higado de ganso
Garnelen	crevettes	shrimps	gamberelli	camarones
Garnierung	garniture	garnish	guarnitura	guarnición
Garten	jardin	garden	giardino	jardin
Gasthof, Hotel	hôtel	hotel	albergo, hotel	hotel
Gaststätte (Restaurant)	restaurant	restaurant	ristorante	restaurante
Gaumen	palais	palate	palato	paladar
gebeizt	mariné	pickled	marinato	macerado
Gedeck	couvert	cover	coperto	cubierto
Geflügel	volaille	fowls	pollame	aves
gefroren Gefrorenes (s. Eis)	glacé	frozen	ghiacciato	helado
gefüllt	farci	stuffed	farcito, ripieno	rellenado
Gehäck	hachis	hash	carne tritata	jigote
gehackt	haché	minced, hashed	tritato	picado
Gekröse	fraise, fressure	chitterling, pluck	trippa	asadura
gelb	jaune	yellow	giallo	amarillo
Gelee	gelée	jelly	gelatina	gelatina, jalea
gemischt	mêlé	mixed	misto	mixto
gemischtes Obst	fruits divers	mixed fruit	frutta diverse	fruta variada
Gemse	chamois	alpine goat, chamois	camoscio	gamuza
Gemüse	légumes	vegetables	legumi	legumbre
Gepäck	bagage	luggage	bagaglio	equipaje
geräuchert	fumé	smoked	affimicato	ahumado
Gericht	plat	dish	piatto	plato
gerieben	râpé	grated, rasped	grattugiato	raillado
Gerippe	carcasse	carcass	carcassa	esqueleto
Germ (s. Hefe)				

924

Fachwörterverzeichnis

Deutsch	Französisch	Englisch	Italienisch	Spanisch
geronnen	caillé	curdled	coagulato	cuajado
Gerste	orge	barley	orzo	cebada
Gerstenschleim	crème d'orge	gruel	crema d'orzo	crema de cebada
Geruch	odeur	smell	odore	odor
geruchlos	sans odeur	scentless	inodoro	inodoro
Geschmack	goût	taste	gusto	gusto
geschmacklos	sans goût	tasteless, insipid	insipido	sin sabor sin gusto
geschmackvoll	savoreux	tasty, savoury	di buen gusto	sabroso
Gesellschaft	société	society	società	sociedad
Getränk	boisson	drink	bevanda	bebida
Gewürze	épices	spices	condimentos	espécias
Gewürznelken	clous de girofles	cloves	garofano	clavo de dor
gezuckert	sucré	sugared, sweetened	zuccherato	azucarado
giftig	vénéneux	poissonous	venenoso	venenoso
Glocke	cloche	bell	campana	campana
Glühwein	vin brulé	mulled claret	vino bollente	vino caliente
Goldbrassen	daurade	gilthead	orata	dorada
Goldrüben (s. Mohrrüben)				
Granatapfel	grenade	pomegranate	melagrana	granada
Gräte	arête	fish-bone	lisca	espina
grau	gris	grey	grigio	gris
Grieß	semoule	semolina	semolino	sémola
grün	vert	green	verde	verde
Gründling	goujon	gudgeon	chiozzo	gubio
grüne Bohnen (s. Bohnen)				
grüne Erbsen (s. Erbsen)				
Grünkohl	chou vert	green cabbage	cavolo nero	col verde
Grütze	gruau	grits	avena	engrudo
Gurke	concombre	cuncumber	cetriolo	pepino
gut	bon, bonne	good	buono	bueno
Hackfleisch	hachis	minced meat, mince, hash	carne tritata	carne picada
Hafer	avoine	oats	avena	avena
Hagebutte	eglantine	hips	rosa canina	escaramujo
Hammel	mouton	mutton	montone	carnero
Hammelkeule	gigot de mouton	leg of mutton	cosciotto di montone	pierna de carnero
Hammelrippe, Hammelkotelett	côtelette de mouton	mutton cutlet	costoletta di montone	chuleta de carnero
harmlos	inoffensive	harmless	inoffensivo	inofensivo
hart, zähe	dur	tough	duro	duro
Hase	lièvre	hare	lepre	liebre
Haselhuhn	gelinotte	hazel-hen	francolino	ortega
Haselnuß	aveline, noisette	hazelnut	nocciola	avellana
Hausbrot	pain de menage	household bread	pan casereccio	pan casero
Haushofmeister (s. Hofmeister)				
Haut	peau	skin	pelle	pellejo, piel

Fachwörterverzeichnis

Deutsch	Französisch	Englisch	Italienisch	Spanisch
Haut (Obst, Gemüse)	pelure	peel	peluria	cáscara
Hecht	brochet	pike	luccio	lucio
Hefe, Germ	levure	yeast	lievito	levadura
Heidelbeere	airelle, myrtille	blueberry	mirtillo	arándano
heiß	chaud	hot	caldo	caliente
herb	sec, acre	tart, sharp	acerbo	aspéro
Herd	fourneau	stove	focolare	cocina
Hering	hareng	herring	aringa	arenque
Hesse	jarret	nuckle, shin	garetto	jarete
Himbeeren	framboises	raspberries	lampone	frambuesas
Hirn	cervelle	brains	cervello	cerebro
Hirsch	cerf	stag, deer	cervo	ciervo
Hirse	millet	millet	miglio	mijo
Hitze	chaleur	heat	calore	calor
hoch	haut, haute	high	alto	alto
Hochzeitsmahl	banquet de noce	wedding dinner	convito nuziale	banquette de boda
Hofmeister, Haushofmeister	maître d'hôtel	butler	maggiordomo	mayordomo
Hohlhippen	cannelons	cannelons	cannelloni	canalonis dulce
Hohlnudeln (s. Makkaroni)				
Honig	miel	honey	miele	miel
Hopfen	houblon	hops	luppolo	lúpolo
Hotel (s. Gasthof)				
Huhn	poulet	chicken	pollo	pollo, gallina
Hühnerflügel	aile de poulet	wing of chicken	ala di pollo	ala de pollo
Hühnerleber	foie de volaille	chicken liver	fegato di pollo	higado de pollo
Hummer	homard	lobster	astaco	langosta, bogavante
Hunger	faim	hunger	fame	hambre
Ingwer	gingembre	ginger	genzero	gengibre
Jahreszeiten	saison	season	stagione	estacion del ano
Johannisbeeren, rote	groseilles rouges	red currants	ribes rosso	grosellas rojas
Johannisbeeren, schwarze	cassis	black currants	ribes nero	grosellas negras
jung	jeune	young	giovane	joven
Kabeljau	cabillaud, morue fraîche	cod, codfish	merluzzo fresco	bacalao fresco
Kaffee	café	coffee	caffè	café
Kaffee mit Milch	café au lait	coffee with milk	caffè con latte	café con leche
Kaffeekanne	cafetière	coffee-pot	caffetiera	cafetera
Kakao	cacao	cocoa	cacao	cacao
Kalb	veau	veal, calf	vitello	ternera
Kalbsbrust	poitrine de veau	breast of veal	petto di vitello	pecho de ternera
Kalbsfüße	pieds de veau	calf's feet	piedi di vitello	patas de ternera
Kalbsgekröse	fraise de veau	calf's pluck	trippa di vitello	asadura de ternera

Fachwörterverzeichnis

Deutsch	Französisch	Englisch	Italienisch	Spanisch
Kalbskeule	cuissot de veau	leg of veal	coscia di vitello	pierna de ternera
Kalbskopf	tête de veau	calf's head	testina di vitello	cabeza de ternera
Kalbsleber	foie de veau	calf's liver	fegato di vitello	hígado de ternera
Kalbsmilch	ris de veau	sweetbread	animello di vitello	molleja de ternera
Kalbsnierenbraten	longe de veau, rognonnade	loin of veal	lombata di vitello	rinonada de ternera
Kalbsrippe, Kalbskotelett	côte de veau	veal cutlet, veal chop	costoletta di vitello	chuleta de ternera
Kalbsschnitzel	escalope de veau	veal collop	scaloppine di vitello	escalopa de ternera
Kalmar	calmar	squid	calamare	calamar
kalt	froid, froide	cold	freddo	frío
kaltmachen	refroidir	to cool, chill	raffredare	enfriar
Kaninchen	lapin, lapereau	rabbit	coniglio	conejo
Kapaun	chapon	capon	cappone	capón
Kapern	câpres	capers	capperi	alcaparras
Karaffe	carafe	decanter	caraffa	garrafa
Karamell	caramel	caramel	caramella	caramelo
Karde	cardon, cardi	cardoon	cardi	cardos
Karotten	carottes	carrots	carote	zanahorias
Karpfen	carpe	carp	carpa, carpione	carpa
Kartoffel	pomme de terre	potato	patata	patata
Kartoffelmus	purée de pommes de terre	mashed potatoes	passato di patate	puré de patatas
Käse	fromage	cheese	formaggio	queso
Kastanie, Marone	marron	chestnut	marroni	castaña
kaufen	acheter	to buy	comprare	comprar
Kaviar	caviar	caviar	caviale	cavial
Keller	cave	cellar	cantina	sótano
Kellner	garçon de salle	waiter	cameriere	camarero
Kerbel	cerfeuil	chervil	cerfoglio	perifollo
Kern	noyau	kernel	nocciola	hueso
Keule	gigot, cuissot	leg	coscia, gigotto	pierna
Kichererbse	pois chiches	chick peas	ceci	garbanzo
Kiebitz	vanneau	plover, lapwing	vanello	avefría
Kiebitzeier	œufs de vanneau	lapwing eggs	uava di vanello	huevos de avefría
Kirsche	cerise	cherry	ciliegia	cereza
klar	clair	clear	chiaro	claro
klare Suppe	consommé	clear soup	consumato, brodo	caldo
klein	petit	little	piccolo	pequeño
Klöße	quenelles	dumplings	polpette	albóndigas
Knäckente	sarcelle	teal	alzavola	cerceta
Kneipe	taverne	tavern	taverna	taberna
Knoblauch	ail	garlic	aglio	ajo
Knochen	os	bone	osso	hueso
Knollensellerie	céleri-rave	celeriac	sedano rapa	apio nabo
Knorpel	tendron	gristle	cartilagine	cartílago
Koch	cuisinier	cook, chef	cuoco	cocinero
kochen	cuire, bouillir	cook, boil	cucinare	cocer

Fachwörterverzeichnis

Deutsch	Französisch	Englisch	Italienisch	Spanisch
Kohl	chou	cabbage	cavolo	col, berza
Kokosnuß	noix de coco	cocoa nut	noce di cocco	coco
Kompott (s. Dunstobst)				
Konditor	pâtissier	pastry-cook	pasticciere	confitero, pastelero
Konserven	conserves	preserves	conserva	conservas
Kopf	tête	head	testa	cabeza
Kopfsalat, Lattich	laitue	lettuee	lattuga	lechuga
Korinthen	raisins de Corinth	currants	uva di Corinto	pasas de Corinto
Korken	bouchon	cork	turăcciolo	tapón, tapón de corcho
Korkenzieher	tire bouchon	cork screw	cavatappi	sacacorchos
kosten	goûter	to taste	gustare	costar, probar
Kotelett, Rippe	côtelette	cutlet, chop	costoletta	chuleta
Krabbe	crabe	crab	granchio	cangrejo de mar, camaròn
Krammetsvogel	grive	field-fare	tordo	tordo
Krapfen	beignets	fritters	fritelli, bignoli	bunuelos
Kräuter	herbes	herbs	erbe	yerbas
Krebs	ecrevisse	crayfish	gambero	cangrejo
Kresse	cresson	water-cress, cress	crescione	berros
Kroketts (s. Krusteln)				
Krug	crûche	jug, pitcher	brocca	jarro
Kruste	croûte	crust	crosta	corteza
Krusteln, Kroketts	croquettes	fritters	crochetti	croquetas
Küche	cuisine	kitchen	cucina	cocina
Kuchen	gâteau	cake	focaccia	pastel
Küchenmeister	chef de cuisine	head chef	capo cuoco	jèfe de cocina
Kücken	poussin	chick, squab chicken	pulcino	polluelo
kühl (s. frisch)				
Kukuruz, Mais	maïs	Indian corn, mais	granoturco	maiz
Kümmel	cumin	carraway seed	comino	comino
Kürbis	potiron	pumpkin, squash	zucca	calabaza
Lachs, Salm	saumon	salmon	salmone	salmón
Lamm	agneau	lamb	agnello	cordero
Lammkeule	gigot d'agneau	leg of lamb	cosciotto d'agnello	pierna de cordero
Lammkotelett	côte d'agneau	lamb cutlet, lamb chop	costoletta d'agnello	chuleta de cordero
Languste	langouste	spiny lobster	aragosta	langosta
Langustine	langoustine	Norway lobster	scampo	langostino
Lattich	laitue	lettuce	lattuga	lechuga
Lauch	poireau	leek	porro	puerro
lauwarm	tiède	lukewarm, tepid	tepido	templado
lebend	vif, vivant	alive	vivo	viviente, vivo
Leber	foie	liver	fegato	higado
Lebkuchen	pain d'épices	ginger-bread	pan forte, pan pepato	alajú
leer	vide	empty	vuoto	vacio

Fachwörterverzeichnis

Deutsch	Französisch	Englisch	Italienisch	Spanisch
Leinöl	huile de lin	linseed oil	olio di lino	aceite de lino
Leitung	administration	management	amministrazione	dirección
Lendenbraten, Rinderfilet	filet de bœuf	fillet of beef	filetto di bue	solomillo de vaca
Lerche	mauviette	lark	allodola	alondra
Licht	lumière	light	luce, lume	luz
Liebesäpfel	tomates	tomatoes	pomodoro	tomate
Likör	liqueur	liqueur	liquore	licor
Limonade	limonade	lemonade	limonata	limonada
Lindenblütentee	infusion de tilleul	linden tea	tiglio	te de tiló
Linsen	lentilles	lentils	lenticchie	lentejas
Liter	litre	liter	litro	litro
Löffel	cuillière	spoon	cucchiaio	cuchara
Lorbeerblatt	feuille de laurier	bay-leaf	foglia d'alloro	hoja de laurel
Löwenzahn	pissenlit, dent-de-lion	dandelion	dente di leone	diente de león
Lüftung	ventilation	ventilation	ventilazione	ventilación
Lunge	mou, poumon	lights	polmone	pulmón
Magen	estomac	stomach	stomaco	estómago
Magenverstimmung	indigestion	indigestion	indigestione	mal del estómago
mager	maigre	lean	magro	flaco, seco
Mahlzeit	repas	meal	pranzo	comida
Mais (s. Kukuruz)				
Maiskörner	grains de maïs	grains of corn	grani di granoturco	grano de maiz
Maismehl	farine de mais	corn flour	polenta	harina de maiz
Majoran	marjolaine	marjoram	maggiorana	mejorana
Makkaroni	macaroni	macaroni	maccheroni	macarrones
Makrele	maquereau	mackerel	sgombro	caballa
Malz	malt	malt	malto	malta
Mandarine	mandarine	tangarine	mandarino	naranja Japonesa, mandarina
Mandel	amande	almond	mandorla	almendra
Mandelmilch	oreat	almond milk	orzata	horchata de almendras, leche de almendras
Mark	moelle	marrow	midollo	médula
Markt	marché	market	mercato	mercado
Marmelade	marmelade	jam	marmelata	mermelada
Marone (s. Kastanie)				
Marzipan	massepain	marchpane	marzapane	mazapán
Masthuhn	poularde	fattened chicken, poularde	pollastra	pollo cebado
Maulbeeren	múres	mulberries	mora di gelsa, mora nera	moras
Meer, See	mer	sea	mare	mar, oceano
Meerrettich	raifort	horse-radish	rafano	rábano picante
Mehl	farine	flour	farina	harina
Melone	melon	melon	mellone	melón
Messer	couteau	knife	coltello	cuchillo
Miesmuscheln	moules	mussels	mitili, vongoli	almejas

Fachwörterverzeichnis

Deutsch	Französisch	Englisch	Italienisch	Spanisch
Milch	lait	milk	latte	leche
Minze	menthe	mint	menta	menta
mischen	mêler	mix	rimescolare	mezclar
Mispeln	nefles	medlars	nespola	nisperos
Mittagessen	déjeuner	luncheon	pranzo	almuerzo
Mohn	pavot	poppy	papavero	amapola
Mohrrüben (Möhre, Goldrübe)	carottes	carrots	carote	zanahorias
Morcheln	morilles	morels	spugnoli	morillas
Most	moût	must	mosto	mosto
Mundtuch, Serviette	serviette	napkin	salvietta	servilleta
mürbe (s. zart)				
Mus	purée	mash	pappa	puré
Muscheln	moules, coquillages	mussels, clams	conchiglie	conchas, almejas
Muskat	muscade	nutmeg	muscato	moscada
Nachtessen (s. Abendessen)				
Nieren	rognons	kidneys	rognoni	rinones
Nierenbraten	rognonnade, longe de veau	loin of veal	lombata di vitello	rinonada
Nudeln	nouilles	noodles	taglierini	tallarines, pastas
Nuß	noix	nut	noce	nuez
Oberkellner	maître d'hôtel	head waiter	primo cameriere	camarero mayor
Obst	fruits	fruit	frutta	fruta
Obstwein	cidre	cider	sidro	sidra
Ochsenfleisch	bœuf	beef	manzo	carne de vaca
Ochsenmark	moelle de bœuf	marrow	midolla	médula
Ochsenmaul	museau de bœuf	ox-muzzle	muso di bue	hocico de vaca
Ochsenschwanz	queue de bœuf	ox-tail	coda di bue	rabo de vaca
Ochsenzunge	langue de bœuf	ox-tongue	lingua di bue	lengua de vaca
Ofen	fourneau	oven, stove	forno	hornillo, estufa
Öl	huile	oil	olio	aceite
Olive	olive	olive	oliva	aceituna
Ölständer	huilier	cruet	oliera	aceitera
Ostern	paques	easter	pasqua	pascua de resurrección
Pampelmuse	pamplemousse	grapefruit, shaddock	pompelmo	pompelmo, toranja
Papier	papier	paper	carta	papel
Paprika	paprika	paprika	paprica	pimentón
Paprikaschote	piment doux	fresh paprika	peperoni	pimiento
Pastete	pâté	pasty, pie	pasticcio	pastel
Pastinake	panais	parsnip	pastinaca	pastinaca
Pension	pension	boarding-house	pensione	casa de huéspedes
Perlgerste	orge perlé	pearl barley	orzo brillato	cebada
Perlhuhn	pintade	Guinea fowl	gallina de faraóne	pintada
Petersilie	persil	parsley	prezzemolo	perejil

Fachwörterverzeichnis

Deutsch	Französisch	Englisch	Italienisch	Spanisch
Pfannkuchen	pannequet	pancake	fritella	tortilla
Pfau	paon	peacock	pavone	pavo real
Pfeffer	poivre	pepper	pepe	pimienta
Pfefferbüchse	poivrier	pepper-pot	pepaiula	pimentero
Pfingsten	pentecôte	whitsun	pentecoste	pentecostés
Pfirsich	pêche	peach	pesca	melocotón
Pflaume	prune	plum	prugna	ciruela
Pilze	champignons, cèpes	mushrooms	funghi	setas
Pistazien	pistaches	pistachios	pistacchi	pistachos
Portier	concierge, portier	hall-porter	portière	portero
Portwein	porto	port	vino di Porto	vino de Oporto
Porzellan	porcelaine	china	porcellana	porcelana
Preiselbeeren	airelles rouges	cranberries	mirtillo rosso	arándanos, encarnados
Pudding	pouding	pudding	budino	pudin
Puderzucker	sucre en poudre	powdered sugar	zucchero in polvere	azúcar en polvo
Puffbohnen	fèves	broad beans	fave	habas
Punsch	ponche	punch	ponce	ponche
Puter, Indian Truthahn	dinde, dindonneau	turkey	tacchino	pavo
Quappe	lotte	eel-pout	lotta	lota, barbo
Quark	fromage blanc, fromage la pie	curd, cottage cheese	ricotta	cuajada
Quitte	coing	quince	cotogna	membrillo
Radieschen	radis	radishes	ravanello	rabanitos
Rand	bordure	border	bordura	borde
Rapunzelsalat	raiponces, mâches	corn salad	raperonzolo	ruiponte
rauchen	fumer	smoke	fumare	fumar
Rauchfleisch	bœuf fumé	smoked beef	carne fumicata	carne ahumada
Rebhuhn	perdreau	partridge	pernice	perdiz
Rechnung	addition, note	bill, account	cónto	cuenta
Reh	chevreuil	roe	capriolo	corzo
Rehkeule	gigue de chevreuil	haunch of roe	cosciotto di capriolo	pierna de corzo
Rehrücken	selle de chevreuil	saddle of roe	sella di capriolo	lomo de corzo
Reibbrot	chapelure	bread crumbs	pane gratugiato	pan raillado
reif	mûr	ripe	maturo	maduro
rein	pure, propre	pure, clean	puro	puro
Reis	riz	rice	riso	arroz
Restaurant (s. Gaststätte)				
Rettich	raifort, radis	radish	rafano	rábano
Rhabarber	rhubarbe	rhubarb	rabarbaro	ruibarbo
Rheinwein	vin du Rhin	hock	vino renano	vino del Rin
Rinde, Schale	écorce	peel	scorza, péle	corteza, càscara
Rinderbrust	poitrine de bœuf	brisket of beef	petto di manzo	pecho de vaca
Rinderfilet (s. Lendenbraten)				

Fachwörterverzeichnis

Deutsch	Französisch	Englisch	Italienisch	Spanisch
Rinderzunge	langue de bœuf	ox-tongue	lingua di bue	lengua de vaca
Rippe (s. Kotelett)				
Rochen	raie	skate	razza, raja	raya
roh	cru	raw	crudo	crudo
Rost	gril	grill	graticola	parillas
Röstbrot	pain grillé	toast	pane tostato	pan tostado
Rotbarbe	rouget, rouget-barbet	red mullet	triglia	barbirubio, sargo
rote Rüben	betteraves	beetroots	barbabiettoli	remolacha colorado
Rotwein	vin rouge	claret	vino nero	vino tinto
Rüben (s. unter „rote" und „weiße")				
Rücken	selle	saddle	sella	lomo
Rum	rhum	rum	rum	ron
Safran	safran	saffron	zafferano	azafrán
Saft	suc, jus	juice, gravy	sugo	jugo
Sahne (s. auch Schlagsahne)	crème	cream	panna	crema, nata
Salat	salade	salad	insalata	ensalada
Salatschüssel	saladière	salad bowl	insalateria	ensaladera
Salbei	sauge	sage	salvia	salvia
Salz	sel	salt	sale	sal
Sardelle	anchois	anchovy	sardella	anchoa
Sardine	sardine	sardine	sardina	sardina
Saubohne	fève	broad bean	fave	haba
Sauce	sauce	sauce, gravy	salsa	salsa
sauer	aigre	sour	acido	ácido
Sauerampfer	oseille	sorrel	acetosella	acedera
Sauerkirschen	griottes	morello cherries	marasche, amarene	guindas
Sauerkraut	choucroute	pickled cabbage	salcraut, cavoli agri	chucrut
scharf	piquant	spicy	picante	picante
Schaum	mousse	foam	schiuma	espuma
schäumen(d)	mousseux	sparkling	spumante	espumar
Schaumwein	vin mousseux, champagne	champagne, sparkling wine	sciampagna	vino espumoso
Schellfisch	aiglefin, aigrefin	fresh haddock	merluzzo, naselo	bacalao
Schildkröte	tortue	turtle	tartaruga	tortuga
Schinken	jambon	ham	prosciutto	jamón
Schlagsahne	crème Chantilly	whipped cream	panna montata	crema Chantilly, nata batida
schleifen	aiguiser	sharpen	affilare	aguzar, afilar
Schlüssel	clef	key	chiave	llave
Schmorfleisch	braisé, daube	stew	stufato	estofado
Schnecke	escargot	snail	lumacha	caracol
Schnepfe	bécasse	woodcock, snipe	beccaccia	becada
Schnitte	tranche	slice	fetta	rebanada
Schnittlauch	ciboulette	chives	cipollina	cebolleta
Schokolade	chocolat	chocolate	cioccolata	chocolate
Scholle	carrelet	plaice	passera	platija

Fachwörterverzeichnis

Deutsch	Französisch	Englisch	Italienisch	Spanisch
Schulter	épaule	shoulder	spalla	hombro
Schüssel	plat	dish	piatto	fuente
Schwanz	queue	tail	coda	rabo
schwarz	noir	black	nero	negro
schwarzer Kaffee	café noir	black coffee	caffè nero	café puro
Schwein	cochon, porc	pork, pig	porco, maiale	cerdo
Schweinebraten	rôti de porc	roast pork	arrosto di maiale	asado de cerdo
Schweinefett	saindoux	lard	sugno, gascia di maiale	manteca de cerdo
Schweinekotelett	côte de porc	pork chop	costoletta di maiale	chuleta de cerdo
Schweinsfüße	pieds de porc	pig's trotters	piedini di maiale	patas de cerdo
See (s. auch Meer)				
Seezunge	sole	sole	sogliola	lenguado
Sellerie	célerie	cellery	sedano	apio
Senf	moutarde	mustard	mostarda	mostaza
Serviette (s. Mundtuch)				
Setzeier	œufs sur le plat	fried eggs	uova al tegame	huevos al plato
Sherry	Xérès	sherry	vino di Xeres	vino de Jerez
Sieb	passoire, tamis	sieve	staccio	tamiz, criba
Sirup	sirop	syrup, sirup	sciroppo	jarabe
Soße, (s. Sauce)				
Spargel	asperges	asparagus	asparago	espárrago
Speck	lard	bacon	lardo	tocino
Speisekarte	menu, carte du jour	menu, bill of fare	menuta	lista de platos, menu; minuta
speisen	manger	eat, dine	mangiare	comer
Speisesaal	salle à manger	dining room	sala da pranzo	comedor
Spiegeleier	œufs au miroir	fried eggs	uova al tegame	huevos fritos
Spieß	brôche	spit	spiedo	pica
Spinat	epinards	spinach	spinaci	espinaca
Stachelbeeren	groseilles vertes, groseilles à maqueraux	gooseberries	uva spina	grosella espinosa
Steinbutt	turbot	turbot	rombo	rodaballo
Stint	éperlan	smelt	eperlano	esperinque
Stör	esturgeon	sturgeon	storione	esturión
stoßen	piler	pound	pilare	empujar, triturar
Strohhalm	chalumeau	straw	fuscellino di paglia	brizna de paja
Stuhl	chaise	chair	sedia	silla
Stunde (s. Zeit)				
Suppe	potage, soupe	soup	minestra, brodo	sopa
Suppe, gebundene	potage lié	thick soup	minestra legata	sopa liar
süß	doux, sucré	sweet	dolce	dulce
Tablett	plateau	tray	vassoio	bandeja
Tafel	table	table	tavola	mesa
Taube	pigeon	pigeon	piccione	pichón, paloma
Tee	thé	tea	the	té
Teig	pâte	dough, paste	pasta	masa, pasta
Teller	assiette	plate	piatto	plato

Fachwörterverzeichnis

Deutsch	Französisch	Englisch	Italienisch	Spanisch
Thunfisch	thon	tunny	tonno	atún
Thymian	thym	thyme	timo	tomillo
Tisch	table	table	tavola	mesa
Tischtuch	nappe	table-cloth	tovaglia	mantel
Topf	pot	pot	pentola	pote, puchero
Torte	gâteau, tarte	tart, gateau, cake	torta	torta, pastel
trinken	boire	drink	bere	beber
Trinkgeld	pourboire	tip, gratuity	mancia	propina
trocken	sec, sêche	dry	secco	seco
Tropfen	goutte	drop	goccia	gota
Trüffeln	truffes	truffles	tartufi	trufas
Truthahn (s. Puter)				
Umlage, Beilage	garniture	garnish	guarnizione	guarnición, adorno
Vanille	vanille	vanilla	vainiglia	vainilla
verdünnen	allonger	dilute, thin	allungare	diluir
verkaufen	vendre	sell	vendere	vender
verloren	perdu	lost	perduto	perdito
verschieden	divers	different	vario	variado, differente
Vorspeise	hors-d'œuvre	side-dishes	antipasti	entremeses
Wachtel	caille	quail	quaglia	codorniz
Waldmeister	asperule	woodruff	mughetto, asperélla	aspérula
Waldschnepfe	bécasse	woodcock	beccacia	becada, chocha
warm	chaud	hot	caldo	caliente
Wasser	eau	water	acqua	agua
Wasserkresse (s. Brunnenkresse)				
Wassermelone	pastèque	watermelon	cocomero, anguria	sandia
weich	mou	soft	molle	blando
Weihnachten	noël	Christmas	natale	navidad
Wein	vin	wine	vino	vino
Weinbrand	eau-de-vie	brandy	aquavita	coñac
Weinschaum	sabayon	sabayon	zabaione	sabayon
Weintrauben	raisins	grapes	uva	racimo
Weißbrötchen	petits pains blancs	rolls	paninos biancos	pancitos blancos
weiße Rüben	navets	turnips	navoni, rape	nabos
Weißwein	vin blanc	white wine	vino bianco	vino blanco
Weizen, Korn	froment, blé	wheat, corn	frumento	trigo
Wermut	vermouth	vermouth	vermut	vermut
Wild	gibier	venaison, game	selvaggina	caza
Wildente	canard sauvage	wild duck	anitra selvatica	pato aquático
Wildkeule	gigue	haunch	coscia di selvaggina	pierna de caza
Wildschwein	sanglier	wild boar	cinghiale	jabali
Würstchen	saucisses	sausages	salsiccie	salchicha
Würzen	assaisonnement	seasoning	condimento	condimento
Würzfleisch	ragoût	stew	spezzatino	ragú, guisado

Fachwörterverzeichnis

Deutsch	Französisch	Englisch	Italienisch	Spanisch
Zähe (s. zart)				
Zander	sandre	pike-perch, jack salmon	luccioperca	lucioperca
zart, mürbe	tendre	tender	tenero	tierno
Zeit	temps	time	tempo	tiempo
Zeit, Stunde	heure	hour	ora	hora
Zichorie	chicorée	chicory	cicoria	achicoria
Ziegenkäse	fromage de chèvre	goat cheese	formaggio di capra	queso de cabra
Zigarette	cigarette	cigarette	sigaretta	cigarillo
Zigarre	cigare	cigar	sigaro	cigarro
Zimmer	chambre	room	stanza	cuarto
Zimt	canelle	cinnamon	cannella	canela
Zitrone	citron	lemon	limone	limón
Zitronensaft	jus de citron	lemon juice	sugo di limone	zumo de limón
Zucker	sucre	sugar	zucchero	azúcar
Zuckerbäcker	confiseur, pâtissier	confectioner	pasticchiere	confitero
Zuckerguß	glace royal	icing	crostata di zucchero	baño de azúcar
Zündhölzer	allumettes	matches	fiammifferi	fósforos
Zwiebel	oignon	onion	cipolla	cebolla

Landesgerichte

Die meisten hier aufgeführten Spezialitäten werden unter ihrem deutschen Titel geführt. Für den Benutzer des Registers ist deshalb die *Seite* maßgeblich; das Gericht ist dann schnell zu finden.

Seite · Seite · Seite

Belgien

Anguile au vert . . 171	Hochepot Flamande . 88	Oie à l'instar de Visé. 332
Culotte de bœuf à l'	Lapin à l'aigre-doux. 427	Waterzoi 182
instar d'Etterbeek . 485	Lapin aux pruneaux. 427	Smørrebrod 12

Dänemark

Bornholmer Lax	Plukfisk 203	Skovhus Kotelett Jut-
Kronprincesse Mar-	Rødspaettefillets à la	landia 516
grethe 210	Holmsland 233	

Finnland

Finnisk far-stuvning . 326	Paronkieltä lakkasa-	Savustettua ssikaa,
Haackin karhunleike 339	laatia ja voiperunaa. 473	mihennettuja korva-
Karajalan paisti . . . 429	Tilliliha 350	sienjä 222

Frankreich

Aïgo bouido 83	Garbure à la béar-	Soupe à l'ardenaise . 93
Aïgo ménagère . . . 83	naise 87	Soupe à l'auvergnate 93
Aïgo saou 83	Garbure à la paysanne 87	Soupe au fromage. . 93
Beckenoffe (elsäss.) . 306	Potée Bourguignonne 91	Soupe à l'oignon . . 93
Bouillabaisse 84	Soupe à l'ail 93	Soupe à l'oignon gra-
Bourride. 84	Soupe à l'albigeoise . 93	tinée 93

Großbritannien

Anchovy Toast . . . 30	Beefsteak Pie . . . 458	Champignons auf
Angels on Horseback 6	Beefsteak Pudding . 476	Röstbrot 11
Apple and Black-	Blackberry and Apple	Chicken Broth . . . 85
berry Pie 702	Pie 661	Chicken Pie . . 376, 459
Apple Crisp 646	Blackberry Pie . . . 661	Chipped Potatoes . . 569
Apple Fool. 646	Blancmanger . . . 693	Cock-a-Leeky (schott.) 86
Apple Pie 702	Bloater 176	Codfish Balls 201
Apple Pudding . . . 704	Boiled Calf's Head . 397	Codfish Dumplings . 201
Apple Sauce 41	Boiled Leg of Lamb . 439	Cottage Pie 312
Bacon and Eggs . . 135	Boiled Leg of	Crumpets 665
Baked Custard Pud-	Mutton 341	Cucumber Soup . . 86
ding 705	Bread and Butter	Curry and Rice . . . 313
Balnamoon Skink (ir-	Pudding 704	Custard 665
länd.) 83	Bread Sauce 42	Custard Pie 665
Bannock (schott.) . . 656	Breast of veal with	Custard pudding . . 705
Beefsteak and Kidney	Gooseberry-Sauce . 389	Custard Tartlet . . 665
Pie 458, 476	Bubble and Squeak . 310	Damson Pie 703
Beefsteak and Oyster	Cambridge Sauce. . 43	Damson Pudding . . 705
Pudding 476	Cambridge Sausages . 311	Devils on Horseback 7

Landesgerichte

	Seite		Seite		Seite
Devonshire Junket	666	Madeira Buns	692	Rice Pudding	706
Devonshire Sauce	45	Mashed Parsnips	594	Richmond Maids of	
Double Chop	451	Mashed Turnips	604	Honour	709
Dressed Crab	33, 265	Mashed vegetable		Roast Breast of Veal	
Eaton Mess	666	marrow	587	with Gooseberry	
Eel Pie	168	Melton Mowbray Pie	459	Sauce	389
Egg Sauce	46	Midland Pudding	705	Roast Goose, Sage	
English Chop	451	Mincemeat	695	and Onion Stuffing	332
Finnan Haddie on		Mince pies	695	Roast Leg of Lamb	
Toast	13	Mint Sauce	53	and Mint Sauce	439
Fish Balls	180	Mixed Grill	448	Roast Leg of Mutton	
Fish Cakes	180	Mock Turtle Soup	90	and Mint Sauce	342
Friar's Chicken	87	Muffins	695	Roast Partridge and	
Frogs' Leg Soup	87	Mumbled Hare	355	Bread Sauce	467
Fruit Cake	683	Mushrooms on toast	11	Roast Ribs of Beef	501
Giblet Sauce	47	Mutton Broth		Roe-buck Sauce	57
Giblet Soup	87	(schott.)	91	Roly Poly Pudding	706
Gloucester Sauce	47	Mutton Chop	451	Rook Pie (irländ.)	459
Gooseberry Fool	712	Mutton Pie	459	Salangane Soup	92
Gooseberry Pie	703	Oatmeal-Porridge	596	Sardinen Rarebit	30
Gooseberry Trifle	712	Onion Sauce	54	Scotch Haggis	
Goose Giblet Pie	335	Orange Sauce	54	(schott.)	521
Greengage Pie	703	Oxford Sausage	453	Scotch Woodcock	30
Haddock	16	Parsley Sauce	55	Sharks' Fins Soup	92
Haddock on Toast	16	Peach Pie	703	Shortbread	711
Ham and Eggs	137	Pease Pudding	558	Smoked	
Hare Soup	88	Pickled Oysters	8	Haddock	16, 230, 258
Harrogate Trifle	685	Pie	702	Spotted Dick	706
Horseradish Sauce	52	Pigeon Pie	459	Strawberry Tart	681
Irish Stew	463	Pigeon Soup	91	Stuffed Celery	32
Kale Brose	88	Plum Cake	703	Stuffed Turkey	532
Kidney Sauce	50	Plum Pie	703	Sweetbread Pie	459
Kidney Soup	89	Plum Pudding	706	Teal with Port-Wine	
King Henry's Shoe-		Porridge	596	Sauce	432
strings	688	Port Wine Sauce	56	Trifle	717
Kippers	206	Pressed Beef	501	Veal and Ham Pie	460
Lamb chop	438	Rabbit Pie	459	Vermicelly Pudding	706
Lemon Cheese Cakes	691	Real Turtle Soup	92	Waterfish Sauce	61
Lemon Curd	691	Reform Sauce	56	Welsh Rarebit	36
Loin Chop	451	Rhubarb Fool	708	White Onion Sauce	61
Love in disguise	447	Rhubarb Pie	703	Yorkshire Pudding	617

Indien

	Seite		Seite		Seite
Aloo Madarasi	568	Kobichi Bhaji	616	Muttar Foogatha	591
Batakh Pista	316	Langar Chaneedarh	445	Puri	598
Chapati	554	Malai Korma	313	Talalelye Waagyachi	
Curried Chicken and		Mataraki Sabaji	559	Bhaji	557
Rice (anglo-ind.)	313	Mulligatawny Soup		Walanushaka	551
Halva	685	(anglo-ind.)	90	Watane Gajarachi	
Kedgeree (anglo-ind.)	206	Murghi Pellao Khasa	313	Bhaji	590
Kesaracha Bhate	687	Murghi Seekh Kabab	367	Yambalaya	539

Italien

	Seite		Seite		Seite
Abbachio spezzato		Braciola alla siciliana	310	Calamaretti fritti	203
alla Romana	437	Bracioline ripiene	310	Calamaio al forno	267
Agnello al forno	437	Brodetto de pesce	182	Cannelloni	552
Agnelotti	302	Brodino di pesce alla		Cannelloni al burro	552
Anguilla alla Ticinese	171	veneziana	85	Cannelloni alla Na-	
Braciola alla calabrese	310	Busecca alla milanese	85	poletana	552

Landesgerichte

	Seite		Seite		Seite
Cappone magro	10, 182	Maccheroni alla Sardegnola	586	Pomodori ripieni al forno	614
Cassata alla napoletana	661	Maccheroni alle vongole	586	Rane fritte	186
Coniglio fritto alla Lombarda	427	Messicani con Risotto alla Milanese	392	Ravioli di ricotta	599
Coratello d'agnello	312	Mille-Fanti	90	Ravioli con salsa parmigiana	599
Costolette di Cinghiale alla Maremmana	328	Minestra al pomodoro	90	Risotto alla certosina	600
Ditalini	555	Minestra Turinese	90	Risotto alla Matriciana	600
Ferretti	561	Minestra Veneziana	90	Risotto alla Milanese	600
Fettuccine al burro	561	Minestrone	90	Risotto con vongole	601
Finocchi fritti	561	Olivette glacate	392	Risotto magro alla Nuoro	600
Fonduta	728	Osso buco	394	Salsa di pomodoro	58
Fragole con vino	679	Osso buco alla Gremolada	394	Scaloppine di vitello alla Marsala	422
Fritto misto	329	Osso buco alla Milanese	394	Scampi alla Costa Brava	229
Fritto misto di pesce	184	Petto di tachino alla milanese	531	Scampi al riso	229
Fritto misto alla siciliana	329	Piccione Ripieni con Olive	527	Scampi alla Serenissima con Cannolicchi	229
Fritto scelto alla Romana	329	Pignatelli	576	Sella d'Agnello del Capo di Leuca	444
Frutti di mare	186	Pizza	595	Sfogliatelle ripiene	711
Giambonetti di Pollo alla Lombarda	373	Pizza alla napoletana	595	Soglio del Adriadico al Barbera	255
Gnocchi alla Romana	592	Polenta	584, 595	Spaghetti alla Raguttati	606
Gnocchi di patate	592	Polenta alla calabrese	595	Spaghettini	606
Gramolata	684	Polenta alla Toscana	596	Tonno Choggliola	266
Lasagne alla bolognese	581	Pollastra arrostito alla genovese	386	Zamponi di Modena	540
Lasagne con cavolfiore	582	Pollo alla cacciatora	360	Zucchini alla parmigiana	581
Lasagne alla piemontese	582	Pollo al riso	361	Zucchini alla Toscana	581
Maccheroni alla calabrese	585	Pollo fritto alla Romana	360	Zucchini ripieni alla Napoletana	581
Maccheroni alla carbonara	586	Pollo fritto alla Toscana	360	Zuppa Genovese	94
Maccheroni Nicoreto	586	Polpettine Casalungo	462	Zuppa Palermitana	94
Maccheroni alla Principe di Napoli	586	Polpettine di tonno con salsa	267	Zuppa Pavese	95
				Zuppa dei pescatore	95

Jugoslawien

	Seite		Seite		Seite
Dahorp	314	Kisela Dahorp	430	Potwarak	318
Duvec	315	Kissela Tschorva	89	Sarma	507

Mittel- und Südamerika

	Seite		Seite		Seite
Ajiaco Cubano (cubanisch)	83	Chili con carne (mexikanisch)	312	Pompano rellena (mexikanisch)	221
Bacalhaõ bahiana (brasilianisch)	263	Colache (mexikanisch)	587	Puchero Argentina (brasilianisch)	462
Bavagantes Bahiana (brasilianisch)	196	Fejoada (brasilianisch)	326	Puchero mexicana (mexikanisch)	92
Cancha Mexicana (mexikanisch)	85	Feyjar mechada (brasilianisch)	548	Sobrebarriga, papas chorreadas (kolumbianisch)	522
Carbonada criolla (argentinisch)	311	Fritada de ostras	184		
		Peru Paulistano (brasilianisch)	531		

Landesgerichte

Österreich

	Seite		Seite		Seite
Apfelkren	44	Majoran-Erdäpfel	572	Schnecken mit Essig-	
Apfelstrudel	712	Majoranfleisch	447	kren	233
Biskuitschöberl-		Mandelkren	51	Schöpsengulasch	350
suppe	84	Marillenknödel	693	Semmelknödl	576
Böhmische Dalken	665	Markknödelsuppe	90	Serbisches Reisfleisch	522
Bohnen, grüne, ein-		Maschin-Rostbraten	502	Speckknödl	576
gebrannt	548	Meraner Rostbraten	502	Stefanie-Rostbraten	502
Buchteln	661	Mohnbeugel	695	Steierisches Schöpser-	
Butternockerlsuppe	85	Mohnnudeln	695	nes	464
Dalken, Böhmische	665	Mohnstrudel	712	Steirischer Rostbraten	502
Dampf-Rostbraten	501	Nierndl mit Hirn	413	Stint mit Essigkren	262
Erdapfelknödl	576	Nudeln, angedünstete	696	Stockfisch auf Wie-	
Fiaker-Gulyas	337	Nußkipfel	696	ner Art	264
Fleckerlsuppe	87	Nußkoch	696	Süßes Kraut	617
Frittatensuppe	87	Nußnudeln	696	Taube, gefüllt, auf	
Ganslsuppe	87	Nußstrudel	713	österreichische Art	526
Girardi-Rostbraten	501	Obersnudeln	696	Tegetthoff-Rostbra-	
Grießschmarren	685	Palfynudeln	696	ten	502
Hirnpalatschinken	396	Paradeis-Sauce	55	Tiroler Knödlsuppe	94
Hirnschöberlsuppe	88	Paradeis-Schnitzel	422	Tomerl	584
Husarenfilet	388	Pischinger Schnitten	703	Topfengolatschen	713
Husarenfleisch	388	Preßburger Rostbra-		Topfenknödel	714
Ischler Krapfen	686	ten	502	Topfenstrudel	713
Jungfernbraten	389	Preßkohlsuppe	91	Ulmer Gerstlsuppe	94
Jungschweinskarree	389	Reindl-Beefsteak	475	Waldmeisterbraten	486
Kaiserfleisch	389	Reindl-Rostbraten	502	Weinkraut	617
Kaiserschmarren	687	Reisfleisch, Serbi-		Wiener Knödlsuppe	94
Kaiser-Schnitzel	421	sches	522	Wiener Krapfen	718
Kirschenknödel	689	Rindersuppe mit		Wiener Leberknödel	403
Kirschenstrudel	712	Milzschnitten	92	Wiener Lungenbeu-	
Kürbiskraut	580	Sachertorte	715	schel	405
Lämmernes-Gebacke-		Salzburger Nockerl	709	Wiener Zwiebelsauce	61
nes	445	Sardellen-Rostbraten	505	Zigeuner-Rostbraten	503
Lebersuppe	89	Schinken-Kipferl	31	Zwetschenknödel	718
Linzer Torte	714	Schlosserbuben	710	Zwiebelfleisch	540

Persien

Azem pilafi	460	Djelou Khabab	340	Fesenjane-Djaafari	326
Burma Tak	310	Djudje Rob 'h-e Anar	378	Mehemalou	448

Polen

Barzcz zimny czyli		Jarmuz	566	Nalesnikis	25
zupa	84	Kalia	88	Polewka	91
Chotodriece	85	Kapustniak	88	Rosól	92
Ciernikis	11	Kolodnik	89	Zrázy	540
Gesinka	87	Kurnik	376	Zrázy Nelson	540

Rumänien

Anghinará Moldove-		Ghiveci Calagurest	561	Ochiuri Romanesti	
neşti	542	Jahnie de Ciuperci	566	pe Mamaliguta	150
Ardei Umpluti	593	Jahnie de Fasole	566	Papanasi cu Smantana	593
Bame Sultanine	562	Kaviarsalat	20	Perisoare cu verdaturi	456
Boboc de Raţă cu		Mamaliga	584	Plaçinte moldovene-	
Castraveţi	316	Miel à la gratar	438	sti	703
Carnatz	311	Mititei	448	Raţă pe Varză	319
Ciulama de pui	359	Moussaka de vinete	591		

Landesgerichte

	Seite		Seite		Seite
Salade de icre de crap (Kaviarsalat)	20	Sarmale in foi de spanac	507	Stufat de miel	444
Salate de vinete	557	Sarmale in foi de vin	507	Tocana cu Mamaliga	338
Sarmale	507				

Rußland

	Seite		Seite
Aspik Metropol	6	Marinownaja Osetrina	264
Aspik Tsaren Art	6	Mundtäschchen, Sibirische	24
Bitok po Kassatzki	306	Ogourzi	25
Bitok Nowgorodski	306	Okroschka	91
Bitok po russki	306	Okroschka is riba	91
Bitok Skobeleff	306	Osetrina finnlandskaia	264
Bitok tatarski	306	Palten (baltisch)	454
Blini	10, 547	Pelmeni sibirskije	24, 451
Borschtsch polski	84	Piroschki po finnski	461
Borschtsch sjeloni	84	Piroschki s'kapusstoi	461
Borschtsch Skobeleff	84	Piroschki rewelski	461
Borschtschock	84	Potschki Demidoff	412
Bortschock flotski	84	Potschki Empire	412
Botwinja	84	Potschki Menjer s pomidorom	412
Boulbett is tworog	660	Potschki Parm	413
Chworost	662	Potschki po Russki	413
Ciernikis	554	Potroka	91
Finnlandskaia	86	Rastegaïs	27
Fischpastete, Russische	27	Rastegai s mjessom	27
Golubzy po litowski	336	Rastegai s riba	27
Govia Dina Stroganow	337	Rossolnik	92
Gurjeffski Kascha	685	Russische Fischpastete	27
Kalbsschnitzel Metropole	421	Salat Brjanski	28
Kascha	563	Salat Empire	28
Klosski	576	Salat Olivier	29
Kloster-Salat	28	Salat de Yerchi	28
Krapiwa	89	Sauce Smitane	58
Kulibijaka von Lachs	212	Schtschi	92
Kulibijaka von Weißkraut	616	Schtschi Nikolaijewski	92
Kurinuy Koteletki Pojarski	374	Schtschi i russki	92
Litowski Sup	89	Schtschi soldatski	92
Litowski Wareniki	615	Schtschuka w smetane	192
Marinownaja e gribuis	24		

	Seite
Sibirische Mundtäschchen	24
Sirne Paska	711
Sjelodka po kurlandski	194
Sjelodka Stroganoff	194
Sjeloni	92
Smolenska Kascha	563
Soldatski Gowjadina	505
Soljanka is riba	93
Sterlet po monastirski	261
Sterlet Orlow	261
Sterlet porowi	262
Sterlet rassol	262
Sterlet po russki	262
Sudak po russki	264
Sudak po russki na skoworodke	264
Sup Malorussiski	93
Sup Meschanski	94
Sup Moscowscaia	94
Sup Rakowa	94
Tscheburek	532
Ucha is Sterlett	94
Vorschmack Dragomirow (baltisch)	35
Vorschmack Litowski (baltisch)	23
Wareniki	615
Wareniki is kapussta	615
Wareniki Mallorussiski	717
Watruschki s tworogom	615
Wjetschina po Kurlandski	617
Wjetschina s pomidorom	617

Schweden

	Seite		Seite
Doppskov	314	Lammfrikassé med dillsas	438
Får-i-kål	322	Lapskojs	446
Fläsk korv-stuvning	327	Oxbringa	453
Köttbullar	431	Pytt i panna	462
Köttbullar med stekt Fläsk	431	Renfilé Mignon	473
		Sill-lada	194

	Seite
Smörgås-Bord	31
smorgasbord med smawarmt	31
Stekt fläsk	524
Strömmings-lada	194
Svensk panna	524

Schweiz

	Seite		Seite
Berner Platte	306	Fondue Neuchâteler Art	14, 727
Bündner Fleisch	10	Fondue auf Neuenburger Art	726
Bündner Wurst	310		
Fondue	726		
Fondue Bourguignonne	483		

	Seite
Fondue auf Walliser Art	727
Kabeljau auf Baseler Art	201

Landesgerichte

Seite	Seite	Seite
Kalbsgeschnetzeltes auf Zürcher Art . . 394	Lauch auf Waadtländer Art 596	Schafsragout auf Emmentaler Art . . . 507
Kalbsniere auf Baseler Art 412	Leberspießli 404	Zuger Kirschtorte . 715
Kalbsschnitzel auf Freiburger Art. . . 421	Raclette . . . . 27, 730 Renke auf Baseler Art 222	

Spanien

Ajo blanco 83	Caracoles a la Madrileña 232	Omelette La Frita . . 164
Albóndigas 302		Paella 454
Albóndigas con guisantes 302	Cardos a la Española 567	Pavo à la Caseros. . 531
	Cebolla española . . 85	Perdiz a la Andaluza 467
Albóndiguillas . . . 302	Cerdo asado a la Riojano 515	Perdiz en Chocolate. 467
Albóndiguillas a Criolla 302		Perdiz en Escabeche. 467
	Chanfaina 517	Piche-Pache 458
Anguila Riojana . . 170	Chuleta de ternera a la Española . . . 399	Podrida Créole . . . 595
Arroz Valenciana . . 302		Pollo español. . . . 360
Bacalao a la Español 263	Cocido Andaluz . . 86	Pollo a la Pepitoria . 360
Bacalao con guisantes 263	Escabecia 13	Puchero 92
	Estofado Rosalia . . 321	Puchero Madrileña . 462
Bacalao a la. Madrileña 263	Garbanzos Andaluza. 87	Rodaballo a la Madrileña 260
	Garbanzos Madrileña 87	
Bacalao con miel. . 263	Judias blancas a la Cataláña 550	Sesos españolas . . . 397
Barcelonessa . . . 83		Sopa de almejas. . . 93
Boronia 84	Judias verdes a la Campesina 549	Sopa Victoria Ena. . 93
Caldo española . . . 85		Sopa Wilfredo . . . 93
Caracoles a la Cataláña 232	Loncha de Ternera . 423	Tonnillo 94
	Lucio Gayarre . . . 190	Tortilla Española . . 164
Caracoles a la Española 232	Mallorquina 90	Tripas a la Andaluza. 426
	Olla Podrida 91	Tripas a la Española . 426

Tschechoslowakei

Bramborová polevská 85	Liwanzen 692	Zadéjavané drsky . . 426
	Powidl-Knödel . . . 704	Zelná polevká . . . 94
Hrachová polevská . 88	Rybi polevká . . . 92	Zelný Gulyas . . . 338
Ledvinková polevská 89	Tropfennudeln . . . 696	

Türkei

Abji l'Amid 83	Katalou 575	Smyrna-Keuftés . . 522
Chachi-Kebassi . . . 430	Kebab 429	Tarator Sauce . . 59
Duyjune eti ve Fasulya 315	Keuftés 430	Tcherkez tâouk . . . 380
	Mahalebi 692	Tel Kadayif 713
Duyne tchorbassi . . 86	Mudjemeri 449	Tendjéré Kébabi . . 430
Eksheli Keuftés . . . 315	Osmanie Kébabi . . 430	Terbyéli keuftés . . 430
Ekshili tchorba . . . 86	Papaz yahnissi . . . 454	Terebíye 59
Imam Bayaldi . . . 556	Pilaw Beyinleve Tomatas ve Kuzu . . 461	Turlu 533
Izmir keuftessi . . . 389		Yahni 539
Kabab 429	Rahalou 598	Yahni ve Bezelyapilawe 539
Kadine bouton . . . 389	Rahat-Loukoum . . 707	
Karni Yarik 556	Schaschlik 507	Yalanci Dolma . . . 539

Ungarn

Bárány paprikás . . 337	Kalocsai sertésborda . 514	Rakott káposza . . . 465
Barány pörkölt . . . 337	Magyar gulyás halleves 90	Serpenyös rostélios . 502
Bogrács gulyás . . . 337		Szirke Gulyás, Szegedi módra . . . 379
Borju pörkölt . . . 337	Magyar gulyás leves. 90	
Czipetke 555	Malácz Kovesonya . 447	Tarhonya 612
Dobo torta 714	Marha Gulyás . . . 338	Töltött Káposzta . . 529
Esterházy rostélyos . 501	Paprikás borjut szelet 454	Topfenpalatschinken 714
Halászlé 188	Paprikás csirke . . . 454	Velös leves 94
Hunyádi töltöt . . . 388	Pörkölt 462	

941

Landesgerichte

Seite   Seite   Seite

Vereinigte Staaten von Nordamerika (USA)

	Seite		Seite		Seite
Abalone Steak California	171	Chicken à la King	359	Deviled Kidneys and Bacon	412
Avocado Fruit Salad	9	Chicken Pie	459	Farina	36
Avocado Cocktail	9	Chicken Pan Pie	376	Farina in Milk	36
Alligator Steak	302	Chocolate pie	703	First Course Salads	25
American Beefsteak and Kidney Pie	458	Clam Broth	85	Fish Chowder	84
		Clam Chowder	86	Fishmonger's Soup	86
		Clam Cocktail	12	French Toast	37
American Breakfast Dishes	36	Clam on Half Shell	180	Fried Carrots	589
		Clam Roast	180	Fried Scallops	200
American Codfish Balls	433	Clam Sauce	44	Golden Buck	16
		Clam, Stewed	180	Graham Muffins	37
American Eggs	2	Club Steak	476	Grapenuts and Cream	37
American Lamb Hash	352	Coffee Chiffon Pie	663,702	Green Turtle Soup	87
American Rarebit	2	Cole Slaw	624	Griddled Buckwheat Cakes	37
American Tomato Soup	83	Corn and Celery	583	Griddled Rice Cakes	37
		Corn off the Cob	583	Griddled Sweet Potatoes	546
Angel Cake	645	Corn on the Cob	583	Griddled Wheat Cakes	37
Apple and Horseradish Sauce	41	Corn Flakes	37	Haddock Delmonico	230
		Corn Fritters American Style	583	Hashed Browned Potatoes	571
Baked Cod	200	Corn Maryland	583	Hominy	584
Baked Corned Beef	477	Corn Mexican Style	584	Hominy Fritters	584
Banana Split	656	Corn Muffins	36, 695	Hopping John	566
Barbecue Sauce	41	Corn Mush	584	Indian Maize Mush	37
Beef and Brain Hash	352	Corn O'Brien	584	Jewish Cheese Plinzes s. Plinzen, Jüdische	19
Beefsteak with smothered Onions	475	Corn Southern Style	584	Jüdische Plinzen	19
Blueberry Muffins	695	Corn and Tomatoes	584	Lamb Hash and Fried Bananas	353
Boiled Calf's Head and Parsley Sauce	398	Corned Beef Baked	477	Lemon Meringue Pie	703
		Corned Beef and Cabbage	477	Lemon Sauce	50
Boston Baked Beans	550	Corned Beef Hash	352	Lobster Chowder	89
Boston Clam Chowder	84	Corned Beef Hash and Poached Egg	353	Lobster Gumbo	89
Boston Fish Chowder	84	Crab Baltimore	265	Long Island Buck	23
Boston Scrod	201	Crab Gumbo Creole	86	Louisiana Soup	89
Broiled Baby Turkey	529	Crab a la King	265	Malta Vita	37
Broiled Liver and Bacon	403	Crab Maryland	265	Manhattan Clam Chowder	90
Broiled Oysters and Bacon	7	Crab Newburgh	265	Maple Candied Sweet Potatoes	546
Broiled Sardines	30	Crabmeat Cocktail Ravigote	33	Maryland Style Tomatoes	614
Broiled Sweet Potatoes	546	Cracked Wheat	36	Melon, Grape and Orange Salad	25
Buck Rarebit	27	Cream of Corn and Onions	86	Mexican Slaw	631
Candied Carrots	589	Cream of Corn and Onions Washington	86	Mint Jelly	53
Candied Squash	587	Cream of Wheat	36	Muffins	695
Canvasback Duck americaine	311	Creamed Chicken	359	New England Boiled Dinner	452
Canvasback Duck broiled	311	Creamed Chicken Baked	359	New England Clam Chowder	91
Canvasback Duck roasted	311	Creamed Corn	583	New England Stew	452
Cherry Meringue Pie	703	Creamed Potatoes	570	Oatmeal Muffins	37
Chicken and Clam Broth Bellevue	85	Creamed Potatoes and Corn	570		
Chicken Gumbo Creole	85	Creamed potatoes hashed	570		
Chicken and Ham Pot Pie	459	Creamed Roast Beef on Toast	12		
		Creole Steak	475		

Landesgerichte

	Seite		Seite		Seite
Old Virginia Corn Cakes	37	Roast Pheasant with Cranberries	324	Strawberry Shortcake	681
Okra American Style	25	Rock Cornish Game Hen Minnesota	506	Stuffed Crab	33
Orange, Banana and Cherry Salad	25	Salisbury-Steak	475	Succotash	550
Orange, Pineapple and Cucumber Salad	25	Salisbury-Steak Creole	475	Sugar Cured Ham Steak Hawaiian Style	520
Orange, Tomato and Green Pepper Salad	25	Salisbury-Steak with Smothered Onions	475	T-Bone Steak	503
Oyster Chowder	91	Saratoga Chips	574	Tarteletts Tosca	33
Oyster Rarebit	8	Scalloped Oysters	8	Teal with Cranberry Sauce	432
Oyster Shell Roast	8	Seafood Alabama	234	Terrapin Baltimore	266
Oysters on Half Shell	7	Seafood Florida	234	Terrapin in Chafing Dish	266
Oysters Louisiana	8	Shoestring Potatoes	574	Terrapin Jockey Club	266
Oysters Manhattan	8	Shredded Wheat	37	Terrapin Maryland	266
Oysters Newburgh	8	Smoked Haddock Delmonico	16, 230	Tomatoes Maryland Style	614
Pearl Grits	37	Soft Shell Crabs Creole	258	Tomatoes Virginia Style	614
Philadelphia Pepperpot	91, 458	Soft Shell Crabs, Fried	258	Turkey Breast Chef's Style	532
Philadelphia Scrapple	458	Soft Shell Crabs, Grilled	258	Turkey Breast Michael	532
Pickled Bananas	9	Soft Shell Crabs Miller's Style	258	Turkey Romantic Style	532
Pigeon Gumbo	527	Sole Narragansett	251	Turtle-Flippers Maryland	231
Pineapple and carrot salad	633	Southern Bisque	93	Uncle Sam Salad	636
Pineapple Master Joe	645	Southern Fried Chicken	360	Veal Pot Pie	460
Planked Bass	270	Southern Style Sweet Potatoes	546	Virginia Style Ham	519
Planked Shad	173	Squash Soup	93	Virginia Style Tomatoes	614
Planked Sirloin Steak	505	Stewed Clams	180	Waffles	37
Popovers	37	Strawberry Chiffon Pie	703	Wheat Muffins	37
Porridge	596	Strawberry and Cottage Cheese Tartlett	717		
Potato Chowder	91				
Potted Steak	475				
Puffed Rice	37				
Rarebit Vanderbilt	27				
Raspberry Chiffon Pie	703				

Verschiedene

	Seite		Seite		Seite
Calderata de Cordero (philippinisch)	310	Djuveč (bulgarisch)	314	Mashimono no tori (japanisch)	447
Camaro brasileiro (brasilianisch)	85	Fiskkaggen (norwegisch)	181	Pheasant Canadiana (Kanadisch)	324
Chop Suey (chinesisch)	312	Hollandse Palingsoep (holländisch)	88	Pilau-i-Rarah (afghanisch)	461
Chow Gai See Mein (chinesisch)	312	Kapama (bulgarisch)	428, 444	Sesatee Ajam (indonesisch)	377
Couscous (arabisch)	313	Kofta (nordafrikanisch)	431	Tinutungan (philippinisch)	529

Inhaltsverzeichnis deutsch

Die Umlaute ä, ö und ü sind unter ihren Stammlauten a, o und u eingeordnet

	Seite		Seite		Seite
Aal	1, 167	Auflauf, Schinken-	519	Bayerische Creme	656
Aalquappe	171	Aufläufe, kleine	304	Bayrisch-Kraut	616
Aalraupe	171	Aufläufe, süße	652	Bayerische Leberknödel	305
Aalrutte	171	Ausländische Spezialitäten (Landesgerichte)	936	Béchamelsauce, Weiße Rahmsauce	40
Aalsuppe, Hamburger	87	Auslegeteig	640	Becherpastete	9, 657
Abalone	171	Austern	6	Beefsteak	474
Abmagerungsdiät	763	Austernkrabbe	173	Beerenweine	827
Ackerbohne (Puffbohne)	597	Avocado	653	Beilagen s. Garnituren	273
Aland	172	Avocado-Cocktail	9	Bekassine (Sumpfschnepfe)	524
Alkoholfreie Getränke	899	Baba	654	Berliner Luft	657
Allgemeine Angaben	790	Backen in tiefem Fett	301	Berner Platte	306
Alse	172	Backhendl	304	Biber	306
Alsenrogen	173	Backhuhn	304	Biersuppe	84
Amaul	173	Backteig	640	Birkhuhn	306
Amerikanische Eier	2	Backwaren	640	Birne	657
Amerikanische Frühstücksgerichte	36	Baiser	654	Biskuitrolle	660
Ananas	643	Baisertorte	654	Biskuitteig, feiner	641
Anbeis	173	Balchen	174	Bitki	306
Anglerfisch	173	Ballaststoffe	760	Bitok	306
Anisbrot	645	Ballotine	304	Bitters	894
Anone	646	Bambussprossen	545	Blätterteig	640
Apfel	2, 646	Bame (Gombo)	562	Blätterteigpastetchen	309
Apfelgelee, schwedisches	711	Bamia	9, 545	Blätterteigpastete	307
Apfelsine	649	Banane	545, 655	Blätterteigstäbchen	309
Appetitschnittchen	2	Bananen (Vorspeisen)	9	Blätterteigstäbchen, glacierte	660
Aprikose	650	Bananenmus	546	Blätterteigstäbe	9
Aromastoffe	760	Bandnudeln, italienische	546	Blätterteigstreifen	309
Arten des Weines	826	Bär	305	Blätterteigstreifen mit Käseauflauf	10
Artischocke	5, 541	Barbe	174	Blaubeeren	660
Artischocke, japanische	566	Barbrötchen	9	Blaufelchen (Felchen)	180
Artischocke, Jerusalemer	545	Barde	304	Blaufisch	175, 206
Artischocke, spanische	545	Bärensattel	305	Blaukochen von Fisch	166
Artischockenböden	5, 543	Bärenschinken	305	Blaukraut	547
Äsche	172	Bärentatzen	305	Blauleng	175
Aspik	5, 6, 302	Baron	305	Bleichsellerie	547
Auerhahn	303	Bars	175	Bleie	176
Auflauf	6, 303	Barsch	175	Blini	547
Auflaufpudding	10	Barsch, gestreifter	175	Blitzkuchen	10, 660
Auflauf, Käse-	19, 728	Barsch, schwarzer	234	Blumenkohl	547
		Barsch, See-	270		
		Batate	546		
		Baummelone	546		

Inhaltsverzeichnis deutsch

Seite	Seite	Seite
Blutente 309	Butterbohnen . . . 552	Diät bei Krankheiten
Blutwurst 309	Buttercreme 641	der Verdauungs-
Bodenrenke (Renke) 222	Cassata 661	organe (Oberbauch-
Böhmische Dalken . 665	Champagnerfinger . 661	diät) 770
Bohne, große (Puff-	Champignons . 10, 552	Diät bei Übergewicht 761
bohne) 597	Charlotte 661	Diät bei Zuckerharn-
Bohnen, Frijole . . . 548	Chateaubriand . . . 476	ruhr 767
Bohnen, grüne . . . 548	Chaudfroid 11	Diätformen . 761-777
Bohnen, Lima . . . 549	Chicorée 554	Döbel (Aland) . . . 172
Bohnen, rote 550	Chinakohl 554	Donaulachs (Huchen) 195
Bohnen, weiße . . . 550	Chinesischer Kohl	Doppeltes Lenden-
Bohnenkerne, grüne 551	(Pe-tsai) 595	stück 314, 476
Bohnensuppe, Frank-	Clubsteak 476	Dorsch 180
furter 87	Cobbler 899	Dressings 620
Bohnensuppe, West-	Cocktail, Avocado- . 9	Dunstgericht 314
fälische 94	Cocktails 899	
Bologneser Zervelat-	Cocktail-Vorspeisen 11	
wurst 10	Cooler 899	Edelkastanie . . 555, 587
Bonito 176	Creme, bayerische . 656	Eier, amerikanische . 2
Bordure 309	Creme, englische 641, 679	Eier, gebackene 116, 134
Bowlen und wein-	Creme, Konditor- . . 641	Eier, geformte . 117, 154
haltige Getränke . 848	Creme, Saint-Honoré- 641	Eier, gefüllte . . 116, 126
Bouillon 62	Creme, süße 663	Eier, hart-
Boulette 310	Cremes 641	gekochte . . . 116, 126
Brachse 176	Cremeschnitte . . . 664	Eier, kalte . 13, 116, 129
Brandteig 640	Cremetöpfchen,	Eier in Näpfchen 116, 122
Brandteigkrapfen . . 660	kleine 664	Eier, pochierte . 117, 141
Brasse 176	Cremetörtchen . . . 665	Eier, Schnee- . . . 710
Brassen, rötlicher . . 226	Croque-Monsieur . . 12	Eier, Spiegel- . . 117, 135
Braten 300	Crusta 899	Eier, verlorene . 117, 141
Braten in Kasserolle	Curry 313	Eier, wachs-
oder Kokotte . . . 301		weiche 116, 125
Bratensaft, einfacher . 39	Daisy 899	Eierapfel 13, 555
Bratwurst 512	Dalken, böhmische . 665	Eierfrucht 555
Braune Grundsauce . 39	Damhirsch 314	Eierkuchen,
Brauner Fond . . . 38	Dampfnudeln . . . 665	Schwarzwälder . . 666
Brauner Kalbssaft . . 39	Dämpfragout 477	Eierküchlein,
Braunkohl 551	Dänische belegte	Schwarzwälder . . 711
Brennesseln 551	Brote 12	Eierkürbis 557
Brioscheteig 641	Darmdiät s. Diät für	Eierpilz (Pfiffer-
Broccoli 551	Oberbauchkranke . 770	ling) 595
Brombeeren 660	Dartois 12	Eierschwamm . . . 558
Brötchen, Bar- . . . 9	Dattel 665	Eierspeisen 116
Brunnenkresse . . . 551	Dattelpflaume,	Eis 667
Brüsseler Endivie . . 552	japanische 686	Eisauflauf 668
Brust, Rinderpökel . 477	Demiglace 39	Eisbecher 669
Brüstchen, Fasanen . 325	Deutsche Sauce . . . 40	Eisbein 513
Brüstchen, Haselhuhn- 357	Diabetesdiät 767	Eisbiskuit 672
Brüstchen, Rebhuhn- 468	Diabetesdiät, Eintei-	Eisbombe 673
Brüstchen,	lung der Kohle-	Eisflunder 180
Schnepfen- 512	hydrate 768	Eispudding 677
Brüstchen, Tauben- . 528	Diät 752	Eispunsch 678
Brustspeck 523	Diät bei Herz- und	Eisrolle 678
Bruststreifen 310	Kreislauf-Krank-	Eisspeisen . . . 640, 712
Buchteln 661	heiten 764	Eistorte 678
Bücklingsfilets . . . 10	Diät, energiearme . . 763	Eiweiß 754
Bündner Fleisch . . 10	Diät, streng natrium-	Eiweiß, mageres . . 754
Bündner Wurst . . . 310	arm 765	Eiweiß, pflanzliches . 754
Butte 177		Eiweiß, tierisches . . 754
		Endivie, Brüsseler . . 552

945

Inhaltsverzeichnis deutsch

	Seite
Endivien	13, 558
Energiearme Kost	761
Engel zu Pferde	13
Englische Creme	641, 676
Englische Pastete	315, 459
Englische Schüsselpastete	711
Englischer Sellerie	558
Ente	315
Ente, Knäk-	431
Ente, Löffel-	441
Ente, Rouener	320
Ente, Wild-	536
Epigramme	321, 438
Erbsen, getrocknete	558
Erbsen, grüne	558
Erbsen, Kicher-	575
Erbsen, Splitter-	610
Erdapfel (Kartoffel)	567
Erdartischocke	560
Erdbeere	679
Erdbirne	560
Ernährung, Vollwertige	752
Euter, Kalbs-	391
Fachwörterverzeichnis	921
Falscher Hase	321
Farcewürstchen	321
Fasan	322
Fasanenbrüstchen	325
Faß	831
Feigen	13, 681
Felchen	180
Feldhuhn	326, 465
Fenchel	561
Fenchelknollen	13, 561
Fenchelkuchen	681
Festsaalservice	740
Fett	755
Fettammer	326, 453
Fettsäuren, gesättigte	755
Fettsäuren, ungesättigte	755
Filet Beefsteak	326
Filet Stroganoff s. Govia Dina Stroganoff	337
Filetspitze (Lendenspitze)	499
Fisch backen	167
Fisch blaukochen	166
Fisch braisieren	166
Fisch braten	167
Fisch garmachen	166
Fisch grillieren	167
Fischmayonnaise	24
Fisch pochieren	166

	Seite
Fisch-Rahmsuppe	63
Fischrissolen	182
Fisch-Samtsuppe	63
Fisch zerlegen	747
Fische	166
Fischessenz	38
Fischfond	38, 167
Fischgericht, provenzalisches	222
Fischgericht, ungarisches	267
Fischgerichte, auch Vorspeisen	166
Fischkraftbrühe	63
Fischkuchen, norwegischer	181
Fischrastegai	
Fischmilch	13, 181
Fischpastete, russische	27
Fischragout	182
Fischreiher	327
Fischrouladen	182
Fischsud	167
Fischvelouté	40
Fizz	899
Flammeri	682
Flasche	833
Flaschenverschlüsse	834
Flaschenweine	846
Flaschenweine, Behandlung beim Auftragen	843
Fleisch, Zerlegen von	748
Fleischbrühe, doppelte	63
Fleischbrühe, einfache	62
Fleischbrühen	62
Fleischgerichte	300
Fleischglace	39
Fleischklöße	327
Fleischrastegai	
Fleischklöße, spanische	523
Fleischspeck	523
Fleischstücke, Bezeichnung in Deutschland	742
Fleischstücke, Bezeichnung in Österreich	744
Fleischteile-Benennung	742
Flip	899
Flunder	182
Flußbarsch (Barbe)	174
Fogas	182
Fond, brauner	38

	Seite
Fondant	642
Fondants (Vorspeisen)	13
Fonds	38
Fondue auf Neuenburger Art	14, 727
Fondue auf Walliser Art	728
Forelle	182
Forelle, See-	234
Frangipanecreme	641
Frankfurter Bohnensuppe	87
Frankfurter Würstchen	14
Frikadelle	327
Frikassee, Hühner-	371
Frikassee, Kalbs-	392
Frikassee, Lamm-	438
Frischling	327
Frischlingsbrust	327
Frischlingskotelett	328
Frischlingsrücken	328
Frischlingsschinken	329
Fritot	329
Frivolitäten	14
Froschkeulen	14, 185
Fruchtbrot, gestürztes	682
Früchtebrot	682
Fruchtpastete	682
Fruchtschaumweine	826
Frühlingslorchel	561
Frühstücksgerichte, amerikanische	36
Frühstücks-Service	740
Füllpastete	329
Füllpastete, süße	683
Fürst-Pückler-Eis	683
Galantine	14, 439
Gallendiät s. Diät für Oberbauchkranke	770
Gans	330
Gans, Wild-	537
Gänse-Stopfleber	332
Gänseweißsauer	15
Gänsebrust, geräuchert	15
Gänseleber	15, 332
Garnelen	15, 186
Garnituren	273
Garziehen	301
Gebackene Eier	116, 134
Gebackenes	187, 335
Gebinde	832
Gebundene Suppen	82, 95

Inhaltsverzeichnis deutsch

	Seite		Seite		Seite
Gefäße für Wein	833	Grundforelle (See-		Hasenparfait	355
Geflügelmayonnaise	24	forelle)	234	Hasenpastete	355
Geflügel-Rahmsuppe	63	Gründlinge	16, 188	Hasenpfeffer	355
Geflügel-Samtsuppe	64	Grundsauce, braune	39	Hasenrücken	355
Geflügel zerlegen	749	Grundsauce, weiße		Hasenschnitten	356
Geflügelessenz	39	Rahmsauce		Hauptgerichte	300
Geflügelfond,		(Béchamelsauce)	40	Hausen	188
weißer	38	Grüne Erbsen	558	Hecht	188
Geflügelgerichte	300	Grüne Fisolen	562	Hecht, See-	235
Geflügeljunges	335	Grünkohl	562	Hechtbarsch	192
Geflügelkeulen	16	Grünkern	562	Heidelbeeren	685
Geflügelklein	335	Grütze	563	Heilbutt	192
Geflügelkraftbrühe	63	Guglhupf	685	Helianthi	17, 564
Geflügellebern	16, 332, 336	Gulasch	337	Herbstlorchel	565
Geflügelrahmsauce	40	Gurken	16, 563	Hering	17, 193
Geflügelsuppen	63	Gurken, Senf-	31	Hering, geräucherter	
Geflügelvelouté	40			(s. Bloater)	176
Geformte Eier	117, 154	Hachse, Kalbs-	394	Heringskönig	194
Gefrorenes	667, 683	Hachse, Schweins-	521	Herrenpilz (Steinpilz)	611
Gefüllte Eier	116, 126	Hähnchen	339	Herz, Kalbs-	394
Gekröse, Kalbs-	393	Hahnenkämme	339	Herz, Rinder-	484
Gelee	683	Hahnennieren	339	Herz- und Kreislauf-	
Gemse	336	Halbmond-		Diät	764
Gemüse	541	pastetchen	17	Herzmuschel	195
Gemüse, gemischtes	561	Hamburger Aalsuppe	87	Highball	899
Gemüse-Rahmsuppe	63	Hamburger Rauch-		Himbeere	686
Gemüse-Samtsuppe	64	fleisch	17, 339	Himmel und Erde	565
Gemüse, zellulose-		Hammel, Epigramm		Himmelsziege	
haltiges	761	von	339	(Sumpfschnepfe)	524
Gemüsegerichte	541	Hammel, Fleisch-		Hippen	686
Gemüsesuppen	63	stücke-Bezeichnung		Hirn, Kalbs-	18, 395
Gemüsevelouté	40	in Deutschland	742	Hirsch	358
Geräucherter Hering		Hammelfilets	339	Hirschbrust	358
(s. Bloater)	176	Hammelfleisch	339	Hirschkalb	358
Gesättigte Fettsäuren	755	Hammelfüße	340	Hirschleber	358
Geschmortes	300	Hammelhirn	340	Hirschnuß	358
Getränke, alkohol-		Hammelkeule	341	Hirschroulade	358
freie	899	Hammelkotelett	342	Hirschsattel	358
Getränke, lange		Hammelnieren	346	Hirschschnitzel	358
Sommer-	899	Hammelnüßchen	349	Hirschschulter	358
Getränke, weinhaltige	848	Hammelragout	349	Hirse	565
Getrocknete Erbsen	558	Hammelrücken	350	Hohe Rippe	358
Gewürzgurken	16	Hammelschnitzel	351	Hohlnudeln	565
Gitterkuchen	684	Hammelschulter	351	Honigkuchen	686
Glasuren	641	Hammelschwanz	351	Hopfensprossen	565
Glattbutt	187	Hammelzunge	352	Huchen	195
Goldammer	336	Hartgekochte		Huhn	358
Goldbrassen	187	Eier	116, 126	Huhn am Rost ge-	
Gombo	562	Haschee	352	braten	361
Götterspeise	684	Hase	353	Huhn, sautiert	361
Gourmandises	16	Hase, falscher	321	Hühnerbrüstchen	367
Gramolata	684	Haselhuhn	357	Hühnerflügel	371
Granat	15, 186	Haselhuhnbrüstchen	357	Hühnerfrikassee	371
Granat, Kaiser-	203	Haselnüsse	17	Hühnergalantine	372
Granatapfel	684	Haselnußrolle	685	Hühnerkeulen	372
Grieß	16, 562, 684	Hasenfilets	354	Hühnerkotelett	373
Grießtörtchen,		Hasenkeulen	354	Hühnerlebern	375
gefüllte	16	Hasenkoteletts	354	Hühnerpastete	376
Grillieren	301	Hasenläufe	355		

Inhaltsverzeichnis deutsch

	Seite		Seite		Seite
Hühnerpastete, polnische	462	Kalbfleisch, Weißgericht	391	Kapaun	429
Hühnerpüree	376	Kalbfleischröllchen	391	Karausche	203
Hühnerragout	376	Kalbsbeuschel (-lunge)	404	Karde	566
Hühnerschaumbrot	376	Kalbsbries (-milch)	405	Kardi	18, 566
Hühnerschaumbrötchen	377	Kalbsbröschen (-milch)	40	Karotte	567
Hummer	18, 195, 199	Kalbsbrust	389	Karpfen	203
Hummermayonnaise	24	Kalbsbrustknorpel	390	Karpfen, mariniert	18
Husarenfilet	388	Kalbseuter	391	Karree, Kalbs-	397
Husarenfleisch	388	Kalbsfond, weißer	38	Karree, Lamm-	439
Indian	389, 529	Kalbsfrikandeau	392	Karree, Schweine-	514
Inhaltsverzeichnis, deutsch	936	Kalbsfrikassee	392	Kartäusergericht	429
Inhaltsverzeichnis, fremdsprachig	947	Kalbsfuß	18, 393	Kartäusergericht mit Gänseleber	18
Ischler Krapfen	686	Kalbsgekröse	393	Kartoffel	567
Italienische Bandnudeln	546	Kalbsgeschnetzeltes	394	Kartoffeln auf Ardenner Art	19
Italienische Meringuemasse	641	Kalbsgrenadin	394	Kartoffeln, süße	612
Italienische Mundtaschen	566	Kalbshachse	394	Käse	719
Italienische Nocken	592	Kalbsherz	394	Käseauflauf	19, 728
Jahreszeiten-Kalender	799	Kalbshirn	18, 395	Käsefladen, Brier	10
Jakobsmuschel	199	Kalbskarree	397	Käsereis	575
Japanische Artischocken	566	Kalbskopf	397	Käsespeisen	719, 726
Japanische Dattelpflaume	686	Kalbskotelett	399	Käsestangen, türkische	34
Japanknollen (Stachi)	566	Kalbsleber	403	Kasseler-Kotelett	514
Jerusalemer Artischocke	545	Kalbslendchen	404	Kasseler Rippenspeer	514
Joghurt	687	Kalbslunge	404	Kästchen	20, 429
Johannisbeere	686	Kalbsmark	405	Katfisch	206
Jüdische Plinzen	19	Kalbsmedaillons	405	Katzenzungen	687
Julep	899	Kalbsmilch	405	Kaulbarsch	206
Jungfernbraten	389	Kalbsnieren	412	Kaviar	20
Junggans	389	Kalbsnierenbraten	414	Kerbelrübchen	575
Jungschweinskarree	389	Kalbsnuß	416	Keule, Hammel-	341
		Kalbsnüßchen	417	Keule, Lamm-	439
Kabeljau	200	Kalbsohren	417	Keule, Schweine-	515
Kaffee	919	Kalbsragout	418	Keule, Reh-	469
Kaffeezubereitung, Hinweise	919	Kalbsrippe	418	Keule, Renntier-	473
Kaiserfleisch	389	Kalbsrippenstück	418	Keulen, Hasen-	354
Kaisergranat	203	Kalbsrücken	418	Kichererbse	575
Kaiserschmarren	687	Kalbssaft, brauner	39	Kicherling	575
Kaki	687	Kalbssaft, gebundener	39	Kiebitz	430
Kalb	389	Kalbsschnitzel	420	Kiebitzeier	20, 148
Kalb, Fleischstücke-Bezeichnung in Deutschland	742	Kalbsschulter	422	Kieler Sprotten	21
		Kalbsschwanz	422	Kilkis	21
Kalb, Fleischstücke-Bezeichnung in Österreich	744	Kalbssteak	423	Kirsche	688
		Kalbsvelouté	40	Kirschtorte, Schwarzwälder	711
		Kalbsvögel, schwäbische	512	Kitz	430
		Kalbszunge	423	Kiwi	689
		Kaldaunen	424	Klare Suppen	64
		Kalmar	203	Klementine	689
		Kalorienarme Kost	761	Kliesche, rauhe Scholle	206, 222
		Kalte Eier	13, 116, 129	Klippfisch	206
		Kalte Suppen	82, 114	Klopse, Königsberger	431
		Kaltschalen	114	Kloß	576
		Kamm-Muschel	203	Klößchen	430
		Känguruh	426	Klößchen aus Fleischfarcen	430
		Kaninchen	427		
		Kaninchenfilet	428		

Inhaltsverzeichnis deutsch

	Seite		Seite		Seite
Klößchen, Spanische	523	Kreislaufdiät	764	Lammzunge	445
Klöße	576	Krokant	642	Lamprete	214
Kluftsteak	431	Kroketts	433	Landesgerichte, Register	936
Knäkente	431	Kroketts, süße	690	Languste	214
Knoblauch	576	Kromeskis	435	Langustine	214
Knödel, Kirschen-	689	Kronfleisch	436	Lattich (Kopfsalat)	579
Knödel, Zwetschen-	718	Krötenfisch (Seeteufel)	235	Lauben	214
Knollensellerie	31, 576	Krustade	436	Lauch	23, 596
Knollenziest	577	Krustein siehe Kroketts	433	Läuterzucker	642
Knurrhahn	206	Krustein, Schmelz-	509	Lebensmittel, Jahreszeiten-Kalender	799
Knurrhahn, grauer	188	Krusten	22	Leber, Hirsch-	358
Kohl, chinesischer (Pe-tsai)	595	Krusten, süße	691	Leber, Hühner-	375
Kohlehydrate (KH)	758	Krustentiere siehe auch Fische und Schaltiere und Vorspeisen	1, 166	Leber, Kalbs-	403
Kohlehydrate, Einteilung bei Diabetesdiät	768	Küchenausdrücke	806	Leber, Reh-	471
Köhler	206	Küken	377	Leber, Rinder-	484
Kohlrabi	578	Kukuruz	579	Leber, Schweine-	517
Kohlrübe	578	Kulibijaka von Lachs	212	Leberdiät s. Diät für Oberbauchkranke	770
Kompott	689	Kulibijaka von Weißkraut	616	Leberkäse	446
Konditorcreme	641	Kürbis	579	Leberknödel, bayerische	305
Königsberger Klops	431	Kürbischen	23, 580	Leberwurst	446
Königskuchen	689	Kuttelfleck (Kaldaunen)	424	Lebkuchen, Nürnberger	696
Kopfsalat	579	Kutteln (Kaldaunen)	424	Lederkarpfen (Karpfen)	203
Kost, energiearme	761	Kuvertüre	642	Leipziger Allerlei	582
Kost, Kranken-	752			Lendchen, Kalbs-	404
Kost, natriumarme	765			Lendenbraten	446
Kotelett, Hammel-	341			Lendenschnitte	488
Kotelett, Hühner-	373			Lendenspitze	499
Kotelett, Kalbs-	399	Laberdan	208	Lendenstück, doppeltes	314, 476
Kotelett, Kassler-	514	Labskaus	437	Lendenstück, großes	500
Kotelett, Lamm-	439	Lachs	209	Lengfisch	215
Kotelett, Reh-	469	Lachs, gebeizt	23	Lerche	446
Kotelett, Rind-	484	Lachsforelle	214	Liebesapfel	582
Kotelett, Schweine-	515	Lachspastete	213	Liebesgrübchen	691
Koteletts	21	Lachs, See-	235	Lieder ohne Worte	447
Koteletts, Hasen-	354	Lachs, Silber-	258	Liköre	894—898
Krabbe	15, 206	Lamm	437	Linsen	582
Krabbe, Austern-	173	Lamm, Epigramm von	438	Litchis	691
Krabben	21	Lamm, Galantine von	439	Livländer Vorschmack	23
Krabben, weichschalige	206	Lammbrieschen	437	Liwanzen	692
Kraftbrühe, doppelte	63	Lammbrust	437	Löffelbiskuits	692
Kraftbrühe, kalte	82	Lammchop	438	Löffelente	447
Kraftbrühen	62	Lammfrikassee	438	Löffelerbsen	89
Krammetsvogel	432	Lammfüße	438	Lorchel	21
Krankenkost	752	Lammkarree	439	Lorchel, Frühlings-	565
Krapfen	21	Lammkeule	439	Lorchel, Herbst-	561
Krapfen, Brandteig-	660	Lammkotelett	439	Lorchel, Speise-	609
Krapfen, süße	689	Lammnieren	443	Lothringer Specktorte	23
Krause Lorchel (Herbstlorchel)	565	Lammnüßchen	443	Löwenzahn	583
Krebs	206	Lammohren	444	Lunge, Kalbs-	404
Krebs, Heuschrecken-	18, 195	Lammragout	444	Lungenbraten	447
Krebs, See-	235	Lammrücken	444		
Krebse	21	Lammschulter	444		
Krebssuppe	88				

Inhaltsverzeichnis deutsch

	Seite
Magendiät s. Diät für Oberbauchkranke	770
Mageres Eiweiß	761
Maifisch	215
Maipilz	583
Mais	583
Maiskolben	583
Majoranfleisch	447
Makkaroni	584
Makrele	215
Makrele, geräuchert	23
Makronen	692
Mandarine	692, 718
Mandelmürbeteig	640
Mandelsulz	693
Mango	23, 693
Mangold	587
Maräne	216
Marillenknödel	693
Marinaden, Salat-	620
Marinebraten	447
Mark, Kalbs-	405
Markknochen	447
Markkrusteln	447
Markkürbis	587
Marone	587
Marone, süß	693
Maschinengefrorenes	694
Massen	640
Masthähnchen	378
Masthuhn	380, 448
Matrosengericht	216
Maulbeere	694
Mayonnaise von Fisch	24
Mayonnaise von Geflügel	24
Mayonnaise von Hummer	24
Mazagrans	24
Medaillons, Kalbs-	405
Medaillons, Reh-	471
Medaillons, Rinder-	484
Medaillons, Westfälische	24
Meeraal	217
Meeräsche	217
Meerbarbe	217, 223
Meerbarbe, gestreifte	187
Meerbrassen	217
Meerbrassen, roter	225
Meeresfrüchte (Seafood)	24, 234
Meerforelle	217
Meerkohl	588
Meerwolf	219
Mehlpilz	588
Mekkakuchen	694
Melone	24, 694
Melone, Baum-	546
Meringuemasse	641
Meringuemasse, italienische	641
Miesmuschel (Muschel)	219
Milchschweinfüße	448
Mineralstoffe	759
Mischfrüchte	695
Mischgemüse, gebeizt	24
Mischgetränke	899
Mohnbeugel	695
Möhre	588
Möweneier	24
Mohrrübe	588
Mondstrandschnecke	219
Moorhuhn, schottisches	512
Moosschwamm	590
Morchel	590
Morchel, Stock-	612
Mundbissen	449
Mundtäschchen, sibirische	24
Mundtaschen	451
Mundtaschen, italienische	566
Muräne	219
Mürbeteig	640
Muschel, Sand-	180
Muscheln	25, 219
Muschelragout	464
Muskallonga	220
Mutterhering (Alse)	172
Nachmittags-Teeservice	740
Nagelrochen (Rochen)	223
Nahrungsmittel, Tabelle	780
Nährstoff-Tabelle der wichtigsten Lebensmittel	776
Nationale Gerichte s. Landesgerichte	936
Nationale Suppen	83
Natriumarme Kost	765
Nerfling (Aland)	172
Netzwürstchen	451
Neunauge	220
Neunaugen in Öl	25
Nieren, Hammel-	346
Nieren, Kalbs-	412
Nieren, Lamm-	443
Nierenbraten, Kalbs-	414
Nierenfetteig	640
Nocken (Klößchen) aus Fleischfarcen	430
Nocken, italienische	592
Nocken aus Teig	591
Nockerl	591
Nockerln, Salzburger	709
Norwegischer Fischkuchen	181
Nudeln	592
Nudeln, Hohl-	565
Nudeln, süße	696
Nürnberger Lebkuchen	696
Nuß	696
Nüßchen, Hammel-	349
Nüßchen, Kalbs-	417
Nüßchen, Lamm-	443
Nüßchen, Reh-	471
Nußkerne	25
Nußkipfel	696
Oberbauchdiät	770
Obstsalat	696
Obstsalate als Vorspeise	25
Obsttorte	697
Obstweine	827
Ochsengaumen	25
Ochsenmaulsalat	25
Ochsenschwanz	500
Ochsenschwanzstück (Rinderschwanzstück)	484
Ochsenzunge	25
Ohren, Kalbs-	417
Ohren, Lamm-	444
Ohren, Schweins-	521
Okra	593
Oliven	25
Omelette, süße	697
Omeletts	117, 156, 697
Ortolan	453
Palatschinken	698
Palmenmark	26, 593
Palmkohl	593
Pampelmuse	698
Panzerkrebs	221
Paprikaschote	593
Paprikaschoten, süße	595
Paprikaschoten als Vorspeise	26
Parfait	699
Pastetchen, Halbmond-	17
Pastetchen, kleine	454
Pastete, englische	315, 456
Pastete, Hühner-	376

Inhaltsverzeichnis deutsch

	Seite		Seite		Seite
Pastete von Lachs	213	Profiteroles	704	Renntierkeule	473
Pastete, russische Fisch-	27	Provenzalisches Fischgericht	222	Renntiersattel	473
Pastete, Tauben-	456	Pudding	704	Restaurantservice	739
Pasteten	454	Pudding, Eis-	677	Restaurantservice, einfaches	739
Pastinake	594	Puffbohne (Ackerbohne)	597	Rhabarber	600, 708
Perlgraupen	594	Punsch s. Mischgetränke	899	Rind	475
Perlhuhn	456	Püreesuppen	62	Rind, Fleischstücke-Bezeichnung in Deutschland	742
Perlweine	826	Puter	462		
Petermännchen	221				
Petersfisch	221	Qualitätswein	822	Rind, Fleischstücke-Bezeichnung in Österreich	744
Petits fours	699				
Petits fours, pikante	26	Radicchiosalat	634	Rinderbrust	477
Pfahlmuschel (Muschel)	219	Radieschen	27, 598	Rinderfilet	477
Pfannkuchen	667, 699	Ragout	462	Rindergaumen	483
Pfannkuchen mit Kaviar	26	Ragout, Hammel-	349	Rinderherz	484
		Ragout, Hühner-	376	Rinderkotelett	484
Pfau	457	Ragout, Kalbs-	418	Rinderleber	484
Pfefferoni	26	Ragout, Lamm-	444	Rindermedaillon	484
Pfeffer-Potthast	458	Ragout in Muschelschalen	13, 464	Rinderniere	484
Pfefferschote	595			Rinderpökelbrust	477
Pfeffersteak	475	Rahmsauce, weiße	40	Rinder-Schulterstück	484
Pfifferling	595	Rahmsuppen	63	Rinderschwanzspitze	484
Pfirsich	699	Rand (Bordüre)	309	Rinderschwanzstück	484
Pflaume	702	Räucherlachs	27	Rinderzunge	486
Pflanzliches Eiweiß	754	Rauchfleisch, Hamburger	17, 339	Rindfleisch, gekocht	488
Pichelsteiner	451			Rippchen, Schweins-	521
Pilaw	460	Rauhe Scholle	222	Rippe, hohe	358
Pilchard	221	Rautenscholle	222	Rippe, Kalbs-	418
Piroggen s. Piroschki	461	Rebhuhn	465	Rippenspeer, Kassler	514
Piroschki	461	Rebhuhnbrüstchen	468	Rippenstück	501
Pischingerschnitten	703	Regenpfeifer	469	Rippenstück, Kalbs-	418
Pistazien, geröstete	26	Regenpfeifereier	27	Risotto	600
Platterbse (Kichererbse)	575	Regensburger Braten	469	Rissolen	506
		Regionale Gerichte s. Landesgerichte	936	Roastbeef, flaches	501
Plinzen, jüdische	19			Roastbeef, ganzes	506
Plinzen, russische	595	Regionale Suppen	83	Rochen	223
Plötze	221	Reh	469	Rogen, Alsen-	173
Pochieren	301	Rehfilet	469	Rohgewichtstabelle	802
Pochierte Eier	117, 141	Rehkeule	469	Rohkost	762
Poelieren	300	Rehkotelett	469	Rohkostsalate	637
Pökelbrust, Rinder-	477	Rehleber	469	Roquefortkäse	27
Pökelrinderzunge	486	Rehmedaillons	471	Rosenkohl	601
Pökelrinderzunge, geräucherte	26	Rehnüßchen	471	Rostbraten	501
		Rehpfeffer	471	Rotauge	223
Pollack	221	Rehrücken	471	Rotbarbe	27, 223
Polnische Hühnerpastete	462	Rehsattel	471	Rotbarsch	225
		Rehschnitzel	473	Rote Beete	27, 601
Pompano	221	Reis	599	Rote Grütze	709
Porree	596	Reis, süßer	706	Rote Rüben	27, 601
Port-Arthur-Platte	462	Reis, wilder	600	Rötel	226
Porterhouse Steak	501	Reisfleisch, serbisches	522	Roter Meerbrassen	225
Portulak	596	Reisrand mit Früchten	708	Rotfisch (Huchen)	195
Poschieren	301	Reitende Engel	27	Rotforelle	226
Potpourri	462	Reitende Teufel	27	Rotkohl	602
Pousse-Cafés	900	Ren	473	Rotkraut	602
Powidlknödel	704	Renke	222	Rötlicher Brassen	226
Praktische Winke	790	Renntierfilet	473	Rötling	226

Inhaltsverzeichnis deutsch

	Seite		Seite		Seite
Rotwein	845	Sauerkraut	605	Schulter, Hammel-	351
Rotzunge	226	Sauerkraut, garniert	507	Schulter, Hirsch-	358
Rouener Ente	320	Sautieren	301	Schulter, Kalbs-	422
Roulade, Hirsch-	358	Savarin	709	Schulter, Lamm-	444
Rübe, gelbe	588	Savarinteig	640	Schüsselpastete, englische	711
Rübe, rote	603	Savoy-Biskuitmasse	641	Schwäbische Kalbsvögel	512
Rübe, weiße	604	Scampi	228	Schwanz, Hammel-	351
Rücken, Frischlings-	328	Schaf, Fleischstücke-Bezeichnung in Österreich	745	Schwanz, Kalbs-	422
Rücken, Hammel-	350	Schaltiere	6, 166	Schwanz, Ochsen-	484, 500
Rücken, Hasen-	355	Scharbe	229	Schwarzer Barsch	234
Rücken, Kalbs-	418	Schaschlik	507	Schwarzwälder Eierküchlein	711
Rücken, Lamm-	444	Schaumbrot (-brötchen), Hühner-	376	Schwarzwälder Kirschtorte	711
Rücken, Reh-	471	Schaumbrot (brötchen), Schinken-	519, 520	Schwarzwurzeln	32, 605
Rückenmark	506	Schaumeis	710	Schwedenfrüchte	711
Rühreier	116, 117	Schaumwein	826, 847	Schwedentisch	32
Rumpsteak	503	Scheibenfleisch	508	Schwedisches Apfelgelee	711
Russische Fischpastete	27	Schellfisch	229	Schwein	512
Russische Plinzen (s. Blini)	547	Schellfisch, geräucherter	230	Schwein, Fleischstücke-Bezeichnung in Deutschland	743
Saibling	226	Scherbet	710	Schwein, Fleischstücke-Bezeichnung in Österreich	745
Saint-Honoré-Creme	641	Schiffchen	31, 508	Schweinefilet	513
Salambos	709	Schildkröte	231	Schweinekarree	514
Salami	28	Schildkrötenflossen	231	Schweinekeule	515
Salat, Kopf-	579	Schill	231	Schweinekotelett	515
Salate	28, 620	Schillerlocken	710	Schweineleber	517
Salate und Rohkostsalate	620	Schinken	31	Schweineschinken	517
Salatmarinaden	620	Schinkenauflauf	519	Schweineschinken, frischer	515
Salatsaucen	620	Schinkenschaumbrot	519	Schweinesülze	520
Salm	227	Schinkenschaumbrötchen	520	Schweinsfüße	520
Salsifis	29	Schinken, Schweine-	517	Schweinshachse	521
Salzburger Nockerln	709	Schinkensteak	520	Schweinskopf	521
Salzgurke, illustrierte	18	Schleie	231	Schweinsohren	521
Salzmandeln	29	Schleimsuppen	63	Schweinsohren, Gebäck	711
Samt- oder Schleimsuppen	63	Schlosserbuben	710	Schweinsrippchen	521
Sandfelchen (Felchen)	180	Schmelzglasur (Fondant)	642	Schwertfisch	234
Sandmuschel (Clam)	180	Schmelzkrusteln	509	Schweser (Kalbsmilch)	405
Sandwich	29	Schnecke, Weinberg-	232	Schwimmende Insel	711
Sangaree	899	Schnee-Eier	710	Seebarsch (Wolfsbarsch)	270
Sardelle	227	Schneehuhn	510	Seeforelle	234
Sardellen	30	Schnepfe	510	Seehecht	235
Sardine	227	Schnepfenbrüstchen	512	Seeigel	235
Sardinen	30	Schnitzel, Hammel-	351	Seekohl	606
Sattel, Bären-	305	Schnitzel, Hirsch-	358	Seekrebs	235
Sattel, Hirsch-	358	Schnitzel, Kalbs-	420	Seelachs	235
Sattel, Kalbs-	418	Schnitzel, Reh-	473	Seeteufel	235
Sattel, Reh-	471	Scholle	233		
Sattel, Renntier-	473	Schonkost	770		
Saubohne (Puffbohne)	597	Schottisches Moorhuhn	512		
Saucen	38	Schuhsohlen	711		
Saucenfleisch	538				
Saucen, süße	642				
Sauerampfer	604				
Sauerkleeknolle	604				
Sauerkohl	605				

Inhaltsverzeichnis deutsch

	Seite		Seite		Seite
Seezunge	235	Spritzglasur	642	Taube	525
Sekt	826	Sprossenkohl	610	Taubenbrüstchen	528
Sektflaschen, Ausstattung	826	Sprotten, Kieler	21	Taubenpasteten	456
Sellerie	606	Spurenelemente	759	Tee	919
Sellerie, englischer	558	Stachelbeere	712	Tee, Zubereitung	920
Sellerieknollen	31, 576	Stachelkrebs	214	Teeservice	740
Selleriestangen	610	Stachelrochen	258	Teige	640
Selleriestauden	32, 610	Stachy	610	Teigwaren	541
Senfgemüse	31	Stangensellerie	610	Teltower Rübchen	612
Senfgurken	31	Staudensellerie	32, 610	Terrapine	266
Sepia (Tintenfisch)	267	Steak, Kalbs-	423	Terrine	528
Serbisches Reisfleisch	522	Steak, Kluft-	431	Thunfisch	33, 266
Service	9, 741	Steak, Schinken-	520	Tierisches Eiweiß	754
Service von Wein	843	Steinbeißer	258	Timbale	713
Setzeier	117, 135	Steinbutt	258	Tintenfisch	267
Sibirische Mundtäschchen	24	Steingarnele (Granat)	187	Toddy	900
Sigui	31	Steinpilz	611	Tomaten	33, 612
Silberfelchen	258	Steinpilze, gebeizt	32	Tomatensauce	39
Silberlachs	258	Sterlet	261	Topinambur	614
Sirupe	642	Stint	262	Törtchen	714
Sling	899	Stockfisch	263	Torte	714
Smash	900	Stockmorchel	612	Tortelett	716
Sommergetränke, lange	899	Stopfleber, Gänse-	332	Tranchieren s. Zerlegen	747
Sonnenfisch	258	Stör	264	Trappe	529
Sonnling	606	Strandkohl	612	Traubensorten	827
Sour	900	Strandmondschnecke	264	Trüffel	614
Spaghetti	606	Streuselkuchen	712	Trüsche	267
Spanferkel	522	Strudel	712	Truthahn	529
Spanische Artischocke	545	Sudak	264	Turban	532
Spanische Fleischklöße	523	Südweine	826	Tüten, gefüllte	34
Spanische Klößchen	523	Sülze, Schweine-	520		
Spargel	606	Sumpfschnepfe (Bekassine)	524	Übergewicht, Diät	761
Spargelbohne	608	Suppen, diverse	62	Ukelei	267
Spargelkohl	608	Suppen, gebundene	82, 95	Umlagen s. Garnituren	273
Spätzle	609	Suppen, kalte, gebundene	82	Ungarisches Fischgericht	267
Speck	523	Suppen, kalte, süße	114	Ungesättigte Fettsäuren	755
Specktorte	23	Suppen, klare	64		
Speiseeis	640, 712	Suppen, nationale, regionale und ähnliche Suppen	83	Vacherin	717
Speisekarte	732	Süße Kartoffel	612	Vanillecreme	641
Speiselorchel	609	Süße Saucen	642	Venusmuschel	267
Speisenfolge	733	Süßerbsen (Zuckererbse)	618	Verdaulichkeits-Tabelle	778
Speisenfolgen, Zusammenstellung	733	Süßspeisen	640	Verdauungsorgane, Diät bei Krankheiten	770
Spezialitäten, ausländische s. Landesgerichte	936	Tabelle über die Nährstoffe der wichtigsten Lebensmittel	780	Verlorene Eier	117, 141
Spiegeleier	117, 135			Victoriabrötchen	35
Spiegelkarpfen (Karpfen)	203	Tabelle, Verdaulichkeits-	778	Vitamine	759
Sperling	258	Tafelspitz	503	Vollwertige Ernährung und Krankenkost	752
Spießchen	523	Tafelstück	503	Vorschmack	23, 35
Spinat	609	Tarteletts	32, 524	Vorspeise, gemischte	35
Spirituosen	894	Taschenkrebs	32, 265	Vorspeise, reiche	35
Splittererbse	610	Tatarenfleisch	33	Vorspeise, russische	35
Sprengling	258				

Inhaltsverzeichnis deutsch

	Seite		Seite		Seite
Vorspeisen	1, 13	Wein, Zähewerden	840	Wildkraftbrühe	63
Vorspeisen, warme	300	Weine, Temperatur beim Genuß	844	Wildschwein	538
Wachsweiche Eier	116, 125	Weinbau im Ausland	829	Wildschweinskopf	538
Wachtel	533	Weinbaugebiete in Deutschland	827	Wildschweinskopf, gefüllt	36
Wachteleier	35	Weinbau in Frankreich	829	Wildsuppen	63
Wachtelkönig	536	Weinbau in Griechenland	830	Windbeutelchen	36, 718
Waller	268	Weinbau in Italien	830	Windbeutelchen, gefüllte	36
Warme Vorspeisen	300	Weinbau in Österreich	830	Wirsingkohl	617
Wassermelone	35	Weinbau in Portugal	830	Witloof	617
Wein	820	Weinbau in Rußland	830	Wittling	268
Wein, Abfüllung	833	Weinbau in der Schweiz	830	Wolfsbarsch	270
Wein, Anwendung	846	Weinbau in Spanien	830	Wruke	617
Wein, Arten	826	Weinbau in Ungarn	831	Wurst	36
Wein auftragen	843	Weinbehandlung	843	Wurst, Bündner	310
Wein, Ausstattung der Flasche	835	Weinbergschnecke	232	Würstchen	538
Wein, Behandlung im Service	843	Weinetikett	835	Würstchen, Frankfurter	14
Wein, Behandlung und Pflege des Kellers	833	Weinfaß	831	Würzbissen	1
Wein, Böckser	841	Weinfehler	840	Würzfleisch	538
Wein Braunwerden	841	Weinhaltige Getränke	824, 848		
Wein, Erzeugung	841	Weinkarte	843	Zahnbrasse	270
Wein, Essigstich	840	Weinkrankheiten	835	Zakouski	36
Wein, Fachausdrücke	850	Weinlexikon	857	Zamponi	36
Wein, Fehler und Krankheiten	840	Weinschaum	717	Zander	270
Wein, Flaschen	833	Weinvorschläge	846	Zelluloschaltiges Gemüse	761
Wein, Flaschenweine	840	Weiß-Geschmortes	300	Zephir	540
Wein, Gläser	836	Weißbarsch	268	Zerealien s. Gemüse und Teigwaren	541
Wein, Gefäße	831	Weiße Rahmsauce (Grundsauce), Béchamelsauce	40	Zerlegen von Fisch und Fleisch	747
Wein, Hefegeschmack	841	Weißfischchen	268	Zervelatwurst	10, 36
Wein, Holzgeschmack	841	Weißfische	268	Zervelatwurst, Bologneser	10
Wein, Kahmigwerden	840	Weißgericht	536	Ziemer	540
Wein, Milchsäurestich	840	Weißkohl	615	Zimtapfel	718
Wein, Oxidationston	840	Weißkraut	615	Zubereitungsdauer einiger Speisen	804
Wein, Pflege des Fasses	832	Weißling (Wittling)	268	Zucchini	618
Wein, Qualitätsbezeichnungen	822	Weißsauer, Gänse-	15	Zuckererbsen	618
Wein, Schimmelgeschmack	841	Weißwürstchen	35	Zuckerharnruhr, Diät	767
Wein, schwarzer Bruch	840	Wels	268	Zuckerteig	640
Wein, Schwarzwerden	840	Welschhahn (Truthahn)	529	Zunge, Hammel-	352
Wein, Werden des	837	Welschkorn	617	Zunge, Kalbs-	423
Wein, Stopfengeschmack	855	Welschkraut	617	Zunge, Lamm-	445
Wein, Trübwerden	840	Wermutweine	826	Zunge, Ochsen-	25
Wein, Umschlagen	840	Westfälische Bohnensuppe	94	Zunge, Rinder-	486
		Westfälische Medaillons	24	Zwergapfelsine	692, 718
		Wiener Krapfen	718	Zwergpetermännchen	272
		Wildbrühe, einfache	62	Zwetschenknödel	718
		Wildente	536	Zwiebel	618
		Wildfond	39	Zwiebelfleisch	540
		Wildgans	537	Zwischengerichte	300
				Zwischenrippenstück	503

Inhaltsverzeichnis fremdsprachig

Die Umlaute ä, ö und ü sind unter ihren Stammlauten a, o und u eingeordnet

	Seite		Seite		Seite
Abalone Steak California	171	American Lamb Hash	352	Baies de ronce	654
Abatis de volaille	302, 335	American Rarebit	2	Ballotines de volaille	9,304
Abbachio spezzato alla Romana	437	American Tomato Soup	83	Balnamoon Sking	83
Abji l'Amid	83	Amourettes	302	Bame Sultanine	562
Able de mer	171	Amourettes de veau s. Kalbsmark	405	Banana split	656
Ablette	171			Banane	545,655
Abricot	643	Ananas	643	Bannock	656
Aceto-dolce	2	Anchois	2,173	Bar	174
Achards	2	Andouille	302	Bar noir	174
Agnello al forno	437	Andouillette	302	Bar rayé	174
Agnelotti	302	Angel Cake	645	Bárány paprikás	337
Agoursi	2	Anghinará Moldovenești	642	Bárány pörkölt	337
Aiglefin	172			Barbeau	175
Aïgo bouido	83	Anguila Riojana	170	Barbillon	175
Aïgo ménagère	83	Anguilla alla Ticinese	171	Barbue	175
Aïgo saou	83	Anguille	2,173	Barcelonnessa	83
Aigrefin	172	Anguille de mer	173	Baron of Beef	305
Aigrefin fumé	172	Anguille au vert	171	Barquettes	9,305
Aiguillettes	302	Anone	646	Bartavelle	305
Ail	541	Antipasti	1	Barzcz zimny czyli zupa	84
Aillerons de volaille	302	Appetizers	1		
Airelles	643	Apple and Blackberry Pie	702	Baudroie	175
Ajiaco Cubano	83			Bathak Pista	316
Ajo blanco	83	Apple Crisp	646	Bavagantes bahiana	196
Albóndigas	302	Apple fool	646	Bavarois	656
Albóndigas con guisantes	302	Apple Pie	702	Beans, Boston Baked	551
		Apple pudding	704	Bécasse	306
Albóndiguillas	302	Ardei Umpluti	593	Bécassine	306
Albóndiguillas a Criolla	302	Arroz Valenciana	302	Bec-figue	306
		Artichaut	5,541	Beckenoffe	306
Alligator Steak	302	d'Artois	302	Beef and Brain hash	352
Allumettes	2,302	Asperge	545	Beefsteak	474
Allumettes glacées	643	Aspic	5,302	Beefsteak and Kidney Pie	458
Aloo Madarasi	568	Attereaux	303		
Alose	172	Aubergine	545	Beef-Steak and Kidney Pudding	476
Alouette	302	Avocat	653		
Aloyau de bœuf	302	Azem pilafi	460	Beef-Steak and Oyster Pudding	476
Amandes salées	29				
American Beefsteak and Kidney Pie	458	Baba	654	Beefsteak Pie	458
		Bacalao a la Español	263	Beef-Steak Pudding	476
American Breakfast Dishes	36,37	Bacalao con guisantes	263	Beignets	9,657
		Bacalao a la Madrileña	263	Beignets soufflés	657
American Codfish Balls	433			Bengalines de bécasse	9,306
		Bacalao con miel	263		
American Eggs	2	Bacalhao bahiana	263	Berschik	175
				Bette	547

955

Inhaltsverzeichnis fremdsprachig

	Seite		Seite		Seite
Betterave	547	Bouchée mignonne	310	Cannelloni	552
Beurrecks	9	Boudin	310	Cannelloni al buro.	552
Biche	306	Boudin noir	310	Cannelloni alla Napoletana	552
Bifteck	306	Boudins	310		
Bigorneau	175	Bouillabaisse	84,176	Cannelons	311
Biscuit glacé	660	Boulbett is tworog	660	Canvasback Duck Americaine	311
Biscuits à la cuillière	660	Bourride	84,176		
Bisok po Kassatzki	306	Boutargue	26	Canvasback Duck broiled	311
Bitok Nowgorodski	306	Braciola alla calabrese	310		
Bitok po russki	306	Braciola alla siciliana	310	Canvasback Duck roasted	311
Bitok Skobeleff	306	Bracioline ripiene	310		
Bitok tatarski	306	Braisés à blanc	300	Capitolade de volaille	311
Blackberry and apple pie	661	Braisés ordinaires	300	Cappon magro	10
		Bramborová polevská	85	Caracoles a la Cataluña	232
Blackberry pie	661				
Blanc-manger	660,693	Bread and butter pudding	704	Caracoles a la Española	232
Blanchaille	175				
Blanquette (s. Weißgericht)	536	Bread Sauce	42	Caracoles a la Madrileña	232
		Breast of veal with Gooseberry Sauce	389		
Blanquette d'agneau	307			Carbonada criolla	311
Blanquette de veau	307	Brebis	310	Cardons	552
Blé vert	547	Brème	177	Cardos a la Española	567
Blette	547	Broccoli	551	Carnatz	311
Blini	10,547	Brochet	177	Carolines	10
Bloater	176	Brocheton	177	Carotte	552
Bluefish	176	Brochettes	310	Carpe	179
Boboc de Rată cu Castraveti	316	Brodetto di pesce	182	Carrasin	179
		Brodi	62	Carré d'agneau s. Lammkarree	439
Bœuf bouilli	309	Brodino di pesce alla venezia	85		
Bœuf braisé	309			Carré de porc	311
Boeuf Stroganow	309	Broiled Liver and Bacon	403	Carré de veau	311
Bogrács gulyás	337			Carrelet	179
Boiled calf's head	397	Broiled Sardines	30	Cassata alla napoletana	661
Boiled calf's head and parsley sauce	398	Bruant	310	Cassoulet	311
		Bubble and Squeak	310	Castor	312
Boiled Leg of Lamb	439	Bummalofisch	177	Caviar	10
Boiled Leg of Mutton	341	Burma Tak	310	Cebolla española	85
Bombay Ducks	177	Busecca alla milanese	85	Céleri en branches	552
Bombe	660			Céleri-rave	552
Bondelle	176	Cabillaud	179	Cèpe	552
Bonite, Bonito	176	Cadgerie	206	Cerdo asado a la Riojano	515
Bordure	309	Caille	310		
Bordure de riz	660	Caisses	10,310	Cerf	312
Bordure de riz Condé	707	Calameretti fritti	203	Cerfeuil bulbeux	552
Borju pörkölt	337	Calderata de Cordero	310	Cerise	661
Bornholmer Lax Kronprincesse Margrethe	210	Caldo española	85	Cervelle de mouton	312
		Calmaio al forno	267	Cervelle de veau	312
		Calmar	179	Chachi-Kebassi	430
Boronia	84	Camaro brasileiro	85	Chamois	312
Borschtsch polski	84	Cambridge Sauce	43	Champignons	552
Borschtsch sjeloni	84	Cambridge Sausages	311	Chanfaina	85,517
Borschtsch Skobeleff	84	Canapés	10	Chanterelle	554
Borschtschock	84	Canard	311	Chapati	554
Borschtschock flotski	84	Canard rouennais	311	Chapon	311
Boston Clam Chowder	84	Canard sauvage	311	Chartreuse	11,312
Boston Fish Chowder	84	Cancha Mexicana	85	Chateaubriand	476
Boston scrod	201	Candied Carrots	589	Chaud-froid de volaille	312
Botwinja	84	Candied Squash	587		
Bouchée	310	Caneton	311	Chayotte	554

Inhaltsverzeichnis fremdsprachig

	Seite		Seite		Seite
Cheese	719	Clam, Stewed	180	Corn Mush	584
Cherry Meringue Pie	703	Clear soup	62	Corn O'Brien	584
Chevaine	180	Clementine	663	Corn Southern Style	584
Chevesne (s. Aland)	172	Club-Steak	476	Corn and Tomatoes	584
Chevreau	312	Cochon de lait	312	Corned Beef	477
Chevreuil s. Reh	469	Cocido Andaluz	86	Corned Beef Baked	477
Chicken Broth	85	Cock-a-Leeky	86	Corned Beef and Cabbage	477
Chicken and Clam Broth Bellevue	85	Cocktails	899	Corned Beef Hash	352
Chicken Gumbo Creole	85	Cod, baked	200	Corned Beef Hash and Poached Egg	353
Chicken and Ham Pot-Pie	459	Codfish balls	201	Cornets	12
Chicken à la King	359	Codfish dumplings	201	Cornets à la crème	663
Chicken Pie	312,459	Cœur de bœuf s. Rinderherz	484	Costolette di Cinghiale alla Maremmana	328
Chicken pan pie	376	Cœur de veau	312	Côte d'agneau	312
Chicorée de Bruxelles	554	Cœurs de palmier	12,593	Côte de bœuf	312
Chicorée frisée	554	Coffee Chiffon Pie	663	Côte de chevreuil	312
Chili con carne	312	Colache	587	Côte de marcassin	312
Chipolatas	312	Cole Slaw	616,624	Côte de mouton	312
Chipped Potatoes	569	Colin	180	Côte de pigeon	312
Chocolate Pie	703	Colombines	12	Côte de porc	312
Chop Suey	312	Compote de fruits s. Kompott	689	Côte de volaille	312
Chotodriece	85	Concombre	555	Côte de veau	312
Chou-blanc	554	Congre	180	Côtelette	12
Choucroute	554	Coniglio fritto alla Lombardo	427	Côtelettes de lièvre s. Hasenkoteletts	354
Choucroute garnie	312	Consommé blanc	62	Cottage pie	312
Chou-fleur	554	Consommé de bœuf	63	Coulibiac	12
Chou-marin	554	Consommé froid	82	Coupe	663
Chou de Milan	554	Consommé de gibier	63	Courge	555
Chou-navet	554	Consommé de gibier, simple	62	Courgette	555
Chou-palmiste	554	Consommé de poisson	63	Courgettes	12
Chou-rave	554	Consommé de poisson simple	62	Couscous	313
Chou-rouge	554	Consommé de volaille	63	Couverture	642
Chou de Savoie	554	Contrefilet	312	Crab Baltimore	265
Chou vert non pommé	554	Contrefilet de bœuf	476	Crab Gumbo Creole	86
Choux de Bruxelles	554	Coq de bois	312	Crab à la King	265
Choux à la crème	662	Coq de bruyère	312	Crab Maryland	265
Chow Gai See Mein	312	Coque	195	Crab Newburgh	265
Chuleta de ternera a la Española	399	Coquilles	312	Crabe (s. Krabbe)	12, 206
Chworost	662	Coquilles Saint-Jacques	180	Crabe huître	180
Ciernikis	11,554	Coratello d'agnello	312	Crabes mous (s. Soft Shell Crabs)	258
Cimier s. Ziemer	540	Cordon bleu	312	Cracked Wheat	36
Cimier de cerf s. Hirschsattel	358	Corn and Celery	583	Cream of Corn and Onions	86
Ciulama de pui	359	Corn off the cob	583	Cream of Corn Washington	86
Civet de chevreuil s. Rehpfeffer	471	Corn on the cob	583	Cream of Wheat	36
Civet de lièvre	312	Corn creamed	583	Creamed Chicken	359
Clam	180	Corn Flakes	37	Creamed Chicken Baked	359
Clam Broth	85	Corn Fritters American Style	583	Creamed Corn	583
Clam Chowder	86	Corn Maryland	583	Creamed potatoes	570
Clam Cocktail	12	Corn Mexican Style	584	Creamed potatoes and Corn	570
Clam on Half Shell	180	Corn Muffins	36,695		
Clam Roast	180				
Clam Sauce	44				

Inhaltsverzeichnis fremdsprachig

	Seite		Seite		Seite
Creamed potatoes hashed	570	Dartois	665	Epaule de veau	321
Creamed Roast Beef on Toast	12	Date	665	Eperlan	180
Crème	663	Daube	314	Epigramme d'agneau (s. Lamm)	438
Crème à l'anglaise	641	Daurade	180	Epigramme de mouton (s. Hammel)	339
Crème au beurre	641	Deep-dish pie	314	Epinards	558
Crème frangipane	641	Demi-glace	39	Escabecia	13
Crème pâtissière	641	Dent-de-lion	555	Escalope de cerf (s. Hirschschnitzel)	358
Crème à Saint-Honoré	641	Denté	180	Escalope de chevreuil	321
Crêpes	12,665	Deviled Kidney and Bacon	412	Escalope de mouton (s. Hammelschnitzel)	351
Crépinette	12,313	Devonshire Junket	666		
Crépinettes	12,313	Dillgravad skivlax	13	Escalope de veau	321
Cresson	555	Dinde	314	Escargot	180
Cresson Alenois	555	Dindon	314	Espadon	180
Crêtes de coq	313	Dindonneau	314	Essence de poisson	38
Crevette	186	Djelou Khabab	340	Essence de volaille	39
Crevette bouquet	180	Djudje Rob 'h-e Anar	378	Esterhazy rostélyos	501
Crevette gris	188	Djuveć	314	Estofado Rosalia	321
Crevettes	15	Dobostorte	714	Estouffade	321
Cromesquis s. Kromeskis	12,435	Dolce	640	Estouffade de bœuf	321
		Doppskov	314	Esturgeon	180
Croque-Monsieur	12	Dorade commune	180		
Croquettes	12,433,665	Dorée	180		
Crosnes du Japon	555	Double	314		
Crostacei	166	Double Chop	451		
Croustade	313	Dressed Crab	265	Faisan	321
Croûtes	665	Dressings	620	Fanchonette	681
Crudités	12	Duchesses	13	Faon (s. Hirschkalb)	358
Crumpets	665	Dulces	640	Får i kål	322
Crustáceos	166	Duveć	315	Farina	36
Crustacés	166	Duyne tchorbassi	86	Farinaceous Dishes	541
Cucumber Soup	86	Duyune eti ve Fasulya	315	Faux filet	326
Cuisseau de veau	313			Fejoada	326
Cuisses de grenouilles	12,180			Fenouil	561
		Eaton Mess	666	Féra	180
Cuisses de lièvre	313	Eclairs	13,666	Ferretti	561
Cuisses de volaille	313	Ecrevisses	13,180	Fesenjane-Djaafari	326
Cuissot	313	Eel Pie	168	Fettucine al burro	561
Cuissot de renne s. Renntierkeule	473	Egg Dishes	116	Feuilletage	640
		Eksheli Keuftés	315	Feuilletés au parmesan	10
Culotte de bœuf	313	Ekshili tchorba	86	Fève de marais	561
Culotte de bœuf à l'instar d'Etterbeek	484	Emincé	315	Feyjar mechada	548
		Empéreur	180	Figues	13,681
Curried Chicken and Rice	313	Endive belge	558	Filet de bœuf	326
		English Chop	451	Filet de chevreuil	326
Curry and rice	313	Ensalada	620	Filet de lapereau	326
Custard	665	Ensalada de verduras crudos	620	Filet de lièvre	326
Custard pie	665			Filet de porc	326
Custard pudding	704	Entradas	1	Filet de renne	326,473
Custard tartlet	665	Entrecôte	320	Filet de volaille	326
Czipetke	555	Entrecôte double	320	Filet mignon de bœuf	326
		Entremets de douceur	640		
Dahorp	314	Epaule d'agneau	321	Filet mignon de chevreuil	326
Daim	314	Epaule de cerf (s. Hirschschulter)	358		
Damson Pie	702			Filet mignon de mouton	326
Damson pudding	704	Epaule de mouton	321		
Dariole	12	Epaule de porc	321	Filets mignons	326

Inhaltsverzeichnis fremdsprachig

	Seite		Seite		Seite
Filets de veau (s. Kalbslendchen)	404	Fritto scelto alla Romana	329	Golubzy po litowski	336
Finnan Haddie on Toast	13	Friture	185	Gombaut	562
Finnisk far-stuvning	326	Frogs' Leg Soup	87	Gombo	562
Finnlandskaia	86	Fromage	719	Goose Giblet Pie	335
Finocchi	561	Fromage glacé	682	Gooseberry Fool	712
Finocchi fritti	561	Fromage de Hongrie	329	Gooseberry Pie	703
First Course Salads	25	Fromage d'Italie	329	Gooseberry Trifle	712
Fish	166	Frost-fish	186	Goujon	187
Fish Balls	180	Fruit Cake	683	Goulash	337
Fish Cakes	180	Fruits de mer (s. Seafood)	234	Govia Dina Stroganow	337
Fishmonger's Soup	86	Frutti di mare	186	Graham Muffins	37
Fiskkaggen	181	Fumet de poisson	38	Gramolata	684
Flamerie	682	Galantine d'agneau	330	Grand coq de bruyère	337
Flan	682	Galantine de canard	330	Grand Esturgeon	188
Fläsk korv-stuvning	327	Galantine de volaille	330	Grande Vive	188
Flet	182	Game dishes	300	Granitè	684
Flétan	182	Game Chips	570	Grapefruit	684
Foie de bœuf	327	Garbanzo	561	Grapenuts and Cream	37
Foie de cerf (s. Hirschleber)	358	Garbanzos Andaluza	87	Gras double	337
Foie de chevreuil	327	Garbanzos Madrileña	87	Gravies	38
Foie gras	13,327	Garbure à la béarnaise	87	Green Turtle Soup	87
Foie de porc	327	Garbure à la paysanne	87	Greengage Pie	703
Foie de veau	327	Gardon	186	Gremille	188
Foies de volaille	327	Gardon (s. Plötze)	221	Grenadin de lapereau	337
Fondant	642	Garnishes	273	Grenadin de veau	337
Fondants	327	Garnitures	273	Griddled Buckwheat Cakes	37
Fonds d'artichauts	14,561	Gâteau	683	Griddled Rice Cakes	37
Fonds blanc	38	Gâteau glacé	683	Griddled Sweet Potatoes	546
Fonds brun	38	Gelati	640	Griddled Wheat Cakes	37
Fonds de gibier	39	Gelée	683	Grieve	337
Fonds de volaille	38	Gelinotte (s. Haselhuhn)	357	Grillés	301
Fondue	727	Gesinka	87	Grondin gris	188
Fondue Bourgignonne	483	Ghiveci Calugarest	561	Groseille à maquereau	685
Fondue à la neuchâteloise	14	Giambonetti di pollo alla Lombarda	373	Groseille rouge	685
Fonduta	728	Giblet Sauce	47	Groseille verte	685
Formaggio	719	Giblet Soup	87	Grouse	337
Fragole con vino	679	Gigot d'agneau	336	Gruau	562
Fraise	327,682	Gigot de mouton	336	Guarniciones	273
Framboise	682	Gigot de porc	336	Guarnizioni	273
French Toast	37	Gigot de pré-salé (s. Hammelkeule)	341	Gurjeffski Kascha	685
Fressure	327	Gigue de chevreuil	336	Gyromitre comestible	564
Friar's Chicken	87	Girolle	562		
Fricandeau de veau	327	Glace-Crème	684	Haackin karhunleike	339
Fricassé d'agneau	327	Glace aux fruits	684	Hachis	339
Fricassé de poulet	327	Glace royale	642	Haddock	16
Fricassé de veau	327	Glace simple	684	Haddock Delmonico	230
Fried Carrots	589	Glace de viande	39	Halázlé	188
Fried Scallops	200	Glaces	640	Halva	685
Fritada de ostras	184	Gnocchi	562	Ham and Eggs	137
Fritot	329	Gnocchi di patate	592	Hare Soup	88
Fritto misto	329	Gnocchi alla Romana	592	Hareng	188
Fritto misto di pesce	184	Golden Buck	16	Haricot de mouton	350
Fritto misto alla siciliana	329				

959

Inhaltsverzeichnis fremdsprachig

Seite	Seite	Seite
Haricots asperge . . 564	Judias blancas a la Cataluña 550	Langue de bœuf . 23,445
Haricots blanc . . . 564		Langue de mouton . 445
Haricots flageolets . . 564	Judias verdes a la Campesina . . . 549	Langue de porc . . . 445
Haricots Frijole . . . 564		Langue de veau . . . 445
Haricots mange-tout. 564	Junket. 687	Langues de chat . . 691
Haricots rouges . . . 564	Jus de veau. 39	Lapereau. 445
Harrogate Trifle . . . 685	Jus de veau lié . . . 39	Lapin 445
Hashed Browned Potatoes 571	Jus de viande . . . 39	Lapin à l'aigre-doux 427
		Lapin de chou . . . 445
Helados 640	Kabab 429	Lapin de clapier (s. Kaninchen) . . . 427
Hélianthe 564	Kadine bouton . . . 389	
Helvelle crépue . . . 564	Kale Brose 88	Lapin de garenne . . 445
Héron 358	Kalia 88	Lapin aux pruneaux . 427
Hochepot Flamande . 88	Kalocsai sertésborda . 514	Lapskojs 446
Hollandse Palingsoep 88	Kangourou 426	Lard 446
Homard 195	Kapama 428,444	Lasagne 581
Hominy 584	Kapustniak 88	Lasagne alla bolognese 581
Hominy Fritters . . 584	Karajalan paisti . . 429	
Hopping John . . . 566	Karni Yarik 556	Lasagne con cavolfiore 582
Hors-d'œuvre 1	Kascha 563	
Horseradish Sauce. . 52	Katalou 575	Lasagne alla piemontese 582
Hrachová polevská . 88	Kebab 429	
Huch 195	Kedgeree 206	Lasagnette 582
Huîtres 18	Kesaracha Bhate . . 687	Lavaret 215
Hunyadi töltöt . . . 388	Keuftés 430	Ledvinková polevská . 89
Hure de sanglier . . 388	Kidney Sauce . . . 50	Légumes 541
	Kidney Soup 89	Lemon cheese cakes . 691
Ices 640	King Henry's Shoestrings 688	Lemon curd 691
Imam Bayaldi . . . 556		Lemon Meringue Pie 703
Indian Corn 566	Kippers 206	Lemon Sauce 50
Indian Maize Mush . 37	Kisela Dahorp . . . 430	Lentilles 582
Innocents 389	Kissela Tschorva . . 89	Letchi 691
Insalata 620	Klosski 576	Levraut 447
Insalata di verdure crude. 620	Kobichi Bhaji . . . 616	Lieu jaune 215
	Kofta 431	Lieu noir 215
Irish Stew 463	Kolodnik 89	Lièvre 447
Isard 389	Köttbullar 431	Limande 215
Izmir keuftessi . . . 389	Köttbullar med stekt Fläsk 431	Lingue 215
		Lingue bleu 215
Jahnie de Ciuperci . 566	Krapiwa 89	Litowski Sup 89
Jahnie de Fasole . . 566	Kroepok 579	Litowski Wareniki . 615
Jambon . . 18,31,517	Krupuk 579	Lobster Chowder . . 89
Jambon de Bayonne. 398	Kulibijaka 208, 212, 615	Lobster Gumbo . . . 89
Jambon de Cobourg 389	Kurinuy Koteletki Pojarski 374	Loin Chop 451
Jambon de marcassin 389		Loncha de Ternera . 423
Jambon d'Ours. . . 389	Kurnik 376	Long Island Buck . . 23
Jambon de Prague . 389		Longe de veau . . . 447
Jambon de Virginie . 389	Laitance 23,214	Lotte 215
Jambon de Westphalie 389	Laitue 581	Louisiana Soup . . . 89
	Lamb Chop 437	Loup marin 215
Jambon de York . . 389	Lamb Hash and fried Bananas 353	Loup de mer (s.Wolfsbarsch) . . 270
Jambonneau de volaille 389		
	Lammfrikassé med dillsas 438	Love in disguise . . 447
Jarmuz 566		Lucine. 215
Jarret de porc (s. Schweinshachse) 521	Lamproie 23,214	Lucio Gayarre . . . 190
	Langar Chaneedarh . 445	
Jarret de veau (s. Kalbshachse) 389,394	Langouste 214	Macaroni 583
	Langoustine 214	Maccharoni alla carbonara 586
Jets de bamboo . . . 566	Langue d'agneau (s. Lammzunge) . . 445	
Jets de houblon . . 566		

Inhaltsverzeichnis fremdsprachig

	Seite		Seite		Seite
Maccharoni alla Nicoreto	586	Médaillon de chevreuil	448	Mousselines de jambon	449
Maccheroni alla calabrese	585	Médaillon de veau	448	Mousselines de volaille	449
Maccheroni alla Principe di Napoli	586	Mehemalou	448	Mousseron	591
Maccheroni alla Sardegnola	586	Melon	694	Mouton (s. Hammelfleisch)	339
Maccheroni alle Vongole	586	Melon glacé	24	Mudjemeri	449
Macédoine de fruits	692	Melon, Grape and Orange Salade	25	Muffins	695
Macédoine de légumes	583	Melton Mowbray Pie	459	Muge	219
Macédoine à la suédoise	692	Meringue	695	Mulet	219
Mackerel with Yoghurt Dressing	216	Meringue italienne	641	Mulet gris	219
Madeira Buns	692	Meringue ordinaire	641	Mulligatawny Soup	90
Magyar gulyás halleves	90	Merlan	219	Mumbled hare	355
Magyar gulyás leves	90	Merluche (s. Stockfisch)	263	Mûre	695
Mahalebi	692	Messicani con Risotto alla Milanaise	392	Murène	219
Malac Kocsonya	447	Meurette	219	Murghi Pellao Khasa	313
Malai Korma	313	Mexican Slaw	617,631	Murghi Seekh Kabab	367
Mallorquina	90	Midland Pudding	705	Muscalonge	219
Malta Vita	37	Miel à la gratar	438	Museau de bœuf	25
Mamaliga	584	Mille-Fanti	90	Mutton Broth	91
Mamaliga cu Ochiuru Romanesti	584	Millet	588	Mutton Chop	451
Mandarine	692	Mince pies	695	Mutton Pie	459
Mandarines de cailles	447	Mincemeat	695	Muttar Foogatha	591
Mango	693	Minestra al pomodoro	90	Myrtilles	695
Manhattan Clam Chowder	90	Minestra Turinese	90	Nageoires de tortue (s. Schildkrötenflossen)	231
Maple Candied Sweet Potatoes	546	Minestra Veneziana	90	Nalesniki	25
Maquereau	216	Minestrone	90	Navarin de mouton	350
Marcassin	447	Mint Jelly	53	Navet	591
Marène (s. Maräne)	216	Mint Sauce	53	New England Boiled Dinner	452
Marha gulyás	338	Mirliton	695	New England Clam Chowder	91
Marinades	620	Miroton de bœuf	448	New England Stew	452
Marinownaja e gribuis	24	Mititei	448	Noisette d'agneau (s. Lammnüßchen)	443
Marinownaja Osetrina	264	Mixed Drinks	899	Noisette de chevreuil	452
Marquise Alice	694	Mixed Grill	448	Noisette de mouton	452
Marron	588,694	Mixed Pickles	24	Noisette de veau	452
Maryland Style Tomatoes	614	Mock Turtle Soup	90	Noisettes	696
Mascottes	694	Moëlle de palmier	588	Noix	696
Mashed Parsnips	594	Morille	591	Noix de veau	452
Mashed Turnips	604	Morille de moine	591	Noques	592
Mashed vegetable marrow	587	Morue fraîche	219	Nouilles	592,696
Mashimono no tori	447	Morue salée	219	Nouilettes	592
Mataraki Sabaji	559	Morue séchée (s. Stockfisch)	263	Oatmeal Muffins	37
Matelote	216	Morue sèche (s. Klippfisch)	206	Oatmeal Porridge	596
Mauviette	448	Mou de veau	448	Ochiuri Romanesti pe Mamaliguta	150
Meat dishes	300	Moule (s. Muschel)	219	Œufs d'alose (s. Alsen-Rogen)	173
Médaillon de bœuf	448	Moules	219	Œufs brouillés	116,117
		Moussaka de vinete	591	Œufs de caille	25
		Mousse glacé	695	Œufs en cocottes	116,122
		Mousse de jambon	449	Œufs à la coque	116
		Mousse de volaille (s. Hühner-Schaumbrot)	376	Œufs durs	116,126

Inhaltsverzeichnis fremdsprachig

	Seite		Seite		Seite
Œufs farcis	116,126	Oyster Chowder	91	Pâté de Périgueux	456
Œufs frits	116,134	Oyster on Half Shell	7	Pâté de Pithiviers	456
Œufs froids	116,129	Oyster Rarebit	26	Pâté de Reims	456
Œufs au mirroir	117,135	Oyster Shell Roast	8	Pâté de Saumur	456
Œufs mollets	116,125	Oysters	6	Pâte à savarin	640
Œufs moulés	117,154	Oysters Louisiana	8	Pâte sèche sucrée	640
Œufs à la neige	697	Oysters Manhattan	8	Pâtes alimentaires	541
Œufs sur le plat	117,135	Oysters Newburgh	8	Pâtisserie	640
Œufs pochés	117,141			Pattes d'ours (s. Bärentatzen)	305
Ogourzi	25	Paella	454		
Oie	452	Pagel	221	Paupiette de veau	456
Oie à l'instar de Visé	332	Pagre	221	Pavo a la Casceros	531
Oie sauvage	452	Pain aux fruits	698	Peach Pie	703
Oignon	593	Pains de la Mecque	698	Pearl Grits	37
Oison	452	Palais de bœuf	26,454	Pease Pudding	558
Okra	593	Palée	221	Pêche	699
Okra American Style	25	Paleron	454	Pèlerine	221
Okroschka	91	Palmiers	698	Pelmeni	456
Okroschka is riba	91	Palourde	221	Pelmeni sibirskije	451
Old Virginia Corn Cakes	37	Palten	454	Peperoni	594
Olives	25	Pamplemousse	699	Perche	221
Olivette glacate	392	Panais	593	Perche dorée	221
Olla Podrida	91	Pannequets	699	Perche goujonnière	221
Omble chevalier (s. Saibling)	226	Paon	454	Perdiz a la Andaluza	467
		Papanasi cu Smantana	593	Perdiz en Chocolate	467
Ombre-commun	220	Papaya	593	Perdiz en Escabeche	467
Ombre-écailles	220	Papaz yahnissi	454	Perdreau	456
Omelette	697	Paprikás borjut szelet	454	Perdrix blanche	456
Omelette la Frita	164	Paprikás csirke	454	Perisoare cu verdaturi	456
Omelettes	117,156	Parfait	699		
Ondines (s. Undinen)	218	Parfait de lièvre (s. Hasenparfait)	355	Peru Paulistano	531
Onion Sauce	54			Pescados	166
Open Pie	452	Parsley Sauce	55	Pesci	166
Orange	697	Pasta asciutta	594	Petit Pois	595
Orange Sauce	54	Pastas	541	Petite vive (s. Zwergpetermännchen)	272
Oreilles d'agneau	452	Paste	541,640		
Oreilles de porc	452	Pasteles	640	Petits choux à la crème	699
Oreilles de veau	452	Pastèque	35		
Orge perlé	593	Pastries	640	Petits fours	699
Orties	593	Patate	594	Petits Pâtés	457
Ortolan	453	Pâté	456	Petits pots à la crème	699
Oseille	593	Pâté d'Abbéville	454	Petits Soufflés	457
Osetrina finnlandskaïa	264	Pâté d'Amiens	454	Pétoncle	221
		Pâté de Beaugency	455	Pe-Tsai	595
Osmanie Kébabi	430	Pâte à biscuit génoise	641	Petto di tachino alla milanaise	531
Osso buco	394	Pâte à biscuit de Savoie	641		
Osso buco alla Gremolada	394			Philadelphia Pepperpot	91,458
		Pâte à brioche	641		
Osso buco alla Milanese	394	Pâté de Chartres	455	Philadelphia Scrapple	458
		Pâte à choux	640	Piatti di carne	300
Ours (s. Bär)	305	Pâte à foncer	640	Piatti d'uova	116
Oursin	220	Pâte à frire	640	Piatti di pollame	300
Outarde (s. Trappe)	529	Pâte frolle	640	Piatti di selvaggina	300
Outardeau (s. Trappe)	529	Pâte frolle aux amandes	640	Piccioni Ripieni con Olive	527
Oxalis	593				
Oxbringa	453	Pâté de lièvre chaude (s. Hasenpastete)	355	Piche-Pache	458
Oxford Sausage	453			Pickled Bananas	9
		Pâté de Lyon	455	Pickled Oysters	8
		Pâté de Marseille	455		

Inhaltsverzeichnis fremdsprachig

	Seite		Seite		Seite
Pie	458, 702	Pôelés	300	Potatoes, griddled sweet	546
Pièce de bœuf	460	Pôelés speciaux	301	Potatoes, Mable candiet sweet	546
Pieds de cochon de lait (s. Milchschweinfüße)	448	Pointe de bœuf	461	Potatoes. Southern Style Sweet	554
		Pointes d'amour	595		
		Poire	703		
Pieds de fenouil	26	Poireau	595	Potée Bourguignonne	91
Pieds de mouton	460	Poirée à carde	595	Potiron	597
Pieds de porc	460	Pois cassées	595	Potroka	91
Pieds de veau	460	Pois chiches	595	Potschki	462
Pigeon	460	Pois mange-tout	595	Potted Beef	26
Pigeon Gumbo	527	Pois secs	595	Potted Chicken	26
Pigeon Pie	459	Poissons	166	Potted Ham	26
Pigeon Soup	91	Poitrine d'agneau	461	Potted Salmon	26
Pigeonneau	460	Poitrine de bœuf	461	Potted Steak	475
Pignatelli	576	Poitrine de bœuf salée	461	Potwarak	318
Pilau-i-Rarah	461	Poitrine de cerf (s. Hirschbrust)	358	Pouding	703
Pilaw Beyinleve Tomatas ve Kuzu	461			Poularde	462
		Poitrine de veau	461	Poule (s. Huhn)	359
Pim Olas	26	Poivron doux	595	Poule de neige	462
Piment doux (s. Paprikaschote)	593	Polenta	584, 595	Poulet frit	462
		Polenta alla calabrese	595	Poulet reine (s. Huhn)	358
Pimiento	595	Polenta alla Toscana	584, 596	Poulet sauté	462
Pineapple and carrot salad	633			Poulets de grains	462
		Polewka	91	Poultry dishes	300
Pineapple Master Joe	645	Pollastra arrostito alla genovese	386	Poupart (s. Taschenkrebs)	265
Pintade	461				
Pintadeau	461	Pollo alla cacciatora	360	Pourpier	597
Pirogues	461	Pollo español	360	Poussins	462
Piroschki	26	Pollo frito alla Romana	360	Poutargue	27
Piroschki po finnski	461			Praire	222
Piroschki s'kapusstoi	461	Pollo frito alla Toscana	360	Pralin	642
Piroschki rewelski	461			Pressed Beef	501
Pissenlit	595	Pollo a la Pepitoria	360	Profiteroles	704
Pizza	595	Pollo al riso	361	Prune	704
Pizza alla napoletana	595	Polpettine Casalungo	462	Puchero	492
Plaçinte moldoveneşti	703	Polpettine di tonno con salsa	267	Puchero Argentina	462
				Puchero Madrileña	462
Planked Bass	270	Pomme	703	Puchero mexicana	92
Planked Shad	173	Pomme de terre	596	Pudding glacé	677, 707
Planked Sirloin Steak	505	Pomodori ripieni al forno	614	Puffed Rice	37
Platas de huevos	116			Puits d'amour	707
Platos de aves	300	Pompano	221	Punch glacé	707
Platos de carne	300	Pompano rellena	221	Purée	597
Platos de caza	300	Popovers	37	Purée de volaille (s. Hühnerpüree)	376
Plats de gibier	300	Porc	462		
Plats d'œufs	116	Pörkölt	462	Puri	598
Plats de viande	300	Poronkieltä, lakkasalaattia ja voiperunaa	473	Pytt i panna	462
Plats de volaille	300				
Plie	221				
Plombière	703	Porridge	563, 596		
Plukfisk	203	Port Wine Sauce	56	Quasi de veau	462
Plum Cake	703	Potages crèmes	63	Quenelles	462, 598
Plum Pie	703	Potages liés	95	Queso	719
Plum Pudding	706	Potages liés froids	82	Queue de bœuf	462
Pluvier	461	Potages purées	63	Queue de mouton	462
Pochés	301	Potages veloutés	63	Queue de veau (s. Kalbsschwanz)	422
Pochouse	221	Potato Chowder	91		
Podrida créole	595	Potatoes, Broiled sweet	546	Quiche Lorraine	598

Inhaltsverzeichnis fremdsprachig

	Seite		Seite		Seite
Rabbit Pie	459	Roast Partridge and Bread Sauce	467	Salsifis	29,604
Râble de lièvre	462			Sandre	227
Raclette	27, 730	Roast Pheasant with Cranberries	324	Sanglier	507
Radis	598			Saporitos	1
Ragoût	462	Roast Ribs of Beef	501	Saratoga-Chips	574
Ragoût de mouton (s. Hammelragout)	349	Rock Cornish Game Hen	506	Sarcelle	507
				Sardine	227
Rahalou	598	Rock Cornish Game Hen Minnesota	506	Sardine Rarebit	30
Rahat-Loukoum	707			Sarma	507
Rai	222	Rodaballo a la Madrileña	260	Sarmale	507
Rakott káposza	465			Sarmale in foi de spanac	507
Ramequin	27	Rødspaettefillets à la Holmsland	233		
Rane fritte	186			Sarmale in foi de vin	507
Rarebit Vanderbilt	27	Roe-buck Sauce	57	Sauce allemande	40
Raspberry Chiffon Pie	703	Rognons d'agneau	506	Sauce Béchamel	42
		Rognons de bœuf	506	Sauce Smitane	58
Rastegais	27	Rognons de coq (s. Hahnennieren)	339	Sauce suprême	40
Ratá pe Varza	319			Sauce tomate	39
Ravioli	599	Rognons de mouton	506	Sauces	38
Ravioli con salsa parmigiana	599	Rognons de porc	506	Saucisse	507
		Rognons de veau	506	Saucisse de porc	507
Ravioli di ricotta	599	Roi de cailles	506	Saucisson	507
Raw vegetable salad	620	Roly Poly Pudding	706	Saumon	228
Real Turtle Soup	92	Romsteck	503	Sauté	507
Reform Sauce	56	Rook Pie	459	Sauté de veau	507
Reineclaude	707	Rosól	92	Sautés	301
Renfilé Mignon	473	Rossolnik	92	Savarin	709
Renne	473	Rôtis	300	Savouries	1
Rhubarb Fool	708	Rouge de rivière	506	Savustettua s*ikaa, muhennettuja Korvasienjä	222
Rhubarb Pie	703	Rouget	226		
Rhubarbe	600,708	Rouget barbet (s. Rotbarbe)	223		
Rice pudding	706			Scalloped Oysters	8
Richmond Maids of Honor	709	Roulade	709	Scaloppine di vitello alla Marsala	422
		Roulade de cerf (s. Hirschroulade)	358		
Rillettes	27			Scampi	228
Ris d'agneau	505	Roulade glacée (s. Eisrolle)	678	Scampi alla Costa Brava	229
Ris de veau	505				
Risotto	600	Royan	226	Scampi al riso	229
Risotto alla certosina	600	Rutabaga	604	Scampi alla Serenissima con Cannolicchi	229
Risotto magro alla Nuoro	600	Rybi polevká	92		
				Schaschlyk	508
Risotto alla Matriciana	600	Sabayon	709	Schtschi	92
		Saint-Pierre	227	Schtschi Nikolaijewski	92
Risotto alla Milanese	600	Sakouski	29		
Risotto con vongole	601	Salad	620	Schtschi i russki	92
Rissoles	27,506	Salade	620	Schtschi soldatski	92
Rissoles de poisson (s. Fisch-Rissolen)	182	Salade de fruits	709	Schtschuka w smetane	192
		Salade de légumes crus	620		
Riz	601, 709			Scotch Woodcock	30
Roast Breast of Veal with Gooseberry Sauce	389	Salangane Soup	92	Scotch Haggis	521
		Salate de Vinete	557	Seafood	234
		Salisbury-Steak	475	Seafood Alabama	234
Roast Goose, Sage and Onion Stuffing	332	Salisbury-Steak Creole	475	Seafood Florida	234
				Sea-Kale	606
Roast Leg of Lamb and Mint Sauce	439	Salisbury-Steak with Smothered Onions	475	Sèche (s. Tintenfisch)	267
				Sella d'Agnello del Capo di Leuca	444
Roast Leg of Mutton and Mint Sauce	342	Salsa	37		
		Salsa di pomodoro	58	Selle d'agneau	522
		Salse	38	Selle de chevreuil	522

Inhaltsverzeichnis fremdsprachig

Seite		Seite		Seite

Selle de marcassin . . 522
Selle de mouton . . 522
Selle d'ours (s. Bärensattel) 305
Selle de renne . . . 522
Selle de veau 522
Semelles 711
Semoule . . . 606,711
Sépiole 258
Serpenyös rostélios . 502
Sesatee Ajam . . . 377
Sesos españolas . . . 397
Sfogliatelle ripiene . 711
Sharks' Fins Soup . . 92
Shell-Fish 166
Shrimp 186
Shoestring Potatoes . 574
Shortbread 711
Shredded Wheat . . 37
Side dishes 1
Sill-lada 194
Silure 258
Sirne Paska 711
Sjelodka po kurlandski 194
Sjelodka Stroganoff . 194
Sjeloni 92
Skovhus Kotelett Jutlandia 516
Smoked Haddock . . 16,230,258
Smolenska Kascha. . 563
Smörgås-Bord . . . 31
Smørrebrod 12
Smyrna-Keuftés . . 522
Sobrebarriga, papas chorreadas 522
Soft Shell Crabs . . 258
Soft Shell Crabs Creole 258
Soft Shell Crabs fried 258
Soft Shell Crabs grilled 258
Soft Shell Crabs Miller's Style . . 258
Soglio del Adriadico al Barbera . . . 255
Soldatski Gowjadina 505
Sole 258
Sole Narragansett. . 251
Soljanka is riba . . 93
Sopa de almejas . . 93
Sopa Victoria Ena. . 93
Sopa Wilfredo . . . 93
Sopas claras 62
Sopas spessas . . . 62
Sorbet 711
Soudac 264

Sou-fassu 606
Soufflé . . . 31,522,711
Soufflé glacée . . . 711
Soufflé de jambon (s. Schinken-Auflauf) 519
Soupe à l'ail 93
Soupe à l'albigeoise . 93
Soupe à l'ardenaise . 93
Soupe à l'auvergnate . 93
Soupe au fromage . . 93
Soupe à l'oignon . . 93
Soupe à l'oignon gratinée 93
Southern Bisque . . 93
Southern Fried Chicken 360
Spaghetti 606
Spaghetti alla Ragutatti 606
Spaghettini 606
Spotted Dick Pudding 706
Squash Soup . . . 93
Steak de jambon (s. Schinkensteak) . 520
Steak de veau . . . 523
Stekt fläsk 524
Sterlet 261
Sterlet po monastirski 261
Sterlet Orlow . . . 261
Sterlet porowy . . . 262
Sterlet rassol . . . 262
Sterlet po russki . . 262
Stewed Clam. . . . 93
Strawberry Chiffon Pie 703
Strawberry and Cottage Cheese Tartlett 716
Strawberry Shortcake 681
Strawberry Tart . . 681
Strömmings-lada . . 194
Stufat de miel . . . 444
Stuffed Celery . . . 32
Stuffed Crab . . . 33
Stuffed Turkey . . . 32
Succotash 550
Sudak po russki . . 264
Sudak po russki na skoworodke . . . 264
Suédoise de pommes 712
Suet dough 640
Sugar Cured Ham Steak Hawaiian Style 520
Sup Malorussiski . . 93
Sup Meschanski . . 94
Sup Moscowskaia . . 94

Sup Rakowa 94
Suprême de bécasse . 524
Sûpreme de faisan. . 524
Sûpreme de gelinotte 524
Sûpreme de lièvre . . 524
Sûpreme de perdreau 524
Sûpreme de volaille . 524
Svensk panna. . . . 524
Sweet Potatoes . . . 546
Sweetbread Pie . . 459
Sweets, cold 640
Sweets, Hot 640
Szirke Gulyás, Szegedi modra . . . 379

T-Bone Steak . . . 503
Talalelye Waagyachi Bhaji. 557
Talmouse 32
Tancaud (s. Dorsch) . 180
Tanche 265
Tarator Sauce . . . 59
Tarhonya 612
Tarte aux fruits. . . 712
Tarte meringue. . . 712
Tartelette 712
Tartelette à la crème 712
Tartelettes . . . 32,524
Tarteletts Tosca . . 33
Tcherkez tâouk. . . 380
Teal with Cranberry Sauce 432
Teal with Port-Wine Sauce 432
Tel Kadayif 712
Tendjéré Kébabi . . 430
Tendron de veau . . 528
Terbiyéli-keuftés . . 430
Terebiye 59
Terrapène 266
Terrapin Baltimore . 266
Terrapin in Chafing Dish 266
Terrapin Jockey Club 266
Terrapin Maryland . 266
Terrine 528
Tête de porc 528
Tête de veau 528
Tétine de veau . . . 528
Thick soups 62
Thon 266
Tilliliha 350
Timbale 528,712
Tinutungan 380
Tocana cu Mamaliga 338,529
Töltöt Kaposzta . . 529
Tomate 612
Tomates 33

Inhaltsverzeichnis fremdsprachig

	Seite		Seite		Seite
Tomatoes Maryland Style	614	Ucha is Sterlett	94	Watane Gajarachi Bhaji	590
Tomatoes Virginia Style	614	Uncle Sam Salad	636	Waterfish Sauce	61
Tonnillo	94			Waterzooi	182, 268
Tonno Choggiola	266			Watruschki s tworogom	615
Torteau (s. Taschenkrebs)	265	Vacherin	717	Wheat Muffins	37
Tortilla Espagñola	164	Vanneau	533	White Onion Sauce	61
Tortue	231	Varenikis	35	Whitebait	268
Tournedos	529	Vatrouschkis	35	Witloof	617
Traitement à la friture	301	Veal and Ham Pie	460	Wjetschina pro kurdanski	31
Tranche à la crème	717	Veal Pot Pie	460		
Trifle	717	Veau	533		
Tripas a la Andaluza	426	Vegetables	541	Yahni	539
Tripas a la Española	426	Vegetali	541	Yahni ve Bezelyapilawe	539
Tripes	529	Velös leves	94	Yalanci Dolma	539
Truffe	614	Velouté	40	Yambalaya	539
Truite	267	Velouté de legumes	40	Yoghourt, Yoaurt	718
Truite du lac	267	Velouté de poisson	40	Yorkshire Pudding	617
Truite lacustre	267	Velouté de veau	40		
Truite de mer	267	Velouté de volaille	40		
Truite saumonnée	267	Verduras	541	Zadéjávané drsky	426
Tscheburek	532	Vermicelly Pudding	706	Zamponi di Modena	540
Turban	532	Virginia Style Ham	519	Zelná polevká	94
Turbot	267	Vive	267	Zelný gulyás	338
Turbotin	267	Vol-au-vent	533	Zéphir	540
Turkey Breast Chef's Style	532	Vol-au-vent de cervelle	397	Zrázy	540
Turkey Breast Michael	532	Vol-au-vent aux fruits	717	Zrázy Nelson	540
Turkey, Broiled Baby	529	Vorschmack Dragomirow	35	Zucchetti	618
Turkey, Romantic Style	532	Vorschmack Litowski	23	Zucchini	618
Turkey, Stuffed	532	Vrai Dorade	267	Zucchini alla parmigiana	581
Turlu	533			Zucchini ripieni alla napoletana	581
Turtle-Flippers Maryland	231	Waffles	37	Zucchini alla Toscana	581
		Walanushaka	551	Zuppa	62
		Wareniki	615, 717	Zuppa Genovese	94
		Wareniki is kapussta	615	Zuppa Palermitana	94
		Wareniki Mallorussiski	717	Zuppa Pavese	95
				Zuppa dei pescatore	95